LAROUSSE

DICCIONARIO
Escolar

Dirección editorial
Tomás García Cerezo

Gerencia editorial
Pedro Jorge Ramírez Chávez

Coordinación lexicográfica
Luis Ignacio de la Peña

Coordinación de edición
Héctor Rafael Garduño Lamadrid

Coordinación Gráfica
Mónica Godínez Silva

Corrección
María Evelín Ferrer Rivera
Tomás Adolfo López Pérez

Jefe de Contenidos Digitales
Jesús Miguel Soto Rincón

Material multimedios
Agustín Cacique Valadez, Alfonso Cuervo Cantón, Anabel Prado Ochoa, Áurea Madrigal Mondragón, Creative Commons Wikimedia, David Pérez Abreu, Diana Paloma Pérez, Diana Sánchez, Gabriela Nicole García, Gabriela Sánchez Figueroa, Gerardo González Núñez, ©GettyImages, Israel Alejandro Ramírez Flores, Jonathan Angarita Vivas, Learny Games SAPI de C.V. , Luis Ignacio de La Peña, Marco Antonio Vergara Salgado, María Elizabeth Mendizábal, Mariana García Kutty, Mónica Itzel Zúñiga, Musopen.org, Nice Montaño Kunze, OpenTec, S.A. de C.V., Óscar Ocampo Cervantes, QA International, Rossana Treviño, Rubén Vite, Sara Giambruno, Sarquiz García Kuthy, ©Shutterstock, Inc., Visión Tipográfica Editores S.A. de C.V.

Ilustración
©Shutterstock, Inc., Rubén Vite Maya

Diseño y diagramación de portada y encarte
Rubén Vite Maya

Coordinación de salida y preprensa
Jesús Salas Pérez

En Hachette Livre México usar
materias primas de proceden
100% sustentable

D.R. © MMXXII, por Ediciones Larousse, S.A. de C.V.
Renacimiento 180, Col. San Juan Tlihuaca.
Azcapotzalco, C.P. 02400, Ciudad de México

ISBN: 978-607-21-2399-1

PRIMERA EDICIÓN, octubre de 2022

Impreso en México — *Printed in Mexico*

PRESENTACIÓN

Sabemos que para llevar a cabo tus labores en la escuela, así como la realización de tareas en casa, necesitas obras de referencia sólidas, bien documentadas y confiables. Un diccionario debe ser una poderosa herramienta de consulta que además te brinde una muestra de la riqueza de nuestra lengua. Eso es precisamente este nuevo **Diccionario Escolar.**

Nuestra lengua, el español o castellano, es producto de un largo proceso que la ha llevado a convertirse en una de las más importantes del mundo. Es un vehículo de comunicación utilizado todos los días en más de veinte países y cada vez tiene más hablantes. Por eso, este diccionario ha sido elaborado con cuidados especiales.

Para crear esta nueva edición del **Diccionario Escolar** hemos revisado los nuevos planes de estudio, a fin de ofrecerte una obra totalmente actualizada, que también ha incorporado un vasto espectro de posibilidades y una visión muy amplia de los diferentes sentidos que adoptan las palabras de nuestra lengua. Así, en el repertorio de palabras seleccionadas no sólo se consideran las voces y términos que surgen del diario trabajo en la escuela, sino que también se extiende a los usos que se escuchan cotidianamente en la casa, en la calle y en los distintos intercambios sociales.

Encontrarás definiciones más amplias y adecuadas, ejemplos de uso y nuevas láminas con contenidos de gran utilidad para el trabajo escolar.

Estamos seguros de que el nuevo **Diccionario Escolar Larousse** representa una obra práctica, útil y actualizada. Y al decir que es una obra actualizada nos referimos tanto a sus contenidos como a la incorporación de tecnología digital que hará que tu uso del diccionario sea mucho más ameno, interesante y provechoso.

Si ya conoces los famosos diccionarios **Larousse**, notarás que a diferencia de las anteriores, esta nueva edición incluye códigos **QR** en muchas de sus páginas. Esos populares cuadrados con matrices punteadas, cuyas siglas corresponden al concepto en inglés Quick Response (respuesta rápida) y que suelen ser escaneados con dispositivos electrónicos como los teléfonos inteligentes, almacenan información muy diversa. En el caso de este diccionario, los **QR** te dirigen a audios, videos y recursos de realidad aumentada que sirven para ampliar la información referente a la entrada o palabra que acompañan.

Por ejemplo, si escaneas con tu teléfono inteligente el código **QR** que aparece junto a la entrada "atmósfera", en pantalla comenzará a reproducirse un video explicativo acerca de la atmósfera. O si escaneas el **QR** que acompaña a la entrada "dragón", ¡verás un increíble animal mitológico tridimensional moviéndose sobre tu escritorio! ¡Eso es la tecnología que hoy incluye el tradicional diccionario que generaciones enteras han utilizado en la escuela!

Notarás que tu diccionario incluye tres tipos de códigos **QR**. Los puedes distinguir mirando el pequeño icono que aparece en el centro de cada uno de ellos. El de los audífonos corresponde a recursos de audio, el de la cámara contiene videos y el del cubo tridimensional, ¡adivinaste!, te lleva a los sorprendentes recursos de realidad aumentada.

El nuevo contenido enciclopédico digital de los diccionarios escolares Larousse es una muestra de nuestro constante interés en ofrecerte productos atractivos, innovadores y sobre todo útiles para apoyar tu educación.

ABREVIATURAS UTILIZADAS
EN ESTE DICCIONARIO

a. C.	antes de Cristo	indef.	indefinido
adj.	adjetivo/adjetival	indet.	indeterminado
adv.	adverbio/adverbial	interj.	interjección
Amér.	América	intr.	verbo intransitivo
Amér. Merid.	América Meridional	inv.	invariable
		irón.	irónico
Amér. C.	América Central	kg	kilogramo
ant.	antiguo/antiguamente	km	kilómetro
Ants.	Antillas	loc.	locución
Arg.	Argentina	m.	masculino
art.	artículo	m	metro
aux.	verbo auxiliar	mg	miligramo
Bol.	Bolivia	mm	milímetro
°C	grados centígrados	Méx.	México
cm	centímetro	ml	mililitro
Chil.	Chile	neol.	neologismo
Col.	Colombia	Nic.	Nicaragua
com.	común	onomat.	onomatopeya
conj.	conjunción/conjuntiva	P. Rico	Puerto Rico
contrac.	contracción	Pan.	Panamá
C. R.	Costa Rica	Per.	Perú
Cub.	Cuba	pl.	plural
d. C.	después de Cristo	pos.	posesivo
dm	decímetro	pr.	verbo pronominal
def.	defectivo	prep.	preposición/prepositiva
desp.	despectivo	pron.	pronombre
Ecua.	Ecuador	Py.	Paraguay
Esp.	España	R. Dom.	República Dominicana
f.	femenino	s.	sustantivo
fam.	familiar	Salv.	El Salvador
fig.	figurado	t.	verbo transitivo
g	gramo	Uy.	Uruguay
Guat.	Guatemala	Ven.	Venezuela
Hond.	Honduras	vulg.	vulgar
impers.	verbo impersonal		

a¹ *s. f.* Primera letra del alfabeto español.

a² *prep.* Introduce el complemento directo cuando se trata de personas o animales o cosas personificadas. *Antes de irse, acariciaba a la perra.* ‖ Introduce el complemento indirecto. *A ella le tocaron los chocolates.* ‖ Indica dirección. *Se dirigían a su país natal.* ‖ Indica lugar o posición. *La escuela queda a la derecha, no a la izquierda.* ‖ Indica un momento. *Comemos a las tres.* ‖ Indica el final de un intervalo. *El concierto terminó a las 7.* ‖ Indica la manera de hacer una cosa. *Lavó el piso a baldazos.* ‖ Indica una intención. *Fue a mirar.* ‖ Forma parte de locuciones. *A ratos, a oscuras, a regañadientes.* ‖ Es obligatoria después de ciertos verbos, adjetivos y sustantivos. *La preposición «a» rige el verbo acostumbrar.* ‖ *Esp. A por:* construcción que se usa en lugar de «voy + verbo + por». *Juan irá a por los libros.*

ábaco *s. m.* Instrumento que sirve para contar; aunque hay de diferentes tamaños, el más usual consiste en un marco cuadrado dividido en diez líneas con diez esferas en cada una.

abad, desa *s.* Persona que está a la cabeza de una institución religiosa o abadía.

abadía *s. f.* Convento o monasterio dirigido por un abad o una abadesa.

abajo *adv.* Hacia, en un lugar inferior. *Construyeron otra habitación abajo.* ‖ En enunciados exclamativos, se usa para pedir la destitución de alguien o algo. *¡Abajo el gobierno!*

abalanzarse *pr.* Lanzarse contra alguien o algo. *Los niños se abalanzaron para recoger la fruta de la piñata.*

abalorio *s. m.* Cuenta perforada para hacer collares y otros adornos. *La joven llevaba una pulsera de abalorios.*

abanderado, da *s.* Persona que lleva la bandera en las ceremonias o desfiles.

abandonar *t.* Dejar de hacer algo. ‖ Alejarse de un lugar. ‖ Dejar a alguien o algo desamparado o desatendido. ‖ *pr.* Desatender el propio cuidado.

abandono *s. m.* Acción de abandonar o abandonarse. ‖ Renuncia o desinterés. ‖ Desamparo de alguien vulnerable. ‖ Estado personal de descuido.

abanicar *t.* y *pr.* Producir aire moviendo algo, generalmente un abanico, de un lado a otro.

abanico *s. m.* Instrumento plegable en forma semicircular que produce aire cuando se mueve de un lado a otro. ‖ Algo con forma de abanico. *Vio un abanico de fotografías.* ‖ Conjunto de opciones entre las cuales se puede elegir. *La escuela ofrece un abanico de cursos.*

abaratar *t.* y *pr.* Bajar el precio de algo.

abarcar *t.* Rodear con los brazos o con las manos. ‖ Contener, incluir. ‖ Percibir con la vista como una totalidad. *Desde aquí se abarca todo el valle.*

abarquillar *t.* y *pr.* Darle a algo plano forma de barquillo.

abarrotar *t.* Llenar completamente un espacio, ya sea de cosas o de personas. ‖ *Amér.* Inundar el mercado con determinados productos para que bajen de precio.

abarrotería *s. f. Amér. C.* Tienda donde se venden abarrotes.

abastecer *t.* y *pr.* Proporcionar alimentos o todo lo necesario para que algo funcione.

abastecimiento *s. m.* Lugar en el que se venden o almacenan víveres.

abasto *s. m.* Provisión de lo necesario, sobre todo de víveres. ‖ *loc. Dar abasto:* ser suficiente, dar lo necesario.

abatelenguas *s. m.* Instrumento de madera utilizado para detener la lengua y revisar la boca y garganta.

abatido, da *adj.* Desanimado. ‖ Humilde. ‖ Ruin; despreciable. ‖ Depreciado.

abatimiento *s. m.* Acción o efecto de abatir o abatirse. ‖ Postración física o moral de una persona. ‖ Humillación, afrenta o bajeza.

abatir *t.* Derribar, derrocar, echar por tierra. ‖ Hacer que algo caiga. ‖ Humillar.

abdicación *s. f.* Acción y efecto de abdicar.

abdicar *t.* Renunciar a una dignidad o autoridad soberana. ‖ Renunciar a derechos, ventajas u opiniones.

abdomen *s. m.* Cavidad del cuerpo de los vertebrados donde se alojan las vísceras. ‖ En los invertebrados, parte del cuerpo que sigue al tórax.

abdominal *adj.* Que se relaciona con el abdomen.

abducción *s. f.* En fisiología, alejamiento o separación de una parte del cuerpo de su línea de simetría. ‖ En ciencia ficción, secuestro que se supone que sufren los terrestres a manos de extraterrestres. ‖ En filosofía, formación o adopción de una hipótesis explicativa.

abductor *adj.* Capaz de realizar una abducción.

abecé *s. m.* Abecedario. ‖ Conjunto de principios básicos de una actividad.

abecedario *s. m.* Conjunto de las letras de un alfabeto.

abedul *s. m.* Árbol de madera y corteza blancas que puede alcanzar los 30 m de altura.

abeja *s. f.* Insecto que vive en colmenas y produce miel y cera.

abejorro *s. m.* Insecto parecido a la abeja, pero con una mancha blanca en el extremo del abdomen.

aberración *s. f.* Desviación de lo normal. ‖ En óptica, imperfección que genera una imagen defectuosa. ‖ En astronomía, distorsión que altera la ubicación aparente de un astro.

aberrante *adj.* Que se desvía de lo normal. *Ese comportamiento aberrante lo llevará a la cárcel.*

abertura *s. f.* Acción de abrir o de abrirse algo. ‖ Grieta, agujero o hendidura. ‖ Diámetro de la lente de una cámara.

abeto *s. m.* Árbol de tronco recto, que llega a medir 50 m de altura; sus hojas tienen forma de agujas y sus frutos son piñas de forma cónica.

abierto, ta *adj.* Que está comunicado con el exterior. *Dejó la ventana abierta y la lluvia mojó su habitación.* ‖ Despejado, libre de obstáculos. *Corrió a campo abierto.* ‖ *fig.* Se dice de la persona franca y receptiva. *El profesor es muy abierto, siempre escucha los comentarios de los alumnos.*

abigarrado, da *adj.* Que tiene muchos colores que no combinan entre sí.

abigarrar *t.* Poner a algo colores que, por no combinar entre sí, dan un aspecto desagradable. ‖ *pr.* Amontonarse individuos o cosas que son diferentes entre sí.

abiótico, ca *adj.* Se aplica al ambiente impropio para la vida.

abisal *adj.* Relativo a la región del océano a una profundidad mayor a los 2 000 m. ‖ Lo propio de esa zona. *Fauna abisal.*

abismal *adj.* Relativo al abismo. ‖ Muy profundo. *La diferencia entre los países ricos y los países pobres es abismal.*

abismar *t.* y *pr.* Hundir en un abismo. ‖ Entregarse de lleno a algo. *Se abismó en el estudio.*

abismo *s. m.* Profundidad grande e imponente. ‖ Diferencia entre personas o cosas.

ablandar *t.* y *pr.* Lograr que una cosa se ponga blanda. ‖ Lograr que se dulcifique el carácter de una persona. *No se ablandó ni con las lágrimas de su hija.*

ablución *s. f.* Acción de lavar. ‖ En algunas religiones, acción de purificarse por medio del agua.

abnegación *s. f.* Sacrificio de los deseos o necesidades de uno mismo que se hace por amor a los demás.

abnegado, da *adj.* Que tiene o muestra abnegación.

abocar *t.* Verter el contenido de un recipiente en otro, aproximando las bocas de ambos. ‖ *pr. Bol., C. R., Guat., Méx., Uy.* y *Ven.* Dedicarse concentradamente a realizar algo. *Los obreros se abocaron a la reparación de los daños.*

abocardar *t.* Ensanchar la boca de un tubo o agujero.

abochornado, da *adj.* Que experimenta bochorno por el calor excesivo. ‖ Que se siente avergonzado.

abochornar *t.* y *pr.* Sufrir bochorno a causa del calor excesivo. ‖ Avergonzar.

abofetear *t.* Dar bofetadas.

abogacía *s. f.* Profesión del abogado. ‖ Grupo de abogados.

abogado, da *s.* Persona que estudió la carrera de derecho y defiende y asesora a los demás en cuestiones jurídicas y en juicios.

abogar *intr.* Defender a alguien en un juicio. ‖ Hablar en favor de alguien.

abolengo *s. m.* Conjunto de antepasados de una persona. ‖ Antepasado ilustre. ‖ Lugar de donde se es originario.

abolición *s. f.* Resultado de abolir.

abolicionismo *s. m.* Conjunto de ideas que defienden la anulación de leyes y costumbres que atenten contra la libertad y la dignidad del ser humano.

abolir *t.* Dejar sin efecto una ley.

abollado, da *adj.* Hundido en la superficie, en especial en materiales como los metales. *Después del choque, el auto quedó muy abollado.*

abolladura *s. f.* Resultado de abollar algo. *En algunos países, a las abolladuras se les llama «bollos».*

abollar *t.* Causar hundimientos en una superficie.

abombar *t.* y *pr.* Curvar o curvarse algo hacia afuera. ‖ Aturdir, embotar. *El calor sofocante nos abomba a todos.*

abominable *adj.* Se dice de lo que merece ser temido, detestado o condenado.

abominación *s. f.* Acción y efecto de abominar. ‖ Conducta aborrecible o cosa detestable.

abominar *t.* e *intr.* Condenar, rechazar. ‖ Detestar, aborrecer. *Abomino la mentira, por eso rompí aquella amistad.*

abonado, da[1] *adj.* Que es honesto, de fiar. ‖ Que ha recibido abono. *Tierra abonada.*

abonado, da[2] *s.* Persona que adquiere un abono para recibir un servicio o asistir a un espectáculo. *Hubo muchos abonados en la temporada de ópera.*

abonar[1] *t.* Añadir abono a la tierra para que sea más fértil.

abonar[2] *t.* Pagar parte de una deuda. *Pedro abonó 100 pesos que nos debía.* ‖ Pagar. ‖ Garantizar o calificar la bondad de alguien. ‖ *pr.* Suscribirse a un periódico, revista o servicio. *Diana se abonó a la televisión por cable.*

abono *s. m.* Acción de abonar. ‖ Sustancia fertilizante para abonar la tierra. ‖ Pago parcial de una deuda. ‖ Boleto que da derecho al disfrute repetido de un servicio. ‖ *pl. Méx.* Forma de pago a plazos. *Vamos a comprar una televisión en abonos.*

abordaje *s. m.* Acción de abordar un barco a otro con intención de ataque.

abordar *t.* Subir a un vehículo de transporte. ‖ Tocar una embarcación a otra. ‖ Dirigirse a alguien para tratar algún asunto. *La abordé para disculparme.* ‖ Tratar un asunto difícil para resolverlo. *Abordó el problema en buen momento.* ‖ *intr.* Llegar una embarcación a un muelle o desembarcadero.

aborigen *adj.* y *s. com.* Originario del lugar en donde vive. ‖ *s. m. pl.* Habitantes primitivos de un lugar. *Los maoríes son los aborígenes de Nueva Zelanda.*

aborrecer *t.* Sentir rechazo por algo o por alguien. ‖ Abandonar las aves su nido, sus huevos, sus crías.

abortar *intr.* Interrumpir, natural o artificialmente, un embarazo. ‖ Fracasar una empresa. ‖ *t.* Interrumpir bruscamente un proceso.

abotagado, da *adj.* Embotado. ‖ Se dice del cuerpo que está hinchado por la enfermedad o el calor.

abotagar *t.* y *pr.* Entorpecer la mente. *Ese calor infernal abotaga a todo el mundo.* ‖ Hincharse el cuerpo, por lo general debido a una enfermedad.

abotonar *t.* Cerrar, unir o ajustar una prenda, introduciendo un botón en un ojal. ‖ *intr.* En el caso de una planta, echar botones.

abovedado, da *adj.* Curvado, arqueado.

abovedar *t.* Dar forma de bóveda.

abracadabra *s. m.* Palabra cabalística que, según las creencias, podía curar algunas enfermedades. ‖ Palabra que utilizan quienes hacen espectáculos con trucos mágicos.

abrasar *t.* Quemar o reducir a brasas con un fuego envolvente y continuo.

abrasión *s. f.* Fricción o rozamiento que producen partículas sólidas sobre una superficie.

abrasivo, va *adj.* y *s.* Se dice de un producto que desgasta o pule por medio de la fricción o roce.

abrazadera *s. f.* Dispositivo que sirve para sujetar algo.

abrazar *s. t.* y *pr.* Rodear con los brazos. || *t.* Adherirse a una religión, un partido político, una corriente de pensamiento. *Francisco Javier Mina, siendo español, abrazó la causa de la independencia de México.*

abrazo *s. m.* Acción de abrazar.

abrecartas *s. m.* Instrumento que sirve para abrir sobres de cartas.

abrelatas *s. m.* Instrumento que sirve para abrir latas. *El abrelatas se inventó mucho después que las latas.*

abrevadero *s. m.* Lugar, natural o artificial, donde bebe el ganado.

abrevar *t.* Dar de beber al ganado. || Satisfacer una necesidad intelectual.

abreviar *t.* Hacer breve, acortar. || Apresurar. ¡Abrevie su discurso, por favor, que no tenemos tiempo!

abreviatura *s. f.* Forma abreviada de representar una palabra. *Las abreviaturas suprimen letras finales o centrales de las palabras.*

abridor *s. m.* Instrumento metálico para destapar botellas.

abrigado, da *adj.* Protegido del frío y el viento. *En invierno debemos salir abrigados para no enfermarnos.*

abrigar *t.* y *pr.* Proteger o resguardar de las inclemencias del clima. || Tener un pensamiento, idea o deseo. *Abrigaba la esperanza de conquistar a esa mujer.*

abrigo *s. m.* Prenda de tejido grueso para protegerse del frío. || Lugar que permite resguardarse del frío, la lluvia o algún peligro.

abril *s. m.* Cuarto mes del año según el calendario gregoriano.

abrillantar *t.* Pulir una superficie para darle brillo. || Hacer que algo luzca más.

abrir *t.* Destapar lo que está cerrado o descubrir lo oculto. *Al abrir la caja de controles se descubrió un corto circuito.* || Accionar un mecanismo para permitir que algo pase por un conducto. *Cuando el plomero abrió de nuevo la válvula del gas, pudimos cocinar.* || Desplegar o extender. *Abre el periódico y busca la página de deportes.* || Partir o rasgar. *Abriremos ese jugoso melón.* || Iniciar labores en alguna institución o negocio. *La tienda abre a las diez de la mañana.* || Inaugurar. *Está previsto que el curso abra dentro de 15 días.* || Ser el primero en aparecer en una procesión. *Guapas bastoneras abrieron el desfile.* || *pr.* Separarse lo que estaba unido. *Se abrió una grieta en la pared.* || Separarse del capullo los pétalos de una flor *Es la época en la que las rosas se abren.* || Estar dispuesto a escuchar a otros. *El gerente se abrió a los comentarios de los trabajadores.*

abrochar *t.* y *pr.* Sujetar con broches o botones una prenda de vestir para cerrarla.

abrogar *t.* En derecho, anular una ley.

abrojo *s. m.* Planta silvestre y de frutos espinosos que es dañina para los sembrados. || *pl.* Dificultades o sufrimientos.

abrumar *t.* Agobiar con un peso físico o moral. *Las preocupaciones me abruman.* || Causar confusión por exceso de algo. *Lo abrumó tanta atención.*

abrupto, ta *adj.* Escarpado, inclinado. *Terreno escarpado.* || Áspero, rudo. *Escribe con estilo abrupto.*

absceso *s. m.* Acumulación de pus en un tejido orgánico.

abscisa *s. f.* En geometría, coordenada en un plano cartesiano rectangular que se expresa como la distancia horizontal entre un punto y el eje vertical.

absentismo *s. m.* Falta de asistencia deliberada a un lugar al que se debe asistir, especialmente al trabajo.

absolución *s. f.* En derecho, acción de declarar a alguien no culpable. || En religión, perdón de los pecados.

absolutismo *s. m.* Sistema de gobierno en el que una sola persona detenta todo el poder. *En Francia, el absolutismo propició la Revolución de 1789.*

absolutista *adj.* y *s. com.* Partidario del absolutismo. *Casi todos los absolutistas terminaron en la guillotina.*

absoluto, ta *adj.* Que es completo. *Al atardecer hay una calma absoluta.* || Que es único. *Ella fue la ganadora absoluta de la competencia.* || Que es ilimitado. *Carlos V tenía un poder absoluto sobre sus súbditos.* || *loc. En absoluto:* de ningún modo.

absolver *t.* Dejar libre de obligaciones o responsabilidades a alguien. || En derecho, dejar libre de responsabilidad penal a un acusado.

absorbente *adj.* Que tiene capacidad de absorción. || Que ocupa todo el tiempo disponible. || Que es dominante y trata de imponer su voluntad.

absorber *t.* Atraer un cuerpo a otro hacia su interior. *La nueva aspiradora absorbe mejor el polvo.* || Ocupar por completo la atención de una persona. *Las mujeres lo absorben.* || Consumir algo totalmente. *Sus vicios absorbieron toda su herencia.* || Incorporar una empresa a otra. *La pequeña empresa fue absorbida por el monopolio.* || En física, amortiguar las radiaciones que atraviesan un cuerpo.

absorción *s. f.* Penetración de una sustancia en otra. || En física, amortiguamiento de energía o fuerza por el paso del cuerpo a otro. || Incorporación de una empresa a otra más grande.

absorto, ta *adj.* Que está muy concentrado en algo. || Que está muy asombrado.

abstemio, mia *adj.* Que no bebe vino ni otros líquidos alcohólicos.

abstención *s. f.* Acción o efecto de abstenerse.

abstencionismo *s. m.* Actitud de quien renuncia a votar en una elección.

abstencionista *s. com.* Partidario del abstencionismo.

abstenerse *pr.* Privarse de alguna cosa. || No participar en algo.

abstinencia *s. f.* Acción que consiste en privarse total o parcialmente de satisfacer los apetitos.

abstracción *s. f.* Separación mental de las cualidades de una cosa y de su realidad física para considerarlas aisladamente.

abstracto, ta *adj.* Se aplica a las cosas que expresan una idea o un concepto, que carecen de realidad tangible. || Se aplica al arte y a los artistas que no pretenden representar la realidad objetiva. *Su pintura abstracta recurre a los colores vivos y brillantes.* || *loc. En abstracto:* dejando de lado los aspectos objetivos.

abstraer *t.* Separar en la mente las cualidades esenciales de una cosa y de su realidad física para considerarlas aisladamente.

abstraído, da *adj.* Se aplica a la persona que permanece aislada de todo cuanto la rodea y está únicamente atenta a lo que hace o lo que piensa.

absuelto, ta *adj.* Libre de una deuda. ‖ Libre de un cargo penal. ‖ En religión, que ha sido perdonado por sus pecados.

absurdo, da *adj.* Sin sentido, extravagante.

abuchear *t.* Silbar, chistar, gritar en señal de desaprobación.

abucheo *s. m.* Conjunto de silbidos, chistidos y gritos que demuestran desaprobación.

abuelo, la *s.* Padre y madre de mis padres. *Los abuelos de mis padres son mis tatarabuelos.* ‖ Anciano. ‖ *loc. No tener abuela:* no tener escrúpulos.

abulia *s. f.* Sin fuerza, sin voluntad.

abúlico, ca *adj.* Que no tiene fuerza física o moral.

abullonar *t.* Formar bultos o ahuecamientos redondeados en alguna cosa, a manera de adorno.

abulón *s. m.* Molusco comestible, con concha en forma de oreja y con agujeros en la superficie para liberar agua.

abultar *t.* e *intr.* Ocupar algo determinado espacio. ‖ Aumentar el volumen de alguna cosa. ‖ Exagerar.

abundancia *s. f.* Gran cantidad de algo. *En la selva tropical hay abundancia de animales y plantas.* ‖ Riqueza, prosperidad.

abundante *adj.* En gran número o gran cantidad.

abundar *intr.* Haber mucha cantidad de algo.

aburrición *s. f. fam.* Aburrimiento, fastidio.

aburrido, da *adj.* Que produce aburrimiento. *Ese libro es tan aburrido que a las dos páginas me duermo.* ‖ Que siente aburrimiento. *Estoy aburrida, llevo una semana sin salir de casa.*

aburrimiento *s. m.* Fastidio y cansancio causados por falta de distracciones, o por hacer algo que disgusta. *Una buena manera de evitar el aburrimiento es alternar actividades.*

aburrir *t.* Causar algo o alguien, molestia o cansancio. *Aburre el trabajo en estas condiciones.* ‖ *pr.* Fastidiarse por algo. *Ya me aburrí de esperar.*

abusado, da *adj. Guat.* y *Méx.* Que es hábil y listo.

abusar *intr.* Usar algo en exceso o de forma indebida. *Abusó de mi tiempo.* ‖ Aprovecharse de manera deshonesta de alguien vulnerable. *Abusar de los menores de edad es reprobable.*

abusivo, va *adj.* Que comete abuso.

abuso *s. m.* Acción de abusar.

abyección *s. f.* Bajeza o acción despreciable.

abyecto, ta *adj.* Bajo, despreciable.

acá *adv.* En o hacia la posición donde se encuentra la persona que habla. ‖ Después de las preposiciones «*de*» o «*desde*» y una expresión de tiempo, indica el tiempo transcurrido hasta el presente. *De entonces acá las cosas han cambiado.*

acabado, da *adj.* Que ya no tiene fuerza, destruido. ‖ Completo, perfecto.

acabar *t.* Concluir, terminar algo. ‖ *intr.* Llegar al final. *La película acabó hasta las seis.* ‖ Destruir, agotar. *Acabó con mi paciencia.* ‖ Haber ocurrido hace poco. *¡Alcánzalo, acaba de irse!* ‖ Llegar el momento en que una acción tiene su desenlace. *Vas a acabar por mancharte el uniforme.* ‖ Tener algo cierta forma en su parte final. *El cuchillo aca-*

ba en punta. ‖ *pr.* Consumirse. *¡Corre, se acaba el tiempo!*

acacia *s. f.* Árbol de madera dura y flores amarillas.

academia *s. f.* Sociedad científica, literaria o artística. *La Academia de Ciencias de la URSS fue muy famosa.* ‖ Junta de académicos. *Los días de academia nadie puede interrumpir.* ‖ Casa donde se reúnen los académicos. *La Academia Mexicana de la Lengua está en la alcaldía Álvaro Obregón.* ‖ Centro de enseñanza que no otorga títulos oficiales. *La academia de baile presentó un espectáculo fabuloso.*

academicismo *s. m.* Actitud de respeto y seguimiento riguroso de las normas académicas.

académico, ca *adj.* Que se relaciona con la academia. ‖ Que sigue las normas de la academia. ‖ Relativo a una institución pública de enseñanza. ‖ *s.* Persona que pertenece a una academia.

acalambrarse *pr.* Contraerse los músculos de manera brusca y dolorosa.

acallar *t.* Hacer callar. ‖ Calmar.

acalorado, da *adj.* Que tiene calor. ‖ Se dice de las discusiones y disputas donde afloran el arrebato y la pasión.

acaloramiento *s. m.* Sensación de calor. ‖ Apasionamiento, vehemencia en la defensa de una idea o sentimiento.

acalorar *t.* y *pr.* Dar calor. ‖ Sentir calor. ‖ Apasionarse en una discusión.

acamaya *s. f.* Crustáceo de río parecido al langostino.

acampar *intr.* Instalarse en un lugar al aire libre, alojándose en tiendas de campaña o barracas.

acanaladura *s. f.* Canal o estría.

acanalar *t.* Hacer uno o varios canales o estrías en algún lugar u objeto. ‖ Dar forma de canal o de teja larga y abarquillada.

acantilado *s. m.* Costa marina formada por rocas de gran altura cortadas casi verticalmente.

acanto *s. m.* Planta de la familia de las acantáceas, perenne, herbácea, con hojas anuales, largas, rizadas y espinosas.

acantonar *t.* Ubicar a las tropas de un ejército en determinado lugar en espera de futuras acciones.

acaparador, ra *adj.* y *s.* Persona que acapara. *El aceite subió de precio por culpa de los acaparadores.*

acaparar *t.* Comprar, guardar o retener mercancías con el fin de que suban de precio o prevenir tiempos de escasez.

acaramelar *t.* Bañar un alimento con caramelo. ‖ *pr.* Dar demostraciones de amor excesivas o empalagosas.

acariciar *t.* Dar caricias. ‖ Rozar apenas. ‖ Tener esperanzas de que suceda algo.

ácaro *s. m.* Arácnido microscópico que forma parte del polvo doméstico; se alimenta de escamas de piel.

acarrear *t.* Llevar en un carro. *Los camiones acarrearon los materiales de construcción.* ‖ Llevar, transportar. *El mozo acarreó las botellas vacías a la bodega.* ‖ Ocasionar o traer consecuencias. *El desempleo acarrea muchos males sociales.* ‖ *Méx.* Llevar a personas a un mitin. *Para acarrear a más gente, el candidato prometió regalos.*

acaso *adv.* Tal vez, quizá. *Acaso encontrarás tus llaves si buscas bajo la cama.*

acatamiento *s. m.* Acción y efecto de acatar. *El acatamiento de las leyes es básico para el orden social.*

acatar *t.* Obedecer una orden o seguir una norma.

acatarrado, da *adj.* Que tiene catarro, gripa o resfriado.

acatarrarse *pr.* Contraer catarro.

acaudalado, da *adj.* Que posee riquezas materiales, adinerado.

acaudalar *t.* Acumular caudal, dinero.

acaudillar *t.* Encabezar un ejército o ponerse al frente de un movimiento social.

acceder *intr.* Aceptar lo que otro quiere y consentir en realizarlo. || Penetrar a un lugar. || Entrar a un sitio de internet o un programa de computación. || Alcanzar un cargo superior.

accesible *adj.* Se dice del lugar al que se puede llegar con facilidad. || Amable, de buen trato. *Ese profesor es muy accesible.* || Que se puede entender fácilmente. *Me pareció accesible la conferencia.*

acceso *s. m.* Parte por donde se entra. *El acceso al museo estaba cerrado.* || Acción de llegar o entrar a un lugar. || Posibilidad de adquirir algo o de tener contacto con alguien. || Manifestación repentina de un sentimiento. || Ataque de una enfermedad.

accesorio *adj.* Que no es lo más importante. || *s. m.* Objeto de adorno o auxiliar de otro. || *s. f.* Habitación con entrada desde la calle.

accidentado, da *adj.* Que tiene superficie irregular. *Camino accidentado.* || Que enfrenta contratiempos o incidentes, difícil. || Que sufrió un accidente.

accidente *s. m.* Algo que pasa inesperadamente, sin querer, y que puede causar daños. || Algo que sucede de manera imprevista. *Te vi por accidente.* || Irregularidad del terreno. || Variación gramatical de las palabras, como género, número, etc.

acción *s. f.* Lo que alguien hace. *Sus palabras se convirtieron en acciones.* || Producto del actuar. *Sus acciones hablan por sí solas.* || Efecto de una cosa sobre otra. *La acción del calor reblandece el plástico.* || En economía, documento que representa el valor de cada una de las partes en que se divide una empresa. *Las acciones de la compañía petrolera subieron de precio.* || Sucesión de hechos en cine, teatro o literatura. *La acción se desarrolla en una ciudad imaginaria.*

accionar *t.* Poner en movimiento un mecanismo. || *intr.* Gesticular y moverse para dar a entender algo o ejemplificar lo que se dice.

accionista *s. com.* Dueño de acciones de una empresa.

acebo *s. m.* Arbusto de hojas espinosas y fruto rojo; su madera se emplea en ebanistería. *Las hojas de acebo con sus frutos se usan mucho en adornos navideños.*

acechanza *s. f.* Acción y resultado de acechar.

acechar *t.* Vigilar, observar, perseguir con sigilo.

acecho *s. m.* Acción y resultado de acechar. || *loc. Al acecho:* con sigilo, con precaución.

acedera *s. f.* Planta comestible de sabor ácido. *Los usos medicinales de la acedera tienen que ver con sus efectos diuréticos.*

acéfalo, la *adj.* Que no tiene cabeza. || Que no tiene jefe. || *s. m.* Molusco sin cabeza.

aceitar *t.* Dar, untar o bañar con aceite.

aceite *s. m.* Sustancia grasa líquida animal o vegetal que se encuentra en los tejidos orgánicos y que forma las reservas de energía de los seres vivos. *El aceite de oliva es uno de los más sanos.* || Líquido graso que se encuentra en la naturaleza o que se obtiene, por destilación, de algunos minerales, y que tiene usos industriales. *Del petróleo se obtienen aceites para lubricar motores.* || *loc. Aceite esencial:* aceite volátil. || *Aceite de hígado de bacalao:* aceite cuyo origen indica su nombre y se emplea como tónico. || *Aceite de ricino:* aceite extraído de la semilla de esa planta que se usa como purgante.

aceitero, ra *adj.* Perteneciente o relativo al aceite. || *s.* Persona que vende o fabrica aceite. || *Amér.* Recipiente donde se guarda el aceite lubricante y que tiene un pico o una cánula para aplicarlo.

aceitoso, sa *adj.* Que tiene mucho aceite.

aceituna *s. f.* Fruto del olivo.

aceleración *s. f.* Acción y efecto de acelerar o acelerarse.

acelerado, da *adj.* Agitado, excitado, impaciente, vehemente.

acelerador *adj.* Que acelera. || *s. m.* Mecanismo para acelerar. || En química, sustancia que permite acelerar un proceso.

acelerar *t.* Aumentar la velocidad. || Pisar el acelerador de un vehículo. || *pr.* Excitarse, entusiasmarse, atolondrarse.

acelga *s. f.* Planta comestible de hojas grandes y verdes, y tallo blanco.

acémila *s. f.* Mula o burro de carga. || *fig.* Persona tonta.

acendrado, da *adj.* Limpio y puro.

acendrar *t.* Limpiar o purificar algo.

acento *s. m.* Tono más alto o intenso al pronunciar una sílaba de una palabra. || Signo gráfico que marca en una palabra la sílaba con sonido más fuerte. || Entonación particular al hablar un idioma. *El acento de los norteños es muy distinto del de los sureños.*

acentuación *s. f.* Acción y efecto de acentuar.

acentuar *t.* Marcar el acento prosódico, o ponerlo ortográfico, en las palabras. || Hacer que algo destaque, resaltar.

acepción *s. f.* Cada uno de los distintos significados de una palabra.

aceptación *s. f.* Acción de aceptar o admitir. || Aplauso, acogida.

aceptar *t.* Consentir en algo por propia voluntad. *Aceptó trabajar los domingos, pues necesita el dinero.* || Dar algo por bueno. *La maestra aceptó las disculpas y el niño se salvó del castigo.*

acequia *s. f.* Zanja estrecha para conducir agua.

acera *s. f.* Cada una de las dos orillas de una calle que sirven para el tránsito de peatones.

acerbo, ba *adj.* Duro, cruel. || Dicho de un vino, que es de sabor ácido.

acerca *prep.* Indica de qué trata algo; se usa siempre en combinación con «de». *Mi pregunta era acerca del examen.*

acercar *t.* Poner a una distancia menor. *Acerca la silla a la mesa.* || *pr.* Estar algo próximo a suceder. *Se acerca mi cumpleaños.*

acerería o **acería** *s. f.* Lugar donde se fabrica el acero.

acero *s. m.* Metal hecho de hierro y carbono.

acérrimo, ma *adj.* Muy fuerte, con mucha decisión. *Hidalgo fue un defensor acérrimo de la independencia de México.*

acertado, da *adj.* Que está bien hecho o es correcto.

acertar *t.* Dar en el lugar que se propuso. || Dar en lo cierto.

acertijo *s. m.* Enigma o adivinanza que se propone como juego. || Idea difícil o mal explicada.

acervo *s. m.* Conjunto de bienes morales o culturales que pertenecen a una región o país.

acetato *s. m.* Sal formada por ácido acético y una base. || Material transparente en forma de lámina que se utiliza para películas o en artes gráficas.

acético, ca *adj.* Que se relaciona con el vinagre y sus derivados. || En química, que tiene un radical acetilo.

acetileno *s. m.* En química, hidrocarburo en forma de gas que se obtiene por contacto del agua con el carburo de calcio. *El acetileno se usa para iluminar y en soldaduras.*

acetona *s. f.* En química, sustancia incolora, de olor fuerte, que sirve para disolver grasas y como materia prima en plásticos.

achacable *adj.* Susceptible de ser achacado a algo. || Imputable, atribuible.

achacar *t.* Atribuir sin fundamento una acción a alguien.

achacoso, sa *adj.* Que padece una indisposición habitual.

achaque *s. m.* Indisposición o enfermedad habitual, especialmente las que acompañan a la vejez. || Excusa para no hacer algo.

achatar *t.* y *pr.* Hacer que algo se ponga chato.

achicar *t.* Disminuir el tamaño de algo. || Sacar el agua de una embarcación o de una mina. || *pr.* Acobardarse.

achicharrado, da *adj.* Quemado en exceso.

achicharrar *t.* Cocer un alimento en exceso, hasta llegar a quemarlo. || *pr.* Quemarse algo o alguien con fuego o por exposición al sol. *Las modelos no pudieron desfilar porque se achicharraron en la playa.*

achichincle *s. com. desp. Méx.* Ayudante fiel pero excesivamente servicial. *¡Yo no soy achichincle de nadie!*

achicoria *s. f.* Verdura de sabor amargo. *Con la raíz de achicoria se prepara un sustituto barato de café.*

achiote *s. m.* Arbusto de cuyos frutos espinosos se extraen semillas que producen un colorante vegetal rojo también usado como condimento. *En la cocina yucateca el achiote es imprescindible.*

achira *s. f. Amér. Merid.* Planta herbácea, de hojas anchas y flores rojas, que se cultiva por sus usos alimenticios y medicinales. *De los rizomas de la achira se extrae harina.*

achispar *t.* y *pr.* Poner a alguien, o sentirse, un poco ebrio.

achuchar *t.* Irritar a un perro o a una persona para que ataque, azuzar. || Estrujar, apretar violentamente. || *Arg., Py.* y *Uy.* Temblar de frío, sentir escalofrío.

achura *s. f. Amér. Merid.* Víscera de res, borrego o cabra, en particular el intestino.

aciago, ga *adj.* Infeliz, de mal agüero, desgraciado. *Aquel aciago día perdió casa, fortuna y familia.*

acíbar *s. m.* Planta de hojas carnosas o el jugo de éstas. || *fig.* Amargura o disgusto.

acicalado, da *adj.* Muy bien aseado, arreglado.

acicalar *t.* y *pr.* Asear y arreglar.

acicate *s. m.* Espuela con una sola punta. || *fig.* Estímulo.

acicatear *t.* Estimular.

acidez *s. f.* Cualidad de ácido. || Sensación de ardor en el estómago por exceso de ácido gástrico.

ácido, da *adj.* Que tiene un sabor parecido al vinagre o al limón. || Que es de mal carácter o poco sociable. || *s.* En química, sustancia capaz de formar sales al combinarse con un óxido metálico u otro tipo de base.

acientífico, ca *adj.* Contrario a lo científico o a los principios científicos. || Que no toma en cuenta los conceptos de la ciencia.

acierto *s. m.* Resultado de acertar. || Habilidad o destreza con la que se lleva a cabo una actividad. || Prudencia, tino.

ácimo o **ázimo** *adj.* Sin levadura. *Las ceremonias religiosas muy antiguas usan pan ácimo.*

acitrón *s. m.* Cidra cubierta de azúcar. || *Méx.* Tallo de la biznaga confitado.

aclamar *t.* Mostrar entusiasmo desbordado por alguien. *La multitud aclamó al cantante de moda.* || Elegir a alguien por unanimidad, sin necesidad de votar. || Llamar a las aves.

aclarar *t.* Hacer que algo sea más claro o transparente. || Volver menos espeso. || Eliminar parte de algo. || Dicho de la voz, hacerla más comprensible. || *t.* y *pr.* Explicar, justificar. || *intr.* e *impers.* Abrirse el cielo nublado, disiparse la niebla. || Amanecer. || *pr.* Volverse menos turbio algo o un líquido.

aclimatación *s. f.* Acción y efecto de aclimatarse.

aclimatar *t.* y *pr.* Hacer que algo o alguien, en especial un ser vivo, se acostumbre a un medio diferente.

acné *s. m.* Enfermedad que consiste en la inflamación de las glándulas sebáceas.

acobardado, da *adj.* Que da muestras de cobardía, pusilánime, temeroso.

acobardar *t.* Provocar miedo. || *intr.* y *pr.* Sentir miedo.

acocil *s. m. Méx.* Especie de pequeño camarón comestible de agua dulce.

acogedor, ra *adj.* Que acoge. || Agradable, tranquilo.

acogida *s. f.* Recibimiento. || Hospitalidad que ofrece una persona o un lugar.

acólito *s. m.* En la Iglesia católica, persona o monaguillo que, sin ser sacerdote, oficia como ayudante en el altar. || Persona que depende o sigue a otra.

acomedirse *pr.* Prestarse de buena gana a hacer un servicio. *Los muchachos se acomidieron a limpiar la casa después de la fiesta.*

acometer *t.* Atacar, embestir. || Emprender algo.

acomodado, da *adj.* Colocado. *Tienen libros acomodados en la mesa.* || Se dice de quien tiene buena posición económica. *Se trata de una acomodada familia de comerciantes.*

acomodar *t.* y *pr.* Colocar a una persona o cosa en un sitio conveniente o cómodo. || Poner orden. || *pr.* Adaptarse o avenirse a algo.

acomodo *s. m.* Acción de acomodar o acomodarse. || Sitio adecuado para vivir. *Están en busca de un acomodo cercano a su trabajo.* || Ocupación o empleo. *Encontró acomodo como asistente administrativo.*

acompañado, da *adj.* Que tiene compañía.

acompañamiento *s. m.* Acción de acompañar o acompañarse. || Grupo de personas que acompañan a alguien. || En música, voces o acordes que complementan una melodía.

acompañante *s. com.* Se dice de quien acompaña.

acompañar *t.* Ir o estar en compañía de otra persona. || *fig.* y *fam.* Compartir el sentimiento de otra persona. || En música, apoyar una melodía principal con voz o con un instrumento. || Añadir algo a otra cosa.

acondicionado, da *adj.* Dicho de una cosa, que tiene o no las condiciones adecuadas.

acondicionador, ra *s. m.* Aparato que hace más agradable la temperatura de un espacio. || Sustancia para desenredar el cabello y hacerlo más suave.

acondicionamiento *s. m.* Resultado de acondicionar.

acondicionar *t.* Preparar algo para determinado fin. *Acondicionaré este cuarto para el bebé.* || *Esp.* Climatizar.

acongojar *t.* y *pr.* Sentir angustia intensa. || Provocar angustia intensa.

aconsejable *adj.* Que se puede aconsejar.

aconsejar *t.* Dar consejo. || *pr.* Pedir consejo.

acontecer[1] *intr.* Ocurrir un hecho.

acontecer[2] *s. m.* Cosa que sucede. *El acontecer diario se puede leer en los periódicos.*

acontecimiento *s. m.* Ocurrencia de un acto importante.

acopiar *t.* Juntar muchas cosas para prevenir tiempos de escasez o para hacer subir el precio de un producto. || *fig.* Hacer acopio de una cualidad.

acoplado, da *adj.* Unido, adjunto. || Ajustado, adaptado. || Acostumbrado a una nueva situación.

acoplamiento *s. m.* Acción y efecto acoplar o acoplarse.

acoplar *t.* y *pr.* Unir dos piezas. || Trabajar de manera coordinada dos o más personas. || Formar yuntas o parejas. || Aparear.

acorazado, da *adj.* Que está protegido por una coraza. || *s. m.* Buque de guerra blindado.

acorazar *t.* Blindar, poner planchas de acero. || Proteger, poner defensas.

acordar *t.* Establecer algo de común acuerdo. || Decidir. || Conciliar. || *pr.* Recordar. *Nos acordamos de aquellos años felices.*

acorde[1] *adj.* Conforme, de acuerdo con algo. || Bien ajustado, a tono.

acorde[2] *s. m.* En música, conjunto de tres o más notas que combinan armónicamente.

acordeón *s. m.* Instrumento musical de viento que consiste en un fuelle con dos extremos en los que hay, en uno, botones y, en el otro, un teclado. || *Cub., Amér. C.* y *Méx.* Papel con apuntes para hacer trampa en un examen.

acorralar *t.* Meter al ganado en un corral. || Cercar a alguien para que no pueda escapar. || Vencer a alguien en una discusión.

acortar *t.* y *pr.* Cortar o reducir algo. || Cortar camino.

acosado, da *adj.* Que sufre acoso, asediado.

acosar *t.* Perseguir a una persona o animal sin darle tregua. || Pedir favores sexuales aprovechando la jerarquía laboral.

acoso *s. m.* Persecución implacable de una persona o animal. || Hostigamiento que hace una persona a otra, generalmente para obtener favores sexuales. *El acoso cibernético está extendiéndose.*

acostar *pr.* Tenderse o tumbarse en algún lugar para dormir.

acostumbrar *t.* Repetir una acción hasta que se hace costumbre. *Acostumbraba leer antes de dormir.* || *pr.* Adaptarse a un lugar. *Todavía no se acostumbra al frío de Inglaterra.*

acotación *s. f.* Señal para delimitar un terreno. || Observación puesta en un escrito.

acotamiento *s. m.* Señalamiento de límites en un terreno. || Restricción o limitación para realizar algo o para usarlo. || *Méx.* Espacio a los lados de la carretera que la separa de la cuneta.

acotar *t.* Señalar los límites de un terreno. || Reservar o limitar el uso o realización de algo. || En matemáticas, condicionar la extensión de un conjunto. || Poner notas u observaciones en un texto. || Poner en un plano o croquis números para indicar las dimensiones de los elementos que contiene.

acre *adj.* Olor o sabor penetrante, picante y desagradable. || *fig.* Carácter poco amable o lenguaje áspero. || *s. m.* Antigua medida inglesa de superficie.

acrecentar *t.* y *pr.* Aumentar, hacer mayor.

acreditar *t.* Probar algo. *Acreditó su identidad con su pasaporte.* || Demostrar con un documento el permiso de alguien para realizar una actividad o labor. *Su credencial lo acredita como diplomático.* || Dar o tener fama o reputación.

acreedor, ra *adj.* Que merece algo, bueno o malo. || *s.* Persona a la que se le debe dinero.

acribillar *t.* Hacer heridas, picaduras o agujeros en el cuerpo. || *fam.* Molestar a alguien con insistencia.

acrisolar *t.* Limpiar los metales en el crisol. || Purificar.

acritud *s. f.* Sabor u olor desagradable que produce sensación de aspereza o picor. || Falta de amabilidad. *Sólo sabía responder con acritud.* || Endurecimiento o fragilidad de algunos metales cuando se trabajan en frío.

acrobacia *s. f.* Ejercicio que realiza un acróbata. || *pl.* Ejercicio que realiza un avión en el aire.

acróbata *s. com.* Persona que realiza acrobacias.

acrobático, ca *adj.* Relativo a la acrobacia y a los acróbatas.

acrónimo *s. m.* Sigla que se pronuncia como palabra. *OTAN es un acrónimo de las letras iniciales de Organización del Tratado del Atlántico Norte.* || Palabra formada por dos o más elementos de otras. *Pemex es un acrónimo de Petróleos Mexicanos.*

acrópolis *s. f.* En las antiguas ciudades griegas, sitio alto y fortificado, donde además había templos.

acta *s. f.* Documento oficial en que se asienta y certifica algo. *Para el trámite, entregaron una copia de su acta de matrimonio.* || En derecho, registro de un proceso judicial.

actinio *s. m.* Elemento químico radiactivo, metal perteneciente al grupo de las tierras raras; su número atómico es 89 y su símbolo Ac.

actitud *s. f.* Postura del cuerpo con la cual se expresa una cierta disposición o forma de actuar.

activar *t.* y *pr.* Poner en funcionamiento un aparato o mecanismo. *El paso del intruso activó la alarma.* || Hacer más vivo o intenso. *Con el aumento de la producción se activaron las exportaciones.*

actividad *s. f.* Estado de lo que se mueve, actúa o se encuentra en funcionamiento. || *loc. En actividad:* que se encuentra actuando.

activismo *s. m.* Actitud de entrega intensa a una causa, por lo general política.

activo, va *adj.* Que hace algo, que está en funcionamiento. || Que actúa con prontitud. || En física, que es un material radiactivo. || En gramática, que implica acción. || *loc. En activo:* que todavía trabaja.

acto *s. m.* Acción. || En una obra de teatro, cada una de las partes en que se divide. || Ceremonia pública. ‖ *loc. Acto de presencia:* ir a un lugar por puro compromiso y retirarse en seguida. ‖ *Acto seguido:* el que ocurre inmediatamente después de algo.

actor, triz *s.* Persona que interpreta un papel en una obra de teatro o en el cine.

actuación *s. f.* Resultado de actuar real o ficticiamente.

actual *adj.* Que ocurre en el momento que hablamos o en el presente. ‖ Que está actualizado o a la moda.

actualidad *s. f.* Tiempo presente. *En la actualidad sabemos más cosas que antes.* ‖ Noticia fresca o de moda.

actualización *s. f.* Puesta al día respecto a una materia o profesión. *Los cursos de actualización permiten obtener ascensos.* ‖ Programa de internet con la versión más reciente.

actualizar *t. y pr.* Renovar. ‖ Bajar un programa de internet con las últimas actualizaciones.

actuar *intr.* Realizar una persona o cosa acciones propias de su condición o naturaleza. *El extracto de esa planta actúa como diurético.* ‖ Representar un papel en una dramatización. *Juan actuará como el rey en la obra de teatro.*

acuarela *s. f.* Técnica pictórica en la que se emplean pigmentos diluidos con agua. ‖ Obra realizada con esta técnica. ‖ Pintura soluble al agua para realizar esta técnica.

acuario[1] *s. m.* Tanque de vidrio donde se cultivan especies acuáticas. ‖ Instalación donde se exhiben diversas especies acuáticas.

acuario[2] *adj. y s. inv.* Dicho de una persona que nació bajo este signo, entre el 21 de enero y el 21 de febrero.

acuartelar *t.* Reunir a la tropa en un cuartel y mantenerla en él. *El general acuarteló a los soldados tres días antes del desfile.*

acuático, ca *adj.* Perteneciente o relativo al agua. ‖ Que vive en el agua. *Los animales acuáticos que más me intrigan son las medusas.*

acuatizaje *s. m.* Acción y efecto de acuatizar.

acuchillar *t.* Herir o matar con un cuchillo o con otra arma de hoja de hierro o acero. ‖ Raspar y pulir el suelo de madera para barnizarlo.

acuciar *t.* Estimular a alguien para que se apure. ‖ Inquietar.

acuclillarse *pr.* Ponerse en cuclillas.

acudir *intr.* Ir alguien a un lugar, especialmente si ha sido llamado. ‖ Recurrir a alguien o a algo con un propósito. ‖ Venir algo a la memoria.

acueducto *s. m.* Canal artificial para llevar agua de un lugar a otro.

acuerdo *s. m.* Cosa que se acuerda o decide entre una o varias personas. ‖ Resolución que toma un tribunal o alguna institución. ‖ Relación armoniosa entre las cosas. ‖ *loc. De acuerdo:* aceptar, decir que sí. ‖ *De acuerdo con:* según.

acuífero, ra *adj. y s.* Que se relaciona con el agua. ‖ Que lleva agua. ‖ Manto subterráneo de agua.

acullá *adv.* En un lugar alejado del hablante.

acumulable *adj.* Que se puede acumular.

acumulador, ra *adj. y s.* Que se dedica a acumular. ‖ *s. m.* Aparato que sirve para acumular energía.

acumular *t.* Juntar y amontonar poco a poco cosas, animales o personas. ‖ Juntar una cosa a otra para sumar sus efectos.

acumulativo, va *adj.* Que es resultado de la acumulación.

acunar *t.* Mecer a un bebé en la cuna o en los brazos para que se duerma.

acuñación *s. f.* Acción y efecto de acuñar.

acuñar[1] *t.* Imprimir monedas o medallas por medio de un cuño o troquel. ‖ Fabricar monedas. ‖ Crear una frase o expresión nueva.

acuñar[2] *t.* Poner cuñas. ‖ Encajar una cosa en otra.

acuoso, sa *adj.* Semejante al agua. ‖ Que tiene mucha agua o líquido. ‖ Se dice de la fruta que tiene mucho jugo.

acurrucarse *pr.* Encogerse con el fin de resguardarse.

acusación *s. f.* Acción de acusar. ‖ En derecho, imputación de un delito.

acusado, da *adj.* Que destaca por algo. *Su acusada nariz siempre permitía verlo de lejos.* ‖ *s.* Persona a la que han acusado de haber cometido un delito.

acusador *adj. y s.* Persona que acusa a otra.

acusar *t.* Señalar a alguien como autor de un delito. ‖ Avisar que se recibió una comunicación. *La secretaria acusó recibo de la carta del jefe.* ‖ En derecho, presentar los cargos y las pruebas contra un acusado.

acústica *s. f.* Parte de la física que trata de los sonidos.

acústico, ca *adj.* Que se relaciona con la acústica. ‖ Que se relaciona con el oído. ‖ Que permite la propagación del sonido. *El auditorio nunca tuvo buena acústica.*

adalid *s. m.* Jefe militar, caudillo. ‖ Guía o cabeza de una escuela de pensamiento o de una causa.

adaptación *s. f.* Acción y efecto de adaptar o adaptarse. ‖ Versión de una obra artística o literaria para ser reproducida en un medio diferente al original.

adaptador, ra *adj.* Que adapta. ‖ *s. m.* Aparato o dispositivo para acoplar el funcionamiento de elementos de distinta capacidad o funciones.

adaptar *t. y pr.* Hacer lo necesario para utilizar de manera diferente una cosa con un uso determinado. *Para recibir al huésped adaptaremos el estudio como dormitorio.* ‖ Ajustar una cosa a otra para que juntas puedan desempeñar una función. *Como es de muy baja estatura, adaptó el asiento y los pedales de su auto para conducir.* ‖ Acomodarse a un lugar o circunstancia. *Le costará trabajo adaptarse a vivir en pareja.*

adecuación *s. f.* Acción y efecto de adecuar.

adecuado, da *adj.* Apropiado a algo, conveniente.

adecuar *pr.* Acomodar algo para que se ajuste a otra cosa.

adefesio *s. m.* Feo, raro.

adelantar *t. y pr.* Mover algo o moverse uno hacia delante. ‖ Tener ventaja sobre algo o alguien. ‖ Anticipar, ocurrir algo antes de lo previsto. ‖ Progresar. ‖ Llegar antes o hacer algo antes que los demás.

adelante *adv.* Hacia el frente, más allá. ‖ Después de la preposición «en» o el adverbio «más», indica tiempo futuro. *En adelante, hay que avisar antes de salir.* ‖ *interj.* Se usa para señalar que alguien puede entrar o continuar con algo.

adelanto *s. m.* Acción de adelantar. ‖ Progreso o avance. *El telescopio representó un gran adelanto científico.* ‖ Anticipo de algo, especialmente de dinero.

adelfa *s. f.* Arbusto venenoso de hojas largas o la flor de éste.

A

adelgazar *intr*. Perder peso. ‖ Dejar con menor tamaño. ‖ Hacer parecer más delgado. ‖ *Méx*. Diluir una sustancia.

ademán *s. m*. Movimiento del cuerpo, en especial de la cabeza o de las manos, que expresa una intención o un estado de ánimo. ‖ Postura que indica un estado de ánimo. ‖ *pl*. Modales de una persona. ‖ *loc. En ademán de:* con una postura determinada.

además *adv*. Expresa la idea de algo más. ‖ *loc. Además de:* aparte, encima de.

adenoides *s. f. pl*. Desarrollo excesivo del tejido situado en la parte posterior de la nariz.

adentrarse *pr*. Penetrar en el interior de algo.

adentro *adv*. En lo interior. *Los especialistas deliberan adentro de la sala de conferencias.*

adepto, ta *adj. y s*. Que es afín o partidario de una persona o una idea. ‖ Que pertenece a una secta.

aderezar *t*. Arreglar, componer con esmero. ‖ Guisar. ‖ Condimentar, utilizar determinado elemento para mejorar un sabor. ‖ Preparar algo para su uso.

aderezo *s. f*. Acción de aderezar. ‖ Aquello con lo que se adereza. ‖ Condimento.

adeudar *t*. Deber algo.

adeudo *s. m*. Acción y efecto de adeudar. ‖ Deuda.

adherencia *s. f*. Cualidad de adherente ‖ Cosa agregada. ‖ En física, resistencia a que algo se deslice.

adherir *t*. Unir algo a una cosa mediante un pegamento. ‖ *intr*. o *pr*. Pegarse algo a otra cosa. ‖ Estar de acuerdo con algo. *Se adhirió al grupo que protesta por la deforestación.* ‖ Afiliarse a algún partido político. *Se adhirió al partido en el poder.*

adhesión *s. f*. Acción y efecto de adherir o adherirse. ‖ Adherencia. ‖ En física, fuerza de atracción que une las moléculas.

adhesivo, va *adj*. Que tiene la facultad de adherirse. ‖ *s. m*. Pegamento. ‖ Aglutinante. ‖ Calcomanía. ‖ *loc. Cinta adhesiva:* listón de papel, plástico o tela con adhesivo por uno de sus lados.

adicción *s. f*. Dependencia química de un organismo por ingerir sustancias nocivas. ‖ Afición desmedida a una actividad.

adictivo, va *adj*. Que produce adicción.

adiestrado, da *adj*. Que sabe hacer algo muy bien. ‖ Se dice del animal al que se le enseñaron determinadas conductas.

adiestramiento *s. m*. Resultado de adiestrar. ‖ Conjunto de técnicas y métodos para adiestrar o capacitar a alguien.

adiestrar *t*. Enseñar, capacitar a alguien. ‖ Enseñar o domesticar un animal.

adinerado, da *adj*. Que posee mucho dinero.

adiós *interj*. Se usa para despedirse. *¡Adiós! Regreso a mi país.* ‖ *s. m*. Despedida, fin de algo. *Le di el adiós a los años escolares.*

adiposidad *s. f*. Acumulación de grasa en alguna parte del cuerpo.

adiposo, sa *adj*. Que contiene grasa.

aditamento *s. m*. Elemento que se agrega a algo para modificarlo.

aditivo, va *adj*. Que puede o debe agregarse. ‖ *s. m*. Sustancia que se agrega a otra para mejorar sus cualidades.

adivinanza *s. f*. Acertijo o enigma que se dice para que alguien lo resuelva.

adivinar *t*. Predecir el futuro. ‖ Descubrir, mediante deducciones, algo ignorado u oculto. ‖ Acertar en el resultado de un acertijo o enigma. ‖ Alcanzar a percibir o vislumbrar algo.

adivino, na *s*. Persona que adivina.

adjetivar *t*. Emplear adjetivos para calificar algo o a alguien. ‖ Hacer que una palabra que no es adjetivo, funcione como si lo fuera.

adjetivo, va *adj*. Que es secundario, que no resulta esencial. ‖ Que califica o determina. ‖ *s. m*. En gramática, palabra que acompaña a un sustantivo o nombre y dice algo sobre él; concuerda con él en género y número; hay adjetivos calificativos (expresan cualidades, defectos o características que sirven para describir al sustantivo) y adjetivos determinativos (modifican al sustantivo sin describirlo).

adjudicar *t*. Atribuir o asignar algo a alguien o a otra cosa. ‖ *pr*. Apropiarse.

adjuntar *t*. Mandar algo junto con otra cosa.

adjunto, ta *adj. y s*. Que está unido a otra cosa. ‖ Que trabaja ayudando al titular.

adminículo *s. m*. Objeto pequeño que se carga para ayudarse en una tarea.

administración *s. f*. Dirección y manejo de una entidad o cosa. ‖ Oficina gubernamental especializada. ‖ Despacho del administrador. ‖ Suministro de un medicamento. ‖ *loc. Administración pública:* conjunto de dependencias que se encargan de los asuntos del Estado.

administrador, ra *adj*. Que administra. *Pusieron una máquina administradora de toallas de papel.* ‖ *s*. Persona encargada de administrar bienes ajenos. *El administrador de la hacienda fue despedido.*

administrar *t*. Gobernar un país. ‖ Dirigir una institución pública o una empresa privada. ‖ Organizar los bienes propios. ‖ Graduar o dosificar algo para obtener mayor rendimiento. ‖ En el catolicismo, dar un sacramento. *Le administraron la extremaunción.* ‖ *pr*. Dar o aplicar un medicamento. *Se le administraron algunos analgésicos.*

administrativo, va *adj*. Que se relaciona con la administración. ‖ *s*. Persona que trabaja en la administración.

admirable *adj*. Que provoca admiración.

admiración *s. f*. Emoción que causa una cosa o una persona por alguna característica extraordinaria. ‖ Frase admirativa. ‖ Signo ortográfico que se pone al principio (¡) y al final (!) de una interjección, una frase exclamativa o un enunciado que expresa sorpresa, queja o algún otro estado de ánimo.

admirado, da *adj*. Que se admira.

admirador, ra *adj. y s*. Que admira.

admirar *t*. Sentir admiración. *Lo admiraron por tantos edificios nuevos y muy bien diseñados.* ‖ Provocar sorpresa. *Cuando llegué al lugar, me admiró la imponencia de la catarata.* ‖ Experimentar una gran estimación por algo o alguien. *Todos admiran a los que participaron en el rescate de las víctimas.* ‖ *loc. Ser de admirar:* avalar algo digno de admiración.

admirativo, va *adj*. Que conlleva o expresa admiración.

admisible *adj*. Que puede admitirse.

admisión *s. m*. Acción y efecto de admitir. ‖ *loc. Derecho de admisión:* facultad por la que algún establecimiento público limita la entrada en él.

admitir *t.* Dar cabida. *La sala de espectáculos admite 500 espectadores.* || Aceptar. *Es necesario admitir los propios errores.* || Permitir. *La nueva computadora admite la conexión de muchos aditamentos.* || Tomar algo que se da. *No se admiten propinas.*

ADN *s. m.* Siglas de ácido desoxirribonucleico.

adobar *t.* Curtir los cueros de animales con determinada preparación. || Poner la carne en adobo.

adobe *s. m.* Ladrillo artesanal hecho de barro.

adobo *s. m.* Mezcla que sirve para curtir cueros. || Salsa que sirve para ablandar y condimentar las carnes.

adocenado, da *adj.* Muy común y corriente, del montón.

adolecer *intr.* Sufrir una enfermedad recurrente o habitual.

adolescencia *s. f.* Etapa de la vida que va del fin de la niñez al inicio de la edad adulta. *La adolescencia se extiende aproximadamente de los 12 a los 18 años.*

adolescente *s. com.* Persona que se halla en la adolescencia.

adolorido, da *adj.* Que padece un dolor físico o emocional. *Ayer fuimos adonde venden cerámica.*

adonde *adv.* Señala parte o lugar al que alguien o algo se dirigen. *Ayer fuimos adonde venden cerámica.*

adónde *adv.* A qué parte o lugar. *¿Adónde pongo la nueva lámpara?*

adopción *s. f.* Acción de adoptar. *La adopción de mejores hábitos te beneficiará.* || En derecho, creación de parentesco civil entre dos personas mediante un acto jurídico. *El abogado dijo que ya están listos los papeles para la adopción del bebé.*

adoptar *t.* Tomar como hijo, por medios legales, a alguien que no se engendró. || Hacer propios pensamientos, costumbres, doctrinas o métodos que provienen de otras personas. || Aplicar un acuerdo o resolución. || Empezar a tener o adquirir una forma o actitud.

adoptivo, va *adj.* Que es adoptado o ha sido adoptado por alguien. || Que se considera como si fuera propio.

adoquín *s. m.* Piedra plana cortada en cuadros o rectángulos y usada para cubrir calles o pisos.

adoquinado, da *adj.* Hecho de adoquines. *Las calles adoquinadas son características de los pueblos.* || *s. m.* Acción de adoquinar. || Suelo cubierto de adoquines.

adoquinar *t.* Cubrir el suelo con adoquines.

adorable *adj.* Que inspira cariño y simpatía.

adoración *s. f.* Acción de adorar.

adorador, ra *adj.* Se aplica al que adora. || Persona que se muestra enamorada de otra.

adorar *t.* Venerar y mostrar respeto por algo o alguien que es considerado divino. *Los antiguos egipcios adoraban a muchos dioses.* || Gusto excesivo por algo. *Ella adora las novelas fantásticas.* || Sentir amor intenso por alguien. *Adoraba a sus hijos más que a nada.*

adormecer *t.* y *pr.* Hacer que alguien se duerma. || Quedarse medio dormido. || Quedar insensible una parte del cuerpo. *Le aplicaron la anestesia y las piernas se le adormecieron.*

adormidera *s. f.* Planta de cuyo fruto se extrae el opio.

adormilarse *pr.* Quedarse medio dormido.

adornar *t.* y *pr.* Llenar de adornos. *El salón para la fiesta se adornó con globos.* || Servir de adorno. *Las luces de colores adornarán el árbol de Navidad.* || Adjudicar a una persona muchas cualidades. *La virtud y la modestia adornan su carácter.*

adorno *s. m.* Cosa que sirve para embellecer un lugar, una persona. || *loc. De adorno:* que no sirve para nada.

adquirir *t.* Obtener algo por méritos propios. *Los viajes le hicieron adquirir cultura.* || Comprar algo. *Leonora adquirirá ese departamento.*

adquisición *s. f.* Acción de adquirir. || Cosa adquirida.

adrede *adv.* Con intención deliberada.

adrenalina *s. f.* En biología, hormona segregada por las glándulas suprarrenales que constriñe los vasos sanguíneos.

aduana *s. f.* Oficina estatal que registra las mercancías que entran y salen de un país y cobra impuestos por ello. || Impuesto que se paga por sacar o traer mercancías a ese país.

aducir *t.* Presentar pruebas o argumentos. *Aunque adujo inocencia, lo condenaron.*

adueñarse *pr.* Apoderarse una persona de algo que no le pertenece. || Apoderarse algo de una persona o cosa.

adulación *s. f.* Acto de decir algo que halague a otro, generalmente para ganarse su favor.

adular *t.* Halagar demasiado a alguien, generalmente para predisponerlo a nuestro favor o conseguir algo.

adulterar *t.* y *pr.* Alterar la composición de algo mezclándole sustancias ajenas a su naturaleza. || Falsear.

adulterio *s. m.* Relación sexual entre una persona casada y otra que no es su cónyuge.

adúltero, ra *adj.* Que comete o se relaciona con el adulterio.

adulto, ta *adj.* Que es propio de la edad adulta. || Que ha alcanzado madurez plena. || *s.* Persona que ha llegado a su grado máximo de desarrollo físico. || Animal o planta que ha llegado a su capacidad reproductiva.

advenedizo, za *adj.* Forastero, persona ajena a un lugar que llega para establecerse en él. || *desp.* Se dice de quien, sin contar con la calidad para ello, busca acceder a grupos de mayor poder o nivel social que el suyo.

adventista *adj.* Se dice del credo protestante que espera el segundo advenimiento de Cristo. || *s. com.* Persona que practica esa religión.

adverbio *s. m.* En gramática, clase de palabra dentro de la oración que tiene como función modificar directamente al verbo (*Caminó mucho*), al adjetivo (*La clase estuvo muy interesante*) o a otro adverbio (*Llegó bastante lejos*); hay adverbios de lugar, de modo, de tiempo, de cantidad, de afirmación, de negación, de duda, interrogativos y relativos.

adversario, ria *adj.* Que es enemigo o contrario en una competencia, una pelea, una guerra o en una forma de pensar. || *s. m.* Grupo de personas enemigas o contrarias.

adversidad *s. m.* Cualidad de adverso. || Dificultad o desgracia. || Situación difícil, contraria, de mala suerte para alguien.

advertencia *s. f.* Llamada de atención. || Nota breve donde se advierte algo al público. || Nota en una publicación donde se advierte algo al lector.

advertir *t.* Fijar la atención en algo. *El vigía advirtió tierra antes que los demás.* ‖ Aconsejar, prevenir. *Me advirtieron que no hablara con esa señora.*

adyacente *adj.* Que está junto o pegado a algo.

aéreo, a *adj.* Perteneciente al aire. ‖ De aire. ‖ De poco peso. *Este material es tan aéreo que se diría que flota.* ‖ En biología, se dice del ser vivo que vive en contacto con el aire. *Los perros son animales aéreos.*

aerodinámico, ca *adj.* Se dice del cuerpo cuya forma reduce la resistencia del aire.

aeródromo *s. m.* Terreno acondicionado para el aterrizaje y despegue de aviones. *En un aeródromo no hay las mismas instalaciones que en un aeropuerto.*

aeromoza *s. f. Amér.* Mujer encargada de atender a los pasajeros, tanto en el mostrador como en el transporte en sí, ya sea autobús, avión o tren.

aeronáutica *s. f.* Ciencia que se ocupa del funcionamiento, la fabricación y operación de los aparatos de navegación aérea.

aeronave *s. f.* Vehículo capaz de volar navegando por la atmósfera.

aeropuerto *s. m.* Conjunto de instalaciones y pistas destinadas a controlar y dar servicio al tráfico aéreo.

aerosol *s. m.* Suspensión de partículas pequeñísimas en un líquido que se envasa a presión en un recipiente para proyectarla en forma de rocío muy fino.

afable *adj.* Que es amable y agradable en el trato con los demás.

afamado, da *adj.* Que es muy conocido, muy famoso.

afán *s. m.* Deseo muy grande. ‖ Interés y esfuerzo para hacer algo. ‖ *pl.* Trabajo duro o penoso.

afanador, ra *adj.* y *s.* Que afana. ‖ *Méx.* y *Nic.* Persona encargada de la limpieza de un lugar.

afear *t.* y *pr.* Hacer o poner fea una cosa o persona. *Ese gesto le afea el semblante.*

afección *s. f.* Afecto. ‖ Afición. *Su afección a las carreras de caballos lo llevó a la ruina.* ‖ En medicina, enfermedad. *Padece una afección pulmonar.*

afectar *t.* Perder sencillez y naturalidad. ‖ Perjudicar. ‖ Causar determinada impresión en una persona. ‖ Fingir algo que no es cierto.

afectividad *s. f.* En psicología, conjunto de los sentimientos y las emociones de una persona. ‖ En psicología, tendencia a reaccionar con emotividad.

afectivo, va *adj.* Relativo al afecto. ‖ Que se relaciona con los demás con mucha afectividad.

afecto *s. m.* Cada uno de los sentimientos que nos dominan, en especial el de amor o cariño.

afecto, ta *adj.* Que se inclina por algo o por alguien. ‖ Que está destinado a trabajar en determinada dependencia.

afectuoso, sa *adj.* Propenso a sentir afecto.

afeitar *t.* y *pr.* Arreglar, embellecer. ‖ Cortar el pelo a ras de la piel.

aferrar *t.* y *pr.* Asir algo con fuerza. ‖ Insistir una y otra vez sobre una misma idea.

afianzar *t.* y *pr.* Dar a algo firmeza y estabilidad, asegurar. *El carpintero afianzó las patas de la silla.* ‖ Afirmar o consolidar. *La práctica ha afianzado sus conocimientos de computación.* ‖ Expedir o adquirir un documento mediante el cual se garantiza que se cumplirá una obligación. *El exportador se afianzó para garantizar a sus clientes que si no cumple, los indemnizará.*

afición *s. f.* Gusto o apego por alguien o algo. ‖ Conjunto de personas que comparten el interés por alguna actividad.

aficionado, da *adj.* y *s.* Que siente afición por algo. *Es aficionado a dar una caminata después de comer.* ‖ Se dice de quien, sin ser experto ni profesional en ello, practica una actividad. *Doña Rosa es jardinera aficionada.* ‖ Asistente asiduo a un espectáculo. *Compra con tiempo el boleto para el concierto, pues los aficionados agotan las entradas.*

aficionar *t.* y *pr.* Hacer que alguien tome gusto por algo, o adquirir ese gusto.

afilar *t.* Sacar filo a un arma cortante o a un instrumento como un lápiz. ‖ *pr.* Disminuir el grosor de la cara, la nariz o los dedos.

afín *adj.* Próximo. ‖ Que tiene afinidad. ‖ *s. m.* Pariente por afinidad.

afinar *t.* Hacer que una cosa sea más precisa. ‖ Hacer que una cosa sea más fina. ‖ Mejorar los modales de una persona. ‖ Poner a tono un instrumento musical.

afinidad *s. f.* Parecido entre dos cosas o dos personas. ‖ Relación de parentesco que se establece con la familia del cónyuge. *Mi cuñado, el hermano de mi esposo, es pariente por afinidad.*

afirmación *s. f.* Palabra o gesto que sirve para afirmar. *¡Sí!, gritó en señal de afirmación y además levantó el pulgar hacia arriba.* ‖ Refuerzo de una idea. *Su lucha era por la afirmación de los derechos de la mujer.*

afirmar *t.* y *pr.* Dar firmeza a algo. *Tuvieron que usar contrafuertes para afirmar los muros.* ‖ Asegurar, dar por cierto. *Afirmamos que lo dicho es la verdad.*

afirmativo, va *adj.* Que conlleva afirmación.

aflicción *s. f.* Efecto de afligir o afligirse.

afligir *t.* Causar sufrimiento o molestia física. *A su tía la aflige una enfermedad muy dolorosa.* ‖ Provocar tristeza. *Los recuerdos de la mala experiencia lo afligen.* ‖ *pr.* Preocuparse, inquietarse. *Se aflige sólo de pensar que mañana lo pondrán a prueba.*

aflojar *t.* y *pr.* Poner algo más flojo. ‖ *intr.* Hacer algo con menos entusiasmo.

aflorar *intr.* Aparecer en la superficie de la tierra el filón de un mineral. ‖ *fig.* Empezar a salir diferencias de opinión. *En la junta afloraron viejos resentimientos.*

afluir *intr.* Acudir en mucha cantidad a un lugar. ‖ Desembocar un arroyo en un río.

afonía *s. f.* Carencia transitoria de voz.

afónico, ca *adj.* Que se quedó momentáneamente sin voz. *Quedaron afónicos de tanto gritar el gol.*

aforo *s. m.* Acción y efecto de aforar. ‖ Cantidad de personas que caben en un recinto para espectáculos.

afortunado, da *adj.* Que tiene buena suerte o fortuna. ‖ Feliz, venturoso. *Aquella fue una ocasión afortunada.* ‖ Acertado, oportuno. *Sus comentarios fueron muy afortunados.*

afrenta *s. f.* Deshonra, vergüenza. *El comportamiento de ese juez era una afrenta, y lo obligaron a renunciar.* ‖ Insulto, dicho o hecho que ofende.

africano, na *adj.* y *s.* Perteneciente o relativo a África.

afroantillano, na *adj.* y *s.* Que tiene características africanas y antillanas.

afrontar *t.* Poner algo o a alguien frente a otra cosa u otra persona. ‖ No evitar una situación difícil o actuar con decisión frente a ella.

afta *s. f.* En medicina, pequeña úlcera de color blanco que se forma en la boca o en el aparato digestivo.

afuera[1] *adv.* Fuera. *Puse las sillas afuera, en el patio.*

afuera[2] *interj.* Se usa para que alguien deje libre el paso o un cargo. *¡Afuera!, era el grito que más se oía cuando apareció el alcalde.*

afueras *s. f. pl.* Alrededores de una población. *Su casa está en las afueras de la capital.*

agachar *t.* y *pr.* Bajar una parte del cuerpo. ‖ Encoger todo el cuerpo. ‖ *Amér.* Someterse a la voluntad de otro.

agalla *s. f.* Órgano de los peces y otros animales acuáticos que les sirve para respirar. ‖ *pl.* Valentía, coraje. *No tuvo agallas para enfrentar a su jefa.*

agarradera *s. f.* Asa o mango para agarrar algo.

agarrado, da *adj.* Tacaño.

agarrar *t.* Asir, tomar. ‖ Sorprender. ‖ *intr.* Arraigar una planta. ‖ *pr.* Sostenerse. ‖ Contraer, sufrir. ‖ Reñir.

agarrón *s. m.* Acción de agarrar y tirar con fuerza. ‖ *Amér.* Riña, disputa. *Hubo un agarrón entre vecinos por el uso de las áreas comunes.*

agasajar *t.* Tener muchas atenciones con alguien.

agasajo *s. m.* Acción de agasajar. ‖ Obsequio.

ágata *s. f.* Piedra preciosa formada por capas de varios colores.

agave *s. m.* Planta originaria de México, de hojas gruesas y carnosas terminadas en punta. *Con el agave se hace el tequila y el mezcal.*

agencia *s. f.* Oficina de un agente. ‖ Empresa que da servicios a terceros. ‖ Sucursal de una empresa.

agenciar *t.* y *pr.* Buscar y proporcionar algo a alguien. ‖ Conseguir algo mañosamente.

agenda *s. f.* Cuaderno pequeño en el que se anotan los asuntos pendientes, las citas, etc. ‖ Conjunto de temas que se van a tratar en una junta. ‖ Conjunto de actividades programadas.

agente *adj.* Que actúa de determinada manera. ‖ En gramática, que realiza la acción del verbo. ‖ *s. com.* Persona que trabaja en una agencia. ‖ Persona que sirve en la policía.

ágil *adj.* Que se mueve con rapidez.

agilidad *s. f.* Cualidad de lo que es ágil.

agitar *t.* y *pr.* Mover alguna sustancia de un lado a otro repetidamente. ‖ Incitar públicamente al desorden o la violencia. ‖ Intranquilizar, quitar el sosiego. *Se agita cada vez que piensa en sus deudas.*

aglomeración *s. f.* Acción y efecto de aglomerar. ‖ Reunión de gran cantidad de personas o cosas.

aglomerar *t.* y *pr.* Amontonar, juntar sin orden cosas o personas. *Los niños se aglomeraron alrededor de la piñata.* ‖ Juntar y unir fragmentos con un aglomerante.

aglutinar *t.* y *pr.* Pegar una cosa con otra. ‖ Reunir. *El periódico mural aglutina esfuerzos de profesores y alumnos.*

agobiar *t.* y *pr.* Causar molestia, preocupación o sufrimiento. *Se agobia por cualquier cosa.*

agonía *s. f.* Dolor y sufrimiento que anteceden a la muerte. ‖ Sufrimiento muy intenso.

agonizar *intr.* Entrar en estado de agonía. ‖ Estar a punto de acabar algo. ‖ Sentir una angustia muy grande.

ágora *s. f.* Plaza pública de las antiguas ciudades griegas donde se realizaban asambleas.

agosto *s. m.* Octavo mes del año; tiene 31 días. ‖ *loc. Hacer (alguien) su agosto:* sacar provecho de algo.

agotador, ra *adj.* Que agota.

agotamiento *s. m.* Acción y efecto de agotarse.

agotar *t.* y *pr.* Extraer totalmente el líquido de un lugar. ‖ Consumir todo. *Ya se me agotó la paciencia.* ‖ Cansarse mucho. *Se agotó con la caminata por el bosque.*

agraciado, da *adj.* Que tiene gracia. ‖ Que es atractivo. ‖ Que tiene suerte. *Resultaron agraciados con el premio mayor de la lotería.*

agraciar *t.* Otorgar gracia. ‖ Otorgar atractivo. ‖ Otorgar un premio.

agradable *adj.* Que agrada. ‖ Que es muy delicado en el trato.

agradar *intr.* Gustar. *A Sonia le agrada ir al cine.*

agradecer *t.* Dar las gracias.

agradecido, da *adj.* Que sabe agradecer.

agradecimiento *s. m.* Acto y resultado de agradecer. *Escribió una carta de agradecimiento.*

agrado *s. m.* Manera agradable de tratar a las personas. *Recibió con agrado a la suegra.* ‖ Gusto por algo. *La propuesta fue recibida con agrado por los legisladores.*

agrandar *t.* y *pr.* Hacer algo, o hacerse, más grande. *Agrandaron la ventana para que entrara más luz.*

agrario, ria *adj.* Perteneciente o relativo a la agricultura o los agricultores.

agravar *t.* y *pr.* Empeorar algo. *No se cuidó y se agravó su enfermedad.*

agravio *s. m.* Ofensa o falta de respeto.

agredir *t.* Atacar a alguien con palabras o con golpes.

agregar *t.* Añadir algo a un grupo de personas o cosas. ‖ Añadir palabras a las que ya se dijeron. *Y agregó: «No somos nada».*

agremiar *t.* y *pr.* Asociarse en un gremio. *Los obreros se agremiaron para evitar que los explotaran.*

agresión *s. f.* Ataque que se hace con la intención de provocar un daño físico a una persona.

agresivo, va *adj.* Que tiene tendencia a actuar con violencia. *Tiene un perro agresivo que trata de atacar a todos los visitantes.* ‖ Que ofende o ataca. *Usó expresiones agresivas para mostrar su inconformidad.*

agresor, ra *adj.* y *s.* Que ataca o es violento.

agreste *adj.* Sin cultivar, lleno de maleza. *Nos llevó horas atravesar el campo agreste.* ‖ Que no tiene buenas maneras. *Los modales agrestes del enamorado no fueron obstáculo en su relación.*

agriar *t.* y *pr.* Poner agria una cosa. *El vino se agrió porque lo dejaste destapado.* ‖ Poner agrio el carácter, una situación. *Sus comentarios mordaces sólo agriaron la discusión.*

agricultor, ra *s.* Persona que cultiva la tierra.

agricultura *s. f.* Conjunto de actividades y técnicas para cultivar la tierra.

agridulce *adj.* Se dice de lo que tiene un sabor en el que se mezclan lo dulce y lo agrio.

agrietar *t.* y *pr.* Abrir o abrirse una o varias grietas.

agrio, gria *adj.* Que produce sensación de acidez. *El vinagre hay que usarlo con moderación porque si no da un sabor agrio a la comida.* ‖ Que se puso agrio. *Con el calor, la leche se puso agria.*

agrupación *s. f.* Acción y efecto de agrupar o agruparse. ‖ Conjunto de personas o de cosas agrupadas. *Hoy se reúne la agrupación.*

agrupar *t.* y *pr.* Reunir, formar un grupo con personas o cosas. *En la escuela se agruparon alumnos de varios grados para formar un coro.*

agua *s. f.* Líquido incoloro, transparente, sin olor ni sabor, compuesto de hidrógeno y oxígeno. ‖ Solución de flores, frutos o plantas, o de sus esencias, que se usa en perfumería y medicina. *El agua de rosas refresca la piel.* ‖ Lluvia. *Nos sorprendió el agua, por eso llegamos empapados.* ‖ *pl.* Área del mar cercana a una costa. *El derrame petrolero contaminó las aguas de California.* ‖ *interj. Méx.* Se usa para alertar. *¡Aguas! No te metas por ahí que hay un perro bravo.* ‖ *Hacerse agua a la boca:* antojarse algo tanto, que produce salivación. ‖ *Aguas negras:* las que, sucias a causa de la actividad humana o industrial, son vertidas a los drenajes. ‖ *Méx. Echar aguas:* dar aviso, prevenir.

aguacate *s. m.* Fruto comestible del árbol del mismo nombre, originario de América; su pulpa, de textura suave y sabor delicioso, es verde claro y su cáscara negra o verde oscuro; tiene una gran semilla en el interior.

aguacero *s. m.* Lluvia repentina y abundante, por lo general de poca duración.

aguada *s. f.* Depósito natural de agua. ‖ Agua potable que se tiene para cuando haga falta. ‖ En pintura, técnica en la que el color se mezcla con agua u otros ingredientes, y la pintura elaborada con esta técnica.

aguafiestas *s. com.* Persona aburrida, que echa a perder un momento festivo o de diversión.

aguamanil *s. m.* Jarro con boca en forma de pico para echar agua en un recipiente. ‖ Recipiente parecido a un lavabo pero sin desagüe que se usa para lavarse las manos.

aguamarina *s. f.* Berilo transparente que se usa en la elaboración de joyas.

aguamiel *s. f.* Agua mezclada con miel. ‖ *Amér.* Bebida hecha de agua con caña de azúcar. ‖ *Méx.* Jugo de maguey.

aguantar *t.* y *pr.* Sostener algo para que no se caiga. ‖ Soportar a alguien molesto, latoso. ‖ Durar algo mucho tiempo en buen estado.

aguar *t.* y *pr.* Poner demasiada agua a algo. ‖ Llenarse de agua un lugar. ‖ *fig.* Arruinarse algo. *Cuando el ex novio llegó a la boda, la fiesta se aguó.*

aguardar *t.* Esperar que suceda algo. ‖ Dejar pasar un periodo de tiempo. ‖ *pr.* Detenerse.

aguardiente *s. m.* Bebida destilada con alto contenido de alcohol.

aguarrás *s. m.* Aceite de la trementina usado como solvente.

agudeza *s. f.* Cualidad de agudo o afilado. ‖ Perspicacia. ‖ Ingenio. ‖ Dicho ingenioso. ‖ Intensidad de una enfermedad.

agudizar *t.* Hacer algo agudo. ‖ *pr.* Agravarse una enfermedad.

agudo, da *adj.* Puntiagudo, punzante, afilado. *Con una herramienta de punta aguda abrió un hoyo.* ‖ Ingenioso. *Ante tal barbaridad sólo cabía un comentario agudo.* ‖ Perspicaz. *Nos presumió su oído agudo identificando la fuente de todos los sonidos.* ‖ Se dice de dolores de gran intensidad debido a enfermedades de gravedad. *Una punzada aguda en el pecho anunció el infarto.* ‖ Se aplica a las palabras que tienen el acento prosódico en la última sílaba. *Las palabras «carbón» y «delantal» son agudas.* ‖ En acústica se refiere a los sonidos de alta frecuencia, en contraposición con los graves. *La trompeta tiene un sonido agudo.* ‖ *loc. Ángulo agudo:* ángulo menor a 90º. ‖ *Voz aguda:* familiarmente corresponde al acento o voz chillona, mientras que en música comprende alto y tiple.

aguerrido, da *adj.* Que tiene experiencia en la guerra. ‖ Que es agresivo en su profesión.

aguijón *s. m.* Órgano en punta que tienen algunos insectos en el abdomen; por lo general contiene veneno y con él pican para defenderse. ‖ Punta de hierro de un palo que se usa para aguijonear. ‖ Estímulo. *Usó el aumento de sueldo como aguijón para animar a sus empleados.* ‖ Espina de una planta.

águila *s. f.* Ave rapaz de pico curvo y garras fuertes. ‖ Persona muy aguda. *Es un águila para los negocios.*

aguileño, ña *adj.* Que se parece al pico del águila.

aguilucho *s. m.* Cría del águila. ‖ Ave rapaz sudamericana de cuerpo alargado, semejante a un halcón.

aguinaldo *s. m.* Obsequio que se da con motivo de Navidad o Año Nuevo. ‖ *Amér.* Gratificación o sobresueldo que las empresas dan a sus empleados a fin de año.

aguja *s. f.* Barra de metal corta, delgada y puntiaguda. *Las agujas para coser tienen un ojo para pasar el hilo; las que sirven para inyectar son huecas.* ‖ Manecilla de un reloj o un aparato indicador o medidor. *La aguja de la brújula, del barómetro.* ‖ En botánica, hojas muy delgadas de algunas coníferas. *El suelo del bosque estaba tapizado de agujas de pino.*

agujerar o **agujerear** *t.* Hacer uno o más agujeros en algo.

agujero *s. m.* Orificio, abertura pequeña de forma redondeada. ‖ *loc. Agujero negro:* en astronomía, lugar en el espacio con campo gravitatorio tan denso que absorbe cualquier objeto o radiación cercano.

agujeta *s. f. Amér.* Aguja para tejer. ‖ *Méx.* Cordón delgado para atar los zapatos. ‖ *pl. Esp.* Molestia dolorosa en los músculos debida al exceso de esfuerzo o ejercicio.

agutí *s. m.* Animal mamífero y roedor, del tamaño de un conejo, con orejas y cola pequeñas, patas largas y pelaje entre marrón o anaranjado.

aguzar *t.* Aumentar la capacidad de los sentidos para percibir mejor. *Agucé el oído y logré entender lo que decían.* ‖ Sacar punta a un arma o a otra cosa. ‖ Preparar los animales los dientes y las garras cuando van a comer o a despedazar.

ah *interj.* Palabra que expresa diferentes reacciones, como sorpresa, entendimiento, admiración, duda, etc.

ahí *adv.* En ese lugar. *Estuvo ahí toda la tarde.* ‖ A ese lugar. *Muéstrale ahí.* ‖ *loc. Por ahí:* más o menos. *Comeremos por ahí de las tres.* ‖ *Por ahí:* cerca. *La oficina está por ahí, al final del pasillo.*

ahijado, da *s.* Persona que ha recibido el bautizo, respecto a sus padrinos. ‖ Persona protegida por un padrino.

ahínco s. m. Empeño, dedicación y entusiasmo que se pone en la realización de una tarea. || loc. Con ahínco: con dedicación, con empeño.

ahíto, ta adj. Que está lleno de comida. || Que está fastidiado o abrumado.

ahogar t. y pr. Apretarle la garganta o hundirle la cabeza en agua a una persona o a un animal para privarlo de la vida cortándole la respiración. || Sentir o causar una sensación de ahogo, por ejemplo, en un lugar cerrado o cuando hace mucho calor. || Apagar el fuego con algo diferente del agua. || Saturar un motor de combustible. || Reprimir un sentimiento, un grito, las lágrimas.

ahondar t. e intr. Hacer más honda una cosa. || Hacer un hoyo en un terreno. || Analizar en profundidad un asunto.

ahora[1] adv. En este momento. Quiero ese documento ahora. || Dentro de un rato. Ahora te cuento el chisme. || Hace poco tiempo. Ahora recibí la noticia. || loc. Ahora mismo: en este instante, urgentemente. Ahora mismo te me vas a la cama. || Por ahora: por el momento. Por ahora te quedas, pero si vuelves a hacer lo mismo...

ahora[2] conj. Pero, aunque. No te conviene; ahora, si te gusta, ¡adelante! || loc. Ahora bien: marca un matiz a lo dicho antes. Puedes casarte con él; ahora bien, luego no se vale arrepentirse.

ahorcar t. y pr. Ejecutar o asesinar a una persona colgándola de una cuerda que previamente se ató alrededor del cuello de la víctima. || Apretar el cuello una prenda de vestir. Desabotónate la blusa que se ve que te está ahorcando.

ahorita adv. fam. Ahora mismo. || Amér. C., Ants. y Méx. Después, al ratito.

ahorrador, ra adj. y s. Que ahorra. Los ahorradores protestan por los bajos intereses que perciben.

ahorrar t. y pr. Guardar dinero para necesidades futuras || Evitar gastos superfluos. || Evitar dificultades.

ahorro s. m. Cantidad de dinero que no se gasta y se guarda. || Gasto menor que el normal.

ahuecar t. y pr. Hacer un hueco. || Hacer algo más mullido. || loc. Ahuecar el ala: irse.

ahuehuete s. m. Árbol originario de México; es de tronco ancho y muy alto; tiene hojas perennes y es longevo.

ahumado, da adj. Lleno de humo. || Cocido con humo. || Que tiene olor o sabor a humo.

ahumar t. y pr. Llenar o llenarse de humo. || Cocer un alimento con humo. || Oler o saber a humo. || Despedir humo.

ahuyentar t. Hacer huir a un animal. || Deshacerse de algo que molesta o angustia.

aimara o **aimará** adj. y s. com. Pueblo indígena americano que habita en Bolivia y parte de Perú. || s. m. Lengua que habla este pueblo.

airado, da adj. Indignado, iracundo, enfadado.

aire s. m. Mezcla respirable de gases que forma la atmósfera terrestre. El aire se compone sobre todo de oxígeno y nitrógeno, con pequeñas proporciones de vapor de agua, dióxido de carbono y gases raros. || Viento. El aire estaba tan fuerte que voló la ropa puesta a secar. || Aspecto que presenta una persona o cosa. Entraron a la casa con un aire misterioso. || Semejanza, parecido. El niño tiene un aire a su tío materno. || Desenvoltura y gracia al caminar o moverse. || En música, movimiento lento o rápido con que debe ejecutarse una pieza. || En música, tonada, melodía de una canción.

airear t. Ventilar algo, ponerlo al aire. || fig. y fam. Divulgar algo. || pr. Refrescarse, tomar aire limpio luego de estar encerrado en algún sitio.

airoso, sa adj. Que camina o se mueve con gracia y desenvoltura. || Se usa para referirse al clima o sitio donde hace mucho aire. || loc. Salir airoso: obtener un buen resultado en algo, particularmente una prueba o examen.

aislado, da adj. Dicho de un lugar, que está incomunicado o separado, y de una persona, que no tiene trato con los demás. || Que no es general, sino poco común. Hay casos aislados de gripe en esta escuela.

aislante adj. Que aísla, aplicado a materiales que impiden el paso del calor, el frío o el sonido, o que no conducen electricidad.

aislar t. Separar a una persona o una cosa de otras. Aislaron a la persona infectada para evitar un contagio. || pr. Buscar estar solo, sin comunicación con otras personas. No sé nada de él, se aisló de todos los amigos.

ajá interj. Palabra con la que, en un diálogo, se afirma o confirma lo dicho por el otro. —¿Eras tú? —¡Ajá!, era yo. || Expresa sorpresa o disgusto. ¡Ajá! Tú fuiste quien me quitó la pluma.

ajar t. Maltratar. Me devolvió la revista completamente ajada. || pr. Perder gracia algo o alguien.

ajedrez s. m. Juego de mesa racional y muy complejo en el que dos jugadores mueven 16 piezas, negras o blancas, que representan reyes, peones, etc., en un tablero de 64 cuadros o escaques.

ajeno, na adj. Que es de otra persona. || Que no pertenece a determinado lugar. || Que no sabe que algo va a ocurrir. || Extraño, indiferente.

ajetrear t. Imponer una carga de trabajo excesiva. || pr. Fatigarse por trabajar mucho o moverse de un lado a otro haciendo algo.

ajetreo s. m. Actividad muy intensa, que cansa. Había tanto ajetreo que en realidad nadie podía trabajar en paz.

ají s. m. Esp. y Amér. Merid. Pimiento picante.

ajo s. m. Planta cuyo bulbo, de color blanco, se usa como condimento. || loc. Cabeza de ajo: bulbo del ajo. || Diente de ajo: cada una de las partes del bulbo del ajo. || Estar en el ajo: tener conocimiento de un asunto no del todo legal.

ajolote s. m. Anfibio que habita los lagos de Norteamérica y que se reproduce en estado larvario. || Méx. Renacuajo.

ajonjolí s. m. Planta herbácea de hojas pecioladas, flores acampanadas blancas o rosadas y frutos con muchas semillas oleaginosas y comestibles. || Semillas de esta planta.

ajuar s. m. Conjunto de muebles y enseres de una casa. || Conjunto de muebles y enseres que la mujer aporta a la casa en su matrimonio. || Prendas de vestir de una persona. || Canastilla con ropa y cosas necesarias para un recién nacido.

ajustar t. Hacer que dos o más cosas casen entre sí. || Arreglar, armonizar. || Pagar una deuda. || Acordar un precio. || pr. Hacer que dos cosas convengan entre sí. || Adaptarse una persona a una situación. || Ponerse de acuerdo en lo que es más conveniente.

ajusticiado, da adj. y s. Se dice de la persona a la que se ha aplicado la pena de muerte.

ajusticiar *t.* Matar a alguien en nombre de la justicia.

al *prep.* y *art.* En gramática, contracción de la preposición «a» y el artículo «el». *Fuimos al campo.*

ala *s. f.* Extremidades superiores de las aves y órganos de los insectos que les permiten volar. ‖ Cada una de las extensiones laterales de los aviones que les permiten mantenerse en el aire. ‖ Parte del sombrero que rodea la copa. ‖ Parte lateral de un edificio. ‖ En algunos deportes, jugador que se mueve en los costados de la cancha. ‖ Parte del ejército que se forma a los costados. ‖ Alero. ‖ *loc. Arrastrar el ala:* enamorar o enamorarse.

alabanza *s. f.* Palabra o frase que dice cosas buenas de alguien.

alabar *t.* Decir cosas buenas de alguien. ‖ *pr.* Jactarse.

alabastro *s. m.* Piedra traslúcida, compacta, de color blanco y muy fácil de tallar o esculpir.

alacena *s. f.* Hueco en la pared, con estanterías y puerta, para guardar alimentos u otros objetos. ‖ Mueble para guardar alimentos envasados.

alacrán *s. m.* Arácnido de cuerpo alargado y cola segmentada, la cual termina en un aguijón venenoso. ‖ *fig.* Persona que habla mal de los demás o que tiene malas intenciones.

alado, da *adj.* Que tiene alas. ‖ *fig.* Veloz, ligero.

alambique *s. m.* Aparato utilizado para separar sustancias líquidas por medio del calor.

alambrada o **alambrado** *s.* Muro hecho de alambre asegurado a postes para delimitar un espacio o para impedir la entrada a él.

alambre *s. m.* Metal en forma de hilo flexible pero resistente.

alameda *s. f.* Terreno en donde hay álamos. ‖ Parque o paseo de un pueblo o una ciudad en donde hay álamos.

álamo *s. m.* Árbol de tronco largo y recto, con hojas y ramas abundantes, de madera blanca y resistente.

alarde *s. m.* Ostentación, presunción de algo.

alargado, da *adj.* Que es más largo que ancho. *Su cuerpo proyectaba una sombra alargada.*

alargar *t.* y *pr.* Hacer una cosa más larga. *No alargues tanto el alambre porque se romperá.* ‖ Estirarse. *Alargó el cuello para ver mejor.* ‖ Hacer más larga una explicación o una discusión. *Los conferencistas alargaron la sesión porque no se ponían de acuerdo.*

alarido *s. m.* Grito de dolor. ‖ Grito fuerte.

alarma *s. f.* Señal que avisa de un peligro. *La alarma sísmica no sonó esta vez.* ‖ Mecanismo de un aparato que activa una señal. *La alarma de este reloj despierta a todo el edificio.* ‖ Susto o sobresalto repentino. *El escape de gas causó la alarma de los vecinos.*

alarmante *adj.* Que produce alarma. *Del frente de guerra llegaban noticias alarmantes.*

alarmar *t.* Dar la voz de alarma. ‖ Avisar de un peligro. ‖ Asustar, a veces innecesariamente.

alazán, zana *adj.* Se refiere a un color, algo rojo, o muy parecido al de la canela. ‖ *s.* Un caballo o yegua que tiene ese color de pelo.

alba *s. f.* Amanecer. ‖ *loc. Rayar* o *romper el alba:* empezar a surgir la luz del amanecer.

albacea *s. com.* Persona encargada por el testador o por el juez para ejecutar una herencia.

albahaca *s. f.* Planta con tallos ramosos y velludos, hojas lampiñas y muy verdes, flores blancas, algo purpúreas y muy aromática; se utiliza como condimento.

albanés, nesa *adj.* y *s.* Natural de Albania, país de Europa.

albañil *s. m.* Persona que desempeña el oficio de albañilería.

albañilería *s. f.* Arte de levantar paredes de edificios u otras obras con ladrillos, piedra, cal, arena, yeso, cemento y otros materiales.

albaricoque *s. m.* Fruto casi redondo y con un surco, de color amarillento o encarnado, aterciopelado, de sabor agradable y con hueso liso.

albaricoquero *s. m.* Árbol cuyo fruto es el albaricoque.

albatros *s. m.* Pájaro marino cuyas alas, de gran envergadura, le permiten mantener el vuelo durante mucho tiempo.

albedrío *s. m.* Libertad de actuar según nuestra propia elección. ‖ Antojo, capricho.

alberca *s. f. Méx.* Depósito de agua para nadar.

albergar *t.* y *pr.* Dar albergue. ‖ Servir de albergue. ‖ Abrigar sentimientos. ‖ Contener algo. *El Palacio Nacional alberga las oficinas del presidente.* ‖ Hospedarse en un lugar.

albergue *s. m.* Refugio. ‖ Hotel pequeño. ‖ Orfanatorio. *Construyeron el albergue de menores con donaciones.*

albino, na *adj.* Que padece albinismo. ‖ *s.* Persona que padece albinismo.

albo, ba *adj.* De color blanco.

albóndiga *s. f.* Bola de carne o pescado revuelto con huevos y pan molido; se come cocida o frita.

albor *s. m.* Luz que aparece durante el alba. ‖ *pl. fig.* Origen o inicio de alguna cosa. *En los albores de la civilización surgió la cerámica.*

alborada *s. f.* Tiempo en que amanece.

alborear *intr.* Aparecer la luz del día, despuntar la mañana.

alborotador, ra *adj.* Que alborota a otros o perturba la tranquilidad social.

alborotar *intr.* Producir alboroto con ruido o griterío. ‖ *t.* y *pr.* Inquietar, perturbar.

alboroto *s. m.* Escándalo producido por gritos, risas, etc. ‖ Desorden y confusión producidos por mucha gente. *Los alborotos callejeros alteran el orden público.*

alborozo *s. m.* Alegría y júbilo grandes.

albricias *interj.* Palabra con la que se expresa una gran alegría.

álbum *s. m.* Carpeta o estuche con fundas individuales en donde se pueden colocar fotografías, timbres o estampas para verlos más fácilmente.

albur *s. m.* Azar, casualidad.

alcachofa *s. f.* Planta comestible que se siembra en huertas; hay que raspar sus hojas carnosas, de lo contrario es muy dura y fibrosa. ‖ Artefacto de metal con muchos agujeros por donde sale el agua de la regadera o la ducha.

alcalde, desa *s.* Persona que preside un municipio o gobierna una ciudad.

alcaloide *s. m.* Cada uno de los compuestos orgánicos nitrogenados de carácter básico producidos casi exclusivamente por vegetales.

alcance *s. m.* Capacidad de recorrer un distancia. ‖ Capacidad de obtener o abordar algo. ‖ Grado de importancia. || *pl.* Inteligencia, talento; suele usarse en sentido negativo. || *loc. Al alcance:* asequible, cercano. || *Al alcance de la mano:* muy cercano. || *Dar alcance:* atrapar, conseguir.

alcancía *s. f.* Vasija cerrada, por lo general de barro, con una hendidura para echar monedas que sólo se pueden recuperar rompiendo la vasija.

alcanfor *s. m.* Producto sólido, cristalino, blanco y de olor penetrante, que se obtiene del árbol llamado «alcanforero»; entre otros usos, se emplea en medicina como estimulante cardiaco.

alcantarilla *s. f.* Conducto que corre por debajo de las ciudades para recoger el agua de lluvia y las residuales. || Agujero en el suelo tapado con una reja que sirve para que el agua de lluvia llegue a los conductos correspondientes.

alcantarillado *s. m.* Red de alcantarillas. || Resultado de alcantarillar.

alcanzar *t.* Llegar hasta donde estaba alguien o algo. || Tomar una cosa con la mano. || Obtener algo que se deseaba mucho.

alcaparra *s. f.* Arbusto de flores blancas y grandes. || Yema de las flores de ese arbusto que se come encurtida en vinagre.

alcatraz *s. m.* Flor de un solo pétalo blanco en forma de cono. || Ave marina parecida al pelícano. Es de color blanco con las puntas de las alas negras, y vive en colonias.

alcayata *s. f.* Clavo grueso y largo cuya cabeza forma ángulo recto.

alce *s. m.* Mamífero rumiante similar a un ciervo, pero mucho más corpulento y con cornamenta aplanada. *Los alces habitan en regiones frías como Canadá, Siberia y Escandinavia.*

alcoba *s. f.* Dormitorio grande y espacioso.

alcohol *s. m.* Líquido incoloro de olor penetrante y característico; es volátil e inflamable. || Licor, bebida que contiene alcohol.

alcohólico, ca *adj.* Relativo al alcohol. || Que contiene alcohol. || *s.* Persona con dependencia al alcohol.

aldaba *s. f.* Pieza de metal que se fija en las puertas para llamar golpeándola. || Gancho de hierro que entra en una argolla y sirve para asegurar puertas y ventanas al cerrarlas.

aldea *s. f.* Pequeño núcleo de población sin jurisdicción propia, situado por lo general en áreas rurales.

aldeano, na *adj.* Perteneciente o relativo a la aldea. || *fig.* Rudo, inculto. || *s.* Habitante de una aldea.

aleación *s. f.* Material compuesto de uno o más elementos, de los cuales al menos uno es un metal.

aleatorio, a *adj.* Que depende de la suerte o de causas accidentales. || Relacionado con los juegos de azar.

aleccionar *t.* Impartir lecciones o instrucción. || Enseñar.

aledaño, ña *adj.* Lindante, contiguo. || Terreno en la linde de una ciudad.

alegar *t.* e *intr.* Presentar una prueba en defensa de uno mismo o de alguien.

alegoría *s. m.* Representación de una idea abstracta mediante un objeto con el que tiene cierta relación, ya sea cultural o imaginada por un autor. || Obra artística presentada en esta forma.

alegórico, ca *adj.* Que se relaciona con la alegoría.

alegrar *t.* Dar una alegría. || Pintar o adornar con colores vivos. || *pr.* Sentirse alegre.

alegre *adj.* Que siente, muestra o proporciona alegría. || De color vivo. || *fam.* Que está algo bebido.

alegría *s. f.* Sentimiento que nos hace sentir bien y sonreír. || *Méx.* Dulce elaborado con semillas de amaranto.

alejamiento *s. m.* Acción y efecto de alejar o alejarse.

alejar *t.* y *pr.* Poner algo más lejos o irse una persona más lejos del sitio en que se hallaba. || Ahuyentar. || Apartar.

alelado, da *adj.* Embobado, ido, como lelo. *La mujer miraba alelada un carísimo vestido en el aparador.*

aleluya *interj.* Se utiliza para demostrar júbilo, alegría, alborozo.

alemán, mana *adj.* y *s.* Natural de Alemania, país de Europa. || Perteneciente u originario de Alemania. || Idioma de Alemania y otros países.

alentar *t.* Animar, dar fuerza, aliento, vigor.

alergia *s. f.* Reacción de los organismos en rechazo a determinadas sustancias.

alero *s. m.* Borde sobresaliente en la parte inferior del tejado.

alerón *s. m.* Aleta de algunos peces. || En aeronáutica, aleta móvil en los extremos de las alas de los aviones.

alerta *adv.* Con atención vigilante. *Hay que estar alerta por si la tormenta se convierte en huracán.* || *s. f.* Señal para indicar que se avecina un peligro. || *interj.* Exclamación para poner en guardia a alguien ante algún riesgo.

aleta *s. f.* Apéndice que utilizan los animales acuáticos para moverse. || Cualquier cosa parecida a estos apéndices. || Cada uno de los bordes carnosos situados a los lados de la nariz.

aletargar *t.* y *pr.* Causar letargo, adormecer. *Muchos animales se aletargan cuando hace frío.* || Hacer más lento el ritmo de algo. *Las vacaciones aletargaron a la ciudad.*

aletear *intr.* Mover repetidamente las alas o las aletas. || Mover los brazos como si fueran alas.

alevín *s. m.* Cría de pez.

alevosía *s. f.* Cautela extrema con la que actúa un delincuente para asegurarse de su fin || Traición.

alfa *s. f.* Primera letra del alfabeto griego (Α, α).

alfabetizar *t.* Enseñar a leer y escribir. || Ordenar alfabéticamente.

alfabeto *s. m.* Conjunto de letras de un idioma. || Sistema de signos que sustituye a las letras, como el braille para los ciegos y el morse para los telegramas.

alfalfa *s. f.* Planta que se cultiva para alimentar al ganado.

alfarería *s. f.* Arte y oficio de fabricar vasijas de barro o cerámica. *El origen de la alfarería se remonta al Paleolítico.* || Taller donde se elaboran estos objetos. *En una alfarería los instrumentos principales son los tornos y el horno.* || Establecimiento donde se venden objetos de barro. *Las ciudades de Puebla, Guanajuato y Metepec, en México, son famosas por sus alfarerías.*

alfarero, ra *s.* Persona que se dedica a elaborar o vender objetos de alfarería.

alfil *s. m.* Pieza del juego de ajedrez que se mueve en diagonal.

alfiler *s. m.* Barra de metal muy delgada y corta, con punta en un extremo y cabeza en el otro. || Pieza de joyería que se prende de la ropa como adorno o para sujetar algo. *Un alfiler de diamantes.* ‖ *loc. Prendido con alfileres:* se dice del conocimiento o argumento que no cuenta con bases suficientes.

alfombra *s. f.* Tejido de lana u otros materiales que se pone sobre el piso como protección y adorno.

alga *s. f.* Planta que vive y se desarrolla en el agua o cerca de ella. *Las algas marinas son ricas en nutrientes.*

algarabía *s. f.* Griterío confuso de varias personas que hablan al mismo tiempo. *Había algarabía en el salón de clases.*

algarrobo *s. m.* Árbol de copa extendida que alcanza hasta 10 m de altura; da frutos en forma de vainas. *Con las semillas de los frutos del algarrobo se produce un sustituto de café.*

algazara *s. f.* Ruido de voces producido por un grupo de personas que están alegres.

álgebra *s. f.* Parte de las matemáticas en la que se realizan operaciones aritméticas mediante números, letras y signos que representan cantidades.

algo *pron. indef.* En contraposición a nada, expresa el concepto de cosa. *Seguro traman algo, están muy silenciosos.* ‖ Se refiere a una cantidad indeterminada. *Le darán algo de dinero.* ‖ *adv.* Hasta cierto punto, no del todo. *Estoy algo cansado, pero terminaré el trabajo antes de ir a dormir.* ‖ *loc. Por algo:* con razón, no en vano.

algodón *s. m.* Planta cuyo tallo verde se torna rojo al florecer, de fruto con semillas envueltas por una borra blanca. ‖ Esa borra. ‖ Forma limpia y esterilizada de esa borra. ‖ Hilado o tejido obtenido de esa borra.

alguacil *s. com.* Oficial de justicia que cumple las órdenes de un tribunal.

alguien *pron.* Persona de la que no se dan datos precisos. ‖ *s. m.* Persona importante. *Pedro se propuso ser alguien.*

algún *adj.* Apócope de alguno.

alguno, na *adj. y pron.* Lo opuesto a ninguno. *Alguno de ellos sabe bien qué pasa.* ‖ Algo de. *Alguna cualidad debe tener.* ‖ *loc. Alguno que otro:* pocos. *A la inauguración llegó alguno que otro despistado.*

alhaja *s. f.* Joya de mucho valor. ‖ Persona valiosa. ‖ *irón.* Persona de cuidado. *El hijo de mi amiga es toda una alhaja: roba, estafa, engaña.*

alhajero *s. m.* Caja para guardar alhajas.

alharaca *s. f.* Festejo con gestos y gritos que se hace de algo que no tiene mucha importancia.

alhelí *s. m.* Planta de jardín cuyas flores, de diferentes colores según la especie, crecen en espiga y despiden aroma agradable. ‖ Flor de esa planta.

alhóndiga *s. f.* Lugar amplio en el que se almacenan para su venta diferentes tipos de granos.

aliado, da *adj. y s.* Que es confiable, que está de nuestra parte. ‖ Que en la Segunda Guerra Mundial se unió contra el nazismo. *Los aliados desembarcaron en Normandía e Italia.*

alianza *s. f.* Acuerdo de unión y cooperación entre dos naciones, instituciones o personas. ‖ Parentesco que se contrae mediante el matrimonio. ‖ Anillo de boda. *Esa joyería se especializa en alianzas grabadas.*

alias *s. m.* Apodo o sobrenombre. *El alias de ese futbolista es «Pata santa» porque ha metido muchos goles.* ‖ Por otro nombre. *José de Jesús Negrete, alias «El Tigre de Santa Julia», fue un famoso bandido mexicano.*

alicaído, da *adj.* Ave que tiene las alas caídas. ‖ *fig.* Triste, desanimado. *Está muy alicaído desde que perdió el empleo.*

aliciente *s. m.* Estímulo o atractivo que motiva a hacer algo. *Con el aliciente de un pago extra, terminaron el trabajo pronto y bien.*

alienación *s. m.* Acción y efecto de alienar o alienarse. ‖ En psicología, trastorno mental caracterizado por la pérdida de identidad y separación de la realidad.

alienar *t.* Separar o enajenar la conciencia del mundo objetivo.

alienígena *adj.* Ser de otro planeta.

aliento *s. m.* Exhalación por la boca después de aspirar. ‖ Respiración. *Después de la carrera quedó sin aliento.* ‖ Acción de alentar. *Recibió el aliento de todos sus compañeros de equipo.* ‖ Capacidad para hacer algo que supone esfuerzo. *Ya no tiene aliento para emprender ese proyecto.* ‖ Impulso vital. *El moribundo exhaló su último aliento.*

aligerar *t.* Disminuir peso o carga.

alimaña *s. f.* Animal depredador pequeño, perjudicial e indeseable. ‖ *fig.* Persona con malas intenciones.

alimentación *s. f.* Acción y efecto de ingerir alimentos.

alimentar *t. y pr.* Dar alimento a un ser vivo o procurárselo éste. ‖ Suministrar a una máquina combustible o energía para que funcione. ‖ Fomentar un sentimiento, pasión o costumbre. *Alimentaba su amor con ilusiones.* ‖ *intr.* Servir alguna cosa de alimento. *Las verduras alimentan, cómetelas.*

alimentario, ria *adj.* Perteneciente o relativo a la alimentación. *La disciplina alimentaria nos mantiene sanos.*

alimenticio, cia *adj.* Que, por sus propiedades, alimenta. *El huevo contiene sustancias alimenticias.*

alimento *s. m.* Sustancia nutritiva necesaria para mantener la vida de un organismo. ‖ Cosa que sirve para mantener la existencia de algo. *La leña es el alimento de la hoguera.* ‖ Motivación o fomento de sentimientos o pasiones. *La envidia es alimento de emociones negativas.*

alinear *t. y pr.* Colocar cosas o personas en línea recta. ‖ Incluir a un jugador en el equipo en activo.

aliñar *t.* Agregar a las comidas condimentos. ‖ Arreglar o adornar con mucho cuidado algo.

alisar *adj.* Poner liso algo. ‖ Pasar el peine por el cabello.

aliviar *intr. y t.* Hacer menos pesado. ‖ Hacer necesidades fisiológicas.

alivio *s. m.* Acción y resultado de aliviar o aliviarse.

aljibe *s. m.* Pozo de donde se saca agua dulce. ‖ Depósito de agua dulce.

allá *adv.* En un lugar lejos de aquel en que se habla. *Allá en el monte llueve muy fuerte.* ‖ En un tiempo alejado del presente. *Allá por la época de las cruzadas no había luz eléctrica.* ‖ *loc. El más allá:* lo que hay después de la muerte.

allanar *t. intr. y pr.* Aplanar, poner algo llano. *Para allanar el terreno quitaron algunas rocas y taparon agujeros.* ‖ Entrar a la fuerza en una casa o propiedad. ‖ *fig.* Superar alguna dificultad para hacer algo. *Conseguir ese documento y allanarse el trámite fue* *todo uno.* ‖ *Amér.* Entrar la policía a un domicilio, con una orden judicial, para registrarlo.

allegado, da *adj.* y *s.* Se dice de la persona que mantiene una relación estrecha con otra, sea por parentesco o por amistad. *El jefe ofreció una cena a sus allegados de la oficina.* ‖ Se aplica a miembros de la misma familia. *Es allegado a nuestra familia por matrimonio.*

allende *prep.* Más allá de alguna parte. *Allende la sierra hay cuatro lagunas.*

allí *adv.* En un lugar determinado que está alejado de quien habla. *Allí, en un extremo del patio, dejé a secar las cortinas.* ‖ Utilizado en correlación con «aquí», indica un sitio indeterminado. *Aquí sabemos qué pasó; allí, quién sabe.* ‖ Señala un momento específico. *Sufrió muchas injusticias y, a partir de allí, su conducta empeoró.*

alma *s. m.* Aquello que brinda la medida humana de los sentimientos, la moral y los ideales. *El forastero ha dado muestras de ser un alma buena.* ‖ En algunas religiones, que representa el espíritu y es inmortal. ‖ Individuo, persona. *Es un poblado pequeño, apenas tiene mil almas.* ‖ Parte principal de algo. *El motor es el alma de los automóviles.* ‖ Núcleo, centro. *La construcción es fuerte, tiene alma de acero.* ‖ Energía, ímpetu. *La bailarina puso su alma en la interpretación.* ‖ Persona que da aliento. *El profesor de matemáticas es el alma del nuevo proyecto sobre geometría.*

almacén *s. m.* Establecimiento donde se guardan o se comercian productos.

almacenar *t.* Acción y efecto de guardar productos comerciales en un almacén. ‖ Guardar información en el disco duro de una computadora.

almanaque *s. m.* Calendario impreso que, además de las fechas, contiene información astronómica, de conmemoraciones cívicas y festejos religiosos.

almeja *s. f.* Molusco bivalvo que vive en las costas arenosas; es comestible. *Aunque las más conocidas son las de mar, también hay almejas de río.*

almendra *s. f.* Fruto del almendro. ‖ Semilla comestible de este fruto. ‖ Semilla carnosa de los frutos como las ciruelas, los chabacanos y las cerezas, que se halla dentro de una cubierta dura.

almendro *s. m.* Árbol de madera dura, flores blancas o rosadas y fruto en drupa con semilla comestible. *Los almendros son originarios de Asia y pueden medir hasta 12 m de altura.*

almíbar *s. m.* Jarabe hecho de azúcar disuelto en agua y espesado a fuego lento. ‖ *fig.* Trato demasiado dulce y cortés. *Tanto almíbar por parte de tu hermana me inspira desconfianza, creo que algo persigue.*

almidón *s. m.* Hidrato de carbono que se encuentra sobre todo en los tubérculos y semillas de los vegetales; es de color blanco y constituye una gran reserva energética; se usa en la alimentación y la industria.

almidonar *t.* Poner almidón.

almirante *s. m.* Grado de mando más alto de la armada.

almizcle *s. m.* Sustancia grasa de olor penetrante que segregan algunos mamíferos; se utiliza en perfumería.

almohada *s. f.* Saco de tela relleno con algún material blando, como plumas o algodón, que se usa para apoyar la cabeza a la hora de dormir.

almohadilla *s. f.* Almohada pequeña.

almohadón *s. m.* Almohada o cojín grande que se usa para apoyar la espalda o recostarse, e incluso sólo como adorno.

almorzar *t.* e *intr.* Comer algo a la hora del almuerzo. ‖ Tomar el almuerzo. *En México se almuerza a las 11 y se come a las tres.*

almuerzo *s. m.* Acción de almorzar. ‖ Comida ligera que se hace a media mañana. ‖ Comida del mediodía, en algunos lugares la principal del día.

áloe o **aloe** *s. m.* Planta de tallo corto y hojas largas y carnosas con los márgenes espinosos; su jugo tiene aplicaciones medicinales y cosméticas. *El áloe es más conocido en México como «sábila».* ‖ Jugo de esta planta. *Muchas cremas suavizantes para la piel contienen áloe.*

alojamiento *s. m.* Acción de alojar o alojarse. ‖ Lugar en el que alguien se aloja temporalmente. *Pasarán la noche en un alojamiento a las afueras de la ciudad.* ‖ Cavidad donde se aloja alguna pieza móvil de un mecanismo.

alojar *t.* y *pr.* Servir un lugar para que se habite temporalmente en él. ‖ Proporcionar espacio para que alguien lo ocupe temporalmente. ‖ Tomar un sitio para habitarlo temporalmente. ‖ Introducirse una cosa dentro de otra provisionalmente.

alondra *s. f.* Ave canora color pardo, vientre blancuzco y cola ahorquillada, que canta al emprender el vuelo.

alpaca *s. f.* Mamífero rumiante de América del Sur. ‖ Pelo muy apreciado de ese animal. ‖ Tela fina fabricada con pelo de ese animal. ‖ Aleación de plata y níquel para fabricar cubiertos de mesa y joyería.

alpargata *s. f.* Calzado ajustable de tela con suela de cáñamo, hule o material sintético.

alpinismo *s. m.* Deporte consistente en escalar picos y montañas.

alpinista *s. com.* Persona que practica el alpinismo.

alpino, na *adj.* Perteneciente o relativo a los Alpes o a las altas montañas.

alpiste *s. m.* Planta graminea de semillas comestibles, que se cultiva como alimento para pájaros. ‖ Semilla de esta planta.

alquilar *t.* Dar o tomar una cosa, por un precio convenido y bajo determinadas condiciones, para su uso temporal. ‖ Contratar a alguien para que haga algún trabajo o preste un servicio. *Alquilaron varios jardineros para arreglar el parque.*

alquiler *s. m.* Acción y efecto de alquilar. ‖ Precio que se paga por alquilar algo. ‖ *loc. De alquiler:* que se destina a ser alquilado.

alquimia *s. f.* Antigua ciencia empírica que buscaba la transmutación de los metales y la panacea universal. *La alquimia fue uno de los pilares de la química y la metalurgia modernas.*

alquitrán *s. m.* Sustancia grasa y viscosa de color oscuro que se obtiene de la destilación del petróleo, la hulla o las resinas de la madera.

alrededor *adv.* Se utiliza para señalar y situar lo que circunda algo. *Alrededor del castillo hay jardines muy hermosos.* ‖ *loc. Alrededor de:* aproximadamente. *Se formó un contingente de alrededor de mil soldados.*

alrededores *s. m. pl.* Lugares situados en torno o en las cercanías a algo. *En los alrededores de las escuelas suele haber comercios de papelería.*

alta *s. f.* Declaración del fin de una enfermedad. || Autorización. || Documento en el que se asienta cualquiera de los sentidos anteriores.

altanería *s. f.* Altivez, soberbia.

altanero, ra *adj.* Soberbio, despectivo.

altar *s. m.* Sitio con cierta elevación en el que se celebran ritos religiosos.

altavoz *s. m.* Aparato eléctrico para amplificar el sonido.

alteración *s. f.* Cambio en la forma o la esencia de alguien o algo. || Perturbación del orden público. || Cambio negativo en alguien o algo. || Signo que se coloca frente a una nota para alterar su entonación.

alterar *t.* Cambiar la forma o la esencia de alguien o algo. || Perturbar el orden público. || Enojar. || Descomponer.

altercado *s. m.* Discusión o enfrentamiento violentos.

alternado, da *adj.* Que sucede con alternancia.

alternar *t.* Cambiar algo en orden sucesivo. || *intr.* Intercambiar un trabajo por turnos. || Hacer vida social.

alternativa *s. f.* Opción de elegir entre dos o más posibilidades. *Tu alternativa es seguir engordando o ponerte a dieta.*

alternativo, va *adj.* Que ocurre, se hace o se dice uno después de otro, repitiendo el orden. *Leyeron el poema con voces alternativas, unas masculinas y otras femeninas.* || Que ofrece una opción diferente de lo habitual.

alterno, na *adj.* Que cambia de sentido periódicamente, alternativo.

alteza *s. f.* Cualidad de lo que es excelente, sublime, elevado. *La alteza de un ideal.* || Tratamiento dado a los príncipes, a los hijos de los reyes y a los infantes de España. *Su Alteza doña Leonor.*

altiplanicie *s. f.* Meseta muy extensa que se halla a gran altitud. *La altiplanicie de México también es conocida como «Mesa Central».*

altiplano *s. m.* Altiplanicie.

altisonante *adj.* Relativo a las expresiones y personas airadas, rotundas, generalmente groseras.

altitud *s. f.* Elevación de un punto, cuerpo o volumen respecto a su propia base o al nivel del mar.

altivez *s. f.* Actitud que refleja soberbia, arrogancia u orgullo.

altivo, va *adj.* Persona soberbia, orgullosa, arrogante.

alto, ta *adj.* Superior al nivel de la tierra. *Mantuvo alta la carga para pasar el río.* || Que tiene altura superior al promedio. *Juan es alto, mide más de dos metros.* || Que está más elevado. *Ese edificio es más alto que el nuestro.* || En relación con un sonido, agudo. *Cuando el saxofón tocó notas altas, casi rompe las ventanas.*

alto[1] *s. m.* Interrupción en un movimiento o una acción. *Hizo un alto en el camino.*

alto[2] *adv.* Con voz fuerte. *Habla alto y claro.* || Con volumen intenso. *Suena muy alto esa música.*

alto[3] *interj.* Se emplea para ordenar que algo o alguien se detengan. *¡Alto ahí! ¡No hay paso!*

altoparlante *s. m.* Aparato manual o eléctrico para amplificar el sonido.

altruismo *s. m.* Búsqueda desinteresada del bien ajeno aunque esto suponga sacrificar el propio.

altura *s. f.* Distancia vertical entre una superficie dada y un punto en el espacio. *Ese avión vuela a 5 000 m de altura sobre el nivel del mar.* || Medi-

da de un ser u objeto, considerada desde su base hasta su punto más elevado. *La altura del edificio, del suelo a la azotea, es de 40 m.* || Cumbre de un monte, o lugar elevado. || En geometría, distancia entre un lado o cara de una figura plana o un sólido y el vértice o punto más alejado en dirección perpendicular.

alubia *s. f. Esp.* Planta, fruto y semilla de la leguminosa llamada «judía». || *Amér.* Semilla de esta planta de color blanco.

alucinación *s. f.* Acción y efecto de alucinar o alucinarse. || Percepción de una imagen u objeto falso, producto de la mente, como si fuese real.

alucinar *t. y pr.* Producir alucinación, o experimentar una alucinación. || Deslumbrar, asombrar. || *intr.* Desvariar, tener pensamientos confusos.

alud *s. f.* Desprendimiento de una gran masa de nieve que cae violentamente de una montaña. || Gran cantidad de materia que se desliza por una vertiente.

aludir *t.* Mencionar, insinuar.

alumbrado *s. m.* Sistema de luces que sirve para iluminar una ciudad o un lugar.

alumbrar *t.* Proyectar luz sobre un lugar. *El Sol alumbra la Tierra.* || Colocar luces en algún lugar. *Tres lámparas alumbraban la sala de espera.* || Asistir a alguien con luz. *Juan abría un hueco en la pared del sótano, Pedro alumbraba con una linterna.* || Parir, dar a luz. *Mi hermana alumbró un bebé de tres kilos y medio.*

aluminio *s. m.* Metal dúctil, buen conductor de la electricidad y ligero; se encuentra en la bauxita; su número atómico es 13 y su símbolo Al.

alumno, na *s.* Persona que aprende en un centro de enseñanza o con un maestro particular.

alusión *s. f.* Mención de algo de manera indirecta.

alusivo, va *adj.* Que alude.

aluvial *adj.* Que es producido por aluviones.

aluvión *s. m.* Avenida repentina e impetuosa de una corriente de agua. || Sedimento que arrastran las corrientes de agua o las lluvias.

alveolar *adj.* Relativo a los alveolos o semejante a ellos. || Se dice del fonema que se articula a la altura de los alveolos de los incisivos superiores y de la letra que lo representa. *La letra «ele» tiene sonido alveolar.*

alveolo o **alvéolo** *s. m.* Cada una de las celdillas que forman un panal. || Cavidad de los maxilares donde se encajan los dientes. || Cada uno de los pequeños saquitos en que terminan las ramificaciones de los bronquiolos. *En los alveolos pulmonares se efectúa el intercambio gaseoso entre el aire inspirado y la sangre.*

alza *s. f.* Subida, aumento o elevación. *El alza de los precios fue considerable.*

alzado, da *adj. Amér.* Se dice de quien es insolente, altanero.

alzamiento *s. m.* Acción y efecto de alzar o alzarse. || Rebelión, sublevación armada.

alzar *t. y pr.* Levantar, subir, dirigir algo hacia arriba. *El triunfador alzó su trofeo para mostrarlo.* || Edificar o construir. *Anunciaron que alzarán un rascacielos en ese predio.* || Recoger. *Alza la escoba, alguien puede tropezar con ella.* || Hablar en voz más fuerte. *Alza la voz, que no te entiendo.* || Sublevar, incitar a la rebelión o rebelarse. *Los pescadores se alzaron contra la especulación de las empacadoras.* || Aumentar el precio o el valor de algo: *En esa tienda alzaron otra vez el precio de la lata de atún.*

amabilidad *s. f.* Trato atento, considerado y agradable con los demás.

amable *adj.* Que merece ser amado. ‖ Atento, cordial, afable. ‖ Se dice del clima o ambiente agradable.

amado, da *s.* Persona objeto de amor.

amadrinar *t.* Asistir y avalar como madrina a una o varias personas.

amaestrado, da *adj.* Se dice del animal entrenado en determinadas rutinas.

amaestrar *t.* Enseñar. ‖ Domar o entrenar animales.

amagar *t.* Mostrar la intención de acometer una acción ofensiva contra otra u otras personas. *Lo amagó con un arma.* ‖ En deportes, fintar para engañar al adversario.

amago *s. m.* Acción y efecto de amagar, amenaza. ‖ Anuncio o inicio de algo que no llega a completarse. *Hubo un amago de pelea, pero luego las cosas se calmaron.*

amainar *intr.* Perder fuerza el viento o la lluvia. *El aguacero amainó y pudimos salir de casa.* ‖ Disminuir la intensidad de una pasión o sentimiento.

amalgama *s. f.* Aleación de mercurio con otro metal. *Las amalgamas dentales se hacen con mercurio, plata, cobre, zinc y estaño.* ‖ *fig.* Mezcla heterogénea de diferentes elementos. *Decoró su casa con una amalgama de estilos.*

amalgamar *t. y pr.* Alear el mercurio con otros metales. ‖ Mezclar o unir cosas diferentes entre sí. *Ese estilo musical amalgama ritmos africanos con sonidos electrónicos.*

amamantar *t.* Dar de mamar una mujer a su hijo o una hembra de mamífero a su cría.

amanecer[1] *impers.* Hacerse de día, aparecer la luz del sol. *En invierno amanece más tarde que en verano.* ‖ *intr.* Hallarse alguien o algo en un estado determinado al comenzar el día. *Ciro amaneció de mal humor.*

amanecer[2] *s. m.* Momento del día en que aparece la luz del sol. *El alba precede al amanecer.* ‖ *fig.* Inicios o primeros tiempos de algo. *En el amanecer de la civilización se inventó la alfarería.*

amanerado, da *adj.* Que adopta maneras rebuscadas y poco espontáneas. ‖ *adj. y s. m.* Afeminado.

amaneramiento *s. m.* Acción y efecto de amanerar o amanerarse.

amansado, da *adj.* Domado, que ya se volvió obediente.

amansar *t. y pr.* Hacer manso a un animal. *Los domadores eran especialistas en amansar fieras.* ‖ Apaciguar, amainar. *Pasada la tormenta se amansó el cielo.*

amante *adj.* Que ama. *Mírala, siempre anda presumiendo a su amante esposo.* ‖ Se dice de la cosa que expresa amor. *Paula recibió una amante carta de un desconocido.* ‖ *s.* Aficionado. *Los amantes del deporte acudieron sin falta al estadio.* ‖ *pl.* Pareja de enamorados. *Él y ella se han declarado su amor y son amantes.*

amañar *t.* Disponer algo censurable de tal manera que parezca bueno. ‖ *pr.* Arreglárselas.

amapola *s. f.* Planta silvestre con flores de color rojo vivo. ‖ Flor de esta planta.

amar *t.* Sentir amor por alguien o algo.

amaranto *s. m.* Planta que produce unas semillas muy nutritivas y sin gluten. *El amaranto mezclado con miel es un dulce prehispánico.*

amargar *t.* Dar a algo un sabor amargo. *El vinagre amargó la ensalada.* ‖ *pr.* Agriarse, resentirse una persona. *Con tanta desgracia se amargó.* ‖ *intr.* Tener algo sabor amargo.

amargo, ga *adj.* Que tiene un sabor áspero al paladar, como la hiel. ‖ Que provoca o siente disgusto, amargura. ‖ *s. m.* Sustancia de sabor amargo. ‖ Licor hecho de almendras amargas. ‖ *Arg.* y *Uy.* Mate al natural.

amargor *s. m.* Sabor amargo.

amargoso, sa *adj.* Que tiene sabor amargo. ‖ Que provoca amargura.

amargura *s. f.* Gusto amargo. ‖ Disgusto.

amarillento, ta *adj.* Que se parece al amarillo. ‖ Pálido.

amarillista *adj.* Se dice de la prensa sensacionalista y escandalosa.

amarillo, lla *adj. y s.* Tercer color del espectro solar y uno de los tres básicos. *¿Quieres un ejemplo de color amarillo? Mira los pétalos de un girasol.* ‖ Que es de ese color. ‖ Se dice de los pueblos orientales cuya piel es de ese color.

amarra *s. f.* Cuerda, cable u objeto similar que sirve para sujetar o atar algo. ‖ En marina, cable que asegura una embarcación en el lugar donde fondea. ‖ *pl. fam.* Apoyo, relaciones.

amarrar *t.* Asegurar algo con cuerdas o cadenas. ‖ Sujetar una embarcación en un puerto o fondeadero. ‖ Impedir alguna acción por razones morales. ‖ *fig.* Garantizar que algo se llevará a cabo.

amarre *s. m.* Acción y efecto de amarrar o amarrarse. ‖ En Marina, lugar en el puerto para amarrar las naves.

amasar *t.* Hacer masa. ‖ Acumular bienes, hacer fortuna. ‖ Amalgamar.

amasijo *s. m.* Acción y efecto de amasar. ‖ Porción de harina amasada para elaborar pan. ‖ Masa hecha de tierra o yeso y agua. ‖ *fig.* y *fam.* Mezcolanza desordenada de ideas o cosas.

amate *s. m.* Tipo de higuera, de frutos no comestibles para los humanos, que crece en las regiones cálidas de México y hasta el Amazonas. *Con la corteza del amate se elabora un tipo de papel grueso y poco flexible.*

amateur *adj. y s. com.* Que practica un deporte o una actividad artística por afición, de manera no profesional.

amatista *s. f.* Nombre dado a una variedad del cuarzo, transparente y de color violeta en diferentes matices.

amazona *s. f.* En la mitología griega, mujer guerrera de un pueblo legendario que dominaba la equitación y el tiro con arco y flecha. ‖ Mujer que domina el arte de montar a caballo.

amazónico, ca *adj.* Perteneciente o relativo al río Amazonas o a su cuenca. *Las actividades industriales han puesto en riesgo extensas regiones amazónicas.*

ambages *s. m. pl.* Rodeos para decir algo, insinuaciones. ‖ *loc. Sin ambages:* dicho de manera directa y franca.

ámbar *s. m.* Resina fósil de la savia de las coníferas, de color amarillo oscuro o rojizo. *El ámbar es apreciado en joyería por su bello aspecto, pero es frágil, ya que arde con facilidad.*

ambición *s. f.* Deseo obsesivo de tener bienes, riqueza o fama.

ambidextro, tra o **ambidiestro, tra** *adj.* Que puede utilizar las dos manos indistintamente.

ambiental *adj.* Relativo al ambiente.

ambientalismo *s. m.* Conjunto de doctrinas que pugnan por la defensa de la naturaleza.

ambientalista *s. com.* Partidario del ambientalismo o ecologismo.

ambientar *t.* y *pr.* Dar el ambiente de época a un relato. *Su novela estaba ambientada en la Edad Media.* ‖ Decorar un lugar para una fiesta. ‖ Adaptarse a un lugar. *Los peces tropicales tardan en ambientarse a las peceras.*

ambiente *s. m.* Lo que nos rodea. ‖ Aire que nos rodea. *El ambiente está muy contaminado en Santiago de Chile y en la Ciudad de México.* ‖ Lugar donde nos desenvolvemos socialmente. ‖ Grupo social. *En el ambiente taurino, las corridas son lo máximo.* ‖ Cuarto de una vivienda. ‖ Diversión en una fiesta. ‖ *loc. Medio ambiente:* lugar donde se desarrolla vida.

ambiguo, gua *adj.* Que no es claro, que se presta a diferentes interpretaciones. *El discurso político debe ser ambiguo para conformar a todos.*

ámbito *s. m.* Espacio establecido entre límites precisos. ‖ Área de determinadas disciplinas. *En el ámbito militar se discute la eliminación de la pena de muerte.*

ambivalencia *s. f.* Lo que se presta a interpretaciones diferentes. ‖ Sentimiento que reúne sensaciones encontradas, como amor y odio, al mismo tiempo.

ambos, bas *adj.* y *pron. pl.* Tanto el uno como el otro, los dos a un tiempo. *Juan y Marcela comieron de más; ambos enfermaron del estómago.*

ambulancia *s. f.* Vehículo motorizado para el transporte de heridos o enfermos.

ambulantaje *s. m. Salv., Per., Méx.* y *Uy.* Actividad de quienes ejercen el comercio ambulante.

ambulante *adj.* Que, sin tener un sitio fijo, va de un lugar a otro permaneciendo poco tiempo en cada uno de ellos. ‖ Perteneciente o relativo a la ambulancia. *Los enfermeros ambulantes procedieron a dar los primeros auxilios al herido.* ‖ *s. com. Salv., Per., Méx.* y *Uy.* Comerciante que vende en la vía pública o yendo de un lugar a otro.

ameba o **amiba** *s. f.* Protozoo que se desplaza por medio de seudópodos; puede vivir en agua dulce o salada y algunas especies parasitan al humano y los animales. *Las amebas no tienen forma definida.*

amedrentar *t.* y *pr.* Provocar o infundir temor o miedo. *Aunque no creían en fantasmas, les amedrentó tener que cruzar el cementerio.*

amén[1] *s. m.* Voz hebrea que significa «en verdad» o «que así sea»; se utiliza para finalizar las oraciones. ‖ *interj.* Expresión para manifestar el deseo de que se cumpla algo que se dice.

amén[2] *adv.* A excepción de. *Amén de la parte donde sale el monstruo, entiendo todo el argumento de la película.* ‖ Además de. *Ha publicado ensayos, amén de dos novelas.*

amenaza *s. f.* Advertencia, gesto o acción que se hace para dañar a otra u otras personas, su reputación o sus bienes. *La carta contenía una amenaza de muerte.* ‖ Peligro de que algo grave puede ocurrir. *Ayer se difundió una amenaza de huracán.*

amenazador, ra *adj.* Que amenaza.

amenazante *adj.* Amenazador.

ameno, na *adj.* Persona o circunstancia agradable. *El profesor sabe hacer amena la clase.*

americanismo *s. m.* Condición o carácter de americano. ‖ Palabra o giro idiomático propios del español que se habla en América. *Muchos americanismos, como chocolate, cóndor o ñandú, han sido tomados de las lenguas indígenas.*

americano, na *adj.* y *s.* De América. ‖ De los Estados Unidos de América.

americio *s. m.* Elemento químico metálico artificial de alta radiactividad; su número atómico es 95 y su símbolo Am.

amerindio, dia *adj.* y *s.* De alguno de los pueblos que habitaban América antes de la llegada de los conquistadores.

ameritar *t. Amér.* Merecer.

amerizar *intr.* Acción de posarse una aeronave sobre la superficie del agua.

ametrallador, ra *adj.* Que ametralla. ‖ *s. f.* Arma automática capaz de disparar tiros de manera continua y repetida.

ametrallar *t.* Disparar metralla. ‖ Disparar con una ametralladora.

amiba *s. f. Méx.* Ameba.

amigable *adj.* Que es amable, sociable, simpático. ‖ Que no es difícil para el usuario.

amígdala *s. f.* Conjunto de nódulos linfáticos en forma de almendra que se localiza en el principio de la garganta.

amigdalitis *s. f.* Inflamación de las amígdalas.

amigo, ga *adj.* y *s.* Que tiene amistad con alguien. ‖ Que le gusta mucho algo. *Es amigo de la buena vida.*

amigote *s. m. desp.* El que comparte borracheras o diversiones burdas.

amiguero, ra *adj. Amér.* Que le gusta tener amigos.

amiguismo *s. m.* Práctica social que consiste en favorecer a los amigos pasando por encima de los demás.

amilanar *t.* y *pr.* Intimidar, asustar. *El guardia no se amilanó ante las armas de los ladrones.* ‖ Acobardarse.

aminoración *s. f.* Acción y efecto de aminorar o disminuir.

aminorar *t.* Reducir, hacer algo más pequeño, disminuir. *Al deshidratarse la fruta, su peso aminorará.*

amistad *s. f.* Relación entre dos o más personas basada en el aprecio mutuo y la confianza. ‖ *pl.* Conocidos, personas con quienes se tiene amistad.

amistoso, sa *adj.* Que demuestra amistad, amable. ‖ Se dice de la competencia deportiva no oficial. *Un partido de futbol amistoso.*

amnesia *s. f.* Pérdida de la memoria, ya sea parcial o total.

amnistía *s. f.* Perdón a reos o a acusados, generalmente por razones políticas. ‖ Decreto en el que se establece ese perdón.

amo, ma *s.* Dueño. ‖ Cabeza de familia. ‖ Persona que tiene control sobre otras o sobre algo. ‖ Persona responsable de personal doméstico o de animales.

amodorrado, da *adj.* Persona adormecida, aletargada.

amolado, da *adj. Méx.* Que está en mal estado físico, económico o de ánimo.

amolar *t.* Sacar filo con la muela. ‖ *Méx.* Echar a perder, estropear. *Esas amistades lo van a amolar.*

amoldar *t.* y *pr.* Hacer que algo se ajuste a un molde. || *fig.* Ajustar o componer algo de acuerdo con una circunstancia o persona. || *pr.* Adaptarse a una situación o lugar.

amonestación *s. f.* Acción de amonestar.

amonestador, ra *adj.* y *s.* Que amonesta o advierte.

amonestar *t.* Hacer una advertencia sobre algo. || Reprender en tono de consejo.

amoniaco o **amoníaco** *s. m.* Gas de olor muy penetrante, soluble en agua, formado por la combinación de nitrógeno e hidrógeno.

amontonar *t.* y *pr.* Formar un montón. *Para abrir espacio, amontonaron los muebles en un rincón.* || Acumular. *Durante la huelga de choferes la gente se amontonaba en las calles en busca de transporte.* || Juntar y mezclar sin orden. *Julio amontona sus documentos y nunca encuentra el que necesita.*

amor *s. m.* Sentimiento de afecto intenso hacia otra persona o una cosa. *Conocí a un hombre feliz que ama a su esposa, a sus hijos y todo lo que le rodea.* || Persona a la que se ama. *Su amor es una muchacha de carácter alegre.* || Interés. *En ese libro se manifiesta el amor del autor por los estudios históricos.* || Trato agradable y bienintencionado. *Su educación fue producto del amor.* || *pl.* Relaciones amorosas. || *loc. Amor propio:* percepción que se tiene de sí mismo.

amoral *adj.* Que no tiene sentido moral. || Que ignora las implicaciones morales.

amoratado, da *adj.* Que tiende al morado. *Lalo se peleó y trae un ojo amoratado.*

amordazar *t.* Poner mordaza. *Los bandidos amordazaron al cautivo para no escuchar sus quejas.* || Impedir el libre expresión. *Hay países donde se amordaza a la prensa.*

amorfo, fa *adj.* Que no tiene forma definida.

amoroso, sa *adj.* Que se relaciona con el amor. || Que siente y demuestra amor.

amortajar *t.* Envolver con una mortaja a un difunto.

amortiguado, da *adj.* Atenuado, apagado.

amortiguador, ra *adj.* Que amortigua. || *s. m.* Conjunto de dispositivos que amortiguan el efecto de un choque o un movimiento brusco.

amortiguar *t.* Atenuar o disminuir el efecto de un golpe.

amortizar *t.* Pagar una deuda. || Recuperar parte del capital invertido en una empresa.

amotinar *t.* y *pr.* Sublevarse un grupo de personas o hacer que se subleve.

amparar *t.* Proteger o favorecer. || *pr.* Defenderse o protegerse.

amparo *s. m.* Acción y efecto de amparar o ampararse. || Persona o cosa que ampara. || *loc. Recurso de amparo:* acción legal que protege las garantías fundamentales de un ciudadano.

amperio *s. m.* Unidad internacional de medida de la intensidad de la corriente eléctrica.

ampicilina *s. f.* Penicilina semisintética.

ampliación *s. f.* Acción y efecto de ampliar. || Imagen que se ha realizado en un tamaño mayor a la original. *La ampliación de la fotografía mostró detalles que antes no se distinguían.* || Cosa que se añade o otra para hacerla más grande. *La ampliación de su casa consiste en otro piso con dos habitaciones.*

ampliar *t.* Hacer más amplio, aumentar el espacio de algo. *Ampliaron las oficinas porque ya no cabían los empleados.* || Extender, prolongar. *El director amplió el plazo para las inscripciones.* || Aumentar, incrementar. *Sus exitosas inversiones amplían su capital cada día.* || Agrandar, aumentar el tamaño.

amplificación *s. f.* Acción de amplificar o hacer crecer la magnitud, el volumen o la intensidad de un objeto o fenómeno.

amplificador *s. m.* Instrumento para amplificar magnitudes, volúmenes o extensiones. *Para escuchar los discos necesitamos un amplificador de sonido.*

amplio, plia *adj.* Que es extenso, holgado, más que suficiente. *El automóvil se internó en una amplia avenida.*

amplitud *s. f.* Extensión, cualidad de amplio. || Medida de un espacio determinado. *La sala tiene amplitud suficiente para albergar a los participantes del seminario.* || Capacidad para comprender o valorar algo. *Las escenas del siguiente programa exigen amplitud de criterio.*

ampolla *s. f.* Erupción en la piel consistente en una bolsa con líquido. || Vasija de vidrio con forma redonda. || Recipiente de vidrio que contiene una dosis de medicamento líquido. || Lámpara eléctrica.

ampollar *t.* Formar ampollas. *El roce excesivo ampolla la piel.*

ampolleta *s. f. Méx.* Tubo de cristal herméticamente cerrado que contiene medicamento u otro líquido. || *Chil.* Lámpara eléctrica.

ampulosidad *s. f.* Cualidad de ampuloso.

ampuloso, sa *adj.* Persona o expresión pomposa, grandilocuente, artificiosa.

amputación *s. f.* Acción y efecto de amputar.

amputar *t.* Cortar y separar del cuerpo un miembro o parte de éste. || *fig.* Quitar una parte esencial de algo.

amueblar *t.* Dotar una habitación o recinto con los muebles necesarios.

amuleto *s. m.* Objeto al que se atribuye la cualidad de atraer cosas benéficas para la persona que lo trae consigo.

amurallar *t.* Cercar una ciudad o un recinto con murallas.

anaconda *s. f.* Serpiente de la familia de las boas que alcanza los 10 m de longitud y vive junto a los ríos del sur de América.

anacoreta *s. com.* Persona que vive alejada de los demás y lleva vida de contemplación y penitencia.

anacronismo *s. m.* Error de ubicar en una época lo que sucedió o corresponde a otra. || Persona o cosa anacrónica.

ánade *s.* Pato.

anafre *s. m.* Horno portátil que funciona con leña o carbón.

anagrama *s. f.* Modificación del orden de las letras de una palabra para obtener otra. *Observa tres anagramas: de sal, las; de sol, los; de adiposo, piadoso.* || Logotipo de una empresa hecho de letras entrelazadas.

anal *adj.* Que se relaciona con el ano.

anales *s. pl.* Obra que relata lo sucedido año por año. || Recuento histórico. || Publicación de periodicidad anual.

analfabetismo *s. m.* Característica del que no sabe leer ni escribir. || Situación en un país determinada porque hay mucha gente analfabeta. || *loc. Índice de analfabetismo:* porcentaje de gente analfabeta en un país.

A

analfabeto, ta adj. y s. Se dice de la persona que no sabe leer ni escribir. || Ignorante, que no sabe alguna disciplina. *Sabe mucho de álgebra, pero es un analfabeto en literatura.*

analgesia s. f. Eliminación del dolor sin pérdida de las otras sensaciones.

analgésico, ca adj. Referido a la analgesia. || s. m. Sustancia que elimina el dolor. *La aspirina es uno de los analgésicos más comunes.*

análisis s. m. Proceso de examinar una cosa estudiando por separado cada una de sus partes.

analista s. com. Observador y comentarista de hechos en algún campo de la actividad humana. || Persona que realiza análisis clínicos. || Especialista en análisis matemáticos. || Persona que lleva a cabo análisis informáticos. || Psicoanalista.

analítico, ca adj. Perteneciente o relativo al análisis. || Que se lleva a cabo mediante un análisis.

analizar t. Examinar las partes que componen algo para comprender cómo está hecho.

analogía s. f. Relación de semejanza o parecido entre dos o más cosas, seres, fenómenos, razonamientos o procedimientos. *Se puede deducir la solución de ese problema por analogía.*

analógico, ca adj. Que tiene semejanza o analogía con otra cosa. || Se dice del aparato o instrumento de medición no digital que usa variables continuas similares a las de origen.

análogo, ga adj. Que es semejante a otra cosa.

ananá o **ananás** s. f. Planta con hojas firmes, espinosas y agudas, flores moradas y fruto carnoso en forma de piña terminada en un penacho.

anaquel s. m. Tabla horizontal como parte de un mueble o fijada a la pared sobre la que se colocan objetos. *Sus libros caben en un anaquel.*

anaranjado, da adj. y s. Color de la naranja y otros cítricos. Se obtiene de mezclar los colores rojo y amarillo.

anarquía s. f. Ausencia de gobierno. || Desorganización, desconcierto.

anárquico, ca adj. Relacionado con la anarquía. || Que contiene confusión y desorden.

anarquismo s. m. Doctrina y práctica política orientada a la supresión del Estado y de toda forma de autoridad.

anarquista adj. y s. com. Perteneciente o relativo al anarquismo. || Partidario de esta doctrina política.

anatomía s. f. Ciencia que, mediante la observación de la disposición de los órganos, estudia la estructura de los seres vivos. || Constitución o estructura de un ser vivo, o de alguna de sus partes. *La anatomía del riñón.* || Cuerpo de una persona.

anatómico, ca adj. Perteneciente o relativo a la anatomía. || Que está diseñado para que se adapte al cuerpo humano.

anatomista s. com. Persona dedicada al estudio de la anatomía.

anca s. f. Mitad lateral de la parte trasera de los caballos y otros animales. || fam. Cadera de una persona.

ancestral adj. Relacionado con los ancestros. || Se dice de algo muy remoto en el tiempo o que pertenece a la tradición.

ancestro s. m. Antepasado.

ancho, cha adj. Que muestra anchura, en ocasiones excesiva. *Los tablones comerciales son anchos para nuestras necesidades.* || Holgado,

amplio. *Ese pantalón es tres tallas más grande y te viene ancho.* || Ufano, orgulloso. *Pablo ganó un premio y ahora anda muy ancho por ahí.* || Anchura. *Trataron de meter el mueble por la puerta, pero su ancho lo hizo imposible*

anchura s. f. En geometría, magnitud menor de superficies y volúmenes en contraposición a la mayor, que es la longitud. || En los objetos, dimensión horizontal. || Lo que mide un contorno. || Amplitud, capacidad.

anciano, na adj. y s. Se dice de la persona que tiene mucha edad.

ancla s. f. Instrumento pesado que, sujeto a una cadena, permite que los barcos se fijen al fondo del mar para sujetar la nave. || loc. *Echar anclas:* fondear un barco. || *Levar anclas:* zarpar.

andamiaje s. m. Conjunto de andamios. || Estructura congruente que sostiene una filosofía, una política, una institución.

andamio s. m. Estructura desarmable que se fabrica de madera y aluminio para la construcción, pintura o limpieza de edificios.

andanada s. f. Conjunto de disparos de una batería de cañones. || Reprensión severa. *Cuando erró el penal, recibió una andanada de insultos.*

andanza s. f. Viaje en el que se recorren varios lugares. || pl. Aventuras.

andar[1] intr. Caminar. || Viajar. || Funcionar un mecanismo. || Poseer cierto estado de ánimo. *El político andaba entusiasmado .* || Haber. *Andan personas con malas intenciones en esa zona.* || Hurgar en las cosas de otros. *Andaban metiendo mano en las bolsas de todos.* || Transcurrir el tiempo. *Andando los años, se casó y fue infeliz.*

andar[2] s. m. Manera de andar; suele usarse en plural. *Sus andares cadenciosos llamaban la atención.*

andén s. m. Acera ancha a lo largo de las vías en las estaciones de ferrocarril o metro para que transiten los pasajeros. || En un puerto de mar, espacio en el muelle donde se hacen maniobras de embarque y desembarque, carga y descarga. || *Amér. C.* y *Col.* Acera, parte de la calle destinada a la circulación de peatones. || *Amér. Merid.* Terraza artificial en la ladera de un cerro que se utiliza para cultivo.

andino, na adj. y s. Perteneciente o relativo a los Andes.

andrajo s. m. Tira de tela vieja y descolorida. || Prenda de vestir hecha andrajos.

andrajoso, sa adj. Que se viste con andrajos. || fig. desp. Persona o cosa que merece desprecio.

anécdota s. f. Relación de un suceso notable, divertido, extraño, curioso o interesante. || Argumento de una obra narrativa. || Hecho sin importancia. *Ese resbalón será sólo otra anécdota en tu vida.*

anecdotario s. m. Serie de anécdotas agrupadas para formar un conjunto.

anecdótico, ca adj. Relativo a la anécdota, que tiene carácter de anécdota. *Las biografías se enriquecen con sucesos anecdóticos.*

anegar t. y pr. Inundar o inundarse. || fig. Agobiar o abrumar en extremo.

anélido adj. y s. m. En zoología, tipo de gusano de cuerpo cilíndrico, con segmentos anillados. *La lombriz de tierra es el anélido más conocido.*

anemia s. f. Disminución de la cantidad de glóbulos rojos en la sangre o de la hemoglobina.

anémico, ca *adj.* y *s.* Perteneciente o relativo a la anemia. ‖ Persona o animal que padece anemia.

anémona *s. f.* Planta herbácea de flores grandes y muy vistosas que presentan diversos colores. ‖ Flor de esta planta. ‖ Animal marino, de la familia de los corales, que vive fija a las rocas del fondo y tiene la boca rodeada por tentáculos que le dan el aspecto de flor.

anestesia *s. f.* Falta de sensibilidad en el cuerpo. ‖ Acción y efecto de anestesiar. ‖ Sustancia para anestesiar. ‖ *loc. Anestesia local:* la que sólo afecta una parte del cuerpo. ‖ *Anestesia general* o *total:* la que afecta al cuerpo entero.

anestesiar *t.* Suprimir de manera artificial la sensibilidad del cuerpo o de una parte de él.

anestésico, ca *adj.* y *s.* Se aplica a lo que produce insensibilidad.

anexar *t.* Unir o añadir una cosa a otra. ‖ *Guat., Hond., Méx.* y *Ven.* Adjuntar.

anexionar *t.* Incorporar un Estado a otro.

anexo, xa *adj.* Que está unido a algo. ‖ *s. m.* Edificio adosado a otro, o dependiente de otro. *El anexo de la escuela de mi hijo queda a tres cuadras.*

anfibio, bia *adj.* y *s.* Que puede vivir en el agua o en la tierra. *Los batracios como los sapos, las ranas y las salamandras son anfibios.* ‖ En medios de transporte, que puede moverse igualmente bien en agua y en tierra. ‖ En lenguaje militar, que ocupa fuerzas de mar y tierra.

anfiteatro *s. m.* Conjunto de asientos o gradas en forma de semicírculo, que hay en teatros o aulas grandes. ‖ Edificio redondo con gradas en el que se presentaban diversos espectáculos en la antigua Roma. ‖ Lugar donde se diseccionan cadáveres.

anfitrión, triona *s.* País, entidad o persona que recibe y atiende invitados.

ánfora *s. f.* Cántaro de cuerpo alargado y vertical, con cuello estrecho y alto y dos asas, muy usado en la Antigüedad.

ángel *s. m.* Según algunas religiones, ser espiritual que sirve como mensajero entre Dios y los seres humanos. ‖ *fig.* Persona con cualidades que se atribuyen a los ángeles. *Esa mujer es un ángel, su belleza y bondad son inigualables.* ‖ Gracia y encanto especial de una persona que la hacen atractiva. *El cantante tiene poca voz pero mucho ángel, por eso ha triunfado.*

angelical *adj.* De los ángeles o relativo a ellos. ‖ *fig.* Que, por su aspecto o su conducta, parece un ángel.

angina *s. f.* Inflamación dolorosa de las amígdalas y de la faringe; se usa más en plural. ‖ *pl.* Amígdalas.

angiospermo, ma *s.* Planta con flores dotadas de órganos femeninos y masculinos, los cuales se encuentran en un bulbo cerrado.

anglicanismo *s. m.* Rama del cristianismo preponderante en Inglaterra, formada en el siglo XVI, similar al catolicismo en doctrina y ritual, con la diferencia de que no reconoce al Papa.

anglicismo *s. m.* Vocablo o frase basada en la lengua inglesa adaptada a otro idioma. *El verbo, «checar» es un anglicismo proveniente de «to check».*

anglosajón, jona *adj.* y *s.* Perteneciente o relativo a los pueblos de origen y lengua inglesa. ‖ Del pueblo germánico que, en los siglos V y VI, invadió Gran Bretaña.

angora *adj.* Se dice de la cabra, conejo o gato de una raza de pelo sedoso y largo. ‖ *s. f.* Fibra textil, parecida a la lana, elaborada de cabra o conejo de angora.

angostar *t. intr.* y *pr.* Estrechar, hacer algo más angosto.

angosto, ta *adj.* Estrecho, de anchura menor a la normal.

angostura *s. f.* Cualidad de lo que es angosto. ‖ Paso o faja de terreno muy estrecho. ‖ Limitación intelectual o estrechez moral.

anguila *s. f.* Pez de cuerpo muy alargado y flexible, de piel oscura y viscosa, que vive en agua dulce pero se reproduce en las desembocaduras de los ríos; su carne es comestible.

angula *s. f.* Cría de la anguila, es blanca y mide menos de 10 cm de largo.

angular *adj.* Con forma de ángulo. ‖ Relativo al ángulo.

ángulo *s. m.* En geometría, figura curva formada a partir de la intersección de dos líneas rectas ‖ Rincón o arista. ‖ Punto de vista. ‖ *loc. Ángulo agudo:* el que tiene menos de 90°. ‖ *Ángulo oblicuo:* el que no es recto. ‖ *Ángulo obtuso:* el que es mayor de 90°. ‖ *Ángulo recto:* el que tiene 90°.

angustia *s. f.* Congoja, sufrimiento. ‖ Situación apurada. ‖ Temor sin motivo determinado.

anhelar *t.* Desear algo con gran pasión, en especial cosas no materiales. *Toda su vida ha anhelado vivir en paz.* ‖ Respirar con dificultad.

anhelo *s. m.* Deseo encendido.

anilina *s. f.* Sustancia tóxica que sirve como solvente. ‖ Colorante.

anilla *s. f.* Anillo que sirve para colgar cortinas. ‖ Faja de papel que se le pone a un puro para indicar su origen. ‖ Anillo que se coloca en las aves para seguir su trayectoria. ‖ En gimnasia, aros.

anillo *s. m.* Aro de tamaño pequeño. ‖ Joya o adorno en forma de aro que se lleva en los dedos. ‖ En astronomía, conglomerado de polvo y otros materiales que circunda a un planeta. ‖ En zoología, cada uno de los segmentos en que se divide el cuerpo de algunos gusanos o artrópodos.

ánima *s. f.* En el catolicismo, alma de un difunto.

animación *s. f.* Acción y efecto de animar o animarse. ‖ Viveza, expresión y agilidad en los movimientos o palabras. *La bailarina interpretó la danza con gran animación.* ‖ En cinematografía, técnica por la cual se dota de movimiento a dibujos o imágenes fijas. *El uso de computadoras ha venido a revolucionar la animación.*

animado, da *adj.* Que tiene vida. ‖ Que muestra entusiasmo por hacer algo. *Están muy animados porque ya casi terminan su proyecto.* ‖ Divertido, alegre, ameno. *La fiesta estuvo muy animada.* ‖ Se dice de lo que tiene movimiento. *Vimos una película de dibujos animados.*

animador, ra *adj.* Que anima. ‖ *s.* Persona que se dedica a amenizar espectáculos o fiestas. ‖ Especialista en animación cinematográfica.

animal *adj.* Perteneciente o relativo a los animales. ‖ Producido por animales o derivado de ellos. ‖ Relativo a la parte física e instintiva del ser humano, en contraposición con lo racional y espiritual. ‖ *s. m.* Ser vivo que se mueve por su propio impulso, se nutre de sustancias orgánicas y posee sensibilidad y percepción. ‖ *fig.* Persona ignorante, brutal y grosera.

animar t. Infundir vida. *Con esos detalles la trama de la novela se animó.* || Dar ánimo. *Acudieron para animar al equipo visitante.* || Alegrar. *Si aplicas colores vivos animarás el aspecto de tu casa.* || Impulsar. *No me anima ganar el premio, sino el esfuerzo exigido.* || pr. Atreverse. *Se animó a pedirle que fuera su novia.*

anímico, ca adj. Que tiene que ver con el ánimo y los sentimientos de las personas. *Su estado anímico no es muy bueno.*

ánimo s. m. Estado psíquico relativo a los sentimientos de las personas. *Amanecí de buen ánimo.*

animosidad s. f. Disposición psíquica hostil o antipática hacia otros.

animoso, sa adj. Que tiene ánimo, buena disposición, fuerza.

aniquilar t. y pr. Arrasar, destruir algo totalmente. || fig. Agotar o extenuar. *Esa enfermedad tan larga lo aniquiló, su recuperación será larga y difícil.* || Derrotar al contrario de manera contundente.

anís s. m. Hierba aromática de unos 30 cm de altura, con flores blancas en umbela y semillas pequeñas y alargadas de color verdoso. || Semilla de esta planta. *El anís se usa para sazonar alimentos, confeccionar dulces y licores, y en medicina.* || Aguardiente endulzado hecho con anís.

aniversario s. m. Día en que se cumplen años de ocurrido un suceso. || Celebración para conmemorar ese día.

ano s. m. Orificio externo del tubo digestivo, por el cual se expelen los excrementos.

anoche adv. Se aplica al tiempo transcurrido en la noche entre ayer y hoy.

anochecer¹ intr. Estar o llegar a determinado lugar o condición al empezar la noche. *A los alpinistas les anochecerá antes de llegar a la cumbre.* || impers. Empezar a oscurecer, caer la noche. *Ayer anocheció muy temprano.*

anochecer² s. m. Tiempo en el que se pasa del día a la noche. *Ayer el anochecer pasó en un abrir y cerrar de ojos.*

anofeles adj. Se aplica a los mosquitos transmisores del paludismo.

anomalía s. f. Lo que se aparta de la regla o el uso. || En biología, malformación.

anómalo, la adj. Anormal, irregular.

anonadar t. y pr. Asombrar en extremo a alguien. *Cuando le dieron la noticia, quedó anonadado.*

anonimato s. m. Situación en la que se reserva la identidad de una persona. *Hizo la donación en el más completo anonimato.*

anónimo, ma adj. Que no tiene o no se sabe quién es el autor. || s. Carta sin firma con la que se amenaza u ofende a alguien.

anorexia s. f. Enfermedad que consiste en falta de apetito.

anoréxico, ca adj. Persona que sufre de anorexia.

anormal adj. Que no es normal. || Que tiene inteligencia o desarrollo físico menores que los normales.

anormalidad s. f. Cualidad de lo que es anormal. || Irregularidad, anomalía.

anotación s. f. Acción y efecto de anotar. || Nota, mensaje breve que se pone al margen de un texto. *Una anotación extensa.*

anotado, da adj. Con anotaciones.

anotar t. Escribir las cosas para recordarlas. || Poner notas al margen de un texto. || Inscribir datos en

un registro. || En deportes, marcar tantos. *El equipo anotó tres goles en sólo quince minutos.*

anquilosamiento s. m. Acción y efecto de anquilosar o anquilosarse por falta de movimiento.

ansia s. f. Agitación e inquietud intensas que producen malestar corporal. || Aflicción, angustia. || loc. *Méx.* Comer ansias: estar muy impaciente.

ansiar t. Desear algo con gran intensidad. *Ansío verme libre de esta situación.*

ansiedad s. f. Estado de ánimo que se manifiesta con inquietud, zozobra y agitación. || En medicina, trastorno caracterizado por una sensación de inseguridad, angustia y desasosiego.

ansioso, sa adj. Que manifiesta ansia, angustia o desesperación.

antagónico, ca adj. Que muestra oposición o representa enfrentamiento.

antagonismo s. m. Estado de rivalidad entre dos personas o grupos.

antagonista adj. Que se opone. || s. com. Persona o grupo que rivaliza con otro u otros.

antaño adv. En otro o de otro tiempo. *Los músicos nos deleitaron con canciones de antaño.*

antártico, ca adj. Del Polo Sur.

ante¹ s. m. Alce. || Piel curtida de este animal. || Cualquier piel curtida con características similares.

ante² prep. Frente a, en presencia de. *Se presentó ante el juez.* || En comparación, respecto de. *Ante esta catástrofe, nada podrá expresar sus consecuencias.*

anteanoche adv. La noche anterior a la de ayer o antes de anoche.

anteanteayer adv. Trasanteayer, en el día que precedió al de anteayer.

antebrazo s. m. Parte del brazo que abarca del codo a la muñeca.

antecedente adj. Que está antes, que precede o antecede. || s. m. Dicho, hecho, circunstancia o acción que sirve para la comprensión de otros posteriores. *Con esos antecedentes, podemos esperar que el nuevo empleado sea muy eficiente.* || En gramática, nombre, pronombre u oración al que se refiere un pronombre relativo.

anteceder t. Preceder, estar antes en el tiempo o en una situación.

antecesor, ra s. Persona que ha estado en un empleo o cargo antes que otra. || m. pl. Antepasados, ancestros.

antena s. f. Cada uno de los apéndices sensoriales en la cabeza de los insectos y crustáceos || Dispositivo conductor de las ondas hertzianas en aparatos emisores o reproductores.

anteojo s. m. Instrumento óptico para ampliar las imágenes de objetos lejanos. || pl. Lentes graduadas para corregir defectos de la vista que van en una armazón que se apoya en el puente de la nariz y las orejas.

antepasado, da adj. Anterior a un tiempo ya pasado. || s. Ascendiente de una persona o un grupo; se usa sobre todo en plural.

antepenúltimo, ma adj. Anterior al penúltimo. *Las palabras sobreesdrújulas se acentúan en la antepenúltima sílaba.*

anteponer t. y pr. Poner antes. || fig. Preferir a alguien sobre otra persona o interés.

anteproyecto s. m. Proyecto en su etapa de preparación. ‖ Resumen o bosquejo de un proyecto. *En el anteproyecto de ley se propone la custodia compartida.*

anterior adj. Que está antes.

antes adv. Lo que ocurre o está primero que otra cosa. ‖ adj. Anterior. ‖ conj. Indica contrariedad o preferencia. *No sólo no lo negó, antes se enorgulleció de ello.*

antiaéreo, a adj. Que sirve para defenderse de los ataques de aviones militares.

antibalas adj. Que protege de los impactos de bala. *Venden un auto con cristales antibalas.*

antibiótico, ca adj. y s. Se dice de la sustancia capaz de combatir infecciones. *El primer antibiótico farmacéutico fue la penicilina.*

anticipar t. y pr. Hacer que algo suceda antes de lo previsto o de lo habitual. *Anticipó sus vacaciones para poder atender unos asuntos.* ‖ Pagar un dinero que se debe antes del plazo señalado. ‖ pr. Adelantarse a la realización de algo. *Se anticiparon a los cambios en la empresa y tomaron un curso de capacitación.*

anticipo s. m. Acción de anticipar o anticiparse. *La policía se anticipó y los sorprendió al llegar.* ‖ Suma de dinero entregada como adelanto para obtener un bien o servicio. *Diez por ciento de anticipo es lo acostumbrado en esta tienda.*

anticongelante adj. Que impide la congelación. ‖ s. m. Sustancia que impide la congelación del agua que enfría los motores.

anticonstitucional adj. Contrario a la constitución de un Estado. *Violar derechos humanos es un acto anticonstitucional.*

anticuado, da adj. Que ya no se usa, que perteneció a un tiempo anterior o está pasado de moda.

anticuario, ria s. Persona que se dedica a comerciar con objetos antiguos y a estudiarlos.

anticuerpo s. m. Sustancia que segrega el sistema inmunitario del organismo para combatir las bacterias, parásitos, hongos y virus que lo infectan.

antideportivo, va adj. Que va contra el espíritu deportivo. *Enojarse porque se pierde una competencia es antideportivo.*

antídoto s. m. Sustancia que anula los efectos tóxicos de otra, sea un veneno o una toxina. ‖ fig. Medio con que se previene o evita un vicio o mal.

antier adv. Anteayer.

antiestético, ca adj. Que va contra las normas de la estética. *Esa combinación de colores es antiestética.*

antifaz s. m. Máscara que cubre la parte superior de la cara y tiene aberturas para los ojos. ‖ Pieza de la misma forma, pero sin aberturas para los ojos que se emplea para no recibir luz.

antígeno s. m. En medicina, sustancia que al introducirse en el cuerpo fomenta la creación de anticuerpos.

antigüedad s. f. Cualidad de antiguo. ‖ Tiempo muy anterior. ‖ Tiempo de permanencia en un cargo o puesto. ‖ pl. Monumentos u objetos de tiempos remotos.

antiguo, gua adj. Se dice de lo que ocurrió hace mucho tiempo. ‖ Se aplica a lo que existió hace mucho tiempo. ‖ Se dice de la persona que lleva mucho tiempo en un puesto o ejerciendo alguna actividad. ‖ Pasado de moda. ‖ s. pl. Personas que vivieron en

tiempos pasados. *Los antiguos mexicanos inventaron las chinampas.*

antillano, na adj. y s. Que es originario o se relaciona con las Antillas.

antílope s. m. Mamífero rumiante de cuernos largos sin ramificaciones. *Los impalas, las gacelas y los ñus son de la familia de los antílopes.*

antimonio s. m. Elemento químico, semimetal de color blanco azulado, brillante y quebradizo; su número atómico es 51 y su símbolo Sb.

antinatural adj. Que no es natural.

antioxidante adj. y s. m. Que evita la oxidación. *Los antioxidantes retrasan el envejecimiento.*

antipatía s. f. Sentimiento de rechazo hacia una persona, animal o cosa.

antipático, ca adj. y s. Que causa antipatía.

antipirético, ca adj. y s. m. Sustancia o medicamento que reduce la fiebre. *El ácido acetilsalicílico, componente de la aspirina, es antipirético.*

antípoda adj. y s. Se dice de una persona que, con respecto a otra, habita en un lugar diametralmente opuesto de la Tierra. ‖ Que se contrapone por completo. ‖ loc. *Estar en las antípodas*: obrar, tener opiniones opuestas a las de otra persona.

antisemitismo s. m. Conjunto de creencias hostiles a las personas de origen semita y a su cultura.

antisepsia s. f. Método médico para combatir y prevenir las infecciones.

antiséptico, ca adj. y s. Se dice de las sustancias para combatir y prevenir las infecciones. *El alcohol es un antiséptico.*

antisocial adj. Persona o grupo contrario al orden social.

antítesis s. f. Lo opuesto a una tesis. *El socialismo es la antítesis del capitalismo.*

antitetánico, ca adj. Se dice del medicamento que previene el tétanos.

antivirus adj. y s. m. Que tiene efecto antiviral, sustancia o medicamento que combate los virus. ‖ En informática, programa que detecta y elimina los virus de las computadoras.

antojarse pr. Convertirse algo en objeto de deseo, por lo general caprichoso. *Se le antojó un mango.* ‖ Considerarse algo como probable. *Se me antoja que el clima sea cálido y agradable.*

antojitos s. m. pl. *Méx.* Bocadillos, por lo general muy condimentados, que se toman fuera de las comidas principales, o en lugar de éstas.

antojo s. m. Deseo pasajero e intenso de algo. ‖ Capricho por algo en lo que no se ha meditado lo suficiente.

antología s. f. Colección de piezas literarias o musicales escogidas según un criterio determinado. ‖ loc. *De antología*: excelente, digno de ser recordado.

antológico, ca adj. Perteneciente o relativo a la antología. ‖ Extraordinario, muy bueno, que merece destacarse.

antónimo, ma adj. y s. En gramática, se dice de la palabra cuyo significado es opuesto al de otra. *Las palabras «claridad» y «oscuridad» son antónimos.*

antorcha s. f. Pedazo de materia combustible que se hace arder por uno de sus lados y se sostiene en la mano para iluminar.

antro s. m. Cueva, caverna. ‖ Casa, local comercial de muy mal aspecto o mala reputación. ‖ *Méx.* Local en el que se bebe y baila y donde se reúnen los jóvenes.

antropófago, ga *adj.* y *s.* Se aplica a la persona que come carne humana.

antropoide *s. m.* En zoología, se dice de los animales que tienen características externas similares a las del hombre. *Los gorilas y los chimpancés son antropoides.*

antropología *s. f.* Ciencia que estudia los aspectos naturales y sociales del ser humano.

antropólogo, ga *s.* Persona que estudió la carrera de antropología y se dedica a ella.

anual *adj.* Que dura un año. ‖ Que sucede cada año.

anuario *s. m.* Revista o libro que se publica una vez al año y que da cuenta de todo lo que ocurrió en el transcurso de éste.

anudar *t.* y *pr.* Hacer nudos o unir algo con nudos. *Pedro se anudó la corbata nueva.* ‖ Unir o juntar. *Anudaron esfuerzos para concluir pronto la obra.*

anuencia *s. f.* Conformidad, consentimiento o autorización para hacer algo.

anuente *adj.* Que da su consentimiento o autorización para que se haga algo. *Los vecinos se mostraron anuentes con el proyecto de ampliación de la avenida.*

anulación *s. f.* Acción y efecto de anular o anularse.

anular¹ *t.* y *pr.* Dejar sin validez un contrato o un acuerdo. ‖ Suspender una reunión o ceremonia. ‖ Perder una persona importancia, personalidad o autoridad.

anular² *adj.* Relativo al anillo. ‖ Que tiene forma de anillo. *Hubo un eclipse anular de Sol.* ‖ *s. m.* Cuarto dedo de la mano a partir del pulgar. *El anular se llama así porque en él suelen ponerse los anillos.*

anunciador, ra *adj.* Se aplica al que o lo que anuncia. *El anunciador se equivocó dos veces.*

anunciante *adj.* y *s. com.* Persona o empresa que pone un anuncio en un medio de comunicación.

anunciar *t.* Dar aviso o noticia de algo. ‖ Predecir o pronosticar. ‖ Dar a conocer un servicio o producto a través de algún medio de comunicación.

anuncio *s. m.* Acción y efecto de anunciar o anunciarse. ‖ Conjunto de palabras e imágenes con que se anuncia algo. ‖ Acción y efecto de pronosticar. ‖ Señal o indicio que sirve para pronosticar. *Esos nubarrones son anuncio de tormenta.*

anuro, ra *adj.* Que no tiene cola. ‖ *s.* En zoología, batracio que posee cuatro extremidades y en su estado adulto no tiene cola. ‖ *pl.* Orden al que pertenecen estos batracios.

anverso *s. m.* Parte frontal o cara de los objetos. *La portada es el anverso de los libros.*

anzuelo *s. m.* Gancho metálico con punta afilada y triangular que, atado a un cordel, sirve para pescar. ‖ *fig.* Señuelo.

añadido, da *adj.* Que se añade. *Tiene un nuevo refuerzo recién añadido.* ‖ *s. m.* Cosa que se agrega. *Usó un añadido para reforzar el sabor de su plato.*

añadidura *s. f.* Cosa que se añade a otra. ‖ *loc. Por añadidura:* además, encima. *Por añadidura cayó enfermo.*

añadir *t.* Agregar, juntar una cosa con otra. *Añadí dos cucharadas de azúcar al aderezo.* ‖ Aumentar, acrecentar. *Eva añadió tres figuritas más a su colección de gatos de cerámica.*

añejo, ja *adj.* De uno o más años. ‖ Producto madurado por lo menos durante un año. *Compraremos vinos añejos de la cepa de la región.* ‖ Antiguo, de mucho tiempo. *Guarda rencores añejos contra nosotros.*

añicos *s. m. pl.* Fragmentos muy pequeños en que se rompe algo. *El jarrón cayó y se hizo añicos.*

añil *adj.* De un color que se ubica entre el azul y el violeta. *Al atardecer se ve un cielo color añil.* ‖ *s. m.* Arbusto leguminoso de cuyas hojas y tallos se obtiene un pigmento azul. ‖ Pasta obtenida de este arbusto, que se usa para teñir. ‖ Sexto color del espectro solar.

año *s. m.* En astronomía, tiempo en que la Tierra da la vuelta alrededor del Sol. *El año tiene 365 días, 5 horas, 48 minutos y 46 segundos.* ‖ Periodo de doce meses en el calendario, contando desde el primero de enero hasta el 31 de diciembre. ‖ Periodo de doce meses, transcurridos entre dos días señalados. ‖ Curso educativo o académico.

añoranza *s. f.* Acción de añorar.

añorar *t. e intr.* Recordar algo muy querido con melancolía.

aorta *s. f.* Arteria principal del cuerpo de los mamíferos y las aves.

apabullante *adj.* Que apabulla. ‖ Arrollador.

apabullar *t.* Hacer sentir a alguien inferior por medio de la fuerza.

apacentar *t.* Cuidar o alimentar al ganado. ‖ *pr.* Alimentarse el ganado.

apachurrar *t.* Aplastar.

apacible *adj.* Suave, tranquilo, agradable.

apaciguar *t.* Sosegar, poner en paz.

apadrinar *t.* Ser el padrino de alguien en una boda, un bautizo, etc. ‖ Ayudar a alguien en su desarrollo profesional.

apagado, da *adj.* Poco entusiasta o alegre. ‖ Sin brillo, amortiguado. ‖ Extinguido.

apagar *t.* y *pr.* Lograr que un fuego se extinga. *Los bomberos apagaron el fuego después de horas de labor.* ‖ Desconectar un aparato eléctrico. *¡Apaga el radio ya!* ‖ Disminuir un sentimiento. *Los años no lograron apagar su pasión.* ‖ Lograr que un color sea menos vivo.

apagón *s. m.* Corte súbito e inesperado del suministro de energía eléctrica.

apaisado, da *adj.* Más ancho que alto.

apalear *t.* Golpear con un palo fuertemente. ‖ *Méx. fig.* Apabullar a alguien en una discusión.

apantallar *t. Arg.* Mover en el aire con una pantalla, instrumento semejante a un abanico. ‖ *Col., Guat., Hond., Méx.* y *Nic.* Deslumbrar, impresionar. *Los fuegos artificiales apantallaron a los turistas.* ‖ *Col., Guat., Hond., Méx.* y *Nic.* Hacer gala u ostentación de algo. *Andaban apantallando a los vecinos con su auto nuevo.*

apañar *t.* Abrigar. ‖ Coger o recoger algo con la mano. ‖ Arreglar, asear o componer a una persona o cosa. ‖ Apoderarse de algo que pertenece a otro. ‖ *Arg., Bol., Nic.* y *Uy.* Proteger, encubrir u ocultar a alguien. ‖ *Méx.* Arrestar, capturar. *Apañaron al ratero con las manos en la masa.* ‖ *pr. Esp. fam.* Arreglárselas, encontrar la manera de desenvolverse. *Con todo y la carestía nos las apañamos para ir viviendo.*

apapachar *t. Hond.* y *Méx.* Mimar, dar apapachos.

apapacho *s. m. Hond.* y *Méx.* Manifestación de cariño, abrazo o mimo. *A los bebés les gusta el apapacho.*

aparador *s. m.* Mueble para guardar la vajilla y cristalería con que se sirve la mesa. ‖ Escaparate, lugar de una tienda, cerrado con vidrios, donde se exhibe mercancía.

aparato *s. m.* Mecanismo compuesto por varias piezas que se mueven de manera sincronizada para cumplir un trabajo o una función determinados. ‖ Instrumento para llevar a cabo una función específica. ‖ Vehículo aéreo, aeronave. ‖ Teléfono. ‖ En biología, conjunto de órganos de un animal o una planta que, en conjunto, realizan determinada función. ‖ En medicina, dispositivo o pieza que se aplica al cuerpo con fines terapéuticos. *Un aparato para la sordera.*

aparatoso, sa *adj.* Muy complejo, o muy exagerado u ostentoso.

aparcar *t.* Colocar un auto o vehículo similar, de manera transitoria, en un lugar destinado para tal efecto.

apareamiento *s. m.* Acción y efecto de aparear.

aparear *t.* Juntar animales machos y hembras para criar. ‖ Juntar dos cosas para acoplarlas.

aparecer *intr.* Mostrarse o dejarse ver súbitamente. *Cuando el vuelto disipó la niebla apareció un ciervo como salido de la nada.* ‖ Encontrar, hallar. *Apareció el reloj que tenía perdido.* ‖ Empezar a existir. *El lunes aparecerá el nuevo libro de historia antigua.* ‖ Hacer acto de presencia. *Luego de años de ausencia, aparecieron los viejos compañeros de escuela.*

aparecido *s. m.* Espectro. *En todas las culturas hay cuentos de aparecidos.*

aparejar *t.* Aprestar, preparar. ‖ Colocar y disponer los aparejos en un barco o una caballería.

aparejo *s. m.* Acción de aparejar. ‖ Conjunto de elementos para montar o cargar una bestia. ‖ Conjunto de elementos de una embarcación. ‖ Forma en la que se distribuye la colocación de los ladrillos. ‖ *pl.* Herramientas para realizar un oficio.

aparentar *t.* Simular cualidades, sentimientos o ideas que no se poseen. *Aparenta estar muy enamorado.* ‖ Parecer algo distinto a lo que se es sin proponérselo. *Aparenta menos edad de la que tiene.* ‖ Tener cierto aspecto. *El auto de segunda mano que compró aparenta estar en buen estado.*

aparente *adj.* Que parece algo que no es, que no corresponde a la realidad. ‖ Que puede ser percibido por la vista. ‖ Que tiene cierto aspecto.

aparición *s. f.* Acción y efecto de aparecer o aparecerse, dejarse ver. ‖ Espectro o fantasma.

apariencia *s. f.* Aspecto que alguien o algo muestra a la vista. *Ese filete tiene buena apariencia.* ‖ Probabilidad o verosimilitud. *Las apariencias indican que ese caballo ganará la carrera.* ‖ Algo que parece lo que no es. *Bien reza el dicho que las apariencias engañan.*

apartado, da *adj.* Referido a un lugar, lejano, distante. ‖ Que es distinto de otra cosa, o que diverge de un concepto.

apartamento *s. m. Amér.* Vivienda, departamento, por lo general en un edificio. ‖ *Esp.* Lugar pequeño, de uno o dos cuartos, para habitar, sea dentro de una casa o un edificio.

apartar *t.* y *pr.* Separar o dividir. *Apartaron las naranjas más maduras de las que estaban verdes.* ‖ Retirar o alejar. *Últimamente se han apartado de la familia.* ‖ Quitar algo, o desplazar a alguien de un lugar. *Apartó la mesa de la pared.* ‖ *fig.* Hacer que

alguien abandone, o abandonar éste, un cargo o actividad.

aparte *adv.* En otro lugar con relación a algo. *Pon aparte esos documentos, no los archives.* ‖ Por separado. *Este pago lo haré aparte de los demás.* ‖ *adj.* Manera en que se distingue uno de otros. *Ese músico merece un lugar aparte.* ‖ *s. m.* En una conversación entre varios, lo que uno dice a otro de manera reservada, sin que oigan los demás. ‖ Parlamento de una representación teatral que un personaje dice como hablando para sí.

apasionado, da *adj.* y *s.* Que siente pasión por algo o alguien. *Los apasionados del futbol llevan la camiseta de su equipo favorito.* ‖ Que denota o implica pasión. *El pianista ejecutó apasionadas interpretaciones en su concierto.*

apasionar *t.* y *pr.* Provocar alguna pasión. *En los debates políticos los participantes se apasionan con cada discurso.* ‖ Aficionarse de manera desmedida por algo o alguien. *A María le apasiona tanto la música que su casa está llena de discos.*

apatía *s. f.* Falta de ánimo o interés. ‖ Indolencia, dejadez.

apátrida *adj.* y *s.* Que no tiene patria o reniega de ella.

apear *adj.* y *pr.* Descender de un caballo, un carruaje, un automóvil o cualquier otro vehículo.

apedrear *t.* Lanzar piedras a algo o a alguien.

apego *s. m.* Sentimiento de afecto hacia alguien o algo. ‖ *loc.* Con apego a derecho: que sigue las reglas del derecho.

apelar *intr.* Recurrir a alguien en busca de ayuda. ‖ En derecho, solicitar a un tribunal superior que anule una sentencia.

apelativo, va *adj.* y *s.* Que da apellido, que califica.

apellido *s. m.* Nombre de familia que heredamos de nuestros padres; va después del nombre propio. *Ella se llama María y su apellido es García.*

apelmazar *t.* y *pr.* Estropear una masa que debió haber quedado blanda y esponjosa.

apenado, da *adj.* Acongojado, apesadumbrado, consternado. ‖ *Amér.* Avergonzado.

apenar *t.* y *pr.* Provocar una pena. ‖ *Méx.* Sentir vergüenza.

apenas *adv.* Muy poco. *La tierra tembló apenas.* ‖ Hace poco tiempo. *Apenas llegamos de la panadería.* ‖ *conj.* En cuanto. *Apenas terminé la tarea, me puse a ver tele.*

apercibir¹ *t.* Preparar o disponer lo necesario para realizar algo. ‖ Advertir o amonestar. ‖ En derecho, hacer saber a una persona las consecuencias que tendrán determinadas acciones u omisiones que cometa.

apercibir² *t.* y *pr.* Caer en la cuenta de algo, notar. *No se apercibió del paso del tiempo y se le hizo tarde.*

aperitivo, va *adj.* Que sirve para abrir el apetito. ‖ *s. m.* Bebida por lo general alcohólica, o pequeña porción de alimento, que se ingiere antes de la comida principal.

apero *s. m.* Instrumento que se utiliza para las labores del campo. ‖ *pl.* Conjunto de estos instrumentos. *Los aperos de labranza.*

apertura *s. f.* Acción y efecto de abrir o abrirse. ‖ Acto en el cual se inician o reinician las actividades en un congreso, asamblea o institución. *La apertura de cursos será pasado mañana.* ‖ Actitud receptiva y favorable a las ideas o tendencias de otros, diferentes de las propias. *No hay comunicación posible sin apertura.*

apesadumbrar *t.* Causar aflicción, pesadumbre. *La enfermedad de su madre lo apesadumbró.*

apestar *t.* Despedir olor desagradable. ‖ Transmitir la peste. ‖ Echar a perder.

apetecer *t.* Sentir ganas o deseos de algo. *¿Apetecerías un cambio de aires?*

apetecible *adj.* Que se antoja.

apetencia *s. f.* Deseo o ganas de algo.

apetente *adj.* Que tiene apetito.

apetito *s. m.* Ganas de comer. ‖ Deseo.

apetitoso, sa *adj.* Que excita el deseo de comer. ‖ Apetecible.

apiadar *t.* Provocar piedad. ‖ *pr.* Tener piedad.

ápice *s. m.* Punta, vértice, extremidad aguda. ‖ Muy pequeño. *No se movió ni un ápice.*

apícola *adj.* Perteneciente o relativo a la apicultura.

apicultor, ra *s.* Persona que se dedica a la apicultura.

apicultura *s. f.* Cría de abejas con el objeto de aprovechar sus productos.

apilado, da *adj.* Agrupado en pilas o montones.

apilar *t.* Colocar unas cosas sobre otras formando una pila o montón.

apiñar *t.* y *pr.* Agruparse personas o agrupar cosas, de manera que quedan muy juntas. *La gente se apiñó bajo la marquesina para guarecerse de la tormenta.*

apio *s. m.* Planta comestible de tallos blancos y carnosos, hojas verdes, largas y hendidas, y pequeñas flores blancas. *El apio es muy ligero, 100 g de la planta apenas tienen 16 calorías.*

apisonar *t.* Apretar y aplanar la tierra o el asfalto para darles compactación y firmeza.

aplacar *t.* y *pr.* Mitigar, amansar.

aplanar *t.* Hacer que algo se vuelva plano. *Aplana las hojas de papel que se abarquillaron.* ‖ Abrumar.

aplastar *t.* Deformar algo aplicando una fuerza para reducir su altura o su espesor. ‖ Abrumar física o moralmente a una persona. *La situación económica aplasta a muchos.* ‖ Derrotar por completo al enemigo. *La intervención del ejército aplastó la sublevación.*

aplaudir *t.* Dar palmadas en señal de aprobación o entusiasmo. *El público aplaudió estruendosamente la interpretación de la pianista.* ‖ *fam.* Aprobar, celebrar. *Todos los comentaristas aplauden la reducción de impuestos.*

aplauso *s. m.* Resultado de aplaudir. *Su brillante discurso le ganó el aplauso de todos.* ‖ *loc.* Aplauso cerrado: aplauso unánime y estruendoso. ‖ *Digno de aplauso:* admirable, plausible.

aplazamiento *s. m.* Consecuencia de aplazar.

aplazar *t.* Dejar algo para más tarde. ‖ Reprobar un examen o un curso.

aplicación *s. f.* Resultado de aplicar. ‖ Adorno no habitual. ‖ Esmero en hacer algo. ‖ Puesta en práctica de algo. ‖ En informática, programa que realiza una actividad específica.

aplicado, da *adj.* Que se aplica en hacer algo. ‖ Que se relaciona con la parte práctica de una ciencia. *Las matemáticas aplicadas resuelven problemas de ingeniería.*

aplicar *t.* y *pr.* Poner algo sobre una cosa. ‖ Adornar con materiales no habituales. ‖ Esmerarse en hacer las cosas bien. ‖ Poner en práctica un conocimiento. ‖ Ejecutar un programa informático.

aplomo¹ *s. m.* Seriedad o serenidad para tratar un asunto. *Tomó con aplomo la noticia de la muerte de su amigo.*

aplomo² *s. m.* Plomada.

apocado, da *adj.* Muy tímido. ‖ Cobarde.

apocalipsis *s. m.* En religión, anuncio del fin del mundo. ‖ Final violento de algo.

apocalíptico, ca *adj.* Que se parece al apocalipsis.

apocamiento *s. m.* Actitud de timidez o humildad excesiva.

apocar *t.* y *pr.* Hacer que una persona se sienta, o sentirse ésta, humillada o medrosa.

apócope *s. f.* Figura gramatical que consiste en suprimir un fonema, o una o más sílabas de una palabra. *Moto y foto son apócopes de motocicleta y fotografía.*

apócrifo, fa *adj.* y *s.* Se dice del texto falso o que se atribuye supuestamente a un autor. *El testamento era apócrifo, pues no lo escribió al ahora difunto sino su sobrino.* ‖ En la religión católica, se aplica al texto que, aunque habla de lo sagrado, no está reconocido por el canon de la Iglesia. *Existen muchos evangelios apócrifos.*

apoderar *t.* y *pr.* Dar una persona poder a otra para que la represente y actúe en su nombre. ‖ *pr.* Hacer que algo quede bajo el poder de uno, adueñarse de ello. *Durante el Porfiriato, los caciques se apoderaron de muchas tierras.*

apodo *s. m.* Nombre, diferente del suyo, que suele darse a alguien para identificarlo. *Los apodos suelen hacer referencia a cualidades o defectos de las personas.*

ápodo, da *adj.* Animal carente de patas o de extremidades.

apogeo *s. m.* Momento o etapa culminante de una trayectoria personal, de un proceso o de una situación. *El apogeo de la civilización griega se dio en la época de Pericles.*

apolillado, da *adj.* Material carcomido por la polilla, especialmente madera y tejidos. ‖ Viejo, anacrónico, inservible.

apolillar *t.* Penetrar y carcomer un material la polilla. *La plaga apolilló valiosos libros del siglo XIX.* ‖ *pr.* Envejecer. *Después de todos estos años, me apolillé sin remedio.* ‖ *intr. fam. Arg.* y *Uy.* Dormir.

apolítico, ca *adj.* Que es indiferente a la política. *Las personas apolíticas no ayudan a la democracia.*

apología *s. f.* Discurso, escrito o expresión incondicionalmente elogioso.

aporrear *t.* y *pr.* Golpear o golpearse repetidamente con un objeto, en particular una porra. ‖ Importunar, molestar. ‖ *fig.* Tocar un instrumento musical sin arte ni gracia. *Aporreó la guitarra toda la tarde.*

aportar *t.* Dar, contribuir. ‖ En derecho, exponer pruebas.

aporte *s. m.* Aportación, cooperación o donativo. ‖ Acción y efecto de depositar un río, un glaciar o el viento, materiales sobre un terreno.

aposentar *t.* Albergar, hospedar. ‖ *pr.* Alojarse.

aposento *s. m.* Habitación.

aposición *s. f.* En gramática, sustantivo o frase sustantiva que funciona como un adjetivo de otro sustantivo. *En la frase «Trajano, emperador de los romanos», la parte que dice «emperador de los romanos» es una aposición.*

apostar¹ *t.* Convenir dos o más personas en que quien se equivoque queda obligado a realizar un pago de dinero o a cumplir algún tipo de castigo. || Arriesgar una cantidad de dinero a los resultados de un juego o competencia deportiva. || Depositar la confianza en alguien o algo.

apostar² *t.* Situar soldados en un lugar estratégico. || *pr.* Acechar.

apóstol *s. m.* Persona que propaga una doctrina. || Evangelizador del cristianismo.

apostolado *s. m.* En religión, misión de un apóstol. || Dedicación a una causa.

apostólico, ca *adj.* En religión, que se relaciona con los apóstoles. || Para los católicos, relativo al Papa.

apóstrofe *s.* Regaño o insulto en un discurso.

apóstrofo *s. m.* Signo ortográfico (') que marca la supresión de alguna letra. *En inglés y francés usan mucho los apóstrofos.*

apostura *s. f.* Aspecto o actitud de una persona. *Con su buena apostura seducía a las mujeres fácilmente.*

apotema *s. f.* En geometría, línea que va del centro de un polígono a cualquiera de sus lados. || En geometría, altura de las caras de una pirámide.

apoteosis *s. f.* Glorificación de un héroe. || Momento culminante de una gesta heroica o de un espectáculo.

apoyar *t. intr.* y *pr.* Colocar una cosa sobre o contra otra para que se sostengan. || Basar o fundamentar. *La casa se apoya en pilares de concreto.* || Patrocinar, prestar ayuda o favorecer. *La institución apoyará a los desempleados.* || Sostener, confirmar una idea, una teoría. *Apoyó su hipótesis con numerosas fotografías.* || Cargar, servir de punto de apoyo. *Se tiene que apoyar en un bastón para caminar.* || En milicia, interactuar dos fuerzas para alcanzar un fin.

apoyo *s. m.* Persona o cosa en que se sostiene alguien o algo. || Aliento, protección, ayuda. || Fundamento de una idea o teoría.

apreciable *adj.* Que tiene gran intensidad y puede ser apreciado. *Fue al médico por un apreciable enrojecimiento en la piel.* || Que merece estimación y aprecio. *«Apreciables señores» es una fórmula de cortesía común en la correspondencia formal.*

apreciación *s. f.* Acción y efecto de apreciar o apreciarse.

apreciar *t.* y *pr.* Evaluar y reconocer las cualidades y méritos de una persona o cosa. *Los espectadores apreciaron la muestra de artesanías.* || Sentir simpatía y afecto por alguien. *Los alumnos y su maestra se aprecian.*

aprecio *s. m.* Acción y efecto de apreciar o apreciarse. || Estimación y afecto.

aprehender *t.* Atrapar, detener a alguien que es buscado o sorprendido cometiendo una falta. || Asir un objeto. || Comprender, percibir.

aprehensión *s. f.* Acción y efecto de aprehender.

apremiante *adj.* Se dice de lo que es urgente o presiona a actuar. *Ya estamos a viernes y la tarea es apremiante.*

apremiar *t.* Urgir o apremiar. *El tiempo para terminar el examen apremia.*

apremio *s. m.* Acción y efecto de apremiar. *Tengo el apremio de llegar a tiempo.*

aprender *t.* Asimilar conocimientos mediante el estudio, la experiencia o la memoria.

aprendiz *s. com.* Principiante de un oficio, arte u otra ocupación.

aprendizaje *s. m.* Acción y efecto de aprender. || Tiempo que dura aprender algo.

aprensión *s. m.* Sentimiento o sensación de recelo, desconfianza o temor hacia otra persona, cosa o situación.

aprensivo, va *adj.* y *s.* Se dice de la persona recelosa o desconfiada, con miedo irracional a sufrir algo.

apresar *t.* Agarrar, asir fuertemente a un animal a su presa o a una persona a otra, impidiéndole moverse. || Detener o aprisionar a alguien. *Apresaron a unos asaltantes.* || Apoderarse por la fuerza de una embarcación.

aprestar *t.* y *pr.* Preparar lo necesario para realizar una actividad. || Aplicar apresto en una tela.

apresurado, da *adj.* Con prisa, que muestra apresuramiento.

apresurar *t.* y *pr.* Acelerar, aumentar la velocidad con que se hace algo. *Debemos apresurarnos para terminar el trabajo antes de que anochezca.*

apretado, da *adj.* Estrecho, que dificulta la movilidad. *Mis zapatos están muy apretados, me molestan al caminar.* || Escaso de dinero. *Está apretada, por eso comprará sólo lo indispensable.* || Muy lleno de actividades o compromisos. *Una apretada agenda.* || Se dice del resultado que se ganó por un margen estrecho. *La votación fue apretada.* || Referido a un texto, con letras pequeñas y líneas muy juntas. || *Méx.* Engreído, que se siente más que otros.

apretar *t.* Oprimir, estrechar. || Ejercer presión sobre algo para reducir su volumen. || Cerrar fuertemente alguna parte del cuerpo. *Apretar las piernas.* || Incrementar la velocidad o el ritmo de una actividad. || Tratar a alguien con excesivo rigor. || Quedar muy ajustada una prenda de vestir. || *intr.* Cobrar algo mayor intensidad. *El frío está apretando, vamos a abrigarnos.*

apretón *s. m.* Acción y efecto de apretar con fuerza. || Acción de realizar un esfuerzo extraordinario en una actividad. || Apretura ocasionada por la cantidad excesiva de gente en un lugar. || *loc.* Apretón de manos: saludo cordial y efusivo, estrechando dos personas sus manos.

apretujar *t.* Apretar con brusquedad. *Apretujó el papel y lo lanzó al cesto.* || *pr.* Oprimirse varias personas en un lugar muy estrecho. *En los vagones del metro se apretujan cientos de viajeros.*

apretujón *s. m.* Acción y efecto de apretujar.

aprieto *s. m.* Apuro.

aprisa *adv.* Con celeridad, con apuro.

aprisionar *t.* Meter en prisión, encerrar. || Sujetar algo otra cosa. || Impedir el movimiento.

aprobación *s. f.* Acción y efecto de aprobar.

aprobado, da *adj.* y *s.* Se dice de quien ha superado un curso o un examen.

aprobar *t.* Aceptar que algo es suficientemente bueno. || Declarar que alguien es hábil para algo. || Pasar un examen.

aprobatorio, ria *adj.* Que fue aprobado.

apropiación *s. f.* Resultado de apropiarse de algo, en especial si es ajeno.

apropiado, da *adj.* Que está bien, que cumple con determinadas reglas.

aprovechado, da *adj.* y *s.* Que no se desperdicia. || Que saca ventaja o se aprovecha de los demás.

aprovechar *t.* y *pr.* Utilizar algo al máximo. *Todavía no se aprovecha todo el potencial de la energía* *eólica*. ‖ Sacar ventaja de una situación o de la ingenuidad de una persona. *Aprovechó un descuido de la vecina para robar su casa*. ‖ Abusar de una mujer.

aprovisionar *t*. Abastecer, proveer de lo necesario.

aproximado, da *adj*. Que se acerca a lo correcto o exacto.

aproximar *t*. y *pr*. Acercar, arrimar. ‖ Obtener un resultado o cifra lo más cercano posible al exacto.

áptero, ra *adj*. Que no tiene alas. *Las hormigas, piojos y pulgas son insectos ápteros*.

aptitud *s. f*. Capacidad y disposición para llevar a cabo determinada labor o desempeñar una actividad. *Desde pequeña mostró aptitudes para la danza, y hoy es una gran bailarina*.

apto, ta *adj*. Capaz de hacer algo o adecuado para ello.

apuesta *s. f*. Acción y efecto de apostar. ‖ Lo que se compromete en una apuesta.

apuesto, ta *adj*. Se aplica a la persona de buena presencia, atractiva, bien plantada.

apuntado, da *adj*. Que tiene los extremos en punta. ‖ Que está anotado.

apuntador, ra *adj*. Que apunta. ‖ *s*. Persona que recuerda a los actores sus parlamentos.

apuntalar *t*. Afirmar, reforzar. ‖ Colocar puntales.

apuntar *t*. Señalar un punto. ‖ Posicionar un arma para acertar un blanco. ‖ Tomar nota. ‖ Agregar en un listado. ‖ Realizar un boceto. ‖ Señalar a los actores los parlamentos que deben decir.

apunte *s. m*. Nota escrita breve. ‖ Dibujo preliminar. ‖ *pl*. Conjunto de notas tomadas durante un curso y que sirven para estudiar.

apuñalar *t*. Herir repetidamente con un puñal.

apurado, da *adj*. Necesitado de dinero o recursos. ‖ Riesgoso o lleno de dificultades. ‖ Esmerado, meticuloso, exacto. ‖ Que tiene prisa.

apurar *t*. Consumir algo hasta agotarlo. *De un trago apuró su café*. ‖ *pr*. Preocuparse, sentir angustia. *Se apura por el estado de salud de su padre*. ‖ *Amér*. Apremiar o darse prisa. *¡Apúrense, o no llegaremos a tiempo!*

apuro *s. m*. Situación comprometida y de difícil solución. ‖ Aprieto, dificultad económica o escasez. ‖ Urgencia por hacer algo, prisa. ‖ Vergüenza.

aquejado, da *adj*. Afectado por una enfermedad, dolor, aflicción o angustia.

aquejar *t*. Afectar a alguien una enfermedad. ‖ Afligir o acongojar. *Le aqueja una pena*.

aquel, lla *adj*. Se refiere a lo que está más lejos de la persona que habla y de quien la escucha. *Compró aquellos terrenos que están más allá del cerro*.

aquél, lla *pron*. Se utiliza en lugar del nombre de lo que está más lejos de la persona que habla y quien la escucha; se escribe con acento cuando puede confundirse con el adjetivo. *Desde una orilla de la plaza le gritó a una mujer, pero aquélla no escuchó*.

aquelarre *s. m*. Reunión ritual de brujos y brujas para rendir culto al diablo.

aquenio *s. m*. Fruto seco de una sola semilla, como la bellota.

aquí *adv*. En este lugar. *Aquí encontrarás las herramientas necesarias*. ‖ A este lugar. *¡Vengan aquí!* ‖ En el tiempo presente. *Hasta aquí todo va según lo planeamos*. ‖ Entonces. *Aquí ya no pude más y mejor me fui para no discutir*.

aquiescencia *s. f*. Consentimiento.

aquietar *t*. y *pr*. Apaciguar.

aquilatar *t*. Examinar oro o piedras preciosas para determinar sus quilates. ‖ *fig*. Apreciar el mérito de algo o alguien.

ara *s. f*. Altar.

árabe *adj*. y *s*. Que nació en Arabia Saudita, país de Asia. ‖ Que se relaciona con quienes hablan la lengua árabe. *Arabia Saudita, Yemen, Egipto, etc., son países árabes*. ‖ Lengua que se habla en los países del norte de África y sudoeste de Asia.

arábico o **arábigo**. *adj*. y *s*. Que se relaciona con el árabe. ‖ Árabe. ‖ *loc*. Número arábigo: signo perteneciente al sistema de notación de números creado por los árabes.

arabismo *s. m*. Vocablo que proviene del árabe.

arácnido, da *adj*. y *s*. Se dice de los artrópodos con cuatro pares de patas. *Las arañas, los escorpiones y los ácaros, entre otros, pertenecen al grupo de los arácnidos*. ‖ *s. m. pl*. Clase a la que pertenecen estos animales.

arado *s. m*. Instrumento que se usa en agricultura para abrir surcos en la tierra y prepararla para sembrar.

aralia *s. f*. Arbusto de la familia de las araliáceas, con hojas siempre verdes, flores blancas pequeñas y frutos oscuros; sus diferentes variedades llegan a medir de 50 cm a 20 m de alto. *Las aralias se encuentran entre las plantas favoritas para decorar interiores*.

arancel *s. m*. Tarifa oficial de los impuestos que han de pagarse por derechos en servicios como aduanas y transportes.

arandela *s. f*. Pieza metálica pequeña, en forma de disco, con un orificio al centro, que sirve para asegurar el cierre hermético de una junta, mantener tornillos apretados o evitar el roce entre dos piezas.

araña *s. f*. Artrópodo de ocho patas, con cefalotórax y armado con dos apéndices bucales venenosos; junto al ano tiene los órganos que producen la seda para tejer sus telarañas. ‖ Candil de varios brazos que se cuelga del techo.

arañar *t*. y *pr*. Rasgar o rasgarse la piel superficialmente, sea con las uñas o con un objeto punzante. ‖ Rayar una superficie lisa o bruñida.

arañazo *s. m*. Lesión superficial en forma de línea sobre la piel. ‖ Rayón hecho con algo punzante sobre una superficie lisa.

arar *t*. Hacer surcos en la tierra con un arado para preparar la siembra.

arauaco, ca *adj*. y *s*. Se dice del pueblo amerindio que se extendió por toda la costa norte y parte de las Antillas.

araucano, na *adj*. y *s*. Natural o perteneciente a la región de Arauco, Chile. ‖ Mapuche, perteneciente al pueblo originario que habita la zona del centro y el sur de Chile desde antes de la conquista española.

arbitral *adj*. Relacionado con el arbitraje. *Para resolver las diferencias de apreciación, se sugirió la intervención de un cuerpo arbitral*.

arbitrar *t*. Juzgar, resolver encuentros deportivos o controversias civiles de acuerdo con un reglamento.

arbitrariedad *s. f*. Abuso de autoridad, uso excesivo de la fuerza sin fundamento.

arbitrario, ria *adj*. Que rompe las reglas y se excede en la aplicación de su posición, fuerza o circunstancia favorable en perjuicio de otros.

arbitrio *s. m.* Capacidad o facultad de decisión. || Ejercicio caprichoso de la voluntad || Resolución expresada por el árbitro.

árbitro *s. com.* Persona que dirime justas deportivas o controversias civiles de acuerdo con un reglamento. || Persona con autoridad reconocida en alguna especialidad.

árbol *s. m.* Planta elevada de tronco leñoso que se abre en ramas y culmina en copa. || En máquinas, barra que sostiene piezas giratorias o trasmite movimiento. || Cada uno de los maderos verticales que sostienen las velas de las embarcaciones.

arboleda *s. f.* Sitio poblado de árboles.

arbóreo, a *adj.* Relativo a los árboles. || Parecido al árbol.

arborícola *adj.* Que vive en los árboles.

arboricultor, ra *s.* Persona que se dedica a la arboricultura.

arboricultura *s. f.* Cultivo y cuidado de los árboles. || Disciplina que trata de este cultivo, y práctica de la misma.

arbotante *s. m.* En arquitectura, elemento exterior de una construcción, con forma de medio arco, que descarga el peso de las bóvedas sobre un contrafuerte separado del muro. *Los arbotantes son un elemento característico del arte gótico.* || En Marina, palo o hierro que sobresale del casco de un buque; su función es sostener objetos. || *Méx.* Lámpara para iluminación artificial, sobre todo las que están adosadas a un muro.

arbustivo, va *adj.* Que crece como un arbusto, o tiene sus cualidades. *Toda planta leñosa que en su estado adulto no alcanza los cuatro metros de altura, es considerada arbustiva.*

arbusto *s. m.* Planta de tallo leñoso con tronco ramificado desde la base, y que mide entre uno y cuatro metros de altura. *El granado es un arbusto frutal.*

arca *s. f.* Caja grande con tapa plana y cerradura, por lo general de madera, utilizada para guardar ropa u otros objetos. || Caja para guardar dinero o joyas. || Especie de embarcación. || *pl.* Pieza destinada en las tesorerías a guardar el dinero. *Las arcas de la nación.*

arcabuz *s. m.* Antigua arma de fuego, semejante al fusil, con caja de madera y cañón de hierro.

arcada[1] *s. f.* En arquitectura, serie de arcos en una construcción o un puente.

arcada[2] *s. f.* Contracción violenta del estómago previa al vómito.

arcaico, ca *adj.* Muy antiguo. || Perteneciente o relativo a los primeros tiempos de una civilización.

arcaísmo *s. m.* En lingüística, palabra o expresión que, por ser antiguos, ya no están en uso. || Carácter de lo que es arcaico.

arcángel *s. m.* En religión, ser de categoría superior que un ángel.

arcano, na *adj.* Secreto, oculto. || *s. m.* Misterio profundo.

arce *s. m.* Árbol de madera muy dura.

archiduque, quesa *s.* Duque de la casa de los Austria. || *ant.* Duque de categoría superior.

archimandrita *s. m.* En la iglesia griega, superior de un monasterio.

archipiélago *s. m.* Conjunto de islas.

archivador, ra *adj.* y *s.* Persona que archiva. || Carpeta para guardar documentos. || Mueble para guardar archivos.

archivar *t.* Guardar documentos de forma ordenada en un archivero. || Guardar archivos electrónicos en la memoria de la computadora, un disco compacto o una memoria portátil. || Dar un asunto por terminado.

archivero, ra *s.* Persona que se dedica a conservar y mantener un archivo. || *Méx.* Mueble o caja para archivar documentos.

archivista *s. com. Méx.* Persona encargada de un archivo.

archivo *s. m.* Conjunto de documentos ordenados. || Lugar donde se guardan documentos ordenados. || Acción y efecto de archivar. || En informática, conjunto de datos etiquetados con un nombre, que pueden manejarse con una sola instrucción.

arcilla *s. f.* Tierra muy fina formada por silicatos de aluminio. *La arcilla, al mezclarse con agua, permite moldearla y hacer objetos.*

arcipreste *s. m.* Cargo de alta jerarquía en el cabildo de una catedral. || Clérigo que, por nombramiento de un obispo, ejerce autoridad sobre parroquias y sacerdotes de una determinada jurisdicción.

arco *s. m.* Porción de curva comprendida entre dos puntos. || Arma para lanzar flechas, consistente en una varilla curva cuyos extremos se unen por una cuerda tensa. || En anatomía, parte del cuerpo en forma de arco. *El arco ciliar es el de las cejas.* || En arquitectura, componente que abre un espacio describiendo una o más curvas. || En música, varilla de madera con cerdas tensas que, al frotarse contra las cuerdas de ciertos instrumentos, produce sonidos. *Los violines, violonchelos y contrabajos se tocan con arco.* || Portería de futbol.

arcoíris *s. m.* Arco luminoso, de siete colores, que se forma por la reflexión y refracción de la luz solar en las gotas de agua suspendidas en el aire.

arder *intr.* Estar algo encendido o quemándose. || Sentir ardor en alguna parte del cuerpo. || *fig.* Estar alguien muy inquieto por algún estado de ánimo o una pasión. || Estar un lugar agitado por algún suceso.

ardid *s. m.* Acción planeada y ejecutada con astucia para engañar y obtener ventaja de otros o de una circunstancia.

ardiente *adj.* Que genera mucho calor o sensación de ardor. || Pasión encendida.

ardilla *s. f.* Mamífero roedor pequeño, muy ágil, con cola muy grande, que habita en los árboles.

ardor *s. m.* Sensación de calor o de irritación en el cuerpo. || Entusiasmo, vehemencia. || Excitación pasional.

arduo, dua *adj.* Que es laborioso, difícil, fatigoso.

área *s. f.* Territorio o espacio delimitado. *Allá tenemos el área deportiva.* || Territorio o espacio con características comunes. *Las áreas verdes son vitales para la renovación de la atmósfera.* || Unidad de medida equivalente a 100 m².

arena *s. f.* Banco de partículas finas erosionadas de las rocas, que se acumulan en playas, riberas, lechos, desiertos y subsuelo. || Espacio donde se llevan a cabo combates deportivos. || *loc. Arena movediza:* la que contiene mucha agua y no soporta pesos.

arenal *s. m.* Terreno arenoso.

arenga *s. f.* Discurso encendido y solemne que se dirige a una tropa o multitud para enardecerla. || *fig.* y *fam.* Discurso largo, molesto y que no viene al caso.

arengar *t.* e *intr.* Dirigir una arenga a un público. *El general arengó a la tropa.*

arenisco, ca *adj.* Que contiene mezcla de arena. || *f.* Roca sedimentaria formada por arena de cuarzo aglomerada con un cemento calcáreo o de sílice. *La arenisca suele usarse en trabajos de pavimentación y construcción.*

arenoso, sa *adj.* Que contiene arena, o que abunda en arena. || Parecido a la arena.

arenque *s. m.* Pez comestible, de carne muy apreciada, que mide entre 20 y 30 cm de longitud; su dorso es azul verdoso y su vientre plateado. *Los arenques habitan en el Atlántico Norte.*

arepa *s. f. Col.* y *Ven.* Tipo de pan de maíz, de forma circular, que se amasa con manteca y huevos.

arete *s. m.* Aro pequeño. || *Méx.* Adorno que se coloca, sostenido por un arillo, en orificios practicados en el lóbulo de las orejas.

argamasa *s. f.* Mezcla de arena, cal y agua que se emplea en albañilería.

argelino, na *adj.* y *s.* De Argelia, país de África.

argentino, na *adj.* y *s.* De Argentina, país de América del Sur.

argolla *s. f.* Aro grueso, por lo general de acero, que se emplea para sujetar algo por medio de un amarre. || Objeto parecido a la argolla. || *Amér.* Anillo de matrimonio.

argón *s. m.* Elemento químico gaseoso, abundante en la atmósfera; su número atómico es 18 y su símbolo Ar.

argonauta *s. com.* Según la mitología griega, cada uno de los acompañantes de Jasón que fueron en busca del vellocino de oro a bordo del *Argos.* || Molusco marino cefalópodo cuyas hembras, de mayor tamaño que los machos, desarrollan un caparazón semejante al del nautilus, pero más delgado. || *fig.* Navegante, aventurero.

argot *s. m.* Variedad de una lengua que usan los miembros de una misma profesión. *Desde ladrones a doctores, cada cual tiene su argot.*

argucia *s. f.* Argumento falso que se presenta con visos de validez.

argüende *s. m. fam. Méx.* Chismorreo, discusión. *Esas personas siempre andan en el argüende.*

argüendear *t.* y *pr. Méx.* Chismosear.

argüendero, ra *adj. Méx.* Chismoso, alborotador.

argüir *t.* Presentar argumentos y razones para defender o atacar una opinión.

argumentación *s. f.* Conjunto de argumentos y razones que se presentan para defender o atacar una opinión.

argumental *adj.* Que se relaciona con el argumento. *La línea argumental no tenía sentido.*

argumentar *t.* e *intr.* Presentar argumentos para defender o atacar una opinión. || Discutir.

argumento *s. m.* Razonamiento o explicación para apoyar o contradecir una afirmación. || Secuencia ordenada de lo que se narra en una obra literaria, de teatro o cinematográfica.

aria *s. f.* Composición musical melódica para ser cantada por una sola voz, con acompañamiento instrumental.

aridez *s. f.* Cualidad de lo que es árido, sequedad extrema.

árido, da *adj.* Muy seco, sin humedad. *El desierto de Atacama, en Chile, es el lugar más árido del mundo.* || Aburrido, complicado y monótono. *Esa conferencia estuvo tan árida que varias personas se durmieron.* || *s. m. pl.* Granos, legumbres y frutos secos para los que se utilizan medidas de capacidad.

aries *adj.* y *s. inv.* Se dice de la persona nacida bajo este signo, entre el 21 de marzo y el 20 de abril.

arisco, ça *adj.* Persona o animal hostil e intratable. *Ese burro arisco muerde y cocea a quien se le acerca.*

arista *s. f.* Borde fino, y a veces afilado, de un objeto tallado. || En geometría, línea resultante del ángulo exterior de dos superficies que se intersecan. || *pl.* Complicaciones o dificultades de algo. *Ese asunto tiene muchas aristas, manéjalo con cautela.*

aristocracia *s. f.* Grupo social pequeño y exclusivo formado por las familias y personas notables de un estado monárquico o que poseen título de nobleza.

aristócrata *s. com.* Persona que pertenece a la aristocracia o que posee título de nobleza.

aristocrático, ca *adj.* Perteneciente a la aristocracia. *Modales aristocráticos.*

aritmética *s. f.* Disciplina matemática que estudia los números y sus operaciones.

aritmético, ca *adj.* Que se relaciona con la aritmética. || *s.* Persona dedicada al estudio de la aritmética.

arlequín *s. m.* Personaje teatral bufo, habitualmente con máscara negra y traje colorido a cuadros o rombos.

arma *s. f.* Instrumento o máquina de ataque y defensa. || Grupo de una fuerza militar. || Medios naturales de los animales para atacar o defenderse. || Medio para conseguir algo. || *pl.* Fuerzas armadas.

armada *s. f.* Conjunto de las fuerzas navales y aeronavales de un Estado. || Conjunto de los barcos de guerra que se emplean para una operación bélica.

armado, da *adj.* Provisto de armas. *En las películas de vaqueros casi todos van armados.* || Provisto con los utensilios propios para realizar una actividad. *Temprano llegaron los peones, armados con palas y picos.* || Que tiene una cubierta protectora, o un armazón de metal por dentro. *Un puente de concreto armado.*

armadillo *s. m.* Mamífero desdentado insectívoro, con cuerpo de entre 30 y 50 cm cubierto por un caparazón movible formado por placas óseas.

armador, ra *adj.* y *s.* Que se dedica a armar, máquinas o aparatos.

armadura *s. f.* Estructura sobre la que se arma algo, y que lo sostiene. || Traje defensivo hecho con piezas movibles de metal, para proteger el cuerpo de los combatientes.

armamentismo *s. m.* Doctrina que pugna por la acumulación de armas para disuadir a otros de emprender acciones bélicas.

armamentista *adj.* Perteneciente o relativo al armamento o al armamentismo. || *s. com.* Partidario del armamentismo.

armamento *s. m.* Conjunto de armas y materiales de guerra de un ejército o una persona. || Acción de armar, dotar de armas.

armar *t.* y *pr.* Dotar de armas a un ejército o una persona. || Prepararse para la guerra. || Alistar un arma para dispararla. || Unir y montar las piezas que conforman un aparato, mueble, maquinaria o juego. || fig. Disponer u organizar algo. *Van a armar una gran fiesta por su graduación.* || fig. y fam. Causar o producir algo. *Los manifestantes armaron tal jaleo, que tuvo que intervenir la policía.*

armario *s. m.* Mueble con puertas para guardar ropa.

armatoste *s. m.* Objeto grande y estorboso.

armazón *s. inv.* Conjunto de piezas que sostienen algo o le dan rigidez. || *Méx.* Varillas en las que se colocan las lentes que corrigen defectos de la vista.

armella *s. f.* Anillo de metal que tiene un tornillo o un clavo para fijarlo.

armería *s. f.* Tienda de armas || Arte de fabricar armas. || Museo de armas.

armero, ra *s.* Persona que vende armas. || Persona que fabrica armas.

armiño *s. m.* Mamífero carnívoro de piel suave y delicada, parda en verano y blanca en invierno. || Piel de este animal.

armisticio *s. m.* Suspensión de hostilidades pactada.

armonía *s. f.* Relación entre las cosas de un todo que la hace agradable o bello. || Buena relación entre personas. || En música, arte de formar acordes. *La armonía en Mozart es notable.*

armónica *s. f.* Instrumento musical con ranuras por las que se sopla o aspira para conseguir el sonido.

armónico, ca *adj.* Que tiene armonía o se relaciona con ella.

armonioso, sa *adj.* Que tiene armonía. || Agradable al oído.

armonizar *t.* Lograr armonía en algo. || En música, escribir los acordes de una composición.

arnés *s. m.* Correa para sujetarse o sujetar algo al cuerpo. *El limpiador de ventanas en edificios altos debe usar arnés.* || *pl.* Conjunto de correas que se ponen a los caballos.

árnica *s. f.* Planta medicinal con efectos antiinflamatorios. *Cuando se pegó en la cabeza, le pusieron árnica para que no le saliera un chichón.*

aro *s. m.* Pieza de material rígido en forma de círculo. || *Amér. Merid.* Anillo de compromiso.

aroma *s. m.* Olor muy agradable y perfumado.

aromático, ca *adj.* Que tiene aroma. *Las rosas y los jazmines son flores aromáticas.*

aromatizar *t.* Dar aroma a algo.

arpa *s. f.* Instrumento musical de cuerda compuesto por un armazón triangular de madera y una serie de cuerdas fijadas dentro de éste.

arpegio *s. m.* En música, ejecución sucesiva de las notas de un acorde.

arpía *s. f.* Ser malvado de la mitología griega que tenía cabeza y torso de mujer bella y cuerpo de ave monstruosa. || *fam.* Persona codiciosa que, con intrigas, saca provecho de los demás.

arpillera *s. f.* Tejido burdo o saco para proteger y guardar objetos.

arpista *s.* Ejecutante del arpa.

arpón *s. m.* Instrumento de pesca formado por un palo o varilla larga, un cordel y una punta triangular para afianzar a la presa.

arponero *s. m.* Pescador que usa el arpón.

arquear *t.* Dar forma de arco a un objeto. || Presentar arcadas, tener náuseas.

arqueología *s. f.* Ciencia que estudia las civilizaciones antiguas a partir de sus restos arquitectónicos, humanos y utensilios domésticos.

arqueólogo, ga *s.* Persona dedicada al estudio profesional de la arqueología.

arquero, ra *s.* Soldado cuyo armamento eran el arco y las flechas. || Deportista que practica la arquería, tiro con arco y flechas. || En deportes como el futbol, portero o guardameta.

arquetipo *s. m.* Modelo primordial de un arte, disciplina o tradición, que sirve de ejemplo para imitarlo. || En psicología, imágenes o pensamientos que tienen valor simbólico y forman parte del inconsciente colectivo. *El arquetipo del héroe invencible con un punto vulnerable está presente en muchos mitos y leyendas.*

arquitecto, ta *s.* Profesional que ejerce la arquitectura.

arquitectura *s. f.* Arte y técnica de proyectar y construir edificios, civiles o sacros, siguiendo determinados cánones. || En informática, organización de los distintos elementos que conforman un sistema. || fig. Forma, estructura.

arrabal *s. m.* Barrio en las afueras de una población principal.

arrabalero, ra *adj.* Perteneciente o relativo al arrabal. || fig. y fam. Que tiene mala educación y maneras vulgares. || *s.* Habitante de un arrabal.

arracada *s. f.* Arete cuyo adorno cuelga.

arraigado, da *adj.* Que ha echado raíces. || Que se halla sujeto muy fuertemente en un lugar determinado. || fig. Que se ha aclimatado a las costumbres y usos de un lugar.

arraigar *intr.* Echar raíces. || Volverse firme una costumbre. || Establecerse en un lugar de manera permanente. || Fijar algo firmemente. || *Amér.* Evitar que alguien salga de un lugar por medio de una orden judicial.

arraigo *s. m.* Acción y efecto de arraigar.

arrancar *t.* Sacar de raíz. || Sacar con violencia algo de un lugar. || Quitarle algo a alguien con brusquedad. || Conseguir algo a duras penas. || Salir a la carrera. || Iniciarse el funcionamiento de una máquina || Comenzar un vehículo a moverse. || Provenir. || Empezar a hacer algo de manera intempestiva.

arranciarse *pr.* Volverse rancio algo.

arrancón *s. m. Méx.* Arrancada de un vehículo.

arranque *s. m.* Comienzo de algo. *El arranque de la carrera fue muy parejo.* || Mecanismo para que funcione un aparato. || Rabieta. *Perdió el partido y en un arranque destrozó el lugar.*

arrasar *t.* Destruir totalmente. || Emparejar una superficie con un rasero. || *fr.* Llenarse. *Los ojos se le arrasaron de lágrimas cuando recibió la mala noticia.*

arrastrar *t.* Llevar a una persona o cosa por el suelo jalando de ella. || Lograr que alguien piense de determinada manera. || *pr.* Humillarse para conseguir algo.

arrayán *s. m.* Arbusto muy oloroso. || Árbol también llamado «palo colorado».

arre *interj.* Grito para hacer que caballos y otros animales vayan más rápido.

arrear[1] *t.* Apremiar a las bestias para que anden o lo hagan más rápido. || Apresurar a alguien para que haga algo. || Llevarse alguna cosa de manera violenta. || Asestar, atizar.

arrear² *t.* Poner los arreos o guarniciones a las caballerías.

arrebatar *t.* Despojar a alguien de algo violentamente. || Tomar o llevarse algo de manera precipitada. || Fascinar, atraer poderosamente la atención. || Embelesar, extasiar, conmover en grado sumo. || *pr.* Enfurecerse.

arrebato *s. m.* Súbita presencia en el ánimo de alguna pasión o sentimiento. || Repentino impulso de hacer algo.

arrebolar *t.* y *pr.* Poner rojo.

arrebujar *t.* Amontonar sin orden ropas o cosas similares. || *pr.* Envolverse bien con ropa.

arreciar *t.* y *pr.* Volverse algo más intenso, más violento o más fuerte.

arrecife *s. m.* Formación rocosa o coralina de poca profundidad o que apenas sobresale de la superficie.

arreglado, da *adj.* Méx. Ordenado.

arreglar *t.* Reparar algo averiado. *Pedro arregló la cafetera que no funcionaba.* || Acicalar. *Se arregló con su mejor ropa para ir a la fiesta.* || Poner en orden. *El archivista arregló los expedientes en orden cronológico.* || Zanjar en buenos términos una controversia. *Después de exponer sus argumentos arreglaron sus diferencias.* || Pulir o adaptar una composición musical. *El compositor arregló su obra para orquesta de cámara.*

arreglo *s. m.* Acción y efecto de arreglar. || Orden, regla. || Culminación de un trato o finalización de una controversia. || Adaptación de una obra musical.

arremangar *t.* Recoger hacia arriba las mangas de la camisa.

arremeter *t.* Acción y efecto de acometer con ímpetu. *El lobo arremetió a la oveja.*

arremetida *s. f.* Acción de arremeter.

arremolinarse *pr.* Formar remolinos un líquido, el polvo o un gas. || *fig.* Amontonarse de forma desordenada gente o animales en movimiento.

arrendador, ra *adj.* y *s.* Persona o empresa que da alguna cosa en arrendamiento.

arrendamiento *s. m.* Acción y efecto de arrendar. || Contrato mediante el que se arrienda. || Precio por el que se arrienda.

arrendar *t.* Permitir que se use y aproveche alguna cosa, o se reciba un servicio, a cambio de un precio pactado mediante un contrato.

arrendatario, ria *adj.* y *s.* Persona o empresa que toma algo en arrendamiento.

arreo¹ *s. m.* Adorno o atavío especial. || *pl.* Guarniciones que se ponen a los caballos, sea para montar o para tiro. || Conjunto de las herramientas que se utilizan en un oficio.

arreo² *s. m.* Amér. Acción y efecto de arrear a las bestias.

arrepentimiento *s. m.* Sentimiento de pesar por haber hecho algo que produce culpabilidad.

arrepentirse *pr.* Apesadumbrarse por haber hecho algo o por no hacerlo. || Cambiar de opinión o no cumplir un compromiso.

arrestar *t.* Retener a alguien y privarlo de la libertad.

arresto *s. m.* Acción de arrestar. *El juez ordenó el arresto.* || Tener fuerza y valor para emprender algo. *Tuvo arrestos suficientes para salvar a la niña atrapada en el incendio.*

arriar *t.* Bajar una bandera o una vela que estaba izada.

arriba¹ *adv.* En lo alto. *Arriba, más allá de las nubes, se distinguen algunas estrellas.* || En la parte alta. *Arriba se inició el incendio.* || En la parte superior en relación con un punto. *Caminamos río arriba.* || En un escrito, lo que está antes. *Los aspectos arriba mencionados refuerzan nuestra afirmación.* || En cifras o apreciaciones, lo que excede lo indicado. *Se aplica un descuento especial en pedidos de mil unidades para arriba.*

arriba² *interj.* Se utiliza para vitorear. *¡Arriba los ganadores del torneo!*

arribar *intr.* Llegar.

arribismo *s. m.* Actitud del arribista.

arribista *s. com.* Persona que actúa sin escrúpulos en provecho propio.

arribo *s. m.* Llegada.

arriendo *s. m.* Arrendamiento.

arriero, ra *s.* Persona que transporta bestias de carga. || Persona que comercia utilizando bestias de carga.

arriesgado, da *adj.* Que se arriesga. || Que implica algún riesgo. *La venta de divisas es un negocio arriesgado.*

arrimar *t.* y *pr.* Acercar una cosa a otra. || Buscar la protección de alguien.

arrinconar *t.* Poner algo en un rincón. || Dejar en sitio aparte algo que ya no se va a utilizar. || Acorralar a alguien, perseguirlo sin dejarle salida posible. || *fig.* Marginar a alguien, retirarle el favor de que disfrutaba. || *pr. fig.* y *fam.* Aislarse, eludir el trato con la gente.

arroba¹ *s. f.* En informática, signo que sirve para separar el nombre del usuario de una dirección de correo electrónico y el del servidor. *El signo de arroba (@) se usaba antes de internet para identificar una medida de peso.*

arroba² *s. f.* Unidad de peso que se utiliza en España y en algunos países de América Meridional. *Según donde se utilice, una arroba varía entre 11.5 y 12.5 kilos.* || Unidad de volumen o capacidad; su valor es diferente según los países y regiones, o el tipo de líquido que se mida. *Una arroba de aceite son 12.5 litros; una de vino, poco más de 16 litros.*

arrobado, da *adj.* Embelesado, que siente arrobamiento.

arrobador, ra *adj.* Que causa arrobamiento, que embelesa.

arrobar *t.* y *pr.* Embelesar o embelesarse.

arrobo *s. m.* Estado del que se halla embelesado con algo o en éxtasis.

arrodillar *t.* y *pr.* Hacer que alguien coloque las rodillas en el suelo. || *intr.* y *pr.* Ponerse de rodillas.

arrogación *s. f.* Apropiación indebida.

arrogante *adj.* Altivo, soberbio. || Gallardo, airoso.

arrojadizo, za *adj.* Que se puede arrojar o lanzar. *La lanza es un arma arrojadiza.*

arrojar *t.* Lanzar con violencia. || Lanzar algo fuera del cuerpo. || Echar a alguien de un lugar. || Lanzarse sobre algo para atraparlo. || Tirar algo.

arrojo *s. m.* Atrevimiento, intrepidez, valentía.

arrollar *t.* Envolver algo en forma de rollo. || *fig.* Atropellar a alguien, sobre todo un vehículo. || *fig.* Superar o derrotar por amplio margen. || Arrasar la fuerza del viento o del agua con algo, barrerlo.

arropar *t.* y *pr.* Abrigar a alguien, o abrigarse cubriéndose con ropa.

arrostrar *t.* Enfrentar una calamidad, dificultad o peligro con valor y entereza.

arroyo *s. m.* Corriente de agua de cauce angosto y poco caudal. ‖ Parte baja de la calle por donde corre el agua.

arroz *s. m.* Planta herbácea anual que se cultiva en terrenos húmedos y clima cálido; alcanza una altura de entre 80 y 180 cm, sus hojas son largas y anchas, y produce espigas colgantes que dan un grano blanco y harinoso. ‖ Grano de esta planta.

arrozal *s. m.* Terreno sembrado de arroz.

arruga *s. f.* Pliegue en la piel, en la ropa, una tela o cualquier superficie flexible.

arrugar *t.* Hacer pliegues irregulares. ‖ *pr. Amér.* Acobardarse.

arruinar *t.* y *pr.* Provocar la ruina. ‖ Dañar, destruir.

arrullar *t.* Cortejar el palomo a la paloma con arrullos. ‖ Adormecer a un niño o a alguien con arrullos o con un sonido agradable.

arrumaco *s. m.* Manifestación de amor hecha con ademanes y gestos. Suele emplearse en plural.

arsenal *s. m.* Lugar donde se almacenan armas. ‖ Conjunto de datos o informaciones.

arsénico *s. m.* Elemento químico metaloide, muy tóxico; su número atómico es 33 y su símbolo As.

arte *s. m.* Habilidad para hacer algo. ‖ Obra o actividad con la que el ser humano expresa un aspecto de la realidad o un sentimiento mediante recursos plásticos (pintura, escultura, etc.), de lenguaje (literatura), sonoros (música). ‖ Conjunto de reglas para hacer bien algo.

artefacto *s. m.* Máquina o aparato hecho según ciertas reglas y con propósitos determinados. *Los alumnos del politécnico idearon un artefacto para detectar temblores.* ‖ Carga explosiva. *Encontraron un artefacto sospechoso en las inmediaciones del metro.*

arteria *s. f.* Conducto o vaso sanguíneo que lleva la sangre con oxígeno desde el corazón al resto del cuerpo. *Las cornadas de los toros casi siempre perforan la arteria femoral.* ‖ Calle o avenida principal de una ciudad. *La avenida Insurgentes es la arteria principal de la Ciudad de México.*

arteriola *s. f.* Arteria pequeña.

arteriosclerosis *s. f.* Arterioesclerosis.

artero, ra *adj.* Que se vale de su astucia y maña para engañar a los demás.

artesanal *adj.* Perteneciente o relativo a la artesanía.

artesanía *s. f.* Arte y oficio de elaborar objetos con las manos o siguiendo métodos tradicionales. *La artesanía, en muchos casos, ha sido desplazada por la industrialización.* ‖ Objeto realizado de manera tradicional a mano. *Los jarros y cazuelas de barro son artesanías útiles.*

artesano, na *adj.* Perteneciente o relativo a la artesanía. ‖ *s.* Persona que vive de hacer objetos artesanales.

ártico, ca *adj.* Perteneciente o relativo al Polo Norte y regiones cercanas a él.

articulación *s. f.* Punto de unión entre dos piezas mecánicas que permite el movimiento de alguna

de ellas. ‖ Organización y unión coherente de las partes que componen un texto. ‖ Acción y efecto de articular un sonido. *Tiene un pequeño problema de articulación, pronuncia mal las erres.* ‖ En anatomía, punto donde se unen dos o más huesos. *La articulación de la rodilla.*

articulado, da *adj.* Que posee una o varias articulaciones. ‖ Pronunciado con claridad. *Leyó su discurso con palabras bien articuladas.*

articular[1] *t.* y *pr.* Unir o unirse dos o más piezas mecánicas de modo que al menos una de ellas tenga movimiento. ‖ Organizar un texto o un proyecto de manera coherente. ‖ Colocar los órganos vocales de cierta manera para pronunciar un determinado sonido. ‖ Pronunciar una palabra.

articular[2] *adj.* Perteneciente o relativo a las articulaciones del cuerpo. *Su dolor articular se debe al reumatismo.*

articulista *s. com.* Escritor de artículos para periódicos o revistas.

artículo *s. m.* Objeto de comercio. ‖ Texto breve sobre un tema específico que expresa opinión. ‖ En gramática, palabra que indica si el sustantivo es determinado o indeterminado.

artífice *s. com.* Autor de una obra original. ‖ Persona que sabe obtener lo que desea.

artificial *adj.* Creado por el humano, no natural. ‖ No genuino. ‖ Que sustituye lo natural. ‖ Engañoso, artificioso.

artificialidad *s. f.* Cualidad de artificial.

artificio *s. m.* Procedimiento para conseguir algo. ‖ Cosa elaborada o usada para sustituir otra. ‖ Engaño. ‖ Falta de naturalidad.

artillería *s. f.* Arte de la construcción, mantenimiento y empleo de las armas de fuego, municiones y máquinas de guerra. ‖ Conjunto de ingenios de guerra que comprende cañones y otras bocas de fuego, sus municiones y los vehículos para transportarlos. ‖ Cuerpo de un ejército que emplea estos ingenios de guerra.

artillero, ra *adj.* Perteneciente o relativo a la artillería. ‖ *s. m.* Militar que sirve en la artillería de un ejército o armada. ‖ Militar encargado de servir y disparar los cañones y otras bocas de fuego.

artimaña *s. f.* Engaño o trampa. ‖ *fam.* Maña, astucia o disimulo.

artista *s. com.* Persona que domina y practica alguna de las bellas artes. ‖ Individuo dotado para practicar las bellas artes. ‖ Intérprete que aparece en alguna obra teatral, musical, cinematográfica, o en un espectáculo. ‖ Persona que realiza una actividad con suma perfección.

artístico, ca *adj.* Perteneciente o relativo al arte. *Un movimiento artístico de vanguardia.* ‖ Hecho con arte. *La artística fachada de un edificio antiguo.*

artrítico, ca *adj.* Perteneciente o relativo a la artritis. ‖ El que padece artritis.

artritis *s. f.* Inflamación dolorosa y crónica de una o varias articulaciones. *Si no se atiende a tiempo, la artritis deforma los huesos e impide el movimiento.*

artrópodo *adj.* y *s. m.* En zoología, animales invertebrados que poseen esqueleto externo, cuerpo dividido en anillos y patas con segmentos articulados. *Los insectos, arácnidos y crustáceos son artrópodos.*

artrosis *s. f.* En medicina, alteración degenerativa de las articulaciones que puede causar deformaciones.

arveja *s. f. Amér. Merid.* Chícharo, guisante.

arzobispo *s. m.* Obispo de una iglesia metropolitana.

as *s. m.* Número uno en la baraja y en el dado. *El as es la carta de mayor valor.* ‖ Persona que sobresale en lo que hace. *Fangio fue un as del automovilismo.*

asa *s. f.* Parte, por lo general en forma de aro, que sobresale de las vasijas, maletas, ollas, cestas, etc., y que sirve para asirlas.

asado *s. m.* Carne asada

asado, da *adj.* Que ha sido sometido a la acción del fuego directo.

asador, ra *s.* Persona que se dedica a asar. ‖ *m.* Varilla en la que se inserta carne para asar. ‖ Parrilla para asar. ‖ Restaurante donde sirven carnes hechas con alguna técnica para asar.

asalariado, da *adj. y s.* Que recibe un salario por su trabajo.

asaltante *adj.* Que asalta. ‖ *s. com.* Persona que comete un asalto.

asaltar *t.* Atacar un lugar para apoderarse de él. *El fuerte de San Juan era continuamente asaltado por los piratas.* ‖ Atacar un lugar para robarlo. *El banco de la esquina fue asaltado dos veces* ‖ Ocurrir algo de pronto. *Me asaltó la duda de si contesté bien la pregunta tres.* ‖ Atacar a alguien con peticiones o preguntas.

asalto *s. m.* Ataque violento con intención de apoderarse de un lugar. ‖ Ataque violento con intención de robar. ‖ En algunos deportes, partes en que se dividen los encuentros. *En el primer asalto, ambos boxeadores sólo se midieron.*

asamblea *s. f.* Reunión de personas que tienen algo en común ‖ Conjunto de representantes de una institución.

asar *t.* Cocer un alimento, generalmente carnes, poniéndolo en contacto directo con el fuego, las brasas, en un horno o en una parrilla. ‖ *pr. fig.* Sentir demasiado calor.

asaz *adv.* Bastante, suficiente, mucho, muy. Se usa más en lenguaje poético. *Asaz triste para mí es que esa dama me ignore.*

asbesto *s. m.* Mineral compuesto por fibras duras, pero flexibles, que lo hacen muy resistente a la combustión.

ascáride *s. f.* Gusano cilíndrico, de color gris claro o rojizo, que vive como parásito en el intestino humano y en el de algunos animales. *Los ascárides, más conocidos como «lombrices intestinales», miden entre 10 y 25 cm de largo.*

ascendencia *s. f.* Conjunto de los ascendientes o antecesores de una persona. ‖ Origen de algo. ‖ Ascendiente.

ascendente *adj.* Que sube o asciende.

ascender *intr.* Pasar a un lugar más alto, subir. ‖ Llegar una cuenta, cálculo o cantidad a un valor determinado. ‖ Pasar a un grado superior en un empleo, jerarquía o posición social. ‖ *t.* Promover a alguien a una categoría o cargo superior.

ascendiente *s. com.* Persona de la que descienden otras. ‖ *s. m.* Influencia o autoridad moral que alguien tiene sobre otro o sobre una comunidad.

ascensión *s. f.* Acción y efecto de subir o elevarse. *En 1783, los hermanos Montgolfier efectuaron la primera ascensión pública de un globo aerostático.*

ascenso *s. m.* Acción y efecto de subir. *El ascenso del Éverest es considerado una hazaña debido a su dificultad y riesgos.* ‖ *fig.* Acción de promover a un cargo o grado superior. *El ascenso de los militares será efectivo a partir de fin de mes.*

ascensor *s. m.* Dispositivo para bajar y subir personas y objetos en un edificio.

asceta *s. com.* Persona que lleva una vida ascética, espiritual, excesivamente frugal.

asco *s. m.* Reacción que incita al vómito ante algún alimento. ‖ Repudio o aversión a algo.

ascua *s. f.* Pedazo de materia incandescente.

aseado, da *adj.* Que es o está limpio, higiénico.

asear *t. y pr.* Limpiarse y componerse alguien. ‖ Limpiar y ordenar algo.

asechanza *s. f.* Trampa o engaño para dañar a alguien; se usa más en plural. *Las asechanzas de sus enemigos hicieron que perdiera el empleo.*

asediar *t.* Rodear un ejército una fortaleza o una plaza, impidiendo que entren o salgan de ella, para debilitarla y lograr su rendición. ‖ *fig.* Acosar a alguien con propuestas, preguntas o peticiones.

asedio *s. m.* Acción y efecto de asediar.

asegurador, ra *adj.* Que asegura. ‖ *s.* Empresa o persona que, mediante un contrato específico y a cambio del pago de primas, asegura bienes ajenos.

asegurar *t.* Fijar algo para que quede firme. ‖ Impedir que alguien esté en riesgo o sufra daño. ‖ Detener a alguien, impedirle la huida. ‖ Garantizar que algo ocurrirá. ‖ *t. y pr.* Verificar que es verdad algo que se dice, o comprobar que es cierto un hecho. ‖ En derecho, contratar o proporcionar un seguro.

asemejar *t.* Hacer que una cosa se parezca a otra. ‖ *intr. y pr.* Tener parecido o semejanza una persona o cosa con otra.

asentaderas *s. f. pl. fam.* Nalgas.

asentar *t.* Colocar algo de tal manera que permanezca firme. ‖ Situar, fundar una población o un edificio. ‖ Aplanar, alisar. ‖ Dar por cierto algo. ‖ Dejar algo por escrito. ‖ *pr.* Establecerse en un sitio algo o alguien. ‖ Depositarse las partículas sólidas suspendidas en un líquido en el fondo de lo que lo contiene.

asentimiento *s. m.* Resultado de asentir. ‖ Consentimiento.

asentir *intr.* Admitir lo que se ha dicho o propuesto.

aseo *s. m.* Acto de asear o asearse. ‖ Cuidado que se aplica en la realización de algo. ‖ *loc. Aseo personal:* atención y arreglo que alguien se aplica a sí mismo.

asepsia *s. f.* Ausencia de gérmenes infecciosos. ‖ En medicina, conjunto de procedimientos para lograr que sitios, materiales e instrumentos estén libres de gérmenes.

aséptico, ca *adj.* Relacionado con la asepsia. ‖ Se dice de las actitudes que guardan distancias, frías.

asequible *adj.* Que puede alcanzarse.

aserradero *s. m.* Establecimiento donde se asierra madera. *El incendio consumió todo el oyamel que había en el aserradero.*

aserrín *s. m.* Resto de madera que se desprende al aserrarla. *El aserrín me provoca estornudos.*

asesinar *t.* Matar a una persona tomando ventaja de su debilidad o habiendo pensado antes en hacerlo.

asesinato *s. m.* Acción y efecto de asesinar.

asesino, na *adj.* Que se utiliza para asesinar o interviene en un asesinato. ‖ *s.* Persona que asesina a otra.

asesor, ra *adj.* Que asesora. ‖ *s.* Persona que aconseja formalmente a otra. *Los asesores del empresario le advirtieron el riesgo de esa inversión.* ‖ En derecho, abogado que ilustra o aconseja a un juez respecto a los detalles de un proceso.

asesorar *t.* y *pr.* Aconsejar formalmente para la realización de algo. ‖ Pedir consejo o dictamen de un experto acerca de algo que se va a hacer.

asestar *t.* Descargar un golpe, o impactar un proyectil contra alguien o algo. *Asestaron golpes de mazo para derribar la pared.* ‖ Dirigir un arma hacia su objetivo, apuntar. ‖ Fijar la vista en alguien con determinada intención. *Le asestó una mirada de desprecio.*

aseveración *s. f.* Acción y efecto de aseverar.

aseverar *t.* Asegurar que es cierto lo que se dice, afirmar. *El guía aseveró conocer a la perfección ese bosque.*

aseverativo, va *adj.* Que asevera o afirma.

asexual *adj.* Sin sexo, indeterminado. ‖ En biología, se dice de la reproducción de los organismos sin intervención del sexo.

asfaltado, da *adj.* Que tiene asfalto *Hay carretera asfaltada para ir al rancho.* ‖ *s. m.* Acción de asfaltar. *El asfaltado de esta calle se realizará dentro de tres meses.*

asfaltar *t.* Cubrir con asfalto una superficie.

asfalto *s. m.* Derivado del petróleo que se usa para cubrir e impermeabilizar superficies.

asfixia *s. f.* Muerte causada por la suspensión de la respiración. ‖ Dificultad para respirar. ‖ *fig.* Agobio físico o psicológico.

asfixiante *adj.* Que hace difícil respirar. *Con este calor estamos sufriendo una atmósfera asfixiante.*

asfixiar *t.* y *pr.* Producir asfixia, impedir la respiración. ‖ Agobiar, abrumar psicológica o emocionalmente.

así *adv.* De esta o de aquella manera. ‖ Se usa en oraciones que comparan cualidades. *Según vayas ordenando las cosas, así las encontrarás más pronto.* ‖ Combinado con la conjunción *que*, significa tanto, en tal grado, de tal modo. *Olvidó las llaves, así que no pudo entrar a su casa.* ‖ Con la conjunción *y*, introduce consecuencia. *No estudió nada y así le fue en el examen.* ‖ En oraciones concesivas, equivale a *aunque*. *Así lo extrañe mucho, no volveré a hablarle.*

asiático, ca *adj.* Perteneciente o relativo a Asia. *Las culturas asiáticas.* ‖ *s.* Nacido en Asia.

asidero *s. m.* Parte por donde se ase o agarra algo. ‖ *fig.* Pretexto, motivo o causa que se alega para hacer algo.

asiduo, a *adj.* Perseverante, puntual o frecuente.

asiento *s. m.* Sitio o mueble para sentarse. ‖ Parte de un mueble donde se apoyan las nalgas. *El asiento del sofá.* ‖ Plaza en un vehículo o en un espectáculo público. *Se agotaron los asientos para la función de teatro.* ‖ Parte inferior de las botellas o vasijas. ‖ Situación o emplazamiento. *Un fértil valle es el asiento de esa población.* ‖ Anotación en un libro de contabilidad o un registro. ‖ Poso, residuo sólido que queda en el fondo de un recipiente. *El asiento del café.* ‖ *loc.* Tomar asiento: sentarse.

asignación *s. f.* Resultado de asignar. ‖ Salario o cantidad a pagar por algo.

asignar *t.* Señalar algo, fijarlo. ‖ Designar, nombrar a alguien para realizar alguna tarea.

asignatura *s. f.* Materia que se imparte en un centro educativo.

asilo *s. m.* Protección, amparo. ‖ Institución donde se protege y cuida a las personas que necesitan asistencia. ‖ *loc. Asilo político:* el que un país concede a ciudadanos extranjeros perseguidos por sus ideas políticas.

asimetría *s. f.* Ausencia de simetría.

asimétrico, ca *adj.* Que carece de simetría.

asimilación *s. f.* Resultado de asimilar. ‖ Conjunto de procesos que convierten los alimentos en energía. ‖ Proceso por el cual se incorpora un nuevo conocimiento. ‖ Integración de una persona a la comunidad que le es ajena.

asimilar *t.* Transformar el organismo los alimentos. ‖ Incorporar un nuevo conocimiento a los que ya se tenían. ‖ Integrarse a una comunidad nueva. ‖ Recibir la misma remuneración en condiciones diferentes.

asimismo *adv.* De la misma manera. *Asimismo, es necesario establecer reglas claras contra la impunidad.*

asíntota *s. f.* En geometría, línea recta prolongada al infinito que se acerca a una curva pero sin llegar a encontrarla.

asir *t.* Tomar con fuerza algo.

asistencia *s. f.* Acción y efecto de estar presente en algún acto. *Hemos confirmado nuestra asistencia a la boda.* ‖ Conjunto de quienes están presentes en un acto. *La asistencia a la ceremonia fue numerosa.* ‖ Acción de socorrer o ayudar a otros. *Las autoridades organizaron la asistencia a los damnificados por la inundación.*

asistente *s. com.* Persona que asiste a algún acto. ‖ Empleado o soldado destinado a atender a alguien de jerarquía superior.

asistir *intr.* Acudir a un lugar de manera asidua. *Todos los viernes asiste a un curso de guitarra.* ‖ Estar presente en un acto público. *Los alumnos asistieron a la ceremonia cívica.* ‖ Servir o atender a alguien. *Jaime asiste al profesor de Español.* ‖ Socorrer, cuidar. *Las enfermeras geriátricas asisten a los ancianos enfermos.* ‖ Estar en el derecho o la razón del lado de alguien. *Le asiste toda la razón de enojarse porque pintarrajearon la fachada de su casa.*

asma *s. f.* Enfermedad de las vías respiratorias que se caracteriza por accesos de tos y sensación de ahogo. *Muchas veces, el asma se debe a reacciones alérgicas.*

asmático, ca *adj.* Perteneciente o relativo al asma. ‖ Que padece asma.

asno, na *s.* Mamífero rumiante parecido al caballo pero de cuerpo más pequeño, crines en la punta de la cola, orejas largas y pelo grisáceo o marrón. *La voz del asno se llama «rebuzno».* ‖ *adj.* y *s.* Persona de entendimiento cerrado y comportamiento rudo.

asociación *s. f.* Conjunto de personas unidas para uno o varios fines comunes.

asociado, da *adj.* Que acompaña a otra persona en alguna actividad. ‖ Relacionado con algo. ‖ *s.* Miembro de una asociación o sociedad.

asociar *t.* y *pr.* Unir a dos o más personas para conseguir fines determinados. ‖ Relacionar dos cosas.

asolar *t.* Arrasar, devastar, destruir.

asoleado, da *adj.* Que ha recibido los efectos de exponerse al sol. ‖ *s. m.* Acción y efecto de asolear o asolearse.

A

asolear *t.* Poner algo bajo los rayos del sol durante cierto tiempo. ‖ *pr.* Exponerse al sol hasta acalorarse o broncearse. ‖ *Méx.* Tomar el sol.

asomar *intr.* Comenzar a mostrarse algo. ‖ *t.* y *pr.* Mostrar o sacar algo por detrás de alguna cosa o por una abertura. ‖ *pr.* Adquirir conocimientos superficiales sobre un tema o materia. *Asomarse a las matemáticas.*

asombrar *t.* y *pr.* Producir asombro o sentirlo.

asombro *s. m.* Sorpresa, impresión o admiración que produce algo. ‖ Persona o cosa que causa tal impresión.

asombroso, sa *adj.* Que produce asombro.

asomo *s. m.* Señal o indicio de algo. ‖ Acción y efecto de asomar o asomarse.

asonada *s. f.* Disturbio público causado por un grupo numeroso de personas, por lo general con un objetivo político.

asonancia *s. f.* Correspondencia de un sonido con otro. ‖ En poesía, coincidencia de los sonidos vocálicos a partir de la última vocal acentuada de dos versos o más.

asonante *adj.* Se dice de la palabra que tiene la misma asonancia que otra.

aspa *s. f.* Figura en forma de «X» de madera o metal.

aspaviento *s. m.* Demostración exagerada de sorpresa, miedo o algún otro sentimiento.

aspecto *s. m.* Apariencia de las personas o casas. *La casa tiene aspecto descuidado.* ‖ Parte de algo. ‖ En gramática, matiz de un verbo en cuanto al tipo de acción a que se refiere (durativa, perfectiva, reiterativa, puntual).

aspereza *s. f.* Cualidad de áspero. ‖ Desigualdad en una superficie.

asperjar *t.* Esparcir un líquido en gotas.

áspero, ra *adj.* Burdo, irregular, rugoso. ‖ Abrupto. ‖ Grosero, descortés.

aspersión *s. f.* Acción de asperjar.

aspersor *s. m.* Dispositivo para esparcir un líquido a presión. *Aplicó el pesticida con un aspersor.*

áspid *s. f.* Víbora venenosa que mide cerca de un metro; vive en Europa, Asia y África.

aspiración *s. f.* Acción de aspirar. ‖ Deseo de alcanzar algo.

aspirador, ra *adj.* Que aspira. ‖ *s.* Aparato para aspirar sustancias o fluidos. *Usaré una aspiradora para recoger el polvo acumulado.*

aspirante *adj.* Que aspira. ‖ *s. com.* Persona que aspira a lograr un título, un empleo o un cargo.

aspirar *t.* Introducir aire, gas o polvo por las vías respiratorias. ‖ Succionar polvo o líquido con un aparato. ‖ Desear obtener algo. ‖ Pronunciar un sonido aspirado.

aspirina *s. f.* Ácido acetilsalicílico, analgésico de uso común para combatir fiebre, dolores e inflamaciones. ‖ Píldora elaborada con ese analgésico.

asquear *intr.* Provocar asco, repugnancia, fastidio.

asqueroso, sa *adj.* Que provoca asco. ‖ Propenso a sentir asco.

asta *s. f.* Palo donde se coloca una bandera. ‖ Palo de la lanza. ‖ Cuerno de un animal.

ástato *s. m.* Elemento radiactivo, el más pesado de los halógenos, se obtiene a partir de la degradación de uranio y torio; su número atómico es 85 y su símbolo At.

asterisco *s. m.* Signo ortográfico (*) que se utiliza para llamada a nota.

asteroide *s. m.* Cada uno de los miles de pequeños cuerpos celestes que giran alrededor del Sol entre las órbitas de Marte y Júpiter.

astigmatismo *s. m.* En medicina, defecto de la vista debido a la curvatura irregular de la córnea.

astilla *s. f.* Fragmento desprendido de algún material, especialmente de la madera.

astillar *t.* y *pr.* Hacer astillas. ‖ Clavarse astillas.

astillero *s. m.* Taller o fábrica donde se reparan o construyen barcos. ‖ Lugar donde se guarda madera.

astrágalo *s. m.* Hueso del tarso articulado con la tibia y el peroné.

astro *s. m.* Cuerpo celeste. ‖ Artista sobresaliente en la industria del espectáculo.

astrolabio *s. m.* Instrumento antiguo que se usaba para observar y determinar la posición de los astros.

astrología *s. f.* Conjunto de creencias y prácticas adivinatorias sobre la influencia de los astros en las personas.

astrólogo, ga *s.* Persona que practica la astrología.

astronauta *s.* Tripulante de una nave espacial.

astronáutica *s. f.* Ciencia y técnica de la navegación espacial.

astronáutico, ca *adj.* Relativo a la astronáutica.

astronave *s. f.* Vehículo o nave espacial.

astronomía *s. f.* Ciencia que estudia el Universo y la formación, evolución y propiedades de los cuerpos celestes.

astronómico, ca *adj.* Relacionado con la astronomía. ‖ Exageradamente grande, en especial cifras.

astrónomo, ma *s.* Profesional de la astronomía.

astucia *s. f.* Habilidad e ingenio para actuar y salvar una situación, aprovecharse de ella o de otros o evitar un daño.

astuto, ta *adj.* Que actúa con astucia o ingenio para lograr o evitar algo.

asueto *s. m.* Descanso breve. *Día de asueto.*

asumir *t.* Aceptar una responsabilidad, riesgo o tarea. ‖ Hacer propia una información o idea.

asunción *s. f.* Acto de asumir una responsabilidad, riesgo o tarea en conciencia y con todas sus consecuencias.

asunto *s. m.* Tema de que se trata. ‖ Negocio, actividad o quehacer. ‖ Aquello de que trata una obra artística.

asustar *t.* y *pr.* Provocar miedo. ‖ Causar desagrado o escándalo.

atacar *t.* Acometer, embestir. *Al amanecer el ejército atacó el fuerte.* ‖ Insultar, ofender. *Lo atacaron con actitudes burlonas.* ‖ Refutar. *El fiscal atacó todos los argumentos del abogado.* ‖ Iniciarse los efectos de algo. *Iba a pasar la noche en vela, pero el sueño lo atacó pronto.* ‖ En química, actuar una sustancia en otra. *El ácido fluorhídrico es el único que ataca el vidrio.*

atado *s. m.* Conjunto de cosas atadas. *Nos dejó un atado de ropa sucia.*

atajar *intr.* Tomar un atajo o ruta más corta. ‖ Ganar tiempo. ‖ *t.* Interrumpir un proceso, impedir el paso de algo.

atajo *s. m.* Camino más corto para llegar a un lugar. ‖ Proceso para acortar algo. ‖ Conjunto de animales separados de la manada.

atalaya s. f. Torre de vigilancia.

atañer intr. Concernir, incumbir, importar. *El problema de esa deuda me atañe.*

ataque s. m. Acción de atacar. ‖ Crítica, impugnación. ‖ Acceso súbito de un padecimiento o un sentimiento. ‖ En deportes, jugada cuyo fin es vencer al contrario.

atar t. Sujetar, ligar con cuerdas. ‖ Impedir el movimiento. ‖ Unir, relacionar.

atarantar t. Aturdir.

atardecer¹ intr. Llegar la última hora de la tarde.

atardecer² s. m. Última hora de la tarde.

atarear t. y pr. Hacer que alguien trabaje. ‖ Entregarse al trabajo o a la tarea.

atarjea s. f. Desagüe subterráneo de aguas negras. ‖ Canal abierto de concreto o calicanto para conducir agua.

atascar t. Obstruir un conducto o lugar. ‖ Detener el curso de un asunto por torpeza o mala intención. ‖ pr. Quedarse varado en una vía atascada por el lodo o por el tráfico.

ataúd s. m. Caja donde se coloca un cadáver para sepultarlo.

ataviar t. y pr. Vestir y adornar para una ocasión especial.

atávico, ca adj. Procedente de los antepasados.

atavío s. m. Vestido o atuendo y adornos que lo componen.

atavismo s. m. Propensión a continuar las costumbres ancestrales. ‖ Disposición biológica a heredar los rasgos de los antepasados.

ateísmo s. m. Doctrina que niega la existencia de Dios.

atemorizar t. Provocar o infundir temor.

atenazado, da adj. Que está sujeto con tenazas. ‖ Que tiene forma de tenazas. ‖ Atormentado por la pasión o el miedo.

atenazar t. Sujetar con tenazas o en forma de ellas. ‖ pr. Paralizarse o consumirse por la pasión o el miedo.

atención s. f. Disposición mental para entender o asimilar algo. ‖ Demostración de cortesía y respeto. ‖ Respuesta considerada a una solicitud.

atender t. Disponer el entendimiento hacia algo. ‖ Responder positivamente a una necesidad, solicitud o deseo. ‖ Hacerse cargo de algo.

atenerse pr. Hacerse dependiente de otra persona, institución o fuerza. ‖ Asumir las consecuencias de algo. *Atente a lo que acarree tu decisión.*

ateniense adj. y s. com. Originario de o relacionado con Atenas, capital de Grecia.

atentado s. m. Acción violenta contra la integridad física de alguien o algo. ‖ Acción contra algo que se considera inviolable.

atentar t. Actuar contra la integridad física de una o más personas o cosas. *El 11 de septiembre se atentó contra las Torres Gemelas de Nueva York.* ‖ Actuar contra principios y normas consideradas inviolables. *Comer con las manos en un banquete de bodas es atentar contra las buenas costumbres.*

atento, ta adj. Que atiende algo. ‖ Que es cortés y amable.

atenuación s. f. Acción y efecto de atenuar.

atenuante adj. Que atenúa. ‖ s. f. En derecho, que aminora la gravedad de un delito.

atenuar t. Hacer tenue. *El pintor atenuó la intensidad de los colores vivos.* ‖ Hacer que parezca menor la gravedad o intensidad de una cosa. *Las excelentes condiciones de la carretera atenuaron las consecuencias del accidente.*

ateo, a adj. y s. Que niega radicalmente la existencia de Dios.

aterir t. y pr. Enfriar en exceso.

aterrador, ra adj. Que causa terror.

aterrar t. Causar terror o pánico.

aterrizaje s. m. Acción de aterrizar.

aterrizar t. Posarse en tierra una aeronave.

aterrorizar t. Causar terror o pánico.

atesorar t. Acopiar y guardar dinero u objetos de valor. ‖ Poseer cualidades buenas.

atestado, da adj. Se aplica a cosa o lugar lleno por completo. *El estadio está atestado de fanáticos del equipo local.*

atestar t. Llenar algo al máximo. ‖ Introducir gente en un lugar hasta el tope.

atestiguar t. Declarar, afirmar como testigo sobre algo. ‖ Proporcionar indicios sobre algo que no estaba establecido.

ático s. m. Último piso de un edificio.

atildado, da adj. Persona arreglada con esmero, generalmente con exceso.

atildar t. Asear, atender de manera exagerada el aspecto físico. ‖ Poner tildes.

atinado, da adj. Acertado.

atinar intr. Encontrar algo por intuición. ‖ Dar en el blanco. ‖ Acertar una respuesta gracias a un golpe de suerte.

atípico, ca adj. Que se sale del tipo, del modelo o de lo normal. *Su enfermedad le hace desarrollar conductas atípicas.*

atisbar t. Mirar con atención y cautela algo que es poco claro. ‖ Vislumbrar una solución.

atisbo s. m. Acción y efecto de atisbar.

atizar t. Avivar el fuego removiéndolo o añadiéndole combustible. ‖ Provocar discordia para avivar una disputa. ‖ Dar un golpe.

atlante s. m. Columna arquitectónica en forma de hombre. *Fuimos a ver los famosos atlantes de Tula.*

atlántico, ca adj. Relativo al océano Atlántico y a sus costas.

atlas s. m. Colección de mapas en forma de libro ilustrado con información básica o exhaustiva sobre un tema concreto. ‖ Libro didáctico que contiene sobre todo ilustraciones. ‖ Primera vértebra cervical que articula el cráneo con la columna vertebral y sostiene la cabeza.

atleta s. com. Persona que practica el atletismo. ‖ Persona musculosa.

atlético, ca adj. Relacionado con el atletismo y los atletas. ‖ Se dice del cuerpo musculoso.

atletismo s. m. Conjunto de prácticas, disciplinas y competencias deportivas de carrera, salto y lanzamiento.

atmósfera s. f. Capa gaseosa que envuelve a los cuerpos celestes. *La atmósfera de la Tierra contiene oxígeno.* ‖ Ambiente de relaciones humanas. *Conversamos en una atmósfera cordial.* ‖ En física, unidad de medida de presión.

atmosférico, ca adj. Perteneciente a o relacionado con la atmósfera. *La presión atmosférica no es igual en todo el mundo.*

atole *s. m. Amér. C.* y *Méx.* Bebida de origen prehispánico hecha generalmente de harina o masa de maíz con agua o leche.

atolladero *s. m.* Obstáculo al flujo o tránsito de las cosas o de las personas. ‖ Cosa o circunstancia que bloquea ciertos propósitos.

atolón *s. m.* Isla coralina casi plana en forma de anillo con una laguna de poca profundidad en el centro y canales estrechos hacia el océano.

atolondrado, da *adj.* Aturdido, torpe.

atolondramiento *s. m.* Acción de atolondrar.

atolondrar *t.* Causar atolondramiento. ‖ *pr.* Cometer torpezas.

atómico, ca *adj.* Perteneciente al átomo o relacionado con él. ‖ *loc. Bomba atómica:* bomba que funciona con energía atómica. ‖ *Energía atómica:* la que se obtiene de la fisión o fusión del átomo. ‖ *Méx. Pluma atómica:* bolígrafo.

atomizador *s. m.* Filtro a presión para pulverizar líquidos.

atomizar *t.* Dividir una cosa en partes muy pequeñas.

átomo *s. m.* Partícula compuesta por un núcleo y un conjunto de electrones que constituye la estructura más pequeña de los elementos químicos. ‖ Porción pequeñísima de algo.

atónito, ta *adj.* Muy sorprendido. *Su audacia me dejó atónito.*

átono, na *adj.* Vocal, sílaba o palabra que se pronuncia o escribe sin acento.

atorar *t.* y *pr.* Atascar, obstruir. ‖ Interrumpirse el discurso de alguien. ‖ Atragantarse.

atormentado, da *adj.* Se aplica a quien padece dolor físico o psíquico. ‖ Torturado.

atormentar *t.* Causar sufrimiento o agobio. ‖ Torturar. ‖ *pr.* Sentir aflicción o disgusto.

atornillar *t.* Colocar un tornillo haciéndolo girar. ‖ Sujetar con tornillos.

atorrante *adj.* y *s. m. Arg.* y *Uy.* Vago. ‖ Persona desvergonzada.

atosigar *t.* Presionar en exceso a otro u otros para que hagan algo. ‖ *pr.* Sentir inquietud.

atracar *t.* Amarrar, fondear o anclar una embarcación. ‖ Asaltar con violencia. ‖ *pr. fam.* Hartarse de comida.

atracción *s. f.* Acto, poder o propiedad de atraer. *Los imanes tienen atracción sobre el hierro.* ‖ Espectáculo popular. *Llegó a la ciudad un circo con muchas atracciones.*

atraco *s. m.* Acción de atracar. ‖ Asalto armado para robar. *El banco de la esquina sufrió un atraco.*

atractivo, va *adj.* Que atrae. ‖ Que logra ganar el interés. ‖ Se dice de la persona cuyos atributos físicos ganan la atención de los demás. ‖ *s. m.* Característica o conjunto de ellas por las que algo o alguien llama la atención.

atraer *t.* Ejercer la fuerza de una cosa para que otra se acerque a ella. *La Tierra atrae a la Luna.* ‖ Atraer hacia sí la atención de otros. *El olor a sangre atrae a los tiburones.* ‖ Provocar. *Los buenos resultados de la compañía atrajeron más inversiones.* ‖ Dirigir hacia sí el interés o el deseo de otros. *Su belleza atrae a hombres y mujeres.*

atrancar *t.* Asegurar con tranca puertas y ventanas. *No olvides atrancar el establo.* ‖ *pr.* Trabarse la marcha de una máquina. *Se atrancó el motor.* ‖

Encerrarse. *Me atranqué en mi casa.* ‖ *fam.* Hablar entrecortado. *Se atranca porque está nervioso.*

atranco *s. m.* Impedimento, obstáculo.

atrapar *t.* Detener y sujetar algo o a alguien con fuerza y habilidad. ‖ *pr.* Quedar inmóvil o encerrado por accidente.

atrás¹ *adv.* Hacia la parte que se encuentra a la espalda de alguien o algo. *Atrás de ti encontrarás los libros.* ‖ En la zona posterior a la que se toma como referencia. *Atrás de la casa hay un enorme campo arbolado.* ‖ Parte trasera de algo. *Atrás del teatro guardan viejos telones.* ‖ *loc. Dar marcha atrás:* retroceder. ‖ *Quedarse atrás:* estar desactualizado.

atrás² *interj.* Se utiliza para expresar rechazo. *¡Atrás! ¡No quiero saber nada de ti!*

atrasado, da *adj.* Que se ha quedado más atrás de lo debido. *Perdió un año escolar y ahora es un estudiante atrasado.*

atrasar *t.* Aplazar una acción o disminuir su ritmo de ejecución. *Atrasar una cita.* ‖ Ir hacia atrás. *Atrasó tres casillas el alfil.* ‖ *pr.* Rezagarse en el cumplimiento de obligaciones. *Me atrasé en el pago de la renta.*

atraso *s. m.* Efecto de atrasar o atrasarse. ‖ Falta de desarrollo de una civilización o de un ser vivo. ‖ *pl.* Compromisos vencidos y no cumplidos.

atravesado, da *adj.* Que está colocado en posición diagonal o transversal. *Hay un tronco atravesado en el camino.* ‖ Que tiene mala intención. *Expresó intenciones muy atravesadas en las que no se puede confiar.*

atravesar *t.* Poner algo de tal manera que pase de un lado a otro. ‖ Penetrar algo un cuerpo hasta salir por el otro extremo. ‖ Colocar algo en un lugar para impedir el paso. ‖ Pasar alguien de un lado a otro de un lugar. *La mujer atravesó la calle para el lado de la sombra.* ‖ Estar o encontrarse en una situación. *El mundo atravesó por una crisis económica en 2009.*

atrayente *adj.* Que atrae.

atreverse *pr.* Decidirse a hacer o decir algo arriesgado. ‖ Faltarle el respeto a alguien.

atrevido, da *adj.* Se dice de algo dicho o hecho con atrevimiento. ‖ *s.* Que se atreve.

atrevimiento *s. m.* Acción de atreverse.

atribución *s. f.* Acción de atribuir. ‖ Capacidad o poder de una persona o una organización de acuerdo con el empleo o cargo que tiene. *Una atribución del gobierno es velar por la seguridad de los ciudadanos.*

atribuir *t.* y *pr.* Creer que alguien es responsable de algo. ‖ Creer que una cosa tiene determinada cualidad. ‖ Asignar a alguien una tarea o una función.

atribulado, da *adj.* Apenado, apesadumbrado.

atribular *t.* y *pr.* Causar o padecer penas.

atributo *s. m.* Rasgo o característica natural de una persona o una cosa. *El llanto es un atributo del ser humano.*

atril *s. m.* Soporte con una superficie inclinada en donde se colocan libros, partituras y otros papeles para leerlos con comodidad.

atrincherar *t.* Proteger una posición militar con trincheras. ‖ *pr.* Ubicarse los militares en las trincheras para defenderse del enemigo.

atrio *s. m.* Espacio al aire libre y delimitado por una barda que hay en la entrada de algunos palacios o iglesias.

atrocidad *s. f.* Cualidad de atroz. ‖ Acción cruel y violenta. ‖ Insulto muy ofensivo.

atrofia s. f. En medicina, disminución en el tamaño de un órgano o un tejido.

atrofiar t. y pr. Causar o padecer atrofia.

atronador, ra adj. Que atruena.

atronar t. Perturbar con un ruido muy fuerte. || Aturdir.

atropellado, da adj. Que actúa o habla con desorden y precipitadamente.

atropellar t. Chocar un vehículo con algo y pasarle por encima. || Ofender a alguien por medio del abuso de poder o de la fuerza. || pr. Actuar o hablar apresuradamente.

atropello s. m. Acción de atropellar o atropellarse.

atroz adj. Cruel e inhumano. || Muy grande o intenso. || Malo, detestable. *Vimos una película atroz.*

atuendo s. m. Conjunto de prendas de vestir de una persona. || Ostentación.

atún s. m. Pez de dos o tres metros de largo, de dorso azul y vientre plateado; su carne rosada es comestible y muy apreciada.

aturdimiento s. m. Perturbación física provocada por una situación tensa o un accidente. || Alteración debida a una desgracia. || Torpeza en las acciones.

aturdir t. y pr. Provocar aturdimiento. *Tanto ruido me aturdió.* || Pasmar. *No pudo responder nada porque la noticia lo aturdió.*

atusar t. Arreglar el pelo con la mano o con un peine. || pr. fam. Arreglarse o adornarse.

audacia s. f. Atrevimiento, valentía para hacer algo.

audaz adj. Que es atrevido y valiente.

audible adj. Que se puede oír.

audición s. f. Acción de oír. *Le hicieron algunos exámenes de audición.* || Concierto o lectura en público. *En la audición de hoy tocará un trío de jazz.* || Prueba que se realiza a un artista antes de formar parte de un espectáculo. *Tres cantantes acudieron a la audición para la comedia musical.*

audiencia s. f. Entrevista concedida por una autoridad. || Conjunto de espectadores que asisten a un acto público. || Conjunto de personas que ven un programa de televisión o escuchan uno de radio. || En derecho, acto en el que dos partes opuestas se presentan ante un tribunal para exponer sus argumentos.

audífono s. m. Aparato que se coloca en el oído y amplifica los sonidos para escucharlos mejor.

audio s. m. Técnica que tiene que ver con la transmisión, la reproducción y la grabación de sonidos.

audiovisual adj. Que está relacionado conjuntamente con el oído y con la vista. || s. m. Presentación en la que se combinan imágenes y sonidos, generalmente con fines didácticos.

auditar t. Hacer una auditoría.

auditivo, va adj. Relativo al sentido del oído.

auditor, ra adj. y s. Se dice de entidad o persona que hace auditorías.

auditoría s. f. Revisión de las cuentas de una persona, una empresa o una institución por parte de una persona externa.

auditorio s. m. Conjunto de oyentes que asisten a un acto público. *El auditorio estaba feliz porque el espectáculo era divertido.* || Lugar en donde se realizan actos públicos. *Fuimos al auditorio de la escuela para escuchar una conferencia.*

auge s. m. Momento de mayor intensidad de algo.

augurar t. Predecir lo que va a pasar en el futuro por una señal.

augurio s. m. Señal o indicio de algo futuro.

augusto, ta adj. Que merece respeto y admiración.

aula s. f. En una escuela, lugar en donde se dan clases.

aullar intr. Dar aullidos los perros, lobos u otros animales.

aullido s. m. Sonido agudo y prolongado que emiten los perros, los lobos y otros animales. || Sonido semejante que hacen las personas o las cosas. *Se oía el aullido del viento.*

aumentar t. intr. y pr. Hacer más grande la cantidad o el tamaño de algo. *Este año aumentaron los precios otra vez.* || Mejorar ciertas condiciones. *Le aumentaron el sueldo por su buen desempeño.*

aumentativo, va adj. Que aumenta. || En gramática, se dice de la palabra que lleva un sufijo que aumenta la magnitud del significado del vocablo, por ejemplo «cucharón».

aumento s. m. Crecimiento en el tamaño, la cantidad o la intensidad de algo. || Capacidad de una lente para hacer más grande lo que se ve. || Cosa o cantidad aumentada. *A mi papá le dieron un aumento de sueldo.*

aun adv. Hasta, incluso; siempre que tenga este significado se escribe sin acento. *Aun tú, que eres tan valiente, tuviste miedo.* || loc. Aun cuando: aunque.

aún adv. Todavía, hasta el momento en que se habla; se usará el acento cuando exista la posibilidad de confundir su significado con el de «aun = incluso». *El maestro no ha llegado aún.*

aunar t. y pr. Unir con un propósito. *Se aunaron esfuerzos para elaborar un proyecto.* || Unificar, juntar varias cosas.

aunque conj. A pesar de que, aun cuando. *Aunque huele raro, lo voy a probar.* || Por lo menos. *¡Quédate! Aunque sea un ratito.*

aura¹ s. f. Luminosidad que, de acuerdo con ciertas creencias, emana de las personas. || Impresión o sensación producida por alguien o algo. *Ese lugar tenía un aura de enigma.*

aura² s. f. Ave carroñera americana de cabeza colorada y plumaje negro.

áureo, a adj. De oro. || Que parece de oro o es de color dorado.

aureola s. f. Círculo luminoso que rodea las cabezas de las imágenes de los santos. || Fama que logra una persona por sus virtudes. || En astronomía, corona luminosa que rodea a la Luna en los eclipses de Sol.

aurícula s. f. Cavidad del corazón por donde entra la sangre de las venas.

auricular s. m. En los aparatos que trasmiten el sonido, pieza que se coloca en el oído para escuchar.

aurífero, ra adj. Que lleva o contiene oro.

aurora s. f. Luz rosada que hay en el cielo antes de salir el Sol.

auscultación s. f. Acción de auscultar.

auscultar t. En medicina, explorar el pecho o el vientre de un paciente para escuchar los sonidos producidos en las cavidades de esas partes del cuerpo. || Intentar averiguar lo que piensan las personas acerca de algo.

ausencia s. f. Acción y efecto de ausentarse o estar ausente. || Periodo que alguien está ausente. || Falta de algo.

ausente *adj.* y *s. com.* Dicho de una persona, que no está. ‖ Distraído, meditabundo.

ausentismo *s. m. Méx.* Absentismo.

auspiciar *t.* Favorecer el desarrollo de algo.

auspicio *s. m.* Ayuda que se recibe para el desarrollo de algo. ‖ *pl.* Señales que presagian el desenlace de algo.

austeridad *s. f.* Calidad de austero. ‖ Mortificación que hace de lado los sentidos y los sentimientos.

austero, ra *adj.* Severo desde el punto de vista moral. ‖ Sencillo, sin adornos y sin lujos. ‖ Áspero al gusto

australiano, na *adj.* y *s.* Natural de Australia, país de Oceanía, o relativo a ese país.

austriaco, ca *adj.* y *s.* Natural de Austria, país de Europa, o relativo a ese país.

autenticación *s. f.* Autentificación.

autenticidad *s. f.* Cualidad de auténtico.

auténtico, ca *adj.* Que es cierto, verdadero o genuino. ‖ Dicho de una persona, que es fiel a sus convicciones.

autentificación *s. f.* Acción de confirmar la autenticidad.

autentificar *t.* Asegurar que algo es auténtico.

autismo *s. m.* En medicina, trastorno mental infantil en el que el niño se retrae y pierde contacto con la realidad.

autista *adj.* y *s. com.* Que padece autismo.

auto¹ *s. m.* En derecho, resolución de un juez. ‖ Obra de teatro corta en la que generalmente aparecen personajes bíblicos.

auto² *s. m.* Forma abreviada de automóvil.

autoanálisis *s. m.* Análisis efectuado sobre la misma persona que lo realiza.

autoaprendizaje *s. m.* Aprendizaje llevado a cabo por uno mismo, sin la ayuda de un maestro o profesor.

autobiografía *s. f.* Relato de la vida de una persona escrito por ella misma.

autobiográfico, ca *adj.* Relativo a la autobiografía.

autobús *s. m.* Camión de transporte público.

autocar *s. m.* Autobús.

autocensura *s. f.* Crítica negativa que se hace sobre uno mismo.

autoclave *s. f.* Recipiente que, cerrado herméticamente, destruye gérmenes de instrumentos y materiales mediante vapor a presión.

autoconservación *s. f.* Conservarse por sí mismo.

autoconsumo *s. m.* Consumo de la producción propia, sobre todo en lo que respecta a los agricultores.

autocontrol *s. m.* Control que uno aplica sobre sí mismo.

autocrítico, ca *adj.* Relativo a la autocrítica.

autodefensa *s. f.* Defensa de uno mismo.

autodestrucción *s. f.* Destrucción de uno mismo.

autodeterminación *s. f.* Derecho de los pobladores de un territorio a decidir su régimen político.

autodiagnóstico *s. m.* Diagnosticarse a sí mismo.

autodidacto, ta *adj.* y *s.* Que se educa por sí mismo, sin un maestro o sin ir a la escuela.

autodisciplina *s. f.* Disciplina que una persona o un grupo se impone voluntariamente, y en la que no hay control exterior.

autodominio *s. m.* Dominio de sí mismo, facultad de someter a la propia voluntad los deseos impulsivos.

autódromo *s. m.* Pista para autos de carreras.

autoestima *s. f.* Valoración o aprecio de uno mismo. *Fracasó por falta de autoestima.*

autoexamen *s. m.* Examen de uno mismo.

autógeno, na *adj.* Dicho de la soldadura de metales, que se hace fundiendo las partes que se van a unir.

autogestión *s. f.* Administración de una empresa o una colectividad por sus propios trabajadores o integrantes.

autogobierno *s. m.* Sistema de administración de los territorios que tienen autonomía.

autogol *s. m.* Gol que un jugador de futbol hace en la portería de su propio equipo.

autógrafo, fa *adj.* Que está escrito de mano de su autor. ‖ *s. m.* Firma de una persona famosa.

autómata *s. m.* Máquina que imita los movimientos de un ser humano. ‖ *fam.* Persona débil, que se deja manejar por otra, como una máquina.

automático, ca *adj.* Que funciona por sí mismo, sin intervención humana. ‖ Que se hace involuntariamente, sin pensar. ‖ Que ocurre en determinadas circunstancias.

automatización *s. f.* Acción de automatizar.

automatizar *t.* Hacer automáticos los procesos o las máquinas de una empresa, una industria, etc. ‖ Hacer automáticos los movimientos corporales o actos mentales.

automotor, ra *adj.* y *s.* Se dice del aparato, especialmente un vehículo con motor, que se mueve por sí mismo, sin la intervención de una fuerza exterior.

automotriz *adj.* Se aplica a los vehículos de tracción mecánica.

automóvil¹ *adj.* Que se mueve por sí mismo.

automóvil² *s. m.* Vehículo que se mueve libremente por acción de un motor, por lo general el que se emplea para el transporte terrestre de personas.

automovilismo *s. m.* Conocimiento relacionado con los automóviles. ‖ Deporte practicado con automóviles de carreras.

automovilista *adj.* y *s. com.* Persona que conduce un automóvil.

automovilístico, ca *adj.* Relativo al automóvil y al automovilismo.

autonomía *s. f.* Situación de independencia y autogobierno de una persona, una institución o un país.

autónomo, ma *adj.* Que tiene autonomía.

autopista *s. f.* Carretera de alta velocidad, con más de dos carriles, de dos sentidos y sin otros caminos que la crucen.

autopropulsado, da *adj.* Que se mueve por autopropulsión.

autopropulsión *s. f.* Acción de moverse una máquina por su propia fuerza motriz.

autopsia *s. f.* En anatomía, exploración de un cadáver, generalmente para saber la causa de la muerte.

autor, ra *s.* Persona que inventa algo o produce una obra científica o artística. *Juan Rulfo es autor de «Pedro Páramo».* ‖ El que es causa de algo o ejecutor de una acción.

autoría *s. f.* Cualidad de autor.

autoridad *s. f.* Poder para gobernar o mandar. ‖ Persona o colectividad con ese poder. ‖ Capacidad para ejercer ese poder. ‖ Persona que tiene esa capacidad. ‖ Persona que sabe mucho de alguna materia.

autoritario, ria *adj.* Que impone su voluntad y hace uso excesivo de su poder.

autoritarismo *s. m.* Sistema, actitud o régimen político autoritarios.

autorización *s. f.* Acción de autorizar. ‖ Permiso para hacer algo.

autorizar *t.* Dar permiso para hacer algo. *La directora autorizó la salida.* ‖ Dar por bueno o aprobar un documento.

autorretrato *s. m.* Dibujo o pintura que alguien hace de sí mismo.

autoservicio *s. m.* Sistema de venta usado en tiendas, restaurantes y otros establecimientos en el que se ponen las mercancías al alcance del cliente para que éste seleccione lo que guste. ‖ Comercio en donde el cliente se atiende a sí mismo.

autosuficiencia *s. f.* Situación de quien no necesita a nadie porque se basta a sí mismo.

autosuficiente *adj.* Que se basta a sí mismo.

autótrofo, fa *adj.* Organismo capaz de elaborar la materia con la que se nutre a partir de sustancias inorgánicas que toma del medio. *Los árboles son seres autótrofos.* ‖ Forma de alimentación de esos organismos.

auxiliar[1] *adj.* Que auxilia. ‖ *s. com.* Persona que ayuda en la realización de una tarea. ‖ Profesor que cubre las ausencias del titular. ‖ En gramática, verbo que interviene en la formación de tiempos verbales compuestos, perífrasis y formas pasivas.

auxiliar[2] *t.* Ayudar en una situación difícil. *Un paramédico auxilia a los accidentados.*

auxilio *s. m.* Ayuda, socorro. *La Cruz Roja da auxilio a los heridos de guerra.*

auyama *s. m. Ants., C. R., Col. y Ven.* Hierba de flores amarillas y su fruto, que es parecido a la calabaza.

aval *s. m.* Persona que firma un escrito para responder por el pago de otra en caso de que ésta no lo haga. *Para rentar un departamento se necesita un aval.*

avalancha *s. f.* Considerable cantidad de nieve que se desprende violentamente de una montaña. ‖ Aparición súbita de una gran cantidad de personas o de cosas.

avalar *t.* Garantizar mediante un aval.

avance *s. m.* Acción de avanzar. ‖ Movimiento de alguien o algo hacia adelante. ‖ Adelanto, mejora. ‖ Anticipo de algo.

avante *adv.* Adelante.

avanzada *s. f.* Tropa de soldados que se envía al frente antes que el resto para explorar el terreno.

avanzado, da *adj.* Que es novedoso, moderno o muy desarrollado para su tiempo. *La teoría de la relatividad en su momento fue muy avanzada.* ‖ Que está muy adelantado, lejos de su comienzo. *La construcción de la carretera va muy avanzada.*

avanzar *intr.* Ir hacia delante. ‖ Transcurrir un periodo para acercarse a su fin. ‖ Mejorar, progresar alguien o algo. ‖ *t.* Mover algo hacia adelante.

avaricia *s. f.* Deseo muy grande de poseer riquezas para guardarlas sin compartirlas.

avariciar *t.* Desear con avaricia.

avaricioso, sa *adj. y s.* Avaro.

avaro, ra *adj. y s.* Que acumula riqueza para guardarla y no gastarla.

avasallador, ra *adj.* Que avasalla.

avasallar *t.* Actuar con los demás sin consideración para dominarlos. *La conquista avasalló a los indios.* ‖ Imponerse sobre otros. *Tu equipo avasalló a los demás competidores.*

avatar *s. m.* Según el hinduismo, encarnación de alguna deidad en la tierra. ‖ Representación gráfica de un usuario de las redes sociales de internet. ‖ *pl.* Situación de cambio o transformación.

ave *s. f.* Animal vertebrado alado, con plumas y pico, que pone huevos.

avecinar *t. y pr.* Acercar, estar próximo. *Se avecina una tormenta.*

avecindar *pr.* Establecerse alguien en un lugar como un vecino.

avejentar *t. y pr.* Hacer que alguien se vea mayor, de más edad.

avellana *s. f.* Fruto del arbusto llamado «avellano»; es comestible, pequeño y con cáscara marrón, casi esférico.

avellano *s. m.* Arbusto que crece en bosques de zonas templadas y cuyo fruto es la avellana. ‖ Madera de ese arbusto.

avena *s. f.* Planta del grupo de los cereales, de semilla comestible para los humanos y el ganado. ‖ Semilla de esa planta.

avenida *s. f.* Vía de circulación ancha e importante en las ciudades. ‖ Aumento repentino de agua en un río o arroyo por causa de la lluvia.

aventado, da *adj. Col., Guat., Hond., Méx. y Per.* Atrevido, sin miedo.

aventajar *t.* Conceder ventaja. ‖ *intr.* Sacar ventaja.

aventar *t.* Echar aire. ‖ Echar al viento. ‖ Dar aire a alguien. ‖ Llenarse de aire algo. ‖ *pr. Méx.* Atreverse. *¿Te avientas a ponerle el cascabel al gato?*

aventón *s. m. C. R., Salv., Guat., Hond., Méx. y Pan.* Acción de llevar a alguien en un vehículo como cortesía. *Después de la fiesta, aceptó el aventón.* ‖ *Ecua., Guat., Hond., Méx., Nic. y Per.* Empujón fuerte. *No se den aventones, niños.*

aventura *s. f.* Suceso fuera de lo común.

aventurado, da *adj.* Que se aventura.

aventurar *t.* Arriesgar algo o a alguien. *Después de la quiebra, los socios no aventuraron más su dinero.* ‖ Decir una cosa atrevida. *Aventuré una opinión y eso me costó el puesto.*

aventurero, ra *adj. y s.* Persona a la que le gustan las aventuras. ‖ Persona de dudosos antecedentes que trata de aprovecharse de los demás.

avergonzado, da *adj.* Que siente vergüenza.

avergonzar *t.* Provocar vergüenza. ‖ *pr.* Sentir vergüenza.

avería *s. f.* Daño que sufre una mercancía al ser transportada o almacenada. ‖ Desperfecto o daño en algún aparato o vehículo.

averiado, da *adj.* Que presenta una descompostura o desperfecto.

averiar *t. y pr.* Provocar un daño en algo. ‖ Estropearse algo.

averiguación *s. f.* Investigación que se hace de alguien.

averiguar *t.* Investigar con el objetivo de saber algo con certeza. *No hace falta que averigües nada, te lo diré todo.*

averno *s. m.* En mitología, lugar donde se creía que iban las almas después de la muerte. ‖ Infierno.

A

aversión *s. f.* Sentimiento de odio, rechazo o repugnancia hacia alguien o algo. *Les tengo aversión a las arañas.*

avestruz *s. m.* Ave africana que no puede volar; es muy grande y sus patas largas le permiten correr a gran velocidad.

avezado, da *adj.* Experimentado en algo.

avezar *t. y pr.* Acostumbrar a alguien a hacer tareas difíciles.

aviación *s. f.* Transportación por medio de aviones. || Cuerpo militar cuyo medio de transporte son los aviones.

aviador, ra *s.* Persona que sabe volar un avión. || *Méx.* Persona que recibe un sueldo, pero que nunca va a trabajar.

avícola *adj.* Que se relaciona con la avicultura.

avicultor, ra *s.* Persona dedicada a la avicultura.

avicultura *s. f.* Conjunto de técnicas aplicadas a mejorar los productos derivados de las aves. *En la avicultura se aprovecha la carne, los huevos y las plumas de las aves.*

avidez *s. f.* Deseo muy fuerte de conseguir algo.

ávido, da *adj.* Que siente avidez.

avieso, sa *adj.* Que es malo, perverso, torcido.

avinagrado, da *adj.* Se aplica a la persona o al carácter que es agrio. || Hecho vinagre.

avinagrar *t. y pr.* Tomar algo el sabor agrio del vinagre. || *fig.* Hacerse agrio el carácter de una persona.

avío *s. m.* Preparativo de algo. || Provisión de comida que se lleva en un hato. || *pl.* Utensilios o instrumentos necesarios para hacer algo.

avión *s. m.* Medio de transporte que se desplaza en el aire; como es más pesado que éste, necesita motores y alas.

avioneta *s. f.* Avión pequeño.

avisar *t.* Informar de algo a alguien. || Dar una advertencia. || Solicitar un servicio.

aviso *s. m.* Noticia que se da de algo. || Advertencia. || Indicio de que va a ocurrir algo. || *Amér.* Anuncio publicitario.

avispa *s. f.* Insecto parecido a la abeja pero más delgado y agresivo; alimenta a sus crías con larvas de insectos.

avispado, da *adj.* Se dice de la persona viva, despierta, rápida para reaccionar.

avispón *s. m.* Insecto más grande que la avispa y de color amarillo y rojo.

avistar *t.* Ver a lo lejos.

avitaminosis *s. f.* Enfermedad provocada por la carencia de vitaminas. *Para evitar la avitaminosis, no hay como una dieta adecuada.*

avituallar *t.* Abastecer de comida.

avivado, da *adj. Arg. y Uy.* Que se hace el vivo y se aprovecha de los demás.

avivar *t.* Hacer que el fuego arda mejor. || Dar viveza. || Hacer más brillante un color. || *pr. Arg. y Uy.* Aprovecharse de una situación.

avizorar *t.* Mirar con intensidad con el fin de encontrar algo.

axila *s. f.* Hueco que se forma en la parte de adentro de la articulación del brazo con el cuerpo. || En una planta, ángulo que forma una rama con el tallo o el tronco.

axioma *s. m.* Principio, enunciado o fórmula que se admite sin necesidad de demostración. *La matemática se basa en axiomas.*

axis *s. m.* Segunda vértebra del cuello, que permite el movimiento de rotación de la cabeza.

ay *interj.* Indica pena, dolor. || *s. m.* Suspiro, quejido. *Estaba en un ay después de la operación.*

ayate *s. m. Méx.* Tela delgada hecha de fibra de maguey, palma, henequén.

ayatola o **ayatolá** *s. m.* En religión, jefe de los musulmanes chiítas.

ayer *adv.* El día anterior al de hoy. *Ayer fui al cine.* || Hace poco tiempo. *Parece que fue ayer que cumpliste 15 años.* || *s. m.* Tiempo pasado. *Los viejos siempre recuerdan con nostalgia el ayer.*

ayo, ya *s.* Persona encargada de la crianza y educación de los niños en las casas de gente rica.

ayote *s. m. Amér. C. y Méx.* Calabaza redonda.

ayuda *s. f.* Colaboración que se da a alguien que la necesita. || Persona que ayuda. || Dinero o provisiones que se dan a los necesitados.

ayudante *adj.* Que ayuda. || *s. com.* Persona que tiene un jefe, al que asiste.

ayudar *t. y pr.* Brindar ayuda a alguien. || Utilizar una ayuda para conseguir algo. || Obtener ayuda de alguien.

ayunar *intr.* Privarse total o parcialmente de alimentos.

ayunas *loc.* **En ayunas:** sin haber comido todavía nada desde que empezó el día. || Completamente ignorante de cierta cosa.

ayuno *s. m.* Privación total o parcial de la ingesta de alimentos por motivos de salud, religiosos o políticos.

ayuntamiento *s. m.* Autoridad municipal formada por el alcalde y los concejales. || Edificio donde se reúnen esas autoridades.

azabache *s. m.* Variedad de carbón que se pule para hacer joyas. || *adj.* Color negro muy intenso (no se pluraliza). *Sus ojos azabache encandilaron al príncipe.*

azada *s. f.* Instrumento de labranza formado por un palo largo en el que se encaja, en ángulo agudo, una plancha de metal con filo.

azadón *s. m.* Azada con plancha o pala más larga que ancha.

azafata *s. f.* Mujer que atiende a los pasajeros de un avión. || Empleada de mostrador de una aerolínea. || Edecán en congresos, reuniones, fiestas.

azafate *s. m.* Canasto redondo de mimbre, con borde de poca altura. || *Per.* Bandeja.

azafrán *s. m.* Planta cuyos estigmas se usan como condimento. || Condimento de color amarillo anaranjado. || *adj.* Color amarillo anaranjado.

azahar *s. m.* Flor blanca y fragante del naranjo, el limonero y el cidro.

azalea *s. f.* Arbusto originario de Asia, con flores de colores que varían del blanco al rojo y hojas alargadas color verde oscuro.

azar *s. m.* Suceso inexplicable o fortuito, casualidad. || Fatalidad o desgracia imprevista.

azaroso, sa *adj.* Que tiene sucesos imprevistos, peligros o desgracias. || Que es consecuencia del azar.

azerbaijanés, nesa *adj. y s.* De Azerbaiján, país de Asia.

ázimo *adj.* Ácimo.

azogado, da *adj.* y *s.* Se dice de la persona intoxicada por vapores de azogue.

azogar *t.* Recubrir o mezclar con azogue. ‖ Poner agua a la cal para apagarla, de modo que forme grumos. ‖ *pr.* Intoxicarse con los vapores del azogue.

azogue *s. m.* Nombre antiguo mercurio.

azolvar *t.* y *pr.* Obstruir o taponar un conducto o tubería.

azolve *s. m. Méx.* Mezcla de lodo y basura que obstruye los drenajes o tuberías.

azor *s. m.* Ave rapaz diurna parecida a un halcón; mide unos 60 cm de longitud, con una envergadura de 1.10 m; tiene las alas, el pico y el lomo negros, y el vientre blanco con manchas negras.

azorar *t.* y *pr.* Sobresaltar, turbar, confundir, dejar sin saber cómo reaccionar.

azotador *s. m. Méx.* Nombre popular que se da a cualquier oruga cubierta de pelillos urticantes.

azotaina *s. f.* y *fam.* Tunda, zurra de azotes.

azotar *t.* y *pr.* Dar a alguien o darse azotes. ‖ Golpear un animal con la cola o las alas. ‖ Chocar algo repetidamente contra otra cosa. *Las ramas del árbol azotan la ventana cuando hace viento.* ‖ Producir un suceso o fenómeno grandes destrozos. *La guerra azotó esa región.*

azote *s. m.* Instrumento de tortura consistente en varias tiras de cuero con puntas de metal o madera, con el que se golpeaba a los castigados. ‖ Golpe dado con dicho instrumento. ‖ Por extensión, golpe fuerte dado con la mano o con otra cosa. ‖ *fig.* Lo que causa desgracia o calamidad. *El ruido es uno de los azotes de las ciudades modernas.*

azotea *s. f.* Superficie plana y despejada en la parte más alta de una casa o edificio.

azteca *adj.* y *s. com.* Del pueblo amerindio que, en el siglo XIII, se instaló en el Valle de México y dominó económica, cultural y políticamente la región hasta principios del siglo XVI.

azúcar *s. inv.* Sustancia alimenticia cristalizada, de sabor dulce, que se extrae del jugo de la caña de azúcar o de la remolacha azucarera. ‖ En química, compuesto perteneciente al grupo de los glúcidos.

azucarero, ra *adj.* Relativo al azúcar. ‖ *s.* Recipiente para llevar a la mesa y servir el azúcar. ‖ Fabricante de azúcar o dueño de un ingenio.

azucena *s. f.* Planta liliácea de tallo alto y recto que brota de un bulbo; sus hojas son largas y estrechas, sus flores, que salen en lo alto del tallo, son blancas, en forma de copa y muy olorosas.

azufre *s. m.* Elemento químico, no metal, de color amarillo pálido; su punto de fusión es a 112.8 °C y el de ebullición 444.6 °C; su número atómico es 16 y su símbolo es S.

azul *adj.* Del color del cielo sin nubes. ‖ *s. m.* Quinto color del espectro solar y uno de los tres básicos. ‖ *fam. Méx.* Miembro de la policía uniformada.

azulejo¹ *s. m.* Pájaro de Norteamérica que mide unos 17 cm de longitud; el plumaje de hembras y machos es pardo oscuro con visos azules y verdosos, pero el del macho se torna completamente azul en verano.

azulejo² *s. m.* Ladrillo plano de cerámica, con superficie vidriada, que se utiliza para revestir paredes o pisos con fines utilitarios o decorativos.

azuzar *t.* Excitar a los perros para que ataquen. ‖ Incitar a alguien contra otro.

b *s. f.* Segunda letra del alfabeto español; se llama «be», «be alta» o «be larga».

baba *s. f.* Saliva abundante que sale de la boca. ‖ Sustancia viscosa que segregan algunos animales.

babeante *adj.* Que babea.

babear *intr.* Echar baba por la boca. ‖ Dejar un rastro de baba.

babel *s. com.* Lugar donde todo el mundo habla al mismo tiempo. ‖ Desorden y confusión.

babeo *s. m.* Acción de babear.

babero *s. m.* Pequeño delantal que se ata al cuello de los bebés para que no manchen la ropa al comer. ‖ Delantal. *Los escolares llevaban un babero para no mancharse con las acuarelas.*

babilonio, nia *adj.* y *s.* Que nació en Babilonia, antigua ciudad de Mesopotamia. ‖ Que se relaciona con Babilonia.

babor *s. m.* Lado izquierdo de la embarcación. *¡Piratas a babor!*

babosa *s. f.* Molusco terrestre parecido al caracol pero sin concha. También deja un rastro de baba.

babosada *s. f.* Tontería. ‖ Cosa sin valor.

babosear *intr.* Llenar de baba. ‖ *Salv.* y *Méx.* Estar distraído. *No estén baboseando, ¡a trabajar!*

baboseo *s. m.* Acción de babosear.

baboso, sa *adj.* Que echa mucha baba. ‖ Adulador. ‖ Enamoradizo. ‖ Tonto.

babucha *s. f.* Zapato sin tacón que usan los árabes. ‖ Zapatilla parecida a ese zapato.

babuino *s. m.* Mono grande africano con pelaje color café que vive en grupos.

bacalao *s. m.* Pez comestible marino. *El bacalao se come mucho en Cuaresma.*

bache *s. m.* Hoyo en la calle o en el camino. ‖ Descenso en la actividad de algo. ‖ Desánimo, depresión.

bachiller *s. com.* Alumno de un bachillerato. ‖ Persona que tiene el grado de bachiller.

bachillerato *s. m.* Conjunto de los estudios que se realizan después de la secundaria o liceo y antes de la universidad. *Cada país tiene diferentes modalidades de bachillerato.*

bacía *s. f. ant.* Recipiente que usaban los barberos para remojar la barba antes de la afeitada. ‖ Vasija.

bacilo *s. m.* Bacteria en forma de bastón. *Muchos bacilos pueden combatirse con antibióticos.*

bacín *s. m. ant.* Bacía.

bacinica *s. f.* Recipiente para depositar el excremento.

bacteria *s. f.* Microorganismo unicelular. Ayuda en la fermentación, pero también produce enfermedades.

bacterial *adj.* Relativo a las bacterias.

bacteriano, na *adj.* Que pertenece a las bacterias.

bactericida *s. f.* Sustancia que destruye las bacterias.

báculo *s. m.* Bastón o cayado.

badajo *s. m.* Parte semisuelta de una campana, que choca con sus paredes y la hace sonar.

bádminton *s. f.* Juego de raquetas parecido al tenis, pero que se juega con una pelota emplumada llamada «volante».

badulaque *adj.* y *s.* Tonto, necio.

bagaje *s. m.* Conjunto de maletas y cosas que se llevan en un viaje. ‖ Equipo que cargan los militares. ‖ Conjunto de los conocimientos y la experiencia que ha adquirido una persona a lo largo del tiempo.

bagatela *s. f.* Cosa sin importancia.

bagazo *s. m.* Lo que sobra de algo después de haberle extraído el jugo.

bagre *s. m.* Pez comestible de río, de color café, con el vientre blanco y barbillas a los lados de la boca. ‖ Mujer muy fea.

bagual, la *adj. Arg., Py.* y *Uy.* Grosero, maleducado. ‖ *s. m. Arg.* y *Uy.* Caballo sin domar. ‖ *s. f. Arg.* y *Uy.* Canción popular del norte de Argentina.

bah *interj.* Expresión de desdén, desprecio o falta de interés. *¡Bah, al fin que ni quería!*

bahía *s. f.* Entrada de mar en forma semicircular, que protege a las embarcaciones y frena el oleaje.

bailar *t. intr.* y *pr.* Mover el cuerpo con ritmo. ‖ Girar una cosa sobre su eje. ‖ En algunos deportes, dominar ampliamente al contrario.

bailarín, rina *adj.* Que le gusta bailar. ‖ *s.* Persona que se dedica a bailar como profesión.

baile *s. m.* Acción de bailar. ‖ Fiesta en la que se baila.

baja *s. f.* Disminución de precios. ‖ Terminación de la relación laboral. ‖ Documento que ampara a un trabajador que debe dejar su actividad temporalmente por enfermedad. ‖ Persona muerta o desaparecida en la guerra. *Hubo tantas bajas que el ejército optó por retirarse.*

bajada *s. f.* Camino que va hacia abajo de un lugar. ‖ Trayecto que baja. ‖ Baja en los precios.

bajamar *s. f.* Tiempo en el que baja la marea.

bajar *t. intr.* Ir a un lugar más bajo. ‖ Salir de un transporte. ‖ Disminuir el valor o la intensidad de algo. *Ya le bajó la fiebre.* ‖ Descargar un programa a través de internet.

bajel *s. m.* Cierto tipo de barco antiguo.

bajez *s. m.* Bajeza.

bajeza *s. f.* Acción inmoral y malvada.

bajío *s. m.* Terreno bajo.

bajista *s. com.* Persona que toca el bajo. ‖ Persona que juega a la baja en la Bolsa.

bajo, ja *adj.* Que no es muy alto. ‖ Que está en un sitio de poca altura. ‖ Que tiene poco valor. ‖ Que no tiene recursos económicos. ‖ Que es inmoral. ‖

Que suena con poca intensidad. ‖ Que sus colores se ven apagados.

bajo¹ *s. m.* Instrumento musical de cuerda, parecido al violín pero muy grande, tanto que se tiene que tocar de pie. ‖ Parte baja de una prenda de vestir. ‖ Voz grave, por debajo de la del barítono. ‖ Cantor con registro de voz grave. ‖ *pl.* En un edificio, piso que está a la altura de la calle.

bajo² *prep.* Indica que alguien o algo están debajo de otra cosa. ‖ Indica que alguien está sometido a las órdenes de un superior. *Bajo el mando del general Morelos, la tropa salió victoriosa.*

bajorrelieve *s. m.* Relieve que sobresale apenas de la superficie donde está esculpido. *En las monedas se usa la técnica del bajorrelieve para los bustos de los héroes.*

bala *s. f.* Proyectil de forma cilíndrica terminado en punta. ‖ Bulto de mercaderías muy comprimidas.

balada *s. f.* En música, composición amorosa de ritmo lento.

baladí *adj.* Que tiene poca importancia.

baladista *s. com.* Persona que canta baladas.

baladrón, drona *adj.* Que presume de valiente siendo cobarde.

baladronada *s. f.* Lo que hacen o dicen los baladrones.

baladronear *intr.* Hacer o decir baladronadas.

balance *s. m.* Movimiento de un cuerpo de un lado hacia otro. ‖ Comparación de los activos y pasivos de una empresa. ‖ Contraposición de los aspectos positivos y negativos de algo.

balanceado, da *adj.* Equilibrado. ‖ Se aplica al tipo de alimento para animales que contiene todos los nutrientes que necesita su organismo.

balancear *t.* y *pr.* Mover de un lado a otro. ‖ Poner en equilibrio.

balanceo *s. m.* Movimiento de un lado a otro.

balancín *s. m.* Palo largo que usan los equilibristas para mantener el equilibrio. ‖ Asiento cuyas patas se apoyan sobre arcos con las puntas para arriba que se balancean a la persona sentada en él. ‖ Sube y baja. ‖ En las máquinas de vapor, biela. ‖ Parte de algunas máquinas que transforma o regulariza un movimiento.

balanza *s. f.* Instrumento para pesar.

balar *intr.* Dar balidos las ovejas.

balata *s. f.* Parte de un automóvil que permite la fricción adecuada de los frenos.

balaustrada *s. f.* Barandilla formada por balaustres o columnas que sirve para rodear o proteger un balcón, una escalera, etc.

balaustre o **balaústre** *s. m.* Cada una de las columnas que forman una balaustrada.

balazo *s. m.* Impacto de bala. ‖ Herida provocada por una bala ‖ En imprenta, subtítulo que se pone encima del titular de un periódico.

balbuceante o **balbuciente** *adj.* Que balbucea.

balbucear *intr.* Expresarse con dificultad, entrecortadamente.

balbuceo *s. m.* Articulación defectuosa o entrecortada de palabras.

balcón *s. m.* Saliente de un edificio protegida por una barandilla. ‖ Segundo piso de los teatros.

baldado, da *adj.* Imposibilitado de mover algún miembro, tullido.

baldaquín o **baldaquino** *s. m.* Pieza cuadrada o rectangular de tela lujosa y adornada que se cuelga formando dosel sobre un trono, lecho, imagen, catafalco, etc.

baldar *t.* Estar impedido de movimiento alguno de los miembros del cuerpo, ya sea por enfermedad o por accidente.

balde *s. m.* Recipiente cilíndrico que se usa para transportar agua. ‖ *loc. De balde:* en vano.

baldear *t.* Echar baldes de agua en una superficie, como la cubierta de un barco o el patio de una casa. ‖ Achicar el agua de un barco con ayuda de un balde.

baldío, día *adj.* y *s.* Que está sin cultivar.

baldón *s. m.* Oprobio, injuria.

baldosa *s. f.* Ladrillo fino empleado para recubrimiento de pisos.

balear *t.* Tirotear, disparar con balas.

balero *s. m. Amér.* Juguete de madera formado por una bola de madera con un agujero, que se ata a un palito terminado en punta, que debe meterse en ese agujero. ‖ *Méx.* Mecanismo de un automóvil formado por dos anillos con esferas entre ellos para minimizar la fricción; también se llama «cojinete de bolas».

balido *s. m.* Sonido que emiten el carnero, el cordero, la oveja, la cabra, el gamo y el ciervo.

balín *s. m.* Bala pequeña.

balística *s. f.* Ciencia que estudia todo lo relacionado con las balas u otros proyectiles.

baliza *s. f.* Señal que se coloca en tierra o en mar para indicar un camino o un peligro. ‖ Señal en los aeropuertos para indicar dónde está la pista.

ballena *s. f.* Mamífero cetáceo, que llega a medir 30 m y a pesar más de una tonelada.

ballenato *s. m.* Cría de la ballena.

ballenero, ra *adj.* y *s.* Que se relaciona con la caza y el uso industrial de las ballenas. ‖ *s. m.* Cazador de ballenas. ‖ Barco para cazar ballenas. ‖ *s. f.* Lancha para acercarse a arponear a las ballenas.

ballesta *s. f.* Arco que dispara flechas con gran potencia pero, a diferencia del arco tradicional, en éste la flecha se ubica horizontalmente sobre un soporte.

ballet *s. m.* Danza clásica que se representa sobre un escenario. ‖ Música que se compone especialmente para esa danza. ‖ Compañía que se dedica a ese tipo de danza.

balneario *s. m.* Establecimiento con baños públicos, por lo general con aguas medicinales. ‖ *Méx.* Lugar de recreo con albercas. ‖ *Uy.* Playa en la costa.

balompié *s. m.* Futbol.

balón *s. m.* Pelota de material flexible rellena de aire que se usa en muchos deportes, como el futbol y el voleibol.

balonazo *s. m.* Golpe dado con un balón. ‖ Impulso muy fuerte que imprime el jugador al balón.

baloncesto *s. m.* Basquetbol.

balonmano *s. m.* Especie de futbol que se juega con las manos y sólo siete jugadores.

balonvolea *s. m.* Voleibol.

balotaje *s. m.* Segunda vuelta en una elección cuando el candidato ganador no obtiene la mayoría requerida.

balsa *s. f.* Conjunto de maderos atados uno al lado del otro que sirve de barco. ‖ Madera de un árbol del mismo nombre que es muy ligera.

bálsamo *s. m.* Resina aromática que se obtiene haciendo incisiones en determinados árboles. ‖ En medicina, sustancia de uso tópico, aromática, que alivia o cura problemas de piel o musculares.

báltico, ca *adj.* Que se relaciona con los países situados alrededor del mar Báltico.

baluarte *s. m.* Edificación que sobresale en la esquina de un fuerte. ‖ Fuerte pentagonal. ‖ *fig.* Defensa de una causa.

bambalina *s. f.* Tira de lienzo o papel que cuelga a los lados del escenario.

bamboleante *adj.* Que se bambolea.

bambolear *t.* Oscilar con un movimiento de vaivén. ‖ Moverse una cosa o una persona de un lado a otro sin perder su punto de apoyo.

bamboleo *s. m.* Movimiento oscilante.

bambú *s. m.* Planta originaria de la India, con tallos muy altos y flexibles parecidos a la caña. *Me encantan las cercas de bambú.*

banal *adj.* Que es común y corriente, de poca importancia.

banalidad *s. f.* Lo que es banal.

banalización *s. f.* Transformación progresiva de algo sustancial en banal.

banalizar *t.* Quitar importancia a algo.

banana *s. f.* Fruto del banano, de piel gruesa y amarilla que se desprende con facilidad.

bananero, ra *adj.* Que se refiere a los bananos o a las bananas. ‖ Banano.

banano *s. m.* Árbol cuyo fruto es la banana.

banasta *s. f.* Cesto grande hecho de mimbre entretejido.

banca[1] *s. f.* Conjunto de bancos y banqueros, así como las actividades que desarrollan.

banca[2] *s. f.* Asiento largo de madera. ‖ *Amér.* Lugar donde se sientan los jugadores de reserva y los entrenadores.

bancada *s. f.* Banco de los remeros. ‖ *Méx.* Conjunto de legisladores de un mismo partido.

bancarrota *s. f.* Estado de insolvencia económica de personas morales o físicas y gobiernos.

banco[1] *s. m.* Institución especializada en el comercio de dinero mediante depósitos, préstamos, inversiones, pagos, etc., basada en el interés de capital. *Voy a hacer un depósito en el banco de la esquina.* ‖ Lugar donde se almacenan fluidos u órganos con fines médicos. *En el banco de sangre debe haber tipo O negativo para el trasplante.*

banco[2] *s. m.* Asiento sin respaldo para una persona. ‖ Mesa de trabajo artesanal.

banda *s. f.* Cualquier superficie comprendida entre dos líneas paralelas. ‖ Trozo largo de material flexible que sirve como adorno o distintivo. ‖ Grupo musical.

bandada *s. f.* Conjunto de aves. ‖ Grupo numeroso y bullicioso de personas.

bandazo *s. m.* Movimiento o cambio de orientación brusco de una embarcación o vehículo. ‖ *fig.* Cambio de orientación súbito e inesperado.

bandear *t.* Oscilar de una banda a la otra o dar bandazos.

bandeja *s. f.* Recipiente cóncavo y redondo de metal u otros materiales para usos domésticos varios.

bandera *s. f.* Trozo por lo general rectangular de tela estampada con figuras, colores y, en algunos casos, lemas que identifican a una nación, colectividad o agrupación.

banderazo *s. m.* Señal que se hace con una bandera.

banderín *s. m.* Bandera pequeña de forma triangular, generalmente usada como identificación de equipos deportivos.

banderola *s. f.* Bandera pequeña usada en festividades, campañas de promoción o señalizaciones.

bandidaje *s. m.* Comportamiento propio de bandidos. ‖ Existencia prolongada de bandidos en una región.

bandido, da *adj.* Que está fuera de la ley. ‖ *s.* Persona dedicada a cometer fechorías ilegales, generalmente robos. ‖ Persona de malas intenciones.

bando *s. m.* Edicto o mandato solemne. ‖ Facción o partido.

bandolera *s. f.* Cinta de cuero que cruza el pecho para portar armas o municiones.

bandolero, ra *s.* Bandido, ladrón.

bandoneón *s. m.* Instrumento musical de viento generado por un fuelle que se activa al extenderlo y cerrarlo, cuyas notas son emitidas por botones dispuestos en los tableros laterales, similar al acordeón, típico de la música popular argentina.

banjo *s. m.* Instrumento musical de cuerdas similar a la guitarra, provisto de un tambor como caja de resonancia, típico del sur y el suroeste de Estados Unidos.

banquero, ra *s.* Propietario, accionista o ejecutivo de banco.

banqueta *s. f.* Asiento largo sin respaldo. ‖ *Guat.* y *Méx.* Camino para peatones a ambos lados de la calle.

banquete *s. m.* Comida que se sirve para muchos invitados. ‖ Comida espléndida y abundante para celebrar un acontecimiento o fecha especial.

banquillo *s. m.* Asiento del reo ante el juez.

banquisa *s. m.* Bloque o masa de hielo flotante.

bañadera *s. f.* Recipiente donde se mete una persona para bañarse.

bañado *s. m.* *Amér.* Terreno húmedo, cenagoso o inundado.

bañado, da *adj.* Que ha tomado un baño. ‖ Que está cubierto de agua.

bañar *t.* Lavar el cuerpo. ‖ Sumergir algo en un líquido. ‖ Tocar algo las aguas. ‖ Cubrir algo con otra sustancia o material.

bañera *s. f.* Recipiente para el baño de una persona. *La bañera del bebé es muy útil.*

bañero, ra *s. m.* Dueño o responsable de un baño público.

baño *s. m.* Acción y efecto de bañar. ‖ Cuarto de baño. ‖ Retrete. ‖ Capa de material que cubre a otro. ‖ *loc. Baño María:* procedimiento que consiste en calentar algo de manera indirecta colocándolo dentro de una vasija que a su vez se coloca en un recipiente con agua sometida a la acción del fuego. ‖ *Ir al baño:* expresión eufemística para expresar que se va a satisfacer una necesidad natural.

baptismal *adj.* Bautismal.

baptisterio *s. m.* Recinto adjunto a un templo religioso donde se administra el bautismo. ‖ Pila bautismal.

baqueano *s. m.* Persona experta en saberes prácticos. ‖ Persona ducha en conocimiento de caminos y veredas. *El baqueano guió las reses al corral.* ‖ Campechano.

baquelita *s. f.* Resina sintética resistente e impermeable de amplio uso industrial como aislante, empaque y barniz.

baqueta s. f. Palillo para tocar percusiones. || Vara metálica para limpiar cañones de arma y retacar la pólvora.

baquetazo s. m. Golpe dado con una baqueta.

bar s. m. Expendio de bebidas alcohólicas, habitualmente provisto de una barra.

barahúnda s. f. Desorden, ruido y confusión grande. *El salón de clases era una barahúnda.*

baraja s. f. Conjunto y juego de naipes o cartas.

barajar t. Mezclar y alterar el orden de la baraja antes de repartirla. || *fig.* y *fam.* Considerar varias opciones.

barandal s. m. Pieza de madera, hierro u otros materiales formada por largueros y travesaños que sirve como apoyo y ornato en escaleras, balcones, ventanas, etc.

barandilla s. f. Barandal.

barata s. f. Venta de artículos a bajo precio.

baratija s. f. Artículo de poco valor.

barato adv. Por poco precio.

barato, ta adj. Se dice de la mercancía cuyo precio es más bajo que el normal o esperado. || Que se consigue sin hacer esfuerzo.

barba s. f. Parte inferior de la cara de las personas. || Pelo que nace debajo de la cara y las mejillas de los hombres y de ciertos animales. || Cada una de las láminas córneas y elásticas que tiene la ballena en la mandíbula superior.

barbacoa s. f. Parrilla para asar carne o pescado al aire libre. || Conjunto de alimentos preparados en esa parrilla. || *Guat.* y *Méx.* Hoyo con piedras calientes y tapado con hojas vegetales grandes y tierra que se emplea como horno. || Carne de borrego o cerdo cocinada en ese horno.

barbado, da adj. Que tiene barba. || Planta trasplantada con raíz.

barbaridad s. f. Acto de barbarie, crudeza o crueldad. || Acto grosero.

barbarie s. f. Estado de incultura de los pueblos anterior a la civilización, caracterizado por conductas irracionales, atroces y crueles. || Oleadas de violencia en un contexto civilizado.

barbarismo s. m. Vocablo de procedencia extranjera. || Palabra o expresión impropia o erróneamente empleada según las normas generalmente aceptadas.

bárbaro, ra adj. Se dice de los pueblos considerados incivilizados por los griegos y los romanos de la Antigüedad. || Relativo a esos pueblos. || Cruel, salvaje. || Inculto, rudo. || Extraordinario, fuera de lo común. *El atleta aprovechó las condiciones y dio un salto bárbaro.* || Estupendo, magnífico. *Ese libro está bárbaro.*

barbecho s. m. Sistema de labor agrícola basado en voltear la tierra con tractor y arado para sembrarla o dejarla descansar. || Tierra preparada con este sistema.

barbería s. f. Lugar donde se corta el pelo y se arregla la barba y el bigote a los caballeros. || Oficio de barbero.

barbero s. m. Hombre cuyo oficio es cortar el pelo y arreglar la barba y el bigote de los caballeros. || Pez comestible de piel muy áspera. || adj. Que hace la barba, adulador.

barbilla s. f. Parte de la cara que está debajo de la boca.

barbitúrico s. m. Sustancia química que se usa para tranquilizar y combatir el insomnio. *Las heroínas románticas solían suicidarse con barbitúricos.*

barbudo, da adj. Barbón.

barca s. f. Embarcación pequeña que se usa para navegar y pescar cerca de la costa.

barcarola s. f. Canción de los gondoleros de Venecia.

barcaza s. f. Barca grande que se usa para transportar mercancías.

barco s. m. Construcción flotante destinada al transporte de personas o mercancías.

barda s. f. *Arg.* Ladera acantilada. || *Méx.* Tapia que rodea o separa un terreno o construcción de otro.

bardo s. m. Poeta de los antiguos celtas. || Poeta.

bario s. m. Elemento químico, metal alcalino de color blanco amarillento, blando, pesado; se utiliza como medio de contraste en radiología; su número atómico es 56 y su símbolo Ba.

barítono s. m. En música, voz media, más grave que la del tenor y más aguda que la del bajo. || Hombre que tiene esa voz.

barlovento s. m. Parte de donde viene el viento. || *loc. A barlovento:* en la dirección del viento.

barniz s. m. Sustancia compuesta por resinas y aceites con que se protegen muebles y superficies. || Baño que se le da a la loza, la porcelana, el barro, que se vitrifica en el horno de cerámica. || *Méx.* Pintura o esmalte para uñas.

barnizado, da adj. Que recibió un tratamiento de barniz. || s. m. Recubrimiento para proteger muebles y otras superficies expuestas al sol.

barómetro s. m. Instrumento para medir la presión atmosférica. || Medio de valoración que aprovecha los datos estadísticos para dar opiniones a veces subjetivas.

barón, ronesa s. Título de nobleza ubicado por debajo del de vizconde.

barquero, ra s. Persona que conduce la barca.

barquillo s. m. Masa delgada y crocante con la que se hacen galletas de forma cilíndrica y conos para helado. || Cono para helado. *Siempre pido los helados en barquillo, no en vaso.*

barra s. f. Pieza más larga que ancha y delgada de un material rígido, generalmente metal. || Objeto de forma alargada, más largo que ancho. || Mostrador alargado de un bar donde los clientes ordenan sus bebidas. || Elevación del fondo del mar o río por acumulación de arena, que dificulta o impide la navegación. || Signo de ortografía representado por una barra vertical u oblicua (|), (/), (\\) que sirve para separar. || En música, línea vertical que corta un pentagrama para indicar separación de compás. || *Arg., Bol., Col., C. R., Py.* y *Uy.* Grupo de amigos que se juntan para hacer actividades de recreación. *Me voy con la barra al cine.*

barraca s. f. Caseta construida con materiales ligeros o de desecho.

barracón s. m. Edificio rectangular, por lo general hecho de material fácilmente desmontable o provisional, que se usa como alojamiento.

barracuda s. f. Pez marítimo carnívoro que llega a medir más de 3 m, cuerpo alargado y mandíbula con dientes poderosos.

barranca s. f. Barranco.

barranco s. m. Quebrada profunda en una montaña, con piedras sueltas.

barredor, ra adj. Que barre. || s. f. Máquina que sirve para barrer las calles.

barrena s. f. Herramienta para hacer agujeros en superficies duras. || Barra de hierro con una o ambas puntas cortantes para agujerear piedras o terrenos duros.

barrendero, ra s. Persona que barre aceras, calles, parques públicos.

barreno s. m. Barrena. ‖ Agujero en una roca que se llena de pólvora para volarla.

barrer t. Limpiar el piso con una escoba. ‖ Desembarazar un sitio o arrasarlo ‖ Derrotar completamente al enemigo.

barrera s. f. Obstáculo, fijo o móvil, que impide el paso. ‖ Barra móvil, fija en uno de sus extremos, que permite o impide el paso de un vehículo. ‖ Grupo de jugadores que se colocan hombro con hombro para impedir que pase la pelota en el cobro de una falta. ‖ Cosa que impide o dificulta el logro de algo.

barreta s. f. Barra pequeña. ‖ Herramienta en forma de barra larga de fierro sólido que se utiliza como pico o palanca.

barriada s. f. Barrio.

barrica s. f. Tonel de tamaño mediano.

barricada s. f. Muro provisional que se construye con barricas, vehículos volcados, piedras.

barriga s. f. Cavidad del cuerpo humano que contiene las vísceras, el aparato digestivo, el urinario y el reproductivo. ‖ Parte abultada de una vasija.

barrigón, gona adj. Que tiene mucha barriga.

barrigudo, da adj. Barrigón.

barril s. m. Recipiente de madera que sirve para guardar líquidos; se trata de varias maderas combadas, sujetas por aros de metal y con tapas redondas en cada extremo. *Los barriles de aceite pesan mucho.* ‖ Medida del petróleo que equivale a unos 158 litros.

barrilete s. m. Instrumento de hierro en forma de siete con que los carpinteros aseguran sobre el banco los materiales que trabajan. ‖ *Amér.* Cometa, papalote.

barrio s. m. Zona de una ciudad o de un pueblo. ‖ Arrabal.

barrizal s. m. Lugar lleno de lodo.

barro¹ s. m. Lodo. ‖ Masa de agua y arcilla que se moldea de diferentes formas y luego se hornea para endurecerla. *Las ollas de barro son típicas de la artesanía mexicana.*

barro² s. m. Grano rosado que sale en la cara u otra parte del cuerpo a causa de la acumulación de grasa en un poro.

barroco, ca adj. Que está muy adornado. ‖ Que es muy complicado o extraño. ‖ Estilo artístico del siglo XVI caracterizado por formas muy complejas y un exceso de adornos.

barroquismo s. m. Cualidad o tendencia a lo barroco.

barrote s. m. Barra gruesa, de madera o metal.

barruntar t. Sospechar o presentir algo por una señal.

barrunto s. m. Acción de barruntar.

bártulos s. m. pl. Los utensilios que se utilizan en alguna actividad.

barullo s. m. Ruido, desorden.

barzón s. m. Tira de cuero que sirve de unión entre el yugo y el timón del arado.

basáltico, ca adj. Hecho de basalto o con las características de ese mineral.

basalto s. m. Roca volcánica de color oscuro que se forma cuando el magma de los volcanes se enfría rápidamente.

basamento s. m. Estructura muy sólida que sirve de base a una construcción y que se eleva por encima del nivel del suelo.

basar t. y pr. Apoyar algo sobre una base. *El arquitecto aprovechó los escalones más largos para basar las columnas.* ‖ Tomar algo como base. *Las calificaciones se basan en el aprendizaje de los alumnos.* ‖ Tomar como punto de partida o compartir ideas, opiniones, teorías. *Esta propuesta se basa en los nuevos descubrimientos de la genética.*

basca s. f. Sensación de asco antes de vomitar.

báscula s. f. Aparato que sirve para medir el peso de las cosas o de las personas.

basculante adj. Que bascula.

bascular intr. Moverse una cosa de un lado a otro, como la aguja de las básculas. ‖ Inclinarse la caja de algunos vehículos para volcar la carga.

base s. f. Parte inferior en la que se sostiene algo. ‖ Apoyo o fundamento principal de algo. *La base de una teoría es la investigación.* ‖ Parte importante de algo. *La base de esa receta es la carne.* ‖ Lugar en donde se concentran fuerzas militares. *La base naval estaba a un kilómetro del puerto.* ‖ En el juego de beisbol, cada una de las cuatro esquinas del campo de juego donde hay almohadillas que deben pisar los jugadores. ‖ En geometría, línea a partir de la cual se mide la altura de una figura plana. ‖ pl. Reglas de un concurso, un sorteo, una subasta, etc.

básico, ca adj. Que es indispensable o que es la base o fundamento de algo.

basílica s. f. Iglesia que es muy importante por su antigüedad o por su tamaño.

basilisco s. m. Reptil parecido a la iguana, pero más pequeño, con dos crestas, una sobre la cabeza y otra sobre el dorso. ‖ Animal mitológico con cuerpo de serpiente y patas de ave.

basquetbol s. m. Juego que consiste en introducir un balón en la canasta del equipo contrario.

basta¹ s. f. Puntada larga.

basta² interj. Se usa para solicitar que se ponga fin a algo. *¡Basta, ya no me des más de comer!*

bastante adj. Que basta. *Hay bastante luz para leer.* ‖ En cantidad apreciable. *Hoy debo realizar bastantes trabajos.* ‖ adv. Sin sobra ni falta. *Tenemos bastante con estas tareas.* ‖ En no poca cantidad. *Caminó bastante, por eso está muy cansado.*

bastar intr. Ser suficiente. *Para comprender algo, no basta con aprenderse las cosas de memoria.*

bastardo, da adj. y s. com. Se dice del hijo nacido fuera del matrimonio.

bastidor s. m. Estructura de madera de forma circular o cuadrada con un hueco en su interior y que sirve para sujetar una tela u otros elementos. ‖ Lienzos pintados que, en el teatro, se sostienen con un armazón y se colocan a ambos lados del escenario.

bastilla s. f. Dobladillo hilvanado que se hace a una tela para que no se deshile.

bastimento s. m. Provisiones de alimento y equipo para un ejército o una ciudad.

bastión s. m. Baluarte. ‖ *Méx.* y *Col.* Idea fundamental de una doctrina.

basto, ta adj. Sin pulir, tosco.

bastón *s. m.* Vara de madera o de metal que sirve para apoyarse cuando se tienen dificultades para caminar. ‖ Vara que lleva una persona en señal de su autoridad. ‖ En anatomía, células de la retina que captan las imágenes en blanco y negro.

basura *s. f.* Todas las cosas que se tiran porque ya no son útiles, son desperdicios. ‖ Algo de mala calidad o de poco valor.

basural *s. m. Amér.* Lugar donde se tira la basura.

basurero, ra *s.* Persona encargada de recoger la basura. ‖ *s. m.* Lugar donde se arroja o acumula la basura. ‖ *Méx.* Recipiente donde se deposita la basura.

bat *s. m.* Bate.

bata *s. f.* Prenda de vestir cómoda e informal, abierta por la parte de adelante, que se usa para estar en la casa. ‖ Prenda de vestir que se pone sobre la ropa para que ésta no se manche.

batacazo *s. m.* Golpe ruidoso y fuerte que sufre alguien cuando cae.

batahola *s. f.* Bullicio, ruido grande.

batalla *s. f.* Combate entre dos ejércitos enemigos. ‖ Cualquier lucha entre dos partes. ‖ Lucha que se emprende para vencer a alguien o algo.

batallar *intr.* Pelear o combatir con armas. ‖ Hacer algo con muchas dificultades, con mucho esfuerzo. *Hay que batallar mucho para conseguir un buen empleo.*

batallón *s. m.* Grupo de soldados que, en conjunto, forman una parte del ejército. ‖ Grupo muy grande de personas.

batata *s. f.* Planta de tallo que se arrastra por la tierra, y cuyos tubérculos son comestibles. ‖ Tubérculo de esa planta.

batazo *s. m.* Golpe que se da con el bate.

bate *s. m.* Palo cilíndrico con el que se golpea la pelota en el juego de beisbol.

batea *s. f.* Bandeja de poca altura. ‖ Barco pequeño en forma de cajón, para el transporte de mercancías. ‖ Vagón sin techo y con bordes muy bajos.

bateador, ra *s.* Jugador que batea la pelota en el juego de beisbol.

batear *t.* Golpear la pelota con el bate en el juego de beisbol.

bateo *s. m.* Acción de batear.

batería *s. f.* Conjunto de cañones u otras armas listos para su uso. ‖ Aparato que almacena energía eléctrica. ‖ Instrumento musical compuesto por un conjunto de tambores, platos y otros accesorios de percusión.

baterista *s. com.* Persona que toca la batería.

batey *s. m.* Lugar ocupado por casas, almacenes, etc., en las fincas agrícolas de las Antillas.

batida *s. f.* En la caza, acción de batir un terreno para que los animales salgan de sus escondites. ‖ Acción de buscar organizadamente varias personas algo a alguien. ‖ Registro de un lugar por parte de la policía.

batidor, ra *adj. y s.* ‖ *s. m.* Instrumento que sirve para batir. ‖ *f.* Aparato que sirve para mezclar y batir alimentos por medio de aspas que giran.

batiente *adj.* Que bate. ‖ *s. m.* Parte del marco de las ventanas o las puertas donde éstas golpean cuando se cierran. ‖ Hoja de una ventana o una puerta.

batimetría *s. f.* Estudio de la profundidad de los mares y los lagos mediante el trazado de mapas en tercera dimensión.

batir *t.* Revolver y mezclar algo blando con movimientos continuos. *Para hacer un pastel, se tienen*

que batir los ingredientes. ‖ Golpear el viento, el agua o el sol en algún lugar. *Las olas baten en las rocas.* ‖ Golpear algo de manera continua. *Baten los tambores, marchan las tropas.* ‖ Vencer a un adversario. *Batió a sus contrincantes en la competencia.* ‖ Mover algo con fuerza y de manera repetida. *Las aves baten las alas para volar.* ‖ *pr.* Luchar una persona con otra por un desafío. ‖ Ensuciarse.

batista *s. f.* Tela muy fina de lino o algodón.

batracio, cia *adj. y s.* Se dice del animal vertebrado acuático sin pelos ni plumas y de sangre fría, que en sus primeras etapas vive en el agua, como la rana, la salamandra y el sapo.

batuta *s. f.* Varita que usa el director de una orquesta para indicar el compás a los músicos.

baúl *s. m.* Caja grande de forma rectangular, de madera u otro material, que sirve para guardar cosas. ‖ *Arg., Col., Cub., Guat.* y *Hond.* Cajuela, maletero de un automóvil.

bautismo *s. m.* Rito de purificación en diversas religiones. ‖ En el cristianismo, el primero de los sacramentos, por el cual se adquiere carácter cristiano.

bautizar *t.* En la religión cristiana, dar el sacramento del bautismo. ‖ Poner nombre a una persona o una cosa.

bautizo *s. m.* Ceremonia y fiesta del bautismo.

bauxita *s. f.* Roca de color rojizo, compuesta principalmente por óxido de aluminio. *La bauxita es la principal fuente de aluminio utilizada por la industria.*

baya *s. f.* Nombre que se da al fruto carnoso cuya pulpa rodea las semillas. *Aunque no se parezcan entre sí, las uvas, las guayabas y los tomates son bayas.*

bayeta *s. f.* Paño hecho de tejido absorbente que se usa en menesteres domésticos. *Fregaron el mosaico con la bayeta hasta que le sacaron brillo.* ‖ Tela de lana de tejido muy ralo y suelto.

bayo, ya *adj. y s.* De color marrón claro amarillento; se dice en particular del pelaje de caballos y perros.

bayoneta *s. f.* Arma blanca muy afilada, parecida a un cuchillo, que se fija en la punta del cañón del fusil.

bazar *s. m.* Mercado callejero con puestos ambulantes, propio de las ciudades del mundo árabe. ‖ Tienda en la que se venden productos, como adornos, artesanías y antigüedades.

bazo *s. m.* Órgano de los vertebrados situado a la izquierda del estómago.

bazofia *s. f.* Desperdicios de comida. ‖ Comida muy mala. ‖ Cosa despreciable.

bazuca o **bazooka** *s. f.* Lanzagranadas antitanque portátil.

be *s. f.* Nombre de la letra «b».

beatificar *t.* Declarar el Papa que un difunto, por sus virtudes, puede ser objeto de culto. ‖ Hacer algo venerable o respetable.

beatífico, ca *adj.* Sereno, plácido, que denota paz del espíritu. ‖ Perteneciente o relativo a la beatitud.

beatitud *s. f.* En el catolicismo, bienaventuranza, eterna felicidad. ‖ Estado de paz, alegría y serenidad espiritual.

beato, ta *adj. y s.* Persona cuya santidad ha sido reconocida por la Iglesia católica. ‖ Persona muy devota y piadosa.

bebé *s. com.* Niño o niña pequeño que aún no anda.

bebedero *s. m.* Recipiente para poner agua a los animales domésticos. ‖ Mueble con un surtidor de agua para que beban las personas en sitios públicos. ‖ Abrevadero, sitio a donde acuden los animales a beber.

bebedor, ra adj. y s. Que bebe. *Los becerros son grandes bebedores de leche.* ‖ Se dice de la persona que abusa de las bebidas alcohólicas.

beber t. e intr. Ingerir algún líquido por la boca. ‖ intr. Consumir bebidas alcohólicas. ‖ Brindar por alguien. *Bebieron a la salud de los triunfadores.* ‖ fig. Obtener conocimientos de una fuente determinada. *Bebió en la Antigüedad clásica para escribir ese ensayo.*

bebida s. f. Líquido para beber. *Una bebida de jugo de frutas.* ‖ Bebida alcohólica. ‖ Hábito de ingerir bebidas alcohólicas. *La bebida está afectando su vida familiar.*

bebido, da adj. Que, por ingerir alcohol, está casi ebrio.

beca s. f. Apoyo económico que otorga una institución a alguien para llevar a cabo estudios, investigaciones o trabajo artístico.

becario, ria s. Persona que realiza sus estudios o investigaciones con el apoyo de una beca.

becerra s. f. Cría hembra de la vaca.

becerro s. m. Cría macho de la vaca. ‖ Piel curtida de ternero.

bechamel o **besamel** s. f. Salsa blanca para guisos, elaborada con mantequilla, leche y harina.

bedel, la s. Persona que, en los centros de enseñanza, tiene las llaves de los diferentes departamentos y cuida el orden fuera de las aulas.

beduino, na adj. y s. Árabe de las tribus nómadas que habitan en Arabia Saudita, Siria, Iraq, el Sahara y Jordania. *La mayoría de los beduinos son musulmanes.*

befa s. f. Burla insultante y grosera que humilla a quien la recibe.

begonia s. f. Planta de ornato, originaria de América del Sur, apreciada por sus vistosas hojas y flores. *Existen más de 1 500 especies de begonias.*

beige o **beis** adj. y s. m. De color castaño claro. *El beige es el color del café con leche poco cargado.*

beisbol s. m. Juego de pelota entre dos equipos, en el que los jugadores, luego del lanzamiento de la pelota, deben recorrer ciertas bases o puestos en la cancha.

beisbolista s. com. Persona que juega beisbol.

bejucal s. m. Sitio donde abundan los bejucos.

bejuco s. m. Planta trepadora, de tallos flexibles, que crece en las regiones tropicales.

beldad s. f. Belleza, cualidad de bello. ‖ Mujer que posee gran belleza física.

belfo s. m. Labios del caballo y de otros animales. ‖ En una persona, labios muy gruesos, sobre todo el inferior.

belga adj. Perteneciente o relativo a Bélgica. ‖ s. com. Originario de Bélgica, país europeo.

beliceño, ña adj. y s. Originario de Belice, país de América Central. ‖ Perteneciente o relativo a este país centroamericano.

belicismo s. m. Tendencia a buscar la solución de conflictos internacionales con acciones bélicas.

bélico, ca adj. Perteneciente o relativo a la guerra.

belicoso, sa adj. Que incita a la guerra o a la violencia. ‖ fig. Agresivo, con tendencia a buscar pelea.

beligerancia s. f. Cualidad, actitud o estado de beligerante.

beligerante adj. Que está en guerra.

bellaco, ca adj. y s. Pícaro, ruin. ‖ Sagaz, astuto.

belladona s. f. Arbusto muy venenoso de origen europeo, con bayas negras. *Aunque la belladona también tiene propiedades medicinales, sólo deben emplearla expertos.*

bellaquería s. f. Calidad de bellaco, rufianería. ‖ Dicho o acción propios de un bellaco.

belleza s. f. Cualidad de los seres vivos y los objetos que produce deleite intelectual, espiritual o de los sentidos. *La belleza está lo mismo en la naturaleza que en las creaciones del ser humano.* ‖ Persona que posee gran hermosura.

bello, lla adj. Que posee belleza, hermoso. ‖ Que tiene buenas cualidades, sobre todo en lo moral.

bellota s. m. Fruto de cáscara dura del roble, el encino y árboles similares.

bembón, bona adj. Amér. Se dice de la persona que tiene los labios muy gruesos.

bemol adj. En música, se dice de la nota de entonación un semitono más baja que su sonido natural. ‖ s. m. Signo (♭) que representa ese cambio en la entonación.

benceno s. m. Bencina.

bencina s. f. Líquido aromático, incoloro, inflamable y tóxico, obtenido principalmente del alquitrán mineral, de amplio uso industrial y medicinal. ‖ Chil. Gasolina.

bendecir t. Invocar el favor y protección divinos para alguien o algo. ‖ Consagrar algo al culto divino mediante un ritual. ‖ Otorgar protección o colmar de bienes la providencia. ‖ Alabar o expresar buenos deseos a otra persona.

bendición s. f. Acción y efecto de bendecir. ‖ Expresión para bendecir algo.

bendito, ta adj. Bienaventurado, santo. ‖ Feliz, dichoso. ‖ s. Persona simple y bonachona.

benefactor, ra adj. y s. Persona que beneficia a otra.

beneficencia s. f. Virtud de hacer el bien. ‖ Conjunto de instituciones públicas o privadas que socorren a los necesitados.

beneficiar t. y pr. Hacer bien, o el bien, a alguien. *Su buena disposición lo beneficia.* ‖ Tratar algo para que produzca fruto o sea aprovechable. ‖ Extraer los metales puros de los minerales.

beneficiario, ria adj. y s. Se dice de la persona que resulta beneficiada o favorecida por algo. *Sus hijos son beneficiarios de su seguro social.*

beneficio s. m. Bien que se hace. *Donó su fortuna en beneficio de los huérfanos.* ‖ Bien que se recibe. *Los niños recibieron el beneficio de una educación gratuita.* ‖ Utilidad, provecho o ganancia económica que se saca de algo. ‖ Acción y efecto de beneficiar minerales o productos agrícolas.

benéfico, ca adj. Que hace bien o tiene buenos efectos. ‖ Perteneciente o relativo a la beneficencia pública.

benemérito, ta adj. Digno de honor por sus buenas acciones.

beneplácito s. m. Permiso, aprobación o conformidad para que se realice algo. ‖ Agrado, complacencia.

benevolente adj. Tolerante, benévolo y complaciente.

benévolo, la adj. Que actúa con buena voluntad y consideración hacia los demás.

bengala s. f. Artificio que se utiliza para hacer señales a la distancia. *Las bengalas nocturnas son luminosas, y las diurnas lanzan humo de diferentes* *colores.* ‖ Varita con pólvora que, al encenderse, lanza chispas.

benigno, na *adj.* Que tiene buen trato y es compasivo con los demás. ‖ Dicho del clima, templado, suave, agradable. ‖ Referido a una enfermedad o tumor, que no reviste gravedad o peligro.

bentos *s. m.* Región biogeográfica del fondo de los mares, océanos, lagos y las áreas litorales y supralitorales de las playas.

beodo, da *adj.* y *s.* Se dice de la persona en estado de embriaguez alcohólica.

berberecho *s. m.* Molusco comestible crudo o guisado, típico de la costa norte de España.

berbiquí *s. m.* Herramienta para taladrar madera y otros materiales, provisto de una cabeza, un manubrio y una broca.

berenjena *s. f.* Planta herbácea que da un fruto comestible del mismo nombre.

berenjenal *s. m.* Sitio plantado de berenjenas. ‖ *fig.* Lío o problema. *Aceptar esa responsabilidad fue meterse en un berenjenal.*

bergamota *s. f.* Variedad de pera pequeña, jugosa y aromática. ‖ Variedad de lima jugosa y aromática, cuya esencia se usa en perfumería.

bergantín *s. m.* Embarcación ligera de vela.

beriberi *s. m.* Enfermedad causada por falta de vitamina B, que produce debilidad general, inflamación de los nervios e insuficiencia cardiaca, característica de las regiones donde se consume casi exclusivamente arroz descascarillado.

berilio *s. m.* Elemento químico, metal duro y ligero, que se utiliza en las industrias nuclear y aeroespacial; su número atómico es 4 y su símbolo Be.

berilo *s. m.* Silicato de aluminio, generalmente de color verde esmeralda, pero también azul, rosa, blanco y dorado, opaco y transparente; las variedades de color uniforme y transparente son consideradas piedras preciosas.

berkelio *s. m.* Elemento químico radiactivo, metal de la serie de los actínidos; su número atómico es 97 y su símbolo Bk.

bermejo, ja *adj.* Se dice del color rojizo o rubio oscuro.

bermellón *s. m.* Color rojo vivo, como el que resulta del mineral cinabrio pulverizado.

bermudas *s. f. pl.* Pantalón corto hasta las rodillas.

berrear *intr.* Acción y efecto de emitir berridos.

berrendo *s. m.* Cuadrúpedo salvaje endémico color pardo y con manchas blancas, parecido al ciervo.

berrido *s. m.* Sonido que emiten el becerro y otros cuadrúpedos. ‖ *fig.* Sonido desafinado al cantar.

berrinche *s. m.* Manifestación o desplante elocuente de enojo o disgusto, generalmente infantil.

berrinchudo, da *adj.* Se dice de la persona proclive a hacer berrinches.

berro *s. m.* Planta herbácea comestible que crece en terrenos con mucha agua.

berza *s. f.* Col.

besar *t.* Tocar con los labios a alguien o algo en señal de amor, respeto o amistad. ‖ *pr.* Darse besos dos o más personas.

beso *s. m.* Acción y efecto de besar.

bestia *s. f.* Animal cuadrúpedo salvaje y peligroso o doméstico de carga. ‖ *fig.* Persona violenta y desalmada.

bestial *adj.* Conducta violenta y desalmada, impropia de los seres humanos. ‖ *fig.* De fuerza, tamaño o volumen muy superior al normal.

bestialidad *s. f.* Acción brutal, desalmada, desproporcionada y cruel.

besugo *s. m.* Pez marino hermafrodita, muy apreciado por su carne.

besuquear *t. fam.* Dar de besos de manera intermitente y retozona.

beta *s. f.* Segunda letra del alfabeto griego (B, β).

betabel *s. m. Méx.* Remolacha.

betún *s. m.* Sustancia resinosa natural inflamable y fragante. ‖ Crema para lustrar calzado. ‖ *Hond., Méx.* y *Salv.* Mezcla de azúcar y clara de huevo batida para dar sabor y adornar pasteles.

biberón *s. m.* Botella provista de un chupón para suministrar líquidos a bebés y animales.

biblia *s. f.* Conjunto de libros canónicos de las religiones cristiana y judía. ‖ *fig.* Libro cuyos preceptos son tomados como ideal o guía en un campo determinado.

bíblico, ca *adj.* De la Biblia o relacionado con ella. *Los relatos bíblicos son considerados sagrados.*

bibliófilo, la *s.* Persona aficionada o amante de los libros.

bibliografía *s. f.* Relación ordenada y sistemática de los títulos de libros y escritos referidos a una materia, un tema o un autor.

biblioteca *s. f.* Lugar o edificio donde se conservan y acumulan libros y documentos en forma ordenada para ser leídos. *Hicimos la tarea en la biblioteca de la escuela.* ‖ Acervo ordenado de libros y documentos de una institución o una persona. *La biblioteca de José Luis Martínez fue donada al gobierno.* ‖ Colección editorial de libros sobre un campo, tema o autor específicos. *La Biblioteca Jorge Luis Borges está llena de sorpresas.*

bibliotecario, ria *s.* Persona encargada de la organización, el cuidado y la atención de bibliotecas.

biblioteconomía *s. f.* Disciplina dedicada a la organización y administración de bibliotecas.

bicarbonato *s. m.* Sal de ácido carbónico, en especial la de sodio, de amplio uso en medicina, preparación de alimentos, industria y laboratorios químicos.

bicéfalo, la *adj.* Que tiene dos cabezas, generalmente se refiere a seres mitológicos.

bicentenario *s. m.* Fecha en que se cumplen doscientos años del nacimiento o muerte de una persona o de un suceso trascendente.

bíceps *s. m. pl.* Músculos pares del brazo y del muslo que al contraerse forman protuberancias.

bicho *s. m. desp.* Animal pequeño, especialmente insecto, generalmente indeseable o dañino. ‖ Persona malvada.

bicicleta *s. f.* Vehículo de dos ruedas, que cuenta con dos pedales y una cadena de transmisión con lo que quien la conduce transmite fuerza a una de las ruedas para moverlo.

bicoca *s. m.* Cosa de valor y estima insignificantes. *Luego de pagar sus deudas le quedó una bicoca de saldo.* ‖ Cosa provechosa en relación con su precio muy bajo. *Esta camisa me costó una bicoca.*

bicultural *adj.* y *s. com.* Que integra dos culturas en una sola. *Canadá es una nación bicultural porque integra las culturas anglosajona y francesa.*

biculturalidad *s. f.* Participación de dos culturas.

biculturalismo *s. m.* Conocimiento de dos culturas. *Con la migración, crece el biculturalismo.*

bidimensional *adj.* y *s. com.* Que tiene dos dimensiones.

bidireccional *adj.* Que va en dos direcciones.

bidón *s. m.* Recipiente de tapa hermética para transportar líquidos. *Fuimos a llenar el bidón de gasolina.*

biela *s. f.* Barra metálica de un aparato mecánico cuya función es transmitir movimiento o fuerza entre una parte de vaivén y otra rotatoria, como entre el pistón y el cigüeñal en los motores.

bien[1] *adv.* Correcto, como es debido, de acuerdo a la razón o a las normas. *El abogado actuó bien para resolver ese conflicto.* || De manera satisfactoria o agradable. *La pasamos muy bien en ese paseo.* || Con buena salud o en buen estado. *Espero que estés bien al recibir esta carta.* || Con gusto, de buena gana. *Si pudiera, bien me iría de esta ciudad.* || Con facilidad, sin esfuerzo, inconvenientes o dificultades. || Se usa para expresar un cálculo aproximado. *Bien pudo haber recorrido cien kilómetros en ese viaje.* || Bastante, muy o mucho. *Puse hielo a la limonada para que esté bien fría.*

bien[2] *s. m.* Cosa buena, positiva, favorable, útil o agradable. *Tener salud es un bien.* || Beneficio o utilidad. *Trabajar por el bien de la comunidad.* || En economía, todo aquello que sirve para satisfacer alguna necesidad humana. *El automóvil es un bien.* || *pl.* En derecho, cosas materiales que alguien posee. *Heredó sus bienes a su sobrino.*

bien[3] *conj.* Funciona, al repetirse, como partícula distributiva. *Podrías bien lavar el piso, bien arreglar tu cuarto, bien podar las plantas.* || *loc. Bien que:* aunque, *Expresa tu opinión, bien que a muchos no les guste.* || *Más bien:* se usa con función adversativa. *No me agrada ese adorno, más bien me disgusta.* || *No bien:* en seguida, apenas. *No bien había salido, sonó el teléfono de casa.* || *Si bien:* se usa como conjunción adversativa o concesiva. *Doy mi aprobación, si bien tengo dudas.*

bienaventurado, da *adj.* Feliz, afortunado. || Que disfruta de la bienaventuranza.

bienaventuranza *s. f.* Felicidad y prosperidad en lo material. || En religión, estado de los espíritus que disfrutan de Dios en el cielo.

bienestar *s. m.* Armonía y tranquilidad en lo mental, espiritual y físico. || Comodidad, holgura que permite satisfacer las necesidades y vivir a gusto.

bienhechor, ra *adj.* y *s.* Que hace el bien o que beneficia a otros. *La lluvia bienhechora salvó la cosecha.*

bienvenida *s. f.* Recibimiento alegre y cortés que se da a quien llega a un lugar.

bienvenido, da *adj.* Se aplica a la persona, cosa o suceso cuya llegada es acogida con complacencia y alegría.

bifásico, ca *adj.* Se dice del sistema eléctrico con dos corrientes alternas iguales que proceden del mismo generador. *En un sistema bifásico, las fases de cada corriente se producen a un cuarto de periodo de distancia.*

bife *s. m. Arg., Chil.* y *Uy.* Bistec, filete o corte de carne. || *Arg., Py., Per.* y *Uy. fam.* Bofetada.

bífido, da *adj.* Dividido en dos.

bifocal *adj.* En óptica, que tiene dos focos. *Necesita lentes bifocales para corregir su visión de lejos y de cerca.*

bifurcarse *pr.* Dividirse algo, en particular un camino o una corriente de agua, en dos brazos o ramales.

bigamia *s. f.* Estado de la persona casada con dos mujeres, o con dos hombres, a la vez.

bígamo, ma *adj.* y *s.* Se aplica a la persona que está casada con dos al mismo tiempo.

bigote *s. m.* Pelo que crece sobre el labio superior de los humanos. || En ingeniería metalúrgica, abertura delantera, semicircular, que tienen los hornos de cuba para que salga la escoria fundida. || En imprenta, línea horizontal de adorno, gruesa por el medio y delgada en los extremos.

bigotudo, da *adj.* Que tiene bigote abundante.

bikini *s. m.* Biquini.

bilabial *adj.* y *s.* Se aplica al sonido consonántico producido con ambos labios, como el de las letras «b», «m» y «p».

bilateral *adj.* y *s. com.* Perteneciente o relativo a ambos aspectos o ambas partes de un acuerdo, negocio, organismo o cosa. || En derecho, se dice del contrato que establece derecho y obligaciones para ambas partes.

biliar *adj.* Perteneciente o relativo a la bilis. || Se aplica a la función del hígado que evacua en el intestino delgado determinados desechos de la sangre.

bilingüe *adj.* Que habla dos idiomas. || Que está escrito en dos idiomas.

bilingüismo *s. m.* Utilización habitual de dos lenguas, ya sea por una misma persona o en una misma región.

bilioso, sa *adj.* Relativo a la bilis, o abundante en ésta. || Referido a una persona, irascible, de genio destemplado.

bilirrubina *s. f.* Pigmento de la bilis, de color amarillo oscuro.

bilis *s. f.* Jugo digestivo de color amarillo verdoso, segregado por el hígado. || Enojo, cólera.

billar *s. m.* Juego de salón que se practica sobre una mesa rectangular, en la que, con tacos, se desplazan bolas de marfil. || Conjunto de la mesa, las bolas y los tacos para practicar este juego. || Establecimiento donde se juega billar.

billete *s. m.* Trozo de papel impreso con caracteres e imágenes específicos por un banco, al que se le asigna determinado valor monetario. || Tarjeta impresa de cartulina, mediante la cual se puede ingresar a un transporte público o un espectáculo. || Trozo de papel impreso con determinado número, con el cual se participa en los sorteos de la lotería. || Mensaje escrito a manera de carta breve.

billetera *s. f.* Cartera de bolsillo para guardar billetes y algunas otras cosas como tarjetas de crédito.

billón *s. m.* En matemáticas, un millón de millones.

billonésimo, ma *adj.* Que ocupa el número un billón en una serie. || *s. m.* Cada una del billón de partes iguales en que se divide un todo.

bimembre *adj.* Que tiene dos miembros o partes. *La oración bimembre consta de sujeto y predicado.*

bimestral *adj.* Que se hace o sucede cada bimestre. || Que dura un bimestre.

bimestre *s. m.* Periodo que dura dos meses.

bimotor *adj.* y *s. m.* Que tiene dos motores.

binario, ria *adj.* Que está compuesto de dos cifras, elementos o unidades.

binocular *adj.* Se dice de la visión que implica el funcionamiento de ambos ojos. || Se aplica al instrumento óptico en el que se mira con ambos ojos al mismo tiempo. || *s. m. pl.* Anteojos con un prisma que sirven para ver objetos lejanos.

binomio *s. m.* En matemáticas, expresión que se compone de dos términos algebraicos, los cuales se unen por los signos de más o de menos. || Pareja de personas que desempeñan un papel importante en la vida artística, social o política.

biobibliografía *s. f.* Disciplina que estudia la vida y las obras de un escritor.

biocombustible *s. m.* Combustible no contaminante de origen biológico. *Pueden extraerse biocombustibles de los desechos de plantas y el estiércol.*

biodegradable *adj.* Relativo al producto industrial cuyos residuos pueden ser destruidos por bacterias, hongos u otros agentes biológicos.

biodegradación *s. f.* Proceso por el cual agentes biológicos destruyen un producto biodegradable. *La biodegradación es indispensable para el reciclaje de los elementos que conforman la biosfera.*

biodegradar *t.* Separar y descomponer los componentes de una sustancia mediante bacterias, sin dañar el ecosistema.

biodiversidad *s. f.* Variedad que las especies animales y vegetales presentan en un ambiente o región determinados. *La tala y otras actividades industriales y de explotación de recursos amenazan seriamente la biodiversidad de las selvas tropicales.*

biofísica *s. f.* Aplicación de las normas y métodos de la física al estudio de los fenómenos vitales.

biografía *s. f.* Historia de los sucesos de la vida de una persona. || Relato escrito de la historia de la vida de una persona. || Género literario al que pertenecen este tipo de relatos.

biográfico, ca *adj.* Perteneciente o relativo a la biografía. *Descubrieron datos biográficos poco conocidos de ese músico famoso.*

biógrafo, fa *s.* Autor de una biografía.

biología *s. f.* Ciencia que, a través de sus numerosas ramas, estudia los seres vivos.

biológico, ca *adj.* Perteneciente o relativo a la biología. || Producto hecho exclusivamente a base de agentes naturales.

biólogo, ga *s.* Persona que se dedica a la biología de manera profesional.

bioma *s. m.* Unidad ecológica que se extiende por una superficie de gran amplitud que presenta iguales condiciones de clima.

biomasa *s. f.* En ecología, masa total de los organismos vivos que habitan en un ecosistema determinado. || En biología, materia orgánica que, originada en algún proceso biológico, puede utilizarse como fuente de energía.

biombo *s. m.* Mampara plegable y portátil compuesta por varios bastidores unidos entre sí por goznes, que se utiliza para dividir espacios en habitaciones.

biomecánica *s. f.* Ciencia que estudia la aplicación de los principios de la mecánica a las funciones y estructuras de los organismos vivos. *La biomecánica es útil para diseñar aparatos ortopédicos y prótesis.*

biometría *s. f.* Estudio de los procesos biológicos desde el punto de vista de la estadística. *Una biometría hemática es un conteo de los diferentes elementos de la sangre.*

biónica *s. f.* Estudio de la construcción de mecanismos cibernéticos artificiales a partir de la observación de los procesos biológicos.

biopsia *s. f.* En medicina, muestra de tejido que se toma para analizarla y realizar un diagnóstico.

bioquímica *s. f.* Estudio de la estructura y funciones de los organismos vivos desde el punto de vista de la química. *La bioquímica permite conocer cómo interactúan las distintas sustancias que componen el cuerpo humano.*

bioquímico, ca *adj.* Perteneciente o relativo a la bioquímica. || *s.* Persona especialista en bioquímica.

biosfera *s. f.* En biología, conjunto que forman los organismos vivos y el medio en el que se desarrollan. *Para estudiar la biosfera, los ecólogos la dividen en diferentes tipos de ecosistemas.*

biosíntesis *s. f.* Proceso de formación de una sustancia orgánica en el interior de un ser vivo. *Nuestro cuerpo transforma las sustancias que contienen los alimentos en otras, es decir, realiza la biosíntesis de las mismas.*

biosistema *s. f.* La totalidad de los organismos vivos.

biota *s. f.* En biología, conjunto que forman la fauna y la flora de un lugar determinado. *La biota de las zonas áridas comprende cactus, matorrales, reptiles, aves rapaces, algunos roedores y murciélagos.*

biotecnología *s. f.* Uso de células vivas o microorganismos para manufacturar medicamentos y químicos, crear energía, destruir materia contaminante y muchos otros usos. *La biotecnología es una de las disciplinas más productivas.*

biótico, ca *adj.* Se dice del factor ecológico ligado a la actividad de los seres vivos.

biotipo *s. m.* Grupo de organismos con genotipo u origen genético idéntico. || Ser vivo representativo de su especie.

biotopo *s. m.* Zona geográfica que tiene las condiciones ambientales que permiten desarrollarse a un tipo específico de seres vivos.

bióxido *s. m.* Óxido que contiene dos átomos de oxígeno.

bipartición *s. f.* División de una cosa en dos partes. *La bipartición es una forma de reproduccción asexuada.*

bipedalismo *s. m.* Condición de tener dos pies o dos patas para caminar y sostenerse.

bípedo, da *adj.* Que tiene dos pies o dos patas. *El hombre es un animal bípedo.*

biplaza *adj.* y *s. m.* Se dice del vehículo de dos plazas.

bipolar *adj.* Que tiene o está relacionado con dos polos. *El planeta Tierra es bipolar.*

bipolaridad *s. f.* Condición de tener o estar relacionado con dos polos opuestos.

biquini *s. m.* Traje de baño femenino de dos piezas, una cubre el busto y otra las caderas.

birlar *t.* Despojar a alguien de algo con violencia, malas artes o aprovechando un descuido. *Me distraje y me birlaron la torta.*

birlibirloque *s. m.* Ejecución como por arte de magia o juego de manos. *Me engañaron por arte de birlibirloque.*

birmano, na *adj.* Perteneciente o relacionado con Birmania, país de Asia.

birome *s. m. Arg., Py.* y *Uy.* Bolígrafo.

birrete *s. m.* Gorro en forma de prisma con una borla pendiente en la parte superior, usual en ceremonias gremiales y de graduación.

birria *s. f.* Persona insignificante o cosa de mala calidad o mal gusto. || *Méx.* Carne de borrego cocida en barbacoa.

bis *s. m.* Número musical fuera de programa. || *adj.* Indica repetición del número precedente. *El artículo 11 bis del Código civil fue añadido para prever una nueva hipótesis.* || En composiciones musicales indica que la parte precedente debe repetirse.

bisabuelo, la *s.* Padre o madre del abuelo o la abuela.

bisagra *s. f.* Mecanismo de metal con dos placas unidas por un eje giratorio que sirve para abrir y cerrar batientes.

bisector, triz *adj.* Que divide en dos partes iguales un plano o una recta.

bisel *s. m.* Corte oblicuo en el borde de una lámina o vidrio para darle filo, curvatura o a manera de ornato.

biselar *t.* Hacer cortes oblicuos o biseles en los bordes de láminas o vidrios.

bisexual *adj.* Que tiene ambos sexos.

bisiesto *adj.* y *s. m.* Se dice del día que se agrega al mes de febrero cada cuatro años.

bisílabo, ba *adj.* Que tiene dos sílabas.

bismuto *s. m.* Elemento químico metálico más pesado que el hierro, de color grisáceo o plateado; se usa en odontología e imprenta; su número atómico es 83 y su símbolo Bi.

bisnieto, ta *s.* Hijo del nieto de una persona.

bisonte *s. m.* Mamífero rumiante bóvido parecido al toro, con dos cuernos pequeños curvados hacia arriba y la cabeza y el torso muy desarrollados, con pelambre abundante color pardo oscuro que le cae como barbas.

bisoño, ña *adj.* Novato e inexperto en cualquier arte u oficio.

bistec *s. m.* Filete o trozo de carne que se asa, fríe o cuece.

bisturí *s. m.* Instrumento de cirugía para practicar incisiones.

bisutería *s. f.* Conjunto de adornos que imitan joyas. || Establecimiento donde se expenden este tipo de objetos.

bit *s. m.* En computación, unidad de información binaria equivalente al resultado de una posibilidad en una alternativa.

bitácora *s. f.* Libreta donde se asientan los datos relevantes diarios de alguna actividad con propósitos de monitoreo y control. || En navegación, caja de madera o de metal no magnético donde se colocan la brújula y el compás. || Libreta donde se asientan los datos diarios de navegación de una embarcación.

bituminoso, sa *adj.* Que contiene bitumen o betún natural, cuyo contenido de hidrocarburos es de uso industrial y energético.

bivalencia *s. f.* Característica de lo que tiene valor en dos sentidos.

bivalente *adj.* Se dice del elemento químico con dos valencias o dos posibilidades de combinación. || Relativo a combinaciones de dos cromosomas homólogos.

bivalvo, va *adj.* Se aplica al animal que tiene dos valvas o conchas, como algunos moluscos e invertebrados. || Se dice de la cáscara de algunos frutos que encierra la semilla entre dos valvas.

bizantino, na *adj.* Perteneciente o relacionado con Bizancio (hoy Estambul), capital del Sacro Imperio Romano. || Argumento o discusión complicada que pierde de vista su objetivo.

bizarro, rra *adj.* Persona, estilo o acción inusual por su arrojo y valentía.

bizco, ca *adj.* Que tiene los ojos o la mirada desviada de su foco normal. || Que padece estrabismo.

bizcocho *s. m.* Pan horneado de harina, azúcar, huevo y otros ingredientes al gusto. || Pan sin levadura cocido dos veces para su mayor conservación.

biznaga *s. f.* Planta cactácea en forma de globo y superficie estriada, cubierta de espinas largas, firmes y muy agudas, algunas de cuyas variedades son comestibles.

bizquear *intr.* Torcer los ojos o la mirada por defecto natural o en forma deliberada.

bizqueo *s. m.* Acción de bizquear.

bizquera *s. f. fam.* Defecto consistente en desviar la mirada o los ojos de su foco normal.

blanca *s. f.* Nota musical que vale la mitad de una redonda.

blanco *s. m.* Objeto sobre el cual se apunta y dispara un proyectil o se fija la mirada. || Espacio entre dos cosas. || Espacio entre textos que no tiene escritura. || Meta, objetivo.

blanco, ca *adj.* Que tiene el color de la leche o de la nieve. || Que es más claro o pálido en comparación con otros colores. || Se dice de la persona de piel clara del grupo racial caucásico.

blancura *s. f.* Calidad de ser o parecer blanco.

blandengue *adj.* y *s. com.* Se aplica a algo que tiene una blandura desagradable. || Se aplica a una persona con poca fuerza física, anímica o de carácter.

blandenguería *s. f.* Actitud timorata o irresuelta. || Debilidad física, anímica o de carácter.

blandeza *s. f.* Condición de debilidad o delicadeza, especialmente de carácter.

blandiente *adj.* Que se blande o mueve de un lado a otro con agitación.

blandir *t.* Mover o agitar al aire un objeto, especialmente un arma o un pendón, en actitud de reto u orgullo.

blando, da *adj.* Que cede con facilidad al tacto o la presión. || Que tiene poca fuerza o carácter débil. || Que es suave o apacible.

blanduzco, ca *adj.* Algo blando.

blanqueado, da *adj.* Blanqueo. || *s. f. fam. Cub., Méx.* y *Ven.* En beisbol, acción y efecto de dejar en cero carreras al equipo contrario.

blanqueador *adj.* y *s.* Se aplica a lo que blanquea.

blanquear *t.* Poner algo blanco. || Pintar las paredes con cal. || Poner un alimento en agua caliente para quitarle color o ablandarlo || Poner en circulación legal dinero producto de actividades ilícitas. || *fam. Cub., Méx.* y *Ven.* En beisbol, ganar un juego sin permitir carreras al contrario. || *intr.* Tirar a blanco.

blanquecino, na *adj.* Se aplica a lo que tiene un color que tira a blanco.

blasfemar *intr.* Proferir blasfemias o improperios, especialmente contra símbolos considerados sagrados.

blasfemia *s. f.* Expresión grosera o irrespetuosa contra algo considerado sagrado. || Palabra injuriosa contra una persona.

blasfemo, ma *adj.* y *s.* Que contiene blasfemia. || Que expresa blasfemia.

blasón *s. m.* Emblema que identifica a una ciudad, un reino o un linaje, con motivos alusivos a su historia, sus características o sus proezas.

bledo *s. m.* Planta de tallo que se arrastra por la tierra, de hojas verde oscuro y flores rojas. || Cosa que vale muy poco o nada.

blenda *s. f.* Mineral compuesto por sulfuro de cinc y que está en la naturaleza en forma de cristales brillantes.

blenorragia *s. f.* Enfermedad de transmisión sexual que se manifiesta con inflamación de las vías urinarias y genitales y con un exceso de flujo genital.

blindado, da *adj.* Protegido por un blindaje.

blindaje *s. m.* Acción de blindar. || Recubrimiento con hojas metálicas u otro material muy resistente que se le pone a algo para protegerlo.

blindar *t.* Proteger algo de agentes externos, como balas o fuego, con un recubrimiento de hojas metálicas o de otro material resistente.

blíster *s. m.* Envase para productos muy pequeños que consta de un soporte cubierto por una lámina de plástico con huecos en donde se colocan esos productos como cápsulas, comprimidos, plumas, etc. *Blíster de aspirinas.*

bloc *s. m.* Conjunto de hojas de papel unidas por uno de sus lados. || Ladrillo grande.

blondo, da *adj.* Rubio.

bloque *s. m.* Pieza grande de piedra o de algún material macizo, duro. || Conjunto homogéneo de cosas o personas con algo en común.

bloqueado, da *adj.* Relativo al bloqueo.

bloquear *t.* Interrumpir un movimiento o proceso.

bloqueo *s. m.* Acción de bloquear.

blues *s. m.* Género musical que se originó a principios del siglo xx entre los negros estadounidenses y que tiene un ritmo lento, un tono melancólico y un patrón repetitivo.

blusa *s. f.* Prenda de vestir, generalmente femenina, que cubre la parte superior del cuerpo.

boa *s. f.* Serpiente grande y fuerte, no venenosa, que mata a sus presas enrollándose en ellas para asfixiarlas.

boato *s. m.* Exhibición y ostentación de la riqueza o el poder propios.

bobada *s. f.* Tontería

bobalicón, cona *adj.* y *s. fam.* Muy tonto o bobo.

bobear *intr.* Decir o hacer bobadas. || Malgastar el tiempo en cosas que no son útiles.

bobera *s. f.* Bobería.

bobería *s. f.* Lo que se dice o se hace sin una base lógica, sin inteligencia.

bobina *s. f.* Cilindro o carrete en el que se enrolla alambre, hilo, papel, película cinematográfica, etc. || En un circuito eléctrico, hilo conductor enrollado repetidamente que crea y capta campos magnéticos.

bobinar *t.* Enrollar alambre, hilo, papel, película cinematográfica, etc., alrededor de una bobina o carrete.

bobo, ba *adj.* y *s.* Que es ingenuo y poco inteligente.

boca *s. f.* Abertura situada en la cabeza del humano y de los animales por donde se ingieren los alimentos; es la primera parte del aparato digestivo. || En una persona, conjunto formado por los dos labios de la cara. || Órgano en donde se articulan los sonidos de la voz. || Entrada o salida de un lugar. || Abertura u orificio. *Los corchos sirven para tapar la boca de las botellas.* || Persona o animal que debe mantenerse. *Es una familia grande y hay cinco bocas que alimentar.*

bocabajo *adv.* Boca abajo.

bocacalle *s. f.* Entrada de una calle.

bocadillo *s. m.* Porción pequeña de alimento que se sirve antes de la comida en las fiestas o en los bares.

bocado *s. m.* Porción de alimento que cabe en la boca y se ingiere de una sola vez. || Cantidad leve de comida.

bocajarro *loc. adv.* **A bocajarro:** A quemarropa. De improviso, bruscamente.

bocamanga *s. f.* Parte de la manga de una prenda de vestir que está más cerca de la mano o la muñeca.

bocana *s. f.* Paso estrecho de mar por el que se llega a un puerto.

bocanada *s. f.* Porción de aire, humo o líquido que entra o sale de la boca de una sola vez.

bocetar *t.* Realizar bocetos.

boceto *s. m.* Trazos generales de una pintura, una escultura, etc., para ver cómo va a quedar.

bochorno *s. m.* Aire muy caliente que sopla en el verano. || Rubor y sofocación en el rostro causados por un exceso de calor o por un sentimiento de vergüenza.

bochornoso, sa *adj.* Que produce o causa bochorno. *Fue un asunto bochornoso.*

bocina *s. f.* Aparato en forma de cono que sirve para aumentar un sonido y que se pueda escuchar a la distancia. || Dispositivo eléctrico para amplificar la voz y los sonidos. || Parte de los teléfonos donde están los dispositivos para hablar y escuchar.

bocinazo *s. m.* Sonido fuerte producido por una bocina.

bocio *s. m.* En medicina, enfermedad que se manifiesta como una hinchazón en la parte inferior del cuello y que se debe a un aumento de tamaño de la glándula tiroides.

boda *s. f.* Ceremonia civil o religiosa de casamiento entre dos personas. || Fiesta con la que se celebra el casamiento.

bodega *s. f.* Lugar cubierto o almacén en donde se guardan cosas. || Lugar en donde se cría y se guarda el vino.

bodegón *s. m.* Pintura en la que se representan alimentos, flores y utensilios cotidianos, también llamada «naturaleza muerta».

bodeguero, ra *s.* Persona que es dueña o está a cargo de una bodega.

bodoque *s. m. Méx.* Chichón o hinchazón en forma de bola. || Niño pequeño.

bodrio *s. m.* Cosa de mal gusto o de mala calidad.

bofe *s. m.* Pulmón, en especial el de la res cortada en canal. || *loc. fam.* **Echar el bofe:** trabajar o ejercitarse hasta el límite de las fuerzas.

bofetada *s. f.* Golpe dado con la mano abierta en la mejilla de otra persona. || Ofensa o humillación.

bofetón *s. m.* Bofetada fuerte.

bofo, fa *adj. Amér. C.* y *Méx.* Se dice de las cosas blandas, sin consistencia.

boga *s. f.* Acción de bogar.

bogar *intr.* Remar dando un empuje vigoroso en el agua de adelante hacia atrás para impulsar la embarcación.

bogotano, na *adj.* y *s.* Natural de Bogotá o relativo a esa ciudad de Colombia.

bohemio, mia *adj.* y *s.* Natural de Bohemia o relativo a esa región de la República Checa. ‖ Gitano. ‖ *s. m.* Lengua de Bohemia.

bohío *s. m.* Cabaña rústica americana sin ventanas hecha de ramas y pajas.

bohrio *s. m.* Elemento químico radiactivo que se obtiene mediante el bombardeo iónico de elementos pesados; su número atómico es 107 y su símbolo Bh.

boicot *s. m.* Acción acordada contra una persona, un comercio, un país, etc., como medida de presión para obligarla a tomar en cuenta algo que se le pide.

boicotear *t.* y *pr.* Hacer un boicot.

bóiler *s. m.* Aparato para calentar el agua en una casa o edificio.

boina *s. f.* Gorra redonda sin visera.

bol *s. m.* Recipiente redondo, sin asas, que se usa en la cocina.

bola *s. f.* Objeto con forma de esfera. ‖ Betún para calzado. *En un tiempo libre dale bola a los zapatos.* ‖ Rumor falso. *Se oye la bola de que habrá huelga.* ‖ En el beisbol, tiro malo del lanzador al bateador. ‖ *Méx. fam.* Conjunto de cosas o personas. *Tengo una bola de libros guardados ahí.* ‖ Revuelta, confusión. *Se armó la bola para exigir la renuncia del alcalde.* ‖ *pl. Amér. Merid.* Testículos.

boldo *s. m.* Arbusto de hojas siempre verdes, flores blancas y fruto comestible.

boleadoras *s. f. pl.* Instrumento para cazar animales que consiste en una serie de dos o tres bolas pesadas unidas por los extremos de una cuerda.

bolear *t. Méx.* Limpiar el calzado y darle brillo. ‖ *Arg.* y *Uy.* Arrojar las boleadoras a los animales para cazarlos.

bolero *s. m.* Canción de origen antillano, de ritmo lento y temas sentimentales. ‖ Chaquetilla corta que usan las mujeres.

bolero, ra *s. Méx.* Persona que trabaja limpiando y sacándole brillo al calzado.

boleta *s. f.* Papel en el que se registran datos oficiales y que sirve como comprobante de algo. *Una boleta de calificaciones es un comprobante de estudios.* ‖ *Méx.* Papeleta en la que se registra el voto.

boletería *s. f.* Taquilla, local donde se venden boletos.

boletero, ra *s. Amér.* Persona que vende boletos.

boletín *s. m.* Publicación donde una institución da a conocer asuntos de interés científico o humanístico. ‖ Periódico que publica disposiciones gubernamentales.

boleto *s. m.* Billete para ocupar un asiento en el transporte o en un espectáculo. ‖ Pedazo de papel con un número impreso para participar en un juego de azar. ‖ *Arg.* Mentira.

boliche *s. m.* Juego de los bolos. ‖ Local acondicionado para jugar a los bolos. ‖ *Arg., Bol., Py.* y *Uy.* Local en el que se despachan bebidas y comida preparada. ‖ *Arg.* y *Uy.* Discoteca.

bólido *s. m.* Vehículo automotor que alcanza velocidades extraordinarias. ‖ En meteorología, masa cósmica de material incandescente que atraviesa la atmósfera terrestre.

bolígrafo *s. m.* Instrumento para escribir que contiene la tinta dentro de un cartucho rematado en una esferita que al rodar sobre el papel va dispensando la tinta.

bolillo *s. m.* Pequeño torno de madera en el que se enrolla el hilo para hacer encaje. ‖ *Amér. Merid.* Palito rematado por una bola de goma o madera que sirve para tocar el tambor. ‖ *Méx.* Pan blanco algo alargado, de centro abombado y extremos redondeados.

bolita *s. f. Amér. Merid.* Canica hecha de vidrio u otro material para jugar.

boliviano, na *adj.* y *s.* Nativo o propio de Bolivia. ‖ Relativo o perteneciente a ese país sudamericano.

bollo[1] *s. m.* Pan redondeado hecho de masa esponjosa de harina y agua o leche, con huevos y otros ingredientes, que se cuece en horno. ‖ Pliegue abullonado en la ropa o para adorno de cortinas. *Están de moda los bollos en las mangas.*

bollo[2] *s. m. Arg.* y *Uy.* Abolladura.

bolo *s. m.* Trozo de madera torneado de modo que tenga un angostamiento en el tercio superior y se le deja una base plana para que se sostenga parado, con él se juega a los bolos o boliche. ‖ *loc. Bolo alimenticio:* cantidad de alimento masticado y ensalivado que se deglute de una sola vez.

boloñés, ñesa *adj.* y *s.* Nativo de Bolonia. ‖ Perteneciente o relativo a esa ciudad de Italia. ‖ *loc. Salsa boloñesa:* la que se elabora con tomate y carne picada como elementos básicos.

bolsa *s. f.* Saco o talega para guardar o transportar algo. ‖ Accesorio de piel, material plástico o tela resistente para llevar prendas u objetos, que se puede colgar de la espalda o del hombro. ‖ Doblez o añadido a las prendas de vestir para llevar objetos pequeños. ‖ Abultamiento de la piel debajo de los ojos. ‖ En economía, sitio donde se hacen transacciones comerciales con acciones y valores. ‖ En deportes y sorteos, premio en efectivo para el ganador.

bolsillo *s. m.* Bolsa pequeña que forma parte de una prenda de vestir.

bolsista *s.* Persona cuyo oficio es realizar operaciones en la bolsa de valores.

bolso *s. m.* Bolsa de mano, generalmente provista de cierre y asa.

boludo, da *adj.* y *s. Arg.* y *Uy.* Tonto o que actúa como si lo fuera.

bomba *s. f.* Máquina o aparato que genera succión mediante la cual se hace pasar un fluido de un recipiente a otro más elevado. ‖ Artefacto explosivo provisto de mecha o detonador para que estalle en el momento previsto. ‖ Usado en aposición, denota que el objeto o persona al que acompaña va cargado de explosivos. *Coche bomba, suicida bomba.* ‖ Aparato surtidor de gasolina.

bombacha *s. f. Amér. Merid.* Prenda interior femenina que cubre de la cintura al nacimiento de los muslos, con aberturas para las piernas; suele usarse en plural.

bombacho *adj.* Se dice del pantalón muy ancho de arriba y pegado en la parte inferior.

bombardear *t.* Atacar con bombas desde una aeronave o con artillería terrestre. ‖ Abrumar, acosar con algo.

bombardero, ra *adj.* y *s.* Dicho de un avión o de un helicóptero, que es capaz de cargar y arrojar bombas.

bombazo *s. m.* Explosión e impacto de una bomba. ‖ *fam.* Noticia inesperada que causa una gran sorpresa.

bombear *t.* Elevar un fluido por medio de una bomba mecánica o biológica.

bombeo *s. m.* Acción y efecto de bombear.

bombero, ra *s.* Persona encargada de extinguir incendios y prestar ayuda en otras emergencias.

bombilla *s. f.* Lámpara, globo de cristal dotada de un alambre especial que se pone incandescente al pasar la corriente eléctrica y emite luz. ‖ *Arg.* y *Uy.* Cañita delgada de metal u otro material que se usa para sorber el mate.

bombín *s. m.* Sombrero de fieltro negro, semiesférico y con ala corta ligeramente curvada hacia arriba.

bombo *s. m.* Tambor muy grande propio de las bandas de música popular. ‖ Elogio exagerado con que se alaba a una persona o se publica algo. *Nos anunciaron las nuevas obras públicas con mucho bombo.*

bombón *s. m.* Figura de chocolate rellena de crema dulce o frutas secas. ‖ *fig. fam.* Persona joven, atractiva y de buen carácter. ‖ *Méx.* Dulce de malvavisco.

bombona *s. f.* Vasija grande y de vientre amplio que se usa para el transporte de líquidos. ‖ Recipiente metálico, cilíndrico o acampanado, con cierre hermético usado para contener gases. *En México llamamos «tanque de gas» a la bombona de butano.*

bombonera *s. f.* Recipiente coqueto para guardar bombones. ‖ Recinto que por su forma se parece a las antiguas bomboneras, formadas por un ovoide ancho partido por la mitad para que una de éstas sirviera de tapa.

bombonería *s. f.* Establecimiento donde se fabrican y expenden dulces, especialmente de chocolate.

bonachón, chona *adj.* De carácter apacible, afable, que no se irrita por poca cosa.

bonaerense *adj.* y *s. com.* Nativo de Buenos Aires. ‖ Relativo o propio de la capital de Argentina.

bonanza *s. f.* Tiempo sereno, tranquilo, en el mar. ‖ Prosperidad, auge económico.

bondad *s. f.* Cualidad o condición de bueno. ‖ Inclinación natural a actuar bien y a hacer el bien a otros. ‖ Acción buena. ‖ Amabilidad o favor con que una persona trata a otra.

bondadoso, sa *adj.* Que actúa con bondad. ‖ Inclinado al bien, apacible.

bonete *s. m.* Tocado de base redonda y adornado con cuatro picos que forman otras tantas esquinas en la parte superior, que usan ciertos eclesiásticos en algunas ceremonias.

bonetería *s. f.* Taller donde se fabrican y local donde se venden bonetes. ‖ *Méx.* Tienda donde se venden calcetines, camisetas y otras prendas de punto y artículos para costura y tejido.

bongó *s. m.* Instrumento caribeño de percusión consistente en un cilindro de madera en uno de cuyos extremos se tensa un cuero de chivo, sobre el cual se golpea con las manos.

bongosero *s. m.* Músico que toca el bongó en un conjunto de música afroantillana.

boniato *s. m.* Planta de tallos rastreros y ramosos, flores en campanilla y tubérculos gruesos y ricos en almidón. ‖ Tubérculo comestible de esta planta originaria de los Andes.

bonificación *s. f.* Acción y efecto de bonificar.

bonificar *t.* Tomar en cuenta y asentar una suma o cantidad en el haber. ‖ Conceder a alguien, por algún motivo, un aumento, generalmente proporcional y reducido, a una cantidad por cobrar, o un descuento a lo que se ha de pagar.

bonito *s. m.* Pez teleósteo comestible, semejante al atún pero más pequeño.

bonito, ta *adj.* Que excede de lo común en su género. ‖ Agraciado, bello, lindo, atractivo.

bono *s. m.* Tarjeta o ficha que puede canjearse por artículos e incluso por dinero en efectivo. ‖ Tarjeta de abono que da derecho al uso de un servicio por tiempo determinado. ‖ En economía, título de deuda emitido por la tesorería o hacienda pública, o por empresa que cotice en la bolsa de valores.

bonsái *s. m.* Árbol enano obtenido por medio de las técnicas japonesas de jardinería.

bonzo *s. m.* Monje budista.

boñiga *s. f.* Excremento de ganado mayor, como el vacuno y el caballar.

boquear *intr.* Abrir la boca para inhalar con más fuerza y mayor cantidad de aire. ‖ *fig.* Expirar, morir.

boquerón *s. m.* Pez teleósteo parecido a la sardina pero más pequeño, procedente del Mediterráneo y del Atlántico; suele comerse frito como aperitivo o botana. ‖ Abertura grande en la roca o en un muro.

boquete *s. m.* Agujero u hoyo hecho a propósito para entrar a un lugar. ‖ Hoyo grande.

boquiabierto, ta *adj.* Que tiene la boca abierta. ‖ *fig.* Admirado, embobado, pasmado ante algo que se ve o algún suceso.

boquilla *s. f.* Pieza pequeña, cónica y hueca que se adapta al tubo de algunos instrumentos de viento y sirve para apoyar los labios en ella y soplar. ‖ Tubito de forma troncocónica en cuyo extremo más ancho se coloca el cigarrillo. ‖ En la pipa, parte que se introduce en la boca.

bórax *s. m.* Sal blanca compuesta de ácido bórico, anhídrido de sodio (sosa) y agua, que se halla naturalmente en algunas playas y ríos, pero que mayormente se elabora en laboratorios y se emplea en limpieza, medicina e industria.

borbollar *int.* Borbotar.

borbolleo *s. m.* Borboteo.

borbollón *s. m.* Movimiento del agua que sube y baja formando como burbujas, generalmente por un incremento grande de temperatura o un descenso de la presión ambiental.

borborigmo *s. f.* Ruido en la cavidad ventral ocasionado por el tránsito de los gases en los intestinos.

borbotar o **borbotear** *intr.* Brotar el agua con mucho ímpetu o hervir haciendo mucho ruido.

borboteo *s. m.* Acción y efecto de borbotear.

borbotón *s. m.* Borbollón. ‖ *loc. Hablar a borbotones:* hablar rápida y atropelladamente.

borda *s. f.* Canto superior del costado de un buque u otra nave.

bordado *s. m.* Acción de bordar. ‖ Labor hecha con aguja e hilo para hacer en relieve un motivo ornamental sobre tela o cuero.

bordado, da *adj.* Se dice de lo hecho por ornato con los materiales para bordar.

bordador, ra *s.* Persona cuyo oficio es bordar.

bordar *t.* e *intr.* Adornar con bordados telas o piel. ‖ Reproducir figuras mediante el trabajo del hilo y la aguja. ‖ Realizar algo con arte y primor. ‖ Exponer un tema con elegancia y conocimiento.

borde *s. m.* Extremo u orilla de algo.

bordear *t.* Ir por el borde o seguir la orilla de algo. ‖ Dicho de una fila de cosas o personas, estar dispuestas alrededor de la orilla de algo. ‖ Aproximarse a una cifra mediante el cálculo, frisar. ‖ Acercarse a cierto grado de una calidad moral o intelectual.

bordillo *s. m.* Fila de piedras o cinta de mampostería que forma el borde de la acera o banqueta, de un andén, un senderillo del jardín.

bordo *s. m.* Costado exterior de una embarcación grande. ‖ *Hond., Méx.* y *Nic.* Terreno en declive a cada lado del cauce de un río. ‖ Empalizada con refuerzos de sacos terreros que se coloca a los lados de un cauce fluvial para evitar que se desborde e inunden los terrenos bajos.

bordona *s. f.* En instrumentos musicales de cuerdas, como la guitarra, cualquiera de las cuerdas más gruesas que producen los sonidos graves, preferentemente la sexta.

boreal *adj.* En astronomía y geografía, perteneciente o relativo al norte.

bórico, ca *adj.* Relativo al boro. ‖ Se dice del ácido compuesto de boro, oxígeno e hidrógeno con propiedades antisépticas, antimicóticas y antivirales leves.

boricua *adj.* y *s. com.* Natural de Puerto Rico, isla del Caribe.

borinqueño, ña *adj.* De Borinquén, antiguo nombre de la isla de Puerto Rico.

borla *s. f.* Conjunto de hebras o pequeños cordones unidos y sujetos en uno de sus extremos formando una bola que se emplea como adorno.

borlote *s. m. Méx.* Tumulto, revuelta o agitación. ‖ Vocerío o ruido considerable. ‖ Fiesta en grande.

boro *s. m.* Elemento químico, semimetálico y sólido; se usa para fabricar esmaltes y vidrios, como catalizador industrial, así como en medicina; su número atómico es 5 y su símbolo B.

borona *s. f. Amér.* Migaja de pan.

borra *s. f.* Parte basta y grosera de la lana. ‖ Desperdicio textil que queda después de acabado un tejido. ‖ Pelusa polvorienta. ‖ Sedimento. *Hay quien cree ver figuras en la borra del café.*

borrachera *s. f.* Efecto de emborracharse. ‖ Pérdida temporal de capacidades físicas o mentales por efecto del alcohol.

borrachín, china *adj.* y *s.* Que tiene el hábito de emborracharse.

borracho, cha *adj.* y *s.* Que está muy bebido. ‖ Que se emborracha habitualmente. ‖ Dulce o pan empapado en una bebida alcohólica o en almíbar.

borrador *adj.* Que borra. ‖ *s. m.* Objeto que sirve para borrar lo escrito. ‖ Redacción provisional de un escrito en la que se pueden hacer correcciones antes de redactar el texto definitivo.

borraja *s. f.* Planta herbácea anual comestible muy apreciada por sus propiedades medicinales. La infusión de sus flores se usa para provocar sudor.

borrar *t.* Hacer desaparecer lo escrito, trazado o pintado. *Le pidieron borrar lo que pintó.* ‖ Hacer que desaparezca algo inmaterial. *Borraré cualquier duda.* ‖ Eliminar los datos almacenados en una computadora. *Por error borré el escrito de la computadora.*

borrasca *s. f.* Tempestad, temporal fuerte.

borrascoso, sa *adj.* De la borrasca o relacionado con ella. ‖ Que causa o está relacionado con las borrascas. ‖ Se dice de la persona propensa a crear situaciones agitadas y violentas. ‖ Se aplica a la situación agitada y violenta.

borregada *s. f.* Rebaño de borregos o corderos. ‖ *Méx. fig.* Grupo de personas que se dejan manejar fácilmente. *El candidato acarreó la borregada al mitin.*

borrego, ga *s.* Mamífero rumiante doméstico, de aproximadamente 70 cm de altura cubierto de lana. ‖ Persona dócil que se somete a la voluntad ajena.

borrico, ca *s.* Mamífero cuadrúpedo, doméstico, más pequeño que el caballo, con largas orejas y pelo áspero. ‖ Especie de trípode de madera que sirve a los carpinteros para apoyar la tabla que trabajan. ‖ *fig.* Necio o terco.

borrón *s. m.* Mancha de tinta o de lápiz.

borroso, sa *adj.* Que no se distingue con claridad.

boruca *s. f.* Alboroto, bulla, algazara.

boscoso, sa *adj.* Que tiene bosques.

bosnio, nia *adj.* Perteneciente o relativo a Bosnia, país de Europa. ‖ *s.* Natural de Bosnia.

bosque *s. m.* Sitio poblado de árboles y matas.

bosquejar *t.* Hacer un proyecto provisional.

bosquejo *s. m.* Plan o proyecto provisional.

bosta *s. f.* Excremento del ganado vacuno o del caballar.

bostezar *intr.* Realizar el reflejo involuntario que consiste en aspirar lentamente abriendo la boca más de lo regular, y aspirar luego ruidosa y prolongadamente, como signo de cansancio, aburrimiento o sueño.

bostezo *s. m.* Acción de bostezar.

bota *s. f.* Calzado que cubre el pie y parte de la pierna. ‖ Recipiente de cuero que termina en un cuello para contener especialmente vino.

botadura *s. f.* Lanzamiento de una embarcación al agua.

botamanga *s. f. Amér.* Bocamanga.

botana *s. f. Méx.* Alimento o platillo ligero con el que se acompaña una bebida alcohólica. *En muchas cantinas sirven botanas picantes y sabrosas.*

botánica *s. f.* Parte de la biología que se dedica al estudio de las plantas.

botánico, ca *adj.* Que pertenece a la botánica o se relaciona con ella. ‖ *s.* Persona que tiene como profesión el estudio de las plantas.

botar *t.* Arrojar, tirar, echar fuera. *Tiene la mala costumbre de botar basura en la calle.* ‖ Echar a navegar una embarcación después de construido o reparado. *El «Titanic» fue botado el 31 de mayo de 1911.* ‖ Hacer saltar un cuerpo elástico como una pelota. *Se entretenía en botar la pelota de beisbol.* ‖ Abandonar o dejar de lado algo. *Botó el trabajo y se fue a ver el futbol.* ‖ *Amér.* Derrochar, malgastar. *Estaba acostumbrado a botar el dinero en diversiones.*

botarate *adj.* Persona de poco juicio y que actúa de manera insensata. ‖ *Amér.* Derrochador.

bote *s. m.* Embarcación pequeña. ‖ Recipiente. ‖ Salto que da un cuerpo elástico, como una pelota, al chocar con una superficie dura.

botella *s. f.* Recipiente cilíndrico y de cuello angosto para contener líquidos.

botica *s. f.* Establecimiento en el que se preparan y venden medicamentos

boticario, ria *s.* Propietario o encargado de una botica.

botín *s. m.* Conjunto de objetos robados. ‖ Calzado que cubre el pie y parte de la pierna.

botiquín *s. m.* Lugar donde se guarda lo necesario para prestar los primeros auxilios médicos.

botón *s. m.* Pieza que sirve para abrochar una prenda de vestir. ‖ En un artefacto, pieza que pone en marcha o desconecta alguno de sus mecanismos. ‖ En una planta, parte en el que las hojas están cerradas. ‖ Capullo todavía cerrado de una flor.

botonadura *s. f.* Conjunto de botones de una prenda de vestir.

boulevard *s. m.* Bulevar.

boutique *s. f.* Establecimiento comercial especializado en la venta de artículos de moda.

bóveda *s. f.* Construcción arquitectónica curva con la que se cubre un espacio comprendido entre varias paredes o columnas. *La bóveda de la Catedral de Florencia es la más espectacular*

bóvido, da *adj.* Perteneciente a la familia de los mamíferos rumiantes que tienen cuernos. ‖ *s. m. pl.* Familia que agrupa a estos mamíferos.

bovino, na *adj. y s.* Del toro o de la vaca.

box *s. m.* Deporte en el que dos personas luchan a puñetazos.

boxeador *s. m.* Persona que practica el box.

boxeo *s. m.* Box.

boxístico *adj.* Del boxeo o relacionado con él.

boya *s. f.* Objeto flotante sujeto al fondo del mar, de un río o de un lago que señala un sitio peligroso.

boyante *adj.* Próspero.

boyero, ra *adj.* Persona que conduce y resguarda bueyes. ‖ Pájaro que se posa sobre bueyes y otros cuadrúpedos herbívoros.

bozal *s. m.* Dispositivo para inmovilizar el hocico de animales a fin de que no muerdan, no se detengan a comer mientras son usados o no mamen.

bozo *s. m.* Vello sobre el labio superior.

bracear *intr.* Mover los brazos al nadar. ‖ Mover repetidamente los brazos para hacer señas a lo lejos. ‖ Forcejear con los brazos para zafarse.

braceo *s. m.* Movimiento repetido de los brazos al nadar, hacer señas o intentar zafarse.

bracero *s. m.* Jornalero. ‖ *Méx.* Trabajador que migra a otro país, en especial Estados Unidos.

bráctea *s. f.* Hoja del pedúnculo de la flor, cuya forma, color y consistencia son distintas de las del resto de la planta.

braga *s. f.* Pieza de ropa interior femenina que cubre de la cintura al nacimiento de las piernas. Suele usarse en plural.

bragado, da *adj. fam.* Se dice de la persona de carácter firme y enérgico. ‖ Se aplica al rumiante con la entrepierna trasera de diferente color al resto del cuerpo.

bragueta *s. m.* Abertura vertical delantera de calzones y pantalones.

brahmanismo *s. m.* Religión hindú consagrada al dios Brahma.

braille *adj. y s. m.* Sistema de lectura táctil para invidentes.

brama *s. f.* Estado de celo de ciertas especies cuadrúpedas. *Los toros están en brama.*

bramadero *s. m.* Poste al que se amarra el ganado para herrarlo o caparlo.

bramar *intr.* Emitir bramidos. ‖ *fig.* Emitir gritos de ira o alaridos de dolor.

bramido *s. m.* Sonido gutural característico de toros, vacas y otros cuadrúpedos. ‖ *fig.* Grito de ira o dolor humanos.

brandy *s. m.* Licor de uva similar al coñac destilado fuera de Francia.

branquia *s. f.* Órgano respiratorio de la mayoría de las especies acuáticas. *Los peces y los renacuajos tienen branquias.*

branquial *adj.* De las branquias o relacionado con ellas.

braquial *adj.* Perteneciente o relativo al brazo.

brasa *s. f.* Residuo de leña, carbón u otro material combustible incandescente.

brasero *s. m.* Recipiente metálico generalmente portátil para cocinar o calentar alimentos o para encender el fuego.

brasier o **brassier** *s. m.* Prenda íntima femenina para sujetar y ceñir el busto.

brasileiro, ra o **brasileño, ña** *adj. y s.* De Brasil o relacionado con ese país de América del Sur.

bravata *s. f.* Amenaza ostensible con el propósito de amedrentar o presumir valor real o imaginario.

braveza *s. f.* Bravura.

bravío, vía *adj.* Se dice del animal que es indómito o feroz. ‖ Se aplica a la persona rústica y agresiva. ‖ Relativo o perteneciente a ambientes rústicos y agresivos.

bravo *interj.* Se utiliza para vitorear.

bravo, va *adj.* Se aplica a la persona valiente y arrojada. ‖ Se dice del animal que es feroz. ‖ Se dice del mar encrespado.

bravucón, cona *adj. y s.* Persona que presume valentía o bravura sin tenerlas.

bravuconada *s. f.* Ostentación de bravura para amedrentar.

bravuconear *intr.* Hacer alarde de falsa bravura o valor.

bravuconería *s. f.* Exhibición falsa de coraje y valentía para amedrentar.

bravura *s. f.* Determinación y arrojo para emprender acciones difíciles o arriesgadas. ‖ Fiereza de animal indómito.

braza *s. f.* Unidad de longitud en navegación, equivalente a 1.7 m, aproximadamente. ‖ Distancia media entre los pulgares de las manos al extender los brazos horizontalmente. ‖ Estilo de natación boca abajo dando brazadas y moviendo las piernas como propela.

brazada *s. f.* Movimiento del brazo, sobre todo al nadar.

brazalete *s. m.* Adorno de metal u otro material que se coloca arriba de la muñeca. ‖ Pieza de armadura que cubre el brazo.

brazo *s. m.* Extremidad superior del humano desde el hombro hasta la mano. ‖ Parte de la extremidad superior del humano desde el hombro hasta el codo. ‖ Extremidades delanteras de los cuadrúpedos. ‖ Ramas de los árboles. ‖ Cada una de las extensiones o ramificaciones horizontales de un eje vertical. *Los brazos del candelabro están cubiertos de cera.* ‖ Descanso lateral de los asientos. ‖ Parte de un mecanismo que media entre la fuerza aplicada y el objeto al que se aplica. *El brazo de la grúa logró hacer a un lado el auto volcado.* ‖ Cada una de las extensiones de una institución o empresa. *El partido movilizó su brazo electoral.*

brea s. f. Cualquiera de las sustancias viscosas y oscuras no solubles en agua obtenidas por destilación del alquitrán de ciertas maderas, del carbón mineral y de otras materias orgánicas. || Mezcla de esta sustancia con aceite, pez y sebo para calafatear e impermeabilizar las junturas de las embarcaciones de madera.

brebaje s. m. Bebida preparada con diversas sustancias que tiene mal aspecto o mal sabor.

brecha s. f. Camino rústico y estrecho. || Abertura o boquete en un muro. || fig. Distancia o separación entre lo real y lo ideal.

brega s. f. Acción de esforzarse o trabajar duro. Andamos en la brega. || Riña, pendencia o forcejeo.

bregar intr. Trabajar duro en condiciones generalmente adversas. || Batallar con obstáculos difíciles de superar.

brete s. m. Situación complicada difícil de evadir.

bretel s. m. Amér. Tira de tela generalmente elástica que sostiene desde los hombros una prenda femenina.

breva s. f. Fruto primerizo de la higuera, más grande, más claro y menos dulce que el higo maduro.

breve adj. Que tiene poca duración. || loc. En breve: dentro de poco.

brevedad s. f. Condición de corta duración de un suceso, cosa o estado.

breviario s. m. Libro poco extenso sobre un tema. || Libro que contiene el rezo.

brezo s. m. Arbusto de hasta dos metros de altura con ramas duras y hojas largas y estrechas, aprovechable para hacer carbón.

briago, ga adj. y s. fam. Persona en estado de embriaguez. || Ebrio habitual.

bribón, bona adj. Persona sin honradez ni vergüenza. El bribón robó todo el dinero de la caja.

bribonada s. f. Acción propia de un bribón.

bribonería s. f. Vida de bribón.

bricolaje s. m. Esp. Conjunto de trabajos manuales caseros para el mantenimiento o mejoramiento del hogar.

brida s. f. Dispositivo consistente en freno, correa y riendas para controlar al caballo mientras se le monta.

bridón s. m. Brida pequeña.

brigada s. f. Unidad militar compuesta por dos o más regimientos o batallones. || Equipo de personas organizadas para realizar una actividad determinada.

brigadier s. m. Grado militar inmediatamente superior al de coronel.

brigadista s. Miembro de una brigada. Llegaron los brigadistas de salvamento.

brillante adj. Que brilla e irradia luminosidad. || Que sobresale por su inteligencia. || s. m. Diamante tallado por todas sus caras.

brillantez s. f. Cualidad de brillo y luminosidad de las cosas. La brillantez de la mañana nos animó. || Inteligencia de las personas. || En óptica, luminosidad de un cuerpo determinada en comparación con la luminosidad de otros.

brillantina s. f. Sustancia cosmética para alisar y dar brillo al cabello.

brillar intr. Emitir brillo o luminosidad. || Destacar por inteligencia y otros atributos.

brillo s. m. Luz irradiada por un cuerpo. || Lucimiento de las personas por sus cualidades o atributos.

brilloso, sa adj. Que brilla o emite luminiscencia.

brincar intr. Dar de brincos o saltos. || Pasarse u obviar una etapa. || Dar muestras de sorpresa.

brinco s. m. Movimiento súbito del cuerpo, despegando los pies del suelo. La zorra dio un brinco para alcanzar las uvas. || Sobresalto. Lo asustaron y pegó un brinco.

brincoteo s. m. Amér. Acción de dar brincos constantemente.

brindar intr. Manifestar buenos deseos o congratulaciones levantando una copa u otro recipiente con licor. || Ofrecer una cosa o invitación por amabilidad sin esperar nada a cambio. || Dedicar una actuación a otra u otras personas.

brindis s. m. Acción de levantar una copa u otro recipiente con licor en manifestación de buenos deseos o congratulaciones. || Discurso breve y encomiástico que se pronuncia al brindar.

brío s. m. Energía de espíritu y seguridad al ejecutar una acción.

briofita, to adj. Se dice de la variedad de vegetales sin raíz que absorben la humedad mediante filamentos. El musgo es una planta briofita. || s. f. pl. División a la que pertenecen estos organismos.

brioso, sa adj. Que tiene brío. El caballo es brioso. || Se dice de la persona enérgica y resuelta.

brisa s. f. Viento suave y agradable, a menudo húmedo.

británico, ca adj. y s. De Gran Bretaña e Irlanda del Norte o relacionado con esos países de Europa.

brizna s. f. Filamento de plantas o frutas. || Parte muy delgada de una cosa. || Porción insignificante de algo.

broca s. f. Instrumento de punta cónica y filos en espiral para taladrar en forma manual o con energía eléctrica.

brocado s. m. Tela de seda entretejida con hilo de oro o plata. || Tela de seda decorada con dibujos.

brocal s. m. Guarnición de los pozos como seguro contra caídas. || Moldura de la boca de piezas de artillería.

brocha s. f. Escobilla formada por cerdas colocadas en uno de los extremos de un mango, usada sobre todo para pintar. || loc. De brocha gorda: se dice de lo que se hace de manera tosca. || Méx. Dejar a alguien colgado de la brocha: dejarlo en condición precaria.

brochazo s. m. Movimiento con la brocha al pintar una superficie.

broche s. m. Conjunto de dos piezas que encajan una en otra para cerrar algo. || Joya o adorno que se lleva prendido en la ropa. || Tenaza metálica que se utiliza para mantener unidos pliegos u hojas de papel.

brocheta s. f. Comida de diversos ingredientes asados y ensartados en una varilla. || Varilla para ensartar diversos ingredientes para asar.

brócoli s. m. Variedad de col común con tallos tiernos y hojas verdes apiñadas comestibles.

broma s. f. Burla, mala pasada. || Diversión.

bromear intr. y pr. Hacer bromas o chanzas.

bromeliáceo, a adj. Se aplica a las plantas tropicales angiospermas con las hojas rígidas y afiladas apiñadas en la base, algunas de las cuales dan un fruto carnoso. || s. f. pl. Familia a la que pertenecen estas plantas.

bromista adj. Persona proclive a bromear.

bromo *s. m.* Elemento químico, líquido de color rojo parduzco y olor fuerte, abundante en las algas y aguas marinas; se usa en la fabricación de gasolina, fármacos y tintes; su número atómico es 35 y su símbolo Br.

bromuro *s. m.* Sal de ácido bromhídrico consistente de dos elementos, uno de los cuales es bromo. ‖ Bromo de potasio, usado como fármaco para deprimir el sistema nervioso.

bronca *s. f.* Pleito o riña. ‖ Represión dura. ‖ Rechifla. ‖ *Méx.* Dificultad.

bronce *s. m.* Aleación de cobre con estaño, cinc o ambos, resistente y sonora, de amplio uso en escultura, molduras, campanas, adornos, medalla e industria. ‖ Objeto artístico hecho de esta aleación.

bronceado, da *adj.* Que tiene el color del bronce. ‖ De piel morena por efecto de la luz del sol o rayos artificiales.

bronceador, ra *adj. y s.* Que broncea. ‖ Se dice del cosmético para facilitar el bronceado de la piel y protegerla de quemaduras.

broncear *t. y pr.* Dar a algo el color del bronce. ‖ Exponer la piel a la luz del sol o de un agente artificial para que adquiera tonalidad morena.

broncíneo, a *adj.* Que tiene el color u otras características como las del bronce.

bronco, ca *adj.* Tosco, áspero. ‖ Se dice de la persona de trato difícil. ‖ Se aplica al animal bravo sin domesticar.

broncodilatador *adj. y s. m.* Se aplica al medicamento que sirve para dilatar los bronquios.

broncoespasmo *s. m.* Contracción de los bronquios que causa dificultades respiratorias.

bronconeumonía *s. f.* Infección de las vías respiratorias, desde los bronquios hasta los pulmones.

bronquear *intr.* Provocar o incitar bronca o pelea.

bronquio *s. m.* Cualquiera de los conductos inferiores de la tráquea, los cuales se ramifican hacia los pulmones.

bronquiolo *s. m.* Cualquiera de las ramificaciones de los bronquios en los pulmones.

bronquitis *s. f.* Inflamación severa de los bronquios.

broquel *s. m.* Escudo pequeño. ‖ Posición de las velas y mástiles de una embarcación de cara al viento de proa. ‖ *Méx.* Arete.

brotar *intr.* Empezar a crecer, como una planta de la semilla, o una hoja, una flor o un fruto de la planta. ‖ Manar el agua del manantial o un líquido cualquiera de su fuente. ‖ Manifestarse erupciones cutáneas, enfermedades o epidemias.

brote *s. m.* Renuevo de una planta. ‖ Manifestación inicial de una erupción cutánea, enfermedad o epidemia. ‖ Manifestación inicial de inconformidad social o política.

broza *s. f.* Acumulación de desprendimientos de las plantas. ‖ *fig.* Acumulación negligente de desperdicios o cosas inútiles.

bruces *loc.* **De bruces:** Boca abajo. ‖ *Irse o darse de bruces:* caer con la cara en el suelo.

brujería *s. f.* Conjunto de prácticas invocatorias de supuestos espíritus malignos para causar, conjurar o evitar el mal. ‖ Acto ritual de esta práctica.

brujo, ja *s.* Persona que se cree causa diferentes efectos a distancia por manejar fuerzas ocultas. ‖ *f. desp.* Mujer malhumorada, fea y vieja.

brújula *s. f.* Instrumento de orientación consistente en una aguja imantada que gira libremente sobre un eje y que invariablemente apunta en dirección norte.

bruma *s. f.* Niebla ligera y húmeda, especialmente la que se forma sobre la superficie del mar.

brumoso, sa *adj.* Se dice de la atmósfera o el paisaje con bruma. ‖ *desp.* Se aplica al discurso confuso o poco claro.

bruñido, da *adj.* Acción y efecto de bruñir. ‖ Reluciente. *El anillo es de oro bruñido.*

bruñir *t.* Dar brillo a objetos de metal o piedras.

brusco, ca *adj.* Que ocurre de súbito y con violencia. ‖ Áspero, tosco.

brusquedad *s. f.* Cualidad de brusco. ‖ Acción o gesto súbito y violento o poco delicado.

brutalidad *s. f.* Acción desproporcionada y sin sentido.

brutalizar *t. y pr.* Tratar mal. ‖ Actuar irracionalmente, embrutecerse.

bruto, ta *adj.* Se dice de la persona tosca, torpe, tonta e irreflexiva, por lo general violenta. ‖ Se dice del peso de las cosas sin descontar su presentación o empaque. ‖ Se aplica a las ganancias sin restar costos. ‖ Animal en estado bronco, sin domesticar.

buba *s. f.* Erupción cutánea con pus en las partes blandas del cuerpo, generalmente por males venéreos.

bubón *s. m.* Tumor o buba grande con pus.

bubónico, ca *adj.* Perteneciente o relativo a las bubas.

bucal *adj.* Perteneciente a la boca o relacionado con ella. *La higiene bucal debe hacerse tres veces al día por lo menos.*

bucanero *s. m.* Pirata salteador de navíos españoles en los siglos XVII y XVIII.

bucear *t.* Sumergirse y nadar bajo el agua por trabajo, deporte o placer. ‖ *fig.* Hurgar en papeles u objetos.

buceo *s. m.* Conjunto de prácticas relativas a la acción de bucear. *El deporte del buceo es emocionante.*

buche *s. m.* Parte del esófago donde las aves reposan y ablandan el alimento para deglutirlo. ‖ Volumen de líquido que cabe en la boca.

bucle *s. m.* Rizo del cabello en forma de espiral.

bucólico, ca *adj.* Se dice del sentimiento idealizado de la naturaleza, vista como algo idílico. ‖ Referido al género literario que idealiza la naturaleza. ‖ Se aplica al escritor que practica ese género.

bucolismo *s. m.* Tendencia a idealizar la naturaleza en la vida o en las artes.

buda *s. m.* En el budismo, nombre que se da a quienes alcanzan la sabiduría.

budín *s. m.* Postre elaborado con pedazos de bizcocho, miel de azúcar y otros ingredientes. ‖ Plato no dulce de varios ingredientes mezclados y moldeados en un recipiente.

budismo *s. m.* Religión basada en las enseñanzas de Sidharta Gautama, llamado Buda.

budista *adj. y s. com.* Perteneciente al budismo o relacionado con él. ‖ Que profesa el budismo.

buen *adj.* y *s. m.* Apócope de bueno.

buenaventura *s. f.* Estado de dicha por buena suerte. ‖ Adivinación de la suerte.

bueno *interj. Méx.* Se utiliza para responder el teléfono.

bueno, na *adj.* Bondadoso y agradable. ‖ Adecuado para su función. ‖ Que guarda estado útil. ‖ Capaz de desempeñar determinada actividad. ‖ De buen sabor. ‖ Que viene bien a la vida. ‖ Con propiedades curativas. ‖ Bastante. ‖ *irón.* Bonachón.

buey *s. m.* Toro castrado que se emplea como animal de carga o tiro. ‖ *desp. fam. Guat., Méx.* y *Nic.* Persona tonta o fácil de engañar.

búfalo, la *s.* Mamífero rumiante bóvido de América del Norte con cabeza y torso robustos, melena barbada y cuernos pequeños. ‖ Mamífero rumiante bóvido de África y Asia con cabeza y torso corpulentos, pelo escaso y grandes cuernos.

bufanda *s. f.* Prenda larga y angosta con que se abriga el cuello.

bufar *intr.* Resoplar fúrico y vigoroso de toros, caballos y otros mamíferos. ‖ *fig.* Manifestar enojo masculado.

bufete *s. m.* Despacho de profesionistas asociados, generalmente abogados. ‖ Mesa de escribir con cajones.

bufido *s. m.* Resoplido vigoroso de animal. ‖ *fig.* Manifestación de ira incontenible de una persona.

bufo, fa *adj.* Referido a un personaje cómico en una representación teatral u operística. ‖ Se dice del género teatral y musical cómico y burlesco.

bufón, na *s.* Personaje encargado de divertir a la corte. ‖ *desp.* Farsante que intenta pasar por serio.

bufonada *s. f.* Acción o dicho propio de bufón.

bufonesco, ca *adj.* Propio del bufón, relacionado o similar a él. *Su conducta tiene un aire bufonesco.*

buganvilla o **buganvilia** *s. f.* Arbusto trepador, muy apreciado en jardinería, de tronco leñoso, muchas ramas retorcidas con brácteas de diversos tonos llamativos, según la variedad, y hojas blancas pequeñas.

buhardilla *s. f.* Habitación en la parte alta de una casa, más pequeña que el resto de las habitaciones. ‖ Ventana saliente del tejado de una casa.

búho *s. m.* Ave rapaz nocturna con garras y pico curvo muy fuertes, ojos redondos frontales engastados en oquedades y de cuya cabeza sobresalen plumas que semejan cuernos.

buhonero, ra *s.* Persona que vende artículos de cocina, mercería y ropa femenina en una tienda ambulante.

buitre *s. m.* Ave de rapiña de gran tamaño y hábitos diurnos que se alimenta de animales muertos. ‖ *desp.* Persona interesada y oportunista.

buje *s. m.* Pieza cilíndrica metálica por la que pasa un eje que se apoya en ella.

bujía *s. f.* Pieza del motor de explosión que produce la chispa en los cilindros. ‖ Vela de cera o de parafina.

bula *s. f.* Documento oficial del Vaticano autorizado por el Papa.

bulbo *s. m.* Cualquiera de las estructuras anatómicas de forma ovoide o redondeada. ‖ Tallo subterráneo de las plantas de forma ovoide o redondeada.

bulboso, sa *adj.* Que tiene forma de bulbo. ‖ Se dice de las plantas que tienen bulbos.

bulevar *s. m.* Avenida ancha en dos sentidos, guarnecida por árboles u otras plantas y con camellón en medio, también arbolado o plantado. En ocasiones se escribe con la ortografía francesa «boulevard».

búlgaro, ra *adj.* y *s.* Perteneciente a Bulgaria, país de Europa. ‖ Lengua que se habla en Bulgaria.

bulimia *s. f.* En medicina, trastorno de la alimentación que genera unas ansias incontenibles de comer, seguidas de un sentimiento de culpa que hace que las personas se provoquen el vómito.

bulla *s. f.* Ruido que hace mucha gente reunida ha blando y gritando al mismo tiempo.

bullanguero, ra *adj.* Que le gustan la bulla y la bullanga.

bullicio *s. m.* Alboroto y ruido que causa mucha gente reunida. *No puede vivir en el campo, le encanta el bullicio de la ciudad.*

bullicioso, sa *adj.* Se dice de un lugar muy alegre y ruidoso porque hay mucha gente. ‖ Que produce o que le gusta el bullicio.

bullir *intr.* Hacer burbujas un líquido que está en el fuego. ‖ Moverse o hacer burbujas un líquido como si estuviera hirviendo. ‖ Moverse una cantidad grande de personas.

bulto *s. m.* Tamaño y volumen de una cosa. ‖ Cosa que se distingue vagamente. ‖ Abultamiento. ‖ Equipaje.

bumerán o **boomerang** *s. m.* Arma originaria de Oceanía conformada por unas láminas de madera dispuestas formando un ángulo obtuso, que al ser lanzada gira en el aire, da en el blanco y regresa a la mano del cazador.

bungaló o **bungalow** *s. m.* Casa de una planta, por lo general rústica, para pasar las vacaciones.

búnker *s. m.* Refugio subterráneo para protegerse de los bombarderos.

buñuelo *s. m.* Masa de harina, huevos, leche y polvos de hornear o levadura, que cuando se fríe en el sartén crece y se esponja; puede llevar diferentes rellenos y espolvorearse con azúcar y canela.

buqué *s. m.* Aroma de un vino o de un licor. ‖ Ramillete de flores.

buque *s. m.* Barco grande.

burbuja *s. f.* Bolsa de aire u otro gas que se forma en un líquido. ‖ Esfera.

burbujeante *adj.* Que forma burbujas.

burbujear *t.* Producir algo burbujeas. *El agua al hervir burbujea.*

burbujeo *s. m.* Acción de burbujear.

burdel *s. m.* Casa donde trabajan prostitutas.

burdo, da *adj.* Tosco, basto. ‖ Mal hecho, sin sutileza.

burgo *s. m.* Población pequeña.

burgués, guesa *adj.* y *s.* Que vive en un burgo. ‖ Que pertenece a la burguesía. ‖ Que pertenece a la clase media alta.

burguesía *s. f.* Clase social formada por los poseedores de fábricas, banqueros, etc., que controla la economía de un país capitalista.

buril *s. m.* Herramienta de acero con punta en forma prismática que sirve para grabar metal.

burilador, ra *adj.* Que burila.

burilar *t.* Grabar el metal con un buril.

burla *s. f.* Lo que se dice o hace para poner en ridículo a una persona. ‖ Engaño o estafa que perjudica a alguien. ‖ Broma.

burladero *s. m.* Valla que se pone en las plazas de toros para que el torero pueda refugiarse tras ella y burlar al toro.

burlador, ra *adj.* y *s.* Que burla. || *m.* Hombre que seduce a muchas mujeres y se vanagloria de ello.

burlar *t.* Engañar a algo o a alguien. || *pr.* Reírse de algo o de alguien poniéndolo en ridículo.

burlesco, ca *adj.* Que implica broma o burla.

burlón, lona *adj.* Que implica burla o broma.

buró *s. m.* Escritorio con cajoncitos en la parte de arriba y cortina o tapa que lo cierra. || *Méx.* Mesa de noche que se pone al lado de la cama.

burocracia *s. f.* Conjunto de trámites y papeleo que se necesitan para obtener algún tipo de permiso en una oficina de gobierno. || Conjunto de los empleados del gobierno. || Exceso de papeleo para hacer un trámite.

burócrata *s. com.* Persona que trabaja en una oficina de gobierno y forma parte de la burocracia.

burocratizar *t.* y *pr.* Someter a un Estado a un conjunto de normas administrativas que implican realizar una serie de trámites dificultosos o lentos. || Hacer que una actividad adquiera normas similares a las que rigen el sector administrativo de un Estado.

burrada *s. f.* Manada de burros. || Comentario y acción torpe o tonta.

burro, rra *s.* Mamífero rumiante parecido al caballo pero de cuerpo más pequeño, crines en la punta de la cola, orejas largas y pelo grisáceo o marrón. || *fig.* Persona necia.

bursátil *adj.* Relativo a la bolsa de valores.

buscabulla *s. com. Méx.* Buscapleitos, peleonero.

buscador, ra *adj.* y *s.* Que busca. || *s. m.* En informática, programa que busca datos en internet.

buscapleitos *s. com. Amér.* Buscabulla, picapleitos. *Más que abogado, es un buscapleitos.*

buscar *t.* Hacer lo posible por encontrar a alguien o algo. || Provocar una pelea.

buscavidas *s. com. fam.* Persona que le gusta meterse en la vida de los demás. || Persona hábil para sobrevivir en situaciones adversas.

buscón, cona *adj.* y *s.* Que busca. || Que se dedica a robar. || *s. m. Méx.* Pendenciero. || *f.* Prostituta.

búsqueda *s. f.* Acción y resultado de buscar.

busto *s. m.* Parte superior del cuerpo humano. || Escultura del cuerpo humano de la cabeza hasta la parte superior del tórax, sin los brazos. || Pecho de la mujer.

butaca *s. f.* Sillón con el respaldo reclinado hacia atrás. || Asiento con respaldo y brazos que hay en los teatros.

butacón *s. m.* Sillón más ancho que una butaca.

butano *s. m.* Hidrocarburo gaseoso, incoloro e inodoro que se obtiene del petróleo y se emplea como combustible doméstico e industrial.

butifarra *s. f.* Embutido de carne de cerdo que se hace en algunas regiones de España y de América.

buzo *adj. Méx.* Vivo, listo, avispado. || *s. m.* Persona que usa un traje especial que le permite respirar bajo el agua, ya sea por diversión como por trabajo. || *Hond.* y *Uy.* Abrigo cerrado, de manga larga, por lo general tejido.

buzón *s. m.* Abertura por donde se echan las cartas en el correo. || Caja con una ranura para echar las cartas. || En informática, lugar donde se almacena el correo electrónico.

byte *s. m.* En informática, unidad de información compuesta de ocho bits.

c *s. f.* Tercera letra del alfabeto español; se llama «ce». ‖ En el sistema numérico romano, letra que equivale a 100. ‖ Símbolo químico del carbono.

cabal *adj.* Que es exacto o justo en su peso y medida, sin que sobre o falte algo. ‖ *s. com.* Se dice de la persona que posee íntegramente y en el más alto grado las cualidades de que se trate.

cábala *s. f.* Conjunto de tradiciones místicas judías, de carácter esotérico, que interpretan la Biblia. ‖ Suposición, cosa obtenida de una conjetura.

cabalgadura *s. f.* Bestia para cabalgar.

cabalgar *t. e intr.* Montar a caballo o en otro animal. *Ellos cabalgan para arrear el ganado.*

cabalgata *s. f.* Reunión de muchas personas que cabalgan.

cabalista *s. com.* Persona que estudia o profesa la cábala.

cabalístico, ca *adj.* Relativo a la cábala. ‖ De sentido enigmático.

caballa *s. f.* Pez marino de carne oscura.

caballar *adj.* Perteneciente o relativo al caballo.

caballazo *s. m.* Empujón que se da con el caballo.

caballerango *s. m. Méx.* El que cuida de los caballos.

caballeresco, ca *adj.* Relativo al caballero o propio de él.

caballería *s. f.* Cualquiera de los animales equinos que sirve de cabalgadura. ‖ Cuerpo del ejército que usa caballos para moverse.

caballeriza *s. f.* Lugar cubierto destinado a albergar caballos.

caballero *s. m.* Persona de buenas maneras que se comporta con cortesía y generosidad. ‖ Como forma de cortesía, señor. ‖ Perteneciente a una orden militar de caballería.

caballerosidad *s. f.* Cualidad de caballeroso.

caballeroso *adj.* Propio del caballero.

caballete *s. m.* Línea horizontal y más alta de un techo, que sostiene y separa las dos aguas del tejado. ‖ Soporte en que se coloca el lienzo para pintar.

caballista *s. com.* Persona entendida en caballos y que monta bien. *Manuel es un caballista consumado.*

caballo *s. m.* Mamífero de la familia de los équidos, cuadrúpedo, solípedo, de cuello y cola poblada de crines largas y abundantes, fácilmente domesticable. ‖ Pieza del juego de ajedrez, única que puede saltar a otras piezas y se mueve en diagonal cambiando de color de escaque y dejando en medio uno de su color original. ‖ Aparato de gimnasia.

cabaña *s. f.* Casa de campo rústica.

cabaret *s. m.* Establecimiento de diversión nocturna donde suele haber un espectáculo.

cabe *prep.* Cerca de, junto a.

cabecear *intr.* Mover la cabeza de un lado a otro o hacia adelante y atrás. ‖ Balancearse un vehículo subiendo alternativamente la parte de adelante y la de atrás. ‖ En el futbol, golpear el balón con la cabeza.

cabeceo *s. m.* Acción y efecto de cabecear.

cabecera *s. f.* Extremo de la cama que corresponde al lado donde va la cabeza.

cabecilla *s. com.* Quien dirige un grupo de personas. *Atraparon otra vez al cabecilla de la banda.*

cabellera *s. f.* El pelo de la cabeza.

cabello *s. m.* Pelo de la cabeza. ‖ Conjunto de pelos. ‖ Barbas de la mazorca de maíz. ‖ *loc. Cabello de ángel:* fideo muy fino.

caber *intr.* Poder entrar una cosa en otra. ‖ Tener espacio suficiente. ‖ Ser algo posible.

cabestrillo *s. m.* Banda que se cuelga del hombro o cuello para sostener un brazo lastimado.

cabestro *s. m.* Buey que suele llevar cencerro y sirve de guía a los toros.

cabeza *s. f.* Parte superior del cuerpo humano y anterior o superior de los animales. *En el retrato se le ve con la cabeza apoyada en la pared.* ‖ La misma parte sin considerar la cara. *Le dieron un golpe en la cabeza y le salió un chichón.* ‖ Extremo de una cosa. *La cabeza del clavo está oxidada.* ‖ Res, cuando se cuentan. *Ese rebaño excede las 300 cabezas.* ‖ *fig.* Talento, capacidad. *Su hijo tiene cabeza para las matemáticas.* ‖ Persona que dirige o gobierna. *El gerente es la cabeza de nuestra empresa.*

cabezal *s. m.* Parte delantera de un mecanismo.

cabezazo *s. m.* Golpe dado con la cabeza.

cabezón, zona *adj.* Que tiene la cabeza grande.

cabezota *s. f.* Persona necia.

cabezudo, da *adj.* Que tiene grande la cabeza.

cabida *s. f.* Espacio o capacidad que tiene una cosa para contener otra. ‖ Superficie de un terreno.

cabildear *intr.* Gestionar ante una instancia gubernamental para que tome decisiones que beneficien a algún interés particular.

cabildo *s. m.* Ayuntamiento. ‖ Salón donde se reúnen los miembros del ayuntamiento.

cabina *s. f.* Cuarto o espacio pequeño y cerrado.

cabizbajo, ja *adj.* Con la cabeza inclinada hacia abajo, por abatimiento o preocupación.

cable *s. m.* Conjunto de hilos o alambres retorcidos juntos en espiral. ‖ *loc. Cruzársele a alguien los cables:* confundirse, cometer desaciertos.

cableado *s. m.* Acción de cablear. ‖ Conjunto de cables de que consta una instalación.

cabo *s. m.* Cualquiera de los extremos de una cosa. ‖ Cuerda hecha de fibras naturales o fibras sintéticas. ‖ Punta de tierra que avanza hacia el mar. ‖ *s. m.* Grado militar superior al de soldado raso e inferior al de sargento.

cabotaje *s. m.* Navegación entre diversos puntos de la costa sin perderla de vista. ‖ Tráfico marítimo costero.

cabra *s. f.* Mamífero doméstico, artiodáctilo y rumiante de la familia de los bóvidos; tiene cuernos nudosos y arqueados hacia atrás, barbas en el mentón y cola corta.

cabrear *t.* Arrear las cabras. ‖ *pr.* Enfadar, irritar.

cabrero *s. m.* Pastor de cabras.

cabrío *adj.* Relativo a las cabras o que se relaciona con ellas.

cabriola *s. f.* Salto cruzando varias veces los pies en el aire. *La bailarina hizo una cabriola asombrosa.*

cabrito *s. m.* Cría de la cabra.

cabro *s. m.* Macho de la cabra. ‖ *Chil.* Muchacho.

cabrón, brona *s.* Persona mal intencionada, alevosa y prepotente. ‖ Persona de mal carácter. ‖ *s. m.* Macho de la cabra o macho cabrío. ‖ *s. f. vulg.* Persona cuya pareja le es infiel.

caca *s. f.* Excremento. ‖ Cosa inmunda. ‖ Cosa de poco valor o insignificante.

cacahuate *s. m.* Planta herbácea leguminosa originaria de América. ‖ Fruto de esta planta que se desarrolla bajo la tierra y consiste de una vaina de cáscara dura y quebradiza.

cacahuete *s. m. Esp.* Cacahuate.

cacao *s. m.* Árbol de la familia de las esterculiáceas, de cuyo fruto se obtiene la semilla con que se hace el chocolate.

cacaotal *s. m.* Plantación de árboles de cacao.

cacareado, da *adj.* Se dice de lo que ya se ha hablado mucho.

cacarear *intr.* Gritar las gallinas o el gallo. ‖ Hacer aspavientos.

cacareo *s. m.* Acción de cacarear.

cacarizo, za *adj. Méx.* Persona que tiene la cara picada de pequeñas cicatrices como hoyitos, generalmente producidas por la viruela o el acné.

cacatúa *s. f.* Ave de la familia de los papagayos de plumaje blanco y grandes plumas en la cabeza.

cacería *s. f.* Excursión de caza.

cacerola *s. f.* Recipiente de forma cilíndrica y no muy alto, con asas y tapa, utilizado para cocinar.

cacha *s. f.* Mango de cuchillo o arma de fuego corta.

cachaco, ca *s. Col.* Joven, elegante, servicial y galante. ‖ *desp. Per.* Policía o militar uniformado.

cachalote *s. m.* Cetáceo de 15 a 20 m de largo y hasta diez toneladas de peso, con la cabeza muy grande y gruesa, la cual ocupa una tercera parte de su cuerpo.

cachar *t.* Atrapar con las manos una cosa que fue lanzada. ‖ *Amér.* En el beisbol, atrapar la pelota u ocupar la posición de receptor. ‖ *Arg., Bol., Py.* y *Uy.* Tomarle el pelo a alguien. ‖ *Méx.* Sorprender a alguien en una mentira.

cacharro *s. m.* Vasija para la cocina. ‖ *fam.* Vehículo o aparato viejo y destartalado.

cachaza *s. f.* Aguardiente que se obtiene como producto de la destilación de la caña de azúcar. *La cachaza es la bebida alcohólica más popular de Brasil.* ‖ Lentitud y sosiego en la manera de actuar.

cachazudo, da *adj.* Que tiene cachaza.

cachear *t.* Registrar palpando a las personas en busca de algún arma u otro objeto. *Lo pusieron de frente a la pared y lo cachearon.*

cacheo *s. m.* Acción de cachear.

cachetada *s. f.* Golpe dado con la mano abierta en el cachete.

cachete *s. m.* Parte carnosa de la cara situada debajo de los ojos y entre las orejas y la boca.

cachetear *t.* Dar cachetadas.

cachimba o **cachimbo** *s. m.* Pipa para fumar. *El marinero fuma en cachimba.*

cachiporra *s. f.* Palo con un extremo abultado que se utiliza como arma contundente.

cachivache *s. m.* Objeto arrumbado por inútil. *Tengo la cochera llena de cachivaches.* ‖ Utensilio de poco valor o muy viejo.

cacho *s. m.* Pedazo cortado o separado de alguna cosa. *Se cayó un cacho de la pared durante el sismo.* ‖ *Amér.* Cuerno.

cachondear *t.* y *pr. fam. Esp.* Hacer burla. ‖ *Méx.* Excitar el deseo sexual.

cachorro *s. m.* Cría de algunos mamíferos. *La perra tuvo cuatro cachorros.*

cachucha *s. f.* Gorro con visera con que se cubre la cabeza. *En el beisbol, los jugadores usan cachucha.*

cacique *s. m.* Jefe de tribu entre los indios. ‖ Persona que ejerce una autoridad abusiva en una colectividad.

caciquil *adj.* Relativo al cacique.

caciquismo *s. m.* Poder excesivo de los caciques.

cacle *s. m.* Sandalia usada entre los indígenas de México y Centroamérica. ‖ *fam. Méx.* Calzado.

caco *s. m.* Ladrón, ratero.

cacofonía *s. f.* Disonancia por la repetición inarmónica de elementos acústicos de las palabras, al repetir letras o sílabas.

cacofónico, ca *adj.* Afectado de cacofonía.

cacomiztle *s. m. Méx.* Mamífero mustélido carnívoro del tamaño de un gato, de color gris, cola larga, anillada en blanco y negro y hocico puntiagudo, que se alimenta de huevos y aves de corral.

cactácea *s. f.* Planta angiosperma dicotiledónea, perteneciente a las plantas suculentas, casi exclusiva de América, de tallos gruesos y carnosos de diversas formas que constituyen la mayor parte de su cuerpo, desprovista de hojas, con espinas y estructuras coriáceas en forma de pelos y flores grandes y coloridas.

cacto *s. m.* Nombre que se da en general a la mayoría de las plantas cactáceas.

cactus *s. m. inv.* Cacto.

cada *adj.* Se usa para designar, separadamente, una o más personas o cosas de la misma especie. *Cada trabajador recibió su paga.* ‖ Establece una correspondencia distributiva entre los miembros de una serie y los de otra. *Le corresponden 30 canicas a cada niño.* ‖ Antepuesto a nombres en singular o plural tiene significación distributiva acompañada éstos de un numeral cardinal. *Cobran su salario cada dos semanas.* ‖ Se usa como adjetivo indefinido ponderativo con valor intensificador. *¡Hace cada locura!* ‖ Se combina con las voces uno y cual, que hacen las veces de sustantivos. *Al terminar la reunión, cada uno se fue con su cada cual.*

cadalso *s. m.* Tablado que se levanta para la ejecución de un condenado a castigo o pena corporal.

cadáver *s. m.* Cuerpo muerto de ser humano o de animal.

cadavérico *adj.* Perteneciente o relativo al cadáver. || Que tiene aspecto de cadáver.

cadena *s. f.* Objeto formado por una serie de eslabones o anillos entrelazados entre sí. || Sucesión de eventos relacionados entre sí.

cadencia *s. f.* Sucesión de sonidos o movimientos que se siguen de manera rítmica.

cadera *s. f.* Parte saliente que se forma a los costados del cuerpo humano y abajo de la cintura por los huesos iliacos.

cadete *s. m.* Alumno de una academia militar.

cadmio *s. m.* Elemento químico metálico, con tonalidades azuladas, dúctil y maleable; se usa como recubrimiento en baterías, acumuladores, fotografía e industria nuclear; su número atómico es 48 y su símbolo Cd.

caduco, ca *adj.* Decrépito. || Perecedero. || Anticuado.|| Se dice de las hojas de los árboles que se desprenden durante una época del año.

caducar *intr.* Perder vigencia. || Perder su fuerza algún derecho, ley, costumbre, creencia, religión, moralidad, etc. || Dejar de ser apto o recomendable para el consumo un producto.

caducidad *s. m.* Acción y efecto de caducar.

caducifolio *adj.* Se dice de las plantas que pierden sus hojas durante una época del año. *El alerce es un árbol caducifolio.*

caduco, ca *adj.* Que tiene una duración limitada. || Muy viejo.

caer *intr.* y *pr.* Venir un cuerpo de arriba abajo por su propio peso. || Ser atrapado en una emboscada o en una trampa. || Incurrir en error, vicio, desgracia o falta. || Coincidir un suceso en una fecha. *Mi cumpleaños va a caer en domingo.* || Llegar a comprender, tomar conocimiento súbitamente. *Ahora caigo en lo que el maestro quiso explicar.* || Encontrarse impensadamente en alguna situación. *Sin proponérmelo, vine a caer en este oficio.* || Ir a parar a un lugar distinto al indicado. || Quedar incluido en alguna denominación o categoría.

café¹ *adj. Chil., Ecua.* y *Méx.* De color marrón.

café² *s. m.* Semilla del cafeto. || Bebida que se hace por infusión con la semilla del cafeto tostada. || Establecimiento comercial donde se vende esta bebida.

cafeína *s. f.* Alcaloide que se obtiene de las hojas y semillas del café, del té y otros vegetales.

cafetal *s. m.* Plantación de cafetos.

cafetalero, ra *adj.* Relativo al cafetal. || *s.* Persona propietaria de un cafetal. *Tengo una tía que es cafetalera.*

cafetera *s. f.* Vasija o aparato para preparar la bebida del café.

cafetería *s. f.* Establecimiento en el que se prepara y expende café.

cafetero, ra *adj.* Perteneciente o relativo al café. || *s.* Persona que gusta del café y lo toma mucho. *Mi tío es muy cafetero.* || Persona que en los cafetales cosecha el café.

cafeto *s. m.* Arbusto originario de Etiopía de la familia de las rubiáceas que tiene como fruto una baya roja cuya semilla es el café.

cagada *s. f. vulg.* Excremento. || *fam.* Cosa repugnante. || Cosa muy mal hecha.

cagar *intr.* Evacuar el vientre. || *t. vulg.* Echar a perder algo. || *pr.* Se emplea para demostrar enojo o desprecio.

cagarruta *s. f.* Bolitas de excremento del ganado menor. || Cosa mal hecha o de mala calidad.

cagón, gona *adj.* Que evacúa el vientre con frecuencia. || Persona muy medrosa y cobarde.

caguama *s. m.* Tortuga marina de gran tamaño.

caída *s. f.* Acción y efecto de caer. || Bajada o declive del terreno. || Declinación o declive de alguna cosa. *La invasión de los pueblos bárbaros precipitó la caída del Imperio Romano.* || Forma en que cuelgan las piezas de tela o las vestimentas.

caído, da *adj.* Sin fuerza. || Se aplica al muerto en combate.

caimán *s. m.* Reptil anfibio americano, parecido al cocodrilo pero de menor tamaño.

cairel *s. m.* Conjunto de flecos colgantes en los extremos o bordes de algunas prendas de vestir. || Mechón de pelo largo y rizado en forma de tirabuzón.

caja *s. f.* Pieza hueca cuadrangular que sirve para guardar o transportar cosas. *Para la mudanza necesitaremos muchas cajas.* || Sitio donde se guarda el dinero y se hacen los pagos. || *Amér.* Cantidad de dinero en efectivo disponible para efectuar pagos. || Institución pública que resguarda dinero descontado de los salarios y constituye un fondo para financiar gastos de jubilación y otros servicios de bienestar social.

cajero, ra *s. m.* Persona que en tesorerías y negocios está encargada de atender la caja, y hacer y recibir pagos.

cajeta *s. f. Méx.* Dulce de leche de cabra quemada con azúcar y alguna otra sustancia saborizante, de consistencia espesa y color café claro u oscuro.

cajetilla *s. f.* Paquete de cigarrillos.

cajón *s. m.* Caja grande cuadrangular, particularmente la que es de madera. || Compartimento corredizo de los muebles destinado a guardar objetos.

cajuela *s. f. Méx.* Compartimento de equipajes en un automóvil.

cal *s. f.* Óxido de calcio, sustancia liviana, blanca, cáustica y alcalina.

cala *s. f.* Acción y efecto de calar. || Pedazo que se corta de una fruta para probarla. || Parte más baja en el interior de un buque. || Ensenada pequeña y tranquila.

calabacera *s. f.* Planta cucurbitácea rastrera, hojas grandes y ásperas y flores amarillas cuyo fruto es la calabaza.

calabacín *s. f.* Pequeña calabaza cilíndrica de corteza verde y carne blanca.

calabacita *s. f. Méx.* Calabacín.

calabaza *s. f.* Fruto de la calabacera de forma esférica u ovoidal, de gran tamaño, con cáscara dura, con muchas semillas o pepitas.

calabozo *s. m.* Lugar donde se encierra a los presos. *Marchó para el calabozo.*

calado *s. m.* Labor de aguja en una tela, sacando hilos para imitar un encaje. || Labor que se hace perforando de parte a parte láminas formando dibujos. || Profundidad que alcanza la parte sumergida de un barco, o la línea de flotación a la quilla.

calafatear *t.* Taponear las junturas de las maderas de las embarcaciones para que no entre el agua.

calamar *s. m.* Molusco.cefalópodo con dos aletas triangulares en su extremo posterior, la cabeza rodeada por diez tentáculos con ventosas, que nada despidiendo hacia atrás chorros de agua por su abertura ventral y segrega una tinta negra y densa para enturbiar el agua cuando es atacado.

calambre *s. m.* Contracción muscular espasmódica dolorosa e involuntaria.

calamidad *s. f.* Desgracia o infortunio. ‖ Persona torpe que todo lo echa a perder.

calamitoso, sa *adj.* Que causa calamidades o es propio de ellas.

calandria *s. f.* Ave de canto armonioso que tiene gran parte del cuerpo de color amarillo o anaranjado, y las alas, la cola, parte del pecho y la cabeza de color negro.

calaña *s. m. desp.* Índole de una persona o cosa.

calar *s. m.* Lugar donde abunda la piedra caliza. ‖ *t.* Penetrar un líquido un cuerpo permeable. ‖ Hundirse un cuerpo en otro. ‖ Hacer labor de calado en telas o láminas. ‖ Cortar trozos de una fruta para probar su calidad. ‖ Embutirse el sombrero en la cabeza hasta muy adentro. ‖ Colocar la bayoneta en el fusil. ‖ Descubrir el carácter o las intenciones de una persona.

calato, ta *adj. Per.* Desnudo.

calavera *s. f.* Esqueleto de la cabeza, despojado de todo tejido blando. ‖ Individuo de poco juicio o libertino. ‖ *Méx.* Luz trasera de los automóviles. ‖ Versos festivos a guisa de epitafio que se publican el día de los muertos.

calcar *t.* Sacar copia de un texto o un dibujo por contacto del original con el material en el que se reproduce.

calcáreo, a *adj.* Que tiene cal.

calce *s. m.* Cuña para ensanchar el espacio entre dos cuerpos. ‖ Pieza metálica que se añade a ciertas herramientas al gastarse. ‖ Acción de calzar, encajar o ajustar. ‖ *Ecua., Méx.* y *P. Rico.* Pie de un documento. ‖ *El decreto se emitió con la firma del presidente al calce.*

calcedonia *s. f.* Ágata de color azulado o gris.

calceta *s. f.* Prenda de vestir que cubre el pie y la pierna hasta abajo de la rodilla.

calcetín *s. m.* Prenda de vestir de punto que cubre el pie y el tobillo o llega hasta media pantorrilla.

calcificar *t.* Producir carbonato de cal. ‖ Incorporar calcio a un proceso bioquímico. ‖ *pr.* Atrofiarse un tejido orgánico por acumulación de sales de calcio.

calcinado, da *adj.* Se dice de algo que ha sido expuesto al fuego hasta eliminar todos sus componentes volátiles.

calcinar *t.* Quemar algo a temperaturas muy altas hasta reducir todas las sustancias volátiles.

calcio *s. m.* Elemento químico metálico, que se encuentra en forma de carbonato; es de color blanco o gris, blando y muy ligero; su peso atómico es 20 y su símbolo Ca.

calco *s. m.* Acción y efecto de calcar. ‖ Copia que se obtiene calcando. ‖ Plagio.

calcomanía *s. f.* Sistema que permite traspasar una figura impresa a otra superficie.

calculado, da *adj.* Que resulta de calcular.

calculador, ra *adj.* Que calcula. ‖ *s.* Persona que anticipa cualquier tipo de circunstancia antes de realizar una acción. *Ha escalado posiciones siendo muy calculador.* ‖ *s. f.* Máquina que realiza cálculos matemáticos.

calcular *t.* Realizar operaciones matemáticas. ‖ Reflexionar algo con sumo cuidado.

calculista *s. com.* Persona que se dedica a elaborar cálculos.

cálculo *s. m.* Acción y efecto de calcular. ‖ Conjunto de operaciones y procedimientos matemáticos que se realizan para determinar la medida o valor de algo. ‖ Conjetura o análisis por anticipado de efectos que aún no se producen. ‖ Acumulación de sales que se solidifican en pequeñas piedras en el interior de distintos órganos.

caldear *t.* y *pr.* Calentar mucho. ‖ Poner los metales al rojo para forjarlos o soldarlos unos con otros. ‖ Hacer que se enciendan los ánimos o se pierda la calma.

caldera *s. f.* Vasija metálica grande en la que se calienta agua.

caldero *s. m.* Caldera pequeña y con asas, para cocinar.

calderón *s. m.* Cetáceo grande, de la familia de los delfines, que se caracteriza por su cabeza muy abultada. ‖ En música, símbolo que, escrito en una partitura, indica que la duración de la nota, acorde o silencio sobre el cual aparece, debe prolongarse.

caldillo *s. m.* Salsa para acompañar guisados.

caldo *s. m.* Líquido que resulta de cocer alimentos en agua.

calefacción *s. f.* Acción y efecto de calentar un recinto. ‖ Aparato o conjunto de aparatos que calientan un ambiente.

calefactor *s. m.* Aparato que sirve para calentar o calentarse.

calefón *s. m. Amér.* Aparato calentador de agua de uso doméstico.

caleidoscopio *s. m.* Instrumento óptico formado por un tubo dentro del cual hay varios espejos que multiplican simétricamente las imágenes proyectadas en su interior.

calendario *s. m.* Sistema de medición del tiempo, que lo divide en periodos regulares según criterios astronómicos en años, meses, semanas y días.

calendarización *s. f.* Organización de alguna tarea siguiendo un calendario.

calendarizar *t.* Organizar una actividad de acuerdo con un calendario.

caléndula *s. f.* Planta herbácea con flores anaranjadas que se emplea con fines medicinales.

calentador, ra *adj.* Que calienta. ‖ *s. m.* Aparato que sirve para calentar.

calentamiento *s. m.* Acción y efecto de calentar. ‖ *loc. Calentamiento global:* fenómeno de elevación de la temperatura de la atmósfera debido a los gases de efecto invernadero.

calentar *t.* y *pr.* Hacer subir la temperatura. ‖ Ejercitar los músculos antes de realizar un deporte. ‖ *fam.* Enojar, irritar. ‖ *vulg.* Excitar o excitarse sexualmente.

calentura *s. f.* Temperatura corporal superior a la normal. || *Arg.* Entusiasmo intenso. || *vulg. Arg.* y *Uy.* Excitación sexual.

calenturiento, ta *adj.* Que tiene calentura.

calesa *s. f.* Tipo de coche tirado por caballos.

calesita *s. f. Amér. Merid.* Tiovivo, carrusel.

caleta *s. f.* Ensenada pequeña.

calibrar *t.* Medir y ajustar el calibre.

calibre *s. m.* Diámetro interior de objetos huecos como tubos, conductos, cañones de armas de fuego, etc. || Diámetro de los proyectiles que disparan las armas de fuego. || Tamaño, importancia.

calidad[1] *adv.* Función o carácter.

calidad[2] *s. f.* Propiedad o conjunto de propiedades que tiene una cosa, que posibilita compararla y evaluarla.

cálido *adj.* Que tiene calor en cantidad moderada. || Cariñoso.

caliente *adj.* Que tiene calor en cantidad más que moderada. || *s. com.* Sexualmente excitado.

califa *s. m.* Título de los gobernantes sarracenos sucesores de Mahoma.

califato *s. m.* Territorio gobernado por un califa. || Tiempo de duración del reinado de un califa.

calificación *s. f.* Apreciación de las calidades, méritos o circunstancias de una persona o cosa.

calificado, da *adj.* Que llena los requisitos o la preparación necesaria.

calificador, ra *adj.* El que califica.

calificar *t.* Juzgar o evaluar algo o alguien para caracterizarlo o precisarlo.

calificativo, va *adj.* Que califica.

californio *s. m.* Elemento químico radioactivo del grupo de los actínidos, que se obtiene por transmutación artificial de otros elementos más ligeros; su número atómico es 98 y su símbolo Cf.

caligrafía *s. f.* Arte de dibujar letras.

caligráfico, ca *adj.* Perteneciente o relativo a la caligrafía.

caligrama *s. m.* Escrito en el que la disposición de las letras dibuja una figura que tiene relación con el contenido.

cáliz *s. m.* Vaso en forma de copa en el que se vierte el vino durante la celebración litúrgica católica y ortodoxa. || En botánica, cubierta exterior de ciertas flores, del mismo material de las hojas.

caliza *s. f.* Piedra compuesta principalmente por carbonato de calcio.

calizo, za *adj.* Que contiene cal.

callado, da *adj.* Que no habla, reservado.

callar *intr.* y *pr.* Guardar silencio. || Dejar de hablar. || Dejar de producir el ruido que se estaba haciendo.

calle *s. f.* Camino en una población en cuyos lados se construyen las casas y por donde se transita.

callejón *s. m.* Calle angosta o paso estrecho que dejan dos paredes.

callejuela *s. f.* Calleja, calle angosta.

callo *s. m.* Engrosamiento y endurecimiento de áreas de la piel.

callosidad *s. f.* Dureza que se forma en la palma de las manos y en las plantas y dedos de los pies.

calma *s. f.* Estado del aire cuando no hay viento y de las aguas cuando no hay olas. || Estado de ánimo que se caracteriza por ausencia de agitación o de intranquilidad.

calmante *adj.* Que calma. || *s. m.* Medicamento con efecto narcótico o analgésico.

calmar *t. intr.* y *pr.* Quedar en calma o tender a la calma.

calmo, ma *adj.* Calmado.

calmoso, sa *adj.* Que muestra mucha calma o indolencia.

caló *s. m.* Jerga de origen popular.

calor *s. m.* Manifestación de la energía resultante de la aceleración del movimiento molecular. || Situación de hallarse caliente la atmósfera. || Sensación de estar caliente. || Buena acogida. || Entusiasmo con que se emprende algo. || Lo más intenso de una acción. || En física, forma de energía que pasa de un cuerpo a otro y equilibra la temperatura.

caloría *s. f.* Unidad de medida térmica equivalente a la cantidad de calor necesario para elevar en 1 °C la temperatura de un gramo de agua.

calorífero, ra *adj.* Perteneciente o relativo al calor. || Que produce o transmite el calor.

calorón *s. m.* Calor muy intenso.

calostro *s. m.* Primera leche que produce la madre que ha parido, de composición distinta que la leche definitiva.

calumnia *s. f.* Acusación falsa, hecha maliciosamente con propósito dañino.

calumniador, ra *adj.* Que calumnia.

calumniar *t.* Proferir calumnia o calumnias contra alguien.

calumnioso, sa *adj.* Que expresa calumnias.

caluroso, sa *adj.* Que causa o siente calor. || Que muestra afecto.

calva *s. f.* Parte de la cabeza que ha perdido su cabello.

calvario *s. m.* Representación de la marcha de Jesús hacia la crucifixión. || *fam.* Serie de padecimientos, adversidades y penurias.

calvicie *s. f.* Pérdida o falta de cabello en la cabeza.

calvinismo *s. m.* Doctrina religiosa creada por Juan Calvino.

calvo, va *adj.* Persona que ha perdido el cabello. || *s. f.* Parte de la cabeza que ha perdido el cabello.

calzada *s. f.* Camino ancho.

calzado *s. m.* Cualquier prenda que cubre y resguarda el pie o la pierna.

calzador *s. m.* Utensilio que sirve para ayudar a calzar zapatos ajustados.

calzar *t.* Cubrir el pie o la pierna con calzado. || Dar calzado. || Llevar calzado puesto. || Poner una cuña.

calzas *s. f. pl. ant.* Prenda de vestir masculina, parecida a unas medias pero de tela gruesa, que cubría desde los pies hasta los muslos.

calzón *s. m.* Prenda interior que cubre desde la cintura o la cadera hacia abajo hasta la ingle.

calzoncillo *s. m.* Prenda de vestir masculina que cubre desde la cintura o la cadera hacia abajo hasta el principio de los muslos; suele usarse en plural.

cama *s. f.* Mueble formado por una base sobre la que se coloca un colchón y que sirve para acostarse.

camada *s. f.* Todas las crías que paren en un solo parto las hembras de ciertos animales. || Grupo de amigos o personas entre los cuales hay contemporaneidad.

camafeo s. m. Figura tallada en relieve en una piedra preciosa. || Piedra preciosa que lleva labrada una figura en relieve.

camaleón s. m. Reptil saurio de cola prensil y lengua protráctil larga y pegajosa con la que caza insectos. Puede cambiar el color de su piel para fines de mimetismo.

camaleónico, ca adj. fig. Que adopta cambios con mucha frecuencia.

camalote s. m. Planta acuática de la familia de las pontederiáceas, abundante en los grandes ríos de América del Sur, de grandes hojas de color verde brillante en forma de plato y flores lilas o azules. || Méx. Planta poligonácea acuática de las costas de México, cuyo tallo contiene una médula con la que se hacen figuras de ornato.

cámara s. f. Pieza principal de una casa. || Cualquier recinto que pueda cerrarse herméticamente. || Cada uno de los cuerpos del Poder Legislativo. || Agrupación de personas de una misma actividad económica. La Cámara de Comercio se inconformó por la presencia de vendedores ambulantes. || Aparato para captar imágenes. || Espacio que ocupa la carga en las armas de fuego. || Pieza rellena de gas que se introduce entre el neumático y el rin para amortiguar la marcha. || Dormitorio.

camarada s. com. Compañero con quien se comparten experiencias, actividades y convicciones.

camaradería s. f. Relación que mantienen entre sí los camaradas.

camarero, ra s. Persona que sirve a los consumidores en lugares como bares, cafés, etc. || Persona que limpia y arregla los cuartos en un hotel.

camarilla s. f. Grupo de personas con intereses comunes que influyen en las decisiones de una persona con autoridad o importancia política.

camarín s. m. Cuarto pequeño para cambiarse de ropa. || Cuarto de maquillaje y reposo de actrices y actores.

camarógrafo, fa s. Persona que tiene por oficio el manejo de una cámara de cine, video o TV.

camarón s. m. Crustáceo decápodo de aguas tropicales, de color muy claro, del grisáceo al azulenco, comestible; una vez cocido, toma una tonalidad rosácea o rojiza; llega a medir hasta 20 cm.

camaronero, ra adj. Perteneciente o relativo a la explotación del camarón. || Se dice de la embarcación dedicada a la captura de camarón.

camarote s. m. Cada uno de los compartimientos de dimensiones reducidas donde se alojan y duermen pasajeros y tripulación de una nave.

camastro s. m. desp. Lecho pobre y sin ropa de cama.

cambalache s. m. fam. Trueque, frecuentemente hecho a propósito para causar pérdidas a uno de los negociantes. || Intercambio de objetos de poco valor.

cambiante adj. Que cambia. || Se dice de ciertas telas que varían de viso o aguas con la luz.

cambiar t. intr. y pr. Dejar una cosa o situación por otra. || Mudar o transformar algo. || Trocar una cosa por algo de análogo valor. || Trasladar, mover de un lugar a otro. || Quitar el pañal sucio a un bebé para ponerle otro limpio. || Devolver una compra para recibir a cambio una mercancía semejante o el importe. || Alterar su condición moral o anímica alguien. || Modificarse la apariencia, estado o actividad de algo. || Quitarse unas prendas para vestir otras.

cambiario, ria adj. Perteneciente o relativo al negocio de cambio de moneda o a la letra de cambio.

cambio s. m. Acción y efecto de cambiar. || Dinero fraccionario que se recibe al pagar con billete o moneda de valor superior al de lo comprado. || Valor relativo de la moneda de diferentes países. || En comercio, cantidad que se abona o cobra, según el caso, sobre el valor de una letra de cambio. || Mecanismo que permite modificar la dirección de las vías férreas para el paso de trenes, en los lugares donde convergen dos líneas ferroviarias.

cambista adj. y s. com. Persona que cambia moneda de unos países por las de otros cobrando una comisión por ello.

camboyano, na adj. y s. Nativo de Camboya. || Perteneciente o relativo a ese país en la península Indochina, en el sureste asiático.

cámbrico, ca adj. y s. En geología, se aplica a los seis periodos formativos en que se divide la era Paleozoica, caracterizados por la abundancia de invertebrados como los trilobites. || Perteneciente o relativo a dichos periodos geológicos.

camelia s. f. Flor inodora y muy hermosa producida por el arbusto teáceo originario de Japón y China, de hojas lustrosas de color verde oscuro.

camélido, da adj. En zoología, se aplica a los rumiantes artiodáctilos, sin cuernos, con cuello largo y una callosidad debajo de los dedos, como el camello, el dromedario y la llama. || s. m. pl. Familia de estos animales.

camellero, ra s. Persona que cuida, alimenta y guía camellos.

camello, lla s. Artiodáctilo rumiante, corpulento y cubierto de abundante pelo, con el cuello largo y curvo, cabeza relativamente pequeña, largas pestañas y dos jorobas; es nativo del Asia central aunque llega a encontrarse en Mongolia.

camellón s. m. Lomo entre surco y surco de tierra arada. || Guat. y Méx. División de escasa altura, a veces ajardinada, que separa los sentidos en una avenida o calzada.

camelo s. m. Noticia falsa. || Galimatías, discurso sin sentido a propósito. || Engaño, simulacro, fingimiento, tomadura de pelo.

camerino s. m. Habitación pequeña, individual o colectiva, donde los artistas se visten, maquillan y preparan antes de salir a escena.

camilla s. f. Cama estrecha y portátil, con varas para ser cargada a mano, o con ruedas, destinada al transporte de enfermos, heridos y cadáveres.

camillero, ra s. Persona encargada de transportar la camilla. || En las fuerzas armadas, soldado con adiestramiento médico básico y preparación para el traslado de heridos.

caminante adj. Que camina.

caminar t. Recorrer a pie cierta distancia. || intr. Andar de un lugar a otro. || Dirigirse a una meta, avanzar, seguir algo.

caminata s. f. Recorrido breve hecho por diversión o como ejercicio físico. || fam. Viaje o paseo largo y fatigoso.

camino *s. m.* Suelo hollado por donde se transita habitualmente. ‖ Vía construida para ir de un lugar a otro. ‖ Dirección que debe tomarse para ir a alguna parte. ‖ Método, medio o arbitrio para conseguir algo.

camión *s. m.* Vehículo automotor con cuatro o más ruedas destinado al transporte de carga pesada. ‖ *Méx.* Autobús, vehículo de transporte de personas.

camionero, ra *s.* Persona que conduce o maneja un camión.

camioneta *s. f.* Automóvil de mayor tamaño y capacidad en cuanto al número de pasajeros que el convencional. ‖ Vehículo automotor menor que el camión y destinado a la carga y distribución de mercancías.

camisa *s. f.* Prenda de vestir que cubre el torso, abotonada al frente y, generalmente, con cuello y mangas. ‖ Prenda interior que cubría el cuerpo hasta las rodillas, generalmente con mangas largas y sujeta al cuello por medio de cordones o cintas. ‖ Epidermis muerta de los ofidios de los que éstos se desprenden en la muda. ‖ Revestimiento interior de un artefacto o de una pieza mecánica. ‖ Cubierta suelta de papel fuerte con que se protege un libro; lleva impreso el título o la portada completa del mismo.

camisería *s. f.* Taller o fábrica donde se confeccionan camisas. ‖ Tienda donde se venden estas prendas y otros artículos para caballero.

camiseta *s. f.* Prenda interior o deportiva, con o sin mangas, hecha en tejido de punto.

camisola *s. f.* Camisa fina y holgada, generalmente usada como prenda interior. ‖ Camiseta deportiva, remera. ‖ Camisa fina que solía ponerse sobre otra interior, con puños y cuello adornados de cintas y encajes.

camisón *s. m.* Prenda holgada, de diversos largos, con o sin mangas, usada para dormir; actualmente es de uso exclusivamente femenino. ‖ *Amér. C.* y *Amér. Merid.* Camisa de mujer.

camomila *s. f.* Manzanilla. Planta herbácea de la familia de las compuestas, con flores aromáticas dotadas de propiedades medicinales; se usa como desinflamatorio y calmante.

camorra *s. f.* Riña, pendencia. ‖ Mafia napolitana.

camorrista *adj.* y *s. com.* Persona que arma camorra o pendencia por causas de poca monta.

camote *s. m. Amér. C., Ecua., Fi.* y *Méx.* Planta de tallos ramosos, flores acampanilladas y raíces alargadas que producen tubérculos. ‖ Tubérculo comestible de dicha planta; los hay blancos, amarillos y morados.

campal *adj.* Referente al campo como escenario bélico.

campamento *s. m.* Acción de acampar. ‖ Instalación provisional en terreno abierto para alojar personas reunidas con un fin determinado, o que hacen un alto en su viaje por tierra. ‖ Albergues rústicos en medio del campo o el bosque, dispuestos para acoger viajeros y vacacionistas. ‖ En las fuerzas armadas, lugar en despoblado donde se establecen temporalmente grupos militares.

campana *s. f.* Instrumento metálico con forma de copa invertida o de cilindro, que suena al ser golpeado por medio del badajo o por un martillo exterior. ‖ Cualquier objeto cuya forma sea la de un hemiovoide.

campanada *s. f.* Toque de campana, producido al golpearla con el badajo o con un mazo. ‖ Sonido que produce. ‖ Escándalo, noticia ruidosa aun cuando sea poco importante.

campanario *s. m.* Torre o espadaña donde cuelgan las campanas en las iglesias.

campanazo *s. m.* Campanada, sonido de la campana.

campanero, ra *s.* Persona que fabrica campanas. ‖ Individuo cuyo oficio es tocar las campanas.

campanilla *s. f.* Campana pequeña que se toca al agitarla manualmente, o bien, por medio de un cordoncillo atado al badajo. ‖ Úvula, parte carnosa y colgante del fondo del paladar. ‖ Flor de diversas plantas trepadoras, con los pétalos unidos que le dan forma de una campana pequeña.

campante *adj.* Que campa. ‖ *fam.* Satisfecho, ufano. *Después de recibir su pago, la cocinera salió tan campante.*

campánula *s. f.* Farolillo, flor de una planta campanulácea caracterizada por su cáliz gamopétalo (con los pétalos unidos por sus bordes) en forma de campana y su fruto capsular con muchas semillas.

campaña *s. f.* Campo en una planicie. ‖ Conjunto de acciones y actividades encaminadas al logro de un fin. ‖ Tiempo que duran dichas acciones dirigidas a la consecución de un fin. ‖ Periodo de operaciones de un buque de guerra o de una escuadra. ‖ Tiempo destinado anualmente a las operaciones de guerra de un ejército.

campear *intr.* Salir el ganado doméstico a pacer o los animales silvestres a buscar su alimento. ‖ Empezar a echar brotes la sementera. ‖ Ir un ejército a combatir en campo raso. ‖ Estar en campaña un cuerpo militar. ‖ *fam. Amér.* Salir al campo a buscar a alguna persona, animal o cosa.

campechana *s. f. Méx.* Pan dulce rectangular de masa hojaldrada y abrillantado con azúcar. ‖ Bebida compuesta de varios licores y otros ingredientes mezclados. ‖ Platillo a base de otras mezclas.

campechanear *t. Méx.* Mezclar varias bebidas o combinar comidas.

campechano, na *adj.* y *s.* Cordial, sencillo, abierto en el trato, sin interés en las ceremonias y los formulismos. ‖ Nativo de Campeche, ya sea la ciudad o el estado mexicano del mismo nombre. ‖ Perteneciente o relativo a Campeche.

campeón, peona *s.* Persona que gana un campeonato. ‖ Individuo que defiende y lidera una causa o ideología. ‖ Héroe antiguo famoso por sus hechos de armas. *Aquiles era el campeón de los aqueos.*

campeonato *s. m.* En ciertos juegos y deportes, certamen o competencia en la que se disputa un premio. ‖ Supremacía obtenida en las contiendas deportivas.

campero, ra *adj.* Referente al campo o propio de éste. ‖ Expuesto en el campo a las inclemencias del tiempo. ‖ Práctico, adiestrado y experto en las cosas del campo.

campesinado *s. m.* Conjunto de los campesinos en tanto clase social. *El campesinado votará por las mejoras para el campo.*

campesino, na *adj.* Perteneciente o relativo al campo. ‖ Propio de las costumbres y modos de vida de los campesinos. ‖ *s.* Persona que vive en el campo y se sustenta al trabajar la tierra.

campestre *adj.* Perteneciente o relativo al campo. ‖ Dicho de una fiesta, comida o reunión, que se celebra en el campo. ‖ Dicho de ciertas instalaciones, que se encuentran en despoblado y rodeadas de campo. *Club campestre, fraccionamiento campestre.*

campiña *s. f.* Tierra cultivable muy extensa. || Extensión cubierta de vegetación silvestre que se encuentra despoblada entre una ciudad y las localidades vecinas.

campirano, na *adj. Ecua., Hond.* y *Méx.* Perteneciente o relativo al campo y a quien lo trabaja.

campo *s. m.* Terreno extenso fuera de poblado. || Tierra cultivable. || Conjunto de árboles frutales, sembradíos y otros cultivos. || Sitio despejado que se usa para un duelo o una batalla. || Terreno de juego para algunos deportes. || Ámbito de una actividad o de un conocimiento. || En física, magnitud distribuida en el espacio mediante la cual ejercen su acción a distancia las partículas o las ondas. *Campo eléctrico, campo magnético.* || En informática, espacio destinado para una categoría específica de datos en un registro.

camposanto *s. m.* Cementerio.

camuflaje *s. m.* Disfraz que permite pasar inadvertido ante el enemigo o ante seres a quienes se observa disimuladamente; lo usan tanto las fuerzas armadas como los ecólogos, etólogos y otros científicos de la vida natural.

camuflar *t.* Disimular la presencia de tropas o material de guerra dándoles apariencia semejante al terreno en que se encuentran. || Ocultar o esconder algo haciendo que parezca otra cosa.

can *s. m.* Perro, mamífero doméstico.

cana¹ *s. f.* Cabello que se ha vuelto blanco. *Le han salido canas prematuramente.*

cana² *s. f. fam. Arg.* y *Uy.* Cárcel. || Cuerpo de policía. || *s. com.* Miembro del cuerpo de policía.

canadiense *adj.* y *s. com.* Originario de Canadá o que pertenece a ese país.

canal *s. m.* Cauce abierto artificialmente para conducir agua de un lugar a otro. || Cauce angosto, natural o artificial, que comunica dos mares. || Cualquiera de los conductos por donde corre el agua en los tejados. || Res muerta y abierta, sin las tripas y demás vísceras. || Banda de frecuencias por la que se emiten señales de radio y televisión.

canalizar *t.* Abrir canales. || Encauzar las aguas por medio de canales para aprovecharlas. || Dirigir o encauzar actividades o iniciativas en una dirección determinada.

canalla *s. com.* Gente baja, ruin y despreciable. || Grupo de gente baja y ruin.

canallada *s. f.* Acción propia del canalla.

canallesco, ca *adj.* Propio del canalla.

canalón *s. m.* Canaleta.

canana *s. f.* Cinturón con presillas para llevar cartuchos de armas de fuego. *Pancho Villa llevaba las cananas cruzadas al pecho.*

canario, ria *s.* Pájaro que trina y gorjea, de plumas amarillas, anaranjadas o blancas.

canasta *s. f.* Cesto de boca ancha, generalmente tejido con materiales como el mimbre, la palma o el bejuco. || Juego de naipes en el que participan una o dos parejas con dos barajas francesas. || Aro fijo perpendicularmente a un tablero que es la meta en el juego del baloncesto. || Tanto en el baloncesto que vale uno, dos o tres puntos, según la ubicación de quien encesta.

canastilla *s. f.* Cestilla de mimbre donde se guardan objetos pequeños para uso doméstico.

canasto *s. m.* Canasta de boca estrecha.

cancel *s. m. Amér.* División vertical hecha en una habitación mediante un marco. || Contrapuerta para impedir el paso de las corrientes de aire en un local.

cancela *s. f.* Verja baja en la entrada de algunas casas para impedir el paso directo desde la calle al portal, al porche o al jardín.

cancelar *t.* Suspender alguna actividad previamente anunciada o concertada. || Anular una escritura pública o una obligación. || Liquidar una cuenta mediante el pago total de su importe.

cáncer¹ *s. m.* Enfermedad que se caracteriza por la multiplicación anormal de las células en un tejido.

cáncer² *adj.* y *s. com.* Dicho de una persona, que nació bajo ese signo, entre el 22 de junio y el 22 de julio.

cancerar *intr.* Volverse cancerosa una afección de algún tejido del cuerpo.

cancerígeno, na *adj.* Que provoca cáncer.

canceroso, sa *adj.* Que está afectado de cáncer.

cancha *s. f.* Terreno o instalación preparada para realizar en ella algún deporte.

canciller *s. com.* Secretario de Estado o ministro que está a cargo del despacho de los asuntos de la política exterior de un país. || Jefe de gobierno en algunos países, como Alemania o Austria. || Empleado auxiliar de una embajada, consulado o legación.

cancillería *s. f.* Despacho desde el que se dirige la política exterior. || Oficina del Jefe de Gobierno en algunos países.

canción *s. f.* Melodía entonada por la voz humana.

cancionero, ra *s.* Persona que hace canciones. || *m.* Colección de canciones y poesías. *Petrarca agrupó muchas de sus poesías en un cancionero.*

cancionista *s. com.* Persona que compone o canta canciones.

candado *s. m.* Cerradura portátil, compuesta por una caja metálica en cuyo interior se encuentra un mecanismo que traba el asa y se libera mediante una combinación.

candela *s. f.* Vela para alumbrar. || *Cub.* Fuego, lumbre.

candelabro *s. m.* Candelero grande de varios brazos. *Encendieron el candelabro porque hubo apagón.*

candelero, ra *s. m.* Utensilio para sostener la vela.

candente *adj.* Se aplica al cuerpo metálico enrojecido por la acción del calor. || Se aplica a la cuestión, tema o asunto que es de interés o polémico.

candidato, ta *s.* Persona que se propone, o ha sido propuesta, para ocupar un cargo, para ingresar a un grupo o institución, o para que se le conceda un nombramiento, premio, o alguna otra distinción.

candidatura *s. f.* Propuesta que se hace de una persona, o personas, para que ocupen algún cargo, ingresen a un grupo o institución, o para que se les conceda un nombramiento, premio, o alguna otra distinción.

candidez *s. f.* Calidad de cándido. || Falta de malicia, astucia o hipocresía.

cándido, da *adj.* Sencillo, ingenuo, sin doblez.

candil *s. m.* Lámpara de aceite para alumbrar, compuesta de dos recipientes metálicos superpuestos, uno interior en el que se deposita el aceite y otro exterior con un pico por donde asoma la mecha que arde.

candileja *s. f.* Recipiente interior del candil. || Luces del proscenio del teatro.

candombe *s. m. Amér.* Género musical acompañado de bailes, de raíces africanas, propio de Uruguay, Argentina y Brasil.

candor *s. m.* Blancura extrema || Sinceridad, sencillez, pureza de ánimo.

candoroso, sa *adj.* Que tiene candor.

canela *s. f.* Corteza de las ramas del árbol del canelo a las que se le ha quitado la cubierta exterior, de color café rojizo, muy aromática, que se utiliza como condimento.

canelo *s. m.* Árbol lauráceo de hoja perenne, flores blancas y aromáticas, originario de Ceilán, cuya segunda corteza de sus ramas es la canela.

canelón *s. m.* Rollo de pasta de harina relleno de carne y también la pasta de forma rectangular para hacerlo.

canesú *s. m.* Pieza de la camisa, de la blusa o del vestido, donde se pegan el cuello, las mangas y el resto de la prenda.

cangrejo *s. m.* Crustáceo del orden de los decápodos de cuerpo ensanchado y aplanado, cubierto por un fuerte caparazón y cinco pares de patas.

canguro, ra *s. Esp.* Persona que cuida a los niños cuando salen sus padres. || *s. m.* Mamífero marsupial, el mayor de los de su especie, anda a saltos gracias a sus patas posteriores y cola muy desarrolladas; la hembra lleva a la cría en una bolsa ventral o marsupio.

caníbal *adj.* Antropófago. || *s. com.* Que se alimenta de individuos de su misma especie.

canibalismo *s. m.* Práctica de alimentarse de miembros de la propia especie.

canica *s. m.* Pequeña esfera de vidrio, barro, madera o piedra con la que juegan los niños tirándola con el pulgar y el índice para golpear otra.

canícula *s. f.* Periodo más caluroso del año. *Este año la canícula duró más que lo habitual.*

cánido *s. m.* Familia de mamíferos carnívoros digitígrados, cuyo tipo son el perro y el lobo.

canijo, ja *adj.* Que es mal intencionado, mala persona o astuto. *Esa muchacha es bien canija, sólo hace maldades.*

canilla *s. f.* En las máquinas de coser, carrete de la lanzadera en que se devana el hilo. || *fam. Amér. Merid.* Parte anterior de la pierna que corresponde al borde anterior de la tibia. || *Arg., Bol., Py. y Uy.* Grifo.

canillita *s. f. Amér.* Vendedor callejero de periódicos. *Canillita es sinónimo de voceador.*

canino, na *adj.* Relativo al can o al perro. || *s. m.* Diente agudo y fuerte colocado entre el último de los incisivos y la primera muela de cada lado.

canje *s. m.* Intercambio de objetos de valor semejante, sin que intervenga el dinero.

canjear *t.* Efectuar canjes.

cano, na *adj.* Lleno de canas.

canoa *s. f.* Embarcación pequeña y angosta de remo o pértiga.

canódromo *s. m.* Lugar para las carreras de galgos.

canoero, ra *s. m.* Persona que posee o conduce una canoa.

canon *s. m.* Ley o precepto con que se rige la conducta o el arte, o que sirve de criterio para juzgar algo. || En música, pieza cantada en la que distintas voces interpretan el mismo pasaje, separadas por un intervalo temporal.

canónico *adj.* Relacionado o de acuerdo con los cánones.

canónigo *s. m.* Eclesiástico que obtiene y desempeña una canonjía. || Sacerdote de la Iglesia católica que forma parte del cabildo de una catedral.

canonizar *t.* Declarar oficialmente el Papa santa a una persona ya beatificada e incluirlo en el catálogo de santos.

canoro, ra *adj.* Se dice del ave de canto grato y melodioso. *La calandria es un ave canora.*

canoso, sa *adj.* Que tiene muchas canas.

canotaje *s. m.* Deporte que consiste en impulsar canoas por medio de remos. *Quirino es campeón de canotaje.*

cansado, da *adj.* Que tiene cansancio. || Que provoca o causa cansancio. *El trabajo de albañil es una labor cansada.*

cansancio *s. m.* Falta de fuerza provocada por un esfuerzo o trabajo. || Pérdida del interés, del aprecio o la paciencia que provoca algo o alguien monótono, aburrido o molesto.

cansar *t. y pr.* Causar cansancio. || *fig.* Molestar, enojar.

cansino, na *adj.* Se aplica a la persona o animal cuya capacidad de trabajo está disminuida por el cansancio.

cantante *adj. y s. com.* Que canta.

cantar[1] *intr.* Formar sonidos melodiosos con la voz.

cantar[2] *s. m.* Composición poética con música, hecha para ser cantada. || Género épico constituido por este tipo de composiciones. *El poema de Mio Cid es un cantar de gesta.*

cántaro *s. m.* Vasija de barro de forma esférica, de boca y base muy reducidos.

cantata *s. f.* Pieza musical con tema religioso para ser cantada por una o más voces acompañadas de instrumentos.

cantera *s. f.* Sitio de donde se saca piedra para la construcción. *A los presidiarios los condenaban a trabajar en las canteras.* || Institución u organización que suele proveer a otras de personas preparadas y aptas en alguna actividad. *El Politécnico es la cantera de ingenieros petroleros del país.*

cantero, ra *s.* El que labra piedra.

cántico *s. m.* Canto de alabanza.

cantidad *s. f.* Propiedad por la que algo puede ser contado o medido. || En matemáticas, número que resulta de una operación.

cantimplora *s. f.* Recipiente aplanado revestido de material aislante que se usa para llevar agua u otra bebida.

cantina *s. f.* Establecimiento comercial en el que se sirven bebidas alcohólicas y algunos alimentos. || Mueble en el que se guardan botellas de licor.

cantinela *s. f.* Repetición molesta de alguna cosa. || Canción o copla breve.

cantinero, ra *s.* Persona que tiene a su cargo una cantina.

canto *s. m.* Acción de cantar. || Arte y técnica de cantar. || Composición musical para voz e instrumentos, o parte de una composición interpretada por la voz humana. || Composición poética. || Cada una de las partes en que se divide un poema épico. || Borde, filo o esquina que limita la forma de un objeto. || Lado del libro opuesto al lomo. || Parte del cuchillo o sable opuesto al filo.

cantor, ra *adj.* Que canta. || *s.* Persona que se dedica a cantar por oficio. *Plácido Domingo es un célebre cantor de ópera.*

canturrear *intr.* Cantar a media voz.

canturreo *s. m.* Acción de canturrear.

canuto *s. m.* Parte de un tallo entre dos nudos. ‖ Tubo pequeño y estrecho generalmente abierto por los dos extremos.

caña *s. f.* Tallo de las plantas gramíneas, por lo común hueco y con nudos. ‖ Caña de azúcar, planta gramínea de cuyo tallo se extrae el azúcar. ‖ Parte de la bota que cubre la pierna.

cañada *s. f.* Depresión entre dos montes próximos entre sí.

cáñamo *s. f.* Nombre que reciben las variedades de la planta *cannabis sativa* y la fibra que se obtiene de ellas. ‖ Cuerda hecha de esta fibra.

cañaveral *s. m.* Sitio poblado de cañas.

cañería *s. f.* Red de tubos por donde circula el agua o el gas.

caño *s. m.* Tubo por el que salen las aguas de desecho.

cañón *s. m.* Pieza de artillería, que consta de un tubo de acero de gran longitud respecto a su calibre, en el que se coloca el proyectil y la carga explosiva. ‖ Tubo por donde sale el proyectil en las armas de fuego. ‖ Conducto por donde sale el humo, en una chimenea. ‖ Paso estrecho o garganta profunda entre dos altas montañas.

cañonazo *s. m.* Disparo de cañón de artillería. ‖ Ruido producido por el disparo de un cañón. ‖ En futbol, disparo muy fuerte realizado por un jugador contra la portería contraria. ‖ Éxito rotundo.

cañoneo *s. m.* Acción y efecto de cañonear.

caoba *s. f.* Árbol americano cuya madera es oscura y muy estimada en ebanistería. ‖ Madera del mismo árbol, considerada preciosa por su calidad y resistencia. ‖ Color rojizo oscuro, como el de esa madera.

caolín *s. m.* Especie de arcilla blanca, pura, que se emplea en la fabricación de porcelana y papel. *La porcelana china es de mayor calidad porque está hecha con caolín.*

caos *s. m.* Estado en el que se ha roto el equilibrio y el orden. ‖ En física, comportamiento en apariencia errático de algunos sistemas dinámicos.

caótico, ca *adj.* Que pertenece al caos o se relaciona con él.

capa *s. f.* Prenda de vestir larga y suelta sin mangas, abierta por el frente, que se ajusta al cuello y se hace más amplia conforme cae. *Lucrecia vestía una capa de seda rojo intenso.* ‖ Sustancia diversa que se sobrepone en una cosa para cubrirla o bañarla. *La pared requirió una capa adicional de pintura.* ‖ Porción de algunas cosas que están extendidas unas sobre otras. *La lasaña tiene cinco capas de pasta y carne.* ‖ Estrato que forman los terrenos sedimentarios. *La montaña está formada de capas de rocas calizas.*

capacidad *s. f.* Espacio hueco que permite a una cosa contener dentro de sí otra. ‖ Aptitud o suficiencia para realizar una acción determinada. ‖ Talento o disposición para comprender bien las cosas. ‖ *loc. Capacidad pulmonar*: indicador de la cantidad máxima de gas que pueden contener los pulmones.

capacitar *t.* Dar a alguien los conocimientos necesarios o desarrollar la habilidad que requiere para realizar alguna actividad. ‖ Dar a alguien permiso o reconocimiento para que desempeñe algún papel o algún trabajo.

capar *t.* Amputar o inutilizar los órganos genitales.

caparazón *s. m.* Cubierta quitinosa de muchos crustáceos e insectos. ‖ Coraza que protege el cuerpo de los quelonios.

capataz *s. m.* El que dirige y vigila cierto número de operarios. ‖ Persona que tiene a su cargo la labranza y administración de una hacienda de campo.

capaz *adj.* Que tiene capacidad. ‖ Que posee las condiciones intelectuales necesarias para el cumplimiento de una función o el desempeño de un cargo.

capcioso, sa *adj.* Se aplica a la pregunta o al razonamiento ambiguo que busca que el interlocutor incurra en error.

capear *t.* Hacer suertes con la capa al toro. ‖ Sortear el mal tiempo con maniobras en el mar.

capellán *s. m.* El que atiende una capellanía. ‖ Sacerdote que ejerce sus funciones en las Fuerzas Armadas.

caperuza *s. f.* Capucha terminada en punta hacia atrás.

capicúa *s. f.* Número que se lee igual cualquiera que sea el sentido en que se haga. *El 2552 es un número capicúa.*

capilar *adj.* y *s. m.* Perteneciente o parecido al cabello. ‖ Vaso diminuto del sistema circulatorio que conecta a las arterias con las venas.

capilla *s. f.* Edificio pequeño dedicado al culto religioso. ‖ Cámara donde se vela un cadáver.

capirote *adj.* Vaca o toro que tiene la cabeza de distinto color que el cuerpo. ‖ *s. m.* Gorro de forma cónica forrado de tela.

capital[1] *adj.* Perteneciente a la cabeza o relativo a ella. ‖ Principal o muy grande; de importancia, interés o consecuencias muy grandes. ‖ *s. f.* Población principal y centro político y administrativo de un país, estado, provincia o distrito.

capital[2] *s. m.* Conjunto de bienes, patrimonio o caudal que alguien posee. ‖ Cantidad de dinero que se presta y produce interés. ‖ Conjunto de bienes que alguien invierte para producir mercancías o prestar algún servicio, cuya venta le dará una ganancia.

capitalino, na *adj.* Que pertenece a la capital o se relaciona con ella. ‖ *s.* Habitante de una capital.

capitalismo *s. m.* Sistema económico y social basado en la propiedad privada de los medios de producción, en el capital como generador de riqueza y en la asignación de los recursos mediante mecanismos de mercado.

capitalista *adj.* Propio del capital o del capitalismo. ‖ *s. com.* Persona acaudalada. ‖ Persona que participa con su capital en el uno o más negocios. ‖ Persona que es propietaria de medios de producción o cambio.

capitalización *s. f.* Acción de convertir en capital una renta o ganancia. ‖ Utilización en beneficio propio de una acción o situación, aunque sea ajena.

capitalizar *t.* Obtener recursos para que una empresa funcione. ‖ Obtener frutos de algo.

capitán *s. m.* Grado militar inmediatamente superior al de teniente e inferior al de mayor. ‖ Oficial del ejército que tiene ese rango. ‖ Persona que dirige una nave. ‖ Persona que tiene bajo su mando a un grupo de personas. *Hilario es el capitán del equipo de futbol.*

capitanía *s. f.* Cargo de capitán. ‖ Oficina del capitán.

capitel *s. m.* Parte que corona una columna arquitectónica.

capitolio *s. m.* Edificio imponente. ‖ Edificio que es la sede de la institución municipal o parlamentaria.

capitulación *s. f.* Acuerdo político o militar en el que se establecen las condiciones de una rendición. ‖ Acuerdo convenido entre dos partes sobre un negocio o asunto de importancia capital.

capitular¹ *intr.* Rendirse o rendir una posición o plaza de guerra según condiciones pactadas con el enemigo. ‖ Abandonar una disputa por flaqueza propia o por la fuerza de los argumentos contrarios. ‖ *t.* Pactar algo entre dos partes sobre un negocio o asunto de importancia.

capitular² *s. f.* Letra con la que inicia un escrito o capítulo cuando resalta en tamaño.

capítulo *s. m.* División que se hace en los libros y en cualquier escrito.

capó *s. m.* Cubierta del motor de un automóvil.

caporal *s. m. Amér.* Capataz de una hacienda o un rancho ganadero, que tiene a su cargo el cuidado del ganado y bajo su mando a un grupo de trabajadores para las labores propias del mismo.

capota *s. f.* Cubierta plegable de un coche. ‖ Cabeza del tallo de la planta llamada «cardecha».

capote *s. m.* Capa con mangas. ‖ Prenda militar de abrigo.

capricho *s. m.* Idea o propósito que uno se forma sin razón aparente. ‖ Antojo, deseo pasajero, y objeto de ese antojo o deseo. ‖ Obra de arte que se sale de la norma. ‖ En música, pieza compuesta de forma libre y fantasiosa.

caprichoso, sa *adj.* Que obra o está hecho por capricho.

capricornio *adj. y s. com.* Dicho de una persona, que nació bajo ese signo, entre el 23 de diciembre y el 21 de enero.

caprino, na *adj.* Que pertenece a las cabras o se relaciona con ellas.

cápsula *s. m.* Envoltura de material soluble con que se recubren medicamentos que tienen muy mal sabor. ‖ El conjunto del medicamento y la envoltura. ‖ Cabina cerrada y desprendible de una nave espacial en la que va la tripulación o los instrumentos. ‖ Tapa de metal o plástico con que se cierran herméticamente las botellas después de taparlas con corcho. ‖ Información o mensaje breve que se incluye entre dos programas de radio o televisión.

captar *t.* Percibir por medio de los sentidos. ‖ Darse cuenta, percatarse de algo. ‖ Aprehender, entender, comprender. ‖ Recibir, recoger sonidos, imágenes, ondas, emisiones radiofónicas. ‖ Tratándose de aguas, recoger las de una o más avenidas. ‖ Atraer una persona hacia sí la atención, el interés, etc.

captura *s. f.* Acción y efecto de capturar.

capturar *t.* Apresar o detener a una persona que se presume delincuente. ‖ Coger vivo algún animal. ‖ Registrar un dato o conjunto de datos en una computadora.

capturista *s. com.* Persona que transcribe datos, en especial en una computadora.

capucha *s. f.* Prenda para cubrir la cabeza.

capuchón *s. m.* Capucha. *El abrigo tiene un gracioso capuchón.* ‖ Pieza con que se cubre y protege el extremo de algunos objetos. *Se me perdió el capuchón de la pluma de escribir.*

capulín *s. m.* Árbol de la familia de las rosáceas que mide de 10 a 15 m. ‖ Fruto de ese árbol, de color rojizo y negro, comestible y de sabor dulce.

capullo *s. m.* Envoltura sedosa en la cual se encierran las orugas para transformarse en crisálidas. ‖ Flor cuyos pétalos aún no se abren.

caqui *s. m.* Tela de color pardo amarillento o verdoso. ‖ Color de esta tela. ‖ Árbol tropical, también conocido como «palo santo», de fruto dulce y carnoso. ‖ Fruto de ese árbol.

cara *s. f.* Parte anterior de la cabeza. ‖ Semblante o expresión, representación de un afecto en el rostro. *Tiene cara de preocupación.* ‖ Fachada o frente de alguna cosa. ‖ Anverso de una moneda o medalla. ‖ En geometría, cada uno de los planos que forman un poliedro. *El cubo consta de seis caras cuadrangulares.*

carabela *s. f.* Antigua embarcación de velas, muy apta para la navegación oceánica.

carabina *s. f.* Arma de fuego portátil semejante al fusil, pero de cañón más corto.

carabinero *s. m.* Miembro del cuerpo de policía en diferentes países del mundo.

caracol *s. m.* Cualquier molusco, marino, terrestre o de agua dulce, que tiene caparazón en espiral. ‖ Cualquiera de esos caparazones. ‖ Cavidad del oído formada por un conducto arrollado en espiral.

caracola *s. f.* Caparazón de un caracol marino de gran tamaño y forma cónica.

caracolear *intr.* Dar un caballo vueltas en redondo sobre sí mismo.

carácter *s. m.* Signo de escritura. ‖ Rasgo o conjunto de rasgos que distinguen una cosa de las demás. ‖ Modo de ser peculiar y privativo de cada persona, de un conjunto de ellas, o de un pueblo. ‖ Firmeza, fuerza, energía. ‖ *pl.* Letras de la imprenta.

característica *adj.* Que presenta caracteres propios y permanentes de una persona o cosa. ‖ *s. f.* Rasgo peculiar del carácter de una persona, fenómeno o cosa. ‖ En matemáticas, parte entera de un logaritmo.

característico, ca *adj.* Que distingue, define o hace reconocible a alguien o algo; que le es peculiar.

caracterizar *t.* Determinar los atributos peculiares y distintivos de una persona o cosa. ‖ Maquillar o vestirse el actor conforme al personaje que ha de representar.

caracú *s. m. Arg. y Uy.* Tuétano de los huesos de los animales. ‖ El hueso que lo contiene.

caradura *s. com.* Individuo sinvergüenza y audaz.

caramba *interj.* Expresión de sorpresa o de disgusto. *¡Caramba! Eso que hiciste no está bien.*

carámbano *s. m.* Pedazo de hielo largo y puntiagudo que cuelga de aleros y tejados.

carambola *s. f.* En el juego de billar, hacer que una bola toque a las otras dos. ‖ Doble resultado obtenido con un solo acto.

caramelizar *intr.* Bañar en caramelo líquido.

caramelo *s. m.* Azúcar derretido.

carancho *s. m.* Ave carroñera de gran tamaño, cuyo desplazamiento es más terrestre que aéreo.

caraota *s. f. Ven.* Planta leguminosa. ‖ La semilla comestible de esta planta.

caraqueño, ña adj. y s. Natural de la ciudad de Caracas, capital de Venezuela. ‖ Perteneciente o relativo a Caracas.

carátula s. f. Careta o mascarilla. ‖ Portada de un libro, disco, estuche o cualquier impreso. ‖ Méx. Parte anterior de un reloj, sobre la que giran las manecillas y en la que están las marcas que representan las horas.

caravana s. f. Grupo de personas que viajan para ir juntos a determinado lugar. ‖ Forma de saludo con una flexión de medio cuerpo o inclinación de la cabeza.

caray interj. Expresión de enojo, molestia o extrañeza. ¡Caray! ¡Eso no me lo esperaba!

carbohidrato s. m. Molécula orgánica compuesta por carbono, hidrógeno y oxígeno soluble en agua; es la forma biológica primaria de almacenamiento y consumo de energía.

carbón s. m. Roca sedimentaria de color negro formada principalmente por carbono.

carbonífero, ra adj. Relativo al terreno que contiene carbón mineral. ‖ Se aplica a o relacionado con el quinto periodo de la era Paleozoica.

carbonizado, da adj. Completamente reducido a carbón.

carbonizar t. Reducir algo a carbón mediante la acción del fuego. ‖ pr. Convertirse algo o alguien en carbón por haberse quemado totalmente.

carbono s. m. Elemento químico presente en los seres vivos, en los minerales y la atmósfera; se presenta en varias formas alotrópicas, como el diamante, el grafito y el carbón o hulla; es la base de la química orgánica o de los seres vivos; su número atómico es 6 y su símbolo C.

carburación s. f. Proceso industrial en el que se combinan el carbono y el hierro para fabricar acero. ‖ En química, acción y efecto de carburar.

carburador s. m. Aparato en el que se realiza la carburación. ‖ En los automóviles, pieza del motor donde se mezcla el aire con los vapores de gasolina para hacer la mezcla explosiva.

carburante s. m. Mezcla de hidrocarburos que usan los motores de combustión interna o de explosión.

carburar t. En química, mezclar el aire atmosférico con los gases emanados por los carburantes para convertirlos en explosivos. ‖ intr. fam. Dicho de una persona, que le funciona el cerebro y piensa inteligentemente. Mi compadre no carbura cuando se pone nervioso.

carcacha s. f. Chil., Salv., Hond., Méx. y Ven. Vehículo o maquinaria vieja y maltrecha.

carcaj s. m. Estuche troncocónico con la boca más ancha que el fondo, generalmente hecho de cuero, donde se guardan y transportan las flechas.

carcajada s. f. Risa súbita, muy sonora e impetuosa.

carcajear intr. Reír a carcajadas. ‖ pr. Mofarse o reírse de alguien o de algo.

cárcel s. f. Edificio o local donde están recluidos los presos.

carcelario, ria adj. Relacionado con la cárcel o propio de ella.

carcelero, ra adj. Carcelario. ‖ s. Persona que cuida la cárcel.

carcinógeno, na adj. y s. En patología, se dice de los genes, células, sustancias y hábitos capaces de provocar cáncer en alguna persona o animal.

carcinoma s. m. Tumor canceroso originado en la piel.

carcoma s. f. Conjunto de insectos coleópteros de diversas especies cuyo rasgo en común es tener larvas que roen la madera, a veces con un ruido perceptible. ‖ Polvo de la madera así roída. ‖ fig. Preocupación grave y continua que consume a quien la tiene.

carcomer t. Roer la madera la carcoma. ‖ Consumir lentamente la hacienda, la herencia, la salud. ‖ pr. Llenarse de carcoma alguna pieza de madera.

cardenal[1] s. m. En la Iglesia católica, cada uno de los prelados que componen el colegio consultivo del Papa y durante el cónclave eligen de entre ellos al sucesor de san Pedro. ‖ Pájaro americano con un antifaz negro y un alto copete rojo, parecido a una mitra, al cual debe su nombre; tiene cuerpo esbelto y erguido, canto sonoro y agradable.

cardenal[2] s. m. Moretón, mancha amoratada o negruzca en la piel, causada por un derrame o extravasación de la sangre (golpe, caída, ligadura).

cardiaco, ca adj. y s. Referente al corazón o propio de este órgano. ‖ Que padece una enfermedad del corazón.

cardinal adj. Fundamental, principal, capital. ‖ En geografía, se dice de los rumbos espaciales, especialmente norte, sur, este y oeste. ‖ En matemáticas, se dice de los numerales que expresan cantidad, como dos, tres, cuatro.

cardiógrafo s. m. ant. En medicina, aparato que registraba mecánicamente la actividad del corazón.

cardiograma s. m. Registro de la actividad cardiaca obtenido mediante el cardiógrafo; hoy es más común el electrocardiograma, producido por el electrocardiógrafo.

cardiología s. f. Ciencia médica dedicada al estudio del corazón, a la prevención de sus enfermedades y al cuidado de la salud de este órgano.

cardiólogo, ga s. Especialista en cardiología.

cardiopatía s. f. Padecimiento o enfermedad del corazón.

cardo s. m. Planta de la familia las compuestas, de tallo y hojas espinosas, flores en cabezuelas azules, a menudo cubiertas de ganchitos rígidos que se adhieren a la piel o a la tela de quienes se les acercan, y pencas comestibles, crudas o cocidas.

cardumen s. m. Conjunto de peces que viven juntos y nadan en la misma dirección.

carear t. Poner frente a frente a una o más personas, con el objeto de confrontar las declaraciones de unas con otras y esclarecer la verdad de dichos o hechos. ‖ Cotejar alguna cosa o documento con otras u otros.

carecer intr. Tener falta de algo, estar privado de alguna cosa física o moral.

carencia s. f. Falta o privación de algo.

carente adj. Que le falta algo o está privado de ello.

carestía s. f. Grave falta de algo, en especial escasez de agua y víveres. ‖ Precio elevado de los bienes y servicios de uso común.

careta s. f. Máscara o mascarilla de cartón, papel maché o plástico que cubre la cara. ‖ Cubierta de malla de alambre o plástico que usan los colmeneros para sacar la miel del panal. ‖ En esgrima, especie de casco que cubre totalmente su cara, protegiéndola con malla fina de alambre, y parcialmente la cabeza con un material duro y acolchado para impedir lesiones graves durante las prácticas y los torneos.

carey *s. m.* Tortuga marina de aguas tropicales, de hasta un metro de longitud, con las extremidades anteriores más largas que las posteriores y un caparazón de color café rojizo con vetas claras. *La tortuga carey se encuentra en peligro de extinción.* ‖ Materia córnea que se extrae de la parte interna del caparazón de la tortuga de carey, la cual se usaba para fabricar peines, peinetas y otros objetos de adorno.

carga *s. f.* Acción y efecto de cargar. ‖ Lo que hace peso sobre alguna cosa. ‖ Lo transportado sobre la espalda, en una carretilla, animal doméstico o vehículo. ‖ Peso sostenido por una estructura o armazón. ‖ Repuesto del depósito de un utensilio o aparato cuyo contenido se agota periódicamente. ‖ Obligación que lleva aparejado un oficio, cargo o puesto. ‖ Cantidad de sustancia explosiva o detonante que se pone en un arma de fuego, una bomba, o un barreno. ‖ Número de balas o proyectiles que pueden cargarse de una vez en un arma de fuego o en una pieza de artillería.

cargado, da *adj.* Espeso, fuerte, concentrado.

cargador, ra *adj.* Que lleva cargas o que carga. ‖ *s.* Persona que tiene por oficio el de llevar pesos o cargas.

cargamento *s. m.* Conjunto de bienes o mercancías que carga un transporte terrestre, aéreo o marítimo.

cargar *t.* Poner o echar algo que pese sobre persona, bestia o vehículo. ‖ Introducir el cartucho en el cargador en el arma de fuego. ‖ Colocar a un aparato aquello que necesita para funcionar. ‖ Acumular energía en un cuerpo del que puede ser extraída para utilizarla. ‖ Imponer un gravamen u obligación. ‖ Imputar o achacar algo a alguien. ‖ Registrar en las cuentas las cantidades que se deben. ‖ Agregar una suma adicional a otra por alguna razón. ‖ En informática, almacenar en la memoria principal de la computadora uno o más programas. ‖ *pr.* Inclinarse o echarse hacia alguna parte. ‖ Dicho del aspecto del cielo, llenarse de nubes de tormenta. ‖ Matar, asesinar a alguien.

cargo *s. m.* Acción de cargar. ‖ Dignidad, empleo, título o titularidad en el desempeño de una función pública o privada. ‖ Falta o delito que se imputa a alguien. ‖ Pago hecho o por hacerse que se registra en las cuentas del cliente y de la empresa.

cargoso, sa *adj.* Que cansa, molesta o fatiga. ‖ *fam. Amér.* Cargante.

carguero, ra *adj.* Que lleva carga. ‖ *s.* Transporte de carga.

cariado, da *adj.* Dicho de una pieza dental, afectada de caries.

cariar *t.* y *pr.* Descomponer y corroer el tejido dental, causar caries.

caribe *adj.* y *s. com.* Indígena prehispánico nativo del norte de Venezuela y ocupaba varias islas del mar Caribe. ‖ Perteneciente o relativo a dicho pueblo. ‖ Lengua de esos indígenas.

caribeño, ña *adj.* y *s.* Nativo u originario del Caribe. ‖ Referente o propio del mar Caribe o de la región que baña.

caribú *s. m.* Reno salvaje de Canadá.

caricatura *s. f.* Dibujo en el que intencionalmente se deforman y exageran los rasgos para provocar risa o hacerlo más gracioso. ‖ Obra de arte que se satiriza o toma en broma su modelo. ‖ *Méx.* Serie o película de dibujos animados.

caricaturista *s. com.* Dibujante de caricaturas.

caricaturizar *t.* Representar a alguien o algo por medio de la caricatura. ‖ Ridiculizar a alguien, ya sea remedando su comportamiento o satirizando sus palabras.

caricia *s. f.* Muestra de cariño que se hace rozando suavemente con la mano el cuerpo de una persona, un animal o un objeto. ‖ Demostración amorosa, muestra de afecto y aprecio.

caridad *s. f.* Virtud consistente en amar al prójimo como a uno mismo, procurándole todo el bien posible. ‖ Limosna o ayuda que se da a los indigentes. ‖ Ayuda que se brinda en especie o en servicio a los necesitados.

caries *s. f.* Infección bacteriana que corroe el esmalte dentario e incluso llega a destruir todo el diente.

cariño *s. m.* Inclinación afectuosa que se experimenta por algo o alguien. ‖ Demostración de ese sentimiento, como una caricia o una palabra afectuosa. ‖ Añoranza, nostalgia. ‖ Afición y esmero con que se desempeña una tarea o se trata un objeto.

cariñoso, sa *adj.* Afectuoso, que manifiesta cariño.

carioca *adj.* y *s. com.* Nativo de Río de Janeiro, ciudad de Brasil. ‖ Perteneciente o relativo a esa ciudad brasileña y a su provincia.

carisma *s. m.* Don o gracia propiedad de algunas personas que las hace atractivas y fascinantes.

carismático, ca *adj.* y *s.* Que posee carisma. ‖ Referente al carisma o propio de él.

cariz *s. m.* Aspecto del cielo, de la atmósfera. ‖ Aspecto de un asunto o negocio.

carmesí *adj.* Se dice del color rojo grana obtenido del insecto quermes. ‖ Que tiene este color.

carmín *s. m.* Materia de color rojo encendido que se obtenía de la cochinilla grana. ‖ El color mismo.

carnada *s. f.* Cebo animal, que puede ser un trozo de carne o un gusano o una mosca, que se emplea para atraer a los peces y pescarlos, o a otros animales para cazarlos.

carnal *adj.* Referente a la carne o propio de ella. ‖ Lascivo, lujurioso, libidinoso. ‖ Relativo a la lujuria. ‖ Mundano, terrenal. ‖ *s. com.* Que es familiar por consanguinidad. *Hermano carnal, primo carnal.*

carnaval *s. m.* El conjunto de los tres días anteriores al inicio de la cuaresma. ‖ Fiesta popular con bailes y desfiles, aparte de otros excesos, que se celebra en esos días.

carnavalesco, ca *adj.* Propio del carnaval o referente a éste.

carnaza *s. f.* En las pieles, cara que ha estado en contacto con la carne, opuesta a la del pelo. ‖ Carnada, cebo.

carne *s. f.* Parte musculosa del organismo animal. ‖ La comestible, procedente de cualquier tipo de ganado, especialmente la destinada al abasto público. ‖ Parte carnosa de la fruta, entre el pellejo o cáscara y el hueso o semilla. ‖ Parte corporal y material del hombre, por oposición a lo espiritual.

carné o **carnets** *m.* Libreta donde se hacen anotaciones para recordar algo. ‖ Documento expedido en favor de una persona, con sus datos y fotografía, que le sirve para identificarse, la habilita para desempeñar ciertas funciones o la acredita como miembro de alguna institución.

carnero *s. m.* Macho adulto de la oveja, caracterizado por su corpulencia y cuernos huecos y enrollados en espiral.

carnicería *s. f.* Local donde se vende carne al menudeo. || Mortandad y gran cantidad de heridos causados por la guerra u otro acto hostil, como un ataque terrorista.

carnicero, ra *adj. y s.* Se dice de los animales que matan a otros para comerlos. || Sanguinario, cruel, inhumano. || Persona que vende carne.

carnívoro, ra *adj. y s.* Que se alimenta de carne casi en exclusiva. || Se aplica a ciertas plantas que atrapan y digieren insectos.

carnoso, sa *adj.* Que tiene carne abundante. || Rico, sustancioso, turgente. || Dicho de un órgano vegetal, que tiene parénquima grueso y blando.

caro, ra *adj.* Que excede el precio regular y común. || De mucho precio. || De precio superior al de otra cosa tomada como referencia. || Amado, querido, apreciado. *Caro amigo.*

caroteno *s. m.* Pigmento al cual deben su color las zanahorias, las guayabas, las naranjas y otros vegetales.

carozo *s. m.* Corazón de la mazorca. || Hueso del durazno y otras frutas como el mamey, el chabacano. || Hueso de la aceituna que se sirve molido a los cerdos para favorecer la engorda.

carpa *s. f.* Gran toldo con que se cubre la arena de un circo u otro recinto amplio. || Especie de gran tienda de campaña usada para diversos fines.

carpeta *s. f.* Útil de escritorio, de forma rectangular, hecha de cartulina o plástico, que doblada en dos sirve para guardar hojas y documentos; puede ir asegurada con cintas, ligas de goma o sujetapapeles. || Carpeta grande de piel que se usa para escribir sobre ella y proteger el escritorio fino; además pueden guardarse papeles en ella. || Relación detallada de los valores y documentos públicos o comerciales.

carpintería *s. f.* Taller del carpintero. || Conjunto de reglas y conocimientos empíricos que conforman el oficio del carpintero. || Obra o trabajo hecho por el carpintero.

carpintero, ra *s.* Persona que tiene por oficio trabajar la madera.

carpo *s. m.* En anatomía, conjunto de huesos que forman las extremidades anteriores de batracios, reptiles y mamíferos. || En anatomía humana, conjunto de huesos que conforma la muñeca.

carraspear *intr.* Experimentar ardor y molestia en la garganta. || Toser leve y discretamente con el fin de despejarse la garganta.

carraspeo *s. m.* Acción y efecto de carraspear.

carraspera *s. f.* Ardor, resequedad y molestia de la garganta que obliga a toser. || Carraspeo.

carrera *s. f.* Acción de cubrir cierto espacio corriendo, ya sea personas o animales. || Competencia de velocidad entre personas que montan animales, guían vehículos o corren a pie. || Conjunto de estudios que habilita para desempeñar una profesión. || Profesión de las ciencias, las letras, las armas y otras.

carreta *s. f.* Carro largo, estrecho y más bajo que el común, cuyo plano se prolonga en la lanza para sujetarse al yugo donde se atan los animales de tiro; generalmente de dos ruedas. || Carro largo y cerrado en los lados, con cuatro ruedas sin herrar. || Carro grande y amplio, con costados cerrados y cuatro ruedas, provisto de una armazón para extender un toldo a modo de techo donde solían viajar por despoblado las familias en busca de un sitio donde asentarse.

carrete *s. m.* Cilindro de diversos materiales, generalmente taladrado en el eje, que sirve para enrollar y mantener en orden hilos, cordeles, mangueras, cables, alambres.

carretera *s. f.* Camino público, amplio y pavimentado, propio para el tránsito de toda clase de vehículos y que pone en contacto diferentes localidades.

carretero, ra *adj.* Perteneciente o relativo a la carretera como vía de comunicación.

carretilla *s. f.* Carro pequeño de mano, generalmente de una sola rueda, constituido por un cajón en declive y, en la parte posterior, dos varas para asir y empujar, además de dos pies rectos para descansarlo.

carril *s. m.* En una arteria vial o calle, cada sección longitudinal por donde circula una fila de vehículos. || En deportes como el atletismo y las carreras, tramo longitudinal de la piscina o de la pista, según el caso, que debe recorrer un competidor.

carrillo *s. m.* Parte lateral, muscular y grasa de la cara, que va del pómulo a la quijada. || Disco con una canal central por donde corre una cuerda para levantar pesos.

carriola *s. f.* Cama baja o tarima con ruedas. || *Méx.* Cochecito de bebé.

carro *s. m.* Vehículo consistente en una plataforma con tres o cuatro lados cubiertos, sobre dos ruedas, provista de viga para sujetar a los animales de tiro; los había de carga y de guerra. || Armazón con ruedas con un asa para arrastrarlo; que se emplea para llevar las compras, los útiles escolares o el equipaje. || Carga contenida en un carro. *Mandé comprar un carro de arena para la construcción.* || En algunas máquinas, pieza dotada de movimiento horizontal de vaivén. || *Amér.* Automóvil.

carrocería *s. f.* Cubierta exterior de los vehículos. || Local donde se fabricaban y componían los carruajes.

carroña *s. f.* Carne podrida, echada a perder. || Persona, objeto o idea corruptora y despreciable.

carroñero, ra *adj. y s.* Que se alimenta preferentemente de carroña. || Referente a la carroña o propio de ella.

carroza *s. f.* Coche de caballos diseñado para el transporte de personas acaudaladas. || *Col., Méx., Pan., Per. y Ven.* Coche fúnebre.

carruaje *s. m.* Vehículo conformado por un armazón de madera o hierro montado sobre cuatro ruedas, usado en general para el transporte de personas y sus equipajes.

carrusel *s. m.* Espectáculo en el que jinetes hacían evoluciones con sus caballos. || Juego mecánico consistente en una plataforma circular donde a trechos regulares se disponen postes, cada uno con un asiento en forma de caballito o de otro animal real o imaginario, todo lo cual gira al compás de música y acompañado de luces. || Bandeja redonda y giratoria donde se disponen el salero, pimentoro, salseras y otros artículos para el servicio de la mesa.

carta *s. f.* Escrito que una persona envía a otra para comunicarse con ella; generalmente se escribía sobre papel y se cerraba con lacre, o bien, se introducía en un sobre y éste se sellaba. || Cada una de las cartulinas impresas que conforman la baraja. ‖ Menú o minuta, lista de platos que ofrece un restaurante. ‖ Papel de gran tamaño donde están dibujados los accidentes geográficos y la información adicional que hacen posible localizar un sitio e ir a él.

cartearse *pr.* Mantener correspondencia por carta con una o más personas.

cartel *s. m.* Lámina de papel o cartulina en que se exhiben figuras y textos con fines informativos, publicitarios, de protesta, etc.

cartelera *s. f.* Armazón con superficie apta para portar y exhibir carteles en sitios públicos. ‖ Cartel para anunciar funciones de toros, teatro o cine. ‖ Sección en los diarios donde se informa de los horarios y funciones de diversos espectáculos.

cartera *s. f.* Bolsa rectangular de piel o material similar, con divisiones internas, que sirve para llevar dinero y efectos personales pequeños. ‖ Sobre grueso hecho de cuero o material semejante, usado para transportar papeles, documentos, libros. ‖ Empleo de ministro o secretario de gobierno. ‖ En comercio, conjunto de valores o papeles de curso legal que pertenecen al activo de un comercio, un banco o sociedad, y por extensión, de un particular. ‖ *Amér.* Bolso de mujer.

carterista *s. com.* Ladrón de carteras.

cartero, ra *s.* Persona que tiene por oficio el reparto de la correspondencia y paquetes enviados por correo.

cartilaginoso, sa *adj.* Que se relaciona con el cartílago. ‖ Que se parece en consistencia o apariencia al cartílago.

cartílago *s. m.* En anatomía, tejido conectivo menos denso que los huesos y más flexible que éstos.

cartilla *s. f.* Cuaderno para enseñar las primeras letras. ‖ Cuaderno donde se anotan determinados datos.

cartografía *s. f.* Técnica y arte de dibujar mapas. ‖ Ciencia que estudia la mejor manera de hacer mapas.

cartográfico, ca *adj.* Que se relaciona con la cartografía.

cartógrafo, fa *s.* Persona que se dedica a hacer mapas o cartas geográficas.

cartón *s. m.* Lámina gruesa hecha de varias capas prensadas de papel. ‖ Recipiente hecho de ese material.

cartoncillo *s. m. Méx.* Cartón delgado, fino y liso.

cartuchera *s. f.* Cinturón ancho con compartimientos para llevar balas. ‖ *Arg., Uy.* y *Ven.* Estuche para llevar lápices.

cartucho *s. m.* Cilindro, por lo general metálico, que contiene una carga de pólvora. ‖ Dispositivo intercambiable o desechable para algunos aparatos, como los de fotografía o las impresoras.

cartulina *s. f.* Cartón delgado y liso. *Para las tarjetas de presentación, usa cartulina satinada.*

casa *s. f.* Construcción en la que viven personas; en España se opone a piso; en América, a departamento o apartamento. *Mi casa tiene jardín.* ‖ Familia. *En casa nos gusta celebrar los cumpleaños de todos.* ‖ Establecimiento comercial. *La «Casa del Tornillo» lleva años abasteciendo a mecánicos.* ‖ Departamento o apartamento. *Mi casa está en el segundo piso de ese edificio.*

casaca *s. f.* Prenda de vestir parecida a una chaqueta muy ajustada y con faldones por atrás que llegan a las corvas.

casadero, ra *adj.* Que está en edad de casarse.

casado, da *adj.* y *s.* Que contrajo matrimonio.

casamentero, ra *adj.* y *s.* Persona que propone u oficia de intermediaria para concertar casamientos.

casamiento *s. m.* Ceremonia, civil o religiosa, en la que se unen dos personas en matrimonio.

casar *intr.* y *pr.* Unir en matrimonio. ‖ *t.* Unir o ajustar una cosa con otra.

cascabel *s. m.* Bola de metal hueca y agujereada, con una pieza de metal suelto en su interior, que cuando se mueve suena. ‖ Serpiente con un conjunto de anillos en la punta de la cola que suenan cuando va a atacar.

cascabeleo *s. m.* Sonido del cascabel. ‖ Sonido claro de una voz o de una risa.

cascada *s. f.* Caída de agua desde cierta altura en un río, arroyo, etc. ‖ Seguidilla de noticias o acontecimientos.

cascado, da *adj.* Que está muy gastado, que no tiene fuerza, que no suena como siempre.

cascajo *s. m.* Conjunto de pedazos de piedra, yeso, etc., de una obra en construcción.

cascanueces *s. m.* Utensilio parecido a una pinza que se usa para partir nueces y otros frutos de cáscara muy dura.

cascar *t.* Romper una cosa quebradiza. ‖ Deteriorarse o enronquecerse la voz.

cáscara *s. f.* Cubierta exterior quebradiza de los huevos. ‖ Cubierta exterior dura de algunas frutas. *La cáscara del melón es muy fácil de pelar.*

cascarilla *s. f.* Cubierta fina y quebradiza de algunos cereales.

cascarón *s. m.* Cáscara de huevo de un ave cuando la rompe el polluelo al nacer.

cascarrabias *s. com. fam.* Persona que se enoja a la menor provocación o sin justificación.

casco *s. m.* Prenda protectora para la cabeza, en forma de media esfera, de material duro. ‖ Envase de vidrio vacío. ‖ Armazón de un barco o un avión. ‖ Uña de caballos, burros, etc., donde se clava la herradura. ‖ Conjunto de edificios que forman el centro de una ciudad.

cascote *s. m.* Pedazo de material que queda de una obra en construcción.

caseína *s. f.* Proteína de la leche, rica en fósforo, que con otros elementos forma la cuajada; con ella se elabora el queso.

caserío *s. m.* Conjunto pequeño de casas, que no llegan a formar un pueblo.

casero, ra *adj.* y *s.* Que se hace en casa. ‖ Que le gusta estar en casa. ‖ Que juega en su cancha. ‖ Que está hecho a mano. ‖ Persona que posee una casa y la alquila.

caseta *s. f.* Especie de construcción en forma de casa, pero que no se destina a habitación.

casi *adv.* Indica cerca de, aproximadamente, por poco. *Llegamos casi a la hora que empezaba la función.*

casilla *s. f.* Cada una de las divisiones del tablero de juegos de mesa como el ajedrez y las damas. ‖ Cada uno de los espacios del papel que quedan entre rayas horizontales y verticales. ‖ Cada una de las divisiones de un casillero. ‖ Cada uno de los compartimientos que se hacen en algunas cajas, estanterías o recipientes. || Apartado de correos.

casillero s. m. Mueble dividido en partes, las casillas, en las que se ponen en orden muchas cosas.

casimir s. m. Tela hecha con pelo de cabra de Cachemira o lana merino.

casino s. m. Casa de juego. || Especie de club privado.

caso s. m. Suceso, acontecimiento, cosa que ocurre. || Posibilidad. || Asunto que se está tratando con un profesional. || Acontecimiento que investiga la policía o se ventila en un juicio. || Cada una de las incidencias de una enfermedad.

casona s. f. Casa grande.

caspa s. f. Escama pequeña que se forma en el cuero cabelludo.

casquete s. m. Prenda que consiste en una cubierta de tela o piel que se ajusta a la cabeza. || loc. Casquete polar: en geografía, superficie de la Tierra que va del círculo polar al polo.

casquillo s. m. Cartucho de metal vacío. || Parte metálica de un foco que se conecta a la electricidad. || Pieza de metal, por lo general cilíndrica, con la que se refuerza o cubre el extremo de algunas cosas. || Amér. Pieza que cubre la punta de una pluma o de un bolígrafo.

casquivano, na adj. Que es muy inconstante e informal. || Que va de pareja en pareja; en especial se aplica a mujeres.

casta s. f. Ascendencia de una persona o animal. || Grupo social cerrado que se diferencia de los demás por raza, religión, riqueza. || Calidad de una cosa. Este vino es de buena casta.

castaña s. f. Fruto del castaño, parecido a la nuez. || Castañazo, golpe.

castañetear intr. Tocar las castañuelas. || Entrechocar los dientes. || Entrechocar las rodillas al caminar. || Chasquear los dedos.

castañeteo s. m. Sonido de las castañuelas. || Choque de los dientes entre sí y el sonido que producen.

castaño adj. y s. Árbol de unos 20 m de altura, de copa ancha, cuyo fruto es la castaña. || Que tiene el color café oscuro de la castaña.

castañuela s. f. Instrumento musical que consiste en dos mitades de madera o cualquier material duro, de forma cóncava, que se entrechocar. En los bailes flamencos usan castañuelas.

castellano, na adj. Que se relaciona con Castilla, España. || s. Señor y señora de un castillo. || s. m. Lengua española.

casticismo s. m. Gusto por todo lo que sea castizo. || Actitud de hablar o escribir que tiende a desechar todo lo que sea extranjero.

casticista s. com. Persona que es partidaria de o practica el casticismo.

castidad s. f. Renuncia al placer carnal. || Cualidad de casto.

castigar t. y pr. Ponerle un castigo a alguien por un delito o porque hizo algo malo. || Hacer sufrir a alguien. || Dañar algo.

castigo s. m. Pena que se aplica por haber cometido un delito o por haber hecho algo malo. || Cosa que causa sufrimiento.

castillo s. m. Fortificación compuesta por varios edificios, murallas, torres, fosos.

castizo, za adj. Que es de buen origen. || Típico de un país || Puro, sin mezclas; referido a un lenguaje.

casto, ta adj. Que se abstiene de tener relaciones sexuales o es moderado al respecto. || Que no es provocativo.

castor s. m. Mamífero roedor grande, con la cola ancha y plana con la que construye sus viviendas parecidas a diques en arroyos y ríos.

castrar t. Extirpar los testículos o el clítoris. || Debilitar el carácter.

castrense adj. Que se relaciona con lo militar.

casual adj. Que sucede por casualidad. || Que se relaciona con los casos del latín.

casualidad s. f. Combinación de circunstancias que llevan a que ocurra determinado suceso.

casulla s. f. Prenda que se pone un sacerdote cuando da misa; va sobre todas las demás y es una especie de túnica abierta sólo por arriba, para pasar la cabeza.

catabólico, ca adj. En biología, que se relaciona con el catabolismo.

catabolismo s. m. En biología, conjunto de procesos metabólicos que ocurren en los seres vivos que permiten la liberación de energía. || En bioquímica, conjunto de transformaciones químicas de degradación a que se someten los alimentos.

cataclísmico, ca adj. Relativo a un cataclismo.

cataclismo s. m. Desastre natural que afecta a todo el planeta o parte de él. || Problema muy grande.

catacumbas s. f. pl. Galerías subterráneas con nichos usadas como cementerios.

catador, ra s. Persona que se dedica a probar comidas o bebidas y da su opinión respecto a la calidad del producto.

catalejo s. m. Instrumento de forma cilíndrica, extensible, que sirve para ver más de cerca las cosas que están lejos.

catalepsia s. f. En medicina, enfermedad transitoria, nerviosa, que produce rigidez en el cuerpo.

cataléptico, ca adj. y s. Que se relaciona con la catalepsia. || Que sufre de catalepsia.

catálisis s. f. Modificación en la velocidad de una reacción química por la presencia de un catalizador que, al final, permanece inalterado.

catalítico, ca adj. Que se relaciona con la catálisis.

catalizador s. m. Sustancia capaz de hacer más rápida o más lenta la velocidad de una reacción química sin alterarse.

catalizar t. Producir catálisis.

catalogación s. f. Registro ordenado de tal forma que constituya un catálogo.

catálogo s. m. Conjunto de datos con algo en común que se escribe de manera ordenada en listas.

cataplasma s. f. Medicamento en forma de pasta blanda que se aplica en el cuerpo para curar o calmar el dolor.

catapulta s. f. Máquina de guerra antigua que servía para arrojar piedras.

catapultar t. Lanzar algo con una catapulta. || Impulsar o hacer subir a alguien rápidamente.

catar t. Degustar una comida o una bebida para verificar su calidad, sabor, aroma, etc. || ant. Mirar.

catarata s. f. Salto de agua más grande que una cascada. || Enfermedad que afecta y opaca el cristalino del ojo y puede producir ceguera.

catarina s. f. Méx. Pequeño insecto de color anaranjado rojizo con puntos negros.

catarro *s. m.* Enfermedad no grave que se caracteriza por la inflamación de las mucosas del aparato respiratorio, escurrimiento nasal, tos, fiebre, dolores musculares.

catarsis *s. f.* Para los antiguos griegos, purificación espiritual mediante las emociones provocadas por la contemplación de una obra de arte, en especial, la tragedia. ‖ En religión, proceso por el cual se logra la pureza ritual. ‖ En medicina, expulsión de alguna sustancia nociva para el organismo. ‖ En psicología, método psicoterapéutico mediante el que se pretende que el paciente exteriorice situaciones o recuerdos traumáticos que permanecían en el inconsciente.

catártico, ca *adj.* y *s.* Que provoca catarsis o se relaciona con ella. ‖ En medicina, medicamento purgante.

catastral *adj.* Relativo al catastro.

catastro *s. m.* Censo que el Estado o el municipio hace de todo tipo de vivienda, rural o urbana, con el objeto de cobrar impuestos, tener un registro del nombre de los propietarios, hacer mejoras, etc.

catástrofe *s. f.* Suceso que altera el orden natural de las cosas. *El terremoto fue una catástrofe más que nada por la pérdida de vidas humanas.* ‖ Cosa de mala calidad o algo que causó mala impresión. *La presentación fue una catástrofe tras otra y no me contrataron.*

catastrófico, ca *adj.* Que tiene las características de una catástrofe.

catatonia o **catatonía** *s. m.* En medicina, estado mental caracterizado por melancolía, estupor, alucinaciones e incluso rigidez muscular.

catatónico, ca *adj.* Que padece catatonia.

catear *t.* Buscar, espiar. ‖ *Amér.* Explorar minas en busca de vetas. ‖ *Méx.* Allanar un lugar.

catecismo *s. m.* Libro que enseña la doctrina cristiana en forma de preguntas y respuestas. ‖ Obra parecida a la anterior, pero referida a cualquier materia. ‖ Lugar donde se enseña el catecismo.

catedral *s. f.* Iglesia grande, donde reside el obispo o el arzobispo.

catedrático, ca *s.* Profesor que tiene una cátedra.

categoría *s. f.* Cada una de las clases de una actividad, que distingue los elementos que la componen. ‖ Condición o nivel social de una persona. ‖ Jerarquía en una actividad. ‖ Buena calidad de algo o de alguien. ‖ En filosofía aristotélica, cada una de las diez nociones abstractas y generales: sustancia, cantidad, cualidad, relación, acción, pasión, lugar, tiempo, situación y hábito.

categórico, ca *adj.* Que afirma o niega rotundamente.

categorización *s. f.* Ordenamiento o clasificación por categorías.

categorizar *t.* Ordenar por categoría.

cateo *s. m. Amér.* Acción y resultado de catear.

caterva *s. f. desp.* Conjunto de personas sin orden ni concierto.

catéter *s. m.* En medicina, tubo delgado, flexible, que se introduce en un conducto para explorarlo o destaparlo.

cateterismo *s. m.* Procedimiento quirúrgico que implica introducir un catéter en un conducto para dilatarlo o destaparlo.

cateto *s. m.* En geometría, cada uno de los lados que forma un ángulo recto de un triángulo rectángulo.

catire, ra *adj. Ants., Col.* y *Ven.* De piel blanca y pelo rubio.

catódico, ca *adj.* Relativo al cátodo.

cátodo *s. m.* Polo negativo de cualquier dispositivo eléctrico.

catolicismo *s. m.* En religión, conjunto de creencias de la Iglesia que tiene sede en el Vaticano y cuyo jefe es el Papa ‖ Comunidad de los creyentes católicos.

católico, ca *adj.* Universal. ‖ Que profesa la religión católica.

catre *m.* Cama plegadiza y ligera para una persona.

catrín, trina *adj. Méx.* Elegante, bien vestido.

caucásico, ca *adj.* Que pertenece al grupo humano de piel blanca, cuyo origen se creía que era el Cáucaso.

cauce *s. m.* Lecho de un río, un arroyo, una acequia. ‖ Procedimiento para llevar a cabo algo. *El trámite saldrá rápido si sigues los cauces debidos.*

caucho *s. m.* Resina que producen algunos árboles tropicales que tiene una consistencia elástica e impermeable.

caución *s. f.* Precaución o cautela. ‖ Fianza.

caucionar *t.* Dar caución.

caudal¹ *adj.* Caudaloso. ‖ *s. m.* Cantidad de agua que lleva una corriente. ‖ Cantidad de dinero o posesiones de una persona. ‖ Cantidad abundante de algo.

caudal² *adj.* Que se relaciona con la cola de los animales.

caudaloso, sa *adj.* Que lleva gran cantidad de agua. ‖ Acaudalado, rico.

caudillismo *s. m.* Sistema de gobierno o forma de gobernar de un caudillo.

caudillo *s. m.* Dirigente o líder político o militar cuyo poder se basa en su carisma y don de mando y no necesariamente surge de las leyes.

causa *s. f.* Razón o motivo para hacer algo. *El niño no asistió a clases por causa de su enfermedad.* ‖ Origen o fundamento de algo. *La causa del incendio fue un descuido humano.* ‖ Propósito que alguien tiene o ideal que se persigue. *En el siglo xx, muchos hombres lucharon por la causa de la Revolución Mexicana.*

causante *adj.* Que causa algo. *Un virus es el causante de la enfermedad conocida como «herpes».* ‖ *s. com.* En derecho, persona de la que proviene el derecho que otra tiene. ‖ *Méx.* Contribuyente.

causar *t.* Producir u originar un efecto o una consecuencia. *Los huracanes causan muchos daños materiales a su paso.*

cáustico, ca *adj.* y *s.* Dicho de una sustancia o producto, que quema los tejidos animales. ‖ Irónico y agresivo.

cautela *s. f.* Cuidado y precaución en lo que se hace.

cautelar *adj.* Que se establece para prevenir algo.

cauteloso, sa *adj.* Que actúa con cautela o que muestra cautela.

cauterización *s. f.* Acción de cauterizar.

cauterizante *adj.* Cauterizador.

cauterizar *t.* En medicina, quemar o destruir los tejidos afectados para cicatrizar heridas o curar otras enfermedades.

cautivante *adj.* Cautivador.

cautivar *t.* Apresar al enemigo de guerra y quitarle su libertad. ‖ Atraer de manera irresistible el amor, la simpatía o la atención de alguien. ‖ *intr.* Ser o estar cautivo.

cautiverio *s. m.* Estado de pérdida de la libertad de animales no domésticos o de personas.

cautivo, va *adj.* y *s.* Que está preso, que ha perdido su libertad. ‖ Que está dominado por algo que le resulta atractivo.

cauto, ta *adj.* Que actúa con cautela y prudencia.

cava *s. f.* Bodega subterránea en donde se guarda el vino para que envejezca.

cavar *t.* Hacer un hoyo o una zanja en la tierra.

caverna *s. f.* Cueva o hueco profundo bajo la tierra o entre las rocas.

cavernícola *adj.* y *s. com.* Que habita en las cavernas.

cavernoso, sa *adj.* Que tiene cavernas. ‖ Relativo a las cavernas o parecido a ellas en sus cualidades.

caviar *s. m.* Huevas frescas de diferentes peces, sobre todo del esturión, preparadas para su consumo.

cavidad *s. f.* Espacio hueco o vacío de un cuerpo cualquiera.

cavilar *t.* e *intr.* Pensar intencionalmente y con profundidad en algo.

cayado *s. m.* Bastón con mango curvo utilizado generalmente por los pastores.

cayo *s. m.* Isla muy pequeña, plana, arenosa y despoblada; es común en el mar de las Antillas y el golfo de México.

cayuco *s. m.* Embarcación pequeña, de fondo plano, parecida a una canoa.

caza[1] *s. f.* Acción de cazar. ‖ Conjunto de animales muertos en la caza.

caza[2] *s. m.* Avión pequeño y muy veloz usado en combates aéreos.

cazabe *s. m.* Harina de la raíz de la mandioca. ‖ Pan hecho de esa harina.

cazador, ra *adj.* Que caza. ‖ *s.* Persona que mata animales para comerlos o por diversión. ‖ Animal que caza a otros para alimentarse.

cazadora *s. f.* Chaqueta corta y ajustada a la cintura.

cazafortunas *s. com.* Persona que se enriquece casándose con alguien que tiene mucho dinero.

cazar *t.* Perseguir animales para capturarlos o matarlos, por deporte o por necesidad. ‖ Perseguir para capturar a alguien que escapa o que va delante.

cazo *s. m.* Recipiente con un mango largo y generalmente de metal que se usa para calentar alimentos.

cazoleta *s. f.* Cazo pequeño. ‖ Pieza redondeada de metal o hierro que tienen las espadas y que se pone sobre la empuñadura para proteger la mano.

cazón *s. m.* Pez marino, de la familia de los tiburones, de boca semicircular y dientes afilados, que puede medir más de 2 m y cuya carne es comestible.

cazuela *s. f.* Recipiente redondo y más ancho que largo, hecho de barro o metal y usado para cocinar. ‖ Guisado que se hace en ella.

ce *s. f.* Nombre de la letra «c».

cebada *s. f.* Planta parecida al trigo, con semillas más alargadas que se usa para alimentar al ganado y para hacer cerveza.

cebar *t.* Alimentar a los animales para engordarlos, sobre todo cuando se va a consumir su carne. ‖ Poner cebo en una trampa para atraer y capturar animales. ‖ Alimentar o avivar en alguien un sentimiento. ‖ *Arg.* y *Uy.* Preparar infusión de la yerba mate.

cebo *s. m.* Alimento que se da a los animales para engordarlos. ‖ Objeto o trozo de alimento que se pone en las trampas para atraer a los animales en la caza y en la pesca. ‖ Lo que se ofrece de manera engañosa para atraer a hacer algo.

cebolla *s. f.* Planta de hojas largas y flores de color blanco. ‖ Bulbo o tallo subterráneo de esa planta; es comestible y se emplea mucho en la cocina.

cebollino *s. m.* Planta parecida a la cebolla, con bulbo más pequeño y de la cual se consumen también sus hojas.

cebra *s. f.* Animal mamífero parecido al burro pero con rayas verticales marrones o negras en su cuerpo.

cebú *s. m.* Animal mamífero parecido al toro, con cuernos cortos, orejas caídas y con una o dos jorobas.

ceca *s. f.* Lugar donde se fabricaba la moneda. ‖ *loc. De la ceca a la meca:* de aquí para allá.

cecear *intr.* Pronunciar la letra «s» igual que la «c» (ante «e», «i») o la «z».

ceceo *s. m.* Acción de cecear.

cecina *s. f.* Carne que se sala y se pone a secar al sol o con humo.

cedazo *s. m.* Utensilio con una tela de alambre o de plástico con muchos orificios pequeños y con un aro alrededor que sirve para colar.

ceder *t.* Dar voluntariamente algo a alguien. *Yo estaba de pie, y Juan me cedió su lugar para sentarme.* ‖ *intr.* Dejar de oponerse alguien a algo. *Le insistí mucho, y al fin cedió a mi petición.* ‖ Disminuir la fuerza de algo. *Ya cedió la lluvia, así que me voy.* ‖ Fallar o romperse algo que está sometido a mucha fuerza. *Con el peso del agua por las lluvias, cedió el techo de mi casa.*

cedilla *s. f.* Letra formada por una «c» y un rasgo parecido a una coma abajo (ç). ‖ Nombre de esa letra. ‖ El signo parecido a una coma de esa letra.

cedro *s. m.* Árbol muy alto de tronco grueso, con frutos pequeños parecidos a una piña y cuyo follaje hace la forma de una pirámide. ‖ Madera de ese árbol.

cedrón *s. m.* Planta con aroma parecido al del limón y con flores pequeñas y blancas.

cédula *s. f.* Documento, generalmente oficial, en el que se registra o se hace constar algo, como una deuda o una obligación.

cefalalgia *s. f.* Cefalea.

cefalea *s. f.* Dolor intenso en la cabeza.

cefálico, ca *adj.* Relativo a la cabeza.

cefalópodo, da *adj.* y *s.* Se dice de los moluscos marinos de cabeza grande y tentáculos con ventosas para desplazarse y asir a sus presas.

céfiro *s. m.* Viento del oeste. ‖ *fam.* Viento apacible.

cegador, ra *adj.* Que deslumbra o ciega la vista.

cegar *t.* Perder la vista, aunque sea por un momento. ‖ Hacer perder el entendimiento. *Los celos me cegaron.* ‖ Tapar algo que está abierto. ‖ *intr.* Perder la vista por completo.

cegatón, tona *adj.* y *s. fam.* Dicho de una persona, que ve mal.

ceguera *s. f.* Pérdida de la vista, temporalmente o para siempre. ‖ Incapacidad para entender las cosas con claridad. *Su ceguera en el oficio le ha impedido progresar.*

ceiba *s. f.* Árbol americano que alcanza 60 a 70 m de altura y su fruto da una especie de algodón.

ceja *s. f.* Saliente curvilínea sobre la cuenca del ojo, cubierta de pelo corto. ‖ Pelo que la cubre. ‖ Cada uno de esos pelos. ‖ Borde que sobresale en algunas superficies. ‖ En los instrumentos musicales de cuerda, pequeña pieza colocada entre el clavijero y el mástil, para apoyo y separación de las cuerdas.

cejar *intr.* Desistir, retroceder.

cejijunto, ta *adj.* Que tiene poblado de pelo el entrecejo y las cejas casi juntas.

cejilla *s. f.* Pieza colocada transversalmente a las cuerdas de la guitarra, u otro instrumento musical de cuerdas, a manera de abrazadera sujeta al mástil; sirve para elevar el tono de sus sonidos.

cejudo, da *adj.* Que tiene las cejas muy pobladas.

celada *s. f.* Pieza de las antiguas armaduras, que cubría la cabeza. ‖ Emboscada de gente armada para caer sobre la víctima por sorpresa. ‖ Ardid o trampa tendida con artificio y disimulo.

celador, ra *adj.* Que cela, que vigila. ‖ *s.* Persona cuya labor es vigilar.

celar *t.* Procurar con esmero el cumplimiento de las leyes y de toda clase de obligaciones y deberes. *El magistrado se ha propuesto celar el cumplimiento de la Constitución.* ‖ Observar o vigilar las acciones de una persona de quien se desconfía. *Don Julián cela a Lupita.* ‖ Vigilar que los subordinados cumplan con sus obligaciones. *El gerente cela en exceso a los empleados.*

celda *s. f.* Aposento donde se recluye a los presos de una cárcel. ‖ Aposento del religioso o religiosa en un convento, o de estudiantes en un internado. ‖ Compartimiento de un cuadro estadístico, formado por una columna vertical y una línea horizontal que la corta.

celdilla *s. f.* Compartimiento que construyen las abejas, las avispas y otros insectos en el panal. ‖ Hueco que ocupa la semilla en el fruto.

celebración *s. f.* Acción y efecto de celebrar. ‖ Acto solemne, formal o festivo, para recordar un hecho importante o para llevarlo a cabo.

celebrar *t.* Alabar, encarecer a una persona o cosa. *Celebro que te hayan dado el nombramiento.* ‖ Festejar un acontecimiento o recordarlo con alegría. *La victoria contra el invasor se celebró con un desfile militar.* ‖ Realizar un acto solemne. *El Senado celebrará audiencias públicas.* ‖ Organizar un festejo en ocasión significativa. *Decidí celebrar mi cumpleaños con una barbacoa.*

célebre *adj.* Que tiene fama.

celebridad *s. f.* Renombre y fama. ‖ Persona famosa.

celentéreo, a *adj.* Se dice del animal invertebrado de simetría radiada, provisto de una cavidad digestiva central con un orificio, rodeado de tentáculos, que hace de boca y ano. ‖ *s. m.* y *pl.* Gran grupo o tipo de estos animales. *Los pulpos y las medusas son celentéreos.*

celeridad *s. f.* Prontitud, rapidez.

celeste *adj.* Perteneciente o relativo al cielo. ‖ Color azul pálido.

celestial *adj.* Que pertenece al cielo, considerado como morada de las divinidades. ‖ Perfecto, delicioso o muy agradable.

celíaco, ca *adj.* Perteneciente o relativo al vientre o a los intestinos. ‖ *s.* Enfermo de celiaca. ‖ *s. f.* Enfermedad del intestino delgado. ‖ Arteria que lleva la sangre al vientre.

celibato *s. m.* Estado de soltería, especialmente por motivos religiosos.

célibe *adj.* y *s. com.* Soltero, practicante del celibato.

celo *s. m.* Cuidado, esmero, interés que alguien pone al hacer las cosas que le competen. ‖ Periodo en que se despierta el apetito sexual en ciertos animales, propicio para el apareamiento. ‖ Estado de un animal durante este periodo. ‖ *pl.* Sospecha o inquietud ante la posibilidad que una persona amada mude su cariño poniéndolo en otra. ‖ Sentimiento de molestia que despierta el éxito de otra persona.

celofán *s. m.* Película de celulosa transparente, flexible e impermeable, que en forma de hojas o tiras se usa para envolturas.

celosía *s. f.* Enrejado tupido de listoncillos de madera u otro material, o tablero calado, para cerrar o separar espacios, que permite ver a través de él sin ser visto.

celoso, sa *adj.* y *s.* Que tiene o siente celos. ‖ Que pone celo en el cumplimiento de su deber.

celta *adj.* Relativo al grupo de pueblos indoeuropeos que ocuparon gran parte de Europa occidental, las islas británicas y Galacia en el Asia Menor entre los siglos ix al i antes de Cristo. ‖ *s. com.* Persona perteneciente a uno de esos pueblos. ‖ *s. m.* Grupo de lenguas indoeuropeas habladas por ese conjunto de pueblos.

céltico, ca *adj.* Perteneciente o relativo a los celtas.

célula *s. f.* Elemento, generalmente microscópico, el más simple dotado de vida propia, que es la unidad estructural y funcional del cuerpo de los seres vivos, formada por un núcleo y citoplasma rodeados por una membrana. *Las células se reproducen por división o mitosis.* ‖ Pequeña agrupación de afiliados a una organización política, con autonomía de acción. ‖ Pequeña celda, cavidad o seno.

celular[1] *adj.* Perteneciente o relativo a la célula.

celular[2] *s. m. Amér.* Teléfono móvil.

celulitis *s. f.* Acumulación de grasa en el tejido subcutáneo. ‖ En medicina, inflamación del tejido celular subcutáneo adiposo.

celuloide *s. m.* Sustancia sólida, casi transparente, inflamable y muy flexible, que se emplea en la industria fotográfica y cinematográfica. ‖ Se le llama así a la industria cinematográfica.

celulosa *s. f.* Carbohidrato compuesto exclusivamente de moléculas de glucosa que, en unión con la lignina, constituye el principal componente de las paredes celulares de los vegetales.

cementar *t.* Calentar un metal junto con otra sustancia en polvo o pasta para conferirle nuevas propiedades.

cementera *s. f. Méx.* Fábrica de cemento.

cementerio *s. m.* Lugar donde se entierra a los muertos. ‖ Lugar donde se depositan objetos inservibles o caducos. *El coche de Juan fue a parar al cementerio de carros.*

cementero, ra *adj.* Relativo al cemento.

cemento *s. m.* Material de construcción en polvo, formado de arcilla y sustancias calcáreas, sometida a cocción y muy finamente molida, que mezclada con agua se solidifica y endurece.

cempasúchil *s. m. Méx.* Planta herbácea, originaria de México, de olor penetrante y flores grandes amarillas, muy usadas para adornar las tumbas el Día de Muertos. ‖ La flor de esta planta.

cena *s. f.* Última comida del día que se hace en la noche. ‖ Acción de cenar.

cenagal *s. m.* Lugar lleno de cieno. ‖ *fig.* Situación o problema difícil.

cenagoso, sa *adj.* Lleno de cieno. ‖ Parecido al cieno.

cenar *intr.* Tomar la cena. *Fuimos a cenar fuera de casa.* ‖ *t.* Comer en la cena uno u otro alimento. *Cenamos tacos al pastor.*

cencerro *s. m.* Campana pequeña, tosca, hecha de lámina de hierro o de cobre, con los lados rectos, que se cuelga al pescuezo de las reses.

cenefa *s. f.* Banda sobrepuesta o tejida en los bordes de las cortinas, pañuelos, etc. ‖ Dibujo decorativo que se pone a lo largo de muros, pisos y techos, destaca por contraste de la superficie en la que se coloca.

cenicero *s. m.* Recipiente en el que se depositan la ceniza y las colillas de cigarro. ‖ Sitio para depositar la ceniza.

ceniciento, ta *adj.* De color ceniza. ‖ Cubierto de cenizas.

cenit *s. m.* Punto de la esfera celeste que corresponde verticalmente a un punto determinado de la Tierra. ‖ Momento culminante o de apogeo.

ceniza *s. f.* Polvo de color gris claro, que queda después de la combustión completa de alguna cosa. ‖ *pl. fig.* Restos mortales.

cenizo, za *adj.* Que es del color de la ceniza o semejante a ella.

cenobio *s. m.* Monasterio aislado donde la vida en común está sujeta a normas estrictas.

cenobita *s. com.* Persona que profesa la vida comunitaria en un cenobio.

cenotafio *s. m.* Monumento funerario en el cual no está el cadáver de la persona a la que se dedica.

cenote *s. m.* Estanque natural de agua dulce alimentado por aguas subterráneas, a modo de pozo como consecuencia de haberse derrumbado el techo de una o varias cuevas.

cenozoico, ca *adj.* Se dice de la era geológica que abarca desde aproximadamente 70 millones de años hasta la actualidad.

censal *adj.* Relativo al censo.

censar *t.* Levantar un censo.

censo *s. m.* Padrón o lista de la población o elementos económicos de una nación o pueblo.

censor *adj.* Que es propenso a criticar las acciones de los demás. ‖ *s. m.* Persona que ejerce la censura. ‖ Quien lleva a cabo un censo.

censual *adj.* Perteneciente o relativo al censo.

censura *s. f.* Acción y efecto de censurar. ‖ Restricción de la expresión de las ideas antes de su publicación, o enjuiciamiento de ellas después de haber sido publicadas. ‖ Organismo oficial encargado de ejercer esta labor.

censurable *adj.* Digno de censura.

censurar *t.* Corregir, reprobar o notar ideas que se juzguen impropias, inmorales, etc., antes de darlas a conocer.

centauro *s. m.* Monstruo mitológico, hombre de la cabeza hasta la cintura y caballo el resto del cuerpo.

centavo *s. m.* Centésimo, cada una de las cien partes iguales de un todo. ‖ Moneda que vale un centavo.

centella *s. f.* Rayo, descarga eléctrica que salta de las nubes a la tierra. ‖ Persona que es muy veloz.

centelleante *adj.* Que centellea.

centellear *intr.* Despedir destellos de luz intermitentes de intensidad y color variables. ‖ Brillar los ojos con intensidad.

centelleo *s. m.* Acción y efecto de centellear.

centena[1] *s. f.* Conjunto de 100 unidades.

centena[2] *s. f.* Caña del centeno.

centenar *s. m.* Cien unidades.

centenario, ria *adj.* Que tiene 100 años. ‖ *s. m.* Conmemoración que se celebra cada 100 años.

centeno *s. m.* Planta gramínea, muy parecida al trigo. ‖ Grano de esa planta.

centesimal *adj.* Se dice de cada uno de los números del 1 al 99 inclusive. ‖ Se dice de cada una de las 100 partes iguales que se divide un todo.

centésimo, ma *adj.* Se dice del número 100 en una serie; número ordinal de 100. ‖ Se dice de cada una de las 100 partes iguales en que se divide un todo.

centígrado *s. m.* Escala para medir la temperatura dividida en 100 grados, que van del punto de congelación del agua a su punto de ebullición a nivel del mar; se representa con la letra «C».

centigramo *s. m.* Centésima parte de un gramo.

centilitro *s. m.* Medida de capacidad equivalente a la centésima parte de un litro.

centímetro *s. m.* Medida de longitud equivalente a la centésima parte de un metro.

céntimo *s. m.* Centésimo.

centinela *s. com.* Soldado que vela apostado para vigilar y custodiar el puesto que se le confía. ‖ Persona que vigila alguna cosa.

centolla *s.* o **centollo** *s. f.* Crustáceo decápodo marino, de caparazón redondo y repleto de espinas y protuberancias, patas largas y velludas, que puede llegar a medir hasta 20 cm de diámetro.

centrado, da *adj.* Se aplica a aquello cuyo centro se halla en el lugar que debe ocupar. ‖ Dicho de una cosa cuyo centro coincide con el de otra. ‖ Que se ocupa en un principio u objeto de interés específico. ‖ Se dice de la persona que piensa y actúa de manera sensata y sin dispersarse.

central *adj.* Perteneciente o relativo al centro. ‖ Que está en el centro. ‖ Que es importante o principal en un conjunto y en torno suyo. ‖ *s. f.* Oficina o edificio principal de una institución o de una empresa. ‖ Instalación desde donde se hace funcionar un sistema.

centralismo *s. m.* Doctrina que defiende la concentración del poder político y las facultades administrativas en un país o de una organización en un poder central. *El centralismo es la doctrina opuesta al federalismo.*

centralización *s. f.* Acción y efecto de centralizar.

centralizado, da *adj.* Relativo a la centralización.

centralizar *t.* Reunir varias cosas en un centro común. ‖ Hacer que varias cosas dependan de un poder central. ‖ Asumir el poder público facultades atribuidas a organismos locales.

centrar *t.* Determinar el centro de una cosa. ‖ Colocar una cosa de modo que su centro coincida con el de otra. ‖ Hacer que coincidan en un solo lugar varios elementos que actúan sobre el individuo.

céntrico, ca *adj.* Perteneciente o relativo al centro. ‖ Que está en el centro de la ciudad.

centrifugación *s. f.* Acción y efecto de centrifugar.

centrifugado *s. m.* Resultado de la acción de centrifugar.

centrifugar *t.* Aplicar la fuerza centrífuga para separar los componentes unidos o mezclados.

centrífugo, ga *adj.* Que se aleja del centro. || Se dice de la fuerza que hace que un cuerpo sometido a rotación tienda a alejarse del centro de rotación. || *s. f.* Máquina que separa los componentes de una mezcla por acción de esa fuerza.

centrípeto, ta *adj.* Que atrae, dirige o impele hacia el centro.

centro *s. m.* Punto situado en el interior de un círculo, o de una esfera, equidistante de todos los puntos de la circunferencia, o todos los de la superficie esférica.

centroamericano, na *adj. y s.* Perteneciente o relativo a Centroamérica. || Originario de Centroamérica.

centuplicar *t.* Multiplicar una cantidad por 100, o hacer una cosa 100 veces mayor.

céntuplo, pla *adj.* Se dice del producto de la multiplicación de una cantidad por 100.

centuria *s. f.* Siglo.

cenzontle *s. m.* Pájaro originario de Norteamérica, de canto muy armonioso y variado, que llega a imitar las voces de otras aves.

ceñido, da *adj.* Ajustado, apretado.

ceñir *t.* Rodear apretadamente a alguien o algo. || Reducirse en el gasto, en las palabras, etc.

ceño *s. m.* Espacio entre ambas cejas, entrecejo. || Gesto de enojo o preocupación que consiste en arrugar la frente y juntar las cejas.

ceñudo, da *adj.* Se dice de la persona con el ceño fruncido para mostrar una expresión de enojo, poco amigable o preocupada.

cepa *s. f.* Parte del tallo o del tronco de las plantas que está bajo tierra unida a la raíz. || Conjunto de varios tallos unidos a una sola raíz. || Tronco de la vid, del cual brotan los sarmientos y, por extensión, toda la planta. || Origen o tronco de una familia o linaje. || En microbiología y genética, una variante genotípica de una especie propagada mediante cultivo que conserva las cualidades y propiedades específicas de un ascendiente común.

cepillado *s. m.* Resultado de la acción de cepillar.

cepilladora *s. f.* Máquina que sirve para alisar superficies.

cepilladura *s. f.* Acción y efecto de cepillar. || Viruta que se saca de la materia que se cepilla.

cepillar *t. y pr.* Limpiar algo usando un cepillo. || Peinar o peinarse usando un cepillo. || Alisar la superficie de un trozo de madera usando un cepillo de carpintero.

cepillo *s. m.* Utensilio para limpiar, o para desenredar o alisar el pelo, constituido por varios manojitos de cerdas, fibras, alambres, etc. || Instrumento de carpintería, que consta de una pieza en la que se inserta una navaja afilada, que sirve para pulir madera.

cepo *s. m.* Trampa para cazar animales. || Cualquier instrumento que sirve para aprisionar algo.

cera *s. f.* Sustancia que segregan las abejas para formar las celdillas de sus panales. || Sustancia análoga a la anterior que producen algunas plantas. || Sustancia crasa que segregan ciertas glándulas del oído.

cerámica *s. f.* Arte de fabricar objetos de barro, loza o porcelana. || Conjunto de objetos así fabrica-

dos. || Material del que se hacen esos objetos, cuya base es la arcilla.

ceramista *s. com.* Persona que fabrica objetos de cerámica.

cerbatana *s. f.* Caña delgada para disparar dardos o proyectiles ligeros, soplando por uno de sus extremos.

cerca[1] *s. f.* Barda ligera o valla que circunda un terreno para limitarlo.

cerca[2] *adv.* Próximo en el espacio o en el tiempo. *El museo está por aquí cerca. La fecha de su cumpleaños está cerca.*

cercado *s. m.* Lugar rodeado y limitado por una cerca. || Construcción a modo de valla o pared que rodea algo como límite.

cercado, da *adj.* Referido al espacio rodeado por una valla que lo protege o delimita.

cercanía *s. f.* Proximidad en el espacio o el tiempo. || *pl.* Zona cercana o circundante.

cercano, na *adj.* Que se encuentra a corta distancia en el espacio, el tiempo, el valor o la medida. *Está cercano el día en que le habrás de pagar.* || Que está estrechamente relacionado con algo o alguien en el afecto, las ideas, etc.

cercar *t.* Rodear un terreno con cercas. *Para proteger el predio los debemos cercar.* || Poner cerco militar o sitio a una plaza. *El general Calleja decidió cercar Cuautla.*

cercenar *t.* Cortar las extremidades de alguna cosa. || Acortar o disminuir violentamente o en una forma abusiva.

cerciorar *t. y pr.* Asegurar alguien, mediante pruebas, la verdad de una cosa.

cerco *s. m.* Construcción con la que se rodea un terreno o un área. || Aro de un tonel. || Asedio o sitio que pone una fuerza armada a una plaza.

cerda *s. f.* Pelo grueso y duro de ciertos animales.

cerdo, da *adj.* Se aplica a la persona sucia o grosera. || *desp.* Se dice de quien es muy gordo. || *s.* Mamífero doméstico adaptado para la producción de carne, crece y madura con rapidez y tiene camadas muy numerosas.

cereal *adj. y s.* Se aplica a las plantas gramíneas que dan semillas en forma de granos de las que se hacen harinas. *El trigo, el maíz, el arroz, la avena, la cebada, el sorgo, son cereales.* || *s. m.* Grano de estas plantas. || Alimento elaborado con esas semillas.

cerebelo *s. m.* Porción del encéfalo de los vertebrados que ocupa la parte posterior e inferior de la cavidad craneal.

cerebral *adj.* Perteneciente o relativo al cerebro. || Que actúa más con racionalidad que con los sentimientos.

cerebro *s. m.* Órgano más importante del sistema nervioso central situado en la parte anterior y superior de la cavidad craneal. En el ser humano es el órgano principal del pensamiento. || Persona muy inteligente. || Persona que concibe o dirige un plan de acción. *Miguel Hidalgo era el cerebro de la conspiración de Independencia.*

ceremonia *s. f.* Acto solemne con el que se da culto a las cosas divinas, o reverencia y honor a las profanas. || Ademán muy formal en honor de una persona o cosa.

ceremonial *adj.* Perteneciente o relativo a la ceremonia. || *s. m.* Conjunto de formalidades para cualquier acto público o solemne.

ceremonioso, sa *adj.* Que gusta de cortesías y cumplidos exagerados.

cereza *s. f.* Fruto del cerezo, de color rojo brillante, muy jugoso y de sabor dulce. || *Amér.* Fruto del cafeto maduro con cáscara de color rojo.

cerezo *adj.* y *s. m.* Árbol de unos 5 m cuyo fruto es la cereza. || Madera de este árbol, usada en ebanistería.

cerilla *s. f.* Vela de cera, larga y muy delgada. || Secreción del oído externo, semejante a la cera. || *Esp.* Fósforo.

cerillo *s. m. Méx.* Palillo fino y alargado con una punta de fósforo u otra materia inflamable, que sirve para encender fuego por frotamiento.

cerio *s. m.* Elemento químico metálico, que pertenece al grupo de las tierras raras; es de color pardo rojizo, arde como el magnesio y algunos de sus derivados se utilizan en pirotecnia; su número atómico es 58 y su símbolo Ce.

cerner *t.* Separar la harina pasándola por un cedazo, o las partes más gruesas de las más menudas de una cosa reducida a polvo. || *pr.* Amenazar. *Sin nubes a la vista, la sequía se cernía sobre los cultivos.*

cernícalo *s. m.* Ave de rapiña, relativamente pequeña comparada con otras aves rapaces, pero más grande que la mayoría de las aves.

cernidor *s. m.* Utensilio, generalmente es una especie de coladera o tamiz, que sirve para cernir.

cernir *t.* Cerner.

cero *s. m.* Número con el que se representa la ausencia absoluta de valor; en la numeración arábiga ocupa los lugares en que no ha de haber guarismo; colocado a la derecha de un número, decuplica su valor, mientras que a la izquierda de una fracción decimal, disminuye su valor en una décima parte. || Referencia a partir de la cual se inicia o se cuenta una escala.

cerquillo *s. m.* Círculo de cabello que queda después de rapar la parte superior e inferior de la cabeza. || *Cub., Ecua., Perú* y *Uy.* Fleco, flequillo.

cerrado, da *adj.* Que impide la salida o la entrada, la vista o la circulación. || Torpe o incapaz de entender. || Se aplica a la pronunciación con un acento muy característico y marcado. || Se dice del cielo muy cargado de nubes. || Se dice de la barba muy poblada.

cerradura *s. f.* Mecanismo que se acciona con una llave y se pone en puertas, tapas de cofres, cajones, etc., para mantenerlos cerrados.

cerrajería *s. f.* Oficio de cerrajero. || Tienda o taller donde se venden, se reparan o fabrican cerraduras.

cerrajero, ra *s.* El que hace o compone cerraduras.

cerrar *t.* Asegurar algo con una cerradura para que no se abra o para impedir que algo o alguien entre o salga de su interior. || Encajar en su marco la hoja de una puerta o ventana. || Tapar una abertura. || Juntar las partes de ciertas cosas que se hallan separadas, como los párpados, los labios, las hojas de un libro, etc. || Poner término a una cosa. || Terminar un plazo. || Ir en último lugar. || Dar por concertado un acuerdo o pacto. || Dar por finalizada la actividad de un negocio, definitivamente o a diario. || *intr.* y *pr.* Cicatrizar. || *pr.* Cubrirse de nubes el cielo. || Mostrarse poco comunicativo o distante.

cerrazón *s. f.* Obstinación, obcecación. || Torpeza para comprender algo.

cerro *s. m.* Montaña pequeña y aislada que se levanta sobre una planicie. || *fig.* Gran cantidad. *Tengo un cerro de papeles que leer.*

cerrojo *s. m.* Barra, generalmente de hierro, que corre sobre especies de armellas y se inserta en un agujero para ajustar y cerrar las puertas, ventanas, etc.

certamen *s. m.* Concurso abierto para estimular con premios el cultivo de las ciencias, de las letras o de las artes.

certero, ra *adj.* Se aplica al tirador o disparo que da en el blanco. || Que aporta respuestas o soluciones correctas a algo.

certeza *s. f.* Conocimiento seguro, claro y evidente de que algo es cierto. || Cualidad de lo cierto.

certidumbre *s. f.* Conocimiento seguro y cierto de algo.

certificación *s. f.* Acción y efecto de certificar. || Garantía que asegura la verdad o autenticidad de algo.

certificado, da *adj.* Que garantiza la verdad de alguna cosa. || Que cuenta con certificación. || *s. m.* Documento oficial que indica que lo que allí está escrito es verdadero.

certificar *t.* Asegurar, especialmente una persona autorizada y mediante un documento oficial, que alguna cosa es cierta. || Obtener, mediante franqueo especial, la garantía de la entrega en mano de un envío postal.

cerúleo, a *adj.* De color azul celeste.

cerumen *s. m.* Secreción de ciertas glándulas del oído.

cervatillo *s. m.* Ciervo menor de seis meses.

cervecería *s. f.* Fábrica o tienda de cerveza.

cervecero, ra *adj.* Perteneciente o relativo a la cerveza. || Se dice de la persona aficionada a beber cerveza. || *s. m.* Persona que hace cerveza o es dueño de una cervecería.

cerveza *s. m.* Bebida alcohólica refrescante, espumosa, hecha con granos germinados de cebada fermentada en agua y aromatizada con lúpulo, que le da sabor amargo.

cervical *adj.* Perteneciente o relativo a la cerviz.

cerviz *s. f.* Parte posterior del cuello.

cesante *adj.* Que ha cesado en sus funciones. || *s. com.* Que se ha quedado sin empleo.

cesantía *s. f.* Estado de cesante. || Proporción estadística de desempleados en relación con la fuerza laboral.

cesar *t.* Despedir a alguien del empleo, generalmente de manera súbita y en forma brusca. || *intr.* Suspenderse o dejar de ocurrir una cosa.

cesárea *s. f.* Operación quirúrgica mediante la cual se hace nacer a un niño por medio de una incisión en el útero de la madre.

cese *s. m.* Acción y efecto de cesar. || Suspensión o finalización de una actividad. || Revocación del empleo y nota en que se hace constar.

cesio *s. m.* Elemento químico metálico del grupo de los alcalinos; está presente en aguas minerales y en las cenizas de algunas plantas; se usa en la fabricación de células fotoeléctricas; su número atómico es 55 y su símbolo Cs.

césped *s. m.* Hierba menuda y tupida que cubre el suelo.

céspol *s. m. Méx.* Pieza inicial de un sistema de drenaje, que consta de dos tubos acoplados en forma de «U».

cesta *s. f.* Recipiente cilíndrico más alto que ancho, tejido de mimbre, carrizo o varas, en el que se guarda ropa u otros objetos. || Recipiente en el que se echan papeles y otros desperdicios, generalmente pequeños.

cestería *s. f.* Sitio donde se hacen cestas o cestos, y tienda donde se venden.

cesto *s. m.* Cesta grande.

cetáceo, a *adj.* y *s.* Se dice de los mamíferos pisciformes, que tienen las extremidades anteriores transformadas en aletas, las posteriores atrofiadas y el cuerpo terminado en una aleta horizontal, y fosa nasal en lo alto de la cabeza, como las ballenas y los delfines. || *s. m. pl.* Orden de esos animales.

cetro *s. m.* Bastón adornado que usan reyes o altos dignatarios eclesiásticos como insignia de su dignidad.

ceviche *s. m. Amér.* Platillo de pescado en trozos, cocido en limón y vinagre y con ciertos condimentos.

chabacano, na *adj.* Que es de mal gusto, grosero, sin arte. || *s. m. Méx.* Nombre con el que se le conoce al albaricoque, árbol frutal pequeño de la familia de las rosáceas, de corteza rojiza, flores rosadas y fruto amarillo rojizo. || Fruto de este árbol.

chabola *s. f. Esp.* Vivienda precaria construida generalmente con materiales de desecho en los suburbios sin urbanizar de las ciudades.

chacal *s. m.* Mamífero carnicero, cánido, parecido al zorro y al lobo y algo más pequeño que éste; de costumbres nocturnas, se alimenta sobre todo de carroña.

chacarera *s. f. Arg.* Danza del norte de Argentina, su música tradicional se ejecuta con guitarra, violín y bombos, se baila por grupos de parejas que danzan libremente con rondas y vueltas.

chachachá *s. m.* Baile y género musical originario de Cuba creado a partir del danzón.

chachalaca *s. f.* Ave de la familia de las crácidas, de diversas especies, semejante a las gallinas, cloquea o chilla fuertemente y con frecuencia a coro, originaria de México, América del sur y Centroamérica. || *fig.* Persona que habla mucho o ruidosamente.

cháchara *s. f.* Charla inútil o frívola. || *Méx.* Cosa de poco valor.

chacota *s. f.* Alegría que se expresa haciendo mucho ruido. || Burla que se hace sobre algo.

chacotear *intr.* Divertirse con burlas y dichos.

chacoteo *s. m.* Acción de chacotear.

chacra *s. f. Amér. Merid.* Granja, casa de campo.

chaflán *s. m.* Plano que resulta de cortar la esquina que forman dos superficies planas. || Esquina de una calle cortada de esa manera.

chajá *s. m.* Ave natural de América del Sur que vive en las marismas y a la orilla de los lagos y lagunas, parece un pavo pero está emparentado con los patos.

chal *s. m.* Paño de seda o lana, bastante más largo que ancho, o de forma triangular, que puesto sobre los hombros cubre parte de la espalda.

chala *s. f. Arg., Bol., Chil., Per.* y *Uy.* Hoja que envuelve la mazorca del maíz.

chalado, da *adj.* Alelado, abobado.

chaladura *s. f.* Extravagancia, locura, manía. || Enamoramiento.

chalán¹ *s. m.* Embarcación de poco calado y ancha, de fondo plano, impulsada por una pértiga o por un motor.

chalán² *adj.* y *s. Méx.* Ayudante, generalmente de albañil, pero también de conductor de autobús y talleres mecánicos.

chalar *t.* y *pr.* Enloquecer, chiflar, alelar. || Enamorarse.

chalé *s. m.* Casa de madera de estilo suizo. || Casa de recreo no muy grande.

chaleco *s. m.* Prenda de vestir sin mangas, que se lleva sobre la camisa.

chalupa *s. f.* Embarcación pequeña, angosta, que se impulsa con un solo remo y sirve para navegar por canales, acequias o lagos de aguas tranquilas.

chamaco, ca *s. Amér. C.* y *Méx.* Niño o adolescente. || Hijo.

chamagoso, sa *adj. Méx.* Sucio, mugriento, astroso.

chamán *s. m.* Hechicero al que se supone dotado de poderes sobrenaturales para invocar a los espíritus, sanar a los enfermos, predecir el futuro, exorcizar, etc.

chamánico, ca *adj.* Relativo al chamán o al chamanismo.

chamanismo *s. m.* Culto mágico, conjunto de ritos y creencias en que el chamán hace de intermediario ante los dioses o espíritus tutelares.

chamarra *s. f.* Prenda de vestir que cubre el tronco del cuerpo, tiene mangas, y sirve para protegerse del frío. || Bozal de correas de cuero que se pone a los perros.

chamba *s. f. Méx.* Trabajo u ocupación.

chambear *intr.* Trabajar. *Tengo que levantarme temprano, voy a chambear.*

chambergo *s. m.* Sombrero de copa acampanada y de ala ancha.

chambón, bona *adj.* y *s.* Poco hábil en cualquier arte o facultad.

chambra *s. f.* Prenda de vestir para mujer que se pone encima de la blusa. || *Méx.* Prenda de vestir para bebé tejida en estambre, que cubre desde los hombros hasta el pecho; suele usarse en diminutivo.

chamorro *s. m. Méx.* Pantorrilla del cerdo, apreciada por su sabor. || Pierna de mujer.

champán o **champaña** *s. m.* Vino blanco espumoso de la región francesa de Champaña, muy apreciado para brindar en ocasiones especiales.

champiñón *s. m.* Hongo comestible cultivable, de consistencia suave y sabor terroso.

champú *s. m.* Sustancia jabonosa para lavar el cabello.

champurrado *s. m. Méx.* Atole de maíz con chocolate.

chamullar *intr. fam.* Hablar.

chamuscar *t.* Quemar algo por la parte exterior. || *fam.* Perjudicar la imagen de alguien.

chamusquina *s. f.* Acción y efecto de chamuscar.

chance *s. m.* Oportunidad o posibilidad de lograr algo.

chancear *intr.* Hacer chanzas, burlas o bromas.

chanchada *s. f. Amér. Merid.* Acción desleal o grosera. || *Uy.* Porquería, suciedad.

chancho, cha *s. Amér. Merid.* Cerdo. || *fig.* Persona sucia. || *fam. Méx.* Persona obesa u objeto voluminoso.

chanchullo *s. m. fam.* Acción tramposa, especialmente en juegos y competencias.

chancla *s. f.* Calzado doméstico cómodo, abierto o semicerrado, generalmente sin tacón. || Calzado doméstico mullido.

chancleta *s. f.* Chancla.

chancletazo *s. m.* Golpe dado con una chancla o chancleta.

chancletear *intr.* Andar en chancletas o en chanclas.

chancleteo *s. m.* Golpe y sonido de las chanclas o chancletas al andar con ellas.

chanclo *s. m.* Calzado grande sobrepuesto al calzado normal para protegerlo de la humedad u otros agentes.

chancro *s. m.* Úlcera causada por la sífilis.

chaneque *s. m. Méx.* Personaje de la tradición oral maya, descrito como un enano o un hombrecito que se dedica a hacer travesuras.

chanfle *s. m.* Efecto de curva en la trayectoria de un balón o proyectil. *Metió el gol de chanfle.*

changador, ra *adj. y s. Arg., Bol. y Uy.* Persona encargada de cargar o transportar equipaje.

changarro *s. m. fam. Méx.* Tienda pequeña de comestibles y otros artículos de consumo doméstico.

chango, ga *s. Méx.* Mamífero pequeño herbívoro con patas prensiles que vive en las ramas de los árboles y camina erguido en cuatro patas.

chantaje *s. m.* Amenaza de daño contra alguien para obtener un provecho.

chantajear *t.* Ejercer chantaje o amenaza contra alguien para obtener un provecho.

chantajista *adj. y s. com.* Persona que ejerce chantaje o amenaza a otros para obtener un provecho.

chantillí *s. m.* Crema de pastelería que se obtiene de la nata batida.

chanza *s. f.* Dicho festivo y gracioso. || Acción burlesca e ingeniosa.

chapa *s. f.* Mecanismo de puertas y ventanas para abrirlas y cerrarlas. || Hoja o lámina de metal u otro material usada como refuerzo o adorno de objetos. || Baño de superficies metálicas. || Placa metálica distintiva de agentes del orden. || *Méx.* Mancha roja en las mejillas, natural o artificial.

chaparro, rra *adj. y s.* Que es de baja estatura.

chaparrón *s. m.* Aguacero de poca duración.

chapeado, da *adj.* Que está recubierto de película metálica. || *Méx.* Que tiene mejillas sonrosadas, natural o artificialmente.

chapopote *s. m. Méx.* Alquitrán de petróleo espeso que se usa como asfalto e impermeabilizante.

chapotear *intr.* Agitar el agua con pies y manos.

chapucear *t.* Hacer chapuzas o trampas, especialmente en juegos.

chapucería *s. f.* Trampa o engaño que se hace en un trato o juego. || Cosa mal hecha o mal acabada.

chapucero, ra *adj.* Que comete chapuzas, trampas o engaños. || Que trabaja deficientemente.

chapulín *s. m. Amér. C. y Méx.* Insecto herbívoro voraz con alas y tres pares de patas aserradas, cuyo par posterior es muy fuerte, con el cual da saltos muy largos; en grandes grupos forma plagas muy dañinas para la agricultura.

chapurrar o **chapurrear** *t. fam.* Hablar torpemente un idioma.

chapurreo *s. m.* Manera torpe de hablar un idioma.

chapuza *s. f.* Trampa o engaño para sacar ventaja de otros. || Trabajo ejecutado con negligencia. || *Méx.* Estafa.

chapuzón *s. m.* Inmersión breve del cuerpo o la cabeza en el agua. || Baño rápido.

chaqueta *s. f.* Prenda de vestir de mangas largas y hasta la cintura o más abajo, que se pone sobre la camisa o el vestido.

chaquira *s. f.* Abalorio de cuentas de vidrio u otros materiales de diversos colores.

charada *s. f.* Acertijo de palabras a partir de indicaciones sobre su significado y de combinación de sílabas.

charal *s. m.* Pez pequeño de agua dulce, comestible, abundante en cuerpos de agua de Jalisco y Michoacán, México. || *fam. Méx.* Persona muy flaca.

charamusca *s. f.* Leña menuda. || *Hond.* y *Méx.* Dulce de azúcar derretido, cristalizado y quebradizo.

charanga *s. f.* Banda de música popular de viento y percusiones.

charango *s. m.* Especie de guitarra pequeña de cinco cuerdas dobles con caja de caparazón de armadillo o de madera, típica de la música andina.

charca *s. f.* Embalse un tanto considerable de agua.

charco *s. m.* Embalse de agua derramada o estancada sobre el terreno o el piso.

charla *s. f.* Conversación informal entre dos o más personas. || Exposición oral más o menos libre ante una audiencia.

charlar *intr.* Conversar por pasatiempo, sin propósito determinado. || Hablar mucho y decir poco.

charlatán, tana *adj.* Que habla mucho sin decir nada. || Que embauca a la gente con palabras. || *s.* Vendedor que anuncia su mercancía a voces.

charlatanería *s. f.* Estado de locuacidad. *El alcohol le provocó charlatanería.* || Afirmación o conjunto de afirmaciones falsas. *No hagas caso, es pura charlatanería.*

charol *s. m.* Barniz muy brillante que se adhiere firme y uniforme a las superficies. *Se presentó en la Corte con botas de charol.*

charola *s. f. Méx.* Recipiente casi plano para presentar y transportar alimentos, bebidas u otros objetos.

charqui *s. m. Arg., Bol., Chil., Per.* y *Uy.* Carne salada.

charro, rra *adj. y s.* De gusto recargado. || *Méx.* Se aplica al criador de ganado y jinete, diestro en la doma de caballos y suertes relacionadas, que viste pantalón ajustado, camisa blanca, corbata de lazo, chaleco abierto y sombrero de ala ancha y redonda.

charrúa *adj.* Perteneciente o relacionado con un grupo indígena ya desaparecido de la costa norte del Río de la Plata. || *s. com.* De Uruguay.

chascarrillo *s. m.* Anécdota o frase graciosa, generalmente picante.

chasco *s. m.* Decepción provocada por un suceso contrario al esperado. || Burla o engaño.

chasis *s. m.* Estructura de acero que soporta la carrocería y el motor de los automóviles.

chasque *s. m. Amér. Merid.* Chasqui.

chasquear *t.* Engañar o decepcionar. || Frustrar. || Provocar chasquidos.

chasquido *s. m.* Sonido seco del látigo u objeto similar al atraerlo súbita y vigorosamente en el aire. || Sonido de la lengua al separarla súbitamente del paladar. ‖ Ruido seco de una cosa al romperse, como la madera al rajarse.

chat *s. m. fam.* Conversación informal por escrito en internet.

chatarra *s. f.* Metal de deshecho, principalmente de hierro. ‖ Aparato o vehículo viejo e inservible. ‖ *loc. Méx. Comida chatarra:* comida no nutritiva, muchas veces nociva al organismo.

chatear *t.* Conversar por escrito por internet. ‖ *Esp.* Beber vino.

chateo *s. m.* Acción y efecto de chatear. *Desde que se conectó a internet no para su chateo.*

chato, ta *adj. y s.* Que tiene la nariz pequeña y aplastada. ‖ Se dice de la nariz con esas características.

chau *interj. Arg., Bol., Per. y Uy.* Expresión para decir adiós.

chaucha *s. f. Arg., Bol., Py. y Uy.* Vaina verde comestible del frijol, poroto o judía. ‖ Cantidad mínima de dinero.

chaval, la *s. Esp.* Niño, persona muy joven.

chaveta *s. f.* Clavo casi totalmente hendido para asegurar, al abrir sus patas, las piezas de un instrumento o mecanismo. ‖ *loc. fam. Perder la chaveta:* perder el juicio, enloquecer.

chavo, va *adj. y s. Méx.* Muchacho, persona joven.

chayote *s. m.* Fruto de la chayotera, de color verde claro y superficie espinosa, el cual se come cocido y tiene un sabor ligeramente dulce.

chayotera *s. f.* Planta trepadora cuyo fruto es el chayote.

che *interj. Arg., Bol. y Uy.* Expresión para llamar o solicitar atención a alguien.

checar *t. Méx.* Comprobar la validez de algo. ‖ Confirmar el inicio o la terminación de una jornada o tarea.

checo, ca *adj. y s.* Originario o relacionado con el país de Europa central llamado República Checa, antes Checoslovaquia. ‖ *s. m.* Lengua eslava hablada en esa región.

chef *s. com.* Cocinero jefe de un restaurante de alta categoría.

chelo *s. m.* Violonchelo.

cheque *s. m.* Documento equivalente a la cantidad de dinero especificada en él y amparada en una cuenta bancaria.

chequeo *s. m.* Corroboración de algo. ‖ Examen médico exhaustivo.

chequera *s. f.* Talonario y cartera de cheques.

chévere *adj. Cub., P. Rico y Ven.* Que es agradable, estupendo, excelente.

chibcha *adj. y s. com.* De o relacionado con el pueblo indígena del mismo nombre, al norte de Bogotá, Colombia.

chicano, na *adj. y s.* Nacido en Estados Unidos de origen mexicano. ‖ Relacionado con la cultura creada por los estadounidenses de origen mexicano. ‖ Relacionado con la reivindicación de los derechos y cultura de la minoría estadounidense de origen mexicano.

chicha *s. f.* Bebida alcohólica americana elaborada a partir de la fermentación del maíz.

chícharo *s. m.* Leguminosa de unos 2 m de longitud cuyo fruto, del mismo nombre, se aloja en una vaina, es verde, casi esférico y comestible.

chicharra *s. f.* Insecto de color gris verdoso que emite un sonido metálico, estridente y monótono. ‖ Timbre eléctrico que emite un sonido similar al del insecto del mismo nombre.

chicharrón *s. m.* Residuo endurecido de la lonja y la piel rasurada de ciertos animales, especialmente del cerdo, frito en su propia grasa.

chichimeca *adj.* De origen o relacionado con los pueblos prehispánicos seminómadas que habitaron la región centro norte de México. ‖ *s. m. pl.* Conjunto de esos pueblos.

chichón *s. m. fam.* Inflamación causada por un golpe recibido en el cráneo.

chicle *s. m.* Goma de mascar saborizada y aromatizada. ‖ Resina pegajosa del chicozapote con la que se elabora goma de mascar y otros productos.

chicloso, sa *adj.* Que es espeso y pegajoso. ‖ Golosina de leche y azúcar, espesa y pegajosa.

chico, ca *adj.* Que es pequeño o de poco tamaño. ‖ Muy joven. ‖ *s.* Hombre o mujer de edad no muy avanzada. ‖ Empleado joven que hace tareas menores.

chicotazo *s. m.* Golpe dado con un chicote.

chicote *s. m. Amér.* Látigo largo.

chicozapote *s. m. Méx.* Fruto comestible, semiesférico, de color pardo, cáscara áspera y pulpa muy dulce con grandes semillas negras y brillantes. ‖ Árbol que produce ese fruto.

chiflado, da *adj. y s. fam.* Maniático, que tiene la razón perturbada. ‖ Apasionado en extremo por algo.

chiflar *t. y pr.* Hacer burla pública de alguien, por lo general con silbidos y gritos. ‖ *fam.* Gustar algo mucho a alguien. *La chiflan los pastelillos.* ‖ *intr.* Silbar, sobre todo para llamar la atención o burlarse de alguien. ‖ *pr.* Perder la razón, enloquecer.

chiflido *s. m.* Silbido fuerte para llamar la atención.

chilacayote *s. m. Méx.* Variedad de calabaza ovalada, con pulpa blanca fibrosa y semillas negras.

chile *s. m. Amér. C. y Méx.* Planta herbácea anual que se cultiva por sus frutos comestibles; tiene diversas variedades. ‖ Fruto picante, por lo general de forma alargada, de esta planta. ‖ *vulg.* Pene.

chillar *intr.* Emitir chillidos un animal o persona. ‖ Gritar, sobre todo de manera destemplada. ‖ Reclamar, mostrar desacuerdo o regañar a gritos. ‖ *Méx.* Llorar.

chillido *s. m.* Sonido de la voz estridente y destemplado. *Lanzó un chillido al descubrir una cucaracha sobre su escritorio.*

chillón, llona *adj.* Se dice del sonido estridente y desagradable. ‖ Que chilla mucho. *Un niño chillón.* ‖ Color demasiado vivo, o que choca con otros por estar mal combinado. ‖ *Méx.* Que llora por cualquier cosa. ‖ *Méx. desp.* Miedoso, cobarde.

chimenea *s. f.* Conducto para evacuar el humo de un horno o del fogón de una casa. ‖ Conducto cilíndrico de gran altura, destinado a evacuar los humos resultantes de un proceso industrial. ‖ En geología, conducto que lleva hacia el exterior la lava que arroja un volcán en erupción.

chimichurri *s. m. Arg.* Salsa para condimentar la carne, elaborada a base de hierbas aromáticas, especias, ajo, vinagre y aceite.

chimpancé *s. m.* Simio originario de África ecuatorial, de tamaño un poco menor que el de un humano.

chimuelo, la *adj.* y *s. Méx.* Persona a la que le falta uno o varios dientes.

china *s. f. Esp.* Piedra de pequeño tamaño.

chinampa *s. f. Méx.* Islote flotante sobre el que se cultivan flores y hortalizas.

chinche *s. f.* Insecto de cuerpo aplanado, que despide mal olor; es parásito, se alimenta de la sangre de personas y animales. ‖ Chincheta.

chincheta *s. f.* Pequeño clavo de punta corta y aguda, con cabeza plana y circular.

chinchilla *s. f.* Mamífero roedor sudamericano parecido a una ardilla pero más grande y robusto; vive en madrigueras subterráneas. ‖ Piel de este roedor.

chinchorro *s. m.* Red barredera para pescar. ‖ Bote pequeño de remos que se trae a bordo de embarcaciones mayores para destinarlo a faenas de apoyo. ‖ *Col.* y *Ven.* Hamaca anudada a manera de red.

chinchulín *s. m. Arg., Bol.* y *Uy.* Intestino delgado de oveja o res que se come frito o asado.

chinela *s. f.* Zapatilla para estar en casa, de suela delgada y flexible y por lo común sin talón.

chinga *s. f. Amér.* Mofeta. ‖ *Arg.* Cosa muy fastidiosa o molesta. ‖ *Arg. vulg.* Acción y efecto de chingar. ‖ *C. R.* Colilla de cigarro. ‖ *Méx. vulg.* Tunda, golpiza. ‖ *Ven.* Borrachera.

chingadazo *s. m. vulg. Méx.* Golpe muy fuerte.

chingadera *s. f. vulg. Méx.* Cosa mal hecha. ‖ Acciones tontas o malas.

chingar *t. vulg. Méx.* Molestar o importunar con insistencia. ‖ Estropear algo, echarlo a perder. ‖ Realizar el acto sexual. ‖ *Amér. C.* Cortarle el rabo a un animal. ‖ *Amér. C.* y *Méx.* Perjudicar o dañar a alguien de manera grave y alevosa. ‖ *pr.* Frustrarse, fracasar, fallar en algo. ‖ Tener que apechugar con circunstancias injustas o desfavorables.

chingo *s. m. Méx. vulg.* Cantidad muy grande de algo. ‖ *s. f.* Golpiza.

chingón, gona *adj. vulg. Méx.* Se aplica a lo que es muy bueno o está muy bien. ‖ *s. vulg. Méx.* Persona muy hábil para hacer algo.

chino, na[1] *adj.* y *s.* Se aplica a la persona nacida en China, país de Asia. ‖ Perteneciente o relativo a China. ‖ *s. m.* Lengua hablada en China. ‖ Colador de forma cónica, con agujeros finos.

chino, na[2] *adj.* y *s. Amér. Merid.* Persona de aspecto aindiado. ‖ *Col.* Se dice del indio o india que no han sido civilizados. ‖ *Cub.* Hijo o hija de una persona negra y otra mulata. ‖ *Méx.* Se usa para referirse a personas con el cabello rizado. ‖ *s. Per.* Mestizo, cholo. ‖ *Amér. Merid.* Persona de clase social baja. ‖ Sirviente o criado.

chip *s. m.* En electrónica, placa delgada y muy pequeña de silicio, que sirve de soporte a las partes activas de un circuito integrado. *Los chips miden unos pocos milímetros.*

chipichipi *s. m. Méx.* Llovizna ligera.

chipote *s. m. Amér. C.* Golpe dado con la mano. ‖ *Guat.* y *Méx.* Chichón.

chipriota *adj.* y *s. com.* Persona nacida en Chipre, isla del Mediterráneo. ‖ Perteneciente o relativo a Chipre.

chiquear *t. Cub.* y *Méx.* Tratar a alguien con ternura y cariño.

chiqueo *s. m. Cub.* y *Méx.* Resultado de chiquear.

chiquero *s. m.* Cobertizo o establo para guardar los cerdos. ‖ *fig.* Lugar muy sucio y desordenado.

chiquilín, na *s. m.* Niño de corta edad.

chiquillada *s. f.* Acción o comportamiento como de chiquillo.

chiquillo, lla *adj.* y *s.* Niño o niña.

chirimbolo *s. m.* Objeto o utensilio de forma extraña al que no se sabe cómo nombrar.

chirimoya *s. f.* Fruto del chirimoyo, de cáscara verde, pulpa suave, dulce y fragante, con semillas negras.

chiripa *s. f.* En el billar, tanto conseguido de manera inesperada en un juego. ‖ *fig.* y *fam.* Casualidad favorable.

chiripá *s. m. Amér. Merid.* Prenda de vestir típica del gaucho; consiste en un paño rectangular que se pasa entre las piernas y se sujeta a la cintura con la faja. ‖ *Arg.* y *Uy.* Pañal que se pone a los niños.

chiripada *s. f. Méx. fam.* Suceso favorable que se da por casualidad.

chirle *adj. fam.* Sin sustancia, insípido. ‖ *Arg., Bol.* y *Uy.* Blanduzco, falto de consistencia.

chirona *s. f. fam.* Prisión, cárcel.

chirriar *intr.* Producir algo un sonido agudo, como cuando se mete un hierro ardiendo en el agua. ‖ Rechinar.

chirrido *s. m.* Ruido continuo, agudo y desagradable. ‖ Sonido agudo que hacen algunos animales como los grillos, las chicharras y ciertas aves.

chirrión *s. m. Amér.* Látigo de cuero con mango corto y fuerte.

chisguete *s. m.* Chorro violento de algún líquido.

chisme *s. m.* Noticia, rumor o comentario falsos, o hecho verdadero deformado, con que alguien pretende difamar a otro, o indisponerlo con un tercero. ‖ Objeto cualquiera, sin importancia.

chismear *intr.* Chismorrear.

chismorrear *intr. fam.* Dedicarse a contar chismes.

chismoso, sa *adj.* y *s.* Persona que cuenta chismes o que gusta de chismorrear.

chispa *s. f.* Partícula incandescente que se desprende de algo que se quema o es producida por la fricción de ciertos materiales. ‖ Descarga eléctrica luminosa que se produce al juntarse dos objetos con diferente carga. ‖ *fig.* Ingenio, agudeza, gracia.

chispazo *s. m.* Acción de producirse una chispa.

chispeante *adj.* Que chispea. ‖ *fig.* Que abunda en detalles de ingenio o agudeza.

chispear *intr.* e *impers.* Lanzar chispas algo. ‖ Destellar, brillar mucho. ‖ Llover poco y con gotas menudas.

chisporrotear *intr. fam.* Despedir algo chispas de manera continua.

chisporroteo *s. m.* Acción y efecto de chisporrotear.

chistar *intr.* Emitir algún sonido, o hacer un ademán, con intención de hablar.

chiste *s. m.* Historia breve, ya sea de doble sentido, ingeniosa o cómica que se cuenta con la intención de hacer reír. ‖ *Col., Esp.* y *Méx.* Chispa, gracia.

chistoso, sa *adj.* Se aplica a la persona que acostumbra decir chistes o hacer cosas cómicas. ‖ Se dice de un suceso hilarante o una actitud graciosa.

chivas *s. f. pl. fam. Méx.* Conjunto de objetos personales.

chivatazo *s. m. fam.* Delación, acción de informar algo que perjudica a alguien.

chivo, va *s.* Cría de la cabra desde que se desteta hasta que llega a la edad adulta. ‖ *Cub., Uy.* y *Ven.* Macho cabrío.

chocador, ra *adj.* y *s.* Que choca, se impacta contra otra cosa. *Fuimos a la feria y nos subimos a los carritos chocadores.*

chocante *adj.* Que choca, en el sentido de sorprender desagradablemente o producir extrañeza. ‖ *Arg., Col., C. R., .Ecua., Méx.* y *Per.* Antipático, que provoca rechazo, difícil de tolerar.

chocar *intr.* Impactarse dos cuerpos u objetos uno contra otro. ‖ *fig.* Combatir, pelear. ‖ *fig.* Mostrar desacuerdo, discutir. *Las opiniones chocaron y no se llegó a ningún acuerdo.* ‖ *fig.* Causar extrañeza o desagrado. *Me choca que me dejen plantada.* ‖ *t.* Hacer que algo contacte violentamente con otra cosa. *Lo empujaron y chocó contra la pared.* ‖ *t.* Juntar las copas o los vasos al hacer un brindis. ‖ *fam. Chocarlas:* unir las manos una persona con otra en señal de saludo o reconciliación.

chochear *intr.* Estar senil, tener las facultades mentales menguadas por efecto de la vejez. ‖ *fig.* y *fam.* Tener cariño y afición exagerados a una persona o cosa. *Está que chochea con su nueva computadora.*

chocho, cha *adj.* Persona que chochea. ‖ *Arg., Per.* y *Uy.* Muy feliz y complacido.

choclo *s. m.* Chanclo, zapato de madera o de material plástico para proteger el calzado del lodo y la lluvia. ‖ *Amér. Merid.* Mazorca tierna de maíz. ‖ *Amér. Merid.* Humita, guiso de maíz tierno rallado. ‖ *Arg. fig.* y *fam.* Abundancia de algo.

chocolate *adj.* Se dice del color marrón como el del chocolate. ‖ Que es de ese color. ‖ *s. m.* Pasta de cacao molido y tostado con azúcar, a la que se agrega manteca de cacao y, en su caso, nueces, leche, almendras y otros ingredientes. ‖ Bebida preparada con esa pasta y agua o leche.

chocolatín *s. m.* Barra pequeña de chocolate o bombón de chocolate.

chofer o **chófer** *s. com.* Persona que tiene por oficio conducir automóviles; la forma acentuada se emplea sólo en España.

cholla *s. f. fam.* Cabeza del ser humano. ‖ Buen juicio o talento. ‖ *Amér. C.* Pereza, flojera.

cholo, la *adj.* y *s. Amér.* Se dice del mestizo descendiente de persona blanca e indígena. ‖ Se aplica al indígena que se ha asimilado a la sociedad urbana. ‖ *Méx.* Nombre dado a un grupo de inmigrantes mexicanos a Estados Unidos, que se caracterizan por provenir de clase baja y formar pandillas.

chompa o **chomba** *s. f. Amér. Merid.* Suéter, sobre todo el de lana de alpaca. ‖ *Col.* y *Pan.* Chaqueta de abrigo que llega hasta la cadera.

chongo *s. m. Méx.* Peinado consistente en un moño de cabello, o una trenza enrollada y recogida en la nuca.

chontal *adj.* y *s. com.* De un pueblo amerindio del sureste de México. ‖ *s. m.* Lengua de la familia maya-quiché que se habla en Tabasco.

chopo *s. m.* Álamo.

choque *s. m.* Acción y efecto de chocar. ‖ *fig.* Confrontación de ideas, disputa o riña. ‖ En términos militares, enfrentamiento violento de una pequeña fuerza con el enemigo.

chorizo *s. m.* Embutido de carne de cerdo picada, adobada y curada al humo. ‖ *Arg., Bol., Py.* y *Uy.* Corte alargado de carne de lomo de res.

chorlito *s. m.* Ave de patas largas, pico recto y plumaje pardomoteado de oscuro.

chorreado, da *adj. Amér.* Manchado o sucio.

chorrear *intr.* y *t.* Salir un líquido escurriendo, o formando chorro, de un objeto. ‖ Brotar en abundancia secreciones de un ser vivo. ‖ Manchar algo con un líquido derramado.

chorro *s. m.* Porción de líquido o gas que sale despedida violentamente por una abertura, o que cae con fuerza. ‖ Fluir continuo de algo. ‖ *loc. Méx. Un chorro:* mucho, un montón de algo.

choteado, da *adj.* Sin originalidad, común.

chotear *t. Cub.* y *Méx. fam.* Divertirse bromeando a costa de alguien. ‖ *Volverse corriente o vulgar algo preciado, delicado o importante por usarlo con demasiada frecuencia.

choto, ta *s.* Cría de cabra durante el periodo en que se amamanta. ‖ Ternero.

choza *s. f.* Cabaña rústica construida con varas, troncos o paja. ‖ Vivienda urbana muy pobre, construida de manera tosca y con materiales como cartón o láminas.

chozno, na *s.* Hijo del tataranieto de alguien.

chubasco *s. m.* Lluvia copiosa, intensa y breve, por lo general acompañada de viento. ‖ *fig.* Contratiempo, adversidad pasajera.

chuchería *s. f.* Objeto de escaso valor, pero atractivo a la vista.

chueco, ca *adj. Amér.* Persona que tiene las piernas arqueadas. ‖ *Méx. fig.* y *fam.* Deshonesto y tortuoso.

chulear *t. Méx.* Piropear, alabar la belleza de alguien. ‖ *Esp.* Explotar alguien a una persona que ejerce la prostitución. ‖ *intr.* Jactarse de algo, fanfarronear.

chuleta *s. f.* Trozo de costilla con carne de res, cerdo, carnero o ternera. ‖ *fig.* y *fam.* Bofetada. ‖ En construcción y carpintería, pieza pequeña que se añade a algo para tapar un hueco.

chulo, la *adj. fam. Esp.* y *Méx.* Bonito, gracioso y atractivo. ‖ *Esp.* Que actúa y habla con chulería. ‖ Chulesco. ‖ *s. m. Esp.* Madrileño de las clases populares. ‖ Explotador de prostitutas.

chumacera *s. f.* Pieza de material duro en la que se apoya y gira una maquinaria. ‖ Pieza que se coloca en los bordes de un bote para que el remo no los desgaste.

chumbera *s. f.* Planta de nopal.

chunches *s. m. pl. Amér. C.* y *Méx.* Cosas, cachivaches.

chunga *s. f.* Broma con matiz de burla.

chupado, da *adj. fam.* Muy flaco y con aspecto no saludable. ‖ *s. f.* Succión.

chupador, ra *adj.* y *s.* Que chupa.

chupaflor *s. m. Col., Méx.* y *Ven.* Colibrí.

chupamedias *adj.* y *s.* Servil, adulador.

chupamirto *s. m. Méx.* Colibrí.

chupar *t.* e *intr.* Succionar con los labios y con la lengua el líquido de alguna cosa. ‖ *t.* Mojar la superficie de algo con la boca y la lengua. ‖ Mantener algo en la boca hasta que se deshaga. ‖ Absorber un líquido. ‖ *intr. fam. Amér.* Tomar bebidas con alcohol.

chupasangre *adj.* Que explota a otras personas.

chupatintas *s. com.* Oficinista del montón.

chupete *s. m.* Pieza de goma de forma alargada que se da a los bebés para que chupen.

chupetear *t.* e *intr.* Chupar varias veces.

chupetón *s. m.* Acción de chupar fuerte.

chupón, pona *adj.* Que chupa. || *s. m. Méx.* Pieza de goma de forma alargada que se da a los bebés para que chupen.

churrasco *s. m.* Trozo de carne asado a la parrilla.

churrete *s. m. fam.* Mancha en partes visibles de la piel por algún alimento que se escurre.

churro *s. m.* Pan dulce de forma alargada y con canales, hecho de harina y agua, frito en aceite y cubierto de azúcar. || *fam.* Cosa mal hecha, de baja calidad. || Logro casual. || *Méx.* Película mala.

chusco, ca *adj.* Que es chistoso.

chusma *s. f. desp.* Grupo de gente vulgar.

chusmear *t. fam. Arg.* y *Uy.* Chismorrear, husmear.

chusmerío *s. m.* Acción de chusmear.

chutar *intr.* En el juego de futbol, patear con fuerza el balón. || *pr. Méx.* Aguantar.

chuza *f. Chile* y *Méx.* En el juego de los bolos, tiro que derriba todos los pinos de una sola vez.

cian *adj.* y *s. com.* De color azul claro brillante. || *s. m.* Nombre del color.

cianosis *s. f.* En medicina, color azul o negro en partes de la piel como resultado de un problema de circulación o falta de oxigenación de la sangre.

cianuro *s. m.* En química, compuesto de nitrógeno, carbono e hidrógeno muy venenoso.

ciática *s. f.* En medicina, inflamación dolorosa del nervio ciático.

ciático, ca *adj.* Relativo a la cadera. || *s. m.* Nervio ciático. || *s. f.* En medicina, dolor del nervio ciático.

cibercafé *s. m.* Establecimiento donde los clientes, al tiempo que usan computadoras de alquiler, pueden beber café y comer algún bocadillo.

ciberespacio *s. m.* Espacio artificial, virtual, con recursos de información a los que se accede por medio de red informática con una computadora.

cibernauta *s.* Persona que usa el ciberespacio.

cibernética *s. f.* Ciencia que estudia los sistemas de comunicación y de control en los seres vivos y los aplica a las máquinas.

cibernético, ca *adj.* Relativo a la cibernética. || *s.* Persona experta en cibernética.

cicatería *s. f.* Cualidad de cicatero. || Acción propia del cicatero.

cicatero, ra *adj.* y *s.* Que es tacaño y mezquino.

cicatriz *s. f.* Marca de una herida que queda en el tejido de un ser vivo.

cicatrización *s. f.* Acción de cicatrizar.

cicatrizar *t. intr.* y *pr.* Cerrar y curar completamente una herida.

cíclico, ca *adj.* Relativo al ciclo.

ciclismo *s. m.* Ejercicio o deporte que se practica en la bicicleta.

ciclista *adj.* Que anda en bicicleta. || *s. com.* Que practica el deporte del ciclismo.

ciclo *s. m.* Periodo que se considera completo, acabado. || Conjunto de fases de un fenómeno que ocurren de manera sucesiva hasta volver a repetirse en el mismo orden. || Conjunto de actos culturales relacionados entre sí. || Cada una de las partes en las que se divide la enseñanza escolar. || Conjunto de relatos que se refieren a un periodo de la historia o a un personaje heroico.

ciclón *s. m.* Viento intenso que gira en grandes círculos y es acompañado de tormenta. || Región de la atmósfera con muy baja presión.

ciclónico, ca *adj.* Relativo al ciclón o a la rotación de sus vientos.

cíclope *s. m.* En la mitología griega, gigante con un solo ojo en la frente.

ciclópeo, a *adj.* Relativo a los cíclopes. || Que es gigantesco, de tamaño excesivo.

cidra *s. f.* Fruto del árbol llamado «cidro»; es parecido al limón, pero más grande.

ciego, ga *adj.* y *s.* Que no puede ver. || Que está dominado por una pasión. || Que no puede razonar con claridad. || Se dice de un sentimiento que se experimenta de manera muy intensa. || Se dice de conductos u orificios obstruidos y que por ello no pueden usarse.

cielo *s. m.* Capa gaseosa que rodea la Tierra y en donde están las nubes. || En la religión cristiana, lugar en donde está Dios y otras figuras divinas. || Parte superior de alguna cosa. || Situación favorable o de felicidad. || *interj. pl.* Se emplea para expresar sorpresa.

ciempiés *s. m.* Animal con cuerpo parecido al de un gusano y dividido en 21 anillos, cada uno con dos patas; tiene dos antenas y cuatro ojos, e inyecta veneno a sus presas.

cien *adj.* Diez veces diez. || Apócope de ciento. || *s. m.* Número 100.

ciénaga *s. f.* Terreno donde hay lodo o cieno.

ciencia *s. f.* Conjunto de saberes que se obtienen por observación y razonamiento y se estructuran metódicamente para deducir principios y leyes generales. || Conjunto de conocimientos de una materia determinada. || Saber o conocimiento que tiene un estudioso. || Habilidad para hacer alguna cosa.

cieno *s. m.* Lodo que se forma en el fondo del agua o en lugares húmedos.

científico, ca *adj.* Relativo a la ciencia. || *s.* Que posee conocimientos sobre una o varias ciencias o que se dedica a estudiarlas.

ciento *adj.* Diez veces diez. || *s. m.* Número 100.

ciernes *loc. En ciernes:* en potencia, en el inicio.

cierre *s. m.* Acción de cerrar o cerrarse. || Mecanismo que consiste en dos tiras con dientes que emboban uno con otro para cerrar la abertura de prendas de vestir, bolsas, maletas, etc. || Dispositivo con que se cierra algo. || Final o término de algo.

cierto, ta *adj.* Verdadero, que no da lugar a la duda. || Antes de un sustantivo, indica que no está determinado de manera precisa.

ciervo, va *s.* Animal mamífero esbelto, de patas largas, cola muy corta, pelo color marrón y cabeza alargada; el macho tiene cuernos que se renuevan cada año.

cierzo *s. m.* Viento frío del noroeste.

cifra *s. f.* Número, dígito. || Cada uno de los signos gráficos con que se representa un número. || Cantidad indeterminada de algo.

cifrado, da *adj.* Que está escrito en cifra.

cifrar *t.* Escribir un mensaje en clave para proteger su contenido. || Basar o sustentar algo en una sola cosa cuando en realidad procede de varias causas. || Valorar la cantidad de algo, especialmente pérdidas y ganancias.

cigarra *s. f.* Insecto de color gris verdoso que emite un sonido metálico, estridente y monótono.

cigarrillo *s. m.* Cigarro delgado y pequeño.

cigarro *s. m.* Cilindro de papel relleno de tabaco desmenuzado y que se enciende por un extremo para fumarse por el otro.

cigoto *s. m.* En biología, célula que resulta de la unión de un espermatozoide y un óvulo en la reproducción sexual.

cigüeña *s. f.* Ave que mide hasta 1 m de altura, de cuello y zancas largos, pico largo y recto y cuerpo blanco.

cigüeñal *s. m.* Eje que forma parte de varias máquinas y que tiene uno o varios codos para transformar el movimiento rectilíneo en rotativo.

cilantro *s. m.* Planta aromática muy utilizada en la cocina como condimento.

ciliado, da *adj.* Que tiene cilios.

cilíndrico, ca *adj.* Que tiene forma de cilindro.

cilindro *s. m.* En geometría, cuerpo limitado por una superficie curva cerrada y con dos bases circulares y planas a cada lado que la cortan. ‖ Cualquier objeto con esa forma. ‖ *Méx.* Organillo.

cilio *s. m.* En biología, cada uno de los órganos en forma de hilo que tienen algunos organismos y células y que sirven para la locomoción en un medio líquido.

cima *s. f.* Parte más alta de una montaña o de un árbol. ‖ Momento de máximo esplendor de algo o alguien. *¡Qué lástima, se retiró en la cima de su carrera!*

cimarrón, na *adj. Amér.* Se dice del animal doméstico que huye y se vuelve salvaje. ‖ Se aplica a la variedad silvestre de una planta. ‖ *s.* Esclavo que escapaba para refugiarse en las montañas en busca de la libertad.

címbalo *s. m.* Instrumento musical de percusión que usaban los griegos y los romanos en algunas ceremonias, muy similar a los platillos de una batería.

cimbrar *t.* y *pr.* Hacer vibrar con fuerza un objeto largo y flexible. ‖ Colocar cimbras para construir un elemento curvo como un arco.

cimbreante *adj.* Que es flexible y se cimbra con facilidad.

cimbrear *t.* y *pr.* Cimbrar.

cimentar *t.* Colocar los cimientos de una obra de construcción. ‖ Referido a algo no material, establecer sus bases.

cimiento *s. m.* Parte de una construcción que está abajo del nivel del piso y que sostiene la edificación. ‖ Fundamento de algo.

cinc *s. m.* Elemento químico metálico, de color blanco azulado y con muchos usos industriales, entre ellos la fabricación de pilas eléctricas, o para formar aleaciones como el latón y para galvanizar el hierro y el acero; su número atómico es 30 y su símbolo Zn.

cincel *s. m.* Herramienta manual de corte para labrar piedras y metales.

cincelado, da *adj.* Se dice de lo que ha sido trabajado con cincel. ‖ *s. m.* Acción de cincelar.

cincelar *t.* Labrar piedras o metales con un cincel.

cincha *s. f.* Cincho.

cinchar *t.* Asegurar la silla de montar apretando las cintas. ‖ Asegurar con cinchos.

cincho *s. m.* Cinta que se sujeta por debajo de la barriga de los animales de carga para asegurar la silla que va sobre ellos. ‖ Cinta de diversos materiales que sirve para sujetar o asegurar.

cinco *adj.* Cuatro más uno. ‖ *s. m.* Número 5.

cincuenta *adj.* Cinco veces diez. ‖ *s. m.* Número 50. *Te lo dije cincuenta veces y no lo entiendes.*

cine *s. m.* Lugar en donde se exhiben películas. ‖ Arte, industria y técnica de la cinematografía. ‖ Conjunto de películas que tienen algo en común.

cineasta *s. com.* Persona que hace cine.

cinegético, ca *adj.* Relativo a la cinegética. ‖ *s. f.* Arte de la caza.

cinematografía *s. f.* Arte y técnica de proyectar películas por medio del cinematógrafo.

cinestesia *s. f.* Percepción que le informa al organismo sobre el movimiento muscular, la posición y el peso del cuerpo en relación con el equilibrio.

cinestésico, ca *adj.* Relativo a la cinestesia.

cinético, ca *adj.* En física, relativo al movimiento. ‖ *s. f.* Parte de la mecánica que estudia el movimiento.

cingalés, lesa *adj.* y *s.* Natural de Sri Lanka, antes llamado Ceilán, o relativo a ese país. ‖ *s. m.* Lengua hablada en ese país.

cíngaro, ra *adj.* y *s.* Gitano.

cínico, ca *adj.* Que muestra cinismo.

cinismo *s. m.* Descaro o desfachatez en la defensa o práctica de acciones que la mayoría de la gente ve como reprobables.

cinta *s. f.* Tira larga y delgada de tela u otros materiales flexibles. ‖ Película de cine.

cinto *s. m.* Tira, generalmente de cuero, que se usa para ajustar prendas de vestir a la cintura.

cintura *s. f.* Parte estrecha del cuerpo entre las costillas y las caderas. ‖ Sección de una prenda de vestir que se ajusta a esa parte del cuerpo.

cinturón *s. m.* Cinta que se ajusta a la cintura para sujetar las prendas de vestir. ‖ Conjunto de cosas que rodean a otra.

cipote *s. m.* Mojón de piedra. ‖ *Hond., Nic.* y *Salv.* Muchacho, chico. ‖ *vulg. Esp.* Pene.

circadiano, na *adj.* Se dice del ritmo biológico que regula las funciones del ser vivo y ocurre de manera rítmica aproximadamente cada 24 horas.

circo *s. m.* Conjunto ambulante de acróbatas, malabaristas, payasos, domadores, animales amaestrados, etc., que ofrece un espectáculo de entretenimiento. ‖ Espectáculo que ofrece ese conjunto ambulante. ‖ Carpa donde se ofrece ese espectáculo.

circonio *s. m.* Elemento químico metálico duro, resistente a la corrosión, refractario y mal conductor de electricidad; se utiliza en lámparas incandescentes, tubos de vacío y en las industrias química, aeronáutica y nuclear; su número atómico es 40 y su símbolo Zr.

circuito *s. m.* Recorrido que termina en el punto de partida. ‖ Ámbito en el que se desarrolla alguna actividad. ‖ Conjunto de dispositivos conductores por donde pasa la corriente eléctrica.

circulación *s. f.* Acción de circular. ‖ Paso de algo de un lugar a otro. ‖ Movimiento de alguna cosa, especialmente valores o dinero, entre personas. ‖ Recorrido de la sangre por las venas.

circulante *adj.* Que circula.

circular¹ *adj.* Relativo al círculo. ‖ Con forma de círculo. ‖ *s. f.* Escrito que se reparte o se coloca en un lugar visible para avisar o informar acerca de algo.

circular² *intr.* Moverse alrededor. ‖ Ir y venir. ‖ Pasar algo de una persona a otra.

circularidad *s. f.* Lo que reúne las características de un círculo.

circulatorio, ria *adj.* Relativo a la circulación.

círculo *s. m.* Superficie plana que está dentro de una circunferencia. || Figura en forma redonda y cerrada. *Tomados de las manos, formaron un círculo alrededor del bailarín principal.* || Conjunto de personas ligadas por un interés común, por parentesco o por otro tipo de relación. *El círculo de poesía se reúne los lunes.* || Lugar donde se reúnen. || *loc. Círculo vicioso:* situación repetitiva que no lleva a ninguna mejoría.

circundante *adj.* Que circunda o rodea algo.

circundar *t.* Rodear.

circunferencia *s. f.* En geometría, curva cerrada cuyos puntos están a la misma distancia del punto central.

circunflejo *adj. y s. m.* Se dice de un tipo de acento gráfico en forma de ángulo con el vértice hacia arriba.

circunscribir *t.* Trazar una figura de modo que otra quede dentro de ella tocando todos sus vértices. || Reducir algo o reducirse uno a quedar dentro de ciertos límites.

circunscripción *s. f.* Acción de circunscribir. || División electoral, administrativa, militar o eclesiástica de un territorio.

circunspección *s. f.* Seriedad, prudencia, gravedad y decoro en el modo de hablar o comportarse.

circunspecto, ta *adj.* Prudente.

circunstancia *s. f.* Situación o condición que rodea, afecta o determina a alguien, una cosa o un hecho. || Accidente que va unido a la sustancia de algo. || Estado de una persona o cosa en un momento determinado. || Hecho particular y de poca importancia aparente. || Calidad o requisito.

circunstancial *adj.* Que depende de alguna circunstancia o es debido a ella, que es casual.

circunvalar *t.* Rodear, circundar. *Un foso circunvala el castillo medieval.*

circunvecino, na *adj.* Se dice de objetos o lugares que se hallan próximos y alrededor de otro.

circunvolución *s. f.* Vuelta o pliegue formado en una cosa. *Los tubos del radiador dan circunvoluciones.*

cirílico, ca *adj.* Relativo al alfabeto usado en ruso y otras lenguas eslavas. || *s. m.* Ese alfabeto.

cirio *s. m.* Vela de cera gruesa y alta. || Planta cactácea de tallo grueso y alto en forma erguida.

cirquero, ra *adj.* Relativo al circo. || *s. Amér.* Persona que trabaja en un circo.

cirro *s. m.* Nube blanca y ligera, en forma de filamentos, que se forma en las regiones superiores de la atmósfera.

cirrocúmulo *s. m.* Nubes que se forman en las capas superiores de la atmósfera en forma de cúmulos y por estar entre los seis y 12 km en el cielo no producen sombra.

cirroestrato *s. m.* Nube en forma de velo.

cirrosis *s. f.* Enfermedad en la que las células características de cualquier órgano interno, en especial el hígado, son sustituidas, al morir, por un tejido de cicatrización anormal.

ciruela *s. f.* Fruto del ciruelo, de piel lisa, pulpa jugosa y una sola semilla con una almendra de sabor amargo.

ciruelo *s. m.* Árbol rosáceo de flores blancas, cuyo fruto es la ciruela.

cirugía *s. f.* Especialidad médica, que trata de la curación de enfermedades y malformaciones por medio de intervenciones quirúrgicas.

cirujano, na *s.* Médico especialista en cirugía.

cisma *s. m.* División o ruptura entre los miembros de un cuerpo o comunidad que profesan una doctrina, particularmente religiosa, por un desacuerdo en ésta. || Ruptura o escisión que ocurre en el seno de una organización política, un movimiento artístico u otra comunidad o asociación por discrepancias en las ideas acerca de temas fundamentales.

cisne *s. m.* Ave palmípeda grande, de plumaje blanco, de cuello muy largo y flexible, patas cortas y alas grandes.

cisterna *s. f.* Depósito subterráneo para almacenar agua. *Para que en casa no falte el agua, construimos una cisterna grande.* || Tanque o depósito para transportar líquidos.

cisticerco *s. m.* Forma larvaria de la tenia que vive enquistada en algunos mamíferos, especialmente el cerdo, y que, al ingerirla el humano, se desarrolla en su intestino como solitaria.

cisticercosis *s. f.* Enfermedad causada por cisticercos en el humano o el animal.

cistitis *s. f.* Inflamación de la vejiga urinaria.

cita *s. f.* Asignación de día, hora y lugar para tratar algo.

citadino, na *adj.* De la ciudad o relacionado con ella.

citar *t.* Dar o hacer cita. || Avisar a uno señalándole día y hora para acudir a un lugar determinado. || Convenir dos o más personas reunirse en tiempo y lugar determinado. || Referir a lo dicho o escrito por otras personas en lo que uno dice o escribe. || Notificar a una persona el emplazamiento o llamamiento del juez.

cítara *s. f.* Instrumento musical semejante a la lira, pero con caja de resonancia de madera. || Instrumento musical con caja de resonancia de 20 a 30 cuerdas, que se toca con púa.

citatorio *s. m.* Aviso escrito por el que se convoca a una persona para que comparezca ante alguien.

citología *s. f.* Parte de la biología que estudia la estructura y función de la célula.

citoplasma *s. m.* Componente celular de aspecto viscoso, situado entre la membrana plasmática y la nuclear, en la que se contienen diversos orgánulos.

cítrico, ca *adj.* Perteneciente o relativo al ácido cítrico y a los frutos que lo contienen. || Se aplica al ácido orgánico que se obtiene del jugo del limón. || Se dice de las plantas de la subfamilia a la que pertenecen el naranjo, el limón, la lima y otros. || *s. m. y pl.* Conjunto de frutas de sabor ácido o agridulce, como las naranjas y los limones.

ciudad *s. f.* Centro urbano importante habitado por gran número de personas. || Conjunto de edificios o instalaciones destinadas a una determinada actividad.

ciudadanía *s. f.* Condición que reconoce a una persona ciertos derechos políticos y sociales. || Conjunto de los ciudadanos.

ciudadano, na *adj.* Relativo a la ciudad. || *s.* Persona que habita en una ciudad. || Persona que tiene ciertos derechos y deberes por pertenecer a un país.

ciudadela *s. f.* Recinto fortificado en el interior de una ciudad, que sirve para defenderla.

cívico, ca adj. Perteneciente o relativo al civismo. ‖ Se aplica a la persona que actúa con civismo.

civil adj. Que no es militar, ni eclesiástico o religioso. ‖ Se aplica a la rama del derecho que regula las relaciones e intereses privados entre las personas en cuanto a sus derechos y deberes recíprocos. ‖ Se dice de las autoridades y sus funciones, en oposición a las de la Iglesia y los militares.

civilización s. f. Conjunto de costumbres, ideas, creencias, arte, cultura y conocimientos científicos y técnicos que caracterizan el estado social de un grupo humano, de una época. *La civilización de la antigua Grecia es predecesora de la civilización occidental moderna.* ‖ Acción de civilizar.

civilizado, da adj. Se dice de la persona que se comporta con urbanidad y civismo. ‖ Que es propio o característico de esta persona. *Entre maestros y estudiantes se da una relación civilizada.*

civilizador, ra adj. y s. Que civiliza.

civilizar t. Salir pueblos o personas del estado salvaje. ‖ Elevar el nivel de civilización de una sociedad. ‖ Introducir en un país la civilización de otros más adelantados. ‖ Convertir a una persona tosca o insociable en educada o sociable. ‖ pr. Adoptar un pueblo la civilización de otro más adelantado.

civismo s. m. Actitud de respeto a las instituciones e intereses de la nación, a las obligaciones y deberes de ciudadano y a las normas de convivencia de la comunidad.

cizalla s. f. Herramienta a modo de tijeras grandes para cortar metal. ‖ Recorte o fragmentos de metal.

cizaña s. f. Planta gramínea que crece en los sembradíos y los perjudica. ‖ Cosa que, mezclándose entre las buenas, las estropea. ‖ fig. Discordia, disensión.

clamar t. Pedir algo con intensidad.

clamor s. m. Grito colectivo.

clan s. m. Grupo social formado por un número de familias con ascendencia común y que reconocen la autoridad de un jefe. ‖ Grupo cerrado de personas unidas por un interés o ideas comunes.

clandestino, na adj. Que se hace de manera secreta por ilícito.

clara s. f. Sustancia que rodea la yema de los huevos de las aves.

claraboya s. f. Ventana fija y con cristales en el techo o en la parte alta de la pared. ‖ Especie de ventana circular fija con cristales en los barcos.

clarear intr. e impers. Aparecer la claridad del día al empezar a amanecer. ‖ Irse disipando el nublado. ‖ pr. Translucirse un cuerpo.

claridad s. f. Cualidad de claro. ‖ Efecto de la luz que hace distinguir bien los objetos. ‖ Precisión e inteligibilidad con que, por medio de los sentidos, se perciben las sensaciones, y por medio de la inteligencia, las ideas. ‖ Precisión e inteligibilidad con que se describe algo.

clarificante adj. Que clarifica.

clarificar t. Iluminar, dar luz. ‖ Aclarar.

clarín s. m. Instrumento musical de viento y de metal, parecido a la trompeta, pero más pequeño, sin llaves o pistones, y de sonidos más agudos. ‖ Esp. Persona que toca este instrumento.

clarinete s. m. Instrumento musical de viento con embocadura, lengüeta de caña, tubo de madera con llaves y pabellón de clarín.

clarinetista s. com. Músico que toca el clarinete.

clarividencia s. f. Capacidad para comprender y discernir claramente las cosas. ‖ Perspicacia, penetración. ‖ Facultad extrasensorial de percibir fenómenos por un medio distinto a los sentidos, o de adivinar hechos futuros u ocurridos en otros lugares.

clarividente adj. y s. com. Se dice de la persona dotada de clarividencia.

claro, ra adj. Que recibe o tiene mucha luz. ‖ Que se distingue bien. ‖ Que está despejado, sin nubes. ‖ Que es límpido y transparente. ‖ Se aplica a las cosas líquidas que son poco espesas, por tener una mayor proporción de agua. ‖ Se dice del color que se acerca más al blanco que otro de la misma tonalidad. ‖ Que se percibe o se distingue bien. ‖ Inteligible, fácil de comprender. ‖ Que no deja lugar a dudas. ‖ Se aplica al decir las cosas de manera directa, sencilla y comprensible.

claro[1] adv. Claramente, de manera definida o precisa, con claridad.

claro[2] s. m. Espacio despejado que hay entre las cosas de un conjunto, donde faltan éstas.

claro[3] interj. Se usa en expresiones exclamativas para indicar que algo ha sido comprendido. *¡Claro, era como tú decías!*

claroscuro s. m. Efecto resultante de una distribución conveniente de luces y sombras en una pintura, un dibujo, una fotografía, etc. ‖ Dibujo o pintura en que no hay colores sino luces y sombras. ‖ Conjunto de rasgos contradictorios de una situación, cosa o persona.

clase s. f. Conjunto de elementos con características comunes que resulta de una clasificación, cualquiera que sea el criterio que para ésta se use. ‖ Conjunto de características que diferencian una cosa de otras de su misma naturaleza o especie y permiten valorarla. ‖ Categoría taxonómica de clasificación de los seres vivos, inferior a la de grupo y superior a la de orden. ‖ Conjunto de alumnos que reciben un mismo grado de enseñanza, o estudian la misma asignatura. ‖ Asignatura impartida por el maestro. ‖ Salón donde se imparten las clases. ‖ Clasificación que se hace en la prestación de algún servicio.

clasicismo s. m. Cualidad de clásico.

clásico, ca adj. y s. Se aplica a las manifestaciones culturales y artísticas pertenecientes a la época de mayor esplendor de una cultura, de una civilización, etc., y que se tiene por modelo a imitar. ‖ Se aplica a autores u obras que se consideran de la mayor perfección alcanzada en el género de que se trate. ‖ Se dice de la música y de otras artes. ‖ Se aplica a la persona que tiene gustos estéticos refinados. ‖ Que es sobrio, poco llamativo y de corte tradicional. ‖ Típico, característico, que posee cualidades que le son propias.

clasificación s. f. Acción y efecto de clasificar.

clasificado, da adj. Que ha recibido una clasificación. ‖ Se dice de una información o documento que se mantiene secreto o reservado. ‖ Se aplica a la persona que ha obtenido los resultados necesarios para entrar o mantenerse en una competencia. ‖ Se dice del anuncio por líneas o palabras en la prensa periódica.

clasificador, ra adj. y s. Que clasifica. ‖ s. m. Mueble, carpeta o cosa con separaciones para clasificar.

clasificar t. Ordenar un conjunto de cosas por clases. ‖ Incluir en una clase determinada. ‖ Declarar que un documento o información es materia reservada. ‖ *pr.* Obtener determinado lugar en una competencia.

clasismo *adj.* Relativo a la diferencia de clases. ‖ *s. m.* Actitud de quienes discriminan por motivos de clase social.

clasista *adj.* y *s. com.* Relativo a una clase social, con exclusión de las demás. ‖ Se aplica a la persona que es partidaria de la diferencia de clases.

claudicación *s. f.* Acción y efecto de claudicar.

claudicar *intr.* Ceder, rendirse. ‖ Abandonar el esfuerzo o la resistencia en una empresa. ‖ Faltar uno a sus deberes, principios o convicciones.

claustro *s. m.* Galería de arcos que rodea el patio interior de un convento o iglesia. ‖ Por extensión, convento o estado monástico. ‖ Junta formada por el rector y profesores de una universidad.

claustrofobia *s. f.* Angustia o temor a permanecer en lugares cerrados.

claustrofóbico, ca *adj.* Perteneciente o relativo a la claustrofobia. ‖ Que padece claustrofobia.

cláusula *s. f.* Cada una de las disposiciones de ciertos documentos, como un contrato, testamento u otro documento análogo. ‖ Oración o construcción, con sentido completo, incluida dentro de una oración. *Las oraciones compuestas pueden tener dos o más cláusulas.*

clausura *s. f.* Cierre, acción de clausurar. ‖ Acto con el que se da algo por terminado, una reunión, un congreso, un ciclo escolar, etc. ‖ Obligación de los monjes a permanecer en su recinto.

clausurar *t.* Cerrar, poner fin a sus trabajos, un congreso, una asamblea, etc. ‖ Imponer el castigo de clausura.

clavado *adj.* Asegurado o fijado con clavos. ‖ Que está fijo o inmóvil. ‖ *s. Méx.* Zambullida, salto de trampolín.

clavar *t.* Introducir un clavo u otra cosa con punta en algo a fuerza de golpes. ‖ Asegurar con clavos una cosa en otras. ‖ Introducir una cosa alargada en un orificio. ‖ Introducir una cosa puntiaguda. ‖ *pr. Méx.* Robar.

clave *s. f.* Código de signos cifrados con los que se transmiten mensajes secretos o privados. ‖ Aquello que hace comprensible algo que era enigmático. ‖ Signo o combinación de signos para hacer funcionar ciertos aparatos o dispositivos. ‖ En aposición indica lo que resulta básico o decisivo. ‖ En música, signo que se escribe al principio del pentagrama para indicar el nombre de las notas. ‖ *s. m.* Clavecín.

clavecín *s. m.* Instrumento musical de cuerdas y teclado cuyas cuerdas se tañen desde abajo con picos en forma de pluma.

clavel *s. m.* Planta herbácea, de tallos nudosos, y flores muy olorosas. ‖ Flor de esta planta.

clavellina *s. f.* Planta semejante al clavel, pero de tallos más pequeños y flores con menos pétalos.

clavicémbalo *s. m.* Clavecín.

clavicordio *s. m.* Instrumento musical de cuerdas y teclado, cuyas cuerdas de alambre se hacían sonar con puntas o lengüetas de cobre y no con macillos como en los pianos modernos.

clavícula *s. f.* Cada uno de los dos huesos largos transversales cerca del hombro, articulados por un extremo con el esternón y por el otro con el omóplato.

clavija *s. f.* Pieza compuesta de un vástago cilíndrico o ligeramente cónico, con un extremo lateralmente comprimido y que se introduce en un orificio en cualquier pieza y con cualquier objeto. ‖ Pieza cilíndrica o cónica y con oreja, que sirve en los instrumentos musicales para enrollar las cuerdas.

clavijero *s. m.* Pieza que sirve de base para las clavijas de un instrumento musical.

clavo *s. m.* Pieza de hierro larga y delgada, con cabeza y punta, que sirve para fijar o asegurar una cosa a otra. ‖ Capullo seco de la flor del clavero, que se usa como especia. ‖ *fig.* Persona o cosa molesta, engorrosa. ‖ Artículo de comercio que no se vende.

claxon *s. m.* Bocina de un automóvil.

claxonazo *s. m.* Sonido intempestivo de un claxon.

clemencia *s. f.* Virtud que modera el rigor de la justicia.

clemente *adj.* Que tiene clemencia.

clementina *s. f.* Variedad de mandarina sin pepitas y más dulce que la común.

clepsidra *s. f.* Reloj de agua.

cleptomanía *s. f.* Trastorno psíquico que hace que quien la padece hurte objetos por el placer de poseerlos y ocultarlos.

cleptómano, na *adj.* y *s.* Que padece cleptomanía.

clerical *adj.* Perteneciente o relativo al clérigo.

clérigo *s. m.* Hombre que ejerce funciones religiosas.

clero *s. m.* Conjunto de todos los clérigos. ‖ Clase sacerdotal en la Iglesia católica.

clic *s. m.* Onomatopeya del sonido que hace el gatillo de un arma, el interruptor de luz, etc. ‖ Pulsación que se hace con el ratón de la computadora.

cliché *s. m.* Plancha o grabado en metal que se usaba para imprimir. ‖ En fotografía, imagen en negativo. ‖ Tópico, frase común y muy repetida.

cliente *s. com.* Persona que utiliza los servicios de otra.

clientela *s. f.* Conjunto de clientes de una persona o un establecimiento.

clima *s. m.* Conjunto de condiciones atmosféricas propias a la que, por su ubicación geográfica, se encuentra sometida una región o localidad.

climaterio *s. m.* Periodo de la vida en el que cesa la actividad reproductora.

climatizar *t.* Dotar a un lugar cerrado de las condiciones de temperatura y humedad del aire adecuadas para el confort de quienes se encuentran en él.

climatología *s. f.* Ciencia que estudia el clima. ‖ Conjunto de las características climáticas de un espacio geográfico.

clímax *s. m.* Momento culminante de una acción o fenómeno cualquiera. ‖ Momento culminante de un poema o de una acción dramática.

clínica *s. f.* Enseñanza práctica de la medicina. ‖ Departamento donde se da esta enseñanza en los hospitales. ‖ Hospital privado, regido por un médico. ‖ Cualquier enseñanza práctica dada en sesiones. *En esa clínica, el instrumental es muy moderno.*

clínico, ca *adj.* Perteneciente o relativo a la clínica. ‖ *s.* Médico que se dedica a la medicina práctica.

clip *s. m.* Sujetador de papeles. ‖ Sistema de pinza para sujetar a presión.

clítoris *s. m.* Cuerpo pequeño, carnoso y eréctil, que sobresale en la parte más elevada de la vulva.

cloaca *s. f.* Conducto por donde van las aguas residuales o negras y las inmundicias. ‖ Parte final, ensanchada, del intestino de las aves y otros animales, en la cual desembocan los conductos genital y urinario.

clon *s. m.* Familia de células genéticamente idénticas, obtenida de una célula precursora por división binaria. ‖ Reproducciones idénticas de un producto industrial, casi siempre de electrónica, con otra marca de fábrica.

clonación *s. f.* Acción y efecto de clonar.

clonar *t.* Crear clones.

cloro *s. m.* Elemento químico del grupo de los halógenos, que a temperatura y presión normal es un gas verde amarillento de olor picante; es muy venenoso, altamente reactivo y se licúa con facilidad; se utiliza para blanquear y como plaguicida, en la desinfección de aguas y en la industria de los plásticos; su número atómico es 17 y su símbolo Cl.

clorofila *s. f.* Materia colorante de las plantas que se encuentra en los cloroplastos de las partes verdes y absorbe la energía luminosa.

cloroformo *s. m.* Líquido incoloro, de olor agradable y sabor azucarado y picante, que resulta de la combinación de cloro y ácido fórmico y se empleaba en medicina como anestésico.

cloroplasto *s. m.* Orgánulo de las células vegetales que contiene la clorofila y en el cual se realiza la fotosíntesis.

cloruro *s. m.* Sal de ácido clorhídrico.

clóset *s. m. Amér.* Armario empotrado.

club *s. m.* Asociación de personas con fines políticos, culturales o deportivos. ‖ Instalaciones donde se reúnen los miembros de esta agrupación.

clueco, ca *adj.* Se dice del ave que empolla o cuando cuida a los polluelos.

clutch *s. m. Méx.* Embrague, pedal de los vehículos que sirve para cambiar de velocidad.

coa *s. f. Méx. Pan.* y *Venez.* Especie de pala usada para labrar.

coacción *s. f.* Fuerza o violencia que se hace para obligar a alguien a hacer una cosa.

coacusado, da *adj.* y *s.* Acusado junto con otra u otras personas.

coadyuvante *adj.* Que coadyuva.

coadyuvar *t.* Contribuir o ayudar a la consecución de una cosa.

coagular *t.* y *pr.* Cuajar, hacer que un líquido se convierta en sólido o pastoso, como la leche, la sangre, etc.

coágulo *s. m.* Porción de una sustancia coagulada.

coartada *s. f.* Argumento de inculpabilidad del presunto autor del delito por hallarse en un lugar distinto en el momento que se cometió el delito.

coartar *t.* Limitar, restringir, con una fuerza no física la libertad de alguien para hacer o decir cierta cosa.

coatí *s. m.* Mamífero carnicero americano, de hocico prolongado y larga cola, que trepa fácilmente los árboles.

coba *s. f.* Adulación o lisonja fingida con el fin de obtener algo o para burlarse.

cobalto *s. m.* Elemento químico radiactivo y metálico perteneciente al primer grupo de transición; es duro, de elevada resistencia a la tensión y no le afecta el agua ni el aire; su número atómico es 27 y su símbolo Co.

cobarde *adj.* y *s. com.* Pusilánime, que tiene poco valor y que se deja sobrecoger por el miedo. ‖ Se aplica a la persona que siente mucho miedo en los peligros o que no se atreve a exponerse a ellos, y, correspondientemente, a sus acciones, actitud, etc. ‖ Se aplica como insulto a la persona que ataca o hace daño a otros ocultándose.

cobardía *s. f.* Cualidad de cobarde. ‖ Carencia de valor o entereza.

cobaya *s. indef.* Mamífero roedor americano parecido al conejo, pero más pequeño, con orejas y patas cortas; se usa en experimentos de medicina y biología.

cobertizo *s. m.* Sitio rústico cubierto para resguardarse de la intemperie.

cobertor *s. m.* Manta gruesa, generalmente de lana, que sirve para taparse estando acostado en la cama y protegerse del frío.

cobertura *s. f.* Acción de cubrir, tapar o resguardar algo. ‖ Revestimiento, cosa que cubre o rodea otra. ‖ Conjunto de prestaciones que ofrece un servicio. ‖ Valores que sirven de garantía en una operación financiera o mercantil. ‖ Cantidad o porcentaje abarcado por una cosa o una actividad. ‖ Extensión territorial que abarca un servicio. ‖ Acción de cubrir una información algún medio de comunicación. ‖ Encubrimiento, ficción, con la que se protege una actividad que se quiere mantener oculta.

cobijar *t.* Dar cobijo o protección a alguien. ‖ Amparar o consolar a alguien, dándole protección. ‖ Cubrir, tapar con una cobija.

cobra *s. f.* Serpiente venenosa de África y Asia tropical; se caracteriza por erguirse e inflar la porción cervical del cuerpo cuando se dispone a atacar. *La cobra era un animal sagrado para los antiguos egipcios.*

cobrador, ra *s.* Persona encargada de cobrar.

cobranza *s. f.* Acción y efecto de cobrar.

cobrar *t.* Percibir uno la cantidad que otro le debe. ‖ Adquirir o sentir algún afecto o ciertos estados de ánimo. ‖ Adquirir, conseguir. ‖ Recoger las piezas que se han cazado. ‖ *pr.* Compensarse a sí mismo de un favor hecho o de un daño recibido. ‖ Provocar víctimas.

cobre *s. m.* Elemento químico metálico de color rojizo, muy dúctil y maleable, buen conductor de la temperatura y la electricidad; se utiliza en la industria eléctrica y forma aleaciones como el latón o el bronce; su número atómico es 29 y su símbolo Cu.

cobrizo, za *adj.* Que contiene cobre. ‖ De color parecido al del cobre.

cobro *s. m.* Cobranza. ‖ Acción y efecto de recibir lo que se adeuda o pertenece a uno.

coca *s. f.* Arbusto originario de América del Sur, de cuyas hojas se extrae la cocaína. ‖ La hoja de este arbusto. ‖ Cocaína.

cocada *s. f. Amér.* Dulce de coco y azúcar.

cocaína *s. f.* Alcaloide que se obtiene de la hoja de coca; se usa como anestésico y como estupefaciente.

cocainómano, na *adj.* y *s.* Persona que sufre de adicción a la cocaína.

cocción *s. f.* Acción y efecto de cocer o cocerse.

cóccix *s. m.* Conjunto de vértebras, fusionadas o no, en número de tres a cinco, que en los humanos forma la terminación de la columna vertebral.

cocear *intr.* Dar coces.

cocer *t.* Someter un alimento crudo a la acción de un líquido en ebullición o a la acción del vapor, hasta que sea comestible. ‖ Someter ciertas cosas o sustancias a la acción del calor de un horno para que pierdan humedad y adquieran determinadas propiedades. ‖ *pr.* Preparar algo con sigilo.

cochambre *s. indef.* Capa de suciedad grasienta.

cochambroso, sa *adj.* Que tiene cochambre. ‖ Se dice de personas y cosas muy sucias.

coche *s. m.* Automóvil. ‖ Carruaje de cuatro ruedas para pasajeros tirado por caballos.

cochera *s. f.* Lugar donde se guardan coches.

cochinada *s. f.* Cosa sucia, porquería. ‖ *fig.* Acción deshonesta y desleal con que se perjudica a alguien.

cochinilla *s. f.* Crustáceo isópodo, pequeño, que cuando se toca se hace un bolita. ‖ Insecto que vive sobre el nopal; seco y reducido a polvo sirve para teñir de grana. ‖ Materia colorante obtenida de este insecto.

cochino, na *adj.* Sucio, desaseado. ‖ Indecoroso, indigno. ‖ *s.* Cerdo. ‖ *fig.* Persona sucia y desaliñada.

cocho *s. m.* Cerdo.

cociente *s. m.* Resultado de dividir una cantidad entre otra. ‖ *Cociente intelectual*: cifra que expresa la inteligencia relativa de una persona y que se determina dividiendo su edad mental entre su edad cronológica.

cocina *s. f.* Pieza o habitación donde se prepara la comida. ‖ Aparato con hornillas y, a veces, horno, donde se realiza la cocción de los alimentos. ‖ *fig.* Arte o manera de cocinar de cada país o región.

cocinado *s. m.* Acción de cocinar.

cocinar *t.* Preparar alimentos. ‖ Cocer.

cocinero, ra *s.* Persona que tiene por oficio cocinar.

cóclea *s. f.* Estructura en forma de espiral que se encuentra en el oído interno.

coco *s. m.* Cocotero. ‖ Su fruto, de forma y tamaño de un melón, con una capa externa fibrosa y la semilla de cáscara muy dura, que tiene adherida en su interior una pulpa blanca y gustosa y deja un hueco lleno de un líquido refrigerante. ‖ Fantasma que se figura para amedrentar a los niños. ‖ *Méx.* Coscorrón.

cocoa *s. f.* Polvo hecho de semillas de cacao, después de ser fermentadas y tostadas. ‖ Bebida que se hace con este polvo al que se le añade agua o leche caliente.

cocodrilo *s. m.* Saurio anfibio que vive en los ríos y en los lagos, nada y corre con rapidez y es muy voraz.

cocotero *s. m.* Palmera tropical, americana, cuyo fruto es el coco.

cóctel o **coctel** *s. m.* Bebida resultado de la mezcla de licores a la que añaden otros ingredientes. ‖ Reunión en la que se consumen estas bebidas. ‖ Mezcla de varias cosas.

coctelera *s. f.* Recipiente que sirve para preparar cocteles.

cocuyo *s. m.* Insecto coleóptero americano que despide una luz brillante.

codazo *s. m.* Golpe dado con el codo.

codear *intr.* Dar codazos. ‖ Mover mucho los codos. ‖ *pr.* Tratarse de igual a igual con cierta clase de personas.

codera *s. f.* Pieza de refuerzo en la manga de una chaqueta, sobre la parte que cubre el codo. ‖ Pieza acolchonada con la que se cubren los codos para protegerlos.

códice *s. m.* Libro antiguo hecho a mano, anterior a la imprenta. ‖ Libro manuscrito de más o menos antigüedad. ‖ Textos pintados a mano sobre materiales diversos (amate, maguey, piel de venado) que suelen plegarse como biombos y cuyo contenido puede ser calendárico, histórico o ritual.

codicia *s. f.* Deseo desmedido de riquezas, honores o cualidades que no se poseen. ‖ Apetencia vehemente de tener trato sexual con una persona.

codiciable *adj.* Apetecible, digno de ser codiciado.

codiciado, da *adj.* Que suscita codicia.

codiciar *t.* Desear o apetecer algo o a alguien con demasía y exceso.

codicioso, sa *adj.* y *s.* Que codicia algo o a alguien.

codificación *s. f.* Acción y efecto de codificar.

codificar *t.* En derecho, hacer y formar un cuerpo metódico y sistematizado de leyes. ‖ En comunicación, transformar la formulación de un mensaje al aplicarle las reglas de un código.

código *s. m.* Conjunto de normas legales sistematizadas que regulan una materia determinada. *Código penal, Código civil.* ‖ Recopilación sistemática de leyes. ‖ Sistema de equivalencias entre dos conjuntos de signos para formular y descifrar mensajes secretos. ‖ Libro (o cualquier otro sustrato) que lo contiene. ‖ Combinación de signos alfanuméricos que tiene un valor determinado en un sistema establecido. ‖ Conjunto de normas y preceptos que regula una actividad. *Código militar.*

codo *s. m.* En los seres humanos, parte posterior y prominente de la articulación del brazo con el antebrazo. ‖ En los cuadrúpedos, articulación de la extremidad anterior. ‖ Parte de tubo doblada en ángulo recto o en arco, que sirve para variar la dirección de una tubería. ‖ Medida lineal antigua, de diferentes longitudes según la región y la época, equivalente a la distancia entre el codo y el extremo de la mano. ‖ *fam. Méx.* Avaro, tacaño.

codorniz *s. f.* Ave gallinácea, de alas puntiagudas, cola corta y patas sin espolón, dorso pardo y parte inferior gris amarillenta; existe en estado silvestre pero también se domestica y cría para consumo humano.

coeficiente *adj.* Que juntamente con otra causa produce un efecto. ‖ *s. m.* En física y química, expresión numérica de una propiedad del cuerpo o sustancia que regularmente se presenta como la relación entre dos magnitudes. *Coeficiente de refracción, coeficiente de acidificación.* ‖ En matemáticas, factor constante que multiplica un término o una expresión, a cuya izquierda se sitúa. ‖ *loc. Coeficiente intelectual*: cociente intelectual.

coerción *s. f.* Presión indebida ejercida sobre alguien para forzar su voluntad y su conducta. ‖ Restricción, represión, inhibición.

coercitivo, va *adj.* Que sirve para obligar a alguien a hacer lo que no quiere. ‖ Represivo, restrictivo, inhibitorio.

coetáneo, a *adj.* y *s.* De la misma edad que otra persona, o que otro asunto del mismo género. ‖ Contemporáneo.

coexistencia *s. f.* Existencia de una persona o de otro ser junto a otras u otros.

coexistir *intr.* Existir una persona u otro ser a la vez que otros.

cofia *s. f.* Prenda de tela ligera para el abrigo de la cabeza. || Prenda femenina para la cabeza que es distintiva de enfermeras, meseras, camareras, etc., como complemento del uniforme.

cofrade *s. com.* Persona que es miembro de una cofradía.

cofradía *s. f.* Gremio, unión de personas para un fin determinado. || Hermandad formada por personas devotas, con anuencia de la autoridad religiosa competente, para dedicarse a actividades piadosas.

cofre *s. m.* Caja resistente de madera o metal con tapa, generalmente combada, y cerradura, en la cual se guarda dinero y objetos de valor. || Baúl o arca grande para guardar ropa y objetos varios. || *Méx.* Parte de la carrocería que contiene el motor del automóvil.

coger *t.* Aferrar, agarrar, asir, tomar. || Juntar, recolectar o recoger algo. || Hallar, encontrar. || Recibir o atrapar uno algo. || Descubrir un secreto o un engaño, sorprender descuidado a alguien. || Tomar u ocupar un sitio. || Sobrevenir. || Tomar, prender, apresar, aprehender. || Tomar, adquirir, recibir algo. || Herir o enganchar con los cuernos el toro a alguien, o atropellar un auto a una persona. || Abordar un vehículo o un medio de transporte. || Dicho de ciertas especies animales, cubrir el macho a la hembra para copular. || *vulg. Amér.* Sostener relaciones sexuales.

cognoscitivo, va *adj.* Relativo al conocimiento.

cogollo *s. m.* Parte central de las lechugas, coles, y otros vegetales semejantes, constituido por hojas más apretadas, pequeñas y tiernas, de excelente sabor. || Brotes de nuevos tallos, hojas o flores en árboles y otras plantas. || *fig.* Lo mejor y más escogido de algo.

cogote *s. m.* Porción superior y posterior del cuello.

cohabitación *s. f.* Acción de cohabitar.

cohabitar *intr.* Habitar con una o más personas en una misma morada. || Vivir dos personas como marido y mujer. || Tratándose de partidos políticos, tener conjuntamente responsabilidades en el gobierno.

cohechar *t.* Sobornar o corromper a la autoridad para que contra derecho y justicia permita a uno hacer lo que se propone, y ejecute el o deje de actuar a conveniencia de quien del el soborno.

cohecho *s. m.* Acción y efecto de cohechar. || Delito de corromper con dádivas o regalos a la autoridad. || Delito consistente en aceptar dádivas la autoridad para no actuar conforme a la ley.

coherencia *s. f.* Relación, conexión o unión de unas cosas con otras según reglas lógicas. || Conexión lógica entre una proposición y la que se sirve de antecedente. || En física, fuerza que mantiene unidas las moléculas de una sustancia, cohesión. || En geometría, igualdad de ángulos entre figuras de diferentes dimensiones. || En lingüística, estado de un sistema oral o textual cuando sus componentes aparecen en conjuntos solidarios.

coherente *adj.* Que tiene o muestra coherencia.

cohesión *s. f.* Acción y efecto de unirse las cosas entre sí o los componentes de la materia de que están hechas. || Enlace, nexo, vínculo entre ideas, personas o cosas. || En física, fuerza que mantiene unidas las moléculas o los átomos de una materia. || Unión resultante de la acción de dicha fuerza.

cohesionar *t.* Unir, proporcionar cohesión.

cohete *s. m.* Fuego de artificio consistente en un tubo de cartón cargado de pólvora, con una mecha pegada en la parte inferior y adherido a una varilla ligera de madera o carrizo; encendida la mecha, los gases producto de la combustión impulsan el artefacto hacia las alturas, donde estalla con fuerte estampido. || Artefacto provisto de tanques separados cargados uno con comburente y el otro con combustible, que tras la ignición despide gases incandescentes que lo propulsan hacia el espacio a donde lleva naves de exploración, sondas o transbordadores. || *fam. Méx.* Borrachera.

cohibir *t. y pr.* Reprimir, refrenar, contener.

coima *s. f.* Propina que se daba al garitero por el trabajo de prevenir lo necesario para las mesas de juego. || *Amér.* Soborno, dádiva ilegal con que se pretende corromper a alguien.

coincidir *intr.* Dicho de una cosa, estar conforme con ella, convenir con ella, ser adecuada o apta para ella. || Dicho de dos o más cosas o situaciones, ocurrir al mismo tiempo, concurrir en ellas las mismas circunstancias, modos u ocasiones. || Dicho de una figura, mapa o ángulo, ajustarse a otro, ya sea por superposición o por otro medio. || Ser de la misma opinión o parecer dos o más personas.

coito *s. m.* Cópula sexual, relación en la que se da la penetración del miembro masculino en la vagina femenina.

cojear *intr.* Caminar inclinándose a un lado y a otro por no poder asentar los dos pies con uniformidad y regularidad. || Dicho de un mueble, tambalearse un poco por tener las patas irregulares o la base defectuosa. || *fam.* Tener algún vicio o defecto.

cojín *s. m.* Especie de saco de diversas formas y materiales, relleno con material apropiado para que quede mullido.

cojo, ja *adj. y s.* Que cojea, bien por falta de una pierna o pie, o por pérdida del uso normal de ellos. || Dicho de muebles, que se bambolean por no tener uniformes y bien asentadas las patas o las bases. || Dicho de ideas, argumentos, productos del intelecto, mal fundado, incompleto, defectuoso.

cojón *s. m.* Testículo.

cojonudo, da *adj. fam. Esp.* Excelente, bonísimo, estupendo.

cojudez *s. f. Amér.* Calidad de cojudo.

cojudo, da *adj. Amér.* Tonto, bobo.

col *s. f.* Planta con hojas radicales anchas y redondeadas que, envueltas unas en otras, forman una especie de bola; es cultivable y comestible y existen numerosas variedades: blanca, verde, morada.

cola¹ *s. f.* Apéndice caudal del cuerpo de ciertos animales vertebrados. || Conjunto de crines o de cerdas que poseen ciertos animales por el exterior del final de la columna vertebral, como caballos y cerdos. || Grupo de plumas que tienen las aves como remate de la parte posterior del cuerpo y que suelen emplear como timón en el vuelo. || Parte posterior, amplia y colgante de algunos ropajes ceremoniales. || Punta opuesta a la cabeza o principio de alguna cosa. || Extensión luminosa, de gases incandescentes, que presentan los cometas cuando sus órbitas los aproximan al Sol. || Apéndice largo y estrecho que está unido a un cuerpo principal. || Fila de personas que espera su turno. || *fam. Amér.* Trasero, asentaderas.

cola² *s. f.* Sustancia muy viscosa, translúcida y de color oscuro que se extrae por cocción de los huesos de animales y se emplea para pegar madera, papel y cuero.

colaboración *s. f.* Acción y efecto de colaborar. ‖ Texto escrito por alguien para un diario o una revista, generalmente a cambio de una remuneración.

colaboracionismo *s. m.* Actitud y práctica de quienes durante un conflicto bélico prestan ayuda y colaboran con el enemigo.

colaboracionista *adj.* Que está de acuerdo con el colaboracionismo o se relaciona con él. ‖ *s. com.* Persona que actúa colaborando con el enemigo de su patria.

colaborador, ra *adj.* y *s.* Que colabora. ‖ Copartícipe en la elaboración de una obra o producto, sobre todo intelectual o artístico. ‖ Persona que escribe habitualmente en un periódico, sin pertenecer al personal de planta; lo mismo se dice de quienes participan en programas de radio y televisión en idénticas condiciones.

colaborar *intr.* Trabajar con otra u otras personas en la realización de una obra. ‖ Escribir habitualmente para un diario o revista o participar del mismo modo en programas de radio o televisión. ‖ Contribuir con otras personas al logro de algún fin.

colación *s. f.* Refacción que suele tomarse por la noche antes de los días de ayuno. ‖ Refrigerio de dulces, panecillos o bocadillos que suele ofrecerse a un visitante. ‖ Refrigerio que se toma a media mañana y a media tarde para reducir el ayuno entre las comidas principales y forma parte del régimen de los diabéticos y otros enfermos. ‖ *Méx.* Dulces de azúcar moldeada y saborizada con menta, anís, hierbabuena o semilla de cilantro que se regala en las posadas prenavideñas.

colada *s. f.* Acción y efecto de colar. ‖ Lejía, jabón o detergente en que se deja remojar la ropa sucia. ‖ Conjunto de ropa lavada en una sola tanda o día. ‖ Masa de lava bastante fluida que se desliza por la ladera de un volcán.

coladera *s. f.* Cedazo fino y pequeño para licores. ‖ *Cub.* y *Méx.* Manga de tela para colar café. ‖ *Méx.* Sumidero con agujeros. ‖ Utensilio de cocina para colar líquidos. ‖ Tapa con agujeros que en las duchas y salidas de los grifos o llaves de agua se usa para dispersar el líquido en chorritos muy delgados.

colado, da *adj.* Que se cuela. ‖ *fam. Méx.* Persona que entra a una fiesta sin ser invitada o se mete a un espectáculo o transporte sin pagar.

colador *s. m.* Coladero. ‖ Operario que se encarga de colar el hierro.

colágeno, na *adj.* Perteneciente o relativo a la proteína exclusiva del tejido conjuntivo o conectivo, que se transforma en grenetina por efecto de la cocción. ‖ *s. m.* Dicha proteína, presente en huesos, ligamentos, tendones y piel.

colapsar *t.* Provocar colapso. ‖ *intr.* y *pr.* Sufrir colapso. ‖ Desorganizarse un sistema con la consiguiente interrupción de sus funciones. ‖ Disminuir, decaer las actividades comerciales.

colapso *s. m.* Destrucción o ruina de un sistema, organización o estructura. ‖ Parálisis de actividades tales como el tránsito, el comercio, las comunicaciones. ‖ Deformación destructiva y súbita de un cuerpo por la acción de una fuerza. ‖ En medicina,

estado de postración extrema y baja presión sanguínea, por insuficiencia circulatoria.

colar *t.* Hacer pasar un líquido a través de un cedazo, manta, manga, colador, para separarlo de las impurezas sólidas. ‖ Blanquear la ropa después de lavada, metiéndola en lejía o cloro. ‖ *pr.* Pasar dificultosamente por un lugar angosto. ‖ Introducirse sin permiso o a escondidas en alguna parte.

colateral *adj.* Dicho de buques y altares: que están a uno y otro lado de uno principal. ‖ Se dice del pariente que no lo es por línea directa. ‖ Dicho de efectos, daños, circunstancias: accesorio, no principal.

colcha *s. f.* Pieza hecha de tela o tejida a gancho que se usa sobre la cama para abrigo y adorno.

colchón *s. m.* Pieza de tela cuadrilonga, rellena de material blando y elástico pero con cierto grado de firmeza, sobre la cual se duerme, ya sea que se ponga encima de una cama o directamente en el piso.

colchoneta *s. f.* Cojín largo y delgado que se pone sobre bancas y otros asientos. ‖ Colchón muy delgado que se puede enrollar. ‖ Colchón impermeable e inflable que se usa en piscinas y playas. ‖ Colchón delgado o manta gruesa de diversos materiales sobre la que realizan sus ejercicios los deportistas.

colear *intr.* Mover la cola el animal que la tiene. ‖ *pr. Amér.* Derraparse o derrapar un vehículo.

colección *s. f.* Conjunto ordenado de cosas de un mismo género, reunidas por tener valor o interés especial. ‖ El agregado de libros, láminas, estampas, publicadas por una editorial bajo un epígrafe común y las mismas características de formato y tipografía. ‖ Gran cantidad de cosas o personas, sin orden pero con alguna característica en común. ‖ Serie de modelos creados por un modisto o modista para exhibirse en determinada temporada. ‖ Acumulación de una sustancia orgánica.

coleccionar *t.* Reunir los elementos de una colección.

coleccionista *s. com.* Persona que colecciona objetos.

colecta *s. f.* Recaudación de donativos para fines de beneficencia. ‖ Recaudación de fondos entre un grupo limitado de personas para hacer frente a un gasto inesperado.

colectividad *s. f.* Conjunto o grupo de personas reunidas o puestas de acuerdo con alguna finalidad.

colectivismo *s. m.* Ideología que propone suprimir la propiedad privada de los medios de producción y los bienes básicos, asignar al Estado el papel de administrador y el trabajo a los individuos en razón de las necesidades colectivas, así como la forma de satisfacer éstas y las de los individuos.

colectivización *s. f.* Acción y efecto de colectivizar. *La colectivización de la propiedad privada es un tema controvertido.*

colectivizar *t.* Convertir en colectivo lo que era privado.

colectivo *s. m.* Grupo de personas unidas por vínculos profesionales, religiosos, políticos, de género, etc. ‖ Vehículo para el transporte de grupos de personas, sea autobús o algo más pequeño.

colectivo, va *adj.* y *s.* Referente a una colectividad o propio de ella. ‖ Que tiene la cualidad de agrupar o reunir.

colector, ra *adj.* Que recauda o recoge. ‖ *s.* Recaudador del fisco. ‖ *m.* Caño o canal que recoge las aguas sobrantes del riego en el campo. ‖ Conducto subterráneo de gran calibre donde descargan los drenajes y las alcantarillas.

colega s. com. Compañero de profesión, estudios, corporación.

colegial, la s. Alumno o alumna de un colegio, de una escuela de las llamadas «particulares» o «de paga» para distinguirlas de las públicas y gratuitas.

colegiar t. Inscribir a alguien en un colegio. ‖ pr. Inscribirse un individuo en un colegio, ingresar en él. ‖ Reunirse en colegio los miembros de una misma profesión o clase.

colegiatura s. f. Beca o plaza de colegial o colegiala. ‖ Méx. Pago del servicio escolar dividido en mensualidades, que hace el alumno, el padre de familia o el tutor a la escuela o colegio.

colegio s. m. Establecimiento de enseñanza para niños y adolescentes. ‖ Edificio e instalaciones que ocupa dicho establecimiento. ‖ Sociedad, agrupación o corporación de personas de la misma dignidad o profesión.

colegir t. Unir unas cosas con otras, juntarlas conectándolas. ‖ Inferir, sacar conclusiones enlazando unas proposiciones con otras.

coleóptero, ra adj. y s. Se dice de los insectos que tienen aparato masticatorio, caparazón consistente y dos élitros duros debajo de los cuales pliegan sus alas membranosas, como los escarabajos, las catarinas o mariquitas, la cantárida y el gorgojo. ‖ Orden de estos insectos.

cólera[1] s. f. Ira, enojo, furia.

cólera[2] s. m. Enfermedad gastrointestinal infecciosa y contagiosa que produce epidemias; se transmite a través de los alimentos contaminados con heces de enfermos.

colérico, ca adj. Perteneciente o relativo a la cólera. ‖ Referente al cólera o propio de esta enfermedad. ‖ Que sufre o padece cólera infeccioso. ‖ Que fácilmente se trastorna por la cólera.

colesterol s. m. Lípido esencial para la constitución y funcionamiento de las células animales; se encuentra en altas concentraciones en el hígado, la médula espinal, el páncreas y el cerebro.

coletazo s. m. Golpe dado con la cola de un animal. ‖ Movimiento espasmódico de la cola de los peces moribundos. ‖ Última manifestación de una actividad en vías de extinguirse.

colgado, da adj. fam. Se dice de una persona frustrada o burlada en sus deseos o expectativas. ‖ Contingente, incierto, inseguro. ‖ Anhelosamente pendiente de algo o de alguien. ‖ Méx. Ahorcado, persona muerta por colgarla del cuello con una soga desde cierta altura.

colgante adj. y s. Que cuelga. ‖ Joya que pende de una cadena o de la barra de un broche.

colgar t. y pr. Suspender, poner algo o a alguien en alto de modo que no llegue al suelo su extremo o borde inferior. ‖ Introducir programas en la computadora u ordenador o añadir imágenes, textos o páginas a una red informatizada. ‖ Terminar una comunicación telefónica oprimiendo el interruptor del aparato. ‖ Imputar, atribuir achacar algo a alguien. ‖ Abandonar una actividad. ‖ Ahorcar a alguien. ‖ intr. Se dice de las cosas que penden en el aire asidas de algo.

colibrí s. m. Pájaro americano muy pequeño, de plumaje vistoso e iridiscente (sobre todo el del macho),

con pico largo y estrecho, patas diminutas casi invisibles durante el vuelo, que consiste en una agitación de las alas numerosas veces por segundo.

cólico s. m. Acceso doloroso localizado en los intestinos, caracterizado por violentos retortijones y a menudo acompañado de vómito, ansiedad y sudoración profusa. ‖ Dolor abdominal causado por indigestión y que se resuelve con la evacuación del vientre.

coliflor s. f. Planta hortense que al llegar a su mayor desarrollo echa una pella compuesta de cabezuelas florales blancas o amarillentas, comestibles.

coligarse pr. Unirse una persona a otra u otras con alguna finalidad precisa, generalmente política.

colilla s. f. Resto del cigarro o del cigarrillo que se desecha.

colina s. f. Elevación natural del terreno, menor que un monte o montaña.

colinabo s. m. Col o berza de hojas sueltas, sin arrollarse unas en otras.

colindancia s. f. Condición de colindante.

colindante adj. Se dice de los espacios, campos o edificios contiguos entre sí, que comparten al menos un límite entre ellos.

colindar intr. Lindar entre sí dos o más edificios, fincas, y otras clases de espacios, estar contiguos, uno al lado del otro.

colirio s. m. Líquido en el que van disueltas sustancias medicamentosas, calmantes o astringentes, que se aplica en gotas para las enfermedades de los ojos.

coliseo s. m. Recinto dedicado a espectáculos públicos. ‖ Bol., Ecua. y Hond. Recinto donde se realizan campeonatos o exhibiciones de ciertos deportes y espectáculos como el boxeo y la lucha libre.

colisión s. f. Choque de dos cuerpos. ‖ Oposición y pugna entre ideas, doctrinas, posturas políticas o intereses y de las personas que los representan.

colisionar intr. Chocar con violencia dos cuerpos, vehículos, aviones, etc. ‖ Oponerse con vehemencia personas, ideas, doctrinas o intereses.

colitis s. f. En medicina, inflamación aguda o crónica del colon.

collage s. m. Palabra francesa que designa la técnica consistente en lograr obras de artes plásticas mediante el pegado de trozos de diversos materiales.

collar s. m. Adorno que rodea el cuello. ‖ Insignia que cuelga del cuello de algunas órdenes religiosas y militares, dignidades y magistraturas. ‖ Franja de plumas de distinto color al resto del plumaje que presentan ciertas especies de aves. ‖ Aro de cuero que rodea el cuello de los animales domésticos de compañía, del cual suele colgar su placa de identificación, y de donde se sujeta la correa.

collarín s. m. Alzacuello. ‖ Aparato ortopédico que se ajusta en torno al cuello; se usa para inmovilizar las vértebras cervicales.

colmado, da adj. Copioso, abundante.

colmar t. Llenar algo más allá de su capacidad, rebasando los bordes. ‖ Llenar al máximo las trojes o graneros. ‖ Dar con liberalidad y abundancia. ‖ pr. Satisfacer totalmente o ver cumplidos deseos y aspiraciones.

colmena s. f. Habitación natural de las abejas hecha por ellas mismas. ‖ Enjambre que vive en ella. ‖ Armazón construido por el hombre para que lo habiten las abejas y depositen en él la miel y la cera.

colmenero, ra

colmenero, ra *s.* Persona encargada de cuidar las colmenas.

colmillo *s. m.* Diente largo y afilado que se encuentra enseguida de los incisivos de los mamíferos. ‖ Cada una de las dos defensas córneas que poseen los elefantes en el maxilar superior, a los lados de la trompa. ‖ *fig.* Astucia, experiencia, sagacidad.

colmo *s. m.* Cantidad de material sólido o pulverizado que sobresale del continente donde se halla. ‖ Complemento o término de algo. ‖ Lo que en su línea o género rebasa los límites normales.

colocación *s. f.* Acción y efecto de colocar. ‖ Situación de alguien o algo. ‖ Empleo, puesto de trabajo, destino.

colocar *t.* Poner algo o a alguien en lugar adecuado. ‖ Invertir dinero. ‖ Dar empleo o medio de ganarse la vida a alguien. ‖ Encontrar mercado o compradores para alguna mercancía.

colombiano, na *adj.* Perteneciente o relativo a Colombia. ‖ *s.* Natural o nativo de ese país.

colon *s. m.* En anatomía, parte del intestino grueso que va de donde termina el ciego a donde comienza el recto, e incluye cuatro porciones: ascendente, transverso, descendente y sigmoides.

colonia *s. f.* Conjunto de personas que van a vivir a un territorio distinto del de su origen. ‖ Territorio donde se establecen dichas personas. ‖ Territorio fuera de la potencia política que lo hizo suyo, regularmente gobernado mediante leyes especiales. ‖ Territorio dominado y gobernado por un país extranjero. ‖ Conjunto de personas oriundas de un país que residen en otro. ‖ Grupo de animales de una misma especie que vive en un territorio limitado. ‖ Animal invertebrado que por gemación u otro modo de reproducción forma un cuerpo de individuos unidos que realizan funciones específicas y necesarias para la supervivencia del conjunto. ‖ *Hond.* y *Méx.* Barrio, cada una de las porciones en que se divide una ciudad o localidad.

colonial *adj.* Perteneciente o relativo a la colonia.

colonialismo *s. m.* Doctrina política y económica que propugna la conquista y conservación de numerosas colonias de las que se beneficia su metrópoli.

colonialista *adj.* Perteneciente o relativo al colonialismo. ‖ *s. com.* Partidario del colonialismo.

colonización *s. f.* Acción y efecto de colonizar.

colonizar *t.* Establecer una colonia o formarla en un país. ‖ Fijar sus moradas los cultivadores en los terrenos labrantíos o próximas a éstos.

colono, na *s.* Persona que coloniza un territorio. ‖ Habitante de una colonia. ‖ Agricultor que cultiva un terreno y usualmente vive en él.

coloquial *adj.* Que se relaciona con el coloquio. ‖ Que se relaciona con la conversación familiar o informal de los hablantes.

coloquio *s. m.* Discusión que se hace para tratar sobre algún tema determinado. ‖ Conversación entre dos o más personas.

color *s. m.* Cualidad de las cosas que se distingue por la vista, gracias a la luz que reflejan. ‖ Tono de la cara. ‖ Sustancia que sirve para pintar.

coloración *s. f.* Acción y resultado de colorear. ‖ Color de una cosa. ‖ En biología, teñido de los tejidos que se quieren ver en el microscopio.

colorado, da *adj.* Que tiene color rojo. ‖ Que se pone momentáneamente de color rojo. *Tenía la cara colorada de vergüenza.*

colorante *adj.* Que da color. ‖ *s. m.* Sustancia que tiñe de color los alimentos. *En algunas etiquetas se lee: «sin colorantes artificiales».*

colorear *t.* y *pr.* Dar color.

colorido, da *adj.* Que tiene color. ‖ *s.* Distribución de los colores en una obra pictórica. ‖ Color.

colorín *s. m. Méx.* Árbol pequeño de flores rojas.

colosal *adj.* Que se relaciona con el coloso. ‖ De dimensiones extraordinarias. ‖ De cualidades extraordinarias. *Tenía un apetito colosal, que no se saciaba con nada.*

coloso *s. m.* Estatua enorme, de figura humana gigantesca. ‖ Persona que destaca por alguna cualidad.

coludir *intr.* y *pr.* Hacer un acuerdo o pacto para dañar a un tercero.

coludo, da *adj.* Que tiene mucha cola.

columna *s. f.* Elemento arquitectónico de forma cilíndrica más alta que ancha que soporta la estructura horizontal de un edificio. ‖ Sección vertical de una página, separada de otra por un espacio en blanco o por una línea. ‖ Serie de números dispuestos de manera vertical. ‖ Conjunto de cosas colocadas unas arriba de otras. ‖ Forma alargada y vertical que toma un gas o un líquido al subir. ‖ Conjunto de soldados en formación. ‖ Todo lo que sirva de sostén físico o figurado de algo. ‖ Artículo periodístico que se publica con cierta regularidad.

columnata *s. f.* Conjunto de columnas que sostienen o adornan un edificio, un pórtico, una calle.

columnista *s. com.* Periodista que redacta una columna específica en un periódico.

columpiar *t.* y *pr.* Dar impulso a quien está en un columpio. ‖ Mecer o mover acompasadamente algo. ‖ Mover el cuerpo de un lado a otro al caminar.

columpio *s. m.* Asiento suspendido por una o dos cuerdas que sirve para mecerse.

colusión *s. f.* Pacto o acuerdo para dañar a un tercero.

coma[1] *s. f.* Signo ortográfico que se utiliza para separar frases dentro de la oración, cuando se altera el orden sintáctico de ésta o para marcar pausas breves. ‖ En algunos países, signo que separa los números enteros de los decimales.

coma[2] *s. m.* Pérdida de la conciencia y el movimiento provocada por alguna enfermedad o lesión.

comadre *s. f.* Nombre que se dan entre sí la madre y la madrina de un niño. ‖ Partera. ‖ Mujer que se reúne con otras para chismorrear. ‖ Alcahueta.

comadrear *intr. fam.* Chismorrear, murmurar.

comadreja *s. f.* Mamífero carnívoro de cuerpo delgado, pelaje color café en el lomo y blanco en el vientre.

comadrona *s. f.* Mujer con los conocimientos necesarios para asistir un parto.

comal *s. m. Amér. C.* y *Méx.* Disco de metal o de barro que sirve para calentar alimentos. *Las tortillas se calientan en el comal.*

comanche *s.* y *adj.* Tribu que habitaba lo que hoy es Texas y Nuevo México. ‖ Persona que pertenecía a esa tribu. ‖ Lengua que hablaba esa tribu.

comandancia *s. f.* Empleo del comandante. ‖ Oficina o puesto de mando del comandante. ‖ Territorio o jurisdicción de un comandante.

comandante *s. com.* Grado militar más alto que el de capitán y menor que el de teniente coronel. || Militar que ejerce el mando. || Oficial de la Armada que manda en un buque de guerra. || Piloto al mando de un avión.

comandar *t.* Mandar un ejército, una guerrilla, una plaza militar, un buque de guerra.

comando *s. m.* Grupo militar destinado a misiones peligrosas.

comarca *s. f.* Territorio más pequeño que una región y que abarca varias poblaciones y sus respectivos municipios.

comba *s. f.* Curva que se forma en un material rígido.

combate *s. m.* Pelea o lucha entre personas o animales. || Enfrentamiento entre dos ejércitos. || Acción de combatir una enfermedad, un problema. || Serie de razonamientos para refutar o discutir con otra persona.

combatiente *adj.* Que combate. || *s. com.* Soldado que participa en una guerra.

combatir *t.* y *pr.* Luchar o pelear contra algo o alguien.

combatividad *s. f.* Tendencia a ser combativo. || Cualidad de combativo.

combativo, va *adj.* Que le gusta combatir. || Que posee cualidades para combatir. || Que lucha para alcanzar sus metas.

combinación *s. f.* Acción y resultado de combinar. || Conjunto de cosas combinadas con un fin determinado. || Bebida compuesta de varios licores mezclados. || Clave o código para abrir o hacer funcionar un mecanismo. || Unión de dos elementos químicos cuyo resultado tiene propiedades distintas de las de sus componentes.

combinado *s. m.* Conjunto de cosas o personas mezclados con determinado fin. || Mezcla de diversos licores.

combinar *t.* y *pr.* Unir cosas o personas con un determinado fin. || Mezclar dos sustancias para lograr un compuesto químico.

combinatoria *s. f.* Parte de las matemáticas que estudia las combinaciones, variaciones y permutaciones de los conjuntos.

combinatorio, ria *adj.* Relativo a la combinación. || Relativo a la combinatoria.

comburente *adj.* En física, que favorece la combustión. || *s. m.* Sustancia que activa la combustión.

combustible *adj.* Que arde con facilidad. || *s. m.* Sustancia que al arder produce energía.

combustión *s. f.* Acción y resultado de arder o quemar. || En biología, oxidación de los alimentos. || En química, reacción del oxígeno con un material oxidable.

comedero, ra *adj.* Que come mucho: || *s. m.* Recipiente donde se pone la comida de las aves enjauladas. || Lugar donde come el ganado mayor. || Comedor público.

comedia *s. f.* Obra de teatro o cine que tiene un desenlace feliz. || Actuación que se hace con el objetivo de conseguir algo. || Suceso de la vida real que hacer reír.

comediante, ta *s.* Persona que representa un papel en una obra de teatro, de cine, de radio, de

televisión. || Persona que actúa o finge para conseguir un fin.

comedido, da *adj.* Que actúa con cortesía, con moderación.

comedimiento *s. m.* Cortesía, moderación, urbanidad.

comediógrafo, fa *s.* Persona que escribe comedias.

comedir *t.* y *pr.* Moderarse, contenerse. || *Amér.* Ofrecerse o disponerse para alguna cosa.

comedor *s. m.* Parte de una casa donde habitualmente se come. || Conjunto de muebles que se usan para comer: mesa, sillas y muebles para guardar platos, vasos, cubiertos, manteles. || Lugar donde se sirven comidas para un público determinado.

comején *s. m. Amér.* Insecto que ataca la madera.

comensal *s. com.* Cada una de las personas que comparten la mesa a la hora de la comida. || Organismo que se alimenta de otro sin causarle daño.

comentar *t.* Explicar o hablar de algo para entenderlo mejor. || Divulgar una información que no debería contarse.

comentario *s. m.* Observación, juicio o interpretación que se hace de algo. || Escrito que explica otro texto.

comenzar *t.* e *intr.* Dar inicio una cosa.

comer *t.* e *intr.* Masticar el alimento y pasarlo al estómago. || Tomar la comida principal, por lo general, a mediodía. || Sentir comezón física o moral. || Corroer, consumir. || En algunos juegos, en especial los de tableros, ganar una pieza al contrario. || *pr.* Saltarse letras o sílabas al escribir o hablar.

comercial *adj.* Relativo al comercio. || Que se puede vender fácil. || *s. m. Amér. Merid.* y *Méx.* Anuncio publicitario que pasa por radio o televisión.

comercialismo *s. m.* Anteposición del valor comercial a cualquier otro valor.

comercialización *s. f.* Venta y distribución de un producto.

comercializador, ra *adj.* Que se dedica a la comercialización.

comercializar *t.* Proporcionar a un producto las condiciones y los medios adecuados para su venta. || Vender un producto.

comerciante *adj.* Que comercia. || *s. com.* Persona que posee un comercio. || Persona que se dedica a las ventas en cualquiera de sus formas.

comerciar *t.* Comprar y vender productos para obtener ganancias.

comercio *s. m.* Lugar donde se venden productos. || Actividad de comerciar con productos. || Conjunto de comerciantes y actividades comerciales de un lugar.

comestible *adj.* Que se puede comer sin que nos dañe. || Cualquier producto que sirva para comer.

cometa[1] *s. m.* Cuerpo celeste formado por rocas y hielo, con órbitas elípticas y, en algunos casos, apariciones periódicas; conforme se acerca al Sol, forma una cola de gas y polvo que lo distingue de otros cuerpos celestes.

cometa[2] *s. f.* Juguete que consiste en una armazón de material liviano, forrada con papel delgado, con cola para darle estabilidad y una cuerda para elevarla poco a poco. || *s. m.* Papalote.

cometario, ria *adj.* Relativo a los cometas.

cometer *t.* Llevar a cabo una acción que se considera delito, falta, error.

cometido s. m. Trabajo del cual se es responsable. || Obligación moral.

comezón s. f. Sensación molesta que nos obliga a rascarnos. || Desasosiego provocado por un deseo intenso e insatisfecho.

comible adj. Que se puede comer.

cómic s. m. Historia que se cuenta en una serie de cuadros con ilustraciones y globos de diálogo. || Género formado por estas obras. El cómic se renueva constantemente. || Libro o revista con estas historias.

comicial adj. Que se relaciona con los comicios. La jornada comicial se caracterizó por el robo de urnas.

comicidad s. f. Lo que hace reír.

comicios s. m. pl. Conjunto de actividades relacionadas con las elecciones para elegir representantes en los diferentes niveles de gobierno.

cómico, ca adj. Que se relaciona con la comedia. || Que hace reír. || s. Persona que representa papeles que hacen reír.

comida s. f. Alimento en general. || Conjunto de alimentos que se consumen habitualmente a mediodía. || Reunión de personas para compartir los alimentos. Organizaron una comida para el sábado.

comidilla s. f. Tema de murmuración o pretexto para chismorrear.

comido, da adj. Que comió. || Carcomido, roído.

comienzo s. m. Origen o principio de algo. || Punto de partida.

comillas s. f. pl. Signo ortográfico («...») que se pone al principio y al final de una cita. Me dijo «loca», pero luego agregó «te quiero». || Signo ortográfico que se usa para definir otra palabra o para poner énfasis en el significado no es el habitual. Te dije que eso era «posible» con el sentido de «ni sueñes».

comino s. m. Planta de flores rojas o blancas y semillas aromáticas. || loc. Importar un comino: no importar nada.

comisaría s. f. Empleo del comisario. || Jurisdicción del comisario. || Oficina del comisario.

comisario, ria s. Persona que tiene poder o facultad de realizar una función especial. || Oficial de policía que es la máxima autoridad en una comisaría.

comisión s. f. Conjunto de personas que se escogió para una labor determinada || Porcentaje del precio de un producto que el vendedor recibe como ganancia. || Acción de cometer un delito. || Encargo o misión encomendada a alguien.

comisionado, da adj. y s. Encargado de una comisión.

comisionar t. Pedirle a alguien que se encargue de una comisión.

comisionista s. com. Persona que trabaja por una comisión.

comisura s. f. En anatomía, extremo o punto de unión de una abertura del cuerpo, como los ojos y la boca. || En anatomía, articulación de los huesos del cráneo, inmóvil y de sutura dentada.

comité s. m. Conjunto de personas que se reúnen para resolver un asunto específico.

comitiva s. f. Conjunto de personas que acompañan a un personaje importante.

como[1] adv. Indica el modo o la manera. Siéntate como te acomode. || Da idea de equivalencia o semejanza. Es como su mamá. || Aproximadamente. Hace como 18 años que me mudé. || Según. Como decía mi tía, sólo los animales no leen antes de dormir. || Así que. Como llegamos tarde, nos quedamos sin cenar.

como[2] conj. Se usa en frases condicionales. Como no vengas hoy, me divorcio. || Se usa en frases causales. Como no había agua, no me bañé.

como[3] prep. En calidad de. Vino como acompañante.

cómo[4] adv. Se usa en enunciados interrogativos para expresar el modo o la manera. ¿Cómo llegaste? || Se usa en enunciados exclamativos para expresar admiración, espanto, etc. ¡Cómo llora!

cómoda s. f. Mueble con cajones, de mediana altura, para guardar ropa.

comodato s. m. Contrato en que se da o recibe en préstamo una cosa con el compromiso de no destruirla y devolverla.

comodidad s. f. Cualidad de cómodo. || Cosa que proporciona bienestar.

comodín s. m. En algunos juegos de cartas, la que puede tomar diferentes valores. || Persona que sirve para cualquier tipo de trabajo.

cómodo, da adj. Que es confortable. || Que es muy fácil.

comoquiera adv. De cualquier manera, de todas formas.

compactar t. Hacer compacta una cosa. || En informática, hacer que un archivo ocupe menos espacio.

compacto, ta adj. Que tiene una textura apretada. || Condensado. || s. m. Disco óptico que se graba en forma digital, por lo que le es posible contener mucha información. || Aparato reproductor de estos discos.

compadecer t. Sentir tristeza por lo que sufren los demás. || Compartir la tristeza de alguien.

compadrazgo s. m. Compromiso que contrae el padrino con los padres del niño que apadrina.

compadre s. m. Padrino de bautizo y padre del niño bautizado.

compadrear t. e intr. Hacer amistad con alguien al punto de llamarlo «compadre». || Arg., Py. y Uy. Presumir. || Amenazar.

compañerismo s. m. Actitud de lealtad y solidaridad hacia un compañero. || Vínculo que hay entre compañeros.

compañero, ra s. Persona que comparte con otra estudios, trabajo, la práctica de algún deporte o cualquier otra actividad. || Persona con la que se vive sin estar casada con ella. || Persona que comparte con otra las mismas ideas políticas o que pertenece al mismo partido o sindicato. || Cosa que forma pareja o hace juego con otra.

compañía s. f. Situación en la que acompañamos a alguien o alguien nos acompaña. || Empresa mercantil. || Conjunto de personas que representan un espectáculo artístico. || Unidad militar mandada por un capitán, que forma parte de un batallón.

comparable adj. Que se puede comparar con algo o con alguien.

comparación s. f. Acción y resultado de comparar dos o más cosas.

comparar t. Analizar dos o más cosas para ver sus diferencias y similitudes. || Determinar una relación de similitud o equivalencia entre dos cosas.

comparativo, va adj. Que sirve para hacer una comparación. || En gramática, adjetivo o adverbio que expresa comparación.

comparecencia *s. f.* Acción de comparecer, en especial frente a una autoridad.

comparecer *intr.* Presentarse ante una autoridad.

compareciente *s. com.* En derecho, persona que comparece ante un juez, un notario o cualquier otra autoridad judicial.

comparsa *s. f.* Conjunto de personas que se disfrazan de manera similar en el Carnaval. ‖ *s. com.* Conjunto de actores que acompañan, en una representación, a otros, pero en un plano secundario. ‖ Persona que ocupa un puesto secundario.

compartido, da *adj.* Generoso.

compartimentación *s. f.* Acción y resultado de compartimentar.

compartimentar *t.* Dividir algo en partes o compartimentos.

compartimento o **compartimiento** *s. m.* División en varias partes de algo. ‖ Cabina o parte en que está dividido un lugar o una cosa.

compartir *t.* Dividir en una cosa para repartir. *Comparte los dulces con tus amiguitos.* ‖ Tener la misma opinión o el mismo sentimiento que otra persona. *Los padres comparten su preocupación por la educación de los hijos.*

compás *s. m.* Instrumento para trazar círculos o arcos; tiene dos brazos terminados en punta que pueden abrirse o cerrarse. ‖ Instrumento de navegación compuesto de dos círculos concéntricos. El interior tiene una aguja imantada que marca el norte, y el exterior indica la dirección de la proa del barco. ‖ Unidad de tiempo de una composición musical. ‖ Barra vertical que divide cada unidad de tiempo de una composición musical. ‖ Signo de notación musical que determina el valor de cada unidad. ‖ Ritmo de una composición musical.

compasión *s. f.* Sentimiento de lástima y tristeza hacia otra persona que está sufriendo.

compasivo, va *adj.* Que siente compasión.

compatibilidad *s. f.* Posibilidad que tiene una cosa de existir o coexistir con otra. ‖ En informática, capacidad de un programa de funcionar en diferentes sistemas o computadoras sin hacer modificaciones.

compatibilización *s. f.* Acción de compatibilizar.

compatibilizar *t.* Hacer compatible algo.

compatible *adj.* Que puede existir o hacerse al mismo tiempo que otra. ‖ Que puede funcionar en varios sistemas informáticos.

compatriota *s. com.* Persona con la que compartimos la misma patria.

compendiar *t.* Resumir algo.

compendio *s. m.* Resumen de algo que es muy largo de decir o describir.

compenetración *s. f.* Entendimiento entre dos personas que sienten o piensan muy parecido.

compenetrarse *pr.* Penetrar unas partículas dentro de otras, y viceversa. ‖ Influirse, identificarse en ideas y sentimientos. ‖ *Méx.* Entender completamente.

compensación *s. f.* Acción y resultado de compensar. ‖ Indemnización que debe pagar el autor a un herido o a los herederos de un muerto en un accidente.

compensar *t.* Neutralizar el efecto de una cosa con otra. ‖ Resarcir a alguien por el daño que ha sufrido.

competencia[1] *s. f.* Disputa entre dos personas para obtener algo. ‖ Empresa que fabrica algo que otra también elabora, y que rivaliza en el mercado.

‖ *Amér.* Torneo o juego en que rivalizan dos o más personas, dos o más equipos.

competencia[2] *s. f.* Aptitud para realizar una actividad. ‖ Atribución de un juez para conocer o resolver un asunto.

competente *adj.* Que es capaz o idóneo para realizar determinada actividad. ‖ Que le corresponden determinadas responsabilidades.

competer *intr.* Corresponder a una persona o institución cierta tarea.

competición *s. f. Esp.* Competencia deportiva.

competidor, ra *adj.* y *s.* Participante en una competencia deportiva.

competir *intr.* Rivalizar una o más personas por la misma cosa.

competitivo, va *adj.* Que es capaz de competir.

compilación *s. f.* Acción y resultado de compilar. ‖ Obra que reúne datos de otras obras.

compilador, ra *adj.* Que compila.

compilar *t.* Reunir varias obras o partes de varias en una sola.

compinche *s. com.* Compañero, camarada. ‖ *desp.* Amigo para hacer cosas malas.

complacer *t.* Causar placer a alguien. ‖ Hacer lo que otra persona pide. ‖ *pr.* Sentir alegría o placer por algo.

complaciente *adj.* Que le gusta complacer.

complejidad *s. f.* Lo que es complejo porque tiene muchas partes. ‖ Lo que es complejo porque es muy difícil.

complejo, ja *adj.* Que se compone de varias partes. ‖ Que es difícil. ‖ *s. m.* Conjunto de edificios dedicados a una misma actividad. ‖ En psicología, conjunto de emociones reprimidas que afectan el comportamiento de un individuo.

complementar *t.* Agregar a una cosa lo que le falta para que quede completa. ‖ En lingüística, agregar palabras como complementos de otras. *El adjetivo complementa al sustantivo.*

complementariedad *s. f.* Lo que completa o añade de algo.

complementario, ria *adj.* Que sirve para complementar algo.

complemento *s. m.* Lo que se añade a algo para completarlo o mejorarlo. ‖ En gramática, palabra o conjunto de palabras que modifica o completa algún elemento de la oración —como el sustantivo, el adjetivo o el verbo— con la ayuda de una preposición o nexo. ‖ En geometría, ángulo que se suma a otro para completar un ángulo recto.

completar *t.* Añadir una cosa que faltaba a algo. ‖ Terminar un proceso.

completivo, va *adj.* Que completa. ‖ En gramática, se aplica a la oración subordinada sustantiva introducida por la conjunción «que». ‖ En gramática, se dice de la conjunción que introduce este tipo de oraciones.

completo, ta *adj.* Que tiene todas las partes que debe tener. ‖ Que se acabó o perfeccionó.

complexión *s. f.* Conjunto de características físicas de una persona.

complicación *s. f.* Acción y resultado de complicar o complicarse. ‖ Cosa que complica una situación.

complicado, da *adj.* Que es difícil de entender o de explicar. ‖ Que tiene muchas partes. ‖ Que tiene un carácter difícil.

complicar *t.* Hacer difícil o más difícil una cosa. ‖ Enredar a alguien en un asunto difícil.

cómplice *adj.* Que actúa con complicidad. ‖ *s. com.* Persona que colaboró con otra en la comisión de un delito.

complicidad *s. f.* Colaboración de alguien en una tarea secreta. ‖ Participación de alguien en la comisión de un delito.

complot *s. m.* Confabulación o intriga de carácter político.

componenda *s. f.* Arreglo poco claro o ilegal de un asunto entre varias personas.

componente *adj.* Que forma parte de un todo.

componer *t.* y *pr.* Armar una cosa de varias cosas o personas. ‖ Constituir, formar. ‖ Reparar algo. ‖ Crear una pieza musical, literaria o científica. ‖ Ponerse más bonito. ‖ *Amér.* Arreglar los huesos dislocados.

comportamiento *s. m.* Manera de comportarse de una persona. ‖ Modo en que se desempeña una cosa en determinadas condiciones.

comportar *t.* Conllevar. ‖ *pr.* Conducirse de cierta manera.

composición *s. f.* Acción y resultado de componer. ‖ Obra musical, literaria o científica. ‖ Escrito que se le pide a un alumno para que demuestre su capacidad de redacción, análisis, etc. ‖ En pintura, arte de agrupar los elementos de la obra para que queden armoniosos. ‖ En gramática, procedimiento para formar palabras juntando dos sustantivos, un verbo y un sustantivo, un sustantivo y un adjetivo. ‖ En música, parte que enseña las reglas para componer. ‖ Conjunto de elementos que forman parte de una sustancia.

composicional *adj.* Relativo a la composición.

compositivo, va *adj.* Que forma parte de una composición. ‖ En gramática, que forma palabras compuestas.

compositor, ra *adj.* Que compone. ‖ *s.* Persona que compone obras musicales.

composta *s. f.* Compuesto que resulta de la transformación de los desperdicios orgánicos en fertilizante.

compostura *s. f.* Moderación al hablar y al comportarse. ‖ Reparación de una cosa descompuesta. ‖ Aseo, adorno de algo o alguien. ‖ Convenio.

compota *s. f.* Fruta que se cuece con agua y azúcar.

compra *s. f.* Acción de obtener una cosa a cambio de una cantidad de dinero. ‖ Lo adquirido a cambio de dinero.

comprador, ra *adj.* Que compra. ‖ *Amér. Merid.* Que seduce con sonrisas y gestos. ‖ *s.* Persona que compra algo.

comprar *t.* Obtener algo a cambio de dinero. ‖ Ofrecer dinero a alguien a cambio de algún favor.

compraventa *s. f.* Comercio de antigüedades o cosas usadas.

comprender *t.* Abrazar, rodear por todas partes algo. ‖ Contener, incluir. ‖ Tener una idea clara de lo que dice otra persona. ‖ Considerar algo razonable.

comprensible *adj.* Que se comprende.

comprensión *s. f.* Acto o proceso por el cual asimilamos lo que nos dicen o lo que está pasando. ‖ Actitud tolerante hacia los sentimientos y la manera de pensar o actuar de otra persona.

comprensivo, va *adj.* Que es capaz de comprender. ‖ Que es capaz de entender los sentimientos de los demás. ‖ Que incluye muchas cosas.

compresa *s. f.* Pedazo de gasa o tela muy fina que sirve para cubrir heridas, aplicar algún medicamento, etc.

compresor, ra *adj.* Que comprime. ‖ *s. m.* Aparato que disminuye el volumen de los gases al aumentar la presión.

comprimido, da *adj.* Apretado, achatado. ‖ *s. m.* Medicamento en forma de pastilla.

comprimir *t.* Disminuir el volumen de algo aplicando mayor presión.

comprobable *adj.* Que se puede comprobar.

comprobación *s. f.* Hallazgo de las pruebas de algo. ‖ Revisión y confirmación de un descubrimiento o de una experiencia mediante la repetición de experimentos.

comprobante *adj.* Que comprueba. ‖ *s. m.* Recibo que comprueba una compra, un pago, la realización de un trámite.

comprobar *t.* Encontrar pruebas de algo. ‖ Verificar mediante pruebas que algo es cierto o real.

comprometer *t.* Poner en situación de riesgo a alguien. ‖ Obligar a alguien a hacer algo. ‖ Arreglar un negocio o compra. ‖ *pr.* Obligarse en casamiento.

comprometido, da *adj.* Que se encuentra en una situación difícil. ‖ Que se va a casar próximamente.

compromiso *s. m.* Situación que compromete. ‖ Responsabilidad u obligación. ‖ Acuerdo de una pareja para casarse.

compuerta *s. f.* Mecanismo formado por dos hojas que se abren o suben y bajan para dejar pasar o detener el agua de un canal o de una presa.

compuesto, ta *adj.* Que está formado por varios elementos. ‖ *s. m.* Sustancia formada por dos o más ingredientes.

compulsión *s. f.* Obligación de ejecutar algo por mandato de la autoridad. ‖ Impulso incontrolable de realizar un acto contrario a la voluntad.

compungido, da *adj.* Que siente arrepentimiento. ‖ Que se duele con el dolor de otros.

compungir *t.* y *pr.* Arrepentirse de haber hecho algo malo. ‖ Compadecer.

computador, ra *adj.* Que computa. ‖ *s. Amér.* Máquina que es capaz de procesar datos con gran rapidez.

computar *t.* Determinar una cantidad por el cálculo de ciertos datos.

computarización *s. f.* Instalación de computadoras en un lugar. ‖ Captura y procesamiento de datos en una computadora.

computarizado, da *adj.* Que pasó o es el resultado del proceso de una computadora.

computarizar *t.* Procesar datos mediante una computadora.

cómputo *s. m.* Cálculo de cantidades.

comulgante *adj.* y *s. com.* Que comulga.

comulgar *intr.* En religión, administrar, tomar o recibir la comunión. ‖ Estar de acuerdo con la opinión de otra persona.

común *adj.* Que pertenece a más de una persona. ‖ Que comparte la mayoría de las personas. ‖ Ordinario, vulgar. ‖ Frecuente.

comuna *s. f.* Organización política y económica basada en la propiedad colectiva de los bienes. ‖ División administrativa equivalente al municipio. ‖ Conjunto de personas que viven al margen de la sociedad.

comunero, ra *s.* Propietario y trabajador de tierras de propiedad común.

comunicación *s. f.* Proceso y efecto de comunicar o comunicarse. ‖ Impartición e intercambio de información mediante la palabra hablada, escrita o signos. ‖ Algo que es impartido, intercambiado o transmitido por diversos medios. ‖ Documento o mensaje que imparte información. ‖ Conjunto de disciplinas para el estudio de los fenómenos comunicativos. ‖ Transporte o medios de transporte entre lugares. ‖ Conjunto de medios para el intercambio de información, como teléfono, internet, televisión, etc. ‖ Rutas para el transporte de personas y cosas. ‖ Medio de contacto entre dos o más lugares. ‖ Actividad de los organismos con potencial para modificar la conducta de otros organismos.

comunicado *adj.* Dicho de un lugar, se refiere a la calidad del acceso a él. ‖ *s. m.* Documento breve que notifica algo al público.

comunicador, ra *adj.* Que es capaz de comunicar mensajes. ‖ *s.* Profesional de la comunicación hablada, escrita o por signos.

comunicar *t.* Hacer saber algo a otros. ‖ Impartir o intercambiar información entre dos o más personas. ‖ Tener paso común dos o más lugares o cosas.

comunicativo, va *adj.* Que es inclinado a comunicarse. ‖ Que tiene aptitud para la comunicación.

comunidad *s. f.* Grupo social cuyos miembros viven en un mismo lugar bajo un mismo gobierno y que a menudo comparten una herencia cultural e histórica. ‖ Lugar habitado por tal grupo. ‖ Grupo social o económico con características e intereses comunes que los distinguen de la sociedad en que existen. ‖ Grupo de naciones con intereses o herencia cultural e histórica común. ‖ Grupo de personas que hacen vida común según ciertas reglas. ‖ Grupos de especies que ocupan un hábitat común.

comunión *s. f.* Unión de los que profesan una misma religión, comparten ideología política o intereses de otra índole. ‖ Entre los cristianos, acto litúrgico de recibir la eucaristía. ‖ Intercambio de pensamientos o emociones íntimamente sentidos. ‖ Acto de compartir o sentir algo.

comunismo *s. m.* Teoría o doctrina económica y política que sostiene que la propiedad es común y niega la propiedad privada. ‖ Sistema político y económico basado en tal doctrina. ‖ Principios y prácticas de los partidos comunistas.

comunista *adj.* De o relacionado con la ideología, los países y los partidos comunistas.

comunitario, ria *adj.* De la comunidad o relacionado con ella.

con *prep.* Indica relación de compañía, colaboración, reciprocidad o presencia de elementos juntos. *Hace la tarea con sus compañeros.* ‖ Indica relación instrumental. *El baño es con agua y jabón.* ‖ Indica relación modal. *Asiste a la escuela con gusto.* ‖ Indica relación entre cosas. *Le gustan las tortas con crema.* ‖ Indica relación de oposición. *Lo aguanto con todo y sus defectos.*

conato *s. m.* Acción que se frustra antes de consumarse.

concatenación *s. f.* Unión de dos o más cosas o ideas.

concatenar *t.* Unir dos o más cosas o ideas.

cóncavo, va *adj.* Se dice de la superficie o línea que presentan una cavidad. ‖ *s.* Concavidad.

concebir *t.* Comprender o formarse una idea de algo. ‖ Quedar embarazada la hembra al quedar fecundado el óvulo por el espermatozoide del macho.

conceder *t.* Autorizar o permitir algo a otra persona. ‖ Aceptar un argumento o postura del interlocutor.

concejal *s. com.* Miembro electo o designado de un concejo municipal.

concejo *s. m.* Cuerpo deliberativo de un nivel u órgano de gobierno o de una corporación pública o privada. *El concejo electoral validó los resultados de la elección.*

concentración *s. f.* Reunión de cosas o seres similares o disímbolos. ‖ Atención exclusiva a un objeto. ‖ Algo que está reunido. ‖ En una solución química, cantidad de una sustancia disuelta por unidad de volumen.

concentrado, da *adj.* Se dice de lo que se halla reunido en algún sitio. ‖ Muy atento en una actividad. ‖ *s. f.* Sustancia a la que se le ha eliminado parte de su líquido para hacerla menos voluminosa.

concentrador, ra *adj.* Que tiene la capacidad de concentrar. *La máquina concentradora trabaja bien.*

concentrar *t.* Reunir lo que está separado. ‖ Eliminar líquido de una sustancia o materia. ‖ *pr.* Hacer que un número grande de personas confluyan en un lugar. ‖ Fijar la atención en un objeto.

concéntrico, ca *adj.* Movimiento o figura con un mismo centro.

concepción *s. f.* Acto de concebir o formarse una idea de algo. ‖ Acto de quedar embarazada la mujer. ‖ Conjunto de ideas acerca del mundo y la vida.

conceptismo *s. m.* Estilo literario basado en asociaciones complejas entre ideas y metáforas, que floreció en la España del siglo XVII.

conceptista *adj.* Se dice de la obra con elementos del conceptismo. ‖ *s. com.* Que practica el conceptismo.

concepto *s. m.* Representación mental concisa de un objeto de conocimiento. ‖ Juicio que uno se forma de otros o de sí mismo. ‖ Renglón de gastos o ingresos de una partida.

conceptual *adj.* Relacionado con conceptos.

concerniente *adj.* Que se corresponde o viene al caso.

concernir *t.* Estar relacionado, corresponder, afectar, ser objeto de preocupación o venir al caso.

concertación *s. f.* Arreglo o conciliación de intereses diversos u opuestos para un fin determinado. ‖ Reunión de voluntades para una acción determinada.

concertado, da *adj.* Acordado, pactado.

concertar *t.* Reunir intereses o voluntades diversas para un fin determinado. ‖ Acordar el precio de una cosa o las condiciones de un asunto o negocio. ‖ Concordar una cosa con otra.

concertista *s. com.* Músico solista en un concierto.

concesión *s. f.* Adjudicación de un bien, licencia o permiso para realizar algo. ‖ Cosa, servicio o argumento así concedido. ‖ Espacio autorizado para realizar una actividad subsidiaria dentro de un negocio más amplio. ‖ Aceptación de un argumento contrario.

concesionario, ria *s.* Persona física o moral que explota un bien o servicio en concesión.

concesivo, va *adj.* Que concede. ‖ En gramática, se dice de una oración compuesta que contiene una subordinada.

concha *s. f.* Cubierta calcárea de ciertos moluscos. || Caparazón de las tortugas. || *fam. Amér.* Desfachatez de personas atenidas al esfuerzo de otros. || *vulg. Amér. Merid.* Vulva.

conchudo, da *adj.* Que se atiene al esfuerzo de otros. || Indolente.

conciencia *s. f.* Facultad del ser humano de reconocerse a sí mismo y del mundo exterior. || Facultad humana de conocer y juzgar moralmente los actos propios y los ajenos. || Sentimiento reflexivo después de haber realizado una acción. || Conjunto de principios morales que vigilan las acciones del ser humano.

concientización o **concienciación** *s. f.* Labor encaminada a que uno u otros se den cuenta de algo que les atañe y tomen responsabilidad por ello.

concientizador, ra *adj.* Que concientiza.

concientizar *t. Amér.* Hacer que otro tome conciencia de algo. || *pr.* Ganar conciencia.

concienzudo, da *adj.* Que actúa con aplicación y rectitud. || Que está hecho con aplicación, exhaustividad y según las reglas del caso.

concierto *s. m.* Hecho de poner de acuerdo dos o más cosas o de ponerse de acuerdo personas. || Sesión en la que se interpretan obras musicales. || Obra musical.

conciliación *s. f.* Resultado de conciliar o armonizar voluntades o intereses. *Las partes llegaron a una conciliación.* || Resultado de cotejar partidas. *Las cuentas quedaron conciliadas.*

conciliador, ra *adj.* Que concilia o que es propenso a conciliar.

conciliar *t.* Componer voluntades o intereses divergentes. || Armonizar ideas que parecían contrapuestas. || Cotejar cuentas de una partida. || Se usa con «sueño» con el sentido de «atraer». *Por fin concilié el sueño.*

concilio *s. m.* Congreso de obispos y otras jerarquías eclesiásticas.

concisión *s. f.* Calidad de brevedad y precisión de la expresión oral o escrita.

conciso, sa *adj.* Que tiene concisión.

conciudadano, na *s.* Cada uno de los ciudadanos de una ciudad o una nación con respecto a otros que tienen la misma condición.

cónclave *s. m.* Reunión de cardenales para elegir Papa de la Iglesia católica. || Reunión de personas no religiosas para tratar un asunto de suma importancia.

concluir *t.* Finalizar una cosa. || Resolver lo tratado. || Inferir.

conclusión *s. f.* Terminación de una cosa. || Resolución de lo tratado. || Deducción final de las premisas e información considerada.

conclusivo, va *adj.* Se dice del argumento que finaliza un razonamiento o una discusión.

concluyente *adj.* Decisivo, que no ofrece duda.

concomitancia *s. f.* Relación entre hechos que ocurren o actúan juntos.

concomitar *intr.* Producirse algo de manera simultánea o acompañando.

concordancia *s. f.* Conformidad de una cosa con otra. || En gramática, correspondencia entre los elementos de una oración. || En música, equilibrio entre las diferentes voces que suenan al mismo tiempo.

concordar *t.* Hacer coincidir o relacionar una cosa con otra. || Lograr acuerdo entre las partes. || Conciliar los términos de una oración.

concordia *s. f.* Condición de conformidad o avenencia entre diversas voluntades o intereses.

concreción *s. f.* Relación evidente y determinada de una idea con la materia de que trata.

concretar *t.* Basar una idea en los hechos de que trata. || Centrar una discusión en los hechos relevantes. || Lograr una meta fijada.

concreto *s. m. Amér.* Material de construcción hecho de piedra molida, grava y agua.

concreto, ta *adj. y s. m.* Que tiene existencia en sí mismo, independiente de su representación mental. || Que es preciso y determinado. || Que es compacto, sólido y resistente.

concubina *s. f.* Mujer que vive y mantiene relaciones sexuales con un hombre sin estar casada con él.

concuño, ña *s.* Pareja del cuñado o de la cuñada.

concupiscencia *s. f.* Apetito sensual desmesurado, especialmente de placer carnal.

concupiscente *adj. y s. com.* Que está dominado por la concupiscencia.

concurrencia *s. f.* Ocurrencia de varios sucesos en el mismo tiempo o en el mismo lugar. || Conjunto de asistentes a un evento. || Participación de varios actores en una actividad determinada.

concurrente *adj.* Que concurre.

concurrir *intr.* Juntarse dos o más personas en un mismo lugar. || Coincidir varios sucesos. || Contribuir a un fin determinado.

concursante *adj. y s. com.* Que participa en un concurso.

concursar *t.* Participar en un concurso o en una licitación.

concurso *s. m.* Competencia entre dos o más participantes para obtener un honor, un premio, un puesto o una adjudicación. || Participación de varias personas físicas o morales en una actividad determinada. || Ocurrencia simultánea de varios eventos.

conde, desa *s. ant.* Título nobiliario otorgado por el soberano de un reino. || Persona que ostenta ese título.

condecoración *s. f.* Insignia o distinción otorgada a una persona en reconocimiento a sus méritos por el soberano, la autoridad de un Estado republicano o una corporación. || Acto de condecorar.

condecorar *t.* Otorgar una insignia a una persona por sus méritos.

condena *s. f.* Pena impuesta por la autoridad. || Reprobación moral por actos indebidos.

condenable *adj.* Que merece condena o reproche.

condenación *s. f.* Acto y resultado de condenar.

condenado, da *adj.* Que es objeto de condena. || Que purga una condena.

condenar *t.* Imponer un juez una condena civil, penal o administrativa. || Obligar a alguien a hacer algo indeseado. || Censurar las ideas o la conducta. || Cerrar los accesos a una habitación. || *pr.* Culparse a sí mismo.

condenatorio, ria *adj.* Que resulta o puede resultar en condena. *El juez dictó sentencia condenatoria.*

condensación *s. f.* Proceso y resultado de dar mayor densidad o compactación de un gas, líquido o cuerpo. || Abreviación de un texto.

condensado, da *adj.* Que fue reducido.

condensador, ra *adj.* Que tiene la propiedad o la capacidad de condensar. || *s. m.* Dispositivo para condensar gases en líquidos o líquidos en sólidos. || Dispositivo para interrumpir el flujo de corriente continua y permitir el flujo de corriente alterna. ‖ Lente para concentrar los rayos luminosos en una superficie pequeña.

condensar t. Hacer algo más denso o compacto que su estado inicial. ‖ Convertir un vapor en líquido. ‖ Sintetizar o abreviar una exposición oral o escrita.

condescendencia s. f. Acción de condescender. ‖ Cualidad de quien condesciende.

condescender intr. Adaptarse a la voluntad o gusto de otro por amabilidad.

condescendiente adj. Que condesciende.

condición s. f. Modo de ser propio de una persona o de una cosa. ‖ Situación o estado de algo. ‖ Estado de salud. ‖ Posición social de una persona o grupo. ‖ Estado o requisito para realizar una actividad. ‖ Circunstancia restrictiva, limitante o modificadora.

condicional adj. Que depende de condiciones. ‖ s. m. Tiempo verbal para expresar acción futura en relación con el pasado; en la terminología de Andrés Bello equivale al pospretérito.

condicionamiento s. m. Acto de condicionar. ‖ Condición o requisito de algo.

condicionante adj. Que impone condiciones o que funciona como tal.

condicionar t. Hacer depender una cosa de otra. ‖ Determinar el comportamiento de algo.

condimentar t. Añadir condimento a la comida para darle sazón.

condimento s. m. Ingrediente para dar buen sabor a la comida.

condiscípulo, la s. Persona que es o ha sido compañera de estudios de otra.

condolencia s. f. Participación del dolor ajeno por la pérdida de un ser querido.

condoler t. y pr. Sentir compasión o compadecerse por el dolor ajeno.

condolido, da adj. Que siente pesar por el dolor ajeno.

condominio s. m. Dominio de un bien propiedad por parte de más de más personas. ‖ Edificio de viviendas o de otros usos bajo este régimen de propiedad.

condómino s. com. Que es copropietario de un bien común.

condón s. m. Funda elástica con la que se cubre el pene para prevenir la fecundación y la transmisión de enfermedades por vía sexual.

condonación s. f. Perdón de deudas o penas.

condonar t. Perdonar penas o deudas.

cóndor s. m. Ave rapaz carroñera de los Andes, mide 1 m de largo y 3 m de envergadura, es de color negro con un collar banco.

conducción s. f. Acción y resultado de conducir algo o a alguien. ‖ Conjunto de ductos para el transporte de fluidos.

conducir t. Llevar o guiar algo o a alguien de una parte a otra. ‖ Dirigir una actividad en equipo. ‖ Guiar un vehículo. ‖ Actuar como maestro de ceremonias de un evento o un programa de radio o televisión. ‖ pr. Comportarse.

conducta s. f. Manera de actuar y comportarse. ‖ Conjunto de reacciones humanas o animales por impulsos propios y ante estímulos del medio ambiente. ‖ Comportamiento de los materiales ante fuerzas y agentes externos.

conducto s. m. Tubo para transportar fluidos. ‖ Tubo o canal de los organismos vivos que sirven para realizar funciones fisiológicas. ‖ Mediación, intervención de alguien para lograr algo. ‖ Medio para establecer comunicación o contacto.

conductor, ra s. Que conduce, transporta o dirige algo o a alguien. ‖ Persona que dirige un evento o un programa de radio o televisión. ‖ Cuerpo transmisor de calor o electricidad.

conectar t. Poner dos cosas en contacto, unir. ‖ Poner un aparato en contacto con la fuente de electricidad a través de un cable.

conectividad s. f. Capacidad de conectarse.

conectivo, va adj. Que conecta diversas partes de un dispositivo, especialmente electrónico.

conector, ra adj. Que conecta. ‖ s. Dispositivo para unir circuitos eléctricos.

conejo s. m. Mamífero herbívoro domesticable de orejas largas, patas posteriores más largas que las anteriores y cola corta; su carne es comestible y su pelo tiene diversos usos industriales.

conexión s. f. Unión de dos o más cosas dentro de un sistema. ‖ Paso de la corriente eléctrica entre dos puntos de un circuito.

confabularse intr. y pr. Unirse dos o más personas para maquinar y cometer un ilícito.

confección s. f. Hechura. ‖ Fabricación de prendas de vestir. ‖ Prenda de vestir u otros artículos.

confeccionado, da adj. Relativo a la confección. ‖ Elaborado.

confeccionar t. Fabricar prendas de vestir u otros artículos. ‖ fig. Elaborar cualquier otra cosa.

confederación s. f. Unión de varios estados independientes bajo principios y fines comunes. ‖ Unión de varias asociaciones autónomas bajo principios y fines comunes.

confederado, da adj. y s. Que forma parte de una federación.

confederar t. Crear una unión entre estados o asociaciones independientes bajo principios e intereses comunes.

conferencia s. f. Disertación formal sobre un tema específico ante una audiencia. ‖ Reunión oficial de representantes de gobiernos o estados para consultar o decidir sobre asuntos de su interés. ‖ Plática entre dos o más personas para tratar asuntos de su interés, generalmente de negocios. ‖ Conversación telefónica o por algún otro medio a distancia entre dos o más personas para tratar asuntos de su interés.

conferenciante s. com. Participante en una conferencia de consulta o para tomar decisiones. ‖ Persona que diserta sobre un tema específico ante una audiencia.

conferenciar intr. Deliberar entre dos o más personas o representantes oficiales para acordar sobre asuntos de interés común.

conferir t. Asignar una facultad para ejercer una autoridad o cumplir una misión.

confesar t. Declarar sentimientos propios ante otra u otras personas. ‖ Admitir la responsabilidad propia en la comisión de actos cuya autoría es objeto de investigación. ‖ Reconocer culpas ante un confesor.

confesión s. f. Admisión ante la autoridad de la comisión de actos o hechos cuya autoría era objeto de investigación. ‖ Declaración de sentimientos o actos propios. ‖ Credo religioso.

confeso, sa *adj.* Que ha confesado su conducta, especialmente en relación con delitos.

confesor *s. m.* En el catolicismo, sacerdote que recibe la confesión de los penitentes y les impone actos de contrición.

confeti *s. m.* Papel de diversos colores cortado en pequeños trozos que se lanza en las fiestas en señal de regocijo.

confiabilidad *s. f.* Calidad de confiable.

confiable *adj.* Que es digno de confianza.

confiado, da *adj.* Que es crédulo, ingenuo o imprevisor.

confianza *s. f.* Creencia de que una expectativa se cumplirá para bien. ‖ Seguridad en uno mismo. ‖ Disposición de ánimo para emprender una acción. ‖ Familiaridad en el trato.

confianzudo, da *adj.* Que se toma excesiva confianza en el trato con otros.

confiar *t.* e *intr.* Dejar a alguien al cuidado de algo u otra cosa. ‖ Declarar a otra persona sentimientos o pensamientos íntimos o lo que no todos deben saber. ‖ *intr.* Esperar con seguridad el desenlace de algo.

confidencia *s. f.* Revelación a otro de un secreto o intimidad.

confidencial *adj.* Que se dice o se hace en secreto bajo el supuesto de confianza recíproca.

confidencialidad *s. f.* Que tiene calidad de confidencial o de reserva.

confidente *s. com.* Persona a la que se le confía información reservada.

configuración *s. f.* Disposición de las partes de una cosa que le da sus características particulares. ‖ En informática, conjunto de aparatos y programas que caracteriza un sistema determinado.

configurar *t.* Disponer o arreglar las partes de una cosa en forma definida o apropiada.

confín *s. m.* Límite o terminación de un terreno, área o región. ‖ Línea divisoria entre terrenos. ‖ Lugar hasta donde alcanza la vista.

confinación *s. f.* Reclusión o encierro de algo en lugar apartado y seguro. ‖ Encierro de un reo.

confinado, da *adj.* Que fue castigado con confinación.

confinamiento *s. m.* Confinación. ‖ Proceso para aislar los residuos nucleares.

confinar *t.* y *pr.* Apartar o encerrar algo o alguien por su peligrosidad o confidencialidad. ‖ *intr.* Lindar.

confirmación *s. f.* Acción y efecto de confirmar. ‖ Corroboración de un suceso, decisión o declaración.

confirmar *t.* Corroborar algo con certeza.

confirmativo, va *adj.* Que confirma.

confiscación *s. f.* Incautación de bienes como acto de autoridad.

confiscado, da *adj.* Se dice del bien o los bienes incautados por la autoridad.

confiscar *t.* Acción de incautación o requisa de bienes por la autoridad.

confitar *t.* Acción de cubrir ciertos comestibles con azúcar u otro endulzante. ‖ Cocer frutas en almíbar. ‖ Endulzar.

confite *s. m.* Dulce o golosina azucarada rellena de almendra, cacahuate, piñón o anís.

confitería *s. f.* Establecimiento donde se elaboran o venden comestibles dulces.

confitura *s. f.* Comestible cubierto de dulce.

conflagración *s. f.* Perturbación repentina y violenta de grandes proporciones y extensión. ‖ Incendio.

conflictivo, va *adj.* Que provoca conflictos. ‖ Perteneciente al conflicto o relacionado con él. ‖ Se dice del momento o la circunstancia en que hay conflicto.

conflicto *s. m.* Enfrentamiento o lucha generalmente violenta y armada entre dos o más personas, grupos o naciones. ‖ Oposición manifiesta de ideas o intereses. ‖ Apuro, situación de la que no existe salida fácil. ‖ Problema que genera discusión. ‖ En psicología, coexistencia de impulsos contradictorios en la mente.

confluencia *s. f.* Convergencia de dos o más corrientes o vías en un punto. ‖ Lugar de esta convergencia. ‖ Reunión de dos o más personas. ‖ Coincidencia o acuerdo de ideas, posiciones o intereses.

confluente *adj.* Que confluye.

confluir *intr.* Coincidir en un punto, especialmente corrientes de agua y vías de comunicación. ‖ Congregarse muchas personas en un punto.

conformación *s. f.* Disposición o arreglo de las partes de un cosa o de los miembros de un grupo.

conformar *t.* Dar forma a algo. ‖ Hacer concordar una cosa con otra. ‖ Integrar un grupo de personas. ‖ *pr.* Aceptar una decisión o un estado de cosas.

conforme[1] *adj.* y *s. com.* Se dice de las cosas que se adaptan a otras o a una situación. ‖ Se aplica a la persona que se halla satisfecha con otra, con sus ideas o con una situación.

conforme[2] *conj.* Como, del mismo modo que. *Escribió todo conforme se lo dictaron.* ‖ Indica simultaneidad. *Ellos retrocedían conforme nosotros avanzábamos.*

conformidad *s. f.* Aceptación de una decisión o un estado de cosas. ‖ Estar de acuerdo con otros.

conformismo *s. m.* Actitud de resignación, pasividad o indiferencia ante una decisión o un estado de cosas.

confort *s. m.* Estado de comodidad física. ‖ Transmisión de afecto a una persona afectada por una pena.

confortable *adj.* Que es cómodo y agradable.

confortar *t.* Transmitir ánimo o alivio. ‖ Transmitir simpatía al afligido.

confraternizar *intr.* Tener lazos de unión por sentimientos de hermandad. ‖ Tener lazos de unión por experiencias comunes.

confrontación *s. f.* Enfrentamiento verbal entre personas. ‖ Enfrentamiento de dos grupos o competidores. ‖ Cotejo de una cosa con otra.

confrontar *t.* Ponerse una persona frente a otra para dirimir un asunto. ‖ Enfrentarse dos personas o equipos en una competencia. ‖ Poner una cosa frente a otra a manera de comparación.

confundir *t.* Tomar una cosa, una idea, un dato o una persona por otra. ‖ Mezclar cosas o información disímbolas, provocando un embrollo. ‖ *pr.* Aturdir el juicio o los sentidos de una persona.

confusión *s. f.* Mezcla de cosas o datos disímbolos difícil de distinguir. ‖ Perturbación de la mente o los sentidos. ‖ Situación desordenada que hace difícil actuar.

confuso, sa *adj.* Que es difícil de distinguir o entender. ‖ Que está turbado o indeciso. ‖ Que es poco claro o dudoso.

congelación *s. f.* Acción y efecto de congelar.

congelado, da *adj.* Se dice del líquido que se ha solidificado por efecto de la baja temperatura. ‖ Muy frío. ‖ *fig.* Se aplica a aquello cuyo su curso normal está detenido.

congelador, ra *adj.* Que congela. ‖ *s. m.* Aparato eléctrico para congelar y preservar alimentos perecederos.

congelar *t.* y *pr.* Convertir un líquido en hielo. ‖ Someter un alimento o un medicamento a baja temperatura para su conservación. ‖ Dañar el frío los tejidos externos sometidos a temperaturas bajas. ‖ Detener un proceso.

congénere *adj.* y *s. com.* Se dice de la persona o cosa del mismo género, origen o clase que otra.

congeniar *intr.* Entenderse bien una persona con otra.

congénito, ta *adj.* Se dice de lo que ya está en alguien desde su nacimiento.

congestión *s. f.* Acumulación excesiva de algún fluido en alguna parte del organismo. ‖ Obstrucción del flujo normal por un ducto o vía.

congestionado, da *adj.* Que sufre congestión.

congestionar *t.* Acumular fluidos en exceso en alguna parte del organismo. ‖ Obstruir el flujo o la circulación de algo.

conglomerado *s. m.* Lo que se obtiene de la conglomeración. ‖ Plancha de madera obtenida por conglomeración.

conglomerante *adj.* Se dice de la sustancia que une otros materiales, formando una masa compacta y homogénea con propiedades y características propias.

conglomerar *t.* Unir varios materiales o fragmentos en una masa compacta y homogénea.

congoja *s. f.* Sentimiento de pesar o aflicción de ánimo.

congoleño, ña o **congolés, lesa** *adj.* De o relacionado con el Congo, país africano. ‖ *s.* Originario o proveniente de ese país.

congraciar *t.* y *pr.* Ganar el afecto o la buena voluntad de alguien.

congratulación *s. f.* Acción y efecto de congratular.

congratular *t.* y *pr.* Manifestar alegría por un suceso feliz.

congregación *s. f.* Unión de personas con un fin determinado.

congregar *t.* y *pr.* Juntar, reunir.

congresista *s. com.* Miembro de un congreso.

congreso *s. m.* Cuerpo deliberativo de representantes electos por voto popular, responsables de aprobar y reformar las leyes de un Estado. ‖ Reunión formal de una agrupación política o social para deliberar según sus fines. ‖ Reunión académica sobre un tema o temas específicos.

congruencia *s. f.* Coherencia, relación lógica.

congruente *adj.* Que muestra congruencia, acorde, lógico.

cónico, ca *adj.* Que tiene forma de cono.

conífero, ra *adj.* Se dice del árbol con follaje en forma de cono, hojas como agujas y fruto en forma de piña.

conjetura *s. f.* Opinión, juicio o teoría basada en evidencia insuficiente. ‖ Consideración al tanteo por falta de elementos.

conjeturar *t.* Opinar o formarse un juicio a partir de elementos insuficientes.

conjugación *s. f.* Acción y efecto de conjugar. ‖ En gramática, serie ordenada de las formas de un verbo en sus diferentes modos, personas y tiempos. ‖ En gramática, cada uno de los grupos en que se reúnen los verbos con la misma flexión. ‖ En biología, unión de dos células con fines reproductivos.

conjugar *t.* Combinar apropiadamente varias cosas entre sí. ‖ Enunciar en serie las formas de un verbo de acuerdo con modo, número, persona y tiempo.

conjunción *s. f.* Unión o convergencia de dos cosas en un mismo tiempo o lugar. ‖ En gramática, parte invariable de la oración que sirve de nexo entre dos miembros de ella o con otra oración.

conjuntar *t.* Unir esfuerzos o cosas en forma armoniosa para un fin determinado.

conjuntiva *s. f.* Mucosa que cubre la cara anterior de la esclerótica y la cara interna de los párpados.

conjuntivitis *s. f.* Inflamación de la conjuntiva.

conjuntivo, va *adj.* Que junta o une algo con otra cosa. ‖ En gramática, perteneciente o relativo a la conjunción.

conjunto, ta *adj.* Unido a otra cosa, mezclado con ella o que ocurre al mismo tiempo que ésta. ‖ Que se une a una causa o persona para lograr un mismo fin. ‖ *s. m.* Agrupación de varios elementos del mismo tipo. ‖ Totalidad de algo. ‖ Grupo de intérpretes musicales. ‖ Combinación de ropa en que las prendas que la componen armonizan y se complementan entre sí. ‖ En matemáticas y estadística, grupo de números o elementos que tienen en común una o varias de las propiedades que los caracterizan.

conjura *s. f.* Acción y efecto de conjurar. ‖ Conspiración, acuerdo secreto para atentar contra el orden establecido o alguien en el poder.

conjuración *s. f.* Conjura.

conjurado, da *adj.* y *s.* Que forma parte de una conjuración.

conjurar *intr.* y *pr.* Formar alianza en secreto varias personas para llevar a cabo alguna acción en contra de alguien o algo. ‖ *t.* Invocar a un ser sobrenatural para que se manifieste. ‖ Exorcizar a un demonio o espíritu maligno para que se aleje de algún lugar o abandone a una persona que ha poseído. ‖ Solicitar, con cierta autoridad, algo a alguien. ‖ *fig.* Evitar un peligro o impedir un daño.

conjuro *s. m.* Acción y efecto de conjurar o conjurarse. ‖ Conjunto de palabras que se utilizan para conjurar a un ser sobrenatural. ‖ Súplica, ruego encarecido.

conllevar *t.* Tener como consecuencia, llevar consigo, acarrear. ‖ Tolerar y sufrir las impertinencias y mal carácter de otro. ‖ Soportar resignadamente una pena o enfermedad.

conmemoración *s. f.* Acción de conmemorar, en particular con una ceremonia.

conmemorar *t.* Recordar una persona o acontecimiento mediante una ceremonia solemne o varios eventos alusivos.

conmemorativo, va *adj.* Que recuerda algún suceso o persona mediante eventos u objetos especiales.

conmigo *pron.* Forma del pronombre personal de primera persona «mí», precedida de la preposición «con».

conminar *t.* Amenazar a alguien con un castigo o pena si no hace algo que se le requiere.

conmiseración *s. f.* Compasión que se siente por la desgracia ajena.

conmiserativo, va *adj.* Que siente conmiseración o que la manifiesta.

conmoción *s. f.* Perturbación súbita y violenta del ánimo. ‖ Alteración repentina y notoria de las funciones del cuerpo. ‖ Disturbio público, tumulto.

conmocionar *t. y pr.* Producir algo una conmoción, o sufrirla alguien.

conmovedor, ra *adj.* Que conmueve.

conmover *t.* Emocionar, impresionar o inquietar. ‖ Enternecer, causar compasión. ‖ Sacudir, mover.

conmovido, da *adj.* Apiadado, condolido.

conmutación *s. f.* Acción y efecto de conmutar. ‖ En física, acción de cambiar de circuito una corriente eléctrica. ‖ Operaciones que se realizan para poner en comunicación telefónica a dos personas.

conmutador *s. m.* Aparato que modifica sucesivamente las conexiones de varios circuitos, o que sustituye una porción de circuito por otra. ‖ Dispositivo para establecer la conexión entre dos usuarios de comunicación telefónica. ‖ *Amér.* Centralita telefónica de una empresa o institución.

conmutar *t.* Permutar o cambiar una cosa por otra. ‖ En física, cambiar el circuito de una corriente eléctrica.

connacional *adj. y s. com.* Se dice de la persona que tiene la misma nacionalidad que otra.

connatural *adj. y s. com.* Conforme a la naturaleza de un ser determinado y propio de él.

connotación *s. f.* Acción y efecto de connotar.

connotado, da *adj.* *Amér.* Distinguido, ilustre, notable.

connotar *t.* En lingüística, conllevar una palabra otro significado además del específico.

cono *s. m.* Cuerpo geométrico limitado por una superficie cónica que termina en vértice, y un plano que constituye su base. ‖ En anatomía, prolongación en forma de cono de ciertas células de la retina, que sirven para ver los colores. ‖ En botánica, fruto de las coníferas. ‖ Acumulación, en forma de cono, de las cenizas, lava y otros materiales que arroja un volcán.

conocedor, ra *adj.* Que conoce. ‖ *s.* Muy entendido en algún tema o materia.

conocer *t.* Informarse, mediante el ejercicio del intelecto, acerca de la naturaleza y cualidades de las cosas y las relaciones que guardan entre sí. ‖ Diferenciar unas cosas de otras. ‖ Tener comunicación y trato con alguien. ‖ Poseer información sobre algo. ‖ Ocuparse de un asunto con legítima facultad para hacerlo.

conocido, da *adj.* Famoso, distinguido, ilustre. ‖ *s.* Persona con quien se tiene trato, sin llegar a amistad.

conocimiento *s. m.* Acción y efecto de conocer. ‖ Facultad de conocer y comprender las cosas, entendimiento. ‖ Conjunto de las facultades sensoriales del ser humano cuando están activas. ‖ *pl.* Conjunto de datos, ideas o nociones que se tienen sobre determinado tema o materia.

conque *conj.* Se utiliza para anunciar una consecuencia natural de algo que se sabe o acaba de hacerse o decirse.

conquista *s. f.* Acción y efecto de conquistar. ‖ Cosa conquistada. ‖ Persona de la que se logra su amor.

conquistador, ra *adj.* Que conquista. ‖ *s.* Persona que logra que otras sientan atracción, deseo o amor por ella.

conquistar *t.* Apoderarse de una posición o territorio enemigo en una guerra. ‖ *fig.* Lograr algo con esfuerzo, o venciendo dificultades. ‖ Ganar la simpatía, la buena voluntad o el amor de alguien.

consabido, da *adj.* Que es sabido de antemano o que se ha expresado con anterioridad.

consagración *s. f.* Acción y efecto de consagrar o consagrarse. ‖ Rito por el cual se destina a usos sagrados una persona, edificio u objeto.

consagrado, da *adj.* Sagrado. ‖ Muy dedicado. ‖ Famoso.

consagrar *t.* Hacer sagrado o dedicar al servicio de Dios, mediante un rito, a alguien o algo. ‖ *t. y pr.* Dedicarse con entusiasmo y pasión a una causa.

consanguíneo, a *adj. y s.* Se dice de las personas que tienen parentesco de consanguinidad. ‖ Se aplica a los hermanos que lo son solamente de padre.

consanguinidad *s. f.* Parentesco natural de las personas que descienden de un mismo tronco familiar y tienen características hereditarias semejantes.

consciencia *s. f.* Conciencia. ‖ Conocimiento que el humano tiene de sí mismo, sus pensamientos y sus actos. ‖ Capacidad de los seres humanos de verse y juzgarse a sí mismos.

consciente *adj.* Que tiene conciencia, que obra con conocimiento de lo que hace. ‖ Que está en pleno uso de sus sentidos y facultades. ‖ En psicología, nivel de la estructura de la personalidad en que el individuo tiene conciencia de los fenómenos psíquicos.

consecuencia *s. f.* Suceso o hecho que necesariamente resulta de otro. ‖ Congruencia entre los principios de una persona y sus actos.

consecuente *adj.* Que se encuentra en seguida de algo. ‖ Se dice de la persona cuyas acciones van de acuerdo con sus principios e ideas. ‖ *s. m.* Hecho que es resultado de algo, o que se deriva lógicamente de algo.

consecutivo, va *adj.* Que sigue inmediatamente de otra cosa.

conseguir *t.* Alcanzar, obtener lo que se pretende o se desea.

consejero, ra *s.* Persona que aconseja, o a la que se acude en busca de consejo. ‖ Individuo que forma parte del consejo de una empresa o institución.

consejo *s. m.* Opinión o advertencia que alguien da a otro respecto a un asunto o su manera de proceder. ‖ Organismo constituido por varias personas encargadas de una labor empresarial, judicial o institucional. ‖ Reunión de trabajo celebrada por dicho organismo. ‖ Cuerpo consultivo que informa y asesora a un gobierno sobre determinada materia.

consenso *s. m.* Acuerdo, aceptación por parte de todas las personas de una comunidad o corporación sobre determinado asunto. ‖ Consentimiento, conformidad en algo.

consensuar *t.* Llegar a un acuerdo dos o más asociaciones o personas.

consentimiento *s. m.* Acción y efecto de consentir. ‖ En derecho, conformidad que sobre el contenido de un contrato expresan quienes lo firman.

consentir *t.* Permitir que se lleve a cabo algo, o tolerar que se haga. ‖ Ser muy indulgente con alguien o mimarlo en exceso.

conserje *s. com.* Persona cuyo trabajo consiste en cuidar un edificio, sea público o privado.

conserva *s. f.* Alimento preparado, esterilizado y envasado herméticamente con el objeto de que se conserve un largo tiempo.

conservación *s. f.* Acción y efecto de conservar o conservarse.

conservador, ra *adj.* Que conserva; se aplica al gobierno o partido político que se opone a los cambios y es favorable a los valores y estructuras tradicionales. ‖ *s.* Persona encargada de conservar los objetos que se hallan en un museo. ‖ *s. m.* Sustancia que al agregarse a los alimentos industrializados retarda o detiene su descomposición.

conservar *t.* y *pr.* Mantener algo en buen estado y sin alteraciones. ‖ Procurar la permanencia de un valor, o la práctica de una costumbre o virtud. ‖ Guardar algo con especial cuidado.

conservatorio, ria *adj.* Que contiene y conserva determinadas cosas. ‖ *s. m.* Centro para la enseñanza de la música, el canto y otras artes relacionadas con éstos.

considerable *adj.* Cuantioso, abundante o grande.

consideración *s. f.* Acción y efecto de considerar. ‖ Respeto y buen trato a otros.

considerado, da *adj.* Que actúa con respeto y consideración hacia los demás. ‖ Reconocido, respetado y admirado por algo que ha realizado.

considerar *t.* Reflexionar con atención sobre algo, analizarlo. ‖ Tratar a una persona con respeto y urbanidad. ‖ *pr.* Estimar o juzgar.

consigna *s. f.* Orden que un superior da a un subordinado. ‖ En los partidos y organizaciones políticas, acción definida por los dirigentes que los afiliados deben cumplir.

consignación *s. f.* Acción y efecto de consignar. ‖ Cantidad de dinero que en un presupuesto se asigna para un fin determinado. ‖ *Méx.* En derecho, acto por el cual se pone a quien cometió un delito a disposición de las autoridades competentes.

consignar *t.* Asentar por escrito hechos, opiniones, votos o circunstancias. ‖ Destinar en un presupuesto una cantidad para un determinado fin. ‖ Poner algo en calidad de depósito. ‖ *Méx.* En derecho, poner a un delincuente a disposición de las autoridades, solicitando su orden de aprehensión.

consigo *pron.* Forma del pronombre personal reflexivo de tercera persona, unido a la preposición «con».

consiguiente *adj.* Que resulta o se deduce de algo.

consistencia *s. f.* Cualidad de la materia que la solidez y resistencia a la deformación. ‖ Coherencia de un argumento, idea u opinión que hace difícil refutarlo.

consistente *adj.* Que tiene consistencia. ‖ Que consiste en algo que se indica.

consistir *intr.* Estar algo formado por lo que se indica. ‖ Estar una cosa basada en otra.

consola *s. f.* Mesa angosta y sin cajones adosada a una pared. ‖ En informática, terminal o periférico de una computadora que permite comunicarse directamente con la unidad central.

consolación *s. f.* Acción y efecto de consolar o consolarse. ‖ Cosa que consuela.

consolar *t.* y *pr.* Aliviar el sufrimiento o la aflicción de alguien.

consolidación *s. f.* Acción y efecto de consolidar o consolidarse.

consolidar *t.* Dar solidez o firmeza a una cosa. ‖ Convertir una deuda flotante en una a largo plazo. ‖ *fig.* Hacer que algo inmaterial se afirme y tenga solidez.

consomé *s. m.* Caldo concentrado que queda luego de cocer algo, especialmente carne.

consonancia *s. f.* Afinidad entre dos sonidos que se emiten simultánea o sucesivamente. ‖ En poesía, coincidencia de los sonidos de las vocales y las consonantes a partir de la última vocal acentuada, en dos o más versos. ‖ *fig.* Conformidad o acuerdo armónico entre personas o cosas.

consonante *adj.* Que tiene consonancia con otra voz o sonido. ‖ *s. f.* Sonido articulado para cuya pronunciación se cierra la boca total o parcialmente. ‖ Letra que representa ese sonido.

consonántico, ca *adj.* Perteneciente o relativo a las consonantes o a la consonancia.

consorcio *s. m.* Unión de varias cosas, en particular empresas, para lograr un mismo objetivo o realizar operaciones conjuntas. ‖ Lazo de unión que se establece entre cónyuges.

consorte *s. com.* Cónyuge, marido o esposa respecto del otro miembro de un matrimonio.

conspicuo, cua *adj.* Ilustre, que sobresale por algo.

conspiración *s. f.* Acción y efecto de conspirar.

conspirador, ra *s.* Persona que participa en una conspiración.

conspirar *intr.* Unirse varias personas para actuar contra alguien, en particular contra un poder establecido.

constancia[1] *s. f.* Perseverancia y determinación en la realización de alguna actividad.

constancia[2] *s. f.* Acción y efecto de hacer constar algo de manera fehaciente. ‖ Escrito en el que se hace constar algo.

constante *adj.* Que obra con constancia. ‖ Que dura largo tiempo sin interrumpirse. ‖ *s. f.* Tendencia que se reitera. ‖ Característica física, por ejemplo el punto de fusión, que permite identificar un elemento químico. ‖ En matemáticas, cantidad con valor fijo en una ecuación o cálculo.

constar *intr.* Estar un todo formado por determinadas partes. ‖ Encontrarse algo registrado en una lista o documento. ‖ Saber algo cierto e irrefutable.

constatar *t.* Establecer que un hecho es verdadero, comprobarlo y dar constancia de ello.

constelación *s. f.* Grupo de estrellas que aparentemente, al unirse sus puntos, forman una figura determinada. ‖ *fig.* y *fam.* Conjunto de personas o cosas.

constelado, da *adj.* Lleno de estrellas, estrellado. ‖ *fig.* Cubierto o sembrado de algo.

consternación *s. f.* Sentimiento en el que se entremezclan pena, indignación y abatimiento. ‖ Acción y efecto de consternar o consternarse.

consternado, da *adj.* Inquieto, alterado.

consternar *t.* y *pr.* Causar algo, o sentir alguien, una mezcla de indignación, pena y abatimiento.

constipación *s. f.* Catarro, resfriado.

constipado *s. m.* Catarro o resfriado, en particular el que tapa la nariz.

constipar *t.* Apretar y cerrar los poros, impidiendo la salida del sudor. ‖ *pr.* Acatarrarse. ‖ Padecer estreñimiento.

constitución *s. f.* Acción y efecto de constituir o constituirse. ‖ Manera en que algo está conformado. ‖ Conjunto de caracteres físicos y fisiológicos de una persona, que la hacen ser diferente de las demás. ‖ Conjunto de leyes fundamentales que establecen la forma de gobierno de un Estado y regulan la relación entre gobernantes y ciudadanos. ‖ Estatuto por el que se gobierna una entidad política o corporación privada.

constitucional *adj.* Perteneciente o relativo a la constitución, conjunto de leyes por las que se gobierna un Estado. ‖ Que emana de la constitución de un país o se ajusta a ella. ‖ Característico o propio de la constitución física de un individuo.

constitucionalidad *s. f.* Cualidad de lo que es conforme a la constitución de un país, o se ajusta a ella.

constituir *t.* Ser parte esencial de un todo, formar parte de él. ‖ Otorgar a alguien, o adquirir, determinada personalidad legal. ‖ *pr.* Fundar, establecer.

constitutivo, va *adj.* Que forma parte esencial de algo.

constituyente *adj.* Que forma parte de algo y lo distingue de otras cosas. ‖ *s. com.* Perteneciente o relativo a los congresos, cortes o asambleas erigidos con el propósito de establecer una constitución política.

constreñir *t.* Forzar a alguien, presionándolo, para que haga algo. ‖ Limitar, oprimir. ‖ Cerrar y apretar algo oprimiéndolo.

constricción *s. f.* Acción y efecto de constreñir.

construcción *s. f.* Acción y efecto de construir. ‖ Arte, técnica y actividad de construir. ‖ Edificación, obra concluida. ‖ En gramática, secuencia de palabras que están vinculadas entre sí.

constructivo, va *adj.* Que sirve para construir o que construye.

constructor, ra *adj.* y *s.* Que construye. ‖ *s. f.* Empresa dedicada a la construcción de obras de ingeniería o arquitectura.

construir *t.* Realizar una obra material, edificar. ‖ Ordenar y juntar los elementos para hacer algo inmaterial. ‖ En gramática, ordenar las palabras y unirlas de manera correcta en una oración o frase.

consuegro, gra *s.* Padre o madre del cónyuge con respecto al padre o la madre del otro.

consuelo *s. m.* Alivio de una pena, dolor u otra cosa que aflige. ‖ Acción y efecto de consolar o consolarse. ‖ Persona o cosa que consuela.

consuetudinario, ria *adj.* Que se mueve o rige por la costumbre.

cónsul *s. com.* Diplomático encargado de defender los derechos e intereses de sus compatriotas en otro país.

consulado *s. m.* Cargo del cónsul. ‖ Oficina del cónsul y jurisdicción que ejerce.

consular *adj.* Perteneciente o relativo al consulado o al cónsul.

consulta *s. f.* Acción y efecto de consultar. ‖ Examen que el médico realiza a un paciente. ‖ Dictamen o parecer que se pide o se da acerca de un asunto. ‖ Reunión de dos o más profesionales para analizar y resolver un tema determinado.

consultar *t.* Someter una duda, caso o asunto a la consideración de otra u otras personas. ‖ Pedir un consejo, un dictamen o deliberar antes de realizar algo. ‖ Buscar información sobre un tema en un texto autorizado.

consultor, ra *adj.* y *s.* Que se presta para brindar opiniones sobre algún asunto. ‖ Empresa que se dedica a dar consultas de manera profesional. ‖ Persona que da una consulta fundamentada.

consultoría *s. f.* Actividad del consultor. ‖ Despacho donde trabaja el consultor.

consultorio *s. m.* Lugar establecido donde un médico recibe a sus pacientes. ‖ Despacho donde se atienden consultas sobre materias específicas.

consumación *s. f.* Acción y efecto de consumar.

consumado, da *adj.* Que es perfecto en una actividad o posee una cualidad en su máximo grado. *Un consumado pianista.*

consumar *t.* Terminar algo por completo, llevarlo a cabo totalmente.

consumible *adj.* Que se consume o puede ser consumido. ‖ *s. m.* Elemento que se usa en sistemas de computación y que debe cambiarse con frecuencia.

consumición *s. f.* Acción y efecto de consumir o consumirse. ‖ Bebida o comida que se consume en un bar, restaurante o cafetería.

consumido, da *adj.* Muy enflaquecido, débil y demacrado.

consumidor, ra *adj.* Que consume. ‖ *s.* Persona que adquiere un bien o servicio de quien lo produce o expende.

consumir *t.* Utilizar algo como combustible o materia prima. ‖ Ingerir alimentos una persona o animal. ‖ Adquirir una persona bienes, o usar servicios, para cubrir sus necesidades y satisfacer sus gustos. ‖ Tomar una consumición en un restaurante o bar. ‖ *pr.* Extinguir, destruir. ‖ Perder el sosiego, sufrir por algo. ‖ Ponerse flaco, débil y macilento a causa de una enfermedad.

consumismo *s. m.* Tendencia de las personas a adquirir bienes de consumo o contratar servicios sin necesitarlos.

consumista *adj.* y *s. com.* Perteneciente o relativo al consumismo.

consumo *s. m.* Acción y efecto de consumir, ya sea energía, combustibles, alimentos, bienes o servicios. ‖ Gasto de lo que se acaba o se destruye con el uso.

contabilidad *s. f.* Sistema que se adopta para llevar las cuentas de una persona, institución o empresa. ‖ Conjunto de las cuentas y operaciones económicas de una empresa o institución pública. ‖ Disciplina económica que estudia las cuentas y operaciones de las empresas y organismos públicos.

contabilización *s. f.* Proceso que consiste en contar, anotar y calcular cantidades.

contabilizar *t.* Anotar una cantidad o una partida en un libro de cuentas.

contable *adj.* Que puede ser contado. ‖ Perteneciente o relativo a la contabilidad. ‖ *s. com. Esp.* Persona que se dedica a llevar la contabilidad de una empresa o una institución.

contactar *intr.* Establecer contacto con alguien, comunicarse.

contacto *s. m.* Acción y efecto de tocarse dos o más personas o cosas. ‖ Comunicación o trato entre personas. ‖ Conexión entre dos partes de un circuito eléctrico. ‖ Persona que actúa como enlace con una empresa u organismo. ‖ *pl.* En computación, lista de personas con las que un usuario de internet se comunica habitualmente.

contado, da *adj.* Poco, muy raro, poco frecuente. *Lo he visto contadas ocasiones.*

contador, ra *adj.* y *s.* Que cuenta o relata. ‖ *s. m.* Aparato para contar y registrar ciertos efectos mecánicos o determinadas magnitudes. ‖ Persona encargada de llevar la contabilidad de otra, o de una empresa o institución.

contaduría *s. f.* Profesión y actividad del contador. ‖ Oficina donde se lleva la contabilidad de una empresa o una institución pública.

contagiar *t.* y *pr.* Transmitir alguien una enfermedad infecciosa, o adquirirla por cercanía con una persona o animal enfermo. ‖ *fig.* Comunicar a otros, o adoptar, gustos, vicios o costumbres.

contagio *s. m.* Acción y efecto de contagiar a alguien, o contagiarse. ‖ Germen de una enfermedad infecciosa. ‖ *fig.* Transmisión a otros, por influencia, de una actitud o comportamiento.

contagioso, sa *adj.* Referido a una enfermedad, que se transmite por contagio. ‖ Que se propaga entre otros con facilidad, por influencia directa. ‖ Que se comunica o transmite mediante el trato con alguien.

contaminación *s. f.* Acción y efecto de contaminar o contaminarse.

contaminado, da *adj.* Que ha sufrido contaminación.

contaminador, ra *adj.* Que contamina.

contaminante *adj.* y *s. m.* Que produce contaminación.

contaminar *t.* y *pr.* Alterar algo de manera negativa la composición o las condiciones normales de una cosa. ‖ Contagiar o contagiarse de una enfermedad. ‖ *fig.* Transmitir malas costumbres, pervertir.

contar *t.* Asignar un número a cada elemento de un conjunto, para saber cuántos hay. ‖ Narrar un suceso real o imaginario. ‖ Tener por cierto algo que se sabe va a suceder. ‖ *t.* y *pr.* Incluir a alguien o algo, o incluirse, en una clasificación o grupo determinado. ‖ *intr.* Decir una serie de números por orden. ‖ Confiar en alguien. ‖ Ser algo de importancia.

contemplación *s. f.* Acción de contemplar. ‖ En teología, estado de quien se halla absorto en la consideración de lo divino o lo sagrado. ‖ *pl.* Miramientos, atenciones.

contemplar *t.* Fijar la atención durante largo tiempo en algo material o espiritual. ‖ Tener en cuenta, considerar. ‖ Ser condescendiente con alguien procurar complacerlo.

contemplativo, va *adj.* Perteneciente o relativo a la contemplación. ‖ Que es dado a contemplar.

contemporáneo, a *adj.* y *s.* Que existe al mismo tiempo que otra persona o cosa. ‖ Relativo a la época en que se vive.

contencioso, sa *adj.* Que tiene la costumbre de contradecir lo que afirman otros. ‖ *s.* En derecho, materia o asunto que es objeto de litigio, sobre la que se contiende. ‖ En derecho, procedimiento judicial y tribunal donde se ventilan los litigios.

contender *intr.* Luchar, competir. ‖ Debatir, disputar sobre algún asunto.

contenedor *s. m.* Recipiente de gran tamaño, por lo general metálico, para transportar mercancías a grandes distancias, o para depositar residuos diversos.

contener *t.* y *pr.* Llevar una cosa dentro de sí, o encerrar a otra. ‖ Sujetar o impedir el movimiento

o el impulso de un cuerpo. ‖ Moderar un estado de ánimo o reprimir una pasión.

contenido *s. m.* Cosa que está dentro de otra. ‖ Argumento de una obra literaria o tema de un discurso. ‖ En lingüística, sentido conceptual o abstracto de un enunciado o signo.

contenido, da *adj.* Se dice de la emoción o sentimiento que no se exterioriza.

contentar *t.* Complacer o satisfacer a alguien. ‖ *pr.* Quedar satisfecho o complacido.

contento *s. m.* Satisfacción, alegría.

contento, ta *adj.* Alegre y satisfecho por algo.

conteo *s. m.* Valoración o cálculo. ‖ *Amér.* Acción y efecto de contar.

contertulio, lia *s.* Persona que asiste a una tertulia.

contestación *s. f.* Acción y efecto de contestar, dar respuesta. ‖ Rechazo, protesta u oposición.

contestador, ra *adj.* Que contesta. ‖ *s.* Aparato electrónico para registrar llamadas y dar mensajes a quienes llaman a un número telefónico.

contestar *t.* Dar una respuesta, sea verbal o escrita, a algo que otro pregunta, escribe o propone. ‖ Responder una llamada telefónica. ‖ Rechazar algo y protestar contra ello, por lo general a imposiciones de las autoridades. ‖ Objetar una orden o indicación, poner inconvenientes para llevarla a cabo.

contestatario, ria *adj.* y *s.* Que se opone a lo establecido y lo rechaza.

contexto *s. m.* Conjunto de circunstancias diversas que rodean un hecho. ‖ En lingüística, conjunto de elementos que preceden o suceden a un enunciado y que le dan sentido.

contextualizar *t.* Situar algo en un contexto determinado.

contienda *s. f.* Acción y efecto de contender; lucha, combate. ‖ Debate o discusión. ‖ Encuentro deportivo entre dos equipos.

contigo *pron.* Forma del pronombre en segunda persona del singular, unido a la preposición *con.*

contigüidad *s. f.* Circunstancia de estar algo colocado inmediatamente junto a otra cosa.

contiguo, gua *adj.* Que está junto a otra cosa, tan cerca que la toca.

continencia *s. f.* Acción y efecto de contener o contenerse. ‖ Moderación en la satisfacción de los placeres.

continental *adj.* Perteneciente o relativo a un continente, masa de tierra. ‖ Perteneciente o relativo al conjunto de países que forman un continente.

continente *s. m.* En geografía, cada una de las grandes masas de tierra de nuestro planeta que están separadas por los océanos.

contingencia *s. f.* Posibilidad de que algo suceda o no. ‖ Suceso que puede ocurrir o no, sobre todo de carácter negativo. ‖ Situación de riesgo.

contingente *s. m.* Conjunto de tropas de un ejército. ‖ Grupo de personas que se unen para colaborar en alguna circunstancia.

continuación *s. f.* Acción y efecto de continuar. ‖ Cosa o parte con que se continúa otra. *Esta novela es la continuación de la anterior.*

continuador, ra adj. Que continúa o prosigue con algo que otra persona comenzó, sobre todo obras y doctrinas artísticas o políticas.

continuar t. Proseguir lo que se ha comenzado. || intr. Durar, permanecer. || pr. Extenderse algo, seguir.

continuidad s. f. Unión natural entre las partes de un todo homogéneo. || Circunstancia de suceder algo, o hacerlo alguien, sin interrupciones. || En matemáticas, cualidad de las funciones o transformaciones continuas.

continuo, a adj. Que sucede o se hace sin interrupciones. || Que se repite con frecuencia. || Se dice de dos o más cosas que tienen unión entre sí.

contonearse pr. Caminar haciendo movimientos afectados con las caderas y hombros.

contoneo s. m. Acción de contonearse.

contornear t. Trazar los contornos de una figura. || Dar vueltas alrededor de un lugar.

contorneo s. m. Acción y efecto de contornear.

contorno s. m. Línea que delimita un dibujo, una superficie o una figura. || Territorio que rodea un sitio o una población determinada. || Canto de una moneda o medalla.

contorsión s. f. Movimiento por el que el cuerpo adopta una posición forzada.

contorsionismo s. m. Disciplina y práctica por la cual las personas adquieren la capacidad de adoptar posturas forzadas prácticamente imposibles para los demás.

contorsionista s. com. Artista que basa su espectáculo en la ejecución de contorsiones difíciles.

contra prep. Se usa para indicar oposición de una persona o cosa con otra. *Están contra la destrucción de los espacios verdes en la ciudad.* || Sirve para expresar apoyo o contacto. *Recargaron una tabla contra la pared.* || A cambio de algo, o con alguna condición. *Hacer un pago contra entrega de la mercancía.*

contraalisio adj. y s. m. Viento que, en las capas altas de la atmósfera, sopla en dirección contraria al alisio.

contraatacar t. e intr. Responder al ataque de alguien con otro ataque.

contrabajista s. com. Músico que toca el contrabajo.

contrabajo s. m. Instrumento musical de cuerda, parecido al violín pero mucho más grande, que se toca apoyándolo en el piso. || Voz humana masculina más grave que la del bajo.

contrabandear intr. Practicar el contrabando.

contrabandismo s. m. Práctica de las actividades del contrabando.

contrabandista adj. y s. com. Persona que se dedica al contrabando.

contrabando s. m. Comercio ilegal, ya sea con productos prohibidos en un país, o importando o exportando mercancías sin pasar por la aduana. || Conjunto de mercancías que se importan o exportan ilegalmente.

contracción s. f. Acción y efecto de contraer o contraerse. || Acortamiento y engrosamiento repentino de las fibras de un músculo, debido a alguna excitación. || En gramática, unión de dos palabras para formar una sola.

contrachapado s. m. Superficie formada por varias láminas delgadas de madera, superpuestas y pegadas, de manera que sus fibras quedan entrecruzadas.

contrachapar t. Elaborar materiales contrachapados. || Ponerle chapa de madera a algo.

contracorriente s. f. En meteorología, corriente derivada de otra que fluye en dirección contraria a ésta.

contráctil adj. Que se contrae o puede contraerse con facilidad.

contractura s. f. Contracción muscular involuntaria, más o menos duradera y dolorosa.

contracultura s. f. Movimiento social y cultural que rechaza las ideologías, tendencias y valores establecidos.

contracultural adj. Perteneciente o relativo a la contracultura.

contradecir t. Decir lo contrario de lo que otro dice, o que no es tal como él lo dice. || Hacer lo contrario de lo que dice otra persona. || pr. Decir o hacer lo contrario de lo que uno ha dicho con anterioridad. || Estar en contradicción una cosa con otra.

contradicción s. f. Acción y efecto de contradecir o contradecirse. || Afirmación de algo contrario a lo ya dicho o negación de lo que se da por cierto.

contradictorio, ria adj. Que está en contradicción con otra cosa. || En filosofía, cada una de las dos proposiciones, de las cuales una afirma lo que la otra niega, y no pueden ser verdad o falsedad al mismo tiempo.

contraer t. Reducir a menor tamaño o volumen. || Adquirir. || Asumir compromisos, obligaciones. || Reducir dos o más sonidos a uno solo.

contraespionaje s. m. Actividad encaminada a contrarrestar el espionaje de otros.

contrafuerte s. m. Pilar o arco que se construye a un costado de un muro, para hacerlo más resistente a la carga que debe soportar. || Pieza con que se refuerza el calzado por la parte del talón. || Correa de la silla de montar para sujetar la cincha.

contragolpe s. m. Golpe o ataque dado en respuesta de otro. || En medicina, efecto de un golpe en lugar distinto de aquel en el que se recibe.

contrahecho, cha adj. y s. Que tiene el cuerpo deforme.

contraindicar t. Indicar como perjudicial en determinadas circunstancias un medicamento, remedio, tratamiento, alimento o acción.

contralmirante s. m. Grado inmediatamente superior al de capitán de navío e inmediatamente inferior al de vicealmirante.

contralor s. m. Amér. Funcionario encargado de examinar la legalidad de las cuentas oficiales.

contraloría s. f. Amér. Dependencia oficial encargada de examinar los gastos públicos.

contralto s. f. La voz femenina más grave. || s. com. Persona que tiene esta voz.

contraluz s. m. Aspecto de las cosas cuando se miran desde el lado opuesto a la fuente de luz que las ilumina.

contramaestre s. m. Suboficial que dirige a los marineros, bajo las órdenes del oficial.

contraofensiva s. f. Ofensiva para contrarrestar la del enemigo o contrincante.

contraorden s. f. Orden que revoca otra anterior.

contraparte s. f. Oponente en juicio, en una partida.

contrapartida s. f. Algo que tiene por objeto compensar o resarcir algo o a alguien. || Anotación para corregir algún error en la contabilidad por partida doble. || Asiento del haber, compensado en el debe, y viceversa. ‖ En los tratados, concesión que compensa las ventajas otorgadas a la otra parte contratante.

contrapeso *s. m.* Peso que compensa a otro, para conseguir un equilibrio. ‖ Aquello que iguala o compensa a otro para hacer disminuir o desaparecer su efecto.

contraponer *t.* Comparar o cotejar una cosa con otra distinta, para apreciar diferencias entre ellas. ‖ Oponer una cosa a otra.

contraportada *s. f.* Parte posterior a la portada de un libro o revista. ‖ Última página de un periódico o revista.

contraposición *s. f.* Acción y efecto de contraponer o contraponerse. ‖ Comparación entre cosas para encontrar diferencias. ‖ Relación entre cosas totalmente distintas u opuestas.

contraproducente *adj.* Se dice de lo que arroja efectos contrarios a los que se buscan o convienen.

contrapropuesta *s. f.* Propuesta formulada en respuesta a otra con la que no se está de acuerdo.

contrapunto *s. m.* En música, concordancia en forma armoniosa de dos sonidos contrapuestos. ‖ Técnica de composición musical que combina dos melodías distintas. ‖ Contraste entre dos cosas simultáneas.

contrariar *t.* Obstaculizar o dificultar a algo o alguien. ‖ Oponerse a los deseos de alguien. ‖ Causar disgusto o enfado.

contrariedad *s. f.* Suceso imprevisto que dificulta o impide algo. ‖ Disgusto de poca importancia.

contrario, ria *adj.* Opuesto. ‖ Que es nocivo. ‖ *s.* Persona que tiene enemistad o rivalidad con otra.

contrarreforma *s. f.* Movimiento religioso, cultural y político católico en oposición a la reforma luterana. *La Compañía de Jesús fue abanderada de la Contrarreforma.*

contrarreloj *adj. y s. f.* Se dice de la carrera que consiste en cubrir un recorrido en el menor tiempo posible. *Belem ganó la prueba contrarreloj con un tiempo récord.*

contrarrestar *t.* Neutralizar una cosa haciéndole frente y resistencia. *Para llegar al cargo debió contrarrestar las críticas del oponente.*

contrasentido *s. m.* Interpretación contraria al sentido natural o lógico de las palabras o expresiones. ‖ Falta de correspondencia lógica o sentido en los hechos o ideas.

contraseña *s. f.* Seña secreta compartida entre varias personas para reconocerse o entenderse entre sí. ‖ Clave secreta que permite el acceso a algo. ‖ Segunda marca hecha en animales y cosas para distinguirlos mejor de otros.

contrastante *adj.* Que contrasta.

contrastar *intr.* Mostrar diferencias o condiciones opuestas que cosas cuando se comparan entre sí. ‖ Comprobar, con la marca del contraste, la exactitud, autenticidad o calidad de una cosa; generalmente se aplica a pesos y medidas, o a la ley de monedas y metales preciosos.

contraste *s. m.* Acción y efecto de contrastar. ‖ Diferencia notable u oposición que presentan dos cosas cuando se comparan entre sí. ‖ Marca que se graba en objetos de metal noble como garantía de su autenticidad. ‖ Relación entre la iluminación máxima y mínima de una cosa. ‖ Sustancia radioló-

gicamente opaca, que introducida en un organismo permite su visualización mediante rayos X y otros métodos exploratorios.

contratar *t.* Convenir mediante un contrato la recepción un servicio a cambio de una compensación, ya sea en dinero u otro medio de pago. ‖ Dar empleo a alguien mediante el establecimiento de un contrato de trabajo.

contratiempo *s. m.* Suceso imprevisto que dificulta algo que se pretende.

contratista *s. com.* Persona o empresa a quien se encarga por contrato la realización de una obra o servicio.

contrato *s. m.* Acuerdo o convenio por el que dos partes se obligan a respetar y cumplir una serie de condiciones. ‖ Documento que lo acredita.

contravención *s. f.* Acción y efecto de contravenir. ‖ Falta que se comete desobedeciendo una disposición.

contraveneno *s. m.* Sustancia que contrarresta o anula la acción de un veneno.

contravenir *t. e intr.* Obrar en contra de lo que está establecido o mandado por una ley, norma o pacto.

contrayente *adj. y s. com.* Se dice de la persona que contrae un compromiso, especialmente el matrimonio.

contribución *s. f.* Acción y efecto de contribuir. ‖ Cuota o cantidad que deben pagar los ciudadanos para sostener los gastos del Estado. ‖ Aportación en dinero para un fin determinado. ‖ Participación en una labor en la que colaboran varias personas.

contribuir *intr.* Pagar cada uno la cuota que le corresponde por un impuesto. ‖ Aportar voluntariamente una cantidad de dinero o ayuda para determinado fin. ‖ Ayudar con otras personas o cosas al logro de algún fin. ‖ Ser, junto con otras personas o cosas, causa de un suceso.

contribuyente *adj. y s. com.* Que contribuye. ‖ Persona obligada a pagar un impuesto.

contrición *s. f.* Arrepentimiento por haber pecado y ofendido a Dios.

contrincante *s. com.* Persona que compite con otra u otras.

contrito *adj.* Que está arrepentido por haber cometido una falta.

control *s. m.* Comprobación o inspección para que las cosas ocurran conforme a lo esperado o programado. ‖ Dominio o preponderancia de una persona sobre algo o alguien. ‖ Limitación o verificación de una acción o fenómeno. ‖ Sitio donde se ejecutan controles. ‖ Dispositivo con que se maneja o regula el funcionamiento de algo.

controlador, ra *adj. y s.* Se dice de la persona que controla alguna cosa.

controlar *t.* Ejercer el control.

controversia *s. f.* Discusión larga y reiterada de opiniones contrapuestas entre dos o más personas. *El discurso provocó muchas controversias.*

controvertido, da *adj.* Que provoca controversia.

contubernio *s. m.* Convivencia con otra persona. ‖ Alianza secreta, ilícita y reprochable para hacer algo ilícito o perjudicial para otro. ‖ Cohabitación de dos personas que mantienen relaciones sexuales sin estar casadas.

contumacia *s. f.* Tenacidad y obstinación de una persona que se mantiene en un error.

contumaz *adj.* Obstinado, tenaz en mantener un error. ‖ Se dice de las sustancias que se estiman apropiadas para conservar y propagar gérmenes infecciosos.

contundente *adj*. Se dice de una cosa o un acto que produce contusión. ‖ Se dice del objeto que puede producir un daño físico. ‖ Se aplica a argumentos, razones, etc., que no dejan lugar a ser discutidos.

conturbar *t*. y *pr*. Impresionar fuertemente a una persona un suceso desagradable o desgraciado.

contusión *s. f*. Daño producido por un golpe en alguna parte del cuerpo pero que no causa herida exterior.

contusionar *t*. y *pr*. Producir una contusión al golpear o comprimir una parte del cuerpo.

contuso, sa *adj*. y *s*. Se dice de la persona o la parte del cuerpo que ha recibido contusión. *La rudeza del juego de los contrarios lo dejó contuso.*

conurbación *s. f*. Conjunto de centros urbanos próximos que al crecer llegan a formar una unidad funcional.

conurbado, da *adj*. Relativo a la conurbación.

convalecencia *s. f*. Acción y efecto de convalecer. ‖ Periodo que dura. ‖ Estado de un enfermo en proceso de recuperación.

convalecer *intr*. Recuperar las fuerzas perdidas por enfermedad, después de curada ésta.

convaleciente *adj*. Que convalece.

convalidación *s. f*. Acción y efecto de convalidar. ‖ Reconocimiento académico en un país o institución de la validez de los estudios realizados en otro país o institución.

convalidar *t*. Declarar o confirmar como válida una cosa. ‖ Dar validez académica a los estudios realizados y aprobados por una persona en otro país, institución o facultad. ‖ Confirmar o dar validez a los actos jurídicos.

convección *s. f*. Forma de propagación del calor en los líquidos y gases, debida al movimiento de sus partículas producido por las diferencias de densidad.

convectivo, va *adj*. Relativo a la convección.

convencer *t*. Persuadir, conseguir que una persona se decida a cierta cosa. ‖ Gustar, agradar, satisfacer. ‖ *pr*. Llegar una persona a creer o pensar cierta cosa, persuadirse. ‖ Adquirir el convencimiento o seguridad de una cosa.

convencido, da *adj*. Que tiene convencimiento. ‖ *s*. Persona firme en sus ideas.

convencimiento *s. m*. Acción y efecto de convencer. ‖ Seguridad que tiene una persona de la certeza de lo que piensa o siente. ‖ Capacidad o habilidad para convencer.

convención *s. f*. Pacto, acuerdo. ‖ Reunión de personas para tratar un asunto. ‖ Norma o práctica que se admite sin necesidad de explicación.

convencional *adj*. Establecido por costumbre. ‖ Que sigue las reglas y costumbres sin proponer cambios.

convencionalismo *s. m*. Modo de pensar o actuar que se considera como norma para seguir las conveniencias sociales.

convencionista *s. com*. Persona que participa en una convención.

convenenciero, ra *adj*. Que pone por encima de lo demás sus propias conveniencias.

convenido, da *adj*. Arreglado, pactado.

conveniencia *s. f*. Conformidad entre dos cosas. ‖ Utilidad, provecho.

conveniente *adj*. Útil, provechoso. *No es conveniente que comas sólo dulces, debes balancear tu dieta para tener buena salud.*

convenio *s. m*. Acuerdo, pacto.

convenir *t. intr*. y *pr*. Llegar a un acuerdo. ‖ Ser de un mismo parecer. ‖ Ser oportuno, útil.

conventillo *s. m*. *Amér. Merid*. Casa grande de gente humilde, que contiene muchas viviendas reducidas.

convento *s. m*. Casa donde vive una comunidad religiosa.

conventual *adj*. Relativo al convento.

convergencia *s. f*. Coincidencia, unión.

convergente *adj*. Que converge.

converger o **convergir** *intr*. Dirigirse o unirse en un mismo punto.

conversación *s. f*. Acción y efecto de hablar unas personas con otras.

conversador, ra *adj*. y *s*. Se refiere a la persona que es hábil para conversar.

conversar *intr*. Hablar unas personas con otras.

conversión *s. f*. Hecho de cambiar. ‖ Hecho de adoptar una religión o creencia distinta a la que se tenía. ‖ Hecho de transformar una medida expresada en unidades de un sistema, a unidades de otro sistema, como metros a pies, galones a litros, etc.

convertibilidad *s. f*. Cualidad de convertible. ‖ En economía, condición de las monedas susceptibles de ser cambiadas libremente por oro o por otra moneda.

convertible *adj*. Que puede ser convertido o cambiado en la cosa que se expresa. ‖ *s. com*. Tipo de automóvil al que se le puede retirar la capota para que quede al descubierto.

convertido, da *adj*. Que se convirtió. ‖ Que cambió de religión.

convertir *t*. Cambiar una cosa en otra. ‖ Hacer que una persona o cosa llegue a ser algo distinto de lo que era. ‖ Hacer que alguien profese ciertas creencias, particularmente religiosas.

convexo, xa *adj*. Se dice de la superficie o línea que presenta su curvatura más prominente hacia el centro que en los bordes.

convicción *s. f*. Creencia que se tiene firmemente arraigada. ‖ Idea religiosa, ética o política fuertemente arraigada. ‖ Capacidad para convencer a los demás.

convicto, ta *adj*. y *s*. Se dice del reo a quien se le ha probado su delito.

convidado, da *adj*. y *s*. Se aplica a la persona invitada a un banquete o convite.

convidar *t*. Invitar a una persona o personas a participar de algo, particularmente de un convite. ‖ Ofrecer un lugar o una circunstancia oportunidad para hacer determinada cosa. ‖ *pr*. Invitarse voluntariamente.

convincente *adj*. Que convence.

convite *s. m*. Acción y efecto de convidar. ‖ Banquete fiesta o celebración a la que sólo acuden invitados.

convivencia *s. f*. Acción y efecto de convivir. ‖ Vida en común con una o varias personas. ‖ Reunión en la que reina el compañerismo y la fraternidad.

convivio *s. m*. Convite.

convivir *intr*. Vivir en compañía de otro u otros.

convocar *t*. Llamar o citar a una o más personas para que acudan a un lugar. ‖ Anunciar un concurso o una competencia para que los interesados acudan a participar.

convocatoria *s. f.* Escrito con que se llama a diferentes personas para que concurran a un lugar, a un acto o a realizar una actividad.

convoy *s. m.* Conjunto de vehículos en formación de escolta que protege a personas o cosas que tienen que ser trasladadas de un sitio a otro, sea por mar o tierra.

convulsión *s. f.* Contracción violenta, repetida e involuntaria de los músculos del cuerpo que ordinariamente obedecen a la voluntad. ‖ Agitación violenta de la vida pública que destruye la tranquilidad en una sociedad. ‖ Sacudida de la tierra o del mar por el efecto de un terremoto.

convulsionar *t.* Producir convulsiones. ‖ Agitar violentamente la vida pública. ‖ Sacudir un terremoto el mar o la tierra.

conyugal *adj.* Relativo a la relación que existe entre marido y mujer.

cónyuge *s. com.* Lo que es el esposo respecto de su esposa y la esposa respecto de su esposo.

coñac *s. m.* Bebida alcohólica fuerte, hecha a partir de vinos añejados en toneles de roble.

coño¹ *s. m. Esp. vulg.* Parte externa del aparato genital femenino.

coño² *interj. vulg.* Exclamación que denota enfado o extrañeza.

cooperación *s. f.* Acción de cooperar.

cooperador, ra *adj.* Que coopera.

cooperar *intr.* Trabajar para un mismo fin en colaboración con otros.

cooperativa *s. f.* Sociedad formada por personas con el fin de suministrar, mediante la mutua cooperación, servicios a sus asociados en condiciones beneficiosas. ‖ Establecimiento comercial donde se venden artículos procedentes de una asociación cooperativista.

cooperativismo *s. m.* Doctrina y sistema socioeconómico que promueve la asociación de productores y consumidores en cooperativas. ‖ Régimen y sistema socioeconómico de las cooperativas.

coordenadas *s. f. pl.* Líneas que sirven para determinar la posición de un punto en el espacio.

coordinación *s. f.* Acción y efecto de coordinar. ‖ Combinación de personas, medios, esfuerzos, etc., para realizar una acción común. ‖ Control ordenado de los movimientos del cuerpo. ‖ Disposición ordenada de una serie de cosas. ‖ En gramática, relación entre palabras o grupos sintácticos del mismo nivel o función sintáctica, mediante una conjunción explícita o implícita que sirve de nexo entre ellos.

coordinado, da *adj.* Que se une a otros por coordinación. ‖ En gramática, se dice del elemento lingüístico unido a otro u otros, sin que haya subordinación.

coordinador, ra *adj. y s.* Que coordina.

coordinar *t.* Disponer personas, medios, esfuerzos, etc., de manera ordenada, mediante un sistema y método para una acción común. ‖ Controlar de forma ordenada los movimientos del cuerpo. ‖ En gramática, relacionar dos elementos con la misma función sintáctica.

copa *s. f.* Vaso para beber montado sobre un pie. ‖ Líquido que contiene, especialmente si es una bebida alcohólica. ‖ Trofeo de metal con forma pa-

recida a la de este vaso, pero de tamaño mucho mayor, que se entrega al ganador de una competencia deportiva. ‖ Conjunto formado por las ramas y hojas de la parte superior del árbol. ‖ Parte hueca del sombrero, que se encaja en la cabeza.

copal *adj.* Se dice de la resina usada para fabricar barniz. ‖ *s. m.* Árbol tropical del que se extrae esta resina. ‖ *Méx.* Resina que se emplea para sahumar templos y casas.

copar *t.* Cercar, cortando la retirada, a un ejército o grupo de fuerzas enemigas. ‖ Acaparar la atención o el tiempo de una persona.

copartícipe *s. com.* Persona que participa con otra en alguna cosa.

copete *s. m.* Mechón de pelo levantado sobre la frente. ‖ Penacho que tienen algunas aves en la cabeza. ‖ Mechón de crines que cae sobre la frente del caballo. ‖ Remate de adorno que se pone en algunos muebles en su parte superior. ‖ Parte del helado o de la bebida que desborda un recipiente.

copetín *s. m. Amér.* Copa de licor que se toma de aperitivo.

copia *s. f.* Acción y efecto de copiar. ‖ Reproducción de un original. ‖ Cada ejemplar de los que se hacen iguales de un original.

copiadora *s. f.* Máquina que copia exactamente un original.

copiar *t.* Imitar un modelo y reproducirlo exactamente. ‖ Escribir algo ya escrito, reproduciendo con exactitud el texto. ‖ Hacer un trabajo o un examen reproduciendo un libro, el examen de otro compañero, apuntes, etc. ‖ Imitar el estilo o las obras de escritores o artistas.

copihue *s. m.* Planta enredadera abundante en América del Sur, de flor roja o blanca y fruto verde parecido al pimiento. *El copihue es la flor nacional de Chile.*

copiloto *s. com.* Piloto auxiliar, que asiste y, en ocasiones, sustituye al piloto. ‖ Persona que va sentada al lado de la que conduce un coche.

copioso, sa *adj.* Abundante, cuantioso.

copista *s. com.* Persona que se dedica a hacer copias de originales ajenos. ‖ Persona que se dedicaba a copiar manuscritos cuando no existía la imprenta.

copla *s. f.* Composición poética breve, por lo general consta de cuatro versos y está escrita para ser cantada con música popular.

copo *s. m.* Pequeña formación de nieve cristalizada que cae de las nubes. ‖ Porción redondeada de fibras de algodón, cáñamo, lino o lana que está dispuesta para hilarse.

copra *s. f.* Pulpa del coco de la palma.

copretérito *s. m.* Tiempo del verbo que expresa una acción pasada que ocurrió al mismo tiempo que otra.

copto, ta *adj.* Perteneciente o relativo a los cristianos de Egipto y Etiopía. ‖ *s. m.* Antiguo idioma de los egipcios que se conserva en la liturgia del rito copto.

cópula *s. f.* Atadura con la que se une una cosa con otra. ‖ Acción de copular.

copulación *s. f.* Acción de copular.

copular *intr.* Realizar el acto sexual un macho y una hembra.

copulativo, va *adj.* Que une dos cosas. ‖ Se aplica al verbo cuya función es unir el sujeto con un atributo. ‖ Se aplica a la oración que tiene como núcleo del predicado un verbo copulativo. ‖ Se aplica a la conjunción que sirve para unir dos palabras, sintagmas y proposiciones del mismo rango sintáctico. ‖ Se aplica a las proposiciones coordinadas que suman sus informaciones.

coqueta *s. f.* Mueble, generalmente una mesa con un espejo, que se usa para el peinado y el aseo personal.

coquetear *intr.* Tratar de agradar valiéndose de actitudes estudiadas. ‖ En el galanteo, dar señales sin comprometerse. ‖ Tener una relación o implicación pasajera en alguna actividad, idea, opinión, etc., sin llegar a un compromiso serio.

coqueteo *s. m.* Acción y efecto de coquetear.

coquetería *s. f.* Acción y efecto de coquetear. ‖ Estudiada afectación en los modales y arreglo personal para agradar o atraer sentimentalmente a alguien. ‖ Habilidad de una persona para arreglarse, vestirse bien o para agradar en general. ‖ Cuidado y gusto en los modales y adornos.

coqueto, ta *adj. y s.* Se dice de la persona presumida, que se preocupa mucho por su arreglo personal o de gustar a los del sexo opuesto. ‖ Se aplica a la persona que se arregla y viste bien.

coraje *s. m.* Valor, energía y voluntad con que se acomete una empresa, especialmente situaciones difíciles o adversas. ‖ Irritación, ira, rabia.

corajudo, da *adj.* Que tiene mucho valor o coraje. ‖ Propenso a la cólera.

coral[1] *adj.* Perteneciente o relativo al coro. ‖ *s. m.* Composición musical polifónica para ser cantada, ajustada a un texto de carácter religioso.

coral[2] *s. m.* Pequeño animal que vive en colonias alojadas en estructuras calcáreas segregadas por ellos mismos. ‖ Sustancia dura secretada por estos animales. ‖ Color de tonalidad rosada, semejante al de tales formaciones calcáreas. ‖ *s. f.* Serpiente muy venenosa, con anillos rojos, negros y amarillos, que habitan mayormente en las regiones tropicales del continente americano.

coralífero, ra *adj.* Se dice de formaciones marinas que tiene corales.

coralillo *s. m.* Serpiente muy venenosa, menor a un metro de longitud, muy delgada y con anillos rojos, amarillos y negros alternativamente.

coralino, na *adj.* De coral o parecido a él.

coránico, ca *adj.* Relativo al Corán, libro sagrado de los musulmanes.

coraza *s. f.* Cubierta de metal resistente compuesta de peto y espaldar que sirve para proteger el pecho y la espalda. ‖ Blindaje de acero o hierro para proteger un vehículo. ‖ Cubierta dura que cubre el cuerpo de las tortugas y otros quelonios. ‖ Cosa inmaterial que protege o sirve de defensa.

corazón *s. m.* Órgano muscular hueco de los animales vertebrados y de algunos invertebrados, cuya función es bombear la sangre a todo el cuerpo a través del sistema circulatorio. ‖ Ese órgano, considerado como sitio de los sentimientos o de la sensibilidad afectiva. *La amaba con todo el corazón.* ‖ Figura o dibujo con que suele representarse este órgano. ‖ Centro o interior de una cosa. ‖ Se usa como apelativo afectuoso. *Oye, corazón.*

corazonada *s. f.* Presentimiento de que algo va a ocurrir, sin tener fundamento para ello. ‖ Impulso que mueve repentinamente a ejecutar una acción.

corbata *s. f.* Tira de tela que se anuda al cuello, dejando caer las puntas sobre el pecho.

corbeta *s. f.* Embarcación de guerra más pequeña que la fragata.

corcel *s. m.* Caballo ligero de mucha alzada y bello porte.

corchea *s. f.* Nota musical cuyo valor es la mitad de una negra.

corchete *s. m.* Signo de escritura con forma de paréntesis pero cuadrado, con las mismas funciones que éste. ‖ Broche metálico compuesto de macho y hembra y sirve para abrochar algo. ‖ De esas dos piezas, la denominada «macho» y que tiene un gancho.

corcho *s. m.* Tejido vegetal de gran espesor que recubre la parte exterior del tronco y las ramas de ciertos árboles y arbustos, especialmente del alcornoque; es impermeable y se emplea en la fabricación de materias aislantes, tapones, empaques, etc. ‖ Tapón de este material que se usa para cerrar botellas.

corcholata *s. f. Méx. y Amér. C.* Tapón metálico de las botellas.

corcova *s. f.* Joroba, curvatura anómala de la columna vertebral del pecho, o de ambos a la vez.

corcovado *adj. y s.* Que tiene joroba.

corcovear *intr.* Saltar algunos animales encorvando el lomo, dar corcovos.

corcoveo *s. m.* Acción de saltar de algunos animales. *El corcel tiró de un corcoveo al jinete.*

corcovo *s. m.* Salto que dan algunos animales arqueando el lomo.

cordados *s. m. pl.* Tipo de animales que presentan un cordón esquelético dorsal.

cordel *s. m.* Cuerda delgada.

cordero *s. m.* Cría de la oveja que no pasa de un año. ‖ *fig.* Persona sumisa, dócil y humilde.

cordial *adj.* Se dice de quien es afectuoso. ‖ *s. m.* Dedo de la mano humana que está al centro de los cinco que la forman. ‖ Bebida, generalmente alcohólica, que se toma para reconfortar.

cordialidad *s. f.* Trato afectuoso entre las personas.

cordillera *s. f.* Serie de montañas enlazadas entre sí.

cordón *s. m.* Cuerda fina hecha con materiales de fibras o hilos más finos. ‖ Cable conductor de electricidad usado en aparatos electrodomésticos. ‖ Conjunto de personas o elementos colocados en fila para proteger o vigilar. ‖ *Amér.* Borde de la acera. ‖ Serie de cerros o montañas. ‖ *loc. Cordón umbilical:* conjunto de vasos que unen la placenta de la madre con el vientre del feto.

cordura *s. f.* Característica de la persona que piensa y obra con reflexión y sensatez.

coreano, na *adj. y s.* Natural de Corea. ‖ Perteneciente o relativo a Corea del Norte, Corea del Sur o la península de Corea, países y región de Asia. ‖ *s. m.* Lengua propia de los coreanos.

corear *tr.* Cantar, recitar o hablar varias personas a la vez. ‖ Componer música para coros. ‖ Acompañar una composición musical con coros.

coreografía *s. f.* Arte de componer y dirigir bailes. ‖ Conjunto de pasos y movimientos que componen una pieza de baile. ‖ Técnica de representar en el papel los pasos de un baile por medio de signos, como se representa un canto por medio de notas.

coreógrafo, fa *s.* Persona que se dedica a componer o dirigir coreografías.

coriáceo, a *adj.* Perteneciente o relativo al cuero. || Parecido a él.

corifeo *s. m.* El que guiaba el coro en las antiguas tragedias griegas y romanas. || Por extensión, persona que asume la representación de otras, las dirige o se expresa por ellas.

corintio, tia *adj.* y *s.* Natural de Corinto. || Perteneciente o relativo a esta ciudad de Grecia. || Estilo arquitectónico de la Grecia clásica.

corista *s. com.* Persona que canta formando parte en un coro. || *s. f.* Mujer que se dedica a bailar y cantar en el coro en revistas musicales y espectáculos similares.

cormorán *s. m.* Ave palmípeda, del tamaño de un pato, con plumaje de color gris oscuro, alas negras y cuello blanco; habita en lagos, ríos y mares de todo el mundo.

cornada *s. f.* Golpe dado por un animal con el cuerno. || Herida causada por la punta de un cuerno de un animal.

cornamenta *s. f.* Conjunto de los cuernos de algunos cuadrúpedos como la vaca, el toro, el venado y otros. || *fig.* Símbolo de la infidelidad de quien ha sido engañado por su pareja.

córnea *s. f.* Tejido delgado, duro y transparente, situado en la parte anterior del globo del ojo, por delante del iris y la pupila, que sirve para enfocar las imágenes.

corneja *s. f.* Ave con plumaje de color negro o negro con manchas blancas, muy parecida al cuervo, pero de menor tamaño. || Ave rapaz nocturna parecida al búho, pero mucho más pequeña; se caracteriza por tener en la cabeza dos plumas en forma de cuernecillos.

córneo, a *adj.* De cuerno, o de consistencia parecida a él.

corneta *s. f.* Instrumento musical de viento, semejante a la trompeta, pero sin llaves ni pistones. || *Esp. s. com.* Persona que toca este instrumento.

cornetín *s. m.* Instrumento musical de viento parecido a la corneta, pero de menor tamaño.

cornisa *s. f.* Conjunto de molduras que remata el borde superior de la pared de un edificio, debajo de la techumbre, de una habitación, pedestal, etc. || Saliente o voladizo que marca la separación entre los pisos de un edificio. || Borde saliente y rocoso de una montaña. || Zona costera de altos y largos acantilados.

corno *s. m.* Instrumento musical de viento más grande y de sonido más grave que el oboe.

cornucopia *s. f.* Cuerno lleno de frutas y flores que simboliza la abundancia en la Antigüedad clásica.

cornudo, da *adj.* Que tiene cuernos. || Cónyuge cuya pareja le es infiel.

coro *s. m.* Grupo de personas que cantan de manera concertada una pieza musical. || Composición musical compuesta para ser cantada por un grupo numeroso de voces concertadas. || En las tragedias griegas y romanas, grupo de actores que recitan la parte lírica y

comentan la acción. || Lugar de una iglesia donde se junta el clero para cantar los oficios divinos. || Conjunto de voces que se oyen al mismo tiempo con opiniones sobre un asunto.

coroides *s. f.* Membrana delgada, de color pardo, situada entre la esclerótica y la retina de los ojos; tiene una abertura posterior que da paso al nervio óptico.

corola *s. f.* Conjunto de pétalos, generalmente coloreados, situado entre el cáliz y los órganos sexuales de la flor y protegen a éstos.

corolario *s. m.* Razonamiento, juicio o hecho que no necesita comprobarse, sino que es consecuencia lógica de lo demostrado antes. || Consecuencia de algo.

corona *s. f.* Adorno o joya en forma de aro de ramas, flores, metal generalmente precioso, etc., que se coloca en la cabeza como premio, adorno o símbolo de nobleza o dignidad. || Aro cubierto de flores o ramas que se coloca junto a los muertos o a los monumentos que los recuerdan. || Institución que representa la dignidad y el poder de una monarquía. || Anillo luminoso que se ve en los eclipses alrededor del astro interpuesto delante del Sol. || Parte visible y esmaltada de un diente.

coronación *s. f.* Ceremonia en la que se reconoce la dignidad real de una persona y en la que se le coloca una corona sobre la cabeza como símbolo de este reconocimiento. || Grado superior o más alto al que puede llegar un proceso o actividad. || Culminación o remate.

coronar *t.* Poner una corona en la cabeza de alguien como signo de premio o distinción, y en especial a un rey o emperador como señal de que empieza a reinar. || Terminar una obra, rematarla, acabarla. || Alcanzar el punto más alto. || En el juego del ajedrez, llegar con un peón a la octava fila. || En el juego de las damas, llegar con una ficha a la octava fila y convertirla en dama.

coronario, ria *adj.* Perteneciente o relativo a la corona. || Se dice de cada una de las dos arterias que parten de la aorta e irrigan al corazón.

coronavirus *m.* Tipo de virus que provoca enfermedades respiratorias de distinta intensidad, la más grave de las cuales es COVID, capaz de provocar la muerte.

coronel *s. m.* Jefe militar que dirige un regimiento, cuyo grado es inmediatamente superior al de teniente coronel e inmediatamente inferior al de general de brigada.

coronilla *s. f.* Corte de pelo en forma de círculo rasurado que llevaban algunos religiosos en esta zona de la cabeza. || Tonsura de los clérigos. || *Arg.* y *Uy.* Árbol espinoso y de madera dura que se utiliza para postes, carbón y leña.

coroto *s. m.* *Col.* y *Ven.* Objeto cualquiera que no se quiere mencionar o cuyo nombre se desconoce.

corpiño *s. m.* Prenda de vestir femenina muy ajustada al cuerpo por debajo del pecho hasta la cintura para darle forma. || *Amér.* Sostén.

corporación *s. f.* Empresa, normalmente grande, en especial si agrupa a otras menores. || Organización compuesta por personas que, como miembros de ella, la gobiernan. || Asociación que agrupa a personas que desempeñan la misma actividad o profesión. || Grupo de empresas que actúan encaminadas a conseguir un enriquecimiento común.

corporal *adj.* Perteneciente o relativo al cuerpo, especialmente al humano.

corporativismo *s. m.* Doctrina política y social que propugna la organización de la sociedad en corporaciones que agrupen a patronos, técnicos y obreros por profesiones y no por clases sociales. *Los regímenes de Franco y Mussolini se fundamentaron en el corporativismo.*

corporativista *adj.* Perteneciente o relativo al corporativismo. || *s. com.* Partidario del corporativismo.

corporativo *adj.* Perteneciente o relativo a una corporación.

corpóreo, a *adj.* Que tiene cuerpo, volumen o consistencia. || Perteneciente o relativo al cuerpo o a su condición de tal.

corpulencia *s. f.* Grandeza, robustez y magnitud de un cuerpo.

corpulento, ta *adj.* De gran corpulencia, que tiene un cuerpo de gran tamaño o volumen.

corpus *s. m.* Conjunto extenso y ordenado de datos, textos y otros materiales sobre determinada materia que sirven de base para una investigación o trabajo.

corpuscular *adj.* Que tiene corpúsculos o está relacionado con ellos. || Se dice de un sistema filosófico que admite por materia elemental los corpúsculos.

corpúsculo *s. m.* Nombre genérico que reciben una serie de pequeñas estructuras como las células y las moléculas.

corral *s. m.* Construcción, generalmente cercada, donde se guardan los animales domésticos.

correa *s. m.* Tira, generalmente de cuero, que sirve para atar o ceñir. || En las máquinas, tira que, unida en sus extremos, sirve para transmitir el movimiento rotativo de una rueda o polea a otra.

correaje *s. m.* Conjunto de correas de un arnés o de un aparejo para sujetar bultos. || Conjunto de correas que son parte del equipo individual de militares, montañistas, buzos, etc.

corrección *s. f.* Acción y efecto de corregir o enmendar algo. || Cualidad de correcto. || Represión o castigo de una falta, de un delito o de un defecto. || Depuración de los errores presentes en el original de un escrito, un proyecto u otra obra.

correccional *s. f.* Establecimiento gubernamental para la detención por tiempo determinado por la ley para menores infractores.

correctivo, va *adj. y s.* Que corrige. || Que subsana o mitiga un problema, una falla o un error. || En medicina, sustancia que se agrega al ingrediente activo para suprimir o atenuar sus efectos colaterales adversos. || Castigo o sanción.

correcto, ta *adj.* Libre de errores, sin defectos, conforme a las reglas o normas. || De conducta intachable, totalmente moral y apegada a los buenos modales.

corrector, ra *adj. y s.* Que corrige. || Persona cuyo oficio es corregir la ortografía y demás aspectos gramaticales, así como en la edición de un texto.

corredera *s. f.* Puerta o ventana que se desliza sobre un carril. || Ranura o carril que tienen ciertas máquinas por las que se deslizan algunas de sus piezas.

corredizo, za *adj.* Que se desliza o desata con facilidad.

corredor *s. m.* Pasillo, paso más o menos angosto entre las habitaciones de un inmueble.

corredor, ra *adj. y s.* Que corre mucho y bien. || Se dice de las aves de gran tamaño, picos robustos, esternón sin quilla, patas muy desarrolladas y alas atróficas, como el avestruz y el ñandú. || Persona que practica la carrera por deporte. || Comerciante acreditado que compra y vende por cuenta de otros. *Corredor de bienes raíces, corredor de bolsa.*

corregidor, ra *adj. y s.* Que corrige. || Bajo el gobierno de los Borbones y en el Imperio español, alcalde de población importante en la que presidía el ayuntamiento y ejercía algunas funciones gubernativas; su esposa era la corregidora.

corregir *t.* Enmendar lo que tiene errores, quitárselos. || Advertir, reprender, regañar. || Señalar los errores en un trabajo, tarea escolar o examen, para emitir una calificación. || Aplicar un correctivo o castigo.

correlación *s. f.* Relación recíproca entre dos o más cosas, asuntos o ideas. || En matemáticas, medida de la dependencia existente entre variantes aleatorias.

correlacionar *t.* Poner juntas dos o más cosas de modo que cada una dependa o influya sobre la otra.

correlativo, va *adj.* Que tienen correspondencia o relación recíproca dos o más cosas, situaciones o circunstancias.

correligionario, ria *adj. y s.* Se aplica al que tiene la misma religión o ideas políticas que otro.

correntada *s. f. ant. Amér.* Masa de agua desbordada e impetuosa.

correo *s. m.* Servicio público para el transporte y distribución de la correspondencia. || Persona cuyo oficio consiste en el transporte de la correspondencia. || Transporte que traslada la correspondencia, sea tren, avión, camioneta. || Conjunto de cartas y paquetes postales que se envían o reciben. || Edificio donde se administra el envío y reparto de la correspondencia. || *loc. Correo electrónico:* sistema de intercambio de textos por medio de computadoras u ordenadores y una red informatizada.

correr *intr.* Andar moviendo velozmente las extremidades. || Hacer algo con rapidez. || Moverse los fluidos de una parte a otra, ya sea por sus conductos naturales o fuera de ellos. || Soplar el viento con alguna fuerza superior a la corriente. || Extenderse, cruzar de una parte a otra. *La sierra corre de norte a sur.* || Ir tan de prisa una persona que por instantes ambos pies dejan de tocar el suelo. || Propalarse, difundirse una noticia, un rumor. || Estar a cargo de alguien el curso de un asunto, encargo o despacho. || Ir de inmediato a poner algo en ejecución. *Corrí a avisarle a la abuela.* || *t.* Competir en velocidad o en resistencia recorriendo un trayecto determinado personas o animales como caballos y galgos. || Mover una cosa, cambiarla de sitio o disposición. *Correr la silla a un lado, correr las cortinas.* || Despedir a alguien de su empleo. || Hacer pasar el cerrojo, la tranca, la llave en la cerradura. || Efectuar un trayecto, recorrer. || Avergonzar, confundir, apenar. || Extenderse fuera de su lugar un color, una tinta o el maquillaje.

correría *s. f.* Hostilidad de un cuerpo armado que saquea e incendia territorio enemigo. || Viaje corto a varios puntos, generalmente con fines de diversión.

correspondencia *s. f.* Acción y efecto de corresponder o corresponderse. ‖ Trato recíproco entre comerciantes. ‖ Conjunto de cartas y mensajes intercambiados entre dos o más personas. ‖ Correo. ‖ Relación existente entre los elementos de dos series o conjuntos diferentes. ‖ Igualdad o semejanza de significado entre dos o más palabras. ‖ Comunicación entre dos o más líneas del metro.

corresponder *intr.* Devolver, en todo o en parte, beneficios, afectos, honores o agasajos. ‖ Tocar o pertenecer algo. ‖ Tener una cosa proporción con otra. ‖ Tener un elemento de un conjunto relación, real o convencional, con otro de diferente conjunto. ‖ *pr.* Tener comunicación por escrito dos o más personas. ‖ Amarse y atenderse recíprocamente dos personas. ‖ Comunicarse una habitación, un pasillo o una línea de metro con otra u otras.

correspondiente *adj.* Proporcionado, conveniente. ‖ Que tiene correspondencia con una persona o corporación. ‖ En matemáticas, que satisface las condiciones de una relación.

corresponsabilidad *s. f.* Responsabilidad compartida.

corresponsal *s. com.* Persona cuyo oficio es enterarse de las noticias de actualidad (locales o extranjeras) y enviarlas a los diarios, revistas, televisoras u otros medios que se lo encarguen por una paga.

corretear *intr. fam.* Correr por juego y diversión. ‖ *t. Bol., Chil., Hond., Méx., Nic.* y *Per.* Correr detrás de alguien o algo, perseguir.

corrida *s. f.* Carrera, acción de correr el ser humano o un animal.

corrido *s. m. Amér. C.* y *Méx.* Canto popular que relata un suceso importante o un pasaje de la vida de alguien relevante, con metro octosílabo y generalmente rima consonante, dividido en número desigual de estrofas.

corrido, da *adj.* Que excede un poco el peso o medida de que se trate. ‖ Avergonzado. ‖ Cosa o parte de ella continua, seguida, sin interrupción. ‖ Se dice de la persona muy experimentada, que ha corrido mucho mundo.

corriente[1] *adj.* Que corre. ‖ Que transcurre u ocurre actualmente, en el momento en que se habla. ‖ Admitido comúnmente, de saber general. ‖ Que sucede con frecuencia. ‖ Común, regular, nada extraordinario. ‖ Vulgar, propio de la plebe.

corriente[2] *s. f.* Movimiento traslaticio continuo, permanente o eventual, de una masa de fluido, como el agua y el aire, en una dirección determinada. ‖ Masa fluida que se mueve de este modo. ‖ Chiflón de aire que pasa por puertas y ventanas de una casa. ‖ Movimiento o tendencia en las ideas o en el arte.

corro *s. m.* Círculo que forma la gente para hablar. ‖ Juego infantil en que los participantes se toman de las manos y cantan y danzan en círculos.

corroboración *s. f.* Acción y efecto de corroborar.

corroborar *t.* y *pr.* Reforzar una opinión o argumento con nuevos razonamientos o datos. ‖ Confirmar algo.

corroer *t.* Desgastar poco a poco una cosa, como si la estuvieran royendo. ‖ Sentir los efectos de una pena o de un remordimiento, de modo que se deterioren el semblante y la salud. ‖ Sufrir los metales

y algunos minerales los efectos de ciertos óxidos y ácidos.

corromper *t.* Alterar y deformar algo. ‖ Dañar, depravar, prostituir. ‖ Echar a perder, pudrir. ‖ Sobornar o cohechar. ‖ Estragar, viciar cosas inmateriales como el habla, las costumbres, las leyes, la religión.

corrosión *s. f.* Acción y efecto de corroer. ‖ Destrucción gradual de los metales por acción de agentes externos.

corrosivo, va *adj.* Que corroe o puede corroer. ‖ *fig.* Mordaz, hiriente, sarcástico.

corrupción *s. f.* Acción y efecto de corromper. ‖ Alteración o defecto en un escrito. ‖ Vicio o abuso implantado en cosas no materiales. ‖ En las organizaciones públicas, particularmente en las políticas, práctica de usar las funciones y prerrogativas del cargo en provecho propio y para perjuicio ajeno.

corrupto, ta *adj.* Que sufre corrupción, descomposición. ‖ *s.* Perverso, pervertido, dañado. ‖ Persona que se ha dejado sobornar, pervertir, prostituir.

corruptor, ra *adj.* y *s.* Que corrompe.

corruscante *adj.* Que cruje, referido a alimentos.

corsario, ria *s.* Buque o empresa dueña de él que gozaba de licencia real para atacar y saquear navíos y puertos enemigos. ‖ Capitán y tripulantes de tales buques.

corsé *s. m.* Prenda interior femenina que se ajusta al cuerpo.

corsetería *s. f.* Lugar donde se fabrican o venden corsés y otras prendas interiores femeninas.

cortada *s. f.* Acción y efecto de cortar. ‖ Abertura o paso entre dos montañas. ‖ Herida producida con instrumento cortante.

cortado, da *adj.* Se dice del estilo de escribir que usa enunciados breves y separados de modo que no formen periodos completos ni redondeen la idea que se quiere expresar. ‖ Turbado, avergonzado. ‖ Se dice del café negro al que se le ha agregado un poco de leche.

cortador, ra *adj.* Que corta. ‖ *s.* Sastre especializado en cortar las piezas de los trajes que se confeccionan.

cortadora *s. f.* Máquina para cortar.

cortadura *s. f.* Hendidura o separación continua producida en un cuerpo por medio de un instrumento cortante. ‖ Herida causada con un instrumento cortante o un objeto afilado.

cortafuego o **cortafuegos** *s. m.* Vereda ancha que se hace entre los sembrados y montes para contener la propagación de un incendio. ‖ En informática, programa que funciona como barrera para impedir el ingreso de ciertos virus, anuncios publicitarios y otros contactos no deseados, en el disco principal de una computadora u ordenador.

cortante *adj.* y *s. com.* Que corta. ‖ Se dice del modo de hablar altivo y seco, que no admite réplica.

cortapisa *s. f.* Restricción o condición con que se otorga o se tiene algo. ‖ Dificultad, obstáculo, estorbo para actuar.

cortaplumas *s. m.* Navaja usada antiguamente para afilar las plumas de ave empleadas para escribir y que actualmente tiene otras aplicaciones.

cortar *t.* Abrir hendiduras en un cuerpo o separar sus partes por medio de un instrumento cortante. ‖ Usar tijeras, navaja o cuchillo para dar forma a las piezas de tela, papel, cartón, etc., con que se va a hacer alguna cosa. ‖ Hender un fluido. ‖ Separar o dividir algo en dos o más partes. ‖ Atajar, impedir, obstaculizar el paso de las cosas o las personas. ‖ Interrumpir una conversación, un discurso, una clase, un trabajo o una tarea. ‖ En geometría, atravesar una línea un plano o un cuerpo a otro. ‖ *intr.* Tener filo un instrumento o herramienta. ‖ Tomar el camino más corto o un atajo. ‖ *pr.* Herirse con un instrumento u objeto afilado. ‖ Turbarse, avergonzarse hasta el punto de faltar palabras para responder. ‖ Dicho de la leche y otros alimentos, agriarse y echarse a perder. ‖ Separarse, romper relaciones amigos o novios.

cortaúñas *s. m.* Especie de alicates sin mango, con los bordes afilados y curvados hacia dentro que sirve para recortar los sobrantes de las uñas.

corte[1] *s. m.* Acción y efecto de cortar. ‖ Filo del instrumento o de la herramienta que sirve para cortar. ‖ Herida producida por un objeto cortante. ‖ Sección cortada de carne o embutido. ‖ Superficie que forma cada uno de los bordes o cantos de un libro. ‖ Arte y acción de cortar las piezas para la confección de vestuario, calzado y otros accesorios.

corte[2] *s. f.* Localidad en la que habitualmente reside el soberano en las monarquías. ‖ Conjunto de familiares, acompañantes y servidores del rey. ‖ Grupo de personas que rodea y sigue a una celebridad. ‖ *Amér.* Tribunal de justicia.

cortedad *s. f.* Poca extensión o tamaño de algo. ‖ Timidez, encogimiento, pusilanimidad.

cortejar *t.* Galantear, halagar y procurar con fines amorosos a alguien. ‖ Acompañar, agasajar y adular a alguien con miras a obtener algún provecho.

cortejo *s. m.* Acción de cortejar. ‖ Grupo de personas que integran el acompañamiento de una ceremonia.

cortés *adj.* y *s.* Comedido, atento, afable.

cortesana *s. f.* Prostituta cara y exclusiva.

cortesano, na *adj.* y *s.* Perteneciente o relativo a la corte. ‖ Que se comporta con cortesanía o con cortesía. ‖ Miembro de la corte que acompañaba y atendía al soberano. ‖ Persona que se comporta servilmente con un superior.

cortesía *s. f.* Demostración de atención, respeto y afecto hacia una persona. ‖ En las cartas, expresiones de urbanidad que se ponen antes de la firma. ‖ Cortesanía. ‖ Regalo, obsequio o dádiva. ‖ Gracia o merced.

corteza *s. f.* Tejido exterior y resistente de los vegetales superiores, como los árboles. ‖ Parte exterior y dura que recubre y protege ciertos alimentos como el pan y el queso. ‖ Capa más externa de algunos órganos corporales. ‖ Cubierta exterior sólida del planeta Tierra, que en gran parte se halla bajo el agua de los océanos.

cortijo *s. m. Esp.* Finca rústica con vivienda y dependencias para las diversas tareas agropecuarias que allí se realizan; es típico del campo andaluz, en el sur de España.

cortina *s. f.* Tela que se cuelga de la parte superior de ventanas y puertas para impedir el paso de la luz o de las miradas ajenas. ‖ Lienzo de muralla entre dos bastiones, en las antiguas fortificaciones. ‖ Cualquier cosa que sirva para ocultar o encubrir algo.

cortinaje *s. m.* Juego de cortinas.

cortisona *s. f.* Hormona corticoide que regula el metabolismo de los carbohidratos; aplicada tera-

péuticamente, se emplea para tratar alergias e inflamaciones.

corto *s. m.* Cortometraje.

corto, ta *adj.* Se dice de alguna cosa que no tiene la extensión debida. ‖ Breve, de poca duración, valor o importancia. ‖ Que no alcanza su objetivo o destino. ‖ Tímido, pusilánime.

cortocircuito *s. m.* Circuito eléctrico que se activa accidentalmente al entrar en contacto dos conductores de cargas opuestas (que deberían estar aislados) y provoca una descarga violenta que suele quemar o dañar el sistema.

cortometraje *s. m.* Filme o película cuya duración va de los 15 a los 30 minutos.

corva *s. f.* Parte anatómica opuesta a la rodilla, por donde se dobla la pierna.

corvina *s. f.* Pez teleósteo marino, del orden de los acantopterigios, de limo color pardo con manchas negras y vientre plateado, cabeza obtusa; es comestible.

corzo, za *s.* Rumiante de la familia de los cérvidos, algo más grande que una cabra, de rabo corto, con pelaje gris rojizo.

cosa *s. f.* Ente, entidad, lo que existe, ya sea corporal o espiritual, natural o artificial, real o imaginario. ‖ Objeto inanimado, por oposición a ser vivo. ‖ Asunto, tema, cuestión, negocio. ‖ En derecho, objeto de las relaciones jurídicas; por contraposición a persona o sujeto.

cosaco, ca *adj.* y *s.* Miembro de una etnia seminómada que habitaba la estepa del sur de Rusia y los alrededores del mar Negro. ‖ Perteneciente o relativo a ese pueblo de excelentes jinetes. ‖ En la Rusia antigua, soldado de caballería ligera.

coscorrón *s. m.* Golpe en la cabeza, doloroso pero que no sangra. ‖ Golpe dado en la cabeza de alguien con los nudillos de la mano cerrada.

cosecante *s. f.* En matemáticas, inversa del seno de un ángulo o de un arco.

cosecha *s. f.* Conjunto de frutos procedentes de un cultivo, que se recogen cuando llegan a su punto óptimo de desarrollo. ‖ Conjunto de productos obtenidos de dichos frutos. ‖ Temporada en que se recogen los frutos de la tierra. ‖ Actividad de quienes recolectan los frutos en sazón. ‖ Lo que uno obtiene como resultado de sus acciones, actividades o talentos.

cosechadora *s. f.* Máquina motorizada y montada sobre ruedas que varía en diseño según la clase de planta que corta y el producto que envasa.

cosechar *intr.* y *t.* Hacer la cosecha, cortar y recoger los frutos de las plantas cultivadas. ‖ Ganarse, obtener o concitar respuestas por lo general acordes con la conducta de uno: simpatías, odios, aplausos, éxitos, fracasos.

coseno *s. m.* En matemáticas, seno del complemento de un ángulo o de un arco.

coser *t.* Unir con hilo, enhebrado en la aguja manual o de la máquina, dos o más piezas de tela, cuero u otras semejantes. ‖ Hacer labores de aguja, como remiendos, zurcidos, bordados, encajes. ‖ Unir con hilo y aguja quirúrgicos los labios o bordes de una herida. ‖ Producir heridas múltiples a alguien, ya sea con arma blanca o de fuego.

cosificar *t.* Convertir algo en cosa, en objeto inanimado. ‖ Tratar como cosa aquello que no lo es.

cosmética *s. f.* Cosmetología.

cosmético *s. m.* Producto para embellecer el cuerpo y más precisamente el rostro.

cosmético, ca *adj.* Que embellece el cuerpo o el rostro. || Que sirve para mejorar el aspecto o la superficie, pero sin alterar o componer de fondo.

cósmico, ca *adj.* Perteneciente o relativo al cosmos.

cosmogonía *s. f.* Descripción mítica o mitológica del origen del mundo y del ser humano. || Parte de la astrofísica dedicada al estudio científico del origen del Universo.

cosmografía *s. f.* Parte de la astronomía dedicada a la descripción del Universo y sus componentes.

cosmógrafo, fa *s.* Persona dedicada a la cosmografía.

cosmología *s. f.* Antiguamente, disciplina filosófica enfocada al estudio de las leyes generales del cosmos. || Parte de la astrofísica que estudia el origen, evolución y leyes generales del Universo.

cosmólogo, ga *s.* Persona dedicada al estudio de la cosmología.

cosmonauta *s. com.* Astronauta.

cosmonave *s. f.* Astronave, nave espacial.

cosmópolis *s. f.* Ciudad grande en la que conviven personas y culturas de muchos países.

cosmopolita *adj. y s. com.* Se dice de la persona que considera al mundo entero como su patria. || Que posee elementos de diversas partes o países del mundo. || Que es común a todos los países o a la mayoría de ellos.

cosmopolitismo *s. m.* Doctrina que profesa que todos los seres humanos son ciudadanos del mundo, sin discriminación ni distingos, y la gradual desaparición de las fronteras nacionales. || Postura ideológica y modo de vida de quien viaja mucho y adquiere costumbres de las partes del mundo que visita o donde radica por temporadas.

cosmos *s. m.* Universo, conjunto de todos los seres existentes, y en particular de los cuerpos celestes y las formaciones diversas que ocupan el espacio exterior. || Espacio exterior a la Tierra.

cosquillas *s. f. pl.* Sensación suscitada por el toque más o menos leve de ciertas partes del cuerpo, que provoca risa involuntaria.

cosquillear *intr. y t.* Hacer cosquillas a alguien.

cosquilleo *s. m.* Sensación que dejan las cosquillas. || Sensación semejante a las cosquillas pero de causa distinta.

costa[1] *s. f.* Costo, cantidad que se paga por algo. || *pl.* En derecho, gastos derivados de un proceso judicial.

costa[2] *s. f.* Línea que separa el agua de la tierra en el mar o los lagos, así como los terrenos vecinos a ella.

costado *s. m.* Cada una de las dos partes laterales del torso humano, o del tronco de los vertebrados. || Lado de un edificio, del ejército, de una nave, de un recipiente, etc.

costal[1] *adj.* Perteneciente o relativo a las costillas.

costal[2] *s. m.* Saco grande de tela corriente y burda usado para transportar y guardar granos, semillas, azúcar y otras cosas; a veces se fabrica de fibras vegetales como el ixtle y en otras de materiales sintéticos.

costanero, ra *adj.* Relativo a lo que está en una cuesta. || Referido a lo que se encuentra cerca del mar.

costar *intr.* Tener una cosa determinado precio de venta. || Adquirir algo por una suma. || Causar o pro-

vocar preocupación, desvelo, perjuicio o dificultad algo. *Me cuesta trabajo creerte.*

costarricense *adj.* Perteneciente o relativo a ese país de América Central. || *s. com.* Nativo o natural de Costa Rica.

coste *s. m. Esp.* Costo o costa.

costear[1] *t.* Pagar los gastos de algo. || *pr.* Producir una cosa o negocio lo suficiente para cubrir los gastos que ocasiona y dar una ganancia razonable.

costear[2] *t.* Navegar sin perder de vista la costa. || Terminar el costado de una cosa. || Esquivar una dificultad o un peligro.

costeño, ña *adj. y s.* Nativo de la costa de un país o lugar. || Perteneciente o relativo a la costa.

costero, ra *adj.* Perteneciente o relativo a la costa. || Lateral, situado a un costado.

costilla *s. f.* Cada uno de los huesos largos, delgados y curvos que se unen por detrás a la columna vertebral, formando la caja torácica. || Adorno o moldura resaltada en forma de costilla que se usa en arquitectura y en encuadernación para ornato del lomo de los libros. || Cuaderna, pieza curva que encaja en la quilla de una embarcación || Pliegue resaltado en ciertas plantas y frutos. *Las biznagas tienen costillas muy marcadas.*

costillar *s. m.* Conjunto de costillas. || Porción de cuerpo en la que están.

costo *s. m.* Cantidad que se paga por algo. || Gasto de manutención del trabajador cuando se añade al salario.

costoso, sa *adj.* Que cuesta mucho pues su precio es elevado. || Que implica mucho trabajo o esfuerzo.

costra *s. f.* Cubierta superficial que se seca y endurece sobre una cosa húmeda y blanda. || Superficie endurecida que se forma sobre la piel donde hubo herida, llaga o grano; mayormente compuesta por sangre seca, células muertas, fibrina, plaquetas y leucocitos.

costumbre *s. f.* Hábito, modo usual de hacer las cosas, establecido por la tradición o por la mera repetición de los mismos actos y que puede llegar a tener fuerza de precepto. || Lo que se hace más comúnmente, ya sea por carácter o por propensión. || *pl.* Conjunto de inclinaciones y usos que conforman el carácter distintivo de una persona, de un grupo étnico o de una nación.

costumbrismo *s. m.* Tendencia artística en literatura y pintura que pretende reflejar fielmente las costumbres populares de determinado lugar y tiempo.

costumbrista *adj.* Perteneciente o relativo al costumbrismo. || *s. com.* Pintor o escritor que retrata o describe las costumbres típicas de un grupo étnico o de un país.

costura *s. f.* Acción y efecto de coser. || Labor de aguja en proceso de terminarse. || Oficio de coser. || Serie de puntadas para unir dos piezas o los bordes de una misma.

costurera *s. f.* Mujer que se dedica por oficio a cortar y coser ropa.

costurero *s. m.* Mesita, con cajón y almohadilla, donde se guardan útiles de costura. || Habitación destinada a la costura. || Hombre que se dedica a coser en las sastrerías. || Cajita o canastilla para guardar los materiales y útiles de costura.

costurón *s. m.* Cicatriz gruesa, de mal aspecto y muy visible, de una herida o una llaga.

cota *s. f.* Cuota. || Altura o nivel en una escala de valores. || En matemáticas y geografía, altura de un punto sobre un plano horizontal de referencia.

cotangente *s. f.* En matemáticas, inversa de la tangente de un ángulo o de un arco.

cotejar *t.* Comparar algo con otra cosa correspondiente, confrontar un texto con otro u otros, teniéndolos a la vista.

cotejo *s. m.* Acción y efecto de cotejar.

cotidianidad *s. f.* Cualidad de cotidiano.

cotidiano, na *adj.* Que sucede o se repite a diario.

cotiledón *s. m.* Primera hoja del embrión en las plantas fanerógamas, en muchas de las cuales cumple una función de reserva nutricia.

cotiledóneas *s. f. pl.* Grupo en el que antiguamente se subdividía el reino vegetal.

cotillear *intr. fam.* Chismorrear.

cotilleo *s. m.* Acción y efecto de cotillear.

cotillero, ra *s.* Persona afecta a divulgar chismes.

cotizable *adj.* Que puede cotizarse.

cotización *s. f.* Acción y efecto de cotizar.

cotizado, da *adj.* Estimado o valorado favorablemente.

cotizar *t.* Pagar una cuota. || Fijar el precio de algo. || Estimar en forma pública algo con respecto a un fin determinado. || *t. e intr.* Pagar una persona su parte en un gasto colectivo. || Publicar en la bolsa de valores el precio de las acciones que allí se negocian.

coto *s. m.* Terreno acotado, cercado o limitado de otro modo para que no entre allí sino quien determine el propietario. || Mojón para señalar los lindes o términos entre terrenos vecinos. || Término, límite.

cotorra *s. f.* En España, papagayo pequeño. || Ave psitácida americana de color verde, con mejillas y copete de otro color (rojo, anaranjado o amarillo son los más comunes), parecida al loro y como éste capaz de aprender y repetir palabras.

cotorrear *intr. fam.* Hablar mucho y ruidosamente. || *pr.* Embromar, tomar el pelo a alguien.

cotorreo *s. m. fam.* Acción y efecto de cotorrear.

covacha *s. f.* Cueva pequeña. || Vivienda o habitación pobre, pequeña e incómoda. || Cuarto o rincón donde se guardan objetos inútiles, trebejos.

covalente *adj.* En química, se dice del enlace entre átomos al compartir pares de electrones.

COVID o **COVID-19** *m. o f.* Enfermedad respiratoria muy contagiosa, provocada por un coronavirus, que se convirtió en una gran pandemia en 2020.

coxis *s. m.* Cóccix, porción terminal de la espina dorsal.

coya *s. f.* Esposa principal del inca o soberano del imperio prehispánico asentado en Perú, Ecuador, Bolivia y partes de Chile.

coyote *s. m. Méx.* y *Amér. C.* Especie de cánido semejante a un lobo pero de menor tamaño. || Persona que oficiosamente se ocupa de realizar trámites (especialmente si hay de por medio falta de documentos legales) a cambio de una remuneración.

coyotear *t. e intr. fam. Méx.* Realizar trámites oficiosamente por cuenta de otra persona y a cambio de un estipendio.

coyunda *s. f.* Correa o soga con que se sujetan los bueyes al yugo. || Correa para atar sandalias rústicas, huaraches o abarcas. || Sujeción o dominio que resulta difícil de llevar. || *fig.* Unión conyugal.

coyuntura *s. f.* Parte del cuerpo en que se juntan dos huesos. || *fam.* Conjunto de circunstancias que constituyen una situación determinada.

coyuntural *adj.* Que depende de la coyuntura.

coz *s. f.* Patada violenta hacia atrás tirada por un animal con una o ambas patas traseras.

crac *onomat.* Voz que imita el ruido que producen algunos cuerpos al romperse. || *s. m.* Quiebra financiera, caída súbita e importante del mercado de valores.

craneal *adj.* Perteneciente o relativo al cráneo.

craneano, na *adj.* Craneal.

cráneo *s. m.* Caja ósea que forma la parte superior de la cabeza, encierra y protege el cerebro.

crápula *s. f.* Embriaguez o borrachera. || Disipación, libertinaje. || Vida de disipación y libertinaje. || *s. m.* Hombre que lleva una vida licenciosa y libertina.

craso, sa *adj.* Se dice del error o equivocación que es tan grande que no tiene disculpa. || Se aplica a las plantas de hojas carnosas y tallos gruesos que son capaces de almacenar agua, como el cactus.

cráter *s. m.* Boca de volcán, por donde arrojan al exterior materias diversas. || Agujero circular en la tierra producido por una explosión. || Depresión circular en la superficie de la Luna.

crátera *s. f.* Vaso de boca ancha y con dos asas, que se usaba en la Grecia antigua para mezclar el agua y el vino.

crayola *s. f.* Lápiz hecho de cera con colorantes.

crayón *s. m.* Lápiz para dibujar.

creación *s. f.* Acción y efecto de crear alguien lo que antes no existía. || Cosa creada de esta manera, especialmente el Universo o conjunto de todas las cosas creadas. || Producción de una obra artística, intelectual o imaginativa de su autor. || Obra producida de esta manera. || Acción de instituir cosas nuevas.

creador, ra *adj.* Que crea o es capaz de crear. || *s.* Persona que crea obras artísticas, literarias o científicas. || *s. m.* Dios, entendido como autor de todo cuanto existe.

crear *t.* Hacer que algo venga a la existencia por primera vez. || Imaginar en la mente y producir una obra con la capacidad artística o intelectual de su autor. || Hacer aparecer una cosa cuya existencia depende de la existencia de otra. *La falta de oportunidades crea delincuencia y la delincuencia crea inseguridad.* || Iniciar, establecer, fundar, hacer nacer o darle vida a algo, una institución, una empresa, etc.

creatividad *s. f.* Facultad de crear.

creativo, va *adj.* Se dice de la persona que tiene creatividad o que la estimula.

creatura *s. f.* Criatura.

crecer *intr.* Aumentar el tamaño o la cantidad de algo o de alguien. || Hablando de personas, adelantar en cualquier aspecto. *Con la paternidad, creció como persona.* || Aumentar una cosa por añadírsele nueva materia. || *pr.* Tomar más ánimo, autoridad, importancia o valor. *El boxeador se creció frente al castigo.*

crecida *s. f.* Aumento del caudal de agua de un arroyo, río u otra corriente.

crecido, da *adj.* Se dice de lo que se considera grande o numeroso. || Que es de un valor o cuantía alta. ‖ Se aplica a la persona que tiene el ánimo y la confianza muy alta. ‖ Agrandado a causa de su crecimiento natural.

creciente adj. Se dice de lo que crece de manera progresiva en cantidad, calidad o intensidad. ‖ Se aplica a la fase de la Luna que va de luna nueva a luna llena. ‖ Se aplica al diptongo formado por una primera vocal débil y una segunda fuerte, como en «tierra». ‖ s. f. Aumento del nivel del agua del mar por efecto de la marea.

crecimiento s. m. Acción y efecto de crecer. ‖ Cantidad en que ha crecido una cosa.

credencial adj. y s. f. Que acredita.

credibilidad s. f. Cualidad de creíble.

crediticio, cia adj. Perteneciente o relativo al crédito.

crédito s. m. Préstamo que un prestamista otorga, debiendo el prestatario garantizar su devolución y pagar un interés por disfrutarlo. ‖ Confianza de la que alguien disfruta de que pagará lo que se le preste. ‖ Confianza que se tiene a alguien de que cumplirá el compromiso que contraiga. ‖ El Reconocimiento de una cosa como cierta o verdadera. ‖ Reputación, buena fama. ‖ Unidad de valoración de una materia universitaria. ‖ pl. Lista de nombres de personas que han intervenido en una producción cinematográfica o televisiva, que aparece al final de su proyección; o de un libro, que aparece en la página legal.

credo s. m. Oración que enuncia los principales artículos de la fe católica. ‖ Conjunto de creencias ideológicas o religiosas de un grupo. ‖ fig. Doctrina o conjunto de principios de una persona.

credulidad s. f. Cualidad de crédulo. ‖ Facilidad excesiva para creer algo.

crédulo, la adj. y s. Se dice de la persona que cree con facilidad lo que otros dicen. *Su inocencia lo hace ser muy crédulo.*

creencia s. f. Convicción que alguien tiene de que algo es verdadero o seguro. ‖ Conjunto de nociones ideológicas o religiosas compartidas en un grupo, consideradas como verdades indudables.

creer t. Tener por cierto o probable una cosa, sin llegar a tener una certeza absoluta de su veracidad. ‖ Tener fe en dogmas religiosos. ‖ Tener confianza en una persona. ‖ Pensar, juzgar, suponer algo.

creíble adj. Que puede o merece ser creído sin dificultad.

creído, da adj. y s. Se dice de la persona que se muestra en exceso convencida de su propio valor o superioridad.

crema¹ s. f. Sustancia grasa contenida en la leche. ‖ Sopa espesa. ‖ Pasta hecha con leche, huevos, azúcar y otros ingredientes que se usa como relleno en pastelería. ‖ Pasta cosmética o terapéutica para el cuerpo. ‖ Pasta hecha de ceras para sacar brillo y conservar los artículos de piel, en especial el calzado. ‖ Licor espeso y dulce. ‖ Persona o grupo de personas que representa lo más selecto de su clase. ‖ Color de un tono entre el blanco y el amarillo.

crema² s. f. Diéresis, signo que consiste de dos puntos que se colocan encima de la «u», como en «vergüenza».

cremación s. f. Acción de quemar. ‖ Aplicación de calor para reducir algo a cenizas.

cremallera s. f. Mecanismo de cierre y apertura de aberturas en prendas de vestir, bolsos y cosas semejantes, que consiste en dos tiras flexibles provistas de dientes que se traban o se destraban según el sentido en que se desliza una corredera. ‖ Barra metálica con dientes que, engranando con una rueda dentada, transforma un movimiento circular en rectilíneo o viceversa.

cremar t. Méx. Incinerar un cadáver.

crematorio, ria adj. Perteneciente o relativo a la cremación de los cadáveres. ‖ s. m. Edificio destinado a la incineración de cadáveres.

cremería s. f. Méx. Lugar donde se elaboran o se expenden productos lácteos.

cremoso, sa adj. Se dice de aquello que tiene consistencia o apariencia de crema. ‖ Que tiene mucha crema.

crencha s. f. Raya que divide el cabello en dos partes. ‖ Cada una de estas dos partes.

crepa s. f. Tortilla muy delgada hecha con harina, leche y huevo que se hace a la plancha; generalmente se sirve doblada y con un relleno dulce o salado.

crepé s. m. Tela fina y ligera de lana, seda o algodón, de superficie rugosa. ‖ Peinado consistente en una masa de pelo muy rizado.

crepería s. f. Establecimiento donde se hacen y venden crepas.

crepitación s. f. Acción y efecto de crepitar. ‖ Ruido que producen al rozarse los extremos de un hueso fracturado, el aire al penetrar en los pulmones, etc.

crepitante adj. Se dice de lo que crepita.

crepitar intr. Dar chasquidos, especialmente la madera al arder.

crepuscular adj. Perteneciente o relativo al crepúsculo. ‖ Se dice del estado semiconsciente que se produce antes o después del sueño o a consecuencia de accidentes patológicos o de anestesia general. ‖ Se dice de los animales que, como muchos murciélagos, buscan su alimento principalmente durante el crepúsculo.

crepúsculo s. m. Resplandor que hay al amanecer y al atardecer ‖ Período que dura ese resplandor. ‖ Fase declinante de algo o alguien que se dirige a su desaparición o ruina.

crescendo s. m. En música, aumento progresivo de la intensidad de un sonido.

crespo, pa adj. Se dice del cabello rizado de forma natural. ‖ Aplicado al lenguaje se usa para designar un estilo artificioso, retorcido o complicado. ‖ Irritado o alterado.

crespón s. m. Trozo de tela, símbolo de luto.

cresta s. f. Carnosidad roja que tienen en la cabeza algunas aves. ‖ Conjunto de plumas levantadas que tienen algunas aves en la parte superior de la cabeza. ‖ Cumbre de picos o peñascos agudos de una montaña. ‖ Cima de una ola. ‖ Intensidad máxima en el desarrollo de una actividad o un fenómeno.

crestado, da adj. Que tiene cresta.

crestomatía s. f. Colección de fragmentos literarios seleccionados para la enseñanza.

creta s. f. Roca caliza, de color blanco, de grano muy fino, de aspecto terroso y muy absorbente.

cretácico, ca adj. y s. m. Se denomina así al periodo geológico que es el tercero y último de la era Mesozoica o Secundaria, sigue al periodo Jurásico.

cretense adj. Perteneciente o relativo a esta isla del Mediterráneo. ‖ s. com. Natural de Creta. ‖ s.

m. Relativo a una antigua civilización que floreció en esta isla en el segundo milenio a. C.

cretinez *s. f.* Tontería, estupidez.

cretinismo *s. m.* Enfermedad debida a la falta o insuficiencia de la glándula tiroides, caracterizada por una peculiar dificultad y gran lentitud para comprender las cosas, acompañada, por lo común, de defectos del desarrollo físico. ‖ Estupidez, imbecilidad, idiotez.

cretino, na *adj.* y *s.* Que padece de cretinismo. ‖ *fam.* Estúpido, necio.

creyente *adj.* y *s. com.* Que cree, especialmente en determinadas ideas religiosas.

cría *s. f.* Acción y efecto de criar a los humanos o a los animales recién nacidos hasta que pueden valerse por sí mismos. ‖ Niño o animal mientras se está criando. ‖ Conjunto de hijos que nacen de los animales en un solo parto o en un nido.

criadero *s. m.* Lugar en el que se crían animales. ‖ Lugar en el que se plantan árboles pequeños y otras especies vegetales para que crezcan.

criado, da *adj.* Se dice de la persona que ha recibido buena o mala crianza. ‖ *s.* Persona que se emplea por un salario y manutención, especialmente en el servicio doméstico. ‖ Nutrir y alimentar las madres a sus hijos. ‖ Instruir, educar a los niños. ‖ Dar a un vino cuidados especiales.

criador, ra *adj.* Que cría y alimenta. ‖ Dios, como hacedor de todas las cosas. ‖ *s.* Persona que se dedica a criar ciertos animales. ‖ Persona que se dedica a elaborar vinos.

crianza *s. f.* Acción y efecto de criar, que recibe un animal o bebé recién nacido hasta que puede valerse por sí mismo. ‖ Proceso de educación, enseñanza y aprendizaje de un niño o un joven. ‖ Conjunto de cuidados a los que se somete un vino para su envejecimiento, después de su fermentación. ‖ Alimentación y cuidado de animales destinados al consumo o a la venta.

criar *t.* Nutrir y alimentar las hembras a las crías con la leche de sus pechos, con biberón en caso de los humanos. ‖ Cuidar el crecimiento material o moral de un niño. ‖ Hacer que se reproduzcan y alimentar y cuidar animales; cultivar y plantar y cuidar plantas. ‖ Producir, engendrar o servir de sustento a algo. ‖ Crecer, vivir o desarrollarse una persona u otro ser vivo. *Es muy ingenuo porque se crió en provincia.* ‖ Dar a un vino cuidados especiales.

criatura *s. f.* Bebé recién nacido. *Llevaba a la criatura atada a la espalda con un rebozo.* ‖ Ser fantástico o imaginario. *Las sirenas, el minotauro y el centauro son criaturas de la mitología.*

criba *s. f.* Utensilio para cribar, consistente en un aro más o menos profundo que en un extremo tiene una lámina agujereada o una malla de alambre, que sirve para separar partículas de distinto grosor. ‖ Selección que se efectúa para separar las cosas o personas que se consideran buenas o apropiadas para algo de las que no lo son.

cribar *t.* Hacer pasar una materia por una criba para separar las partes menudas de las gruesas. ‖ Seleccionar o elegir lo que interesa.

crimen *s. m.* Delito que consiste en matar, herir o hacer daño de gravedad a una persona. ‖ Acción o hecho reprobable.

criminal *adj.* Perteneciente o relativo al crimen, o que de él se deriva. ‖ Que ha cometido o intentado cometer un crimen. ‖ Se dice de la ley, institución, acción, etc., cuyo objetivo es perseguir y castigar el crimen. ‖ *s. com.* Persona que mata a otra de manera intencional.

criminalidad *s. f.* Circunstancia o conjunto de características que hacen que una acción se considere criminal. ‖ Fenómeno de existir crímenes. ‖ Estadística de los crímenes cometidos en un territorio y tiempo determinados.

criminalista *adj.* y *s. com.* Que se dedica al estudio de los crímenes y a la identificación de los criminales. ‖ Abogado o especialista en derecho penal.

criminalizar *t.* Atribuir carácter criminal a alguien o algo.

criminología *s. f.* Ciencia que se ocupa del estudio del delito.

criminólogo, ga *s.* Especialista en criminología.

crin *s. f.* Conjunto de cerdas que tienen algunos animales en la parte superior del cuello y en la cola. ‖ Filamento flexible y elástico que se obtiene de las hojas del esparto, agave y palmas y que se emplea en tapicería.

crío, a *s.* Niño que se está criando.

criocirugía *s. f.* Técnica quirúrgica que utiliza el frío intenso y controlado para provocar la necrosis limitada y selectiva de los tejidos.

criollismo *s. m.* Cualidad o modo de ser de los criollos. ‖ Tendencia a exaltar lo criollo.

criollo, lla *adj.* y *s.* Se dice de la persona que desciende de padres europeos, nacida fuera de Europa; especialmente, descendientes de españoles en la América colonial. ‖ Que es característico de la cultura y la tradición distintiva de un país hispanoamericano. ‖ Se aplica al idioma resultado de la mezcla de elementos de lenguas diferentes hasta convertirse en la lengua principal de un territorio.

cripta *s. f.* Recinto subterráneo en que se acostumbraba enterrar a los muertos. ‖ Piso subterráneo de una iglesia destinado al culto funerario o a la veneración de reliquias.

críptico, ca *adj.* Perteneciente o relativo a la criptografía. ‖ Enigmático, misterioso, que no es comprensible para la mayoría de las personas porque está hecho para ser entendido por unos pocos.

criptógamo, ma *adj.* Se dice de la planta carente de flor, que no tiene visibles los órganos de reproducción. ‖ *s. f. pl.* En la clasificación clásica de la plantas, se consideraba un tipo de los dos que abarcaban todas las existentes; las plantas sin flores, que en la sistemática moderna no tiene categoría taxonómica.

criptografía *s. f.* Escritura cifrada.

criptograma *s. m.* Documento cifrado.

criptón *s. m.* Elemento químico, gas noble que se encuentra en los gases volcánicos y en algunas aguas termales; se emplea en la fabricación de lámparas de fluorescencia; su número atómico es 36 y su símbolo Kr.

crisálida *s. f.* Fase intermedia y larvaria, previa a la de adulto, en el desarrollo de los insectos lepidópteros.

crisantemo *s. m.* Planta originaria de China de la familia de las compuestas, de flores abundantes con colores variados e intensos, con gran cantidad de pétalos. ‖ Flor de esta planta.

crisis *s. f.* Situación grave y difícil que pone en riesgo la estabilidad, la continuidad o el desarrollo de un proceso físico, histórico o espiritual. ‖ Cambio considerable en una enfermedad tras la cual se produce un empeoramiento o una mejoría. ‖ Problema, conflicto, situación delicada.

crisma *s. f.* Cabeza de una persona.

crisol *s. m.* Recipiente de material refractario que sirve para fundir un metal a temperaturas muy altas. ‖ Parte inferior de un alto horno en el que se deposita el metal fundido. ‖ *fig.* Lugar en el que se mezclan grupos raciales y culturales distintos.

crispación *s. f.* Acción y efecto de crispar. ‖ Contracción repentina y momentánea de un músculo. ‖ Irritación, enfurecimiento o enojo grande.

crispado, da *adj.* Nervioso, irritado.

crispante *adj.* Que provoca crispación.

crispar *t.* y *pr. fam.* Poner o ponerse nervioso alguien. ‖ Contraer un músculo.

cristal *s. m.* Cuerpo sólido homogéneo con una estructura interna ordenada de sus partículas reticulares, sean átomos, iones o moléculas. ‖ Mineral formado por la solidificación de ciertas sustancias que han sido fundidas o disueltas y que toma la forma de un sólido geométrico más o menos regular. ‖ Vidrio endurecido, frágil, generalmente transparente, que se obtiene al fundir a elevada temperatura diversas sustancias y enfriarlas con rapidez. ‖ Objeto de esta materia.

cristalera *s. f.* Cristal o conjunto de cristales que forman parte de algo, una puerta, una ventana, un invernadero, etc. ‖ *s. f.* Vitrina, armario con cristales.

cristalería *s. f.* Establecimiento en el que se fabrican o venden objetos de cristal. ‖ Conjunto de estos mismos objetos. ‖ Conjunto de piezas de cristal o vidrio que forman parte de una vajilla.

cristalino, na *adj.* De cristal o semejante a él. ‖ Se dice de los cuerpos cuyas partículas están estructuradas en forma de cristales. ‖ *s. m.* Parte del ojo con forma de lente biconvexa, situado detrás del iris y delante del humor vítreo; su función principal es la de enfocar los objetos de la visión.

cristalización *s. f.* Acción y efecto de cristalizar. ‖ Proceso por el que una sustancia adopta la forma de sólido cristalino a partir del mismo producto fundido, de su disolución, o de una fase de vapor sin pasar por el estado líquido.

cristalizado, da *adj.* Referido a la sustancia que al endurecerse ha adquirido apariencia de cristal o cristales.

cristalizar *intr.* Adquirir un cuerpo o sustancia la forma y estructura cristalina que es característica de su clase. ‖ Tomar forma clara y definida las ideas, sentimientos o deseos. ‖ *t.* Hacer que una sustancia adquiera la forma y la estructura de cristal.

cristalografía *s. f.* Parte de la geología que estudia la forma y estructura cristalinas de los minerales.

cristalográfico, ca *adj.* Perteneciente o relativo a la cristalografía.

cristiandad *s. f.* Conjunto de los pueblos que tienen al cristianismo como religión mayoritaria. ‖ Conjunto de los fieles que profesan la religión cristiana.

cristianismo *s. m.* Religión de Cristo.

cristiano, na *adj.* Perteneciente o relativo a la religión de Cristo. ‖ *s.* Se dice de la persona que profesa la fe de Cristo. ‖ Expresión indeterminada para aludir a cualquier persona. ‖ *fig.* Se dice del vino aguado mezclado con agua.

criterio *s. m.* Norma para juzgar una cosa, especialmente para conocer la verdad, formar un juicio o tomar una decisión. ‖ Norma a la que se atiende para clasificar o seleccionar cosas. ‖ Manera personal de juzgar las cosas.

crítica *s. f.* Examen y juicio u opinión sobre alguien o algo; en particular, sobre una obra literaria o artística o sobre la actuación de artistas, etc. ‖ Conjunto de los juicios u opiniones públicos sobre algo. ‖ Conjunto de las personas que ejercen la crítica en una disciplina determinada.

criticable *adj.* Que se puede criticar.

criticar *t.* Examinar y juzgar algo, fundándose en los principios de la ciencia o en las reglas del arte. ‖ Expresar juicios negativos o desfavorables sobre una cosa. ‖ Censurar a alguien o algo.

crítico, ca *adj.* Perteneciente o relativo a la crítica. ‖ Se dice de la persona que se dedica a la crítica de obras de arte o del conocimiento. ‖ Perteneciente o relativo a la crisis. ‖ Se dice del estado, momento, punto, etc., en que ésta se produce.

criticón, cona *adj.* Se dice de la persona que todo lo censura y suele criticar y hablar mal de los demás.

croar *intr.* Emitir la rana su sonido característico.

croata *s. com.* Natural de Croacia. ‖ *s. m.* Lengua eslava que se habla en Croacia. ‖ *adj.* Perteneciente o relativo a este país de Europa.

crocante *adj.* Se dice del alimento que tiene una consistencia dura y produce ruido al masticarlo. ‖ *s.* Pasta crujiente hecha con almendra y caramelo.

cromado, da *adj.* Acción y efecto de cromar. ‖ *s. m.* Proceso mediante el cual se cubre una superficie metálica con una película de cromo.

cromar *t.* Bañar con cromo un objeto metálico para hacerlo inoxidable.

cromático, ca *adj.* Perteneciente o relativo a los colores. ‖ Se dice de uno de los géneros del sistema musical, cuyos sonidos proceden por semitonos.

cromatismo *s. m.* Conjunto o gama de colores. ‖ Aplicación del sistema cromático en la composición musical.

cromo[1] *s. m.* Elemento químico de símbolo Cr, número atómico 24; es un metal del grupo de los metales de transición, de color blanco plateado, resistente a la corrosión e inoxidable.

cromo[2] *s. m.* Estampa de pequeño tamaño con representaciones muy diversas.

cromosoma *s. m.* Orgánulo en forma de filamento condensado de ácido desoxirribonucleico que se halla en el interior del núcleo de una célula y en el que residen los factores hereditarios.

crónica *s. f.* Relato de hechos históricos ordenados cronológicamente. ‖ Género periodístico sobre temas de actualidad.

crónico, ca *adj.* Se dice de la enfermedad prolongada, generalmente por no tener cura, aunque sí un tratamiento que evita sus consecuencias. ‖ Se dice de problemas o dificultades que vienen de tiempo atrás.

cronista *s. com.* Historiador que se dedica a escribir crónicas. ‖ Periodista que se dedica a escribir crónicas.

cronograma *s. m.* Diagrama que representa la evolución temporal de un fenómeno.

cronología *s. f.* Sistema que tiene por objeto determinar el orden y la fecha de sucesos históricos. ‖ Conjunto de hechos históricos ordenados cronológicamente.

cronológico, ca *adj.* Perteneciente o relativo a la cronología.

cronometraje *s. m.* Medición del tiempo de forma exacta y precisa.

cronometrar *t.* Medir el tiempo con un cronómetro. *Cronometan los tiempos de cada corredor.*

cronómetro *s. m.* Reloj de precisión que sirve para medir fracciones de tiempo muy pequeñas.

croqueta *s. f.* Masa de forma ovalada compuesta de distintos alimentos picados que se reboza y fríe.

croquis *s. m.* Diseño o dibujo rápido y esquemático, hecho sin precisión ni detalles.

crótalo *s. m.* Serpiente muy venenosa que tiene al final de la cola una serie de anillos semejantes a un cascabel.

cruce *s. m.* Acción de cruzar. ‖ Lugar de intersección de dos o más cosas, líneas, caminos, calles, etc. ‖ Interferencia en un canal de comunicación. ‖ Acción de cruzar animales o plantas para producir una variedad nueva. ‖ Especie o raza creada a partir de este cruzamiento. ‖ Combinación de dos o más palabras entre sí para formar otra.

crucero *s. m.* Viaje por mar con un itinerario turístico determinado. ‖ Lugar en que se cruza la nave mayor de una iglesia y la que la atraviesa. ‖ Navío de guerra de gran velocidad, radio de acción y armamento.

crucial *adj.* Se dice de algo que es muy importante y decisivo para el desarrollo o solución de algo.

crucificar *t.* Clavar en una cruz a una persona. ‖ *fig.* Perjudicar a una persona.

crucifijo *s. m.* Imagen o efigie de Cristo crucificado.

crucifixión *s. m.* Acción y efecto de crucificar. ‖ Representación de la muerte de Cristo.

crucigrama *s. m.* Pasatiempo que consiste en llenar un casillero en sentido horizontal y vertical con palabras que se entrecruzan y cuyo significado se sugiere.

crudeza *s. f.* Calidad de crudo. ‖ Forma realista en extremo, refiriéndose a una escena o descripción, con que se muestra un hecho o situación. ‖ Estado del tiempo atmosférico que resulta difícil de soportar. ‖ Falta de delicadeza o de amabilidad en el trato.

crudo, da *adj.* Se dice del alimento que no está suficientemente cocido. ‖ Se dice de la lana, el cuero, etc., cuando no están preparados o curados. ‖ Se dice del tiempo muy frío e inclemente. ‖ Se dice de aquello que es descarnado, despiadado o muestra con excesivo realismo lo que puede resultar desagradable. ‖ Se dice de aquello que no está refinado. ‖ *s. f. Méx.* Se dice de una persona que tiene resaca después de una borrachera.

cruel *adj.* Se dice de la persona que goza haciendo sufrir a otros o se complace con el sufrimiento de los demás. ‖ Se aplica a cosas inanimadas, especialmente al tiempo. ‖ Se aplica a cualquier cosa que hace padecer.

crueldad *s. f.* Cualidad de cruel. ‖ Acción cruel e inhumana.

cruento, ta *adj.* Sangriento, que causa mucho derramamiento de sangre.

crujía *s. f.* Pasillo o corredor largo que da acceso a las piezas que hay a los lados. ‖ Espacio que hay entre la proa y la popa de la cubierta de un barco.

crujidero, ra *adj.* Que cruje.

crujido *s. m.* Acción y efecto de crujir.

crujiente *adj.* Que cruje.

crujir *intr.* Sonido que producen algunas cosas al rozarse, romperse o estar sometidas a una tensión.

crustáceo, a *adj.* Se dice de los animales invertebrados que tienen el cuerpo cubierto por un caparazón duro y flexible. ‖ *s. m. pl.* Grupo taxonómico, con categoría de clase, constituido por estos animales.

cruz *s. f.* Figura formada por dos líneas que se cruzan en ángulo recto. ‖ Objeto que tiene forma de cruz. ‖ Reverso de una moneda.

cruza *s. f. Amér.* Cruce de animales.

cruzada *s. f.* Expedición militar hecha por los ejércitos cristianos contra los musulmanes entre los siglos XI y XIV, especialmente la que tenía como fin rescatar los santos lugares. ‖ Tropa que iba a estas expediciones.

cruzado, da *adj. y s.* Participante en una cruzada. ‖ Se dice del caballero que posee la cruz de una orden militar. ‖ Se dice del animal nacido de padres de distinta raza. ‖ Se dice de la prenda de vestir que se abrocha al frente sobreponiendo una parte sobre otra.

cruzar *t.* Poner una cosa sobre otra en forma de cruz. ‖ Atravesar un camino, campo, calle, etc. ‖ Aparear animales de la misma especie para que se reproduzcan. ‖ Intercambiar con otra persona palabras, miradas o cualquier otro gesto. ‖ Aparecer o interponerse. ‖ Pasar dos personas o más por un punto o camino en dirección opuesta.

cuaco *s. m. Amér.* Caballo.

cuadernillo *s. m.* Conjunto de cinco pliegos de papel.

cuaderno *s. m.* Conjunto de pliegos de papel unidos en forma de libro.

cuadra *s. f.* Instalación cerrada y cubierta acondicionada para la estancia de caballos u otros animales de carga. ‖ Conjunto de caballos que pertenecen a un propietario. ‖ *Amér.* Espacio de una calle comprendido entre dos esquinas; lado de una manzana.

cuadrado, da *adj. y s.* Figura geométrica de cuatro lados iguales que forman cuatro ángulos rectos. ‖ Se utiliza para designar unidades de superficie, para indicar que equivalen a la superficie de un cuadrado. ‖ Resultado de multiplicar un número por sí mismo.

cuadragésimo, ma *adj.* Se dice de cada una de las 40 partes iguales en que se divide un todo. ‖ Que ocupa el lugar número 40 en una serie ordenada.

cuadrangular *adj.* Se dice de la figura que tiene o forma cuatro ángulos. ‖ Se dice de la competición deportiva que se disputa entre cuatro equipos.

cuadrante *s. m.* Cuarta parte de un círculo o una circunferencia comprendida entre dos radios que forman un ángulo de noventa grados. ‖ Instrumento con un dispositivo en forma de un cuarto de círculo en la que están marcados los grados y que se usa para medir ángulos. ‖ En matemáticas, cada una de las cuatro partes del plano determinadas por los ejes de coordenadas.

cuadrar *t.* Dar forma de cuadro o de cuadrado. ‖ Hacer que coincida una cosa con otra. ‖ *intr.* Determinar o encontrar un cuadrado equivalente en superficie a una figura dada. ‖ Elevar un número o expresión algebraica a la segunda potencia, o sea, multiplicarlo una vez por sí mismo. ‖ *pr.* Cuadrarse, adoptar la postura de firmes.

cuadrático, ca *adj.* En matemáticas, perteneciente o relativo al cuadrado. ‖ En matemáticas, se dice de la expresión algebraica que tiene cuadrados como potencia más alta.

cuadratura *s. f.* Acción y resultado de cuadrar una figura.

cuádriceps *s. m.* Músculo que se encuentra en la parte anterior del muslo.

cuadrícula *s. f.* Conjunto de cuadrados que resultan de la intersección perpendicular de dos series de rectas paralelas.

cuadriculación *s. f.* Acción y efecto de cuadricular.

cuadriculado, da *adj.* Referido a lo que está dividido por líneas que se cruzan formando muchos cuadrados iguales.

cuadricular *t.* Hacer dos series de líneas rectas que se cruzan formando cuadrados. ‖ Trazar líneas para formar una cuadrícula.

cuadriga *s. f.* Carro tirado por cuatro caballos. *Las cuadrigas se usaban en las carreras en el circo romano.*

cuadrilátero, ra *adj.* Que tiene cuatro lados. ‖ Tarima de forma cuadrada, limitada por cuerdas, en la que tienen lugar los combates de boxeo.

cuadrilla *s. f.* Conjunto organizado de trabajadores que realizan una tarea determinada.

cuadro *s. m.* Figura plana que tiene cuatro lados iguales que forman cuatro ángulos rectos. ‖ Objeto que tiene esta forma. ‖ Dibujo, pintura o lámina que, generalmente puesta en un marco, se cuelga en la pared. ‖ Situación que causa una impresión intensa en la persona que lo presencia. ‖ Parte en que se divide un acto en una obra de teatro, señalada por un cambio de decorado. ‖ Conjunto de datos o informaciones sobre un asunto o materia que se ordenan y relacionan con líneas o signos gráficos. ‖ Armazón de una bicicleta o de una moto. ‖ Conjunto de síntomas que presenta un enfermo o caracteriza una enfermedad.

cuadrúpedo, da *adj.* y *s.* Se aplica al animal mamífero de cuatro patas.

cuadruplicación *s. f.* Multiplicación por cuatro.

cuadruplicar *t.* Hacer cuatro veces mayor una cosa o multiplicar por cuatro una cantidad.

cuajada *s. f.* Sustancia grasa y sólida de color blanco que se separa del suero de la leche.

cuajado, da *adj. fig.* Inmóvil, paralizado por el asombro que produce alguna cosa.

cuajar[1] *t.* Hacer que una sustancia líquida se vuelva más espesa y compacta. ‖ *intr.* Lograrse, tener efecto una cosa.

cuajar[2] *s. m.* Última de las cuatro cavidades del estómago de los rumiantes.

cuajarón *s. m.* Masa de una sustancia líquida que se ha cuajado.

cuajo *s. m.* Sustancia que cuaja la leche contenida en el estómago de las crías de los rumiantes que aún no pacen. ‖ Nombre de varias enzimas de acción similar a la de los extractos del estómago de los rumiantes que se emplean en la elaboración del queso.

cuál *pron.* En expresiones interrogativas expresa un elemento diferenciado de los que pertenecen a un conjunto. *¿De las tres hermanas, cuál te parece más simpática?* ‖ Expresa admiración o sorpresa. *¡Cuál no sería mi sorpresa al ver que llegaba a la fiesta!* ‖ Introduce oraciones interrogativas o exclamativas, hecho o cosa ya mencionado. *¿Cuáles son nuestros asientos?* ‖ *pron. indef.* Establece una correlación entre personas o cosas. *Todos, cuál más, cuál menos, comimos de lo mismo.*

cual *pron.* Es palabra átona y sólo tiene variación de número. ‖ Equivale a «que» y forma con el artículo el pronombre relativo compuesto «el cual», «la cual», «los cuales», «las cuales», «lo cual»; va precedido de un artículo que fija su género y número. *Expuso su teoría, la cual me parece inconsistente.* ‖ *adv.* Como, del modo o a manera de algo. *Asustado corrió cual demonio.* ‖ En correlación con tal, equivale al mismo sentido. *Se comportó tal cual es.*

cualesquier *pron. pl.* Cualquier.

cualesquiera *pron. pl.* Cualquiera.

cualidad *s. f.* Cada uno de los caracteres que distinguen a las personas o cosas. ‖ Cualquier propiedad esencial o característica peculiar de un objeto. ‖ Condición positiva de una persona.

cualitativo, va *adj.* Relativo a la cualidad.

cualquier *adj.* Apócope de cualquiera; se emplea antepuesto al nombre. *Cualquier inconveniente, me avisa.*

cualquiera *pron.* Designa a una persona o cosa indeterminada entre varias, sin preferencia por ninguna de ellas. *Pásame cualquiera de esas reglas.* ‖ *s. com. desp.* Persona vulgar o poco importante.

cuán *adv.* Apócope del adverbio *cuánto*, se antepone a un adjetivo o un adverbio para ponderar el grado o intensidad. *No te imaginas cuán feliz me siento.* ‖ En relación con «tan» establece comparaciones de equivalencias o igualdad entre dos miembros. *El beneficio será tan grande, cuán grande haya sido el esfuerzo.*

cuan *adv.* Indica un sentido comparativo o de equivalencia. *Se mostró cuan es de ignorante.* ‖ Ante adjetivo o adverbio se usa para aumentar el grado o intensidad. *Desde la cumbre, el mar apareció cuan inmenso es.*

cuándo *adv.* En qué tiempo o en qué momento ocurre algo. *No sé cuándo me pagarán.* ‖ En qué tiempo, en qué momento, en sentido interrogativo o exclamativo. *¿Cuándo vendrás de nuevo? ¡Cuándo aprenderás!*

cuando *conj.* Indica el tiempo o el momento en que ocurre una acción. *Cuando llegamos al concierto ya había cantado sus mejores éxitos.* ‖ Indica una condición. *Iremos al dentista cuando me paguen.* ‖ Se usa con valor continuativo, de modo equivalente a «puesto que», «si», «ya que». *Cuando todos lo creen, ha de ser erróneo.* ‖ Se usa con valor concesivo, de modo equivalente a «aunque». *Me dieron sólo una parte, cuando tenía derecho a todo.* ‖ En el tiempo o el momento en que ocurre una cosa. *Cómo recuerdo cuando éramos niños.* ‖ Durante el momento que se especifica. *Cuando el terremoto, todo era confusión.* ‖ Enlaza oraciones mediante el concepto de tiempo. *Ésta es la hora cuando sale a comprar el pan.*

cuantía s. f. Cantidad elevada pero indeterminada. || Suma de cualidades o circunstancias que enaltecen a una persona o la distinguen de las demás.

cuantificable adj. Que se puede cuantificar o expresar numéricamente.

cuantificación s. f. Resultado de cuantificar.

cuantificado, da adj. Que es posible cuantificar, que ya se cuantificó.

cuantificar t. Calcular el número de unidades, tamaño o proporción de una cosa.

cuantioso, sa adj. Grande en cantidad o número.

cuantitativo, va adj. Perteneciente o relativo a la cantidad.

cuánto pron. Expresa interrogación o admiración relacionada con cantidad, número o intensidad. *¿Cuánto más tengo que rogarte para que me digas que sí?* || adv. En qué grado o manera, hasta qué punto. *No sé cuánto más aguantaremos sin dinero.* || Introduce una interrogación o una exclamación que privilegia la cantidad de algo. *¿Cuántos visitantes son los que vendrán? ¡Por cuánto tiempo no nos hemos visto!*

cuanto, ta[1] s. m. Cantidad mínima de energía emitida, propagada o absorbida de manera discontinua por la materia.

cuanto, ta[2] pron. Indica el conjunto o la totalidad de elementos que se expresan. || Usado en plural y precedido por «unos» indica cantidad indeterminada. || Todo lo que. *Se leyó cuantos libros que encontró sobre ese tema.* || En correlación con «tan», «tanto», o agrupado con «más», «mayor», «menor», «menos», ya sea explícito o tácito, indica gradación o intensidad. *Cuanto más se tiene, tanto más se desea.* || Hace el oficio de pronombre y significa «todos los que», «todo lo que». *Cuantos se le acercan caen rendidos por sus encantos.*

cuarenta adj. Cuatro veces diez. || Número cardinal: Treinta más diez. || Número ordinal: Que ocupa el lugar número 40 en una serie ordenada. || s. m. Número 40. || Guarismo del número cuarenta. || Conjunto de signos con que se representa el número cuarenta.

cuarentena s. f. Conjunto formado por cuarenta unidades. || Aislamiento preventivo al que son sometidas las personas que pueden portar una enfermedad contagiosa.

cuarentón, tona adj. Se dice de la persona que tiene 40 años cumplidos y no ha llegado a los 50. *Se preocupa porque ya es cuarentona.*

cuaresma s. f. Tiempo de la liturgia católica que dura 40 días, desde el miércoles de Ceniza hasta el domingo de Ramos.

cuarta s. f. Palmo, medida de longitud que representa la distancia del extremo del pulgar al meñique de la mano de un adulto. || En música, intervalo de cuatro grados en la escala diatónica. || *Cub., Méx.* y *P. Rico* Látigo corto de los jinetes.

cuarteadura f. Rajadura, grieta.

cuartear t. Partir o dividir en cuartos o en partes. || pr. Abrirse grietas en una superficie. || *Méx.* Echarse para atrás, acobardarse.

cuartel s. m. Edificio o instalación donde viven los soldados cuando están de servicio. || Lugar provisional donde viven los soldados cuando están en campaña.

cuartelario, ria adj. Relacionado con los cuarteles.

cuartelazo s. m. Pronunciamiento militar.

cuarteta s. f. Estrofa de cuatro versos octosílabos de rima consonante, que riman el primero con el tercero y el segundo con el cuarto.

cuarteto s. m. Conjunto de cuatro personas o cosas. || Grupo musical compuesto por cuatro voces o instrumentos. || Estrofa de cuatro versos endecasílabos. || Composición musical para ser interpretada por cuatro voces o instrumentos.

cuartilla s. f. Hoja de papel para escribir, cuyo tamaño es el de la cuarta parte de un pliego.

cuarto s. m. Cada una de las habitaciones o espacios delimitados por paredes de una casa. || Dormitorio. || Cada una de cuatro partes iguales en que se divide un todo. || Cada una de las fases de la luna. || Cada una de las cuatro partes en que se divide una hora. || pl. Miembros de un animal cuadrúpedo.

cuarto, ta adj. y s. Que corresponde en orden al número cuatro. || Que es una de las cuatro partes iguales en que se divide algo.

cuartucho s. m. desp. Habitación pequeña, sucia y desagradable.

cuarzo s. m. Cristal de sílice muy abundante en la naturaleza.

cuate, ta adj. y s. *Guat.* y *Méx.* Amigo cercano, camarada. || *Méx.* Gemelo, mellizo.

cuaternario, ria adj. y s. Que está compuesto por cuatro elementos o unidades. || Perteneciente o relativo a la era geológica comprendida entre hace dos millones de años y la actualidad. || s. m. En geología, último periodo de la era Cenozoica, iniciado hace dos millones de años.

cuatrero, ra adj. y s. Ladrón que hurta caballos y ganado.

cuatrillizo, za adj. y s. Cada uno de los cuatro hermanos que nacen en un parto cuádruple.

cuatrimestre s. m. Periodo que dura cuatro meses.

cuatro adj. y s. m. Número que sigue del tres y precede al cinco. || Cifra con que se representa este número. || Que ocupa el cuarto lugar en una serie. || Se utiliza para indicar una pequeña cantidad. || *Méx.* Trampa, engaño para perjudicar a alguien. || *P. Rico* y *Ven.* Pequeña guitarra de cuatro cuerdas.

cuatrocientos, tas adj. y s. m. Cuatro veces 100. || Cifra que usa para expresar este número.

cuba s. f. Recipiente, que se cierra por arriba y por abajo, hecho con tablas curveadas y sostenidas por aros de metal. || Recipiente con asa que se usa para acarrear líquidos.

cubano, na adj. y s. Originario de la isla de Cuba. || Perteneciente o relativo a esta isla del Caribe.

cubertería s. f. Conjunto de los cubiertos que se utilizan para servir una mesa.

cubeta s. f. Recipiente de base rectangular y poco profundo. || *Méx.* Recipiente de metal, plástico o madera, con una asa y abierto en su parte superior, para acarrear líquidos.

cúbico, ca adj. Que tiene forma de cubo. || Perteneciente o relativo al cuerpo geométrico cubo. || En matemáticas, que es producto de tres factores iguales de un número. || Se dice de las unidades del sistema métrico decimal que se emplean para medir volúmenes y que equivalen a un cubo cuya arista corresponde a determinada unidad lineal.

cubierta s. f. Objeto que se pone encima de otro para cubrirlo, taparlo o protegerlo. || Parte exterior de un libro.

cubierto *s. m.* Cada uno de los utensilios que se usan para partir, sostener y llevar a la boca los alimentos cuando se está a la mesa. || Comida integrada por determinado número de platos, y bajo precio fijo, que se sirve en un restaurante.

cubierto, ta *adj.* Que está provisto de una cubierta. || Completo, ocupado, lleno.

cubil *s. m.* Lugar protegido de la intemperie donde los animales, sobre todo las fieras, se recogen para dormir.

cubilete *s. m.* Recipiente de cuero, similar a un vaso, donde se mueven los dados antes de lanzarlos. || Recipiente de hojalata que se emplea como molde en pastelería y cocina.

cúbito *s. m.* Hueso más grueso de los dos que forman el antebrazo.

cubo¹ *s. m.* Cuerpo geométrico de seis caras, con aristas y lados iguales. || En matemáticas, tercera potencia de un número, producto de multiplicarlo por sí mismo tres veces.

cubo² *s. m.* Balde, recipiente abierto con asa para contener o transportar líquidos. || Pieza central en la que van encajados los rayos de las ruedas de los carros y otros vehículos.

cubreboca o **cubrebocas** *m. Guat., Méx.* y *Ur.* Mascarilla que cubre nariz y boca como un escudo contra agentes patógenos.

cubrecama *s. m.* Cobertor, o pieza decorativa de tela o tejida con que se cubre la cama.

cubrir *t.* y *pr.* Tapar u ocultar algo con otra cosa. || Extender alguna cosa sobre la superficie de otra. || *fig.* Defender, proteger. || *fig.* Disimular, ocultar. || *t.* Llenar una superficie de algo de modo que no quede espacio vacío. || Techar un espacio. || Ocupar una vacante, un empleo, una posición. || Pagar una deuda. || Recorrer una distancia determinada. || En lenguaje periodístico, seguir un acontecimiento para luego dar cuenta de éste en un medio de comunicación. || *pr.* Protegerse, guarecerse. || Abrigarse o ponerse un sombrero. || Tomar previsiones ante un posible riesgo.

cucaracha *s. f.* Insecto de cuerpo aplanado, ojos compuestos, patas espinosas y color que varía del pardo rojizo al negro; es corredor y de costumbres nocturnas.

cuchara *s. f.* Utensilio de mesa compuesto de un mango y una parte cóncava que se usa para tomar los alimentos líquidos. || *Amér. C., Amér. Merid., Cub.* y *Méx.* Herramienta que usan los albañiles para poner cemento en la pared.

cucharada *s. f.* Porción de algo que cabe en una cuchara sopera.

cucharadita *s. f.* Porción de algo que cabe en una cucharilla cafetera.

cucharilla *s. f.* Pequeña cuchara para servir azúcar, mover líquidos en una taza o vaso, o tomar postre. || Señuelo metálico para pescar con varios anzuelos, en forma de cuchara sin mango. || Cierta enfermedad hepática de los cerdos.

cucharón *s. m.* Cuchara grande y profunda, con mango largo, que se utiliza para cocinar o servir alimentos líquidos. || *Guat.* Tucán.

cuchichear *intr.* Hablar en voz muy baja, o al oído de alguien.

cuchicheo *s. m.* Acción y efecto de cuchichear.

cuchilla *s. f.* Instrumento para cortar muy afilado, hecho de acero. || Hoja de un instrumento cortante

o arma blanca. || Hoja de afeitar. || Cuchillo de cocina o de carnicería, con hoja ancha y corta.

cuchillada *s. f.* Golpe o corte dado con un cuchillo. || Herida que resulta del corte con un cuchillo o arma semejante.

cuchillo *s. m.* Instrumento para cortar formado por una hoja metálica afilada y un mango. || *fig.* Cualquier cosa cortada o terminada en ángulo agudo.

cuchitril *s. m.* Vivienda o habitación de reducidas dimensiones, sin ventilación y desaseada. || Chiquero, pocilga.

cuclillas *loc.* **En cuclillas:** Con las piernas muy dobladas y las nalgas apoyadas en los talones.

cuclillo *s. m.* Ave común en Europa, tiene el dorso gris y el vientre blanco y emite un canto característico.

cucurbitáceo, a *adj.* En botánica, relativo a una familia de plantas con tallos trepadores muy resistentes y frutos jugosos de gran tamaño. || *s. f. pl.* Familia de estas plantas.

cucurucho *s. m.* Envoltura de forma cónica, hecha con papel o cartón, para contener cosas que se venden a granel. || Barquillo cónico para servir helados. || Capirote alto y terminado en punta que suelen usar los penitentes en las procesiones.

cueca *s. f. Chil.* Danza de pareja que se baila suelta y agitando unos pañuelos.

cuello *s. m.* Parte del cuerpo que une a éste con la cabeza. || Parte de una prenda de vestir que rodea el cuello. || Parte superior y estrecha de una botella o vasija. || Sitio donde un órgano se hace estrecho y delgado.

cuenca *s. f.* Cada una de las cavidades del cráneo donde se encuentran los ojos. || Terreno rodeado de montañas, aunque menos profundo que un valle. || Región geográfica en que todos sus cuerpos de agua confluyen al mismo río o mar.

cuenco *s. m.* Recipiente ancho y hondo, de tamaño mediano y forma semiesférica, sin borde.

cuenta *s. f.* Acción y efecto de contar. || Operación aritmética o cálculo. || Nota en la que se consigna en detalle el valor de lo adquirido, lo consumido, o de un servicio prestado. || Depósito de dinero en un banco. *Una cuenta de ahorros.* || Bolita, o pieza de otra forma perforada, con la que se hacen collares y otros adornos.

cuentagotas *s. m.* Utensilio formado por un tubito de cristal y una cabeza de goma, para verter líquidos gota a gota.

cuentista *s. com.* Persona que por oficio escribe o narra cuentos.

cuento *s. m.* Relato de un hecho. || Narración breve, escrita u oral, de un suceso ficticio. || Género literario al que pertenecen las narraciones breves de ficción. || *fam.* Enredo, mentira que alguien dice para perjudicar a otra persona. || Chiste, breve narración humorística. || Cómic, cuaderno de historietas.

cuerda *s. f.* Conjunto de hilos de alguna fibra resistente que, torcidos, forman un cuerpo largo y flexible que sirve para sujetar o atar cosas. || Hilo de tripa de carnero, nailon o seda, forrado con alambre, que al vibrar produce los distintos sonidos en determinados instrumentos musicales. || Parte que propulsa el mecanismo de un reloj. || En matemáticas, segmento por el cual se unen dos puntos de una curva dada. || *pl.* Conjunto de instrumentos musicales cuyo sonido se produce por la vibración de cuerdas, como el violín, el arpa, la guitarra, etc.

cuerdo, da *adj.* y *s.* Sano mental y emocionalmente. ‖ Juicioso, sensato, prudente.

cuerno *s. m.* Cada una de las dos prolongaciones óseas y puntiagudas que tienen algunos animales sobre la frente. ‖ Protuberancia semejante que tienen los rinocerontes en la cabeza. ‖ Material córneo que recubre las astas de las reses. ‖ Instrumento musical de viento hecho de un cuerno vaciado, o en forma de cuerno. ‖ Cada una de las puntas aparentes de la Luna en sus fases de cuarto creciente o cuarto menguante. ‖ Extremo de alguna cosa curva que termina en punta. ‖ *pl.* Conjunto de las dos astas de los animales. ‖ *pl. irón.* Infidelidad conyugal.

cuero *s. m.* Pellejo que recubre la carne de los animales. ‖ Pellejo curtido y cosido o pegado de cabra o algún otro animal, que se utiliza para contener líquidos. ‖ Pellejo de res, cerdo o algún otro animal, preparado para su uso industrial.

cuerpo *s. m.* Conjunto de los órganos que componen a un ser vivo. ‖ Tronco, por oposición a la cabeza y extremidades. ‖ Cadáver. ‖ Objeto material delimitado por una forma. ‖ Sustancia material. ‖ Densidad, espesor o solidez. ‖ Complexión de una persona. ‖ Parte principal de algo. ‖ Conjunto de personas que forman una asociación o comunidad, o que desempeñan la misma actividad. ‖ Conjunto de militares con formación similar que forman una parte de la ejército. ‖ Conjunto de normas y principios de una doctrina.

cuervo *s. m.* Ave grande, de plumaje negro lustroso y pico muy resistente, que se alimenta de carroña, fruta y animales pequeños.

cuesco *s. m.* Hueso de algunas frutas, como el durazno o la ciruela. ‖ *fam.* Pedo sonoro. ‖ *Chil.* Persona enamorada.

cuesta *s. f.* Terreno inclinado.

cuestión *s. f.* Problema que se debe resolver o aspecto sobre el cual se discute. ‖ Pregunta contenida en una encuesta o cuestionario. ‖ Disputa, riña. ‖ En matemáticas, problema.

cuestionable *adj.* Que puede o debe discutirse; dudoso.

cuestionamiento *s. m.* Acción y efecto de cuestionar.

cuestionar *t.* Poner en duda lo que alguien ha afirmado. ‖ Discutir acerca de un tema o punto dudoso.

cuestionario *s. m.* Lista de preguntas o cuestiones a las que se debe dar respuesta con un fin determinado.

cuete *adj. Méx.* Borracho, ebrio. ‖ *s. m. Méx.* Corte de carne de forma cilíndrica que se saca del muslo de la res. ‖ *s. m. Méx. fam.* Borrachera.

cueva *s. f.* Cavidad más o menos profunda, natural o artificial, en la tierra o en la pared de una montaña. ‖ Subterráneo, sótano.

cuidado *s. m.* Atención, interés y meticulosidad que se pone en hacer algo. ‖ Acción y efecto de cuidar algo o a alguien. ‖ Temor, preocupación. ‖ Seguido de la preposición «con» y un nombre, denota enojo contra alguien o algo. ‖ *interj.* Se emplea para advertir un riesgo, un posible error o como amenaza.

cuidador, ra *adj.* y *s.* Persona encargada de cuidar a otra, un lugar o una cosa. ‖ Persona que asiste a un deportista durante una competencia. ‖ *Amér.* Entrenador, preparador deportivo.

cuidadoso, sa *adj.* Que pone cuidado en lo que hace. ‖ Que cuida sus cosas.

cuidar *t.* e *intr.* Atender, asistir, sobre todo a alguien que está enfermo. ‖ Tratar una cosa delicadamente para conservarla en buen estado, o guardarla en el mismo fin. ‖ Poner esmero, dedicación y cuidado al hacer algo. ‖ *pr.* Preocuparse por conservar la salud.

cuita *s. f.* Aflicción, tristeza.

cuitado, da *adj.* Desventurado o afligido. ‖ Apocado, timorato.

culata *s. f.* Parte posterior de las armas de fuego portátiles, que sirve para apoyarlas al disparar. ‖ *fig.* Parte posterior de algo. ‖ Anca de una caballería, o cuarto trasero de una res.

culatazo *s. m.* Golpe dado con la culata de un arma. ‖ Retroceso que da un arma de fuego al ser disparada.

culebra *s. f.* Serpiente, en particular la que es delgada y carece de veneno o de colmillos adecuados para inyectarlo.

culebreante *adj.* Que tiene forma de culebra.

culebrear *intr.* Moverse de un lado para otro formando eses o en zigzag como una culebra.

culebreo *s. m.* Movimiento que consiste en avanzar formando eses, desplazándose a un lado y otro y adelante al mismo tiempo, como las culebras.

culinario, ria *adj.* Perteneciente o relativo al arte de cocinar.

culminación *s. f.* Acción y efecto de culminar. ‖ Paso de un astro por su punto más elevado por encima del horizonte, y tiempo que éste dura.

culminante *adj.* Que llega al punto más elevado. ‖ Que es lo más interesante o relevante de una situación o una obra.

culminar *intr.* Alcanzar un astro su punto culminante. ‖ Llegar algo al grado más elevado posible. ‖ *t.* Concluir una obra, terminarla.

culo *s. m.* Trasero, las dos nalgas de una persona o las ancas de ciertos animales. ‖ *fig.* y *fam.* Parte inferior o posterior de algo.

culpa *s. f.* Falta de cierta gravedad cometida conscientemente. ‖ Hecho de ser causante de algo dañoso. ‖ En derecho, imputación que se hace a alguien de haber cometido determinada acción dolosa o delictuosa. ‖ En psicología, sentimiento de responsabilidad y temor que provoca el pensar que se ha causado un daño.

culpabilidad *s. f.* Circunstancia de ser o sentirse culpable de algo.

culpabilizar *t.* Atribuir a alguien el haber cometido una falta o hecho un daño.

culpable *adj.* y *s. com.* Persona que tiene la culpa de algo. ‖ En derecho, persona que ha cometido un delito o falta.

culpar *t.* y *pr.* Atribuir a alguien, o atribuirse, la culpa de algo.

culteranismo *s. m.* Estilo literario complicado, que abusa de las metáforas, la sintaxis afectada y el uso de cultismos.

culterano, na *adj.* Perteneciente o relativo al culteranismo. ‖ Se dice del escritor que siguió el culteranismo. ‖ Lenguaje oscuro, sofisticado y difícil de comprender.

cultismo *s. m.* Palabra, término, expresión o construcción gramatical procedente de una lengua clásica, en particular del latín o el griego.

cultivable *adj.* Que se puede cultivar. *Tierras cultivables.*

cultivado, da *adj.* Se dice de la persona que ha adquirido amplia cultura general y modales refinados.

cultivadora *s. f.* Máquina agrícola para cultivar.

cultivar *t.* Laborar la tierra para hacerla productiva. ‖ Criar ciertos animales ya sea para su consumo, su industrialización o para fines científicos. ‖ *fig.* Hacer lo necesario para mejorar una amistad, o para potenciar una facultad que se posee. ‖ *fig.* Ejercitar una ciencia, arte o lengua.

cultivo *s. m.* Acción y efecto de cultivar. ‖ Extensión de terreno donde se cultiva, o plantas ahí cultivadas. ‖ En biología y medicina, medio para obtener células o tejidos desarrollándolos de manera controlada y en un soporte adecuado.

culto *s. m.* Homenaje y veneración que, dentro de alguna religión, es tributado a los seres divinos o sagrados. ‖ Conjunto de ritos y ceremonias religiosàs con que se tributa ese homenaje y veneración. ‖ Admiración, apego y afecto con que se siguen ciertas cosas.

culto, ta *adj.* Que tiene cultura o conocimientos. ‖ Que implica cultura o es propio de las personas cultas.

cultor, ra *adj. y s.* Que cultiva algún oficio; se usa más como sufijo en palabras como «apicultor», «cunicultor», «puericultora», etc. ‖ Que venera o adora algo.

cultura *s. f.* Acción de cultivar algo, en particular las facultades humanas. ‖ Conjunto de conocimientos adquiridos por una persona. ‖ Conjunto de modos de vida y manifestaciones intelectuales y artísticas que caracterizan a la sociedad de una época determinada.

cultural *adj.* Perteneciente o relativo a la cultura.

cumbia *s. f.* Ritmo y baile típicos de Colombia.

cumbre *s. f.* Parte más alta de una montaña. ‖ Lugar más importante al que se puede llegar cuando se desempeña una actividad. ‖ Reunión de gobernantes y personas con poder para tratar asuntos de importancia.

cumpleaños *s. m.* Aniversario del nacimiento de una persona.

cumplido *s. m.* Muestra de cortesía o halago hecho con finura.

cumplido, da *adj.* Completo, terminado, cabal. ‖ Puntual y exacto para hacer las cosas. ‖ Cortés y atento, que muestra urbanidad.

cumplidor, ra *adj.* Que cumple con sus compromisos o da cumplimiento a algo.

cumplimentar *t.* Ejecutar una orden o dar cumplimiento a un trámite. ‖ Rellenar un formulario. ‖ Saludar o dar parabienes a alguien de acuerdo con determinadas normas.

cumplir *t. e intr.* Hacer algo de manera debida. ‖ Tener un número determinado de años o meses. ‖ Poner en práctica algo que se ha dicho. ‖ Hacer algo sólo por quedar bien.

cúmulo *s. m.* Montón, conjunto de cosas apiladas. ‖ Acumulación de cosas no materiales. ‖ Concentración de estrellas en un mismo sistema galáctico. ‖ Concentración de galaxias en algún punto del Universo. ‖ Tipo de nube blanca, densa, de base plana y contornos definidos y redondeados en su parte superior.

cumuloestratos *s. m. pl.* Estratocúmulo.

cumulonimbo *s. m.* Formación de nubes muy grandes, de color gris oscuro y gran desarrollo vertical.

cuna *s. f.* Cama pequeña provista de barandillas, especial para bebés o infantes. ‖ *fig.* Lugar de nacimiento de una persona u origen de una cosa. ‖ *fig.* Linaje o estirpe.

cundir *intr.* Producir algo mucho provecho, o rendir mucho. ‖ Extenderse en todas direcciones un líquido, sobre todo el aceite. ‖ Propagarse algo inmaterial.

cuneiforme *adj. inv.* Que tiene forma de cuña. ‖ Se dice de la antigua escritura de los pueblos del Medio Oriente, formada por caracteres con forma de cuña.

cuneta *s. f.* Zanja a los lados de una carretera o un camino para recoger el agua de lluvia.

cunicultura *s. f.* Cría del conejo doméstico para aprovechar sus productos.

cuña *s. f.* Pieza de madera o metal terminada en ángulo agudo, que se usa para hender, dividir o ajustar una cosa con otra. ‖ *fig.* Influencia que se utiliza para lograr algún fin.

cuñado, da *s.* Hermano del cónyuge de alguien. ‖ Cónyuge del hermano de alguien. ‖ *Amér.* Fórmula afectuosa para dirigirse a los amigos cercanos.

cuño *s. m.* Troquel para sellar monedas o medallas. ‖ Dibujo grabado que deja el sello del troquel.

cuota *s. f.* Parte o porción de algo que es fija o proporcional. ‖ Cantidad fija que se paga a una asociación o institución a cambio de recibir servicios o beneficios.

cupo *s. m.* Parte proporcional que en un impuesto, servicio o empréstito, corresponde a un pueblo o un particular. ‖ *Col., Méx.* y *Pan.* Cabida disponible en un lugar cerrado. ‖ *Col., Méx.* y *Pan.* Cantidad de plazas para pasajeros de un vehículo.

cupón *s. m.* Pieza de papel que, junto con otras iguales, forma parte de un conjunto del cual puede ser separada. ‖ Cada una de las partes de un documento de deuda, o de una acción, que se van cortando para presentarlas al cobrar los intereses vencidos.

cúprico, ca *adj.* Que contiene cobre, o relativo a este metal. ‖ En química, se dice de los compuestos de cobre divalente.

cuproníquel *s. m.* Aleación de cobre y níquel.

cúpula *s. f.* Bóveda semiesférica que en algunos edificios cubre una planta circular o poligonal. ‖ En anatomía, nombre dado a la parte más alta de ciertos órganos. *La cúpula del paladar.*

cura¹ *s. m.* Sacerdote católico.

cura² *s. f.* Curación, hecho de sanar. ‖ Conjunto de tratamientos que se aplican para sanar a un enfermo o herido.

curable *adj.* Que se puede curar.

curación *s. f.* Acción y efecto de curar o curarse.

curado *s. m.* Proceso y resultado de preparar algo para su conservación.

curador, ra adj. y s. Persona que se encarga del cuidado de algo. ‖ Persona que cura alimentos para conservarlos. ‖ En derecho, persona designada para cuidar de los bienes de un menor de edad, de un discapacitado o de alguien que se halla ausente.

curandero, ra s. Persona que, sin haber estudiado medicina de manera oficial, conoce empíricamente métodos de curación y los aplica.

curar intr. y pr. Recobrar la salud, sanar. ‖ t. Aplicar un tratamiento a un paciente para aliviar una enfermedad o lesión. ‖ Preparar un alimento mediante el salado, ahumado u otro método, para su conservación. ‖ Curtir las pieles de los animales para darles uso industrial. ‖ t. y pr. Aplicar, o aplicarse, remedios para sanar. ‖ Extinguir una pasión o desechar una angustia emocional.

cúrcuma s. f. Hierba originaria de la India, de cuyo rizoma se extrae una resina que se utiliza como especia y como colorante.

curio s. m. Elemento químico radiactivo sintético; es un metal de color y brillo semejantes a los del acero, con una elevada toxicidad; su número atómico es 96 y su símbolo Cm.

curiosear intr. y t. Intentar enterarse de algo que no incumbe, fisgonear.

curioseo s. m. Acción y efecto de curiosear.

curiosidad s. f. Deseo de averiguar o saber algo. ‖ Limpieza, aseo y meticulosidad para hacer las cosas. ‖ Cosa o suceso extraño o poco común. ‖ Objeto realizado manualmente con gran primor.

curioso, sa adj. y s. Que siente curiosidad. ‖ adj. Que incita a la curiosidad porque llama la atención. ‖ Ordenado, pulcro, aseado. ‖ Se dice de la persona que hace su trabajo con meticulosidad y cuidado.

curry s. m. Mezcla de especias pulverizadas para sazonar, propia de la comida de la India.

cursar t. Estudiar determinada materia en un centro educativo. ‖ Hacer que un asunto siga el proceso o trámite respectivo.

cursi adj. y s. com. Se aplica a lo que pretende ser elegante y exquisito, pero es ridículo y de mal gusto.

cursilería s. f. Condición de lo que es cursi. ‖ Acción, dicho u objeto cursi.

cursillo s. m. Curso de poca duración sobre cualquier materia. ‖ Serie breve de conferencias sobre una materia o asunto.

cursivo, va adj. y s. Tipo de letra de imprenta en la que los caracteres aparecen inclinados hacia la derecha.

curso s. m. Movimiento continuo del agua que se traslada por un cauce. ‖ Movimiento real o aparente de un astro. ‖ Encadenamiento de sucesos en el tiempo. ‖ Serie de estados por los que pasa un proceso o un asunto. ‖ Tiempo destinado a la impartición de conocimientos sobre una materia. ‖ Conjunto de enseñanzas que se imparten en un tiempo determinado. ‖ Conjunto de estudiantes que comparten el mismo grado de estudios. ‖ Evolución que sigue una enfermedad.

cursor s. m. Pequeña pieza o barra indicadora que, en algunos aparatos e instrumentos, se desliza a lo largo de otra mayor para señalar cosas. ‖ En informática, elemento gráfico en la pantalla de una computadora, que indica dónde y cuándo realizar acciones de escritura.

curtido s. m. Acción y efecto de curtir las pieles. ‖ pl. Amér. Alimentos encurtidos.

curtido, da adj. Se aplica a las pieles preparadas para su conservación y posterior industrialización. ‖ fig. Avezado, experimentado.

curtidor, ra s. Persona que se dedica a curtir pieles. Los químicos que usan los curtidores huelen fuerte.

curtiduría s. f. Taller o establecimiento donde se curten las pieles.

curtiembre s. f. Amér. Lugar donde se curten las pieles.

curtimbre s. f. Resultado de curtir.

curtir t. Trabajar las pieles de animales para convertirlas en cuero. ‖ Amér. Castigar a alguien con azotes. ‖ t. y pr. fig. Tostar y endurecer el cutis el sol o el aire. ‖ Acostumbrar a alguien, o acostumbrarse, a resistir situaciones difíciles con madurez y entereza.

curul s. f. Col., Ecua., Salv., Méx. y Per. Asiento que ocupa un parlamentario en una cámara legislativa.

curva s. f. Línea cuyos puntos cambian de dirección sin formar ángulos. ‖ En los caminos, carreteras y líneas ferroviarias, tramo que se aparta de la dirección recta en forma semicircular. ‖ Línea en una gráfica que representa las variaciones de algún fenómeno. ‖ pl. fam. Redondeces acentuadas del cuerpo femenino.

curvar t. y pr. Dar a algo, o tomar esto, forma curva. La carretera se curvaba peligrosamente.

curvatura s. f. Desvío continuo de la línea recta, sin formar ángulo. ‖ Cualidad de lo que es curvo.

curvear tr. y pr. Curvar.

curvilíneo, a adj. Que está formado por líneas curvas. La modelo tenía formas curvilíneas.

curvo, va adj. Que se aparta constantemente de la dirección recta, sin formar ángulos.

cúspide s. f. Cumbre de los montes de forma puntiaguda. ‖ Remate superior, en forma de punta, de un edificio u otra cosa. ‖ Momento o punto culminante de una situación. ‖ En geometría, punto en el que concurren todos los vértices de los triángulos que forman las caras de una pirámide, o de las generatrices de un cono.

custodia s. f. Acción y efecto de custodiar. ‖ Escolta o persona que vigila a un preso. ‖ Objeto de la liturgia católica en el que se expone la eucaristía para ser venerada por los fieles.

custodiar t. Vigilar, cuidar, guardar.

custodio, dia adj. y s. Que custodia.

cutáneo, a adj. Perteneciente o relativo al cutis o a la piel del cuerpo.

cúter s. m. Instrumento para hacer cortes de precisión, formado por un mango dentro del cual se introducen cuchillas recambiables, muy afiladas, cortadas en bisel.

cutícula s. f. Piel o película muy delgada y delicada. ‖ En anatomía, epidermis, capa más externa de la piel, o cualquier membrana muy fina que recubre algún órgano. ‖ En zoología, recubrimiento del cuerpo de los artrópodos compuesto de quitina.

cutis s. m. Epidermis, piel de una persona, en particular la del rostro.

cuy s. m. Amér. Merid. Cobayo, roedor comestible.

cuyo s. m. Méx. Cobayo.

cuyo, ya pron. Equivale a «que» en función adjetiva cuando se introduce una oración subordinada. El aviador cuya historia te conté es mi tío.

d *s. f.* Cuarta letra del alfabeto español; su nombre es «de».

dable *adj.* Que puede ser hecho o permitido.

dacrón *s. m.* Fibra de poliéster con la que se fabrica una gran variedad de tejidos.

dactilar *adj.* De los dedos o relacionado con ellos.

dactilografía *s. f.* Técnica de escribir a máquina.

dactilología *s. f.* Técnica de comunicación personal en la que se usa el abecedario manual.

dactiloscopia *s. f.* Estudio de las huellas digitales como método de identificación.

dadaísmo *s. m.* Movimiento artístico surgido en Europa y Nueva York hacia 1915, caracterizado por el uso de efectos incongruentes en desafío al arte precedente y la moral predominante.

dadaísta *adj.* Del dadaísmo o relacionado con él.

dádiva *s. f.* Algo que se da como regalo.

dadivoso, sa *adj.* Que se inclina a hacer regalos desinteresadamente.

dado *s. m.* Pieza de juego de azar en forma cúbica con números o figuras en cada cara. || Pieza de mecanismo giratorio que mantiene la pieza principal en equilibrio.

daga *s. f.* Arma blanca de hoja corta y empuñadura.

daguerrotipo *s. m.* Técnica fotográfica pionera en la que la imagen tomada por una cámara oscura es impresa sobre una placa de plata ionizada. || Imagen reproducida con esta técnica.

dalia *s. f.* Herbácea frondosa de hojas verde oscuro y flores de colores vistosos. || Flor de esta planta.

dálmata *adj. y s. com.* Perteneciente o relacionada con Dalmacia, región entre la costa adriática y los Balcanes. || Antigua lengua romance de esa región. || Raza canina cuyos ejemplares tienen el pelo blanco muy corto con manchas negras.

daltonismo *s. m.* Defecto de la vista que impide distinguir ciertos colores, principalmente el rojo.

dama *s. f.* Designación caballerosa de la mujer. || Mujer distinguida y elegante. || En el juego de damas, la pieza que es llevada a la primera fila.

damisela *s. f.* Mujer joven que presume ser dama.

damnificado, da *adj. y s.* Que ha sufrido daño en su persona o bienes en un desastre colectivo.

damnificar *t.* Causar daño importante a personas o cosas.

dandi *s. m.* Individuo elegante, conquistador, generalmente afectado.

danés, nesa *adj. y s.* De o relacionado con Dinamarca, país de Europa. || Lengua hablada en ese país. || Raza canina cuyos ejemplares tienen gran tamaño, las orejas en punta y el pelo suave. || Pan suave cubierto de azúcar cristalizada.

dantesco, ca *adj.* Que causa horror.

danza *s. f.* Movimiento rítmico del cuerpo al son de la música o de percusiones. || Disciplina artística de este movimiento.

danzón *s. m.* Música de origen cubano, de ritmo lento y cadencioso. || Danza al ritmo de esta música.

dañar *t.* Causar daño físico o moral.

dañino, na *adj.* Que causa daño físico o moral.

daño *s. m.* Perjuicio físico o moral causado por alguien o algo.

dar *t.* Ceder la posesión de algo a otro. || Poner algo en manos de otro. || Adjudicar lo correspondiente. *Le dieron el primer lugar.* || Ofrecer algo a otro. || Convidar o agasajar a otros. *Ayer di una fiesta.* || Transmitir o comunicar algo. || Mantener algo en buen estado. *Cada año le damos servicio a mi computadora.*

dardo *s. m.* Proyectil arrojadizo con la mano o con cerbatana que se usa como arma o como juguete. || *fig.* Comentario para ironizar o herir.

dársena *s. f.* Área interior de un puerto para el movimiento de carga y descarga de los barcos.

darwanzio *s. m.* Elemento químico sintético radiactivo, probablemente sólido, de apariencia desconocida y que no está presente en la naturaleza; su número atómico es 112 y su símbolo Da.

darwinismo *s. m.* Corriente de pensamiento basada en la teoría de la evolución de las especies de Charles Darwin.

datación *s. f.* Acción y efecto de datar o fechar.

datar *t.* Establecer la fecha de un suceso o un hallazgo. *Los restos hallados datan del siglo XVIII.* || Poner fecha a un documento. *No olvides datar la carta.*

dátil *s. m.* Fruto muy dulce, carnoso y muy alimenticio de la palmera datilera.

dato *s. m.* Información que sirve de base para aprender algo o resolver un problema.

de¹ *prep.* Indica relación de posesión o pertenencia. *El apartamento de mi vecina.* || Indica relación de procedencia. *Viene de España.* || Indica la materia de que está hecho algo. *Su collar es de concha nácar.* || Indica el contenido de algo. || Indica el uso al que está destinado un objeto. || Indica el todo al que pertenece una parte. *Ella es la menor de la familia.* || Indica el tiempo en que sucede algo. *Toma clases de noche.*

de² *s. f.* Nombre de la letra «d».

deambular *intr.* Andar sin rumbo fijo.

debacle *s. f.* Situación catastrófica por causas humanas.

debajo *adv.* Indica lugar inferior.

debate *s. m.* Discusión de ideas opuestas entre dos o más personas ante una audiencia.

debatir *t.* Discutir ideas entre dos o más personas ante una audiencia. || *pr. fig.* Estar en situación límite.

deber *t.* y *pr.* Estar obligado a realizar algo. ‖ Tener obligación de cumplir una deuda de dinero. ‖ Ser consecuencia. ‖ *s. m.* Obligación de actuar de algún modo.

debido *adj.* y *s. com.* Que corresponde a lo esperado o correcto. ‖ Que obedece a una causa.

débil *adj.* Que carece de fuerza.

debilidad *s. f.* Condición de fuerza física o moral insuficiente. ‖ Inclinación hacia determinados placeres u objetos.

debilitar *t.* Restar o perder fuerza física o moral.

débito *s. m.* Obligación económica resultante de una transacción.

debut *s. m.* Primera actuación de un artista o grupo artístico ante el público.

debutar *intr.* Actuar por primera vez en público.

década *s. f.* Periodo de diez años o cada decena del siglo.

decadencia *s. f.* Proceso de menoscabo de personas, instituciones, movimientos, naciones o periodos históricos. *La decadencia del Imperio Romano empezó con el cristianismo.*

decadente *adj.* Que está en proceso de decadencia o ruina. ‖ Que asume ideas o estilos anacrónicos.

decadentismo *s. m.* Estilo literario europeo de la segunda mitad del siglo XIX, caracterizado por un lenguaje artificioso, complicado y arcaizante.

decadentista *adj.* Del decadentismo o relacionado con él. ‖ Que asume el decadentismo.

decaedro *s. m.* Cuerpo geométrico de diez caras.

decaer *intr.* Perder una persona cualidades físicas o morales. ‖ Perder una institución, una nación o un imperio su fuerza y legitimidad.

decaído, da *adj.* Que ha perdido fuerza física o anímica.

decalcificar *intr.* Disminuir o eliminar el calcio de organismos o minerales.

decalitro *s. m.* Unidad de volumen equivalente a diez litros.

decálogo *s. m.* Los diez mandamientos de Moisés, esencia del cristianismo. ‖ Serie de diez prescripciones para el ejercicio correcto de una actividad.

decámetro *s. m.* Unidad de longitud equivalente a diez metros.

decanato *s. m.* Dignidad del decano. ‖ Tiempo durante el cual se ejerce esta dignidad.

decano, na *adj.* y *s.* Miembro más antiguo de una corporación, especialmente de instituciones educativas, a menudo director.

decantación *s. f.* Precipitación cuidadosa de un líquido de un recipiente a otro. ‖ Sedimentación de los sólidos de un líquido. ‖ Toma de posición razonada sobre un asunto controvertido.

decantar *t.* Vaciar un líquido de un recipiente en otro. ‖ *pr.* Sedimentarse los sólidos de un líquido. ‖ Tomar posición razonada sobre un asunto controvertido.

decapitar *t.* Cortar la cabeza, separándola del cuerpo. *En la Revolución Francesa decapitaron a Danton.*

decápodo *adj.* y *s. com.* Crustáceo con diez patas. ‖ Molusco con diez tentáculos.

decasílabo, ba *adj.* y *s.* Que tiene diez sílabas.

decatlón *s. m.* Competencia de diez pruebas realizadas por un mismo atleta.

deceleración *s. f. desaceleración.* ‖‖ Reducción de la velocidad de un objeto en movimiento.

decena *s. f.* Que consta de diez unidades.

decenal *adj.* Que dura o que ocurre cada diez años.

decencia *s. f.* Conducta apegada a valores morales con dignidad y decoro.

decenio *s. m.* Periodo de diez años.

decente *adj.* Que se conduce de acuerdo con valores morales.

decepción *s. f.* Pesar provocado por un desengaño.

decepcionar *t.* Provocar pesar por incurrir en conducta inapropiada y no esperada. ‖ *pr.* Sentirse defraudado por recibir algo inferior a lo esperado.

deceso *s. m.* Muerte de una persona.

dechado *s. m.* Conjunto de virtudes que sirve como ejemplo.

decibel o **decibelio** *s. m.* Unidad de la intensidad del sonido equivalente a la décima parte de un bel o belio.

decidido, da *adj.* Que actúa con decisión.

decidir *t.* Tomar una determinación sobre algo que permanece en suspenso. ‖ Elegir entre dos o más opciones. ‖ Realizar una acción que resuelve una disputa o competencia.

decigramo *s. m.* Unidad de peso equivalente a la décima parte de un gramo.

decilitro *s. m.* Unidad de volumen equivalente a la décima parte de un litro.

decimal *adj.* Se dice de cada una de las diez partes iguales en que se divide una cantidad. ‖ Se aplica al sistema métrico cuyas unidades son divisores o múltiplos de diez. ‖ Se dice sistema numérico basado en el número diez.

decímetro *s. m.* Unidad de longitud equivalente a la décima parte de un metro.

décimo, ma *adj.* Que ocupa el lugar número diez en una escala cualquiera. ‖ Se dice de cada una de las diez partes iguales en que se divide un todo.

decimonónico, ca *adj.* Perteneciente o relacionado con el siglo XIX. ‖ *desp.* Que es anticuado.

decir *t.* Expresar o sostener algo con palabras. ‖ Expresar algo indirectamente. ‖ *fig.* Expresar algo sin palabras. ‖ Hablar reflexivamente con uno mismo. ‖ *s.* Conjunto de palabras que expresan una idea.

decisión *s. f.* Determinación sobre un asunto en suspenso. ‖ Elección entre dos o más opciones. ‖ Resolución al actuar.

decisivo, va *adj.* Que tiene capacidad para decidir o solucionar problemas. ‖ Que tiene importancia para el curso de algo.

declamación *s. f.* Discurso o poema pronunciado o recitado con vehemencia en público.

declamador, ra *adj.* Que declama.

declamar *t.* e *intr.* Recitar parlamentos, poemas o discursos en tono grandilocuente.

declaración *s. f.* Manifestación formal oral o escrita exigida por la ley o considerada necesaria. *Presenté mi declaración de impuestos.* ‖ Deposición de cualquiera de las partes en juicio. *El juez tomó la declaración del acusado.* ‖ Veredicto del juez sobre cualquiera de las etapas de un juicio. ‖ Veredicto del jurado en una competencia. ‖ Manifestación pública de una decisión de autoridad. ‖ Manifestación sentimental a otra persona.

declarante *s. com.* Que declara en público. ‖ Que declara en juicio.

declarar *t.* Manifestar algo públicamente por voluntad propia o por requisito de ley. ‖ Manifestar el juez una decisión en cualquier etapa del proceso. ‖ Deposición de cualquiera de las partes en un juicio. ‖ Manifestación de ingresos ante el fisco o de bienes ante la aduana. ‖ Manifestación de sentimientos a otra persona. ‖ En gramática, que afirma o niega.

declarativo, va *adj.* Que está en el plano de las palabras, no en el de los hechos. ‖ Se dice de la sentencia en un juicio de adjudicación.

declinación *s. f.* Rechazo de un ofrecimiento o una invitación. ‖ Proceso de decadencia. ‖ Distancia de un astro al ecuador. ‖ Ocultamiento de los astros celestes. ‖ Enunciación ordenada de las formas de una palabra para su función correspondiente.

declinante *adj.* Que declina. ‖ Plano que tiene declinación.

declinar *intr.* Inclinar la cabeza en señal de respeto u obediencia. ‖ Perder fuerza física o de ánimo. ‖ Empezar los astros a desparecer del firmamento. ‖ *t.* Rechazar una invitación o una oferta con tacto. ‖ Enunciar las formas de una palabra para su función correspondiente.

declive *s. m.* Pendiente de una superficie. ‖ Mengua gradual de facultades.

decocción *s. f.* Proceso de cocimiento de los alimentos.

decodificador *s. m.* Programa para convertir un texto cifrado, un programa de cómputo o impulsos eléctricos a lenguaje inteligible.

decodificar *t.* Convertir un texto cifrado, un programa de computación o impulsos eléctricos a lenguaje inteligible.

decoloración *s. f.* Pérdida del color.

decolorante *s. m.* Sustancia para decolorar.

decolorar *t.* Eliminar o desteñir color.

decomisar *t.* Confiscar bienes, generalmente ilegales o de contrabando, como acto de autoridad.

decomiso *s. m.* Confiscación de bienes, generalmente ilegales o de contrabando, como acto de autoridad.

deconstrucción *s. f.* Proceso de desmontar los elementos de un concepto para realizar su análisis.

deconstruir *t.* Analizar una estructura conceptual deshaciendo los elementos que la forman.

decoración *s. f.* Conjunto de ornamentos de un espacio interior. ‖ Disciplina que estudia la ornamentación de espacios interiores. ‖ Conjunto de elementos que ambientan un escenario.

decorado *s. m.* Conjunto de ornamentos de un espacio interior. *El decorado se ve lindo.*

decorar *t.* Ornamentar o ambientar un espacio interior.

decorativo, va *adj.* De la decoración o relacionado con ella. ‖ *irón.* Elemento superfluo en un contexto.

decoro *s. m.* Conducta apropiada en las relaciones sociales, el habla, el vestido y las maneras. ‖ Parte de la arquitectura encargada de dar a las construcciones el aspecto adecuado según sus fines.

decoroso, sa *adj.* Que actúa con decoro o lo transmite. ‖ Que su aspecto transmite decoro.

decrecer *intr.* Disminuir algo su tamaño, intensidad o magnitud.

decrépito, ta *adj.* Persona de edad avanzada con sus facultades disminuidas. ‖ Objeto o edificio viejo y deteriorado.

decrepitud *s. f.* Condición de las personas de edad avanzada y facultades disminuidas. ‖ Aspecto de las edificaciones viejas y deterioradas.

decretar *t.* Publicar decretos como acto de autoridad. ‖ Tomar decisiones políticas o administrativas.

decreto *s. m.* Decisión de la autoridad de carácter obligatorio.

decúbito *s. m.* Posición horizontal del cuerpo. ‖ Magulladura de una parte del cuerpo por presión prolongada.

decurso *s. m.* Transcurrir del tiempo.

dedal *s. m.* Utensilio de costura para proteger el dedo índice de los pinchazos de la aguja.

dedicación *s. f.* Aplicación esmerada a una actividad. ‖ Sentimiento devocional hacia una creencia, generalmente religiosa. ‖ Inscripción que testimonia la advocación de un templo o la memoria de un personaje o suceso.

dedicado, da *adj.* Que se aplica para realizar alguna tarea. ‖ Dirigido, por atención u obsequio, a una persona.

dedicar *t.* Destinar una cosa a un fin determinado. ‖ Consagrar un espacio religioso a una divinidad. ‖ Manifestar por escrito el vínculo sentimental o profesional a otras personas, principalmente en libros y obras de arte. ‖ *pr.* Entregarse al desempeño esmerado de una actividad.

dedicatoria *s. f.* Testimonio escrito del vínculo afectivo hacia otra persona en libros, fotografías y obras de arte. ‖ Testimonio oral o gestual de entrega o reconocimiento que hace el artista antes de ejecutar su número. ‖ *fam.* Intención oculta que se supone en una acción o en palabras.

dedo *s. m.* Cualquiera de los miembros en que terminan la mano y el pie. ‖ Unidad de medida equivalente al grosor de un dedo. ‖ El que delata.

deducción *s. f.* Obtención de una conclusión a partir de una premisa mediante inferencias lógicas. ‖ Descuento de una cantidad.

deducibilidad *s. f.* Calidad de deducible, sobre todo hablando de dinero.

deducible *adj.* Que puede ser deducido o descontado.

deducir *t.* Obtener una conclusión de una premisa mediante inferencias lógicas. ‖ Restar una parte a una cantidad.

defecar *t.* Evacuar excremento por el conducto natural.

defección *s. f.* Abandono subrepticio de filas, especialmente del ejército. ‖ Abandono no explicado de causas o membresías, especialmente partidistas.

defecto *s. m.* Imperfección de una cosa, deformidad física o falla de carácter de una persona.

defender *t.* Proteger una cosa, una posición o personas de peligros o amenazas. ‖ Sostener un argumento o una idea frente a su impugnación. ‖ Abogar por alguien, especialmente en juicios.

defenestrar *t.* Arrojar objetos o personas por la ventana. ‖ *fig.* Destituir arbitrariamente a un funcionario de su puesto.

defensa *s. f.* Acción y efecto de defender o defenderse. ‖ Conjunto de medios diversos que se usan para protegerse en contra de un ataque, un peligro o un daño. ‖ Obra de fortificación, instrumento o cosa que sirve para protegerse de un ataque. ‖ Abogado defensor y su equipo que defienden al acusado en un juicio. ‖ Conjunto de argumentos con los que se intercede por el acusado en un juicio. ‖ Amparo, protección. ‖ *pl.* Mecanismo natural con que los seres vivos se protegen contra agentes patógenos. *Las vacunas se aplican para generar defensas.* ‖ Dispositivo de protección de los coches en su parte delantera y trasera. ‖ Aparejos que se cuelgan del costado de la embarcación para que no se dañe durante las maniobras. ‖ Línea de jugadores encargada de defender la portería. ‖ *s. m.* Jugador encargado de defender la portería de su equipo.

defensiva *adj.* Perteneciente o relativo a la defensa. ‖ Se dice de lo que sirve para defender y resistir un ataque. *Su estrategia fue hacer un juego defensivo.* ‖ Actitud exclusiva de defensa, renunciando al ataque. *Por la expulsión de dos jugadores, jugaron a la defensiva*

defensivo *adj.* Que sirve para defender. ‖ *s. m.* Defensa, resguardo.

defensor, ra *adj.* Se dice del que defiende o protege. ‖ *s.* Abogado que se encarga de la defensa de un acusado en un juicio.

defensoría *s. f. Bol., Col., Méx., Uy.* y *Ven.* Ejercicio y práctica del abogado defensor.

deferencia *s. f.* Amabilidad o atención que se tiene hacia alguien, por respeto o consideración.

deficiencia *s. f.* Defecto o imperfección, carencia de algo.

deficiente *adj.* Imperfecto, mal hecho, que tiene algún defecto o no alcanza el nivel considerado normal. *El diseño fue deficiente y el puente se cayó.* ‖ Persona cuya capacidad intelectual está por debajo del nivel medio general.

déficit *s. m.* Faltante o escasez de cualquier cosa para que haya lo que es necesario o conveniente. *Tenemos un déficit en la producción de leche.* ‖ Situación en la que los gastos superan a los ingresos.

deficitario *adj.* Se dice de la situación en la que existe déficit. *En ciencia y tecnología somos deficitarios.*

definición *s. f.* Acción y efecto de definir. ‖ Proposición o fórmula que describe con claridad y exactitud los caracteres genéricos y diferenciales de algo. ‖ Explicación del significado de cada una de las palabras en un diccionario. ‖ Nitidez con que se perciben los detalles de imágenes mediante instrumentos ópticos.

definido, da *adj.* Que tiene límites claros y precisos. ‖ Cosa que es objeto de definición. ‖ En gramática, se aplica al artículo determinado.

definir *t.* Explicar lo que es una cosa con una frase equivalente a la palabra que designa la cosa. ‖ *pr.* Explicar una persona sin vaguedad y de manera definitiva su actitud u opinión, respecto a cierta cuestión. ‖ Explicar de manera exacta y clara la naturaleza de algo a alguien.

definitivo, va *adj.* Se dice de lo que queda establecido y no sujeto a cambios. *Ésta es mi propuesta definitiva.*

deflación *s. f.* Descenso generalizado del nivel de precios de bienes y servicios en una economía. *La deflación es causa y efecto de la falta de circulación del dinero.*

deflector, ra *adj.* Que sirve para modificar la dirección de un fluido o una corriente eléctrica.

deflexión *s. f.* En física, cambio de dirección de un haz luminoso.

deforestación *s. f.* Acción y efecto de deforestar. ‖ Eliminación o destrucción de los árboles y plantas de un área arbolada. *La deforestación es uno de los principales problemas ambientales.*

deforestar *t.* Eliminar o destruir los árboles y plantas de un área arbolada.

deformable *adj.* Que se deforma con facilidad.

deformación *s. f.* Acción y efecto de deformar o deformarse.

deformar *t.* Alterar la forma y dimensiones de un cuerpo. ‖ Alterar la naturaleza genuina de algo. *Las decepciones deformaron su forma de ser.* ‖ Alterar la intención o el significado de una cosa que se dice.

deforme *adj.* Que está desproporcionado, irregular o anómalo en su forma. *Con el agua, el sombrero quedó deforme.*

deformidad *s. f.* Desproporción o anormalidad en la forma de algo. *La joroba es una deformidad de la espina dorsal.*

defraudado, da *adj.* Decepcionado, frustrado.

defraudar *t.* Robar a alguien mediante el abuso de su confianza o incumplimiento de las obligaciones propias. ‖ Perder la confianza o esperanza que se tenía en algo o en alguien. ‖ Eludir el pago de impuestos. *Declarar gastos mayores a los incurridos es defraudar al fisco.*

defunción *s. f.* Muerte de una persona.

degeneración *s. f.* Acción y efecto de degenerar. ‖ Deterioro progresivo estructural o funcional de células o tejidos. ‖ Deterioro de las facultades mentales y psíquicas a causa de una enfermedad.

degenerado, da *adj.* y *s.* Se dice de la persona con comportamiento mental o moral que se aparta de lo normalmente admitido, que la hacen repugnante o despreciable.

degenerar *intr.* y *pr.* Pasar una cosa o un género de cosas a un estado de menor calidad de lo que era. *La feria del libro ha degenerado a pilas de libros sin orden.*

degenerativo, va *adj.* Que causa o produce degeneración.

deglución *s. f.* Acción y efecto de deglutir.

deglutir *t.* e *intr.* Tragar los alimentos o bebidas haciéndolos pasar de la boca al esófago.

degolladero *s. m.* Lugar destinado a degollar las reses.

degollar *t.* Matar a una persona o animal cortándole la garganta. *En la matanza de «chivos cebados» degüellan a los animales.*

degradable *adj.* Que puede degradarse.

degradación *s. f.* Acción y efecto de degradar. ‖ Estado de envilecimiento o bajeza. ‖ Acción de hacer perder una cualidad o un estado característicos. *La degradación ambiental es resultado de la falta de desarrollo.* ‖ Privación o rebaja de los cargos, grado y privilegios que tenía una persona. ‖ Transformación química de una sustancia mediante la cual se degrada en otras más sencillas.

degradante *adj.* Humillante, que degrada.

degradar *t.* Rebajar a alguien de su cargo, grado, derechos y privilegios, pasándolo de una categoría a otra inferior. ‖ Hacer perder progresivamente las características o cualidades de algo a alguien. *La erosión degrada la calidad del suelo.* ‖ Transformar una sustancia compleja en otras más sencillas. ‖ Disminuir gradualmente el tamaño y la intensidad de color de las figuras de un cuadro, para producir la sensación de alejamiento. ‖ *pr.* Humillar, envilecer.

degüello *s. m.* Acción de cortar el cuello a una persona o un animal.

degustar *t.* Probar un alimento o catar una bebida para valorar su sabor. *En el viñedo nos invitaron a* degustar quesos y vinos. ‖ Saborear, deleitarse con otras sensaciones agradables.

deidad s. f. Ser considerado divino o sobrenatural con poder sobre una parte concreta de lo existente. *Zeus era la deidad suprema entre los griegos antiguos.* ‖ Cada uno de los dioses de las diversas religiones.

deificar t. Considerar a una persona o cosa como un dios y tratarla como tal. ‖ Ensalzar exageradamente las cualidades o virtudes de una persona o cosa.

deífico, ca adj. Perteneciente o relativo a Dios o a un dios.

deísmo s. m. Doctrina religiosa que, si bien admite la existencia de Dios, rechaza las revelaciones, la intervención de éste en la vida humana y el culto externo.

dejado, da adj. Flojo, negligente, descuidado para su persona o sus cosas. ‖ s. f. En tenis, pase corto y suave que bota a poca altura cerca de la red. ‖ Acción y efecto de dejar. ‖ Méx. Viaje, especialmente en taxi.

dejar t. Depositar, poner o colocar algo en un lugar. ‖ Olvidar algo en algún sitio. ‖ Permitir, consentir que se haga una cosa o el modo de hacerla. *Me dejaron quedarme a dormir en su casa.* ‖ Abandonar un lugar, a una persona o una actividad. ‖ Prestar algo a alguien durante un tiempo. ‖ Hacer que alguien o algo pase a un estado o situación determinado. *Dejó los pisos muy limpios.* ‖ Encargar o encomendar algo o a alguien a otra persona. ‖ No molestar; se usa en imperativo y en exclamaciones. ‖ Se usa con la preposición «de». *Déjate de cuentos.* ‖ Desentenderse o despreocuparse por algo o alguien. ‖ Heredar o legar. ‖ Producir ganancia. *Vender películas sí deja.* ‖ Con participios y adjetivos: resultar, pasar a ser. *Lo dejó boquiabierto con su afirmación.* ‖ intr. Interrumpir o detener una acción. *Deja de hacer ruido.* ‖ *Dejarse llevar:* dejarse influir. *Miguel se deja llevar por lo que dice Manuel.* ‖ *Dejarse ver:* frecuentar, visitar. *Ya no te dejas ver en las reuniones del grupo.*

deje o **dejo** s. m. Pronunciación particular y de inflexión de la voz que distingue el modo de hablar de alguien. ‖ Modo particular de inflexión de la voz que muestra un estado de ánimo o algo peculiar del hablante. ‖ Acento peculiar del habla de una región. ‖ Sabor que queda de la comida o bebida. ‖ Acción y efecto de dejar.

del contrac. Contracción de la preposición «de» y el artículo masculino «el». *La casa del pueblo.*

delación s. f. Acción y efecto de delatar. ‖ Acusación, denuncia.

delantal s. m. Prenda de vestir de distintas maneras y materiales que, atada al cuello y a la cintura, se coloca encima de las otras ropas y sirve para evitar que se manchen éstas.

delante adv. Indica que algo o alguien están en la parte anterior. ‖ Enfrente. *Le digo las cosas delante de él, no a escondidas.* ‖ En una serie o sucesión, indica lo que está más cerca del principio.

delantera s. f. Parte anterior de algo. *El chofer va en la parte delantera del coche.* ‖ Conjunto de jugadores que forman la línea de ataque de un equipo.

delantero, ra adj. Se dice de aquello que está situado en la parte anterior de alguna cosa. ‖ s. Jugador que forma parte de la línea de ataque de un equipo deportivo. ‖ s. m. Pieza que forma la parte de delante de una prenda de vestir.

delatar t. Revelar a la autoridad la comisión de un delito y su autor. ‖ Poner de manifiesto involuntariamente algo que no se quiere dar a conocer.

delator, ra s. Se dice de la persona o cosa que delata.

deleble adj. Que se puede borrar con facilidad.

delegación s. f. Acción de delegar. ‖ Cesión de un poder a una persona para que lo ejerza en representación de alguien. ‖ Cargo de delegado. ‖ Méx. Circunscripción política y administrativa dentro de una ciudad. ‖ Edificio que ocupan las autoridades de una delegación.

delegado, da adj. y s. Se aplica a la persona en quien se delega una facultad o jurisdicción.

delegar t. Transferir una persona la facultad o poder a otra para que lo ejerza en su representación.

deleitar t. Producir deleite.

deleite s. m. Placer sensual y espiritual.

deleitoso, sa adj. Que causa deleite.

deletrear t. Decir una por una y con sus nombres cada letra de una palabra.

deleznable adj. Despreciable, vil. ‖ De poca consistencia, que se rompe o deshace fácilmente.

delfín s. m. Mamífero acuático del orden de los cetáceos de dos o tres metros de longitud, hocico prolongado, boca con multitud de pequeños dientes cónicos, un orificio nasal encima de los ojos; posee las extremidades anteriores modificadas en aletas y las posteriores faltan.

delgado, da adj. Flaco, que tiene poca grasa o poca carne. ‖ Que tiene poco grosor.

deliberación s. f. Acción y efecto de deliberar.

deliberado, da adj. Se aplica al acto que se hace de forma voluntaria, intencionada y preconcebida.

deliberar intr. Intercambiar pareceres varias personas sobre algún asunto antes de tomar una resolución.

delicadeza s. f. Cualidad de delicado. ‖ Finura, suavidad o ternura. *La mariposa se posa sobre las flores con delicadeza.* ‖ Elegancia, exquisitez, amabilidad o cortesía en el comportamiento. ‖ Fragilidad o debilidad de algo que puede estropearse o romperse con facilidad.

delicado, da adj. Que es frágil, débil o quebradizo. ‖ Que puede estropearse o romperse con facilidad. ‖ Débil, propenso a contraer enfermedades. ‖ Encontrarse algo o poco enfermo. *Se quedó en casa porque estaba delicado del estómago.* ‖ Se aplica a personas sensibles a molestias e incomodidades. *No la invitaremos a la excursión porque es muy delicada.* ‖ Se aplica al asunto o situación difícil que exige mucho tacto o habilidad. ‖ Se aplica a las cosas que satisfacen un gusto refinado.

delicia s. f. Placer intenso producido por cosas materiales o inmateriales, en los sentidos o en el ánimo. ‖ Aquello que produce deleite.

delicioso, sa adj. Agradable, placentero, que causa delicia.

delictivo, va adj. Perteneciente o relativo al delito.

delicuescente adj. Se aplica al sólido que tiene la propiedad de volverse líquido al absorber la humedad atmosférica. *La sosa cáustica es una sal delicuescente.* ‖ Se aplica a costumbres o estilos literarios o artísticos considerados decadentes.

delimitación s. f. Acción y efecto de delimitar.

delimitar t. Determinar los límites de una cosa. ‖ Determinar los límites entre dos cosas.

delincuencia *s. f.* Cualidad de delincuente. ‖ Acción de cometer delitos. ‖ Número de delitos en una determinada época o lugar. *La delincuencia relacionada con las drogas ha aumentado.* ‖ Colectividad de delincuentes. *La delincuencia organizada es muy peligrosa.*

delincuente *adj.* y *s. com.* Se aplica a la persona que comete delitos.

delinear *t.* Trazar las líneas de una figura, especialmente de un plano.

delinquir *intr.* Cometer un delito.

delirar *intr.* Desvariar, tener visiones o sensaciones que no son reales, producto de un trastorno o una enfermedad. ‖ *fig.* Decir, creer o pensar disparates o tener ilusiones insensatas. *Deliras si piensas que te harás rico sin trabajar.*

delirio *s. m.* Acción y efecto de delirar. ‖ Estado de trastorno mental en el que se producen excitación, alucinaciones, desorden de las ideas, hablar incoherente, etc. *Con las drogas que se mete cae en estado de delirio.* ‖ *loc. adv. Delirio de grandeza:* actitud del que pretende tener o poder alcanzar alguna condición inalcanzable.

delito *s. m.* Acción u omisión penada porque implica violación a las leyes o perjuicio de un tercero.

delta[1] *s. f.* Letra del alfabeto griego equivalente a nuestra «d», cuyo símbolos son Δ, δ.

delta[2] *s. m.* Terreno formado en la desembocadura de un río por la acumulación de los materiales arrastrados por él en el lugar de contacto con el mar.

deltoides *adj.* y *s. m.* Músculo triangular situado en el hombro y que sirve para levantar el brazo. *El deltoides va desde el omóplato a la clavícula y a la articulación con el húmero.*

demacrado, da *adj.* Que está muy delgado, pálido, ojeroso y, en general, con aspecto de persona enferma.

demacrar *t.* Enflaquecer, estar demacrado.

demagogia *s. f.* Manipulación de los sentimientos elementales de los ciudadanos, especialmente mediante halagos fáciles y promesas infundadas, para utilizarla con fines políticos. ‖ En la antigua Grecia, gobierno dictatorial con el apoyo popular.

demagógico *adj.* Relativo a la demagogia o al demagogo. ‖ Manipulador. *Su discurso demagógico le ha hecho ganar mucho dinero.*

demagogo, ga *adj.* Que practica la demagogia. ‖ *s.* En las antiguas Roma y Grecia, líder del partido popular.

demanda *s. f.* Petición o solicitud de algo, especialmente cuando se considera un derecho. ‖ Petición o reclamación judicial que se emprende contra alguien ante un juez o un tribunal. ‖ Documento por el que se emprende una acción judicial contra alguien. ‖ Cantidad de mercancías o servicios que los consumidores están dispuestos a comprar. *Los bajos ingresos por el desempleo tienen deprimida la demanda.*

demandar *t.* Pedir o solicitar algo, especialmente si se considera un derecho. ‖ Emprender una acción judicial para reclamar algo de alguien. ‖ Preguntar, aguardar una respuesta.

demarcación *s. f.* Acción y efecto de demarcar. ‖ Terreno o territorio demarcado. ‖ En las divisiones territoriales, territorio a que se extiende cada jurisdicción.

demarcar *t.* Establecer los límites de algo.

demás *pron. adj. indef.* Designa a los elementos no mencionados de una serie o conjunto. *Abordó la novela, el cuento y demás géneros literarios.* ‖ *pron.* Se usa para referirse a personas. *Los demás se retrasaron.* ‖ *adv.* Además.

demasiado, da *adj.* Excesivo, que supera a lo necesario o conveniente en número, cantidad, grado, etc. *Nos dejaron demasiada tarea para mañana.* ‖ *adv.* En exceso, más de lo debido.

demencia *s. f.* Trastorno, perturbación o deterioro de las facultades mentales de una persona. *La enfermedad de Alzheimer produce demencia senil.*

demeritar *t.* y *pr. Amér.* Quitar mérito. *Sus errores recientes demeritan su fama.*

demérito *s. m.* Falta o circunstancia que reduce el mérito de algo. *Escribir poesías va en demérito de su calidad como prosista.*

demeritorio *adj.* Que desmerece.

democracia *s. f.* Sistema político y de gobierno en el que los ciudadanos eligen a los gobernantes mediante el voto. ‖ Régimen que ejerce el sistema democrático. ‖ Participación de los miembros de una colectividad en la toma de decisiones.

demócrata *adj.* y *s. com.* Partidario de la democracia.

democrático, ca *adj.* Perteneciente o relativo a la democracia.

democratizar *t.* Convertir en democrática una institución, un proceso, un país, etc.

demografía *s. f.* Ciencia que estudia estadísticamente la composición, estado, distribución, evolución, etc., de las poblaciones humanas, en un periodo determinado.

demográfico, ca *adj.* Perteneciente o relativo a la demografía.

demógrafo, fa *s.* Persona especializada en demografía.

demoledor, ra *adj.* Que demuele. ‖ *fig.* Que destruye o arruina algo de manera deliberada. *La crítica fue demoledora de su actuación.*

demoler *t.* Derribar una construcción. ‖ *fig.* Destruir o arruinar algo de manera deliberada.

demolición *s. f.* Acción y efecto de demoler.

demoniaco, ca *adj.* Perteneciente o relativo al demonio.

demonial *adj.* Demoniaco. ‖ *Méx.* Montón, número considerable. *Tengo un demonial de tarea.*

demonio *s. m.* Ser sobrenatural que en diversas creencias y religiones representa las fuerzas del mal. ‖ Persona traviesa o inquieta, particularmente si es niño.

demora *s. f.* Dilación, retraso en un proceso o una actividad. *El autobús llegó con una demora de más de una hora.* ‖ Retraso en el cumplimiento de un pago u obligación. ‖ Dirección o rumbo de un objeto en el mar con relación al de otro dado o conocido.

demorar *t.* Retrasar un proceso o una actividad. ‖ *intr. pr.* Retrasarse, detenerse o entretenerse durante el tiempo. ‖ *intr.* Corresponder un objeto en el mar a un rumbo determinado en relación al lugar desde donde se observa.

demostrable *adj.* Que se puede demostrar.

demostración *s. f.* Acción y efecto de demostrar. ‖ Prueba o razonamiento que muestra que algo es verdadero. ‖ Muestra ostensible de un sentimiento o una intención. ‖ Ostentación o manifestación pública. *Las porristas hicieron una demostración de agilidad y equilibrio.*

demostrar *t.* Probar, sin que haya lugar a dudas, que algo es verdadero. ‖ Manifestar, declarar, ser indicio de algo. ‖ Enseñar algo de forma práctica. *El técnico nos demostró cómo usar el graficador digital.*

demostrativo, va *adj.* Que demuestra o sirve para demostrar. ‖ *adj.* y *s. m.* Se aplica al pronombre, adjetivo o determinante que señala a personas, animales o cosas, situándolas en el espacio según la distancia a la que se encuentra del hablante; son esencialmente tres: «esté», «ese», «aquel» y sus variantes.

denario *s. m.* Antigua moneda romana de plata.

denegar *t.* Responder negativamente a una petición. *Al acusado le denegaron la apelación.* ‖ Negarse a algo. *Ella denegó su requerimiento de amores.*

dengue *s. m.* Enfermedad tropical viral, transmitida por un mosquito, caracterizada por fiebre, dolor en los miembros y erupción cutánea seguida de descamación. ‖ Remilgo, melindre excesivo en las acciones o en las palabras.

denigrante *adj.* Que denigra. ‖ Que ataca o daña la integridad de la persona humana.

denigrar *t.* Violentar la dignidad e integridad de la persona humana. *El acoso sexual es denigrar a la mujer.* ‖ Insultar, injuriar, ofender o ultrajar el buen nombre de una persona.

denodado, da *adj.* Intrépido, esforzado, decidido. *Ha hecho denodados esfuerzos por impulsar la ciencia en el país.* ‖ Que no se detiene por miedo ante el peligro.

denominación *s. f.* Acción de denominar. ‖ Nombre con el que se identifica a las personas y a las cosas.

denominador, ra *adj.* y *s.* Se dice de aquello que denomina. ‖ *s. m.* Número que en las cantidades fraccionales indica las partes iguales en que se considera dividido un todo; se escribe debajo del numerador y separado de éste por una raya horizontal o enseguida del signo «:» ‖ *loc. Denominador común:* número que es múltiplo de todos los denominadores de un conjunto de fracciones. ‖ Característica o punto en común. *El denominador común de todos ellos es que son extravagantes.*

denominar *t.* Dar un nombre específico a una persona o una cosa que las identifique.

denostar *t.* Injuriar gravemente, infamar de palabra, insultar, ofender verbalmente. *Perdió los estribos y denostaba a todos.*

denotar *t.* Indicar o significar, servir una cosa para que se conozca o se sepa la existencia de otra. ‖ Tener un significado primario o básico una palabra o una expresión, significar objetivamente algo con ella; se opone a connotar.

densidad *s. f.* Cualidad de denso. ‖ Acumulación de una determinada cantidad de elementos en un espacio determinado. ‖ Relación entre la masa de un cuerpo y su volumen. *Los minerales tienen, por lo común, altas densidades.* ‖ *loc. Densidad de población:* número promedio de habitantes por unidad de superficie.

densimetría *s. f.* Medición de la densidad de los cuerpos.

densímetro *s. m.* Instrumento que sirve para medir la densidad de los líquidos, gases y sólidos.

denso, sa *adj.* Se dice de las cosas que tienen mucha materia en poco volumen. ‖ Que está compuesto por muchos elementos que se encuentran muy próximos unos de otros. ‖ Que tiene mucho contenido y puede resultar confuso.

dentado, da *adj.* Que tiene dientes o puntas parecidas a dientes.

dentadura *s. f.* Conjunto de piezas dentales de una persona o un animal. ‖ Conjunto de dientes postizos.

dental *s. f.* Se dice del sonido y fonema que se pronuncia aplicando la punta de la lengua a la cara interior de los dientes incisivos superiores. *En español, la «d» y la «t» son dentales.*

dentario, ria *adj.* Perteneciente o relativo a los dientes.

dentición *s. f.* Acción y efecto de dentar. ‖ Proceso de formación, salida y crecimiento de los dientes. ‖ Tiempo que dura este proceso. ‖ Tipo y número de dientes que caracteriza a un mamífero, según la especie a la que pertenece.

dentífrico, ca *adj.* y *s. m.* Se aplica a la sustancia que sirve para limpiar los dientes.

dentina *s. f.* Marfil que forma la mayor parte del diente y protege el nervio.

dentista *s. com.* Médico especialista en el estudio y tratamiento de las enfermedades de los dientes.

dentro *adv.* En el interior de un espacio limitado. *La Capilla Sixtina está dentro de la Catedral de San Pedro.* ‖ En un tiempo entre el momento inicial y el final. *Tendremos vacaciones dentro de tres semanas.* ‖ Puede llevar antepuestas las preposiciones «hacia» o «por» sustituyendo a la preposición «de». *Mira hacia dentro y verás maravillas. La casa se ve vieja, pero por dentro es magnífica.*

denuncia *s. f.* Acción y efecto de denunciar.

denunciar *t.* Notificar a una autoridad de un delito o una falta, o de su autor. ‖ Declarar públicamente sobre una situación que se considera ilegal o injusta. ‖ Notificar ante la autoridad el haber descubierto un yacimiento mineral para que se registre su nombre y quede asegurado su derecho a obtener la concesión de explotación.

deparar *t.* Proporcionar, presentar o conceder. *Espero que sea bueno lo que nos depara el destino.*

departamento *s. m.* Vivienda, generalmente la que forma parte de un conjunto en un edificio; particularmente a las que se reducen a una, dos o tres habitaciones y los servicios de higiene y cocina. ‖ Cada una de las partes en que se divide o estructura un espacio, con compartimentos separados. ‖ Parte de una administración, de una institución, oficina, organismo, etc. ‖ En las universidades, unidad de docencia e investigación, que agrupa varias cátedras afines. ‖ Cada una de las jurisdicciones territoriales en que se divide la administración de un país.

departir *intr.* Conversar, charlar.

dependencia *s. f.* Subordinación de alguien o algo a alguien o algo con mayor poder. ‖ Necesidad física o psicológica que tiene un individuo de consumir determinadas sustancias, como un medicamento o una droga. ‖ Situación de una persona que no puede valerse por sí misma. ‖ Cada una de las secciones de una institución pública o privada, dependiente de otra superior.

depender *intr.* Estar subordinado al mando o la autoridad de una persona o una institución. ‖ Estar condicionada una cosa a otra. *Mi viaje depende de que me paguen.* ‖ Necesitar de la ayuda y protección de otra persona o de otra cosa.

dependiente, ta *adj.* Que depende. *La economía nacional depende de la venta de petróleo.* || *s.* Persona que atiende a los clientes en un negocio comercial. *El dependiente nos atendió con amabilidad.*

depilación *s. f.* Acción y efecto de depilar.

depilar *t.* Eliminar el vello de una parte del cuerpo.

deplorable *adj.* Que merece ser deplorado. || Que produce pena, compasión o disgusto. *Los recolectores de tomates viven en condiciones deplorables.*

deplorar *t.* Lamentar, sentir pena profundamente. || Sentir alguien un suceso que afecta a otro. *Todos deploramos tener que despedirlos del trabajo.*

deponer *t.* Dejar de usar o hacer algo, abandonar, dejar. *Cuando depuso sus críticas, se llegó a un acuerdo.* || Destituir o expulsar a alguien de su cargo, empleo o puesto. || Bajar o quitar una cosa del lugar en que está. || Declarar ante una autoridad judicial. || *intr.* Defecar.

deportación *s. f.* Acción y efecto de deportar.

deportar *t.* Desterrar a una persona a un lugar lejano, por razones políticas o como castigo. || Expulsar de un país a extranjeros que se encuentren en estado de inmigración ilegal.

deporte *s. m.* Actividad o ejercicio físico ejercido como juego o competencia sujeto a normas, en el que se pone a prueba la habilidad o la fuerza física. || Ejercicio físico que se hace por recreación, pasatiempo o diversión. || *loc. Por deporte:* desinteresadamente, por propio gusto.

deportista *adj. y s. com.* Se aplica a la persona que practica algún deporte, por afición o profesionalmente.

deportivo, va *adj.* Perteneciente o relativo al deporte. || Que se ajusta a las reglas de juego limpio que deben observarse en la práctica de un deporte. || Se aplica a la ropa que se utiliza para hacer deporte. || *adj. y s. m.* Lugar donde se practican deportes. || Se aplica al automóvil pequeño y muy rápido.

deposición *s. f.* Acción y efecto de deponer. || Exposición o declaración que se hace de algo, especialmente ante el juez. || Abandono de un comportamiento. || Destitución de un cargo o empleo. || Expulsión del excremento.

depositante *adj. y s. com.* Que deposita. || Se dice del que realiza un depósito de dinero, valores, joyas, etc., para su custodia o como garantía de una obligación.

depositar *t.* Poner bienes u objetos de valor bajo la custodia de una persona o institución que se hace responsable de ellos. || Colocar una cosa en un lugar determinado. *Para entrar al museo tienes que depositar tu mochila en la entrada.* || Poner en algo o en alguien esperanza, confianza, ilusiones o cariño. || Poner, dejar, colocar. *Depositó las monedas en un frasco.* || *pr. Depositarse:* sedimentar, caer en el fondo de un líquido una materia sólida que estaba en suspensión en él.

depositario, ria *adj.* Perteneciente o relativo al depósito. || Que contiene o encierra algo. || *s.* Persona o institución que guarda algo depositado o confiado por otros.

depósito *s. m.* Acción y efecto de depositar. || Cosa depositada. || Lugar o recipiente donde se deposita. || Sedimento de un líquido.

depravado, da *adj. y s.* Muy viciado y malvado, inclinado a causar daño y hacer padecer.

depravar *t.* Corromper o dañar las costumbres; pervertir, especialmente a alguien.

depreciar *t.* Disminuir el precio o valor material o moral de una cosa.

depredación *s. f.* Acción y efecto de depredar. || Caza y muerte que sufren algunas especies, por parte de otros que se los comen llamados «depredadores». || Saqueo con violencia y devastación. || Malversación o exacción por abuso de autoridad o confianza.

depredador, ra *adj.* Que depreda. || Animal que se alimenta de otra especie.

depresión *s. f.* Acción y efecto de deprimir o deprimirse. || Estado emocional y psicológico caracterizado por decaimiento anímico y pérdida de interés. || Hundimiento de una superficie respecto de lo que la rodea. *La depresión del Balsas es la más extensa del territorio mexicano.* || Periodo de baja actividad económica general, que se caracteriza por el descenso de la producción, deflación, desempleo masivo y bajo nivel de inversiones.

depresivo, va *adj.* Perteneciente o relativo a la depresión. || Que deprime el ánimo o produce tristeza. || Se aplica a la persona que sufre depresión o es propenso a ella.

depresor, ra *adj.* Que deprime. || *s. m.* Instrumento que se emplea para deprimir o bajar una parte del cuerpo. || Medicamento que disminuye la actividad de algunos centros nerviosos. *Algunos depresores se utilizan para tratar la ansiedad y trastornos del sueño.*

deprimido, da *adj.* Que padece un proceso depresivo. || Que tiene actividad económica decaída.

deprimir *t.* Reducir el volumen de un cuerpo por medio de la presión. || Hundir una parte de un objeto más baja de lo que la rodea. || Producir decaimiento del ánimo y del interés. *Las noticias de violencia me deprimen.* || *pr.* Aparecer una superficie o línea más baja en relación con las inmediatas. *En la lejanía, el valle parecía deprimirse.*

deprisa *adv.* Con rapidez y prontitud.

depurador, ra *adj.* Que depura. || Aparato o instalación que sirve para depurar o limpiar algo.

depurar *t.* Limpiar de suciedad o impurezas una sustancia. || Perfeccionar el lenguaje, el estilo o el gusto. || Expulsar una agrupación u organización a los miembros que no siguen la doctrina, creencia o conducta de los miembros considerados disidentes.

derecha *s. f.* Diestra, lado opuesto al que corresponde al corazón en el ser humano. || Tendencia política que profesa una ideología conservadora, tradicionalista y contraria a las reformas. || Conjunto de los representantes de los partidos conservadores en las asambleas legislativas.

derechista *adj.* Perteneciente o relativo a la derecha política. || Partidario o seguidor de las ideas de la derecha política.

derecho, cha *adj.* Se aplica a la parte del cuerpo que está situada en el lado opuesto al que ocupa el corazón en el ser humano. || Que está situado, en relación con la posición de una persona, en el lado opuesto al que ocupa el corazón en el ser humano. || Que es recto y no se tuerce a un lado o a otro. || *s. m.* Conjunto de leyes y reglas que regulan la vida en sociedad. || Prerrogativa de poder tener o exigir lo que la ley permite o establece. *Todos los individuos tienen derecho a la educación básica.* || Ciencia que estudia las leyes y su aplicación. || Lado principal de una tela, un papel u otras cosas y que por ello está mejor trabajado. || *s. f.* En la política, los representantes de los partidos conservadores. ‖ Conjunto de personas que profesan ideas conservadoras. ‖ *s. m. pl.* Cantidad de dinero que se cobra por un trámite determinado. *Pagamos un dineral por derechos de vía.*

derechohabiente *adj.* y *s.* Se dice de la persona que deriva su derecho de otra. *La seguridad social atiende a todos los derechohabientes.*

derivación *s. f.* Acción de derivar. ‖ Hecho o acontecimiento que sigue o resulta de otro. *La cristianización de los indígenas es una derivación de la conquista.* ‖ Separación de una parte de un todo para dirigirla a otra parte. *Este canal es una derivación del río.* ‖ Procedimiento para formar palabras nuevas a partir de las ya existentes. «Arboleda» es una derivación de «árbol». ‖ Pérdida de la intensidad de la corriente eléctrica. *La derivación se produce por la humedad.* ‖ Circuito eléctrico que se realiza a partir de un circuito principal. ‖ En matemáticas, operación de hallar la derivada.

derivado, da *s. f.* En una función matemática, valor límite de la relación entre el incremento del valor de una función y el incremento de la variable independiente, cuando éste tiende a cero. ‖ *adj.* Se dice de la palabra que se ha formado por derivación. ‖ *s. m.* Producto químico que se obtiene de otro a través de una o varias transformaciones. *Del petróleo se obtienen múltiples derivados.*

derivar *intr.* y *pr.* Proceder o tener su origen en otra cosa. *Su sabiduría deriva de sus numerosas lecturas.* ‖ Proceder una palabra de otra. «Anchura» se deriva de «ancho». ‖ Dirigir o conducir una cosa hacia otro lado. ‖ *t.* Desviarse alguien o algo de la dirección original para ir por otro camino. ‖ Desviarse una embarcación de su rumbo. ‖ Obtener un producto químico a partir de otro. ‖ En matemáticas, obtener la derivada de una función.

dermatitis *s. f.* Inflamación de la piel.

dermatología *s. f.* Parte de la medicina que se ocupa de las enfermedades de la piel.

dermatólogo, ga *s.* Médico con especialidad en enfermedades de la piel.

dermatosis *s. f.* En medicina, nombre general de las enfermedades de la piel.

dérmico, ca *adj.* Relativo a la dermis o a la piel.

dermis *s. f.* Capa más gruesa de la piel, ubicada entre la epidermis y la hipodermis.

derogar *t.* Anular o suspender una ley o norma.

derramar *t.* Referido a un líquido, tirarlo o vaciarlo.

derrame *s. m.* Salida o desbordamiento de un líquido. ‖ En medicina, acumulación anormal de un líquido en alguna cavidad o salida de éste al exterior.

derredor *s. m.* Espacio que rodea algo. *La tertulia sucede siempre en derredor de la mesa.*

derretir *t.* y *pr.* Convertir un sólido en líquido por efecto del calor. ‖ *fam.* Enamorarse. *Se derrite cada vez que volteas a verlo.*

derribar *t.* Hacer caer al suelo algo o a alguien. ‖ Hacer que alguien pierda su cargo o su poder.

derrocar *t.* Remover a alguien de su cargo o hacer caer un gobierno por medio de la violencia.

derrochar *t.* Malgastar o despilfarrar dinero u otros bienes. ‖ Manifestar con intensidad algo positivo, como la energía, la alegría, etc.

derrota *s. f.* Acción de derrotar o ser derrotado.

derrotado, da *adj.* Que no tiene ánimo y está vencido por los acontecimientos.

derrotar *t.* Vencer a alguien en un juego, una competencia, una guerra, etc. ‖ Vencer moralmente a alguien las contrariedades.

derrotero *s. m.* Camino seguido para lograr determinado fin. *México ha tomado un derrotero incierto.* ‖ En marina, rumbo marcado para un barco en una carta de navegación. ‖ Libro que contiene esos rumbos.

derrotismo *s. m.* Tendencia a ver todas las cosas de manera negativa y con pesimismo.

derruir *t.* Hacer caer una construcción o un edificio.

derrumbar *t.* y *pr.* Derribar o hacer caer un edificio o parte de él. ‖ Perder alguien el ánimo. ‖ Precipitar, tirar por una pendiente.

desabastecer *t. pr.* Dejar sin abastecimiento a un pueblo o a una persona.

desabastecimiento *s. m.* Ausencia de víveres y otros productos necesarios en un comercio o en una población.

desacatar *t.* y *pr.* Faltar al respeto a una autoridad. ‖ Desobedecer o no acatar una ley o una norma.

desacelerar *t.* e *intr.* Disminuir la velocidad.

desacertado, da *adj.* Que demuestra falta de acierto y exactitud. *Todas las respuestas en tu examen fueron desacertadas, así que reprobaste.*

desacertar *intr.* No acertar, errar.

desacomodado, da *adj.* Desarreglado. ‖ Dicho de una persona que no tiene los medios para mantener una posición social. ‖ Que está sin acomodo.

desacomodar *t.* Desarreglar, quitar el orden. ‖ Quitar a alguien o algo la comodidad.

desaconsejable *adj.* y *s. com.* Que no es recomendable o conveniente.

desaconsejar *t.* Convencer a alguien de hacer lo contrario a lo que tenía previsto o de que no haga alguna cosa.

desacoplar *t.* Separar lo que estaba acoplado.

desacople *s. m.* Desacoplamiento, acción y efecto de desacoplar.

desacorde *adj.* y *s. com.* Que no concuerda o armoniza con otra cosa. *Su comportamiento es desacorde con su personalidad.* ‖ En música, desafinado.

desacostumbrado, da *adj.* Que es poco usual, no habitual. *Que la gente hable tan abiertamente es algo desacostumbrado en mi pueblo.*

desacostumbrar *t.* y *pr.* Hacer perder una costumbre. *Me he desacostumbrado al calor que hace aquí.*

desacralizar *t.* Despojar a una cosa del carácter sagrado que tenía.

desacreditado, da *adj.* Que no tiene buena fama. *No lo contrates, su trabajo está muy desacreditado.*

desacreditar *t.* Quitar reputación o estimación a alguien o valor a algo. *El juez desacreditó a los testigos.*

desactivar *t.* Detener el funcionamiento de algo. ‖ Detener una acción o un proceso. *El nuevo ministro desactivó el programa de capacitación.*

desactualizado, da *adj.* Que no está al corriente de los avances en las más recientes tendencias y avances de un asunto o tema.

desacuerdo *s. m.* Ausencia de acuerdo.

desadaptación *s. f.* Desajuste, falta de adaptación, dificultad para adaptarse.

desafiar *t.* Provocar a alguien para competir o para pelear. ‖ Hacer frente a alguien contrariando sus opiniones o sus órdenes. ‖ Hacer frente a una situación peligrosa o difícil. ‖ Oponerse o contradecir una cosa a otra.

desafilar *t.* y *pr.* Hacer romo o chato el filo de un arma o de una herramienta.

desafinado, da *adj.* Dicho de la voz o de un instrumento, que está desentonado.

desafinar *t.* y *pr.* Desentonar la voz o un instrumento.

desafío *s. m.* Acción de desafiar. ‖ Provocación a la competencia. ‖ Reto o tarea que es muy estimulante por su dificultad. ‖ Oposición o contradicción.

desaforado, da *adj.* Que tiene un gran tamaño o intensidad. *Hizo un esfuerzo desaforado, por eso quedó exhausto.* ‖ Que no tiene fuero.

desaforar *t.* Quitar a alguien los fueros y los privilegios por haber cometido un delito. ‖ *pr.* Excederse en la actitud.

desafortunado, da *adj.* Que no tiene fortuna o suerte. ‖ No acertado o adecuado. ‖ Negativo.

desafuero *s. m.* Acto contrario a lo establecido, especialmente por parte de una autoridad, y que perjudica a otros. ‖ Remoción del fuero.

desagradable *adj.* y *s. com.* Que desagrada o causa mala impresión a los sentidos.

desagradar *intr.* Provocar rechazo, desagrado o disgusto.

desagradecido, da *adj.* y *s.* Que no agradece o valora un beneficio recibido.

desagrado *s. m.* Disgusto o molestia por algo. ‖ Gesto de disgusto.

desagraviar *t.* y *pr.* Reparar o compensar una ofensa o daño.

desagravio *s. m.* Acción de desagraviar.

desagüe *s. m.* Acción de desaguar o desaguarse. ‖ Conducto por donde se desagua algo.

desaguisado *s. m.* Ofensa. ‖ Destrozo que causa desorden.

desahogar *t.* y *pr.* Expresar libremente un sentimiento que provoca angustia para aliviarse. ‖ *pr.* Liberarse de una preocupación o una responsabilidad. ‖ Hacer algo más fluido.

desahogo *s. m.* Acción de desahogar o desahogarse. ‖ Alivio de un sentimiento angustioso o un trabajo.

desahuciar *t.* Declarar incurable y sin esperanza de vida a un enfermo. ‖ Echar legalmente a una persona de un lugar arrendado.

desahucio *s. m.* Desalojo legal de una persona de un lugar que arrienda.

desairar *t.* Despreciar o humillar a una persona.

desaire *s. m.* Acción de desairar. ‖ Falta de gracia y donaire.

desajustar *t.* Hacer que algo no funcione bien o no se ajuste a otra cosa. *Se desajustó mi reloj.*

desajuste *s. m.* Acción de desajustar o desajustarse.

desalentado, da *adj.* Falto de ánimo, decaído.

desalentar *t.* y *pr.* Quitar ánimos a alguien para hacer algo.

desaliento *s. m.* Falta de ánimo o de ganas para hacer algo.

desalinear *t.* y *pr.* Hacer perder la línea recta a algo que estaba alineado.

desalinizar *t.* Eliminar la sal del agua de mar para que se pueda beber.

desaliñado, da *adj.* Que muestra poco cuidado en el aseo personal.

desaliño *s. m.* Descuido en el aseo personal.

desalmado, da *adj.* y *s.* Cruel, sin compasión.

desalojar *t.* Hacer salir a una persona o algo de un lugar. ‖ Abandonar alguien un lugar voluntariamente. *No pagaron renta y los desalojaron.*

desalojo *s. m.* Acción de desalojar.

desamarrar *t.* y *pr.* Soltar las amarras de un barco. ‖ Desatar.

desamoldar *t.* Hacer perder a una cosa la figura que tiene de un molde.

desamor *s. m.* Falta de amor por algo o alguien.

desamortización *s. f.* Acción de desamortizar.

desamortizar *t.* Liberar para su venta los bienes fijos y estancados.

desamparado, da *adj.* y *s.* Que carece de amparo y protección.

desamparar *t.* Dejar a alguien sin amparo y protección.

desamparo *s. m.* Acción de desamparar.

desangrado, da *adj.* Que ha perdido mucha sangre o la totalidad de ella.

desangrar *t.* Sacar o perder mucha sangre una persona o un animal. ‖ Hacer perder dinero o bienes a una persona o una organización.

desanimado, da *adj.* Dicho de una persona, que le falta ilusión e interés. ‖ Dicho de un lugar, con poca concurrencia.

desanimar *t.* y *pr.* Quitar a alguien la ilusión o el interés de hacer algo.

desaparecer *t. intr.* y *pr.* Dejar de estar a la vista o de ser percibido por otros sentidos. ‖ Dejar algo de existir. ‖ Dicho de una persona, ser detenida de manera ilegal sin que se dé a conocer su paradero.

desaparecido, da *adj.* y *s.* Persona cuyo paradero se desconoce, sin que se sepa si está viva o muerta.

desapegar *t.* y *pr.* Perder el apego a alguien o algo.

desapego *s. m.* Falta de interés o de afecto por alguien o algo.

desapercibido, da *adj.* No percibido, que no llama la atención. *No te vi, pasaste desapercibido durante la reunión.* ‖ Desprevenido.

desaprobación *s. f.* Acción de desaprobar.

desaprobar *t.* Opinar que alguien ha actuado mal o considerar que algo está mal hecho.

desaprovechar *t.* No sacar el máximo provecho o utilidad de algo. ‖ Desperdiciar la oportunidad de algo positivo.

desarbolado, da *adj.* Dicho de un terreno al cual se le han quitado los árboles o que no los tiene. ‖ Sin gracia por falta de adorno. ‖ Roto.

desarbolar *t.* Echar abajo los palos y velas de un barco.

desarmable *adj.* y *s. com.* Que puede desarmarse.

desarmado, da *adj.* Que no lleva armas. ‖ Sin argumentos para opinar o actuar.

desarmar *t.* Separar las partes de algo. ‖ Quitarle el arma a alguien o hacer que la entregue. ‖ Dejar a alguien sin respuesta y confundido.

desarme *s. m.* Acción de desarmar.

desarraigado, da *adj.* y *s.* Dicho de una persona, que no tiene lazos afectivos ni intereses que lo unan al lugar en que se encuentra.

desarraigar *t.* y *pr.* Arrancar completo un árbol o una planta. ‖ Separar a alguien del lugar en donde vive y de la gente por la que siente afecto. ‖ Hacer desaparecer un sentimiento, una costumbre, un vicio, etc.

desarraigo *m.* Acción y efecto de desarraigar o desarraigarse.

desarreglado, da adj. Descuidado en su aspecto personal. || Sin orden.
desarreglar t. y pr. Quitar el orden o desorganizar.
desarreglo s. m. Acción de desarreglar.
desarrollado, da adj. Se aplica a lo que ha logrado un buen desarrollo. || Se dice de los países que han alcanzado un gran crecimiento económico.
desarrollar t. y pr. Mejorar, progresar o acrecentar. || pr. Dicho de un tema o una teoría, explicarlo en detalle. || Dicho de un proyecto, realizarlo. || Evolucionar físicamente. || Dicho de un hecho o acontecimiento, suceder.
desarrollismo s. m. En economía, tendencia favorable al rápido crecimiento y desarrollo económicos que no tiene en cuenta los efectos secundarios que ello pueda acarrear.
desarrollo s. m. Acción de desarrollarse. || En economía, movimiento hacia mejores niveles de vida.
desarticulación s. f. Desunión de huesos. *Sufrió desarticulación del omóplato.* || Desmembramiento de una organización. *El partido está en la desarticulación total.*
desarticulado, da adj. Que está desunido lo que estaba o debería estar unido. *La banda fue desarticulada.* || Se dice del discurso desordenado. *Sus palabras sonaron desarticuladas.*
desarticular t. Separar un mecanismo o una organización en sus partes.
desasimilación s. f. Proceso del metabolismo que transforma las sustancias complejas en productos más simples para que sean excretados.
desasosegar t. Perder el sosiego o la calma.
desasosiego s. m. Estado de inquietud.
desastre s. m. Suceso muy destructivo. || fig. Relativo a las cosas de mala calidad. *El auto resultó un desastre.* || fig. Se dice de las personas torpes o irresponsables.
desastroso, sa adj. Suceso que ha provocado muy malas consecuencias. || fig. Aspecto ruinoso de cosas o personas.
desatado, da adj. Que avanza sin freno.
desatar t. Soltar las agujetas, botones o broches de las prendas de vestir. || Desanudar los amarres de algo. || Resolver algo muy intrincado. || Provocar una situación incontrolable. || pr. Hablar sin freno.
desatascar t. Sacar algo de un atasco. || Despejar un conducto para el paso de un fluido. || Permitir el trato fluido de un asunto. *Ya se desatascaron las pláticas con el sindicato.*
desatender t. No prestar la atención debida a algo. || Descuidar obligaciones. || Ignorar una invitación.
desatento, ta adj. Que no presta la atención debida. || Que es descortés o maleducado.
desatinar t. Cometer desatinos o torpezas. || Fallar el blanco.
desatorar t. Remover lo que obstruye el funcionamiento de algo.
desatornillar t. Quitar o aflojar tornillos.
desautorizar t. Quitar autoridad a una instancia superior. || Negar validez a palabras de otros. || Prohibir una acción o práctica.
desavenencia s. f. Discrepancia entre dos o más personas en un asunto determinado.
desavenir t. y pr. Entrar en desacuerdo dos o más personas en un asunto determinado.
desazolve s. m. Méx. Acción y efecto de desazolvar.

desbancar t. Obtener una posición quitándola o ganándola a alguien.
desbandada s. f. Retirada o dispersión desordenada de un grupo.
desbarajuste s. m. Situación muy desordenada.
desbaratar t. Descomponer o arruinar algo.
desbarrancadero s. m. Hond. y Méx. Precipicio, despeñadero.
desbarrancar t. y pr. Caer o caerse por la pendiente de una barranca.
desbloquear t. Levantar o quitar un bloqueo.
desbocado, da adj. Se dice del caballo que corre sin freno ni control. || fig. Situación fuera de control. *La muchedumbre estaba desbocada.*
desbocar t. y pr. Salirse de control un caballo o una caballería. || fig. Proferir improperios sin ton ni son. *Fulano se desbocó en la fiesta.*
desbordamiento s. m. Hecho de desbordar o desbordarse.
desbordar t. e intr. Exceder los límites o la medida.
desborde s. m. Hecho de exceder un líquido o fluido su recipiente o cauce. *El desborde del río ocasionó estragos.*
descabalgar intr. Apear del caballo.
descafeinado adj. y s. m. Sin o con muy poca cafeína.
descalabrar t. Herir en la cabeza. || Causar daño o perjuicio.
descalcificar t. Disminuir el calcio de organismos, minerales y materiales.
descalificación s. f. Reprobación de la capacidad u opinión de una persona. || Eliminación de un competidor por perder pruebas o cometer faltas.
descalificado, da adj. Que no tiene capacidad para realizar algo. || Dicho de un deportista, que ha quedado fuera de una competencia por haber infringido las reglas.
descalificar t. Reconvenir actos o palabras de otros. || Desestimar pruebas por el juez en un juicio. || Declarar fuera de competencia a un competidor por perder pruebas o cometer faltas.
descamación s. f. Pérdida de superficie cutánea en forma de escamillas. || Retiro de las escamas de un pez.
descamar t. Quitar las escamas de un pez. || pr. Retirarse las escamillas de la piel.
descansar intr. Poner el cuerpo o la mente en reposo. || Recuperar la holgura o la tranquilidad. || Apoyar una cosa sobre otra. || fig. Dejar solemnemente los restos de una persona bajo una tumba. || Dejar la tierra en reposo para que adquiera nutrientes.
descanso s. m. Pausa en una actividad para recuperar fuerzas. || Lo que mitiga dificultades. || Aquello en lo que se apoya un objeto. || Tramo llano entre los escalones de una escalera.
descapitalización s. f. Pérdida o disminución del capital de una empresa.
descapitalizar t. y pr. Perder o hacer perder capital. *La empresa se descapitalizó.*
descarado, da adj. Que habla o actúa sin recato ni respeto.
descarapelar t. y pr. Eliminar o empezar a caerse lo que protege una cosa.
descararse pr. Despojarse del respeto de sí y de los otros al hablar o actuar.
descarga s. f. Desalojo parcial del contenido de un recipiente. || Remoción de la carga de un medio

de transporte. ‖ Disparos consecutivos de armas de fuego o de artillería. ‖ Paso del fluido eléctrico de un cuerpo a otro.

descargar t. Retirar la carga de un medio de transporte. ‖ Disparar un arma de fuego. ‖ Anular o transferir el fluido eléctrico de un cuerpo a otro. ‖ Dar un puñetazo a otra persona. ‖ pr. Desembarazarse de una preocupación, una antipatía o una responsabilidad. *Me descargué contra él.* ‖ Exonerar a una persona de una imputación. ‖ Instalar un programa o aplicación de computación desde un sitio de internet.

descargo s. m. Acción de descargar. ‖ Exoneración de imputaciones a una persona.

descarnar t. Separar la carne del hueso de los animales comestibles.

descaro s. m. Actitud carente de vergüenza.

descarriado, da adj. Que se ha apartado del camino que debe seguir. ‖ Que no sigue la conducta adecuada.

descarriar t. Desviar a alguien del camino correcto. ‖ pr. Apartarse del camino correcto. ‖ Separar animales del rebaño.

descarrilar intr. Salir del carril un tren. ‖ pr. fig. Salirse una persona del camino correcto.

descartar t. Excluir cosas, personas, posibilidades u opciones del conjunto al que pertenecen.

descascarar t. Quitar la cáscara. ‖ pr. Deteriorarse o caerse la capa superficial de los objetos o la corteza de los troncos. *La pintura se descascaró.*

descendencia s. f. Conjunto de personas provenientes de un mismo tronco familiar.

descender intr. Bajar de un lugar a otro inferior. ‖ Correr de un fluido. *El río desciende de la montaña.* ‖ Disminuir un orden de mayor a menor. ‖ Disminuir en intensidad, calidad o cantidad. ‖ Provenir de un tronco familiar o de un grupo social.

descendiente adj. y s. com. Que desciende. ‖ Que está emparentado en línea directa ascendente con un tronco familiar.

descenso s. m. Bajada de un lugar a otro. ‖ Pendiente de un terreno. ‖ Disminución o pérdida de jerarquía. ‖ Disminución de calidad, cantidad o intensidad.

descentralización s. f. Transferir atribuciones del centro a otras instancias.

descentralizado, da adj. Que se ha independizado de un centro administrativo.

descentralizar t. Desconcentrar o distribuir funciones o atributos, principalmente políticos, económicos y administrativos.

descifrado, da adj. Se dice de aquello cuyo significado oculto ha sido entendido.

descifrar t. Dilucidar o explicar algo que está cifrado, escrito en caracteres desconocidos o embrollado.

desclasificación s. f. Acción y efecto de desclasificar.

desclasificar t. Quitar el secreto y hacer pública una información de Estado. ‖ Desordenar lo que está ordenado.

desclavar t. Quitar los clavos que aseguran una cosa.

descodificación s. f. Desciframiento de algo que está codificado.

descodificar t. Descifrar o interpretar algo que está codificado.

descolgar t. Quitar algo de donde pende. ‖ Levantar el auricular del teléfono. ‖ pr. fam. Dirigirse intempestivamente a un lugar o reunión. *Nos descolgamos a la fiesta.*

descolonización s. f. Supresión definitiva o gradual de la condición colonial de un territorio.

descolonizar t. Concluir el estatus colonial de un territorio.

descolorido, da adj. Que ha perdido color.

descomedido, da adj. Que es desatento, exagerado y fuera de lugar. ‖ Que es excesivamente grande.

descompasado, da adj. Que está fuera de ritmo. ‖ Excesivo, desmedido. ‖ fig. Que está fuera de lugar.

descompensar t. Hacer perder el equilibrio. ‖ Reducir la compensación del ingreso de un empleado. ‖ pr. Perder o disminuir la función vital de un órgano o del organismo. *Al sumergirnos en el agua podemos descompensarnos.*

descomponer t. Estropear un mecanismo. ‖ Trastornar una situación o relación. ‖ Separar los elementos de un compuesto químico. ‖ Separar los miembros de una formulación algebraica. ‖ pr. Echarse a perder alimentos. ‖ Perder la compostura.

descomponerse ‖. Degradación de los organismos muertos. ‖ Degeneración de una situación o relación.

descomposición s. m. Hecho de descomponer o

descompostura s. f. Avería de un mecanismo. ‖ Desaliño del aspecto físico de una persona. ‖ Pérdida de la moderación o el decoro.

descompresión s. f. Pérdida o reducción de la presión en un cuerpo, mecanismo u organismo. *Por exceso de velocidad el motor sufrió descompresión.*

descomprimir t. Reducir o eliminar la presión de un cuerpo o mecanismo cerrado. ‖ En informática, regresar a su tamaño normal archivos que fueron comprimidos.

descompuesto, ta adj. En referencia a un mecanismo, que está averiado. ‖ En referencia a un producto orgánico, que se corrompió. ‖ En referencia a una persona, que perdió su dignidad o su buen aspecto.

descomunal adj. Que es muy grande o fuera de lo común.

desconcentración s. f. Acción y efecto de desconcentrar o desconcentrarse.

desconcentrado, da adj. Que ha perdido la concentración, distraído. ‖ Hond. y Méx. Referido a un órgano gubernamental, que tiene capacidad para tomar decisiones y actuar por sí mismo.

desconcentrar t. y pr. Quitar la concentración, perturbar. ‖ Conceder a un órgano gubernamental capacidad para actuar por sí mismo.

desconcertado, da adj. Que está confundido o sorprendido.

desconcertante adj. Que causa desconcierto o perturbación.

desconcertar t. Causar desconcierto o perturbación.

desconcierto s. m. Perturbación de una persona. ‖ Situación desordenada y confusa.

desconectar t. Interrumpir o separar la conexión entre dos o más instalaciones eléctricas. ‖ fam. y fig. Interrumpir la comunicación entre dos o más personas.

desconexión *s. f.* Interrupción o ausencia de conexión.

desconfiado, da *adj.* Que no tiene confianza en otros.

desconfianza *s. f.* Falta de confianza en otros.

desconfiar *intr.* Sentir incredulidad o recelo de otros.

descongelación *s. f.* Proceso de deshielo o pérdida de la escarcha por aumento de la temperatura.

descongelar *t.* Quitar el hielo o la escarcha por aumento de la temperatura.

descongestión *s. f.* Eliminación o mitigación del exceso de fluido en órganos corporales. || *fig.* Despeje de vehículos de una vía de comunicación.

descongestionante *adj.* y *s. m.* Que descongestiona. || Medicamento para eliminar o mitigar la congestión de órganos corporales.

descongestionar *t.* Eliminar o mitigar el exceso de fluidos en órganos corporales. || *fig.* Despejar una vía de comunicación o un lugar.

desconocedor, ra *adj.* Que desconoce.

desconocer *t.* Ignorar una o muchas cosas. || No reconocer algo conocido. || Negar o repudiar la autoría o paternidad de algo. || Simular que no se conoce algo. || Negar la legitimidad de un acto. *El candidato perdedor desconoce la elección.*

desconocido, da *adj.* Irreconocible.

desconocimiento *s. m.* Ignorancia de algo o de muchas cosas. || Repudio de algo conocido. || Repudio de la legitimidad de un acto de autoridad.

desconsideración *s. f.* Ausencia de la consideración debida.

desconsiderado, da *adj.* y *s.* Que no guarda la consideración debida.

desconsolado, da *adj.* Que no encuentra consuelo. *Quedó desconsolado cuando falló el penal.*

desconsolador, ra *adj.* Que causa desconsuelo.

desconsolar *t.* Causar desconsuelo o dolor.

desconsuelo *s. m.* Sentimiento de dolor y pena profunda.

descontado *loc. fam.* **Por descontado:** seguridad que se tiene o se da de algo.

descontaminación *s. f.* Eliminación o mitigación de la contaminación.

descontaminar *t.* Eliminar o reducir la contaminación.

descontar *t.* Rebajar una parte de una cantidad. || Abonar por anticipado una cantidad al tenedor de un documento. || *fam.* y *fig. Méx.* Golpear a una persona por sorpresa.

descontento, ta *adj.* Que está insatisfecho con su situación o con otras personas. || *s.* Ambiente de insatisfacción.

descontextualizar *t.* Sacar un conjunto de hechos o palabras del contexto en que se sitúan.

descontinuar *t.* Terminar o suspender la continuación de una cosa. || Dejar de producir algo.

descontrol *s. m.* Pérdida de control de los actos propios.

descontrolado, da *adj.* Sin control.

descontrolar *t.* Causar pérdida de control. || *pr.* Perder control de uno mismo.

descoordinación *s. f.* Falta de coordinación.

descoordinado, da *adj.* Que no tiene coordinación.

descorazonador, ra *adj.* Que desanima o desalienta.

descorazonar *t.* Provocar pena, decepción o quitar esperanzas. *Su frialdad me descorazonó.* || *pr.* Desalentarse ante obstáculos o por decepción. *No te descorazones, échale ganas.*

descorchar *t.* Quitar el corcho de una botella o una barrica.

descorrer *t.* Plegar lo que está desplegado. *Descorre la cortina para que entre la luz.* || Develar algo que está oculto. *Hay que descorrer el velo del secreto.*

descortés *adj.* Que carece de cortesía o atención.

descortesía *s. f.* Falta de cortesía o atención.

descoser *t.* Soltar o despuntar la costura que une las partes de la tela cosida.

descosido, da *adj.* y *s.* Se dice del objeto de tela al que se le ha soltado o roto la costura. || *fam.* Que es indiscreto e irresponsable.

descoyuntado, da *adj.* Zafado de su articulación.

descoyuntar *t.* Desarticular los huesos o cualquier cosa que esté articulada.

descrédito *s. m.* Pérdida o menoscabo de la credibilidad o la buena reputación.

descremado, da *adj.* Sustancia a la que se le ha quitado la crema o grasa.

descremar *t.* Quitar la crema o la grasa de una sustancia.

describir *t.* Explicar con lenguaje hablado o escrito todos o varios de los aspectos de una persona, cosa o situación. || Representar mediante trazos o gestos.

descripción *s. f.* Representación oral, escrita, gráfica o gestual de un objeto.

descriptivo, va *adj.* Que describe.

descrito, ta *adj.* Que está explicado.

descuadrar *intr.* Dislocar el ensamble de una estructura. *No golpees la puerta, la vas a descuadrar.* || No ajustar un estado de cuentas.

descuartizar *t.* Cortar un cuerpo en cuartos o más partes, especialmente un animal.

descubierto, ta *adj.* Que lleva el cuerpo o parte de él sin ropa o sin tocado. || Se dice del lugar que está despejado o al aire libre. || Que ha sido localizado o pillado. || Que sido dado a conocer. || *s. f.* Operación mercantil sin la posesión inmediata del objeto negociado.

descubridor, ra *adj.* y *s.* Que descubre algo que estaba oculto o era desconocido.

descubrimiento *s. m.* Acción y efecto de descubrir. || El objeto así descubierto.

descubrir *t.* Hallar algo oculto o desconocido. || Retirar lo que cubre algo. || Hacer público algo que estaba en reserva u oculto.

descuento *s. m.* Disminución de una cantidad, generalmente del precio de algo. || Abono anticipado al tenedor de una letra de cambio.

descuidado, da *adj.* y *s.* Que es negligente en sus actividades o en su persona.

descuidar *t.* Abandonar la atención a una responsabilidad, relación personal, tarea o a la propia persona. || *pr.* Abandonar el cuidado de uno mismo.

descuido *s. m.* Falta de cuidado generalmente pequeña y reparable. || Falta de arreglo o cuidado personal.

desde *prep.* Indica origen de tiempo o lugar de la cosa narrada. *Desde ayer no la he visto.* || *loc. adv. Desde luego:* indica afirmación.

desdecir *t. pr.* Negar o contradecir lo afirmado. || Contradecir o demeritar con actos la imagen propia. *Ese atuendo se desdice su personalidad.*

desdén *s. m.* Actitud de indiferencia que manifiesta desprecio.

desdentado, da *adj.* Que ha perdido los dientes. || Especies animales sin dientes.

desdentar *t.* Extraer los dientes.

desdeñable *adj.* y *s. com.* Que merece desdeño.

desdeñado, da *adj.* Rechazado, despreciado.

desdeñar *t.* Tratar a otros con desprecio o indiferencia. || Rechazar ofrecimientos, atenciones o distinciones por orgullo.

desdeño *s. m.* Gesto de indiferencia que manifiesta desprecio.

desdeñoso, sa *adj.* Que manifiesta desdén o desprecio.

desdibujado, da *adj.* Que ha perdido definición, perfil o precisión. *Mi recuerdo está desdibujado.* || Que no sobresale por la situación en que se encuentra.

desdibujar *pr.* Perder una cosa, una idea o un sentimiento su claridad y definición.

desdicha *s. f.* Estado de pena y sufrimiento.

desdichado, da *adj.* y *s.* Que padece desdicha.

desdoblamiento *s. m.* Despliegue de una cosa doblada. || Anomalía de la personalidad.

desdoblar *t.* Desplegar una cosa que está doblada. *Hay que desdoblar el folio.* || Formar dos cosas de una sola, separando sus partes.

desdoro *s. m.* Mancha de la reputación, el honor o la buena fama.

deseable *adj.* Que es digno de deseo.

desear *t.* Querer poseer una cosa, situación o persona.

desecación *s. f.* Extracción artificial o pérdida natural de la humedad.

desecar *t.* Extraer la humedad.

desechable *adj.* Que puede ser desechado. || Que debe ser desechado después de usarse.

desechado, da *adj.* Apartado porque ya no se considera útil.

desechar *t.* Excluir una cosa u opción. *Voy a desechar mi ropa vieja.* || Apartar una idea de la mente. *Voy a desechar el proyecto de iniciar un negocio.*

desecho *adj.* Que está abatido. || Lo que queda después de escoger lo mejor. *Todo eso es material de desecho.* || Cosa vuelta inservible.

desembalar *t.* Retirar el embalaje de las mercaderías.

desembalsar *t.* Sacar el agua que ha quedado retenida en un embalse.

desembalse *s. m.* Acción y efecto de desembalsar o desaguar.

desembarcar *t.* Bajar de la embarcación cosas y personas.

desembocadura *s. f.* Lugar donde desemboca cualquier flujo de agua. || fig. Lugar donde confluye una calle.

desembocar *intr.* Salir un río u otro flujo de agua en un lugar determinado. || Confluir una calle en un lugar determinado. || Alcanzar desenlace. *El conflicto desembocó en componenda.*

desembolsar *t.* Pagar una cantidad en dinero. || Sacar algo de la bolsa.

desembolso *s. m.* Entrega de una cantidad de dinero.

desemejanza *s. f.* Falta de semejanza.

desempacar *t.* Sacar el equipaje de las maletas.

desempañar *t.* y *pr.* Limpiar alguna superficie que estaba empañada.

desempaquetar *t.* Sacar algo de su paquete.

desemparejar *t.* y *pr.* Hacer desigual lo que está igual o parejo.

desempastar *t.* y *pr.* Retirar el empaste de una pieza dental. || Perder la cubierta un libro.

desempatar *t.* e *intr.* Volver a competir dos partes que alcanzaron los mismos puntos en una competencia.

desempeñar *t.* Recuperar lo que se había dado en empeño. || Realizar un trabajo o una tarea. *Mi papá se desempeña como conserje.*

desempeño *s. m.* Acción de desempeñar o desempeñarse.

desempleado, da *adj.* y *s.* Que no tiene empleo.

desemplear *t.* y *pr.* Eliminar empleos.

desempleo *s. m.* Falta de empleo.

desempotrar *t.* Sacar algo de donde estaba empotrado.

desencadenante *adj.* Que provoca una serie de circunstancias relacionadas.

desencadenar *t.* y *pr.* Quitar las cadenas de algo o de alguien. || Producir u originar como consecuencia. *Una crisis económica desencadena el desempleo.*

desencajado, da *adj.* Que se movió o fue sacado de donde encajaba. || Desfigurado, descompuesto.

desencajar *t.* y *pr.* Sacar algo de otra cosa donde estaba encajado o ajustado. || Descomponerse el rostro.

desencantado, da *adj.* Decepcionado.

desencuadernar *t.* Deshacer lo que estaba encuadernado. *La niña traviesa desencuadernó algunos libros de la biblioteca.*

desencuentro *s. m.* Encuentro que no se dio. || Desacuerdo de opiniones.

desendeudar *t.* y *pr.* Liberar o liberarse de deudas.

desenfadado, da *adj.* Que muestra soltura para expresarse y actuar. || Que está despejado, libre de obstáculos.

desenfadar *t.* y *pr.* Quitar o quitarse el enfado.

desenfado *s. m.* Falta de seriedad, poca inhibición.

desenfocar *t.* y *pr.* Hacer que algo quede fuera de foco en una cámara fotográfica o de cine.

desenfoque *s. m.* Enfoque defectuoso o falta de enfoque.

desenfrenado, da *adj.* Que no tiene freno o moderación.

desenfrenar *t.* Quitarle el freno a un caballo o a un vehículo automotor. || *pr.* Desmadrarse, entregarse a vicios y hacer cosas malas.

desenfreno *s. m.* Comportamiento impulsivo, sin moderación ni control.

desenfundar *t.* Quitarle la funda a una cosa. || Sacar un arma de su funda.

desenganchar *t.* Soltar algo que estaba enganchado. || Dejar un mal hábito, especialmente el consumo de drogas.

desengañado, da *adj.* Que perdió la esperanza. || Que ha sufrido tanto que no le queda ninguna esperanza de nada.

desengañar *t.* y *pr.* Hacerle reconocer a alguien el engaño en el que está. || Quitar o quitarse la ilusión de algo. *Se desengañó pronto de su novia.*

desengaño *s. m.* Conocimiento que se tiene del error en el que se había caído o de una verdad que no se quería aceptar. || *pl.* Conjunto de desilusiones que se han sufrido.

desengrasar *t.* Quitar la grasa de algo. || *intr. fam. Esp.* Enflaquecer.

desenjaular *t.* Sacar de una jaula.

desenlace *s. m.* Final de algún acontecimiento. || Final de una obra literaria o de una película, donde se resuelve la trama.

desenlazar *t.* y *pr.* Soltar lo que está atado con lazos. || *fig.* Resolver la trama de una obra o de un asunto difícil.

desenmascarar *t.* y *pr.* Quitar o quitarse una máscara. || Descubrir la verdadera identidad de una persona. || Descubrir la verdadera personalidad o las intenciones de una persona.

desenraizar *t. Méx.* Desarraigar, quitar de raíz.

desenredar *t.* Deshacer un enredo de cosas como hilos, cabellos, cables, etc. || Solucionar un problema difícil.

desenrollar *t.* y *pr.* Estirar lo que está enrollado.

desenroscar *t.* y *pr.* Sacar una cosa de otra a la que se ajustó enroscándola. || Extender o estirar algo que estaba enroscado.

desensibilizar *t.* y *pr.* Quitar o perder la sensibilidad. || Aminorar la sensibilidad de una emulsión fotográfica.

desentenderse *pr.* Fingir que no se entiende algo. || No participar en algún asunto.

desentendido, da *adj.* Que no entiende o finge no entender.

desenterrar *t.* Sacar de su tumba debajo de la tierra a personas o animales. || Extraer de la memoria recuerdos muy enterrados.

desentonación *s. m.* Alteración de la entonación de la voz.

desentonado, da *adj.* Desafinado, discordante. || Que contrasta de manera desagradable con lo que hay a su alrededor.

desentonar *t.* No estar a tono con lo que lo rodea. || Alterar la voz, desafinar. || *pr.* Alzar inapropiadamente el tono de la voz.

desentono *s. m.* Salida de tono.

desentrañar *t.* Sacar las entrañas. || Descubrir o resolver algo muy difícil.

desentumecer *t.* y *pr.* Quitar el entumecimiento.

desenvainar *t.* Sacar de su vaina un arma. || Sacar las uñas los animales con garras.

desenvoltura *s. f.* Soltura para actuar y hablar. || Falta de inhibición. || Facilidad para expresarse.

desenvolver *t.* Quitar la envoltura de algo. || Estirar o extender algo que estaba enrollado. || *pr.* Actuar y hablar con soltura. || Desenredarse algo.

desenvuelto, ta *adj.* Que tiene o actúa con desenvoltura.

deseo *s. m.* Necesidad intensa de algo. || Cosa que origina la necesidad de poseerla. || Atracción sexual muy fuerte.

deseoso, sa *adj.* Que desea mucho algo. *Estaba deseoso de conocerla.*

desequilibrado, da *adj.* y *s.* Que ha perdido el equilibrio, ya sea respecto a la vertical, ya sea entre sus elementos. || Que ha perdido el equilibrio mental.

desequilibrar *t.* y *pr.* Quitar el equilibrio.

desequilibrio *s. m.* Falta de equilibrio. || Alteración de la conducta mental de una persona.

deserción *s. m.* Abandono del ejército sin el permiso de éste. || Abandono de una actividad, obligación o compromiso. *La deserción escolar es un problema que afecta a toda la sociedad.*

desertar *t.* Abandonar el ejército sin permiso. || Abandonar una actividad, obligación o compromiso.

desértico, ca *adj.* Que se relaciona con el desierto. || Que parece desierto por falta de gente.

desertificación *s. f.* Transformación de tierras fértiles en desierto.

desertificar *t.* Convertir en desierto tierras que antes eran aptas para el cultivo.

desertor, ra *adj.* y *s.* Persona que abandona el ejército sin permiso.

desesperación *s. f.* Pérdida de la esperanza. || Pérdida de la calma, del ánimo.

desesperado, da *adj.* y *s.* Que lo domina la desesperación. || Causado por la desesperación. || Que no tiene remedio.

desesperante *adj.* Que provoca desesperación.

desesperanza *s. f.* Falta total de esperanza.

desesperar *t.* y *pr.* Desesperanzar. || Impacientarse, perder la tranquilidad.

desestabilización *s. f.* Perturbación grave de algo. *La campaña de desestabilización que promueven los medios de comunicación forzó al presidente a intervenir.*

desestabilizador, ra *adj.* Que desestabiliza.

desestabilizar *t.* Perturbar gravemente el orden.

desestimar *t.* Negar una solicitud. *El juez desestimó las pruebas presentadas a último momento.* || No sentir aprecio por algo o alguien.

desestructurar *t.* y *pr.* Romper el orden que guardan entre sí las partes de un todo.

desfalcador, ra *adj.* y *s.* Que se dedica a desfalcar.

desfalcar *t.* Robar los bienes que se tenían en custodia.

desfalco *s. m.* Robo de los bienes que se tenían en custodia o que pertenecían a otra persona.

desfallecer *intr.* Perder su fuerza el cuerpo. *Desfallezco de hambre.* || Perder el ánimo. || Desvanecerse, desmayarse.

desfallecido, da *adj.* Muy débil, a punto de desmayarse.

desfasamiento *s. m.* Falta de ajuste de alguien o algo al ritmo o circunstancias de un momento determinado.

desfasar *t.* Generar una diferencia de fase. || *pr.* No adaptarse a las circunstancias o modas del momento.

desfavorable *adj.* Que no es favorable o que es perjudicial.

desfavorecer *t.* Dejar de favorecer a alguien. || Dificultar una tarea. || Afear.

desfavorecido, da *adj.* Desairado, que ha sufrido menoscabo.

desfibrilador *s. m.* Aparato que proporciona choques eléctricos en la región del tórax para restablecer el ritmo cardiaco.

desfibrilar *t.* Aplicar descargas eléctricas al corazón para lograr que recupere su ritmo normal.

desfigurar *t.* Alterar las facciones de una persona. || Deformar la realidad mintiendo o alterando un relato sobre un suceso. || Alterarse momentáneamente las facciones por una enfermedad, un disgusto fuerte, etc.

desfiguro *s. m. Méx.* Cosa ridícula.

desfiladero *s. m.* Paso estrecho entre montañas.

desfilar *intr.* Marchar en fila. || Para los militares, marchar en formación. || Salir en orden de un lugar. || Recorrer la pasarela una modelo.

desfile *s. m.* Paso sucesivo de personas o cosas de un lugar. ‖ Marcha de una tropa en formación. ‖ Paseo de una modelo por una pasarela para mostrar ropa de moda.

desfogar *t.* Permitir la salida del fuego o del agua. ‖ Apagar la cal. ‖ *pr.* Dar salida una pasión. ‖ Estallar una tormenta.

desfogue *s. m.* Acción y resultado de desfogar. ‖ Lo que ayuda a calmar un estado de ánimo.

desfondar *t.* Romper el fondo de una cosa, desde algo pequeño como un vaso hasta algo grande como un barco. ‖ *pr. Esp.* Perder las fuerzas un deportista.

desgajamiento *s. m.* Separación violenta de la rama de un árbol. ‖ Desprenderse una parte de algo que se veía muy sólido. ‖ Separación en partes de un todo.

desgajar *t.* y *pr.* Arrancar violentamente la rama de un árbol. ‖ Separarse algo de un cuerpo que se veía muy sólido. ‖ Separar algo de un todo.

desganado, da *adj.* Fastidiado, sin ganas de hacer las cosas.

desgano *s. m.* Falta de apetito. ‖ Falta de ganas de hacer algo.

desgarrado, da *adj.* Que está roto o rasgado. ‖ Que demuestra con intensidad una profunda tristeza o dolor.

desgarrador, ra *adj.* Que tiene fuerza para desgarrar. ‖ Que produce tristeza y dolor.

desgarradura *s. f.* Rasgadura o rotura de una tela. ‖ Pedazo de tela producto de una desgarradura o rotura.

desgarrante *adj.* Desgarrador, estremecedor.

desgarrar *t.* Romper o rasgar algo con la mano. ‖ Provocar una pena muy grande.

desgarre *s. m.* Acción y efecto de desgarrar o desgarrarse. ‖ Contracción violenta de un músculo que rompe sus fibras y produce dolor intenso.

desgarro *s. m.* Rotura. *Se hizo un desgarro de tendón.* ‖ Acción y resultado de desgarrar. ‖ *Esp.* Arrojo, valentía.

desgastado, da *adj.* Deteriorado por el uso. ‖ Con el prestigio o la credibilidad dañados a causa de repeticiones en una conducta negativa.

desgastar *t.* y *pr.* Hacer que algo pierda parte de su superficie por el uso. ‖ Hacer que se pierdan las fuerzas o el ánimo.

desgaste *s. m.* Acción y resultado de desgastar. *En la guerra de desgaste gana el que logra quedar en pie.*

desglosar *t.* Separar algo en sus partes para analizarlas por separado.

desgracia *s. f.* Situación que causa desdicha, infelicidad. ‖ Mala suerte. ‖ Pérdida del cariño, de la gracia. ‖ *loc. Caer en desgracia:* perder el afecto o la protección de alguien. *En cuanto su jefe se jubiló, cayó en desgracia.* ‖ *Por desgracia:* frase que expresa dolor, sufrimiento, mala suerte. *Por desgracia, nunca conocí a mi abuela materna.*

desgraciado, da *adj.* y *s.* Que sufre alguna desgracia. ‖ Que tiene mala suerte. ‖ Que inspira compasión. ‖ *s. Amér.* Persona mala.

desgraciar *t.* Echar a perder una cosa. ‖ Hacer daño a una persona.

desgranar *t.* Sacar los granos de una planta. *Desgranaron el arroz.* ‖ *pr.* Soltarse las cuentas de un collar o una pulsera. *Las perlas se desgranaron con estruendo.* ‖ *fig.* Sucederse las horas.

desgrasar *t.* Quitar la grasa.

deshabitado, da *adj.* Que no está habitado.

deshabitar *t.* Dejar o abandonar un lugar su población.

deshacer *t.* Destruir algo. ‖ Derretir. ‖ Dejar de tener vigencia. *El contrato se deshará por mutuo acuerdo.* ‖ Tener ganas de hacer algo. *Se deshacía por atender a sus invitados.* ‖ Derrotar por completo. *Quedó deshecha la retaguardia de los independentistas.* ‖ Asesinar a alguien.

desharrapado, da *adj.* y *s.* Que lleva la ropa llena de harapos.

deshebrar *t.* Sacar las hebras de una tela. ‖ Hacer tiras delgadas de una cosa.

deshecho, cha *adj.* Que está muy cansado. ‖ *Amér. Merid.* Desaliñado, desarreglado.

desheredado, da *adj.* y *s.* Que no tiene lo necesario para vivir. ‖ Que no le correspondió nada de una herencia.

desheredar *t.* Dejar a alguien fuera de una herencia.

deshidratación *s. f.* Pérdida de agua de una cosa o persona.

deshidratado, da *adj.* Que no tiene agua. ‖ *s. m.* Deshidratación.

deshidratar *t.* Hacer que una sustancia o ser vivo pierda agua.

deshielo *s. m.* Acción y resultado de deshelar. ‖ Época en que suele fundirse el hielo en un lugar.

deshilado, da *adj.* Que van unos atrás de otros. ‖ *s. m.* Labor que implica sacar hilos de una tela dejando huecos que después se unen para formar determinadas figuras.

deshilar *t.* Sacar hilos en el borde de una tela para hacer flecos. ‖ Sacar hilos de una tela para hacer la labor de deshilado. ‖ Hacer hilos o hebras de algo.

deshilvanado, da *adj.* Que no tiene hilván. ‖ *fig.* Que no tiene conexión.

deshilvanar *t.* Quitar los hilvanes.

deshojado, da *adj.* Dicho de una planta, que ha perdido sus hojas o pétalos. ‖ Dicho de un libro o cuaderno, que ha perdido páginas.

deshollinador, ra *adj.* y *s.* Persona que tiene por oficio deshollinar chimeneas. ‖ *s. m.* Instrumento para deshollinar chimeneas y techos altos.

deshollinar *t.* Quitar el hollín que recubre las chimeneas.

deshonestidad *s. f.* Falta de honestidad.

deshonesto, ta *adj.* Falto de honestidad, inmoral.

deshonor *s. m.* Pérdida del honor. ‖ Ofensa.

deshonrar *t.* Quitar el honor. ‖ Quitar la dignidad o el cargo a alguien.

deshonra *s. f.* Pérdida de la honra. ‖ Cosa deshonrosa.

deshonrar *t.* Quitar el honor. ‖ Violar a una mujer.

deshora *s. f.* Tiempo poco conveniente.

deshuesado, da *adj.* Que se le quitaron los huesos. ‖ Que se le quitó el hueso o el carozo a la fruta. ‖ Acción y resultado de deshuesar.

deshuesar *t.* Quitar los huesos de un animal o una fruta.

deshumanización *s. f.* Disminución o pérdida de las características humanas. ‖ Acción y resultado de deshumanizar.

deshumanizar *t.* Dejar a alguien o a algo sin sus características humanas. ‖ *fig.* Perder alguien sus sentimientos.

desidia *s. f.* Falta de ganas de hacer algo.

desidioso, sa *adj*. Que muestra falta de ganas de hacer algo.

desierto, ta *adj*. Que no tiene gente. ‖ Que no tiene ganador. *Declararon desierto el concurso de cuento*. ‖ *s. m*. Región donde casi no llueve y hay poca vegetación y pocos animales.

designación *s. f*. Acción y resultado de designar. ‖ Elección de alguien para un cargo. ‖ Nombre con que se designa una cosa.

designar *t*. Elegir a una persona para que ocupe un cargo. ‖ Indicar el lugar o el momento preciso para que ocurra algo. ‖ Llamar a una cosa con una palabra, un signo, etc. *La palabra «calamidad» designa una situación de emergencia*.

designio *s. m*. Intención o plan para realizar una cosa.

desigual *adj*. Que no es igual. ‖ Que su superficie no es lisa. ‖ Que es voluble, que no es parejo en su carácter. ‖ Que implica falta de justicia. *Por ser pobres recibieron un trato desigual en el restaurante*.

desigualar *t*. Hacer que dos cosas o personas dejen de ser iguales. ‖ *pr*. Adelantarse, aventajarse.

desigualdad *s. f*. Falta de igualdad entre personas o entre cosas.

desilusión *s. f*. Sentimiento negativo que se experimenta cuando la realidad no corresponde a nuestras ilusiones.

desilusionado, da *adj*. Que ha sufrido una desilusión.

desilusionar Hacer que alguien pierda una ilusión. ‖ *pr*. Desengañarse.

desincentivación *s. f*. Quitar el incentivo para hacer algo. ‖ Acción y resultado de desincentivar.

desincentivar *t*. Quitar los incentivos.

desindustrializar *t. y pr*. Quitar su carácter industrial a una actividad o territorio.

desinfección *s. f*. Eliminación de gérmenes, bacterias y virus que pueden ser nocivos para la salud.

desinfectado, da *adj*. Que ha sido sometido a una desinfección.

desinfectante *adj. y s. m*. Que sirve para desinfectar.

desinfectar *t. y pr*. Eliminar o neutralizar gérmenes, bacterias o virus que pueden provocar una infección.

desinflado, da *adj*. Que ha perdido el aire o el gas que contenía. ‖ *fig*. Desanimado.

desinflamar *t. y pr*. Quitar o bajar una inflamación.

desinflar *t*. Sacar el aire de una parte del cuerpo o de un objeto. ‖ *pr*. Desanimarse.

desinformación *s. f*. Acción y resultado de desinformar. ‖ Falta de información.

desinformar *t*. Distorsionar, alterar o manipular la información. ‖ Omitir información.

desinhibición *s. f*. Carencia o pérdida de la inhibición.

desinhibido, da *adj*. Que no tiene inhibición.

desinhibir *t. y pr*. Lograr que alguien deje a un lado sus inhibiciones y actúe con espontaneidad.

desintegración *s. f*. Acción y resultado de desintegrar.

desintegrado, da *adj*. Que tiene los elementos o partes que lo conformaban separados entre sí.

desintegrar *t. y pr*. Separar los elementos de un todo. ‖ Destruir completamente. ‖ Perder cohesión.

desinterés *s. m*. Falta de interés en hacer algo. ‖ Voluntad de ayudar sin obtener beneficios a cambio.

desinteresado, da *adj*. Que no busca el interés o el beneficio propios.

desintoxicar *t*. Eliminar del organismo una sustancia peligrosa o que produce adicción. ‖ *fig*. Llevar a cabo una actividad diferente para quitarse de encima las preocupaciones o un trabajo muy estresante.

desistimiento *s. m*. Acción y resultado de desistir.

desistir *intr*. Abandonar una acción que se estaba llevando a cabo. ‖ En derecho, renunciar a un derecho o a seguir una acción judicial.

deslavado, da *adj*. Sin color. ‖ *Esp*. Descarado.

deslavar *t*. Lavar por encima. ‖ Quitarle el color a algo. ‖ Desprenderse la tierra de un cerro por culpa de la lluvia.

deslave *s. m. Méx*. Acción y resultado de deslavar. ‖ Tierra que se desprendió.

desleal *adj. y s. com*. Que traiciona o es deshonesto.

deslealtad *s. f*. Falta de lealtad.

deslegitimar *t*. Quitar la legitimidad.

deslenguado, da *adj*. Que habla con descaro y sin respeto.

desligado, da *adj*. Suelto, separado. ‖ Independiente de algo, ajeno a ello.

desligar *t. y pr*. Desatar las ligaduras. ‖ Separar, independizarse. ‖ En derecho, dispensar de una obligación.

deslindar *t*. Marcar con claridad los límites de un terreno. ‖ Aclarar los límites de responsabilidad, alcance, etc., de una dependencia de gobierno, de un departamento en una empresa privada. ‖ Aclarar lo que está confuso.

deslinde *s. m*. Determinación de los límites de algo.

desliz *s. m*. Error pequeño. ‖ Infidelidad.

deslizamiento *s. m*. Acción y resultado de deslizar o deslizarse. ‖ Desprendimiento de tierra y rocas de la ladera de una montaña.

deslizante *adj*. Que permite deslizar.

deslizar *t*. Mover suavemente una cosa sobre una superficie. ‖ *pr*. Moverse suavemente sobre una superficie. ‖ Moverse con disimulo.

deslucir *t. y pr*. Quitar el brillo a algo.

deslumbrado, da *adj*. Cegado momentáneamente por el exceso de luz. ‖ Impresionado fuertemente por algo.

deslumbrante *adj*. Que es tan brillante que afecta la vista. ‖ Que es tan hermoso que provoca admiración.

deslumbrar *t*. Afectar la vista con una luz muy intensa. ‖ Impresionar mucho a alguien.

desmagnetizar *t*. Perder algo la imantación, o hacer que la pierda.

desmantelamiento *s. m*. Desmontaje o vaciamiento de una construcción. ‖ Liquidación o desarticulación de una organización, actividad, empresa.

desmantelar *t*. Tirar abajo una construcción. ‖ Desarticular una organización delictiva. ‖ Destruir algo inmaterial. *No pudo desmantelar los planes de boda de su ex*.

desmayo *s. m*. Pérdida momentánea del conocimiento. ‖ Decaimiento de las fuerzas, desánimo.

desmedido, da *adj*. Que no tiene medida o que la excede.

desmejorar *t.* Hacer que algo pierda brillo o calidad. ‖ *intr.* y *pr.* Perder la salud.

desmelenar *t.* Desordenar el cabello. ‖ Perder los estribos. ‖ Perderse por una pasión.

desmembramiento *s. m.* Acción y resultado de desmembrar.

desmembrar *t.* Dividir o separar un cuerpo en sus miembros. ‖ Separar las partes de un organismo o institución.

desmemoria *s. f.* Falta de memoria.

desmemoriado, da *adj.* Que no tiene o perdió la memoria.

desmentido *s. m.* Acción y efecto de desmentir o negar la veracidad de algo. ‖ Comunicado en que públicamente se desmiente algo.

desmentir *t.* Decir a alguien que miente. ‖ Sostener la falsedad de lo hecho o dicho por otro. ‖ Disimular o desvanecer algo para que no se conozca. ‖ Proceder una persona de modo distinto al esperable por su nacimiento, educación o estado.

desmenuzar *t.* e *intr.* Deshacer, desbaratar algo separándolo en partes muy pequeñas. ‖ Analizar y examinar detalladamente algo.

desmerecer *t.* Hacer indigno de premio, aprecio o alabanza. ‖ *intr.* Perder una cosa parte de su valor o mérito. ‖ Ser una cosa inferior a otra con la que se compara.

desmesura *s. f.* Falta de mesura, descomedimiento.

desmilitarización *s. f.* Acción y efecto de desmilitarizar.

desmilitarizar *t.* Suprimir el carácter o la organización militar de una colectividad. ‖ Reducir o cancelar la sujeción a la disciplina militar. ‖ Retirar tropas e instalaciones militares de un territorio, según un acuerdo internacional.

desmineralización *s. f.* En medicina, pérdida anormal de los minerales que requiere el organismo para su funcionamiento, debido a la cual este presenta una disminución en los índices de sodio, potasio, calcio, hierro o cualquier otro de los indispensables.

desmineralizar *t.* y *pr.* Sustraer, para eliminarlos, los minerales que contiene algo.

desmitificación *s. f.* Acción y efecto de desmitificar. ‖ Proceso por el cual se analiza un mito y se encuentran sus elementos racionales o comprobables.

desmitificar *t.* Privar de atributos míticos a personajes y sucesos cuya base histórica o racional se destaca y sustituye al mito.

desmoldar *t.* Sacar algo del molde.

desmontable *adj.* y *s. com.* Que se puede desmontar o desarmar.

desmontar *t.* Desarmar, separar las piezas de un objeto compuesto de ellas. ‖ Separar los elementos de un razonamiento, discurso o sistema intelectual mediante el análisis para su mejor estudio. ‖ Deshacer un edificio separando los elementos de su estructura. ‖ Tirar del caballo al jinete. ‖ *t.* Talar los árboles y cortar las matas de un terreno silvestre para dedicarlo al cultivo o a la construcción.

desmoralizar *t.* y *pr.* Depravar las costumbres con malos ejemplos o con la difusión de ideas nocivas. ‖ Desalentar, restar ánimos. *La resistencia enemiga desmoralizó al ejército.*

desmoronar *t.* y *pr.* Arruinar o deshacer paulatinamente las edificaciones. ‖ Desbaratar o reducir a porciones mínimas sustancias que estaban cohesionadas. ‖ Sufrir una persona una profunda

depresión o un colapso nervioso. ‖ Decaer, venir a menos.

desmotivar *t.* Desalentar, quitar o demeritar la motivación.

desmovilizar *t.* Licenciar a las tropas movilizadas. ‖ Evitar la movilización de una organización, marcha, protesta, manifestación.

desnacionalizar *t.* Quitar el carácter nacional a una industria, empresa, proyecto, etc., al integrarles elementos extranjeros. ‖ Privar de su nacionalidad a alguien que la había adquirido por medios legales. ‖ Privatizar, vender empresas nacionales a particulares.

desnaturalizar *t.* Alterar o corromper las condiciones o cualidades de algo. ‖ Degradar una sustancia como el vino o el aceite de manera que ya no sea apta para el consumo humano.

desnivel *s. m.* Falta de nivel. ‖ Diferencia de altura entre dos o más puntos de un mismo plano. ‖ *loc. Paso a desnivel:* paso elevado o hundido con respecto al nivel general de la avenida.

desnivelar *t.* y *pr.* Alterar el nivel existente entre dos o más cosas. ‖ Desequilibrar, hacer perder el balance.

desnucar *t.* y *pr.* Sacar de su lugar o romper los huesos de la nuca. ‖ Matar mediante un golpe en la nuca.

desnuclearizar *t.* y *pr.* Desposeer de armas o instalaciones nucleares un territorio o país. ‖ Eliminar los componentes nucleares de un arsenal o de un misil.

desnutrición *s. f.* Estado anormal del organismo por falta de comida o por una dieta carente de nutrientes.

desnutrido, da *adj.* Mal alimentado, enflaquecido.

desnutrir *t.* y *pr.* Provocar desnutrición. ‖ Perder el organismo sustancias que requiere para funcionar.

desobediente *adj.* y *s. com.* Que no obedece. ‖ Inclinado o propenso a desobedecer.

desobligado, da *adj.* y *s.* Que no cumple con sus obligaciones.

desocupado, da *adj.* y *s.* Sin ocupación, ocioso, libre. ‖ Vacío, despejado de personas o cosas. ‖ Desempleado, parado.

desocupar *t.* Dejar un lugar vacío, sacarle el contenido. ‖ Retirarse un ejército o fuerza armada del territorio extranjero que ocupaba. ‖ *pr.* Liberarse de una ocupación, encargo o negocio.

desodorizar *t.* Eliminar malos olores por medio de sustancias aromatizantes.

desoír *t.* Desatender, no tomar en consideración. *No desoigas los buenos consejos.*

desolado, da *adj.* Desierto, inhóspito. ‖ Muy afligido, desconsolado.

desolador, ra *adj.* Asolador. ‖ Que provoca extrema aflicción o dolor.

desolar *t.* Asolar, arrasar, destruir un lugar, un poblado, un país. ‖ Causar gran pena o aflicción a alguien. ‖ *pr.* Afligirse, angustiarse en extremo.

desollar *t.* Arrancar la piel del cuerpo o de alguna de sus partes. ‖ Causar perjuicio grave a una persona, ya sea físico, económico o moral. ‖ *loc. Desollar vivo a alguien:* sacarle más dinero del justo.

desorbitado, da *adj.* Sacado de su órbita. ‖ Exagerado, fuera de proporción. ‖ Dicho de los ojos, como si fueran a salirse de sus órbitas, ya sea por asombro, admiración, dolor o espanto.

desorden *s. m.* Confusión, alteración del orden. ‖ Perturbación de la disciplina de un grupo de personas. ‖ Disturbio, alteración de la paz pública. ‖ Exceso o abuso en un comportamiento. ‖ Trastorno en el funcionamiento de algún órgano, aparato o sistema.

desordenado, da *adj.* y *s.* Que no tiene o sigue un orden. ‖ Que no se ajusta a la ley o a la moral. ‖ Que no actúa con disciplina o método ni cuida de sus cosas.

desordenar *t.* Perturbar, alterar o confundir el orden. ‖ *pr.* Desmandarse, excederse, salirse de la norma o regla.

desorganizado, da *adj.* Sin organización, sin orden.

desorganizar *t.* y *pr.* Destruir el orden y las conexiones entre los elementos de un todo.

desorientado, da *adj.* Mal orientado. ‖ Confuso, ofuscado.

desorientar *t.* y *pr.* Hacer que alguien pierda la orientación, o perderla uno mismo, sin poder ubicarse geográfica o topográficamente. ‖ Confundir, extraviar.

desosar *t.* Deshuesar, quitar los huesos.

desovar *t.* Soltar sus huevecillos o huevas las hembras de peces y batracios.

desove *s. m.* Acción y efecto de desovar. ‖ Época en que desovan las hembras de peces y batracios.

desoxigenar *t.* y *pr.* Retirar el oxígeno de una sustancia en la cual estaba mezclado o combinado.

desoxirribonucleico *adj.* y *s. m.* Se dice del ácido constituido por un biopolímero; cada una de sus unidades es un desoxirribonucleótido y constituye el material genético de la célula; contiene en su secuencia la información para la síntesis de proteínas.

despachar *t.* Abreviar y concluir un negocio o una tarea. ‖ Tratar o resolver un asunto. ‖ Enviar a alguien con un recado o encargo. ‖ Mandar algo a alguna parte. ‖ Vender una mercancía. ‖ Despedir o alejar a alguien. ‖ Atender a un cliente. ‖ *pr. Méx.* Matar a alguien. ‖ *Cub.* Disponer de algo sin tener autorización.

despacho *s. m.* Acción y efecto de despachar. ‖ Local destinado al estudio o al ejercicio de una profesión. ‖ Mobiliario de dicho local. ‖ Tienda o parte del establecimiento donde se realiza la venta de mercancías. ‖ Comunicación escrita entre un gobierno y su embajador en un país extranjero.

desparasitar *t.* y *pr.* Eliminar los parásitos del organismo al que están dañando.

desparramado, da *adj.* Esparcido sobre una superficie. ‖ Disperso.

desparramar *t.* Esparcir, extender y separar lo que estaba junto. ‖ Verter un líquido y dejar que se derrame por la boca del recipiente. ‖ Malgastar los bienes, malbaratarlos, disiparlos. ‖ *Arg., Méx., Py.* y *P. Rico* ‖ Divulgar una noticia, hacer correr un rumor.

desparramo *s. m. Amér.* Acción y efecto de desparramar. ‖ *fam.* Desbarajuste, desorden, batahola.

despavorido, da *adj.* Lleno de pavor.

despavorir *t. def.* Causar pavor o gran miedo.

despechar *t.* y *pr.* Causar u ocasionar despecho a alguien.

despecho *s. m.* Sentimiento de aversión hacia alguien, que surge a causa de los desengaños o desdenes vividos por su causa.

despectivo, va *adj.* Despreciativo, que expresa o contiene desprecio.

despedazar *t.* y *pr.* Hacer o hacerse pedazos un cuerpo. ‖ Destruir algo no material.

despedida *s. f.* Acción y efecto de despedir a alguien o despedirse uno. ‖ En algunos cantos popu-

lares, como el corrido y el romance, copla final en que el cantor (o el autor) se despide.

despedido, da *adj.* Arrojado o expelido con fuerza. ‖ Depuesto, privado de su empleo.

despedir *t.* Arrojar, aventar, lanzar algo. ‖ Difundir o esparcir. *Despedir rayos de luz, despedir un aroma.* ‖ Apartar de uno algo no material. ‖ Privar a alguien de su empleo o cargo, prescindir de sus servicios. ‖ Acompañar hasta la puerta o un trecho del camino a quien se va de una casa o de un pueblo. ‖ *pr.* Decir expresiones de afecto y cortesía al separarse de alguien. ‖ Renunciar a la expectativa de tener algo o alcanzar algo de alguien. *Se despidió de sus ilusiones de llegar a rico.*

despegar *t.* Desunir o desprender dos cosas que estaban pegadas. *No despegó los labios para decir palabra.* ‖ Iniciar una actividad o una empresa después de prepararse para ello. ‖ Separarse del suelo al irse elevando en el aire aviones, helicópteros o naves espaciales. ‖ *pr.* Perder el apego o cariño que se tenía a algo o a alguien.

despegue *s. m.* Acción y efecto de despegar un avión, helicóptero o nave espacial. ‖ Acción y efecto de despegar una empresa, una iniciativa, campaña o actividad.

despejado, da *adj.* Desenvuelto, sociable, listo en el trato social. ‖ Inteligente, lúcido. ‖ Espacioso, amplio, sin obstáculos.

despejar *t.* Desocupar, vaciar un espacio. ‖ Aclarar, eliminar lo que estorba o entorpece una situación. ‖ En matemáticas, separar una incógnita de las variables y cantidades que la acompañan en una ecuación para poder calcular su valor y resolverla. ‖ *intr.* Quedar el cielo libre de nubes. ‖ *pr.* Mostrarse más desenvuelto y maduro en el trato social. ‖ Deshacerse de una preocupación, carga o malestar, o salir un rato a descansar de ellos.

despeje *s. m.* Acción y efecto de despejar o alejar la pelota en juegos como el futbol.

despellejar *t.* Quitar la piel o el pellejo. ‖ *fam.* y *fig.* Murmurar calumniosamente de alguien.

despenalizar *t.* Dejar de considerar delito alguna conducta que estaba tipificada como tal. *Despenalizar el aborto, despenalizar la homosexualidad.*

despensa *s. f.* Lugar o mueble donde se guardan los víveres. ‖ Provisión de comestibles. ‖ Despensero, administrador de víveres de una comunidad o colectividad.

despensero, ra *s.* Persona que tiene a su cargo la administración de la despensa.

despeñar *t.* y *pr.* Precipitar o arrojar a alguien desde un sitio alto y escarpado; lanzarse uno mismo desde un lugar semejante. ‖ Entregarse uno a pasiones, vicios o delitos, sin reflexión ni tino.

despepitar *t.* Quitar las pepitas de los frutos que las tienen, como melón, pepino, calabaza. ‖ *t.* y *pr.* Desembuchar, declarar algo que debía mantenerse confidencial o reservado. ‖ Hablar y gritar con vehemencia y enfado. ‖ *fam.* Mostrar exagerada afición o gusto por algo.

desperdiciar *t.* Malgastar, emplear mal algo. *Desperdicias tu talento.* ‖ Desaprovechar, dejar pasar una oportunidad.

desperdicio *s. m.* Derroche o gasto indebido de los bienes o de cualquier otra cosa. ‖ Residuo o desecho no aprovechable o que se deja sin usar por descuido.

desperdigar *t.* y *pr.* Esparcir, desunir, separar. ‖ Dispersar la atención o el interés, perder la concentración.

desperezarse *pr.* Estirar los miembros y todo el cuerpo para sacudirse la pereza o el entumecimiento.

desperfecto *s. m.* Deterioro leve o superficial. ‖ Defecto o falla que devalúa o demerita algo o a alguien.

despersonalizar *t.* y *pr.* Hacer perder a alguien o quitarse uno mismo los atributos y caracteres que le dan identidad personal. ‖ Quitar el carácter personal a un asunto, negocio o cuestión.

despiadado, da *adj.* Carente de piedad, implacable, cruel, inhumano.

despido *s. f.* Acción y efecto de despedir a alguien. ‖ Decisión de la empresa por la que pone fin a la relación laboral con el empleado. ‖ Liquidación, finiquito e indemnización por este concepto.

despierto, ta *adj.* Listo, avisado, sagaz, inteligente.

despilfarrar *t.* Gastar los bienes o el dinero en forma desordenada para la adquisición de cosas superfluas. ‖ *pr. fam.* Gastar profusamente en alguna ocasión.

despintar *t.* y *pr.* Raer o disolver la pintura de un objeto pintado. ‖ *fam. Chil., Col.* y *P. Rico* ‖ Apartar la mirada, perder de vista.

despistado, da *adj.* y *s.* Desorientado, distraído, torpe. ‖ Carente de pistas o indicios. ‖ Se dice del avión u otro transporte que se ha salido de la pista.

despistar *t.* y *pr.* Hacer perder la pista borrando los indicios. ‖ Desorientarse por no dar con las pistas. ‖ Andar perdido en algún asunto o materia. ‖ *Per.* Salirse de la pista o carretera por perder el control el conductor. ‖ *intr.* Disimular, fingir.

desplante *s. m.* Dicho o hecho lleno de arrogancia, descaro o disgusto. ‖ En esgrima y danza, postura irregular de los pies.

desplazado, da *adj.* y *s.* Que no se ajusta o adapta a las circunstancias. ‖ Persona obligada a dejar su lugar de origen o residencia por causa de la guerra, la violencia o los desastres naturales.

desplazamiento *s. m.* Acción y efecto de desplazar. ‖ Volumen y peso del agua que desaloja un buque, equivalente al espacio que ocupa su casco en el agua hasta la línea de flotación. *La Nao tenía un desplazamiento de 20 000 toneladas.*

desplazar *t.* Mover algo o a alguien del lugar en que está. ‖ Dicho de un cuerpo en flotación: mover un volumen de agua igual al de su parte sumergida. ‖ *pr.* Trasladarse, irse de un lugar a otro. ‖ Desarraigarse de un lugar para escapar de las condiciones adversas.

desplegado *s. m.* Inserto publicado a toda plana y aun a doble plana en un diario, que paga quien lo suscribe y suele ser de contenido político, sindical o protestatario.

desplegar *t.* y *pr.* Extender, desdoblar y alisar lo que estaba plegado. ‖ Aclarar y hacer evidente lo oscuro y poco comprensible. ‖ Poner en acción, ejercitar o manifestar una cualidad o una facultad. *Desplegar simpatía, desplegar fuerza.* ‖ En informática, hacer que se muestre en la pantalla un menú, un recuadro, una ventana o un programa. ‖ En las fuerzas armadas, hacer pasar las tropas, los buques o los aviones del orden cerrado al abierto. ‖ *neol.* Llevar fuerzas armadas a un territorio y ponerlas en pie de guerra.

desplomarse *pr.* Caer una cosa con todo su peso. ‖ Caer sin vida o sin conocimiento una persona.

desplumar *t.* Arrancar las plumas al ave, generalmente para cocinarla. ‖ Quitar, mayormente con trampas, el dinero o los bienes a alguien.

despoblado *s. m.* Sitio no poblado, y especialmente el que en otros tiempos tuvo habitantes. ‖ Lugar desierto, yermo, desolado.

despoblar *t.* y *pr.* Dejar deshabitado y yermo lo que estaba poblado. ‖ Reducir considerablemente el tamaño de una población, diezmarla. ‖ Despojar un sitio de aquello que lo ocupaba.

despojar *t.* y *pr.* Privar con violencia a alguien de lo que tiene o usa. ‖ Quitar a algo lo que lo complementa o adorna. ‖ Desnudarse, quitarse las prendas de vestir. ‖ Desposeerse voluntariamente de algo.

despojo *s. m.* Acción y efecto de despojar o de despojarse. ‖ Lo que el vencedor arrebata al vencido. ‖ En plural, entrañas y partes no comestibles de los animales sacrificados para consumo humano. ‖ Sobras, residuos, desechos, sobre todo si aún son utilizables para algo. ‖ Cadáver, restos mortales de una persona.

despolitizar *t.* y *pr.* Quitar carácter político a un suceso o a la voluntad política a una persona.

desportillar *t.* y *pr.* Deteriorar algún objeto por el borde o por la boca de modo que salte un fragmento y le quede un portillo o abertura.

desposado, da *adj.* y *s.* Recién casado.

desposar *t.* Efectuar u oficiar el matrimonio de dos personas. ‖ *intr.* Casarse, contraer matrimonio.

desposeer *t.* Privar a alguien de lo que posee. ‖ *intr.* Privarse alguien de sus posesiones.

desposeído, da *adj.* y *s.* Pobre, desheredado, carente de medios y recursos.

desposorio *s. m.* Promesa mutua de casarse hecha por dos personas. También se usa en plural con el mismo significado.

despostillar *t.* y *pr. Hond.* y *Méx.* Maltratar un objeto de vidrio o cerámica de modo que se le rompa un fragmento del borde o de la boca.

déspota *s. m.* Soberano absoluto que gobierna sin sujetarse a ninguna ley y guiado por su solo parecer. ‖ Gobernante que en los tiempos antiguos mandaba sobre alguna de las ciudades-Estado de la Grecia preclásica. ‖ *s. com.* Persona que maltrata y tiraniza a sus subordinados.

despótico, ca *adj.* Referente al déspota o propio de él.

despotismo *s. m.* Autoridad absoluta, sin los límites de la ley. ‖ Abuso de autoridad en el trato con las personas, sobre todo las subordinadas.

despreciable *adj.* Digno de desprecio.

despreciado, da *adj.* Que no merece aprecio, estimación, respeto o atención.

despreciar *t.* Tener u a alguien en poco valor. ‖ Desdeñar, desairar.

despreciativo, va *adj.* Que indica o implica desprecio.

desprecio *s. m.* Falta de aprecio o de estimación. ‖ Desdén, desaire.

desprender *t.* Separar, desunir, desatar una cosa que estaba fija o unida a otra. ‖ *pr.* Deshacerse, separarse o renunciar a algo que se tiene, por voluntad o por necesidad. ‖ *t.* Emitir algo de sí. *Las flores desprenden aromas agradables.* ‖ *pr.* Deducirse, inferirse, sacar una idea o consecuencia de algo. *Por lo que expusieron, se desprende que estudiaron mucho.*

desprendido, da adj. Desinteresado, generoso.

desprendimiento s. m. Acción y efecto de desprender o desprenderse. *Debido a las lluvias hubo un desprendimiento del cerro.*

despreocupación s. f. Condición del que no tiene preocupaciones. || Falta de cuidado o de atención.

despreocupado, da adj. Que carece de preocupaciones, de carácter tranquilo, desenfadado. || Que no sigue los convencionalismos sociales, o que no le preocupa lo que digan los demás.

despreocuparse pr. Librarse de una causa que produzca intranquilidad, miedo o angustia. || Desentenderse, mantenerse al margen de un asunto o cuestión.

desprestigiado, da adj. Que ha perdido su buena reputación.

desprestigiar t. Hacer perder el prestigio o buena fama de alguien o algo.

desprestigio s. m. Acción y efecto de desprestigiar o desprestigiarse. *Sus errores le han traído desprestigio.*

despresurizar t. Hacer que algo carece de la presión que contiene. *Para abrir la olla de presión, primero hay que despresurizarla.*

desprevenido, da adj. Que no está prevenido o preparado para algo.

desprivatizar t. Convertir en públicos un sector o una empresa privada.

desprogramar t. y pr. Anular la programación de un aparato.

desprolijo, ja adj. Arg., Chil. y Uy. Descuidado, superficial.

desproporción s. f. Falta de proporción.

desproporcionado, da adj. Que no tiene la proporción debida.

despropósito s. m. Dicho o hecho inoportuno o sin sentido que se realiza en un momento, lugar o situación inadecuados. *Su ignorancia acerca del tema del que hablaban le hizo decir sólo despropósitos.*

desprotegido, da adj. Que no tiene protección.

desprovisto, ta adj. Que no tiene lo necesario.

después adv. Expresa posterioridad en el tiempo. *Voy a mi casa, después paso a la tuya.* || Expresa posterioridad en el espacio. *Después del semáforo das vuelta a la izquierda.* || Con la preposición «de» puede significar posterioridad de orden o categoría. *Tú sigues después de ella.* || Se usa con valor adversativo que se añade al valor temporal. *Después de todo lo que hice por él, aparenta que no me conoce.* || Precedido de nombres de tiempo, forma locuciones adverbiales que significan siguiente, posterior, etc. *Meses (días, horas, años, etc.) después, ya no quedaban rastros de lo sucedido.*

despuntar t. Cortar, quitar, romper o gastar la punta de una cosa. || intr. Destacar, descollar o adelantar a otros en habilidad para cierta actividad. || Empezar a brotar los tallos y brotes de una planta. || Empezar a aparecer el día. *Despuntaba el alba con sus rayos color de rosa.*

desquebrajar t. Rajar superficialmente sin dividirlo del todo algunos cuerpos duros, como la madera, la loza, el yeso, etc.

desquiciado, da adj. Falto de juicio, de razón, de orden.

desquiciante adj. Que altera o trastorna.

desquiciar t. Trastornar algo, en cualquier sentido; especialmente exasperar a una persona. || Desencajar o sacar de su quicio una puerta o una ventana.

desquicio s. m. Amér. Desorden, anarquía, trastorno.

desquitar t. Compensar a alguien de una pérdida o un contratiempo sufridos. || pr. Tomar revancha o vengarse de una ofensa o un perjuicio recibido.

desquite s. m. Acción y efecto de desquitar. || Compensación a una pérdida o un contratiempo sufridos.

desregulación s. f. En economía, proceso por el cual se liberaliza la reglamentación que rige procesos comerciales.

desregular t. y pr. Liberalizar o suprimir las regulaciones o reglamentos que rigen procesos comerciales, a fin de que la oferta y la demanda funcionen libremente.

destacado, da adj. Que destaca o sobresale, notorio, importante.

destacamento s. m. Parte de una tropa separada del resto del ejército para realizar alguna tarea específica.

destacar intr. Sobresalir, descollar, resaltar, ser más notable. || t. Señalar o poner de relieve un aspecto o una cualidad. *El conferencista destacó los méritos del homenajeado.* || Separar el cuerpo principal de un ejército un grupo de tropa para realizar una misión. *Destacaron tropas para vigilar las carreteras.*

destajo s. m. Trabajo en que se paga por la labor realizada y no por un jornal.

destapar t. Quitar la tapa, el tapón o la cubierta de algo. || Descubrir lo que está oculto. || Quitar la ropa que lo abriga o parte de ella. || pr. Mostrar aspectos o rasgos propios no manifestados antes. *En la fiesta se destapó como un buen cantante.* || fam. Desnudarse un actor o una actriz para dar espectáculo. || Méx. Dar a conocer el nombre del candidato a un puesto de elección, principalmente a la Presidencia de la República.

destartalado, da adj. Desvencijado, que está mal cuidado, viejo o que funciona mal.

destartalar t. Desvencijar, estropear, dañar.

destazar t. Partir algo en piezas o pedazos.

destellar t. Despedir destellos o emitir rayos de luz intermitentes. *Su collar de brillantes destellaba.*

destello s. m. Resplandor, rayos de luz intensa, momentánea y oscilante. *A lo lejos se veían los destellos de la ciudad.* || Manifestación fugaz de alguna cualidad o actitud. *Su talento sólo aparece como destellos.*

destemplado, da adj. Falto de temple. || Se dice de un instrumento musical, la voz, el canto, etc., que está desafinado. || Se dice de una pintura en que hay disconformidad de tonos. || Se dice del tiempo, desapacible.

destemplar t. Hacer que un instrumento musical pierda la armonía o que está templado. *La humedad del cuarto hace que el piano se destemple.* || Alterar la armonía, la moderación o el buen orden de algo. *Las protestas de los inconformes destemplaron el evento.* || Perder el temple el acero u otros metales. || pr. Alterarse, perder la moderación en acciones o palabras. || Sentirse mal físicamente, especialmente cuando no hay síntomas precisos y el malestar va acompañado de frío. || *Amér.* Sentir malestar en los dientes por el ácido, el frío, etc.

desteñir *t.* Disminuir la intensidad o perder los colores con los que está teñida una cosa. || Manchar una cosa a otra con su tinte. *Los jeans nuevos destiñen.*

desternillarse *pr. fam.* Reírse mucho sin poder contenerse.

desterrado, da *adj.* y *s.* Se aplica a la persona que sufre pena de destierro.

desterrar *t.* Obligar la autoridad a una persona a marcharse de su país o a abandonar el lugar donde vive. || Desechar, abandonar un uso o costumbre. || Quitar la tierra a las raíces de las plantas o a otras cosas. || *pr.* Salir voluntariamente del propio país, por razones políticas.

destetar *t.* Hacer que deje de mamar un niño o la cría de un animal. || Apartar a los hijos de la protección familiar para que aprendan a valerse por sí mismos.

destete *s. m.* Acción y efecto de destetar o destetarse. || Momento en que se deja de dar de mamar a un niño o a otro mamífero.

destiempo *loc. adv.* Fuera de tiempo o en momento no oportuno.

destierro *s. m.* Pena que consiste en expulsar a una persona de un país o un territorio determinado. || Abandono voluntario del propio país, por razones políticas. || Lugar en el que vive la persona desterrada o exiliada. || Tiempo durante el cual vive desterrada una persona.

destilado *s. m.* Porción de líquido que se recoge después de la destilación.

destilar *t.* Separar por medio del calor una sustancia volátil de otras que lo son menos y enfriar luego su vapor para licuarla de nuevo. || Soltar un cuerpo un líquido que escurre gota a gota. || Mostrar o hacer notar sutilmente las acciones o palabras humanas cierta característica o sentimiento.

destilería *s. f.* Fábrica o industria en que se destila algo.

destinado, da *adj.* Que se le tiene fijado un uso o fin determinado. || Con cierto destino fijado por circunstancias diversas. *Ese negocio estaba destinado al fracaso.*

destinar *t.* Determinar un uso o fin para algo o alguien. *Mi siguiente sueldo lo voy a destinar a gastos de salud.* || Designar la ocupación o el puesto en que ha de trabajar una persona o el lugar para ejercerlo. || Dirigir un envío a una persona o un lugar. *El embarque de tomates está destinado a Arizona.*

destinatario, ria *s.* Persona a quien se dirige o destina una cosa.

destino *s. m.* Finalidad, uso o aplicación que se da a una cosa. *El destino de estos cerdos es convertirse en jamón.* || Lugar al que se dirige alguien o algo. || Trabajo que desempeña una persona o lugar en el que lo ejerce. *Le dieron destino de médico internista en una clínica rural.* || Situación a que llega una persona como consecuencia del encadenamiento de sucesos. *Por la manera como fumaba, su destino era acabar con cáncer.* || Fuerza supuesta y desconocida que se cree que actúa de manera inexorable sobre las personas y los acontecimientos.

destituido, da *adj.* Separado del cargo que ocupaba.

destituir *t.* Cesar a una persona del cargo que ocupa.

destornillador *s. m.* Herramienta que sirve para apretar o aflojar tornillos haciéndolos girar.

destornillar *t.* Sacar un tornillo dándole vueltas.

destreza *s. f.* Habilidad, agilidad, arte con que se hace una cosa. *Las artesanías son trabajos elaborados con destreza.*

destripar *t.* Quitar o sacar las tripas. || Sacar el interior de una cosa sin orden ni concierto. || Despachurrar, aplastar o reventar una cosa blanda.

destronado, da *adj.* Que ha sido echado del trono.

destronar *t.* Deponer y privar del trono a un rey. || Quitar a alguien su preponderancia. *El retador destronó al campeón.*

destrozado, da *adj.* En pedazos, en trozos, roto. || Destruido en lo físico o en lo moral.

destrozar *t.* Hacer trozos una cosa, destruirla. || Estropear o maltratar una cosa de manera que no sirva o que no se pueda usar. || Causar un daño o una pena grande. || Derrotar al contrincante de manera aplastante.

destrucción *s. f.* Acción y efecto de destruir. || Daño o pérdida muy grande en una cosa material o inmaterial casi irreparable.

destructivo, va *adj.* Se dice de lo que destruye o tiene poder para destruir.

destructor, ra *adj.* Que destruye. || *s. m.* Barco de guerra rápido y ligero, armado con artillería y lanzatorpedos, que se usa para la protección de convoyes, principalmente contra los submarinos.

destruido, da *adj.* Deshecho o muy dañado.

destruir *t.* Reducir una cosa a pedazos o a cenizas u ocasionarle un grave daño. || Hacer desaparecer o arruinar algo inmaterial.

desubicado, da *adj. Bol., Guat.* y *Ven.* Dicho de alguien, inoportuno, que no obra de acuerdo a las circunstancias. || *fam. Méx.* Desorientado, inadaptado a la sociedad.

desubicar *t. Amér.* Situar algo o a alguien fuera de lugar. || Perder la orientación y no saber dónde estar ubicado. || Comportarse de manera inconveniente.

desunión *s. f.* Separación de las cosas que estaban juntas y unidas. || Desavenencia, discordia, falta de armonía entre personas, grupos o cosas.

desunir *t.* Hacer que cosas que estaban unidas dejen de estarlo. || Desavenir, introducir discordia entre personas antes unidas.

desusado, da *adj.* Que se hace o que ocurre pocas veces, poco usual, fuera de lo común. || Que ha dejado de usarse, obsoleto.

desuso *s. m.* Condición de haber dejado de usarse. *La podadora está en desuso desde hace años.* || Falta de aplicación o inobservancia de una ley, aunque no haya sido derogada con la aprobación de una nueva.

desvalido, da *adj.* Se aplica a la persona desamparada, desprovista de ayuda y socorro.

desvalijar *t.* Robar el contenido de una maleta o valija. || Robar todo o gran parte de las cosas de valor de un lugar. || Robar o quitar a una persona todo lo que lleva.

desvalorar o **desvalorizar** *t.* Hacer perder el valor de una persona o una cosa. || Disminuir el valor de una moneda o de otra cosa, depreciarla.

desván *s. m.* Parte más alta de la casa, inmediatamente debajo del tejado, donde suelen guardarse objetos viejos o en desuso.

desvanecer *t.* Reducir gradualmente la intensidad de algo. *Para producir sensación de lejanía, los colores se desvanecen.* || Disgregar las partículas de un cuerpo en otro. *El vapor se desvanece en el aire.* || Desaparecer, borrar u olvidar una idea, una imagen o un recuerdo. || Perder el sentido o el conocimiento momentáneamente.

desvariar *intr.* Decir disparates, incoherencias o despropósitos.

desvarío *s. m.* Dicho o hecho disparatado, que va en contra del sentido común. *La demencia senil se manifiesta con desvaríos.* || Estado de perder la razón y delirar que acontece a algunos enfermos. || Monstruosidad, cosa que sale del orden regular y común de la naturaleza. || Anormalidad, capricho desmesurado.

desvelar *t.* Quitar o impedir el sueño a alguien una cosa. || *pr.* Desvivirse por una persona o cosa. || Poner gran cuidado y atención en lo que tiene a su cargo o desea hacer o conseguir.

desvencijado, da *adj.* Que no está en buen estado.

desvencijar *t.* Aflojar o separar las partes de una cosa o aflojar sus uniones. *No inclines la silla, la vas a desvencijar.*

desventaja *s. f.* Mengua o inferioridad que se nota por comparación de dos cosas, personas o situaciones. *Su menor estatura lo hacía estar en desventaja.*

desventura *s. f.* Desgracia, suceso adverso o funesto. *Tuvo la desventura de ser huérfano desde muy chico.*

desventurado, da *adj.* y *s.* Se dice de la persona que padece desgracias o tiene una suerte adversa. *Ha tenido una vida desventurada.* || Acompañado de desgracias o causante de ellas. *Fue un viaje muy desventurado.*

desvergüenza *s. f.* Falta de vergüenza, falta de respeto para hacer o decir cosas con descarada ostentación. *Después de injuriarla, tiene la desvergüenza de visitarla en su casa.*

desviación *s. f.* Acción y efecto de desviar. || Cambio de dirección o rumbo en un camino. || Camino provisional por el que se circula mientras está en reparación un trozo de carretera. || Cambio en la posición normal de una parte del cuerpo. *La operaron para corregirle una desviación en el tabique nasal.* || Separación de la aguja imantada del plano del meridiano magnético. || Apartamiento de lo habitual o anormal en el comportamiento de alguien.

desviado, da *adj.* Que se ha apartado del camino.

desviar *t.* Cambiar de dirección, en sentido material o figurado.

desvinculado, da *adj.* Que ha anulado la relación que tenía con alguien o algo.

desvincular *t.* Romper el vínculo o relación entre las personas, instituciones, etc. || Anular un vínculo, liberando algo o a alguien de un gravamen u obligación, especialmente bienes.

desvirtuar *t.* y *pr.* Disminuir o quitar la virtud o las características esenciales de una cosa.

desvivirse *pr.* Mostrar gran afecto e interés por una persona o cosa.

desyerbar *t.* Quitar o arrancar las hierbas perjudiciales.

detallar *t.* Referir algo minuciosamente y con todos sus pormenores.

detalle *s. m.* Parte pequeña que forma parte de otra mayor, que contribuye a formar una cosa pero no es indispensable en ella. || Muestra de amabilidad, delicadeza o cariño. || Regalo de poca importancia que se da como muestra de afecto y consideración.

detectar *t.* Percibir mediante aparatos o por métodos físicos o químicos lo que no es posible directamente por los sentidos. || Percibir lo que una persona intenta ocultar.

detective *s. com.* Persona que se dedica a hacer investigaciones privadas por encargo.

detector *s. m.* Aparato que sirve para detectar fenómenos o cosas ocultas.

detención *s. f.* Acción y efecto de detener o detenerse. || Privación de la libertad, acción de apresar a alguien. || Atención o detenimiento que se pone al realizar una actividad.

detener *t.* Parar o interrumpir cualquier acción, impidiendo que siga adelante. || Privar de la libertad a una persona por orden de la autoridad competente. || *pr.* Pararse a reflexionar antes de hacer alguna cosa.

detenido, da *adj.* Se dice de aquello que está parado, sin avanzar. || Se dice de aquello que se hace con detenimiento o minuciosidad. || *s.* Persona privada provisionalmente de la libertad por orden de la autoridad competente.

detentador, ra *s.* En derecho, persona que retiene la posesión de lo que no es suyo.

detentar *t.* Usar o atribuirse alguien una cosa de manera ilegítima o indebida. *Detenta el título de doctor sin haber estudiado para ello.* || Ocupar ilegítimamente algún poder o cargo público.

deteriorar *t.* Estropear, hacer inferior algo en calidad o valor, echarla a perder. *La ropa de los niños está ya muy deteriorada por el uso.* || *pr.* Empeorarse algo, degenerarse o hacerse peor. *Las relaciones entre ambos países se han deteriorado.*

deterioro *s. m.* Acción y efecto de deteriorar o deteriorarse. *Después de funcionar tantos años, el deterioro de la máquina es evidente.*

determinación *s. f.* Acción y efecto de determinar. || Resolución que alguien toma sobre un asunto. || Valor, firmeza o atrevimiento en la manera de actuar. *Decidió hacerle frente al problema con determinación.*

determinado, da *adj.* Que es uno en particular, no cualquiera, con características bien definidas. *Quedó claramente determinado lo que había que hacer.* || Se aplica al artículo gramatical que hace referencia a algo conocido por los hablantes. *Los artículos determinados son «el», «la», «lo», «los» y «las».* || Se dice de la persona que es osada y muestra valor o firmeza en la manera de actuar.

determinante *adj.* Se dice de aquello que determina. || *s. m.* Palabra que acompaña al sustantivo y limita o concreta su significado; por ejemplo, el artículo, los demostrativos o los indefinidos. «Mi» es un determinante en la oración «mi coche». || En matemáticas, polinomio resultante del desarrollo de una matriz cuadrada.

determinar *t.* Tomar una decisión o resolución. || Fijar de manera clara y exacta los términos de una cosa, lo que hay que hacer o cómo hay que hacer o cuándo se tiene que llevar a cabo. || Fijar una cosa para algún fin. *Se determinó el día y la hora de la siguiente asamblea.* || Ser causa o motivo de una cosa o de una acción. *Su situación desesperada me determinó a ayudarle.* || Sentenciar. || Definir, llegar a saber cierta cosa a partir de datos conocidos. *Mediante* el estudio podremos determinar la causa de la caída de las ventas. ‖ Limitar o concretar la extensión significativa de un sustantivo. *En «algunos datos», «algunos» determina a «datos».*

determinativo, va *adj.* Se dice de lo que determina. ‖ Se dice del adjetivo que limita el significado de un nombre, como en las expresiones «bastantes libros», «este libro», «mi libro».

determinismo *s. m.* Doctrina filosófica que considera que los acontecimientos no se pueden evitar por estar determinados por las condiciones iniciales y leyes naturales de carácter causal y mecánico.

detestable *adj.* Que puede ser detestado, execrable, aborrecible. *Su promoción de la intolerancia es detestable.*

detestar *t.* Aborrecer, sentir aversión por alguien o algo. *Mafalda detesta la sopa.*

detonación *s. f.* Acción y efecto de detonar. ‖ Proceso de combustión supersónica que implica un drástico proceso de transformación de la energía que contiene un material, casi siempre de naturaleza química, que se intercambia a elevadas velocidades con el medio adyacente.

detonador, ra *adj.* Que provoca o causa detonación. ‖ *s. m.* Dispositivo que sirve para desencadenar una explosión. *En las explosiones mineras usan detonadores eléctricos.*

detonante *adj.* Que detona. ‖ *s. m.* Se aplica a la sustancia que detona o puede hacer estallar una carga explosiva.

detonar *intr.* Iniciar una explosión con una detonación.

detracción *s. f.* Difamación, acción de detractar.

detractar *t.* Detraer, criticar, desacreditar o difamar.

detractor, ra *adj.* y *s.* Se dice de quien se opone a una opinión o ideología y la desacredita. *Le respondió a sus detractores.*

detrás *adv.* En la parte posterior a aquella en la que se encuentra lo que se toma como punto de referencia. *Mi casa se encuentra detrás de la plaza comercial.*

detrimento *s. m.* Daño moral o material. *El aumento de costos es un detrimento de la ganancia.*

detrito *s. m.* Cada una de las partículas resultantes de la descomposición de una masa sólida.

deuda *s. f.* Obligación en que una persona incurre de pagar o reintegrar algo, por lo común dinero. ‖ Cantidad que se adeuda. ‖ Obligación moral que una persona contrae con otra. *La educación pública recibida es una deuda con la sociedad que la paga.* ‖ *Deuda exterior:* deuda que se paga en el extranjero con moneda extranjera. ‖ *Deuda interior:* deuda que se paga en el propio país con moneda nacional. ‖ *Deuda pública:* deuda que el Estado tiene reconocida por medio de títulos que devengan interés.

deudo, da *s.* Pariente o familiar.

deudor, ra *adj.* y *s.* Se dice del que recibe prestado un capital de otra persona llamada «acreedor».

devaluación *s. f.* Acción y efecto de devaluar.

devaluado, da *adj.* Que no vale tanto como antes.

devaluar *t.* Disminuir el valor o el precio de una moneda o de otra cosa. *El rápido desarrollo tecnológico hace que las computadoras se devalúen muy rápido.*

devanar *t.* Enrollar un hilo, un alambre, una cuerda u otro material alrededor de un eje o un carrete formando un ovillo.

devastación *s. f.* Acción y efecto de devastar. ‖ Destrucción total de un territorio o de lo que hay en él, generalmente por una catástrofe natural o por una guerra.

devastado, da *adj.* Arrasado, destruido. ‖ Destruido en lo moral.

devastador, ra *adj.* y *s.* Que devasta. *El ciclón fue devastador.* ‖ Irrefutable y rotundo, que no da lugar a réplica. *Sus argumentos fueron devastadores.*

devastar *t.* Destruir o arrasar un territorio o lo que hay en él.

develar *t.* Quitar o descorrer el velo que cubre alguna cosa. *En la inauguración develaron la placa conmemorativa.*

devengar *t.* Adquirir derecho a retribución por razón de trabajo, servicio, intereses, etc. *Por mi trabajo voy a devengar lo necesario para vivir medio año.*

devenir *intr.* Proceso mediante el cual algo se hace o llega a ser. ‖ *s. m.* Cambio, transformación, transcurso. *Lo que parecía una gripe devino en pulmonía.*

devoción *s. f.* Actitud de íntima dedicación, veneración y fervor religiosos. ‖ Sentimiento de profundo respeto y admiración por una persona, una institución, una causa, etc.

devolver *t.* Entregar una cosa a quien la tenía antes. ‖ Hacer que algo o alguien vuelva a estar donde o como estaba antes. *El tratamiento que le dio el doctor le devolvió la salud.* ‖ Corresponder a una acción, un favor o a un agravio. *Le devolvió la visita.* ‖ Entregar a una tienda una cosa que se ha comprado a cambio de su importe. ‖ *fam.* Vomitar. ‖ *pr.* Volver al lugar de donde se partió.

devónico, ca *adj.* y *s.* Se dice del cuarto periodo de la era paleozoica o primaria, que sigue al periodo silúrico y precede al periodo carbonífero; abarca desde hace 408 millones de años hasta hace 360 millones de años ‖ Perteneciente o relativo a dicha era.

devorar *t.* Dicho de un animal: comer su presa. ‖ Comer con ansia y avidez. ‖ Destruir el fuego una cosa por completo. ‖ Consumir algo de manera excesiva o irregular. ‖ Realizar una acción con avidez. *Devoró el libro en una sentada.* ‖ Apremiar una pasión. *Lo devoran los celos.*

devoto, ta *adj.* y *s.* Que tiene devoción. ‖ Que mueve a devoción. ‖ Aficionado a una persona o cosa. ‖ *s. m.* Objeto de la devoción de alguien.

deyección *s. f.* Defecación de los excrementos. ‖ Los excrementos mismos. ‖ *s. m.* Conjunto de materiales arrojados por un volcán o procedentes de la disgregación de las rocas.

deyectar *intr.* Expulsar el excremento.

día *s. m.* Tiempo que emplea la Tierra en dar una vuelta sobre su eje, aproximadamente veinticuatro horas. ‖ Tiempo que dura la claridad del Sol sobre el horizonte. ‖ Tiempo atmosférico referido a un día determinado. ‖ Fiesta del santo o del cumpleaños de una persona.

diabetes *s. f.* Enfermedad caracterizada por una concentración muy alta de azúcar en la sangre.

diabético, ca *adj.* y *s.* Perteneciente o relativo a la diabetes. ‖ Que padece diabetes.

diablo, blesa *s.* Ser sobrenatural o espíritu que en diversas creencias y religiones representa las fuerzas del mal. ‖ Persona traviesa, inquieta y atrevida, especialmente si se trata de un niño. *Daniel «el travieso» es un pequeño diablo.* ‖ Persona astuta, sagaz. ‖ Persona malvada o de muy mal genio.

diablura *s. f.* Travesura propia de niños.

diabólico, ca *adj.* Perteneciente o relativo al diablo. ‖ Se dice de la cosa o persona que implica una maldad muy grande. ‖ Se aplica a cosas muy complicadas de entender, resolver o dominar.

diábolo *s. m.* Juguete que consiste en un carrete formado por dos semiesferas huecas unidas por su parte convexa al que se le hace girar sobre una cuerda atada a dos palillos, uno en cada mano.

diácono *s. m.* Clérigo católico que ha recibido la segunda de las órdenes mayores, inmediatamente inferior al sacerdote.

diacrítico, ca *adj.* Se aplica al signo ortográfico que da un valor gramatical distintivo a una letra. *El adverbio «sólo» que significa «únicamente» lleva acento diacrítico para distinguirlo del adjetivo «solo» que denota soledad.* ‖ Se aplica a los síntomas que distinguen una enfermedad exactamente de otra.

diacronía *s. f.* Desarrollo o evolución de hechos a través del tiempo, especialmente de una lengua o de un fenómeno lingüístico. *El término diacronía es opuesto al de sincronía.*

diacrónico, ca *adj.* De la diacronía o relativo a ella. ‖ Se dice de los sucesos que ocurren en momentos distintos del tiempo, en oposición a los sincrónicos.

diadema *s. f.* Ornamento de la cabeza, generalmente una cinta blanca, que llevaban los reyes alrededor de la cabeza como distintivo de autoridad real. ‖ Corona sencilla que se usa como símbolo de autoridad. ‖ Adorno femenino en forma de media corona abierta por detrás y que se pone en la cabeza.

diáfano, na *adj.* Se dice de las cosas que dejan pasar la luz casi en su totalidad a través. ‖ Se aplica a las cosas que tienen transparencia, que están limpias, sin empañamiento o manchas. ‖ Se dice de lo que es muy claro o fácil de entender.

diafragma *s. m.* Músculo que separa el tórax del abdomen en el cuerpo de los mamíferos. *Para cantar se debe aprender a usar el diafragma.* ‖ Membrana o pieza que separa dos cavidades en diversos aparatos. ‖ Dispositivo que regula la cantidad de luz que se deja pasar en una cámara fotográfica. ‖ Membrana de algunos aparatos acústicos que transforma las vibraciones del sonido en impulsos eléctricos o viceversa. ‖ Membrana de un material flexible y fino con forma de disco que se coloca en el cuello del útero como anticonceptivo.

diagnosis *s. f.* Acción y efecto de diagnosticar. ‖ Identificación de una enfermedad mediante el examen de los signos y síntomas que la caracterizan.

diagnosticar *t.* Identificar una enfermedad mediante el examen de los signos y síntomas que presenta. ‖ Recabar y analizar datos para determinar la condición de una cosa, un hecho o una situación.

diagnóstico *s. m.* Perteneciente o relativo a la diagnosis. ‖ Identificación de una enfermedad mediante el examen de los signos y síntomas que la caracterizan. ‖ Análisis que identifica la problemática específica de una cosa, un hecho o una situación.

diagonal *s. f.* Línea recta que en un polígono va de uno de sus vértices a otro opuesto y no contiguo, y en un poliedro va de uno de sus vértices cuales-

quiera a otro no situado en la misma cara. ‖ Calle que es oblicua a las demás.

diagrama *s. m.* Dibujo o representación gráfica en el que se muestran los componentes de alguna cosa y las relaciones que tienen entre sí.

diagramación *s. f.* Acción y efecto de diagramar.

diagramar *t.* Organizar, planificar una secuencia de trabajos o funciones.

dialectal *adj.* Perteneciente o relativo a un dialecto.

dialéctica *s. f.* Técnica de dialogar, argumentar y discutir mediante el intercambio de razonamientos y argumentaciones. ‖ Método de razonamiento que encadenando argumentos pretende llegar hasta las ideas generales o primeros principios de los que se originan los conceptos.

dialecto *s. m.* Modalidad de una lengua usada en un determinado territorio por un número de hablantes menos numerosos que el que habla la considerada principal y que no han llegado a constituir un modelo de lengua. ‖ Cualquier lengua que deriva de un tronco o familia común.

diálisis *s. f.* En química, proceso de separar las partículas coloidales de una disolución mediante la difusión selectiva a través de una membrana. ‖ En medicina, método terapéutico por el cual se elimina de la sangre el exceso de urea, cuando el riñón no puede hacerlo de manera natural.

dialogar *intr.* Sostener un diálogo dos o más personas. ‖ Escribir un texto en forma de diálogo.

diálogo *s. m.* Conversación o discusión entre dos o más personas que exponen sus ideas alternativamente. ‖ Conversación o discusión en busca de un acuerdo o un acercamiento entre posturas. ‖ Género y obra literarios, en prosa o en verso, en que se finge una conversación o discusión entre dos o más personajes que exponen ideas opuestas.

diamante *s. m.* Mineral compuesto de carbono puro cristalizado en el sistema cúbico, considerado como piedra preciosa, muy apreciada por su transparencia, brillo y dureza. ‖ Palo de la baraja francesa representado por uno o varios rombos de color rojo. ‖ *loc.* Diamante en bruto: persona o cosa que tiene o parece tener un gran valor, pero le falta aprendizaje o educación. *Este joven es un diamante en bruto y puede llegar a hacer grandes cosas.*

diamantino, na *adj.* Perteneciente o relativo al diamante. ‖ Que es de carácter muy duro, persistente o inquebrantable.

diametral *adj.* Perteneciente o relativo al diámetro. ‖ Se aplica a lo que es totalmente opuesto. *Tenemos visiones diametrales sobre la verdad y la belleza.*

diámetro *s. m.* Segmento de línea recta que une dos puntos opuestos de una circunferencia o de la superficie de una esfera pasando por su centro.

diana *s. f.* Toque militar de la mañana, para despertar a la tropa. ‖ Punto central de un blanco de tiro. ‖ Blanco de tiro circular formado por varias circunferencias concéntricas.

diapasón *s. m.* Instrumento formado por una barra metálica doblada en forma de U que al vibrar produce un sonido, generalmente la nota «la», que sirve de referencia para afinar o entonar instrumentos musicales o la voz. ‖ Pieza de madera que cubre el mástil o palo y sobre el cual se pisan con los dedos las cuerdas de algunos instrumentos de cuerdas. ‖

Intervalo de una octava que se utiliza para afinar el resto de los sonidos de un sistema musical. || Escala de notas que abarca una voz o un instrumento. || Intervalo musical que consta de cinco tonos, tres mayores y dos menores, y de dos semitonos mayores.

diapositiva *s. f.* Fotografía sacada directamente en positivo y en algún material transparente, que se proyecta sobre una pantalla.

diario, ria *adj.* Que ocurre, se hace, etc., o se repite todos los días. || *s. m.* Periódico que se publica todos los días. || Cuaderno o libro en el que una persona va escribiendo día a día, o con frecuencia, hechos de su vida personal, pensamientos y sentimientos y acontecimientos de la vida a su alrededor. || Gasto fijo correspondiente a lo que se consume en un hogar en un día. *El salario apenas alcanza para el diario.*

diarrea *s. f.* Alteración del aparato digestivo que se manifiesta con evacuación repetida de excrementos líquidos o muy fluidos.

diáspora *s. f.* Dispersión de los judíos por diversos lugares del mundo. || Dispersión de grupos humanos que abandonan su lugar de origen.

diástole *s. f.* Movimiento de dilatación del corazón durante el cual la sangre penetra en su cavidad.

diatomea *s. f.* Alga unicelular microscópica que a veces forma filamentos o colonias, tiene caparazón y habita en el mar y en el agua dulce. || *pl.* Grupo taxonómico, constituido por estas algas.

diatriba *s. f.* Discurso o escrito violento e injurioso contra personas o cosas.

dibujante *s. com.* Persona que se dedica profesionalmente al dibujo.

dibujar *t.* Representar figuras en una superficie mediante líneas y sombreado con instrumentos adecuados, como un lápiz, una pluma, etc. || Describir algo con palabras recurriendo a gran viveza y vehemencia. || *pr.* Mostrarse una cosa de forma vaga o en silueta. || Ser perceptible, indicarse o revelarse algo que estaba oculto.

dicción *s. f.* Manera de articular el habla. || Manera de pronunciar.

dicha *s. f.* Sentimiento de felicidad, alegría o satisfacción. || Situación o suceso afortunado que es causa de ese estado. *Es una dicha poder disfrutar de su hermosura.*

dicho, cha *adj.* Se refiere a lo mencionado antes. || *s. m.* Palabra o conjunto de palabras mediante las cuales se dice una cosa o se expresa una idea, especialmente si tiene gracia o contiene una sentencia. || Ocurrencia chistosa y oportuna. *Siempre se le ocurre un dicho para cada circunstancia.* || Expresión insultante o desvergonzada.

dichoso, sa *adj.* Feliz, que disfruta de dicha. || Que produce dicha. || Enfadoso, molesto. *No he podido resolver la dichosa ecuación.*

diciembre *s. m.* Duodécimo y último mes del año, tiene treinta y un días.

dicotiledón *adj.* Dicotiledóneo.

dicotiledóneo, a *adj.* Se dice de los vegetales cuyo embrión tiene dos cotiledones. || *s. f. pl.* Plantas pertenecientes a este grupo de vegetales.

dicotomía *s. f.* División de una cosa o una materia en dos partes o grupos, generalmente opuestos entre sí. || Práctica condenada por la deontología, que consiste en el pago de una comisión por el médico

que atiende a un paciente y el que lo ha mandado a éste. || Bifurcación de un tallo o de una rama.

dictador, ra *s.* Gobernante que asume todos los poderes del Estado y los ejerce sin limitación jurídica sin someterse a control constitucional ni legislativo alguno. || *adj.* y *s.* Se aplica a la persona que abusa de su autoridad o es inflexible en su relación con los demás. || *s. m.* Entre los antiguos romanos, magistrado supremo y temporal que nombraban los cónsules por acuerdo del senado en tiempos de peligro para la república, el cual asumía todo el poder.

dictadura *s. f.* Régimen político en el que una sola persona o un grupo gobierna con poder total. || País que se gobierna con este sistema político. || Tiempo que dura el gobierno de un país por este sistema.

dictamen *s. m.* Opinión técnica y experta que se da sobre un hecho o una cosa.

dictaminar *intr.* Emitir dictamen sobre un asunto.

dictar *t.* Decir o leer un texto en voz alta con las pausas necesarias o convenientes y a velocidad moderada para que otro pueda escribirlo. || Expedir o pronunciar leyes, fallos, normativas, etc. *Después de escuchar el fallo del jurado, el juez dictó sentencia.* || Dar, pronunciar, impartir una conferencia, una clase, etc. || Imponer, inspirar, influir.

dictatorial *adj.* Perteneciente o relativo al dictador o la dictadura.

didáctica *s. f.* Arte de enseñar. || Parte de la pedagogía que se ocupa de los métodos y técnicas de la enseñanza.

didáctico, ca *adj.* Perteneciente o relativo a la enseñanza. || Que es adecuado para enseñar.

diedro *s. m.* Cada una de las dos porciones que se forman al cortarse dos planos en una recta.

diente *s. m.* Cada una de las piezas duras y blancas implantadas en los huesos maxilares del humano y algunos animales; sirve para cortar y masticar los alimentos y, en los animales, también para defenderse. || Punta o saliente que tienen en el borde o superficie algunas cosas, en especial los que tienen ciertos instrumentos o herramientas.

dientón, tona *adj.* Que tiene los dientes grandes.

diéresis *s. f.* Signo ortográfico que consiste en dos puntos uno al lado de otro que, en el idioma español, se coloca sobre la vocal «u» de las sílabas «gue» y «gui» para indicar que debe pronunciarse. || Pronunciación de dos vocales consecutivas en sílabas distintas, que normalmente forman diptongo.

diésel o **diesel** *s. m.* Combustible compuesto principalmente de parafinas, que se obtiene de la destilación del petróleo o de aceites vegetales. || Motor de combustión interna por inyección y compresión de aire y combustible, que no necesita bujías.

diestro, tra *adj.* y *s.* Se dice de aquello que está del lado derecho. || Se dice de la persona que usa preferentemente la mano derecha. || Se aplica a la persona que tiene habilidad o agilidad para hacer una cosa o desarrollar una actividad. || Matador de toros.

dieta *s. f.* Alimentación habitual de una persona. || Régimen alimenticio que se prescribe por distintas razones o para un propósito determinado.

dietética *s. f.* Disciplina que se ocupa de los tipos y reglas de la alimentación en estado de salud y en las enfermedades.

diezmar *t.* Separar una cosa o persona de cada diez. || Castigar a uno de cada diez cuando son muchos los delincuentes. || Pagar el diezmo. || *fig.* Causar gran mortandad una epidemia, la guerra o una catástrofe natural. *La peste negra diezmó a un tercio de la población de Europa.*

diezmo *s. m.* Derecho del diez por ciento que se pagaba al rey, del valor de las mercancías que se traficaban. || Parte de la cosecha, o del lucro adquirido, generalmente la décima, que pagaban los fieles a la Iglesia.

difamar *t.* Ofender la reputación de una persona con declaraciones o por escrito públicos, diciendo cosas relativas a su moral o su honradez que perjudican su buena fama.

diferencia *s. f.* Característica o cualidad por la que algo difiere de otra cosa. *La mente creativa es la diferencia entre humanos y animales.* || Desacuerdo, discrepancia o incompatibilidad entre dos o más personas. || Resultado de una resta.

diferenciación *s. f.* Acción y efecto de diferenciar o diferenciarse. || Determinación de aquello que hace que dos personas o cosas sean diferentes entre sí. || Operación matemática por la cual se determina la diferencial de una función.

diferencial *adj.* Perteneciente o relativo a la diferencia de las cosas. || Se dice de aquello característico y distintivo que diferencia a una cosa de las demás. || *s. f.* Cantidad que es infinitamente pequeña en una variable. || *s. m.* Mecanismo que permite que las ruedas derecha e izquierda de un vehículo giren a revoluciones diferentes, según éste se encuentre tomando una curva hacia un lado o hacia el otro.

diferenciar *t.* Hacer a alguien o algo diferente, o ser causa de que sean diferentes. || Hacer distinción entre las cosas, averiguar su diversidad. || *pr.* Ser diferente o distinguirse una cosa de otra. || Hacerse alguien notable por sus acciones o cualidades. || *t.* Hallar la diferencial de una cantidad variable. || Estar en desacuerdo dos personas.

diferendo *s. m. Amér.* Desacuerdo, discrepancia entre instituciones o estados. *Colombia y Venezuela tienen un diferendo por la pertenencia de las aguas del Golfo de Venezuela.*

diferido, da *adj.* Aplazado, retardado. || Se aplica al programa de radio o televisión que se transmite posteriormente a su grabación.

diferir *t.* Retrasar o aplazar la ejecución de algo. || *intr.* Ser diferente dos o varias cosas. || Estar en desacuerdo una persona con otra en algo.

difícil *adj.* Se dice de aquello que no es fácil de lograr, ejecutar o entender. || Que existe poca probabilidad de que ocurra. || Se aplica a la persona que es poco tratable.

dificultad *s. m.* Cualidad de difícil. || Circunstancia que obstaculiza o entorpece lograr, ejecutar o entender una cosa. *Logró ingresar a la universidad con gran dificultad.* || Argumento que se opone a la opinión de alguien. *El mecanismo del origen de la vida es una dificultad para el evolucionismo.*

difracción *s. f.* Fenómeno físico por el cual un rayo de luz se desvía al pasar de un medio menos denso a otro de mayor densidad, o al pasar por el borde de un cuerpo opaco o por una abertura estrecha.

difteria *s. f.* Enfermedad infecciosa epidémica de las vías respiratorias producida por un bacilo; se caracteriza por la formación de falsas membranas en mucosas, que dificultan la respiración.

difuminar *t.* Disminuir la intensidad, nitidez o claridad de un color, un olor o un sonido, generalmente de modo progresivo. || *pr.* Hacer perder nitidez, claridad o intensidad. *Con la distancia los objetos se difuminan.*

difundir *t.* y *pr.* Extender, esparcir o dispersar por el espacio en todas las direcciones. || Propalar, divulgar o dar a conocer ampliamente conocimientos, noticias, doctrinas, etc.

difunto *s. m.* Persona muerta.

difuso *adj.* Que es muy extenso, poco claro, vago e impreciso.

digerir *t.* Transformar en el aparato digestivo los alimentos en sustancias asimilables por el organismo. || Asimilar o superar un hecho desgraciado o una ofensa y sobreponerse a él. || Reflexionar, considerar o meditar cuidadosamente algo para asimilarlo.

digestión *s. f.* Acción y efecto de digerir.

digestivo, va *adj.* Perteneciente o relativo a la digestión, o a los órganos que intervienen en este proceso. || *s. m.* Se dice de aquello que ayuda a la digestión.

digitación *s. f.* Técnica de adiestramiento de los dedos para tocar un instrumento. || Indicación de los dedos que deben usarse para la ejecución de cada nota musical en un instrumento.

digital *adj.* Perteneciente o relativo a los dedos. *Les tomaron la huella digital.* || Se dice del aparato o instrumento que mide cantidades y las representa por medio de números. || Se aplica al sistema de codificación que transforma la variable física en un sistema de dígitos. || *s. f.* Planta herbácea de flores purpúreas con forma de dedal dispuestas en racimo; se utiliza en medicina para combatir la insuficiencia cardiaca. || Flor de esta planta.

digitalizar *t.* Convertir una información a un sistema de dígitos para su tratamiento informático.

digitar *t. Amér. C.* y *Amér. Merid.* Incorporar datos a la computadora utilizando el teclado.

dígito *s. m.* Cada una de las cifras que componen un número. || Cada una de las doce partes iguales en que se divide el diámetro aparente del Sol y el de la Luna en los cómputos de los eclipses.

dignarse *pr.* Condescender o tener a bien hacer algo.

dignatario, ria *s.* Persona que desempeña un cargo o puesto de mucho prestigio, autoridad, y honor.

dignidad *s. f.* Cualidad de digno. || Estima que una persona tiene de sí misma por la que se considera merecedora del respeto de los demás. || Cargo o puesto que da respetabilidad a la persona que lo desempeña. || Persona que tiene este cargo.

dignificar *t.* y *pr.* Hacer que tenga dignidad o aumentar la que tiene una persona, un grupo o cosa.

digno, na *adj.* Merecedor de algo, ya sea favorable u honroso, o adverso o denigrante. || Se aplica a las personas y a sus actos que se corresponden a un comportamiento serio, mesurado, merecedor del respeto y la estimación de los demás y de sí mismo. || Que resulta suficiente y permite mantenerse con decoro. || De calidad aceptable.

digresión *s. f.* Desviación del tema de un discurso para tratar algo que no tiene relación directa con él.

dije *s. m.* Joya, alhaja o adorno que se lleva colgando de una cadena o de una pulsera. ‖ *Amér. Merid.* Persona encantadora por su belleza y agradable en su trato.

dilación *s. f.* Retraso o demora de algo por algún tiempo. *Al escuchar la propuesta, la acepté sin dilación.*

dilapidar *t.* Malgastar los bienes sin orden, sentido ni mesura. *Dilapidó toda su herencia.*

dilatación *s. f.* Acción y efecto de dilatar o dilatarse. ‖ Aumento de volumen de un cuerpo por la separación de sus moléculas y disminución de su densidad. *La separación dejada en los bloques de cemento de las banquetas es para asimilar su dilatación.* ‖ Aumento del diámetro o calibre de un conducto. *El médico le provocó la dilatación de los bronquios.* ‖ Prolongación de algo en el tiempo. *La dilatación de la entrega nos está costando mucho.*

dilatar *t.* y *pr.* Extender, alargar y hacer mayor algo, o que ocupe más espacio debido a un aumento de su longitud, área o volumen. *La humedad dilata la madera.* ‖ Diferir, prolongar o retrasar un proceso o una actividad. *No te dilates con la canasta de los cacahuates.* ‖ Propagar o extender una cosa. *Su nueva novela va a dilatar el reconocimiento que ya tiene.* ‖ Aumentar el diámetro de un conducto o cavidad. *El cuello del útero empezó a dilatar.*

dilema *s. m.* Problema o situación que representa una dificultad porque ofrece dos o más soluciones igualmente favorables o desfavorables. ‖ Razonamiento formado por una premisa con dos términos contrapuestos que, supuestos alternativamente verdaderos, conducen a la misma conclusión.

diligencia *s. f.* Cuidado, prontitud y eficiencia con que se lleva a cabo una cosa. ‖ Trámite o gestión de un asunto administrativo. ‖ Actuación del juez o de un secretario de un tribunal. ‖ Documento oficial que verifica un trámite y es constancia de ello. ‖ Coche grande tirado por caballos que se usaba para el transporte de viajeros.

diligente *adj.* Se dice de la persona que actúa con cuidado y prontitud al hacer una cosa.

dilucidar *t.* Explicar o aclarar un asunto, ponerlo en claro. *Finalmente logró dilucidar las causas de la polarización de la luz.*

diluido, da *adj.* Que está disuelto en un líquido para aminorar su potencia o efecto.

diluir *t.* Disolver las partes del cuerpo o una sustancia haciendo que al mezclarse con un líquido queden incorporadas. ‖ Disminuir la concentración de un líquido añadiéndole disolvente u otra sustancia.

diluvio *s. m.* Lluvia muy abundante, fuerte y de larga duración. ‖ Abundancia excesiva de algo.

diluyente *adj.* y *s. com.* Que diluye.

dimanar *intr.* Manar una cosa de algún sitio. *Esta agua dimana de un manantial.* ‖ Proceder o tener origen una cosa de otra. *Todo este lío dimana de las intrigas de ella.*

dimensión *s. f.* Cada una de las magnitudes que se consideran en el espacio para determinar la extensión de una cosa. ‖ En sentido no material, aspecto o cualidad que se puede considerar en algo. *La dimensión espiritual del ser humano.* ‖ Importancia, magnitud o alcance que puede adquirir una cosa.

diminutivo, va *adj.* Que tiene cualidad de disminuir o hacer más pequeña o menos importante una cosa. ‖ Se aplica a los sufijos que realizan esta modificación de significado. *El sufijo «-illo» es di-*

minutivo, como en «chiquillo». ‖ *s. m.* Palabra modificada con sufijos diminutivos para que exprese pequeñez o poca importancia, poca intensidad, etc. *Marianita es diminutivo de Mariana.*

diminuto, ta *adj.* Que es de tamaño muy pequeño.

dimitir *intr.* Renunciar, dejar el cargo que se desempeña. *Las circunstancias adversas lo obligaron a dimitir.*

dimorfismo *s. m.* Fenómeno por el cual, en una misma especie animal o vegetal, se dan dos formas o dos aspectos anatómicos diferentes. *El dimorfismo más general es el que existe entre macho y hembra.* ‖ Propiedad de algunos cuerpos que pueden cristalizar en dos sistemas diferentes.

dina *s. f.* Unidad de fuerza del sistema cegesimal, de símbolo «din», que equivale a la fuerza necesaria para comunicar a la masa de un gramo la aceleración de un centímetro por segundo.

dinamarqués, quesa *adj.* y *s.* Natural de Dinamarca. ‖ Perteneciente o relativo a este país de Europa. ‖ Lengua germánica que se habla en Dinamarca.

dinámica *s. f.* Parte de la mecánica que estudia las leyes del movimiento y las causas que lo producen. ‖ Conjunto de hechos o fuerzas que determinan el modo de producirse algo. ‖ Elemento de una pieza musical que designa el modo en que ha de tocarse un fragmento o un pasaje, en cuanto a volumen, velocidad, carácter, etc.

dinámico, ca *adj.* Perteneciente o relativo a la dinámica o al movimiento. ‖ Se aplica a la persona que despliega mucha actividad, energía y diligencia en sus acciones.

dinamismo *s. m.* Energía activa, vitalidad propulsora. *Como director le ha dado dinamismo a la enseñanza.* ‖ Doctrina filosófica y científica que considera el mundo físico como constituido únicamente por fuerzas y a los fenómenos corpóreos como modos del movimiento.

dinamita *s. f.* Mezcla explosiva hecha principalmente con nitroglicerina. ‖ *fam.* Persona o cosa capaz de causar agitación y alboroto.

dinamitar *t.* Volar o destruir algo usando dinamita. ‖ *fig.* Atacar para destruir enteramente algo.

dinamo o **dínamo** *s. f.* Máquina que transforma la energía mecánica en energía eléctrica, por inducción electromagnética.

dinamómetro *s. m.* Instrumento que sirve para medir fuerzas motrices.

dinastía *s. f.* Serie de monarcas de un país que pertenecen a la misma familia. ‖ Familia que transmite entre sus integrantes un poder político, económico o cultural.

dinero *s. m.* Conjunto de monedas y billetes que se usan como medio legal de pago.

dinosaurio *s. m.* Reptil prehistórico, generalmente de gran tamaño, con la cabeza pequeña y el cuello y la cola muy largos; vivió durante la era mesozoica.

dintel *s. m.* Elemento horizontal que es la parte superior de las puertas y ventanas y sostiene el muro que hay encima.

diócesis s. f. Territorio que está bajo la jurisdicción religiosa de un prelado, como un arzobispo, un obispo, etc.

dioptría s. f. Unidad de medida del poder convergente de las lentes que equivale a la potencia de una lente cuya distancia focal es de un metro. *La dioptría es la unidad de medida usada por los oculistas.* || Unidad de medida que expresa el grado de defecto visual de un ojo.

diorama s. m. Superficie pintada con figuras diferentes por ambas caras que haciendo que la luz ilumine unas veces una cara y otras veces la otra, se consigue ver en un mismo sitio dos cosas distintas y puede dar la impresión de estar en movimiento.

dios s. m. En las religiones monoteístas, ser eterno, sobrenatural y único que ha creado el Universo y controla todo lo existente. || s. com. En las religiones politeístas, ser sobrenatural que tiene poder sobre una parte concreta de lo existente y sobre el destino de los seres humanos.

diosa s. f. Deidad de sexo femenino.

dióxido s. m. Compuesto químico cuya molécula contiene dos átomos de oxígeno y uno de otro elemento. || *loc.* Dióxido de carbono: gas inodoro e incoloro formado por carbono y oxígeno que se desprende en la respiración, en las combustiones y en algunas fermentaciones. *Las plantas descomponen el dióxido de carbono.*

diploma s. m. Documento que certifica un grado académico, un premio o un título, expedido por una universidad, una facultad, una sociedad académica, etc.

diplomacia s. f. Ciencia o disciplina dedicada al estudio y práctica de las relaciones entre Estados. || Conjunto de personas e instituciones que intervienen en las relaciones internacionales. || Habilidad y sutileza para mantener buenas relaciones.

diplomado s. m. Persona que ha obtenido un título o diploma por haber terminado estudios universitarios o algún curso especial. || Curso especializado que dura por lo general un año.

diplomar t. Otorgar a una persona un diploma que acredita la realización de determinados estudios u otras aptitudes. || *pr.* Graduarse, recibir un título.

diplomático, ca adj. Perteneciente o relativo a la diplomacia. || s. Se aplica a la persona o grupo que se ocupa de las relaciones entre los Estados. || Que es hábil, sagaz, disimulado en el trato con las personas.

dipsomanía s. f. Impulso irresistible al abuso de las bebidas alcohólicas.

díptero, ra adj. Que tiene dos alas. || Se aplica a los insectos que tienen por un par de alas membranosas voladoras y no cuatro como el resto de los insectos; el otro par está reducido a balancines que sirve para dar la estabilidad al volar. || Se aplica a un edificio que tiene dos costados salientes. || s. m. pl. Grupo taxonómico, con categoría de orden, constituido por estos insectos.

díptico s. m. Cuadro o bajorrelieve formado por dos tablas o dos superficies que se cierran por un costado, como las tapas de un libro. || Folleto o volante formado por una hoja de papel doblada por la mitad que se usa como propaganda o como invitación a un acto.

diptongo s. m. Unión de dos vocales, una fuerte y otra débil, o dos débiles, que se pronuncian en una sola sílaba. *En la palabra «quien», la «i» y la «e» forman un diptongo.*

diputación s. f. Conjunto de diputados. || Práctica del cargo de diputado. || Duración de este cargo.

diputado, da s. Persona elegida para formar parte de la Cámara de Diputados. || Persona nombrada o elegida para representar a una institución o a un grupo social.

dique s. m. Muro que se construye para contener las aguas, para elevar su nivel o para desviar su curso. || Recinto amurallado en la orilla de una dársena en donde entran los buques para su limpieza y reparación cuando el agua es extraída. || Obstáculo que se interpone para interrumpir o dificultar alguna cosa o acción.

dirección s. f. Acción y efecto de dirigir. || Rumbo que sigue o debe seguir en su movimiento una persona, un grupo o una cosa. || Persona o conjunto de personas que dirigen una empresa, establecimiento o sociedad. || Cargo o puesto de director. || Oficina o despacho del director. || Domicilio de una persona o una institución. || Mecanismo que sirve para dirigir o guiar un vehículo.

directiva s. f. Conjunto de personas encargadas de manejar una empresa, una sociedad, etc. || Conjunto de normas o directrices que establecen la ejecución de una acción. || Disposición establecida por una institución u organismo internacional que han de cumplir todos sus miembros.

directivo, va adj. Perteneciente o relativo a la dirección. || Que tiene la facultad y función de dirigir. || s. f. Junta de gobierno de una corporación o sociedad || Ley, norma o recomendación. || s. m. Miembro de una junta de dirección.

directo, ta adj. Derecho o en línea recta, que no se desvía de su recorrido, camino o rumbo. || Que va de un lugar a otro sin detenerse en los puntos intermedios. || Sin intermediario o sin intervención de nada ni de nadie. *Venta directa de fábrica.* || Que se encamina derechamente a un objetivo. || s. m. En el boxeo, golpe que se da extendiendo un brazo hacia delante.

director, ra adj. Que dirige. || s. Persona que dirige una empresa, un negocio, grupo o una cosa.

directorio s. m. Lista de nombres y direcciones. || Tablero que se expone en algunos edificios para orientar sobre las diferentes oficinas y sus ocupantes. || Junta directiva de una empresa, un negocio, grupo o una cosa. || Lista o índice de los ficheros almacenados en una computadora.

directriz s. f. Conjunto de principios, propósitos o normas que deben seguirse en la ejecución de algo. || Línea, superficie o volumen que determina las condiciones de generación de otra línea, superficie o volumen. || adj. Se dice de aquello que determina las condiciones de generación de algo. *El programa de acción se elaboró siguiendo las ideas directrices del líder.*

dirigente adj. Que dirige. || s. com. Persona que dirige.

dirigible adj. Que puede ser dirigido. || s. m. Globo aerostático autopropulsado dotado de un sistema de dirección.

dirigido, da adj. Que se encamina hacia un destino o fin determinado.

dirigir t. Hacer que algo vaya hacia un lugar o término señalado o en determinada dirección. || Gobernar, mandar, guiar o regir un grupo de personas o una cosa. ‖ Dedicar o encaminar los pensamientos, esfuerzos, atención, etc., a un fin determinado. ‖ Orientar y guiar a una persona hacia una cosa o una acción. ‖ Poner a una carta, paquete postal o cualquier otro envío la dirección para indicar el destinatario. ‖ Conducir la actuación de un coro, orquesta o espectáculo. ‖ Decir algo a alguien de palabra o por escrito. ‖ Dedicar una obra o una acción a alguien. ‖ *pr.* Ir en una dirección alguien o hacia un lugar o un término. ‖ Hablar a una persona o a un grupo de personas determinado.

discapacitado, da *adj.* y *s.* Se aplica a la persona que sufre discapacidad.

discernimiento *s. m.* Acción y efecto de discernir. ‖ Distinción entre dos o más cosas señalando la diferencia que existe entre ellas.

discernir *t.* Distinguir y diferenciar una cosa de otra u otras, especialmente tener criterio para distinguir lo bueno de lo inconveniente, lo verdadero de lo falso, etc. ‖ En derecho, conceder el juez a alguien la tutela de un menor. ‖ Conceder u otorgar a alguien un honor, un cargo o distinción.

disciplina *s. f.* Acción y efecto de disciplinar o disciplinarse. ‖ Conjunto de reglas o normas con las que se mantiene el orden entre los miembros de un grupo. ‖ Conjunto de reglas o normas que sigue una persona para dirigir su vida. ‖ Cada una de las ciencias que se enseñan en un centro docente. ‖ Modalidad de un deporte. *Practica varias disciplinas de gimnasia, pero es mejor en ejercicios a manos libres.* ‖ *pl.* Instrumento de cuerdas de cáñamo con varios ramales que acaban en nudos y se usa para azotar o como instrumento de penitencia para mortificarse.

disciplinado, da *adj.* Se dice de la persona que se ajusta a normas de disciplina.

disciplinar *t.* Imponer, hacer guardar las reglas o normas o la disciplina. ‖ Instruir, enseñar una ciencia o un arte a alguien, dándole lecciones. ‖ *pr.* Azotarse con disciplinas por mortificación o por castigo.

discípulo, la *s.* Persona que recibe enseñanzas de un maestro o que estudia en una escuela. ‖ Persona que estudia, sigue y defiende las ideas y opiniones de una escuela o de un maestro, aun cuando viva en tiempos muy posteriores a ellos.

disco *s. m.* Lámina circular de cualquier materia. ‖ Cualquier objeto plano y circular. ‖ Placa gruesa con forma de círculo que se lanza en una prueba atlética. ‖ Figura circular y plana que presentan el Sol, la Luna y los planetas a nuestra vista. ‖ *loc. Disco compacto:* disco que se usa para grabar de forma magnética u óptica sonidos, imágenes o datos que luego reproduce la computadora. *En el disco compacto grabamos la tarea con un texto, música y un video.* ‖ *Disco duro:* disco rígido y magnético utilizado como almacén de datos que es parte principal de la computadora. *Compré un disco duro externo con mayor capacidad.*

discografía *s. f.* Conjunto de discos de un autor, un tema, un intérprete o cualquier otra característica común. ‖ Técnica e industria de grabación de discos fonográficos.

disconformidad *s. f.* Falta de conformidad entre unas cosas y otras en cuanto a su forma, fin o función. ‖ Falta de acuerdo entre personas sobre una situación, decisión u opinión.

discontinuo, nua *adj.* Se dice de la cosa o acción que no es continua, que consta de trozos o que ocurre con intervalos.

discordancia *s. f.* Falta de acuerdo o que hay contrariedad entre dos o más personas o cosas. ‖ En música, falta de armonía.

discordia *s. f.* Situación de enfrentamiento o disputa entre personas o grupos que están en serio desacuerdo en las opiniones o deseos.

discoteca *s. f.* Colección de discos musicales. ‖ Local o mueble donde se guardan los discos musicales debidamente ordenados. ‖ Local público acondicionado para escuchar música grabada, bailar y beber.

discreción *s. f.* Sensatez para formar juicio y tacto o cautela para decir o hacer algo. ‖ Reserva, prudencia, sensatez. *Habló con ella con gran discreción.*

discrecional *adj.* Que se hace libremente o siguiendo el criterio propio. ‖ No regulado con precisión, que se deja al criterio o discreción de la persona o autoridad que ha de aplicar o utilizar la cosa de que se trata.

discrepancia *s. f.* Diferencia, desigualdad, falta de acuerdo o correspondencia que resulta de la comparación de las cosas entre sí. ‖ Disentimiento o falta de acuerdo en opiniones o en conducta.

discrepar *intr.* Estar en desacuerdo una persona con otra. ‖ Diferenciarse una cosa de otra, no estar algo en armonía.

discreto, ta *adj.* y *s.* Se aplica a los elementos o unidades contables que forman cantidades o conjuntos no continuos. ‖ Se aplica a la persona o conducta que se caracteriza por su moderación, prudencia y sensatez. ‖ Regular, mediocre, que no es extraordinario o no se sale de lo normal. ‖ Moderado, sin exceso, que no destaca.

discriminación *s. f.* Acción y efecto de discriminar. ‖ Ideología o comportamiento social que considera inferiores a las personas por su raza, clase social, sexo, religión u otros motivos ideológicos.

discriminar *t.* Separar, diferenciar una cosa de otra o seleccionar excluyendo. ‖ Dar trato de inferioridad a una persona o colectividad por causa de raza, origen, ideas políticas, religión, posición social o situación económica u otros motivos ideológicos.

disculpar *t.* Dar razones o pruebas que exculpan a una persona que no ha cometido una falta o error. ‖ No tomar en cuenta, perdonar o justificar las faltas y omisiones que alguien comete. ‖ *pr.* Pedir perdón o justificarse una persona por un hecho o una acción.

discurrir *intr.* Reflexionar, pensar, considerar detenidamente una cosa. *Para comprender el problema debí discurrir por largo tiempo.* ‖ Ir de un lugar a otro, andar, correr por diversas partes y lugares. ‖ Fluir un río o una corriente de agua por un terreno. ‖ Correr o transcurrir el tiempo. ‖ Inventar, idear cosas nuevas.

discurso *s. m.* Facultad o acción de discurrir, con que se infieren unas cosas de otras. ‖ Acto de la facultad discursiva. ‖ Serie de palabras y frases con coherencia lógica y gramatical. ‖ Razonamiento o exposición sobre algún tema que se lee o pronuncia en público. ‖ Escrito o tratado de corta extensión en que se discurre sobre una materia. ‖ Transcurso de cierta cantidad de tiempo. ‖ En gramática, unidad lingüística superior a la oración, formada por un conjunto de palabras con sentido completo. ‖ *fam.* Represión larga e insistente.

discusión *s. f.* Acción y efecto de discutir. || Conversación entre dos o más personas en la que se analiza o se examina un asunto o tema para solucionarlo o explicarlo. || Conversación entre dos o más personas en la que se defienden opiniones o intereses opuestos.

discutir *t.* Examinar entre dos o más personas un asunto o un tema para solucionarlo o para explicarlo. || Contender dos o más personas por opiniones o intereses opuestos en una conversación.

disecado *s. m.* Se dice del animal muerto que ha sufrido un proceso especial para que parezca vivo.

disecar *t.* Preparar los animales muertos para que no se descompongan y conserven la apariencia de cuando estaban vivos. || Preparar una planta para que se conserve seca.

disección *s. f.* Acción y efecto de disecar. || Corte o división de un cadáver o una planta para examinarlos y estudiar sus partes. || Examen o análisis minucioso y detallado de algo.

diseccionar *t.* Cortar o dividir un cadáver o una planta para examinar y estudiar sus partes. || Examinar o analizar algo de forma minuciosa y detallada. *El director de la película disecciona los motivos del crimen.*

diseminar *t.* Esparcir o dispersar los elementos de un conjunto sin orden y en diferentes direcciones. || *pr.* Extenderse sin orden y en diferentes direcciones los elementos de un conjunto. *Su familia se diseminó después de la muerte del abuelo.*

disensión *s. f.* Disentimiento, falta de acuerdo u oposición por parte de una o varias personas en los pareceres o en los propósitos.

disentería *s. f.* Enfermedad infecciosa consistente en la inflamación y ulceración del intestino grueso que se caracteriza por diarreas dolorosas con sangre y mucosidad.

disentir *intr.* No estar de acuerdo una persona con otra en algo.

diseño *s. m.* Concepción original que se hace de una cosa previa a su realización. || Explicación breve y esquemática de algo.

disertación *s. f.* Acción y efecto de disertar. || Razonamiento detenido y metódico sobre alguna materia y siguiendo un orden o un sistema para exponerlo.

disertar *intr.* Razonar, discurrir detenida y metódicamente sobre alguna materia.

disfraz *s. m.* Vestimenta y máscara que una persona se pone para no ser reconocida, especialmente el que se lleva en ciertas fiestas. || Medio que se emplea para disimular u desfigurar algo con el fin de que no sea conocido.

disfrazar *t.* Vestir a alguien con un disfraz. || Cambiar la apariencia exterior de personas o cosas para ocultar su aspecto real. || Disimular, ocultar con palabras y expresiones lo que son realmente sus sentimientos, deseos, ideas, etc.

disfrutar *intr.* Sentir placer, satisfacción o alegría. || Gozar o poseer cierta cosa buena o de una condición o una circunstancia favorable. *Disfruta de una salud inmejorable.* || Usar o poseer una cosa buena, útil o agradable. *Disfruta de la riqueza de su esposa.*

disfunción *s. f.* Trastorno o alteración en el funcionamiento de algo, especialmente el de una función orgánica.

disgregar *t.* y *pr.* Dividir, separar, desunir lo que antes era unido o compacto.

disgustado, da *adj.* Enojado, molesto, apesadumbrado.

disgustar *t.* Causar enojo, disgusto o molestia. || Causar disgusto o molestia cierta cosa a una persona. || *pr.* Enfadarse, enojarse o romperse una amistad por enojos o disgustos.

disgusto *s. m.* Sentimiento de pesadumbre e inquietud provocado por una situación desagradable o una contrariedad. || Estado anímico causado por lo que disgusta. || A veces tiene un significado más grave que corresponde a los de «padecimiento» o «desgracia». *Su hijo le da muchos disgustos.* || Disputa, riña provocada por un desacuerdo o una desavenencia.

disidencia *s. f.* Acción y efecto de disidir. || Separación de una persona de una doctrina, una creencia o una organización por no estar ya de acuerdo con sus ideas o su proceder.

disidente *adj.* y *s. com.* Se aplica a la persona que diside o que se separa de una doctrina, una creencia o una organización por no estar ya de acuerdo con sus ideas o su proceder.

disímbolo *adj. Méx.* Disímil, diferente, disconforme. *Para destacar, los colores de una bandera deben ser disímbolos.*

disímil *adj.* Diferente, distinto, desemejante.

disimulado, da *adj.* Oculto para que no se note o no se vea. || Que tiene tendencia a fingir o disimular.

disimular *t.* Ocultar o disfrazar una cosa para que parezca distinta de la que es. || Encubrir u ocultar algo que se siente y padece. || Disculpar, tolerar o permitir algo fingiendo no conocerlo o quitándole importancia.

disipación *s. f.* Acción y efecto de disipar o disiparse. || Dispersión, desvanecimiento. || Conducta de una persona entregada enteramente a las diversiones o los placeres. || Derroche de bienes.

disipar *t.* y *pr.* Esparcir y desvanecer o hacer desaparecer poco a poco las partes que forman un cuerpo por aglomeración. || Hacer desaparecer, borrar de la mente u olvidar una idea, una imagen o un recuerdo. || Malgastar, desperdiciar los bienes y el dinero.

dislexia *s. f.* Serie de dificultades en el aprendizaje de la lectura y la escritura. || Incapacidad parcial o total para comprender lo que se lee causada por una lesión cerebral.

dislocación *s. f.* Acción y efecto de dislocar. || Lesión que se produce cuando un hueso o una articulación se desplazan de su sitio. || Alteración del sentido de una palabra, expresión o un hecho.

dislocar *t.* Sacar una cosa de su lugar, especialmente un hueso o una articulación. || Torcer un argumento o razonamiento, manipularlo sacándolo de su contexto.

dismenorrea *s. f.* Menstruación difícil o dolorosa.

disminuir *t.* e *intr.* Reducir algo en cantidad, tamaño, intensidad o importancia. *La abundancia de melones ha hecho disminuir su precio.*

disnea *s. f.* Dificultad para respirar, sensación de ahogo.

disociar *t.* Separar una cosa de otra con la que estaba unida.

disolución *s. f.* Acción y efecto de disolver. || Separación de las partículas de un cuerpo sólido o espeso por medio de un líquido. *La disolución del azúcar en agua produce agua endulzada.* || Mezcla homogénea que resulta de disolver una sustancia en un líquido. || Ruptura de los vínculos que unen a dos o más personas. ‖ Relajación de las costumbres. *Se entregó a una vida de vicio y disolución.*

disoluto, ta *adj.* y *s.* Se aplica a la persona que se entrega al vicio y a la diversión.

disolvencia *s. f.* Técnica narrativa cinematográfica que se utiliza para marcar cambios en el tiempo con una imagen que se desvanece y otra que la sustituye.

disolvente *adj.* y *s. m.* Que disuelve o sirve para disolver.

disolver *t.* Mezclar una sustancia líquida, llamada «disolvente», a otra sustancia o cuerpo sólido de tal manera que las moléculas de este último queden incorporadas a dicho líquido de manera homogénea. ‖ Hacer que disminuya la concentración o densidad de un líquido, generalmente añadiéndole un disolvente. ‖ Deshacer un acuerdo o un contrato que liga a dos o más personas. ‖ Deshacer la unidad de un grupo o reunión. *La reunión se disolvió después de agotar los temas.*

disonancia *s. f.* Sonido inarmónico, falto de armonía. ‖ Falta de concordancia, conformidad o proporción en algo que naturalmente debería tenerla. ‖ En música, acorde no consonante.

disonar *intr.* Sonar mal o desagradablemente. ‖ Discrepar o faltar concordancia entre cosas o entre personas o sus opiniones. ‖ Ser una cosa extraña a la serie o al conjunto en que aparece.

dispar *adj.* y *s. com.* Que no tiene par, desigual, diferente.

disparada *s. f. Amér.* Salida súbita y veloz; partida precipitada. ‖ Alza brusca y considerable en los precios.

disparado, da *adj. Cub.* y *Méx.* Excitado, ansioso, nervioso. ‖ Veloz, rápido, apurado.

disparador *s. m.* Pieza de las armas de fuego que, una vez cargadas éstas, al moverse las dispara. ‖ Pieza de las cámaras fotográficas que hace funcionar el obturador automático para captar la imagen.

disparar *t.* e *intr.* Tirar una persona con arma, ya sea arrojadiza o de fuego. ‖ Descargar un arma sus proyectiles. ‖ Lanzar, arrojar con fuerza algo. ‖ Hacer funcionar un disparador. ‖ En el futbol, patear con violencia la pelota hacia la meta. ‖ *pr.* Salir algo a toda velocidad y sin guía ni orden. ‖ *t. Méx.* Invitar algo a los amigos, convidarlos. *Yo disparo los tacos.*

disparatado, da *adj.* Que dice o hace disparates. ‖ Contrario a la razón o a la lógica.

disparatar *intr.* Decir o hacer algo fuera de lógica y congruencia.

disparejo, ja *adj.* Dispar. ‖ Que no es o no está parejo.

disparidad *s. f.* Diferencia y desigualdad de una cosa con respecto a otras. ‖ Cualidad de dispar.

disparo *s. m.* Detonación de un arma.

dispensar *t.* Dar, conceder, distribuir. ‖ Expender, vender, despachar. ‖ Absolver o perdonar una falta leve o algo que pudiera considerarse como tal. ‖ *t.* y *pr.* Eximir o eximirse de una obligación.

dispensario *s. m.* Establecimiento que da asistencia médica y farmacéutica, generalmente gratuita, a pacientes externos.

dispepsia *s. f.* Mala digestión crónica. ‖ Indigestión.

dispersante *s. m.* Sustancia que se utiliza para lograr que un soluto se distribuya y disperse en un solvente.

dispersar *t.* y *pr.* Separar, esparcir, diseminar. ‖ Perder o hacer perder la concentración, dividir el esfuerzo o la actividad. ‖ Derrotar al enemigo y obligarlo a huir en desbandada. ‖ Desplegarse una fuerza en orden abierto para cubrir más terreno.

dispersión *s. f.* En física, separación de los colores del espectro luminoso al atravesar un prisma cristalino u otro medio con propiedades semejantes. ‖ En física y química, estado en que se encuentra una sustancia dividida en partículas finas dentro de otra homogénea con la cual está mezclada. ‖ En matemáticas, distribución estadística de un conjunto de valores. ‖ En química, fluido en cuya masa está mezclado uniformemente un cuerpo en suspensión o en forma de coloide.

disperso, sa *adj.* y *s.* Que ha sido dispersado. ‖ Se dice del militar que por fuerza mayor queda separado e incomunicado del agrupamiento al que pertenece. ‖ Se dice del discurso mal hilado, incongruente y que salta de un asunto a otro sin seguir orden ni razonamiento.

displicencia *s. f.* Desdén e indiferencia en el trato con otras personas. ‖ Falta de entusiasmo al ejecutar una acción o actividad por dudarse de su eficacia.

displicente *adj.* Desagradable, que desplace o disgusta. ‖ *s. com.* Desdeñoso, indiferente.

disponer *t.* y *pr.* Colocar, poner en orden y condición conveniente para algo. ‖ Deliberar, decidir, determinar, mandar lo que va a hacerse. ‖ Preparar, prevenir las cosas para un fin. *Dispongan los carteles para la exposición oral.* ‖ Valerse de alguien o usar algo para servicio de uno. ‖ Ejercer sobre algo facultades de dominio. *Dispongo de un terreno que puedo alquilar.*

disponibilidad *s. f.* Cualidad o condición de disponible. ‖ En funcionarios o militares, estar en situación de disponible. ‖ Conjunto de fondos o recursos disponibles en un momento dado.

disponible *adj.* Que se puede usar libremente una cosa o que está lista para usarse. ‖ Se dice del funcionario público y del militar que están en activo pero sin destino o función, y que pueden emplearse de inmediato. ‖ Persona que está en condiciones de prestar sus servicios sin impedimentos ni obstáculos.

disposición *s. f.* Acción y efecto de disponer. ‖ Aptitud, competencia para realizar algo. ‖ Precepto reglamentario, ley, orden, mandato, procedente de la autoridad competente. ‖ Estado de salud o de ánimo. ‖ Apostura y gallardía de una persona. ‖ Medio usado para alcanzar un objetivo o para atajar un mal. ‖ Distribución y orden de las partes de un edificio o de una habitación.

dispositivo *s. m.* Mecanismo o aparato diseñado para producir un efecto o una acción determinados. ‖ Organización para emprender una acción.

disprosio *s. m.* Elemento químico metálico de las tierras raras, escaso en la naturaleza; sus sales son de color amarillo verdoso y se utiliza en la industria nuclear; su número atómico es 66 y su símbolo Dy.

dispuesto, ta *adj.* Gallardo, apuesto, bizarro. ‖ Inteligente, listo, hábil, despejado.

disputar *t.* Debatir. ‖ *t.* e *intr.* Discutir o argüir acaloradamente. ‖ Ejercitarse un estudiante discutiendo. ‖ *t.* y *pr.* Rivalizar, contender, competir.

distancia *s. f.* Intervalo de tiempo o espacio que media entre dos sucesos o dos lugares. ‖ Diferencia grande entre una cosa y otra. ‖ Alejamiento y desafecto entre dos personas. ‖ En geometría, longitud del segmento de recta comprendido entre dos puntos del espacio. || *loc. Sana distancia:* se usa para señalar que debe mantenerse una distancia razonable entre personas para evitar enfermedades contagiosas.

distanciamiento *s. m.* Acción y efecto de distanciar. || Enfriamiento en la relación amistosa y disminución en el trato. || Alejamiento afectivo, moral o intelectual de una persona con respecto a opiniones, ideas, creencias o conductas de otras. || En el teatro y otras artes, recurso mediante el cual se distancia psicológicamente el espectador de las emociones representadas y adopta una actitud reflexiva y crítica.

distanciarse *pr.* Apartarse, alejarse, dejar de verse con frecuencia dos personas.

distante *adj.* y *s. com.* Que dista. || Apartado, lejano. || Hosco, frío, huraño.

distar *intr.* Estar una cosa apartada de otra, ya sea por lugar o por tiempo. || Diferenciarse una cosa notablemente de otra.

distender *t.* y *pr.* Aflojar, disminuir la tensión. || En medicina, provocar o causar una violenta tensión en tejidos y órganos.

distinción *s. f.* Acción y efecto de distinguir o de distinguirse. || Diferencia que permite distinguir una cosa de otra. || Prerrogativa, privilegio, honor o premio concedido a alguien. || Objeto representativo o simbólico de tal honor, como medalla, distintivo, trofeo. || Elegancia en el vestir y en la conducta. || Consideración y respeto hacia alguien.

distingo *s. m.* Restricción o limitación que se usa en contra de ciertas personas o grupos. || En filosofía, reconocimiento de que una proposición tiene dos sentidos, uno de los cuales se concede o acepta y el otro se niega.

distinguido, da *adj.* Que posee distinción.

distinguir *t.* Percibir la diferencia entre una cosa y otra. || Singularizar o hacer diferente una cosa por medio de una marca, señal o divisa. || Caracterizar a alguien o a algo. *La sinceridad distingue al buen amigo.* || Expresar la diferencia existente entre una cosa y otra con la cual se puede confundir. || Mostrar particular atención o afecto a una persona sobre otras. || Conceder a alguien una distinción por sus méritos o cualidades. || *pr.* Sobresalir, descollar, señalarse por su comportamiento.

distintivo, va *adj.* Que tiene la propiedad de distinguir. || Que distingue o caracteriza algo.

distinto, ta *adj.* Diferente, que no es igual ni lo mismo que otra cosa. || Desemejante, no parecido a otro u otros. || Inteligible, claro, evidente.

distorsión *s. f.* Torsión, torcedura. || Deformación de sonidos o imágenes al ser transmitidos o reproducidos. || Acción de torcer o deformar la disposición de una figura o cuerpo. || Interpretar torcidamente hechos, dichos o intenciones.

distracción *s. f.* Acción y efecto de distraer. || Cosa que atrae la atención y la aparta de otras. || Espectáculo, juego o pasatiempo.

distraer *t.* y *pr.* Alejar, apartar, desviar, divertir a una persona o grupo de donde pretendía ir o de lo que intentaba hacer. || Entretener, recrear, procurar diversión. || Apartar la atención, desconcentrarse. || Desviar a alguien de la vida honrada y recta. || Malversar fondos.

distraído, da *adj.* y *s.* Aturdido, descuidado, falto de atención en lo que hace o dice.

distribución *s. f.* Acción y efecto de distribuir. || Reparto de un producto a los locales donde se vende al menudeo o a los domicilios particulares. || En economía, asignación del valor del producto entre los distintos factores de la producción. || En matemáticas, función que representa las probabilidades que definen una variable aleatoria o un fenómeno aleatorio.

distribuidor *s. m.* Pasillo que da acceso a diversas habitaciones en una casa, o en una planta o piso donde hay varios departamentos. || Pieza del sistema eléctrico de los motores de explosión encargada de enviar uniformemente la corriente a los diferentes puntos de ignición.

distribuidor, ra *adj.* y *s.* Que distribuye.

distribuidora *s. f.* Máquina agrícola que esparce el abono en el campo. || Empresa dedicada a la distribución de productos comerciales.

distribuir *t.* y *pr.* Dividir equitativamente algo entre varias personas, según regla, conveniencia o derecho. || Dar a algo su colocación debida o el destino que más convenga. || Entregar la mercancía a los comerciantes y consumidores.

distrito *s. m.* Cada una de las demarcaciones en que se divide un territorio para organizar y distribuir el ejercicio de los derechos ciudadanos, las funciones y los servicios de la administración pública.

distrofia *s. f.* Patología que afecta a un tejido dificultando su nutrición y crecimiento.

disturbio *s. m.* Perturbación o alteración de la paz pública.

disuadir *t.* Convencer a alguien, usando razones, de cambiar de parecer o de desistir de un propósito, acción o deseo.

disuelto, ta *adj.* Se dice de la sustancia sólida dividida en partículas que se deslíen en un líquido. *Jabón disuelto en agua, tableta disuelta en leche.*

disyunción *s. f.* Acción y efecto de separar y desunir. || En filosofía, separación de dos realidades opuestas y vinculadas intrínsecamente como vida-muerte, luz-oscuridad, masculino-femenino.

disyuntiva *s. f.* Alternativa entre dos opciones por una de las cuales debe decidirse.

diuresis *s. f.* Excreción de la orina. || En medicina, cantidad de orina excretada en un tiempo determinado.

diurético *s. m.* Medicamento cuyo efecto consiste en incrementar la excreción de orina.

diurno, na *adj.* Perteneciente o relativo al día o parte iluminada del ciclo terrestre de 24 horas. || Se dice de las plantas que sólo de día mantienen abiertas sus flores. || Se dice de los animales que sólo de día realizan la mayor parte de sus funciones y descansan de noche.

divagar *intr.* Vagar, andar ocioso y errante. || Salirse del tema o asunto del que se trata. || Hablar o escribir sin propósito determinado y sin ilación lógica.

diván *s. m.* Asiento alargado y acojinado con un respaldo lateral o descansabrazos, que usaban para tenderse de costado los musulmanes y luego se adoptó en el resto del mundo. || Colección de poemas en lengua árabe, persa o turca. || En el Imperio Otomano, consejo supremo que determinaba los asuntos de política y justicia. || Sala en que se reunía ese consejo.

divergir *intr.* Separarse gradual y constantemente dos líneas o dos planos. ‖ Discordar, discrepar.

diversidad *s. f.* Variedad. ‖ Abundancia de cosas distintas.

diversificar *t.* y *pr.* Volver múltiple y variado lo que era único y uniforme.

diversión *s. f.* Acción y efecto de divertir. ‖ Recreación, entretenimiento, pasatiempo, solaz. ‖ En las fuerzas armadas, acción que desvía la atención del enemigo y lo hace vulnerable.

diverso, sa *adj.* Variado, diferente, distinto. ‖ En plural, muchos, varios.

divertido, da *adj.* Que divierte. ‖ Alegre, festivo, de buen humor.

divertir *t.* y *pr.* Entretener, recrear. ‖ Apartar, alejar, desviar. ‖ En las fuerzas armadas, dirigir la atención del enemigo a otra parte, para dividirlo y debilitarlo. ‖ En medicina, dirigir un líquido corporal hacia una parte distinta de aquella por donde suele correr o hallarse.

dividendo *s. m.* Cantidad que va a dividirse entre otra.

dividir *t.* y *pr.* Partir, separar en partes. ‖ Repartir, distribuir algo. ‖ Sembrar la discordia. ‖ En matemáticas, averiguar cuántas veces cabe el divisor en el dividendo.

divinidad *s. f.* Naturaleza y esencia de Dios. ‖ Deidad, cualquiera de los dioses de las diversas religiones pasadas y modernas. ‖ Preciosidad, persona o cosa dotada de belleza y gracia.

divinizar *t.* Dar a alguien o a algo la categoría de dios y rendirle el culto y los honores correspondientes. ‖ Santificar, hacer sagrado algo. ‖ Alabar o ensalzar exageradamente.

divino, na *adj.* Perteneciente o relativo a Dios o a las deidades de las religiones politeístas. ‖ Excelente, supremamente hermoso.

divisa *s. f.* Señal exterior para distinguir personas, grados u otras cosas. ‖ Expresión verbal que refiere un ideal, pensamiento o norma de conducta que una persona o grupo toma para sí como regla para distinguirse. ‖ En economía, moneda extranjera que sirve de referencia para los intercambios comerciales entre varios países.

divisar *t.* Ver o percibir imprecisamente un objeto lejano.

divisibilidad *s. f.* Cualidad de divisible. ‖ En física, propiedad de los cuerpos por la cual pueden dividirse o fraccionarse.

divisible *adj.* y *s. com.* Que puede dividirse. ‖ En matemáticas, se dice de la cantidad que dividida entre otra arroja un cociente entero, sin fracciones ni decimales.

división *s. f.* Acción y efecto de dividir. ‖ Discordia, desunión. ‖ Operación matemática de dividir. ‖ Operación mental de analizar conceptos complejos para estudiar sus componentes lógicos. ‖ En la milicia, gran unidad formada por dos o más brigadas o regimientos homogéneos y sus servicios auxiliares.

divisionismo *s. m.* En pintura, técnica que consiste en usar numerosos puntos de colores que vistos desde cierta distancia parecen fundirse en matices de variadas gradaciones para representar el volumen, la distancia, las sombras, etc., de los objetos pintados. ‖ *Amér.* Tendencia política que promueve escisiones en partidos y grupos sociales.

divisor *s. m.* Cantidad entre la cual se divide otra llamada «dividendo». ‖ *loc. Máximo común divisor:* el mayor de los divisores comunes a dos o más cantidades.

divisorio, ria *adj.* Que sirve para dividir o separar.

divo, va *adj.* Dicho de una celebridad del mundo del espectáculo, que goza de mucha fama y cuya vida y desplantes se comentan en los medios masivos de comunicación.

divorciar *t.* Disolver el juez por sentencia el vínculo matrimonial. ‖ Separar o desunir lo que debiera estar o permanecer unido. ‖ *pr.* Llevar a cabo una persona los trámites legales para romper su matrimonio con su cónyuge.

divulgar *t.* y *pr.* Publicar, hacer algo del conocimiento del público. ‖ Explicar o expresar en términos claros y comprensibles para el público los temas o hallazgos recientes en las diversas ciencias.

dizque *adv. Amér.* Presuntamente, supuestamente, al parecer.

do *s. m.* Primera nota de la escala musical.

dobladillo *s. m.* Bastilla, doblez cosido en el borde inferior de las prendas de vestir.

doblado, da *adj.* Se dice de la persona robusta de cuerpo y extremidades cortas. ‖ Que habla o actúa con intenciones ocultas, o al contrario de lo que piensa.

doblaje *s. m.* En el cine y la televisión, operación en que se sustituyen los diálogos de la lengua original por su traducción a otro idioma.

doblar *t.* y *pr.* Aumentar algo al doble, duplicarlo. ‖ Tener el doble de edad de alguien o algo. ‖ Aplicar una sobre otra dos partes de algo flexible, como tela, papel, tejido. ‖ Torcer algo que estaba derecho hasta dejarlo curvo. ‖ Pasar una embarcación al otro lado de un cabo, una punta, un promontorio. ‖ Pasar a otro lado de una esquina, cerro, etc., cambiando de dirección. ‖ En cine y televisión, hacer un doblaje. ‖ Tocar las campanas lenta y acompasadamente en memoria de un difunto. ‖ Ceder a la fuerza, la violencia, la intimidación o el dolor físico.

doble *adj.* y *s. com.* Que contiene dos veces una cantidad o dos tantos de una cosa. ‖ Par de cosas que juntas sirven para un mismo fin. ‖ Dicho de algunas cosas, que tienen más entidad, volumen o componentes. ‖ Disimulado, artificioso, insincero. ‖ Toque de campanas por los muertos. ‖ Persona que tiene gran semejanza con otra. ‖ Persona que sustituye a un actor de cine o de televisión en las escenas peligrosas.

doblegar *t.* y *pr.* Hacer que alguien desista de un propósito y se preste a otro. ‖ Doblar o torcer algo que estaba derecho. ‖ Contener las pasiones propias o los apetitos.

doblez *s. m.* Parte que dobla o pliega de una cosa flexible. ‖ Señal que queda en la parte por donde se dobló. ‖ Hipocresía, malicia, astucia.

doblón *s. m.* Moneda de oro en uso en España con diferente valor según la época.

docena *s. f.* Conjunto de doce elementos.

docencia *s. f.* Práctica y servicio del docente.

docente *adj.* y *s. com.* Que enseña o da clases. ‖ Perteneciente o relativo a la enseñanza o a la docencia.

dócil *adj.* y *s. com.* Que recibe fácilmente la enseñanza por su carácter suave y apacible. ‖ Obediente. ‖ Fácil de tratar o trabajar, dicho de la piedra o el metal. El oro puro es demasiado dócil y por eso se le liga con otros metales más resistentes.

docto, ta *adj.* y *s.* Sabio, experto en una disciplina o en una ciencia.

doctor, ra *s.* Persona que ha cursado los estudios necesarios y ha recibido el título más elevado en las especialidades científicas y humanísticas, por parte de una universidad. ‖ *fam.* Persona dedicada a la enseñanza de una ciencia o arte. ‖ *fam. Méx.* Médico, aunque posea sólo el grado de licenciado en medicina.

doctorado *s. f.* Grado de doctor. ‖ Estudios requeridos para obtener dicho grado. ‖ Conocimiento pleno y profundo de una materia o ciencia.

doctrina *s. f.* Enseñanza que se imparte para instrucción o educación de alguien. ‖ Ciencia o sabiduría. ‖ Conjunto de ideas, opiniones y creencias religiosas, filosóficas, políticas, económicas, etc., sustentadas por una persona o grupo y que determina sus decisiones y conducta. ‖ Plática en la que se enseña y explica la fe cristiana.

documentación *s. f.* Acción y efecto de documentar. ‖ Conjunto de documentos de carácter oficial.

documentado, da *adj.* Se dice de la solicitud o cualquier otro recurso al que se acompaña la documentación necesaria. ‖ Se dice de la persona que posee información y pruebas sobre un asunto. ‖ Se dice de la investigación cuyos datos y afirmaciones se apoyan en documentos verificables y comprobados.

documental *s. m.* En cine y televisión, filmación de hechos, escenas, experimentos, reconstrucciones, etc., tomados de la vida real con propósitos informativos y aun didácticos.

documentar *t.* Probar la veracidad de algo mostrando los documentos pertinentes o sus copias acreditadas. ‖ Instruir a alguien sobre la información y pruebas que atañen a un asunto. ‖ *pr.* Informarse uno sobre alguna cuestión en libros y documentos pertinentes y que hacen al caso.

documento *s. m.* Escrito que registra datos y contiene información, principalmente histórica. ‖ Texto en que constan datos fidedignos, susceptibles de usarse como pruebas.

dodecaedro *s. m.* Sólido o cuerpo geométrico regular conformado por doce caras iguales con forma de pentágono.

dodecágono *s. m.* Polígono que tiene doce ángulos y doce lados.

dodo *s. m.* Ave corredora endémica de las islas Mauricio que se extinguió en el siglo XVII.

dogma *s. m.* Proposición que se da por verdadera sin necesidad de demostración, como principio básico de una ciencia. ‖ Principios fundamentales de una religión en los que debe creer cualquiera que se tenga por miembro de ella. *La Trinidad es un dogma cristiano; la existencia del Nirvana es un dogma budista.* ‖ Conceptos centrales que estructuran un sistema ideológico, científico, moral, político, religioso, artístico, etc.

dogmático, ca *adj.* Perteneciente o relativo a los dogmas. ‖ Inflexible, pertinaz en sus opiniones. ‖ Que se basa en proposiciones tomadas como verdades absolutas y no en razonamientos.

dogmatismo *s. m.* Suposición de quienes creen que su doctrina o sus afirmaciones son verdades irrefutables. ‖ Conjunto de proposiciones que funcionan como principios evidentes en una ciencia. ‖ Colección de los dogmas de una religión. ‖ Postura filosófica opuesta al escepticismo; sostiene que

la razón humana tiene la facultad de poder llegar a conocer la verdad en el campo de conocimiento al que se aplique.

dogo *s. m.* Raza canina caracterizada por su tamaño y fuerza, de cuerpo robusto, cuello corto y grueso, morro casi cuadrado, belfos colgantes, orejas cortas y puntiagudas, rabo recortado y pelaje generalmente de color leonado; se emplea como perro guardián y de caza.

dólar *s. m.* Nombre de la unidad monetaria de Estados Unidos, Canadá y otros países.

dolencia *s. f.* Enfermedad, indisposición, padecimiento.

doler *intr.* Padecer dolor en una parte del cuerpo. ‖ Causar una cosa pesar o pena. ‖ *pr.* Arrepentirse de algo. ‖ Compadecerse del mal que alguien sufre. *La bondadosa dama se duele de los huérfanos.* ‖ Quejarse uno de sus males.

doliente *adj.* y *s. com.* Que duele o se duele. ‖ Parientes y allegados de un difunto que asisten al velorio y al entierro.

dolmen *s. m.* Monumento prehistórico megalítico consistente en dos o tres piedras verticales sobre las cuales descansa una horizontal.

dolo *s. m.* Engaño, simulación, mala intención. ‖ En derecho, voluntad deliberada de cometer un delito o un crimen, con conciencia de estar obrando ilícitamente.

dolor *s. m.* Sensación molesta en una parte del cuerpo. ‖ Sentimiento de congoja, pena y aflicción.

doloso, sa *adj.* Engañoso, malintencionado, malicioso.

domador, ra *s.* Que doma. ‖ Persona cuyo oficio es domar animales.

domar *t.* Amansar, sujetar y hacer dócil a un animal. ‖ Reprimir y contener las pasiones o sentimientos exagerados. ‖ Dar flexibilidad y holgura a algo que no las tiene por ser nuevo.

domesticado, da *adj.* Se dice del animal al que se ha acostumbrado a vivir en compañía del ser humano. ‖ *fig.* Se aplica a la persona cuyo carácter áspero se ha moderado.

domesticar *t.* Hacer que un animal salvaje se vuelva dócil y pueda convivir con los seres humanos. ‖ *t. pr. fig.* Suavizar el carácter áspero o rebelde de una persona, hacerse ésta tratable.

doméstico, ca *adj.* Perteneciente o relativo a la casa o al hogar. ‖ Se dice del animal domesticado. ‖ *adj.* y *s.* Persona cuyo oficio es servir en una casa. ‖ *s. m.* Miembro de un equipo de ciclistas cuya labor es ayudar al corredor principal.

domicilio *s. m.* Casa o vivienda donde habita o se hospeda una persona de manera fija y permanente.

dominación *s. f.* Acción de dominar, sobre todo un rey sobre su pueblo o una nación sobre otra.

dominador, ra *adj.* y *s.* Que domina o tiende a dominar.

dominante *adj.* Que domina. ‖ Se dice de la persona que pretende dominar a quienes le rodean y no acepta contradicciones. ‖ Que prevalece o sobresale entre otras cosas de su mismo género. ‖ En genética, carácter hereditario que se manifiesta en el fenotipo. ‖ En música, quinto grado de la escala y una de las tres notas generatrices.

dominar *t.* Tener dominio sobre personas, cosas o situaciones. ‖ *fig.* Conocer a fondo una ciencia, arte o idioma. ‖ Divisar algo de manera panorámica desde una gran altura. ‖ *t.* y *pr.* Reprimir, contener o controlar una emoción, pasión o sentimiento. ‖ *t.* e *intr.* Ser alguna cosa más alta entre las que la rodean, resaltar o ser más perceptible que éstas.

dominicano, na *adj.* y *s.* Originario de la República Dominicana, país de las Antillas.

dominio *s. m.* Acción y efecto de dominar o dominarse. ‖ Autoridad y poder que alguien tiene sobre alguna persona o cosa. ‖ Lugar donde alguien tiene la máxima autoridad. ‖ *fig.* Campo específico de una ciencia, un arte o una actividad intelectual. ‖ Atributos que la ley reconoce al propietario de algo, para que pueda disponer plenamente de ello. ‖ En informática, parte de una dirección electrónica que identifica a un sitio de internet por el tipo de empresa u organización a que pertenece, o por el país donde está registrado. ‖ En lingüística, territorio donde se habla una lengua o dialecto.

dominó *s. m.* Juego de mesa compuesto por 28 fichas rectangulares, divididas en dos partes iguales, en cada una de las cuales hay entre 0 y 6 puntos. *Un partido de dominó se juega con un máximo de cuatro jugadores.*

domo *s. m.* En arquitectura, cúpula o bóveda de forma semiesférica. ‖ En geografía, relieve de forma similar a la semiesférica. ‖ En tecnología, depósito esférico que remata una caldera.

don[1] *s. m.* Regalo material o inmaterial, sobre todo el concedido por un ser superior. ‖ Cualidad o talento que alguien posee.

don[2] *s. m.* Tratamiento de respeto y cortesía que se antepone al nombre de un varón.

dona *s. f. Amér. C., Méx.* y *P. Rico* Rosquilla esponjosa de masa de trigo, frita o recubierta con azúcar o chocolate.

donación *s. f.* Acción y resultado de donar. ‖ Cantidad de dinero o cosa que se ha donado. ‖ En medicina, acción de ofrecer una persona alguno de sus órganos para que le sea trasplantado a otra, o para fines de investigación.

donador, ra *adj.* y *s.* Donante.

donaire *s. m.* Agilidad, ingenio y gracia para expresarse verbalmente. ‖ Ocurrencia graciosa o chiste ingenioso. ‖ Soltura y garbo al andar, danzar o hacer otros movimientos corporales.

donante *adj.* y *s. com.* Persona que realiza una donación, sea de dinero, de bienes o de uno de sus órganos o tejidos.

donar *t.* Dar algo voluntariamente, sobre todo con fines altruistas.

donativo *s. m.* Dádiva, regalo o cesión de bienes, en particular con fines altruistas.

doncel *s. m.* Joven de sexo masculino que está en la adolescencia. ‖ Joven que aún no ha iniciado su vida sexual. ‖ Durante los siglos XIV y XV, en Castilla, joven de la nobleza antes de ser armado caballero.

doncella *s. f.* Mujer adolescente o joven, en particular la que aún no ha iniciado su vida sexual. ‖ Sirvienta que realiza diversas tareas en un hogar, excepto cocinar.

donde *adv.* En el lugar en que está algo o alguien o sucede alguna cosa. ‖ *fam.* A casa de alguien, o al sitio en que se encuentra. ‖ Adonde.

dónde *adv.* Indica interrogación acerca de dónde está o sucede algo o se encuentra alguien.

dondequiera *adv.* En cualquier parte.

doña *s. f.* Tratamiento de respeto y cortesía que se antepone al nombre de una mujer.

dopado, da *adj.* Que está bajo los efectos de alguna droga.

dopar *t.* y *pr.* En deportes, administrar a un atleta, o consumir éste, fármacos o sustancias estimulantes para aumentar su rendimiento. ‖ *t.* En electrónica, añadir impurezas a un monocristal.

dorada *s. f.* Pez comestible de carne muy apreciada que habita en aguas del Atlántico y el Mediterráneo; su piel es de color gris metálico, con franjas y una mancha en la cabeza de color dorado.

dorado *s. m.* Acción y efecto de dorar, recubrir de oro o metal semejante; doradura. ‖ Arte de aplicar estampaciones de oro fino a los grabados de las cubiertas de los libros. ‖ *Arg., Py.* y *Uy.* Pez de río muy apreciado en la pesca deportiva por ofrecer gran resistencia a ser sacado del agua. ‖ *pl.* Conjunto de adornos dorados o de objetos de latón bruñido.

dorado, da *adj.* De color amarillo metálico brillante como el del oro. ‖ Que está recubierto de una capa fina de oro u otro metal de color de oro. ‖ *fig.* Feliz, esplendoroso, en auge. ‖ *Chil.* y *Cub.* Se dice del caballo con pelaje color melado.

dorar *t.* Recubrir con una capa fina de oro o de un metal semejante un objeto. ‖ Dar a algo el color o características del oro. ‖ *t.* y *pr.* Freír ligeramente un alimento hasta que tome color dorado, o cubrir un manjar con una capa ligera de yema de huevo. ‖ *pr.* Tomar algo color dorado.

dórico, ca *adj.* y *s.* Natural de la Dórida, región de Grecia comprendida entre los montes Eta y Parnaso. ‖ Perteneciente o relativo a la Dórida.

dormido, da *adj.* Que duerme. ‖ *fig.* Que está latente, que no se ha manifestado. ‖ *fig.* Dicho de un lugar o ambiente, que carece de animación o actividad.

dormir *intr.* y *pr.* Entrar, o estar, en el estado de reposo periódico durante el cual se inactivan los movimientos voluntarios y los sentidos. ‖ Hacer que alguien entre en tal estado. ‖ *intr.* Pernoctar en algún sitio. ‖ *t.* Anestesiar. ‖ *pr. fig.* Postergar un asunto. ‖ *pr. fig.* Descuidarse, tomar algo a la ligera. ‖ *pr. fig.* Quedar temporalmente algún miembro del cuerpo con sensación de hormigueo y poca sensibilidad.

dormitar *intr.* Dormir con sueño ligero, o estar medio dormido.

dormitorio *s. m.* Habitación destinada para dormir. ‖ Mobiliario que compone esta habitación.

dorsal *adj.* Perteneciente o relativo al dorso o al lomo. ‖ En fonética, fonema que se articula poniendo en contacto el dorso de la lengua con el paladar. ‖ *s. m.* Número que los deportistas llevan pegado a la espalda durante una competencia para permitir su identificación. ‖ *s. f.* Cordillera, terrestre o submarina, con una línea continua de montañas.

dorso *s. m.* Parte posterior de algo. ‖ Parte posterior o superior del tronco de los seres humanos que va desde los hombros hasta la pelvis. ‖ En zoología, parte superior o posterior del tronco de los vertebrados.

dos *adj.* y *s.* Resultado de sumar uno más uno. ‖ Número ordinal que indica el segundo de una serie o lista.

doscientos, tas *adj.* y *s.* Número cardinal que indica dos veces cien.

dosel *s. m.* Mueble o elemento que resguarda, a cierta altura, un trono, lecho, altar o sitial. ‖ Especie de toldo que, sostenido por cuatro varas, resguarda a un personaje o a una imagen religiosa en los desfiles y procesiones. ‖ Parte alta de los bosques tropicales, formada por las copas de los árboles.

dosificación *s. f.* En medicina, determinación de la dosis de medicamento que debe administrarse a un paciente. ‖ Graduación de la cantidad o proporción de algo inmaterial que ha de darse.

dosificador, ra *adj. y s.* Que dosifica o sirve para dosificar. ‖ *s. m.* Aparato o utensilio para dosificar.

dosificar *t.* Establecer la dosis de algo, sobre todo de un medicamento. ‖ *fig.* Realizar algo de manera sistemática y poco a poco.

dosis *s. f.* Cantidad determinada de un medicamento que se prescribe y administra para lograr un efecto deseado. ‖ *fig.* Porción o cantidad de algo.

dotación *s. f.* Acción y efecto de dotar. ‖ Conjunto de cosas con lo que alguien o algo está dotado. ‖ Personal de una oficina o taller. ‖ Tripulación de un buque.

dotado, da *adj.* Que tiene aptitudes o condiciones particulares para algo.

dotar *t.* Otorgar una dote a la mujer que va a contraer matrimonio o va a ingresar a una congregación religiosa. ‖ *fig.* Añadir a una persona o cosa alguna cualidad adicional, o una característica especial, para mejorarla. ‖ Proveer de personal o de recursos.

dote *s. f.* Dinero o bienes que aporta una mujer, cuando se casa, al matrimonio. ‖ Aportación en dinero o bienes que entregaba una monja profesa cuando ingresaba al convento o una orden religiosa. ‖ *s. f. pl.* Conjunto de cualidades de una persona o cosa que la hacen adecuada para determinada actividad o función.

draga *s. f.* Máquina excavadora que sirve para extraer materiales y escombros del fondo de los ríos, canales y otros cuerpos de agua. ‖ Barco que lleva esta maquinaria.

dragar *t.* Excavar con maquinaria especial, para limpiarlos, el fondo de los canales, ríos o puertos marítimos.

dragón *s. m.* Animal fantástico con cuerpo de reptil, larga cola, garras y alas, que echa fuego por la boca. ‖ Reptil parecido al lagarto, pero más robusto. ‖ Pez marino de cuerpo alargado, cabeza grande, plana y ancha, con los ojos en el dorso de ésta, y aletas dorsales muy llamativas, sobre todo las de los machos. ‖ Soldado de caballería.

drama *s. m.* Obra teatral escrita para ser representada en un escenario. ‖ Obra cinematográfica o teatral de asunto que, aunque trata de cosas desgraciadas o tristes, no alcanza el nivel de la tragedia. ‖ Género literario al que pertenecen las obras escritas para ser representadas. ‖ *fig.* Situación de la vida real en que ocurren desgracias y hay personas que las sufren.

dramático, ca *adj.* Perteneciente o relativo al teatro. ‖ *fig.* Que conmueve y emociona. ‖ *adj. y s.* Se dice del autor de dramas o del actor que los interpreta.

dramatizar *t.* Dar a un texto literario la forma y condiciones necesarias para ser representado. ‖ *fig.* Exagerar un sentimiento, o las emociones alrededor de una situación o suceso, con el fin de conmover a otros.

dramaturgia *s. f.* Arte de componer obras dramáticas. ‖ Conjunto de las obras dramáticas de una época o un autor. ‖ Concepto escénico para representar un texto dramático.

dramaturgo, ga *s.* Autor que se especializa en escribir obras dramáticas.

drástico, ca *adj.* Que es enérgico y de gran severidad. *La inconsciencia del gerente obligó a tomar medidas drásticas contra el ruido en esa ciudad.* ‖ Que actúa de manera violenta y rápida. *Si tomas ese purgante mejor no salgas, sus efectos son drásticos.*

drenaje *s. m.* Acción y efecto de drenar. ‖ *Méx.* Conjunto de tuberías e instalaciones que sirven para desalojar las aguas negras de un edificio o ciudad. ‖ En medicina, evacuación, mediante una cánula, de las secreciones acumuladas en un órgano, un absceso o una herida.

drenar *t.* Sacar el agua excesiva de un lugar por medio de cañerías o zanjas. ‖ En medicina, evacuar los líquidos que se han acumulado en una cavidad, herida o absceso.

driblar *t. e intr. Esp. y Méx.* En deportes como el futbol, hacer un movimiento engañoso para desconcertar al contrario y esquivarlo.

dril *s. m.* Tela resistente de hilo o de algodón crudo.

droga *s. f.* Nombre genérico de las sustancias que tienen efectos estimulantes, estupefacientes, depresores o alucinógenos. ‖ Sustancia de uso médico, fármaco, en particular los barbitúricos. ‖ *Amér. Merid. y Méx.* Deuda cuantiosa, sobre todo la que no se puede pagar.

drogadicción *s. f.* Adicción por alguna droga.

drogadicto, ta *adj. y s.* Que es adicto a las drogas.

droguería *s. f. Amér. C.* Tienda en la que se venden medicamentos.

dromedario *s. m.* Mamífero rumiante parecido al camello, pero con una sola joroba y con cuerpo más esbelto.

drupa *s. f.* En botánica, fruto carnoso de forma redondeada con endocarpio que forma hueso. *Las ciruelas, cerezas y capulines son drupas.*

dual *adj.* Que reúne en sí dos caracteres o fenómenos distintos. ‖ Que tiene una relación de reciprocidad o interacción.

dualidad *s. f.* Cualidad de lo que es dual. ‖ Coexistencia de dos caracteres o fenómenos distintos, sean opuestos o complementarios, en una misma persona o cosa.

dubitación *s. f.* Duda, indecisión sobre lo que se ha de hacer o decir.

dubitativo, va *adj.* Que denota o implica duda.

dubnio *s. m.* Elemento químico radiactivo que posee siete isótopos con una vida media comprendida entre 1.5 y 35 segundos; se obtiene mediante bombardeo iónico de elementos pesados; su número atómico es 105 y su símbolo Db.

ducado *s. m.* Dignidad y título nobiliario de duque. ‖ Territorio sobre el que ejercía su autoridad un duque. ‖ Moneda de oro, de valor variable, que se usó en varios países europeos hasta el siglo XVI.

ducha *s. f.* Acción y efecto de duchar o ducharse. ‖ Aplicación de agua en forma de lluvia, o de múltiples chorros sobre el cuerpo o una parte de éste. ‖ Instalación para ducharse. ‖ Aparato para ducharse.

D

ducho, cha *adj.* Que es muy hábil o diestro para determinada actividad.

dúctil *adj.* Se dice del metal que puede ser extendido en alambres muy finos por medios mecánicos sin romperse. ‖ Que cambia de forma con facilidad. ‖ *fig.* Se usa para referirse a una persona dócil y condescendiente.

ducto *s. m. Amér.* Tubería; canal o conducto.

duda *s. f.* Indecisión o vacilación entre dos posibilidades, acciones o juicios. ‖ Cuestión que se propone para resolverla. *La duda es si seguir construyendo edificios en la ciudad o ya no.* ‖ Falta de fe o convicción en una creencia religiosa.

dudar *intr.* Tener duda sobre algo que se va a hacer o decir. ‖ *t.* Desconfiar, dar poco crédito a algo.

dudoso, sa *adj.* Que denota o implica duda. ‖ Que tiene dudas. ‖ Que es poco probable.

duela *s. f.* Cada una de las tablas planas y curveadas que forman el cuerpo de los barriles y toneles. ‖ *Méx.* Cada una de las tablas largas y angostas que forman un piso de madera o un entarimado.

duelo¹ *s. m.* Combate, de acuerdo con reglas establecidas y determinadas armas, entre dos adversarios. ‖ Encuentro deportivo entre dos equipos o jugadores. ‖ Discusión o debate entre dos personas sobre una determinada cuestión.

duelo² *s. m.* Dolor por la muerte de alguien. ‖ Reunión de personas con motivo de los funerales de alguien.

duende *s. m.* Espíritu que, según las creencias populares, habita en algunas casas, causando trastornos y asustando a las personas. ‖ Ser fantástico representado con aspecto humanoide y pequeño tamaño, que tiene ciertos poderes para alterar positiva o negativamente las circunstancias. ‖ *Esp.* Encanto y magnetismo especial de una persona o cosa.

dueño, ña *s. m.* Hombre que posee una propiedad u otra cosa.

dueto *s. m.* Pieza musical para dos instrumentos o dos voces. ‖ Conjunto de dos voces o dos instrumentos.

dulce *adj.* Se dice del sabor que causa una sensación agradable, como el del azúcar o la miel. ‖ Que, comparado con otras cosas de la misma especie, no es agrio, amargo ni salado. ‖ *fig.* Agradable, suave, grato. ‖ *fig.* Dicho del carácter de alguien, afable y afectuoso. ‖ En metalurgia, se dice del metal suave, dúctil y maleable. ‖ *s. m.* Alimento que tiene el azúcar como ingrediente principal. ‖ Cualquier fruta cocida con almíbar. ‖ *Amér.* Azúcar mascabado, chancaca. ‖ *Méx.* Caramelo u otra golosina azucarada.

dulcificar *t. y pr.* Hacer que algo sea dulce. ‖ Suavizar, mitigar lo acre o desagradable de alguna cosa material o inmaterial.

dulzura *s. f.* Dulzor. ‖ *fig.* Suavidad, bondad y afabilidad de carácter. ‖ *pl.* Expresiones o palabras cariñosas.

duna *s. f.* Colina que se forma en el desierto debido al efecto de la acumulación de arena arrastrada por el viento.

dúo *s. m.* Pieza musical para dos instrumentos o voces. ‖ Conjunto de dos voces o dos instrumentos musicales.

duodeno *s. m.* Primer segmento del intestino que sigue inmediatamente del estómago.

dúplex *adj. y s. m.* Vivienda integrada por dos plantas que se unen por una escalera interior. ‖ Enlace eléctrico o radioeléctrico entre dos puntos que puede utilizarse simultáneamente en ambos sentidos.

duplicación *s. f.* Acción y efecto de duplicar o duplicarse. ‖ En biología, fenómeno por el que cualquier estructura orgánica existe con carácter doble. ‖ En genética, aberración por la que un segmento cromosómico se repite en el mismo cromosoma o la misma serie cromosómica. ‖ En telecomunicaciones, acción y efecto de realizar un enlace dúplex.

duplicado *s. m.* Copia idéntica de un documento que se hace para usarla en caso de que se pierda o dañe el original. ‖ Ejemplar doble o repetido de una obra. ‖ Acción y efecto de sacar una copia exacta de algo.

duplicar *t. y pr.* Multiplicar por dos una cantidad. ‖ *t.* Ser dos veces mayor una cantidad, o una cosa, que otra. ‖ En derecho, contestar el demandado la réplica del actor.

duplo *s. m.* Número que es el doble de otro.

duque *s. m.* Título nobiliario europeo superior al de marqués y conde e inferior al de príncipe. ‖ Primera dignidad de la jerarquía señorial en la organización feudal. ‖ Título que antiguamente poseía el soberano de un ducado. ‖ Antiguo carruaje de lujo de dos plazas, cuatro ruedas y un asiento atrás para los sirvientes.

duquesa *s. f.* Mujer que posee un título nobiliario ducal. ‖ Esposa del duque.

duración *s. f.* Tiempo que dura alguna cosa, o que transcurre entre el inicio y el final de algo. ‖ En música, tiempo que debe mantenerse un sonido, un silencio o una nota; varía según el movimiento y el compás de cada fragmento musical.

duradero, ra *adj.* Que dura mucho tiempo o puede durar mucho.

duramadre *s. f.* En anatomía, la más externa y resistente de las tres meninges.

durante *prep.* Indica un espacio de tiempo en el que algo sucede.

durar *intr.* Estar ocurriendo o existir algo en un espacio de tiempo determinado. *El curso dura tres meses.* ‖ Aguantar, conservarse, persistir.

duraznero *s. m.* Árbol originario de China, con hojas lanceoladas y flores rosadas de cinco pétalos; su fruto es el durazno o melocotón.

durazno *s. m.* Duraznero. ‖ Fruto del duraznero; es una drupa fragante con piel aterciopelada, semilla rugosa y carne amarilla.

dureza *s. f.* Cualidad de lo que es duro. ‖ En medicina, callosidad. ‖ En mineralogía, resistencia que opone un mineral a ser rayado por otro. ‖ En química, contenido de sales en el agua, sobre todo sulfatos de calcio y magnesio.

durmiente *adj.* Que duerme. ‖ *s. m.* Madero colocado horizontalmente sobre el suelo, sobre el cual se apoyan otros o un riel, para distribuir la carga.

duro, ra *adj.* Se dice del cuerpo que ofrece resistencia a la presión, a ser rayado, penetrado o partido. ‖ *fig.* Difícil, arduo, penoso. ‖ *fig.* Insensible, cruel, despiadado, inhumano. ‖ *fig.* Obstinado, inflexible, terco. ‖ *fig.* Crudo, violento, dramático. ‖ *s. m. Esp.* Moneda que valía cinco pesetas. ‖ *adv.* Con fuerza o con violencia.

e¹ *s. f.* Quinta letra del alfabeto español moderno y segunda de sus vocales.

e² *conj.* Conjunción copulativa que se usa, en vez de «y», para evitar repetición de sonidos antes de palabras que comiencen por *i* o *hi. Agustín e Hilda.*

ebanista *s. com.* Persona cuyo oficio es trabajar las maderas finas para hacer muebles.

ebanistería *s. f.* Arte, oficio y taller del ebanista. ‖ Conjunto de muebles u ornatos hechos con maderas finas.

ébano *s. m.* Árbol frondoso del sudeste asiático que proporciona la madera del mismo nombre. ‖ Madera de este árbol.

ebriedad *s. f.* Estado del ebrio.

ebrio, bria *adj. y s.* Se aplica a la persona cuyas facultades físicas y mentales están alteradas a causa de consumo excesivo de alcohol. ‖ *fig.* Que está trastornado y ofuscado por una pasión.

ebullición *s. f.* Estado del líquido que forma burbujas de vapor al hervir. ‖ Estado del líquido o sustancia que burbujea a causa de la fermentación o la efervescencia.

ebúrneo, a *adj.* Perteneciente o relativo al marfil. ‖ Que tiene características semejantes a las del marfil.

eccema *s. m.* Enfermedad inflamatoria de la piel que se manifiesta por enrojecimiento y aparición de vesículas que al secarse producen costras y escamas.

echado, da *adj. y s. C. R., Hond. y Nic.* Persona perezosa, indolente.

echador, ra *adj. y s. Cub., Méx. y Ven.* Hablador, fanfarrón, bravucón. ‖ *loc. Echador de cartas:* cartomanciano.

echar *t.* Arrojar algo hacia alguna parte. ‖ Despedir o emitir algo un líquido, vapor, etc. ‖ Agregar algo a otra cosa, o dejarlo caer en ella. ‖ Aplicar o poner algo sobre otra cosa. ‖ Expulsar a alguien de un lugar, sobre todo de mala manera. ‖ Despedir del empleo o destituir de un cargo. ‖ Producir un organismo vivo algo que nace y forma parte de él. ‖ Dar a algún mecanismo el movimiento que lo cierra. ‖ Jugar una partida de algún juego. ‖ Decir algo, pronunciar ciertas palabras o un discurso. ‖ Hacer cálculos, suponer o conjeturar. ‖ Dar, entregar o repartir. ‖ Dar una planta frutos, hojas o flores. ‖ *t. y pr.* Mover el cuerpo o una parte de él en alguna dirección. ‖ Con la preposición *a* y un verbo en infinitivo, ser causa o motivo de la acción que expresa dicho verbo. *Echar a volar una cometa.* ‖ Poner o ponerse una prenda, sobre todo de abrigo, sobre el cuerpo. ‖ *intr.* Tomar una dirección determinada. ‖ *intr. y pr.* Seguido de la preposición «a» y un verbo en infinitivo, comenzar a hacer lo que indica

dicho verbo. ‖ *pr.* Precipitarse, arrojarse. ‖ Tenderse, acostarse. ‖ Colocarse un ave sobre sus huevos y permanecer ahí para empollarlos. ‖ Dedicarse a algo o adoptar una conducta. ‖ Comenzar a tener trato o relaciones con alguien.

eclecticismo *s. m.* Método filosófico que selecciona, entre diversos sistemas, las tesis que parecen más aceptables a fin de formar una doctrina con ellas. ‖ Doctrina que se formó a partir de tal método. ‖ Tendencia artística o decorativa que pretende crear un estilo nuevo a base de conciliar y reunir elementos del pasado. ‖ Actitud de quien adopta una posición indefinida en su forma de pensar o actuar.

ecléctico, ca *adj. y s.* Perteneciente o relativo al eclecticismo. ‖ Que profesa el eclecticismo o es partidario de éste. ‖ Se dice de la persona que no tiene una posición definida en su manera de pensar o de actuar.

eclesiástico, ca *adj.* Eclesial. ‖ *s. m.* Sacerdote católico, clérigo.

eclipsar *t. y pr.* Producir un eclipse. ‖ *fig.* Hacer que, al compararla con otra, una persona parezca menos importante o valiosa. ‖ *pr.* Ausentarse o evadirse de una reunión o campo de actividad.

eclipse *s. m.* En astronomía, desaparición aparente y temporal de un astro, producida por la interposición de otro cuerpo entre éste y el ojo del observador, o entre el astro en cuestión y el sol que lo ilumina. *Un eclipse es total si un astro desaparece de la vista por completo, y parcial si sólo deja de verse una parte de él.*

eclosión *s. f.* Acción y efecto de eclosionar. ‖ Brote o aparición súbita de un fenómeno cultural o social.

eco *s. m.* Repetición de un sonido causada por la reflexión de las ondas sonoras al chocar contra un obstáculo. ‖ Sonido que, de manera débil y confusa, se escucha a lo lejos. ‖ Onda electromagnética emitida por un radar que, después de reflejarse en un obstáculo, regresa al punto de partida. ‖ Imagen de televisión alterada, que se perturba a causa de una onda indirecta que ha recorrido un trayecto más largo que una onda más directa. ‖ En informática, método de comparación para detectar errores de transmisión entre una señal emitida y la recibida; consiste en remitir la señal recibida hacia el emisor de origen. ‖ Difusión que alcanza un suceso. ‖ *fig.* Noticia no verificada, rumor. ‖ *fig.* Influencia de alguien o algo.

ecografía *s. f.* En medicina, método para explorar el interior del cuerpo mediante la reflexión o eco de ultrasonidos en los órganos. ‖ Imagen que se obtiene al aplicar este método.

ecología *s. f.* Ciencia que estudia las relaciones entre los seres vivos y su medio ambiente. ‖ Defensa y protección del medio ambiente.

ecológico, ca *adj.* Perteneciente o relativo a la ecología. ‖ Se dice de los productos que, por su tipo de elaboración, no dañan al medio ambiente.

ecologismo *s. m.* Transferencia o aplicación de los principios de la ecología a las cuestiones políticas y sociales.

economía *s. f.* Administración razonable y organizada de los bienes. ‖ Conjunto de las actividades productivas y de consumo de una colectividad humana. ‖ Conjunto de actividades y bienes que integran la riqueza de una nación o individuo. ‖ Sistema económico de un país, una empresa o una institución. ‖ Adecuada distribución del tiempo, o de otra cosa inmaterial. ‖ Ahorro, reducción del gasto en un presupuesto.

económico, ca *adj.* Perteneciente o relativo a la economía. ‖ De precio accesible, que cuesta poco. ‖ Dicho de una máquina, que gasta poco o requiere poco esfuerzo para funcionar.

economista *adj.* y *s. com.* Especialista en economía.

economizar *t.* Ahorrar, administrar dinero o bienes de manera que se pueda guardar una parte del gasto ordinario. ‖ *fig.* Evitar un esfuerzo, trabajo, etc., que no son indispensables, o eludir enfrentar un riesgo o dificultad innecesarios.

ecosistema *s. m.* Unidad básica de estudio de la ecología, constituida por una comunidad de seres vivos, su hábitat y los fenómenos atmosféricos y del clima que la afectan.

ectoparásito, ta *adj.* y *s.* En biología, se dice del parásito, como los piojos, pulgas o chinches, que vive en la superficie de un organismo.

ectoplasma *s. m.* En microbiología, zona superficial del citoplasma de ciertos protozoos. ‖ Emanación surgida del cuerpo de un médium en trance, que puede tomar forma de seres vivos u objetos.

ecuación *s. f.* En matemáticas, igualdad entre dos expresiones algebraicas que contiene una o más incógnitas. ‖ En química, expresión gráfica, a partir de números y símbolos, de una reacción química determinada.

ecuador *s. m.* Círculo imaginario en la parte más ancha de la Tierra, perpendicular al eje del planeta y paralelo a sus polos. ‖ En matemáticas, paralela de radio máximo de una superficie de revolución.

ecuánime *adj.* Que posee ecuanimidad o se comporta de acuerdo con ella.

ecuanimidad *s. f.* Imparcialidad, neutralidad al hacer juicios. ‖ Serenidad, tranquilidad de ánimo.

ecuatorial *adj.* Perteneciente o relativo al ecuador. ‖ *loc. Clima ecuatorial:* el de las regiones cercanas al ecuador; se caracteriza por ser cálido y con lluvias abundantes y regulares.

ecuatoriano, na *adj.* y *s.* Nacido en Ecuador, país sudamericano. ‖ Perteneciente o relativo a este país. ‖ *s. m.* Variedad del español que se habla en Ecuador.

ecuestre *adj.* Relativo a los caballos. ‖ Perteneciente o relativo a la caballería y a los caballeros. ‖ En

artes plásticas, representación de un personaje a caballo.

ecuménico, ca *adj.* Que se extiende a todo el mundo, universal.

ecumenismo *s. m.* Doctrina y movimiento religioso que propugna la unidad de todas las Iglesias cristianas en una sola.

eczema *s. m.* Eccema.

edad *s. f.* Tiempo que, a partir de su nacimiento, ha vivido un ser humano u otro ser vivo. ‖ Cada etapa en la que ocurren cambios en el desarrollo de un ser humano. ‖ Época, periodo de tiempo determinado. *Niños y jóvenes en edad escolar.* ‖ División empleada para periodizar la prehistoria o la historia. *La edad de los metales, la edad moderna.*

edecán *s. m.* En la milicia antigua, ayudante de campo. ‖ *irón.* Acompañante o correveidile de alguien. ‖ *s. com. Méx.* Persona que en las reuniones oficiales o actos públicos bajo techo atiende a los participantes e invitados.

edema *s. m.* Hinchazón patológica del tejido subcutáneo, o de algún órgano como los pulmones.

edén *s. m.* Paraíso terrenal, según el Antiguo Testamento. ‖ Lugar de hermoso paisaje, ameno y agradable.

edénico, ca *adj.* Perteneciente o relativo al edén.

edición *s. f.* Proceso de preparación de una obra literaria, musical o audiovisual para su publicación o emisión. ‖ Conjunto de los ejemplares de una obra que se imprimieron de una sola vez a partir de una matriz. ‖ *fig.* Cada ocasión en que se celebra un acto con cierta periodicidad. ‖ En informática, preparación de datos para realizar con ellos alguna operación posterior, o impresión en forma de texto de documentos generados en una computadora.

edicto *s. m.* Decreto o mandato publicado por una autoridad competente.

edificación *s. f.* Acción y efecto de edificar, erigir un edificio. ‖ Construcción, edificio. ‖ Conjunto de edificios en una zona determinada. ‖ Acción y efecto de edificar, infundir virtudes y despertar sentimientos piadosos.

edificante *adj.* Que infunde virtudes y sentimientos piadosos.

edificar *t.* Construir un edificio. ‖ *fig.* Fundar, establecer. ‖ *fig.* Infundir en otro sentimientos de virtud y piedad.

edificio *s. m.* Construcción hecha en un lugar con materiales resistentes para garantizar su duración.

edil, la *s.* Miembro de un ayuntamiento.

editar *t.* Preparar un texto impreso, una película o un programa de radio o televisión para su publicación o difusión. ‖ En informática, procesar los resultados de las operaciones realizadas en una computadora para darles una forma y soporte que faciliten su utilización.

editor, ra *adj.* y *s.* Empresa que edita libros, publicaciones impresas, obras musicales, etc. ‖ *s.* Persona cuyo oficio consiste en editar textos, obras musicales, películas u obras audiovisuales. ‖ Filólogo encargado de realizar la edición crítica de una obra. ‖ *s. m.* En informática, programa que hace posible redactar, corregir, modificar, reorganizar y archivar textos.

editorial *adj.* Perteneciente o relativo a la edición o los editores. ‖ *s. m.* En un periódico o revista, artículo que recoge la opinión de la dirección del mismo sobre un tema determinado. || *s. f.* Empresa dedicada a editar o a preparar textos, obras musicales o audiovisuales para su publicación o difusión.

editorialista *s. com.* Persona encargada de escribir los editoriales de un periódico o revista.

editorializar *intr.* Escribir editoriales para un periódico o revista.

edredón *s. m.* Plumón de cierto tipo de pato marino que, por sus propiedades aislantes, se utiliza para confeccionar cobertores y prendas de abrigo. || Cobertor confeccionado en forma de funda, relleno de plumón o de algún material sintético.

educación *s. f.* Conjunto de técnicas y acciones para desarrollar en una persona su capacidad intelectual, su carácter, o determinadas habilidades. || Conocimiento de las buenas costumbres sociales y la urbanidad.

educado, da *adj.* Se dice de la persona que respeta las buenas costumbres y se comporta con urbanidad.

educador, ra *adj.* y *s.* Persona que educa a otras. || *Méx.* Maestro o maestra de preescolar.

educando, da *adj.* y *s.* Que está recibiendo educación.

educar *t.* Formar a una persona o instruirla. || Desarrollar el conocimiento, las facultades intelectuales y las habilidades para un fin determinado. || Perfeccionar el funcionamiento físico, o incrementar el rendimiento, mediante el ejercicio. || Desarrollar los sentidos o las aptitudes mediante técnicas de enseñanza y disciplina.

educativo, va *adj.* Perteneciente o relativo a la educación. *El sistema educativo de un país.* || Que enseña o sirve para enseñar.

edulcorado, da *adj.* Que tiene edulcorante. || Se aplica a lo que se expone de manera atenuada por ser muy duro o desagradable. || Perfeccionado falsamente.

edulcorante *adj.* Que edulcora. || *s. m.* Sustancia que sirve para edulcorar alimentos o medicamentos.

edulcorar *t.* Añadir azúcar u otra sustancia edulcorante a un alimento o medicamento para hacerlo de sabor dulce.

efectismo *s. m.* Recurso o truco empleado para impresionar el ánimo de los espectadores. || Calidad de efectista.

efectista *adj.* Acción o recurso que busca llamar la atención, impresionar o causar mucho efecto.

efectividad *s. f.* Capacidad para lograr un fin u objetivo buscado. || Validez o realidad de algo. *La efectividad de ese método está comprobada.*

efectivo, va *adj.* Que produce el efecto buscado o deseado. || Real, verdadero, que existe. || Válido, vigente. || *s. m.* Dinero en monedas o billetes. || En estadística, cantidad de elementos de una serie estadística o de una población. || *pl.* Cantidad de individuos que componen una unidad del ejército o de la policía. || *loc. En efectivo:* pago que se realiza con billetes y monedas.

efecto *s. m.* Resultado de una acción. || Cosa que resulta de otra. || Fin que se persigue al hacer algo. || Impresión que alguna cosa o situación causa en el ánimo. || Documento con valor mercantil. || En física, química y otras ciencias, fenómeno particular. || Movimiento rotatorio que se imprime al lanzar con

la mano un objeto para modificar su trayectoria. || *pl.* Bienes u objetos que alguien posee. *Deje ahí sus efectos personales.*

efectuar *t.* y *pr.* Realizar, llevar a cabo. || Hacerse efectivo, cumplirse.

efelio *s. m.* Elemento químico sintético, de apariencia desconocida; su número atómico es 117 y su símbolo El.

efeméride *s. f.* Hecho importante del pasado pero ocurrido en la misma fecha en que se está. || Conmemoración de dicho aniversario.

efervescencia *s. f.* Escape de gas en forma de burbujas en una solución líquida. || Agitación o excitación grandes, acaloramiento de los ánimos.

efervescente *adj.* Se dice de lo que está o puede producir efervescencia. || Que presenta agitación o excitación grandes.

eficacia *s. f.* Capacidad para obrar o para lograr el efecto deseado, ser eficaz. *Éste es un método de ventas que te garantiza eficacia.*

eficaz *adj.* Se dice de aquello que produce el efecto deseado o esperado.

eficiencia *s. f.* Capacidad para realizar o cumplir una función empleando los mejores medios posibles.

eficiente *adj.* Se aplica a lo que realiza o cumple adecuadamente la función a que está destinado.

efigie *s. f.* Representación en imagen de una persona en relieve, pintura o escultura. || Representación de alguna cosa abstracta o inmaterial por medio de rasgos que se consideran propios de las personas.

efímero, ra *adj.* Que dura poco tiempo.

efluvio *s. m.* Emisión de vapores o de partículas pequeñísimas que se desprenden de una cosa. *Los olores son efluvios de las cosas.* || Irradiación o emanación de algo inmaterial.

efusión *s. fam.* Derramamiento de un líquido, más comúnmente de la sangre. || Expresión viva e intensa de sentimientos de alegría y afecto.

efusividad *s. f.* Manera expresiva de mostrar sentimientos de afecto y alegría. *Lo felicitaron con gran efusividad por ganar el certamen.*

efusivo, va *adj.* Que se manifiesta con efusión. *La saludó con un efusivo abrazo.*

egipcio, cia *adj.* Persona que es de Egipto. || Perteneciente o relativo a este país del norte de África. || Idioma que hablan los habitantes de ese país.

égloga *s. f.* Composición poética del género bucólico en que unos pastores idealizados dialogan acerca de sus amores o de la vida campestre. *La égloga de Salicio y Nemoroso es el dulce lamentar de dos pastores.*

ego *s. m.* Valoración excesiva de sí mismo. || En psicología, instancia psíquica que se reconoce como «yo».

egocéntrico, ca *adj.* Se dice de la persona que se considera el centro de todo, que piensa que es muy importante y que todo ha de conocérlo como tal. || Perteneciente o relativo a esta actitud.

egocentrismo *s. m.* Tendencia a considerar la propia persona el centro de todo.

egocentrista *adj.* y *s. com. Amér.* Que padece egocentrismo. || Persona egocéntrica.

egoísmo *s. m.* Amor excesivo hacia uno mismo, que lleva a atender desmedidamente a su propio interés, sin preocuparse de los demás.

egoísta *adj.* Se aplica a la persona que sólo se preocupa de sí misma. ‖ Perteneciente o relativo a esta actitud.

ególatra *adj.* Se aplica a la persona que se estima a sí misma de manera excesiva.

egolatría *s. f.* Aprecio excesivo a la propia persona.

egresar *intr.* Salir de alguna parte. ‖ *Amér.* Salir de una institución académica tras haber terminado los estudios.

egreso *s. m.* Gasto, partida de descargo en una cuenta. *Nuestros egresos superan los ingresos.* ‖ *Amér.* Acción de graduarse.

eh *interj.* Expresión que se utiliza para llamar la atención de alguien o para preguntar, llamar, reprender o advertir.

einstenio *s. m.* Elemento químico del grupo de los actínidos que se obtiene artificialmente irradiando plutonio en un reactor nuclear; su número atómico es 99 y su símbolo Es.

eje *s. m.* Barra o varilla cilíndrica que atraviesa un cuerpo giratorio y lo sostiene en su movimiento. *Las ruedas del coche giran en torno a un eje.* ‖ Línea imaginaria que atraviesa una figura o un cuerpo por su centro. *La Tierra gira en torno a su eje.* ‖ Recta alrededor de la cual se supone que gira un punto que engendra una línea, una línea que engendra una superficie o una superficie que engendra un sólido. ‖ Cosa o persona que es el elemento central de algo. *Las exportaciones son el eje de la economía.* ‖ Idea fundamental, asunto primordial, pilar básico de algo. *El eje de su conferencia fue el fenómeno de la evolución.*

ejecución *s. f.* Acción y efecto de ejecutar. ‖ Realización de una acción. ‖ Manera de interpretar una obra musical o realización de algo que requiere especial talento. ‖ Acto de dar muerte a un condenado.

ejecutable *adj.* Que se puede hacer o ejecutar.

ejecutante *com.* Persona que ejecuta o interpreta una obra musical.

ejecutar *t.* Hacer, realizar una cosa o dar cumplimiento a un proyecto, encargo u orden. *Ejecutó las instrucciones al pie de la letra.* ‖ Ajusticiar, dar muerte a una persona condenada a ella. *Lo ejecutarán con una inyección letal.* ‖ Interpretar, especialmente algo artístico, como una pieza musical o un baile.

ejecutivo, va *adj.* Se aplica a un organismo que tiene el poder de ejecutar o hacer cumplir una cosa. *El Poder Ejecutivo recae en la Presidencia de la República.* ‖ Se dice de lo que ha de ser ejecutado sin dilación. *Nos ha llegado una orden ejecutiva para proceder al embargo.* ‖ *s.* Persona que ocupa un cargo directivo o de responsabilidad en una empresa.

ejecutor, ra *adj.* Que ejecuta o lleva algo a cabo.

ejemplar *adj.* Que da buen ejemplo y sirve o puede servir de modelo a seguir. *En sus «Novelas Ejemplares», Cervantes presenta modelos de nobleza de carácter.* ‖ Que sirve o puede servir de escarmiento. *Para que no se repita les dieron un castigo ejemplar.* ‖ *s. m.* Cada una de las copias reproducidas de un mismo original o modelo. *El ti-raje del libro fue de mil ejemplares.* ‖ Cada uno de los individuos de una especie o de un género. *En el zoológico exhiben un ejemplar de tigre blanco.*

ejemplarizante *adj.* Que ejemplariza.

ejemplificar *t.* Demostrar o ilustrar con ejemplos.

ejemplo *s. m.* Aquello que sirve de modelo de lo que debe imitarse o evitarse. *Debes seguir su ejemplo, él sí estudia.* ‖ Hecho, acción o texto que se usa para explicar una cosa o aclararla. *Como ilustración, el maestro expuso varios ejemplos.* ‖ *loc. Por ejemplo:* expresión que se usa para introducir una prueba o aclaración, o para ilustrar o autorizar lo que antes se ha dicho.

ejercer *t.* Realizar las funciones propias de una profesión o un oficio. ‖ Realizar una acción o influjo. ‖ Hacer uso de un derecho o de un privilegio.

ejercicio *s. m.* Acción de ejercitar o ejercitarse. ‖ Acción y efecto de ejercer. ‖ Actividad física que se hace para mantenerse saludable y en forma, o para entrenar en algún deporte. ‖ Actividad encaminada a adquirir conocimiento o desarrollar una habilidad. ‖ Dedicación a una actividad, arte u oficio. ‖ Cada una de las pruebas de que consta un examen. ‖ Uso que se hace de un derecho o privilegio. ‖ Tiempo durante el cual rige una ley de presupuestos. ‖ Periodo de tiempo en que una institución o empresa divide su actividad. ‖ *pl.* Movimientos y maniobras con que los soldados se ejercitan y adiestran.

ejercitación *s. f.* Dedicación a una actividad o práctica continuada de ella.

ejercitante *adj.* Que ejercita. ‖ *s. com.* Persona que hace algunos de los ejercicios de una oposición, o los ejercicios espirituales.

ejercitar *t.* Realizar las funciones propias de una profesión, arte u oficio. *En cuanto se gradúe empezará a ejercitar.* ‖ Practicar de forma continuada una actividad para adquirir destreza en ella. *Para tocar el violín se debe ejercitar mucho.*

ejército *s. m.* Conjunto de todas las fuerzas armadas de un país. ‖ Grupo numeroso de soldados y sus armas bajo la dirección de un jefe militar. ‖ Grupo numeroso de personas organizadas o agrupadas para un fin. *Construyeron los caminos rurales con ejércitos de jornaleros.*

ejidal *adj.* Relativo al ejido.

ejidatario, ria *s. Méx.* Usufructuario de un ejido.

ejido *s. m.* Terreno comunal a las afueras de un pueblo que se labora en común en actividades agrícolas, ganaderas, forestales o de otra índole.

ejote *s. m. Amér.* Vaina de frijol, poroto o judía que todavía es tierna y comestible.

el *art.* Artículo determinado del género masculino y número singular. ‖ Se antepone a un sustantivo para señalar que es conocido por los interlocutores. *El traje nuevo del emperador.* ‖ Se utiliza ante algunos nombres propios geográficos. *El Bajío es una extensa planicie muy fértil.* ‖ Se utiliza ante nombres no contables cuando son sujetos de la oración. *El azúcar está muy cara.* ‖ Ante un nombre contable establece generalizaciones. *El tucán es un ave de muchos colores.* ‖ Se utiliza delante de infinitivo para nominalizarlo. *El trabajar de noche desequilibra el organismo.* ‖ Se utiliza también como determinante de sustantivos femeninos en singular que empiezan por *a* o *ha* tónicas. *Se llevó el agua y el hacha.*

él *pron.* Pronombre personal de la tercera persona de singular; designa a una tercera persona distinta de la que habla y del interlocutor. *Él creyó que aprobaría el examen sin estudiar.*

elaborado, da *adj.* Se dice de aquello que ha sido pensado, preparado o dispuesto para un fin. ‖ Se aplica al producto que ha sufrido un proceso de elaboración.

elaborar *t.* Preparar un producto a partir de la combinación de sus componentes, mediante el tratamiento adecuado. *Para la fiesta elaboró un pastel riquísimo.* ‖ Idear o inventar una teoría o proyecto. *Los investigadores elaboraron un nuevo experimento.*

elasticidad *s. f.* Propiedad de un cuerpo sólido para recuperar su forma cuando cesa la fuerza que la altera. ‖ Capacidad de adaptarse a distintas circunstancias.

elástico, ca *adj.* Se dice de un cuerpo que puede recuperar su forma cuando cesa la fuerza que lo altera. ‖ Acomodaticio, que puede ajustarse a distintas circunstancias. ‖ Que admite diversas interpretaciones. ‖ *s. m.* Cinta de goma o de tejido con elasticidad, especialmente la que se coloca en una prenda de vestir para ajustarla al cuerpo.

ele *s. f.* Nombre de la letra «l».

elección *s. f.* Acción y efecto de elegir. ‖ Designación, generalmente por votación, de una o más personas para ocupar un cargo en una comisión, consejo u organismo semejante. ‖ Selección de una cosa para un fin en función de una preferencia. ‖ *pl.* Votación que se hace para designar funcionarios o dirigentes. *Las elecciones se desarrollaron de manera ordenada.*

electo, ta *adj. y s.* Se aplica a la persona que ha sido elegida por votación para un cargo, pero que todavía no ha tomado posesión.

elector, ra *adj. y s.* Se aplica a la persona que elige o tiene derecho a elegir, especialmente en unas elecciones políticas.

electorado *s. m.* Conjunto de los electores.

electoral *adj.* Perteneciente o relativo a electores o a elecciones. *Quedaron instalados los comités electorales.*

electricidad *s. f.* Forma de energía que se deriva de la existencia en la materia de electrones, con carga negativa, o protones, con carga positiva.

electricista *adj. y s. com.* Persona especializada en instalaciones eléctricas.

eléctrico, ca *adj.* Perteneciente o relativo a la electricidad. ‖ Se dice de todo aquello que funciona con electricidad o la produce.

electrificación *s. f.* Acción y efecto de electrificar. ‖ Suministro de energía eléctrica para un lugar.

electrificado, da. *adj.* Dotado de electricidad.

electrificar *t.* Proveer de electricidad.

electrización *s. f.* Acción y efecto de electrizar o electrizarse.

electrizado, da *adj.* Que tiene electricidad.

electrizante *adj.* Se dice de aquello que produce un cierto estado de excitación o entusiasmo.

electrizar *t.* Producir electricidad en un cuerpo o comunicársela. *La lana se electriza cuando se frota.* ‖ Producir cierto estado de entusiasmo o excitación. *La banda musical logró electrizar al auditorio.*

electrocardiograma *s. m.* Gráfico en que se registran las corrientes eléctricas de los movimientos del corazón.

electrocución *s. f.* Acción y efecto de electrocutar. ‖ Muerte provocada por una corriente o descarga eléctrica.

electrocutar *t. y pr.* Provocar la muerte mediante descargas eléctricas.

electrodinámica *s. f.* Parte de la electricidad que estudia las cargas eléctricas en constante movimiento.

electrodo *s. m.* Cualquiera de los dos extremos o polos entre los cuales circula una corriente eléctrica que pasa a través de un medio.

electrodoméstico *s. m.* Aparato eléctrico que se usa en el hogar y que funciona con electricidad. *La licuadora, el refrigerador y la plancha son electrodomésticos.*

electroencefalograma *s. m.* Gráfico de la actividad del cerebro.

electroimán *s. m.* Imán artificial que consiste de un núcleo de hierro dulce rodeado por una bobina por la que se hace pasar una corriente eléctrica.

electrólisis *s. f.* Método de separación de las moléculas de un compuesto químico que está fundido o en disolución, mediante el paso de la corriente eléctrica a través de éste.

electrolito o **electrólito** *s. m.* Compuesto químico que, en estado líquido o en disolución, conduce la corriente eléctrica y cuyos componentes pueden ser separados por la acción de ésta.

electromagnético *adj.* Se dice de todo fenómeno en el que los campos eléctricos y los magnéticos se interrelacionan.

electromagnetismo *s. m.* Parte de la física que estudia los fenómenos electromagnéticos.

electrón *s. m.* Partícula elemental del átomo que se mueve a gran velocidad alrededor del núcleo y que tiene la mínima carga posible de electricidad negativa.

electrónica *s. f.* Parte de la física que estudia y emplea sistemas cuyo funcionamiento se basa en la conducción y el control del flujo microscópico de los electrones u otras partículas cargadas eléctricamente. ‖ Técnica que aplica los conocimientos de esta parte de la física a la industria. *La electrónica ha hecho posible la telefonía celular, las computadoras y el internet.*

electrónico, ca *adj.* Perteneciente o relativo a la electrónica.

electroquímico, ca *adj.* Perteneciente o relativo a la electroquímica. ‖ *s. f.* Rama de la química que estudia los modos de generar electricidad mediante reacciones químicas y la influencia de la electricidad en la composición de los cuerpos.

electrostática *s. f.* Parte de la física que estudia los fenómenos producidos por las cargas eléctricas en reposo.

elefante, ta *s.* Mamífero de gran tamaño, el más grande de todos los que viven en la tierra, con la piel gruesa de color gris oscuro y sin pelo, orejas grandes y colgantes, nariz en forma de trompa que le sirve de mano y dos colmillos muy largos que son sus defensas.

elegancia *s. f.* Distinción, buen gusto, estilo, donaire.

elegante *adj.* Se dice de la persona tiene buen gusto y distinción para vestir y que actúa y habla con donaire. ‖ Se aplica a los objetos que están bien hechos, son de calidad y de buen gusto ‖ Se aplica al establecimiento que es refinado, decorado con buen gusto y cuyos clientes son distinguidos.

elegía *s. f.* Composición en prosa o poesía en la que se lamenta un hecho digno de ser llorado, especialmente por la muerte de una persona.

elegiaco o **elegíaco** *adj.* Perteneciente o relativo a la elegía.

elegibilidad *s. f.* Calidad de elegible.

elegido, da *s.* Más estimado o más querido que otros.

elegir *t.* Escoger o preferir algo entre varias opciones. || Designar o nombrar, generalmente por votación, a alguien para ocupar un puesto.

elemental *adj.* Perteneciente o relativo a un elemento. || Que es muy sencillo y se puede entender con facilidad. || Que es fundamental o lo más importante y necesario. || Se dice de aquello que hace de fundamento de una ciencia o arte.

elemento *s. m.* Cada una de las partes constitutivas de una cosa que pueden distinguirse separadamente. || Sustancia o materia constituida por átomos iguales entre sí o químicamente simple que no se puede descomponer en otra más simple. || *pl.* Fundamentos o principios básicos de una ciencia o arte. || Medio en el que habita y se desarrolla un ser vivo. || Cada uno de los cuatro principios fundamentales que, en la filosofía natural antigua, se consideraban como fundamentales y constitutivos de toda la naturaleza: tierra, agua, aire y fuego. || Designa personas como componentes de un conjunto. || Individuo con alguna valoración, positiva o negativa. *Carlos es un elemento nocivo dentro del grupo.* || En matemáticas, componente de un conjunto. || *pl.* Fuerzas de la naturaleza capaces de hacer daño o destruir. || Medios o recursos para hacer algo.

elenco *s. m.* Conjunto de personas que intervienen en un espectáculo, especialmente en el teatro. || Conjunto de personas que constituyen un grupo representativo.

elevación *s. f.* Acción y efecto de elevar o elevarse. || Aumento de la cantidad, de la intensidad o del valor de una cosa. || Parte de una cosa que está más arriba que las otras. || Característica de una persona con grandes cualidades morales o espirituales.

elevado, da *adj.* Que está a una altura mayor que otras cosas. *La bandera está elevada a toda asta.* || Que tiene un valor o grado grande o mayor de lo normal. *Toda la noche tuvo fiebre elevada.* || Que muestra grandes cualidades morales o espirituales. *Tiene un elevado sentido de la caridad.* || Efectuar o calcular la potencia de un número. *Un número multiplicado por sí mismo es elevado al cuadrado.*

elevador, ra *adj.* Se aplica al aparato que sirve para subir, bajar o transportar mercancías y personas. *En la construcción instalaron un elevador muy grande.* || *s. m.* Aparato transformador de voltaje. || *Amér.* Ascensor.

elevar *t.* Llevar algo o a alguien a un lugar más alto, hacer que esté más arriba. || Hacer que una cosa tenga un grado de intensidad mayor, o tenga más valor. *Los distribuidores elevaron el precio de la gasolina.* || En matemáticas, multiplicar un número por sí mismo cierta cantidad de veces.

elidir *t.* Suprimir una palabra de una oración cuando se sobrentiende.

eliminación *s. f.* Acción y efecto de eliminar.

eliminar *t.* Hacer desaparecer, suprimir o separar. || Excluir a una persona o cosa de un grupo o asunto. || Dejar fuera de una competencia o de un concurso. || Expulsar del organismo una sustancia. || Matar a una persona o a un animal.

eliminatorio, ria *adj.* Que elimina o sirve para eliminar. || *s. f.* En competencias o concursos, prueba que se hace para seleccionar a los participantes.

elipse *s. f.* Curva cerrada que resulta de cortar un cono por un plano oblicuo, que tiene dos focos y en la que la suma de las distancias de cualquier punto a los focos es constante. *Kepler descubrió que los planetas giran en torno al Sol en órbitas en forma de elipse.*

elíptico, ca *adj.* Perteneciente o relativo a la elipse.

elite o **élite** *s. f.* Minoría selecta en un ámbito social o en una actividad.

elitismo *s. m.* Sistema que favorece a una élite o la aparición y el desarrollo de élites en perjuicio de otros grupos sociales.

elitista *adj.* Perteneciente o relativo a la élite o al elitismo. || *s. com.* Persona que pertenece a una élite o que es partidaria del elitismo.

élitro *s. m.* Cada una de las dos alas anteriores endurecidas de ciertos insectos, como los coleópteros, que cuando están en reposo protegen las posteriores, más finas y flexibles, con las que vuelan. *Las mariquitas tienen élitros.*

elixir *s. m.* Líquido compuesto de sustancias medicinales, generalmente disueltas en alcohol. || Medicamento o remedio con supuestos poderes maravillosos.

ella *pron.* Pronombre personal de tercera persona femenina del singular. *Mi amor es para ella.*

elle *s. f.* Nombre del dígrafo «ll» o doble ele.

ello *pron.* Pronombre de la tercera persona en género neutro y número singular que desempeña la función de sujeto, de predicado nominal o de complemento precedido de preposición. *No quiero hablar de ello.*

ellos *pron.* Pronombre personal de tercera persona de plural. *Ellos se fueron en el coche de él.*

elocuencia *s. f.* Facultad de decir las cosas, sean habladas o escritas, de manera correcta y efectiva, y especialmente para persuadir a oyentes o lectores. || Eficacia para convencer o conmover que tienen las palabras, los gestos, los ademanes, las imágenes o cualquier cosa capaz de comunicar algo.

elocuente *adj.* Que explica muy bien las cosas, que convence a las personas que lo escuchan. *El discurso en la ceremonia de graduación fue muy elocuente.* || Se dice de algo que significa o da a entender una cosa. *Su silencio fue más elocuente que mil palabras.*

elogiar *t.* Alabar o hacer elogios por una persona o cosa.

elogio *s. m.* Reconocimiento con alabanzas de los méritos o virtudes de una persona o de una cosa.

elogioso, sa *adj.* Que contiene elogios.

elongación *s. f.* Alargamiento de una pieza sometida a tracción.

elote *s. m. Amér. C.* y *Méx.* Mazorca de maíz tierno. *Se comió un elote con chile y limón.*

elucidación *s. f.* Aclaración o explicación.

elucidar *t.* Explicar o aclarar un problema.

elucubración s. f. Acción y efecto de elucubrar.

elucubrar intr. Estudiar o pensar con intensidad, especialmente velando, sobre un determinado problema para sacar conclusiones y llegar a soluciones. || Especular o imaginar construcciones intelectuales laboriosas sin tener mucho fundamento.

eludir t. Evitar o soslayar una dificultad o una obligación.

email s. m. Correo electrónico.

emanación s. f. Acción y efecto de emanar.

emanar intr. Proceder una cosa de otra, tener su origen. Las leyes emanan del Poder Legislativo. || Salir o desprenderse un olor, un vapor o una radiación de un cuerpo o de un objeto. De los cuerpos calientes emana calor. || Emitir, desprender algo de sí. De su serena belleza emana un encanto.

emancipación s. f. Acción y efecto de emancipar o emanciparse.

emancipar t. Liberar de un poder, una autoridad, una tutela o cualquier otro tipo de subordinación o dependencia.

embadurnado, da adj. Manchado, embarrado.

embadurnar t. Untar, embarrar, manchar o pintarrajear una sustancia espesa o pegajosa sobre una superficie.

embajada s. f. Lugar que es la sede de la representación del gobierno de un país en otro. || Comunicación o mensaje importante que se envía por medio de alguien.

embajador, ra s. Agente diplomático que representa oficialmente en un país extranjero, al Estado, al jefe del mismo y al gobierno. || Persona enviada para llevar un mensaje o tratar un asunto.

embalado, da adj. Envuelto y protegido, empacado. || Metido de lleno en una actividad. || s. m. Embalaje.

embalaje s. m. Acción y efecto de embalar. || Envoltura con que se protege un objeto que se va a transportar. || Empaquetado o colocación de un objeto dentro de una caja para transportarlo con seguridad.

embalar[1] t. Envolver convenientemente un objeto o ponerlo en una caja para transportarlo con seguridad.

embalar[2] t. Adquirir gran velocidad. Bajó la colina en la bicicleta y se embaló cuesta abajo. || Animarse una persona a hablar y decir muchas cosas sin parar.

embaldosado s. m. Acción y efecto de embaldosar. || Pavimento cubierto con baldosas.

embaldosar t. Cubrir el suelo o las paredes de una habitación o de un recinto con baldosas.

embalsamado, da adj. Se aplica al cadáver preparado con determinadas sustancias para evitar su descomposición. || Perfumado.

embalsamador, ra adj. y s. Que embalsama.

embalsamar t. Tratar un cadáver con determinadas sustancias o realizando en él diversas operaciones para evitar su descomposición. Los antiguos egipcios embalsamaban los cadáveres de los faraones.

embalse s. m. Acción y efecto de embalsar. || Depósito artificial de agua construido generalmente cerrando la boca de un cañón mediante un dique o una presa que retiene las aguas de un río o de la lluvia.

embarazado, da adj. Turbado, molesto, incómodo. || Se dice de la mujer preñada.

embarazar t. Dejar un macho embarazada a una hembra. || Hacer que alguien se sienta incómodo, entorpecido o confundido. Con sus comentarios logró embarazar a la clase. || Impedir o estorbar el movimiento o la actividad. Los puestos de comercio ambulante embarazan el paso.

embarazo s. m. Periodo comprendido entre la fecundación del óvulo y el parto, durante el cual tiene lugar el desarrollo embrionario. || Estado en que se encuentra la hembra preñada. Tuvo un embarazo sin complicaciones. || Sensación de incomodidad o turbación que experimenta una persona en determinada una situación. || Impedimento, dificultad, obstáculo.

embarazoso, sa adj. Que es incómodo o turbador.

embarcación s. f. Acción y efecto de embarcar. || Construcción capaz de flotar y navegar, movida por diferentes medios y que sirve para transportar personas y cosas por el agua.

embarcadero s. m. Lugar acondicionado para embarcar y desembarcar mercancías o gente.

embarcar t. Subir o introducir personas o mercancías en un medio de transporte para viajar. || Hacer que alguien participe o entre en una empresa difícil o peligrosa.

embargar t. Retener un bien por mandamiento administrativo o judicial, con el fin de responder de una deuda o de la responsabilidad de un delito. No pagó sus deudas y procedieron a embargar. || Apoderarse de una persona un sentimiento o una sensación de tal manera que no puede actuar o pensar con claridad. Embargada de emoción, no acertaba qué decir. || Dificultar, impedir, detener.

embargo s. m. Retención de bienes por mandamiento administrativo o judicial. || Prohibición del comercio y transporte de determinadas mercancías. || loc. Sin embargo: expresión con valor adversativo, equivalente a «no obstante», sin que sirva de impedimento. Acabo de comer, sin embargo, probaré tu guisado.

embarque s. m. Acción y resultado de embarcar o embarcarse || Subida o ingreso de personas o mercancías en un medio de transporte.

embarrar t. Untar, manchar o cubrir de barro u otra sustancia la superficie de una cosa. || Amér. Echar a perder una cosa. || Calumniar, desacreditar a alguien. || Complicar a alguien en un asunto ilícito.

embarullar t. Confundir o mezclar desordenadamente unas cosas con otras. || Hablar de manera poco clara, mezclando las palabras o dejando las cosas a medio decir.

embate s. m. Golpe fuerte o acometida impetuosa. La embarcación resistió el embate de la tormenta. || Ataque violento, especialmente de las pasiones y estados de ánimo. Sucumbió al embate de los celos.

embaucador, ra adj. Que embauca.

embaucar t. Engañar a alguien aprovechándose de la falta de experiencia o la ingenuidad del engañado.

embeber t. Absorber un cuerpo sólido algún líquido. La esponja embebe el agua. || pr. Meterse de lleno en lo que se está haciendo, quedarse absorto.

embebido, da adj. Abstraído, inmerso, enfrascado, sumido.

embeleco s. m. Zalamería o halago con que uno engaña a otro.

embelesar *t.* Causar tal placer, admiración o sorpresa que hagan olvidar todo lo demás. ‖ *pr.* Arrebatar, cautivar, suspender los sentidos.

embeleso *s. m.* Efecto de embelesar. ‖ Estado de arrobamiento en el que la persona no puede apartar la atención de aquello que la produce.

embellecer *t.* Hacer que una persona o cosa sean bella o más bella.

embellecimiento *s. m.* Acción y efecto de embellecer.

embestida *s. f.* Acción y efecto de embestir. ‖ Acometida, ataque violento.

embestir *t.* Acometer o arremeter con ímpetu. *El tren alcanzó a embestir al autobús.*

emblema *s. m.* Figura o símbolo acompañado de un lema que declara el concepto o moralidad que encierra y que representa a una persona, un grupo o una institución. ‖ Objeto que se usa para representar una noción abstracta, o para representar una colectividad o una persona o personaje. *El emblema de México es un águila devorando una serpiente.* ‖ Representación simbólica de alguna cosa.

emblemático, ca *adj.* Perteneciente o relativo al emblema, o que lo incluye. ‖ Se aplica a la cosa que es característica de un lugar o de un grupo de personas.

emblematizar *t.* Simbolizar.

embobamiento *s. m.* Estado de embeleso de la persona que se ha quedado embobada.

embobar *t.* y *pr.* Entretener a alguien, tenerlo suspenso y admirado.

embobinar *t.* Bobinar.

embocadura *s. f.* Lugar por donde los buques pueden penetrar en un río, en un puerto o en un canal que desaguan en el mar. ‖ Entrada, espacio por donde se entra o se introduce algo. ‖ Boquilla de un instrumento musical de viento.

embocar *t.* Meter una cosa por la boca. ‖ Aplicar los labios a la boquilla de un instrumento de viento. ‖ *intr.* Entrar una cosa o una persona por un paso estrecho.

embolia *s. f.* Obstrucción de un vaso sanguíneo por un coágulo, que impide la circulación de la sangre en otro vaso menor.

émbolo *s. m.* Pieza que se mueve alternativamente en el interior de un cilindro o una bomba impulsando un fluido o recibiendo su impulso. *Las jeringas tienen un émbolo que hace entrar y salir el líquido.* ‖ Coágulo, burbuja de aire u otro cuerpo extraño que, introducido en el torrente sanguíneo, produce la embolia.

embolsar *t.* y *pr.* Ganar dinero, especialmente de un juego o negocio. ‖ Guardar algo, especialmente dinero, en la bolsa.

embonar *t.* Acomodar, ajustar, empalmar dos cosas.

emborrachar *t.* Poner borracho o causar embriaguez. ‖ *pr.* Beber una bebida alcohólica hasta trastornarse los sentidos.

emborronar *t.* Llenar un papel de borrones o garabatos. *Emborronó todo su examen.* ‖ Escribir de prisa y mal o con poca meditación.

emboscada *s. f.* Ocultación de una o varias personas para atacar por sorpresa a otra u otras. ‖ Intriga, maquinación o trampa para perjudicar a alguien.

embotado, da *adj.* Entorpecido, debilitado.

embotamiento *s. m.* Acción y efecto de embotar.

embotar *t.* Debilitar o entorpecer los sentidos o la inteligencia.

embotellador, ra *s.* Persona que se dedica a embotellar. ‖ *s. f.* Planta donde se embotella. ‖ *adj.* Se aplica a la máquina que se utiliza para embotellar.

embotellamiento *s. m.* Acción y efecto de embotellar. ‖ *fig.* Congestión de vehículos.

embotellar *t.* Introducir un líquido en botellas. ‖ Congestionar el tráfico un lugar.

embozado, da *adj.* Cubierto del rostro, oculto, enmascarado.

embozar *t.* Cubrir el rostro por la parte inferior hasta la nariz o hasta debajo de los ojos. ‖ Encubrir o disimular una cosa con palabras o acciones.

embozo *s. m.* Doblez que se hace en la sábana superior de la cama por la parte que toca al rostro. ‖ Parte de la capa, bufanda, velo, etc., con que uno se cubre la cara. ‖ Cautela o disimulo con que se hace o se dice algo.

embragar *t.* Hacer que dos árboles o ejes en rotación puedan acoplarse o desacoplarse, estando en movimiento relativo entre sí. ‖ Accionar el embrague.

embrague *s. m.* Mecanismo que permite acoplar o separar el eje del cambio de velocidades de un vehículo al movimiento del motor. ‖ Pedal que permite accionar este mecanismo.

embravecer *intr.* Irritar, enfurecer a uno. ‖ *pr.* Alterarse fuertemente los elementos. *Con la tempestad el mar se embraveció.*

embriagado, da *adj.* Borracho.

embriagador, ra *adj.* Que embriaga.

embriagante *adj.* Embriagador.

embriagar *t.* Causar embriaguez, emborrachar. ‖ Causar un estado de gran excitación o alegría.

embriaguez *s. f.* Estado en el que se pierde el control por el exceso de alcohol ingerido. ‖ Estado de excitación o enajenamiento causado por algo placentero.

embriología *s. f.* Ciencia que estudia la formación y desarrollo de los embriones.

embriólogo, ga *s.* Persona que se especializa en embriología.

embrión *s. m.* Primera etapa de desarrollo de un ser vivo. ‖ En el ser humano, etapa que va de la concepción a los tres meses. ‖ Comienzo de algo del que no se tiene todavía una idea definida.

embrionario, ria *adj.* Que se relaciona con el embrión.

embrollado, da *adj.* Complicado, enredado.

embrollar *t.* Complicar un asunto. ‖ *pr.* Expresarse de manera poco clara. ‖ *Chil., Py.* y *Uy.* Engañar a alguien para apropiarse de algo.

embrollo *s. m.* Asunto enredado, difícil.

embromar *t.* Hacer bromas. ‖ *Amér. Merid.* Fastidiar. ‖ Perjudicar a alguien.

embrujar *t.* Estar bajo la influencia de un embrujo.

embrujo Acción y resultado de embrujar. ‖ Fascinación irresistible que alguien ejerce sobre otra persona.

embrutecedor, ra *adj.* Que embrutece.

embrutecer *t.* y *pr.* Hacer que una persona se convierta en alguien violento, bruto. ‖ Volverse violento, sin capacidad para razonar.

embrutecido, da *adj.* Que se ha convertido en un bruto. *Embrutecido por el alcohol, golpeó a su mujer y a sus hijos.*

embrutecimiento *s. m.* Acción y efecto de embrutecer.

embudo *s. m.* Utensilio en forma de cono con un tubo en la punta que se usa para rellenar botellas. || Paso estrecho. *Se hizo un embudo en la autopista por los derrumbes.*

emburujar *t.* Llenar de burujos o borujos. || *Amér. C.* *Méx.* Arrebujarse.

embuste *s. m.* Mentira disfrazada.

embustero, ra *adj. y s.* Que dice o idea embustes o mentiras.

embutido *s. m.* Acción y resultado de embutir. || Tripa rellena, por lo general de carne de res o de cerdo molida.

embutir *t. y pr.* Llenar un recipiente con algo y comprimirlo. || Llenar una tripa con carne de res o de cerdo molida y condimentada. || Tragar, engullir.

eme *s. f.* Nombre de la letra «m».

emergencia *s. f.* Acción y resultado de emerger. || Situación imprevista que requiere una solución inmediata.

emerger *intr.* Brotar, salir a la superficie.

emético, ca *adj. y s.* Que sirve para provocar el vómito. || Medicamento que se usa para provocar el vómito.

emigración Desplazamiento de personas de su país de origen a otro por razones económicas, políticas, etc. || Viaje periódico que hacen aves, peces, insectos u otro tipo de animales por razones de clima, reproducción, alimentación.

emigrante *adj. y s.* Que emigra. || Que se traslada a un país de manera temporal.

emigrar *t.* Salir de su país de origen para ir a vivir a otro. || Salir de su país de origen para ir a trabajar a otro temporalmente. || Viajar periódicamente aves, peces, insectos y otros animales por razones de clima, de reproducción o de alimentación.

eminencia *s. f.* Elevación en un terreno. || Inteligencia excepcional. || Persona eminente.

eminente *adj.* Que destaca por su altura. || Que destaca por su inteligencia y méritos.

emir *s. m.* Jefe político militar en provincias de países árabes o de todo un país árabe.

emirato *s. m.* Territorio que gobierna un emir. || Cargo de emir. || Tiempo que dura el cargo de emir.

emisario, ria *s.* Persona que sirve de mensajera para una tarea importante, una reunión diplomática, una junta secreta. || Canal que sirve para desaguar, por lo general, aguas residuales de una población hacia el mar o hacia una planta depuradora.

emisión *s. m.* Acción y resultado de emitir. || Expulsar hacia afuera. || Títulos y valores emitidos por la banca cuando están en circulación. || Programa que se emite por radio o televisión. || En lingüística, acto de habla.

emisor, ra *adj. y s.* Que emite. || Persona que emite un mensaje. || *s. m.* Aparato que sirve para transmitir mensajes.

emisora *s. f.* Aparato que sirve para transmitir ondas hertzianas. || Compañía que se dedica a emitir programas de radio o de televisión.

emitir *t.* Arrojar hacia afuera. || Elaborar y hacer circular papel moneda. || Transmitir una señal, en especial la de radio o televisión. || Dar a conocer una opinión.

emoción *s. f.* Sentimiento afectivo relacionado con amor, alegría, tristeza, dolor. || Interés muy fuerte que despierta una situación.

emocionado, da *adj.* Agitado, conmovido.

emocional *adj.* Que se relaciona con las emociones. || Que se deja llevar por las emociones.

emocionante *adj.* Que emociona.

emocionar *t.* Generar una emoción. || *pr.* Sentir una emoción.

emolumento *s. m.* Remuneración adicional en cargos altos.

emotividad *s. f.* Capacidad de una persona para sentir emociones. || Cualidad que tiene una cosa para hacernos sentir emociones.

emotivo, va *adj.* Que se relaciona con la emoción. || Que provoca emoción. || Que se emociona con facilidad.

empacado *s. m.* Operación de empacar.

empacador, ra *adj. y s.* Que empaca. || *s. f.* Máquina que empaca. || Establecimiento industrial que empaca productos.

empacar *t.* Envolver, hacer paquetes. || *Amér.* Hacer las maletas.

empachar *t. y pr.* Causar indigestión. || Sufrir indigestión.

empacho *s. m.* Indigestión. || Vergüenza. *No tuvo empacho en pedir un aumento de sueldo.*

empadronado, da *adj.* Inscrito en un censo o padrón.

empadronador, ra *s.* Persona que forma los padrones o libros de asiento. || Persona que inscribe a otras en un padrón.

empadronamiento *s. m.* Inscripción de las personas en un censo o padrón. || Lista de los habitantes de un lugar.

empadronar *t. y pr.* Inscribir a una persona en un padrón. || Inscribirse en un padrón.

empalagar *t.* Causar hastío una comida, en especial es dulce. || Causar hastío una persona.

empalagoso, sa *adj.* Que empalaga.

empalidecer *t.* Palidecer.

empalmar *t.* Unir los extremos de dos cosas. || Ligar una idea con otra.

empalme *s. m.* Acción y resultado de empalmar. || Lugar donde se une una cosa con otra.

empanada *s. f.* Masa de harina y grasa, en forma de disco, rellena con carne molida, pescado, etc., que se dobla en dos y se repulga para freír o cocinar en el horno.

empanado, da *adj.* *Esp.* Cubierto de pan molido y huevo.

empanar *t.* *Esp.* Cubrir con pan molido y huevo batido un alimento que luego se va a freír.

empantanar *t. y pr.* Llenar de agua un lugar. || Meterse en un pantano. || *fig.* Poner obstáculos a un asunto.

empañar *t. y pr.* Quitarle el brillo a algo. || Cubrirse los ojos de lágrimas. || Perder sonoridad la voz. || Quitarle méritos a alguien.

empapar *t. y pr.* Mojar o mojarse hasta adentro. || Absorber un líquido. || Estar enterado muy bien de un asunto.

empapelado *s. m.* Acción y resultado de empapelar. || Papel, por lo general pintado, que se usa para empapelar.

empapelar *t.* Cubrir una pared u otra superficie con papel. ‖ Envolver con papel.

empaque[1] *s. m.* Acción y resultado de empacar. ‖ Conjunto de elementos que se usan para hacer paquetes. ‖ Empaquetadura.

empaque[2] *s. m.* Seriedad, con algo de afectación.

empaquetador, ra *s.* Persona que empaqueta.

empaquetar *t.* Hacer paquetes. ‖ Acomodar paquetes. ‖ *Amér. Merid.* Acicalarse, quedar paquete.

emparedado, da *adj.* Que quedó atrapado en una pared o entre dos paredes. ‖ *s. m. Esp.* Sándwich.

emparedar *t.* Encerrar entre paredes. ‖ Esconder algo en una pared.

emparejado, da *adj.* Relativo a emparejar.

emparejar *t.* y *pr.* Juntar dos animales o dos personas para formar una pareja. ‖ Juntar o acercar las partes de una puerta o de una ventana con sus marcos pero sin cerrarlas del todo. ‖ Nivelar la tierra. ‖ Nivelar dos cosas para que queden a la misma altura. ‖ *fig.* Ponerse a la misma altura que otra persona física o intelectualmente.

emparentar *t.* Adquirir relaciones de parentesco mediante el matrimonio.

empastador, ra *adj.* y *s.* Que empasta. ‖ *s. m.* Pincel para empastar. ‖ *Amér.* Encuadernador.

empastar *t.* Cubrir algo con pasta. ‖ Rellenar con pasta una caries. ‖ Encuadernar.

empatar *t.* Obtener el mismo número de votos, de puntos o de goles en una votación o en un partido.

empate *s. m.* Logro del mismo número de votos, de puntos o de goles.

empatía *s. f.* Capacidad de sentir o pensar como otra persona.

empecinado, da *adj.* Obstinado, terco.

empecinamiento *s. m.* Obstinación en defender una idea sin considerar otras posibilidades.

empecinarse *pr.* Obstinarse, encapricharse.

empedernido, da *adj.* Que tiene un vicio o una costumbre muy arraigada.

empedrado *s. m.* Pavimento constituido por piedras.

empedrar *t.* Pavimentar una calle con piedras.

empeine *s. m.* Parte superior del pie desde la unión con la pierna hasta donde empiezan los dedos. ‖ Sección de un zapato o de una bota que cubre esa parte.

empellón *s. m.* Empujón fuerte que se da con el cuerpo.

empeñar *t.* y *pr.* Cambiar una cosa de valor por dinero. *Empeñé la tele para pagar el alquiler.* ‖ Dar su palabra de honor. *Empeñaré mi reputación en la defensa del acusado.* ‖ Obstinarse en conseguir algo casi imposible. *Se empeñaba en ser rico.*

empeño *s. m.* Acción y resultado de empeñar o empeñarse. ‖ Obligación que se contrae al empeñar una cosa. ‖ Cosa que se empeña. ‖ Deseo de conseguir algo. ‖ Constancia y tesón para lograr algo. ‖ Objeto u objetivo que se desea conseguir. ‖ Palabra de honor que se da para cumplir algo.

empeorar *t.* y *pr.* Hacer que lo que ya estaba mal se ponga peor.

empequeñecer *t.* y *pr.* Hacer o hacerse más pequeño. ‖ Perder importancia o valor.

emperador, triz *s.* Persona que gobierna un imperio.

emperifollado, da *adj.* Adornado en exceso, muy acicalado.

empero *conj.* Se usa como sinónimo culto de «pero» y de «sin embargo».

empezar *t.* Dar inicio a algo.

empinar *t.* Levantar en alto. ‖ Inclinar un recipiente para beber. ‖ Beber demasiado alcohol. ‖ *pr.* Ponerse en puntas de pie y estirarse. ‖ Hacerse algo más inclinado. ‖ Alcanzar una gran altura una cosa.

empírico, ca *adj.* y *s.* Que se relaciona con la experiencia. ‖ Que se relaciona con el empirismo. ‖ Que actúa basado en la experiencia.

emplastar *t.* y *pr.* Colocar emplastos.

emplasto *s. m.* Medicamento tópico, de consistencia pastosa y pegajosa.

emplazamiento *s. m.* Lugar, situación de una cosa. ‖ Aviso de una cita obligatoria para presentarse ante la autoridad a fin de realizar un trámite, una diligencia judicial, etc.

emplazar *t.* Situar una cosa en determinado lugar. ‖ Citar, en especial la autoridad judicial, a una persona para que se presente a cumplir con un trámite o una diligencia judicial.

empleado, da *adj.* Que se usa en un trabajo o tarea. ‖ *s.* Persona que trabaja en un lugar y recibe un sueldo por su tarea.

empleador, ra *s.* Persona o empresa que da empleo a otras personas.

emplear *t.* Usar algo para un fin determinado. ‖ Gastar, consumir. ‖ Dar trabajo. ‖ *pr.* Dedicarse con ahínco a algo.

empleo *s. m.* Utilización de una cosa. ‖ Trabajo, ocupación, oficio.

emplomar *t.* Cubrir, soldar o enmarcar con plomo. ‖ *Arg., Py.* y *Uy.* Empastar un diente.

emplumar *t.* Poner plumas en una cosa. ‖ Cubrir el cuerpo con plumas como castigo o burla. ‖ Echar plumas las aves.

empobrecer *t.* y *pr.* Hacer o hacerse más pobre.

empobrecimiento *s. m.* Proceso cuyo resultado es una persona o cosa más pobre.

empollar *t.* Darle las aves calor a sus huevos para lograr sus crías, los pollos.

empolvado, da *adj.* Cubierto de polvo. ‖ Con polvos. ‖ Maquillado con polvos de tocador.

empolvar *t.* y *pr.* Ponerse polvos en la cara. ‖ Llenarse de polvo un lugar o una cosa.

emponzoñado, da *adj.* Envenenado. ‖ *fam.* Envilecido, echado a perder.

emponzoñar *t.* Darle ponzoña a alguien. ‖ *fig.* Azuzar a alguien en contra de otra persona.

emporio *s. m.* Ciudad de gran riqueza comercial o cultural. ‖ *Amér.* Tienda grande que tiene de todo.

empotrado, da *adj.* Embutido, encajado en el hueco de un muro o del suelo.

empotrar *t.* Meter algo en una pared y rodearlo de cemento o yeso. ‖ Incrustarse una cosa en otra.

emprendedor, ra *adj.* y *s.* Que es capaz de tener iniciativa propia para hacer algo.

emprender *t.* Empezar a hacer algo con mucho entusiasmo. *Emprendió la tarea desde la madrugada.* ‖ *fam.* Atacar físicamente a alguien. *La emprendió a golpes con el vecino.*

empresa *s. f.* Unidad económica dedicada a actividades de fabricación, comercio, servicio. ‖ Actividad que implica esfuerzo.

empresarial *adj.* Que se relaciona con las empresas o con los empresarios.

empresario, ria s. Persona que posee o dirige una empresa. ‖ Persona que presenta un espectáculo público.

empréstito s. m. Préstamo que los particulares otorgan a Estado. ‖ Cantidad que se presta en ese tipo de modalidad.

empujar t. y pr. Ejercer una fuerza contra algo para moverlo. ‖ fig. Presionar a alguien para que haga algo.

empuje s. m. Fuerza que se ejerce contra algo para moverlo. ‖ Fuerza hacia arriba que ejerce un líquido sobre algo que está en la superficie. ‖ fig. Presión que se ejerce sobre una persona para que haga algo. ‖ Valor para hacer algo.

empujón s. m. Golpe que se da a algo o a alguien para moverlo.

empuñadura s. f. Puño de una espada, de un paraguas, de un bastón.

empuñar t. Tomar con el puño un arma, un paraguas, un bastón.

emulación s. f. Imitación de lo que hace otra persona, con el deseo honesto y laudable de superarla. ‖ En informática, utilización de determinado tipo de computadora como si fuera de otro tipo.

emulador, ra adj. y s. Que emula. ‖ En informática, programa que logra que una computadora haga cosas que hacen computadoras de otro tipo.

emular t. Imitar lo que hacen otros con el fin de superarlos.

emulsión s. f. En física y en química, líquido en cuyo interior hay otro, pero sin mezclar.

emulsionante adj. Que emulsiona o sirve para emulsionar. La clara de huevo, la gelatina, la leche son emulsionantes naturales.

emulsionar t. Hacer una emulsión.

en prep. Indica posición o lugar. Está en la mesa. ‖ Indica el tiempo en que sucede una cosa. La guerra empezó en 1914. ‖ Indica modo o manera. Escribió en letra cursiva. ‖ Indica la profesión o a lo que se dedica una persona. Es bueno en matemáticas. ‖ En combinación con la preposición «de», indica sucesión. El detective fue de casa en casa para conseguir testigos.

enagua s. f. Prenda de vestir femenina que va debajo de la falda. ‖ Méx. Falda amplia.

enajenación s. f. Transmisión de la propiedad de un bien a otra persona. ‖ Distracción, embobamiento.

enajenante adj. Que enajena.

enajenar t. y pr. Transmitir la propiedad de un bien a otra persona. ‖ Perder los estribos. ‖ Extasiarse, embobarse. ‖ Privarse de algo.

enaltecer t. Otorgar valor y honor a algo o a alguien.

enaltecido, da adj. Alabado, elogiado.

enaltecimiento s. m. Engrandecimiento o alabanza a una persona o cosa.

enamoradizo, za adj. Que se enamora a cada rato.

enamorado, da adj. y s. Que siente mucho amor. ‖ Enamoradizo. ‖ Que siente pasión por alguna actividad.

enamoramiento s. m. Situación en la que se encuentra una persona enamorada.

enamorar t. Tratar de conseguir el amor de una persona. ‖ pr. Empezar a sentir amor por una persona. ‖ Aficionarse a una cosa.

enanismo s. m. Alteración del crecimiento que se caracteriza porque los individuos no alcanzan las medidas que se consideran normales para su especie.

enano, na adj. Que es muy pequeño. ‖ s. Persona que padece enanismo. ‖ Persona muy pequeña.‖ Personaje de los cuentos infantiles que tiene poca estatura. ‖ fam. Niño.

enarbolar t. Levantar en algo una bandera o un estandarte. ‖ Levantar en alto un arma para amenazar a alguien. ‖ fig. Defender una idea.

enardecedor, ra adj. Que enardece.

enardecer t. Avivar una pasión. ‖ Estar caliente una parte del cuerpo por alguna inflamación.

enardecido, da adj. Excitado, que tiene el ánimo avivado.

enardecimiento s. m. Acción y resultado de enardecer.

encabezado s. f. Arg., Ecua., Guat., Hond., Méx. y Uy. Titular de un periódico.

encabezamiento s. m. Fórmula con que comienzan algunos textos. ‖ Encabezado.

encabezar t. Estar al principio de una lista. ‖ Poner el encabezamiento en un texto. ‖ Dirigir un movimiento, estar al frente de algo.

encabritarse pr. Hacer que un caballo levante las patas delanteras apoyándose sólo en las patas traseras. ‖ Hacer que un barco, un avión o un automóvil levante bruscamente la parte delantera hacia arriba.

encadenado, da adj. y s. Atado con cadenas. ‖ En poesía, verso que empieza con la misma palabra que termina el anterior.

encadenamiento s. m. Acción y resultado de encadenar.

encadenar t. Atar con cadenas ‖ Unir una idea con otra. ‖ Privar de movimiento o posibilidad de actuar.

encajar t. Poner una cosa dentro de otra haciéndola ajustar bien. ‖ Unir una cosa con otra sin que se superponga algo entre ellas. ‖ fam. Engañar a alguien dándole algo que no sirve. En el banco le encajaron un billete falso. ‖ Decir algo por lo general poco oportuno. En medio del discurso solemne encajó un chiste del que nadie se rió. ‖ Dar o recibir un golpe. Le encajó un puñetazo. ‖ Recibir puntos o goles en contra.

encaje s. m. Acción de encajar una cosa en la otra. ‖ Tejido o tela que tiene muchos calados. ‖ Cantidad de dinero que los bancos tienen en caja.

encajonado, da adj. Metido en un cajón. ‖ Atrapado entre dos cosas.

encajonar t. y pr. Guardar cosas en un cajón. ‖ Meter o meterse en un lugar muy estrecho. ‖ Correr un río o un arroyo por un lugar muy estrecho.

encalado s. m. Blanqueo que se hace con cal.

encalar t. Blanquear una pared con cal. ‖ Meter algo en cal. ‖ Agregar cal a la tierra.

encallar intr. pr. Tropezar o atorarse una embarcación en un banco de arena o en piedras. ‖ fig. Quedar trabado un negocio.

encallecer t. e intr. Formar callos. ‖ Adquirir o tener mucha experiencia en una profesión. ‖ Hacerse duro e insensible por un vicio.

encallecimiento s. m. Formación de un callo, dureza. ‖ Endurecimiento mental.

encaminar t. Poner en el camino correcto. ‖ pr. Dirigirse a algún lugar. ‖ fig. Guiar a alguien en el camino de la vida.

encandilar t. y pr. Deslumbrar con una luz muy intensa. ‖ Deslumbrar a alguien con apariencias. ‖ Despertar amor o deseo sexual en otra persona.

encanecer intr. pr. Llenarse de canas el pelo de una persona. ‖ Envejecer.

encantado, da adj. Distraído, embobado. ‖ Fórmula de saludo que se usa cuando nos presentan a una persona: *¡Encantado de conocerte!*

encantador, ra adj. y s. Que resulta muy simpático. ‖ Persona que se dedica a hacer encantamientos.

encantamiento s. m. Emisión de un conjunto de palabras que se supone que tienen un poder mágico. ‖ Atracción que ejerce alguien muy amable, muy simpático.

encantar t. Pronunciar un conjunto de palabras a las que se les atribuye un poder mágico. ‖ Gustar mucho una persona. ‖ Atraer la atención de alguien.

encanto s. m. Encantamiento. ‖ Atracción o gracia que posee una persona. ‖ Persona que atrae, embelesa.

encañonar t. Hacer que algo corra por un lugar estrecho. ‖ Encauzar el agua de un río por un cañón o por una tubería. ‖ Apuntar con un arma de fuego.

encapotar t. Cubrir con el capote. ‖ pr. Cubrirse de nubes el cielo.

encapricharse pr. Tratar de conseguir a toda costa un capricho. ‖ Enamoriscarse.

encaramar t. y pr. Subir a un lugar de difícil acceso. ‖ fig. Encumbrar a alguien.

encarar t. y pr. Hacer frente a una situación. ‖ Ponerse frente a la cara de otro.

encarcelación s. f. Acción y resultado de encarcelar.

encarcelado, da adj. Recluido en prisión.

encarcelar t. Meter a alguien a la cárcel.

encarecer t. Hacer que algo suba de precio. ‖ Alabar mucho a alguien. ‖ Recomendar mucho a alguien.

encarecimiento s. m. Aumento del precio de una cosa. ‖ Alabanza que se hace de alguien. ‖ Recomendación.

encargado, da adj. y s. Que está a cargo de algo.

encargar t. y pr. Poner algo al cuidado de alguien. ‖ Solicitar un producto que no está disponible. ‖ Recomendar a alguien. ‖ Tener una obligación.

encargo s. m. Acción y resultado de encargar. ‖ Cosa que se encarga.

encariñar t. Despertar o sentir cariño por alguien.

encarnación s. f. Aparición de un ser inmaterial en forma material. ‖ Representación de un concepto abstracto. ‖ Persona que representa una idea.

encarnado, da adj. De color carne. ‖ Enrojecido.

encarnadura s. f. Capacidad que tienen los tejidos del cuerpo para cicatrizar.

encarnar t. Personificar una idea. ‖ Representar a un personaje en una obra de teatro, en cine, etc. ‖ intr. Tomar forma corporal un ser inmaterial. ‖ Crecer la carne alrededor de una herida. ‖ Meterse la uña en la carne que la rodea.

encarnizado, da adj. Que es muy violento o sangriento.

encarnizamiento s. m. Crueldad a la hora de hacerle daño a otra persona.

encarnizarse t. y pr. Enfurecerse. ‖ Perseguir a alguien con crueldad. ‖ Pelear con ferocidad dos tropas enemigas.

encarrilar t. Corregir la dirección en la que va un vehículo para que vaya por el carril correcto. ‖ Poner sobre los carriles un vehículo descarrilado. ‖ fig.

Enderezar un asunto, un negocio, para que vaya por buen camino.

encasillar t. Poner en casillas. ‖ Clasificar a alguien con criterios simplistas. ‖ pr. Limitarse a lo mismo.

encasquetar t. y pr. Encajar o encajarse en la cabeza un casco, una gorra, un sombrero, etc. ‖ fig. Meter o metérsele a alguien una idea en la cabeza.

encasquillar t. y pr. Poner casquillos o cartuchos metálicos en algún objeto. ‖ Atascarse un arma de fuego con el casquillo de la bala al disparar.

encausar t. Entablar una causa judicial contra otra persona.

encauzar t. Hacer que un río vaya por su cauce. ‖ fig. Hacer que un asunto, un negocio, vaya por buen camino.

encefálico, ca adj. Que se relaciona con el encéfalo.

encefalitis s. f. En medicina, inflamación del encéfalo.

encéfalo s. m. En anatomía, parte central del sistema nervioso, encerrada en la cavidad craneal.

encefalograma s. m. Gráfica que se obtiene de la actividad eléctrica del cerebro.

enceguecer t. y pr. Quitar la vista. ‖ Ofuscarse. ‖ intr. Perder la vista.

encelar t. y pr. Dar celos. ‖ Sentir celos. ‖ Entrar en celo los animales.

encenagarse pr. Meterse en el cieno o ensuciarse con cieno. ‖ fig. Caer en una vida viciosa, envilecerse.

encendedor, ra adj. Que enciende. ‖ s. m. Aparato pequeño para encender fuego que produce llama o chispa y tiene combustible líquido o gaseoso.

encender t. Prender fuego, incendiar. ‖ Conectar un circuito eléctrico para activarlo. ‖ t. y pr. Producir una pasión o un sentimiento en alguien. ‖ fig. Provocar enfrentamientos. ‖ fig. Irritar, disgustar. ‖ fig. Excitar, entusiasmar. ‖ fig. Enrojecer el rostro, sonrojarse.

encendido, da adj. De color rojo muy intenso. ‖ Dicho de un circuito eléctrico, aparato o maquinaria que está en funcionamiento. ‖ s. m. Acción y efecto de encender. ‖ Inflamación, mediante una chispa, de la mezcla gaseosa en un motor de explosión. ‖ Dispositivo con el que se produce esa chispa en el motor.

encerado s. m. Acción y efecto de encerar.

encerar t. Aplicar una capa de cera sobre algo.

encerrado, da adj. Metido en un lugar cerrado. ‖ fam. Contenido, resumido. ‖ Se aplica a las palabras o letras puestas entre signos.

encerrar t. Recluir a una persona o animal en un sitio del que no pueda salir. ‖ Guardar algo metiéndolo en un lugar cerrado. ‖ fig. Llevar implícita una cosa, contener. *Aunque es amable contigo, sus palabras encierran rencor.* ‖ fig. Poner textos entre los signos de puntuación para distinguirlos del resto de un escrito. *Encerrar entre signos de admiración.* ‖ pr. Recluirse por propia voluntad en un lugar cerrado para aislarse de los demás.

encerrona s. f. fam. Emboscada, celada. ‖ En el dominó, cierre del juego cuando quedan muchas fichas en manos de los jugadores.

encestar t. Meter algo en una cesta. ‖ En el baloncesto, anotar metiendo el balón en el cesto.

encharcar t. y pr. Cubrir el agua un terreno formando charcos. ‖ pr. Col., Cub. y Pan. Empaparse los zapatos con la lluvia. || *Cub., Salv.* y *Ven.* Mojarse una persona o cosa con agua o con lodo.

enchilada *s. f. Guat., Méx.* y *Nic.* Tortilla de maíz rellena de carne o verduras y bañada en salsa de chile.

enchilado, da *adj.* Se aplica a los alimentos cubiertos con salsa de chile. || *fam. Méx.* Se aplica a la persona que tiene ardor en la boca por comer algo picante. || Molesto, enojado.

enchilar *t. Amér. C.* y *Méx.* Agregar chile a algún platillo para aderezarlo. || *t.* y *pr. Méx.* y *Nic. fig.* Fastidiar a alguien hasta irritarlo, o exasperarse una persona.

enchinar *t.* y *pr. Méx.* Rizar el cabello o las pestañas.

enchinchar *t. Guat.* y *Méx.* Fastidiar, molestar a alguien. || *pr. Amér.* Irritarse, enojarse, embroncarse.

enchufar *t.* Empalmar dos tubos o piezas semejantes, introduciendo un extremo de una de ellas en el de la otra. || En electricidad, hacer que encajen ambas piezas de un enchufe para establecer una conexión. || *t.* y *pr. Esp. fig.* y *fam.* Otorgar, u obtener, un empleo o cargo ventajosos recurriendo al enchufe.

enchufe *s. m.* Acción y efecto de enchufar. || Dispositivo para conectar un aparato a la corriente eléctrica. || *Esp. fig.* y *fam.* Recomendación o uso de influencias para obtener un empleo o cargo ventajoso.

encía *s. f.* Mucosa, abundante en vasos sanguíneos, que rodea la base de los dientes.

encíclica *s. f.* En la Iglesia católica, carta solemne que para adoctrinar sobre algún tema en particular dirige el Papa a los obispos y los fieles.

enciclopedia *s. f.* Conjunto de todas las ciencias, o de todas las partes de una ciencia. || Obra de divulgación en la que se exponen, de forma metódica, los conocimientos humanos o los referentes a una ciencia en particular.

enciclopédico, ca *adj.* Perteneciente o relativo a la enciclopedia.

encierro *s. m.* Acción y efecto de encerrar o encerrarse. || Sitio donde se encierra a alguien, o donde alguien se mantiene recluido voluntariamente. || Situación de aislamiento en que se mantiene una persona, sea por su voluntad o por causas ajenas a ella. ||

encima *adv.* Indica que una cosa está sobre otra. || *fig.* En situación superior o más elevada. || De manera que cubre u oculta algo. *Se echó encima una capa.* || Se usa para expresar una carga o peso que está sobre alguien o algo. || *fig.* Indica que se acepta y admite un trabajo, responsabilidad, pena o culpa. *Traen encima la urgencia de terminar ese informe.* || Por añadidura, además de. *Encima de que me regañó, me azotó la puerta en las narices.*

encimar *t.* e *intr.* Poner a alguien o algo en un sitio alto o sobre otra persona o cosa. || *pr.* Elevarse o levantarse una persona o cosa a mayor altura que otra. || Echarse una persona sobre otra o acosarla. || *Méx.* Apiñarse, amontonarse unas personas sobre otras en una multitud.

encimoso, sa *adj.* y *s. Méx. fam.* Se aplica a la persona que molesta a otra por su constante cercanía o por la invasión de su espacio físico.

encino, na *s.* Árbol de tronco grueso, con ramas numerosas y hoja perenne; su fruto es la bellota. || *s. m.* Madera de este árbol.

encinta *adj.* Se dice de la mujer que está embarazada.

enclaustrar *t.* y *pr.* Encerrar a alguien en un convento o claustro. || *pr.* Retirarse de la vida social para dedicarse a algo que requiere mucha atención o concentración.

enclavado, da *adj.* Se dice del sitio que está encerrado dentro del área de otro. || Se dice del objeto que está encajado en otro.

enclavar *t.* Clavar, asegurar o fijar con clavos. || *pr.* Estar un pueblo, paraje, etc., situado en un lugar determinado.

enclave *s. m.* Territorio o lugar rodeado por otro y distinto a éste. || Sitio o región donde se enclava un lugar o territorio. || Grupo social, étnico, político o lingüístico que está inserto en otro de características diferentes y convive con él.

enclenque *adj.* y *s. com.* Flacucho, débil y enfermizo.

encoger *t. intr.* y *pr.* Disminuir algo su volumen o extensión. || *t.* y *pr.* Contraer el cuerpo o una parte de él para retirarse de algo. || *fig.* Acobardarse, dejarse dominar.

encogimiento *s. m.* Acción y efecto de encoger o encogerse. || *fig.* Timidez, apocamiento, cortedad de ánimo.

encolar *t.* Untar algo con cola para pegarlo.

encolerizado, da *adj.* Preso de la ira, furioso.

encolerizar *t.* y *pr.* Hacer que alguien se ponga colérico, enfurecer. || Ser presa de la ira, ponerse colérico.

encomendar *t.* Encargar a alguien que cuide de una persona o cosa, o que cumpla con una comisión. || En la época de la Colonia, dar a alguien un grupo de indígenas en encomienda. || *pr.* Confiarse al amparo de un santo, o de una persona.

encomendero, ra *s.* Persona que lleva encargos de otra, a la cual debe rendirle cuentas de su desempeño. || *s. m.* En la época de la Colonia, hombre que, por una concesión de la autoridad, recibía indígenas en encomienda.

encomiar *t.* Alabar con entusiasmo, ensalzar.

encomienda *s. f.* Encargo que se hace a otra persona para que cuide de alguien o algo, o para que cumpla alguna comisión. || Institución jurídica implantada por la Corona española en América, para reglamentar las relaciones entre conquistadores e indígenas.

enconado, da *adj.* Violento, encarnizado y tenaz.

enconar *t.* y *pr.* Inflamarse o infectarse una llaga o herida. || *fig.* Excitar o irritar con exceso a los contendientes de una discusión, o irritarse éstos. || *pr.* Cobrar intensidad un resentimiento u odio.

encono *s. m.* Rencor, odio violento.

encontrado, da *adj.* Que es contrario u opuesto a otra cosa. *Lo ocurrido le produjo sentimientos encontrados.*

encontrar *t.* y *pr.* Dar con algo que se ha estado buscando. || Hallar a alguien o algo sin buscarlo. || Coincidir en un lugar, o entrar en contacto, una persona o cosa con otra. || *t.* Formar una opinión o juicio sobre algo. *No encuentro interés en lo que dijo.* || *pr.* Enfrentarse u oponerse una persona o cosa con otra. || Reunirse dos personas en un lugar determinado.

encontronazo s. m. Choque accidental entre dos cuerpos, uno estático y otro en movimiento. ‖ Enfrentamiento verbal o discusión agria entre dos personas.

encopetado, da adj. De alta categoría social. ‖ Que presume demasiado de su linaje o cualidades, pagado de sí mismo.

encordar t. Poner las cuerdas a un instrumento musical. *Encordar una guitarra.* ‖ Ceñir, rodear con varias vueltas de cuerda.

encorvar t. y pr. Hacer que algo tome forma curva, o tomarla una cosa. ‖ pr. Doblarse una persona curvando la espalda, sea por la edad, por enfermedad o por algún agobio.

encrespar t. y pr. Ensortijar el cabello con rizos pequeños. ‖ Erizarse el pelo o plumaje de un animal. ‖ Enfurecer a una persona o animal, o enfurecerse ésta. ‖ fig. Picarse el mar produciendo olas fuertes. ‖ fig. Tornarse complicado un asunto.

encriptar t. En informática, ocultar datos mediante una clave.

encrucijada s. m. Sitio donde se cruzan dos caminos o dos calles. ‖ fig. Situación complicada en la que, habiendo varias vías de solución, no se sabe por cuál optar.

encuadernación s. f. Acción y efecto de encuadernar. ‖ Arte y oficio de encuadernar libros, y taller donde se encuaderna. ‖ Cubierta o forro de cartón u otro material que se pone a los libros para proteger sus hojas y darles buena presentación.

encuadernar t. Unir de manera ordenada y coser o pegar varios pliegos u hojas, poniéndoles tapas, para formar un libro.

encuadrado, da adj. Que está dentro de un cuadro o marco. ‖ Que está dentro de un límite o contexto.

encuadrar t. Poner una cosa dentro de un marco o cuadro. ‖ fig. Ajustar o encajar alguna cosa dentro de otra. ‖ En fotografía y cine, hacer un encuadre.

encuadre s. m. Acción y efecto de encuadrar.

encubierto, ta adj. Que no se manifiesta, que se oculta. *Dicen que ese funcionario es un espía encubierto.*

encubridor, ra adj. Que encubre. ‖ s. Alcahuete o cómplice.

encubrimiento s. m. Acción y efecto de encubrir. ‖ En derecho, ocultamiento deliberado de un delito o un delincuente para evadir la acción de la justicia.

encubrir t. Ocultar algo dejando de manifestarlo. ‖ Realizar maniobras o acudir a argucias para impedir que algo llegue a saberse. ‖ En derecho, incurrir en el delito de encubrimiento.

encuentro s. m. Hecho de coincidir o reunirse dos o más personas o cosas en el mismo lugar. ‖ Reunión entre dos o más personas para conversar o tratar algún asunto. ‖ Competencia deportiva. ‖ Discusión o riña. ‖ Choque inesperado entre dos ejércitos enemigos.

encuerado, da adj. Col., Cub., R. Dom., Méx. y Per. Que está desnudo, en cueros.

encuesta s. f. Serie de preguntas ordenadas que se hace a un grupo de personas para obtener datos o recabar sus opiniones sobre un tema. ‖ Pesquisa, investigación.

encuestado, da adj. y s. Persona que ha sido interrogada para una encuesta.

encuestador, ra s. Persona que realiza encuestas.

encuestar t. Someter algún tema o asunto a encuesta. ‖ Hacer encuestas.

encumbrar t. y pr. Levantar algo en alto. ‖ Llegar a la cumbre de una montaña. ‖ fig. Colocar a una persona, o colocarse ésta, en una posición social, política o laboral elevada. ‖ pr. Ser una montaña o algo similar de mucha altura. ‖ fig. Ensoberbecerse, envanecerse.

encurtido s. m. Verdura, fruto o legumbre que se ha conservado encurtiéndola. ‖ Técnica y procedimiento de encurtir.

encurtir t. Sumergir o cocer en una mezcla de vinagre, sal y especias, verduras, frutos o legumbres para conservarlos.

ende adv. ant. De allí, de aquí o de esto. ‖ loc. Por ende: por lo tanto.

endeble adj. Frágil, que tiene poca resistencia. ‖ fig. Que tiene un escaso valor.

endecasílabo, ba adj. y s. Verso compuesto de once sílabas.

endecha s. m. Composición poética de tema triste, luctuoso, o que expresa un lamento.

endemia s. f. Enfermedad que de forma habitual o en determinadas épocas afecta a un país o región definida.

endémico, ca adj. Referido a una enfermedad, que afecta de manera habitual a un país o región determinados. ‖ fig. Se dice de los sucesos o acciones que se repiten con frecuencia en un país. *Crisis económica endémica.* ‖ Dicho de especies vegetales y animales, se refiere a las que viven en un área restringida, son oriundas del país o región en que se encuentran, y sólo pueden vivir ahí.

endemoniado, da adj. y s. Que está poseído por un demonio. ‖ Perverso, malo. ‖ Que es muy molesto, pesado o difícil. ‖ Muy desagradable o de muy mala calidad.

endemoniar t. Meter demonios en el cuerpo de alguien. ‖ fam. Encolerizar a alguien, irritarlo al máximo.

enderezar t. y pr. Poner derecho lo que está torcido. ‖ Poner en posición vertical lo que está tendido o inclinado. ‖ fig. Corregir o enmendar una conducta. ‖ fig. Orientar o dirigir algo hacia un objetivo o dirección determinados. ‖ fig. Hacer ajustes en algo que no va bien para que funcione mejor. *Enderezar un negocio.*

endeudado, da adj. Se aplica a la persona que tiene muchas deudas o debe favores.

endeudamiento s. m. Acción y efecto de endeudarse.

endeudarse pr. Contraer deudas.

endiablado, da adj. Desproporcionado y muy feo. ‖ fam. Perverso, nocivo, malo.

endilgar t. y fam. Obligar a alguien a recibir, soportar o hacerse cargo de algo molesto o desagradable.

endiosar t. Considerar a alguien como una deidad y tratarlo como tal. ‖ Ensalzar a alguien de manera desmesurada.

endocarpio s. m. Parte más interna del pericarpio de un fruto.

endócrino, na adj. En anatomía, se dice de la glándula que produce secreciones que se vierten directamente en la sangre.

endocrinología s. f. Parte de la biología y la medicina que estudia las glándulas endocrinas, su desarrollo y enfermedades.

endocrinólogo, ga s. Especialista en endocrinología.

endodoncia s. f. Parte de la odontología que estudia la pulpa y la raíz dentaria y sus enfermedades. || Técnica de tratamiento de las enfermedades de la pulpa y raíz de los dientes.

endoesqueleto s. m. En anatomía, estructura de soporte interno de un animal, que protege el sistema nervioso, permite la fijación de los músculos y tendones, y hace posible el movimiento. *Los humanos tenemos endoesqueleto.*

endogamia s. f. En biología, régimen de reproducción entre individuos que tienen parentesco biológico. || En etnología, obligación que tiene un individuo de contraer matrimonio únicamente con personas de su propio grupo.

endogámico, ca adj. Perteneciente o relativo a la endogamia.

endometrio s. m. Membrana mucosa que recubre el interior del útero.

endoplasma s. m. Parte interna de una célula.

endorfina s. f. Sustancia producida en el encéfalo que bloquea las sensaciones de dolor y tiene relación con las respuestas placenteras.

endosar t. Ceder un cheque u otro documento de crédito a otra persona, haciendo constar esto con una firma al dorso. || fig. Traspasar a alguien una responsabilidad, un trabajo o una carga molesta.

endoscopía o **endoscopia** s. f. Examen visual de una cavidad interna del cuerpo mediante un endoscopio.

endoscopio s. m. Instrumento médico a base de fibras ópticas que permite ver el interior del cuerpo humano.

endosfera s. f. Núcleo central de la esfera terrestre.

endoso s. m. Acción y efecto de endosar.

endotelio s. m. En anatomía, tejido formado por células planas, dispuestas en una capa única, que reviste el interior de algunos órganos, cavidades y vasos.

endrogarse pr. Chil., Méx. y Per. Contraer deudas. || R. Dom. y P. Rico Drogarse, consumir drogas.

endulzar t. y pr. Hacer que una cosa tome sabor dulce. || fig. Suavizar o atenuar algo desagradable para hacerlo llevadero.

endurecedor, ra adj. y s. Que endurece. || s. m. Sustancia que sirve para endurecer algo.

endurecer t. y pr. Poner dura alguna cosa. || fig. Hacer a una persona, o hacerse ésta, más fuerte y resistente a la fatiga. || fig. Volverse alguien inflexible y severo.

endurecido, da adj. Que se ha puesto duro. || Curtido o insensible.

endurecimiento s. m. Acción y efecto de endurecer o endurecerse. || En tecnología, modificación de las propiedades de un material para hacerlo más duro o resistente. || fig. Dureza, obstinación. || fig. Deshumanización, insensibilización.

ene s. f. Nombre de la letra «n». || En álgebra, nombre del signo potencial indeterminado.

enebro s. m. Arbusto de copa espesa y tronco ramoso que puede alcanzar hasta 6 metros de altura.

eneldo s. m. Hierba umbelífera aromática con tallo ramoso, hojas filiformes y flores amarillas. *El eneldo se utiliza para perfumar guisos.*

enema s. m. Inyección, con fines terapéuticos, de una cantidad de líquido por el ano. || Utensilio con que se aplica.

enemigo, ga adj. Que es opuesto o contrario a alguien o algo. || Que, por tener mala voluntad a otro, le desea y hace mal. || Rival, adversario.

enemistad s. f. Relación de rechazo u odio entre dos personas, aversión.

enemistar t. y pr. Hacer que dos personas se vuelvan enemigas, o volverse éstas enemigas. || Provocar que se pierda la amistad entre dos o más personas.

energético, ca adj. Perteneciente o relativo a la energía. || Que produce energía.

energía s. f. Potencia de un organismo que le permite actuar y moverse. || Vigor, fuerza, vivacidad. || Capacidad para obrar o para producir un efecto determinado. || En física, capacidad de un sistema para realizar un trabajo. || Tesón, fuerza de voluntad.

enérgico, ca adj. Que tiene y proyecta energía o vigor.

energizar t. En física, suministrar corriente eléctrica a una línea o equipo.

energúmeno, na s. Persona poseída por un demonio. || fig. Persona furiosa que actúa violentamente.

enervante[1] adj. Que debilita o quita las fuerzas. || Que altera poniendo nervioso o excita demasiado los nervios.

enervante[2] s. m. Droga estimulante.

enervar t. y pr. Debilitar, despojar a alguien de su fuerza física o mental, o perderla. || Alterar los nervios, poner nervioso. || En medicina, practicar una enervación.

enésimo, ma adj. Indica que algo se dirá una vez más, aparte de las muchas en que ya se ha dicho anteriormente. *Por enésima vez te pido que limpies la mesa después de comer.* || En matemáticas, se dice de algo que ocupa un lugar indeterminado en una serie o sucesión.

enfadar t. y pr. Producir, o sentir, molestia y enojo.

enfado s. m. Enojo, fastidio. || Esp. Impresión desagradable y molesta.

enfadoso, sa adj. Que causa enfado, molesto.

enfangar t. y pr. Cubrir con fango, ensuciar o ensuciarse con fango. || Méx. Desprestigiar a alguien. || fig. y fam. Involucrarse en negocios sucios o asuntos vergonzosos.

énfasis s. m. Expresión o entonación con que se hace notar la importancia de algo que se dice o se lee en voz alta. || Tono de voz, o gesto particular, con el que se da una intención determinada a lo que se expresa.

enfático, ca adj. Que denota énfasis. || Que se ha dicho con énfasis. || Referido a una persona, que habla o escribe con énfasis. || En gramática, se dice de las expresiones o partículas que se intercalan en un discurso para acentuar la intención de éste.

enfermar intr. y pr. Contraer una enfermedad. || Causar enfermedad.

enfermedad s. f. Trastorno o anormalidad en el funcionamiento del organismo de un ser vivo. || fig. Alteración perjudicial del desempeño, o del estado normal de alguien o algo.

enfermería s. f. En algunos establecimientos, lugar destinado a la atención médica de enfermos, heridos o lesionados. || Profesión y actividad de las personas que se dedican a cuidar enfermos y heridos, así como a otras labores sanitarias.

enfermero, ra s. Persona que se dedica a cuidar y asistir a los enfermos o heridos.

enfermizo, za *adj.* De salud frágil, propenso a enfermar con frecuencia. ‖ Que es propio de una persona enferma.

enfermo, ma *adj.* y *s.* Que padece una enfermedad.

enfilar *t.* Poner varias cosas formando fila. ‖ Dirigir la orientación de un instrumento óptico, o de un ingenio de artillería, hacia un punto determinado. ‖ Comenzar a recorrer un camino o ruta.

enfisema *s. m.* Hinchazón producida en el tejido celular, los pulmones o la piel, debido a la acumulación de aire o gas.

enflaquecer *t. intr.* y *pr.* Adelgazar, poner o ponerse flaco. ‖ Debilitar, restar fuerzas. ‖ *intr. fig.* Desfallecer, perder el ánimo.

enfocar *t.* Dirigir un haz de luz sobre un punto determinado. ‖ Hacer que la imagen de un objeto que se produce en una lente sea nítida y destaque claramente sobre un plano. ‖ Centrar un objetivo en el visor de la cámara fotográfica. ‖ *fig.* Examinar un asunto para tener una visión clara de lo que trata y resolverlo de manera adecuada.

enfoque *s. m.* Acción y efecto de enfocar. ‖ Punto de vista desde el que se parte para tratar una cuestión.

enfrascar *t.* Meter algo en frascos. ‖ *pr.* Dedicarse una persona a alguna actividad de manera tan intensa, que se sustrae de lo que ocurre a su alrededor.

enfrentamiento *s. m.* Acción y efecto de enfrentar o enfrentarse.

enfrentar *t.* y *pr.* Poner o ponerse dos personas o cosas frente a frente, sea en comparación, lucha o competencia. ‖ Afrontar un peligro, adversidad o dificultad.

enfrente *adv.* Delante de alguien o algo, en dirección opuesta y a cierta distancia. ‖ En pugna con alguien o algo.

enfriar *t. intr.* y *pr.* Hacer que algo pierda temperatura, o perderla esto, hasta ponerse frío. ‖ *t.* y *pr. fig.* Amortiguar, hacer que pierda intensidad una situación o sentimiento. ‖ *t. Méx. fam.* Liquidar, asesinar. ‖ *pr.* Resfriarse, acatarrarse. ‖ *pr. Méx. fam.* Morir, fallecer.

enfundar *t.* Introducir una cosa dentro de su funda. ‖ Cubrir algo con una funda para protegerlo. ‖ *pr. fig.* Ponerse una prenda de vestir.

enfurecer *t.* y *pr.* Irritar a alguien hasta hacer que se ponga furioso, o ponerse alguien furioso. ‖ *pr. fig.* Agitarse sobremanera el viento o el mar.

enfurecido, da *adj.* Enojado, irritado.

enfurruñarse *pr. fam.* Ponerse de mal humor, enojarse.

engalanar *t.* y *pr.* Arreglarse, acicalarse y vestir sus galas alguien, o adornar algo.

enganchar *t. intr.* y *pr.* Sujetar o agarrar algo con un gancho o cosa similar. ‖ *t. fig.* y *fam.* Atraer a alguien, conquistarlo. ‖ Alistar a alguien para servir como soldado. ‖ Acoplar los vagones que constituyen un tren. ‖ Captar algo de manera absorbente la atención de alguien. ‖ *pr.* Atorarse alguien la ropa en un gancho o clavo. ‖ Adquirir una adicción.

enganche *s. m.* Acción y efecto de enganchar o engancharse. ‖ Dispositivo que sirve para enganchar. ‖ Acto de alistarse voluntariamente en un ejército. ‖ *Méx.* Cantidad de dinero que se da como anticipo del pago en una compra a plazos.

engañar *t.* Hacer creer a otro algo que es falso. ‖ Estafar o defraudar. ‖ En una relación amorosa, ser infiel a la pareja. ‖ Engatusar, ganarse a alguien con mentiras o adulaciones. ‖ *pr.* Negarse a admitir una verdad, por resultar más grato permanecer en el error.

engaño *s. m.* Acción y efecto de engañar o engañarse. ‖ Cebo o trampa para pescar. ‖ En tauromaquia, muleta que se utiliza para engañar al toro.

engañoso, sa *adj.* Que engaña o induce a engañarse. *Apariencia engañosa.*

engarrotar *t.* Agarrotar. ‖ *t.* y *pr.* Entumecerse las extremidades por el frío, o debido a alguna enfermedad.

engarzar *t.* Enganchar cosas entre sí para formar una cadena. ‖ Engastar, hacer encajar algo en un objeto de metal. ‖ *fig.* Relacionar o enlazar cosas entre sí.

engastar *t.* Embutir o encajar una cosa en otra. ‖ En joyería, sujetar las piedras preciosas a las joyas usando partes del mismo metal del soporte.

engatusar *t. fam.* Engañar a alguien ganándose su voluntad con adulaciones.

engendrar *t.* Dar vida a un nuevo ser. ‖ *fig.* Producir algo o causarlo. *La violencia engendra más violencia.*

engendro *s. m.* Ser deforme o que resulta repulsivo. ‖ Feto. ‖ *fig.* Obra artística o literaria, plan o proyecto, que resultan absurdos por su defectuosa concepción.

englobar *t.* Incluir varias cosas dentro de un todo.

engolado, da *adj.* Que lleva gola. ‖ *fig.* Presuntuoso y altanero. ‖ Se dice del tono de voz impostado, enfático y afectado.

engolosinar *t.* Estimular el deseo o el antojo de alguien con algo atractivo. ‖ *pr.* Tomarle el gusto a algo y aficionarse a ello.

engomar *t.* Untar con goma o pegamento.

engorda *s. f. Chil.* y *Méx.* Ceba o engorde del ganado.

engordar *intr.* y *pr.* Aumentar una persona o animal de peso y volumen, ponerse gordo. ‖ *fig.* y *fam.* Hacerse de bienes, enriquecerse. ‖ *t.* Dar al ganado o las aves comida abundante para que engorden.

engorro *s. m.* Obstáculo que impide realizar algo; dificultad, molestia.

engorroso, sa *adj.* Molesto, pesado, dificultoso.

engrampadora *s. f. Bol., Guat., Per.* y *Uy.* Aparato que sirve para unir papeles por medio de una grapa, grampa o broche.

engranaje *s. m.* Acción y efecto de engranar, transmitir movimiento mediante piñones o ruedas dentadas. ‖ Cilindro dentado que transmite movimiento rotatorio entre dos ejes o árboles. ‖ Conjunto de ruedas dentadas que se engránan. *El engranaje de una maquinaria.* ‖ *fig.* Encadenamiento de ideas, acciones o circunstancias que confluyen a un fin.

engranar *intr.* y *t.* Encajar entre sí dos o más ruedas dentadas. ‖ *fig.* Enlazar y complementar ideas, frases, acciones o circunstancias.

engrane *s. m. Méx.* Cada una de las ruedas dentadas de un engranaje.

engrapadora *s. f. Amér. C., Bol., Méx., Per.* y *Ven.* Máquina o aparato para unir papeles por medio de grapas o broches.

engrapar *t.* Unir y sujetar papeles con grapas.

engrasar *t.* Untar o lubricar con grasa. ‖ *t.* y *pr.* Manchar o mancharse con grasa, pringar.

engreído, da *adj.* y *s.* Se aplica a la persona que se considera superior a los demás, por sus méritos y cualidades.

engreimiento *s. m.* Acción y efecto de engreír o engreírse.

engreír *pr.* Tener un comportamiento altivo con un sentimiento de orgullo y superioridad frente a los demás.

engrosar *t.* Aumentar las cosas o personas su anchura o grosor. ‖ Crecer o hacer crecer en tamaño o número.

engrudo *s. m.* Masa espesa y pegajosa hecha de harina o almidón cocidos en agua y que sirve para pegar papel, tela y otros materiales ligeros.

engullir *t.* Tragar la comida con precipitación y casi sin masticar.

enharinar *t.* Espolvorear con harina la superficie de algo, manchar de harina.

enhebrar *t.* Pasar el hilo a través del ojo de la aguja, o por el agujero de las cuentas, perlas, etc. ‖ Decir seguidas muchas palabras o frases de manera torpe o desordenada.

enhiesto, ta *adj.* Levantado, derecho, erguido.

enhorabuena *s. f.* Felicitación.

enigma *s. m.* Frase o pregunta de significado oculto para que sea difícil de entender o interpretar. ‖ Cosa que se conoce pero que resulta incomprensible, para la que no se halla una explicación o interpretación.

enigmático, ca *adj.* Que encierra un enigma o que es difícil de entender o resolver.

enjabonado, da *s.* Acción y efecto de enjabonar.

enjabonar *t.* Frotar algo con jabón para producir jabonadura. ‖ Poner algo en solución de jabón ablandarlo y limpiarlo.

enjambre *s. m.* Multitud de abejas, avispas y otros insectos voladores que vuelan en grupo. ‖ Conjunto numeroso de personas, animales o cosas.

enjaular *t.* Encerrar en una jaula. ‖ *fam.* Encarcelar a una persona. *Conducía ebrio y lo tuvieron que enjaular.*

enjoyado *t.* y *pr.* Adornado con joyas.

enjoyar *t.* Adornar con joyas.

enjuagar *t.* Lavar o limpiar con agua una cosa enjabonada o se que requiere lavar ligeramente. ‖ Limpiar la boca y dentadura con agua u otro líquido.

enjuagatorio *s. m.* Líquido para enjuagar o enjuagarse. ‖ Vaso para enjuagarse.

enjuague *s. m.* Acción de enjuagar o enjuagarse.

enjugar *t.* Quitar la humedad o el líquido que hay en una superficie o cosa. ‖ Limpiar los líquidos que exuda el cuerpo.

enjuiciar *t.* Someter algo a examen, discusión y juicio. ‖ Instruir un procedimiento judicial. ‖ Someter a alguien a un proceso legal ante un juez o un tribunal.

enjundia *s. f.* Conjunto de cualidades morales estimables de una persona, como carácter, sensatez o formalidad. ‖ Parte más sustanciosa e importante contenida en una cosa, como un libro, un discurso o una teoría.

enjundioso, sa *adj.* Que tiene mucha enjundia. ‖ Vigoroso, importante. ‖ Sustancioso, importante.

enjuto, ta *adj.* Delgado, muy flaco, seco o de pocas carnes. ‖ Que no tiene agua o humedad.

enlace *s. m.* Acción y resultado de enlazar o enlazarse. ‖ Unión, conexión de una cosa con otra. ‖ Cosa que sirve para enlazar. ‖ Casamiento. ‖ Persona que sirve de intermediario o contacto, especialmente dentro de alguna organización.

enladrillar *t.* Poner ladrillos.

enlatado, da *s. m.* Acción y efecto de enlatar. ‖ *adj.* Se aplica a aquello que se deposita y conserva dentro de una lata. *Para ahorrarme trabajo utilicé frijol enlatado.*

enlatadora *f.* Industria donde se mete algún producto en latas.

enlatar *t.* Envasar en latas.

enlazado, da *adj.* Que está sujeto con un lazo. ‖ Se aplica a las cosas que están unidas entre sí, conectadas o relacionadas.

enlazar *t.* Unir o atar con lazos. ‖ Unir unas cosas con otras, como ideas, palabras, pensamientos, etc. ‖ Aprisionar un animal arrojándole el lazo. ‖ *intr.* Unirse dos cosas cruzándose entre sí. ‖ Unirse dos iones o átomos para formar una molécula. ‖ Casarse, contraer matrimonio.

enlistar *t.* *Méx.* Inscribir en listas.

enlodar *t.* y *pr.* Cubrir o manchar con lodo. ‖ Manchar, infamar, envilecer.

enloquecedor *adj.* Que hace enloquecer.

enloquecer *intr.* Volverse loca una persona, perder el juicio o la razón. ‖ Gustar o encantar algo en gran medida. *Le enloquece ir de excursión.* ‖ *t.* Volver loca o hacer perder el juicio o la razón a alguien.

enloquecido, da *adj.* Que actúa como loco. ‖ Entusiasmado por algo.

enlutar *t.* Vestir o cubrir de luto una persona o a una cosa en señal de duelo.

enmarañar *t.* Enredar o revolver una cosa. ‖ Complicar y dificultar un asunto.

enmarcar *t.* Poner algo dentro de un marco, una fotografía, pintura, etc. ‖ Situar algo dentro de determinadas características o condiciones.

enmascarado, da *adj.* y *s.* Que lleva la cara cubierta con una máscara o un antifaz.

enmascarar *t.* Cubrir la cara con una máscara o un antifaz. ‖ Encubrir o disfrazar una cosa con una mentira, una apariencia o un fingimiento.

enmendado, da *adj.* Corregido, reparado.

enmendar *t.* Corregir un error o defecto. ‖ Modificar una ley u otro texto legal.

enmienda *s. f.* Acción y efecto de enmendar. ‖ Corrección de un error o defecto. ‖ Propuesta para modificar una ley u otro texto legal, un proyecto, dictamen, informe o documento análogo.

enmohecer *t.* Cubrir de moho una cosa. ‖ *pr.* Inutilizarse algo, caer en desuso, como el utensilio o máquina que se cubre de moho.

enmudecer *intr.* Dejar de hablar. *De pronto el público enmudeció.* ‖ Dejar de hacer ruido o de producir un sonido. *El ajetreo enmudeció al caer la noche.* ‖ Hacer callar. *El miedo los hizo enmudecer.*

ennegrecer *t.* Poner o teñir de un color más oscuro o negro. ‖ Enturbiar, turbar, oscurecer. ‖ *intr.* Ponerse negro o negruzco. ‖ Ponerse muy oscuro, nublarse.

ennegrecido, da *adj.* Que se ha puesto negro.

ennoblecer *t.* Hacer noble a alguien. ‖ Dar mayor valor, dignidad, grandeza o distinción a algo.

ennoviarse *pr. fam.* Establecer noviazgo. *Sandra y Antonio se ennoviaron la semana pasada.*

enófilo, la *adj.* y *s.* Se dice del experto en el vino y su cultura.

enojado, da *adj.* Molesto, enfadado.

enojar *t.* Causar enojo.

enojo *s. m.* Sentimiento de ira o enfado. *Los contratiempos le causan mucho enojo.*

enojón, na *adj.* *Bol., Chil.* y *Méx.* Que se enoja con facilidad.

enojoso, sa *adj.* Que causa enojo o enfado.

enología *s. f.* Conjunto de conocimientos relativos al vino, a sus características y su elaboración.

enólogo, ga *s.* Persona que es entendida en enología.

enorgullecer *t.* y *pr.* Hacer que una persona sienta orgullo.

enorme *adj.* Que es muy grande, desmedido o excesivo, que supera en tamaño, cantidad, calidad, etc., a lo considerado normal. *Debió hacer un esfuerzo enorme para entender esa teoría.*

enormidad *s. f.* Cualidad de una cosa enorme, muy grande o de tamaño desmedido.

enraizado *adj.* Que ha echado raíces o arraigado.

enraizar *intr.* Echar raíces, arraigar. *El árbol que plantamos ya enraizó.* || *t.* Hacer o hacerse firme y duradero un sentimiento o una costumbre. *En Corea del Sur enraizó la costumbre de estudiar muy duro.*

enramada *s. f.* Ramaje espeso y entrelazado. || Cobertizo hecho con ramas.

enrarecer *t.* Disminución de la densidad de un gas. || Contaminar el aire o hacerlo menos respirable. *Se enrarecía el aire con el humo de la fundición.* || Hacer que una relación, personal o del ámbito público, se deteriore o se dificulte. *Se enrareció la relación entre ambos por malentendidos.*

enrarecido, da *adj.* Se aplica al aire contaminado o falto de oxígeno. || Tenso, incómodo.

enrarecimiento *s. m.* Acción y efecto de enrarecer o enrarecerse.

enredadera *adj.* Se dice de las plantas de tallo flexible y trepador, que se enreda en otros objetos.

enredar *t.* Entrelazar, enmarañar de manera desordenada una cosa con otra. || Complicar y dificultar la solución o la comprensión de un asunto. || Hacer que una persona participe en un negocio o asunto, especialmente si es poco lícito o ilegal. || *pr.* Equivocarse haciendo o diciendo una cosa, o hacerlo de manera atropellada y torpe. *Se puso nervioso y se enredó en su explicación.*

enredo *s. m.* Maraña que resulta de entrelazarse desordenadamente hilos u otras cosas parecidas, que no pueden separarse fácilmente. || Engaño o mentira que ocasiona confusión, líos y pleitos. || Asunto o negocio poco lícito o ilegal. || Relación amorosa o sexual superficial que no implica compromiso. *A Don Juan le encantan los enredos amorosos.*

enrejado *s. m.* Reja, especialmente grande, o conjunto de rejas.

enrejar *t.* Poner rejas. || *fig.* Meter a alguien en la cárcel.

enrevesado, da *adj.* Que es confuso, complicado, y difícil de comprender. *La trama de la película está muy enrevesada.*

enriquecedor, ra *adj.* Que enriquece.

enriquecer *t.* Hacer rica o más rica a una persona, comarca, nación, fábrica, industria u otra cosa. *La educación debe enriquecer la cultura.*

enriquecido, da *adj.* Mejorado en condición o imagen. || Que ha prosperado o aumentado su capital.

enriquecimiento *s. m.* Acción y efecto de enriquecer.

enrojecer *t.* Poner una cosa de color rojo o rojizo. *El crepúsculo enrojece el cielo.* || *intr.* Ruborizar. *Su rostro enrojeció de la vergüenza.*

enrojecido, da *adj.* De color rojo. || Ruborizado.

enrojecimiento *s. m.* Acción y efecto de enrojecer o enrojecerse.

enrolar *t.* Alistar, reclutar a una persona en el ejército, una tripulación o en alguna organización.

enrollado, da *adj.* Que tiene forma de rollo.

enrollar *t.* Dar a una cosa flexible vueltas sobre sí misma o alrededor de otra en forma de rollo. || *pr.* y *fam.* Extenderse demasiado al hablar o al escribir. || *t.* y *fam.* Convencer a alguien para que haga algo, liar.

enronquecer *t.* Poner ronca a una persona. *Enronqueció de tanto gritar.*

enroque En el juego del ajedrez, jugada que consiste en mover el rey y una torre del mismo bando cambiando simultáneamente su posición.

enroscado, da *adj.* Que tiene forma de aro o espiral. || Se aplica a lo que está metido a vuelta de rosca.

enroscar *t.* Dar a una cosa flexible y larga vueltas sobre sí misma o alrededor de otra en forma de rosca. || Ajustar una pieza con rosca dentro de otra dándole vueltas.

enrular *t.* *Amér. Merid.* Hacer rizos.

ensalada *s. f.* Comida fría que se hace mezclando diversas hortalizas crudas condimentadas con aderezo. || Mezcla confusa de muchas cosas sin conexión.

ensaladera *s. f.* Recipiente ancho y profundo que sirve para preparar y servir ensaladas.

ensalmo *s. m.* Modo de curar con rezos y aplicación empírica de medicamentos.

ensalzar *t.* Elogiar, alabar, exaltar.

ensamblaje *s. m.* Ensambladura. || Unión de dos piezas que forman parte de una estructura y que están diseñadas para que ajusten entre sí perfectamente. || Parte de una estructura donde se hallan dos piezas ensambladas.

ensamblar *t.* Unir dos piezas que forman parte de una estructura que han sido diseñadas para que ajusten entre sí perfectamente.

ensamble *s. m.* Ensambladura.

ensanchado, da *adj.* Ampliado, dilatado.

ensanchar *t.* Aumentar la anchura de una cosa.

ensanche *s. m.* Acción y efecto de ensanchar.

ensangrentar *t.* Manchar de sangre. || Provocar derramamiento de sangre. *La guerra ensangrentó el país.*

ensañarse *pr.* Enfurecer, irritar. || Gozarse en causar daño o dolor a quien ya no puede defenderse.

ensartar *t.* Pasar un hilo, una cuerda o un alambre a través del agujero de un objeto. *La artesana ensartaba cuentas con gran habilidad.* || Atravesar un cuerpo con un objeto alargado y puntiagudo. *El capitán Ahab ensartó el arpón en una aleta de Moby Dick.*

ensayar *t.* Ejecutar varias veces partes o la totalidad de un espectáculo o actividad para perfeccionar su ejecución antes de su presentación en público. || Hacer pruebas de una cosa para determinar su calidad.

ensayista *s. com.* Escritor de ensayos. *Octavio Paz, además de poeta, fue ensayista.*

ensayo *s. m.* Acción y efecto de ensayar. ‖ Ejecución de partes o la totalidad de un espectáculo o actividad para perfeccionar su ejecución antes de su presentación en público. ‖ Prueba que se hace de una cosa para determinar su calidad. ‖ Examen por el cual se averigua el metal o metales que contiene una muestra mineral, y la proporción en que cada uno está con el peso de ella. ‖ Escrito en el que un autor reflexiona sobre determinado tema.

enseguida *adv.* Inmediatamente después en el tiempo o en el espacio.

ensenada *s. f.* Entrada de mar en la tierra formando un seno entre dos salientes o cabos.

enseña *s. f.* Insignia o estandarte. *La bandera de México es una insignia tricolor.*

enseñanza *s. f.* Acción y efecto de enseñar. ‖ Sistema y método para enseñar. *En la escuela normal se enseñan métodos de enseñanza.* ‖ Cosa que una persona enseña a otra. *Seguía al pie de la letra sus enseñanzas.*

enseñar *t.* Hacer que alguien adquiera un conocimiento. ‖ Dar ejemplo, escarmiento o advertencia. ‖ Mostrar o exponer algo a la vista de alguien. ‖ Indicar, dar señas de una cosa. ‖ Dejar ver algo involuntariamente.

enseñorear *t.* Dominar algo.

enseres *s. m. pl.* Utensilios, muebles, instrumentos necesarios o convenientes en una casa o para el ejercicio de una profesión.

ensillar *t.* Poner la silla de montar a una montura.

ensimismamiento *s. m.* Acción y efecto de ensimismarse. ‖ Concentración en lo que se hace o se piensa hasta abstraerse del mundo exterior.

ensimismarse *pr.* Concentrar toda la atención en lo que se hace o piensa hasta llegar a abstraerse del mundo exterior.

ensoberbecer *t.* y *pr.* Causar soberbia en alguien. ‖ Agitarse, alterarse, encresparse el mar.

ensombrecer *t.* Cubrir de sombras, oscurecer. ‖ Causar pena o tristeza. *La tragedia del terremoto ensombreció a muchos hogares.*

ensombrecimiento *m.* Acción y efecto de ensombrecer.

ensoñación *s. f.* Acción y efecto de ensoñar.

ensoñar *intr.* Tener ensueños. ‖ Imaginar como reales o posibles cosas que no lo son.

ensopado, da *adj. Amér. Merid.* Mojado, empapado.

ensopar *t.* Hacer sopas con el pan, empapándolo en un líquido. ‖ *Amér.* Empapar, calar la humedad hasta los huesos.

ensordecedor, ra *adj.* Que ensordece. ‖ Se aplica al sonido o ruido que es muy intenso y no permite oír nada más.

ensordecer *t.* e *intr.* Perder el sentido del oído, causar sordera. ‖ Aturdir a alguien un sonido o ruido muy intenso. ‖ Aminorar la intensidad de un sonido.

ensordecimiento *s. m.* Acción y efecto de ensordecer.

ensortijado, da *adj.* Rizado.

ensortijar *t.* Formar rizos en el pelo.

ensuciar *t.* Poner sucia una cosa, hacer que una cosa deje de estar limpia. *No puede comer sin ensuciar la camisa.* ‖ Manchar la dignidad, la estima,

el prestigio, el honor, etc. *Las acusaciones de fraude han ensuciado su prestigio.*

ensueño *s. m.* Imagen mental irreal fruto de la imaginación o la fantasía. *No pone los pies sobre la tierra, vive en el ensueño.* ‖ Cosa que se sueña.

entablar *t.* Cubrir con tablas una cosa. ‖ Dar comienzo a algo como una conversación, amistad, lucha, etc. *Entablaron una animada charla.* ‖ Colocar las piezas en las casillas de un tablero.

entablillar *t.* Sujetar con tablillas y vendaje un miembro para inmovilizarlo.

entallado, da *adj.* Ajustado al cuerpo.

entallar *t.* Hacer que una prenda de vestir se ajuste al talle o cintura. ‖ Hacer que una prenda de vestir se ajuste al cuerpo. ‖ Hacer o formar el talle de un vestido.

entarimado *s. m.* Suelo hecho con tablas de madera.

entarimar *t.* Cubrir el suelo con tablas.

ente *s. m.* Lo que es, existe o puede existir. ‖ Asociación u organismo. ‖ *fig.* Sujeto ridículo o extravagante.

enteco, ca *adj.* Se aplica a la persona o animal que es enfermizo y tiene un aspecto flaco y débil.

entelerido, da *adj.* Sobrecogido de frío o de pavor. ‖ *Amér.* Enteco, flaco, enclenque.

entenado, da *s.* Hijastro.

entendederas *s. f. pl.* Entendimiento. *Es de cortas entendederas.* ‖ *Irón.* Escasez o torpeza de entendimiento.

entender *t.* Comprender, tener idea clara del sentido de las cosas. ‖ Conocer o penetrar el sentido de los actos o intención de alguien. ‖ Discurrir, inferir, deducir, formar juicio a partir de datos. ‖ Conocer la personalidad y el temperamento de una persona y el modo en que hay que tratarla. ‖ Tener conocimientos sobre una materia determinada. *Entiende de mucho de computación.* ‖ *pr.* Llevarse bien con una persona. ‖ Llegar a un acuerdo con una o varias personas. ‖ Seguido de la preposición *de*, conocer alguna materia. *Entiende de computación.*

entendido, da *adj.* y *s.* Sabio, docto, perito, diestro, conocedor de una materia. *Pregúntale a él que es el entendido.*

entendimiento *s. m.* Facultad humana para formar ideas o representaciones de la realidad en la mente y juzgar y comparar las cosas, relacionándolas entre sí. ‖ Alma, en cuanto discurre y raciocina. ‖ Acuerdo, relación amistosa.

enterado, da *adj.* y *s.* Se aplica a la persona que conoce y entiende bien una materia. ‖ Se dice de la persona que se mantiene informado de los acontecimientos corrientes.

enterar *t.* Informar una persona acerca de algo. ‖ *Amér.* Entregar dinero, pagar.

entereza *s. f.* Integridad, capacidad para afrontar problemas, dificultades o desgracias con serenidad y fortaleza. ‖ Firmeza para mantener las ideas, juicios o decisiones propias. ‖ Rectitud, irreprochabilidad en el desempeño de las funciones de un cargo.

enternecedor, ra *adj.* Que enternece, que produce ternura.

enternecer *t.* Mover a ternura, por compasión u otro motivo. *Sus ruegos lograron enternecer a su padre.* ‖ Poner blanda o tierna una cosa. *La papaína es un ablandador que enternece la carne.*

enternecido, da *adj.* Lleno de ternura.

entero, ra *adj.* Que está completo; que no le falta ninguna parte. ‖ Firme de carácter. ‖ Se aplica a la persona que tiene buenas condiciones físicas. ‖ Se aplica al número formado por una o varias unidades completas, a diferencia de los números decimales y fraccionales.

enterrador, ra *s.* Persona que entierra a los muertos.

enterramiento *s. m.* Acción y efecto de enterrar.

enterrar *t.* Poner bajo de tierra. ‖ Sepultar un cadáver. ‖ Sobrevivir a alguien. *Es el mayor de los hermanos pero los va a enterrar a todos.* ‖ Hacer desaparecer una cosa debajo de otra u otras. *El expediente quedó enterrado bajo una montaña de papeles.* ‖ Olvidar una cosa para no volver a pensar en ella. ‖ *Amér.* Clavar un instrumento punzante. *Se le enterró una espina en el dedo.*

entibiar *t.* Poner tibia una cosa. ‖ Hacer menos intenso un sentimiento.

entidad *s. f.* Ente o ser. ‖ En filosofía, la esencia o propiedad de ser, lo que hace que una cosa sea. ‖ Colectividad considerada como unidad y tomada como persona jurídica. *Un banco es una entidad financiera.*

entierro *s. m.* Acción y efecto de enterrar. ‖ Ceremonia fúnebre en la que se lleva a enterrar un cadáver.

entintar *t.* Cubrir o empapar de tinta.

entoldar *s. m.* Cubrir con un toldo o entoldado.

entomología *s. f.* Parte de la zoología que estudia los insectos.

entomólogo, ga *s.* Especialista en entomología.

entonación *s. fam.* Acción y efecto de entonar. ‖ Modulación del tono de la voz según el sentido o la intención de lo que dice. ‖ Línea melódica definida por la sucesión de tonos que, en una palabra, oración, etc., contribuye a determinar su significado. ‖ Adecuación del canto al tono adecuado.

entonar *intr.* Cantar o hablar con voz afinada. ‖ Cantar una canción, cántico o himno. *El público entonó el himno nacional.* ‖ Dar las primeras notas de una canción para que otra u otras personas la canten con la misma entonación. *Antes de la presentación, el director entonó las voces del coro.* ‖ Combinar bien los tonos o colores de varias cosas para obtener un efecto armónico. *Logró entonar bien el color de las cortinas con el de los muebles.* ‖ Darle al cuerpo o a una parte de él buena forma y plenitud de funciones.

entonces *adv.* En un tiempo u ocasión. *Entonces estaba muy joven y no sabía lo que hacía.* ‖ En ese momento o instante. *Entonces yo le contesté lo pertinente.* ‖ En tal caso, siendo así. *Si no entramos a la ópera, entonces vamos al teatro.*

entornar *t.* Entrecerrar una puerta, una ventana o los ojos.

entorno *s. m.* Ambiente, lo que rodea a alguien o algo. ‖ En matemáticas, conjunto de puntos en la vecindad de otro.

entorpecer *t.* Poner obstáculos al desarrollo normal de una actividad o proceso. ‖ *pr.* Perder agilidad, destreza o facilidad para hacer una cosa. *Con los años se han entorpecido sus movimientos.*

entrada *s. f.* Paso de un lugar a otro, generalmente, de un lugar exterior a otro interior. ‖ Acción de entrar en alguna parte. ‖ Boleto que sirve para entrar en un teatro, un estadio o en otro sitio. *Ya compré las entradas para el concierto.* ‖ Conjunto de personas que asisten a un espectáculo. *En el estreno hubo una gran entrada.* ‖ Cantidad de dinero recaudada en un espectáculo. *Una parte de la entrada se donará a causas benéficas.* ‖ Cantidad de dinero que entra en una caja registradora. ‖ Parte frontal superior de la cabeza de una persona, en la que se ha caído el pelo. ‖ Plato que se toma al principio de una comida. ‖ En un diccionario o enciclopedia, cada una de las palabras o términos que se definen o traducen. ‖ Texto breve que, en una noticia de un periódico, contiene los datos de mayor interés. ‖ Primeras horas o primeros días de un periodo de tiempo amplio. *Celebraron la entrada de la primavera.* ‖ En música, momento en que una voz o instrumento ha de entrar a tomar parte en la ejecución de una pieza. ‖ Señal del momento en que ha de empezar una persona su intervención en un espectáculo o en un acto público. ‖ En algunos deportes, acción de acercarse a un jugador contrario con la intención de arrebatarle la pelota. ‖ En el beisbol, cada una de las divisiones del juego, que consta de un turno de batear para cada uno de los dos equipos.

entrador, ra *adj. Amér.* Atrevido, animoso.

entramado *s. m.* Armazón de madera o metal que sirve de soporte al hacer una pared o suelo, una vez rellenados los huecos con cemento. ‖ Conjunto de cosas relacionadas entre sí que forman un todo. ‖ Conjunto de tiras entrecruzadas de un material flexible. ‖ Conjunto de ideas o situaciones que se entrecruzan en un texto.

entrampar *t.* Hacer caer en una trampa. ‖ *pr.* Contraer deudas. *Se entrampó por falta de clientes.*

entrante *adj.* Que entra. *Hubo muchas esperanzas en la administración entrante.* ‖ Que está próximo en el tiempo. *Las vacaciones empezarán el mes entrante.*

entraña *s. f.* Cada uno de los órganos contenidos en el interior del cuerpo humano y de los animales. ‖ Parte más íntima o esencial de una cosa o asunto. ‖ Parte más interior, oculta y de difícil acceso de un lugar. *Los mineros arrancan sus tesoros de las entrañas de la tierra.* ‖ pl. Sentimientos de una persona.

entrañable *adj.* Que es muy íntimo y afectuoso. *Mantiene una relación entrañable con sus condiscípulos.*

entrar *intr.* Pasar de fuera adentro. ‖ Penetrar o meter una cosa en otra. ‖ Empezar a formar parte de un grupo, sociedad o empresa. ‖ Participar en un concurso, sorteo o tomar parte en alguna cosa. ‖ Empezar a tener principio, una estación o un periodo amplio de tiempo. ‖ Empezar una persona su intervención en un espectáculo o en un acto público. ‖ Ser admitido o tener entrada en alguna parte. ‖ Caber cierto número de cosas en algo. ‖ Formar parte de la composición de ciertas cosas. *Éstos son los ingredientes que entran en esta mezcla.* ‖ Empezar a tener conocimiento o práctica de algo. *Decidió entrarle en serio al estudio de la filosofía.* ‖ Necesitar un número de cosas para un fin. *A este piso le entran veinte paquetes de loseta.* ‖ *t.* Empezar a tener una sensación o un sentimiento que va creciendo. *Cada vez nos entraba más miedo.* ‖ En algunos deportes, aproximarse a un jugador contrario con la intención de arrebatarle la pelota. ‖ Empezar a cantar o tocar en el momento preciso.

entre *prep.* Indica la situación o estado intermedio de dos o más cosas, personas o acciones. *Su situación era como estar entre Escila y Caribdis.* ‖ Indica un periodo de tiempo del que se señalan el principio y el fin. *Entre ahora y el mes de julio descansaré.* ‖ Indica participación o colaboración. *La maqueta la hicimos entre los tres.* ‖ Indica pertenencia de una persona o cosa a un grupo o colectividad. *Entre gitanos no nos leemos la mano.* ‖ Se utiliza en matemáticas para indicar que un número está dividido por otro. *Doce entre tres son cuatro.* ‖ Dentro de, en lo interior. *Puso la nota entre las páginas de un deporte.* ‖ Indica estado intermedio. *Tiene un sabor entre dulce y amargo.* ‖ Indica idea de reciprocidad. *Se lo repartieron entre ellos.*

entreabrir *t.* Abrir un poco o a medias.

entreacto *s. m.* Intermedio en una representación teatral o de otro espectáculo.

entrecano, na *adj.* Se aplica al cabello o barba a medio encanecer.

entrecejo *s. m.* Espacio que hay entre las cejas. *Cuando está preocupado frunce el entrecejo.*

entrecerrar *t.* Cerrar un poco o a medias.

entrechocar *t.* Chocar entre sí dos o más cosas.

entrecomillado *s. m.* Acción o efecto de entrecomillar. ‖ Palabra o palabras escritas entre comillas.

entrecomillar *t.* Poner entre comillas una o varias palabras.

entrecortado, da *adj.* Se dice de la voz o el sonido que se emite con intermitencias.

entrecruzamiento *s. m.* Acción y efecto de entrecruzar.

entrecruzar *t.* Colocar una cosa sobre otra a manera de una cruz. ‖ *pr.* Pasar por un punto o momento dos personas, animales o cosas en dirección diferente.

entredicho *s. m.* Duda sobre la honradez, veracidad, capacidad, calidad, etc., de alguien o algo.

entrega *s. f.* Acción y efecto de entregar. ‖ Cantidad de cosas que se entregan de una vez. ‖ Cada una de las partes en que se divide y vende un libro seriado, o cada libro o fascículo de una serie coleccionable. ‖ Dedicación y esfuerzo a una actividad o labor.

entregado, da *adj.* Que ha sido puesto en poder o en manos de otro. ‖ Dedicado a algo.

entregar *t.* Dar o poner en poder de una persona una cosa. *Voy a entregar el libro a la biblioteca.* ‖ *pr.* Ponerse en manos o a disposición de alguien. *Se entregó a la policía.* ‖ Dedicarse enteramente a una cosa. *Se entregó por completo al estudio.* ‖ Dejarse dominar por una pasión, un vicio o una mala costumbre. *Se entregó al juego y perdió una fortuna.*

entreguismo *s. m.* Debilidad del carácter que induce a darse por vencido antes de que la derrota sea cierta. ‖ *Amér.* Tendencia a favorecer a intereses extranjeros por encima de los de la patria.

entreguista *adj.* Que implica entrega o abandono y renuncia a la lucha.

entrelazamiento *s. m.* Acción y efecto de entrelazar.

entrelazar *t.* Unir o enlazar una cosa con otra cruzándolas entre sí.

entrelínea *s. f.* Lo escrito entre dos líneas. ‖ *fig.* Aquello no expresado de manera explícita.

entremés *s. m.* Conjunto de alimentos ligeros, generalmente fríos, que se ponen en la mesa para picar antes de servir la comida. ‖ Plato frío compuesto de embutidos y fiambres. ‖ Pieza teatral breve, burlesca o cómica y de un solo acto, que se representaba entre acto y acto de una obra teatral más extensa.

entremeter *t.* Meter una cosa entre otras. ‖ *pr.* Meterse o inmiscuirse alguien en asuntos o temas que no le conciernen o no le corresponden.

entremetido, da *adj. y s.* Se aplica a la persona que tiene costumbre de meterse en asuntos que no le conciernen.

entremezclar *t.* Mezclar unas cosas con otras.

entrenador, ra *s.* Persona que se dedica a entrenar a otras personas o animales, generalmente para la práctica de un deporte.

entrenamiento *s. m.* Acción y efecto de entrenar.

entrenar *t.* Preparar o adiestrar física, técnica y psíquicamente a personas o animales para mejorar el dominio de un deporte.

entreoír *t.* Oír algo sin percibirlo bien o entenderlo del todo.

entrepaño *s. m.* Parte de pared comprendida entre dos pilares, columnas o huecos. ‖ Tabla horizontal de un estante o de un mueble. ‖ Cualquiera de las tablas que componen el armazón de puertas y ventanas.

entrepierna *s. f.* Parte interior de los muslos. ‖ Parte de las prendas de vestir que corresponde a esta parte del cuerpo. ‖ *fam.* Órganos genitales de las personas.

entrepiso *s. m.* Piso que se construye quitando parte de la altura de uno y queda entre éste y el superior.

entresacar *t.* Sacar algo de entre el conjunto del que forma parte.

entresijo *s. m.* Cosa oculta, que está en el interior de algo, escondida. ‖ Pliegue membranoso del peritoneo, que une el estómago y el intestino con las paredes del abdomen.

entresuelo *s. m.* Piso situado sobre el sótano que sobresale un poco sobre el nivel de la calle.

entresueño *s. m.* Estado intermedio entre la vigilia y el sueño, que se caracteriza por la disminución de lucidez de la conciencia.

entretejer *t.* Meter o mezclar hilos diferentes para formar un dibujo o motivo o para que hagan distinta labor. ‖ Entremezclar dos o más cosas entre sí. *El novelista logró entretejer una trama divertida.*

entretela *s. f.* Tejido que se coloca entre la tela y el forro de las prendas de vestir para reforzarlas o darles forma. ‖ *pl.* Los sentimientos más ocultos e íntimos de una persona.

entretener *t.* Divertir, hacer pasar el tiempo de manera agradable. ‖ Distraer a alguien impidiéndole la realización o continuación de una acción. ‖ Dar largas, retardar, demorar. ‖ Hacer que algo sea menos molesto y más llevadero.

entretenido, da *adj.* Chistoso, divertido, que hace pasar el tiempo de manera agradable. ‖ Que requiere dedicación o mucho trabajo.

entretenimiento *s. m.* Acción y efecto de entretener o entretenerse. ‖ Actividad o espectáculo que hace pasar el tiempo de manera agradable.

entrever *t.* Ver algo confusamente o con poca claridad. ‖ Sospechar, intuir o conjeturar algo.

entreverado, da *adj.* Que tiene intercaladas cosas varias y diferentes. *El mármol que pusimos en el piso tiene un entreverado muy vistoso.*

entreverar *t.* Mezclar, intercalar, introducir una cosa entre otras.

entrevero *s. m. Amér. Merid.* Acción y efecto de entreverarse. ‖ *Arg., Chil.* y *Uy.* Confusión, desorden, pelea, disputa.

entrevista *s. f.* Acción y efecto de entrevistar o entrevistarse. ‖ Reunión de dos o más personas para tratar un asunto determinado, generalmente profesional o de negocios. ‖ Conversación de un periodista con otra persona que contesta preguntas y da su opinión sobre diversos temas.

entrevistado, da *s.* Persona a la que se hace una entrevista.

entrevistar *t.* Realizar una entrevista. ‖ *pr.* Reunirse dos o más personas para tratar o resolver algún asunto o cuestión.

entrevisto, ta *adj.* Que ha sido visto con dificultad.

entristecer *t.* Causar pena o tristeza. ‖ Dar a algo un aspecto triste.

entristecido, da *adj.* Que se ha puesto triste.

entrometerse *pr.* Meterse alguien donde no le llaman.

entrometido, da *adj.* y *s.* Se aplica a la persona que tiene la costumbre de meterse en asuntos que no le conciernen.

entroncar *intr.* Tener o contraer una relación de parentesco con una familia o linaje. ‖ Establecer o reconocer una relación, dependencia o correspondencia entre dos o más cosas, personas o ideas entre varias personas, ideas, acciones, etc. ‖ *Amér.* Empalmar dos líneas de transporte.

entronización *s. f.* Acción y efecto de entronizar o entronizarse.

entronizar *t.* Colocar a alguien en el trono como símbolo de poder y autoridad. ‖ Dar a una persona o cosa un valor e importancia muy superior a las demás.

entronque *s. m.* Relación de parentesco entre personas que tienen un ascendiente común. ‖ Empalme de caminos, ferrocarriles, etc.

entropía *s. f.* Función termodinámica que es una medida de la parte no utilizable de la energía contenida en un sistema. ‖ Medida del desorden de un sistema físico.

entrópico, ca *adj.* De la entropía.

entubación *s. f.* Acción y efecto de entubar.

entubar *t.* Poner tubos en alguna cosa. ‖ Introducir tubos en el organismo de una persona o animal por razones médicas.

entuerto *s. m.* Injusticia, daño o agravio que se causa a una persona.

entumecer *t.* y *pr.* Entorpecer el movimiento de un miembro, quedando rígido o torpe de movimientos.

entumecido, da *adj.* Se aplica a los miembros que se quedan rígidos o torpes de movimientos.

entumecimiento *s. m.* Acción y efecto de entumecer o entumecerse.

entumido, da *adj.* Afectado por la paralización momentánea de un miembro o un músculo.

entumirse *pr.* Entorpecerse un miembro o músculo por haber estado encogido o sin movimiento, o por compresión de algún nervio.

enturbiar *t.* Quitar claridad o transparencia a una cosa, generalmente un líquido, poniéndola turbia.

‖ Turbar o hacer perder el orden o la tranquilidad. ‖ Ensombrecer, oscurecer, lo que estaba claro y bien dispuesto.

entusiasmado, da *adj.* Que tiene o siente entusiasmo.

entusiasmar *t.* y *pr.* Causar entusiasmo, interés o admiración. ‖ Gustar mucho una cosa a alguien.

entusiasmo *s. m.* Exaltación y excitación del ánimo por algo que causa admiración o placer. ‖ Interés y esfuerzo que se dedica con empeño al logro de un propósito.

entusiasta *adj.* y *s. com.* Se aplica a la persona que siente entusiasmo por alguien o algo, o es propenso a entusiasmarse.

enumeración *s. f.* Acción y efecto de enumerar. ‖ Exposición sucesiva y ordenada de las partes que forman un conjunto o un todo. ‖ Cómputo, cuenta numeral o suma de las cosas. ‖ Figura retórica que consiste en enumerar una serie de cosas que guardan relación entre sí.

enumerar *t.* Exponer sucesiva y ordenadamente las partes que forman un conjunto o un todo.

enunciación *s. f.* Acción y efecto de enunciar. ‖ Exposición verbal breve y sencilla de una idea. ‖ Exposición sucinta de un conjunto de datos que permiten comprender un problema.

enunciado *s. m.* Acto mínimo de habla, normalmente realizado mediante una oración o una expresión sintáctica más pequeña. *«Dormí bien»* es un *enunciado.* ‖ Exposición de un conjunto de datos que forman parte de un problema y facilitan su comprensión y resolución.

enunciar *t.* Expresar de forma oral o por escrito.

enunciativo, va *adj.* Que enuncia o contiene enunciación. ‖ Se aplica a la frase u oración que afirma o niega alguna cosa.

enuresis *s. f.* Micción involuntaria o incontinencia urinaria.

envainar *t.* Meter en la vaina o funda, generalmente, un arma blanca. ‖ Envolver, enfundar una cosa en otra a manera de vaina.

envalentonar *t.* Infundir valentía o más bien arrogancia. ‖ *pr.* Echárselas de valiente o mostrarse alguien atrevido, bravucón y desafiante.

envanecer *t.* y *pr.* Provocar o infundir vanidad o soberbia a alguno. *Los halagos a su inteligencia lo envanecieron.*

envanecimiento *s. m.* Acción y efecto de envanecer o envanecerse.

envarar *t.* Dejar sin movilidad, especialmente una parte del cuerpo. ‖ *pr.* Adoptar una actitud orgullosa, arrogante y soberbia.

envasado *s. m.* Acción y efecto de envasar. ‖ Operación mediante la cual se envasa un producto. ‖ Producto que se vende en un envase.

envasar *t.* Meter un producto en un envase.

envase *s. m.* Acción y efecto de envasar. ‖ Recipiente en que se conservan y transportan ciertos géneros.

envejecer *t.* y *pr.* Hacerse vieja una persona. ‖ Hacerse vieja o antigua una cosa. ‖ Conservar el vino o el licor en toneles o barricas durante un periodo de tiempo largo.

envejecido *adj.* Que ha permanecido por mucho tiempo.

envejecimiento *s. m.* Acción y efecto de envejecer.

envenenar *t.* Intoxicar o matar a un ser vivo con un veneno. ‖ Poner veneno en una cosa. ‖ Hacer que las relaciones humanas se deterioren o degraden. *La desconfianza mutua envenenó su amistad.*

envergadura *s. f.* Distancia entre las dos puntas de las alas completamente extendidas de un ave o de un avión. *El cóndor es el ave americana de mayor envergadura.* ‖ Distancia entre las puntas de los dedos cuando se tienen los brazos completamente extendidos en cruz. ‖ Importancia, alcance o trascendencia de una cosa.

envés *s. m.* Cara opuesta al haz de una cosa plana y delgada.

enviado, da *s.* Persona que lleva un mensaje o comisión por mandato de otro. *El diplomático llegó como enviado especial de su gobierno.*

enviar *t.* Hacer ir a una persona a alguna parte. ‖ Mandar, remitir o hacer llegar una cosa a un lugar.

enviciar *t.* Hacer que una persona adquiera un vicio. ‖ *pr.* Adquirir uno un vicio.

envidia *s. f.* Sentimiento de frustración o irritación causado en una persona por el deseo de lo que otra persona posee. ‖ Deseo de emular alguna cualidad o algún bien que otro posee.

envidiable *adj.* Que es digno de envidia; deseado y apetecido.

envidioso, sa *adj.* Que tiene envidia.

envilecer *t.* Convertir en vil y despreciable a alguien o algo. *Su frustración terminó por envilecer su alma.* ‖ *pr.* Rebajarse, perder la estimación que se tenía.

envío *adj. m.* Acción y efecto de enviar. ‖ Remesa.

enviudar *intr.* Quedar viudo.

envoltorio *s. m.* Cosa o cosas envueltas en un mismo paquete. ‖ Envoltura, cubierta con la que se tapa y envuelve algo.

envoltura *s. f.* Acción de envolver. ‖ Capa exterior que cubre algo natural o artificialmente. ‖ Apariencia o aspecto.

envolvente *adj. y s. com.* Que envuelve o rodea.

envolver *t. y pr.* Cubrir o recubrir una cosa o una persona, ciñéndola tanda o en parte de tela, papel o cosa análoga. *Envolver un regalo, envolver la cabeza, envolver a un niño.* ‖ Rodear algo o a alguien por todas sus partes. ‖ Enrollar o arrollar hilos, cintas o tiras de lienzo. ‖ En una disputa o en un debate, usar argumentos para confundir o acorralar al oponente. ‖ Involucrar a alguien en un asunto o negocio, generalmente para su daño. ‖ En los ejércitos terrestres, rebasar por uno de sus extremos la línea enemiga colocando en su flanco y en la retaguardia fuerzas que la ataquen combinadas con las que la acometen de frente.

enyesar *t.* Tapar o pegar algo con yeso. ‖ Poner una capa lisa de yeso sobre pisos o paredes. ‖ Agregar yeso a algo. ‖ Inmovilizar con vendas untadas con yeso fresco algún miembro fracturado.

enzima *s. f.* Sustancia proteínica producida por el organismo para catalizar específicamente una de las reacciones del metabolismo.

enzimático, ca *adj.* Perteneciente o relativo a las enzimas.

eñe *s. f.* Nombre de la letra «ñ».

eoceno *s. m.* Nombre de la segunda época del periodo terciario de la época cuaternaria, que abarca de hace 58 millones de años hasta hace 37 millones de años,

caracterizada por el desarrollo del hombre de *Cro-Magnon* y el declive de los *Neanderthales.*

eólico, ca *adj.* Perteneciente o relativo al viento. ‖ Causado o producido por el viento. *Erosión eólica, energía eólica.*

eón *s. m.* Periodo de tiempo muy largo e indefinido. ‖ En geología, unidad de tiempo equivalente a mil millones de años.

epatante *adj.* Que causa asombro, admiración o pasmo.

epatar *t.* Pretender asombrar.

epazote *s. m.* Planta herbácea anual con tallo ramoso casi desde la raíz, hojas lanceoladas y lobuladas o dentadas de color verde oscuro, muy olorosa; se usa como condimento y también tiene aplicaciones medicinales.

épica *s. f.* Literatura de género narrativo constituida por poemas antiguos que relatan las hazañas de héroes guerreros.

epicardio *s. m.* Membrana serosa que recubre el corazón en los animales vertebrados.

epicarpio *s. m.* Capa más externa de los frutos, cáscara.

epiceno *s. m.* En gramática, género que corresponde a los sustantivos que con una sola terminación designan a los animales de uno y otro sexo, como hormiga, rana, sapo, a los cuales hay que agregar la palabra macho o hembra para especificar el sexo.

epicentro *s. m.* Centro superficial del área donde se registra un sismo, localizado exactamente sobre el foco o hipocentro.

épico, ca *adj.* Perteneciente o relativo a los poemas narrativos conocidos como epopeyas. *La Ilíada, la Odisea, Beowulf, el Poema de Gilgamesh son obras épicas.* ‖ Se dice del poeta, bardo o rapsoda, autor de poemas heroicos, tanto los antiguos como los creados después a semejanza de aquellos. ‖ Heroico, elevado, noble, grandioso, apropiado para ser tema de una epopeya. ‖ Por extensión, lo que requiere mucho esfuerzo y valor.

epidemia *s. f.* Enfermedad contagiosa que ataca simultáneamente a un elevado porcentaje de la población de una ciudad, una región, uno o más países.

epidémico, ca *adj.* Perteneciente o relativo a la epidemia.

epidemiología *s. f.* Parte de la medicina que estudia las epidemias. ‖ Tratado sobre las epidemias.

epidemiológico, ca *adj.* Perteneciente o relativo a la epidemiología.

epidemiólogo, ga *s.* Especialista en epidemiología.

epidérmico, ca *adj.* Perteneciente o relativo a la epidermis.

epidermis *s. f.* Tejido epitelial que conforma la capa más externa de la piel o envoltura exterior de los animales, incluido el ser humano. ‖ En botánica, membrana formada por una sola capa de células que recubre el tallo y las hojas de las pteridofitas como los helechos, y las plantas superiores herbáceas.

epifanía *s. f.* Manifestación o aparición de carácter divino o celestial. ‖ Festividad que conmemora la adoración de los reyes magos al niño Jesús, y que las iglesias católica y ortodoxa celebran en distinta fecha.

epífito, ta adj. y s. Se dice de la planta que vive encima de otro vegetal, por lo regular un árbol, sin ser parásita del mismo.

epiglotis s. f. Lámina cartilaginosa sujeta a la parte posterior de la lengua de los mamíferos y que tapa o cierra la glotis en el momento de la deglución.

epígono s. m. Hombre que sigue los pasos, ideales o maneras de otro, especialmente el que sigue una escuela o un estilo anteriores a su propia época.

epígrafe s. m. Resumen que precede a cada uno de los capítulos u otras divisiones de una obra científica o literaria expositiva. ‖ Cita que suele colocarse al principio de una obra científica o literaria, o a la cabeza de cada capítulo.

epigrama s. m. Poema breve de carácter irónico o satírico.

epilepsia s. f. Enfermedad del sistema nervioso central caracterizada por accesos repentinos o ataques, con pérdida de la conciencia y convulsiones.

epiléptico, ca adj. y s. Perteneciente o relativo a la epilepsia. ‖ Que padece epilepsia.

epílogo s. m. Parte final de un discurso o un escrito donde se recapitula lo esencial y se ofrecen las conclusiones. ‖ Última sección, parte o capítulo de una obra literaria narrativa donde se exponen las consecuencias de las acciones contenidas en las partes anteriores.

episcopado s. m. Dignidad y cargo del obispo. ‖ Duración del ejercicio de un obispo en su diócesis. ‖ Conjunto de obispos de un país, de una región o del mundo católico.

episcopal adj. y s. com. Perteneciente o relativo al obispo.

episodio s. m. En una obra narrativa o en una dramática, acción secundaria pero conectada con la principal a la que enriquece y añade variedad. ‖ Cada una de las partes integrantes de una acción principal. ‖ Incidente, suceso enlazado con otros que forma un conjunto o secuela.

epistemología s. f. Disciplina filosófica dedicada al estudio de los fundamentos, alcances y condiciones del conocimiento humano.

epístola s. f. Carta escrita a alguien. ‖ Poema en que el autor se dirige a una persona como si le estuviera escribiendo una carta.

epistolar adj. y s. com. Perteneciente o relativo a la epístola.

epistolario s. m. Compilación de cartas de uno o más autores y libro en el que se publica.

epitafio s. m. Inscripción que se graba o pinta en la lápida de un sepulcro, para memoria y honra del difunto.

epitelial adj. y s. com. Perteneciente o relativo al epitelio. ‖ fig. y fam. Superficial, sin consecuencias duraderas.

epitelio s. m. En biología, tejido animal formado por una o más capas de células estrechamente unidas, que recubre la superficie, las cavidades y conductos del organismo.

epíteto s. m. Adjetivo que expresa una cualidad característica del nombre al que acompaña. *Juárez el impasible, Alejandro Magno, Catalina la Grande.*

epítome s. m. Resumen, compendio de una obra extensa que contiene los conceptos fundamentales de la materia tratada en ésta. ‖ Por extensión, lo esencial de algo hasta llegar a ser el modelo de su género.

epizootia s. f. En veterinaria, enfermedad que afecta a una o más especies animales, que ataca a gran número de individuos en una zona amplia.

época s. f. Fecha de un suceso a partir del cual se empiezan a contar los años ‖ Periodo de tiempo que se distingue por los acontecimientos históricos ocurridos en él y por la forma de vida. ‖ Espacio indeterminado de tiempo. ‖ Temporada de considerable duración.

epónimo s. m. Adjetivo constituido por el nombre de una persona y con el que se denomina un pueblo o ciudad, una época, una enfermedad, un órgano anatómico, una unidad. *Ciudad Juárez, grado Celsius.*

epopeya s. f. Poema narrativo antiguo en el que se relatan las hazañas de héroes y dioses, mezclando hechos más o menos reales con otros sobrenaturales y fantásticos. ‖ Conjunto de hechos gloriosos dignos de ser tema de un poema épico. *La epopeya del 5 de mayo en Puebla, la epopeya de Leningrado.*

épsilon s. f. Quinta letra del alfabeto griego (Ε, ε), correspondiente a la «e» del abecedario latino.

equidad s. f. Igualdad de ánimo, equilibrio. ‖ Propensión a actuar o a juzgar guiándose por la conciencia del bien y el sentimiento del deber más que por las leyes o la justicia rigurosa. ‖ Justicia natural, como opuesta a la ley positiva escrita. ‖ Moderación en el precio exigido por las cosas o en las condiciones de los contratos. ‖ Disposición a dar a cada uno lo que merece.

equidistante adj. y s. com. Que equidista, real o figuradamente.

equidistar intr. Hallarse un punto, una línea, un plano o un cuerpo a igual distancia de otro previamente determinado.

equidna s. m. Mamífero monotrema de cabeza pequeña, hocico alargado, lengua larga y extensible, patas muy cortas, cuerpo rechoncho y cubierto de pelaje similar a espinas; es exclusivo de Australia. ‖ En la mitología griega, monstruo femenino con cara de mujer y cuerpo de serpiente.

équido, da adj. y s. En zoología, se dice de los mamíferos perisodáctilos cuyas extremidades terminan en un solo dedo protegido por el casco, como el caballo, el asno y el onagro.

equilátero, ra adj. En geometría, se dice de la figura que tiene iguales todos sus lados.

equilibrado, da adj. Que está en equilibrio. ‖ Sensato, cuerdo, ecuánime.

equilibrar t. y pr. Hacer que algo se mantenga en equilibrio, sea físico o mental. ‖ Disponer de tal manera una cosa que no exceda ni supere a otra, conservando la igualdad de proporción.

equilibrio s. m. Estado de un cuerpo cuando las fuerzas opuestas que operan en él se encuentran compensadas y por ende se anulan o cancelan recíprocamente. ‖ Situación de un cuerpo con poca base pero que se mantiene sin caer. ‖ Peso que es igual a otro y lo contrarresta. ‖ Armonía y balance entre cosas diversas. ‖ Cordura, sensatez, ecuanimidad.

equilibrismo s. m. Conjunto de ejercicios y pruebas que realizan los equilibristas como forma de espectáculo, sólo o integrado en el programa de circo.

equilibrista s. com. Persona diestra y hábil para mantener el equilibrio en las más diversas posturas y movimientos.

equino, na *adj.* y *s.* Perteneciente o relativo al caballo. ‖ Individuo o ejemplar de la especie equina.

equinoccio *s. m.* Momento del año en que, por caer los rayos solares perpendicularmente al ecuador terrestre, es igual la duración del día y la noche. *Hay dos equinoccios: de primavera y de otoño.*

equinodermo, ma *adj.* y *s.* Se dice de los animales pluricelulares marinos de simetría radial, con un exoesqueleto constituido por la piel gruesa, como las estrellas de mar y los erizos marinos.

equipaje *s. m.* Conjunto de prendas, accesorios y adminículos que se llevan en los viajes, generalmente empacados en maleta, bolsos y mochilas. ‖ Conjunto de maletas o bolsas y mochilas cargadas con esas prendas.

equipal *s. m.* Asiento con respaldo curvo hecho de carrizos y madera, forrado con una piel o cuero tenso.

equipar *t.* y *pr.* Proveer a alguien o proveerse uno de lo necesario para su uso particular, en especial de prendas de vestir. ‖ Proporcionar a una nave de lo que requiere para sus funciones y defensa. ‖ Proveer del equipo necesario a personas y establecimientos para desempeñar su trabajo o función.

equiparable *adj.* y *s. com.* Que puede equipararse.

equiparación *s. f.* Acción y efecto de equiparar.

equiparar *adj. t.* y *pr.* Considerar a dos personas o dos cosas iguales o equivalentes al compararlas. ‖ Comparar uno con alguien y considerarse su igual en cualidades.

equipo *s. m.* Acción y efecto de equipar. ‖ Grupo de personas organizadas para desarrollar una tarea, un servicio o una investigación. ‖ En ciertos deportes, cada uno de los grupos que se disputan el triunfo. ‖ Conjunto de ropas, accesorios y otras cosas para el uso particular de una persona, según lo requiera su profesión o circunstancia. *Equipo de novia, equipo de soldado, equipo de alpinista.* ‖ Conjunto de útiles, instrumentos, herramientas y aparatos destinados a un fin determinado. *Equipo médico, equipo militar, equipo quirúrgico.*

equis *s.f.* Nombre de la letra «x».

equitación *s. f.* Arte de montar y manejar bien el caballo. ‖ Práctica de montar a caballo.

equitativo, va *adj.* Que tiene equidad.

equivalencia *s. f.* Igualdad en el valor, poder o eficacia de dos o más cosas. ‖ En geometría, igualdad de áreas entre figuras planas de distintas formas, o de áreas y volúmenes entre sólidos distintos.

equivalente *adj.* y *s. com.* Que equivale a otra cosa. ‖ Se dice de la figura plana que tiene la misma área de otra distinta, o del sólido cuyo volumen es idéntico al de otro de diferente forma.

equivaler *intr.* Ser igual una cosa a otra en algún aspecto como valor, poder, eficacia o estimación. ‖ Tener iguales áreas dos figuras planas diferentes o dos volúmenes idénticos dos sólidos de distinta forma.

equivocación *s. f.* Acción y efecto de equivocar o equivocarse.

equivocado, da *adj.* Que contiene un error o produce un efecto contrario a lo esperado o debido. ‖ Se aplica a la persona que se equivoca.

equivocar *t.* y *pr.* Tomar una cosa por otra, confundir algo, y en consecuencia juzgar o actuar sin acierto.

equívoco *s. m.* Palabra con varios significados como «cura», «pala», «cara». *No tengo cara para decirle lo cara que me salió la pintura.* ‖ En retórica, figura consistente en hacer juegos de palabras usando vocablos con más de un significado. ‖ Acción y efecto de equivocar.

era *s. f.* Suceso o fecha fija a partir de la cual comienzan a contarse los años. ‖ Periodo histórico de gran extensión caracterizado por la innovación en las costumbres y la cultura. ‖ Cada uno de los periodos geológicos, con duración variable de millones de años.

erario *s. m.* Hacienda pública. ‖ Lugar donde se custodia.

erbio *s. m.* Elemento químico perteneciente a las tierras raras; es de color gris oscuro, sus sales son rojas y se utiliza para fabricar filamentos de lámparas incandescentes; su número atómico es 68 y su símbolo Er.

ere *s. f.* Nombre de la letra «r».

erección *s. f.* Acción y efecto de erguir o erguirse, levantar o levantarse, enderezarse y ponerse rígido algo. ‖ Fundación, institución, instauración. ‖ Tensión de un cuerpo sometido a fuerzas contrarias.

eréctil *adj.* y *s. com.* Que tiene la facultad o poder de levantarse, enderezarse o ponerse turgente y rígido.

erecto, ta *adj.* Erguido, levantado, enderezado.

ergo *conj.* Por lo tanto, en consecuencia. *Dudo, ergo pienso; pienso, ergo existo.*

ergometría *s. f.* Medida del esfuerzo realizado por determinados músculos al realizar una tarea, o del organismo en su conjunto.

ergonomía *s. f.* Disciplina que estudia la mutua y óptima adaptación entre hombres y máquinas o mobiliario, sobre la base de datos biológicos, tecnológicos, de materiales y diseño.

ergonómico, ca *adj.* Perteneciente o relativo a la ergonomía. ‖ Dicho de una máquina, aparato o mueble: que está diseñado para optimizar el rendimiento del usuario al reducirle molestias y movimientos innecesarios.

erguido, da *adj.* Que está en posición vertical y derecho.

erguir *t.* y *pr.* Levantar y poner derecho algo, especialmente el cuello, la cabeza y la espalda. ‖ Enderezarse, levantarse, ponerse derecho. ‖ Ensoberbecerse, envanecerse.

erial *s. m.* Campo sin cultivar, generalmente por ser estéril o poco productivo.

erigir *t.* Edificar, fundar o establecer. ‖ Elevar de categoría a algo o a alguien. ‖ *pr.* Darse alguien o algo, o tomarse una categoría o carácter que antes no se tenía.

erisipela *s. f.* Infección microbiana de la dermis, que adquiere un tono rojizo, acompañada de inflamación y fiebre.

eritrocito *s. m.* Glóbulo rojo de la sangre.

erizado, da *adj.* Cubierto de espinas o púas como el erizo o el puerco espín.

erizar *t.* y *pr.* Levantar, enderezar, poner erguido y rígido algo, en particular el el vello, como las púas del erizo. ‖ Rodear tupidamente algo de obstáculos, defensas, asperezas, inconvenientes. ‖ Inquietarse, azorarse, amedrentarse.

erizo *m.* Mamífero insectívoro con el cuerpo cubierto de púas. ‖ *loc. Erizo de mar:* equinodermo marino cubierto de espinas.

ermita *s. f.* Capilla pequeña por lo común situada en sitio despoblado y que tiene culto sólo en días señalados.

ermitaño, ña *s.* Persona que elige la vida solitaria y en un lugar apartado, generalmente por motivos religiosos. ‖ Persona que vive junto a una ermita y cuida de ella.

erogación *s. f.* Acción y efecto de erogar.

erogar *t.* Distribuir o repartir bienes o dinero. ‖ *Méx.* y *Ven.* Gastar dinero, sobre todo el público.

erosión *s. f.* Desgaste producido en la superficie de un cuerpo por la fricción continua o violenta de otro. ‖ Desgate de la superficie terrestre ocasionado por los elementos, como la lluvia, el viento, los glaciares, las mareas. ‖ Pérdida o disminución de prestigio, influencia, afecto, que puede sufrir una persona o una institución.

erosionar *t.* y *pr.* Producir o causar erosión, en sentido estricto o figurado.

erótico, ca *adj.* Perteneciente o relativo al amor sensual. ‖ Se dice de la poesía amatoria o amorosa, dedicada al amor.

erotismo *s. m.* Carácter de lo que incita y excita al amor sensual. ‖ Exaltación del amor sexual en el arte.

erotización *s. f.* Acción y efecto de erotizar.

erotizar *t.* y *pr.* Producir excitación sexual. ‖ Otorgar a algo carácter erótico.

erradicación *s. f.* Acción y efecto de erradicar.

erradicar *t.* Arrancar de raíz, en sentido estricto o figurado.

errar *t.* e *intr.* No acertar o no atinar. ‖ Vagar, ir de una parte a otra sin asentarse. ‖ Divagar, no fijar la atención o traer libre y suelta la imaginación, la fantasía o el pensamiento.

errata *s. f.* Error o equivocación material en lo escrito o en lo impreso.

errático, ca *adj.* Vagabundo, ambulante. ‖ Que no tiene lugar fijo ni punto de reposo.

erre *s. f.* Dígrafo que representa el sonido fuerte de la letra «r» cuando está entre vocales.

erristeneo *s. m.* Elemento químico sintético, sólido y de apariencia desconocida; su número atómico es 114 y su símbolo Eo.

erróneo, nea *adj.* Que contiene error o equivocación.

error *s. m.* Concepto o juicio equivocados o falsos. ‖ Acción desacertada o desatinada. ‖ En matemáticas, diferencia entre el valor calculado y el real.

eructar *intr.* Despedir ruidosamente por la boca los gases de la digestión acumulados en el estómago.

eructo *s. m.* Acción y efecto de eructar.

erudición *s. f.* Saber amplio y profundo de una o más materias. ‖ Conocimiento de los documentos pertenecientes a una ciencia o un arte. ‖ Lectura variada, docta y bien asimilada.

erudito, ta *adj.* y *s.* Que posee erudición. ‖ Persona docta y muy instruida en una ciencia o arte y conocedora de los documentos pertinentes a su ramo del saber.

erupción *s. f.* Aparición en la piel o en las mucosas de ronchas, granos, manchas y vesículas o vejiguillas. ‖ Grano o roncha de la piel. ‖ En geología, emisión violenta de lava, gases y piedras por los volcanes.

erupcionar *intr. Col.* Hacer erupción un volcán.

eruptivo, va *adj.* Perteneciente a la erupción o proveniente de ella.

esbelto, ta *adj.* Alto, delgado, bien proporcionado.

esbirro *s. m.* Oficial inferior de justicia. ‖ Hombre que tiene por oficio detener o arrestar a las personas. ‖ Secuaz a sueldo o movido por algún otro interés.

esbozar *t.* Bosquejar, hacer el esbozo de alguna obra. ‖ Insinuar un gesto facial.

esbozo *s. m.* Acción y efecto de esbozar. ‖ En artes plásticas, bosquejo inacabado y sin perfilar. ‖ Aquello que puede desarrollarse hasta alcanzar su perfección.

escabechar *t.* Poner en escabeche. ‖ *pr. fam.* Matar airadamente y con arma blanca.

escabeche *s. m.* Aderezo que se prepara con vinagre, aceite, hojas de laurel y otros ingredientes. ‖ Alimento marinado en esta salsa que ejerce un efecto conservador. ‖ *Arg., Bol., Chil.* y *Nic.* Encurtido.

escabroso, sa *adj.* Se dice del terreno desigual, lleno de hoyos, montículos, tropiezos y estorbos. ‖ Difícil, áspero, duro, inconveniente, arduo. ‖ Peligroso para ciertas personas porque bordea lo inconveniente o lo inmoral.

escabullir *intr.* Salir de un encierro o de un riesgo. ‖ *pr.* Irse o escaparse de las manos alguna cosa. ‖ Alejarse subrepticiamente una persona de las otras en cuya compañía estaba. ‖ Huir con sagacidad y sutileza de una dificultad. ‖ Eludir la contundencia de las razones contrarias.

escafandra *s. f.* Equipo antiguo de buceo compuesto por una vestidura impermeable y un casco hermético, conectado por medio de mangueras a una bomba renovadora del aire, colocada externamente en una embarcación.

escala *s. f.* Escalera de mano hecha de madera o de cuerdas. ‖ Sucesión ordenada de valores distintos de una misma cualidad. ‖ Línea recta dividida en segmentos iguales que representa unidades de longitud (centímetros, metros, kilómetros) y sirve para la elaboración de dibujos y mapas que representan en un plano menor un objeto de mayor tamaño. ‖ Tamaño en un dibujo, mapa, maqueta, etc., según la proporción a que se ajusta en referencia al objeto representado. ‖ Tamaño o proporción en que se desarrolla una idea. ‖ Graduación empleada en instrumentos para medir una magnitud. ‖ Lugar que tocan y hacen parada trenes, aviones y barcos. ‖ En música, sucesión diatónica o cromática de las notas musicales.

escalada *s. f.* Acción y efecto de escalar, trepar por una pendiente o subir a una elevación del terreno. ‖ Aumento rápido y alarmante de algo, como precios, delitos, gastos, armas.

escalafón *s. m.* Lista de los individuos de una corporación, clasificados según su grado, antigüedad, méritos; se usa en las fuerzas armadas y en las diversas ramas del servicio público.

escalar *t.* Entrar en un lugar amurallado valiéndose de escalas. ‖ Trepar, subir por una pendiente o a algún sitio elevado. ‖ Elevarse, no siempre por méritos y a veces por malas artes, a altas dignidades. ‖ Entrar en alguna parte rompiendo la pared, el piso o el tejado, generalmente para robar u otros fines ilícitos.

escaldar *t.* Introducir algo brevemente en agua hirviendo o en otro líquido muy caliente. ‖ Poner algo al fuego vivo hasta que se enrojezca, como el hierro. || *pr.* Escocerse la piel por roce o por quemadura leve.

escaleno, na *adj.* Se dice del triángulo con los tres lados desiguales. || Cono o pirámide cuyo eje no es perpendicular a la base.

escalfar *t.* Cocer huevos sin cascarón en agua hirviendo.

escalímetro *s. m.* Regla especial que consiste en un prisma triangular con sus lados longitudinales graduados a escala.

escalinata *s. f.* Escalera principal amplia y generalmente elegante en el vestíbulo o exterior de edificios.

escalofriante *adj. inv.* Que provoca escalofrío, miedo o pavor.

escalofrío *s. m.* Sensación de frío provocada por la fiebre o el miedo.

escalón *s. m.* Cada uno de los peldaños de una escalera. || *fig.* Cada uno de los grados de ascenso en un empleo o carrera.

escalonado, da *adj.* Que tiene forma de escalón, generalmente como metáfora de un sistema de ascensos en el empleo.

escalonamiento *s. m.* Acción y efecto de escalonar.

escalonar *t.* Distribuir personas, acciones o cosas en serie ascendente o descendente o en el tiempo.

escalope *s. m.* Trozo delgado de carne roja empanada.

escalpar *t.* Arrancar el cuero cabelludo.

escalpelo *s. m.* Instrumento quirúrgico para hacer disecciones anatómicas.

escama *s. f.* Cada una de las laminillas dérmicas que cubren el cuerpo de animales, especialmente peces y reptiles. || Cada una de las laminillas formadas por células muertas de la piel.

escamado, da *adj. fig.* Que siente recelo o desconfianza.

escamar *t.* Retirar las escamas de peces o reptiles. || Dar forma de escamas a superficies de objetos de orfebrería. || *fig.* Provocar recelo o desconfianza.

escamoso, sa *adj.* Que tiene la piel cubierta de escamas.

escamotear *t.* Birlar con astucia algún bien, posición o derecho. || Sustraer de la vista con astucia algún objeto, especialmente en juego de naipes.

escampar *t.* Cesar la lluvia o despejarse el cielo nublado.

escanciar *t.* Servir el vino, especialmente en banquetes.

escandalizar *t.* Provocar escándalo, alboroto o indignación. || *pr.* Manifestar indignación real o fingida por una acción ajena.

escándalo *s. m.* Reacción de indignación ante acciones reprobables. || Acción que provoca reacción de indignación. || Situación de alboroto o tumulto.

escandinavo, va *adj.* De Escandinavia, península del norte de Europa, o relacionado con ella.

escandio *s. m.* Elemento químico presente en algunos minerales, de estructura sólida y color gris plateado con tintes rosáceos; sus sales son incoloras y su óxido tiene las mismas propiedades que los de las tierras raras; su número atómico es 21 y su símbolo Sc.

escanear *t.* Pasar algo por el escáner.

escáner *s. m.* Dispositivo electrónico para incorporar imágenes a una computadora.

escaño *s. m.* Cada uno de los asientos ocupados por los miembros de un parlamento. || Por extensión, cada una de las representaciones de un parlamento.

escapada *s. f.* Salida furtiva de una situación o compromiso. || Abandono momentáneo y furtivo de una situación o responsabilidad, generalmente por diversión.

escapar *t.* Salir furtivamente de un encierro. || Salirse un líquido o gas de su recipiente. || Abandonar furtivamente una situación, tarea o compromiso. || Omitir tareas o pasos de una actividad por descuido. || Quedar fuera un asunto de las atribuciones de uno.

escaparate *s. m.* Vitrina grande para exponer mercancías.

escape *s. m.* Acción y efecto de escapar. || Fuga de un líquido o gas de su recipiente. || Vía de salida a una situación embarazosa o peligrosa.

escapismo *s. m.* Tendencia a evadir problemas o a fugarse de la realidad. || Espectáculo y habilidad circense consistente en librarse de cadenas, candados, etc.

escaque *s. m.* Cada una de las casillas del tablero de ajedrez o del juego de damas.

escarabajo *s. m.* Insecto coleóptero de cuerpo ovalado, patas cortas y antenas.

escaramuza *s. f.* Riña aparatosa sin consecuencias graves.

escarapela *s. f.* Insignia metálica o de tela en sombreros, gorras o sacos.

escarbadientes *s. m.* Palillo de madera para sacar los restos de comida entre los dientes.

escarbar *t.* Remover la tierra, cavando en ella. || Hurgar con los dedos o instrumentos orificios del cuerpo. || *fig.* Indagar minuciosamente algo.

escarceo *s. m.* Actividad preliminar al iniciar una acción. || Actividad inicial de un romance.

escarcha *s. f.* Capa de rocío helado sobre la superficie de las cosas a la intemperie. || Adorno navideño que simula la escarcha real. || Hielo raspado para preparar bebidas.

escarchado, da *adj.* Que está cubierto de escarcha. || Se dice de los postres cubiertos de azúcar.

escarchar *t.* Cristalizarse el rocío en la superficie de la cosas. || Rociar postres con azúcar. || Rociar bebidas con hielo raspado.

escardar *t.* Arrancar y separar las malas hierbas de los sembradíos.

escarlata *s. inv.* Color rojo encendido.

escarlatina *s. f.* Enfermedad contagiosa, reconocible por la aparición de manchas rojas en la piel.

escarmentar *t.* Aprender de los fracasos. || Aplicar sanciones como lección de vida.

escarmiento *s. m.* Lección de vida por chasco o fracaso. || Castigo para corregir conductas impropias.

escarnecer *t.* Hacer escarnio o mofa de los otros, especialmente de los más débiles.

escarnio *s. m.* Humillación o burla descarnada de los otros.

escarola *s. f.* Especie de lechuga de hojas rizadas y amargas.

escarpado, da *adj.* Pendiente áspera y accidentada del terreno.

escasear *t.* Hacer falta o disponer de algo en poca cantidad, especialmente en el mercado.

escasez *s. f.* Poca disponibilidad o existencia de cosas necesarias.

escaso, sa *adj.* Que es insuficiente en cantidad.

escatimar *t.* Restringir un bien en cualquier acto de intercambio. || Restringir el esfuerzo necesario en una tarea. || Restringir la demostración de sentimientos en una relación personal.

escatología *s. f.* Conjunto de creencias sobre la vida en el más allá. || Estudio de los excrementos.

escatológico, ca *adj.* Referente a la creencia en la vida en el más allá. || Referente al estudio de los excrementos. || Que es muy grosero, vulgar y desagradable.

escayola *s. f.* Cubierta de yeso o estuco en las construcciones. || Soporte de yeso para restablecer huesos fracturados.

escayolar *t.* Cubrir con yeso el armazón y el vendaje de una férula para endurecerla.

escena *s. f.* Cada una de las partes de una representación dramática. || Lugar donde se desarrolla la representación dramática. || Paisaje agradable a los sentidos. || Lugar de un suceso impresionante de la vida real. || Acción escandalosa real o fingida. *Terminé mi relación con ella porque me hacía escenas.*

escenario *s. m.* Parte del teatro donde se desarrolla la representación dramática. || Lugar donde ocurren sucesos reales impactantes.

escénico, ca *adj.* Relativo a la escena.

escenificación *s. f.* Representación de una acción en el escenario. || Reproducción de un suceso para estudiar sus pormenores.

escenificar *t.* Representar una acción o historia en el escenario.

escenografía *s. f.* Conjunto de decorados de la representación dramática. || Arte de la decoración para la representación dramática.

escenógrafo, fa *s.* Persona dedicada a la escenografía.

escepticismo *s. m.* Estado de incredulidad o duda.

escéptico, ca *adj.* Se dice de la persona incrédula.

esclarecer *t.* Aclarar algo que está confuso o que es incomprendido.

esclavismo *s. m.* Régimen que se basa en la esclavitud o la defiende.

esclavista *adj. y s. com.* Perteneciente o relativo al esclavismo. || Que practica la esclavitud o la defiende.

esclavitud *s. f.* Estado de la persona sometida a un régimen que la priva de la libertad y la obliga a desempeñar determinados trabajos sin salario, a cambio sólo de techo y manutención. || *fig.* Excesiva dependencia de alguien o de algo material. || *fig.* Excesiva dependencia de una pasión o sentimiento.

esclavización *s. f.* Acción de esclavizar.

esclavizante *adj.* Que esclaviza.

esclavizar *t.* Convertir a alguien en esclavo. || Explotar, hacer que alguien trabaje como esclavo.

esclavo, va *adj.* Se dice de lo que carece de libertad por hallarse sujeto a alguien o algo || *s.* Persona privada de su libertad y sometida al dominio de otra. || *f.* Pulsera simple. || *fig.* Que se halla sometido de manera rigurosa a alguien o algo.

esclerosado, da *adj.* En medicina, tejido u órgano afectado por esclerosis. || *fig.* Endurecido y rígido.

esclerosis *s. f.* En medicina, endurecimiento patológico de un tejido u órgano.

esclerótica *s. f.* Membrana externa del globo ocular.

esclusa *s. f.* Obra de ingeniería hidráulica consistente en un depósito de agua con compuertas de entrada y salida, que permiten llenarlo o vaciarlo según se requiera. || Cada una de las compuertas de esa obra.

escoba *s. f.* Utensilio para barrer, formado por un palo largo y un manojo de ramas flexibles o filamentos plásticos.

escobazo *s. m.* Golpe dado con una escoba. || *Arg. y Chil.* Barrida ligera o superficial.

escobeta *s. f. Méx.* Escobilla corta y recia hecha con raíz de zacatón y fibras plásticas atadas apretadamente.

escobilla *s. f.* Escoba pequeña hecha con cerdas o alambre. || En electricidad, pieza conductora cuya función es garantizar el contacto entre una parte fija y una móvil.

escocer *intr. y pr.* Provocar algo ardor, o sentirlo alguien. || *fig.* Causar desagrado, molestia o aflicción.

escocés, cesa *adj.* Originario de Escocia, Gran Bretaña, país de Europa. || Se dice del tejido de líneas entrelazadas que forman cuadros de diversos colores. || *s. m.* Lengua céltica que se habla en Escocia.

escoger *t.* Elegir o seleccionar a una persona o cosa entre otras.

escogido, da *adj.* Selecto.

escolar *adj.* Relativo a la escuela o al estudiante. || *s. com.* Estudiante que asiste a la escuela.

escolaridad *s. f.* Tiempo en que se asiste a cursos en la escuela. || Grado de conocimientos correspondiente a ese tiempo.

escolarización *s. f.* Acción y efecto de escolarizar.

escolarizar *t.* Impartir enseñanza a la población mediante la escuela.

escollera *s. f.* Conjunto de piedras que, formando obra, se colocan en el fondo marino, sea como cimiento de un muelle o como dique para contener el oleaje.

escollo *s. m.* Roca difícil de distinguir que se halla sumergida en aguas poco profundas. || *fig.* Dificultad, peligro o riesgo que implica la realización de algo.

escolta *s. f.* Conjunto de personas que acompañan a otra para honrarla o para salvaguardarla. || Formación militar terrestre, aérea o militar, cuya misión es escoltar. || Conjunto de personas que acompañan al abanderado en las ceremonias militares o civiles.

escoltar *t.* Acompañar a alguien un grupo de personas para honrarlo o para protegerlo.

escombrar *t.* Retirar los escombros de un sitio para despejarlo y dejarlo plano. || Limpiar, desembarazar un lugar de cosas inservibles.

escombro *s. m.* Conjunto de los materiales de desecho que se acumulan en una demolición, una obra de albañilería o una mina. Suele usarse en plural.

esconder *t. y pr.* Poner, o ponerse, alguien o algo en un sitio secreto u oculto para que no pueda ser encontrado con facilidad. || *fig.* Contener algo una cosa que no resulta evidente para todos.

escondidas *s. f. pl. Amér.* Juego del escondite.

escondido, da *adj.* Oculto, difícil de encontrar.

escondrijo *s. m.* Lugar oculto o retirado que resulta apropiado para esconderse o esconder algo.

escopeta *s. f.* Arma de fuego portátil que se compone de dos cañones montados en una caja.

escopetazo *s. m.* Disparo de escopeta. || Herida hecha por la bala de una escopeta.

escoplo *s. m.* Herramienta de carpintería consistente en una barra de hierro acerado sujeta a un mango de madera y con la boca terminada en bisel.

escora *s. f.* Inclinación que toma una embarcación por la fuerza del viento o el peso de su carga.

escorar *intr.* Inclinarse una embarcación hacia un lado.

escorbuto *s. m.* Enfermedad que se caracteriza por hemorragias musculares, en las uñas y en las encías, así como aflojamiento de los dientes.

escoria *s. f.* Residuo o subproducto de una fundición o proceso metalúrgico. || Lava porosa que arrojan los volcanes. || *fig.* Cosa o persona despreciable y vil.

escorpión *s. m.* Artrópodo venenoso con pinzas delanteras, ocho patas y cuerpo alargado, cuyo abdomen móvil termina en un aguijón. || *adj.* y *s. inv.* Se dice de los nacidos bajo el signo zodiacal de Escorpio, entre el 23 de octubre y el 21 de noviembre.

escotado, da *adj.* En heráldica, se dice del escudo que tiene una escotadura o división en forma de ángulo.

escote *s. m.* Abertura en la parte del cuello o pecho de una prenda de vestir. || Parte del busto que deja a la vista el escote.

escotilla *s. f.* Abertura en la cubierta de un barco que permite acceder a los compartimentos interiores.

escozor *s. m.* Sensación de ardor en la piel. || Sentimiento o resentimiento producido por una actitud desconsiderada, un reproche o un desaire.

escriba *s. m.* En distintos pueblos de la Antigüedad, escribano, copista o secretario. || Entre los antiguos hebreos, doctor o intérprete de la ley.

escribanía *s. f.* Oficio y oficina del escribano. || *Arg., C. R., Ecua., Py.* y *Uy.* Notaría.

escribano, na *s.* Persona autorizada legalmente para dar fe de las escrituras y otros documentos que pasan ante él.

escribir *t.* Representar ideas, sonidos o expresiones mediante letras o signos convencionales. || Representar los sonidos musicales por medio de notas y otros signos. || *t.* e *intr.* Componer textos literarios o científicos, u obras musicales. || Comunicar a alguien alguna cosa por escrito.

escrito *s. m.* Documento manuscrito, mecanografiado o impreso en un papel. || Obra literaria o científica. || En derecho, oficio, petición o alegato que se mete por escrito en un juicio.

escritor, tora *s.* Persona que por oficio escribe obras para ser impresas y difundidas.

escritorio *s. m.* Mueble para escribir, formado por una superficie plana y cajones o compartimentos para guardar papeles e instrumentos de escritura. || Aposento en el que tienen su despacho los comerciantes y otros hombres de negocios.

escritura *s. f.* Representación de las ideas mediante signos gráficos convencionales. || Conjunto y sistema de esos signos. || Acción y efecto de escribir. || Documento escrito. || En derecho, documento suscrito por las partes que intervienen en una negociación.

escrituración *s. f.* Acción de escriturar.

escriturar *t.* Hacer constar en escritura pública un contrato, un hecho o una cesión de propiedad.

escroto *s. m.* Bolsa de piel muy elástica que cubre y protege los testículos.

escrúpulo *s. m.* Recelo o duda que inquieta la conciencia. || Aprensión ante la posibilidad de contaminarse por suciedad o enfermar por consumo de algún alimento.

escrupuloso, sa *adj.* y *s.* Se dice de la persona que tiene escrúpulos de conciencia. || Se refiere a quien siente aprensión por algo. || Se dice de la persona que actúa o trabaja con escrupulosidad. || Que se lleva a cabo con escrupulosidad.

escrutador, ra *adj.* Que examina las cosas con detenimiento. || *s.* Cada una de las personas que contabilizan los votos en unas elecciones.

escrutar *t.* Examinar, analizar o explorar algo con detenimiento. || Validar y contabilizar los sufragios emitidos en una votación.

escrutinio *s. m.* Acción y efecto de escrutar. || Conjunto de operaciones de cómputo, validación y contabilización de los votos en una elección.

escuadra *s. f.* Instrumento para dibujo con figura de triángulo rectángulo, o formado por dos reglas que hacen ángulo recto entre sí. || Instrumento, formado por dos piezas ajustadas a 90 grados, para verificar y trazar ángulos rectos || Conjunto de buques de guerra mandados por un vicealmirante. || Pequeña unidad militar, de entre cuatro y doce soldados, bajo las órdenes de un cabo.

escuadrón *s. m.* Unidad táctica y administrativa del arma de caballería bajo el mando de un capitán. || Unidad táctica y administrativa de la fuerza aérea compuesta por aeronaves de guerra.

escuálido, da *adj.* Muy flaco, macilento.

escualo *adj.* y *s. m.* Relativo al tiburón.

escucha *s. f.* Acción de escuchar. || Intervención de comunicaciones o llamadas telefónicas para controlarlas.

escuchar *t.* Poner especial atención a algo que se oye. || Acercar el oído a algo para oírlo mejor. || Atender a lo que otro dice.

escudar *t.* y *pr.* Proteger o protegerse con el escudo. || *t. fig.* Resguardar y defender a alguien, o a uno mismo, de algún peligro. || *pr. fig.* Utilizar algo como pretexto.

escudería *s. f.* En las carreras de autos, conjunto del personal técnico y corredores adscritos a una marca o un club automovilístico. || Empleo del escudero y servicios que éste brindaba al caballero.

escudero *s. m.* Paje que acompañaba a un caballero.

escudilla *s. f.* Vasija semiesférica, más o menos honda, para servir el caldo o la sopa.

escudo *s. m.* Arma defensiva que se sujeta con el brazo para proteger a quien la porta de los golpes de armas ofensivas. || *fig.* Defensa, protección o amparo. || Parte córnea que cubre el cuerpo, o parte de éste, de ciertos animales. || En geología, superficie extensa constituida por terrenos muy antiguos que han sido nivelados por la erosión.

escudriñar *t.* Intentar averiguar los detalles de algo oculto o secreto. || Observar a alguien o algo atentamente con la intención de descubrir alguna cosa.

escuela *s. m.* Establecimiento educativo donde se imparte la primera enseñanza. || Institución pública o privada donde se imparte algún tipo de enseñanza. || Establecimiento educativo donde se imparte alguna carrera profesional. ‖ Edificio que alberga alguna institución educativa. ‖ Conjunto de personas que comparten una doctrina científica, filosófica, o un estilo artístico. ‖ Conjunto de los seguidores de un maestro. ‖ Sistema o método de enseñanza.

escueto, ta *adj.* Dicho de un mensaje o forma de comunicarse, directo, sin rodeos. ‖ Dicho de un provecho u otra cosa material, pequeño, apenas suficiente. ‖ Que no tiene adornos ni detalles superfluos.

escuincle, cla o **escuintle, tla** *s. Méx. fam.* Niño de corta edad, chiquillo.

esculpir *t.* Dar determinada forma a un material duro mediante el uso de herramientas para desbastarlo. ‖ Grabar figuras o caracteres en relieve o en hueco sobre una superficie dura.

escultor, ra *s.* Artista plástico que se dedica a la escultura.

escultórico, ca *adj.* Perteneciente o relativo a la escultura.

escultura *s. f.* Arte de esculpir. ‖ Obra de un escultor. ‖ Conjunto de obras escultóricas pertenecientes a una época o a un autor determinados.

escultural *adj.* Que tiene las proporciones, o las características, dignas de una escultura. ‖ Perteneciente a la escultura.

escupir *t.* e *intr.* Arrojar saliva, flemas o sangre por la boca. ‖ *fig.* Decir cosas con violencia. ‖ Despedir alguna cosa a la superficie algo que estaba en su interior o formaba parte de ella. *El volcán escupió lava.*

escupitajo *s. m.* Cantidad de saliva, flemas o sangre que se arroja por la boca de una sola vez.

escurridizo, za *adj.* Que tiene facilidad para escurrirse o escaparse. ‖ Que por sus características hace que la gente o las cosas se deslicen. ‖ Que evita comprometerse.

escurrir *t.* y *pr.* Soltar una cosa mojada, o hacer que lo suelte, el líquido que contiene. ‖ *intr.* y *pr.* Caer poco a poco el líquido que contiene un recipiente. ‖ Correr o resbalar algo.

escusado *s. m.* Retrete, excusado.

esdrújulo, la *adj.* y *s.* Se dice de la palabra que lleva el acento en la antepenúltima sílaba.

ese[1] *s. f.* Nombre de la letra «s». ‖ Gancho en forma de S de una cadena, o grapa de acero de la misma forma. ‖ *pl.* Aberturas en forma de S que tienen a los lados del puente ciertos instrumentos de cuerda.

ése[2] *pron.* Junto con ésa, ésos, ésas, demostrativos que reemplazan al nombre de una persona o cosa que se encuentra cerca de la persona que escucha.

esencia *s. f.* Naturaleza propia de cada ser que le da sus características distintivas. ‖ *fig.* Lo más puro y acendrado que contiene algo. ‖ Perfume líquido que tiene gran concentración de las sustancias aromáticas. ‖ En química, sustancia muy volátil, de olor penetrante, que se obtiene de flores y vegetales o de algún hidrocarburo.

esencial *adj.* Perteneciente o relativo a la esencia. ‖ Que es principal, sustancial o necesario.

esfera *s. f.* Cuerpo geométrico delimitado por una superficie curva, la totalidad de cuyos puntos equidistan del centro. ‖ Ámbito al que se extiende la acción o influencia de una persona o cosa. ‖ *fig.*

Condición social o rango de una persona. ‖ Círculo en el que giran las manecillas de un reloj.

esfinge *s. f.* Monstruo mitológico con busto humano, cuerpo de león y a veces alado. ‖ *fig.* Persona impenetrable y enigmática que no deja traslucir sus pensamientos o emociones.

esfínter *s. m.* Músculo de forma anular que sirve para cerrar o abrir un conducto natural del cuerpo.

esforzado, da *adj.* Valiente, decidido, animado.

esforzar *t.* Obligar a alguien o algo a realizar un esfuerzo mayor que el normal. ‖ *pr.* Realizar un gran esfuerzo intelectual o físico para lograr algo.

esfuerzo *s. m.* Utilización enérgica de la fuerza física, intelectual o moral para lograr alguna cosa. ‖ En física, fuerza que al actuar sobre un material tiende a deformarlo.

esfumar *t.* Esfuminar, extender o difuminar los trazos de un dibujo a lápiz con el esfumino. ‖ Rebajar los tonos de los contornos de una pintura. ‖ *pr. fig.* Desvanecerse, disiparse algo. ‖ *fig.* y *fam.* Desaparecer, salir de un lugar rápida y disimuladamente.

esfuminar *t.* Difuminar con el esfumino, esfumar.

esfumino *s. m.* Rollito compacto de piel o papel esponjoso, terminado en punta, que se utiliza para difuminar los contornos de los dibujos.

esgrima *s. f.* Arte de manejar el florete, el sable y la espada. ‖ Deporte en el que dos personas se enfrentan empleando alguna de estas armas.

esgrimir *t.* Manejar una espada u otro tipo de arma blanca. ‖ *fig.* Utilizar algo como ataque o defensa.

esguince *s. m.* Distensión dolorosa de uno o varios de los ligamentos de una articulación.

eslabón *s. m.* Cada una de las piezas que, enlazadas unas con otras, forman una cadena. ‖ *fig.* Elemento indispensable para enlazar una sucesión de hechos, ideas o argumentos. ‖ Pieza de acero con la que se golpea el pedernal para que produzca chispa. ‖ *pl.* En el golf, conjunto de hoyos de un terreno, o recorrido total de una prueba de este deporte.

eslabonado, da *adj.* Se aplica a las ideas, cosas o acontecimientos que se presentan en serie, relacionados entre sí.

eslabonamiento *s. m.* Acción y efecto de eslabonar.

eslabonar *t.* Unir unos eslabones con otros para formar una cadena. ‖ *t.* y *pr. fig.* Relacionar entre sí una serie de ideas, hechos, motivos o argumentos.

eslavo, va *adj.* y *s.* Perteneciente o relativo a un grupo de pueblos indoeuropeos que ocupa gran parte de Europa central y oriental y habla lenguas del mismo origen. ‖ *s. m.* Grupo de lenguas habladas por estos pueblos. *Los idiomas ruso, búlgaro, checo, bosnio, polaco y ucraniano, entre otros, forman parte del eslavo.*

eslogan *s. m.* Lema publicitario o frase propagandística breve y contundente.

eslora *s. f.* Longitud total de una embarcación desde la proa hasta la popa. ‖ En marina, tablón o pieza longitudinal que forma el borde de las escotillas o de otra abertura de la cubierta de un barco.

eslovaco, ca *adj.* y *s.* Originario de Eslovaquia, o perteneciente a este país de Europa. ‖ *s. m.* Lengua eslava que se habla en Eslovaquia.

esloveno, na *adj.* y *s.* Originario de Eslovenia o perteneciente a ese país de Europa. ‖ De la rama más occidental de los eslavos del sur, que habitan en Eslovenia.

esmaltado, da *adj.* Que está recubierto por una capa de esmalte o que tiene la naturaleza del esmalte.

esmaltar *t.* Cubrir algo con esmalte.

esmalte *s. m.* Sustancia vítrea con la que se recubren algunos materiales para darles color o brillo permanentes. ‖ Trabajo realizado con el esmalte. ‖ Objeto recubierto o adornado con esmalte. ‖ Sustancia blanca, dura y de brillo vítreo que recubre los dientes de los humanos y algunos animales.

esmerado, da *adj.* Que realiza las cosas con dedicación y cuidado.

esmeralda *s. f.* Piedra preciosa transparente o traslúcida, de un color verde brillante. ‖ *adj. y s. m.* Color verde semejante al de la esmeralda.

esmeril *s. m.* Material de consistencia arenosa compuesta por cuarzo o mica, corindón, oligisto y magnetita, que se usa para pulir metales y piedras preciosas. ‖ Cristal esmerilado.

esmerilar *t.* Pulir algo con esmeril. ‖ Deslustrar el vidrio con esmeril u otra sustancia.

esmero *s. m.* Dedicación y cuidado especial que se pone al hacer algo.

esmirriado, da o **desmirriado, da** *adj. fam.* Muy flaco, raquítico, consumido.

esmog *s. m.* Mezcla de niebla y humo contaminada por las emanaciones de vehículos y fábricas, así como por otros tipos de gases, que cubre las grandes ciudades.

esmoquin *s. m.* Traje de etiqueta masculino que tiene solapas de seda.

eso *pron.* Pronombre demostrativo neutro que señala, sin nombrarlos, situaciones u objetos a los que se hizo alusión anteriormente.

esófago *s. m.* Primera parte del tubo digestivo, abarca desde la faringe hasta el cardias del estómago.

esotérico, ca *adj.* Se dice del conocimiento o doctrina que sólo se transmite a los iniciados. ‖ Dicho de obras escritas, que sólo son comprensibles para los que han sido iniciados. ‖ Oculto, reservado, enigmático.

espabilado, da *adj.* Que no tiene sueño. ‖ *s.* Persona aguda, lista, perspicaz.

espabilar *t. y pr.* Dejar de estar dormido o adormilado, o hacer que alguien deje de estarlo. ‖ *t.* Quitar el pabilo quemado a una vela para que arda con limpieza. ‖ *intr. y pr. fig.* Terminar algo con prontitud y rapidez.

espaciado *s. m.* En artes gráficas, conjunto de espacios, y características de los mismos, que se ponen en una composición de imprenta.

espacial *adj.* Perteneciente o relativo al espacio exterior.

espacialidad *s. f.* Espacio medido. ‖ En arquitectura, cualidad de la posición de los objetos materiales en el mundo. ‖ En geografía, conjunto de condiciones y prácticas de la vida individual y social que están ligadas a la posición relativa de los individuos y los grupos, unos con otros.

espaciar *t. y pr.* Dejar espacios entre dos o más cosas, sea en el tiempo o en un sitio determinado. ‖ En artes gráficas, poner espacios entre las letras, palabras o renglones de una composición tipográfica. ‖ *pr.* Extenderse en algo que se escribe o se dice.

espacio *s. m.* Medio en el que se sitúan las cosas existentes. ‖ Sitio que ocupa un objeto material. ‖ Distancia entre dos o más cosas. ‖ Periodo de tiempo determinado. ‖ Cada una de las secciones que integran un programa radiofónico o de televisión. ‖ En matemáticas, extensión indefinida de tres dimensiones que estudia la geometría clásica o geometría del espacio. ‖ En matemáticas, conjunto de estructuras algebraicas, geométricas o topológicas. ‖ En música, separación entre las rayas del pentagrama.

espacioso, sa *adj.* Amplio, que tiene mucho espacio disponible o mayor espacio que otros recintos de su misma clase.

espada *s. m.* Arma blanca de hoja larga, recta, cortante y punta aguda, que tiene empuñadura y guarnición. ‖ *s.* Persona diestra en el manejo de la espada.

espadachín, china *s.* Persona que es muy diestra en el manejo de la espada.

espadaña *s. f.* Campanario vertical de una sola pared con huecos para colocar las campanas. ‖ Planta herbácea parecida a una caña, con flores que forman una espiga compacta, que crece junto al agua estancada.

espadazo *s. m.* Golpe dado con una espada.

espagueti *s. m.* Pasta alimenticia de harina de trigo en forma de cordones largos y más gruesos que los fideos.

espalda *s. f.* Parte posterior del cuerpo de los humanos y de algunos animales que se extiende desde los hombros hasta la región lumbar. ‖ Envés, parte posterior de alguna cosa. ‖ *loc. Méx. Espalda mojada*: persona que cruza ilegalmente de México a Estados Unidos.

espaldar *s. m.* Parte de un asiento en que descansa la espalda, respaldo. ‖ Enrejado que se sobrepone a una pared para que por él trepen las enredaderas.

espaldarazo *s. m.* Reconocimiento que un superior hace de la capacidad de alguien en alguna actividad. ‖ Golpe que con el plano de la espada se daba a alguien en la espalda como parte de las ceremonias para armarlo caballero.

espaldilla *s. f.* Cuarto delantero de las reses. ‖ Omóplato de los animales. ‖ *Méx.* Brazuelo del cerdo.

espantadizo, za *adj.* Que se asusta o espanta con facilidad.

espantado, da *adj.* Que está asustado o tiene miedo.

espantajo *s. m.* Objeto o monigote que se pone en los campos de cultivo para espantar a las aves, espantapájaros. ‖ *fig.* Persona que por su aspecto causa temor infundado. ‖ Persona muy fea o que va vestida de modo ridículo.

espantapájaros *s. m.* Espantajo, muñeco que se pone en los campos de cultivo para espantar a las aves.

espantar *t.* Echar de un lugar, ahuyentar. ‖ *t. y pr.* Causar espanto o infundir miedo a alguien, o sentirlo éste.

espanto *s. m.* Miedo, terror.

espantoso, sa *adj.* Que causa miedo o espanto. ‖ *fig.* Grotesco o muy feo. ‖ Desmesurado.

español, la *adj. y s.* Originario de España. ‖ Perteneciente o relativo a España, país de Europa. ‖ *s.*

m. Lengua que se habla en España, en los países hispanoamericanos y en algunos territorios que recibieron influencia de la cultura española.

esparadrapo *s. m.* Tira de tela, papel o plástico que tiene una de sus caras recubierta por una sustancia adherente; se usa para sujetar vendajes o gasas en las curaciones de heridas.

esparcido, da *adj.* Diseminado, extendido sobre una superficie. ‖ Que es alegre, divertido y festivo.

esparcimiento *s. m.* Acción y efecto de esparcir. ‖ Conjunto de actividades en que se ocupa el tiempo libre. ‖ Recreo, diversión.

esparcir *t. y pr.* Extender, desparramar algo que estaba muy junto o amontonado. ‖ Derramar algo extendiéndolo. ‖ Difundir, divulgar algo, sobre todo una noticia o un rumor. ‖ Recrear, divertir.

espárrago *s. m.* Yema tierna y comestible que brota de la raíz de la esparraguera.

esparraguera *s. f.* Hortaliza de tallo recto y hojas en forma de aguja agrupadas en haces, sus flores son pequeñas, de color blanco verdoso; su fruto es una baya roja y los brotes tiernos de su raíz, los espárragos, son comestibles.

espartano, na *adj. y s.* Originario de Esparta, región de Grecia. ‖ Perteneciente o relativo a Esparta. ‖ De carácter sobrio, firme y severo.

esparto *s. m.* Planta herbácea cuyas hojas producen fibras que se utilizan para confeccionar cuerdas, tejidos bastos y papel. ‖ Fibras obtenidas de las hojas de esta planta.

espasmo *s. m.* Contracción involuntaria, repentina y por lo general dolorosa de las fibras musculares, sobre todo de la musculatura lisa.

espasmódico, ca *adj.* Perteneciente o relativo al espasmo. ‖ Que va acompañado de espasmos. *Un cólico espasmódico.*

espátula *s. m.* Utensilio en forma de paleta plana. ‖ Ave zancuda semejante a una garza pero de pico ancho, que anida en los cañaverales y las costas.

especia *s. f.* Cualquier planta o sustancia aromática de origen vegetal que se use para sazonar alimentos.

especiación *s. f.* En biología, proceso de formación de las especies.

especial *adj.* Particular o singular, en contraposición a general u ordinario. ‖ Que resulta muy apropiado para algún fin o efecto. ‖ *loc. En especial:* de manera particular.

especialidad *s. f.* Parte de una ciencia o arte cuyo cuerpo doctrinario es suficiente para ser ejercida de manera independiente. ‖ Actividad particular a la que alguien que es muy competente en ella se dedica con cierta exclusividad. ‖ Producto o plato en cuya elaboración sobresale una persona, establecimiento o localidad. ‖ Carácter especial, o circunstancia de ser especial.

especialista *adj. y s. com.* Persona que se dedica a una especialidad, o que sobresale en ella.

especialización *s. f.* Acción y efecto de especializar o especializarse.

especializado, da *adj.* Se aplica a lo que tiene conocimientos especiales en determinada habilidad o rama del saber.

especializar *t. y pr.* Adquirir conocimientos especializados en una rama de una ciencia o arte. ‖ *t.* Restringir la potencialidad de alguien o algo para dedicarlo a determinado fin.

especiar *t.* Poner especias a un alimento para sazonarlo.

especie *s. f.* Conjunto de cosas que son semejantes entre sí por poseer caracteres comunes. ‖ Grupo de animales o plantas que tienen aspecto semejante, un tipo particular de hábitat y que son fecundos entre sí pero por lo general estériles con individuos de otras especies. ‖ Clase o tipo de algo. ‖ Noticia de un suceso.

especiero, ra *adj. y s.* Persona que comercia con especias. ‖ *s. m.* Frasco o recipiente para guardar especias.

especificación *s. f.* Acción y efecto de especificar. ‖ Modo particular de administrar, consumir o utilizar una sustancia o producto.

especificado, da *adj.* Determinado con detalles o datos precisos.

especificar *t.* Precisar o determinar algo basándose en su aspecto característico o distintivo.

especificativo, va *adj.* Que especifica. ‖ En gramática, adjetivo que expresa una cualidad que limita la aplicación de un nombre a determinados objetos de los que designa.

especificidad *s. f.* Cualidad de específico.

específico, ca *adj.* Propio de una especie, o de una cosa con exclusión de otras. ‖ *s. m.* Medicamento para tratar una enfermedad determinada.

espécimen *s. m.* Ejemplar característico de una especie animal o vegetal. ‖ Modelo o muestra de alguna cosa.

espectacular *adj.* Que llama mucho la atención o impresiona por ser muy vistoso o fuera de lo común.

espectacularidad *s. f.* Cualidad de espectacular.

espectáculo *s. m.* Acción que se ejecuta en público para recrear o divertir. ‖ Conjunto de las actividades del teatro, el circo y otras diversiones colectivas. ‖ Cosa o acción muy llamativa y vistosa. ‖ *irón.* Acción inconveniente, extravagante o escandalosa que se realiza ante otros.

espectador, ra *adj. y s.* Persona que asiste a un espectáculo. ‖ Persona que mira atentamente algo que ocurre.

espectral *adj.* Relativo al espectro.

espectro *s. m.* Fantasma, figura irreal y espantosa que alguien ve o se imagina que ha visto. ‖ *fam.* Persona muy delgada, de aspecto cadavérico. ‖ *fig.* Conjunto de elementos, actividades, aplicaciones o efectos de que algo consta. ‖ En física, conjunto de las líneas cromáticas resultantes de la descomposición de una luz compleja. ‖ En física, distribución de la intensidad de un haz de partículas o de una onda electromagnética o acústica, en función de la energía o la frecuencia. ‖ En medicina, conjunto de bacterias sobre las que actúa un antibiótico.

espectrografía *s. f.* Estudio de los espectros por medio del espectrógrafo.

espectrograma *s. m.* Imagen, ya sea fotografía o diagrama, de un espectro.

espectroscopio *s. m.* Instrumento que se usa para observar los espectros luminosos.

especulación *s. f.* Acción y efecto de especular. ‖ Adquisición a precio de oportunidad de mercancías, efectos públicos o valores para obtener lucro en su reventa. ‖ En filosofía, conocimiento teórico que no persigue otro interés que la contemplación del objeto.

especulador, ra *adj. y s.* Que especula.

especular *t. e intr.* Reflexionar, meditar sobre algo.

‖ *intr.* Negociar o comerciar, sobre todo en condición ventajosa para obtener ganancias o provecho. ‖ Realizar operaciones financieras a fin de obtener ganancias a partir de las variaciones de los precios de los tipos de cambio o las acciones de la bolsa. ‖ *intr.* y *pr.* Hacer suposiciones o hipótesis sin base real.

espejismo *s. m.* Fenómeno óptico en el que se ve la imagen invertida de objetos lejanos, cual si se reflejaran en la superficie del agua. ‖ *fig.* Apariencia seductora y engañosa de algo.

espejo *s. m.* Superficie lisa y pulida que puede reflejar las cosas. ‖ Vidrio recubierto de azogue u otro material por su parte posterior, de manera que ofrece una cara que refleja la luz y las imágenes de los objetos.

espeleología *s. f.* Ciencia que estudia las cavernas. ‖ Deporte que consiste en explorar las cavernas.

espeleólogo, ga *s.* Persona que se dedica a la espeleología.

espeluznante *adj.* Horroroso, que pone los pelos de punta, que espeluzna.

espeluznar *t.* y *pr.* Causar, o sentir, un miedo tan intenso que se ponen los pelos de punta.

espera *s. f.* Acción y efecto de esperar. ‖ Paciencia, calma, facultad de saber contenerse y no obrar de manera irreflexiva. ‖ En derecho, plazo que señala un juez para presentar documentos o ejecutar algo.

esperado, da *adj.* Deseado, querido.

esperanto *s. m.* Idioma artificial con base en lenguas románicas, germánicas y eslavas que se proponía ser universal.

esperanza *s. f.* Estado de ánimo en que pensamos posible lo que deseamos. ‖ En matemáticas, valor medio de una variable aleatoria o de una distribución de posibilidad. ‖ En la religión cristiana, virtud teologal por la que se espera la salvación y bienes que Dios ha prometido.

esperanzado, da *adj.* Que tiene esperanzas de lograr o conseguir algo.

esperanzador, ra *adj.* Que inspira o infunde esperanza.

esperar *t.* Tener esperanza de obtener lo que se desea. ‖ Creer que va a ocurrir algo, en particular si es favorable o positivo. ‖ Mantenerse en un sitio donde se presume que ha de llegar alguien u ocurrir algo. ‖ *intr.* Suspender la ejecución de algo hasta que ocurra otra cosa. ‖ Ser inminente o inmediata una cosa. ‖ Poner en alguien la confianza de que hará algún bien que se desea.

esperma *s. f.* Semen, secreción de las glándulas sexuales masculinas.

espermatozoide *s. m.* Célula pequeña y móvil que transporta el material genético masculino; gameto o célula sexual masculina.

esperpento *s. m.* Hecho grotesco, desatinado. ‖ Género literario en cuyas obras se deforma la realidad exagerando sus rasgos grotescos y empleando de manera creativa el lenguaje coloquial. ‖ *fam.* Persona o cosa de notable fealdad y desaliño.

espesante *adj.* y *s. com.* Que espesa o da más cuerpo a una sustancia líquida o semilíquida.

espesar *t.* y *pr.* Volver más densa alguna cosa.

espeso, sa *adj.* Que tiene mucha densidad o condensación una sustancia líquida o gaseosa. ‖ Que dos o más cosas están muy juntas y apretadas. ‖ Grueso, corpulento, macizo.

espesor *s. m.* Grosor de un cuerpo. ‖ Densidad o condensación de un fluido o de una masa.

espesura *s. f.* Cualidad de espeso. ‖ Sitio muy arbolado con sotobosque y malezas.

espetar *t.* Atravesar con el asador o con el espetón u otro hierro puntiagudo una carne, un ave, pescado, etc., para colocarlos sobre el fuego y asarlos. ‖ Atravesar un cuerpo con un instrumento puntiagudo o clavarlo en él. ‖ *fam.* Decir a alguien, de palabra o por escrito, algo fuerte y desagradable que le cause sorpresa o molestia. ‖ *pr.* Ponerse rígido y erguido, simulando seriedad y dándose aires majestuosos.

espía *adj.* y *s. com.* Persona o dispositivo electrónico que con secreto y disimulo observa y escucha lo que se le indica, y pasa la información a quien está interesado en ella.

espiar *t.* Acechar y observar con disimulo a alguien. ‖ Hacerse con informaciones secretas sobre un país o una empresa.

espiga *s. f.* Inflorescencia formada por flores hermafroditas, generalmente opuestas y alternas, que se asientan a lo largo de un eje. ‖ Fructificación de esa inflorescencia. ‖ Grano de los cereales a excepción del maíz. ‖ Parte de una herramienta o de otro objeto, delgada para introducirla en el mango. ‖ Parte desbastada de un madero para ajustarla a otro con el que debe ensamblar.

espigado, da *adj.* Se dice de la planta anual que ha llegado a su completa madurez y producido la semilla. ‖ Se dice del árbol de tronco delgado y alto. ‖ Dicho de una persona: esbelta y alta. ‖ Que tiene forma de espiga.

espigador, ra *s.* Persona que recoge las espigas que quedan o han caído en la siega. ‖ En carpintería, máquina para labrar las espigas para ensamblaje.

espiguilla *s. f.* Cinta angosta, en zigzag o con flecos que sirve para guarniciones. ‖ Cada una de las pequeñas espigas que forman la principal en algunos cereales como la avena y el arroz. ‖ En textiles y tejidos de punto, dibujo formado por una línea como eje y otras laterales decrecientes y paralelas que además de oblicuas al eje.

espina *s. f.* Púa que nace del tejido leñoso, y más raramente del vascular, de algunas plantas. ‖ Astillita de madera, punzón u otra materia áspera. ‖ Cada una de las piezas alargadas y puntiagudas que salen de la espina dorsal de los peces, o forman parte de las aletas. ‖ En los animales vertebrados, espinazo, columna vertebral. ‖ *fig.* Pesar íntimo y persistente.

espinaca *s. f.* Planta hortense, comestible, anual, de la familia de las quenopodiáceas, con hojas radicales, estrechas y suaves, que se consumen crudas o guisadas.

espinal *adj.* y *s. com.* Perteneciente o relativo a la espina.

espinazo *s. m.* Columna vertebral de los animales irracionales. ‖ En arquitectura, clave de una bóveda o de un arco.

espinilla *s. f.* Parte anterior de la canilla de la pierna, entre el tobillo y la rodilla. ‖ Obstrucción de un poro por exceso de secreción de la glándula sebácea correspondiente.

espinillera *s. f.* Pieza protectora para la espinilla, usada en algunos deportes y trabajos.

espino *s. m.* Arbusto europeo de la familia de las rosáceas con ramas espinosas, hojas lampiñas y de borde aserrado, flores blancas, olorosas y en corimbo, con fruto ovoide revestido de una piel delgada y rojiza, y pulpa dulce con dos semillas casi esféricas.

espinoso, sa *adj.* Que tiene espinas. || Arduo, difícil, inconveniente.

espinudo, da *adj. Amér.* Que tiene espinas.

espionaje *s. m.* Acción y efecto de espiar. || Actividad secreta dirigida a la obtención de datos reservados de un país, sobre campos como el militar y el económico.

espiración *s. f.* Acción y efecto de espirar.

espiral *s. f.* Curva plana que da vueltas indefinidamente alrededor de un punto, alejándose más de él en cada una de ellas. || Hélice. || Sucesión creciente de hechos. *Espiral inflacionaria, espiral de crímenes.*

espirar *t.* e *intr.* Exhalar un cuerpo buen o mal olor. || Tomar aliento, alentar. || Expeler el aire aspirado.

espiritismo *s. m.* Doctrina que supone que hay maneras para comunicar a los vivos con los espíritus de los muertos.

espiritista *adj.* y *s. com.* Perteneciente o relativo al espiritismo. || Partidario o seguidor de esa doctrina.

espíritu *s. m.* Ser inmaterial dotado de razón, como ángeles y demonios. || Alma racional del ser humano. || Don especial de algunas personas. *Espíritu de servicio.* || Principio generador, esencia de algo. *Espíritu de la ley.* || Principio vital de los cuerpos animados. || Ánimo, valor, brío. || Vapor etílico muy sutil que emana de los vinos y licores.

espiritual *adj.* y *s. com.* Perteneciente o relativo al espíritu. || Muy religioso y poco apegado a lo material.

espiritualidad *s. f.* Naturaleza y condición de espiritual. || Cualidad de las cosas espiritualizadas o reducidas a la condición eclesiástica. || Obra o cosa espiritual. || Conjunto de ideas referentes a la vida espiritual.

espléndido, da *adj.* Magnífico, excelente. || Generoso, liberal.

esplendor *s. m.* Resplandor, lustre, luminosidad. || Nobleza, grandiosidad. || Apogeo, auge.

esplendoroso, sa *adj.* Muy brillante, resplandeciente. || Impresionante por su hermosura o grandeza.

espolear *t.* Picar con la espuela a la cabalgadura para que obedezca o para que ande a más velocidad. || Estimular, incitar a alguien para que haga algo.

espolón *s. m.* Apófisis ósea en forma de cuernito que tienen las aves en la parte posterior de los tarsos.

espolvorear *t.* Esparcir sobre algo una materia reducida a polvo.

esponja *s. f.* Ejemplar de espongiario. || Esqueleto de espongiario que se usa como útil de aseo corporal. || Pieza de hule espuma u otro material similar y poroso con que se sustituye a bajo costo el esqueleto del espongiario.

esponjar *t.* y *pr.* Ahuecar o hacer más poroso un cuerpo. || Envanecerse, ensoberbecerse una persona. || *Méx.* Dar un baño de esponja.

esponjoso, sa *adj.* Poroso, hueco y de menor peso de lo que corresponde al volumen de un cuerpo.

esponsales *s. m. pl.* Mutua promesa de casarse que hacen el varón y la mujer. || Promesa de matrimonio hecha con las formalidades de la ley y cuya ruptura o incumplimiento acarrea sanciones.

espontaneidad *s. f.* Cualidad de espontáneo. || Expresión fácil y natural del pensamiento.

espontáneo, nea *adj.* Voluntario, por propio deseo o impulso. || Que se produce sin cultivo ni cuidado del hombre. || Que se produce o manifiesta sin causa aparente.

espora *s. f.* Célula reproductiva de las criptógamas.

esporádico, ca *adj.* Ocasional, sin enlace visible con antecedentes o consecuentes.

esposar *t.* Sujetar las manos con esposas o manillas.

esposas *s. f. pl.* Pareja de manillas o aros metálicos unidos por eslabones, con que se sujetan y aprisionan las manos de una persona.

esposo, sa *s.* Persona casada. || Persona que ha celebrado esponsales conforme a las leyes.

espuela *s. f.* Espiga de metal con una rodaja o estrella de puntas, la cual sale de un semicírculo metálico que se ajusta al talón del calzado y se sujeta al pie con correas; sirve para picar los ijares del caballo. || Estímulo, incentivo.

espulgar *t.* y *pr.* Limpiar de pulgas o piojos el cuerpo, la ropa o las coberturas de cama. || Registrar o revisar algo analizándolo minuciosamente.

espuma *s. f.* Conjunto de burbujas que se forman en los líquidos y se adhieren unas a otras con más o menos consistencia. || Coloide formado por la mezcla de aire con un líquido, cuando éste es agitado con fuerza o elevada su temperatura.

espumadera *s. f.* Cuchara o paleta con perforaciones con que se retira la espuma de caldos y guisados; también sirve para sacar del aceite caliente lo que se ha frito y escurrirlo.

espumante *adj.* Referido a lo que hace espuma, en especial algunos tipos de vinos.

espumar *t.* Quitar la espuma a algo líquido, como el caldo o la cerveza. || *intr.* Hacer espuma, al agitar o batir un líquido.

espumoso, sa *adj.* Que tiene o produce mucha espuma.

espurio, ria *adj.* Bastardo, degenerado, impuro. || Falso, engañoso o producto del engaño.

esputo *s. m.* Mezcla de saliva, flemas y sangre que arroja por la boca quien se encuentra enfermo.

esqueje *s. m.* Tallo o cogollo que se planta en tierra para reproducir vegetativa y asexualmente una planta.

esquela *s. f.* Carta breve. || Papel impreso o litografiado en el que se comunican invitaciones, se participan decesos o ceremonias religiosas. || Aviso del deceso de alguien, que se publica dentro de un marco de luto en el diario o periódico, indicando fecha y hora del velatorio y el entierro.

esquelético, ca *adj.* Perteneciente o relativo al esqueleto. || *fig.* y *fam.* Muy flaco.

esqueleto *s. m.* Conjunto de piezas duras y rígidas llamadas «huesos», articuladas en ciertas partes, que constituye la armazón de los animales vertebrados. || Armazón o estructura de algo.

esquema *s. f.* Representación gráfica de objetos, procesos, organizaciones, ideas, etc. || Resumen de un texto donde se enumeran sus rasgos principales y más generales. || Idea o concepto que dentro de un campo del saber o del quehacer humano condiciona la actuación, el comportamiento y aun el tipo de pensamiento dentro de los mismos.

esquemático, ca *adj.* Perteneciente o relativo al esquema. ‖ *desp.* Que se concentra en las líneas generales, pero no repara en detalles ni matices.

esquematización *s. f.* Acción y efecto de esquematizar.

esquematizar *t.* Representar algo por medio de esquemas. ‖ Describir o exponer algo por sus rasgos esenciales, sin dar detalles.

esquí *s. m.* Patín muy largo, hecho de material ligero y flexible, que se usa en cada pie para deslizarse por la nieve, el hielo o sobre el agua. ‖ Deporte practicado con esquíes o esquís.

esquiador, ra *s.* Persona que esquía, especialmente por deporte.

esquilado, da *adj.* Se aplica a los animales que tienen el pelo cortado o rapado.

esquilador, ra *adj.* y *s.* Que esquila o sirve para ello. ‖ Persona cuyo oficio es esquilar. ‖ Máquina que realiza la esquila automática.

esquilar *t.* Cortar el pelo, vellón o lana de las ovejas y otros ganados.

esquilmado, da *adj.* Infecundo, estéril. ‖ Empobrecido, despojado, arruinado.

esquilmar *t.* Recoger el producto de haciendas, heredades o ganados. ‖ Absorber excesivamente la planta el nutrimento de la tierra. ‖ Agotar una fuente de riqueza al extraerle mayor provecho del debido.

esquimal *adj.* y *s.* Se dice del pueblo de estirpe mongola que habita en grupos dispersos el margen ártico de Norteamérica, Groenlandia y Siberia. ‖ Individuo perteneciente a dicho grupo humano. ‖ Perteneciente o relativo a quienes viven en esa zona, a su lengua o a sus costumbres.

esquina *s. f.* Arista, parte donde convergen o se unen dos lados de una cosa, o dos planos que forman ángulo. ‖ En el boxeo y otros deportes y espectáculos, cada uno de los cuatro ángulos del *ring*, en dos opuestos están los asistentes y médicos de los contrincantes.

esquirla *s. f.* Astilla desprendida de un hueso por fractura o por enfermedad ósea. ‖ Fragmento irregular y de bordes cortantes desprendido por choque o explosión de un cristal, de un metal o un artefacto.

esquirol *adj.* y *s.* Persona que se alquila para sustituir a un huelguista en su puesto de trabajo, volviendo ineficaz la huelga. ‖ *desp.* Operario que no se adhiere a una huelga.

esquite *s. m. Méx.* Guiso preparado con elote desgranado y cocido en agua con epazote y tequesquite, que se aderaza con sal y chile seco molido.

esquivar *t.* Evitar, rehusar, rehuir. ‖ *pr.* Retraerse, excusarse.

esquivo, va *adj.* Huraño, desdeñoso.

esquizofrenia *s. f.* En psiquiatría, grupo de enfermedades mentales caracterizadas por la disociación de las funciones psíquicas y la incapacidad de establecer una relación constante con la realidad.

esquizofrénico, ca *adj.* y *s.* Que presenta características de la esquizofrenia o semejantes a ella. ‖ Perteneciente o relativo a la esquizofrenia. ‖ Que la padece.

esquizoide *adj.* Que propende a la esquizofrenia.

estabilidad *s. f.* Cualidad de estable.

estabilización *s. f.* Acción y efecto de estabilizar.

estabilizador *s. m.* Dispositivo añadido a una aeronave o a un automóvil para incrementar su estabilidad.

estabilizador, ra *adj.* Que estabiliza.

estabilizar *t.* Dar estabilidad.

estable *adj.* y *s. com.* Que se mantiene firme, sin peligro de caer, cambiar o desaparecer. ‖ Que permanece en un mismo sitio durante mucho tiempo. ‖ Que conserva el equilibrio, y si lo pierde, lo recupera pronto.

establecer *t.* Fundar, instituir. ‖ Mandar, ordenar que se haga algo. ‖ Demostrar, probar una ley, principio, hipótesis o teoría. ‖ *pr.* Fijar la residencia de uno en un lugar, avecindarse. ‖ Abrir uno por su cuenta un negocio industrial, comercial o de servicios.

establecido, da *adj.* Determinado, fijado o fundado. *Se determinó culpabilidad legal.*

establecimiento *s. m.* acción y efecto de establecer o de establecerse. ‖ Institución, erección o fundación. ‖ Cosa fundada, instituida o erigida. ‖ Lugar donde de manera permanente se ejerce una industria o una profesión. ‖ Local comercial.

establo *s. m.* Lugar techado y con ventilación donde se guarece el ganado para su descanso y alimentación.

estaca *s. f.* Palo derecho con un extremo afilado para clavarlo. ‖ Rama verde cortada y plantada en tierra para que eche raíces y se haga árbol. ‖ Palo largo y resistente que puede usarse como bastón.

estacazo *s. m.* Golpe dado con una estaca. ‖ Golpe fuerte, choque de mucha intensidad.

estación *s. f.* Cada una de las cuatro partes en que se divide el año: primavera, verano, otoño e invierno. ‖ Tiempo, temporada. ‖ Sitio donde paran ferrocarriles, autobuses foráneos, el tren metropolitano. ‖ Edificios y dependencias donde se alojan las oficinas de dichas paradas establecidas. ‖ Instalaciones y oficinas de policía y bomberos. ‖ En telecomunicaciones, emisora de ondas radiales y televisivas.

estacionado, da *adj.* Se aplica al vehículo que está detenido y acomodado en un lugar. ‖ Estancado.

estacional *adj.* y *s. com.* Que tiene estacionalidad. ‖ Perteneciente o relativo a las estaciones del año.

estacionalidad *s. f.* Relación de dependencia con una estación del año.

estacionamiento *s. m.* Acción y efecto de estacionar o de estacionarse. ‖ Área o recinto para estacionar vehículos. ‖ Sitio en la calle donde puede estacionarse un automóvil. ‖ Cuartel, alojamiento o campamento donde se encuentre estacionada la tropa.

estacionar *t.* y *pr.* Situar en un lugar, colocar; pararse o ponerse en un sitio. ‖ Dejar parado un vehículo en un lugar por un lapso corto. ‖ Estancarse, permanecer estacionario, no avanzar en propósitos, logros, metas, proyectos o planes.

estacionario, ria *adj.* Que se mantiene en el mismo estado, lugar o situación. ‖ En física, se dice del fenómeno que se repite de manera idéntica a lo largo del tiempo.

estadía s. f. Estancia, permanencia en un lugar. || Tiempo que permanece una persona posando como modelo para un pintor o escultor.

estadio s. m. Recinto circular u oval con graderías en todo su perímetro para el público asistente a competencias deportivas. || Etapa o fase de un proceso. *Estadio prenatal del desarrollo encefálico.*

estadista s. com. Persona con gran saber y experiencia en los asuntos de gobierno.

estadística s. f. Estudio de los datos cuantitativos de la población, los recursos naturales, la producción, el comercio interno y externo, así como las demás manifestaciones sociales susceptibles de cuantificarse. || Conjunto de estos datos. || Rama de las matemáticas dedicada al manejo de grandes volúmenes de datos con el fin de obtener inferencias probabilísticas acerca del fenómeno objeto de estudio.

estadístico, ca adj. y s. Perteneciente o relativo a la estadística. || Persona cuya especialidad es la estadística.

estado s. m. Situación o condición en que se halla algo o alguien. || Cada uno de los estamentos o clases en que se dividía la sociedad: la nobleza, el clero y el tercer estado formado por los plebeyos. || Conjunto de territorio, población y gobierno de un país. || Conjunto de los cuerpos y órganos de gobierno de un país soberano. || Cada una de las divisiones territoriales y políticas en que se divide una federación política. || En física, cada una de las formas de mayor o menor agregación en que se presenta la materia: sólido, líquido, gaseoso, plasma, cada una con sus propiedades físicas. || loc. *Estado civil:* condición legal del individuo en relación con sus derechos y obligaciones civiles.

estadounidense adj. y s. Oriundo de los Estados Unidos de América. || Perteneciente o relativo a dicho país.

estafa s. f. Acción y efecto de estafar. || Delito consistente en causar a alguien un perjuicio o daño patrimonial mediante el engaño, por ánimo de lucro.

estafador, ra s. Persona dedicada a la estafa.

estafar t. Solicitar con maña dinero o cosas de valor a sabiendas de que no se reintegrarán al propietario. || Cometer alguno de los delitos tipificados por el lucro como finalidad y el engaño como medio.

estafeta s. f. Oficina postal. || Correo especial para el servicio diplomático. || En las carreras deportivas de relevos, rollo de madera pintado con los colores del equipo, que cada corredor entrega al que ha de correr la siguiente etapa.

estalactita s. f. Formación calcárea cónica y con la punta hacia abajo, formada en las cavernas por la filtración de agua con carbonato de calcio disuelto.

estalagmita s. f. Formación calcárea cónica con la punta hacia arriba, formada en las cavernas por la filtración de agua carbonatada que cae de las estalactitas.

estallar intr. Reventar de golpe una cosa produciendo estruendo o chasquido. || Sobrevenir, ocurrir violentamente. || Sentir violenta y repentinamente una persona alguna pasión o afecto.

estallido s. m. Acción y efecto de estallar.

estambre s. m. Hilo grueso formado de multitud de filamentos más delgados y retorcidos juntos. || En botánica, órgano masculino en las flores de las fanerógamas, formado por la antera cargada de polen y un filamento que la sostiene.

estampa s. f. Reproducción de una imagen (cuyo original puede ser fotografía, litografía, xilografía, dibujo u otros) trasladada e impresa en papel. || Papel o tarjeta con esta reproducción. || Por antonomasia, hojita o tarjeta con una imagen religiosa. || Figura total de una persona o animal.

estampado, da adj. Se dice de la tela o tapiz adornado con motivos, dibujos o diseños impresos. || Se dice del objeto fabricado por presión o percusión del material en un molde.

estampadora s. f. Máquina para efectuar el estampado en metales, madera o barro. || Máquina que estampa telas.

estampar t. Imprimir, hacer estampas o producirlas con molde. || Dar forma a una plancha metálica entre dos matrices que se comprimen por percusión. || Hacer marca o huella por compresión o golpe en un material blando. || t. y pr. Arrojar a alguien contra algo haciéndolo chocar o colisionar uno con alguna cosa.

estampida s. f. Huida impetuosa y desordenada de una persona o animal, y particularmente de un conjunto de ellos.

estampido s. m. Ruido fuerte, seco y ensordecedor como el producido por un trueno o el disparo de un cañón.

estampilla s. f. Sello de correos o fiscal.

estancado, da adj. Dicho de un líquido, especialmente del agua, que ha detenido su curso y se encuentra acumulado en algún lugar. || Se dice del asunto, negocio o proceso que está suspendido o detenido.

estancar t. y pr. Detener o detenerse el curso de un fluido, especialmente el agua. || Obstruir o suspender el curso de un trámite, negocio, asunto o proceso. || t. Haber prohibición para el comercio de cierto producto o mercancía, convirtiéndose ésta en monopolio del Estado o de alguna entidad.

estancia s. f. Permanencia en un lugar determinado. || Parte de una casa que se utiliza para la convivencia familiar y para recibir visitas. || *Arg., Chil., Per.* y *Uy.* Hacienda ganadera y agrícola. || *Cub., R. Dom.* y *Ven.* Casa de campo con huerta, próxima a la zona urbana de una ciudad.

estanciero, ra s. Dueño de una estancia o finca campestre, o persona que se ocupa de su mantenimiento.

estanco, ca adj. Que está completamente cerrado.

estándar adj. Hecho conforme a una norma de fabricación, un tipo o un modelo. || Que es aceptado o utilizado comúnmente. || s. m. Norma que se establece en una empresa para la fabricación de un producto, un método de trabajo, un nivel de calidad.

estandardización s. f. Estandarización.

estandarizado, da adj. Se dice de lo que tiene características estándar, que se adapta a una norma, modelo o tipo.

estandarizar t. Uniformar, simplificar o normalizar algo para establecer un estándar. || pr. Perder algo sus características distintivas o cualidades singulares.

estandarte s. m. Bandera o insignia de un cuerpo militar montado, una corporación de aviación o una agrupación civil o religiosa.

estanque s. m. Depósito artificial que se construye para recoger agua y conservarla estancada.

estanquillo s. m. Establecimiento donde se venden géneros estancados. ‖ *Ecua.* Taberna. ‖ *Méx.* Tienda pequeña donde se expenden al menudeo diversas mercancías empacadas.

estante s. m. Tabla horizontal adosada a la pared, o que forma parte de un mueble, para colocar cosas encima de ella.

estantería s. f. Mueble formado por estantes.

estaño s. m. Elemento químico metálico, de color blanco brillante, como la plata, duro, dúctil y maleable; entre otras de sus aplicaciones, se emplea en el envasado de alimentos y se aplica en soldaduras y en odontología; en aleación con el cobre, da origen al bronce; su número atómico es 50 y su símbolo Sn.

estar intr. y pr. Hallarse una persona o cosa en determinado lugar o situación. ‖ Permanecer estable temporalmente en cierto lugar o circunstancia. ‖ Encontrarse dispuesto para algo. ‖ Vivir o trabajar con alguien. ‖ Acudir a un sitio o entrevistarse con alguien para un asunto. ‖ Ser causa o motivo de algo. ‖ Alcanzar algo un precio determinado en un mercado. ‖ Atravesar por determinada emoción o mostrar cierta actitud.

estarcido s. m. Dibujo o decorado hecho con la técnica de estarcir, y la técnica misma.

estarcir t. Estampar figuras pasando una brocha con pigmento, o aplicando pintura en rocío, sobre plantillas en las que se ha calado el motivo deseado. *Estarcieron dibujos en las paredes.*

estatal adj. Perteneciente o relativo al Estado.

estática s. m. Parte de la mecánica que estudia el equilibrio de los sistemas de fuerzas y las leyes respectivas.

estático, ca adj. Perteneciente o relativo a la estática. ‖ Que permanece en un mismo estado, sin moverse ni cambiar. ‖ *fig.* Que se ha quedado paralizado por la emoción o el asombro.

estatua s. f. Escultura que representa una figura humana o animal a imitación del natural.

estatuir t. Determinar y establecer aquello que debe regir a personas o actividades. ‖ Demostrar y dejar sentado como verdad un hecho o una doctrina.

estatura s. f. Medida de la altura de una persona de los pies a la cabeza.

estatus s. m. Posición social.

estatutario, ria adj. Relativo a los estatutos o que se halla estipulado en ellos.

estatuto s. m. Conjunto de normas que rigen la vida y la organización de una comunidad.

éste pron. Pronombre demostrativo que, al igual que ésta, éstos, éstas y esto, señalan algo que está muy cercano a la persona que habla.

este[1] s. m. Oriente, punto cardinal por donde sale el Sol. ‖ Lugar o región situados en dirección a ese punto. ‖ adj. y s. Se dice del viento que sopla desde dicho punto.

este[2] adj. Adjetivo demostrativo que al igual que esta, estas, estos, expresa proximidad de algo, en espacio y tiempo, a la persona que habla.

estela s. f. Franja de turbulencia que deja tras de sí un cuerpo que se desplaza en un fluido. ‖ Rastro o señal que deja en el aire un cuerpo en movimiento.

estelar adj. Perteneciente o relativo a las estrellas. ‖ *fig.* Principal, de gran importancia o categoría.

estentóreo, rea adj. Se dice de la voz o sonido muy ruidoso, fuerte y que retumba.

estepa s. f. Ecosistema semiárido, propio de climas extremosos, formado por terrenos llanos y extensos, con escasa vegetación en la que predominan las hierbas bajas y los matorrales.

estepario, ria adj. Relativo a la estepa o propio de ella.

estera s. f. Tejido de fibras vegetales, de textura gruesa, que se utiliza generalmente como alfombra.

estercolero s. m. Sitio donde se acumula el estiércol para su fermentación y posterior empleo como abono orgánico. ‖ *fig.* Lugar muy sucio y maloliente.

estereofonía s. f. Técnica de reproducción de sonidos grabados o radiodifundidos que se caracteriza por la reconstitución espacial de las fuentes sonoras.

estereofónico, ca adj. Perteneciente o relativo a la estereofonía.

estereotipo s. m. Concepción o imagen simplista de algún aspecto o personaje que es comúnmente aceptada por un grupo social.

estéril adj. Que no produce fruto, o que no puede producir nada. ‖ Que está libre de microbios. ‖ En biología, se dice del animal incapaz de reproducirse por medios naturales.

esterilización s. f. Acción y efecto de esterilizar. ‖ Operación quirúrgica que se practica a una persona o animal para eliminar su capacidad reproductiva.

esterilizado, da adj. Que se ha vuelto estéril. ‖ Que está libre de gérmenes.

esterilizador, ra adj. Que esteriliza. ‖ s. m. Aparato para esterilizar instrumentos quirúrgicos o utensilios.

esterilizar t. y pr. Volver, o volverse algo, estéril. ‖ t. En medicina y bacteriología, destruir los microorganismos que, al hallarse en un medio determinado, podrían provocar una infección. ‖ Practicar a una persona o animal una intervención quirúrgica para eliminar su capacidad reproductiva.

esterilla s. f. Tela basta tejida con hilos gruesos bastante separados entre sí. ‖ *Arg., Chil., C. R., Ecua.* y *Uy.* Tejido ralo cuya trama es parecida a la del cañamazo.

esternocleidomastoideo adj. y s. m. Músculo largo y fuerte que se inserta en el esternón, la clavícula y la apófisis mastoides.

esternón s. m. Hueso plano, situado en la parte anterior de la caja torácica, en el que, en el ser humano, se insertan las diez primeras costillas.

estero s. m. Zona de un litoral que se inunda durante la pleamar. ‖ *Amér.* Brazo formado por afluentes que comunican unos ríos con otros. ‖ *Bol., Col.* y *Ven.* Terreno cenagoso, humedal. ‖ *Chil.* Arroyo o riachuelo.

estertor s. m. Respiración difícil y sibilante característica de la agonía y el estado de coma.

esteta s. com. Persona inclinada al aprecio de la belleza del arte, que antepone ésta a cualquier otro valor. ‖ Especialista en estética.

estética s. f. Teoría filosófica que trata de la belleza de la forma y la emoción que ésta despierta en el ser humano. ‖ Teoría que trata de la belleza en el arte. ‖ Aspecto exterior de alguien o algo desde el punto de vista de la belleza de la forma.

esteticismo s. m. Doctrina, o actitud, que da primordial importancia a los valores estéticos, en particular en el arte y la literatura.

estético, ca *adj.* Perteneciente o relativo a la estética. ‖ Se dice de lo que es bello en su forma o artístico. ‖ *s. f. Méx.* Establecimiento donde se brindan tratamientos de belleza, cortes de cabello y otros servicios similares.

estetoscopio *s. m.* Instrumento médico para auscultar mediante la ampliación de los sonidos del pecho y otras partes del cuerpo.

estiaje *s. m.* Caudal mínimo, o nivel más bajo, de un curso de agua que se da en determinada época del año. ‖ Periodo que dura tal condición.

estiba *s. f.* Acción y efecto de estibar. ‖ En marina, conveniente colocación de las mercancías en un barco.

estibador, ra *s.* Persona que por oficio estiba mercancías en los muelles.

estibar *t.* Acomodar cosas o materiales sueltos apretándolos, para que ocupen el menor espacio posible. ‖ Cargar y descargar mercancías en los muelles. ‖ En marina, distribuir la carga de un barco de manera conveniente.

estiércol *s. m.* Excremento de animal. ‖ Abono natural compuesto por excrementos animales, detritos vegetales y otras materias orgánicas en descomposición.

estigma *s. m.* Marca que se hacía con hierro candente sobre alguna parte del cuerpo de alguien, como signo de esclavitud o como castigo. ‖ *fig.* Señal de bajeza moral, de infamia o deshonra. ‖ En botánica, parte superior del pistilo.

estigmatización *s. f.* Acción y efecto de estigmatizar.

estigmatizar *t.* Marcar a alguien con un hierro candente. ‖ Desacreditar o ultrajar a alguien públicamente.

estilar *intr.* Practicar, tener por costumbre, usar.

estilete *s. m.* Puñal de hoja angosta y afilada. ‖ Instrumento quirúrgico que sirve para ver la dirección y profundidad de una herida.

estilista *s. com.* Escritor u orador que sobresale por lo esmerado de su estilo. ‖ Persona cuya profesión consiste en cuidar y mejorar el estilo y la imagen de otras.

estilística *s. f.* En lingüística, estudio científico del estilo con base en criterios léxicos, fonéticos, sintácticos y retóricos.

estilístico, ca *adj.* Perteneciente o relativo al estilo.

estilización *s. f.* Acción y efecto de estilizar o estilizarse.

estilizado, da *adj.* Se aplica a los objetos resaltados en sus elementos más característicos. ‖ Fino, esbelto.

estilizar *t.* Representar alguna cosa destacando de manera selectiva sus rasgos más característicos, según el efecto que se quiera lograr. ‖ *t.* y *pr.* Hacer o hacerse más esbelto.

estilo *s. m.* Manera peculiar de pensar, actuar o vivir. ‖ Conjunto de características o rasgos que particularizan a alguien o algo. ‖ Modo peculiar de crear o interpretar obras artísticas, musicales o literarias distintivo de una época. ‖ Punzón metálico que se empleaba para escribir sobre tarjetas de cera.

estilográfica *s. f.* Instrumento para escribir que tiene un depósito de tinta líquida en el mango.

estima *s. f.* Valoración o consideración que se hace de alguien o algo. ‖ Estimación, cariño o afecto que se siente por alguien o algo.

estimable *adj.* Que es digno de aprecio y estima.

estimación *s. f.* Acción y efecto de estimar, calcular algo. ‖ Aprecio y consideración hacia alguien o algo. ‖ En estadística, busca de uno o varios parámetros característicos de una población en la que se ha efectuado un muestreo.

estimar *t. intr.* y *pr.* Atribuir un valor a algo. ‖ *t.* y *pr.* Sentir cariño o afecto por alguien o algo. ‖ Creer, juzgar, suponer. ‖ En estadística, realizar una estimación.

estimativo, va *adj.* Que es una estimación, un cálculo aproximado.

estimulación *s. f.* Acción y efecto de estimular.

estimulante *adj.* Estimulador, que estimula. ‖ *s. m.* Sustancia o medicamento que promueve, facilita o aumenta la actividad de un órgano o una función del organismo.

estimular *t.* Provocar que alguien sienta un intenso deseo de hacer algo. ‖ Hacer que algo, sobre todo una función orgánica, se active.

estímulo *s. f.* Incitación, motivación para hacer algo. ‖ En biología, agente físico, químico o mecánico que desencadena una reacción o activa las funciones de un organismo.

estío *s. m.* Verano.

estipendio *s. m.* Remuneración que se paga a una persona a cambio de su trabajo o servicios.

estipulación *s. f.* Pacto o convenio, en particular si se hace verbalmente. ‖ Cláusula contenida en un contrato o documento similar.

estipular *t.* Acordar o convenir algo. ‖ En derecho, determinar de manera verbal las condiciones de un contrato.

estirar *t.* y *pr.* Aplicar fuerzas opuestas en ambos extremos de algo para alargarlo. ‖ Poner o ponerse tenso y tirante. ‖ Mover o desplegar brazos y piernas lentamente para desperezarse o desentumecerse. ‖ *pr.* Crecer rápidamente un niño o un adolescente. ‖ *t.* En tecnología, realizar el estirado de una pieza metálica o de fibra textil. ‖ *fig.* Administrar el dinero o los recursos a fin de que alcancen para cubrir el mayor número de necesidades posible. ‖ *intr.* Hacer fuerza sujetando el extremo de algo para tensarlo.

estirón *s. m.* Acción de estirar algo con un tirón brusco. ‖ Aumento rápido en la estatura de un niño o adolescente.

estirpe *s. f.* Linaje, línea de ancestros de la que proviene una persona.

estival *adj.* Perteneciente o relativo al estío. *Clima estival.*

estofa *s. f.* Tela de lana o seda con figuras formadas por su propio tejido, como el brocado. ‖ *fig.* Clase, calidad, calaña.

estofado *s. m.* Cocimiento a fuego lento de la carne en un recipiente con tapa y acompañada por verduras y sazonadores. ‖ Guiso elaborado con este procedimiento.

estofar¹ *t.* Cocer a fuego lento y en un recipiente bien tapado, carne y otros alimentos.

estofar² *t.* Raspar con una punta el color que se ha aplicado sobre algunas partes del dorado de una escultura en madera, para que el oro quede al descubierto. ‖ Pintar al temple y en relieve sobre oro bruñido. ‖ Acolchar una tela.

estoicismo *s. m.* Fortaleza ante las adversidades y austeridad en el modo de vida.

estoico, ca *adj.* Que se muestra indiferente tanto al placer como al dolor. || Que se comporta con entereza ante la adversidad.

estola *s. f.* Prenda de abrigo femenina en forma de una tira larga y ancha.

estólido, da *adj.* y *s.* Persona que carece de raciocinio, estúpido.

estoma *s. m.* Abertura microscópica en la superficie de las hojas o tallos de las plantas verdes.

estomacal *adj.* Perteneciente o relativo al estómago. || Licor o medicamento que, al tonificar al estómago, favorece la digestión.

estómago *s. m.* Parte del tubo digestivo situada entre el esófago y el intestino delgado.

estomatología *s. f.* Parte de la medicina que estudia y trata las enfermedades de la boca.

estonio, nia *adj.* y *s.* Nacido en Estonia, país del norte de Europa. || Perteneciente o relativo a Estonia. || *s. m.* Lengua ugrofinesa que se habla en Estonia.

estopa *s. f.* Residuo de las operaciones textiles de elaboración de fibras de lino y cáñamo. || Tela tosca que se teje con la hilaza de la estopa. || Cuerda o cáñamo sin retorcer que se usa para hacer juntas.

estoque *s. m.* Espada de hoja estrecha que sólo puede herir con la punta. || Daga puntiaguda que se lleva oculta en un bastón. || En tauromaquia, espada con la que se mata al toro.

estorbar *t.* Impedir u obstaculizar que se haga alguna cosa. || *fig.* Molestar, hacer que alguien se sienta incómodo.

estorbo *s. m.* Persona o cosa que estorba.

estorboso, sa *adj.* Que estorba.

estornino *s. m.* Pájaro de unos 20 cm de largo, plumaje oscuro con manchas blancas y pico amarillo de forma cónica; se alimenta de insectos y frutos.

estornudar *intr.* Emitir un estornudo.

estornudo *s. m.* Acción de expulsar bruscamente aire por la boca y nariz debido a una contracción súbita de los músculos respiratorios.

estrábico, ca *adj.* Relacionado con el estrabismo. || *s.* Persona bizca.

estrabismo *s. m.* Defecto de los músculos oculares que provoca que éstos se desvíen uno del otro.

estrado *s. m.* Lugar de honor en un salón de actos, más elevado que el piso y separado de los asientos destinados al público en general. || Tarima cubierta con alfombra o tapete sobre la que se coloca el trono de un rey o la mesa de un presidente en un acto público.

estrafalario, ria *adj. fam.* Desaliñado, que viste de manera ridícula. || Que tiene pensamientos o acciones extravagantes.

estrago *s. m.* Destrucción o daño a gran escala causado por un desastre natural o una guerra. || Perjuicio o daño moral.

estragón *s. m.* Hierba aromática, de sabor ligeramente picante y olor anisado, que se emplea como condimento.

estrambótico, ca *adj. fam.* Que choca con lo considerado normal o de buen gusto, extravagante.

estrangulación *s. f.* Estrangulamiento, acción y efecto de estrangular.

estrangulado, da *adj.* Ahogado, ahorcado.

estrangulador, ra *adj.* Que estrangula. || *s. m.* Dispositivo para regular el ingreso o salida de aire de un carburador, y válvula que se encuentra a la entrada de éste.

estrangular *t.* y *pr.* Oprimir el cuello de alguien para impedirle respirar. || Estrechar un conducto por alguno de sus puntos. || Impedir que se lleve a cabo algún plan o proyecto.

estratagema *s. f.* Ardid estratégico para vencer al enemigo en una guerra. || Engaño ingenioso, fingimiento.

estratega *s. m.* Militar especializado en estrategia.

estrategia *s. f.* Arte de planificar y dirigir las operaciones militares. || Arte de eslabonar un conjunto de acciones para alcanzar un objetivo.

estratégico, ca *adj.* Perteneciente o relativo a la estrategia.

estratificación *s. f.* Disposición de algo en capas superpuestas. || En geología, disposición de los sedimentos o rocas sedimentarias en capas superpuestas. || En sociología, división de una sociedad en capas o estratos según su nivel cultural, sus estudios, su profesión, su riqueza o pobreza, etc.

estratificado, da *adj.* Dispuesto o colocado en capas o estratos.

estratificar *t.* Acomodar algo disponiéndolo en capas superpuestas. || *t.* y *pr.* Disponer o disponerse en estratos.

estrato *s. m.* Cada una de las capas superpuestas que conforman un terreno, sobre todo uno sedimentario. || Tipo de nube baja, paralela al horizonte, densa y de color gris. || Referido a una encuesta, cada una de las subdivisiones de una muestra en conjuntos homogéneos.

estratosfera *s. f.* Capa de la atmósfera ubicada entre la troposfera y la mesosfera, en la que la temperatura es constante.

estrechamiento *s. m.* Acción y efecto de estrechar o estrecharse.

estrechar *t.* Hacer algo estrecho, o más estrecho. || *fig.* Compeler a alguien para que diga o haga algo, obligarlo a ello. || *t.* y *pr.* Abrazar o apretar a alguien o algo. || Aumentar la intimidad o la cercanía de una relación. || *pr.* Apretarse los que se hallan en un sitio para que quepa más gente. || Disminuir los gastos para que alcance un presupuesto.

estrechez *s. f.* Estrechura, cualidad de estrecho. || *fig.* Escasez de recursos económicos, pobreza. (Se usa más en plural). || *fig.* Limitación intelectual, en el criterio o en la moralidad.

estrecho *s. m.* Sitio donde el mar, limitado por dos porciones de tierra, forma un paso angosto.

estrecho, cha *adj.* Que tiene poca anchura, o que es menos ancho que otras cosas de su misma clase. || Muy ajustado o ceñido. || *fig.* Íntimo, cercano.

estregar *t.* y *pr.* Frotar fuertemente una cosa sobre otra, restregar.

estrella *s. f.* Astro que está dotado con luz propia. || Exceptuando el Sol y la Luna, cualquiera de los objetos que brillan en el cielo nocturno. || Objeto o adorno en forma de estrella, o formado por líneas que irradian de un punto central. || Símbolo de ciertas categorías militares, que se prende como divisa en los uniformes. || *f.* Persona que por su desempeño sobresale en su profesión o actividad. || *fig.* Artista de cine o de televisión, en particular los famosos. ‖ Destino, influencia que se atribuye a los astros sobre las personas.

estrellado, da adj. Con forma de estrella. ‖ Lleno de estrellas.

estrellar t. y pr. fam. Arrojar algo violentamente contra una superficie dura para hacerlo pedazos. ‖ t. Freír huevos vaciándolos directamente en el sartén. ‖ pr. Chocar algo contra un obstáculo, o caer con fuerza sobre una superficie dura, sufriendo daños. ‖ fig. Fracasar un asunto a causa de una dificultad que no se pudo superar.

estrellato s. m. Condición de estrella, nivel del artista de la farándula que ha alcanzado éxito y fama.

estremecedor, ra adj. Que estremece, que causa un fuerte impacto emocional.

estremecer t. Hacer que tiemble algo. ‖ fig. Producir sobresalto, o un fuerte impacto emocional, algún suceso imprevisto o extraordinario. ‖ pr. Temblar alguien con movimiento agitado. ‖ fig. Sobresaltarse, sentir una agitación repentina.

estremecimiento s. m. Acción y efecto de estremecer o estremecerse.

estrenar t. Usar algo nuevo por primera vez. ‖ Representar por primera vez un espectáculo, o proyectar por primera vez una película en un cine. ‖ pr. Comenzar a ejercer un empleo u oficio. ‖ Hacer un comerciante su primera transacción del día.

estreno s. m. Acción de estrenar algo, o estrenarse en una actividad. ‖ Primera presentación ante el público de una obra teatral, una película o un espectáculo.

estreñido, da adj. Que padece estreñimiento. ‖ Avaro, mezquino, tacaño.

estreñimiento s. m. Trastorno digestivo que produce evacuación dificultosa, infrecuente y escasa de heces duras y secas.

estreñir t. y pr. Producir algo estreñimiento, o padecerlo alguien.

estrépito s. m. Estruendo, ruido fuerte. ‖ fig. Exageración u ostentación en la forma de hacer algo.

estrepitoso, sa adj. Que produce estrépito. ‖ Desmedido, aparatoso.

estreptococo s. m. Bacteria de forma esférica que se agrupa en pares o cadenas y causa enfermedades infecciosas graves.

estrés s. m. Tensión exagerada producida por exceso de trabajo, de responsabilidad, de preocupaciones o de actividad.

estresado, da adj. Persona o animal afectado por el estrés.

estresante adj. Se dice de la situación o actividad que produce estrés.

estresar t. y pr. Causar estrés, o sentirlo.

estría s. f. Cada una de las ranuras longitudinales que se ponen en las columnas y pilastras. ‖ Línea fina en la superficie de una roca u otro objeto. ‖ pl. Cicatrices lineales que aparecen en la piel a causa de la distensión excesiva de la dermis.

estriado, da adj. Que tiene estrías.

estriar t. y pr. Formar o formarse estrías en una superficie o en la piel.

estribación s. f. Ramal corto de montaña que deriva de una cordillera.

estribar intr. Estar basado o apoyado algo inmaterial en otra cosa. ‖ Descansar alguna cosa sobre otra firme y sólida.

estribillo s. m. Verso, o conjunto de versos, que se repite al final de cada estrofa, y a veces al principio, de una composición poética. ‖ En una composición musical, parte de instrumentos o voces que se repite con regularidad a lo largo de ésta. ‖ Frase o palabra que alguien repite con frecuencia al hablar.

estribo s. m. Cada uno de los dos aros de metal suspendidos de una correa que se hallan a los lados de la silla de montar para que el jinete apoye los pies. ‖ Plataforma a manera de escalón que tienen algunos vehículos para facilitar el abordarlos. ‖ En anatomía, huesecillo que se halla en la parte media del oído.

estribor s. m. Costado derecho del barco, mirando de la popa a la proa.

estricnina s. f. Alcaloide muy venenoso que se extrae de la nuez vómica.

estricto, ta adj. Riguroso y exacto, que no admite ninguna otra interpretación o aplicación.

estridencia s. f. Cualidad de lo estridente. ‖ Sonido estridente. ‖ Exageración molesta al hablar o actuar.

estridente adj. Dicho de un sonido, que es agudo y chirriante. ‖ Se dice de los colores que desentonan por ser chillantes y mal contrastados.

estrofa s. f. Conjunto de versos que forman una unidad y se ordenan en una composición poética de manera que tengan correspondencia métrica con otros semejantes.

estroncio s. m. Elemento químico metálico alcalinotérreo, de color blanco brillante, blando; sus derivados se utilizan en pirotecnia para dar color rojo, y en las industrias cerámica y del vidrio; su número atómico es 38 y su símbolo Sr.

estropajo s. m. Planta cucurbitácea; el interior desecado de sus frutos se usa como objeto para fregar. ‖ Trozo de un fruto de esta planta, o madeja de fibras vegetales, de plástico u otro material que se utilizan para fregar.

estropajoso, sa adj. fam. Se dice de la manera de hablar torpe y confusa, difícil de entender. ‖ fig. y fam. Aplicado a una persona, que anda andrajosa y desaseada. ‖ fig. y fam. Se dice del alimento fibroso y reseco, difícil de masticar y deglutir.

estropeado, da adj. Maltratado, deteriorado, que se ha echado a perder.

estropear t. y pr. Arruinar, poner algo en mal estado o peor de lo que estaba, dejar inservible. ‖ Malograr, hacer que fracase un plan o proyecto.

estropicio s. m. Rotura o destrozo ruidoso, pero poco importante, de objetos. ‖ Actividad ruidosa, jaleo algo molesto.

estructura s. f. Forma en que están conectadas o relacionadas entre sí las diferentes partes que integran un conjunto, sea éste concreto o abstracto. ‖ Esqueleto o armadura que es el sostén de algo. ‖ En economía, y por oposición a «coyuntura», conjunto de características relativamente estables durante un determinado periodo. ‖ En filosofía, conjunto autónomo y ordenado de elementos interdependientes entre sí, cuyas relaciones se regulan por leyes. ‖ En geología, disposición de capas geológicas que están relacionadas unas con otras. ‖ En química, disposición que adoptan en el espacio las moléculas o los iones en los diferentes estados de los distintos elementos.

estructuración *s. f.* Acción y efecto de estructurar o estructurarse.

estructural *adj.* Perteneciente o relativo a la estructura o al estructuralismo.

estructuralismo *s. m.* Teoría lingüística que considera la lengua como un conjunto autónomo y estructurado en el que los términos de los diferentes niveles, como fonemas, morfemas o frases, están definidos por sus relaciones. || Teoría y método común a diversas ciencias que intenta definir los hechos humanos en función de conjuntos organizados y dar cuenta de éstos con modelos matemáticos.

estructuralista *adj.* Perteneciente o relativo al estructuralismo. || *s.* Seguidor del estructuralismo científico.

estructurar *t.* y *pr.* Ordenar o distribuir algo para darle estructura.

estruendo *s. m.* Ruido muy fuerte.

estrujar *t.* Apretar algo para exprimirlo. || Apretar algo con fuerza aplastándolo, arrugándolo o deformándolo. || Abrazar a alguien con mucha fuerza y emotividad. || *fig.* y *fam.* Sacar el mayor provecho posible de algo.

estrujón *s. m.* Acción y efecto de estrujar.

estuario *s. m.* Desembocadura de un río muy ancha y de gran caudal, por la que, al subir la marea, penetra el agua del mar.

estuche *s. m.* Caja o funda rígida para contener objetos y protegerlos del maltrato. || Conjunto de objetos que se guardan en dicha caja o funda.

estuco *s. m.* Masa de yeso pulverizado, polvo de mármol, creta, agua y cola que se usa para enlucir paredes. || Revestimiento decorativo de una pared que se realiza con este material.

estudiantado *s. m.* Alumnado, conjunto de los estudiantes que asisten a un centro de enseñanza.

estudiante *s. com.* Persona que cursa estudios en un centro de enseñanza.

estudiantil *adj. fam.* Perteneciente o relativo a los estudiantes.

estudiar *t.* Ejercitar el entendimiento a fin de comprender o conocer algo. || Reflexionar detenidamente sobre un asunto para resolverlo de la mejor manera. || *t.* e *intr.* Acudir a un centro docente para recibir los conocimientos que en él se imparten.

estudio *s. m.* Aplicación del entendimiento para comprender o conocer algo. || Cultivo y conocimiento de un arte o ciencia. || Trabajo escrito en el que un autor expone con detalle los resultados de una investigación. || Fragmento de música compuesto para que los ejecutantes se ejerciten y logren dominar determinadas dificultades técnicas. || Dibujo, pintura o escultura que se realizan en preparación de la obra definitiva. || Conjunto de trabajos previos a la realización de un proyecto. || Habitación en la que un intelectual o un artista hace su trabajo. || *fig.* Afectación, cuidado extremo en lo que se dice o hace. || *pl.* Conjunto de cursos que integran una carrera o un ciclo académico. || Edificio espacioso, con diferentes locales, donde se graban y transmiten programas de radio o de televisión, o se filman y procesan películas.

estudioso, sa *adj.* Se dice de quien estudia mucho y con dedicación. || *s.* Persona que se dedica al estudio de alguna materia y posee sobre ésta un conocimiento amplio y profundo.

estufa *s. f.* Aparato que sirve para calentar lugares cerrados. || *Méx.* Cocina, mueble con hornillas para cocer los alimentos.

estupefacción *s. f.* Estupor, asombro tan intenso que deja pasmado, sin saber qué hacer.

estupefaciente *adj.* Que produce estupefacción. || *s. m.* Sustancia sedante potencialmente adictiva, ya que inhibe el dolor y causa sensación de bienestar.

estupefacto, ta *adj.* Atónito, que ha quedado pasmado por el asombro.

estupendo, da *adj.* Muy bueno, muy atractivo o que sorprende gratamente.

estupidez *s. f.* Condición del estúpido. || Dicho o hecho propio de un estúpido.

estúpido, da *adj.* y *s.* Persona que es lenta y torpe para entender. || Que es propio de alguien torpe para entender.

estupor *s. m.* Asombro muy grande que impide reaccionar.

estupro *s. m.* Delito consistente en tener relaciones sexuales con un menor.

esturión *s. m.* Pez marino de cuerpo alargado y estrecho; llega al estado adulto en los estuarios, donde se reproduce, y luego pasa al mar.

esvástica o **svástica** *s. f.* Cruz cuyos brazos se prolongan en forma de ángulo recto.

etapa *s. f.* Punto determinado que en un recorrido se establece como lugar de parada. || Distancia comprendida entre dos puntos que se recorre de una sola vez. || *fig.* Parte de un proceso o acción diferenciada de las otras.

etcétera *s. m.* Expresión para indicar, al final de una enumeración, que en ésta aún hay otros elementos que no se mencionaron.

éter *s. m.* Fluido invisible, imponderable y elástico que, según una antigua teoría, llenaba el espacio y era agente de transmisión de la luz. || En poesía, nombre dado a la bóveda celeste. || En química, óxido de etilo; es muy volátil e inflamable y buen disolvente.

etéreo, a *adj.* Perteneciente o relativo al éter. || *fig.* Que es vago, sutil, intangible o sublime; se usa sobre todo en poesía.

eternizar *t.* y *pr.* Hacer que algo dure, o durar esto, un tiempo muy largo. || *t.* Hacer que se perpetúe alguna cosa. || *pr.* Tardarse demasiado en hacer algo.

eterno, na *adj.* Que no tiene principio ni fin. || Que no tendrá fin. || Que resulta válido en cualquier época. || Que dura demasiado. || Que se repite frecuentemente o con insistencia.

ética *s. f.* Parte de la filosofía que estudia los actos humanos desde el punto de vista de su valoración moral. || Conjunto de los principios y normas morales por los cuales se rigen las actividades humanas.

ético, ca *adj.* Perteneciente o relativo a la ética. || Que es conforme a la moral.

etílico, ca *adj.* Se aplica al alcohol que se obtiene por destilación de productos de fermentación de sustancias azucaradas como uva, melaza, remolacha y papa, principal producto de las bebidas alcohólicas como el vino, la cerveza o los licores.

etimología *s. f.* Origen de las palabras, de su significado y de su forma. || Parte de la lingüística que estudia el origen de las palabras, de su significado y de su forma.

etimológico, ca *adj.* Perteneciente o relativo a la etimología.

etiología s. f. Estudio sobre las causas de las cosas.

etíope o **etiope** adj. De Etiopía, país de África antes llamado Abisinia. || Perteneciente o relativo a este país de África.

etiqueta s. f. Trozo de papel, cartulina u otro material semejante sujeto o adherido a alguna cosa en la que se indica su identificación, precio, contenido, etc. || Ceremonial o conjunto de reglas y formalidades que se observan en los actos solemnes u oficiales. || Calificación que se aplica a una persona por su forma de pensar, de comportarse o de ser, o que la relaciona con una determinada ideología.

etiquetado s. m. Acción y efecto de etiquetar. || Colocación de etiquetas en un producto o en un conjunto de ellos.

etiquetar t. Colocar la etiqueta a una cosa. || Poner una etiqueta o calificativo a alguien.

etnia s. f. Comunidad de personas con afinidades culturales, que comparten la misma lengua, creencias y costumbres.

étnico, ca adj. Relacionado o perteneciente a una etnia.

etnografía s. f. Rama de la antropología que estudia y describe las costumbres y las tradiciones de los pueblos.

etnología s. f. Rama de la antropología que se ocupa de realizar estudios comparados de las etnias y las culturas de los pueblos.

etología s. f. Ciencia que se ocupa del estudio científico del carácter y de los modos de comportamiento del humano. || Rama de la biología que estudia el comportamiento animal.

etrusco, ca adj. De Etruria o relativo a esta antigua región del centro-norte de Italia. || Natural de Etruria. || Lengua hablada por el pueblo que habitó esa región.

eucalipto s. m. Árbol con el tronco recto y copa cónica que alcanza gran altura; las hojas duras y olorosas tienen propiedades medicinales; su corteza se utiliza en el curtido de pieles y con su madera se fabrica papel. || Madera de este árbol. || Extracto que se obtiene de las hojas de este árbol.

eucariota s. m. Organismo unicelular cuyo núcleo está separado del citoplasma por una membrana.

eucaristía s. f. Sacramento de la Iglesia católica según el cual el pan y el vino son convertidos en el cuerpo y la sangre de Cristo, por medio de la consagración. || Ceremonia en la cual se celebra este sacramento.

euclidiano, na adj. De Euclides o relativo al método de este matemático griego.

eufemismo s. m. Palabra o expresión más suave o decorosa con que se sustituye otra más grosera, impertinente, violenta o que se considera tabú.

eufemístico, ca adj. Perteneciente o relativo al eufemismo.

euforia s. f. Manifestación de una sensación intensa de alegría o de bienestar. || Estado anímico que es síntoma en algunas intoxicaciones y en ciertas enfermedades del sistema nervioso.

eufórico, ca adj. Perteneciente o relativo a la euforia. || Se aplica a la persona que manifiesta una alegría intensa.

eunuco s. m. Hombre castrado, especialmente el que cuidaba de las mujeres de un harén. || desp. Hombre poco viril, afeminado.

eureka interj. Se emplea cuando se descubre algo que se busca con ahínco.

euritmia s. f. Buena disposición y armonía entre las diversas partes de una obra de arte. || fig. Equilibrio de las facultades. || Regularidad del pulso. || Combinación acertada de sonidos musicales.

euro s. m. Unidad monetaria de la mayoría de los países de la Unión Europea. || Uno de los cuatro vientos cardinales, que sopla del este.

europeísmo s. m. Predilección por las cosas de Europa.

europeización s. f. Acción y efecto de europeizar.

europeizante adj. y s. com. Se aplica a la persona que europeíza o se europeíza.

europeo, a adj. Persona que es de Europa. || De Europa o relativo a este continente.

europio s. m. Elemento químico metálico que pertenece al grupo de las tierras raras; algunos de sus derivados tienen color y se utilizan en las industrias electrónica y nuclear; su número atómico es 63 y su símbolo Eu.

eutanasia s. f. Acción de provocar la muerte a un enfermo incurable para evitarle mayores sufrimientos físicos y psíquicos.

evacuación s. f. Acción y efecto de evacuar. || Expulsión de excrementos del cuerpo.

evacuar t. Desocupar, abandonar un sitio las personas que lo habitan o se encuentran en él. || Desocupar, abandonar una tropa una plaza, una ciudad, una fortaleza, etc. || intr. Expulsar los excrementos del organismo.

evadir t. Eludir o evitar una dificultad, un compromiso, un daño o un peligro. || pr. Fugarse o escaparse de una prisión o encierro.

evaluación s. f. Acción y efecto de evaluar. || Valoración de algo.

evaluar t. Analizar para determinar o estimar el valor, el precio, importancia o trascendencia de algo. || Estimar el grado de conocimientos, aptitudes y rendimiento de los alumnos.

evanescente adj. Que se desvanece o esfuma. || fig. Que no dura, que desaparece pronto.

evangélico, ca adj. Perteneciente o relativo al Evangelio. || Se aplica a las iglesias surgidas de la Reforma protestante, como la luterana, la calvinista, etc.

evangelio s. m. Relato sobre la vida, doctrina y milagros de Jesucristo contenido en los escritos de los cuatro evangelistas, que forman parte del Nuevo Testamento. || fam. Verdad indiscutible. Lo dicho por su líder era para ellos el evangelio.

evangelismo s. m. Acto de compartir las creencias evangélicas o de anunciar el Evangelio cristiano.

evangelista s. com. Persona que predica el Evangelio.

evangelizar t. Predicar el Evangelio o dar a conocer la doctrina cristiana.

evaporación s. f. Acción y efecto de evaporar o evaporarse. || Transformación de un líquido en gas.

evaporador, ra adj. Que evapora. || s. m. Aparato que sirve para concentrar disoluciones por evaporación de sustancias volátiles.

evaporar t. Convertir en vapor o en gas un líquido. || Hacer que se disipe o desaparezca una cosa material o inmaterial. || Desaparecerse algo o alguien.

evasión s. f. Acción y efecto de evadir o evadirse. || Recurso para eludir o evadir una dificultad o responsabilidad. || Fuga, huida.

E

evasiva *s. f.* Excusa o pretexto que se da para no hacer algo.

evasivo, va *adj.* Que permite eludir una responsabilidad, una dificultad o un peligro.

evasor, ra *adj.* Que evade o se evade. ‖ *s.* Persona que comete evasión de impuestos o de capitales.

evento *s. m.* Acontecimiento, suceso. ‖ *Amér.* Acto programado, de índole social, académica, artística o deportiva.

eventual *adj.* Que no es fijo ni regular, sino sujeto a las circunstancias o contingencias. ‖ Se aplica al trabajador temporal que no forma parte de la planta de trabajadores.

eventualidad *s. f.* Cualidad de eventual. ‖ Hecho que puede suceder pero no es previsible.

evidencia *s. f.* Certeza tan clara y manifiesta que resulta indudable o innegable.

evidenciar *t.* Hacer que algo sea claro, evidente y manifiesto.

evidente *adj.* Que es cierto, tan claro y manifiesto que resulta indudable o innegable.

evitar *t.* Impedir que ocurra algo. ‖ Rehuir a alguien o algo.

evocación *s. f.* Recuerdo o descripción de cosas pasadas.

evocador, ra *adj.* Que evoca algo o despierta un sentimiento.

evocar *t.* Traer alguna cosa a la memoria o a la imaginación. ‖ Llamar a los espíritus y a los muertos para que se manifiesten.

evolución *s. f.* Acción y efecto de evolucionar. ‖ Transformación gradual de algo. ‖ *pl.* Movimiento de alguien o algo que se desplaza describiendo curvas.

evolucionar *intr.* Desarrollarse o transformarse gradualmente algo, pasando de un estado a otro. ‖ Desplazarse describiendo curvas alguien o algo.

exabrupto *s. m.* Dicho, gesto o ademán brusco e inesperado que se expresa como descortesía o insolencia.

exacerbado, da *adj.* Irritado, enojado. ‖ Se aplica a la enfermedad agravada o a los síntomas que se agudizan. ‖ Intensificado, acrecentado, exagerado.

exacerbar *t.* Exasperar, irritar, causar un enojo grande. ‖ Hacer más fuerte un sentimiento; agravar un dolor, una enfermedad, etc.

exactitud *s. f.* Precisión de una medida, dato, etc., o ajuste perfecto de una cosa con otra. *Al maestro le desagradan las vaguedades, exige exactitud.*

exacto, ta *adj.* Que es preciso o que se ajusta perfectamente a algo. *Para la construcción del puente se requieren cálculos exactos.* ‖ *adv.* Se usa para responder afirmativamente a una pregunta o indicar que se está de acuerdo con una afirmación. *¿Está correcta la fecha? Exacto.*

exageración *s. f.* Acción y efecto de exagerar. ‖ Dicho, hecho o cosa que sobrepasa los límites de lo justo, lo razonable o lo verdadero.

exagerado, da *adj.* Excesivo, que sobrepasa los límites de lo justo, razonable o verdadero. ‖ *s.* Se aplica a la persona que exagera.

exagerar *t.* Hacer que algo parezca más grande o importante de lo que es. ‖ Hacer que algo sobrepase los límites de lo justo, razonable o verdadero.

exaltado, da *adj.* Muy intenso o excitado. ‖ *s.* Que se exalta o excita con facilidad, fanático o extremista en sus actos y opiniones.

exaltante *adj.* Que realza las cualidades de algo o alguien. ‖ Que hace enojar. ‖ Que aviva un sentimiento.

exaltar *t.* Elevar a alguien o algo a una mayor dignidad, honor o categoría. ‖ *pr.* Emocionarse en extremo o perder la moderación o la calma.

examen *s. m.* Análisis y estudio que se hace de algo para conocer sus características o cualidades, o para determinar su estado. ‖ Prueba que se hace para valorar los conocimientos o la capacidad de una persona.

examinado, da *adj.* Que se ha sometido a examen.

examinador, ra *s.* Persona que examina.

examinar *t.* Estudiar y analizar algo para conocer sus características o cualidades, o para determinar su estado. ‖ Someter a alguien a un examen para valorar sus conocimientos o capacidad. ‖ Observar atentamente una cosa.

exánime *adj.* Sin señal de vida o sin vida. ‖ Muy débil, sin aliento.

exasperación *s. f.* Acción y efecto de exasperar. ‖ Irritación o enfurecimiento grandes.

exasperado, da *adj.* Que está muy enojado e inquieto, llegando a perder la paciencia.

exasperar *t.* Causar gran irritación o enojo.

excarcelar *t.* Liberar a un preso por mandato judicial.

excavación *s. f.* Acción y efecto de excavar. ‖ Perforación, hoyo o agujero hecho en un terreno.

excavador, ra *adj.* Que excava. ‖ *s. f.* Máquina provista de una gran pala utilizada para excavar.

excavar *t.* Hacer un hoyo en el suelo extrayendo tierra.

excedente *adj.* Que excede o sobra. ‖ Se aplica a la persona que está temporalmente sin ejercer su cargo. ‖ *s. m.* Conjunto de mercancías que sobran después de satisfecha la demanda.

exceder *t.* Sobrepasar un límite o algo que se considera normal o razonable. ‖ Superar una persona o cosa a otra en alguna cualidad. *Este precio excede lo que esperábamos.* ‖ *intr.* y *pr.* Propasarse, pasarse de los límites.

excelencia *s. f.* Calidad o bondad superior de una persona o una cosa que las hace dignas de estimación y aprecio. ‖ Tratamiento de cortesía que se da a determinadas personas por su dignidad o su cargo.

excelente *adj.* Magnífico, sobresaliente, que es muy bueno.

excelentísimo, ma *adj.* Tratamiento y cortesía con que se habla a la persona a quien corresponde el de excelencia.

excelsitud *s. f.* Cualidad de excelso.

excelso, sa *adj.* Excelente, muy elevado en importancia, dignidad o categoría. ‖ Elevado, muy alto.

excentricidad *s. f.* Cualidad de excéntrico. ‖ Extravagancia, rareza. ‖ Distancia que media entre el centro de la elipse y uno de sus focos.

excéntrico, ca *adj.* y *s.* Raro, extravagante, fuera de lo normal. *A Salvador Dalí le gustaba aparecer como un excéntrico.* ‖ Que está fuera o apartado del centro, o que tiene un centro diferente.

excepción *s. f.* Acción y efecto de exceptuar. ‖ Cosa que se aparta de la regla común o de la generalidad.

excepcional *adj.* Que es muy bueno o extraordinario, algo poco común o que ocurre rara vez.

excepto *prep.* Indica que lo que se expresa a continuación constituye una excepción a lo expresado. || A excepción de, fuera de, menos, salvo. *A la excursión fuimos todos excepto Isabel, que estaba enferma.*

exceptuar *t.* Excluir a alguien o algo de la generalidad o de la regla común.

excesivo, va *adj.* Que excede o sobrepasa los límites de lo que se considera normal o razonable.

exceso *s. m.* Hecho de exceder o sobrepasar los límites de lo que se considera normal o razonable. || Cantidad en que una cosa excede a otra.

excipiente *s. m.* Sustancia neutra o químicamente inactiva que se mezcla con los medicamentos para darles la consistencia, forma, sabor, etc. *El excipiente de este antiácido tiene sabor a menta.*

excitable *adj.* Que puede ser excitado. || Que se excita con facilidad.

excitación *s. f.* Hecho de provocar una actividad o de hacer que algo se ponga en actividad.

excitado, da *adj.* Estimulado, agitado, incitado. || Entusiasmado, alterado por la alegría o el enojo.

excitante *adj.* Que excita. || *s. m.* Sustancia o medicamento estimulante. *No tomo café en la noche porque es un excitante.*

excitar *t.* y *pr.* Estimular o provocar algún sentimiento o pasión. || Despertar el deseo sexual. || Hacer que un sentimiento, estado de ánimo o actividad se intensifiquen o se produzcan. || Activar la secreción de un órgano.

exclamación *s. f.* Voz, grito o frase exclamativa con que se expresa una emoción o un sentimiento, como sorpresa, admiración o temor. *Se rompió un tobillo y daba exclamaciones de dolor.* || Signo ortográfico que se coloca al principio (¡) y al final (!) de una palabra o frase que lo demanda. *¡Sorpresa!*

exclamar *t.* Expresar palabras en voz alta con vehemencia, dar intensidad o viveza a lo que se dice. *¡Socorro! ¡Auxilio! ¡Me matan!*

exclamativo, va *adj.* Que denota exclamación.

excluido, da *adj.* Que ha sido eliminado o descartado.

excluir *t.* Quitar o echar a alguien o algo fuera del lugar que ocupaba. || Descartar, rechazar o no tener en cuenta una posibilidad. || *pr.* Ser incompatibles dos o más cosas. *Ambas opciones se excluyen.*

exclusión *s. f.* Acción y efecto de excluir.

exclusiva *s. f.* Derecho o privilegio por el que alguien es la única autorizada para realizar algo legalmente prohibido a otros.

exclusividad *s. f.* Cualidad de exclusivo. *La cantante firmó un contrato de exclusividad con la disquera.* || Inexistencia de algo igual.

exclusivismo *s. m.* Adhesión obstinada a una persona, una cosa o una idea con exclusión de otras que debían tenerse en cuenta. || Deseo de excluir de un grupo a determinadas personas.

exclusivista *adj.* Perteneciente o relativo al exclusivismo. || *s. com.* Se aplica a la persona que practica el exclusivismo.

exclusivo, va *adj.* Que es único o pertenece a alguien o algo. || Que está reservado para alguien o algo. *Destinaron vagones para uso exclusivo de mujeres y niños.* || *s. f.* Privilegio o derecho para hacer algo prohibido a los demás.

excluyente *adj.* Que excluye.

excomulgar *t.* Determinar la negación de la comunión y el uso de los sacramentos a los fieles. || *fam.* Declarar a una persona fuera de una comunidad.

excomunión *s. f.* Acción y efecto de excomulgar. || Expulsión de un fiel de la Iglesia católica por parte de la autoridad eclesiástica, por la cual queda excluido de la comunidad y del derecho a recibir los sacramentos.

excoriación *s. f.* Lesión superficial en la piel.

excoriar *t.* Causar excoriación. || *pr.* Levantar o arrancar la capa más superficial de la piel dejando la carne al descubierto.

excrecencia *s. f.* Abultamiento o protuberancia anormal que crece en la piel de un animal o en la superficie de un vegetal.

excreción *s. f.* Acción y efecto de excretar. || Expulsión de excrementos. || Sustancia excretada por un organismo.

excremento *s. m.* Residuos de alimento que elimina el organismo por el ano después de la digestión.

excretar *intr.* Expulsar del organismo el excremento. || Expulsar sustancias que son residuos metabólicos, como la orina.

excretor, ra *adj.* Se aplica al órgano, aparato o conducto que sirven para excretar. *Los riñones y la vejiga forman parte del aparato excretor.*

exculpar *t.* y *pr.* Descargar a una persona de culpa o de responsabilidad.

excursión *s. f.* Viaje corto que se realiza como diversión, recreo, deporte o para hacer algún estudio.

excursionismo *s. m.* Ejercicio y práctica de las excursiones como deporte, como actividad de recreo o estudio.

excursionista *s. com.* Persona que hace excursiones. *Esta zona está llena de excursionistas durante el verano.*

excusa *s. f.* Motivo o pretexto con que se justifica un determinado comportamiento, fallo o error. *La carga de trabajo me sirvió de excusa para no acompañarlos al bar.* || Motivo o pretexto para eludir una obligación o disculpar una omisión.

excusado *adj.* Que resulta innecesario o superfluo o lo que no hay necesidad de decir. || Que tiene disculpa. || Que por privilegio está libre de pagar impuestos.

excusar *t.* Encontrar y alegar razones o motivos para justificar que alguna cosa hecha por alguien no constituya una culpa o falta. || Librar a alguien de una obligación o un compromiso, o de un trabajo o molestia. || Evitar, impedir que ocurra cierta cosa perjudicial o desagradable. || Dar explicaciones o pedir perdón y disculpas a una persona por causar alguna molestia.

execrable *adj.* Que es digno de condena o rechazo. *Su promoción del racismo es execrable.*

execración *s. f.* Acción y efecto de execrar. || Expresión con que se execra. || Profanación del carácter sagrado de un lugar.

execrar *t.* Condenar y maldecir a una persona o cosa, especialmente una autoridad sacerdotal. || Aborrecer, sentir aversión moral intensa por algo o alguien.

exégesis *s. f.* Explicación o interpretación de un texto, especialmente de los libros de la Biblia.

exegeta o **exégeta** *s. com.* Intérprete de textos antiguos, especialmente de la Biblia.

exegético, ca *adj.* Perteneciente o relativo a la exégesis. || Se aplica al método interpretativo de las leyes que se apoya en el sentido literal de las palabras de éstas.

exentar *t.* y *pr.* Eximir, dejar exento.

exento, ta *adj.* Que está libre de cargas u obligaciones. ‖ Que está libre de algo perjudicial o molesto.

exequias *s. f. pl.* Honras fúnebres.

exfoliante *adj.* Se aplica a los productos cosméticos que eliminan las células muertas de la piel.

exfoliar *t.* y *pr.* Dividir o separar una cosa en escamas o láminas. ‖ Eliminar de la piel las células muertas.

exhalación *s. f.* Acción y efecto de exhalar o exhalarse. ‖ Emisión de un gas, vapor u olor. ‖ Emisión de suspiros, quejas, lamentos, etc. ‖ Bólido o estrella fugaz.

exhalar *t.* Despedir gases, vapores u olores. *Las gardenias exhalan un intenso y agradable olor.* ‖ Lanzar quejas o suspiros. *El enamorado exhalaba suspiros de amor.*

exhaustividad *s. f.* Cualidad de exhaustivo. ‖ Profundidad al hacer algo.

exhaustivo, va *adj.* Que agota, que se hace con profundidad. *Realizó una investigación exhaustiva de la historia de la Nueva España.*

exhausto, ta *adj.* Que está agotado o muy cansado, débil o sin fuerzas. *Estudió toda la noche y terminó exhausto.* ‖ Que está agotado o tiene poco de lo que debería tener. *Para obtener ingresos, dejaron exhaustas las reservas de petróleo.*

exhibición *s. f.* Acción y efecto de exhibir o exhibirse. ‖ Demostración en público de algo.

exhibicionismo *s. m.* Deseo o afán excesivo de exhibirse.

exhibicionista *adj.* y *s. com.* Persona que practica el exhibicionismo.

exhibidor, ra *adj.* Que exhibe. ‖ *s.* Persona que se dedica a la explotación comercial o gestión de las salas de cine.

exhibir *t.* Mostrar o exponer algo a la vista del público. *Exhibe sus esculturas en el Jardín del Arte.* ‖ Mostrar o enseñar alguien algo de lo que se siente orgulloso. *Exhibía su destreza y dominio del piano.* ‖ *pr.* Mostrarse en público para llamar la atención. *Se exhibió por todo el pueblo paseando en su nueva moto.* ‖ ‖ Presentar o mostrar escrituras, documentos, etc., que sirven para probar algo. *Exhibió los títulos que lo acreditan como propietario legítimo del predio.*

exhortación *s. f.* Acción de exhortar. ‖ Discurso o plática por el cual se pretende persuadir a actuar de determinada manera. ‖ Plática o sermón breve.

exhortar *t.* Incitar a actuar de cierta manera. *El director exhortó a los alumnos a estudiar con ahínco.*

exhumación *s. f.* Acción de exhumar.

exhumar *t.* Desenterrar un cadáver o restos humanos. ‖ Recordar, recuperar o sacar a la luz lo olvidado.

exigencia *s. f.* Acción y efecto de exigir. ‖ Petición de algo con energía. ‖ Cosa que se requiere como imprescindible o necesaria para que se produzca algo. ‖ *pl.* Pretensión caprichosa o excesiva.

exigente *adj.* y *s. com.* Se aplica a la persona que exige demasiado, especialmente si lo hace de manera abusiva o caprichosa.

exigir *t.* Pedir una cosa de forma imperiosa o enérgica la persona que tiene derecho a ella. ‖ Demandar enérgicamente a alguien que haga o dé cierta

cosa. *Debes exigir el pago íntegro de tu salario.* ‖ Necesitar una cosa de otra para llevarse a cabo.

exiguo, gua *adj.* Que es insuficiente, pequeño o escaso. *Sus logros son meritorios considerando sus exiguos recursos.*

exiliado, da *adj.* y *s.* Se aplica a la persona obligada a abandonar su país, generalmente por razones políticas.

exiliar *t.* Obligar a alguien a abandonar su país o el lugar donde vive. ‖ *pr.* Abandonar alguien voluntariamente su patria, generalmente obligado por razones políticas.

exilio *s. m.* Destierro, expulsión de alguien de su patria, generalmente por motivos políticos. ‖ Lugar donde reside el exiliado y tiempo que pasa en él.

eximir *t.* Liberar a alguien de una carga, obligación, compromiso, culpa, etc. *El juez lo eximió de toda culpa.*

existencia *s. f.* Hecho o circunstancia de existir. ‖ Vida del ser humano. *En toda su existencia veló por la aplicación de la justicia.* ‖ *pl.* Conjunto de mercancías almacenadas que aún no se han vendido. *Déjeme ver si aún tenemos ese modelo en existencias.*

existencial *adj.* De la existencia o relativo a ella. *Es un tipo complicado, todo lo ve como problema existencial.*

existente *adj.* Que existe en el momento de que se trata.

existir *intr.* Tener una cosa realidad física o metafísica. *Antes de existir materialmente, muchas cosas existen en la mente como ideas.* ‖ Tener vida. *Antes de nosotros, existieron miles de generaciones y millones de individuos.* ‖ Haber, estar, hallarse cierta cosa en un lugar o situación determinados. *En esta zona existen restos de otra civilización.*

éxito *s. m.* Resultado feliz o muy bueno de algo. ‖ Buena acogida que tiene una persona o cosa entre el público.

exitoso, sa *adj.* Que tiene éxito.

exocrino, na *adj.* Se aplica a la glándula que secreta al tubo digestivo o al exterior del organismo. ‖ Se aplica a la secreción de dicha glándula.

éxodo *s. m.* Emigración en masa de un pueblo del lugar en el que estaba para establecerse en otra región.

exoesqueleto *s. m.* Piel muy dura que recubre como concha, caparazón o escamas el cuerpo de ciertos animales como peces, reptiles, etc.

exoneración *s. f.* Acción y efecto de exonerar.

exonerar *t.* Liberar de una pena, carga u obligación. ‖ Destituir a alguien de un empleo o dignidad.

exorbitante *adj.* Excesivo, fuera de la medida normal.

exorcismo *s. m.* Conjuro para expulsar un espíritu maligno de una persona o cosa.

exorcista *s. com.* Persona que realiza exorcismos.

exorcizar *t.* Usar exorcismos para expulsar al demonio de una persona que se cree poseída por él.

exótico, ca *adj.* Se aplica a lo que procede de un lugar o país que es lejano y muy distinto al propio. ‖ Se aplica a lo que resulta extraño o extravagante.

exotismo *s. m.* Cualidad de exótico. ‖ Gusto por lo exótico.

expandido, da *adj.* Extendido, dilatado.

expandir *t.* Extender, dilatar, difundir, hacer que algo ocupe más espacio o tenga más alcance.

expansión *s. f.* Acción y efecto de expandir. || Ampliación o dilatación de algo. || Aumento de la capacidad de producción de una cosa.

expansivo, va *adj.* Que se expande o tiende a expandirse.

expatriación *s. f.* Acción y efecto de expatriarse o ser expatriado. || Expulsión de alguien fuera de su patria.

expatriado, da *s.* Persona que vive fuera de su patria.

expatriar *t.* Hacer que alguien abandone su patria. || *pr.* Abandonar voluntariamente el propio país. *Se expatrió porque en su país no hay suficientes oportunidades de empleo.*

expectación *s. f.* Tensión o curiosidad con que se espera algo.

expectante *adj.* Se aplica a la persona que espera con curiosidad y tensión un acontecimiento.

expectativa *s. f.* Situación de la persona que espera obtener o conseguir algo. || Posibilidad razonable de que algo suceda.

expectorante *adj.* y *s.* Que hace expectorar.

expectorar *t.* Expulsar por la boca los mocos o flemas que se forman en la garganta o en los pulmones.

expedición *s. f.* Acción y efecto de expedir. *No podía empezar a construir hasta la expedición del permiso correspondiente.* || Viaje colectivo que se realiza con un fin determinado, especialmente científico, militar o deportivo. *Se organizó una expedición científica a la Antártida.* || Grupo de personas que realizan ese viaje. *La expedición la componen científicos de varias ramas.* || Envío de una carta, una mercancía o algo semejante a un lugar determinado. *Consulta la fecha de expedición.*

expedicionario, ria *adj.* y *s.* Que forma parte de una expedición.

expedidor, ra *s.* Persona que expide.

expediente *s. m.* Conjunto de todos los documentos y gestiones correspondientes a un asunto o negocio. || Procedimiento administrativo por el que se juzga la actuación o comportamiento de un funcionario, un empleado, un estudiante o una empresa. || Historial de incidencias de un estudiante, de un profesional, etc.

expedir *t.* Extender un documento, en especial con carácter oficial o legal. || Remitir, enviar.

expeditivo, va *adj.* Que despacha un asunto con rapidez, sin trámites burocráticos.

expedito, ta *adj.* Que está libre de obstáculos. *Dejó expedito el camino para su sucesor.* || Que es muy expeditivo. *La secretaria de mi jefe es muy expedita.*

expeler *t.* Lanzar con fuerza hacia afuera.

expendedor, ra *adj.* y *s.* Que expende. || Persona o máquina que vende mercancías al por menor.

expender *t.* Gastar. || Vender al menudeo. || Vender boletos para espectáculos.

expendio *s. m.* Comercio de venta al por menor || *Méx.* Estanquillo.

expensas *s. f. pl.* Gastos.

experiencia *s. f.* Conocimiento de algo que se adquirió por haberlo vivido. *Tiene experiencia en ventas porque trabajó un tiempo en la tienda de su padre.* || Conocimiento de la vida por haberla vivido durante mucho tiempo. *Los viejos tienen mucha ex-*

periencia. || Situación que vivió una persona. *Perdernos en el bosque no fue una experiencia agradable.*

experimentación *s. f.* Acción y efecto de experimentar. || Método científico que recrea en el laboratorio situaciones similares a los fenómenos naturales o sociales que desea verificar.

experimentado, da *adj.* Que tiene mucha experiencia.

experimental *adj.* y *s. com.* Que se apoya en la experiencia. || Que sirve de experimento. || Que busca nuevas formas de expresarse.

experimento *s. m.* Reproducción de situaciones o fenómenos con el fin de estudiarlas. || Examen que se realiza para probar las cualidades de algo.

experto, ta *adj.* y *s.* Que es muy hábil en alguna actividad. || Que tiene muchos conocimientos de una materia. || Que está autorizado a dar una opinión relacionada con su materia.

expiación *s. f.* Acción y resultado de expiar.

expiar *t.* Tratar de lavar las culpas. || Sufrir un delincuente la pena que le impone la justicia. || Sufrir a causa de errores cometidos. || Purificar algo profanado, como un templo.

expirar *intr.* Acabar la vida. || Acabar un plazo.

explanada *s. f.* Lugar donde el terreno fue aplanado. || *Amér.* Sitio abierto delante de los edificios públicos.

explayar *t.* y *pr.* Extender, ampliar. || Dilatar mucho un discurso. || Confiar un secreto a una persona. || Divertirse.

explicación *s. f.* Exposición que sirve para aclarar algún tema. || Justificación de una acción.

explicar *t.* Expresar algo en forma clara. || Enseñar una materia. || Dar una justificación. || *pr.* Expresar un sentimiento, lo que se sabe. || Llegar a comprender algo.

explicativo, va *adj.* Que sirve para explicar algo. || En gramática, adjetivo que no agrega nada nuevo al sustantivo. *El adjetivo explicativo se antepone al sustantivo, por ejemplo, «enorme gigante».* || En gramática, frase que se pone entre comas para complementar a un sustantivo.

explícito, ta *adj.* Que expresa con claridad algo.

exploración *s. m.* Viaje que se hace con la finalidad de descubrir o conocer más un lugar. || Análisis de una situación determinada con el fin de solucionar un problema. || Examen o revisión inicial que hace un médico de un paciente para descubrir qué mal lo aqueja.

explorado, da *adj.* Se aplica al lugar que ha sido recorrido para conocerlo. || Observado o examinado.

explorador, ra *adj.* y *s.* Que explora. || Persona que explora un lugar para conocerlo o descubrir cosas nuevas. || Escáner.

explorar *t.* Recorrer un lugar para conocerlo o descubrir cosas nuevas. || Analizar una situación para encontrar soluciones. || Revisar un médico a un paciente para hacer un diagnóstico inicial.

explosión *s. f.* Liberación brusca de energía que hace que un cuerpo reviente y haga mucho ruido. || Expresión efusiva de un sentimiento. || Expansión rápida de algún fenómeno.

explosivo, va *adj.* y *s.* Que sirve para hacer explotar algo. || Que explota fácilmente. || *m.* Producto químico que sirve para provocar explosiones.

explotable *adj.* y *s. com.* Que sirve para explotar.

explotación *s. f.* Acción de extraer de una mina los minerales que contiene. ‖ Conjunto de elementos que se dedican a una industria o a la ganadería. ‖ Abuso de una persona a la que se le hace trabajar mucho y se le paga poco.

explotado, da *adj.* Aprovechado, utilizado. ‖ Se aplica a la persona de la que abusan en el trabajo para sacar beneficio propio. ‖ Que ha estallado.

explotador, ra *adj.* y *s.* Que explota. ‖ Persona que abusa de otras en cuanto a hacerlas trabajar mucho y pagarles poco.

explotar[1] *t.* Extraer de una mina los minerales que contiene. ‖ Sacar provecho de una industria o de una instalación agrícola o ganadera. ‖ Abusar de las personas haciéndolas trabajar mucho y pagándoles poco.

explotar[2] *intr.* Hacer explosión algo. ‖ *t.* Provocar una explosión.

expoliación *s. f.* Despojo violento y abusivo.

expoliador, ra *adj.* y *s.* Que expolia o está a favor de la expoliación.

expoliar *t.* Despojar con violencia y de forma abusiva o ilegal.

exponencial *adj.* y *s. com.* Que su ritmo aumenta rápidamente.

exponente *adj.* y *s. com.* Que expone. ‖ Que es representativo de un tipo de personas o cosas. ‖ *s. m.* Número que se coloca en la parte superior a la derecha de otro, llamado «base», para expresar el número de veces que esta última debe multiplicarse por sí misma. *En 10³⁰, el número 30 es el exponente.*

exponer *t.* y *pr.* Colocar algo para que sea visto en público. *Cuando expongas tus cuadros, asegúrate de invitarme.* ‖ Explicar una idea a alguien. *La mamá expuso con sencillez la situación de la familia.* ‖ Poner algo al aire libre para que reciba la acción de un agente natural o del sol. *Se expusieron sólo un rato al sol.* ‖ Poner a alguien en una situación de peligro. *Si sales hoy a la calle, expondrás a tus hijos a la multitud.*

exportable *adj.* y *s. com.* Que es susceptible de exportar.

exportación *s. f.* Venta de mercancías a otro país. ‖ Conjunto de cosas que se venden a otro país. ‖ En informática, envío de archivos o programas entre diferentes sistemas.

exportador, ra *adj.* y *s.* Que exporta.

exportar *t.* Vender mercancías a otro país. ‖ En informática, enviar archivos o programas a sistemas diferentes al de origen.

exposición *s. f.* Presentación al público de algo, en especial de obras de arte. ‖ Presentación de ideas ante un maestro o un público. ‖ Presentación de mercancías o productos para promoverlos. ‖ Colocación de algo para que sufra la acción de agentes como el sol o el aire. ‖ En música, parte inicial de una obra donde se expone el tema.

expositivo, va *adj.* Que expone.

expósito, ta *adj.* y *s.* Que se abandona o expone para que se haga cargo de él un organismo público. *El bebé expósito fue acogido en el orfanato.*

expositor, ra *adj.* y *s.* Que expone. ‖ Persona que da una conferencia. ‖ Persona que va a una exposición a presentar sus mercancías.

exprés *adj.* y *s. com.* Que utiliza vapor a presión para cocinar las cosas más rápidas. *Conviene hacer los frijoles en la olla exprés.* ‖ Que realiza un servi-

cio más rápido de lo normal. *Manda ese paquete por mensajería exprés.* ‖ Que es un café que se hizo en una máquina que utiliza vapor. *El café exprés queda más fuerte que el americano.*

expresado, da *adj.* Mostrado, representado. ‖ Enunciado, declarado.

expresar *t.* y *pr.* Decir con palabras o gestos lo que se quiere comunicar. ‖ Traslucir una cosa cierto sentimiento. ‖ En matemáticas, conjunto de términos que representan una cantidad.

expresión *f.* Hecho de manifestar o expresar lo que se piensa o se siente. ‖ Palabra o frase. ‖ Gesto o aspecto del rostro que muestra un sentimiento.

expresividad *s. f.* Cualidad de poder expresar, sobre todo con gestos, sentimientos y pensamientos.

expresivo, va *adj.* Que se relaciona con la expresión. ‖ Que posee expresividad. ‖ Característico, típico.

expreso, sa *adj.* Que es claro. ‖ *s. m.* Correo extraordinario. ‖ Tren, autobús u cualquier otro tipo de transporte público que no tiene paradas intermedias con el fin de ir más rápido. ‖ Tipo de café muy concentrado.

exprimidor *s. m.* Aparato, manual o eléctrico, que sirve para exprimir el jugo de frutas o verduras.

exprimir *t.* Apretar mucho una cosa para sacarle el jugo. ‖ Explotar a un trabajador. ‖ Expresar.

expropiación *s. f.* Apropiación legal que hace el Estado de una propiedad perteneciente a un particular, al que se le da una compensación o indemnización.

expropiar *t.* Apropiarse legalmente el Estado de una propiedad perteneciente a un particular, por lo general alegando interés público.

expropiatorio, ria *adj.* Que se relaciona con la expropiación.

expuesto, ta *adj.* Que es peligroso o arriesgado.

expulsar *s. t.* Sacar a alguien de un lugar, generalmente por mal comportamiento. ‖ Sacar con fuerza algo del organismo.

expulsión *s. f.* Acción y resultado de expulsar.

expulsor, ra *adj.* Que expulsa.

expurgar *t.* Limpiar, purificar. ‖ En algunos países, suprimir o censurar la autoridad partes de libros o de cualquier tipo de impresos que considere subversivos.

exquisitez *s. f.* Lo que es exquisito. ‖ Cosa que es exquisita.

exquisito, ta *adj.* Que es de calidad extraordinaria.

extasiarse *prnl.* Sentir el gozo de la belleza.

éxtasis *s. m.* Estado de ánimo en el que predomina un sentimiento de alegría. ‖ En religión, arrobamiento ante la divinidad.

extemporáneo, nea *adj.* Que está o sucede fuera de tiempo. ‖ Inoportuno, fuera de lugar.

extender *t.* Hacer que algo ocupe más espacio del que tenía. ‖ Desparramar lo que está amontonado. ‖ Desenrollar lo que estaba enrollado. ‖ Ampliar el alcance de una ley, una jurisdicción, un plazo, etc. ‖ Poner por escrito algo de acuerdo con determinadas reglas. *Extiende el cheque a nombre de mi esposo.* ‖ *pr.* Ocupar determinado espacio. *La escuela se extendía por toda la manzana.* ‖ Dar una explicación demasiado detallada. *Se extendió en tonterías que a nadie le importaban.* ‖ Difundirse algo donde antes no existía. *La peste se extendió gracias a la guerra.*

extendido, da *adj.* Desdoblado, desplegado, abierto. ‖ Propagado, esparcido, que ocupa mucho espacio. ‖ Expandido, dilatado. ‖ Generalizado, difundido.

extensión *s. f.* Acción y resultado de extender. ‖ Superficie que ocupa una cosa. ‖ En geometría, capacidad de un cuerpo de ocupar un espacio. ‖ Línea de teléfono secundaria. ‖ En informática, un punto y tres letras al final de un archivo que indican el tipo de programa que se usó o el tipo de información que contiene.

extensivo, va *adj.* Que puede extenderse. *Hizo extensiva la invitación a toda la familia.* ‖ Que se hace por extensión del área productiva, con poca inversión de capital. *La ganadería extensiva se da donde es fácil alimentar al ganado.*

extenso, sa *adj.* Que tiene mucha extensión. ‖ Que contiene muchas cosas.

extensor, ra *adj.* Que se puede extender o facilita la extensión. ‖ *s. m.* Músculo cuya función es extender alguna parte del cuerpo.

extenuado, da *adj.* Se aplica al que se encuentra sin fuerzas por el cansancio.

extenuante *adj.* Que extenúa.

extenuar *t. y pr.* Cansar mucho a alguien.

exterior¹ *adj. y s. com.* Que está por la parte de afuera. ‖ Que se refiere a otros países. ‖ Que tiene vista a la calle.

exterior² *s. m.* Parte de afuera de algo. *El baño está en el exterior de la casa.* ‖ Aspecto de una persona o cosa. *El exterior se veía derruido.*

exteriorizar *t. y pr.* Expresar un sentimiento, un estado de ánimo, una opinión.

exterminación *s. f.* Acción y resultado de exterminar.

exterminador, ra *adj. y s.* Que extermina.

exterminar *t.* Acabar del todo con una especie animal o vegetal. ‖ Destruir en la guerra poblaciones completas.

exterminio *s. m.* Destrucción total de animales o plantas. ‖ Destrucción total de poblaciones en una guerra.

externar *t. Hond., Méx. y Salv.* Manifestar o expresar una opinión.

externo, na *adj.* Que está por la parte de afuera de una cosa.

extinción *s. f.* Acción y resultado de extinguir. ‖ Dejar de existir algo.

extinguir *t. y pr.* Hacer que se apague una vela, un fuego. ‖ Hacer que desaparezca poco a poco algo. ‖ Desaparecer algo por completo. ‖ Terminar un plazo judicial.

extinto, ta *adj. y s.* Muerto, fallecido. ‖ Que ya no tiene actividad.

extintor, ra *adj.* Que extingue. ‖ *s. m.* Aparato portátil que sirve para apagar un fuego.

extirpación *s. f.* Acción y resultado de extirpar.

extirpar *t.* Sacar de raíz. ‖ Acabar del todo con algo que constituye un problema o un vicio. ‖ En medicina, sacar un órgano o parte de un órgano por medio de la cirugía.

extorsión *s. f.* Amenaza o presión que se ejerce sobre alguien para desprestigiarlo o sacarle dinero.

extorsionar *t.* Presionar y amenazar a una persona para conseguir dinero o dañarla.

extorsionista *adj. y s. com.* Que extorsiona.

extra *adj. y s. com.* Que es extraordinario. ‖ Que es de calidad superior. ‖ Que se da en ocasiones especiales. ‖ *s.* En cinematografía, persona que aparece en escena como relleno, sin ningún papel especial.

extracción *s. f.* Acción de extraer. ‖ Cosa que se extrae. ‖ Condición social de una persona por su origen. ‖ En medicina y odontología, operación que extrae algo del cuerpo.

extractado, da *adj.* Resumido, abreviado.

extractar *t.* Hacer un extracto o resumen de un libro, de una película, etc.

extracto *s. m.* Conjunto de puntos esenciales de un libro, una película, etc. ‖ Producto muy concentrado que se extrae de una sustancia.

extractor, ra *adj.* Que extrae. ‖ *s. m.* Aparato que se usa para extraer malos olores o humo de un lugar. ‖ Aparato que se usa para extraer los jugos de frutas o verduras.

extracurricular *adj. y s. com.* Que no está incluido en las materias obligatorias.

extradición *s. f.* Acción de entregar un país a alguien que está requerido en su país de origen, por lo general por tratarse de un delincuente que debe ser juzgado o cumplir una pena a imputada.

extraditar *t.* Conceder un gobierno la extradición.

extraer *t.* Sacar algo del lugar donde estaba. ‖ Calcular la raíz de un número. *«Extraigan la raíz cuadrada de 16»*, *pidió la maestra.*

extrahumano, na *adj.* Se aplica a lo que está fuera de lo humano o lo supera.

extrajudicial *adj. y s. com.* Que se hace fuera del ámbito judicial.

extralaboral *adj.* Que se hace fuera del trabajo.

extralegal *adj.* Que no está regulado o sancionado por la ley.

extralimitación *s. f.* Acción y resultado de extralimitarse.

extralimitarse *pr.* Pasar el límite de las atribuciones que se poseen. ‖ Tratar a alguien con excesiva confianza y falta de respeto.

extramuros *adv.* Indica un lugar fuera del área específica de una ciudad o de una institución.

extranjería *s. f.* Situación de un extranjero en otro país. ‖ Conjunto de leyes y normas que rigen las condiciones y los intereses de los extranjeros cuando están en otro país.

extranjerismo *s. m.* Afición a lo extranjero. ‖ Palabra que proviene de otra lengua.

extranjerización *s. f.* Introducción y asimilación de lo extranjero.

extranjerizante *adj.* Que extranjeriza.

extranjerizar *t. y pr.* Introducir, adoptar y mezclar costumbres extranjeras.

extranjero, ra *adj. y s.* Que proviene de otro país. ‖ Persona que no nació en el país en que vive. ‖ Conjunto de países distintos del de origen.

extrañamiento *s. m.* Acción y resultado de extrañar.

extrañar *t.* Echar a alguien de un país. ‖ Causar algo extrañeza. ‖ Echar de menos algo o a alguien. ‖ *pr.* Sentir sorpresa por algo.

extrañeza *s. f.* Admiración o sorpresa provocadas por algo. ‖ Cosa rara o extraña.

extraño, ña *adj. y s.* Que no pertenece al mismo grupo de quien habla. ‖ Raro, extravagante. ‖ Que no tomó parte de algo.

extraoficial *adj.* y *s. com.* Que no es oficial.

extraordinario, ria *adj.* Que es algo fuera de lo común. ‖ Que es excelente. ‖ Que ocurre pocas veces. ‖ Extra.

extrapolación *s. f.* Acción y resultado de extrapolar.

extrapolar *t.* Aplicar los métodos o las conclusiones de una materia en otra.

extrarradio *s. m.* Zona que rodea una población.

extraterrestre *adj.* y *s.* Que no pertenece a la Tierra. ‖ Ser que supuestamente vive en o proviene de un planeta diferente de la Tierra.

extraterritorial *adj.* y *s. com.* Que no pertenece a determinado distrito territorial.

extraterritorialidad *s. f.* Derecho que tienen los extranjeros de considerar las sedes diplomáticas o sus buques de guerra como territorio de su país, por lo que rigen en ellos las leyes correspondientes.

extravagancia *s. f.* Característica de alguien que se sale de la norma. ‖ Acción o cosa correspondiente a una persona extravagante.

extravagante *adj.* y *s. com.* Que se sale de la norma, que es raro. ‖ Que se comporta o se viste de forma rara y poco común.

extraviado, da *adj.* De costumbres desordenadas. ‖ Que está apartado. ‖ Perdido.

extraviar *t.* y *pr.* Perder o hacer perder el camino. ‖ Perder una cosa. ‖ No fijar la mirada.

extremado, da *adj.* Que es exageradamente bueno o exageradamente malo. ‖ Que es exagerado.

extremar *t.* Llevar una cosa al extremo. ‖ *pr.* Esmerarse mucho en hacer algo.

extremaunción *s. f.* En la religión católica, ceremonia que consiste en ungir con óleos sagrados a alguien que está por morir.

extremidad *s. f.* Parte final o extrema de algo. ‖ Parte móvil del cuerpo por lo general dedicada a la locomoción. ‖ En los animales, cabeza, pies, manos y cola. ‖ En el ser humano, piernas y brazos.

extremismo *s. m.* Tendencia a tomar opiniones extremas y a actuar en consecuencia.

extremista *adj.* y *s. com.* Que apoya las ideas extremistas.

extremo, ma *adj.* Que está muy alejado. ‖ Que se da en un grado máximo. ‖ Que sobrepasa los límites normales. ‖ *s. m.* Lugar opuesto al que se toma como referencia. ‖ Principio o final de una cosa.

extrínseco, ca *adj.* Que no es propio o esencial de algo sino externo o ajeno a su sustancia.

extrusión *s. f.* Proceso por el que se obliga a una masa metálica o plástica a pasar por un molde para darle forma. ‖ Salida de la lava por una fisura del suelo y que se solidifica en la superficie.

extrusivo, va *adj.* Se aplica a la roca que se forma cuando se enfría y solidifica el magma en la superficie terrestre.

exuberancia *s. f.* Abundancia excesiva o desarrollo exagerado de algo.

exuberante *adj.* Se refiere a lo que es muy abundante o que se ha desarrollado en exceso.

exudación *s. f.* Salida de un líquido por los poros o grietas del cuerpo o recipiente que lo contiene.

exudado *s. m.* En medicina, líquido que resulta de la exudación, particularmente la salida de la sangre por los tejidos de una inflamación.

exudar *t.* e *intr.* Salir un líquido fuera de su recipiente, conducto o glándula.

exultación *s. f.* Muestra de júbilo o una gran alegría.

exultante *adj.* Que exulta.

exultar *intr.* Mostrar júbilo o una gran alegría con mucha excitación.

eyaculación *s. f.* Emisión rápida y violenta de un líquido.

eyacular *t.* Lanzar con fuerza un líquido que se encontraba dentro de un órgano o glándula.

eyección *s. f.* Lanzamiento con fuerza hacia fuera.

eyectar *t.* y *prnl.* Expulsar o lanzar fuertemente hacia fuera.

eyector *s. m.* Dispositivo que expulsa los cartuchos vacíos en algunas armas de fuego.

f *s. f.* Sexta letra del alfabeto español y cuarta de sus consonantes; su nombre es «efe».

fa *s. m.* Cuarta nota de la escala musical.

fábrica *s. f.* Establecimiento industrial con las instalaciones y maquinaria adecuadas para transformar materias primas o manufacturar productos. ‖ Fabricación, elaboración. *El control de calidad busca evitar los defectos de fábrica.* ‖ Edificio, construcción hecha con ladrillo o piedra y argamasa. ‖ Trama de una historia o invención de mentiras. ‖ *loc. Precio de fábrica:* precio al que un fabricante vende sus productos al comerciante.

fabricación *s. f.* Acción y efecto de fabricar. ‖ Proceso de elaboración de un producto determinado.

fabricante *adj.* Que, fabrica algo. ‖ *s. com.* Industrial, dueño de una fábrica. *Los fabricantes de muebles tuvieron su junta anual.*

fabricar *t.* Manufacturar productos industriales por medios mecánicos. ‖ Producir o elaborar. ‖ Construir una pared, un edificio o algo similar. ‖ *fig.* Inventar un producto del intelecto. *Ese hombre fabrica cuentos en verso.*

fabril *adj.* Perteneciente o relativo a la fábrica y sus operarios.

fábula *s. f.* Narración corta, por lo común en verso, que contiene una enseñanza o moraleja. *Los personajes de las fábulas suelen ser animales que actúan como humanos.* ‖ Objeto de habladurías y rumores. ‖ Mentira, relato falso con que se pretende disimular la verdad. ‖ *loc. De fábula:* muy bien o muy bueno, extraordinario, estupendo.

fabulación *s. f.* Acción y efecto de fabular. ‖ En psiquiatría, tendencia de un enfermo mental a inventar cosas o dar falsas explicaciones.

fabulador, ra *s.* Fabulista, escritor de fábulas. ‖ Persona que fabula.

fabulista *s. com.* Escritor de fábulas.

fabuloso, sa *adj.* Se dice de lo que es imaginario o producto de una invención. ‖ Dicho de un relato, que es fantástico y maravilloso. ‖ Que resulta extraordinario por su calidad o cantidad.

faca *s. f.* Cuchillo de forma curva. ‖ Cuchillo grande, con punta.

facción *s. f.* Grupo de gente que se rebela contra algo. ‖ Bando, conjunto de personas que, perteneciendo a un grupo o partido, asume una forma propia de pensar y actuar. ‖ *pl.* Conjunto de los rasgos que caracterizan un rostro humano.

faccioso, sa *adj.* y *s.* Persona que perturba la paz pública, revoltoso. ‖ Persona que pertenece a un bando o facción.

faceta *s. f.* Cada una de las caras de una piedra preciosa tallada en forma de poliedro. ‖ *fig.* Cada uno

de los diferentes aspectos que presenta un asunto. ‖ En zoología, superficie de cada úno de los ocelos que forman el ojo compuesto de los artrópodos.

facetado, da *adj.* Lleno de facetas. ‖ Se dice de un asunto que tiene varias facetas.

facha *s. f. fam.* Aspecto o figura que presenta alguien o algo. ‖ *fam. desp.* Persona o cosa ridícula, extravagante o muy fea. ‖ *loc. Méx. Estar en fachas:* andar desarreglado y con ropa vieja o demasiado informal.

fachada *s. m.* Parte exterior de un edificio donde se halla la entrada principal. ‖ Apariencia de alguien o algo que oculta una realidad.

fachoso, sa *adj. fam.* Que tiene mala facha o viste de manera ridícula. ‖ *Chil., Ecua.* y *Méx.* Presuntuoso, jactancioso. ‖ *Méx.* Desarreglado, que viste de manera inadecuada.

facial *adj.* Perteneciente o relativo al rostro.

fácil *adj.* Que no presenta dificultades u obstáculos ni requiere gran esfuerzo para realizarlo. ‖ Dicho del carácter de alguien, sociable, dócil. ‖ Que es probable o posible que suceda. ‖ *desp.* Se dice de la mujer que no pone obstáculos para sostener relaciones sexuales con quien se lo pida. ‖ *adv.* Con facilidad.

facilidad *s. f.* Capacidad o destreza para hacer algo. *Tiene facilidad para el canto.* ‖ Circunstancia o condición que es propicia o favorable. ‖ *pl.* Condiciones o medios que facilitan algo. *El banco dará facilidades para quienes solicitan créditos.*

facilitar *t.* Hacer que algo sea fácil o posible. ‖ Proporcionar algo a alguien.

facineroso, sa *adj.* y *s.* Malviviente, malhechor habitual.

facsímil o **facsímile** *s. m.* Reproducción exacta de un documento, dibujo, pintura o firma.

factible *adj.* Que puede suceder o se puede realizar.

factor *s. m.* Elemento que contribuye a que se produzca un efecto determinado. ‖ En biología, agente hereditario que determina cierto carácter en la descendencia. ‖ Trabajador de ferrocarriles que se encarga de vigilar la entrega y recepción de equipajes y mercancías en una estación. ‖ En matemáticas, cada uno de los números que se multiplican para obtener un producto, submúltiplo.

factoría *s. f.* Fábrica, establecimiento industrial. ‖ Establecimiento comercial o industrial fundado en el extranjero por una nación o por particulares. ‖ Empleo y oficina del factor. ‖ *Amér.* Campamento en la Antártida que establecen las expediciones balleneras.

factorial *adj.* En psicología y estadística, se dice del test elegido en función de resultados de análisis que se consideran buenos indicadores de determinados factores.

factura *s. f.* Documento en que se hace constar la cantidad y precio de las mercancías vendidas o los servicios prestados a una persona. ‖ Hechura, ejecución, manera de hacer algo.

facturación *s. f.* Acción y efecto de facturar. ‖ Conjunto de operaciones contables que incluyen desde el registro de pedidos, hasta el control estadístico de las facturas. ‖ Departamento o sección de una empresa donde se llevan a cabo esas operaciones.

facturar *t.* Extender facturas. ‖ Ganar una empresa o persona la cantidad de dinero registrada en sus facturas. *El año pasado la tienda facturó por un millón de pesos.*

facultad *s. f.* Capacidad para ejercer una actividad. ‖ Derecho y autoridad que se tiene para hacer algo. ‖ División universitaria encargada de la enseñanza de una determinada rama del saber y sus carreras afines. *La Facultad de Ingeniería.* ‖ *loc. Facultades mentales:* conjunto de las funciones psíquicas de una persona.

facultar *t.* Conceder a alguien facultades para hacer algo, autorizar.

facultativo, va *adj.* Perteneciente o relativo a una facultad. ‖ Referido a una labor o trabajo, no obligatorio, voluntario.

fado *s. m.* Canción popular portuguesa, de tono melancólico.

faena *s. f.* Trabajo que se realiza con esfuerzo corporal. *Las faenas de limpieza.* ‖ *fig.* Trabajo intelectual. ‖ *fam.* Jugarreta, mala pasada. ‖ En tauromaquia, conjunto de suertes que se hacen en la lidia de un toro.

fagocito *s. m.* Célula de un organismo que fagocita, por ejemplo los leucocitos.

fagot *s. m.* Instrumento musical de viento, con cuerpo de madera y lengüeta doble. *El fagot es el bajo de la familia de los oboes.*

faisán *s. m.* Ave galliforme poco mayor de tamaño que un gallo, con plumaje muy vistoso y larga cola en los machos, la cual puede alcanzar los 2 m de largo; su carne es muy apreciada.

faja *s. f.* Tira de tela o de otro material con que se ciñe una persona o cosa. ‖ Prenda elástica interior que rodea el tórax y el abdomen con fines terapéuticos o estéticos. ‖ Banda de determinados colores que los eclesiásticos y otros dignatarios usan en la cintura como parte de sus insignias. ‖ Porción de un terreno más larga que ancha. ‖ En arquitectura, moldura ancha y de poco espesor. ‖ En heráldica, pieza colocada horizontalmente en la mitad del escudo; ocupa la tercera parte de éste.

fajo *s. m.* Atado, haz o paquete de algo. *Un fajo de billetes.* ‖ *Méx. vulg.* Trago grande de un licor fuerte. ‖ *pl.* Prendas con que se viste a los recién nacidos.

falacia *s. f.* Cualidad de falaz. ‖ Mentira, argumento falso para engañar a otros o inducirlos a error.

falange *s. f.* Cada uno de los huesos alargados y articulados de un dedo. ‖ Conjunto numeroso de tropas. ‖ Cuerpo de infantería pesada de la Grecia clásica. *Las falanges formaban masas compactas protegidas por escudos; los soldados iban armados con largas lanzas.* ‖ Organización política paramilitar de tendencia derechista.

falangeta *s. f.* Tercera falange de los dedos, donde se halla la uña.

falangina *s. f.* Segunda falange, o intermedia, del dedo.

falaz *adj.* Engañoso o falso.

falda *s. f.* Prenda de vestir, o parte del vestido, que cubre de la cintura hacia abajo. ‖ Regazo. *El gato se acomodó en su falda.* ‖ Parte de la res descuartizada que comprende la región baja de las paredes abdominales. ‖ En geografía, área baja de una vertiente montañosa. ‖ *pl.* Mujer o mujeres, en contraposición a «pantalones» para designar a los hombres.

faldero, ra *adj.* Perteneciente o relativo a la falda. ‖ Se dice de los perros de compañía cuyo pequeño tamaño les permite dormir en el regazo de sus dueños. ‖ *fig.* Dicho de un hombre, mujeriego.

faldón *s. m.* Parte de una prenda de vestir que cae suelta desde la cintura. *Los faldones de un frac.* ‖ Parte inferior de una prenda de vestir o una colgadura. ‖ En equitación, parte de la silla en la que el jinete apoya las piernas.

falible *adj.* Que puede engañarse o equivocarse. ‖ Que puede fallar.

fálico, ca *adj.* Perteneciente o relativo al falo. *Una escultura de forma fálica.*

falla *s. f.* Defecto en una cosa material. ‖ Falta u omisión de una obligación o error en el desempeño de alguien. ‖ *Amér.* Deficiencia en el funcionamiento de algo.

fallar[1] *intr.* No dar algo el resultado que se esperaba, fracasar. ‖ Equivocarse, cometer un error. ‖ Hablando de cosas, descomponerse, romperse, dejar de servir.

fallar[2] *t.* Decidir un jurado o un tribunal. *El juez fallará su sentencia mañana.*

fallecer *intr.* Morir una persona.

fallecimiento *s. m.* Acción y efecto de fallecer.

fallido, da *adj.* Que no alcanzó lo que se pretendía o esperaba de ello. ‖ Se dice de la deuda o cantidad que no se puede cobrar.

fallo[1] *s. m.* Error o falta.

fallo[2] *s. m.* Decisión que una autoridad competente toma sobre un asunto. ‖ En derecho, sentencia dictada por un juez o tribunal.

falo *s. m.* Pene, órgano sexual masculino.

falsear *t.* Corromper la esencia de algo para hacerlo diferente de la verdad o la exactitud. ‖ En arquitectura, desviar ligeramente un corte de la perpendicular. ‖ *intr.* Perder alguna cosa su resistencia y firmeza. ‖ Disonar una cuerda de un instrumento musical.

falsedad *s. f.* Cualidad de lo que es falso. ‖ Dicho o hecho falso.

falsete *s. m.* Voz colocada artificialmente que resulta más aguda que la natural.

falsificación *s. f.* Acción y efecto de falsificar.

falsificado, da *adj.* Relativo a la falsificación.

falsificador, ra *adj. y s.* Que falsifica.

falsificar *t.* Hacer una cosa falsa, imitar algo de manera fraudulenta.

falso, sa *adj.* Que no es auténtico o verdadero, que no corresponde a la verdad. ‖ Aparente, que no es real. ‖ Fingido, engañoso. ‖ Hipócrita, traicionero. ‖ En arquitectura, pieza que suple la fuerza o la falta de dimensiones. *Una pared falsa.*

falta *s. f.* Privación o carencia de algo que es necesario o útil. *Falta de dinero.* ‖ Acto que resulta contrario al deber o a la moral. *Falta de respeto.* ‖ Ausencia de una persona en un lugar donde debía haber estado. ‖ Falla o circunstancia que resta perfección a alguna cosa. ‖ Equivocación, error. ‖ En deportes, infracción al reglamento de una disciplina determinada. ‖ En derecho, acto ilícito que se sanciona con una pena leve. ‖ En fisiología, suspensión de la menstruación, sobre todo durante el embarazo.

faltar *intr.* No haber de algo, o haber menos de lo que se necesita. ‖ No estar una persona o cosa donde debía estar ‖ No presentarse una circunstancia, o no tener alguien o algo una cualidad que debiera existir. ‖ Quedar una acción por realizar o un tiempo por transcurrir. ‖ Dejar de acudir a un sitio a donde se debía ir. ‖ No cumplir alguien con lo que se esperaba de él. *Faltó a su palabra.* ‖ Dejar de tratar a alguien con el respeto y consideración debidos. *No toleraremos que les falten a sus profesores.*

faltista *adj.* y *s. com.* Salv., Hond. y Méx. Persona irresponsable que falta con frecuencia a su trabajo o a la escuela.

falto, ta *adj.* Que carece de algo y lo necesita.

faltriquera *s. f.* Bolsa pequeña que se ata a la cintura y cuelga por debajo del vestido o delantal. ‖ Bolsillo inferior de una prenda de vestir.

fama *s. f.* Reconocimiento público de las cualidades extraordinarias de alguien o algo. ‖ Opinión que se tiene de alguien en determinado ambiente.

famélico, ca *adj.* Que tiene mucha hambre, muy hambriento.

familia *s. f.* Grupo de personas emparentadas entre sí que viven juntas, en particular padre, madre e hijos. ‖ Conjunto de personas que tienen parentesco sanguíneo o legal entre ellas. ‖ Estirpe, linaje del que alguien proviene. ‖ Descendencia, prole. ‖ Conjunto de personas o cosas relacionadas entre sí por factores en común. ‖ En biología, unidad sistemática de clasificación de los seres vivos que contiene cierto número de géneros. *La familia se ubica entre el orden y el género, y puede tener subfamilias o superfamilias.*

familiar *adj.* Perteneciente o relativo a la familia. ‖ Se dice del trato o ambiente sencillo y sin formalidades. ‖ Que resulta conocido. ‖ En lingüística, se dice de una palabra o giro característico de la lengua coloquial. ‖ *s. m.* Pariente. *Invitó a todos sus familiares a su graduación.*

familiaridad *s. f.* Confianza y sencillez en el trato. ‖ Desenvoltura, naturalidad al moverse en un medio o ambiente. ‖ *pl.* Actitudes impropias de confianza excesiva en el trato con alguien.

famoso, sa *adj.* Que tiene fama, sea ésta buena o mala. ‖ *fam.* Se dice de la persona o cosa de la que se habla mucho.

fámulo, la *s. fam.* Sirviente, criado.

fanal *s. m.* Farol de luz intensa que se coloca en los faros de los puertos y en las popas de los buques. ‖ Campana de cristal transparente que se usa para evitar que se apague una luz, o para matizarla. ‖ Campana de cristal para proteger algún objeto del polvo. ‖ Farol de una locomotora. ‖ *Méx.* Cada uno de los dos faros delanteros de un automóvil.

fanático, ca *adj.* y *s.* Persona que sigue o defiende con pasión desmedida una creencia, una causa o un partido. ‖ Persona que es muy aficionada a algo. *Es fanático del ajedrez.*

fanatismo *s. m.* Apasionamiento excesivo a favor de algo.

fanatizar *t.* y *pr.* Inducir al fanatismo, o provocarlo. ‖ Dejarse llevar por el fanatismo.

fandango *s. m. fig.* y *fam.* Jaleo, bullicio.

fanerógamo, ma *adj.* y *s. f.* Perteneciente o relativo a un tipo de plantas que se reproducen mediante flores y semillas.

fanfarrón, rrona *adj.* y *s.* Jactancioso, persona que presume ostentosamente de sus cualidades, en particular de valentía, o de sus hazañas y posesiones.

fanfarronear *intr.* Decir o hacer fanfarronadas; jactarse de lo que no se es.

fanfarronería *s. f.* Modo de comportarse del fanfarrón. ‖ Fanfarronada.

fangal *s. m.* Terreno cubierto por el fango.

fango *s. m.* Tierra mezclada con agua que se acumula en los lugares donde hay encharcamientos. ‖ *fig.* Estado indigno y deshonroso en el que vive o cae una persona.

fangoso, sa *adj.* Que está lleno de fango. ‖ Semejante al fango por su textura y viscosidad.

fantasear *intr.* Dejar correr la imaginación o la fantasía. ‖ Soñar con algo que no se es o no se posee y preciarse de ello. ‖ *t.* Imaginar algo empleando la fantasía.

fantaseo *s. m.* Resultado de fantasear.

fantasía *s. f.* Facultad que tiene la mente para representar cosas que no existen. ‖ Producto intelectual creado por la imaginación. ‖ En música, obra instrumental que en el s. XVIII tenía una estructura muy libre, y que a partir del s. XIX se tornó en una yuxtaposición de episodios de carácter improvisado. ‖ *pl.* Invenciones de la mente que no tienen fundamento real.

fantasioso, sa *adj.* Que imagina cosas o situaciones sin fundamento. ‖ Presuntuoso en extremo, vanidoso.

fantasma *s. m.* Imagen o aparición de algo irreal o inmaterial. *Los fantasmas más populares son los espectros de los difuntos.* ‖ Imagen o recuerdo fijados en la fantasía. *Lo persigue el fantasma de su primera novia.* ‖ Espantajo, coco, ser imaginario o cosa que infunde temor. ‖ *adj.* Se dice de la situación poco clara, dudosa o inexistente. *Un contrato fantasma.*

fantasmagoría *s. f.* Arte y técnica de representar figuras utilizando ilusiones ópticas. ‖ *fig.* Fantasía, producto de la imaginación, sobre todo aquél que es iluso o carente de fundamento.

fantasmal *adj.* Perteneciente o relativo a los fantasmas. ‖ Que es, o parece, irreal.

fantástico, ca *adj.* Irreal, que es producto de la fantasía y la imaginación. ‖ Perteneciente o relativo a la fantasía. ‖ Increíble. ‖ Magnífico, maravilloso, sensacional.

fantoche *s. m.* Muñeco grotesco, frecuentemente movido por medio de hilos o metiendo la mano en su interior, por debajo del vestido. ‖ *desp.* Persona de aspecto ridículo, grotesco y desdeñable. ‖ Persona que es considerada insignificante en el aspecto físico o moral. ‖ Persona muy presumida. *Juan es un fantoche, presume de todo.*

faquir *s. m.* Santón, asceta de la India y de la religión musulmana que lleva una vida de oración y gran austeridad. || Artista de circo que realiza un espectáculo con pruebas que causan dolor sin hacerse daño aparente.
faradio *s. m.* Unidad de capacidad eléctrica en el Sistema Internacional, de símbolo F; equivale a la capacidad de un condensador eléctrico cargado con un culombio y con una diferencia de potencial de un voltio.
farallón *s. m.* Roca alta y afilada que sobresale en el mar y a veces en tierra firme.
farándula *s. f.* Profesión y ambiente de los actores.
faraón *s. m.* Soberano del antiguo Egipto.
faraónico, ca *adj.* Relativo a los faraones. || *fig.* Enorme, grandioso.
fardo *s. m.* Paquete o bulto grande atado de manera muy apretada.
farfolla *s. f.* Hojas que forman la envoltura de las mazorcas de maíz. || *fig. desp.* Cosa de mucha apariencia y poca importancia.
farfullar *t.* Hablar muy de prisa, con atropello y confusión. *Estaba tan nervioso que sólo alcanzó a farfullar unas palabras.* || Por extensión, hacer algo de manera atropellada.
faringe *s. f.* Conducto musculoso que comunica la boca con la laringe, el esófago y las fosas nasales.
faringitis *s. f.* Inflamación de la faringe. *No asistió a clases porque tiene faringitis.*
fariña *s. f. Amér. Merid.* Harina burda de mandioca.
fariseo, a *adj.* y *s.* Miembro de una antigua secta judía observante rigorista de la Ley de Moisés. || Hipócrita que finge una moral o creencia religiosa a la que no se ajusta.
farmacéutico, ca *adj.* y *s.* Perteneciente o relativo a la farmacia. *María entró a trabajar en un laboratorio farmacéutico.* || Persona que ejerce la farmacia. *El farmacéutico me recomendó esta pomada.*
farmacia *s. f.* Ciencia que enseña la preparación de medicamentos y el estudio de las propiedades de sus componentes. || Establecimiento donde se elaboran y venden medicamentos.
fármaco *s. m.* Sustancia que sirve para curar o prevenir enfermedades.
farmacodependencia *s. f.* Estado de quien experimenta una necesidad intensa por ingerir, cada determinado tiempo, alguna sustancia química, como ciertos medicamentos.
farmacología *s. f.* Parte de la medicina que trata de los medicamentos, sus propiedades y su composición.
farmacopea *s. f.* Libro oficial que recoge los medicamentos aprobados con todos los aspectos relacionados de su prescripción, uso, efectos, etc., y que actúa como norma legal.
faro *s. m.* Torre alta en las costas que emite una luz potente a intervalos para orientar de noche a los navegantes. || Cada uno de los focos que llevan los vehículos automotores en la parte delantera para iluminar el camino. || Persona o cosa que da luz en un asunto y sirve de guía o modelo de conducta.
farol *s. m.* Caja hecha de material transparente, dentro de la cual va una luz.
farola *s. f.* Farol grande para alumbrar las calles, plazas y paseos públicos, colocado sobre un poste o sujeto a las paredes de los edificios.
farolazo *s. m.* Golpe dado con un farol. || *Amér. C.* y *Méx.* Trago de bebida alcohólica.
farra *s. f. fam.* Parranda, juerga o diversión. *Se fueron de farra toda la noche.*
fárrago *s. m.* Mezcla de cosas o ideas desordenadas, inconexas o superfluas.
farragoso, sa *adj.* Se dice del texto o discurso lleno de ideas desordenadas y confusas, y generalmente con exceso de palabras. *Me costó mucho trabajo leer su larga carta farragosa.*
farsa *s. f.* Obra de teatro burlesca breve, sin mayor pretensión que hacer reír. || Acción montada con la pretensión de engañar u ocultar algo. *La elección de comités vecinales es una farsa.*
farsante *adj.* y *s. com.* Persona que representaba farsas. || Se aplica a la persona que finge lo que no siente o se hace pasar por lo que no es para conseguir algo.
fascículo *s. m.* Parte de un libro o de una colección que se publica sucesivamente en forma de folleto.
fascinante *adj.* Que es muy atractivo.
fascinar *t.* Atraer irresistiblemente. *Se dejó fascinar por sus encantos.*
fascismo *s. m.* Movimiento político y social de carácter nacionalista, totalitario, militarista y corporativista implantado por Benito Mussolini en Italia después de la Primera Guerra Mundial. || Doctrina de este movimiento y otros similares.
fascista *adj.* Perteneciente o relativo al fascismo. || *s. com.* Partidario del fascismo. *Prohibieron la manifestación de fascistas profesos.*
fase *s. f.* Cada uno de los estados diferenciados en el desarrollo de algo. *Ahora entramos en la fase operativa de nuestro plan.* || Cada uno de los aspectos que muestra un cuerpo celeste, según lo ilumina el Sol. *La Luna presenta cuatro fases: luna nueva, cuarto creciente, luna llena y cuarto menguante.*
fastidiar *t.* Molestar, disgustar o enfadar algo a una persona. || Ocasionar daño.
fastidio *s. m.* Disgusto o molestia. *Es un fastidio oírle la misma plática de siempre.* || Enojo, cansancio, aburrimiento, tedio.
fastidioso, sa *adj.* Que causa fastidio.
fasto, ta *adj.* Se aplica a un tiempo feliz o venturoso. *A diferencia de los nefastos días pasados, hoy fue un día fasto.* || *s. m.* Esplendor, lujo.
fastuosidad *s. f.* Cualidad de fastuoso. || Lujo extraordinario, derroche de riqueza.
fastuoso, sa *adj.* Ostentoso, con derroche de lujo y riqueza.
fatal *adj.* Se dice de aquello que es muy malo, perjudicial o muy desgraciado. *El accidente fue de consecuencias fatales.* || Que ha ido muy mal. *He tenido un día fatal.* || Inevitable o determinado por el destino. *Aquel fin era fatal.* || Se dice de la mujer muy bella, seductora y despótica con los hombres. *Marlene tenía fama de ser mujer fatal.* || *adv.* Muy mal. *Tuvo una actuación fatal.*
fatalidad *s. f.* Cualidad de lo que resulta fatal. || Suceso o circunstancia desgraciado. *Tuvo la fatalidad de que le cayera un rayo.* || Destino en cuanto causa de desgracias.
fatalismo *s. m.* Creencia según la cual los acontecimientos no se pueden evitar por estar regidos por el destino. || Actitud de la persona que acepta todo lo que sucede sin posibilidad de cambiar el

curso de los acontecimientos por considerarlos predestinados.

fatalista adj. Perteneciente o relativo al fatalismo. ‖ s. com. Persona que adopta las actitudes propias del fatalismo.

fatídico, ca adj. Muy desgraciado, funesto.

fatiga s. f. Cansancio o molestia ocasionado por un esfuerzo y que se manifiesta en dificultad al respirar. Subir escaleras lo fatiga. ‖ fam. pl. Sufrimiento o penalidad en la vida de una persona. ‖ Pérdida de resistencia de un material al ser sometido a un esfuerzo continuo. Se derrumbó el puente por fatiga de sus pilotes.

fatigado, da adj. Muy cansado.

fatigar t. Causar fatiga.

fatigoso, sa adj. Que causa fatiga. ‖ Que muestra fatiga o dificultad al respirar. De tanto fumar tiene respiración fatigosa.

fatuidad s. f. Necedad, falta de razón o de entendimiento. Su fatuidad le hace aparecer ridículo. ‖ Dicho o hecho necio o presuntuoso. ‖ Presunción, vanidad infundada y ridícula.

fatuo, tua adj. y s. Necio, falto de razón o de entendimiento. ‖ Engreído, lleno de presunción o vanidad infundada.

fauces s. f. pl. Parte posterior de la boca de los mamíferos, desde el velo del paladar hasta el principio del esófago.

fauna s. f. Conjunto de animales de un determinado periodo, país o zona. ‖ desp. Conjunto de personas que tienen un comportamiento común y frecuentan el mismo ambiente.

fauno s. m. Semidiós de la mitología romana encargado de velar por la fecundidad de la naturaleza. El fauno se representaba con patas y cuernos de macho cabrío, semejante al sátiro griego. ‖ Hombre lascivo.

fausto, ta adj. Que causa alegría y felicidad. La boda fue un fausto acontecimiento para los miembros.

favela s. f. Choza característica de zonas suburbanas de Brasil. ‖ Barrio marginal formado por esas chozas.

favor s. m. Acción que se realiza para ayudar a alguien. Me hizo el favor de prestarme dinero. ‖ Privilegio que se recibe de una autoridad. Sor Juana gozaba del favor de la virreina. ‖ Apoyo, confianza. El artista goza del favor del público. ‖ pl. Consentimiento en las relaciones amorosas. Aurora concedió sus favores a Aurelio.

favorable adj. Que favorece o es propicio. ‖ Se aplica a la persona que está en buena disposición para hacer algo o para conceder lo que se le pide. ‖ Que implica una mejora o avance.

favorecedor, ra adj. Que favorece.

favorecer t. Ayudar, apoyar a alguien o algo. La salida del sol favoreció las labores de rescate. ‖ Tratar a unas personas mejor que a otras sin considerar lo que es justo. ‖ Mejorar el aspecto o la apariencia de una persona o cosa. ‖ pr. Aprovecharse de una situación o cargo.

favorecido, da adj. Que recibió favores. ‖ Mejorado en su apariencia.

favoritismo s. m. Preferencia que no considera lo que es justo, que se basa en el favor.

favorito, ta adj. Predilecto, preferido sobre otros. La menor es su hija favorita. ‖ Que tiene mayores

posibilidades de ganar en una competencia. El campeón llega como favorito antes de la pelea. ‖ s. Persona que goza de la confianza de otra persona con autoridad.

faz s. f. Cara de una persona. ‖ Superficie, o lado principal de algo. ‖ Anverso de algo, como de las monedas y medallas.

fe s. f. Creencia en alguien o algo sin necesidad de que sus cualidades hayan sido demostradas por la experiencia o la razón. ‖ Virtud teologal del cristianismo que consiste en el asentimiento a la revelación de Dios y creer en la palabra de Dios y en la doctrina de la Iglesia. ‖ Conjunto de creencias de una religión. ‖ Creencia o confianza en la eficacia, bondad, valor o verdad de algo o de alguien. ‖ Testimonio, aseveración de que algo es cierto. ‖ Documento que certifica la verdad de un hecho o circunstancia. ‖

fealdad s. f. Calidad de feo, carencia de belleza y hermosura.

febrero s. m. Segundo mes del año, tiene 28 días y en los años bisiestos 29.

febrífugo, ga adj. y s. m. Sustancia o medicamento que reduce o elimina la fiebre.

febril adj. Perteneciente o relativo a la fiebre. ‖ Que es muy intenso, apasionado o ardoroso.

febrilidad s. f. Actuación ansiosa, febril.

fecal adj. Relativo a las heces o los excrementos.

fecha s. f. Tiempo, momento en que se hace u ocurre una cosa. Los documentos de valor oficial deben llevar la fecha de elaboración. ‖ Tiempo o momento actual. Hasta la fecha no lo he vuelto a ver.

fechar t. Poner la fecha en un escrito. ‖ Determinar la fecha de algo, como un objeto, un escrito, un acontecimiento, etc.

fechoría s. f. Acción mala de cierta importancia.

fécula s. f. Hidrato de carbono parecido al almidón que se halla en las semillas, tubérculos y raíces de ciertas plantas. Este plato lleva fécula de maíz para que espese.

feculento, ta adj. Que contiene fécula.

fecundación s. f. Acción y efecto de fecundar. ‖ Unión de los gametos o células sexuales masculina y femenina para formar un huevo o cigoto.

fecundante adj. Que fecunda. ‖ Capaz de fecundar.

fecundar t. Unir un gameto masculino a otro femenino que dan origen a un nuevo ser. El macho fecunda a la hembra. ‖ Hacer fecunda o productiva una cosa. El fertilizante fecundó la tierra.

fecundidad s. f. Fertilidad, capacidad reproductora de un ser vivo. ‖ Abundancia en la producción de algo.

fecundo, da adj. Que puede fecundar o ser fecundado. Los análisis mostraron que la pareja es fecunda. ‖ Que se reproduce o procrea gran cantidad con facilidad. ‖ Se aplica al terreno que produce en abundancia. El valle de la Mesopotamia es muy fecundo. ‖ Lleno, con abundancia. El Renacimiento fue una época muy fecunda en el arte. ‖ Que genera obras abundantes o produce buenos resultados.

fedatario s. m. Notario u otro funcionario que da fe pública.

federación s. f. Acción de federar. ‖ Unión o asociación de Estados, partidos o agrupaciones que reconocen una misma autoridad pero que mantienen un gobierno interior autónomo. ‖ Poder central de dicha asociación. ‖ Organismo que establece la reglamentación y el control de un determinado deporte.

federado, da adj. Relativo a la federación.

federal adj. Relativo a la federación. ‖ Se dice de la norma de aplicación general en una federación. ‖ Se aplica a la autoridad encargada de su aplicación.

federalismo s. m. Sistema político en el que el poder se reparte entre un Estado central y el de los Estados asociados. *El federalismo intenta evitar un poder central absoluto que absorba todas las funciones.*

federalista adj. Relativo al federalismo. ‖ s. com. Partidario del federalismo.

federalización s. f. Conversión de un Estado en federación.

federalizar t. Transformar un Estado en federación. ‖ Pasar a formar parte de una federación.

federar t. Unir por alianza, liga, unión o pacto varios estados, organizaciones o sociedades para formar una federación. ‖ *Federaron sus agrupaciones para sumar fuerzas.*

federativo, va adj. Perteneciente o relativo a la federación. ‖ Se dice del sistema en el que varios Estados, rigiéndose cada uno por leyes propias, están sujetos en muchas áreas y aspectos a las decisiones de un gobierno central. ‖ s. Directivo de una federación, especialmente deportiva.

fehaciente adj. Fidedigno, que muestra algo de forma clara e indudable. *La defensa presentó pruebas fehacientes de la inocencia del acusado.*

feldespato s. m. Mineral compuesto de silicatos de aluminio; es el mineral más abundante de la corteza terrestre y se emplea en la fabricación de vidrio y cerámica.

felicidad s. f. Estado de ánimo de quien se encuentra plenamente satisfecho al disfrutar lo que desea.

felicitación s. f. Acción y efecto de felicitar. ‖ Manifestación de alegría y contento que se hace a una persona con motivo de algún suceso favorable para ella. ‖ Escrito o tarjeta con los que se felicita a una persona.

felicitar t. Manifestar a una persona alegría y contento con motivo de algún suceso favorable para ella.

félido, da adj. Se aplica a la familia de mamíferos carnívoros de cabeza redondeada, hocico corto y ancho, digitígrados, patas anteriores con cinco dedos y posteriores con cuatro, de lengua escamosa y uñas retráctiles. *El gato, el tigre y el lince son félidos.* ‖ s. m. pl. Grupo taxonómico, con categoría de familia, constituido por estos mamíferos.

feligrés, gresa s. Persona que pertenece a una parroquia determinada. *Los feligreses organizaron una posada.*

felino, na adj. Perteneciente o relativo al gato. ‖ Que tiene algún parecido con el gato. *La bailarina interpretó un baile con movimientos felinos.* ‖ Se aplica al animal perteneciente a la familia de los félidos. *El leopardo es un felino.*

feliz adj. Que siente o tiene felicidad. ‖ Que causa felicidad. ‖ Que es acertado o eficaz. ‖ Que ocurre o sucede sin contratiempos.

felón, lona adj. y s. Que comete felonía.

felonía s. f. Traición o acción desleal.

felpa s. f. Tejido que tiene pelo por uno de sus lados, que se usa principalmente en la confección de prendas de abrigo y de muñecos de peluche.

felpudo, da adj. Tejido afelpado.

femenil adj. Perteneciente o relativo a la mujer.

femenino, na adj. Se aplica al ser vivo dotado de órganos para ser fecundado. ‖ Perteneciente o relativo a este ser. ‖ Relativo o propio de la mujer. ‖ En gramática se aplica al género al que pertenecen las hembras y algunas cosas inanimadas. *La letra «a» es la terminación habitual de palabras del género femenino.*

femineidad o **feminidad** s. f. Cualidad de femenino.

feminicidio s. m. Asesinato de una mujer por motivos machistas o misóginos.

feminismo s. m. Doctrina y movimiento social que propugna la igualdad de derechos entre la mujer y el hombre. ‖ Actitud propia de la persona que defiende esta doctrina.

feminista adj. Perteneciente o relativo al feminismo. ‖ s. com. Persona partidaria del feminismo.

femoral adj. Perteneciente o relativo al fémur. ‖ Se aplica a la arteria y vena que recorren el muslo.

fémur s. m. Hueso del muslo, el más largo y fuerte del cuerpo humano, articulado con el hueso ilíaco por su extremo superior y con la tibia y el peroné por el inferior.

fénec s. m. Pequeño zorro del desierto del norte africano.

fenecer intr. Morir, expirar, fallecer. ‖ Acabarse algo, terminarse o tener fin.

fenecimiento s. m. Acción y efecto de fenecer.

fenicio, cia adj. y s. Natural de Fenicia, antiguo país asiático. ‖ Perteneciente o relativo a este país del Asia antigua. ‖ Lengua semítica antigua hablada por los fenicios.

fénix s. m. Ave mitológica, semejante a un águila, que según los antiguos era única, moría quemándose y renacía de sus cenizas.

fenol s. m. Compuesto orgánico que se obtiene por destilación del alquitrán de hulla, utilizado como antiséptico en medicina y en la obtención de resinas.

fenomenal adj. Perteneciente o relativo al fenómeno. ‖ Que es muy grande, muy fuerte o muy intenso. ‖ Estupendo, admirable, muy bueno. ‖ adv. Muy bien.

fenómeno adj. Muy bueno, magnífico, sensacional. *Es un papá fenómeno.* ‖ s. m. Toda manifestación o apariencia de una actividad que se produce en la naturaleza y puede percibirse a través de los sentidos o a través del intelecto. ‖ Cosa extraordinaria y sorprendente. ‖ Persona sobresaliente. *Rafa es un fenómeno del tenis.* ‖ Persona o animal deforme. *El muchacho es un fenómeno cubierto todo de pelo.*

fenotipo s. m. Conjunto de caracteres observables de un organismo determinados por la interacción entre su genotipo y su ambiente. *El fenotipo incluye rasgos tanto físicos como conductuales.*

feo, a adj. Que carece de belleza y hermosura. ‖ De aspecto malo o desfavorable. ‖ Que ocasiona disgusto o desagrado. ‖ Se aplica a la acción que se considera mala o contraria a la moral o la justicia. *Robar es algo feo.* ‖ s. m. Desaire o desprecio hacia una persona.

féretro s. m. Caja en la que se deposita el cadáver que se va a enterrar. *Todos lloraron cuando depositaron el féretro en la tumba.*

feria s. f. Mercado ocasional que se celebra en un lugar público y en determinadas fechas. || Instalación en la que se exhiben cada cierto tiempo productos de un determinado ramo. || Fiesta popular que se celebra en una localidad cada año en las mismas fechas. || Conjunto de instalaciones recreativas y puestos de venta con ocasión de estas fiestas. || *Méx.* Dinero suelto, cambio.

feriado s. m. *Amér.* Día festivo.

fermentación s. f. Acción y efecto de fermentar. || Proceso químico por el que se transforma un sustrato orgánico mediante la acción de enzimas de bacterias, levaduras i hongos. *Louis Pasteur descubrió que la fermentación es producida por organismos vivos.*

fermentado, da adj. Que ha sufrido el proceso de la fermentación.

fermentar intr. Transformarse químicamente una sustancia orgánica en otra, por la acción de un fermento.

fermento s. m. Sustancia orgánica que produce fermentación de otra sustancia. || Cosa que es origen o estímulo de otra.

fermio s. m. Elemento químico radiactivo artificial; fue descubierto en 1952 en los restos de la explosión de la primera bomba de hidrógeno o termonuclear; su número atómico es 100 y su símbolo Fm.

ferocidad s. f. Fiereza, crueldad, agresividad o violencia propias de ciertos animales y que también manifiestan ciertas personas en sus acciones. *Los vientos del huracán azotaron con ferocidad la costa.* || Dicho o hecho feroz, brutal o cruel. *Sus críticas eran de una ferocidad inusitada.*

feromona s. f. Sustancia que secretan los insectos y otros animales para atraer a los de su misma especie y poder reproducirse.

feroz adj. Se aplica al animal carnívoro que es fiero, que ataca con mucha agresividad y furia. || Que es brutal, agresivo, cruel o despiadado. || Que es enorme, muy intenso y causa daño o destrozo. || *fam.* Que es muy grande o intenso. *Dame de comer que traigo un hambre feroz.*

férreo, a adj. Que es de hierro o que tiene sus propiedades. || Que es muy firme, tenaz o persistente.

ferretería s. f. Establecimiento en el que se venden herramientas y otros objetos y utensilios de metal. *Ve a la ferretería y trae tornillos de media pulgada de rosca fina.*

ferrocarril s. m. Medio de transporte que consiste en una serie de vagones arrastrados por una locomotora y que circulan por rieles. || Conjunto de instalaciones, equipos, vehículos y empleados propios de este medio de transporte.

ferrocarrilero, ra adj. *Amér.* Perteneciente o relativo a las vías férreas. || s. Empleado de ferrocarriles.

ferroso, sa adj. Que es de hierro o lo contiene. || Se aplica al compuesto químico que está combinado con el hierro en proporción mínima.

ferroviario, ria adj. Perteneciente o relativo al ferrocarril.

fértil adj. Se dice del organismo que es capaz de reproducirse por medios naturales. || Que produce en abundancia. || Que produce o crea gran cantidad de algo.

fertilidad s. f. Cualidad de fértil. || Capacidad de reproducirse de un organismo.

fertilización s. f. Acción y efecto de fertilizar. || Preparación de la tierra añadiendo abono o las sustancias apropiadas con el fin de aumentar o restablecer la fertilidad de un suelo.

fertilizante adj. Que fertiliza. || s. m. Sustancia o mezcla química, natural o sintética, que sirve para enriquecer el suelo y favorecer el crecimiento vegetal.

fertilizar t. Abonar, preparar la tierra añadiendo las sustancias que mejoran su calidad y facilitan el crecimiento de las plantas. || Hacer que una célula sexual masculina se una a otra femenina para dar origen a un nuevo ser. || Hacer que una hembra quede embarazada o una planta quede en condiciones de reproducirse.

férula s. f. Tablilla que sirve para mantener inmóvil un hueso roto o fisurado que se emplea en el tratamiento de las fracturas. *Le inmovilizaron la pierna fracturada con una férula.* || Dominio o poder despótico de una persona sobre otra.

ferviente adj. Fervoroso, que muestra entusiasmo o admiración.

fervor s. m. Devoción, intensidad en el sentimiento religioso. *Los peregrinos rezaban con fervor a la virgen.* || Entusiasmo, ardor y dedicación con que se hace algo.

fervoroso, sa adj. Se aplica a la persona que muestra fervor. || Que denota o implica fervor.

festejar t. Hacer fiesta para celebrar o conmemorar algo. || Agasajar, hacer fiesta en honor u obsequio de alguien. *Festejaron el éxito de la exposición con una buena cena.* || Hacer la corte una persona a otra para enamorarla.

festejo s. m. Acción y efecto de festejar. || Fiesta que se hace para celebrar algo o a alguien. || pl. Conjunto de actos públicos con que se celebran las fiestas populares.

festín s. m. Banquete espléndido.

festival s. m. Conjunto de actuaciones o representaciones dedicadas a un arte o a un artista.

festividad s. f. Día que se celebra una fiesta, especialmente la de un santo o un hecho sagrado. *Organizaron una feria para la festividad de san Rafael.* || Fiesta o acto solemne con que se celebra algo.

festivo, va adj. y s. Se aplica al día que no es laborable. || adj. Que es alegre, propio de una fiesta. || Chistoso; alegre.

festón s. m. Bordado con puntadas muy juntas en el borde de una tela de modo que formen un nudo en la parte exterior y pueda recortarse la tela sobrante sin que se deshile. *El mantel estaba rematado con festones.* || Bordado en forma de ondas o de puntas que adorna la orilla o borde de una cosa. || Adorno arquitectónico que consiste en una tira o guirnalda de flores, frutas u hojas formando una curva suspendida de dos puntos.

fetal adj. Perteneciente o relativo al feto. *Duerme en posición fetal.*

fetiche s. m. Objeto material al que se atribuyen cualidades mágicas o sobrenaturales y al que se adora y rinde culto supersticioso como ídolo. || Objeto que se cree que da buena suerte.

fetichismo *s. m.* Culto y adoración a los fetiches. || Admiración, idolatría o veneración excesiva hacia una persona o una cosa. || Conducta sexual que consiste en excitarse con objetos, especialmente prendas de vestir, o partes no sexuales del cuerpo de la persona amada.

fetichista *adj.* Perteneciente o relativo al fetichismo. || *s. com.* Se aplica a la persona que rinde culto a fetiches.

fetidez *s. f.* Hedor, mal olor, hediondez.

fétido, da *adj.* Hediondo, que despide un olor muy desagradable.

feto *s. m.* Embrión de los mamíferos desde que termina el periodo embrionario hasta el momento del parto. || *fam. desp.* Persona muy fea.

feudal *adj.* Perteneciente o relativo al feudo. || Perteneciente o relativo al sistema de organización política y social en el que los campesinos estaban reducidos a servidumbre.

feudalismo *s. m.* Sistema de organización económica, social y política basado en el feudo. || Periodo en que estuvo vigente este sistema.

feudo *s. m.* Contrato o pacto por el que un soberano o gran señor cedía a un noble una tierra o derechos de explotación a cambio de su fidelidad y éste obligaba al siervo a laborar a cambio de protección. || Tierra, bien o derecho concedidos por el rey o gran señor a su vasallo. || Territorio en el que se ejerce una influencia o un poder exclusivos.

fiabilidad *s. f.* Confianza o cualidad de fiable. *Sus diagnósticos son de gran fiabilidad.* || Probabilidad de que una cosa funcione correctamente o sea segura.

fiable *adj.* Que es digno de confianza o que la inspira. || Que inspira seguridad y ofrece buenos resultados. || Creíble, fidedigno, sin error.

fiaca *s. f. fam. Arg.* Pereza.

fiado, da *adj. ant.* Seguro y digno de confianza.

fiador, ra *s.* Persona que responde por otra en el caso de que ésta no cumpla la obligación de pago que ha contraído. *No he podido rentar un local porque nadie quiere ser mi fiador.* || Persona que vende sin exigir que se pague al contado.

fiambre *s. m.* Carne preparada para que se conserve mucho tiempo, que se come fría. *El jamón serrano es un fiambre delicioso.* || *fam.* Cadáver de una persona.

fiambrera *s. f.* Recipiente con una tapa hermética que sirve para llevar comida.

fiambrería *s. f. Amér. Merid.* Tienda donde se venden o preparan fiambres.

fianza *s. f.* Cantidad de dinero u objeto de valor que se da en garantía para asegurar el cumplimiento de un pago u otra obligación. *Para alquilar el departamento me pidieron una fianza.* || Cantidad de dinero que se paga por la libertad de un individuo pendiente de juicio o sentencia. *Por la gravedad del delito le exigieron una fianza muy elevada.* || Compromiso que una persona contrae de responder por otra.

fiar *t.* Vender sin cobrar en el momento en que se hace la venta. || Asegurar uno que cumplirá la obligación contraída por otro. || Confiar en alguien.

fiasco *s. m.* Desengaño o decepción que causa un suceso contrario a lo que se esperaba. *La película produjo gran expectación y resultó un fiasco.*

fibra *s. f.* Filamento que constituye el tejido orgánico, animal o vegetal. *Por un tirón se desgarró sus fibras musculares.* || Cada uno de los filamentos que presentan en su textura algunos minerales. || Filamento natural, artificial o sintético obtenido por procedimientos químicos o mecánicos que se emplea para confeccionar tejidos. || Vigor o energía para actuar. *Es un empleado con mucha fibra.*

ficción *s. f.* Acción y efecto de fingir. *Todas sus dolencias eran una ficción.* || Cosa o hecho inventado o imaginado. || Hechos y seres que son inventados. || Género literario que narra sucesos o historias inventados.

ficha *s. f.* Pieza pequeña, generalmente plana y delgada, de plástico, madera u otro material a la que se asigna un valor convencional y se le dan usos diversos. || Tarjeta de cartón o papel grueso donde se consignan datos para catalogar, clasificar o archivar. || Informe o conjunto de datos sobre una persona o una cosa. || Persona peligrosa; bribón.

fichar *t.* Anotar en fichas datos que interesan. || *fam.* Poner a una persona entre las que no inspiran confianza y someterla a vigilancia. || Contratar una empresa o un club deportivo a alguien. || *intr.* Marcar en una ficha la hora de entrada y salida del trabajo.

fichero *s. m.* Conjunto de fichas ordenadas y mueble o lugar que sirve para guardarlas. || Conjunto de información organizado y grabado en un soporte informático de almacenamiento.

ficticio, cia *adj.* Que es falso o fingido.

fidedigno, na *adj.* Que es digno de fe y confianza.

fideicomiso *s. m.* Disposición testamentaria por la que se encomienda una herencia a alguien para que haga con ella lo que se le encargue.

fidelidad *s. f.* Lealtad, firmeza y constancia en los afectos, ideas y obligaciones. *Los enamorados prometen guardarse fidelidad.* || Exactitud o veracidad. *El testigo relató los hechos con la mayor fidelidad posible.*

fideo *s. m.* Pasta de harina en forma de hilo. *Sirven una sopa de fideos muy rica.* || *fam.* Persona que está muy delgada.

fiebre *s. f.* Aumento de la temperatura del cuerpo por encima de lo normal. *La fiebre es un síntoma de alguna infección.* || Excitación y entusiasmo que provoca una actividad. *El desplome de los valores estuvo precedido de una fiebre especulativa.*

fiel *adj.* Se dice de la persona que es firme y constante en sus afectos, ideas y obligaciones. || Que es exacto o conforme a la verdad. || Que cumple de manera exacta la función a que se destina. || *s. com.* Creyente en una doctrina, en especial religiosa; miembro de una iglesia. || Aguja de una balanza.

fieltro *s. m.* Paño o pelo prensados sin tejer.

fiera *s. f.* Animal salvaje, sobre todo el que se alimenta de otros animales o los que ataca con ferocidad. || *s. com. fam.* Persona que hace muy bien algo. *Es una fiera para las matemáticas.*

fiero, ra *adj.* Perteneciente o relativo a las fieras. || Se dice del animal o persona que muestra fiereza. *En el almacén vigilan dos fieros perros guardianes.*

fierro *s. m. Amér.* Hierro. *En las ventanas pusieron rejas de fierro.* || Arma blanca o de fuego. *Lo amenazó con un fierro.* || *Méx.* Dinero.

fiesta *s. f.* Reunión de varias personas para celebrar o para divertirse. || Día en que se celebra una conmemoración civil y que oficialmente no se labora. || *pl.* Periodo festivo en que se conmemora algo. *Iremos a visitar a la familia en estas fiestas navideñas.* || Muestra de afecto o de alegría. *El perro nos hace fiestas cuando nos ve llegar.*

figura *s. f.* Forma o aspecto exterior de un cuerpo. || Representación dibujada o esculpida de un cuerpo. || Espacio geométrico delimitado por líneas o superficies. || Ilustración o representación gráfica que ejemplifica lo que se dice en un texto. || Cosa que representa o simboliza otra. || Signo musical que representa una nota o un silencio. || Recurso que se usa con una finalidad expresiva o estética. || Serie de variaciones en la danza, el patinaje artístico, etc. || Persona que destaca en determinada actividad.

figuración *s. f.* Acción de figurar o figurarse. || Invención o imaginación de algo. *No hay nada de eso, son puras figuraciones tuyas.*

figurado, da *adj.* Se dice del sentido en que se toman las palabras para que signifiquen algo distinto de su significado literal.

figurante, ta *s.* Comparsa, que desempeña una función meramente decorativa en un asunto o ambiente. || *desp.* Persona que tiene poca importancia dentro de un grupo.

figurar *t.* Delinear la figura de una cosa. || Aparentar, fingir. || *intr.* Formar parte de un número de personas o cosas. || Tener autoridad o representación. || *pr.* Imaginarse o suponer uno algo que desconoce.

figurativo, va *adj.* Que representa o figura algo. || Se aplica al arte o al artista que representa lo real de forma fiel o semejante, en oposición a los abstractos.

fijación *s. f.* Acción de fijar o fijarse. *Acordaron la fijación de las reglas del concurso.* || Idea, palabra o imagen que se repite en la mente de una persona sin poder evitarla. *La impresión del accidente me quedó como una fijación.* || Estado de reposo a que se reduce una sustancia después de una operación química. || Proceso químico por el que algunos seres vivos asimilan algún elemento químico.

fijador, ra *adj.* Que fija. || Utensilio que sirve para fijar cosas. || Sustancia que sirve para fijar el cabello. || Líquido para fijar un dibujo, una fotografía, etc.

fijar *t.* Hacer que una cosa quede fija. *Hay que fijar el cartel con nuestras ofertas.* || Hacer algo estable o fijo. *Fijaron la tarifa eléctrica a la inflación.* || Determinar una fecha o algo de forma precisa. *Fijaron la fecha de la boda.* || Dirigir o centrar la atención o la mirada en algo o alguien. *Fijó su mirada en ella.* || *pr.* Percibir o darse cuenta de algo. *Me fijé que habías dejado olvidado el paraguas.* || Poner atención o cuidado. *Fíjate bien para que aprendas a hacerlo.*

fijeza *s. f.* Cualidad de fijo. || Persistencia.

fijo, ja *adj.* Que está sujeto o asegurado. *El cuadro quedó bien fijo a la pared.* || Que es permanente o estable. *Conseguí un trabajo fijo.* || Que está establecido o no está expuesto a cambios. *Invertí mis ahorros a plazos fijos.* || Que está fijado en un punto determinado. *Se quedó con la mirada fija en el vacío.*

fila *s. f.* Serie de personas o cosas colocadas una tras otra en línea. || Conjunto de cosas colocadas una al lado de otra formando una línea. || Línea que los soldados forman de frente, hombro con hom-

bro. || Milicia, fuerzas militares. || *pl.* Agrupación, especialmente si es de carácter político. *Desde hace mucho milita en las filas de la oposición.*

filamento *s. m.* Cuerpo en forma de hilo muy fino.

filantropía *s. f.* Amor desinteresado por el género humano.

filantrópico, ca *adj.* Perteneciente o relativo a la filantropía.

filántropo, pa *adj.* y *s.* Persona que ama a sus semejantes y los ayuda de forma desinteresada. *El filántropo dispuso su fortuna para dar becas a niños pobres.*

filatelia *s. f.* Afición por el estudio y la colección de sellos postales.

filatelista *s. com.* Persona aficionada a coleccionar sellos postales.

filete *s. m.* Trozo alargado, ancho y de poco grosor de carne, pescado o ave sin huesos o espinas. || Rodaja de solomillo de res o ternera. || Componente de una moldura en forma de banda larga y angosta. *El marco tiene un filete dorado.* || Línea larga y fina que sirve de adorno en las encuadernaciones. *Ésta es la edición de lujo con filetes dorados.*

filetear *t. Méx.* Cortar en filetes la carne. || Adornar con filetes algo.

filiación *s. f.* Acción y efecto de filiar. || Procedencia de los hijos de padres determinados. *El análisis de ADN aclara casos de filiación dudosa.* || Datos personales de uno. *Llena esta solicitud con tu filiación.* || Dependencia de unas cosas con respecto a otras. *Las lenguas romances tienen filiación latina.* || Hecho de estar afiliado a una organización o de ser seguidor de una doctrina determinada. *El nuevo ministro es de filiación liberal.*

filial *adj.* Perteneciente o relativo al hijo. || Se aplica a la empresa cuya actividad depende de otra.

filibustero *s. m.* Pirata que en el siglo XVII actuaba en el mar de las Antillas.

filicida *adj.* y *s. com.* Persona que mata a un hijo.

filicidio *s. m.* Muerte que un padre o una madre da a su hijo.

filiforme *adj.* Que tiene forma o apariencia de hilo.

filigrana *s. f.* Obra o trabajo de orfebrería hecho con hilos de oro o plata unidos y soldados con mucha perfección y delicadeza. || Acción que requiere mucha habilidad, delicadeza y esfuerzo. || Marca o dibujo transparente hecho en el papel durante su fabricación y que sólo es visible al trasluz.

filipino, na *adj.* Natural de Filipinas. || Perteneciente o relativo a este país de Asia.

filisteo, a *adj.* Relativo a un pueblo antiguo que habitó el sudoeste de Palestina hasta el siglo VII antes de Cristo. || *s.* Persona perteneciente a este pueblo. || Se aplica a la persona que es vulgar, de escasos conocimientos y carece de sensibilidad artística o literaria.

filmación *s. f.* Acción y efecto de filmar. || Registro de imágenes en movimiento.

filmar *t.* Registrar o fotografiar con una cámara imágenes en movimiento.

filme *s. m.* Película cinematográfica.

filmografía *s. f.* Relación de películas cinematográficas de un mismo actor o director, de un género, de una época determinada, etc.

filmoteca *s. f.* Lugar donde se guarda, se conserva, se exhibe y se estudia material cinematográfico. || Conjunto o colección de filmes.

filo *s. m.* Borde agudo de un instrumento o de un arma. ‖ Línea que divide en dos una cosa.

filogenia *s. f.* En biología, parte que estudia el origen, desarrollo y parentesco entre los seres vivos.

filología *s. f.* En lingüística, parte que estudia la historia de las lenguas. ‖ Técnica para reconstruir textos antiguos.

filólogo, ga *s.* Especialista en filología.

filón *s. m.* Mineral precioso que se encuentra rodeado de rocas. ‖ Negocio que puede ser provechoso.

filoso, sa *adj.* Que tiene mucho filo.

filosofar *t.* Analizar un asunto con razonamientos tomados de la filosofía. ‖ *fam.* Meditar, pensar.

filosofía *s. f.* Conjunto de conocimientos y razonamientos que intentan explicar las leyes que rigen la existencia del ser humano y del Universo. ‖ Sistema filosófico propuesto por determinado filósofo. ‖ Manera de pensar o de encarar la vida que caracteriza a un individuo o a una comunidad. ‖ Conjunto de reglas y principios de una materia en particular. ‖ Fortaleza de ánimo para soportar dificultades.

filosófico, ca *adj.* Relativo a la filosofía.

filósofo, fa *s.* Persona que se dedica a la filosofía. ‖ Persona que crea un sistema filosófico.

filtrar *t. pr.* Hacer pasar un líquido por un filtro. ‖ Hacer que un líquido pase por los poros de un cuerpo sólido. ‖ Hacer que una información confidencial o secreta llegue al público.

filtro *s. m.* Material poroso que sirve para limpiar de impurezas un líquido, colar una infusión, etc. ‖ Dispositivo electrónico que sirve para filtrar ruidos molestos en una grabación. ‖ Pantalla que filtra colores. ‖ Procedimiento de selección que filtra elementos no deseados.

filudo, da *adj.* Filoso.

fin *s. m.* Término de algo. ‖ Límite de algo. ‖ Objetivo de algo.

finado, da *s.* Persona muerta.

final *adj. y s. com.* Que es el último. ‖ Fin de una cosa. ‖ Último enfrentamiento en una competencia, del que sale un ganador. ‖ En gramática, oración que expresa finalidad.

finalidad *s. f.* Objetivo o fin por el que se lleva a cabo algo.

finalista *s. com.* Participante de una competencia que llega a la final.

finalizar *t.* Hacer que una cosa llegue a su fin. ‖ *intr.* Acabarse o consumirse una cosa.

financiación *s. f.* Obtención de fondos para que una empresa funcione.

financiamiento *s. m.* Acción y resultado de financiar.

financiar *t.* Otorgar fondos para que una empresa funcione.

financiero, ra *adj.* Que se relaciona con las finanzas, ya sean públicas o privadas. ‖ *s.* Persona que se especializa en finanzas.

financista *s. com. Amér.* Persona que aporta dinero a una empresa. ‖ Persona que se especializa en finanzas.

finanzas *s. pl.* Conjunto de actividades que se relacionan con dinero, ya sea público o privado. ‖ Cantidad de dinero que posee una persona o su situación económica.

finar *intr.* Fallecer, morir.

finca *s. f.* Propiedad inmueble, por lo general en el campo.

fincar *t. y pr.* Comprar una finca. ‖ Instalarse en un lugar. ‖ *Méx.* Adjudicar un delito a una persona.

finés *adj. y s.* Finlandés.

fineza *s. f.* Palabra de cariño. ‖ Acción o actitud que denota buena educación. ‖ Regalo delicado.

fingido, da *adj.* Que es simulado o falso. ‖ Que es una persona engañosa o falsa.

fingir *t. y pr.* Hacer creer a alguien algo que no es cierto.

finiquitar *t.* Pagar por completo una deuda. ‖ *fam.* Terminar algo.

finiquito *s. m.* Terminación de una cuenta o de una deuda. ‖ Pago que se da cuando se cancela un contrato con un trabajador.

finisecular *adj. y s. com.* Que se relaciona con el fin de un siglo.

finito, ta *adj.* Que tiene un fin, un término, un lapso determinado.

finlandés *adj. y s.* Que se relaciona con Finlandia, país del norte de Europa. ‖ Que se relaciona con la lengua que se habla en ese país. ‖ Persona que nació en Finlandia.

fino, na *adj.* Que es poco grueso, delicado. *Había una fina capa de polvo.* ‖ Que tiene buenos modales. *Es una persona muy fina.* ‖ Que hace bien las cosas. *Es un carpintero muy fino.* ‖ Que está hecho con calidad. *Es un escritorio muy fino.* ‖ Que es capaz de percibir las cosas con profundidad y detalle.

finta *s. f.* Gesto o maniobra con el cuerpo que se hace para engañar a otro.

fiordo *s. m.* Golfo estrecho y profundo de origen glaciar.

firma *s. f.* Nombre de una persona o rúbrica que la caracteriza. ‖ Acto legal en que varias personas firman un documento. ‖ Nombre o razón social de una compañía.

firmado, da *adj.* Con la firma necesaria.

firmamento *s. m.* Bóveda celeste.

firmante *adj. y s. com.* Que firma.

firmar *t.* Poner la firma en una carta o documento.

firme *adj. y s. com.* Que está tan bien sostenido que no se mueve ni se cae. *Las firmes paredes de la casa resistieron el temblor.* ‖ Que es fuerte y constante. ‖ Que es definitivo.

firmeza *s. f.* Propiedad de las cosas que las hace mantenerse estables, bien apoyadas, resistentes. ‖ Lo que es seguro, que permanece sin cambios. ‖ Actitud de las personas que demuestran fortaleza de carácter.

firulete *s. m. Amér. Merid.* Adorno ridículo y exagerado.

fiscal *adj. y s. com.* Que se relaciona con las finanzas públicas y los impuestos. ‖ Persona que representa al ministerio público en los tribunales.

fiscalía *s. f.* Cargo o puesto de fiscal. ‖ Oficina del fiscal.

fiscalidad *s. f.* Conjunto de impuestos que hay que pagar a las autoridades locales y estatales.

fiscalización *s. f.* Acción y resultado de fiscalizar.

fiscalizar *t.* Practicar una inspección fiscal a algo o a alguien. ‖ *fig.* Controlar o criticar las acciones de los demás.

fisco s. m. Tesoro público. || Conjunto de las oficinas de gobierno que se encargan de la recaudación de impuestos.

fisgar t. e intr. Husmear con el olfato. || Tratar de enterarse de los asuntos ajenos o meterse en los asuntos de los demás.

fisgón, gona adj. y s. Que le gusta fisgar.

fisgonear t. Curiosear lo que hacen los demás.

física s. f. Ciencia que estudia las características de la materia y establece las leyes de su funcionamiento.

físico, ca adj. Que se relaciona con la física. || s. Persona que se dedica a la física. || s. m. Aspecto exterior de una persona.

fisicoquímica s. f. Ciencia que estudia los fenómenos que son comunes a la física y a la química.

fisiología s. f. En biología, rama que estudia el funcionamiento de los órganos de los seres vivos.

fisiólogo, ga s. Especialista en fisiología.

fisión s. f. En física, ruptura del núcleo de un átomo pesado que produce reacciones en cadena, así como la liberación de grandes cantidades de energía.

fisonomía s. f. Conjunto de rasgos de la cara de las personas. || Aspecto externo de una cosa.

fístula s. f. Conducto no natural que comunica un órgano del cuerpo con otro o con el exterior.

fisura s. f. Ruptura muy delgada en algo, que no llega a romperlo.

fisurar t. Producir o provocar una fisura.

fitófago, ga adj. Que come plantas.

fitoplancton s. m. Conjunto de microorganismos vegetales que forma parte del plancton.

flácido, da o **fláccido, da** adj. Que tiene el cuerpo flojo, sin consistencia.

flaco, ca adj. Que está delgado, con poca carne. || Que es débil.

flacura s. f. Condición de delgadez.

flagelación s. f. Maltrato con azotes.

flagelado, da adj. Se dice de los microorganismos provistos de flagelos o extremidades para desplazarse.

flagelar t. Maltratar el cuerpo con flagelos o azotes.

flagelo s. m. Instrumento para azotar provisto de mango de madera y tiras de cuero, parecido al látigo. || Cualquiera de las extremidades de los microorganismos llamados «flagelados». || fig. Calamidad pública. Les cayó el flagelo de la influenza.

flagrancia s. f. Condición de flagrante o acción que se descubre en el momento de su ejecución.

flagrante adj. Que se está ejecutando actualmente. || Se dice de la acción que es descubierta en el momento de su ejecución.

flama s. f. Halo de la llama. || Calor intenso.

flamante adj. De aspecto resplandeciente por ser nuevo, recién estrenado o moderno. Mi automóvil está flamante.

flamear intr. Despedir resplandor las llamas. || Ondear banderas o velas por acción del viento. || Aplicar fuego a la superficie de objetos a manera de acabado. || Encender fugazmente platillos para dorarlos o humearlos.

flamenco, ca adj. De o relacionado con Flandes, antigua región de Bélgica. || Danza andaluza de influencia gitana. || s. m. Ave zancuda de pico enorme y curvo, cuello delgado y largo, de plumaje blanco, rosado o rojo, que habita en las marismas tropicales.

flamígero, ra adj. Que arroja llamas. || fig. Se dice del discurso emotivo y condenatorio.

flan s. m. Dulce elaborado con huevo, leche, azúcar y saborizante, cocinado al horno o en baño María. || fig. fam. Se dice de las personas de carácter dulce.

flanco s. m. Cada uno de los dos lados de un cuerpo visto de frente. || Cada uno de los costados de una embarcación. || Cada uno de los lados de una formación militar.

flanqueado, da adj. Relativo al objeto o persona con resguardo por ambos lados. || Se dice de la posición de ataque o defensa de un formación por uno o ambos flancos.

flanquear t. Colocarse a los lados de un objeto o persona. || Colocarse en posición de ataque o defensa a un lado o por ambos lados de una formación. || Proteger los flancos propios de una formación militar.

flaquear intr. Perder fuerza física o anímica. No vamos a flaquear ante los obstáculos.

flaqueza s. f. Condición menguante de la carne. || Debilidad de ánimo o espíritu. || Falta cometida por esta debilidad.

flash s. m. Dispositivo fotográfico de iluminación. || Resplandor intenso y fugaz emitido por este dispositivo. || fig. Avance noticioso breve.

flato s. m. Gas intestinal producido por la acción bacteriana de la ingesta alimenticia.

flatulencia s. f. Acumulación de gas intestinal o su expulsión por los orificios relacionados. || Indisposición del organismo por esta acumulación.

flauta s. f. Instrumento musical de viento consistente en un tubo con embocadura y agujeros, los cuales, al ser tapados y destapados con los dedos, emiten notas.

flautín s. m. Flauta pequeña que emite un sonido agudo.

flautista s. com. Ejecutante de la flauta.

flebitis s. f. Inflamación de las venas, comúnmente de las piernas.

flecha s. f. Proyectil arrojadizo con arco, consistente en una vara, una punta y una cabeza. || Símbolo que indica dirección.

flechado, da adj. Herido por flechas. || Enamorado.

flechador, ra adj. Que arroja flechas.

flechar t. Arrojar flechas con el arco. || Dar en el blanco con flecha. || Enamorar a primera vista.

flechazo s. m. Disparo con flecha. || Herida producida por flecha. || fig. Enamoramiento súbito.

fleco s. m. Mechón de corte recto que se deja caer sobre la frente. || Adorno consistente de hilos o cordones colgantes.

fleje s. m. Tira de material resistente para amarrar paquetes o cajas.

flema s. f. Mucosidad de las vías respiratorias que se expulsa por la boca. || Condición de ánimo impasible o frío.

flemático, ca adj. Que actúa con flema o impasibilidad.

flemón s. m. Inflamación infecciosa del tejido celular, comúnmente de las encías.

flequillo s. m. Mechón recortado que se deja caer sobre la frente.

fletar t. Arrendar un medio de transporte de carga o de personas. || Embarcar carga o personas para su transporte.

flete *s. m.* Costo del alquiler de un medio de transporte de cosas o personas. ‖ Costo del transporte de mercancía. ‖ Carga de un medio de transporte.

fletero, ra *adj.* Persona dedicada al transporte de mercancía mediante alquiler. ‖ Medio para transportar carga o personas mediante alquiler.

flexibilidad *s. f.* Propiedad de los materiales de doblarse sin romperse. ‖ Capacidad de las personas de adaptarse a las circunstancias sin ceder principios.

flexible *adj.* Que es maleable, especialmente un material. ‖ Que es razonable. *Papá es flexible.*

flexión *s. f.* Hecho de doblar o doblarse. ‖ Alteración de las voces que se conjugan y declinan con el cambio de terminaciones.

flexionar *t.* Doblar miembros del cuerpo. *Hay que flexionar las rodillas antes de correr.*

flexor, ra *adj.* Músculo cuya función es flexionar un miembro. ‖ Algo que hace que una cosa se flexione.

flojear *intr.* Desatender obligaciones por desgano o pereza. ‖ Perder fuerza física.

flojera *s. f.* Actitud desganada, negligente o indolente al actuar.

flojo, ja *adj.* Que es perezoso o indolente al actuar. ‖ Que está mal ajustado o amarrado.

flor *s. f.* Parte que contiene los órganos reproductores de las plantas, a menudo de vivos colores, la cual se usa como ornato o con fines medicinales. ‖ Lo mejor de un conjunto. ‖ Halago a los dones físicos o espirituales de una persona. ‖ Lo que está en la superficie de algo o es evidente a la observación.

flora *s. f.* Vegetación de una región, era o medio ambiente específico. ‖ Conjunto de microorganismos de un medio particular.

floración *s. f.* Eclosión del capullo en forma de flor. ‖ Época de florecimiento de las plantas. ‖ Duración de la flor de las plantas.

floral *adj.* Perteneciente o relativo a las flores.

florecer *intr.* Echar flores las plantas. ‖ Crecer en riqueza material o espiritual, especialmente en las naciones, instituciones, culturas o periodos de la historia. ‖ *fig.* Crecer el amor entre dos personas.

floreciente *adj.* En referencia a las plantas, que está echando flores. ‖ Que está en pleno desarrollo.

florecimiento *s. m.* Acción y efecto de florecer. ‖ Auge en el desarrollo de algo, especialmente naciones, culturas, instituciones o periodos históricos.

florería *s. f.* Expendio de flores, arreglos florales y otros ornatos.

florero *s. m.* Recipiente de flores de ornato.

florescencia *s. f.* Eclosión del capullo en forma de flor. ‖ Época de florecimiento de las plantas.

floresta *s. f.* Terreno frondoso y agradable.

florete *s. m.* Espada delgada, flexible y sin filo para practicar esgrima.

floricultor, ra *s.* Persona dedicada a la floricultura.

floricultura *s. f.* Disciplina y práctica del cultivo de las flores.

florido, da *adj.* Que tiene flores. ‖ Relativo a la expresión o discurso adornado con palabras vanas.

florilegio *s. m.* Colección de fragmentos literarios de estilo amatorio.

florista *s. com.* Persona que hace o vende arreglos florales.

floritura *s. f.* Adorno superfluo de la expresión oral, escrita o musical.

flota *s. f.* Conjunto de barcos de una misma empresa, actividad o bandera. ‖ Conjunto de aviones o vehículos terrestres de una misma empresa, actividad o bandera.

flotación *s. f.* Acción y efecto de flotar.

flotador *s. m.* Pieza flotante para medir el volumen líquido de recipientes o activar y desactivar válvulas. ‖ Pieza flotante ajustable al cuerpo de personas o cosas para evitar que se hundan.

flotante *adj.* Que flota.

flotar *intr.* Mantenerse los cuerpos sobre la superficie de líquidos. ‖ Mantenerse algo en suspensión en un medio gaseoso. ‖ *fig.* Referencia a la sensación de algo inmaterial en el ambiente.

flote *s. m.* Acción y efecto de flotar. ‖ Descubrirse, hacerse público. *Salieron a flote todos sus fraudes.*

flotilla *s. f.* Flota compuesta de pocos vehículos ya sean barcos, aviones o automotores.

fluctuar *intr.* Experimentar algo una variación de aumento y disminución alternativa de valor o medida. *La inflación fluctúa en torno al cinco por ciento.* ‖ Moverse un cuerpo al vaivén de las olas. ‖ Experimentar un sentimiento o estado de ánimo, una variación de intensidad o cualidad. *Fluctuaba entre el asombro y la incredulidad.* ‖ Dudar o vacilar en la resolución de una cosa.

fluidez *s. f.* Cualidad de fluido. ‖ Facilidad para hacer algo.

fluido, da *adj.* Se aplica a las sustancias que se desplazan libremente debido a la poca cohesión de sus moléculas y adoptan la forma del recipiente que los contiene. ‖ Que circula, marcha o se desarrolla sin interrupciones. ‖ Se aplica al lenguaje o el estilo fácil, suelto y bien estructurado. ‖ *s. m.* Corriente eléctrica.

fluir *intr.* Correr un líquido o un gas por algún sitio o brotar de un lugar. ‖ Marchar o desarrollarse algo con facilidad, sin obstáculos. ‖ Salir o surgir de la mente o de la boca ideas, palabras, etc., con facilidad y en abundancia.

flujo *s. m.* Acción y efecto de fluir. ‖ Movimiento de un fluido por un lugar. ‖ Secreción orgánica normal o patológica. ‖ Tránsito de personas o cosas de un lugar a otro. ‖ Movimiento de ascenso de la marea.

fluminense *adj. y s. com.* De Río de Janeiro o relativo a esta ciudad brasileña.

flúor *s. m.* Elemento químico del grupo de los halógenos; es un gas de olor desagradable, tóxico, de color amarillo verdoso; se utiliza para obtener fluoruros metálicos, que se añaden al agua potable y a los productos dentífricos; su número atómico es 9 y su símbolo F.

fluorescencia *s. f.* Propiedad de algunas sustancias de emitir luz después de recibir una radiación. ‖ Luz emitida por estas sustancias.

fluorescente *adj.* Perteneciente o relativo a la fluorescencia. ‖ Se aplica al cuerpo o sustancia que tiene fluorescencia. ‖ Se aplica a la luz producida por fluorescencia.

fluorita *s. f.* Mineral compuesto de flúor y calcio. *La fluorita se utiliza como fundente y en el grabado del cristal.*

fluvial *adj.* Perteneciente o relativo al río.

fobia *s. f.* Aversión o temor irracional, obsesivo y angustioso hacia situaciones determinadas, personas o cosas. ‖ Aversión u odio obsesivo hacia alguien o algo.

foca *s. f.* Nombre común de diversos mamíferos adaptados a la vida acuática, propios de mares fríos, de cuerpo rechoncho dotado de aletas y cubierto de pelo; bajo la piel tiene capas de grasa que constituyen su protección natural al frío.

focal *adj.* Perteneciente o relativo al foco. *Kepler determinó la distancia focal de los planetas.*

focalización *s. f.* Acción y efecto de focalizar.

focalizar *t.* Hacer converger en un punto una radiación. ‖ Centrar o dirigir el interés o los esfuerzos en un punto o aspecto determinados.

foco *s. m.* Punto en donde convergen cosas de distintas procedencias. *En cuanto entró, se convirtió en el foco de todas las miradas.* ‖ Punto de donde sale algo propagándose en distintas direcciones. *Grecia fue el foco de la civilización occidental.* ‖ Lámpara que emite una luz potente y concentrada en una dirección. ‖ Punto donde convergen los rayos de luz, calor, etc., reflejados por un espejo cóncavo o refractados por una lente. ‖ Punto situado en el plano y fuera de la curva de una cónica u otra curva, cuyas distancias a cualquiera de los de la curva se pueden expresar por una ecuación y tiene valor constante. ‖ *Amér.* Bombilla eléctrica.

fofo, fa *adj.* Que está blando y tiene poca consistencia.

fogata *s. f.* Fuego que hace mucha llama.

fogón *s. m.* Sitio de la cocina donde se hace el fuego para guisar. ‖ Parte de la caldera donde se quema el combustible. ‖ *Amér. Merid.* Fuego, fogata.

fogoso, sa *adj.* Que es impetuoso, demasiado vivo y apasionado.

foja *s. f.* Página de un documento legal.

folclor o **folclore** *s. m.* Conjunto de creencias, costumbres, artesanías, manifestaciones culturales, etc., tradicionales, de origen popular en un país o una región. *Cada país tiene su folclore muy particular.* ‖ Ciencia que estudia esas manifestaciones.

folclórico, ca *adj.* Perteneciente o relativo al folclore.

fólder *s. m. Amér.* Carpeta para guardar documentos.

foliáceo, a *adj.* Relativo o parecido a las hojas.

foliación *s. f.* Acción y efecto de foliar. ‖ Numeración de los folios de un impreso. *Los recibos fiscales deben llevar foliación.* ‖ Aparición de las hojas de una planta. *En primavera los árboles entran en foliación.* ‖ Disposición de las hojas en una planta.

foliado, da *adj.* Que tiene folios.

foliador, ra *adj.* y *s.* Que sirve para foliar. ‖ Se aplica al aparato que numera sucesivamente los folios.

foliar *t.* Numerar las páginas de un escrito o impreso.

folículo *s. m.* Órgano pequeño en forma de saco situado en la piel o en las mucosas. ‖ Fruto seco que se abre por una línea central y tiene una sola cavidad, generalmente con varias semillas.

folio *s. m.* Hoja numerada de un escrito, un libro, un cuaderno, etc. *El tratado consta de más de cien folios.*

folíolo o **foliolo** *s. m.* Cada división de una hoja compuesta.

follaje *s. m.* Conjunto de las hojas de los árboles y otras plantas. *El árbol de la India tiene un denso follaje.* ‖ *fig.* Adorno complicado, superfluo y de mal gusto. ‖ Palabrería, adorno superfluo en el discurso.

folletín *s. m.* Relato, novela o cuento que se publica por entregas en un periódico, revista, etc. ‖ Obra literaria de tono melodramático, argumento emocionante y poco verosímil propio de las novelas por entregas. ‖ Suceso o situación de la vida real que es tan inverosímil que parece propio de estas obras.

folletinesco, ca *adj.* Perteneciente o relativo al folletín. ‖ Se aplica a la situación o hecho de la vida real propio de los folletines.

folleto *s. m.* Impreso de corta extensión destinado a informar sobre algo o para hacer publicidad de un producto. *Dejó unos folletos con el catálogo de los zapatos que vende.*

follón[1] *adj.* Flojo, perezoso y negligente. ‖ Vano, arrogante, cobarde, canalla.

follón[2] *s. m.* Alboroto, riña, discusión, situación confusa o desordenada. ‖ Discusión por algún asunto problemático, enredado o incómodo.

fomentar *t.* Impulsar, promover, favorecer. ‖ Aplicar paños empapados en un líquido.

fomento *s. m.* Impulso o estímulo para desarrollar o aumentar la intensidad de una actividad. *El país necesita una política de fomento de la ciencia.* ‖ *pl.* Paño o compresa empapada en un líquido o medicamento que se aplica sobre una parte del cuerpo para calmar un dolor. *Para la infección en los ojos le aplicaron fomentos de manzanilla.*

fonación *s. f.* Emisión de la voz humana o de la palabra. *Le recomendaron lectura en voz alta para mejorar la fonación.*

fonda *s. f.* Establecimiento público donde se sirven comidas.

fondear *intr.* Hacer que una embarcación quede asegurada por medio de anclas. *En aquel paraje fondeamos la lancha.* ‖ *t.* Reconocer el fondo del agua. *Iban fondeando para evitar encallar en los bancos de arena.*

fondo *s. m.* Parte inferior de una cosa hueca o cóncava. ‖ Superficie sobre la cual está el agua del mar, un río, un lago, etc. ‖ Distancia entre esta parte y un punto tomado como referencia a una altura determinada. ‖ Parte más alejada a la entrada de un lugar o al lugar del que alguien está ubicado. ‖ Dimensión de delante atrás de un terreno o edificación. ‖ Parte principal o lo esencial de cualquier cosa, que está debajo de las apariencias. ‖ Parte íntima, carácter o índole de una persona que existe al margen de las apariencias. ‖ Parte de un cuadro u otra superficie que es más uniforme que el resto y sobre la cual resaltan las figuras, dibujos u otros colores. ‖ Plano de una imagen que queda tras los elementos que ocupan el primer plano. ‖ Sonido continuo que se percibe en un segundo plano. ‖ Ambiente o atmósfera que rodea a algo o alguien. ‖ Conjunto de libros o documentos de una biblioteca o de libros publicados por una editorial. ‖ Cantidad de dinero que se reserva para un fin determinado. ‖ Resistencia que tiene un atleta para realizar un esfuerzo físico prolongado. ‖ Carrera de largo recorrido basada en esta capacidad de resistencia. ‖ Prenda de vestir que las mujeres llevan debajo de la falda.

fonema *s. m.* Unidad fonológica mínima que puede diferenciar significados.

fonética *s. f.* Parte de la lingüística que estudia los sonidos del lenguaje hablado. ‖ Conjunto de los sonidos del lenguaje que se articulan o pronuncian en una lengua determinada.

fonético, ca *adj.* Perteneciente o relativo a los sonidos del lenguaje. ‖ Se aplica al alfabeto o escritura cuyos signos representan los sonidos del lenguaje.

foniatra *s. com.* Especialista en foniatría.

foniatría *s. f.* Rama de la medicina que se ocupa de los defectos del lenguaje hablado, de las enfermedades que afectan a los órganos de fonación y su tratamiento.

fónico, ca *adj.* Perteneciente o relativo a la voz o al sonido.

fonología *s. f.* Parte de la lingüística que estudia los elementos fónicos no de manera descriptiva como hace la fonética, sino atendiendo a su valor distintivo y a la función que desempeñan dentro de una lengua.

fonoteca *s. f.* Conjunto o colección de registros o documentos sonoros. ‖ Lugar donde se conservan estos documentos sonoros.

fontanería *s. f.* Oficio y técnica de hacer pasar el agua por caños y conductos. ‖ Conjunto de conductos por donde se dirige y distribuye el agua. ‖ Establecimiento y taller del fontanero.

fontanero, ra *s.* Persona que se dedica a instalar o reparar cañerías y servicios sanitarios.

forajido, da *adj. y s.* Se aplica al delincuente que anda alejado de lugares poblados, huyendo de la justicia. *«El Zarco» era un forajido.*

foráneo, a *adj.* Que proviene de otro lugar. *Por la escasez local, debimos traer productos foráneos.*

forastero, ra *adj. y s.* Se aplica a la persona que proviene de fuera del lugar.

forcejear *intr.* Hacer fuerza o esfuerzos físicos o mentales para vencer un obstáculo. *Tuvo que forcejear entre la multitud para llegar hasta las primeras filas.* ‖ Oponerse, llevar la contraria.

forcejeo *s. m.* Pelea con fuerza. *Hubo un breve forcejeo y el policía logró desarmar al ladrón.*

fórceps *s. m.* Instrumento en forma de pinza que se utiliza para ayudar a nacer al bebé en los partos difíciles. ‖ Instrumento en forma de tenaza usado para la extracción de dientes.

forense *adj.* Perteneciente o relativo al foro o a los tribunales de justicia. ‖ *s. com.* Se aplica al médico adscrito a un juzgado encargado de determinar el origen de las lesiones sufridas por un herido o, especialmente, de determinar las causas de la muerte de las personas.

forestal *adj.* Perteneciente o relativo a los bosques.

forestar *t.* Poblar un terreno con árboles.

forjador, ra *s.* Persona que tiene por oficio forjar metales. ‖ Artífice o creador de algo.

forjar *t.* Dar forma a un metal, especialmente el hierro, cuando está caliente por medio de golpes o por presión. ‖ *pr.* Crear o formar algo. ‖ Imaginar o inventar algo.

forma *s. f.* Figura exterior de un cuerpo o una cosa. ‖ Modo de ser o hacer una cosa, o proceder en algo. ‖ Modo de aparecer o manifestarse una cosa. ‖ *pl.* Modales o maneras de comportarse en público, siguiendo ciertas reglas. ‖ Estilo o modo

de expresar las ideas, especialmente el literario, a diferencia de lo que constituye el fondo. ‖ Configuración o aspecto que tiene una palabra o unidad lingüística con un determinado significado gramatical. *En vez de hablar en primera persona del singular, habla en la forma del plural.* ‖ Condición física. ‖ Requisitos externos o fórmulas de expresión en los actos jurídicos. ‖ *pl.* Contorno del cuerpo humano, especialmente el de la mujer.

formación *s. f.* Acción y efecto de formar o formarse. ‖ Configuración o manera de estar dispuesto el aspecto exterior de algo. ‖ Conjunto de rocas o materiales geológicos que presentan características semejantes. ‖ Educación o instrucción intelectual o profesional. ‖ Conjunto ordenado de personas o cosas, especialmente de tropas o de barcos de guerra.

formado, da *adj.* Resultado de formar.

formal *adj.* Perteneciente o relativo a la forma, por contraposición a esencial. ‖ Que tiene formalidad, serio y responsable. *Es un chico muy educado y formal.* ‖ Que cumple con los requisitos y las condiciones establecidas para llevarse a cabo. *Hizo la presentación formal de su proyecto ante el consejo directivo.* ‖ Preciso, determinado.

formalidad *s. f.* Exactitud y seriedad en las acciones, responsabilidad. ‖ Requisito necesario o condición establecida para que se realice o se cumpla una cosa. ‖ Seriedad, corrección y compostura en el comportamiento.

formalismo *s. m.* Aplicación y observación rigurosa de las formas o normas. ‖ Observación y aplicación rigurosa de las fórmulas de ciertas escuelas, disciplinas, teorías, corrientes de pensamiento, etc.

formalización *s. f.* Resultado de formalizar.

formalizar *t.* Hacer formal o serio algo. *Los novios formalizaron su compromiso.* ‖ Hacer que una cosa cumpla los requisitos legales y las condiciones reglamentarias para llevarla a cabo. *Firmaron ambas partes para formalizar el contrato de compraventa.* ‖ Concretar, precisar. ‖ *pr.* Hacerse serio y responsable alguien que no lo era.

formar *t. y pr.* Hacer o darle forma a algo. ‖ Constituir o crear algo. ‖ Educar, criar, desarrollar. ‖ Colocarse en filas, en una formación o en determinado orden una o varias personas. *Los alumnos formaron un círculo en torno al maestro.* ‖ Disponer las tropas de forma ordenada. ‖ *pr.* Adquirir aptitud o habilidad en lo físico o en lo moral. *Se formó en el trabajo desde muy pequeño.*

formativo *adj.* Se aplica a lo que forma o da la forma. *Trabajar en la juventud es muy formativo.*

formato *s. m.* Forma y tamaño de un libro, un impreso, una fotografía, un documento digital, etc. *La película está en formato DVD.*

fórmico, ca *adj.* Relativo al ácido orgánico que se encuentra en ortigas, hormigas, orugas, etc.

formidable *adj.* Que destaca por su calidad o capacidad. ‖ Enorme, magnífico, estupendo.

formol *s. m.* Solución acuosa de formaldehído, líquido incoloro y de olor fuerte que se usa para conservar tejidos orgánicos.

fórmula *s. f.* Expresión matemática que se representa con símbolos mediante la cual se describe un problema físico, químico o geométrico espacial y su solución, o la explicación de un proceso.

‖ Ecuación o procedimiento que relaciona objetos matemáticos o cantidades. *La fórmula del teorema de Pitágoras es $a^2+b^2=c^2$.* ‖ Combinación de símbolos que expresa la composición química de una molécula. *La fórmula del cloruro de sodio es NaCl.* ‖ Expresión con que se manifiesta atención o respeto a alguien. *En la recepción debió de usar todo tipo de fórmulas de cortesía.* ‖ Categorías en que se clasifican las competencias de automovilismo según la potencia del motor y el peso del vehículo.

formular *t.* Expresar una ley física, un principio matemático o una composición química mediante una fórmula. ‖ Decir algo con claridad y exactitud. ‖ Expresar mediante signos matemáticos las relaciones entre magnitudes. ‖ Representar mediante símbolos la composición química de una sustancia o de las sustancias que se combinan para formar otras.

formulario, ria *adj.* Perteneciente o relativo a las fórmulas o al formulismo. *La práctica y el lenguaje jurídico contienen un gran formulario.* ‖ Que se hace por fórmula, cortesía o compromiso. ‖ *s. m.* Escrito que contiene un conjunto de fórmulas. *El maestro les dejó aprenderse todo un formulario.* ‖ Escrito en el que se solicita anotar los datos o responder preguntas. *Para que le dieran atención médica tuvo que llenar un formulario.*

formulismo *s. m.* Tendencia al uso excesivo de las fórmulas en el planteamiento o resolución de cualquier asunto.

fornicar *intr.* Tener relaciones sexuales extramaritales.

fornido, da *adj.* Se aplica a la persona robusta, fuerte o de gran corpulencia.

foro *s. m.* Plaza, en las ciudades de la Roma antigua, donde se trataban los asuntos públicos y se celebraban los juicios. ‖ Lugar donde actúan los tribunales que administran justicia. ‖ Reunión de personas en la que se discute un asunto de interés ante un público que también puede expresar su opinión. *El Senado organizó un foro sobre la reforma energética.* ‖ Fondo del escenario de un teatro. ‖ Lo que pertenece al ejercicio de la abogacía y a la práctica de los tribunales.

forrado, da *adj.* Resultado de forrar.

forraje *s. m.* Hierba fresca, pasto seco o cereales con que se alimenta al ganado.

forrajero, ra *adj.* Se aplica a la planta que sirve como alimento para el ganado.

forrar *t.* Cubrir un objeto con un forro para protegerlo o conservarlo. *A los alumnos les pidieron forrar los libros.* ‖ Poner una pieza de tela en el interior de una prenda de vestir. *El forro de mi traje ya está roto.* ‖ *pr. fam.* Ganar gran cantidad de dinero.

forro *s. m.* Pieza con que se cubre un objeto para protegerlo o conservarlo. ‖ Pieza de tela con que se reviste la superficie interior de una prenda de vestir.

fortachón, chona *adj. fam.* Se aplica a la persona robusta, fuerte o fornida.

fortalecer *t. y pr.* Hacer fuerte o más fuerte a una persona o cosa.

fortaleza *s. f.* Fuerza, vigor. ‖ Fuerza moral o firmeza de ánimo para soportar problemas y adversidades. ‖ Recinto fortificado o protegido con murallas.

fortificación *s. f.* Acción de fortificar. ‖ Construcción que sirve para proteger y defender un lugar. ‖ Aumento de la fuerza, fortalecimiento.

fortificado, da *adj.* Resultado de fortificar. ‖ Que está protegido por una fortificación.

fortificar *t.* Dar fuerza o hacer más fuerte, física o moralmente, a una persona. ‖ Proteger un lugar con fortificaciones o construcciones defensivas.

fortín *s. m.* Fortaleza pequeña.

fortuito, ta *adj.* Que sucede de manera casual, no programado. *No lo teníamos planeado, todo sucedió de manera fortuita.*

fortuna *s. f.* Causa indeterminada a la que se atribuye que algo suceda, ya sea favorable o desfavorable. *Tuvo la mala fortuna de toparse con los delincuentes.* ‖ Suerte favorable o desfavorable. *Quiso probar fortuna en la ruleta y perdió dinero.* ‖ Capital, bienes o riqueza que posee una persona. *Empezó vendiendo pan e hizo una fortuna.* ‖ Éxito, buena aceptación de una cosa. *Hizo su debut con poca fortuna.*

forúnculo *s. m.* Furúnculo. ‖ Inflamación purulenta en la piel causada por la infección bacteriana de un folículo piloso.

forzar *t.* Obligar a alguien a que haga algo que no quiere hacer. ‖ Hacer fuerza o violencia física para conseguir algo. ‖ Hacer que suceda a la fuerza. ‖ Abusar sexualmente de una persona. ‖ Hacer que alguien o algo trabaje o funcione al máximo.

forzoso, sa *adj.* Se aplica a lo que es obligatorio y no se puede evitar. ‖ Obligado por las circunstancias.

forzudo, da *adj. y s.* Se aplica a la persona que tiene mucha fuerza.

fosa *s. f.* Hoyo que se hace en la tierra, especialmente para enterrar a los muertos. *Mozart fue enterrado en una fosa común.* ‖ Excavación profunda alrededor de una fortaleza. ‖ Cavidad del cuerpo humano y de los animales. *El esfuerzo le dilató las fosas nasales.* ‖ Terreno hundido con respecto a las zonas limítrofes. *La planicie se interrumpe en una fosa tectónica.*

fosfato *s. m.* Sal formada a partir del ácido fosfórico, que se emplea a menudo como fertilizante.

fosforecer *intr.* Manifestar fosforescencia o luminiscencia.

fosforescencia *s. f.* Propiedad que tienen ciertas sustancias de absorber radiaciones lumínicas y luego emitirlas.

fosforescente *adj.* Se aplica a la sustancia que emite luz después de haber estado expuesta a una fuente luminosa. *El uniforme de los trabajadores nocturnos tiene material fosforescente.*

fosfórico, ca *adj.* Perteneciente o relativo al fósforo.

fósforo *s. m.* Elemento químico sólido, muy inflamable y luminoso en la oscuridad; está presente en los huesos, dientes y tejidos vivos, y se utiliza en la industria fosforera, en la pirotecnia, en la síntesis de compuestos orgánicos y como parte de la composición de fertilizantes agrícolas y detergentes; su número atómico es 15 y su símbolo P. ‖ Palillo de madera, de papel encerado u otro material combustible, con una cabeza de fósforo y azufre en un extremo, que se enciende al frotarlo en una superficie rugosa.

fósil *s. m.* Resto petrificado de un ser orgánico muerto. *Encontraron fósiles de caracoles en la montaña.* ‖ *adj. fam.* Persona o cosa que es vieja o anticuada. *Las computadoras convirtieron en fósiles a las máquinas de escribir.* ‖ *Méx.* Estudiante rezagado.

foso *s. m.* Hoyo profundo en un terreno. ‖ Excavación profunda que rodea un castillo, una fortaleza u otra construcción similar. *El foso en torno al castillo estaba lleno de agua.* ‖ Espacio que está debajo del escenario, y entre éste y la platea, en un teatro. *En el foso se coloca la orquesta.* ‖ Excavación rectangular abierta en el suelo de un taller mecánico que permite examinar y arreglar los vehículos por la parte de abajo. ‖ Lugar con arena en el que caen los atletas saltadores de longitud al efectuar su salto.

foto *s. f.* Abreviación de fotografía o imagen obtenida fotográficamente.

fotocopia *s. f.* Reproducción fotográfica instantánea obtenida directamente sobre papel.

fotocopiadora *s. f.* Máquina para fotocopiar.

fotocopiar *t.* Hacer fotocopia. *Mandé fotocopiar los documentos.*

fotofobia *s. f.* Intolerancia patológica a la luz.

fotogénico, ca *adj.* Que favorece la acción química de la luz. ‖ Que se ve mejor en fotografía. *La chica es muy fotogénica, se ve mejor en fotografía que en persona.*

fotografía *s. f.* Técnica para obtener imágenes sobre una superficie convenientemente preparada mediante la acción química de la luz. ‖ Imagen obtenida mediante esta técnica.

fotografiar *t.* Hacer fotografías.

fotógrafo, fa *s.* Persona que se dedica a la fotografía.

fotón *s. m.* Partícula elemental responsable de las manifestaciones cuánticas del fenómeno electromagnético, portadora de todas las formas de radiación electromagnética. *El concepto moderno de fotón fue desarrollado por Albert Einstein entre 1905 y 1917.*

fotoquímica *s. f.* Parte de la química que estudia las interacciones entre átomos, moléculas pequeñas y la radiación electromagnética o luz. *La fotosíntesis es una reacción fotoquímica.*

fotosíntesis *s. f.* Proceso de conversión de energía luminosa en energía química estable, que se realiza en las células con clorofila.

fototeca *s. f.* Archivo donde se guardan fotografías.

fototropismo *s. m.* Reacción de movimiento de las plantas en respuesta a la luz.

frac *s. m.* Traje masculino de etiqueta, cuya chaqueta llega a la cintura por delante y acaba por detrás en dos faldones largos.

fracasar *intr.* No tener éxito, salir mal una cosa o un proyecto.

fracaso *s. m.* Resultado adverso o falta de éxito en una cosa que se esperaba que saliera bien. *El proyecto de negocio ha sido un fracaso.*

fracción *s. f.* División de algo en partes. ‖ Cada una de las partes de un todo considerada por separado. *Todo pasó en una fracción de segundo.* ‖ Expresión que representa una división formada por dos números; el primero (o numerador) indica el número de partes que se considera y el segundo (o denominador) representa el número de partes iguales en que se divide una cantidad. ‖ Grupo de personas que participan en un partido u organización y que tiene

opiniones distintas de las del resto en determinados asuntos. *La fracción moderada del partido se impuso en la votación.*

fraccionadora *s. f. Méx.* Agencia que se ocupa de la venta de casas.

fraccionamiento *s. m.* Acción y efecto de fraccionar. ‖ *Méx.* Núcleo residencial urbanizado.

fraccionar *t.* Dividir en partes un todo.

fraccionario, ria *adj.* Perteneciente o relativo a la fracción de un todo. ‖ *s. m.* Número quebrado.

fractal *s. f.* Configuración geométrica plana o espacial que tiene la propiedad de que su aspecto y distribución no cambian cualquiera que sea la escala con que se observe.

fractura *s. f.* Acción y efecto de fracturar. ‖ Rotura violenta de algo sólido, especialmente de un hueso. ‖ Grieta o rotura que se produce en un terreno.

fracturar *t.* Romper o quebrar violentamente algo sólido, especialmente un hueso del cuerpo.

fragancia *s. f.* Olor suave y muy agradable.

fragante *adj.* Se aplica al olor que es suave y muy agradable. *Puso en el jarrón un ramo de fragantes rosas.*

fragata *s. f.* Barco de guerra más pequeño que un destructor, ligero y rápido. ‖ Barco antiguo, con tres palos y velas cuadradas.

frágil *adj.* Que se rompe o quiebra con facilidad. ‖ Débil, que tiene poca fuerza o resistencia.

fragilidad *s. f.* Delicadeza, poca resistencia que hace que las cosas se rompan con facilidad.

fragmentar *t.* Dividir en partes o fragmentos.

fragmentario, ria *adj.* Que está formado por fragmentos. ‖ Que no está completo o acabado.

fragmento *s. m.* Trozo de algo roto o partido. ‖ Parte, generalmente breve o pequeña, de una obra literaria o musical. *De la obra de Heráclito sólo se conservan fragmentos.*

fragor *s. m.* Ruido, estrépito, estruendo. *El fragor de las turbinas era ensordecedor.*

fragua *s. f.* Fogón en el que se calientan metales para forjarlos. ‖ Taller donde se forjan los metales.

fraguar *t.* Trabajar un metal y darle una forma cuando está caliente por medio de golpes o por presión. *Mandé fraguar rejas para las ventanas.* ‖ Idear o planear la realización de algo. *Fraguó grandes planes que nunca se realizaron.* ‖ *intr.* Endurecerse el cemento u otra sustancia parecida en una obra de construcción. *Echado el concreto de la loza, ahora tiene que fraguar bien.*

fraile *s. m.* Hombre que pertenece a una orden religiosa. *Los frailes del monasterio se dedican a traducir textos latinos.*

framboyán *s. m.* Árbol de zonas cálidas, de tronco grueso, copa frondosa y flores rojas.

frambuesa *s. f.* Fruto del frambueso, comestible, de color rojo más oscuro que el de la fresa, olor suave y sabor agridulce. ‖ *adj.* y *s. m.* Color rojo como el de este fruto.

frambueso *s. m.* Arbusto parecido a la zarzamora, cuyo fruto es la frambuesa.

francés, cesa *adj.* y *s.* Natural de Francia. ‖ Perteneciente o relativo a este país de Europa. ‖ Lengua que se habla en Francia.

francio *s. m.* Elemento químico, metal alcalino muy radiactivo, que fue descubierto en los residuos de la desintegración natural del actinio; posee el equivalente químico más elevado de todos los elementos y todos sus isótopos son inestables; su número atómico es 87 y su símbolo Fr.

franco, ca *adj.* Se aplica a la persona que es abierta y comunicativa, y habla y se expresa sin fingimiento. *Es un amigo muy franco.* ‖ Que es tan claro y evidente que no deja lugar a dudas. *Retiraron su propuesta porque estaban en franca minoría.* ‖ Sin impedimento o que está libre de obstáculos. *Dejaron la avenida franca para el paso de los bomberos.* ‖ Que está libre o exento de impuestos. *La sala internacional del aeropuerto es una zona franca.* ‖ Se aplica al pueblo germánico que conquistó la Galia Transalpina de los romanos y fundó en ella un reino que es el origen de la actual Francia. ‖ Se aplica a la lengua hablada por este pueblo. ‖ Que está exento de servicio, libre de obligación o trabajo en deberes de carácter militar.

francófono, na *adj.* Que tiene el francés como lengua materna; se aplica al territorio que está habitado por población de habla francesa. *En África hay varios países francófonos.*

francotirador, ra *s.* Persona aislada que dispara con un arma desde un lugar oculto y alejado.

franela *s. f.* Tejido fino de lana o algodón, ligeramente cardado por una o ambas caras.

franja *s. f.* Tira sobre una superficie, de la cual se distingue por el contraste de color. ‖ Parte alargada de una cosa.

franquear *t.* Quitar los obstáculos o impedimentos para abrir camino. ‖ Pasar de un lado a otro o a través de algo. ‖ *pr.* Hablar sincera y abiertamente con alguien. *Se franqueó con su amigo.*

franqueza *s. f.* Sinceridad y claridad al hablar. *Para conocer tu problema, debes hablar con franqueza.*

franquicia *s. f.* Privilegio de no pagar impuestos por el uso de un servicio público o por determinadas actividades comerciales. *Conseguimos una franquicia postal para nuestros envíos de suscripciones.* ‖ Concesión de derechos de explotación de un producto, actividad o nombre comercial, otorgada por una empresa a una o varias personas mediante un contrato y bajo determinadas condiciones. *Adquirió la franquicia de una conocida pizzería.* ‖ Establecimiento sujeto a las condiciones de dicho contrato. *En ese centro comercial han abierto varias franquicias.*

frasco *s. m.* Recipiente pequeño, generalmente de cristal, que tiene el cuello estrecho.

frase *s. f.* Conjunto de palabras que tienen un sentido, sin llegar a constituir una oración. *Un sujeto y un predicado forman una frase.*

frasear *t.* Formar o entonar las frases. ‖ Cantar o ejecutar una pieza musical, expresando con nitidez las frases.

fraseo *s. m.* Acción y efecto de frasear. ‖ Ejecución del conjunto de frases musicales de una composición.

fraternal *adj.* Relativo al afecto y la confianza entre hermanos, o que es propio de la relación entre hermanos. *Son tan amigos, casi hermanos, que los une un amor fraternal.*

fraternidad *s. f.* Relación de afecto entre personas que se considera propia de hermanos. *Ese grupo de amigos constituye más bien una fraternidad.*

fraterno, na *adj.* Perteneciente o relativo a los hermanos.

fratricida *adj.* y *s. com.* Se aplica a la persona que mata a su hermano.

fratricidio *s. m.* Asesinato de un hermano.

fraude *s. m.* Engaño que se hace violando disposiciones legales.

fraudulento, ta *adj.* Que implica o contiene fraude.

fray *s. m.* Apócope de fraile.

frazada *s. f.* Manta que se echa sobre la cama.

freático, ca *adj.* Se aplica al agua que se acumula en el subsuelo, sobre una capa de tierra impermeable. *Las aguas freáticas se extraen mediante pozos.* ‖ Se aplica a la capa del subsuelo que no permite filtrar el agua y la contiene.

frecuencia *s. f.* Repetición habitual de un acto o suceso. *Nos reunimos con frecuencia para conversar.* ‖ Número de veces que se repite un suceso determinado en un intervalo de tiempo. *El estudio de mercado incluye la frecuencia de emisión de avisos de publicidad.* ‖ Número de oscilaciones, vibraciones, ondas o ciclos por unidad de tiempo.

frecuentar *t.* Acudir con frecuencia a un lugar. ‖ Tratar a una persona con frecuencia. *Ambas familias se frecuentan.*

frecuente *adj.* Que ocurre o se repite a menudo. *Hace frecuentes viajes fuera del país.* ‖ Que es común o habitual. *Es muy frecuente que se ausente.*

fregadero *s. m.* Pila que se usa para lavar la vajilla y los utensilios de cocina.

fregado, da *s. m.* Acción y resultado de fregar. ‖ Limpieza de algo frotando con un estropajo u otro utensilio empapados en agua y jabón o cualquier producto de limpieza. ‖ *Amér.* Mala persona.

fregar *t.* Limpiar una cosa restregándola con un estropajo u otro utensilio empapados en agua y jabón o cualquier producto de limpieza. *Tengo que fregar los platos.* ‖ *Amér.* Molestar, fastidiar.

freidor, ra *s.* Electrodoméstico que sirve para freír.

freír *t.* Cocinar un alimento en aceite hirviendo. ‖ *fam.* Molestar, importunar. ‖ *pr.* Pasar mucho calor. *Prende el ventilador, que me estoy friendo.*

fréjol *s. m.* Frijol.

frenada *s. f.* Disminución de la marcha de un vehículo.

frenar *t.* Moderar o detener con el freno la marcha de una máquina, un vehículo, etc. *Debes frenar en cada alto.* ‖ Contener, retener. *Ese noviazgo te frena en tu carrera.* ‖ Moderar los ímpetus, hacer que alguien o algo se detenga.

frenazo *s. m.* Acción de frenar brusca, súbita y violentamente un vehículo o una máquina.

frenesí *s. m.* Exaltación violenta de una pasión o sentimiento. ‖ Locura, delirio.

frenético, ca *adj.* Que muestra una exaltación violenta. ‖ Furioso, rabioso.

frenillo *s. m.* Membrana que sujeta la lengua por debajo.

freno *s. m.* Mecanismo que sirve para disminuir o detener el movimiento de un vehículo o una máquina. ‖ Palanca o pedal que acciona ese mecanismo. ‖ Instrumento de hierro donde se atan las riendas y que, introducido en la boca de las caballerías, sirve para sujetarlas y dirigirlas. ‖ Cosa que modera o disminuye un proceso. ‖ Sujeción, moderación.

frente *s. f.* Parte superior de la cara, desde las cejas hasta el nacimiento del cuero cabelludo y entre las sienes. *Tiene la frente ancha.* ‖ *s. m.* Parte delantera de algo. *No vi quién era, no estaba de frente.* ‖ Coalición de partidos políticos, organizaciones, etc. *Las organizaciones políticas constituyeron un frente opositor.* ‖ Zona o línea territorial en que se enfrentan los ejércitos en una batalla o guerra. *Trajeron a los heridos del frente de batalla.* ‖ Zona de contacto entre dos masas de aire de distinta temperatura y humedad. *Se aproxima un frente frío.* ‖ *adv.* En contra. *Se inconformaron frente a la arbitrariedad del gerente.*

fresa[1] *s. f.* Planta rosácea de tallos rastreros, con hojas dispuestas en grupos de tres y flores blancas o amarillentas. ‖ Fruto comestible de esa planta, carnoso y azucarado, de color rojo con pequeñas semillas en la superficie.

fresa[2] *s. f.* Herramienta de movimiento giratorio, constituida por una serie de buriles o cuchillas que trabajan uno después de otro que se emplea para labrar metales, por arranque de viruta, en una fresadora.

fresal *s. m.* Terreno plantado de fresas.

fresar *t.* Abrir agujeros o labrar metales con la fresa.

fresco *s. m.* Pintura que se hace con colores disueltos en agua de cal sobre un muro con un emplaste de cal aún húmedo. *Los murales de Rafael en la Estancia de la Signatura son frescos.*

fresco, ca *adj.* Que tiene una temperatura moderadamente fría. *En verano son ansiadas las noches frescas.* ‖ Reciente, que acaba de ocurrir, de hacerse o de obtenerse. *Hay que ir a ese restaurante donde tienen el pescado fresco.* ‖ Descansado, que no da muestras de fatiga. *Caminamos muchísimo y se veía tan fresco.* ‖ Que se mantiene o es joven y sana. ‖ Que está tranquilo o no muestra preocupación. *Todo el mundo se asustó, y él tan fresco.* ‖ Se aplica a la tela y prenda de vestir que son ligeras y no producen calor. *Las prendas de lino son frescas, propias para el verano.* ‖ Que no se ha secado. *Se sentó en la banca recién pintada y todavía estaba fresca.* ‖ *fam. desp.* Se aplica a la persona desvergonzada. *Ahora sí que estás fresco con tu petición.*

fresno *s. m.* Árbol de tronco grueso de 15 a 20 m de altura, madera clara y corteza gris, con la copa espesa. ‖ Madera de este árbol, de color blanco y muy apreciada por su elasticidad.

fresquera *s. f.* Lugar o mueble que sirve para conservar frescos los alimentos.

frialdad *s. f.* Sensación de frío o de falta de calor. ‖ Indiferencia o falta de interés o de sentimientos hacia alguien o algo. *Ella lo trata con frialdad.* ‖ Dominio de los nervios. *Enfrentó la situación con gran frialdad.*

fricativo, va *adj.* Se aplica al sonido en cuya articulación el aire emitido produce cierta fricción en los órganos bucales. *En el español, los de la «f», «s», «z», «j», etc., son sonidos fricativos.*

fricción *s. f.* Acción y efecto de friccionar. ‖ Roce de dos cuerpos cuando al menos uno de ellos está en movimiento. *La fricción ha desgastado la suela de los zapatos.* ‖ Frotación que se aplica a una parte del cuerpo. *Se dio fricciones con alcohol en la espalda para quitarse el dolor.* ‖ Desacuerdo, desavenencia entre dos o más personas.

friccionar *t.* Frotar una parte del cuerpo, especialmente con las manos, para dar calor o aliviar una dolencia.

friega *s. f.* Remedio consistente en frotar alguna parte del cuerpo con algún paño o con las manos, generalmente usando un linimento o un ungüento. ‖ *fam. Amér.* Tunda, maltrato físico, tanda de golpes. ‖ Grave perjuicio económico o moral hecho a otra persona. ‖ Molestia, enojo.

frigidez *s. f.* Cualidad de frígido o frío. ‖ En medicina, ausencia anormal de apetito sexual o de la culminación orgásmica del coito en la mujer.

frigorífico, ca *adj.* y *s.* Que produce artificialmente descenso controlado de la temperatura. ‖ Dicho de un aparato o de una cámara, enfriado artificialmente para conservar adentro alimentos perecederos, o medicamentos que requieren bajas temperaturas para mantener su efectividad. ‖ Aparato electrodoméstico para refrigerar alimentos y bebidas.

frijol o **frijol** *s. m. Amér.* Planta papilionácea de tallos trepadores, raíces llenas de nódulos fijadores de nitrógeno, flores pálidas amarillas o rosáceas, fruto en vaina con semillas de forma arriñonada y diversos colores. ‖ Semilla o grano comestible de dicha planta.

frío *s. m.* Sensación que se experimenta ante un descenso de temperatura.

frío, fría *adj.* Se dice del cuerpo cuya temperatura es muy inferior a la del ambiente. ‖ Se dice del medio cuya temperatura produce manifestaciones físicas tales como escarcha, nieve, hielo, congelación de lagos, y es propio de las regiones circumpolares, las alturas montañosas y los inviernos de las zonas templadas. ‖ Se dice de la gama de colores sedantes, como el azul o el verde. ‖ Indiferente, desapegado, dicho de una persona con respecto a otras. ‖ Sin gracia, de poca agudeza o atractivo.

friso *s. m.* Adorno en forma de faja horizontal que puede colocarse en la parte superior o en la base de las paredes. ‖ En arquitectura, parte del cornisamento que media entre el arquitrabe y la cornisa, donde suelen ponerse diversos adornos como follaje, guirnaldas, medallones. ‖ Franja horizontal de papel con ilustraciones didácticas que se pegan en las paredes de las aulas.

frito, ta *adj.* Se dice del alimento cocinado en aceite caliente.

fritura *s. f.* Conjunto de cosas fritas, y cada una de ellas por separado.

frivolidad *s. f.* Cualidad de frívolo.

frívolo, la *adj.* y *s.* Ligero, veleidoso, insustancial. ‖ Se dice de los espectáculos ligeros y sensuales, así como de sus componentes e intérpretes. ‖ Dicho de una publicación, que trata temas ligeros con predominio de lo sensual y aun sexual.

fronda *s. f.* Hoja de una planta. ‖ En botánica, follaje de los helechos. ‖ Conjunto de ramas y hojas que forman espesura.

frondoso, sa *adj.* Abundante en hojas y ramas. ‖ Abundante en árboles que crecen apretadamente. ‖ Rico en cualidades físicas, morales o intelectuales.

frontal *adj.* y *s. com.* Perteneciente o relativo a la parte delantera de una cosa. ‖ Directo, de frente, categórico, dicho de oposición, ataque o resistencia. ‖ En anatomía, perteneciente o relativo a la frente o parte superior de la cara.

frontera *s. f.* Límite oficial entre estados, países, provincias, territorios. ‖ Límite, tope.

fronterizo, za *adj.* Perteneciente o relativo a la frontera. ‖ Que está en la frontera o junto a ella.

frontispicio *s. m.* Fachada o parte delantera de un edificio o mueble del tipo de los armarios y las vitrinas que eran obra de ebanistería. ‖ Página al inicio de un libro en que aparecen el título y algún grabado o viñeta. ‖ Frontón, remate triangular de la fachada de un edificio de estilo clásico grecolatino o neoclásico.

frontón *s. m.* Remate triangular de una fachada, pórtico, puerta o ventana, usado por primera vez por los arquitectos de la Grecia antigua. ‖ Parte escarpada y en declive de una costa. ‖ Edificio o cancha cerrada de forma rectangular, una de cuyas paredes angostas es más alta que las restantes y en ella los jugadores hacen rebotar una pelota. ‖ Juego que se desarrolla en dicho edificio.

frotar *t.* y *pr.* Sobar, friccionar, pasar con más o menos fuerza una cosa sobre otra.

fructífero, ra *adj.* Que produce fruto, ganancia o rendimiento.

fructificar *intr.* Dar fruto una planta o un árbol. ‖ Producir ganancia o utilidad una cosa, actividad o negocio.

fructosa *s. f.* Azúcar monosacárido obtenido de la fruta; unido a la glucosa, produce la sacarosa.

frugal *adj.* y *s. com.* Parco, moderado en el comer y beber. ‖ Se dice de la cosa o aspecto en que esa moderación o parquedad se pone de manifiesto. *Comida frugal, vida frugal.*

frugívoro, ra *adj.* y *s.* Que se alimenta de frutas solamente.

fruición *s. f.* Goce, complacencia.

frunce *s. m.* Arruga, pliegue o plisado menudo que se hace en tela o papel.

fruncir *t.* Arrugar las cejas y la frente en señal de disgusto o de cólera. ‖ Hacer arrugas en una tela, ya sea a mano o introduciéndole un hilo y haciendo hilvanes sobre los cuales la tela se va recogiendo. ‖ Replegar algo para reducir su tamaño o extensión. *Fruncir los labios.*

fruslería *s. f.* Cosa de poco valor o importancia. ‖ Dicho o hecho insustancial.

frustración *s. f.* Acción y efecto de frustrar.

frustrante *adj.* y *s. com.* Que frustra.

frustrar *t.* y *pr.* Privar a alguien de lo que esperaba o impedirle conseguirlo. ‖ Malograr, echar a perder una cosa, asunto o negocio. ‖ Dejar sin efecto o malograr un intento. ‖ Impedir que se realice algo contra la voluntad de quien lo pretendía hacer.

fruta *s. f.* Fruto comestible de algunas plantas.

frutal *adj.* y *s. com.* Perteneciente o relativo a las frutas y los frutos. ‖ Se dice de un árbol que produce frutas.

frutería *s. f.* Tienda o local donde se vende fruta.

frutero, ra *adj.* y *s.* Que sirve para llevar o contener fruta. ‖ Persona dedicada al comercio de la fruta.

fruticultor, ra *s.* Persona que se dedica a cultivar fruta.

fruticultura *s. f.* Cultivo de las plantas que producen fruta. ‖ Parte de la agronomía dedicada al estudio del cultivo y mejoramiento de las plantas frutales.

frutilla *s. f.* Cuentecilla de las Indias Occidentales para hacer rosarios. ‖ *Arg., Chil.* y *Uy.* Fresa o fresón.

fruto *s. m.* Producto de la maduración del ovario de la flor, que contiene la simiente, semilla o germen del que se desarrolla el embrión de la nueva planta. ‖ Hijo, con relación a la mujer o a la pareja que lo procrea. ‖ Producto del trabajo o del ingenio humano. ‖ Producción de las plantas cultivadas en la que se hace cosecha. ‖ Ganancia, utilidad, provecho, rendimiento de algo.

fuchi *interj.* Se usa para expresar repugnancia o desagrado.

fucsia[1] *s. f.* Arbusto de la familia de las oenoteráceas, ramoso y de hojas ovaladas, agudas y dentadas, con flores pendulares largas, de color rosa encendido u oscuro, con diversos matices.

fucsia[2] *adj.* y *s. m.* De color rojo violáceo.

fuego *s. m.* Calor y luz producto de la combustión. ‖ Materia encendida en brasa o llama. ‖ Incendio. ‖ Hogar, sitio donde se enciende el fuego dentro de la vivienda. ‖ Ardor y excitación que causan ciertas pasiones como el amor, la ira, la soberbia. ‖ *fam.* Vejiguilla producida por el herpes simple en los labios.

fuel *s. m.* Combustible líquido derivado del petróleo usado para la calefacción.

fuelle *s. m.* Bolsa de cuero plegable y montada en un armazón de madera, que succiona aire y luego lo expulsa en la dirección deseada; se usa en las fraguas artesanales para avivar el fuego. ‖ Conjunto de pliegues en una bolsa abierta por los extremos donde se ajusta a las partes de los instrumentos musicales a los que da aire para sonar, como el órgano, el acordeón, el bandoneón. ‖ Pliegue parchado a los costados de bolsas y carteras para aumentar su capacidad.

fuente *s. f.* Manantial, sitio donde brota agua de la tierra. ‖ Aparato por donde se hace salir y distribuye el agua en plazas y jardines, trayéndola entubada desde manantiales o depósitos como las presas. ‖ Plato grande y más o menos hondo para llevar las viandas a la mesa. ‖ Origen, principio o fundamento de algo. *La curiosidad es fuente de conocimiento.* ‖ Material que brinda información a quien investiga, o inspiración a un artista. ‖ En medicina, llaga abierta que supura.

fuera *adv.* En la parte exterior de algo.

fuereño, ña *adj.* y *s.* *Col., C. R., Guat., Hond.* y *Méx.* Forastero, que llega de fuera.

fuero *s. m.* En la era feudal, norma especial dada por los reyes para una ciudad o una jurisdicción determinada. ‖ Jurisdicción, privilegio y poder de un estamento. *Fuero eclesiástico, fuero militar.* ‖ Prerrogativa o derecho moral que se reconoce a ciertas actividades, principios, virtudes, por su propia naturaleza. *La justicia posee fueros en todo el mundo civilizado.* ‖ Competencia jurisdiccional que corresponde a ciertas personas por razón de su cargo. *Fuero parlamentario, fuero legislativo.* ‖ *loc. Fuero interno:* conciencia moral, capacidad de aprobar los hechos buenos y reprobar los malos.

fuerte[1] *s. m.* Construcción reforzada con aditamentos especiales para facilitar su defensa, generalmente situada en un punto geográfico que dificulte atacarla y desde el cual pueda proteger una zona o camino importantes.

fuerte[2] *adj.* y *s. com.* Que tiene gran resistencia, fuerza y reciedumbre. ‖ Robusto, corpulento, dotado de gran energía y fuerza. ‖ De carácter firme, arrojado y animoso. ‖ Duro, resistente. ‖ Intenso de color, olor, sabor o sonido. ‖ Terrible, grave, excesivo. *Se llevó un fuerte susto.* || Se dice de la moneda o la divisa que por tener un buen respaldo económico inspira confianza internacional.

fuerza *s. f.* Vigor, energía, robustez para realizar una actividad, mover algo que pese u ofrezca resistencia, impulsar algo, oprimir algo. || Poder físico o moral. || Capacidad para soportar un peso o resistir un empuje. || Acto de obligar a alguien a que consienta algo o lo haga. *Por la fuerza le sacó la firma del divorcio.* || Estado más vigoroso de algo. *La fuerza de la juventud, la fuerza de la justicia.* || Violencia que se hace a alguien para gozarlo sexualmente. || En física, causa capaz de modificar el estado de movimiento o de reposo de un cuerpo, o de deformarlo.

fuga *s. f.* Huida, abandono precipitado de un lugar. || Escape de agua, gas u otro fluido por una grieta accidental de la cañería correspondiente. || En música, composición que se desarrolla alrededor de un tema y su contrapunto, repetidos con arte en varios tonos, muy usual en los siglos XVII y XVIII.

fugar *t. ant.* Poner en fuga, hacer huir a alguien o algo. || *pr.* Huir, escapar.

fugaz *adj.* y *s. com.* Que desaparece con velocidad. || De muy escasa duración.

fugitivo, va *adj.* y *s.* Que anda huyendo y escondiéndose. || Que sucede muy aprisa y como huyendo. || Caduco, perecedero; de corta duración y fácil desaparición.

fulano, na *s.* Persona indeterminada, alguien cuyo nombre se ignora o no se desea mencionar.

fulgir *intr.* Resplandecer, despedir luz y brillo.

fulgor *s. m.* Resplandor, brillo, esplendor.

fulgurante *adj.* y *s. com.* Que fulgura.

fulgurar *intr.* Despedir rayos de luz, resplandecer, brillar. || Destacar por su brillantez. || En medicina, emplear corriente eléctrica para destruir la parte enferma un tejido, excrecencias, lunares, verrugas.

fullería *s. f.* Trampa que se comete en el juego de cartas o de dados. || Astucia, maña y cautela para engañar.

fulminante *adj.* Que fulmina. || Dicho de un material o de un dispositivo, capaz de hacer estallar cargas explosivas. || Súbito, rápido, inesperado. *Tuvo un infarto fulminante.*

fulminar *t.* Lanzar descargas eléctricas en forma de rayos. || Dar muerte un rayo a una persona o a un animal. || Dañar o destruir un rayo o una descarga eléctrica un árbol, un edificio, un vehículo. || Dicho de algunas cosas, en sentido figurado, matar con ellas. *Me fulminó con la mirada.* || Herir o dañar la luz algo o a alguien. || Causar muerte repentina una enfermedad o afección. || Desahogar la ira contra otra persona, verbalmente o por escrito con palabras duras y humillantes || Dictar de manera violenta y con efectos graves una sentencia, un anatema, una excomunión, una ruptura de relaciones, una declaración de guerra.

fumador, ra *adj.* y *s.* Que fuma y tiene costumbre o hábito de ello.

fumar *intr.* Expeler el humo tras haberlo inhalado, del tabaco, opio, hachís, mariguana, anís.

fumarola *s. f.* Emisión de gases y vapores procedentes de un cráter volcánico o un flujo de lava. || Grieta en el suelo por donde brotan gases procedentes del subsuelo por haber una conexión con el magma volcánico o con un punto caliente.

fumigación *s. f.* Acción y efecto de fumigar.

fumigador, ra *adj.* y *s.* Que fumiga. || Persona dedicada a la fumigación. || Máquina o aparato empleado para la fumigación.

fumigar *t.* Matar plagas por medio de humos, polvos o gases esparcidos dentro de una habitación, edificio, etc., previamente cerrados. || Desinfectar habitaciones por medio de humos, vapores o pulverizaciones adecuados.

funámbulo, la *s.* Acróbata que realiza su actuación sobre la cuerda floja o el alambre. || Persona diestra para la vida social y política.

función *s. f.* Aptitud de actuar y llevar a cabo procesos propios de los seres vivos y sus órganos. || Capacidad de moverse y llevar a cabo procesos previamente planeados, propia de las máquinas y los aparatos. || Tarea que debe realizar una institución, sus dependencias y las personas que para ella laboran. || Acto solemne y público, especialmente el religioso. || Cada representación de una obra teatral o cada proyección de una película de cine. || Papel que en la estructura gramatical de la oración desempeña cada elemento fonético, morfológico, léxico y sintáctico. || En matemáticas, relación entre los elementos de dos conjuntos de tal manera que a cada elemento del primero le corresponde otro del segundo.

funcional *adj.* Perteneciente o relativo a la función. || Útil, práctico y cómodo simultáneamente. || Adecuado a su objetivo o finalidad. || Referente a las funciones biológicas.

funcionalidad *s. f.* Cualidad o condición de funcional.

funcionamiento *s. m.* Acción y efecto de funcionar.

funcionar *intr.* Ejecutar las funciones que le son propias o le han sido asignadas: las personas, las máquinas, las instituciones, etc. || Marchar o resultar como se había previsto. *El plan funciona muy bien.*

funcionario, ria *s.* Persona que desempeña un empleo en la administración pública.

funda *s. f.* Cubierta o envoltura con que se protege algo.

fundación *s. f.* Acción y efecto de fundar. || Origen, principio y establecimiento de algo. *La fundación de Tenochtitlan.* || Persona moral o jurídica dedicada a la beneficencia o a patrocinar la ciencia, el arte, las artesanías, la educación, etc., en cumplimiento de la voluntad de la persona que la erigió y dotó financieramente.

fundador, ra *adj.* y *s.* Que funda.

fundamentación *s. f.* Conjunto de argumentos que sirven de base para defender una tesis.

fundamental *adj.* Que es el fundamento o principio de algo.

fundamentalismo *s. m.* Movimiento religioso y político que propone reinstaurar la pureza de la fe mediante la aplicación estricta de los mandamientos y prescripciones de una religión. || Intransigencia en materia de creencias, doctrinas o prácticas establecidas a las que se pretende obligar a someterse. *Fundamentalismo económico, fundamentalismo feminista.*

fundamentalista *adj.* y *s. com.* Defensor de las ideas del fundamentalismo.

fundamentar *t.* Poner los fundamentos o cimientos de un edificio. || Establecer y hacer firme algo. || Exponer razonadamente los principios, causas o motivos para hacer tal o cual afirmación.

fundamento *s. m.* Cimiento y principio en que se apoya la construcción de un edificio u otra cosa. || Razón esencial, causa o motivo que sirve de base firme para asegurar o aseverar algo. || Origen o raíz o principio en que estriba y consiste algo no material. *La ley es fundamento de la armonía social.*

fundar *t. y pr.* Edificar y organizar materialmente una casa, una ciudad, una construcción cualquiera. || Apoyar o colocar una cosa material sobre otra que le sirve de base. || Instituir o erigir una obra de beneficencia, un fideicomiso, un establecimiento educativo o cultural. || Establecer, crear. || Exponer los argumentos y razones que sirven de base para afirmaciones o declaraciones. *Fundar un discurso, fundar una tesis.*

fundición *s. f.* Acción y efecto de fundir o de fundirse. || Fábrica donde se llevan a fundir los metales.

fundido *s. m.* En cine y televisión, transición gradual de un plano a otro en la proyección, o de un sonido a otro en la pista sonora.

fundir *t.* Derretir, licuar los metales y otros minerales a fuerza de calentarlos a altas temperaturas. || Dar forma al metal licuado vertiéndolo en moldes. || *t. y pr.* Descomponer un aparato eléctrico por haberse hecho un cortocircuito. || Unirse dos cosas, materiales o no, para formar una sola. *Fundir estaño y cobre para hacer bronce.* || Derretir con calor materias grasas como la manteca, la mantequilla, el chocolate. || Mezclar las últimas imágenes y sonidos de una secuencia de cine, televisión o video con los primeros de la siguiente. || *Amér.* Quedar arruinado económica o moralmente. || Descomponerse un aparato o un motor.

fúnebre *adj. y s. com.* Perteneciente o relativo a los muertos. || Muy triste, luctuoso.

funeral *s. m.* Ceremonias solemnes con que se vela y entierra un cadáver o cualquier otro modo digno de disponer de él.

funeraria *s. f.* Empresa dedicada de proveer ataúdes (o urnas, en su caso), coches fúnebres y demás accesorios, además de arreglar el cadáver para el funeral.

funerario, ria *adj.* Perteneciente o relativo al entierro o a las honras fúnebres.

funesto, ta *adj.* Que es origen de pesar y ruina. || Triste, infeliz, desgraciado.

fungi *s. m.* En biología, reino que agrupa a los hongos.

fungicida *adj. y s. com.* Que sirve para destruir o matar los hongos.

fungiforme *adj.* Que tiene forma de hongo o seta.

fungir *intr.* Desempeñar un cargo o empleo.

funicular *s. m.* Vehículo en forma de caja o vagón suspendido de cuerdas que se hace subir o bajar por la acción de un motor; se usa para el traslado de personas en sitios montañosos o con grandes desniveles.

furgón *s. m.* Vagón de tren destinado al transporte de carga ligera como correspondencia, equipaje y algunas mercancías. || *ant.* Carruaje cerrado de cuatro ruedas, con pescante cubierto, que se usaba como transporte entre poblaciones. || Coche cerrado completamente excepto por una portezuela trasera, sin ventanas, usado para el traslado de detenidos y presos.

furgoneta *s. f.* Vehículo automotor más pequeño que el camión y mayor que la camioneta, destina-

do al reparto de mercancías. || Vehículo automóvil grande y de interior muy espacioso, diseñado para el transporte de personas.

furia *s. f.* Ira excesiva y exaltada. || Acceso o ataque de locura violenta. || Cada una de las tres criaturas mitológicas que vivían en el Hades o infierno y tenían a su cargo el castigo de los culpables, ejerciendo contra ellos considerable violencia; personificaban la venganza y el remordimiento. || Persona muy irritada y colérica. || Agitación violenta de las cosas inanimadas. *La furia del huracán, la furia del fuego.*

furibundo, da *adj.* Lleno de furia, airado, colérico. || Que denota furor. || Partidario apasionado y entusiasta de algo o alguien.

furioso, sa *adj.* Embargado de furia. || Se dice del demente de comportamiento violento. || Arrebatado, terrible, tremendo.

furor *s. m.* Ira desbordada e incontenible. || Momento de mayor difusión y aceptación de una moda o costumbre. || Actividad violenta de las fuerzas naturales.

furtivo, va *adj.* Que se hace ocultamente, a escondidas. || Ilegal, contra el derecho de propiedad o en perjuicio de las leyes protectoras de especies en peligro de extinción; se dice de cazadores, pescadores y recolectores de ciertos vegetales como los cactos.

furúnculo *s. m. ant.* Forúnculo, inflamación con pus producida por la infección bacteriana de un folículo piloso.

fusa *s. f.* En música, nota musical cuya duración es la mitad de una semicorchea, o sea la treintaidosava de la redonda o completa.

fuselaje *s. m.* Parte del avión donde se alojan los pasajeros y las mercancías.

fusible *s. m.* Alambre o chapita metálica de fácil fusión, que colocado en diversas partes de una instalación eléctrica o de un aparato, se funden cuando una descarga excesiva la interrumpe, impidiendo que dañe la instalación o el aparato así protegidos.

fusiforme *adj. y s. com.* Que tiene forma de huso, esto es, más grueso o ancho en el centro y angosto en los extremos.

fusil *s. m.* Arma de fuego portátil, consistente en un cañón de 80 a 100 cm de longitud, un mecanismo de disparo, cargador y la caja o culata.

fusilamiento *s. m.* Acción y efecto de fusilar. || Modo de ejecución consistente en colocar al sentenciado delante de una pared y frente a él, a cierta distancia, un pelotón de soldados armados con fusiles que disparan.

fusilar *t.* Ejecutar a alguien con disparos de fusiles. || Plagiar la obra de otro, copiándola y dándola a conocer con el nombre de uno y sin dar crédito al autor.

fusión *s. f.* Acción y efecto de fundir o de fundirse. || Unión de empresas, partidos, grupos o intereses.

fusionar *t. y pr.* Unir dos o más cosas formando una sola.

fusta *s. f.* Látigo corto hecho con una trencilla de correa, empleado para estimular el paso de la cabalgadura.

fustán *s. m.* Tela ligera de algodón que se vende aderezada con almidón. || *Amér.* Enagua que se usa como fondo para el vestido.

fuste *s. m.* Tronco de los árboles, recubierto por la corteza. ‖ Vara o palo largo y delgado, usualmente flexible. ‖ Palo de la lanza. ‖ Vástago, conjunto de tallo y hojas de la planta nueva. ‖ Armazón de la silla de montar. ‖ Fundamento, esencia o eje de algo no material, como un discurso, un escrito, un pensamiento. ‖ En arquitectura, parte media de la columna clásica; puede ser lisa o estriada.

fustigación *s. f.* Acción y efecto de fustigar.

fustigante *adj.* Que fustiga.

fustigar *t.* Azotar a alguien o a un animal. ‖ Recriminar, censurar o vituperar acremente.

futbol o **fútbol** *s. m.* Deporte de competencia por equipos, cada uno integrado por 11 jugadores que se disputan el balón en una cancha rectangular, tratando de meterlo en el marco o meta para anotar un tanto o gol. ‖ *loc. Futbol americano:* deporte parecido al rugby, en el que dos equipos u oncenas se disputan un balón de forma ovoidal sobre una cancha en forma de parrilla.

futbolista *s. com.* Jugador o jugadora de futbol.

futbolístico, ca *adj.* Perteneciente o relativo al futbol.

fútil *adj.* y *s. com.* De poco valor, importancia o utilidad.

futón *s. m.* Colchón estilo japonés que se tiende sobre una tarima y puede guardarse enrollado.

futuro *s. m.* Porvenir, tiempo adelante del presente. ‖ En gramática, tiempo verbal en que se expresan acciones o estados posteriores al momento en que se habla.

futuro, ra *adj.* Que está por venir.

F

g

g *s. f.* Séptima letra del alfabeto español; su nombre es «ge».

gabacho, cha *adj. y s. desp. fam.* De o relacionado con los Estados Unidos de América.

gabán *s. m.* Prenda de vestir amplia, de tela gruesa y abertura en medio, similar al capote. ‖ Por extensión, abrigo.

gabardina *s. f.* Abrigo largo, ligero e impermeable para protegerse de la lluvia. ‖ Tela de tejido diagonal fuerte para fabricar prendas de vestir.

gabarra *s. f.* Embarcación de vela y remo para cargas pequeñas y travesías cortas.

gabinete *s. m.* Conjunto de ministros de un gobierno. ‖ Despacho para la atención de asuntos profesionales. ‖ Estudio o sala para recibir visitas. ‖ Mueble de estudio de usos varios.

gacela *s. f.* Antílope herbívoro de lomo color dorado pardo, vientre blanco y cuernos encorvados, oriundo de África y Medio Oriente.

gaceta *s. f.* Publicación periódica noticiosa, generalmente especializada o institucional.

gacetilla *s. f.* Sección de periódico de noticias breves.

gacho, cha *adj. fam.* Que está inclinado hacia adelante y hacia abajo.

gachupín, pina *adj. fam. desp.* Que es español.

gadolinio *s. m.* Elemento químico metálico raro, color blanco plateado, que está presente en algunos minerales; de aspecto similar al acero, su obtención es una de las más costosas de todos los elementos; se utiliza en la industria nuclear y algunos de sus derivados se usan como catalizador; su número atómico es 64 y su símbolo Gd.

gaélico, ca *s.* Lengua de origen celta de Escocia e Irlanda.

gafas *s. f. Esp.* Accesorio visual compuesto por un par de lentes, graduados o no, y un armazón que se coloca sobre la nariz y se sujeta sobre o tras las orejas.

gaita *s. f.* Instrumento musical de viento formado por una bolsa de cuero y tres tubos con agujeros para producir el sonido.

gaitero, ra *s.* Músico ejecutante de la gaita.

gajo *s. m.* Cada una de las partes de la pulpa de un fruto, especialmente los cítricos.

gala *s. com.* Vestido o traje elegante y lujoso. ‖ Fiesta, ceremonia o espectáculo en la que se porta este vestuario.

galáctico, ca *adj.* Perteneciente a las galaxias o relacionado con ellas.

galán *s. m.* Hombre apuesto proclive a la conquista amorosa. ‖ Pretendiente de una mujer. ‖ Protagonista de representaciones románticas.

galante *adj.* Que es obsequioso y cortés, sobre todo con las damas. ‖ Se dice de las mujeres de vida licenciosa. ‖ Estilo literario de tema amoroso tratado con cierta picardía.

galantear *t.* Halagar a una mujer o a varias con intención seductora.

galápago *s. m.* Reptil quelonio anfibio de larga vida, muy parecido a la tortuga, que se alimenta de algas marinas y hierbas terrestres.

galardón *s. m.* Premio o recompensa por victoria en competencia, méritos o servicios.

galardonar *t.* Premiar el desempeño, valor, servicio o mérito de una persona o un equipo.

galaxia *s. f.* Sistema de astros, polvo interestelar, gas y partículas que gravitan en torno a un núcleo.

galeno *s. m. fam.* Profesional de la medicina.

galeón *s. m.* Embarcación de vela grande con tres o cuatro mástiles en cruz.

galeote *s. m.* Reo condenado a remar en las antiguas galeras.

galera *s. f.* Embarcación antigua de vela y remos. ‖ Celda grande para encerrar a muchos presos. ‖ *desp.* Cualquier espacio para alojar muchas personas, generalmente trabajadores temporales. ‖ En imprenta, tira de papel impreso para formar columnas o páginas.

galería *s. f.* Corredor largo y estrecho que sirve como descanso, iluminador y distribuidor de las casas grandes. ‖ Recinto para exponer obras de arte. ‖ Colección de obras de arte. ‖ Pasaje interior de edificios grandes para establecimientos comerciales. ‖ Sección alta de asientos en salas de espectáculos. ‖ Pasaje subterráneo para transporte y maniobras en las minas.

galés, lesa *adj.* De Gales o relacionado con esa región de Inglaterra. ‖ Idioma de origen celta que se habla en Gales.

galgo, ga *adj.* Perro alto, delgado y de piernas largas que se caracteriza por su gran velocidad.

galicismo *s. m.* Cualquier palabra de origen francés utilizada en otras lenguas.

galio *s. m.* Elemento químico metálico, resistente y fácilmente fundible, de amplio uso en prótesis dentales; se utiliza también en la fabricación de semiconductores, termómetros de cuarzo y de lámparas de arco; su número atómico es 31 y su símbolo Ga.

gallardete *s. m.* Trofeo para el triunfador en torneos deportivos. ‖ Banderín triangular que se coloca en los mástiles de las embarcaciones.

gallardía *s. f.* Valor, entereza y elegancia al actuar. ‖ Elegancia y resolución en el movimiento del cuerpo.

gallardo, da *adj.* Que actúa con valor y decisión. ‖ Que tiene porte elegante y desenvuelto.

gallego, ga *adj.* De Galicia o relacionado con esa región de España. ‖ *s.* Lengua romance hablada en esa región de España.

galletero *s. m.* Recipiente para guardar y conservar galletas.

galliforme *adj.* y *s. com.* Cualquiera de las especies de aves no voladoras parecidas a las gallinas.

gallina *s. f.* Ave doméstica no voladora proveedora de huevos para la alimentación humana. ‖ *adj. desp.* Que es tímido y asustadizo.

gallináceas *s. f. pl.* Uno de los órdenes o grupos en los que están clasificadas las aves.

gallinazo *s. m.* Ave carroñera americana parecida al zopilote, de cabeza roja y pico amarillo.

gallinero *s. m.* Corral de gallinas. ‖ Jaula para transportar gallinas. ‖ *fam.* Lugar donde hay algarabía. ‖ *desp.* En algunas salas de espectáculos, la galería.

gallineta *s. f.* Ave nadadora de agua dulce, de color negro grisáceo.

gallo *s. m.* Ave doméstica de plumaje brillante, cresta roja enconada y grandes espolones. ‖ Persona que presume valentía. ‖ Nota falsa al cantar. ‖ Serenata bajo el balcón. ‖ Mucosidad que se expele por la boca.

galo, la *adj.* Perteneciente o relacionado con las Galias o antigua Francia. ‖ *s.* Antigua lengua de esta región.

galón *s. m.* Unidad de capacidad equivalente a aproximadamente 4.5 litros. ‖ Adorno de prendas de vestir, generalmente de miembros de organizaciones jerarquizadas.

galopante *adj.* Que corre al galope, especialmente caballos. ‖ Proceso que avanza rápidamente, especialmente enfermedades.

galopar *intr.* Correr el cuadrúpedo, especialmente el caballo, a galope. ‖ Ir a caballo al galope.

galope *s. m.* Modo de correr del caballo u otro cuadrúpedo más rápido que el trote, mas no a toda velocidad.

galvanismo *s. m.* Electricidad producida por dos metales diferentes sumergidos en agua. ‖ Propiedad de la electricidad de producir movimientos de músculos y nervios. ‖ Antiguamente, rama de la física que estudiaba estas propiedades.

galvanización *s. f.* Baño de metales generalmente con cinc para impedir su oxidación. ‖ Utilización de la electricidad galvánica para diagnosticar o tratar enfermedades. ‖ *fig.* Refuerzo de la energía humana.

galvanizado, da *adj.* Se dice de los metales protegidos contra la oxidación por una capa de otro metal, generalmente cinc. ‖ *fig.* Relativo a las personas cuyas capacidades están reforzadas por algún régimen especial o liderato fuerte.

galvanizar *t.* Producir electricidad con dos metales distintos separados y sumergidos en agua. ‖ Proteger metales contra la oxidación con una capa de otro metal, generalmente cinc. ‖ *fig.* Reforzar las capacidades de las personas.

gama *s. f.* Gradación de colores. ‖ Escala musical. ‖ Conjunto de cosas diversas que sirven a un mismo fin.

gamada *adj.* Relativo a la cruz de cuatro brazos iguales doblados en forma de codo.

gamba[1] *s. f.* Crustáceo marino comestible parecido al langostino.

gamba[2] *s. f.* Pierna.

gambeta *s. f. Arg.* y *Uy.* Movimiento con el que un futbolista hace además de ir para un lado y luego va para otro, con el fin de burlar al contrario.

gambusino *s. m. Méx.* Buscador de oro.

gameto *s. m.* Cada una de las dos células, femenina y masculina, que intervienen en la fecundación.

gamín *s. m. Col.* Niño de la calle.

gamma *s. f.* Tercera letra del alfabeto griego (Γ, γ) que corresponde a la «g» del latino. ‖ Millonésima parte de un gramo. ‖ *loc. Rayos gamma:* radiación electromagnética, de mayor frecuencia que la de los rayos X, que se emite en la desintegración de núcleos radiactivos.

gamo, ma *s.* Mamífero de la familia de los cérvidos; tiene pelaje rojizo con manchitas blancas y cuernos en forma de pala.

gamuza *s. f.* Mamífero parecido a una cabra, con cuernos que en la punta forman un gancho hacia atrás. ‖ Piel de este animal que, una vez curtida, es muy suave. ‖ Cualquier tipo de tela que tenga la textura de la original.

gana *s. f.* Disposición o deseo de hacer algo. *Tengo ganas de ir al cine.* ‖ Capricho. *Se le dio la gana de bailar con todas.*

ganadería *s. f.* Conjunto del ganado de un país. ‖ Conjunto de ganado de un particular. ‖ Lugar donde se cría ganado con fines económicos. ‖ Raza especial de ganado.

ganadero, ra *adj.* y *s.* Que se relaciona con la ganadería. ‖ Persona que se dedica a criar ganado con fines económicos.

ganado *s. m.* Conjunto de animales de cuatro patas, de varias especies, que se crían para sacar beneficio económico de su carne (ganado de engorda), de su leche (ganado lechero), del cuero, etc.

ganador, ra *adj.* Que tiene posibilidades de ganar un premio, una competencia, etc. ‖ Que ganó un premio, una competencia, etc.

ganancia *s. f.* Provecho o beneficio que se saca de algo. ‖ Total de ingresos de una empresa después de descontar los gastos. ‖ Mejoría en algo.

ganar *t.* Lograr obtener dinero con trabajo, en un sorteo, etc. ‖ Vencer a alguien en una competencia. ‖ Cobrar dinero por trabajar. ‖ Alcanzar un lugar remoto o difícil. ‖ Captar adeptos.

ganchillo *s. m.* Gancho para hacer labores de punto. ‖ Labor de punto que se hace con ese instrumento.

gancho *s. m.* Instrumento de material duro y flexible, como metal o plástico, que tiene una parte curva que sirve para colgar. ‖ Aguja larga con un extremo curvo que sirve para hacer labores de punto. ‖ Cómplice de un estafador que sirve de distracción. ‖ Objeto que sirve de señuelo.

ganga *s. f.* Ave parecida a la paloma, con alas y cola puntiaguda, y plumas grises y blancas. ‖ Cosa de calidad que se consigue a bajo precio.

ganglio *s. m.* Abultamiento en un nervio.

gangoso, sa *adj.* y *s.* Que tiene una voz nasal, ya sea por padecer un resfrío o por algún defecto en la nariz.

gangrena *s. f.* Muerte o putrefacción del tejido por falta de irrigación sanguínea.

gángster *s. m.* Miembro de una banda que se dedica a actividades contra la ley.

ganón, nona adj. y s. fam. Méx. Se aplica a la persona que se beneficia de alguna situación.

ganoso, sa adj. Que tiene gana de algo.

ganso, sa adj. y s. Ave de cuello largo y patas cortas con pico color naranja. || Persona que dice tonterías.

ganzúa s. m. Especie de gancho de alambre que usan los ladrones para abrir algunas cerraduras.

gañán s. m. Hombre rudo, tosco. || Muchacho que trabaja en el campo a las órdenes de otra persona.

gañir intr. Aullar de dolor un perro u otro animal. || Graznar un ave. || Respirar haciendo ruido una persona.

garabato s. m. Letra o dibujo mal trazado.

garaje s. m. Lugar donde se guardan automóviles. || Taller mecánico.

garantía s. f. Seguridad de que algo va a realizarse. || Compromiso que un fabricante da por escrito de que reparará o reemplazará al comprador un aparato en caso de que no funcione. || Papel en el que consta ese compromiso. || Cantidad de dinero o su equivalente en un objeto que se da como respaldo de una obligación.

garantizar t. Dar garantía.

garañón s. m. Asno o caballo que se usa de semental. || Hombre sexualmente muy potente.

garapiñado, da o **garrapiñado, da** adj. Se refiere a la fruta o semilla bañada en caramelo.

garbanzo s. m. Planta leguminosa cuya semilla, redonda y rugosa, de color amarillento, con una protuberancia característica, y muy dura, es comestible.

garbo s. m. Gracia con que se mueve un animal o una persona.

garboso, sa adj. Que muestra garbo en la manera de moverse, de comportarse.

gardenia s. f. Planta ornamental de tallos espinosos y flores blancas muy olorosas.

garduña s. f. Mamífero carnicero parecido a la marta; tiene patas cortas, cola larga y garguero blanco.

garfio s. m. Gancho de hierro.

gargajo s. m. fam. Mucosidad que se escupe violentamente por la boca.

garganta s. f. Parte de adelante del cuello. || Parte que va desde el velo del paladar hasta el esófago. La laringe y la faringe son parte de la garganta. || Voz de un cantante. || Lugar estrecho entre montañas.

gargantilla s. f. Collar corto que se pone en el cuello, pegado a la garganta.

gárgaras s. f. pl. Acción que consiste en poner un líquido en la garganta, con la cabeza echada hacia atrás y hacer pasar aire despacio, de tal manera que se formen burbujas y se oiga como agua hirviendo.

gárgola s. f. En arquitectura, elemento en forma de caño o canal, que sobresale de una pared y sirve para desaguar el agua de los techos; en la punta está rematado por una figura, por lo general monstruosa.

garigoleado, da adj. Méx. Adornado en exceso.

garita s. f. Caseta, por lo general de madera, que sirve para que alguien vigile un edificio, un cruce de vía férrea, etc. || Méx. Entrada de la ciudad, donde por lo general se cobra peaje.

garito s. m. Casa clandestina de juego. || Lugar de diversión legal, pero con mala reputación.

garlopa s. f. En carpintería, cepillo largo con mango, que sirve para pulir e igualar junturas.

garlopín s. m. Cepillo pequeño de carpintero.

garra s. f. Mano de un animal con uñas largas y afiladas. || Cada una de las uñas. || fig. Mano del hombre. || Amér. Harapo. || Uy. Prenda de mala calidad.

garrafa s. f. Recipiente de cuerpo redondo o ancho y cuello largo.

garrafal adj. Que se trata de un error muy grande.

garrafón s. m. Garrafa grande.

garrapata s. f. Ácaro que se adhiere a la piel de animales y personas para chupar la sangre.

garrocha s. f. Vara para practicar salto de altura. || Vara larga para picar a los toros.

garrotazo s. m. Golpe que se da con un garrote.

garrote s. m. Palo grueso y fuerte que puede usarse como bastón o para golpear con él. || Esp. Instrumento para ejecutar condenados a muerte, consistente en un palo grueso al que se ata la cabeza del condenado y un aro de hierro que se va apretando hasta ahorcarlo.

garrotear t. Dar golpes con un garrote.

garza s. f. Ave acuática que vive a la orilla de lagos y ríos; es zancuda y su cuello largo y sinuoso está rematado por un pico cónico.

gas s. m. Estado de la materia en el que las moléculas están muy separadas entre sí. || Combustible en ese estado. || pl. Aire que se acumula en el aparato digestivo.

gasa s. f. Tejido de seda o hilo muy delgado y costoso. || Tejido muy abierto, hecho con material esterilizado, que se usa en curaciones.

gaseoso, sa adj. Que se encuentra en estado de gas. || Que desprende gases, como un refresco.

gasificar t. Transformar un líquido o un sólido en gas. || Introducir gas en un líquido.

gasoducto s. m. Tubería de grandes dimensiones y extensión que sirve para transportar gas natural de donde se extrae y procesa hasta las ciudades.

gasolina s. f. Combustible líquido derivado del petróleo que se utiliza para hacer funcionar motores.

gasolinería s. f. Méx. Lugar donde se vende gasolina.

gastador, ra adj. y s. Que le gusta gastar dinero.

gastar t. Utilizar el dinero en algo. || Deteriorar o deteriorarse algo con el uso. || Consumir.

gasterópodo s. m. Se dice del molusco que se arrastra, tiene cabeza con tentáculos y concha en forma de espiral.

gasto s. m. Acción de gastar. || Cantidad que se gasta. || En física, cantidad de fluido (líquido o gas) que pasa por un orificio en un tiempo determinado.

gástrico, ca adj. En medicina, que se relaciona con el estómago.

gastritis s. f. Inflamación del estómago producida por un exceso de ácidos.

gastrointestinal adj. Que se relaciona o afecta al mismo tiempo el estómago y los intestinos.

gastronomía s. f. Arte de cocinar buena comida. || Arte de saber saborear la buena comida.

gastrónomo, ma s. Especialista en gastronomía. || Persona a la que le gusta el buen comer.

gástrula s. f. En biología, etapa del desarrollo del embrión, que sigue a la blástula, en la que están presentes, según el animal, el ectodermo, el endodermo y el mesodermo.

gatear *intr.* Andar en cuatro patas como los gatos. ‖ Trepar un árbol o un mástil como los gatos, usando manos y pies.

gatera *s. f.* Agujero en una puerta del tamaño justo para que puedan entrar y salir los gatos de la casa. ‖ Sitio para que duerman los gatos o canasta con asa para transportarlos.

gatillo *s. m.* Mecanismo en un arma de fuego que activa la palanca de disparo. ‖ Mecanismo en muchos aparatos que activan su funcionamiento.

gato *s. m.* Utensilio de carpintería que sirve para sujetar fuertemente a un banco la pieza de madera que se trabaja. ‖ Instrumento mecánico que sirve para levantar pesos de abajo arriba.

gato, ta *s.* Mamífero doméstico, carnívoro, de la familia de los félidos, con patas cortas y uñas retráctiles, pelo suave y espeso. ‖ *loc. Gato de algalia:* mamífero carnívoro de cuerpo alargado y flexible, pelaje gris con rayas y cola larga; cerca del ano tiene una bolsa en la que segrega algalia, una sustancia que se usa en perfumería. ‖ *Gato de Angora:* gato de pelo muy largo que procede de Angora, en Irán; también se le conoce como «gato persa». ‖ *Gato montés:* gato salvaje, de color amarillento con rayas negras que forman anillos en la cola. ‖ *Gato siamés:* gato de pelo muy corto y de color o amarillento o gris, más oscuro en la cara, las orejas y la cola. ‖ *Dar gato por liebre:* engañar haciendo pasar una cosa de muy poco valor por otra parecida, pero de más valor y calidad. ‖ *Haber gato encerrado:* que en una situación o asunto hay algo oculto o secreto.

gatuno, na *adj.* Que se relaciona con los gatos o con alguna de sus características.

gaveta *s. f.* Cajón corredizo que hay en muchos escritorios. ‖ Mueble que tiene muchos de esos cajones.

gavial *s. m.* Reptil parecido al cocodrilo, pero con hocico muy largo y delgado; mide unos 8 m de largo y habita en los ríos de la India.

gavilán *s. m.* Ave rapaz de unos 30 cm de longitud, de plumaje gris azulado en la parte superior y con bandas, que se diferencia de otras rapaces por tener las alas cortas.

gavilla *s. f.* Conjunto de ramas o mieses más pequeño que el haz y más grande que el manojo. ‖ Conjunto de personas de baja estofa.

gaviota *s. f.* Ave marina de alas largas, plumaje blanco y pico anaranjado con una curva hacia abajo. Se alimenta de peces.

gay *adj.* Que se relaciona con la homosexualidad. ‖ *s. m. y f.* Persona homosexual.

gazapo *s. m.* Cría del conejo.

gaznate *s. m.* Parte inferior de la garganta. ‖ Cono de galleta relleno de merengue.

gazpacho *s. m. Esp.* Sopa fría que se hace con pedazos de pan, se condimenta con aceite, vinagre, sal, ajo, cebolla, y a la que se le agrega, según la región, jitomate, pepinos, etc.

ge *s. f.* Nombre de la letra «g».

gea *s. f.* Conjunto de los minerales de un país.

geco *s. m.* Pequeño lagarto de ojos saltones, piel de colores claros y dedos que tienen cojincillos adhesivos para trepar.

géiser *s. m.* Fuente de agua caliente y vapor, que lanza chorros regular o intermitentemente. Es de origen volcánico.

geisha *s. f.* En Japón, muchacha que aprendió música, danza, la ceremonia del té, con el fin de entretener a los hombres.

gel *s. m.* Estado intermedio entre el sólido y el líquido. ‖ Producto que tiene la consistencia de la gelatina. ‖ Jabón líquido que se usa para asear las manos o el cuerpo.

gelatina *s. f.* Sustancia sólida, incolora, transparente, que se obtiene de la cocción de los huesos de animales. ‖ Postre blando y dulce que se hace con esa sustancia, a la que se le agregan frutas, azúcar o saborizantes.

gélido, da *adj.* Helado, extremamente frío. ‖ Poco afectuoso.

gema *s. f.* Piedra preciosa. ‖ Brote de una planta.

gemación *s. m.* Tipo de reproducción asexual que se inicia con la formación de yemas que se separan de la célula madre para formar nuevos individuos. ‖ División celular en la que el citoplasma se divide en dos partes desiguales, la menor de las cuales se denomina «yema».

gemelo *s. m.* Músculo de la pantorrilla. ‖ *pl.* Instrumento que sirve para ver de lejos, con dos tubos, uno para cada ojo, que contienen un juego de prismas. ‖ Adorno que se usa en los puños de las camisas.

gemelo, la *adj. y s.* Que nacieron en el mismo parto y son idénticos. ‖ Que es una cosa idéntica a otra.

gemido *s. m.* Sonido de voz que expresa dolor, pena, placer.

geminado, da *adj.* Dividido en dos partes o que forma pares. ‖ Que se duplica y se pronuncia en dos tiempos. *En la palabra «ennegrecido» las enes son geminadas.*

géminis *adj. y s. com.* Que nació bajo ese signo zodiacal, entre el 22 de mayo y el 21 de junio.

gemir *intr.* Emitir gemidos que expresan dolor, pena, placer. ‖ Aullar un animal. ‖ Sonar las cosas como el gemido humano.

gemología *s. f.* Ciencia que se dedica a identificar, clasificar y estudiar las propiedades de las gemas o piedras preciosas.

gemólogo, ga *s.* Especialista en gemología.

gen *s. m.* Unidad del material genético hereditario que se corresponde con un segmento determinado de ADN; en los organismos eucariotas, se ubica en los cromosomas.

genciana *s. f.* Planta herbácea que llega a medir 1 m de altura, con grandes hojas y flores amarillas. ‖ *loc. Violeta de genciana:* medicamento tópico que se prepara con las raíces de esta planta y que se usa como fungicida.

gendarme *s. m.* Agente de policía en algunos países.

genealogía *s. f.* Conjunto de los antepasados de una persona. ‖ Escrito donde consta la lista de antepasados. ‖ Por extensión, antepasados y documentos sobre éstos respecto de un animal. ‖ Ciencia que estudia esta disciplina.

genealógico, ca *adj.* Que se relaciona con la genealogía.

genealogista *s. com.* Especialista en genealogía.

generación *s. f.* Acción y resultado de engendrar. ‖ Acción y efecto de generar. *La generación de empleo parece ser el gran problema de nuestro tiempo.*

G

‖ Conjunto de personas que nacieron en una misma época. ‖ Espacio de 30 años que se considera la duración media de cada generación. ‖ Conjunto de artistas que comparten características comunes además de haber nacido en la misma época. ‖ Conjunto de aparatos que comparten determinadas características y son de la misma época. ‖ *loc. Generación espontánea:* teoría antigua que creía que los seres podían generarse a partir de materia inerte.

generador, ra *adj.* Que genera. ‖ Que genera una figura geométrica con su movimiento, y se dice de una línea o una superficie. *El triángulo equilátero es generador de un cono.* ‖ *s. m.* Aparato que produce energía eléctrica a partir de otro tipo de energía.

general *adj.* Que es común a todos. *El reglamento general de la empresa lo cumplen desde el director hasta el empleado de menor categoría.* ‖ Que no entra en detalles. *En general, el trabajo está bien.* ‖ Que es muy habitual o común. ‖ *s. m.* Militar de la categoría más alta.

generalidad *s. f.* Lo que es general. ‖ Vaguedad, imprecisión.

generalísimo *s. m.* En algunos ejércitos, general que tiene el mando de todas las fuerzas armadas de un Estado.

generalizar *t. intr.* y *pr.* Hacer común una cosa. ‖ Abstraer de un conjunto aparentemente heterogéneo sus rasgos generales para lograr un concepto que lo sintetice.

generar *t.* Engendrar, crear, producir algo.

generatriz *adj.* y *s.* En geometría, que es capaz de generar, con movimiento, una figura o un sólido. ‖ Se dice de las líneas o de las figuras. ‖ En física, que puede generar energía eléctrica a partir de la energía mecánica.

género *s. m.* Conjunto de personas, animales o cosas que comparten determinadas características. ‖ En comercio, mercancía en general. ‖ Tela o tejido. ‖ Categoría o clase en que pueden clasificarse las diversas modalidades de un mismo arte. *La narrativa es un género de la literatura.* ‖ En biología, categoría que clasifica a los seres vivos; va después de la familia y antes que la especie. *El nopal es de la familia de las cactáceas, del género opuntia.* ‖ En gramática, accidente gramatical que indica si los sustantivos, los adjetivos, los artículos y los pronombres son masculinos, femeninos o neutros.

generosidad *s. m.* Cualidad de quien da todo sin esperar nada a cambio.

generoso, sa *adj.* Que ayuda a los demás sin esperar nada a cambio. ‖ Que denota generosidad. ‖ Que es amplio o abundante.

génesis *s. f.* Origen de algo. ‖ Conjunto de sucesos o factores que dan origen a algo.

genética *s. f.* En biología, rama que estudia los mecanismos que regulan la herencia. ‖ En psicología, rama que estudia las diferentes etapas de desarrollo por las que pasa el niño antes de ser adulto.

genético, ca *adj.* Que se relaciona con la genética. ‖ Que se relaciona con la génesis. ‖ *s.* Genetista.

genetista *s. com.* Persona especialista en genética.

genial *adj.* Que es característico de un genio. ‖ Extraordinario, fuera de lo común. ‖ *fam.* Muy bueno.

genialidad *s. f.* Inteligencia excepcional de una persona que le permite inventar, crear, y lo hace

sobresalir sobre los demás. ‖ Rareza con la que se conduce una persona para llamar la atención.

genio *s. m.* Carácter de una persona. ‖ Persona muy inteligente y creativa. ‖ Inteligencia extraordinaria y creativa. ‖ Personaje en cuentos y leyendas que tiene poderes mágicos.

genital *adj.* Que sirve para la reproducción.

genitales *s. m. pl.* Órganos sexuales externos, tanto masculinos como femeninos.

genitourinario, ria *adj.* Que se relaciona con los órganos y las vías genitales y urinarias.

genocidio *s. m.* Exterminio sistemático de una población por motivos políticos, económicos, raciales.

genoma *s. m.* Conjunto de cromosomas de una célula. ‖ Por extensión, conjunto de cromosomas de una especie.

genotipo *s. m.* Conjunto de genes que posee un individuo.

gente *s. f.* Conjunto de personas. ‖ Grupo de personas de una misma clase social. ‖ Familia. ‖ Personas subordinadas a un jefe.

gentil *adj.* y *s. com.* En religión, para los judíos o cristianos, el que no es judío ni cristiano. ‖ Amable, cortés, agradable.

gentileza *s. f.* Cualidad que describe la manera de actuar de una persona amable, cortés, agradable. ‖ Regalo que ofrecen algunos establecimientos comerciales y hoteles a sus clientes.

gentilicio *s. m.* Que se refiere a las personas o a las naciones. ‖ Que se refiere al linaje.

gentío *s. m.* Gran cantidad de gente reunida en un lugar.

gentuza *s. f. desp.* Gente de baja estofa.

genuflexión *s. f.* Movimiento que implica flexionar las rodillas, en algunos casos hasta hincarse, para demostrar respeto a alguien de la nobleza o para rezar.

genuino, na *adj.* Que es auténtico. ‖ Característico. *«Los Beatles» son genuinos representantes de la década de 1960.*

geocéntrico, ca *adj.* Que se refiere al centro de la Tierra. ‖ Que considera que la Tierra es el centro del universo.

geodesia *s. f.* Ciencia que estudia las dimensiones de la Tierra.

geoestacionario, ria *adj.* Relativo a los satélites artificiales que, ubicados sobre el ecuador, describen una órbita alrededor de la Tierra, sincronizados a su rotación.

geofísica *s. f.* Estudio de la Tierra desde la óptica de la física.

geofísico, ca *adj.* Que se relaciona con la geofísica. ‖ *s.* Persona que se especializa en geofísica.

geografía *s. f.* Ciencia que estudia tanto los aspectos físicos de la Tierra como las poblaciones que la habitan. ‖ Conjunto de características físicas y humanas de un territorio. ‖ Territorio.

geográfico, ca *adj.* Que se relaciona con la geografía.

geógrafo, fa *s.* Persona que se dedica a estudiar los diferentes aspectos de la superficie de la Tierra.

geología *s. f.* Ciencia que estudia características, formación, estructura, etc., de la Tierra.

geológico, ca *adj.* Que se relaciona con la geología.

geólogo, ga *s.* Persona especializada en geología.

geómetra *s. com.* Persona especializada en geometría.

geometría *s. f.* En matemáticas, rama que estudia espacios, líneas, puntos, superficies, ángulos, figuras, y la manera de medirlos.

geométrico, ca *adj.* Que se relaciona con la geometría.

geoplano *s. m.* Lámina cuadrada de madera o plástico con clavos o postes en los que se colocan cordeles o bandas elásticas para estudiar superficies geométricas.

geopolítica *s. f.* Rama de la geografía que relaciona la historia de un pueblo con las características del espacio geográfico que ocupa.

geoquímica *s. f.* Ciencia que combina la geografía y la química para analizar los elementos que componen la Tierra.

georgiano, na *adj. y s.* Originario de Georgia, país ubicado entre Europa y Asia.

geosfera *s. f.* Parte de la Tierra en la que se da la vida.

geranio *s. m.* Planta ornamental que se cultiva por los colores vivos de sus flores.

gerencia *s. f.* Puesto de gerente. ‖ Tarea propia del gerente. ‖ Oficina del gerente. ‖ Duración del puesto de gerente.

gerente, ta *s.* Persona que dirige y administra una empresa.

geriatra *s. com.* Médico especializado en geriatría.

geriatría *s. f.* En medicina, rama que estudia y trata las enfermedades de la vejez.

germánico, ca *adj.* Que se relaciona con los germanos. ‖ Que se relaciona con Alemania. ‖ Que se relaciona con la lengua indoeuropea que dio origen al anglosajón, al frisón, al alemán.

germanio *s. m.* Elemento químico, metal semiconductor muy raro, que está presente en los residuos de la metalurgia del cinc y en las cenizas de algunos carbones; de color gris, brillante y frágil, se usa para dar dureza al aluminio y para fabricar transistores y detectores de radiación; su número atómico es 32 y su símbolo Ge.

germano, na *adj. y s.* Natural de Germania, antigua región del centro de Europa, o relativo a ella. ‖ De un pueblo indoeuropeo que en el primer milenio a. C. emigró de Escandinavia meridional hacia la zona comprendida entre los ríos Vístula y Rin. ‖ Alemán.

germen *s. m.* Estado rudimentario del que deriva toda forma de vida. ‖ Primer tallo que brota de una semilla. ‖ Origen o causa de alguna cosa. ‖ En medicina, cualquier microorganismo patógeno, es decir, que causa enfermedades.

germicida *adj. y s. m.* Sustancia que sirve para matar gérmenes.

germinación *s. f.* Inicio del desarrollo del germen contenido en una semilla.

germinado, da *adj.* Se dice de un grano que tiene un brote tierno.

germinar *intr.* Desarrollarse el germen de una semilla o de una planta. ‖ *fig.* Comenzar a desarrollarse algo.

gerontología *s. f.* Estudio integral de la vejez y los fenómenos del envejecimiento.

gerontólogo, ga *s.* Especialista en gerontología.

gerundio *s. m.* Forma no personal de un verbo en español que realiza funciones adjetivas o adverbiales.

gesta *s. f.* Conjunto de hazañas memorables de un personaje o un pueblo.

gestación *s. f.* Proceso de desarrollo del embrión de una hembra vivípara. ‖ Tiempo que dura dicho proceso. ‖ Embarazo de la mujer. ‖ *fig.* Periodo durante el cual se prepara o elabora algo.

gestar *t.* Estar una hembra en periodo de gestación. ‖ *t. y pr.* Preparar o desarrollar una obra, o irse conformando un hecho.

gesticulador, ra *adj.* Que gesticula, que hace gestos.

gesticular *intr.* Hacer gestos, sobre todo de manera repetitiva y exagerada.

gestión *s. f.* Acción y efecto de gestionar, tramitar asuntos. ‖ Administración de un funcionario y tiempo que dura.

gestionar *t.* Llevar a cabo diligencias o trámites para obtener algo o resolver un asunto. ‖ Administrar una empresa o institución.

gesto *s. m.* Expresión del rostro que refleja determinado estado de ánimo. ‖ Movimiento corporal con el que se expresa algo. ‖ Acción que demuestra un sentimiento, sobre todo generosidad o amabilidad. *Fue un buen gesto de su parte donar cobijas a los damnificados.*

gestor, ra *adj. y s.* Persona que gestiona. ‖ Persona cuyo oficio es gestionar para realizar trámites y resolver asuntos de otras en las oficinas públicas.

gestoría *s. f.* Actividad y oficina del gestor.

giba *s. f.* Joroba, protuberancia en el tórax o la columna vertebral.

gibón *s. m.* Simio de brazos muy largos, pelaje largo y voz potente que habita en las selvas tropicales y subtropicales de la India y Malasia.

gigabait o **gigabyte** *s. m.* En informática, unidad de almacenamiento de datos que equivale a mil millones de bytes, o 1 024 megabytes.

gigante, ta *s.* Ser fabuloso, de enorme estatura y gran fuerza, que aparece en numerosas leyendas y cuentos. ‖ Persona cuya estatura es muy superior a la que se considera normal. ‖ Animal o planta cuyo tamaño es mucho mayor que el de otros de su especie. ‖ Gigantón, figura de gran tamaño elaborada con cartón y madera que se utiliza en algunos festejos populares.

gigantesco, ca *adj.* Muy grande, enorme. ‖ Perteneciente o relativo a los gigantes. ‖ *fig.* Que es muy sobresaliente en su línea o que resulta excesivo.

gigantismo *s. m.* Desarrollo excesivo del cuerpo o de alguna de sus partes. ‖ Excesivo desarrollo de alguna cosa.

gigoló *s. m.* Hombre joven que se hace amante de una mujer madura y rica para que ésta lo mantenga y sufrague sus gastos.

gilipollas *adj. y s. com. Esp.* Persona tonta o estúpida.

gimnasia *s. f.* Conjunto de ejercicios físicos para desarrollar y mantener el cuerpo fuerte y ágil. ‖ Conjunto de ejercicios para desarrollar alguna facultad intelectual.

gimnasio *s. m.* Establecimiento especializado con instalaciones para la práctica de disciplinas de gimnasia y otros ejercicios físicos. ‖ En Alemania, Suiza y otros países, centro de enseñanza media. ‖ En la antigua Grecia, tipo de edificio público que en un principio fue dedicado a la práctica de ejercicios físicos y luego fue centro de actividades intelectuales.

gimnasta *s. com.* Persona que practica la gimnasia como deporte.

gimnospermo, ma *adj. y s.* Relativo a una subdivisión de plantas fanerógamas arbóreas cuya semilla se presenta en frutos abiertos. *Las coníferas, como los pinos y cipreses, son gimnospermas.* ‖ *s. f. pl.* Subdivisión a la que pertenecen estas plantas.

gimotear *intr. fam.* Quejarse, llorar o gemir sin causa justificada. ‖ Hacer gestos de llanto, pero sin llegar a llorar.

ginebra *s. f.* Aguardiente elaborado a base de cebada malteada y cereales fermentados, que se aromatiza con bayas de enebro.

gineceo *s. m.* En la antigüedad griega, lugar de las casas que estaba reservado a las mujeres. ‖ En botánica, verticilo de las flores que está formado por los pistilos.

ginecología *s. f.* Rama de la medicina que estudia y trata las enfermedades propias de la mujer.

ginecólogo, ga *s.* Médico especializado en ginecología.

gingival *adj.* Perteneciente o relativo a las encías.

gingivitis *s. f.* Inflamación de las encías.

ginseng *s. m.* Hierba de flores amarillas, cuya raíz se usa para hacer tónicos.

gira *s. f.* Serie de actuaciones que un grupo artístico, o un artista, realiza por diferentes poblaciones. ‖ Excursión o viaje que realiza un grupo de personas por varios lugares, para volver al punto de partida.

girar *intr.* Realizar algo un movimiento circular alrededor de su eje o de un punto determinado. ‖ Variar o desviar su dirección una persona o cosa. ‖ *fig.* Versar una conversación, un trato o negocio, en torno a un tema determinado. ‖ *t.* Expedir un documento de pago, como un cheque o una letra de cambio. ‖ Enviar una cantidad de dinero a través del correo o del telégrafo.

girasol *s. m.* Planta herbácea de tallo vertical, con flores grandes y amarillas, cuyo centro oscuro está lleno de semillas comestibles de las cuales se extrae aceite. ‖ Flor de esta planta. ‖ Variedad de ópalo lechoso con matices azulados.

giratorio, ria *adj.* Que gira o puede girar.

giro *s. m.* Acción y efecto de girar. ‖ Movimiento circular. ‖ Dirección, matiz o aspecto que toma una conversación o un asunto. ‖ Manera particular en que se ordenan las palabras para formar una frase o expresar un concepto. ‖ Transferencia de dinero mediante una letra o un documento postal o telegráfico, y ese mismo documento.

giroscopio *s. m.* Aparato consistente en un rotor que hace girar un disco; puede ser desplazado de cualquier forma sin que se modifique su eje de rotación.

gis *s. m. Méx.* Tiza.

gitano, na *adj. y s.* Perteneciente a un pueblo nómada procedente de la India que en diferentes épocas se estableció en el norte de África, Europa, América y Australia. ‖ *fig.* Gracioso, simpático, que sabe ganarse la voluntad de otros. ‖ *fig. desp.* Que actúa engañando a los demás. ‖ *s. m.* Romaní.

glaciación *s. f.* Cada una de las etapas de intenso frío, permanente disminución de la temperatura y expansión de los hielos que, en diferentes épocas geológicas, se han presentado en grandes extensiones de la superficie de la Tierra.

glacial *adj.* Muy frío, helado. ‖ Que hace helar o helarse. ‖ *fig.* Impasible, indiferente, que demuestra frialdad en el trato. ‖ En química, sustancia o compuesto que cristaliza o puede cristalizar en formas que tienen aspecto de hielo.

glaciar *s. m.* Gran acumulación de nieve transformada en hielo que cubre vastas zonas en las regiones polares o avanza de manera lenta y continua. ‖ *adj.* Perteneciente o relativo a los glaciares.

gladiador *s. m.* Hombre que, en el circo romano, combatía con espada contra otros hombres o contra animales.

gladiolo o **gladíolo** *s. m.* Planta herbácea de tallos gruesos, raíces bulbosas, hojas alargadas y estrechas y flores vistosas dispuestas en forma de grandes espigas.

glamoroso, sa *adj.* Que tiene glamour.

glamour *s. m.* Atractivo, encanto sensual y sofisticado de una persona, sobre todo si está relacionada con el espectáculo o la moda.

glande *s. m.* Extremidad abultada del pene donde se encuentra el orificio de la uretra.

glándula *s. f.* Órgano del cuerpo que produce secreciones que contribuyen a que se realicen diversas funciones. ‖ Órgano de los vegetales que secreta sustancias que producen diversos efectos, por ejemplo, el aroma de las flores.

glandular *adj.* Perteneciente o relativo a las glándulas.

glaseado, da *adj.* Lustroso, brillante.

glasear *t.* Hacer que quede brillante la tela, el papel u otra superficie. ‖ Recubrir un producto de repostería con una mezcla de azúcar, clara de huevo y jugo de limón, o con almíbar.

glaucoma *s. m.* Enfermedad ocular que se caracteriza por el aumento de la presión interna del ojo; produce dolor agudo y, si no se atiende, puede provocar ceguera.

gleba *s. f.* Porción de tierra que se levanta al arar. ‖ Tierra de cultivo. ‖ Históricamente, terreno al que se hallaban adscritos determinados colonos y, posteriormente, los siervos.

glicérido *s. m.* Lípido resultante de la esterificación de la glicerina por los ácidos grasos.

glicerina *s. f.* Alcohol triple líquido, incoloro y de consistencia viscosa que se extrae de las grasas al saponificarlas.

glifo *s. m.* Canal vertical poco profundo en sección angular. ‖ En arquitectura, acanaladura en forma de cruz, por lo general vertical, que decora un elemento arquitectónico. ‖ Signo grabado, pintado o escrito que expresa una palabra o idea gráficamente.

global *adj.* Que hace referencia a todos los elementos de un conjunto, total. ‖ Relativo a todo el planeta, mundial.

globalización *s. f.* Acción y efecto de globalizar. ‖ Proceso por el cual se internacionalizan y se hacen interdependientes la política, la economía, el comercio y las relaciones financieras entre países.

globalizar *t. e intr.* Reunir diferentes elementos en un conjunto, o plantear algo de manera global. ‖ Realizar acciones tendientes a la internacionalización e interdependencia de factores políticos, económicos y sociales.

globo *s. m.* Espacio limitado por una superficie curva, esfera. ‖ El mundo, el planeta Tierra. ‖ Bolsa de material elástico que, al llenarse de gas o aire, forma un cuerpo semiesférico o de otra forma. ‖ Pieza esferoidal de vidrio o algún otro material que cubre una luz para hacerla más tenue y difusa. ‖ Vehículo aeronáutico formado por una bolsa de material impermeable que se llena con un gas más ligero que el aire para que pueda volar, y lleva una canastilla para transportar pasajeros.

glóbulo *s. m.* Cuerpo muy pequeño de forma esférica. ‖ Elemento que se halla en suspensión en diversos líquidos orgánicos, particularmente en la sangre. ‖ *loc. Glóbulo blanco:* leucocito. ‖ *Glóbulo rojo:* hematíe.

gloria *s. f.* Fama que se consigue por haber realizado algo meritorio, celebridad. ‖ Acción, persona o cosa que proporciona esa fama. ‖ Persona o cosa que produce orgullo. ‖ Cosa muy placentera. ‖ En la religión católica, el paraíso, lugar al que van las almas de los justos y que pueblan los ángeles y los bienaventurados. ‖ *m.* Canto litúrgico de alabanza.

glorieta *s. f.* Espacio de convivencia, generalmente de forma redonda y cercado por árboles o plantas trepadoras, que suele haber en los jardines. ‖ Plazoleta en un jardín donde suele haber un cenador. ‖ Plaza de forma circular a la que confluyen varias calles.

glorificar *t.* Conferir alguna acción la gloria a alguien. *Su hazaña lo glorificó.* ‖ Alabar a una persona o cosa para ensalzarla. ‖ *pr.* Vanagloriarse, preciarse en extremo de algo.

glorioso, sa *adj.* Que es digno de fama y gloria. ‖ Perteneciente o relativo a la bienaventuranza celestial.

glosa *s. f.* Comentario o explicación que se hace de un texto de difícil comprensión, en particular los que se escriben en el mismo texto. ‖ Composición poética que explica o desarrolla, en formas estróficas no fijas, los versos que forman el texto o letra. ‖ En música, variación que ejecuta el intérprete sobre unas mismas notas, pero sin sujetarse estrictamente a ellas.

glosar *t.* Hacer glosas o añadirlas a un texto. ‖ Comentar algo para explicarlo.

glosario *s. m.* Lista de palabras de un texto, con su explicación, que lo acompañan para que se comprenda mejor. ‖ Conjunto de glosas.

glotis *s. f.* Orificio de la laringe que rodean las dos cuerdas vocales inferiores.

glotón *s. m.* Mamífero carnívoro y carroñero del norte de Europa y de América, semejante a la marta.

glotón, tona *adj.* Se dice de quien come en exceso y con gran avidez.

glotonería *s. f.* Acción de comer vorazmente y en exceso. ‖ Cualidad de glotón.

glucemia o **glicemia** *s. f.* Índice de la presencia de glucosa en la sangre.

glúcido *s. m.* Sustancia orgánica que desempeña funciones energéticas en el organismo.

glucógeno *s. m.* Glúcido complejo que se almacena como reserva de glucosa en el hígado y los músculos.

glucosa *s. f.* Glúcido de sabor dulce que se encuentra en las frutas y entra en la composición de casi todos los demás glúcidos.

glutamato *s. m.* Sal o éster del ácido glutámico que se utiliza como aditivo en numerosos alimentos procesados.

glúteo, a *adj.* Perteneciente o relativo a la nalga. ‖ *s. m.* En anatomía, cada uno de los tres músculos que forman la nalga y que son mayor, mediano y menor.

glutinoso, sa *adj.* Pegajoso, que puede pegar una cosa con otra.

gnomo o **nomo** *s. m.* Ser fantástico que, según los mitos y leyendas de diversos países, vive bajo la tierra y salvaguarda las riquezas minerales. ‖ Ser fantástico de los cuentos infantiles que tiene aspecto de un enano barbado.

gnoseología o **noseología** *s. f.* Parte de la filosofía que se dedica a estudiar el conocimiento.

gobernación *s. f.* Acción y efecto de gobernar. ‖ Ejercicio del gobierno. ‖ En la época de la colonia española en América, demarcación administrativa dentro de un virreinato o capitanía general.

gobernador, ra *adj. y s.* Que gobierna. ‖ Funcionario encargado del gobierno de una entidad federativa, estado o provincia dentro de un país. ‖ Funcionario que dirige la administración de una colonia y representa a la metrópoli. ‖ Director de ciertas instituciones públicas.

gobernante *s. com.* Persona que gobierna un país, o que forma parte de un gobierno.

gobernar *t. intr. y pr.* Tener el mando y administración de un territorio o colectividad. ‖ *t. y pr.* Dirigir, conducir o guiar algo. ‖ *intr.* En marina, obedecer una embarcación al timón. ‖ *pr.* Manejarse, administrarse. ‖ Actuar o comportarse de acuerdo con una guía o norma.

gobierno *s. m.* Acción y efecto de gobernar, administrar o dirigir. ‖ Constitución política de un país. *Ese gobierno es una república democrática.* ‖ Conjunto de instituciones, organismos y personas que, en un Estado, ejercen el poder. ‖ Edificio en que reside un gobernador o las oficinas de un gobierno.

goce *s. m.* Acción y efecto de gozar, deleite.

godo, da *adj. y s.* De un pueblo originario de Escandinavia que se estableció en el siglo I a. C. en el bajo Vístula, Germania. ‖ *Amér. Merid. desp.* Mote dado a los españoles durante las guerras de independencia.

gofio *s. m.* Harina gruesa de maíz, cebada o trigo tostado.

gol *s. m.* En deportes de equipo como el futbol, introducción de la pelota en la portería del adversario. ‖ Tanto que se consigue al meter la pelota en la portería del contrario.

goleta *s. f.* Embarcación ligera y pequeña, generalmente tiene dos palos.

golf *s. m.* Deporte consistente en introducir una pequeña pelota en dieciocho hoyos que se encuentran distribuidos en un campo muy extendido, con ayuda de unos palos y dando el menor número posible de golpes.

golfear *intr.* Vivir en la vagancia.

golfista *s. com.* Persona que practica el golf.

golfo *s. m.* Parte extensa de mar que entra en la tierra y está situada entre dos cabos.

golfo, fa *adj. y s.* Vagabundo, holgazán. ‖ Persona inescrupulosa y desvergonzada. ‖ *f.* Prostituta.

gollete *s. m.* Parte por donde la garganta se une a la cabeza. ‖ Cuello estrecho de las botellas y otros recipientes.

golondrina *s. f.* Ave paseriforme migratoria de lomo negro, vientre blanco y cola bifurcada; se alimenta de insectos que caza al vuelo, con el pico muy abierto.

golondrino *s. m. fam.* Inflamación dolorosa de las glándulas sudoríparas de la axila. ‖ Polluelo de la golondrina.

golosina *s. f.* Alimento que se come para dar gusto al paladar, más que para nutrirse. ‖ *fig.* Cosa apetecible o agradable, pero de poca utilidad.

goloso, sa *adj.* y *s.* Muy aficionado a comer golosinas. ‖ Que siente afición o deseo por algo. ‖ *adj.* Apetitoso, que se antoja.

golpe *s. m.* Encuentro brusco y violento de un cuerpo en movimiento contra otro. ‖ Desgracia repentina o infortunio que afecta de manera grave. ‖ Abundancia de una cosa o de personas. *Un golpe de agua inundó el rancho.* ‖ Latido del corazón. ‖ *fig.* Asalto, robo, sobre todo si el botín es cuantioso. ‖ Ocurrencia oportuna y graciosa. ‖ En ciertos juegos, como el billar, jugada. ‖ Tipo de pestillo que se encaja al cerrar la puerta con fuerza. ‖ *Méx.* Instrumento parecido a un mazo. ‖ *loc. De golpe:* repentinamente. ‖ *De golpe y porrazo:* de manera precipitada, sin reflexionar la acción. ‖ *De un (solo) golpe:* en una sola acción, de una vez. ‖ *Golpe de Estado:* acción rápida y violenta por la que fuerzas militares o grupos opositores se apoderan del gobierno de un país. ‖ *Golpe de suerte:* suceso favorable que ocurre de manera inesperada y cambia la situación de alguien.

golpeador, ra *adj.* y *s.* Referido a la persona que pega a los otros.

golpear *t.* Dar un golpe, o golpes repetidos.

golpeteo *s. m.* Acción y efecto de golpetear.

golpista *adj.* y *s. com.* Perteneciente o relativo al golpismo. ‖ Persona que apoya un golpe de Estado o participa en él.

golpiza *s. f. Amér.* Tunda, zurra, paliza.

goma *s. f.* Banda o tira elástica. ‖ Caucho. ‖ En botánica, sustancia viscosa que exudan ciertos árboles. ‖ En medicina, lesión nodular de origen infeccioso que se presenta en la sífilis y la tuberculosis cutánea. ‖ *loc. Goma de mascar:* chicle.

gomero *adj. Amér. Merid.* Se dice del árbol que produce goma.

gónada *s. f.* Glándula sexual que secreta hormonas y produce gametos.

góndola *s. f.* Embarcación típica veneciana; es larga y plana y se impulsa con un solo remo. ‖ Mueble largo con estanterías para exhibir las mercancías en los supermercados.

gondolero *s. m.* Remero cuyo oficio es gobernar una góndola.

gong *s. m.* Instrumento de percusión consistente en un disco metálico suspendido de un soporte que, al ser golpeado, vibra y produce un sonido característico.

gonococo *s. m.* Bacteria patógena que causa la gonorrea o blenorragia.

gonorrea *s. f.* Infección de transmisión sexual que se caracteriza por secreciones purulentas en los órganos genitales, inflamación de la pelvis y molestias al orinar.

gordo, da *adj.* Persona o animal que tiene una cantidad excesiva de grasa corporal. ‖ Que es más grueso o voluminoso que otros de su clase. ‖ Mantecoso, craso, pingüe. ‖ *fig.* Importante, considerable o de gravedad. *Por andar de indiscreto se*

metió en un lío gordo. ‖ *s. m.* Porción de grasa que se halla adherida a un corte de carne. ‖ *fig.* Premio mayor de un sorteo de la lotería.

gordolobo *s. m.* Planta herbácea con tallos cubiertos de borra cenicienta y flores amarillentas y algodonosas; tradicionalmente se le ha dado uso medicinal para afecciones bronquiales.

gordura *s. f.* Abundancia de grasa en el cuerpo de personas o animales. ‖ Cualidad de gordo. ‖ Tejido adiposo que se deposita alrededor de las vísceras.

gorgojo *s. m.* Insecto coleóptero de cuerpo ovalado color marrón oscuro y cabeza rematada por una probóscide curva.

gorgorear *intr.* Hacer, cuando se está cantando, quiebros de la voz en la garganta.

gorgorito *s. m.* Quiebro de tono agudo que se hace con la voz al cantar.

gorgoteante *adj.* Que gorgotea.

gorila *s. m.* Simio antropoide del África ecuatorial, de cuerpo fornido y pelaje negro o pardo oscuro; se alimenta de plantas y frutas y suele ser apacible, aunque si se le provoca muestra ferocidad.

gorjear *intr.* Hacer los pájaros o las personas quiebros con la voz en la garganta. ‖ *Amér.* Hacer burla de alguien.

gorjeo *s. m.* Canto o voz de algunos pájaros, emitida en sonidos cortos, agudos y repetidos. ‖ Quiebro de la voz que se hace en la garganta, gorgorito. ‖ Balbuceo, articulación imperfecta de un niño que comienza a hablar.

gorra *s. f.* Prenda en forma de media esfera, sin alas ni copa y con visera, para cubrir la cabeza. ‖ Gorro. ‖ *loc. fam. De gorra:* gratis o a costa ajena. ‖ *loc. Gorra de plato:* gorra militar con visera cuya parte superior es plana y más ancha que la cabeza de quien la porta.

gorrear *t.* Vivir sin pagar los gastos propios, procurando que otros los paguen.

gorrino, na *s.* Cerdo pequeño que no llega a los cuatro meses de edad. ‖ *adj.* y *s. fig.* Persona desaseada, o que tiene mal comportamiento social.

gorrión, rriona *s.* Pequeña ave paseriforme de plumaje pardo con manchas negras y rojizas; su pico es corto, cónico y fuerte.

gorro *s. m.* Prenda redonda sin visera ni ala para abrigar la cabeza. ‖ Prenda infantil, por lo general tejida o de tela, para abrigar la cabeza; suele anudarse bajo la barbilla con cintas.

gorrón, rrona *adj.* y *s.* Persona abusiva que se invita sola o se hace invitar a una fiesta, o que no paga lo que consume o utiliza dejando que otros lo hagan por ella.

gota *s. f.* Porción muy pequeña y de forma esférica de cualquier líquido. ‖ Cantidad pequeña de alguna cosa. ‖ En medicina, enfermedad provocada por el aumento del ácido úrico, que se caracteriza por inflamación muy dolorosa y enrojecimiento de las articulaciones, en particular del dedo gordo del pie.

goteado, da *adj.* Manchado con gotas.

gotear *intr.* Caer un líquido gota a gota. ‖ *fig.* Dar, o recibir, alguna cosa en pequeñas cantidades muy espaciadas. ‖ *impers.* Comenzar a llover con gotas espaciadas.

gotera *s. f.* Filtración continua de agua a través de un techo o pared. ‖ Grieta o sitio por donde se filtra esa agua. ‖ Mancha que deja la filtración de agua. ‖ *fig.* Enfermedad o achaque habitual.

gotero *s. m. Amér.* Cuentagotas, utensilio para verter líquidos gota a gota.

gótico, ca *adj.* Perteneciente o relativo a los godos. ‖ *s. m.* Perteneciente o relativo al arte europeo que sucedió al románico y floreció entre el siglo XII y el Renacimiento. ‖ En lingüística, se dice de la lengua en que, a mediados del siglo IV, empleó el obispo Ulfilas para traducir la Biblia y hacerla accesible a una comunidad cristiana germánica. ‖ *s. f.* Tipo de letra con rasgos rectos y angulosos, que en Europa se utilizó en la copia de libros manuscritos entre los siglos XII y XV.

gourmet *s. com.* Persona que, por sus conocimientos de gastronomía, sabe apreciar la buena comida y los buenos vinos.

gozar *t. intr. y pr.* Sentir gozo o placer. ‖ Tener una persona una relación sexual con otra. ‖ Poseer algo ventajoso, útil o agradable, y disfrutar de ello.

gozne *s. m.* Bisagra compuesta de dos piezas metálicas articuladas, cuyo movimiento permite que las puertas se abran y cierren.

gozo *s. m.* Placer, alegría y bienestar ocasionados por algo satisfactorio o apetecible.

gozoso, sa *adj.* Que siente gozo o que lo produce.

grabación *s. f.* Acción y efecto de grabar imágenes o sonidos. ‖ Imagen o sonido que ha sido grabado.

grabado *s. m.* Arte de grabar y procedimiento para realizarlo. ‖ Imagen fija o figura obtenida después de haberla grabado sobre metal, madera u otro soporte, del cual se transferirá al papel.

grabador, ra *adj.* Que graba. ‖ *s.* Persona cuyo oficio es hacer grabados. ‖ *m. Arg., Bol. y Ven.* Grabadora, aparato para grabar y reproducir sonido.

grabar *t. y pr.* Hacer incisiones o rayados en una superficie para labrar en ella, en hueco o en relieve, inscripciones, dibujos o figuras. ‖ Fijar o fijarse en la mente un recuerdo, un sentimiento o un concepto. ‖ Registrar sonidos o imágenes en un disco fonográfico, una cinta magnética u otro soporte electrónico para reproducirlos posteriormente. ‖ En informática, registrar información en un soporte magnético, como un disco compacto o una cinta.

gracia *s. f.* Conjunto de cualidades o cualidad particular que hacen que quien las posee resulte agradable a los demás. ‖ Cualidad para hacer reír y divertir. ‖ Dicho o acción divertido o que provoca hilaridad. ‖ Atractivo que posee alguien o algo, independientemente de su aspecto. ‖ Arte o habilidad para realizar algo. ‖ Beneficio que se concede de manera gratuita. ‖ Disposición protectora, amistosa o afable de alguien hacia otra persona. ‖ Perdón que la autoridad concede a un condenado, indulto. ‖ *irón.* Dicho o acción molesto o incómodo. ‖ En lenguaje muy afectado, se usa para referirse al nombre de la persona. ‖ En la religión católica, don o ayuda que Dios concede a las personas para que logren salvarse.

gracias *interj.* Se usa para expresar agradecimiento.

grácil *adj.* Delicado, ligero, menudo o sutil. ‖ Esbelto, delgado.

gracioso, sa *adj.* Que tiene gracia. ‖ Que se da gratis, de balde. ‖ *s. m.* Personaje cómico de los dramas del Siglo de Oro español. ‖ Actor o actriz de teatro que representa papeles cómicos.

grada *s. f.* Peldaño de una escalera, sobre todo la que conduce a un altar o trono. ‖ Asiento corrido

a manera de escalón, como los de los estadios. ‖ Conjunto de dichos asientos en los estadios, teatros al aire libre y otros sitios públicos. ‖ En marina, plano inclinado a la orilla de un mar o río donde se construyen o reparan los buques. ‖ *pl.* Conjunto de escalones que suelen tener en la entrada principal los edificios grandes y majestuosos.

gradación *s. f.* Serie de cosas ordenadas de manera gradual. ‖ En música, progresión, sea ascendente o descendente, de periodos armónicos relacionados entre sí. ‖ En pintura, paso imperceptible de una tonalidad a otra. ‖ En retórica, figura de dicción consistente en la repetición de palabras.

gradería *s. f.* Conjunto o serie de gradas.

gradiente *s. m.* Tasa de variación de un elemento meteorológico en función de la distancia. ‖ En biología, variación progresivamente decreciente a partir de un punto máximo, de la concentración de una sustancia o de una propiedad fisiológica en un biotopo, un organismo o una célula. ‖ *s. f. Chil., Ecua., Nic. y Per.* Declive o pendiente.

grado *s. m.* Cada uno de los diversos estados, calidades o valores, de mayor a menor, que algo puede tener. ‖ Cada una de las divisiones que tiene la escala de un aparato de medición. ‖ Puesto o escalón dentro de una organización jerárquica, como el ejército. ‖ Nivel de estudios. ‖ Serie de estudios que conducen a la titulación de alguien. ‖ Cada uno de los títulos que se obtienen al superar los diferentes niveles en que se divide la enseñanza media o superior. ‖ En derecho, cada una de las generaciones que marcan el parentesco entre personas, o cada una de las diferentes instancias que puede tener un pleito. ‖ En geometría, cada una de las 360 (si es grado sexagesimal) o 400 (grado centesimal) partes iguales en que puede dividirse una circunferencia o un círculo, y que se emplean como unidad de medida de ángulos y arcos de circunferencia. ‖ En gramática, modo de significar la intensidad relativa de los adjetivos y adverbios. *Grado superlativo.* ‖ En música, cada uno de los sonidos de la escala musical. ‖ En petroquímica, calidad de un aceite lubricante. ‖ *loc. Grado Celsius, centígrado o centesimal:* unidad de medida de temperatura que corresponde a una división del termómetro centesimal; su símbolo es °C. ‖ *Grado Farenheit:* unidad de medida de temperatura que equivale a la ciento ochentava parte de la diferencia entre la temperatura de fusión del hielo (0 °C son 32 °F) y la temperatura de ebullición del agua a la presión atmosférica (100 °C son 212 °F).

graduación *s. f.* Acción y efecto de graduar. ‖ Control y medición del grado que corresponde a la intensidad, densidad, temperatura u otra constante de algo. ‖ Cantidad proporcional de alcohol que contiene una bebida espirituosa. ‖ Jerarquía de un militar. ‖ Obtención de un grado académico y ceremonia con que esto se festeja.

graduado, da *adj.* Que está dividido en grados. ‖ *s.* Se dice de la persona que ha alcanzado un título o grado académico, en particular universitario.

gradual *adj.* Que se presenta por grados, o que va de grado en grado. ‖ *s. m.* En la liturgia católica, versículos que durante la misa se recitan o cantan entre la epístola y el evangelio.

G

graduar *t.* Dar a algo el grado, temperatura, calidad o intensidad que le corresponde. ‖ Medir la calidad o el grado de algo. ‖ Señalar los grados en que algo se divide. ‖ Dividir una cosa y ordenarla según una serie de grados o estados correlativos. ‖ *pr.* Obtener un grado o título académico.

grafía *s. f.* Signo, o conjunto de signos, con que se representa por escrito un sonido del lenguaje hablado.

gráfica *s. f.* Representación de datos numéricos por medio de líneas, barras o figuras.

gráfico, ca *adj.* Perteneciente o relativo a la escritura. ‖ Que representa algo por medio del dibujo o imágenes. ‖ *fig.* Dicho de un modo de hablar, que expone las cosas muy claramente, como si estuvieran dibujadas. ‖ *s.* Conjunto de las operaciones, descripciones y demostraciones que se representan por medio de signos o figuras.

grafismo *s. m.* Manera en que se hace un trazo o se dibuja. ‖ Arte de proyectar y realizar, en su aspecto material, ediciones como libros, folletos o carteles.

grafito *s. m.* Forma alotrópica del carbono, de color negro con brillo metálico, que cristaliza en el sistema hexagonal.

grafología *s. f.* Estudio de la personalidad de los individuos mediante la interpretación de los rasgos de su escritura.

grafólogo, ga *s.* Especialista en grafología.

gragea *s. f.* Confite muy menudo de forma esférica. ‖ Presentación de un medicamento que consiste en una pequeña pastilla redondeada cubierta por una capa de sabor dulce.

grajo *s. m.* Ave paseriforme de unos 45 cm de longitud, parecida a un cuervo, con plumaje negro reluciente; su pico y patas son de color claro. ‖ *Cub.* Planta mirtácea de hojas ovaladas y olor fétido, que proporciona madera muy dura de color rojizo.

grama *s. f.* Planta gramínea muy común, que da flores en espigas filiformes que salen en grupos de tres o cinco en la punta de sus tallos.

gramática *s. f.* Estudio, descripción y aplicación de las estructuras morfológicas, sintácticas y fonéticas de una lengua. ‖ Libro en el cual se enseña metódicamente dicho estudio. ‖ En informática, descripción de las reglas que hacen posible generar, a partir de un vocabulario terminal (conjunto de símbolos), las cadenas o series ordenadas de símbolos que conforman las frases autorizadas en el lenguaje correspondiente.

gramatical *adj.* Perteneciente o relativo a la gramática. ‖ Que se ajusta a las reglas de la gramática.

gramático, ca *s.* Especialista en gramática. ‖ *adj.* Gramatical.

gramíneo, a *adj.* y *s. f.* Relativo a una familia de plantas monocotiledóneas de tallo herbáceo que tienen flores poco vistosas distribuidas en espiga y frutos harinosos en forma de grano.

gramo *s. m.* Unidad de masa del sistema cegesimal; equivale a la masa de 1 cm³ de agua pura a 4 °C y su símbolo es «g». ‖ Cantidad de alguna materia cuya masa es 1 g.

gran *adj.* Apócope de «grande»; es invariable y se usa antepuesto a un sustantivo en singular.

grana *s. f.* Excrecencia que la hembra del quermés deposita sobre los arbustos de coscoja, la cual, exprimida, da un tinte rojo. ‖ Color rojo, o grana, obtenido

de dicha excrecencia. ‖ Cochinilla parásita del nopal que produce un tinte de color carmín, y dicho tinte.

granada *s. f.* Fruto del granado; su cáscara es amarilla o roja y en su interior, protegidos por membranas blancas y amargas, hay muchos granos rojos o rosados llenos de jugo agridulce. ‖ En lenguaje militar, proyectil explosivo ligero que puede ser lanzado con la mano, con un fusil o con un mortero.

granadero *s. m.* Soldado que se encarga de lanzar granadas al enemigo.

granadina *s. f.* Jarabe muy dulce de jugo de granada con el cual se elaboran refrescos y cocteles.

granadino *s. m.* Los granadinos son de un color rojo brillante, incluso en el cáliz.

granado *s. m.* Árbol originario de los países mediterráneos, que mide de 5 a 8 m de altura y da vistosas flores rojas, cuyo fruto es la granada.

granate *s. m.* Silicato doble de metales como el hierro o el aluminio que cristaliza en forma de dodecaedro o trapezoedro y se halla en rocas metamórficas; es color rojo oscuro o púrpura, aunque también hay amarillos, anaranjados y casi negros. ‖ *adj.* y *s.* Color rojo oscuro. ‖ Que es de ese color.

grande *adj.* Que es de mayor tamaño que las otras cosas normales de su misma clase. ‖ *fam.* Persona adulta. ‖ Muy intenso y notorio en sus manifestaciones. ‖ *fig.* Noble, de moral elevada. ‖ *fig.* Dicho de alguien, importante, singular, famoso por sus méritos. ‖ *fig.* y *fam. irón.* Que resulta ilógico o contradictorio. ‖ Epíteto que se añade a algunos títulos nobiliarios. *Los grandes duques.* ‖ *s. m.* Prócer, persona de indiscutible jerarquía. ‖ *loc. A lo grande:* con mucho lujo o boato. ‖ *En grande:* muy bien o en cantidad abundante. ‖ *Grande de España:* título que, dentro de la nobleza española, representa la jerarquía superior.

grandeza *s. f.* Cualidad de lo grande. ‖ Magnitud, extensión, en particular la de gran tamaño. ‖ Poderío, majestad. ‖ Nobleza, humanismo, espíritu elevado. ‖ Dignidad de grande de España y conjunto de los nobles que la ostentan.

grandilocuencia *s. m.* Elocuencia muy rica y elevada, que recurre a cultismos y figuras rebuscadas buscando convencer o impresionar.

grandioso, sa *adj.* Que causa asombro y admiración por su gran tamaño, su majestuosidad o alguna otra de sus cualidades.

graneado, da *adj.* Que está salpicado de pequeñas motas o pintas. ‖ *s. m.* Acción y efecto de reducir a grano algún material. ‖ Acción y efecto de hacer ligeramente rugosa la superficie de algo para darle textura o facilitar un trabajo ulterior.

granel *loc. A granel:* Modo de venta de productos sin empacarlos o envasarlos. ‖ Producto que se vende o compra de ese modo. ‖ De manera abundante.

granero *s. m.* Lugar o construcción donde se almacena el grano. ‖ *fig.* Región muy fértil que produce grandes cantidades de grano y abastece a otras.

granito *s. m.* Roca ígnea plutónica constituida principalmente por cuarzo, feldespato y mica; forma la mayor parte de la corteza continental.

granívoro, ra *adj.* y *s.* Animal que se alimenta de granos.

granizada *s. f.* Tormenta de granizo. ‖ *fig.* Gran cantidad de cosas que caen o fluyen de manera continua.

granizar *intr.* Llover granizo. ‖ *intr.* y *t. fig.* Caer algo, o arrojarlo, de manera intensa y continua.

granizo *s. m.* Agua congelada en forma de granos, que se precipita de las nubes violentamente. ‖ Granizada.

granja *s. f.* Finca rural cercada que consta de una casa y áreas para los animales. ‖ Establecimiento rural para la cría de aves, peces, conejos o ganado.

granjero, ra *s.* Dueño de una granja. ‖ Encargado del mantenimiento de las tierras y animales de una granja.

grano *s. m.* Semilla y fruto de los cereales. ‖ Semilla pequeña de diversas plantas, como el café, la mostaza o el anís. ‖ Baya de pequeño tamaño. ‖ Porción muy pequeña de algo. ‖ Bulto pequeño y rojizo que aparece en la piel, por lo general con un punto de pus en el centro. ‖ Rugosidad, textura desigual en la superficie de una piedra, o de la cerámica, cuero, tela y otros materiales. ‖ En fotografía, partícula que forma la emulsión. ‖ *pl.* Cereales.

granuja *s. com.* Pilluelo, golfo. ‖ Persona que, para atender su propio provecho, se dedica a cometer fraudes, timar y engañar a otros.

granulado, da *adj.* Que forma granos o tiene granulaciones.

granuladora *s. f.* Máquina para triturar piedra.

granular[1] *adj.* Que está compuesto por pequeños granos.

granular[2] *t.* Reducir algo a granos muy pequeños o gránulos. ‖ *pr.* Cubrirse la piel de granos.

gránulo *s. f.* Grano pequeño de alguna materia. ‖ Elemento efímero y brillante, de forma poligonal irregular, que puede observarse en la fotosfera solar. ‖ En farmacia, píldora pequeña y azucarada que contiene una dosis ínfima de alguna sustancia muy activa.

grapa *s. f.* Pequeña pieza de metal que, al doblarse por los extremos, sirve para sujetar papeles, telas o tejidos orgánicos.

grapadora *s. f.* Aparato que sirve para colocar grapas.

grapar *t.* Colocar grapas mediante el aparato adecuado.

grasa *s. f.* Sustancia orgánica, sólida a temperatura ambiente, compuesta por ácidos grasos y glicerina; presente en numerosos tejidos tanto de vegetales como de animales. ‖ Manteca, unto o sebo de los animales. ‖ Lubricante inorgánico derivado de los hidrocarburos.

grasiento, ta *adj.* Untado o cubierto y chorreante de grasa.

graso, sa *adj.* Pingüe, mantecoso. ‖ Adiposo. ‖ Que tiene naturaleza untuosa. ‖ Que exuda o secreta grasa en exceso.

grasoso, sa *adj.* Que tiene mucha grasa o está impregnado de ella.

gratificación *s. f.* Acción y efecto de gratificar. ‖ Recompensa pecuniaria por un servicio eventual. ‖ Cantidad en dinero o en especie que se otorga al trabajador al final del año. ‖ Propina. ‖ Goce o placer.

gratificante *adj.* Que proporciona satisfacción física o espiritual.

gratificar *t.* Recompensar o galardonar con una suma pecuniaria. ‖ Dar gusto, complacer, satisfacer.

gratinado, da *adj.* Tostado en el horno.

gratinador *s. m.* Mecanismo del horno que está en la parte superior de éste y sirve para gratinar.

gratinar *t. def.* Poner al horno un platillo previamente cubierto de una preparación de crema y queso rallado con la finalidad de que éste se derrita y forme una costra suave sobre el guiso.

gratis *adv.* Sin costo, de balde.

gratitud *s. f.* Sentimiento que nos impulsa a reconocer el beneficio que se nos ha hecho y a compensarlo de alguna manera.

grato, ta *adj.* Agradable, gustoso, placentero.

gratuidad *s. f.* Condición o cualidad de gratuito.

gratuito, ta *adj.* De balde, gratis, de gracia. ‖ Arbitrario, sin fundamento. *Odio gratuito, esperanza gratuita.*

grava *s. f.* Conjunto de piedras pequeñas que se usan para cubrir y alisar los caminos o para preparar mortero o mezcla de construcción.

gravamen *s. m.* Impuesto, carga fiscal.

gravar *t.* Cargar o pesar sobre algo o alguien. ‖ Imponer un gravamen.

grave *adj.* Que tiene peso, porque es atraído por la gravitación. ‖ Importante, relevante o muy grande. ‖ Se dice de la enfermedad muy delicada o de quien la padece. ‖ Serio, circunspecto, que causa mucho respeto. ‖ Arduo, difícil, complicado. ‖ Molesto, enojoso. ‖ En acústica, sonido con vibraciones de baja frecuencia. ‖ Se aplica a la palabra cuyo acento recae en la penúltima sílaba.

gravedad *s. f.* Compostura y circunspección de la persona. ‖ Importancia o gran tamaño de las cosas, asuntos o negocios. ‖ Agudeza de una enfermedad o padecimiento. ‖ Cualidad de grave en un sonido. ‖ En física, fuerza de atracción que hacia su centro ejerce la Tierra sobre todos los cuerpos. ‖ Atracción de los cuerpos en razón de su masa.

grávido, da *adj.* Que pesa, que tiene peso. ‖ Embarazada o preñada. ‖ En poesía, cargado, pleno, abundante.

gravitación *s. f.* Acción y efecto de gravitar. ‖ Atracción recíproca que se ejerce entre los cuerpos, siendo más notoria la producida entre los celestes.

gravitacional *adj.* Gravitatorio.

gravitante *adj.* Que gravita.

gravitar *intr.* Moverse un cuerpo alrededor de otro por la atracción gravitatoria. ‖ Reposar un cuerpo sobre otro o apoyarse en él. ‖ Recaer sobre alguien o algo un peso, carga o responsabilidad.

gravoso, sa *adj.* Se dice de lo que es molesto o pesado. ‖ Que ocasiona mucho gasto.

graznar *intr.* Emitir su voz algunas aves. ‖ Hablar con aspereza, fuerza e irritación alguna persona.

graznido *s. m.* Grito de algunas aves como el cuervo, la urraca, el ganso, el grajo. ‖ Canto desigual y como gritando que molesta al oído y en cierta forma imita la voz del ganso.

greca *s. f.* Franja con motivos simétricos y repetidos, con ángulos rectos, que se usa como decoración a imitación de la que se usaba en los vestidos, capas, frisos y cerámica del pueblo griego.

greco, ca *adj.* Perteneciente o relativo a Grecia.

grecolatino, na *adj.* Perteneciente o relativo a griegos y latinos simultáneamente. ‖ Que está escrito en griego y en latín, o que se refiere a ambos idiomas.

grecorromano, na *adj.* Grecolatino.

gregario, ria *adj.* Se dice de los animales que viven en grupo o en manada. ‖ Se dice de quien vive con otros sin distinción, como el soldado o el monje.

‖ Se dice de la persona que sigue ciegamente las opiniones, ideas u órdenes de otra u otras.

gregarismo s. m. Cualidad o condición de gregario. ‖ Tendencia de ciertas especies animales a vivir en grupos. ‖ Actitud del que sigue las propuestas, ideas o iniciativas de otros.

gremial adj. Perteneciente o relativo al gremio.

gremialismo s. m. Doctrina que propugna la formación de gremios y el predominio de éstos en el gobierno y la vida social.

gremio s. m. Corporación formada por los maestros, oficiales y aprendices de un mismo oficio. ‖ Conjunto de personas que tienen una misma actividad profesional o laboral.

greña s. f. Cabellera desordenada y mal compuesta. ‖ loc. Andar a la greña: andar de pleito, pelear.

greñudo, da adj. y s. Que trae greñas, y anda con el pelo largo, revuelto y sin peinar.

gres s. m. Mezcla de arcilla figulina y arena cuarzosa que en alfarería se emplea para fabricar objetos que, cocidos en hornos de alta temperatura, resultan resistentes, impermeables y refractarios.

gresca s. f. Bulla, ruido, algazara. ‖ Pelea, riña, bronca.

grey s. f. Rebaño de ovejas o de cabras, es decir, de ganado menor. ‖ Conjunto de fieles cristianos agrupados en el gobierno de uno de sus legítimos pastores. ‖ Grupo de individuos que comparten una característica natural o cultural.

griego, ga adj. y s. Nativo de Grecia. ‖ Perteneciente o relativo a esta nación del sur de Europa. ‖ Referente a la lengua hablada en Grecia desde la antigüedad.

grieta s. f. Hendidura alargada que se hace en el suelo, las paredes de edificaciones y en cualquier cuerpo sólido frangible. ‖ Abertura alargada y de forma irregular que se forma en la piel de cualquier parte del cuerpo o las mucosas, por causas diversas como hongos, alergias, frío, etc. ‖ Dificultad o desacuerdo que separa y rompe la unidad de un grupo, institución o comunidad.

grifo s. m. Animal mitológico, con la mitad superior del cuerpo de águila y la inferior de león. ‖ Llave de metal que se pone en las bocas de las cañerías o tuberías para controlar el flujo del agua o de otros líquidos.

grifo, fa adj. y s. De cabello muy crespo, rizado o enmarañado. ‖ Dicho de una persona, de pelo ensortijado, que revela ascendencia negra. ‖ Amér. C. y Méx. Intoxicado con mariguana o marihuana. ‖ Cub. Se dice de las aves volátiles domésticas con plumaje encrespado.

grillete s. m. Arco metálico con una perforación en cada extremo; en uno, se fija una cadena, en el otro una persona con la chaveta para cerrarla; se colocaba en los tobillos de los presos y los cautivos, para impedirles huir e incluso para sujetarlos a la pared de la cárcel. ‖ En los buques antiguos, cada uno de los tramos de cadena de unos 25 cm que, unidos unos a otros mediante el sistema de argolla y perno, sujetaban el ancla.

grillo s. m. Insecto ortóptero de cuerpo alargado (difiere de color según la variedad), alas rectas que pliega contra el dorso cuando no está volando, cabeza redonda, ojos grandes, quijadas espaciosas. En temporada de apareamiento, el macho estridula, es decir, frota los élitros y las patas produciendo un sonido continuo y monótono para atraer a las hembras.

gringo, ga adj. s. fam. Amér. Estadounidense. ‖ Extranjero, especialmente de habla inglesa.

gripa s. f. Col. y Méx. Gripe.

gripal adj. Perteneciente o relativo a la gripe o gripa.

gripe s. f. Enfermedad viral contagiosa aguda, acompañada de fiebre, catarro, malestar general y que tiende a presentarse como epidemia.

gris adj. y s. Se dice del color resultante de la mezcla de blanco y negro. ‖ Que carece de atractivo, originalidad o relevancia. ‖ Dicho del día o del cielo, nublado.

grisáceo, a adj. De color parecido al gris o que tira a éste.

grisalla s. f. En artes plásticas, pintura realizada con diferentes tonos de gris, blanco y negro para representar los volúmenes, generalmente imitando relieves escultóricos o molduras arquitectónicas.

grisú s. m. Gas metano emanado de la hulla que al mezclarse con el aire dentro de la mina se hace explosivo.

gritar intr. y t. Alzar la voz más de lo ordinario. ‖ Dar un grito o varios. ‖ Reprender u ordenar algo a gritos.

griterío o **gritería** s. Armar escándalo con voces fuertes y alteradas.

grito s. m. Voz muy fuerte y elevada. ‖ Expresión proferida de este modo. ‖ Manifestación exaltada de un sentimiento general. ‖ Crujido de los hielos polares al resquebrajarse. ‖ loc. Estar en un grito: quejarse en voz muy alta por causa de un dolor agudo y continuo. ‖ Pedir a gritos algo: necesitarlo mucho y demandarlo con vehemencia. ‖ Poner el grito en el cielo: quejarse o escandalizarse mucho de algo.

gritón, tona adj. y s. Que grita mucho y con frecuencia.

groenlandés, desa adj. y s. Originario de Groenlandia, isla del norte de América, posesión danesa.

grosella s. f. Fruto del grosellero, baya carnosa de color rojo, blanco o negro, jugosa y de sabor agridulce.

grosería s. f. Falta de respeto y de cortesía. ‖ Rudeza, falta de finura, tosquedad en las labores manuales. ‖ Ignorancia, falta de educación y urbanidad. ‖ Méx. Mala palabra.

grosor s. m. Grueso de un cuerpo.

grosso modo loc. adv. A grandes rasgos, sin entrar en detalles; aproximadamente, más o menos.

grotesco, ca adj. Ridículo, estrafalario, extravagante. ‖ Irregular, burdo y de mal gusto. ‖ Referente a la gruta artificial o propio de ella. ‖ En artes plásticas, adorno caprichoso con figuras que mezclan follajes, monstruos hechos de varias partes animales, sabandijas y figuras fantásticas.

grúa s. f. Máquina compuesta de una estructura montada en un eje vertical giratorio y con una o más poleas, dotada cuando menos una de un gancho, que sirve para levantar objetos pesados y moverlos de lugar. ‖ Vehículo dotado en su parte trasera de una grúa para remolcar automóviles u otras cosas. ‖ Máquina militar que antiguamente se empleaba para atacar fortificaciones amuralladas. ‖ En cine y televisión, soporte que lleva una plataforma sobre la que se colocan la cámara y el asiento del operador.

gruesa s. f. Conjunto de doce docenas.

grueso s. m. La tercera dimensión de los sólidos. ‖ Espesor de un cuerpo. ‖ Parte principal, central y más fuerte de algo.

grueso, sa adj. y s. Corpulento, que hace mucho bulto. ‖ Fuerte, duro, resistente.

grulla *s. f.* Ave zancuda migratoria, de hasta 30 cm de altura, con pico cónico y largo, cuello esbelto y negro, cabeza con algunos pelos rojizos, plumaje general de color gris.

grumete *s. m.* Joven que aprende el oficio de marinero ayudando a la tripulación en las faenas.

grumo *s. m.* Porción de una sustancia que se coagula o cuaja.

grumoso, sa *adj.* Que tiene grumos.

gruñido *s. m.* Voz del cerdo y otros suidos, como el jabalí. ‖ Especie de ladrido ronco del perro y otros cánidos cuando amenazan. ‖ Sonido grave e inarticulado que emite una persona en señal de enojo o descontento.

gruñir *intr.* Emitir gruñidos. ‖ Murmurar entre dientes como demostración de disgusto y desacuerdo. ‖ Crujir o chirriar las cosas.

gruñón, ñona *adj. y s.* Que gruñe con frecuencia. ‖ Malhumorado, hosco.

grupa *s. f.* Ancas de caballo, asno o mula.

grupo *s. m.* Colección de seres que forma un conjunto, material o intelectual. ‖ En artes plásticas, diversas figuras pintadas o esculpidas formando una escena. ‖ En matemáticas, conjunto dotado de una operación asociativa, con un elemento neutro y el resto relacionados de tal modo que para cada uno haya otro simétrico. ‖ En química, conjunto de elementos de propiedades semejantes y que en la tabla periódica se hallan dispuestos en una misma columna. ‖ Conjunto de alumnos del mismo grado que toman clases en la misma aula.

gruta *s. f.* Caverna natural o artificial. ‖ Estancia subterránea artificial que imita el aspecto de una cueva natural.

guabirá *s. m. Amér. Merid.* Árbol de tronco robusto, recto y ramificado a bastante altura del suelo, con hojas ovaladas; produce unas bayas amarillas de pulpa dulce y agradable.

guabiyú *s. m. Arg., Py. y Uy.* Árbol de unos 10 m de altura, que produce flores blanquecinas y bayas de color morado comestibles.

guaca *s. f. Bol. y Per.* Sepultura de las culturas prehispánicas preincaicas, en las que además de la momia o el fardo funerario suelen hallarse cerámica y joyas. ‖ *Amér. C. y Ants.* Por extensión, tesoro enterrado u oculto. ‖ Hoyo donde se guardan frutas verdes para que maduren. ‖ Alcancía, hucha. ‖ Dinero ahorrado que se guarda escondido en casa. ‖ Escondite.

guacal *s. m. Amér. C. y Méx.* Huacal. ‖ Árbol de frutos grandes y redondos, de cáscara leñosa; una vez extraída la pulpa comestible, las cáscaras se emplean como recipientes. ‖ Recipiente hecho de esta manera.

guacamayo o **guacamaya** *s. m. Amér.* Ave de la América tropical, con pico grande y curvo, garras prensiles y alimentación granívora y frugívora; su plumaje es muy colorido.

guacamole *s. m. Amér. C. y Méx.* Salsa espesa que se prepara a base de aguacates molidos o picados, cebolla, tomate (jitomate), cebolla y chile verde, sazonados con sal y limón o aceite.

guachinango *s. m. Cub. y Méx.* Pez comestible de lomo y aletas rojizas, el resto blanco o rosado.

guacho, cha *adj. Amér.* Se dice de la cría que ha perdido a la madre. ‖ Huérfano. ‖ No reconocido por el padre, tratándose de hijos naturales.

guaco *s. m. Amér.* Planta trepadora de la familia de las compuestas, de tallos múltiples y ramosos, hojas grandes, anchas y acorazonadas, flores blancas con forma de campanilla y fuerte olor nauseabundo; es un bejuco de la zona intertropical considerado medicinal. ‖ Ave nocturna que forma colonias en terrenos palustres; tiene el pico negro y las patas amarillas, su plumaje es blancuzco con el dorso negro. ‖ Ave falconiforme de cuerpo negro y vientre blanco.

guadaña *s. f.* Implemento agrícola que consta de una hoja metálica, afilada y curva, rematada en punta por un extremo y por el otro sujeta a un mango largo; se usa para segar cereales.

guagua¹ *s. f. Ants.* Cosa menuda y sin importancia. ‖ Autobús.

guagua² *s. Chil.* Niño pequeño.

guaicurú *adj. y s. com.* Se dice de los miembros de un complejo étnico que incluía a pueblos como los abipones, mocovíes y los tobas, los cuales habitaban el Chaco y la zona irrigada por los ríos Paraguay y Paraná antes de la conquista española; actualmente subsisten alrededor del río Pilcomayo. ‖ Perteneciente o relativo a estos indígenas suramericanos. ‖ Se dice del individuo indígena que no ha entrado en contacto con la civilización derivada de la europea.

guaje *s. m. Amér. C. y Méx.* Planta cuyos frutos amarillentos de cáscara coriácea, que se cortan, vacían y secan para usarse como vasijas. ‖ Fruto de dicha planta y recipiente que se hace con él. ‖ Bobo, tonto.

guajiro, ra¹ *adj. s. Cub.* Campesino, persona que vive y trabaja en el campo. ‖ Rústico, inculto, ignorante.

guajiro, ra² *adj. y s. Col. y Ven.* Nativo de La Guajira. ‖ Perteneciente o relativo a ese departamento de Colombia. ‖ Se dice del indígena oriundo de La Guajira, península al noroeste de Venezuela. ‖ Se dice de la lengua de estos indígenas.

guajolote *s. m.* Ave gallinácea originaria de América del Norte, con plumaje pardo, café rojizo o grisáceo, con la cabeza cubierta por una piel entre roja y azul, verrugosa, que remata en una carnosidad que cuelga sobre el pico. ‖ *fig. y fam.* Persona tonta o bobalicona.

gualdrapa *s. f.* Cubierta larga de lana o de seda que cubre y adorna las ancas del caballo o de la mula.

guamazo *s. m. Méx.* Golpe, especialmente el dado o recibido en una riña a mano limpia.

guanábana *s. f. Amér.* Fruto enorme del guanábano, de cáscara verde y escamosa, pulpa blanca, jugosa, aromática y dulce, y numerosas semillas ovaladas y negras con un reborde marfileño.

guanábano *s. m. Amér.* Árbol de origen antillano, de la familia de las anonáceas, con tronco recto y corteza de color gris oscuro, copa frondosa de hojas lanceoladas, lustrosas de color verde intenso por el haz y blanquecinas por el envés, flores grandes de coloración blanca amarillenta y fruto comestible de forma acorazonada.

guanaco *s. m. Amér.* Camélido andino, rumiante, de unos 130 cm de altura hasta la cruz, con cabeza pequeña de largas orejas puntiagudas, cuello largo, erguido, cuerpo esbelto y patas largas, todo cubierto de una espesa lana; es una especie silvestre.

guango, ga adj. Méx. Holgado, flojo.

guano s. m. Amér. Materia excrementicia de las aves, depositada mayormente en las islas costaneras, que por su riqueza en nitratos y fosfatos se usa como abono.

guantazo s. m. fam. Manotazo, bofetada.

guante s. m. Prenda para cubrir la mano, con una funda para cada dedo; se confecciona en diversos materiales flexibles y elásticos. || Protección acojinada para cada puño del pugilista. || Manopla, protección especial para la mano del receptor en beisbol.

guantear t. Amér. Dar guantadas.

guantelete s. m. Pieza de la antigua armadura metálica del caballero, con que se protegía la mano.

guantera s. f. En los vehículos automotores, caja donde se guardan los guantes y otros objetos, generalmente empotrada a un lado del tablero.

guantero, ra adj. y s. Que hace guantes. || Persona que teje o vende guantes.

guapetón, tona adj. y s. Muy bien parecido, atractivo. || Atrevido, osado, valentón.

guapo, pa adj. y s. Bien parecido, gallardo. || Animoso, valiente. || Ostentoso y galano en el modo de vestir y presentarse.

guaracha s. f. Ants. Baile afroantillano por parejas. || Música o canción con que se acompaña este baile.

guaraná s. f. Amér. Arbusto con tallos muy largos, flores blancas y fruto capsular trilocular, cada lóbulo con una semilla del tamaño de un chícharo o guisante, que se usa para preparar una bebida refrescante. || Pasta hecha con semillas tostadas de esta planta, cacao y tapioca.

guaraní adj. y s. com. Se dice del individuo de una etnia que ocupaba desde el Amazonas hasta el Río de la Plata. || Perteneciente o relativo a este pueblo. || Lengua indígena hablada actualmente en Paraguay y regiones colindantes.

guarapo s. f. Amér. Jugo de la caña dulce, que por evaporación produce el azúcar. || Bebida fermentada, y por tanto alcohólica, hecha a base de ese jugo.

guarda s. com. Persona que tiene a su cargo la seguridad y conservación de algo. || Cada una de las dos hojas de papel blanco que ponen los encuadernadores al principio y al final del libro. || Tutela. || Acción y efecto de guardar o conservar algo.

guardabarros s. m. Cada una de las piezas de la carrocería de un vehículo automotor que van sobre las ruedas y evitan las salpicaduras.

guardabosque o **guardabosques** s. com. Persona dedicada a la vigilancia y cuidado de las áreas forestales, en especial de las reservadas para la conservación de la vida silvestre.

guardacostas s. com. Barco rápido destinado a la vigilancia de las costas y la persecución del contrabando. || Buque acorazado para la defensa costera.

guardaespaldas s. com. Persona que tiene a su cargo la seguridad personal de alguien.

guardagujas s. com. Empleado que tiene el encargo de manejar los cambios de vía de los ferrocarriles.

guardapolvo s. m. Protección generalmente hecha de tela, plástico o materiales semejantes, que sirve para impedir la acumulación del polvo sobre diferentes objetos. || Bata de tela que se usa sobre el traje o vestido para preservarlo de polvo y manchas.

guardar t. Tener cuidado de algo, vigilarlo, defenderlo. || Poner algo donde esté seguro. || Observar o cumplir aquello a lo que se está obligado. || Mantener, observar. || Preservar algo del daño que puede sobrevenirle. Guardar la inocencia. || pr. Precaverse de un riesgo.

guardarropa s. m. Habitación o armario grande donde depositan sus prendas de abrigo quienes asisten a lugares públicos. || Conjunto de prendas de vestir de una persona. || Armario o clóset donde se guarda la ropa. || En castillos y mansiones, gran habitación donde se custodiaban las ropas y demás efectos de los propietarios.

guardavía s. m. Trabajador ferrocarrilero encargado de vigilar un tramo de vía férrea.

guardería s. f. Ocupación y oficio del guarda. || loc. Guardería infantil: lugar donde se cuida y atiende a niños de corta edad.

guardia s. f. Acción y efecto de guardar. || Conjunto de militares o gente de armas que asegura la defensa de un lugar. || En algunas profesiones, servicio que se presta fuera del horario normal de labores. || En boxeo y esgrima, postura de los brazos para defenderse del ataque del contrario.

guardián, diana s. Persona que vigila y custodia algo. || En la orden religiosa de san Francisco, prelado ordinario de cada convento. || En la marina de guerra, oficial o contramaestre subalterno especialmente encargado de embarcaciones menores, así como de cables y amarras.

guarecer t. Acoger a alguien, para protegerlo de la intemperie o de peligros y persecuciones. || Poner en seguro algo. || pr. Ponerse a salvo, refugiarse de alguna molestia, daño o peligro.

guarida s. f. Cueva o hueco en la espesura donde se guarecen los animales. || Refugio donde uno se ampara. || Lugar que se frecuenta y en que regularmente se encuentra con alguien.

guarismo s. m. Cada uno de los signos arábigos empleados para expresar una cantidad. || Expresión de cantidad compuesta de dos o más cifras.

guarnecer t. Poner guarnición a algo. || Adornar, revestir, poner colgaduras a algo. || Equipar, proveer, dotar. || En arquitectura, poner el revoque, aplanado o acabado a las paredes.

guarnición s. f. Adorno que se pone en las prendas de vestir, colgaduras y objetos. || Porción de verduras, legumbres, hortalizas, etc., que acompaña en el plato a la carne o al pescado. || Engaste de metal fino (oro, plata, platino) en que se ponen las piedras preciosas. || Defensa y adorno que se pone en las armas blancas junto al puño. || Tropa que protege y defiende una ciudad, pueblo, fortificación o buque de guerra.

guaro s. m. Amér. C. Aguardiente de caña.

guasa s. f. Burla, chanza, broma. || loc. Estar de guasa: hablar en broma, andar de muy buen humor.

guasca s. f. Amér. Trozo de correa o de soga que se usa como rienda o como látigo. || Hierba aromática de la familia de las compuestas que se emplea para perfumar el ajiaco.

guasón, sona adj. y s. Bromista, burlón.

guata s. f. Algodón en rama en forma de lámina, generalmente engomada por ambas caras, que se utiliza para acolchonar o rellenar.

guatemalteco, ca adj. Natural de Guatemala. || Perteneciente o relativo a este país de América Central o a su capital.

guayaba *s. f.* Fruto del guayabo, en forma ovalada, con una carne blanca o amarilla de sabor dulce y llena de semillas pequeñas.

guayabate *s. m.* Dulce de conserva de guayaba.

guayabera *s. f.* Camisa de hombre de tela ligera adornada con alforzas verticales, y, a veces, con bordados; tiene bolsillos en la pechera y en los faldones, y se lleva por fuera del pantalón.

guayabo *s. m.* Árbol de la América tropical, de unos 5 m de altura, con tronco torcido y ramoso, hojas ovaladas verde oscuro cuyo fruto es la guayaba.

guayacán *s. m.* Árbol de América tropical de hasta 12 m de altura, con el tronco grande y ramoso, la corteza dura y pardusca, hojas elípticas y flores de color blanco azulado. ‖ Madera de este árbol, de color amarillo verdoso oscuro y gran dureza.

guayanés, nesa *adj.* Natural de Guayana. ‖ Perteneciente o relativo a este territorio de América del Sur.

guayule *s. m.* Arbusto del suroeste de Estados Unidos y México cuya savia se consideró una fuente potencial de caucho natural durante la Segunda Guerra Mundial.

gubernamental *adj.* Perteneciente o relativo al gobierno del Estado. ‖ Partidario del gobierno o que está a favor de él.

gubia *s. f.* Herramienta de carpintería similar al formón, con filo curvo que sirve para labrar superficies curvas.

guepardo *s. m.* Mamífero felino carnívoro, de cuerpo esbelto y largo, cabeza pequeña y pelaje manchado similar al del leopardo; es muy veloz; vive en sabanas y desiertos de África y Asia.

guerra *s. f.* Enfrentamiento armado entre dos o más naciones o entre bandos distintos de un mismo país. ‖ Pugna o enfrentamiento entre personas por desacuerdos. ‖ Pugna o enfrentamiento, aunque sea en sentido moral. *Los intelectuales están en guerra por la interpretación de la historia.* ‖ *loc. Guerra civil:* la que libran los habitantes de un mismo pueblo o nación. ‖ *Guerra sucia:* conjunto de acciones que se sitúan al margen de la ley y combaten a un determinado grupo social o político.

guerrear *intr.* Hacer la guerra, enfrentarse dos ejércitos o grupos armados. ‖ Resistir, rebatir o contradecir.

guerrera *s. f.* Chaqueta ajustada y abrochada hasta el cuello que forma parte de algunos uniformes militares.

guerrero, ra *adj.* Perteneciente o relativo a la guerra. ‖ *s.* Persona que combate en una guerra. ‖ Belicoso, que es inclinado a la guerra, a discutir o pelear. ‖ *adj.* Que es muy travieso, inquieto y molesta a los demás.

guerrilla *s. f.* Grupo de personas armadas que hacen la guerra de manera irregular, mediante ataques por sorpresa, emboscadas y tácticas similares.

guerrillero, ra *adj.* Perteneciente o relativo a la guerrilla. ‖ *s.* Miembro combatiente de una guerrilla.

gueto *s. m.* Barrio cerrado o aislado en que vivían o eran obligados a vivir los judíos. ‖ Situación de marginación y segregación de una comunidad por motivos religiosos, raciales, políticos o culturales. ‖ Barrio o parte de una ciudad en que vive esta comunidad. *Harlem es el gueto negro de la ciudad de Nueva York.*

guía *s. com.* Persona que enseña, conduce, dirige u orienta a otras. ‖ *s. m.* Soldado que sirve de referencia para alinear la tropa. ‖ Jinete que en los juegos y ejercicios conduce una cuadrilla. ‖ *s. f.* Cosa que ayuda a encontrar el camino para ir a un lugar. ‖ Libro donde se puede encontrar información para conocer un país, una ciudad o una zona geográfica. ‖ Libro donde se puede encontrar información acerca de un servicio. ‖ Escrito en que se dan preceptos o consejos, ya espirituales o abstractos, o puramente mecánicos para dirigir o hacer cosas. ‖ Documento en que se asientan los datos de un envío o un embarque y que llevan los transportistas. ‖ Carril o ranura de un mecanismo para que se deslice otra pieza del mismo mecanismo u otra cosa, impidiendo que se desvíe. ‖ Sarmiento o vara que se deja sin podar en las cepas y en los árboles. ‖ Tallo o rama principal de las coníferas y otros árboles que guía o dirige su crecimiento. ‖ Poste o pilar que se coloca de trecho en trecho, a los lados de un camino de montaña, para señalar su dirección.

guiar *t.* Mostrar o indicar el camino a seguir. ‖ Dirigir, aconsejar u orientar a una persona en una decisión o en su actitud o comportamiento. ‖ Conducir o manejar una máquina, en especial un automóvil. ‖ Dirigir el crecimiento de las plantas colocándoles guías. ‖ *pr.* Dejarse llevar o dirigir por una persona o una cosa que ayuda a orientarse.

guija *s. f.* Guijarro. ‖ Planta leguminosa de tallo ramoso y flores blancas o azules, originaria de España. ‖ Semilla de esta planta, comestible, de forma semejante a una muela.

guijarro *s. m.* Piedra pequeña, redondeada y lisa por erosión del agua.

guillotina *s. f.* Mecanismo consistente en una cuchilla muy afilada que cae deslizándose por un armazón de madera, que decapita al condenado a muerte que está arrodillado o tumbado ante ella. ‖ Instrumento para cortar papel, formado por una cuchilla vertical.

guillotinar *t.* Decapitar a una persona con una guillotina. ‖ Cortar papel con la guillotina.

guinda *s. f.* Fruto del guindo, similar a la cereza pero de sabor ácido, más redondo y de color rojo oscuro. ‖ *s. m. Bol., Méx. y Per.* Color rojo de tonalidad oscura, similar al de esta fruta.

guindo *s. m.* Árbol de la familia de las rosáceas, parecido al cerezo, de hojas ovaladas y dentadas, flores blancas y cuyo fruto es la guinda.

guineano, na *adj.* De Guinea Ecuatorial, Guinea Bissau o Guinea Conakry. ‖ Perteneciente o relativo a alguno de estos países de África.

guineo, a *adj.* De Guinea. ‖ *s. m.* Variedad de plátano pequeño, dulce y aromático. ‖ Música y baile de movimientos violentos y gestos cómicos.

guiñapo *s. m.* Trapo o prenda de vestir rota, sucia o estropeada. ‖ Persona que viste con harapos. ‖ Persona débil, enfermiza o muy decaída moralmente. ‖ *loc. adj. Hecho un guiñapo:* abatido física o moralmente. *Al salir del hospital no era más que un guiñapo.*

guiñar *t.* Cerrar y abrir un ojo dejando el otro abierto, generalmente a manera de señal. ‖ Cerrar un poco los ojos por efecto de la luz o por mala visión.

guiñol *s. m.* Representación teatral que se hace con títeres movidos con las manos.

guión *s. m.* Esquema escrito de un discurso o tema, que contiene los puntos más importantes que se quieren exponer o desarrollar. ‖ Texto que contiene los diálogos y anotaciones necesarios para la realización de una película cinematográfica o un programa de televisión. ‖ Signo de puntuación que consiste en una raya corta que se utiliza para separar dos partes de una palabra a final de un renglón, unir dos elementos de una palabra compuesta, etc. ‖ Ave delantera de las bandadas migratorias.

guionista *s. com.* Persona que escribe guiones de cine, radio o televisión.

güira *s. f.* Árbol tropical de hasta 5 m de altura, de tronco torcido y copa clara, hojas grandes, flores blanquecinas de mal olor y fruto globoso o alargado de diversos tamaños, según las subespecies. ‖ Fruto de este árbol, de pulpa blanca con semillas negras, de cuya corteza dura y blanquecina se hacen vasijas.

guirigay *s. m.* Griterío y confusión que resulta cuando varias personas hablan a la vez y sin orden. ‖ *fam.* Lenguaje incomprensible o difícil de entender.

guirnalda *s. f.* Corona abierta, tejida de flores, hierbas o ramas, con que se adorna la cabeza. ‖ Tira tejida de flores y ramas.

güiro *s. m.* Instrumento musical de percusión, consiste de una calabaza hueca de forma alargada y con estrías horizontales que se toca rascándolo con un palo pequeño, una varilla metálica o una baqueta. ‖ *Amér. C., Ants., Col.* y *Méx.* Planta que da por fruto una calabaza de corteza dura y amarilla cuando se seca.

guisado, da *s. m.* Guiso de carne o pescado en trozos, cocidos con una salsa. *Hice un guisado de res con papas.*

guisante *s. m. Esp.* Planta leguminosa de tallo trepador, flores blancas y fruto en vaina con semillas verdes dispuestas en hilera. ‖ Semilla comestible de esta planta, de forma redonda y color verde oscuro.

guisar *t.* Cocinar alimentos sometiéndolo a la acción del fuego. ‖ *fam.* Preparar u organizar una cosa de manera secreta.

guiso *s. m.* Comida que se prepara con carne o pescado en trozos, verduras, papas y otros ingredientes, y cocidos en salsa.

guita *s. m.* Cuerda delgada hecha con fibras de cáñamo. ‖ *fam.* Dinero contante.

guitarra *s. f.* Instrumento musical de cuerda formado por una caja de resonancia de madera de formas redondeadas con un agujero central, unida a un mástil que se divide en diferentes partes o trastes, con seis cuerdas que se pulsan con los dedos de una mano, mientras que los de la otra las pisan en el mástil. ‖ *s. com.* Persona que toca ese instrumento en un conjunto musical. ‖ Instrumento para quebrar y moler el yeso. ‖ *loc. Guitarra eléctrica:* la dotada de un sistema que transmite sus vibraciones a un amplificador electrónico.

guitarrero, ra *s.* Persona que toca la guitarra. ‖ Persona que hace o vende guitarras.

guitarrista *s. com.* Músico que toca la guitarra.

guitarrón *s. m.* Guitarra grande y con cuerdas más gruesas que las de la guitarra, que emite un sonido más grave.

gula *s. f.* Tendencia a comer y beber con desorden y en exceso, sin tener hambre.

gurí, risa *s. Arg.* y *Uy.* Niño o muchacho indígena o mestizo.

gurú *s. com.* Maestro, guía espiritual o jefe religioso en el hinduismo. ‖ Persona respetada y reconocida a quien se considera maestro o guía espiritual, o se le reconoce autoridad intelectual.

gusanera *s. f.* Sitio donde se crían gusanos.

gusano *s. m.* Nombre común que se utiliza para designar a diversos animales invertebrados de cuerpo blando, cilíndrico y alargado, que se mueven encogiendo y estirando el cuerpo. ‖ Larva de algunos insectos u oruga de las mariposas. ‖ *fam. desp.* Persona insignificante, vil o despreciable. ‖ *loc. Gusano de seda:* oruga de una especie de mariposa que teje el capullo con hilo de seda.

gustar *t.* Sentir y percibir el sabor de las cosas. ‖ Producir satisfacción, placer o una sensación agradable. ‖ *intr.* Atraer, agradar o parecer bien una persona. ‖ Sentir agrado o afición por una cosa.

gustativo, va *adj.* Perteneciente o relativo al sentido del gusto.

gustazo *s. m. fam.* Gusto grande, placer o satisfacción, que una persona se da excepcionalmente.

gustillo *s. m.* Dejo o saborcillo que dejan en el paladar algunas sustancias.

gusto *s. m.* Sentido corporal localizado en la lengua, mediante el cual se perciben y se reconocen los sabores. ‖ Sensación experimentada con ese sentido. ‖ Satisfacción, placer o deleite que produce una cosa. ‖ Voluntad propia, determinación o arbitrio. *Vino por su gusto.* ‖ Cosa que resulta un placer y se desea tener, aunque sea innecesaria. ‖ Manera o forma propia que tiene cada persona de apreciar una cosa. ‖ Facultad o capacidad de apreciar lo bello y lo que no lo es. ‖ Inclinación o interés que muestra una persona hacia una cosa que valora como buena o satisfactoria. ‖ Capricho, antojo. ‖ *loc. adv. A gusto:* cómodamente, que agrada. *Platicando contigo me siento a gusto.* ‖ *Al gusto:* se usa para indicar la manera de condimentar un alimento. *La receta dice: «poner sal al gusto».* ‖ *loc. Coger el gusto:* aficionarse a una cosa. *Le cogí el gusto a la lectura.* ‖ *Con mucho gusto:* expresión de cortesía para indicar que alguien accede a algo que se le pide. *Ahora te atiendo, con mucho gusto.* ‖ *Dar gusto:* producir satisfacción o admiración, una cosa. *Da gusto trabajar en este ambiente de camaradería.* ‖ Hacer aquello que agrada a una persona o complacerla. *Acepté ir a ver esa película sólo para darle gusto a ella.* ‖ *Despacharse a su gusto:* hacer o decir lo que le place. *Estuvo hablando de historia que se despachó a su gusto.* ‖ *Encontrarle gusto:* aficionarse a algo. *Le encontró gusto al golf.* ‖ *loc. adv. El gusto es mío:* expresión de cortesía con que se responde a una persona cuando se le presenta a otra. ‖ *Mucho gusto* o *tanto gusto:* expresión de cortesía con que se responde a una persona cuando se le presenta a otra.

gustoso, sa *adj.* Que hace algo con gusto o placer. ‖ Se aplica al alimento o la bebida que tiene buen sabor al paladar.

guyanés, nesa *adj.* y *s.* Originario de Guyana, país de América del Sur.

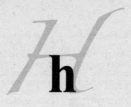

h *s. f.* Octava letra del abecedario español y séptima de sus consonantes; su nombre es «hache», no representa sonido alguno y solo tiene carácter ortográfico; suele aspirarse en la dicción de algunas zonas españolas y americanas y en determinadas voces de origen extranjero.

haba *s. f.* Planta herbácea leguminosa de flores blancas o rosadas con manchas negras y fruto en vaina de hasta 12 cm, con cinco o seis semillas de forma de riñón. ‖ Fruto y semilla comestible de esta planta. ‖ Semilla de ciertos frutos, como el café o el cacao. ‖ *loc. En todas partes se cuecen habas:* indica que cierta dificultad o inconveniente no es exclusivo de un lugar o persona, sino que afecta a todo el mundo.

habanero, ra *adj.* Perteneciente o relativo a esa capital. ‖ *s.* Natural de La Habana, capital de Cuba.

habano, na *adj. y s. m.* Se aplica al cigarro puro de Cuba. ‖ De color de tabaco claro.

haber[1] *aux.* Se usa para formar los tiempos compuestos e indica que la acción expresada por el verbo ha terminado. *Para cuando yo llegue tú ya habrás comido.* ‖ Seguido de la preposición «de» e infinitivo, tiene significado obligativo. *Habrás de estudiar lo que fuere necesario para aprobar esa materia.* ‖ Seguido de la conjunción «que» e «infinitivo», significa «ser necesario o conveniente» lo que expresa el infinitivo. *Habrá que ajustarse a lo que hay.* ‖ *intr. impers.* Existir o estar. *Hay comida hecha en la estufa.* ‖ Suceder, ocurrir algo. *Hubo un prolongado apagón y no terminé la tarea.* ‖ Verificarse, celebrarse o efectuarse algo. *Mañana habrá junta de padres de familia.* ‖ *loc. Haber de:* estar obligado a una cosa. *Todos hemos de ser vacunados.* ‖ *Haber que:* ser necesaria una cosa. *Habrá que tomar medidas drásticas.*

haber[2] *s. m.* Conjunto de bienes, dinero o cosas que posee una persona o una entidad. ‖ Cantidad que se devenga periódicamente por la realización de un trabajo o un servicio. ‖ Una de las dos partes en que se dividen las cuentas corrientes, la que corresponde a los ingresos que se acreditan o abonan al titular. *El debe no debe ser mayor que el haber.* ‖ Conjunto de méritos y cualidades positivas que se consideran en alguien o algo. *Ese investigador tiene en su haber varias patentes importantes.*

habichuela *s. f.* Planta herbácea leguminosa de tallo delgado y en espiral, hojas grandes, flores blancas o amarillas y fruto en vaina. ‖ Fruto y semilla comestible de esta planta.

hábil *adj.* Que es capaz y puede hacer una cosa fácilmente y bien. ‖ Que es apto legalmente para algo. ‖ Se aplica al periodo de tiempo en el que

una oficina o establecimiento se mantiene abierto al público.

habilidad *s. f.* Cualidad de hábil. ‖ Capacidad de una persona para hacer una cosa bien y fácilmente. ‖ Cada una de las cosas ejecutadas con gracia o destreza. *El artesano tiene gran habilidad para labrar la plata.*

habilidoso, sa *adj.* Se refiere a la persona que hace bien las cosas.

habilitado, da *s.* Persona que cobra cantidades gestionadas ante la administración pública y paga a los implicados en la actividad de que se trate. *El líder fue habilitado como intermediario para la obra.*

habilitar *t.* Adaptar o adecuar una cosa para que desempeñe una función que no es la que tiene por lo común. ‖ Otorgar capacidad legal a una persona para hacer una cosa. ‖ Conceder a la administración pública el capital necesario para la realización de un proyecto. ‖ Dar aptitud o posibilidad legal a las cosas. *El juez habilitó al testigo para comparecer en el juicio.*

habitable *adj.* Que puede habitarse por reunir las condiciones adecuadas para ello.

habitación *s. f.* Acción y efecto de habitar. ‖ Cualquier sitio habitado por personas o animales. ‖ Sitio donde se cría naturalmente una especie vegetal o animal. ‖ Parte del espacio de una casa o edificio separado de los demás por paredes y destinada a dormir, comer, etc.

habitacional *adj.* De la habitación o sitio en que habitan personas.

habitáculo *s. m.* Habitación, sitio destinado a ser habitado. ‖ Espacio destinado para los ocupantes de un vehículo.

habitante *s. com.* Persona o animal que habita en un lugar determinado y forma parte de la población de un barrio, ciudad, provincia, nación o colonia, manada, etc.

habitar *t.* Vivir, morar, ocupar habitualmente un lugar o casa. ‖ *intr.* Desarrollarse un ser vivo o un grupo de personas en un hábitat, clima o lugar determinado.

hábitat *s. m.* Medio físico o geográfico en el que vive naturalmente un organismo, especie o comunidad animal o vegetal.

hábito *s. m.* Costumbre o manera de actuar adquirida, que consiste en repetir con frecuencia una misma acción o el uso reiterado y regular de una cosa. ‖ Habilidad o destreza para hacer algo, que se adquiere con la práctica. ‖ Vestimenta de los miembros de una orden religiosa. ‖ Dependencia física o mental respecto de una sustancia. *Desde muy joven adquirió el hábito de fumar.* ‖ *loc. adv. El hábito no hace al monje:* refrán que enseña que, a menudo, las apariencias engañan y que el hecho de que una persona sea de una profesión no significa que tenga capacidad para ello.

habitual *adj.* Que se hace a menudo, por hábito, uso o costumbre. ‖ Asiduo, usual, se aplica a la persona que va a menudo a un establecimiento.

habituar *t.* y *pr.* Acostumbrar o hacer que alguien adquiera un hábito.

habla *s. f.* Facultad de hablar. *Pasado el susto, recobró el habla.* ‖ Acción de hablar. *Se puso al habla en el teléfono.* ‖ Manera peculiar o personal de hablar. *Tiene un habla muy pausada.* ‖ Realización específica o concreta de la lengua

por parte de los hablantes, por oposición a la lengua como sistema. ‖ Variedad lingüística restringida a una comarca, localidad o colectividad, que se caracteriza por ciertos rasgos distintivos dentro de otro sistema más extenso. ‖ Lengua o idioma que hablan los habitantes en un territorio determinado. ‖ *loc. Quedarse sin habla:* asombrarse o asustarse al grado de no poder hablar. *Fue tal la sorpresa de volver a verla que se quedó sin habla.* ‖ *Quitar el habla:* asombrarlo o asustarlo al grado que no pueda hablar. *Fue tan contundente su respuesta, que le quitó el habla.* ‖ Negar una persona el habla a otra.

hablador, ra *adj.* y *s.* Que habla demasiado. ‖ Que por imprudencia o indiscreción cuenta todo lo que ve y oye. ‖ *Méx.* Fanfarrón, mentiroso.

habladuría *s. f.* Chisme, rumor falso o sin fundamento que corre de voz en voz.

hablar *intr.* Emitir o articular palabras para comunicarse. ‖ Comunicarse o conversar dos o más personas. ‖ Pronunciar un discurso, disertación, conferencia, etc. ‖ Comunicarse mediante algún medio distinto de la palabra. ‖ Murmurar sobre un asunto o una persona o criticarla. ‖ Expresarse de uno u otro modo, que se especifica. *Sus clases son muy concurridas porque habla de manera apasionada.* ‖ Manifestar opiniones favorables o adversas sobre alguien o algo. ‖ Tratar de un asunto o tema entre dos o más personas. ‖ Interceder por alguien. *Habló por mí con el maestro.* ‖ Dar a entender algo de la manera que sea. ‖ Imitar las aves palabras del habla humana. ‖ *t.* Conocer y emplear uno u otro idioma para expresarse o comunicarse. ‖ *pr.* Tratarse o relacionarse de palabra dos o más personas. ‖ *¡Así se habla!:* exclamación con la que se aprueba lo que uno acaba de decir. ‖ *loc. Hablar consigo mismo:* meditar o discurrir sin llegar a pronunciar lo que medita o discurre. ‖ *Hablar hasta por los codos:* hablar en exceso. *No hay quien la aguante, habla hasta por los codos.*

hacedor, ra *s.* Que hace o causa una cosa.

hacendado, da *adj.* Que tiene hacienda o muchos bienes en forma de tierras y fincas. ‖ *s. Amér.* Dueño de una hacienda.

hacendoso, sa *adj.* Que hace con cuidado y esmero las tareas de la casa.

hacer *t.* Crear o causar una cosa, darle existencia. *Beethoven hizo una obra maestra.* ‖ Construir o fabricar una cosa material. ‖ Transformar, convertir. *Las decepciones lo han hecho desconfiado.* ‖ Preparar una cosa. *Llegó la hora de hacer la comida.* ‖ Ejecutar una acción o trabajo. *No olvides hacer el aseo.* ‖ Causar o producir. *Este árbol hace buena sombra.* ‖ Conseguir o ganar una cosa. *Con la*

venta de hamburguesas ha hecho mucho dinero. ‖ Creer o suponer una cosa. *Como no viniste, te hacía enfermo.* ‖ Usar una persona de determinada manera. *Le encanta hacerse el vivo.* ‖ Obligar a realizar una acción o a que se produzca lo que indica el verbo de la oración subordinada. *Nos hizo pasar por ella cuando podía irse por su cuenta.* ‖ Dar a una cosa un determinado aspecto a una persona. *La tv hace que uno se vea más gordo.* ‖ Dar un vehículo cierto rendimiento. *Este coche hace 16 km por litro de gasolina.* ‖ Recorrer una distancia o un camino. *Hice la ruta de Cortés en vacaciones.* ‖ Caber, contener o equivaler a una cantidad. *Dos medios hacen un entero.* ‖ Junto con algunos nombres, significa la acción de los verbos que se forman de la misma raíz que tales nombres. *Hacer enemigo, es enemistarse; hacer burla, burlarse.* ‖ Fingir, simular. *Hace como que estudia.* ‖ *intr.* Representar a un personaje o una obra teatral, cinematográfica, etc. ‖ Obrar, actuar, proceder. *Hizo bien en no venir.* ‖ *aux.* Sustituye a un verbo aparecido anteriormente e indica que se ejecuta la acción señalada por él. *Necesito dormir pero no puedo hacerlo.* ‖ *impers.* Estar el tiempo atmosférico de una determinada forma. *Empieza el otoño y hace un poco de frío.* ‖ Transcurrir un cierto periodo de tiempo. *Hace tres años que fuimos de vacaciones.* ‖ *pr.* Convertirse una persona o cosa en algo distinto de lo que era. ‖ Conseguir o alcanzar un objeto o fin. *Este equipo finalmente se hizo con el campeonato.* ‖ Tener una persona una impresión sobre algo. *Esta vez la subida se me hizo más pesada.* ‖ Apartarse o retirarse una persona de un sitio. *Él se hizo a un lado para que ella se sentara.* ‖ Aparentar o fingir; se usa generalmente seguido de adverbio. *Cuando él llegó, se hizo la dormida.* ‖ *loc. A medio hacer:* interrumpir algo que se está haciendo sin terminarlo. *Este muchacho siempre deja las cosas a medio hacer.* ‖ *Hacer y deshacer:* actuar al arbitrio de uno sin consultar con los demás interesados en la cosa que se trate. *Pensó que era el jefe y quiso hacer y deshacer.*

hacha *s. f.* Herramienta para cortar madera compuesta por una hoja de metal plana, ancha, gruesa y afilada, insertada en un mango de madera. ‖ *loc. Ser un hacha:* ser diestro o sobresalir en alguna actividad.

hachar o **hachear** *t.* Cortar con hacha.

hachazo *s. m.* Golpe dado con un hacha.

hache *s. f.* Nombre de la letra «h».

hachón *s. m.* Vela de cera grande y gruesa. ‖ Brasero alto, fijo sobre un pie, en que se encienden materias inflamables en determinadas celebraciones.

hacia *prep.* Indica dirección respecto a un destino. ‖ Indica tiempo o lugar aproximado. *Se piensa que los etruscos llegaron a Italia hacia el siglo XIII a.*

hacienda *s. f.* Finca agrícola o ganadera de gran extensión, generalmente una explotación de carácter latifundista, con un núcleo de viviendas. ‖ Conjunto de bienes y riquezas que tiene una persona. ‖ Ministerio que se encarga de administrar los bienes de un Estado, elaborar los presupuestos generales, recaudar los ingresos y controlar los gastos gubernamentales. *La Secretaría de Hacienda es uno de los pilares de cualquier gobierno.*

hacinamiento *s. m.* Acción de hacinar o hacinarse. ‖ Amontonamiento, aglomeración excesiva en un mismo lugar de un número de personas o animales.

hacinar t. Amontonar o juntar sin orden y con estrechez personas, animales o cosas. || Poner haces unos sobre otros formando hacina.

hada s. f. Ser fantástico femenino dotado de poderes mágicos.

hado s. m. Según la mitología griega y romana, fuerza desconocida que rige ineludiblemente el destino de los hombres y los dioses. || Encadenamiento fatal de los sucesos, sean favorables o desfavorables.

hafnio s. m. Elemento químico metálico brillante, que es raro y se obtiene de los mismos minerales en que se encuentra el circonio; es dúctil, brillante y de excelentes cualidades mecánicas; se utiliza para fabricar barras de control de las reacciones nucleares; su número atómico es 72 y su símbolo Hf.

hagiografía s. f. Historia de las vidas de los santos.

haitiano, na adj. Perteneciente o relativo a este país del Caribe americano. || s. Persona nacida en Haití.

halagar t. Dar a alguien muestras de admiración y afecto que le agraden. || Causar una cosa satisfacción al orgullo de una persona. Le halagó el comentario que la maestra hizo de él.

halago s. m. Lo que se dice para agradar a otro poniendo en alta estima sus virtudes.

halagüeño, ña adj. Se aplica a la cosa que halaga. || Se aplica a la cosa que promete cosas favorables.

halar t. Esp. Tirar hacia sí de una cosa.

halcón s. m. Ave rapaz diurna falconiforme de 20 a 50 cm de alto, alas largas y puntiagudas y pico fuerte y curvo; se alimenta de roedores y otros animales.

hálito s. m. Aliento. || Vapor que sale de algo.

halitosis s. f. Mal olor del aliento.

hallar t. Encontrar a una persona o cosa casualmente o buscándola. || Descubrir o inventar lo que hasta entonces es desconocido. || Tener una valoración determinada respecto de una persona o cosa. || pr. Estar una persona o cosa en un lugar determinado o de cierta manera. Se hallaba ausente cuando ocurrió el robo. || Estar en ciertas circunstancias o en un sitio con naturalidad o comodidad.

hallazgo s. m. Acción y efecto de hallar. Los investigadores hicieron un hallazgo prometedor. || Cosa hallada o descubierta, especialmente si es de gran valor.

halo s. m. Círculo luminoso debido al efecto óptico causado por partículas de hielo en suspensión en la troposfera que refractan la luz haciendo un espectro de colores alrededor de la Luna o el Sol. || Cerco de luz difusa que rodea un cuerpo luminoso. || Círculo de luz que rodea la cabeza o figura de los santos en la imaginería religiosa. || Características o condiciones que en ocasiones rodean o envuelven a una persona o cosa.

halofito, ta adj. Se dice de los vegetales que crecen en lugares donde la tierra es salada.

halógeno, na adj. Se aplica al elemento químico no metal electronegativo que forma sales haloideas al combinarse con un metal. || Se aplica al foco eléctrico que produce una luz clara y brillante con esos elementos.

haltera s. f. Aparato que consta de una barra con dos bolas o discos en sus extremos y que se usa en ejercicios gimnásticos.

halterofilia s. f. Deporte olímpico de levantamiento de peso o de pesas.

hamaca s. f. Tejido en forma de red o tela resistente que, colgada por los extremos, se usa de cama o columpio. || Asiento consistente en una lona que sirve de asiento y respaldo sujeta en una armadura de tijera y sirve para echarse. || Arg. y Uy. Mecedora. || Columpio.

hambre s. f. Sensación que indica la necesidad de comer. || Escasez de alimentos básicos. || Deseo intenso de algo. Tiene hambre de gloria. || loc. fam. Muerto de hambre: que pasa la vida en la penuria y miseria.

hambrear t. Hacer padecer hambre a alguien.

hambriento, ta adj. Que tiene mucha hambre o necesidad de comer. || Se aplica a la persona que tiene un deseo intenso de una cosa. Paola es una clavadista hambrienta de triunfos.

hambruna s. f. Escasez generalizada de alimentos. || Amér. Hambre muy intensa.

hamburguesa s. f. Mujer natural de Hamburgo. || Perteneciente o relativo a esta ciudad de Alemania. || Torta de carne picada, frita o asada.

hampa s. f. Conjunto de personas que se dedican a cometer delitos y viven al margen de la ley.

hampón, pona adj. y s. Persona que vive cometiendo acciones delictivas de manera habitual.

hámster s. m. Mamífero roedor parecido al ratón pero de pelo más largo y suave y orejas, patas y cola más cortas.

handicap s. m. Obstáculo o circunstancia desfavorable o desventajosa. || Competencia hípica en la que se imponen desventajas a los mejores participantes para nivelar las condiciones y las probabilidades de ganar para todos.

hangar s. m. Cobertizo grande cubierto que se usa para guardar o reparar aviones.

haragán, gana adj. y s. Se aplica a la persona que rehúye el trabajo. Lo reprobaron y se lo merece, por haragán.

harakiri s. m. Suicidio ritual japonés que por razones de honor se practica abriéndose el vientre con un arma blanca.

harapiento, ta adj. y s. Que viste ropas llenas de harapos.

harapo s. m. Pedazo de tela muy vieja, gastada, rota o sucia. || Último aguardiente que sale del alambique con muy baja graduación.

hardware s. m. Conjunto de elementos materiales que forman el soporte físico de una computadora. El procesador, el teclado, el monitor son el hardware.

harén o **harem** s. m. Departamento de las casas de los musulmanes en que viven las mujeres. || Conjunto de mujeres que viven en un harén bajo la dependencia de un jefe de familia.

harina s. f. Polvo que se obtiene de moler granos de trigo o de otros cereales. || Polvo que se obtiene de ciertas materias sólidas al ser trituradas, machacadas o molidas. || loc. Ser harina de otro costal: ser un asunto completamente diferente a otro del que se trata. Yo te acompaño, pero que además pague, eso ya es harina de otro costal.

harinero, ra s. Persona que se dedica a fabricar harina o comerciar con ella. || s. m. Sitio donde se guarda la harina.

harpía s. f. Arpía; ser mitológico con cabeza de mujer y cuerpo de ave de rapiña. || desp. Mujer mala y perversa.

hartar *t.* y *pr.* Saciar con exceso el apetito de comer o beber. ‖ Satisfacer el deseo de algo. *En vacaciones me harté de descansar.* ‖ *fam.* Molestar, cansar o fastidiar. ‖ Dar o recibir en abundancia.

hartazgo *s. m.* Acción y efecto de hartar o hartarse. ‖ Sensación de malestar producida por saciedad excesiva de algo.

harto, ta *adj.* Que está satisfecho, lleno o saciado. ‖ Molesto, cansado o fastidiado. ‖ *adv.* Bastante, muy o demasiado. *Volverla a ver lo puso harto contento.*

hassio *s. m.* Elemento químico transuránico que se obtiene por bombardeo de plomo con iones de hierro; su vida media es tan corta que se mide en milisegundos; su número atómico es 108 y su símbolo Hs.

hasta *prep.* Indica el término o el límite de tiempo, lugar, acciones, cantidades, etc. *Ese autobús me lleva hasta la estación del tren.* ‖ *adv.* Incluso. *Para vacaciones vino toda la familia, hasta una vecina.* ‖ *conj.* Indica inclusión, seguida de cuándo o gerundio. *Habla hasta durmiendo.*

hastío *s. m.* Sensación de aburrimiento o cansancio por una cosa que ya no satisface.

hatajo *s. m.* Grupo pequeño de ganado. ‖ *s. com. desp.* Grupo de personas o conjunto de cosas.

hatillo *s. m.* Paquete o envoltorio pequeño que se hace liando ropas u objetos personales. *Llevaba por equipaje sólo un hatillo al hombro.*

hato *s. m.* Conjunto de cabezas de ganado. ‖ Paquete o envoltorio que se hace liando ropa y otros objetos personales. ‖ *s. com. desp.* Grupo de personas malvadas o despreciables.

haya *s. f.* Árbol que crece hasta 40 m de altura, tronco grueso, liso y de color grisáceo, ramas horizontales muy altas y hojas elípticas de color verde esmeralda; es común en Europa. ‖ Madera de este árbol, ligera y resistente.

hayuco *s. m.* Fruto de la haya.

haz *s. m.* Conjunto de hierba, mies, leña u otras cosas alargadas que están atadas con una cuerda por el centro. ‖ Conjunto de partículas o de radiación electromagnética que proceden de una misma fuente y que se propagan sin dispersión. *Un haz de luz caía sobre el escenario.* ‖ Fascículo o conjunto de varias fibras musculares o nerviosas. ‖ Conjunto de rectas que pasan por un punto o de planos que concurren en una misma recta.

hazaña *s. f.* Proeza, acción heroica o importante que exige un gran esfuerzo o valor.

hazmerreír *s. m.* Persona que provoca la risa o la burla de los demás debido a su aspecto o a su comportamiento.

he *adv.* Junto con «aquí», «allí» y «ahí», o unido a los pronombres «me», «te», «la», «las» y «los», sirve para señalar. *He aquí el candidato a la presidencia.*

hebilla *s. f.* Pieza generalmente de material rígido que sujeta la correa o cinta que pasa a través de ella gracias a un clavillo.

hebra *s. f.* Porción de hilo que se mete por el agujero de la aguja. ‖ Filamento de las fibras textiles que se usa para confeccionar tejidos. ‖ Fibra de la carne. *Preparé un platillo con carne deshebrada.* ‖ Hilo que forman las materias viscosas. *Al sacar el queso fundido sale hecho hebras.* ‖ En la madera, dirección de la fibra. *Para cepillar la madera hay que hacerlo siguiendo la hebra.*

hebreo, brea *adj.* Relativo al antiguo pueblo semítico que habitó en Mesopotamia y en el s. XIII a. C. emigró a las tierras de Canaán. ‖ Persona perteneciente a este pueblo. ‖ Lengua semítica hablada por este pueblo. ‖ Del hebraísmo o relativo a él. *En la sinagoga se celebran los ritos hebreos.* ‖ Se aplica a la persona que practica la ley de Moisés.

hecatombe *s. f.* Catástrofe o desastre que produce grandes destrozos y un gran número de víctimas. ‖ Sacrificio de cien víctimas que ofrecían antiguamente algunos pueblos a los dioses. ‖ Sacrificio de animales que hacían los antiguos a sus dioses.

hechicería *s. f.* Conjunto de ritos, conocimientos y poderes sobrenaturales con los que se pretende dominar la voluntad de las personas o el curso de los acontecimientos.

hechicero, ra *adj.* Que atrae y cautiva de una forma irresistible por su belleza o cualidades. ‖ *s.* Que practica la hechicería.

hechizar *t.* Ejercer un maleficio sobre alguien por medio de un hechizo o poderes y prácticas mágicas. ‖ Atraer, embelesar, cautivar una persona o cosa a alguien de una forma irresistible, por su belleza, misterio, profundidad, etc.

hechizo, za *s. m.* Acto u objeto maléfico para dominar la voluntad de una persona o controlar el curso de los acontecimientos. ‖ Atracción o seducción irresistible que produce una persona o cosa. ‖ *Méx.* Producto que ha sido hecho de modo artesanal o manual, o de mala manera y no industrialmente. *El cautín era hechizo y no de marca.*

hecho, cha *adj.* Que está acabado, terminado. ‖ Se aplica a lo que ya ha alcanzado su desarrollo pleno, su madurez o el punto debido. *Este joven es un hombre hecho.* ‖ Que está acostumbrado a una cosa o familiarizado con ella. *Es una persona hecha a los retos y las adversidades.* ‖ *s. m.* Cosa que se produce o que sucede. *Cuando llegamos, la comida ya estaba hecha.* ‖ Suceso, acontecimiento. *Los testigos relataron los hechos de manera distinta cada uno.* ‖ Asunto o materia sobre la que se trata. *El hecho que nos reúne hoy es tratar sobre la luz en la pintura.* ‖ *interj.* Se usa exclamativamente como aceptación de algo que otra persona propone. *¿Vamos al cine esta noche? ¡Hecho!*

hechura *s. f.* Acción y efecto de hacer. ‖ Cualquier cosa respecto de quien la ha hecho o formado. *Su carrera política es una hechura de quien ha sido su jefe.* ‖ Confección de una prenda de vestir. ‖ Figura o forma exterior que tiene una cosa. *La decoración de su sala es de una hechura exquisita.* ‖ Forma y proporción que tiene el cuerpo de una persona o de un animal. *Este caballo tiene hechura de campeón.*

hectárea *s. f.* Medida de superficie, de símbolo «ha», que equivale a un cuadrado de un hectómetro, o cien metros, de lado.

hectogramo *s. m.* Medida de masa, de símbolo «hg», que es igual a 100 gramos.

hectolitro *s. m.* Medida de capacidad o volumen, de símbolo «hl», que es igual a 100 litros.

hectómetro *s. m.* Medida de longitud, de símbolo «hm», que es igual a 100 metros.

heder *intr.* Despedir un mal olor desagradable, intenso y penetrante. ‖ Ser insoportable o intolerable.

hediondo, da adj. Que despide hedor. ‖ Que resulta moralmente repugnante u ofensivo. *Su creencia en la superioridad racial·es hedionda.* ‖ Molesto, enfadoso. *Hacer dinero mediante fraudes es hediondo.*

hedonismo s. m. Doctrina ética y filosófica que identifica el bien con el placer, por lo que considera la búsqueda del placer y la supresión del dolor como fin más importante de la vida.

hedor s. m. Mal olor.

hegemonía s. f. Supremacía que ejerce un Estado o pueblo sobre otro. ‖ Superioridad o supremacía de cualquier tipo.

hégira o **héjira** s. f. Era musulmana, que empieza el día en que Mahoma huyó de La Meca a Medina, fechado el 15 de julio de 622 de la era cristiana. *La hégira se compone de años lunares de 354 días.*

helada s. f. Fenómeno atmosférico en el agua de la lluvia o el rocío que lo convierte en hielo debido a un descenso de la temperatura ambiental por debajo de los cero grados centígrados.

heladera s. f. Amér. Merid. Refrigerador, aparato electrodoméstico para conservar fríos los alimentos.

heladería s. f. Establecimiento donde se elaboran y venden helados.

heladero, ra s. Persona que elabora o vende helados.

helado, da adj. Que está muy frío. ‖ Que se ha convertido en hielo. ‖ Que se queda paralizado por la sorpresa o la impresión del miedo. *Cuando recibí la noticia, me quedé helado.* ‖ Esquivo, desdeñoso. *Me recibió con un saludo helado.* ‖ s. m. Golosina o postre dulce que se elabora con leche, azúcar y sustancias saborizantes y se somete a congelación.

helar t. y pr. Hacer que un líquido pase a estado sólido por la acción del frío. ‖ Dejar a alguien suspenso y pasmado. *El ambiente tenebroso del panteón helaba la sangre.* ‖ Desalentar, acobardar. *Tus comentarios helaron el ánimo de todos.* ‖ impers. Caer heladas por darse una temperatura inferior a cero grados centígrados. ‖ pr. Tener una persona mucho frío. ‖ Secarse las plantas o frutos, por la congelación de sus componentes húmedos.

helecho s. m. Nombre común de un grupo de plantas sin flor ni semilla que se reproducen por esporas, de grandes hojas perennes.

helénico, ca adj. Perteneciente o relativo a Grecia, especialmente a la Grecia clásica. ‖ Perteneciente o relativo a la Hélade o a los antiguos helenos.

helenismo s. m. Periodo de la historia y la cultura griegas que abarca desde la muerte de Alejandro Magno hasta el inicio de la dominación romana. ‖ Influencia ejercida por la cultura y civilización de la Grecia clásica en otras culturas. ‖ Palabra, giro o modo de expresión propio de la lengua griega usado en otro idioma. *«Geometría», «geografía», «biología» son helenismos.*

helenista s. com. Especialista en la lengua, cultura y literatura de la Grecia clásica. ‖ Judío que hablaba la lengua y observaba las costumbre de los griegos.

heleno, na adj. Natural de Grecia. ‖ Perteneciente o relativo a este país de Europa. ‖ s. Individuo perteneciente a cualquiera de los pueblos que dieron inicio a la civilización de la Hélade o Grecia antigua o relacionado con ellos.

hélice s. f. Conjunto de aletas helicoidales que al girar alrededor de un eje mueven un fluido y dan impulso a un vehículo. ‖ Curva trazada sobre la superficie de un cilindro o de un cono, que forma un ángulo constante con sus generatrices.

helicoidal adj. Que tiene forma de hélice.

helicóptero s. m. Aeronave propulsada por una hélice horizontal de dos aspas muy largas situadas en su parte superior y central que, al girar rápidamente, le permiten ascender y descender verticalmente, así como mantenerse inmóvil en el aire.

helio s. m. Elemento químico, gas noble muy abundante, sin olor ni color y más ligero que el aire; se encuentra en el Sol y en otras estrellas, en el aire atmosférico y en algunos yacimientos de gas natural; se utiliza para llenar lámparas incandescentes y globos aerostáticos, y como diluyente de algunos gases medicinales; su número atómico es 2 y su símbolo He.

heliocéntrico, ca adj. Perteneciente o relativo al heliocentrismo, o que tiene el Sol como centro. ‖ Se aplica a medida o lugar astronómicos que toman el Sol como centro de referencia.

helio- Prefijo que significa «sol».

helioscopio s. m. Instrumento que tiene lentes especiales que permiten examinar al Sol.

heliotropo s. m. Planta herbácea, originaria de Perú, que tiene las hojas de color verde oscuro y las flores pequeñas, agrupadas en ramilletes, de color blanco o violeta y de color semejante a la vainilla.

helipuerto s. m. Lugar destinado al despegue y aterrizaje de helicópteros.

helminto s. m. Gusano, especialmente los parásitos del tracto digestivo del hombre y de otros vertebrados.

hemático, ca adj. Perteneciente o relativo a la sangre.

hematíe s. m. Cada uno de los glóbulos rojos de la sangre; contienen la hemoglobina.

hematina s. f. Sustancia que da el color rojo a la sangre.

hematología s. f. Parte de la biología y de la medicina que se ocupa del estudio histológico, funcional y patológico de la sangre, los órganos que la producen y las enfermedades relacionadas con ella.

hematólogo, ga s. Especialista en hematología.

hematoma s. m. Acumulación de sangre en un tejido debida a un derrame por rotura de un vaso sanguíneo.

hematopoyesis s. f. Proceso de formación de las células que forman parte de la sangre.

hematosis s. f. Proceso mediante el cual la sangre de las venas recibe oxígeno y se transforma en sangre fresca que circula por las arterias.

hembra s. f. Animal de sexo femenino. ‖ Mujer, persona de sexo femenino. ‖ En las plantas que presentan distintos sexos, el ejemplar que da frutos. ‖ En los objetos formados de dos piezas que encajan, pieza que tiene un hueco o agujero en donde la otra se introduce o encaja. *Necesito un enchufe con entrada hembra.*

hemeroteca s. f. Lugar en el que se guardan y clasifican publicaciones periódicas para que el público pueda consultarlos.

hemiciclo s. m. La mitad de un círculo. ‖ Recinto que está provisto de asientos colocados en filas escalonadas y dispuestas en forma de medio círculo, orientadas en dirección a una tribuna.

hemiplejia o **hemiplejía** s. f. Parálisis del lado izquierdo o derecho del cuerpo, debida a diversas lesiones en los centros motores.

hemíptero, ra *adj.* y *s.* Se aplica al insecto provisto de pico o trompa chupadora. ‖ *s. m. pl.* Grupo taxonómico, con categoría de orden, constituido por estos insectos.

hemisferio *s. m.* Cada una de las dos mitades de una esfera que resulta de dividirla por un plano que pasa por su centro. ‖ Mitad de la superficie de la esfera terrestre, dividida por el ecuador o un meridiano. ‖ Cada una de las dos mitades del cerebro, separadas por el cuerpo calloso.

hemodiálisis *s. f.* Técnica terapéutica de depuración artificial de la sangre.

hemofilia *s. f.* Enfermedad hereditaria ligada al cromosoma X, caracterizada por la deficiencia de coagulación de la sangre y padecida exclusivamente por los hombres.

hemofílico, ca *adj.* De o relacionado con la hemofilia. ‖ *s.* Persona que padece hemofilia.

hemoglobina *s. f.* Pigmento del plasma sanguíneo que transporta oxígeno a los tejidos y da a la sangre su color característico.

hemorragia *s. f.* Descarga profusa de sangre.

hemorrágico, ca *adj.* Perteneciente a la hemorragia o relacionado con ella.

hemorroide *s. f.* Tumor sanguíneo del ano por inflamación de las venas.

henar *s. m.* Lugar donde se guarda el heno para el forraje.

henchido, da *adj.* Repleto, muy lleno.

henchir *t.* Llenar con algo un espacio vacío. *La madera se va a henchir con el agua.* ‖ *pr.* Llenarse de orgullo.

hender *t.* Fracturar un cuerpo sólido sin dividirlo del todo.

hendidura *s. f.* Abertura o fractura de un cuerpo sólido.

henequén *s. m.* Cactácea similar al maguey, de cuyas hojas se extrae la fibra del mismo nombre, de uso industrial.

henna *s. f.* Arbusto de Arabia, del cual se saca un tinte de color rojizo.

heno *s. m.* Gramínea herbácea que sirve de alimento al ganado.

hepática *s. f.* Planta parecida al musgo, que crece sobre la tierra, sobre las rocas o adherida a los árboles.

hepático, ca *adj.* Perteneciente al hígado o relacionado con él. ‖ Que padece del hígado.

hepatitis *s. f.* Inflamación del hígado causada por virus o toxinas.

heptaedro *s. m.* Cuerpo con siete caras.

heptágono *s. m.* Polígono con siete lados y siete ángulos.

heptasílabo *m.* Verso o frase de siete sílabas.

heráldica *s. f.* Disciplina que estudia los escudos de armas.

heraldo *s. m.* En la antigüedad, mensajero de las cortes. ‖ El que anuncia la inminencia de algo.

herbáceo, a *adj.* Perteneciente o relacionado con las hierbas.

herbario *s. m.* Colección de plantas secas, generalmente para su estudio.

herbicida *s. m.* Cualquier sustancia química para eliminar hierbas o impedir su reproducción.

herbívoro, ra *adj.* Animal que se alimenta de plantas, especialmente hierbas.

herbolaria *s. f.* Estudio de las características y propiedades de las hierbas y plantas.

herbolario *s. m.* Tratado de las plantas, especialmente hierbas. ‖ Colección de plantas, especialmente hierbas. ‖ Establecimiento comercial de plantas y hierbas. ‖ Persona dedicada al cultivo o comercialización de hierbas, generalmente con fines médicos.

hercio *s. m.* Unidad de frecuencia de una vibración por segundo.

heredable *adj. inv.* Que puede ser heredado.

heredad *s. f. Esp.* Porción de terreno cultivable de una misma propiedad.

heredar *t.* Dejar o recibir bienes por sucesión testamentaria o por ley. ‖ *fig.* Recibir del predecesor o predecesores en el cargo una situación determinada. *El nuevo gobierno heredó los problemas del anterior.* ‖ Recibir caracteres biológicos por vía genética.

heredero, ra *adj.* Que recibe o tiene derecho a recibir una herencia. ‖ El que recibe o tiene derecho a recibir un cargo o un título en las monarquías.

hereditario, ria *adj.* De la herencia o relacionado con ella. *Sus bienes son hereditarios.* ‖ Se dice de los caracteres biológicos transmitidos por vía genética.

hereje *s. com.* Creyente que se aparta de los dogmas de su religión. ‖ *fig.* Persona que proclama ideas o creencias abiertamente contrarias a las de su grupo social o público en general.

herejía *s. f.* Creencia manifiesta que se aparta de la religión a la que pertenece. ‖ *fig.* Postura que se aparta radicalmente de su núcleo original en la ciencia, la política o el arte.

herencia *s. f.* Conjunto de bienes y derechos dejados a otros por sucesión testamentaria o por ley. ‖ Derecho a dejar bienes y derechos propios a otras personas. ‖ Transmisión de caracteres biológicos por descendencia directa.

herético, ca *adj.* De la herejía o relacionado con ella. ‖ Que cometió herejía.

herida *s. f.* Corte o traumatismo que generalmente rompe el tejido o la membrana mucosa y provoca sangrado. ‖ *fig.* Pena sentimental causada por ofensa.

herido, da *adj.* Que sufre corte o traumatismo en alguna parte del cuerpo por violencia mecánica externa. ‖ Que sufre pena sentimental por ofensa.

herir *t.* Dañar a seres vivos con violencia, causándoles generalmente traumatismo sangrante. ‖ Causar pena por ofensa. ‖ Provocar efecto desagradable a los sentidos o malos recuerdos.

hermafrodita *adj.* y *s. com.* Ser vivo con los órganos reproductores de ambos sexos. ‖ Planta cuya flor reúne estambres y pistilo.

hermanar *t.* Vincular una cosa con otra. *Hay que hermanar la teoría con la práctica.* ‖ *pr.* Hacerse hermano de otra persona por identificación espiritual. ‖ Institucionalizar los vínculos de fraternidad entre dos ciudades.

hermanastro, tra *s.* Medio hermano de otro por ser hijo de uno de sus padres.

hermandad *s. f.* Vínculo consanguíneo entre los hijos de una pareja o de uno de sus miembros. ‖ Relación de afecto e identificación por vínculos espirituales o sentimentales. ‖ Comunidad de personas juramentadas que persiguen los mismos fines. ‖ *irón.* Grupo de personas juramentadas para delinquir.

hermano, na *s.* Persona que tiene los mismos padres o uno solo respecto de otra. ‖ Miembro de una comunidad religiosa sin tener necesariamente las órdenes clericales. ‖ *fam.* Amigo con lazos de solidaridad y confianza profundos.

hermeneuta *s. com.* Persona dedicada a la hermenéutica o disciplina de la interpretación de textos.

hermenéutico, ca *adj.* Perteneciente a la hermenéutica o relacionado con ella. ‖ *s. f.* Disciplina de la interpretación de los textos para establecer su sentido.

hermético, ca *adj.* Que está bien cerrado para impedir su violación, salida o paso de agentes externos. ‖ Persona cerrada, enigmática o muy reservada. ‖ Cosa cuyo significado sólo pueden descifrar los iniciados.

hermetismo *s. m.* Condición de impenetrabilidad o de difícil comprensión. ‖ Conjunto de prácticas propiciatorias, generalmente malignas, exclusivas de iniciados.

hermosura *s. f.* Conjunto de cualidades bellas y agradables.

hernia *s. f.* Protuberancia del cuerpo causada por la salida de una parte blanda interna de su cavidad.

héroe *s. m.* Persona admirada por acciones de gran valor y entrega. ‖ Protagonista positivo de una narración u obra dramática. ‖ En la antigua Grecia, hijo de una deidad y un humano.

heroicidad *s. f.* Atributo principal del acto heroico, caracterizado por su valor, su determinación y su altruismo.

heroico, ca *adj.* Relativo a las personas y sus proezas de valor, determinación y altruismo. ‖ Género poético que canta las hazañas de los héroes. *La Ilíada es un poema heroico.*

heroína *s. f.* Femenino de héroe. ‖ Droga opiácea con propiedades calmantes y fuertemente adictiva.

heroinómano, na *adj.* y *s.* Que es adicto a la heroína.

heroísmo *s. m.* Conjunto de virtudes del héroe. ‖ Valor y altruismo extraordinarios.

herpes *s. m.* Erupción cutánea causada por virus con diversos grados de peligrosidad.

herpetología *s. f.* Rama de la zoología que estudia los reptiles y los anfibios.

herradura *s. f.* Objeto de hierro que protege los cascos de los animales de carga y montura.

herraje *s. m.* Conjunto de piezas de hierro o acero con que se protegen objetos.

herramienta *s. f.* Cualquier instrumento con que se realizan trabajos manuales. ‖ Por extensión, cualquier método, técnica o aplicación informática para realizar trabajos intelectuales.

herrar *t.* Marcar animales con hierro candente. ‖ Poner herraduras a las bestias de montura o carga. ‖ Guarnecer con hierro o acero.

herrería *s. f.* Taller donde se funde y forja hierro. ‖ Oficio del herrero.

herrero *s. m.* Persona dedicada a fundir y forjar hierro.

herrumbre *s. f.* Capa de óxido que adquieren los objetos metálicos a la intemperie.

hertz *s. m.* Unidad de frecuencia equivalente a una vibración por segundo.

hervidero *s. m. fam.* Conjunto copioso y pululante de personas o animales.

hervidor *s. m.* Recipiente alto y por lo general cilíndrico y con tapa, donde se hierve la leche. ‖ En los termosifones, caja cerrada de palastro que recibe la acción del fuego directo, por adentro de la cual pasa el agua.

hervir *intr.* Entrar en ebullición un líquido por efecto de la temperatura. ‖ Producir burbujas un líquido o una masa semilíquida por efecto de la fermentación. ‖ Ponerse el mar agitado y con mucho oleaje. ‖ Abundar en algo. ‖ Excitarse o exaltarse por un sentimiento o una pasión. ‖ *t.* Poner a hervir un líquido. ‖ Someter algo a la acción de agua en ebullición.

heterodoxia *s. f.* Creencia que se aparta de la sustentada por la autoridad competente y aceptada por la mayoría.

heterodoxo, xa *adj.* y *s.* Perteneciente o relativo a la heterodoxia. ‖ Partidario o seguidor de la heterodoxia.

heterogéneo, nea *adj.* Que tiene partes de distinto origen. ‖ Compuesto de partes de distinto género o tipo.

heterosexual *adj.* y *s.* Perteneciente o relativo a la heterosexualidad. ‖ Se dice de la relación erótica entre individuos de diferente sexo. ‖ Persona que practica la heterosexualidad.

heterótrofo, fa *adj.* Se dice de los organismos vivientes que, por no poder sintetizar nutrientes por sí mismos, los obtienen matando a otros seres vivos.

hevea *s. f.* Árbol del caucho en cuya corteza se hacen incisiones para extraer el látex que coagulado se llama «caucho»; es propio de la selva tropical.

hexaedro *s. m.* Poliedro de seis caras.

hexagonal *adj.* Perteneciente o relativo al hexágono.

hexágono *s. m.* Polígono de seis lados y seis ángulos internos.

hez *s. f.* En las preparaciones líquidas, poso o sedimento que se precipita al fondo de los recipientes. ‖ Lo más bajo y despreciable de cualquier tipo. ‖ *pl.* Excrementos.

hialino, na *adj.* Diáfano, transparente. *Humor hialino, tejido hialino.* ‖ De cristal o semejante a éste.

hialografía *s. f.* Arte de dibujar sobre el vidrio. *s. m.* Interrupción o separación en el tiempo o en el espacio. ‖ Abertura, grieta, tramo faltante en un cuerpo longilíneo. ‖ En anatomía, fisura en el tejido óseo o en el cartílago. ‖ En lingüística, encuentro de dos vocales que se pronuncian en sílabas distintas.

hibernación *s. f.* Estado fisiológico que presentan ciertos mamíferos en respuesta a una disminución drástica de la temperatura ambiental, quizá como adaptación a los inviernos rigurosos; disminuyen su frecuencia cardiaca y respiratoria, su metabolismo se mantiene en el mínimo y se encuentran como dormidos. ‖ En informática, estado de bajo consumo de energía y cesación aparente de las funciones de un ordenador o computadora sin que se desconecte o apague por completo.

hibernar *intr.* Entrar en hibernación. ‖ Pasar el invierno.

híbrido, da *adj.* y *s.* Procreado por dos animales o dos vegetales de distinta especie. ‖ Producido con elementos de diferente naturaleza, origen o tipo. *Los autos híbridos consumen gasolina y energía eléctrica.*

hidalgo, ga *adj.* y *s.* Se dice de la persona que por su sangre se le considera noble y distinguida, por oposición a la plebeya o villana. ‖ De ánimo valiente, generoso y lleno de nobleza.

hidra *s. f.* Animal invertebrado del grupo de los cnidarios o pólipos; tiene cuerpo cilíndrico y tentáculos alrededor del orificio bucal; es acuático y se alimenta de protozoarios y larvas. ‖ En la mitología griega, monstruo con cuerpo de dragón y tres cabezas que vivía junto al lago de Lerna.

hidratar *t. y pr.* Combinar una sustancia con agua. ‖ Reponer el agua perdida por los tejidos o por el organismo para recuperar su nivel normal de humedad.

hidrato *s. m.* Combinación de una sustancia con el agua.

hidráulica *s. f.* En física, rama de la mecánica que estudia el movimiento y el equilibrio de los fluidos.

hidráulico, ca *adj.* Perteneciente o relativo a la ciencia hidráulica. ‖ Que debe su movimiento a la energía generada por el agua u otro fluido. ‖ Se dice de la energía generada por el movimiento del agua. ‖ Se dice de los materiales de construcción, como la cal y el cemento, que se endurecen y fraguan con el agua.

hidroavión *s. m.* Avión pequeño y ligero que se posa sobre el agua (acuatiza), usando para ello los flotadores que tiene en vez de ruedas.

hidrocarburo *s. m.* Compuesto orgánico resultante de la combinación del carbono con el hidrógeno.

hidrocefalia *s. f.* Anomalía consistente en la dilatación anormal de los ventrículos encefálicos por acumulación de líquido cefalorraquídeo.

hidrodinámica *s. f.* Parte de la hidráulica que estudia sólo el movimiento de los fluidos.

hidrodinámico, ca *adj.* Perteneciente o relativo a la hidrodinámica. ‖ Se dice de las formas de los cuerpos adaptadas a moverse en el agua, como las de los peces, los botes, barcos y demás.

hidroeléctrico, ca *adj. y s.* Perteneciente o relativo a la hidroelectricidad.

hidrófilo, la *adj.* Se dice de la materia que absorbe agua con suma facilidad. ‖ En química, se dice de las moléculas que establecen enlaces con las del agua.

hidrofobia *s. f.* Aversión al agua que manifiestan quienes padecen rabia. ‖ Rabia, enfermedad viral que ataca a perros, gatos y murciélagos y es transmisible al hombre. ‖ En química, repulsión o rechazo de una molécula a otra de agua.

hidrógeno *s. m.* Elemento químico, el más abundante de la corteza terrestre y del Universo; normalmente se encuentra en su forma molecular H_2, inflamable, incoloro e inodoro; es el más ligero de los elementos y, combinado con el oxígeno, forma el agua; se utiliza como combustible y en la industria química; tiene dos isótopos naturales: el protio y el deuterio, y uno artificial: el tritio; su número atómico es 1 y su símbolo H.

hidrografía *s. f.* Parte de la geografía destinada a la descripción de las aguas del planeta Tierra. ‖ Conjunto de aguas de un país o una región.

hidrólisis *s. f.* Descomposición de un compuesto orgánico por acción del agua o de un ácido.

hidrología *s. f.* Disciplina que estudia las aguas de la Tierra. ‖ *loc. Hidrología médica:* estudio de las aguas en relación con las enfermedades y sus curaciones.

hidropesía *s. f.* Acumulación anormal de líquido seroso en el cuerpo humano, a causa de una circulación deficiente, ya sea sanguínea o linfática.

hidrópico, ca *adj. y s.* Que padece hidropesía, particularmente en la cavidad abdominal. ‖ Insaciable, que no puede apagar la sed. ‖ Anormalmente sediento.

hidrosfera *s. f.* Conjunto de las partes líquidas del planeta Tierra.

hidrosoluble *adj.* Soluble en agua.

hidroterapia *s. f.* Técnicas de curación y rehabilitación por medio de inmersiones en el agua, o aplicaciones en chorros fríos o calientes.

hiedra *s. f.* Planta trepadora perenne de la familia de las araliáceas, de cuyas ramas sarmentosas brotan raíces adventicias con las que trepa por paredes y troncos; las hojas tienen cinco lóbulos, entre las que brotan las flores marfileñas en umbela que producen fruto en baya de color negro con una sola semilla. ‖ *Hiedra venenosa:* muy semejante al zumaque y a la hiedra común, la *Rhus toxicodendron* ocasiona dermatitis de contacto e ingerida provoca una intoxicación generalizada muy grave.

hiel *s. f.* Bilis, secreción del hígado que se guarda en la vesícula biliar. ‖ Amargura, desabrimiento.

hielo *s. m.* Agua congelada por el descenso de la temperatura por debajo de los 0 °C. ‖ Acción y efecto de helar o helarse. ‖ *loc. Hielo seco:* anhídrido carbónico sólido que al sublimarse a la presión atmosférica mantiene la temperatura de 78.5 °C bajo cero.

hiena *s. f.* Mamífero carroñero, de cuerpo rechoncho, grupa caída, pelaje gris sucio, con o sin manchas, hocico poderoso y una voz que suena a carcajada humana; es animal pestilente, vive en familia o manada pequeña, sobre todo en el este de África y partes de Asia. ‖ Persona cruel, desalmada y de bajos instintos.

hierático, ca *adj.* Solemne, envarado, ampuloso, aunque el caso no lo amerite. ‖ Perteneciente o relativo a las cosas sagradas o a los sacerdotes de las religiones antiguas.

hierba *s. f.* Planta anual o bianual, de tallo suave y flexible, desprovisto de corteza. ‖ Conjunto de muchas hierbas que nacen en un terreno. ‖ Por eufemismo, mariguana o marijuana o marihuana.

hierbabuena *s. f.* Planta herbácea vivaz de la familia de las labiadas, con tallos erguidos, hojas vellosas, elípticas, agudas y aserradas, flores rojizas en grupos axilares y frutos secos con cuatro semillas; se emplea como condimento y, en infusión, como estomacal.

hierbero, ra *s. m. f.* Persona cuyo oficio es el cultivo y venta de hierbas, sobre todo las medicinales.

hierro *s. m.* Elemento químico metálico, muy abundante en la corteza terrestre; de color negro lustroso o gris azulado, dúctil, maleable y muy tenaz, se oxida al contacto con el aire y tiene propiedades ferromagnéticas; es el metal más empleado en la industria; aleado con el carbono forma aceros y fundiciones; su número atómico es 26 y su símbolo Fe. ‖ Herramienta de ese metal con que se marca al ganado. ‖ Marca con hierro candente que identifica al propietario del ganado. ‖ Punta de este metal que se coloca en el extremo de flechas, saetas, lanzas, jabalinas, etc.

hígado *s. m.* Víscera de gran tamaño, de color castaño rojizo, situada en el lado derecho de la cavidad abdominal, justo por debajo del diafragma; una de sus funciones es secretar la bilis.

higiene *s. f.* Parte de la medicina cuyo propósito es la prevención de enfermedades y la conservación de la salud. ‖ Limpieza, aseo, pulcritud.

higienista *adj. y s.* Que estudia o trabaja en el ramo de la higiene y la salud pública.

higienizar *t.* Disponer algo, lugar, utensilios, alimentos, etc., conforme a las normas higiénicas.

higo *s. m.* Fruto segundo o tardío de la higuera, de forma cónica y algo globosa, cáscara delgada de color blanco, verdoso, morado o negro según la variedad, interior blanquecino con el centro rojizo lleno de semillas muy menudas; es dulce y jugoso.

higrometría *s. f.* Disciplina que es parte de la física y se dedica al estudio de las causas y variaciones de la humedad atmosférica.

higrómetro *s. m.* Instrumento para medir la humedad de la atmósfera.

higuera *s. f.* Árbol de la familia de las moráceas, de mediana altura, madera blanca y endeble, hojas grandes y lobuladas que penden de largos pedúnculos, verdes por el haz y ásperas y grisáceas por el envés, flores unisexuales encerradas en receptáculos carnosos de las que procede la infrutescencia llamada «higo».

hijastro, tra *s.* Hijo o hija de uno solo de los cónyuges con respecto al otro consorte.

hijo, ja *s.* Individuo, humano o animal, con respecto a sus progenitores. ‖ Persona con respecto al país, comarca, región o lugar donde nació, o de la escuela donde cursó completo un nivel educativo. ‖ Escrito o cualquier otra obra del ingenio humano respecto de su autor. ‖ Brote, vástago, por el que se reproducen ciertas plantas. ‖ *loc. Hijo adoptivo:* el que lo es por adopción conforme a las leyes.

hila *s. f.* Acción de convertir en hilo las fibras textiles. ‖ Arreglo de cosas o de personas dispuestas una detrás de otra.

hilacho *s. m.* Hilacha, pedazo de hilo desprendido o colgando de la tela.

hilar *t.* Convertir en hilo las fibras textiles como la lana, el algodón, el lino, la seda, etc. ‖ Secretar su hilo y tejer con él sus redes y capullos ciertos insectos como las mariposas y las arañas. ‖ Discurrir, razonar, sacar conclusiones a partir de algunos datos.

hilarante *adj.* Que causa hilaridad, alegra, hace reír.

hilaridad *s. f.* Expresión plácida y tranquila de gozo y alegría. ‖ Risa y bullicio que produce lo que se ve y oye en una reunión.

hilatura *s. f.* Arte de hilar. ‖ Industria y comercio del hilado. ‖ Fábrica de hilados.

hilera *s. f.* Formación en línea o fila de personas o de cosas. ‖ Instrumento de los orfebres y plateros para convertir en hilo los metales. ‖ Formación de soldados uno detrás de otro. ‖ En una cuadrícula, renglones o líneas horizontales, por oposición a columna o disposición vertical.

hilo *s. m.* Hebra larga y delgada hecha de fibra textil, especialmente la empleada para coser. ‖ Alambre muy delgado que se hace de metal. ‖ Hebra que forman las arañas, los gusanos de seda y otros invertebrados. ‖ Chorro muy delgado de agua o de otro líquido.

hilván *s. m.* Costura hecha con puntadas largas con la que se junta y prepara lo que después va a coserse de manera más firme. ‖ Cada una de esas puntadas.

hilvanar *t.* Unir dos piezas de tela cosiéndolas con hilvanes. ‖ Ordenar, enlazar y coordinar bien las ideas y las frases quien habla o escribe.

himen *s. m.* Repliegue membranoso que obstruye parcialmente el orificio de la vagina mientras conserva su integridad.

himenóptero *adj. m.* Se dice de los insectos dotados de cuatro alas membranosas, con bocas provistas de quijadas y una lengüeta, metamorfosis complejas, y que usualmente viven en sociedades jerarquizadas, con una sola hembra fértil (la reina), algunos machos, y la gran mayoría compuesta por hembras estériles, dotadas de aguijón y glándula venenosa, encargadas de la recolección y preparación de alimentos y las demás tareas del colectivo.

himno *s. m.* Composición poética y musical de tono solemne y elevado, en alabanza de los dioses y los héroes de la antigüedad grecolatina. ‖ Composición poética y musical religiosa en alabanza de Dios y los santos. ‖ Poema de tono exaltado cuyo propósito es enaltecer el recuerdo de una persona, una victoria, una batalla, un país. ‖ Música que acompaña a esos poemas y los hace cantables. ‖ Composición emblemática de una colectividad, que la identifica y pretende unir entre sí a quienes la interpretan juntos.

hincapié *s. m.* Acción de hincar o afirmar el pie para sostenerse o para hacer fuerza. ‖ *loc. Hacer hincapié en algo:* insistir en ello, recalcarlo.

hincar *t.* Clavar o introducir algo en alguna materia conveniente. ‖ *pr.* Arrodillarse.

hinchar *t. y pr.* Aumentar de volumen un objeto al llenarlo o llenarse de aire u otra cosa. ‖ Incrementar el caudal de un río, arroyo o cuerpo acuático. ‖ Exagerar una noticia o el relato de un suceso. ‖ Inflamarse un órgano u otra parte del cuerpo por enfermedad o golpe. ‖ Envanecerse, creerse mucho.

hindi *s. m.* Lengua derivada del sánscrito, oficial en India junto con el inglés.

hindú *adj. y s. com.* Nativo de la India. ‖ Perteneciente o relativo a este país asiático. ‖ Referente al hinduismo o propio de esta religión. ‖ Adepto, creyente del hinduismo.

hinduismo *s. m.* Religión politeísta vigente en India y otras partes del Asia meridional; deriva del brahmanismo antiguo.

hinojo *s. m.* Planta herbácea de la familia de las umbelíferas, de tallos erguidos y ramosos, hojas partidas en lacinias largas y filiformes, flores amarillas en umbelas terminales y fruto oblongo; es muy aromática y se usa como condimento.

hipérbaton *s. m.* En retórica, figura del lenguaje consistente en la alteración violenta del orden lógico de la oración, ya sea para acomodar la rima de un verso o para dar un mayor efecto al enunciado.

hipérbola *s. f.* Lugar geométrico que contiene todos los puntos de un plano cuya diferencia de distancia a los dos focos es constante, y resulta de cortar un cono circular por un plano que encuentra a todas las generatrices a ambos lados del vértice. || Curva conoide, siempre simétrica, que delimita ese lugar geométrico.

hipérbole *s. f.* En retórica, figura consistente en exagerar (ya sea para aumentar o bien para disminuir) los rasgos de aquello que se describe o relata. || Exageración extrema de una circunstancia, noticia, relato.

hiperespacio *s. m. neol.* Espacio situado más allá de los confines de un sistema planetario. || En matemáticas, espacio con más de tres dimensiones.

hipermetropía *s. f.* Defecto de la visión consistente en no poder ver con claridad los objetos cercanos, por formarse la imagen más allá de la retina, generalmente en las personas de edad cuyo cristalino ha perdido elasticidad.

hipertensión *s. f.* Tensión arterial excesivamente alta.

hipertexto *s. m.* En informática, texto que contiene elementos a través de los cuales se puede acceder a otra información, ya sea en otras páginas, en cuadros emergentes, cintillos, ligas, etc.

hipertrofiarse *pr.* Crecer excesivamente algo, en especial algún órgano del cuerpo.

hipismo *s. m.* Arte de la crianza y educación del caballo. || Deporte consistente en carreras de caballos, con o sin vallas, saltos de obstáculos, doma y adiestramiento.

hipnosis *s. f.* Estado producido mediante hipnotismo.

hipnótico *s. m.* Sustancia natural o artificial que induce el sueño.

hipnotismo *s. m.* Técnica para producir un sueño artificial mediante la sugestión personal o el empleo de aparatos adecuados.

hipnotizar *t.* Producir hipnosis. || Fascinar, asombrar.

hipo *s. m.* Movimiento convulsivo del diafragma que entrecorta la respiración y produce un ruido característico.

hipoalergénico, ca *adj.* Hipoalérgico.

hipocampo *s. m.* Pez teleósteo de tamaño pequeño, cuerpo que recuerda al caballo del juego del ajedrez, rematado en una cola larga y prensil que le sirve para anclarse a las algas entre las que vive. || Estructura alargada que se aloja en el lóbulo temporal del prosencéfalo; se encarga de procesar la memoria y de otras funciones superiores.

hipocentro *s. m.* Punto dentro de la corteza terrestre donde se generan los sismos telúricos; también se llama foco; se localiza bajo el epicentro.

hipocondria o **hipocondría** *s. f.* Padecimiento caracterizado por la sensibilidad aumentada del sistema nervioso, depresión y obsesión angustiosa por la salud.

hipocrático, ca *adj. y s.* Perteneciente o relativo al médico griego Hipócrates, quien vivió en el siglo v a. C., o a sus doctrinas curativas. || Adepto de la medicina y el régimen de vida preconizado por Hipócrates.

hipocresía *s. f.* Falsedad y fingimiento usados para expresar ideas y sentimientos diversos y aun contrarios a los que realmente se experimentan.

hipodérmico, ca *adj.* Que se ubica o se pone debajo de la piel. *Para las inyecciones, necesito jeringas hipodérmicas.*

hipodermis *s. f.* Capa más profunda de la piel. *La hipodermis es la capa subcutánea de la piel.*

hipódromo *s. m.* Lugar en el que se realizan carreras de caballos.

hipófisis *s. f.* Glándula de secreción interna situada en la base del cráneo, que se encarga de regular la actividad de otras glándulas mediante la producción de diversas hormonas que regulan. el crecimiento del organismo, el desarrollo sexual, etc.

hipoglucemia *s. f.* Disminución de la cantidad normal de azúcar contenida en la sangre.

hipopótamo *s. m.* Mamífero de cuerpo muy grueso, piel gruesa y negruzca, patas robustas y cortas, la boca muy grande y las orejas pequeñas, los ojos y los orificios nasales situados en la parte de arriba, lo que les permite respirar cuando están dentro del agua.

hipotálamo *s. m.* Región del encéfalo situada en la base cerebral, unida por un tallo nervioso a la hipófisis, a la que regula parcialmente y, por lo tanto, a todo el sistema endocrino.

hipoteca *s. f.* Derecho de propiedad sobre bienes inmuebles que se otorga como aval o garantía del cumplimiento de una obligación o deuda. || Monto que constituye esta deuda garantizada por un bien.

hipotecar *t.* Poner la propiedad de un bien inmueble como aval o garantía al cumplimiento de una obligación o pago de una deuda. || Poner en riesgo la seguridad o la existencia de algo. *Contratar mayores deudas es hipotecar a las generaciones futuras.*

hipotensión *s. f.* Disminución de la tensión o presión arterial por debajo de los niveles normales.

hipotenusa *s. f.* Lado opuesto al ángulo recto de un triángulo rectángulo. *El cuadrado de la hipotenusa es igual a la suma de los cuadrados de los catetos.*

hipotermia *s. f.* Descenso de la temperatura del cuerpo de un organismo por debajo de la normal.

hipótesis *s. f.* Suposición que se toma como base de un razonamiento. *La física de Newton se basa en la hipótesis de que el espacio y el tiempo son absolutos.*

hipotético, ca *adj.* Perteneciente o relativo a la hipótesis o que se fundamenta en ella.

hiriente *adj.* Que hiere, ofensivo. || Que produce daño físico. *El viento helado era hiriente a su rostro.*

hisopo *s. m.* Planta aromática de la familia de las labiadas, de tallo leñoso, hojas pequeñas en forma de punta de lanza y flores en espiga, y fruto en forma de nuez. || Utensilio formado por un palillo recubierto de algodón en sus puntas, que se usa para la higiene personal y en curaciones.

hispánico, ca *adj.* Perteneciente o relativo a España. || Perteneciente o relativo a la Hispania en la época prerromana, y provincia del Imperio romano, o a los pueblos que formaron parte de ella y a los pueblos que nacieron de estos en época posterior. || Perteneciente o relativo a la lengua y la cultura españolas.

hispanidad *s. f.* Conjunto y comunidad de pueblos de lengua y cultura hispanas. ‖ Conjunto de características culturales comunes a estos países o pueblos.
hispano, na *adj.* Perteneciente o relativo a la Hispania antigua. ‖ De España o relativo a este país europeo. ‖ De los países americanos de habla hispana. ‖ Perteneciente o relativo a la población de origen hispanoamericano que vive en los Estados Unidos de América. ‖ *s.* Persona que es de Hispanoamérica. ‖ Persona que es de origen hispanoamericano y reside en Estados Unidos.
hispanoamericano, na *adj.* Perteneciente o relativo a españoles y americanos. ‖ Que es español y americano, compuesto de elementos propios de ambos pueblos. ‖ Perteneciente o relativo a los países de América en que se habla el español. ‖ Se aplica a las personas de habla española nacidas o naturalizadas en esos países.
hispanohablante *adj.* y *s. com.* Que tiene el español como lengua materna o propia.
histeria *s. f.* Trastorno nervioso caracterizado por fuerte ansiedad y una gran variedad de síntomas, principalmente funcionales, y a veces en forma de síntomas físicos, como parálisis o convulsiones.
histérico, ca *adj.* Muy nervioso, excitado o alterado.
histología *s. f.* Parte de la biología que estudia la estructura y características de los tejidos orgánicos.
histólogo, ga *s.* Persona que se dedica a la histología.
historia *s. f.* Conjunto de todos los hechos pasados. ‖ Ciencia que estudia los hechos del pasado, ya sean de la humanidad, de sus pueblos, las civilizaciones, sus instituciones, ciencias, artes, etc. ‖ Narración de hechos y acontecimientos particulares de un suceso cualquiera o de un aspecto de la historia general. ‖ Obra histórica compuesta por un escritor. ‖ Conjunto de sucesos ocurridos a una persona a lo largo de su vida o en un periodo de ella. *Batallar por la educación ha sido la historia de su vida.* ‖ Narración o relación de cualquier suceso. ‖ Fábula, cuento, o narración inventada. ‖ Mentira, chisme, enredo, asunto o tema de poca importancia. ‖ *loc. Historia clínica:* relación de los datos de importancia médica de un paciente referentes a los síntomas, el tratamiento aplicado y a la evolución de su enfermedad.
historiador, ra *s.* Persona que se dedica al estudio de la historia y a escribir sobre ella.
historicismo *s. m.* Doctrina de pensamiento según la cual los fenómenos humanos se pueden explicar como resultantes de un proceso histórico.
histórico, ca *adj.* Perteneciente o relativo a la historia. *Hacen falta más estudios históricos del siglo XVII.* ‖ Se aplica al hecho comprobado, que ha ocurrido o existido realmente. *Las narraciones de Homero mezclan hechos históricos y legendarios.* ‖ Se aplica al hecho de gran importancia o trascendencia que merece figurar en la historia. *La navegación de Magallanes alrededor del mundo fue un hecho histórico.* ‖ Se aplica a la obra literaria o cinematográfica que está ambientada en un tiempo pasado y combina ficción con acontecimientos y personajes reales de la historia.
historieta *s. f.* Historia breve narrada mediante una secuencia de dibujos. ‖ Relato breve y entretenido sobre un asunto de poca importancia.

histrión *s. m.* Actor de las comedias y tragedias de la antigua Grecia, que representaba su personaje disfrazado con una máscara. ‖ Actor de teatro. ‖ *desp.* Persona que se expresa con gestos exagerados y marcando excesivamente su expresión, con la afectación propia de un actor teatral.
hito *s. m.* Mojón o señal de piedra que marca el límite de un territorio o indica la dirección un camino. ‖ Acontecimiento importante que significa un cambio en el desarrollo de un proceso y constituye un punto de referencia en la historia o en la vida de algo o alguien. *La aparición de la imprenta significó un hito en la historia de la cultura.*
hobby *s. m.* Actividad u ocupación que se realiza durante el tiempo libre, por afición, entretenimiento o por placer.
hocico *s. m.* Parte saliente y prolongada de la cabeza de algunos animales en donde tienen la boca y la nariz. ‖ *fam.* Boca de una persona, especialmente cuando la tiene prominente. ‖ *loc. Meter el hocico:* entrometerse con indiscreción en asuntos que no son de su incumbencia. *¡Ve a meter tu hocico a otra parte!*
hocicón, cona *adj.* Se dice de la persona que tiene jeta o boca saliente. ‖ Se aplica al animal con mucho hocico. ‖ *Méx.* Se aplica a la persona que es impertinente o grosera al hablar o que dice mentiras a sabiendas.
hockey *s. m.* Deporte que se juega entre dos equipos y consiste en meter un disco o una pelota pequeños en la portería contraria golpeado con palo o bastón largo curvo en su parte inferior en forma de L.
hogaño *adv.* En este año o en esta época. *«Hogaño» es lo contrario de «antaño».*
hogar *s. m.* Casa o lugar donde vive una persona. ‖ Lugar de una casa donde se hace fuego, como la chimenea o la cocina. ‖ Familia o grupo de personas emparentadas, que vive junta bajo un mismo techo. *Mis padres y mi hermana son mi hogar.*
hogareño, ña *adj.* Relativo a la casa o al hogar. ‖ Que gusta de estar en casa y disfruta del hogar y de la vida en familia.
hogaza *s. f.* Pan grande de forma redondeada.
hoguera *s. f.* Fuego con mucha llama que se hace en el suelo al aire libre con leña u otro material.
hoja *s. f.* Órgano de las plantas que crece en las ramas o el tallo, generalmente de color verde, ligera, plana y delgada, en el que se realiza la fotosíntesis. ‖ Cada uno de los pétalos que forman la corola de una flor. ‖ Lámina delgada de cualquier material. *¿Tienes hojas de papel cuadriculadas?* ‖ En los libros, cuadernos, revistas u otros objetos encuadernados, cada una de las partes que resultan de doblar el papel para formar el pliego. ‖ En las puertas o ventanas, cada una de las partes que se abren o cierran. ‖ Cuchilla de las armas blancas y herramientas. *La hoja de esta navaja es de acero templado.*
hojalata *s. f.* Lámina delgada y lisa de hierro o acero cubierta por una capa fina de estaño. *La salsa viene en envase de hojalata.*
hojalatería *s. f.* Establecimiento donde se hacen o venden piezas de hojalata.
hojalatero, ra *s.* Persona que hace, vende o arregla piezas de hojalata.

hojaldre *s. m.* Masa de harina que, al cocerse en el horno, forma muchas hojas muy delgadas y superpuestas unas a otras. || Dulce hecho con esta masa.

hojarasca *s. f.* Conjunto de hojas que han caído de los árboles. || Cosa inútil y de poca sustancia, especialmente en un discurso o texto que no aportan significado. *Ésta es una novela con mucha hojarasca.*

hojear *t.* Pasar las hojas de un periódico, una revista o un libro de manera rápida, observando o leyendo su contenido de modo superficial.

hojuela *s. f.* Dulce que se elabora con una hoja fina de masa de harina frita en aceite, y se suele comer con azúcar o miel. || Cada una de las hojas que forman parte de otra compuesta.

holandés, desa *adj.* Perteneciente o relativo a esta región de los Países Bajos, en Europa. || *s.* Persona que es de Holanda. || *s. m.* Idioma hablado en Holanda.

holding *s. m.* Forma de organización empresarial en la que una compañía financiera posee la mayoría de las acciones de otras empresas, a las que controla.

holgado, da *adj.* Ancho, amplio y sobrado para lo que ha de contener. *Me gustan estos pantalones porque son holgados.* || Que tiene una ventaja amplia, superior a la necesaria. *El candidato obtuvo un triunfo holgado en las elecciones.* || Se aplica a la situación económica que permite vivir con desahogo o bienestar aunque sin riqueza. *Lleva una vida sin lujos, pero holgada.*

holganza *s. f.* Descanso, reposo, ociosidad. || Carencia de trabajo.

holgar *intr.* Estar ocioso, porque no tiene trabajo o porque ya lo ha concluido. || Ser una cosa innecesaria o estar de sobra. *El asunto está muy claro, huelgan los comentarios.* || *pr.* Divertirse, entretenerse con gusto o alegrarse de algo. *Se fue a un balneario a holgarse con su familia.*

holgazán, zana *adj. y s.* Se aplica a la persona que no le gusta trabajar, que es perezosa y ociosa.

holgazanear *intr.* Pasar una persona el tiempo ocioso por pereza o falta de atención e interés.

holgura *s. f.* Amplitud o anchura de una cosa, con espacio suficiente para que algo o alguien quepa en ella con espacio de sobra. *Viajamos en el autobús con holgura.* || Espacio que queda entre dos cosas que están encajadas una dentro de la otra. *Para que aprieten las patas de la silla no deben tener holgura.* || Desahogo o bienestar económico, condiciones suficientes para vivir bien. *Logró ahorrar lo suficiente para vivir con holgura sus últimos años.*

hollar *t.* Pisar dejando marcada la huella. || Humillar, despreciar, abatir.

hollejo *s. m.* Piel delgada que cubre algunas frutas, legumbres y tubérculos.

hollín *s. m.* Polvo negro, fino y grasiento que deposita el humo en una superficie.

holmio *s. m.* Elemento químico metálico del grupo de los lantánidos, relativamente dúctil y maleable; de brillo metálico, tiene propiedades eléctricas y magnéticas peculiares; su número atómico es 67 y su símbolo Ho.

holocausto *s. m.* Ceremonia religiosa antigua de los judíos que consistía en la cremación total de un animal. *Al final de la jornada ofrecieron en holocausto a una cabra.* || Exterminio sistemático y deliberado de los judíos por los nazis durante la Segunda Guerra Mundial. || Sacrificio que hace una persona por el beneficio de otras.

holoceno, na *adj.* Se aplica a la época geológica que es la última, y actual, del periodo Cuaternario de la era Cenozoica. || Perteneciente o relativo a dicha época.

holografía *s. f.* Técnica fotográfica que permite formar la imagen tridimensional de un objeto mediante el efecto óptico provocado por la luz coherente de un rayo láser.

holograma *s. m.* Placa fotográfica producida mediante la técnica holográfica. || Imagen obtenida mediante la técnica holográfica.

hombre *s. m.* Ser racional, varón o mujer, perteneciente al género humano, caracterizado por su inteligencia y lenguaje articulado, el único capaz de modificar el medio ambiente en el que vive y aumentar voluntariamente su población. || Persona de sexo masculino. || Varón adulto. || *fam.* Pareja sentimental de una mujer. || Unido con algunos sustantivos por medio de la preposición «de», el que posee las cualidades o cosas significadas por los sustantivos. *Además de hombre de valor, lo es de honor y de trabajo.* || *interj.* ¡Hombre!: indica admiración, sorpresa, extrañeza o disgusto. *¡Hombre, qué gusto verte de nuevo!* || *loc.* Hombre de bien: el que es honesto y cumplidor. || *Hombre de palabra:* el que cumple lo que promete. *Debes confiar en lo que te dice, es un hombre de palabra.* || *De hombre a hombre:* expresión que indica que dos hombres hablan entre sí con confianza y franqueza.

hombrera *s. f.* Especie de almohadilla que se coloca bajo la tela de una prenda de vestir en la parte correspondiente a los hombros para realzar su forma. || Pieza de tela o cordón que, sobrepuesto a los hombros en el uniforme militar, sirve de defensa y para la sujeción de correas y cordones del vestuario, y a veces como insignia del personal jerárquico. || Pieza del equipo deportivo que cubre y protege los hombros. || Tira de tela que pasa por los hombros para sujetar algunas prendas de vestir.

hombría *s. f.* Conjunto de cualidades morales que se consideran propias de un hombre. *Ante las vejaciones no podía menos que actuar con hombría.*

hombro *s. m.* Parte superior y lateral del tronco del ser humano, a uno y otro lado de la cabeza, que corresponde a su unión con el brazo. || Parte de una prenda de vestir que cubre esa zona del cuerpo. || *loc. Encogerse de hombros:* levantarlos como de indiferencia a lo que oye o ve, o por no saber o no querer responder a una pregunta. *Por toda respuesta, se encogió de hombros.* || *Hombro con hombro:* unir esfuerzos, actuar en conjunto. *Para salir adelante tendremos que trabajar hombro con hombro.* || *Mirar por encima del hombro:* despreciar o desdeñar por considerarse superior. *Desde que tiene dinero mira a los parientes por encima del hombro.*

hombruno, na *adj.* Se dice de la mujer que tiene características consideradas masculinas.

homenaje *s. m.* Demostración de respeto, admiración o veneración hacia una persona. || Acto o serie de actos que se celebran en honor de una persona.

homenajeado, da *adj.* Que recibe un homenaje.

homenajear *t.* Rendir homenaje a una persona o a su memoria.

homeópata *adj.* Se aplica al médico especialista en homeopatía.

homeopatía *s. f.* Técnica de tratamiento de enfermedades basada en el principio de que lo semejante se cura con lo semejante.

homeotermo, ma *adj.* Se aplica al animal capaz de mantener la temperatura de su cuerpo para que ésta sea constante independientemente de la temperatura ambiental.

homicida *adj. y s. com.* Se aplica a la persona que ha dado muerte a otra. || Se aplica a la cosa causante de la muerte a una persona.

homicidio *s. m.* Muerte que una persona causa a otra.

homínido *adj.* Se aplica al mamífero del orden de los primates superiores, que anda sobre dos pies en posición erguida, con gran desarrollo cerebral, gran inteligencia y capacidad racional. || *s. m. pl.* Familia, constituida por estos mamíferos, a la que pertenecen el hombre y los australopitecos.

homofobia *s. f.* Rechazo hacia los homosexuales.

homófono, na *adj.* Se aplica a la palabra que suena igual que otra pero tiene distinto significado.

homogéneo, a *adj.* Que está compuesto por elementos que son del mismo género o comparten la misma naturaleza. || Se aplica a la mezcla de sustancias cuya composición y estructura es uniforme.

homógrafo, fa *adj.* Se aplica a la palabra que se escribe igual que otra pero tiene distinto significado.

homologar *t.* Poner en relación de igualdad dos cosas o en correspondencia por tener características comunes o ejercer la misma función. *Se deben homologar los planes de estudio para hacerlos equivalentes.* || Verificar una autoridad oficial que las características y calidad de una cosa, como un producto comercial, cumplen determinadas especificaciones. || Registrar y confirmar un organismo autorizado el resultado de una prueba deportiva de acuerdo con la normativa vigente.

homólogo, ga *adj.* Se aplica a la cosa que se corresponde con otra, por ser semejantes o iguales entre sí. *El embajador ante la ONU se reunió con sus homólogos de otras naciones.* || Se aplica al término que significa lo mismo que otro. *«Crepúsculo», «orto» y «ocaso» son voces homólogas.* || Que desempeñan la misma función o presentan el mismo comportamiento. *Los medicamentos de marca y los genéricos son homólogos.* || Se aplica a los apéndices u órganos de especies diferentes, que han evolucionado de la misma estructura de un ancestro común. *La aleta de la ballena y la mano de un primate son estructuras homólogas.*

homónimo, ma *adj.* Se aplica a la palabra que tiene la misma escritura o pronunciación que otra, pero tiene distinto significado. || Se aplica a la persona o cosa que tiene el mismo nombre que otra.

homosexual *adj.* Perteneciente o relativo a la homosexualidad. || *s. com.* Persona que siente atracción sexual hacia personas de su mismo sexo o que mantiene relaciones sexuales con ellas.

honda *s. f.* Tira de cuero u otro material flexible que, doblada y atada a dos correas, se hace girar para lanzar piedras.

hondo, da *adj.* Que tiene profundidad o mucha distancia desde la superficie o parte superior hasta el fondo. || Se dice de una parte que está más baja que lo circundante. || Profundo, recóndito. *Se internaron en lo más hondo de la selva.* || Se aplica a la sensación o el sentimiento que es intenso o vivo. *Sus alumnos le dieron una honda decepción.*

hondonada *s. f.* Parte de un terreno más honda que las zonas que lo circundan.

hondura *s. f.* Distancia que hay desde la superficie o la parte superior de una cosa hasta el fondo. || Intensidad de una sensación o un sentimiento. *La amaba con gran hondura.*

hondureño, ña *adj.* Perteneciente o relativo a este país de América Central. || *s.* Persona que es de Honduras.

honestidad *s. f.* Cualidad de honesto.

honesto, ta *adj.* Se aplica a la persona que actúa conforme a las normas morales, que es honrado, recto, incapaz de engañar, defraudar o apropiarse de lo ajeno. || Que es razonable, justo. *Renunciar a sus exigencias fue lo más honesto que se podía esperar.*

hongo *s. m.* Organismo que carece de clorofila y crece generalmente en lugares húmedos; se reproduce por lo general de forma asexual, por esporas; suele ser parásito o vive sobre materias orgánicas en descomposición. || Sombrero de fieltro de copa baja y redondeada.

honor *s. m.* Cualidad moral de la persona que actúa de acuerdo con las normas establecidas que se consideran apropiadas y que, por su conducta, es merecedora de consideración y respeto. || Respeto y buena reputación que tiene una persona por sus virtudes y buenas cualidades morales. || Cosa por la que alguien se siente muy halagada o enaltecida. *El reconocimiento que me confieren es un honor para mí.* || *s. m. pl.* Manifestación pública de respeto, admiración y estima que se ofrece a una persona o a un símbolo.

honorable *adj.* Se aplica a la persona que actúa con honradez, que es digna de ser honrado. || Se aplica al hecho o la acción de conservar la dignidad, el respeto y la buena opinión de una persona. *La renuncia al cargo era la única salida honorable que le quedaba.* || Tratamiento honorífico que se da a determinados cargos o dignidades. *Se dirigió con toda solemnidad al honorable Congreso de la Unión.*

honorario, ria *adj.* Honorífico, que sirve para honrar a alguien. || Se aplica al cargo o empleo que posee los honores inherentes, pero no recibe beneficios económicos porque no lo tiene en propiedad. || *s. m. pl.* Sueldo o cantidad de dinero que se cobra en algunas profesiones liberales.

honra *s. f.* Estima y respeto de la dignidad propia. || Buena reputación, ser intachable por su conducta conforme a las normas morales. || Demostración de respeto, admiración y estima hacia una persona. || Según la moral tradicional, pudor, recato de la mujer, especialmente en materia sexual. || *pl.* Oficio que se celebra por los difuntos. *Ayer celebraron las honras fúnebres del abuelo.*

honradez *s. f.* Cualidad de la persona honrada, que actúa con integridad y rectitud, conforme a las normas morales que se consideran adecuadas.

honrar *t.* Mostrar respeto y estima hacia una persona. || Reconocer o premiar los méritos de una persona. || Dar honor. *Sus buenas acciones le honran.* || En fórmulas de cortesía, honor que se recibe por la asistencia o adhesión de una persona. || *pr.*

Sentirse orgulloso de ser o hacer alguna cosa. *Se honra de ser de los pioneros de ese movimiento cultural.*

hora *s. f.* Medida de tiempo que resulta de dividir el día solar en 24 partes iguales. || Momento oportuno para hacer una cosa. || *pl.* Momento desacostumbrado o inoportuno. *¿Qué horas son éstas de llegar?* || Periodo de tiempo o momento indeterminado. *Estuve horas esperando.* || *loc.* Hora pico: aquella en que hay más demanda de algo.

horadar *t.* Hacer un agujero en una cosa atravesándola de parte a parte.

horario, ria *adj.* Perteneciente o relativo a las horas. || *s. m.* Manecilla de reloj que señala las horas, y es más corta que el minutero. || Distribución de las horas en que se presta un servicio o se debe realizar una actividad o un trabajo.

horca *s. f.* Maderamen del que cuelga una soga que sirve para ejecutar a una persona colgándola por el cuello hasta que muere. || Palo terminado en dos puntas que sirve para sostener las ramas de los árboles. || Instrumento de labranza formado por un palo largo terminado en dos o más puntas que se usa para mover hierba o paja y para otros usos.

horcadura *s. f.* Punto del tronco de un árbol en el que crecen las ramas.

horcajadas *loc. adv.* A horcajadas: sentarse echando cada pierna a cada lado de aquello en lo que se está sentado.

horchata *s. f.* Bebida azucarada que dependiendo de los productos utilizados para su elaboración puede ser de arroz, de chufa o ajonjolí.

horda *s. f.* Comunidad nómada sin domicilio estable, de vida primitiva. || Grupo de gente armada que no pertenece a un ejército regular y que actúa sin disciplina ni organización. || Grupo de personas que actúan sin disciplina y con violencia.

horizontal *adj.* Perteneciente o relativo al horizonte. || Que es paralelo a la línea imaginaria del horizonte. || Se aplica a la línea, escritura, dibujo, etc., que está trazado de izquierda a derecha o viceversa. || Que es perpendicular a la vertical.

horizonte *s. m.* Línea aparente que separa el cielo y la tierra cuando se observa desde una perspectiva alejada. || Espacio circular limitado por esa línea. || Límite, frontera. || Periodo de tiempo a que se ajusta algo. *El estudio se limita a un horizonte de tres años.* || Conjunto de posibilidades o perspectivas. *La crisis económica nos pone frente a un horizonte sombrío.*

horma *s. f.* Molde con que se fabrica o se da forma a una cosa, especialmente el calzado. || Forma del interior de un zapato. || Instrumento que se utiliza para evitar que el calzado se deforme o para ensancharlo.

hormiga *s. f.* Nombre común de diversas especies de insectos, de cuerpo pequeño y alargado de color oscuro o rojizo y dotado de antenas y fuertes mandíbulas, que viven formando grandes colonias en galerías subterráneas o en los árboles, y come todo tipo de alimentos.

hormigón *s. m.* Material de construcción formado por una mezcla de grava, arena, agua y cal o cemento, muy resistente cuando se endurece.

hormigonera *s. f.* Máquina con que se mezclan los materiales con los que se hace el hormigón.

hormigueo *s. m.* Sensación en una parte del cuerpo, como si corrieran hormigas por ella. || Mo-

vimiento de una multitud con rapidez y en todas direcciones. || Acción y efecto de hormiguear.

hormiguero *s. m.* Perteneciente o relativo a la hormiga. || Lugar donde se crían y viven las hormigas. || Colonia de hormigas que viven en este lugar. || Lugar en que hay mucha gente en movimiento.

hormona *s. f.* Sustancia que segregan ciertas glándulas animales y vegetales que sirve para regular las funciones de otros órganos. *La adrenalina es una hormona que acelera el ritmo cardiaco.*

hornacina *s. f.* Hueco en forma de arco, practicado en un muro, para colocar una estatua o un elemento decorativo.

hornalla *s. f.* Pieza de una estufa por donde se difunde el calor y sobre la que se ponen las cazuelas.

hornear *t.* Cocer o asar una cosa dentro de un horno.

hornero, ra *s.* Persona que tiene por oficio operar un horno. || *s. m.* Pájaro de plumaje de color canela y con el cuello blanco, que hace el nido con barro y en forma de horno.

hornilla *s. f.* Hueco donde se colocan brasas o leña, con un respiradero lateral y una rejilla superior. || *Amér.* Cada uno de los quemadores de la estufa.

hornillo *s. m.* Horno pequeño y portátil, que sirve para cocinar o dar calor. || Parrilla pequeña y portátil, para cocinar o calentar alimentos.

horno *s. m.* Construcción, generalmente abovedada, provista de respiradero o chimenea o de una o varias bocas, que se calienta con leña, electricidad, gas u otra fuente de energía y sirve para cocer las cosas que se colocan en su interior. || Aparato electrodoméstico en forma de una caja que funciona con electricidad o gas y sirve para cocer, calentar o dorar alimentos. || *fam.* Lugar en el que hace mucho calor. || *loc.* Horno crematorio: el destinado a incinerar cadáveres. || *Alto horno:* construcción vertical de forma cilíndrica y gran altura, que se emplea en siderurgia para reducir los minerales de hierro. || *No estar el horno para bollos:* se refiere a la situación en la que algo resulta inoportuno o no es la apropiada para ello. *Ni le digas nada ahora, que no está el horno para bollos.*

horóscopo *s. m.* Supuesta predicción del futuro, que hace una persona a partir de la posición de los planetas del sistema solar y de los signos del zodiaco.

horqueta *s. f.* Parte de un árbol donde se juntan formando un ángulo agudo el tronco y una rama gruesa o dos ramas.

horquilla *s. f.* Pieza pequeña de alambre doblada por la mitad y con ambas partes muy juntas que se usa para sujetar el pelo. || Pieza u objeto que tiene forma de «Y» y sirve generalmente para sujetar o sostener. || Pieza de la bicicleta que va a la rueda delantera y a los manubrios.

horrible *adj.* Que causa horror o un miedo muy intenso. *Vieron un accidente horrible en la carretera.* || *fam.* Que es muy feo. *La música que le gusta es horrible.* || Que es muy grande o intenso. *Tengo un dolor de cabeza horrible.*

horrísono, na *adj.* Que causa horror y espanto con su sonido. *El león dio un rugido horrísono.*

horror *s. m.* Miedo muy intenso. || Sentimiento de aversión o repulsión hacia una cosa o una acción que se considera atroz y repugna a los sentidos o a la moral. *Los actos de los nazis fueron un horror contra la dignidad humana.*

hortaliza *s. f.* Verduras y demás plantas comestibles que se cultivan en un huerto.

hortelano, na *adj.* Perteneciente o relativo a las huertas. ‖ *s.* Persona que cultiva y cuida una huerta.

hortense *adj.* Perteneciente o relativo a las huertas.

hortensia *s. f.* Arbusto de origen japonés de hasta varios metros de altura, de flores olorosas de color rosado o azulado. ‖ Flor de esta planta.

horticultor, ra *s.* Persona que se dedica a la horticultura.

horticultura *s. f.* Cultivo de las huertas y los huertos. ‖ Técnicas de cultivar las huertas y los huertos.

hosco, ca *adj.* Que tiene malos modos o es poco amable en el trato con los demás. ‖ Se aplica al lugar, ambiente o tiempo atmosférico que resulta desagradable, poco acogedor o amenazador.

hospedaje *s. m.* Alojamiento que se da a una persona. ‖ Cantidad que se paga por este alojamiento.

hospedar *t.* Proporcionar alojamiento a una persona. ‖ *pr.* Estar alojado en un lugar.

hospedería *s. f.* Establecimiento público donde se da alojamiento a personas que pagan por ello.

hospedero, ra *s.* Dueño o encargado de una hospedería.

hospicio *s. m.* Establecimiento de beneficencia en que se da alojamiento, manutención y educación a niños pobres, abandonados o huérfanos.

hospital *s. m.* Establecimiento público o privado en que se atienden y curan enfermos.

hospitalario, ria *adj.* Perteneciente o relativo al hospital. *Con la nueva administración mejoraron los servicios hospitalarios.* ‖ Se aplica a la persona, comunidad o institución que recibe y acoge con agrado a los foráneos y necesitados. ‖ Se aplica a las órdenes religiosas que tienen por norma el hospedaje. ‖ Se aplica al lugar que resulta agradable y acogedor.

hospitalidad *s. f.* Amabilidad y atención con que se recibe y acoge a los visitantes.

hospitalizar *t.* Internar a un enfermo en un hospital o clínica.

hostal *s. m.* Establecimiento de menor categoría que un hotel donde se proporciona alojamiento y comida por una paga.

hostelero, ra *adj.* Perteneciente o relativo a la hostelería. ‖ *s.* Persona que es dueña o tiene a su cargo un establecimiento de hostelería.

hostería *s. f.* Casa donde se da alojamiento y comida por un pago.

hostia *s. f.* Hoja redonda y delgada hecha de una masa de harina y agua, que se consagra en la misa y con la que se comulga.

hostigar *t.* Acosar a una persona de manera continuada, con la intención de presionarla para lograr un fin. ‖ Molestar un ejército o grupo armado al enemigo con ataques continuados de baja intensidad para inquietarlo y hacerlo vulnerable. ‖ Azotar a una caballería con una vara o fusta para que camine o acelere el paso.

hostil *adj.* Que es contrario por enemistad o aversión hacia alguien o algo. ‖ Se aplica al medio natural difícil o adverso para la supervivencia.

hostilidad *s. f.* Cualidad de hostil. ‖ Enemistad, antipatía, aversión, actitud hostil. ‖ Enfrentamiento armado entre pueblos o ejércitos.

hostilizar *t.* Atacar al enemigo. ‖ Hostigar, acosar o molestar con insistencia a una persona.

hotelero, ra *adj.* Perteneciente o relativo al hotel. *Esta avenida se convirtió en el sector hotelero de la ciudad.* ‖ *s.* Persona que es dueña o dirige un hotel.

hoy *adv.* En el día actual. ‖ En la actualidad o en el momento presente. *Las comunicaciones de hoy se hacen a velocidad de la luz.* ‖ *loc. adv.* Hoy en día: en esta época, en la actualidad. *Hoy en día podemos conversar a grandes distancias.* ‖ *De hoy en adelante:* a partir de ahora, desde este día. *De hoy en adelante empezaré a hacer mi tarea más temprano.*

hoyar *intr.* Hacer hoyos en la tierra.

hoyo *s. m.* Concavidad u hondura hechas en una superficie, especialmente la tierra, de manera natural o artificial. ‖ Concavidad que como defecto tienen algunas superficies. ‖ Agujero pequeño y circular que hay en un campo de golf, en el que hay que meter la pelota.

hoyuelo *s. m.* Concavidad pequeña en el centro de la barbilla o el que se forma en la mejilla de algunas personas cuando se ríen.

hoz *s. f.* Herramienta curva y muy afilada en su parte cóncava, unida a un mango de madera, que sirve para segar.

hozar *t.* Escarbar un animal con el hocico en la tierra.

huacal *s. m. Amér.* Especie de jaula hecha con varillas de madera que se usa para transportar cosas. ‖ *Amér. C.* Árbol cuyos frutos, partidos por la mitad y vaciados, se usan como vasijas. ‖ Vasija que se hace con este fruto. ‖ *loc. Salirse del huacal:* desobedecer o insubordinarse.

huachinango, ga *adj. Amér.* Astuto, zalamero. ‖ Burlón. ‖ *s. m. Méx.* Pez marino de cuerpo y aletas de color rojizo, con el vientre y los costados rosados y los ojos rojo vivo.

huarache *s. m. Méx.* Sandalia tosca de cuero.

huasca *s. f. Amér.* Borrachera. ‖ Correa de cuero que sirve de rienda o látigo.

huauzontle *s. m. Méx.* Hierba comestible; sus racimos de flores pequeñas se guisan como alimento con queso y salsa.

hueco, ca *adj.* Que está vacío en su interior. ‖ Que está vacío de contenido, que es superficial. *El lenguaje de su ensayo es hueco.* ‖ Se aplica al sonido profundo, que retumba. *Este paquete ha de estar vacío, suena hueco.* ‖ *s. m.* Agujero o abertura en una superficie. ‖ Espacio vacío. ‖ Intervalo de tiempo libre en las actividades de una persona. *Hago un hueco en el trabajo y nos vemos para platicar.* ‖ Puesto o lugar que queda por ocupar. *Lo contrataron para llenar el hueco en el departamento de ventas.* ‖ Falta o ausencia. *Con su retiro dejará un hueco difícil de llenar.*

huelga *s. f.* Suspensión colectiva de la actividad laboral en una empresa o institución, con el fin de obtener reivindicaciones para los trabajadores. ‖ Tiempo en que se está sin trabajar. ‖ *loc. Huelga de hambre:* abstinencia total y pública de alimentos que, para protestar o buscar una reivindicación, hace una persona o grupo de personas. ‖ *Huelga general:* la que se realiza de manera simultánea en todas las actividades de una región o país.

huelguista *s. com.* Persona que participa en una huelga.

huella *s. f.* Señal dejada en un lugar por la pisada de una persona o animal, las ruedas de un vehículo o cosa similar. || Vestigio que queda de algo. *Su rostro muestra huellas de cansancio.* || *fig.* Impresión que deja en alguien un suceso o una persona. || Plano horizontal de los peldaños de una escalera. || Profundidad de un escalón. || *loc. Huellas dactilares:* marcas que dejan sobre una superficie los surcos de la piel de la yema de los dedos.

huemul *s. m.* Cérvido de las estepas y bosques abiertos de los Andes australes, de cuerpo robusto, cola corta con la parte inferior blanca, orejas largas y pelaje marrón, corto y áspero.

huérfano, na *adj.* y *s.* Persona menor de edad a la que se le ha muerto el padre o la madre, o ambos. || *adj. fig.* Que carece de algo, sobre todo de protección y amparo. || *Amér.* Expósito.

huerta *s. f.* Terreno amplio, de tamaño mayor que el huerto, destinado al cultivo de árboles frutales, legumbres y hortalizas. || En ciertas regiones, tierra de regadío. || *Arg.* En el norte argentino, terreno cultivado en el que predominan las matas de sandía.

huerto *s. m.* Terreno de pequeña extensión donde se cultivan árboles frutales, hortalizas y legumbres.

hueso *s. m.* Cada una de las partes sólidas y duras que forman el esqueleto de un animal vertebrado. || Envoltura de consistencia leñosa de las semillas de algunas frutas. || *Méx. fig.* Cargo político que alguien consigue manejando sus influencias. || *pl. Restos mortales.* || *pl. fam.* Cuerpo de una persona. || *loc. A otro perro con ese hueso:* se usa para descalificar a quien cuenta un embuste o pretende hacer creer algo falso. || *Estar alguien en los huesos:* estar muy flaco.

huésped, da *s.* Persona que se aloja gratuitamente en la casa de otra. || Persona que, a cambio de un pago, se aloja en un hotel o una pensión. || Anfitrión, persona que aloja en su casa a otras que ha invitado. || *s. m.* Organismo vivo a cuyas expensas vive un parásito.

hueste *s. f.* Conjunto de partidarios de una causa o persona. || Multitud, muchedumbre. || Conjunto de las tropas de un ejército que participan en una campaña o acción militar. || Durante la Edad Media, servicio militar consistente en realizar alguna expedición, al que los señores obligaban a sus vasallos.

huesudo, da *adj.* Dicho de una persona, que tiene los huesos muy salientes y marcados. || *loc. Méx.* y *Salv. La huesuda:* la muerte, representada como un esqueleto humano.

hueva *s. f.* Masa ovalada recubierta por una membrana que forman los huevos de los peces en el interior de sus cuerpos. || *Chil. vulg.* Testículos. || *Méx. vulg.* Flojera, pereza.

huevera *s. f.* Copa pequeña en la que se sirven los huevos cocidos.

huevo *s. m.* Célula resultante de la fecundación que, tras sucesivas subdivisiones, da origen a un nuevo ser. || Cuerpo esférico u ovalado, protegido por un cascarón duro o una membrana fuerte, que ponen las aves, reptiles y peces; dentro se hallan el embrión y las sustancias de reserva con que éste se alimenta. || Gameto femenino maduro sin fecundar. || *pl. vulg.* Testículos.

huevón, vona o **güevón, vona** *adj. Méx. vulg.* Haragán, perezoso, flojo y lento. || *Nic.* Valiente, animoso. || *adj.* y *s. Amér. vulg.* Bobalicón, ingenuo, lento de entenderas. || *Amér. Merid.* y *Méx. vulg.* Imbécil, estúpido.

huichol, la *adj.* y *s.* Se dice de la persona nacida en un pueblo indígena que habita en Jalisco, Nayarit y Durango, en México.

huidizo, za *adj.* Dicho de una persona o animal, que huye o que tiende a huir. || Breve, fugaz.

huipil *s. m. Guat., Hond.* y *Méx.* Blusa suelta corta, cerrada y sin mangas para mujer. || *Guat.* y *Méx.* Prenda de vestir femenina de origen indígena, a manera de túnica larga sin mangas, que se usa sobre una falda.

huir *intr.* Escapar, alejarse de un lugar para evitar un daño o peligro. || Alejarse velozmente de algo o alguien que amenaza. || *fig.* Transcurrir el tiempo rápidamente. || *intr.* y *t.* Evitar toparse con alguien o apartarse de algo molesto o perjudicial.

huitlacoche o **cuitlacoche** *s. m. Méx.* Hongo comestible que crece parásito en las mazorcas tiernas del maíz; es de color blanco grisáceo con el interior negro.

huizache *s. m. Méx.* Árbol de corteza delgada y ramas espinosas; su fruto son unas vainas largas de color oscuro de las que se saca una sustancia negruzca que sirve para hacer tinta.

hule *s. m.* Caucho. || *Amér.* Goma. || *Méx.* Árbol de unos 25 m de altura y hojas alargadas y ásperas que se cultiva en regiones cálidas y húmedas; de su tronco se extrae el caucho. || *Méx. fam.* Tela recubierta de caucho o plástico por uno de sus lados para hacerla impermeable.

hulero, ra *adj.* Perteneciente o relativo al hule. *La industria hulera.* || *s. Amér.* Persona cuyo oficio consiste en recoger el hule o goma elástica.

hulla *s. f.* Combustible fósil mineral sólido, de color negro, rico en carbono.

humanidad *s. f.* Conjunto de todos los seres humanos que habitan nuestro planeta. || Naturaleza humana, condición de humano. || *fam.* Compasión, amor y bondad hacia los otros. || *fam.* Corpulencia, gordura. || *fam.* Muchedumbre. || *pl.* Conjunto de conocimientos y estudios relacionados con las ciencias humanas.

humanismo *s. m.* Conjunto de las tendencias intelectuales y filosóficas que buscan el desarrollo de las cualidades esenciales del ser humano. || Movimiento intelectual cuyo método y filosofía estaban basados en el estudio de los textos antiguos.

humanista *s. com.* Persona versada en las humanidades. || Intelectual o escritor que durante los siglos XIV y XV se dedicó a revalorar las obras de la antigüedad clásica. || Filósofo cuyo pensamiento se basa en el desarrollo de las cualidades fundamentales del ser humano. || *adj.* Humanístico.

humanitario, ria *adj.* Solidario, caritativo con los demás, particularmente cuando ha ocurrido una guerra o un desastre.

humanizar *t.* y *pr.* Hacer a alguien, o algo, más humano, menos duro o cruel.

humano, na *adj.* Perteneciente o relativo al hombre y a la mujer como individuos, o a la humanidad.

‖ Propio de las personas como seres imperfectos. *Es humano sentir envidia.* ‖ *fig.* Compasivo, solidario o benévolo con los demás. ‖ *s. m.* Individuo de la especie humana, persona.

humanoide *adj.* Que tiene rasgos o características semejantes a las del ser humano. ‖ *s. com.* Ser o robot parecido a un ser humano.

humareda *s. f.* Emisión abundante de humo.

humear *intr.* y *pr.* Desprender humo alguna cosa. ‖ Desprender algo vapor o vaho. ‖ *fig.* Quedar resabios de algo pasado, como una enemistad o una riña. ‖ *t. Amér.* Fumigar.

humectante *adj.* Que humecta o humedece. ‖ *s. m.* Sustancia que estabiliza el contenido de agua de un material, o de la piel humana.

humectar *t.* Producir o causar humedad.

humedad *s. f.* Cualidad de húmedo. ‖ Cantidad de un líquido que impregna un cuerpo o material. ‖ Cantidad de vapor de agua que está presente en el ambiente o en un lugar.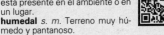

humedal *s. m.* Terreno muy húmedo y pantanoso.

humedecer *t.* y *pr.* Mojar algo ligeramente.

húmedo, da *adj.* Que está ligeramente mojado. ‖ Que está cargado de vapor de agua. ‖ Se dice del clima o territorio en el que llueve mucho o el aire contiene gran cantidad de vapor de agua.

húmero *s. m.* Hueso largo del brazo, que se articula en el hombro por la escápula y en el codo con el cúbito y el radio.

humidificador *s. m.* Aparato para aumentar la humedad en el aire de un recinto.

humidificar *t.* Transmitir humedad al ambiente por medios artificiales.

humildad *s. f.* Ausencia de orgullo y presunción; conocimiento de las propias debilidades y limitaciones. ‖ Sumisión voluntaria a algo o alguien. ‖ Condición social modesta o baja.

humillar *t.* Inclinar o bajar la cabeza o la rodilla como señal de sumisión. ‖ *fig.* Menoscabar la dignidad o el orgullo de alguien, o hacer que los pierda. ‖ *pr.* Adoptar alguien una actitud de inferioridad ante otra persona.

humo *s. m.* Conjunto de los gases y minúsculas partículas sólidas que se desprenden de los materiales en combustión. ‖ Vapor que exhala cualquier cosa que esté hirviendo o en fermentación. ‖ *pl. fig.* Orgullo, vanidad, soberbia. ‖ *loc. fam.* Bajar los humos a alguien: humillarlo. ‖ *loc.* Cortina de humo: conjunto de hechos con que se pretende desviar la atención para ocultar la realidad.

humor *s. m.* Particular disposición del ánimo, ya sea habitual o pasajera. ‖ Jovialidad, buena disposición. ‖ Facultad para apreciar y manifestar los aspectos cómicos o ridículos de la realidad cotidiana. ‖ *ant.* Cada uno de los diferentes líquidos del interior de un organismo vivo. ‖ *loc. Humor de todos los diablos,* o *de perros:* mal humor muy acentuado. ‖ *Humor negro:* género humorístico que se desarrolla a partir de situaciones desgraciadas, trágicas o desagradables.

humorismo *s. m.* Manifestación y captación de los aspectos cómicos, ridículos o irónicos de la realidad cotidiana.

humorista *s. com.* Persona cuyo oficio consiste en provocar la risa del público, sea en presentaciones personales, por escrito o por medios gráficos.

humus *s. m.* Componente del suelo que resulta de la descomposición parcial de residuos animales o vegetales realizada por microorganismos.

hundido, da *adj.* Derruido, sumergido, hincado, deshecho. ‖ Abatido, apabullado, confundido.

hundimiento *s. m.* Acción y efecto de hundir o hundirse. ‖ En medicina, tipo de fractura en el que se presenta una depresión del fragmento roto sobre planos inferiores.

hundir *t.* y *pr.* Sumergir, introducir algo por completo en un líquido. ‖ Introducir o introducirse algo de manera total en una masa o materia. ‖ Derrumbar o derrumbarse una construcción o edificio. ‖ Hacer que algo descienda de la superficie en la que se apoya. ‖ *fig.* Arruinar a alguien o perjudicarlo mucho. ‖ *fig.* Provocar que algo fracase. ‖ *t. fig.* Derrotar a alguien en una discusión o una lucha. ‖ *pr. fig.* Producirse mucho ruido y alboroto en un lugar.

húngaro, ra *adj.* y *s.* Originario de Hungría. ‖ *s. m.* Magiar, lengua ugrofinesa que se habla principalmente en Hungría.

huno, na *adj.* y *s.* De un pueblo nómada asiático, pastor y guerrero, probablemente de origen mongol.

huracán *s. m.* Tempestad muy violenta con fuertes golpes de viento. ‖ Viento muy fuerte. ‖ *fig.* Cosa o persona de gran fuerza e ímpetu que trastorna todo lo que encuentra a su paso.

huraño, ña *adj.* Persona que rehúye el trato y la conversación con los demás.

hurgar *t.* y *pr.* Remover con insistencia un hueco o el interior de algo. ‖ *t. fig.* Andar fisgando en los asuntos ajenos.

hurón, na *s.* Pequeño mamífero de la familia de los mustélidos, de cuerpo alargado y esbelto, patas cortas y pelaje suave; se utiliza para la caza de conejos o como mascota. ‖ *s.* y *adj. fig.* y *fam.* Persona huraña e intratable. ‖ *fig.* y *fam.* Persona que gusta de curiosear o fisgar en las vidas y asuntos ajenos.

hurtadillas *loc.* A hurtadillas: De manera disimulada o furtiva. *Los niños entraron a hurtadillas a la cocina y se comieron el pan.*

hurtar *t.* Cometer un hurto. ‖ Escatimar un comerciante, en perjuicio del cliente, la medida o peso de una mercancía. ‖ *t.* y *pr.* Ocultar algo, o desviarlo y apartarlo de su trayectoria.

hurto *s. m.* Robo que se comete furtivamente, sin violencia ni intimidación. ‖ Producto de este tipo de robo.

husmear *t.* Rastrear algo con el olfato. ‖ *fig.* y *fam.* Tratar alguien de enterarse de asuntos que no le conciernen.

huso *s. m.* Instrumento en forma de cilindro para torcer y enrollar el hilo en el hilado a mano. ‖ En biología, conjunto de filamentos que aparecen durante la división celular. ‖ En la industria textil, instrumento cónico alrededor del cual se enrollan los hilos. ‖ *loc. Huso horario:* cada uno de los 24 husos geométricos convencionales en que se divide la superficie de la Tierra, y cuyos puntos tienen la misma hora legal.

i *s. f.* Novena letra del alfabeto español y tercera de sus vocales. ‖ En matemáticas, dentro de la teoría de los números complejos, unidad llamada «imaginaria», cuyo cuadrado es igual a −1. ‖ En la numeración romana, signo que equivale al uno. ‖ *loc. Poner los puntos sobre las ies:* expresarse de forma clara y definida, puntualizar.

ibérico, ca *adj.* Ibero. ‖ Relativo a España y Portugal en conjunto.

ibero, ra o **íbero, ra** *adj. y s.* De los pueblos prerromanos que habitaron las zonas mediterránea y meridional de la península ibérica. ‖ *s. m.* Lengua preindoeuropea que hablaban los iberos.

iberoamericano, na *adj. y s.* De las naciones que forman parte de Iberoamérica. ‖ *adj.* De dichas naciones, y de España y Portugal a la vez.

íbidem *adv.* De allí mismo, o en el mismo lugar. Se abrevia *íbid.* o *ibid.*

iceberg *s. m.* Bloque enorme de hielo desprendido de los glaciares, que flota en las regiones polares del océano.

icono o **ícono** *s. m.* Imagen de Cristo, de la Virgen o de algún santo característica de las iglesias de oriente de la tradición bizantina. ‖ En informática, símbolo gráfico que corresponde a la ejecución de alguna función y que aparece en la pantalla de la computadora. ‖ En lingüística, signo en el que se da una relación de analogía con la realidad exterior.

iconoclasta *adj. y s. com.* Perteneciente o relativo a la iconoclasia, o partidario de dicha doctrina. ‖ Por extensión, se dice de la persona enemiga de signos y emblemas, ya sean religiosos, políticos o deportivos. ‖ Persona que rechaza cualquier valor establecido.

iconografía *s. f.* Estudio descriptivo de las diferentes representaciones plásticas y gráficas de que ha sido objeto un sujeto determinado. *La iconografía mariana.* ‖ Conjunto clasificado de las imágenes correspondientes a dicho estudio. ‖ Colección de retratos de un personaje.

iconográfico, ca *adj.* Perteneciente o relativo a la iconografía.

icosaedro *s. m.* Cuerpo geométrico que tiene veinte caras planas; las del regular son triángulos equiláteros iguales.

icoságono *adj. y s. m.* Figura geométrica de veinte lados.

ictericia *s. f.* Enfermedad que se caracteriza por la coloración amarilla de la piel, ocasionada por la presencia de pigmentos biliares en la sangre y en los tejidos.

ictiófago, ga *adj. y s.* Que se alimenta de peces.

ictiología *s. f.* Parte de la zoología que estudia y describe los peces.

ida *s. f.* Acción y efecto de ir o irse.

idea *s. f.* Representación mental de una cosa, sea ésta real o imaginaria. ‖ Noción o concepción elemental de algo. ‖ Propósito de realizar alguna actividad. ‖ Ocurrencia o hallazgo. ‖ Manera en que algo se interpreta. ‖ Ingenio, inventiva o maña para realizar cosas. ‖ Parte sustancial de una doctrina o razonamiento. ‖ Proyecto, esquema o boceto de algo. ‖ *pl.* Creencia o ideología política o religiosa.

ideal *adj.* Perteneciente o relativo a la idea o las ideas. ‖ Que sólo existe en la imaginación. ‖ Que es modelo de excelencia, o perfecto en su clase. ‖ *s. m.* Perfección que imagina el espíritu sin poder alcanzarla por completo.

idealismo *s. m.* Tendencia a idealizar las cosas. ‖ Filosofía que reduce la realidad al ser, y el ser al pensamiento.

idealista *adj. y s. com.* Perteneciente o relativo al idealismo. ‖ Partidario de dicha doctrina filosófica.

idealización *s. f.* Acción y efecto de idealizar. En psicoanálisis, proceso por el que el objeto del deseo de alguien aumenta, en la imaginación de éste, sus cualidades, o es investido de atributos que en la realidad no posee.

idealizar *t.* Considerar a una persona o una cosa como perfectas, o modelos dignos de ser imitados.

idear *t.* Discurrir, pensar. ‖ Inventar, proyectar, trazar.

ideario *s. m.* Colección de las ideas principales de un autor, personaje histórico, escuela de pensamiento, etc.

ídem *pron.* Procedente del pronombre latino *idem*, significa «el mismo» o «lo mismo»; se usa para evitar repeticiones, por ejemplo cuando en un texto se cita varias veces la obra de un autor; se abrevia íd. o id.

idéntico, ca *adj.* Que es completamente igual a otro de su clase, o muy parecido.

identidad *s. f.* Cualidad de idéntico. ‖ En matemáticas, igualdad en la que ambos miembros toman valores numéricos iguales para todo el sistema de valores atribuido a las variables. ‖ *loc. Amér. Cédula* o *carnet de identidad:* documento oficial emitido por una autoridad competente, para la identificación personal de los ciudadanos.

identificable *adj.* Que puede ser identificado.

identificación *s. f.* Acción y efecto de identificar o identificarse. ‖ En psicoanálisis, proceso psíquico por el cual un sujeto se asimila a otra persona o a un objeto afectivo. ‖ Documento oficial con la fotografía y los datos de una persona, el cual permite identificarla.

identificar *t.* Reconocer que una persona, animal o cosa es la misma que se supone o se busca. ‖ *t. y pr.* Considerar dos o más cosas como idénticas. ‖ *pr.*

Creciendo saludablemente

Aumento de estatura de 6 cm por año.

Ejercicio

Alimentación
saludable

Dormir
adecuadamente

¿Cómo saber si estoy creciendo bien?

Peso (kg)

El peso y la talla nos permiten valorar
el crecimiento porque con ellas es
posible calcular el Índice de Masa
Corporal (IMC).

Talla (m)

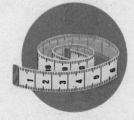

¿Cómo lo calculo?

dividir el peso en kilogramos, entre
el cuadrado de la talla en metros.

$$\frac{\text{Peso (kg)}}{\text{Talla}^2 \text{ (m)}}$$

Ejemplo: $\dfrac{34.5 \text{ kg}}{1.5 \text{ m} \times 1.5 \text{ m}} = 15.3$

Calcula tu imc e identifica tu estado nutricional usando la siguiente tabla:

	Varones				Mujeres			
Edad (años)	Bajo peso	Peso normal	Sobrepeso	Obesidad	Bajo peso	Peso normal	Sobrepeso	Obesidad
8	<14.2	14.2 - 17.9	17.9 - 20.1	>20.1	<14.0	14.0 - 18.3	18.3 - 20.6	>20.6
9	<14.4	14.4 - 18.8	18.6 - 21.1	>21.1	<14.2	14.2 - 19.2	19.2 - 21.8	>21.8
10	<14.6	14.6 - 19.4	19.4 - 22.1	>22.2	<14.6	14.6 - 19.9	19.9 - 22.9	>22.9
11	<15.0	15.0 - 20.2	20.2 - 23.2	>23.2	<14.9	14.9 - 20.8	20.8 - 24.1	>24.1

*Índice de Masa Corporal por edad y sexo**

*Centers for Disease Control / National Center for Health Statistics (cdc/c

< Menor que   >Mayor c

Mi imc es: _____

Consecuencias de una mala alimentación

El peso es un factor importante de tu salud, éste depende de tu estatura y de si eres niño o niña. H
pesos que nos son saludables; esto se determina con base en el imc propuesto por la Organizaciór
Mundial de la Salud (oms).

| Bajo peso | Peso normal | Sobrepeso | Obesidad |

El sobrepeso y la obesidad son factores de riesgo para enfermedades cardiovasculares, dificultade
respiratorias, resistencia a la insulina, diabetes y trastornos del aparato locomotor.

¿Cómo puedo mantener un peso saludable?

Practicando actividad física y con una alimentación saludable, que incluya alimentos de los tres grupos del Plato del Bien Comer.

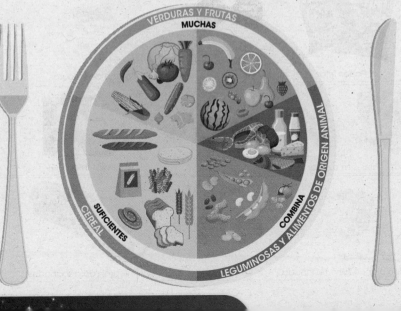

Acciones para mejorar mi alimentación

Sustituye los alimentos altos en azúcares y grasas que se muestran en el lado izquierdo de la tabla por opciones sanas como las que se muestran del lado derecho.

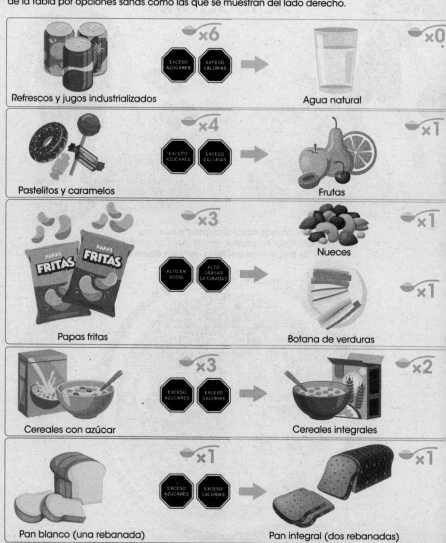

Refrescos y jugos industrializados	EXCESO AZÚCARES · EXCESO CALORÍAS ×6	→	Agua natural ×0
Pastelitos y caramelos	EXCESO AZÚCARES · EXCESO CALORÍAS ×4	→	Frutas ×1
Papas fritas	ALTO EN SODIO · ALTO GRASAS SATURADAS ×3	→	Nueces ×1 / Botana de verduras ×1
Cereales con azúcar	EXCESO AZÚCARES · EXCESO CALORÍAS ×3	→	Cereales integrales ×2
Pan blanco (una rebanada)	EXCESO AZÚCARES · EXCESO CALORÍAS ×1	→	Pan integral (dos rebanadas) ×1

Actividad física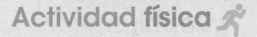

¿Cómo puedo ser más activo en el día?

La pirámide de actividad física es una herramienta que te permitirá conocer el tiempo que debes dedicar a cada actividad para tener una vida más dinámica.

Tareas no activas
<2 horas al día

Actividades de flexibilidad y fuerza
2 a 3 veces a la semana

Actividades de resistencia
3 a 6 veces por semana

Actividades físicas de la vida diaria

¿Dormir mejor? 🌙

La higiene del sueño nos ayuda a identificar y controlar los factores que afectan la calidad de nuestro descanso.

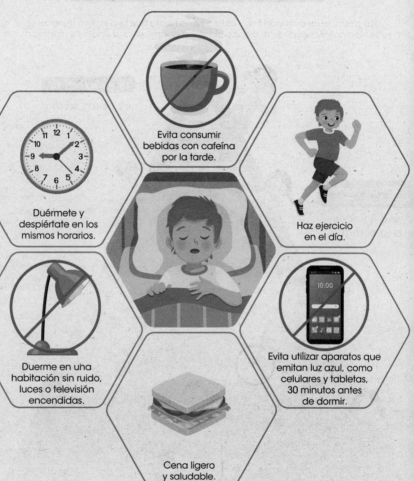

Evita consumir bebidas con cafeína por la tarde.

Duérmete y despiértate en los mismos horarios.

Haz ejercicio en el día.

Duerme en una habitación sin ruido, luces o televisión encendidas.

Evita utilizar aparatos que emitan luz azul, como celulares y tabletas, 30 minutos antes de dormir.

Cena ligero y saludable.

 Recuerda que debes utilizar tu cama solamente para dormir. Evita realizar en ella actividades como leer, estudiar, jugar videojuegos, estar en el celular o hacer tarea.

Salud mental

Nuestra salud mental afecta la forma en la que nos sentimos y actuamos. Así como cuidamos nuestro cuerpo de enfermedades, nuestra mente debe estar en equilibrio para sentirnos bien. Existen algunas conductas que pueden indicarnos problemas en nuestra salud mental. Entre ellas se encuentran:

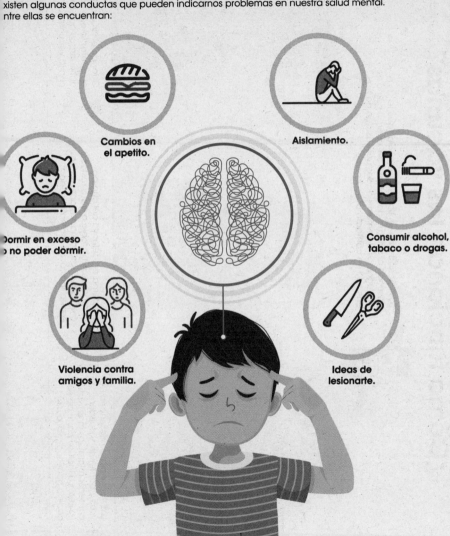

Cambios en el apetito.

Aislamiento.

Dormir en exceso o no poder dormir.

Consumir alcohol, tabaco o drogas.

Violencia contra amigos y familia.

Ideas de lesionarte.

Para más información entra a unicef.org/lac/Ayuda-SaludMental.

¿Cómo funcionan las vacunas?

Las vacunas son un tipo de sustancias que le enseñan al sistema de defensa del cuerpo cómo protegernos de enfermedades con las que no ha entrado en contacto previamente.

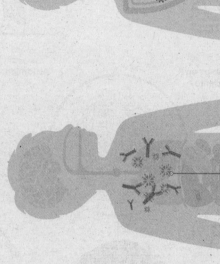

Cuando el virus activo entra en contacto con nosotros, los anticuerpos que se formaron con la vacuna nos defienden.

El sistema de defensa del cuerpo reconoce al microbio o a sus restos y crea defensas, llamadas anticuerpos, específicos para esa enfermedad.

Las vacunas nos defienden de virus y bacterias, y pueden contener microbios inactivos, muertos o incluso parte de su código genético (ADN O ARN).

¿Cómo prevenir enfermedades?

1 Cuida tu peso

 Alimentación saludable

 Ejercicio al menos tres veces por semana

2 Mantén hábitos de higiene

 Lavado de manos

 Baño diario

 Aseo dental

3 Prevención

 Vacunación

 Medidas estacionales (cubrebocas)

 Si tus padres o abuelos tienen **Diabetes** o **Hipertensión** debes acudir a revisión médica periódica.

Etiquetados claros

Algunos alimentos industrializados que consumimos diariamente contienen altas cantidades de grasas, azúcares, sal y otros compuestos que pueden ser dañinos para la salud. Los etiquetados nos ayudan a identificar alimentos que pueden enfermarnos.

EXCESO AZÚCARES — SECRETARÍA DE SALUD

>10 g de azúcar en 100 g de alimento

EXCESO CALORÍAS — SECRETARÍA DE SALUD

>10 g de grasa en 100 g de alimento

EXCESO GRASAS SATURADAS — SECRETARÍA DE SALUD

>275 kcal en 100 g de alimento

EXCESO DE SODIO — SECRETARÍA DE SALUD

CONTIENE EDULCORANTES EVITAR EN NIÑOS — SECRETARÍA DE SALUD

CONTIENE CAFEÍNA EVITAR EN NIÑOS

El consumo de edulcorante (sustancias que endulzan alimentos sin agregar calorías), así como de cafeína y sodio, no está recomendado para los niños.

 ¡Importante! Las calorías son la cantidad de energía que nos aportan los alimentos. Una persona de entre 9 y 11 años debe consumir **1,600 calorías al día.**

El etiquetado de alimentos puede verse de distinta forma:

Enfermedades crónicas

Obesidad

Es una condición causada por un alto consumo de calorías.

Causas

Consumo de alimentos procesados.

Consumo de bebidas altas en calorías.

Falta de actividad física.

Se asocia con:

Diabetes

Cáncer

Hipertensión

Diabetes

La **insulina** es una molécula que "abre la puerta" en las células para que la glucosa entre y tengamos energía. Si la glucosa no puede entrar en las células, se acumula en la sangre.

Aumento de glucosa en la sangre

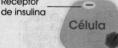

Insulina

Receptor de insulina

Canal de glucosa

Célula

Glucosa

Existen dos tipos de diabetes:

Tipo 1	Tipo 2
NO HAY INSULINA	NO SE PUEDE USAR LA INSULINA
	Se asocia con obesidad y sedentarismo. Algunos síntomas son:
Se administra mediante inyecciones diariamente.	

Aumento del apetito.

Micción frecuente.

Aumento de la sed.

Cáncer

Se relaciona con obesidad y factores genéticos.

Las células de algún órgano se dividen sin control.
El más común en niños y niñas es la **Leucemia** o cáncer de las células de la sangre.

Los síntomas más comunes son:

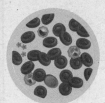

Sangre
normal

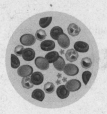

Sangre con
leucemia

Fiebre

Cansancio
extremo

Si se diagnostica a tiempo, la mayoría de los casos es tratable.

Hipertensión

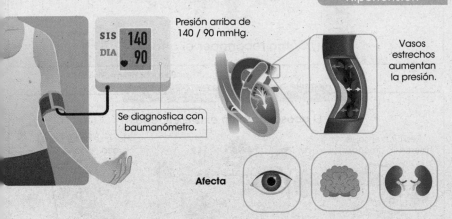

Presión arriba de
140 / 90 mmHg.

Se diagnostica con
baumanómetro.

Vasos
estrechos
aumentan
la presión.

Afecta

Aumenta con:			Disminuye con:	
Obesidad	Consumo alto de sodio	Estrés	Ejercicio	Dieta

Cuidado de sí 🖤

El acoso escolar es una forma de violencia entre compañeros; se da cuando un estudiante agrede a otro que no puede defenderse porque se encuentra en una posición de desventaja.

Acoso escolar (bullying)

#?@&!

Apodos e insultos

Robo

Rumores

Golpes

Exclusión

Acoso sexual

¿Cómo reconocer el acoso?

Para más información visita stopbullying.gov.

Ciberacoso

El acoso también existe en redes

Recibir mensajes hirientes o amenazas.

&!!#**\# !!!

Hacerse pasar por otra persona.

Publicar fotografías vergonzosas.

Recuerda que todas las acciones en internet dejan una huella digital que puede ser rastreada para denunciar ciberacoso. Entra a unicef.org/es/end-violence para saber cómo denunciar en tu país.

Cuidado de sí mismo

Distintos tipos de violencia

La violencia tiene muchas manifestaciones; puede ser física, psicológica, sexual o de descuido. El acoso escolar o *bullying* también es un acto de violencia. En ocasiones ejercemos violencia o somos víctimas de ella sin darnos cuenta.

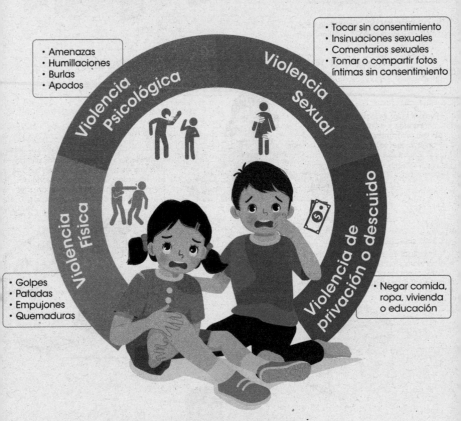

• Amenazas
• Humillaciones
• Burlas
• Apodos

Violencia Psicológica

Violencia Sexual

• Tocar sin consentimiento
• Insinuaciones sexuales
• Comentarios sexuales
• Tomar o compartir fotos íntimas sin consentimiento

Violencia Física

• Golpes
• Patadas
• Empujones
• Quemaduras

Violencia de privación o descuido

• Negar comida, ropa, vivienda o educación

¡Alto a la violencia!

¿Ejerces algún tipo de violencia?
¿Sufres algún tipo de violencia?

¡Busca ayuda!

Acércate a tus padres, a tus maestros o a algún adulto que pueda orientarte. No estás solo.

Infodemia

A partir de la pandemia por COVID-19, el manejo de la información se volvió más complejo, con un intercambio de miles de datos provenientes de diversas fuentes: científicos, gobiernos, medios de comunicación, influencers, amigos, familiares, entre otros.

Infodemia. Multitud de información acerca de la pandemia por COVID-19.

Infodemiología. Estudio de la información y la manera de gestionarla.

¿Qué hacer para identificar la información errónea o la desinformación?

Evaluar la información, ¿quién la comparte y de dónde viene? No leer únicamente el titular de un artículo, leer todo el contenido.

Diversificar las fuentes, ir más allá de las redes sociales y buscar en medios impresos. Comprobar la fecha de publicación de la información, si es actual y confirmar los hechos.

Investigar en internet el nombre del autor para identificar si es real o creíble. Examinar los datos de los artículos confiables y si se apegan a los hechos.

Consultar con organizaciones fiables dedicadas a comprobar hechos.

Funcionamiento de un ecosistema

Un ecosistema está formado por el medio físico y los seres vivos que se encuentran en él; se pueden clasificar en terrestres y acuáticos.

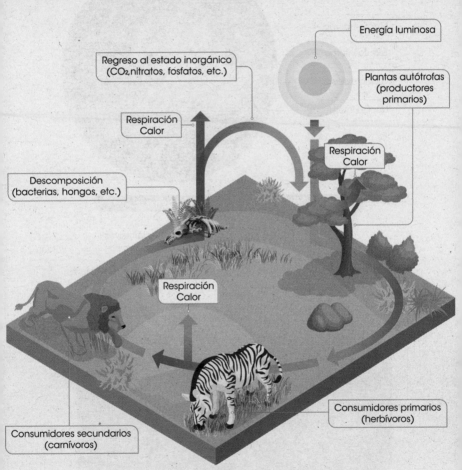

Energía luminosa

Regreso al estado inorgánico
(CO_2, nitratos, fosfatos, etc.)

Plantas autótrofas
(productores primarios)

Respiración
Calor

Respiración
Calor

Descomposición
(bacterias, hongos, etc.)

Respiración
Calor

Consumidores primarios
(herbívoros)

Consumidores secundarios
(carnívoros)

La materia se convierte en forma alternada y de manera constante en sustancias vivas (en las cadenas tróficas propias de cada ecosistema) y en sustancias minerales (por la acción de los descomponedores), que se liberan hacia la atmósfera, el suelo o el agua. El flujo de energía es el único motor del ciclo de la materia.

Estructura de la Tierra

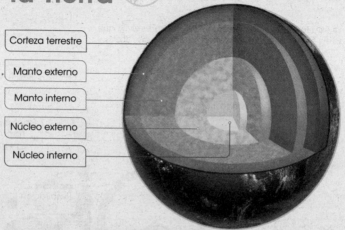

- Corteza terrestre
- Manto externo
- Manto interno
- Núcleo externo
- Núcleo interno

Corte de la corteza terrestre

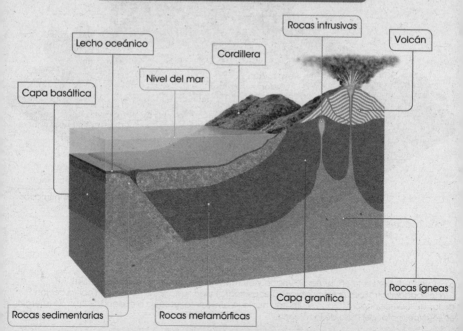

- Rocas intrusivas
- Volcán
- Lecho oceánico
- Cordillera
- Nivel del mar
- Capa basáltica
- Rocas ígneas
- Capa granítica
- Rocas sedimentarias
- Rocas metamórficas

Separación de residuos

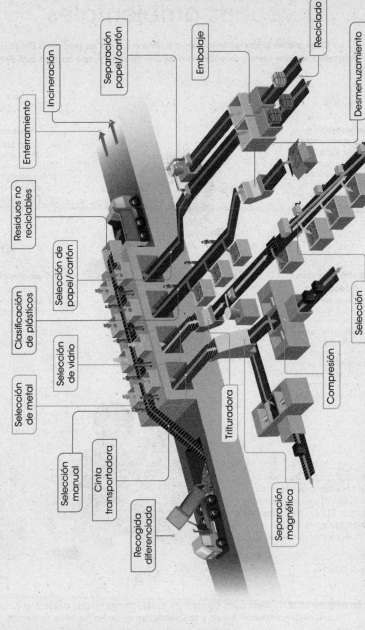

- Recogida diferenciada
- Selección manual
- Cinta transportadora
- Selección de metal
- Selección de vidrio
- Clasificación de plásticos
- Selección de papel/cartón
- Residuos no reciclables
- Enterramiento
- Incineración
- Separación papel/cartón
- Embalaje
- Reciclado
- Desmenuzamiento
- Selección óptica
- Compresión
- Trituradora
- Separación magnética

La separación adecuada de los residuos es fundamental para disminuir la contaminación en el aire, el suelo y el agua.

Derechos ambientales

La Convención sobre los Derechos del Niño (CDN) de las Naciones Unidas indica que los niños tienen derecho a un ambiente sano y esto implica que tienen...

Derecho a un nivel adecuado de vida
Cada año mueren cuatro millones de menores por enfermedades relacionadas a la contaminación del medio ambiente.

Derecho a la salud
Al año, 1.5 millones de menores son víctimas de enfermedades diarréicas como consecuencia del uso y contacto con agua impura.

Derecho a la vida y al desarrollo
La falta de acceso a una buena alimentación y agua potable provocan la muerte de 11 millones de menores al año, mientras que la carencia de vivienda digna y saneamiento ocasionan que uno de cada tres menores crezca en condiciones insalubres.

Derecho al juego y recreación
El esparcimiento y las actividades recreativas de los menores deben realizarse en un ambiente sano y libre de contaminación.

La Declaración de Estocolmo de 1972 fue la primera conferencia mundial sobre el medio ambiente. En la misma, 113 países adoptaron 26 principios para la gestión racional del medio ambiente.

En julio de 2022, la Asamblea General de las Naciones Unidas declaró el acceso a un medio ambiente limpio y saludable, un derecho humano universal.

Calidad de vida

Calidad de vida son las condiciones de nivel económico, político, cultural, médico y de bienestar que tiene una persona o grupo de personas para desarrollarse óptimamente.

Se mide con **indicadores** como:

 Ingreso por persona (PIB per cápita)

 Esperanza de vida

 Nivel educativo

Factores que inciden en la calidad de vida

ECONÓMICOS

Ingreso del país y sus habitantes

Empleabilidad

Vivienda

 SOCIALES

Condiciones de paz o guerra

Servicios

Seguridad

 DE SALUD

Atención médica

Estado físico y emocional

Esperanza de vida

CULTURALES

Educación

Espacios de recreación

 AMBIENTALES

Recursos naturales

Calidad del aire y agua

Huella ecológica: impacto ambiental

¿Qué es?

Es un indicador del impacto ambiental de las actividades llevadas a cabo por el ser humano.

¿Qué mide?

La porción de tierra y mar de nuestro planeta necesaria para producir todos los bienes que se consumen y la superficie para absorber los desechos producidos.

¿Para qué sirve?

Para saber si una zona del planeta puede abastecer de recursos y asimilar los desechos de acuerdo con el estilo de vida de la población.

La huella ecológica promedio por habitante de la Tierra es de: **2.7** HECTÁREAS

Nuestro planeta Tierra únicamente es capaz de proveer: **1.8** HECTÁREAS

¿Cómo se calcula?

Determinando el consumo en:
- Alimentación
- Movilidad
- Vivienda
- Bienes de consumo
- Infraestructura y servicios

Huella de carbono

Es el **total de gases de efecto invernadero (GEI)** producido por las actividades humanas.

Se mide cuantificando los GEI emitidos y se convierten en su equivalente en CO_2.

Se calcula:

$$\text{Equivalente } CO_2 = \text{Masa del gas} + \text{Potencial de calentamiento global}$$

Una de las metodologías para medir la huella de carbono es la **personal**; en ella se valoran las emisiones directas e indirectas de una persona en un lapso de tiempo determinado.

Cada vez que una persona utiliza su celular, contribuye a la emisión de GEI. La huella de carbono que estos dispositivos producen se considera desde la extracción de materiales hasta su distribución en las tiendas (emisiones directas e indirectas).

Emisiones directas de CO_2
En el lugar donde se produce la actividad.

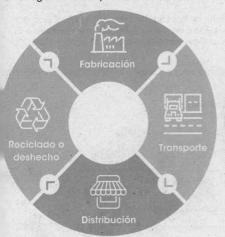

Fabricación
Transporte
Distribución
Reciclado o deshecho

Emisiones indirectas de CO_2
Son consecuencia de la actividad.

Energía
Extracción de los materiales
Fabricación de componentes
Almacenamiento y transporte

Calcula tu huella de carbono en: bit.ly/3CHa5fX.

Efecto invernadero

1 La radiación solar pasa a través de la atmósfera.

2 Parte de la radiación es reflejada por la atmósfera y la superficie terrestre.

3 Parte de la energía es absorbida por la superficie y calienta la Tierra.

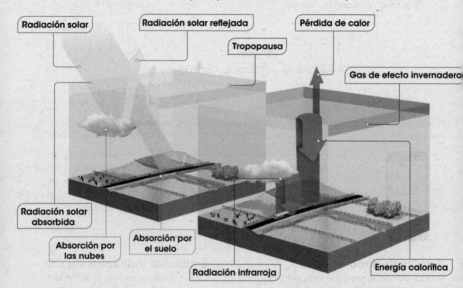

Radiación solar

Radiación solar reflejada

Pérdida de calor

Tropopausa

Gas de efecto invernadero

Radiación solar absorbida

Absorción por las nubes

Absorción por el suelo

Radiación infrarroja

Energía calorífica

4 La Tierra calentada emite radiación infrarroja.

5 Parte de la radiación infrarroja es absorbida por los gases de efecto invernadero y reemitida a la superficie terrestre, elevando la temperatura.

El efecto invernadero en condiciones normales es beneficioso y favorece la vida, ya que mantiene la temperatura estable en el planeta.

El dióxido de carbono es el principal gas de efecto invernadero.

El incremento en la emisión de gases de efecto invernadero (GEI) provoca que más radiación infrarroja sea reemitida a la superficie y, por tanto, la temperatura del planeta se eleve más, provocando el calentamiento global.

Cambio climático

Es el incremento de la temperatura promedio del planeta.

Es producido por la emisión de gases de efecto invernadero que generan las actividades humanas.

Produce

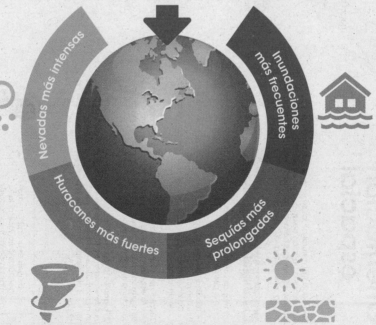

Nevadas más intensas

Inundaciones más frecuentes

Huracanes más fuertes

Sequías más prolongadas

Orientación espacial

Es la habilidad natural de los seres vivos para conocer y determinar la posición de un cuerpo en relación con el espacio. Es esencial para la exploración y descubrimiento del mundo que nos rodea.

¿Cómo podemos representarla?

Los mapas son representaciones gráficas de territorios reales, que nos permiten:

- Localizar desde un poblado pequeño hasta un territorio extenso.
- Obtener información diversa acerca de las características de un lugar:

Cuentan con varios elementos, sustituidos por símbolos, entre ellos la **escala**, que es la relación entre las distancias reales y las representaciones en el mapa. Se presenta como una regla o como una relación numérica.

Un **plano** es la representación de un lugar visto desde arriba. La **diferencia** entre el **plano** y el **mapa** es la **escala**, es decir, un mapa puede representar grandes territorios, pero un plano no, y los elementos formales de representación que tiene un mapa.

La **brújula** es un instrumento diseñado para facilitar la orientación de los exploradores; funciona por medio de una aguja imantada que indica el norte magnético terrestre.

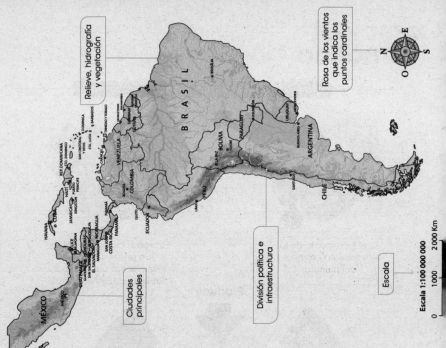

Relieve, hidrografía y vegetación

Ciudades principales

División política e infraestructura

Rosa de los vientos que indica los puntos cardinales

Escala

Escala 1:100 000 000

0   1000   2 000 Km

¿Qué es la **actividad económica?**

Es el proceso mediante el cual las personas obtienen productos,
bienes y servicios que cubren sus necesidades. En éste hay 3 fases:

1   **2**   **3**

Producción: es la creación de los bienes o servicios.

Distribución: es el traslado de lo producido, hasta que se entrega a las personas que lo utilizan.

Consumo: es el uso de la producción.

¿Quiénes realizan la actividad económica?

Productores. Empresas o fábricas que producen, distribuyen y venden a los consumidores.

Consumidores. Son las familias que compran bienes y productos, y trabajan para adquirirlos. A veces lo hacen, incluso, en las empresas que producen los bienes.

La actividad económica se dividen en tres sectores económicos:

Primario: actividades dedicadas a la obtención de recursos naturales, como agricultura, ganadería, silvicultura, minería y pesca.

Secundario: son las que transforman los productos obtenidos de las actividades primarias, como industria y plantas generadoras de energía.

Terciario: lo constituyen las actividades que satisfacen necesidades de las personas, como servicios educativos, de salud, de transporte y de comercio, entre otros.

Unidades de medida anglosajonas

NOMBRE EN INGLÉS	SÍMBOLO	NOMBRE EN ESPAÑOL	VALOR	OBSERVACIONES
Longitud				equivale a
inch	in (o ")	pulgada	25.4 mm	12 in
foot	ft (o ')	pie	0.3048 m	3 ft
yard	yd	yarda	0.9144 m	2 yd
fathom	fm	braza	1.8288 m	
statute mile	m (o mile)	milla inglesa	1.609 m	1.760 yd
nautical mile		milla náutica	1.853.18 m	6.080 ft
international nautical mile		milla marina internacional	1.852 m	
Masa - avoirdupois (comercio)				
ounce	oz	onza	28.349 g	16 oz
pound	lb	libra	453.592 g	
Capacidad				
US liquid pint	liq pt	pinta estadounidense	0.473 l	
pint	UK pt	pinta británica	0.568 l	8 liq pt
US gallon	US gal	galón estadounidense	3.785 l	8 UK pt
imperial gallon	UK ga	galón británico	4.546 l	
US bushel	US bu	celemín estadounidense	35.239 l	
bushel	bu	celemín británico	36.369 l	8 UK gal
US barrel (petróleo)	US bbl	barril estadounidense	158.987 l	42 US gal
Fuerza				
poundal	pdl	poundal	0.1382 N	
Potencia				
horsepower	hp	caballo de vapor británico	745.7 W	
Calor, energía, trabajo				
British thermal unit	Btu		1.055 J	
Temperatura				
Fahrenheit degree	°F	grado Fahrenheit	t grados Fahrenheit corresponden a $\frac{5}{9}$ (t − 32) grados Celsius	

Las banderas del mundo

AFGANISTÁN

ALBANIA

ALEMANIA

ANDORRA

ANGOLA

NTIGUA Y BARBUDA

ARABIA SAUDÍ

ARGELIA

ARGENTINA

ARMENIA

AUSTRALIA

AUSTRIA

AZERBAIYÁN

BAHAMAS

BAHRÉIN

BANGLADESH

BARBADOS

BÉLGICA

BELICE

BENÍN

BHUTÁN

BIELORRUSIA

BIRMANIA (MYANMAR)

BOLIVIA

BOSNIA-HERZEGOVINA

BOTSWANA

BRASIL

BRUNÉI

BULGARIA

BURKINA FASO

BURUNDI

CABO VERDE

CAMBOYA

CAMERÚN

CANADÁ

CATAR

CENTROAFRICANA (REP.)

CHAD

CHECA (REP.)

CHILE

CHINA

CHIPRE

COLOMBIA

COMORES

CONGO (REP. DEL)

CONGO (REP. DEM. DEL)

COREA DEL NORTE

COREA DEL SUR

COSTA DE MARFIL

COSTA RICA

CROACIA

CUBA

DINAMARCA

DOMINICA

DOMINICANA (REP.)

ECUADOR

EGIPTO

EL SALVADOR

EMIRATOS ÁRABES UNID

ERITREA

ESLOVAQUIA

ESLOVENIA

ESPAÑA

ESTADOS UNIDOS	**ESTONIA**	**ETIOPÍA**	**FIDJI**	**FILIPINAS**
FINLANDIA	**FRANCIA**	**GABÓN**	**GAMBIA**	**GEORGIA**
GHANA	**GRAN BRETAÑA**	**GRANADA**	**GRECIA**	**GUATEMALA**
GUINEA	**GUINEA-BISSAU**	**GUINEA ECUATORIAL**	**GUYANA**	**HAITÍ**
HONDURAS	**HUNGRÍA**	**INDIA**	**INDONESIA**	**IRÁN**
IRAQ	**IRLANDA**	**ISLANDIA**	**ISRAEL**	**ITALIA**

JAMAICA	**JAPÓN**	**JORDANIA**	**KAZAJISTÁN**

KENYA

KIRGUIZISTÁN

KIRIBATI

KOSOVO

KUWAIT

LAOS

LESOTHO

LETONIA

LÍBANO

LIBERIA

LIBIA

LIECHTENSTEIN

LITUANIA

LUXEMBURGO

MACEDONIA

MADAGASCAR

MALASIA

MALAWI

MALDIVAS

MALÍ

MALTA

MARRUECOS

MARSHALL (ISLAS)

MAURICIO

MAURITANIA

MÉXICO

MICRONESIA (EST. FED. DE)

MOLDAVIA

MÓNACO

MONGOLIA

MONTENEGRO

MOZAMBIQUE

NAMIBIA

NAURU

NEPAL   **NICARAGUA**   **NÍGER**   **NIGERIA**   **NORUEGA**

NUEVA ZELANDA   **OMÁN**   **PAÍSES BAJOS**   **PAKISTÁN**   **PALAOS**

PANAMÁ   **PAPÚA NUEVA GUINEA**   **PARAGUAY**   **PERÚ**   **POLONIA**

PORTUGAL   **PUERTO RICO**   **RUANDA**   **RUMANIA**   **RUSIA**

SALOMÓN (ISLAS)   **SAMOA**   **SAN CRISTÓBAL Y NIEVES**   **SAN MARINO**   **SAN VICENTE Y LAS GRAN.**

SANTA LUCÍA   **SANTO TOMÉ Y PRÍNCIPE**   **SENEGAL**   **SERBIA**   **SEYCHELLES**

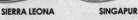

SIERRA LEONA   **SINGAPUR**   **SIRIA**   **SOMALIA**

SRI LANKA

SUDÁFRICA (REP. DE)

SUDÁN

SUDÁN DEL SUR

SUECIA

SUIZA

SURINAM

SUAZILANDIA

TADZHIKISTÁN

TAILANDIA

TANZANIA

TIMOR ORIENTAL

TOGO

TONGA

TRINIDAD Y TOBAGO

TÚNEZ

TURKMENISTÁN

TURQUÍA

TUVALU

UCRANIA

UGANDA

URUGUAY

UZBEKISTÁN

VANUÁTU

VATICANO

VENEZUELA

VIETNAM

YEMEN

YIBUTI

ZAMBIA

ZIMBABWE

ORGANIZACIONES INTERNACIONALES

JUEGOS OLÍMPICOS　　**ONU**

Solidarizarse con alguien o con alguna causa. ‖ Acreditar alguien su identidad para ser reconocido.

ideográfico, ca adj. Perteneciente o relativo a la ideografía.

ideograma s. m. En lingüística, signo gráfico que representa el sentido de una palabra y no sus sonidos. *Las escrituras china y japonesa son a base de ideogramas.*

ideología s. f. Conjunto de ideas características de una persona, un movimiento social o político o una época.

ideológico, ca adj. Perteneciente o relativo a la ideología.

ideologización s. f. Acción y efecto de ideologizar o ideologizarse.

ideólogo, ga s. Persona que crea ideas, o que, por entregarse a las ideas abstractas, se desentiende de la realidad. ‖ Filósofo que, durante los siglos XVIII y XIX, analizaba el origen de las ideas.

idílico, ca adj. Perteneciente o relativo al idilio. ‖ Que es muy agradable y placentero.

idilio s. m. Episodio amoroso, aventura romántica. ‖ Composición poética cuyo tema versa sobre los amoríos de los pastores.

idioma s. m. Sistema de comunicación o lengua, y signos que la representan, que utiliza un grupo humano para comunicarse.

idiomático, ca adj. Perteneciente o relativo al idioma.

idiosincrasia s. f. Manera de ser y temperamento que son característicos de una comunidad humana o una persona.

idiota adj. y s. com. Dicho de una persona, que es poco inteligente e ignorante. ‖ Persona que padece idiocia.

idiotez s. f. Dicho o hecho propio de un idiota, tontería. ‖ Idiocia.

idiotizar t. y pr. Volver o volverse idiota.

ido, da adj. fam. Que es muy distraído. ‖ Que padece algún tipo de trastorno mental.

idólatra adj. y s. com. Que idolatra.

idolatrar t. Adorar ídolos. ‖ fig. Amar en exceso a una persona o cosa.

idolatría s. f. Cualidad de idólatra. ‖ Adoración a los ídolos. ‖ Amor excesivo hacia una persona o cosa.

ídolo s. m. Objeto inanimado, por lo general una escultura, al que se considera una deidad y se le rinde culto. ‖ fig. Persona o cosa que se admira o ama en exceso.

idóneo, a adj. Que resulta adecuado, suficiente o apropiado para realizar algo.

igarapé s. m. Col., Ecuad. y Per. Canal estrecho de gran extensión que atraviesa la selva amazónica.

iglesia s. m. Conjunto de las personas que profesan la religión católica. ‖ Conjunto del clero y los fieles de la religión católica en un país. ‖ Gobierno general eclesiástico, encabezado por el Papa, del cual forman parte los concilios y los prelados. ‖ Cualquiera de las comunidades de extracción cristiana que se definen a sí mismas como «iglesias». ‖ Templo católico, edificio donde se reúnen los fieles para los oficios de culto.

iglú s. m. Construcción de bloques de hielo, en forma de media esfera y con una entrada pequeña, que en los climas polares sirve para refugiarse del frío y las tormentas o pasar el invierno.

ignaro, ra adj. Ignorante, que no tiene conocimientos.

ígneo, a adj. Perteneciente o relativo al fuego, o que tiene alguna de sus propiedades.

ignición s. f. Acción y efecto de estar ardiendo un material combustible. ‖ Acción y efecto de estar al rojo vivo a causa de una muy alta temperatura un material incombustible. ‖ Operación de encendido de los propulsores de un cohete espacial.

ignominia s. f. Deshonra, situación de la persona que por sus acciones ha perdido por completo el respeto y consideración de los demás. ‖ Afrenta o mala acción perpetrada contra alguien.

ignorancia s. f. Falta de conocimientos y cultura en general. ‖ Desconocimiento de una materia en particular, o de una situación o circunstancia.

ignorante adj. y s. com. Qué no tiene instrucción, cultura ni conocimientos. ‖ Que no está enterado de un tema o asunto determinado.

ignorar t. No saber, desconocer algo. ‖ fig. No prestar atención a alguien o algo de forma deliberada.

ignoto, ta adj. Que no es conocido o no ha sido descubierto.

igual adj. Que tiene la misma forma, peso, valor, tamaño, calidad, etc., que otra persona o cosa, o que comparte las cualidades de ésta. ‖ Dicho de una superficie o terreno, que es lisa y sin desniveles. ‖ Constante, sin variaciones. ‖ En geometría, se dice de las figuras que, al superponerse, se confunden en su totalidad. ‖ s. com. Dicho de una persona, que es de la misma clase social, profesión, religión o condición que otra. ‖ Signo matemático compuesto por dos guiones paralelos (=) que indica igualdad entre dos expresiones. ‖ adv. De la misma manera que otro. ‖ Tal vez, posiblemente, quizá.

igualación s. f. Acción y efecto de igualar o igualarse.

igualado, da adj. Guat. y Méx. Dicho de una persona, que pretende igualarse con otras de clase social superior. ‖ Méx. Persona maleducada, grosera y confianzuda.

igualar t. y pr. Hacer que dos o más personas o cosas sean iguales. ‖ Contratar los servicios de alguien a cambio de una iguala. ‖ En tauromaquia, hacer que el toro coloque sus cuatro patas perpendiculares y paralelas entre sí. ‖ intr. y pr. Ser una persona o cosa igual a otra. ‖ Tratar alguien a otros como si fueran de la misma condición que él.

igualdad s. f. Cualidad de lo que es igual a otra cosa. ‖ Constancia en el comportamiento de algo que se mantiene invariable.

igualitario, ria adj. Que contiene igualdad, o que tiende a que la haya. ‖ Que busca y propugna la igualdad social.

iguana s. f. Reptil saurio de las regiones tropicales de América, que se caracteriza por tener una gran papada, cresta dorsal y cola muy larga.

ijada s. f. Ijar, parte del cuerpo humano y de algunos animales comprendida entre los huesos de la cadera y las falsas costillas. ‖ Parte ventral del cuerpo de los peces.

ijar s. m. Ijada.

ilación s. f. Relación que guardan entre sí las ideas de un razonamiento o un discurso.

ilegal adj. Contrario a las leyes, que no es legal.

ilegalidad s. m. Cualidad de ilegal, circunstancia de estar fuera de la ley. ‖ Acto ilegal.

ilegible *adj.* Que no puede leerse. ‖ Que no debe leerse.

ilegítimo, ma *adj.* Que no cumple con las condiciones requeridas por la ley.

íleon *s. m.* Tercera parte del intestino delgado.

ileso, sa *adj.* Que no ha recibido daño ni heridas en algún percance o accidente.

iletrado, da *adj.* y *s.* Que no ha recibido instrucción, analfabeta. ‖ Que no tiene cultura.

iliaco, ca o **ilíaco, ca** *adj.* y *s.* Perteneciente o relativo a las paredes laterales de la pelvis y al íleon.

ilícito, ta *adj.* Que está prohibido por las leyes o la moral.

ilimitado, da *adj.* Que no tiene límites, o que no los presenta.

ilion *s. m.* Porción superior del hueso iliaco o coxal, de forma plana y ancha, que forma el saliente de la cadera.

ilógico, ca *adj.* Que no tiene lógica, o que va contra la lógica.

iluminación *s. f.* Acción y efecto de iluminar o iluminarse. ‖ Conjunto de luces que se colocan para iluminar o decorar calles, sitios públicos o recintos cerrados. ‖ Conjunto de luces que se utilizan para realizar una representación teatral, u otro espectáculo. ‖ Cantidad de luz que entra por las ventanas o que hay en algún lugar. ‖ Ilustración y decoración en colores de un manuscrito.

iluminado, da *adj.* Que cuenta con luz suficiente. ‖ Dicho de una persona, que tiene visiones místicas o revelaciones que le han llevado a modificar su manera de ver la vida. ‖ *s. m.* Nombre dado a los miembros de algunas antiguas sociedades masónicas.

iluminador, ra *adj.* Que ilumina, ya sea en el sentido material o espiritual. ‖ *s.* Artista que ilustra manuscritos, en particular los que lo hacían en el medievo. ‖ Persona cuya profesión es iluminar los escenarios para representaciones teatrales o filmaciones.

iluminar *t.* Dar luz, alumbrar, hacer que lo que estaba oscuro deje de estarlo. ‖ Decorar con luces un recinto o un escenario. ‖ Decorar un manuscrito con iluminaciones. ‖ *t.* y *pr. fig.* Recibir alguien una revelación mística o un conocimiento proveniente de la divinidad. ‖ Hacer feliz a alguien con algo, o alegrarse una persona ostensiblemente.

ilusión *s. f.* Percepción de un objeto o una imagen de manera diferente a como es en realidad. ‖ Efecto de prestidigitación, sobre todo los que resultan espectaculares. ‖ Sentimiento de alegría y expectación producido por la esperanza de realizar un deseo. ‖ *loc. Ilusión óptica:* error de la vista relativo a la forma, dimensiones, color o movimiento de los objetos.

ilusionado, da *adj.* Que siente o provoca ilusión.

ilusionar *t.* y *pr.* Causar algo ilusión, o sentirla alguien. ‖ Hacer que alguien alimente ilusiones o esperanzas.

ilusionismo *s. m.* Arte de producir, empleando artificios, fenómenos espectaculares que aparentemente contradicen las leyes naturales.

ilusionista *adj.* y *s. com.* Persona que se dedica profesionalmente a realizar ejercicios de ilusionismo.

iluso, sa *adj.* y *s.* Se dice de la persona que está engañada con una ilusión, o que tiende a ilusionarse fácilmente por cosas poco reales.

ilusorio, ria *adj.* Que es pura ilusión, que no tiene fundamento ni valor real.

ilustración *s. f.* Acción y efecto de ilustrar. ‖ Dibujo, grabado o fotografía que ilustra un texto para complementarlo. ‖ Instrucción, cultura.

ilustrado, da *adj.* Instruido, culto, docto. ‖ Libro o documento cuyos textos se complementan o adornan con dibujos, grabados o fotografías. ‖ *s.* Perteneciente o relativo a la Ilustración, o persona adscrita a ese movimiento intelectual.

ilustrador, ra *s.* Persona que se dedica profesionalmente a hacer ilustraciones.

ilustrar *t.* y *pr.* Proporcionar, o adquirir alguien, conocimientos o cultura. ‖ Aclarar un punto o una materia. ‖ Complementar un texto con imágenes alusivas a su contenido.

ilustrativo, va *adj.* Que ilustra, que proporciona o amplía conocimientos.

ilustre *adj.* Que proviene de un linaje noble o un origen distinguido. ‖ Que por sus méritos ha sobresalido de manera extraordinaria en una actividad determinada. ‖ Título de dignidad que se da a personas o instituciones de méritos sobresalientes.

imagen *s. f.* Representación de algo por medios gráficos, plásticos o audiovisuales. ‖ Representación impresa de un personaje. ‖ Reflejo de una persona o un objeto producido por la superficie del agua, un espejo o un instrumento óptico. ‖ Representación mental de un ser o un objeto. ‖ Parecido de una persona o cosa con otra, o la que la imita o reproduce. ‖ En matemáticas, refiriéndose a una aplicación de un conjunto C en un conjunto C', elemento de C que corresponde a un elemento dado de C'.

imaginable *adj.* Que puede ser imaginado.

imaginación *s. f.* Facultad de la mente para reproducir rastros de impresiones sensoriales, o producir imágenes reales o irreales. ‖ Sospecha sin fundamento o idea falsa. ‖ *loc. fam. Ni por imaginación:* sin que siquiera se haya imaginado de lo que se trata algo.

imaginar *t.* y *pr.* Representar una cosa, real o ficticia, en la mente. ‖ Suponer, pensar, creer.

imaginario, ria *adj.* Que sólo existe en la imaginación. ‖ En matemáticas, se dice de la parte de un número complejo que resulta del producto de un número real por *i.* ‖ *s. m.* Concepción colectiva y popular que se tiene sobre la realidad cultural, social y política de una determinada comunidad, tenga o no fundamentos reales.

imaginativo, va *adj.* Se dice de la persona que tiene mucha imaginación, o en la que ésta predomina sobre otras facultades. ‖ Perteneciente o relativo a la imaginación.

imaginería *s. f.* Arte y oficio de los imagineros. ‖ Conjunto de imágenes sagradas. ‖ Conjunto de imágenes o expresiones utilizadas por un autor, una escuela, o propias de una época.

imago *s. m.* Insecto adulto que ha alcanzado su desarrollo completo.

imán *s. m.* Óxido natural de hierro que, por sus propiedades magnéticas, atrae a éste y otros metales. ‖ Barra de acero que, por medios artificiales, ha adquirido propiedades magnéticas.

imanación *s. f.* Imantación.

imanar *t.* y *pr.* Imantar.

imbécil *adj.* y *s. com.* Estúpido, tonto, poco inteligente. ‖ En medicina, se dice de la persona que padece imbecilidad o retraso mental.

imberbe *adj.* Se dice del varón que todavía no tiene barba.

imborrable *adj.* Que no puede borrarse, indeleble.

imbricación *s. f.* Acción y efecto de imbricar o imbricarse. ‖ En arquitectura, adorno de elementos sobrepuestos a la manera de las escamas de los peces, como las tejas.

imbricar *t.* y *pr.* Sobreponer a una cosa parte de otra, imitando la disposición de las escamas de los peces.

imbuir *t.* y *pr.* Inculcar en alguien ciertas ideas, creencias o pensamientos, o adoptarlos.

imitación *s. f.* Acción y efecto de imitar. ‖ Acto u objeto que se realiza imitando a otro. ‖ Producto industrial o artesanal que imita otro más valioso.

imitador, ra *adj.* y *s.* Que imita.

imitar *t.* Hacer algo que se asemeja a otra persona o cosa. ‖ Reproducir de manera exacta, o muy parecida, algún objeto o un rasgo característico de alguien.

impaciencia *s. f.* Cualidad de impaciente. ‖ Irritación causada por algo que molesta, exasperación.

impacientar *t.* y *pr.* Hacer que alguien pierda la paciencia, o perderla.

impaciente *adj.* Que carece de paciencia. ‖ Preocupado, desasosegado, intranquilo.

impactar *t.* y *pr.* Chocar una persona, animal o cosa con otra de manera violenta. ‖ Impresionar sobremanera, causando desconcierto, una noticia o suceso.

impacto *s. m.* Choque de un proyectil contra el blanco, y señal que deja. ‖ Choque violento de una persona, animal u objeto contra otro. ‖ *fig.* Efecto intenso y desconcertante que produce un suceso o noticia.

impagable *adj.* Acción que, por su muy alto valor, no puede ser pagada o devuelta. ‖ Que no se puede de pagar.

impalpable *adj.* Que es tan fino y de poca densidad, que casi no produce sensación al tacto. ‖ Muy sutil, casi imperceptible. ‖ *loc. Arg., Bol., Ecua., Py., Per.* y *Uy. Azúcar impalpable:* azúcar molida hasta el grado de polvo muy fino, a la que se le agrega un poco de almidón; azúcar glas.

impar *adj.* Se dice del número entero que no puede dividirse entre dos. ‖ Dicho de una persona o cosa, que no tiene igual o par. ‖ *s. m.* Que está expresado por una cifra impar. *Los números impares terminan en 1, 3, 5, 7 y 9.*

imparable *adj.* Que no puede pararse o detenerse.

imparcial *adj.* y *s. com.* Equitativo, que procede o juzga sin apasionamientos ni parcialidades.

imparcialidad *s. f.* Cualidad de imparcial. ‖ Forma de obrar equitativa e imparcial.

impartir *t.* Repartir a otros un conocimiento que se posee.

impasibilidad *s. f.* Cualidad o actitud de impasible.

impasible *adj.* Dicho de una persona, que no se altera, o que no muestra emoción ante sucesos perturbadores.

impavidez *s. f.* Cualidad de impávido.

impávido, da *adj.* Que enfrenta el peligro sin miedo. ‖ Impasible, imperturbable. ‖ *Amér.* Descarado, cínico, fresco.

impecable *adj.* Que no tiene tacha, perfecto. ‖ Que es incapaz de pecar.

impedimento *s. m.* Estorbo u obstáculo para realizar algo. ‖ En derecho, circunstancia que impide la celebración de un matrimonio.

impedir *t.* Hacer que sea difícil o imposible la realización de alguna cosa.

impeler *t.* Dar empuje o impulso a algo para producir movimiento. ‖ *fig.* Estimular, incitar.

impenetrabilidad *s. f.* Cualidad de impenetrable.

impenetrable *adj.* Que no puede ser penetrado. ‖ *fig.* Misterioso, oculto, que no puede ser descubierto o conocido.

impenitencia *s. f.* Obstinación en cometer pecados y falta de arrepentimiento.

impenitente *adj.* y *s. com.* Que manifiesta impenitencia. ‖ *fig.* y *fam.* Que no es capaz de corregirse o escarmentar.

impensable *adj.* Que resulta absurdo, que no cabe en el pensamiento racional. ‖ Imposible de realizar, o muy difícil.

impensado, da *adj.* Que no estaba contemplado o previsto.

imperante *adj.* Que impera o domina.

imperar *intr.* Dominar, mandar, preponderar algo sobre otras cosas. ‖ Ejercer un gobernante la dignidad imperial.

imperativo, va *adj.* Que ordena, impera o manda. ‖ En lingüística, perteneciente al modo del mismo nombre. ‖ *s. m.* En lingüística, se dice del modo del verbo que expresa mandato, exhorto, invitación o ruego. ‖ Necesidad de realizar algo de manera absoluta e impostergable.

imperceptible *adj.* Que no puede, o casi no puede, percibirse.

imperdible *s. m.* Alfiler de seguridad cuya punta se atora en una caperuza metálica, de tal manera que no puede abrirse fácilmente.

imperdonable *adj.* Que no puede, o no debe, ser perdonado.

imperecedero, ra *adj.* Inmortal, que no perece, perdurable.

imperfección *s. f.* Cualidad de lo que es imperfecto. ‖ Falla o defecto que impide algo sea perfecto.

imperfecto, ta *adj.* Que no es perfecto, que tiene alguna falla o defecto. ‖ *s. m.* En lingüística, denominación dada por la Real Academia Española a cinco tiempos simples de la conjugación verbal. *Pretérito imperfecto de indicativo, futuro imperfecto de indicativo, potencial simple o imperfecto, pretérito imperfecto de subjuntivo y futuro imperfecto de subjuntivo.*

imperial *adj.* Perteneciente o relativo al emperador o al imperio. ‖ *s. m. Cub.* Cigarro puro de buena calidad y gran tamaño. ‖ *s. f.* Cubierta o tejadillo de las carrozas.

imperialismo *s. m.* Política de expansión y dominación que un Estado ejerce sobre otros más débiles. ‖ Tendencia de una persona a dominar moralmente su propio entorno.

imperialista *adj.* y *s. com.* Perteneciente o relativo al imperialismo. ‖ Estado o persona que propugnan el imperialismo.

impericia *s. f.* Falta de pericia.

imperio *s. m.* Acción de imperar. ‖ Estado donde reina un emperador. ‖ Lapso que dura el mandato de un emperador. ‖ Época histórica caracterizada por el dominio de un Estado sobre otros. ‖ Empresa o conjunto de empresas de las que es dueño una sola persona o un consorcio.

imperioso, sa *adj.* Que es absolutamente necesario. *Es imperioso que me pagues hoy mismo.* ‖ Que manda con autoritarismo.

impermeabilidad *s. f.* Lo que es impermeable.

impermeabilización *s. f.* Revestimiento que se pone en paredes y azoteas para no permitir la filtración de agua. ‖ Acción y resultado de impermeabilizar.

impermeabilizador, ra *adj.* y *s. m.* Impermeabilizante.

impermeabilizante *adj.* y *s.* Que logra, al aplicarse sobre una superficie, que ésta quede impermeable.

impermeabilizar *t.* Aplicar a o diferentes sustancias por diferentes procedimientos sobre una superficie para que ésta quede impermeable.

impermeable¹ *adj.* y *s. com.* Que no permite el paso del agua. ‖ *fig.* Que no permite que lo afecten hechos externos.

impermeable² *s. m.* Prenda de vestir que se pone sobre las demás confeccionada con una tela especial que no permite pasar el agua.

impersonal *adj.* y *s. com.* Que no tiene nada original ni personal. ‖ Que no se aplica a nadie en particular. ‖ En gramática, oración que no tiene sujeto o del que no se explicita el sujeto. *Llover, nevar, relampaguear son ejemplos de verbos impersonales.*

impertérrito, ta *adj.* Que no se intimida fácilmente.

impertinencia *s. f.* Dicho fuera de lugar.

impertinente *adj.* y *s. com.* Que no viene al caso.

imperturbable *adj.* y *s. com.* Que no se altera ni demuestra ninguna emoción.

ímpetu *s. m.* Impulso. ‖ Fuerza muy intensa con que se mueve algo o alguien. ‖ Energía que domina la manera de actuar de una persona. *Defendía con tanto ímpetu sus ideales que contagiaba a los demás.*

impetuosidad *s. f.* Ímpetu.

impetuoso, sa *adj.* Que tiene ímpetu. ‖ Que se mueve con violencia. ‖ Ardiente, fogoso, irreflexivo.

impiedad *s. f.* Falta de piedad. ‖ Falta de religión. ‖ Hostilidad hacia la religión.

impío, pía *adj.* Que no tiene piedad. ‖ Que no tiene religión o la desprecia.

implacable *adj.* y *s. com.* Que no se puede aplacar. ‖ Que es demasiado riguroso.

implantación *s. f.* Colocación o entrada en funcionamiento de un sistema o aparato novedoso. ‖ En biología, colocación en un cuerpo de un órgano, o parte de él, que puede consistir en tejido orgánico, material inerte, un aparato. ‖ En biología, procedimiento de fertilización que consiste en colocar uno o más óvulos fecundados en el útero.

implantar *t.* Plantar, injertar. ‖ Poner en funcionamiento nuevos sistemas, nuevos aparatos, etc. ‖ En medicina, hacer un implante.

implante *s. m.* Implantación. ‖ En medicina, aparato o sustancia que se pone en el cuerpo para mejorar su funcionamiento o su apariencia.

implementación *s. f.* Resultado de implementar.

implementar *t.* Implantar.

implemento *s. m.* Utensilio.

implicación *s. f.* Hecho que es consecuencia de otro. ‖ Participación en algo, en especial en un de-

lito. *Su implicación en el robo quedó registrada en las cámaras de seguridad.*

implicar *t.* Generar como consecuencia directa. *Inscribirte en ese curso implica que asistas a todas las clases.* ‖ Comprometer a alguien en un asunto. *Debes implicarte más en la administración del edificio.* ‖ Acusar a alguien de haber participado en un delito. *Su cómplice lo implicó en el asesinato del empresario.*

implícito, ta *adj.* Que está incluido sin que se diga explícitamente. *Quedó implícito en el pacto que todo era secreto.*

implorante *adj.* y *s. com.* Que implora.

implorar *t.* Pedir algo con ruegos y lágrimas, tratando de provocar compasión. *Antes de morir, la víctima imploró por su vida.*

implosión *s. f.* Rompimiento brusco y hacia dentro de algo.

impoluto, ta *adj.* Que no tiene manchas. *El caballero lucía siempre una corbata impoluta.*

imponderable *adj.* Que no se puede pesar. ‖ Que tiene un valor incalculable. ‖ *s. m.* Circunstancia que no se puede prever o medir, pero que puede alterar algo.

imponente *adj.* Que impone. ‖ Que causa admiración, respeto o miedo por su tamaño.

imponer *t.* Obligar a cumplir algo. *Le impusieron un castigo ejemplar.* ‖ Causar admiración, respeto o miedo. ‖ Poner nombre. *Le impusieron el nombre de su abuelo.* ‖ Otorgar una condecoración. *Les impondrán una medalla al valor.* ‖ *pr.* Hacerse obedecer o respetar. ‖ Vencer a alguien en una competencia deportiva. *Ana Gabriela Guevara no logró imponerse a la jamaiquina.*

impopular *adj.* Que no le gusta al pueblo. *Subir los impuestos siempre es una medida impopular.*

importación *s. f.* Acción de importar objetos, costumbres, expresiones de otro país. ‖ Mercancía que se importa.

importado, da *adj.* Que viene del extranjero.

importador, ra *adj.* y *s.* Que se dedica a la importación de mercancías.

importador, ra *s.* País, sociedad o persona que compra productos extranjeros para venderlos en el mercado nacional.

importancia *s. f.* Lo que hace que una persona o una cosa sea importante o tenga una gran dimensión. ‖ Categoría social de una persona.

importante *adj.* Que importa. ‖ Que tiene importancia.

importar *intr.* Tener algo o alguien valor o interés para otra persona. ‖ *t.* Traer mercancías de otros países. ‖ Costar determinada cantidad de dinero.

importe *s. m.* Cantidad de dinero que se tiene que pagar.

importunar *t.* Molestar a una persona haciéndole perder tiempo.

importunidad *s. f.* Molestia que nos causa otra persona.

importuno, na *adj.* Inoportuno. ‖ Molesto, latoso.

imposibilidad *s. f.* Falta de oportunidad para que una cosa exista o suceda.

imposibilitado, da *adj.* y *s.* Que tiene una discapacidad o un impedimento que no le permite moverse parcial o totalmente.

imposibilitar *t.* Quitar la posibilidad para hacer algo. ‖ Producir a una persona una discapacidad o un problema físico que no le permitan moverse parcial o totalmente.

imposible *adj.* Que no puede existir o llevarse a cabo. || Que tiene un carácter insoportable. || *fam.* Que está en mal estado. || *s. m.* Cosa difícil de hacer o de conseguir.

imposición *s. f.* Exigencia desmedida que se le quiere imponer a alguien. || Otorgamiento y colocación de una medalla a alguien. || Obligación de pagar impuestos al Estado o a una autoridad municipal.

impositivo, va *adj.* Que impone. || Que se relaciona con los impuestos.

impostación *s. f.* Emisión de la voz que requiere un entrenamiento especial porque se necesita, por ejemplo, respirar adecuadamente.

impostar *t.* En música, controlar la voz para emitirla con fuerza, sin temblores.

impostergable *adj.* Que no se puede postergar.

impostor, ra *adj.* y *s.* Se aplica a la persona que se hace pasar por alguien que no es.

impostura *s. f.* Engaño que consiste en hacerse pasar por otra persona. || Mentira que se dice para engañar a alguien.

impotencia *s. f.* Falta de fuerza o de posibilidades para hacer algo. || Imposibilidad del hombre para realizar el acto sexual.

impotente *adj.* y *s. com.* Que no tiene fuerza o poder para hacer algo. || Que no puede llevar a cabo el acto sexual.

impracticable *adj.* Que no se puede llevar a la práctica. || Que es poco transitable.

impráctico, ca *adj.* Poco práctico. || Irrealizable.

imprecación *s. f.* Palabra o conjunto de palabras que se dirigen a otra persona y expresan de parte del emisor el deseo intenso de que le pase algo malo a aquélla.

imprecisión *s. f.* Que no tiene precisión.

impreciso, sa *adj.* Que no es preciso, que es muy vago.

impredecible *adj.* Que no se puede predecir.

impregnar *t.* y *pr.* Mojar la superficie de un cuerpo con una sustancia pegajosa. || Mojar de tal manera que penetre al interior de un cuerpo. || Introducirse las moléculas de un cuerpo en otro, pero sin mezclarse. || Influir mucho en alguien.

impremeditado, da *adj.* No premeditado. || Irreflexivo.

imprenta *s. f.* Técnica para imprimir textos y dibujos sobre papel. || Lugar donde se imprime. || Impresión. || Publicación impresa.

imprescindible *adj.* Que es tan necesario que no se puede prescindir de él. || Obligatorio.

impresentable *adj.* Que no es posible presentarlo al público. || Que no tiene educación o modales para ser presentado a los demás.

impresión *s. f.* Reproducción de textos y dibujos en papel. || Marca que deja algo en una cosa. *En el barro quedó una impresión de mis pies.* || Efecto que tiene un acontecimiento o algo sobre alguien.

impresionable *adj.* Que es muy sensible o se asusta con facilidad.

impresionado, da *adj.* Que registró una impresión.

impresionante *adj.* Que causa admiración, asombro, sorpresa. || *fam.* Muy grande.

impresionar *t.* y *pr.* Dejar una marca impresa en un papel, una placa fotográfica, etc. || Producir una impresión profunda en alguien.

impresionismo *s. m.* Movimiento artístico que surgió en Francia a finales del siglo XIX que proponía dar preponderancia a las impresiones sobre las descripciones fieles; los efectos de luz son su característica en pintura.

impresionista *adj.* y *s. com.* Que se relaciona con el impresionismo. || Artista que practica el impresionismo.

impreso *s. m.* Hoja suelta o cualquier publicación que tenga texto, imágenes o ambos. || *Esp.* Formulario con espacios en blanco para rellenar.

impreso, sa *adj.* Que tiene texto o imágenes reproducidos por imprenta.

impresor, ra *adj.* y *s.* Que se dedica a imprimir textos o dibujos. || Persona que posee o dirige una imprenta.

impresora *s. f.* Máquina considerada un periférico de la computadora, que imprime lo que hay en la pantalla.

imprevisible *adj.* Que no se puede prever.

imprevisión *s. m.* Falta de previsión.

imprevisto, ta *adj.* y *s.* Que no se prevé, que no está planeado. || *pl.* Gasto que no estaba calculado en el presupuesto inicial.

imprimir *t.* Reproducir en papel un texto o un dibujo. || Editar una obra impresa. || Dejar una marca en algo. || Dejar una impresión en la manera de sentir o de pensar de alguien. || Dar impulso.

improbable *adj.* Que es dudoso o difícil que exista o suceda.

ímprobo, ba *adj.* Que no tiene probidad, malo. || En relación con un trabajo, que es muy pesado y excesivo.

improcedencia *s. f.* Carencia de oportunidad, de fundamento, de derecho.

improcedente *adj.* Que no es oportuno ni adecuado || Que no se hizo conforme a derecho.

improductividad *s. f.* Falta o disminución de la productividad.

improductivo, va *adj.* Que no produce la ganancia o el resultado deseados.

impronta *s. f.* Reproducción de una imagen, tanto en hueco como en relieve, en un material blando. || Influencia que ejerce sobre una persona el conjunto de características socioculturales del contexto en que se mueve. || En biología, proceso de aprendizaje de un animal joven que consiste en imitar lo primero que vea ya sea animal, hombre o máquina. *Konrad Lorenz trabajó con gansos para demostrar la impronta.*

improperio *s. m.* Palabra o conjunto de palabras con que se insulta a alguien.

impropiedad *s. f.* Lo que es impropio. || Falta de propiedad a la hora de usar el lenguaje.

improrrogable *adj.* Que no se puede prorrogar.

improvisación *s. f.* Acción de llevar a cabo algo que no se tenía previsto. || Música, poema, discurso, canción que se improvisa.

improvisado, da *adj.* Resultado de improvisar.

improvisar *t.* Hacer algo sin tener la formación necesaria ni los materiales adecuados. || Crear un poema, un discurso, una canción, una música, etc., sin haberla preparado antes.

improviso, sa *adj.* Que no se prevé. ‖ *loc. De improviso:* de manera repentina, inesperada.

imprudencia *s. f.* Falta de prudencia, de sensatez, de juicio para hacer algo. ‖ Acción o hecho imprudente. ‖ En derecho, culpa.

imprudente *adj. y s. com.* Que actúa con imprudencia.

impúber *adj. y s. com.* Que no ha llegado a la pubertad.

impudicia *s. f.* Falta de recato y pudor. *La impudicia reina en ese manicomio.*

impúdico, ca *adj.* Que no tiene recato ni pudor. *Suele acusarse a las cantantes de música pop de impúdicas.*

impuesto *s. m.* Cantidad de dinero que se debe pagar al Estado o al municipio para los gastos públicos.

impugnable *adj.* Que se puede impugnar.

impugnación *s. f.* Cuestionar legalmente la validez de una decisión judicial, electoral, etc.

impugnar *t.* Combatir, refutar. ‖ Presentar un recurso contra una resolución tomada por una autoridad del Poder Judicial.

impulsar *t. y pr.* Dar empuje para producir movimiento. ‖ Aumentar la actividad de algo.

impulsión *s. f.* Impulso. ‖ Compulsión.

impulsivo, va *adj. y s.* Que es capaz de impulsar. ‖ Que se deja llevar por las emociones y los impulsos sin tomar en cuenta las consecuencias.

impulso *s. m.* Empujón que se da a una cosa para que se mueva. ‖ Fuerza que tiene una cosa en movimiento. ‖ Apoyo o estímulo que se da a una actividad. ‖ Deseo repentino e incontrolable de hacer algo.

impulsor, ra *adj. y s.* Que impulsa.

impune *adj.* Que queda sin castigo.

impunidad *s. f.* Falta de castigo.

impuntual *adj.* Que no es puntual.

impuntualidad *s. f.* Falta de puntualidad.

impureza *s. f.* Sustancia que contamina a la que la contiene. ‖ Falta de pureza en el sentido de castidad.

impuro, ra *adj.* Que no es puro. ‖ Deshonesto, impúdico.

imputable *adj.* Que puede ser imputado o atribuido.

imputar *t.* Atribuir a alguien la comisión de un delito o de una falta. ‖ Atribuir a una cosa el fracaso de algo.

inabarcable *adj.* Que es tan grande o complicado que no se puede abarcar.

inabordable *adj.* Que es difícil de abordar.

inacabable *adj.* Que no se acaba nunca, que dura mucho.

inacabado, da *adj.* Que no se acabó o completó.

inaccesibilidad *s. f.* Imposibilidad o dificultad para acceder a una persona o cosa.

inaccesible *adj.* Que no es de fácil acceso. ‖ Que es muy difícil de alcanzar. ‖ Que no puede conseguirse.

inacción *s. f.* Falta de actividad o movimiento.

inaceptable *adj.* Que no puede aceptarse.

inactividad *s. f.* Falta de actividad. *La inactividad propicia problemas de salud.*

inactivo, va *adj.* Que no está en activo. ‖ Que no se mueve, que no hace ejercicio. ‖ Que está extinguido o tiene poca actividad. *El volcán ha permanecido inactivo por más de 100 años.*

inadaptado, da *adj.* Que no se adapta a las condiciones ambientales o sociales que lo rodean. ‖ Que no acata las reglas de la sociedad.

inadecuado, da *adj.* Que no es adecuado u oportuno.

inadmisible *adj.* Que no se puede admitir.

inadvertido, da *adj.* Que nadie lo ve o lo nota. *Pasó inadvertido entre la multitud.* ‖ Que no presta atención a las cosas que debería.

inagotable *adj.* Que no se agota.

inaguantable *adj.* Que es difícil de aguantar. *Su migraña era inaguantable.* ‖ Que molesta o disgusta.

inalámbrico, ca *adj.* Que no usa hilos o cables. *Quiero tener un ratón inalámbrico.*

inalcanzable *adj.* Que no se puede alcanzar. ‖ Que está muy lejos de nuestras posibilidades.

inalienable *adj.* Que no se puede enajenar. *Los derechos humanos son inalienables.*

inalterable *adj.* Que no se altera.

inamovible *adj.* Que no puede ser movido o cambiado.

inamovilidad *s. f.* Imposibilidad de ser movido.

inanición *s. f.* Debilidad extrema producida por falta de alimentos.

inanimado, da *adj.* Que no tiene vida. *Las piedras son cosas inanimadas.* ‖ Que no da señales de vida.

inapelable *adj.* Que no puede ser apelada. ‖ Que no se puede remediar o evitar. *El resultado del partido fue inapelable: nos eliminaron.*

inapetencia *s. f.* Falta de apetito o de ganas de comer. *Debido a su inapetencia, bajó 30 kilos.*

inapetente *adj.* Que no tiene apetito o ganas de comer.

inaplazable *adj.* Que no se puede aplazar o retrasar. *La reunión es inaplazable.*

inaplicable *adj.* Que no se puede aplicar.

inapreciable *adj.* Que tiene un valor tan grande que es imposible ponerle precio o apreciarlo. *La Cruz Roja aporta un trabajo inapreciable en bien de la sociedad.* ‖ Que es tan pequeño que no se puede ver.

inaprensible *adj.* Que no se puede asir. *El sapo era inaprensible por pegajoso.* ‖ Que no se puede comprender.

inapropiado, da *adj.* Se aplica a lo que no resulta conveniente para algo.

inarmónico, ca *adj.* Falto de unión, proporción y concordancia.

inarticulado, da *adj.* Que produce sonidos sin formar palabras.

inasequible *adj.* Que es imposible de alcanzar.

inasible *adj.* Que no se puede asir. ‖ Que no se puede comprender.

inasistencia *s. f.* Falta de asistencia. *El acto se suspendió por inasistencia del público.*

inaudible *adj.* Que no se alcanza a oír.

inaudito, ta *adj.* Que es tan extraordinario o inusual que cuando ocurre provoca asombro. ‖ Que es inadmisible. *Es inaudito que vengas a pedirme perdón después de lo que hiciste.*

inauguración *s. f.* Momento en que principia una actividad. ‖ Ceremonia que inicia un acto. *Hubo muchísima gente en la inauguración.*

inaugural *adj.* Que se relaciona con una inauguración. *El discurso inaugural estuvo aburrido.*

inaugurar *t.* Empezar una actividad con una ceremonia.

inca *adj.* Que se relaciona con el pueblo prehispánico cuyo imperio iba de Ecuador hasta Chile; su capital era Cuzco. ‖ *s. com.* Persona que pertenece a este pueblo. ‖ Nombre que se daba al soberano.

incaico, ca *adj.* Que se relaciona con los incas.

incalculable *adj.* Que no se puede calcular.

incandescencia *s. f.* En física, estado en el que un cuerpo despide luminosidad por aumento en la temperatura.

incandescente *adj.* Que se pone rojo o blanco por acción del calor.

incansable *adj.* Que no se cansa.

incapacidad *s. f.* Falta de aptitudes o conocimientos para desempeñar una actividad. *Su incapacidad no le permitía conservar sus trabajos.* ‖ Falta de salud física o mental para ejercer todos sus derechos y obligaciones.

incapacitado, da *adj.* Que no tiene aptitudes o conocimientos para hacer algo. ‖ Que no tiene condiciones físicas o mentales para desempeñar cualquier actividad. ‖ En derecho, que ha sido inhabilitado para ejercer sus derechos.

incapacitar *t.* Quitarle a alguien la capacidad de hacer algo. ‖ En derecho, declarar incapaz a alguien.

incapaz *adj.* Que no tiene capacidad o conocimientos para desarrollar determinada actividad. ‖ Que no tiene la capacidad necesaria para dar cabida a algo. ‖ *s. com.* En derecho, que no tiene capacidad legal. ‖ *desp.* Tonto, idiota.

incautación *s. f.* Confiscación de bienes.

incautado, da *adj.* Relativo al objeto del que se apropió la justicia. ‖ Relativo al objeto del que alguien se apropió ilegalmente.

incautarse *pr.* Apropiarse la autoridad de los bienes de personas que se hicieron de ellos de mala manera. *La policía se incautó del dinero robado.* (En México es más común el uso del verbo en forma transitiva. *La policía incautó el dinero robado.*)

incauto, ta *adj.* Que no tiene cautela. ‖ Que no tiene malicia.

incendiar *t.* y *pr.* Prender o prenderse fuego algo.

incendiario, ria *adj.* Que provoca un incendio. ‖ Que sirve para provocar incendios. ‖ *fig.* Que incita a la violencia.

incendio *s. m.* Fuego de grandes proporciones que suele destruir algo que no estaba destinado a quemarse. ‖ *fig.* Pasión, desde amor hasta odio, que se siente con mucha intensidad.

incensar *t.* Quemar incienso o resinas aromáticas.

incensario *s. m.* Brasero usado para quemar el incienso o las resinas aromáticas.

incentivación *s. f.* Estímulo que se da a alguien para que mejore en su desempeño.

incentivar *t.* Dar fuerza a una actividad para que se desarrolle. ‖ Otorgar estímulos a los trabajadores para que mejoren su trabajo.

incentivo *adj.* Que impulsa o estimula a hacer una cosa. ‖ *s. m.* Premio o pago que se le da a un trabajador para estimular su productividad.

incertidumbre *s. f.* Falta de certidumbre, duda.

incesante *adj.* Que no cesa. ‖ Que se repite con frecuencia.

incesto *s. m.* Relación sexual prohibida por producirse entre padres e hijos.

incestuoso, sa *adj.* Que se relaciona con el incesto. ‖ Que comete incesto.

incidencia *s. f.* Influencia que tiene una cosa sobre otra. ‖ Acontecimiento secundario que influye de alguna manera en un asunto. ‖ Proporción de casos ocurridos. ‖ En geometría, encuentro entre un punto, una línea, un plano con otro punto, otra línea, otro plano.

incidente *adj.* y *s. m.* Que interrumpe momentáneamente algo. ‖ Enfrentamiento grave entre dos o más personas. ‖ En óptica, se dice del rayo que choca con una superficie reflectora.

incidir[1] *intr.* Cometer una falta. ‖ Ocurrir. ‖ Repercutir. ‖ Insistir. ‖ Caer una cosa sobre una superficie.

incidir[2] *t.* Hacer un corte o incisión. ‖ Grabar.

incienso *s. m.* Resina de color claro que se extrae de algunos árboles por su aroma al arder. ‖ Mezcla de sustancias resinosas que despiden un aroma penetrante al arder.

incierto, ta *adj.* Que no es verdadero. ‖ Que no es seguro. ‖ Que no se conoce.

incineración *s. f.* Acción y resultado de reducir a cenizas algo mediante la acción del fuego. ‖ Cremación de un cadáver.

incinerador, ra *adj.* y *s.* Que incinera. ‖ Aparato o instalación para incinerar.

incinerar *s. f.* Reducir a cenizas algo por la acción del fuego. ‖ Cremar un cadáver.

incipiente *adj.* Que empieza. *Su calvicie incipiente era hereditaria.*

incisión *s. f.* Corte poco profundo que se hace con algún instrumento cortante.

incisivo, va *adj.* Que sirve para cortar. ‖ Que es agudo o mordaz. *Sus comentarios incisivos hacían reír a la concurrencia.* ‖ *s. m.* Diente que sirve para cortar los alimentos.

inciso *adj.* y *s. m.* Que tiene incisiones. ‖ Que escribe con frases cortas o estilo cortado. ‖ Comentario que se intercala en una oración principal y suele distinguirse porque se pone entre comas, entre paréntesis, etc.

incitación *s. f.* Estímulo que motiva a una persona o a un animal a hacer algo.

incitador, ra *adj.* y *s.* Que incita.

incitante *adj.* Que incita o estimula.

incitar *t.* Estimular a una persona o a un animal para que haga algo determinado. *El cura Hidalgo incitó al pueblo de Dolores a tomar las armas contra los españoles.*

incivilizado, da *adj.* Que no tiene civilidad. ‖ Mal educado.

inclasificable *adj.* Que no se puede clasificar. *De tan extravagante, era inclasificable.*

inclemencia *s. f.* Falta de compasión. ‖ Clima muy difícil de soportar, en especial el frío.

inclemente *adj.* Que no tiene compasión o clemencia. ‖ Que es muy duro de soportar.

inclinación *s. f.* Desviación de la posición vertical. ‖ Tendencia que una persona o cosa tiene hacia algo. *Siente una inclinación muy marcada hacia la física.* ‖ Cariño especial. *Siente una clara inclinación por su hijo mayor.* ‖ Gesto con el que se inclina la cabeza o el cuerpo en señal de saludo o de respeto.

inclinado, da *adj.* Desviado, oblicuo, sesgado. ‖ Partidario, adicto, devoto. ‖ Propenso, proclive.

inclinar *t.* y *pr.* Apartar de la posición vertical. ‖ Convencer a alguien de hacer algo sobre lo que tenía dudas. ‖ Bajar el tronco o la cabeza hacia delante. ‖ Hacer una reverencia. ‖ Propender a hacer algo. ‖ Sentir cariño especial hacia alguien.

ínclito, ta *adj.* Ilustre, famoso.

incluir *t.* Poner algo dentro de una cosa. *En la caja, por favor, incluya un estuche.* ‖ Estar implícito.

inclusión *s. f.* Introducción de una cosa dentro de otra. ‖ Proceso durante el cual una persona pasa a ser parte de un grupo.

inclusive *adv.* Indica que incluye al último objeto nombrado.

inclusivo, va *adj.* Que incluye o es capaz de incluir algo.

incógnita *s. f.* En matemáticas, cantidad desconocida en una ecuación o en un problema que hay que descubrir para resolver. ‖ Causa oculta de algo.

incógnito, ta *adj.* No conocido. ‖ *s. m.* Situación en que un personaje público actúa como privado. ‖ *loc. De incógnito:* sin que nadie conozca su identidad o su cargo.

incognoscible *adj.* Que no se puede conocer.

incoherencia *s. f.* Falta de coherencia. ‖ Cosa que no tiene relación lógica con la anterior. *El borracho decía puras incoherencias.*

incoherente *adj.* Que no tiene coherencia.

incoloro, ra *adj.* Que no tiene color.

incólume *adj.* Que no presenta ningún daño o salió ileso después de haber sufrido un accidente.

incombustible *adj.* Que no se puede quemar.

incomible *adj.* Que no se puede comer porque está mal preparado.

incomodado, da *adj.* Fastidiado, molesto.

incomodar *t.* y *pr.* Provocar incomodidad. ‖ Molestar.

incomodidad *s. f.* Falta de comodidad. ‖ Molestia. ‖ Enojo.

incómodo, da *adj.* Que no tiene comodidad. ‖ Que incomoda. ‖ Que no se siente a gusto.

incomparable *adj.* Que no se puede comparar. ‖ Que no admite comparación.

incompatibilidad *s. f.* Repugnancia que tiene una cosa o una persona para unirse con otra. ‖ Impedimento legal para ejercer una función determinada, o para ejercer dos o más cargos a la vez.

incompatible *adj.* Que no es compatible con algo o con alguien.

incompetencia *s. f.* Falta de competencia. ‖ Falta de jurisdicción.

incompetente *adj.* Que no es competente. *Lo despidieron otra vez por incompetente.* ‖ Que no tiene jurisdicción.

incompleto, ta *adj.* Que no está completo.

incomprendido, da *adj.* Que no es comprendido. ‖ Que no es apreciado en su justo valor.

incomprensible *adj.* Que no se puede comprender.

incomprensión *s. f.* Falta de comprensión.

incomunicación *s. f.* Situación en la que no es posible comunicarse. ‖ En derecho, aislamiento de acusados o testigos decretado por la autoridad competente.

incomunicado, da *adj.* Se dice del que está aislado y no tiene contacto hablado o físico con otras personas.

incomunicar *t.* Quitarle la comunicación a algo o a alguien. ‖ *pr.* Dejar de tener trato con otras personas, aislarse.

inconcebible *adj.* Que no puede comprenderse.

inconciliable *adj.* Que no se puede conciliar.

inconcluso, sa *adj.* Que no está terminado.

incondicionado, da *adj.* Que no depende de ninguna condición.

incondicional *adj.* Sin ninguna restricción. ‖ Adepto a una persona o a una ideología sin poner condiciones.

inconexo, xa *adj.* Que no tiene conexión.

inconfesable *adj.* Que no puede confesarse porque es demasiado vergonzoso, inmoral o ilegal.

inconfesado, da *adj.* Que no se quiere confesar.

inconfeso, sa *adj.* Que no confesa el delito del que se le acusa.

inconforme *adj.* y *s. com.* Que no está conforme con algo. ‖ Que es contrario al orden y a las leyes establecidas.

inconformidad *s. f.* Lo que es inconforme o inconformista.

inconformismo *s. m.* Actitud o doctrina que adoptan o defienden los inconformes.

inconfundible *adj.* Que no es posible confundir. *Su inconfundible mirada me tranquilizó.*

incongruencia *s. f.* Falta de congruencia. ‖ Falta de lógica.

incongruente *adj.* Que no es congruente. ‖ Que no es lógico.

inconmensurable *adj.* Que es difícil de medir. ‖ Enorme.

inconmovible *adj.* Que no se conmueve.

inconsciencia *s. f.* Estado de quien es o está inconsciente. ‖ Falta o pérdida de la conciencia. ‖ Dicho o hecho irreflexivos, desconsiderados o imprudentes.

inconsciente[1] *adj.* y *s. com.* Irreflexivo, que no se da cuenta de las consecuencias de sus actos. ‖ Que está sin sentido o conciencia.

inconsciente[2] *s. m.* En psicología, sistema de impulsos activos que no pasan por la conciencia pero sí se ve reflejado en el comportamiento.

inconsecuencia *s. f.* Falta de consecuencia o congruencia en lo que se dice o hace. ‖ Dicho o hecho carente de consecuencia o coherencia.

inconsecuente *adj.* y *s. com.* Que actúa con inconsecuencia. ‖ Que no se deduce de algo o no tiene conexión lógica con su antecedente.

inconsiderado, da *adj.* Sin meditar ni reflexionar. ‖ Que no reflexiona ni pondera las cosas.

inconsistencia *s. f.* Falta de consistencia.

inconsistente *adj.* y *s. com.* Carente de consistencia.

inconsolable *adj.* Que no puede ser consolado. ‖ Que es difícil de consolar.

inconstancia *s. f.* Falta de permanencia o de estabilidad. ‖ Facilidad para cambiar de opinión, gusto o idea, de sentimientos, amigos, etc.

inconstante *adj.* y *s. com.* Inestable, transitorio. ‖ Que con facilidad cambia de opinión, objetivos, afectos, etc.

inconstitucional *adj.* y *s. com.* Que no se apega a la constitución política de un país o no está contenido en su articulado. ‖ Contrario u opuesto a la constitución política de un país.

inconstitucionalidad *s. f.* Cualidad de inconstitucional. ‖ Oposición de una ley, precepto, acto o proyecto a lo dispuesto en la constitución política de un país.

incontable *adj.* Que no puede ser contado de tan numeroso que es. *Incontables recursos, incontables estrellas del cielo.*

incontaminado, da *adj.* Puro, sin mezcla ni contaminación alguna.

incontenible *adj.* Se dice del impulso o del movimiento que no puede ser contenido. || Se dice de la pasión o apetito que no puede reprimirse.

incontinencia *s. f.* Falta de continencia o comedimiento, de moderación; sobre todo en el beber y el comer. || Desenfreno de las pasiones y deseos carnales.

incontinente *adj. y s. com.* Descomedido e inmoderado en la satisfacción de sus deseos carnales. || En medicina, que padece incontinencia urinaria.

incontrolable *adj.* Que no puede ser controlado.

incontrovertible *adj.* Que no se puede controvertir, pues no admite disputa ni duda.

inconveniencia *s. f.* Incomodidad, molestia, obstáculo. || Despropósito, disparate, grosería. || Imposibilidad lógica de algo.

inconveniente *adj.* Que no conviene. || *s. m.* Dificultad, obstáculo o molestia que estorba para hacer algo. || Daño y perjuicio que es consecuencia de llevar a cabo algo que no convenía.

incordiar *t.* Molestar, fastidiar, importunar.

incorporación *s. f.* Acción y efecto de incorporar o de incorporarse.

incorporar *t. y pr.* Agregar, unir, ligar dos cosas para formar una sola. || Enderezar o levantar el cuerpo que estaba recostado o tendido. || Agregarse uno a otras personas que ya forman una corporación. || Presentarse al lugar donde empezará a trabajar o a prestar servicio.

incorpóreo, a *adj.* No corpóreo.

incorrección *s. f.* Cualidad de incorrecto. || Dicho o acción o comportamiento carentes de corrección.

incorrecto, ta *adj.* Que no es correcto.

incorregible *adj. y s. com.* Que no puede corregirse. || Que no quiere o no admite enmendarse, por terquedad o irreflexión.

incorruptible *adj. y s. com.* Que no se corrompe o pudre siguiendo el proceso natural de descomposición. || Que no se corrompe moralmente, ni por dádivas ni por amenazas.

incorrupto, ta *adj.* Que no está podrido ni descompuesto. || Se dice de la persona virgen.

incredulidad *s. f.* Repugnancia, aversión o imposibilidad de creer algo. || Falta de fe religiosa.

incrédulo, la *adj. y s.* Que no cree a la ligera y sin pruebas lo que se le propone. || Que no tiene fe religiosa.

increíble *adj.* Que resulta difícil o imposible de creer.

incrementar *t. y pr.* Aumentar, acrecentar.

incremento *s. m.* Aumento. || Acción y efecto de incrementar.

increpar *t.* Reprender, reclamar o regañar con severidad y dureza.

incriminar *t. y pr.* Acusar de un crimen o un delito. || Imputar a alguien ante la autoridad competente de un delito o falta grave. || Presentar como crimen alguna falta, exagerándola y abultándola.

incruento, ta *adj.* Se dice del sacrificio no sangriento hecho a Dios o a los dioses. || En la misa católica, el sacrificio no sangriento de la hostia. || En cirugía, se dice de una intervención en la que no se derrama sangre o muy poca.

incrustación *s. f.* Acción de incrustar. || Materia u objeto incrustado.

incrustado, da *adj.* Que está lleno de incrustaciones. || Resultado de incrustar.

incrustar *t.* Embutir, hacer entrar a presión en una materia dura y lisa fragmentos de piedra, madera, coral, concha nácar, lapislázuli... a los que previamente se ha dado forma y cortado en láminas delgadas. || *pr.* Hacer que un objeto duro y rígido penetre violentamente en otro. || Fijarse firmemente una idea en la mente.

incubación *s. f.* Acción y efecto de incubar o de incubarse.

incubadora *s. f.* Aparato o local que sirve para la incubación artificial, sobre todo de aves comestibles. || Urna transparente y dotada de todo lo necesario para sostener el desarrollo de los niños nacidos prematuramente o en condiciones anómalas.

incubar *t.* Calentar un ave con su cuerpo los huevos puestos hasta que hagan eclosión los pollos. || Cuidar los huevos hasta el nacimiento de los individuos, en algunas especies de reptiles y de peces. || *pr.* Desarrollarse los gérmenes patógenos desde que penetran en el organismo huésped hasta que presentan síntomas. || Iniciar el desarrollo de ideas, movimientos, corrientes, modas, etc., hasta sus manifestaciones visibles.

incuestionable *adj.* Que no puede cuestionarse.

inculcar *t.* Repetir empeñosamente muchas veces algo a alguien, con ánimo de que lo aprenda. || Infundir con la palabra y el ejemplo, ideas, proyectos, ideologías, etc.

inculpación *s. f.* Acción y efecto de inculpar.

inculpado, da *adj. y s.* Acusado en un proceso penal o de sanción administrativa.

inculpar *t.* Acusar, culpar. || Dirigir una acusación contra una persona física o moral en un proceso judicial, ya sea penal o administrativo.

incultivado, da *adj.* Se dice del terreno que no está cultivado ni tiene labor.

inculto, ta *adj. y s.* No cultivado. || De escasa o nula instrucción o educación. || Sin pulimento ni refinamientos propios del estilo cultivado y erudito.

incultura *s. f.* Falta de cultura o de educación. || Falta de cultivo de la tierra.

incumbencia *s. f.* Obligación y responsabilidad de hacer algo.

incumbir *intr.* Estar una cosa, asunto o negocio a cargo de alguien.

incumplido, da *adj.* Que no cumple sus promesas o sus obligaciones.

incumplimiento *s. m.* Falta de cumplimiento.

incumplir *t.* No cumplir la palabra o el compromiso, no llevar a cabo lo prometido o no efectuar aquello de lo que uno era responsable.

incurable *adj.* Que no tiene curación o que no puede sanar. || Que no tiene remedio o enmienda.

incuria *s. f.* Negligencia, falta de cuidado.

incurrir *intr.* Cometer una falta. || Atraer o causar un sentimiento negativo.

incursión *s. f.* Acción y efecto de incurrir. || Intromisión en una actividad ajena a la habitual de uno. || Acción menor de guerra en territorio enemigo.

indagación *s. f.* Acción y efecto de indagar.

indagar *t.* Averiguar, inquirir, investigar, ya sea mediante el razonamiento o por medio de entrevistas con personas que puedan arrojar luz en el asunto.

indebido, da *adj.* Que no es exigible ni obligatorio. || Ilícito, ilegal. || Injusto, inequitativo.

indecencia *s. f.* Falta de decoro o de pudor. || Dicho o hecho vergonzoso, vituperable, carente de decencia.

indecente *adj.* y *s. com.* Que no tiene decencia, decoro o vergüenza.

indecible *adj.* Que no puede decirse o explicarse.

indecisión *s. f.* Falta de determinación o de decisión.

indeciso, sa *adj.* y *s.* Se dice de una cosa sobre la cual aún no se ha decidido la solución. || Se dice de la persona perpleja, irresoluta, que padece dificultades para tomar decisiones.

indecoroso, sa *adj.* Que carece de decoro, de decencia. || Que ofende el decoro.

indefectible *adj.* Aplicado a lo que no puede faltar o dejar de ser u ocurrir.

indefendible *adj.* Que no puede tomarse su defensa, ni ser defendido real o metafóricamente.

indefensión *s. f.* Estado de las personas o de las cosas que no pueden defenderse, que están inermes. || Situación en que queda a quien se le impide ejercer su derecho a contar con un defensor en un juicio penal, civil o administrativo.

indefenso, sa *adj.* Que está falto de defensa, que carece de ella.

indefinible *adj.* Que no puede definirse.

indefinido, da *adj.* No definido. || Sin límites o términos reconocidos. *Un territorio indefinido, una dehesa indefinida.*

indeformable *adj.* Que no puede deformarse por la acción de fuerzas físicas.

indeleble *adj.* Que no puede borrarse o quitarse. *Pintura indeleble, recuerdo indeleble.*

indemne *adj.* Sin daño, exento de perjuicios.

indemnización *s. f.* Acción y efecto de indemnizar. || Pago u otra cosa con que se indemniza.

indemnizar *t.* y *pr.* Resarcir o compensar de un daño o perjuicio.

independencia *s. f.* Cualidad o condición de independiente. || Libertad para determinarse y proponerse metas sin sujeción a otro u otros. || Capacidad de las naciones y Estados para autodeterminarse y gobernarse. || Autonomía y entereza de carácter.

independentismo *s. m.* Movimiento político que propugna y reclama la independencia de un territorio que depende de una metrópoli.

independiente *adj.* y *s. com.* Que no depende de nadie o de nada. || Que se gobierna y determina por sí mismo, autónomo. || Que en materia de opiniones, mantiene las suyas sin ceder a sobornos o amenazas.

independización *s. f.* Liberación de algo.

independizar *t.* y *pr.* Hacer o hacerse independiente un país. || Emanciparse una persona, corriendo con sus gastos y haciéndose responsable de sus actos.

indescifrable *adj.* Que no puede descifrarse.

indescriptible *adj.* Que no se puede describir.

indeseable *adj.* y *s. com.* Indigno de ser deseado. || Se dice de la persona cuyo trato no es recomendable. || Se dice de la persona cuya residencia en un país las autoridades de éste consideran dañina o peligrosa. || Por extensión, se dice del individuo que las autoridades de una institución o estableci-

miento consideran perjudicial para sus intereses y por tanto piensan expulsar.

indeseado, da *adj.* y *s.* Que no es deseado debido a su condición o a las condiciones.

indestructible *adj.* Que no puede destruirse.

indeterminable *adj.* Que no se puede determinar.

indeterminación *s. f.* Falta de determinación en algo o de resolución en alguien.

indeterminado, da *adj.* Que no implica ni denota alguna determinación. || Que no está definido ni es concreto. || De carácter vacilante e irresoluto.

indexación *s. f.* Acción y efecto de indexar.

indexar *t.* Hacer índices de algo. || Registrar ordenadamente datos para elaborar con ellos un índice. || En economía, ligar las tarifas, impuestos, cobros, alquileres, etc., a las fluctuaciones en el índice general de inflación de precios.

indiano, na *adj.* y *s.* Nacido en América y nativo de ella pero no originario de este continente. || Perteneciente o relativo a las Indias Occidentales, América. || Se dice del español pobre que viene a hacer dinero en América y regresa rico a su tierra.

indicación *s. f.* Acción y efecto de indicar. || Señal o letrero que indica.

indicado, da *adj.* Dicho de una persona: idónea, apta para la tarea que se le asigna.

indicar *t.* Mostrar, señalar o significar algo por medio de indicios y señales. || Recetar el médico los medicamentos y el tratamiento.

indicativo, va *adj.* Que indica o se usa para indicar. || *loc. Modo indicativo:* en gramática, el que emplea el verbo para expresar acciones, estados o pasiones como reales.

índice *s. m.* Indicio, marca o señal de algo. || En libros y publicaciones, lista ordenada de su contenido y de las páginas donde aparece. || En archivos, bibliotecas y repositorios documentales, catálogo de las obras ahí guardadas. || Segundo dedo de la mano humana, entre el pulgar y cordial, que se emplea para señalar e indicar. || En matemáticas, número que se coloca en la abertura del radical para indicar el grado de la raíz.

indiciado, da *adj.* y *s.* Se dice de la persona sobre la que existe sospecha de haber participado en un delito.

indiciar *t.* Dar indicios algo de donde pueda inferirse conocimiento de ello. || Sospechar de algo o contar con indicios para ello. || Dan a entender algo a alguien.

indicio *s. m.* Hecho que permite deducir de él la existencia de otro no conocido o percibido. *El olor a gas fue el indicio de la fuga en la tubería.* || Cantidad diminuta de algo que permite presumir la presencia de algo mayor. *Había indicios de pólvora en su mano.*

índico, ca *adj.* Relativo a lo que es de las Indias Orientales.

indiferencia *s. f.* Estado emotivo en que no se siente inclinación ni aversión hacia alguna persona, asunto o cosa.

indiferenciado, da *adj.* Que no posee rasgos o características diferenciadas.

indiferente *adj.* Que no se inclina más hacia una cosa que hacia otra. || Que no importa cómo se haga, ya sea de una forma u otra da lo mismo. || Que no suscita interés, pasión ni afecto.

indígena *adj.* y *s. com.* Originario, nativo u oriundo del país, región o pueblo del que se trate. || *Amér.* Descendiente actual de los pueblos prehispánicos, cuyas tradiciones y costumbres conserva.

indigencia *s. f.* Miseria, pobreza extrema, privación de medios para subsistir.

indigenismo *s. m.* Movimiento social, político y artístico que exalta lo indio en América.

indigenista *adj.* y *s. com.* Perteneciente o relativo al indigenismo. || Partidario o seguidor del indigenismo.

indigente *adj.* y *s. com.* Que padece indigencia.

indigestarse *pr.* Digerir mal o no poder digerir un alimento o bebida. || Sentar mal algo a alguien, especialmente libros, estudios, juegos, etc. || Caerle mal una persona, no simpatizar con ella.

indigestión *s. f.* Mala digestión. || Trastorno que se padece por esa causa.

indigesto, ta *adj.* Que se digiere mal o con mucha dificultad. || Que está sin digerir. || Se dice del discurso o del texto confuso, desordenado y prolijo. || Áspero en el trato, huraño.

indignación *s. f.* Enojo, ira, cólera contra una persona, contra sus actos o contra sus productos.

indignado, da *adj.* Lleno de indignación.

indignante *adj.* Que despierta o causa indignación.

indignar *t.* y *pr.* Enojar, enfadar o irritar intensamente a alguien o a uno mismo.

indignidad *s. f.* Cualidad de indigno. || Acción vil y reprobable.

indigno, na *adj.* y *s.* Que carece de mérito o de aptitud para algo. || Que es inferior a la calidad y mérito de alguien o no corresponde a sus circunstancias.

índigo *s. m.* Añil, planta tintórea de la familia de las papilionáceas de la cual se extrae tinte color azul oscuro. || Pasta que se obtiene de tallos y hojas de esta planta. || Color azul oscuro semejante al del añil. || Sexto color en el espectro luminoso, entre el rojo y el violeta.

indio *s. m.* Elemento químico, escaso en la corteza terrestre; se encuentra en la blenda y otros minerales de hierro, plomo, cobre y estaño; es dúctil, blando y maleable; sus derivados producen a la llama un intenso color índigo; se utiliza en la fabricación de rodamientos y semiconductores; su número atómico es 49 y su símbolo In.

indio, dia *adj.* y *s.* Nativo o natural de la India. || Perteneciente o relativo a este país del Asia meridional. || Indígena de América, tras el contacto con los europeos en el siglo XV. || Perteneciente o relativo a estos habitantes de América.

indirecta *s. f.* Dicho o gesto con el que se da a entender algo sin aludirlo directamente.

indirecto, ta *adj.* Que no va derecho a un objetivo, aunque se encamine a él.

indiscernible *adj.* Que no puede discernirse.

indisciplina *s. f.* Falta de disciplina.

indisciplinado, da *adj.* y *s.* Que no se somete a la disciplina establecida. || Alborotador, inquieto, levantisco.

indisciplinarse *pr.* Quebrantar la disciplina.

indiscreción *s. f.* Falta de discreción y de sensatez. || Dicho o hecho carentes de discreción.

indiscreto, ta *adj.* y *s.* Que actúa sin tacto ni pudor. || Que se hace sin discreción.

indiscriminado, da *adj.* No discriminado ni seleccionado previamente.

indiscutible *adj.* Evidente, obvio, que no hay para qué discutirlo.

indisociable *adj.* Que puede disociarse o separarse.

indisoluble *adj.* Que no puede disolverse. || Que no puede anularse, cancelarse ni dejarse sin efecto.

indispensable *adj.* Que es muy necesario para un fin o tarea determinados.

indisponer *t.* y *pr.* Quitar la disposición, el orden o la conveniencia a algo. || Enemistar a las personas. || Ponerse mal, padecer un leve trastorno de la salud.

indisponibilidad *s. f.* Calidad de lo que no está disponible.

indisponible *adj.* No disponible.

indisposición *s. f.* Acción y efecto de indisponer. || Trastorno leve y pasajero de la salud.

indispuesto, ta *adj.* Que padece alguna indisposición o trastorno leve.

indistinto, ta *adj.* Que no se distingue de otra cosa, que se puede confundir con ella. || Que no se percibe claramente, que su aspecto no es nítido.

individual *adj.* Propio del individuo o referente a él. || Peculiar y característico de algo o de alguien.

individualidad *s. f.* Cualidad que singulariza y destaca a algo o a alguien, haciéndolo diferente de todos los de su especie.

individualismo *s. m.* Teoría que postula la supremacía del individuo y sus intereses por sobre la conveniencia colectiva e incluso el bien común y del Estado. || Práctica de anteponer los gustos e intereses propios a los de cualquier otra persona o colectivo.

individualista *adj.* y *s. com.* Perteneciente o relativo al individualismo. || Defensor y adepto del individualismo.

individualizar *t.* Especificar algo, detallándolo para destacar su individualidad. || Determinar individuos incluidos en una especie.

individuo, a *adj.* Que no puede dividirse sin que pierda su esencia y función. || Individual. || *s. fam.* Persona cuyo nombre se omite porque se ignora o no se quiere declarar.

indivisibilidad *s. f.* Cualidad de indivisible.

indivisible *adj.* Que no puede dividirse. || *s. m.* En matemáticas, se dice del número que dividido entre otro deja un residuo diferente de cero.

indochino, na *adj.* y *s.* Nativo de Indochina, península en el sureste de Asia. || Perteneciente o relativo a esa zona, que fue colonia francesa, y actualmente abarca los países de Camboya, Laos y Vietnam.

indocumentado, da *adj.* y *s.* Que no consta en documentos. || Que no cuenta con documentos que lo identifiquen o acrediten su calidad, especialmente la migratoria. || Persona que migra a un país extranjero sin tener los documentos legales para ello ni los que le permitan residir en el lugar de acogida.

indoeuropeo, a *adj.* y *s.* Se dice de las lenguas europeas cuyas raíces demuestran derivar de otra muy antigua que les sirvió de origen común.

índole *s. f.* Condición y cualidad peculiares de cada persona. || Naturaleza, condición, forma de ser de las cosas.

indolencia *s. f.* Cualidad de indolente.

indolente *adj.* y *s. com.* Que nada lo afecta o conmueve. ‖ Que todo le da flojera.

indoloro, ra *adj.* Que no duele, que no provoca dolor.

indomable *adj.* Que no se puede domar o no permite hacerlo.

indómito, ta *adj.* y *s.* Indomado. ‖ Indomable. ‖ Arduo de sujetar o de reprimir.

indonesio, sia *adj.* y *s.* Nativo de Indonesia. ‖ Perteneciente o relativo a ese país insular del sureste asiático. ‖ Lengua del tronco malayo-polinesio hablada en ese país. ‖ Perteneciente o relativo a dicha lengua.

inducción *s. f.* Acción y efecto de inducir. ‖ *loc. Inducción electromagnética:* producción de fuerza electromotriz en un elemento conductor por influencia de un campo magnético. ‖ *Inducción laboral:* proceso por el cual un nuevo empleado recibe instrucción que le permite adecuarse a las tareas que va a desempeñar en la empresa.

inducir *t.* Persuadir, convencer, incitar a alguien a hacer algo. ‖ Causar, ocasionar. ‖ En lógica formal, extraer conclusiones generales a partir de ciertos datos o premisas particulares pero numerosas en los que aquéllas estaban implícitas. ‖ En física, producir a distancia fenómenos electromagnéticos en determinados cuerpos.

inductivo, va *adj.* Perteneciente o relativo a la inducción. ‖ Se aplica al razonamiento que a partir de la observación de los fenómenos o hechos de la realidad asciende lógicamente a la ley universal de la que son manifestación.

indudable *adj.* Que no puede ponerse en duda, por ser tan claro y evidente.

indulgencia *s. f.* Disposición para perdonar las faltas o para conceder gracias. *La justicia debe incluir a la indulgencia.* ‖ Perdón que otorga la Iglesia católica de la pena temporal debida por los pecados ya perdonados.

indulgente *adj.* Se aplica a la persona que tiende a juzgar con benevolencia y castigar sin demasiado rigor.

indultar *t.* Otorgar un indulto a una persona. *El gobernador se negó a indultar la pena de muerte al condenado.*

indulto *s. m.* Perdón total o parcial por parte de la autoridad de una persona o conmutación de la misma.

indumentaria *adj.* Perteneciente o relativo al vestido. ‖ *s. f.* Conjunto de las prendas de vestir que se tienen o se llevan puestas. ‖ Estudio histórico de las prendas de vestir.

industria *s. f.* Conjunto de operaciones materiales y técnicas que se ejecutan para obtener, transportar y transformar materias primas. ‖ Conjunto de fábricas o empresas del mismo o de varios ramos. ‖ Habilidad o destreza para hacer una cosa.

industrial *adj.* Perteneciente o relativo a la industria. ‖ *s. com.* Persona que se dedica a la industria como empresario.

industrializar *t.* Aplicar procesos mecanizados a la transformación de productos primarios o materias primas. ‖ Desarrollar la actividad industrial en un lugar, creando industrias nuevas o desarrollando las existentes.

industrioso, sa *adj.* Que tiene habilidad, destreza y se dedica con ahínco al trabajo.

inédito, ta *adj.* Se aplica a la obra que no ha sido publicada. ‖ Que es desconocido del público porque no se ha dado a conocer. ‖ Que no se ha hecho antes, que es nuevo y desconocido.

inefable *adj.* Que no se puede explicar o describir con palabras. *Los inefables motivos de la conducta humana.*

ineficacia *s. f.* Falta de eficacia.

ineficaz *adj.* Que no es eficaz, que no produce el resultado esperado.

ineficiencia *s. f.* Falta de eficiencia. *La ineficiencia del personal es intolerable.*

ineficiente *adj.* Que no es eficiente, que no produce lo que se espera de él.

ineluctable *adj.* Ineludible, que es inevitable.

ineludible *adj.* Que no se puede eludir o rehuir. *El pago de impuestos es ineludible.*

inenarrable *adj.* Que no se puede describir con palabras, por ser asombroso o increíble.

ineptitud *s. f.* Falta de aptitud o de capacidad para desempeñar alguna función o actividad.

inepto, ta *adj.* y *s.* Que no posee las aptitudes, la preparación o capacidad para desarrollar una actividad.

inequívoco, ca *adj.* Que es tan claro que no puede dar lugar a duda, confusión o equivocación.

inercia *s. f.* Resistencia de los cuerpos a cambiar su estado de reposo o movimiento. ‖ Desidia, falta de energía física o moral para alterar un comportamiento.

inerme *adj.* Desprovisto de medios o de armas para defenderse.

inerte *adj.* Carente de vida por naturaleza. ‖ Carente de vida por haberla perdido. ‖ Se aplica a la sustancia o materia incapaces de provocar reacciones químicas.

inescrutable *adj.* Que no puede saberse ni averiguarse. *Los designios de Dios son inescrutables.*

inesperado, da *adj.* Que ocurre imprevisto o sin esperarse.

inestable *adj.* No estable, sin firmeza o seguridad; que sufre continuas o frecuentes alteraciones de sus condiciones y características. ‖ Se aplica a los compuestos químicos que se descomponen fácilmente.

inestimable *adj.* Se aplica a lo que tiene un valor tan grande, que es no posible estimarlo o valorarlo.

inevitable *adj.* Que no se puede evitar. *La ruptura del compromiso fue inevitable.*

inexactitud *s. f.* Falta de precisión o exactitud. ‖ Dicho o afirmación que no se ajusta a la verdad.

inexacto, ta *adj.* Falto de exactitud.

inexcusable *adj.* Se aplica a lo que es ineludible o no puede dejar de hacerse o ser evitado. ‖ Se aplica a lo que no se puede o no se debe disculpar. *Con su experiencia, su error es inexcusable.*

inexistencia *s. f.* Falta de existencia.

inexistente *adj.* Que carece de existencia. *Los dragones son inexistentes.*

inexorable *adj.* Que no puede ser evitado, eludido o detenido. *El envejecimiento es inexorable.* ‖ Se aplica a las personas que no se dejan ablandar por ruegos y súplicas.

inexperiencia *s. f.* Falta de experiencia.

inexperto, ta *adj.* y *s.* Que tiene poca experiencia.

inexplicable *adj.* Que no tiene explicación.

inexplorado, da *adj.* No explorado.

inexpresividad *s. f.* Carencia de expresividad.
inexpresivo, va *adj.* Sin expresión. *Mantuvo siempre un rostro inexpresivo.* || Incapaz de expresarse.
inexpugnable *adj.* Que no se puede tomar o conquistar por la fuerza. *La fortaleza era inexpugnable.* || Se aplica a personas que no se dejan convencer o persuadir.
inextricable *adj.* Que es muy intrincado y confuso.
infalibilidad *s. f.* Cualidad de infalible.
infalible *adj.* Se aplica a la persona que no puede fallar o equivocarse. || Se aplica a la cosa que nunca falla y siempre proporciona el resultado deseado.
infalsificable *adj.* Que no se puede falsificar.
infaltable *adj.* Que no puede faltar.
infamante *adj.* Que causa deshonra.
infame *adj.* Se aplica a la persona carente de buena fama, prestigio y estima. || Se aplica a la persona que actúa o es capaz de actuar con maldad o vileza, así como a sus acciones. || Se aplica a cosas o a nombres de agentes que son muy malos. *Es un recitador de poemas infame.*
infamia *s. f.* Descrédito, deshonra. || Acción mala, vil y despreciable.
infancia *s. f.* Periodo de la vida humana desde el nacimiento hasta la pubertad. *El carácter de la persona se forja en la infancia.* || Conjunto de niños que se hallan en este periodo.
infante, ta *s.* Niño menor de siete años. || Hijo de un rey que no es el príncipe o princesa. || Título que un rey concede a un miembro de su familia. || *s. m.* Soldado de infantería.
infantería *s. f.* Tropa formada por soldados que sirven a pie.
infanticidio *s. m.* Muerte dada violentamente a un niño, especialmente al de corta edad. *El infanticidio es uno de los crímenes más infames.*
infantil *adj.* Perteneciente o relativo a la infancia. || Inocente, cándido, que es característico del comportamiento propio de un niño.
infantilidad *s. f.* Cualidad de infantil.
infantilismo *s. m.* Persistencia en un adolescente o adulto de características físicas y mentales propias de la infancia.
infarto *s. m.* Lesión producida en un órgano que queda privado de su riego sanguíneo, por obstrucción de la arteria correspondiente. || Aumento de tamaño de un órgano enfermo.
infatigable *adj.* Que no se cansa o que muy difícilmente se cansa.
infatuación *s. f.* Acción y efecto de infatuar o infatuarse.
infatuado, da *adj.* Lleno de infatuación.
infatuar *t. y pr.* Volver a alguien fatuo, engreído.
infausto, ta *adj.* Se aplica a lo que es o trae desgracia, o la anuncia o evoca.
infección *s. f.* Acción y efecto de infectar o infectarse. || Penetración y desarrollo en el organismo de gérmenes patógenos. || Enfermedad producida por estos gérmenes.
infeccioso, sa *adj.* Que causa infección. || Provocado por infección.
infectado, da *adj.* Se dice de lo que tiene microbios, bacterias o virus.
infectar *t.* Ingresar un agente patógeno en un organismo y multiplicarse en él. *Déjame curarte esa herida, se te puede infectar.* || *pr.* Contraer una

enfermedad por contacto con el microorganismo patógeno que la causa. || En informática, ingresar un virus en un sistema y dañarlo.
infecto, ta *adj.* Contagiado, infectado. || Sucio, pestilente, corrompido. || Que está corrompido por influencias nocivas.
infectología *s. f.* Parte de la medicina que estudia las enfermedades infecciosas y su tratamiento.
infectólogo, ga *s.* Médico especialista en infectología.
infecundo, da *adj.* No fecundo.
infelicidad *s. f.* Suerte adversa o falta de felicidad.
infeliz *adj.* Se aplica a la persona que sufre, que no es feliz. || Se aplica a la cosa que es desafortunada o desacertada. || Se aplica a la persona que es apocada, confiada, que se deja engañar con facilidad. || *s. com. Amér.* Malvado, mala persona.
inferencia *s. f.* Acción y efecto de inferir. || Deducción de una cosa a partir de otra, conclusión.
inferior *adj. y s.* Que está debajo de una cosa o más bajo que ella. || Que es menor en cantidad, calidad o importancia. || Se aplica a la persona que está sujeta o subordinada a las órdenes de otra.
inferioridad *s. f.* Cualidad de inferior. || Situación de algo que está más bajo que otra cosa o debajo de ella.
inferir *t.* Sacar una conclusión o deducir una cosa de otra. *Su nerviosismo me llevó a inferir que estaba mintiendo.* || Causar un daño u ofensa.
infernal *adj.* Perteneciente o relativo al infierno. || Que es muy malo o perjudicial. || Que es muy desagradable o molesto. *Con este calor y había un tráfico infernal.*
infértil *adj.* Que no es fértil.
infertilidad *s. f.* Incapacidad de retener el producto de una concepción.
infestación *s. f.* Acción y efecto de infestar o infestarse.
infestado, da *adj.* Resultado de infestar.
infestar *t.* Invadir organismos patógenos un ser vivo y multiplicarse en él. || Invadir un lugar una epidemia o plaga. *Pasamos de largo porque la ciudad estaba infestada de cólera.* || Invadir o llenar por completo un lugar animales o plantas dañinas. || Abarrotar un sitio con exceso de personas o cosas. || Corromper moralmente.
infición *s. f.* Infección.
infidelidad *s. f.* Falta de fidelidad. || Engaño que consiste en tener relaciones sexuales con otra persona distinta de la pareja legítima.
infiel *adj.* Se aplica a la persona que no guarda fidelidad, que es desleal. || Que es inexacto. || *s. com.* Que no profesa la fe considerada verdadera.
infiernillo *s. m.* Horno pequeño portátil que se utiliza principalmente para calentar alimentos. || Aparato metálico con lámpara de alcohol que sirve para calentar.
infierno *s. m.* Lugar donde las almas de los condenados sufren eterno castigo, en la religión cristiana. || Lugar al que va el espíritu de los difuntos, en diversas mitologías y religiones no cristianas. || *fam.* Lugar en el que reina el alboroto y la discordia.
infiltración *s. f.* Acción y efecto de infiltrar o infiltrarse.
infiltrar *t. y pr.* Introducir un líquido por los poros o ranuras de un cuerpo sólido. || Introducirse una persona secretamente en un lugar o en una organización, especialmente con fines encubiertos. ||

Penetrar en un organismo agentes patógenos. || Infundir ideas o doctrinas en la mente de alguien, especialmente si se hace de manera subrepticia.

ínfimo, ma *adj.* Superlativo de inferior. || Se dice de la cosa que es última y menos que las demás. || Se dice de lo más vil y despreciable.

infinidad *s. f.* Número o cantidad muy grande de cosas o personas. *Su redacción tiene infinidad de errores.*

infinitesimal *adj.* Se aplica a la cantidad infinitamente pequeña o muy próxima a cero. || Perteneciente o relativo a las cantidades infinitamente pequeñas.

infinitivo *s. m.* Forma impersonal del verbo que no expresa número ni persona ni tiempo determinados. *En español, los infinitivos pueden hacer funciones de sustantivo, y terminan en «ar», «er» o «ir».* || *loc. Infinitivo compuesto:* se forma con el infinitivo del verbo haber y el participio del verbo que se conjuga. *«Haber ganado», es un infinitivo compuesto.*

infinito, ta *adj.* Que no tiene ni puede tener límites ni fin. *La serie de números reales es infinita.* || Que es muy numeroso o muy grande. || *s. m.* Lugar lejano e indeterminado del espacio. || Signo en forma de un ocho acostado que expresa un valor mayor que cualquier cantidad asignable. || *adv.* Excesivo, muchísimo. *Me da infinito gusto que estés bien.*

infinitud *s. f.* Cualidad de infinito. *Me impresiona la aparente infinitud del cielo nocturno.*

inflable *adj.* Que se puede inflar.

inflación *s. f.* Acción y efecto de inflar. || Aumento general de precios de los productos y servicios que trae aparejada la depreciación de la moneda.

inflacionario, ria *adj.* Perteneciente o relativo a la inflación monetaria.

inflado, da *adj.* Resultado de inflar. || Vanidoso.

inflamable *adj.* Que arde con facilidad.

inflamación *s. f.* Acción y efecto de inflamar o inflamarse. || Alteración anormal de una parte del organismo, caracterizada por el enrojecimiento de la zona, el aumento de su volumen y calor, y dolor.

inflamar *t.* y *pr.* Encender y hacer arder con llamas súbitas una materia o una sustancia. || Acalorar, enardecer los ánimos, los deseos o las pasiones. || Producirse una inflamación. *Ese golpe se te va a inflamar.*

inflar *t.* Aumentar el tamaño o volumen de un cuerpo llenando su interior con un gas. || Exagerar o abultar la importancia o el valor de una cosa. || *pr.* Ensoberbecer, engreír. *Cada vez que obtiene buena calificación se infla.*

inflexible *adj.* Que no se aparta de su punto de vista, no se conmueve ni se dobla, ni desiste de su propósito. || Que no puede ser doblado o torcido.

inflexión *s. f.* Cambio de dirección de una cosa. || Doblamiento de una línea o una cosa lineal en un punto. || Punto en que una curva cambia de sentido. || Cada uno de los cambios de tono de la voz que da un carácter particular a la entonación. || Cada uno de los cambios morfológicos que sufren las palabras sujetas a flexión.

infligir *t.* Causar o producir daño. || Imponer o aplicar un castigo.

inflorescencia *s. f.* Conjunto de flores que nacen agrupadas de una misma rama.

influencia *s. f.* Acción y efecto de influir. || Efecto o repercusión que produce una cosa en otra. || Capacidad que tiene una persona de alterar la forma de pensar o de actuar de otra. || *pl.* Relaciones de amistad o interés con alguien capaz de conseguir ciertos favores.

influenciable *adj.* Que se deja influir fácilmente.

influenciar *t.* Influir.

influenza *s. f.* Gripe.

influir *intr.* Producir una cosa sobre otra ciertos efectos. || Determinar o alterar una persona la forma de pensar o de actuar de otra. *Aplica tu propio criterio, no te dejes influir.*

influjo *s. m.* Acción y efecto de influir.

influyente *adj.* Que influye o que tiene influencia. *Su papá es muy influyente en el gobierno.*

información *s. f.* Acción y resultado de informar o informarse. || Conjunto de datos sobre una materia determinada. || Noticia o conjunto de noticias que se comunica o se conoce.

informado, da *adj.* Que ha recibido información. || Que está al tanto de las noticias de actualidad.

informador, ra *adj.* Que informa. || *s.* Profesional de los medios de comunicación que se dedica a la difusión de información.

informal *adj.* Que no tiene seriedad e incumple sus compromisos. || Que no se ajusta a normas legales, sino que se fundamenta en la confianza entre las personas. || Que no está sujeto a reglas protocolarias. || Se aplica a la ropa que se viste más por comodidad que por elegancia. || Se dice del sector de la economía que no está sujeta a las normas legales.

informante *adj.* y *s. com.* Que informa.

informar *t.* Dar noticia de algo, enterar. || En filosofía, dar forma sustancial a algo.

informática *s. f.* Conjunto de conocimientos científicos y técnicos que posibilitan el procesamiento automático de la información por medio de computadoras.

informático, ca *adj.* Perteneciente o relativo a la informática. || *s.* Persona que se dedica a la informática.

informativo, va *adj.* Que informa o sirve para dar noticia de algo. || Que informa o da forma a algo. || *s. m.* Publicación o programa de radio o televisión que publica o transmite noticias.

informe *adj.* Que no tiene la forma que le corresponde. || Que no tiene una forma determinada. || *s. m.* Comunicación escrita u oral en la que se dan informaciones, explicaciones y opiniones sobre una persona, suceso o asunto. || Acción y efecto de informar.

informulable *adj.* Que no se puede formular o expresar.

infortunado, da *adj.* Sin fortuna, desafortunado. || Se aplica a la cosa o situación que causa un gran dolor o infelicidad. || Se aplica a la persona que no tiene suerte o fortuna.

infortunio *s. m.* Fortuna adversa. || Estado desgraciado o situación desafortunada. || Hecho desgraciado que causa un gran dolor e infelicidad.

infracción *s. f.* Transgresión de una ley o de una norma moral, lógica o doctrinal, o de un pacto o un tratado.

infraccionar *t. Méx.* Multar.

infraestructura *s. f.* Conjunto de instalaciones físicas, medios técnicos y servicios necesarios para el desarrollo de una actividad, especialmente económica. || Parte de una construcción que está bajo el nivel del suelo.

infrahumano, na adj. Inferior a lo que se considera humano.

infranqueable adj. Imposible o difícil de pasar.

infrarrojo, ja adj. Se aplica al tipo de radiación que es de una longitud de onda mayor a la del rojo visible; tiene efectos térmicos, pero no luminosos ni químicos.

infrecuente adj. Que no ocurre de manera frecuente.

infringir t. Quebrantar o violar una ley, orden o norma. Infringe las leyes de tránsito por distraída.

infructuoso, sa adj. Ineficaz, inútil, que no produce frutos o resultado apreciable.

ínfula s. f. Adorno de lana blanca ceñido a la cabeza, a la manera de venda, y con dos tiras colgantes a los lados, que vestían algunos sacerdotes gentiles y algunos reyes. || Cada una de las dos cintas anchas que penden por la parte posterior de la mitra episcopal. || pl. Presunción, vanidad.

infumable adj. Se aplica al tabaco que es de mala calidad. || fam. Que es de mala calidad, pésimo y sin provecho posible.

infundado, da adj. Que carece de fundamento.

infundio s. m. Mentira o noticia falsa que se difunde generalmente con un fin.

infundir t. Despertar un sentimiento o un impulso moral o afectivo en una persona.

infusión s. f. Acción y efecto de infundir. || Acción de introducir en agua muy caliente algunas partes de una planta para extraer los principios activos. || Líquido así obtenido.

infusorio s. m. Célula o microorganismo ciliado que emplea sus cilios para moverse en un líquido.

ingeniar t. Idear o inventar algo con ingenio. || Encontrar con ingenio la manera de conseguir algo.

ingeniería s. f. Conjunto de conocimientos técnicos que permiten aplicar el saber científico al uso de la materia y la energía, mediante la invención de artefactos o construcciones.

ingeniero, ra s. Persona que ejerce la ingeniería.

ingenio s. m. Facultad humana para imaginar o inventar. || Persona dotada de esta facultad. || Habilidad para conseguir lo que se desea. || Talento y gracia para mostrar con prontitud el aspecto gracioso de las cosas. || Máquina o artefacto mecánico. || Fábrica de azúcar.

ingenioso, sa adj. Se aplica a la persona que tiene ingenio. || Se aplica a la cosa hecha o dicha con ingenio.

ingente adj. Muy grande, enorme.

ingenuidad s. f. Inocencia, falta de malicia. Los timadores cuentan con la ingenuidad de la gente para engañarla. || Hecho o dicho que demuestra falta de malicia.

ingenuo, a adj. y s. Inocente, falto de malicia, candoroso, fácil de engañar.

ingerencia s. f. Acción y resultado de ingerir.

ingerir t. Hacer pasar desde la boca al estómago alimentos, bebidas o medicamentos.

ingesta s. f. Acción y resultado de ingerir. || Conjunto de cosas que se ingieren.

ingestión s. f. Ingesta, acción de ingerir.

ingle s. f. Parte del cuerpo en la que se une el muslo con el vientre.

inglés, glesa adj. Natural de Inglaterra. || Perteneciente o relativo a esta nación de Europa. || s. Lengua del grupo germánico que se habla en Gran Bretaña, Estados Unidos, Australia y otros países.

ingobernable adj. Que no se puede gobernar. El caos político llegó a ser ingobernable.

ingratitud s. f. Falta de agradecimiento o gratitud por los favores, servicios o beneficios recibidos.

ingrato, ta adj. y s. Malagradecido, que no reconoce los beneficios recibidos. || Que satisface o gratifica poco en relación al esfuerzo que se le dedica, especialmente referido a una actividad. || Que es desapacible, desagradable. Nos tocó un tiempo muy ingrato durante las vacaciones.

ingravidez s. f. Cualidad de ingrávido. || Estado en que cesan los efectos de la fuerza de gravedad.

ingrávido, da adj. Que no está sometido a la fuerza de gravedad. || Liviano, ligero o que tiene muy poco peso.

ingrediente s. m. Cualquiera de los componentes de una mezcla.

ingresar intr. Entrar en algún lugar. || Entrar en un centro hospitalario para recibir tratamiento médico. || Entrar a formar parte de un grupo u organización. Finalmente logró ingresar a la universidad.

ingreso s. m. Acción de ingresar. || Entrada en un centro hospitalario para recibir tratamiento médico. || Acto de ser admitido en un grupo o una organización. || Cantidad de dinero que se percibe de manera periódica y regular por algún concepto.

inguinal adj. Perteneciente o relativo a las ingles.

ingurgitar t. Engullir.

inhábil adj. Que no tiene habilidad; inepto, incapaz, incompetente. || s. com. Que por falta de algún requisito, o por malos antecedentes no puede ocupar un cargo, empleo o dignidad. || Se aplica al periodo de tiempo festivo o no laborable.

inhabilitación s. f. Acción y efecto de inhabilitar. || Incapacitación para una función específica. || Pena que suspende el ejercicio de algunos derechos.

inhabilitar t. Privar legalmente a alguien del derecho de desempeñar un cargo público o de ejercitar derechos civiles o políticos. || Imposibilitar para algo. || Impedir que una cosa ocurra, funcione o pueda realizarse. La tormenta eléctrica inhabilitó la red eléctrica.

inhabitable adj. Que carece de las condiciones necesarias para ser habitado.

inhabitado, da adj. No habitado. El viejo pueblo minero quedó inhabitado.

inhalación s. f. Acción de inhalar.

inhalador s. m. Aparato que sirve para hacer inhalaciones.

inhalar t. Aspirar una persona o animal un gas, un vapor o una sustancia pulverizada.

inherente adj. Que por su naturaleza está inseparablemente unido a algo. La creatividad es inherente al hombre.

inhibición s. f. Acción y efecto de inhibir o inhibirse. || Componente de los sistemas de regulación psicológicos o fisiológicos que actúan en los seres vivos.

inhibidor adj. Que inhibe.

inhibir t. Impedir, prohibir, estorbar. || Impedir que un juez prosiga en el conocimiento de una causa. || Disminuir o suspender transitoriamente alguna función orgánica normal. || Impedir o ralentizar una reacción química. || pr. Abstenerse o dejar de actuar en un asunto o en una actividad.

inhóspito, ta adj. Se aplica al lugar que es incómodo, poco acogedor, inseguro, inhospitalario.

inhumación *s. f.* Acción y efecto de inhumar.

inhumano, na *adj.* Que es falto de humanidad, cruel y despiadado.

inhumar *t.* Enterrar un cadáver.

iniciación *s. f.* Acción y efecto de iniciar o iniciarse. ‖ Comienzo, inicio o principio de una faceta de la vida o actividad que se desconoce. ‖ Ritual al que se somete una persona que ingresa en un grupo, secta o sociedad secreta.

iniciado, da *adj.* Se dice de la persona que conoce y participa en alguna actividad secreta. ‖ *s. m.* Miembro de una sociedad secreta.

iniciador, ra *adj.* Que inicia.

inicial *adj.* Perteneciente o relativo al principio u origen de una cosa. ‖ Se aplica a la letra que es la primera de una palabra.

iniciar *t.* Comenzar, dar principio a algo. ‖ Instruir a alguien en los primeros conocimientos de una faceta de la vida o actividad. ‖ Introducir o instruir a una persona en un grupo, secta o sociedad secreta mediante una serie de pruebas.

iniciático, ca *adj.* Perteneciente o relativo a la iniciación en un rito, un culto, una sociedad secreta, etc.

iniciativa *s. f.* Que da comienzo a algo o que emprende. ‖ Capacidad personal para idear y emprender cosas.

inicio *s. m.* Principio u origen de una cosa. *En el inicio de clases todos están entusiasmados.*

inicuo, cua *adj.* Injusto, no equitativo. ‖ Malvado, cruel o injusto.

inidentificable *adj.* Que no se puede identificar.

igualable *adj.* Que no puede ser igualado.

igualado, da *adj.* Que no tiene igual.

inimaginable *adj.* Que no puede ser imaginado.

ininteligible *adj.* Que no se puede entender o comprender.

iniquidad *s. f.* Cualidad de inicuo. ‖ Injusticia grande o maldad.

injerencia *s. f.* Intervención o intromisión en asuntos ajenos o en cuestiones que no son de su incumbencia.

injerir *t.* Introducir una cosa en otra. ‖ Injertar plantas. ‖ Insertar texto en un escrito. ‖ *pr.* Entrometerse o intervenir en asuntos ajenos.

injertar *t.* Implantar un injerto. ‖ Introducir en la rama o tronco de una planta parte de otra con alguna yema que brote. *En el guayabo injertamos una rama de naranjo.* ‖ Implantar tejido vivo tomado de una parte del cuerpo en otra distinta.

injerto *s. m.* Acción y resultado de injertar. ‖ Unión de un trozo de planta provisto de yemas a la rama de otra. ‖ Planta injertada. ‖ Parte de tejido vivo de una parte del cuerpo implantado en otra distinta.

injuria *s. f.* Agravio, ultraje contra la dignidad o el honor de una persona. ‖ Daño o perjuicio que causa una cosa.

injuriar *t.* Ultrajar o agraviar la dignidad o el honor de una persona.

injurioso, sa *adj.* Que injuria.

injusticia *s. f.* Acción contraria a la justicia. ‖ Falta de justicia.

injustificable *adj.* Que no se puede justificar.

injustificado, da *adj.* Sin justificar.

injusto, ta *adj.* Que no es justo.

inmaculado, da *adj.* Que está completamente limpio o no tiene ninguna mancha.

inmadurez *s. f.* Falta de madurez. *Sus berrinches son signo de inmadurez.*

inmaduro, ra *adj.* Que no ha alcanzado la madurez.

inmanencia *s. f.* Cualidad de inmanente. ‖ Unión en un ser de cosas inseparables por naturaleza.

inmanente *adj.* Inherente a algún ser o unido de manera inseparable por formar parte de su naturaleza.

inmarcesible *adj.* Que no puede marchitarse.

inmaterial *adj.* Desprovisto de materia. *Las ideas son inmateriales.*

inmediaciones *s. f. pl.* Alrededores.

inmediatez *s. f.* Cualidad de inmediato. ‖ Proximidad en el espacio o en el tiempo.

inmediato, ta *adj.* Que está muy cerca o contiguo a una cosa, sin nada en medio. ‖ Que ocurre enseguida, sin dilación, justo después de otra cosa.

inmejorable *adj.* Que no puede ser mejorado.

inmemorial *adj.* Que es tan antiguo que se desconoce cuándo comenzó.

inmensidad *s. f.* Extensión o tamaño muy grande que resulta ilimitada. *Es impresionante la inmensidad del océano.* ‖ Cantidad muy grande.

inmenso, sa *adj.* Que es tan grande en tamaño, número o intensidad que resulta muy difícil de medir.

inmensurable *adj.* Que no puede medirse.

inmerecido, da *adj.* Que no se merece.

inmersión *s. f.* Introducción de algo en un líquido. ‖ Introducción total en una situación, en un ambiente o en una actividad. ‖ Entrada de un astro en el cono de sombra que otro proyecta.

inmerso, sa *adj.* Que está sumergido en un líquido. ‖ Absorto, que tiene la atención concentrada en algo, con descuido de lo demás. *Estaba inmerso en sus pensamientos.*

inmigración *s. f.* Movimiento de población que consiste en la llegada de personas a un país o región para establecerse en él.

inmigrante *s. com.* Persona que llega a un país o región diferente de su lugar de origen para establecerse en él.

inmigrar *intr.* Establecerse en un país o región diferente del lugar de origen.

inminencia *s. f.* Proximidad de un suceso, especialmente de un peligro.

inminente *adj.* Que está próximo a ocurrir.

inmiscuir *t.* Poner una sustancia en otra para que resulte una mezcla. ‖ *pr.* Entrometerse en un asunto o negocio cuando no hay razón para ello.

inmisericorde *adj.* Incapaz de sentir misericordia o compasión.

inmobiliario, ria *adj.* Perteneciente o relativo a cosas inmuebles. ‖ Empresa o sociedad que se dedica a construir, alquilar, vender y administrar viviendas.

inmoderado, da *adj.* Sin moderación.

inmolación *s. f.* Acción y efecto de inmolar o inmolarse.

inmolar *t.* Hacer sacrificios o sacrificar una víctima a la divinidad. ‖ *pr. fig.* Sacrificarse alguien por el bien ajeno.

inmoral *adj.* Que es contrario a los principios de la moral.

inmoralidad *s. f.* Cualidad de inmoral. ‖ Acción que va contra la moral.

inmortal *adj.* Imperecedero, eterno. ‖ *fig.* Se dice de lo que dura un tiempo indefinido. ‖ *s. f.* Nombre dado a varios tipos de plantas cuyas flores duran mucho tiempo.

inmortalidad s. f. Cualidad de inmortal.

inmortalizar t. Hacer inmortal. || t. y pr. Hacer que algo perdure en la memoria de las personas.

inmotivado, da adj. Sin motivo.

inmóvil adj. Que no se mueve, sin movimiento. || Invariable, firme.

inmovilidad s. f. Estado de lo inmóvil.

inmovilizado, da adj. Incapaz de moverse porque algo se lo impide.

inmovilizar t. Hacer que alguien o algo quede inmóvil. || pr. Quedarse o permanecer inmóvil.

inmueble adj. y s. m. Propiedad que no puede separarse del lugar que ocupa. || Casa o edificio, en especial el de varias plantas.

inmundicia s. f. Condición y estado de lo inmundo. || Basura, suciedad. || fig. Ambiente corrupto o asunto inmoral.

inmundo, da adj. Que es muy sucio y repugnante.

inmune adj. Que está exento de un servicio, cargo o penalidad determinados. || En biología, se dice del organismo vivo cuyo estado es adecuado y suficiente para resistir los ataques de microorganismos patógenos.

inmunidad s. f. Cualidad de inmune. || En biología, cualidad natural o adquirida de un organismo a los agentes infecciosos o tóxicos. || En derecho, privilegio que permite beneficiarse de la derogación, sea personal o estamental, de una ley.

inmunitario, ria adj. Perteneciente o relativo a la inmunidad.

inmunización s. f. Acción y efecto de inmunizar o inmunizarse.

inmunizar t. y pr. Hacer o hacerse un organismo inmune.

inmunología s. f. Rama de la medicina y la biología que estudia los fenómenos relacionados con la inmunidad.

inmunólogo, ga s. Médico o biólogo especializado en inmunología.

inmutabilidad s. f. Cualidad de inmutable, imperturbabilidad.

inmutable adj. Que no cambia o no puede ser cambiado. || Que permanece sin inmutarse, o es poco propenso a alterarse.

inmutar t. Mudar, variar, cambiar alguna cosa. || t. y pr. fig. Alterar o alterarse notoriamente el ánimo de alguien, impresionarlo.

innato, ta adj. Se dice de aquello que forman parte de la naturaleza de un ser desde su nacimiento u origen.

innecesario, ria adj. Que no es necesario, superfluo.

innegable adj. Que no puede o no debe negarse.

innegociable adj. Que no se puede negociar.

innoble adj. Que no es noble. || Abyecto, vil, ruin.

innominado, da adj. Que no tiene un nombre en particular.

innovación s. f. Acción y efecto de innovar. || Cosa que innova, que modifica lo establecido.

innovador, ra adj. Que innova, que introduce novedades en algo.

innovar t. Cambiar algo introduciendo novedades o reformas.

innumerable adj. Que es tan numeroso que no se puede contar o numerar.

inobjetable adj. Que no se puede objetar.

inocencia s. f. Cualidad y estado de inocente. || Condición de quien está libre de culpa. || Pureza, castidad.

inocentada s. f. fam. Broma o engaño que se hace alguien por diversión, particularmente en el día de los Santos Inocentes. || Dicho o hecho ingenuo o simple.

inocente adj. y s. com. Que está libre de culpa. || Que no tiene malicia ni picardía. || Niño pequeño que aún no tiene capacidad de juicio.

inoculación s. f. Acción y efecto de inocular.

inocular t. y pr. Introducir en el organismo deliberadamente agentes patógenos, o entrar éstos accidentalmente. || fig. Imbuir a una persona con ideas nocivas, o pervertirla con el mal ejemplo.

inocuo, cua adj. Dicho de una sustancia o medicamento, que no causa daño alguno. || Soso, anodino.

inodoro, ra adj. Que no tiene olor. || adj. y s. m. Recipiente de retrete provisto de sifón que impide el paso de los malos olores.

inofensivo, va adj. Que no es capaz de ofender. || Inocuo; que no causa, o no puede causar, daño ni molestias.

inolvidable adj. Que no puede o no debe olvidarse.

inoperable adj. Que no se puede operar.

inoperante adj. Que no funciona, que no produce el efecto esperado.

inopia s. f. Necesidad extrema, pobreza, escasez.

inopinado, da adj. Se dice de algo que sucede inesperadamente o sin haberse pensado.

inoportuno, na adj. Que está fuera de tiempo o de propósito.

inorgánico, ca adj. Se dice del cuerpo que no tiene procesos metabólicos vitales, como los minerales. || fig. Dicho de un conjunto, que está mal organizado o desordenado.

inoxidable adj. Que no puede oxidarse. || Dicho de un metal o una aleación, que es resistente a la oxidación.

inquietante adj. Que provoca inquietud.

inquietar t. y pr. Provocar inquietud, desasosegar.

inquieto, ta adj. Que no puede estar quieto; muy activo, bullicioso. || Que ha perdido el sosiego debido a una preocupación o una duda. || Se dice de la persona que gusta de hacer cosas nuevas o promover cambios. || Hond. Propenso a algo, que siente inclinación por ello.

inquietud s. f. Cualidad o estado de inquieto. || pl. Inclinaciones de tipo intelectual o artístico.

inquilino, na s. Persona que toma en alquiler un departamento, una casa o parte de ésta para habitar en ella. || Chil. Campesino que labora sometido al inquilinaje.

inquina s. f. Animadversión, antipatía, enemistad.

inquirir t. Preguntar o indagar para obtener determinada información.

inquisición s. f. Acción y efecto de inquirir. || Cárcel destinada a los reos condenados por el tribunal de la Inquisición. || loc. Santa Inquisición: tribunal eclesiástico que desde la Edad Media hasta el Renacimiento, por órdenes papales, estaba encargado de combatir la herejía.

inquisidor, ra adj. Inquisitivo. || s. m. Miembro de un tribunal de la Inquisición.

inquisitivo, va adj. Perteneciente o relativo a la averiguación o indagación. || Dicho de una persona, que inquiere, pregunta y averigua las cosas con cuidado e insistencia.

insaciable adj. Que no se puede saciar ni ser satisfecho a causa de sus apetitos desmedidos.

insaculación s. f. Acción y efecto de insacular.

insacular t. Poner dentro de un saco, urna u otro recipiente papeles que contienen nombres o números, para luego irlos sacando por sorteo.

insalivar t. Mezclar los alimentos con la saliva en el interior de la boca.

insalubre adj. Que es perjudicial para la salud.

insatisfactorio, ria adj. Que no satisface.

insatisfecho, cha adj. Que no está satisfecho. || Inconforme, descontento.

inscribir t. Grabar algo sobre una piedra, placa metálica u otro soporte duradero. || t. y pr. Anotar en una lista, para un fin determinado, el nombre de una persona.

inscripción s. f. Acción y efecto de inscribir o inscribirse. || Escrito o dibujo grabado sobre una piedra, una moneda u otra superficie.

inscrito, ta adj. Se dice de la persona cuyo nombre se halla en una lista de inscripciones. || En geometría, se dice del polígono cuyos vértices están sobre una curva dada, de una curva que es tangente a todos los lados de un polígono dado.

insecticida adj. y s. m. Sustancia o producto que sirve para matar insectos.

insectívoro, ra adj. Se dice del animal que se alimenta exclusiva o principalmente de insectos. || s. m. Perteneciente o relativo a un orden de pequeños mamíferos con numerosos dientes, puntiagudos y menudos, que se alimentan de insectos. Los topos y los erizos son insectívoros.

insecto adj. y s. m. Relativo a la clase de animales invertebrados, del tipo artrópodos, cuyo cuerpo se divide en cabeza, tórax y abdomen.

inseguridad s. f. Cualidad de inseguro. || Falta de seguridad.

inseguro, ra adj. Que carece de seguridad.

inseminación s. f. Arribo del semen del macho al óvulo de la hembra para iniciar la fecundación.

insensatez s. f. Cualidad de insensato, falta de juicio y prudencia. || fig. Dicho o hecho insensatos.

insensato, ta adj. y s. Imprudente, que carece de sensatez.

insensibilidad s. f. Cualidad de insensible, falta de sensibilidad.

insensibilizar t. y pr. Quitar la sensibilidad de alguna parte del cuerpo. || pr. Perder la capacidad de experimentar sentimientos.

insensible adj. Que carece de sensibilidad, sea física o emocional. || Imperceptible.

inseparable adj. Que no se puede separar, o es muy difícil de separar. || s. com. fig. Dicho de una persona que está estrechamente unida a otra por vínculos de amor o amistad.

insepulto, ta adj. Que no ha sido sepultado; se dice en relación con los cadáveres.

inserción s. f. Acción y efecto de insertar. || Punto donde una cosa se inserta en otra.

insertar t. Incluir o introducir una cosa en otra. || Publicar un texto o un anuncio en una publicación periódica impresa.

inserto, ta adj. Que está incluido en algo. || En una película o página de un medio impreso, recuadro

que aparece sobrepuesto al contenido principal para explicar alguna cosa.

inservible adj. Que no se encuentra en estado de servir para su función, o de ser aprovechado.

insidia s. f. Asechanza, engaño. || Intriga, acción o palabras malintencionadas para perjudicar a alguien.

insidioso, sa adj. y s. Que emplea asechanzas o engaños. || Que implica insidia. || En medicina, se dice de la enfermedad progresiva de comienzo imperceptible, cuyos síntomas aparecen hasta que ya está avanzada.

insigne adj. Famoso, ilustre, célebre por sus méritos.

insignia s. f. Distintivo o señal para indicar grados o dignidades. || Imagen, bandera, medalla o estandarte de una asociación o hermandad. || loc. Buque insignia: aquél en que se arbola la insignia del que manda una división o escuadra naval.

insignificancia s. f. Cualidad de insignificante. || Cosa insignificante.

insignificante adj. Que no merece ser tomado en cuenta por su pequeñez o falta de importancia.

insincero, ra adj. Que carece de sinceridad; hipócrita, simulado.

insinuación s. f. Acción y efecto de insinuar o insinuarse.

insinuante adj. Que insinúa algo.

insinuar t. Dar a entender algo sin expresarlo directamente, de manera sutil. || pr. Manifestar de manera indirecta y sutil el deseo e intención de mantener relaciones sexuales o amorosas.

insípido, da adj. Que no tiene sabor, o tiene muy poco. || fig. Soso, que carece de interés y gracia.

insipiente adj. Que le falta sabiduría.

insistencia s. f. Porfía, acción de insistir.

insistente adj. Que insiste, que toma un asunto o cuestión de manera reiterada.

insistir intr. Repetir de manera continua una petición o acción con el fin de lograr algo que se persigue.

insobornable adj. Incorruptible, que no puede ser sobornado. || Que no se deja llevar por las influencias externas.

insociable adj. Dicho de una persona, que rehúye el trato social con otras.

insolación s. f. Acción y efecto de insolar. || En medicina, estado patológico provocado por exponerse de manera excesiva a los rayos solares. || En meteorología, tiempo durante el cual ha brillado el sol en un lugar determinado.

insolencia s. f. Cualidad de insolente; descaro. || Dicho o hecho insolente.

insolente adj. y s. com. Se dice de quien trata a los demás de manera irrespetuosa o descortés. || Dicho de una actitud, desafiante o despectiva.

insólito, ta adj. Extraordinario, fuera de lo común, desacostumbrado.

insoluble adj. Dicho de una sustancia, que no puede disolverse ni diluirse. || Se dice de un asunto o problema que no tiene solución.

insolvencia s. f. Incapacidad para pagar una deuda; condición de insolvente.

insolvente adj. y s. com. Se dice de la persona que carece del dinero para pagar una deuda, o que es incapaz de hacerse cargo de una obligación. || Que no ofrece garantías para encomendarle un cargo o misión.

insomne *adj.* Perteneciente o relativo al insomnio. ‖ Que padece de insomnio.

insomnio *s. m.* Dificultad o incapacidad para conciliar el sueño, o para dormir el tiempo suficiente.

insondable *adj.* Que es tan profundo que no se puede sondear. ‖ *fig.* Que no se puede saber, o comprender totalmente, por ser desconocido o muy complejo.

insoportable *adj.* Que no se puede soportar. ‖ Demasiado incómodo y molesto. *Ese vecino hace un ruido insoportable.*

insoslayable *adj.* Que no puede evitarse o eludirse.

insospechado, da *adj.* Inesperado, que no se sospechaba ni esperaba.

inspección *s. f.* Acción de inspeccionar. ‖ Empleo de una persona consistente en inspeccionar. ‖ Jurisdicción, oficina y organización que dependen de un inspector.

inspeccionar *t.* Observar con atención y detenimiento a algo o alguien para determinar su calidad o su estado.

inspector, ra *adj. y s.* Que inspecciona o examina. ‖ Persona encargada de vigilar y controlar las actividades de otras para garantizar que cumplan con las leyes, reglamentos u órdenes recibidas. ‖ *s. m.* En el ámbito militar, oficial general encargado de la inspección o vigilancia de determinados servicios.

inspiración *s. f.* Acción y efecto de inspirar. ‖ *fig.* Repentino estímulo intelectual que lleva a la creación de una obra, sobre todo artística o literaria. ‖ *fig.* Influencia de una cosa sobre otra.

inspirado, da *adj.* Se aplica a quien está bajo la influencia de una inspiración.

inspirador, ra *adj.* Que promueve la inspiración, actividad intelectual. ‖ En anatomía, se dice del músculo que sirve para la función de inspirar.

inspirar *t.* Aspirar, hacer que el aire u otra mezcla gaseosa entre a los pulmones. ‖ Provocar que alguien experimente determinados sentimientos o conciba ideas. ‖ *fig.* Sugerir ideas que conducen a la creación de algo. ‖ *fig.* En la teología católica, iluminar Dios el entendimiento de alguien y mover su voluntad. ‖ Con la preposición «en», tomar algo como objeto de inspiración.

instalación *s. f.* Acción y efecto de instalar o instalarse. ‖ Conjunto de cosas instaladas. *Una instalación hidráulica.* ‖ Género de arte contemporáneo en el que una serie de objetos se relacionan y, en su caso, interactúan entre sí para generar un concepto unitario.

instalar *t.* Colocar o disponer algo en el sitio y la forma que le corresponde según la función que va a desempeñar. ‖ Poner en un establecimiento el mobiliario, aparatos y accesorios que se requieren para que entre en actividad. *Instalar una cafetería.* ‖ *pr.* Establecer algo o establecerse; acomodar, poner en su lugar.

instancia *s. f.* Acción de instar. ‖ Grupo de poder, esfera o institución.

instantáneo, a *adj.* Que dura tan sólo un instante. ‖ Que se produce en un instante. ‖ Se dice del alimento deshidratado y pulverizado que se prepara disolviéndolo en agua o leche. ‖ *s. f.* Negativo o copia fotográfica obtenidos por fotografía instantánea.

instante *s. m.* Lapso sin extensión definida que une dos espacios de tiempo. ‖ *fig.* Periodo de tiempo muy breve.

instar *t. e intr.* Insistir en una petición o súplica. ‖ Urgir para que una cosa se ejecute pronto.

instauración *s. f.* Acción y efecto de instaurar.

instaurar *t.* Establecer o fundar.

instigación *s. f.* Acción y efecto de instigar.

instigador, ra *adj. y s.* Que instiga.

instigar *t.* Provocar o inducir a alguien para que haga una cosa determinada, incitar.

instintivo, va *adj.* Que se produce por instinto, o que actúa por instinto.

instinto *s. m.* Impulso natural y espontáneo que mueve a hacer algo sin que intervenga la razón. ‖ Determinante hereditaria e innata del comportamiento de una especie animal que contribuye a su preservación.

institución *s. f.* Acción y efecto de instituir. ‖ Cosa fundada o instituida. ‖ Cada uno de los órganos político-administrativos en que se fundamenta un Estado, un gobierno o una sociedad.

institucional *adj.* Perteneciente o relativo a la institución o las instituciones.

institucionalizar *t. y pr.* Convertir algo en institucional, o darle el carácter de institución.

instituir *t.* Establecer o fundar algo. ‖ Designar por testamento.

instituto *s. m.* Institución dedicada a la investigación científica o a la enseñanza. ‖ Corporación u organismo especializado en actividades científicas, tecnológicas, artísticas o literarias.

instrucción *s. f.* Acción y efecto de instruir o instruirse. ‖ Conjunto de los conocimientos que se han adquirido.

instructivo, va *adj.* Que instruye o sirve para instruir. ‖ *s. m.* Folleto o libelo que contiene las instrucciones para armar algo, o para poner en funcionamiento un aparato.

instructor, ra *adj. y s.* Persona que instruye. ‖ *s. m.* En un ejército, oficial o suboficial encargado de la instrucción de los reclutas.

instruido, da *adj.* Se dice de la persona que tiene instrucción.

instruir *t. e intr.* Proporcionar a otro conocimientos o habilidades. ‖ En derecho, formalizar un proceso o un expediente conforme a las reglas de derecho. ‖ *pr.* Adquirir conocimientos o habilidades.

instrumentación *s. f.* Acción y efecto de instrumentar.

instrumental *adj.* Perteneciente o relativo a los instrumentos. ‖ Que sirve como instrumento. ‖ Conjunto de instrumentos que se requieren para alguna actividad.

instrumentar *t.* Adecuar una partitura a todos y cada uno de los instrumentos musicales que intervendrán en su interpretación. ‖ *fig.* Organizar y preparar una acción en la que habrán de intervenir diversos elementos, asignando a cada uno de ellos su función específica dentro de ésta.

instrumento *s. m.* Objeto fabricado, formado por una pieza o varias combinadas, que sirve para realizar un trabajo manual o técnico específico. ‖ Aparato que sirve para medir o controlar. ‖ *fig.* Cosa o persona que alguien utiliza para obtener un resultado o lograr un objetivo.

insubordinación *s. f.* Rebeldía; falta de subordinación.

insubordinar *t.* Provocar que alguien adopte una actitud de desobediencia o rebeldía hacia un superior. || pr. Rebelarse contra un superior, adoptar una actitud de rebeldía o desobediencia.

insuficiencia s. f. Condición de insuficiente, o circunstancia de resultar algo insuficiente. || Falta de inteligencia o de suficiencia para desempeñar alguna actividad. || En medicina, disminución, parcial o total, de la capacidad de un órgano para realizar sus funciones.

insuficiente adj. Que no es suficiente. || s. m. Valoración negativa respecto del aprovechamiento de un alumno en los cursos escolares o en la enseñanza de una disciplina.

insufrible adj. Que no se puede aguantar o sufrir, intolerable.

ínsula s. f. Isla, porción de tierra rodeada de agua por todas partes.

insular adj. Perteneciente o relativo a una isla. || Isleño, nativo de una isla.

insulina s. f. Hormona secretada por los islotes de Langerhans del páncreas que regula el contenido de glucosa en la sangre.

insulso, sa adj. Que carece de sabor, insípido. || fig. Carente de interés o gracia.

insultante adj. Ofensivo, que insulta o se emplea para insultar.

insultar t. Dirigir a alguien palabras o gestos ofensivos.

insulto s. m. Acción y efecto de insultar. || Palabra o expresión que se emplea para insultar.

insumergible adj. Que no puede sumergirse.

insumiso, sa adj. Rebelde, que no está sometido. || s. Se dice del que se niega a realizar el servicio militar o social a que obligan las leyes de un Estado.

insuperable adj. Que no puede ser superado, impracticable. || Óptimo, inmejorable.

insurgente adj. y s. com. Insurrecto, que se ha sublevado contra la autoridad.

insurrección s. f. Sublevación de un grupo, de un pueblo o nación; rebelión.

insurrecto, ta adj. y s. Sublevado, insurgente.

insustancial o **insubstancial** adj. Que no tiene sustancia, o que tiene muy poca.

insustituible o **insubstituible** adj. Que no se puede sustituir, único.

intachable adj. Que no tiene tacha o defecto, ni admite reproche alguno.

intacto, ta adj. Que no ha sido tocado ni palpado. || fig. Que no ha sido alterado, ni sufrido deterioro o menoscabo.

intangible adj. Que no puede o no debe tocarse.

integración s. f. Acción y efecto de integrar o integrarse. || En fisiología, coordinación que realizan diversos centros nerviosos para que los órganos del cuerpo funcionen armoniosamente. || En matemáticas, cálculo de la integral de una diferencial o de una ecuación diferencial.

integrado, da adj. Se dice del aparato que, en una sola pieza, reúne varios aparatos que podrían existir de manera independiente. || Dicho de una empresa, que abarca varios campos de producción de un bien o servicio.

integral adj. Que comprende todas las partes, aspectos y funciones de lo que se trata. || En matemáticas, perteneciente o relativo a las integrales. || s. f. Función matemática que es la solución de una diferencial o de una ecuación diferencial.

integrante adj. Que integra, integrador. || En filosofía, se dice de la parte que, sin ser esencial, integra un todo. || s. com. Se dice de cada uno de los miembros que forman parte de un conjunto o asociación.

integrar t. y pr. Utilizar partes diversas para componer un todo. || Incorporar a una persona, o incorporarse ésta a un grupo para formar parte de él. || Incorporar una cosa a un conjunto. || Reintegrar. || En matemáticas, determinar la integral de una función.

integridad s. f. Cualidad y estado de una cosa que tiene completas todas sus partes, o que no ha sufrido alteraciones. || Cualidad de una persona que es recta, justa y honesta.

integrismo s. m. Actitud contraria a cualquier desviación, o cambio en las prácticas consideradas esenciales, de las doctrinas religiosas o los sistemas ideológicos.

integrista adj. y s. com. Perteneciente o relativo al integrismo. || Partidario del integrismo.

íntegro, gra adj. Que está completo, que tiene todas sus partes. || fig. Que actúa con justicia, rectitud y honestidad.

intelecto s. m. Entendimiento, facultad de pensar y entender.

intelectual adj. Perteneciente o relativo al entendimiento o a los intelectuales. || s. com. Persona que se dedica de manera predominante a las actividades en que se emplea el intelecto.

inteligencia s. f. Facultad de entender y comprender lo que se percibe. || Capacidad para resolver problemas o enfrentar situaciones de manera adecuada. || Inteligibilidad, cualidad de inteligible. || Acuerdo, entendimiento entre dos o más personas.

inteligente adj. Que está dotado de inteligencia y es capaz de entender y comprender. || Que implica inteligencia. *Una inteligente solución a un problema.* || Se dice de las máquinas, edificios o sistemas de control que, mediante su conexión a redes informáticas, pueden actuar de manera automática para adaptarse a diferentes situaciones. || s. com. El que posee mucha inteligencia, capacidad para aprender y aplicar los conocimientos adquiridos.

inteligible adj. Que se puede entender o comprender con facilidad. || En filosofía, se dice de lo que sólo es conocido por el entendimiento.

intemperancia s. f. Falta de moderación, exceso.

intemperante adj. Que muestra intemperancia o se comporta sin templanza, inmoderado.

intemperie s. f. Desigualdad o destemplanza de las condiciones climatológicas.

intempestivo, va adj. Que ocurre o se hace fuera del tiempo conveniente para ello.

intemporal adj. Que es independiente del transcurrir del tiempo. || En lingüística, se dice de la forma verbal que no expresa un tiempo.

intemporalidad s. f. Condición de lo intemporal.

intención s. f. Propósito de llevar a cabo alguna acción o conseguir un objetivo. || Finalidad que se persigue al adoptar cierto comportamiento o realizar cierta acción.

intencionado, da adj. Se dice de quien tiene una intención, o lo que se hace con intención. *Un comentario intencionado.* || Que es voluntario o deliberado.

intencional adj. Hecho con intención, deliberado.

intendencia *s. f.* Cuidado, administración y gobierno de algo. ‖ Cargo, jurisdicción y oficina del intendente.

intendente *s. m.* Jefe de una oficina administrativa o empresa dependiente del Estado. ‖ Jefe superior de la administración en el ejército, la marina o la policía.

intensidad *s. f.* Grado de energía con que se realiza una acción o se manifiesta un fenómeno, una cualidad, una emoción, etc. ‖ En física, expresión del valor numérico de una magnitud, generalmente vectorial.

intensificación *s. f.* Acción y efecto de intensificar.

intensificar *t.* y *pr.* Aumentar la energía o frecuencia de algo. ‖ Aumentarse la energía o frecuencia de algo.

intensivo, va *adj.* Se dice de lo que se realiza intencionalmente de manera más intensa, activa o enérgica que de costumbre. *Un entrenamiento intensivo.*

intenso, sa *adj.* Que se manifiesta, o se lleva a cabo, con mucha intensidad. ‖ Muy activo, a un ritmo muy vivo.

intentar *t.* Esforzarse para iniciar algo, o trabajar para lograrlo. ‖ Procurar o pretender alguna cosa.

intento *s. m.* Acción de intentar algo. ‖ Cosa que se intenta.

intentona *s. f. fam.* Intento temerario, particularmente si se frustra. *Una intentona de sabotaje.*

interacción *s. f.* Acción o influencia que se ejerce de manera recíproca entre dos fuerzas, agentes, personas u objetos. ‖ En física, acción recíproca que las partículas elementales ejercen entre sí.

interactividad *s. f.* Cualidad o característica que permite un intercambio o diálogo.

interactivo, va *adj.* Relativo a los fenómenos que reaccionan unos sobre otros. ‖ Dicho de un sistema o programa informático, que permite la interacción entre la computadora y el usuario, de modo que éste dialoga con los programas de la máquina mediante una terminal de entrada y salida.

intercalar *t.* y *pr.* Colocar algo entre otras cosas. *Intercaló algunos versos en su discurso.*

intercambiable *adj.* Se dice de las piezas o refacciones pertenecientes a objetos semejantes, que pueden ser utilizadas en uno u otro sin complicaciones ni necesidad de modificación.

intercambiar *t.* y *pr.* Llevar a cabo un cambio o un intercambio.

intercambio *s. f.* Trueque entre personas, grupos o cosas.

interceder *intr.* Intervenir alguien en favor de otra persona.

intercelular *adj.* En los seres pluricelulares, se dice de los espacios comprendidos entre las células. ‖ Se dice de los espacios que ocupa la sustancia intersticial en los tejidos animales de tipo conjuntivo.

interceptar *t.* Salir al encuentro de algo para apoderarse de ello, o detenerlo, antes de que llegue a su destino. ‖ Obstruir o intervenir una vía o un medio de comunicación. ‖ En matemáticas, cortar una línea o una superficie a otra.

intercesor, ra *adj.* y *s.* Persona que intercede.

intercomunicación *s. f.* Comunicación recíproca. ‖ Comunicación telefónica entre distintos lugares de un mismo edificio o recinto.

intercomunicador *s. m.* Aparato que permite la intercomunicación interna dentro de un recinto.

interconectado, da *adj.* Que estableció interconexión.

interconectar *t.* Unir, establecer una interconexión, poner en contacto una cosa con otra. ‖ Poner en relación una persona con otras.

interconexión *s. f.* Conexión recíproca.

intercontinental *adj.* Que está entre dos continentes o los relaciona.

intercostal *adj.* Que está situado entre las costillas.

interdependencia *s. f.* Dependencia recíproca.

interdicción *s. f.* Privación, veto o prohibición.

interdicto *s. m.* Mandato de la autoridad judicial de que no se haga cierta cosa. ‖ Juicio breve o sumario para dictaminar una resolución provisional. ‖ Censura eclesiástica que prohíbe el uso de ciertos sacramentos u oficios divinos.

interdisciplinario, ria *adj.* Que se realiza con la colaboración de varias disciplinas.

interés *s. m.* Circunstancia por la que una cosa o persona tiene importancia, utilidad o valor para alguien específico o en general. ‖ Valor o utilidad que tiene una cosa en sí. ‖ Atracción o inclinación de alguien hacia algo. ‖ *pl.* Bienes que se poseen.

interesado, da *adj.* Que tiene interés en algo. ‖ Que se deja llevar por el interés propio o sólo se mueve por él.

interesante *adj.* Que interesa o es digno de interés. ‖ *loc. Hacerse el interesante:* comportarse con afectación y fingimiento para suscitar el interés de los demás.

interesar *t.* Atraer, gustar o producir interés. *Lee este libro, te va a interesar.* ‖ Importar. *Me interesa tu salud.* ‖ Inspirar interés o afecto a una persona. ‖ Dar o hacer tomar parte en un negocio o interés ajeno, como si fuese propio. ‖ Producir daño en un órgano del cuerpo. *La cuchillada interesó los órganos internos.* ‖ *pr.* Tener interés por algo o por alguien.

interestelar *adj.* Que está situado entre dos o más astros.

interferencia *s. f.* Acción y efecto de interferir. ‖ Alteración del desarrollo de una cosa mediante la interposición de un obstáculo. ‖ Acción recíproca de las ondas de la que resulta aumento, disminución o anulación del movimiento ondulatorio.

interferir *t.* y *pr.* Interponerse o cruzarse algo en el camino de una cosa, o en una acción. ‖ Entrometerse una persona en un asunto ajeno. ‖ Causar interferencia o cruzarse una onda con otra, sumándose o anulándose.

interfono *s. m.* Red y aparato para comunicaciones telefónicas internas de un mismo edificio.

intergaláctico, ca *adj.* Que se encuentra en el espacio entre dos o más galaxias.

interin *s. m.* Intervalo de tiempo entre dos eventos. ‖ *adv.* Entretanto. ‖ *s. m.* Interinidad, duración interino de un cargo.

interinato *s. m.* Tiempo que dura el desempeño interino de un cargo. ‖ Cargo o empleo interino.

interino, na *adj.* Que desempeña un cargo o una función por un tiempo determinado en sustitución de otra, sin tener el puesto en propiedad. ‖ *s. m.* Se aplica a la persona que ocupa un puesto o empleo por ausencia o falta del titular.

interior *adj.* Que está en la parte de adentro. ‖ Se aplica a lo que pertenece al espíritu o a los pensamientos o sentimientos íntimos de la persona. ‖ Se aplica a la vivienda o habitación que no tiene vista a la calle. ‖ Perteneciente o relativo al país del que se habla. ‖ *s. m.* Parte de dentro de una cosa. ‖ Ropa íntima. *Necesito comprar ropa interior.*

interioridad *s. f.* Cualidad de interior. ‖ Parte o aspecto privativo de las personas, familias o agrupaciones.

interiorización *s. f.* Acción y efecto de interiorizar. ‖ Proceso de asimilación del conocimiento de las cosas.

interiorizado, da *adj.* Vuelto hacia el interior.

interiorizar *t.* Hacer propio o asimilar profunda e íntimamente la propia manera de ser, de pensar y de sentir, ideas o pensamientos ajenos.

interjección *s. f.* Expresión exclamativa que expresa por sí sola un estado de ánimo o que se emplea para atraer la atención. «*¡Caray!*», «*¡caramba!*», «*¡cáspita!*», etc., *son interjecciones.*

interlínea *s. f.* Espacio entre dos líneas de un escrito.

interlocución *s. f.* Diálogo.

interlocutor, ra *s.* Cada una de las personas que toman parte en una conversación.

interlocutorio, ria *adj.* Se aplica al auto o sentencia que se emite para decidir cuestiones secundarias, antes de la definitiva.

interludio *s. m.* Composición musical breve que se ejecuta a manera de intermedio entre dos piezas de mayor duración.

interlunio *s. m.* Tiempo en que no se ve la Luna, debido a su conjunción con la Tierra y el Sol.

intermediación *s. f.* Acción y efecto de intermediar.

intermediar *intr.* Hablar ante alguien a favor de otra persona. ‖ Intervenir en una discusión o en un conflicto entre dos partes para encontrar una solución.

intermediario, ria *adj. y s.* Que media entre dos o más personas.

intermedio, dia *adj.* Que está en medio de dos o más cosas y equidistante de dos extremos. ‖ *s. m.* Periodo de tiempo que hay entre dos acciones o dos momentos.

interminable *adj.* Que no tiene término o fin, o que parece no tenerlo.

intermitente *adj.* Que se interrumpe y prosigue en intervalos regulares.

internación *s. f.* Acción y efecto de internar o internarse.

internacional *adj.* Perteneciente o relativo a dos o más naciones. ‖ Que ha trascendido las fronteras de su país. *Rolando Villazón es un cantante de talla internacional.*

internacionalización *s. f.* Acción y efecto de internacionalizar.

internacionalizar *t.* Someter a la autoridad conjunta de varias naciones, o de un organismo que las represente, asuntos que dependían de la autoridad de un solo Estado. ‖ Implicar a otras naciones en un asunto que en principio les era ajeno.

internado *s. m.* Estado y régimen de personas que viven internas. ‖ Conjunto de alumnos internos de un centro educativo. ‖ Edificio donde residen personas internas, especialmente estudiantes.

internado, da *adj.* Que a quien está encerrado en un lugar del que no se puede salir sin permiso de una autoridad. ‖ *s.* Persona que está internada en una institución educativa, en un hospital, manicomio o cárcel.

internar *t.* Hacer ingresar a alguien en un establecimiento, como un internado, hospital, una prisión, etc. ‖ Trasladar o llevar al interior de un lugar. *Se internaron en el bosque.* ‖ *pr.* Profundizar en un asunto o materia.

internauta *s. com.* Persona que utiliza la red de internet.

internet *s. m.* Sistema de computación que, entre otras cosas, favorece el estudio, la investigación, el entretenimiento, y que además permite a los usuarios comunicarse entre sí desde cualquier parte del mundo.

internista *adj. y s. com.* Especialista en el estudio y tratamiento de las enfermedades que afectan a los órganos internos del cuerpo humano.

interno, na *adj.* Que está, queda u ocurre dentro. ‖ Relativo al espíritu, a los pensamientos o a los sentimientos íntimos de la persona. ‖ Perteneciente o relativo al país de que se trata.

interpelar *t.* Requerir explicaciones, especialmente si se hace con autoridad o con derecho. ‖ Plantear un diputado o un senador una discusión ajena a los proyectos de ley y a las proposiciones. ‖ Implorar o solicitar auxilio o protección.

interpersonal *adj.* Se aplica a las relaciones entre personas.

interplanetario, ria *adj.* Se aplica al espacio que se encuentra entre dos o más planetas. ‖ Se aplica al vehículo que viaja por ese espacio.

interponer *t.* Poner algo entre dos o más personas o cosas. ‖ Formalizar un recurso legal que se presenta ante el juez.

interposición *s. f.* Acción y resultado de interponer o interponerse.

interpretación *s. f.* Acción y efecto de interpretar. ‖ Explicación del significado de algo. ‖ Representación de un personaje o de un texto dramático. ‖ Ejecución de una pieza musical o de un baile.

interpretar *t.* Explicar el significado o sentido de algo. ‖ Concebir o expresar la realidad de un modo determinado. ‖ Representar un papel o un texto dramático. ‖ Ejecutar una pieza musical o un baile. *Cecilia Bartoli interpreta música barroca.* ‖ Traducir de una lengua a otra.

intérprete *s. com.* Persona que interpreta. ‖ Persona que se dedica a traducir de una lengua a otra. ‖ Persona que interpreta papeles dramáticos, piezas musicales o de baile. ‖ Persona que da a algo un significado.

interrelación *s. f.* Relación entre personas, animales o fenómenos, que se influyen mutuamente.

interrelacionado, da *adj.* Relacionado estrechamente con otra persona, cosa, institución o fenómeno.

interrelacionar *intr. y pr.* Relacionar con personas, cosas, instituciones o fenómenos.

interrogación *s. f.* Acción de interrogar o preguntar con el propósito de conocer algo u obtener una información. ‖ Signo de ortografía que se pone al principio (¿) y al final (?) de una palabra o cláusula interrogativa.

interrogante *adj.* Que interroga. ‖ *s.* Pregunta, interrogación; enunciado interrogativo que se hace para conocer algo u obtener una información. ‖ Cuestión que se desconoce, es una incógnita o que sigue generando dudas. ‖ *s. m.* Signo de ortografía que se pone al principio (¿) y al final (?) de una palabra o cláusula interrogativa.

interrogar *t.* Preguntar, inquirir. || Realizar una serie de preguntas buscando esclarecer un asunto o una cuestión. *La policía interrogó a los sospechosos.*

interrogativo, va *adj.* Que indica o expresa interrogación. || Se aplica a la oración que expresa una pregunta. || Se aplica al pronombre, determinante o adverbio que introduce una oración interrogativa.

interrogatorio *s. m.* Serie de preguntas que se formulan a una persona para aclarar un hecho o sus circunstancias. || Acto de interrogar a quien ha de contestar esas preguntas.

interrumpir *t.* Detener la continuidad de una acción. || Hacer callar al que habla al tomar la palabra otra persona. *No me interrumpas hasta que termine de hablar.*

interrupción *s. f.* Acción y efecto de interrumpir.

interruptor *adj.* Que interrumpe. || *s. m.* Aparato que abre y cierra un circuito eléctrico.

intersección *s. m.* En geometría, encuentro de dos líneas, dos superficies o dos sólidos que se cortan recíprocamente. || En matemáticas, conjunto integrado por los elementos comunes a dos o más conjuntos. || Cruce de dos caminos, calles, vías de ferrocarril, etc.

intersticio *s. m.* Hendidura o espacio pequeño entre dos cuerpos o entre dos partes de un mismo cuerpo.

intervalo *s. m.* Espacio o distancia que hay entre dos momentos o entre dos lugares. || Conjunto de valores que toma una magnitud entre dos límites determinados. || Diferencia de tono que existe entre dos notas musicales.

intervención *s. f.* Acción y resultado de intervenir. *Los patriotas lucharon contra la intervención extranjera.* || Participación en un asunto o situación. || Operación quirúrgica. || Escucha que se hace de la comunicación privada de alguien. || Requisar por parte de una autoridad una mercancía o una propiedad. *El juez ordenó la intervención de sus cuentas bancarias.*

intervencionismo *s. m.* Tendencia política a la intervención de un país en los asuntos internos de otros. || Doctrina que defiende la intervención del Estado en la economía.

intervencionista *adj.* Perteneciente o relativo al intervencionismo. || *s. com.* Se aplica a la persona que es partidaria del intervencionismo.

intervenir *intr.* Tomar parte en un asunto o situación. || Interceder o mediar. || *t.* Operar quirúrgicamente. || Espiar la comunicación privada de alguien. || Requisar una autoridad una mercancía ilegal. || Controlar o disponer de una cuenta bancaria por mandato legal. || Dirigir, limitar o suspender una autoridad el libre ejercicio de actividades o funciones. || Injerir una nación en los asuntos interiores de otra.

interventor, ra *adj.* Que interviene. || *s.* Funcionario que supervisa y fiscaliza determinadas actividades u operaciones.

intestado, da *adj.* Que muere sin hacer testamento válido. || Caudal sucesorio sin disposiciones testamentarias.

intestinal *adj.* Perteneciente o relativo a los intestinos.

intestino, na *adj.* Interior, interno. || *s. m.* Conducto membranoso que forma parte del aparato digestivo y que va del estómago hasta el ano, en el que se completa la digestión y se absorben las sustancias digeridas.

intimar *t.* Establecer una relación estrecha con una persona. || *pr.* Introducirse un cuerpo o sustancia entre los poros o huecos de otro.

intimidación *s. f.* Acción y efecto de intimidar. || Provocación o inspiración de miedo.

intimidad *s. f.* Cualidad de íntimo. || Privacidad, vida privada. || Amistad muy estrecha o íntima. || Carácter privado o reservado. || *pl.* Pensamientos y sentimientos más íntimos de una persona. || Órganos sexuales externos de una persona.

intimidar *t.* Infundir o provocar miedo. || *pr.* Entrarle a alguien miedo. *Se intimida con la oscuridad.*

intimismo *s. m.* Tendencia artística que privilegia los temas privados y personales.

intimista *adj.* Perteneciente o relativo al intimismo. || Se aplica a la obra artística que se inspira en sentimientos íntimos o representa temas de la vida familiar. || *s. com.* Artista cuya obra cultiva el intimismo.

íntimo, ma *adj.* Que es privado, interior o reservado. || Se aplica al amigo y a la amistad que es muy estrecha. || Perteneciente o relativo a la intimidad.

intitular *t.* Titular un libro o escrito. || *intr.* Dar a alguien o algo un título particular.

intocable *adj.* Que no se puede tocar. || *s. com.* Se aplica a una persona que por tener poder no es alcanzado por la justicia.

intocado, da *adj.* Que nunca fue tocado.

intolerable *adj.* Que no se puede tolerar. *Cuando se levanta de mal humor está intolerable.*

intolerancia *s. f.* Falta de tolerancia. || Incapacidad de aceptar las opiniones, ideas o creencias de los demás que no coinciden con las propias. || Incapacidad del organismo para tolerar determinadas sustancias. *Juan tiene intolerancia a la lactosa.*

intolerante *adj. y s. com.* Que no tiene tolerancia. || Que es incapaz de aceptar las opiniones, ideas o creencias de los demás que no coinciden con las propias.

intoxicación *s. f.* Acción y efecto de intoxicar. || Enfermedad causada por una sustancia, en mal estado o por un veneno.

intoxicado, da *adj.* Envenenado con alguna sustancia tóxica. || Drogado con alguna sustancia prohibida.

intoxicante *adj.* Que intoxica.

intoxicar *t.* Enfermar por ingerir o aspirar una sustancia tóxica, en mal estado o por un veneno.

intracelular *adj.* Que se sitúa u ocurre dentro de la célula.

intraducible *adj.* Que no se puede traducir o interpretar.

intramuros *adv.* Dentro de una ciudad, villa o de un lugar.

intramuscular *adj.* Que está o se pone en el interior del músculo.

intranquilidad *s. f.* Falta de tranquilidad. || Estado de inquietud, preocupación o nervios.

intranquilizar *t. y pr.* Quitar la tranquilidad o poner intranquilo.

intranquilo, la *adj.* Que tiene inquietud, preocupación, impaciencia o nervios.

intransigencia *s. f.* Falta de transigencia. || Condición de quien no transige o no cede.

intransigente *adj. y s. com.* Que no transige o no cede.

intransitable *adj.* Que no se puede transitar.

intransitivo, va *adj.* No transitivo; se aplica al verbo cuya acción no tiene un complemento directo.

intrascendencia *s. f.* Cualidad de intrascendente. || Carencia de importancia.

intrascendente *adj.* Que no es trascendente. || Que carece de importancia o interés.

intrasmisible *adj.* Que no se puede trasmitir.

intratable *adj.* Que no se le puede tratar o que es muy difícil de tratar. || Se aplica a la persona que es difícil tratar porque tiene mal genio. *Cuando está preocupado es intratable.*

intravenoso, sa *adj.* Que está o se pone en el interior de una vena.

intrepidez *s. f.* Cualidad de intrépido. || Arrojo, valor, audacia ante el peligro o los desafíos.

intrépido, da *adj.* Se aplica a la persona que es valiente, que no teme a los peligros.

intriga *s. f.* Acción y resultado de intrigar. || Acción o plan que se ejecuta con astucia y de manera oculta, generalmente malintencionado, para conseguir un fin. || Curiosidad intensa que produce la espera o el interés por conocer algo.

intrigado, da *adj.* Se refiere a quien siente curiosidad o se encuentra maravillado por algo.

intrigante *adj.* Que intriga. || Que despierta curiosidad o expectación.

intrigar *intr.* Actuar con astucia y de manera oculta para conseguir un fin. || *t.* Despertar la curiosidad o el interés de alguien.

intrincado, da *adj.* Complicado, confuso o enredado.

intríngulis *s. m.* Intención o motivo oculto y último de algo. || Dificultad o complicación que tiene una cosa.

intrínseco, ca *adj.* Que es característico o esencial de una cosa por sí misma y no por causas exteriores.

introducción *s. f.* Acción y efecto de introducir o introducirse. || Colocación en el interior de algo. || Todo aquello que se escribe, se dice o se hace al comienzo de un escrito, un discurso o una obra musical. || Preparación para una acción más a fondo. || Aceptación de una persona en una sociedad o comunidad.

introducir *t.* Meter o hacer entrar una cosa. || Colocar en el interior de algo. || Hacer que una persona entre al interior de un lugar. || Hacer que alguien sea admitido o entre a formar parte de una sociedad o grupo. || Poner en uso algo nuevo o que no se conocía. || *pr.* Meterse en un sitio. *Se introdujo a la casa por la ventana.*

introductor, ra *adj.* Que introduce.

introductorio, ria *adj.* Que sirve de introducción.

intromisión *s. f.* Acción y efecto de entrometer o entrometerse.

introspección *s. f.* Examen que una persona hace de sus propios actos, ideas, pensamientos y sentimientos.

introspectivo, va *adj.* Perteneciente o relativo a la introspección.

introversión *s. f.* Actitud o tendencia a encerrarse en el propio mundo interior.

introvertido, da *adj.* y *s.* Que no suele manifestar sus sentimientos y se relaciona poco con los demás.

intrusión *s. f.* Acción de introducirse en un lugar, asunto o actividad sin tener derecho o autorización para ello.

intruso, sa *adj.* Se aplica a la persona que se ha introducido en un lugar, asunto o actividad sin tener derecho o autorización para ello.

intubar *t.* En medicina, procedimiento que consiste en la inserción de un tubo en la tráquea para permitir la llegada de aire a los pulmones.

intuición *s. f.* Facultad de percibir clara e inmediata de una idea o situación, sin necesidad de razonamiento lógico.

intuir *t.* Percibir clara e inmediatamente una idea o situación, sin necesidad de razonamiento lógico.

intuitivo, va *adj.* Perteneciente o relativo a la intuición. || Que actúa movido más por la intuición que por el análisis.

inuit *adj.* y *s. com.* Esquimal.

inundación *s. f.* Acción y efecto de inundar. || Cubrimiento de un lugar con agua.

inundado *s. m.* Acción y efecto de inundar.

inundar *t.* Cubrir el agua u otro líquido un lugar. || *fig.* Saturar, llenar algo completamente un lugar.

inusitado, da *adj.* Que es poco frecuente, no habitual, raro.

inusual *adj.* Que no es usual, infrecuente.

inútil *adj.* Que no es útil, inservible o sirve para nada. || *s. com.* Se aplica a la persona que no puede trabajar o moverse por impedimento físico.

inutilidad *s. f.* Cualidad de inútil. || Cosa inútil.

inutilizado, da *adj.* Referido a lo que no se usa o ha perdido su utilidad.

inutilizar *t.* Hacer que una cosa quede inutilizable.

invadir *t.* Entrar por la fuerza en un lugar para ocuparlo. *Los precarios invadieron el predio.* || Llenar un lugar una cosa de manera anormal o irregular y que resulta perjudicial o molesta.

invalidar *t.* Dejar sin validez o efecto una cosa. *Por las irregularidades invalidaron la elección.*

invalidez *s. f.* Cualidad de inválido. || Incapacidad para realizar determinadas actividades.

inválido, da *adj.* y *s.* Se aplica a la persona que tiene alguna deficiencia física o mental que le impide o dificulta alguna de sus actividades. || Que carece de validez por no cumplir las condiciones que exigen las leyes, normativas, etc. || Que carece de solidez y rigor en el razonamiento.

invaluable *adj.* Inestimable, inapreciable.

invariable *adj.* Que no cambia o varía.

invasión *s. f.* Acción y efecto de invadir.

invasivo, va *adj.* Que invade. *Ese tratamiento contra el cáncer es invasivo.*

invasor, ra *adj.* Que invade. *Las fuerzas invasoras llegaron hasta la capital.*

invectiva *s. f.* Discurso o escrito crítico y agresivo contra alguien u algo.

invencible *adj.* Que no puede ser vencido.

invención *s. f.* Acción y resultado de inventar. || Lo inventado. || Engaño, ficción.

inventado, da *adj.* Que se inventó. || *Méx.* Imaginario, irreal.

inventar *t.* Crear o diseñar una cosa nueva o no conocida. || Crear una historia falsa para engañar a alguien.

inventario *s. m.* Lista ordenada y detallada de los bienes de una persona, una empresa o una asociación.

inventiva *s. f.* Capacidad y facilidad para inventar.

inventivo, va *adj.* Que tiene disposición para inventar.

invento *s. m.* Acción y resultado de inventar. ‖ Cosa inventada.

inventor, ra *adj.* Que inventa. *Edison fue el inventor de la bombilla eléctrica.*

invernadero *s. m.* Lugar en el que se crea artificialmente un clima propicio para el cultivo de plantas. ‖ *loc. Efecto invernadero:* concentración sobre la superficie terrestre de una capa de gases que impide la disipación del calor.

invernal *adj.* Perteneciente o relativo al invierno.

invernar *intr.* Pasar el invierno en algún lugar. ‖ *Arg. y Chil.* Pastar el ganado en los invernaderos.

inverosímil *adj.* Que no es verosímil, que no tiene apariencia de verdad o es muy difícil de creer. *Se reunían a contar historias inverosímiles.*

inverosimilitud *s. f.* Cualidad de inverosímil.

inversión *s. f.* Acción y efecto de invertir. ‖ Cambio del orden, la dirección o la posición de algo por sus opuestos. ‖ Empleo de un monto de dinero en una cosa para conseguir ganancias.

inversionista *adj. y s. com.* Se aplica a la persona física o moral que hace una inversión de dinero.

inverso, sa *adj.* Que es opuesto o contrario en el orden, la dirección o el sentido. *No vamos de sur a norte, sino a la inversa.* ‖ *loc. adv. A la inversa:* al contrario, de forma totalmente opuesta.

inversor, ra *adj.* Que invierte, inversionista.

invertebrado, da *adj.* Se aplica al animal que carece de columna vertebral. ‖ Carente de vertebración, desestructurado.

invertido *adj. desp.* Que siente atracción sexual por individuos de su mismo sexo.

invertir *t.* Cambiar el orden, la dirección o la posición de algo por sus contrarios. ‖ Emplear una cantidad de dinero en una cosa para conseguir ganancias. ‖ Emplear tiempo o esfuerzo en algo.

investidura *s. f.* Acción y efecto de investir. ‖ Carácter que se adquiere con el desempeño de ciertos cargos o dignidades.

investigación *s. f.* Acción y efecto de investigar. ‖ Estudio o indagación a fondo de alguna materia o asunto.

investigador, ra *adj. y s.* Se aplica a la persona que investiga.

investigar *t.* Indagar tratando de descubrir algo que se desconoce. ‖ Estudiar a fondo una materia o ciencia para aumentar los conocimientos sobre ella.

investir *t.* Conferir una dignidad o cargo importante.

inviabilidad *s. f.* Cualidad de inviable, imposibilidad de ser llevado a cabo.

inviable *adj.* Que no puede llevarse a cabo.

invicto, ta *adj.* Que no ha sido vencido.

invidente *adj. y s. com.* Ciego, que está privado de la vista.

invierno *s. m.* Una de las cuatro estaciones del año comprendida entre el otoño y la primavera; en el hemisferio norte, transcurre entre el 22 de diciembre y el 21 de marzo, y en el hemisferio sur, entre el 22 de junio y el 23 de septiembre.

inviolable *adj.* Que no puede ser violado.

invisible *adj.* Que no puede ser visto. *La fuerza de gravedad es invisible.*

invitación *s. f.* Acción y efecto de invitar o ser invitado. ‖ Petición que se hace a una persona para que

asista a un determinado lugar en donde se realizará algún evento.

invitado, da *s.* Persona que ha recibido invitación.

invitar *t.* Pedir a una persona que asista a un determinado lugar en donde se realizará algún evento. ‖ Convidar, pagar lo que otra persona consume.

invocación *s. f.* Acción y efecto de invocar. ‖ Apelación que se hace a un ser sobrenatural, especialmente a una divinidad o espíritu. ‖ Mención que se hace de algo, especialmente una ley, costumbre o razón, para justificar una petición o una acción. ‖ Palabra o conjunto de palabras con que se invoca.

invocar *t.* Llamar o dirigirse a un ser sobrenatural, especialmente a una divinidad o espíritu. ‖ Alegar o acogerse a una ley, costumbre o razón, para apoyar una petición o justificar una acción.

involución *s. f.* Acción y efecto de involucionar. ‖ Detención y retroceso de un proceso evolutivo.

involucrado, da *adj. y s.* Referido a la persona que está complicada en un asunto o se interesa de manera especial por algo.

involucrar *t.* Hacer participar a alguien en un asunto, comprometiéndole en él. ‖ Incluir, abarcar, comprender.

involuntario, ria *adj.* Que no se hace de manera voluntaria.

invulnerable *adj.* Que no puede ser dañado o herido.

inyección *s. f.* Acción y efecto de inyectar. ‖ Introducción a presión de una sustancia, especialmente de un gas o un líquido, en el interior de un cuerpo.

inyectable *adj.* Se aplica a la sustancia preparada para ser inyectada.

inyectado, da *adj.* Se aplica a los ojos cuando están enrojecidos por la afluencia de sangre.

inyectar *t.* Introducir a presión un fluido en el interior de un cuerpo o de una cavidad. ‖ Aportar algo que puede servir de estímulo.

inyector *s. m.* Dispositivo que permite inyectar fluidos.

ion o **ión** *s. m.* Átomo o grupo de átomos con carga eléctrica debida a la pérdida o ganancia de electrones. ‖ En la electrólisis, partícula que se dirige hacia uno u otro polos, como resultado de la descomposición del electrolito.

ionización *s. f.* Acción y resultado de ionizar. ‖ Proceso mediante el cual un átomo o molécula neutra se convierte en ion.

ionizar *t.* Convertir los átomos neutros en átomos cargados eléctricamente.

ionosfera *s. f.* Capa de la atmósfera terrestre en la que abundan los iones, que se extiende entre los 80 y los 500 km de altitud aproximadamente.

ir *intr.* Moverse de un sitio a otro. ‖ Asistir, concurrir a un lugar. ‖ Extenderse desde un punto a otro, en el tiempo o en el espacio. *En Italia el Renacimiento va de 1430 a 1550 aproximadamente.* ‖ Con los gerundios de algunos verbos, denota la acción de ellos y da a entender que la acción que significan se está realizando. *¡Ahora sí nos vamos entendiendo!* ‖ En forma negativa, indica temor o extrañeza. *¡No irás a dejarme plantado!* ‖ Junto con el participio de los verbos transitivos, significa experimentar su acción, y con el de los reflexivos, encontrarse en el estado producido por ella. *Me pasé de la estación por ir dormido.* ‖ *pr.* Abandonar un lugar, marcharse. *Estaban aburridos y decidieron irse.* ‖ Desaparecer o borrarse. *Esta mancha de grasa no se va con nada.*

ira *s. f.* Enojo grande y violento, que causa indignación y enojo. ‖ Furia o violencia de los elementos de la naturaleza.

iracundia *s. f.* Propensión a la ira.

iracundo, da *adj.* Se aplica a la persona que es propensa a la ira o que está dominada por ella.

iraní *adj.* Perteneciente o relativo a este país de Asia. ‖ *s. com.* Natural de Irán.

iraquí *adj.* Perteneciente o relativo a este país de Asia. ‖ *s. com.* Natural de Iraq.

irascible *adj.* Propenso a irritarse o enfadarse. *Conforme envejece se ha hace más irascíble.*

iridio *s. m.* Elemento químico, metal escaso en la corteza terrestre; se encuentra nativo, unido al platino y al rodio, y en minerales de níquel, hierro y cobre; de color blanco amarillento, quebradizo, pesado, difícilmente fusible y muy resistente a la corrosión; aleado con platino u osmio, se utiliza en joyería y en materiales especiales; su número atómico es 77 y su símbolo Ir.

iridiscencia *s. f.* Reflejo de los colores del arcoíris.

iridiscente *adj.* Que refleja la luz descomponiéndola en los colores del arcoíris. ‖ Que brilla o produce destellos.

iris *s. m.* Disco muscular situado en la parte anterior y central del ojo que puede tener distintas coloraciones y en cuyo centro está la pupila.

irisado, da *adj.* Que brilla o destella con colores semejantes a los del arcoíris.

irisar *intr.* Tener una cosa reflejos o tonos irisados.

irlandés, desa *adj.* Natural de Irlanda. ‖ Perteneciente o relativo a este país de Europa. ‖ Lengua del grupo gaélico hablada en Irlanda y que, en la República de Irlanda, es oficial, junto con el inglés.

ironía *s. f.* Figura retórica que consiste en decir lo contrario de lo que se quiere dar a entender, empleando un tono o palabras que insinúan la interpretación que debe dársele a lo dicho. ‖ Burla sutil y disimulada.

irónico, ca *adj.* De la ironía o relativo a ella. ‖ Que denota, expresa o implica ironía.

ironizar *intr.* Usar las palabras de manera ambigua o contradictoria para burlarse sutilmente.

irracional *adj.* Expresión o conducta contraria a la razón.

irracionalidad *s. f.* Cualidad de algo que carece de racionalidad.

irradiar *t.* Emitir y difundir cualquier forma de energía. ‖ Tratar enfermedades con cualquier forma de energía. ‖ Propagar ideas influyentes. ‖ Emitir encanto o sentimientos de felicidad.

irrazonable *adj.* Que carece de razón.

irreal *adj.* Que carece de sustento en la realidad.

irrealidad *s. f.* Ausencia de realidad.

irrealizable *adj.* Que no se puede realizar. *adj.* Que no se puede rebatir o refutar.

irrecobrable *adj.* Que no se puede recobrar.

irreconciliable *adj.* Que no se puede conciliar con otra idea o postura. ‖ Se dice de las diferencias definitivas entre las personas, especialmente de sentimientos y caracteres.

irreconocible *adj.* Que es imposible o difícil de reconocer.

irrecuperable *adj.* Que no se puede recuperar.

irredento, ta *adj.* Que no tiene redención. ‖ Relativo a los bienes irrecuperables, especialmente deudas.

irredimible *adj.* Que no se puede redimir o corregir. ‖ Se dice de los bienes irrecuperables, especialmente deudas.

irreducible o **irreductible** *adj.* Que no se puede reducir. *Esta sustancia es irreductible.* ‖ Se aplica al carácter o a la posición intransigente.

irreflexivo, va *adj.* Que no reflexiona al hablar o actuar.

irrefrenable *adj.* Que no se puede frenar o contener. *Cuando bebe es irrefrenable.*

irrefutable *adj.* Que no se puede refutar o rebatir.

irregular *adj.* Que carece de regularidad. ‖ Que se sale de la ley o de un patrón aceptado. ‖ Que ocurre inesperadamente.

irregularidad *s. f.* Condición de ser irregular. ‖ Rompimiento de la norma o la costumbre. ‖ Imperfección de algo regular.

irrelevancia *s. f.* Falta de relevancia o importancia.

irrelevante *adj.* Que carece de relevancia o importancia.

irremediable *adj.* Que no tiene remedio.

irremisible *adj.* Que no se puede redimir o perdonar.

irremplazable *adj.* Que no se puede reemplazar.

irreparable *adj.* Que no tiene reparación.

irrepetible *adj.* Que no se puede repetir.

irreprimible *adj.* Imposible de reprimir, especialmente una fuerza.

irreprochable *adj.* Que no se puede reprochar.

irreproducible *adj.* Que no se puede reproducir.

irresistible *adj.* Que ejerce una atracción arrolladora.

irresoluble *adj.* Que no tiene solución.

irresolución *s. f.* Falta de resolución.

irresoluto, ta *adj.* Que no se decide o le cuesta trabajo decidirse.

irrespetuoso, sa *adj.* Que falta al respeto.

irrespirable *adj.* Se dice de las atmósferas y los ambientes sofocantes.

irresponsabilidad *s. f.* Falta de responsabilidad. ‖ Acto irresponsable.

irresponsable *adj.* Que carece de responsabilidad. ‖ Que actúa sin calcular las consecuencias.

irrestricto, ta *adj.* Que no tiene restricción.

irreverencia *s. f.* Falta de reverencia o respeto, especialmente a la autoridad o a creencias tenidas por sagradas. ‖ Acción o gesto irrespetuoso, especialmente a la autoridad o a creencias tenidas por sagradas.

irreverente *adj.* Que falta al debido respeto.

irreversible *adj.* Que no tiene regreso.

irrevocable *adj.* Que no se puede revocar o cambiar. *La sentencia de la corte es irrevocable.*

irrigación *s. f.* Aplicación de agua a un terreno para producir cultivos. ‖ Lavado de cavidades intestinales. ‖ Flujo de sangre hacia los tejidos del cuerpo.

irrigador *s. m.* Dispositivo para irrigar.

irrigar *t.* Aplicar agua a un terreno para producir cultivos. ‖ Pasar la sangre de los vasos sanguíneos a los tejidos del cuerpo. ‖ Suministrar líquido a las cavidades intestinales.

irrisorio, ria *adj.* Que provoca risa. ‖ Que es insignificante.

irritabilidad *s. f.* Propensión a irritarse o molestarse. ‖ Susceptibilidad de la piel ante agentes irritantes.

irritable *adj.* y *s. m.* Que se irrita o enoja con facilidad. ‖ Condición susceptible de la piel ante agentes irritantes.

irritación *s. f.* Estado de ira o enojo. ‖ Escozor de la piel.

irritado, da *adj.* Se dice de quien está enojado. ‖ Referido a la parte del cuerpo que pica, está roja o se encuentra inflamada.

irritamiento *s. m.* Acción y efecto de irritarse o enojarse.

irritante *adj.* Que provoca irritación o enojo. ‖ Se dice de los alimentos y bebidas que provocan malestar gástrico.

irritar *t.* Provocar ira o enojo. ‖ Provocar escozor en la piel o malestar gástrico.

irrompible *adj.* Que no se puede romper.

irrumpir *intr.* Ingresar con ímpetu a un lugar. ‖ Aparecer algo con fuerza.

irrupción *s. f.* Ingreso impetuoso en un lugar. ‖ Ocurrencia súbita de un acontecimiento o un fenómeno.

isla *s. f.* Porción de tierra rodeada de agua por todas partes.

islam *s. m.* Conjunto de países y pueblos que tienen por religión el islamismo.

islámico, ca *adj.* Perteneciente al Islam o relacionado con él.

islamismo *s. m.* Religión fundada por Mahoma, practicada por los pueblos del Islam, y cuyo libro sagrado es el Corán.

islandés, desa *adj.* Perteneciente o relacionado con Islandia, isla del norte de Europa. ‖ *s.* Lengua germánica hablada en ese país.

isleño, ña *adj.* Perteneciente a una isla o relacionado con ella.

isleta *s. f.* Zona amplia en una calle para facilitar la vuelta de los vehículos. ‖ Isla pequeña. ‖ *Arg.* Conjunto de árboles aislados en una llanura.

islote *s. m.* Isla pequeña despoblada.

isobara *s. f.* Línea que une los puntos de la tierra con la misma presión atmosférica en un mapa meteorológico.

isómero, ra *adj.* y *s.* Referido a la sustancia que tiene la misma composición química que otra, pero distintas propiedades físicas.

isópodos *s. m. pl.* Nombre bajo el que se agrupan los crustáceos pequeños que tienen el cuerpo chato y ancho.

isósceles *adj.* Forma geométrica con sólo dos lados iguales.

isotermo, ma *adj.* Que tiene temperatura constante. ‖ En un mapa meteorológico, línea que une los puntos con la misma temperatura media anual.

isótopo *s. m.* Átomo con el mismo número y distinta masa atómica de un mismo elemento.

isquion *s. m.* Cada uno de los dos huesos que forman la parte inferior de la pelvis.

israelí *adj.* y *s. com.* Perteneciente a Israel, país de Medio Oriente, o relacionado con él.

istmeño, ña *adj.* y *s.* Nativo u originario de un istmo. ‖ Perteneciente o relativo a un istmo.

ístmico, ca *adj.* Referente a un istmo o propio de él.

istmo *s. m.* Lugar donde se estrecha o vuelve más angosto un continente o la unión de éste con una

península. *Istmo de Tehuantepec, istmo de Corinto.* ‖ *loc. Istmo del encéfalo:* porción inferior y media del encéfalo, donde se unen el cerebro y el cerebelo.

itacate *s. m.* Provisión de comida generalmente envuelta en una servilleta, que se lleva para el almuerzo fuera del hogar.

italiano, na *adj.* y *s.* Nativo de Italia. ‖ Perteneciente o relativo a este país que ocupa una península en el sur de Europa. ‖ Se dice de la lengua romance derivada del toscano que es el idioma oficial del país. ‖ Perteneciente o relativo a dicho idioma.

itálico, ca *adj.* Perteneciente o relativo a la Italia antigua. ‖ Natural de la antigua Italia. *Los oscos eran un pueblo itálico.* ‖ Nativo o propio de Itálica, ciudad construida en España.

ítem *adv.* En los textos jurídicos se usa para señalar la adición de una condición, especificación, artículo, etc. ‖ *s. m.* Cada uno de los párrafos o artículos añadidos a un texto legal y precedidos por la palabra «ítem».

iteración *s. f. neol.* Acción y efecto de iterar.

iterar *t.* Repetir.

iterativo, va *adj.* Que itera.

iterbio *s. m.* Elemento químico, metal de las tierras raras, muy escaso en la corteza terrestre; sus sales son incoloras y su conductividad eléctrica depende de la presión; algunos de sus derivados se utilizan en la industria electrónica, del vidrio y como catalizadores; su número atómico es 70 y su símbolo Yb.

itinerante *adj.* y *s. com.* Ambulante, que se desplaza de un lugar a otro con algún propósito. ‖ Que se sujeta a un itinerario en sus desplazamientos.

itinerario *s. m.* Descripción pormenorizada de un camino o ruta y su dirección.

itrio *s. m.* Elemento químico, metal de las tierras raras, escaso en la corteza terrestre; es de color gris de hierro y fácilmente oxidable; se utiliza en la fabricación de componentes electrónicos; su número atómico es 39 y su símbolo Y.

ixtle *s. m. Méx.* Fibra textil áspera que se extrae de las pencas de los agaves.

izar *t.* y *pr.* Alzar, levantar, jalar algo tirando de la cuerda de la cual pende o cuelga.

izquierda *s. f.* Mano contraria a la diestra. ‖ Dirección correspondiente al lado izquierdo del cuerpo. ‖ Partido o conjunto de agrupaciones políticas contrarios a los de derecha y al centrismo. ‖ Conjunto de personas de ideas favorables a los trabajadores, los derechos humanos y reformadoras en general, por oposición a los conservadores.

izquierdazo *s. m.* Golpe dado con la mano izquierda.

izquierdismo *s. m.* Política contraria al derechismo o conservadurismo.

izquierdista *adj.* y *s. com.* Perteneciente o relativo a la izquierda política. ‖ Partidario o seguidor de las ideas y políticas de izquierda.

izquierdo, da *adj.* Se dice de la parte del cuerpo situada del lado del corazón. ‖ Que está situado del lado del corazón del observador. ‖ En las cosas que se mueven, se dice de lo que hay o cae hacia la mano izquierda de quien lo observa parado de cara hacia donde avanzan. ‖ *s.* Se dice de quien usa con preferencia y como mano dominante la izquierda.

j *s. f.* Décima letra del abecedario español; su nombre es «jota».

jabalí *s. m.* Mamífero paquidermo silvestre emparentado con el cerdo doméstico, del que parece una versión esbelta y musculosa; el macho posee colmillos muy largos y, en algunas variedades, enrollados; es veloz, habita en el sotobosque y, acorralado, ataca ferozmente; a la hembra se le llama «jabalina».

jabalina *s. f.* Arma arrojadiza compuesta por una punta metálica afilada y un astil recto de madera fuerte; las más primitivas eran un mero palo afilado; las actuales se usan en un deporte olímpico consistente en arrojarla lo más lejos posible.

jabato *s. m.* Cría del jabalí.

jabón *s. m.* Combinación de grasas y aceites grasos esterificados y saponificados que por alcalinización corta la mugre, hace espuma y limpia; puede presentarse en pastilla, crema, escamas, gel o líquido; se usa tanto para el cuerpo como para la ropa y otros efectos.

jabonada *s. f.* Acción y efecto de jabonar.

jabonadura *s. f.* Acción y efecto de jabonar. || Espuma que se forma al jabonar. || *pl.* Mezcla de jabón y su espuma en agua.

jabonar *t. y pr.* Lavar el cuerpo o parte de él restregándolo con jabón y agua. || Lavar la ropa y otros objetos con agua y jabón.

jabonero, ra *adj. y s.* Perteneciente o relativo al jabón. || Persona que fabrica o vende jabón.

jabonoso, sa *adj.* Que contiene jabón, es de esta sustancia o parecida a ella.

jaca *s. f.* Caballo cuya alzada no llega al metro y medio. || Yegua.

jacal *s. m. Méx.* Vivienda de una sola habitación, construida con adobe, madera o bajareque (mezcla de carrizo y barro).

jacalón *s. m. Méx.* Habitación grande y alta, generalmente con techo de lámina, destinada a usos como el almacenamiento de víveres, aperos, herramientas, etc., o usada como taller para diferentes oficios.

jacaranda o **jacarandá** *s. f.* Árbol ornamental de la familia de las bignoniáceas, con hojas divididas en hojuelas múltiples, caedizas, flores tubulares de color azul o violeta y fruto dehiscente leñoso; es originario de América.

jacarandoso, sa *adj.* Alegre, desenvuelto, bullicioso.

jacinto *s. m.* Planta anual de la familia de las liliáceas, con hojas radicales, enhiestas, largas, acanaladas, lustrosas y crasas; flores olorosas blancas, azules, rosadas o amarillas cuyas inflorescencias se presentan en espiga, fruto capsular con tres divisiones y varias semillas negras; originaria de Asia Menor. || En joyería, circón de color rojo violáceo.

jaco *s. m.* Cota de malla de manga corta, que llegaba a la cintura. || Jubón áspero hecho de pelo de cabra que en la Edad Media usaban los soldados de a pie.

jacobino, na *adj. y s.* Se dice de los partidos políticos extremistas y que piden reformas radicales, señalándose por su anticlericalismo. || Miembro de tales partidos o seguidor de ideas semejantes.

jactancia *s. f.* Alabanza propia, presunción, fanfarronería.

jactancioso, sa *adj. y s.* Que se jacta o se comporta con jactancia. || Se dice de los gestos, palabras y actitudes que denotan jactancia.

jactarse *pr.* Envanecerse, presumir, alardear, alabarse uno por sus acciones o sus méritos, reales o no, de cualquier género que sean.

jade *s. m.* Piedra semipreciosa también conocida como «nefrita», cristalina, translúcida, dura, de color que va del verde azuloso, al blanco, rojizo y morado; era considerada de enorme valor por el antiguo pueblo chino y por las culturas mesoamericanas.

jadeante *adj.* Que jadea.

jadear *intr.* Respirar agitadamente, inhalando con profundidad.

jadeo *s. m.* Acción y efecto de jadear.

jaez *s. m.* Adorno de cintas o listones con que se trenzan las crines del caballo. || Cualidad o propiedad de algo. *Me respondió con chistes, gracejadas y cosas de ese jaez.*

jaguar *s. m.* Gran felino de los bosques de lluvia americanos, de hasta 2 m de longitud y unos 80 cm de alzada, de piel moteada con fondo amarillo leonado y rosetas negras, con el vientre y la garganta blanquecinos.

jagüey *s. m. Amér.* Nombre común de varios árboles americanos de la familia de las moráceas. || Hondonada donde se almacena el agua de lluvia para dar de beber al ganado en tiempo de secas.

jaiba *s. f. Amér.* Nombre vulgar dado a ciertas variedades de cangrejos y algunos decápodos.

jalado, da *adj. y s. Amér.* En Cuba, ebrio, borracho. || En México, atrevido, extravagante; mentiroso, fantasioso; caprichoso. || En Nicaragua, pálido, descolorido.

jalador *s. m. Méx.* Implemento de limpieza constituido por una varilla horizontal a la que se ajusta una banda oblicua de hule, y por un mango largo que permite emplearla para recoger el agua del piso, lavar los vidrios, limpiar espejos, etc.

jalador, ra *adj. y s. Amér.* En Venezuela, adulador, lambiscón. || En México, se dice de quien se suma con prontitud a cualquier proyecto o causa común, y en especial a las actividades festivas.

jalar *t. fam.* Halar, atraer hacia uno algo. || Tirar de una cuerda, cabo o cordel. || *pr. Méx.* Dirigirse apresuradamente a alguna parte. *¡Jálenle para la escuela, chamacos!*

jalea *s. f.* Dulce hecho de frutas molidas y hervidas con azúcar hasta darles el punto en que quedan suaves, pero menos espesas que una mermelada. || En medicina, excipiente de consistencia pastosa y sabor dulce. || En medicina, medicamento lubricante o humectante para diversos usos.

jalear *t. fam. Esp.* Animar a alguien con palmadas y voces, generalmente cuando canta o baila. || Llamar a voces a los perros para que persigan a la presa.

jaleo *s. m. fam.* Acción y efecto de jalear. || Diversión bulliciosa. || Alboroto, pendencia, riña.

jalón *s. m. Amér.* Tirón. || *loc. De un jalón:* de un tirón, de una sola vez.

jalonear *t.* y *pr. Amér.* Tironear, dar o darse jalones de manera repetitiva.

jaloneo *s. m.* Serie de jalones bruscos.

jamaicano, na o **jamaiquino, na** *adj.* y *s.* Natural de Jamaica. || Perteneciente o relativo a este país insular del Caribe.

jamás *adv.* Nunca, en ningún tiempo.

jamba *s. f.* Cada una de las dos partes verticales que juntas sostienen el dintel o parte superior del vano de puertas y ventanas.

jamelgo *s. m.* Caballo flaco, viejo y de mala estampa.

jamón *s. m.* Pierna trasera de cerdo preparada en embutido, ya sea curada, ahumada o cocida. || Por extensión, embutido de lomo u otras partes del cerdo, a los que se da forma con un molde. || Carne rebanada de estos embutidos.

jamona *adj.* y *s. fam.* Mujer de edad madura y rolliza, regordeta o francamente rechoncha.

jamoncillo *s. m. Méx.* Dulce preparado a base de leche y azúcar cocidas durante largo rato a fuego bajo para que se forme una pasta espesa a la que se suele añadir canela o vainilla, frutos secos molidos (nuez, almendra, cacahuate, avellana, piñón) y jerez; la pasta se pone a secar dentro de un molde con forro de papel encerado. || Dulce preparado a base de leche y pepita de calabaza pelada y molida a la que se añade azúcar, cuya pasta se mete en moldes rectangulares y se tiñe la superficie con color rosa intenso.

japonés, nesa *adj.* y *s.* Natural u originario de Japón. || Perteneciente o relativo a esa nación insular asiática. || Se dice de la escritura y la escritura empleadas en Japón.

jaque *s. m.* Jugada en el ajedrez, en la cual con una pieza se amenaza al rey del oponente, y por extensión a la reina. || Amenaza, ataque, acción que perturba los planes o propósitos de alguien. *Dar jaque, poner a alguien en jaque.* || *loc. Jaque mate:* jugada con que el vencedor pone fin a una partida de ajedrez.

jaqueca *s. f.* Fuerte dolor de cabeza, especialmente el que afecta una mitad del cráneo.

jara *s. f.* Arbusto de hoja perenne, de la familia de las cistáceas, con ramas de color pardo rojizo, hojas lanceoladas, viscosas y de envés pubescente, con flores pentámeras blancas con una mancha púrpura en la base de cada pétalo; fruto capsular y numerosas semillas; es silvestre y muy común en el sur de Europa. || Palo delgado y agudo que se usa como arma arrojadiza, en especial como flecha.

jarabe *s. m.* Preparación hecha de agua y azúcar que se hierve hasta espesarse, a la cual se añaden saborizantes para preparar bebidas refrescantes o medicinales. || *Méx.* Danza popular en pareja, y música que la acompaña (generalmente ejecutada por el mariachi) característica de los estados de Jalisco, Michoacán y otros del centro del país. || *loc. Jarabe de palo:* paliza, tunda, golpiza. || *Jarabe de pico:* promesas que no cumplirá quien las hace.

jarana *s. f.* Diversión bulliciosa y alborotada. || Riña colectiva, pendencia. || *Méx.* Instrumento de cuerda parecido a una guitarra pequeña; se emplea en la música popular, sobre todo en el sureste del país. || Danza popular originaria de Yucatán, música y canción que la acompaña; se baila en pareja, que hacen pausas para lanzar «bombas», coplas improvisadas de carácter jocoso; lo común es que la danza sea parte de una fiesta popular.

jaranear *intr.* Andar de jarana, participar en ella.

jaraneo *s. m.* Juerga. || Diversión bulliciosa. || Engaño, trampa, burla.

jaranero, ra *adj.* y *s.* Aficionado a la jarana, fiesta bulliciosa. || Que suele meterse en jaranas o pendencias. || *Méx.* Se dice del que baila la jarana yucateca. || Músico que toca la jarana.

jarcias *s. f. pl.* Aparejos y cabos (cuerdas) de una embarcación de vela. || Conjunto de redes y útiles para pescar. || *Hond.* y *Méx.* Conjunto de objetos hechos de fibra vegetal, como mecates, escobetas, lazos, zacates, estropajos, etc., que se venden junto con otras cosas propias para hacer la limpieza doméstica.

jarciería *s. f. Méx.* Conjunto de objetos de uso doméstico hechos con fibras, como escobas, escobetas, sogas, estropajos, etc. || Establecimiento especializado donde se venden.

jardín *s. m.* Terreno público o privado, abierto o cercado, poblado de plantas ornamentales, principalmente las que dan flores. || Campos o zonas de coloración dispareja en una esmeralda, que reducen el valor de la piedra. || *loc. Jardín botánico:* terreno donde se cultivan plantas destinadas al estudio científico de los vegetales y sus propiedades. || *Jardín de infancia* o *jardín de niños:* escuela especial para párvulos, niños en edad preescolar.

jardinera *s. f.* Obra de mampostería o mueble destinado a contener plantas de ornato, ya sea directamente en tierra o dentro de macetas.

jardinería *s. f.* Arte del cultivo y cuidado de los jardines. || Oficio del jardinero.

jardinero, ra *s.* Persona cuyo oficio consiste en cultivar y cuidar jardines.

jareta *s. f.* Dobladillo hecho en una prenda, a través del cual se hace pasar un cordón, cinta o elástico para fruncir la tela y ajustarla al cuerpo. || Dobladillo hecho e hilvanado a una prenda a manera de adorno.

jaripeo *s. m. Amér. C.* y *Méx.* Rodeo, fiesta a caballo en la que se ejecutan diversas suertes montando a pelo en las cabalgaduras y en reses vacunas.

jarocho, cha *adj.* y *s. fam. Méx.* Natural del estado, o de la ciudad o puerto de Veracruz. || Perteneciente o relativo a dicha localidad portuaria y a sus habitantes.

jarra *s. f.* Vasija con una o dos asas, cuello y boca anchos, generalmente con un pico para verter mejor los líquidos. || Líquido contenido en dicho recipiente. ‖ *loc. En jarras:* dicho del cuerpo: con las manos puestas en la cintura.

jarrete *s. m.* Corva de la pierna humana. ‖ Corvejón de los cuadrúpedos. ‖ Parte alta y más ancha de la pantorrilla.

jarro *s. m.* Vasija con una sola asa semejante a la jarra pero de tamaño mucho menor, pues se usan para beber; los más comunes son de barro y tienen una capacidad aproximada de 200 ml.

jarrón *s. m.* Recipiente de vidrio, porcelana u otro material impermeable, generalmente usado para contener flores en agua, a modo de adorno. ‖ En arquitectura, pieza ornamental semejante a una jarra con que se decoran remates de edificios, escaleras, tejados, etc., generalmente sobre un pedestal.

jaspe *s. m.* Piedra de sílice, de textura fina y homogénea, opaca y de colores variados según la composición de las impurezas que contenga. ‖ Mármol con vetas de diferentes tonalidades.

jaspeado, da *adj.* Con vetas de colores semejantes a las que presenta el jaspe.

jauja *s. f.* Abundancia, riqueza, bonanza. ‖ *loc. Estar en jauja:* pasar por un periodo de excepcional bonanza.

jaula *s. f.* Caja hecha de barrotes metálicos o listones de madera destinada a mantener cautivos animales. ‖ Caja hecha de tablones separados entre sí que sirve para el embalaje. ‖ Cárcel o prisión. ‖ Caja de varillas metálicas y movida por poleas, cables y motor, que se emplea en las minas como ascensor para el personal.

jauría *s. f.* Conjunto de cánidos, como perros, lobos, coyotes. ‖ Grupo de perros que sigue al mismo perrero en las cacerías. ‖ Conjunto de personas que persiguen con insistencia y saña a otra u otras.

jazmín *s. m.* Arbusto de la familia de las oleáceas, de tallos largos, flexibles, trepadores, con hojas alternas y compuestas de hojuelas lanceoladas y enteras en número impar, flores pedunculadas blancas, pentámeras, muy fragantes, con fruto en baya esférica negra. ‖ Flor de este arbusto.

jazz *s. m.* Género musical originario de Estados Unidos, basado en la música afroamericana y sus ritmos sincopados.

jazzista *s. com.* Músico que toca o canta jazz.

jeans *s. m. pl.* Pantalón de mezclilla de algodón, generalmente de color azul, inspirado en el de los vaqueros estadounidenses del siglo XIX.

jeep *s. m.* Automóvil muy resistente que puede andar por toda clase de terreno.

jefatura *s. f.* Dignidad o cargo de jefe. ‖ Puesto de policías o de guardias a cargo de un jefe.

jefe, fa *s.* Superior o dirigente de una corporación, partido, oficio, taller u oficina. ‖ Militar con grado de comandante, teniente coronel o coronel del ejército, o capitán de corbeta, capitán de fragata o capitán de navío, en la marina de guerra. ‖ *loc. Jefe de Estado:* autoridad suprema de un país. ‖ *loc. Jefe de Gobierno:* presidente del Consejo de Ministros o del Gabinete.

jején *s. m.* Insecto díptero muy pequeño cuya picadura es muy irritante; abunda en las costas tropicales de América.

jengibre *s. m.* Planta originaria de India, de la familia de las cingiberáceas, con hojas radicales, lanceoladas, flores en espiga de color púrpura encendido

sobre un escapo de hasta 60 cm de altura, fruto capsular pulposo y lleno de semillas. ‖ Rizoma de esta planta, que es nudoso, con corteza parda, interior amarillo intenso, aromático y de sabor agradable, por lo que se usa como especia, crudo o pulverizado.

jeque *s. m.* Entre los pueblos musulmanes del Oriente y los del norte de África, jefe que gobierna un territorio o provincia, generalmente habitados por gente de su misma tribu o clan, ya sea como soberano o como feudatario.

jerarca *s. com.* Persona de elevada categoría en una organización, empresa, iglesia, institución política, etc. ‖ En su origen, religioso revestido de gran autoridad dentro de la iglesia cristiana, incluso después de su división en católica y ortodoxa.

jerarquía *s. f.* Organización en grados de personas, valores, conceptos, dignidades o poderes. ‖ Originalmente, disposición en grados de mando y jurisdicción de la primitiva iglesia cristiana.

jerarquización *s. f.* Acción y efecto de jerarquizar.

jerarquizar *t.* Organizar algo en forma jerárquica.

jerbo *s. m.* Mamífero roedor originario del norte de África, de tamaño y aspecto parecido a los de la rata, pero con ojos grandes y mejillas redondas, lomo color amarillo leonado y vientre blanco, extremidades anteriores muy cortas y posteriores muy desarrolladas por lo que salta con facilidad; la cola es muy larga y remata en un mechón de pelos.

jerez *s. m.* Vino que se produce en los términos municipales españoles de Jerez de la Frontera, Puerto de Santa María y Sanlúcar de Barrameda.

jerga *s. f.* Tela gruesa y burda. ‖ Colchón de paja o de hierba.

jergón *s. m.* Colchón de tela tosca, relleno de paja o hierba, y sin hilvanes. ‖ Persona gorda y perezosa.

jerigonza *s. f.* Lenguaje que usan entre sí los miembros de algunos gremios, como el de los antiguos constructores de catedrales. ‖ Lenguaje oscuro, complicado y difícil de entender.

jeringa *s. f.* Instrumento compuesto por un cilindro que remata en su parte anterior en un tubito o caño corto, y un émbolo que entra y sale para hacer succión primero y después expeler un líquido. ‖ Aparato semejante al anterior pero con una boquilla dispuesta para eyectar o inyectar materias semilíquidas o pastosas como la crema, el betún, etc., usada en pastelería y confitería. ‖ Molestia, estorbo, pejiguera. ‖ *loc. Jeringa hipodérmica:* la que está provista de un bitoque que asegura una aguja hueca y con filo oblicuo, destinada a poner inyecciones medicamentosas bajo la piel.

jeringar *t.* Poner líquido por medio de la jeringa en la parte donde se requiere. ‖ Colocar una inyección con la hipodérmica. ‖ Molestar, fastidiar.

jeringuilla *s. f.* Jeringa hipodérmica.

jeroglífico *s. m.* Cada uno de los caracteres que conforman la escritura en que por medio de figuras se representan ideas, objetos y sonidos para conformar palabras y oraciones. *Jeroglíficos egipcios, jeroglíficos mayas.* ‖ Conjunto de signos y figuras con que se expresa una frase por pasatiempo. ‖ Cuadro, escritura, dibujo, etc., difícil de interpretar. ‖ Mote, sentencia breve que requiere explicación. *«Tanto monta, monta tanto» es un jeroglífico.*

jeroglífico, ca adj. Se dice de la escritura compuesta por símbolos figurativos y no fonéticos. || Perteneciente o relativo a dicha escritura y a sus signos.

jersey s. m. Esp. Suéter, prenda tejida de punto, cerrada y con mangas, que cubre del cuello a la cintura.

jet s. m. Avión propulsado por turbinas o motores de reacción.

jeta s. f. Boca protuberante por su forma o por tener los labios muy abultados. || Hocico del cerdo. || desp. Boca, hocico. || loc. Tener o poner tamaña jeta: expresar fastidio, disgusto o enojo con el gesto facial.

jetón, tona adj. Que tiene jeta, boca grande y abultada.

jíbaro, ra adj. y s. Se dice del miembro de una etnia asentada en la Amazonia, cercana a la frontera con Ecuador. || Perteneciente o relativo a dicha etnia. || Amér. Campesino, rústico. || Descendiente de albarazada y calpamulato o viceversa, en el sistema colonial de castas de la Nueva España.

jícama s. f. Planta herbácea, trepadora o rastrera, de la familia de las leguminosas; produce un tubérculo grande y globoso, con una cutícula amarillenta; el interior, comestible, es blanco, ligeramente dulce y a veces jugoso; se come en ensaladas, aderezado con chile y limón, o frita en mantequilla, sustituyendo a la castaña de agua en la cocina china.

jícara s. f. Amér. C. y Méx. Vasija hecha con el fondo del fruto enorme de una cucurbitácea, que luego de vaciado se deja secar, se le aplica una base y después se pinta con vistosos motivos, generalmente vegetales y aves. || Vasija de poca hondura usada para diversos menesteres. || En la época colonial, recipiente especial para tomar chocolate.

jicote s. m. Amér. C. y Méx. Abejorro.

jicotea s. f. Amér. Tortuga terrestre de unos 30 cm de longitud, con el caparazón de color café o pardo; suele enterrarse por largas temporadas en las orillas de ríos y arroyos, donde vive.

jicotera s. f. Amér. C. y Méx. Nido de jicotes o avispas.

jilguero s. m. Pájaro europeo, de unos 12 cm de longitud y 23 cm de envergadura, pico cónico y delgado de color oscuro; el plumaje es pardo en el dorso y blanco con una mancha roja en la cara y otra negra en la cabeza, collar blanco, alas y cola negras con puntos blancos; es domesticable y se le enjuala por su voz potente y armoniosa.

jilote s. m. Amér. C. y Méx. Flor femenina del maíz. || Mazorca de elote que aún no está en sazón. || Hebras o pelos que tiene la mazorca.

jilotear intr. Amér. C. y Méx. Echar jilotes las plantas de maíz en la milpa.

jineta s. f. Mamífero vivérrido carnicero europeo, de cuerpo alargado de unos 45 cm sin contar la cola que es larga y recubierta de pelos de colores alternos formando anillos; la cabeza es pequeña y redondeada, con ojos grandes y vivos, hocico pequeño y dientes muy afilados; el pelaje general es pardo con franjas longitudinales más oscuras a los costados; vive en zonas altas y boscosas.

jinete s. m. Hombre que sabe montar a caballo. || Antiguamente, soldado de caballería.

jinetear tr. Amér. Domar caballos cerriles. || Montar potros luciendo las destrezas del jinete. || Andar a caballo por los sitios públicos para hacer alarde de la habilidad hípica. || Méx. Dilatar el pago de algo para sacar provecho extra del dinero.

jiote s. m. Amér. C. y Méx. Mancha rojiza o lívida y escamosa en la piel, debida a una deficiencia en la nutrición; es más común en la infancia.

jira s. f. Merienda o almuerzo campestre, que se hace entre amigos y familiares con alegría y fiesta.

jirafa s. f. Mamífero rumiante oriundo de África, de cuerpo esbelto y musculoso, cuello larguísimo, cabeza longilínea rematada por un par de cuernos romos, piel amarillenta con grandes manchas casi cuadrilongas de color más oscuro; las patas traseras son más cortas que las delanteras.

jirón s. m. Tira de tela desgarrada de una prenda. || Pendón o guión que remata en punta. || Parte o porción pequeña de un todo. Un jirón de nubes.

jitomate s. m. Méx. Planta solanácea que da un fruto globular en drupa, de color rojo, aromático, fragante, jugoso y lleno en su interior de pepitas amarillas.

jiu-jitsu s. m. Arte marcial japonés en el que se lucha sin armas, con llaves y movimientos corporales.

jobo s. m. Árbol americano de la familia de las anacardiáceas con hojas alternas, compuestas de un número impar de hojuelas ovaladas, puntiagudas y lustrosas, flores hermafroditas en panoja, fruto amarillo en drupa, parecido a la ciruela.

jockey s. m. Jinete de caballo de carreras. || loc. Disc jockey: en salas de baile, persona que elige la secuencia de melodías entre la música pregrabada en discos o en cintas, mezclándolas y generando efectos sonoros peculiares.

jocoque s. m. Méx. Preparación de consistencia cremosa a base de leche agriada de vaca, a la que puede añadirse otros ingredientes para variar su sabor.

jocoso, sa adj. Gracioso, chistoso, festivo.

joda s. f. fam. Méx. Molestia o incomodidad debida principalmente al exceso de trabajo. Es una joda tener que trabajar en domingo. || Arg. y Uy. Acción de fastidiar o molestar.

joder t. e intr. vulg. Follar, tener relaciones sexuales, practicar el coito. || Molestar, fastidiar, maltratar. || Echar a perder, destrozar, arruinar.

jodido, da adj. fam. Que es desfavorable, desagradable o perjudicial. || Que fastidia o molesta. || Que es difícil de conseguir, hacer o entender. || Que está estropeado o deteriorado. || Que está enfermo o en mal estado.

jodón, dona adj. fam. Méx. Se aplica a la persona que molesta mucho.

jofaina s. f. Vasija en forma de taza, con gran diámetro y poca profundidad, usada para el aseo de las personas.

jojoba s. f. Arbusto xerófito originario del desierto de Sonora, México, perteneciente a la familia de las simmondsiáceas, con hojas lanceoladas y lisas, flores inconspicuas de cuyos frutos oleosos se extrae un aceite usado en farmacia y cosmética, entre otras aplicaciones.

jojoto, ta adj. Cub. Se dice del boniato u otro tubérculo, picado por un insecto y que empieza a podrirse. || Ven. Se dice del fruto que todavía no ha madurado. || s. m. Mazorca de maíz tierno.

jolgorio s. m. Regocijo, fiesta, diversión bulliciosa.

jónico, ca adj. Perteneciente o relativo a Jonia, región de la actual costa turca, antiguamente poblada y dominada por pueblos de ascendencia griega.

jordano, na adj. y s. Originario de Jordania, país del Cercano Oriente.

jornada s. f. Periodo de tiempo equivalente a 24 horas. || Parte del día durante la cual se trabaja.

‖ Distancia que se recorre a pie en un día. ‖ Viaje, aunque su duración exceda de las 24 horas.

jornal *s. m.* Estipendio que gana al día el trabajador.

jornalear *t.* e *intr.* Contratar a alguien por un jornal. ‖ Trabajar una persona a jornal.

jornaleo *s. m.* Trabajo por jornal.

jornalero, ra *s. m.* y *f.* Persona que trabaja por un jornal, sobre todo en la agricultura.

joroba *s. f.* Convexidad formada en la espalda o el pecho, o en ambos, por malformación de la columna vertebral. ‖ Convexidad considerable de algo. *Una joroba en el terreno.* ‖ Molestia que enoja e irrita. *Este trabajo es una joroba.*

jorobado, da *adj.* y *s.* Que tiene joroba.

jorobar *t.* y *pr. fam.* Molestar, incomodar, fastidiar.

jorongo *s. m. Méx.* Poncho de lana, de forma rectangular con una abertura para pasar la cabeza, con que se abrigan los campesinos. ‖ *m.* Sarape, colcha de lana para cubrir camas.

joropo *s. m. Ven.* Baile popular de movimiento vivo y rápido. *El joropo tiene una leve referencia al vals e incluye un zapateado vistoso.* ‖ Fiesta familiar que se lleva a cabo en una casa.

josefino, na *adj.* y *s.* Originario de San José, capital de Costa Rica.

jota *s. f.* Nombre de la letra «j». ‖ *loc. No saber o no entender ni jota:* no saber o entender nada.

joto *s. m. Col.* Bulto o paquete pequeño. ‖ *m. desp. Hond.* y *Méx.* Hombre homosexual.

joven *adj.* y *s. com.* Persona que está viviendo el periodo de la juventud. ‖ Se dice de los seres y cosas que tienen poca edad o se hallan en una etapa temprana de su existencia o desarrollo. ‖ *fig.* Que posee características propias de la juventud.

jovial *adj.* Que tiene buen humor y trato amable. ‖ Contento, risueño, alegre.

jovialidad *s. f.* Cualidad de jovial.

joya *s. f.* Objeto para el adorno personal hecho con algún metal precioso y gemas o piedras finas. ‖ *fig.* Persona que tiene grandes cualidades, que vale mucho. ‖ *fig.* Cosa que tiene un alto valor porque es única, muy rara o difícil de encontrar.

joyel *s. m.* Joya de pequeño tamaño.

joyería *s. f.* Arte u oficio de fabricar o reparar joyas. ‖ Establecimiento donde se fabrican, se reparan y se venden joyas. ‖ Compra y venta de joyas. ‖ Conjunto de joyas.

joyero, ra *s.* Persona que por oficio fabrica, repara o vende joyas. ‖ *s. m.* Caja o cofrecillo para guardar joyas.

juanete *s. m.* Prominencia ósea que crece de manera anormal en el borde interno del pie, donde se unen el primer metatarsiano y la primera falange del dedo gordo. ‖ En marina, nombre de las velas que, en los grandes veleros, van sobre la gavia y el velacho; también se llaman así las vergas en que se afirman. ‖ En veterinaria, crecimiento óseo muy doloroso que se forma en la cara inferior de la última falange, o tejuelo, de las caballerías. ‖ *pl. Col.* Nalgas, trasero. ‖ *Hond.* Caderas.

jubilación *s. f.* Acción y efecto de jubilar o jubilarse. ‖ Estado de la persona que ha sido jubilada. ‖ Pensión que recibe la persona jubilada.

jubilado, da *adj.* Se dice de la persona que ha sido jubilada. ‖ *s.* Persona que por haber laborado determinado tiempo, deja de trabajar y percibe una pensión.

jubilar *t.* Retirar a una persona de la actividad laboral por haber cumplido cierto tiempo en el trabajo, por edad o por enfermedad, otorgándole una pensión vitalicia. ‖ *fig.* y *fam.* Dejar de usar una cosa porque está vieja, estropeada o resulta inútil. ‖ *pr.* Obtener la jubilación. ‖ *Col.* Perder la razón, enloquecer. ‖ *Guat.* y *Ven.* Ausentarse de clases, o del trabajo, sin causa justificada.

jubileo *s. m.* En el judaísmo, año santo que se celebra cada 50 años. ‖ En el catolicismo, año privilegiado en el que los peregrinos que van a Roma pueden beneficiarse de una indulgencia plenaria. ‖ Dicha indulgencia. ‖ Celebración por el cincuentenario de una institución, reinado u otra cosa. ‖ *fig.* Concurrencia frecuente de una gran cantidad de personas en algún lugar. ‖ *fig.* y *fam.* Bodas de oro de algún dignatario.

júbilo *s. m.* Regocijo, alegría muy intensa que se manifiesta de manera ostensible.

jubiloso, sa *adj.* Gozoso, que está lleno de júbilo.

jubón *s. m.* Prenda de vestir ajustada al cuerpo, con cuello alto y botonadura, que cubre de los hombros a la cintura.

judaísmo *s. m.* Conjunto de las ideas e instituciones religiosas del pueblo judío.

judería *s. f.* En las ciudades medievales de España, barrio en que habitaban los judíos.

judía *s. f. Esp.* Planta anual, originaria de América, de frutos comestibles, que tiene forma de vaina y semillas ricas en carbohidratos. ‖ *Esp.* Fruto tierno de esta planta. ‖ *Esp.* Semilla de esta planta, que se come seca.

judicatura *s. f.* Ejercicio de juzgar según las leyes. ‖ Cargo de juez y tiempo que dura. ‖ Cuerpo formado por el conjunto de jueces de un país.

judicial *adj.* Perteneciente o relativo a la organización, administración y ejercicio de la justicia. ‖ *loc. Poder Judicial:* órgano gubernamental encargado de la administración de justicia.

judío, a *adj.* y *s.* Perteneciente o relativo a una comunidad étnica, cultural e histórica originaria de la antigua Palestina, cuyos integrantes se hallan dispersos por todo el mundo. ‖ Se dice de quien profesa el judaísmo. ‖ Natural de Judea.

judo o **yudo** *s. m.* Arte marcial japonés derivado del *jiu-jitsu*, que se basa en utilizar la fuerza del adversario para desequilibrarlo e inmovilizarlo. *La elasticidad y la velocidad son básicas para la práctica del judo.*

judoka o **yudoka** *s. com.* Persona que practica el judo.

juego *s. m.* Actividad con el objeto de divertirse que se organiza a partir de determinadas reglas. ‖ Conjunto de los objetos que se requieren para jugar un juego determinado. ‖ Fichas, cartas u otros elementos que tiene cada jugador. ‖ Conjunto de objetos que se complementan entre sí para determinada función. *Un juego de cubiertos.* ‖ Actividad recreativa en la que se hacen apuestas de dinero. ‖ En algunos juegos, cada una de las partes en que se divide una partida. ‖ En el tenis, cada división de un set. ‖ En la pelota vasca y valenciana, tanto. ‖ Combinaciones o cambios sucesivos que resultan de disponer de manera particular algunas cosas. *El juego de luces de un árbol navideño.* ‖ Punto donde se unen dos o más cosas articuladas. ‖ Movimiento que pueden realizar las cosas articuladas. ‖ Maquinación, intriga o artimaña para lograr algo. ‖ *pl.* Fiestas o espectáculos públicos que en la antigüedad se celebraban en Grecia y Roma y que incluían competencias deportivas. ‖ *loc. Entrar en juego:* intervenir. ‖ *Estar en juego:* depender algo de otra cosa. ‖ *Hacer* o *seguir el juego a alguien*: secundario para hacer algo o lograr un fin. ‖ *loc. Esp.* y *Méx. Hacer juego algo*: combinar, adecuarse una cosa con otra; en juegos de azar, depositar las apuestas. ‖ *loc. Juego de azar* o *de suerte*: aquel cuyo resultado depende casi exclusivamente del azar y en el que se hacen apuestas. ‖ *Juego de manos*: ejercicio de prestidigitación. ‖ *loc. fig. Juego de niños*: se dice de lo que es muy fácil o se hace sin darle demasiada importancia. ‖ *loc. Juego de órgano*: en música, serie de tubos de este instrumento que corresponden a un mismo timbre. ‖ *Juego de palabras*: figura del lenguaje en que se usan palabras con sentido equívoco, o en sus diferentes acepciones, o bien cambiándoles alguna letra. ‖ *Juego de pelota*: en arqueología, nombre dado a ciertas estructuras, que se hallan sobre todo en México y Guatemala, donde se jugaba pelota ritual. ‖ *Juego de rol*: aquel en que cada uno de los participantes representa el papel de uno de los personajes de una aventura. ‖ *Juego electrónico*: el que aplica la electrónica a un juego tradicional, por ejemplo un laberinto. ‖ *Juego limpio*: manera leal de obrar, sin engaños ni trampas. ‖ *Juego sucio*: maniobra dolosa para perjudicar a alguien. ‖ *Juegos florales*: nombre dado a ciertos concursos de poesía. ‖ *Poner algo en juego*: exponerlo, arriesgarlo a la busca de lograr determinado objetivo. ‖ *Teoría de juegos*: conjunto de métodos matemáticos que permiten resolver problemas en los que intervienen nociones abstractas de táctica y estrategia y reglas de decisión.

juerga *s. f.* Diversión nocturna, bulliciosa y con ingestión de bebidas alcohólicas, en la que participan varias personas.

juerguista *adj.* y *s. com.* Persona muy aficionada a la juerga y la jarana, o participante en una juerga.

jueves *s. m.* Cuarto día de la semana, situado entre el miércoles y el viernes. ‖ *loc. Jueves santo*: en la religión católica, jueves de la semana santa. ‖ *No ser algo cosa del otro jueves*: ser ordinario, no ser digno de llamar la atención.

juez, za *s.* Persona que, a partir de su autoridad y potestad para juzgar y sentenciar, aplica las leyes. ‖ Persona autorizada para calificar a los participantes en un concurso público y hacer que se cumplan las reglas que lo rigen. ‖ Persona que se designa para resolver una duda o discusión. ‖ En deportes, persona encargada de hacer que se cumpla el reglamento, resolver dudas, dirimir diferencias y sentenciar el resultado de una competencia. ‖ *s. m.* Jefe militar provisional de alguna de las tribus de Israel, encargado de preservar su patrimonio religioso y velar por sus compatriotas. ‖ *loc. Juez árbitro*: el que es letrado pero no juez oficial, y es designado por las partes litigantes para fallar en un pleito conforme a derecho. ‖ *Juez de línea*: árbitro auxiliar que, desde las líneas de banda, ayuda al árbitro principal en el futbol y otros deportes. ‖ *Juez de paz*: el que escuchaba a las partes antes de permitir que litigaran, procurando conciliarlas. ‖ *Juez de primera instancia (y de instrucción)*: juez ordinario de un partido o distrito que conoce en primera instancia cuestiones no sometidas por la ley a los jueces municipales, y que en materia criminal dirige la instrucción de los juicios sumarios. ‖ *loc. Arg. Juez de raya*: encargado de fallar sobre el orden de llegada de los competidores en las carreras de caballos. ‖

loc. Juez ordinario: el que conoce en primera instancia las causas y pleitos.

jugada *s. f.* Cada una de las intervenciones que hacen los jugadores en un juego. ‖ Lance en un juego de azar. ‖ *fig.* Acción malintencionada e inesperada para perjudicar a alguien.

jugador, ra *adj.* y *s.* Que juega, que participa en un juego. ‖ Se dice de quien tiene el vicio de apostar en los juegos de azar. ‖ *loc. Jugador de ventaja*: tramposo, fullero.

jugar *intr.* Realizar alguna actividad con el fin de divertirse. ‖ Participar en un juego organizado o en un deporte de equipo. ‖ Tomar parte en un juego de azar o un sorteo. ‖ Intervenir un jugador en un juego durante su respectivo turno, o cuando corresponde. ‖ Combinar unas cosas con otras para producir un efecto determinado. *Una decoración que juega con lo tradicional y lo vanguardista*. ‖ Tomar parte en un negocio o asunto. ‖ Tomar a alguien, o algo, con falta de seriedad o responsabilidad. ‖ *intr.* y *t.* Moverse las piezas de que consta un artefacto u otra cosa. ‖ *t.* Disputar un encuentro deportivo o una partida de juego de mesa o de azar. ‖ Utilizar alguna carta o ficha de un juego. ‖ *t.* y *pr.* Arriesgar en el juego, apostar. ‖ *fig.* Exponerse a una pérdida si se realiza cierta acción. ‖ *loc. Jugarla* o *jugársela a alguien*: hacer algo con intención de perjudicarlo, hacerle una mala pasada.

jugarreta *s. f. fam.* Treta, engaño, mala pasada.

juglar, resa *s.* Persona errante que, en la Europa medieval, cantaba, declamaba y brindaba entretenimiento a la gente a cambio de dinero. ‖ Persona que, a cambio de una remuneración o de dádivas, cantaba o recitaba en las cortes poesías propias de los trovadores.

juglaría *s. f.* Actividad propia de los juglares. ‖ Oficio del juglar. ‖ *loc. Mester de juglaría*: conjunto de la poesía popular épica o lírica que, durante la Edad Media, difundieron los juglares por Europa.

jugo *s. m.* Líquido que contienen las sustancias vegetales y animales. ‖ Salsa más bien líquida de ciertos guisos. ‖ *fig.* Utilidad, ventaja o provecho que se saca de algún asunto o circunstancia. ‖ En fisiología, líquido orgánico secretado por alguna glándula u órgano.

jugoso, sa *adj.* Que tiene bastante jugo. *Una sandía jugosa*. ‖ *fig.* Provechoso, sustancioso. *Hizo un jugoso negocio*.

juguete *s. m.* Objeto que sirve para jugar. ‖ *fig.* Persona o cosa dominada por una fuerza superior, sea material o moral. *Durante la tormenta varios barcos fueron juguete del oleaje*. ‖ Obra teatral cómica breve, de uno o dos actos, con partes cantables.

juguetear *intr.* Traer algo entre las manos, o tocarlo y moverlo sin más propósito que entretenerse.

jugueteo *s. m.* Acción de juguetear.

juguetería *s. f.* Industria de la fabricación de juguetes. ‖ Tienda donde se venden juguetes.

juguetero, ra *adj.* Perteneciente o relativo a los juguetes. ‖ *s.* Persona o industria que fabrica juguetes. ‖ Persona que tiene una tienda donde se venden juguetes. ‖ Mueble para guardar juguetes.

juguetón, tona *adj.* Se dice de la persona o animal que es alegre y gusta de jugar y saltar.

juicio *s. m.* Facultad del intelecto por la que es posible conocer para comparar. ‖ Ejercicio de dicha facultad.

‖ Por oposición a delirio o locura, estado de la razón sana, cordura. ‖ *fig.* Ecuanimidad, prudencia. ‖ *fig.* Criterio u opinión sobre alguna cosa. ‖ En derecho, seguimiento y tramitación de una causa o un pleito ante un juez o tribunal, y su resultado. ‖ *loc. Juicio contencioso:* el que se sigue ante un juez por derechos o cosas que varias partes en discordia litigan entre sí. ‖ *Juicio de desahucio:* el sumario cuyo objeto es el lanzamiento de un arrendatario, de un dependiente o de un precarista que ocupa un bien inmueble ajeno sin pagar el arrendamiento correspondiente. ‖ *Juicio de Dios:* el que, durante la Edad Media, se practicaba invocando el testimonio divino para determinar la verdad de una cuestión. ‖ *Juicio Final:* el que según las religiones cristianas hará Cristo para juzgar a la humanidad el día del fin del mundo. ‖ *Juicio sumario:* juicio en el que se procede de manera breve, prescindiendo de algunos de los trámites y formalidades de un juicio ordinario. ‖ *Muela del juicio:* nombre que se da popularmente al último de los molares inferiores, que suele aparecer en la juventud. ‖ *loc. Perder el juicio:* enloquecer, perder la razón.

juicioso, sa adj. y s. Dicho de una persona, que piensa, habla y actúa razonablemente, con buen juicio. ‖ Hecho con juicio.

julepe s. m. Cierto juego de naipes que se juega con baraja de 40 cartas. ‖ Mezcla de jarabe, agua destilada y materias medicamentosas. ‖ *fig.* y *fam.* Castigo, reprimenda. ‖ *Amér. Merid.* y *P. Rico. fig.* y *fam.* Miedo, susto. ‖ *P. Rico. fig.* Desorden, barahúnda, lío.

julepear intr. Jugar al julepe. ‖ *t. Col.* Apresurar, apremiar. ‖ *Col.* Atosigar, molestar, irritar. ‖ *P. Rico.* Embromar a alguien. ‖ *t.* y *pr. Amér. Merid.* Asustar, infundir miedo.

julio s. m. Séptimo mes del año; tiene 31 días.

jumento, ta s. Asno, burro, pollino.

jumil s. m. *Méx.* Especie comestible de chinche de árbol que tiene un aroma ligeramente picante. *Los jumiles pueden comerse vivos, o secos y tostados.*

juncal adj. Perteneciente o relativo al junco. ‖ *fig.* Esbelto, airoso y gallardo. ‖ s. m. Juncar, sitio poblado de juncos.

junco s. m. Planta herbácea de tallo recto y flexible de unos 90 cm de altura que crece formando conglomerados en el agua o en lugares muy húmedos. *Los tallos de los juncos se usan para hacer cestos.*

jungla s. f. Formación vegetal característica de la India, formada por árboles, palmeras, helechos y plantas herbáceas, con variada fauna de la cual el tigre es el animal más representativo. ‖ *fig.* Lugar donde impera la ley del más fuerte o hay una fuerte competitividad.

junio s. m. Sexto mes del año; tiene 30 días.

júnior o **junior** adj. Pospuesto al nombre propio o al apellido de una persona, indica que ésta es hija de otra de igual nombre; se abrevia *jr. En Latinoamérica es más común usar la palabra «junior» sin acento.* ‖ adj. y s. com. En deportes, se dice de la categoría en la que se engloban los deportistas de edad inmediatamente inferior a la de los séniors; también se refiere al deportista de esta categoría. ‖ *Méx. desp.* Hijo o hija de personas adineradas que se aprovecha de su posición para llevar una vida ociosa y una conducta abusiva.

junípero s. m. Enebro.

junta s. f. Parte por donde se unen dos o más cosas, juntura. ‖ Reunión de personas para tratar asuntos o temas que a ellas y su actividad conciernen. ‖ Cada una de estas reuniones. ‖ Conjunto de personas que son nombradas para dirigir una empresa o asociación. ‖ Nombre adoptado por algunos gobiernos surgidos de un golpe de Estado militar. ‖ Denominación del consejo de gobierno de las comunidades autónomas españolas de Andalucía, Castilla-La Mancha, Castilla y León, Extremadura y Galicia. ‖ Pieza de caucho, cartón u otra materia compresible colocada en la unión de dos tubos o de partes de una máquina, para hacer que sea hermética e impedir que escape el fluido que contienen. ‖ En construcción, espacio entre dos elementos que generalmente se rellena con argamasa o mortero. ‖ *loc. Junta de culata:* junta de estanqueidad que, en un motor de combustión interna, se interpone entre el bloque del cilindro y la culata. ‖ *Junta de dilatación:* dispositivo que, en función de la temperatura, permite la libre dilatación o contracción entre las partes de una estructura. ‖ *Junta electoral:* órgano encargado de velar por la limpieza de los procesos electorales.

juntar t. Colocar unas cosas tan cerca de otras, que se tocan. ‖ Poner personas o cosas formando parte de un conjunto, o en el mismo lugar. ‖ Reunir una determinada cantidad de algo. *Juntará dinero para pintar su casa.* ‖ Ocurrir, pensar o imaginar diversos sucesos al mismo tiempo. *Se le juntó el trabajo con otros compromisos.* ‖ Entornar las puertas o las ventanas. ‖ *t.* y *pr.* Reunir o agrupar. *Van a juntar a los parientes para hacer una fiesta.* ‖ *pr.* Estar o ir en compañía de alguien, acompañarse. ‖ Vivir en concubinato, amancebarse.

junto, ta adj. Muy cercano, unido. ‖ En compañía uno de otro. *Viven juntos desde hace un año.* ‖ adv. Seguido de la preposición *a*, cerca o al cabo de. *Dejó su mochila junto a una banca.*

juntura s. f. Junta, lugar o parte donde se unen dos o más cosas.

jura s. f. Acto solemne en el que se jura obediencia, respeto y fidelidad a las leyes de un país, a un símbolo patrio, a un soberano, etc.

jurado s. m. Grupo de personas constituido en tribunal examinador y calificador en exposiciones y concursos. ‖ Cada una de las personas que forma parte de ese grupo. ‖ En derecho, tribunal que se forma por sorteo entre ciudadanos para determinar el hecho justiciable o la culpabilidad de un acusado, si la hubiere, dejando a los magistrados la imposición de la pena respectiva. ‖ Persona que forma parte de dicho tribunal.

juramentar t. Tomar juramento a alguien. ‖ *pr.* Obligarse mediante juramento a hacer algo, o cumplirlo.

juramento s. m. Solemne afirmación que alguien hace para asegurar que algo es verdadero. ‖ Blasfemia.

jurar t. Prometer algo, o afirmarlo, tomando algo que se considera sagrado por testigo. ‖ Reconocer la soberanía de un monarca o de una institución de gobierno y someterse a sus leyes. *Ayer juraron los nuevos ministros de la Corte.* ‖ intr. Renegar, blasfemar. ‖ *loc. Jurar en falso:* hacer un juramento a sabiendas de que lo que se afirma o promete no es verdad. ‖ *loc. fam. Jurársela,* o *jurárselas:* jurar una persona que se vengará de otra.

jurásico, ca adj. Perteneciente o relativo al Jura, cadena montañosa al norte de los Alpes, al departamento francés o al cantón suizo del mismo nombre. ‖ s. m. Periodo geológico de la era Secundaria que se distingue por la sedimentación de gruesas capas calcáreas, principalmente en la región del Jura. *El jurásico se ubica entre el Triásico y Cretácico; durante este periodo hubo gran actividad volcánica y vivieron los dinosaurios.* ‖ *loc. Relieve jurásico:* el desarrollado en una estructura sedimentaria plegada regularmente, con capas resistentes y blandas alternadas, en la que la topografía refleja directamente la estructura.

jurel *s. m.* Nombre dado a diversos tipos de peces teleósteos comestibles, de color azul por el lomo y blanco por el vientre, de entre 20 y 70 cm de longitud, según la especie. *La carne del jurel puede consumirse fresca o en conserva, y sirve para hacer harina de pescado y surimi.*

jurídico, ca *adj.* Perteneciente o relativo a la justicia, a las formas judiciales, a las leyes que regulan las relaciones entre ciudadanos, o al derecho en general.

jurisconsulto, ta *s.* Persona especializada en la teoría del derecho y su aplicación. ‖ Persona dedicada profesionalmente a cuestiones jurídicas.

jurisdicción *s. f.* Autoridad o poder para gobernar y hacer que las leyes se ejecuten. ‖ Potestad, autoridad o dominio que se tiene sobre otros. ‖ En derecho, conjunto de atribuciones que en materia judicial corresponden a un órgano en un territorio determinado, así como el territorio en que un juez o tribunal ejercen sus funciones.

jurisprudencia *s. f.* Ciencia del derecho. ‖ Conjunto de enseñanzas y doctrinas que dimana de los fallos de las autoridades gubernativas o judiciales. ‖ Norma de juicio fundada en la práctica seguida en casos semejantes, por la cual se suplen las omisiones de la ley. ‖ Interpretación que de la ley hacen los jueces. ‖ Conjunto de sentencias que sientan precedente y determinan criterios sobre determinada cuestión jurídica. ‖ Interpretación reiterada de una ley por el tribunal supremo. ‖ Práctica judicial constante.

jurista *s. com.* Persona que estudia la teoría y aplicación del derecho, o que lo ejerce como profesión.

justa *s. f.* Certamen literario. ‖ Históricamente, combate individual a caballo entre dos caballeros, que en el arma principal era la lanza. *Las justas se realizaban como entrenamiento para la guerra, o para realizar festejos.*

justamente *adv.* Con justicia. ‖ De manera exacta, precisamente.

justeza *s. f.* Justedad.

justicia *s. f.* Concepción que en cada época o civilización se tiene del bien común. ‖ Justeza, cualidad de justo. ‖ Trato o comportamiento justo. ‖ Conjunto de tribunales y magistrados de un país. ‖ Representante de la ley. ‖ Examen de las reclamaciones de alguien para resolver lo que sea justo. ‖ Acción por la que se reconoce o declara lo que se debe a alguien. ‖ Jurisdicción. *La justicia penal.* ‖ El Poder Judicial. ‖ *loc. Alta justicia:* la que, en tiempos antiguos, concedía a los señores el derecho de pronunciar penas capitales. ‖ *Baja justicia:* históricamente, la que sólo se aplicaba a asuntos de poca importancia. ‖ *Hacer justicia:* dar a alguien aquello de lo que se cree que es merecedor. ‖ *Justicia militar:* régimen jurídico que corresponde a las fuerzas armadas y conjunto de jueces y jurisdicciones que lo aplican.

justiciero, ra *adj.* Que cumple la justicia y la hace cumplir. ‖ Que aplica rigurosamente la justicia en el castigo.

justificación *s. m.* Acción y efecto de justificar o justificarse. ‖ Palabras o escrito con que alguien se justifica a sí mismo, o una acción que realizó. ‖ En artes gráficas, longitud de un renglón lleno dentro de una composición tipográfica determinada. ‖ *loc. Justificación de tirada:* en imprenta, fórmula que indica la cantidad de ejemplares de un libro impreso en diferentes clases de papel.

justificado, da *adj.* Que es o se realiza de acuerdo con la razón y la justicia. ‖ Dicho de un texto impreso, que tiene alineados los principios y finales de las líneas dentro de determinados márgenes.

justificante *adj.* Que justifica. ‖ *s. m.* Documento con el que se justifica algo. *Deberá presentar un justificante para explicar por qué faltó ayer.*

justificar *t.* y *pr.* Exponer razones para demostrar por qué algo no es censurable. ‖ Ser alguna circunstancia razón de que algo que parece censurable o inadecuado, no lo sea. ‖ En artes gráficas, establecer la longitud máxima que tendrá una línea impresa según los márgenes determinados. ‖ En la teología cristiana, poner Dios a alguien entre los justos.

justipreciar *t.* Valorar, apreciar o tasar algo rigurosamente.

justo, ta *adj.* y *s.* Que actúa con justicia. ‖ Que respeta totalmente los preceptos de la religión. ‖ Bienaventurado, que disfruta de la gracia eterna. ‖ *adj.* Que está de acuerdo con los principios de la justicia. ‖ Que es conforme a la razón y la verdad. ‖ Lícito, que tiene fundamento. ‖ Adecuado, preciso, exacto. ‖ Que tiene la capacidad o medida exacta para cumplir con su función. *Tenemos el azúcar justa para preparar ese postre.* ‖ Apretado, entallado, estrecho. ‖ *adv.* Justamente, precisamente. *Justo ayer terminé esa tarea.* ‖ *loc. Justa causa:* en derecho, causa lícita o justificativa. ‖ *Justo precio:* expresión que utilizaban los escolásticos para designar el precio por el que debían intercambiarse los bienes para no incurrir en una falta moral.

juvenil *adj.* Perteneciente o relativo a la juventud. ‖ *s. m.* Categoría deportiva que incluye a los atletas de entre 15 y 18 años de edad. ‖ *s. com.* Deportista comprendido en esa categoría.

juventud *s. f.* Edad comprendida entre la infancia y la madurez. ‖ Periodo de la vida de un organismo, comprendido entre su nacimiento y su total madurez. ‖ Conjunto de jóvenes, hablando genéricamente. *La juventud actual es muy dependiente de la tecnología.* ‖ Cualidad de joven. *Su juventud le impide comprender plenamente ciertas cosas.* ‖ Vigor, energía. ‖ Primeros tiempos de algo, inicios. *En su juventud, la medicina tenía mucho de magia.* ‖ *pl.* Dentro de un partido político, organización conformada por jóvenes.

juzgado *s. m.* Tribunal de un solo juez. ‖ Lugar donde se administra justicia. ‖ Conjunto de jueces que conforman un tribunal. ‖ Territorio que abarca la jurisdicción de un juez. ‖ Dignidad y empleo de juez, judicatura. ‖ *loc. Juzgado de Indias:* organismo dependiente de la casa de contratación de Sevilla que fue fundado en Cádiz en 1545.

juzgado, da *adj.* Que ha sido resuelto por un juez.

juzgar *t.* Deliberar sobre un asunto y emitir sentencia sobre éste en calidad de juez. ‖ Considerar, opinar, creer, ser del parecer de algo. ‖ En filosofía, afirmar, después de hacer comparaciones entre dos o más ideas, las relaciones que entre ellas existen.

k *s. f.* Undécima letra del alfabeto español y su octava consonante; se llama «ka». *La «k» tiene sonido de «c» o «qu» y en nuestro idioma sólo se usa para escribir palabras cultas o de origen extranjero.*

kabuki *s. m.* Género del teatro japonés en el que los diálogos alternan con partes cantadas o salmodiadas, y que tiene intermedios dancísticos. *El maquillaje de los actores del kabuki es muy elaborado y espectacular.*

kacharpaya *s. f.* Canción ritual de los indígenas de Bolivia.

kafkiano, na *adj.* Perteneciente o relativo a Franz Kafka, escritor nacido en Praga. || Dicho de una situación, que resulta inquietante por carecer de lógica o ser absurda, de manera semejante a la atmósfera de las novelas de Kafka.

káiser *s. m.* Título dado a los tres emperadores del II Reich alemán, en particular a Guillermo II.

kakemono *s. m.* Pintura o caligrafía japonesa en papel o seda, montada sobre tela de brocado sujeta por delgados rodillos de madera, que se desenrolla verticalmente.

kaki *s. m.* Caqui.

kamikaze *s. m.* Piloto voluntario japonés que, durante la Segunda Guerra Mundial, realizaba misiones suicidas como estrellar su avión cargado de explosivos sobre un objetivo. || Avión tripulado por dicho piloto. || *s. com.* Por extensión, persona que actúa de manera temeraria arriesgando hasta su propia vida.

kan, khan o **can** *s. m.* Título de los altos jefes militares o gobernantes mongoles de la época medieval. || Uno de los títulos de los sultanes turcos otomanos. || En Persia, gobernador de una provincia.

karaoke *s. m.* Restaurante o bar donde los clientes cantan acompañados de música pregrabada. || Aparato amplificador y reproductor de música pregrabada, conectado a un monitor en el que se puede leer la letra de las canciones para que la gente cante.

karate o **kárate** *s. m.* Arte marcial japonés en el que la modalidad de combate consiste en golpes secos dados con el canto de la mano, de los pies, o con los codos.

karateca o **karateka** *s. com.* Persona que practica el karate.

karma *s. m.* Principio fundamental de las religiones de la India, que concibe la existencia como eslabón de una cadena acompañado de música llamada «samsara», en la que a cada persona se le retribuyen los actos de su existencia anterior.

kasbah *s. f.* Ciudadela de algunas ciudades del norte de África.

katiuska *s. f. Esp.* Bota de caucho para proteger los pies del agua.

katún *s. m.* En el calendario maya, periodo de 20 años, de 360 días cada uno.

kayak *s. m.* Tipo de piragua, típica de los esquimales, fabricada con piel de foca extendida sobre una armazón de madera. || Embarcación ligera de lona engrasada o embreada que se utiliza en deportes fluviales.

kéfir *s. m.* Bebida a base de leche fermentada de cabra, oveja o vaca.

kelvin *s. m.* Unidad de medida de temperatura termodinámica en el Sistema Internacional; su símbolo es «K» y equivale a 1/273.16 de la temperatura termodinámica del punto triple del agua.

kendo *s. m.* Arte marcial japonés que se practica con sables de bambú, casco con careta y arma dura. *El peso total del equipo de un practicante de kendo es cercano a los 5 kg.*

keniano, na o **keniata** *adj.* y *s.* De Kenia, país de África oriental.

kepis *s. m.* Quepis, tipo de gorra militar.

kermés, kermesse o **quermés** *s. f.* Fiesta pública al aire libre en la que hay rifas, juegos y se venden golosinas. *Generalmente las kermeses son organizadas con fines de beneficencia.* || Feria anual, o fiesta parroquial, que se celebra en Flandes y los Países Bajos.

kerosén, kerosene o **keroseno** *s. m.* Queroseno, destilado del petróleo que se utiliza como combustible.

ketchup *s. m.* Catsup, salsa de puré de tomate, sal, especias, vinagre y endulzantes, que se usa como condimento.

kevlar *s. m.* Marca registrada de una fibra sintética muy resistente y ligera, empleada en la fabricación de chalecos antibalas.

kibbutz o **kibutz** *s. m.* Voz hebrea que designa un tipo de producción agrícola colectiva para consumo comunitario característica de Israel.

kilo *s. m.* Abreviatura de kilogramo. || *fam.* Cantidad grande de algo. *Había como un kilo de pelusas bajo ese sofá.*

kilocaloría *s. f.* Unidad de energía térmica que equivale a 1 000 calorías; su símbolo es «kcal».

kilogramo *s. m.* Unidad de medida de masa que equivale a la masa del prototipo de platino iridiado que adoptó la Conferencia de Pesas y Medidas celebrada en 1889 en París; su símbolo es «kg», se abrevia «kilo» y hay quien lo escribe «quilogramo». *El prototipo del kilogramo se conserva en la Oficina Internacional de Pesas y Medidas.*

kilometraje *s. m.* Distancia expresada en kilómetros. || Cantidad de kilómetros que ha recorrido un vehículo automotor.

kilometrar *t.* Colocar señales en una carretera para marcar las distancias kilométricas.

kilométrico, ca *adj.* Perteneciente o relativo al kilómetro. ‖ Que se mide en kilómetros. ‖ *fig.* Que es demasiado largo. *Un texto kilométrico.*

kilómetro *s. m.* Medida de longitud que equivale a 1 000 m. Se abrevia «km»; algunas personas lo escriben «quilómetro». ‖ *loc. Kilómetro por hora:* unidad de medida de velocidad que equivale a la velocidad de un cuerpo animado por un movimiento uniforme, que recorre 1 km en una hora. Se abrevia «km/h».

kilotón *s. m.* Unidad de medida de la potencia de las bombas o cargas nucleares; equivale a la energía producida por la explosión de 1 000 toneladas de tnt (trinitrotolueno).

kilovatio *s. m.* Medida de potencia equivalente a 1 000 vatios; se abrevia «kW».

kilowatio *s. m.* Kilovatio.

kimono *s. m.* Quimono, vestimenta tradicional japonesa.

kínder *s. m.* Escuela donde los niños de 4 a 6 años aprenden a realizar diversas actividades.

kinestesia *s. f.* Estudio de las reacciones musculares y del método adecuado para educarlas. ‖ Sensación o percepción del movimiento. ‖ Sensación que un individuo tiene de su cuerpo y, en especial, de los movimientos que éste realiza.

kiosco *s. m.* Quiosco.

kit *s. m.* Conjunto de piezas sueltas y un instructivo para acoplarlas a fin de formar un aparato u objeto. ‖ Juego de herramientas, repuestos, instrumentos, etc., que tiene una utilidad definida. *Un kit para exploración bucal.*

kivi o **kiwi**[1] *s. m.* Arbusto trepador originario de China, domesticado a principios del siglo xx en Nueva Zelanda; sus flores son color blanco cremoso y su fruto de forma oval, con cáscara pilosa y pulpa verde y jugosa. ‖ Fruto comestible de este arbusto. *Los kivis son buena fuente de vitamina C y fibra.*

kivi o **kiwi**[2] *s. m.* Ave corredora endémica de Nueva Zelanda, con plumaje pardo, alas atrofiadas y largo y delgado pico rodeado de cerdas. *Los kiwis tienen hábitos nocturnos, son omnívoros y tienen muy buen olfato.*

koala *s. m.* Mamífero marsupial trepador de Australia oriental, con pelaje gris, orejas redondas y hocico corto, con la nariz de característica forma; mide alrededor de 80 cm. *Los koalas se alimentan de hojas de eucalipto.*

koto *s. m.* Instrumento musical de cuerda japonés, de origen chino, consistente en una caja de resonancia plana y rectangular sobre la que se extienden las cuerdas, cada una de las cuales tiene su propio puente. *Para pulsarlo, el koto se coloca horizontalmente.*

kril *s. m.* Orden de pequeños crustáceos marinos, semejantes a camarones pero translúcidos, que constituye un eslabón alimenticio básico en las redes tróficas de las regiones antárticas.

kriptón *s. m.* Criptón.

kungfu *s. m.* Arte marcial chino en el cual los movimientos de ataque y defensa están basados en los de diferentes animales.

kurdo, da o **curdo, da** *adj.* y *s.* De un pueblo ganadero y agricultor que habita en Turquía, Irán, Iraq, Siria y Transcaucasia. *Se calcula que en la actualidad existen unos 25 millones de kurdos.* ‖ *s. m.* Lengua de la familia irania hablada por los kurdos.

kuwaití *adj.* Perteneciente o relativo a ese país asiático. ‖ *s. com.* Persona originaria de Kuwait.

K

l *s. f.* Duodécima letra del alfabeto español y novena de sus consonantes; su nombre es «ele». *El sonido de la ele es lateral, fricativo y alveolar.* ‖ Escrita con mayúscula (L), representa la cifra romana para expresar el número 50.

la¹ *art.* Artículo determinado femenino singular; su masculino es *el*.

la² *pron.* Pronombre personal acusativo de la tercera persona del femenino singular; su masculino es *lo*.

la³ *s. m.* Nota musical que ocupa el sexto grado de la escala de do mayor.

lábaro *s. m.* Estandarte militar de los emperadores romanos. ‖ Por extensión, bandera de un país o estandarte de una corporación.

laberíntico, ca *adj.* Semejante a un laberinto, intrincado, confuso.

laberinto *s. m.* Construcción horizontal en espiral, o cuadrangular, con gran número de pasillos y muros que se interceptan entre sí, de manera que recorrerla y salir de ella resulta muy complicado. ‖ Cosa compleja por tener muchos elementos entremezclados. ‖ Lugar donde se entrecruzan caminos de modos que es difícil orientarse. ‖ En anatomía, parte del oído interno formada por estructuras semicirculares y terminada en espiral.

labia *s. f.* Elocuencia, facilidad para hablar de manera convincente.

labial *adj.* Perteneciente o relativo a los labios. ‖ En fonética, se dice del fonema en cuya articulación intervienen los labios. *Los fonemas labiales son «b», «p» y «m».*

labio *s. m.* Cada una de las dos partes carnosas, superior e inferior, que rodean la abertura de la boca y cubren los dientes. ‖ En anatomía, cada uno de los cuatro repliegues membranosos de la vulva. ‖ *pl. fig.* La boca, como órgano de la palabra. *De sus labios no salió ni un quejido.* ‖ *loc. Cerrar los labios:* guardar silencio, callar. ‖ *Labio leporino:* en medicina, malformación del labio superior, debida al defecto congénito en la soldadura de los arcos maxilares y el brote medio intermaxilar. ‖ *Morderse los labios:* reprimirse para no reír o hablar en un momento inadecuado. ‖ *loc. fam. No despegar* o *descoser los labios:* mantenerse callado o sin responder a algo. ‖ *loc. Sellar los labios:* impedir que alguien diga algo.

labiodental *adj. y s. f.* En fonética, se dice del fonema que se articula aproximando el labio inferior a los incisivos superiores, como el de la consonante «f».

labor *s. f.* Acción de trabajar, trabajo. ‖ Obra realizada por alguien en un ámbito determinado. ‖ Trabajo, a mano o a máquina, hecho con tela, hilo y materiales parecidos. *Va avanzada su labor de tejido, pronto estrenará bufanda.* ‖ Labranza u operación agrícola destinada al cultivo de las tierras. ‖ Cava o vuelta de arado que se da a la tierra de cultivo. ‖ Simiente del gusano de seda. ‖ *loc. De labor:* se dice de los aperos o animales utilizados en las faenas del campo. ‖ *Día de labor:* el que es laborable. ‖ *Labor de zapa:* actividades ocultas y malintencionadas que alguien realiza para lograr algún fin.

laborable *adj.* Se dice de cada uno de los días en que se trabaja. ‖ Dicho de un terreno, que es cultivable.

laboral *adj.* Perteneciente o relativo al trabajo en cuanto a actividad que se realiza a cambio de un salario.

laboratorio *s. m.* Local habilitado y dotado de instrumentos para realizar investigaciones, experimentos científicos, análisis biológicos, pruebas industriales o trabajos fotográficos. ‖ *loc. Laboratorio de idiomas:* aula insonorizada, en la que con métodos audiovisuales se practica oralmente una lengua extranjera.

laboratorista *s. com. Amér.* Persona encargada de realizar análisis clínicos en un laboratorio.

laboriosidad *s. f.* Cualidad de laborioso.

laborioso, sa *adj.* Que es muy trabajador y aplicado en el trabajo. ‖ Dicho de alguna obra o labor, que exige o cuesta mucho trabajo y dedicación.

labrado, da *adj.* Se dice del tejido que tiene dibujos en relieve. ‖ Campo labrado (se usa más en plural). ‖ Acción y efecto de labrar piedras, madera y otros materiales.

labrador, ra *adj.* Que labra la tierra.. ‖ *s.* Labriego, persona que vive en el campo y trabaja la tierra. ‖ *s. m.* Raza de perros de gran tamaño, con orejas caídas y pelo corto que puede ser negro, marrón o rubio.

labrantío, tía *adj. y s. m.* Se dice de la tierra de labor.

labranza *s. f.* Cultivo del campo.

labrar *t.* Cultivar la tierra. ‖ Arar un terreno. ‖ Bordar o coser, hacer labores de costura. ‖ Trabajar un material para darle una forma determinada. *Labrar piedras semipreciosas.*

labriego, ga *s.* Persona que trabaja la tierra, labrador.

laca *s. f.* Resina de color rojo oscuro que se forma en las ramas de varias plantas de Medio Oriente a causa de la picadura de insectos parecidos a la cochinilla que viven adheridos a ellas. ‖ Barniz de color negro o rojo que se prepara con dicha resina. ‖ Objeto grabado, pintado o esculpido barnizado con numerosas capas de esta resina. ‖ Producto para fijar el peinado que se vaporiza sobre el cabello.

lacado, da adj. Objeto cuya superficie está recubierta de laca. ‖ s. m. Laqueado, proceso de aplicar laca. ‖ Mecanismo por el que se produce una liberación de hemoglobina en la sangre.

lacandón s. m. Pueblo amerindio de lengua maya que habita en el noreste de Guatemala y el este del estado mexicano de Chiapas.

lacayo s. m. Criado de librea que servía de acompañante a su amo. ‖ fig. Persona servil.

laceración s. f. Acción y efecto de lacerar o lacerarse.

lacerado, da adj. Que ha sufrido una laceración. ‖ Desdichado, infeliz.

lacerar t. Producir un daño en el cuerpo, herir, lastimar. ‖ fig. Causar un sufrimiento moral. ‖ intr. Pasar penalidades, padecer.

lacio, cia adj. Ajado, marchito. ‖ Débil, sin fuerza ni vigor. ‖ Se dice del cabello completamente liso, que no forma rizos ni ondas.

lacónico, ca adj. Conciso y breve.

laconismo s. m. Cualidad de lacónico.

lacra s. f. Vicio o defecto en alguien o algo. ‖ Señal que deja un daño físico o una enfermedad. ‖ s. com. Cub., Méx., Uy. y Ven. Persona depravada, de malas costumbres.

lacrar[1] t. y pr. Dañar la salud de alguien. ‖ fig. Perjudicar los intereses de alguien.

lacrar[2] t. Sellar una carta u otra cosa con lacre.

lacre adj. fig. Amér. Se dice de lo que es de color rojo. ‖ s. m. Pasta elaborada con goma laca y trementina, coloreada de rojo, que se derrite con fuego y sirve para sellar cartas.

lacrimal adj. Perteneciente o relativo a las lágrimas.

lacrimógeno, na adj. Que provoca la secreción de lágrimas. ‖ Que por su carácter emotivo induce al llanto. ‖ s. m. Compuesto químico de baja toxicidad que hace que los ojos ardan y lloren e irrita el sistema respiratorio.

lacrimoso, sa adj. Que llora o secreta lágrimas. ‖ Que, por su carácter emotivo, induce al llanto. ‖ Se dice de la persona que es propensa a las lamentaciones.

lactación s. f. Acción y efecto de lactar.

lactancia s. f. Periodo de la vida de los mamíferos en que se alimentan fundamentalmente de leche.

lactante adj. y s. com. Se dice del mamífero que se halla en periodo de lactancia. ‖ Se dice de la mujer o hembra que amamanta.

lactar t. Amamantar, o criar con leche.

lácteo, a adj. Perteneciente o relativo a la leche, o que tiene alguna de sus características. ‖ Se dice de los productos derivados de la leche.

lactosa s. f. Azúcar que se encuentra en la leche, formada por una molécula de glucosa y una de galactosa.

lacustre adj. Perteneciente o relativo a los lagos.

ladear t. y pr. Inclinar algo, o torcerlo hacia un lado. ‖ Evitar o esquivar a alguien o algo. ‖ intr. fig. Desviarse de un camino derecho. ‖ Caminar por la ladera de una montaña. ‖ pr. fig. Sentir inclinación o afición por alguien o algo.

ladeo s. m. Acción y efecto de ladear o ladearse.

ladera s. f. Declive de una montaña o un cerro.

ladilla s. f. Insecto parásito sin alas, semejante a un piojo pero de cuerpo redondeado, que infesta el pubis y otras partes vellosas del cuerpo humano. ‖ Arg., Chil. Méx. y Uy. fam. Persona impertinente y molesta.

ladino, na adj. Persona que actúa taimadamente para lograr sus fines. ‖ Amér. C. Mestizo que sólo

habla español. ‖ Méx. Indígena o mestizo que reniega de las costumbres de su comunidad, o que se aprovecha de sus congéneres que no hablan español.

lado s. m. Parte de algo que se contrapone a la otra. ‖ Sitio o lugar, en particular con referencia a otro. ‖ Parte de algo próxima a sus bordes, en contraposición al centro. ‖ Costado del cuerpo humano o de un animal. ‖ Cada una de las dos superficies de un cuerpo laminar, cara. Ambos lados de la moneda. ‖ En geometría, cada una de las líneas que limitan un ángulo o un polígono, o cada una de las superficies que limitan un poliedro. ‖ Parte del contorno de alguna cosa que se diferencia de las demás por alguna característica especial. Saliendo del pueblo, por el lado de los cerros, hay una laguna. ‖ fig. Aspecto que reviste algo, punto de vista o enfoque. ‖ fig. Rama de un parentesco. Por el lado de su padre, varios tíos tienen ojos verdes.

ladrar intr. Dar ladridos un perro. ‖ fig. y fam. Amenazar sin atacar. ‖ fig. y fam. Insultar a alguien a voces y con violencia o criticarlo ásperamente.

ladrido s. m. Voz que emiten los perros. ‖ fig. y fam. Grito proferido para insultar o crítica áspera.

ladrillazo s. m. Golpe dado con un ladrillo.

ladrillero, ra adj. Perteneciente o relativo al ladrillo. ‖ s. Persona cuyo oficio es fabricar o vender ladrillos.

ladrillo s. m. Pieza de arcilla en forma de paralelepípedo rectangular, que se cuece en un horno para darle dureza y sirve para construir muros o pavimentar.

ladrón, drona adj. y s. Persona que hurta o roba. ‖ s. m. Cualquier dispositivo para desviar o sustraer el caudal de un fluido, por ejemplo la energía eléctrica. ‖ Clavija con dos o más salidas para la corriente eléctrica.

ladronzuelo, la s. Ratero, ladrón que comete robos o hurtos de poca importancia.

lagaña s. f. Amér. Legaña.

lagañoso, sa adj. Méx. Que tiene lagañas, legañoso.

lagartera s. f. Madriguera de lagartos.

lagartija s. f. Reptil saurio parecido al lagarto, pero de menor tamaño. ‖ C. R., Méx. y Uy. Ejercicio gimnástico que se practica con el cuerpo paralelo al piso, sosteniéndose con las manos y las puntas de los pies, flexionando y estirando los brazos para subir y bajar.

lagarto, ta s. Reptil de cuerpo alargado cubierto de escamas, con cuatro patas y larga cola, que vive en sitios cálidos y secos. ‖ Méx. Caimán.

lago s. m. Gran cantidad de agua depositada en depresiones del terreno.

lágrima s. f. Líquido salado que secretan las glándulas situadas bajo los párpados, encima de los globos oculares, que humedece la conjuntiva y penetra en las fosas nasales por las carúnculas lacrimales. ‖ Gota del jugo que destilan los tallos de algunas plantas después de la poda o de un corte. ‖ Pequeña esfera de cristal coloreado que a veces desluce la transparencia de un objeto de vidrio. ‖ pl. fig. Sufrimiento, adversidades que alguien padece.

lagrimal adj. Se dice del órgano de secreción y excreción de las lágrimas. ‖ s. m. Parte del ojo que se halla en el ángulo próximo a la nariz.

lagrimear *intr.* Segregar lágrimas los ojos. || Llorar alguien con frecuencia o con facilidad.

lagrimeo *s. m.* Acción y efecto de lagrimear.

laguna *s. f.* Extensión natural de agua, menor que el lago.

laicismo *s. m.* Doctrina que defiende la independencia del individuo, la sociedad o el Estado de cualquier religión. *Gracias al laicismo, la escuela pública mantiene un gran respeto por los diferentes cultos.*

laico, ca *adj.* Que es independiente de toda influencia religiosa. *La enseñanza laica es un logro de la República.*

laísmo *s. m.* Error gramatical que consiste en usar las formas «la» y «las» del pronombre personal de complemento indirecto, en lugar de «le» y «les». *«La dijo sus verdades» es laísmo por «Le dijo sus verdades».*

lama¹ *s. f.* Lodo blando y oscuro que se encuentra en el fondo de corrientes de agua y lagos y lagunas. || Alga que crece en charcos. || *Bol., Col.* y *Méx.* Moho. || *Chil., Col., Hond., Méx.* y *P. Rico.* Musgo.

lama² *s. f.* Tela hecha de hilos de oro o plata.

lama³ *s. m.* Monje budista del Tíbet.

lamasería *s. m.* Templo o monasterio de lamas.

lambda *f.* Undécima letra del alfabeto griego Λ, λ.

lambiscón, cona *adj. fam. Salv., Hond.* y *Méx.* Adulador, barbero.

lambisconería *s. f. fam. Salv., Hond.* y *Méx.* Adulación.

lamentable *adj.* Que merece lamentarse. || Que presenta un aspecto feo, descuidado, maltrecho. || Que provoca tristeza u horror.

lamentación *s. f.* Expresión de pena muy fuerte. || Forma de expresar la pena mediante llantos, suspiros, etc.

lamentar *intr.* y *pr.* Sentir y expresar pena con llantos, gritos o cualquier otra forma. || Sentir pena o arrepentimiento por algo. *Lamento haber roto el jarrón.*

lamento *s. m.* Queja que se expresa con llantos, gritos, etc.

lamer *t.* Pasar la lengua por una superficie. || Rozar apenas una cosa. *El mar lame la orilla arenosa.*

lamido, da *adj.* Que es una persona flaca. || Que es afectado en sus maneras.

laminado *s. m.* Operación de laminar.

laminado, da *adj.* Protegido con láminas de metal.

laminador, ra *adj.* Que lamina. || *s.* Persona que hace láminas. || *s. f.* Máquina que hace láminas.

laminar¹ *adj.* Que tiene forma de lámina. || Que tiene una estructura parecida a láminas superpuestas.

laminar² *t.* Hacer láminas con una laminadora. || Cubrir una cosa con láminas.

lámpara *s. f.* Cualquier utensilio o aparato para hacer luz. || Bombilla eléctrica. || Mueble que sirve de soporte para una o varias bombillas. || Mancha grande de grasa.

lamparón *s. m.* Mancha muy grande de grasa en la ropa. *Traía la camiseta llena de lamparones.*

lampiño, ña *adj.* Que no tiene barba. || Que tiene poco pelo. || En botánica, se dice de la planta que no tiene pelos.

lamprea *s. f.* Pez de forma cilíndrica, de piel lisa y viscosa, que vive asido por la boca a las rocas; su carne es muy apreciada.

lamprear *t.* Guisar una carne primero friéndola o asándola y luego cociéndola en vino o agua endulzada.

lana *s. f.* Pelo de las ovejas y otros animales que se hila y sirve para tejer. || Hilo elaborado con este pelo. || Tela elaborada con este hilo. || *Méx.* Dinero.

lanar *adj.* Que tiene lana. || Que se relaciona con la lana.

lance *s. m.* Acción y resultado de lanzar. || Acción de echar una red para pescar. || Pesca que se saca de una vez. || Situación crítica. || Jugada. || Riña.

lancero *s. m.* Soldado que pelea con lanza. || Fabricante de lanzas.

lancha *s. f.* Bote grande que hace viajes cortos entre la costa y buques grandes. || Bote que llevan los buques grandes. || Barca que se utiliza para transporte de pasajeros en ríos, etc.

lanchero *s. m.* Patrón o conductor de una lancha.

lanero, ra *adj.* y *s.* Que se relaciona con la lana. || Bodega donde se guarda lana.

langosta *s. f.* Crustáceo marino cuyo abdomen es muy apreciado como alimento. En la cabeza tiene ojos protuberantes y antenas muy largas. || Insecto parecido a un saltamontes que periódicamente se convierte en plaga de campos cultivados y áreas verdes.

langostero, ra *adj.* Se dice de personas o embarcaciones dedicadas a la pesca de langosta.

langostino *s. m.* Camarón.

languidez *s. f.* Debilidad, falta de energía, decaimiento.

lánguido, da *adj.* Que sufre de languidez.

lanolina *s. f.* Grasa que se extrae de la lana.

lantánido *adj.* y *s. m. pl.* En química, cada uno de los elementos que forman el grupo del mismo nombre, también denominado de «tierras raras», cuyos números atómicos van del 57 al 71.

lantano *s. m.* Elemento químico, metal lantánido de las tierras raras, escaso en la corteza terrestre; se encuentra disperso en algunos minerales junto con otros lantánidos; es de color blanco grisáceo, maleable y arde fácilmente; algunos de sus derivados se utilizan en metalurgia, óptica y cerámica; su número atómico es 57 y su símbolo La.

lanudo, da *adj.* Que tiene mucha lana o vello.

lanza *s. f.* Arma compuesta por un asta rematada con una pieza de hierro afilada y cortante. || *s. com. Méx.* Persona que no es digna de confianza.

lanzadera *s. f.* Instrumento manual o parte de una máquina tejedora, hueca y alargada, que coloca las hiladas transversales a través de la urdimbre.

lanzado, da *adj.* y *s.* Muy veloz. || Muy animoso. || Impetuoso, fogoso.

lanzador, ra *adj.* y *s.* Que lanza. || *Ants., Méx.* y *Nic.* En beisbol, jugador que lanza la pelota.

lanzallamas *s. f.* Arma portátil que consiste en un tubo que lanza fuego por uno de sus extremos.

lanzamiento *s. m.* Acción que consiste en lanzar algo. En algunas pruebas de atletismo como disco, jabalina o martillo, proyección lo más lejos posible. || Presentación de un nuevo producto.

lanzar *t.* Arrojar algo con fuerza. || Hacer que salga con fuerza, de su base o de su plataforma, un arma, un cohete, una aeronave. || Quitar por la fuerza del domicilio que se ocupaba. *Lanzaron a toda la familia a la calle.* || Proferir. *Lanzó exclamaciones de asombro al ver los fuegos artificiales.* || *pr.* Emprender con entusiasmo alguna acción. *Los aventureros se lanzaron a la conquista del Polo Sur.*

laosiano, na *adj.* y *s.* De Laos, país del Sureste de Asia.

lapa *s. f.* Telilla que algunos vegetales forman en la superficie de los líquidos. || Molusco comestible que vive en las costas y se adhiere fuertemente a las rocas. || *fig.* Persona pegajosa, inoportuna.

lapicera *s. f. Arg., Bol.* y *Uy.* Portaplumas. || *Arg.* y *Uy.* Estilográfica. || *Uy.* Bolígrafo.

lapicero *s. m.* Instrumento en el que se pone el lápiz o la barra de grafito. || *Méx.* Portaminas.

lápida *s. f.* Piedra plana en la que se pone una inscripción. Puede estar horizontal sobre la tumba o a modo de cabecera.

lapidación *s. f.* Asesinato o ejecución a pedradas.

lapidar *t.* Matar a pedradas. || Labrar piedras preciosas.

lapidario, ria *adj.* Que se relaciona con las piedras preciosas. || Que se relaciona con el estilo de las lápidas: breve y conciso. || Persona que labra o vende lápidas.

lapislázuli *s. m.* Piedra preciosa de color azul brillante.

lápiz *s. m.* Barrita de grafito envuelta en madera o cualquier otro material duro.

lapón *adj.* De Laponia, región del norte de Europa. || *s. m.* Lengua hablada en ese lugar.

lapso *s. m.* Intervalo de tiempo.

lapsus *s. m.* Error inconsciente al hablar o al escribir.

laqueado *s. m.* Acción de lacar o recubrir la laca.

laqueado, da *adj.* Barnizado con laca.

laquear *t.* Barnizar con laca.

lar *s. m.* Hogar. || *pl.* Casa propia, lugar donde vivimos. *Por estos lares no se acostumbra comer antes de las dos de la tarde.*

largar *t.* y *pr.* Soltar, dejar libre. || Aflojar, ir soltando poco a poco. || *fam.* Marcharse.

largo, ga *adj.* Que tiene longitud o mucha longitud. || Que dura mucho tiempo. || Extenso. || *s. m.* En música, movimiento que equivale a lento.

largometraje *s. m.* Película que dura más de una hora.

larguero *s. m.* Palo que se pone a lo largo de una pieza de carpintería, como una ventana, una puerta, etc. || Palo horizontal que une los postes de una meta. *La pelota pegó en el larguero.*

laringe *s. f.* Órgano de fonación situado entre la faringe y la tráquea; contiene las cuerdas vocales.

laringitis *s. f.* Inflamación de la faringe. *Como le dio laringitis, no podía hablar.*

laringología *s. f.* En medicina, rama que estudia las enfermedades de la laringe.

laringólogo, ga *s.* Especialista en laringología.

larva *s. f.* Fase de desarrollo de algunos animales, que va de la salida del huevo hasta el estado adulto. || Animal en esa fase.

lasaña *s. f.* Pasta de origen italiano que se prepara intercalando capas de masa delgada, cortada en cuadrados o rectángulos, con rellenos varios, como carne molida, espinacas, etc.; se puede bañar con salsa blanca o boloñesa y queso parmesano rallado.

lasca *s. f.* Trozo pequeño que se desprende de una roca.

lascivia *s. f.* Inclinación a la lujuria, al deseo sexual.

lascivo, va *adj.* Que está dominado por el deseo sexual.

láser *s. m.* Fuente de luz que la concentra, lo que le da más potencia y permite, por ejemplo, hacer cirugías sin bisturí.

lástima *s. f.* Sentimiento de compasión. || Lamento por algo que causa pena o disgusto.

lastimar *t.* y *pr.* Herir o hacer daño. || Compadecer. || Ofender.

lastimero, ra *adj.* Que expresa dolor e inspira lástima.

lastimoso, sa *adj.* Que inspira lástima. *Después de la pelea, presentaba un estado lastimoso.*

lastrar *t.* Ponerle lastre a una embarcación. || Poner lastre a alguna cosa para sostenerla.

lastre *s. m.* Peso que se pone en una embarcación. || Estorbo, molestia.

lata *s. f.* Lámina delgada de metal. || Envase hecho de hojalata. || Discurso molesto, fastidioso. || *loc. Dar la lata:* fastidiar, molestar.

latencia *s. f.* Estado de lo que permanece oculto, o estado de reposo.

latente *adj.* Que existe pero no se ve. *Algunas enfermedades graves, como el sida o la hepatitis C, permanecen latentes por décadas.* || Que es constante, pero leve.

lateral *adj.* Que está situado a un lado, no en el centro de algo. || Que no es tan importante. || *s. m.* Que juega cubriendo un lado del campo.

lateralidad *s. f.* Predominio de una parte del cuerpo sobre otra.

látex *s. m.* Jugo vegetal de aspecto lechoso, proveniente de los vasos laticíferos de algunas plantas, que se coagula con el aire y se usa para fabricar gomas y resinas.

latido *s. m.* Movimiento rítmico del corazón producido por la alternancia de contracciones y dilataciones. || Sensación intermitente de dolor.

latifundista *adj.* Que se relaciona con el latifundio y el latifundismo. || *s. com.* Dueño de uno o varios latifundios.

latigazo *s. m.* Golpe que se da con un látigo. || Sonido que produce un látigo en acción. || Dolor fuerte, punzante y breve.

látigo *s. m.* Mango, por lo general de madera, del que se ata una cuerda que se usa para castigar o para avivar a las caballerías. || Juego mecánico que al girar bruscamente hace el efecto de este instrumento.

latiguear *intr.* Producir chasquidos con el látigo.

latín *s. m.* Lengua hablada por los antiguos romanos, de la cual derivan las lenguas romances, incluido el español.

latinismo *s. m.* Palabra o frase propia del latín.

latinista *adj.* y *s. com.* Que se relaciona con el latín. || Persona especialista en latín.

latino, na *adj.* y *s.* Que se relaciona con el latín. || Que se relaciona con las lenguas romances y la cultura derivadas del latín. || En Estados Unidos, todo lo que tiene origen latinoamericano.

latinoamericano, na *adj.* y *s.* Que se relaciona con los pueblos de América conquistados por países de origen latino como España, Portugal y Francia. || Persona que nació en Latinoamérica.

latir *intr.* Dar latidos.

latitud *s. f.* Distancia de un lugar al ecuador. || Extensión de un espacio geográfico. || Anchura.

latón *s. m.* Aleación de cobre y zinc.

latoso, sa *adj.* Molesto, pesado.

laucha *s. m. Arg., Chil.* y *Uy.* Ratón de poco tamaño.

laúd *s. m.* Instrumento musical antiguo de cuerda, con una caja de resonancia ovalada y abombada por la parte trasera, seis pares de cuerdas, y clavijero que forma un ángulo muy pronunciado con el mango. || Tortuga marina con siete líneas salientes a lo largo del carapacho, que se asemejan a las cuerdas del instrumento musical.

laudable *adj.* Que es digno de alabanza.

láudano *s. m.* Extracto de opio.

laudatorio, ria *adj.* Que alaba.

laureado, da *adj.* Que fue colmado de honores. *Ayer falleció un laureado escritor.*

laurear *t.* Coronar con laurel. || Premiar. *El campeón fue laureado en el pódium.*

laurel *s. m.* Árbol siempre verde, de tronco liso, hojas duras y lanceoladas de color verde oscuro, brillantes y de olor agradable, y fruto pequeño y redondo de color negro. || Hoja de laurel. *El laurel se usa como condimento.* || Recompensa, premio o fama que se obtiene por ganar una competencia, escribir libros, obras musicales, etc. || *loc. Dormirse en los laureles:* dejar de esforzarse después de haber obtenido algún logro.

laurencio *s. m.* Lawrencio.

lava *s. f.* Material derretido e incandescente, de origen magmático, que emite un volcán en erupción.

lavabo *s. m.* Pila fija, de porcelana o de cerámica, con uno o más grifos, que suele estar en el cuarto de baño y se usa sobre todo para lavarse las manos, la cara y los dientes. || Habitación donde, además de esa pila, está el wáter, la ducha y, en algunos países, el bidé.

lavadero *s. m.* Lugar donde se lava la ropa.

lavadora *s. f.* Máquina para lavar la ropa.

lavanda *s. f.* Arbusto de flores moradas que se usan en perfumería.

lavandería *s. f.* Establecimiento dedicado al lavado de ropa.

lavandero, ra *s.* Persona que se dedica a lavar ropa.

lavandina *s. f. Arg., Bol., Py.* y *Uy.* Lejía.

lavaplatos *s. com.* Persona que en los restaurantes lava los platos. || Lavavajillas.

lavar *t.* Limpiar algo con agua. || Purificar algo, quitar una mancha. || Borrar un defecto. || Hacer que el dinero de procedencia ilícita se «lave» o «blanquee», haciéndolo pasar por varias empresas, legales o «fantasma», para que se considere dinero lícito.

lavativa *s. f.* Procedimiento terapéutico para ayudar a evacuar que consiste en introducir líquido por el ano. || Instrumento que sirve para hacer este procedimiento. *La lavativa es una especie de pera de goma.*

lavatorio *s. m.* Acción de lavar. || Lavamanos.

lavavajillas *s. m.* Máquina que sirve para lavar platos y enseres de cocina.

lawrencio *s. m.* Elemento químico transuránico que pertenece a la serie de los actínidos; es un metal muy radiactivo que se obtiene artificialmente por bombardeo de californio con iones de boro; su vida media es de ocho segundos; su número atómico es 103 y su símbolo Lr.

laxante *adj.* Que laxa. || *s. m.* Medicamento que ayuda a evacuar el vientre.

laxar *t.* Aflojar, ablandar, disminuir la tensión de una cosa. || Aflojar el vientre para evacuar.

laxo, xa *adj.* Que está flojo o no tiene la tensión que debería. || Que no sigue preceptos morales rígidos.

lazarillo *s. m.* Persona o animal que guía o ayuda a un ciego.

lazo *s. m.* Nudo que se deshace fácilmente jalando una de las puntas. || Adorno de cinta que imita este nudo. || Metal, masa de hojaldre, adorno, arreglo floral u otra cosa que imita la forma de este nudo. || Relación de una persona con otra, o con una cosa.

le, les *pron.* Forma del pronombre de tercera persona para el objeto indirecto. *En «Le compraré un regalo a mi hija», el objeto indirecto está dos veces: en «a mi hija», y en forma de pronombre, «le».*

leal *adj.* Que merece confianza. *Nunca tuve un amigo tan leal como él.* || Que guarda fidelidad a una institución. *Si el jefe del ejército permanece leal al presidente, no habrá golpe de Estado.* || Que es fiel a su amo. *Algunos animales son tan leales a sus amos que al morir éstos, los acompañan a la tumba.*

lealtad *s. f.* Cualidad que caracteriza a alguien que es capaz de ser leal. || Comportamiento de una persona o animal que refleja fidelidad.

lección *s. f.* Conjunto de conocimientos que transmite un maestro a sus alumnos. || Partes en que se divide un libro de texto. || Ejemplo que sirve de enseñanza o para castigar a alguien. *Nos dio una lección de paciencia que nunca olvidaremos.* || *loc. Dar una lección:* hacer comprender a alguien que ha cometido un error o que tiene un defecto.

leche *s. f.* Sustancia líquida de color blanco que secretan las mamas de las hembras de los mamíferos, y sirve para alimentar a sus hijos; la de algunos animales, como la de la vaca y la cabra, se destina al consumo humano. *Con leche de vaca se elaboran quesos, mantequilla, yogur.* || Líquido blanco que segregan algunos vegetales. || Líquido concentrado que se obtiene machacando determinadas semillas en agua. *La leche de almendras se usa en cosmética.* || *loc. vulg.* Semen. || *loc. Leche condensada:* líquido blanco y espeso que se obtiene evaporando leche y azúcar. || *Leche entera:* la que conserva todas sus sustancias nutritivas, incluidas las grasas. *Antes la leche entera traía más nata.*

lechería *s. f.* Tienda donde sólo se vende leche, o leche y sus derivados.

lechero, ra *adj.* Que contiene leche. || Que produce leche. || *s.* Persona que vende leche.

lecho *s. m.* Cama. || Cama que se improvisa en el suelo para que duerma en ella un animal o una persona que acampa. || Cauce de un río. || Fondo de un lago o del mar. || Estrato geológico.

lechón *s. m.* Cerdo o puerco sin destetar. || Cerdo de cualquier edad.

lechosa *s. f. R. Dom.* y *Ven.* Fruto del papayo, hueco y con semillas negruzcas en su interior, de pulpa dulce amarilla o anaranjada.

lechoso, sa *adj.* Que tiene la apariencia de la leche. || Que secreta jugo de apariencia lechosa. *La horchata tiene un color lechoso.*

lechuga *s. f.* Planta de hojas grandes y verdes que se comen en ensalada.

lechuza *s. f.* Ave nocturna más pequeña que el búho, de cara redonda, pico corto y curvo, y plumaje blanco salpicado de manchas pardas; se alimenta de ratones.

lectivo, va *adj.* Que se relaciona con el tiempo que se imparte clase en las escuelas.

lector, ra *adj.* y *s.* Que lee o que le gusta mucho leer. ‖ *s. m.* Aparato electrónico que lee y reproduce discos magnéticos.

lectura *s. f.* Actividad de leer. ‖ Cosa que se lee. ‖ Interpretación del sentido del texto. ‖ Interpretación del sentido de cualquier tipo de signo. ‖ Extracción de la información de una computadora.

leer *t.* Pasar la vista por un texto escrito y comprender su significado. ‖ Decir en voz alta un texto escrito. ‖ Interpretar el significado de cualquier tipo de signo. ‖ Dar un significado especial a un texto. ‖ Interpretar los sentimientos o pensamientos de alguien, descifrando sus gestos, su rostro.

legación *s. f.* Cargo del diplomático que representa a su gobierno en el extranjero. ‖ Edificio donde reside esa representación. ‖ Duración del cargo. ‖ Conjunto de personas que representan a su gobierno en el extranjero.

legado¹ *s. m.* Diplomático que representa a su gobierno en el extranjero.

legado² *s. m.* Disposición que deja alguien en su testamento.

legajo *s. m.* Conjunto de papeles que tratan de un mismo asunto y vienen atados o en una carpeta.

legal *adj.* Que se relaciona con la ley. ‖ Que se hace de acuerdo con la ley. ‖ *fam.* Que merece confianza.

legalidad *s. f.* Lo que es legal. ‖ Sistema de leyes que rige en un país o Estado.

legalista *adj.* Que antepone todo al estricto cumplimiento de la ley.

legalización *s. f.* Acción que legaliza una cosa. ‖ Firma o sello que autentifica un documento.

legalizar *t.* Hacer legal una cosa. ‖ Autentificar un documento.

legaña *s. f.* Secreción de las glándulas sebáceas de los párpados que se concentra en sus comisuras.

legar *t.* Dejar disposiciones en un testamento. ‖ Transmitir una cultura, un saber, una tradición. ‖ Mandar a alguien en representación de un gobierno.

legendario, ria *adj.* Que se relaciona con las leyendas. ‖ Que es muy famoso.

legible *adj.* Que se puede leer.

legión *s. f.* En la antigua Roma, tropa formada por infantería y caballería. ‖ Cuerpo del ejército formado por extranjeros o voluntarios. ‖ Muchedumbre.

legionario, ria *adj.* Que se relaciona con una legión. ‖ *s.* En los ejércitos modernos, soldado de algún cuerpo que tiene nombre de legión. ‖ *s. m.* Soldado que servía en la legión romana.

legislación *s. f.* Conjunto de leyes que rigen un país.

legislar *t.* Elaborar leyes y ver que se apliquen.

legislativo, va *adj.* y *s.* Que tiene relación con la facultad de hacer leyes. ‖ Que se relaciona con los legisladores.

legislatura *s. f.* Periodo que dura el cuerpo legislativo de un Estado. ‖ Conjunto de órganos legislativos que funcionan durante ese periodo. ‖ Conjunto de los legisladores elegidos para ejercer la función legislativa.

legista *s. com.* Persona que sabe de leyes.

legitimación *s. f.* Adquisición de la condición de legítimo. ‖ Certificación de la autenticidad de un documento, o de que algo cumple las condiciones que indica la ley. ‖ Capacitación legal para que una persona ejerza un cargo. ‖ Reconocimiento de un hijo natural como legítimo.

legitimar *t.* Convertir en legítima una persona o cosa. ‖ Confirmar o certificar la autenticidad de un documento, o de que una cosa cumple las condiciones que indica la ley. ‖ Capacitar legalmente a una persona para ejercer un cargo. ‖ Reconocer como legítimo a un hijo natural.

legitimidad *s. f.* Condición de legítimo.

legítimo, ma *adj.* Que se hace de acuerdo con la ley. ‖ Que es cierto, auténtico.

lego, ga *adj.* En religión, que no pertenece a ninguna orden religiosa. ‖ Que desconoce determinada materia.

legua *s. f.* Medida de longitud terrestre que equivale a 5.57 km. ‖ Medida de longitud marina que equivale a 5.55 km.

leguleyo, ya *adj. desp.* Que trata de leyes sin conocerlas.

legumbre *s. f.* Cualquier planta que se cultiva en una huerta. ‖ Planta cuyo fruto se da en vaina. *Los chícharos son legumbres.*

leguminoso, sa *adj.* y *s. f.* Que tiene frutos en vaina. ‖ Nombre de la familia de plantas que tiene frutos en vaina, entre otras características.

leído, da *adj.* Culto.

leísmo *s. m.* Incorrección gramatical que consiste en usar las formas «le» y «les» en función de complemento directo, en lugar de *la, lo, las, los*. *En la telenovela el galán dijo: «Le quiero mucho, María Juanita», y eso es un ejemplo de leísmo. Debió decir «La quiero mucho...»*

lejanía *s. f.* Cualidad de lejano en el espacio o en el tiempo. ‖ Parte de una zona o lugar que está remoto o distante. ‖ Distancia muy grande entre dos puntos.

lejano, na *adj.* Que está lejos en el espacio o en el tiempo. ‖ Se aplica al parentesco o semejanza que no tiene vínculos directos o firmes. *Ayer conocí a unos parientes lejanos de mi papá.*

lejía *s. f.* Solución acuosa de hipoclorito de sodio, de olor fuerte, y que se usa como blanqueador de telas y como desinfectante.

lejos *adv.* A gran distancia en el espacio o en el tiempo. ‖ *s. m.* Semejanza, apariencia.

lelo, la *adj.* Bobo, atontado, pasmado.

lema *s. m.* Frase que expresa un pensamiento que identifica la conducta o el propósito de una persona o comunidad. ‖ Frase que se pone en los emblemas y empresas para su mejor identificación. ‖ Palabra que es la entrada de un artículo del diccionario o la enciclopedia, y que es la que se define. *El lema siempre va resaltado con un tipo de letra distinto.*

lémur *s. m.* Nombre de diversos mamíferos primates arborícolas que se caracterizan por su larga cola, sus cuatro extremidades terminadas en manos, con el hocico prominente y ojos saltones, propios de Madagascar.

lencería *s. f.* Ropa interior y para dormir femenina. ‖ Establecimiento en el que se hace o se vende este tipo de ropa.

lengua *s. f.* Órgano muscular blando, carnoso y movible que se encuentra situado en la cavidad de la boca de los vertebrados y que sirve para gustar, deglutir y articular los sonidos. ‖ Por extensión, cualquier cosa estrecha y larga, de forma parecida a la de este órgano.

Cuando baja la marea, la isla se conecta a tierra firme por una lengua de tierra. || Sistema de comunicación verbal y casi siempre escrito, que utiliza una comunidad de hablantes para comunicarse. || Sistema lingüístico considerado en su estructura. *Cada lengua tiene formas gramaticales peculiares.* || Badajo de una campana, que cuelga en su interior y hace que aquélla suene.

lenguado *s. m.* Pez marino de cuerpo ovalado y casi plano, con los dos ojos en uno de los lados de la cara, y de carne comestible muy fina.

lenguaje *s. m.* Capacidad propia del ser humano de emitir sonidos articulados con que expresa lo que piensa o siente. || Sistema de signos utilizado por el ser humano para el desarrollo de esta capacidad. || Lengua o idioma hablado por un pueblo o una comunidad. || Manera de hablar o de expresarse característica de una persona o de un grupo. || Medio que sirve para transmitir algo, especialmente una idea o un sentimiento. *Existen sentimientos y emociones que se expresan más adecuadamente con el lenguaje de la música.* || Manera de expresarse. *Ese orador usa un lenguaje muy florido.* || Conjunto de caracteres y reglas de combinación de estos, con los que se programa un sistema informático.

lenguaraz *adj.* Que habla con atrevimiento, descaro e insolencia.

lengüeta *s. f.* Objeto, mecanismo o instrumento cuya forma, delgada y alargada, recuerda a una lengua. || Tira de piel que tienen algunos zapatos, que sirve para atarlos sin dañar el pie y para reforzar el empeine. || Lámina pequeña de caña o metal, situada en la embocadura de algunos instrumentos musicales de viento que, al vibrar, produce el sonido.

lengüetazo *s. m.* Movimiento hecho con la lengua al lamer o al coger algo con ella. *El camaleón caza insectos a lengüetazos.*

lengüetear *intr.* Dar lengüetazos.

lente *s.* Objeto transparente, generalmente de vidrio, con las caras cóncavas o convexas, que se usa en instrumentos ópticos para producir imágenes. || *pl.* Par de cristales colocados en una montura, que se apoya en la nariz y se sujeta detrás de las orejas, y que sirve para corregir algún defecto de la vista. || *loc. Lente de contacto:* lente muy pequeña y delgada, de plástico o de cristal, que se fija directamente sobre la córnea para corregir los vicios de refracción del ojo.

lenteja *s. f.* Planta leguminosa de tallos ramosos, cuya semilla, en forma de disco pequeño y de color marrón, es comestible. || Semilla de esta planta. *La lenteja es muy rica en hierro.*

lentejuela *s. f.* Laminilla redonda y de material brillante, que se usa como adorno en los bordados de ciertos vestidos.

lenticular *adj.* Que tiene forma parecida a la semilla de la lenteja. || *s. m.* Pequeña apófisis del yunque, mediante la cual este huesecillo del oído se articula con el estribo.

lentilla *s. f.* Lente de contacto.

lentitud *s. f.* Cualidad de lento. || Tardanza o calma con que ocurre o se ejecuta una cosa. *Su lentitud para hablar es desesperante.*

lento, ta *adj.* Que va o que ocurre despacio, con poca velocidad. *Aquel es un lugar tranquilo donde*

el tiempo transcurre lento. || Poco vigoroso, poco intenso. *Hay que sazonar este platillo a fuego lento.* || Se aplica a la persona que es lerda para comprender o que hace las cosas con lentitud. *Explícale con calma, que es un poco lento.* || *s. m.* Tiempo musical que se ejecuta despacio. || *adv.* Lentamente. *Habla más lento, que no te entiendo.*

leña *s. f.* Conjunto de troncos, ramas y trozos de madera seca que sirven para hacer fuego. || *fam.* Golpes o palos que se dan como castigo. *En la riña, repartió leña para todos lados.*

leñador, ra *s.* Persona que se dedica a cortar o vender leña.

leño *s. m.* Trozo grueso de árbol, cortado y sin ramas. *Mete esos leños en la fogata, que el fuego se apaga.* || Parte sólida y consistente del tronco de los árboles, debajo de la corteza.

leo *adj. y s.* Se dice de los nacidos bajo el signo zodiacal de Leo, entre el 23 de julio y el 22 de agosto.

león, leona *s.* Mamífero felino, carnívoro, corpulento, que puede alcanzar hasta 3 m de longitud, de cabeza grande y pelo marrón rojizo; el macho tiene una larga melena de la que carece la hembra. || *fam.* Persona valiente, audaz, atrevida y decidida. *Si le tocan a sus hijos se convierte en una leona.* || *loc. León marino:* nombre común de diversos mamíferos pinnípedos marinos de unos 3 m de longitud, con una especie de cresta carnosa y móvil en la cabeza y las patas traseras transformadas en aletas.

leonino, na *adj.* Perteneciente o relativo al león. || Se aplica al contrato que es ventajoso solamente para una de las partes. *No podemos aceptar un contrato tan leonino.*

leopardo *s. m.* Mamífero felino, carnívoro, de pelo amarillento lleno de manchas negras redondas, y el vientre claro; cuerpo estilizado y muy ágil, que vive en los bosques de Asia y África. *El leopardo trepa con facilidad a los árboles.*

leperada *s. f. Amér. C.* y *Méx.* Acción propia del lépero. || Dicho o expresión grosera.

lépero, ra *adj. Amér. C.* y *Méx.* Se aplica a la persona que es ordinaria, soez o poco decente.

lepidóptero, ra *adj.* Se aplica a los insectos que tienen aparato bucal chupador y dos pares de alas membranosas cubiertas de escamas; tienen metamorfosis completa, y en el estado de larva reciben el nombre de «oruga». *Las mariposas y las polillas son lepidópteros.* || *s. m. pl.* Orden de estos insectos.

lepra *s. f.* Enfermedad infecciosa crónica, caracterizada por lesiones en la piel, nervios y vísceras.

leproso, sa *adj. y s.* Que padece lepra.

lerdo, da *adj.* Lento y torpe para hacer o comprender una cosa. || Se aplica a la bestia de paso lento y torpe.

lesbiana *s. f.* Se aplica a la mujer homosexual.

lésbico, ca *adj.* Del lesbianismo o relativo a esta tendencia sexual.

lesera *s. f. Chil.* Dicho o hecho tonto. || Asunto sin importancia.

lesión *s. f.* Daño físico causado por un golpe, herida o enfermedad. || Cualquier perjuicio, ofensa o daño moral. *Las condiciones de trabajo las consideraron una lesión a sus derechos.*

lesionar *t.* Causar lesión. ‖ Perjudicar o producir un daño moral.

lesivo, va *adj.* Que causa o puede causar lesión, daño o perjuicio.

leso, sa *adj.* Agraviado, lastimado, ofendido; se aplica principalmente a la persona o institución que ha sido dañada o agraviada. *Lo juzgaron por crímenes de lesa humanidad.*

letal *adj.* Que causa o puede causar la muerte.

letanía *s. f.* Serie de plegarias, cada una de las cuales es recitada o cantada por una persona y repetida, contestada o completada por otras. ‖ *fam.* Serie, lista larga y aburrida o retahíla de palabras o frases. *Ya vas a empezar con tu letanía de siempre.*

letargo *s. m.* Síntoma de varias enfermedades nerviosas, tóxicas, etc., caracterizado por un estado de somnolencia profunda y prolongada. ‖ Estado de reposo e inactividad absoluta en que caen algunos animales durante ciertas épocas. *En el invierno, las víboras entran en letargo.* ‖ Somnolencia, torpeza, inactividad o sopor muy profundo.

letra *s. f.* Cada uno de los signos gráficos con los que se representan en la escritura los sonidos o fonemas que componen el alfabeto de un idioma. *La palabra «letra» tiene cinco letras.* ‖ Esos mismos sonidos o articulaciones. ‖ Forma o estilo de escritura propio de una persona, época o lugar. *La maestra tiene una letra manuscrita muy elegante.* ‖ Texto escrito de una pieza musical cantada. *A media canción se le olvidó la letra.* ‖ Documento por el que una persona se compromete a pagar una cantidad de dinero en una fecha determinada. *Si no confías en que te pagaré, te firmaré letras.* ‖ *pl.* Conjunto de las ciencias humanísticas que se distinguen de las exactas, físicas y naturales. *Juan quiere estudiar la carrera de letras inglesas.*

letrado, da *adj.* Que es culto o instruido. *Don Juan es un hombre muy letrado.* ‖ *s.* Persona legalmente autorizada para defender a sus clientes en juicio, representarlos o aconsejarlos.

letrero *s. m.* Palabra o conjunto de palabras escritas para notificar o dar aviso o noticia de un lugar o de una cosa.

letrina *s. f.* Lugar destinado a la defecación. *En la feria colocaron letrinas para el público.*

letrista *s. com.* Persona que escribe letras para canciones.

leucemia *s. f.* Nombre común para un grupo de enfermedades de la médula ósea que provocan un aumento incontrolado de los glóbulos blancos o leucocitos.

leucocito *s. m.* Célula de la sangre de los vertebrados, blanca e incolora y esférica, que forma parte del sistema inmunológico.

leva *s. f.* Pieza que, al girar alrededor de un punto que no es su centro, transforma su movimiento rotatorio en movimiento rectilíneo alternativo. *El árbol de leva acciona las válvulas de la cámara de combustión en un motor de combustión interna.* ‖ Reclutamiento para el servicio militar o para servir en el ejército. ‖ Salida de las embarcaciones del puerto.

levadizo, za *adj.* Que se levanta o puede levantar se por medio de algún mecanismo que lo levanta y lo vuelve a poner en un lugar. *El castillo tiene un puente levadizo sobre un río.*

levadura *s. f.* Nombre común de los diversos hongos microscópicos unicelulares que provocan la fermentación alcohólica de los hidratos de carbono. ‖ Cualquier masa constituida por esos hongos que hace fermentar los cuerpos con los que se mezcla.

levantamiento *s. m.* Acción y efecto de levantar o levantarse. ‖ Sedición, rebelión de un grupo de personas contra una autoridad. ‖ Sublimidad, elevación. *Santa Teresa buscó un levantamiento espiritual mediante el ejercicio de la caridad.* ‖ Construcción de una obra, especialmente de un edificio. *Hicieron el levantamiento del edificio en un tiempo récord.* ‖ Suspensión de una pena o castigo. *El juez dictaminó el levantamiento de su condena.*

levantar *t.* Mover algo de abajo hacia arriba. ‖ Poner algo en un lugar más alto. ‖ Poner derecha o en posición vertical una cosa que estaba caída, inclinada o en posición horizontal. ‖ Dirigir hacia arriba algo, especialmente la vista, la mirada, o los ojos. ‖ Recoger, quitar o desmontar una cosa de donde está. *Levantaron el campamento y prosiguieron su excursión por la mañana.* ‖ Edificar, construir, erigir un edificio, un monumento u otra obra de construcción. ‖ Aumentar la intensidad o el volumen de la voz. ‖ Hacer que se separe una cosa de una superficie. ‖ Fortalecer, animar o dar vigor a una co-sa. *¡Levanta ese ánimo!* ‖ Producir o causar algo. *Sus declaraciones levantaron controversia.* ‖ Hacer que un negocio o empresa funcione. *Entre todos los hermanos levantaron el negocio.* ‖ Poner fin a penas, castigos o prohibiciones. *Por fin levantaron el embargo a la exportación de atún.* ‖ Redactar un acta que da fe de algo. ‖ Dar por concluida una reunión de personas. *El presidente de la asamblea levantó la sesión.* ‖ Atribuir algo falso a alguien. *Me gustaría saber quién levantó semejantes infundios contra ella.* ‖ Realizar un plano de una población, una construcción, etc. ‖ Provocar una rebelión o sublevación. *Con su llamado, el cura logró levantar al pueblo por la independencia.* ‖ *pr.* Ponerse de pie. *Juan se levantó para darle el asiento a la señora.* ‖ Dejar la cama el que estaba acostado. *Juan se levanta muy temprano para ir a la escuela.* ‖ Sobresalir algo sobre una superficie. *A un lado del pueblo se levantan las montañas majestuosas.* ‖ Empezar a soplar el viento o agitarse el mar. ‖ Aparecer un cuerpo celeste por el horizonte.

levar *t.* Levantar el ancla para hacerse a la mar un barco. *El capitán dio la orden de levar anclas.*

leve *adj.* Que tiene poca importancia, intensidad o gravedad. *Sólo sufrió heridas leves en el accidente.* ‖ Ligero, que pesa poco. ‖ Fino, delicado, suave y sutil. *Este vino tiene un leve sabor a frutas.*

levitación *s. f.* Acción y efecto de levitar.

levitar *intr.* Elevarse o mantenerse en el aire una persona o cosa sin que intervenga ningún agente físico conocido.

lexema *s. m.* Unidad léxica mínima que carece de morfemas, como *luz* o *sol*, o resulta de haber prescindido de ellos, como «liber» en «liberación», y que generalmente se mantiene invariable en todas las palabras de una misma familia.

léxico, ca *adj.* Perteneciente o relativo al vocabulario. *Jorge Luis Borges tiene un léxico muy amplio.* ‖ *s. m.* Vocabulario, conjunto de las palabras de una lengua, de una región, de una actividad, de un periodo determinado, o de una persona. ‖ Diccionario, libro en que se recogen y definen las palabras.

ley *s. f.* Cada una de las normas o preceptos establecidos por una autoridad superior para mandar, prohibir o regular alguna cosa, generalmente en consonancia con la justicia y la ética, y cuyo acatamiento es obligado. *Para el bien de los gobernados es que se ha instituido la ley.* ‖ En un régimen constitucional, disposición votada por un órgano legislativo y sancionada por el jefe del ejecutivo. ‖ Conjunto de todas las leyes o normas que rigen la vida social, política y económica de un país o una comunidad. *La ley está hecha para todos y se debe respetar.* ‖ Estatuto, estipulación o regla de una actividad particular. *Se debe respetar la ley del juego limpio.* ‖ Línea de conducta que regula alguna actividad social y que no ha sido impuesta por ningún legislador. *Esta comunidad se rige por los usos y costumbres, que son ley.* ‖ Religión, especialmente lo que concierne a las reglas o normas morales y a los principios de conducta.

leyenda *s. f.* Relato que tiene más de fantástico que de histórico o verdadero. ‖ Composición literaria en que se narran historias populares de este tipo. *Gustavo Adolfo Bécquer es autor de «Rimas y leyendas».* ‖ Inscripción hecha en monedas, medallas, lápidas, escudos, etc. ‖ Texto explicativo de un dibujo, lámina, mapa, foto, etc. donde aparecen los símbolos, colores y sombreados que explican su contenido. ‖ Persona convertida en ídolo, cuyas hazañas se consideran irrepetibles e inalcanzables. *«El Cid Campeador» es un personaje real pero se le tiene más como leyenda.* ‖ *loc.* Leyenda negra: opinión negativa que se tiene de algo o alguien, basada en una serie de hechos que se dan por ciertos, aunque puedan no serlo.

liana *s. f.* Nombre común de diversas plantas trepadoras de la selva tropical, de tallo largo y leñoso, que crecen verticalmente sujetándose a los árboles. *Tarzán viajaba por la selva de liana en liana.*

liar *t.* Atar y asegurar un fardo o una carga con cuerdas o lías. *Solo lió su ropa y se mudó.* ‖ Envolver una cosa y atarla. *Hay que liar este paquete para llevarlo al correo.* ‖ Hacer un cigarrillo envolviendo el tabaco picado en el papel de fumar. *Juan prefiere liar sus cigarrillos a comprarlos hechos.* ‖ Hacer que un asunto o una situación se compliquen o enreden más de lo normal. *Nada más viniste a liar más las cosas.* ‖ Engañar o confundir a alguien y enredarlo en un compromiso. ‖ Mezclar de manera desordenada o enredar una cosa. ‖ *pr.* Pelearse a golpes. ‖ Hablar mucho dando explicaciones innecesarias. ‖ *fam.* Tener relaciones amorosas o sexuales sin estar casados.

libación *s. f.* Acción de libar. ‖ Prueba o degustación de una bebida, generalmente vino o licor. *Después de la libación de vinos se pusieron muy alegres.* ‖ Antigua ceremonia religiosa, consistente en derramar el líquido contenido en el vaso ceremonial después de probarlo. *Patroclo hizo libaciones a los dioses antes de la batalla.*

libanés, nesa *adj.* Perteneciente o relativo a este país de Asia occidental. ‖ *s.* Natural del Líbano.

libar *t.* Chupar el néctar de las flores, o el jugo de una cosa. *El colibrí liba el néctar de las flores.* ‖ Probar o degustar una bebida, especialmente vino o licor. *En la feria del vino libamos a placer.* ‖ Hacer la libación ceremonial en ofrenda a los dioses.

libelo *s. m.* Escrito en que se calumnia o denigra a personas, ideas o cosas.

libélula *s. f.* Nombre común de diversos insectos de abdomen alargado, ojos muy grandes y con cuatro alas largas transparentes, de colores llamativos, y cuyas larvas viven en corrientes de agua.

líber *s. m.* Conducto de las plantas por el que se transportan las sustancias sintetizadas en la fotosíntesis para su distribución a todos los órganos de la planta.

liberación *s. f.* Acción de poner en libertad. ‖ Cancelación de las hipotecas y gravámenes de un inmueble.

liberado, da *adj.* Se aplica a la persona que ha quedado libre de un compromiso, trabajo o castigo. ‖ Que no actúa de acuerdo con las imposiciones sociales o morales.

liberal *adj.* Inclinado a la libertad, tolerante, indulgente, que actúa con liberalidad, generoso. ‖ Relativo a la doctrina política del liberalismo. *El Partido Liberal postuló candidatos jóvenes.* ‖ Se aplica a la persona que es partidaria de esta doctrina política. ‖ Se aplica a la persona que es abierta y respetuosa con otras opiniones, que tiene costumbres e ideas libres y sin prejuicios y favorece las libertades individuales. ‖ Se aplica a lo que se hace con liberalidad. ‖ Se aplica a la profesión que es intelectual y puede ejercerse por cuenta propia. *La medicina y la abogacía son profesiones liberales.*

liberalidad *s. f.* Cualidad que consiste en dar con generosidad y desprendimiento, sin esperar recompensa. *El funcionario repartía con liberalidad lo que no era suyo.* ‖ Respeto y tolerancia por las opiniones ajenas. *Asume con liberalidad todas las cuestiones controversiales.*

liberalismo *s. m.* Doctrina política, económica y social que otorga primacía de la libertad individual y rechaza la intervención del Estado en asuntos civiles. *El liberalismo se desarrolló a partir de finales del siglo XVIII.* ‖ Actitud que propugna la libertad y la tolerancia en las relaciones humanas.

liberar *t.* Poner en libertad a alguien o algo. *Ambos países firmaron un tratado para liberar de regulaciones el comercio exterior.* ‖ Eximir o quitar a alguien de una obligación o compromiso. ‖ Hacer que un país o un territorio deje de estar dominado u ocupado militarmente. *Bajo el liderato de Juárez, los patriotas liberaron el territorio ocupado.* ‖ Dejar escapar o producir. *Las plantas liberan oxígeno.* ‖ *pr.* Superar o eludir una norma moral o social que se consideraba un obstáculo.

libertad *s. f.* Facultad que tiene el ser humano de actuar según su propio deseo. ‖ Estado o condición de quien no está sujeto a esclavitud. *En Estados Unidos se libró una guerra civil por la libertad de los esclavos.* ‖ Estado de quien no está preso ni sometido a la voluntad de otro. *Para proteger a la sociedad, a los asesinos se les priva de la libertad.* ‖ Derecho que tienen las personas de hacer una cosa sin que intervenga una autoridad. *La libertad de pensamiento es un derecho irrenunciable.* ‖ Falta de coacción u obligación para hacer una cosa. *En las preparatorias públicas los alumnos están en libertad de no asistir a clases.* ‖ Desenvoltura o naturalidad en los movimientos. *En la* *tesitura media, el cantante se mueve con gran libertad.* ‖ Confianza, franqueza en el trato entre personas. *Puedes contármelo con toda libertad.*

libertar *t.* Poner en libertad.

libertinaje *s. m.* Abuso de libertad, desenfreno. *No se debe igualar libertad con el libertinaje.* ‖ Comportamiento inmoral y vicioso.

libertino, na *adj.* Que actúa con libertinaje. *Los vecinos libertinos hacen demasiado escándalo.*

liberto, ta *s.* Esclavo liberado, de la antigua Roma. ‖ Por extensión, persona libre que antes fue esclava.

libidinoso, sa *adj.* Lujurioso, lascivo, propenso al deseo sexual de manera exagerada. ‖ Se aplica a la persona que tiene una inclinación exagerada al deseo sexual.

libido *s. f.* Deseo o impulso sexual.

libio, bia *adj. y s.* De Libia, país de África, junto al Mediterráneo.

libra *s. f.* Unidad monetaria del Reino Unido y otros países. ‖ Medida de peso que equivale aproximadamente a 500 gramos. ‖ Uno de los signos del Zodiaco. ‖ *s. com.* Se aplica a la persona que ha nacido bajo el signo zodiacal de ese nombre, entre el 22 de septiembre y el 22 de octubre.

libraco *s. m. desp.* Libro, por lo general de contenido de baja calidad.

librar *t.* Dejar libre a alguien de un trabajo, un problema, un peligro, una molestia, etc. ‖ Expedir letras de cambio, cheques u otro documento de orden de pago. ‖ Emitir decretos, sentencias, órdenes, etc. *El juez libró una sentencia condenatoria.* ‖ Eximir de una obligación.

libre *adj.* Que tiene la facultad de elegir una forma de actuar o de pensar, o el derecho de hacer y decir cualquier cosa. ‖ Que vive en libertad, que no es esclavo, ni está preso o encerrado. ‖ Que no está sujeto ni sometido. ‖ Exento, dispensado de cargas y obligaciones. *Esa maquinaria se puede importar libre de impuestos.* ‖ Se aplica al espacio o lugar que no está ocupado. *Busquemos un taxi libre.* ‖ Que es gratuito, que no tiene impedimentos. *Vamos al concierto, es entrada libre.* ‖ Se aplica al tiempo de descanso o de ocio, que no se dedica al trabajo. *En mi tiempo libre me gusta leer.* ‖ Se aplica a la persona que no está comprometida, soltera. ‖ Que no tiene obstáculos, impedimentos, etc. *La carretera ya está libre después del accidente.* ‖ Que no se ciñe a reglas, normas o imposiciones. *Su estilo de componer poesías es muy libre.* ‖ Se aplica a la traducción que no se ciñe rigurosamente al texto original. *Esta es una traducción de Shakespeare demasiado libre.*

librería *s. f.* Establecimiento donde se venden libros. *Voy a la librería a buscar los libros que necesito.* ‖ Ejercicio o profesión de librero.

librero, ra *s.* Persona que se dedica a comerciar libros. ‖ Estantería para poner libros.

libreta *s. f.* Cuaderno pequeño que se usa para escribir anotaciones.

libretista *s. com.* Persona que escribe los libretos para obras musicales.

libreto *s. m.* Obra dramática escrita para una obra musical, como la ópera o la zarzuela.

libro *s. m.* Conjunto de hojas impresas o escritas colocadas en el orden en que se han de leer, que, cosidas o encuadernadas, forman

un volumen. ‖ Obra científica, literaria o de cualquier otra índole de bastante extensión para formar un volumen. ‖ Cada una de las partes en que suelen dividirse las obras científicas o literarias y los códigos o leyes de gran extensión. *En el libro V de Armonía mundi, Kepler expone la ley de los periodos planetarios.* ‖ Tercera de las cuatro cavidades en que se divide el estómago de los rumiantes.

licántropo *s. m.* Hombre lobo.

licencia *s. f.* Permiso para hacer algo. *Se ausentó del trabajo con licencia.* ‖ Autorización legal para hacer o utilizar algo. ‖ Documento en que consta este permiso. *Mostró su licencia para cazar.* ‖ Permiso para conducir automóviles. *Lo multaron por manejar sin licencia.* ‖ Abuso de libertad. *Ella se toma muchas licencias con los demás.* ‖ loc. *Licencia poética:* infracción de la norma del lenguaje que se usa en poesía por motivos estilísticos.

licenciado, da *s.* Persona que ha obtenido el título universitario que la habilita para ejercer su profesión. ‖ Persona que ha cumplido el servicio militar y ha obtenido la licencia absoluta. ‖ Tratamiento que se da a los abogados.

licenciamiento *s. m.* Acción y efecto de licenciar. ‖ Acto en que se recibe el grado de licenciado.

licenciar *t.* Dar o conferir el título de licenciado una facultad universitaria. ‖ Dar autorización a un soldado para abandonar definitivamente el cuartel.

licenciatura *s. f.* Grado de licenciado o título académico que se obtiene al terminar una carrera universitaria. ‖ Acto de recibirlo. ‖ Conjunto de estudios necesarios para conseguir este grado. *La licenciatura en Matemáticas consta de 28 asignaturas que se cursan en cuatro años.* ‖ Tiempo durante el cual se estudian.

licencioso, sa *adj.* Que tiene un comportamiento atrevido, disoluto, inmoral, especialmente en lo relacionado con la moral sexual. *Antes de casarse se dio cuenta que aquel hombre era licencioso.*

liceo *s. m.* Centro de enseñanza media de algunos países, como Francia e Italia. *Hizo su preparatoria en el liceo francés de su ciudad.* ‖ Sociedad o institución literaria o artística.

licitar *t.* Ofrecer dinero por un objeto en una subasta o precio para obtener un contrato.

lícito, ta *adj.* Que está permitido por la ley, legal. ‖ Justo, permitido, aceptable. *Es lícito oponerse a la arbitrariedad.*

licitud *s. f.* Cualidad de lícito. ‖ Concordancia o conformidad con la ley o la moral.

licor *s. m.* Bebida alcohólica obtenida por destilación. *El coñac y el whisky son licores.*

licorera *s. f.* Botella, generalmente decorada, para guardar y servir licor. ‖ Mueble o lugar donde se guardan licores y otras bebidas.

licorería *s. f.* Fábrica de licores. ‖ Establecimiento en el que se venden licores y vinos.

licuado *s. m. Amér.* Bebida que se prepara con frutas licuadas en leche o en agua.

licuadora *s. f.* Aparato electrodoméstico que sirve para licuar frutas u otros alimentos.

licuar *t.* Convertir en líquido una sustancia sólida o un gas.

licuefacción *s. f.* Acción y efecto de licuar.

lid *s. f.* Lucha, combate o pelea. ‖ *pl.* Actividad que requiere determinada habilidad o conocimiento. *Hay que llevar a Juan, él es experto en esas lides.*

líder s. com. Dirigente político, religioso, o de un grupo o sociedad. || Persona o grupo de personas que ocupa el primer lugar en una clasificación o competencia.

liderar t. Encabezar y dirigir un grupo o colectividad. *Nunca pensó que llegaría a liderar tantas empresas.* || Ir a la cabeza de una competencia.

liderato s. m. Condición de líder o ejercicio de sus actividades.

liderazgo s. m. Liderato. || Condición de líder. *El director hizo valer su liderazgo ante su gente.* || Primer lugar en una clasificación o competencia. *A la mitad del torneo, ese equipo conserva el liderazgo.*

lidia s. f. Acción de lidiar. || Lucha, pelea. || Corrida de toros. *Cada vez son más los que se oponen a la lidia de toros.*

lidiar t. Torear, incitar al toro a las diversas acciones y faenas de la lidia. || intr. Hacer frente con habilidad a alguien para conseguir algo. *Lidió con su amigo borracho hasta que lo calmó.* || Combatir, batallar, pelear. *Los papás siempre andan lidiando con los niños para que se bañen.*

liebre s. f. Mamífero roedor parecido al conejo pero más grande, con las orejas más largas, de color pardo, las patas traseras mucho más largas que las delanteras y la cola corta; es muy veloz y vive en las llanuras sin hacer madrigueras. || Atleta que en las carreras de velocidad corre muy rápido y se pone a la cabeza de la competencia para favorecer a otro corredor. *Los corredores liebre no compiten por ganar.* || fam. Hombre tímido y cobarde.

liendre s. f. Huevo del piojo.

lienzo s. m. Tela que se fabrica de lino, cáñamo o algodón. || Tela preparada para pintar sobre ella. || Pintura hecha sobre esta tela. *Los domingos, en el Jardín del Arte exponen y venden lienzos.*

liga s. f. Cinta o banda elástica que sujeta la media al muslo o el calcetín a la pantorrilla e impide que se caiga. || Banda de caucho elástico que sirve para sujetar papeles, billetes, etc. || Competencia deportiva en la que participan equipos de una misma categoría y en la que cada equipo debe enfrentarse con todos los demás. *Organizó un equipo para participar en la liga infantil de beisbol.* || Acuerdo entre dos o más Estados para defenderse de sus enemigos o para ofenderlos o para conseguir algo en común. *La Liga de Esmalcalda unió a los príncipes protestantes contra el emperador Carlos V.* || Asociación o conjunto de personas u organismos unidos por unos mismos intereses. *Los grupos ecologistas formaron una liga en defensa del ambiente.* || Mezcla de dos o más sustancias, especialmente dos metales, que se funden para formar una aleación. || Metal inferior que se mezcla con el oro o la plata para hacer alhajas o monedas.

ligadura s. f. Atadura que ciñe o sujeta con una cuerda u otra cosa. || Cuerda o correa que sirve para sujetar o unir una cosa a otra. || Vínculo o impedimento moral que dificulta la ejecución de una cosa. *Hasta que consiga independencia económica romperá sus ligaduras paternas.* || Operación quirúrgica que consiste en cerrar un vaso, un conducto o un órgano hueco mediante un hilo de sutura o un nudo. || Signo que se coloca sobre dos o más notas musicales en un pentagrama para indicar que todas ellas deben ejecutarse ligadas, sin pausas ni interrupciones.

ligamento s. m. Acción y efecto de ligar o ligarse. || Cordón fibroso muy resistente, de tejido conjuntivo, que une los huesos de las articulaciones. *Jugando futbol sufrió una rotura de ligamentos de la rodilla.* || Pliegue membranoso que mantiene en su sitio a un órgano del cuerpo de un animal.

ligar t. Atar, sujetar. || Unir, enlazar, poner en relación dos o más cosas o personas. *Los liga una relación de parentesco.* || Unir o mezclar diversas sustancias hasta que formen una sola homogénea. || Mezclar dos o más metales fundidos para hacer una aleación. || Obligar o comprometer, mediante un contrato legal o un compromiso moral. || Unir la duración de dos o más notas musicales. || Ejecutar los pases o suertes del toreo sin interrupción aparente. || Conquistar a alguien para entablar una relación amorosa, por lo general pasajera. *Se lo ligó en un concierto.*

ligazón s. f. Unión estrecha entre dos o más cosas. *Existe una ligazón evidente entre España y las naciones de la América española.*

ligereza s. f. Cualidad de la cosa que pesa poco. || Agilidad, rapidez, presteza, en el movimiento. *Es asombrosa la ligereza con la que hace sus movimientos esa bailarina.* || Irresponsabilidad, imprudencia, falta de seriedad, en la manera de actuar.

ligero, ra adj. Que pesa poco. || Que es rápido, veloz y ágil. || Que es poco fuerte, poco intenso. *Tengo el sueño muy ligero.* || Que es de poca importancia o profundidad. || Se aplica al alimento que es fácil de digerir. || Se aplica a la prenda de vestir que abriga poco. || Que no es serio ni formal.

lignícola adj. Se aplica a los organismos que viven en la madera.

ligue s. m. Acción y efecto de ligar. || fam. Relación amorosa o escarceo sexual pasajero. *No quiere compromisos, por eso solo busca los ligues de fin de semana.* || Persona con la que se establece esta relación. *Lo vi anoche en la fiesta con su nuevo ligue.*

lija s. f. Papel con partículas de vidrio, arena o esmeril adheridas en una de sus caras y que sirve para pulir madera o metales. *Antes de pintar hay que pulir esa madera con lija.* || Pez marino comestible, de la familia de los escualos, de cuerpo alargado y la piel sin escamas, pero muy áspera.

lijadora s. f. Máquina para lijar.

lijar t. Pulir con lija una superficie.

lila s. f. Arbusto de la familia de las oleáceas, de flores en racimos, olorosas y de color morado claro. || Flor de este arbusto, de color morado claro, olor intenso y agradable. *El perfume de las lilas invade todo el jardín.* || Color morado claro, como el de esta flor. *Vestía un elegante vestido lila con vivos blancos.*

liliáceo, a adj. Se aplica a la planta monocotiledónea con bulbo y fruto en forma de cápsula, como el ajo, la cebolla, el lirio o el tulipán. || pl. Familia de estas plantas.

liliputiense adj. y s. com. Que es extremadamente pequeño o endeble.

lima¹ s. f. Herramienta de acero, con la superficie finamente estriada, que se usa para desgastar o alisar materias duras, como el metal o la madera. *Para que embone, hay que rebajar esa pieza con la lima.* || Pequeña barra de acero o esmeril, granulada o estriada, que se usa para pulir y arreglar las uñas.

lima² *s. f.* Fruto del limero, de forma esferoidal aplanada, de corteza lisa y amarilla, pulpa verdosa, dividida en gajos, comestible, jugosa y de sabor algo dulce. *La forma de la lima se parece a la de la naranja, pero más pequeña y aplanada.* || Limero, árbol de la lima, de tronco liso y flores blancas y olorosas.

limar *t.* Rebajar, desgastar o pulir algo con una lima. || Corregir o pulir una obra intelectual. || Suavizar o hacer más agradable algo inmaterial. *Ella tendrá que trabajar mucho para limar los modales de él.*

limbo *s. m.* Lugar donde, según la doctrina cristiana, iban las almas de los que, antes del uso de la razón, morían sin haber sido bautizados. || Parte más ancha y aplanada de las hojas de las plantas. || Círculo brillante que se ve a veces alrededor de un astro. || Borde de una cosa, especialmente de las vestiduras. || En los instrumentos para medición de ángulos, placa que lleva grabada una escala. || *loc. Estar en el limbo:* estar distraído, como alelado y no enterarse de lo que ocurre alrededor.

limeño, ña *adj.* y *s.* Perteneciente o relativo a Lima, capital del Perú, o de su provincia.

limero *s. m.* Árbol de tronco liso y ramoso, de flores blancas y olorosas, cuyo fruto es la lima. *El limero es originario de Persia.*

limitación *s. f.* Acción de establecer o fijar límites. || Circunstancia o condición que reduce las posibilidades o la amplitud de algo. *El acceso limitado a los libros es, a su vez, una limitación al desarrollo intelectual.*

limitado, da *adj.* Que tiene límites o es escaso. *El acceso a internet es todavía limitado.* || Poco inteligente, que tiene corto entendimiento. *Su apego al razonamiento lógico lo hace ser muy limitado.*

limitar *t.* Poner límites. || Reducir, acortar, establecer unos límites. *Sus papás le limitaron las horas de ver televisión.* || *intr.* Lindar, estar contiguos, tener un límite o frontera común dos o más territorios. *Mi rancho limita con el de mi compadre en aquellas colinas.* || Fijar la extensión que pueden tener la jurisdicción, la autoridad o los derechos y facultades de uno. *Los derechos de los demás limitan la libertad de uno mismo.* || *pr.* Imponerse límites, atenerse o ajustarse en sus acciones. *Como no quería polemizar, se limitó a escuchar.*

límite *s. m.* Línea real o imaginaria que separa dos o más territorios. *Este río es el límite norte de este país y el límite sur del vecino.* || Fin, tope o grado máximo de una cosa que no se puede o no se debe superar. *Esto va más allá del límite de mi paciencia.*

limítrofe *adj.* Que es colindante, contiguo, que está al lado de otro o que limita con otro lugar.

limo *s. m.* Lodo, cieno que se deposita en el fondo de las aguas.

limón *s. m.* Fruto del limonero, de forma esférica, color verde, comestible y de sabor muy ácido. || Árbol que da este fruto. || Color verde como el de este fruto.

limonada *s. f.* Bebida compuesta de agua, azúcar y jugo de limón.

limonero, ra *s. m.* Perteneciente o relativo al limón. || Árbol de tronco liso y ramoso, hojas de color verde brillante y flores olorosas de color blanco y rosa, cuyo fruto, comestible, es el limón. || Persona que vende limones.

limosna *s. f.* Cosa se da para socorrer al necesitado, generalmente dinero.

limosnear *intr.* Pedir limosna, generalmente en forma de dinero o alimentos.

limosnero, ra *adj.* Caritativo, afecto a dar limosna con frecuencia. || *Amér.* Mendigo, pordiosero, que pide limosna.

limoso, sa *adj.* Que tiene limo, lodoso.

limpia *s. f.* Limpieza enérgica de una cosa. || Purga de elementos que se consideran indeseables, en especial por motivos políticos.

limpiabotas *s. com.* Persona que se dedica a limpiar y dar brillo al calzado de otras personas. || *desp.* Persona que sirve a otra de manera abyecta.

limpiador, ra *adj.* Que limpia. || Se aplica al producto químico o al instrumento que sirve para limpiar. || *s.* Persona que se dedica a limpiar.

limpiaparabrisas *s. m.* Mecanismo provisto de una goma instalado en la parte exterior del parabrisas que sirve para limpiar la lluvia o la nieve que cae sobre él.

limpiar *t.* Quitar o eliminar la suciedad. || Quitar o eliminar lo que estorba o no sirve. *Limpiamos el terreno de malas hierbas.* || Quitar o eliminar las manchas morales. *Confesó sus culpas para limpiar su conciencia.* || *fam.* Dejar sin dinero a una persona. *Lo asaltaron y lo dejaron limpio.*

limpidez *s. f.* Cualidad de limpio. || Pureza, transparencia, limpieza extrema.

límpido, da *adj.* Que es limpio, puro, sin mancha. *Aquella tarde de otoño era de un cielo límpido.*

limpieza *s. f.* Cualidad de limpio. || Acción y efecto de limpiar. *Los padres de familia participaron haciendo una limpieza general de la escuela.* || Integridad, honradez, nobleza con que se comporta o actúa una persona. || Acción de excluir a los miembros de una colectividad que se consideran molestos o perjudiciales. *El nuevo líder hizo una limpieza de simpatizantes de su contrincante.* || Destreza, precisión y habilidad con que se realizan ciertas cosas. *El jinete y su caballo esquivaron todos los obstáculos con limpieza.* || En los juegos, respeto estricto a las reglas. || *fam.* En los juegos de azar, acción que consiste en dejar a una persona sin dinero.

limpio, pia *adj.* Que no tiene mancha o suciedad. *Ahora nos vamos, sólo me pongo una camisa limpia.* || Que está libre de lo superfluo y no tiene mezcla de otra cosa. *Pon a cocer el frijol, ya está limpio.* || Que no tiene mezclas consideradas dañinas, puro. *En el bosque en las mañanas se respira un aire limpio.* || Que tiene el hábito del aseo y la pulcritud. || Se aplica a la persona buena y honrada. *Te puedo asegurar que Juan es una persona limpia, incapaz de engañar.* || Que está dentro de la legalidad, que es inocente y no tiene culpa. *Después de purgar su condena quedó limpio.* || Claro, no confuso, bien delimitado. *Para ser periodista tiene un estilo de escribir limpio.* || Se aplica al ingreso neto, que resulta una vez restados los gastos o los impuestos. *Por ese contrato le quedarán 100 mil pesos limpios.* || *fam.* Que se ha quedado sin dinero. || Se emplea para dar énfasis a la acción expresada por el sustantivo al que acompaña. *Se abrió paso entre la multitud a codazo limpio.*

linaje *s. m.* Línea de antepasados y descendientes de una persona o de una familia.

linar *s. m.* Lugar donde se siembra lino.

linaza *s. f.* Semilla del lino, de la que se obtiene una harina de uso medicinal y se extrae un aceite empleado en la fabricación de pinturas y barnices.

lince *s. m.* Mamífero carnívoro felino parecido al gato, pero de mayor tamaño, de color pardo, con pelos largos en las puntas de las orejas y con fuertes uñas que usa para cazar animales. *Al lince se le atribuye una vista muy penetrante.* ‖ Persona muy astuta, inteligente y sagaz. *El papá de Toño es un lince para los negocios.* ‖ Persona que tiene la vista aguda. *Toño tiene una vista de lince.*

linchamiento *s. m.* Acción de linchar.

linchar *t.* Castigar o ejecutar una muchedumbre enfurecida e incontrolada, sin juicio previo, a una persona sospechosa de algún crimen.

lindar *intr.* Estar contiguos dos o más territorios, terrenos, etc. ‖ Estar algo muy cerca de lo que se expresa. *Tus palabras lindan con la majadería.*

linde *s. m.* Límite de un territorio o terreno contiguo. *Los campesinos marcaron el linde de sus tierras con hileras de nopales.*

lindero, ra *adj.* Que linda o limita con algo. *Cuando trota llega hasta los linderos del bosque.* ‖ Linde de un terreno. *Marcó el lindero de su terreno con piedras.*

lindeza *s. f.* Cualidad de lindo. *Las porcelanas y sedas chinas son de gran lindeza.* ‖ Belleza, hermosura. *Desde el acantilado se ve un paisaje de gran lindeza.* ‖ Hecho, dicho o detalle gracioso y halagador. ‖ *irón.* Dicho desagradable u ofensivo, insultos e improperios. *Me dijo hasta lo que me iba a morir y otras lindezas.*

lindo, da *adj.* Bello, bonito y agradable. *Con esmero y cuidados ha cultivado un lindo jardín.*

línea *s. f.* Extensión considerada sólo en su longitud. ‖ Sucesión continua de puntos en el espacio. ‖ Raya, traza fina y delgada en un cuerpo cualquiera. ‖ Serie de letras dispuestas horizontalmente en una página. *El formato debe ser de 20 líneas por página.* ‖ Raya real o imaginaria que delimita una cosa. *En el mar, la línea del horizonte se ve más lejana.* ‖ Silueta, contorno. *Logró una arquitectura de líneas armoniosas.* ‖ Figura esbelta y armoniosa de una persona. *Se cuida mucho para mantener la línea.* ‖ Personas enlazadas por parentesco. *Es mi tío por línea paterna.* ‖ Serie de personas o cosas colocadas en hilera una tras de otra. ‖ Ruta o servicio regular de transporte terrestre, marítimo o aéreo. *Están construyendo la línea 12 del Metro.* ‖ Serie de productos con características iguales o parecidas. *Salieron los nuevos productos de la línea de electrodomésticos.* ‖ Tendencia, orientación, estilo o carácter propio de una cosa. *Sus pinturas siguen una línea clásica.* ‖ Conducta o comportamiento con una dirección que sigue una cosa. *En su discurso quedó marcada la línea a seguir por la empresa.* ‖ En algunos deportes, conjunto de jugadores que ocupan una posición semejante y desempeñan una función igual o semejante. *Tenemos que reforzar nuestra línea defensiva.* ‖ Formación de tropas militares. *A unos cuantos kilómetros están las líneas enemigas.* ‖ Frente, franja de territorio en que se libra combate. *El general mandó la reserva a la línea de combate.* ‖ Conjunto de cables conductores de electricidad o de comunicación telefónica o telegráfica. *La línea de alta tensión pasa muy cerca de mi casa.* ‖ Comunicación por medio del teléfono o del telégrafo. *Descuelga el teléfono para saber si hay línea.*

lineal *adj.* Perteneciente o relativo a la línea. *La longitud es una dimensión lineal.* ‖ Se aplica al dibujo que está hecho de líneas geométricas. ‖ Que sigue un desarrollo constante, sin alteraciones. *Ese investigador tiene un pensamiento demasiado lineal y sin sorpresas.*

linfa *s. f.* Líquido incoloro cuya composición es similar a la de la sangre, pero que sólo contiene glóbulos blancos, que forma parte del plasma sanguíneo.

linfático, ca *adj.* Perteneciente o relativo a la linfa. *Las amígdalas son parte del sistema linfático que protege contra la entrada de gérmenes patógenos.*

linfocito *s. m.* Leucocito de pequeño tamaño, de gran núcleo y escaso citoplasma, que se halla en la linfa y en la sangre y cuya función es reconocer a los antígenos y sintetizar anticuerpos. *Los linfocitos destruyen a las células extrañas o las que detectan infectadas.*

lingote *s. m.* Barra o trozo de metal en bruto fundido. *Las reservas de oro del país se encuentran en lingotes.*

lingual *adj.* Perteneciente o relativo a la lengua. ‖ Se aplica a la consonante que se pronuncia con intervención de la lengua. *La «l» es una consonante lingual.*

lingüista *s. com.* Especialista en lingüística.

lingüística *s. f.* Ciencia que estudia el lenguaje en general y las lenguas en particular. *La lingüística diacrónica estudia la lengua de épocas antiguas.*

linimento o **liniminto** *s. m.* Medicamento en forma de líquido viscoso hecho a base de aceite y extractos vegetales, que se aplica con fricciones como analgésico y desinflamante. *Se lesionó el tobillo y le aplicaron linimento.*

link *s. m.* Enlace a un sitio de internet.

lino *s. m.* Planta herbácea de flores azules, de cuyo tallo, recto y hueco, se saca una fibra textil y de su semilla se elabora harina y se extrae aceite de linaza. *El lino es un cultivo muy antiguo originario de la región de los ríos Nilo, Éufrates y Tigris.* ‖ Fibra que se saca de los tallos de esta planta. ‖ Tejido hecho con esta fibra. *Las prendas de lino son frescas en verano y cálidas en invierno.*

linterna *s. f.* Aparato manual y portátil, provisto de una pequeña bombilla, que sirve para proyectar luz y que funciona con pilas eléctricas. ‖ Farol o lámpara portátil. ‖ Faro.

lío *s. m.* Complicación, problema difícil de resolver. *Con el embarazo de su novia, ahora sí que está en un lío.* ‖ Confusión, enredo, desorden, jaleo. ‖ Conjunto de cosas atadas, especialmente de ropa. *Haz un lío con tus cosas y nos mudaremos a vivir juntos.* ‖ Relación amorosa o sexual fuera del matrimonio.

liofilizar *t.* Deshidratar un alimento u otra sustancia para asegurar su conservación.

lípido *s. m.* Cada una de las sustancias orgánicas que resultan de la esterificación de alcoholes con ácidos grasos; se caracterizan por ser solubles en disolventes orgánicos e insolubles en agua y constituyen las reservas de energía de los seres vivos. *El colesterol es un lípido.*

liposoluble *adj.* Se dice de las sustancias que se disuelven en aceite o en grasa.

liposoma *s. m.* Partícula del interior de la célula donde se almacenan alimentos para ésta.

lipotimia *s. f.* Desmayo repentino y pasajero. *La lipotimia se produce cuando no llega sangre suficiente al cerebro.*

liquen *s. m.* Organismo formado por la simbiosis de hongos y algas unicelulares, que crece en lugares húmedos, sobre las rocas o los troncos de los árboles. *En un liquen, el alga proporciona los productos de la clorofila.*

liquidámbar *s. m.* Árbol del ámbar u ocozol; llega a medir hasta 40 m de altura, de hojas caducas que, en otoño, ofrecen una de las más vistosas tonalidades de color que va del amarillo al rojo. ‖ Bálsamo de color amarillo rojizo, aromático y de sabor acre, procedente del ocozol.

liquidar *t.* Pagar completamente una deuda o una cuenta. ‖ Dar por terminada una cosa, asunto o un estado de cosas. ‖ Hacer el ajuste final de cuentas para cerrar o cancelar un negocio. *Tuvieron que liquidar el negocio.* ‖ Vender mercancías a un precio muy bajo. ‖ Despedir trabajadores con la debida indemnización. ‖ Gastar completamente una cantidad de dinero. ‖ Hacer líquida una cosa sólida o gaseosa. ‖ *fam.* Matar, asesinar.

líquido, da *adj.* Se aplica al estado de la materia en el que sus moléculas tienen tan poca cohesión que se adapta a la forma del recipiente que la contiene. *El agua se encuentra en estado líquido entre los 0 y 100 °C.* ‖ Se aplica al saldo positivo de una cuenta entre el debe y el haber. ‖ Se aplica al activo financiero fácilmente transformable en dinero.

lira *s. f.* Instrumento musical antiguo, compuesto de una caja de resonancia de la cual salen unos brazos unidos por un travesaño, y varias cuerdas tensadas que se pulsaban con ambas manos.

lírica *s. f.* Género poético en el que el autor busca transmitir ideas, sentimientos, emociones o sensaciones respecto a una persona, objeto o situación.

lírico, ca *adj.* Perteneciente o relativo a la lira o a la poesía propia para el canto en la que predominan los sentimientos y emociones del autor. ‖ Se aplica a uno de los tres géneros en que se dividía la poesía y, por extensión, a la poesía en general. *La poesía se dividía antiguamente en épica, lírica y dramática.* ‖ Se aplica al poeta que cultiva el género de la lírica. ‖ Se aplica a la obra de teatro cantada parcial o totalmente. ‖ Relativo a este tipo de obra teatral.

lirio *s. m.* Planta herbácea, con rizoma bulboso, hojas radicales, erguidas, duras y envainadoras, flores terminales grandes, con tres pétalos vueltos hacia arriba y tres doblados hacia abajo, de diversos colores del blanco al morado. ‖ Nombre vulgar dado a las azucenas.

lirón *s. m.* Pequeño mamífero silvestre, mide unos 15 cm de longitud y otro tanto su cola espesa y peluda; el pelaje es gris oscuro en la parte dorsal y blanco en la inferior; entra en hibernación a finales del otoño y despierta bien entrada la primavera.

lis *s.* Lirio.

lisiado, da *adj. y s.* Que tiene una lesión permanente en las extremidades.

lisiar *t. y pr.* Producir una lesión permanente en alguna parte del cuerpo, especialmente en los brazos y las piernas.

liso, sa *adj.* Carente de arrugas, asperezas, estrías o cualquier otra alteración de la superficie. ‖ Que no tiene adornos, realces o variedad de colores. ‖ Dicho de una prenda, de una tela, de una pared, etc., de un solo color.

lisonja *s. f.* Halago, alabanza, elogio, con el fin de obtener algo de la persona a quien se dirige.

lisonjear *t. ant.* Halagar, adular. ‖ Dar motivo de envanecimiento o presunción.

lisonjero, ra *adj.* Que dice lisonjas. ‖ Que agrada o produce deleite.

lista *s. f.* Tira de tela, cuero, papel o material semejante, en especial la que se corta verticalmente. ‖ Línea de otro color u otro material que se forma en la tela para adornarla. ‖ Enumeración, especialmente la hecha en forma de columna, de personas, cosas o cantidades.

listado *s. m. Méx.* Lista, enumeración en columna de personas o cosas.

listado, da *adj.* Que tiene listas o líneas, ya sea verticales u horizontales, de adorno. *Compré unas cortinas listadas.* ‖ Asentado, registrado o inscrito en una lista.

listo, ta *adj.* Diligente, rápido, expedito. ‖ Preparado, apercibido, dispuesto. ‖ Sagaz, inteligente. ‖ *loc. Pasarse de listo:* intentar algo creyéndose en condiciones de lograrlo y estar equivocado.

listón *s. m.* Cinta de seda u otra tela brillante, que se usa para adornar. ‖ Componente rectilíneo de una moldura. ‖ Pedazo de tabla angosto y delgado. ‖ Moldura de madera, de sección cuadrada y poco saliente. ‖ Barra muy ligera colocada horizontalmente sobre dos soportes que indica la altura a la que debe saltar en competidor en ciertos deportes, como el salto de garrocha.

lisura *s. f.* Igualdad y tersura de una superficie. *La lisura del espejo.* ‖ *Per.* Gracia, donaire. ‖ Palabra atrevida, vulgar y baja.

litchi *s. m.* Árbol originario de Asia oriental y Filipinas y su fruto, de carne blanca, dulce y perfumada.

litera *s. f.* Transporte antiguo consistente en una especie de cama con dosel y cortinas, provista de argollas a los lados, por donde pasaban unas varas que era por donde los esclavos o servidores la sujetaban e izaban para llevarla de un lado a otro. ‖ Cada una de las camas angostas y sencillas que, por economía de espacio, se sobreponen generalmente hasta tres, y se usan en dormitorios colectivos, barcos o trenes.

literal *adj.* Conforme a la letra del texto, en su sentido directo, no figurado. ‖ Que traduce fielmente y en orden las palabras de un texto escrito en otro idioma. ‖ Que reproduce palabra por palabra lo escrito o dicho en otra parte. ‖ En matemáticas, se dice del concepto o de la magnitud que se expresa con letras, como en el álgebra.

literario, ria *adj.* Perteneciente o relativo a la literatura.

literato, ta *adj. y s.* Versado en literatura. ‖ Persona que conoce de literatura o se dedica a ella.

literatura *s. f.* Arte que utiliza una lengua como medio de expresión. ‖ Conjunto de las obras literarias de una nación o de una época o de un estilo. *Literatura griega, literatura medieval.* ‖ Bibliografía de una ciencia, un arte, un tema. *Literatura médica, literatura filosófica.*

L

lítico, ca *adj.* Perteneciente o relativo a la piedra.
litigante *adj.* y *s. com.* Que litiga.
litigar *t.* e *intr.* Disputar en juicio sobre algo. ‖ Pleitear por algo, especialmente ante los tribunales.
litigio *s. m.* Pleito, contienda, disputa en juicio.
litio *s. m.* Elemento químico metálico, escaso en la corteza terrestre; se encuentra disperso en ciertas rocas y es muy poco denso; se utiliza en la fabricación de aleaciones especiales y acumuladores eléctricos; su número atómico es 3 y su símbolo Li.
litografía *s. f.* Arte de reproducir mediante impresión lo dibujado y grabado en una piedra preparada para ese propósito. ‖ Cada una de las reproducciones impresas de esa manera. ‖ Taller en que se lleva a cabo este trabajo.
litoral *s. m.* Límite entre la tierra y el mar o el océano.
litosfera *s. f.* Capa o corteza exterior sólida, constituida de roca, del planeta Tierra.
litro *s. m.* Unidad de medida de capacidad en el Sistema Métrico Decimal, equivalente a 1 decímetro cúbico. ‖ Cantidad de líquido que cabe en tal medida. *Un litro de leche, un litro de jugo.*
lituano, na *adj.* y *s.* Natural u oriundo de Lituania. ‖ Perteneciente o relativo a esa nación del Báltico. ‖ Se dice de la lengua hablada por los habitantes de dicho país.
liturgia *s. f.* Orden y manera en que se llevan a cabo las ceremonias y ritos de una religión. ‖
liviano, na *adj.* De escaso peso. ‖ Inconstante, que cambia con facilidad de ideas, gustos u opiniones. ‖ De poca importancia. ‖ Informal, ligero, coqueto. ‖ Lascivo, lúbrico, incontinente.
lívido, da *adj.* Amoratado. *Tenía una mancha lívida alrededor del ojo golpeado.* ‖ Intensamente pálido. *Al oír la mala noticia se puso lívido.*
llaga *s. f.* Lesión abierta, de bordes que no cicatrizan y por los cuales suele escurrir una secreción serosa o francamente purulenta. ‖ Daño o desgracia que causa gran pesar y desconsuelo.
llagar *t.* y *pr.* Producir, causar o hacer llagas.
llama¹ *s. f.* Masa de gas incandescente de variado color que se desprende de un cuerpo en combustión. ‖ Fuerza de una pasión o de un deseo vehemente. *Lo consumía la llama de la envidia.*
llama² *s. f.* Mamífero rumiante camélido originario de la parte andina de América del Sur, parecido al guanaco silvestre, aunque más corpulento y con las orejas colgantes; domesticado desde hace siglos, se emplea como bestia de carga y se aprovecha su lana.
llamada *s. f.* Acción y efecto de llamar. ‖ Señal que en manuscritos e impresos se emplea para indicar al lector que debe ir a una cita de pie de página, otro párrafo, otro capítulo, una nota aclaratoria, etc. ‖ Ademán o movimiento corporal con el que se atrae la atención de alguien con el fin de engañarlo, distraerlo de un objetivo, etc., como se hace con el enemigo. ‖ En el ejército, toque de corneta para que se forme la tropa.
llamado *s. m.* Acción de llamar.
llamamiento *s. m.* Acción de llamar. ‖ Vocación que responde a un sentimiento religioso. ‖ En derecho, designación legítima de una persona o varias para

una sucesión, una donación testamentaria, o un encargo como tutor, patrono.
llamar *t.* Gritar, dar voces, hacer ademanes para hacer que alguien atienda y se acerque, o para advertirle algo. ‖ Invocar, impetrar, pedir auxilio oral o mentalmente. ‖ Nombrar, decir el nombre de alguien para hacerlo ir a donde se requiere o a hacer lo pedido. ‖ Dar nombre, designar algo o alguien con una palabra. ‖ *intr.* Telefonear, hablar a alguien por teléfono. ‖ Hacer sonar la aldaba, el timbre, tocar con los nudillos el batiente, etc., para que alguien abra la puerta. ‖ *pr.* Tener tal o cual nombre o apellido.
llamarada *s. f.* Llama que se eleva mucho y se apaga pronto. ‖ Enrojecimiento y calor repentinos del rostro. ‖ Movimiento súbito del ánimo o del humor, de corta duración.
llamativo, va *adj.* Que llama mucho la atención por sus cualidades o sus exageradas defectos.
llameante *adj.* Que llamea, que produce llamas o llamaradas.
llamear *intr.* Producir, echar llamas.
llana *s. f.* Herramienta compuesta de una plancha de fierro y un mango o una asa, empleada por los albañiles para extender y alisar la mezcla o el yeso.
llaneza *s. f.* Sencillez, familiaridad e igualdad en el trato. ‖ Falta intencional de adorno y artificio en el estilo, al hablar o al escribir.
llano *s. m.* Campo extenso en el que no se aprecian desigualdades en el terreno, ni eminencias ni hondonadas.
llano, na *adj.* Parejo, igual, sin eminencias ni depresiones. ‖ Allanado, conforme. ‖ Accesible, tratable, libre de presunciones. ‖ Libre, franco. ‖ Sencillo, sin adornos ni rebuscamiento. ‖ En gramática, se dice de la palabra o del vocablo que llevan el acento en la penúltima sílaba, ya sea gráfico o prosódico. «Examen», «cárcel», «escuela» son palabras llanas o graves.
llanta *s. f.* Cerco metálico exterior de las ruedas de madera de los coches de caballos. ‖ Pieza metálica central sobre la que se monta el neumático en los vehículos. ‖ *Amér.* Neumático, pieza de materiales sintéticos que recubre la rueda metálica y va rellena de aire.
llanto *s. m.* Efusión de lágrimas, a menudo acompañada de sollozos y lamentos.
llanura *s. f.* Igualdad en la superficie de algo. ‖ Campo llano y extenso, por lo común poblado de pastos y con árboles escasos y dispersos.
llave *s. f.* Instrumento metálico que se introduce en el ojo de la cerradura para activar el mecanismo que la abre y cierra. ‖ Herramienta que sirve para apretar o aflojar tuercas. ‖ Grifo, dispositivo que controla el paso de los líquidos por la tubería y hacia el exterior. ‖ En lógica, matemáticas y otras disciplinas, signo parecido al paréntesis y al corchete, que sirve para agrupar.
llavero *s. m.* Utensilio en forma de anillo o de carterilla con ganchos, en el que se llevan las llaves.
llegada *s. f.* Acción y efecto de llegar.
llegar *intr.* Alcanzar el final de un desplazamiento. ‖ Durar hasta época o tiempo determinado. ‖ Venir una cosa por su orden o tocar a alguien su turno. ‖ Alcanzar un grado, dignidad o puesto. ‖ Tocar o alcanzar algo. *La corbata le llegaba a la cintura.* ‖ Venir

---

el tiempo de hacer algo. *Llegó la primavera.* ‖ En las competencias deportivas, alcanzar la línea de meta.

llenador, ra *adj.* Dicho de la comida, que llena o satisface en abundancia.

llenar *t.* y *pr.* Ocupar totalmente con algo un espacio vacío. ‖ Ocupar las personas enteramente un recinto, plaza o cualquier otro lugar. ‖ Colmar, dar en exceso. *Llenar de dulces, llenar de besos.* ‖ Hartarse de comida o bebida.

lleno *s. m.* Concurrencia que ocupa todas las localidades de un estadio, teatro, circo, etc.

lleno, na *adj.* Ocupado o henchido de otra cosa. ‖ Se dice de la persona pasada de peso. ‖ Excedido en la comida o la bebida.

llevadero, ra *adj.* Fácil de sufrir, tolerable, que se puede sobrellevar.

llevar *t.* Desplazar algo de un lugar a otro. ‖ Tener flor o fruto un terreno, una planta, un árbol. ‖ Cortar o separar violentamente una cosa de otra. *De un cañonazo se llevaron la torre a la iglesia.* ‖ Guiar, conducir, dirigir hacia un lugar. ‖ Tolerar, soportar. *Llévalo con paciencia.* ‖ Traer puesta la ropa. ‖ Introducir a alguien en el trato de otra persona. *Llevé a Pérez con el director del club.* ‖ Manejar las cuentas de un establecimiento. *Llevar la administración, llevar la contabilidad.* ‖ Pasar un periodo de tiempo en una misma situación. *Lleva meses enfermo.* ‖ Exceder en algo a alguien. *Mi niña le lleva a la tuya ocho años.* ‖ *pr.* Quitar algo a alguien, generalmente con arrebato y violencia. *Llevarse bien, llevarse mal.* ‖ Tener trato bueno o malo con otra persona. *Llevarse bien, llevarse mal.*

llorar *intr.* Derramar lágrimas. ‖ Brotar de los ojos alguna otra secreción. *Le lloran los ojos por la alergia.* ‖ Lamentar una pérdida grave u otra desgracia.

lloriquear *intr.* Llorar sin fuerza ni demasiada causa.

lloriqueo *s. m.* Llanto débil.

llorón, rona *adj.* y *s.* Que llora con fuerza y frecuencia.

lloroso, sa *adj.* Que tiene huellas o indicios de haber llorado. ‖ Se dice de las cosas que causan tristeza y llanto.

llover *impers.* Caer a tierra agua de las nubes. ‖ Caer sobre alguien dones, alegrías, desgracias, problemas, etc. ‖ *loc.* *Llover sobre mojado:* sobrevenir males adicionales a los que ya había.

llovizna *s. f.* Lluvia menuda y pertinaz, pero de corta duración.

lloviznar *intr. impers.* Caer llovizna.

lluvia *s. f.* Fenómeno natural meteorológico consistente en la conversión del vapor de agua condensado en las nubes en gotas de líquido que se precipitan a tierra; se presenta por la elevación del aire en contacto con los estratos nubosos.

lluvioso, sa *adj.* Se dice del tiempo o del lugar en que son frecuentes las lluvias.

lo *art.* Artículo determinado de género neutro. *Lo duro, lo blanco, lo ardiente.*

lo, los *pron.* Pronombre personal que hace las funciones de genitivo (cuando va acompañado de un posesivo o de un complemento adnominal) y de objeto directo. *Lo mío, lo de Juan; lo vi en la calle; me lo compré.*

loa *s. f.* Acción y efecto de loar. ‖ Drama barroco en verso en el cual se celebran mediante alegorías

las virtudes y cualidades de alguien o de un suceso significativo.

loable *adj.* Digno de loa o alabanza.

loar *t.* Alabar, encarecer, enaltecer los méritos reales o supuestos.

lobato *s. m.* Cría de lobo.

lobo, ba *s.* Mamífero cánido salvaje, carnicero, del tamaño de un perro pastor, de color negro con gris o blanco, aunque los americanos son pardos; en algunas partes se ha extinguido, en tanto en otros sitios se le ha reintroducido en la vida salvaje; forma manadas con funciones jerárquicas, comandada por un macho alfa o dominante.

lobotomía *s. f.* Sección de algunas fibras nerviosas del lóbulo frontal del cerebro; se practicaba en el tratamiento de ciertas enfermedades mentales.

lóbrego, ga *adj.* Oscuro, tenebroso, lúgubre.

lobulado, da *adj.* Que tiene lóbulos o está dividido en ellos.

lóbulo *s. m.* Cada una de las particiones a manera de ondas que sobresalen del borde de una cosa. ‖ En biología, porción redondeada y saliente de un órgano.

lobuno, na *adj.* Perteneciente o relativo al lobo. ‖ Semejante al lobo o propio de él.

local[1] *adj.* Perteneciente o relativo al lugar. ‖ Perteneciente o relativo a una comarca, región o país. ‖ Municipal o provincial por oposición a estatal o nacional. ‖ Que sólo afecta a una parte del cuerpo. *Edema local, anestesia local.*

local[2] *s. m.* Habitación con o sin dependencias accesorias que generalmente se dedica al comercio o a la oferta de algún servicio. ‖ Sitio cerrado y cubierto enteramente o sólo en parte, generalmente para ser ocupado por la concurrencia a un espectáculo, ceremonia, actos públicos, etc.

localidad *s. f.* Cualidad de permanecer en un lugar fijo. ‖ Lugar poblado. ‖ Billete, boleto que se compra para poder ocupar un asiento en los espectáculos públicos.

localismo *s. m.* Cualidad de local, de pertenecer a un lugar. ‖ Exaltación de lo propio de un lugar y rechazo a lo nacional o a lo cosmopolita. ‖ Palabra o frase que surge y se usa sólo en un determinado lugar, comarca o región.

localista *adj.* y *s. com.* Perteneciente o relativo al localismo. ‖ Se dice del que aprecia los paisajes, costumbres y formas de hablar de su localidad y lo expresa en sus obras, ya sean pinturas, esculturas, escritos, etc.

localización *s. f.* Acción y efecto de localizar.

localizado, da *adj.* Ubicado, situado. ‖ Hallado, situado. ‖ Definido, delimitado. ‖ Limitado, circunscrito, encerrado, restringido, ceñido, confinado. ‖ Emplazado, instalado, orientado.

localizador, ra *adj.* Se aplica a lo que localiza o sirve para localizar.

localizar *t.* y *pr.* Determinar o fijar los límites de un lugar. ‖ Hallarse algo en determinado lugar. ‖ Averiguar el lugar donde se encuentra algo o alguien. ‖ Indicar el emplazamiento que debe tener algo o alguien. ‖ Señalar o buscar en un mapa la representación gráfica de un lugar.

loción *s. f.* En medicina y cosmética, acción y efecto de lavar. ‖ Preparación para el aseo del cabello o del cuerpo. ‖ Producto hecho a base de agua, alcohol desnaturalizado y fragancia, destinado a refrescar y perfumar después del baño.

loco, ca *adj.* y *s.* Que ha perdido el juicio o la razón. ‖ Insensato, disparatado, de poco sentido común. ‖ Se dice del aparato que funciona descontroladamente. ‖ Se dice de la persona que se muestra informal y voluble en sus relaciones sentimentales. ‖ *loc. A tontas y a locas:* sin reflexión ni cuidado.

locomoción *s. f.* Desplazamiento, traslado de un lugar a otro.

locomotor, ra *adj.* Perteneciente o relativo a la locomoción.

locomotora *s. f.* En un ferrocarril, máquina montada sobre ruedas que crea la fuerza para arrastrar el tren de vagones; las primeras fueron de vapor, ahora las hay eléctricas y de diésel.

locomotriz *adj.* y *s. f.* Que genera locomoción o es apropiada para ella. *Fuerza locomotriz, energía locomotriz.*

locuacidad *s. f.* Cualidad de locuaz.

locuaz *adj.* Que habla mucho y con vivacidad.

locución *s. f.* Acto de hablar. ‖ Modo de hablar. ‖ Grupo de palabras con sentido. ‖ Combinación fija de varias palabras que funciona como una determinada clase de vocablos.

locura *s. f.* Privación o carencia del uso de las facultades intelectuales, o confusión de éstas con las emociones, lo que lleva a juicios erróneos sobre la realidad. ‖ Acción irreflexiva, desatino. ‖ Acción sorprendente por su carácter inusitado. ‖ Pérdida del control personal debida a una situación afectiva o emocional.

locutor, ra *s.* Persona que habla por medio del micrófono para dar noticias, conducir programas, leer avisos, etc., en las estaciones radiodifusoras. ‖ Persona que toma el micrófono para hacer las presentaciones y dar los avisos en las ceremonias tanto privadas como públicas.

locutorio *s. m.* Habitación o sala que en los conventos de clausura o las cárceles permite hablar, a través de una barrera (reja, rejilla, panel de cristal), con los visitantes. ‖ Local con compartimientos especiales para el uso individual del teléfono.

lodazal *s. m.* Sitio lleno de lodo.

lodo *s. m.* Mezcla de tierra del suelo con agua, comúnmente de lluvia.

logaritmo *s. m.* En matemáticas, exponente al que se eleva una cantidad positiva para obtener un número determinado; se usa en cálculo trigonométrico, entre otras aplicaciones.

logia *s. f.* Asamblea de una organización de masones o francmasones. ‖ Local donde se reúne.

lógica *s. f.* Disciplina a caballo entre la filosofía y las matemáticas, dedicada al estudio de las leyes que rigen el razonamiento y los modos de validar el conocimiento científico. ‖ Tratado, manual o libro de texto sobre esta disciplina.

lógico, ca *adj.* Perteneciente o relativo a la lógica. ‖ Sujeto o conforme a las leyes de la lógica. ‖ *s.* Persona que estudia o sabe esta disciplina. ‖ Efecto o consecuencia que se siguen natural y legítimamente de su causa.

logística *s. f.* Parte de la ciencia militar que atiende al movimiento y sustento de las tropas en campaña.

‖ Conjunto de medios y métodos planeados para garantizar el éxito de una empresa.

logotipo *s. m.* Distintivo formado por letras, símbolos, abreviaturas, etc., propio de una empresa, conmemoración, sociedad, marca o producto.

lograr *t.* Alcanzar u obtener lo que se desea o se intenta. ‖ *pr.* Llegar alguien, una cosa o una acción a su madurez o perfección.

logro *s. m.* Acción y efecto de lograr. ‖ Ganancia, lucro. ‖ Usura, ganancia abusiva.

loma *s. f.* Elevación alargada y de poca altura.

lombriciento, ta *adj.* y *s. Amér.* Aquejado de lombrices intestinales. ‖ Flaco, consumido.

lombriz *s. f.* Gusano anélido de cuerpo largo, cilíndrico y segmentado, que lleva en cada segmento un par de apéndices locomotores llamados «quetos»; es hermafrodita, puede reproducirse sexual o asexualmente.

lomerío *s. m.* Conjunto de montañas de poca altura.

lomo *s. m.* Parte central y baja de la espalda. ‖ Espinazo completo de los cuadrúpedos. ‖ Cada una de las dos piezas de carne, de cerdo o de res vacuna, que se hallan junto al espinazo y bajo las costillas. ‖ Parte del libro opuesta al corte de las hojas.

lona *s. f.* Tela gruesa y fuerte, de algodón o de cáñamo, usada para velas de barco, toldos, tiendas de campaña, entre otras aplicaciones.

loncha *s. f.* Piedra plana y delgada. ‖ Rebanada delgada y larga de otras materias. *Loncha de carne, loncha de tomate.*

londinense *adj.* Perteneciente o relativo a esa urbe, capital del Reino Unido de la Gran Bretaña e Irlanda del Norte. ‖ *s. com.* Nativo u oriundo de la ciudad de Londres.

longaniza *s. f.* Embutido largo y estrecho, hecho de carne de cerdo aderezada para su conservación.

longevidad *s. f.* Cualidad de longevo. ‖ Vida más larga que el promedio de la especie.

longevo, va *adj.* Muy anciano, de muy larga vida, rico en años.

longitud *s. f.* Magnitud física que expresa la distancia entre dos puntos. ‖ La mayor de las dimensiones lineales de una superficie plana. ‖ En geografía, distancia medida en grados entre el meridiano de un lugar y otro tomado como referencia en el ecuador terrestre.

longitudinal *adj.* Perteneciente o relativo a la longitud. ‖ Dispuesto en la dirección de la longitud del objeto de que se trate.

lonja *s. f.* Cosa larga, ancha y algo gruesa que se corta o separa de otra.

lontananza *s. f.* Lo más lejano que se alcanza a ver en la distancia. ‖ En pintura, dentro de un paisaje o escena, el fondo, lo más distante del primer plano.

lord *s. m.* Voz inglesa equivalente a «señor»; es un título de nobleza dado en el Reino Unido de la Gran Bretaña e Irlanda del Norte.

loro *s. m.* Ave con grandes patas prensoras, pico curvo y algo ganchudo, generalmente de color básico verde con plumas de otros colores (rojo, amarillo, azul, entre ellos) en partes de las mejillas, el cuello, las puntas de las alas y de la cola. ‖ Persona muy parlanchina, platicadora.

los *art. m. pl.* Plural del artículo «el».

losa *s. f.* Piedra plana y de poco espesor obtenida por corte y pulido de la roca. ‖ Lápida, y por extensión, sepulcro. ‖ *Méx.* Techo colado de cemento que forma una sola pieza sobre la cual puede construirse otra habitación, a la que servirá de piso.

lote *s. m.* Conjunto de casas habitación similares. ‖ Cada una de las partes en que se divide un terreno. ‖ Conjunto de bienes de un mismo género, generalmente agrupados para su venta.

lotería *s. f.* Juego de azar cuyos números premiados son sacados de una urna o tómbola. ‖ Juego de cartas cuyo ganador resulta quien llene primero las casillas a medida que las cartas correspondientes son anunciadas por un pregonero. ‖ *fig.* Cualquier asunto en que intervenga la casualidad en favor de alguien.

loto *s. m.* Planta acuática de grandes hojas y flor bulbosa que crece en agua estancada, emblemática de dinastías orientales.

loza *s. f.* Barro fino que, cocido y barnizado, sirve para fabricar vajilla. ‖ Conjunto de utensilios domésticos hechos de este material.

lozano, na *adj.* Que tiene aspecto saludable y juvenil. *Ella tiene el cutis lozano.*

lubina *s. f.* Pez marino de carne muy apreciada, que se reproduce en ambientes rocosos.

lubricación *s. f.* Acción y efecto de lubricar o aceitar las partes de un mecanismo o los miembros de un movimiento acoplado.

lubricante *adj.* y *s. m.* Se dice de la sustancia que sirve para lubricar.

lubricar *t.* Aplicar una sustancia aceitosa a las partes de un mecanismo o a miembros del cuerpo para suavizar la fricción.

lucero *s. m.* Astro grande y luminoso en el firmamento. *Partimos con el lucero de la mañana.*

lucha *s. f.* Combate entre dos o más personas con armas o sin ellas. ‖ Disciplina deportiva que se practica entre dos contendientes. ‖ Actividad o conjunto de actividades para la consecución de un fin determinado. *Hay que prepararse para la lucha por la vida.* ‖ Disputa ideológica o política con fines de poder.

luchador, ra *adj.* y *s.* Deportista que practica alguna o varias formas de lucha. ‖ Persona que no se arredra ante las dificultades de la vida.

luchar *t.* Pelear entre dos o más personas por deporte o por motivos de poder, con armas o sin ellas. ‖ Batallar para conseguir determinados fines en la vida.

lucidez *s. f.* Cualidad de claridad mental.

lúcido, da *adj.* Que tiene claridad mental.

luciérnaga *s. f.* Insecto coleóptero cuya característica singular es despedir una luz fosforescente verdosa.

lucimiento *s. m.* Exhibición de atributos o buena apariencia. ‖ Desempeño destacado en cualquier actividad. ‖ Brillo o resplandor de cualquier cuerpo.

lucio *s. m.* Pez de agua dulce cuya boca alargada contiene setecientos dientes; se alimenta de otros peces y batracios.

lucir *intr.* Destacar por buena apariencia, especialmente con fines de ostentación. ‖ Emitir luz o resplandor. ‖ Causar buena impresión por buen desempeño o talante.

lucrar *t.* Obtener beneficios legítimos o ilegítimos de cualquier actividad o situación.

lucrativo, va *adj.* Que rinde buenas ganancias.

lucro *s. m.* Beneficio obtenido de cualquier actividad o situación, legítima o ilegítima.

luctuoso, sa *adj.* Perteneciente al luto o relacionado con él.

lúdico, ca *adj.* Perteneciente al juego o relacionado con él.

ludopatía *s. f.* Adicción enfermiza al juego.

ludoteca *s. f.* Lugar donde se conservan juegos y juguetes para su uso.

luego *adv.* Adverbio que denota tiempo posterior. ‖ Conjunción para enlazar un orden consecutivo. *«Pienso, luego existo», dijo Descartes.* ‖ Expresión para manifestar aprobación. *Desde luego, ahí estaré.*

luengo, ga *adj.* Que es largo o prolongado. *Nos contaron luengas historias.*

lugar *s. m.* Cualquier espacio ocupado o desocupado. ‖ Cualquier paraje de un espacio más amplio. ‖ Espacio pequeño habitado. ‖ Posición determinada en una serie. *Nuestro equipo obtuvo el primer lugar.*

lugareño, ña *adj.* y *s.* Que habita en un pueblo pequeño o es originario de él.

lugarteniente *s. m.* Segundo en mando en una jerarquía, con atribuciones delegadas por el mando principal.

lúgubre *adj. inv.* Relacionado con la muerte o con ambientes siniestros. ‖ De aspecto triste o melancólico.

lujo *s. m.* Propiedad de ornamentos y placeres sofisticados en exceso de lo necesario. ‖ Ostentación de bienes, tiempo y placeres superiores a lo normal.

lujuria *s. f.* Actividad y deseo sexual inmoderados.

lumbago *s. m.* Dolor crónico o recurrente en la región lumbar.

lumbar *adj. inv.* De la zona del cuerpo en la parte baja de la espalda.

lumbre *s. f.* Combustible encendido, generalmente para cocinar o para calentar.

luminaria *s. f.* Persona famosa del mundo del espectáculo.

lumínico, ca *adj.* Perteneciente o relativo a la luz.

luminiscencia *s. f.* Emisión de luz débil, sin cambio de temperatura.

luminosidad *s. f.* Abundancia de luz. ‖ Claridad o brillantez de un ambiente cualquiera.

luminoso, sa *adj.* Que despide o absorbe luz abundante, natural o artificial. ‖ Se dice de las personas y las ideas claridosas.

luminotecnia *s. f.* Técnica de la iluminación.

lumpen *s. m.* Grupo social urbano sin los medios indispensables de vida.

luna *s. f.* Satélite natural que gira alrededor de la Tierra y refleja la luz del Sol. ‖ Cualquier satélite natural que gira alrededor de cualquier planeta. ‖ Periodo comprendido entre una conjunción de la luna con el Sol y la siguiente. ‖ Espejo de tocador.

lunación *s. f.* Periodo comprendido entre una conjunción de la luna con el Sol y la siguiente.

lunada *s. f.* Convivio a la luz de la luna.

lunar *adj. inv.* Perteneciente a la luna o relacionado con ella. ‖ *s. m.* Mancha oscura en la piel.

lunático, ca *adj.* y *s.* Se dice de las personas que experimentan cambios bruscos de carácter o ataques de locura.

lunes *s. m.* Primer día de la semana.

luneta *s. f.* Sección de asientos preferentes en una sala de espectáculos. || Cristal de la ventana posterior de un automóvil.

lúnula *s. f.* Mancha natural blanca, en forma de media luna, situada en la base de las uñas.

lupa *s. f.* Lente de aumento, generalmente provisto de un mango.

lupanar *s. m.* Prostíbulo, burdel.

lúpulo *s. m.* Planta herbácea cuyo fruto aporta el sabor amargo a la cerveza.

lusitano, na *adj.* Perteneciente o relacionado con Lusitania, antigua región entre los ríos Duero y Tajo de Portugal y las provincias de Cáceres y Badajoz en España. || Perteneciente o relativo a Portugal, país de Europa. || *s.* Originario de Portugal.

lustrabotas *s. m.* Persona dedicada a lustrar calzado.

lustrado *s. m.* Operación de pulir o dar lustre a algo.

lustrador, ra *s.* Persona dedicada a lustrar calzado. || Sustancia grasosa para lustrar objetos.

lustrar *t.* Dar brillo a objetos.

lustre *s. m.* Brillo de los objetos por frotación con paño y alguna sustancia grasosa. || Prestigio o distinción de las personas.

lustro *s. m.* Periodo de cinco años.

lutecio *s. m.* Elemento químico, metal de las tierras raras, muy escaso en la corteza terrestre; se encuentra muy disperso y acompañando al itrio; sus óxidos se utilizan en las industrias electrónica y del vidrio; su número atómico es 71 y su símbolo Lu.

luteranismo *s. m.* Conjunto de Iglesias protestantes que se unieron al religioso alemán Martín Lutero en el siglo XVI.

luterano, na *adj.* Relativo al luteranismo o que lo profesa.

luto *s. m.* Tristeza causada por la pérdida de seres queridos. || Signo exterior de ese estado, generalmente ropa de color negro.

luxación *s. f.* Dislocación de huesos.

luxemburgués, guesa *adj.* Perteneciente o relativo al país Luxemburgo o a la ciudad del mismo nombre. || *s. m.* Antigua lengua germánica de este país.

luz *s. f.* Radiación electromagnética ante la cual reacciona el ojo, produciéndose los fenómenos de iluminación, visión y calor. || Sensación producida por estimulación de los órganos de la vista. || Símbolo o señal a seguir para encontrar una salida. *Vimos la luz al final del túnel.* || Abertura en las construcciones para iluminar.

m *s. f.* Decimotercera letra del alfabeto español y décima de sus consonantes; se llama «eme». ‖ En el sistema numérico romano, letra que equivale a 1000.

macabro, bra *adj.* Que está relacionado con lo más repulsivo o desagradable de la muerte. ‖ Que se siente atraído por lo macabro.

macaco, ca *adj.* Feo, mal hecho. ‖ *s. m.* Mono de Asia, de estatura media.

macagua *s. f.* Ave rapaz de América. ‖ Árbol silvestre de Cuba. ‖ Serpiente venenosa de Venezuela.

macana *s. f.* Arma semejante a una maza de madera, utilizada por algunos pueblos precolombinos. ‖ *Amér.* Garrote grueso de madera dura y pesada. ‖ *Arg., Per.* y *Uy. fig.* Desatino, embuste.

macanada *s. f. Arg.* Disparate, tontería.

macanazo *s. m. Amér.* Golpe dado con la macana. ‖ *Amér.* Disparate.

macaneador, ra *adj. Arg.* Amigo de macanear, embustero.

macaneo *s. m. Arg.* Acción de macanear.

macanero, ra *adj. Arg.* Macaneador.

macanudo, da *adj.* Chocante por lo grande, gracioso, extraordinario, etc. ‖ Muy bueno, magnífico o excelente.

macarela *s. f. Ven.* Caballa.

macarrones *s. m. pl.* Pasta de harina de trigo, recortada en canutos largos.

macarrónico, ca *adj.* Se dice del lenguaje y del estilo incorrectos o faltos de elegancia.

macedonio, nia *adj.* y *s.* De Macedonia, república de Europa. ‖ *s. f.* Ensalada de frutas o de verduras.

macegual o **macehual** *s. m. Méx.* Entre los aztecas, hombre dedicado a las tareas más bajas.

maceración *s. f.* Operación consistente en dejar remojar cuerpos en un líquido.

macerar *t.* Poner a remojar una cosa en un líquido. ‖ Ablandar una cosa golpeándola o estrujándola.

maceta *s. f.* Recipiente, generalmente de barro cocido y con un agujero en su base, que, lleno de tierra, sirve para cultivar plantas.

mach *s. m.* Unidad de velocidad para aviones y cohetes que equivale a la del sonido.

machaca *s. f. Méx.* Carne seca y deshebrada.

machacadura *s. f.* Acción y efecto de machucar.

machacamiento *s. m.* Acción de machacar.

machacar *t.* Triturar, deshacer o aplastar una sustancia sólida mediante golpes. ‖ *fig.* Destrozar algo o a alguien. ‖ *t. e intr. fig.* y *fam.* Estudiar con insistencia y tenacidad una materia. ‖ Importunar a alguien insistiéndole sobre algo.

machacón, cona *adj.* y *s.* Pesado, que repite mucho las cosas.

machaconería *s. f.* Insistencia, repetición pesada.

machamartillo *loc.* A machamartillo: firmemente. *Creer a machamartillo.*

machaqueo *s. m.* Trituración. ‖ Repetición.

machetazo *s. m.* Golpe de machete.

machete *s. m.* Arma blanca, corta, de hoja ancha y un solo filo.

machetear *t.* Golpear con un machete. ‖ *Méx.* Trabajar con tesón. *Macheteó toda la noche y terminó el informe.*

machetero, ra *s.* Persona que en los ingenios azucareros corta la caña de azúcar. ‖ *Méx.* Se dice del estudiante que se dedica con esmero a sus labores escolares.

machihembrar *t.* Ensamblar dos piezas de madera a caja y espiga o a ranura y lengüeta.

machincuepa *s. f. Méx.* Voltereta que se da poniendo la cabeza en el suelo y dejándose caer sobre la espalda.

machismo *s. m.* Comportamiento y manera de pensar basados en la superioridad del hombre respecto a la mujer y en la exaltación de las supuestas cualidades viriles, como la fuerza.

machista *adj.* Relativo al machismo ‖ *s. com.* Partidario del machismo o persona que se comporta con machismo.

macho *s. m.* En los seres vivos con órganos de reproducción masculinos y femeninos en distinto individuo, el que tiene los masculinos.

machorra *s. f.* Marimacho.

machote[1] *adj.* y *s. m. fam.* Se dice del hombre que tiene cualidades consideradas tradicionalmente masculinas.

machote[2] *s. m. Amér. C.* Borrador, modelo. ‖ *Méx.* Formulario con espacios en blanco para rellenar.

machucar *t.* Herir, golpear a alguien causándole contusiones o magulladuras.

machucón *s. m. Amér.* Machacadura.

macilento, ta *adj.* Pálido.

macillo *s. m. Mús.* Pieza del piano que golpea la cuerda.

macizo, za *adj.* Grueso. ‖ Ni chapado ni hueco. ‖ *fig.* De peso. ‖ *s. m.* Grupo de alturas generalmente montañosas.

macondo *s. m. Col.* Árbol de gran porte.

macramé *s. m.* Tejido hecho a mano con cuerdas trenzadas.

macrocéfalo, la *adj.* y *s.* De cabeza voluminosa.

macrocósmico, ca *adj.* Del macrocosmos.

macrocosmos *s. m.* En filosofía el universo, considerado como una totalidad de estructura compleja.

macroestructura *s. f.* Estructura general.

macroscópico, ca *adj.* Lo que se aprecia a simple vista.

mácula *s. f.* Mancha.

madeja *s. f.* Hilo de seda o de lana recogido en varias vueltas iguales.

madera *s. f.* Sustancia compacta del interior de los árboles. ‖ *fig.* y *fam.* Talento y disposición de las personas para determinada actividad. *Tiene madera de artista.*

maderable *adj.* Se dice del árbol cuya madera es útil.

maderero, ra *adj.* Relativo a la industria de la madera.

madero *s. m.* Pieza larga de madera. ‖ *fig.* Necio.

madona *s. f.* Nombre que se da a las representaciones de la virgen María.

madrastra *s. f.* Mujer del padre respecto de los hijos que éste tiene de un matrimonio anterior.

madre *s. f.* Mujer o animal hembra que ha tenido uno o más hijos o crías. ‖ Cauce de un río o arroyo.

madreperla *s. f.* Concha donde están las perlas.

madrigal *s. m.* Poesía galante.

madrigalesco, ca *adj.* Relativo al madrigal. ‖ Delicado, fino.

madrigalista *s. com.* Persona que compone o canta madrigales.

madriguera *s. f.* Pequeña cueva, estrecha y profunda, en que habitan ciertos animales, especialmente los mamíferos.

madrilense *adj.* y *s. com.* De Madrid, municipio de Colombia.

madrileño, ña *adj.* y *s.* De Madrid, capital de España.

madrina *s. f.* Mujer que presenta o asiste al que recibe un sacramento (bautizo, comunión, boda), por lo que contrae con él un parentesco espiritual.

madroño *s. m.* Arbusto de fruto parecido a una cereza.

madrugada *s. f.* Alba, amanecer. ‖ Horas después de medianoche. *Las tres de la madrugada.*

madrugador, ra *adj.* y *s.* Que acostumbra madrugar.

madrugar *intr.* Levantarse temprano. ‖ *fig.* Ganar tiempo.

maduración *s. f.* Acción de madurar.

madurar *t.* Poner maduro. ‖ Reflexionar sobre algo para preparar su ejecución. ‖ *intr.* y *pr.* Volverse maduros los frutos. ‖ Crecer en edad, juicio y prudencia.

madurez *s. f.* Cualidad o estado de maduro. ‖ Sensatez, buen juicio o prudencia.

maduro, ra *adj.* Que está en el estado adecuado para ser comido. *Fruta madura.* ‖ Que ya ha superado la juventud pero no ha llegado a la vejez. *Un señor maduro.*

madveded *s. m.* Elemento químico sintético, radiactivo, de apariencia desconocida y probablemente metálico; su número atómico es 110 y su símbolo Mv.

maese, sa *s. ant.* Maestro.

maestre *s. m.* Superior de las órdenes militares.

maestría *s. f.* Arte, destreza.

maestro, tra *adj.* Excelente o perfecto en su clase. *Una obra maestra.* ‖ *s.* Persona que tiene por oficio enseñar. ‖ *s. m.* Tratamiento popular afectuoso. ‖ *loc. Maestro de ceremonias:* persona que dirige el ceremonial de un acto público.

mafia *s. f.* Organización clandestina de criminales.

mafioso, sa *adj.* Relativo a la mafia ‖ *s.* Miembro de esta organización.

magallánico, ca *adj.* Del estrecho de Magallanes. ‖ *s.* De Magallanes, provincia de Chile.

magdalena *s. f.* Bollo pequeño de forma ovalada. ‖ *fig.* Mujer arrepentida.

magdalenense *adj.* y *s. com.* De Magdalena, departamento de Colombia.

magenta *adj.* y *s. m.* Se dice del color rojo oscuro que resulta de una mezcla de rojo y azul.

maghrebí, na o **maghrebino, na** *adj.* y *s.* Del norte de África (Marruecos, Túnez, Argelia).

magia *s. f.* Creencia de que existen poderes ocultos en la naturaleza que pueden conciliarse o conjurar para conseguir un beneficio o provocar una desgracia. ‖ Trucos y habilidades con los que se hacen juegos de manos y cosas sorprendentes y extraordinarias.

magiar *adj.* y *s. com.* Húngaro. ‖ *s. m.* Lengua húngara.

mágico, ca *adj.* Relativo a la magia. ‖ Que sorprende o fascina. *Espectáculo mágico.* ‖ Que encanta o hace encantamientos.

magister *s. m.* *fam.* Maestro.

magisterio *s. m.* Enseñanza dada por el maestro. ‖ Profesión de maestro.

magistrado, da *s.* Juez. ‖ Dignidad o empleo de juez. ‖ Miembro de un tribunal de justicia.

magistral *adj.* Hecho con maestría. *Un discurso magistral.* ‖ *fig.* Afectado, solemne.

magistratura *s. f.* Dignidad o cargo de magistrado. ‖ Tiempo durante el cual se ejerce este cargo.

magma *s. m.* En geología, líquido que se forma en el interior de la Tierra por la fusión de la corteza o del manto y que, al enfriarse, da origen a una roca eruptiva.

magnánimo, ma *adj.* Generoso.

magnate *s. com.* Persona importante.

magnesio *s. m.* Elemento químico muy abundante en la corteza terrestre, presente en la magnesita, el talco, la serpentina y, en forma de cloruro, en el agua de mar; entra en la composición de sustancias importantes en los vegetales, como las clorofilas; maleable y poco tenaz, arde con luz clara y brillante y se utiliza en metalurgia, pirotecnia y medicina, así como en la fabricación de acumuladores eléctricos; su número atómico es 12 y su símbolo Mg.

magnético, ca *adj.* Relativo al imán.

magnetismo *s. m.* Fuerza atractiva del imán. ‖ *fig.* Atractivo que tiene una persona sobre otra.

magnetización *s. f.* Acción y efecto de magnetizar.

magnetizar *t.* Comunicar las propiedades del imán. ‖ Hipnotizar. ‖ *fig.* Ejercer una atracción.

magneto *s. f.* Generador eléctrico en el cual la inducción es producida por un imán permanente.

magnetófono *s. m.* Aparato que registra sonidos.

magnetosfera *s. f.* Parte externa de la envoltura de un planeta dotado de campo magnético.

magnicida *adj.* y *s. com.* Que comete magnicidio.

magnicidio *s. m.* Asesinato de un jefe de Estado o de una persona relevante del gobierno.

magnificar *t.* y *pr.* Engrandecer, enaltecer, alabar. ‖ Dar a un hecho mayor dimensión de la que tiene.

magnificencia *s. f.* Esplendor.

magnífico, ca adj. Espléndido. || Excelente. *Libro magnífico.*

magnitud s. f. Tamaño de un cuerpo. || fig. Importancia. || En matemáticas, cantidad.

magno, na adj. Grande, importante.

magnolia s. f. Árbol o arbusto originarios de Asia y de América, de hojas lustrosas, y flores grandes del mismo nombre. || Fruto de esta planta.

magnoliáceas s. f. pl. Familia de plantas dicotiledóneas.

magnolio s. m. Árbol que da magnolias.

mago, ga adj. y s. Se dice de la persona que practica la magia. || Se aplica a la persona versada en las ciencias ocultas.

magro, gra adj. Delgado, flaco. || Se dice de la carne sin grasa.

maguey s. m. Amér. Agave.

magulladura s. f. Contusión o cardenal.

magullar t. Dañar la fruta golpeándola contra algo.

magullón s. m. Arg., Chil., Cub., Ecua., Méx., Nic., Per. y Uy. Magulladura.

mahometano, na adj. y s. Seguidor de la religión de Mahoma.

maicena s. f. Harina fina de maíz.

maicero, ra adj. Amér. Del maíz.

maíz s. m. Cereal de tallo fuerte, mazorca ancha en la que se encuentran los granos en filas apretadas.

maizal s. m. Terreno sembrado de maíz.

maja s. f. Mano de almirez. || Esp. Mujer joven y apuesta.

majada s. f. Refugio del ganado y los pastores. || Arg., Chil. y Uy. Hato de ganado lanar.

majadería s. f. Dicho o hecho necio, imprudente o molesto.

majadero, ra adj. y s. Insensato o inoportuno.

majado s. m. Lo molido.

majar t. Machacar, moler.

maje s. m. C. R., Hond., Méx., Nic. y Salv. Tonto.

majestad s. f. Título dado a Dios y a los reyes.

majestuoso, sa adj. Que tiene majestad.

majo, ja adj. Esp. Que ostenta elegancia y guapeza propia de la gente del pueblo. || Simpático.

mal adj. Apócope de «malo». s. m. Conjunto de las cosas que son malas porque dañan o son contrarias a la moral. || Enfermedad, dolor. || adv. Desacertadamente. *Actuó mal.*

malabarismo s. m. Juegos de destreza.

malabarista s. com. Persona que hace juegos de destreza, equilibrista.

malacate s. m. Máquina que consta de un árbol vertical provisto de una o varias palancas horizontales en cuyo extremo se enganchan las caballerías, que dan vueltas en torno al árbol.

malacología s. f. Parte de la zoología que estudia los moluscos.

malacopterigio, gia adj. y s. Relativo a los peces de aletas blandas y esqueleto óseo, como el salmón. || s. m. pl. Orden de estos peces.

malagueño, ña adj. y s. De Málaga, ciudad de España.

malar adj. Relativo a la mejilla. *Región malar.* || s. m. Pómulo.

malaria s. f. Paludismo.

malasombra s. com. fam. Persona con poca gracia. || s. f. fam. Mala suerte. || Falta de gracia.

malaventurado, da adj. y s. Desgraciado.

malbaratar t. Vender a bajo precio una mercancía.

malcomer intr. Comer mal.

malcriado, da adj. De mala educación.

malcriar t. Educar mal a los hijos por exceso de condescendencia.

maldad s. f. Propensión a obrar mal. || Acción mala. *Cometer maldades.*

maldecir t. Echar maldiciones. || intr. Hablar mal, calumniar.

maldición s. f. Imprecación.

maldito, ta adj. y s. Muy malo. || Odioso. || Condenado por la justicia divina. || fam. Ninguno, nada.

maldonadense adj. y s. com. De Maldonado, ciudad de Uruguay.

maldoso, sa adj. Méx. Travieso.

maleabilidad s. f. Calidad de maleable.

maleable adj. y s. com. Se dice del metal que puede batirse y extenderse en planchas o láminas. || Que se deja influir o formar.

maleante adj. y s. com. Que malea. || Perverso, malo. || Maligno. || Malhechor.

malecón s. m. Muralla o terraplén para defensa contra las aguas.

maledicencia s. f. Murmuración, denigración.

maleficio s. m. Sortilegio.

maléfico, ca adj. Que perjudica con maleficios || Que tiene una influencia sobrenatural mala.

malentendido s. m. Equívoco, mal entendimiento.

maléolo s. m. En anatomía, cada una de las dos protuberancias huesudas que forman el tobillo.

maleta¹ s. f. Caja de piel, lona u otro material, con asas y cerradura, para transportar ropas u otros objetos.

maleta² s. com. fam. Persona que practica con torpeza y desacierto su profesión, especialmente toreros, jugadores o deportistas.

maletero, ra s. Persona que tiene por oficio hacer o vender maletas. || Mozo que transporta equipajes. || Compartimiento de un vehículo donde se pone el equipaje.

maletín s. m. Maleta pequeña.

malevo, va adj. y s. Arg., Bol. y Uy. Se dice del malhechor.

malevolencia s. f. Mala voluntad.

malévolo, la adj. y s. Inclinado a hacer el mal.

maleza s. f. Abundancia de malas hierbas en los sembrados.

malformación s. f. En medicina, alteración morfológica congénita de un tejido o un órgano.

malgache adj. y s. com. De Madagascar, isla al sureste de África.

malgastar t. Gastar dinero, tiempo, etc., en cosas inútiles o que no lo merecen.

malhablado, da adj. y s. Que acostumbra decir expresiones soeces o inconvenientes.

malhadado, da adj. Desdichado.

malhaya interj. Expresión de dolor.

malhecho, cha adj. Se aplica a lo hecho con negligencia.

malhechor, ra adj. y s. Que comete delitos habitualmente.

malherir t. Herir gravemente.

malhora s. com. Méx. Persona dada a cometer maldades.

malhumorado, da *adj.* Que está de mal humor o tiene malhumor.

malhumorar *t.* Poner de mal humor.

malicia *s. f.* Maldad, inclinación a lo malo. *Actuar con malicia.* || Perversidad. || Agudeza, sutileza.

maliciar *t.* y *pr.* Sospechar, recelar. *Maliciarse de algo.* || Malear, pervertir, corromper.

malignidad *s. f.* Calidad de maligno.

maligno, na *adj.* Propenso a lo malo y perverso.

malinchismo *s. m. Méx.* Desprecio de lo hecho en el país por favorecer lo extranjero.

malintencionado, da *adj.* y *s.* Que tiene mala intención.

malla *s. f.* Cada uno de los cuadriláteros que forman el tejido de la red. || Red. || *Amér. Merid.* Traje de baño. || Camiseta de deportista.

malo, la *adj.* Que no es bueno. || Perjudicial. || Sin talento o habilidad. || Desagradable. || *adv.* Mal, de modo contrario a lo que es debido. || *interj.* Denota disgusto.

malograr *t.* Perder, desaprovechar algo. || *pr.* Echarse a perder a alguien o algo. *Malograrse la cosecha.*

maloliente *adj.* Que huele mal.

malón *s. m. Amér.* Correría de indígenas. || Grupo de personas que provocan desórdenes. || Mala jugada.

malora *adj. Méx.* Travieso.

malpaís *s. m.* Nombre dado a terrenos formados con lava rugosa e irregular.

malpensado, da *adj.* Se aplica a las personas que suelen pensar con malicia.

malquerencia *s. f.* Mala voluntad.

malquerer *t.* Tener mala voluntad.

malquistar *t.* Enemistar.

malsano, na *adj.* Nocivo para la salud. || Enfermizo.

malsonante *adj.* Que suena mal.

malta *s. f.* Cebada germinada para fabricar cerveza y, a veces, para hacer café.

maltratar *t.* Tratar duramente.

maltrecho, cha *adj.* En mal estado.

malva[1] *adj. inv.* Violeta pálido. || *s. m.* Color malva.

malva[2] *s. f.* Planta de flores moradas.

malváceo, a *adj.* Se dice de unas plantas arbustivas, abundantes en los países tropicales, que tienen flores con cinco pétalos y fruto en cápsula.

malvado, da *adj.* y *s.* Perverso.

malversación *s. f.* Acción y resultado de malversar.

malversador, ra *adj.* y *s.* Que malversa.

malversar *t.* Sustraer caudales públicos. || Gastar indebidamente los fondos públicos el que está encargado de administrarlos.

malvón *s. m. Arg., Méx., Py.* y *Uy.* Planta con muchas ramificaciones de flores rosadas o rojas.

mamá *s. f. fam.* Madre.

mama *s. f.* Teta.

mamacona *s. f. Amér.* Virgen anciana que estaba al servicio de los templos incaicos.

mamada *s. f.* Acción y efecto de mamar. || *fig. vulg. Arg., Per.* y *Uy.* Embriaguez, borrachera. || *vulg. Méx.* Cosa, hecho o dicho absurdo, disparatado o ridículo.

mamadera *s. f. Amér.* Biberón. || *Cuba* y *P. Rico.* Tetilla del biberón. || *Ven.* Tomadura de pelo.

mamado, da *adj. vulg. Arg., Per.* y *Uy.* Ebrio, borracho.

mamar *t.* Succionar la leche de las mamas. || *pr.* Emborracharse.

mamario, ria *adj.* Relativo a las mamas.

mamarrachada *s. f.* Tontería.

mamarracho *s. m. fam.* Imbécil, tonto. || Fantoche. || De mala calidad.

mambo *s. m.* Baile cubano. || Su música.

mamboretá *s. m. Arg., Par.* y *Uy.* Insecto de color verde claro que se alimenta de otros insectos.

mameluco *s. m. Amér.* Prenda de vestir enteriza, especial para niños, que cubre el tronco y las extremidades.

mamey *s. m.* Árbol americano, de 15 m, con flores blancas olorosas y fruto del mismo nombre casi redondo, de pulpa amarilla, aromática y sabrosa.

mamífero, ra *adj.* y *s. m. pl.* Relativo de los animales vertebrados cuyas hembras alimentan a sus crías con la leche de sus mamas.

mamila *s. f.* Mama de la hembra, exceptuando el pezón. || *Méx.* Biberón.

mamotreto *s. m.* Libro o legajo muy voluminoso. || Cosa que abulta.

mampara *s. f.* Cancel movible para limitar una habitación, cubrir puertas, etc.

mamporro *s. m. fam.* Golpe dado con la mano o con una cosa cualquiera. || Golpe que se recibe al caer o tropezar. *Darse un mamporro.*

mampostería *s. f.* Obra hecha de piedras pequeñas unidas con argamasa.

mamúa *s. f. vulg. Arg.* y *Uy.* Borrachera.

mamut *s. m.* Elefante fósil.

maná *s. m.* Alimento que, según la Biblia, envió Dios a los israelitas.

manabita *adj.* y *s. com.* De Manabí, provincia de Ecuador.

manada *s. f.* Bandada de animales. || Puñado, manojo. || *fig.* y *fam.* Grupo de personas.

managüense *adj.* y *s. com.* De Managua, capital de Nicaragua.

manantial *s. m.* Sitio donde las aguas salen de la tierra.

manar *intr.* Brotar.

mancebo *s. m.* Chico joven. || Hombre soltero. || Auxiliar de farmacia.

mancha *s. f.* Marca dejada por un cuerpo sucio. || *fig.* Lo que empaña la reputación.

manchar *t.* Ensuciar || *fig.* Desacreditar.

manchego, ga *adj.* y *s.* De La Mancha, ciudad de España. || *s. m.* Queso fabricado en La Mancha.

mancillar *t.* Deshonrar.

manco, ca *adj.* y *s.* Que ha perdido un brazo o una mano o tiene lisiados estos miembros.

mancomunar *t.* Unir.

mancomunidad *s. f.* Unión.

mancuerna *s. f.* Pareja de animales o cosas mancornadas. || *pl. Amér. C., Méx.* y *Ven.* Gemelos de los puños de la camisa.

mancuernillas *s. f. pl. Méx.* Mancuernas, gemelos.

manda *s. f.* Donación que se hace en un testamento. || *fig. Arg.* y *Méx.* Voto o promesa hecha a Dios, a la Virgen o a un santo.

mandado, da *s.* Persona que ejecuta una comisión por encargo o mandato ajeno. || *s. m.* Comisión, encargo. || *Arg., Cub., Méx.* y *Nic.* Compra de lo necesario para la comida.

mandamás *adj.* y *s. com. fam.* Se dice de la persona que tiene la máxima autoridad o una autoridad superior.

mandamiento *s. m.* Orden judicial. || Cada uno de los preceptos del Decálogo y de la Iglesia Católica.

mandar *t.* Ordenar. ‖ Enviar. *Mandar una carta.* ‖ Encargar. ‖ Confiar.

mandarín *s. m.* Título de los altos funcionarios chinos. ‖ *fig.* Persona muy influyente.

mandarina *adj.* y *s. f.* Fruto del mandarinero, parecido a una naranja pequeña.

mandarino *s. m.* Arbusto parecido al naranjo, cuyos frutos, comestibles, son las mandarinas.

mandatario, ria *s.* Titular de un mandato político. ‖ *loc. Primer mandatario:* jefe del Estado.

mandato *s. m.* Acción y efecto de mandar.

mandíbula *s. f.* Cada una de las dos piezas óseas que limitan la boca y en las cuales están los dientes; en el ser humano se refiere especialmente a maxilar inferior.

mandil *s. m.* Prenda de cuero o tela fuerte, que se usa para proteger la ropa desde el pecho hasta debajo de las rodillas. ‖ Delantal.

mandinga *s. m. Amér. fam.* El diablo. ‖ *Arg. fig.* y *fam.* Muchacho travieso.

mandioca *s. f.* Planta que se cultiva en los países tropicales, cuya raíz, en tubérculo, proporciona una fécula de la que se extrae la tapioca.

mando *s. m.* Autoridad, poder. ‖ Empleado de alto rango.

mandolina *s. f. Mús.* Instrumento de cuerdas.

mandón, dona *adj.* y *s. fam.* Que tiene una tendencia exagerada a mandar.

mandril *s. m.* Mono africano de cabeza pequeña y hocico largo; su cara y nalgas tienen una coloración llamativa.

manecilla *s. f.* Aguja que señala la hora en la esfera de un reloj.

manejar *t.* Usar, utilizar, emplear algo o servirse adecuadamente de ello, especialmente con las manos. ‖ Regir, dirigir. ‖ Tener dominio sobre alguien. ‖ *pr. fig.* Actuar con desenvoltura.

manejo *s. m.* Acción de manejar. ‖ Maquinación, intriga. ‖ *Amér.* Conducción de un automóvil.

manera *s. f.* Modo particular de ser, de hacer o de suceder algo. ‖ *loc. De cualquier manera:* sin cuidado ni interés.

manga *s. f.* Parte del vestido que cubre el brazo.

manganeso *s. m.* Elemento químico metálico de color grisáceo; es quebradizo, pesado y muy refractario; aleado con el hierro se utiliza para fabricar acero; su número atómico es 25 y su símbolo Mn.

manglar *s. m.* Formación vegetal en la que predomina el mangle, característica de las regiones litorales de la región tropical.

mangle *s. m.* Árbol con ramas descendentes que llegan al suelo y arraigan en él, cuyas hojas y frutos se utilizan en tenería.

mango[1] *s. m.* Parte estrecha y larga de un instrumento o utensilio, por donde se agarra o sostiene.

mango[2] *s. m.* Árbol de las regiones tropicales. ‖ Fruto del mismo nombre, amarillo, aromático y comestible.

mango[3] *s. m. fam. Arg.* y *Uy.* Dinero.

mangonear *intr. fam.* Asumir oficiosamente el mando, para imponerse con arbitrariedad y persistencia sobre los demás. ‖ Manejar a alguien.

mangoneo *s. m. fam.* Mando.

manguera *s. f.* Manga de riego.

maní *s. m.* Planta tropical cuyas semillas, del mismo nombre, se consumen tostadas y producen un aceite utilizado en cocina y jabonería.

manía *s. f.* Forma de locura dominada por una idea fija. ‖ Extravagancia, capricho.

maníaco, ca o **maniaco, ca** *adj.* Maniático.

maniatar *t.* Atar de manos.

maniático, ca *adj.* Que tiene manías.

manicomio *s. m.* Casa de locos.

manicurista *s. com.* Manicuro.

manicuro, ra *s.* Persona que cuida las manos, uñas, etc. ‖ *s. f.* Cuidado de las manos, uñas.

manifestación *s. f.* Acción de manifestar o manifestarse.

manifestante *s. com.* Persona que toma parte en una manifestación.

manifestar *t.* Dar a conocer. ‖ Descubrir, poner a la vista. ‖ *intr.* Hacer una demostración colectiva pública. ‖ *pr.* Darse a conocer.

manifiesto, ta *adj.* Evidente, cierto. ‖ *s. m.* Declaración escrita por la cual un partido, un grupo de escritores o de artistas, etc., define sus opiniones, su programa, o justifica su acción pasada. ‖ Obra que equivale a la declaración.

manigua *s. f. Cub.* Terreno cubierto de malezas. ‖ Selva. ‖ *fig.* Desorden, confusión.

maniguero, ra *adj.* Habitante de la manigua.

manileño, ña *adj.* y *s.* De Manila, capital de Filipinas.

manillar *s. m. Esp.* y *Uy.* Manubrio de la bicicleta o motocicleta.

maniobra *s. f.* Cualquier operación material que se ejecuta con las manos. ‖ *fig.* Manejo, intriga.

maniobrar *intr.* Hacer maniobras.

manipular *t.* Manejar.

maniquí *s. m.* Armazón de madera o de mimbre que sirve a los sastres y costureras para probar los vestidos. ‖ *s. com.* Modelo de una casa de costura. ‖ *fig.* Persona sin carácter.

manirroto, ta *adj.* y *s.* Despilfarrador.

manisero, ra *s.* Vendedor de maní.

manito, ta *s. fam. Méx.* Hermano, amigo.

manivela *s. f.* Palanca acodada que sirve para imprimir un movimiento de rotación continua.

manjar *s. m.* Comestible. ‖ *fig.* Deleite.

mano, na *s. m. fam. Méx.* Amigo. ‖ *s. f.* Parte del cuerpo humano que va desde la muñeca hasta la punta de los dedos. ‖ En algunos animales, extremidad cuyo dedo pulgar se opone a los demás. ‖ En los cuadrúpedos, cada una de las patas delanteras. ‖ Cada uno de los dos lados, derecho e izquierdo, respecto del que habla. ‖ Habilidad, destreza. ‖ Capa de pintura o barniz.

manojo *s. m.* Lo que coge con la mano.

manómetro *s. m.* Instrumento para medir la presión de un fluido.

manopla *s. f.* Guante.

manosear *t.* y *pr.* Tocar repetidamente una cosa con las manos. ‖ *fig.* Insistir demasiado en un asunto o utilizar algo reiterativamente.

manoseo *s. m.* Acción de manosear.

manotazo *s. m.* Golpe dado con la mano.

mansalva *loc. A mansalva:* en gran cantidad.

mansedumbre *s. f.* Apacibilidad.

mansión *s. f.* Morada. ‖ Casa lujosa.

manso, sa *adj.* Apacible, muy bueno. ‖ Domesticado. *Toro manso.* ‖ Tranquilo. *Aguas mansas.*

manta¹ *s. f.* Pieza de lana o algodón grueso, de forma rectangular, que sirve para abrigarse, especialmente en la cama. ‖ Tela ordinaria de algodón, que se fabrica y usa en México.

manta² *s. f.* Pez de cuerpo aplanado, parecido a la raya, que puede alcanzar una envergadura de 8 m.

mantear *t.* Hacer saltar a uno en una manta.

manteca *s. f.* Grasa de los animales. ‖ Grasa del cuerpo humano cuando es excesiva. ‖ *Arg.* y *Uy.* Mantequilla.

mantecado *s. m.* Bollo amasado con manteca de cerdo. ‖ Helado de leche, huevos y azúcar.

mantecoso, sa *adj.* Que tiene manteca. ‖ Untuoso como la manteca.

mantel *s. m.* Paño sobre la mesa para comer.

mantelería *s. f.* Conjunto de manteles.

mantener *t.* Proveer a uno de alimento. ‖ Proveer de todo lo necesario. ‖ Conservar, hacer que una cosa siga siendo lo mismo o igual que anteriormente. ‖ Sostener. ‖ *fig.* Afirmar, sostener, defender. *Mantener una opinión.* ‖ Satisfacer sus necesidades. *Se mantiene con su trabajo.*

mantenimiento *s. m.* Subsistencia. ‖ Alimento.

manteo *s. m.* Manteamiento.

mantequilla *s. f.* Sustancia grasa, de color amarillo claro, que se obtiene de la crema de leche de vaca batiéndola o agitándola.

mantilla *s. f.* Prenda de encaje femenina para cubrirse la cabeza. ‖ Pieza de lana en que se envuelve al niño.

mantillo *s. m.* Capa superior del terreno formada por la descomposición de materias orgánicas.

mantis *s. f.* Insecto ortóptero.

mantisa *s. f.* Parte decimal de un logaritmo decimal.

manto *s. m.* Ropa suelta a modo de capa que llevan las mujeres encima del vestido.

mantón *s. m.* Pañuelo grande que abriga los hombros y la espalda.

manual *adj.* Que se ejecuta con las manos. *Trabajos manuales.* ‖ Manejable. ‖ *s. m.* Libro que contiene las nociones esenciales de algo.

manualidad *s. f.* Trabajo elaborado con las manos. ‖ *pl.* Trabajos que realizan los escolares.

manubrio *s. m.* Manivela, manillar.

manufactura *s. f.* Establecimiento industrial. ‖ Fabricación en gran cantidad de un producto.

manufacturación *s. f.* Acción de manufacturar.

manufacturado, da *adj.* Se aplica al producto derivado de la transformación de las materias primas.

manufacturar *t.* Fabricar.

manufacturero, ra *adj.* Que pertenece a la manufactura.

manuscrito, ta *adj.* Escrito a mano. ‖ *s. m.* Obra escrita a mano. ‖ Original de un libro.

manutención *s. f.* Manipulación de mercancías. ‖ Mantenimiento y cuidado. ‖ Conservación.

manzana *s. f.* Fruto del manzano. ‖ Grupo de casas delimitado por calles. ‖ *Amér.* Nuez de la garganta.

manzanilla *s. f.* Planta compuesta cuyas flores amarillas se usan en infusión como estomacal. ‖ Esta infusión.

manzano *s. m.* Árbol cuyo fruto es la manzana.

maña *s. f.* Destreza, habilidad. ‖ Ardid, astucia.

mañana¹ *adv.* En el día que seguirá inmediatamente al de hoy. ‖ *fig.* En tiempo futuro.

mañana² *s. f.* Parte del día que transcurre desde el amanecer hasta el mediodía. ‖ *s. m.* Tiempo futuro, pero indeterminado.

mañanero, ra *adj.* Madrugador.

mañanita *s. f.* Prenda de punto que las mujeres llevan sobre el camisón para abrigarse. ‖ *pl. Méx.* Canto popular para celebrar a un personaje o un hecho famoso.

mañoso, sa *adj.* Hábil, diestro.

maorí *adj.* y *s. com.* Relativo al pueblo polinesio de Nueva Zelanda e individuo de ese pueblo.

mapa *s. m.* Representación convencional de alguna parte de la Tierra.

mapache *s. m.* Mamífero carnicero parecido al tejón, tiene cola anillada y manchas alrededor de los ojos.

mapamundi *s. m.* Mapa de toda la Tierra.

mapuche *adj.* y *s.* Relativo a un pueblo amerindio araucano e individuo de él.

maqueta *s. f.* Representación a escala reducida de una construcción, máquina, decoración de teatro, etc.

maquetista *s. com.* Persona que hace maquetas.

maquiavelismo *s. m.* Perfidia y falta de escrúpulos.

maquila *s. f.* Porción de grano, harina o aceite que percibe el molinero por cada molienda. ‖ *Amér. C.* y *Méx.* Acción y efecto de maquilar.

maquiladora *adj.* y *s. f. Méx.* Se dice del taller donde se maquilan ciertos productos.

maquilar *t. Méx.* Realizar para una fábrica de una compañía trasnacional los pasos que requieren trabajo manual o unitario.

maquillaje *s. m.* Acción de maquillar.

maquillar *t.* Pintar la cara con productos de belleza para hacer resaltar sus cualidades estéticas. ‖ *fig.* Alterar, falsificar.

máquina *s. f.* Aparato o conjunto de aparatos capaces de efectuar un trabajo o de llevar a cabo una función, ya sea dirigida por un operador, ya sea de forma autónoma. ‖ Locomotora.

maquinación *s. f.* Intrigas secretas.

maquinador, ra *adj.* y *s.* Que trama maquinaciones.

maquinal *adj.* Que se realiza sin deliberación.

maquinar *t.* Preparar.

maquinaria *s. f.* Mecanismo que da movimiento a un artefacto. ‖ Conjunto de máquinas.

maquinismo *s. m.* Predominio de las máquinas en la industria.

maquinista *s. com.* Persona que vigila o dirige o conduce una máquina.

mar *s. m.* Masa de agua salada que cubre la mayor parte de la superficie de la Tierra.

marabú *s. m.* Ave zancuda.

marabunta *s. f.* Muchedumbre.

maraca *s. f.* Instrumento musical hecho con una calabaza seca, en cuyo interior se introducen semillas secas u otros objetos que entrechocan al agitarlo (actualmente se fabrica con otros materiales como plástico o metal).

maracaibero, ra o **maracayero, ra** *adj.* y *s.* De Maracaibo, ciudad de Venezuela.

maracaná *s. m. Arg.* Especie de papagayo.

maracayá *s. m. Amér.* Pequeño animal carnicero cola larga.

maracure s. m. Bejuco de Venezuela del cual se extrae el curare.

maranta s. f. Planta de América del Sur de cuyo tubérculo se saca el arrurruz.

maraña s. f. fig. Cosa enmarañada. *Una maraña de pelo.* || Asunto complicado. *¡Qué maraña!*

maraquero, ra adj. *Amér.* Que toca las maracas.

marasmo s. m. fig. Apatía. || Disminución de la actividad económica o comercial.

maratón s. m. Carrera pedestre de un recorrido de 42.195 km.

maratónico, ca adj. *Arg.* y *Méx.* Agotador, que dura mucho tiempo, muy largo.

maravilla s. f. Cosa que suscita la admiración.

maravillar t. Provocar admiración.

maravilloso, sa adj. Admirable.

marbete s. m. Etiqueta en las mercancías para indicar su contenido, precio, marca, etc.

marca s. f. Señal que se pone a una cosa para reconocerla. || Distintivo de un fabricante o comerciante. || En deportes, récord y resultado. *Batir una marca.*

marcador, ra adj. Que marca. || s. m. Tablero para anotar los puntos de un jugador o un equipo o para marcar una votación.

marcapaso o **marcapasos** s. m. Aparato eléctrico que provoca la contracción del corazón cuando ésta no puede efectuarse normalmente.

marcar t. Poner una marca. || En algunos deportes, conseguir un gol, un tanto, un ensayo.

marcha s. f. Acción de andar. || Movimiento regular de un mecanismo, funcionamiento. || Salida. || fig. Curso. *La marcha del tiempo.* || loc. Poner en marcha: hacer funcionar.

marchante s. com. Persona que tiene por oficio comprar y vender.

marchar intr. Caminar, ir de un sitio a otro. || Funcionar.

marchitar t. Ajar.

marcial adj. De aspecto bélico o muy varonil.

marcialidad s. f. Aspecto marcial.

marciano, na adj. Del planeta Marte. || s. Supuesto habitante del planeta Marte.

marco s. m. Cerco que rodea algunas cosas. *Marco de un cuadro.* || fig. Ámbito.

marea s. f. Movimiento periódico y alternativo de ascenso y descenso de las aguas del mar debido a la combinación de las atracciones lunar y solar.

marear t. fig. Molestar, fastidiar. *Marear a preguntas.* || Causar mareo. || pr. Tener náuseas.

marejada s. f. Agitación de las olas.

maremagno o **mare magnum** s. m. fig. Gran cantidad confusa.

maremoto s. m. Agitación del mar.

mareo s. m. Turbación de la cabeza y del estómago. || fig. Fastidio, molestia.

marfil s. m. Materia dura, rica en sales de calcio, de que están formados los colmillos de los elefantes.

margarina s. f. Sustancia grasa comestible similar a la mantequilla, elaborada con diversos aceites y grasas vegetales.

margarita s. f. Planta de flores blancas con corazón amarillo. || Bebida mexicana a base de tequila.

margen s. m. Extremidad u orilla de una cosa. *Margen del río.* || Espacio en blanco a los lados de una

página manuscrita o impresa. || loc. Al margen: apartado de un asunto o que no interviene en él.

marginación s. f. Acción y efecto de marginar.

marginado, da adj. y s. Se dice de la persona que vive al margen de una sociedad organizada.

marginal adj. Relativo al margen. || Que está al margen. || fig. No sustancial, sin importancia.

marginar t. Apartar de la sociedad o un sector de ella a una o varias personas, evitando su trato, relación o compañía.

mariachi s. m. Música mexicana de carácter alegre, originaria del estado de Jalisco. || s. com. Músico que la interpreta.

marica o **maricón** s. m. Hombre afeminado.

mariconada s. f. Acción propia del maricón. || Jugarreta, mala pasada.

marido s. m. Hombre unido a una mujer por los lazos del matrimonio.

mariguana s. f. Marihuana.

marihuana o **marijuana** s. f. Cáñamo cuyas hojas producen efecto narcótico en el que las fuma.

marimacho s. f. Mujer hombruna.

marimba s. f. Instrumento musical parecido al tambor, usado en algunas partes de África. || *Amér.* Xilófono provisto de un resonador debajo de cada una de las tablas de madera que lo componen.

marina s. f. Arte de la navegación marítima. || Conjunto de los buques de una nación.

marinar t. Poner en escabeche.

marinera s. f. *Ecua.* y *Per.* Baile popular.

marinería s. f. Oficio de marinero. || Tripulación de un barco, de una escuadra. || Conjunto de marineros.

marinero, ra adj. Que navega bien. *Barco marinero.* || s. m. El que se ocupa del servicio de los barcos.

marino, na adj. Relativo al mar. || s. m. El que sirve en la marina.

marioneta s. f. Títere.

mariposa s. f. Insecto provisto de cuatro alas cubiertas de escamas. || Tuerca para ajustar tornillos.

mariquita s. f. Insecto pequeño cuya especie más común posee élitros de color anaranjado con siete puntos negros.

mariscal s. m. Título concedido a un general por sus victorias militares.

mariscar intr. Pescar mariscos.

marisco s. m. Animal marino invertebrado, especialmente el crustáceo y molusco comestibles.

marisma s. f. Terreno anegadizo situado a orillas del mar o de los ríos.

marital adj. Conyugal.

marítimo, ma adj. Del mar o de la navegación.

mármol s. m. Piedra caliza, de textura compacta y cristalina, susceptible de buen pulimento.

marmóreo, a adj. De mármol.

marmota s. f. Mamífero roedor que pasa el invierno durmiendo.

maroma s. f. Cuerda gruesa. || *Amér.* Voltereta, salto acrobático.

maromero, ra s. *Méx.* Volatinero.

marometa s. f. *Méx.* Voltereta, maroma.

M

marplatense *adj.* y *s. com.* De Mar del Plata, ciudad de Argentina.

marqués, quesa *s.* Título nobiliario, entre los de conde y duque. ‖ Quien lo tiene.

marquesina *s. f.* Cobertizo, generalmente de cristal, que avanza sobre una puerta, escalinata, etc.

marquesote *s. m. Hond.* y *Nic.* Pan de harina de arroz o de maíz, con huevo, azúcar, anís, en forma de rombo.

marquetería *s. f.* Obra de taracea.

marranada o **marranería** *s. f.* Cochinada.

marrano *s. m.* Cerdo.

marras *loc.* **De marras:** Consabido.

marro *s. m. Méx.* Mazo.

marrón *adj.* y *s. m.* De color castaño.

marroquí *adj.* y *s.* De Marruecos, país de África.

marroquinería *s. f.* Tafiletería.

marrullería *s. f.* Astucia.

marrullero, ra *adj.* y *s.* Astuto.

marsellés, llesa *adj.* y *s.* De Marsella, ciudad de Francia.

marsopa *s. f.* Mamífero parecido al delfín, muy voraz, común en el Atlántico, donde con frecuencia sigue a los buques.

marsupial *adj.* y *s. m.* Relativo a los mamíferos cuya hembra posee una bolsa ventral, o marsupio, que contiene las mamas y está destinada a recibir las crías después de su nacimiento.

marsupio *s. m.* Bolsa ventral de los marsupiales en las que amamantan a sus crías.

martajar *t. Amér. C.* y *Méx.* Triturar maíz.

martes *s. m.* Tercer día de la semana.

martillado *s. m.* Acción y efecto de martillar los metales.

martillar o **martillear** *t.* Dar martillazos.

martillazo *s. m.* Golpe de martillo.

martillo *s. m.* Herramienta de percusión formada por una cabeza de acero duro templado y un mango dispuestos en forma de «T».

martiniqués, quesa *adj.* y *s.* De la isla Martinica, en las Antillas.

mártir *adj.* y *s. com.* Que prefiere morir y no renunciar a su fe.

martirio *s. m.* Tormento o muerte padecidos por la fe o un ideal. ‖ *fig.* Sufrimiento grande y largo.

martirizar *t.* Hacer sufrir el martirio.

marzo *s. m.* Tercer mes del año.

más[1] *adv.* Denota mayor cantidad numérica o mayor intensidad de las cualidades y acciones. ‖ Equivale a «tan» en exclamaciones de ponderación. ¡Qué cosa más buena! ‖ Denota preferencia o predilección con verbos como querer, desear, etc. *Más quiero perderlo que rogarle.*

más[2] *s. m.* Suma, adición ‖ Signo de la adición que se representa por una cruz (+) y que se coloca entre las cantidades que se quieren sumar. ‖ *loc. Más o menos:* aproximadamente.

masa *s. f.* Mezcla resultante de la incorporación de un líquido a una materia sólida o pulverizada. ‖ Aglomeración de personas o cosas. ‖ *pl.* Las clases trabajadoras y populares.

masacre *s. f.* Matanza.

masaje *s. m.* Fricción terapéutica del cuerpo.

masajista *s. com.* Persona que da masajes.

masayense o **masaya** *adj.* y *s.* De Masaya, departamento de Nicaragua.

mascar *t.* Masticar.

máscara *s. f.* Figura de cartón pintado o de otra materia con que se tapa uno el rostro para disfrazarse. ‖ Careta de protección contra los productos tóxicos.

mascarilla *s. f.* Máscara que sólo tapa la parte superior de la cara. ‖ Vaciado de yeso sacado sobre el rostro de una persona o escultura, particularmente de un cadáver. ‖ Máscara de tela que cubre la mitad inferior de la cara y protege de enfermedades contagiosas.

mascarón *s. m.* Máscara esculpida que sirve de adorno en cerraduras, fuentes, muebles, etc.

mascota *s. f.* Fetiche, objeto, persona o animal que da suerte.

masculinizar *t.* Dar carácter masculino.

masculino, na *adj.* Perteneciente o relativo al macho. ‖ *fig.* Viril. *Voz masculina.* ‖ *s. m.* Relativo al género gramatical masculino.

mascullar *t. fam.* Hablar entre dientes.

masita *s. f. Amér. Merid.* y *R. Dom.* Pastelito.

masivo, va *adj.* Que reúne gran número de personas o se refiere a gran cantidad de cosas.

masón *s. m.* Miembro de la masonería.

masonería *s. f.* Asociación, en parte secreta, cuyos miembros profesan principios de fraternidad y se dividen en grupos denominados «logias».

masoquismo *s. m.* Perversión sexual del que encuentra placer en verse humillado o maltratado.

masoterapia *f.* Terapéutica basada en el masaje.

masticación *s. f.* Acción de masticar sólidos.

masticar *t.* Triturar los alimentos sólidos con los dientes.

masticatorio, ria *adj.* Que, con fin medicinal, ha de masticarse. ‖ Que sirve para masticar.

mástil *s. m.* Palo de una embarcación.

mastodonte *s. m.* Mamífero fósil de fines del terciario y principios de la era Cuaternaria, parecido al elefante.

masturbación *s. f.* Acción de masturbarse.

masturbar *t.* Producir el orgasmo excitando los órganos genitales con las manos.

mata *s. f.* Arbusto de poca altura, de tallo leñoso muy ramificado. ‖ Cualquier planta herbácea o arbusto. ‖ Matorral.

matadero *s. m.* Sitio donde se sacrifica el ganado para el consumo.

matado, da *adj.* y *s. Méx.* Relativo de las personas que trabajan o estudian mucho.

matador, ra *adj.* Que mata. ‖ *s. m.* Torero que mata al toro.

matamoscas *s. m.* Instrumento para matar moscas.

matancero, ra *adj.* y *s.* De Matanzas, ciudad de Cuba.

matanza *s. f.* Acción de matar a una o varias personas. ‖ Exterminio, hecatombe.

matar *t.* Quitar la vida de manera violenta. ‖ Provocar la muerte. ‖ *pr. fig.* Fatigarse mucho.

matarife *s. m.* El que por oficio mata las reses.

matasanos *s. com. fam.* Médico malo.

mate[1] *adj.* Que carece de lustre, apagado, sin brillo.

mate[2] *s. m.* Lance del juego de ajedrez que pone término a la partida.

mate[3] *s. m. Amér. Merid.* Infusión de yerba mate. ‖ Calabaza que se utiliza para preparar esa infusión. ‖ *fig.* Cabeza humana. ‖ Juicio, talento, capacidad.

matemática *s. f.* Disciplina que por medio de la deducción estudia los entes abstractos como números y figuras geométricas, así como las relaciones entre ellos.

materia *s. f.* Sustancia, realidad constituyente de los cuerpos dotada de propiedades físicas. ‖ Sustancia particular de la que está hecha una cosa provista de unas características determinadas. ‖ Lo que es objeto de enseñanza o de conocimiento. ‖ *loc. Materias primas:* materias de origen natural que intervienen por transformación o consumición en los procesos de fabricación.

material *adj.* Formado por materia. ‖ Que no es espiritual. *Bienes materiales.*

materialismo *s. m.* Doctrina que considera la materia como la única realidad.

materialista *adj.* Del materialismo. ‖ *s. com.* Partidario del materialismo.

materialización *s. f.* Acción de materializar.

materializar *t.* Volver material. ‖ Volver concreto, hacer realidad una idea, un proyecto.

maternidad *s. f.* Estado o calidad de madre. ‖ Hospital donde se efectúan los partos.

materno, na *adj.* Relativo a la madre. ‖ Nativo.

matinal *adj.* De la mañana.

matiz *s. m.* Cada una de las gradaciones que puede tomar un color.

matización *s. f.* Acción de matizar.

matizar *t.* Dar a un color un matiz determinado.

matojo *s. m.* Matorral.

matorral *s. m.* Campo de matas.

matraca *s. f.* Instrumento de madera compuesto de un tablero y uno o más mazos, que al sacudirlo produce un ruido fuerte y opaco.

matraz *s. m.* Recipiente esférico de vidrio o de cristal terminado en un tubo estrecho y recto, que se emplea en los laboratorios químicos.

matrero, ra *adj.* Astuto. ‖ *Amér.* Suspicaz, receloso.

matriarcado *s. m.* Preponderancia de la autoridad materna.

matricidio *s. m.* Delito de matar uno a su madre.

matrícula *s. f.* Inscripción en algún registro de una persona o cosa con el número que se le atribuye para facilitar su identificación. ‖ Documento o registro en que se acredita esta inscripción. ‖ Placa metálica en los vehículos automóviles que indica el número de inscripción.

matriculación *s. f.* Matrícula.

matriculado, da *adj.* Que se halla inscrito en una matrícula o registro.

matricular *t.* Inscribir en algún registro. ‖ *pr.* Inscribirse en un centro de enseñanza.

matrimonial *adj.* Del matrimonio.

matrimonio *s. m.* Unión legítima de hombre y mujer. ‖ *fam.* Marido y mujer.

matriz[1] *adj. y f.* Principal, generador. *La casa matriz del banco está en Londres.*

matriz[2] *s. f.* En anatomía, útero. ‖ En tecnología, molde en hueco o en relieve, que sirve para reproducir un objeto.

matrona *s. f.* Madre de familia de cierta edad. ‖ Partera.

matutino *s. m.* Diario de la mañana.

matutino, na *adj.* Que aparece, ocurre o se hace por la mañana.

maula *s. com. fam.* Mal pagador. ‖ Persona perezosa. ‖ Persona astuta y tramposa.

maullar *intr.* Dar maullidos.

maullido *s. m.* Voz del gato.

mausoleo *s. m.* Sepulcro. ‖ Monumento funerario.

maxilar *adj. y s. m.* Relativo a la mandíbula.

máxima *s. f.* Sentencia o proposición general que sirve de precepto. ‖ Temperatura más alta en un sitio y tiempo determinados.

máxime *adv.* Principalmente.

máximo, ma *adj.* Se aplica a lo más grande en su género. ‖ *s. m.* Límite superior de una cosa.

maya *adj.* Relativo a un pueblo americano del sureste de México y Guatemala. ‖ Perteneciente a él. ‖ *s. m.* Lengua hablada por ese pueblo.

mayo *s. m.* Quinto mes del año.

mayonesa o **mahonesa** *s. f.* Salsa fría compuesta por una emulsión de yema de huevo y aceite.

mayor[1] *adj.* Que excede a una cosa en cantidad o calidad. *Esta casa es mayor que la tuya.* ‖ De más edad. *El mayor de los hijos.* ‖ Que es mayor de edad. ‖ Entrado en años.

mayor[2] *s. m.* Oficial superior o jefe. ‖ *pl.* Antepasados. ‖ Personas adultas.

mayoral *s. m.* Encargado que cuida de los rebaños.

mayordomo *s. m.* Criado principal.

mayoreo *s. m.* Comercio al por mayor.

mayoría *s. f.* Cualidad de mayor. ‖ Parte mayor de los componentes de un conjunto, colectividad o asamblea.

mayorista *adj.* Se dice del comercio en que se vende y compra al por mayor. ‖ *s. com.* Comerciante al por mayor.

mayoritario, ria *adj.* Que pertenece a la mayoría o que se apoya en ella. *Gobierno mayoritario.*

mayúsculo, la *adj.* Muy grande. ‖ *s. f.* Letra de mayor tamaño que las otras y de forma distinta (por oposición a minúscula).

maza *s. f.* Arma contundente antigua.

mazacote *s. m.* Hormigón, mezcla de piedra, mortero de cal y arena. ‖ *fig.* Objeto de arte tosco o pesado.

mazahua *adj. com.* Relativo a un pueblo amerindio de México e individuo de ese pueblo.

mazapán *s. m.* Pasta de almendra y azúcar.

mazateco, ca *adj. y s.* De Mazatenango, ciudad de Guatemala. ‖ Relativo al pueblo amerindio que habita en los estados mexicanos de Guerrero, Oaxaca y Veracruz, e individuo de ese pueblo.

mazatleco, ca *adj. y s.* De Mazatlán, ciudad de México.

mazmorra *s. f.* Calabozo subterráneo.

mazo *s. m.* Martillo grande de madera. ‖ Manojo.

mazorca *s. f.* Panoja del maíz, del cacao.

mazurca *s. f.* Baile y música de origen polaco.

mbaracayá *s. m.* Mamífero carnívoro, especie de gato montés, que tiene piel con pintas negras.

me *pron.* Forma del pronombre personal de primera persona del singular que funciona como complemento directo e indirecto y se usa con verbos pronominales; va pospuesto y unido al verbo cuando acompaña a un infinitivo, gerundio o imperativo. *Me saludó pero no quiso darme la mano.*

meada *f. vulg.* Orina.

M

meandro s. m. Curva que forma el curso de un río.
mear t., intr. y pr. vulg. Orinar.
meca s. f. Centro de algo. *La meca del mundo artístico.*
mecachis interj. fam. ¡Caray!
mecánica s. f. Ciencia que estudia las fuerzas y sus acciones. || Estudio de las máquinas, de su construcción y de su funcionamiento.
mecanicismo s. m. Sistema que explica todo por las leyes de la mecánica.
mecánico, ca adj. De la mecánica. || Perteneciente a los oficios manuales. *Artes mecánicas.* || s. Persona que arregla máquinas.
mecanismo s. m. Combinación de piezas para producir un movimiento. || fig. Conjunto de varios órganos que concurren a una misma tarea.
mecanización s. f. Sustitución del hombre por las máquinas. || Transformación en una cosa mecánica.
mecanizar t. Dotar de aparatos mecánicos. || Someter a la elaboración mecánica.
mecano s. m. Juguete con diversas piezas con las que se arman modelos de objetos a escala.
mecanografía s. f. Arte de escribir con máquina.
mecanógrafo, fa s. Persona que escribe con máquina.
mecapal s. m. Amér. C. y Méx. Faja de cuero con dos cuerdas en los extremos, que, aplicada a la frente, sirve para llevar carga a cuestas.
mecatazo s. m. Méx. Latigazo. || Trago.
mecate s. m. Amér. C., Méx. y Ven. Cuerda, cordel de pita.
mecedor, ra adj. Que mece. || s. m. Columpio. || s. f. Silla de brazos especial para mecerse.
mecenas s. m. Protector.
mecenazgo s. m. Protección.
mecer t. Mover, menear, balancear acompasadamente. || pr. Balancearse.
mecha s. f. Conjunto de hilos torcidos de una lámpara o vela al cual se prende fuego. || Cuerda combustible para prender fuego a cañles, minas, barrenos, etc.
mechero s. m. Esp. Encendedor.
mechudo, da adj. y s. Méx. Que tiene el pelo largo y disparejo. || s. m. Utensilio para fregar el piso que tiene un mango largo y flecos de cordel o tela.
medalla s. f. Pieza metálica, redonda u ovalada, acuñada con alguna figura o emblema.
médano s. m. Duna en las costas.
medellinense adj. y s. com. De Medellín, ciudad de Colombia.
media¹ s. f. Prenda de vestir interior femenina de tejido fino que cubre el pie y la pierna hasta la cintura. || Prenda de vestir de punto que cubre el pie y la pierna hasta la rodilla. *La media para jugar futbol es vistosa.* || Calcetín.
media² s. f. Cantidad que resulta del promedio de otras.
mediación s. f. Intervención destinada a producir un arbitraje o un acuerdo.
mediador, ra adj. y s. Que media || Intermediario.
medianería s. f. Pared común a dos casas o fincas.
medianero, ra adj. Se dice de la cosa que está en medio de otras dos. || s. Aparcero, labrador que trabaja a medias con otro en una finca.
medianía s. f. Término medio entre dos extremos. || Situación económica modesta. *Vivir en la medianía.*
mediano, na adj. De calidad intermedia. *Inteligencia mediana.* || Ni muy grande ni muy pequeño.

medianoche s. f. Hora en que el Sol está en el punto opuesto al del mediodía. || Las doce de la noche.
mediante¹ prep. Gracias a.
mediante² adv. Que media o intercede.
mediar intr. Llegar a la mitad de una cosa concreta o no. || Estar en medio. || Interponerse entre personas que están en desacuerdo.
mediatriz s. f. En geometría, línea perpendicular levantada en el punto medio de un segmento de recta.
medicación s. f. Empleo o conjunto de medicamentos con fin terapéutico determinado.
medicamento s. m. Sustancia empleada para curar una enfermedad.
medicar t. Dar un medicamento.
medicina s. f. Ciencia que se ocupa de precaver y curar las enfermedades. || Profesión de médico. || Medicamento.

medicinar t. Administrar o dar medicamentos.
medición f. Medida.
médico, ca adj. Relativo a la medicina. || s. Persona que ejerce la medicina.
medida s. f. Acción de medir. || Expresión numérica del resultado de medir. || Unidad para medir magnitudes como longitud, área o volumen. || Disposición, prevención.
medidor, ra adj. y s. Que mide. || s. m. Aparato para medir, contador.
medieval adj. De la Edad Media.
medievo s. m. Edad Media.
medio s. m. Punto central entre dos extremos. || Cosa que sirve para conseguir un determinado fin. || Elemento o conjunto de factores que condiciona la vida de un ser. || Ambiente, grupo, sector.

medio, dia adj. Que es la mitad de lo que se expresa. *Media docena.* || Imperfecto, incompleto. || loc. *Edad Media:* periodo histórico que va del siglo v al xv d. C.
mediocre adj. Mediano.
mediocridad s. f. Medianía.
mediodía s. m. Mitad del día. || Sur.
medir t. Determinar la longitud, extensión, volumen o capacidad de una cosa. || Tomar las dimensiones de una persona. || Tener cierta dimensión.
meditabundo, da adj. Pensativo.
meditación s. f. Reflexión.
meditar t. Pensar.
mediterráneo, a adj. Del mar Mediterráneo.
médium s. m. Persona que pretende comunicarse con los espíritus.
medrar intr. Enriquecerse.
medroso, sa adj. y s. Miedoso.
médula s. f. Sustancia grasa, blanquecina o amarillenta que se halla dentro de los huesos.
medular adj. De la médula.
medusa s. f. Celentéreo de cuerpo gelatinoso.

megáfono s. m. Bocina para reforzar la voz.
megalito s. m. Piedra monumental levantada por los hombres de la edad del cobre o del bronce.
megalomanía s. f. Delirio de grandeza.

meiosis *f.* División celular.

meitnerio *s. m.* Elemento químico transuránico, que se obtiene artificialmente por bombardeo de bismuto con iones de hierro; su vida media es tan corta que se mide en milisegundos; su número atómico es 109 y su símbolo Mt.

mejilla *s. f.* Parte lateral del rostro.

mejillón *s. m.* Cierto molusco.

mejor[1] *adj.* Más bueno. || Más conveniente, preferible. || De manera más conforme a lo bueno o lo conveniente.

mejor[2] *adv.* Antes. *Mejor voy primero a la oficina.*

mejora *s. f.* Cambio hacia algo mejor. || Progreso, adelanto. || Aumento.

mejoramiento *s. m.* Mejora.

mejorana *s. f.* Planta aromática.

mejorar *t.* Volver mejor. || Hacer recobrar la salud a un enfermo.

mejoría *s. f.* Mejora.

mejunje *s. m.* Mezcla.

melancolía *s. f.* Tristeza profunda.

melancólico, ca *adj. y s.* Que padece melancolía. || Que infunde melancolía o está impregnado de ella.

melanesio, sia y **melanésico, ca** *adj. y s.* De Melanesia, parte de Oceanía.

melanina *s. f.* Pigmento de la piel.

melaza *s. f.* Residuo de la cristalización del azúcar.

melcocha *f.* Miel caliente.

melena *s. f.* Cabello largo. || Crin del león.

melifluo, flua *adj. fig.* Dulce y tierno en el trato.

melindre *s. m.* Delicadeza afectada.

melindroso, sa *adj. y s.* De una delicadeza afectada y ridícula.

mella *s. f.* Rotura o hendidura en el borde de un objeto. || Hueco que deja una cosa que falta del lugar que ocupaba.

mellado, da *adj.* Que presenta mella.

mellar *t.* Hacer mellas. || *fig.* Menoscabar.

mellizo, za *adj. y s.* Se aplica al nacido en el mismo parto que otro cuando la fecundación ha sido en distintos óvulos.

melocotón *s. m.* Fruto del melocotonero.

melocotonero *s. m.* Árbol rosáceo.

melodía *s. f.* Sucesión de sonidos que forman una frase musical. || Composición vocal o instrumental con acompañamiento o sin él.

melodioso, sa *adj.* Dulce y agradable al oído.

melodrama *s. m.* Drama.

melómano, na *adj. y s.* Aficionado a la música.

melón *s. m.* Planta de fruto ovalado. || Este fruto.

melosidad *s. f.* Dulzura, suavidad.

meloso, sa *adj.* Dulce como la miel. || *fig.* De dulzura afectada.

membrana *s. f.* Tejido fino que forma, cubre o tapiza algunos órganos. || Lámina delgada.

membrete *s. m.* Inscripción estampada en la parte superior del papel de escribir que indica el nombre y señas de una persona, oficina, etc.

membrillo *s. m.* Arbusto rosáceo de fruto amarillo. || Su fruto.

memento *s. m.* Parte de la misa en que se reza por vivos y difuntos. || Manual, compendio. || Agenda.

memorable *adj.* Digno de ser recordado. *Suceso memorable.*

memorándum o **memorando** *s. m.* Cuaderno pequeño donde se anota lo que se quiere recordar. || Informe o comunicación donde se exponen hechos o razones para que se tengan en cuenta en determinados asuntos.

memoria *s. f.* Facultad de recordar algo aprendido. || En informática, órgano esencial de una computadora que consiste en un dispositivo electrónico capaz de almacenar la información o datos y restituirlos en el momento que lo requiera el usuario.

memorial *s. m.* Petición escrita para solicitar un favor. || Libro donde se apuntan hechos memorables.

memorizar *t.* Aprender de memoria. || Retener, registrar datos en la memoria.

mena *s. f.* Mineral metalífero.

menaje *s. m.* Mobiliario de una casa. || Ajuar. || Utensilios de cocina.

mención *s. f.* Acción de referir un hecho o de nombrar a una persona.

mencionar *t.* Hacer mención.

mendelevio *s. m.* Elemento químico transuránico; metal del grupo de los actínidos, se obtiene artificialmente por bombardeo del einstenio con partículas alfa; su vida media es de 90 minutos y todos sus isótopos son radiactivos; su número atómico es 101 y su símbolo Md.

mendicidad *s. f.* Acción de mendigar.

mendigar *t.* Pedir limosna. || Pedir con insistencia.

mendigo, ga *s.* Persona que pide limosna.

mendocino, na *adj. y s.* De Mendoza, ciudad de Argentina.

mendrugo *s. m.* Trozo de pan duro.

menear *t.* Agitar, mover. *Menear la mano, el café.* || *fig.* Manejar, dirigir. || *pr.* Moverse.

meneo *s. m.* Movimiento, agitación. || Contoneo al andar. || *fig. y fam.* Dificultad. || Paliza.

menester *s. m.* Necesidad.

menesteroso, sa *adj. y s.* Indigente.

mengano, na *s.* Nombre indeterminado que se usa para designar a una persona sin nombrarla.

mengua *s. f.* Reducción. || Falta.

menguante *adj.* Que mengua. || *s. f.* Última fase de la Luna.

menguar *t. e intr.* Disminuir.

menhir *s. m.* Megalito formado por una piedra larga.

meninge *s. f.* Membrana que protege el encéfalo y la médula espinal (son tres: «piamadre», «aracnoides» y «duramadre»).

meningitis *s. f.* Inflamación de las meninges de origen infeccioso o vírico.

menisco *s. m.* Lámina cartilaginosa situada entre los huesos de una articulación, como la rodilla, para facilitar el movimiento.

menopausia *s. f.* Cese definitivo de la ovulación y la menstruación.

menor *adj.* Más pequeño. *El menor ruido.* || Que no ha llegado a la mayor edad legal. || Más joven.

menos[1] *adv.* Indica menor cantidad o intensidad. || Sobre todo. *No vendrá esta tarde, y menos si llueve.*

menos[2] *s. m.* Resta, sustracción. || Signo (–) de la resta: $5 - 3 =$ || *loc. A menos que:* Introduce una salvedad a lo dicho antes. *No iré a menos que me acompañes.*

menos[3] *prep.* Excepto. *Vinieron todos menos el hijo de Julio.*

menoscabar *t.* Disminuir.

menoscabo *s. m.* Disminución. || Daño, perjuicio.

menospreciable *adj.* Despreciable.

menospreciar *t*. Despreciar.

menosprecio *s. m*. Poco aprecio.

mensaje *s. m*. Recado de palabra que envía una persona a otra. || Comunicación importante.

mensajería *s. f*. Transporte rápido de mercaderías.

mensajero, ra *adj*. y *s*. Que transmite mensajes.

menso, sa *adj. Méx*. Tonto, pesado, bobo.

menstruación *s. m*. Flujo de líquido sangriento que evacuan periódicamente las mujeres.

menstruar *intr*. Realizar la menstruación.

mensual *adj*. Que sucede o se repite cada mes. || Que dura un mes.

mensualidad *s. f*. Sueldo de un mes. || Cantidad abonada cada mes.

mensurar *t*. Medir.

menta *s. f*. Hierbabuena.

mental *adj*. Relativo a la mente.

mentalidad *s. f*. Modo de pensar.

mentalizar *t*. Hacer adquirir plena conciencia de algo.

mentar *t*. Mencionar. || *intr. Amér*. Apodar.

mente *s. f*. Pensamiento.

mentecato, ta *adj*. y *s*. Necio.

mentir *intr*. Decir mentiras.

mentira *s. f*. Declaración falsa. || Cuento, historia falsa. || Mancha blanca en las uñas.

mentiroso, sa *adj*. Que miente. || Engañoso, falaz.

mentís *s. m*. Negación de lo afirmado por otro.

mentol *s. m*. Alcohol de la menta.

mentón *s. m*. Barbilla.

mentor *s. m. fig*. Consejero.

menú *s. m*. Lista de los platos que componen una comida. || En informática, lista de opciones que aparecen en la pantalla de una computadora.

menudencia *s. f*. Pequeñez.

menudeo *s. m*. Frecuencia. || *loc. Venta al menudeo:* venta al por menor.

menudillos *s. m. pl*. Sangre, higadillo, molleja y otras vísceras de las aves.

menudo, da *adj*. Pequeño. || Usado irónica y enfáticamente significa enorme, difícil, grave, increíble. *Menuda catástrofe*. || *loc. A menudo:* frecuentemente.

meñique *adj*. y *s. m*. Referido al dedo quinto y más pequeño de la mano.

meollo *s. m*. Seso. || Médula. || *fig*. Sustancia, lo principal de una cosa. || Entendimiento, juicio.

mequetrefe *s. com. fam*. Persona entrometida, de poca importancia y de poco juicio.

mercadeo *s. m*. Investigación de mercado, conjunto de operaciones por las que pasa una mercancía desde el productor al consumidor.

mercader *s. m*. Comerciante.

mercadería *s. f*. Mercancía.

mercado *s. m*. Lugar público cubierto o al aire libre donde se venden y compran mercancías. || Conjunto de transacciones, proceso o intercambios de bienes o servicios.

mercadotecnia *s. f*. Operaciones coordinadas para el desarrollo de las ventas de un producto o de un servicio.

mercancía *s. f*. Lo que se vende o compra.

mercantil *adj*. Comercial. || *fig*. Que tiene afán de lucro.

mercantilismo *s. m*. Espíritu mercantil aplicado a cualquier cosa.

mercantilista *adj*. Del mercantilismo. || *s. com*. Experto en asuntos mercantiles.

mercantilizar *t*. Valorar todo en función del dinero.

mercar *t*. Comprar.

merced *s. f*. Favor, gracia. || Voluntad, arbitrio. *A la merced de alguien*.

mercenario, ria *adj*. Que se hace por dinero. || Se dice del soldado o tropa que presta sus servicios al gobierno que le paga.

mercería *s. f*. Comercio de objetos menudos para las labores de costura.

merchel *s. m*. Elemento químico de apariencia desconocida, probablemente sólido; su número atómico es 115 y su símbolo Me.

mercurio *s. m*. Elemento químico, metal poco abundante en la corteza terrestre, que se encuentra nativo o, combinado con el azufre, en el cinabrio; es líquido en condiciones normales, de color blanco brillante, muy pesado, tóxico, mal conductor del calor y muy bueno de la electricidad; se utiliza en la fabricación de plaguicidas, instrumentos, espejos y, aleado con el oro y la plata, en odontología; su número atómico es 80 y su símbolo Hg.

mercurocromo *s. m*. Antiséptico de color rojo empleado en soluciones.

merecedor, ra *adj*. Que merece.

merecer *t*. Ser o hacerse digno de algo. *Merecer un premio*. || Presentar los requisitos necesarios para una cosa. *Documento que merece aprobación*.

merecimiento *s. m*. Mérito.

merendar *t*. Comer en la merienda. || *intr*. Tomar la merienda. *Merendar por la tarde*.

merendero *s. m*. Sitio donde se pueden tomar consumiciones y a veces bailar. || Establecimiento público en el campo, en la playa, donde se come.

merengue *s. m*. Dulce elaborado con claras de huevo batidas y azúcar en polvo cocido al horno. || Persona empalagosa por lo dulce o amable. || Baile y música popular de la República Dominicana. || *Arg., Py*. y *Uy. fig*. y *fam*. Lío, desorden, trifulca.

meridiano *s. m*. Plano definido por la vertical local y el eje del mundo. || Círculo máximo de la esfera terrestre que pasa por los polos.

meridiano, na *adj*. Relativo al mediodía. || *fig*. Muy claro. *Una verdad meridiana*.

meridional *adj*. Del Sur.

merienda *s. f*. Comida ligera de tarde. || Comida fría que se lleva para irse de excursión o de viaje.

mérito *s. m*. Acción que hace al hombre digno de premio o estima.

meritorio, ria *adj*. Digno de elogio. || *s*. Aprendiz de un despacho.

merluza *s. f*. Pez teleósteo marino de carne blanca.

merma *s. f*. Disminución.

mermar *t*. e *intr*. Disminuir.

mermelada *s. f*. Dulce de fruta triturada.

mero, ra *adj*. Solo, simple, sin nada más. || Propio, mismo.

mero[1] *s. m*. Pez óseo que puede llegar a medir hasta 2 m y pesar hasta 100 kg.

mero[2] *adv. Méx*. Pronto, casi. *Ya mero llega*. || *Méx*. De manera precisa, justa, exacta. *Le atinó en el mero centro*.

merodear *intr*. Errar, vagabundear.

merolico, ca *s. Méx*. Vendedor callejero que con su labia atrae a los transeúntes. || *fig. Méx*. Parlanchín, persona que habla mucho.

mersa *adj*. y *s. fam. Arg*. y *Uy*. Cursi, vulgar.

mes *s. m.* Cada una de las 12 divisiones del año. ‖ Espacio de 30 días. ‖ Mensualidad, salario mensual. ‖ Menstruo de la mujer.

mesa *s. f.* Mueble formado por una superficie plana horizontal sostenida sobre una o varias patas, y destinada a varios usos (comer, escribir, etc.). ‖ En geografía, terreno elevado y llano, de gran extensión, rodeado de valles y barrancos.

mesada *s. f. Arg.* Cobertura de los espacios auxiliares de las cocinas, encimera.

mesana *s. f.* Mástil de popa. ‖ Vela que tiene.

mesar *t.* Arrancar o estrujar el cabello o la barba con las manos.

mesero, ra *s. fig. Col., Ecua., Guat.* y *Méx.* Camarero de un restaurante.

meseta *s. f.* Llanura extensa.

mesiánico, ca *adj.* Del Mesías.

mesías *s. m.* Cristo.

mesoamericano, na *adj.* De Mesoamérica, que comprende la parte de México y de América Central donde se asentaron culturas precolombinas.

mesocarpio *s. m.* Parte entre la epidermis y el hueso en los frutos carnosos.

mesocéfalo, la *adj.* Relativo a la persona cuyo cráneo tiene las proporciones intermedias entre la branquicefalia y la dolicocefalia.

mesolítico *adj.* Se dice del periodo comprendido entre el paleolítico y el neolítico.

mesón *s. m.* Posada, venta.

mesonero, ra *s.* Propietario o encargado de un mesón.

mesopotámico, ca *adj.* y *s.* De Mesopotamia, región del Cercano Oriente.

mesosfera *s. f.* Capa atmosférica superior a la estratosfera, entre 40 y 80 km.

mesozoico, ca *adj.* Se aplica a los terrenos de la época secundaria.

mester *s. m. ant.* «Mester de clerecía» o «de juglaría», género literario cultivado por clérigos o por los cantores populares en la Edad Media.

mestizaje *s. m.* Unión fecunda entre hombres y mujeres de grupos humanos que presentan cierto grado de diferenciación genética.

mestizo, za *adj.* y *s.* Se dice de la persona de padre y madre de grupos étnicos diferentes.

mesura *s. f.* Moderación.

meta *s. f.* Final de una carrera. ‖ En futbol, portería o guardameta. ‖ *fig.* Finalidad, objetivo.

metabolismo *s. m.* Conjunto de transformaciones materiales que se efectúa constantemente en las células del organismo vivo.

metacarpiano, na *adj.* De cada uno de los cinco huesos del metacarpo.

metacarpo *s. m.* Parte de la mano entre el carpo y los dedos.

metafísica *s. f.* Ciencia de los principios primeros y de las primeras causas.

metáfora *s. f.* Traslación del sentido recto de una palabra a otro figurado.

metal *s. m.* Cuerpo simple, dotado de un brillo particular, en general buen conductor del calor y de la electricidad y que posee además la propiedad de dar como mínimo un óxido básico al combinarse con el oxígeno.

metalenguaje *s. m.* Lenguaje especializado que se utiliza para describir una lengua natural. ‖ En informática, lenguaje formal que emplea símbolos especiales, utilizado para describir la sintaxis de los lenguajes de programación.

metálico, ca *adj.* De metal o parecido a él. *Objeto metálico.* ‖ Que contiene metal.

metalistería *s. f.* Arte de trabajar los metales.

metalizar *t.* Dar un brillo metálico.

metaloide *s. m.* En química, cuerpo simple, mal conductor del calor y de la electricidad, que combinado con el oxígeno produce compuestos ácidos o neutros.

metalurgia *s. f.* Arte de extraer y tratar los metales.

metalúrgico, ca *adj.* Relativo a la metalurgia. ‖ *s. m.* Metalurgista.

metalurgista *s. com.* El que se dedica a la metalurgia.

metamorfismo *s. m.* En geología, conjunto de transformaciones que sufren las rocas en el interior de la corteza terrestre por efecto de la temperatura y la presión.

metamorfosear *t.* Transformar.

metamorfosis *s. f.* Transformación que experimenta una persona o cosa. ‖ En biología, conjunto de transformaciones que experimentan algunos vertebrados, como los anfibios y ciertos insectos, en el transcurso de su desarrollo biológico.

metano *s. m.* Gas incoloro que arde en el aire.

metástasis *s. f.* En medicina, foco patológico secundario debido a la propagación de un foco primitivo.

metatarso *s. m.* Parte del esqueleto del pie comprendida entre el tarso y las falanges.

metate *s. m.* Molino de mano utilizado por diversos pueblos amerindios.

metatórax *s. m.* Parte posterior del tórax de los insectos.

meteorito *s. m.* Fragmento de piedra o metal de los espacios interplanetarios.

meteoro *s. m.* Cualquier fenómeno atmosférico. ‖ *fig.* Persona o cosa que destaca de modo fugaz.

meteorología *s. f.* Estudio de los fenómenos atmosféricos, de la previsión del tiempo.

meteorólogo, ga *s.* Especialista en meteorología.

meter *t.* y *pr.* Poner una cosa en el interior de otra o entre otras. ‖ *pr.* Entrometerse, intervenir en cuestiones ajenas sin haber sido solicitado.

metiche *adj.* y *s. com. Méx.* Entremetido.

meticulosidad *s. f.* Carácter meticuloso.

meticuloso, sa *adj.* Minucioso.

metódico, ca *adj.* Con método.

método *s. m.* Modo de decir o hacer una cosa con orden y según ciertos principios.

metodología *s. f.* Método.

metralla *s. f.* Fragmento en que se divide un proyectil al estallar.

metralleta *s. f.* Pistola ametralladora.

métrica *s. f.* Estudio del ritmo, estructura y combinación de los versos. ‖ Sistema de versificación propio de un poeta, movimiento, lengua, país, etc.

métrico, ca *adj.* Relativo a la métrica. ‖ Relativo al metro o al sistema de medidas que tiene como base el metro.

metro¹ *s. m.* Unidad de medida de longitud. || Instrumento que sirve para medir longitudes que tiene marcado un metro y sus divisores.

metro² *s. m.* Ferrocarril eléctrico, generalmente subterráneo, utilizado como medio de transporte rápido de pasajeros en las grandes ciudades.

metrónomo *s. m.* Instrumento para medir el tiempo musical.

metrópoli o **metrópolis** *s. f.* Estado o ciudad en relación con sus colonias.

metropolitano, na *adj.* Relativo a la metrópoli. || *s. m.* Metro, ferrocarril.

mexicanismo *s. m.* Voz o giro propio de los mexicanos. || Carácter mexicano. || Amor a México.

mexicano, na *adj.* y *s.* De México. || Modalidad del castellano hablado en México.

mezcal *s. m.* Variedad de pita. || Aguardiente que se saca de ella.

mezcla *s. f.* Acción y efecto de mezclar o mezclarse. || Reunión de cosas o personas diversas. || Argamasa. || Grabación simultánea en la cinta sonora cinematográfica de todos los sonidos necesarios (palabras, música, etc.).

mezclador, ra *s.* Máquina o aparato que se utiliza para mezclar diferentes cosas.

mezclar *t.* Juntar, incorporar una cosa con otra. || *pr.* Introducirse, meterse uno entre otros.

mezclilla *s. f. Méx.* Tela basta de algodón, por lo general de color azul, que se emplea principalmente en la confección de jeans.

mezcolanza *s. f.* Mezcla confusa.

mezquindad *s. f.* Avaricia.

mezquino, na *adj.* Avaro. || Escaso.

mezquita *s. f.* Edificio religioso musulmán.

mezquite *s. m. Méx.* Árbol parecido a la acacia de cuyas hojas se saca un extracto para el tratamiento de las oftalmias.

mí *pron.* Forma del pronombre personal de primera persona del singular; funciona como complemento precedido de preposición: *A mí no me gusta la fruta ácida.*

mi¹ *adj.* Forma del adjetivo posesivo de la primera persona del singular que se usa cuando va antepuesto al nombre; indica que la persona, animal o cosa designados por el nombre al que precede pertenecen al emisor en un acto de comunicación (son de su propiedad, tienen un parentesco con él, están asociados a él, etc.). *Me gusta mucho leer mi libro de cuentos.*

mi² *s. m.* Nota musical.

miasma *s. m.* Emanación perniciosa de las sustancias pútridas.

mico *s. f.* Mono pequeño de cola larga.

micosis *s. f.* Infección provocada por hongos parásitos.

micra *s. f.* Unidad de medida de longitud equivalente a la millonésima parte de un metro.

microbiano, na *adj.* Relativo a los microbios.

microbio *s. m.* Organismo microscópico unicelular y vegetal.

microbús *s. m.* Pequeño autobús.

microchip *s. m.* En electrónica, chip de tamaño muy pequeño.

microcircuito *s. m.* Circuito eléctrico o electrónico de dimensiones muy pequeñas.

microfilm o **microfilme** *s. m.* Película de fotografías pequeñas para reproducir documentos.

micrófono *s. m.* Aparato eléctrico que recoge y transmite los sonidos aumentando su intensidad.

micronesio, sia *adj.* y *s.* De Micronesia, país de Oceanía.

microonda *s. f.* Onda electromagnética de una longitud comprendida entre 1 m y 1 mm. || *s. m. pl.* Horno de cocina muy rápido en que el calor está generado por ondas de alta frecuencia.

microorganismo *s. m.* Ser vivo microscópico.

microscópico, ca *adj.* Muy pequeño.

microscopio *s. m.* Instrumento óptico para observar de cerca objetos extremadamente pequeños.

microsegundo *s. m.* Millonésima parte de un segundo.

miedo *s. m.* Sentimiento de gran inquietud suscitado por un peligro.

miedoso, sa *adj. fam.* Que se asusta.

miel *s. f.* Sustancia dulce y viscosa que preparan ciertos insectos con el néctar de las flores.

miembro *s. m.* Apéndice del tronco del ser humano o de los animales vertebrados, útil para las funciones de locomoción y prensión. || Estructura en forma de apéndice. || Persona que forma parte de una corporación o colectividad. || Pene.

mientras *adv.* y *conj.* Durante el tiempo en que. *Hazlo mientras voy.*

miércoles *s. m.* Cuarto día de la semana.

mierda *s. f. vulg.* Excremento. || *fam.* Suciedad. || Cosa sin valor.

mies *s. f.* Cereal maduro.

miga *s. f.* Parte interior y blanda del pan, que está recubierta por la corteza. || Migaja, porción pequeña de cualquier cosa. || *fig.* y *fam.* Contenido sustancial o esencial de algo. *Un discurso con mucha miga.*

migaja *s. f.* Trozo muy pequeño de pan o de comida. || *fig.* Nada o casi nada. || *pl.* Sobras, residuos.

migración *s. f.* Desplazamiento de individuos de un sitio a otro por razones económicas, sociales o políticas. || Viaje periódico de ciertos animales.

migraña *s. f.* Fuerte dolor en una parte del cráneo, jaqueca.

mijo *s. m.* Planta gramínea.

mil *adj.* Diez veces ciento. || Milésimo. *El año mil.* || *fig.* Gran número. *Pasar mil angustias.* || *s. m.* Signo o conjunto de signos con que se representa al número mil. || Millar. *Gastar miles de pesos.*

milagro *s. m.* Hecho sobrenatural. || Cosa extraordinaria que la razón no puede explicar. || Cosa magnífica. *Los milagros de la ciencia.*

milanesa *s. f. Arg.* y *Uy.* Filete de carne empanada.

milano *s. m.* Ave rapaz diurna.

milenario, ria *adj.* Que tiene mil unidades o mil años. || *fig.* Muy antiguo. || *s. m.* Periodo de mil años. || Milésimo aniversario.

milenio *s. m.* Periodo de mil años.

milésimo, ma *adj.* Que ocupa el lugar indicado por el número mil. || *s. m.* Cada una de las mil partes iguales de un todo.

milhojas *s. m.* Pastel de hojaldre.

milicia *s. f.* Gente armada que no forma parte del ejército activo y es una fuerza auxiliar.

miliciano, na *s.* Persona perteneciente a una milicia.

milico, ca *s. desp. Amér. Merid.* Militar, soldado.

miligramo *s. m.* Milésima parte de un gramo.

mililitro *s. m.* Milésima parte de un litro.

milimétrico, ca *adj.* Del milímetro. || Graduado en milímetros.

milímetro *s. m.* Milésima parte de un metro.

militancia *s. f.* Actitud, actividad e ideología de la persona que milita, especialmente en un partido político o en un sindicato.

militar[1] *adj.* y *s. com.* Relativo a las fuerzas armadas o a la guerra. *Autoridad militar.* || Persona que pertenece al ejército.

militar[2] *intr.* Formar parte de una milicia o ejército.

militarismo *s. m.* Influencia de los militares en el gobierno de un país.

militarización *s. f.* Dar carácter u organización militar.

militarizar *t.* Infundir la disciplina o el espíritu militar. || Dar carácter militar a una organización.

milivatio *s. m.* Milésima parte del vatio.

milla *s. f.* Medida itineraria marina (1 852 m). || Medida itineraria inglesa (1 609 m).

millar *s. m.* Mil unidades. || *fig.* Número grande.

millón *s. m.* Mil millares. || *fig.* Número muy grande, indeterminado.

millonésimo, ma *adj.* y *s.* Se dice de cada una del millón de partes iguales en que se divide un todo. || Que ocupa el lugar millón por un millón.

milonga *s. f.* Canción y baile de la Argentina.

milonguero, ra *s.* Persona que canta o baila milongas.

milpa *s. f.* Parcelas individuales dedicadas al cultivo del maíz. || *Amér. C.* y *Méx.* Maizal.

mimar *t.* Tratar con cariño.

mimbre *s. m.* Rama de la mimbrera.

mimbrera *s. f.* Arbusto cuyas ramas flexibles se utilizan en cestería.

mimetismo *s. m.* Reproducción maquinal de gestos o ademanes.

mímico, ca *adj.* Relativo al mimo o a la mímica. || *s. f.* Arte de imitar o de darse a entender por medio de gestos.

mimo *s. m.* Actor que manifiesta con gestos la acción. || Cariño, demostración excesiva de ternura.

mimoso, sa *adj.* Muy cariñoso. || *s. f.* Planta con hermosas flores.

mina[1] *s. f.* Excavación para extraer del subsuelo sustancias minerales útiles. || Barrita cilíndrica que forma el eje de un lápiz y está constituida por una materia que deja una traza sobre el papel.

mina[2] *s. f.* *Arg.* y *Uy.* Mujer.

minar *t.* Cavar lentamente por debajo. *El agua mina las piedras.*

minarete *s. m.* Alminar.

mineral *adj.* Relativo a los cuerpos inorgánicos. *Reino mineral.* || *s. m.* Cuerpo inorgánico, sólido a la temperatura normal, que constituye las rocas de la corteza terrestre.

mineralizar *t.* Comunicar a una sustancia las propiedades del mineral. || *pr.* Convertirse en mineral.

mineralogía *s. f.* Ciencia que estudia los minerales.

minería *s. f.* Explotación de minas.

minero, ra *adj.* Relativo a las minas o a su explotación. || *s.* Persona que trabaja en las minas.

minga *s. f.* *fam. Arg.* Nada.

mingitorio *s. m.* Urinario.

miniatura *s. f.* Pintura de pequeñas dimensiones. || Reproducción de un objeto en tamaño reducido.

miniaturizar *t.* Dar las dimensiones más pequeñas posibles.

minifundio *s. m.* Finca rústica de poca extensión.

mínima *s. f.* Cosa muy pequeña. || Temperatura más baja en un tiempo y lugar dados.

minimizar *t.* Reducir algo al mínimo. || *fig.* Quitar importancia.

mínimo, ma *adj.* Muy pequeño. *Cantidad mínima.* || Que ha llegado al mínimo. *Temperatura mínima.* || *s. m.* Grado más pequeño al que puede reducirse una cosa.

minino, na *s.* Gato.

ministerio *s. m.* Misión, función. || Conjunto de los ministros de un gobierno. || *loc. Ministerio público o fiscal:* el que vela por los intereses del Estado.

ministro *s. m.* Hombre de Estado encargado de un ministerio.

minoración *s. f.* Disminución.

minorar *t.* Disminuir.

minoría *s. f.* Conjunto de personas que se encuentran en número menor al de la mayoría. || Parte de la población de un Estado que difiere de la mayoría en etnia, lengua o religión.

minorista *adj.* Se dice del comercio al por menor. || *s. com.* Persona que vende al por menor.

minoritario, ria *adj.* Que pertenece a una minoría o que se apoya en ella.

minucia *s. f.* Menudencia, cosa de poco aprecio e importancia. || Detalle, pormenor.

minuciosidad *s. f.* Minucia, esmero.

minucioso, sa *adj.* Que hace las cosas con detenimiento y cuidando los más mínimos detalles. *Un relato minucioso.*

minuendo *s. m.* En una resta, cantidad de la que ha de restar otra llamada «sustraendo».

minúsculo, la *adj.* Diminuto, muy pequeño. || *s. f.* Letra ordinaria menor que la mayúscula.

minusválido, da *adj.* y *s.* Se dice de la persona disminuida físicamente por una afección motriz.

minuta *s. f.* Cuenta de los derechos u honorarios que presenta un profesional por el trabajo prestado, especialmente los abogados.

minutero *s. m.* Manecilla del reloj que señala los minutos.

minuto *s. m.* Cada una de las 60 partes iguales en que se divide una hora.

mío, a *adj.* y *pron.* De mí. *Este libro es mío.*

miocardio *s. m.* Parte musculosa del corazón.

mioceno *adj.* y *s. m.* Cuarto periodo de la era Terciaria, entre el oligoceno y el plioceno, en que aparecieron los mamíferos evolucionaron, como simios, rumiantes, mastodontes y dinoterios.

mioma *s. m.* Tumor en los músculos.

miope *adj.* y *s. com.* Corto de vista.

miopía *s. f.* Defecto de la vista que sólo permite ver los objetos próximos al ojo.

mira *s. f.* Pieza de las armas de fuego para asegurar la puntería.

mirada *s. f.* Acción de mirar.

mirado, da *adj.* Cuidadoso. || Tenido en buena o mala estima.

mirador *s. m.* Lugar desde donde se contempla un paisaje.

miraguano *s. m.* Palmera cuyo fruto se usa para rellenar cojines, etc.

miramiento *s. m.* Consideración.

mirar *t.* Fijar atentamente la mirada en. ‖ Estar orientado hacia. *La casa mira al sur.*

miríada *s. f.* Cantidad indefinida.

miriámetro *s. m.* Medida de diez mil metros.

miriápodo *adj.* y *s. m.* Se dice del animal que tiene uno o dos pares de patas en cada uno de sus numerosos segmentos. ‖ *pl.* Clase de estos animales.

mirilla *s. f.* Abertura para mirar.

mirlo *s. m.* Pájaro de plumaje oscuro.

mirón, rona *adj.* Que mira con mucha curiosidad.

mirra *s. f.* Gomorresina.

misa *s. f.* Ceremonia religiosa en la que el sacerdote católico, ante el altar, ofrece a Dios el sacrificio del cuerpo y la sangre de Jesucristo.

misantropía *s. f.* Odio a los hombres.

misantrópico, ca *adj.* Propio de los misántropos.

misántropo, pa *s.* Persona huraña que huye del trato humano.

miscelánea *s. f.* Mezcla.

miserable *adj.* Tacaño, mezquino. ‖ Pobre. *Una familia miserable.* ‖ Ínfimo, escaso. *Sueldo miserable.* ‖ Mísero. *¡Miserable de mí!*

miseria *s. f.* Desgracia. *Sufrir miserias.* ‖ Pobreza extrema. *Vivir en la miseria.* ‖ Avaricia, mezquindad. ‖ Cosa de poco valor.

misericordia *s. f.* Virtud que nos inclina a ser compasivos. ‖ Perdón. *Pedir misericordia.*

misericordioso, sa *adj.* y *s.* Inclinado a la compasión y al perdón.

mísero, ra *adj.* y *s.* Desgraciado. ‖ Tacaño.

mishiadura *s. f. fam. Arg.* Persona de pocos recursos. ‖ Escasez de recursos.

misia o **misiá** *s. f. Amér. Merid.* Tratamiento de cortesía equivalente a «señora».

misil *s. m.* Cohete, proyectil balístico.

misión *s. f.* Acción encomendada a una persona. *Enviar con una misión.* ‖ Expedición científica encargada de cumplir una tarea concreta.

misionero, ra *adj.* De la misión evangélica. ‖ *s.* Persona que predica la religión en las misiones. ‖ De Misiones, ciudades de Argentina y Paraguay.

misiva *s. f.* Carta, mensaje.

mismo, ma *adj.* Idéntico, igual. *Del mismo color.* ‖ Se agrega a los pronombres personales y adverbios para darles más fuerza. *Yo mismo.*

misoginia *s. f.* Odio a las mujeres.

misógino *adj.* y *s. m.* Que odia el trato con las mujeres.

misterio *s. m.* En la religión católica, cosa inaccesible a la razón y que debe ser objeto de fe. ‖ *fig.* Cosa incomprensible.

misterioso, sa *adj.* Que encierra en sí misterio.

mística *s. f.* Vida espiritual y contemplativa. ‖ Literatura basada en esta vida.

misticismo *s. m.* Contemplación de Dios o de las cosas espirituales.

místico, ca *adj.* Que se refiere a los misterios cristianos y a las realidades invisibles.

mistificación *s. f.* Falseamiento.

mistificar *t.* Falsear, falsificar. ‖ *pr.* Burlarse.

mita *s. f.* En la América colonial, repartimiento forzado de la población india para realizar los diversos servicios personales del comercio, agricultura y minería, especialmente el trabajo en las minas del Perú. ‖ En el imperio inca, servicio personal que realizaban los súbditos del inca en los servicios públicos o en las tierras del inca para satisfacer los impuestos.

mitad *s. f.* Cada una de las dos partes iguales en que se divide un todo.

mitayo *s. m.* En América, indígena sorteado para el trabajo. ‖ Indígena que llevaba lo recaudado en la mita.

mitificar *t.* Dar carácter de mito.

mitigar *t.* Disminuir.

mitin *s. m.* Reunión pública de asuntos políticos.

mito *s. m.* Relato de los tiempos fabulosos y heroicos de sentido generalmente simbólico. *Los mitos griegos.* ‖ *fig.* Cosa que no tiene realidad concreta. ‖ Personaje fabuloso.

mitocondria *s. f.* Cuerpo presente en el citoplasma de las células.

mitología *s. f.* Historia de los dioses.

mitológico, ca *adj.* Relacionado con la mitología.

mitón *s. m.* Guante sin dedos.

mitosis *s. f.* Proceso de división indirecta de la célula que se caracteriza por la duplicación de todos sus elementos y un reparto igualatorio entre las dos células hijas; comprende cuatro fases: profase, metafase, anafase y telofase.

mitote *s. m. Méx.* Fiesta casera. ‖ Aspaviento, demostración exagerada. ‖ *Méx.* Situación donde impera el desorden o en la que hay mucho ruido o alboroto.

mitotero, ra *adj.* y *s. Méx.* Que hace mitotes o melindres. ‖ Bullanguero, amigo de diversiones.

mitra *s. f.* Toca de los prelados.

mitrado *s. m.* Obispo.

mitral *adj.* Se dice de la válvula que existe entre la aurícula y el ventrículo izquierdos del corazón.

mixe *adj.* y *s.* Del pueblo amerindio que vive en México, en el estado de Oaxaca.

mixomicete *adj.* y *s. m.* Relativo a una clase de hongos que forman masas gelatinosas que se alimentan de vegetales en descomposición.

mixteca *adj.* y *s. m.* Se dice de un pueblo indígena mexicano que vivía en el sur del país.

mixtificación *s. f.* Mistificación.

mixtificador, ra *adj.* y *s.* Mistificador.

mixtificar *t.* Mistificar.

mixto, ta *adj.* Mezclado e incorporado con una cosa. ‖ Compuesto de elementos de distinta naturaleza. *Cuerpo mixto.* ‖ Que comprende personas de ambos sexos o pertenecientes a grupos distintos. *Escuela mixta.*

mixtura *s. f.* Mezcla.

mnemotecnia *s. f.* Arte de cultivar la memoria mediante ejercicios apropiados.

mnemotécnico, ca *adj.* De la mnemotecnia. ‖ *s. f.* Mnemotecnia.

moaré *s. m.* Muaré.

mobiliario, ria *adj.* Mueble. ‖ Transmisible. *Valor mobiliario.* ‖ *s. m.* Conjunto de muebles.

moblaje *s. m.* Mobiliario.

mocasín¹ *s. m.* Calzado plano, flexible y sin cordones. ‖ Calzado de los indígenas norteamericanos, hecho de piel sin curtir.

mocasín² *s. m.* Ofidio de América y Asia.

mocedad *s. f.* Juventud.

mochica *adj.* Se dice de un pueblo indígena que vivía en la costa septentrional del antiguo Perú. ‖ Relativo a este pueblo. ‖ *s.* Natural de él.

mochila *s. f.* Morral.

mocho, cha *adj.* Que no tiene la punta o el remate ordinarios. ‖ *Méx.* Se dice de la persona mojigata, fanática de sus creencias religiosas.

mochuelo *s. m.* Ave rapaz nocturna.

moción *s. f.* Proposición hecha en una asamblea.

moco *s. m.* Sustancia pegajosa segregada por la nariz.

mocoso, sa *adj.* y *s. fig.* Niño.

moda *s. f.* Manera de actuar, vivir y pensar ligada a un ambiente o a una época determinados. ‖ Conjunto de ropa y complementos que siguen el gusto del momento.

modal *adj.* Relativo al modo, especialmente al gramatical. ‖ *s. m. pl.* Conjunto de gestos, expresiones y actitudes conforme a lo que es considerado correcto o distinguido por determinado grupo social.

modalidad *s. f.* Modo, forma particular de ser o de manifestarse una cosa.

modelado *s. m.* Acción de modelar.

modelador, ra *adj.* Que modela.

modelar *t.* Formar con barro, cera, etc., una figura. ‖ Adaptar. *Modelar su conducta.*

modelo¹ *adj. inv.* Perfecto en su género, digno de ser imitado. *Escuela modelo.*

modelo² *s. m.* Objeto que se reproduce o se imita. ‖ Representación de alguna cosa en pequeña escala. ‖ Persona, animal u objeto que reproduce el pintor o escultor. ‖ *s. f.* Mujer que en las casas de modas exhibe los nuevos trajes y vestidos.

módem o **modem** *s. m.* En informática, dispositivo que convierte la información que recibe de una forma generalmente digital en otra forma transmisible a través de una línea telefónica, y viceversa.

moderación *s. f.* Virtud que consiste en permanecer alejado de ambos extremos. ‖ Cordura.

moderado, da *adj.* Que tiene moderación. ‖ Que no es excesivo. *Precio moderado.* ‖ En política, alejado de extremismos.

moderador, ra *adj.* Que modera. ‖ *s.* Que dirige un debate en una asamblea.

moderar *t.* Reducir la intensidad. *Moderar la velocidad.* ‖ Contener fuera de todo exceso. ‖ *pr.* Contenerse.

modernidad *s. f.* Modernismo.

modernismo *s. m.* Cualidad de moderno. ‖ Afición, gusto por lo moderno.

modernista *adj.* Relativo al modernismo. ‖ *s. com.* Partidario del modernismo.

modernización *s. f.* Acción y efecto de modernizar.

modernizar *t.* Dar forma moderna.

moderno, na *adj.* Que pertenece a la época actual o existe desde hace poco tiempo. *Muebles modernos.*

modestia *s. f.* Sencillez.

modesto, ta *adj.* y *s.* Sencillo.

módico, ca *adj.* Limitado, reducido.

modificación *s. f.* Cambio.

modificar *t.* Cambiar.

modismo *s. m.* Frase o locución características de una lengua, cuyo significado no se deduce de los significados aislados de las palabras que la forman.

modista *s. com.* Persona que hace vestidos para señoras o que los diseña.

modisto *s. m.* Modista.

modo *s. m.* Manera variable de presentarse una cosa. ‖ Forma de realizar algo. ‖ En gramática, categoría del verbo que hace referencia a la manera en que se presenta el proceso verbal (en español hay cuatro modos: indicativo, condicional o potencial, subjuntivo e imperativo.)

modorra *s. f.* Sueño pesado, sopor.

modosidad *s. f.* Calidad de modoso.

modoso, sa *adj.* Recatado.

modulación *s. f.* Acción de modular la voz o el tono. ‖ Variación en el tiempo de una de las características de una onda (amplitud, frecuencia, fase) con arreglo a una ley determinada.

modulador, ra *adj.* y *s.* Que modula.

modular¹ *adj.* Relativo al módulo. ‖ Que está formado por un conjunto de módulos. *Biblioteca modular.*

modular² *intr.* En música, pasar melódicamente de una tonalidad a otra, dentro de un mismo fragmento de una composición.

módulo *s. m.* Proporción que existe entre las dimensiones de los elementos de un cuerpo u obra que se considera perfecta. ‖ Unidad de medida que se toma para establecer esta proporción.

mofa *s. f.* Burla.

mofeta *s. f.* Animal carnívoro americano que se defiende lanzando un líquido maloliente.

mogol, la *adj.* y *s.* Mongol.

mogólico, ca *adj.* y *s.* Mongólico.

mogrebí *adj.* Maghrebí.

mohín *s. m.* Mueca o gesto.

moho *s. m.* Capa de óxido que se forma en la superficie de algunos metales, como el hierro.

moisés *s. m.* Cuna de mimbre.

mojado, da *adj.* y *s.* Se dice del mexicano residente ilegal en los Estados Unidos de América.

mojar *t.* Humedecer una cosa con agua u otro líquido.

mojarra *s. f.* Pez marino de color gris plateado con tornasoles y grandes fajas transversales negras. ‖ *Arg.* Pez pequeño que abunda en aguas dulces de América del Sur.

mojicón *s. m. fam.* Puñetazo.

mojiganga *s. f.* Burla.

mojigato, ta *adj.* y *s.* Hipócrita. ‖ Santurrón.

mojón *s. m.* Hito, poste o señal para indicar los límites. ‖ Excremento humano.

mol *s. m.* Molécula gramo.

molar *adj.* Relativo a la muela.

molcajete *s. m.* Mortero grande, generalmente de piedra, con tres apoyos en su base.

molcajetear *t. Méx.* Moler.

moldavo, va *adj.* y *s.* De Moldavia, país de Europa.

molde *s. m.* Pieza en la que se hace en hueco la figura del objeto que se quiere reproducir. ‖ Instrumento que sirve para dar forma a una cosa.

moldear *t.* Sacar el molde de un objeto. ‖ Vaciar en un molde.

moldura *s. f.* Parte saliente que sirve de adorno.

mole¹ *s. f.* Cuerpo pesado y enorme. ‖ Corpulencia, especialmente de una persona.

mole² *s. m. Méx.* Salsa espesa elaborada con diferentes chiles, especias y otros ingredientes. ‖ Guiso de carne de pollo, guajolote o cerdo que se prepara con esa salsa.

molécula *s. f.* Partícula formada de átomos que representa la cantidad más pequeña de un cuerpo que pueda existir en estado libre.

molecular *adj*. De la molécula.

moler *t*. Reducir el grano u otros materiales a polvo o pequeños fragmentos mediante golpes, presión o frotamiento. || Maltratar físicamente a alguien. *Moler a palos*.

molestar *t*. Causar molestia. || Fastidiar. *Le molesta hacer visitas*. || *pr*. Tomarse la molestia de hacer algo. *No se ha molestado en ayudarme*.

molestia *s. f*. Contrariedad, disgusto. *Es una molestia ir allí*. || *pl*. Achaques de salud.

molesto, ta *adj*. Que causa molestia.

molibdeno *s. m*. Elemento químico, metal escaso en la corteza terrestre, que se encuentra generalmente en forma de sulfuro; es de color gris o negro y brillo plateado, y con un elevado punto de fusión, blando y dúctil en estado puro, pero quebradizo si presenta impurezas; se utiliza en la fabricación de aceros y filamentos resistentes a altas temperaturas; su número atómico es 42 y su símbolo Mo.

molicie *s. f*. Mucha comodidad.

molido, da *adj*. Muy cansado.

molienda *s. f*. Acción de moler. || Lo que se muele de una vez. || Temporada en que se muele.

molinero, ra *adj*. Relativo al molino. *Industria molinera*. || *s*. Persona que tiene un molino o trabaja en él.

molinete *s. m*. Juguete de papel u otro material que gira a impulsos del viento. || Figura de baile.

molinillo *s. m*. Utensilio doméstico para moler. *Molinillo de café*. || Aparato para medir la velocidad de las corrientes de agua. || Molinete, juguete infantil.

molino *s. m*. Máquina para moler o estrujar.

molla *s. f*. Parte carnosa del cuerpo.

mollar *adj*. Blando.

molleja *s. f*. Estómago de las aves.

mollera *s. f*. Cabeza, en especial la parte más alta de la misma. || Fontanela situada en la parte más alta de la frente.

molusco *s. m*. Animal invertebrado de cuerpo blando protegido por una concha, como el caracol, la ostra, el pulpo, la jibia, etc.

momentáneo, a *adj*. Que sólo dura un momento. || Provisional.

momento *s. m*. Espacio de tiempo breve, no especificado. || Instante, punto definido en el tiempo. || Periodo de duración indeterminada en que se hace cierta cosa o sucede algo.

momia *s. f*. Cadáver conservado por medio de sustancias balsámicas.

momificar *t*. Convertir en momia un cadáver.

mona *s. f. fam*. Borrachera.

monada *s. f*. Gesto o acción propia de un mono. || Cosa bonita, graciosa y pequeña.

monaguillo *s. m*. Niño que ayuda al sacerdote en las ceremonias religiosas.

monarca *s. m*. Rey.

monarquía *s. f*. Estado regido por un monarca.

monárquico, ca *adj*. Del monarca o de la monarquía. || *s*. Partidario de la monarquía.

monasterio *s. m*. Convento.

monda *s. f*. Operación consistente en mondar árboles, frutas o legumbres.

mondadientes *s. m*. Palo pequeño y alargado, generalmente de madera, rematado en punta, que sirve para sacar lo que se mete entre los dientes.

mondadura *s. f*. Monda.

mondar *t*. Pelar las frutas y las legumbres.

mondongo *s. m*. Intestinos y panza de un animal. || *fam*. Intestinos de una persona. || Guiso que se elabora con panza de res, menudo.

moneda *s. f*. Instrumento legal de los pagos. *Moneda de papel*. || Pieza de metal acuñada que facilita las transacciones comerciales.

monedero *s. m*. Bolsa para guardar las monedas.

monegasco, ca *adj. y s*. De Mónaco, país de Europa.

monema *s. m*. En lingüística, unidad mínima significativa. || Término que integra un sintagma.

monera *s. f*. Organismo unicelular sin núcleo diferenciado.

monería *s. f*. Monada.

monetario, ria *adj*. De la moneda.

monetizar *t*. Dar curso legal a los billetes de banco u otros signos pecuniarios. || Convertir en moneda.

mongol, la *adj. y s*. De Mongolia, país de Asia. || *s. m*. Lengua hablada por los mongoles.

mongolismo *s. m*. Enfermedad caracterizada por la deformación del rostro congénita del rostro, que suele ser redondo con los ojos hendidos, y retraso mental.

monigote *s. m. fig*. Muñeco ridículo. || Pintura o dibujo mal hecho. || *fam*. Persona despreciable.

monitor, ra *s*. Persona que enseña algunos deportes o algunas disciplinas. || *s. m*. En las emisoras de televisión, aparato que permite controlar el buen funcionamiento. || Dispositivo en cuya pantalla se observan las imágenes generadas o enviadas por una computadora, una cámara de vigilancia o un equipo de medición.

monja *s. f*. Religiosa.

monje *s. m*. Fraile.

mono, na[1] *adj. fig*. Bonito, gracioso, pulido. || *Col*. Rubio.

mono, na[2] *s*. Simio. || *fig*. Persona muy fea. || *s. m. Esp*. Prenda de una sola pieza que cubre el torso y extremidades.

monocorde *adj*. Monótono.

monocotiledóneo, a *adj. y s. f*. Relativo a las plantas angiospermas de un solo cotiledón.

monocromía *s. f*. Calidad o condición de lo que tiene un solo color.

monocultivo *s. m*. Cultivo en un terreno de un solo producto.

monogamia *s. f*. Régimen jurídico que no admite la pluralidad de cónyuges.

monógamo, ma *adj*. Que practica la monogamia. || Que sólo se ha casado una vez.

monografía *s. f*. Estudio sobre cierto tema.

monolítico, ca *adj*. Relativo al monolito. || Hecho de un solo bloque.

monolito *s. m*. Monumento de piedra de una sola pieza.

monólogo *s. m*. Escena dramática en que sólo habla un personaje. || Discurso a sí mismo.

monomanía *s. f*. Trastorno en el que una sola idea absorbe todas las facultades intelectuales.

monomio *s. m*. En matemáticas, expresión algebraica que comprende un solo término.

monopolio *s. m*. Exclusividad de la venta, fabricación o explotación de una cosa.

monopolista *s. com*. Persona que ejerce monopolio.

monopolizar t. Adquirir o atribuirse un monopolio. || fig. Acaparar.

monorrítmico, ca adj. Que tiene un solo ritmo.

monosílabo, ba adj. y s. De una sola sílaba.

monoteísmo s. m. Creencia en un solo Dios.

monotonía s. f. Uniformidad de tono. || Falta de variedad.

monótono, na adj. Que está casi siempre en el mismo tono. || Demasiado uniforme. Paisaje monótono.

monovalente adj. En química, de una sola valencia.

monseñor s. m. Tratamiento que se da en Italia a los prelados y en Francia a los obispos.

monserga s. f. Pesadez.

monstruo s. m. Ser que presenta una malformación. || Ser fantástico de la mitología o la leyenda.

monstruosidad s. f. Calidad de monstruoso. || fig. Acción sumamente cruel.

monstruoso, sa adj. Que está contra el orden de la naturaleza. Cabeza monstruosa. || Excesivo. || Espantoso. Crimen monstruoso. || Muy feo.

monta s. f. Acción de montar. || Suma, total de varias partidas.

montacargas s. m. Aparato elevador que sirve para transportar cosas.

montador, ra s. Persona que monta. || Operario que monta máquinas, aparatos, etc.

montaje s. m. Operación consistente en unir las distintas piezas de un objeto, particularmente de una máquina. || Organización. || fig. Farsa, tinglado.

montante adj. Que monta. || s. m. Elemento vertical de un entrepaño, bastidor o estructura, que sirve de soporte o refuerzo.

montaña s. f. Elevación natural grande del terreno con un fuerte desnivel entre la cima y la base. || Región montañosa.

montañero, ra s. Persona que practica el montañismo.

montañés, ñesa adj. y s. De la montaña.

montañismo s. m. Práctica de las ascensiones de montaña.

montañoso, sa adj. Relativo a las montañas o cubierto de ellas.

montar t. Armar, ajustar, ensamblar o poner en su lugar las piezas o elementos de una estructura, aparato, máquina, etc. Montar un andamiaje. || Poner las cosas necesarias en una casa para habitarla, o en un negocio o industria para que empiece a funcionar. Montar un bar. || Cubrir el macho a la hembra. || t. e intr. Ir sobre una caballería, dirigiéndola. Saber montar a caballo. || t., intr. y pr. Subir sobre un animal.

montaraz adj. Salvaje.

monte s. m. Gran elevación natural de terreno. || Cierto juego de naipes.

montepío s. m. Establecimiento de socorros mutuos público o privado.

montera s. f. Gorro de los toreros.

montería s. f. Caza mayor.

montés, tesa adj. Salvaje.

montevideano, na adj. y s. De Montevideo, capital de Uruguay.

montículo s. m. Monte pequeño.

monto s. m. Monta, importe total.

montón s. m. Conjunto de cosas acumuladas sin orden unas encima de otras. || fig. y fam. Número considerable, gran cantidad de algo.

montonero, ra adj. y s. fam. Méx. Se dice de la persona que actúa junto con otros en contra de alguien.

montubio, bia s. Ecua. y Per. Campesino.

montura s. f. Cabalgadura. || Silla para montar a caballo.

monumental adj. Enorme. || Excelente.

monumento s. m. Obra arquitectónica o escultórica destinada a recordar un acontecimiento o a un personaje ilustre.

monzón s. m. Viento de Asia.

moño s. m. Cabello sujeto y arrollado detrás, encima o a los lados de la cabeza. || Lazo. || Penacho de algunos animales. || pl. Adornos superfluos o de mal gusto. || loc. fam. Méx. Ponerse sus moños: ponerse alguien pesado, hacerse del rogar.

moqueo s. m. fam. Secreción nasal.

mora s. f. Fruto del moral o de la morera.

moráceas s. f. pl. Familia de plantas como el moral, la morera, la higuera, etc.

morada s. f. Casa.

morado, da adj. Se dice del color violeta oscuro. || Que es de este color. Las berenjenas moradas. || s. m. Nombre de ese color.

morador, ra adj. y s. Habitante.

moral[1] adj. Relativo a las costumbres o a las reglas de conducta. Los valores morales engrandecen a las personas. || Que es conforme o favorable a las buenas costumbres.

moral[2] s. f. Conjunto de reglas de conducta propuestas por una determinada doctrina o inherentes a una determinada condición.

moral[3] s. m. Árbol originario de Asia, con tronco grueso y recto, hojas dentadas y acorazonadas y flores unisexuales, cuyo fruto, la mora, es comestible.

moraleja s. f. Enseñanza de un cuento, fábula, etc.

moralidad s. f. Conformidad con la moral.

moralizar t. Volver conforme a la moral. || intr. Hacer reflexiones morales.

morar intr. Residir, vivir.

moratoria s. f. Suspensión de la exigibilidad de los créditos.

mórbido, da adj. Relativo a la enfermedad. || Malsano.

morbo s. m. En medicina, enfermedad. || Interés enfermizo por personas o cosas.

morboso, sa adj. Enfermo. || Mórbido.

morcilla s. f. Embutido de sangre y manteca de cerdo cocidas.

mordacidad s. f. Calidad de mordaz.

mordaz adj. Sarcástico.

mordaza s. f. Pañuelo o cualquier objeto que se aplica a la boca de una persona para que no pueda gritar. || Nombre de diversos aparatos usados para apretar.

mordedura s. f. Acción de morder.

mordelón, lona adj. y s. Méx. Que acepta la mordida.

morder t. Clavar los dientes en una cosa. || Coger con la boca. || Hacer presa en algo. || intr. Méx. Exigir indebidamente un funcionario dinero para prestar un servicio.

mordida s. f. Mordedura, mordisco. || Acción de picar un pez el anzuelo. || Amér. Soborno.

mordiscar o **mordisquear** t. Morder frecuente o ligeramente.

mordisco s. m. Mordedura.

M

morena s. f. Pez teleósteo parecido a la anguila.
moreno, na adj. y s. De tez muy tostada por el Sol. || De pelo negro o castaño.
morera s. f. Árbol moráceo, pero distinto del moral por el fruto blanco.
morete o **moretón** s. m. fam. Méx. Hematoma, ruptura de vasos sanguíneos bajo la piel producida por un golpe, presión, etc. Con el golpe le salió un moretón tremendo.
morfema s. m. En lingüística, unidad mínima de significado.
morfina s. f. Medicamento narcótico y estupefaciente derivado del opio.
morfinómano, na adj. y s. Que abusa de la morfina o del opio.
morfología s. f. Parte de la biología que estudia la forma y la estructura de los seres vivos. || En lingüística, parte de la gramática que estudia la flexión, la composición y la derivación de las palabras.
morfosintaxis s. f. Descripción de las reglas relativas a la combinación de los morfemas para formar palabras, sintagmas y frases.
morgue s. f. Depósito de cadáveres.
moribundo, da adj. y s. Que se está muriendo.
morigeración s. f. Moderación.
morigerado, da adj. Moderado.
morigerar t. Moderar los excesos.
morilla s. f. Hongo comestible.
morir intr. Perder la vida. Morir de muerte natural. || fig. Dejar de existir. || Desaparecer.
morisco, ca adj. Relativo a los moros bautizados que permanecieron en España después de la Reconquista.
morisqueta s. f. Mueca.
mormón, mona s. Persona que profesa el mormonismo.
mormonismo s. m. Secta religiosa fundada en los Estados Unidos por Joseph Smith en 1830.
moro, ra adj. y s. Árabe.
morocho, cha adj. Arg., Per. y Uy. Se dice de la persona que tiene pelo negro y tez blanca.
morona s. f. Col. y Méx. Migaja de pan.
moronga s. f. Guat., Hond. y Méx. Morcilla.
moroso, sa adj. Lento. || Que tarda en pagar sus deudas.
morral s. m. Saco para el pienso que se cuelga de la cabeza de una caballería, para que coma cuando no está en el pesebre.
morralla s. f. Conjunto de cosas inútiles y sin valor. || fig. Conjunto de personas despreciables. || Méx. Dinero menudo.
morrena s. f. Montón de piedras arrastradas y depositadas por los glaciares.
morriña s. f. Nostalgia.
morrión s. m. Clase de casco.
morro s. m. Extremidad redonda de una cosa. || Extremo de un malecón.
morrocotudo, da adj. Imponente.
morsa s. f. Mamífero anfibio de los mares árticos; se destaca por un par largos colmillos.
morse s. m. Sistema telegráfico que utiliza un alfabeto de puntos y rayas. || Este alfabeto.
mortadela s. f. Embutido de carne de cerdo, de ternera y tocino.
mortaja s. f. Sábana o lienzo en que se envuelve el cadáver antes de enterrarlo. || Muesca.

mortal adj. Que ha de morir. El hombre es mortal. || Que puede provocar la muerte. Caída mortal. || s. com. Ser humano. Un mortal feliz.
mortalidad s. f. Condición de mortal. || Número proporcional de defunciones en una población o tiempo determinados.
mortandad s. f. Gran número de muertes.
mortecino, na adj. Apagado.
mortero s. m. Recipiente que sirve para machacar en él especias, semillas, drogas, etc.
mortífero, ra adj. Que ocasiona o puede ocasionar la muerte.
mortificación s. f. Acción de mortificar o mortificarse.
mortificar t. Castigar el cuerpo con ayunos y austeridades. || Dominar o reprimir por privaciones voluntarias.
mortuorio, ria adj. Relativo al muerto o a los funerales.
mosaico, ca adj. De Moisés. || Se aplica a la obra taraceada de piedras, vidrios, baldosas de varios colores.
mosca s. f. Insecto volador, especialmente el que pertenece al orden de los dípteros.
moscardón s. m. Mosca parásita de los rumiantes.
moscatel s. Se aplica a una uva, al viñedo que la produce y al vino hecho con ella.
moscón s. m. Mosca de la carne. || fig. Persona pesada.
moscovita adj. y s. com. De Moscú, capital de Rusia.
mosqueado, da adj. fig. Receloso. || Enojado.
mosquearse pr. fig. Sospechar. || Enfadarse, enojarse mucho.
mosqueo s. m. Enfado.
mosquerío s. m. Abundancia de moscas.
mosquete s. m. Arma de fuego portátil antigua, parecida al fusil.
mosquitero s. m. Cortina de gasa o tul para protegerse de los mosquitos.
mosquito s. m. Insecto díptero, de cuerpo cilíndrico, patas largas y finas y alas transparentes.
mostacho s. m. Bigote grande.
mostaza s. f. Planta cuya semilla picante se emplea como condimento. || Este condimento.
mosto s. m. Jugo de la uva antes de fermentar.
mostrador s. m. Mesa larga para presentar los géneros en las tiendas o servir las consumiciones en los bares.
mostrador, ra adj. y s. Que muestra o enseña alguna cosa.
mostrar t. Exponer a la vista, enseñar. Mostrar unas joyas. || Demostrar. || pr. Portarse de cierta manera. Mostrarse generoso.
mostrenco, ca adj. Se dice de los bienes sin propietario conocido.
mota s. f. Partícula de cualquier materia perceptible sobre un fondo. || Dibujo pequeño y redondeado sobre un tejido. || Méx. fam. Marihuana.
mote s. m. Apodo.
motejar t. Acusar, tachar.
motel s. m. Hotel situado en las cercanías de las carreteras de gran circulación, especialmente dispuesto para albergar a automovilistas.
motilidad s. f. Movilidad.
motín s. m. Sedición.
motivar t. Dar motivo. || Explicar la razón que ha tenido para actuar. || Impulsar a actuar.
motivo s. m. Causa que mueve a actuar.

moto *s. f.* Motocicleta.

motobomba *s. f.* Bomba que está accionada por un motor.

motocicleta *s. f.* Vehículo de dos ruedas con un motor de explosión.

motociclista *adj.* Relativo a la motocicleta. ‖ *s. com.* Persona que conduce una motocicleta.

motor *s. m.* Lo que comunica movimiento, como el viento, el agua, el vapor. ‖ Sistema material que permite transformar cualquier forma de energía en energía mecánica.

motor, ra *adj.* Que produce movimiento o lo transmite.

motorización *s. f.* Generalización del empleo de vehículos de transporte en el ejército, industria, etc. ‖ Colocación de un motor en un vehículo.

motorizar *t.* Generalizar el empleo de vehículos de transporte. ‖ Dotar de un motor.

motoso, sa o **motudo, da** *adj. Chil.* Que tiene mechones de pelo.

motricidad *s. f.* Movimiento.

motriz *adj. f.* Motora.

movedizo, za *adj.* Que se mueve.

mover *t.* Poner en movimiento. ‖ Cambiar de sitio o de posición. ‖ *pr.* Ponerse en movimiento.

movido, da *adj. fig.* Activo, inquieto. ‖ Agitado. *Debate movido.* ‖ Se aplica a la fotografía borrosa o confusa. ‖ *s. f. Esp.* Jaleo. ‖ *Méx.* Asunto, maniobra. *Mira, la movida es así.*

móvil¹ *adj.* Que puede moverse o ser movido. *Unidad móvil.* ‖ Que no tiene estabilidad o permanencia.

móvil² *s. m. Esp.* Teléfono portátil autónomo. ‖ Cuerpo en movimiento. ‖ Motivo, causa.

movilidad *s. f.* Capacidad de mover o de moverse.

movilización *s. f.* Acción de movilizar.

movilizar *t.* Poner en pie de guerra.

movimiento *s. m.* Estado de un cuerpo cuya posición cambia continuamente. ‖ Acción o manera de moverse. ‖ Animación, vida. ‖ Tendencia de un grupo político o alianza de varios de éstos. ‖ En música, parte de una composición.

moza *s. f.* Muchacha joven. ‖ Soltera. ‖ Criada.

mozárabe *adj.* Cristiano de España que vivía entre los árabes. ‖ Relativo a los mozárabes, a su arte y literatura (siglo X y principios del XI).

mozo, za *adj. y s.* Joven. ‖ Soltero. ‖ *s. m.* Criado. ‖ Camarero. ‖ Maletero en una estación.

mucamo, ma *s. Amér. Merid.* Criado, sirviente. ‖ *Arg.* En hospitales y hoteles, persona encargada de la limpieza.

muchacho, cha *s.* Niño. ‖ Joven. ‖ *f.* Sirvienta en una casa.

muchedumbre *s. f.* Multitud.

mucho, cha *adv.* Con gran intensidad o frecuencia. *Llover mucho.* ‖ En grado elevado. *El cine le gusta mucho.*

mucílago o **mucilago** *s. m.* Sustancia viscosa que se encuentra en ciertos vegetales.

mucosa *s. f.* Membrana humedecida por mucosidades que tapiza cavidades y conductos.

mucosidad *s. f.* Humor espeso.

mucoso, sa *adj.* Parecido al moco. ‖ Relativo a las mucosidades.

múcura *s. f. Bol., Col.* y *Ven.* Ánfora de barro para transportar agua y conservarla fresca.

muda *s. f.* Acción de mudar una cosa. ‖ Conjunto de ropa blanca que se muda de una vez.

mudanza *s. f.* Cambio. ‖ Traslado de domicilio.

mudar *t.* Destituir a alguien de un empleo, puesto. ‖ Realizar la muda ciertos animales. ‖ *t. e intr.* Cambiar el aspecto, la naturaleza, el estado, etc. ‖ *t. y pr.* Quitar a alguien la ropa que viste y ponerle otra, en especial limpia. ‖ *pr.* Cambiar de domicilio.

mudo, da *adj.* Privado de la facultad de hablar. ‖ Callado, silencioso.

mueble *adj.* Se dice de los bienes que se pueden trasladar. ‖ *s. m.* Cualquier objeto que sirve para la comodidad o el adorno de una casa.

mueca *s. f.* Contorsión del rostro.

muela *s. f.* Piedra superior en los molinos con la que se tritura el grano, etc.

muelle¹ *adj.* Blando, cómodo. *Sillón muelle.*

muelle² *s. m.* Resorte, pieza elástica capaz de desarrollar una fuerza aprovechable al deformarse y recuperar su posición natural.

muelle³ *s. m.* Orilla de un curso de agua o de un puerto especialmente dispuesto para la circulación de vehículos y para la carga y descarga de mercancías.

muérdago *s. m.* Planta parásita. ‖ Su flor y fruto.

muerte *s. f.* Acción o hecho de morir o dejar de vivir.

muerto, ta *adj. y s.* Que ha dejado de vivir. ‖ Que está privado de animación, con poca gente y poca actividad.

muesca *s. f.* Entalladura que hay en una cosa para que encaje otra.

muestra *s. f.* Pequeña cantidad de una mercancía o de un producto para darla a conocer o estudiarla.

muestrario *s. m.* Colección de muestras.

muestreo *s. m.* Selección de muestras.

mugido *s. m.* Bramido.

mugir *intr.* Dar mugidos.

mugre *s. f.* Suciedad grasienta.

mugriento, ta *adj.* Sucio.

muisca *adj. y s. m.* Otro nombre de los indígenas chibchas.

mujer *s. f.* Persona del sexo femenino. ‖ Esposa.

mujerío *s. m.* Conjunto de mujeres.

mújol *s. m.* Pez marino.

mula *s. f.* Hembra del mulo.

muladar *s. m.* Sitio donde se echan el estiércol o las basuras.

muladí *adj. y s.* Cristiano español que durante la dominación árabe se hacía musulmán.

mulato, ta *adj. y s.* Nacido de negra y blanco o viceversa.

muleta *s. f.* Palo en el que se apoyan las manos para ayudar a andar.

muletilla *s. f.* Voz o frase que una persona repite por hábito vicioso en la conversación.

mullido, da *adj.* Blando.

mulo *s. m.* Cuadrúpedo nacido de burro y yegua o de caballo y burra. ‖ *fam.* Bruto. ‖ Idiota.

multa *s. f.* Pena pecuniaria.

multar *t.* Imponer una multa.

multicopiar *t.* Reproducir un escrito con la multicopista.

multifamiliar *s. m. Méx.* Edificio grande y con muchos departamentos destinado a la vivienda.

multimedia *adj.* Que utiliza varios medios de comunicación. *Enciclopedia multimedia.* ‖ *s. m.* Conjunto de técnicas y productos que permiten la utilización simultánea e interactiva de varios modos de representación de la información (textos, sonidos, imágenes fijas o animadas).

multimillonario, ria *adj.* y *s.* Muy rico. || Que posee muchos millones.

multinacional *adj.* Se dice de la empresa o grupo industrial, comercial o financiero cuyas actividades y capitales se distribuyen entre varios países.

múltiple *adj.* Vario, que no es simple. *Contacto múltiple.* || *pl.* Diversos, muchos, varios.

multiplicación *s. f.* Aumento en número. || En matemáticas, operación que consiste en multiplicar dos cantidades.

multiplicador, ra *adj.* Que multiplica. || *s. m.* En matemáticas, número o cantidad que multiplica.

multiplicando *adj.* y *s. m.* Se dice del número o cantidad que se multiplica.

multiplicar *t.* Aumentar en número. || En matemáticas, repetir una cantidad llamada «multiplicando» tantas veces como unidades contiene otra, «multiplicador», para obtener una cantidad denominada «producto».

multiplicidad *s. f.* Diversidad.

múltiplo, pla *adj.* y *s. m. Mat.* Se aplica al número que contiene a otro un número exacto de veces.

multiprocesador *adj.* y *s. m.* Se dice de un sistema informático compuesto por varias unidades de tratamiento que funcionan con un mismo conjunto de memorias y de periféricos.

multitud *s. f.* Gran número de personas o cosas. || *fig.* Muchedumbre.

multitudinario, ria *adj.* De la multitud.

mundanal *adj.* Mundano.

mundano, na *adj.* Del mundo. || Relativo a la vida de sociedad. *Fiesta mundana.*

mundial *adj.* Universal. || *s. m.* Campeonato mundial.

mundillo *s. m. fig.* Mundo, grupo determinado. *El mundillo del arte.*

mundo *s. m.* Universo o conjunto de todo lo que existe. || Cada parte, real o imaginaria, en que puede dividirse todo lo que existe. *Mundo de las ideas.* || Tierra, planeta.

munición *s. f.* Todo lo necesario para el abastecimiento de un ejército o de una plaza fuerte.

municipal *adj.* Relativo al municipio. || *s. m.* Guardia municipal. || *Chil.* Concejal.

municipalidad *s. f.* Municipio.

municipalizar *t.* Hacer depender del municipio.

municipio *s. m.* División territorial administrada por un alcalde. || Conjunto de habitantes de este territorio. || Ayuntamiento, alcaldía. || Concejo.

munificencia *s. f.* Generosidad.

muñeca *s. f.* Figura de niña o de mujer, que sirve de juguete. || Parte del cuerpo humano que corresponde a la articulación del antebrazo con los huesos del carpo.

muñeco, ca *adj.* y *s.* Figurilla de niño que sirve de juguete. || Figurilla humana hecha de pasta, trapo, etc. || *fig.* Persona que se deja llevar por otra.

muñón *s. m.* Parte de un miembro amputado.

mural *adj.* Que se aplica o coloca sobre el muro. || *s. m.* En pintura, fresco. *Los murales de Orozco.*

muralista *adj.* Relativo al muralismo. || *s. com.* Se dice del pintor que hace murales.

muralla *s. f.* Muro muy grueso.

murciélago *s. m.* Mamífero de alas membranosas.

murena *s. f.* Morena, pez.

murga *s. f.* Banda de músicos callejeros. || *fam.* Lata, cosa pesada. *Dar la murga.*

murmullo *s. m.* Ruido que se hace hablando bajo.

murmuración *s. f.* Crítica.

murmurar *intr.* Hacer un ruido sordo y apacible. || *fig.* y *fam.* Criticar.

muro *s. m.* Pared o tapia hecha de fábrica. || Muralla. || *fig.* Lo que aísla o separa.

musa *s. f.* Cada una de las nueve deidades que habitaban el Parnaso y presidían las artes liberales y las ciencias.

musaraña *s. f.* Mamífero insectívoro parecido al ratón.

muscular *adj.* De los músculos.

musculatura *s. f.* Conjunto de los músculos. || Desarrollo de los músculos.

músculo *s. m.* Órgano fibroso que al contraerse o distenderse produce los movimientos en un ser vivo.

muselina *s. f.* Tejido muy ligero.

museo *s. m.* Colección pública de objetos de arte o científicos. || Edificio en que está.

musgo *s. m.* Planta formada por varios tallos menudos y apiñados que crece en lugares sombríos.

música *s. f.* Arte de combinar los sonidos conforme a las normas de la melodía, armonía y ritmo.

musical *adj.* Relativo a la música.

músico, ca *adj.* Relativo a la música. || *s.* Persona que compone o ejecuta obras de música.

musitar *t.* e *intr.* Susurrar.

muslo *s. m.* Parte de la pierna que va desde la cadera hasta la rodilla.

mustango *s. m.* Caballo que vive en estado de semilibertad en las pampas de América del Sur.

mustélidos *s. m. pl.* Familia de mamíferos carniceros como la comadreja, el armiño, la nutria, el visón, etc.

mustiarse *pr.* Marchitarse.

mustio, tia *adj.* Triste, melancólico. || Ajado, marchito. *Flores mustias.*

musulmán, mana *adj.* Relativo al Islam. || Adepto de la religión del Islam, mahometano.

mutabilidad *s. f.* Capacidad de sufrir mutaciones.

mutación *s. f.* Cambio.

mutar *t.* Mudar, cambiar.

mutilación *s. f.* Acción de mutilar.

mutilar *t.* Cortar un miembro u otra parte de un cuerpo vivo. || Cortar parte de una cosa.

mutis *s. m.* Indicación de que un actor debe retirarse de la escena. || Acción de retirarse de cualquier lugar.

mutismo *s. m.* Silencio.

mutro, ra *adj.* y *s. Chil.* Se dice de la persona muda o tartamuda. || Tonto, bobo.

mutual *adj.* Mutuo, recíproco. || *s. f.* Mutualidad.

mutualidad *s. f.* Sistema de prestaciones mutuas. *Mutualidad obrera, escolar.*

mutualismo *s. m.* Conjunto de asociaciones basadas en la mutualidad.

mutualista *adj.* Relativo a la mutualidad. || *s. com.* Miembro de una mutualidad.

mutuo, tua *adj.* Recíproco. *Ayuda mutua.*

muy *adv.* Marca la intensidad de un adjetivo o de un adverbio llevada a su grado más alto.

my *s. f.* Duodécima letra del alfabeto griego (M, μ).

n *s. f.* Decimocuarta letra del alfabeto español y undécima de sus consonantes; representa el sonido nasal alveolar; su nombre es «ene». ‖ Signo con que se nombra a alguien indeterminado. ‖ *Mat.* Exponente de una potencia indeterminada.

nabo *s. m.* Planta de raíz carnosa comestible y de color blanco.

nácar *s. m.* Sustancia dura, brillante, irisada, que se forma en la concha de algunos moluscos.

nacarado, da o **nacarino, na** *adj.* Que tiene aspecto de nácar.

nacatamal *s. m. Méx.* Tamal relleno de carne y salsa de chile.

nacer *intr.* Salir un ser vivo del vientre de la madre, del huevo, de la semilla o de la tierra. ‖ Salir el vello, el pelo o la pluma en los animales, o las hojas, flores, frutos o brotes en las plantas. ‖ *fig.* Tener alguien o algo su origen en otra persona o cosa. *Su desdén nace de su inseguridad.* ‖ Aparecer el Sol o la Luna en el horizonte. ‖ Tener principio una cosa en otra. *El Amazonas nace en Ecuador.* ‖ Pasar a existir algo. *Ha nacido un nuevo estilo musical.* ‖ Tener una propensión o habilidad natural para aquello que se indica. *Haber nacido para la música.*

nacido, da *adj.* Connatural y propio de una cosa. ‖ Apto y a propósito de una cosa. ‖ *s.* Ser humano. *Están invitados todos los nacidos en mi pueblo.*

nacimiento *s. m.* Acción de nacer. ‖ Origen, lugar o momento en que algo empieza a manifestarse. *El nacimiento del cabello, de un río.* ‖ Estirpe, ascendencia familiar. *De noble nacimiento.* ‖ Representación de la venida al mundo de Jesús por medio de figuras.

nación *s. f.* Comunidad de personas, por lo general asentada en un mismo territorio, que comparte etnia, lengua, historia y tradiciones, lo cual crea una conciencia de destino común. ‖ Comunidad de personas que viven en un mismo territorio gobernado por el mismo gobierno. ‖ Territorio de este mismo país.

nacional *adj.* Relativo a la nación o natural de ella. ‖ *s. m. pl.* Totalidad de los individuos de una nación.

nacionalidad *s. f.* Condición o cualidad de pertenecer a la comunidad de una nación. ‖ En derecho, vínculo que asocia a una persona individual o jurídica con un estado.

nacionalismo *s. m.* Exaltación de las características propias de la nación a la que se pertenece. ‖ Doctrina que reivindica la preeminencia de la nación por encima de los intereses de los grupos, las clases y los individuos que la constituyen. ‖ Movimiento político de los individuos que toman conciencia de constituir una comunidad nacional en razón de los vínculos históricos, étnicos, lingüísticos, culturales, económicos, etc., que los unen.

nacionalista *adj.* Del nacionalismo. ‖ *s. com.* Partidario del nacionalismo.

nacionalización *s. f.* Acción y efecto de nacionalizar o nacionalizarse. ‖ Transferencia a la colectividad de la propiedad de ciertos medios de producción privados, que se realiza o bien por interés público, para preservar la independencia del Estado, o bien por razones de seguridad nacional o interés social, como puede ser asegurar el suministro de determinados bienes o servicios básicos.

nacionalizar *t.* y *pr.* Conceder a alguien la nacionalidad de un país que no es el propio. ‖ Introducir y emplear en un país usos y costumbres de otros. ‖ *t.* Transferir al Estado medios de producción y servicios privados de interés público. ‖ Transferir a los naturales de un país bienes, medios de producción, etc., que estaban en manos extranjeras.

nacionalsocialismo *s. m.* Doctrina nacionalista y racista, especialmente antisemita, establecida por Adolfo Hitler; basada en la supremacía de la raza germánica.

nacionalsocialista *adj.* Relativo al nacionalsocialismo. ‖ *s. com.* Partidario de esta doctrina.

nada[1] *s. f.* El no ser.

nada[2] *adv.* En absoluto. *No me gusta nada.* ‖ *loc. Como si nada:* sin tener en cuenta lo ocurrido o dicho. ‖ *De nada:* expresión usada para responder a quien da las gracias. ‖ *Nada más:* sólo, únicamente. ‖ *Nada menos:* se dice para resaltar la importancia de lo que se expresa a continuación.

nada[3] *pron.* Ninguna cosa, ninguna cantidad. ‖ Muy poca cosa, algo sin importancia.

nadador, ra *adj.* y *s.* Que nada.

nadar *intr.* Mantenerse y avanzar en el agua por medio de ciertos movimientos de las extremidades. ‖ Flotar algo, mantenerse en la superficie de un líquido. ‖ *fig.* Tener mucho de la cosa que se expresa. ‖ *fam.* Estar una cosa demasiado holgada dentro de otra.

nadería *s. f.* Cosa sin importancia.

nadie *pron.* Ninguna persona. *No ha venido nadie.* ‖ *s. m. fig.* Persona insignificante, de ninguna importancia.

nafta *s. f.* Carburo de hidrógeno obtenido del petróleo. ‖ *Amér.* Gasolina.

naftaleno *s. m.* Hidrocarburo bencénico sólido, blanco, aromático.

naftalina *s. f.* Preparado comercial de naftaleno, usado contra la polilla.

naftol *s. m.* Fenol derivado del naftaleno.

nagual *s. m. Amér. C.* y *Méx.* Brujo, hechicero, que se supone puede transformarse en algún animal. ‖ *Guat., Hond., Méx.* y *Nic.* Animal tutelar de una persona, que es el compañero o protector espiritual durante toda su vida.

naguas *s. f. pl.* Prenda interior femenina, por lo general de algodón, que también se usa como pollera o falda.

nahua *adj.* y *s. com.* Se aplica al individuo de un pueblo indio americano de México y parte de América Central. || *s. m.* Lengua que hablaba.

náhuatl *s. m.* Lengua derivada del nahua hablada en gran parte de México en el momento de la conquista española. *Varias palabras del español, como «tomate» y «aguacate», provienen del náhuatl.*

nailon o **nilón** *s. m.* Fibra textil sintética a base de resina poliamida.

naipe *s. m.* Cada una de las cartulinas rectangulares que sirven para jugar a las cartas. || *pl.* Baraja.

nalga *s. f.* Cada una de las dos partes carnosas y posteriores del muslo que constituyen el trasero.

nana *s. f.* Canto con que se duerme a los niños. || *Amér. C., Méx.* y *Ven.* Niñera, nodriza. || *Amér.* Madre.

nao *s. f.* Nave, barco.

napoleónico, ca *adj.* Relativo a Napoleón. *Imperio napoleónico.*

napolitano, na *adj.* y *s.* De Nápoles, ciudad de Italia. || *s. m.* Dialecto hablado en Nápoles y su región.

naranja[1] *adj.* y *s. m.* Anaranjado.

naranja[2] *s. f.* Fruto comestible del naranjo, de color entre amarillo y rojo.

naranjada *s. f.* Bebida refrescante elaborada con jugo de naranja, agua y azúcar.

naranjal *s. m.* Sitio plantado de naranjos.

naranjero, ra *adj.* De la naranja. || *s.* Cultivador o vendedor de naranjas.

naranjo *s. m.* Árbol frutal de las regiones cálidas, de hojas coriáceas y perennes. || Madera de este árbol.

narcisismo *s. m.* Amor excesivo de sí mismo o de lo hecho por uno.

narcisista *adj.* Relativo al narcisismo. || *s. com.* Persona enamorada de sí misma, narciso.

narciso *s. m.* Planta de flores blancas o amarillas. || *fig.* Hombre enamorado de sí mismo.

narco *adj.* y *s. m. fam.* Narcotraficante.

narcosis *s. f.* Sueño producido por la administración de un narcótico.

narcótico, ca *adj.* Relativo a la narcosis. || Que provoca la aparición del sueño.

narcotización *s. f.* Adormecimiento por medio de narcóticos.

narcotizante *adj.* y *s. m.* Que narcotiza.

narcotizar *t.* Adormecer por medio de un narcótico.

narcotraficante *adj.* y *s. com.* Que se dedica al narcotráfico.

narcotráfico *s. m.* Tráfico ilegal de estupefacientes.

nardo *s. m.* Planta de flores blancas aromáticas dispuestas en espiga.

narigón, gona *adj.* y *s.* Narigudo. || *s. m.* Nariz grande.

narigudo, da *adj.* De narices muy grandes. || *s.* De figura de nariz.

nariñense *adj.* y *s. com.* De Nariño, departamento de Colombia.

nariz *s. f.* Parte saliente de la cara, entre la boca y la frente, que es el órgano del olfato; se usa también en plural. || Cada uno de los orificios de la nariz. || Olfato. *Este perro tiene nariz.* || Parte delantera de un barco, de un avión o de un cohete. || *loc. En mis, tus,* etc., *propias narices:* en presencia de la persona de que se trata. || *fam. Meter* o *asomar las narices:* entrometerse. || *No ver más allá de sus narices:* ser poco perspicaz.

narizón, zona *adj. fam.* Narigudo.

narizota o **narizotas** *s. f. fam.* Nariz grande y fea. || *s. com. fam.* Narigudo.

narración *s. f.* Relato.

narrador, ra *adj.* Que narra.

narrar *t.* Relatar, contar.

narrativo, va *adj.* Relativo a la narración. || *s. f.* Habilidad para narrar. || Narración.

nasa *s. f.* Red de pescar.

nasal *adj.* Relativo a la nariz. || En gramática, se dice del sonido modificado por la vibración del aire en las fosas nasales y de la consonante pronunciada con este sonido. || Se aplica a la letra o sonido que suenan así.

nasalidad *s. f.* Calidad de nasal.

nata *s. f.* Sustancia constituida por glóbulos de materia grasa que se encuentra emulsionada en la leche. || Capa que se forma en la superficie de algunos líquidos, debido a las sustancias grasas que hay en ellos. || *Esp.* Leche batida. || *loc. fig. La crema* o *nata:* lo mejor y más selecto.

natación *s. f.* Acción de nadar. || Deporte que consiste en nadar.

natal *adj.* Del nacimiento.

natalicio *s. m.* Nacimiento.

natalidad *s. f.* Relación entre el número de nacimientos y el de habitantes de una población o país.

natilla *s. f.* Dulce de huevo, leche y azúcar.

Natividad *s. f.* Fiesta que conmemora el nacimiento de Jesucristo, de la Virgen María o de San Juan Bautista. || Navidad.

nativismo *s. m. Amér.* Indigenismo.

nativo, va *adj.* Relativo o perteneciente al país o lugar de que se trata. *Costumbres nativas.* || Indígena, nacido en el país de que se trata. || Innato, natural. || Se dice del metal que se encuentra en la naturaleza en estado puro, no combinado.

nato, ta *adj.* Que va anexo a un cargo o persona. *Presidente nato de una junta.* || *fig.* De nacimiento. *Mexicano nato.*

natura *s. f.* Naturaleza. *Ir contra natura.*

natural[1] *adj.* Conforme al orden de la naturaleza. *Ley natural.* || Que aparece en la naturaleza. *Gas natural.* || Fresco. *Fruta natural.* || Que se trae al nacer. *Simpatía natural.* || Inherente, propio. *El escándalo es natural en él.* || Instintivo. *Repulsa natural.* || Conforme con la razón o el uso. *Es natural pagar a quien trabaja.* || Que no está cohibido. *Estuvo muy natural.* || Que carece de afectación, sencillo. *Modales naturales.* || Nativo. *Natural de Cali.* || Nacido fuera del matrimonio, ilegítimo. *Hijo natural.* || *loc. Ciencias naturales:* las derivadas del estudio de la naturaleza, por ejemplo la física, la química y la geología. || *Historia natural:* ciencia que describe y clasifica los seres vivos. || *s. m.* Cosa real que se toma por modelo en pintura o escultura. *Copiado del natural.* || Índole, carácter, condición. *Un natural agresivo.* || *pl.* Habitantes originarios de un país. || *loc. Al natural:* sin artificio; se dice de los frutos en conserva enteros.

natural[2] *adv.* Naturalmente.

naturaleza *s. f.* Conjunto de los seres y cosas que constituyen el Universo, el mundo físico. || Realidad física que existe independientemente del ser humano, por oposición a cultura. || Conjunto de características fundamentales propias de un ser o de una cosa. || Conjunto de inclinaciones e instintos de una persona. || Complexión del cuerpo. *Ser de* *naturaleza robusta.* ‖ En derecho, cualidad que permite ser tenido por natural de un país para ciertos efectos civiles. ‖ *loc. Naturaleza muerta:* en bellas artes, representación de animales muertos, frutos, objetos, flores, etc.

naturalidad *s. f.* Calidad natural.

naturalismo *s. m.* Movimiento literario y artístico del siglo XIX que, por medio de la aplicación al arte de los métodos de la ciencia positivista, trata de reproducir la realidad con absoluta objetividad, incluso en los aspectos más ínfimos. ‖ En filosofía, doctrina que no admite otra realidad que la naturaleza.

naturalización *s. f.* Acción y efecto de naturalizar o naturalizarse. ‖ Adquisición por un ciudadano de una nacionalidad distinta.

naturalizado, da *adj.* Se dice de la persona que ha cambiado de nacionalidad.

naturalizar *t.* Dar a un extranjero los derechos de ciudadanía.

naturismo *s. m.* Doctrina higiénica y deportiva que propugna la vida al aire libre. ‖ Nudismo.

naturista *adj.* Del naturismo. *Revista naturista.* ‖ *s. com.* Partidario del naturismo, que lo practica. ‖ Nudista.

naufragar *intr.* Hundirse o destruirse una embarcación en el agua. ‖ *fig.* Fracasar un intento o asunto. *Naufragar un negocio.*

naufragio *s. m.* Hundimiento.

náufrago, ga *adj. y s.* Relativo al barco o a las personas que han padecido naufragio.

náusea *s. f.* Estado patológico caracterizado por una sensación penosa, localizada en el epigastrio y mediastino, que provoca ganas de vomitar. ‖ *fig.* Repugnancia física o moral que causa una cosa.

nauseabundo, da *adj.* Que produce náuseas. *Hedor nauseabundo.*

náutica *s. f.* Ciencia de navegar.

náutico, ca *adj.* De la navegación. ‖ Se dice de los deportes practicados en un medio acuático, por ejemplo pesca, vela, remo, submarinismo, etc.

navaja *s. f.* Cuchillo cuya hoja se puede doblar para que el filo quede oculto entre las dos cachas que forman el mango. ‖ Aguijón cortante de algunos insectos. ‖ Molusco lamelibranquio de cuerpo alargado, encerrado en dos largas valvas con los extremos abiertos. ‖ *loc. Navaja de afeitar:* cuchillo plegable de acero, de filo agudísimo, que se emplea para rasurar la barba.

navajazo *s. m.* Cuchillada con la navaja. ‖ Herida que produce. ‖ Navajada.

navajero *s. m.* Malhechor que ataca y amenaza con una navaja.

naval *adj.* Relativo a las naves y a la navegación. ‖ *loc. Escuela naval:* la de formación de los oficiales de la marina militar.

nave *s. f.* Embarcación grande de vela o motor, especialmente la que tiene cubierta. ‖ Vehículo aéreo grande, como un avión, un helicóptero, un transbordador, etc. ‖ Espacios que se extienden entre los muros o las filas de columnas a lo largo de los templos, fábricas, almacenes, etc. ‖ *loc. Quemar las naves:* tomar una determinación extrema e irrevocable.

navegable *adj.* Relativo al río, lago, etc., donde circulan barcos.

navegación *s. f.* Viaje en una nave. ‖ Tiempo que éste dura. ‖ Arte del navegante.

navegador *s. m.* En informática, *software* cliente para la presentación de páginas de internet en formato html, que permite la activación de vínculos hipertextuales para ir de sitio en sitio.

navegante *adj.* Que navega. ‖ *s. com.* Persona que navega.

navegar *intr.* Viajar alguien sobre el agua, por el aire o por la atmósfera. ‖ Moverse una nave, un globo, etc., por el agua, el aire o la atmósfera. ‖ *fig.* Ir de un sitio a otro, errar. ‖ En informática, pasar de una información a otra dentro de un documento de hipertexto o hipermedia, de un sitio a otro de internet o en una red intranet.

Navidad *s. f.* Día en que se celebra el nacimiento de Jesucristo (25 de diciembre). ‖ Época de esta fiesta.

navideño, ña *adj.* De la Navidad.

naviero, ra *adj.* Relativo a las naves o a la navegación. ‖ *s. m.* Propietario de barcos, armador. ‖ *s. f.* Compañía de navegación.

navío *s. m.* Barco grande.

nayarita *adj. y s. com.* Originario o proveniente del estado mexicano de Nayarit.

nazareno, na *adj. y s.* De Nazaret. ‖ Penitente en las procesiones de Semana Santa.

nazi *adj. y s. com.* Nacionalsocialista.

nazismo *s. m.* Nacionalsocialismo.

neblina *s. f.* Niebla espesa y baja.

nebulosa *s. f.* En astronomía, nube de gas y polvo interestelares.

nebulosidad *s. f.* Nubosidad.

nebuloso, sa *adj.* Oscurecido por las nubes o la niebla. ‖ *fig.* Sombrío. ‖ Falto de claridad. *Estilo nebuloso.* ‖ *s. f.* Materia cósmica que aparece en el firmamento como una nube difusa y luminosa.

necedad *s. f.* Tontería.

necesario, ria *adj.* Indispensable, que hace absolutamente falta.

neceser *s. m.* Bolsa, estuche o maletín con los utensilios de aseo personal, costura, etc.

necesidad *s. f.* Cualidad de necesario. ‖ Falta de las cosas necesarias para vivir. *Trabajar por necesidad.* ‖ Situación de alguien que precisa de auxilio o ayuda. *Ayudar a alguien en una necesidad.* ‖ Evacuación de orina o excrementos. Suele usarse en plural. *Hacer sus necesidades.*

necesitado, da *adj. y s.* Pobre, que carece de lo necesario.

necesitar *t. e intr.* Haber menester de una persona o cosa.

necio, cia *adj. y s.* Tonto.

necrófago, fa *adj.* Se dice del animal que se nutre de cadáveres.

necrología *s. f.* Escrito o discurso consagrado a un difunto. ‖ Notificación de las muertes en una sección de un periódico.

necrópolis *s. f.* Cementerio grande adornado con monumentos funerarios. ‖ Grupo de sepulturas prehistóricas o de la antigüedad de mayor o menor carácter monumental, alineadas como las casas o los edificios de una ciudad.

néctar *s. m.* Bebida de los dioses mitológicos. ‖ *fig.* Licor delicioso, exquisito. ‖ Líquido azucarado segregado por las flores.

N

nectartén *s. m.* Elemento químico muy pesado, de apariencia desconocida y de corta vida; su número atómico es 116 y su símbolo Nc.

neerlandés, desa *adj. y s.* De los Países Bajos, en Europa. || *s. m.* Lengua germánica hablada en los Países Bajos y en el norte de Bélgica.

nefando, da *adj.* Infame.

nefasto, ta *adj.* Triste, funesto.

nefrítico, ca *adj.* De los riñones.

nefritis *s. f.* Inflamación de los riñones.

negación *s. f.* Acción de negar. || Rechazo o respuesta negativa a lo que alguien pide o pretende. || En gramática, palabra o expresión que sirven para negar; oración negativa.

negar *t.* Decir que una cosa no es cierta, desmentir. || Dejar de reconocer una cosa, no admitir su existencia. *Negar la desigualdad social.* || Denegar. *Negar una gracia.* || Prohibir. *Negar un permiso.* || No confesar una falta, un delito. *Negar ante el juez.* || *pr.* Rehusar hacer una cosa. *Negarse a comer.*

negativo, va *adj.* Que incluye o supone negación o contradicción. || Que no es positivo, que indica falta de algo. *Resultado médico negativo.* || *s. m.* Cliché fotográfico. || *s. f.* Respuesta negativa, negación. *Contestar con la negativa.* || No concesión de lo que se pide.

negatón o **negatrón** *s. m.* Electrón negativo.

negligencia *s. f.* Abandono.

negligente *adj. y s. com.* Descuidado.

negociación *s. f.* Acción de negociar.

negociado *s. m.* Cada una de las dependencias en que se divide una oficina.

negociador, ra *adj. y s.* Que negocia.

negociante *s. com.* Persona que negocia. || Comerciante.

negociar *intr.* Dedicarse a los negocios o a cierto negocio. || *t.* Entregar un efecto de comercio a un banco, para que avance su pago antes de la fecha de su vencimiento. || *t. e intr.* Hacer alguna operación con un valor bancario o de bolsa. || Hablar una persona con otras para resolver algo o gestionarlo. || Tratar asuntos, especialmente de carácter público. || En derecho, ajustar el traspaso o descuento de un efecto comercial.

negocio *s. m.* Transacción comercial que comporta una utilidad o una pérdida. || Operación comercial ventajosa. || Provecho o ganancia que se obtiene en lo que se trata o comercia. || Ocupación, empleo o trabajo. || Establecimiento comercial o industrial.

negrero, ra *adj. y s.* Que se dedicaba a la trata de negros.

negrilla *s. f.* Letra de trazo más grueso que el usual.

negritud *s. f.* Condición de las personas de raza negra.

negro, gra *adj.* Se dice del color de tonalidad más oscura, debido a la ausencia o a la absorción total de los rayos luminosos, como el del carbón. || Que es de este color. || Se dice de algo que tiene una tonalidad más oscura que la corriente en su especie. *Pan negro.* || Oscurecido, privado de luz. *Noche negra.* || *fig.* Triste, desgraciado. *Mi negra suerte.* || Se dice del grupo humano que se caracteriza por el color oscuro de la piel, el pelo rizado y los labios gruesos, y es originaria de algunas zonas de África y Oceanía. || Relativo a las personas de ese grupo o a su cultura. *Música negra.* || *s.* Persona de ese grupo humano. || Pigmento colorante de color negro. || *loc. Trabajar como un negro:* trabajar mucho, sin descanso.

negrura *s. f.* Calidad de negro.

negruzco, ca *adj.* Casi negro.

negus *s. m.* Título que tenía el emperador de Etiopía.

nematelmintos *s. m. pl.* Clase de gusanos de cuerpo fusiforme sin apéndices locomotores.

nematodo *s. m.* Se dice de los gusanos nematelmintos provistos de tubo digestivo, casi todos parásitos. || *pl.* Orden que forman.

nemotecnia *s. f.* Mnemotecnia

nemotécnico, ca *adj.* Mnemotécnico.

nene, na *s. Esp. y Méx.* Niño pequeño.

nenúfar *s. m.* Planta acuática.

neoclasicismo *s. m.* Corriente literaria y artística inspirada en la Antigüedad clásica.

neoclásico, ca *adj. y s.* Propio del neoclasicismo o su partidario.

neocolonialismo *s. m.* Forma moderna de colonialismo cuyo objetivo es dominar económicamente a los países que han alcanzado la independencia.

neocolonialista *adj. y s. com.* Propio del neocolonialismo o partidario de él.

neodimio *s. m.* Elemento químico, metal del grupo de las tierras raras, escaso en la corteza terrestre; se encuentra muy disperso y siempre asociado a otros lantánidos; es de color blanco plateado, amarillea al contacto con el aire, y sus sales son de color rosa y fluorescentes; se utiliza, puro o aleado, en metalurgia; y sus óxidos se emplean en la industria del vidrio; su número atómico es 60 y su símbolo Nd.

neófito, ta *s.* Persona que ha adoptado recientemente una opinión o partido. || *fig.* Principiante en cualquier actividad.

neógeno *s. m.* Periodo final de la era Terciaria, subdividido en mioceno y plioceno.

neoimpresionismo *s. m.* Último periodo del impresionismo en pintura.

neolatino, na *adj.* Procedente o derivado de los latinos. || Se aplica especialmente a las lenguas derivadas del latín, como el castellano, el catalán, el gallego, el francés, el portugués, el italiano, el rumano, etc.

neoleonés, nesa *adj. y s.* Del estado mexicano de Nuevo León.

neolítico, ca *adj. y s.* Se dice de la fase del desarrollo técnico de las sociedades prehistóricas en que fue común la piedra pulimentada y la cerámica, que coincide con su acceso a una economía productiva, a través de la agricultura y la ganadería.

neologismo *s. m.* Palabra, expresión o acepción de creación reciente que aparece o se adopta en una lengua.

neón *s. m.* Elemento químico, gas noble escaso en la Tierra, pero muy abundante en el Universo; está presente en la atmósfera en pequeña proporción y, como todos los elementos de su grupo, es químicamente inactivo; se utiliza como gas de llenado de tubos fluorescentes; su número atómico es 10 y su símbolo Ne.

neonazismo *s. m.* Tendencia política actual que se inspira en el nazismo.

neorrománico, ca *adj.* Se aplica a la arquitectura, surgida a mediados del siglo XIX, que se inspira o tiene como patrón el estilo románico.

neoyorquino, na *adj. y s.* De Nueva York, ciudad de Estados Unidos de América.

neozoico, ca *adj.* En geología, se aplica a la era Terciaria.

nepote s. m. Pariente y privado del Papa.
nepotismo s. m. Política adoptada por algunos Papas que consistía en favorecer particularmente a sus parientes. ‖ Abuso de poder o reparto de cargos en favor de parientes y amigos.
neptunio s. m. Elemento químico radiactivo, metal del grupo de los actínidos, de color blanco plateado; se asemeja al uranio en sus propiedades químicas; se utiliza en la industria nuclear y se obtiene artificialmente por bombardeo de uranio con neutrones; su número atómico es 93 y su símbolo Np.
neroniano, na adj. Propio de Nerón. ‖ fig. Cruel, sanguinario.
nervadura s. f. Arq. Moldura saliente de una bóveda. ‖ En botánica, conjunto de los nervios de una hoja.
nervio s. m. Cordón blanquecino compuesto de fibras nerviosas que conducen los mensajes motores desde el sistema nervioso central a los órganos, y los mensajes sensitivos y sensoriales en sentido inverso. ‖ Tendón o tejido blanco, duro y resistente. ‖ fig. Fuerza, vigor. ‖ Parte de algo considerada la fuente de su vitalidad. ‖ Hacecillo fibrovascular del pecíolo de las hojas. ‖ En zoología, tubo quitinoso que da rigidez a las alas de los insectos. ‖ pl. Nerviosismo.
nerviosidad s. f. Inquietud, excitación, falta de calma o aplomo.
nerviosismo s. m. Nerviosidad.
nervioso, sa adj. Que tiene nervios. Tejido nervioso. ‖ Relativo a los nervios. Dolor nervioso. ‖ De nervios irritables. ‖ Irritado. ‖ fig. Que tiene vivacidad, inquieto. Niño nervioso.
nervosidad s. f. Carácter o estado de la persona nerviosa. ‖ Fuerza y actividad nerviosa.
neto, ta adj. Claro. Afirmación neta. ‖ Se dice de un ingreso del que ya se han hecho los descuentos correspondientes. Sueldo neto. ‖ Relativo al beneficio o ganancia de un comerciante una vez hechos los descuentos en concepto de cargas o gravámenes. ‖ Se aplica al peso de una mercancía después de quitar el de los embalajes, envases o todo lo que no sea la misma mercancía.
neumático s. m. Cubierta resistente de caucho u otro material semejante que protege las llantas de las ruedas de ciertos vehículos y sirve de superficie de rodamiento.
neumático, ca adj. Relativo al aire o a los gases. Colchón neumático. ‖ Que funciona con la ayuda de aire comprimido. Martillo neumático. ‖ Se dice de los huesos huecos de las aves, cuya cavidad está llena de aire procedente de los sacos aéreos.
neumococo s. m. Microbio que produce neumonía, bronconeumonía, peritonitis, meningitis y otras infecciones.
neumología s. f. Parte de la medicina que se ocupa de las enfermedades pulmonares.
neumólogo, ga s. Médico especialista en neumología.
neumonía s. f. Inflamación del parénquima pulmonar causada por la bacteria neumococo o por un virus.
neuquino, na adj. y s. De Neuquén, provincia de Argentina.
neuralgia s. f. Dolor intenso que se localiza en el trayecto de un nervio.
neurálgico, ca adj. Relativo a la neuralgia. ‖ fig. Se dice del lugar, momento o situación que es muy importante. Centro neurálgico.

neurastenia s. f. Enfermedad del sistema nervioso.
neurasténico, ca adj. Relativo a la neurastenia. ‖ Se dice de quien padece neurastenia.
neuritis s. f. Inflamación de un nervio.
neurocirujano s. m. Cirujano del sistema nervioso y del cerebro.
neuroendocrinología s. f. Estudio de las hormonas secretadas por ciertas estructuras del sistema nervioso central.
neurología s. f. Parte de la medicina que estudia el sistema nervioso y sus enfermedades.
neurológico, ca adj. Relativo al sistema nervioso y a la neurología.
neurólogo, ga s. Médico especialista en neurología.
neuroma s. m. Tumor que se forma en el tejido de los nervios.
neurona s. f. Célula nerviosa que no presenta fenómenos de división por carecer de centrosoma.
neurópata adj. y s. com. Que padece una enfermedad nerviosa.
neuropatía s. f. Afección nerviosa.
neuropatología s. f. Ciencia de las enfermedades del sistema nervioso.
neurosis s. f. Enfermedad nerviosa que se caracteriza por el trastorno de la personalidad y de la conducta social, sin aparente lesión física del sistema nervioso.
neurótico, ca adj. De la neurosis. ‖ Que padece neurosis.
neutral adj. Que no está a favor de uno ni de otro. Hombre neutral. ‖ Que no interviene en la guerra promovida por otros. País neutral.
neutralidad s. f. Calidad de neutral. ‖ Situación de un Estado que permanece al margen de un conflicto armado entre dos o más potencias.
neutralismo s. m. No adhesión a una alianza militar.
neutralista adj. Relativo al neutralismo. ‖ s. com. Partidario del neutralismo.
neutralización s. f. Acción y efecto de neutralizar o neutralizarse.
neutralizante adj. y s. m. Que neutraliza.
neutralizar t. Hacer neutral. ‖ En química, hacer neutra una sustancia. Neutralizar un ácido. ‖ fig. Anular el efecto de una causa mediante una acción contraria. ‖ pr. Anularse.
neutro, tra adj. Se dice de lo que no presenta ni uno ni otro de los caracteres opuestos. ‖ Que no está definido o determinado. ‖ En física, se dice del cuerpo que no presenta ningún fenómeno eléctrico o magnético, y del conductor por el que no circula corriente. ‖ En lingüística, se dice de un tercer género que no es ni masculino ni femenino, y de la palabra que tiene este género. Género neutro; adjetivo neutro. ‖ En química, que no tiene carácter ácido ni básico.
neutrón s. m. Partícula eléctricamente neutra que constituye, con los protones, el núcleo del átomo. ‖ loc. Bomba de neutrones: carga termonuclear que, en comparación con las otras bombas, tiene una radiación neutrónica superior, pero una onda de choque y una emisión de calor y de radiactividad más reducidas.
nevado, da adj. Cubierto de nieve. ‖ fig. Blanco como la nieve. Cabeza nevada. ‖ s. m. Amér. Alta cumbre cubierta de nieve. ‖ f. Acción y efecto de nevar. ‖ Nieve caída.

N

nevar *impers.* Caer nieve.

nevatilla *s. f.* Aguzanieves.

nevera *s. f.* Sitio donde se guarda o conserva nieve. || *fig.* Habitación muy fría. || *Esp.* Refrigerador.

nevería *s. f. Méx.* Tienda de helados.

nevisca *s. f.* Nevada ligera.

newton *s. m.* Unidad de medida equivalente a la fuerza que comunica a un cuerpo de 1 kg de masa a una aceleración de 1 m por segundo.

nexo *s. m.* Lazo, unión.

ni *conj.* Partícula negativa y conjuntiva que enlaza palabras y frases que denotan negación, precedida o seguida de otra u otras. *Ni actúa ni deja actuar; ni Juan ni Pedro han estado aquí.* || *loc.* Ni que: expresión enfática. *¡Ni que yo fuese tonto!*

nicaragüense *adj.* y *s. com.* De Nicaragua. || *s. m.* Modalidad del castellano hablado en Nicaragua.

nicaragüeñismo *s. m.* Locución, modo de hablar o palabra propios de los nicaragüenses. || Condición propia de Nicaragua. || Amor a Nicaragua.

nicarao *adj.* y *s.* Relativo a una tribu indígena de Nicaragua.

nicho *s. m.* Hueco practicado en los muros de un cementerio para colocar los ataúdes o las urnas funerarias. || En bellas artes, hornacina.

nicotina *s. f.* Alcaloide del tabaco muy venenoso.

nidificar *t.* Hacer un nido.

nido *s. m.* Pequeño refugio o abrigo que hacen las aves para poner sus huevos, empollarlos y tener sus crías. || Cavidad o lugar resguardado que aprovechan las aves para el mismo fin. || Lugar donde algunos animales viven agrupados. *Un nido de ratas.* || *fig.* Casa, hogar. || Asentamiento protegido para armas de infantería. *Nido de ametralladora.*

niebla *s. f.* Nube estratificada que está en contacto con la superficie terrestre. || *fig.* Confusión u oscuridad en algún asunto. || Nube, mancha en la córnea.

nieto, ta *s.* Hijo del hijo de una persona. || Descendiente de una línea genealógica a partir de la tercera generación. *Nieto segundo.*

nieve *s. f.* Precipitación de agua cristalizada, que cae en forma de copos blancos. || Nevada (suele usarse en plural). *Año de nieves, año de bienes.* || *fig.* Blancura. || *fig.* y *fam.* Cocaína. || *Cub., Méx.* y *P. Rico.* Sorbete helado. || En televisión, manchas o puntos pequeños e intermitentes que se observan a veces en los aparatos receptores a causa de interferencias o de debilidad de la señal.

nife *s. m.* En geología, núcleo hipotético de la Tierra formado por una materia pesada a base de níquel y hierro.

nigeriano, na *adj.* y *s.* De Nigeria, país de África.

nigerio, ria *adj.* y *s.* De Níger, país de África.

nigua *s. f. Amér.* Insecto parecido a la pulga, pero más pequeño, que suele causar mucha picazón y úlceras graves en la piel del ser humano y los animales.

nihilismo *s. m.* Negación de toda creencia o principio político y social.

nihilista *adj.* y *s. com.* Partidario del nihilismo.

nilón *s. m.* Nailon.

nimbo *s. m.* Aureola, círculo luminoso que se suele poner sobre la cabeza de las imágenes de santos. || Nube baja formada por la aglomeración de cúmulos. || Círculo que rodea a veces un astro.

nimiedad *s. f.* Cualidad de nimio. || Cosa nimia. *Enojarse por una nimiedad.*

nimio, mia *adj.* Que es insignificante o muy poco importante. || *s.* Se dice de la persona que hace las cosas con gran minuciosidad o escrupulosidad.

ninfa *s. f.* En mitología, divinidad femenina que vivía en las fuentes, los bosques, los montes y los ríos. || *fig.* Joven hermosa. || Insecto que ha pasado del estado de larva.

ningún *adj.* Apócope de *ninguno*; se emplea antepuesto a sustantivos masculinos en singular. *Ningún caso; no quiere ningún regalo.*

ninguno, na *adj.* y *pron.* Denota negación total de lo expresado por el nombre al que se aplica o al que se refiere en última instancia. *Ninguno protestó.* || Equivale a «uno» con valor determinado en oraciones negativas. *No buscaba ninguna recompensa.* || Equivale a «nadie», pero añade siempre la idea de individualización respecto a los elementos de un conjunto. *Ninguno (de ellos) dijo nada.*

niña *s. f.* Pupila del ojo. || *loc. fig.* y *fam. Niñas* o *niña de los ojos:* persona o cosa muy querida.

niñada *s. f.* Acción de niños.

niñear *intr.* Hacer niñerías.

niñera *s. f.* Criada encargada del cuidado de los niños.

niñería *s. f.* Acción de un niño o propia de él. || Dicho o hecho de poca importancia. *Enojarse por una niñería.*

niñez *s. f.* Periodo de la vida humana comprendido desde el nacimiento hasta la pubertad. || Niñería.

niño, ña *adj.* y *s.* Persona en la etapa de la niñez. || *fig.* Persona joven. || Ingenuo, de poca experiencia o que obra irreflexivamente.

niobio *s. m.* Elemento químico, metal escaso en la corteza terrestre, presente en algunos minerales, siempre junto al tantalio; es de color gris brillante, blando, dúctil, maleable y resistente a la corrosión; se utiliza en la industria nuclear y, aleado con hierro, en metalurgia; también se conoció como «columbio»; su número atómico es 41 y su símbolo Nb.

nipón, pona *adj.* y *s.* Japonés.

níquel *s. m.* Elemento químico, metal escaso en la corteza terrestre; junto con el hierro, constituye el núcleo de la Tierra y se encuentra nativo en meteoritos; de color blanco grisáceo, brillante, duro, es tenaz y resistente a la corrosión; se utiliza en el recubrimiento de superficies o niquelado, así como en la fabricación de baterías y, aleado, para fabricar monedas y aceros inoxidables; su número atómico es 28 y su símbolo Ni.

niquelado *s. m.* Acción de niquelar.

niquelar *t.* Cubrir un metal con un baño de níquel.

nirvana *s. m.* En el pensamiento oriental, principalmente el budismo, desaparición del dolor unida a la posesión de la verdad.

niscome o **niscómel** *s. m. Méx.* Recipiente para cocer el maíz y hacer tortillas.

níspero *s. m.* Árbol espinoso en estado silvestre, de hojas grandes y flores blancas, que produce un fruto comestible. || *Méx.* Chicozapote.

nitidez *s. f.* Cualidad de nítido. *La nitidez de un color.* || Calidad de un cliché o una copia fotográfica que permite apreciar y distinguir los detalles de la imagen.

nítido, da *adj.* Limpio, transparente. *Atmósfera nítida.* || De contornos bien definidos. *Imagen nítida.*

nitración *s. f.* Tratamiento químico valiéndose del ácido nítrico.

nitrar *t.* Transformar un compuesto orgánico en un derivado nitrado.

nitratación *s. f.* Transformación del ácido nitroso en ácido nítrico o de los nitritos en nitratos.

nitratar *t.* Transformar en nitrato. || Incorporar un nitrato.

nitrato *s. m.* Sal que resulta de la combinación del ácido nítrico con un radical. || loc. *Nitrato de Chile:* nitrato sódico, nitrato potásico y pequeñas cantidades de boro, yodo y otros elementos cuya combinación constituye un abono nitrogenado natural que se extrae en la zona septentrional de Chile.

nítrico, ca *adj.* Relativo al nitro o al nitrógeno. || loc. *Ácido nítrico:* líquido ácido formado por nitrógeno, oxígeno e hidrógeno.

nitrificar *t.* Transformar en nitrato. || *pr.* Cubrirse de nitro.

nitro *s. m.* Salitre o nitrato de potasio.

nitrogenación *s. f.* Fijación del nitrógeno libre en los tejidos de plantas y animales.

nitrogenado, da *adj.* Con nitrógeno.

nitrógeno *s. m.* Elemento químico, gas incoloro, inodoro e insípido, abundante en la corteza terrestre; constituye las cuatro quintas partes del aire atmosférico en su forma molecular N_2 y está presente en todos los seres vivos; se utiliza como refrigerante, en la fabricación de amoniaco, ácido nítrico y sus derivados, explosivos y fertilizantes; su número atómico es 7 y su símbolo N.

nitroglicerina *s. f.* Cuerpo oleaginoso formado por la acción del ácido nítrico sobre la glicerina que constituye un explosivo muy potente.

nitroso, sa *adj.* Que tiene nitro.

nitruro *s. m.* Combinación del nitrógeno y de un metal.

nivel *s. m.* Grado de elevación de una línea o un plano en relación con una superficie horizontal de referencia. || Grado social, intelectual, moral, de clases, de categoría, de mérito. *Estar al mismo nivel que los compañeros.* || Fase o etapa del sistema educacional con unos objetivos y tipo de estudios que la caracterizan. *Nivel superior o universitario.* || Situación de una cosa en relación con otra, equilibrio. *El nivel de precios del año pasado.* || Valor alcanzado por una magnitud. || Grado de elevación de la superficie de un líquido. || Instrumento que sirve para comprobar la horizontalidad de un plano o para determinar la diferencia de altura entre dos puntos.

nivelación *s. f.* Acción de nivelar.

nivelador, ra *adj.* y *s.* Que nivela.

nivelar *t.* Comprobar con el nivel la horizontalidad de una cosa. || Allanar, poner un plano en posición horizontal. *Nivelar un camino.* || Hallar la diferencia de altura entre dos puntos de un terreno. || *fig.* Igualar una cosa con otra material o inmaterial. *Nivelar las exportaciones con las importaciones.* || Corregir. *Nivelar el desequilibrio de la balanza comercial.*

nixtamal *s. m. Amér. C.* y *Méx.* Maíz preparado para hacer tortillas.

no[1] *adv.* Expresa la idea de negación, de rechazo, y se opone a «sí». || Se usa en frases interrogativas para expresar duda o extrañeza o para pedir la confirmación de algo que ya se sabe o supone. *¿No vienes?* || loc. *¡A qué no?* desafío que se dirige a uno. || *¡Cómo no!:* forma amable de contestar afirmativamente. || *No bien:* tan pronto como, en seguida que. || *No más:* solamente. || *No ya:* no solamente.

no[2] *s m.* Negación. *Contestar con un no.*

nobelio *s. m.* Elemento químico transuránico, metal de la serie de los actínidos; se obtiene artificialmente por bombardeo de curio con núcleos de carbono, nitrógeno o boro; su número atómico es 102 y su símbolo No.

nobiliario, ria *adj.* De la nobleza.

noble *adj.* Preclaro, ilustre. || Generoso, magnánimo. *Corazón noble.* || Que goza de ciertos privilegios y tiene títulos heredados o concedidos por un soberano. || Honroso, estimable. *Propósito noble.* || De calidad muy fina. *Metal noble.* || Se aplica a los cuerpos que son químicamente inactivos, particularmente a ciertos gases. || Se dice del estilo armonioso, grave y digno. || Relativo a los animales, como el perro y el caballo, muy amigos del hombre.

nobleza *s. f.* Calidad de noble. || Conjunto de los nobles de un país.

noche *s. f.* Tiempo comprendido entre la puesta y la salida del Sol. || Oscuridad que reina durante este tiempo. *Hacerse de noche.* || *fig.* Tristeza. *La noche de sus pensamientos.* || loc. *De la noche a la mañana:* en muy poco tiempo. || *Pasar en claro la noche:* pasarla sin poder dormir.

nochebuena *s. f.* Noche del 24 de diciembre, vigilia de Navidad.

nochecita *s. f. Amér.* Crepúsculo vespertino.

nochero, ra *s. Amér.* Vigilante nocturno, sereno.

nochevieja *s. f.* Noche del 31 de diciembre, última del año.

noción *s. f.* Conocimiento o idea de algo. *Perder la noción del tiempo.* || Conocimiento elemental; suele usarse en plural. *Nociones de gramática.*

nocividad *s. f.* Calidad de nocivo.

nocivo, va *adj.* Perjudicial. *Es un alimento muy nocivo para la salud.*

noctámbulo, la *adj.* y *s.* Que le gusta vivir por la noche.

nocturnidad *s. f.* Condición o carácter de nocturno. || En criminología, circunstancia agravante que existe al ejecutarse un delito por la noche.

nocturno, na *adj.* Relativo a la noche. *Horas nocturnas.* || Que se hace o sucede durante la noche. *Trabajo nocturno.* || Se aplica a las plantas cuyas flores se abren sólo de noche y a los animales que de día están ocultos.

nodo *s. m.* En astronomía, cada uno de los dos puntos opuestos en que la órbita de un astro corta la eclíptica.

nodriza *s. f.* Ama de cría. || Dispositivo mecánico que suministra combustible al motor del automóvil, sin necesidad de dar presión al depósito. || En aposición a «nave», «avión», «barco», etc., vehículo de aprovisionamiento para otros de menor tamaño.

nódulo *s. m.* Nudosidad o concreción de poco tamaño. || En medicina, nombre con el que se suelen denominar determinadas estructuras, de carácter normal o de origen patológico, que aparecen en el organismo. || En geología, concreción contenida en algunas rocas sedimentarias.

nogal *s. m.* Árbol de madera dura y apreciada cuyo fruto es la nuez. || Esta madera.

noguera *s. f.* Nogal.

nómada o **nómade** *adj.* y *s. com.* Se dice del pueblo o de la persona que practica el nomadismo. || Que no tiene residencia fija. || Relativo al nomadismo.

nomadismo *s. m.* Vida de los nómadas.

segment

---

nomás adv. Arg., Bol., Méx. y Ven. Se emplea en oraciones exhortativas para añadir énfasis. *Pase nomás.* || Arg., Méx. y Ven. Solo, nada más, únicamente. *Nomás me quedan dos días de vacaciones.* || Arg. y Ven. Apenas, precisamente. || Méx. Apenas, inmediatamente después. *Nomás llegó y se fue a dormir.*
nombradía s. f. Reputación, fama.
nombrado, da adj. Célebre, famoso. || Citado.
nombramiento s. m. Acción y efecto de nombrar. || Documento en que se faculta para ejercer un cargo u oficio.
nombrar t. Citar o decir el nombre de alguien o algo. *Nos nombró en la conversación.* || Elegir a una persona para desempeñar un cargo o empleo. *Lo nombraron cónsul honorífico.*
nombre s. m. Palabra que sirve para designar un ser o una cosa material o inmaterial. || Palabra o palabras que preceden al apellido y designan específicamente a una persona, como Pilar, Pedro, José Manuel, etc. || Conjunto formado por el nombre de pila y los apellidos de una persona. || Apodo, mote. || Fama, reputación. || En lingüística, categoría del núcleo del sintagma nominal. || loc. *Decir o llamar las cosas por su nombre:* expresarse con gran franqueza y sin rodeos. || *Nombre común:* el que conviene a las personas o cosas de una misma clase. || *Nombre de pila:* el que se recibe en el bautismo. || *Nombre propio:* el que se da a una persona o cosa para distinguirla de las demás de su especie.
nomenclatura s. f. Conjunto de voces técnicas de una ciencia. *Nomenclatura química.* || Catálogo, lista detallada. || En biología, denominación regular de los animales y plantas, establecida según leyes aceptadas internacionalmente.
nomeolvides s. f. Planta herbácea de jardín que tiene flores pequeñas y azules con una estrella amarilla en el centro.
nómina s. f. Lista de nombres de personas o cosas. || Relación del personal contratado por una empresa, en la que figuran para cada perceptor los importes íntegros de sus retribuciones y emolumentos. || Esos mismos importes. || loc. *Estar en nómina:* formar parte del personal fijo.
nominación s. f. Nombramiento.
nominado, da adj. Designado, nombrado para ocupar un puesto o cargo.
nominal adj. Relativo al nombre. || Que es o existe solo de nombre, pero no en realidad.
nominar t. Nombrar. || Designar para un puesto o cargo.
nominativo, va adj. Relativo a los títulos o valores bancarios que llevan el nombre de su propietario. || s. m. Caso de la declinación que designa el sujeto de la oración.
non adj. y s. m. Impar, indivisible entre dos. *El nueve es un número non.*
nonada s. f. Pequeñez.
nonagenario, ria adj. y s. Que ha cumplido la edad de 90 años.
nonagésimo, ma adj. Que ocupa el lugar noventa. || s. m. Cada una de las noventa partes iguales en que se divide un todo.
nonato, ta adj. No nacido.
noningentésimo, ma adj. Que ocupa el lugar novecientos. || s. m. Cada una de las 900 partes iguales en que se divide un todo.

nonio s. m. Reglilla graduada para medir calibres pequeños.
nono, na[1] adj. Noveno.
nono, na[2] s. Arg. y Uy. Abuelo.
nopal s. m. Planta cactácea que crece en países cálidos de América, con el tallo carnoso, erizado de espinas y flores grandes, con muchos pétalos, cuyo fruto es comestible. || Penca de esa planta.
nopalera s. f. Área poblada de nopales.
noquear t. Dejar fuera de combate.
nordeste s. m. Punto del horizonte entre el norte y el este.
nórdico, ca adj. Se dice especialmente de los pueblos escandinavos y sus lenguas.
nordista adj. Relativo al gobierno federal durante la guerra de Secesión de los Estados Unidos. || s. com. Partidario de este gobierno federal.
noreste s. m. Nordeste.
noria s. f. Máquina para sacar agua de un pozo formada por una rueda vertical con cangilones y otra horizontal, movida por una caballería, que engrana con aquélla. || Recreo de feria que consiste en varias vagonetas colocadas a manera de cangilones que giran alrededor de un eje horizontal.
norma s. f. Regla.
normal adj. Natural. || s. f. Escuela para preparar maestros. || En geometría, línea perpendicular.
normalidad s. f. Calidad de normal.
normalización s. f. Acción y efecto de normalizar. || Conjunto de normas técnicas adoptadas por acuerdo entre productores y consumidores cuyo fin es unificar y simplificar el uso de determinados productos y facilitar la fabricación.
normalizar t. Hacer normal. || Regularizar, poner en buen orden lo que no lo estaba. || Aplicar normas nacionales o internacionales adaptadas a la industria.
normando, da adj. y s. De Normandía, región de Francia.
normativo, va adj. Que da normas, reglas. || s. f. Reglas.
noroeste s. m. Punto del horizonte entre el norte y el oeste.
norte s. m. Uno de los puntos cardinales, hacia donde está la estrella Polar. || fig. Objetivo, meta, dirección.
norteado, da adj. fam. Méx. Desorientado, perdido.
norteamericano, na adj. y s. Relativo a América del Norte. || Estadounidense.
nortear pr. Méx. Perder la orientación. *Al caer la noche se norteó y se salió del camino.*
norteño, ña adj. y s. Del Norte.
nortino adj. y s. Chil. y Per. Norteño.
noruego, ga adj. y s. De Noruega, país de Europa. || s. m. Lengua noruega.
nos pron. Forma átona del pronombre de primera persona del plural que funciona como complemento directo e indirecto y se usa con verbos pronominales cuando el sujeto es de primera persona del plural; va pospuesto y unido al verbo cuando acompaña a un infinitivo, gerundio o imperativo. *Creo que nos ha visto; darnos el premio.* || En ciertos casos se utiliza en lugar de «nosotros». *Ruega por nos.*
nosotros, tras pron. Forma tónica de la primera persona del plural; designa al emisor asociado a una o más personas en un acto de comunicación; funciona como sujeto, predicado nominal o como complemento pre-

cedido de una preposición. *Nosotros lo hicimos; todo lo hizo por nosotros; a nosotros nos tiene sin cuidado.* || Sustituye a «yo» como plural de modestia.

nostalgia *s. f.* Tristeza que se siente al encontrarse lejos del país natal o de algún lugar querido. || Tristeza con que una persona recuerda épocas o personas del pasado a las que se siente vinculada afectivamente. *Nostalgia del pasado; nostalgia de sus compañeros.*

nostálgico, ca *adj.* Relativo a la nostalgia. || Que padece nostalgia.

nota *s. f.* Escrito breve hecho para recordar algo o con intención de desarrollarlo después. || Noticia o comunicación breves. || Calificación expresada en palabras o en números sobre la conducta o el trabajo de un alumno, un empleado, etc. *Sacar buenas notas.* || Cuenta, factura global o detallada de gastos. *Pedir la nota al camarero.* || Aspecto, detalle, elemento que tiene determinado carácter que se expresa. *La tolerancia es la nota más destacada de su carácter.* || Fama, reputación, especialmente cuando es negativa. *Casa de mala nota.* || *Méx.* Documento que se da como comprobante de pago de una compra o servicio. || En música, signo convencional que representa gráficamente un sonido musical; sonido representado por este signo. || *loc. fam. Dar la nota:* llamar la atención haciendo algo extravagante, raro o poco habitual.

notabilidad *s. f.* Calidad de notable. || Persona notable.

notable *adj.* Digno de nota, reparo, atención o cuidado. *Obra notable.* || Grande, excesivo. || *s. m.* Persona principal. *Reunión de notables.* || Calificación de los exámenes, inferior al sobresaliente.

notación *s. f.* Acción de notar.

notar *t.* Ver, sentir o advertir una cosa. *Notar que a uno lo miran.* || *pr.* Ser perceptible. *Se nota que estás cansado.* || *loc. Hacerse notar:* hacer alguien algo para atraer hacia sí la atención de los demás.

notaría *s. f.* Empleo y oficina de notario.

notariado, da *adj.* Legalizado ante notario. || *s. m.* Carrera, profesión o ejercicio de notario. || Conjunto de notarios.

notarial *adj.* Relativo al notario.

notario, ria *s.* Funcionario público que da fe de los contratos, escrituras de compra y venta, testamentos y otros actos extrajudiciales.

noticia *s. f.* Comunicación o información, en especial de un acontecimiento reciente. || Noción, conocimiento elemental.

noticiar *t.* Dar noticia.

noticiario *s. m.* Programa de radio o televisión o película cinematográfica en que se transmiten o dan noticias.

noticiero *s. m.* Noticiario.

noticioso, sa *adj.* Que tiene o contiene noticia de una cosa. || Erudito. || *s. m. Amér.* Programa de radio o de televisión en el que se transmiten o dan noticias.

notificación *s. f.* Acción de notificar. || Documento en que se notifica o se hace constar algo. || En derecho, acto por el que, observando las formas legales, se pone en conocimiento de la persona interesada una resolución o acto que le concierne.

notificar *t.* Comunicar o dar una noticia. || En derecho, hacer una notificación.

notoriedad *s. f.* Calidad de notorio.

notorio, ria *adj.* Evidente, patente.

novatada *s. f.* Broma o vejamen hecho en colegios, academias y cuarteles a los individuos de nuevo ingreso.

novato, ta *adj.* y *s.* Se dice de la persona nueva en algún sitio o principiante en cualquier actividad u oficio.

novecientos, tas *adj.* y *s. m.* Nueve veces cien. || Noningentésimo. || *s. m.* Conjunto de signos que representan el número novecientos.

novedad *s. f.* Cualidad de nuevo. || Cosa nueva. || Cambio introducido o surgido en una cosa. || Suceso reciente, noticia. || Género o mercancía de moda. Suele usarse en plural.

novedoso, sa *adj. Amér.* Nuevo.

novel *adj.* y *s. com.* Principiante.

novela *s. f.* Obra de ficción que consiste en una narración en prosa de considerable extensión, cuyo interés estriba en la descripción de aventuras, el estudio de costumbres o de caracteres y el análisis de sentimientos o de pasiones. || Género literario constituido por esta clase de narraciones. *La novela pastoril, picaresca, de aventuras.*

novelar *t.* Dar forma de novela. || *intr.* Componer o escribir novelas. || *fig.* Referir cuentos y patrañas.

novelesco, ca *adj.* Que tiene características propias de novela por ser fantástico, interesante o extraordinario. *Aventura novelesca.* || Relativo a la novela.

novelista *s. com.* Autor de novelas.

novelístico, ca *adj.* Relativo a la novela. || *s. f.* Tratado histórico o preceptivo de la novela. || Género de las novelas.

novena *s. f.* Ejercicio devoto que se practica durante nueve días. || Equipo de beisbol.

noveno, na *adj.* Que sigue en orden a lo octavo. || *s. m.* Cada una de las nueve partes iguales en que se divide un todo.

noventa *adj.* Nueve veces diez. || Nonagésimo. || *s. m.* Conjunto de signos con que se representa el número noventa.

noventavo, va *adj.* y *s.* Nonagésimo.

noviazgo *s. m.* Relación que mantiene una pareja de novios. || Periodo de tiempo que dura esa relación. *Un largo noviazgo.*

noviciado *s. m.* Estado de los novicios antes de profesar. || Tiempo que dura este estado. || Casa en que residen los novicios. || *fig.* Aprendizaje.

novicio, cia *adj.* y *s.* Religioso que aún no ha tomado el hábito. || Principiante en un arte u oficio.

noviembre *s. m.* Undécimo mes del año que tiene 30 días.

novillada *s. f.* Corrida de novillos.

novillero *s. m.* Torero de novillos.

novillo, lla *s.* Res vacuna de dos o tres años. || *Chil.* y *Méx.* Ternero castrado. || *fam. Esp. Hacer novillos:* faltar sin motivo al colegio.

novio, via *s.* Persona que mantiene relaciones amorosas con otra, con vistas a casarse. || Cada uno de los contrayentes el día de la boda. || Recién casado. || *s. m. Col., Ecuad.* y *Ven.* Planta geraniácea de flores rojas, muy común en los jardines.

N

novohispano, na *adj.* y *s.* De la Nueva España. *Los virreyes novohispanos.*

nube *s. f.* Conjunto de finas partículas de agua, líquidas o sólidas, mantenidas en suspensión por corrientes de aire ascendentes, que forma una masa de color variable según incida en ella la luz solar. ‖ Lo que forma una masa. *Nube de humo, de insectos.* ‖ Mancha que se forma en el exterior de la córnea. ‖ *fig.* Cualquier cosa que oscurece la vista. ‖ Lo que ofusca la inteligencia o altera la serenidad. ‖ Multitud de personas o cosas juntas. *Una nube de fotógrafos.*

nublado *s. m.* Ocultación del cielo por las nubes. ‖ *fig.* Multitud.

nublar *t.* Anublar. ‖ Ocultar. ‖ *pr.* Cubrirse de nubes. ‖ Volverse poco claro. *Nublarse la vista.*

nubosidad *s. f.* Abundancia de nubes.

nuca *s. f.* Parte posterior del cuello en que la columna vertebral se une con la cabeza.

nuclear *adj.* Relativo a un núcleo. ‖ Relativo al núcleo del átomo y a la energía que se desprende de él. *Física nuclear.* ‖ Se dice de la familia que comprende solo a la pareja y a sus hijos. ‖ En biología, relativo al núcleo de la célula. ‖ *loc. Arma nuclear:* arma que utiliza la energía nuclear.

nucleico, ca *adj.* Se dice de cada uno de los dos ácidos fosforados, que son constituyentes fundamentales del núcleo de la célula; existen dos tipos de ácidos nucleicos: el ácido desoxirribonucleico (ADN) y el ácido ribonucleico (ARN).

núcleo *s. m.* Parte central de una cosa material, de densidad distinta a la de la masa. ‖ Parte alrededor de la cual se organiza un grupo, un conjunto o un sistema. *El núcleo del predicado es el verbo.* ‖ Pequeño grupo de personas que forman un elemento esencial de un grupo. *Núcleos de resistencia.* ‖ En astronomía, parte de un cometa que, junto con la cabellera, constituye la cabeza. ‖ En biología, cuerpo esférico de la célula formado por una nucleoproteína, la cromatina, y por uno o varios nucléolos. ‖ En física, parte central de un átomo, formada por protones y neutrones, donde está concentrada la casi totalidad de su masa. ‖ En geología, parte central del globo terrestre.

nucléolo *s. m.* Cuerpo esférico rico en ARN que se encuentra en el interior del núcleo de la célula.

nudillo *s. m.* Articulación de los dedos.

nudismo *s. m.* Práctica que consiste en exponer el cuerpo desnudo a los agentes naturales.

nudista *adj.* y *s. com.* Que practica el nudismo.

nudo *s. m.* Entrelazamiento fuerte de uno o más cuerpos flexibles, como cuerda, hilo, etc. *Nudo marinero.* ‖ Punto donde se cruzan o de donde arrancan varias cosas. *Nudo de comunicaciones.* ‖ Porción dura o abultamiento en un sólido. ‖ Punto del tallo de una planta o árbol en que se insertan a la vez una hoja o un grupo de hojas, una rama o un grupo de ramas, o al menos una yema axilar, y donde las fibras leñosas toman una nueva orientación. ‖ Excrecencia leñosa que se produce en el tronco y las ramas de algunos árboles. ‖ Unidad de medida de velocidad utilizada en navegación, equivalente a 1 852 m por hora o una milla marina por hora. ‖ *fig.* Vínculo que une a las personas entre sí. ‖ Punto principal de un problema que hay que resolver. *El nudo de la cuestión.* ‖ Momento de una obra teatral o de una novela en que la intriga llega a su punto de máximo interés, pero en el que todavía no se conoce el desenlace.

nudoso, sa *adj.* Que tiene nudos.

nuera *s. f.* Hija política.

nuestro, tra *adj.* y *pron.* Forma tónica o átona de la primera persona del plural; indica que la persona, animal o cosa designados por el nombre al que acompaña o sustituye pertenecen al emisor y una o más personas asociadas a él en un acto de comunicación, por ser de su propiedad, porque tienen un parentesco con él, porque están asociados a él, etc. *Nuestra casa, nuestros padres.*

nueva *s. f.* Noticia, información que se desconocía previamente.

nueve *adj.* Ocho y uno. ‖ Noveno día del mes. ‖ *s. m.* Conjunto de cifras que representan el número nueve. ‖ Naipe con nueve figuras.

nuevo, va *adj.* Que se ve u oye por primera vez. *Un nuevo sistema.* ‖ Que sucede a otra cosa en el orden natural. *El nuevo parlamento.* ‖ Novicio, inexperto. *Ser nuevo en natación.* ‖ Recién llegado. *Nuevo en esta plaza.* ‖ *fig.* Poco usado. *Un traje nuevo.* ‖ *Año nuevo,* primer día del año. ‖ *loc. De nuevo:* nuevamente. ‖ *El Nuevo Mundo:* América.

nuez *s. f.* Fruto del nogal. ‖ Prominencia de la laringe en el varón adulto.

nulidad *s. f.* Cualidad de nulo. ‖ *fig.* Persona nula, incapaz. ‖ En derecho, ineficacia de un acto jurídico por ausencia de uno de los requisitos señalados por la ley para su validez.

nulo, la *adj.* Que carece de efecto legal. *Fallo nulo.* ‖ Incapaz, inútil, inepto. *Hombre nulo.*

numen *s. m.* Inspiración.

numeración *s. f.* Acción y efecto de numerar. ‖ Sistema de escritura y de enunciación de los números. ‖ *loc. Numeración arábiga:* sistema de numeración de uso casi universal, basado en los diez signos de origen arábigo y su valor absoluto y posición relativa. ‖ *Numeración romana:* la que expresa los números por medio de siete letras del alfabeto latino.

numerador *s. m.* En matemáticas, término que indica cuántas partes de la unidad contiene un quebrado. ‖ Aparato para numerar correlativamente.

numeral *adj.* Relativo al número. ‖ Se dice de los adjetivos que sirven para indicar un número.

numerar *t.* Contar por el orden de los números. ‖ Poner número a una cosa. ‖ Expresar numéricamente la cantidad.

numerario, ria *adj.* Numeral, relativo al número. ‖ Se dice del valor legal de la moneda.

numérico, ca *adj.* Relativo a los números.

número *s. m.* Concepto matemático que expresa la cantidad de los elementos de un conjunto o el lugar que ocupa un elemento en una serie. ‖ Nombre de este concepto. ‖ Cifra, signo que representa gráficamente cada uno de estos conceptos. *El número 7.* ‖ Cantidad indeterminada. *Un gran número de estudiantes.* ‖ Categoría o clase. *Hallarse en el número de los escogidos.* ‖ Cada una de las publicaciones periódicas aparecidas en distinta fecha de edición. ‖ Boleto para una rifa o lotería. ‖ Cifra con que se designa el tamaño de ciertas cosas que forman una serie correlativa. *Calzar un número pequeño.* ‖ Parte de un espectáculo ejecutada en escena por un artista o un grupo de artistas. ‖ En gramática, accidente que expresa si una palabra se refiere a una persona o cosa o a más de una. ‖ En matemáticas, noción fundamental que permite contar, clasificar los objetos o medir magnitudes, pero que no puede ser objeto de definición rigurosa. ‖ *loc. Número redondo:* el que tiene unidades completas y representa algo aproximadamente. ‖ *Números rojos:* saldo negativo en una cuenta bancaria. ‖ *loc. fam. Ser el número uno:* ser alguien o algo el mejor en algo. ‖ *loc. Sin número:* en gran cantidad. ‖ *Número arábigo:* el que pertenece a la numeración decimal. ‖ *Número atómico:* el que caracteriza a un elemento por el número de protones del núcleo de sus átomos. ‖ *Número cardinal:* cada uno de los números enteros en abstracto. ‖ *Número entero:* el que se compone únicamente de unidades. ‖ *Número impar:* el entero que no es exactamente divisible por dos. ‖ *Número mixto:* el que se compone de entero y quebrado. ‖ *Número ordinal:* el que expresa orden o sucesión: *1°, 2°, 3°.* ‖ *Número par:* el entero que es exactamente divisible por 2. ‖ *Número quebrado:* el que expresa una o varias partes proporcionales de la unidad: *1/3; 2/8, 7/10.* ‖ *Número romano:* el que se representa con letras del alfabeto latino.

numeroso, sa *adj.* Muchos.

numismática *s. f.* Ciencia que trata de las monedas y medallas.

nunca *adv.* En ningún tiempo, ninguna vez. *Nunca lo haré.* ‖ En frases interrogativas, alguna vez. *¿Has visto nunca algo semejante?* ‖ *loc. Nunca jamás:* expresión enfática de negación. ‖ *Nunca más:* expresión enfática que indica que algo no se volverá a repetir.

nunciatura *s. f.* Cargo de nuncio.

nuncio *s. m.* Mensajero. ‖ Representante diplomático del Papa.

nupcial *adj.* Relativo a las bodas.

nupcias *s. f. pl.* Boda.

nutria *s. f.* Mamífero carnívoro de color pardo rojizo y piel apreciada.

nutricio, cia *adj.* Nutritivo.

nutrición *s. f.* Conjunto de funciones orgánicas por las que los alimentos son transformados y hechos aptos para el crecimiento y la actividad de un ser viviente.

nutrido, da *adj. fig.* Lleno, abundante. *Estudio nutrido de datos.*

nutriente *adj.* y *s. m.* Que nutre. *La sobreexplotación agrícola eliminó los nutrientes naturales.*

nutrimento o **nutrimiento** *s. m.* Nutrición. ‖ Sustancia asimilable de un alimento. ‖ *fig.* Cosa que mantiene o fomenta algo.

nutrir *t.* y *pr.* Proporcionar alimento a un organismo vivo. ‖ *fig.* Proporcionar una cosa a otra lo necesario para su funcionamiento, enriquecimiento o conservación.

nutritivo, va *adj.* Que nutre.

ny *s. f.* Decimotercera letra del alfabeto griego (N, v).

nylon *s. m.* Marca registrada. Nailon.

N

ñ *s. f.* Decimoquinta letra del alfabeto español, y duodécima de sus consonantes; su nombre es «eñe».

ña *s. f. Amér.* Tratamiento que se da a ciertas mujeres.

ñacaniná *s. f. Arg.* Víbora grande.

ñácara *s. f. Amér. C.* Úlcera, llaga.

ñaco *s. m. Chil.* Gachas, puches.

ñacundá *s. m. Arg.* Ave nocturna de color pardo.

ñacurutú *s. m. Amér.* Búho.

ñamal *s. m.* Plantío de ñames.

ñame *s. m.* Planta herbácea de tallos endebles, hojas grandes, flores pequeñas y verdosas en espigas axilares, y raíz comestible del mismo nombre, grande, tuberosa, de corteza casi negra y carne parecida a la de la batata.

ñamera *s. f.* Planta del ñame.

ñancu *s. m. Chil.* Ave falcónida.

ñandú *s. m.* Ave corredora parecida al avestruz, pero de menor tamaño, de plumaje pardo y patas con tres dedos, que vive en las pampas de Sudamérica.

ñandubay *s. m.* Árbol mimosáceo de América de madera rojiza.

ñandutí *s. m. Amér. Merid.* Encaje muy fino, de origen paraguayo, que dio fama a la ciudad de Itaguá.

ñango, ga *adj. Amér.* Desgarbado. || Débil, anémico. || *s. f. Amér. C.* Fango, lodo.

ñaño, ña *adj. Col.* y *Pan.* Consentido, mimado en demasía. || *Ecua.* y *Per.* Unido por una amistad íntima. || *s. fam. Arg.* y *Chil.* Hermano, compañero. || *Per.* Niño.

ñapa *s. f. Amér.* Propina. || *Amér.* Añadidura, yapa.

ñapango, ga *adj.* y *s. Col.* Mestizo, mulato.

ñapindá *s. m. Amér. Merid.* Arbusto parecido a la acacia, de flores amarillas.

ñapo *s. m. Chil.* Junco.

ñato, ta *adj. Amér. Merid.* Que tiene la nariz pequeña o roma, chato. || *s. f. Amér. Merid.* Nariz.

ñaupa *adj. Amér.* Se dice de la persona que es anticuada, que es ya de cierta edad, vieja.

ñeco *s. m. Ecua.* Puñetazo.

ñeembucuense *adj.* y *s. com.* De Ñeembucú, departamento de Paraguay.

ñeque *s. m. Amér.* Fuerza, vigor. || *Méx.* Bofetada. || *adj. Amér.* Fuerte, vigoroso.

ñizca *s. f. Méx.* y *Per.* Pequeña cantidad de algo.

ño, ña *s. Amér.* Tratamiento de señor.

ñoclo *s. m.* Buñuelo.

ñoco, ca *adj.* y *s. Col., R. Dom., P. Rico* y *Ven.* Se dice de la persona manca o sin alguno de sus dedos.

ñoñería *s. f.* Acción o dicho ñoño. || *Méx. fam.* Chochez, cursilada.

ñoño, ña *adj.* y *s.* Se dice de la persona muy recatada o remilgada.

ñoqui¹ *s. m.* Bolita de pasta de harina de sémola (a la romana) o de puré de papas (a la piamontesa) que se come hervida en agua con sal.

ñoqui² *s. m. Arg. fig. desp.* Empleado público que asiste al lugar de trabajo solo en fecha de cobro.

ñorbo *s. m. Ecua.* y *Per.* Planta de adorno. || Su flor.

ñu *s. m.* Antílope africano de gruesa cabeza con barba y crin, cuernos curvados.

ñuco, ca *adj.* y *s. Amér.* Se dice de la persona que perdió los dedos o parte de ellos.

ñudo *s. m. Ants.* Nudo.

ñufla *s. f. Chil.* Cosa sin valor.

ñusta *s. f.* Hija de los emperadores incaicos o joven perteneciente a la familia real.

ñutir *t. Col.* Refunfuñar.

ñuto, ta *adj. Ecua.* Triturado.

o *s. f.* Decimosexta letra del abecedario español y cuarta de sus vocales. ‖ *conj.* Indica exclusión, alternativa o contraposición. ‖ Indica equivalencia.

oaxaqueño, ña *adj.* y *s.* Del estado mexicano de Oaxaca.

obcecar *t.* Cegar, ofuscar.

obedecer *t.* e *intr.* Cumplir lo que otro manda. ‖ Originar, provenir.

obediencia *s. f.* Hecho de obedecer, de cumplir con lo que otro manda.

obediente *adj.* Que obedece.

obelisco *s. m.* Monumento cuadrangular en forma de aguja.

obertura *s. f.* Pieza de música instrumental con que se da principio a una ópera, oratorio, concierto, etc.

obesidad *s. f.* Estado de una persona muy gorda.

obeso, sa *adj.* Relativo a la persona demasiado gruesa o gorda.

óbice *s. m.* Obstáculo.

obispo *s. m.* Hombre con un alto puesto en la Iglesia Católica y en las iglesias de rito oriental que tiene a su cargo una diócesis. ‖ Hombre con un cargo superior en la mayoría de las iglesias protestantes.

óbito *s. m.* En el lenguaje de los abogados, fallecimiento, muerte.

obituario *s. m.* Palabras que se escriben en relación con una persona recién fallecida.

objeción *s. f.* Inconveniente que se opone contra un plan o idea. ‖ *loc.* Objeción de conciencia: negación por motivos religiosos o éticos, para hacer el servicio militar.

objetable *adj.* Algo que puede ser rechazado.

objetar *t.* Oponerse a algo. *El abogado objetó la decisión del juez.*

objetividad *s. f.* Cualidad de juzgar las cosas tal como son.

objetivismo *s. m.* Doctrina filosófica que sostiene que existe una realidad independiente de la mente del ser humano, y que éste es capaz de conocerla a través de sus sentidos.

objetivo, va *adj.* Que juzga las cosas o situaciones como son en realidad, sin dejarse llevar por sus ideas personales. ‖ *s. m.* Fin, propósito. ‖ Lente de una cámara, un microscopio u objeto parecido, que se dirige hacia lo que se quiere fotografiar u observar.

objeto *s. m.* Cosa material y determinada. ‖ Motivo, finalidad.

objetor, ra *adj.* y *s.* Que se opone a algo.

oblea *s. f.* Hoja muy delgada de harina y agua con la que se hacen las hostias.

oblicuángulo, la *adj.* Se aplica a las figuras geométricas que no tienen ningún ángulo recto.

oblicuidad *s. f.* Calidad de oblicuo.

oblicuo, cua *adj.* Sesgado, inclinado al través o desviado de la horizontal.

obligación *s. f.* Aquello que se está obligado a hacer.

obligado, da *adj.* Se dice de lo que la costumbre ha hecho prácticamente obligatorio. ‖ Se aplica a la persona que tiene una deuda de agradecimiento con otra.

obligar *t.* y *pr.* Imponer como deber por medio de una ley, una norma, etc.

obligatoriedad *s. f.* Calidad de lo que es obligatorio.

obligatorio, ria *adj.* Que debe hacerse de manera forzosa, que no permite elegir.

obliteración *s. f.* Acción y efecto de obliterar.

obliterar *t.* Obstruir o cerrar un conducto o cavidad de un cuerpo.

oblongo, ga *adj.* Más largo que ancho.

obnubilación *s. f.* Ofuscamiento.

oboe *s. m.* Instrumento musical de viento, semejante a la dulzaina, provisto de doble lengüeta.

oboísta *s. com.* Persona que toca el oboe.

óbolo *s. m.* Contribución pequeña.

obra *s. f.* Cosa producida por una persona. ‖ Edificio en construcción.

obrador *s. m. Méx.* Lugar donde se procesa carne de cerdo para hacer embutidos y venderlos.

obraje *s. m.* Trabajo que se hace en la industria. ‖ *Arg., Bol.* y *Py.* Establecimiento de una explotación forestal.

obrar *tr.* e *intr.* Hacer una cosa o trabajar en ella. ‖ Causar un efecto.

obrero, ra *s.* Trabajador manual que gana un salario.

obscenidad *s. f.* Acción o palabra obscena.

obsceno, na *adj.* Deshonesto, contrario al pudor o a la decencia.

obscurecer *tr.* Oscurecer.

obscuro, ra *adj.* Oscuro.

obseder *t.* Provocar obsesión.

obsequiar *t.* Agasajar con atenciones o regalos. ‖ Galantear.

obsequio *s. m.* Agasajo. ‖ Regalo. ‖ Deferencia, afabilidad.

obsequiosidad *s. f.* Atención, cortesía. ‖ Amabilidad excesiva.

obsequioso, sa *adj.* Cortés.

observación *s. f.* Hecho de mirar con atención algo para conocerlo y estudiarlo. ‖ Advertencia, consejo.

observador, ra *adj.* y *s.* Que mira con cuidado.

observar *t.* Examinar con atención. ‖ Advertir, darse cuenta.

observatorio *s. m.* Sitio apropiado para hacer observaciones, especialmente astronómicas o meteorológicas.

obsesión *s. f.* Idea fija que se apodera del espíritu.

obsesionar *t.* Causar obsesión.

obsesivo, va *adj.* Que obsesiona.

obsidiana *s. f.* Vidrio volcánico de color negro o verde muy oscuro.

obsolescencia *s. f.* Pérdida de efectividad o de valor de un equipo técnico o industrial a causa de los adelantos tecnológicos.

obsoleto, ta *adj.* Anticuado.

obstaculizar *t.* Poner obstáculos.

obstáculo *s. m.* Impedimento, estorbo.

obstante *loc. adv. No obstante:* sin que estorbe ni sea impedimento para algo.

obstar *intr.* Impedir, estorbar. || *impers.* Oponerse o ser contraria una cosa a otra; este verbo sólo se emplea en oraciones negativas. *Eso no obsta.*

obstetricia *s. f.* Parte de la medicina que trata del embarazo, el parto y el puerperio.

obstinado, da *adj.* Terco.

obstinarse *pr.* Empeñarse.

obstrucción *s. f.* Acción de obstruir. || En medicina, atascamiento de un conducto natural. || En una asamblea, táctica que retarda o impide los acuerdos.

obstruir *t.* Estorbar el paso, cerrar un camino o conducto. || *fig.* Impedir la acción, dificultar, obstaculizar. || *pr.* Cerrarse, taparse un agujero, caño, etc.

obtención *s. f.* Consecución.

obtener *t.* Alcanzar.

obturación *s. f.* Acción y efecto de obturar.

obturar *t.* Tapar, obstruir.

obtusángulo *adj.* Se dice del triángulo que tiene un ángulo obtuso.

obtuso, sa *adj.* Que no tiene punta.

obús *s. m.* Cañón corto. || Proyectil de artillería.

obviar *t.* Hacer a un lado una posible dificultad y obstáculo. || *intr.* Obstar, oponerse.

obvio, via *adj.* Que resulta claro o evidente.

oca *s. f.* Ansar. || Juego que se practica con dos dados y un cartón sobre el cual van pintadas casillas que representan objetos diversos y un ganso u oca cada nueve de ellas.

ocarina *s. f.* Instrumento musical de viento de forma ovoide y ocho agujeros.

ocasión *s. f.* Oportunidad. || Causa, motivo. || Momento, circunstancia.

ocasional *adj.* Accidental.

ocasionar *t.* Ser causa o motivo.

ocaso *s. m.* Puesta del Sol tras el horizonte. || *fig.* Decadencia.

occidental *adj.* Relativo al Occidente. || En astronomía, se dice del planeta que se pone después del ocaso del Sol.

occidentalizar *t.* y *pr.* Dar a algo características propias de Occidente o adoptarlas.

occidente *s. m.* Punto cardinal por donde se oculta el Sol, Oeste. || Parte del hemisferio Norte situada hacia donde se pone el Sol.

occipital *adj.* Relativo al occipucio. || *s. m.* Hueso que forma la pared posterior e inferior del cráneo.

occipucio *s. m.* Parte posterior e inferior de la cabeza.

occiso, sa *adj.* y *s.* En lenguaje legal, persona que sufrió una muerte violenta.

oceánico, ca *adj.* Relativo al océano o a Oceanía.

océano *s. m.* Masa de agua que cubre las tres cuartas partes de la Tierra.

oceanografía *s. f.* Estudio de los océanos, el fondo del mar y la vida marina.

ocelote *s. m.* Mamífero carnívoro, parecido al leopardo, de aproximadamente 65 cm de largo, piel brillante gris claro con dibujos rojizos rodeados por una línea negra, muy apreciada para hacer prendas de vestir.

ochenta *adj.* y *s. m.* Ocho veces diez. || Octogésimo. || Se representa con el guarismo «80».

ocho *adj.* y *s.* Siete más uno, o dos veces cuatro. || Octavo. *El año ocho.* || *s. m.* Cifra que representa el número ocho. || Naipe con ocho figuras.

ochocientos, tas *adj.* y *s.* Ocho veces ciento. || Octingentésimo. || *s. m.* Conjunto de signos que representan el número ochocientos.

ocio *s. m.* Estado de la persona que no trabaja. || Tiempo libre.

ocioso, sa *adj.* y *s.* Persona que no tiene una ocupación o que tiene mucho tiempo libre.

ocluir *t.* y *pr.* Cerrar u obstruir un conducto del organismo.

oclusión *s. f.* Hecho de cerrarse de forma anormal un conducto del organismo.

oclusivo, va *adj.* Sonido consonántico que se pronuncia cerrando momentáneamente el paso del aire en la boca, como el que representan «p», «t», «k», «b», «d» y «g».

ocote *s. m. Méx.* Especie de pino.

ocozol *s. m. Méx.* Árbol cuyo tronco y ramas exudan un bálsamo aromático.

ocre *adj.* Se dice del color amarillo oscuro. || *s. m.* Tierra arcillosa amarilla que contiene un óxido férreo, hidratado y se emplea en pintura.

octaedro *s. m.* En geometría, sólido de ocho caras que son triángulos.

octagonal *adj.* Del octágono.

octágono, na *adj.* y *s.* Octógono.

octanaje *s. m.* Cantidad de octanos que existe en un combustible.

octano *s. m.* Hidrocarburo saturado líquido existente en el petróleo.

octavilla *s. f.* Octava parte de un pliego de papel. || Impreso de propaganda política o social. || Estrofa de ocho versos.

octavo, va *adj.* Que sigue en orden a lo séptimo. || *s. m.* Cada una de las ocho partes iguales en que se divide un todo.

octogenario, ria *adj.* y *s.* Que tiene la edad de ochenta años.

octogésimo, ma *adj.* y *s.* Adjetivo que corresponde en orden al número 80.

octogonal *adj.* Del octógono.

octógono, na *adj.* y *s.* Se dice del polígono de ocho lados y ángulos.

octosílabo, ba *adj.* y *s. m.* Se dice del verso de ocho sílabas.

octubre *s. m.* Décimo mes del año.

óctuple u **óctuplo, pla** *adj.* Que contiene una cantidad ocho veces.

ocular *adj.* Relativo a los ojos o a la vista. || *s. m.* En los aparatos ópticos, lente en el cual se aplica el ojo del observador.

oculista *adj.* y *s. com.* Médico especialista de los ojos.

ocultar *t.* Impedir que sea vista una persona o cosa. || Esconder.

ocultismo *s. m.* Estudio y práctica de fenómenos que no pueden ser demostrados de manera científica.

oculto, ta *adj.* Escondido. ‖ Misterioso. *Influencia oculta.*

ocumo *s. m. Ven.* Planta comestible de tallo corto y flores amarillas.

ocupación *s. f.* Acción y efecto de ocupar. ‖ Trabajo que impide emplear el tiempo en otra cosa.

ocupacional *adj.* Relativo a la ocupación en su aspecto laboral.

ocupado, da *adj.* Se aplica a quien realiza una actividad que le impide dedicarse a otras. ‖ Se dice del lugar que está siendo utilizado por alguien.

ocupar *t.* y *pr.* Tomar posesión. ‖ Llenar un espacio o lugar.

ocurrencia *s. f.* Idea que se le ocurre a alguien, por lo general buena. ‖ Hecho de decir cosas graciosas, simpáticas u originales.

ocurrente *adj.* y *s. com.* Que tiene muchas ocurrencias.

ocurrir *intr.* y *pr.* Suceder, pasar o acontecer algo. ‖ Venir a la mente una idea.

oda *s. f.* Composición poética de tema lírico.

odiar *t.* Sentir odio, aborrecer.

odio *s. m.* Aversión.

odisea *s. f.* Viaje o serie de sucesos penosos y molestos, llamados así por los viajes del personaje Odiseo o Ulises de las obras de Homero, la *Ilíada* y la *Odisea.*

odontología *s. f.* Estudio de los dientes y de su tratamiento.

odorante *adj.* Oloroso.

odre *s. m.* Cuero para contener líquidos.

oeste *s. m.* Occidente, Poniente. ‖ Punto cardinal situado donde se pone el Sol.

ofender *t.* Injuriar, agraviar a uno. ‖ *pr.* Picarse o enfadarse.

ofensa *s. f.* Palabra que agravia.

ofensor, ra *adj.* y *s.* Que ofende.

oferta *s. f.* Proposición de un contrato a otra persona. ‖ Ofrecimiento de un bien o de un servicio que puede ser vendido a un precio determinado.

ofertar *t.* Ofrecer en venta.

offset *s. m.* Procedimiento de impresión en el cual la plancha entintada imprime un cilindro de caucho que traslada la impresión al papel.

offside *s. m.* En futbol, rugby, etc., falta del delantero que se sitúa entre el portero y los defensas contrarios; se dice también «fuera de juego» o «fuera de lugar».

oficial *adj.* Que procede del gobierno o de la autoridad competente. ‖ *s. com.* Quien en algún oficio tiene el grado intermedio entre aprendiz y maestro.

oficialismo *s. m. Amér.* Conjunto de tendencias y grupos que apoyan a un gobierno.

oficialista *adj.* y *s. com.* Perteneciente al oficialismo o simpatizante de éste. ‖ *s. com. Arg., Chil.* y *Uy.* Partidario o servidor incondicional del gobierno.

oficializar *t.* Dar valor oficial a una norma, documento, etc.

oficiante *s. com.* Persona que oficia.

oficiar *t.* e *intr.* Celebrar los oficios religiosos. ‖ Hacer el papel de otra persona.

oficina *s. f.* Despacho o departamento donde trabajan hombres de negocios, empleados, etc.

oficinista *s. com.* Persona empleada en una oficina.

oficio *s. m.* Profesión manual o mecánica. ‖ Función, papel. ‖ Comunicación escrita de carácter oficial.

oficioso, sa *adj.* Que proviene del gobierno pero que no tiene carácter oficial.

ofidios *s. m. pl.* Orden de reptiles que comprende las culebras y las serpientes.

ofrecer *t.* Prometer, asegurar. *Ofrecer ayuda.* ‖ Presentar o dar voluntariamente una cosa.

ofrecido, da *adj. Méx.* Que se pone a disposición de los demás para ayudarlos, por lo general con actitud servil.

ofrecimiento *s. m.* Acción de ofrecer.

ofrenda *s. f.* Cosa que se da en señal de gratitud, en especial a Dios o a un ser divino.

ofrendar *t.* Hacer una ofrenda.

oftalmía *s. f.* Inflamación del ojo.

oftalmología *s. f.* Especialidad médica que trata las enfermedades de los ojos.

oftalmólogo, ga *s.* Médico especializado en el tratamiento de las enfermedades de los ojos.

ofuscación *s. f.* Condición en la cual se turba la razón o la vista.

ofuscamiento *s. m.* Turbación de la vista por deslumbramiento. ‖ *fig.* Ceguera.

ofuscar *t.* y *pr.* Impedir algo que funcione adecuadamente la vista o la razón.

ogro *s. m.* Gigante mitológico que devora personas.

oh *interj.* Señala por lo general asombro, alegría o dolor.

ohmio *s. m.* Unidad de medida de resistencia eléctrica en el Sistema Internacional.

oído *s. m.* Sentido del oído. ‖ Aparato de la audición, especialmente su parte interna.

oír *t.* Percibir los sonidos. ‖ Acceder a los ruegos de uno.

ojal *s. m.* Corte o abertura en una tela, por donde entra el botón.

ojalá *interj.* Denota vivo deseo de que suceda una cosa.

ojear *t.* Dirigir los ojos hacia algo para mirar de manera rápida y superficial.

ojeo *s. m.* Acción y efecto de ojear.

ojera *s. f.* Sombra que aparece bajo el párpado inferior.

ojeriza *s. f.* Antipatía, mala disposición que se tiene hacia alguien.

ojeroso, sa *adj.* Que tiene ojeras.

ojete *s. m.* Ojal redondo, por lo general con borde metálico, para meter por él un cordón. ‖ *Méx. vulg.* Persona muy mala o abusiva.

ojiva *s. f.* Figura formada por dos arcos de círculos iguales cruzados en ángulo.

ojo *s. m.* Órgano de la vista. ‖ Agujero de ciertos objetos. ‖ *loc. A ojos cerrados:* sin reflexionar. ‖ *A ojos vistas:* claramente. ‖ *loc. fam. Costar un ojo de la cara:* costar muy caro. ‖ *loc. fig. En un abrir y cerrar de ojos:* con gran rapidez.

ojota *s. f. Amér. Merid.* Calzado rústico a modo de sandalia.

okapi *s. m.* Animal rumiante de aspecto intermedio entre la cebra y la jirafa.

ola *s. f.* Onda de gran amplitud en la superficie de las aguas. ‖ *fig.* Multitud, oleada. *Ola de gente.*

olán *s. m. Méx.* Adorno de cortinas o vestidos que consiste en una franja de tela con la costura fruncida para que haga pliegues.

olé u **ole** *interj.* Exclamación con que se anima y aplaude, originada en las corridas de toros.

oleáceo, a *adj.* y *s.* Se dice de las plantas dicotiledóneas a que pertenecen el olivo, el fresno, el jazmín, la lila. || *s. f. pl.* Familia de estas plantas.

oleada *s. f.* Golpe de una ola grande contra la costa.

oleaginoso, sa *adj.* Que tiene la naturaleza del aceite o que contiene aceite.

oleaje *s. m.* Movimiento continuo y sucesivo de las olas.

oleicultura *s. f.* Cultivo del olivo o producción de aceite.

oleína *s. f.* Sustancia líquida que forma parte de la composición de las grasas y aceites.

óleo *s. m.* Pintura hecha con colores disueltos en aceite secante.

oleoducto *s. m.* Tubería para conducir petróleo.

oleoso, sa *adj.* Se dice de lo que contiene aceite o es aceitoso.

oler *t.* Percibir los olores. || *fig.* Figurarse, imaginarse, sospechar una cosa. || Curiosear. || *intr.* Exhalar olor.

olfatear *t.* Oler mucho. || Ventear los perros. || *fam.* Sospechar.

olfativo, va *adj.* Perteneciente o relativo al olfato.

olfato *s. m.* Sentido que permite la percepción de los olores.

oligarca *s. com.* Persona que es miembro de una oligarquía.

oligarquía *s. f.* Forma de gobierno en la que el poder es controlado por un pequeño grupo de individuos o una clase social.

oligoceno, a *adj.* y *s. m.* En geología, relativo al periodo y del terreno de la era Terciaria entre el Eoceno y el Mioceno.

oligofrenia *s. f.* Deficiencia mental que se manifiesta por un desarrollo intelectual muy inferior al normal.

oligopolio *s. m.* Característica del mercado en el que hay pocos productores o vendedores y muchos compradores.

olimpiada u **olimpíada** *s. f.* Entre los griegos, fiesta o juego que se celebraba cada cuatro años en la ciudad de Olimpia. || Juegos olímpicos.

olímpico, ca *adj.* Relativo al Olimpo o a Olimpia (Grecia). || Propio de los Juegos Olímpicos.

oliscar u **olisquear** *t.* Olfatear de manera ligera. || Curiosear.

oliva *s. f.* Aceituna.

olivo *s. m.* Árbol oleáceo cuyo fruto es la aceituna. || Madera de este árbol.

olla *s. f.* Vasija redonda de barro o metal, con dos asas, que sirve para cocer.

olmeca *adj.* y *s. m.* Pueblo y cultura prehispánicos de México que se localizaron en la zona costera de los actuales estados de Tabasco y Veracruz.

olmo *s. m.* Árbol de excelente madera.

ológrafo, fa *adj.* Se dice del testamento de puño y letra del testador.

olor *s. m.* Emanación transmitida por un fluido (aire, agua) y percibida por el olfato.

oloroso, sa *adj.* De buen olor.

olote *s. m. Amér. C. y Méx.* Parte de la mazorca de maíz que queda después de quitarle los granos.

olvidadizo, za *adj.* Desmemoriado.

olvidar *t.* Perder el recuerdo de una cosa. || Dejar por inadvertencia.

olvido *s. m.* Falta de memoria.

ombligo *s. m.* Cicatriz profunda que queda en el vientre después de que se cae el cordón umbilical.

ombú *s. m.* Árbol de América de madera fofa y corteza blanda y gruesa; mide de 10 a 15 m y su copa es muy frondosa.

omega *s. f.* Última letra del abecedario griego (Ω, ω) correspondiente a la «o» larga.

ómicron *s. f.* «O» corta del alfabeto griego (O, o).

ominoso, sa *adj.* Que acarrea cosas negativas, que trae mala suerte.

omisión *s. f.* Abstención de hacer o decir. || Lo omitido. || Olvido.

omiso, sa *adj.* Flojo y descuidado. || *loc. Hacer caso omiso:* no hacer caso.

omitir *t.* Dejar de hacer una cosa.

ómnibus *s. m.* Vehículo para el transporte público de viajeros.

omnipotente *adj.* Todopoderoso.

omnipresente *adj.* Que está siempre presente en cualquier lugar.

omnisciente *adj.* Que sabe todo.

omnívoro, ra *adj.* y *s.* Se aplica a los animales que se nutren con toda clase de sustancias orgánicas.

omóplato u **omoplato** *s. m.* Cada uno de los dos huesos anchos y casi planos a uno y otro lado de la espalda, donde se articulan los húmeros y las clavículas.

onagro *s. m.* Mamífero intermedio entre el caballo y el asno, que vive en estado salvaje en las praderas asiáticas.

once *adj.* y *s. m.* Diez más uno. || Undécimo. *Alfonso XI.* || Cifra que representa el número once.

onceavo, va *adj.* Cada una de las once partes iguales en que se divide una unidad.

oncología *s. f.* Parte de la medicina que trata de los tumores.

oncólogo, ga *s.* Médico especialista en oncología.

onda *s. f.* Cada una de las elevaciones que se producen al perturbar la superficie de un líquido. || *fam. Méx.* Asunto, tema. *La onda de este curso es aprender a elaborar muñecos.*

ondear *intr.* Formar ondas.

ondulación *s. f.* Acción y efecto de ondular u ondularse. *Las serpientes hacen ondulaciones al desplazarse.*

ondulado, da *adj.* Con forma de curvas u ondas.

ondulante *adj.* Que ondula.

ondular *intr.* Hacer curvas u ondas. || Moverse formando curvas u ondas.

ondulatorio, ria *adj.* Que se mueve formando ondas.

oneroso, sa *adj.* Que cuesta dinero.

ónice *s. m.* Variedad de ágata, mineral de la familia del cuarzo, con vetas de diversos colores y tonos.

onírico, ca *adj.* Relativo a los sueños.

onirismo *s. m.* Alteración de la conciencia en la que, aunque se esté despierto, se pierde el sentido de la realidad y se tienen fantasías semejantes a las de los sueños.

ónix *s. m.* Ónice.

onomástico, ca *adj.* Relativo a los nombres propios de persona. || *s. m.* Día en que una persona celebra su santo.

onomatopeya *s. f.* Palabra que imita el sonido de algo, por ejemplo «paf» o «runrún».

ontología *s. f.* Parte de la metafísica que trata del ser en general.

onza[1] *s. f.* Animal mamífero parecido al leopardo pero más pequeño, originario de África y Asia.

onza[2] *s. f.* Medida de peso o de volumen, equivalente a cerca de 30 g.

onzavo, va *adj.* y *s.* Undécimo.

opa *adj.* y *s. Arg., Bol.* y *Uy.* Tonto, idiota.

opacar *t. Amér.* Oscurecer, hacer opaco, nublar. || *Amér.* Superar algo o a alguien mucho.

opaco, ca *adj.* No transparente.

opal *s. m.* Tejido fino de algodón.

opalescente *adj.* Que cambia de colores como el ópalo.

ópalo *s. m.* Piedra semipreciosa, variedad de sílice que presenta diversos colores.

opción *s. f.* Facultad de elegir. || Elección.

opcional *adj.* Facultativo.

ópera *s. f.* Obra dramática escrita para ser cantada y representada con acompañamiento de orquesta. || Lugar donde se representa la obra.

operación *s. f.* Intervención quirúrgica con fines curativos. || Realización de un cálculo.

operador, ra *adj.* y *s.* Técnico encargado de hacer funcionar una máquina. || Persona que atiende una central telefónica.

operar *t., intr.* y *pr.* Practicar o someterse a una intervención quirúrgica. || Negociar. || Realizar cálculos matemáticos. *La maestra enseñó a operar con cifras de cuatro dígitos.*

operario, ria *s.* Obrero.

operativo, va *adj.* Se dice de lo que funciona y surte efecto. || *s. m.* Plan para llevar a cabo una acción.

opinar *intr.* Pensar, formar o tener opinión. || Expresarla.

opinión *s. f.* Parecer, concepto.

opio *s. m.* Droga narcótica que se obtiene del jugo desecado de las cabezas de las adormideras.

opíparo, ra *adj.* Abundante.

oponente *adj.* y *s. com.* Que se opone.

oponer *t.* Poner una cosa contra otra para estorbarla o impedirle su efecto. || Poner enfrente.

oportunidad *s. f.* Lo que sucede en el momento adecuado o lo que permite hacer algo.

oportunismo *s. m.* Actitud de los que, incluso violando sus propios principios, buscan la manera de sacar provecho de alguna circunstancia. || Acción de aprovechar las oportunidades.

oportunista *adj.* y *s. com.* Que actúa con oportunismo.

oportuno, na *adj.* Que se hace o sucede en el tiempo adecuado, en el lugar o circunstancia conveniente.

oposición *s. f.* Hecho de estar en contra de algo o alguien. || Concurso que consiste en una serie de ejercicios a los que se someten los aspirantes a un cargo o empleo.

opositor, ra *adj.* y *s.* Que se opone a otro, sobre todo en cuestiones ideológicas.

opresión *s. f.* Hecho de ejercer presión. || Hecho de someter a alguien con rigor y violencia.

opresivo, va *adj.* Que oprime.

opresor, ra *adj.* y *s.* Que oprime para someter.

oprimido, da *adj.* Que está sujeto a opresión, sea física o moral.

oprimir *t.* Ejercer presión, apretar. || Someter mediante el rigor excesivo o la violencia.

oprobio *s. m.* Deshonor, vergüenza.

oprobioso, sa *adj.* Que causa oprobio, vergonzoso.

optar *t.* e *intr.* Elegir.

óptico, ca *adj.* Relativo a la óptica. || *s. f.* Estudio de las leyes y los fenómenos de la luz.

optimismo *s. m.* Propensión a ver en las cosas el aspecto más favorable.

optimizar *t.* Hacer que una actividad o procedimiento rinda el mejor resultado posible.

óptimo, ma *adj.* Muy bueno.

optometría *s. f.* Rama de la oftalmología que determina y atiende los problemas de refracción en los ojos.

optometrista *s. com.* Especialista en optometría.

opuesto, ta *adj.* Enfrente.

opulencia *s. f.* Gran riqueza.

opulento, ta *adj.* Muy rico. || Abundante.

opúsculo *s. m.* Obra impresa de breve extensión.

oquedad *s. f.* Espacio vacío en el interior de un cuerpo.

ora *conj.* Expresa relación de alternancia entre acciones.

oración *s. f.* Discurso. || Hecho de dirigirse a Dios o a un ser divino para expresarle adoración, una petición o agradecimiento. || Conjunto de elementos lingüísticos que forman una unidad sintáctica independiente y completa.

oráculo *s. m. fig.* Persona considerada como sabia y de gran autoridad.

orador, ra *s.* Persona que pronuncia un discurso en público.

oral *adj.* Expresado verbalmente. || *s. m.* Examen que consta de preguntas hechas de viva voz.

orangután *s. m.* Mono antropomorfo de brazos muy largos.

orar *intr.* Hacer oración. || Hablar en público.

orate *s. com.* Loco, demente. || *fam.* Persona con poco juicio y prudencia.

oratoria *s. f.* Arte de hablar con elocuencia.

oratorio *s. m.* Lugar destinado para orar.

orbe *s. m.* Universo o mundo.

órbita *s. f.* Curva cerrada que describe un cuerpo celeste alrededor de otro. || Cavidad del ojo.

orbitar *t.* Girar un planeta o un satélite artificial alrededor de otro cuerpo celeste.

orca *s. f.* Animal marino de gran tamaño, parecido a la ballena, negro por el lomo y blanco por el vientre, que vive en el océano Atlántico.

orden *s. f.* Mandato que se debe obedecer. || Cuerpo de personas unidas por alguna regla común o por una distinción honorífica. || Normalidad, tranquilidad. || Categoría de clasificación de plantas y animales.

ordenación *s. f.* Disposición, arreglo. || Mandato, orden.

ordenado, da *adj.* Que presenta orden. || *s. f.* En matemáticas, la coordenada vertical.

ordenador *s. m. Esp.* Computadora, máquina electrónica de gran capacidad de memoria, dotada de métodos de tratamiento de la información.

ordenamiento *s. m.* Acción y efecto de ordenar. || Conjunto de leyes dictadas al mismo tiempo o sobre la misma materia.

ordenanza *s. f.* Conjunto de disposiciones referentes a una materia. || Reglamento militar.

O

ordenar *t*. Poner en orden. ‖ Mandar. ‖ Destinar y dirigir a un fin. ‖ *pr*. Recibir las órdenes sagradas.

ordeña *s. f. Hond., Méx.* y *Nic.* Acción y efecto de ordeñar.

ordeñar *t*. Extraer la leche de la ubre de los animales.

ordinal *adj*. Se dice del adjetivo numeral que expresa orden.

ordinariez *s. f. fam*. Vulgaridad.

ordinario, ria *adj*. Común, corriente, usual. ‖ Basto, vulgar. ‖ Diario.

ordovícico, ca *adj*. y *s. m*. Relativo al segundo periodo de la era Paleozoica.

orear *t*. Poner una cosa al aire y al sol para que se ventile o se seque.

orégano *s. m*. Planta herbácea aromática, que se usa como condimento.

oreja *s. f*. Oído en su parte externa. ‖ Parte lateral de ciertos objetos.

orejera *s. f*. Pieza de la gorra que cubre las orejas. ‖ Laterales del respaldo de algunos sillones, oreja. ‖ Rodaja llevada por algunos indios en la oreja.

orejón, jona *adj*. Que tiene las orejas grandes. ‖ *s. m*. Trozo de durazno o albaricoque secado al aire o al sol, que se consume como dulce.

orejudo, da *adj*. Que tiene orejas largas y grandes.

orfanato *s. m*. Asilo de huérfanos.

orfanatorio *s. m. Méx*. Albergue de huérfanos.

orfandad *s. f*. Estado de huérfano. ‖ Pensión que reciben algunos huérfanos.

orfebrería *s. f*. Obra de oro o de plata. ‖ Oficio de orfebre.

orfelinato *s. m*. Asilo de huérfanos.

orfeón *s. m*. Grupo organizado de personas que forman un coro de cantantes.

organdí *s. m*. Tela de algodón ligera y transparente, de consistencia algo rígida.

orgánico, ca *adj*. Relativo a los órganos o a los organismos animales o vegetales. ‖ Se dice de las sustancias cuyo componente constante es el carbono.

organigrama *s. m*. Cuadro en el que se representa con una gráfica la estructura de una organización.

organillero, ra *s*. Persona que toca el organillo u órgano portátil con una manivela.

organillo *s. m*. Órgano portátil, movido por una manivela.

organismo *s. m*. Ser vivo. ‖ Conjunto de órganos y funciones del cuerpo animal o vegetal. ‖ *fig*. Conjunto de oficinas, dependencias o empleos que forman un cuerpo o institución.

organista *s. com*. Persona que toca el órgano.

organización *s. f*. Acción de organizar, preparación. ‖ Disposición de los órganos de un cuerpo animal o vegetal. ‖ Orden, arreglo.

organizado, da *adj*. Que tiene una organización.

organizador, ra *adj*. y *s*. Que organiza.

organizar *t*. Fundar, establecer. ‖ Preparar.

órgano *s. m*. En los seres vivos, parte del cuerpo destinada a realizar una función determinada. ‖ Instrumento musical de viento y teclado.

orgánulo *s. m*. Estructura o parte de una célula, que cumple la función de un órgano de dicha célula.

orgasmo *s. m*. Punto culminante del placer sexual.

orgía *s. f*. Festín en que se come y bebe sin moderación. ‖ *fig*. Desenfreno.

orgullo *s. m*. Exceso de estimación propia, presunción que puede deberse, a veces, a causas nobles.

‖ *fig*. Cosa o persona de la cual la gente está muy ufana.

orgulloso, sa *adj*. y *s*. Que tiene orgullo.

orientación *s. f*. Posición de un objeto o edificio con relación a los puntos cardinales.

orientador, ra *adj*. y *s*. Que orienta.

oriental *adj*. Relativo al Oriente. ‖ Oriundo de la República Oriental del Uruguay.

orientalista *s. com*. Especialista en cosas de Oriente.

orientalizar *t*. y *pr*. Dar a algo características propias de Oriente, o adoptarlas.

orientar *t*. y *pr*. Colocar una cosa en posición determinada respecto a los puntos cardinales. ‖ Determinar dónde está la dirección que se ha de seguir.

oriente *s. m*. Punto cardinal del horizonte por donde sale el Sol. ‖ Brillo de las perlas.

orificio *s. m*. Boca o agujero.

oriflama *s. f*. Estandarte.

origen *s. m*. Principio de una cosa. ‖ Causa, motivo.

original *adj*. Relativo al origen. ‖ Singular, fuera de lo común.

originar *t*. y *pr*. Ser motivo u origen de algo. ‖ Iniciarse algo, comenzar.

originario, ria *adj*. Que es origen o principio de algo.

orilla *s. f*. Borde de una superficie. ‖ Parte de tierra contigua a un río, mar, etc.

orillar *t. fig*. Arreglar un asunto. ‖ Evitar, sortear una dificultad.

orillero, ra *s. Amér. C., Arg., Cub., Uy.* y *Ven*. Propio de las orillas o barrios pobres de una ciudad.

orín *s. m*. Herrumbre.

orina *s. f*. Líquido amarillento expulsado por los riñones.

orinal *s. m*. Recipiente para recoger la orina.

orinar *intr*. y *pr*. Vaciar del organismo la orina acumulada.

oriundo, da *adj*. Que es nativo o viene de cierto lugar.

orla *s. f*. Adorno que se pone en los bordes de una prenda de vestir, un documento, un tapiz o un cortinaje.

orlar *t*. Adornar algo poniéndole una orla.

ornamentar *t*. Adornar.

ornamento *s. m*. Adorno.

ornato *s. m*. Adorno.

ornitología *s. f*. Parte de la zoología que estudia las aves.

ornitólogo, ga *s*. Persona dedicada al estudio de las aves.

ornitorrinco *s. m*. Mamífero australiano, de pico parecido al del pato, patas palmeadas y cola ancha.

oro *s. m*. Elemento químico, metal escaso y precioso de color amarillo brillante, que se encuentra nativo y muy disperso; es el más dúctil y maleable de todos los metales, muy buen conductor del calor y la electricidad, y uno de los más pesados; se utiliza como metal precioso en joyería y en la fabricación de monedas y, aleado con platino o paladio, en odontología; su número atómico es 79 y su símbolo Au. ‖ Moneda de este metal. ‖ Joyas y adornos de esta especie. ‖ Color amarillo.

orogénesis *s. f*. Proceso de formación de los sistemas montañosos.

orogenia *s. f*. Parte de la geología que estudia la formación de los sistemas montañosos.

orografía s. f. Estudio de la superficie de la Tierra y de sus accidentes, como montañas, llanos, altiplanos, etc.

orográfico, ca adj. Perteneciente o relativo a la orografía.

oropel s. m. Cosa de mucha apariencia y escaso valor.

oropéndola s. f. Pájaro de plumaje amarillo, con alas y cola negras.

orquesta s. f. Conjunto de músicos que ejecutan una obra instrumental. || En los teatros, espacio entre el escenario y los espectadores, destinado para estos músicos.

orquestación s. f. Acción y efecto de orquestar.

orquestar t. Instrumentar para orquesta.

orquidáceo, a adj. y s. f. pl. Se dice de las plantas monocotiledóneas con hermosas flores. || Familia que forman.

orquídea s. f. Planta herbácea de flores muy vistosas. || Flor de la planta así llamada.

orquitis s. f. Inflamación de los testículos.

ortiga s. f. Planta urticácea.

ortocentro s. m. Punto de intersección de las tres alturas de un triángulo.

ortodoncia s. f. Rama de la odontología que se ocupa de corregir los defectos de la dentadura.

ortodoncista s. com. Dentista que se ocupa de corregir defectos dentales.

ortodoxia s. f. Conjunto de doctrinas conformes con el dogma de alguna religión. || Conjunto de las iglesias cristianas orientales.

ortodoxo, xa adj. y s. Conforme a los principios de una determinada doctrina que se considera cierta.

ortografía s. f. Parte de la gramática que enseña a escribir correctamente.

ortográfico, ca adj. Relativo a la ortografía. Signo ortográfico.

ortopedia s. f. Arte de corregir las deformaciones del cuerpo humano.

ortopédico, ca adj. De la ortopedia.

ortóptero, ra adj. y s. Relativo a un orden de insectos masticadores con metamorfosis incompleta, como el grillo.

oruga s. f. Larva típica de las mariposas, en forma de gusano.

orujo s. m. Residuo que se obtiene de prensar la uva, aceituna, etc.

orzuela s. f. Fragilidad y debilidad del cabello que hace que se divida en las puntas.

orzuelo s. m. Pequeño divieso situado en el borde de los párpados.

os pron. Pronombre personal de segunda persona del plural, que en España funciona como complemento directo e indirecto.

osadía s. f. Atrevimiento, valor.

osamenta s. f. Esqueleto.

osar intr. Atreverse a algo.

oscilación s. f. Hecho de moverse algo de manera alternativa de un lado para el otro.

oscilador u **osciloscopio** s. m. Aparato que produce oscilaciones mecánicas, eléctricas o electromagnéticas.

oscilar intr. Moverse de manera alternativa un cuerpo a un lado y otro. || Variar, cambiar algunas cosas dentro de unos límites.

ósculo s. m. Beso. .

oscurantismo s. m. Oposición a la razón, que limita la instrucción y el progreso.

oscurantista adj. y s. com. Relativo al oscurantismo o partidario de dicha actitud.

oscurecer t. Privar de luz o claridad. || Anochecer.

oscuridad s. f. Falta de luz.

oscuro, ra adj. Falto de luz o claridad. || Confuso. || Se dice del color que se acerca al negro.

óseo, a adj. Del hueso.

osezno s. m. Cachorro del oso.

osificarse pr. Convertirse en hueso.

osmio s. m. Elemento químico, metal escaso en la corteza terrestre, que se encuentra nativo en minerales de cromo, hierro, cobre y níquel; de color blanco azulado, duro y poco dúctil, tiene un punto de fusión elevado y es el elemento más denso; se utiliza en la fabricación de filamentos incandescentes y como catalizador; su número atómico es 76 y su símbolo Os.

ósmosis u **osmosis** s. f. Separación de dos sustancias que tienen distinta densidad al pasar o hacerlas pasar a través de una membrana permeable.

oso, sa s. Mamífero carnicero plantígrado, de cuerpo pesado, espeso pelaje, patas recias con grandes uñas ganchudas, que vive en los países fríos. || fig. Hombre peludo y feo. || Hombre poco sociable.

ostensible adj. Que puede manifestarse. || Manifiesto, visible.

ostensivo, va adj. Que muestra algo.

ostentación s. f. Acción de ostentar. || Jactancia y vanagloria. || Magnificencia exterior y visible.

ostentar t. Mostrar o hacer patente una cosa. || Hacer gala de grandeza, lucimiento y boato. || Manifestar.

ostentoso, sa adj. Magnífico, lujoso. || Claro, manifiesto.

osteología s. f. Parte de la medicina y la anatomía que estudia los huesos.

osteólogo, ga s. Especialista en osteología.

osteomielitis s. f. Enfermedad inflamatoria de los huesos y la médula ósea.

osteopatía s. f. Enfermedad de los huesos.

osteoporosis s. f. Fragilidad de los huesos provocada por pérdida de minerales.

ostión s. m. Ostra comestible, de carne color gris claro y concha rugosa de forma alargada.

ostionería s. f. Méx. Restaurante especializado en ostiones y otros moluscos.

ostra s. f. Molusco lamelibranquio comestible que vive adherido a las rocas.

ostracismo s. m. Destierro político. || Apartamiento de la vida política.

ostricultor, ra s. Persona que cría ostras.

otalgia s. f. Dolor en el oído.

otaria s. f. Mamífero pinnípedo del Pacífico, parecido a la foca.

otario, ria adj. Arg. y Uy. Se dice de la persona ingenua, fácil de engañar.

otear t. Observar desde un lugar muy alto.

otero s. m. Cerro aislado.

otitis s. f. Inflamación del oído.

otomano, na adj. y s. Originario de Turquía.

otomí adj. Se dice de una de las lenguas de México, la más importante después del náhuatl. || s. com. Indígena de México que habita en los estados de Querétaro, Guanajuato, en el noroeste de Hidalgo y parte del Estado de México.

otoñal adj. Relacionado con el otoño.

otoño s. m. Estación del año, comprendida entre el verano y el invierno.

otorgar t. Consentir, conceder una cosa que se pide. || Dar, atribuir.

otorrino, na s. Otorrinolaringólogo.

otorrinolaringología s. f. Parte de la medicina que trata de las enfermedades del oído, nariz y laringe.

otredad s. f. En filosofía, condición de ser otro.

otro, tra[1] adj. Distinto de aquello de lo que se habla. No fue usted con quien hablé ayer, fue otra persona.

otro, tra[2] pron. Alguien o algo distinto. Me gusta esta novela, pero preferiría leer la otra.

otrora adv. En otro tiempo.

ovacionar t. Aclamar, aplaudir.

ovalado, da adj. Que tiene la forma de un óvalo o huevo.

ovalar t. Dar forma de óvalo.

óvalo s. m. Curva cerrada semejante a la de un círculo aplastado.

ovárico, ca adj. Perteneciente o relativo al ovario.

ovario s. m. Órgano de reproducción femenino de algunos animales y plantas, que contiene los óvulos.

oveja s. f. Hembra del carnero.

overo, ra adj. Se dice del animal, especialmente el caballo, que tiene el pelo de color blanco y azafrán mezclados. || Amér. Relativo al animal de color general blanco con grandes manchas de otro color.

overol s. m. Amér. Vestimenta de una sola pieza para trabajos duros.

óvido s. m. pl. Familia de rumiantes como los carneros, cabras, etc.

ovillo s. m. Bola de hilo que se forma al devanar una fibra textil.

ovino, na adj. y s. m. Se aplica al ganado lanar.

ovíparo, ra adj. y s. Relativo al animal que se reproduce por medio de huevo.

ovni s. m. Iniciales de Objeto Volador No Identificado, que designa un objeto volante de origen y naturaleza desconocidos.

ovoide adj. Que tiene forma de huevo.

ovovivíparo, ra adj. y s. Se dice de los animales que conservan sus huevos fecundados en el interior de sus cuerpos durante algún tiempo.

ovulación s. f. Desprendimiento natural del óvulo en el ovario.

ovular intr. Desprenderse los óvulos de los ovarios para la reproducción.

óvulo s. m. Célula femenina destinada a ser fecundada.

oxhídrico, ca adj. Compuesto de oxígeno e hidrógeno.

oxidación s. f. Proceso por el cual se forma una capa de óxido en los metales a causa del contacto con el oxígeno. Por la oxidación, el cobre se ve de color verde.

oxidante adj. y s. m. Condición o sustancia que provoca la oxidación.

oxidar t. y pr. Combinar un elemento con el oxígeno. || Formarse una capa de óxido.

óxido s. m. Compuesto que resulta de la combinación de un metal u otro elemento con el oxígeno. || Capa rojiza, verdosa o amarillenta de este compuesto, que se forma sobre los metales expuestos al aire o a la humedad.

oxigenado, da adj. Con oxígeno. || Rubio con agua oxigenada.

oxigenar t. y pr. Oxidar, combinar un elemento o compuesto con oxígeno. || Airearse, ventilarse.

oxígeno s. m. Elemento químico gaseoso, presente en la atmósfera terrestre; constituye casi una quinta parte del aire atmosférico en su forma molecular O_2; forma parte del agua, de los óxidos, de casi todos los ácidos y sustancias orgánicas, y está presente en todos los seres vivos; gas indispensable para la respiración y para activar los procesos de combustión; su número atómico es 8 y su símbolo O.

oxiuro s. m. Gusano pequeño, de aproximadamente 1 cm de largo, que parasita el intestino del ser humano y de algunos animales.

oyamel u **oyamelete** s. m. Árbol que crece en México y América Central, apreciado por su madera.

oyente adj. Que oye. || s. com. Se dice del alumno asistente a una clase sin estar matriculado. || pl. Auditores.

ozono s. m. Cuerpo gaseoso, de color azul, cuya molécula está formada por tres átomos de oxígeno. || loc. Capa de ozono: franja de la atmósfera donde se concentra el ozono, que sirve de filtro para los rayos ultravioleta.

p *s. f.* Decimoséptima letra del abecedario español; su nombre es «pe».

p.m. Abreviatura de «post-meridiem», locución latina que significa «después de mediodía».

pabellón *s. m.* Edificio aislado que forma parte de un conjunto. *El castillo tenía un pabellón de juegos.* ‖ Bandera de un país. *En la plaza central ondea un gran pabellón nacional.* ‖ Parte exterior de la oreja. *Hilda se pone cinco aretes en el pabellón de una oreja.*

pabilo o **pábilo** *s. m.* Mecha de una vela. *Presiona el pabilo entre los dedos para apagar la vela.*

paca¹ *s. f.* Fardo o bulto prensado y atado de lana, algodón, etc. *Las pacas de hierba son para las vacas.*

paca² *s. f.* Mamífero roedor americano, del tamaño de una liebre.

pacana *s. f.* Árbol de tronco grueso y gran altura de América del Norte cuya madera es muy apreciada. ‖ Fruto de este árbol, semejante a la nuez.

pacato, ta *adj.* Tranquilo en exceso. ‖ Mojigato, demasiado conservador. *Un alcalde pacato prohibió que se utilizaran bikinis.* ‖ Insignificante, apocado.

pacaya *s. f. Amér. C.* y *Méx.* Palmera cuyos cogollos se toman como legumbre. ‖ *fig. Guat.* Trabajo difícil, complicado.

paceño, ña *adj.* y *s.* Originario de La Paz, capital de Bolivia.

pacer *intr.* Comer hierba el ganado en prados o campos.

pacha *s. f. Hond., Méx.* y *Nic.* Petaca para llevar bebidas alcohólicas. ‖ *Guat., Hond., Nic.* y *Salv.* Biberón.

pachá *s. m.* Bajá. ‖ *fig.* y *fam.* Persona que vive muy bien.

pachamanca *s. f. Amér.* Carne asada entre piedras caldeadas.

pachanga *s. f.* Fiesta, jolgorio, diversión. *Entre todos organizamos una gran pachanga.*

pachocha *s. f. Chil., Col., Cub., Pan.* y *Per.* Lentitud, calma. ‖ *fam. Méx.* Dinero.

pachón, chona *adj. Chil., Hond., Méx.* y *Nic.* Peludo, lanudo. *Me gusta el sofá pachón para descansar.*

pachorra *s. f.* Lentitud para hacer algo aunque sea necesario apresurarse. *Sacúdete la pachorra y dúchate, que se hace tarde.*

pachorriento, ta *adj. Amér. Merid.* Lento, pesado.

pachorrudo, da *adj.* Lento, pesado, que hace las cosas muy despacio. *Por pachorrudo, Elías tarda horas en hacer un trabajo.*

pachucho, cha *adj.* Falto de frescura, que ya se pasó de maduro. ‖ *s. fam.* Decaído, un poco enfermo. *Juan se siente pachucho luego de su larga enfermedad.*

pachuco *s. m.* Jerga hispano-inglesa hablada por los emigrantes en el sur de Estados Unidos.

pachulí *s. m. fam.* Perfume malo.

paciencia *s. f.* Virtud del que sabe sufrir con resignación. ‖ Capacidad para esperar con tranquilidad las cosas.

paciente *adj.* Que tiene paciencia. *Es un chico muy paciente y agradable.* ‖ En gramática, el sujeto de las oraciones pasivas. *En la oración «la casa fue construida por el arquitecto», «la casa» es el paciente y «el arquitecto» es el agente.* ‖ *s. com.* Enfermo que sigue un tratamiento. *El paciente vino a su consulta mensual.*

pacificación *s. f.* Obtención de la paz. ‖ *fig.* Apaciguamiento.

pacificador, ra *adj.* y *s.* Que pacifica.

pacificar *t.* Obtener la paz. ‖ *pr.* Sosegarse, calmarse.

pacífico, ca *adj.* Tranquilo, amigo de la paz. ‖ Apacible. *Carácter pacífico.* ‖ Que transcurre en paz.

pacifismo *s. m.* Doctrina encaminada a mantener la paz. *El pacifismo es lo opuesto del armamentismo.*

pacifista *adj.* Relacionado con el movimiento a favor de la paz. *Gandhi fue un líder pacifista.* ‖ *s. com.* Que está a favor de la paz y no de la guerra. *Muchos pacifistas se manifiestan contra la guerra.*

pactar *t.* y *pr.* Hacer un pacto, llegar a un arreglo. *Al final de la Segunda Guerra Mundial se pactó la paz.*

pacto *s. m.* Acuerdo entre dos o varias partes. *Mi hermano y yo hicimos un pacto para prestarnos nuestros juguetes.* ‖ Convenio o concierto entre dos o más personas o entidades. ‖ Tratado.

padecer *t.* e *intr.* Recibir la acción de algo que causa dolor físico o moral. *Olivia acudió al cardiólogo porque padece del corazón.* ‖ Soportar, aguantar. *El joven padeció desvelos, pero al fin se graduó.*

padecimiento *s. m.* Alteración más o menos grave de la salud. *Algunos padecimientos son incurables.*

padrastro *s. m.* Marido de una mujer respecto de los hijos que ella tiene de un matrimonio anterior. *Quedé a cargo de mi padrastro al morir mi padre.*

padrazo *s. m.* Padre indulgente.

padre *s. m.* Hombre respecto de sus hijos, o cualquier macho respecto de sus crías. *Mi padre me enseñó a ser ordenado.* ‖ Creador de algo. *Luis Pasteur es considerado «el padre de la bacteriología moderna».* ‖ Título dado a ciertos religiosos. *Doña Filomena se confiesa con un padre dominico.* ‖ *pl.* El padre y la madre. *Mis padres se llaman Roberto y Juana.* ‖ *fam. Méx.* Muy bueno, lindo, fenomenal.

padrinazgo *s. m.* Acción de asistir como padrino.

padrino *s. m.* Hombre que asiste a otro a quien se administra un sacramento. *Padrino de pila, de boda.* ‖ El que presenta y acompaña a otro que recibe algún honor, grado, etc. ‖ *fig.* El que ayuda a otro en la vida, protector. ‖ *pl.* El padrino y la madrina.

padrón *s. m.* Lista de vecinos de una población, censo.

paella *s. f.* Plato de arroz con carne y pescado, mariscos, legumbres, etc.

paga *s. f.* Acción de pagar. ‖ Sueldo de un empleado. *La paga en esa fábrica es muy baja.*

pagadero, ra *adj.* Que debe o puede pagarse en un tiempo determinado. *Su saldo será pagadero a tres meses.*

pagado, da *adj.* Engreído, antipático, que hace ostentación de lo que no tiene.

pagador, ra *adj.* y *s.* Que paga.

pagaduría *s. f.* Oficina donde se paga.

paganismo *s. m.* Para el cristianismo a partir del siglo IX d. C. religión de los paganos, culto politeísta.

paganización *s. f.* Proceso de introducción o adopción del paganismo en un grupo social. *La paganización es común en el mundo actualmente.*

paganizar *t.* y *pr.* Introducir en un grupo social o adoptar creencias paganas. *Josefina se paganizó: realiza rituales de religiones africanas.*

pagano, na *s.* Seguidor de los cultos politeístas de la antigüedad, en particular del politeísmo grecolatino. ‖ Seguidor de una religión fetichista o politeísta.

pagar *t.* e *intr.* Dar uno a otro lo que le debe. *Pagar el sueldo.* ‖ Dar cierta cantidad por lo que se compra o disfruta. ‖ Satisfacer una deuda, un derecho, impuesto, etc. ‖ Costear. *Pagar los estudios.* ‖ *fig.* Corresponder. *Un amor mal pagado.* ‖ Expiar. *Pagar un crimen.* ‖ *pr.* Comprar. ‖ *loc. Pagar al contado:* pagar inmediatamente. ‖ *Pagar a plazos:* pagar poco a poco. ‖ *Pagar a crédito:* recibir una mercancía y pagarla más tarde. ‖ *fam. Pagar el pato* o *los vidrios rotos* o *los platos rotos:* sufrir las consecuencias de un acto ajeno. ‖ *Pagarla* o *pagarlas:* sufrir el castigo merecido o las consecuencias inevitables de una acción.

pagaré *s. m.* Obligación escrita de pagar una cantidad en tiempo determinado. *Un pagaré a 60 días.*

página *s. f.* Cada una de las dos planas de la hoja de un libro o cuaderno. ‖ Lo escrito o impreso en cada una de ellas. ‖ *fig.* Suceso, lance o episodio.

paginar *t.* Numerar páginas.

pago[1] *s. m.* Entrega de lo que una persona debe a otra, en especial dinero. *No me han hecho el pago por mi trabajo.* ‖ Recompensa. *A Braulio le dieron mucho dinero, en pago por la denuncia que hizo.*

pago[2] *s. m. Arg., Py., Per.* y *Uy.* Lugar donde ha nacido o habita una persona. *En las vacaciones iré a mi pago para visitar a los abuelos.*

pagoda *s. f.* Templo en Oriente.

paguro *s. m.* Cangrejo ermitaño marino.

paica *s. f. fam. Arg.* Muchacha que ha llegado a la edad de la pubertad.

paila *s. f.* Vasija grande de metal, redonda y poco profunda. *Preparamos el arroz en una paila.* ‖ *Amér. C.* y *Amér. Merid.* Utensilio ancho y de poca profundidad utilizado por lo general para freír alimentos.

pailero, ra *s. Ecua.* y *Méx.* Persona que fabrica, repara o vende pailas u otros objetos semejantes. ‖ *Amér. C., Méx.* y *Ven.* Persona que se sirve de la paila en los ingenios de azúcar. ‖ *Amér. C.* Labrador que corta la caña de azúcar con la paila.

paipano, na *adj.* y *s.* De Paipa, municipio de Colombia.

país *s. m.* Territorio que constituye una unidad geográfica o política. *Venezuela es un país de América.*

paisaje *s. m.* Espacio natural visto desde un sitio determinado. *Desde la ventana se ve un paisaje muy bello.* ‖ Pintura o dibujo que representa un espacio natural.

paisajismo *s. m.* Género del arte pictórico que se especializa en representar paisajes. *José María Velasco es uno de los grandes representantes del paisajismo mexicano.*

paisajista *adj.* y *s. com.* Artista que dibuja o pinta paisajes.

paisano, na *adj.* y *s.* Persona que nació en el mismo país que otra, en especial en una región o provincia. *En España reconocí a un paisano uruguayo por su forma de hablar.* ‖ *s. m.* Campesino. ‖ Persona que no es militar. *A veces los militares se visten de paisanos.*

paja *s. f.* Caña de las gramíneas después de seca y separada del grano. ‖ Tubito hecho con esta gramínea u otra materia para sorber líquidos. ‖ *fig.* Cosa de poca entidad. ‖ *loc. Amér. C. Paja de agua:* Conducto de agua que llega a una edificación. ‖ Grifo.

pajar *s. m.* Almacén de paja.

pajarero, ra *adj.* Relativo a los pájaros. ‖ *s.* Persona que cría pájaros y comercia con ellos. *El pajarero me vendió un cardenal.* ‖ *s. f.* Jaula grande donde se crían pájaros. *Mi tía Amelia tiene una pajarera con canarios.*

pajarita *s. f.* Figura de papel doblado que tiene forma de pájaro. ‖ Corbata anudada en forma de mariposa.

pájaro *s. m.* Cualquier ave con capacidad para volar.

pajarraco *s. m. desp.* Cualquier pájaro grande.

paje *s. m.* Criado joven que en la antigüedad servía a la nobleza. *Cenicienta llegó al baile acompañada por sus pajes.*

pajizo, za *adj.* De color de paja.

pajonal *s. m. Amér. Merid.* Paraje poblado por alta vegetación herbácea.

pakistaní *adj.* y *s. com.* Paquistaní.

pala *s. f.* Instrumento compuesto de una plancha de hierro, más o menos combada, prolongada por un mango. ‖ Contenido de este instrumento. ‖ Hoja metálica de la azada, del azadón, etc. ‖ Tabla con mango para jugar a la pelota vasca, al tenis. ‖ Raqueta. *Pala de «ping-pong».* ‖ Parte delantera y curva del esquí. ‖ Parte plana del remo. ‖ Cada uno de los elementos propulsores de una hélice. ‖ Parte del calzado que abraza el pie por encima. ‖ Lo ancho y plano de los dientes.

palabra *s. f.* Conjunto ordenado de sonidos o de letras que representan un ser, una idea o una cosa. ‖ Facultad de hablar. *La palabra es exclusiva del ser humano.* ‖ Promesa. *Sebastián dio su palabra de que no copiaría otra vez en un examen.* ‖ *loc. Palabra de honor:* expresión con que se asegura que se cumplirá lo que se dice. *Dio su palabra de honor de pagar pronto el préstamo.*

palabrear *t. Bol.* y *Chil.* Insultar. ‖ *Bol., Chil., Col., Cub., Ecua.* y *Per.* Tratar algún asunto verbalmente.

palabreo *s. m.* Acción de hablar mucho y en vano.

palabrería *s. f.* Abundancia de palabras sin contenido. *El discurso me pareció pura palabrería.*

palabrota *s. f.* Juramento, maldición o insulto groseros.

palacete *s. m.* Casa lujosa.

palaciego, ga *adj.* Relativo a palacio. ‖ *s.* Cortesano.

palacio *s. m.* Casa suntuosa, especialmente la que sirve de residencia a los reyes y nobles. ‖ Residencia de ciertas asambleas, tribunales, etc.

paladar *s. m.* Parte interior y superior de la boca. || *fig.* Capacidad para apreciar el sabor de lo que se come. *Tener buen paladar.*

paladear *t.* Saborear.

paladeo *s. m.* Saboreo.

paladín *s. m.* Caballero valeroso. *Don Quijote era un paladín de causas perdidas.* || Defensor de una persona o causa. *Nelson Mandela fue un paladín de los derechos de los negros.*

paladio *s. m.* Metal blanco, dúctil y maleable, que se usa como catalizador: su número atómico es 46 y su símbolo Pd.

palafito *s. m.* Casa que se construye sobre una plataforma sostenida por postes de madera, propia de lugares cercanos a ríos o lagos.

palafrenero *s. m.* Mozo de caballos.

palanca *s. f.* Barra rígida, móvil alrededor de un punto de apoyo, que sirve para transmitir un movimiento, para levantar grandes pesos. || Plataforma flexible, colocada a cierta altura al borde de una piscina, para efectuar saltos. || *fig.* y *fam.* Apoyo, influencia. || *loc. Palanca de mando:* barra para manejar un avión.

palangana *s. f.* Vasija ancha y poco profunda que sirve para asearse.

palangre *s. m.* Cordel con varios anzuelos para pescar.

palanquear *t. Arg., Col., Chil.* y *Uy. fam.* Emplear alguien su influencia para conseguir algo.

palanqueta *s. f. Méx.* Dulce en forma de barra hecho con cacahuate, nueces o semillas de calabaza mezcladas con miel de azúcar o de abeja.

palanquín *s. m.* Silla de manos usada en los países de Oriente. *Los nobles chinos viajaban en un palanquín que cargaban sus criados.*

palapa *s. f. Méx.* Tipo de construcción a base de postes cubiertos por un techo de hojas de palma. *Las palapas abundan en las cercanías de las playas.*

palatal *adj.* Relativo al paladar. || Relativo al sonido que se articula con la lengua en el paladar, como el de la «ñ».

palatalizar *t.* Dar a un fonema sonido palatal.

palatino, na *adj.* Relativo al paladar. || Relativo a un palacio.

palco *s. m.* En los teatros y plazas de toros, especie de departamento con balcón donde hay varios asientos.

palenque *s. m.* Valla de madera para defender o cerrar un terreno. || *Amér. Merid.* Madero al que se atan los animales. || *Méx.* Ruedo donde se realizan peleas de gallos u otros espectáculos.

palentino, na *adj.* y *s.* De Palencia, ciudad de España.

paleoantropología *s. f.* Ciencia que trata de los fósiles humanos.

paleoceno, na *adj.* y *s.* Relativo al primer periodo geológico de la era Terciaria. *El paleoceno tuvo lugar hace unos 60 millones de años.*

paleogeografía *s. f.* Ciencia que se dedica a reconstituir hipotéticamente la distribución de los mares y continentes en el curso de las épocas geológicas.

paleolítico, ca *adj.* y *s.* Primer periodo de la Edad de Piedra. *En el museo de arqueología se pueden ver objetos del arte paleolítico.*

paleólogo, ga *adj.* y *s.* Que conoce las lenguas antiguas.

paleontología *s. f.* Ciencia que estudia los fósiles de los seres orgánicos.

paleontológico, ca *adj.* Relacionado con la paleontología. *El trabajo paleontológico requiere investigaciones de campo.*

paleontólogo, ga *s.* Especialista en paleontología. *De grande quiere ser paleontóloga.*

paleozoico, ca *adj.* y *s.* Relativo a la segunda era geológica de la historia de la Tierra, dividida en seis periodos que abarcan desde hace 570 millones de años hasta hace 230 millones de años.

palero, ra *s. Méx.* Persona que se mezcla entre el público de ciertos espectáculos o actos públicos para apoyar a quienes los protagonizan. *Los paleros aplaudían al cantante por cada gesto que hacía.*

palestino, na *adj.* y *s.* Originario de Palestina, región de Medio Oriente.

palestra *s. f.* Sitio donde se lidia o lucha. || *fig.* Lucha, competencia.

paleta *s. f.* Pala pequeña. || Tabla pequeña con un agujero por donde se introduce el pulgar y en la cual el pintor tiene preparados los colores que usa. || Espátula. || Utensilio de cocina a modo de pala. || Badil para revolver la lumbre. || Llana de albañil. || Raqueta de «ping-pong». || En anatomía, paletilla. || Álabe de la rueda hidráulica. || Pala de hélice, ventilador, etc. || *Méx.* Caramelo montado sobre un palo de plástico o madera.

paletazo *s. m.* Cornada de toro.

paletilla *s. f.* En anatomía, omóplato.

paleto, ta *adj.* y *s.* Palurdo.

paletón *s. m.* Parte de la llave en que están los dientes y guardas.

paliacate *s. m. Méx.* Pañuelo grande hecho de tela estampada, que sirve para adornar el cuello o cubrir la cabeza.

paliar *t.* Atenuar un sufrimiento. *Medicamento para paliar el dolor.* || Disminuir la importancia de algo. *Los trabajos de prevención paliaron los efectos desastrosos del terremoto.*

paliativo, va *adj.* y *s. m.* Se dice de lo que puede paliar.

palidecer *intr.* Ponerse pálido. || *fig.* Perder una cosa su importancia.

palidez *s. f.* Calidad de pálido.

pálido, da *adj.* Amarillo, macilento. || *fig.* Falto de colorido o expresión.

palillo *s. m.* Instrumento de madera o plástico que sirve para limpiar los dientes. || Varita con que se toca el tambor. *Los palillos deben tocarse al mismo tiempo en un redoble de marcha.*

palimpsesto *s. m.* Manuscrito antiguo con huellas de una escritura anterior.

palíndromo, a *s.* Escrito o palabra que tiene el mismo significado al ser leído de izquierda a derecha que a la inversa. *Las palabras «anilina» y «radar» son palíndromos.*

palio *s. m.* Especie de cubierta colocada sobre cuatro o más varas largas utilizada para cubrir a ciertas personas importantes como un rey o a imágenes religiosas.

palique *s. m. fam.* Conversación.

palito *s. m.* Palo pequeño. || *loc. Arg. Pisar el palito:* caer en la trampa.

palitroque *s. m.* Palo pequeño. || Palote en escritura. || Banderilla.

paliza *s. f.* Serie de golpes o azotes. || *s. m. fam.* Derrota con una gran diferencia entre el ganador y el perdedor. *El equipo visitante le dio una paliza de 7-0 al equipo de casa.*

palizada s. f. Valla de estacas.

palla s. f. *Amér.* Entre los incas, mujer de sangre real.

palma s. f. Palmera. || Hoja de este árbol. || Datilera. || Palmito. || Parte interna de la mano desde la muñeca hasta los dedos. || *pl.* Palmadas, aplausos.

palmáceo, a adj. y s. Se dice de ciertas plantas de tallo simple y grandes hojas. || s. f. pl. Familia que forman esas plantas.

palmada s. f. Golpe que se da con la palma de la mano.

palmar[1] adj. Relativo a la palma de la mano. || s. m. Terreno poblado de palmas. *Detrás de este palmar está la playa.*

palmar[2] intr. fam. Morir. *Don Fernando palmó hace tres meses.*

palmarés s. m. Lista de vencedores en una competencia. || Historial de una persona. *El atleta tiene en su palmarés cinco medallas de oro.*

palmario, ria adj. Patente.

palmatoria s. f. Candelero bajo.

palmer s. m. Instrumento para medir objetos de poco grueso.

palmera s. f. Árbol palmáceo cuyo fruto es el dátil.

palmípedo, da adj. y s. f. Relativo a un grupo de aves nadadoras, con dedos que están unidos por una membrana. *Los patos son aves palmípedas.*

palmireño, ña adj. y s. De Palmira, ciudad de Colombia.

palmitina s. f. Éster palmítico de la glicerina, uno de los constituyentes de las materias grasas.

palmito s. m. Palmera pequeña con hojas en forma de abanico. || Brote tierno comestible de esa planta. *Los palmitos se pueden comer preparados en ensalada.*

palmo s. m. Medida de longitud, cuarta parte de la vara (21 cm), equivalente aproximadamente al largo de la mano extendida del hombre. || *loc. fig. Quedarse con dos palmos de narices:* no conseguir lo que se esperaba.

palo s. m. Trozo de madera cilíndrico. || Golpe dado con este objeto. || Madera. *Cuchara de palo.* || Estaca, mango. *El palo de la escoba.* || Banderilla que usan los toreros para clavarlo en el cerviguillo de los toros. || Mástil del barco. || Cada una de las cuatro series de naipes de la baraja. *Palo de oros, de bastos, de copas, de espadas.* || Trazo grueso de algunas letras como la «b» y la «d». || Voz que forma parte de los nombres de varios vegetales («palo Brasil», o «del Brasil», «palo Campeche» o «de Campeche»).

paloma s. f. Ave de cabeza pequeña, cola ancha y pico corto. *En las plazas siempre hay muchas palomas.* || *Méx.* Petardo de forma triangular hecho con papel y pólvora.

palomar s. m. Sitio donde se crían palomas.

palomear t. *Méx.* Poner signo de aprobación.

palometa s. f. Tuerca que tiene forma de mariposa.

palomilla s. f. Mariposa pequeña, en especial las nocturnas. *Algunas palomillas revolotean alrededor de las luminarias.* || Tuerca con dos partes sobresalientes laterales en las que se apoyan los dedos para darle vueltas. *Las patas de algunas mesas se fijan con tornillos y palomillas.* || s. f. fam. *Méx.* Banda, pandilla, grupo de amigos.

palomino s. m. Pollo de paloma. || fig. Joven inexperto.

palomita s. f. Grano de maíz que se abre al tostarlo. *Cuando voy al cine compro palomitas.*

palomo s. m. Macho de la paloma.

palor s. m. Palidez.

palote s. m. Trazo recto que hacen los niños en el colegio para aprender a escribir.

palpable adj. Manifiesto, evidente.

palpar t. Tocar una cosa con las manos para reconocerla. || fig. Notar.

palpitación s. f. Latido.

palpitante adj. Que palpita.

palpitar intr. Contraerse y dilatarse alternativamente. *El corazón palpita.* || fig. Manifestarse algún sentimiento en las palabras o actos.

pálpito s. m. Corazonada.

palpo s. m. Pequeño apéndice móvil que, formado en pares, tienen los artrópodos a los lados de la boca.

palqui s. m. Arbusto americano.

palta s. f. *Amér. Merid.* Fruto de forma ovalada, con cáscara verde o negra y pulpa cremosa color verde claro.

palto s. m. *Amér. Merid.* Árbol originario de América cuyo fruto es la palta.

palúdico, ca adj. Se dice de la fiebre causada por el microbio procedente de los terrenos pantanosos y transmitido por el mosquito anofeles. || Que padece paludismo.

paludismo s. m. Enfermedad del que padece fiebres palúdicas.

palurdo, da adj. y s. Rústico, se dice de la gente que vive en el campo.

pamba s. f. *Méx.* Serie de golpes leves que se dan con la palma de la mano en la cabeza de alguien en tono festivo fingiendo un castigo. *Le dimos pamba a Mauricio por haber fallado un gol.*

pambazo s. m. *Méx.* Antojito elaborado a base de pan blanco cubierto de salsa de chile rojo y relleno de papas o carne molida con lechuga y queso.

pampa s. f. Llanura extensa que no tiene árboles, propia de algunas zonas de América Meridional. *Los gauchos galopan por la pampa argentina.*

pámpano s. m. Brote de la vid. || *Méx.* Pez marino comestible.

pampeano, na adj. y s. Pampero.

pampear intr. *Amér.* Recorrer la pampa.

pampeño, ña adj. y s. Pampero.

pamperada s. f. Viento pampero.

pampero, ra adj. y s. De La Pampa, provincia de Argentina, o de la llanura llamada «pampa». || s. m. Viento fuerte, frío y seco que sopla en el Río de la Plata.

pamplina s. f. fig. Tontería, necedad. *No dices más que pamplinas.*

pamplonés, nesa adj. y s. De Pamplona, ciudad de España.

pamporcino s. m. Planta herbácea.

pan s. m. Alimento hecho de harina amasada, fermentada y cocida en el horno. || Alimento en general. *Ganarse el pan de cada día.* || Masa a la que se da una forma en un molde. *Pan de higos.* || Trigo. *Año de mucho pan.* || Hoja de oro o plata muy batida. || *Amér. C.* y *Méx. Pan de caja:* pan de elaboración industrial, por lo común de miga, cortado y envasado. || *loc. Amér. Pan lactal (marca registrada):* pan blanco de elaboración industrial enriquecido con leche.

pana s. f. Tela gruesa parecida al terciopelo. *Víctor viste un traje gris de pana.* || *Chil.* Hígado de los animales. *La pana de res contiene mucho hierro y proteínas.* || Conjunto de desperfectos que provocan el mal funcionamiento de una máquina. || Detención de un vehículo por alguna falla en su motor.

panacea s. f. Medicamento que, según se creía, podía curar todas las enfermedades. || *fig.* Solución que puede aplicarse a cualquier problema.

panadería s. f. Establecimiento donde se hace o vende el pan.

panadero, ra s. Persona que hace o vende pan.

panadizo s. m. Inflamación de los dedos, principalmente junto a la uña.

panafricanismo s. m. Doctrina encaminada a promover la unión y la solidaridad de los países de África.

panafricano, na adj. Relativo a los países del continente africano.

panal s. m. Conjunto de celdillas prismáticas hexagonales de cera que forman las abejas para depositar en ellas la miel.

panamá s. m. Sombrero de paja muy flexible. || *Amér.* Negocio fraudulento.

panameñismo s. m. Locución, modo de hablar y palabra propios de los panameños. || Condición de panameño. || Amor a Panamá.

panameño, ña adj. y s. Originario de Panamá, país de América Central.

panamericanismo s. m. Movimiento encaminado a mejorar y desarrollar las relaciones entre los países de Norteamérica.

panamericanista adj. y s. com. Relacionado con el panamericanismo o partidario de este movimiento.

panamericano, na adj. Relativo a América. || Perteneciente al panamericanismo.

panarabismo s. m. Doctrina que preconiza la unión de todos los países de lengua y civilización árabes.

panca s. f. *Bol.* y *Per.* Conjunto de hojas que envuelve la mazorca de maíz.

pancarta s. f. Cartel, letrero.

panceta s. f. Tejido grasoso del cerdo en el que están alternadas franjas de grasa y de carne. *La sopa de verduras con un poco de panceta es deliciosa.*

pancita s. f. *Méx.* y *Per.* Guiso que se elabora con el estómago de los rumiantes en un caldo condimentado con ajo, comino y picante.

páncreas s. m. Glándula abdominal localizada detrás del estómago cuyo jugo contribuye a la digestión.

panda s. m. Mamífero carnívoro parecido al oso, de pelaje blanco y negro.

pandear intr. Torcerse una cosa encorvándose.

pandemia s. f. En medicina, enfermedad epidémica que se extiende a varios países.

pandeo s. m. Alabeo, combadura.

pandereta s. f. Pandero.

pandero s. m. Instrumento de percusión formado por un redondel de piel sujeto a un aro con sonajas.

pandilla s. f. Grupo de personas que se reúne para algún fin. *Tiene una pandilla de amigos.*

pandit s. m. Título dado en la India a los brahmanes eruditos.

pando, da adj. *Méx.* Torcido, encorvado.

panegírico adj. De alabanza. || s. m. Loa.

panegirista s. com. Persona que hace grandes elogios de otra.

panegirizar t. Elogiar.

panel s. m. Cada uno de los compartimentos en que se dividen los lienzos de pared, las hojas de puertas, etc. || Tabla de madera en que se pinta. || Tablero indicador en las estaciones y aeropuertos. || Material prefabricado de grandes dimensiones y poco espesor que sirve para separar o dividir un espacio construido. || Especie de cartelera de grandes dimensiones. || Técnica de encuesta que consiste en repetir a intervalos de tiempo más o menos largos las mismas preguntas a las mismas personas. || Grupo de personas a quien se hace estas preguntas.

panela s. f. Azúcar sólida y no refinada, vendida por lo general en forma de cono.

panera s. f. Cesta o especie de caja que sirve para transportar o guardar el pan.

paneuropeo, a adj. Relativo a toda Europa.

pánfilo, la adj. y s. Muy tranquilo. || Tonto, bobo.

panfletista s. com. Libelista.

panfleto s. m. Libelo.

pangolín s. m. Mamífero desdentado.

panhelenismo s. m. Doctrina que propugna la unión de todos los griegos.

pánico, ca adj. Se dice del terror grande. || s. m. Miedo excesivo.

panículo s. m. Estrato de un tejido. *El panículo adiposo se desarrolla en la hipodermis.*

panificación s. f. Fabricación del pan. *La levadura se utiliza mucho en la panificación.*

panificadora s. f. Lugar donde se hace pan.

panificar t. Hacer pan.

panislamismo s. m. Doctrina que propugna la unión de los musulmanes.

panocha o **panoja** s. f. Mazorca del maíz. || Conjunto de más de dos pescados pequeños que se fríen unidos por las colas.

panoplia s. f. Armadura completa. || Colección de armas y tabla donde se colocan. || *fig.* Serie de medios que permiten actuar en una situación determinada.

panorama s. m. Vista de un horizonte muy extenso. || *fig.* Vista de conjunto.

panorámico, ca adj. Relativo al panorama. *Vista panorámica.* || *fig.* Global, de conjunto. || s. f. Procedimiento cinematográfico que consiste en hacer girar la cámara sobre un eje horizontal o vertical durante la toma de vistas.

panqué s. m. *Méx.* Bizcocho alargado cocido en un molde de papel encerado.

panqueque s. m. *Amér. C.* y *Amér. Merid.* Torta delgada de harina, leche y huevos, rellena con ingredientes dulces o salados.

pantagruélico, ca adj. Palabra derivada de Pantagruel, personaje del escritor francés François Rabelais, que se usa para referirse a las comidas en las que hay exceso de manjares. *En la fiesta ofrecieron un menú pantagruélico.*

pantaletas s. f. pl. *Col., Méx.* y *Ven.* Ropa interior femenina que cubre de la cintura al inicio de las piernas.

pantalla s. f. Lámina de diversas formas que se coloca delante o alrededor de la luz. || Telón blanco sobre el cual se proyectan imágenes cinematográficas o diapositivas. || Parte delantera de los televisores donde aparecen las imágenes. || Cinematógrafo. *Actriz de la pantalla.* || *fig.* Persona que encubre a otra. || *Arg.* Abanico. || *loc. fam. La pantalla chica:* la televisión.

pantalón *s. m.* Prenda de vestir dividida en dos piernas que cubre desde la cintura hasta los tobillos. ‖ Prenda de ropa interior femenina.

pantalonera *s. f.* Costurera que hace pantalones. ‖ *Méx.* Pantalón del traje charro.

pantano *s. m.* Hondonada natural donde se acumulan aguas. ‖ Embalse.

pantanoso, sa *adj.* Lleno de pantanos. ‖ Cenagoso.

panteísmo *s. m.* Sistema según el cual Dios se identifica con el mundo.

panteísta *adj.* y *s. com.* Seguidor, partidario del panteísmo.

panteón *s. m.* Templo consagrado antiguamente por los griegos y romanos a todos sus dioses. ‖ Conjunto de los dioses de una religión politeísta. ‖ Monumento nacional donde se guardan los restos de hombres ilustres. ‖ Monumento funerario donde se entierran varias personas.

pantera *s. f.* Mamífero carnívoro de África y Asia, de cuerpo esbelto, zarpas con uñas muy filosas y fuertes y piel con manchas negras o totalmente negra.

pantimedia *s. f. Méx.* Medias que se unen por la cadera, como mallas. *Las pantimedias cobraron auge con la moda de la minifalda.*

pantocrátor *s. m.* Representación de Jesús sentado en un trono y en actitud de bendecir, característica del arte bizantino y románico.

pantógrafo *s. m.* Instrumento que sirve para ampliar, copiar o reducir dibujos.

pantomima *s. f.* Arte de expresarse por medio de gestos y movimientos, sin recurrir a la palabra. ‖ Representación teatral sin palabras.

pantorrilla *s. f.* Parte de la pierna por debajo de la corva.

pantufla *s. f.* Zapatilla.

panza *s. f.* En los animales, espacio en el que están los intestinos y otras vísceras. ‖ *fam.* Vientre de las personas, en especial cuando es grande. *La gran panza de Abundio se debe a que toma mucha cerveza.*

panzón, zona *adj.* Que tiene un vientre muy grande. *Por su embarazo, Norma está muy panzona.*

pañal *s. m.* Prenda absorbente que se pone a los bebés a manera de calzón, mientras no han aprendido a ir al baño. *Originalmente los pañales eran de tela.*

pañalera *s. f. Arg.* Industria que hace pañales. ‖ *Méx.* Bolsa con asa para llevar los pañales y otros objetos del bebé. *En la pañalera traigo una crema para limpiar al niño.*

paño *s. m.* Tejido de lana muy tupida. ‖ Tela. ‖ Ancho de una tela. ‖ Tapiz o colgadura. ‖ Trapo para limpiar. ‖ Cada una de las divisiones de una mesa de juego. ‖ Mancha oscura en la piel, especialmente del rostro. ‖ Lienzo de pared. ‖ Enlucido. ‖ Impureza que empaña el brillo de una cosa. ‖ *pl.* Vestiduras y ropas que caen en pliegues en retratos y estatuas. ‖ Trozos de tela para varios usos médicos.

pañol *s. m.* Parte del buque donde se guardan víveres, municiones, etc.

pañuelo *s. m.* Pedazo de tela pequeño y cuadrado para diferentes usos. ‖ El que sirve para limpiarse las narices.

papá o **papa** *s. m.* Manera familiar de decir «padre». *Cuando éramos niños mi papá nos cargaba.*

papa *s. f. Amér.* Planta herbácea originaria de América, de flores blancas o moradas y con raíces fibrosas que tienen tubérculos carnosos comestibles. ‖

Amér. Tubérculo comestible de esa planta. ‖ *Chil.* y *Méx.* Mentira, embuste. *Deja de decir papas.* ‖ *Arg., Chil. Uy.* y *Per.* Agujero en la media.

Papa *s. m.* Sumo pontífice de la Iglesia Católica.

papable *adj.* Se aplica al cardenal que tiene posibilidades de llegar a ser Papa.

papacho *s. m. Méx.* Caricia.

papada *s. f.* Abultamiento de carne debajo de la barba.

papado *s. m.* Pontificado.

papagayo *s. m.* Ave prensora de colores brillantes y pico grueso y curvo, que puede imitar el habla humana. ‖ *Arg.* Orinal de cama para varones.

papal *adj.* Relativo al papa. ‖ *s. m. Amér.* Plantío de papas.

papalote *s. m. Guat.* y *Méx.* Cometa, juguete. ‖ Especie de planeador muy ligero que permite a una persona recorrer cierta distancia volando tras haberse lanzado desde un lugar alto.

papanatas *s. com. fam.* Persona simple y crédula.

papar *t.* Comer cosas blandas que no necesitan masticarse, como puré o sopa.

paparrucha *s. f. fam.* Noticia falsa y desatinada. *Esa revista publica puras paparruchas.*

papaveráceo, a *adj.* y *s. f.* Relativo a las plantas herbáceas como la adormidera. ‖ *pl.* Familia que éstas forman.

papaverina *s. f.* Alcaloide del opio usado como estupefaciente.

papaya *s. f.* Fruto del papayo, de forma oblonga, carnudo dulce de color amarillo o anaranjado y pequeñas semillas oscuras. ‖ *vulg. Chil., Cub.* y *Méx.* Órgano sexual femenino.

papayo *s. m.* Pequeño árbol tropical cuyo fruto es la papaya.

papel *s. m.* Lámina hecha con pasta de fibras vegetales, que se puede ser de diferentes grosores. *El papel se obtiene de los árboles.* ‖ Trozo u hoja hecha de ese material. *Saquen un papel para dictarles algunas preguntas.* ‖ Parte de la obra que representa cada actor. *Gonzalo tiene el papel más importante de la obra.* ‖ Función que uno cumple. *El papel de la maestra es enseñar.* ‖ Documento. *Necesito algunos papeles para obtener el permiso que necesito.*

papelazo *s. m. Méx. fam.* Ridículo, papel deslucido. *El cantante hizo un papelazo: olvidó la letra de una canción.*

papeleo *s. m.* Conjunto de trámites para resolver un asunto.

papelera *s. f.* Cesto para echar papeles inservibles. *Arturo usa la papelera de su cuarto como canasta de baloncesto.*

papelería *s. f.* Tienda donde se vende papel y otros artículos de escritorio.

papelerío *s. m. Amér.* Documentación excesiva y molesta en los trámites administrativos. *Es un papelerío terrible el que se necesita para reconectar la electricidad.*

papelero, ra *adj.* y *s.* Relativo al papel. *Lo malo de la industria papelera es que talan muchos bosques.* ‖ Persona que vende o fabrica papel.

papeleta *s. f.* Papel en que se acredita un derecho.

papelillo *s. m.* Confeti.

papelón *s. m. fam.* Comportamiento ridículo de alguien ante una situación.

papera *s. f.* Bocio. ‖ *pl.* Parotiditis.

papi *s. m. fam.* Papá.

papiamento *s. m.* Lengua criolla hablada en Curazao, país del Caribe.

papila *s. f.* Prominencia más o menos saliente de la piel y las membranas mucosas. *Las papilas gustativas.* ‖ Prominencia formada por el nervio óptico en el fondo del ojo y desde donde se extiende la retina.

papilionáceo, a *adj.* Se aplica a las plantas leguminosas de corola amariposada. ‖ *s. f. pl.* Familia que forman.

papilla *s. f.* Comida de niños, hecha con harina, papa u otras féculas, cocida en agua o en leche.

papiloma *s. m.* Verruga en forma de papila.

papiro *s. m.* Planta de Oriente, cuya médula empleaban los antiguos para escribir. ‖ Hoja de papiro escrita.

papiroflexia *s. f.* Arte de elaborar figuras doblando el papel.

papirusa *s. f. Arg.* Muchacha linda.

papisa *s. f.* Mujer papa.

papismo *s. m.* Nombre dado por los protestantes a la Iglesia Católica y a la autoridad del papa.

papista *adj.* y *s. com.* Entre los protestantes, se aplica al católico romano. ‖ *loc. fam. Ser alguien más papista que el papa:* mostrar más celo en un asunto que el mismo interesado.

papo *s. m.* Parte entre la barba y el cuello. ‖ Buche de las aves.

páprika *s. f.* Pimentón rojo molido que se usa como condimento.

papúa o **papú** *adj.* y *s. com.* Pueblo polinesio que habita Nueva Guinea y las islas cercanas Pueblo que habita Nueva Guinea y las islas cercanas, en Oceanía.

papusa *s. f. Arg.* y *Uy.* Muchacha joven y bonita.

paquebote *s. m.* Transatlántico.

paquete *s. m.* Lío o envoltorio. *Paquete de cigarrillos.* ‖ *fig.* Conjunto de medidas. ‖ Persona que va en el sidecar de una moto. ‖ *fam.* Cosa pesada y fastidiosa. *¡Vaya un paquete!* ‖ Castigo. ‖ *adj. Arg.* Presumido, elegante. ‖ *loc. Guat.* y *Méx. Darse alguien su paquete:* darse tono.

paquetear *intr. fam. Arg.* Ir bien vestido.

paquidermo *adj.* y *s. m.* Se aplica a los animales de piel muy gruesa y dura, como el elefante, el rinoceronte y el hipopótamo. ‖ *pl.* Suborden de estos animales.

paquistaní *adj.* y *s.* Del Paquistán, país de Asia.

par *adj.* Relativo al número exactamente divisible entre dos. ‖ Se aplica al órgano o miembro del cuerpo, o de otra cosa, de los que hay dos iguales. *Los riñones y los pulmones son órganos pares.* ‖ *loc. A la par:* además, a la vez. *Ramiro estudia a la par que trabaja.* ‖ *s. m.* Conjunto de dos personas o cosas. *Rodrigo compró un par de camisas.* ‖ *fam.* Cantidad pequeña que no se determina. ‖ *loc. De par en par:* Dejar totalmente abierta una puerta, ventana u otra cosa parecida. *Daniel dejó abierta de par en par la puerta.*

para *prep.* Denota utilidad, fin o destino de una acción. ‖ Señala el tiempo en que finaliza u ocurre algo. *Su vestido estará listo para el jueves.* ‖ Con relación a. *Le pagan poco para lo mucho que trabaja.* ‖ Con el fin de. *Preparé un postre para mi madre por su cumpleaños.*

parabién *s. m.* Felicitación, elogio.

parábola *s. f.* Narración de la que se deduce una enseñanza moral. ‖ Línea curva cuyos puntos son todos equidistantes de un punto fijo, llamado «foco», y de una recta igualmente fija llamada «directriz».

parabólico, ca *adj.* De la parábola. ‖ *s. f.* Antena cuyo receptor, en forma de parábola, puede captar y emitir señales a través de un satélite. *Cada vez hay más antenas parabólicas.*

parabolizar *t.* Dar forma parabólica. ‖ *intr.* Hablar utilizando parábolas.

parabrisas *s. m.* Cristal delantero de un vehículo.

paraca *s. f. Amér.* Viento fuerte del Pacífico.

paracaídas *s. m.* Dispositivo hecho con tela resistente que cuando se extiende toma forma de sombrilla y está destinado a suavizar la caída de una persona o cosa desde las alturas, o para frenar un avión o automóvil cuando falta espacio para hacerlo de manera normal. *Para lanzarse en paracaídas se necesita no temer a las alturas.*

paracaidismo *s. m.* Técnica o deporte de salto con paracaídas.

paracaidista *s. com.* Persona entrenada para saltar en paracaídas.

parachoques *s. m.* Pieza delantera y trasera de algunos vehículos que los protege contra posibles golpes.

parada *s. f.* Acción de parar o detenerse. ‖ Sitio donde se para. *Me bajaré en la siguiente parada.* ‖ *Chil., Ecua., P. Rico* y *R. Dom.* Desfile. *Celebrarán el día de la independencia con una parada militar.* ‖ *loc. Méx. Hacer la parada:* hacer una seña a un vehículo de pasajeros para que se detenga.

paradero *s. m.* Sitio donde se para o se va a parar. *Desconozco el paradero de Iván.* ‖ *Amér. Merid.* y *Méx.* Lugar donde se detiene el ferrocarril o parada de autobuses.

paradigma *s. m.* Ejemplo que sirve de norma. *El dirigente hindú Mahatma Gandhi es el paradigma del pacifismo.* ‖ En lingüística, conjunto de formas que sirven de modelo en los diversos tipos de flexión.

paradigmático, ca *adj.* Relativo al paradigma.

paradisiaco, ca o **paradisíaco, ca** *adj.* Del paraíso.

parado, da *adj.* Se dice de lo que está detenido, que no está en movimiento. *Es importante bajar del ómnibus hasta que está parado totalmente.* ‖ *Amér.* De pie. ‖ *Chil., Per.* y *P. Rico.* Orgulloso, engreído. *El parado de Joel se pasa el tiempo hablando de su ropa nueva.* ‖ *Esp.* Que no tiene empleo. *Mi madre está parada desde que cerró la tienda donde trabajaba.*

paradoja *s. f.* Aserción inverosímil o absurda que se presenta con apariencias de verdadera. ‖ Figura que consiste en emplear expresiones o frases que encierran una contradicción.

paradójico, ca *adj.* Que incluye paradoja o hace uso de ella.

parador *s. m.* Mesón, hotel.

paraestatal *adj.* Empresa u organismo que, sin formar parte de la administración pública, coopera con un Estado. *Varias empresas petroleras y mineras son paraestatales.*

parafina *s. f.* Sustancia sólida, blanca, insoluble en el agua que se extrae de los aceites del petróleo.

parafinar *t.* Poner parafina.

parafrasear *t.* Hacer la paráfrasis.

paráfrasis *s. f.* Explicación.

paragolpes *s. m. Arg., Par.* y *Uy.* Parachoques.

paragonar *t.* Comparar.

parágrafo *s. m.* Párrafo.

paraguariense *adj.* y *s. com.* De Paraguarí, departamento de Paraguay.

paraguas *s. m.* Utensilio portátil semejante a una sombrilla que sirve para protegerse de la lluvia.

paraguayismo *s. m.* Voz o giro especiales usados en Paraguay. ‖ Carácter paraguayo. ‖ Amor al Paraguay.

paraguayo, ya *adj.* y *s.* Originario de Paraguay, país de América del Sur.

paragüería *s. f.* Tienda donde se venden paraguas.

paragüero *s. m.* Mueble en el que se colocan los paraguas. *A la entrada de la casa había un paragüero.*

paraíso *s. m.* En el cristianismo, el judaísmo y otras religiones, lugar donde las almas de los justos residen después de morir. ‖ *loc. Paraíso terrenal:* según la Biblia, jardín de las delicias donde Dios puso a Adán y Eva. ‖ Lugar donde uno se encuentra muy a gusto.

paraje *s. m.* Lugar, sitio.

paralelepípedo *s. m.* Sólido de seis caras iguales y paralelas de dos en dos, y cuya base es un paralelogramo.

paralelismo *s. m.* Calidad de paralelo.

paralelo, la *adj.* y *s.* Se aplica a las líneas o a los planos que se mantienen, cualquiera que sea su prolongación, equidistantes entre sí. ‖ Correspondiente, correlativo, semejante. *Acción paralela.* ‖ Se aplica al mercado que, contrariamente a lo legislado, mantiene unos precios más elevados que los oficiales. ‖ Se dice de lo que es más o menos clandestino, de las actividades que se encargan en parte de las efectuadas por un organismo legal u oficial. *Policía paralela.* ‖ *s. f.* Línea paralela a otra. *Trazar paralelas.* ‖ *pl.* En gimnasia, aparato compuesto de dos barras paralelas. ‖ *s. m.* En geografía, círculo del globo terrestre paralelo al ecuador. ‖ Comparación, parangón. ‖ En geometría, cada una de las secciones de una superficie de revolución al ser ésta cortada por planos perpendiculares a su eje.

paralelogramo *s. m.* Cuadrilátero cuyos lados opuestos son paralelos entre sí.

parálisis *s. f.* Privación o disminución del movimiento de una parte del cuerpo. ‖ *fig.* Paralización.

paralítico, ca *adj.* y *s.* Enfermo de parálisis.

paralización *s. f.* Acción y efecto de paralizar o paralizarse. ‖ *fig.* Detención que experimenta una cosa dotada normalmente de movimiento.

paralizar *t.* Causar parálisis. ‖ *fig.* Detener, impedir la acción o movimiento de una cosa o persona.

paramecio *s. m.* Protozoo ciliado común en aguas estancadas.

paramera *s. f.* Región con páramos.

parámetro *s. m.* Cantidad distinta de la variable a la cual se puede fijar un valor numérico y que entra en la ecuación de algunas curvas, especialmente en la parábola. ‖ *fig.* Dato que se considera fijo en el estudio de una cuestión.

páramo *s. m.* Terreno yermo.

paranaense *adj.* y *s. com.* Relativo, perteneciente u originario del río Paraná (Argentina y Paraguay).

parangón *s. m.* Comparación. ‖ Modelo, dechado.

parangonar *t.* Comparar.

paranoia *s. f.* Enfermedad mental crónica caracterizada por la fijación de ideas obsesivas en la mente. *Por su paranoia, Martha piensa que todo mundo la persigue.*

paranoico, ca *adj.* y *s.* Relativo a la paranoia. *Deja esa actitud paranoica.*

paranormal *adj.* Se dice del fenómeno que no puede explicarse por medio de principios científicos reconocidos.

parapetarse *pr.* Resguardarse con parapetos. ‖ *fig.* Protegerse.

parapeto *s. m.* Barandilla. *Parapeto de un puente.* ‖ Muro o barricada para protegerse de los golpes del enemigo.

paraplejía *s. f.* Parálisis de la mitad inferior del cuerpo.

parapléjico, ca *adj.* Relativo a la paraplejía. ‖ Enfermo de ella.

parar *t., intr.* y *pr.* Cesar en el movimiento o en la acción. *El caballo se paró porque lo asustó una serpiente.* ‖ *Amér.* Estar o ponerse de pie. ‖ Llegar a un fin. ‖ Detener un movimiento o acción. *A las ocho los obreros paran las máquinas y se van a descansar.* ‖ Alojarse, hospedarse. *Cuando Gerardo viene a la ciudad para en mi casa.*

pararrayos *s. m.* Dispositivo de protección contra los rayos.

parasimpático, ca *adj.* y *s.* Relativo a una de las dos partes del sistema nervioso vegetativo. *El sistema parasimpático reduce el ritmo del corazón y acelera los movimientos digestivos.*

parásito, ta *adj.* y *s. m.* Se aplica al animal o planta que se alimenta o crece con sustancias producidas por otro a quien vive asido. ‖ *fig.* Se dice de la persona que vive a expensas de los demás. ‖ En física, relativo de las interferencias que perturban una transmisión radioeléctrica.

parasol *s. m.* Quitasol.

paratifoidea *s. f.* Infección intestinal parecida a la fiebre tifoidea.

paratiroides *adj.* Se dice de las glándulas de secreción interna situadas alrededor del tiroides, cuya principal función consiste en regular el metabolismo del calcio.

parca *s. f.* Personificación de la muerte en la poesía y la pintura.

parcela *s. f.* Superficie pequeña.

parcelación *s. f.* División en parcelas.

parcelar *t.* Dividir en parcelas.

parchar *t.* Poner parche a alguna cosa.

parche *s. m.* Pedazo de tela, papel, etc., que se pega sobre una cosa para arreglarla. ‖ Pedazo de goma para componer un neumático que se ha pinchado. ‖ *fig.* Cosa añadida a otra y que desentona.

parcial *adj.* Relativo a una parte de un todo. ‖ No completo. *Eclipse parcial.* ‖ Que procede o juzga con parcialidad, sin ecuanimidad. *Autor parcial.* ‖ Partidario, seguidor.

parcialidad *s. f.* Preferencia injusta, falta de ecuanimidad. ‖ Facción.

parco, ca *adj.* Sobrio, sin adornos. ‖ Escaso.

pardiez *interj. Esp.* ¡Por Dios!

pardo, da *adj.* y *s.* Del color de la tierra. *La piel de los castores y las nutrias es parda.* ‖ Oscuro. *Esas nubes pardas son anuncio de lluvia.*

pardusco, ca o **parduzco, ca** *adj.* Se dice de lo que tira a color pardo. *Esas cortinas se ven parduscas porque están percudidas.*

pareado, da *adj.* y *s.* Relativo a la estrofa compuesta por dos versos que riman entre sí. *«Entre la capa azul y la roja, su majestad escoja», es un verso pareado.*

parear *t.* Comparar dos cosas juntándolas entre sí. ‖ Formar una pareja con dos cosas. *Mi hermana y yo ayudamos a mamá a parear los calcetines lavados.*

parecer[1] *intr.* Suscitar cierta opinión. *¿Qué te parece esta novela?* || Tener cierta apariencia. *Parece cansado.* || Convenir. *Allá iremos si le parece.* || Existir cierta posibilidad. *Parece que va a nevar.* || *pr.* Tener alguna semejanza.

parecer[2] *s. m.* Opinión. || Aspecto.

parecido, da *adj.* Algo semejante. || Que tiene cierto aspecto. *Persona bien parecida.* || *s. m.* Semejanza.

pared *s. f.* Obra de fábrica levantada para cerrar un espacio. || Superficie lateral de un cuerpo.

pareja *s. f.* Conjunto de dos personas, animales o cosas, en especial si son varón y mujer. *Ruth y Luis forman una bonita pareja.*

parejo, ja *adj.* Igual, semejante. || Liso, llano.

parénquima *s. m.* Tejido que forma las glándulas. || Tejido vegetal que realiza funciones de fotosíntesis y almacenamiento.

parental *adj.* Perteneciente o relativo a los padres o los parientes.

parentela *s. f.* Conjunto de los parientes de alguien.

parentesco *s. m.* Unión que existe entre personas de la misma familia.

paréntesis *s. m.* Frase que se intercala en un discurso, con sentido independiente del mismo. || Signo ortográfico «( )» en que suele encerrarse la frase así llamada. || Signo que aísla una expresión algebraica.

pareo *s. m.* Trozo rectangular de tela que se usa para envolver el cuerpo, formando una prenda de vestir. *Los pareos se pueden anudar en el pecho o en la cadera.*

pargo *s. m.* Pez marino comestible de lomo rojizo y carne muy apreciada.

paria *s. com.* Persona que no pertenece a ninguna casta.

paridad *s. f.* Igualdad o semejanza. || Comparación de una cosa con otra o símil. || Relación existente entre una unidad monetaria y su equivalencia en peso de metal.

pariente, ta *s.* Persona unida con otra por lazos de consanguinidad o afinidad. || *s. m. fam.* El marido. || *s. f. fam.* La mujer, respecto al marido.

parietal *adj. y s. m.* Relativo a cada uno de los dos huesos de las partes medias o laterales del cráneo.

parir *t. e intr.* En las especies vivíparas, nacer la cría que ha concebido la hembra. || *fig.* Salir a la luz lo que estaba oculto. || *fig.* Producir una cosa.

parisino, na *adj. y s.* De París, capital de Francia.

paritario, ria *adj.* Se dice de una comisión, organismo o negociación en los que las dos partes son representadas por el mismo número de personas.

parla *s. f.* Charla, conversación frívola. || Charlatanería, verborragia.

parlamentar *intr.* Conversar. || Negociar el vencido la rendición.

parlamentario, ria *adj.* Relativo al Parlamento. || *loc. Régimen parlamentario:* régimen político en el que los ministros son responsables ante el Parlamento. || *s.* Miembro de un parlamento.

parlamentarismo *s. m.* Doctrina o sistema parlamentario.

parlamentarista *adj. y s. com.* Parlamentario.

parlamento *s. m.* Asamblea que ejerce el Poder Legislativo. || *fam.* Charla.

parlanchín, china *adj. y s. fam.* Muy hablador, platicador.

parlante *adj.* Que habla. *A Rosina le regalaron una muñeca parlante.*

parlar *intr.* Hablar.

parlotear *intr. fam.* Hablar mucho y sin sustancia.

parloteo *s. m.* Acción de parlotear.

parmesano, na *adj. y s.* De Parma, ciudad de Italia. || *s. m.* Tipo de queso duro y salado, de leche de vaca. *El queso parmesano se llama así porque tuvo su origen en la ciudad de Parma, Italia.*

parnasiano, na *adj.* Relativo al Parnaso, reino simbólico de los poetas.

parnaso *s. m.* Conjunto de todos los poetas de una lengua, país o época.

paro *s. m.* Hecho de parar, de hacer que algo se detenga. || *Esp.* Situación de quien no tiene trabajo. *El gobierno da un poco de dinero a quienes están en paro.* || Huelga.

parodia *s. f.* Burla humorística que se hace imitando algo o a alguien.

parodiar *t.* Hacer una imitación.

paródico, ca *adj.* Relativo a la parodia.

parónimo, ma *adj. y s.* Palabra que se parece a otra por su sonido, su forma o su ortografía. «Rodear» y «rodar» son parónimos, también «junta» y «punta».

paronomasia *s. f.* Parecido de las palabras por su sonido, su ortografía o su forma.

parótida *s. f.* Glándula salival situada debajo del oído y detrás de la mandíbula inferior.

parotiditis *s. f.* Inflamación de la parótida.

paroxismo *s. m.* Exacerbación.

parpadear *intr.* Abrir y cerrar los párpados muchas veces seguidas.

parpadeo *s. m.* Acción de parpadear.

párpado *s. m.* Cada una de las membranas movibles de los ojos.

parqué *s. m.* Entarimado.

parque *s. m.* Lugar arbolado, de cierta extensión, para caza o para recreo. || Lugar en el que estacionan los vehículos transitoriamente. || Recinto donde se custodian cañones, municiones, automóviles, etc. || Cuadrilátero formado por una barandilla donde se ponen los niños muy pequeños para que jueguen.

parqueadero *s. m. Chil., Col., Ecua., Guat., Méx., Per. y Ven.* Lugar de estacionamiento.

parquear *t. Amér.* Estacionar.

parquedad *s. f.* Moderación.

parqueo *s. m. Amér. C., Bol., Chil., Col., Ecua., Méx. y Per.* Acción y efecto de estacionar. || *Amér. C., Bol., Chil., Col., Ecua., Méx. y Per.* Lugar de estacionamiento.

parquet *s. m.* Parqué.

parquímetro *s. m.* Máquina que regula el tiempo para el pago del estacionamiento.

parra *s. f.* Vid. Viña trepadora.

parrafada *s. f.* Párrafo muy largo. || Discurso largo, vehemente y sin pausas.

parrafear *intr.* Hablar.

párrafo *s. m.* Cada una de las divisiones de un escrito separada del resto por un punto y aparte. *Le escribí una carta de tres párrafos, cada uno de diez líneas.*

parral *s. m.* Conjunto de parras sostenidas por una armazón. || Sitio sembrado de parras. *Ese parral es de uvas blancas.*

parranda *s. f.* Diversión ruidosa, juerga, en especial cuando se va de un lugar a otro. *Los domingos despierta desvelado porque suele irse de parranda los sábados.*

parrandear *intr.* Juerguearse.

parrandeo *s. m.* Juerga.

parrandero, ra *adj.* Se aplica a la persona que sale de parranda con frecuencia.

parricida *s. com.* Persona que mata al padre o madre.

parricidio *s. m.* Acción de parricida.

parrilla *s. f.* Utensilio de cocina en forma de rejilla, que sirve para asar o tostar los alimentos.

parrillada *s. f.* Guiso compuesto por diversas clases de carnes o pescados, asados sobre una parrilla. || *Arg., Chil.* y *Uy.* Carne de vacuno asada en una parrilla.

párroco *s. m.* Sacerdote encargado de una feligresía.

parroquia *s. f.* Territorio que está bajo la jurisdicción espiritual de un cura párroco. || Conjunto de feligreses y clero de dicho territorio. || Su iglesia. || Clientela.

parroquiano, na *s.* Feligrés de una parroquia. || Cliente.

parsimonia *s. f.* Moderación.

parte *s. f.* Porción indeterminada de un todo. *Parte de la casa.* || Lo que toca a uno en el reparto de algo. *Parte proporcional.* || Lugar. *La parte norte de México.* || Cada una de las divisiones de una obra. *La segunda parte del «Quijote».* || Cada una de las personas que participan en un negocio o en un pleito. *Las partes contratantes de un acuerdo.* || Lado, partido. *Ponerse de parte de los insurrectos.* || Papel representado por el actor en una obra dramática, y este mismo actor. || Rama de una familia. *Primos por parte de madre.* || *pl.* Facción o partido. || En anatomía, órganos de la generación. || *s. m.* Escrito breve que se envía a una persona para informarle de algo. || Comunicación telefónica, telegráfica o radiofónica. || Informe o comunicado breve. *Parte meteorológico.* || *loc. Dar parte:* comunicar. || *Parte de boda:* tarjeta en la que se comunica un matrimonio. || *Parte de guerra:* boletín oficial sobre las operaciones militares en una jornada. || *Parte médico* o *facultativo:* informe periódico sobre el estado de salud de un enfermo.

parteaguas *s. m.* Hecho que marca una diferencia entre lo que ocurrió antes que él y lo que ocurrirá después. *La Segunda Guerra Mundial fue un parteaguas en la historia del siglo xx.*

parteluz *s. m.* Columna que divide en dos un hueco de ventana.

partenogénesis *s. f.* Reproducción de ciertos organismos vivos que se realiza a partir de un óvulo no fecundado.

partero, ra *s.* Persona que ayuda a las mujeres al momento del parto.

partición *s. f.* División.

participación *s. f.* Acción de participar y su resultado. || Parte. *Participación de boda.* || Aviso, notificación. || Sistema mediante el cual los empleados de una empresa son asociados a sus beneficios y eventualmente a su gestión. || Posesión por una empresa, un banco, una entidad pública o privada de una parte del capital social de una compañía.

participante *adj.* y *s. com.* Se dice del que participa en algo.

participar *t.* Dar parte, notificar, comunicar. || *intr.* Intervenir. *Participar en un trabajo.* || Compartir. *Participar de la misma opinión.* || Recibir parte de algo. *Participar de una herencia.* || Tener algunas de las características de algo. *El mulo participa del burro y del caballo.*

partícipe *adj.* y *s. com.* Que tiene parte o interés en una cosa.

participio *s. m.* Forma no personal del verbo que se usa en perífrasis; puede realizar la función de adjetivo y a veces sustantivo. *El participio «muerto» funciona como adjetivo en «gato muerto» y como sustantivo en «descubrí un muerto».*

partícula *s. f.* Porción pequeña de algo. || *fig.* Cada uno de los elementos que constituyen el átomo (electrón, protón, neutrón). || Parte invariable de la oración como los adverbios, sufijos, etc.

particular *adj.* Propio y privativo de una cosa, característico. || Individual, opuesto a general. *Interés particular.* || Especial, extraordinario. *Habilidad particular.* || Se dice de un estudiante recibe fuera de un centro de enseñanza con un profesor privado. || Privado, no público. *Domicilio particular.* || Separado, distinto. *Habitación particular.* || *s. m.* Individuo que no tiene ningún título especial. || Asunto, cuestión de que se trata. *No sé nada de este particular.*

particularidad *s. f.* Carácter particular. || Circunstancia particular.

particularizar *t.* Expresar una cosa con todas sus circunstancias y detalles. || Caracterizar, dar carácter particular. || Referirse a un caso determinado. || *pr.* Distinguirse en una cosa.

partida *s. f.* Marcha, salida. *Tuvimos que aplazar la partida.* || Asiento en los libros del registro civil o de las parroquias, y su copia certificada. *Partida de nacimiento.* || Cada uno de los artículos o cantidades parciales que contiene una cuenta o presupuesto. || Cantidad de mercancía entregada de una vez. *Una partida de papel.* || Expedición, excursión. *Partida de caza.* || Guerrilla, bando, parcialidad. *Partida carlista.* || Pandilla. *Partida de niños.* || Mano de juego. *Una partida de ajedrez.*

partidario, ria *adj.* y *s.* Persona que apoya o defiende a una persona, idea, etc., o que considerarla buena.

partidismo *s. m.* Actitud exagerada a favor de un partido político u opinión.

partidista *adj.* y *s. com.* Relativo a un partido político.

partido, da *adj.* Dividido. || *s. m.* Agrupación de personas que defiende unas ideas e intereses determinados. || Provecho. *Sacó buen partido de la venta de juguetes y ahora va a comprar un automóvil.* || Competencia deportiva entre dos jugadores o equipos.

partir *t., intr.* y *pr.* Separar en partes. *Mi mamá partió el pollo en ocho trozos.* || Repartir. || Rajar, romper. || Alejarse de un lugar. || *loc. fam. Partirse de risa:* Reírse mucho.

partisano, na *s.* Miembro de un grupo civil armado que lucha contra un ejército invasor. *Durante la Segunda Guerra Mundial hubo partisanos que se opusieron a los nazis.*

partitivo, va *adj.* y *s.* Se dice del sustantivo y del adjetivo numeral que expresan una parte determinada de un todo. *Un medio, un cuarto, un quinceavo y un milésimo son partitivos.*

partitura *s. f.* Texto escrito de una obra musical, que contiene el conjunto de todas las partes vocales e instrumentales.

parto *s. m.* Acción de parir. *Mi hermanito no nació por parto natural.*

parturienta *adj.* y *s. f.* Mujer que está pariendo o acaba de parir.

parva *s. f.* Mies tendida en la era.

parvada s. f. *Méx.* Conjunto de pájaros que vuelan juntos.

parvedad s. f. Pequeñez.

parvo, va adj. Pequeño.

párvulo, la adj. y s. Niño pequeño.

pasa s. f. Uva secada al sol.

pasable adj. Pasadero, mediano.

pasada s. f. Paso, acción de pasar de una parte a otra. ‖ Cada aplicación de una operación para obtener algo. ‖ *loc.* De pasada: de paso. ‖ *fam.* Mala pasada: jugarreta.

pasadero, ra adj. Mediano.

pasadizo s. m. Paso estrecho.

pasado, da adj. Se aplica a la fruta y la carne estropeadas por ser ya viejas, al guisado demasiado cocido, etc. ‖ Se dice del tiempo anterior. *El año pasado.* ‖ Descolorido. ‖ s. m. Tiempo anterior al presente.

pasador s. m. Barra pequeña de hierro que se corre para cerrar puertas, ventanas, etc. ‖ Varilla de metal que sirve de eje para el movimiento de las bisagras. ‖ Horquilla. ‖ Sortija que se pone a ciertas corbatas. ‖ Imperdible para colgar condecoraciones y medallas. ‖ Colador. ‖ pl. Gemelos de camisa.

pasaje s. m. Acción de pasar de una parte a otra. ‖ Derecho que se paga por pasar por un paraje. ‖ Sitio por donde se pasa. ‖ Precio de un viaje marítimo o aéreo. ‖ Totalidad de los viajeros que van en un mismo barco o avión. ‖ Trozo o lugar de un escrito. ‖ Paso entre dos calles. ‖ En música, paso de un tono a otro. ‖ *Amér.* Boleto para un viaje.

pasajero, ra adj. Se aplica al sitio por donde pasa mucha gente. ‖ Que dura poco. *Capricho pasajero.* ‖ Que utiliza un medio de transporte, viajero.

pasamanería s. f. Obra, oficio y taller del que hace pasamanos.

pasamano s. m. Barandilla. ‖ Galón.

pasamontañas s. m. Prenda que cubre toda la cabeza y el cuello menos los ojos y la nariz.

pasante adj. Que pasa. ‖ s. com. Persona que asiste a un abogado, profesor, etc., para adquirir práctica.

pasaporte s. m. Documento para pasar de un país a otro.

pasapuré s. m. Utensilio para hacer puré con papas y otras verduras.

pasar t. Llevar, conducir, trasladar de un lugar a otro. ‖ Atravesar, cruzar. *Pasar un río.* ‖ Enviar, transmitir. *Pasar un recado.* ‖ Introducir géneros prohibidos. *Pasar contrabando.* ‖ Poner en circulación. *Pasar moneda falsa.* ‖ Contagiar una enfermedad. ‖ Cerner, tamizar. ‖ Colar un líquido. ‖ Adelantar. *Pasar un coche.* ‖ Aprobar un examen. ‖ Volver. *Pasar las hojas de una revista.* ‖ *fig.* Rebasar, ir más allá. *Pasar los límites.* ‖ Superar, aventajar. ‖ Padecer. *Pasar frío.* ‖ Ocupar el tiempo. *Pasé la noche desvelado.* ‖ Omitir, silenciar. ‖ Tolerar, consentir. ‖ *intr.* Ir. *Pasaré por tu casa.* ‖ Entrar. *Dígale que pase.* ‖ Moverse una cosa de una parte a otra. *Pasó el tren.* ‖ Poder entrar. *Este sobre no pasa por debajo.* ‖ Transcurrir. *El tiempo pasa.* ‖ Morir. *Pasar a mejor vida.* ‖ Volverse. *El joven pasó de pronto a hombre.* ‖ Dejar alguna actividad para comenzar otra. *Pasar al estudio del último punto.* ‖ Ser considerado. *Su hermano pasa por ser muy listo.* ‖ Conformarse. *Puedo pasar sin coche.* ‖ Ser creído. *Esta mentira conmigo no pasa.* ‖ En algunos juegos, no jugar por no tener naipe o ficha conveniente. ‖ *fam.* Tener sin

cuidado, resultar indiferente. ‖ *pr.* Cambiar de partido. *Pasarse al bando contrario.* ‖ Olvidarse, borrarse de la memoria. *Se me ha pasado ir a verlo.* ‖ Dejar de ver. *A este niño no se le pasa nada.* ‖ Acabarse. ‖ Excederse uno. *Pasarse de listo.* ‖ Echarse a perder las frutas, carnes, etc. ‖ Ir a un sitio por poco tiempo. *Me pasaré por tu casa.* ‖ *fam.* Propasarse.

pasarela s. f. Puente pequeño o provisional. ‖ En los barcos, puentecillo ligero delante de la chimenea. ‖ En los teatros, pequeña prolongación del escenario más o menos circular para presentarse las artistas, especialmente las bailarinas. ‖ Plataforma en la que se verifican desfiles de modelos.

pasatiempo s. m. Diversión, entretenimiento. *Uno de los pasatiempos favoritos de Patricia es leer cuentos de terror.*

pascal s. m. Unidad de presión en el Sistema Internacional.

pascua s. f. Fiesta de la Iglesia Católica en memoria de la Resurrección de Cristo. ‖ pl. Tiempo que media entre Navidad y los Reyes inclusive.

pascual adj. Relativo a la Pascua.

pascualina s. f. *Arg.* y *Uy.* Tarta rellena de acelga o espinaca y huevo duro.

pase s. m. Permiso para que se use de un privilegio. ‖ Salvoconducto. *Pase de favor.* ‖ Cada uno de los lances en que el matador cita al toro con la muleta y le deja pasar. ‖ Movimiento que hace con las manos el hipnotizador. ‖ En ciertos deportes, envío del balón a un jugador.

paseante adj. y s. com. Que se pasea.

pasear t. Llevar de una parte a otra, hacer pasear. *Pasear a un niño.* ‖ *intr.* Andar a pie, en coche, etc., por diversión o para tomar el aire. *Pasearse por el campo.*

paseo s. m. Acción de pasear. *Dar un paseo.* ‖ Sitio por donde suele pasearse. ‖ Distancia corta. ‖ *loc. fam.* Mandar a paseo a uno: despedirlo con severidad o enfado.

paseriforme adj. y s. f. Relativo a un orden de aves de talla pequeña que tienen patas con cuatro dedos, como el ruiseñor.

pasiflora s. f. Enredadera de flores muy llamativas y frutos ovoides que tienen usos medicinales. *La pasíflora es uno de los ingredientes de los calmantes para los nervios.*

pasillo s. m. Corredor.

pasión s. f. Perturbación o efecto violento y desordenado del ánimo. *Dominado por la pasión.* ‖ Inclinación muy viva y objeto de ésta. *Su hija es su pasión.* ‖ Afición vehemente y su objeto. *Pasión por la lectura.* ‖ Prevención a favor o en contra de una persona o cosa. *Hay que juzgar sin pasión.* ‖ En el Evangelio, relato de la condenación, agonía y muerte de Jesucristo.

pasional adj. Relativo a la pasión.

pasionaria s. f. Pasiflora.

pasividad s. f. Cualidad de lo que no opone resistencia o de lo que recibe la acción de otro.

pasivo s. m. Conjunto de obligaciones y deudas de una persona, empresa, etc.

pasivo, va adj. Que recibe la acción de otro. ‖ Que no opone resistencia. *Es un animal muy pasivo pues no responde a premios ni a castigos.* ‖ Se dice de la forma verbal integrada por el auxiliar «ser» y el participio del verbo cuya acción se expresa. *Si digo «el niño se comió una pera», es voz activa; si digo «la pera fue comida por el niño», es pasiva.*

P

pasmar *t.* Asombrar mucho.

pasmo *s. m.* Asombro.

paso *s. m.* Movimiento de cada uno de los pies al caminar. ‖ Longitud del movimiento que se hace con los pies al caminar. ‖ Lugar por donde se pasa o se puede pasar. ‖ Cada uno de los movimientos del pie en un baile o danza. *Los pasos en el tango son largos y lentos.* ‖ Trámites que se realizan para obtener algo. ‖ Acontecimiento en la vida de alguien. *La boda es un paso muy importante.* ‖ *loc. fam.* Abrir o abrirse paso: quitar lo que estorba el paso o conseguir una situación buena en la vida. ‖ *loc. fam.* Paso a paso: poco a poco, de manera lenta. ‖ *Salir al paso:* detener algo antes de que produzca alguna consecuencia o ir al encuentro de alguien para detenerlo. *Mi hermano salió al paso para defenderme cuando me estaban molestando.* ‖ *Salir del paso:* librarse de un asunto, compromiso o dificultad.

pasodoble *s. m.* Música de marcha de compás 4/4. ‖ Baile de movimiento muy vivo.

paspadura *s. f. Arg., Py.* y *Uy.* Agrietamiento de la piel. *Josefina tiene paspadura por haber viajado a una ciudad con clima frío.*

pasquín *s. m.* Escrito anónimo en el que se critica algo, que suele colocarse en lugares públicos o se da a conocer de mano en mano.

pasta *s. f.* Masa hecha de una o diversas cosas machacadas. *Pasta de papel.* ‖ Masa de harina y manteca o aceite, que se emplea para hacer pasteles, etc. ‖ Cartón cubierto de tela o piel para encuadernar. *Encuadernó en pasta.* ‖ Sustancia utilizada para hacer ciertos productos alimenticios, farmacéuticos, técnicos. *Sopa de pastas; pasta dentífrica.* ‖ *fam.* Dinero. ‖ Parsimonia, lentitud, pachorra. ‖ *pl.* Masa de harina de trigo y agua que se presenta en forma de fideos, tallarines, etc. *Pastas alimenticias.* ‖ Galletas pequeñas, pastelillos. *Tomar el té con pastas.* ‖ *loc. Pasta de dientes:* dentífrico. ‖ *fam. Ser de buena pasta:* ser bondadoso.

pastar *t.* Llevar el ganado al pasto. ‖ *intr.* Pacer el ganado.

pastel *s. m.* Masa de harina, azúcar, huevos, etc., cocida al horno. ‖ Barrita de pasta de color. *Esa pintora gusta de trabajar con pasteles, pues no le agradan el óleo ni la acuarela.* ‖ *loc. fam. Descubrirse el pastel:* quedar a la vista algo que se quería ocultar.

pastelería *s. f.* Arte de elaborar tortas o pasteles, tartas y otras clases de dulces. ‖ Comercio o lugar donde se preparan y venden tortas o pasteles, tartas y toda clase de productos de repostería. *En la pastelería había dos gelatinas que se me antojaron.* ‖ Conjunto de tartas y tortas o pasteles. *En ese lugar los precios son altos porque hacen pastelería fina.*

pastelero, ra *adj.* Relativo a la pastelería. *Compré unos moldes pasteleros en forma de estrella.* ‖ Persona que prepara o vende tortas o pasteles.

pastelillo *s. m.* Pastel de tamaño pequeño, por lo general relleno de algún tipo de crema.

pastense *adj.* y *s. com.* De Pasto, ciudad de Colombia.

pasterización o **pasteurización** *s. f.* Operación que consiste en calentar entre 75° y 85° ciertas sustancias alimenticias (leche, cerveza) para destruir los microbios.

pasterizar o **pasteurizar** *t.* Esterilizar por pasterización.

pastilla *s. f.* Pequeña porción de pasta endurecida, de forma redonda o cuadrangular. *La pastilla de ja-*

bón del baño huele a rosas. ‖ Caramelo. *Las pastillas de menta sirven para disimular el mal aliento.* ‖ Pequeña porción de pasta medicinal comprimida y endurecida.

pastizal *s. m.* Campo con pastos.

pasto *s. m.* Acción de pastar. ‖ Hierba que pace el ganado. ‖ Prado o campo en que pasta. ‖ *fig.* Hecho, noticia u ocasión que sirve para fomentar algo. *Ser pasto de la crítica.*

pastor, ra *s.* Persona que guarda el ganado. ‖ *s. m.* Sacerdote.

pastoral *adj.* Pastoril. ‖ De los prelados. *Visita pastoral.* ‖ *s. f.* Especie de drama bucólico.

pastorela *s. f.* Género poético que narra cómo un caballero encuentra a una pastora y se enamora de ella. *Las pastorelas se originaron en el siglo XII.* ‖ *Méx.* Función teatral en la que se representan supuestas situaciones alrededor del nacimiento del niño Jesús.

pastoril *adj.* Relativo a los pastores, a su vida y actividad de cuidar ganado.

pastosidad *s. f.* Calidad de pastoso.

pastoso, sa *adj.* Blando, suave y suficientemente espeso. *Sustancia pastosa.* ‖ Se dice de la voz de timbre suave. *Voz pastosa.* ‖ Se aplica a la boca o lengua secas.

pasturaje *s. m.* Sitio común en el que pastan los animales. ‖ Contribución pagada para que el ganado pueda pastar en un lugar.

pastuso, sa *adj.* y *s.* De Pasto, ciudad de Colombia.

pata *s. f.* Pie y pierna de los animales. ‖ Pieza que soporta un mueble. ‖ *loc. fam. Estirar la pata:* morirse. ‖ *loc. fam. Mala pata:* mala suerte.

patada *s. f.* Golpe dado con el pie o con la pata. ‖ *loc. Méx. fam. De la patada:* muy mal.

patagón, gona *adj.* y *s.* De Patagonia, región situada al sur de Argentina y Chile.

patagónico, ca *adj.* Relativo a la Patagonia o a los patagones.

patalear *intr.* Agitar las piernas. *Para nadar se necesita patalear y mover los brazos.* ‖ Golpear el suelo con los pies de manera violenta. *Ese niño comenzó a llorar y patalear.*

pataleo *s. m.* Acción de patalear.

pataleta *s. f.* Enfado violento y poco duradero producido en general por algo sin importancia. *Es un niño maleducado que cada cinco minutos hace una pataleta.*

patán *s. m. fam.* Hombre zafio.

patanería *s. f. fam.* Zafiedad.

patata *s. f. Esp.* Papa, planta herbácea de tubérculos comestibles. ‖ Tubérculo de esta planta.

patatús *s. m. fam.* Desmayo.

patear *t.* Dar golpes con los pies. ‖ *fig.* y *fam.* Tratar ruda y desconsideradamente. ‖ Abuchear dando patadas. ‖ Reprender. ‖ *intr. fam.* Dar patadas en señal de dolor, cólera, impaciencia. ‖ Andar mucho para lograr algo. ‖ *pr.* Ir a un lugar.

patena *s. f.* Platillo de oro o plata en el cual se pone la hostia.

patentado, da *adj.* Con patente.

patentar *t.* Conceder y expedir patentes. ‖ Obtener patentes.

patente *adj.* Manifiesto, evidente. *Una injusticia patente.* ‖ *s. f.* Documento por el cual se confiere un derecho o privilegio. ‖ Documento que acredita haberse satisfecho el impuesto para el ejercicio de algunas profesiones o industrias. *Patente industrial, profesional.* ‖ *Amér. Merid.* Matrícula de un vehículo.

patentizar *t.* Hacer patente.

pateo *s. m.* Pataleo.

paterfamilias *s. m.* Jefe de la familia.

paternal *adj.* De padre.

paternalismo *s. m.* Carácter paternal.

paternalista *adj.* Que tiene las características del paternalismo.

paternidad *s. f.* Calidad de padre.

paterno, na *adj.* Del padre.

patético, ca *adj.* Que conmueve.

patetismo *s. m.* Carácter patético.

patíbulo *s. m.* Tablado o lugar en que se ejecuta la pena de muerte.

patidifuso, da *adj. fam.* Atónito, asombrado.

patilla *s. f.* Franja de pelo que crece por delante de las orejas. *Elvis Presley puso de moda las patillas largas en la década de 1950.* ‖ Cada una de las dos varillas del armazón de los lentes. *Se sentó encima de sus anteojos y rompió una de las patillas.*

patilludo, da *adj.* Que tiene patillas espesas y largas.

patín *s. m.* Plancha de metal provista de una cuchilla que se adapta a la suela del zapato para deslizarse sobre el hielo (con ruedas permite patinar sobre pavimento duro). ‖ Aparato con flotadores paralelos para deslizarse sobre el agua. ‖ Parte del tren de aterrizaje de un avión. ‖ Calzado de niños pequeños. ‖ *loc. Méx. Patín del diablo:* juguete de niño que se compone de una plancha montada sobre dos ruedas y de un manillar.

pátina *s. f.* Especie de barniz.

patinador, ra *adj.* y *s.* Que patina.

patinaje *s. m.* Acción de patinar.

patinar *intr.* Deslizarse por el hielo o el suelo con patines. ‖ Resbalar las ruedas de un vehículo. ‖ Deslizarse intempestivamente un órgano mecánico. ‖ *fam.* Errar, equivocarse. ‖ *t.* Dar pátina a un objeto.

patinazo *s. m.* Acción y efecto de patinar. ‖ *fam.* Planchazo, desliz.

patineta *s. f. Arg., Chil., Méx.* y *Uy.* Juguete que consiste en una plataforma montada sobre cuatro ruedas, la cual se impulsa con un pie.

patinete *s. m. Esp.* Juguete compuesto de una plancha con ruedas y un manillar para conducirlo.

patio *s. m.* Espacio descubierto en el interior de un edificio. ‖ Piso bajo de teatro. *Patio de butacas.*

patitieso, sa *adj.* Que no puede moverse o no siente alguna parte del cuerpo. ‖ *fam.* Que se queda sorprendido por algo.

patizambo, ba *adj.* Que tiene las piernas torcidas hacia afuera.

pato *s. m.* Ave acuática palmípeda de pico ancho en la punta. ‖ *Arg.* Juego entre jinetes que consiste en disputarse la posesión de un pato, o simplemente una pelota, metido en una bolsa. ‖ *loc. fam. Pagar el pato:* llevar un castigo injusto.

patochada *s. f. fam.* Disparate.

patógeno, na *adj.* Que causa enfermedad.

patojo, ja *adj. Amér. C.* y *Amér. Merid.* Falto de una pierna, que cojea. ‖ *s. Col.* y *Guat.* Niño, muchacho.

patología *s. f.* Estudio de las enfermedades.

patológico, ca *adj.* De la patología.

patota *s. f. Amér. Merid.* Pandilla de jóvenes que causa daños. *Una patota rompió los vidrios de la casa.*

patotear *t. Arg., Py.* y *Uy.* Tomar una actitud agresiva.

patotero, ra *adj.* y *s. Amér. Merid.* Que manifiesta o posee los caracteres propios de una pandilla de bribones o patota, o que es miembro de ella.

patraña *s. f. fam.* Embuste.

patria *s. f.* País en que se nace. ‖ *loc. Madre patria:* país de origen. ‖ *Patria chica:* lugar de nacimiento en un país.

patriarca *s. m.* En el Antiguo Testamento, nombre de los primeros jefes de familia. ‖ *fig.* Anciano respetable.

patriarcado *s. m.* Dignidad de patriarca y territorio de su jurisdicción. ‖ Organización social caracterizada por la supremacía del padre sobre los otros miembros de la tribu.

patriarcal *adj.* Relativo al patriarca. *Iglesia patriarcal.* ‖ *fig.* Ejercido con sencillez y benevolencia. *Autoridad patriarcal.* ‖ *s. f.* Iglesia del patriarca. ‖ Patriarcado.

patricio, cia *adj.* y *s.* En Roma, descendiente de los primeros senadores instituidos por Rómulo. ‖ Noble. ‖ Relativo a los patricios. ‖ *s. m.* Individuo que descuella por sus virtudes o talento.

patrimonial *adj.* Del patrimonio.

patrimonio *s. m.* Hacienda que se hereda del padre o de la madre. *Patrimonio familiar.* ‖ *fig.* Bienes propios adquiridos por cualquier motivo. ‖ Lo que es privativo de un grupo de gente. *La vitalidad es el patrimonio de la juventud.*

patrio, tria *adj.* Relativo a la patria. ‖ Perteneciente al padre.

patriota *adj.* y *s. com.* Que tiene amor a su patria y procura su bien.

patriotería *s. f. fam.* Alarde propio del patriotero.

patriotero, ra *adj.* y *s. fam.* Que presume de patriotismo.

patriótico, ca *adj.* Relativo al patriota o a la patria.

patriotismo *s. m.* Amor a la patria.

patrística *s. f.* Estudio de los Padres de la Iglesia.

patrocinador, ra *adj.* y *s.* Persona o empresa que paga los gastos para la realización de una actividad.

patrocinar *t.* Proteger, favorecer. ‖ Pagar los gastos que origina la realización de una actividad.

patrocinio *s. m.* Hecho de patrocinar. *Muchos atletas necesitan patrocinio de alguna empresa.*

patrón *s. m.* Lo que sirve de modelo o referencia para hacer otra cosa igual. *El patrón de conducta del niño muestra que tiene un problema psicológico.* ‖ Hombre que gobierna una embarcación menor. ‖ *loc. fam. Cortados por el mismo patrón:* muy parecidos.

patrón, trona *s.* Amo, señor. ‖ Persona que tiene empleados trabajando por su cuenta. ‖ Dueño de una casa en que alguien se aloja. ‖ En la tradición católica, santo bajo cuya protección se halla una iglesia, un pueblo, un grupo de personas, etc. *San Cristóbal es el patrón de los viajeros y caminantes.*

patronal *adj.* Relativo al patrono o al patronato. *Sindicatos patronales.* ‖ *s. f.* Confederación que reúne a los jefes de las principales empresas de un país.

patronato *s. m.* Derecho, poder o facultad del patrón. ‖ Corporación que forman los patronos. ‖ Fundación benéfica. *Se fundó un patronato para proteger a los niños de la calle.*

patronímico, ca *adj.* Relativo al apellido familiar que en la antigüedad se formaba del nombre de los padres. *El nombre patronímico de Gonzalo es González.*

patrono, na *s.* Santo titular de una iglesia o pueblo. ‖ Patrón, protector de una iglesia o corporación.

patrulla s. f. Partida de soldados, en corto número, que ronda para mantener el orden y seguridad en las plazas y campamentos. ‖ Escuadrilla de buques o aviones de vigilancia. ‖ *Amér.* Auto que emplea la policía para realizar labores de vigilancia. ‖ *fig.* Grupo de personas.

patrullar *intr.* Rondar una patrulla. ‖ Hacer servicio de patrulla.

patrullero, ra *adj.* Que patrulla. ‖ Se aplica al buque o avión destinado a patrullar. ‖ *s. m. Arg., Bol., Cub., Ecua., Nic.* y *Uy.* Auto que emplea la policía para realizar labores de vigilancia. ‖ *Col. C. Rica, Méx., Salv., Uy.* y *Ven.* Agente de policía que realiza sus labores en auto.

paulatino, na *adj.* Lento.

paulista *adj.* y *s. com.* De São Paulo, ciudad y estado de Brasil.

pauperización *s. f.* Proceso de empobrecimiento de una clase social o de una población.

pauperizar *t.* y *pr.* Empobrecer a la población.

paupérrimo, ma *adj.* Muy pobre.

pausa *s. f.* Breve interrupción. ‖ Tardanza, lentitud. ‖ En música, breve intervalo en que se deja de cantar o tocar. ‖ Signo que lo indica.

pausado, da *adj.* Lento.

pauta *s. f.* Cada una de las rayas trazadas en el papel en que se escribe o se hace la notación musical o conjunto de ellas. ‖ *fig.* Lo que sirve de regla o norma para hacer una cosa. ‖ Dechado, modelo.

pava *s. f.* Hembra del pavo. ‖ *fig.* Mujer sosa y desgarbada. ‖ *s. f. Amér. Merid.* Recipiente de metal con asa en la parte superior usado para calentar agua. *Pon a calentar la pava con agua para preparar maté.*

pavada *s. f. Arg., Per.* y *Uy.* Tontería, estupidez.

pavana *s. f.* Danza española antigua, lenta y grave. ‖ Su música.

pavesa *s. f.* Partícula que salta de una materia encendida y acaba por convertirse en ceniza. *La chimenea tiene una reja para proteger los muebles de las pavesas que puedan saltar.*

pavimentación *s. f.* Acción de pavimentar. ‖ Revestimiento del suelo.

pavimentar *t.* Revestir el suelo con baldosas, adoquines.

pavimento *s. m.* Piso solado.

pavo, va *s.* Ave de la familia de las gallinas originaria de América del Norte, de la cabeza y el cuello cubiertos de carnosidades rojas colgantes. ‖ *Amér.* Polizón. *El capitán del barco encontró un pavo escondido en la bodega.* ‖ *loc. Pavo real*: ave de la familia de las gallinas cuyo macho posee una larga cola de plumaje de muchos colores que extiende en forma de abanico.

pavón *s. m.* Color azul con que se cubren objetos de hierro y acero para protegerlos contra la oxidación.

pavonar *t.* Dar pavón.

pavonear *intr.* y *pr.* Presumir, lucirse o mostrar actitud de superioridad ante los demás.

pavoneo *s. m.* Ostentación.

pavor *s. m.* Temor muy grande.

pavoroso, sa *adj.* Que da pavor.

paya *s. f. Arg.* Composición poética dialogada de los payadores.

payada *s. f. Arg., Chil.* y *Uy.* Canto del payador.

payador *s. m.* Pájaro originario de América Meridional, de pico curvo y que vive en los árboles. ‖ *Arg.,*

Chil. y *Uy.* Cantor popular que, acompañándose con una guitarra, improvisa sobre temas variados.

payar *intr. Arg.* Cantar payadas.

payasada *s. f.* Bufonada, farsa.

payasear *intr.* Hacer payasadas.

payaso *s. m.* Artista que hace de gracioso en las ferias o circos.

payo, ya *adj.* y *s.* Aldeano, campesino ignorante y rudo. ‖ *fam.* Tonto, mentecato. ‖ Para los gitanos, se aplica a cualquier persona que no es de su etnia.

paz *s. f.* Situación de un país que no sostiene guerra con ningún otro. ‖ Unión, concordia entre los miembros de un grupo o de una familia. ‖ Convenio o tratado que pone fin a una guerra. *Firmar la paz.* ‖ Sosiego, tranquilidad. *La paz de un monasterio.* ‖ Descanso. *Dejar morir en paz.* ‖ Reconciliación. *Hacer las paces los reñidos.* ‖ Sosiego o tranquilidad del alma. *La conciencia en paz.* ‖ *loc. Dar paz*: dar tranquilidad. ‖ *Dejar en paz*: no inquietar ni molestar. ‖ *fig. Descansar en paz*: estar muerto. ‖ *Estar en paz*: no deberse nada.

pazguatería *s. f.* Tontería, simpleza.

pazguato, ta *adj.* y *s.* Simple, bobo.

pazo *s. m.* Casa solariega gallega.

PC *s. f.* Abreviatura de las palabras inglesas «Personal Computer» (computadora personal), que designa la computadora de capacidad relativamente reducida.

pe *s. f.* Nombre de la letra *p.* ‖ *loc. fam. De pe a pa*: De principio a fin.

peaje *s. m.* Derecho de tránsito pagado en ciertas autopistas, carreteras, etc.

peatón, tona *s.* Se dice de la persona que camina a pie.

peatonal *adj.* Para peatones.

pebeta *s. f. Arg.* Muchacha.

pebete, ta *s. Arg.* Muchacho, pibe. *Esos «pebetes» deberían estudiar más y jugar menos.*

pebetero *s. m.* Perfumador.

peca *s. f.* Mancha que sale en la piel, pequeña y de color pardo o marrón. *La piel de Blanca está llena de pecas.*

pecado *s. m.* Según las religiones, transgresión voluntaria y consciente de la ley de Dios. ‖ *fam.* Cualquier cosa que no es justa, correcta o conveniente.

pecador, ra *adj.* y *s.* Persona que comete pecados por hábito o por gusto.

pecaminoso, sa *adj.* Relacionado con el pecado o con los pecadores.

pecar *intr.* Cometer un pecado. ‖ *fam.* Cometer cualquier tipo de falta. ‖ *fam.* Tener en exceso una cualidad o defecto. *Saúl peca de ingenuo con demasiada frecuencia.*

pecarí *s. m. Amér. Merid.* Mamífero de América parecido al cerdo salvaje o jabalí.

pecblenda *s. f.* Óxido natural de uranio.

pecera *s. f.* Recipiente para peces.

pechada *s. f.* Hartón, hartazgo. ‖ *fam. Arg.* Sablazo de dinero.

pechar *intr.* Asumir una carga.

pechblenda *s. f.* Pecblenda.

pechera *s. f.* Parte de la camisa que cubre el pecho. ‖ Pecho de mujer.

pecho *s. m.* Parte interna y externa del cuerpo humano que se extiende desde el cuello hasta el vientre. ‖ Parte anterior del tronco de los cuadrúpedos entre el cuello y las patas anteriores. ‖ Cada una de las mamas de la mujer. *Dar el pecho al hijo.* || *fig.* Corazón. || Valor, ánimo. *Hombre de mucho pecho.* || Calidad o duración de la voz. *Dar el «do» de pecho.* || *loc. fam. del pecho:* dar de mamar. || *loc. fig. De pecho:* se aplica al niño que mama. || *loc. fam. Tomarse algo a pecho:* tomarlo con gran interés; ofenderse por ello.

pechuga *s. f.* Pecho de las aves. || *fam.* Pecho.

peciolo *s. m.* Rabillo de la hoja.

pecoso, sa *adj.* Que tiene pecas.

pectíneo *s. m.* Músculo del muslo.

pectoral *adj.* Relativo al pecho. *Cavidad pectoral.* || Bueno para el pecho. || *s. m.* Adorno suspendido o fijado en el pecho.

pecuario, ria *adj.* Del ganado.

peculado *s. m.* Delito que consiste en malversar los fondos públicos.

peculiar *adj.* Propio o privativo de cada persona o cosa.

peculiaridad *s. f.* Condición de peculiar.

peculiarismo *s. m.* Carácter muy peculiar.

peculio *s. m.* Dinero.

pecuniario, ria *adj.* Del dinero.

pedagogía *s. f.* Ciencia de la educación. || Arte de enseñar o educar a los niños. || Método de enseñanza.

pedagógico, ca *adj.* De la pedagogía.

pedagogo, ga *s.* Educador.

pedal *s. m.* Palanca que se mueve con el pie. *Los pedales del piano.*

pedalear *intr.* Accionar los pedales.

pedaleo *s. m.* Acción de pedalear.

pedanía *s. f. Amér.* Distrito.

pedante *adj.* y *s. com.* Que hace alarde de sus conocimientos.

pedantear *intr.* Hacerse el pedante. || Hacer alarde de erudición.

pedantería *s. f.* Afectación.

pedazo *s. m.* Trozo, porción.

pederasta *s. m.* Hombre que comete pederastia.

pederastia *s. f.* Abuso sexual en contra de niños.

pedernal *s. m.* Variedad de cuarzo de color amarillento que da chispas al ser golpeado con el eslabón.

pedestal *s. m.* Cuerpo compuesto de base y cornisa que sostiene una columna, estatua, etc. || *fig.* Lo que permite encumbrarse, apoyo. *Le sirvió de pedestal para su fama.*

pedestre *adj.* Que anda a pie. || Se dice del deporte que consiste en andar o correr. *Carrera pedestre.* || *fig.* Vulgar, ramplón, sin valor.

pediatra *s. com.* Médico especialista de las enfermedades infantiles.

pediatría *s. f.* Parte de la medicina relativa a las enfermedades infantiles.

pedículo *s. m.* Serie de elementos de la anatomía que unen un órgano a otro. || En botánica, pedúnculo.

pedicurista *s. com. Méx.* y *Salv.* Pedicuro, callista.

pedicuro, ra *s.* Callista.

pedido *s. m.* Encargo de géneros hecho a un fabricante o vendedor.

pedigrí o **pedigree** *s. m.* Genealogía de un animal.

pedigüeño, ña *adj.* Que pide con frecuencia.

pedimento *s. m.* Petición.

pedinche *adj.* y *s. com. Méx.* Pedigüeño.

pedir *t.* Solicitar a una persona que dé o haga cierta cosa. || Requerir algo como necesario o conveniente.

pedo *s. m. vulg.* Gas maloliente que se expele por el ano. || *fam. vulg.* Borrachera. || *fam. vulg. Méx.* Problema, lío.

pedofilia *s. f.* Atracción sexual enfermiza que un adulto siente por los niños. || Delito que consiste en tener actividad sexual con niños.

pedófilo, la *s.* Adulto que se siente atraído sexualmente por los niños.

pedorrera *s. f. vulg.* Acción de expeler repetidamente ventosidades por el ano. || *vulg.* Serie de ventosidades expelidas por el ano.

pedorro, rra *adj.* y *s. vulg.* Que expele ventosidades por el ano con frecuencia o sin importarle con quién esté.

pedrada *s. f.* Acción de arrojar una piedra. || Golpe dado con ella y herida producida.

pedrea *s. f.* Acción de apedrear. || Lucha a pedradas. || Granizo. || Conjunto de los premios de muy poco valor en la lotería.

pedregal *s. m.* Lugar pedregoso.

pedregoso, sa *adj.* Con piedras.

pedregullo *s. m.* Conjunto de piedras menudas.

pedrojuancaballerense *adj.* y *s. com.* De Pedro Juan Caballero, ciudad de Paraguay.

pedrusco *s. m.* Piedra tosca.

pedúnculo *s. m.* Rabillo en las plantas.

peer *intr.* y *pr.* Expeler por el ano los gases que se han acumulado en el intestino.

pega *s. f.* Pegadura. || *fam.* Pregunta difícil en los exámenes. || Dificultad. *No me vengas con pegas.* || *Amér.* Trabajo, empleo. || *fam.* De pega, falso.

pegada *s. f.* En deportes, manera de pegar a la pelota o al contrario en boxeo.

pegadizo, za *adj.* Que se pega fácilmente. || Pegajoso. || *fig.* Contagioso. *Risa pegadiza.* || Que se retiene fácilmente. *Música pegadiza.*

pegado, da *adj.* Ignorante.

pegadura *s. f.* Acción de pegar.

pegajosidad *s. f.* Viscosidad.

pegajoso, sa *adj.* Que se pega con facilidad. || Cargante, pesado. *Amigo pegajoso.*

pegamento *s. m.* Producto para pegar.

pegamiento *s. m.* Pegadura.

pegar *t.*, *intr.* y *pr.* Unir una cosa a otra con pegamento, cola, etc., de modo que no puedan separarse. || Contagiar. *Zaria me pegó su gripe.* || Maltratar con golpes. || Combinar, hacer juego una cosa con otra. || Arrimar, juntar.

pegatina *s. f.* Lámina de papel adhesivo con un dibujo o letrero impreso en ella.

pegote *s. m.* Emplasto. || *fig.* Cosa que no va con otra a la cual ha sido añadida.

peinado *s. m.* Arreglo del pelo.

peinar *t.* Arreglar el cabello. || Limpiar la lana.

peinazo *s. m.* Travesaño horizontal en las puertas y ventanas.

peine *s. m.* Utensilio de concha, plástico, hueso, etc., con púas, para desenredar, limpiar o componer el cabello. || Pieza del telar por cuyas púas pasan los hilos de la urdimbre. || Enrejado de poleas situado en el telar de los escenarios de teatro en el que se cuelgan las decoraciones. || Pieza metálica que contiene las balas de un arma de fuego.

peineta *s. f.* Peine de adorno.

pejelagarto *s. m.* Pez de agua dulce que vive en los ríos de la vertiente del golfo de México.

pejerrey *s. m. Arg., Chil.* y *Uy.* Nombre de diversos peces marinos o de agua dulce muy apreciados por su carne, que tienen una banda plateada a lo largo del costado.

P

pejesapo s. m. Pez marino acantopterigio de cabeza muy grande.

pekinés, nesa adj. y s. Pequinés.

pela s. f. Méx. Azotaina, zurra.

peladez s. f. Méx. Acto o dicho grosero, insultante.

peladilla s. f. Almendra confitada.

pelado, da adj. Que se ha quedado sin pelo. ‖ Que no tiene piel o carne. ‖ Sin vegetación. Monte pelado. ‖ Se aplica al número que tiene decenas, centenas o millares justos. El veinte pelado. ‖ loc. fam. Estar pelado: estar sin dinero. ‖ s. Méx. Tipo popular de las clases bajas. ‖ Persona mal educada. ‖ s. m. Corte de pelo.

peladura s. f. Mondadura.

pelagatos s. com. fam. Persona sin posición social ni económica.

pelagra s. f. Enfermedad por falta de vitaminas que produce lesiones en la piel y trastornos de los nervios y el sistema digestivo.

pelaje s. m. Pelo de un animal. ‖ fig. y fam. Apariencia. Persona de mal pelaje. ‖ Índole, categoría.

pelambre s. m. Gran cantidad de pelo. ‖ Conjunto de pelo arrancado o cortado.

pelambrera s. f. Porción de pelo o vello crecido.

pelandusca s. f. fam. Prostituta.

pelar t. y pr. Cortar el pelo. Le dijeron a Eduardo que se fuera a pelar. ‖ Desplumar. ‖ Quitar la piel o corteza a una cosa. Antes de comerse un mango hay que pelarlo. ‖ Levantarse la piel por haber tomado mucho tiempo el sol. ‖ Arg. y Uy. Desenvainar un arma. ‖ fam. Sacar, exhibir algo de manera rápida y sorpresiva. ‖ fam. Chil. Hablar mal de alguien. ‖ fam. Méx. Hacer caso a alguien, prestar atención.

peldaño s. m. Escalón.

pelea s. f. Combate.

peleano, na adj. Se aplica a un tipo de erupción volcánica que tiene lavas muy viscosas que se solidifican rápidamente. ‖ Relativo al Pelado, volcán que se ubica en la isla caribeña de Martinica.

pelear intr. Batallar, combatir, contender. ‖ Reñir de palabra. ‖ fig. Combatir entre sí u oponerse las cosas unas a otras. ‖ Luchar para vencer las pasiones y apetitos. ‖ Afanarse. ‖ pr. Reñir dos o más personas. Pelearse a puñetazos. ‖ fig. Desavenirse, enemistarse.

pelechar intr. Echar o mudar el pelo o plumas los animales.

pelele s. m. Muñeco de paja o trapos que se mantea en carnaval. ‖ fig. y fam. Persona sin carácter que se deja manejar por otra. ‖ Traje de punto de una pieza que llevan los niños para dormir.

peleonero, ra adj. y s. Amér. C., Col. y Méx. Peleón, peleador, pendenciero.

peletería s. f. Oficio y tienda del peletero. ‖ Arte de preparar las pieles.

peletero, ra s. Persona que tiene por oficio trabajar en pieles finas o venderlas.

peliagudo, da adj. Muy difícil.

pelícano s. m. Ave acuática palmípeda de pico muy largo y ancho.

película s. f. Piel muy delgada y delicada. ‖ Cinta delgada de acetato o celulosa revestida de una emulsión sensible de gelatinobromuro de plata que se emplea en fotografía y cinematografía. ‖ Cinta cinematográfica.

peligrar intr. Estar en peligro.

peligro s. m. Riesgo.

peligrosidad s. f. Riesgo.

peligroso, sa adj. Arriesgado.

pelirrojo, ja adj. De pelo rojo.

pella s. f. Masa de cualquier material, de forma redondeada. ‖ Manteca del cerdo tal como se saca de este animal.

pelleja s. f. Piel de un animal. ‖ fig. Salvar la pelleja: salvar la vida.

pellejo s. m. Piel de un animal, por lo general separada del cuerpo ‖ Piel, por lo general de cabra o de cerdo, cosida de manera que pueda contener líquidos. ‖ fam. Piel del hombre. Me caí de la bicicleta y se me levantó el pellejo de la pierna.

pelliza s. f. Prenda de abrigo hecha o forrada de pieles finas.

pellizcar t. Apretar la piel con dos dedos. ‖ Tomar una pequeña cantidad de una cosa.

pellizco s. m. Acción de pellizcar y señal en la piel que resulta de ello. ‖ Porción pequeña que se coge de una cosa.

pelma o **pelmazo** adj. y s. Se dice de una persona muy pesada.

pelo s. m. Filamento cilíndrico, sutil, de naturaleza córnea, que nace y crece en diversos puntos de la piel del hombre y de los animales. ‖ Filamento parecido que crece en los vegetales. Pelos del maíz. ‖ Conjunto de estos filamentos. ‖ Cabello. Cortarse el pelo. ‖ Hebra delgada de seda, lana, etc. ‖ Color de la piel de los caballos. ‖ Defecto en un diamante o en una pieza. ‖ fig. Cosa de muy poca importancia. ‖ loc. A contra pelo: en dirección contraria a la del pelo. ‖ Con pelos y señales: con muchos detalles. ‖ De medio pelo: poco fino, de poca categoría. ‖ No tener un pelo de tonto: no ser nada tonto. ‖ No verle el pelo a uno: no verlo. ‖ Ponérsele a uno los pelos de punta: sentir miedo. ‖ Por los pelos: por muy poco. ‖ Tomar el pelo a uno: burlarse de él.

pelota s. f. Bola hecha con distintos materiales, generalmente elástica y redonda, que sirve para jugar. ‖ Juego que se hace con ella. ‖ fam. Balón. ‖ Bola de cualquier materia blanda. Hacerse una pelota con un papel. ‖ Cabeza. ‖ pl. fam. Testículos. ‖ loc. fam. En pelotas: desnudo.

pelotari s. com. Jugador de pelota vasca.

peloteo s. m. En el tenis, acción de jugar a la pelota sin hacer partido.

pelotera s. f. fam. Pelea, disputa.

pelotero s. m. Amér. C., Ants., Col., Ecua., Méx. y Ven. Jugador de pelota, especialmente de beisbol.

pelotón s. m. Grupo pequeño de soldados. ‖ fig. Aglomeración de personas. ‖ Grupo de participantes en una carrera. ‖ loc. Pelotón de ejecución: grupo de soldados encargados de ejecutar a un condenado.

pelotudez s. f. vulg. Arg., Bol., Chil., Py., Per. y Uy. Estupidez, imbecilidad.

pelotudo, da adj. Arg., Py. y Uy. vulg. Estúpido, imbécil.

peltre s. m. Aleación de cinc, plomo y estaño, que se usa en la industria para elaborar diferentes utensilios.

peluca s. f. Cabellera postiza.

peluche s. m. Felpa.

peludo, da adj. Con mucho pelo. ‖ s. m. Arg., Chil., Per. y Uy. Especie de armadillo.

peluquear t. y pr. C. Rica y Méx. Cortar o arreglar el cabello.

peluquería *s. f.* Oficio del peluquero. ‖ Establecimiento donde cortan y arreglan el pelo.

peluquero, ra *s.* Persona que tiene por oficio peinar o cortar el pelo.

peluquín *s. m.* Peluca pequeña que sólo cubre una parte de la cabeza.

pelusa *s. f.* Vello muy fino de las plantas. ‖ Pelo menudo que se desprende de las telas. ‖ *fam.* Envidia.

pelviano, na *adj.* De la pelvis.

pelvis *s. f.* Cavidad del cuerpo humano en la parte inferior del tronco determinada por los dos iliacos, el sacro y el cóccix.

pena *s. f.* Castigo impuesto por un delito o falta. *Pena correccional.* ‖ Pesadumbre, tristeza, aflicción. *Tengo mucha pena.* ‖ Dificultad, trabajo. *Lo ha hecho con mucha pena.* ‖ Lástima. *Es una pena que no vengas.* ‖ *Amér.* Timidez. ‖ *loc. A duras penas:* con mucha dificultad. ‖ *Pena capital:* la de muerte.

penacho *s. m.* Grupo de plumas que tienen en la parte superior de la cabeza ciertas aves. ‖ Adorno de plumas de un casco, morrión, etc.

penado, da *adj.* y *s.* Delincuente condenado a una pena.

penal *adj.* Relativo a la pena o que la incluye. *Derecho penal.* ‖ *s. m.* Lugar en que los penados cumplen condenas mayores que las del arresto.

penalidad *s. f.* Trabajo, dificultad. *Sufrir penalidades.* ‖ Sanción impuesta por la ley penal, las ordenanzas, etc. ‖ En deportes, penalización.

penalización *s. f.* Sanción. ‖ En deportes, castigo que sufre un jugador por haber cometido falta.

penalizar *t.* Infligir penalización.

penalti o **penalty** *s. m.* En futbol y otros deportes, sanción máxima contra un equipo que ha cometido una falta en el área de anotación.

penar *t.* Infligir pena a uno. ‖ *intr.* Padecer, sufrir.

penates *s. m. pl.* Dioses domésticos.

penca *s. f.* Hoja carnosa de ciertas plantas como la de la pita o maguey. ‖ Tallo de ciertas hortalizas.

pencal *s. m. Arg.* Nopal.

penco *s. m. fam.* Jamelgo.

pendejada *s. f. Col. fam.* Dicho o acción torpe, necedad. ‖ *Méx. vulg.* Chuchería, cosa de poco valor. ‖ *Col.* y *Méx. desp. fam.* Tontería, idiotez.

pendejear *intr. Col.* y *Méx. vulg.* Hacer o decir necedades o tonterías.

pendejo *s. m.* Vello del pubis y las ingles. ‖ *Méx. desp. vulg.* Tonto. ‖ *fam. Per.* Astuto, mañoso.

pendencia *s. f.* Contienda, pelea.

pendenciero, ra *adj.* y *s.* Aficionado a pendencias.

pender *intr.* Colgar. ‖ Depender.

pendiente *adj.* Inclinado, en cuesta. ‖ Que cuelga. ‖ *fig.* Que está sin resolver. *Problemas pendientes.* ‖ Que depende de algo. *Pendiente de sus decisiones.* ‖ *s. m.* Arete para adornar las orejas, la nariz, etc. ‖ *Méx.* Preocupación, aprensión. ‖ *s. f.* Cuesta de un terreno.

péndola *s. f.* Pluma de escribir.

pendón *s. m.* Bandera, estandarte pequeño.

pendular *adj.* Del péndulo.

péndulo *s. m.* Cuerpo pesado que oscila por la acción de la gravedad alrededor de un punto fijo del cual está suspendido por un hilo o varilla.

pene *s. m.* Miembro viril.

penetrable *adj.* Que puede penetrarse.

penetración *s. f.* Acción y efecto de penetrar.

penetrante *adj.* Que penetra.

penetrar *t.*, *intr.* y *pr.* Introducir una cosa en el interior de otra. ‖ *Introducirse* en el interior de un espacio. ‖ Comprender bien, profundizar.

penicilina *s. f.* Antibiótico que se extrae de una clase de moho, usado para combatir las enfermedades infecciosas. *El médico británico Alexander Fleming descubrió la penicilina.*

península *s. f.* Tierra rodeada de agua excepto por una parte que comunica con otra tierra de extensión mayor.

peninsular *adj.* Relativo a una península. ‖ Natural o habitante de una península. ‖ *Amér.* Español.

penitencia *s. f.* Sacramento en el cual, por la absolución del sacerdote, se perdonan los pecados. ‖ Pena impuesta por el confesor al penitente. ‖ *fig.* Castigo.

penitenciaría *s. f.* Penal.

penitenciario, ria *adj.* Relativo a las cárceles.

penitente *adj.* Relativo a la penitencia. ‖ Que hace penitencia. ‖ *s. com.* Persona que se confiesa. ‖ En las procesiones, persona que viste cierta túnica en señal de penitencia.

penoso, sa *adj.* Trabajoso, difícil. *Tarea penosa.* ‖ Que causa pena.

pensador, ra *adj.* Que piensa.

pensamiento *s. m.* Facultad de pensar. ‖ Cosa que se piensa. ‖ Sentencia, máxima. *Los «Pensamientos» de Pascal.* ‖ Mente. *Una idea extraña le vino al pensamiento.* ‖ Intención.

pensante *adj.* y *s. com.* Que piensa. *Los humanos somos seres pensantes.*

pensar *t.* e *intr.* Formar y ordenar en la mente ideas y conceptos. ‖ Examinar con cuidado una idea, asunto, etc. *Tienes que pensar bien antes de tomar una decisión.* ‖ Hacer proyectos para poner en práctica alguna cosa. ‖ Imaginar, suponer.

pensativo, va *adj.* Que está sumergido en sus pensamientos.

pensión *s. f.* Cantidad anual o mensual asignada a uno por servicios prestados anteriormente. *Pensión civil, militar.* ‖ Dinero percibido por una renta impuesta sobre una finca. ‖ Cantidad que se da a una persona para que realice estudios. ‖ Casa de huéspedes. ‖ Cantidad que se paga por albergarse en ella. ‖ *fig.* Gravamen.

pensionado, da *adj.* y *s.* Que goza de una pensión. ‖ *s. m.* Colegio de alumnos internos.

pensionar *t.* Conceder pensión.

pensionista *s. com.* Persona que goza de una pensión. ‖ Persona que paga pensión en un colegio, casa de huéspedes, etc.

pentaedro *s. m.* Sólido de cinco caras.

pentagonal *adj.* Relativo al pentágono.

pentágono, na *adj.* Se dice del polígono de cinco ángulos y cinco lados.

pentagrama *s. m.* Rayado de cinco líneas paralelas en las cuales se escribe la música.

pentano *s. m.* Hidrocarburo saturado.

penúltimo, ma *adj.* y *s.* Inmediatamente anterior a lo último.

penumbra *s. f.* Falta de luz.

penuria *s. f.* Escasez.

peña *s. f.* Roca. ‖ Monte o cerro rocoso. ‖ Grupo, círculo, reunión.

peñasco *s. m.* Peña grande.

peñascoso, sa *adj.* Con peñascos.

peñón *s. m.* Peña grande.

peón *s. m.* Obrero no especializado. ‖ En los juegos de ajedrez y damas, pieza con menos valor.

peonada *s. f.* Trabajo que hace un peón en un día. ‖ Jornal del peón. ‖ *Amér.* Conjunto de peones.

peonza *s. f.* Trompo.

peor *adj.* Más malo. *Le tocó la peor parte.* ‖ *adv.* Más mal.

pepenador, ra *s. Méx.* Persona que vive de recoger desechos de papel, metal, etc., que pueden venderse otra vez.

pepenar *t. Amér. .C.* y *Méx.* Recoger cosas del suelo o de la basura con el fin de venderlas.

pepinillo *s. m.* Pepino pequeño que se conserva en vinagre.

pepino *s. m.* Planta cucurbitácea de fruto comestible. ‖ Este fruto. ‖ *loc. fig. No importar un pepino:* no tener ninguna importancia.

pepita *s. f.* Simiente de algunas frutas. *Pepitas de melón.* ‖ Tumorcillo que se forma en la lengua de las gallinas. ‖ Trozo rodado de metal nativo, particularmente de oro. ‖ *Amér.* Almendra de cacao.

pepitoria *s. f.* Guisado de carne de pollo o gallina con salsa.

peplo *s. m.* Túnica sin mangas.

pepsina *s. f.* Fermento del jugo gástrico.

peque *s. com.* Niño.

pequeñez *s. f.* Calidad de pequeño. ‖ Infancia, corta edad. ‖ *fig.* Bajeza, mezquindad. ‖ Cosa insignificante.

pequeño, ña *adj.* De tamaño reducido. *Piso pequeño.* ‖ De corta edad. ‖ Se dice del hermano menor. ‖ *fig.* De poca importancia. *Pequeña molestia.* ‖ Bajo, mezquino.

pequinés, nesa *adj.* y *s.* De Pequín, capital de China. ‖ *s. m.* Perrito de pelo largo.

pera *s. f.* Fruto del peral. ‖ *fig.* Pequeña barba en punta que se deja crecer en la barbilla. ‖ Objeto de forma parecida a este fruto, como ciertos interruptores eléctricos, el dispositivo adaptado a los pulverizadores, etc.

peral *s. m.* Árbol rosáceo cuyo fruto es la pera.

peraltar *t.* En arquitectura, levantar la curva de un arco, bóveda o armadura más de lo que corresponde al semicírculo. ‖ Levantar el carril exterior en las curvas de ferrocarriles o de carreteras.

peralte *s. m.* En carreteras, vías de tren, etc., mayor elevación de la parte exterior de una curva con respecto a la interior. *El peralte de las curvas les da mayor seguridad a las personas que viajan por carretera.*

peralto *s. m.* Altura de una figura geométrica desde su base.

perborato *s. m.* Sal que se produce mediante la oxidación del borato.

perca *s. f.* Pez de río.

percal *s. m.* Tela de algodón. .

percance *s. m.* Contratiempo.

percatarse *pr.* Darse cuenta.

percebe *s. m.* Crustáceo cirrópodo comestible. ‖ *fam.* Torpe, ignorante.

percepción *s. f.* Acción de percibir el mundo exterior por los sentidos. ‖ Idea. ‖ Recaudación.

perceptible *adj.* Que se puede percibir. ‖ Que puede ser cobrado o recibido.

perceptivo, va *adj.* y *s.* Que tiene virtud de percibir.

percha *s. f.* Soporte provisto de un gancho, que sirve para colgar trajes. ‖ Perchero.

perchero *s. m.* Soporte, con uno o varios brazos, que sirve para colgar abrigos, sombreros, etc.

percherón, rona *adj.* Se aplica al caballo y yegua de raza corpulenta y robusta que se emplea para el tiro.

percibir *t.* Apreciar la realidad exterior por los sentidos. ‖ Recibir o cobrar. *Percibir dinero.*

percusión *s. f.* Golpe dado por un cuerpo que choca contra otro. ‖ En medicina, método de examen clínico que permite conocer el estado de un órgano al escuchar el sonido producido por los golpes leves dados en la superficie del cuerpo. ‖ *loc. Instrumentos de percusión:* los que se tocan dándoles golpes (tambor, triángulo, platillos, etc.).

percusionista *s. com.* Músico especialista en tocar instrumentos de percusión.

percusor *s. m.* En las armas de fuego, pieza que hace estallar el fulminante.

percutir *t.* Golpear una superficie o algo con una cosa, por lo general con un objeto adecuado. *Es muy especial el sonido que produce la baqueta al percutir el cuero del tambor.*

percutor o **percusor** *s. m.* Pieza que golpea, en especial la que provoca la explosión de la carga en las armas de fuego.

perdedor, ra *adj.* y *s.* Que pierde.

perder *t.* Verse privado de una cosa que se poseía o de una cualidad física o moral. *Perder su empleo.* ‖ Estar separado por la muerte. *Perder a sus padres.* ‖ Extraviar. *Perder las llaves.* ‖ No poder seguir. *Perder el hilo de un razonamiento.* ‖ Disminuir de peso o dimensiones. *Ha perdido cinco kilos en un mes.* ‖ Ser vencido. *Perder la batalla.* ‖ Desaprovechar. *Perder una oportunidad.* ‖ Malgastar, desperdiciar. *Perder su tiempo.* ‖ No poder alcanzar o coger. *Perder el tren.* ‖ No poder disfrutar de algo por llegar tarde. *Al llegar retrasado me perdí la exposición.* ‖ Faltar a una obligación. *Perder el respeto.* ‖ Deslucir, deteriorar, ocasionar un daño. ‖ Arruinar. ‖ Ser perjudicado. *En todos los negocios salgo perdiendo.* ‖ Perjudicar. *Su excesiva bondad le pierde.* ‖ *intr.* Sufrir una desventaja. *Hemos perdido mucho con la marcha de este profesor.* ‖ Decaer de la estimación en que se estaba. ‖ *pr.* Errar el camino, extraviarse. *Perderse en la selva.* ‖ *fig.* Naufragar, irse a pique. ‖ No percibirse claramente. *Su voz se pierde entre las de sus compañeros.* ‖ *fig.* Corromperse. ‖ Entregarse completamente a los vicios. ‖ Amar con pasión ciega. ‖ No seguir la ilación de un discurso. *Perderse en consideraciones.*

perdición *s. f.* Pérdida. ‖ *fig.* Ruina. ‖ Lo que perjudica en uno. *Esta mujer será su perdición.* ‖ Condenación eterna.

pérdida *s. f.* Privación de lo que se poseía. ‖ Lo que se pierde. *Tener grandes pérdidas.* ‖ Muerte. *Sentir la pérdida de un amigo.* ‖ Menoscabo, daño. ‖ Diferencia desventajosa entre el costo de una operación comercial o financiera y la ganancia. *Vender con pérdida.* ‖ Mal empleo. *Pérdida de tiempo.* ‖ *pl.* Bajas, conjunto de los militares puestos fuera de combate como consecuencia de una batalla.

perdido, da *adj.* Extraviado. ‖ *fam.* Muy sucio. *Ponerse perdido de barro.* ‖ Consumado, rematado. *Tonto perdido.* ‖ Licenciado. ‖ *s. m. fam.* Golfo, calavera.

perdigón *s. m.* Pollo de la perdiz. ‖ Cada uno de los granos de plomo que forman la munición de caza. ‖ *fam.* Partícula de saliva que se despide al hablar. ‖ Repetidor, alumno que ha perdido un curso.

perdiz *s. f.* Ave gallinácea con plumaje ceniciento rojizo.

perdón *s. m.* Remisión de pena o deuda.

perdonar *t.* Remitir una deuda, ofensa, falta, delito, etc. ‖ Autorizar a uno para que no cumpla una obligación.

perdonavidas *s. com.* Bravucón.

perdurable *adj.* Perpetuo.

perdurar *intr.* Durar mucho.

perecedero, ra *adj.* Poco duradero.

perecer *intr.* Morir.

perecuación *s. f.* Reparto equitativo de las cargas entre los que las soportan.

peregrinación *s. f.* Viaje.

peregrinaje *s. m.* Peregrinación.

peregrinar *intr.* Ir a un santuario por devoción o por voto. ‖ Andar por tierras extrañas, de pueblo en pueblo.

peregrino, na *adj.* Que viaja por tierras extrañas. ‖ *fig.* Extraño, singular, raro. *Idea peregrina.* ‖ Extraordinario. *Peregrina belleza.* ‖ *s.* Persona que por devoción visita algún santuario. ‖ *s. f.* Vieira, molusco.

pereirano, na *adj.* y *s.* De Pereira, ciudad capital del departamento de Risaralda, en Colombia.

perejil *s. m.* Planta cuya hoja se utiliza para condimento.

perengano, na *s.* Palabra con que se llama a una persona cuyo nombre se desconoce.

perenne *adj.* Indefinido, relativo a la cosa que no muere después de algún tiempo como ocurre con otras de la misma especie. ‖ En botánica, relativo a la planta que puede vivir tres años o más. *Los pinos son un ejemplo de árboles perennes.*

perennidad *s. f.* Perpetuidad.

perentorio, ria *adj.* Se aplica al último plazo concedido. ‖ Apremiante, urgente. ‖ Terminante, tajante. *Tono perentorio.*

pereza *s. f.* Repugnancia al trabajo, al esfuerzo, a cumplir las obligaciones del cargo de cada uno.

perezosa *s. f.* *Arg.*, *Per.* y *Uy.* Silla articulada y extensible con asiento y respaldo de lona.

perezoso, sa *adj.* Que tiene pereza. ‖ Lento o pesado. ‖ *s. m.* Mamífero originario de América del Sur, de unos 60 cm de largo, con cabeza pequeña, que se mueve con gran lentitud.

perfección *s. f.* Cualidad de perfecto. *Laura habla francés a la perfección.* ‖ Cosa perfecta. *Para muchos, el «David», de Miguel Ángel, posee la perfección escultórica.*

perfeccionador, ra *adj.* Que perfecciona.

perfeccionamiento *s. m.* Acción de perfeccionar o perfeccionarse.

perfeccionar *t.* y *pr.* Terminar una obra con el mayor grado de perfección posible. ‖ Mejorar algo buscando su perfección.

perfeccionismo *s. m.* Búsqueda excesiva de la perfección en todo.

perfeccionista *adj.* y *s. com.* Persona que busca la perfección en todo. *Pedro es tan perfeccionista que lleva cinco años escribiendo un ensayo.*

perfectibilidad *s. f.* Condición de perfecto.

perfectible *adj.* Que puede perfeccionarse.

perfecto, ta *adj.* Que tiene todas las cualidades requeridas. *A Josefina le dijeron que es perfecta para ese trabajo.* ‖ Se aplica al tiempo verbal que expresa la acción como acabada.

perfidia *s. f.* Falta de lealtad.

pérfido, da *adj.* Desleal, infiel o traidor. ‖ Que implica perfidia.

perfil *s. m.* Contorno aparente de una persona o cosa puesta de lado. ‖ Silueta, contorno. ‖ Figura que presenta un cuerpo cortado por un plano vertical. ‖ Corte o sección. ‖ *fig.* Retrato moral de una persona. ‖ Barra de acero laminada.

perfilar *t.* Sacar y retocar el perfil de una cosa. ‖ *fig.* Perfeccionar, rematar con esmero una cosa. ‖ *pr.* Ponerse de perfil. ‖ *fam.* Destacarse. *El campanario se perfila en el cielo.* ‖ Empezar a tomar forma. *Se perfila el resultado final.*

perforable *adj.* Que se puede perforar.

perforación *s. f.* Acción de perforar. ‖ Taladro. ‖ Rotura de las paredes de algunos órganos o partes del cuerpo. *Perforación intestinal.* ‖ Agujero de dimensiones normalizadas hecho en una cinta, tarjeta o ficha por medio de una perforadora. ‖ Conjunto de operaciones consistentes en barrenar canteras o minas. ‖ Exploración del terreno perforándolo en busca de petróleo, gas natural o agua.

perforado *s. m.* Perforación.

perforador, ra *adj.* Que perfora u horada. ‖ *s. f.* Herramienta de barrena rotativa, generalmente accionada por aire comprimido, que sirve para taladrar las rocas. ‖ Instrumento para perforar el papel. ‖ Máquina que, en las tarjetas perforadas, traduce los datos en forma de taladros.

perforar *t.* Taladrar.

performance *s. m.* Representación artística en la que se involucran varios medios de expresión. *Un grupo de actores presentó un «performance» con música, luces, danza y teatro.*

perfumar *t.* Impregnar una cosa con materias olorosas. ‖ *intr.* Exhalar perfume.

perfume *s. m.* Composición química que exhala un olor agradable.

perfumería *s. f.* Fábrica o tienda de perfumes.

perfusión *s. f.* Introducción lenta y continua de una sustancia medicamentosa o de sangre en un organismo o un órgano.

pergamino *s. m.* Piel de cabra o de carnero preparada especialmente para que se pueda escribir en ella. ‖ Documento escrito en esta piel. ‖ *pl. fig.* y *fam.* Títulos de nobleza. ‖ Diplomas universitarios.

pergeñar *t.* Esbozar.

pérgola *s. f.* Galería de columnas.

periantio *s. m.* Perigonio.

pericardio *s. m.* Tejido membranoso que envuelve el corazón.

pericarpio *s. m.* Parte exterior del fruto que cubre las semillas.

pericia *s. f.* Habilidad.

periclitar *intr.* Decaer, declinar.

perico *s. m.* Nombre dado a varios loros originarios de América, pequeños y de diferentes colores, que habitan en las regiones selváticas.

pericón *s. m.* Abanico grande. ‖ *Arg.* y *Uy.* Baile criollo en cuadrilla.

periferia *s. f.* Circunferencia. ‖ Contorno de una figura curvilínea. ‖ *fig.* Alrededores de una población.

periférico, ca *adj.* Relativo a la periferia. *Paseo periférico.* || Se dice del elemento de un sistema de tratamiento de la información que es distinto de la unidad central y sirve esencialmente para comunicar con el exterior.

perifollos *s. m. pl.* Adornos.

perífrasis *s. f.* Circunloquio.

perigeo *s. m.* Punto de la órbita de la Luna o de un satélite artificial más cerca de la Tierra.

perigonio *s. m.* Envoltura de los órganos sexuales de una planta.

perihelio *s. m.* Punto en que un planeta se halla más cerca del Sol.

perilla *s. f.* Porción de pelo que se deja crecer en la punta de la barba. || Interruptor eléctrico.

perimétrico, ca *adj.* Del perímetro.

perímetro *s. m.* Línea que limita una figura plana. || Su dimensión. || Contorno. *El perímetro de una ciudad.*

perinatal *adj.* Relativo al tiempo de gestación e inmediatamente posterior al nacimiento.

perinatología *s. f.* Rama de la medicina que se ocupa de atender al feto y al bebé recién nacido.

perinatólogo, ga *s.* Médico especialista en perinatología.

perineo o **periné** *s. m.* Región comprendida entre el ano y los órganos genitales externos.

perinola *s. f.* Juguete pequeño que se hace bailar con los dedos.

periodicidad *s. f.* Condición de lo que es periódico.

periódico, ca *adj.* Que se repite a intervalos determinados. *Movimiento periódico.* || Que se edita en época fija. *Publicación periódica.* || En matemáticas, relativo a la función que tiene el mismo valor cada vez que su variable aumenta de una cantidad fija llamada «periodo» o de un múltiplo de éste. || Se aplica a la fracción decimal en la cual una misma cifra o grupo de cifras se repite indefinidamente. || *s. m.* Diario.

periodismo *s. m.* Profesión de periodista. || Conjunto de periodistas.

periodista *s. com.* Persona que tiene por oficio el escribir en periódicos.

periodístico, ca *adj.* Relativo a periódicos y periodistas.

periodo o **período** *s. m.* Espacio de tiempo después del cual se reproduce alguna cosa. || Tiempo de revolución de un astro. *Periodo lunar.* || Espacio de tiempo, época. *Periodo histórico.* || En las divisiones inexactas, cifras repetidas indefinidamente después del cociente entero. || Conjunto de oraciones que enlazadas entre sí forman un sentido cabal. *Periodo gramatical.* || Fase de una enfermedad. || Menstruación.

periostio *s. m.* Membrana fibrosa que rodea los huesos.

peripecia *s. f.* Suceso imprevisto.

periplo *s. m.* Circunnavegación.

peripuesto, ta *adj. fam.* Ataviado con gran esmero y elegancia.

periquete *loc. fam. En un periquete:* En un tiempo muy breve.

periscopio *s. m.* Aparato óptico instalado en la parte superior de un tubo que usan para ver lo que pasa en el exterior los barcos submarinos y los soldados en las trincheras.

peristáltico, ca *adj.* Que tiene la capacidad de contraerse. || *loc. Movimiento peristáltico:* contracción del intestino que permite el avance de los alimentos.

peristilo *s. m.* Galería de columnas alrededor de un edificio.

peritación o **peritaje** *s. m.* Trabajo o informe que hace un perito.

perito, ta *adj.* Experimentado, competente en un arte o ciencia. || *s.* Persona autorizada legalmente por sus conocimientos para dar su opinión acerca de una materia. || Grado inferior en las carreras técnicas o mercantiles.

peritoneo *s. m.* Membrana serosa que cubre el interior del vientre.

peritonitis *s. f.* Inflamación del peritoneo.

perjudicado, da *adj.* Que ha sufrido perjuicios.

perjudicador, ra *adj.* Que perjudica.

perjudicar *intr.* Causar perjuicio.

perjudicial *adj.* Que perjudica.

perjuicio *s. m.* Daño.

perjurar *intr.* Jurar en falso.

perjurio *s. m.* Juramento en falso.

perjuro, ra *adj.* y *s.* Que jura en falso o que no cumple un juramento.

perla *s. f.* Concreción esferoidal nacarada, de reflejos brillantes, que suele formarse en el interior de las conchas de diversos moluscos, particularmente de las madreperlas. || Objeto parecido fabricado artificialmente. || *fig.* Persona o cosa excelente. *Esta niña es una perla.*

perlífero, ra *adj.* Que tiene perlas.

permanecer *intr.* Quedarse.

permanencia *s. f.* Inmutabilidad, duración constante. *La permanencia de las leyes.* || Estancia en un mismo lugar.

permanente *adj.* Que permanece. || *s.* Ondulación artificial del cabello.

permeabilidad *s. f.* Calidad de permeable.

permeable *adj.* Que puede ser atravesado por agua u otro fluido.

pérmico, ca *adj.* y *s. m.* Se aplica al último periodo de la era Primaria.

permisible *adj.* Que se puede permitir.

permisividad *s. f.* Carácter permisivo.

permisivo, va *adj.* Que incluye la facultad o licencia de hacer una cosa sin preceptuarla.

permiso *s. m.* Autorización. *Pedir permiso para salir.* || Licencia, documento. *Permiso de conducir, de caza.*

permitir *t.* Dar su consentimiento a una persona para que haga algo. || Dar cierta posibilidad. *Esto permite vivir bien.* || *pron.* Tomarse la libertad de hacer algo.

permuta *s. f.* Intercambio de bienes o cosas.

permutación *s. f.* Cambio.

permutar *t.* Cambiar una cosa por otra. *Permutar era común antes de que se inventara el dinero.* || Variar el orden. *Los factores de una suma pueden permutarse y el resultado no cambia.*

pernera *s. f.* Cada una de las dos partes del pantalón que cubren las piernas. *El vaquero usaba perneras de protección.*

pernicioso, sa *adj.* Peligroso o muy perjudicial. *El uso de drogas es pernicioso para la salud.*

pernil *s. m.* Anca y muslo de un animal, en especial la del cerdo. *Faustino compró un pernil de cerdo para servirlo en la cena del sábado.*

perno *s. m.* Clavo corto con cabeza redonda por un extremo y que por el otro se asegura con una tuerca.
pernoctar *intr.* Pasar la noche.
pero¹ *conj.* Expresa contraposición u oposición. *María es muy inteligente pero le da flojera trabajar.* || Se usa encabezando algunas frases para darle más peso a lo que se dice. *Pero, ¿cómo es posible que haya reprobado si estudié mucho?*
pero² *s. m.* Defecto, inconveniente. *Al trabajo de Samuel no podía encontrársele ningún pero.*
perogrullada *s. f.* Verdad demasiado conocida, por lo que resulta inútil o tonto repetirla.
perol *s. m.* Cacerola.
peroné *s. m.* Hueso largo y delgado de la pierna, detrás de la tibia.
perorar *intr.* Discursear.
perorata *s. f.* Discurso largo.
perpendicular *adj.* y *s.* Se aplica a la línea o al plano que forma ángulo recto con otro.
perpendicularidad *s. f.* Condición de perpendicular.
perpetración *s. f.* Ejecución.
perpetrar *t.* Cometer.
perpetua *s. f.* Planta herbácea.
perpetuación *s. f.* Acción de perpetuar o perpetuarse una cosa.
perpetuar *t.* Hacer perpetuo.
perpetuidad *s. f.* Duración sin fin.
perpetuo, tua *adj.* Que dura toda la vida. *Cadena perpetua.* || Constante. *Una inquietud perpetua.* || Se dice de ciertos cargos vitalicios.
perplejidad *s. f.* Confusión, indecisión.
perplejo, ja *adj.* Irresoluto.
perquirir *t.* Investigar.
perra *s. f.* Hembra del perro. || *fig.* y *fam. Esp.* Dinero. || Rabieta. || Obstinación.
perrada *s. f.* Grupo de perros. || *fam.* Mala jugada, perrería.
perrera *s. f.* Sitio donde se guardan o encierran los perros.
perrería *s. f.* Conjunto de perros. || *fam.* Mala pasada.
perrilla *s. f. Méx.* Pequeño grano que aparece en el borde del párpado.
perro *s. m.* Mamífero doméstico carnicero de la familia de los cánidos, de tamaño, forma y pelaje muy diversos, según las razas. *Perro de lanas, pachón, podenco.* || Nombre dado antiguamente por afrenta a moros y judíos. || *loc. fig. Como perros y gatos:* llevarse muy mal. || *De perros:* muy malo. || *Humor de perros:* muy mal humor. || *loc. fam. Perro caliente:* hot-dog. || *Ser perro viejo:* haber adquirido astucia por la experiencia.
perro, rra *adj. fam.* Muy malo. *¡Qué vida más perra llevamos!*
persa *adj.* y *s. com.* De Persia, hoy Irán.
persecución *s. f.* Acción de perseguir.
persecutorio, ria *adj.* Relativo a la persecución.
perseguidor, ra *adj.* y *s.* Se aplica al que persigue.
perseguimiento *s. m.* Persecución.
perseguir *t.* Seguir al que huye intentando alcanzarle. *Perseguir al adversario.* || Atormentar con medidas tiránicas y crueles. || *fig.* Acosar, estar siempre detrás de una persona. *Perseguir a todas horas.* || Atormentar, no dejar en paz. *El recuerdo de sus faltas le persigue.* || Importunar. *Perseguir con sus demandas.* || Intentar conseguir porfiadamente. ||

Ocurrir varias veces seguidas. *Le persiguen las desgracias.* || Proceder judicialmente contra uno. *Perseguir al delincuente.*
perseverancia *s. f.* Constancia para hacer las cosas.
perseverante *adj.* Que es constante y firme. *Elisa es una niña perseverante: aprendió a andar sola en bicicleta.*
perseverar *intr.* Mantenerse firme en una actitud u opinión.
persiana *s. f.* Especie de celosía formada de tablillas movibles por entre las cuales pueden entrar la luz y el aire, pero no el Sol.
pérsico, ca *adj.* De Persia. *El golfo Pérsico.* || *s. m.* Árbol frutal rosáceo. || Su fruto comestible.
persignarse *pr.* Santiguarse.
persistencia *s. f.* Constancia. || Larga duración de una cosa.
persistente *adj.* Muy duradero.
persistir *intr.* Mantenerse firme o constante. || Perdurar. *Persistir la fiebre.*
persona *s. f.* Individuo de la especie humana, hombre o mujer. || Entidad física o moral que tiene derechos y obligaciones. *Persona jurídica.* || Accidente gramatical que indica quién es el agente o paciente de la oración («primera persona», la que habla; «segunda persona», aquella a quien se habla; «tercera persona», aquella de quien se habla).
personaje *s. m.* Persona notable. *Un personaje ilustre.* || Ser humano o simbólico que se representa en una obra literaria.
personal *adj.* Propio de una persona. *Calidades personales.* || Presenciado o hecho por la persona misma de que se trata. *Entrevista personal.* || Subjetivo. *Juicio muy personal.* || *loc.* Pronombre personal: el que designa a las tres personas del verbo. || *s. m.* Conjunto de personas que trabajan en un sitio. *Hay mucho personal en esta empresa.* || *fam.* Gente. *¡Qué de personal había allí!*
personalidad *s. f.* Individualidad consciente. || Carácter original que distingue a una persona de las demás. *Tener una gran personalidad.* || En filosofía, conjunto de cualidades que constituyen el supuesto inteligente. || Aptitud legal. *Personalidad jurídica.* || Persona notable por su actividad.
personalizar *t.* Dar carácter personal a una cosa.
personamiento *s. m.* Personación.
personarse *pr.* Presentarse personalmente en una parte.
personería *s. f. Amér.* Cargo o función del personero. || Personalidad jurídica y hecho de ser capaz para comparecer en juicio. || Representación de otra persona.
personero, ra *s. Amér.* Representante de otra persona.
personificación *s. f.* Acción y efecto de personificar.
personificar *t.* Atribuir sentimientos o acciones de personas a los irracionales o a las cosas. || Simbolizar, representar perfectamente. || Aludir a personas determinadas en un escrito o discurso.
perspectiva *s. f.* Arte de representar en una superficie los objetos en la forma, tamaño y disposición con que aparecen a la vista. || Conjunto de cosas que se presentan ante la vista en la lejanía. || *fig.* Contingencia que es previsible. *Perspectivas económicas.*
perspicacia *s. f.* Agudeza y penetración de la vista. || *fig.* Sagacidad.

perspicacidad s. f. Agudeza de la vista y el entendimiento.

perspicaz adj. Sagaz.

persuadir t. Convencer.

persuasión s. f. Acción de persuadir. || Convicción, certeza.

persuasivo, va adj. Que persuade.

persulfato s. m. Sal obtenida por electrólisis de un sulfato.

persulfuro s. m. Combinación que posee más cantidad de azufre que el sulfuro normal.

pertenecer intr. Ser una cosa de la propiedad de uno. || Formar parte de.

pertenencia s. f. Propiedad. || Espacio o territorio que toca a uno por jurisdicción o propiedad. || Cosa accesoria de otra. *Las pertenencias de un palacio.* || Adhesión. *La pertenencia a un partido.*

pértiga s. f. Vara larga. || loc. *Salto de pértiga:* salto de altura con ayuda de una pértiga.

pertinacia s. f. Obstinación.

pertinaz adj. Duradero, persistente. *Tengo dos días con un dolor pertinaz de cabeza.* || Obstinado, terco.

pertinencia s. f. Cualidad de lo que es adecuado para una situación. || Cualidad de lo que se refiere o es relativo a una cosa.

pertinente adj. Oportuno, adecuado. *Fue una visita muy pertinente porque la anciana necesitaba ayuda en ese momento.* || Que hace referencia o que tiene relación con una cosa o persona que se expresa.

pertrechar t. Abastecer de municiones. || fig. Preparar lo necesario para hacer algo.

pertrechos s. m. pl. Utensilios propios para determinada actividad.

perturbación s. f. Desorden. *Sembrar la perturbación.* || Disturbio. *Perturbaciones sociales.* || Emoción.

perturbador, ra adj. Que perturba. || s. Agitador.

perturbar t. Trastornar.

peruanismo s. m. Voz o giro propios del Perú. || Condición de peruano. || Amor a Perú.

peruano, na adj. y s. Originario de Perú, país de América del Sur.

perversidad s. f. Maldad.

perversión s. f. Acción y efecto de pervertir. || Desviación o corrupción de las costumbres.

perverso, sa adj. y s. Que por placer realiza actos crueles o que dañan a los demás. *Es una niña perversa: le gusta maltratar a los animales.*

pervertido, da adj. y s. Que tiene costumbres sexuales no aceptadas por la sociedad.

pervertidor, ra adj. y s. Que pervierte. *Ambiente pervertidor.*

pervertir t. y pr. Transformar, volver malo a alguien o algo.

pervinca s. f. Planta herbácea.

pervivencia s. f. Supervivencia.

pervivir intr. Sobrevivir.

pesa s. f. Pieza de determinado peso que sirve para evaluar en una balanza el que tienen las otras cosas. || Pieza de determinado peso que sirve para dar movimiento a ciertos relojes, o de contrapeso para subir y bajar lámparas, etc. || Pieza del teléfono que agrupa el micrófono y el auricular.

pesadez s. f. Peso. *La pesadez de un paquete.* || Gravedad. *La pesadez de los cuerpos.* || fig. Obstinación, terquedad. || Cachaza, lentitud. || Sensación de peso. *Pesadez de estómago.* || Molestia. ¡Qué

pesadez este trabajo! || Aburrimiento. ¡Qué pesadez de novela!

pesadilla s. f. Ensueño angustioso y tenaz. || Preocupación continua. || fam. Persona o cosa fastidiosa.

pesado, da adj. De mucho peso. || Obeso. || Intenso, profundo. *Sueño pesado.* || Difícil de digerir. *Comida pesada.* || Se aplica a los órganos en que se siente pesadez. *Tener la cabeza pesada.* || Caluroso y cargado. *Tiempo pesado.* || Molesto, cargante. *Un amigo pesado.* || Aburrido. *Una película pesada.* || Molesto por ser de mal gusto. *Broma pesada.* || Relativo al sueño del que es difícil despertar. || En boxeo o lucha, se dice de la categoría de competidores más robustos. || Relativo a la industria que se dedica a la construcción de maquinarias y armamentos.

pesadumbre s. f. Tristeza, pesar.

pesaje s. m. Acción y efecto de pesar algo.

pésame s. m. Expresión del sentimiento que se tiene por la aflicción de otro. *Dar el pésame.*

pesar[1] s. m. Sentimiento o dolor interior. *Me contó todos sus pesares.* || Arrepentimiento. *Tener pesar por haber actuado mal.* || loc. *A pesar de:* contra la voluntad de; haciendo caso omiso de. || *A pesar de que:* aunque.

pesar[2] t. Determinar el peso de una cosa o persona por medio de un aparato adecuado. || fig. Examinar cuidadosamente. *Pesar el pro y el contra.* || intr. Tener peso. *Esta maleta pesa diez kilos.* || Tener mucho peso. *Este diccionario pesa.* || fig. Ser sentido como una carga. *Le pesa la educación de sus hijos.* || Recaer. *Todas las responsabilidades pesan sobre él.* || Tener influencia. *En su decisión han pesado mis argumentos.* || Causar tristeza o arrepentimiento. *Me pesa que no haya venido.* || loc. *Pese a:* a pesar de. || *Pese a quien pese:* a todo trance.

pesaroso, sa adj. Afligido.

pesca s. f. Acción, efecto y arte de pescar.

pescada s. f. Merluza, pez.

pescadería s. f. Sitio donde se vende pescado.

pescadero, ra s. Persona que tiene por oficio vender pescado.

pescado s. m. Pez comestible sacado del agua.

pescador, ra adj. y s. Se dice de la persona que pesca o se dedica a pescar.

pescante s. m. En los carruajes, asiento exterior en la parte delantera que usa el conductor.

pescar t. Coger con redes, cañas u otros instrumentos, peces, mariscos, etc. *Pescar atún.* || fig. y fam. Encontrar por suerte. *Pesqué un buen puesto.* || Sorprender a alguno o agarrarlo. *Pescar a un ladronzuelo.* || Coger, pillar. *Pescar un resfriado.* || Lograr algo ansiado. *Pescar un marido.* || Coger en falta. *Estudiante difícil de pescar en geografía.*

pescuezo s. m. Parte del cuerpo desde la nuca hasta el tronco.

pesebre s. m. Especie de cajón para dar de comer a las bestias.

pesero s. m. Méx. Taxi colectivo de recorrido y precio fijos.

peseta s. f. Antigua unidad monetaria en España que se dividía en 100 céntimos.

pesimismo s. m. Propensión a ver siempre el lado malo de las cosas.

pesimista adj. y s. com. Que tiende a ver las cosas con pesimismo.

pésimo, ma adj. Muy malo.

peso *s. m.* Efecto de la gravedad sobre las moléculas de un cuerpo. ‖ Su medida tomando como punto de comparación unidades determinadas. *Peso de diez kilos.* ‖ Balanza. ‖ Acción de pesar. *El peso de los boxeadores.* ‖ Unidad monetaria de varios países americanos dividida en cien centavos. *El peso mexicano, cubano, colombiano, dominicano, uruguayo, boliviano, chileno.* ‖ *fig.* Carga. *El peso de los años.* ‖ Importancia o eficacia. *Argumento de peso.* ‖ Esfera metálica de 7 257 kg que se lanza con una mano en los juegos atléticos. ‖ *loc. Peso atómico:* el del átomo-gramo de un elemento. ‖ *Peso bruto:* el total sin descontar la tara. ‖ *Peso específico de un cuerpo:* gramos que pesa un centímetro cúbico de este cuerpo. ‖ *Peso molecular:* el de una molécula-gramo de un cuerpo. ‖ *Peso neto:* el que queda, deducida la tara, del peso bruto. ‖ *Peso pluma, gallo, ligero, mosca, medio, semipesado, pesado:* categorías en el boxeo y otros deportes.

pespunte *s. m.* Cierta costura en la cual se pone la aguja en el sitio mismo por donde se han sacado dos puntadas antes.

pesquería *s. f.* Serie de actividades relacionadas con la pesca. ‖ Sitio donde se pesca. *Veinte kilómetros al norte de la playa hay una pesquería.*

pesquero *s. m.* Barco de pesca.

pesquero, ra *adj.* Relativo a la pesca. *La actividad pesquera es parte importante para la economía de varios países.*

pesquisa *s. f.* Averiguación.

pesquisidor, ra *adj. y s.* Se dice de la persona que hace pesquisas.

pestaña *s. f.* Cada uno de los pelos del borde de los párpados. ‖ Parte que sobresale al borde de ciertas cosas.

pestañear *intr.* Mover los párpados.

peste *s. f.* Enfermedad infecciosa y contagiosa causada por el bacilo de Yersin que transmiten las ratas y las pulgas. ‖ *fig. y fam.* Mal olor, fetidez. ‖ Depravación, corrupción. ‖ Persona malvada. *Esta niña es una peste.* ‖ Cosa mala, molesta, que existe en abundancia. ‖ Plaga, cosa demasiado abundante. ‖ *pl.* Palabra de crítica. *Echar pestes contra uno.*

pestífero, ra *adj.* Que emana mal olor.

pestilencia *s. f.* Olor muy desagradable.

pestilente *adj.* Que huele mal, que apesta.

pestillo *s. m.* Pasador, cerrojo.

pestiño *s. m.* Masa de harina y huevo que se fríe y luego se baña en miel.

pesto *s. m.* Condimento hecho a base de albahaca, piñones y ajo que se mezcla con aceite de oliva.

petaca *s. f.* Estuche para el tabaco o los cigarrillos. ‖ *Méx.* Maleta. ‖ *pl. Méx.* Nalgas.

pétalo *s. m.* Cada una de las hojas que componen la corola de la flor.

petardo *s. m.* Cohete cargado de pólvora que explota con ruido. ‖ *fig. y fam.* Mujer muy fea. ‖ Algo malo que no tiene las cualidades que debía poseer. ‖ Cosa aburrida.

petate *s. m.* Lío de ropa de los marineros, soldados, etc. ‖ *Méx.* Tejido flexible más largo que ancho y hecho de palma, que se usa para dormir sobre él.

petatillo *s. m. Amér.* Tejido fino de esparto.

petenero, ra *adj. y s.* De El Petén, departamento de Guatemala.

petición *s. f.* Acción de pedir.

peticionar *t. Amér.* Hacer una petición.

petimetre, tra *s.* Persona joven y presumida.

petirrojo *s. m.* Pájaro de color aceitunado y de cuello rojo.

petiso, sa *adj. Amér.* Pequeño, bajo de estatura. *Aunque es petiso, Diego Armando Maradona era un futbolista muy ágil.* ‖ *s. Arg. y Uy.* Muchacho. ‖ Caballo de poca alzada.

petitorio, ria *adj.* De la petición.

petizo, za *adj. y s. Amér. Merid.* Petiso.

peto *s. m.* Pieza del vestido que se coloca sobre el pecho.

petrel *s. m.* Ave con los dedos de las patas unidos por una membrana, de unos 20 cm de largo, que pasa la mayor parte de su vida en alta mar y va a tierra únicamente para reproducirse.

pétreo, a *adj.* De piedra.

petrificación *s. f.* Transformación en piedra.

petrificar *t.* Transformar en piedra. ‖ *fig.* Dejar inmóvil de sorpresa.

petrogénesis *s. f.* Proceso geológico de formación de las rocas.

petroglifo *s. m.* Dibujo o grabado realizado sobre una piedra.

petrografía *s. f.* Parte de la petrología que describe y clasifica las rocas.

petróleo *s. m.* Líquido oleoso negro constituido por una mezcla de hidrocarburos y otros compuestos orgánicos que se encuentra nativo en el interior de la Tierra o en las profundidades del mar.

petrolero, ra *adj.* Relativo al petróleo. *Industria, producción petrolera.* ‖ Se dice del barco dedicado a transportar petróleo. ‖ *s.* Vendedor de petróleo al por menor.

petrolífero, ra *adj.* Que contiene petróleo.

petroquímico, ca *adj.* Que utiliza el petróleo como materia prima para obtener productos químicos. ‖ *s. f.* Técnica e industria de los derivados del petróleo.

petulancia *s. f.* Presunción vana.

petulante *adj. y s. com.* Vanidoso.

petunia *s. f.* Planta solanácea de hermosas flores olorosas. ‖ Su flor.

peyorativo, va *adj.* Despectivo.

peyote *s. m.* Pequeña planta cactácea del norte de México y sur de Estados Unidos de América, sin espinas, cubierta de pelos sedosos, que contiene una sustancia alucinógena.

pez¹ *s. f.* Materia oscura y pegajosa que se obtiene como residuo en la destilación de la trementina y otros productos.

pez² *s. m.* Animal vertebrado acuático, de respiración branquial, de piel cubierta de escamas y con extremidades en forma de aleta.

pezón *s. m.* Parte central y más saliente de la glándula mamaria, de color un poco más oscuro que la piel. *Los bebés succionan el pezón para extraer la leche del pecho de su madre.* ‖ Rabillo de la hoja, la flor o el fruto de las plantas.

pezuña *s. f.* En los animales de pata hendida, parte final de ésta.

pH *s. m.* En química, coeficiente que indica el grado de acidez de un medio.

pi *s. f.* Letra del alfabeto griego (Π, π) que equivale a la «p» del alfabeto español. ‖ Signo que representa la relación entre el diámetro de una circunferencia y su longitud.

piadoso, sa *adj.* Que tiene piedad.

piamadre o **piamáter** *s. f.* Membrana serosa intermedia de las tres que envuelven el encéfalo y la médula espinal.

pianista *s. com.* Persona que toca el piano. || *s. m.* Fabricante de pianos.

piano *s. m.* Instrumento musical de teclado y cuerdas. || *adv.* Suavemente.

pianola *s. f.* Piano mecánico.

piar *intr.* Emitir su voz los pollos y algunas aves. || *fam.* Llamar o pedir con insistencia. || Protestar.

piara *s. f.* Manada de cerdos.

piastra *s. f.* División de la unidad monetaria en algunos países (Egipto, Líbano, Siria y Sudán).

pibe, ba *s.* *Arg.* y *Uy.* Muchacho, chico, joven. *Los pibes juegan futbol en el parque por las tardes.*

piberío *s. m.* *Arg.* Chiquillos.

pibil *adj.* *Méx.* Asado en el horno.

phy *f.* Vigésima primera letra del alfabeto griego Φ, φ.

pica *s. f.* Vara para picar los toros. || Lanza larga que en la antigüedad usaban los soldados de infantería. || *pl.* Palo de la baraja francesa. *Las picas tienen forma de corazón negro con rabo.*

picacho *s. m.* Cumbre puntiaguda y escarpada de algunos montes.

picada *s. f.* *Amér. C.*, *Arg.*, *Bol.*, *C. Rica*, *Py.* y *Uy.* Senda que se abre en un bosque o en un monte espeso. || *Amér. C.*, *Arg.*, *Bol.*, *Chil.*, *C. Rica*, *Py.* y *Uy.* Carrera ilegal de automóviles que se realiza en la vía pública. || *Arg.* Aperitivo, alimento ligero que se come antes de la comida fuerte. || *fam.* *Col.* Punzada, dolor agudo.

picadero *s. m.* Escuela de equitación.

picadillo *s. m.* Guiso que se prepara con carne picada. *El picadillo con arroz y plátano frito es un guiso propio del Caribe.*

picado, da *adj.* Que tiene en la piel, generalmente de la cara, cicatrices. *Está picado de viruela.* || Se aplica al vino ligeramente avinagrado. || *fig.* Enfadado. || *fig.* *Amér.* Algo ebrio. || *s. m.* Acción y efecto de picar o picarse. || Picadillo, guiso. || En música, modo de tocar separando muy claramente el sonido de cada nota. || Descenso casi vertical del avión.

picador *s. m.* Torero de a caballo que hiere al toro con la garrocha.

picadora *s. f.* Aparato que pica alimentos. *Los ingredientes se ponen en la picadora antes de hornear.*

picadura *s. f.* Acción de picar una cosa. || Mordedura. || Caries en la dentadura. || Hoyuelo en la piel dejado por la viruela. || Tabaco picado.

picaflor *s. m.* Colibrí, pequeña ave que vuela velozmente, se alimenta del néctar de las flores y puede suspenderse en el aire. || *Amér. C.* y *Amér. Merid.* Hombre enamoradizo y que hace de galán. *Heraclio es un picaflor: quiere tener muchas novias.*

picamaderos *s. m.* Pájaro carpintero, ave trepadora.

picana *s. f.* *Amér.* Aguijón.

picante *adj.* Que pica. || *fig.* Mordaz. *Palabras picantes.* || Gracioso. *Chiste picante.* || *s. m.* Sabor de lo que pica. || *fig.* Acrimonia o mordacidad en el decir. || Pimiento. || *Méx.* Chile o salsa hecha con chile.

picapedrero *s. m.* Cantero.

picapleitos *s. com. fam. desp.* Abogado, sobre todo el que hace mal su trabajo.

picaporte *s. m.* Aldaba, pieza que se fija a las puertas para llamar. || Perilla de las puertas.

picar *t.*, *intr.* y *pr.* Morder las aves, los insectos y ciertos reptiles. *Ramón fue a la costa y le picaron los mosquitos.* || Morder los peces el anzuelo. *Después de una hora de espera por fin picó un pez.* || Cortar una cosa en trozos muy pequeños. *Para preparar la sopa hay que picar las verduras.* || Herir al toro con una pica desde el caballo. *Los picadores pican a los toros para restarles un poco de energía.* || Sentir escozor en alguna parte del cuerpo. || Agujerearse, cariarse. *Las manchas oscuras en un diente son señal de que se ha picado.* || *fam.* Enfadarse. *Valentín se picó porque su hermano se llevó su bicicleta sin pedírsela.* || Engancharse en alguna actividad de manera irracional. *Dijo que jugaría sólo unos minutos pero se picó y continuó hasta muy noche.* || *Méx.* Producir picor en la boca una sustancia irritante como ají o chile al comerla. *La salsa pica mucho.*

picardía *s. f.* Manera de obrar hábil y con cierto engaño. || Dicho o hecho en el que hay malicia o intención pícara.

picaresca *s. f.* Pandilla de pícaros. || Vida de pícaro. || *loc.* *Novela picaresca*: novela que consiste en un relato supuestamente autobiográfico en el que algún pícaro narra sus aventuras. *La novela picaresca española más famosa es «El Lazarillo de Tormes».*

picaresco, ca *adj.* Relativo a los pícaros.

pícaro, ra *adj.* y *s.* Persona que comete engaños para sobrevivir. || *Astuto.*

picatoste *s. m.* Rebanada de pan, tostada con manteca o frita.

picaza *s. f.* Urraca, ave.

picazón *s. f.* Desazón y molestia que causa algo que pica. || *fig.* Enojo.

picea *s. f.* Árbol parecido al abeto.

picha *s. f.* *fam.* Miembro viril.

piche *s. m.* *Amér.* Armadillo. || *Arg.* y *Cub.* Miedo.

pichí *s. m.* *Arg.* y *Chil.* Orina.

pichicatear *intr.* *Hond.* y *Méx.* Escatimar.

pichicato, ta *adj.* y *s.* *Hond.* y *Méx.* Escatimador, mezquino.

pichinchense *adj.* y *s. com.* De Pichincha, provincia de Ecuador.

pichón *s. m.* Pollo de la paloma.

picnic *s. m.* Comida que se hace en el campo. *Para celebrar el fin de cursos nos fuimos de picnic.*

pico *s. m.* Punta, parte saliente en la superficie de algunas cosas. *Sombrero de tres picos.* || En el borde de una falda, parte más larga que el resto. || Zapapico, herramienta de cantero y cavador. *Trabajar de pico y pala.* || Parte saliente de la cabeza de las aves con dos piezas córneas en punta para tomar el alimento. || Parte de algunas vasijas por donde se vierte el líquido. || Paño de forma triangular que se pone a los niños entre las piernas. || Montaña de cumbre puntiaguda. || Parte pequeña que excede de un número redondo. *Dos mil euros y pico.* || Extremo del pan. || Panecillo de forma alargada. || *fam.* Facundia, facilidad en el hablar. *Tener buen pico.* || *pl.* Uno de los palos de la baraja francesa. || *fam.* *Cerrar el pico*, callar. || *Costar un pico*, costar mucho. || *Hincar el pico*, morir. || *Irse del pico*, hablar demasiado. || *Pico carpintero*, pájaro carpintero.

picor *s. m.* Escozor, picazón.

picota *s. f.* Poste o columna donde se exponían las cabezas de los ajusticiados. ‖ Clase de cereza.

picotazo *s. m.* Golpe dado por las aves con el pico. ‖ Señal que deja.

picotear *t.* Picar o herir con el pico las aves. ‖ *fig.* Picar. *Picotear almendras.*

picoteo *s. m.* Acción de picotear.

pictografía *s. f.* Tipo de escritura en la que se dibujan los objetos que se desea expresar. *En los aeropuertos es común el uso de la pictografía para transmitir mensajes.*

pictograma *s. m.* Dibujo de una escritura pictográfica.

pictórico, ca *adj.* Relativo a la pintura. *Desde niño José Antonio tiene intereses pictóricos.*

picudo, da *adj.* En forma de pico.

pie *s. m.* Extremidad de cada una de las piernas del hombre o de las patas del animal que sirve para sostener el cuerpo y andar. *Tener los pies planos.* ‖ Pata, cada una de las piezas en que se apoyan los muebles o cosas semejantes.

‖ Base, parte inferior. *El pie de la montaña.* ‖ Tronco de los árboles o tallo de las plantas. ‖ Planta. *Un pie de clavel.* ‖ Parte de las medias, calcetas, etc., que cubre el pie. ‖ Punto de encuentro de una perpendicular a una recta o plano. ‖ Cada una de las partes en que se divide un verso para su medición. ‖ Metro de la poesía castellana. ‖ Medida de longitud usada en varios países con distintas dimensiones. ‖ Parte que está al final de un escrito. *Al pie de la carta.* ‖ Explicación que se pone debajo de una foto, grabado, etc. ‖ *fig.* Fundamento, origen o base de una cosa. ‖ Modo. *Tratar en un pie de igualdad.* ‖ *Chil.* Parte del precio que se paga en el momento de convenir una compra. ‖ *pl.* Parte opuesta a la cabecera. *A los pies de la cama.* ‖ *fig.* Agilidad para andar. *Tener buenos pies.* ‖ *fig. A pie de la letra,* textualmente. ‖ *A pie,* andando. ‖ *fig. A pie juntillas,* sin la menor duda. ‖ *Con pies de plomo,* con mucha prudencia. ‖ *Dar pie,* dar ocasión. ‖ *De pies a cabeza,* enteramente. ‖ *Echar pie en tierra,* bajar de un vehículo o caballo. ‖ *fig. Hacer pie,* no estar cubierta por el agua una persona. ‖ *Levantarse con el pie izquierdo,* levantarse de muy mal humor. ‖ *Nacer de pie,* tener buena suerte. ‖ *No dar pie con bola,* hacerlo todo desacertadamente. ‖ *No tener pies ni cabeza,* no tener sentido alguno. ‖ *Poner pies en polvorosa,* huir. ‖ *Saber de qué pie cojea uno,* conocer sus defectos. ‖ *Sacar los pies del plato,* empezar a tomarse ciertas libertades.

piedad *s. f.* Devoción. ‖ Lástima, compasión. *Piedad para el prójimo.* ‖ Representación artística de la Virgen de las Angustias.

piedra *s. f.* Sustancia mineral más o menos dura y compacta. *Estatua de piedra.* ‖ Pedazo de esta sustancia. *Tirar una piedra.* ‖ En medicina, cálculo, piedrecilla que se forma en la vejiga o en la vesícula biliar. ‖ Granizo. ‖ Pedernal de los armas o de los instrumentos de chispa. *La piedra de un encendedor.* ‖ Muela de molino. ‖ *loc. fig. No dejar piedra sobre piedra:* destruirlo todo. ‖ *Piedra angular:* base, fundamento. ‖ *Piedra pómez:* piedra volcánica, muy ligera y dura, que sirve como abrasivo. ‖ *Piedra preciosa:* la dura, transparente y rara que, tallada, se usa en joyería.

piel *s. f.* Membrana que cubre el cuerpo del hombre y de los animales. *Hombre de piel blanca.* ‖ Cuero curtido. *Artículos de piel.* ‖ Parte exterior que cubre la pulpa de las frutas y algunas partes de las plantas. *La piel de las ciruelas.* ‖ *pl.* Piel de animal con su pelo para hacer prendas de abrigo. ‖ *loc. Piel roja:* nombre dado al indígena de América del Norte.

piélago *s. m.* Parte del mar profunda y alejada de la costa.

pienso *s. m.* Alimento del ganado.

pierna *s. f.* Cada uno de los miembros inferiores del hombre. ‖ Pata de los animales. ‖ Muslo de los cuadrúpedos y aves. ‖ Cada una de las partes de una cosa que giran alrededor de un eje o un centro. *Piernas de compás.*

piernas *s. com. fam.* Pelanas.

pieza *s. f.* Cada parte en que se divide una cosa, particularmente una máquina. *Las piezas de un motor.* ‖ Moneda. *Pieza de cuproníquel.* ‖ Alhaja u obra de arte trabajada con esmero. *Pieza de joyería.* ‖ Cada unidad de una serie. *En su colección tiene magníficas piezas.* ‖ Trozo de tela para hacer un remiendo. *Poner una pieza a un pantalón.* ‖ Habitación, cuarto. *Piso de cuatro piezas.* ‖ Animal de caza o pesca. ‖ Nombre genérico de las fichas o figurillas que se utilizan en ciertos juegos. *Piezas de ajedrez.* ‖ Obra dramática. *Una pieza en tres actos.* ‖ Composición musical. *Pieza para orquesta.* ‖ *loc. Pieza de recambio o de repuesto:* pieza igual que puede sustituir en un mecanismo otra igual que ha sido estropeada. ‖ *fam. Quedarse de una pieza:* quedarse estupefacto.

pífano *s. m.* Flautín.

pifia *s. f. fam.* Error, descuido. ‖ *fam.* Dicho o hecho indiscreto.

pifiar *t.* e *intr.* Cometer un error o una indiscreción.

pigargo *s. m.* Especie de águila.

pigmentación *s. f.* Formación y acumulación del pigmento en un tejido.

pigmentar *t.* Colorar con pigmento.

pigmento *s. m.* Materia colorante en el protoplasma de muchas células vegetales y animales.

pigmeo, a *s.* Individuo de una raza de pequeña estatura de África central y meridional. ‖ *s. m. fig.* Hombre muy pequeño.

pignoración *s. f.* Acción de pignorar.

pignorar *t.* Empeñar.

pija *s. f. Méx.* Tornillo para madera.

pijada *s. f. fam.* Tontería.

pijama o **piyama** *s.* Traje ancho y ligero compuesto de chaqueta y pantalón usado para dormir.

pijota *s. f.* Merluza pequeña.

pijotada o **pijotería** *s. f. fam.* Tontería.

pijuí *s. m.* Pájaro insectívoro.

pila *s. f.* Recipiente donde cae o se echa el agua para varios usos. *La pila de la cocina, de una fuente.* ‖ En las iglesias, sitio donde se administra el sacramento del bautismo. ‖ Recipiente donde se guarda el agua bendita. ‖ Montón, rimero. *Una pila de leña.* ‖ *fam.* Gran cantidad. *Tener una pila de niños.* ‖ En arquitectura, machón que sostiene los arcos de un puente. ‖ *fig.* Generador de electricidad que convierte la energía química en energía eléctrica. || *loc. Nombre de pila:* el que precede a los apellidos. || *Pila atómica:* reactor nuclear, generador de energía que utiliza la fisión nuclear.

pilar *s. m.* Elemento vertical macizo que sirve de soporte a una construcción. || Pilón de una fuente. || Hito o mojón. || Pila de puentes. || *fig.* Apoyo. || En el rugby, uno de los delanteros de primera fila que sostiene al talonador en una melé.

pilarense *adj.* y *s. com.* De Pilar, ciudad de Paraguay.

pilastra *s. f.* Columna cuadrada.

pilca *s. f. Amér.* Tapia de piedras.

pilcha *s. f. Amér. Merid.* Prenda de vestir, a veces pobre o en mal estado. || *Arg.* Prenda de vestir. *Recoge tus pilchas y lávalas porque tu habitación huele a mugre.*

píldora *s. f.* Medicamento de forma de bolita. *Píldora purgante.* || *fam.* Anticonceptivo oral.

pileta *s. f. Arg., Py.* y *Uy.* Pila de cocina o de lavar. *En la pileta se acumulan los platos sucios.* || *loc. Arg.* y *Uy. Pileta de natación:* alberca.

pillaje *s. m.* Robo.

pillar *t.* Saquear. || *fig.* y *fam.* Alcanzar, coger. *Pillar a un ladrón.* || Atropellar. *Cuidado que no te pille un coche.* || Coger. *El engranaje le pilló un dedo.* || Descubrir. *Pilló a su hijo fumando.* || Agarrar. *Pillar un resfriado.* || *intr.* Estar situado, encontrarse. *El colegio pilla de camino para ir a tu casa.*

pillastre *s. m. fam.* Pillo.

pillear *intr.* Hacer pillerías.

pillería *s. f.* Acción propia de pillo.

pillo, lla *adj.* y *s. fam.* Pícaro.

pilmama *s. f. Méx.* Nodriza, niñera, nana.

pilón *s. m.* Columna, pilar. || Abrevadero de las fuentes. || *Méx.* Mercancía extra que el comerciante regala al cliente. *Compré manzanas y el vendedor me dio dos ciruelas de pilón.* || *loc. Méx. De pilón:* por añadidura, además. *Nos perdimos y de pilón llovía.*

piloncillo *s. m. Méx.* Azúcar sólida y no refinada, vendida por lo general en forma de cono.

píloro *s. m.* Abertura inferior del estómago por la cual entran los alimentos en los intestinos.

pilorriza *s. f.* En botánica, cubierta que protege la extremidad de las raíces.

pilosidad *s. f.* Revestimiento piloso.

piloso, sa *adj.* Relativo al pelo.

pilotaje *s. m.* Acción de pilotar.

pilotar *t.* Dirigir, guiar un buque, automóvil, avión o cualquier otro vehículo.

pilote *s. m.* Madero puntiagudo que se hinca en tierra para consolidar cimientos, servir de soporte, etc.

piloto *s. com.* Persona que gobierna o dirige un buque, un avión, un helicóptero o automóvil. || Conductor de un vehículo (motocicleta, automóvil) en una competencia deportiva. || *fig.* Luz roja en la parte posterior de un vehículo. *Dejar el piloto encendido al estacionarse.* Pequeña lámpara que sirve para indicar que funciona un aparato. || Llama que sirve para encenderlos. || *adj.* Relativo a lo que sirve de modelo. *Granja, fábrica piloto.*

piltra *s. f. fam.* Cama.

piltrafa *s. f.* Parte de carne flaca en la que casi todo es pellejo. *Elena sólo le da a su perro piltrafas.* || Conjunto de residuos menudos de cualquier cosa. || *loc. fam.* Persona de poca consistencia física o moral. || *Méx. Estar hecho una piltrafa:* estar agotado.

pilucho, cha *adj. Chil.* Desnudo.

pimentón *s. m.* Polvo de pimientos encarnados secos.

pimienta *s. f.* Fruto picante usado como condimento. || *fig.* Gracia.

pimiento *s. m.* Planta solanácea cuyo fruto es una baya hueca, generalmente cónica, al principio verde y después roja. || Fruto de esta planta. || Pimentón. || *loc. fig. Me importa un pimiento:* me da igual.

pimpinela *s. f.* Planta rosácea.

pimpollo *s. m.* Vástago que echan las plantas. || Árbol nuevo. || Capullo de rosa. || *fig.* y *fam.* Niño o niña, muchacho o muchacha que se distinguen por su belleza.

pinacate *s. m. Méx.* Escarabajo de color negro que despide un olor desagradable cuando es atacado.

pinacoteca *s. f.* Galería de pintura.

pináculo *s. m.* Parte más elevada de un edificio monumental o templo. || *fig.* Cumbre, cima, auge.

pinar *s. m.* Bosque de pinos.

pincel *s. m.* Instrumento hecho con pelos atados a un mango con que el pintor asienta los colores. || *fig.* Pintor, estilo de éste o modo de pintar.

pincelada *s. f.* Trazo o toque que se da con el pincel. || *fig.* Expresión concisa de una idea o de un rasgo.

pincelar *t.* Pintar.

pinchar *t.* Picar, punzar con una cosa aguda o punzante. *Pinchar con un alfiler.* || *fig.* Irritar, provocar. || Enojar, picar. || *intr.* Perforarse una cámara de aire. || *pr. fam.* Inyectarse.

pinchazo *s. m.* Herida que se hace con un objeto que pincha. || Perforación que provoca la salida del aire de un neumático, balón, etc. || *fam.* Inyección. || *fig.* y *fam.* Hecho o dicho con los que se mortifica a una persona o se la incita a hacer algo.

pinche *adj. fam. vulg. Méx.* Despreciable, miserable, de mala calidad. || *s.* Ayudante de cocina. || *fam. Chil.* Persona con quien se forma pareja en una relación amorosa informal y de corta duración.

pincho *s. m.* Punta aguda de una cosa. *El cuchillo tiene un afilado pincho.* || *Esp.* Aperitivo que se sirve con un mondadientes o palillo.

pineda *s. f.* Pinar.

pingo *s. m.* Pingajo. || *Arg., Chil.* y *Uy.* Caballo. || *Méx.* Muchacho travieso. *Ese niño es un pingo que no deja de hacer travesuras a sus hermanas.*

ping-pong *s. m.* Juego de tenis sobre una mesa.

pingüe *adj.* Abundante.

pingüino *s. m.* Ave que vive en la zona del círculo antártico, de color negro y blanco y con alas pequeñas e inútiles para volar.

pinitos *s. m. pl.* Primeros pasos del niño. || *fig.* Principios.

pinnípedo, da *adj.* Se dice de los mamíferos marinos de patas palmeadas, como la foca, la otaria, la morsa. || *s. m. pl.* Orden formado por estos animales.

pino *s. m.* Árbol con tronco de madera resinosa y hojas siempre verdes que da frutos llamados «piñas». || *s. m. Chil.* Relleno de la empanada.

pinol o **pinole** *s. m. Amér. C.* y *Méx.* Harina de maíz o amaranto tostado que se mezcla con cacao, azúcar y canela y se come como golosina o se usa para preparar una bebida refrescante y otros alimentos.

pinolate *s. m. Méx.* Bebida de pinole, azúcar y cacao, con agua.

pinole *s. m. Amér.* Mezcla de vainilla y otros ingredientes aromáticos que se echaban para darle color y sabor al chocolate.

pinta[1] *s. f.* Medida de capacidad de poco menos o poco más de medio litro. *En Inglaterra miden la cerveza en pintas y no en litros.*

pinta[2] *s. f.* Mota, lunar, mancha. || Apariencia. *Con esa bata blanca, ese hombre tiene pinta de médico.* || *loc. fam. Méx. Irse de pinta:* faltar a clases en la escuela sin tener permiso para ello.

pintado, da *adj.* Naturalmente matizado de diversos colores. || *fig.* Exacto. *Es su padre pintado.* || *s. m.* Acción de pintar. || *s. f.* Letrero o dibujo hechos con la mano en un muro, generalmente de contenido político o social. || Acción y efecto de pintar en las paredes expresiones, por lo común políticas. || Gallina de Guinea. || *loc. fig. El más pintado:* el más listo. || *Venir como pintado:* venir muy bien: || *Arg., Cub., Hond., Nic., Py., Per., Uy.* y *Ven. Estar alguien pintado:* no tener presencia ni autoridad real.

pintalabios *s. m.* Barra para pintarse los labios.

pintar *t.* Representar cosas o seres vivos con líneas y colores. *Pintar un paisaje.* || Cubrir con pintura. *Pintó su coche.* || *fam.* Dibujar. || *fig.* Describir. *Pintar una escena.* || *intr. fig.* y *fam.* Tener importancia o influencia. *Yo no pinto nada en la dirección de la empresa.* || Señalar a un palo de la baraja su calidad de triunfo. *Pintan oros.* || *pr.* Darse colores y cosméticos. *Pintarse los labios.* || *fig.* Manifestarse, dejarse ver.

pintarrajar o **pintarrajear** *t. fam.* Pintorrear.

pintarroja *s. f.* Lija, pez selacio.

pintiparado, da *adj.* Muy parecido. *Es su madre pintiparada.* || Muy adecuado u oportuno. *Esto me viene pintiparado.* || Adornado, emperejilado. *Iba muy pintiparado.*

pintiparar *t.* Comparar, cotejar. || Hacer parecida una cosa a otra.

pintor, ra *s.* Persona que se dedica a la pintura.

pintoresco, ca *adj.* Vivo, muy gráfico y expresivo. *Lenguaje pintoresco.* || Original.

pintorrear *t.* Pintar sin arte.

pintura *s. f.* Arte de pintar. || Obra pintada. || Sustancia con que se pinta. *Pintura verde.* || *fig.* Descripción. || *Pintura rupestre,* la prehistórica, que se encuentra en cavernas o sobre rocas. *Son famosas las pinturas rupestres de Altamira, en España.*

pinzas *s. f. pl.* Instrumento de metal a modo de tenacillas para coger o sujetar cosas pequeñas. *Pinzas de cirugía.* || Órgano prensil de los crustáceos, insectos y otros animales. *Pinzas del cangrejo.* || Pliegue hecho en el interior de la ropa para estrecharla o como adorno.

pinzón *s. m.* Pájaro insectívoro.

piña *s. f.* Fruto del pino. || Ananás. || *fig.* Conjunto de personas o cosas muy unidas.

piñata *s. f.* Olla adornada con papel, que se llena de dulces u otros regalos y se cuelga para ser rota con un palo durante algunas fiestas populares. *Los niños quebraron las dos piñatas que hubo en la fiesta de cumpleaños de Armando.*

piñazo *s. m. Arg.* y *Uy.* Puñetazo.

piñón *s. m.* Simiente del pino, dulce y comestible en el pino piñonero. || Esta simiente bañada en azúcar. || Rueda dentada de un sistema de transmisión de movimiento en la que engrana una cadena de eslabones articulados. *El piñón de una bicicleta.* || La menor de las dos ruedas dentadas de un engranaje.

pío *onomat.* Voz del pollo o de un ave.

pío, a *adj.* Devoto.

piocha *s. f. Méx.* Barba terminada en punta que cubre únicamente la barbilla.

piojo *s. m.* Género de insectos hemípteros, parásitos en el hombre y en los animales.

piola *adj.* y *s. f. fam. Arg., Py.* y *Uy.* Agradable, simpático. || *Arg.* y *Uy.* Astuto, pícaro. || Juego en el que los jugadores saltan alternativamente unos por encima de otros.

piolín *s. m. Amér. C.* y *Amér. Merid.* Cordel delgado de cáñamo, algodón u otra fibra.

pionero, ra *s.* Persona que abre el camino a otras, adelantándose. || Colonizador norteamericano que, durante los siglos XVIII y XIX, protagonizó la expansión desde las colonias del Este hasta el Pacífico. || *fig.* Persona que inicia una actividad completamente nueva y sirve de indicador a aquellos que intentarán hacer lo mismo después.

piorrea *s. f.* Flujo de pus, especialmente en las encías.

pipa *s. f.* Utensilio formado por una cazoleta y una boquilla, usado para fumar. *Existen pipas con formas rectas, curvas y cuadradas.* || Tonel para líquidos. *En la bodega hay una pipa llena de vino.* || Semilla de algunas frutas como la sandía y el melón. || *Méx.* Camión que lleva un depósito grande para transportar líquidos. *Como en esa colonia no hay tuberías, tienen que contratar pipas que lleven el agua.*

pipeta *s. f.* Tubo de cristal, ensanchado en su parte media, para transvasar pequeñas porciones de líquidos.

pipí *s. m. fam.* Orina.

pipián *s. m. Méx.* Salsa que se prepara con pepitas de calabaza molidas, chile y especias. *El pato en pipián es uno de los platillos clásicos de la cocina mexicana.*

pípila *s. m. Méx.* Guajolote, pavo.

pipirigallo *s. m.* Planta herbácea de la familia de las papilonáceas.

pique *s. m.* Resentimiento, enfado. || Sentimiento de emulación o rivalidad. || Amor propio. || *Amér.* Nigua, insecto. || Senda estrecha. || *loc. A pique:* a punto de, próximo a; a plomo, perpendicularmente. || *loc. fig. Echar a pique:* destruir una empresa. || *Irse a pique:* fracasar una empresa; arruinarse.

piqué *s. m.* Tela de algodón.

piquera *s. f.* En los altos hornos, agujero por donde sale el metal fundido.

piqueta *s. f.* Zapapico.

piquete *s. m.* Número reducido de soldados empleados para ciertos servicios. || *loc. fam. Piquete de huelga:* grupo de huelguistas que se colocan a la entrada de un lugar de trabajo y cuidan de la buena ejecución de las consignas de huelga.

pira *s. f.* Hoguera.

piragua *s. f.* Embarcación larga y estrecha, en general de una pieza.

piragüismo *s. m.* Deporte que hacen los aficionados a la piragua o canoa.

piragüista *s. com.* Persona que conduce una piragua.

pirámide *s. f.* Sólido que tiene por base un polígono y cuyas caras son triángulos que se reúnen en un mismo punto llamado «vértice». || Monumento que tiene la forma de ese sólido. *Las pirámides de Cholula.* || Montón de objetos que tienen la misma forma.

piraña *s. f.* Pez muy voraz.

pirarse *pr. fam.* Largarse, irse, marcharse. || *fam. Méx.* Morirse. || Perder la cabeza, enloquecer.

pirata *adj.* Clandestino, ilegal. ‖ *s. com.* Persona que asalta y roba a barcos en el mar. *Sir Francis Drake fue un pirata muy famoso.*

piratear *intr.* Perpetrar actos propios de un pirata. *Los corsarios y los bucaneros pirateaban en los mares durante el siglo* XVII. ‖ Cometer delitos que lesionan la propiedad intelectual. *Un productor pirateó una novela y tendrá que pagar una fuerte multa.*

piratería *s. f.* Actividad del pirata. ‖ Clandestinidad, ilegalidad.

piraya *s. f. Amér.* Piraña.

pirca *s. f. Amér.* Pared o muro hecho con piedras y barro.

pirenaico, ca *adj.* y *s.* De los Pirineos.

pírex *s. m.* Cristal poco fusible y muy resistente al calor.

pirita *s. f.* Sulfuro natural de hierro o de cobre. *La pirita es el «oro de los tontos».*

pirógeno, na *adj.* Que causa fiebre.

pirómano, na *adj.* y *s.* Que tiene la manía de provocar incendios.

piropear *t. fam.* Echar piropos.

piropo *s. m. fam.* Requiebro.

pirosfera *s. f.* Masa candente en el centro de la Tierra.

pirosis *s. f.* Sensación de ardor desde el estómago hasta la faringe.

pirotecnia *s. f.* Arte de preparar explosivos y fuegos artificiales.

pírrico, ca *adj.* Dicho de un triunfo o de una victoria: Obtenidos con más daño del vencedor que del vencido. ‖ *loc. fam. Victoria pírrica:* La que se logra con muchos sacrificios.

pirú o **pirul** *s. m. Méx.* Árbol de tronco torcido y fruto globoso, cuya semilla tiene un sabor parecido a la pimienta. *Se dice que si uno se duerme bajo un pirú le dolerá la cabeza.*

pirueta *s. f.* Vuelta ágil y rápida hecha sobre la punta de un pie. *La bailarina podía dar 40 piruetas sin parar ni perder el equilibrio.*

pirulí *s. m.* Caramelo montado sobre un palito.

pis *s. f. fam.* Orina. *El niño se hizo pis, por eso voy a cambiarle el pañal.*

piscis *adj.* y *s.* Relativo a los nacidos en signo zodiacal que va del 22 de febrero al 21 de marzo.

pisa *s. f.* Acción y efecto de pisar. ‖ Operación consistente en estrujar uvas o aceitunas en el lagar o en el molino para hacer vino o aceite.

pisada *s. f.* Huella que deja el pie en la tierra. ‖ Ruido que hace una persona al andar. *Se oían sus pisadas.*

pisado *s. m.* Pisa.

pisar *t.* Poner el pie sobre algo. *Me has pisado el pie.* ‖ Apretar o estrujar con el pie o con un instrumento. *Pisar la uva.* ‖ Entre las aves, cubrir el macho a la hembra. *Pisar el palomo a la paloma.* ‖ *fig.* Pisotear. *Pisar la constitución, las leyes.* ‖ Aprovechar una cosa anticipándose a otra persona. *Pisarle el puesto a uno.* ‖ Entrar en un lugar, estar en él. *Es la última vez que piso este sitio.*

piscícola *adj.* De la piscicultura.

piscicultura *s. f.* Arte de criar peces y fomentar su reproducción.

piscina *s. f.* Estanque artificial para nadar y bañarse.

pisco *s. m. Bol., Chil.* y *Per.* Aguardiente de uva. ‖ *Col.* y *Ven.* Pavo.

piscolabis *s. m. Esp. fam.* Refrigerio o aperitivo. *El piscolabis que comí acentuó mi apetito.*

piso *s. m.* Suelo de un edificio, habitación o terreno. *El piso de una carretera.* ‖ Cada una de las plantas de una casa. *Primer, último piso.* ‖ Vivienda. *Un piso de cinco habitaciones.* ‖ En geología, cada una de las capas que se distinguen en un terreno.

pisón *s. m.* Instrumento pesado con el cual se golpea el suelo para apretar la tierra, el asfalto, piedras, hormigón, a fin nivelar los adoquines, etc.

pisotear *t.* Pisar repetidamente. *Este periódico ha sido pisoteado en el suelo.* ‖ *fig.* Humillar, maltratar de palabra. *Pisotear al vencido.* ‖ Hacer caso omiso de, infringir. *Pisotear las leyes.*

pisoteo *s. m.* Acción de pisotear.

pisotón *s. m.* Acción de pisar.

pispiar o **pispar** *t. Amér. Merid.* Observar lo que otros hacen sin ser visto.

pisqueño, ña *adj.* y *s.* De Pisco, ciudad de Perú.

pista *s. f.* Rastro o huellas de los animales en la tierra por donde han pasado. *La pista del jabalí.* ‖ Sitio destinado a jugar al tenis, a las carreras y otros ejercicios. *La pista de un hipódromo, de un circo.* ‖ Sitio adecuadamente preparado para ciertas cosas. *Pista de baile.* ‖ Terreno destinado al despegue y aterrizaje de los aviones. ‖ Camino provisional. *Pista militar.* ‖ *fig.* Conjunto de indicios que puede conducir a la averiguación de un hecho. ‖ Parte de la cinta magnética en que se graban los sonidos.

pistache *s. m. Méx.* Pistacho.

pistachero *s. m.* Alfóncigo, árbol.

pistacho *s. m.* Fruto del alfóncigo.

pistilo *s. m.* Órgano femenino de la flor.

pisto *s. m.* Fritada de pimientos, tomates, cebolla y varias hortalizas más. ‖ *Amér. C.* Dinero. ‖ *loc. fig.* y *fam. Darse pisto:* darse importancia.

pistola *s. f.* Arma de fuego pequeña, de cañón corto y que se dispara con una sola mano. ‖ Pulverizador para pintar.

pistolero, ra *s.* Bandido con pistola.

pistón *s. m.* Émbolo. ‖ En música, llave en forma de émbolo de ciertos instrumentos. *La tuba tiene pistones.* ‖ Corneta de llaves.

pistonudo, da *adj. fam.* Excelente.

pita *s. f.* Planta amarilidácea de hojas grandes y carnosas. ‖ Acción de pitar, abucheo. *Al entrar recibió una pita.*

pitada *s. f. Arg., Bol., Chil., Ecua., Py., Per.* y *Uy.* Acción de inhalar y exhalar el humo de un cigarro. ‖ *fig.* Pita, abucheo.

pitahaya *s. f. Amér.* Planta cactácea.

pitanza *s. f. fam.* Alimento cotidiano.

pitar *intr.* Tocar el pito. ‖ *fig.* y *fam.* Ir algo a medida de los deseos de uno. *Mi negocio pita.* ‖ Funcionar. ‖ *fam. Salir pitando,* irse a todo correr. ‖ *t.* Manifestar desaprobación o descontento mediante silbidos. *Pitar a un torero.* ‖ *fam.* Arbitrar un encuentro deportivo.

pitazo *s. m. Méx.* Aviso, soplo. *Lo arrestaron gracias a un pitazo.*

pitecántropo *s. m.* Primate fósil.

pitido *s. m.* Silbido.

pitillera *s. f.* Petaca.

pitillo *s. m.* Cigarrillo.

pitiminí *s. m.* Rosal de flor pequeña.

pito *s. m.* Instrumento que al ser soplado produce un sonido agudo. *Los pitos que les dieron a los ni-*

ños en la fiesta hacían mucho ruido. || *vulg.* Pene, miembro viril.

pitón *s. m.* Cuerno que empieza a salir a ciertos animales. *Pitón del toro.* || Especie de clavo utilizado en montañismo. || Reptil de Asia y África no venenoso.

pitonazo *s. m.* Cornada.

pitonisa *s. f.* Sacerdotisa de Apolo.

pitorrearse *pr. fam.* Burlarse. *Es un hombre bobo que se pitorrea de todo y de todos.*

pitorreo *s. m.* Hecho de burlarse o hacerle bromas a otro.

pitorro *s. m.* En los botijos, tubo para la salida del líquido.

pituco, ca *adj. y s. Amér. Merid.* Cursi. *Vi unos muebles carísimos y pitucos en la tienda.* || *Amér. Merid. y Arg.* Persona vestida de manera elegante. *Los pitucos sólo piensan en arreglarse y comprar ropa.*

pituita *s. f.* Mucosidad de las membranas de la nariz y los bronquios.

pituitario, ria *adj. Membrana pituitaria,* la mucosa de la nariz.

piurano, na *adj. y s.* De Piura, ciudad de Perú.

pivotante *adj.* Se aplica a la raíz central de ciertas plantas que profundiza verticalmente en la tierra. || Que gira.

pivote *s. m.* Pieza cilíndrica que gira sobre un soporte. || Soporte en el que puede girar algo. || En baloncesto, delantero centro.

pixel o **píxel** *s. m.* Abreviatura de «picture element» (elemento pictórico), el menor de los elementos de una imagen al que se puede aplicar color o intensidad.

piyama *s. m. y f. Amér.* Pijama.

pizarra *s. f.* Roca estratificada de color gris o azulado. *Las casas de montaña tienen techos de pizarra.* || Trozo de la roca de ese nombre preparado para escribir sobre él.

pizarral *s. m.* Sitio donde hay pizarras.

pizarrón *s. m. Amér.* Pizarra, encerado. *La maestra escribió en el pizarrón lo que teníamos que copiar.*

pizca *s. f. fam.* Porción pequeña.

pizza *s. f.* Alimento de origen italiano a base de masa delgada de pan a la que se le ponen tomate, queso e ingredientes variados. *César pidió una pizza de anchoas.*

pizzería *s. f.* Restaurante en el que se sirven pizzas.

pizzicato *s. m.* En música, modo de ejecución en los instrumentos de arco que consiste en pellizcar las cuerdas con los dedos. || Fragmento ejecutado de esta manera.

placa *s. f.* Lámina, plancha u hoja delgada y rígida. || Lámina de cristal o de metal sensibilizada que sirve para obtener una prueba fotográfica negativa. || En medicina, mancha en la piel o en una mucosa provocada por una dolencia. || Insignia de ciertas órdenes y profesiones. || Lámina de metal, mármol, materia plástica, etc., que se coloca en la puerta de una casa con la inscripción para señalar el nombre, la profesión de la persona que la ocupa o cualquier otra cosa. || *Méx.* Matrícula de un auto. || *loc. Placa tectónica:* sección de gran tamaño de la corteza terrestre que flota sobre el manto.

placard *s. m. Arg. y Uy.* Armario empotrado.

placeado, da *adj. fig.* Experimentado.

placear *t.* Vender comestibles al por menor. || *fig.* Ejercitarse.

pláceme *s. m.* Felicitación.

placenta *s. f.* Órgano ovalado que une al feto con la superficie del útero.

placentario, ria *adj.* Relativo a la placenta. || *s. m. pl.* Mamíferos que están provistos de placenta.

placentero, ra *adj.* Agradable.

placer¹ *intr.* Agradar.

placer² *s. m.* Sentimiento experimentado a causa de algo que agrada. || Gusto. *Le ayudaré con sumo placer.* || Diversión, entretenimiento. *Los placeres de la vida.* || Voluntad. *Tal es mi placer.* || Banco de arena en el mar. || Yacimiento superficial aurífero. || Pesquería de perlas en América. || *loc. A placer:* a medida de sus deseos.

placible *adj.* Placentero.

placidez *s. f.* Calma, apacibilidad.

plácido, da *adj.* Tranquilo.

plaga *s. f.* Calamidad grande.

plagar *t.* Llenar.

plagiar *t.* Copiar o imitar.

plagiario, ria *adj. y s.* Que plagia.

plagio *s. m.* Copia o imitación. || *Amér.* Secuestro.

plaguicida *adj. y s. m.* Que se emplea para combatir las plagas.

plan *s. m.* Estructura general de una obra. *El plan de una novela.* || Intención, proyecto. *No tengo ningún plan para esta tarde.* || Programa, detalle de las cosas que hay que hacer para la ejecución de un proyecto. *Plan de trabajo.* || Conjunto de medidas gubernamentales o intergubernamentales tomadas para organizar y desarrollar la actividad económica. *Plan quinquenal.* || Altitud o nivel. || Régimen y tratamiento médico prescrito a un enfermo. *Estar a plan para adelgazar.* || *Méx.* Compromiso político de carácter revolucionario. *El Plan de Iguala.* || Chico o chica con quien uno sale. || Relación que éstos tienen entre sí. || Mujer fácil en amores. || *loc. En plan de:* en concepto de.

plana *s. f.* Cara de una hoja de papel. || Página de escritura hecha por los niños. || Página de composición.

plancha *s. f.* Lámina o placa de metal. || Utensilio consistente en una superficie metálica calentada generalmente por una resistencia eléctrica y un asa que sirve para planchar la ropa. || Conjunto de ropa planchada. || En el futbol, plantillazo, golpe dado con la planta del pie. || Modo de nadar flotando en el agua de espaldas. *Hacer la plancha.* || En gimnasia, posición horizontal del cuerpo en el aire apoyándose en las manos que están asidas a un punto. || *fig.* Metedura de pata. *Tirarse una plancha.* || *loc. Plancha a vela:* tabla a vela.

planchado *s. m.* Acción de planchar.

planchar *t.* Desarrugar la ropa con la plancha caliente o una máquina especial.

planchazo *s. m.* En el futbol, plantillazo. || *fam.* Metedura de pata. *Tirarse un planchazo.*

plancton *s. m.* Conjunto de los organismos microscópicos que viven en suspensión en las aguas marinas o dulces.

planeador *s. m.* Avión sin motor.

planeamiento *s. m.* Acción de planear.

planear *t.* Trazar el plan de una obra. || Proyectar. *Planear una conspiración.* || *intr.* Cernerse en el aire como las aves. || Hacer proyectos. || *loc. Vuelo planeado:* el de un avión que vuela sin motor.

planeta *s. m.* Cuerpo celeste opaco que gira alrededor del Sol. || *loc. Planetas externos:* los planetas del sistema solar que se hallan más alejados del Sol que de la Tierra. ‖ *Planetas internos:* los planetas del sistema solar que se encuentran entre la Tierra y el Sol.

planetario, ria adj. Relativo a los planetas. ‖ Relativo a todo el mundo. *A escala planetaria.* ‖ s. m. Aparato mecánico con el cual se imita el movimiento de los planetas. ‖ Planetarium. ‖ En un mecanismo diferencial, piñón montado directamente en los árboles mandados por los satélites de la corona.

planetarium s. m. Dispositivo para reproducir los movimientos de los cuerpos celestes en una bóveda que figura el firmamento.

planetoide s. m. Asteroide.

planicie s. f. Llanura. ‖ Meseta.

planificación s. f. Programación.

planificador, ra s. Persona que se ocupa de la planificación.

planificar t. Establecer un plan para organizar una actividad.

planilla s. f. Documento que se rellena con datos. ‖ *Méx.* Cada uno de los grupos que contienden en un proceso electoral. *Aspiran a ocupar la mesa directiva dos planillas: la roja y la azul.*

planisferio s. m. Mapa que representa las esferas celeste o terrestre.

plano, na adj. Llano, de superficie lisa. ‖ s. m. Relativo al plano. *Geometría plana.* ‖ Se dice del ángulo que es igual a dos rectos. ‖ En geometría, superficie plana limitada. ‖ Representación gráfica de las diferentes partes de una ciudad, un edificio, una máquina, etc. *Un plano de la Ciudad de México.* ‖ Elemento de una película fotografiado en una sola toma de vistas. *Primer plano.* ‖ *fig.* Esfera, terreno.

planta s. f. Nombre genérico de todo lo que vive adherido al suelo por medio de raíces. *Planta herbácea.* ‖ Plantío. ‖ Parte de la pata que se apoya en el suelo. ‖ Plano. *La planta de un templo.* ‖ Piso. *Vivir en la primera planta.* ‖ Pie de una perpendicular. ‖ Fábrica, instalación. *Planta eléctrica.* ‖ *fam.* Presencia. *Tener buena planta.*

plantación s. f. Acción de plantar. ‖ Conjunto de lo plantado.

plantado, da loc. adj. *Bien plantado:* Que tiene buena facha, buena presentación, buen porte.

plantar[1] adj. De la planta del pie.

plantar[2] t. Meter en tierra una planta o un vástago para que arraigue. *Plantar vides.* ‖ *fig.* Clavar en tierra. *Plantar postes.* ‖ Colocar. *Plantar su tienda en un campo.* ‖ Establecer, fundar. ‖ *fig. y fam.* Asestar un golpe. *Plantar un bofetón.* ‖ Poner con violencia. *Lo plantaron en la calle.* ‖ Dejar a uno burlado. ‖ Abandonar. *Lo plantó la novia.* ‖ Dejar callado, callar. ‖ *loc. fam. Dejar plantado:* abandonar. ‖ *pr. fig.* Ponerse de pie firme en un sitio. *Plantarse ante la puerta.* ‖ *fig. y fam.* Llegar a un sitio sin tardar mucho. *En una hora me plantaré en tu casa.* ‖ Pararse un animal sin querer seguir adelante. *Plantarse el caballo.* ‖ En ciertos juegos, no querer un jugador pedir más cartas.

plante s. m. Protesta de un grupo para exigir o rechazar algo.

planteamiento s. m. Acción y efecto de plantear.

plantear t. Proponer o exponer un problema, un tema, etc. *Mi padre está planteando la posibilidad de cambiar de trabajo.*

plantel s. m. Institución donde se forman personas hábiles para cierta cosa. *El plantel sur de la universidad enseña cuatro carreras.* ‖ Criadero de plantas. ‖ *Arg.* Conjunto de animales que pertenecen a un establecimiento ganadero. ‖ *Arg.* Conjunto de integrantes de una empresa, equipo deportivo, etc.

planteo s. m. Planteamiento.

plantígrado, da adj. Relativo al cuadrúpedo que al andar apoya en el suelo toda la planta del pie. *El oso es un plantígrado.*

plantilla s. f. Pieza usada como modelo. *Mi madre utilizó una plantilla para hacer un vestido.* ‖ Personal fijo de una empresa. ‖ Pieza que cubre la planta del calzado. *En invierno es bueno usar plantillas térmicas.*

plantillazo s. m. En futbol, golpe dado al adversario con la planta del pie.

plantío s. m. Lugar plantado de vegetales.

plantón s. m. Acto de dejar a alguien esperando inútilmente. ‖ *Méx.* Grupo de personas que se reúne en un lugar público para protestar por algo.

plántula s. f. Planta recién germinada que todavía se alimenta de las reservas de la semilla. *Los germinados de soya son plántulas.*

plañidero, ra adj. Lloroso. ‖ s. f. Mujer contratada que llora en los entierros.

plañido s. m. Lamento, queja.

plañir intr. Gemir y llorar.

plaqué s. m. Chapa delgada de oro o plata con que se cubre otro metal de menor valor.

plaqueta s. f. Placa pequeña. ‖ Elemento celular de la sangre.

plasma s. m. Líquido donde están los glóbulos de la sangre y de la linfa.

plasmador, ra adj. Que plasma.

plasmar t. Dar forma. ‖ *fig.* Manifestar, concretar.

plasmodio s. m. Masa del citoplasma que tiene varios núcleos. ‖ Esporozoo parásito que causa la malaria.

plasta s. f. Masa blanda. ‖ Cosa aplastada. ‖ *fam.* Persona pesada.

plastia s. f. Intervención quirúrgica que modifica las formas o las relaciones entre los órganos.

plástica s. f. Aspecto de una persona o cosa desde el punto de vista de la estética.

plasticidad s. f. Calidad de plástico.

plasticina s. f. *Chil., C. Rica, Méx.* y *Uy.* Plastilina.

plástico, ca adj. Relativo a la plástica. *Artes plásticas.* ‖ Moldeable. *Materia plástica.* ‖ Expresivo. *Fuerza plástica.* ‖ s. m. Materia sintética consistente, por lo general, en resina artificial, susceptible de ser modelada o moldeada en caliente o a presión. ‖ Explosivo que tiene la consistencia de la masilla.

plastificación s. f. o **plastificado** s. m. Acción y efecto de plastificar.

plastificar t. Recubrir algo entre dos capas de plástico.

plastilina s. f. *Méx.* Sustancia parecida a una pasta suave que sirve para hacer figuras.

plasto s. m. Orgánulo de las células vegetales que puede cargarse de diversas sustancias nutritivas o de pigmentos.

plata adj. Del color de la plata. ‖ s. f. Metal precioso, de un color blanco brillante, inalterable y muy dúctil; su número atómico es 47 y su símbolo Ag. ‖ Vajilla u otros objetos de este metal. ‖ *fig.* Moneda o monedas de este metal. ‖ *fam.* Dinero. *Tiene mucha plata.*

plataforma s. f. Tablero horizontal más elevado que lo que le rodea. ‖ Parte de un tranvía o de un autobús en la que se viaja de pie. ‖ Vagón descubierto y con bordes de poca altura. ‖ Estación de perforación petrolífera instalada en el mar. ‖ Programa. *Plataforma electoral.* ‖ *fig.* Lo que sirve para lograr algún fin.

platanáceo, a *adj.* y *s.* Se dice de unas plantas angiospermas como el plátano. ‖ *s. f. pl.* Familia que forman.

platanal o **platanar** *s. m.* Terreno que está plantado de plátanos.

platanero *s. m.* Plátano, árbol.

plátano *s. m.* Planta cuyos frutos, agrupados en racimos, tienen un sabor dulce y agradable. ‖ Este fruto. ‖ Árbol de adorno de la familia de las platanáceas.

platea *s. f.* Palco en la planta baja de un teatro.

plateado, da *adj.* De color de plata. ‖ *s. m.* Acción de platear.

platear *t.* Cubrir con plata.

platelminto *adj.* y *s. m.* Se dice de un grupo de gusanos que tienen el cuerpo en forma de cinta, como la tenia. ‖ *pl.* Este grupo.

platense *adj.* y *s. com.* De la región del Río de la Plata o de la ciudad de La Plata, en Argentina y Uruguay.

plateresco, ca *adj.* Se dice de un estilo arquitectónico español del siglo XVI en que se emplean elementos clásicos y ojivales con profusión de adornos y bajorrelieves.

platería *s. f.* Tienda donde se fabrican o venden artículos de plata.

platero, ra *s.* Persona que vende objetos hechos con plata. *Le compraré al platero un regalo para mi prima.*

plática *s. f.* Conversación, charla.

platicar *t. Amér.* Decir. ‖ *intr.* Hablar.

platillo *s. m.* Pieza pequeña semejante al plato. *La balanza tiene dos platillos.* ‖ Pieza metálica circular que forma un instrumento musical de percusión. *Las bandas militares usan platillos, trompetas y tambores.* ‖ *Méx.* Alimento preparado. *El banquete consistió de siete platillos y cinco postres.* ‖ *loc. Platillo volante* o *volador:* objeto que vuela, supuestamente extraterrestre.

platinar *t.* Cubrir con una capa de platino.

platino *s. m.* Metal precioso de color blanco grisáceo, el más pesado de los metales; su número atómico es 78 y su símbolo Pt. ‖ Pieza del motor del vehículo que sirve para que éste se encienda.

platirrinos *s. m. pl.* División de los monos.

plató *s. m.* Escenario de un estudio de cine o televisión.

plato *s. m.* Recipiente, generalmente redondo, donde se sirve la comida. ‖ Manjar, guiso. *Poner carne como plato fuerte.* ‖ Objeto en forma de disco. *Plato de la bicicleta.* ‖ Objeto circular móvil con que se ejercita la puntería. *Tiro al plato.* ‖ Plataforma circular sobre la que gira el disco en un tocadiscos.

platónico, ca *adj.* Relativo a Platón. ‖ Ideal, puramente espiritual.

platudo, da *adj. Amér.* Rico.

plausible *adj.* Que se puede admitir o aprobar. *Motivos plausibles.*

playa *s. f.* Extensión llana, cubierta de arena o guijarros, a orillas del mar o de un río. ‖ *Arg.* Aparcamiento.

playera *s. f. Méx.* Camiseta.

playero, ra *adj.* De playa. *Necesita ropa playera para usar durante el crucero.*

playo, ya *adj. Amér.* Que tiene poca profundidad.

plaza *s. f.* Lugar espacioso rodeado de casas en el interior de una población. ‖ Sitio parecido en un parque, etc. ‖ Mercado. *Ir a la plaza a hacer las compras.* ‖ Ciudad fortificada. *Plaza fuerte.* ‖ Inscripción en un libro del que quiere ser soldado. *Sentar plaza.* ‖ Población donde se hacen operaciones de comercio de cierta importancia. ‖ Oficio, puesto o empleo. *Tener una buena plaza.* ‖ Espacio que se reserva a un viajero en un medio de transporte. ‖ En un colegio, pensionado, hospital, hotel, hospicio, etc., lugar destinado para ser ocupado por una persona. ‖ Sitio. *Un estacionamiento de quinientas plazas.* ‖ Suelo del horno. ‖ *loc. Plaza de toros:* circo donde se verifican las corridas de toros.

plazo *s. m.* Tiempo máximo concedido para pagar una suma o hacer una cosa. ‖ Vencimiento del término. ‖ Cada parte de una cantidad pagadera en varias veces. ‖ *loc. A plazos:* pagando en dos o más veces y en fechas sucesivas.

plazoleta *s. f.* Plaza pequeña.

pleamar *s. f.* Marea alta.

plebe *s. f.* Pueblo bajo, populacho.

plebeyez *s. f.* Calidad de plebeyo.

plebeyo, ya *adj.* Propio de la plebe. ‖ Que no es noble ni hidalgo. *Hombre plebeyo.*

plebiscitar *t.* Someter a plebiscito. ‖ Ratificar por plebiscito.

plebiscito *s. m.* Resolución tomada por todos los habitantes de un país a pluralidad de votos. ‖ Votación de todos los ciudadanos para legitimar algo.

pleca *s. f.* Raya que se pone en un impreso para separar bloques de texto o para decorar la página.

plegado *s. m.* Acción de plegar.

plegamiento *s. m.* Deformación de las capas de la corteza terrestre. ‖ Plegado.

plegar *t.* Hacer pliegues en una cosa. ‖ Doblar especialmente los pliegos. *Plegar un libro.* ‖ *pr.* Someterse.

plegaria *s. f.* Oración.

pleistoceno *s. m.* Primera época del periodo Cuaternario.

pleiteante *adj.* y *s. com.* Que pleitea.

pleitear *intr.* Litigar o contender judicialmente sobre una cosa.

pleitesía *s. f.* Acatamiento.

pleito *s. m.* Proceso judicial.

plenario, ria *adj.* Completo, en que participan todos los miembros. *Asamblea plenaria.* ‖ *loc. Indulgencia plenaria:* remisión total de las penas debidas a los pecados.

plenilunio *s. m.* Luna llena.

plenipotencia *s. f.* Pleno poder.

plenipotenciario, ria *adj.* y *s.* Se aplica a la persona enviada por su gobierno a otro con plenos poderes.

plenitud *s. f.* Totalidad. ‖ Abundancia. ‖ *fig.* Completo desarrollo.

pleno, na *adj.* Lleno, completo. ‖ *loc. Plenos poderes:* delegación temporal del Poder Legislativo de parte del parlamento a un gobierno; capacidad para negociar o concertar un acuerdo. ‖ *s. m.* Reunión plenaria.

pleonasmo *s. m.* Repetición de palabras que tiene un sentido equivalente, como «subir arriba», «bajar abajo», etc.

plétora *s. f.* Gran abundancia de alguna cosa. *Con el verano llegó una plétora de turistas.*

pletórico, ca *adj.* Pleno, lleno. *En la mesa hay una cesta pletórica de frutas de muchos tipos.*

pleura *s. f.* Cada una de las membranas serosas que en ambos lados del pecho cubren las paredes de la cavidad torácica y la superficie de los pulmones.

pleuresia *s. f.* Inflamación de la pleura.
pleuritis *s. f.* Inflamación de la pleura.
plexiglás *s. m.* Resina sintética transparente, incolora y flexible que se emplea principalmente como vidrio de seguridad.
plexo *s. m.* En anatomía, red de filamentos nerviosos o vasculares entrelazados.
pléyade *s. f.* Grupo de personas.
plica *s. f.* Sobre cerrado y sellado.
pliego *s. m.* Papel doblado por la mitad. ‖ Hoja de papel. ‖ Carta o documento que se manda cerrado. ‖ Parte de una hoja de papel doblada 16 o 32 veces en los impresos. ‖ Memorial, resumen.
pliegue *s. m.* Doblez en una cosa normalmente lisa o plana. ‖ Tabla. *Los pliegues de una falda.* ‖ En geología, ondulación del terreno.
plinto *s. m.* En arquitectura, cuadrado sobre el que descansa la columna. ‖ Especie de taburete alargado de superficie almohadillada para ejercicios gimnásticos.
plioceno *s. m.* Último periodo de la era Terciaria.
plisado *s. m.* Acción de plisar.
plisar *t.* Hacer pliegues.
plomada *s. f.* Pesa de plomo que sirve para determinar la línea vertical.
plomería *s. f. Amér.* Oficio del plomero. ‖ Lugar donde el plomero tiene su taller.
plomero *s. m. Amér.* Fontanero. ‖ *Per.* Gasfitero.
plomizo, za *adj.* Que tiene plomo. *Actualmente ya no se usa la pintura plomiza en la cerámica.* ‖ De color o consistencia semejante al plomo. *El cielo está plomizo; va a llover.*
plomo *s. m.* Metal pesado, de color gris azulado, dúctil y maleable; su número atómico es 82 y su símbolo Pb. ‖ Fusible de hilo de plomo. ‖ Plomada. ‖ *fam.* Persona o cosa pesada e insoportable.
pluma *s. f.* Órgano que forma parte de la piel de las aves, formado por un tubo provisto de barbas. *Las plumas son el abrigo de las aves.* ‖ *Méx.* Instrumento con tinta para escribir.
plumaje *s. m.* Conjunto de plumas que cubren el cuerpo de un ave.
plumario, ria *adj.* Se aplica al arte de hacer mosaicos con plumas de ave. *El arte plumario era muy popular en la época prehispánica.*
plumazo *s. m.* Trazo de pluma.
plúmbeo, a *adj.* De plomo.
plumbífero, ra *adj.* Que tiene plomo. ‖ *fig.* Muy pesado o latoso.
plumero *s. m.* Conjunto de plumas reunidas y atadas en un mango que sirve para quitar el polvo. ‖ Estuche para lápices y plumas. ‖ Penacho de plumas. ‖ *Amér.* Pluma, portaplumas.
plumilla *s. f.* Parte de la pluma que sirve para escribir o dibujar.
plumón *s. m.* Pluma fina de las aves que se encuentra bajo el plumaje exterior. ‖ Utensilio usado para rotular.
plural *adj.* y *s. m.* En gramática, se dice del número que se refiere a dos o más personas o cosas.
pluralidad *s. f.* Gran número.
pluralismo *s. m.* Multiplicidad. ‖ Sistema político basado en la coexistencia de varias tendencias.
pluralista *adj.* Del pluralismo. ‖ *s. com.* Partidario del pluralismo.
pluralización *s. f.* Acción de pluralizar.

pluralizar *t.* Dar el número plural a palabras que ordinariamente no lo tienen. ‖ Aplicar a varios sujetos lo que sólo es propio de uno.
pluricultural *adj.* Relativo a varias culturas. *Vivimos en un mundo pluricultural.*
pluriempleo *s. m.* Trabajo de una persona en varios empleos o lugares diferentes.
plurilateral *adj.* Que interesa a varias partes.
pluripartidismo *s. m.* Sistema político en el que coexisten varios partidos.
pluripartidista *adj.* Del pluripartidismo. ‖ *s. com.* Partidario de este sistema.
plus *s. m.* Cualquier cantidad suplementaria, en especial la que se aplica al salario. *Con el plus que me dieron por trabajar los fines de semana voy a abrir una cuenta de ahorros.* ‖ *loc. plus ultra:* más allá.
pluscuamperfecto *s. m.* Tiempo del verbo que expresa una acción pasada que se ha producido antes que otra acción pasada. *En la frase «Cuando el niño llegó ya había comido», «había comido» es el pluscuamperfecto del verbo «comer».*
plusmarca *s. f.* Récord deportivo.
plusmarquista *s. com.* Persona que tiene un récord o plusmarca.
plusvalía *s. f.* o **plusvalor** *s. m.* Aumento del valor de un bien, por razones distintas al trabajo. *Las casas adquirieron plusvalía por las tres nuevas estaciones del metro que construyeron.*
plutirio *s. m.* Elemento sintético radioactivo, de apariencia desconocida, probablemente sólido; su peso atómico es 111 y su símbolo Pl.
plutocracia *s. f.* Gobierno ejercido por la clase de los ricos.
plutocrático, ca *adj.* Relativo a la plutocracia.
plutonio *s. m.* Elemento químico radiactivo, altamente tóxico; su número atómico es 94 y su símbolo Pu.
pluvial *adj.* Relativo a la lluvia.
pluviómetro *s. m.* Aparato para medir la cantidad de lluvia.
pluviosidad *s. f.* Abundancia de lluvia. ‖ Cantidad de lluvia caída.
pluvioso, sa *adj.* Lluvioso.
poblacho *s. m.* Pueblo pequeño.
población *s. f.* Conjunto de los habitantes de un país, región o ciudad. ‖ Aglomeración, agrupación de casas que puede llegar a formar un lugar o una ciudad. ‖ Acción de poblar.

poblado, da *adj.* Habitado. *Barrio muy poblado.* ‖ Arbolado. *Monte poblado.* ‖ Espeso. *Barba poblada.* ‖ *s. f.* Población.
poblador, ra *adj.* y *s.* Que habita.
poblano, na *adj.* y *s.* De Puebla, ciudad y estado de México. ‖ *fam. Amér.* Campesino.
poblar *t.* Establecer hombres, animales o vegetales en un lugar donde no los había.
pobre *adj.* Que no tiene lo necesario para vivir. *Hombre pobre.* ‖ *fig.* Que tiene algo en muy poca cantidad. *Pobre en vitaminas.* ‖ Estéril. *Terreno pobre.* ‖ De poco valor o entidad. *Libro pobre de contenido.* ‖ Desdichado. *El pobre de tu padre.* ‖ *s. com.* Mendigo.
pobretear *intr.* Comportarse como un pobre.
pobreza *s. f.* Condición del que no tiene lo necesario para vivir. ‖ Falta, escasez. *Pobreza de recursos.*

‖ Abandono voluntario de todos los bienes propios. *Voto de pobreza.* ‖ *fig.* Falta de magnanimidad. *Pobreza de ánimo.* ‖ Falta de entidad o de valor. *La pobreza de un tema.* ‖ Esterilidad de un terreno.

pochismo *s. m. Amér.* Calidad de pocho.

pocho, cha *s. Méx.* Persona de origen mexicano que vive en Estados Unidos de América y ha adoptado las costumbres estadounidenses.

pochoclo *s. m. Arg.* y *Uy.* Maíz inflado.

pocholo, la *adj. fam.* Bonito.

pochote *s. m. C. Rica, Hond.* y *Méx.* Árbol silvestre muy espinoso, cuyo fruto encierra una especie de algodón.

pocilga *s. f.* Establo para cerdos.

pocillo *s. m.* Vasija pequeña.

pócima *s. f.* Bebida de mal sabor.

poción *s. f.* Bebida.

poco, ca *adj.* Limitado en cantidad. *Pocos árboles.* ‖ *Ser poca cosa,* tener poca importancia. ‖ *s. m.* Cantidad pequeña. *Un poco de vino.* ‖ *adv.* En pequeña cantidad. *Beber poco.* ‖ Indica también corta duración. *Se quedó poco aquí.* ‖ Insuficientemente. *Este guiso está poco salado.* ‖ *loc. Dentro de poco:* pronto. ‖ *Poco a poco:* progresivamente. ‖ *Poco más o menos:* aproximadamente. ‖ *Por poco:* casi.

poda *s. f.* Acción de podar.

podagra *s. f.* En medicina, gota en el pie.

podar *t.* Cortar las ramas inútiles de los árboles y arbustos.

podenco, ca *adj.* y *s.* Se dice de una variedad de perros de caza.

poder[1] *s. m.* Capacidad para hacer algo. *Elías tiene poder para convencerme de jugar cuando me siento triste.* ‖ Dominio o influencia. *Elena tiene más poder en la empresa porque es la socia mayoritaria.* ‖ Gobierno de un Estado. *En una democracia, el poder está representado por su presidente.* ‖ Fuerza de una cosa para producir cierto efecto. *Los detergentes tienen poder limpiador.* ‖ *loc. Poder adquisitivo:* cantidad de cosas o servicios que se pueden comprar con cierta suma de dinero. *Con la crisis, el poder adquisitivo ha disminuido mucho.* ‖ *Poder Ejecutivo:* el que se encarga de aplicar las leyes hechas por el Poder Legislativo. ‖ *Poder Judicial:* el encargado de impartir justicia con base en las leyes que elabora el Poder Legislativo. ‖ *Poder Legislativo:* el que discute, aprueba, elabora y reforma las leyes que se aplican en un país.

poder[2] *t., intr.* e *impers.* Tener la facultad de hacer una cosa. ‖ Ser posible que suceda una cosa. *Puedes encontrar a mi hermano por la tarde.*

poderío *s. m.* Poder, dominio. *El poderío de la antigua Roma se extendió a través de toda Europa.* ‖ Conjunto de bienes, de los recursos económicos de un país, empresa o persona. *Japón es un país con gran poderío en el mundo.* ‖ Fuerza, energía física. *Los leones son animales de gran poderío.*

poderoso, sa *adj.* Activo, eficaz. *El doctor me recetó una píldora muy poderosa que me curó.* ‖ Que tiene mucho poder o riquezas.

podio *s. m.* Pequeña plataforma que ocupan los ganadores de los tres primeros lugares en una prueba deportiva.

podología *s. f.* Estudio médico del pie.

podólogo, ga *adj.* y *s.* Especialista en podología.

podredumbre *s. f.* Putrefacción.

podrido, da *adj.* Echado a perder. ‖ *fig.* Viciado, corrompido.

poema *s. m.* Obra en verso de alguna extensión. ‖ *loc. Poema sinfónico:* en música, composición para orquesta.

poemario *s. m.* Serie de poemas.

poesía *s. f.* Arte de componer versos. *Dedicarse a la poesía.* ‖ Cada uno de los géneros de este arte. *Poesía lírica.* ‖ Composición en verso, generalmente corta. ‖ Carácter de lo que produce una emoción afectiva o estética. *La poesía de un paisaje.*

poeta *s. com.* Persona que compone obras poéticas. El femenino también puede ser *poetisa.*

poetastro *s. m. fam. desp.* Mal poeta.

poético, ca *adj.* Relativo a la poesía o propio de ella. ‖ Que podría inspirar a un poeta. *Un asunto poético.* ‖ Que produce una emoción afectiva o estética. ‖ *s. f.* Tratado sobre los principios y reglas de la poesía.

poetisa *s. f.* Mujer poeta.

poetización *s. f.* Acción y efecto de poetizar o poetizarse.

poetizar *t.* Dar carácter poético.

poiquilotermo, ma *adj.* y *s.* Se aplica a los animales que no tienen una temperatura corporal constante. *Los reptiles son poiquilotermos.*

polaco, ca *adj.* y *s.* De Polonia, país de Europa. ‖ *s. m.* Lengua de ese país.

polaina *s. f.* Prenda que cubre el pie y la pierna hasta la rodilla.

polar *adj.* Relativo a uno de los polos. *El oso polar vive en el Ártico.*

polaridad *s. f.* Cualidad que permite distinguir entre sí cada uno de los polos de un imán o de un generador eléctrico.

polarimetría *s. f.* Análisis químico efectuado con el polarímetro.

polarímetro *s. m.* Aparato destinado a medir la rotación del plano de polarización de la luz.

polarización *s. f.* En electricidad, fenómeno producido por la aparición de dos polos en una cosa. ‖ *fig.* Hecho de llevar algo a los extremos. *La polarización hizo presa de los dos partidos políticos.*

polarizado, da *adj.* Que está en el extremo de una posición o punto de vista. *Las discusiones sobre el aborto están polarizadas.* ‖ Se dice de los vidrios cubiertos por una capa que hace que por fuera se vean oscuros y desde adentro se pueda ver hacia afuera. *Cada vez más automovilistas instalan vidrios polarizados en sus vehículos.*

polarizar *t.* y *pr.* Concentrar la atención en una cosa. *La bella modelo polarizó la atención de todos los asistentes.* ‖ Hacer que las posiciones se radicalicen, se hagan extremas.

polca *s. f.* Danza de origen polaco que se baila por parejas. *Un instrumento usado para tocar polcas es el acordeón.*

pólder *s. m.* En Holanda, región recuperada por el hombre en el mar.

polea *s. f.* Rueda de madera o metal, de canto acanalado, móvil sobre su eje, por la que corre una cuerda.

polémico, ca *adj.* Relativo a la polémica. ‖ *s. f.* Discusión.

polemista *s. com.* Persona que sostiene polémicas.

polemizar *intr.* Sostener o entablar una polémica.

polen *s. m.* Polvillo fecundante de los estambres de las flores.

polenta *s. f.* Masa blanda de harina de maíz. || *fam. Arg.* Oro.

poli *s. m. fam.* Agente de policía. || Cuerpo de policía.

poliandra *s. f.* Se aplica a la mujer que tiene varios maridos simultáneamente.

poliandria *s. f.* Estado de una mujer casada de forma legítima con varios hombres. *La poliandria es a la mujer lo que la poligamia es al hombre.*

poliartritis *s. f.* Reumatismo que afecta a varias articulaciones.

polichinela *s. m.* Personaje cómico de las farsas italianas y del teatro de marionetas. || *fig.* Hombre muy cambiadizo.

policía *s. f.* Conjunto de las reglas cuya observancia garantiza el mantenimiento del orden y la seguridad de los ciudadanos. || Cuerpo encargado de mantener este orden. || Conjunto de los agentes de este cuerpo. || *s. m.* Agente de policía.

policiaco, ca o **policíaco, ca** *adj.* Relativo a la policía.

policopiador, ra *adj.* Multicopista.

policopista *adj.* Multicopista.

policromía *s. f.* Mezcla de varios colores.

policromo, ma o **polícromo, ma** *adj.* De varios colores.

policultivo *s. m.* Cultivo simultáneo de varias especies.

poliedro *s. m.* Sólido de caras planas y de los ángulos formados por estas caras.

poliéster *s. m.* Materia textil sintética.

polifacético, ca *adj.* De varios aspectos. || Se aplica a la persona que tiene aptitudes muy variadas.

polifonía *s. f.* Conjunto simultáneo de voces o de instrumentos musicales.

poligamia *s. f.* Condición del hombre casado con varias mujeres.

polígamo, ma *adj.* Se dice del hombre casado simultáneamente con varias mujeres.

poliglotismo *s. m.* Conocimiento de varias lenguas.

polígloto, ta *adj.* Que está escrito en varias lenguas. *Biblia políglota.* || Que habla varios idiomas.

polígono *s. m.* Figura plana de varios ángulos limitada por líneas rectas o curvas. || Campo de tiro y de maniobras de la artillería. || *loc. Polígono industrial:* zona industrial.

polígrafo, fa *s.* Persona que ha escrito sobre muy diversas materias.

polilla *s. f.* Insecto nocturno cuyas larvas destruyen los tejidos y la madera. *La polilla se estaba comiendo los muebles.*

polimerización *s. f.* Transformación de moléculas de poca masa molecular en otras moléculas gigantes.

polímero *s. m.* Compuesto químico que tiene un peso molecular elevado.

polimorfismo *s. m.* Presencia en una sola especie de individuos de formas muy diferentes. *El grupo de los perros muestra polimorfismo: los hay chicos, grandes, sin pelo, etc.*

polinesio, sia *adj.* y *s.* De la Polinesia, parte de Oceanía que comprende archipiélagos desde Nueva Zelanda hasta la Isla de Pascua, pasando por Hawái.

polinización *s. f.* En botánica, transporte del polen de un estambre hasta el estigma para fecundar una flor.

polinomio *s. m.* Expresión algebraica que consta de varios términos.

polio *s. f. fam.* Poliomielitis.

poliomielítico, ca *adj.* Relativo a la poliomielitis. || *s.* Que padece poliomielitis.

poliomielitis *s. f.* Enfermedad contagiosa del hombre producida por un virus fijado en los centros nerviosos, en particular en la médula espinal, que provoca parálisis mortal si alcanza los músculos respiratorios.

pólipo *s. m.* Celentéreo. || Pulpo, molusco. || En medicina, tumor blando, fibroso, debido a la hipertrofia de las membranas mucosas.

polis *s. f.* Ciudad-Estado de la antigua Grecia. || Estado.

polisacáridos *s. m. pl.* Hidratos de carbono.

polisemia *s. f.* Propiedad de una palabra que tiene diferentes significados. *La palabra «cabeza» es un ejemplo de polisemia, pues tiene dos acepciones.*

polisémico, ca *adj.* Relativo a la polisemia.

polisílabo, ba *adj.* Que tiene varias sílabas.

polisíndeton *s. m.* Figura retórica que consiste en repetir las conjunciones que unen los elementos de una enumeración. *«Comimos sopa de verduras y arroz y huevo y queso y guiso de pollo con hongos, y fruta», es una oración que tiene polisíndeton.*

polisón *s. m.* Armazón para abultar la parte de atrás de la falda que se usaba en el siglo XIX.

polista *s. com.* Jugador de polo.

politécnico, ca *adj.* Que comprende muchas ciencias o artes. *Escuela politécnica.* || *s. m.* Alumno de esta escuela.

politeísmo *s. m.* Creencia de que existen varios dioses.

politeísta *s. com.* Se dice del que adora a muchos dioses.

político, ca *adj.* Relativo a la organización y al gobierno de los asuntos públicos. || Relativo a un concepto particular del gobierno de un país. *Credos políticos.* || Se dice de la persona que se ocupa de los asuntos públicos, del gobierno de un Estado. || Sensato, juicioso. *Su actuación ha sido poco política.* || Educado, cortés, urbano. || Se aplica al parentesco por afinidad. *Tío, hermano político.* || *s. f.* Arte de gobernar o dirigir un Estado. || Conjunto de los asuntos que interesan al Estado. *Política interior.* || Manera de dirigir los asuntos de un Estado. *Política liberal.* || *fig.* Manera de obrar, de llevar un asunto. *Llevar una buena política.* || Cortesía, urbanidad.

politiqueo *s. m.* Intervención en política con propósitos turbios.

politización *s. f.* Acción de dar carácter político.

politizar *t.* Dar carácter u orientación política.

politología *s. f.* Ciencia que estudia los fenómenos políticos.

politólogo, ga *s.* Especialista en politología.

poliuretano *s. m.* Resina sintética y de baja densidad.

polivalente *adj.* Que tiene varios usos o valores. || En química, se dice del elemento que tiene varias valencias. *El carbono es un ejemplo de elemento polivalente, porque se combina con otros elementos de diversas maneras.*

póliza *s. f.* Documento en que consta un contrato de seguro. || Sello que hay que poner en ciertos documentos para satisfacer un impuesto.

polizón *s. m.* El que se embarca clandestinamente en un buque o avión.

polla *s. f.* Gallina joven. || Apuesta en carreras. || *fam.* Mocita. || *Arg.* Carrera de dos o más jinetes en un hipódromo.

pollastre *s. m. fam.* Jovenzuelo.

pollera *s. f. Amér. Merid.* Prenda de vestir, en especial femenina, que cae de la cintura hacia abajo.

pollería *s. f.* Tienda donde se venden pollos y huevos.

pollerón *s. m. Arg.* Falda de amazona para montar a caballo.

pollino, na *s.* Asno joven y sin domar.

pollo *s. m.* Cría de las aves. *Los pollos de las águilas se llaman «aguiluchos».* || Gallo joven.

polluelo, la *s.* Pollo que tiene pocos días de nacido.

polo *s. m.* Cada uno de los dos extremos de un eje imaginario alrededor del cual gira la esfera celeste en veinticuatro horas. || Cada uno de los extremos del eje de la Tierra. *Polo Norte.* || Cada uno de los extremos de un generador o receptor eléctrico utilizado para las conexiones con el circuito exterior. || Cada uno de los extremos de un imán en el que se encuentra la fuerza magnética. || *fig.* Lo que atrae, centro. *Polo de atención.* || Término en completa oposición con otro. *El error y la verdad están en dos polos diferentes.* || Zona de desarrollo agrícola e industrial. || Camisa «sport» de punto y con mangas largas. || Juego practicado a caballo y en el que los jinetes impulsan la pelota con una maza. || *loc. polo acuático:* juego en el que participan dos equipos de siete nadadores.

pololear *intr. Bol.* y *Chil.* Galantear, coquetear.

pololo *s. m. Chil.* Insecto que al volar produce un zumbido como el moscardón. || *Chil.* Individuo que sigue a una mujer con fines amorosos.

polonesa *s. f.* Danza de Polonia. || Su música.

polonio *s. m.* Elemento químico radiactivo, raro; se usa como fuente de radiaciones y en instrumentos de calibración; su número atómico es 84 y su símbolo Po.

poltrona *s. f.* Silla con brazo.

poltronear *intr.* Haraganear.

polución *s. f.* Derrame involuntario del semen. || Contaminación.

polucionar *t.* Contaminar.

polvareda *s. f.* Cantidad de polvo que se levanta de la tierra. || *fig.* Perturbación, efecto provocado entre las personas por dichos o hechos que apasionan.

polvera *s. f.* Caja o estuche de las mujeres para polvos de tocador.

polvo *s. m.* Conjunto de partículas de tierra fina que se levanta en el aire. *Nube de polvo.* || Materia dividida en partículas muy pequeñas. *Polvos dentífricos.* || Cantidad de una sustancia pulverizada que se toma con los dedos. *Polvo de rapé.* || *fig.* Restos del hombre después de su muerte. *«Eres polvo y en polvo te convertirás.»* || *fam.* Cocaína. || *pl.* Mezcla de productos minerales destinados a la protección y al embellecimiento del rostro de las mujeres. || *loc. Polvo cósmico:* partículas de hielo y piedra que se hallan en el espacio y son un elemento fundamental para la formación de cuerpos celestes.

pólvora *s. f.* Sustancia explosiva que se emplea para impulsar un proyectil en las armas de fuego.

polvoriento, ta *adj.* Con polvo.

polvorín *s. m.* Almacén de explosivos.

polvorón *s. m.* Dulce que se deshace en polvo al comerlo.

pomada *s. f.* Ungüento de uso medicinal y de aplicación externa.

pomelo *s. m.* Árbol parecido al naranjo, cultivado en los países cálidos. || Fruto de ese árbol, mayor que las naranjas y de sabor un amargo y ácido.

pomo *s. m.* Remate redondeado de algunas cosas. || Tirador de una puerta, cajón, etc., que sirve para abrirlos. || Frasco de perfume. || Extremo del puño de la espada, de un bastón.

pompa *s. f.* Acompañamiento suntuoso y de gran aparato. *Entierro con gran pompa.* || Esplendor, magnificencia. *La pompa real.* || Burbuja de aire que se forma con un líquido. *Pompa de jabón.* || *pl.* Vanidades, vanos placeres del mundo. || *fam. Méx.* Nalgas. || *loc. Pompas fúnebres:* ceremonias celebradas en honor de un difunto.

pomposidad *s. f.* Solemnidad.

pomposo, sa *adj.* Solemne.

pómulo *s. m.* Hueso de cada una de las mejillas.

ponchada *s. f. Amér.* Lo que cabe en un poncho. || Gran abundancia.

ponchadura *s. f. Col., Guat.* y *Méx.* Picadura en un neumático, balón o cualquier otro objeto que se infle con aire o gas. *No jugaron más porque el balón sufrió una ponchadura.*

ponchar *t.* y *pr. Col., Guat.* y *Méx.* Pincharse un neumático, balón o cualquier otro objeto que se infle con aire o gas. || En el beisbol, mandar a la banca el lanzador de un equipo al bateador del contrario.

ponche *s. m.* Bebida hecha con agua caliente, frutas, azúcar y a veces licor. *En las épocas invernales se prepara delicioso ponche de manzana.*

ponchera *s. f.* Recipiente grande en que se prepara y sirve el ponche.

poncho *s. m.* Manta cuadrada de lana o tela gruesa, con una abertura para pasar la cabeza y usarla sobre el cuerpo para abrigarse.

ponderación *s. f.* Prudencia, moderación, reflexión. *Hablar con ponderación.* || Exageración.

ponderado, da *adj.* Mesurado.

ponderal *adj.* Relativo al peso.

ponderar *t.* Considerar detenidamente una cosa. || Alabar.

ponderativo, va *adj.* Que pondera o encarece una cosa.

ponencia *s. f.* Cargo de ponente. || Informe o proyecto presentado por el ponente. || Comisión ponente.

ponente *adj.* y *s. com.* Se aplica al magistrado, funcionario o miembro de un cuerpo colegiado o a la comisión designada para que redacte un informe o presente una propuesta o proyecto para que sea discutido.

poner *t.* Colocar en un lugar determinado a una persona o cosa. || Adoptar. *Poner cara de mal genio.* || Preparar, disponer. *Poner la mesa.* || Pensar, suponer. *Pongamos que sucedió así.* || Apostar. *Pongo cien pesos a que no lo haces.* || Tardar. *Puso dos horas en venir.* || Instalar. *Poner un piso.* || Montar. *Puse una tienda.* || Hacer que funcione. *Poner la radio.* || Colocar en un empleo. *Lo pusieron como secretario.* || Representar. *Poner una comedia suya.* || Proyectar. *Poner una película.* || Causar un efecto. *El sol pone moreno.* || Exponer. *Poner en peligro.* || Calificar, tratar de. *Poner de mentiroso.* || Asignar, establecer. *Poner precio.* || Dar. *Poner un nombre.* || Contribuir. *Poner mucho dinero.* || Invertir. *Poner su capital en el negocio.* || Hacer. *No poner nada de su parte.* || Escribir o enviar. *Le pondré dos letras.* || Presentar. *Poner por testigo.* || Enunciar. *Poner condiciones.* || Soltar el huevo las aves. || *pr.* Colocarse, situarse. *Ponerse de pie.* || Volverse. *Ponerse enfermo.* || Vestirse. *Ponerse el abrigo.* || Mancharse. *Ponerse de grasa hasta los pelos.* || Ocultarse los astros tras el horizonte. *Ponerse el Sol.* || Llegar a un lugar determinado. *En diez minutos me pongo en tu casa.* || *fam.* Decir. *Va el niño y se pone: ¡socorro, auxilio, que me ahogo!*

poni o **póney** *s. m.* Caballo pequeño y con el pelo largo.

poniente *s. m.* Oeste.

pontificado *s. m.* Dignidad y ejercicio de pontífice. || Tiempo que dura.

pontifical *adj.* Del Papa.

pontificar *intr.* Ser pontífice u obtener la dignidad pontificia. || *fam.* Obrar, hablar con solemnidad.

pontífice *s. m.* Papa.

pontificio, cia *adj.* Del Papa.

pontón *s. m.* Puente flotante.

ponzoña *s. f.* Veneno.

ponzoñoso, sa *adj.* Venenoso.

popa *s. f.* Parte posterior de una embarcación.

popayanense *adj.* y *s. com.* De Popayán, ciudad de Colombia.

pope *s. m.* Sacerdote de la iglesia ortodoxa.

popelina *s. f.* Tejido de algodón, seda, etc.

popote *s. m. Méx.* Tubo delgado para sorber líquidos.

populachería *s. f.* Fácil popularidad alcanzada entre el vulgo.

populachero, ra *adj.* Relativo al populacho. || Propio para halagar al populacho.

populacho *s. m.* Bajo pueblo.

popular *adj.* Relativo al pueblo. || Grato al pueblo. *Autor muy popular.* || Muy extendido. *Costumbres populares.*

popularidad *s. f.* Aceptación que uno tiene en el pueblo. || Fama.

popularismo *s. m.* Carácter popular.

popularista *adj.* Relativo al popularismo. || *s. com.* Que posee una tendencia o afición hacia lo que es popular.

popularización *s. f.* Acción y efecto de popularizar.

popularizar *t.* Propagar entre el pueblo, hacer popular. *Popularizar una canción.* || Hacer grato al pueblo. *Popularizar una obra.* || *pr.* Adquirir popularidad.

populismo *s. m.* Política gubernamental que promete beneficiar a los sectores populares como una manera de acercarse los gobernantes al pueblo.

populista *adj.* y *s. com.* Partidario del populismo.

populoso, sa *adj.* Se dice del lugar muy poblado. *La zona más populosa de la ciudad padece las inundaciones.*

popurrí o **potpurrí** *s. m.* Composición musical que consiste en una serie de fragmentos de obras diversas. *La banda tocó un popurrí de canciones populares.* || Mezcolanza de cosas diversas. *Antonia hizo un popurrí con pétalos de diferentes flores y gotas de perfume.*

popusa *s. f. Bol., Guat.* y *Salv.* Tortilla de maíz con queso o trocitos de carne.

por *prep.* Indica el agente de las oraciones pasivas. *La puerta fue abierta por el ladrón.* || Determina el paso a través de un lugar. *En Europa viajamos por países como España, Italia e Inglaterra.* || Indica fecha aproximada. *Por el día cinco de este mes tengo que pagar lo que debo.* || Indica parte o lugar con-

creto. *Jazmín tomó la cacerola por las asas.* || Indica causa de algo. *Ese hombre está detenido por el robo de un auto.* || Indica medio o modo de ejecutar una cosa. *Debes estudiar por etapas si realmente deseas aprender.* || Señala multiplicación de números. *Cinco por cinco es igual a veinticinco.* || *loc.* Por qué: por cuál causa o motivo.

porcelana *s. f.* Producto cerámico de masa vitrificada muy compacta.

porcentaje *s. m.* Tanto por ciento.

porcentual *adj.* Calculado en tantos por ciento.

porche *s. m.* Soportal.

porcino, na *adj.* Relativo al cerdo. || *s. m.* Cerdo pequeño.

porción *s. f.* Cantidad.

porcuno, na *adj.* Relativo al cerdo. || *s. m. pl.* Ganado porcino.

pordiosear *intr.* Mendigar.

pordioseo *s. m.* Mendicidad.

pordiosero, ra *adj.* y *s.* Que mendiga.

porfía *s. f.* Empeño, insistencia. *Porfía inútil.* || Disputa insistente.

porfiado, da *adj.* y *s.* Terco.

porfiar *intr.* Disputarse con obstinación. || Insistir para lograr algo.

pórfido *s. m.* Roca compacta.

porfirismo *s. m.* o **porfirista** *adj.* y *s. com. Méx.* Se aplica a los partidarios de Porfirio Díaz.

pormenor *s. m.* Detalle, conjunto de circunstancias secundarias.

pormenorizar *t.* Detallar.

porno *adj. fam.* Pornográfico.

pornografía *s. f.* Obscenidad.

pornográfico, ca *adj.* Obsceno.

poro *s. m.* Espacio hueco en las moléculas de los cuerpos.

porongo *s. m. Arg., Py.* y *Uy.* Calabaza. || *Bol., Chil., Pan., Py.* y *Uy.* Vasija para guardar la chicha u otro líquido. || *Per.* Recipiente metálico para vender leche.

pororó *s. m. Arg.* Palomitas de maíz.

porosidad *s. f.* Calidad de poroso.

poroso, sa *adj.* Que tiene poros.

poroto *s. m. Amér. Merid.* Frijol, planta leguminosa con frutos que crecen en forma de vaina y dentro de los cuales hay varias semillas comestibles con forma de riñón. || Semilla de esa planta, es comestible y se come seca o verde.

porque *conj.* Por causa o razón de algo. *Eduardo no vino porque estaba enfermo.*

porqué *s. m.* Causa, razón o motivo. *Se debe conocer el porqué de la conducta de las personas para comprenderlas.*

porquería *s. f. fam.* Suciedad, basura. *Quita esta porquería de en medio.* || Acción sucia o indecente. || Indecencia. *Contar porquerías.* || Mala jugada. *Me hizo una porquería.* || Cosa insignificante, de poco valor o mala. *Este reloj es una porquería.*

porqueriza *s. f.* Pocilga.

porra *s. f.* Palo más grueso por un extremo que por el otro. *El policía lleva una porra para intimidar a los delincuentes.* || *Méx.* Frases fijas que se dicen con fuerza para animar a alguien. *La multitud en el estadio animaba al equipo con porras.* || *Méx.* Conjunto de seguidores de un equipo deportivo. *Los de la porra asisten a los juegos vestidos con los colores de su equipo favorito.*

porrada s. f. fig. Abundancia.

porrazo s. m. fig. Golpe que se recibe al caerse o tropezar.

porrista s. com. Méx. Hincha. Los porristas del equipo local hicieron mucha bulla.

porrón s. m. Vasija de vidrio con pitón largo para beber vino a chorro. ‖ loc. fam. Un porrón: mucho.

porta loc. adj. Vena porta: La que lleva la sangre al hígado.

portaaviones s. m. Buque de guerra que transporta aviones, que despegan y aterrizan en su cubierta.

portada s. f. En arquitectura, obra de ornamentación en la puerta de un edificio. ‖ fig. Frontispicio de una cosa. ‖ Primera página de un libro impreso en la cual figura el título de la obra, el nombre del autor, etc.

portadilla s. f. Anteportada.

portador, ra adj. Se dice de la persona que lleva consigo una cosa o está en posesión de algo. ‖ Se aplica a la persona encargada de entregar una carta, un mensaje. ‖ s. Persona en favor de quien se ha suscrito o girado un efecto de comercio. Cheque al portador. ‖ Persona o cosa que lleva con ella los agentes contagiosos de una infección. Portador de gérmenes.

portaequipaje o **portaequipajes** s. m. Parte de un vehículo para poner equipajes.

portafolio o **portafolios** s. m. Amér. Cartera de documentos.

portal s. m. Zaguán en la puerta de entrada de una casa. ‖ Belén, nacimiento. ‖ Sitio genérico de internet que vincula con otros lugares de información más detallada.

portallaves s. m. Utensilio para guardar las llaves. El portallaves estaba junto a la puerta.

portalón s. m. Puerta grande.

portamaletas s. m. Portaequipajes.

portamonedas s. m. Bolsa o cartera en la que se guarda el dinero.

portañica s. f. Portañuela.

portañuela s. f. Tira de tela que oculta la bragueta de los pantalones. ‖ Col. y Méx. Puerta de carruaje.

portarretrato s. m. Marco en que se colocan retratos.

portarse pr. Conducirse, obrar.

portátil adj. Que se puede transportar. Máquina de escribir portátil.

portaviones s. m. Portaaviones.

portavoz s. com. Persona que habla en nombre de una colectividad, de un grupo, de una autoridad. ‖ Bocina, megáfono.

portazgo s. m. Derechos pagados por pasar por ciertos caminos.

portazo s. m. Golpe dado por la puerta.

porte s. m. Transporte, traslado. Porte de mercancías. ‖ Cantidad pagada por el transporte de una cosa de un lugar a otro. Franco de porte. ‖ Facha, aspecto. Porte distinguido. ‖ Conducta, modo de proceder. Persona de buen porte. ‖ Dimensión, tamaño.

porteador, ra adj. y s. Transportista.

portear t. Transportar.

portento s. m. Prodigio.

portentoso, sa adj. Prodigioso.

porteño, ña adj. y s. De Buenos Aires, capital de Argentina, país de América del Sur. ‖ De Valparaíso, en Chile, país de América del Sur. ‖ Originario de algún puerto.

portería s. f. Parte de un edificio donde está el portero o cuidador. ‖ En ciertos deportes, armazón por donde ha de entrar el balón. El portero impide que el balón entre en la portería.

portero, ra s. Persona que custodia la puerta de una casa o edificio. ‖ En ciertos deportes, jugador que defiende su portería. Los porteros deben tener reflejos rápidos y ser muy flexibles.

portezuela s. f. Puerta pequeña.

pórtico s. m. Lugar cubierto y con columnas delante de la puerta de un edificio. ‖ Galería con arcadas o columnas a lo largo de una fachada, patio, etc.

portón s. m. Puerta grande.

portorriqueño, ña adj. y s. Puertorriqueño, de Puerto Rico.

portovejense adj. y s. com. De la ciudad de Portoviejo, en Ecuador.

portuario, ria adj. Del puerto.

portuense adj. y s. com. De cualquiera de las ciudades llamadas «puerto».

portuguense adj. y s. com. De Portuguesa, estado de Venezuela.

portugués, guesa adj. y s. De Portugal, país de Europa. ‖ s. m. Lengua de este país.

portuguesismo s. m. Lusitanismo.

porvenir s. m. Tiempo futuro.

pos loc. En pos: Tras, detrás.

posada s. f. Hospedería, fonda. ‖ Méx. Fiesta popular que se celebra nueve días antes de Navidad.

posaderas s. f. pl. Nalgas. Mario trae adoloridas las posaderas, pues resbaló y se dio un sentón.

posar t. Colocar, poner. ‖ Dirigir. Posó su vista en su automóvil. ‖ intr. Detenerse los pájaros para descansar. ‖ Ponerse una persona delante del pintor o escultor para servirle de modelo. ‖ Colocarse una persona en postura para que sea fotografiada. ‖ Darse tono, presumir. ‖ pr. Depositarse en el fondo las sustancias que están en suspensión en un líquido o en un objeto las partículas que están en el aire. ‖ Aterrizar aeronaves o astronaves.

posbélico, ca adj. Tras la guerra.

posclásico, ca adj. Que sucede a un periodo clásico.

poscombustión s. f. Nueva combustión en el turborreactor para aumentar su potencia.

posdata s. f. Lo que se añade a una carta ya firmada.

pose s. f. Exposición. ‖ Sesión de un modelo. ‖ fig. Afectación, poca naturalidad.

poseedor, ra adj. y s. Que posee.

poseer t. Ser propietario. Posee muchos bienes. ‖ Tener en su poder. Él posee la llave. ‖ Tener. Posee un carácter endiablado. ‖ Contar con, disponer de. Poseer excelentes comunicaciones. ‖ Conocer a fondo. Poseo tres idiomas. ‖ Gozar de los favores de una mujer. Nunca llegó a poseerla. ‖ Detentar. Poseer un récord. ‖ pr. Ser dueño de sí mismo.

posesión s. f. Acto de poseer una cosa, facultad de disponer de un bien. ‖ La cosa poseída. ‖ Colonia de un Estado. ‖ Ayuntamiento carnal con una mujer. ‖ Amér. Finca rústica.

posesionar t. Dar posesión. ‖ pr. Tomar posesión.

posesivo, va adj. Que denota posesión. ‖ Posesorio. ‖ loc. Adjetivo posesivo: en gramática, el que determina el sustantivo añadiendo una idea de posesión. ‖ Pronombre posesivo: en gramática, el que va en lugar del nombre y denota posesión o pertenencia.

poseso, sa *adj.* y *s.* Endemoniado.

posesor, ra *adj.* y *s.* Poseedor.

posesorio, ria *adj.* Relativo o perteneciente a la posesión.

posglacial *adj.* Se dice del periodo que siguió a la última glaciación cuaternaria.

posgraduado, da *adj.* y *s.* Que ha adquirido ya un título universitario.

posguerra *s. f.* Tiempo posterior a la guerra.

posibilidad *s. f.* Calidad de posible.

posibilitar *t.* Hacer posible.

posible *adj.* Que puede ser.

posición *s. f.* Lugar preciso en que está colocada una cosa. || *fig.* Situación relativa a un objetivo, a circunstancias particulares. *Posición difícil.* || Condición económica o social de una persona. || Opinión, partido que se adopta en una situación determinada o ante un problema preciso.

posicional *adj.* Relativo a la posición. *Luz posicional; negociaciones posicionales.*

positivado *s. m.* Acción de sacar copias positivas de un negativo fotográfico.

positivadora *s. f.* Máquina en la que se lleva a cabo el positivado fotográfico.

positivismo *s. m.* Sistema filosófico que no admite otra realidad aparte de los hechos que pueden captarse por los sentidos y la experiencia. *El positivismo floreció en Europa en la segunda mitad del siglo XIX.*

positivista *adj.* y *s. com.* Relativo al positivismo o partidario de esta filosofía.

positivo, va *adj.* Que se basa en los hechos. || Se dice del polo en que hay falta de electrones. || Se dice de los números reales mayores de cero. *Cuatro (4) es un número positivo y menos cuatro (-4) es número negativo.* || Afirmativo. *El banco le dio una respuesta positiva a la solicitud de préstamo.* || Se dice de la persona que siempre busca algo bueno en las cosas o situaciones. || *s. m.* Copia fotográfica obtenida de un negativo.

positón o **positrón** *s. m.* Antipartícula del electrón que posee la misma masa y carga que éste, pero de signo positivo.

posmodernidad o **postmodernidad** *s. f.* En la cultura occidental, periodo que se inició en el último tercio del siglo XX; su característica es que durante él se pierden los valores del modernismo.

posmoderno, na o **postmoderno, na** *adj.* y *s.* Relativo a la posmodernidad o al posmodernismo. || Partidario de estas tendencias.

poso *s. m.* Asiento de alguna sustancia que se halla mezclada con el líquido contenido en una vasija. *Antes de tomar un café turco hay que dejar que el poso del café se deposite en el fondo de la taza.*

posología *s. f.* Estudio de las dosis y de las vías de administración de los medicamentos.

posoperatorio, ria o **postoperatorio, ria** *adj.* y *s.* Suceso o fenómeno que ocurre en el periodo inmediatamente posterior a una intervención quirúrgica. || Cuidados especiales que deben tenerse con un paciente que acaba de ser sometido a una cirugía.

posponer *t.* Colocar una persona o cosa tras otra. || Aplazar.

posposición *s. f.* Acción de posponer.

pospretérito *s. m.* Tiempo verbal del modo indicativo que indica la posibilidad que algo pase en el futuro. *En la oración «Podría cambiarme de casa si*

tuviera dinero», el verbo «poder» está en pospretérito.

posromanticismo *s. m.* Literatura entre el romanticismo y el realismo.

posromántico, ca *adj.* Posterior al romanticismo. || Seguidor del posromanticismo.

posta *s. f.* Conjunto de caballerías y carruajes que se paraba varias veces en el camino para cambiar los tiros, entregar el correo y descender o montar los viajeros que transportaba. || Lugar donde se paraba. || Bala pequeña de plomo. || *loc. A posta:* adrede.

postal *adj.* Relativo al correo. || *s. f.* Tarjeta postal.

postbalance *s. m.* Estado después de haber hecho el balance.

postclásico, ca *adj.* Posclásico.

postcombustión *s. f.* Poscombustión.

postdata *s. f.* Posdata.

poste *s. m.* Madero, pilar de hierro o de hormigón colocado verticalmente para servir de apoyo o señal.

postema *s. f.* Absceso que supura.

póster *s. m.* Cartel.

postergación *s. f.* Retraso. || Relegación. || Olvido.

postergar *t.* Hacer sufrir atraso, dejar atrasada una cosa. *Postergar un asunto.* || Perjudicar a un empleado dando a otro más reciente el ascenso. || Dejar de lado.

posteridad *s. f.* Descendencia de aquellos que tienen un mismo origen. || Conjunto de las generaciones futuras. || Fama póstuma.

posterior *adj.* Que viene después o está detrás. || *s. m. fam.* Trasero.

posterioridad *s. f.* Estado de una cosa posterior a otra.

postglacial *adj.* Posglacial.

postgraduado, da *adj.* y *s.* Posgraduado.

postguerra *s. f.* Posguerra.

postigo *s. m.* Tablero con que se cierran las ventanas.

postín *s. m.* Presunción. || *loc. De postín:* de lujo.

postinero, ra *adj.* Presumido.

postizo, za *adj.* Que no es natural, sino agregado. *Diente postizo.* || *fig.* Falso. *Cortesía postiza.*

postor *s. m.* Licitador.

postpartum *s. m.* Periodo que sucede al parto.

postración *s. f.* Abatimiento.

postrar *t.* Debilitar, abatir, quitar el vigor a uno. *Postrado por la calentura, la desgracia.* || *pr.* Hincarse de rodillas. || Humillarse.

postre *s. m.* Fruta o dulce que se toma al fin de la comida. || *loc. adv. A la postre:* en definitiva.

postrer *adj.* Apócope de postrero.

postrero, ra *adj.* y *s.* Último.

postrimer *adj.* Apócope de postrimero.

postrimería *s. f.* Último periodo.

postrimero, ra *adj.* Postrero.

postromanticismo *s. m.* Posromanticismo.

postromántico, ca *adj.* Posromántico.

postscriptum *s. m.* Posdata.

postsincronizar *t.* Grabar el sonido de una película cinematográfica después de la toma de vistas.

postulación *s. f.* Acción de postular.

postulado *s. m.* Proposición que hay que admitir sin pruebas para establecer una demostración.

postulante, ta *adj.* y *s.* Que postula.

postular *t.* e *intr.* Pedir.

póstumo, ma *adj.* Nacido o publicado después de la muerte del padre o del autor.

postura *s. f.* Posición, actitud, disposición de una persona, animal o cosa. *Una postura incómoda.* || Opinión, comportamiento. || Precio ofrecido por el comprador en una subasta. || Puesta, cantidad que se juega en una apuesta. || Función de poner huevos las gallinas. || *fig.* Condición, situación. *Estar en mala postura.* || Actitud, posición. *Postura elegante.*

postventa o **posventa** *adj.* Se dice del servicio comercial que asegura el cuidado de las máquinas vendidas.

potabilidad *s. f.* Condición de potable.

potable *adj.* Que puede beberse. || *fam.* Admisible, aceptable.

potaje *s. m.* Guiso de legumbres secas y verduras. || *fig.* Mezcolanza.

potasa *s. f.* Hidróxido de potasio y carbonato de potasio.

potásico, ca *adj.* Del potasio.

potasio *s. m.* Metal alcalino ligero cuyos compuestos se usan como abono; su número atómico es 19 y su símbolo K.

pote *s. m.* Vasija cilíndrica con asa. || Envase con tapa.

potencia *s. f.* Fuerza capaz de producir un efecto. *La potencia del viento.* || Poder, fuerza de un Estado. *Potencia militar.* || Estado soberano. *Las grandes potencias.* || Virtud generativa, virilidad. || En filosofía, posibilidad, virtualidad. *Pasar de la potencia al acto.* || En física, cociente del trabajo hecho por una máquina dividido por el tiempo que ha tardado en efectuarlo. || Energía eléctrica suministrada por un generador en cada unidad de tiempo. || En matemáticas, cada uno de los productos que resultan de multiplicar una cantidad por sí misma tantas veces como su exponente indica. *Elevar un número a la potencia cuatro.*

potenciación *s. f.* Cálculo de la potencia de un número. || Fomento.

potencial *adj.* Que tiene en sí potencia. *Energía potencial.* || Posible, que puede suceder o existir. *Enemigo potencial.* || *s. m.* Que enuncia la acción como posible. *Modo potencial.* || Grado de electrización de un conductor eléctrico. || *fig.* Poder, fuerza disponible.

potenciar *t.* Dar potencia. || Hacer posible. || Fomentar.

potentado, da *s.* Persona poderosa, influyente o rica.

potente *adj.* Que tiene potencia. || *s. m.* Capaz de engendrar.

potestad *s. f.* Poder. || *loc. Patria potestad:* autoridad que los padres tienen sobre los hijos no emancipados.

potestativo, va *adj.* Facultativo.

potingue *s. m. fam.* Medicamento de sabor desagradable. || *fam.* Cosmético, en especial cremas y tratamientos. *Macaria se llena de potingues antes de irse a dormir.*

poto *s. m. fam. Arg., Bol., Chil.* y *Per.* Nalgas, trasero. || *Per.* Vasija hecha de calabaza seca que se usa para contener líquido.

potosí *s. m.* Riqueza extraordinaria. *Los conquistadores españoles esperaban encontrar un potosí lleno de oro en cada población.*

potosino, na *adj.* y *s.* De Potosí, ciudad de Bolivia, o de San Luis Potosí, en México.

potpurrí *s. m.* Popurrí.

potra *s. f.* Yegua joven. || *fam.* Suerte.

potranco, ca *s.* Potro joven.

potrero *s. m. Amér.* Terreno cercado destinado a criar ganado. *Los caballos y las vacas pastan en el potrero.* || *Arg.* y *Uy.* Terreno sin construir ubicado en la ciudad.

potro *s. m.* Caballo joven de menos de cuatro años y medio de edad. || Aparato de gimnasia para ejecutar diferentes saltos. || Aparato de madera con el que se daba tormento. || Máquina de madera donde se sujetan los animales con objeto de herrarlos o curarlos.

poyete o **poyo** *s. m.* Banco de piedra contra la pared.

pozo *s. m.* Hoyo profundo, generalmente circular y recubierto de mampostería, abierto en la tierra para llegar a la capa acuífera procedente de manantiales subterráneos. || Hoyo profundo por donde se baja a una mina. || *fig.* Manantial abundante. *Pozo de sabiduría.* || *loc. Pozo de petróleo:* el excavado para extraer este mineral. || *Pozo negro:* hoyo en que se recogen las inmundicias en los lugares donde no existe alcantarillado.

pozole *s. m. Guat.* Alimento que se les da a las aves de corral. || *Méx.* Guiso que consiste en un caldo hecho con granos de maíz, carne de cerdo o pollo y condimentado con ají o chile, cebolla, lechuga, rábano y orégano.

práctica *s. f.* Aplicación, ejecución de las reglas, de los principios de una ciencia, de una técnica, de un arte, etc. *Poner en práctica un método.* || Cumplimiento de un deber moral, social. *La práctica de la caridad.* || Observación de los deberes del culto. *Práctica religiosa.* || Experiencia creada por la repetición de actos. *Tiene mucha práctica en armar rompecabezas.* || Realización de un ejercicio. *La práctica de un deporte.* || Costumbre, uso. || *pl.* Clases en que los alumnos hacen aplicación de los conocimientos adquiridos teóricamente.

practicante *adj.* y *s. com.* Que lleva a cabo las obligaciones impuestas por su religión. || Se dice de la persona que hace las curas, pone inyecciones y realiza otras intervenciones de cirugía menor.

practicar *t.* Aplicar, ejecutar, poner en práctica. || Ejercer. *Practicar la medicina.* || Observar los deberes del culto. *Practicar la religión.* || Ejercitarse. *Practicar un idioma.* || Realizar por costumbre. *Practicar los deportes.* || Hacer, ejecutar. *Practicó una operación.*

práctico, ca *adj.* Relativo a la acción, a la aplicación. *Medicina práctica.* || Que es adecuado para conseguir un fin. || De aplicación o de uso cómodo o fácil. *Un horario muy práctico.* || Se dice de la persona que tiene un gran sentido de la realidad. || Diestro, experto en una actividad. || *s. m.* Marino que conoce muy bien los peligros de la navegación en cierto sitio y dirige el rumbo de un barco para entrar en un puerto, costear, etc.

pradera *s. f.* Prado extenso.

prado *s. m.* Terreno que sirve para pasto de los ganados.

pragmático, ca *adj.* Relativo a la acción y no a la teoría. *El ministro de Educación realizará la parte pragmática de la ley educativa que aprobaron los legisladores.* || Relativo a la pragmática y al pragmatismo. || *s. f.* En lingüística, estudio de las relaciones del lenguaje, quienes lo usan y las condiciones en que se usan.

pragmatismo s. m. Doctrina filosófica propagada por el filósofo estadounidense William James, en la que el criterio para tomar algo como verdadero depende de su aplicación práctica. ‖ Habilidad para adaptarse rápidamente a diferentes condiciones.

pragmatista adj. y s. com. Empírico.

praseodimio s. m. Metal del grupo de las tierras raras, de color verde y propiedades paramagnéticas; su número atómico es 59 y su símbolo Pr.

praxis s. f. Práctica, en oposición a teoría. Una parte importante de la praxis de la medicina es el diagnóstico de enfermedades.

preámbulo s. m. Prefacio, prólogo. ‖ Rodeo, digresión.

preamplificador s. m. Amplificador de tensión de la señal que sale de un detector o de una cabeza de lectura antes de que entre en un amplificador de potencia.

prebenda s. f. Renta de ciertas dignidades eclesiásticas. ‖ fig. Ventaja.

precámbrico, ca adj. y s. Primera era geológica de la historia de la Tierra, en la que aparecieron las primeras formas de vida.

precario, ria adj. Poco duradero.

precarización s. f. Acción y efecto de precarizar. La precarización profesional atenta contra la seguridad social.

precarizar t. Hacer que algo, como el empleo, se vuelva inseguro o de baja calidad.

precaución s. f. Cautela, prevención.

precaver t. Prevenir un riesgo. ‖ pr. Protegerse.

precedencia s. f. Anterioridad en el tiempo o en el espacio.

precedente adj. Que precede. ‖ s. m. Antecedente.

preceder t. Ir delante en tiempo, orden, lugar o importancia.

preceptivo, va adj. Obligatorio. ‖ Que incluye los preceptos. ‖ s. f. Conjunto de preceptos.

precepto s. m. Disposición, orden. ‖ Cada una de las reglas de los mandamientos de la ley de Dios. ‖ loc. De precepto: en que hay que oír misa.

preceptor, ra s. Encargado de la educación de los niños.

preceptuar t. Ordenar.

preces s. f. pl. Oraciones. ‖ Súplicas.

preciar t. Apreciar, estimar. ‖ pr. Considerarse, estimarse.

precintar t. Poner un sello de plomo, banda pegada o cualquier otra cosa que se rompe al abrir lo que debía mantenerse cerrado.

precinto s. m. Plomo sellado, banda pegada o cualquier otra cosa parecida con que se cierran los cajones, baúles, paquetes, puertas, etc., para que no se abran.

precio s. m. Valor venal de una cosa respecto a su venta o a su compra, valoración en dinero o en algo similar a éste. ‖ fig. Lo que cuesta obtener una ventaja cualquiera. ‖ Valor, importancia. ‖ loc. Precio alzado: el establecido por el total de un trabajo sin entrar en el costo de los diferentes conceptos. ‖ Precio de fábrica: aquel en el que no hay ningún margen de beneficio.

preciosidad s. f. Condición de precioso.

preciosismo s. m. Afectación extremada en el estilo.

precioso, sa adj. De mucho valor. Piedra preciosa. ‖ Muy bonito.

preciosura s. f. fam. Preciosidad.

precipicio s. m. Lugar escarpado.

precipitación s. f. Gran prisa. ‖ Acción química en la cual el cuerpo que se encuentra en una solución se deposita en el fondo. ‖ Cantidad total del agua que cae de la atmósfera.

precipitado, da adj. Que obra con mucha prisa o que sucede rápidamente. ‖ s. m. Sedimento que se deposita en el fondo del recipiente a causa de una reacción química.

precipitar t. Hacer caer una cosa desde un lugar elevado. ‖ Hacer caer, tirar. Lo precipitó por tierra. ‖ fig. Apresurar, acelerar. Precipitar los acontecimientos. ‖ Llevar. Precipitó el país a la ruina. ‖ Aislar del líquido en que estaba disuelta una sustancia y hacer que ésta se sedimente en el fondo del recipiente. ‖ pr. Caerse violentamente desde un lugar elevado. ‖ Evolucionar con rapidez, ten der a su fin. ‖ Lanzarse, arrojarse. Precipitarse contra el enemigo. ‖ Decir o hacer algo con apresuramiento, con irreflexión.

precisar t. Necesitar. Construir una casa precisa del trabajo de mucha gente. ‖ Expresar algo con detalle y exactitud. La maestra precisó que el examen sólo abarcaría un tema.

precisión s. f. Calidad de preciso, necesario. ‖ Exactitud. La precisión de los relojes para dar la hora ha mejorado con el paso de los años.

preciso, sa adj. Necesario. Es preciso terminar este asunto ya. ‖ Exacto, justo. El carpintero llegó en el preciso momento en que yo salía de casa. ‖ Claro. Las instrucciones de la receta fueron precisas.

precocidad s. f. Condición de precoz.

precolombino, na adj. Relativo a la América anterior a la llegada de Cristóbal Colón. El cacao, la papa y el jitomate son cultivos que vienen de la época precolombina.

preconcebir t. Pensar o proyectar una cosa de manera previa a su realización. El director preconcibió el nuevo plan de trabajo y lo expuso a los gerentes.

preconizar t. Recomendar con intensidad algo de interés general. La nueva campaña de higiene preconiza la importancia de lavarse las manos antes de comer.

precortesiano, na adj. Anterior a Hernán Cortés en México.

precoz adj. Que se produce, desarrolla o madura antes de tiempo. El músico austriaco Mozart fue un niño precoz.

precursor, ra adj. y s. Que precede o va delante.

predador, ra adj. y s. Depredador, animal que caza para alimentarse.

predatorio, ria adj. Relativo al robo.

predecesor, ra s. Antecesor.

predecir t. Anunciar antes.

predestinación s. f. Destinación anterior de algo.

predestinado, da adj. y s. Destinado por Dios desde la eternidad para lograr la gloria. ‖ Que tiene que acabar en algo ya sabido.

predestinar t. Destinar anticipadamente para un fin. ‖ Destinar y elegir Dios a los que han de alcanzar la salvación.

predeterminar t. Determinar con anticipación una cosa.

predial adj. Relativo a los predios, a las propiedades. Cuando se posee una casa, se debe pagar el impuesto predial.

prédica s. f. Sermón.

predicación *s. f.* Sermón.

predicado *s. m.* Parte de la oración que dice algo del sujeto. *En la expresión «La marea está muy alta», «está muy alta» es el predicado.*

predicador, ra *adj.* y *s.* Miembro de alguna religión o secta que se dedica a difundir verbalmente las enseñanzas de ésta.

predicamento *s. m.* Prestigio, influencia de una persona sobre otras a causa del cariño que despierta. ‖ Problema. *Fabiola tiene un predicamento: no sabe cómo irá vestida hoy al trabajo.*

predicar *t.* Publicar o manifestar algo. *La frase célebre más conocida del político mexicano Benito Juárez predica «el respeto al derecho ajeno es la paz».* ‖ Anunciar o enseñar la palabra de Dios. ‖ *fam.* Reprender, regañar. *Mi maestra predicó acerca del respeto que debemos a los profesores.*

predicativo, va *adj.* Relativo al predicado.

predicción *s. f.* Presagio.

predilección *s. f.* Preferencia.

predilecto, ta *adj.* Preferido.

predio *s. m.* Finca, casa, terreno o cualquier posesión inmueble.

predisponer *t.* Disponer anticipadamente algunas cosas o preparar el ánimo para un fin. ‖ Inclinar a favor o en contra de algo o alguien.

predisposición *s. f.* Inclinación, propensión, aptitud. ‖ Tendencia a adquirir ciertas enfermedades.

predispuesto, ta *adj.* Dispuesto de antemano.

predominante *adj.* Que predomina.

predominar *t.* e *intr.* Dominar.

predominio *s. m.* Dominio.

preeminencia *s. f.* Privilegio, prerrogativa. ‖ Superioridad, supremacía.

preeminente *adj.* Superior.

preescolar *adj.* Que precede a lo escolar. ‖ *loc. Educación preescolar:* primer nivel educativo que precede a la escolarización obligatoria.

preexistencia *s. f.* Existencia anterior.

preexistir *intr.* Existir antes.

prefabricación *s. f.* Sistema de construcción que permite ejecutar ciertas obras valiéndose de elementos hechos de antemano que se unen entre sí siguiendo un plan establecido.

prefabricado, da *adj.* Se dice de un elemento de construcción que no se fabrica en la obra y que se monta después en ella. ‖ Se aplica a una construcción realizada exclusivamente con elementos hechos antes.

prefacio *s. m.* Prólogo. ‖ Parte de la misa que precede inmediatamente al canon. ‖ *fig.* Lo que precede.

prefecto *s. m.* Entre los romanos, título de varios jefes militares o civiles. ‖ Nombre de dignidades militares o políticas en diversos países. ‖ *loc. Prefecto apostólico:* eclesiástico que está al frente de una prefectura apostólica.

prefectura *s. f.* Dignidad, cargo, territorio y oficina del prefecto. ‖ *loc. Prefectura apostólica:* circunscripción eclesiástica en un país de misión, análoga al vicariato apostólico, regida por un prefecto apostólico.

preferencia *s. f.* Tendencia favorable hacia una persona o cosa. *Mucha gente en México tiene preferencia por los alimentos picantes.*

preferente *adj.* Que establece una preferencia.

preferible *adj.* Más ventajoso.

preferido, da *adj.* y *s.* Que goza de preferencia.

preferir *t.* y *pr.* Gustar más una persona o cosa que otra. *Gracias, prefiero comer en casa.*

prefigurar *t.* Representar con anticipación. ‖ *pr.* Figurarse.

prefijar *t.* Fijar antes.

prefijo *s. m.* En gramática, partícula antepuesta a ciertas palabras para modificar su sentido añadiendo una idea secundaria. ‖ Número o serie de números que sirven para identificar el lugar de origen o de procedencia de un mensaje telefónico, telegráfico o radiofónico.

pregón *s. m.* Anuncio que se hace de una mercancía en la calle y a gritos. ‖ Anuncio que se hace todavía en ciertos pueblos, por medio de los pregoneros, de una orden o comunicación del ayuntamiento. ‖ Discurso literario pronunciado por alguien para inaugurar ciertas fiestas.

pregonar *t.* Anunciar algo por medio de un pregón. ‖ *fig.* Decir algo para que lo sepa todo el mundo.

pregonero, ra *adj.* y *s.* Divulgador indiscreto de noticias. ‖ *s.* Persona empleada en un ayuntamiento que anuncia los pregones.

pregunta *s. f.* Proposición que uno formula para que otro le responda.

preguntar *t.* Hacer uno preguntas. ‖ Exponer en forma de interrogación una duda. ‖ Examinar, interrogar. *Preguntar a un candidato.* ‖ *pr.* Dudar de algo.

prehispánico, ca *adj.* Se dice de las culturas que se desarrollaron en América antes de la llegada de los españoles. *Dos culturas prehispánicas sobresalientes fueron la maya y la incaica.*

prehistoria *s. f.* Historia de la humanidad desde la aparición del hombre sobre la Tierra hasta los primeros escritos.

prehistórico, ca *adj.* Relacionado con la prehistoria. ‖ *fam.* Muy antiguo. *La máquina de escribir que uso es prehistórica, pues me la heredó mi abuela.*

preincaico, ca *adj.* Anterior a la dominación incaica.

prejuicio *s. m.* Actitud discriminatoria hacia personas de otra clase social o de otro grupo étnico. *Prejuicio racial.* ‖ Opinión preconcebida.

prejuzgar *t.* Juzgar las cosas antes del tiempo oportuno.

prelación *s. f.* Anterioridad.

prelado *s. m.* Superior eclesiástico.

prelatura *s. f.* Dignidad de prelado.

preliminar *adj.* Que sirve de antecedente, preámbulo.

preludiar *t.* Preparar, iniciar.

preludio *s. m.* Lo que precede o sirve de entrada o preparación.

prematuro, ra *adj.* Hecho antes de tiempo. ‖ Se dice del niño que nace, viable, antes del término del embarazo.

premeditación *s. f.* Acción de premeditar. ‖ Circunstancia agravante de la responsabilidad criminal.

premeditado, da *adj.* Realizado con premeditación.

premenstrual *adj.* Se dice del periodo que precede a la menstruación. *Algunas mujeres sufren incomodidades premenstruales.*

premiación *s. f.* Acto en donde se da algo como reconocimiento o recompensa. *La ceremonia de premiación será después de que haya terminado la competencia.*

premiado, da *adj.* y *s.* Que ha ganado un premio.

premiar *t.* e *intr.* Dar algo a alguien como reconocimiento o recompensa. *En mi escuela premian con una medalla al niño que obtenga las mejores calificaciones.*

premier *s. m.* Primer ministro británico.

premio *s. m.* Aquello que se da como reconocimiento o recompensa.

premiosidad *s. f.* Falta de soltura al hablar o escribir. || Calma, lentitud.

premioso, sa *adj.* Lento.

premisa *s. f.* Supuesto a partir del cual se deduce una cosa. *El resultado de ese razonamiento es falso porque la premisa, que es el punto de partida, también lo es.*

premolar *s. m.* Cada uno de los dientes situados entre los caninos y los molares.

premonición *s. f.* Presentimiento.

premonitor, ra *adj.* Que renuncia.

premonitorio, ria *adj.* Que presagia. || En medicina, se dice del síntoma precursor.

premunir *t. Amér.* Proveer de algo como prevención para un fin.

premura *s. f.* Apremio, urgencia. *Pedir algo con premura.* || Escasez.

prenatal *adj.* Relativo a lo que ocurre antes del nacimiento. *Las futuras madres deben tener cuidados prenatales.*

prenda *s. f.* Lo que se da en garantía de una obligación. || Cualquiera de las alhajas, muebles o enseres de uso doméstico. || Cualquiera de las partes que componen el vestido y calzado. *Prenda de abrigo.* || *fig.* Cosa que sirve de prueba a una cosa. || Lo que se ama intensamente, como mujer, hijos, etc. || Cualidad, virtud, perfección moral de una persona. *Mujer de muchas prendas.* || *loc. En prenda:* en fianza.

prendar *t.* Enamorar.

prender *t.* Asir, agarrar, sujetar una cosa. || Apresar a una persona metiéndola en la cárcel. || Enganchar. *Prender un clavel en el pelo.* || *loc.* (Amér.) *Prender fuego:* incendiar; encender. || *intr.* Arraigar una planta. || Empezar a arder la lumbre. || Comunicarse el fuego. || Surtir efecto la vacuna. || *fig.* Propagarse. *Doctrina que prendió en la juventud.* || *pr.* Encenderse.

prendimiento *s. m.* Captura.

prensa *s. f.* Máquina que sirve para comprimir. || *fig.* Imprenta. || Conjunto de las publicaciones periódicas.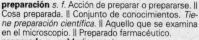

prensado *s. m.* Acción de prensar.

prensar *t.* Apretar en la prensa. || Estrujar la uva, etc.

prensor, ra *adj.* Se aplica a ciertas aves con pico robusto como el guacamayo, el loro. || *s. f. pl.* Orden de estas aves.

preñado, da *adj.* Se dice de la mujer o hembra fecundada. || *fig.* Lleno, cargado.

preñar *t.* Embarazar a una mujer. || *fig.* Llenar, henchir.

preocupación *s. f.* Inquietud.

preocupado, da *adj.* Inquieto.

preocupar *t. fig.* Ocupar el ánimo de uno algún temor, sospecha, etc. *La salud de su hijo le preocupa.* || Dar importancia. *No le preocupa lo que digan los demás.* || *pr.* Estar prevenido en favor o en contra de una persona o cosa. || Inquietarse. *No preocuparse por nada.* || Tener cuidado, prestar atención. *No me preocupo más del asunto.* || Encargarse. *Preocúpese de que cumplan las órdenes.*

preparación *s. f.* Acción de preparar o prepararse. || Cosa preparada. || Conjunto de conocimientos. *Tiene preparación científica.* || Aquello que se examina en el microscopio. || Preparado farmacéutico.

preparado *s. m.* Medicamento.

preparador, ra *adj.* y *s.* Que prepara. || *s.* Entrenador.

preparar *t.* Disponer algo para un fin. || Prevenir a uno para una acción. *Preparar los ánimos.* || Poner en estado. *Preparar un piso.* || Estudiar una materia. *Preparar el bachillerato.* || Dar clase. *Me preparó para la oposición.* || Tramar, organizar: *Preparar un complot.* || Hacer las operaciones necesarias para obtener un producto químico. || *pr.* Disponerse para ejecutar una cosa. *Prepararse para un examen, para un viaje.* || Existir síntomas.

preparativo, va *adj.* Preparatorio. || *s. m.* Cosa preparada.

preparatorio, ria *adj.* Que prepara. || *s. m.* Curso escolar previo al ingreso en ciertas carreras.

preponderancia *s. f.* Importancia mayor de una cosa respecto de otra.

preponderante *adj.* Que tiene más importancia.

preponderar *intr.* Predominar.

preposición *s. f.* Parte invariable de la oración que indica la relación entre dos palabras. *Las preposiciones españolas son «a», «ante», «bajo», «cabe», «con», «contra», «de», «desde», «en», «entre», «hacia», «hasta», «para», «por», «según», «sin», «so», «sobre», «tras».*

prepósito *s. m.* Superior de una comunidad o junta.

prepotencia *s. f.* Abuso de poder. *Con prepotencia estacionó su automóvil donde no debía.*

prepotente *adj.* y *s. com.* Que abusa de su poder. *Muchos guardaespaldas se comportan de forma prepotente.*

prepucio *s. m.* Piel móvil que recubre el glande del pene de los animales machos y el hombre.

prerrogativa *s. f.* Privilegio anexo a una dignidad o cargo.

presa *s. f.* Acción de prender o tomar una cosa. || Cosa apresada, botín. *Presa de guerra, presa de caza.* || Muro o dique construido a través de un río con objeto de regular su caudal o embalsar agua para aprovecharla para el riego o la producción de fuerza hidráulica. || Llave en la lucha para inmovilizar al contrario. || *loc. De presa:* rapaz (ave).

presagiar *t.* Predecir, prever.

presagio *s. m.* Conjetura.

presbicia *s. f.* Trastorno visual en el que los objetos cercanos se ven desenfocados. *Marcos tiene presbicia: ve mejor de lejos que de cerca.*

présbita o **présbite** *adj.* y *s. com.* Que adolece de presbicia.

presbiteriano, na *adj.* Se dice del protestante ortodoxo en Inglaterra, Escocia y Estados Unidos.

presbiterio *s. m.* Área del altar mayor hasta el pie de las gradas.

presbítero *s. m.* Sacerdote.

prescindir *intr.* Hacer caso omiso.

prescribir *t.* Preceptuar, ordenar, mandar una cosa. || Recetar el médico. || Adquirir la propiedad de una cosa por prescripción. || Caducar un derecho por haber transcurrido el tiempo señalado por la ley.

prescripción *s. f.* Acción y efecto de prescribir. || Modo de adquirir la propiedad de una cosa por haberla poseído durante el tiempo fijado por las leyes. || *loc. Prescripción facultativa:* receta del médico.

prescrito, ta *adj.* Señalado.

preselección *s. f.* Selección previa.

presencia *s. f.* Acción de estar presente. || Asistencia personal. *Hacer acto de presencia.* || Aspecto exterior. *Persona de buena presencia.* || *loc. En presencia de:* delante de. || *Presencia de ánimo:* serenidad.

presenciar *t.* Estar presente.

presenil *adj.* Se dice de los signos de vejez aparecidos antes de la senectud.

presentación *s. f.* Acción de presentar, exhibición. || Aspecto. *Una presentación impecable.* || Acción de trabar conocimiento, por medio de alguien, con otra persona. || Arte de representar con propiedad y perfección. *Presentación de una ópera.* || *Amér.* Demanda, súplica.

presentador, ra *adj. y s.* Se dice de la persona que presenta. || *s.* Persona que en las emisiones de radio o televisión presenta o comenta.

presentar *t.* Mostrar, poner algo para que sea visto. *Presentar los modelos de la colección.* || Exhibir ante el público. *Presentar una película.* || Hacer conocer una persona a otra. *Le presenté a mi hermana.* || Proponer para un cargo. *Presentaron su candidatura.* || Dar. *Le presentó sus disculpas.* || Ofrecer a la vista. *Presentaba un aspecto agradable.* || Explicar, hacer ver. *Presenta sus doctrinas de modo hábil.* || Poner las armas para rendir honores. || Tener. *El problema presenta dificultades.* || Tener cierto aspecto. *La llaga presentaba pocos síntomas de cicatrización.* || Poner ante alguien. *Le presenté una bandeja con diferentes licores.* || Hacer. *Presentó una solicitud.* || Librar. *El ejército presentó batalla.* || *pr.* Llegar a un lugar. *Se presentaron en mi casa.* || Aparecer. *Presentarse un obstáculo.* || Tener cierto aspecto. *El porvenir se presenta amenazador.* || Comparecer. *Presentarse ante sus jefes.* || Acudir. *Se presentó ante los jueces.* || Sufrir. *No se presentó al examen.* || Visitar. *Preséntate a él de mi parte.*

presente *adj.* Que está en un lugar determinado o en presencia de alguien. *Había sólo tres alumnos presentes cuando el maestro pasó lista.* || Que ocurre en el momento en que se está hablando. *En el presente los adelantos tecnológicos son impresionantes.* || *s. m.* El tiempo actual. *Hay que vivir el presente y prepararse para el futuro.* || Tiempo verbal que indica que la acción expresada por el verbo se realiza en la actualidad. *Si digo «yo como», estoy expresándome en presente.* || Regalo. *Sus amigos le llevaron muchos presentes a Rodolfo cuando se graduó.*

presentimiento *s. m.* Presagio.

presentir *t.* Prever.

preservación *s. f.* Acción de preservar.

preservar *t.* Poner a cubierto anticipadamente a una persona o cosa de algún daño o peligro.

preservativo *s. m.* Funda de goma con que se cubre el pene durante las relaciones sexuales para prevenir el embarazo, infecciones y enfermedades como el sida.

presidencia *s. f.* Dignidad o cargo de presidente. || Acción de presidir. *Ejercer la presidencia.* || Sitio que ocupa el presidente. || Edificio en que reside el presidente. || Tiempo que dura el cargo.

presidencial *adj.* Relativo a la presidencia.

presidencialismo *s. m.* Sistema de gobierno en que el presidente de la república es también jefe de Gobierno o del Poder Ejecutivo.

presidencialista *adj.* Relativo al presidencialismo. || *s. com.* Partidario de este sistema de gobierno.

presidente, ta *s.* Persona que preside. || Cabeza o superior de un consejo, tribunal, junta, etc. || En las repúblicas, jefe electivo del Estado.

presidiario, ria *s.* Condenado a presidio.

presidio *s. m.* Cárcel, prisión.

presidir *t.* Ocupar el primer puesto en un Estado, junta, asamblea, consejo o tribunal. || Predominar.

presilla *s. f.* Cordón que sirve de ojal. || Entre sastres, punto de ojal.

presión *s. f.* Acción de apretar o comprimir. || *fig.* Coacción o violencia que se ejerce sobre una persona. || En física, cociente de la fuerza ejercida por un fluido sobre determinada superficie y esta misma superficie. || *loc. Presión atmosférica:* la que el aire ejerce al nivel del suelo y que se mide con el barómetro. || *Presión arterial:* la producida por la sangre en la pared de las arterias.

presionar *t.* Hacer presión.

preso, sa *adj. y s.* Se aplica a la persona que está recluida en una prisión.

presonorización *s. f.* Grabación del sonido antes de impresionar la imagen.

presonorizar *t.* Grabar el sonido antes de impresionar la imagen.

prestación *s. f.* Acción de prestar. || Renta o tributo. *Prestación por maternidad.* || Servicio exigible por la ley. || Obligación de hacer algo. *Prestación de juramento.* || Acción y efecto de prestar un servicio, ayuda, etc.

prestamista *s. com.* Persona que presta dinero.

préstamo *s. m.* Acto de prestar o tomar prestado. || Lo prestado.

prestancia *s. f.* Distinción.

prestar *t.* Entregar algo a uno con obligación de restituirlo. *Le presté diez mil euros.* || Contribuir al logro de una cosa. *Prestar ayuda.* || Dar. *Prestar alegría.* || *pr.* Avenirse a algo. || Acceder, consentir. || Dar lugar a. *Esto se presta a errores.* || *loc. Prestar atención:* estar muy atento. || *Prestar auxilio* o *socorro:* auxiliar.

presteza *s. f.* Prontitud.

prestidigitación *s. f.* Arte de hacer juegos de manos.

prestidigitador, ra *s.* Persona que hace juegos de manos.

prestigio *s. m.* Buena fama.

prestigioso, sa *adj.* Con prestigio.

presto, ta *adj.* Dispuesto para hacer algo. *En cuanto supo del accidente, Ricardo se mostró presto a ayudar.* || Rápido para hacer cosas, diligente. *Daniel acudió presto a visitar a su madre al hospital.* || *adv.* Pronto, en seguida. *Debemos encontrar una presta solución al problema.*

presumido, da *adj. y s.* Que presume.

presumir *t.* Suponer. || *intr.* Vanagloriarse, alardear.

presunción *s. f.* Engreimiento, vanagloria. || Suposición.

presunto, ta *adj.* Supuesto.

presuntuoso, sa *adj.* Lleno de presunción y orgullo.

presuponer *t.* Dar por supuesto.

P

presupuestar *t.* Hacer un presupuesto. ‖ Incluir en un presupuesto.

presupuestario, ria *adj.* Relativo al presupuesto.

presupuesto *s. m.* Cálculo anticipado del gasto o del costo de una obra. ‖ Cálculo de los gastos e ingresos de una colectividad o Estado. ‖ Suposición.

presurizar *t.* Mantener una presión normal en el interior de un avión que vuela a mucha altura en una atmósfera enrarecida.

pretencioso, sa *adj.* Presumido, presuntuoso.

pretender *t.* Solicitar una cosa. *Pretender un cargo.* ‖ Procurar, intentar, tratar de. ‖ Asegurar algo que no es demasiado cierto. *Pretender haber sido el primero.* ‖ Cortejar a una mujer para casarse con ella.

pretendiente *adj.* Aspirante, persona que pretende o solicita algo. ‖ *s. com.* Se aplica a la persona que corteja a otra con idea de casarse con ella.

pretensado *s. m.* Acción y efecto de pretensar.

pretensar *t.* Someter un material a una presión permanente en sentido opuesto a la que tendrá que soportar a causa de las cargas que se le apliquen posteriormente.

pretensión *s. f.* Reclamación de un derecho, reivindicación. ‖ Precio pedido por un trabajo, por un objeto en venta. ‖ Intención, designio.

preterir *t.* Prescindir, excluir.

pretérito, ta *adj.* Pasado. *En tiempos pretéritos la ciudad era chica y sin medios de transporte.* ‖ *s. m.* En gramática, tiempo verbal que presenta la acción como realizada en el pasado. *La palabra «comí» es un verbo en tiempo pretérito.*

pretextar *t.* Utilizar un pretexto. *Pretextar una dolencia.*

pretexto *s. m.* Motivo o causa simulada para excusarse de hacer algo.

pretil *s. m.* Antepecho.

pretor *s. m.* Magistrado que ejercía funciones judiciales en Roma.

prevalecer *intr.* Predominar.

prevaler *intr.* Prevalecer. ‖ *pr.* Valerse.

prevaricación *s. f.* Acción del que falta a las obligaciones de su cargo.

prevaricador, ra *adj.* y *s.* Que prevarica.

prevaricar *intr.* Cometer una infracción en los deberes.

prevención *s. f.* Precaución. ‖ Conjunto de medidas tomadas con vistas a evitar accidentes de la circulación o del trabajo, enfermedades profesionales, propagación de epidemias, deterioro de la asistencia sanitaria. ‖ Desconfianza. ‖ Prejuicio, opinión desfavorable. ‖ Puesto de policía. ‖ Detención de un reo antes del juicio.

prevenido, da *adj.* Dispuesto para una cosa. ‖ Prudente.

prevenir *t.* Preparar, disponer con anticipación. ‖ Precaver, evitar. *Prevenir una enfermedad.* ‖ Prever, conocer de antemano. *Prevenir una dificultad.* ‖ Advertir, informar, avisar. *Prevenir a la autoridad.* ‖ Predisponer, inclinar el ánimo de alguien a favor o en contra de algo. ‖ *pr.* Prepararse lo necesario. ‖ Precaverse, tomar precauciones.

preventivo, va *adj.* Que previene. ‖ Se dice de la prisión que sufre el procesado mientras dura la sustanciación o celebración de un juicio.

preventorio *s. m.* Hospital en el que se cuidan preventivamente ciertas enfermedades.

prever *t.* Pensar de antemano.

previo, via *adj.* Anticipado.

previsible *adj.* Que puede preverse.

previsión *s. f.* Acción de prever. ‖ Lo que se prevé.

previsor, ra *adj.* y *s.* Que prevé.

previsto, ta *adj.* Sabido antes.

prez *s.* Honor que proporciona una acción meritoria.

prieto, ta *adj.* Se dice del color entre marrón y negro. *La mula prieta es la más fuerte de la recua.* ‖ *fam. desp. Méx.* Persona de color de piel muy morena, casi negra.

prima *s. f.* Dinero que se da como estímulo o como recompensa. ‖ Pago que da una persona o empresa a la compañía de seguros con quien han contratado un seguro. ‖ Primera cuerda de algunos instrumentos.

primacía *s. f.* Preeminencia.

primado, da *adj.* y *s. m.* Se dice del obispo más antiguo de una nación. ‖ Del primado.

primar *t.* Conceder primacía. *Para mí, prima la honradez.* ‖ *intr.* Imponerse, predominar. *Primó la justicia.*

primario, ria *adj.* Primordial, básico, fundamental. *Necesidad primaria.* ‖ Relativo al grado elemental de instrucción. *Enseñanza primaria.* ‖ Se aplica a los colores rojo, amarillo y azul. ‖ *fam.* Que tiene poca cultura o conocimientos. ‖ Se dice del sector de actividades económicas de producción de materias primas, principalmente de la agricultura y de las industrias extractoras. ‖ *s. f. Méx.* Educación básica que consiste en los primeros grados que cursa un niño después de salir del nivel preescolar.

primate *s. m.* Orden de mamíferos superiores que comprende principalmente a los monos.

primavera *s. f.* Estación del año que corresponde en el hemisferio boreal a los meses de marzo, abril y mayo, y en el austral a los de octubre, noviembre y diciembre. ‖ *fig.* Incauto, simple, cándido.

primaveral *adj.* De la primavera.

primer *adj.* Apócope de *primero.*

primero, ra *adj.* Que precede a los demás en el tiempo, en el lugar, en el orden. *Primera prueba de imprenta.* ‖ Refiriéndose a cosas, que tienen más importancia, más valor. *Ganar la primera prueba.* ‖ Que es más esencial, más necesario, más urgente. *Primeras disposiciones.* ‖ Que señala el comienzo. *Primeras nociones de una ciencia.* ‖ *s. m.* Piso que está después del entresuelo. ‖ Primer año de estudios. ‖ *s. f.* La menor de las velocidades de un automóvil. ‖ Clase mejor en los ferrocarriles, buques y aviones. ‖ *adv.* Ante todo, en primer lugar. *Le digo primero que no se marche.* ‖ Antes, más bien. *Primero morir que vivir en la esclavitud.* ‖ Antes. *Llegué primero.* ‖ *loc. De primera:* muy bien, excelentemente.

primicias *s. f. pl.* Primeros frutos de la tierra. ‖ Primeros productos.

primitivismo *s. m.* Calidad de primitivo, de los pueblos primitivos. ‖ *fig.* Calidad de poco evolucionado. ‖ Tosquedad, rudeza. ‖ Carácter del arte o de la literatura primitivos. ‖ Imitación de lo primitivo en arte.

primitivo, va *adj.* Primero en su línea, o que no tiene ni toma origen en otra cosa. ‖ Relativo a los colores principales del espectro solar (violeta, índigo, azul, verde, amarillo, anaranjado, rojo). ‖ Se dice del hombre o de las sociedades humanas que no siguen la pauta trazada por los países desarrollados y que han conservado sus características propias. || Se aplica a la palabra que no se deriva de otra de la misma lengua. || *fig.* Rudimentario, poco evolucionado.

primo, ma *adj.* Primero. || *loc. Materias primas:* productos naturales que no han sido aún labrados o manufacturados. || *Número primo:* número entero que sólo es divisible entre sí mismo y entre la unidad. *Uno, dos, tres y cinco son números primos.* || *s.* Respecto a una persona, hijo de un tío suyo. *Enrique y su primo juegan y se divierten.*

primogénito, ta *adj.* y *s.* Se dice del hijo que nace primero.

primogenitura *s. f.* Condición o derecho de primogénito.

primor *s. m.* Cuidado, esmero. || Belleza. *Esta chica es un primor.*

primordial *adj.* Fundamental.

primoroso, sa *adj.* Esmerado.

princeps *adj.* Príncipe, primera edición de una obra.

princesa *s. f.* Mujer del príncipe o hija de él.

principado *s. m.* Dignidad de príncipe. || Territorio de un príncipe.

principal *adj.* Primero en estimación o importancia. *El personaje principal de una obra.* || Esencial o fundamental. *Asunto, tema principal.*

príncipe *adj.* Se aplica a la primera edición de un libro. *Edición príncipe.* || *s. m.* El primero y el superior en una cosa. *El príncipe de las letras.* || Por antonomasia, primogénito del rey, heredero de su corona. || Individuo de familia real o imperial. *Príncipe de sangre.* || Soberano de un Estado. *El príncipe de Liechtenstein.* || Título nobiliario que dan los reyes. || *loc. Príncipe azul:* personaje de los cuentos de hadas.

principiante, ta *adj.* y *s.* Que empieza.

principiar *t.* e *intr.* Comenzar.

principio *s. m.* Primera parte de una cosa o acción, comienzo. *El principio del mes.* || Causa primera, origen. || Base, fundamento. *Los principios de la moral.* || Rudimento. *Principios de metafísica.* || Regla de conducta, norma de acción. *Hombre sin principios.* || Plato que se sirve entre el primero y los postres. || Ley general cuyas consecuencias rigen toda una parte de la física. *El principio de Arquímedes.*

pringar *t.* Empapar con pringue. || Ensuciar con grasa o pringue. || *fig.* y *fam.* Comprometer, hacer intervenir a alguien en un asunto. || *intr. fam.* Trabajar denodadamente. || Sacar provechos ilícitos en un negocio.

pringoso, sa *adj.* Grasiento.

pringue *s.* Grasa. || Suciedad.

prior, ra *s.* Superior de algunas comunidades religiosas.

priorato *s. m.* Dignidad de prior. || Su jurisdicción.

prioridad *s. f.* Preferencia.

prisa *s. f.* Apresuramiento, prontitud, rapidez. *Trabajar con prisa.* || Apremio, precipitación. *Días de prisa.* || *loc. A* o *de prisa:* con prontitud. || *Correr prisa:* ser urgente. || *Darse prisa:* apresurarse. || *De prisa y corriendo:* con rapidez.

prisión *s. f.* Cárcel. || Estado del que está preso.

prisionero, ra *s.* y *s.* Se dice de la persona detenida en prisión o detenida por cualquier enemigo.

prisma *s. m.* Cuerpo geométrico limitado por dos polígonos paralelos e iguales, llamados «bases», y por tantos paralelogramos como

lados tenga cada base. || Sólido triangular de materia transparente que desvía y descompone los rayos luminosos. || *fig.* Lo que nos deslumbra y nos hace ver las cosas diferentes de lo que son.

prismático, ca *adj.* De forma de prisma. || *s. m. pl.* Anteojos.

prístino, na *adj.* Puro.

privación *s. f.* Hecho de ser privado o de privarse de algo.

privado, da *adj.* Que no es público. || Particular, personal. *Mi domicilio privado.* || *s. m.* Hombre que goza de la confianza de un gobernante, favorito.

privanza *s. f.* Situación del privado.

privar *t.* Quitar o rehusar a uno la posesión, el goce de algo. *Le privaron de sus bienes.* || Quitar a una cosa todas o parte de sus propiedades características. || Impedir. *No le prives de ver a sus amigos.* || Gustar mucho. || Estar en boga, de moda. *En la colección privan los trajes ajustados.* || *pr.* Dejar o abandonar voluntariamente algo. *Se priva de todo.*

privativo, va *adj.* Propio de una cosa o persona y no de otras.

privatización *s. f.* Acción de privatizar.

privatizar *t.* Dar carácter privado a lo que antes era estatal.

privilegiar *t.* Favorecer.

privilegio *s. m.* Ventaja o excepción especial que se concede a uno.

pro forma *loc. adj.* Para cumplir una formalidad. En facturas, recibos, etc., con esta expresión se justifican las operaciones posteriores a la fecha de los estados de cuenta en que figura.

pro[1] *prep.* En favor de. *Irma trabaja en una asociación pro ciegos.*

pro[2] *s.* Provecho, utilidad que ofrece alguna cosa o situación.

proa *s. f.* Parte delantera de un barco, de un avión, de otros vehículos.

probabilidad *s. f.* Calidad de probable.

probable *adj.* Que es fácil que ocurra, verosímil.

probado, da *adj.* Acreditado.

probador, ra *adj.* y *s.* Que prueba. || *s. m.* Lugar donde los clientes se prueban los trajes.

probar *t.* Demostrar indudablemente la certeza de un hecho o la verdad de una afirmación. *Probar lo que se dice.* || Indicar. *Eso prueba tu malestar.* || Experimentar las cualidades de una persona, animal o cosa. *Probar un método.* || Poner para ver si tiene la medida o proporción adecuada. *Probar un traje.* || Gustar un manjar. *Probar la salsa.* || *intr.* Intentar, tratar de hacer algo. *Probó a levantarse y no pudo.* || *pr.* Ver si una prenda sienta bien. *Probarse un vestido.*

probeta *s. f.* Tubo de cristal.

problema *s. m.* Cuestión o proposición dudosa que se trata de aclarar. *Resolver un problema.* || Cosa difícil de explicar. *Un problema complicado.* || Cosa que presenta una dificultad. *Los problemas económicos.* || En matemáticas, proposición dirigida a averiguar el modo de obtener un resultado a partir de ciertos datos.

problemático, ca *adj.* Dudoso, incierto. || *s. f.* Serie de problemas que se estudian sobre un asunto.

probo, ba *adj.* Íntegro, recto.

proboscidio adj. y s. m. Se dice de los mamíferos ungulados con trompa prensil, como el elefante. ‖ pl. Orden que forman.

procacidad s. f. Indecencia.

procariota s. m. Organismo unicelular cuyo núcleo no está completamente separado del citoplasma. Las bacterias son procariotas.

procaz adj. Desvergonzado, grosero. Tulio habla siempre de una manera procaz.

procedencia s. f. Origen de una cosa. ‖ Conformidad con la moral, la razón y el derecho.

procedente adj. Que procede, dimana o trae su origen de una persona o cosa. ‖ Que llega a un sitio. Tren procedente de Burgos. ‖ Conforme a derecho, mandato o conveniencia.

proceder[1] intr. Derivarse, tener su origen una cosa en otra. Esta palabra procede del latín. ‖ Tener su origen. Los que proceden de América. ‖ Obrar con cierto orden. Proceder con método. ‖ Conducirse bien o mal una persona. Proceder con corrección. ‖ Empezar a ejecutar una cosa. Proceder a la elección del presidente. ‖ Convenir. Procede tomar otro rumbo. ‖ Ser sensato, pertinente. ‖ Ser conforme a derecho. ‖ loc. Proceder contra uno: iniciar procedimiento judicial contra él.

proceder[2] s. m. Comportamiento.

procedimiento s. m. Manera de hacer o método práctico para hacer algo. ‖ Manera de seguir una instancia en justicia. Ley de procedimiento civil.

prócer adj. Ilustre, eminente. ‖ s. m. Hombre ilustre.

procesado, da adj. Sometido a un proceso judicial.

procesador s. m. Elemento de una computadora capaz de efectuar el tratamiento completo de una serie de datos.

procesal adj. Relativo al proceso.

procesamiento s. m. Acción y efecto de procesar. ‖ En informática, tratamiento de la información.

procesar t. Enjuiciar, someter a un proceso judicial. ‖ Someter una cosa a un proceso de elaboración, transformación, etc. ‖ Tratar la información por medio de un ordenador o computadora.

procesión s. f. Marcha ordenada de un grupo de personas.

proceso s. m. Progreso, curso del tiempo. ‖ Conjunto de las fases de un fenómeno en evolución. Proceso de una enfermedad. ‖ Procedimiento. Proceso de fabricación. ‖ Conjunto de los autos y escritos de una causa criminal o civil. ‖ Causa criminal, juicio. Proceso por robo. ‖ En informática, procesamiento.

proclamación s. f. Publicación solemne de un decreto, bando o ley. ‖ Conjunto de ceremonias públicas con que se inaugura un régimen.

proclamar t. Publicar en alta voz una cosa para que sea conocida por todos. ‖ Dar a conocer públicamente por un acto oficial. ‖ Declarar solemnemente el principio de un reinado, república, etc. ‖ Reconocer públicamente. Proclamar los principios democráticos. ‖ Aclamar. Proclamar un campeón. ‖ fig. Dar señales de una pasión. Proclamar sus ideas. ‖ Mostrar. Esto proclama la verdad. ‖ pr. Declararse uno investido de un cargo, autoridad o mérito.

proclive adj. Propenso.

procónsul s. m. Gobernador de una provincia entre los romanos.

procreación s. f. Acción de procrear.

procrear t. Engendrar.

procuración s. f. Poder dado a otro para que éste obre en nombre de aquél. ‖ Cargo y oficina del procurador.

procurador, ra adj. y s. Que procura. ‖ s. Persona que, con habilitación legal, representa en juicio a cada una de las partes.

procurar t. Hacer diligencias y esfuerzos para conseguir lo que se desea. ‖ Proporcionar, facilitar. Le ha procurado un piso muy bueno. ‖ pr. Conseguir.

prodigalidad s. f. Derroche, gasto excesivo. ‖ Abundancia.

prodigar t. Derrochar, malgastar. Prodigar el caudal. ‖ Dar con profusión y abundancia. ‖ fig. Dispersar profusa y repetidamente. Prodigar favores. ‖ pr. Excederse en la exhibición personal.

prodigio s. m. Suceso extraordinario.

prodigioso, sa adj. Extraordinario.

pródigo, ga adj. y s. Despilfarrador. ‖ Generoso. ‖ loc. Hijo pródigo: el que regresa a su familia después de una larga ausencia y de haber llevado una vida irregular.

producción s. f. Acción de producir. ‖ Cosa producida. ‖ Entidad que facilita el capital para asegurar la realización de una película cinematográfica.

producir t. Dar. Árbol que produce muchos frutos. ‖ Hacer, realizar. Producir obras artísticas. ‖ Fabricar. ‖ Hacer ganar, dar beneficios. Su negocio se produce mucho. ‖ Causar. Producir alegría. ‖ Ocasionar, originar. La guerra produce grandes males. ‖ Financiar una película cinematográfica. ‖ Generar, dar lugar. Producir un cierto malestar.

productividad s. f. Facultad de producir. ‖ Cantidad producida teniendo en cuenta el trabajo efectuado o el capital invertido.

productivo, va adj. Que produce.

producto s. m. Lo que crea cualquier actividad de la naturaleza, del hombre. Producto de la tierra. ‖ Resultado secundario de un proceso. Los productos de la destilación del petróleo. ‖ Riqueza, cosa material a la que el hombre le ha dado valor por medio del trabajo. ‖ En matemáticas, resultado de la multiplicación. ‖ Sustancia destinada al cuidado de algo. Producto de limpieza. ‖ fig. Creación. Producto clásico de la época moderna. ‖ loc. Producto interno: suma de todos los bienes y servicios producidos en un país durante un cierto periodo de tiempo, de modo general un año. ‖ Producto interno bruto: valor de coste total de la producción al cual se suman los impuestos indirectos y se restan los subsidios. ‖ Producto interno neto: el producto interior bruto una vez deducidas las amortizaciones. ‖ Producto manufacturado: el obtenido después de la transformación de la materia prima. ‖ Producto nacional: el interior una vez que se ha desquitado la parte correspondiente a los factores productivos extranjeros. ‖ Producto nacional bruto: conjunto de la producción global de un país y de las compras hechas por éste en el mercado exterior durante el año considerado. ‖ Producto semimanufacturado: el que sólo ha sufrido una transformación parcial y no está preparado para el consumo.

productor, ra adj. y s. Se dice de lo que produce. ‖ s. Persona que tiene la responsabilidad económica de la realización de una película cinematográfica.

proemio *s. m.* Introducción de un libro.‖ Prólogo, exordio.

proeza *s. f.* Hazaña, acción hecha por un héroe. *El caballero realizó la proeza de acabar con el dragón.*

profanación *s. f.* Acción de profanar.

profanador, ra *adj.* y *s.* Que profana.

profanamiento *s. m.* Profanación.

profanar *t.* Tratar una cosa sagrada o digna de respeto sin la debida consideración. *Unos ladrones profanaron las tumbas de ese cementerio en busca de un tesoro.* ‖ *fig.* Deshonrar.

profano, na *adj.* Que no es sagrado o no forma parte de cosas sagradas. ‖ *s.* Que no conoce algún tema. *Marcos es profano en el uso de la computadora.* ‖ Ignorante.

profecía *s. f.* Predicción.

proferir *t.* Decir.

profesar *t.* Ejercer. *Profesar la medicina.* ‖ Tener un sentimiento o creencia. *Profesar una doctrina.* ‖ *intr.* Hacer votos en una orden religiosa.

profesión *s. f.* Empleo u oficio.

profesional *adj.* Relativo a la profesión. ‖ Que cobra por ejercer su profesión. *Isela es una bailarina profesional.* ‖ *s. com.* Se aplica al que realiza su trabajo mediante retribución. ‖ Que es responsable en su trabajo. *Noé es un hombre profesional que nunca falta.*

profesionalismo *s. m.* Ejercicio de una profesión como medio de lucro.

profesionalizar *t.* Ejercer habitualmente cualquier actividad.

profesionista *s. com. Méx.* Profesional.

profesor, ra *s.* Persona que enseña.

profesorado *s. m.* Cargo de profesor. ‖ Cuerpo de profesores.

profesoral *adj.* Del profesor.

profeta *s. m.* Persona que predice el futuro.

profético, ca *adj.* Relativo a la profecía o al profeta.

profetisa *s. f.* Mujer que profetiza.

profetizar *t.* Predecir.

profiláctico, ca *adj.* Relativo a la profilaxis. ‖ *s. f.* Profilaxis.

profilaxis *s. f.* Conjunto de medidas destinadas a impedir la aparición y la propagación de enfermedades.

prófugo, ga *adj.* Se dice del que huye de la justicia o de la autoridad o que elude el servicio militar.

profundidad *s. f.* Distancia que media entre el fondo y la superficie, hondura. ‖ Una de las tres dimensiones de un cuerpo; las otras son *longitud* y *anchura.* ‖ *fig.* Carácter de lo que es profundo.

profundización *s. f.* Acción y efecto de profundizar.

profundizar *t.* Ahondar una cosa para que esté más profunda. ‖ *fig.* Examinar atentamente para llegar a su perfecto conocimiento.

profundo, da *adj.* Hondo, que tiene el fondo distante del borde. *Piscina profunda.* ‖ Que penetra mucho. *Corte profundo.* ‖ *fig.* Grande, muy vivo, intenso. *Pesar profundo.* ‖ Difícil de comprender. *Enigma profundo.* ‖ Que dice cosas de gran alcance. *Escritor profundo.*

profusión *s. f.* Gran abundancia.

profuso, sa *adj.* Muy abundante.

progenie *s. f. fam.* Conjunto de hijos, descendencia.

progenitor, ra *s.* Pariente en línea recta ascendente. ‖ Madre o padre de alguien. ‖ *pl.* Padre y madre de una persona. *Mis progenitores se llaman Estela y Benjamín.*

progenitura *s. f.* Progenie.

progesterona *s. f.* Hormona producida por el ovario de las hembras y la mujer.

prognato, ta *adj.* y *s.* De mandíbulas salientes.

programa *s. m.* Escrito que indica los detalles de un espectáculo, de una ceremonia, etc. ‖ Exposición que fija la línea de conducta que ha de seguirse. ‖ Plan detallado de las materias correspondientes a un curso o a un examen. ‖ Conjunto de instrucciones preparadas de modo que una computadora, máquina herramienta u otro aparato automático pueda efectuar una sucesión de operaciones determinadas.

programación *s. f.* Establecimiento de un programa. ‖ Preparación del programa de una computadora o un equipo automático.

programador, ra *adj.* y *s.* Que establece un programa.

programar *t.* Fijar un programa. ‖ Proyectar. *Programar una reforma.* ‖ Integrar los datos de un problema que ha de resolver una computadora en una sucesión de instrucciones codificadas propias para ser interpretadas y ejecutadas por dicha máquina.

progre *adj.* y *s.* Progresista.

progresar *intr.* Hacer progresos.

progresión *s. f.* Acción de avanzar o de proseguir una cosa. ‖ Serie no interrumpida; movimiento progresivo. ‖ *loc. Progresión aritmética:* serie de números en que los términos consecutivos difieren en una cantidad constante: *1, 3, 5, 7, 9,* etc. ‖ *Progresión geométrica:* serie de números en que cada uno es igual al anterior multiplicado por una cantidad constante: *1, 3, 9, 27, 81, 243,* etc.

progresismo *s. m.* Doctrina política y social que favorece el progreso y los avances científicos y tecnológicos, con el afán de producir bienestar para la población.

progresista *adj.* y *s. com.* De ideas avanzadas.

progresivo, va *adj.* Que progresa o avanza. *Esta serie de ejercicios tiene una dificultad progresiva.*

progreso *s. m.* Acción de ir hacia adelante. ‖ Desarrollo favorable. *Néstor ha tenido progresos en su clase de música.*

prohibición *s. f.* Acción de prohibir.

prohibido, da *adj.* Vedado.

prohibir *t.* Vedar o impedir.

prohibitivo, va *adj.* Que prohíbe.

prohijamiento *s. m.* Adopción.

prohijar *t.* Adoptar.

prójimo *s. m.* Cualquier persona respecto de otra. ‖ *fam.* Persona. ‖ *s. f. fam.* Mujer. ‖ Esposa.

prolactina *s. f.* Hormona encargada de la secreción de leche materna en las hembras y la mujer.

prole *s. f.* Hijos, descendencia. *Maura salió de vacaciones con su esposo y su prole de tres hijos.*

prolegómenos *s. m. pl.* Introducción.

proletariado *s. m.* Clase social formada por personas que venden su trabajo a cambio de un salario.

proletario, ria *adj.* Relativo al proletariado. *En el Día del Trabajo hubo un desfile proletario.* ‖ *s.* Miembro del proletariado. *Según Marx, proletarios y burgueses forman las dos clases sociales opuestas.*

proletarización *s. f.* Acción de proletarizar.

proletarizar *t.* Reducir a los productores independientes (agricultores, artesanos, comerciantes, etc.) a la condición de proletarios o trabajadores asalariados.

proliferación *s. f.* Multiplicación.

proliferar *intr.* Reproducirse.

P

prolífero, ra adj. Que se multiplica o reproduce.

prolífico, ca adj. Que se reproduce con rapidez. ‖ fig. Que tiene una producción abundante.

prolijo, ja adj. Demasiado largo y detallado. *Efraín dio una explicación tan prolija sobre su retraso que todo mundo sospechó que mentía.*

prologar t. Hacer el prólogo. ‖ fig. Servir de preliminar, hacer preceder.

prólogo s. m. Escrito que antecede a una obra para presentarla al público.

prologuista s. com. Autor del prólogo.

prolongación s. f. Acción de prolongar o prolongarse.

prolongamiento s. m. Prolongación.

prolongar t. Alargar.

promediar t. Dividir una cosa en dos partes iguales.

promedio s. m. Término medio.

promesa s. f. Expresión de la voluntad de dar a uno o hacer por él algo.

prometedor, ra adj. Que promete.

prometer t. Obligarse a hacer, decir o dar alguna cosa. ‖ Augurar, hacer creer. *Los viñedos prometen muchas uvas.* ‖ intr. Dar muestras de precocidad o aptitud. *Este niño promete.* ‖ Tener buenas perspectivas. *Negocio que promete.* ‖ pr. Esperar mucho de una cosa. *Prometérselas felices.* ‖ Darse palabra de casamiento.

prometido, da s. Futuro esposo.

prometio s. m. Elemento químico radiactivo, metal del grupo de las tierras raras, que se utiliza en la fabricación de pinturas luminiscentes y en fuentes de rayos X; su número atómico es 61 y su símbolo es Pm.

prominencia s. f. Elevación.

prominente adj. Que sobresale.

promiscuidad s. f. Mezcla.

promiscuo, cua adj. Mezclado.

promisión s. f. Promesa. ‖ loc. Tierra de promisión o Tierra prometida: la que Dios prometió al pueblo de Israel.

promoción s. f. Acción de elevar a una o varias personas a una dignidad o empleo superior. ‖ Conjunto de personas que efectúan los mismos estudios en el mismo establecimiento y durante el mismo periodo. ‖ Accesión a un nivel de vida superior, a la cultura. *Promoción social.* ‖ Partido o liguilla entre los equipos de una división y los de otra inferior para determinar el ascenso de estos últimos.

promocionar t. Acrecentar la venta de un producto. ‖ Elevar a un empleo superior. ‖ Favorecer el desarrollo.

promontorio s. m. Altura de tierra que avanza dentro del mar.

promotor, ra adj. y s. Que promueve, da impulso a una cosa. ‖ Que se compromete a construir uno o varios edificios en el marco de una operación de promoción.

promovedor, ra adj. y s. Promotor.

promover t. Iniciar, dar impulso a una cosa. ‖ Ascender a uno a una dignidad superior. ‖ Ocasionar.

promulgación s. f. Acción y efecto de promulgar.

promulgar t. Publicar una cosa solemnemente.

pronación s. f. Movimiento de rotación de la mano hacia dentro.

pronador, ra adj. Que efectúa un movimiento de pronación. *Músculo pronador.*

pronombre s. m. Parte de la oración que sustituye al nombre o lo determina. *Los pronombres personales son «yo», «tú», «él», «ella», «nosotros», «ustedes» o «vosotros» y «ellos».*

pronominal adj. Relativo al pronombre. ‖ Se dice del verbo que en todas sus personas se conjuga con pronombres reflexivos. *Los verbos «peinarse» y «bañarse» son pronominales.*

pronosticador, ra adj. y s. Que pronostica o presagia.

pronosticar t. Conocer o conjeturar lo futuro.

pronóstico s. m. Señal por la que se conjetura una cosa futura. ‖ Juicio que da el médico respecto a una enfermedad.

prontitud s. f. Celeridad en ejecutar una cosa. ‖ Viveza de ingenio.

pronto adv. En seguida. *Debo vestirme pronto o llegaré tarde a la escuela.*

pronto, ta adj. Rápido, inmediato. *Todos esperamos con gusto el retorno de mi hermano.* ‖ Dispuesto, preparado. *La secretaria siempre está pronta para auxiliar a su jefe.* ‖ loc. De pronto: de repente. *Hacía un sol intenso y de pronto el cielo se nubló.* ‖ Tan pronto como: en el mismo momento. *Tan pronto como suene mi despertador te llamo.*

pronunciación s. f. Acción y efecto de pronunciar.

pronunciamiento s. m. Levantamiento militar. ‖ Declaración.

pronunciar t. Emitir y articular sonidos para hablar. *Pronunciar palabras.* ‖ Echar. *Pronunciar un discurso.* ‖ Determinar, resolver. ‖ Publicar la sentencia o auto. *El tribunal pronunció su fallo.* ‖ pr. Sublevarse, rebelarse. ‖ Declarar su preferencia.

propagación s. f. Multiplicación de los seres por vía de reproducción. ‖ Difusión.

propagador, ra adj. y s. Que propaga.

propaganda s. f. Toda acción organizada para difundir una opinión, una religión, una doctrina, etc. ‖ Publicidad dada a un producto comercial para fomentar su venta. ‖ Prospectos, anuncios, etc., con que se hace esta publicidad.

propagandista adj. y s. com. Se dice de la persona que hace propaganda.

propagandístico, ca adj. Relativo a la propaganda.

propagar t. Multiplicar por generación u otra vía de reproducción. *Propagar una raza.* ‖ fig. Difundir una cosa. *Propagar una noticia.* ‖ pr. Extenderse el fuego, una epidemia, una rebelión.

propalador, ra adj. Que propala.

propalar t. Divulgar, difundir.

propano s. m. Hidrocarburo gaseoso usado como combustible.

propasar t. Rebasar el límite. ‖ pr. Excederse.

propedéutico, ca adj. Relativo a la propedéutica. ‖ s. f. Enseñanza preparatoria para el estudio de un arte o ciencia.

propelente adj. y s. m. Producto químico que se utiliza para propulsar.

propender intr. Tener propensión.

propensión s. f. Predisposición.

propenso, sa adj. Inclinado.

propiciar t. Hacer propicio.

propicio, cia adj. Benigno, benévolo. ‖ Favorable. *Momento propicio.* ‖ Adecuado. *Es la persona más propicia para este trabajo.*

propiedad s. f. Derecho de gozar y disponer de una cosa con exclusión de otra persona. ‖ Cosa en la que recae este derecho. ‖ Característica o cualidad particular. *La propiedad del imán es atraer el hierro.* ‖ Exactitud. *Imitación hecha con gran propiedad.* ‖ *loc. Propiedad horizontal:* la de casas por pisos. ‖ *Propiedad industrial:* derecho exclusivo de usar de un nombre comercial, de una marca, de una patente, de un dibujo, de un modelo de fabricación, etc. ‖ *Propiedad intelectual:* derecho exclusivo que tiene un artista o escritor (y sus inmediatos sucesores) de sacar una renta de la explotación de su obra.

propietario, ria *adj.* y *s.* Que tiene derecho de propiedad sobre algo.

propileno *s. m.* Propeno.

propina *s. f.* Dinero dado a una persona como gratificación por prestar un servicio. *Los empleados que cargan el equipaje en los hoteles esperan una propina por su trabajo.*

propinar *t.* Dar. *Graciela se ofendió y le propinó una bofetada a Rodrigo.*

propio, pia *adj.* Que pertenece a uno en propiedad. *Su propio hogar.* ‖ Característico, particular, peculiar. *Propio de él.* ‖ Conveniente, adecuado, a propósito para un fin. *Propio para curar.* ‖ Natural, no postizo. *Dentadura propia.* ‖ Mismo. *Escrito de su propio puño y letra.* ‖ Relativo al significado original de una palabra. *En su sentido propio.* ‖ *s. m.* Se dice del nombre que se da a persona, país, etc. *Nombre propio.* ‖ Mensajero.

proponer *t.* Manifestar algo para inducir a un acto. *Proponer una solución.* ‖ Tener intención de hacer una cosa. *Se propone ir a Madrid.* ‖ Indicar o presentar a uno para un empleo o beneficio. *Proponer un candidato.*

proporción *s. f.* Relación, correspondencia de las partes entre ellas o con el todo. ‖ Importancia. *Se saben las proporciones de las pérdidas.*

proporcionado, da *adj.* Que tiene proporción. ‖ Regular, adecuado, conveniente.

proporcional *adj.* Relativo a la proporción o que la incluye en sí.

proporcionalidad *s. f.* Proporción.

proporcionar *t.* Disponer con la debida proporción. *Proporcionar sus gastos a sus recursos.* ‖ Dar. *Esto proporciona animación.* ‖ *pr.* Conseguir.

proposición *s. f.* Acción de proponer o someter a un examen. ‖ Cosa que se propone.

propósito *s. m.* Intención, ánimo.

propuesta *s. f.* Idea, proyecto encaminado a un fin. ‖ Indicación de alguien para un empleo o beneficio.

propugnación *s. f.* Defensa.

propugnar *t.* Defender.

propulsar *t.* Impulsar.

propulsión *s. f.* Acción de impeler o empujar hacia adelante. ‖ *loc. Propulsión a chorro* o *por reacción:* la de un avión, cohete o proyectil para que avance por medio de la reacción.

propulsor, ra *adj.* Que propulsa.

prorrata *s. f.* Parte proporcional que toca a cada uno en un reparto.

prorratear *t.* Dividir de manera proporcional. *El pago del recibo del agua se prorratea entre todos.*

prorrateo *s. m.* Reparto proporcional de una obligación, o de una cantidad de dinero, entre varias personas. *Los avalúos de condominios se hacen por prorrateo.*

prórroga *s. f.* Aplazamiento. *René no pudo pagar a tiempo y le concedieron una prórroga.*

prorrogable *adj.* Que puede aplazarse. *El plazo para hacer el pago es prorrogable.*

prorrogar *t.* Alargar la duración de algo. *Prorrogaron la fecha del examen, y eso me hizo feliz.*

prorrumpir *intr.* Emitir un grito, suspiro, etc. *Una abeja la picó y ella prorrumpió en llanto.*

prosa *s. f.* Forma natural del lenguaje, opuesta a la rima y al verso. *Cuando hablamos con las demás personas lo hacemos en prosa.*

prosaico, ca *adj.* Vulgar, sin gracia o interés.

prosaísmo *s. m.* Falta de armonía en los versos. ‖ *fig.* Vulgaridad.

prosapia *s. f.* Abolengo, linaje.

proscenio *s. m.* Parte del escenario más inmediata al público.

proscribir *t.* Desterrar. ‖ Prohibir.

proscripción *s. f.* Destierro, expatriación. ‖ *fig.* Prohibición.

proscrito, ta *adj.* y *s.* Desterrado, expatriado.

prosecución *s. f.* Continuación.

proseguir *t.* Seguir.

proselitista *adj.* Encaminado a ganar prosélitos.

prosificar *t.* Poner en prosa.

prosista *s. com.* Escritor en prosa.

prosodia *s. f.* Parte de la gramática que enseña la correcta pronunciación y acentuación.

prosódico, ca *adj.* Relativo a la prosodia. *Las reglas prosódicas contribuyen a que todos entendamos lo que decimos.*

prosopopeya *s. f.* Figura del lenguaje que consiste en atribuir cualidades de los seres animados a los seres inanimados y abstractos.

prospección *s. f.* Exploración de los yacimientos minerales de un terreno. ‖ Estudio de posibilidades futuras basado en indicios presentes.

prospectivo, va *adj.* Relativo al futuro. ‖ *s. f.* Ciencia que estudia las posibles condiciones científicas y sociales de la sociedad futura.

prospecto *s. m.* Anuncio breve de una obra, espectáculo, etc. ‖ Impreso informativo que acompaña a un medicamento, máquina, etc., para explicar cómo debe usarse. *Antes de tomar el medicamento es importante leer el prospecto.*

prospector, ra *s.* Persona que hace prospecciones.

prosperar *intr.* Tener prosperidad. ‖ Mejorar de situación.

prosperidad *s. f.* Bienestar material. ‖ Buena marcha de los asuntos.

próspero, ra *adj.* Que se desenvuelve favorablemente.

próstata *s. f.* Glándula secretora entre la vejiga y la uretra.

prosternación *s. f.* Acción y efecto de prosternarse.

prosternarse *intr.* Postrarse.

prostíbulo *s. m.* Casa de mujeres públicas.

prostitución *s. f.* Acción por la que una persona tiene relaciones sexuales con un número indeterminado de otras mediante remuneración.

prostituir *t.* Entregar a la prostitución.

prostituta *s. f.* Mujer que se entrega por dinero.

protactinio *s. m.* Elemento químico radiactivo, metal raro que se encuentra en minerales de uranio; su número atómico es 91 y su símbolo Pa.

protagonismo *s. m.* Papel principal. ‖ Actuación.

protagonista *s. com.* Personaje principal de cualquier obra literaria, de una película, de un suceso.

protagonizar *t.* Ser el protagonista de algo, efectuar.
protección *s. f.* Acción de proteger.
proteccionismo *s. m.* Sistema económico que defiende la protección de la producción nacional frente a los productos extranjeros.
proteccionista *adj.* Relativo al proteccionismo.
protector, ra *adj.* y *s.* Que protege.
protectorado *s. m.* Dignidad de protector. ‖ Parte de soberanía que un Estado ejerce en territorio extranjero.
protectriz *adj.* y *s. f.* Protectora.
proteger *t.* Poner al amparo, resguardar, defender. ‖ Ayudar, socorrer. *Proteger a los huérfanos.* ‖ Patrocinar, velar por. *Proteger un candidato.* ‖ Favorecer, alentar. *Protegió las letras.*
protegido, da *adj.* y *s.* Que posee un protector.
proteico, ca *adj.* Que cambia de forma, ideas o aspecto. ‖ Relativo a las proteínas.
proteído *s. m.* Proteína.
proteína *s. f.* Sustancia química que forma parte de la célula. *Las proteínas son importantes para la formación de los tejidos del organismo.*
prótesis *s. f.* Adición artificial para sustituir un órgano del cuerpo. *Arturo usa prótesis para caminar.* ‖ Adición de una letra al principio de una palabra.
protesta *s. f.* Acción de protestar.
protestante *adj.* Que protesta. ‖ *s. com.* Persona que sigue las ideas del protestantismo.
protestantismo *s. m.* Conjunto de las iglesias y comunidades cristianas surgidas del movimiento de Reforma iniciado por el religioso Martín Lutero en el siglo XVI. ‖ Doctrina de las iglesias y comunidades cristianas surgidas de la Reforma luterana.
protestar *t.* e *intr.* Mostrar con decisión un desacuerdo. *¡Protesto!, no estoy de acuerdo con que Araceli nos represente.* ‖ Quejarse. *Mi hermano siempre protesta cuando le toca lavar los trastes.* ‖ Jurar. *Elena protestó como médica en una ceremonia especial.*
prótido *s. m.* Proteína.
protista *adj.* y *s. m.* Organismo unicelular que tiene el núcleo diferenciado. *Las amebas y los paramecios son ejemplos de protistas.*
protocolo *s. m.* Serie ordenada de escrituras matrices o de los documentos que un notario autoriza y custodia. ‖ Libro en el que se consignan las actas de un congreso, de un acuerdo diplomático. ‖ Ceremonial, etiqueta. *El protocolo real.* ‖ Expediente que tiene un médico de cada paciente que cuida.
protomártir *s. m.* Primer mártir.
protón *s. m.* Partícula elemental cargada de electricidad positiva.
protoplasma *s. m.* Sustancia que forma la parte viva de una célula.
prototipo *s. m.* Primer ejemplar, modelo. *En la exposición presentaron un prototipo de avión modificado.* ‖ Persona o cosa que tiene la mayor parte de las características de algo. *Mi primo Manuel es el prototipo de futbolista pues corre rápido, controla bien el balón y es ágil.*
protozoo *s. m.* Se dice de los seres microscópicos unicelulares de núcleo diferenciado, sin clorofila.
protuberancia *s. f.* Saliente.
protuberante *adj.* Saliente.
provecho *s. m.* Beneficio.
provechoso, sa *adj.* Benéfico.

provecto, ta *adj.* Viejo.
proveedor, ra *s.* Persona o entidad que abastece.
proveer *t.* Abastecer, suministrar lo necesario para un fin. *Proveer a uno de ropa, de alimentos.* ‖ Subvenir, atender. *Ella proveía a sus necesidades.* ‖ Cubrir un cargo o empleo. *Proveer una notaría.* ‖ *pr.* Aprovisionarse, abastecerse.
proveniencia *s. f.* Procedencia.
proveniente *adj.* Procedente.
provenir *intr.* Proceder, venir.
provenzal *adj.* y *s. com.* De Provenza, región de Francia. ‖ *s. m.* Lengua de Provenza.
proverbial *adj.* Habitual.
proverbio *s. m.* Refrán.
providencia *s. f.* Disposición, medida para lograr un fin. ‖ Suprema sabiduría de Dios que rige el orden del mundo. ‖ Dios. *Los decretos de la Divina Providencia.* ‖ *fig.* Persona que cuida de otra. *Ser la providencia de los pobres.* ‖ Resolución del juez.
providencial *adj.* Relativo a la Providencia. ‖ *fig.* Oportuno.
provincia *s. f.* Cada una de las grandes divisiones administrativas de un Estado.
provincial *adj.* De la provincia.
provincialismo *s. m.* Predilección por los usos de una provincia. ‖ Voz, giro o manera de hablar de una provincia. ‖ Carácter provincial. ‖ Amor, afecto a lo provincial.
provincianismo *s. m.* Condición de provinciano.
provinciano, na *adj.* Que vive en una provincia. ‖ Relativo a ésta.
provisión *s. f.* Suministro, abastecimiento. ‖ Disposición, medida. ‖ *loc. Provisión de fondos:* existencia de fondos en poder del pagador para hacer frente a una letra de cambio, cheque, etc.
provisional *adj.* No definitivo.
provisor, ra *s.* Proveedor.
provisorio, ria *adj.* Provisional.
provocación *s. f.* Reto, desafío.
provocador, ra *adj.* y *s.* Que provoca disturbios, alborotador.
provocar *t.* Incitar o inducir a uno a que haga algo. ‖ Irritar, excitar. *Provocar con ademanes.* ‖ Desafiar, retar. *Provocar al adversario.* ‖ *Amér.* Apetecer.
provocativo, va *adj.* Que provoca.
proxeneta *s. com.* Persona que comercia con los amores ilícitos.
proxenetismo *s. m.* Actividad del proxeneta.
próximamente *adv.* Pronto.
proximidad *s. f.* Cercanía.
próximo, ma *adj.* Cerca.
proyección *s. f.* Acción de lanzar un cuerpo pesado, un líquido, un fluido. ‖ Acción de proyectar una película. *Proyección cinematográfica.* ‖ *fig.* Influencia, influjo poderoso. *La proyección de la cultura hispánica.*
proyectar *t.* Arrojar, lanzar a distancia. ‖ Preparar o trazar un plan, concebir un proyecto. ‖ Hacer los planos de una obra de ingeniería o arquitectura. ‖ Hacer ver una película en la pantalla.
proyectil *s. m.* Todo cuerpo al cual se comunica una velocidad cualquiera y es lanzado en una dirección determinada, como bala, granada, bomba, cohete, etc.
proyectista *s. com.* Persona que hace proyectos de ingeniería, etc.
proyecto *s. m.* Plan, designio de hacer algo, intención. ‖ Conjunto de planos y documentos ex-

plicativos, con indicación de costos, que se hace previamente a la construcción de una obra. ‖ Esbozo, bosquejo, esquema. *Proyecto de novela.* ‖ Texto de ley elaborado por el gobierno y que se somete a la aprobación del parlamento.

proyector, ra *adj.* Que sirve para proyectar. ‖ *s. m.* Reflector destinado a lanzar en una dirección determinada un haz de luz muy fuerte. ‖ Aparato para proyectar imágenes sobre una pantalla.

prudencia *s. f.* Moderación.

prudencial *adj.* Prudente.

prudente *adj.* Que obra con prudencia. ‖ Razonable. *Hora prudente.*

prueba *s. f.* Razón o argumento con que se demuestra una cosa. ‖ Ensayo, experiencia. *Pruebas nucleares.* ‖ Una de las partes en que se divide un examen. *Prueba de física.* ‖ *fig.* Señal, testimonio. *Prueba de amistad.* ‖ Acción de ponerse un traje que se está haciendo para que el sastre o la costurera comprueben si le va bien al cliente. ‖ Competencia deportiva. ‖ En matemáticas, operación mediante la cual se comprueba la exactitud del resultado de un problema o cálculo cualquiera. ‖ Primera impresión que se saca para corregir las erratas. *Prueba de imprenta.* ‖ En fotografía, copia positiva.

prurito *s. m.* Picazón, comezón. *Me intoxiqué y ahora siento un prurito insoportable.* ‖ Deseo persistente de hacer una cosa lo mejor posible. *Pablo tarda mucho en entregar los trabajos porque tiene el prurito de la perfección.*

prusiano, na *adj.* y *s.* De Prusia.

pseudo *adj.* Seudo.

psi *s. f.* Vigésima tercera letra del alfabeto griego (Ψ, ψ).

psicoanálisis *s. m.* Exploración psicológica del pasado moral y mental de un enfermo por el método de Sigmund Freud. ‖ Método de tratamiento de las enfermedades nerviosas de origen psíquico basado en esta exploración.

psicoanalista *s. com.* Especialista en psicoanálisis.

psicología *s. f.* Ciencia que estudia los procesos mentales como la percepción, la memoria, el pensamiento y los sentimientos.

psicológico, ca *adj.* Referente a la psicología. *Estado psicológico.*

psicólogo, ga *s.* Especialista en psicología.

psicópata *s. com.* Enfermo mental.

psicopatía *s. f.* Enfermedad mental.

psico- Prefijo griego que entra en la composición de algunas palabras; actualmente se autoriza prescindir de la «p» inicial en palabras como «sicosis», «sicología», etc.

psicosis *s. f.* Trastorno mental grave que hace perder contacto con la realidad a quien lo sufre.

psicosomático, ca *adj.* Se aplica a la enfermedad o trastorno que, aunque tiene un origen mental, se manifiesta con síntomas orgánicos. *Los cólicos de Elisa son psicosomáticos.*

psicoterapeuta *s. com.* Especialista en psicoterapia.

psicoterapia *s. f.* Conjunto de medios utilizados para el tratamiento y cura de problemas psíquicos o mentales.

psicótico, ca *s.* Enfermo mental.

psique *s. f.* Conjunto de las funciones sensitivas, afectivas y mentales de un individuo.

psiquiatra *s.* Doctor especializado en el tratamiento de enfermedades mentales.

psiquiatría *s. f.* Parte de la medicina que estudia, previene y trata las enfermedades mentales y problemas emocionales y de conducta.

psiquiátrico, ca *adj.* Relativo a la psiquiatría.

psíquico, ca *adj.* Relativo al alma, al espíritu, a la conciencia.

púa *adj.* y *s. com.* *fam. Arg.* Astuto. ‖ Hábil para engañar. ‖ *s. f.* Objeto delgado y rígido que termina en punta aguda. ‖ Diente de un peine o de la carda. ‖ Pincho del erizo, del puerco espín, etc. ‖ Chapa triangular de concha para tocar la guitarra o la bandurria. ‖ Hierro del trompo.

púber *adj.* y *s. com.* Adolescente.

pubertad *s. f.* Inicio de la adolescencia. *En la pubertad se manifiestan cambios físicos y de la conducta.*

pubis *s. m.* Parte inferior del vientre que se cubre de vello en la pubertad. ‖ Hueso que se une al ilion y al isquion para formar el hueso innominado.

publicación *s. f.* Acción y efecto de publicar. ‖ Obra publicada.

publicar *t.* Hacer pública una cosa. ‖ Imprimir y poner en venta un escrito. *Publicar un libro.*

publicidad *s. f.* Notoriedad pública. *Dar publicidad a un escándalo.* ‖ Carácter de lo que se hace en presencia del público. *Publicidad de una causa criminal.* ‖ Conjunto de medios empleados para dar a conocer una empresa comercial, industrial, etc., para facilitar la venta de los artículos que produce. ‖ Anuncio. *Agencia de publicidad.*

publicista *s. com.* Persona que se dedica a la publicidad.

publicitario, ria *adj.* Referente a la publicidad.

público, ca *adj.* Relativo a una colectividad. *Interés público.* ‖ Común, que es de todos. *Monumento público.* ‖ Relativo al gobierno de un país. *Funciones públicas.* ‖ Que puede ser utilizado por todos. *Vía pública.* ‖ Que puede presenciar cualquiera. *Sesión pública.* ‖ Notorio, manifiesto, que no es secreto. ‖ Se dice de una parte del Derecho que trata de los intereses generales del Estado. ‖ *s. m.* Todo el mundo en general, el pueblo. *Aviso al público.* ‖ Concurrencia de personas reunidas para oír, ver, juzgar. ‖ Conjunto de personas que leen, ven, oyen una obra literaria, dramática, musical, etc. *Este escritor tiene su público.*

pucará *s. m. Amér.* Fortín precolombino en Bolivia y Perú.

pucara *s. m. Amér.* Pucará.

puchero *s. m. Amér. Merid., Esp.* y *Méx.* Guiso, cocido. *Mi mamá prepara un exquisito puchero de pollo con verduras y arroz.* ‖ *pl.* Gesto facial que ocurre antes que el llanto. *El bebé está haciendo pucheros.*

pucho *s. m. Amér. Merid.* Colilla de cigarrillo. ‖ *Amér. Merid.* Pequeña cantidad que sobra de alguna cosa.

pudelar *t.* Convertir el hierro colado en acero o en hierro dulce.

pudibundez *s. f.* Mojigatería.

pudibundo, da *adj.* Pudoroso.

púdico, ca *adj.* Casto, pudoroso.

P

pudiente.*adj.* y *s. com.* Rico.

pudín *s. m.* Pastel hecho generalmente con harinas.

pudor *s. m.* Vergüenza, recato.

pudoroso, sa *adj.* Con pudor.

pudrir *t.* Corromper una materia orgánica. || *fig.* Consumir.

pueblada *s. f.* Motín.

pueblerino, na *adj.* Aldeano.

pueblo *s. m.* Población. || Conjunto de los habitantes de un lugar o país. *El pueblo mexicano.* || Gente común de una población. || Nación. *El pueblo inca.* || Conjunto de personas que están unidos por cualquier vínculo, religión, etc. *El pueblo judío estuvo diseminado por todo el mundo.* || Conjunto de las personas de una clase social y económica modes-ta. *Régimen autoritario de explotación del pueblo.*

puente *s. m.* Obra destinada a poner en comunicación dos puntos separados por un obstáculo o que permite que pasen sin cruzarse al mismo nivel dos corrientes de circulación. || Dispositivo eléctrico que tiene cuatro elementos de circuitos colocados según los cuatro lados de un cuadrilátero cuyas diagonales poseen una fuente de corriente y un aparato de medida. || Conexión eléctrica realizada con objeto de permitir el paso de la corriente entre dos cables. || En los automóviles, conjunto formado por los elementos que transmiten a las ruedas el movimiento del árbol de transmisión y el peso del vehículo. || Ejercicio de acrobacia que consiste en arquear el cuerpo hacia atrás apoyándose en los dos pies y en las dos manos. || Plataforma elevada desde la cual el oficial de guardia da las órdenes de mando a la tripulación de un barco. || Parte de los anteojos que cabalga sobre la nariz. || Aparato de prótesis dental que consiste en la inserción de un diente o muela artificial entre dos sanos. || *fig.* Existencia de dos días de fiesta separados por uno de trabajo y que se aprovecha para declarar de asueto los tres días. || *loc. fig. Hacer puente:* considerar como festivo el día intermedio entre dos que lo son. || *Puente aéreo:* enlace aéreo muy frecuente entre dos ciudades; servicio aéreo que se establece con un lugar que ha quedado incomunicado por vía terrestre.

puercada *s. f. fam. Amér. C.* y *Méx.* Porquería, injusticia.

puerco, ca *adj.* Sucio. || *s. m.* Cerdo. || *fig.* y *fam.* Hombre sucio y grosero. || *s. f.* Hembra del puerco: || *fig.* Mujer desaliñada, sucia o grosera. || *loc. Puerco espín:* mamífero roedor que tiene el cuerpo cubierto de púas. || *Amér. Puerco salvaje:* pecarí.

puericultor, ra *s.* Médico especialista en niños.

puericultura *s. f.* Estudio de los cuidados que deben proporcionarse a los niños pequeños.

pueril *adj.* Propio de un niño. || Insignificante, sin importancia.

puerilidad *s. f.* Condición de pueril.

puerro *s. m.* Planta de raíz comestible.

puerta *s. f.* Armazón de hierro o madera que, sujeta a un marco, sirve para dar o impedir el paso entre dos habitaciones de una casa, a través de una verja o vallado, o para cerrar un armario o mueble. || Entrada. *En las puertas de la ciudad.* || *fig.* Medio de acceso, introducción. *Las puertas del saber.* || Portería, meta en futbol.

puerto *s. m.* Lugar en la costa defendido de los vientos y dispuesto para seguridad de las naves. || Paso estrecho entre montañas. || *fig.* Asilo, refugio. *Puerto de salvación.*

puertorriqueñismo *s. m.* Vocablo o giro propio del habla de Puerto Rico. || Condición de puertorriqueño. || Amor, afecto a Puerto Rico.

puertorriqueño, ña *adj.* y *s.* Originario de Puerto Rico, isla del Caribe.

pues *conj.* Expresa causa o consecuencia. *Rosa dijo que se dormiría temprano, pues había decidido no ir a la fiesta.* || Introduce expresiones exclamativas. *¡Pues si no quieres ir conmigo, no me importa!*

puesta *s. f.* Acción de ponerse u ocultarse un astro. *La puesta del Sol.* || Cantidad que se apuesta en un juego de azar. || Acción de poner. *Puesta al día.* || Funcionamiento. *La puesta en marcha de un motor.* || Cantidad de huevos que ponen las aves.

puestero, ra *s. Amér.* Dueño de un puesto en la vía pública.

puesto *s. m.* Lugar que ocupa o debe ocupar una persona o cosa. || Cargo, empleo. *Recomendaron a Walter para un buen puesto con salario elevado.* || Pequeña tienda, por lo general ambulante. *Me gusta comprar helados en los puestos que están afuera de mi escuela.* || *Arg., Chil.* y *Uy.* Cada una de las partes en que se divide una estancia o hacienda agrícola y ganadera. || *loc. Puesto que:* expresión que introduce una oración con sentido de causa. *No como carne de cerdo puesto que no me gusta.*

puesto, ta *adj.* Se dice de quien va bien vestido o arreglado. *El actor se veía muy puesto con un elegante traje negro.*

puf *s. m.* Taburete bajo acolchado.

púgil *s. m.* Boxeador. *El púgil con el calzoncillo azul es el campeón.*

pugilato *s. m.* Deporte de la antigua Grecia en el cual dos hombres combatían usando los puños. *El pugilato es un antecesor del boxeo moderno.*

pugilismo *s. m.* Boxeo.

pugilista *s. com.* Púgil.

pugna *s. f.* Lucha.

pugnar *intr.* Luchar, batallar.

puja *s. f.* Acción de pujar.

pujanza *s. f.* Fuerza, vigor.

pujar *t.* e *intr.* Ofrecer un licitador en una subasta más dinero que el anunciado por su predecesor.

pujo *s. m.* Dolor que a veces se siente al orinar o evacuar el cuerpo. || *fig.* Deseo grande.

pulche *s. m. Chil.* Viento de la cordillera andina. || Indio que vivía en la parte oriental de los Andes.

pulcritud *s. f.* Esmero en el aseo. *Vestir con pulcritud.* || Cuidado.

pulcro, cra *adj.* Aseado, limpio. || Cuidado, esmerado.

pulga *s. f.* Insecto díptero que vive parásito en el cuerpo del hombre y de algunos animales chupándoles la sangre. || *loc. Tener malas pulgas:* tener mal genio.

pulgada *s. f.* Medida de longitud inglesa equivalente a 25.4 mm.

pulgar *adj.* Se dice del dedo más grueso de la mano.

pulguiento, ta *adj.* y *s.* Se dice de los animales infestados de pulgas. || *fig.* Se aplica a lo que es de muy mala calidad.

pulido, da *adj.* Pulcro, muy cuidado. || *s. m.* Pulimento.

pulimentar *t.* Pulir.

pulimento *s. m.* Acción de pulir.

pulir *t.* Alisar o dar brillo. || Perfeccionar. || Civilizar. *Pulir a un lugareño.* || *fam.* Vender.

pulla *s. f.* Dicho ocurrente con que se zahiere a uno.

pulmón *s. m.* Órgano de la respiración del hombre y de los vertebrados que viven o pueden vivir fuera del agua y que está en la cavidad torácica.

pulmonar *adj.* Del pulmón.

pulmonía *s. f.* Inflamación del pulmón.

pulóver *s. m. Arg. y Uy.* Jersey, suéter.

pulpa *s. f.* Tejido de algunos frutos carnosos. || Tejido conjuntivo embrionario contenido en el interior de los dientes. || Tira delgada de remolachas o de cañas de azúcar de las que se han extraído el azúcar.

pulpería *s. f. Amér. C. y Amér. Merid.* Tienda rural donde se venden bebidas alcohólicas y artículos diversos.

pulpero, ra *s. Amér.* Persona que tiene una pulpería.

púlpito *s. m.* Tribuna del predicador.

pulpo *s. m.* Molusco cefalópodo con ocho tentáculos provistos de dos filas de ventosas. || Tiras de goma que sirven para fijar los bultos en la baca de un coche.

pulque *s. m. Méx.* Bebida alcohólica obtenida del jugo del maguey fermentado, que suele mezclarse con jugos de frutas.

pulquería *s. f. Méx.* Local popular donde se vende y bebe pulque.

pulquero, ra *s.* Vendedor de pulque.

pulsación *s. f.* Cada uno de los latidos de una arteria. || En física, movimiento vibratorio y periódico en los fluidos elásticos. || Cada uno de los golpes que se da al teclado de una máquina de escribir, de un piano, etc.

pulsador, ra *adj.* Que pulsa. || *s. m.* Interruptor que cierra un circuito mientras se oprime su botón.

púlsar *s. m.* Estrella que despide su energía de forma parecida a un latido breve y regular.

pulsar *t.* Tocar, tañer. *Pulsar una guitarra.* || Presionar. *Pulsar un botón eléctrico.* || *fig.* Tantear un asunto.

pulseada *s. f. Arg., Bol., Chil., Ecua., Py., Per. y Uy.* Acción y efecto de pulsear.

pulsear *intr.* Competir dos personas que se toman de la mano, con los codos apoyados sobre un lugar firme, para vencer el brazo del contrario.

pulsera *s. f.* Joya que se pone en la muñeca.

pulsión *s. f.* Impulso que incita a realizar o rehuir ciertos actos.

pulso *s. m.* Transmisión de la onda provocada por la contracción cardiaca en un vaso de la circulación, perceptible principalmente en la muñeca por un latido intermitente. *Tomar el pulso.* || Parte de la muñeca donde se siente este latido. || *fig.* Seguridad y destreza en la ejecución de ciertos trabajos de precisión. || Tacto, discreción, cuidado. || *Amér.* Pulsera.

pululación *s. f.* Acción y efecto de pulular.

pulular *intr.* Abundar.

pulverización *s. f.* División en corpúsculos o gotas.

pulverizador *s. m.* Aparato que sirve para proyectar al exterior un líquido en forma de gotas o un sólido en forma de polvo. || Surtidor del carburador de un automóvil.

pulverizar *t.* Reducir a polvo una cosa. || Proyectar un líquido en gotitas. || *fig.* Hacer añicos. *Pulverizar un vaso.* || Aniquilar, destruir. *Pulverizó al enemigo.* || Sobrepasar en mucho. *Pulverizar un récord.*

pum *interj.* Onomatopeya que expresa ruido o golpe.

puma *s. m.* Mamífero carnívoro americano de cuerpo esbelto y musculoso, con la cabeza corta y ancha, pelo similar al del león, cola larga y pequeñas orejas redondas.

puna *s. f. Amér. C. y Amér. Merid.* Tierra alta próxima a una cordillera. || *Amér. C. y Amér. Merid.* Páramo. || *Amér. C. y Amér. Merid.* Malestar que se siente en sitios altos.

punción *s. f.* Operación quirúrgica que consiste en introducir un instrumento punzante en un cavidad llena de un líquido para vaciarla o extraer cierta cantidad del mismo.

puncionar *t.* Hacer punciones.

pundonor *s. m.* Amor propio.

pundonoroso, sa *adj.* Que tiene pundonor, caballeroso.

puneño, ña *adj. y s.* De Puno, ciudad de Perú.

punibilidad *s. f.* Condición de punible.

punible *adj.* Que merece castigo.

punición *s. f.* Castigo.

púnico, ca *adj.* Cartaginés.

punir *t.* Castigar.

punta *s. f.* Extremo puntiagudo de una cosa. || Pico de una parte de una prenda de vestir. *La punta del cuello.* || Lengua de tierra que penetra en el mar. || Clavo pequeño. || Parte final del cuerno de un toro. || Colilla. *Puntas de cigarrillos.* || Porción del ganado que se separa del rebaño. || Multitud de personas o cosas. || Postura de la bailarina que danza sobre el extremo de los dedos de los pies. || *fig.* Un poco, algo, pequeña cantidad de. *Tiene puntas de escritor dramático.* || *loc. Horas punta* u *horas pico:* aquellas en que hay mucho tráfico. || *Poner los nervios de punta:* crispar los nervios. || *Velocidad punta:* velocidad máxima.

puntada *s. f.* Cada uno de los agujeros hechos al coser. || Porción de hilo que ocupa el espacio entre los agujeros hechos al coser. *Dale unas puntadas al dobladillo de tu vestido porque se desprendió y está colgando.* || *fam. Méx.* Chiste, gracia. *Joaquín me hace reír todo el tiempo con sus puntadas.*

puntal *s. m.* Madero sólido que sirve para sostener un muro o techo. *Los albañiles pusieron unos puntales.*

puntapié *s. m.* Golpe dado con la punta del pie. *Al jugar futbol es fácil recibir o dar algún puntapié.*

puntear *t. e intr.* Marcar o dibujar puntos en una superficie. || *Arg., Chil. y Uy.* Remover la tierra con la punta de una pala. || Tocar un instrumento pulsando cada cuerda con un dedo. || *Amér. Merid. y Méx.* Marchar a la cabeza de un grupo de personas o animales.

puntera *s. f.* Remiendo en el calzado, en los calcetines y las medias, etc., por la parte de la punta del pie. || Contrafuerte de cuero en la punta de algunos zapatos.

puntería *s. f.* Operación que consiste en orientar convenientemente un arma de fuego para que el proyectil dé en el objetivo.

puntero, ra *adj.* Que sobresale en alguna actividad. *Japón ha desarrollado una industria tecnológica puntera en el mundo.* || *Amér. Merid. y Méx.* Se dice de la persona o animal que va delante de un grupo. || *s. m.* Palo terminado en punta usado para señalar. || *Amér. Merid. y Méx.* En algunos deportes, el que juega en primera fila.

puntiagudo, da *adj.* En punta.
puntilla *s. f.* Encaje fino. || Clavo pequeño. || Puñal para matar reses. || *loc. fig. Dar la puntilla:* rematar.
puntillero *s. m.* El que remata al toro con la puntilla.
puntilloso, sa *adj.* Susceptible.
punto *s. m.* Señal de pequeña dimensión. *Marcar con un punto.* || Pequeño signo ortográfico que se pone sobre la «i» y la «j». || Signo ortográfico (.) que, empleado solo, indica el fin de una frase; cuando son dos, situados verticalmente (:), se ponen al final de una frase para anunciar una cita, una palabra, una explicación, una consecuencia. || Signo. *Punto de interrogación, de admiración.* || Lugar del espacio sin extensión. *Punto geométrico.* || Intersección de dos líneas. || Sitio determinado. *Punto de reunión.* || Asunto de una materia. *Estar de acuerdo en un punto.* || Aquello que es esencial, importante, delicado; tema, pregunta. *El punto capital de un asunto.* || Estado, situación. *Encontrarse en el mismo punto que antes.* || Momento, instante. *Al llegar a este punto se fue.* || Cosa muy pequeña, parte mínima. *Esto tiene su punto de acidez.* || Cada unidad de una nota que sirve para estimar la conducta y los conocimientos de un alumno. *Obtener muchos puntos en el examen escrito.* || En arquitectura, una bóveda de curvatura semi-circular. *Arco de medio punto.* || Unidad de medida utilizada en tipografía para expresar el tamaño del cuerpo de los caracteres, equivalente a 0.375 mm. || Valor que se atribuye a cada carta de la baraja, a los dados o a las fichas de dominó. || Unidad de cálculo que sirve para saber los derechos adquiridos en ciertos regímenes basado en el reparto, o la determinación de la pensión de jubilación. *Puntos de subsidios familiares.* || Unidad en los valores de la Bolsa, en la cotización del cambio de divisas monetarias. || Unidad, sin especificación de medida o de valor, utilizada en numerosos deportes para designar el vencedor. || Superficie elemental de análisis de la imagen que hay que transmitir o que se recibe en televisión. || Grado de temperatura que se produce un fenómeno físico. *Punto de fusión.* || Lo que se pone en los labios de una herida para cerrarla. *Le echaron diez puntos.* || Clase de tejido hecho con mallas entrelazadas formadas con agujas especiales (de suéter, de medias, etc.) y manera de combinar los hilos en este tejido. || Persona que juega contra el banquero en los juegos de azar. || *fam.* Persona sin muchos escrúpulos, de poca vergüenza. *¡Está hecho un buen punto!* || *pl.* || *loc. A punto de:* muy cerca de. || *En punto:* exactamente. *A la hora en punto.* || *fig. En su punto:* de la mejor manera que puede estar. || *Punto cardinal:* el Norte, el Sur, el Este y el Oeste. || *Punto de apoyo:* punto fijo en el cual se apoya una palanca. || *Punto de vista:* criterio, modo de ver. || *fig. Punto flaco:* debilidad. || *Punto muerto:* estado de un asunto o negociación en que no se realizan progresos. || *Punto y aparte:* signo de puntuación que se pone para separar dos párrafos. || *Punto y coma:* signo ortográfico (;) con el que se separan los miembros de la misma frase. || *Puntos suspensivos:* signos (…) que se emplean cuando se deja sin concluir una oración.
puntuación *s. f.* Acción y manera de puntuar. || Conjunto de signos gráficos que señalan las separaciones entre los diversos elementos de una oración. || Conjunto de puntos obtenidos en una clasificación o nota de un alumno.
puntual *adj.* Que llega a la hora.

puntualidad *s. f.* Condición de puntual.
puntualizar *t.* Precisar.
puntuar *t.* Escribir los signos de puntuación. || Sacar puntos en una competición deportiva o en cualquier prueba. || Poner puntos o notas.
punzada *s. f.* Dolor súbito y agudo. *De repente Roberto sintió una fuerte punzada: tenía apendicitis.* || *loc. fam. Méx. Edad de la punzada:* pubertad. *Adrián está en la edad de la punzada y no se sabe cómo se alegrará ni cuándo va a enojarse.*
punzante *adj.* Que pincha. || Que da punzadas. || *fig.* Mordaz.
punzar *t.* Pinchar.
punzón *s. m.* Instrumento de acero puntiagudo que sirve para perforar chapas de metal, abrir ojetes, etc. || Buril. || Troquel de la punzonadora para acuñar monedas, medallas, etc.
punzonadora *s. f.* Máquina para perforar chapas por medio de un punzón.
puñado *s. m.* Porción de cualquier cosa que cabe en el puño.
puñal *s. m.* Arma blanca de corto tamaño y con punta acerada.
puñalada *s. f.* Herida hecha con el puñal. || *fig.* Pesadumbre.
puñeta *s. f. fam.* Tontería. || Complicación. || Historia, cuento.
puñetazo *s. m.* Golpe con el puño.
puñetero, ra *adj.* Fastidioso.
puño *s. m.* Mano cerrada. || Parte de las prendas de vestir que rodea la muñeca. || Empuñadura de ciertas cosas. *El puño del bastón.*
pupila *s. f.* Abertura del iris del ojo por donde entra la luz. || Huérfana respecto a su tutor.
pupilo *s. m.* Huérfano respecto a su tutor. || Individuo que se hospeda en una pensión.
pupitre *s. m.* Mueble con tapa inclinada que hay en algunas escuelas.
puquío *s. m. Amér.* Manantial.
puré *s. m.* Alimento que se obtiene moliendo y pasando por un tamiz legumbres cocidas.
pureza *s. f.* Condición de puro.
purga *s. f.* Medicamento que sirve para exonerar el vientre. || *fig.* Eliminación de elementos políticamente indeseables.
purgador *s. m.* Dispositivo para evacuar de una canalización o de una máquina un fluido cuya presencia puede dificultar el funcionamiento.
purgante *adj.* Que purga. || *s. m.* Medicamento que purga.
purgar *t.* Administrar un purgante para exonerar el vientre. || Destruir, borrar por medio de la purificación. *Purgar sus pecados.* || Expiar, pagar una falta. *Purgar una condena en un penal.* || Eliminar de una canalización o de una máquina un fluido cuya presencia puede dificultar el funcionamiento normal. || *fig.* Eliminar enemigos políticos. || *pr.* Tomar una purga.
purgatorio *s. m.* Lugar donde, según la religión católica, las almas de los justos, incompletamente purificadas, acaban de purgar sus culpas antes de ir a la gloria.
purificación *s. f.* Acción de purificar.
purificador, ra *adj. y s.* Que purifica.
purificar *t.* Quitar las impurezas.
purista *adj. y s. com.* Que escribe o habla con pureza.

puritano, na *adj.* y *s.* Se aplica al miembro de una secta de presbiterianos, rigurosos observadores de la letra del Evangelio. ‖ Se dice del que real o afectadamente profesa gran austeridad de principios.

puro, ra *adj.* Que no está mezclado con ninguna otra cosa. *Agua pura.* ‖ Que no está alterado con nada. *Atmósfera pura.* ‖ Que es exclusivamente lo que se expresa. *Una pura coincidencia.* ‖ Sin mancha moral alguna. *Alma pura.* ‖ Conforme a las reglas del lenguaje, castizo. *Castellano muy puro.* ‖ Perfecto, bello. *Facciones puras.* ‖ Exclusivamente teórico. *Matemáticas puras.* ‖ Íntegro, moral, recto. *Conducta pura.* ‖ *s. m.* Cigarro hecho con una hoja de tabaco enrollada.

púrpura *s. f.* Molusco gasterópodo marino que segrega un líquido amarillo que, por oxidación, se transforma en rojo y fue muy usado por los antiguos en tintorería y pintura. ‖ Color rojo oscuro algo morado.

purpurado *s. m.* Cardenal.

purulencia *s. f.* Supuración.

purulento, ta *adj.* Con pus.

pus *s. m.* Humor espeso, amarillento, que se produce en los tejidos inflamados, tumores, llagas, etc., y está formado por leucocitos y microbios muertos.

pusilánime *adj.* Apocado.

pusilanimidad *s. f.* Cobardía.

pústula *s. f.* En medicina, vesícula inflamatoria de la piel llena de pus.

puta *s. f.* Ramera, prostituta.

putativo, va *adj.* Tenido por padre, hermano, etc., no siéndolo.

puteada *s. f. Amér. vulg.* Insulto grosero.

putear *t. fam.* Fastidiar. ‖ *vulg. Arg., Bol., Chil., Py., Per.* y *Uy.* Insultar groseramente. ‖ *vulg. Méx.* Golpear, reprender fuertemente. ‖ *vulg. Méx.* Vencer de forma apabullante. *Putear al rival.* ‖ *intr. fam.* Ir con prostitutas. ‖ Comportarse como prostituta.

puterío *s. m.* Prostitución.

putero *adj.* y *s. m.* Se dice del que acostumbra ir con prostitutas.

putiza *s. f. Méx. vulg.* Golpiza, paliza.

puto, ta *adj. fam.* Maldito, execrable. ‖ Fastidioso, molesto. ‖ Malo, pernicioso. ‖ Difícil, complicado. ‖ *s. m. fam.* Astuto. ‖ Homosexual. ‖ Hombre que se prostituye.

putón, tona *s. fam. desp.* Prostituto o prostituta.

putrefacción *s. f.* Descomposición de las materias orgánicas.

putrefacto, ta *adj.* Podrido.

putrescencia *s. f.* Putrefacción.

putrescente *adj.* Que se encuentra en estado de putrefacción.

pútrido, da *adj.* Podrido.

putumaense o **putumayense** *adj.* y *s. com.* De Putumayo, departamento de Colombia.

puya *s. f.* Punta de la garrocha del picador con la que pica a las reses. ‖ *loc. Méx, Meter puya:* incitar a la pelea.

puyazo *s. m.* Herida hecha con la puya.

puzzle *s. m. Esp.* Rompecabezas.

P

q

q *s. f.* Decimoctava letra del abecedario español; su nombre es «cu».

quanto o **cuanto** *s. m.* En física, cantidad mínima de energía que puede ser emitida, propagada o absorbida.

quásar *s. m.* Astro en estado de actividad muy intensa que tiene la apariencia de una estrella y emite radiaciones muy potentes. *Los quásares son los objetos más lejanos del Universo que se han podido observar hasta ahora.*

que¹ *conj.* Introduce oraciones subordinadas. *Quiero que vengas mañana a comer a mi casa.* ‖ Se utiliza para hacer comparaciones. *Me gusta más el frío que el calor.* ‖ Se utiliza para expresar una consecuencia. *Habla tan rápido que no se le entiende.*

que² *pron.* Pronombre relativo que sirve para reemplazar a un nombre o a otro pronombre que se ha mencionado con anterioridad. *Éste es el perro que me mordió.*

qué¹ *adj.* Adjetivo interrogativo que se utiliza para preguntar algo de manera directa o indirecta. *¿Qué vestido quieres usar esta noche?*

qué² *pron.* Pronombre interrogativo que se utiliza para preguntar algo de manera directa o indirecta. *No sé qué dijo Andrés.* ‖ Se utiliza para dar énfasis. *¡Qué bellas son las flores!* ‖ *loc.* ¿Qué tal?: se utiliza como saludo. *¡Hola, qué tal!*

quebrachal *s. m. Amér. Merid.* Lugar poblado por árboles llamados «quebrachos».

quebracho *s. m.* Árbol americano muy alto, de madera dura usada en la construcción.

quebrada *s. f.* Abertura estrecha entre montañas. *Por esa quebrada pasaron los alpinistas.*

quebradero *loc. fam.* Quebradero de cabeza: Problema o preocupación grande. *Mi quebradero de cabeza es por el pago de mis impuestos.*

quebradizo, za *adj.* Fácil de quebrarse o romperse. *Si el pelo es quebradizo, no hay que exponerlo mucho al sol.*

quebrado *s. m.* Número que expresa una o varias partes proporcionales de la unidad. *Tres cuartos (3/4) es un quebrado.*

quebrado, da *adj.* Desigual, tortuoso. *Caminamos dos horas por un terreno quebrado.* ‖ *Méx.* Relativo al cabello ondulado. *Mi hermana tiene el cabello quebrado.* ‖ Que su economía ha fracasado. *Está quebrado porque no llevó bien el negocio.*

quebrantado, da *adj.* Debilitado, en proceso de destrucción. *Tiene la salud muy quebrantada.*

quebrantahuesos *s. m.* Ave rapaz diurna de gran tamaño, parecida al halcón, de plumaje gris oscuro y cabeza blanca.

quebrantar *t.* y *pr.* Romper o dañar algo sin llegar a deshacerlo. ‖ Violar una ley, palabra u obligación. *Un mal empleado quebrantó la confianza que su jefe tenía en él.* ‖ *fam.* Hacer perder o debilitar la fuerza o la resistencia. *Los problemas le quebrantaron el ánimo.*

quebranto *s. m.* Daño o pérdida en la salud, en la profesión o en la economía.

quebrar *t., intr.* y *pr.* Romper con violencia. *Al caer, el jarrón se quebró.* ‖ *fam. Méx.* Matar, asesinar. ‖ Doblar o torcer. *Con el viento se quebrarán las ramas.* ‖ Suspender una actividad o negocio. *La tienda de Marcos quebró.* ‖ Entrecortarse la voz. *Por el llanto se le quebró la voz.*

quebrazón *s. f. Amér. C., Chil., Col.* y *Méx.* Destrozo grande de objetos de vidrio o loza.

quechua o **quichua** *adj.* y *s.* Pueblo amerindio localizado en el norte y el centro de la región de los Andes, en Sudamérica.

quechua *s. m.* Lengua precolombina que fue la dominante de América del Sur. *El quechua se habla principalmente en Perú y Bolivia.*

queda *s. f. loc.* Toque de queda: Medida gubernamental que, en casos excepcionales, prohíbe el tránsito en las calles a ciertas horas.

quedada *adj.* y *s. f. desp. Méx.* Mujer mayor que no se casó.

quedar *intr.* y *pr.* Permanecer en cierto lugar o estado. *Quédate aquí, regresaré dentro de diez minutos.* ‖ Haber todavía existencia de cierta cosa. *Ve a ver si queda algo de arroz.* ‖ Resultar algo de cierta situación o estado. *El plato de plástico quedó torcido por el calor del sol.* ‖ Acordar, convenir. *Todos los amigos quedamos en ir a la playa.* ‖ Apoderarse de algo. *Le presté un libro y se quedó con él.* ‖ *fam. Arg., Chil., Méx.* y *Uy.* Morirse, fallecer. *Se quedó a la mitad de la operación.* ‖ *desp. Méx.* Permanecer soltera una mujer.

quedo, da *adj.* Suave, silencioso. *Habla con una voz tan queda que casi nadie la escucha.*

quehacer *s. m.* Ocupación, negocio. *Numerosos quehaceres ocupan el tiempo de Ana.*

queísmo *s. m.* Sustitución incorrecta de la secuencia (preposición-conjunción) «de que», por la conjunción «que». *Si alguien dice «antes que regrese» en vez de «antes de que regrese», está cayendo en el queísmo.*

queja *s. f.* Expresión de dolor o pena. *El herido emitía quejas porque sentía dolor.* ‖ Manifestación de desacuerdo. *Ponga su queja en la oficina correspondiente.*

quejarse *pr.* Expresar el dolor o la pena que se siente. *Se quejaba de una punzada en la mano.* ‖ Manifestar disgusto o inconformidad. *El televisor no funcionaba y llamé a la tienda para quejarme.*

quejido *s. m.* Exclamación lastimosa de pena o dolor.

quejoso, sa *adj.* Que se queja mucho.

quejumbre *s. f.* Queja continuada.

quejumbroso, sa *adj.* Persona que se queja de todo, que todo critica. *Es muy quejumbrosa y nada le parece bien.* ‖ Que expresa queja.

quelícero *s. m.* Especie de uña que hay en la cabeza de los arácnidos. *Los quelíceros de algunas arañas sirven para inyectar el veneno.*

quelite *s. m. Méx.* Hierba silvestre, tierna y comestible.

quelonio *s. m.* Orden de reptiles de cuerpo protegido por un caparazón duro, como la tortuga.

quema *s. f.* Acción y efecto de quemar o quemarse. ‖ Incendio, fuego. ‖ *Arg.* Lugar donde se queman basuras o residuos.

quemado, da *adj. Arg., Méx.* y *Uy.* Que tiene la piel morena por haber tomado el sol. ‖ *fam. Méx.* Desacreditado. ‖ *s. f.* Parte de monte calcinada. ‖ *fam. Arg., Méx.* y *Uy.* Acción que pone en ridículo.

quemadura *s. f.* Herida, señal o destrozo causado por el fuego o por algo que quema. *El aceite le causó una quemadura.*

quemante *adj.* Que quema o produce sensación de quemadura. *La picadura de algunas arañas produce una sensación quemante.*

quemar *t., intr.* y *pr.* Consumir o destruir con fuego. *Antes de morir quemó todas sus fotografías.* ‖ Estropearse por exceso de fuego. *Olvidé quitar la carne del fuego y se quemó.* ‖ Causar lesión algo muy caliente. ‖ Estar una cosa muy caliente. *El sol en la playa quema durante el verano.* ‖ *fam. Méx.* Hacer el ridículo.

quemarropa *loc. A quemarropa:* A poca distancia, muy cerca. *No tenía oportunidad de sobrevivir, le dispararon a quemarropa.*

quemazón *s. f.* Calor excesivo. ‖ Sensación de ardor o picor.

quena *s. f.* Flauta de carrizo usada por los pueblos andinos.

quepis o **kepis** *s. m.* Gorro militar con visera.

queratina *s. f.* Sustancia que interviene en la constitución de las uñas, pelo, plumas de aves, etc. *La falta de queratina en las uñas provoca que se debiliten.*

queratitis *s. f.* Inflamación de la córnea.

querella *s. f.* Oposición de maneras de pensar o de opinar. *En «Romeo y Julieta» los Montesco y los Capuleto tenían una querella antigua.* ‖ Acusación presentada ante el juez o tribunal. *Presentó una querella contra quien resultara responsable.*

querellante *s. com.* Persona que presenta una queja ante un juez u otra autoridad. *La querellante acusó al director de la escuela porque le pidió dinero.*

querellarse *pr.* Presentar queja o reclamación contra alguien en un juicio.

querencia *s. f.* Acción de amar o querer bien. ‖ Tendencia de personas y animales a visitar el lugar donde se criaron. *Vivió en el extranjero pero su querencia lo hizo regresar.*

querendón, dona *adj. Amér.* Relativo a la persona muy cariñosa.

querer[1] *s. m.* Persona por la que se siente cariño. *La primera novia fue su verdadero querer.*

querer[2] *t.* Desear poseer o lograr algo. *Siempre he querido tener una casa en la playa.* ‖ Tener amor o cariño. *El niño quiere mucho a sus abuelos.*

querido, da *adj.* Alguien o algo a lo que se le tiene afecto. *Mañana vendrá a comer mi querida tía.* ‖ *s.* Amante. *El vecino tiene una querida e hijos con ella.*

quermés *s. f.* Kermés.

querosén *s. m. Amér.* Especie de nafta o gasolina.

queroseno *s. m.* Hidrocarburo obtenido como producto intermedio entre la nafta o gasolina y el gasóleo.

querubín *s. m.* En la religión católica, cierto espíritu celeste. ‖ *fam.* Niño de gran belleza y buen comportamiento.

quesadilla *s. f. Ecuad.* y *Hond.* Pan de maíz relleno de queso y azúcar y frito en manteca. ‖ *Méx.* Tortilla de maíz doblada, rellena de queso u otros guisos, que se come frita o asada. *Las quesadillas son uno de los alimentos más populares en México.*

quesero, ra *adj.* Relativo al queso. ‖ *s.* Persona que elabora quesos. ‖ Utensilio con una cubierta en forma de campana, por lo general de cristal o plástico, en el que se guarda y se sirve el queso.

quesillo *s. m. Méx.* Tipo de queso cuya masa hace hebras y se funde con facilidad.

queso *s. m.* Alimento elaborado a partir de leche cuajada.

quetzal *s. m.* Ave de vistoso plumaje que combina los colores verde y rojo escarlata. *Los quetzales son originarios de los bosques del sur de México y de Centroamérica.* ‖ Moneda de Guatemala.

quevedos *s. m. pl.* Anteojos que se sujetan sólo en la nariz.

quiché *adj.* y *s. m.* Pueblo amerindio que habita en Guatemala.

quicio *s. m.* Parte de una puerta o ventana en que se asegura la parte que se mueve. ‖ *loc. Sacar de quicio:* desesperar a alguien. *El niño travieso saca de quicio a su mamá.*

quid *s. m.* Punto más delicado o importante. *El quid del problema era que el niño no veía bien.*

quiebra *s. f.* Rotura de algo. ‖ Fracaso económico. *Ese hombre llevó a la quiebra su negocio.*

quiebro *s. m.* Movimiento que se hace doblando el cuerpo por la cintura. *Las bailarinas de ballet hacen quiebros muy bellos.* ‖ Trino o gorgorito hecho con la voz.

quién *pron.* Pronombre interrogativo que introduce frases. *¿Quién llama a la puerta?* ‖ Introduce frases exclamativas. *¡Quién lo hubiera dicho!*

quien *pron.* Pronombre relativo que se refiere a personas. *Ésta es la mujer de quien te hablé.* ‖ Pronombre indefinido que equivale a *el que,* y carece de antecedente expreso. *Puedes casarte con quien tú quieras.*

quienquiera *pron.* Pronombre indefinido que señala a una persona indeterminada. *Quienquiera que haya sido el autor del robo debe recibir un castigo.*

quieto, ta *adj.* Que no se mueve ni cambia de lugar. ‖ Pacífico, tranquilo.

quietud *s. f.* Falta de movimiento. ‖ Sosiego, reposo.

quihubo *interj. fam. Méx.* Forma de saludo informal equivalente a «hola». *¡Quihubo, Fernando!, ¿cómo has estado?* ‖ Llamada de atención. *¡Quihubo, quihubo! No empujen.*

quihúbole *interj. fam. Méx.* Quihubo.

quijada *s. f.* Cada uno de los dos huesos del cráneo de los mamíferos en que están encajados los dientes y las muelas.

quijote *s. m.* Hombre que interviene en asuntos que no le conciernen, en defensa de la justicia.

quijotesco, ca *adj.* Se dice de la acción propia de un quijote.

quilate *s. m.* Unidad de peso para perlas y piedras preciosas, que equivale a 205 mg. ‖ Cantidad de oro puro contenido en una aleación de este metal. *La cadena que se compró es de oro de 24 quilates.*

quilificación *s. f.* Parte de la digestión durante la cual se forma el quilo. *La quilificación consiste en la absorción de sustancias a través del intestino delgado.*

quilla *s. f.* Pieza que va de proa a popa del barco y forma su base. *En las lanchas la quilla sirve para dirigir el rumbo.*

quillango *s. m. Arg.* y *Chil.* Manta hecha con retazos de pieles, usada por algunos pueblos indígenas. ‖ Cobertor confeccionado con pieles.

quilo¹ *s. m.* Líquido blanquecino, resultado de la digestión de los alimentos en el intestino delgado. ‖ *Chil.* Arbusto de tallos trepadores y fruto dulce. ‖ Fruto de ese arbusto.

quilo² *s. m.* Kilo.

quilombo *s. m. vulg. Arg.* y *Uy.* Desorden, lío, pleito. ‖ *Amér. Merid.* Casa de mujeres públicas. ‖ *Ven.* Cabaña campestre.

quilómetro *s. m.* Kilómetro.

quimbayá *adj.* y *s. m.* De un pueblo amerindio actualmente extinto que ocupó el valle central del río Cauca, en Colombia.

quimbo *s. m. Cub.* Cuchillo grande que se utiliza para desmontar, abrirse paso en bosques y selvas y para cortar leña.

quimera *s. f.* Monstruo fabuloso con cabeza de león, vientre de cabra y cola de dragón. ‖ Creación de la mente, que se toma como algo real.

quimérico, ca *adj.* Imaginario, irreal. ‖ Sin fundamento, imposible.

químico, ca *adj.* Relativo a la química. ‖ *s.* Ciencia que estudia las propiedades, composición y transformación de los cuerpos. ‖ Especialista en química.

quimificación *s. f.* Parte de la digestión en la cual los alimentos ingeridos se transforman en quimo. *Por la quimificación, los alimentos se transforman en una pasta agria dentro del estómago.*

quimioterapia *s. f.* Tratamiento de las enfermedades mediante sustancias químicas. *La quimioterapia se aplica en algunos casos de cáncer.*

quimo *s. m.* Líquido contenido en el estómago, que resulta de la digestión de los alimentos.

quimono *s. m.* Túnica japonesa muy amplia de una sola pieza, que se cruza por delante y se sujeta con un ancho cinturón.

quina *s. f.* Árbol con corteza amarga que tiene propiedades medicinales, sobre todo contra la fiebre.

quincalla *s. f.* Artículo de metal, de poco precio o escaso valor.

quince *adj.* y *s.* Número que resulta de sumar diez más cinco.

quinceavo, va *adj.* Relativo a cada una de las 15 partes iguales en que se divide un todo. *Me tocó la quinceava parte de la sandía.*

quincena *s. f.* Serie de 15 días consecutivos. *El mes se divide en dos quincenas.* ‖ Sueldo que se paga cada 15 días.

quincenal *adj.* Que se repite cada quince días.

quinceno, na *adj.* Que ocupa el lugar número 15 en una sucesión, decimoquinto.

quincha *s. f. Amér. Merid.* Tejido o trama de junco con que se afianza un techo o pared. ‖ *Arg., Chil.* y *Per.* Pared hecha de cañas o juncos recubiertos de barro.

quinchar *t. Amér. Merid.* Cercar o cubrir con quinchas.

quinchihue *s. m.* Planta herbácea americana olorosa y de usos medicinales.

quincho *s. m. Arg.* y *Uy.* Cobertizo para comidas al aire libre.

quinchoncho *s. m.* Arbusto de semillas comestibles, originario de la India y cultivado en América.

quincuagenario, ria *adj.* y *s.* Persona que ha llegado a los 50 años.

quincuagésimo, ma *adj.* Adjetivo ordinal que corresponde en orden al número 50.

quingombó *s. m.* Planta herbácea originaria de África y cultivada en América por sus frutos.

quiniela *s. f.* Juego de apuestas sobre los resultados del futbol. ‖ *Arg., Py., R. Dom.* y *Uy.* Juego que consiste en apostar a las últimas cifras de los premios mayores de la lotería.

quinientos, tas *adj.* Cinco veces cien. *En 1992 se cumplieron 500 años de la llegada de los españoles a América.*

quinientos, tas *s.* Número que corresponde en orden al 500. ‖ *loc. A las quinientas:* muy tarde. *Anoche se fue a una fiesta y llegó a las quinientas.*

quinina *s. f.* Sustancia sacada de la quina, empleada para bajar la fiebre.

quinoa o **quinua** *s. f. Arg., Bol., Col., Chil.* y *Per.* Nombre de diversas plantas anuales de hojas tiernas comestibles y flores pequeñas en racimos. *Las semillas de la quinoa se comen cocidas o se prepara harina con ellas.*

quinoto *s. m. Arg.* y *Uy.* Arbusto de flores y pequeños frutos color anaranjado. ‖ Fruto de ese arbusto, que se usa para preparar dulces y licores.

quinqué *s. m.* Lámpara con un depósito de aceite o petróleo, que tiene un tubo de cristal para proteger la llama.

quinquenal *adj.* Que sucede o se repite cada cinco años. ‖ Que dura un quinquenio.

quinquenio *s. m.* Periodo de cinco años. *En algunos países los presidentes gobiernan por un quinquenio.*

quinta *s. f.* En música, intervalo de cinco notas. *Toqué la quinta de «do», o sea un «sol».*

quintal *s. m.* Antigua unidad de peso. ‖ *loc. Quintal métrico:* peso de 100 kg.

quinteto *s. m.* Estrofa de cinco versos. ‖ En música, conjunto de cinco voces o cinco instrumentos.

quintillizo, za *adj.* y *s.* Cada uno de los cinco hermanos nacidos juntos en un parto quíntuple.

quinto, ta *adj.* Adjetivo ordinal que corresponde en orden al número cinco. ‖ Cada una de las cinco partes iguales en que se divide un todo.

quintuplicar *t.* Hacer cinco veces mayor.

quíntuplo, pla *adj.* Que contiene un número cinco veces exactamente. *El número 25 es quíntuplo de 5.*

quinzavo, va *adj.* Quinceavo.

quiosco *s. m.* Pabellón abierto que decora terrazas y jardines. ‖ Pequeña construcción donde se venden diarios, flores, etc.

quipu *s. m.* Conjunto de cuerdas con nudos que los habitantes del Perú precolombino utilizaban para contar o anotar cosas.

quiquiriquí *onomat.* Palabra con la que se imita el canto del gallo.

quirófano *s. m.* Sala donde se hacen operaciones. *En el quirófano todo debe estar muy limpio.*
quiromancia o **quiromancía** *s. f.* Sistema de adivinación basado en el estudio de las líneas de la mano.
quiromántico, ca *s.* Persona que se supone que adivina el futuro leyendo la palma de la mano.
quiromasaje *s. m.* Técnica de masaje que se realiza sólo con las manos.
quiromasajista *s. com.* Especialista en quiromasaje.
quiropráctica *s. f.* Terapia que consiste en la manipulación externa de las vértebras.
quiropráctico, ca *s.* Persona especializada en quiropráctica.
quiróptero, ra *adj.* Relativo a un orden de mamíferos adaptados para el vuelo, como el murciélago.
quirquincho *s. m. Amér. Merid.* Especie de armadillo, con cerdas sobre su caparazón.
quirúrgico, ca *adj.* Relativo a la cirugía. *Todo procedimiento quirúrgico se realiza en la sala de operaciones.*
quisicosa *s. f. fam.* Acertijo que debe adivinarse a partir de unos datos que se dan en forma indirecta a veces en forma de verso. || *fam.* Cosa extraña.
quisquilla *s. f.* Tipo de camarón de tamaño más pequeño que los normales.
quisquilloso, sa *adj.* Que le da mucha importancia a pequeñeces.
quiste *s. m.* Formación patológica con contenido líquido, que se desarrolla en diferentes regiones del cuerpo. *Los médicos retiraron un quiste que tenía en la espalda.*
quitamanchas *s. m.* Sustancia que se utiliza para quitar manchas de la ropa o muebles.
quitar *t.* y *pr.* Separar o apartar una cosa de otra o de donde estaba. *Quita tu abrigo de ahí.* || Desaparecer o hacer desaparecer algo. *Había ahí un restaurante pero ya lo quitaron.* || Privar de una cosa. *Mi mamá me quitó el televisor que tenía en mi habitación.* || Impedir. || Apartarse de un lugar. *Jaime se quitó de la banca del jardín.*
quitasol *s. m.* Sombrilla de gran tamaño. *En la playa había quitasoles de colores alegres.*
quite *s. m.* Movimiento con que se evita un golpe o ataque. || *loc. fam. Méx. Entrar al quite:* ayudar para alguna actividad.
quiteño, ña *adj.* y *s.* Originario de Quito, Ecuador.
quitina *s. f.* Sustancia orgánica que da dureza al caparazón de ciertos animales. *Los escarabajos tienen un caparazón duro gracias a la quitina.*
quizá o **quizás** *adv.* Expresa posibilidad o duda.
quórum *s. m.* Número de miembros que una asamblea debe reunir para que sea válida una votación o deliberación. *No había quórum y por eso no se pudo votar la nueva ley.*
qwerty *s. m.* Nombre del tipo de teclado para máquinas de escribir y computadoras más común, que proviene de la distribución de las primeras seis letras en la segunda fila horizontal.

Q

r *s. f.* Decimonovena letra del abecedario español; su nombre es «erre».

rabadilla *s. f.* Punta o extremidad de la columna vertebral. ‖ Parte saliente de las aves que se encuentra sobre el ano.

rábano *s. m.* Planta crucífera de raíz carnosa comestible. ‖ Esta raíz.

rabí *s. m.* Título dado a los doctores de la ley judía.

rabia *s. f.* Enfermedad transmitida por la mordedura de algunos animales, que provoca nerviosismo excesivo y parálisis. *Luis Pasteur descubrió la vacuna contra la rabia.* ‖ Ira, enojo. *A Patricia le da mucha rabia que su hermano se burle de ella.*

rabiar *intr.* Encolerizarse, enojarse. ‖ Padecer un intenso dolor.

rabieta *s. f. fam.* Enojo o llanto corto y violento, por lo general causado por motivos sin importancia.

rabilargo, ga *adj.* Largo de rabo.

rabillo *s. m.* Parte final del tallo de una planta. ‖ Prolongación en forma de rabo de una cosa. ‖ *loc. Mirar con el rabillo del ojo:* mirar de forma disimulada.

rabino *s. m.* Jefe religioso, guía espiritual y ministro de culto de una comunidad judía. ‖ *loc. Gran rabino:* jefe de un consejo o asamblea israelita.

rabioso, sa *adj.* Que padece rabia. ‖ *fam.* Que está furioso.

rabo *s. m.* Cola de algunos animales. ‖ Parte final del tallo de una planta.

rabón, bona *adj.* Relativo al animal sin rabo o de rabo corto. ‖ *Méx.* Se dice de la prenda de vestir que queda corta.

racanear *intr.* y *fam.* Holgazanear.

racha *s. f.* Ráfaga. *Racha de aire.* ‖ *fig.* Periodo breve en que sólo ocurren cosas buenas o, al contrario, acontecimientos malos. *Tener buena o mala racha.*

racial *adj.* Relativo a la raza.

racimo *s. m.* Conjunto de frutos unidos a un mismo tallo, como en las uvas, la grosella, los plátanos, los dátiles, etc.

raciocinar *intr.* Pensar para, a partir de unas ideas, obtener otras.

raciocinio *s. m.* Capacidad de pensar. *Usar el raciocinio ayuda a evitar muchos conflictos.*

ración *s. f.* Porción de alimento que se reparte a cada persona. *Una ración de guisado.* ‖ Cantidad de una cosa que se vende a cierto precio.

racional *adj.* Relativo a la razón. *Mejor soluciona el problema de forma racional.* ‖ Dotado de razón. *El ser humano es el único animal racional.* ‖ Se dice del número entero.

racionalismo *s. m.* Filosofía del conocimiento basada en la razón. *Descartes inició el racionalismo moderno en el siglo XVII.*

racionalista *s. com.* Seguidor del racionalismo.

racionalización *s. f.* Acción de racionalizar.

racionalizar *t.* Organizar las cosas de acuerdo a cálculos razonados. ‖ Hacer un proceso productivo más eficiente y menos costoso.

racionamiento *s. m.* Distribución de cantidades limitadas de bienes que escasean por varias razones.

racionar *t.* Someter a racionamiento. *Racionar el pan.*

racismo *s. m.* Ideología basada en la creencia de la superioridad de un grupo racial respecto a los demás.

racista *adj.* y *s. com.* Relativo a la persona que cree que una raza es superior a otra.

rada *s. f.* Ensenada.

radar *s. m.* Dispositivo para determinar la distancia entre dos objetos o la posición que tienen, detectar aviones, buques, costas, obstáculos, etc., por medio de ondas radioeléctricas.

radiación *s. f.* Acción y efecto de emitir un cuerpo luz u otra energía. *La radiación solar puede ser peligrosa para la piel.* ‖ Exposición a los rayos de una bomba de cobalto, con el fin de curar enfermedades como el cáncer.

radiactividad *s. f.* Emisión de radiaciones de energía provocada por la desintegración de un núcleo atómico. *Exponerse a grados altos de radiactividad es perjudicial.*

radiactivo, va *adj.* Que emite radiaciones.

radiado, da *adj.* Compuesto de rayos divergentes. ‖ Dispuesto en forma de radio. ‖ Difundido por radio. *Noticia radiada.* ‖ *s. m. pl.* Animales invertebrados de cuerpo dispuesto en forma de radios alrededor de un centro, como la estrella de mar, la medusa, el pólipo, etc.

radiador *s. m.* Aparato de calefacción que consta de varios elementos huecos por los que circula agua o aceite caliente, vapor, etc. ‖ Dispositivo para refrigerar el agua en un motor de explosión.

radial *adj.* En geometría, relativo al radio. ‖ *Arg., Chil., Col.* y *Uy.* Relativo a la radiodifusión.

radián *s. m.* En geometría, unidad de medida angular que corresponde a un arco de longitud igual a su radio.

radiante *adj.* Que radia. *Calor radiante.* ‖ *fig.* Resplandeciente.

radiar *t.* y *pr.* Despedir radiaciones. ‖ Difundir por radio.

radical *adj.* Relativo a la raíz. ‖ Que afecta al origen mismo de una cosa o que se produce de manera completa. *El cáncer requiere un tratamiento radical.* ‖ Tajante, intransigente. *Por ser una persona radical, Fernando no escucha a los demás.*

radical *s. m.* Signo de la raíz cuadrada (√). ‖ Parte de un compuesto molecular que puede existir en estado no combinado o que no sufre cambios en una reacción química.

radicalismo *s. m.* Calidad de radical. ‖ Doctrina de los radicales.

radicalización *s. f.* Acción y efecto de radicalizar.

radicalizar *t.* Volver radical.

radicando *s. m.* En matemáticas, número o expresión algebraica de la cual se extrae la raíz.

radicar *intr.* y *pr.* Establecerse en algún lugar. *Por su trabajo, Arturo deberá radicar en la costa.* ‖ Estribar, consistir. *El problema radica en que es necesario hablar francés.*

radícula *s. f.* Parte de una plántula que, cuando ésta crezca, será su raíz.

radio[1] *s. f.* Apócope de «radiodifusión». ‖ Apócope de «radioemisora». *Esa estación de radio hizo un concurso para ganar un automóvil.*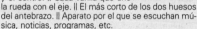

radio[2] *s. m.* En una circunferencia, distancia entre uno de sus puntos y el centro. ‖ Cada varilla que une la rueda con el eje. ‖ El más corto de los dos huesos del antebrazo. ‖ Aparato por el que se escuchan música, noticias, programas, etc.

radio[3] *s. m.* Elemento químico radiactivo, de color brillante y radiotoxicidad muy elevada; se usa en la industria nuclear; su número atómico es 88 y su símbolo es Ra.

radiocobalto *s. m.* Isótopo radiactivo del cobalto.

radiocomunicación *s. f.* Técnica de la transmisión radioeléctrica de imágenes, textos, signos y sonidos.

radiodetección *s. f.* Detección por medio de las radiaciones.

radiodifundir *t.* Emitir por medio de la radiotelefonía.

radiodifusión *s. f.* Transmisión por ondas hertzianas de música, noticias, reportajes y otros programas destinados al público. ‖ *loc. Estación de radiodifusión:* emisora.

radiodifusor, ra *adj.* Que emite por radio. *Estación radiodifusora.*

radioelemento *s. m.* Elemento radiactivo.

radiofonía *s. f.* Radiotelefonía.

radiofrecuencia *s. f.* Frecuencia utilizada para las ondas radiofónicas, superior a 10 000 ciclos por segundo.

radiografía *s. f.* Fotografía interna del cuerpo por medio de los rayos X. ‖ Cliché así obtenido.

radiografiar *t.* Fotografiar por medio de los rayos X.

radiograma *s. m.* Despacho transmitido por radiotelegrafía.

radiología *s. f.* Empleo terapéutico de los rayos X.

radiólogo, ga *s.* Especialista en radiología.

radiometría *s. f.* Medida de la intensidad de una radiación.

radionavegación *s. f.* Navegación que utiliza las propiedades de las ondas radioeléctricas para la dirección y detección de barcos y aviones.

radionovela *s. f.* Novela radiada.

radioonda *s. f.* Onda electromagnética empleada en radiocomunicación.

radiorreceptor *s. m.* Aparato receptor de las ondas del radiotransmisor.

radioscopia *s. f.* Examen de un objeto o de un órgano del ser humano por medio de la imagen que proyectan en una pantalla fluorescente al ser atravesados por los rayos X.

radioseñalización *s. f.* Señalización de la ruta de los barcos y aviones por radio.

radiotaxi *s. m.* Taxi que lleva un aparato de radio que permite al conductor enviar y recibir mensajes de una central.

radioteatro *s. m.* Programa radiofónico que emite piezas teatrales. ‖ *Arg., Bol., Chil., Col., Cub., Méx., Per.* y *Uy.* Serial radiofónico.

radiotecnia o **radiotécnica** *s. f.* Técnica de la radioelectricidad.

radiotelefonía *s. f.* Sistema que permite la comunicación de dos personas por medio de ondas electromagnéticas.

radiotelefonista *s. com.* Persona que trabaja en radiotelefonía.

radiotelegrafía *s. f.* Telegrafía sin hilos.

radiotelegráfico, ca *adj.* Relativo a la radiotelegrafía.

radiotelegrafista *s. com.* Persona que se ocupa del funcionamiento de los aparatos radiotelegráficos.

radioterapia *s. f.* Tratamiento de las enfermedades por medio de radiaciones. *Algunos tumores cancerosos se tratan con radioterapia.*

radiotransmisión *s. f.* Emisión que se efectúa a través de radioondas.

radiotransmisor *s. m.* Aparato transmisor que envía y recibe ondas radioeléctricas. *La empresa utiliza radiotransmisores para comunicarse con sus vendedores.*

radiotransmitir *t.* Transmitir por radio.

radioyente *s. com.* Persona que escucha las emisiones de radio.

radón *s. m.* Elemento químico radiactivo, presente en el aire en pequeñísima cantidad, incoloro, muy pesado y radiotóxico; se utiliza en radioterapia; su número atómico es 86 y su símbolo Rn.

raer *t.* Raspar, arrancar lo adherido a la superficie.

ráfaga *s. f.* Movimiento violento y rápido del aire. ‖ Golpe de luz vivo y de poca duración. ‖ Serie de disparos sucesivos y rápidos de un arma automática.

rafia *s. f.* Palmera que tiene una fibra muy flexible. ‖ Esta fibra.

raga *s. m.* Tipo de melodía hindú.

raglán *s. m.* Ranglán.

raído, da *adj.* Muy gastado.

raigambre *s. f.* Conjunto de raíces. ‖ *fig.* Conjunto de antecedentes, tradición, hábitos o afectos, etc., que vinculan una cosa a otra.

raíl *s. m. Esp.* Riel, carril de las vías del ferrocarril.

raíz *s. f.* Parte de los vegetales que está en la tierra, de donde saca las sustancias nutritivas. *Las raíces de un árbol.* ‖ Parte de un órgano animal implantado en un tejido. *La raíz de un diente.* ‖ *fig.* Origen, principio. *La raíz de un mal.* ‖ En gramática, elemento de una palabra a partir del cual se derivan todas las que son de la misma familia. *«Can-» es la raíz de «cantar», «canción», etc.* ‖ En matemáticas, cada uno de los valores que puede tener la incógnita de una ecuación. ‖ En medicina, prolongación profunda de ciertos tumores. *La raíz de un lobanillo.* ‖ *loc. A raíz de:* inmediatamente. ‖ *Raíz cuadrada:* cantidad que se ha de multiplicar por sí misma una vez para obtener un número determinado. ‖ *Raíz cúbica:* cantidad que se ha de multiplicar por sí misma dos veces para obtener un número determinado.

raja s. f. Porción de poco espesor cortada a lo largo de un melón, sandía, salchichón, etc. ‖ Hendidura que se hace en una cosa. ‖ Grieta.

rajá s. m. Antiguo soberano de la India. *El rajá de Kaputrala.*

rajada s. f. *Méx.* Abertura larga y fina. *La lámpara quedó con una rajada después de caerse.*

rajadiablo o **rajadiablos** s. com. *Chil.* Relativo a la persona aficionada a hacer picardías y travesuras.

rajado, da adj. y s. Cobarde.

rajadura s. f. Hendidura.

rajar t. Partir en rajas. *Rajó la sandía.* ‖ Hender, partir, abrir. *Rajar un mueble.* ‖ intr. fig. y fam. Hablar mucho. ‖ Refunfuñar. ‖ Jactarse, presumir. ‖ *Amér.* Hablar mal de uno. ‖ pr. fig. y fam. Volverse atrás, desistir de una cosa por miedo. ‖ *Amér.* Huir, escapar.

rajatabla loc. A rajatabla: Con todo rigor, a como dé lugar. *Impuso su opinión a rajatabla.*

rajeta adj. y s. fam. Rajado.

ralea s. f. Especie, categoría.

ralentí s. m. Número de revoluciones por minuto del motor de un vehículo cuando trabaja a su menor capacidad.

ralentizar t. Hacer más lento el movimiento de un motor.

rallador s. m. Utensilio para rallar.

rallar t. Desmenuzar una cosa restregándola con el rallador.

rally s. m. Competencia deportiva en la cual los participantes, a pie o motorizados, deben reunirse en un sitio determinado después de haber realizado varias pruebas.

ralo, la adj. Poco espeso. *Pelo ralo.* ‖ Muy separado. *Dientes ralos.*

RAM Abreviatura de *Random Access Memory* (memoria de acceso aleatorio), término de computación que se usa para designar lo relativo a la memoria cuyo contenido puede ser leído, borrado o modificado a voluntad. *La computadora necesita más memoria RAM para acelerar los procesos.*

rama s. f. Cada una de las partes nacidas del tronco de la planta. ‖ fig. Cada una de las familias del mismo tronco. ‖ Cada una de las subdivisiones de una cosa. ‖ División primaria del reino animal.

ramada s. f. *Amér. C.* y *Amér. Merid.* Cobertizo hecho con ramas de árboles. ‖ *Chil.* Puesto de feria construido con ramas.

ramadán s. m. Noveno mes del año musulmán, dedicado al ayuno. *Durante el ramadán los musulmanes no toman alimentos mientras el sol brilla.*

ramaje s. m. Conjunto de las ramas de un árbol. *El viento mecía el ramaje de los pinos.*

ramal s. m. Cada uno de los cabos de que están formadas las cuerdas, sogas, etc. ‖ Parte que arranca de la línea principal de algo. *Ese camino es un ramal de la carretera.*

ramalazo s. m. Golpe dado con un ramal. ‖ Dolor repentino. ‖ Leve locura. ‖ fam. Golpe fuerte.

rambla s. f. Lecho natural de las aguas de lluvia. ‖ Avenida, paseo.

ramera s. f. Prostituta.

ramificación s. f. División de una planta en ramas. ‖ Bifurcación de las arterias, venas o nervios. ‖ fig. Consecuencia derivada de algún hecho. ‖ Subdivi-

sión. *Las ramificaciones de una ciencia.* ‖ División en varios ramales de una carretera, de una vía de ferrocarril, de un conducto, etc.

ramificarse pr. Dividirse en ramas. ‖ fig. Subdividirse. ‖ Propagarse, extenderse las consecuencias de una acción o hecho.

ramillete s. m. Conjunto de flores, de cosas, de personas.

ramnáceo, a adj. y s. f. Se aplica a las plantas dicotiledóneas de hojas simples y de fruto en drupa o cápsula. ‖ pl. Familia que forman.

ramo s. m. Ramillete de flores. ‖ fig. Subdivisión.

ramoso, sa adj. Con ramas.

rampa s. f. Terreno en declive. *Subir por la rampa.* ‖ Superficie inclinada. ‖ Plano inclinado que se emplea para subir o bajar cargas. ‖ loc. *Rampa de lanzamiento:* plano inclinado para el lanzamiento de aviones, proyectiles o cohetes de propulsión.

rampla s. f. *Chil.* Carrito de mano utilizado para transportar mercancías o muebles. ‖ Acoplado de un camión.

ramplón, plona adj. Vulgar, ordinario.

ramplonería s. f. Vulgaridad.

rana s. f. Batracio saltador de piel verdosa. ‖ Juego que consiste en arrojar una moneda o un tejo por la boca abierta de una rana de hierro.

rancagüino, na adj. y s. Perteneciente o relativo a Rancagua, ciudad de Chile.

ranchear intr. Formar ranchos en un sitio, acampar.

ranchera s. f. Canción popular mexicana.

ranchería s. f. *Méx.* Población pequeña en el campo.

ranchero, ra s. Persona que habita, trabaja o posee y administra un rancho.

ranchito s. m. *Amér. Merid.* Chabola.

rancho s. m. Casa pobre construida con madera o paja, que se encuentra fuera de las ciudades. ‖ *Ants.* y *Méx.* Lugar donde se crían caballos y otros cuadrúpedos. *Fui a un rancho donde tenían vacas y cerdos.* ‖ Comida diaria que se hace para muchas personas, en especial a los soldados y presos. *En los cuarteles hay soldados que preparan el rancho para los demás.*

ranciar t. Volver rancio.

rancio, cia adj. Se aplica al vino y ciertos comestibles grasientos que con el tiempo adquieren sabor y olor fuertes. *Tocino rancio.* ‖ fig. Antiguo.

ranglán s. m. Gabán de hombre con esclavina.

rango s. m. Clase, categoría.

ranunculáceo, a adj. y s. f. Se aplica a unas plantas dicotiledóneas como la anémona y la peonía. ‖ pl. Familia que forman.

ranura s. f. Hendidura estrecha hecha en un madero, una pieza metálica, etc. ‖ Pequeña abertura alargada donde se introduce una moneda o una ficha.

rapabarbas s. fam. Barbero, peluquero.

rapacejo s. m. Muchacho.

rapacidad s. f. Avidez, codicia. ‖ Inclinación al robo.

rapapolvo s. m. fam. Reprensión.

rapar t. Afeitar la barba. ‖ Cortar el pelo al rape. ‖ fig. Robar.

rapaz, za adj. Dado al robo, hurto o rapiña. *Comerciante rapaz.* ‖ Se aplica al ave de rapiña. ‖ s. Muchacho o muchacha de corta edad. ‖ f. pl. Orden de aves carnívoras, de pico corvo, uñas grandes y aceradas, como el águila, el halcón, el buitre, etc.

rape¹ *s. m.* Pez comestible que puede medir dos metros de largo, de cabeza enorme y cubierto de espinas. *El rape es común en las costas mediterráneas y atlánticas.*

rape² *loc. Al rape:* Se aplica al cabello cortado casi hasta la raíz.

rapé *s. m.* Tabaco en polvo que se toma por la nariz.

rapel o **rápel** *s. m.* Técnica de alpinismo para descender paredes verticales rápidamente con ayuda de una cuerda. *Los cadetes descendieron a rapel por las paredes del edificio.*

rapidez *s. f.* Calidad de rápido.

rápido, da *adj.* Veloz. || *s. m.* Tren de gran velocidad. *El rápido de Barcelona a Madrid.* || *pl.* Parte de un río muy impetuosa. *Los rápidos del Niágara.*

rapiña *s. f.* Robo o saqueo. *El pueblo conquistado sufrió la rapiña de los soldados enemigos.* || *loc. Ave de rapiña:* ave rapaz.

rapiñar *t. fam.* Robar cosas de poca importancia.

raposa *s. f.* Zorra.

rapsoda *s. m.* En la Antigua Grecia, persona que iba de pueblo en pueblo recitando poemas. || Poeta, persona que escribe poemas.

rapsodia *s. f.* Fragmento de un poema que se suele recitar de una vez. || Pieza musical de forma libre en la que se juntan temas de caracteres diferentes y origen común, en general popular, en la que prevalece la improvisación.

raptar *t.* Capturar y retener de manera ilegal a una persona, en especial para obtener un rescate.

rapto *s. m.* Captura y retención ilegal de una persona en contra de su voluntad, casi siempre para obtener un rescate. *Muchos delincuentes se dedican al rapto de personas ricas.*

raptor, ra *adj. y s.* Delincuente que realiza capturas y retenciones ilegales de personas en contra de su voluntad, casi siempre para obtener dinero.

raqueta *f.* Pala provista de una red, utilizada para jugar al tenis y a otros juegos de pelota.

raquídeo, a *adj.* De la columna vertebral o raquis. *En el conducto raquídeo está la médula espinal.*

raquis *s. m.* Columna vertebral. || Eje de una espiga o racimo.

raquítico, ca *adj.* Que está enfermo de raquitismo. || *fig. y fam.* Débil, mezquino.

raquitismo *s. m.* Enfermedad infantil caracterizada por deformaciones y debilidad en los huesos.

rarámuri *adj.* Tarahumara, pueblo amerindio que habita en la sierra del estado de Chihuahua, México. || *s. com.* Habitante de ese pueblo.

rarefacción *s. f.* Enrarecimiento.

rarefacer *t.* Enrarecer, disminuir la densidad.

rareza *s. f.* Calidad de raro.

rarificar *t.* Rarefacer.

raro, ra *adj.* Poco frecuente. *Un fenómeno muy raro.* || Singular, poco corriente. *Libro raro.* || *loc. Gases raros:* los que, en pequeña cantidad, forman parte de la atmósfera, como el helio, el neón, el argón, el kriptón y el xenón.

ras *s. m.* Igualdad de nivel.

rasante *adj.* Que rasa, que pasa rozando. || *s. m.* Línea de una calle o camino considerada en relación con el plano horizontal. || *loc. Cambio de rasante:* punto más elevado de la pendiente de una carretera.

rasar *t.* Igualar con el rasero. || Pasar muy cerca.

rascacielos *s. m.* Edificio en forma de torre y con gran número de pisos. *Los rascacielos de Nueva York son famosos en todo el mundo.*

rascador *s. m.* Utensilio para rascar o para raer.

rascar *t. y pr.* Restregar algo con una cosa aguda o áspera. || Mitigar la comezón, frotando la piel con las uñas.

rascuache *adj. desp. y fam. Méx.* Lugar pobre, miserable. || Cosa de baja calidad.

rasero, ra *adj.* Rasante. || *s. m.* Palo cilíndrico para rasar las medidas de los áridos.

rasgado, da *adj.* Se dice de los ojos que tienen muy prolongada la comisura de los párpados. || *s. m.* Rasgón.

rasgar *t.* Romper, destrozar una cosa tirando de ella en varias direcciones. *Le rasgó las vestiduras.* || *t.* Rasguear un instrumento músico de cuerdas.

rasgo *s. m.* Línea trazada con la pluma, especialmente la de adorno. || Acción notable. *Un rasgo de heroísmo.* || Característica, peculiaridad. *Rasgo de su carácter.* || *pl.* Facciones de la cara. *Rasgos finos.*

rasgón *s. m.* Rotura que se hace cuando se rasga alguna cosa.

rasgueado *s. m.* Rasgueo.

rasguear *t.* Tañer un instrumento rozando sus cuerdas con las puntas de los dedos.

rasgueo *s. m.* Manera de tocar la guitarra rasgueándola.

rasguñar *intr.* Hacer heridas superficiales en la piel con las uñas o algún instrumento puntiagudo.

rasguño *s. m.* Corte o herida superficial hecha con las uñas o por un roce violento con una superficie áspera o cortante.

rasilla *s. f.* Ladrillo delgado y hueco.

raso, sa *adj.* Llano, liso. *El campo es raso, por eso es fácil ver a lo lejos.* || Que va a poca altura del suelo. || *loc. Soldado raso:* el soldado que no tiene títulos o funciones que lo distingan. || *s. m.* Tela de seda, lisa y brillante.

raspa *s. f.* Espina de pescado. || Arista del grano de trigo y otros cereales. || Escobajo de la uva.

raspadilla *s. f. Per.* Refresco con hielo raspado y jarabe.

raspado *s. m.* Acción y efecto de raspar. || *Méx.* Hielo rallado al que se añade jarabe de frutas para comerlo como helado.

raspador *s. m.* Útil para raspar.

raspadura *s. f.* Acción de raspar. *El albañil hará una raspadura para quitar la pintura vieja.* || Partículas que salen al raspar algo. || Señal que queda cuando algo se raspa. *Hay una raspadura en la portezuela del coche.*

raspar *t. e intr.* Frotar o rascar una superficie. || *Ven.* Dar a un alumno una calificación menor a la que debe obtener para aprobar una materia.

raspón *s. m.* Rayadura en una superficie o en la piel, lastimadura.

rasponazo *s. m.* Señal o marca que deja un cuerpo que raspa.

rasposo, sa *adj.* Áspero al tacto. || *Arg. y Uy.* Se dice de la prenda de vestir raída y en mal estado, y también de la persona que lleva la ropa en mal estado.

rasquetear *t. y pr. Amér. Merid.* Cepillar el pelo a un caballo.

rasquiña *s. f. Amér. C. y Méx.* Picor, escozor.

rastacuero *s. com.* Persona que sabe aprovecharse de las circunstancias para vivir bien.

rastra *s. f.* Huella. || En agricultura, rada. || Rastro, rastrillo. || *Arg.* y *Uy.* Adorno, generalmente de plata, que los gauchos llevan en el cinturón a manera de hebilla.

rastreador, ra *adj.* Que rastrea.

rastrear *t.* Buscar a una persona, animal o cosa siguiendo su rastro. || *fig.* Averiguar una cosa valiéndose de varios indicios. || *intr.* Ir volando casi a ras del suelo.

rastreo *s. m.* Acción de rastrear.

rastrillado *s. m.* Acción de rastrillar.

rastrillar *t.* Limpiar con rastrillo.

rastrillo *s. m.* Instrumento de jardinería formado de un palo largo cruzado en su extremo inferior por un travesaño con púas que sirve para recoger la broza, paja, etc. || Utensilio parecido al usado en las mesas de juego para recoger el dinero apostado. || *Méx.* Máquina con un mango y un dispositivo donde se alojan una o más cuchillas. *El rastrillo sirve para afeitar.*

rastro *s. m.* Huella. || *fig.* Señal. || Mercado de cosas viejas.

rastrojera *s. f.* Conjunto de tierras que han quedado en rastrojo.

rastrojo *s. m.* Paja de la mies que queda después de segar.

rasurada *s. f. Méx.* Afeitada. *Con esa barba tan crecida, Neftalí ya necesita una buena rasurada.*

rasurador *s. m. Amér.* Maquinilla de afeitar eléctrica.

rasurar *t.* y *pr.* Afeitar, quitar los vellos.

rata¹ *s. f.* Mamífero roedor, de cola larga, muy voraz y perjudicial.

rata² *s. f.* Parte proporcional. || En física, variación por unidad de tiempo. || *Col.* y *Pan.* Porcentaje.

rateo *s. m.* Prorrateo.

ratería *s. f.* y **raterismo** *s. m.* Hurto.

ratero, ra *adj.* y *s.* Se dice del ladrón.

raticida *s. m.* Sustancia química para matar ratas y ratones.

ratificación *s. f.* Confirmación.

ratificador, ra *adj.* Que ratifica.

ratificar *t.* Aprobar o confirmar lo hecho o prometido.

rato *s. m.* Espacio de tiempo corto.

ratón, tona *s. m.* Mamífero roedor. || En informática, aparato que se utiliza para mover con rapidez el cursor por la pantalla de una computadora. || *s. f.* Hembra del ratón.

ratonera *s. f.* Trampa para cazar ratones. || Madriguera de ratones. || *fig.* Trampa. || *Amér.* Cuchitril.

raudal *s. m.* Corriente violenta de agua. || *fig.* Gran cantidad.

raudo, da *adj.* Rápido.

ravioles o **ravioli** *s. m.* Pasta alimenticia en forma de pequeñas empanadas rellenas de algún alimento.

raya *s. f.* Línea recta. *Las cinco rayas del pentagrama.* || Lista. *Camisa a rayas.* || Separación de los cabellos hecha con el peine. || Pliegue del pantalón. || Señal larga de alfabeto Morse, equivalente a tres puntos por su duración. || En gramática, guión algo más largo que el corriente que separa oraciones incidentales o indica el diálogo. || Pez marino selacio de cuerpo aplastado y romboidal y cola larga y delgada. || *Méx.* Sueldo, paga.

rayadillo *s. m.* Tela rayada.

rayadito *s. m.* Pájaro de cabeza negra de Patagonia y de Tierra del Fuego.

rayado, da *adj.* Que tiene rayas o listas. || *s. m.* Conjunto de rayas. *El rayado de una tela.* || Acción de rayar.

rayador *s. m.* Ave de América, parecida a la golondrina de mar.

rayano, na *adj.* Que es casi algo.

rayar *t.* e *intr.* Hacer rayas sobre una superficie. *Rayé una hoja blanca antes de escribir.* || Dañar algo haciéndole rayas. *Al mover los muebles se rayó un poco el piso.* || Tachar lo escrito. || Limitar, lindar. *Carlos compró dos terrenos que rayan uno con otro.* || *Méx.* Pagar el salario al obrero o al campesino. *Los sábados rayan los obreros.* || *fam.* Hacer garabatos sin un sentido claro. *Aquel niño travieso se puso a rayar el cuaderno.*

raymi o **raimi** *s. m.* Fiesta principal de los incas, de carácter religioso, que se celebraba en Cuzco y que duraba nueve días, a partir del 21 de junio.

rayo *s. m.* Chispa eléctrica entre dos nubes o entre una nube y la Tierra. *Los rayos y truenos anuncian una tormenta eléctrica.* || Línea de luz procedente de un cuerpo luminoso. *Los rayos del sol se filtraban entre los árboles.* || *loc. Rayos X:* ondas electromagnéticas que atraviesan ciertos cuerpos.

rayón *s. m.* Fibra textil elaborada a base de celulosa. *El rayón luce mucho, pero se arruga fácilmente.*

rayuela *s. f.* Juego que consiste en tirar piedras o monedas a una raya pintada en el piso, en el que gana la moneda que se acerque más a la raya.

raza *s. f.* Grupo de individuos cuyos caracteres biológicos son constantes y se perpetúan por herencia. *Raza blanca.* || Conjunto de los ascendientes y descendientes de una familia, de un pueblo. *La raza de David.* || Subdivisión de una especie. *Razas humanas.*

razia o **razzia** *f.* Exploración de un área buscando algo o a alguien. *La policía hizo una razia y atrapó a varios ladrones.*

razón *s. f.* Facultad propia del hombre por la que puede pensar. *Los seres humanos poseemos razón.* || Acierto en lo que se hace o dice. *Juan tiene razón, hay que llegar temprano.* || Causa, motivo. *No entiendo la razón por la que estás enojado.* || Conjunto de palabras con que se expresa un pensamiento o argumento. *Dijo sus razones y nos convenció.* || Resultado de una división. *La razón entre 10 y 5 es 2.* || *loc. Dar la razón:* reconocer que uno ha dicho la verdad o ha actuado de manera adecuada. || *Perder la razón:* volverse loco.

razonable *adj.* Conforme a la razón. *Leopoldo fue razonable, aunque sí se molestó un poco.*

razonado, da *adj.* Que se basa en razones o en documentos. *El proveedor presentó una factura bien razonada.*

razonamiento *s. m.* Acción y efecto de razonar, de pensar. || Serie de conceptos encaminados a demostrar una cosa.

razonar *t.* e *intr.* Pensar. *Los niños deben aprender y razonar en las lecciones.* || Ofrecer razones en apoyo de algo.

re *s. m.* Segunda nota de la escala musical de «do». *El «re» está entre el «do» y el «mi».*

reabsorber *intr.* Volver a absorber.

reacción *s. f.* Acción provocada por otra y de sentido contrario. *Todo exceso suscita una reacción.* || En política, acción de un partido opuesto a todas las innovaciones políticas o sociales y empeñado en resucitar las instituciones del pasado; partido que tiene estas opiniones. *Acabar con la reacción.* || En psicología, comportamiento de un ser vivo en presencia de un estímulo externo o interno. || En fisiología, acción orgánica que tiende a producir un efecto contrario al del agente que la provoca. || En química, fenómeno por el cual, del contacto de dos o más cuerpos, resulta la formación de cuerpos diferentes. || loc. *Avión de reacción:* el propulsado por un motor de reacción. || *Motor de reacción:* el que eyecta chorros de gases a gran velocidad y, en virtud del principio de la acción y de la reacción, hace avanzar un vehículo en sentido opuesto al de la eyección.

reaccionar intr. Producir una reacción. || fig. Oponerse, resistir.

reaccionario, ria adj. y s. desp. En política, pensamiento o acción contrario a cualquier reforma. || Que es contrario a los cambios o progresos.

reacio, cia adj. Que resiste.

reactivación s. f. Acción y efecto de reactivar.

reactivar t. Dar nueva fuerza.

reactividad s. f. Capacidad de reaccionar que tiene un cuerpo químico. || Aptitud para reaccionar una persona ante un hecho o dicho.

reactivo, va adj. Que reacciona o produce reacción. || s. m. En química, sustancia empleada para determinar la naturaleza de los cuerpos por las reacciones que produce en ellos.

reactor s. m. Motor de reacción. || Avión con motor de reacción.

readaptación s. f. Acción de readaptar o readaptarse.

readaptar t. Adaptar otra vez, devolver a condiciones que se tenían con anterioridad y se perdieron. *El deportista lesionado se readaptará y volverá a jugar futbol.*

readmisión s. f. Nueva admisión.

readmitir t. Volver a admitir.

reafirmación s. f. Acción de volver a afirmar.

reafirmar t. y pr. Afirmar de nuevo, ratificar.

reagrupar t. Agrupar de nuevo.

reajustar t. Volver a ajustar. *El mecánico tendrá que reajustar el automóvil.* || Aumentar o disminuir salarios, impuestos, etc.

reajuste s. m. Nuevo cambio realizado sobre una cosa. *Hicieron reajustes y despidieron a muchos.*

real adj. Que tiene existencia verdadera y efectiva. *Afecto real.* || Del rey o de la realeza. *Familia real.* || fig. Regio, suntuoso. || Hermoso. *Un real mozo.* || s. m. Antigua moneda española de 25 céntimos de peseta. || *Amér.* Antigua moneda de diversos países de América.

realce s. m. fig. Relieve.

realeza s. f. Dignidad o soberanía real. || Magnificencia.

realidad s. f. Existencia efectiva de una cosa. *La realidad del mundo físico.* || Cosa concreta. || Mundo real. *Vivir fuera de la realidad.* || Verdad.

realismo s. m. Doctrina filosófica que afirma la realidad de las ideas (realismo espiritualista) o que considera que el mundo, tal y como lo vemos, es la única realidad (realismo materialista). || Doctrina literaria y artística basada en la descripción precisa y objetiva de los seres y de las cosas. || Doctrina política favorable a la monarquía.

realista adj. Que tiene muy en cuenta la realidad tal y como es, que observa una conducta práctica. || Relativo al realismo filosófico, literario o artístico. || Perteneciente o relativo a la monarquía. || Perteneciente o relativo a las instituciones, tropas, etc., españolas del periodo colonial de la América hispana. || s. com. Seguidor o partidario de este realismo. || Partidario de la monarquía, monárquico.

realizable adj. Que puede realizarse, hacedero.

realización s. f. Acción y efecto de realizar o realizarse. *Algunas mujeres ven su realización en ser madres.* || Obra hecha por alguien.

realizador, ra s. Persona que produce o dirige películas o programas de radio y televisión.

realizar t. Hacer real. *Realizar sus aspiraciones.* || Efectuar, llevar a cabo. *Realizar un viaje.* || Ejecutar. *Realizar una hazaña.* || Dirigir la preparación y la ejecución de una película o de una emisión radiofónica o televisada. || pr. Tener lugar.

realizar t. y pr. Hacer, llevar a cabo. *Los niños realizaron una excursión a la montaña.* || Cumplir las propias aspiraciones. *Descubre lo que te gusta y realízate en esa actividad.*

realquilar t. Subarrendar.

realzar t. y pr. Hacer que algo o alguien parezca mayor, mejor o más importante.

reanimación s. f. Acción y efecto de reanimar. || En medicina, conjunto de medios terapéuticos destinados a restablecer las funciones vitales (circulación, respiración, sistema nervioso). || Nuevo vigor.

reanimar t. Dar vigor, restablecer las fuerzas. *Medicina que reanima.* || Restablecer las funciones vitales. *Reanimar al desmayado.* || fig. Levantar el ánimo. || Reanudar, reavivar. *Reanimar la conversación.*

reanudación s. f. Continuación.

reanudar t. Continuar lo interrumpido.

reaparecer intr. Volver a aparecer.

reaparición s. f. Vuelta a aparecer.

reapertura s. f. Acción de abrir de nuevo un establecimiento, una actividad, un expediente o cualquier cosa que hubiera sido cerrada con anterioridad. *Muchas celebridades acudieron a la reapertura del antiguo teatro.*

reaseguro s. m. Contrato por el cual un asegurador toma a su cargo, completamente o en parte, un riesgo ya cubierto por otro asegurador.

reata s. f. Cuerda que se usa para atar caballerías. *Los vaqueros y los charros utilizan reatas para lazar al ganado.*

reavivación s. f. o **reavivamiento** s. m. Acción y efecto de reavivar o reavivarse.

reavivar t. Volver a avivar.

rebaba s. f. Resalto en los bordes de un objeto.

rebaja s. f. Descuento, disminución del precio. *Vender con rebaja.*

rebajador s. m. Producto utilizado para hacer menor la opacidad de las imágenes fotográficas.

rebajamiento s. m. Acción de rebajar. || fig. Humillación.

rebajar t. Volver algo más bajo de lo que era. || Disminuir, reducir. *Rebajar el sueldo.* || Oscurecer o disminuir la intensidad de un color en pintura o fotografía. || fig. Abatir, hacer que disminuya. *Rebajar la soberbia.* || Humillar. II pr. Humillarse.

rebalsar intr. *Arg. Chil.* y *Uy.* Rebosar, salir de los bordes. *Cierra el grifo antes de que el agua rebalse el recipiente.*

rebalse s. m. Presa.

rebanada s. f. Porción delgada, ancha y larga, que se saca de algo.

rebañadura s. f. Restos en el fondo de una cacerola o plato.

rebañar t. Acabar los restos de una cosa comestible.

rebaño s. m. Hato de ganado. || fig. Congregación.

rebasar *t.* Pasar de cierto límite. ‖ Dejar atrás, ir más allá en una marcha, camino, recorrido. ‖ *Amér.* Adelantar un automóvil.

rebatible *adj.* Refutable.

rebatinga *s. f. Méx.* Acción de recoger de manera arrebatada una cosa que se disputan varios. *En la tienda se armó una rebatinga por los artículos rebajados.*

rebatiña *s. f.* Acción de luchar con empeño por algo que varios se disputan. *Las hienas estaban en la rebatiña por la carne del animal muerto.*

rebatir *t.* Refutar, impugnar.

rebato *s. m.* Toque de alarma.

rebeca *s. f. Esp.* Cierto tipo de suéter, chompa o jersey abrochado por delante.

rebelarse *pr.* Sublevarse.

rebelde *adj.* y *s. com.* Que se rebela. ‖ Que se niega a obedecer.

rebeldía *s. f.* Calidad de rebelde. ‖ Insubordinación, indisciplina. ‖ Oposición del reo a comparecer ante el tribunal.

rebelión *s. f.* Sublevación.

rebenque *s. m. Amér. Merid.* Látigo de jinete.

reblandecer *t.* Ablandar.

reblandecimiento *s. m.* Acción de reblandecer. ‖ Estado de una cosa reblandecida. ‖ Alteración de los tejidos orgánicos, caracterizada por la disminución de su consistencia. *Reblandecimiento cerebral.*

rebobinar *t.* Enrollar al revés una tira de película o cinta, de manera que quede como estaba antes de usarse.

reborde *s. m.* Borde saliente. *La cicatriz de Jimena tiene un reborde donde tenía la herida.*

reborujar *t. Méx.* Desordenar, desarreglar. *La casa estaba ordenada pero llegaron los niños y reborujaron todo.*

reborujo *s. m. Méx.* Desorden, desarreglo.

rebosante *adj.* Lleno hasta el desbordamiento. *Mi vaso estaba rebosante de leche.*

rebosar *t. intr.* y *pr.* Salirse un líquido por los bordes de un recipiente. *El agua rebosó del vaso que se servía.* ‖ Abundar con exceso. *El bebé rebosa alegría cuando está sano.*

rebotar *intr.* Botar repetidamente. ‖ *Méx.* Ser rechazado un documento, sobre todo con el que se cobra dinero. *En el banco rebotó el giro sin fondos.*

rebote *s. m.* Acción de rebotar.

rebozar *t.* y *pr.* Cubrir el rostro. ‖ Pasar un alimento por huevo batido, harina, pan rallado, etc., y luego freírlo.

rebozo *s. m.* Parte de una prenda de vestir con que se cubre la cara. ‖ *Amér. C.* y *Méx.* Manto amplio que usan las mujeres para cubrir la espalda, brazos y en ocasiones la cabeza.

rebusca *s. f.* Acción y efecto de rebuscar.

rebuscado, da *adj.* Afectado.

rebuscamiento *s. m.* Afectación.

rebuscar *t.* y *pr.* Buscar algo con minuciosidad. *Ya rebuscamos pero no encontramos el arete de mamá.* ‖ *fam. Arg., Chil.* y *Py.* Rebuscársela o rebuscárselas, ingeniarse para evitar o arreglar las dificultades cotidianas.

rebusque *s. m. fam. Arg., Py.* y *Uy.* Acción y efecto de rebuscársela. ‖ Solución ingeniosa con que se evitan o arreglan las dificultades cotidianas.

rebuznar *intr.* Dar rebuznos.

rebuzno *s. m.* Voz del asno.

recabar *t.* Pedir, solicitar.

recadero, ra *s.* Persona encargada de hacer recados.

recado *s. m.* Mensaje que se da o envía a otro. *Entrégale este recado a tu papá.* ‖ Encargo, compra, etc., que debe hacer una persona. *El mensajero salió temprano a hacer varios recados.* ‖ *Amér. C.* y *Amér. Merid.* Silla de montar. ‖ *Nic.* Picadillo con que se rellenan las empanadas.

recaer *intr.* Caer nuevamente enfermo. ‖ Volver a cometer errores anteriores o retomar algún vicio. ‖ Ir a parar sobre alguien cierta cosa. *La responsabilidad recaerá sobre Margarita.*

recaída *s. f.* Reaparición de una enfermedad que no había curado completamente. *Tener una recaída.* ‖ Reincidencia, acción de volver a incurrir en los mismos vicios o defectos.

recalar *intr.* Llegar un barco a un punto de la costa. ‖ Bucear, nadar bajo el agua. ‖ *fig.* Llegar a un sitio, aparecer.

recalcar *t.* Subrayar.

recalcificar *t.* Aumentar la cantidad de calcio en el organismo.

recalcitrante *adj.* Obstinado en el error, terco. ‖ Reacio.

recalentado *s. m. Méx.* Sobras de un guiso que se comen al día siguiente. *Hoy comeremos mole recalentado.*

recalentamiento *s. m.* Acción y efecto de recalentar o recalentarse.

recalentar *t.* y *pr.* Calentar algo de nuevo. ‖ Calentar demasiado.

recalificar *t.* Dar una nueva calificación.

recamar *t.* Hacer bordados realzados. *Están recamando con perlas artificiales el vestido de novia.*

recámara *s. f.* Habitación contigua a la principal. ‖ Parte del arma de fuego donde se coloca el proyectil. ‖ *Amér. C., Col.* y *Méx.* Alcoba, habitación, dormitorio. *Octavio subió a su recámara a descansar.*

recamarera *s. f. Méx.* Sirvienta o empleada que limpia las recámaras. *En el nuevo hotel están contratando recamareras.*

recambiar *t.* Cambiar de nuevo.

recambio *s. m.* Acción de recambiar. ‖ Pieza que sustituye a otra semejante.

recapacitar *t.* e *intr.* Reflexionar.

recapitulación *s. f.* Resumen.

recapitular *t.* Resumir.

recapitulativo, va *adj.* Que recapitula. *Cuadro recapitulativo.*

recarga *s. f.* Pieza de recambio.

recargamiento *s. m.* Acumulación o abundancia excesiva de algo.

recargar *t.* Volver a cargar. ‖ Adornar excesivamente. *Estilo recargado.* ‖ Aumentar la cantidad que hay que pagar. *Recargar los impuestos.*

recargo *s. m.* Nueva carga o aumento de carga. ‖ Aumento en los impuestos o precios. ‖ Sobretasa. ‖ Agravación de una pena.

recatado, da *adj.* Circunspecto.

recatar *t.* Encubrir u ocultar lo que no se quiere que se vea o se sepa.

recato *s. m.* Modestia, pudor.

recauchaje *s. m. Chil.* Acción de volver a cubrir con caucho o hule un neumático desgastado.

recauchar *t.* Recauchutar.

recauchutado *s. m.* Acción y efecto de recauchutar.

recauchutar *t.* Revestir un neumático gastado con una disolución de caucho.

recaudación *s. f.* Cobro de contribuciones, de dinero procedente de la venta de objetos, etc. || Oficina en la que se efectúa este cobro. || Cantidad recaudada.

recaudador, ra *s.* Persona encargada de la cobranza de caudales públicos. || Cobrador en un banco.

recaudar *t.* Cobrar o percibir caudales públicos o efectos. || Recibir cantidades de dinero por varios conceptos.

recaudería *s. f. Méx.* Tienda donde se venden frutas y verduras. *Iré a la recaudería por perejil y cilantro.*

recaudo *s. m.* Recaudación. || *loc. A buen recaudo:* bien cuidado o guardado.

recelar *t.* Sospechar. || Temer. || *intr.* Desconfiar.

recelo *s. m.* Suspicacia. || Desconfianza. || Miedo.

receloso, sa *adj.* Suspicaz, desconfiado. || Temeroso.

recental *adj.* Se dice del animal que no ha pastado aún.

recepción *s. f.* Acción de recibir. *Recepción de un paquete.* || Admisión en una asamblea o corporación acompañada de una ceremonia. *Recepción de un nuevo miembro.* || Ceremonia oficial en que un alto personaje acoge a los diplomáticos, miembros del gobierno, etc. || Gran fiesta en una casa particular. || Sitio donde se recibe a los clientes en un hotel. || Acción de captar una emisión de ondas herzianas.

recepcionista *s. com.* Encargado de la recepción en un hotel, un evento, etc.

receptáculo *s. m.* Cavidad.

receptor, ra *adj.* Que recibe. || *s. m.* Aparato que recibe las señales eléctricas, telegráficas, telefónicas, radiotelevisivas o televisadas. *Un receptor de televisión.* || Elemento sensorial, como las células visuales de la retina. || Persona que por medio de una transfusión recibe la sangre de un donante. || Enfermo que recibe el implante de un órgano de otra persona. || *loc. Receptor universal:* sujeto perteneciente a un grupo sanguíneo (AB) que le permite recibir la sangre de individuos de cualquier grupo.

recesar *t.* Clausurar una Asamblea. || *intr.* Cesar en sus actividades una corporación.

recesión *s. f.* Disminución de la actividad económica. *En los periodos de recesión muchas personas pierden sus empleos.*

recesivo, va *adj.* Que causa recesión. || Que tiende a la recesión. *En la bolsa de valores hay temor por una nueva etapa recesiva.*

receso *s. m.* Separación, desvío. || *Amér.* Suspensión temporal de actividades en ciertas organizaciones, asambleas, etc., y tiempo que dura esta suspensión. *Acordaron que hubiera un receso de dos horas.*

receta *s. f.* Escrito en el que el médico escribe los nombres de los medicamentos e instrucciones que recomienda a su paciente. *La doctora le entregó a Rita su receta.* || Apunte que indica el nombre de los ingredientes de un alimento y el modo de prepararlo. *Alicia sigue los pasos de la receta con mucho cuidado.*

recetar *t.* Ordenar el médico que un paciente tome un medicamento o siga un tratamiento para curar lo de su enfermedad. *El médico le recetó tranquilidad y descanso.*

recetario *s. m.* Talonario de recetas con el nombre y la dirección de un médico, en el que se escribe el nombre de los medicamentos que debe tomar un enfermo: *El médico escribió en el recetario lo que*

el paciente debía tomar. || Colección de recetas de cocina. *Georgina guarda el recetario de su abuela.*

rechazamiento *s. m.* Acción de rechazar, repulsa, negativa.

rechazar *t.* Obligar a retroceder. *Rechazar al enemigo.* || Resistir victoriosamente. *Rechazar un asalto.* || *fig.* No ceder a, apartar. *Rechazar los malos pensamientos.* || Rehusar, no aceptar. *Rechazar un regalo.* || No atender. *Rechazar una petición.* || Despedir, desairar. *Rechazar a un pretendiente.* || Refutar. || En medicina, no aceptar un injerto el organismo.

rechazo *s. m.* Retroceso de un cuerpo al chocar con otro. || *fig.* Rechazamiento, negativa. || En medicina, no aceptación de un injerto o trasplante por un organismo.

rechifla *s. f.* Burla colectiva con la que se reciben las palabras o la actuación de alguien.

rechinar *intr.* Producir ruido el roce de algunos objetos, como un cuchillo en un plato.

rechinido *s. m.* Ruido molesto que se produce al rozarse algunos objetos.

rechistar *intr.* Chistar.

rechoncho, cha *adj. fam.* Grueso y de poca altura.

rechupete *loc. fam. De rechupete:* Muy bueno, muy agradable. *Los camarones a la diabla quedaron de rechupete.*

recibido, da *adj.* Que ha terminado un ciclo de estudios. *Sólo están empleando abogados recibidos.*

recibidor *s. m.* Habitación que da entrada a un piso o al salón principal de una casa.

recibimiento *s. m.* Acogida. || Entrada, vestíbulo. || Salón.

recibir *t. y pr.* Tomar uno lo que le dan o envían. *Regina recibió flores en su cumpleaños.* || Padecer uno el daño que otro le hace o que le sucede por casualidad. *Recibirá un castigo.* || Salir al encuentro de alguien que llega. *Recibieron en el aeropuerto a su hijo.* || Terminar un ciclo de estudios. *El viernes Dalia se recibirá como doctora.*

recibo *s. m.* Documento en el que alguien declara haber recibido dinero u otra cosa. *Al cobrar debo firmar un recibo.*

reciclable *adj.* Que pude ser reciclado. *El papel es un material reciclable.* || Reconvertible.

reciclado, da *adj.* Que se vuelve a utilizar. *Usar papel reciclado contribuye a reducir la tala de árboles.*

reciclaje *s. m.* Proceso mediante el cual se recicla un material. *El vidrio y el papel son aptos para el reciclaje.*

reciclamiento *s. m.* Reciclaje.

reciclar *t.* Someter una cosa a un proceso para que vuelva a ser utilizable.

recidivar *t.* Aparecer nuevamente una enfermedad que se consideraba curada. *El cáncer recidiva con frecuencia.*

reciedumbre *s. f.* Fuerza, vigor.

recién *adv.* Sucedido poco antes. *Este bebé es un recién nacido.* || *Amér. Merid.* Se emplea con todos los tiempos verbales indicando que la acción expresada por el verbo se acaba de realizar. *Llegamos al cine y la película recién había empezado.*

reciente *adj.* Que acaba de suceder o hacerse. *De fecha reciente.*

recinto *s. m.* Espacio encerrado.

recio, cia *adj.* Fuerte.

recipiente *adj.* Que recibe. ‖ *s. m.* Receptáculo para recibir o contener fluidos, objetos, etc.

reciprocidad *s. f.* Correspondencia.

recíproco, ca *adj.* Mutuo. *Amor recíproco.* ‖ *s. f.* Acción semejante o equivalente a la que se hizo.

recitación *s. f.* Acción y efecto de recitar.

recitador, ra *adj.* y *s.* Se aplica a la persona que recita.

recital *s. m.* Función dada por un solo artista. *Recital de piano.* ‖ Lectura o recitación de composiciones de un poeta.

recitar *t.* Decir de memoria y en voz alta. *Recitar un poema.*

reclamación *s. f.* Acción de reclamar.

reclamar *t.* Pedir o exigir con derecho o con instancia una cosa.

reclamo *s. m.* Voz con que un ave llama a otra, sobre todo en época de apareamiento. *El reclamo de los pavos reales es muy escandaloso.* ‖ Cosa que atrae la atención hacia otra, en especial para invitar a comprarla.

reclinar *t.* y *pr.* Inclinar una cosa apoyándola en otra. *La niña se reclinó para dormir en el hombro de su madre.*

reclinatorio *s. m.* Silla baja para arrodillarse y rezar.

recluir *t.* y *pr.* Encerrar o encerrarse alguien en un lugar.

reclusión *s. f.* Prisión.

recluso, sa *s.* Preso.

recluta *s. m.* Joven alistado para el servicio militar. *Los nuevos reclutas comenzarán mañana su adiestramiento.*

reclutador, ra *adj.* y *s.* Se aplica al que recluta.

reclutamiento *s. m.* Acción de alistar personas para alguna actividad.

reclutar *t.* Alistar para el servicio militar. *El gobierno recluta hombres jóvenes para el ejército.* ‖ Reunir personas para algún fin. *Una asociación recluta personal para apoyar a damnificados.*

recobrar *t.* Volver a tener lo que antes se tenía y se había perdido. *Recobrar la salud.* ‖ *loc. Recobrar el sentido:* volver al estado normal después de haber perdido el conocimiento. ‖ *pr.* Desquitarse de un daño o de una pérdida. ‖ Recuperarse físicamente.

recochinearse *pr.* Regodearse.

recochineo *s. m.* Regodeo.

recodo *s. m.* Ángulo.

recogedor *s. m.* Utensilio en forma de pala doblada que sirve para recoger la basura que se ha barrido.

recoger *t.* Volver a coger o levantar una cosa caída. *Recogí del suelo el pañuelo.* ‖ Juntar cosas dispersas. *Recoger documentos.* ‖ Ir juntando. *Recogió mucho dinero.* ‖ Cosechar. *Recoger las mieses.* ‖ Arremangar. *Recoger la falda.* ‖ Encoger, ceñir, estrechar. ‖ Guardar. *Recoge esta plata.* ‖ Dar asilo, acoger. *Recoger a los menesterosos.* ‖ Ir a buscar. *Lo recogeré a las ocho.* ‖ *fig.* Obtener. *Por ahora sólo ha recogido disgustos.* ‖ *pr.* Retirarse a dormir o descansar. *Yo me recojo tarde.* ‖ Arreglarse, peinarse para que el pelo no esté suelto. ‖ *fig.* Ensimismarse.

recogida *s. f.* Acción de recoger.

recogimiento *s. m.* Recopilación, resumen. *Recolección de datos.* ‖ Cosecha. *La recolección de la aceituna.*

recolectar *t.* Cosechar. *Recolectar la naranja.* ‖ Recaudar fondos.

recolector, ra *s.* Recaudador. ‖ Cosechador.

recoleto, ta *adj.* Se dice de la persona que lleva una vida retirada y austera. ‖ Relativo a un sitio solitario y apartado donde hay tranquilidad.

recomendable *adj.* Digno de ser recomendado, estimable.

recomendación *s. f.* Acción de recomendar, especialmente con elogios, una persona a otra para que se ocupe de ella. ‖ Consejo. *Recomendación paterna.*

recomendado, da *s.* Persona que goza de una recomendación.

recomendar *t.* Aconsejar. ‖ Hablar en favor de uno. *Recomendé a mi amigo.*

recomenzar *t.* Comenzar de nuevo.

recompensa *s. f.* Premio.

recompensar *t.* Premiar.

recomponer *t.* Volver a componer.

reconcentramiento *s. m.* Concentración muy grande.

reconcentrar *t.* Concentrar, reunir. *Reconcentrar las fuerzas.* ‖ *pr.* Ensimismarse.

reconciliación *s. f.* Acción y efecto de reconciliar.

reconciliar *t.* Poner de acuerdo a los que estaban enojados.

reconcomerse *pr.* Estar muy a disgusto por celos, envidia o algo similar, y no manifestarlo.

reconcomio *s. m. fig.* Rencor. ‖ Remordimiento. ‖ Impaciencia.

recóndito, ta *adj.* Oculto.

reconducir *t.* Prorrogar un contrato de arrendamiento.

reconfortar *t.* Dar nuevas fuerzas físicas. ‖ Dar ánimo.

reconocer *t.* Ver que una persona o cosa es cierta, determinada, que se conocía anteriormente. *No reconoció a su hermano.* ‖ Confesar, admitir como cierto. *Reconocer sus errores.* ‖ Admitir la legalidad o existencia de algo. *Reconocer un gobierno.* ‖ Examinar detenidamente. *Reconocer el terreno.* ‖ Agradecer. *Reconocer los favores.* ‖ *pr.* Dejarse conocer fácilmente una cosa. ‖ Confesarse. *Reconocerse culpable.*

reconocido, da *adj.* Agradecido.

reconocimiento *s. m.* Acción de reconocer o admitir como cierto. *Reconocimiento del error.* ‖ Gratitud, agradecimiento. ‖ Acto de admitir como propio. *Reconocimiento de un niño.* ‖ Operación encaminada a obtener informaciones sobre el enemigo en una zona determinada. ‖ *loc. Reconocimiento médico:* examen facultativo.

reconquista *s. f.* Acción de reconquistar.

reconquistar *t.* Recuperar, volver a conquistar.

reconstitución *s. f.* Acción y efecto de reconstituir.

reconstituir *t.* Volver a formar. *Reconstituir un partido.*

reconstrucción *s. f.* Nueva construcción de algo destruido. ‖ Reproducir un suceso a partir de los datos que se tienen. *La reconstrucción del crimen será a las ocho.*

reconstruir *t.* Volver a construir. ‖ Reconstituir.

recontar *t.* Contar algo otra vez, o varias veces, para asegurarse de su cantidad o valor.

reconvención *s. f.* Censura.

reconvenir *t.* Censurar.

reconversión *s. f.* Adaptación de la producción de guerra a la producción de paz y, por extensión, de una producción antigua a una nueva. *Reconversión de una empresa.* ‖ Nueva formación de una persona para que pueda adaptarse a otra actividad.

reconvertir *t.* Proceder a una reconversión.

recurso 449

recopilación *s. f.* Reunión de varios escritos, a veces resumidos.

recopilar *t.* Juntar, recoger o unir diversas cosas.

récord *s. m.* Marca deportiva que supera las anteriores. *En los Juegos Olímpicos sin duda habrá nuevos récords.* ‖ Cualquier cosa que supera una realización anterior.

recordar *t.* Traer algo a la mente. *Esa melodía me hace recordar mi juventud.*

recordatorio *s. m.* Estampa de primera comunión, primera misa, en recuerdo de los difuntos, etc.

recorrer *t.* Andar cierta distancia. ‖ Leer rápidamente. *Recorrer un escrito.*

recorrido *s. m.* Espacio que recorre una persona o cosa, trayecto.

recortar *t.* Cortar lo que sobra de una cosa. ‖ Cortar el papel u otro material en varias figuras. ‖ *fig.* Reducir, menguar. ‖ *pr.* Destacarse, perfilarse.

recorte *s. m.* Acción de recortar y fragmento cortado. ‖ Trozo cortado de un escrito en que hay algo interesante. *Recorte de prensa.* ‖ *fig.* Reducción.

recostar *t.* Reclinar.

recoveco *s. m.* Curva o vuelta en una calle, pasillo, etc. ‖ Sitio escondido, rincón.

recreación *s. f.* Diversión, manera de pasar el tiempo libre. *Rodrigo pasa sus horas de recreación en el gimnasio.*

recrear *t.* y *pr.* Crear de nuevo. ‖ Divertir, deleitar.

recreativo, va *adj.* Que sirve para entretener o divertir. *Las actividades recreativas también ayudan a descansar.*

recreo *s. m.* Actividad que se realiza para divertirse y tiempo que se dedica a esta diversión. ‖ Descanso en medio del horario de clases para que los alumnos coman algo y jueguen.

recría *s. f.* Acción y efecto de recriar.

recriar *t.* Cebar a los animales.

recriminación *s. f.* Reproche.

recriminar *t.* Reprochar.

recriminatorio, ria *adj.* Que supone recriminación.

recrudecencia *s. f.* Acción y efecto de recrudecer o recrudecerse.

recrudecer *intr.* y *pr.* Aumentar un mal. *Si no te abrigas, el resfrío recrudecerá y te sentirás peor.*

recrudecimiento *s. m.* Empeoramiento de algo desagradable o molesto. *Esta semana ha habido recrudecimiento del frío que azotá al país.*

recrudescente *adj.* Que recrudece.

recta *s. f.* Línea que no está torcida ni doblada. *Las rectas se trazan con una regla.*

rectal *adj.* Relativo al recto. *Los supositorios se aplican por vía rectal.*

rectangular *adj.* Que tiene forma de rectángulo.

rectángulo *s. m.* Paralelogramo de cuatro ángulos rectos y lados contiguos desiguales.

rectángulo, la *adj.* Que tiene uno o más ángulos rectos. *El maestro pidió que trazáramos un triángulo rectángulo.*

rectificación *s. f.* Corrección de una cosa inexacta. ‖ Palabra o escrito con que se rectifica algo. ‖ Transformación de una corriente alterna en corriente continua.

rectificador, ra *adj.* Que rectifica. ‖ *s. m.* Aparato que transforma una corriente eléctrica alterna en continua.

rectificar *t.* Corregir una cosa inexacta. *Rectificar un error.* ‖ *fig.* Contradecir a alguien por haber formulado un juicio erróneo. ‖ Volver recto o plano. *Rectificar*

el trazado de un camino. ‖ Transformar una corriente eléctrica alterna en otra de dirección constante.

rectificativo, va *adj.* Que rectifica o corrige.

rectilíneo, a *adj.* Que se compone de líneas rectas. *Un cuadrado es una figura rectilínea porque no tiene curvas.*

rectitud *s. f.* Cualidad de recto, justo. *La rectitud y la ley deben guiar la acción de los jueces.*

recto *s. m.* Parte donde termina el intestino. *Al final del recto está el ano.*

recto, ta *adj.* Que no está quebrado, inclinado o torcido, ni hace ángulos o curvas. *En esa no hay una sola curva.* ‖ Justo, honrado. *El abogado es un hombre recto y honesto.* ‖ Relativo al ángulo de 90 grados.

rector, ra *adj.* Que rige o gobierna. *Principio rector.* ‖ *s.* Superior de un colegio, comunidad, etc. ‖ Superior de una universidad. ‖ *fig.* Dirigente.

rectorado *s. m.* Cargo del rector.

rectoscopio, pia *s. m.* Instrumento médico que sirve para hacer una rectoscopia. ‖ *s. f.* Examen, hecho por vía del recto, del intestino.

recua *s. f.* Conjunto de animales de carga que sirve para transportar cosas. *El campesino utiliza su recua de burros para acarrear leña.*

recuadro *s. m.* En una pared, puerta o ventana, superficie limitada por una línea en forma de cuadrado o rectángulo. ‖ En los diarios, revistas y libros, parte del texto que va enmarcada para hacerla destacar.

recubrir *t.* Volver a cubrir.

recuento *s. m.* Cálculo.

recuerdo *s. m.* Impresión que se queda en la memoria de un suceso. ‖ Regalo hecho en memoria de una persona o suceso. ‖ Objeto que se vende a los turistas en los lugares muy concurridos. *Tienda de recuerdos.* ‖ *pl.* Saludos. *Da recuerdos a tu madre.*

recular *intr.* Caminar hacia atrás una persona o cosa. *Cuando el lobo vio el fuego reculó con miedo.*

recuperable *adj.* Que se puede recuperar o volver a usar. *Las botellas de vidrio son material recuperable.*

recuperación *s. f.* Hecho de volver a tener algo. ‖ Hecho de sanar. *La recuperación de mi tío fue muy rápida.*

recuperador, ra *adj.* Que recupera.

recuperar *t.* y *pr.* Tener otra vez algo que se había perdido. *Edna recuperó a su gato después de una semana.* ‖ Sanar de una enfermedad o de un accidente. *Cuando enferman, los niños se recuperan muy rápido.*

recurrible *adj.* Se aplica a una decisión de la administración que se puede impugnar por medio de un recurso.

recurrir *intr.* Buscar ayuda con alguien o en algo. *Se puede recurrir a un buen amigo en caso de algún problema.*

recurso *s. m.* Medio del que se echa mano para lograr algo. *El abogado utilizó como recurso a varios testigos.* ‖ *pl.* Conjunto de bienes o medios materiales. ‖ *loc.* Recursos naturales: elementos que produce la naturaleza y que el hombre aprovecha para su beneficio. ‖ *Recursos naturales no renovables:* los que no se producen de manera continua e interminable. *El petróleo es un recurso natural no renovable.* ‖ *Recursos naturales renovables:* los que se producen de manera continua, como los bosques.

recusación s. f. Acción de recusar.

recusar t. Rechazar.

red s. f. Aparejo para pescar o cazar hecho con hilos entrelazados en forma de mallas. ‖ Cualquier labor de mallas, como la que se tiende en medio de un campo de tenis, detrás de los postes de la portería de futbol, etc. ‖ Redecilla para sujetar el pelo. ‖ Malla que se pone debajo de los aparatos de gimnasia (trapecio, anillas, etc.) para recoger al acróbata en caso de caída de éste. ‖ *fig.* Engaño, trampa. *Caer en la red.* ‖ Conjunto de vías de comunicación, líneas telegráficas o eléctricas, gasoductos, oleoductos, ríos y sus afluentes, cañerías para el abastecimiento de agua, etc. *Red ferroviaria, de carreteras.* ‖ Conjunto de personas o cosas estrechamente relacionadas entre sí para algún fin. *Red de espionaje.* ‖ Organización con ramificaciones en diferentes lugares. *Red comercial.* ‖ Conjunto de enlaces telefónicos, de radio y de televisión.

redacción s. f. Acción y efecto de redactar. *En clase de lengua española hacemos ejercicios de redacción.* ‖ Oficina donde se redacta. *Las noticias pasan por la redacción del diario.* ‖ Conjunto de redactores de una publicación periódica. *Tres personas forman la redacción de esa revista.*

redactar t. Escribir cartas, artículos, discursos, etc. *Francisco redacta los discursos del ministro.*

redactor, ra s. Persona que trabaja en la redacción de un diario, revista, etc.

redada f. Cantidad de pescado que se atrapa cada vez que se echa la red. ‖ Acción de capturar de una sola vez a un conjunto de personas. *En una redada, la policía atrapó a diez delincuentes.*

redecilla s. f. Tejido de malla con el que se hacen las redes. ‖ Cavidad del estómago de los rumiantes.

redención s. f. Rescate.

redentor, ra adj. y s. Que redime.

redescuento s. m. Nuevo descuento.

redil s. m. Aprisco del ganado.

redilas s. f. pl. *Méx.* Estacas que forman una especie de redil que rodea la caja de un camión de carga.

redimir t. Rescatar o sacar de la esclavitud. *Redimir a un cautivo.* ‖ Librar de una obligación. *Redimir del servicio militar.*

rédito s. m. Interés del capital.

redoblado, da adj. Más fuerte, más grueso o más resistente de lo normal.

redoblar t. y pr. Aumentar, intensificar algo. *Las autoridades redoblaron la vigilancia.*

redoble s. m. Toque vivo y sostenido en el tambor. *Un redoble anuncia el ejercicio arriesgado de un acróbata en el circo.*

redoma s. f. Recipiente de laboratorio, ancho de base y estrecho de cuello.

redomado, da adj. Muy cauteloso y astuto. *La policía aún no atrapa a un delincuente redomado.* ‖ Experto. *Leonel es un redomado futbolista.*

redonda f. En música, figura que equivale a cuatro negras. ‖ En tipografía, las letras que no muestran inclinación y que se usan con mayor frecuencia. ‖ *loc. A la redonda:* alrededor. *En muchos kilómetros a la redonda.*

redondeado, da adj. Se aplica a lo que tiene forma más o menos redonda.

redondear t. y pr. Poner redondo. *La cocinera redondeó porciones de carne para preparar hamburguesas.* ‖ Acercar un número a la decena más cercana.

redondel s. m. Espacio donde se lidian los toros en las plazas. ‖ Círculo o circunferencia.

redondeo s. m. Acción y efecto de redondear, particularmente cantidades.

redondez s. f. Forma redonda.

redondilla s. f. Estrofa de cuatro versos octosílabos. ‖ Letra de mano o imprenta que es derecha y circular.

redondo, da adj. De forma esférica o circular. ‖ *fam.* Perfecto, sin fallas.

redova s. f. *Méx.* Instrumento musical parecido a un tambor pequeño.

reducción s. f. Hecho de disminuir algo en su tamaño, extensión, intensidad o importancia.

reducido, da adj. Limitado.

reducir t. Disminuir. ‖ Cambiar una cosa en otra. *Reducir a polvo.* ‖ Copiar o reproducir disminuyendo. *Reducir una foto.* ‖ Resumir, compendiar. *Han reducido el texto.* ‖ Componer los huesos rotos o descompuestos. *Reducir una fractura.* ‖ *fig.* Someter, vencer. *Reducir una sublevación.* ‖ Sujetar, obligar. *Reducir al silencio.*

reducto s. m. Fortificación cerrada.

reductor, ra adj. Que reduce.

redundancia s. f. Empleo de palabras inútiles.

redundante adj. Que demuestra redundancia. *Estilo redundante.*

redundar intr. Resultar una cosa beneficiosa o nociva.

reduplicar t. Redoblar.

reedición s. f. Nueva edición.

reeditar t. Volver a editar.

reeducación s. f. Método que permite a algunos convalecientes recobrar el uso de sus miembros o de sus facultades.

reeducar t. Aplicar la reeducación. ‖ *pr.* Hacer la reeducación.

reelección s. f. Nueva elección.

reelecto, ta adj. Elegido de nuevo.

reelegir t. Volver a elegir.

reembolsable adj. Que puede o debe ser reembolsado.

reembolsar t. Devolver una cantidad desembolsada. ‖ *pr.* Recuperar lo desembolsado.

reembolso s. m. Acción de reembolsar. ‖ *loc. Envío contra reembolso:* envío por correo de una mercancía cuyo importe debe pagar el destinatario para que se le entregue.

reemplazable adj. Que se puede reemplazar.

reemplazar t. Sustituir.

reemplazo s. m. Acción de reemplazar. ‖ Renovación parcial y periódica del contingente activo del ejército.

reencarnación s. f. Nueva encarnación.

reencarnar t. Volver a encarnar.

reencauchadora s. f. *Amér. C., Col., Ecua., Per.* y *Ven.* Instalación o máquina para reencauchar llantas o cubiertas.

reencauchaje s. m. *Per.* Acción y efecto de reencauchar.

reencauchar t. *Amér. C., Col., Ecua., Per.* y *Ven.* Recauchutar.

reencauche s. m. *Amér. C., Col., Ecua., Per.* y *Ven.* Acción y efecto de reencauchar.

reenganchar t. Volver a enganchar un soldado. ‖ pr. Engancharse o alistarse de nuevo un soldado.

reenganche s. m. Acción de reenganchar o reengancharse.

reestrenar t. Proyectar una película en un cine de reestreno.

reestreno s. m. Pase de una película al segundo circuito de exhibición. *Cine de reestreno.*

reestructuración s. f. Acción de dar una nueva estructura.

reestructurar t. Dar una nueva estructura o reorganizar.

reexpedición s. f. Envío de una cosa que se ha recibido.

reexpedir t. Expedir al remitente o a otro algo que se ha recibido.

refacción s. f. Col. y Méx. Pieza de repuesto. *Iván compró las refacciones que necesitaba.*

refaccionar intr. y pr. Comprar las cosas necesarias. *Los turistas pasaron a la tienda para refaccionarse de alimentos.* ‖ Guat. Comer entremeses o aperitivos.

refaccionaria s. f. Méx. Tienda donde venden partes para aparatos mecánicos.

refajo s. m. Amér. Falda.

refalosa s. f. Chil. Baile popular.

refección s. f. Reparación. ‖ Colación.

refectorio s. m. Comedor.

referencia s. f. Mención que se hace a algo. *El director hizo una referencia muy positiva del gerente.* ‖ En un libro, catálogo o una biblioteca u otra cosa parecida, nota que sirve para señalar otro sitio donde se puede obtener más información sobre lo que se está buscando. ‖ Informe sobre las cualidades de alguien o algo. *El banco me pidió referencias comerciales de mi hermano.*

referendo o **referéndum** s. m. Procedimiento por el que se somete al voto popular una ley o asunto. *Muchas decisiones gubernamentales deberían someterse a un referendo.*

referente adj. Que se refiere.

referí o **réferi** s. m. Amér. Juez en una competencia deportiva.

referir t. Dar a conocer, relatar o narrar un hecho. *Referir el resultado de una investigación.* ‖ Relacionar una cosa con otra. ‖ pr. Tener cierta relación. ‖ Aludir. *No me refiero a usted.*

refilón loc. De refilón: De lado. *El gato pasó de refilón y llenó mi pantalón de pelos.* ‖ De forma superficial. *En la tienda miré un libro de refilón.*

refinación s. f. Proceso industrial para purificar una sustancia o un metal.

refinado, da adj. Fino, elegante. ‖ Puro, que no tiene impurezas. *Los minerales pasan por un proceso de refinado.*

refinamiento s. m. Elegancia, cuidado, esmero.

refinar t. Hacer más pura una cosa quitándole los defectos.

refinería s. f. Instalación industrial donde se refina un producto. *La refinería de petróleo está cerca de los pozos de donde lo extraen.*

refino s. m. Operación que consiste en volver más fino o puro el azúcar, el petróleo, los metales, el alcohol, etc.

reflectante adj. Que refleja.

reflector, ra adj. Que refleja. ‖ s. m. Aparato que refleja rayos luminosos, calor u otra radiación.

reflejar t. Hacer retroceder o cambiar de dirección los rayos luminosos, caloríficos, acústicos, etc., oponiéndoles una superficie lisa. ‖ fig. Expresar, manifestar. *Cara que refleja bondad.* ‖ pr. fig. Dejarse ver una cosa en otra.

reflejo, ja adj. Que ha sido reflejado. *Rayo reflejo.* ‖ Se dice de un movimiento involuntario. ‖ Reflexivo. *Verbo reflejo.* ‖ s. m. Luz reflejada. *Reflejos en el agua.* ‖ fig. Representación, imagen. ‖ Conjunto de una excitación sensorial transmitida a un centro por vía nerviosa y de la respuesta motriz o glandular, siempre involuntaria, que aquélla provoca. ‖ Reacción rápida y automática ante un hecho repentino o imprevisto. *Tener buenos reflejos.*

réflex adj. Se aplica a la cámara fotográfica con un visor que hace posible ver la imagen exactamente igual de como va a ser captada por la película.

reflexión s. f. Acción y efecto de reflejar. ‖ Acción y efecto de reflexionar. *Necesito algún tiempo de reflexión antes de decidir.*

reflexionar t. Pensar o considerar algo con cuidado.

reflexivo, va adj. Que refleja. ‖ Que habla o actúa con reflexión. *Es un hombre reflexivo: no dice nada que no haya pensado antes.* ‖ Relativo al pronombre personal átono que designa la misma persona o cosa que el sujeto. *En la frase «yo me siento», «me» es un pronombre reflexivo.* ‖ Relativo al verbo cuya acción recae sobre el sujeto. *«Peinarse» es un verbo reflexivo, igual que «lavarse».*

reflexología s. f. Estudio de los reflejos.

reflujo s. m. Movimiento de descenso de la marea. ‖ Trastorno de la digestión que consiste en que los jugos gástricos o la comida regresan por el esófago.

refocilación s. f. o **refocilamiento** s. m. Alegría, gozo.

refocilarse pr. Disfrutar de algo que hace daño a otros.

reforestación s. f. Renovación de un bosque al plantar árboles pequeños criados en viveros, o por la siembra directa de semilla. *El gobierno inició una campaña de reforestación.*

reforestar t. Volver a plantar árboles en un lugar.

reforma s. f. Acción que modifica algo para mejorarlo.

reformado, da adj. Se aplica a la religión protestante y a los que la siguen.

reformador, ra adj. y s. Relativo a la persona que reforma.

reformar t. y pr. Modificar algo con el fin de que mejore. *Algunos profesores han sugerido reformar los libros de texto.* ‖ Enmendar, corregir la conducta.

reformatorio s. m. Establecimiento para corregir a delincuentes menores de edad.

reformismo s. m. Doctrina orientada a la transformación gradual de las estructuras políticas y sociales.

reformista adj. y s. com. Relativo al reformismo o partidario de él.

reforzado, da adj. Que tiene refuerzo.

reforzar t. y pr. Añadir nuevas fuerzas a algo. *El equipo se reforzará con tres jugadores nuevos.* ‖ Dar más vigor o fuerza.

refracción s. f. Cambio de dirección de una onda al pasar de un medio a otro. *La refracción hace que la parte del lápiz que está dentro del agua aparezca como si estuviera doblada.*

refractar t. y pr. Producir refracción.

refractario, ria adj. Opuesto a una idea, proyecto, etc. ‖ Que resiste la acción del fuego o que transmite mal el calor. *Vacié la pasta en un plato refractario y la metí al horno.*

refrán *s. m.* Dicho sentencioso.

refranero *s. m.* Colección de refranes.

refregar *t.* Estregar una cosa con otra. || *fig. y fam.* Echar en cara a uno una cosa.

refreír *t.* Volver a freír.

refrenar *t.* Reprimir.

refrendar *t.* Aprobar.

refrendo *s. m.* Aprobación.

refrescamiento *s. m.* Acción y efecto de refrescar o refrescarse.

refrescante *adj.* Que refresca.

refrescar *t.* Hacer bajar la temperatura de algo. *Refrescar vino.* || *fig.* Reavivar, renovar. *Refrescar recuerdos.* || *loc. fam.* Refrescar la memoria: recordar. || *intr.* Disminuir el calor. *El tiempo refresca.* || *pr.* Beber algo refrescante. || Tomar el fresco.

refresco *s. m.* Bebida fría.

refriega *s. f.* Combate. || Riña.

refrigeración *s. f.* Conjunto de técnicas y aparatos para producir frío o eliminar el calor.

refrigerador *s. m. Méx.* Aparato que produce frío. *La carne debe guardarse en el refrigerador.*

refrigerante *adj. y s. m.* Instalación, aparato o sustancia para enfriar.

refrigerar *t. y pr.* Hacer que las cosas se enfríen.

refrigerio *s. m.* Comida ligera que se hace para reparar fuerzas.

refringencia *s. f.* Capacidad de los cuerpos transparentes para refractar la luz. *El vidrio posee refringencia.*

refringente *adj.* En física, se dice del cuerpo que refracta la luz. *Un prisma de cristal es el objeto refringente por excelencia.*

refrito, ta *adj. y s.* Comida vuelta a freír para recalentarla. || *fam.* Canción o escrito hecho a partir de piezas sustraídas de otro. *Esa novela es un refrito de otra que leí el año pasado.*

refuerzo *s. m.* Mayor grueso que se da a una pieza para aumentar su resistencia. || Pieza con que se fortalece algo. *Echar un refuerzo a una puerta.* || Socorro, ayuda. *Un refuerzo de tropas, de policía.*

refugiado, da *s.* Persona que se ve obligada a buscar asilo fuera de su país por razones políticas, sociales, etc.

refugiar *t.* Brindar protección o refugio. || *pr.* Protegerse, acogerse.

refugio *s. m.* Lugar o construcción que sirve para resguardarse del mal tiempo. || Lugar para refugiarse de algún peligro, ataque, etc. *El gobierno preparó un refugio para los damnificados por el terremoto.*

refulgencia *s. f.* Resplandor.

refulgir *intr.* Resplandecer.

refundición *s. f.* Nueva fundición de los metales. || Obra literaria que adopta nueva forma.

refundidor, ra *s.* Persona que refunde.

refundir *t.* Volver a fundir o liquidar los metales. || *fig.* Dar nueva forma a una obra literaria. *Refundir un libro.* || Comprender, incluir. *Una ley que refunde las anteriores.*

refunfuñar *intr.* Emitir voces confusas en señal de enojo.

refunfuñón, ñona *adj. y s. fam.* Que emite voces en señal de enojo y se queja de todo. *El taxista era refunfuñón.*

refutación *s. f.* Acción de refutar.

refutar *t.* Contradecir lo que otro asegura. *Refutar una tesis.*

regadera *s. f.* Utensilio portátil para regar. *Salió con la regadera a echar agua a las macetas del patio.* || *Méx.* Ducha, aparato que rocía el agua en forma de chorro o de lluvia para limpiar o refrescar el cuerpo.

regaderazo *s. m. Méx.* Duchazo ligero y rápido. *Me doy un regaderazo, me visto y me voy.*

regadío *adj. y s. m.* Relativo al terreno que se cultiva por el sistema de riego, ante la escasez de lluvias.

regalado, da *adj.* Agradable, con muchas comodidades o placeres. || *fam.* Muy barato. *Compré unos discos regalados.*

regalar *t. y pr.* Dar algo a alguien como muestra de afecto o agradecimiento. || Halagar, dar muestras de afecto o admiración. || Procurarse uno comodidad.

regalía *s. f.* Cantidad fija que alguien paga al poseedor de un derecho para explotarlo. *La editorial paga regalías a los autores cuyas obras ha publicado.*

regaliz *s. m.* Planta leguminosa de raíz comestible y medicinal con sabor parecido al del anís. *En Europa los niños comen caramelos de regaliz.*

regalo *s. m.* Cosa que se obsequia. *Romina recibió muchos regalos el día de su cumpleaños.* || Comodidad o gusto que algo proporciona.

regañadientes *loc. A regañadientes:* De manera forzada, de mala gana. *Mi hermano fue a la escuela a regañadientes.*

regañar *intr.* Dar muestras de enfado o enojo. || *t.* Reñir.

regañina *s. f.* o **regaño** *s. m.* Riña.

regar *t.* Echar agua por el suelo para limpiarlo o refrescarlo. || Dar agua a las plantas. || Atravesar un río o canal, una comarca o territorio. *El Orinoco riega Venezuela.* || *fig.* Acompañar una comida con vino, rociar.

regata *s. f.* Competencia entre varias embarcaciones.

regate *s. m.* Movimiento rápido que se hace apartando el cuerpo de manera brusca para evitar un golpe.

regatear *t. e intr.* Negociar el comprador y el vendedor el precio de una mercancía.

regateo *s. m.* Discusión entre comprador y vendedor sobre el precio de una mercancía.

regatón *s. m.* Contera.

regazo *s. m.* Parte del cuerpo de una persona sentada que va desde la cintura hasta la rodilla. || *fig.* Amparo, refugio.

regencia *s. f.* Gobierno de un Estado durante la menor edad del soberano.

regeneración *s. f.* Reconstitución de un órgano destruido o perdido, o de un tejido lesionado. || Tratamiento de materias usadas para que puedan servir otra vez.

regenerar *t.* Restablecer, reconstituir una cosa que degeneró. *Regenerar un tejido orgánico lesionado.* || *fig.* Renovar moralmente. *Regenerar una nación.* || Tratar materias usadas para que puedan servir de nuevo. *Regenerar caucho.*

regentar *t.* Dirigir.

regente *adj.* Que rige o gobierna. *Reina regente.* || *s. com.* Jefe del Estado durante la menor edad del soberano.

regicida *adj. y s. com.* Persona que mata a un monarca.

regicidio *s. m.* Delito que consiste en el asesinato de un rey o una reina.

regidor, ra adj. y s. Que gobierna o rige. || Concejal, funcionario de un ayuntamiento.

régimen s. m. Conjunto de normas que rigen una cosa o una actividad. *Elena y Marco se casaron bajo régimen de bienes separados.* || Forma de gobierno. *Varios países todavía tienen un régimen monárquico.* || Conjunto de medidas sobre alimentación que ha de seguir una persona por motivos de salud, para adelgazar, etc. || Hecho de regir cierto complemento a un verbo, sustantivo, etc.

regimentar t. Agrupar.

regimiento s. m. Unidad militar al mando de un coronel.

regio, gia[1] adj. Relativo al rey. || Lujoso, espléndido. *Las regias habitaciones de ese hotel de lujo tienen camas enormes.*

regio, gia[2] adv. fam. Arg., Chil. y Uy. Estupendamente. *Fuimos a la playa y la pasamos regio.*

regiomontano, na adj. y s. De la ciudad de Monterrey, en México.

región s. f. Parte de un territorio que debe su unidad a causas de orden geográfico (clima, vegetación, relieve) o humano (población, economía, administración, etc.). || Espacio determinado del cuerpo. *Región pectoral.*

regional adj. Relativo a la región.

regionalismo s. m. Doctrina política que propugna la concesión de la autonomía a las regiones de un Estado. || Amor a determinada región. || Giro o vocablo propio de una región. || Carácter de la obra de un escritor regionalista.

regionalista adj. Relativo al regionalismo. || adj. y s. com. Partidario del regionalismo. || Se dice del escritor cuyas obras se localizan en una región determinada.

regionalización s. f. Acción y efecto de regionalizar.

regionalizar t. Adaptar a las necesidades de una región. || Asentar en regiones diferentes. || Aumentar los poderes de las regiones administrativas.

regir t. e intr. Gobernar. *Ese presidente rigió su país de una manera solidaria con la gente pobre.* || En lingüística, tener una palabra bajo su dependencia otra palabra de la oración. *El verbo «volver» rige las preposiciones «a» y «de».* || Estar vigente. *La pena de muerte no rige en muchos países.*

registrado, da adj. Documento, marca comercial, diseño, modelo, etc., que se somete a registros legales para protegerlo de falsificaciones.

registrador, ra adj. Se dice de un aparato que anota automáticamente medidas, cifras, fenómenos físicos. *Caja registradora.* || Que registra o inspecciona. || s. Funcionario encargado de un registro. *Registrador de la propiedad.*

registrar t. y pr. Examinar con cuidado en busca de alguien o algo. || Grabar la imagen o el sonido. || Inscribir en un libro, diario, lista, registro, etc.

registro s. m. Acción y efecto de registrar. *La policía hizo un registro en la casa del ladrón.* || Libro en que se anotan hechos y datos. || Lugar u oficina en donde se registra. || loc. *Registro civil:* libro y oficina en donde se guardan los datos de los nacimientos, matrimonios y defunciones de una comunidad.

regla s. f. Listón largo, de sección rectangular o cuadrada, para trazar líneas rectas. || Norma. *Regla de conducta.* || Operación de aritmética. *Las cuatro reglas son: suma, resta, multiplicación y división.* || Menstrua-

ción. || loc. *Regla de cálculo:* instrumento que permite efectuar ciertos cálculos aritméticos con rapidez.

reglamentación s. f. Acción de reglamentar. || Conjunto de reglas.

reglamentar t. Sujetar a reglamento.

reglamentario, ria adj. Que sigue el reglamento.

reglamento s. m. Colección ordenada de reglas o preceptos.

regocijado, da adj. Alegre.

regocijar t. Alegrar.

regocijo s. m. Júbilo, alegría.

regodearse pr. Deleitarse.

regodeo s. m. Deleite.

regresar t. e intr. Volver de nuevo al lugar de donde se había salido. *Acaba de regresar el médico del pueblo.* || Amér. Devolver a su dueño algo que prestó o qué había perdido. *David regresó el libro de Lorenzo.*

regresión s. f. Retroceso, hecho de volver hacia atrás.

regresivo, va adj. Se dice de lo que implica retroceso o hace retroceder.

regreso s. m. Vuelta, retorno. *Las despedidas siempre son tristes, pero los regresos, felices.*

regüeldo s. m. Eructo.

reguera s. f. Canal para regar.

reguero s. m. Chorro o arroyo pequeño. || fam. Tiradero, desorden. *El niño dejó un reguero de juguetes.*

regulación s. f. Acción de regular, ordenar o controlar.

regulador, ra adj. Que regula. *Sistema regulador.* || s. m. Mecanismo para regular el funcionamiento de una máquina o para mantener constante la tensión de un circuito eléctrico, etc. || loc. *Regulador cardiaco:* marcapasos.

regular[1] adj. Sujeto y conforme a una regla. *La recolección de basura es un servicio regular en las ciudades.* || Sin cambios bruscos. || Mediano. || Se aplica a las palabras formadas según la regla general de su clase. *«Comer» es un verbo regular, «estar» es un verbo irregular.* || Relacionado con la figura en que los ángulos, lados, etc., son iguales entre sí. *Un ejemplo de figura regular es un triángulo equilátero.*

regular[2] t. Poner algo en orden. *En la esquina un policía regula la circulación vehicular.* || Ajustar algo, en especial el funcionamiento de una máquina.

regularidad s. f. Calidad de regular.

regularización s. f. Acción y efecto de regularizar.

regularizar t. Regular, ajustar.

rehabilitación s. f. Acción de rehabilitar. || En medicina, acción de reeducar, por ejemplo algún miembro dañado.

rehabilitar t. Restablecer a una persona en sus derechos, capacidad, situación jurídica de los que fue desposeída. || fig. Devolver la estimación pública. || Reeducar.

rehacer t. Volver a hacer. || pr. Reparar lo deteriorado. || Recobrar la salud, la respiración, las fuerzas, la tranquilidad, etc.

rehala s. f. Rebaño de ganado de diversos propietarios que conduce un solo capataz. || Agrupación de perros de caza.

rehén s. m. Persona que queda como fianza o garantía en poder de un adversario.

rehilete o reguilete s. m. Méx. Juguete para niños que consiste en una varilla en cuya punta hay una estrella de papel que gira movida por el viento.

R

rehogar *t.* Cocinar a fuego lento en manteca o aceite. *Es mejor no rehogar los alimentos, pues así se ingiere menos grasa.*

rehuir *t.* Tratar de eludir.

rehusar *t.* No aceptar una cosa ofrecida. ‖ Negarse a hacer algo.

reimportar *t.* Importar en un país lo que se había exportado de él.

reimpresión *s. f.* Nueva impresión.

reimprimir *t.* Imprimir de nuevo.

reina *s. f.* Esposa del rey. ‖ La que ejerce la potestad real por derecho propio. ‖ Pieza del juego de ajedrez, la más importante después del rey. ‖ Hembra fértil de cualquier sociedad de insectos (abejas, hormigas, comejenes). ‖ *fig.* Mujer que sobresale entre las demás. *Reina de belleza.*

reinado *s. m.* Tiempo en que gobierna un rey. ‖ *fig.* Predominio.

reinar *intr.* Regir un rey o príncipe un Estado. ‖ *fig.* Predominar.

reincidencia *s. f.* Reiteración de una misma culpa o delito.

reincidente *adj. y s. com.* Que reincide.

reincidir *intr.* Incurrir de nuevo en un error, falta o delito.

reineta *s. f.* Clase de manzanas.

reingresar *intr.* Volver a ingresar.

reingreso *s. m.* Nuevo ingreso.

reino *s. m.* Territorio sujeto a un rey. ‖ Cada uno de los tres grandes grupos en que se dividen los seres naturales. *Reino animal, vegetal, mineral.*

reinsertar *t.* Volver a incluir.

reintegración *s. f.* Acción y efecto de reintegrar o reintegrarse.

reintegrar *t.* Restituir o devolver íntegramente una cosa. ‖ Volver a ocupar. *Reintegrar a uno en su cargo.* ‖ *pr.* Recobrarse enteramente de lo perdido o gastado.

reintegro *s. m.* Reintegración. ‖ Pago de dinero. ‖ Premio de la lotería que consiste en la devolución del dinero que se había jugado.

reír *t.* Celebrar con risa una cosa. *Reír una gracia.* ‖ *intr.* Mostrar alegría o regocijo mediante ciertos movimientos de la boca acompañados de espiraciones más o menos ruidosas. *Reír a carcajadas.* ‖ Manifestar alegría. *Sus ojos ríen.* ‖ *fig.* Hacer burla, mofarse. ‖ *pr.* Burlarse.

reiteración *s. f.* Acción de reiterar.

reiterar *t.* Volver a decir o ejecutar, repetir.

reivindicación *s. f.* Acción y efecto de reivindicar.

reivindicar *t.* Reclamar uno aquello a que tiene derecho.

reja *s. f.* Pieza del arado que abre el surco y remueve la tierra. ‖ Conjunto de barras de hierro que se ponen en las ventanas para su defensa o adorno.

rejego, ga *adj. y s.* *Méx.* Reacio, indócil.

rejilla *s. f.* Enrejado, red de alambre. ‖ Trama hecha con tiritas de mimbre u otros tallos vegetales flexibles con que se forman asientos de sillas. ‖ En una lámpara de radio, electrodo, en forma de pantalla, para regular el flujo electrónico.

rejón *s. m.* Palo con punta de hierro.

rejonear *t.* En la lidia a caballo, herir al toro con el rejón. ‖ *intr.* Torear a caballo.

rejoneo *s. m.* Acción de rejonear.

rejuvenecedor, ra *adj.* Que rejuvenece.

rejuvenecer *t.* Dar a uno la fuerza y vigor de la juventud. ‖ *fig.* Renovar, modernizar. *Rejuvenecer un estilo, una obra.*

rejuvenecimiento *s. m.* Acción de rejuvenecer o rejuvenecerse.

relación *s. f.* Conexión de una cosa con otra. *Relación entre causa y efecto.* ‖ Correspondencia, trato entre personas por razones de amistad o de interés. *Relaciones amistosas.* ‖ Narración, relato. ‖ Lista, catálogo. *Relación de gastos.* ‖ Informe. ‖ *pl.* Personas conocidas, amistades. *Tener muchas relaciones.* ‖ *Noviazgo. Estar en relaciones.* ‖ *loc.* Con relación a: respecto a.

relacionar *t.* Hacer relación de un hecho. *Relacionar un suceso.* ‖ Poner en relación dos o más personas o cosas. ‖ *pr.* Tener conexión o enlace. ‖ Tener muchas amistades o trato. ‖ Referirse.

relajación *s. f.* Aflojamiento, disminución del ardor, de la severidad, etc. ‖ Disminución de la tensión de los músculos, del ánimo. ‖ Estado de laxitud. *Relajación del útero.* ‖ Distensión de los músculos para obtener descanso. *Ejercicio de relajación.* ‖ *fig.* Depravación. *Relajación de las costumbres.*

relajador, ra *adj.* Que relaja.

relajamiento *s. m.* Relajación.

relajar *t.* Aflojar, laxar, ablandar. *Relajar los músculos.* ‖ *fig.* Esparcir, divertir el ánimo con algún descanso. ‖ Hacer menos riguroso. *Relajar la severidad.* ‖ *pr.* Aflojarse. ‖ *fig.* Viciarse, depravarse. *Relajarse en las costumbres.* ‖ Distender uno los músculos para obtener un descanso completo. ‖ *fig.* Disminuir la tensión.

relajo *s. m.* Diversión ruidosa.

relamer *t. y pr.* Lamer algo con insistencia. *El niño relamía su gran paleta de caramelo.* ‖ Lamerse los labios para saborear algo.

relamido, da *adj.* Se dice de la persona que exagera su arreglo personal.

relámpago *s. m.* Resplandor intenso y breve producido en las nubes por una descarga eléctrica.

relampaguear *intr.* Aparecer relámpagos en el cielo.

relampagueo *s. m.* Serie de relámpagos.

relanzamiento *s. m.* Nuevo impulso, reactivación.

relanzar *t.* Dar nuevo impulso, reactivar.

relatar *t.* Narrar, contar.

relatividad *s. f.* Calidad por la que una cosa puede ser valorada de distintas maneras. ‖ *loc.* *Teoría de la relatividad:* teoría relativista que el científico Albert Einstein sobre la imposibilidad de encontrar un sistema de referencia absoluto.

relativismo *s. m.* Doctrina que niega la existencia de verdades absolutas.

relativo, va *adj.* Que hace relación a una persona o cosa. *En lo relativo a su conducta.* ‖ Que no es absoluto. *Todo es relativo.* ‖ *loc.* *Pronombres relativos:* los que se refieren a personas o cosas de las que ya se hizo mención.

relato *s. m.* Hecho de relatar, de contar. ‖ Narración breve.

relator, ra *adj. y s.* Que relata. ‖ Persona encargada de hacer relación verbal de los asuntos tratados en un congreso o asamblea.

relatoría s. f. Cargo o función de relator.

relax adj. Relajación.

releer t. Volver a leer.

relegar t. Apartar, dejar de lado.

relente s. m. Humedad.

relevancia s. f. Condición o cualidad de relevante, de sobresaliente.

relevante adj. Excelente. *Una actuación relevante merece un premio.* || Importante, significativo.

relevar t. Quitar a alguien un cargo y dárselo a otro. *Relevaron a Manuel de su puesto.* || Sustituir a una persona con otra. *El segundo corredor relevó al primero.*

relevo s. m. Acción de relevar, de sustituir. *El relevo de los vigilantes del banco es cada ocho horas.* || pl. *loc. Carrera de relevos:* competencia en la que participan varios corredores.

relicario s. m. Estuche o medallón para guardar reliquias o un recuerdo.

relieve s. m. Lo que resalta sobre el plano. *Bordados en relieve.* || Conjunto de desigualdades en la superficie de un país. *El relieve de España.* || Escultura tallada en una sola parte de la superficie. || *loc. fig. De relieve:* importante. || *Poner de relieve:* hacer resaltar.

religión s. f. Conjunto de creencias y dogmas que definen la relación del hombre con lo sagrado. || Conjunto de prácticas y ritos que son propios de cada una de las creencias llamadas «religión». || Seguimiento de una doctrina religiosa.

religiosidad s. f. Fiel observancia de las obligaciones religiosas. || *fig.* Exactitud en hacer una cosa.

religioso, sa adj. Relativo a la religión y a quien la practica. || s. Persona que ha entrado a una orden religiosa.

relincho s. m. Voz del caballo.

reliquia s. f. Parte del cuerpo de un santo. || *fig.* Resto, vestigio. *Vive rodeado de reliquias.*

rellano s. m. Descansillo de escalera.

rellenar t. Volver a llenar. || Escribir un impreso. *Rellenar un formulario.* || Llenar de carne picada u otro manjar. *Rellenar una empanada.* || Llenar con una materia más o menos compresible. *Rellenar un sillón.* || Colmar un hueco o una brecha.

relleno, na adj. Muy lleno o lleno de algún manjar. *Aceitunas rellenas.* || s. m. Picadillo sazonado para rellenar aves, pescados, etc. || Acción de rellenar. || Materias que se usan para rellenar, como borra para los asientos, escombros para las brechas, etc. || s. f. Méx. Embutido compuesto de sangre de cerdo y arroz con cebollas, cocidos y condimentados.

reloj s. m. Máquina dotada de movimiento uniforme que sirve para medir el tiempo en horas, minutos y segundos.

relojería s. f. Comercio del relojero.

relojero, ra s. Persona que hace, compone o vende relojes.

reluciente adj. Que reluce.

relucir intr. Despedir luz una cosa resplandeciente. || Lucir, resplandecer, brillar. || *fig.* Sobresalir, destacarse. || *loc. Sacar a relucir:* citar; poner de relieve. || *Salir a relucir:* aparecer.

remachado s. m. Acción y efecto de remachar.

remachador, ra adj. Que remacha.

remachar t. Machacar la punta o cabeza de un clavo. || Sujetar con remaches. || *fig.* Recalcar, subrayar.

remache s. m. Acción de remachar.

remanente s. m. Resto.

remangar t. Arremangar.

remanso s. m. Detención de la corriente del agua u otro líquido.

remar intr. Mover los remos.

rematador, ra s. Persona que remata en una subasta pública. || En futbol, jugador que remata. **rematar** t. Finalizar una cosa. *Rematar una traducción.* || Poner fin a la vida de la persona o animal que está agonizando. *Rematar un toro.* || Hacer remate. *Rematar una venta.* || intr. Terminar. || En futbol, tirar a gol.

remate s. m. Fin. || Coronamiento de la parte superior de un edificio. || Postura última en una subasta. || *fig.* Lo que termina una cosa, final. *El remate de su carrera.* || En deportes, tiro a gol. || Adjudicación en subasta. || *loc. Dar remate:* rematar, terminar, concluir. || *De remate:* absoluto. *Loco de remate.*

rembolsable adj. Reembolsable.

rembolsar t. Reembolsar.

rembolso s. m. Reembolso.

remedador, ra adj. y s. Imitador.

remedar t. Imitar.

remediar t. Poner remedio al perjuicio. || Evitar, impedir que se ejecute algo que pueda provocar un daño. *No poder remediarlo.*

remedio s. m. Cualquier sustancia que sirve para prevenir o combatir una enfermedad. || *fig.* Medio que se toma para reparar o prevenir cualquier daño. || *loc. Sin remedio:* sin arreglo posible.

remembranza s. f. Recuerdo.

remembrar t. Rememorar.

rememorar t. Recordar.

remendar t. Reforzar con remiendo lo viejo o roto.

remera[1] adj. y s. Nombre que se da a cada una de las plumas grandes del ala de un ave.

remera[2] s. f. Arg. y Uy. Camiseta de manga corta.

remesa s. f. Envío o remisión que se hace de algo de una parte a otra.

remezón s. m. Amér. C. y Amér. Merid. Sismo de poca intensidad.

remiendo s. m. Pedazo de tela que se cose a lo viejo o roto. || Compostura de una cosa deteriorada.

remilgo s. m. Gesto y ademán afectado. || Melindre.

remilgoso, sa adj. Méx. Persona que muestra remilgos o delicadeza exagerada.

reminiscencia s. f. Recuerdo.

remisible adj. Perdonable.

remisión s. f. Envío, expedición. || Perdón. *Remisión de pecados.* || En un libro, indicación para que el lector acuda a otro párrafo o página.

remiso, sa adj. Poco entusiasta.

remitente adj. y s. com. Que remite.

remitir t. Enviar. || Perdonar. || Aplazar, diferir, suspender. || Entregar. || Confiar al juicio de otro una resolución. *Remitir una cosa a la discreción de alguien.* || Indicar en un escrito otro pasaje relacionado con el que se estudia. || intr. Perder una cosa parte de su intensidad. *La fiebre ha remitido.* || pr. Atenerse a lo dicho o hecho, referirse. *Remitirse a la decisión de alguien.* || Confiar en. *Remitirse a la Providencia.*

remo s. m. Instrumento en forma de pala larga y estrecha que sirve para mover las embarcaciones haciendo fuerza en el agua. || Deporte acuático que se practica en embarcaciones ligeras. || *fam.* Brazo o pierna.

remoción *s. f.* Hecho de agitar algo o de moverlo del lugar donde estaba. || Retiro, despido.

remodelación *s. f.* Restauración de edificios y de obras de un lugar.

remodelar *t.* Realizar restauraciones y reformas a algo que ya estaba hecho.

remojar *t.* y *pr.* Empapar o cubrir con agua una cosa.

remojo *s. m.* Acción de poner en agua. || *fam. Méx.* Festejo por el estreno de algo nuevo que se ha comprado.

remojón *s. m.* Mojadura causada por un accidente como la lluvia o la caída en un sitio con agua.

remolacha *s. f.* Planta con raíz carnosa de la que se extrae azúcar. *Aparte de la caña, la remolacha es otra forma de obtener azúcar.*

remolachero, ra *adj.* De la remolacha. || *s.* Persona que la cultiva.

remolcador *s. m.* Buque diseñado especialmente para funciones de remolque. *El remolcador llevó al pesquero hasta el puerto.*

remolcar *t.* Arrastrar una embarcación a otra por medio de un cabo o cadena. || Llevar por tierra un vehículo a otro. || *fig.* Llevar tras sí, arrastrar.

remoler *intr. Chil.* y *Per.* Irse de fiesta, divertirse. || *Guat.* Fastidiar, incomodar, molestar.

remolino *s. m.* Movimiento giratorio y rápido del aire, agua, polvo, humo, etc. || *fig.* Apiñamiento de gente.

remolón, lona *adj.* y *s.* Perezoso. || Persona que se hace del rogar.

remolonear *intr.* Holgazanear.

remolque *s. m.* Hecho de remolcar, de llevar un vehículo a otro tirando de él. || Cosa o vehículo que es remolcado.

remonta *s. f.* Depósito caballar de sementales.

remontarse *pr.* Subir o volar muy alto las aves o aviones. || *fig.* Elevarse hasta el origen de una cosa.

remonte *s. m.* Acción y efecto de remontarse.

rémora *s. f.* Pez marino cuya cabeza se adhiere a los objetos flotantes. || *fig.* Cualquier cosa que detiene o dificulta algo.

remorder *t.* Causar remordimiento.

remordimiento *s. m.* Pesar que queda después de ejecutar una mala acción.

remoto, ta *adj.* Distante.

remover *t.* Trasladar una cosa de un lugar a otro. || Mover un líquido. || Quitar.

remozamiento *s. m.* Rejuvenecimiento.

remozar *t.* Rejuvenecer. || *fig.* Poner como nuevo.

remplazable *adj.* Reemplazable.

remplazar *t.* Reemplazar.

remplazo *s. m.* Reemplazo.

rempujón *s. m. fam.* Empujón.

remuneración *s. f.* Precio o pago de un trabajo, de un servicio.

remunerador, ra *adj.* Que proporciona un beneficio.

remunerar *t.* Retribuir, pagar.

renacentista *adj.* y *s. com.* Se dice de la persona o del estilo de la época del Renacimiento.

renacer *intr.* Nacer de nuevo.

renaciente *adj.* Que renace.

renacimiento *adj.* Relativo a la época o al estilo renacentista. *Muebles renacimiento.* || *s. m.* Acción de renacer. || Renovación; vuelta;

reaparición. || Recuperación, resurgimiento de un país. || Movimiento literario, artístico o científico que se produjo en Europa en los siglos XV y XVI.

renacuajo *s. m.* Larva de la rana desde que sale del huevo hasta que desaparece su cola. || *desp.* Persona pequeña o raquítica.

renal *adj.* Relativo a los riñones.

renano, na *adj.* y *s.* Del río Rin y de Renania, territorio de Europa central.

rencilla *s. f.* Rencor.

renco, ca *adj.* Cojo.

rencor *s. m.* Resentimiento.

rencoroso, sa *adj.* Que guarda rencor.

rendición *s. f.* Acción de rendirse.

rendido, da *adj.* Sumiso, obsequioso. *Rendido servidor.* || Muy cansado.

rendija *s. f.* Hendidura.

rendimiento *s. m.* Agotamiento, cansancio. || Sumisión, humildad. || Obsequiosidad, respeto. || Producción o utilidad de una cosa. *El rendimiento de la tierra.* || Utilidad que da un trabajador manual o intelectual.

rendir *t.* Vencer al enemigo y obligarlo a entregarse. || Someter al dominio de uno. *Rendir una plaza.* || Dar o devolver a uno lo que le corresponde. *Rendir honores.* || Dar fruto o utilidad una cosa. *Rendir interés.* || Cansar, fatigar, agotar. *Este paseo me ha rendido.* || Presentar. *Rendir cuentas.* || Vomitar, devolver.

renegado, da *adj.* y *s.* Que renuncia a la religión cristiana o la fe política para abrazar otra.

renegar *t.* Volver a negar. || *intr.* Cometer apostasía, abjurar. || Negarse a reconocer como tal, abandonar. *Renegar de su familia.*

renegrido, da *adj.* Ennegrecido por el humo o la mugre. || Relativo a la piel muy oscura. *Estuve diez días en la playa y regresé renegrido.*

renglón *s. m.* Serie de palabras escritas en una sola línea recta.

renguear *intr. Amér.* Renquear.

renguera *s. f. Arg., Chil., Col., Méx., Py., Per.* y *Uy.* Cojera.

reniego *s. m.* Blasfemia. || Injuria.

renio *s. m.* Elemento químico, metal raro en la corteza terrestre; tiene las mismas propiedades que el platino; se utiliza en la construcción de termopares, para fabricar contactos eléctricos y como catalizador; su número atómico es 75 y su símbolo Re.

reno *s. m.* Mamífero rumiante parecido al ciervo, de astas muy ramosas y pelaje espeso, que vive en Siberia, Escandinavia, Groenlandia y Canadá.

renombrado, da *adj.* Célebre.

renombre *s. m.* Fama, celebridad.

renovación *s. f.* Acción de renovar.

renovar *t.* Hacer que una cosa adquiera el aspecto de nueva. || Sustituir lo viejo por lo nuevo. || Reemplazar, cambiar. *Renovar el personal de una empresa.* || Reanudar, restablecer. || Reiterar, repetir.

renqueante *adj.* Que renquea o cojea.

renquear *intr.* Cojear, caminar con dificultad. *Marisela renquea porque se torció el tobillo.*

renqueo *s. m.* Cojera.

renta *s. f.* Beneficio anual que rinde una cosa. *La familia de Manolo se mantiene de sus rentas.* || *Chil.* y *Méx.* Lo que se paga por un arrendamiento. *El dueño cobra la renta cada mes.*

rentabilidad *s. f.* Carácter de lo que produce un beneficio.

rentabilizar *t.* Hacer que produzca un beneficio.

rentable *adj.* Que produce ganancias.

rentar *t.* Producir algo algún beneficio. *El dinero que tenía en el banco rentaba algunas ganancias.* ‖ Pagar una cantidad por habitar u ocupar un lugar, o por utilizar algún bien o servicio.

rentista *s. com.* Persona que tiene rentas o que vive de ellas.

renuevo *s. m.* Vástago de un árbol.

renuncia *s. f.* Acto por el cual una persona hace abandono de una cosa, un derecho, un cargo, una función. ‖ Documento en que consta.

renunciación *s. f.* Renuncia.

renunciar *t.* Abandonar una cosa. *Renunciar a un proyecto.* ‖ Dejar de pretender.

reñido, da *adj.* Discutido, peleado. *El primer premio del concurso fue muy reñido.*

reñir *t.* e *intr.* Reprender, regañar. ‖ Discutir, pelear.‖ Enemistarse, deshacer la amistad que se tenía con otro.

reo, a *s.* Acusado.

reojo *loc. Mirar de reojo:* mirar con disimulo, sin volver la cabeza.

reología *s. f.* Parte de la física que estudia cualidades de la materia como la viscosidad, la plasticidad y la elasticidad.

reómetro *s. m.* Instrumento que sirve para medir la velocidad de la corriente de un fluido.

reorganización *s. f.* Acción y efecto de reorganizar. ‖ Cambio.

reorganizar *t.* Volver a organizar. *Reorganizar el ejército.* ‖ Cambiar algunos miembros de un gobierno.

reóstato *s. m.* Instrumento que sirve para hacer variable la resistencia en un circuito eléctrico.

repantigarse o **repanchigarse** *pr.* Extenderse o acomodarse en el asiento con comodidad. *La joven se repantigó en la silla, cruzó las piernas y encendió el televisor.* ‖ Arrellanarse en el asiento.

reparación *s. f.* Acción de reparar.

reparador, ra *adj.* Que repara o mejora una cosa. *Justicia reparadora.* ‖ Que restablece las fuerzas. *Descanso reparador.* ‖ *s.* Persona que compone o arregla algo roto.

reparar *t.* Componer una cosa. ‖ *fig.* Advertir, ver. *Reparar un error.* ‖ Enmendar, corregir. *Reparar una falta.* ‖ Desagraviar. *Reparar el honor ofendido.* ‖ Restablecer las fuerzas. ‖ *intr.* Hacer caso, atender, ver. *Nadie reparó en él.* ‖ Mirar cuidadosamente. *Reparar en un detalle.*

reparo *s. m.* Advertencia, observación. ‖ Crítica, objeción. ‖ Reticencia, reserva. *Aprobar con cierto reparo.*

repartición *s. f.* Reparto.

repartidor, ra *adj.* Que reparte. ‖ *s.* Empleado que lleva a domicilio las mercancías.

repartimiento *s. m.* Reparto. ‖ Durante la colonización española de América, concesión de indios hecha a favor de los conquistadores, quienes, como contrapartida de los derechos adquiridos, contraían la obligación de proteger e instruir a aquellos que estaban sometidos a su jurisdicción.

repartir *t.* Distribuir entre varios una cosa dividiéndola en partes. ‖ Distribuir, entregar a domicilio. ‖ *fam.* Dar, administrar. *Repartir golpes.*

reparto *s. m.* Distribución. *Reparto de premios.* ‖ Entrega a domicilio. ‖ División. ‖ Distribución de papeles entre los actores de una obra teatral o cinematográfica.

repasador *s. m.* *Arg., Py.* y *Uy.* Tela de cocina.

repasar *t.* Volver a examinar, estudiar o mirar algo. *Esteban repasó los temas para el examen.* ‖ Volver a pasar por un mismo lugar. *Andrés pasa y repasa por la calle donde vive Inés.*

repaso *s. m.* Acción de examinar de nuevo.

repatriación *s. f.* Hecho de hacer que alguien que se había ido vuelva a su patria.

repatriado, da *adj.* y *s.* Exiliado o expatriado que regresa a su país de origen.

repatriar *t.,* *intr.* y *pr.* Hacer que uno regrese a su patria. *El gobierno repatrió a algunos migrantes.*

repecho *s. m.* Cuesta muy empinada pero corta.

repelar *intr.* *Méx.* Rezongar, protestar por algo que no se está dispuesto a hacer o aceptar.

repelencia *s. f.* Rechazo. ‖ Repugnancia o aversión.

repelente *adj.* Que repele.

repeler *t.* Contradecir, objetar. *Repeler un argumento.* ‖ *fig.* Repugnar, asquear.

repellar *t.* Cubrir de yeso.

repelón, lona *adj.* y *s.* *Méx.* Que rezonga o que refunfuña.

repelús o **repeluzno** *s. m.* Escalofrío producido por temor, asco, etc.

repente *s. m.* Movimiento súbito. ‖ Arrebato. ‖ Presentimiento brusco. ‖ *loc.* *De repente:* de pronto.

repentino, na *adj.* Pronto.

repercusión *s. f.* Acción de repercutir. ‖ *fig.* Consecuencia. ‖ Alcance, eco.

repercutir *intr.* Retroceder o rebotar un cuerpo al chocar con otro. ‖ Producir eco en el sonido. ‖ *fig.* Trascender, causar efecto una cosa en otra.

repertorio *s. m.* Índice, registro en que las materias están ordenadas de forma que puedan encontrarse fácilmente. *Repertorio alfabético.* ‖ Colección de obras de una misma clase. *Repertorio de autores clásicos.* ‖ Conjunto de las obras que representa una compañía de teatro, una orquesta o un músico. ‖ *fig.* Conjunto de conocimientos.

repesca *s. f.* Examen o prueba de un estudiante que no ha aprobado o de un equipo o jugador que no se ha clasificado para darle mejor nota o que pueda participar en una competencia.

repetición *s. f.* Acción de repetir varias veces la misma idea o la misma palabra. ‖ Reproducción de la misma acción.

repetidor, ra *adj.* y *s.* Que repite. ‖ Que vuelve al mismo curso de estudios por no haber aprobado. *Alumno repetidor.* ‖ *s.* Persona que repasa a otra la lección. ‖ *s. m.* Amplificador telefónico para comunicaciones muy lejanas. ‖ Estación de radio o televisión que retransmite por ondas hertzianas las señales recibidas de una estación principal.

repetir *t.* Volver a hacer o decir lo que se había hecho o dicho. ‖ Volver al mismo curso escolar por no haber aprobado. *Repetir curso.* ‖ Tomar de nuevo un plato de comida. ‖ *intr.* Venir a la boca el sabor de lo que se ha comido o bebido. ‖ *pr.* Usar siempre las mismas palabras, formas, etc. ‖ Volver a suceder un acontecimiento.

repetitivo, va *adj.* Que se repite.

repicar *t.* Picar mucho una cosa. ‖ Tañer rápidamente y a compás las campanas en señal de fiesta. ‖ *intr.* Tocar el tambor con golpes ligeros y rápidos.

repiquetear *intr.* Repicar.

repisa *s. f.* Estante.

R

replantación *s. f.* Nueva plantación.

replanteamiento *s. m.* Acción y efecto de replantear.

replantear *t.* Plantear de nuevo.

replanteo *s. m.* Nuevo planteo de un problema o asunto.

replegar *t.* Plegar o doblar muchas veces. ‖ Ocultar, hacer desaparecer un órgano mecánico saliente. *Replegar el tren de aterrizaje de un avión.* ‖ *pr.* Retirarse en buen orden las tropas.

repleto, ta *adj.* Muy lleno.

réplica *s. f.* Respuesta.

replicar *intr.* Responder.

repliegue *s. m.* Pliegue doble. ‖ *fig.* Recoveco, profundidad. ‖ Retirada de las tropas.

repoblación *s. f.* Acción y efecto de repoblar. ‖ *loc. Repoblación forestal:* plantación sistemática de árboles en una zona o región.

repoblar *t.* Volver a poblar.

repollo *s. m.* Cabeza formada por las hojas de algunas plantas. ‖ Variedad de col que tiene las hojas muy apretadas.

reponer *t.* Volver a poner. ‖ Volver a representar una obra dramática o una película. ‖ Hacer recobrar la salud. ‖ *pr.* Recobrar la salud o la hacienda.

reportaje *s. m.* Artículo periodístico. ‖ Película cinematográfica o emisión de radio o televisión de carácter documental.

reportar *t.* Alcanzar, lograr. *Reportar un triunfo.* ‖ Pasar una prueba litográfica a una piedra o plancha para multiplicar las tiradas. ‖ *Amér. C.* y *Méx.* Acusar, denunciar. ‖ Notificar, informar. ‖ *pr.* Reprimirse, contenerse. ‖ Serenarse.

reporte *s. m. Méx.* Informe. *El presidente pidió a las autoridades un reporte después del huracán.*

reportero, ra *adj.* Que hace reportajes. ‖ *s.* Periodista.

reposado, da *adj.* Calmado, tranquilo, lento. ‖ Relativo a los licores añejados.

reposar *intr.* y *pr.* Tomar un descanso, recostarse. *Adriana fue a reposar un momento.* ‖ Depositarse una sustancia en el fondo de un líquido. *Hay que dejar reposar el café.*

reposera *s. f. Arg., Py.* y *Uy.* Silla que se extiende.

reposición *s. f.* Restablecimiento. ‖ Renovación, acción y efecto de reemplazar lo viejo por lo nuevo. *Reposición de existencias.*

reposo *s. m.* Descanso.

repostar *t.* y *pr.* Reponer provisiones, combustible, etc.

repostería *s. f.* Oficio y técnica de hacer postres, tartas, dulces, etc.

repostero, ra *s.* Persona que tiene por oficio hacer dulces, postres, tartas, etc.

reprender *t.* Amonestar.

reprensión *s. f.* Amonestación.

represa *s. f.* Estancamiento del agua corriente. ‖ Embalse, presa.

represalia *s. f.* Derecho que se arroga un combatiente de causar al enemigo igual o mayor daño que el recibido. *Tomar represalias.*

representación *s. f.* Acción de representar una obra teatral, función. ‖ Idea que nos formamos del mundo exterior o de un objeto determinado. ‖ Expresión artística de la realidad. ‖ Conjunto de personas que representan una colectividad. ‖ Acción de negociar por cuenta de una casa comercial.

representante *adj.* Que representa. ‖ *s. com.* Persona que representa a un ausente o a un cuerpo o colectividad. ‖ Agente comercial encargado de la venta de un producto en una plaza o zona. ‖ *Amér.* Diputado en algunos países.

representar *t.* Hacer presente algo en la imaginación por medio de palabras o figuras, figurar. *Este dibujo representa una casa.* ‖ Ejecutar en público una obra teatral. *Representar un drama.* ‖ Desempeñar un papel. ‖ Sustituir a uno o hacer sus veces. *Representar al presidente.* ‖ Ser imagen o símbolo de una cosa. *Pérez Galdós representa el realismo en España.* ‖ Aparentar, parecer. *Representa menos edad que la que tiene.* ‖ Equivaler. *Esta obra representa diez años de trabajo.* ‖ *pr.* Volver a presentar. ‖ Imaginarse. *No me represento a Juan con sotana.*

representatividad *s. f.* Carácter de lo que es representativo.

representativo, va *adj.* Que representa perfectamente una cosa. ‖ Que representa adecuadamente a una o varias personas. ‖ Se dice del organismo que está capacitado para representar un país o una comunidad.

represión *s. f.* Acción de reprimir.

represivo, va *adj.* Que reprime.

represor, ra *adj.* y *s.* Que reprime.

reprimenda *s. f.* Represión.

reprimir *t.* Contener, detener.

reprivatización *s. f.* Proceso y hecho de volver a la actividad privada una industria que había sido absorbida por el Estado. *La reprivatización es una facultad de muchos gobiernos.*

reprivatizar *t.* Regresar a la actividad privada una industria que se había nacionalizado.

reprobación *s. f.* Rechazo, censura.

reprobado, da *adj.* Que no fue aprobado, que no alcanzó la calificación suficiente en un examen. *Tendrá que repetir el tercer año, porque está reprobado.*

reprobador, ra *adj.* Que censura.

reprobar *t.* Censurar o no aprobar, dar por malo. ‖ *Amér.* No aprobar un curso o examen. *Si no estudias, reprobarás.*

réprobo, ba *adj.* y *s.* Condenado a las penas del infierno.

reprochable *adj.* Que merece reproche.

reprochar *t.* Criticar.

reproche *s. m.* Censura, crítica.

reproducción *s. f.* Proceso biológico por el que dos seres vivos perpetúan la especie. ‖ Copia o imitación de una obra literaria o artística. *Reproducción de un cuadro de Goya.* ‖ Acción de reproducir un texto, una ilustración, sonidos valiéndose de medios mecánicos. ‖ Imagen sacada a partir de un original. ‖ Negativo tirado a partir de una copia positiva.

reproducir *t.* Volver a producir. ‖ Imitar, copiar. *Reproducir un cuadro.* ‖ Sacar una copia por medio de una máquina de un texto, escrito, ilustración. ‖ Dar una imagen exacta, el equivalente. *Reproducir los sonidos.* ‖ En fotografía sacar un negativo a partir de una copia positiva. ‖ *pr.* Perpetuarse por medio de la generación.

reproductor, ra *adj.* Que sirve a la reproducción.

reprografía *s. f.* Reproducción de documentos por medios mecánicos, como la fotocopia, la fotografía, etc.

reptar *intr.* Andar arrastrándose.

reptil *adj.* y *s. m.* Se aplica a los animales vertebrados que caminan rozando la tierra con el vientre.

república *s. f.* Forma de gobierno representativo en el que el poder reside en el pueblo, personificado éste por un presidente elegido por la nación o sus representantes. ‖ Gobierno del Estado.

republicanismo *s. m.* Condición de republicano.

republicano, na *adj.* Relativo a la república. *Régimen republicano.* ‖ *s.* Partidario de la república.

repudiación *s. f.* Acción de repudiar.

repudiar *t.* Rechazar legalmente a la propia esposa. ‖ Renunciar voluntariamente. ‖ *fig.* Condenar, rechazar.

repudio *s. m.* Repudiación.

repuesto *s. m.* Provisión de víveres u otros artículos guardados para usarlos en determinada ocasión. ‖ Recambio, pieza de un mecanismo que sustituye a otra que se ha averiado o que se ha acabado. *Necesito un repuesto de mi bolígrafo.* ‖ *loc. De repuesto:* cosa preparada para sustituir a la que ya se descompuso o dañó. *La rueda de repuesto nos salvó de quedarnos tirados a la mitad de la carretera.*

repuesto, ta *adj.* Que se ha recuperado de una enfermedad. *Después de estar en el hospital, mi tío volvió a su trabajo muy repuesto.*

repugnancia *s. f.* Aversión. ‖ Asco.

repugnante *adj.* Que repugna.

repugnar *intr.* Causar asco.

repujado *s. m.* Técnica con la que se labran a martillo chapas metálicas o cuero. *Los artesanos hacen billeteras y bolsos con repujado.*

repujar *t.* Labrar a martillo chapas metálicas o cuero. *Ismael repujó unas piezas de estaño para hacer la réplica de un icono.*

repulsa *s. f.* Condena enérgica.

repulsar *t.* Rechazar.

repulsión *s. f.* Acción y efecto de repeler, de producir rechazo. ‖ Repugnancia. *Con repulsión la mujer sacó de su cocina una rata muerta.*

repulsivo, va *adj.* Que produce repugnancia.

repuntar *t. Arg., Chil.* y *Uy.* Reunir el ganado que está disperso. ‖ *Arg., Chil., Col., Hond., Méx.* y *Uy.* Recobrar intensidad un hecho o fenómeno que había disminuido. ‖ *Arg., Chil.* y *Uy.* Recuperar una posición favorable.

repunte *s. m.* En economía, recuperación de una posición favorable. *El repunte en la bolsa de valores puso felices a muchos empresarios.*

reputación *s. f.* Fama.

reputado, da *adj.* Célebre.

reputar *t.* Estimar.

requebrar *t. fig.* Piropear.

requemar *t.* Volver a quemar. ‖ Tostar mucho. *Requemar la tez.* ‖ *pr.* Quemarse o tostarse mucho. ‖ *fig.* Consumirse interiormente y sin darlo a conocer. *Requemarse de pena.*

requeridor, ra o **requirente** *adj.* y *s.* Que requiere.

requerimiento *s. m.* Demanda.

requerir *t.* Intimar, avisar a la autoridad pública. ‖ Necesitar, tener precisión de algo. *Requerir cuidados.* ‖ Obligar a alguien a que haga algo. ‖ Exigir, precisar. ‖ *pr.* Exigirse.

requesón *s. m.* Queso hecho con leche cuajada sin el suero.

requetebién *adv. coloq.* Muy bien.

requiebro *s. m.* Piropo.

réquiem *s. m.* Oración por los difuntos. ‖ Su música.

requinto *s. m.* Guitarra pequeña de sonido más agudo que la normal. ‖ Clarinete pequeño, de sonido agudo, que se usa sobre todo en las bandas de música.

requirente *adj.* y *s. com.* Demandante.

requisa *s. f.* Examen, inspección. ‖ Requisición.

requisar *t.* Hacer una requisición.

requisición *s. f.* Acción de la autoridad que exige de una persona o de una entidad la prestación de una actividad o el goce de un bien (vehículo, fábrica, edificio, etc.).

requisito *s. m.* Formalidad.

res *s. f.* Cualquier animal cuadrúpedo de ciertas especies domésticas, como el ganado vacuno, lanar, porcino, etc., o de algunas salvajes, como el venado, jabalí, etc. ‖ *Amér.* Buey o vaca.

resabio *s. m.* Sabor desagradable. *La lechuga deja un resabio un poco amargo después de comerla.* ‖ Vicio o mala costumbre.

resaca *s. f.* Movimiento de retroceso de las olas. *Cuando hay resaca es peligroso nadar en el mar.* ‖ Malestar que se siente al día siguiente de haber bebido alcohol en exceso. *Cuando la gente toma alcohol no piensa en la resaca que sufrirá.*

resaltador *s. m. Arg., Col., Cub., Ecua., Méx., Py.* y *Uy.* Marcador, instrumento para escribir o dibujar.

resaltar *intr.* Destacarse, hacer contraste. ‖ Sobresalir de una superficie. ‖ *pr. fig.* Distinguirse, descollar.

resalto *s. m.* Parte que sobresale de la superficie de una cosa.

resanar *t.* Arreglar los desperfectos de una superficie. ‖ Quitar la parte dañada de un objeto. *Resanar una madera, una fruta.*

resane *s. m. Méx.* Acción de reparar una superficie.

resarcimiento *s. m.* Indemnización.

resarcir *t.* Indemnizar, reparar, compensar.

resbalada *s. f. Amér.* Resbalón.

resbaladero, ra *adj.* Que resbala o se desliza fácilmente. ‖ *s. m.* Lugar resbaladizo. ‖ *Col., Guat., Méx.* y *Nic.* Tobogán.

resbaladilla *s. f. Méx.* Tobogán pequeño para niños. *En el parque hay resbaladillas de varios tamaños.*

resbaladizo, za *adj.* Que se resbala o escurre con facilidad. ‖ Relativo al lugar donde es fácil resbalar. *Cuando llueve el piso de la banqueta queda resbaladizo.*

resbalamiento *s. m.* Resbalón.

resbalar *intr.* y *pr.* Deslizarse o escurrirse algo. *Un poco de aceite ayudará a que resbale bien la puerta.* ‖ Perder el equilibrio al andar sobre una superficie húmeda, lisa, helada, etc.

resbalín *s. m. Chil.* Tobogán pequeño para niños.

resbalón *s. m.* Acción de deslizarse algo sobre una superficie de manera violenta.

resbaloso, sa *adj.* Resbaladizo. *El piso quedó muy resbaloso después de que lo enceraron.*

rescacio *s. m.* Pez marino cuya cabeza lleva espinas agudas.

rescatar *t.* Recobrar mediante pago, redimir. *Rescatar a un cautivo.* ‖ Salvar, recuperar. *Rescatar a un náufrago.* ‖ *fig.* Librar. *Rescatar a uno de la desesperación.* ‖ Sacar. *Rescatar del olvido.*

R

rescate *s. m.* Acción y efecto de rescatar. ‖ Dinero con que se rescata.

rescatista *s. com.* Persona especialista en rescatar a las víctimas de una catástrofe.

rescindir *t.* Dejar sin efecto un contrato, obligación, etc.

rescisión *s. f.* Anulación.

rescoldo *s. m.* Brasa menuda envuelta en la ceniza. ‖ *fig.* Resto.

reseco, ca *adj.* Muy seco.

resentido, da *adj.* Que siente molestia o dolor como consecuencia de algún padecimiento pasado. *Los árboles están resentidos por las heladas.* ‖ Molesto, rencoroso. *Francisco está resentido con Betina.*

resentimiento *s. m.* Sentimiento de molestia o disgusto con algo de tristeza.

resentirse *pr.* Debilitarse. *Las paredes de mi casa se resintieron después del terremoto.* ‖ Sentir dolor o molestia a causa de una enfermedad pasada. *Con la caída se resintió la vieja fractura de su pierna.* ‖ Sentir disgusto o pena por algo.

reseña *s. f.* Relato, narración sucinta, artículo. ‖ Artículo de una obra artística o científica.

reseñar *t.* Hacer una reseña.

resequedad *s. f.* Acción y efecto de la desecación.

reserva *s. f.* Acción de reservar. ‖ Cosa reservada. ‖ Guarda, custodia de algo. *Tener provisiones en reserva.* ‖ Acción de reservar un asiento en un vehículo de transporte público, una habitación en un hotel, localidad para un espectáculo, etc. ‖ *fig.* Limitación, restricción. ‖ Salvedad que se hace o condición que se pone a algo. *Prometer su ayuda pero con muchas reservas.* ‖ Discreción, comedimiento. *Obrar con reserva.* ‖ Cautela, circunspección. *Acoger una noticia con mucha reserva.* ‖ Terreno reservado para la repoblación. *Reserva zoológica.* ‖ Territorio reservado a los indígenas en ciertos países. *Hay reservas en Canadá y Estados Unidos.* ‖ Parte del ejército que no está en servicio activo y puede ser movilizada, y situación de los que pertenecen a ella. ‖ Fondo creado por las empresas mercantiles constituido por parte de los beneficios. ‖ *s. com.* En deportes, jugador que sustituye en un equipo a un titular. ‖ *loc. Reserva natural* o *de la biosfera:* zona natural controlada y destinada a la preservación del ambiente natural.

reservado, da *adj.* Discreto, comedido, callado, poco comunicativo. ‖ No seguro. *Pronóstico reservado.* ‖ *s. m.* Departamento en algún sitio, como restaurante, vagón de ferrocarril, etc., destinado a personas que quieren mantenerse apartadas de las demás.

reservar *t.* Guardar una cosa para disponer de ella más adelante. ‖ Retener una habitación en un hotel, un asiento en un barco, avión, una localidad en un espectáculo, etc. ‖ Callar una cosa. *Reservo mi opinión.* ‖ Dejar. *Reservar una salida.* ‖ *pr.* Esperar, conservarse para mejor ocasión. *Me reservo para mañana.* ‖ Cuidarse.

resfriado, da *adj.* Acatarrado. ‖ *s. m.* Indisposición causada por el frío.

resfriar *t.* Causar un resfriado. ‖ *pr.* Acatarrarse.

resfrío *s. m. Arg.* Resfriado.

resguardar *t.* Defender, proteger.

resguardo *s. m.* Defensa, custodia. ‖ Documento que acredita la entrega a una persona de una suma, un objeto, etc. ‖ Talón. *Resguardo de un recibo.* ‖ Vale.

residencia *s. f.* Acción y efecto de residir. ‖ Lugar en que se reside o habita. *Antonio y su familia residen en provincia.* ‖ Casa donde residen y conviven personas afines. ‖ *fam. Méx.* Casa grande de personas con mucho dinero.

residencial *adj. Méx.* Relativo a residencias, a casas para habitar.

residente *adj.* y *s. com.* Persona que reside o vive en un lugar.

residir *intr.* Vivir de manera habitual en un lugar. *Paula residió ocho años en el extranjero.*

residual *adj.* Que queda como residuo. ‖ *loc. Aguas residuales:* las que arrastran residuos.

residuo *s. m.* Parte que queda de un todo. ‖ Resultado de la operación de restar.

resignación *s. f.* Renuncia a un derecho, a un cargo, en favor de alguien. ‖ *fig.* Conformidad.

resignar *t.* Renunciar a un cargo a favor de alguien. ‖ Entregar una autoridad en el gobierno a otra. *Resignar el mando.* ‖ *pr.* Conformarse con lo irremediable, someterse. *Resignarse con su suerte.*

resiliencia *s. f.* En mecánica, índice de resistencia de un material a los choques.

resina *s. f.* Sustancia viscosa que fluye de ciertas plantas.

resinero, ra *adj.* Relativo a la resina.

resinoso, sa *adj.* Que tiene resina.

resistencia *s. f.* Propiedad que tiene un cuerpo de reaccionar contra la acción de otro cuerpo. ‖ Fuerza que se opone al movimiento. ‖ Fuerza que permite sufrir el cansancio, el hambre, etc. *Resistencia física.* ‖ Capacidad de defensa del organismo contra la agresión microbiana. ‖ Defensa contra un ataque. ‖ Oposición, repugnancia a obedecer. *Encontrar resistencia entre la gente.* ‖ Durante la Segunda Guerra Mundial, conjunto de las organizaciones o movimientos que combatieron al invasor alemán. ‖ Obstrucción que hace un conductor al paso de la corriente eléctrica.

resistente *adj.* Que resiste al cansancio, al dolor, etc. ‖ Que tiene resistencia. *Madera resistente.* ‖ *s. com.* Miembro de la Resistencia en la Segunda Guerra Mundial.

resistir *t.* Sufrir, soportar. *Resistir el calor.* ‖ *intr.* Hablando de personas, oponer la fuerza a la fuerza, defenderse. *Resistir al enemigo.* ‖ Soportar físicamente. *Resiste bien al cansancio.* ‖ Mostrarse firme no aceptando algo que atrae. *Resistir a las pasiones.* ‖ *pr.* Debatirse, forcejear. ‖ Rehusar. *Se resiste a morir.*

resma *s. f.* Conjunto de 500 pliegos u hojas de papel.

resolana *s. f. Amér.* Luz y calor producidos por el reflejo del sol. *La resolana también broncea.*

resollar *intr.* Respirar con ruido.

resolución *s. f.* Acción de resolverse. ‖ Decisión, determinación. ‖ Calidad de resuelto, arresto, valor. ‖ Texto votado por una asamblea. ‖ Cosa resuelta por una autoridad. ‖ Extinción de un contrato por la voluntad de las partes.

resolución *s. f.* Nitidez de una imagen en el monitor de la computadora.

resolver *t.* Decidir, tomar una determinación. ‖ Encontrar la solución. ‖ Hacer desaparecer poco a poco. ‖ *loc. Resolver una ecuación:* calcular sus raíces.

resonancia *s. f.* Propiedad de aumentar la duración o la intensidad de un sonido. *La resonancia de una sala.* ‖ Modo de transmisión de las ondas sonoras por un cuerpo. ‖ *fig.* Repercusión, divulgación. *Discursos de gran resonancia.*

resonante *adj.* Que resuena.

resonar *intr.* Reflejar el sonido aumentando su intensidad. ‖ Sonar mucho, ser muy sonoro. *Resonar las campanas.* ‖ *fig.* Tener repercusiones un hecho.

resoplido *s. m.* Resuello fuerte.

resorte *s. m.* Muelle. ‖ *fig.* Medio para lograr un fin.

resortera *s. f. Méx.* Juguete que consiste en una vara en forma de «Y» a la que se le pone una cinta elástica y sirve para disparar pequeños proyectiles.

respaldar *t.* Escribir detrás de un escrito. ‖ *fig.* Proteger, amparar. ‖ Servir de garantía.

respaldo *s. m.* Parte del asiento en que se apoyan las espaldas. ‖ Vuelta, verso del escrito en que se anota algo. ‖ *fig.* Protección, amparo. ‖ Garantía.

respectivo, va *adj.* Que atañe a persona o cosa determinada. ‖ Dicho de los miembros de una serie, que tienen correspondencia con los de otra. *Los hijos dan con sus respectivos padres.*

respecto *loc. prepos. Al respecto* o *A este respecto:* En relación con. ‖ *loc. Respecto a* o *Respecto a* o *de:* en relación con.

respetable *adj.* Que merece respeto. ‖ *fig.* Muy grande, enorme. ‖ *s. m. fam.* Público de un espectáculo.

respetar *t.* Tener respeto por alguien. *Respetar a las autoridades.* ‖ Cumplir, acatar. *Respetar las leyes.* ‖ Tomar en consideración. *Respeto tu punto de vista.* ‖ No ir contra. *Respetar el bien ajeno.* ‖ Tener cuidado con, tratar cuidadosamente, tener en cuenta. *No respetan el carácter sagrado del lugar.* ‖ No molestar, no perturbar. *Respetar el sueño de alguien.* ‖ Conservar, no destruir.

respeto *s. m.* Sentimiento que induce a tratar a alguien con deferencia a causa de su edad, superioridad o mérito. ‖ Sentimiento de veneración que se debe a lo que es sagrado. ‖ Actitud que consiste en no ir en contra de algo. *Respeto de los bienes ajenos.* ‖ Acatamiento, cumplimiento. *Respeto de las leyes.* ‖ Miramiento, consideración, atención. *Faltarle el respeto a uno.* ‖ *pl.* Manifestaciones de cortesía, de urbanidad. *Preséntele mis respetos.*

respetuoso, sa *adj.* Que respeta. ‖ Conveniente, adecuado.

respingo *s. m.* Salto o sacudida violenta del cuerpo. *Dar un respingo.*

respingona *adj. y s. f.* Se aplica a la nariz de punta algo levantada.

respiración *s. f.* Función vital de los seres vivos que consiste en absorber y expulsar aire.

respiradero *s. m.* Abertura o conducto por donde entra o sale el aire. *El gas se esparció por el respiradero de la cocina.* ‖ Abertura de las cañerías para dar salida al aire.

respirador *s. m.* Aparato para realizar la respiración asistida.

respirar *t.* e *intr.* Absorber y expulsar el aire los seres vivos.

respiratorio, ria *adj.* Que facilita la respiración o que se relaciona con ella.

respiro *s. m.* Descanso en el trabajo. ‖ *fam.* Alivio.

resplandecer *intr.* Brillar.

resplandeciente *adj.* Que resplandece. ‖ *fig.* Radiante.

resplandor *s. m.* Brillo.

responder *t.* Dar a conocer alguien, después de una pregunta, su pensamiento por medio de la voz o de un escrito. ‖ Afirmar, asegurar. ‖ *intr.* Dar una respuesta. *No responde nadie.* ‖ Replicar en lugar de obedecer. *No respondas a tus padres.* ‖ Enviar una carta en correspondencia a otra. ‖ Decir la opinión de uno, replicar. *Argumento difícil de responder.* ‖ Contestar a la llamada de alguien. ‖ Presentarse, personarse alguien cuando ha sido requerido. ‖ Deberse. *¿A qué responde tanta insistencia?* ‖ *fig.* Salir fiador, garantizar. *Responde de su solvencia.* ‖ Corresponder, devolver. ‖ No frustrar, no defraudar. *Responder a las esperanzas.* ‖ Obrar de cierta forma. *Responder a la fuerza con la fuerza.* ‖ Asumir la responsabilidad, ser responsable de.

respondón, dona *adj. y s.* Que replica mucho. *¡Qué muchacho tan respondón!*

responsabilidad *s. f.* Obligación de responder de los actos que alguien ejecuta o que otros hacen.

responsabilizarse *pr.* Asumir la responsabilidad.

responsable *adj.* Que ha de dar cuenta de sus propios actos o de los ejecutados por otra persona.

responso *s. m.* Oración que se hace por los muertos.

respuesta *s. f.* Palabra o escrito dirigidos en correspondencia a lo que se ha dicho, escrito o preguntado. *Respuesta categórica.* ‖ Carta escrita para responder a otra. ‖ *fig.* Contestación. ‖ Reacción. *La respuesta de los agredidos no se hizo esperar.*

resquebrajamiento *s. m.* Grieta.

resquebrajar *t.* Rajar.

resquemor *s. m.* Remordimiento.

resquicio *s. m.* Abertura. ‖ *fig.* Posibilidad.

resta *s. f.* Sustracción.

restablecer *t.* Volver a poner en el primer estado. *Restablecer las comunicaciones.* ‖ Recuperar la salud. *Restablecido de su enfermedad.* ‖ Volver a colocar a alguien en su puesto, categoría, clase, empleo. ‖ Hacer renacer, instaurar. *Restablecer el orden.* ‖ *pr.* Recobrar la salud.

restablecimiento *s. m.* Acción y efecto de restablecer o restablecerse.

restallar *intr.* Chasquear.

restante *adj.* Que resta.

restañar *t.* Detener la salida de la sangre de una herida. ‖ *fig.* Reparar, curar.

restar *t.* Sustraer, hallar la diferencia entre dos cantidades. ‖ Quedar. *Resta algo de vino.* ‖ *fig.* Quitar. *Restar importancia.* ‖ En el tenis, devolver la pelota. ‖ *intr.* Quedar o faltar. *En lo que resta del año.*

restauración *s. f.* Acción y efecto de restaurar. ‖ Restablecimiento de un régimen político en un país.

restaurador, ra *adj. y s.* Se dice de la persona que restaura.

restaurante *s. m.* Establecimiento público donde se sirven comidas.

restaurar *t.* Restablecer en el trono. ‖ Restablecer. *Restaurar las costumbres.* ‖ Reparar, volver a poner en el estado que antes tenía una obra de arte.

restirador *s. m. Méx.* Mesa que puede cambiar de inclinación, usada por los dibujantes y los arquitectos.

restirar *t. Méx.* Estirar hasta el límite.

restitución *s. f.* Devolución.

restituir *t.* Devolver.

resto *s. m.* Aquello que queda, que subsiste de un conjunto del que se ha quitado una o varias partes. ‖ Lo que hay además de algo. *Sé una parte y sabré pronto el resto.* ‖ Resultado de una sustracción. ‖ En la división, diferencia entre el dividendo y el producto del divisor por el cociente. ‖ Jugador que en el tenis devuelve la pelota lanzada por el que saca. ‖ Envite en que se juega toda la cantidad de dinero que se arriesga en una partida de cartas. ‖ fig. Lo que queda en poca cantidad. *Un resto de esperanza.* ‖ pl. Ruinas, vestigios de un monumento. ‖ Cuerpo humano después de muerto. *Los restos mortales.* ‖ Desperdicios, desechos, sobras. *Restos de comida.* ‖ fig. Huella. ‖ *Echar el resto,* realizar el máximo esfuerzo.

restorán s. m. Restaurante.

restregar t. Frotar con fuerza una cosa con otra.

restricción s. f. Limitación. *Restricción de la libertad.* ‖ Disminución. ‖ pl. Medidas de racionamiento decretadas en época de escasez.

restrictivo, va adj. Que restringe.

restringir t. Disminuir.

resucitado, da adj. Que vuelve a la vida.

resucitar t. Hacer que un muerto vuelva a la vida. ‖ fig. Restablecer, renovar.

resuello s. m. Aliento, respiración.

resuelto, ta adj. Solucionado. ‖ Que actúa con decisión, audaz. *Gonzalo es un hombre resuelto.*

resulta s. f. Efecto, consecuencia. ‖ loc. *De resulta de:* a causa de.

resultado s. m. Efecto o consecuencia de algo.

resultante adj. Que resulta o procede de una cosa. ‖ Se aplica a la fuerza o vector que produce los mismos efectos que un conjunto de fuerzas o vectores.

resultar intr. Producir una cosa como consecuencia o efecto de otra cosa. *La casa resultó pequeña.* ‖ Producir algo un efecto positivo o negativo. *Mi respuesta resultó correcta.* ‖ Ocurrir algo que no se esperaba o no se tenía previsto. *La señora que conocí en la fiesta resultó ser una tía lejana.* ‖ Tener una cosa un resultado, por lo general se usa en sentido positivo. *Si el negocio resulta podremos viajar a Europa el próximo verano.*

resumen s. m. Exposición en pocas palabras de algo que es más largo.

resumidero s. m. Amér. Conducto por el que se desechan las aguas residuales o de lluvia.

resumir t. y pr. Exponer algo extenso de forma más breve.

resurgimiento s. m. Acción de resurgir. ‖ Renacimiento.

resurgir intr. Surgir de nuevo, volver a aparecer. ‖ fig. Resucitar.

resurrección s. f. Acción de resucitar. ‖ Por antonomasia, la de Jesucristo. ‖ La de todos los muertos en el día del Juicio Final.

retablo s. m. Elemento arquitectónico que se coloca encima de un altar y que sirve para su decoración. ‖ Conjunto de figuras pintadas o de talla que representan en serie una historia.

retaco s. m. Escopeta corta. ‖ Persona baja y rechoncha.

retacón, cona adj. Amér. Se dice de la persona baja y robusta.

retador, ra adj. Que desafía.

retaguardia s. f. Espacio que se extiende detrás de una formación militar en guerra. ‖ Parte rezagada de una formación militar que atiende a cualquier necesidad de las unidades que están en la línea del frente.

retahíla s. f. Serie.

retalteco, ca adj. y s. De Retalhuleu (Guatemala).

retama s. f. Arbusto papilionáceo.

retar t. Desafiar. ‖ Reprender, regañar.

retardado, da adj. Relativo al medicamento que surte efecto durante cierto tiempo. ‖ Se aplica al artefacto que posee un dispositivo que permite provocar una explosión en un momento determinado. ‖ Se dice del movimiento cuya velocidad disminuye. ‖ Arg. Retrasado.

retardar t. Diferir, retrasar.

retardo s. m. Retraso, demora.

retazo s. m. Retal de tela.

retén s. m. Grupo de hombres que presta un servicio colectivo.

retención s. f. Conservación en la memoria. ‖ Acción de retener o retenerse. ‖ Parte que se retiene de un sueldo.

retener t. Impedir que uno se vaya, obligar a que alguien permanezca en un lugar. ‖ Guardar uno lo que es de otro. *Retener los bienes ajenos.* ‖ No dejar pasar, conservar. *Este montículo retiene el agua.* ‖ Deducir, descontar. *Retener una cantidad en un sueldo.* ‖ No dejar obrar. *El retuvo el miedo.* ‖ Conservar en la memoria. *Retener una dirección.* ‖ Contener. *Retener el aliento.* ‖ pr. Moderarse, contenerse.

retenimiento s. m. Retención.

retentiva s. f. Memoria.

reticencia s. f. Omisión voluntaria con intención malévola de lo que se debería o pudiera decir.

reticente adj. Que usa reticencias o contiene reticencia. ‖ Reacio.

retícula o **retículo** s. Tejido en forma de red.

reticular adj. Se aplica a lo que tiene forma de red. *El tul es un textil reticular.*

retina s. f. Membrana interna del globo ocular, sensible a la luz. *A Daniel se le desprendió la retina.*

retinol s. m. Uno de los nombres de la vitamina A.

retintín s. m. Tono irónico o malicioso con que se dice una cosa. *Me dijo, con cierto retintín, que llegaría puntual.* ‖ Sonido que queda en los oídos después de escuchar sonar una campana u otro objeto similar.

retinto, ta adj. Se aplica al animal de color castaño oscuro.

retirado, da adj. Apartado, alejado, poco frecuentado. *Barrio retirado.* ‖ Solitario. *Vida retirada.* ‖ Se dice de los militares o empleados que han dejado ya de prestar servicio. ‖ s. f. Retroceso en el ejército. ‖ Acción de retirar. *La retirada de una moneda.* ‖ Estado de lo que vuelve atrás. *La retirada del mar.* ‖ Acto por el cual se da fin a una actividad. *La retirada de un actor.* ‖ Abandono en una competencia.

retirar t. Apartar, quitar. *Retirar los platos de la mesa.* ‖ Sacar. *Retirar dinero del banco.* ‖ Quitar de la circulación. *Retirar una moneda.* ‖ fig. Desdecirse, retractarse. *Retiro lo dicho.* ‖ Dejar de otorgar. *Retirar la confianza a uno.* ‖ pr. Dejar el trato con la gente. *Retirarse en un convento.* ‖ Cesar un funcionario o empleado sus actividades, jubilarse. *Retirarse del ejército.* ‖ Abandonar una competencia. *Se retiró del campeonato.* ‖ Recogerse, irse. *Retirarse a dormir.*

retiro s. m. Acción de abandonar un empleo, los negocios, el servicio activo. ‖ Pensión que se cobra en este caso. ‖ Lugar apartado donde uno se retira.

reto s. m. Hecho de retar o desafiar. *Juan retó a Pablo a un juego de ajedrez.* ‖ Regaño. ‖ Bol. y Chil. Insulto, injuria.

retobado, da *adj. Amér.* Que tiene por costumbre replicar o responder a todo lo que se le dice. *La hija de mi amiga es una niña retobada y grosera.* || Que es indómito u obstinado. || Que está enojado o airado.

retobar *t. Méx.* Rezongar o responder de mala gana.

retobo *s. m. Arg., Chil., Parag., Per.* y *Uy.* Acción y efecto de retobar. || *Chil.* Arpillera, tela con que se retoba.

retocar *t.* Dar la última mano a una cosa, perfeccionarla, hacer correcciones o modificaciones.

retomar *t.* Volver sobre algo que había quedado inconcluso.

retoñar *intr.* Echar nuevos brotes.

retoño *s. m.* Vástago, brote de una planta. || Hijo de poca edad.

retoque *s. m.* Modificación hecha para mejorar. *Retoque de fotografías.* || Rectificación de un traje de confección hecha después de que se lo ha probado el comprador. || Pincelada de corrección que hace el pintor en un cuadro.

retorcer *t.* Torcer mucho una cosa dándole vueltas. *Retorcer un alambre.* || *fig.* Volver un argumento contra aquel que lo emplea. || Tergiversar, dar un significado falso a lo afirmado por otro. || *pr.* Doblarse, enrollarse.

retorcimiento *s. m.* Acción y efecto de retorcer.

retórica *s. f.* Arte que enseña a expresarse de manera correcta para deleitar, conmover o convencer. || *fig.* Grandilocuencia afectada. || Palabrería. *Todo eso es retórica.* || *loc.* Figura retórica: forma de expresión acuñada para conseguir un efecto, usando de cierta forma el lenguaje.

retórico, ca *adj.* Relativo a la retórica. || *fig.* Afectado, amanerado, atildado. || Se dice de la persona especialista en retórica.

retornar *t.* Devolver, restituir. || *intr.* Volver, regresar.

retorno *s. m.* Acción de retornar.

retorsión *s. f.* Acción de volver un argumento contra el que lo emplea. || Represalia.

retorta *s. f.* Vasija de laboratorio.

retortijón *s. m.* Dolor agudo en el abdomen.

retozar *intr.* Saltar de forma alegre. *Al llegar a casa mi perro retoza por el gusto de verme.*

retozo *s. m.* Acción de retozar.

retozón, zona *adj.* Que retoza mucho.

retracción *s. f.* Acción y resultado de retraer. || Reducción del volumen en ciertos tejidos orgánicos.

retractable *adj.* Que se puede o debe retractar.

retractación *s. f.* Acción de desdecirse.

retractar *t.* Retirar lo dicho o hecho, desdecirse de ello. || Ejercitar el derecho de retracto.

retráctil *adj.* Contráctil, que puede retirarse y quedar oculto.

retracto *s. m.* Derecho que tienen ciertas personas de adquirir, por el mismo precio, la cosa vendida a otro.

retraer *intr.* Volver a traer. || Retirar contrayendo, encoger. || Ejercitar el derecho de retracto. || *pr.* Aislarse.

retraído, da *adj.* Que gusta de la soledad, solitario.

retraimiento *s. m.* Acción de retraerse. || *fig.* Cortedad, reserva.

retransmisión *s. f.* Acción y efecto de retransmitir.

retransmitir *t.* Volver a transmitir. *Retransmitir un mensaje.* || Difundir directamente un concierto, un espectáculo, por radio o televisión.

retrasado, da *adj.* Que va atrás de los demás. *Este alumno va un poco retrasado porque estuvo enfermo.* || *loc.* Retrasado mental: que tiene deficiencias mentales.

retrasar *t., intr.* y *pr.* Hacer que algo suceda, se realice, etc., más tarde de lo planeado. *El gobernador retrasó su regreso por el mal tiempo.* || Llegar tarde. *Me retrasé porque mi despertador no sonó.*

retraso *s. m.* Hecho de suceder algo con retardo, después de la hora programada. *El tren llegó con retraso de una hora.*

retratar *t.* Pintar, dibujar o fotografiar. || *fig.* Describir. || *pr.* Reflejarse. || Sacarse una fotografía. || Pagar.

retrato *s. m.* Representación de una persona, animal o cosa hecha en pintura o fotografía. || *fig.* Descripción.

retrechero, ra *adj.* Encantador.

retreparse *pr.* Echar hacia atrás la parte superior del cuerpo.

retrete *s. m.* Cuarto de baño. || Recipiente de loza con forma de asiento que sirve para defecar y orinar.

retribución *s. f.* Recompensa o pago por un servicio o trabajo.

retribuir *t.* Recompensar o pagar por un servicio o trabajo.

retroactividad *s. f.* Posibilidad de que una cosa tenga aplicación y efectividad sobre otras ya pasadas.

retroactivo, va *adj.* Que obra o tiene fuerza sobre lo que ya ha pasado. *El gobierno implantó una ley retroactiva.*

retroalimentación *s. f.* Método en el cual se revisan constantemente los elementos de un proceso y sus resultados, a fin de mantenerlos eficientes. *Las juntas son una forma de retroalimentación laboral.*

retroceder *intr.* Volver hacia atrás. || *fig.* Remontarse. *Retroceder al siglo pasado.* || Retirarse ante el enemigo.

retrocesión *s. f.* Acción de ceder a uno el derecho o cosa que él había cedido.

retroceso *s. m.* Acción de retroceder.

retrogradar *intr.* Retroceder.

retrógrado, da *adj.* Que va hacia atrás. || Reaccionario, opuesto al progreso. *Hombre retrógrado.*

retrospección *s. f.* Mirada o examen retrospectivo.

retrospectivo, va *adj.* Que se refiere a un tiempo pasado. || *s. f.* Exposición que presenta, de manera cronológica, las obras de un artista, una escuela o una época.

retrovirus *s. m.* Tipo de virus que contiene una molécula de ácido ribonucleico.

retrovisor *s. m.* Espejo de un vehículo que permite al conductor ver lo que hay detrás.

retrucar *intr. fam. Arg., Chil., Per.* y *Uy.* Replicar con acierto y energía. *El entrevistado retrucó hábilmente una pregunta maliciosa.*

retruécano *s. m.* Juego de palabras que repite una frase en sentido inverso y con sentido contradictorio.

retumbante *adj.* Que retumba.

retumbar *intr.* Resonar.

reúma o **reuma** *s.* Reumatismo.

reumático, ca *adj.* Que padece reumatismo. || Relativo a esta enfermedad.

reumatismo *s. m.* Enfermedad caracterizada por dolores en las articulaciones, los músculos, las vísceras, etc.

R

reunificación *s. f.* Nueva unión.

reunificar *t.* Volver a unir.

reunión *s. f.* Acción de reunir. || Conjunto de personas reunidas.

reunir *t.* Volver a unir. || Hacer de dos o más cosas una sola. *Reunir dos departamentos.* || Juntar, congregar. *Reunió a los asociados.* || Tener ciertas condiciones. *Quienes reúnan los requisitos pueden venir.* || Recoger, coleccionar. *Reunir sellos.* || *pr.* Juntarse.

reusar *t.* Volver a usar. *Para no contaminar hay que reusar lo más que se pueda.*

reutilizar *t.* Utilizar de nuevo una cosa.

revalida *s. f.* Examen final para obtener un grado universitario.

revalidación *s. f.* Acción de revalidar.

revalidar *t.* Ratificar.

revalorar o **revalorizar** *t.* Devolver el valor a algo. || Aumentar a algo su valor.

revalorización *s. f.* Acción de dar a una moneda devaluada todo o parte del valor que tenía.

revaluar *t.* y *pr.* Aumentar su valor la moneda de un país respecto de las extranjeras. *El yen se revaluó frente al dólar.*

revancha *s. f.* Desquite.

revanchista *adj.* y *s. com.* Que tiene deseos de tomarse la revancha.

revelación *s. f.* Acción de revelar aquello que era secreto u oculto y cosa revelada. || Aquello que una vez conocido hace descubrir otras cosas. || Persona que pone de manifiesto en un momento determinado sus excelentes cualidades para algo. *Fue la revelación de la temporada*

revelado *s. m.* Operación de revelar una película fotográfica.

revelador, ra *adj.* Que revela.

revelar *t.* Dar a conocer lo que estaba secreto, oculto o desconocido. || Divulgar. || Ser señal o indicio de. *Su cara revelaba terror.* || Mostrar, poner de manifiesto. || Hacer visible, con ayuda de un revelador, la imagen obtenida en una película fotográfica. || *pr.* Manifestarse.

revendedor, ra *adj.* Que vende lo que ha comprado para obtener una ganancia.

revender *t.* Vender lo que se ha comprado para sacar beneficio.

reventa *s. f.* Venta, para sacar un beneficio, de lo que se ha comprado.

reventadero *s. m. Chil.* Lugar donde las olas del mar se deshacen. *Los bañistas estaban cerca del reventadero.* || *Méx.* Manantial del que brota el agua a borbollones.

reventado, da *adj.* Se dice de lo que se rompe estallando, que explota. || Cansado. *Fabián termina reventado por el trabajo de toda la semana.* || *fam. Méx.* Que asiste a muchas fiestas, sobre todo nocturnas, y comete excesos en el baile y la bebida.

reventar *t., intr.* y *pr.* Abrirse una cosa de manera violenta por un impulso interior. *El globo se reventó al tocarlo el cigarrillo encendido.* || Deshacer o aplastar con violencia. || *fam.* Fastidiar. *Me revienta que los perros aúllen por la noche.* || Cansar, fatigar. *Aunque reviente debo trabajar hasta acabar hoy.*

reverberación *s. f.* Reflexión de la luz o del calor.

reverberante *adj.* Que reverbera.

reverberar *intr.* Reflejarse.

reverbero *s. m.* Farol de cristal para iluminar. || *Amér.* Infiernillo.

reverdecer *intr.* Ponerse verdes otra vez. || *fig.* Tomar nuevo vigor.

reverdecimiento *s. m.* Acción y efecto de reverdecer o reverdecerse.

reverencia *s. f.* Profundo respeto. || Movimiento del cuerpo que se hace para saludar ya sea inclinándose, ya sea doblando las rodillas.

reverenciable *adj.* Digno de reverencia.

reverenciador, ra *adj.* Que reverencia.

reverenciar *t.* Honrar, venerar.

reverendo, da *adj.* Se dice de cierto tratamiento dado a las dignidades eclesiásticas. || *fam.* Descomunal, tremendo, enorme.

reversa *s. f. Chil., Col.* y *Méx.* Marcha hacia atrás de un vehículo. *Para salir de ahí tienes que meter reversa.*

reversible *adj.* Que puede volver al estado anterior. *La operación es reversible en cuanto haya condiciones.* || Se dice de las prendas que pueden usarse por el derecho y también por el revés.

reverso *s. m.* Revés de una moneda o medalla.

revertir *intr.* Volver una cosa al estado que tuvo antes. || Volver una cosa a la propiedad del dueño que tuvo antes.

revés *s. m.* Lado opuesto al principal. *En el revés de mi cuaderno anoté un número de teléfono.* || Golpe que se da con el dorso de la mano o con una raqueta. *Con un poderoso golpe de revés conquistó el título.* || *fig.* Desgracia, contratiempo. *Algunos reveses impidieron mi viaje.* || *loc. Al revés:* de manera opuesta o contraria a la normal.

revestido, da *adj.* Con revestimiento. *Las paredes están revestidas de madera.*

revestimiento *s. m.* Capa con la que se recubre algo. || Parte que se ve de una calzada, acera, etc.

revestir *t.* Cubrir con una capa. || Ponerse un traje. || *fig.* Cubrir, dar un aspecto. || *pr. fig.* Armarse, ponerse en disposición de ánimo para lograr un fin. *Revestirse de paciencia.*

revigorar o **revigorizar** *t.* Dar nuevo vigor.

revisada *s. f. Amér.* Revisión.

revisar *t.* Volver a ver, someter una cosa a nuevo examen.

revisión *s. f.* Control de los boletos en un transporte público. || Verificación. *Revisión de cuentas.* || Inspección. *Revisión de armamento.* || Examen para ver el estado de funcionamiento de algo. *Revisión del coche.* || Modificación de un texto jurídico para adaptarlo a una situación nueva. *Revisión de la Constitución.*

revisor, ra *adj.* Que revisa. || *s.* Empleado que comprueba que los viajeros de un transporte público hayan pagado pasaje.

revista *s. f.* Examen detallado de algo, enumeración. *Pasar revista a sus errores.* || Publicación periódica sobre una o varias materias. *Revista cinematográfica.* || Inspección de los efectivos, armas y materiales de una tropa. || Espectáculo teatral de carácter frívolo compuesto de cuadros sueltos.

revitalizar *t.* Dar nueva vida.

revivificar *t.* Reavivar.

revivir *intr.* Resucitar. || *t.* Evocar, recordar, vivir de nuevo.

revocable *adj.* Que puede ser revocado.

revocación *s. f.* Medida disciplinaria tomada contra un funcionario por la que éste se ve desposeído de su función en la administración pública. || Anulación de una disposición.

revocar *t.* Anular. *Revocar un testamento.* || Poner fin a las funciones por medida disciplinaria. *Revocar a un funcionario.* || Enlucir las paredes exteriores de un edificio.

revoco *s. m.* Revoque.

revolcar *t.* Derribar por tierra, echar al suelo. || *fig.* Ser infinitamente superior en una contienda. || *pr.* Tirarse o echarse en el suelo y dar vueltas sobre sí mismo.

revolear *t. Arg.* Hacer giros con un lazo o una correa. || *intr.* Revolotear.

revolotear *t.* Volar.

revoloteo *s. m.* Vuelo.

revoltijo o **revoltillo** *s. m.* Conjunto de muchas cosas desordenadas. *No sé cómo encontraré lo que necesito en ese revoltijo que hay en el armario.*

revoltoso, sa *adj.* Travieso, inquieto. *Bernardo es el más revoltoso de todos.* || Rebelde, alborotador. *Algunos revoltosos aprovecharon el desfile para saquear tiendas.*

revoltura *s. f. Méx.* Mezcla confusa, desorden.

revolución *s. f.* Cambio violento en la estructura social o política de un Estado. *La revolución cubana derrocó a Fulgencio Batista.* || Cambio total y radical. || Giro que da una pieza sobre su eje. *Antes había discos de acetato que giraban a 33 revoluciones por minuto.*

revolucionar *t.* Alborotar, alterar el orden establecido. || Cambiar, mejorar. *Las computadoras vinieron a revolucionar la tecnología.*

revolucionario, ria *adj.* Relativo a la revolución. *La lucha revolucionaria de México duró de 1810 a 1821.*

revolucionario, ria *s.* Partidario de la revolución.

revolvedora *s. f. Méx.* Máquina en forma de recipiente giratorio que sirve para mezclar los materiales de construcción.

revólver *s. m.* Pistola con un tambor que contiene varias balas.

revolver *t.* Remover, mover lo que estaba junto. *Revolver papeles.* || Crear el desorden en algo que estaba ordenado. *Revolver el cajón.* || Confundir, mezclar sin orden. *Revolvió historia con geografía y reprobó ambos exámenes.* || Alterar, turbar. *Revolver los ánimos.* || Irritar, indignar. *Esta noticia me revolvió.* || Causar trastornos. *Esto me revuelve el estómago.* || *pr.* Agitarse, moverse.

revoque *s. m.* Acción de revocar.

revuelo *s. m. fig.* Agitación.

revuelto, ta *adj.* En desorden. *Pelo revuelto.* || Revoltoso. *Los niños están revueltos.* || *Viven revueltos unos con otros.* || Agitado. *Mar revuelto.* || Levantisco, alborotado. *El pueblo está revuelto con esas medidas.* || *s. f.* Vuelta. || Daba vueltas y revueltas por el mismo sitio. || Cambio de dirección de un camino, carretera, calle. || Motín, alteración del orden público.

revulsivo, va *adj.* y *s. m.* Se aplica al medicamento que produce revulsión. || *fig.* Reacción, cosa que hace reaccionar.

rey *s. m.* Monarca o príncipe soberano de un Estado. || *fig.* El que sobresale entre los demás de su clase. || Pieza principal en el juego del ajedrez. || Carta duodécima de un palo de la baraja española.

reyerta *s. f.* Riña, pelea.

reyezuelo *s. m.* Pájaro cantor.

rezado, da *adj.* Se aplica a la misa recitada y no cantada.

rezagado, da *adj.* y *s.* Que se queda atrás.

rezagar *t.* Dejar atrás. || Aplazar. || *pr.* Quedarse atrás.

rezar *t.* Dirigir a la divinidad alabanzas o súplicas. || Recitar una oración. || Decir la misa sin cantar la. || *fam.* Decir. || *intr.* Ser aplicable. *Esto no reza conmigo.*

rezno *s. m.* Larva de un insecto que vive parásito en algunos mamíferos.

rezo *s. m.* Acción de rezar.

rezongar *intr.* Gruñir, refunfuñar. *Aunque rezongues tendrás que comerte la sopa.*

rezumar *intr.* y *pr.* Salir un líquido a través de los poros del recipiente que lo contiene. *Como la olla de barro no estaba barnizada rezumaba el agua que tenía dentro.*

rhesus *loc. Factor Rhesus*: Carácter sanguíneo que debe tenerse en cuenta en las transfusiones y en la patología del recién nacido.

rho o **ro** *s. f.* Decimoséptima letra del alfabeto griego (P, p) equivalente a la «r» castellana.

ría *s. f.* Valle bajo en la desembocadura de un río, que está parcialmente invadido por el mar.

riachuelo *s. m.* Río pequeño que lleva poca cantidad de agua. *Por tan pocas lluvias el riachuelo se secó.*

riada *s. f.* Crecida repentina del caudal, es decir, de la cantidad de agua que lleva un río. || Inundación que provoca la crecida del río.

rial *s. m.* Unidad monetaria de Irán, Qatar y República Árabe del Yemen.

ribera *s. f.* Orilla.

ribereño, ña y **riberano, na** *adj.* Relativo a la ribera de un río, de un lago, de un mar. || *s.* Habitante de la ribera.

ribete *s. m.* Cinta con que se adorna la orilla de una prenda de vestir, calzado, etc. || *pl. fam.* Indicios, asomos de la cosa que se expresa. *Hugo tiene ribetes de artista, su sentido del color es admirable.* || *loc. De ribete*: además de, encima.

ribetear *t.* Poner ribetes en una cosa. *En lugar de dobladillos, ribeteó los bajos con la misma tela.*

riboflavina *s. f.* Otro nombre para la vitamina B.

ribonucleico, ca *adj.* Relativo a un grupo de ácidos nucleicos, situados en el citoplasma y en el núcleolo, que desempeñan un papel importante en la síntesis de las proteínas.

ribosoma *s. m.* Partícula interna de las células vivas que asegura la síntesis de las proteínas.

ricachón, chona *adj.* y *s. fam. desp.* Muy rico.

ricino *s. m.* Planta de cuyas semillas se extrae un aceite purgante.

rico, ca *adj.* Que posee en sí algo abundantemente. *Mineral rico en plata.* || Fértil. *Tierras ricas.* || Abundante. *Viaje rico en aventuras.* || De mucho precio. *Adornado con ricos bordados.* || Exquisito, delicioso. *Pastel muy rico.* || Mono, agradable, lindo. *¡Qué niño más rico!* || Se emplea como expresión de cariño. *Come, rico.* || *s.* Persona que posee muchos bienes. || *loc. Nuevo rico*: persona que ha conseguido hace poco una gran fortuna.

ricota *s. f. Arg.* y *Uy.* Requesón.

rictus *s. m.* Contracción espasmódica de los músculos de la cara.

ricura *s. f.* Condición de bueno de sabor o de bonito, lindo.

ridiculez *s. f.* Cosa que provoca la risa o la burla. || Cosa muy pequeña.

ridiculizar *t.* Poner en ridículo. || *pr.* Hacer el ridículo.

R

ridículo, la *adj.* Digno de risa, de burla. *Decir cosas ridículas.* || Escaso, parco. *Una ganancia ridícula.* || *s. m.* Ridiculez. || *loc. Hacer el ridículo:* provocar la risa o la burla.

riego *s. m.* Acción y efecto de regar. || *loc. Riego sanguíneo:* cantidad de sangre que nutre los tejidos del cuerpo.

riel *s. m.* Unidad monetaria de Kampuchea o Camboya, dividida en cien sen. || Barra pequeña de metal. *La reja abre y cierra con un riel clavado al techo.* || Carril de tren.

rielar *intr.* Brillar con luz trémula.

rienda *s. f.* Cada una de las dos correas para conducir las caballerías. *Hay que dominar al caballo con las riendas y las piernas.* || *pl.* Dirección o gobierno de algo. *El padrastro tomó las riendas de la familia.* || *loc. fam. A rienda suelta:* sin freno ni regla.

riesgo *s. m.* Peligro. || Daño, siniestro garantizado por las compañías de seguros mediante pago de una prima.

rifa *s. f.* Sorteo.

rifar *t.* Sortear en una rifa. || *pron. fig.* y *fam.* Jugársela.

rifirrafe *s. m. fam.* Riña, gresca.

rifle *s. m.* Fusil.

rigidez *s. f.* Condición de rígido. || *fig.* Gran severidad, austeridad.

rígido, da *adj.* Inflexible, difícil de doblar. || *fig.* Riguroso, severo.

rigodón *s. m.* Danza antigua.

rigor *s. m.* Severidad, dureza, inflexibilidad. *El rigor de un juez.* || Gran exactitud. *Rigor mental.* || Intensidad, inclemencia, crudeza. *El rigor del clima polar.*

rigorismo *s. m.* Exceso de rigor.

rigorista *adj.* y *s. com.* Muy severo.

rigurosidad *s. f.* Rigor.

riguroso, sa *adj.* Muy severo, inflexible, cruel. || Estricto. *Aplicación rigurosa de la ley.* || Duro, difícil de soportar. *Pena rigurosa.* || Austero, rígido. *Moral rigurosa.* || Rudo, extremado. *Invierno riguroso.* || Exacto, preciso. *En sentido riguroso.* || Indiscutible, sin réplica. *Principios rigurosos.* || Completo. *Luto riguroso.*

rima *s. f.* Consonancia o asonancia en las terminaciones de dos o más versos. || *pl.* Composición en verso.

rimador, ra *adj.* Que rima.

rimar *t.* Hacer rimar una palabra con otra. *Rimar «hebraica» con «judaica».* || *intr.* Componer en verso. || Ser una voz asonante o consonante de otra. *«Astro» rima con «castro».* || *fam.* Pegar, ir bien junto. *Una cosa no rima con la otra.* || Venir. *¿Y esto a qué rima?*

rimbombancia *s. f.* Condición de rimbombante.

rimbombante *adj.* Aparatoso.

rímel *s. m.* Nombre comercial de una pasta cosmética que se aplica en las pestañas. *Eva sólo se pone rímel y un ligero toque de color en los labios.*

rimero *s. m.* Conjunto de cosas.

rin *s. m. Méx.* Aro metálico de la rueda de un automóvil al cual se ajusta el neumático.

rincón *s. m.* Ángulo entrante que se forma en el encuentro de dos superficies. || Lugar apartado.

rinconera *s. f.* Mesita, armario o estante que se pone en un rincón.

ring *s. m.* Cuadrilátero, espacio de forma cuadrada limitado por cuerdas, donde se llevan a cabo los combates de boxeo o de lucha. *Cuando el campeón subió al ring el público lo ovacionó.*

rinoceronte *s. m.* Mamífero paquidermo con uno o dos cuernos cortos.

rinofaringe *s. f.* Parte de la faringe que está situada a continuación de las fosas nasales.

rinofaríngeo, a *adj.* Relativo a la rinofaringe.

rinofaringitis *s. f.* Inflamación de la rinofaringe.

riña *s. f.* Pelea, disputa.

riñón *s. m.* Cada uno de los dos órganos que filtran la sangre y producen la orina, situados en la región lumbar, uno a cada lado de la columna vertebral. || Este mismo órgano en los animales. || *pl.* Región lumbar. *Dolor de riñones.*

río *s. m.* Corriente de agua continua y más o menos caudalosa que va a desembocar en otra o en el mar. || *fig.* Gran abundancia.

riojano, na *adj.* y *s.* De La Rioja, provincia de Argentina y comunidad autónoma de España.

rionegrano, na *adj.* y *s.* De Rionegro, municipio de Colombia.

rionegrense *adj.* y *s. com.* De Río Negro, departamento de Uruguay.

rioplatense *adj.* y *s. com.* Del Río de la Plata. *La región rioplatense se extiende por Argentina y Uruguay.*

ripio *s. m.* Palabra innecesaria que se emplea para completar un verso. *Los malos poetas usan ripios para crear versos sin esfuerzo.* || *Arg., Chil.* y *Per.* Piedra menuda que se usa para pavimentar.

riqueza *s. f.* Abundancia de bienes, prosperidad. || Fecundidad, fertilidad. *La riqueza de la tierra.* || Condición de una materia que da un rendimiento abundante. *La riqueza de un mineral.* || Carácter que da valor a algo. *La riqueza de una joya.* || Lujo, esplendor. *La riqueza del decorado.* || Abundancia de términos y locuciones de una lengua. *La riqueza del castellano.* || *pl.* Bienes de gran valor, especialmente en dinero o en títulos. *Amontonar riquezas.* || Objetos de gran valor. *El museo tiene inestimables riquezas.* || Productos de la actividad económica de un país y recursos naturales que éste posee.

risa *s. f.* Manifestación de un sentimiento de alegría que se produce al contraer ciertos músculos del rostro y que va acompañada por una espiración espasmódica y ruidosa. || Irrisión, objeto de burla.

risco *s. m.* Peñasco.

risible *adj.* Que provoca risa.

risotada *s. f.* Carcajada.

risotear *intr.* Dar risotadas.

risoteo *s. m.* Acción y efecto de risotear.

ríspido, da *adj.* Áspero, desabrido.

ristra *s. f.* Trenza de ajos o cebollas. || *fig.* y *fam.* Serie.

ristre *s. m.* Hierro del peto de la armadura donde se afianzaba el cabo de la lanza. *Lanza en ristre.*

risueño, ña *adj.* Sonriente.

ritmar *intr.* Acompasar.

rítmico, ca *adj.* Del ritmo.

ritmo *s. m.* Orden armonioso de un conjunto de sonidos, un movimiento, una acción, etc. || Orden y tiempo en la sucesión de algo. *Victoria va detrás de Bertha porque no puede caminar a su ritmo.* || En el lenguaje, armonía entre los diferentes tipos de sílabas, en especial en un verso. || En música, proporción de los tiempos. *Los bailarines danzan al ritmo de la música.*

rito *s. m.* Conjunto de ceremonias que se llevan a cabo en una religión. || Costumbre o hábito. || En algunas sociedades, acto o ceremonia mágica que se repite y está destinada a orientar una fuerza oculta hacia una acción determinada.

ritual adj. Que se lleva a cabo según determinado rito. *Javier compró un disco de música ritual africana.* ‖ s. m. Conjunto de ritos de una religión. ‖ Conjunto de comportamientos basados en las creencias.

rival adj. y s. amb. Adversario.

rivalidad s. f. Competencia entre dos o más personas.

rivalizar intr. Esforzarse por conseguir una cosa a la cual aspira también otra persona. ‖ Intentar igualar e incluso superar a otro.

rivense adj. y s. com. De Rivas, ciudad de Nicaragua.

riverense adj. y s. com. De Rivera, departamento de Uruguay.

riyal s. m. Unidad monetaria de Arabia Saudita y Omán.

rizado, da adj. Que forma rizos. *Pelo rizado.* ‖ Se dice del mar movido, con ondas. ‖ s. m. Acción de rizar.

rizar t. Formar rizos o bucles en el cabello. ‖ Mover el viento el mar, formando olas pequeñas. ‖ pr. Ensortijarse el cabello.

rizo, za adj. Rizado. ‖ s. m. Mechón de pelo ensortijado. *Un rizo rubio.* ‖ Acrobacia aérea que consiste en dar una vuelta completa sobre un plano vertical.

rizófago, ga adj. Se refiere al animal que se alimenta de raíces.

rizoide s. m. Filamento unicelular que en algunas algas y en los líquenes hace las veces de raíz.

rizoma s. m. Tallo horizontal y subterráneo de ciertas plantas. *Los lirios y otras plantas similares tienen rizomas.*

rizópodo adj. y s. m. Se dice de los cuatro grandes grupos de protozoos susceptibles de emitir seudópodos. ‖ pl. Clase que forman.

ro o **rho** s. f. Letra griega (P, ρ) equivalente a la «r» castellana.

roano, na adj. De pelo mezclado de blanco, gris y bayo.

roatanense adj. y s. com. De Roatán, isla de Honduras.

róbalo o **robalo** s. m. Especie de pez marino comestible de hasta 1 m de longitud, de piel color gris con aspecto metálico. ‖ Lubina.

robar t. Tomar para sí con violencia lo ajeno. ‖ Hurtar de cualquier modo que sea. ‖ En ciertos juegos de naipes y de dominó, tomar algunas cartas o fichas de las que quedan sin repartir. ‖ fig. Causar preocupación, quitar. *Robar el sueño.* ‖ Cobrar muy caro. *En esa tienda te roban con frecuencia.*

roblar t. Doblar o remachar.

roble s. m. Árbol de madera muy dura cuyo fruto es la bellota. ‖ fig. Persona o cosa muy resistente.

robleda s. f., **robledal** o **robledo** s. m. Sitio poblado de robles.

roblón t. Clavo de hierro cuya punta se remacha.

roblonar t. Asegurar con roblones.

robo s. m. Delito cometido por el que se apropia indebidamente de bien ajeno. *Cometer un robo.* ‖ Producto del robo. ‖ Acción de vender muy caro. ‖ En ciertos juegos de naipes o de dominó, cartas o fichas que se toman del monte.

roboración s. f. Acción y efecto de roborar.

roborante adj. Que robora.

roborar t. Fortificar. ‖ fig. Corroborar, reforzar con razones.

robot s. m. Máquina de aspecto humano o que es capaz de realizar algunas funciones humanas. *Leonor sueña con el día en que un robot haga toda la limpieza de su casa.*

robótica s. f. Conjunto de teorías y técnicas destinadas al diseño, construcción y utilización de robots. *La robótica japonesa manufactura robots en miniatura.*

robotización s. f. Acción y efecto de robotizar.

robotizar t. Hacer funcionar por medio de robots. ‖ fig. Quitar a alguien cualquier iniciativa, hacer que un trabajo sea una tarea meramente automática, semejante a la de un robot.

robustecer t. Dar vigor.

robustecimiento s. m. Acción de robustecer. ‖ Consolidación.

robustez s. f. Fuerza, vigor.

robusto, ta adj. Fuerte.

roca s. f. Cualquier masa mineral que forma parte de la corteza terrestre. *Roca sedimentaria, cristalina, metamórfica.* ‖ Peñasco que se levanta en la tierra o en el mar. ‖ fig. Cosa o persona muy dura o muy firme, inquebrantable. *Es un ser que tiene un corazón de roca.*

roce s. m. Acción de tocar suavemente la superficie de una cosa. ‖ fig. Trato frecuente. ‖ Desavenencia.

rochense adj. y s. com. De Rocha, departamento y ciudad de Uruguay.

rociada s. f. Acción de rociar con un líquido. ‖ fig. Conjunto de cosas.

rociar t. Esparcir un líquido en gotas menudas. ‖ fig. Acompañar una comida con alguna bebida. ‖ Arrojar cosas de modo que se dispersen al caer. ‖ intr. Caer sobre la tierra el rocío o la lluvia menuda.

rocín s. m. Penco, caballo malo.

rocinante s. m. fig. Rocín.

rocío s. m. Conjunto de gotitas menudas que se depositan de noche sobre la tierra o las plantas.

rock s. m. Estilo musical derivado del jazz y del blues. ‖ Baile que se practica con la música del mismo nombre.

rockero, ra adj. Relativo al rock. ‖ s. Persona aficionada al rock.

rococó adj. y s. m. Estilo artístico europeo del siglo XVIII que se caracterizó por ser exagerado y amanerado en los adornos.

rocoso, sa adj. Con rocas.

roda s. f. Pieza encima de la quilla que forma la proa de la embarcación.

rodaballo s. m. Pez marino.

rodada s. f. Señal que deja impresa la rueda en el suelo al pasar. *Las rodadas de las bicicletas indican que por aquí pasaron.*

rodado s. m. Arg., Chil., Py. y Uy. Cualquier vehículo de ruedas.

rodado, da adj. Relacionado con el tránsito de vehículos de ruedas.

rodadura s. f. Acción y efecto de rodar.

rodaja s. f. Disco de madera, metal. ‖ Tajada circular de ciertas frutas, pescados, embutidos. ‖ Parte de la espuela con la que se pica al caballo. ‖ Ruedecilla.

rodaje s. m. Acción de filmar una película. ‖ Periodo en el cual las piezas de un motor nuevo no han de soportar grandes esfuerzos hasta que por frotamiento se realice su ajuste.

rodamiento *s. m.* Pieza que permite que gire un determinado dispositivo.
rodapié *s. m.* Cenefa.
rodar *t., intr.* y *pr.* Dar vueltas un cuerpo alrededor de su eje. ‖ Moverse por medio de ruedas. ‖ Caer dando vueltas. *Roberto rodó por la escalera y se golpeó.* ‖ Llevar a cabo el rodaje de un filme. *La gran actriz Paulina rodará en escenarios naturales.*
rodear *t.* Poner alrededor. ‖ Cercar. ‖ Dar la vuelta. *La carretera rodea la montaña.* ‖ Tratar con mucho miramiento. *Rodear de cuidados.* ‖ *Amér.* Reunir el ganado en un sitio por medio de caballos que lo acorralan. ‖ *pr.* Llegar a tener en torno a sí.
rodela *s. f.* Escudo redondo.
rodeo *s. m.* Camino más largo o desvío de un camino recto. *Antonio tuvo que dar un rodeo para llegar a la escuela.* ‖ Forma indirecta de hacer o decir algo. *Ana da muchos rodeos antes de pedir algo.* ‖ *Arg., Chil.* y *Uy.* Acción de contar o separar el ganado. Fiesta de vaqueros donde se montan vaquillas, se hacen suertes con lazos, etc., similar a las fiestas mexicanas de charros. ‖ *loc. pl. Andarse* (*alguien*) *con rodeos:* no decir algo de manera directa.
rodete *s. m.* Moño que se hace con trenzas de cabello recogidas en la parte alta de la cabeza. ‖ Rosca de tela que se coloca sobre la cabeza para llevar bultos. *Javier se puso un rodete y encima de él una caja.*
rodilla *s. f.* Parte del cuerpo donde se une el muslo con la pierna. *Tiene el pantalón roto en las rodillas.*
rodillera *s. f.* Lo que se pone por comodidad, defensa o adorno en la rodilla. ‖ Bolsa que forma el pantalón viejo en las rodillas.
rodillo *s. m.* Cilindro macizo que sirve para diversos usos. ‖ Cilindro de caucho duro que soporta el golpe de las teclas de las máquinas de escribir, máquinas contables, calculadoras y tabuladoras. ‖ Cilindro de caucho que sirve para dar masajes. ‖ Cilindro que se utiliza para el entintado de las formas en las máquinas de imprimir. ‖ Instrumento con que se allana o apisona la tierra. ‖ Objeto de forma cilíndrica que se utiliza en vez de la brocha para pintar. ‖ Cilindro de madera que se emplea en repostería para alisar la masa.
rodio *s. m.* Elemento químico, metal escaso en la corteza terrestre; es de color plateado, dúctil, maleable y muy pesado; se utiliza como catalizador y para fabricar espejos especiales; su número atómico es 45 y su símbolo Rh.
rododendro *s. m.* Arbusto de montaña cultivado por sus flores que se usan como adorno. ‖ Flor de esa planta.
rodofíceo, a *adj.* Relativo o perteneciente a una clase de algas marinas. ‖ *s. f. pl.* Familia que forman.
rodrigón *s. m.* Palo o caña puesto al pie de una planta para sujetarla.
roedor, ra *adj.* Que roe. ‖ *fig.* Que conmueve o agita el ánimo. *Una pasión roedora.* ‖ Se dice de un orden de mamíferos con dos incisivos en cada mandíbula como la ardilla, el ratón, el castor, el conejo, el conejillo de Indias, la marmota, etc. ‖ *s. m. pl.* Este orden de animales.

roentgenio *s. m.* Elemento sintético radioactivo, de apariencia desconocida; su número atómico es 111 y su símbolo Rg.

roer *t.* Raspar con los dientes. *El perro roe un hueso.* ‖ *fig.* Concomer, atormentar, desazonar. *El remordimiento le roe.*
rogar *t.* Pedir, suplicar.
rogativa *s. f.* Oración pública para suplicar algo.
rogatorio, ria *adj.* Que ruega.
rogón, gona *adj.* y *s. fam. Méx.* Persona que ruega mucho.
rojizo, za *adj.* Que tira a rojo.
rojo, ja *adj.* Encarnado muy vivo, del color de la sangre. ‖ Se aplica al pelo de un rubio casi colorado. ‖ En política, persona de ideas muy izquierdistas. ‖ *s. m.* Uno de los colores fundamentales de la luz, el menos refrangible. ‖ Temperatura a partir de la cual los cuerpos entran en incandescencia y emiten este color. *Poner un metal al rojo.* ‖ Color característico de las señales de peligro o detención. *El disco está en rojo.* ‖ Cosmético de color rojo. *Rojo de labios.*
rol *s. m.* Lista de nombres. ‖ Licencia que lleva el capitán y donde consta la lista de la tripulación. ‖ *Amér.* Galicismo por «papel» de un actor o participación en un asunto.
rolar *intr.* Dar vueltas en círculos, sobre todo los barcos. ‖ *fam. Méx.* Andar sin rumbo fijo. *Estuve rolando unos meses otros países.*
rollazo *s. m. fam.* Cosa o persona pesada.
rollista *adj.* y *s. com. fam.* Pesado, aburrido. ‖ Cuentista, exagerado.
rollizo, za *adj.* Robusto y gordo.
rollo *s. m.* Objeto cilíndrico formado por una cosa arrollada. *Rollo de papel.* ‖ Carrete de película. ‖ Envoltijo de cuerda, alambre, cable, etc. ‖ Cilindro de madera, rulo, rodillo. *Rollo de pastelero.* ‖ Carne grasa alrededor de un miembro del cuerpo. ‖ *fam.* Exposición, discurso, conversación larga y aburrida. ‖ Labia, verbosidad. ‖ Cuento, embuste. ‖ Cosa o asunto pesado, aburrido. ‖ Persona latosa, pesada. ‖ Mundo o ambiente en que se encuentra uno. ‖ Tema, asunto del que se habla. ‖ Conversación. ‖ El mundo de los drogadictos y de los pasotas. ‖ Droga. ‖ Tipo de vida, actividad que se lleva a cabo.
ROM Abreviatura de *Read Only Memory* (memoria de sólo lectura) que designa en informática a la memoria cuya información no puede ser modificada una vez introducida en una computadora.
romadizo *s. m.* Catarro nasal.
romana *s. f.* Instrumento para pesar.
romance *adj.* Se dice de cada una de las lenguas modernas derivadas del latín, como el castellano, el catalán, el gallego, el francés, el portugués, el italiano, el rumano, el provenzal, etc. ‖ *s. m.* Idioma español. ‖ Composición poética que consiste en repetir al fin de todos los versos pares una asonancia y en no dar a los impares rima de ninguna especie. ‖ Aventura amorosa pasajera.
romancero *s. m.* Colección de romances poéticos.
románico, ca *adj.* Se dice del arte que predominó fundamentalmente en los países latinos entre los siglos XI y XIII. ‖ Romance, neolatino. *Las lenguas románicas.*
romanizar *t.* Difundir las leyes y costumbres romanas. ‖ *pr.* Ser influido por la civilización romana.
romano, na *adj.* De la antigua Roma o de la Roma actual. ‖ Se dice de la Iglesia católica. ‖ *loc. Números romanos:* las letras numerales I, V, X, L, C, D y M.
romanticismo *s. m.* Movimiento intelectual y artístico surgido en Europa a fines del siglo XVIII. ‖ Ca-

lidad de romántico, sentimental. *A Eva le falta un poco de romanticismo en su relación.*

romántico, ca *adj.* Relativo al romanticismo. *Goethe fue un famoso escritor romántico.* || Sentimental. *Carmen anda muy romántica con aquel chico.* || *s.* Escritor, pintor, arquitecto, etc., que refleja el carácter del romanticismo.

romanza *s. f.* Canción de carácter sencillo y tierno.

rómbico, ca *adj.* Se aplica al sistema cristalizado que tiene tres ejes binarios rectangulares, tres planos de simetría y un centro.

rombo *s. m.* Paralelogramo que tiene los lados iguales y dos de sus ángulos mayores que los otros dos.

romboédrico, ca *adj.* Se aplica al sistema cristalino que tiene como tipo el romboedro.

romboedro *s. m.* Prisma cuyas bases y caras son rombos.

romboidal *adj.* De figura de romboide.

romboide *s. m.* Paralelogramo cuyos lados son paralelos e iguales cada uno con el opuesto.

romboideo, a *adj.* Romboidal.

romería *s. f.* Viaje o peregrinación.

romerillo *s. m. Amér.* Planta silvestre de cuya especie muchas se usan en medicina.

romerito *s. m. pl. Méx.* Hierba de hojas delgadas, parecida al romero pero mucho más tierna, que se come guisada. *Los romeritos son un platillo típico en la cuaresma.*

romero, ra *adj. y s.* Peregrino. || *s. m.* Planta labiada, aromática, cuyas flores tienen propiedades estimulantes.

romo, ma *adj.* Sin filo.

rompecabezas *s. m.* Juego que consiste en componer determinada figura repartida en pedazos, en cada uno de los cuales hay una parte de la figura. *A Germán le gustan los rompecabezas muy complicados.* || *fig.* Cualquier cosa que resulta difícil de entender o resolver. *La policía armó todo un rompecabezas para resolver el crimen.*

romper *t.* Separar con violencia las partes de un todo. *Romper una silla.* || Hacer pedazos. *Romper la vajilla.* || Rasgar. *Romper un papel.* || Gastar, destrozar. *Romper el calzado.* || *fig.* Interrumpir. *Romper la monotonía.* || Abrir, iniciar. *Romper las hostilidades.* || Tener principio, comenzar. *Romper el día.* || Surcar. *El velero rompe las aguas.* || Quebrantar. *Romper un contrato.* || *intr.* Estrellarse, deshacerse en espuma las olas. || Dejar de ser amigos, novios, etc. *Juan y Pilar rompieron.* || Quitar toda relación. *Romper con el pasado.* || Empezar bruscamente. *Rompió a hablar.* || Prorrumpir. *Romper en llanto.* || *pr.* No funcionar, tener una avería. *Se me rompió el coche.*

rompimiento *s. m.* Ruptura.

rompope *s. m. Amér. C. y Méx.* Bebida alcohólica suave hecha con aguardiente, huevos, leche, azúcar y vainilla. *Los adultos brindaron con champaña y los niños con rompope.*

ron *s. m.* Bebida alcohólica obtenida de la caña de azúcar. *Cuba es un importante productor de ron a nivel mundial.*

roncar *intr.* Respirar haciendo con la garganta y las narices un ruido sordo mientras se duerme.

roncha *s. f.* Bultillo que aparece en la piel después de una picadura.

ronco, ca *adj.* Que ronca.

ronda *s. f.* Vuelta dada para vigilar. || Patrulla que ronda. || Grupo de jóvenes que andan rondando por

la noche. || Estudiantina, tuna, conjunto musical de estudiantes. || Trayecto que efectúa el cartero repartiendo el correo. || Mano en el juego de cartas. || Giro, vuelta. || Vuelta ciclista por etapas. || Espacio entre la parte interior de la muralla y las casas de una ciudad fortificada. || Camino de circunvalación en una población. || *fig.* Invitación de bebida o tabaco a varias personas. *Pagar una ronda.* || Serie de negociaciones. || Carrera ciclista en etapas.

rondador *s. m. Ecua.* Zampoña.

rondalla *s. f.* Grupo de músicos que tocan por calles y plazas.

rondar *t. fig.* Dar vueltas alrededor de una cosa. || *fig.* Rayar en. *Rondar la cincuentena.* || Andar en pos de uno solicitando algo. || Cortejar, galantear. || *intr.* Recorrer de noche una población para vigilar. || Pasear de noche los mozos por las calles donde viven las mozas a quienes galantean.

rondel *s. m.* Composición poética corta en la que se repite al final el primer verso o las primeras palabras.

rondó *s. m.* Composición musical cuyo tema se repite varias veces.

ronquear *intr.* Estar ronco.

ronquedad *s. f.* Calidad de ronco.

ronquera *s. f.* Afección de la laringe que hace bronco el timbre de la voz.

ronquido *s. m.* Ruido que se hace roncando. || *fig.* Sonido ronco.

ronronear *intr.* Emitir el gato cierto sonido ronco.

ronroneo *s. m.* Ruido que producen los gatos cuando están contentos.

röntgen o **roentgen** *s. m.* Unidad de cantidad de radiación X o gamma.

ronzal *s. m.* Cuerda que se ata al cuello o a la cabeza de las caballerías.

roña *s. f.* Sarna del ganado lanar. || Suciedad, mugre. || Roñosería. || *s. fam.* Persona tacaña.

roñería *s. f. fam.* Roñosería.

roñosería *s. f. fam.* Tacañería.

roñoso, sa *adj.* Que tiene roña. *Carnero roñoso.* || Sucio, mugriento. || Oxidado, mohoso. || *fig. y fam.* Avaro, tacaño. || *Méx.* Rencoroso.

ropa *s. f.* Cualquier prenda de tela. || Prenda de vestir. *Irma tiene debilidad por la ropa de seda.* || *loc. Ropa blanca:* la de uso doméstico, como sábanas y toallas. || *Ropa interior:* conjunto de prendas que se llevan debajo del vestido o del traje exterior.

ropaje *s. m.* Vestido elegante usado en ocasiones y ceremonias solemnes. || Conjunto de ropas.

ropavejería *s. f.* Tienda del ropavejero.

ropavejero, ra *s.* Persona que tiene por oficio comprar y vender ropa, baratijas y otras cosas usadas.

ropero *adj. y s. m.* Armario o habitación en la que se guarda ropa. || *fam. Méx.* Persona muy corpulenta, grande y gruesa.

roquefort *s. m.* Tipo de queso de olor y sabor fuerte, debido al moho azul con que lo elaboran.

rorro *s. m.* Niño que aún mama.

rosa *adj.* Que tiene un color rojo claro. || *s. f.* Flor del rosal. || Adorno que tiene forma de rosa. || En arquitectura, rosetón. || *loc. Rosa de los vientos* o *náutica:* círculo en forma de estrella dividido en treinta y dos partes iguales cuyas puntas señalan las direcciones del horizonte. || *fig. Novela rosa:* la que narra aventuras amorosas siempre felices. || *s. m.* Color de la rosa.

R

rosáceo, a *adj.* De color semejante al de la rosa. ‖ Se aplica a las plantas dicotiledóneas como el rosal, el almendro o la fresa. ‖ *s. f. pl.* Familia que forman.

rosado, da *adj.* De color de rosa. ‖ Se dice del vino ligero y de color claro hecho con la misma uva que la empleada para realizar el tinto.

rosal *s. m.* Arbusto espinoso cultivado por sus flores bellas y aromáticas. *En el jardín Edith tiene dos rosales.*

rosaleda o **rosalera** *s. f.* Sitio plantado de rosales.

rosarino, na *adj.* y *s.* De la ciudad de Rosario, en Argentina, Paraguay o Uruguay.

rosario *s. m.* Rezo en que se conmemoran los quince misterios de la Virgen. ‖ Rezo abreviado en que sólo se celebran cinco misterios de la Virgen. ‖ Sarta de cuentas separadas de diez en diez por otras más gruesas que se usa para este rezo. ‖ *fig.* Sarta, serie. *Un rosario de desdichas.*

rosbif *s. m.* Trozo de carne de buey o de vaca cocinado de modo que el interior queda algo crudo.

rosca *s. f.* Resalto helicoidal de un tornillo o estría helicoidal de una tuerca. ‖ Pan, bollo o torta de forma circular con un espacio vacío en medio. ‖ Carnosidad de las personas gruesas alrededor de cualquier parte del cuerpo. ‖ Círculo que hace el humo en el aire. ‖ Rodete. ‖ *loc. fig. Hacer la rosca a uno:* adularle.

roscado, da *adj.* En forma de rosca. ‖ *s. m.* Aterrajado.

rosedal *s. m. Arg.* o *Uy.* Sitio plantado de rosales.

roseta *s. f.* Rosa pequeña. ‖ *pl.* Granos de maíz tostados y abiertos en forma de flor, palomitas.

rosetón *s. m.* Roseta grande. ‖ En arquitectura, ventana redonda y calada con adornos, frecuente en las iglesias góticas. ‖ Mancha roja en la cara.

rosquilla *s. f.* Bollo o pan dulce en forma de rosca pequeña, con un hoyo en el centro.

rosquilla *s. f.* Bollo, rosca.

rosticería *s. f. Chil., Méx.* y *Nic.* Lugar público donde se asan y venden pollos.

rostro *s. m.* Cara.

rota *s. f.* Tribunal de apelación del Vaticano.

rotación *s. f.* Movimiento de un cuerpo alrededor de un eje real o imaginario. *La rotación de la Tierra.* ‖ Empleo metódico y sucesivo de material, de mercancías, de procedimientos, etc. ‖ Frecuencia de los viajes de un barco, avión, etc., en una línea regular. ‖ *loc. Rotación de cultivos:* sistema de cultivo en que se alternan las especies vegetales que se siembran.

rotativo, va *adj.* Que da vueltas. ‖ Se dice de la máquina tipográfica formada por dos cilindros cubiertos por una plancha estereotipada y entintada entre los que se desliza el papel que se va a imprimir. ‖ *s. m.* Periódico impreso en estas máquinas.

rotatorio, ria *adj.* Que gira.

rotavirus *s. m.* Virus que causa diarrea grave, especialmente en niños pequeños.

rotería *s. f. Chil.* Plebe.

rotisería *s. f. Arg., Chil.* y *Uy.* Tienda donde se venden fiambres, carnes asadas, vinos, etc.

roto, ta *adj.* Que ha sufrido rotura. ‖ *fig.* Destrozado, deshecho. *Una vida rota por el destino.* ‖ *Chil.* Se dice de la persona de muy baja condición social. ‖ *Arg.* Chileno. ‖ *s. m.* Rotura, desgarrón.

rotograbado *s. m.* Huecograbado.

rotonda *s. f.* Plaza circular.

rotor *s. m.* Parte móvil en un motor, generador eléctrico, turbina, etc. ‖ Sistema de palas giratorias de un helicóptero que sirve para sustentarlo e impulsarlo.

rotoso, sa *s. desp. Chil.* Persona de baja condición cultural o social.

rótula *s. f.* Hueso plano situado en la parte anterior de la rodilla.

rotulación *s. f.* y **rotulado** *s. m.* Composición de un letrero.

rotulador, ra *adj.* y *s.* Que dibuja rótulos. ‖ *s. m.* Instrumento para escribir, formado por una barra de fieltro impregnada de tinta, con el que se hacen trazos gruesos. ‖ *s. f.* Máquina para rotular.

rotular *t.* Poner un rótulo.

rótulo *s. m.* Inscripción que se pone a una cosa indicando lo que es. ‖ Cartel, letrero, anuncio público.

rotundidad *s. f.* Sonoridad del lenguaje. ‖ Carácter categórico, terminante.

rotundo, da *adj. fig.* Terminante, categórico. ‖ Completo, patente. *Éxito rotundo.*

rotura *s. f.* Acción de romperse.

roturación *s. f.* Primer arado de una tierra.

roturador, ra *adj.* y *s.* Que rotura.

roturar *t.* Arar por primera vez una tierra para cultivarla.

round *s. m.* En el boxeo, cada uno de los episodios de tres minutos en que se divide una pelea.

roya *s. f.* Enfermedad provocada por hongos que afecta sobre todo a los cereales.

roza *s. f.* Cultivo de tierras en un bosque o selva que, una vez agotadas, se dejan de labrar.

rozadura *s. f.* Roce.

rozagante *adj.* Vistoso, de mucha apariencia. ‖ *fig.* Espléndido.

rozamiento *s. m.* Roce. ‖ Fricción, resistencia al movimiento de un cuerpo o de una pieza mecánica debida al frotamiento. ‖ *fig.* Enojo, disgusto leve.

rozar *t.* Pasar una cosa tocando ligeramente la superficie de otra. ‖ Pasar muy cerca. *Rozaba las paredes.* ‖ Raspar, tocar o arañar levemente. ‖ *fig.* Rayar en. *Rozaba la cuarentena.* ‖ Escapar por poco, estar muy cerca. *Rozó el accidente.* ‖ Tener cierta relación con. *Su actitud roza el descaro.* ‖ *pr.* Sufrir una rozadura. ‖ Desgaste por el roce. ‖ *fam.* Tener, tratarse.

rozón *s. m.* Roce ligero.

ruana *s. f. Col., Ecua.* y *Ven.* Especie de poncho.

rubefacción *s. f.* Color rojo o sanguíneo en la piel.

rubéola y **rubeola** *s. f.* Cierta enfermedad eruptiva parecida al sarampión.

rubí *s. m.* Piedra preciosa de color rojo y brillo intenso.

rubiáceo, a *adj.* y *s.* Se dice de unas plantas dicotiledóneas como el cafeto. ‖ *s. f. pl.* Familia que forman.

rubial *adj.* y *s.* Que tira a rubio.

rubicundo, da *adj.* Rubio que tira a rojo. ‖ Se aplica a la persona de cara de color rojo encendido.

rubidio *s. m.* Elemento químico, metal raro en la corteza terrestre presente en algunas aguas minerales, en ciertas plantas y en minerales de potasio; es de color blanco plateado, blando y pesado, muy reactivo y de oxidación rápida; se utiliza para fabricar células fotoeléctricas; su atómico es 37 y su símbolo Rb.

rubio, bia *adj.* De color parecido al del oro. *Cabello rubio.* ‖ *s.* Persona que tiene el pelo rubio. ‖ *s. m.* Este color.

rublo *s. m.* Unidad monetaria rusa, dividida en 100 cópecs.

rubor *s. m.* Color que sube al rostro por vergüenza. *Cuando le dicen que está muy guapa, a Alejandra se le sube el rubor a la cara.* || Vergüenza. || *Méx.* Maquillaje que se pone en las mejillas para que se vean rosadas.

ruborizar *t.* Avergonzar.

ruboroso, sa *adj.* Vergonzoso.

rúbrica *s. f.* Rasgo o rasgos que se ponen tras el nombre al firmar. || *fig.* Firma, nombre. || Título, epígrafe de un capítulo o sección en un periódico, revista, etc.

rubricar *t.* Poner uno su rúbrica después de la firma. || Firmar. || *fig.* Dar testimonio de algo. || Concluir, coronar. *Rubricó su carrera con el doctorado.*

rubro *s. m. Amér. C.* y *Amér. Merid.* Título o rótulo. *Busqué una receta de galletas en el rubro de «Postres».* || *Amér. Merid.* y *Méx.* Conjunto de artículos de consumo de un mismo tipo.

rucio o **rucho** *s. m.* Asno.

ruco, ca *adj.* y *s. Amér. C.* Viejo, inútil, en particular referido a las caballerías. || *fam. desp. Méx.* Relativo a la persona de edad, a los ancianos.

rudeza *s. f.* Brusquedad.

rudimentario, ria *adj.* Elemental.

rudimento *s. m.* Estado primero de un órgano. || *pl.* Nociones elementales de una ciencia o profesión.

rudo, da *adj.* Tosco, sin pulimento, basto. || Duro, difícil, penoso. *Trabajo rudo.* || Brusco, sin artificio. *Franqueza ruda.* || Fuerte, severo. *Los rudos golpes de la vida.*

rueca *s. f.* Útil para hilar.

rueda *s. f.* Artefacto plano de forma circular destinado a girar alrededor de su centro y que permite que un vehículo se mueva o que, en una máquina, se transmita el movimiento mediante los dientes que rodean su contorno. || Corro. *Rueda de personas.* || Abanico que forma el pavo real cuando extiende la cola. || Tajada. *Rueda de merluza.* || Rodaja. *Rueda de salchichón.* || Tambor que contiene los números en un sorteo de lotería. *Rueda de la fortuna.* || *loc. Rueda de prensa:* reunión de varios periodistas para interrogar a una persona. || *Rueda hidráulica:* la provista de paletas movidas por el agua y que acciona un molino o cualquier otra máquina.

ruedo *s. m.* Redondel, espacio de las plazas de toros para lidiar.

ruego *s. m.* Súplica, petición.

rufián *s. m.* Sinvergüenza.

rugby *s. m.* Deporte que se practica con un balón ovalado que se impulsa con manos y pies.

rugido *s. m.* Grito del león. || *fig.* Grito fuerte de reprobación. || Bramido, ruido del viento.

rugir *intr.* Dar rugidos el león, el tigre y otras fieras. || *fig.* Bramar, producir un ruido fuerte y ronco el viento, la tempestad. || Dar gritos muy fuertes una persona.

rugosidad *s. f.* Condición de rugoso. || Arruga.

rugoso, sa *adj.* Que tiene arrugas.

ruibarbo *s. m.* Planta cuya raíz se emplea como purgante.

ruido *s. m.* Conjunto de sonidos inarticulados y confusos. *El ruido de la calle.* || *fig.* Escándalo, jaleo. *Esta noticia va a armar mucho ruido.*

ruidoso, sa *adj.* Se aplica a lo que hace o donde hay mucho ruido. || *fig.* Que da mucho de qué hablar.

ruin *adj.* Vil. || Tacaño.

ruina *s. f.* Destrucción, natural o no, de una construcción. || *fig.* Pérdida de la fortuna, de la prosperidad, del honor. *Vamos a la ruina.* || Pérdida. *Labrar su ruina.* || Decadencia moral. || Caída, derrumbamiento. *La ruina del régimen.* || Persona en estado de gran decadencia física o moral. *Lo encontré hecho una ruina.* || *pl.* Restos de una o más construcciones hundidas. *Ruinas de Sagunto.*

ruindad *s. f.* Abyección. || Avaricia.

ruinoso, sa *adj.* Que provoca la ruina. || Que amenaza ruina.

ruiseñor *s. m.* Pájaro insectívoro de plumaje pardo y canto melodioso.

rulero *s. m. Amér. Merid.* Rulo, cilindro para rizar el pelo.

ruleta *s. f.* Juego de azar en el que el ganador es designado por una bola que gira sobre una rueda con casillas numeradas. || *loc. Ruleta rusa:* juego suicida en el que dos o más personas se disparan por turnos con un revólver que tiene sólo una bala, hasta que una de ellas muere.

ruletear *intr. Méx.* y *Ven. fam.* Conducir un taxi.

ruleteo *s. m. Méx.* Acción consistente en recorrer las calles con un taxi en busca de clientes.

ruletero, ra *s. fam. Méx.* y *Ven.* Taxi. *Evaristo trabaja en un ruletero.* || Persona que conduce un taxi.

rulo *s. m.* Rizo de cabello. *Marisol tenía la cabeza cubierta de rulos.* || Cilindro hueco para rizar el cabello.

rumano, na *adj.* y *s.* Originario de Rumania, país de Europa Oriental. || *s. m.* Lengua románica hablada en Rumania.

rumba *s. f.* Baile popular cubano de origen africano y música de dicho baile.

rumbear *intr. Amér.* Orientarse, tomar un rumbo. || Bailar la rumba.

rumbero, ra *s.* Persona que baila, canta o toca la rumba.

rumbo *s. m.* Dirección que se sigue al andar o navegar.

rumboso, sa *adj. fam.* Desprendido, generoso.

rumiante *adj.* Que rumia. || *s. m. pl.* Se dice de los mamíferos ungulados que carecen de dientes incisivos en la mandíbula superior y tienen cuatro cavidades en el estómago, como el buey, el camello, el ciervo, el carnero, etc. || Suborden que forman.

rumiar *t.* Hablando de los rumiantes, masticar por segunda vez los alimentos que ya estuvieron en el estómago volviéndolos a la boca. || *fig.* y *fam.* Reflexionar con mucha detención una cosa. || Refunfuñar.

rumor *s. m.* Ruido confuso. *El rumor del público.* || Noticia vaga que corre entre la gente.

rumorear *t.* e *intr.* Hablar de.

runa *s. f.* Cada carácter de la escritura rúnica. *Se cree que las runas son una derivación modificada del alfabeto etrusco.* || *Arg.* y *Bol.* Papa pequeña que necesita mucho tiempo para cocerse.

runcho *s. m.* Marsupial que vive en América del Sur, especie de zarigüeya común.

rúnico, ca *adj.* Tipo de escritura que usaron los pueblos germánicos del norte de Europa.

runrún *s. m. fam.* Rumor, ruido confuso. || *Arg., Col., Chil.* y *Per.* Juguete que se hace girar para que produzca un zumbido.

runrunear *t.* e *intr.* Correr el runrún, rumorear.

runruneo *s. m.* Runrún, rumor.

rupestre *adj.* Se dice de los dibujos y pinturas de la época prehistórica existentes en algunas rocas y cavernas. *El arte rupestre.*

rupia *s. f.* Unidad monetaria de la India (dividida en 100 paise), Nepal, Paquistán, Indonesia, Sri Lanka o Ceilán, Islas Mauricio y Seychelles.

ruptura *s. f.* Acción y efecto de romper o romperse. || Rompimiento, desavenencia. *Ruptura conyugal.* || Suspensión, anulación. *Ruptura de un contrato.* || Separación, discontinuidad, oposición de las cosas. *La mentalidad de hoy está en ruptura con la del pasado.* || Operación militar que da como resultado la apertura de una brecha en el dispositivo defensivo del adversario. *Ruptura del frente enemigo.* || En medicina, fractura.

rural *adj.* Relativo al campo o que vive en poblaciones del campo. *Médico rural.* || De tierra cultivable. *Propietario rural.* || *Amér.* Rústico, campesino.

ruso, sa *adj.* y *s.* Natural de Rusia o relativo a ella. || Se dice de la ensalada de diferentes verduras y papas cortadas en trocitos cuadrados y con mayonesa. || *s. m.* Lengua eslava hablada en Rusia, y antiguo oficial en la ex Unión Soviética. || Albornoz de paño grueso.

rusticidad *s. f.* Condición de rústico.

rústico, ca *adj.* Relativo al campo. *Fincas rústicas.* || Campesino. || *fig.* Tosco, grosero, basto, poco refinado. *Costumbres rústicas.* || *loc. En* o *A la rústica:* encuadernado con cubiertas de papel o de cartulina.

ruta *s. f.* Camino e itinerario de un viaje. *La ruta del canal de Panamá.* || Rumbo. || *fig.* Medio para llegar a un fin, derrotero.

rutáceo, a *adj.* Se dice de las plantas dicotiledóneas como el naranjo, el limonero. || *s. f. pl.* Familia que forman.

rutenio *s. m.* Elemento químico, metal raro en la corteza terrestre, perteneciente al grupo del platino; de color grisáceo, duro y quebradizo, se utiliza como catalizador y endurecedor en joyería y odontología; su número atómico es 44 y su símbolo Ru.

rutherfordio *s. m.* Elemento químico transuránico que se obtiene artificialmente; es el primer elemento posterior al grupo de los actínidos; su número atómico es 104 y su símbolo Rt.

rutilante *adj.* Brillante.

rutilar *intr.* Brillar mucho.

rutina *s. f.* Costumbre de hacer las cosas del mismo modo.

rutinario, ria *adj.* Que se hace por rutina. || Que obra siguiendo la rutina.

s s. f. Vigésima letra del abecedario español; su nombre es «ese».

S.O.S. s. m. Señal de auxilio.

sábado s. m. Sexto día de la semana, empezando a contar a partir del lunes. *El sábado me voy a la playa y regreso el domingo.*

sabaleta s. f. *Col., C. Rica* y *Ecua.* Pez propio de los ríos andinos.

sábalo s. m. Pez marino.

sabana s. f. Espacio natural extenso con pocos árboles y vegetación formada por hierbas y arbustos. *En la sabana africana viven cebras, leones, elefantes y otros animales.*

sábana s. f. Pieza o lienzo de tela que se usa como ropa de cama. *Con la sábana de abajo se cubre el colchón.*

sabandija s. f. Bicho generalmente asqueroso. || *fig.* Persona despreciable.

sabanear intr. *Amér.* Recorrer la sabana para reunir el ganado o vigilarlo.

sabanero, ra adj. y s. Se aplica a la persona que vive en la sabana. || Relativo a la sabana.

sabañón s. m. Lesión inflamatoria de los pies, manos y orejas provocada por el frío y caracterizada por ardor y picazón.

sabático, ca adj. Relativo al sábado. || *loc.* Año sabático: año de descanso que tienen los investigadores de las universidades cada seis años.

sabatino, na adj. Del sábado. *Javier se inscribió a un curso sabatino de inglés.*

sabbat s. m. Para el judaísmo, día de descanso obligatorio y consagrado a Dios, que va de la noche del viernes a la noche del sábado de cada semana.

sabedor, ra adj. Enterado.

sabelotodo s. com. *loc.* Persona que cree tener siempre una respuesta para todo porque piensa que sabe mucho.

saber[1] s. m. Sabiduría.

saber[2] t. Conocer una cosa o tener noticia de ella. *Supe que había venido.* || Ser docto en una materia. *Saber griego.* || Haber aprendido de memoria. *Saber su lección.* || Tener habilidad. *Saber dibujar.* || Ser capaz. *Sabe hasta dónde puede llegar.* || *loc.* Hacer saber: comunicar. || *Arg., Bol., Cub., Ecua., Guat., Py., Per.* y *Uy.* Soler, acostumbrar. || intr. Ser muy sagaz y advertido. *Sabe más que la zorra.* || Tener sabor una cosa. *Esto sabe a miel.* || Parecer. *Los consuelos le saben a injurias.* || *loc.* A saber: es decir. || Saber de: tener noticias de. *Hace un mes que no sé de él.*

sabido, da adj. Conocido. *Como es sabido.* || *fam.* Que sabe mucho.

sabiduría s. f. Conjunto de conocimientos profundos. || Prudencia.

sabiendas *loc.* A sabiendas: De un modo cierto o consciente. *Braulio me hizo una broma, a sabiendas de que no me gustan.*

sabihondo, da o **sabiondo, da** adj. y s. *fam.* Se aplica a la persona que presume de saber mucho pero que en realidad no sabe tanto.

sabino, na adj. De un antiguo pueblo latino de Roma.

sabio, bia adj. Se aplica a la persona que tiene conocimientos científicos profundos y que suele dedicarse a la investigación. || Sensato, prudente. *Una sabia medida.* || Que instruye. *Sabia lectura.*

sablazo s. m. Golpe dado con el sable y herida que este golpe produce. *El pirata recibió un sablazo en la pierna.* || *fam.* Hecho de obtener con maña dinero de otro. *Cuidado con Pedro: trata de darte un sablazo.*

sable s. m. Arma blanca un poco curva parecida a la espada pero con un solo filo.

sableador, ra s. *fam.* Sablista.

sablear intr. *fam.* Pedir dinero a otro, ya sea prestado o regalado.

sablero, ra adj. y s. *fam. Chil.* Sablista, que pide sin intención de devolver.

sablista adj. y s. com. Persona que pide dinero prestado sin intención de pagarlo.

sabor s. m. Sensación que ciertos cuerpos producen en el órgano del gusto. *Sabor a limón.* || *fig.* Impresión que una cosa produce en el ánimo. || Carácter, estilo.

saborear t. Disfrutar detenidamente y con deleite el sabor de una cosa.

saboreo s. m. Acción de saborear.

sabotaje s. m. Daño o deterioro que para perjudicar a los patronos hacen los obreros en la maquinaria, productos, etc. || Daño que se hace como procedimiento de lucha contra las autoridades, las fuerzas de ocupación o en conflictos sociales o políticos. || *fig.* Entorpecimiento de la buena marcha de una actividad.

saboteador, ra adj. y s. Se aplica a la persona que sabotea.

sabotear t. Cometer sabotaje.

saboteo s. m. Sabotaje.

saboyano, na adj. y s. De Saboya, región de Italia y Francia.

sabroso, sa adj. De sabor agradable. || *fig.* Delicioso. || Gracioso. *Un chiste muy sabroso.*

sabrosón, sona adj. *Méx.* Con mucho sabor. *La cocinera preparó un guisado picante pero sabrosón.* || Con mucho ritmo, muy agradable. *La música tropical es sabrosona.*

sabueso s. m. Perro de olfato y oído muy finos. *Los sabuesos persiguieron al zorro.* || *fam.* Persona que tiene gran habilidad para investigar crímenes y seguir las pistas para localizar delincuentes. *El sabueso seguía de cerca al ladrón.*

saburra *s. f.* Capa blanquecina y espesa que aparece sobre la lengua.

saburroso, sa *adj.* Cubierto de saburra.

saca *s. f.* Bolsa grande, más larga que ancha, hecha de tela fuerte y rústica. *La saca se usa para transportar la correspondencia.*

sacabocados *s. m.* Instrumento cuya punta hueca de contorno afilado sirve para hacer perforaciones.

sacacorchos *s. m.* Instrumento formado por un mango y una punta con forma de espiral, que sirve para quitar los tapones de corcho que cierran las botellas.

sacapuntas *s. m.* Instrumento con una navaja en el que se introduce la punta del lápiz para afilarlo.

sacar *t.* Hacer salir algo o a alguien fuera del lugar o de la situación en que estaba. *Sacaré aquellos pantalones y los regalaré.* || En matemáticas, resolver un problema, operación, etc. *Dorotea sacó la cuenta para saber lo que había gastado.* || Conseguir, obtener. *El aceite de oliva se saca de las aceitunas.* || Dar a conocer algo que había estado oculto. || *Arg.* y *Uy.* Excluir algo de un todo. *Sacando los semitonos, la escala musical tiene siete notas.* || Inventar, crear. *Este año, los diseñadores han sacado modelos muy bonitos.* || Poner en juego el balón durante un partido. *El equipo que saca es el que puede anotar puntos.* || Ganar en determinados juegos de azar. *Rosario se sacó la lotería.* || Copiar algo. *Saqué este poema de internet.* || Captar una imagen con una cámara fotográfica. *Los exploradores sacaron fotografías del volcán.* || Mencionar un tema en la conversación. *No saques el tema de la comida.* || *loc. Sacar adelante:* llevar a buen fin. *La viuda sacó adelante a sus hijos al morir su esposo.* || *Sacar de quicio* o *de sus casillas:* hacer que alguien pierda el control de sí mismo.

sacárido *s. m.* Nombre genérico que se da a los azúcares y sus derivados.

sacarífero, ra *adj.* Que contiene azúcar o la produce.

sacarificar *t.* Convertir en azúcar.

sacarimetría *s. f.* Medida de la cantidad de azúcar en disolución que existe en un líquido.

sacarina *s. f.* Endulzante artificial que no tiene relación con el azúcar y carece de calorías e hidratos de carbono. *La sacarina fue descubierta en 1879.*

sacaromicetos *s. m. pl.* Levadura que produce la fermentación alcohólica de los jugos azucarados.

sacarosa *s. f.* Azúcar de caña o de remolacha.

sacatepesano, na *adj.* y *s.* De Sacatepéquez, departamento de Guatemala.

sacerdocio *s. m.* Dignidad y funciones de un sacerdote.

sacerdotal *adj.* Relacionado con el sacerdocio o con los sacerdotes. *La vestimenta sacerdotal depende de la celebración.*

sacerdote *s. m.* Ministro de una religión.

sacerdotisa *s. f.* Mujer o joven consagrada al culto de una divinidad.

saciable *adj.* Referido a lo que puede satisfacerse.

saciar *t.* y *pr.* Satisfacer el hambre o la sed. *En cuanto sació su hambre montó en su caballo y continuó su viaje.* || *fam.* Satisfacer de manera plena las ambiciones o deseos.

saciedad *s. f.* Condición de quien está satisfecho o harto. *Comió tanto, que la saciedad le produjo sueño.*

saco *s. m.* Bolsa grande hecha de tela, cuero u otro material, que se usa para transportar cosas. || Cual-

quier órgano con forma de bolsa. *El saco amniótico es la bolsa llena de agua que guarda al feto.* || Prenda de vestir que se pone sobre la camisa, cubre la espalda y los brazos, y por adelante se cierra con botones. *Debemos ir vestidos con saco y corbata.* || *loc. No echar en saco roto:* no olvidar algo, tenerlo en cuenta para poder obtener algún provecho: *No eches en saco roto los consejos de tu abuelo.* || *Saco de dormir:* bolsa de tejido impermeable que sirve para dormir cuando se está de viaje en el campo.

sacón, cona *adj.* y *s.* Cobarde, gallina. *Es un sacón, no se atreve a reclamar.*

sacralizar *t.* Dar carácter sagrado a una cosa que no lo era.

sacramental *adj.* Relativo a los sacramentos. || *fig.* Consagrado por la ley o el uso.

sacramento *s. m.* En el catolicismo, acto religioso destinado a santificar algún suceso en la vida de las personas.

sacrificar *t.* y *pr.* Ofrecer a una divinidad una víctima en sacrificio. || Matar animales para consumirlos como alimento o porque se encuentran muy enfermos y no van a sanar. || Dejar de hacer algo importante para hacer otra cosa. *Horacio sacrificó su hora de comida para terminar el trabajo.* || Renunciar a algo por generosidad hacia otro. *Enrique se sacrificó y dejó su lugar a Horacio.*

sacrificio *s. m.* Ofrenda hecha a una divinidad, en especial la inmolación de víctimas. || Hecho de matar un animal para consumirlo como alimento o porque se encuentra muy enfermo y no va a sanar. *El sacrificio de las reses se realiza en el rastro municipal.* || Aquello que necesita de mucho esfuerzo para realizarse. *Atravesar ese desierto sería un gran sacrificio.* || Acto de generosidad en el que se renuncia a algo para beneficiar a otro.

sacrilegio *s. m.* Profanación de leyes, objetos, imágenes o personas que se consideran sagradas.

sacrílego, ga *adj.* y *s.* Se dice de la persona o hecho que comete o representa sacrilegio.

sacristán *s. m.* En los templos católicos, empleado encargado de la conservación de una iglesia y de los objetos de culto. *El sacristán cierra la iglesia por la noche.*

sacristía *s. f.* Lugar de los templos católicos donde se guardan los ornamentos y las ropas de los sacerdotes.

sacro, cra *adj.* Sagrado. || Relativo al hueso situado en el extremo inferior de la columna vertebral. *El hueso sacro está formado por varias vértebras unidas.* || *s. m.* Hueso situado en el extremo inferior de la columna vertebral.

sacrosanto, ta *adj. fam.* Que es objeto de un respeto casi religioso.

sacudida *s. f.* Movimiento fuerte de alguna cosa de un lado a otro. *El terremoto provocó una fuerte sacudida.* || *fam.* Impresión fuerte que causa un daño en la salud o en un orden establecido. *Saber de su enfermedad fue una sacudida para Elí.*

sacudidor *s. m.* Instrumento con que se sacude el polvo de las casas.

sacudir *t.* y *pr.* Agitar en el aire una cosa o golpearla con fuerza para limpiarla. *Sacudimos la ropa de cama para quitarle el polvo.* || Mover con fuerza algo hacia uno y otro lado. || *fam.* Golpear, pegar. || *fam.* Causar una impresión fuerte. || Quitarse una cosa de encima con violencia. *Andrés se sacudió la araña que había subido a su brazo.*

sacudón *s. m. Amér.* Sacudida rápida y violenta.

sádico, ca *adj.* y *s.* Referido a la persona que disfruta haciendo sufrir a otras.

sadismo *s. m.* Perversión sexual de quien siente placer al hacer sufrir a otros.

saeta *s. f.* Flecha. ‖ Manecilla del reloj. ‖ Copla desgarrada que se canta en Andalucía ante los pasos de la Semana Santa.

saetín *s. m.* En los molinos, canal por donde se precipita el agua desde la presa hasta la rueda hidráulica para hacerla andar.

safari *s. m.* Expedición de caza mayor. ‖ Parque zoológico de animales salvajes.

saga *s. f.* Cada una de las leyendas mitológicas de la antigua Escandinavia. ‖ *fig.* Historia o novela de una familia.

sagacidad *s. f.* Perspicacia.

sagaz *adj.* Perspicaz, prudente.

sagitario *adj.* y *s. com.* Se aplica a la persona nacida bajo el signo del zodiaco comprendido entre el 22 o 23 de noviembre y el 21 de diciembre.

sagrado, da *adj.* Que tiene relación con lo divino. ‖ *fig.* Se aplica a lo que merece respeto. *Para mí la amistad es algo sagrado.*

sagrario *s. m.* Parte interior de un templo, donde se depositan y guardan los objetos sagrados.

saguaipé *s. m.* Gusano parásito. ‖ *Arg.* Sanguijuela.

saharaui o **saharauí** *adj.* Del Sahara Occidental.

sahariano, na o **sahárico, ca** *adj.* y *s.* Del Sahara, en África.

sahumar *t.* Dar humo aromático a una cosa.

saimirí *s. m.* Mono de cola larga.

sainete *s. m.* Obra teatral corta, de asunto jocoso y carácter popular. ‖ Salsa que se añade a ciertos platos de cocina.

sainetero, ra *s.* o **sainetista** *s. com.* Autor de sainetes.

saíno *s. m.* Mamífero paquidermo de América del Sur, parecido al jabato.

sajadura *s. f.* Incisión o corte hecho en la carne con fines curativos. *Le practicaron una sajadura para sacarle la espina.*

sajar *t.* Hacer cortes en la carne como medida curativa, en especial en los granos o tumor para limpiarlo. *Fue necesario sajar las espinillas de su rostro.*

sajón, jona *adj.* y *s.* Relativo a Sajonia, pueblo de origen alemán que invadió Gran Bretaña en el siglo v.

sal *s. f.* Sustancia cristalina de gusto acre, soluble en el agua, que se emplea como condimento y para conservar la carne o el pescado. ‖ Compuesto que resulta de la acción de un ácido o de un óxido ácido sobre una base, o de la acción de un ácido sobre un metal. ‖ *fig.* Agudeza, gracia. *Sátira escrita con mucha sal.* ‖ Garbo, salero. *Una mujer con mucha sal.* ‖ *pl.* Sustancias volátiles que se dan a respirar con objeto de reanimar. ‖ Sustancias cristaloides, perfumadas, que se mezclan con el agua del baño. ‖ *loc.* **Echar la sal:** dar mala suerte, provocar desgracias. ‖ *Sal gema:* cloruro de sodio. ‖ *fig. Sal gorda:* humor chabacano.

sala *s. f.* Pieza principal de una casa. *Sala de recibir.* ‖ Conjunto de muebles de esta pieza. ‖ Local para reuniones, fiestas, espectáculos, etc. *Sala de cine.* ‖ Dormitorio en un hospital. *Sala de infecciosos.* ‖ Sitio donde se constituye y reúne un tribunal de justicia. *Sala de lo criminal.* ‖ Conjunto de magistrados o jueces que entienden sobre determinadas materias. ‖ *loc. Sala de operaciones:* quirófano.

salabar *s. m.* Salabardo.

salabardo *s. m.* Red colocada en un aro y en la punta de un mango que se utiliza para coger pescados.

salacidad *s. f.* Inclinación a la lujuria.

saladería *s. f. Arg.* Industria de salar carnes.

saladero *s. m.* Lugar destinado a salar las carnes o pescados. ‖ Matadero grande.

salado, da *adj.* Que tiene sal. ‖ *Esp. fig.* Gracioso. *Niño salado.*

salador *s. m.* Saladero.

salamandra *s. f.* Batracio urodelo que se alimenta principalmente de insectos. ‖ Estufa para calefacción doméstica.

salamanquesa *s. f.* Saurio terrestre.

salamateco, ca *adj.* y *s.* De Salamá, municipio de Guatemala.

salame *s. Arg.* y *Uy.* Salami. ‖ *desp. Arg., Py.* y *Uy.* Persona tonta o ingenua.

salami *s. m.* Alimento hecho de carne muy salada metida en una tripa alargada y gruesa, que se corta en rebanadas redondas y delgadas y se come frío.

salamín *s. m. Arg. Py.* y *Uy.* Variedad de salami de tamaño más pequeño y molido más fino que el normal.

salar *s. m. Arg.* Salina.

salar *t.* Echar en sal. *Salar tocino.* ‖ Poner sal. *Salar la comida.* ‖ *Amér.* Echar a perder, estropear. ‖ Deshonrar.

salarial *adj.* Del salario.

salario *s. m.* Remuneración de la persona que trabaja por cuenta ajena en virtud de un contrato laboral. *Un salario insuficiente.* ‖ *loc.* Salario base o básico: cantidad mensual utilizada para calcular las prestaciones familiares y sociales. ‖ *Salario mínimo:* el menor que se puede pagar a un trabajador según la ley.

salaz *adj.* Lujurioso.

salazón *s. f.* Acción y efecto de salar. ‖ *Amér. C., Cub.* y *Méx.* Desgracia, mala suerte.

salchicha *s. f.* Embutido, en tripa delgada, de carne de cerdo.

salchichería *s. f.* Tienda de embutidos de carne de cerdo.

salchichón *s. m.* Embutido de jamón, tocino y pimienta en grano.

salchichonería *s. f. Méx.* Tienda donde se vende jamón, salami, salchichón, salchicha y otras carnes frías.

salcochar *t.* Cocer un alimento sólo con agua y sal. *Antes de guisar el pollo, Bertha lo salcochó.*

saldar *t.* Liquidar una deuda que se tiene.

saldo *s. m.* Diferencia entre lo que se suma y se resta en una cuenta. ‖ Mercancía que se vende a bajo precio porque se es último que queda de una cantidad grande que ya se vendió. *Elena y Cristina compraron unos vestidos de saldo.*

saledizo *adj.* Saliente, que sobresale.

salero *s. m.* Frasco o recipiente para servir o guardar la sal.

saleroso, sa *adj. fam. Esp.* Se dice de quien tiene simpatía al hablar y gracia al moverse.

salgareño, ña *adj.* y *s.* De Salgar, municipio de Colombia.

sálica *loc.* ley sálica: la que excluía a las mujeres de la sucesión a la corona.

salicílico, ca *adj.* Relativo a un ácido que posee propiedades curativas, en especial para evitar infecciones e inflamaciones. *El ácido salicílico ayuda a desinflamar los músculos.*

salida *s. f.* Acción y efecto de salir o salirse. *Presencié un accidente a la salida del trabajo.* ‖ Partida de

S

un tren, buque, autobús de línea, avión, etc. ‖ Aparición de un astro. *La salida del Sol.* ‖ Parte por donde se sale de un sitio. *Salida de emergencia.* ‖ *s. com.* Despacho o venta de los géneros. *Dar salida a una mercancía.* ‖ Posibilidad de venta. *Buscar salida a los productos.* ‖ Publicación, aparición. *La salida de un periódico.* ‖ *fig.* Posibilidad abierta a la actividad de alguien. *Las carreras técnicas tienen muchas salidas.* ‖ Escapatoria, evasiva. ‖ Solución. *No voy salida a este asunto.* ‖ *fig. y fam.* Ocurrencia. *Tener una buena salida.* ‖ Dinero sacado de una cuenta para pagar las deudas contraídas.

salidor, ra *adj. y s. Arg., Chil., Cub., Méx., Py., Uy. y Ven.* Andariego, callejero.

saliente *adj. y s.* Que sale.

salina *s. f.* Yacimiento de sal gema.

salinero, ra *adj.* Relativo a la salina. *Compañía salinera.* ‖ *s.* Persona que fabrica, extrae, vende o transporta sal.

salinidad *s. f.* Calidad de salino.

salino, na *adj.* Que contiene sal.

salir *intr.* Pasar de la parte de adentro a la de afuera. *Salir al jardín.* ‖ Abandonar un sitio donde se había estado cierto tiempo. *Salir del hospital.* ‖ Marcharse. *Saldremos para Barcelona.* ‖ Dejar cierto estado. *Salir de la soltería.* ‖ Escapar, librarse. *Salir de apuros.* ‖ Haberse ido fuera de su casa. *La señora salió.* ‖ Ir de paseo. *Salir con los amigos.* ‖ Dentro de un mismo recinto, ir a otro sitio para efectuar cierta actividad. *Salir a batirse, a escena.* ‖ Partir, marcharse. *El tren sale muy temprano.* ‖ Aparecer. *Salió un artículo que me interesa.* ‖ Presentarse una ocasión, una oportunidad. *Salió una vacante en la administración pública.* ‖ Verse con frecuencia un chico y una chica, generalmente como etapa previa al noviazgo. ‖ Franquear cierto límite. *Salir del tema.* ‖ Aparecer. *Ya salió el Sol.* ‖ Brotar, nacer. *Ya salió el maíz.* ‖ Quitarse, desaparecer una mancha. ‖ Sobresalir, resaltar. *Esta cornisa sale mucho.* ‖ Resultar. *El arroz te salió muy bueno.* ‖ Proceder. *Salir de la nobleza.* ‖ Presentarse. *Me salió una oportunidad.* ‖ Deshacerse de una cosa. *Ya salí de esta mercancía.* ‖ Mostrarse en público. *Mañana saldré en la televisión.* ‖ Costar. *Cada ejemplar me sale a veinte pesos.* ‖ Iniciar un juego. ‖ Encontrar la solución. *Este problema no me sale.* ‖ Presentarse al público, aparecer. *Salió un nuevo periódico.* ‖ Hablar u obrar de una manera inesperada. *¿Ahora sales con eso?* ‖ Deducirse. *De esta verdad salen tres consecuencias.* ‖ Tener buen o mal éxito algo. *Salir bien en un concurso.* ‖ Dar cierto resultado un cálculo. *Esta operación me salió exacta.* ‖ Parecerse una persona a otra. *Este niño salió a su padre.* ‖ Ser elegido por suerte o votación. *Rodríguez salió electo diputado.* ‖ Ser sacado en un sorteo. *Mi billete de lotería no salió.* ‖ Dar, desembocar. *Este callejón sale cerca de su casa.* ‖ Manifestar. *El descontento le sale a la cara.* ‖ *pr.* Irse un fluido del sitio donde está contenido, por filtración o rotura. *El gas se sale.* ‖ Dejar escaparse el fluido que contenía un recipiente. *Esta botella se sale.* ‖ Rebosar un líquido, al hervir. *La leche se salió.* ‖ Dejar de pertenecer. *Ricardo se salió del Partido Socialista.* ‖ *loc.* **A lo que salga** lo que salga: sin preocuparse de lo que pueda resultar. ‖ **Salir adelante:** vencer las dificultades. ‖ **Salir con:** conseguir. ‖ **Salir del paso:** cumplir una obligación como se puede. ‖ **Salir por:**

ganar cierta cantidad por todos los conceptos. ‖ **Salir por uno:** defender a alguien. ‖ **Salirse con la suya:** conseguir lo que uno deseaba.

salitral *adj.* Que tiene salitre. ‖ *s. m.* Yacimiento de salitre.

salitre *s. m.* Nitrato de potasio. ‖ Sustancia salina que brota en las paredes y tierras húmedas.

salitrera *s. f.* Sitio donde abunda el salitre. *Alrededor de esa laguna hay una salitrera.* ‖ *Chil.* Instalación industrial para la explotación del salitre.

salitroso, sa *adj.* Que tiene salitre.

saliva *s. f.* Líquido que se produce en la boca y que se mezcla con los alimentos al masticarlos.

salivación *s. f.* Secreción de saliva.

salivadera *s. f. Amér. Merid.* Recipiente para escupir.

salivajo *s. m. fam.* Escupitajo.

salival o **salivar** *adj.* Relativo al líquido transparente llamado «saliva» que se produce en la boca. *Las glándulas salivales producen la saliva.*

salivar *intr.* Producir saliva. *Cuando pienso en comida empiezo a salivar.*

salivazo *s. m.* Porción de saliva que se escupe de una sola vez.

salivera *s. f. Amér.* Escupidera.

salmantino, na *adj. y s.* De Salamanca, provincia y ciudad de España.

salmo *s. m.* Cántico litúrgico formado por una serie de versos que varían en la métrica. *Los salmos de David pueden recitarse.*

salmodia *s. f.* Canto monótono.

salmón *s. m.* Pez fluvial y marino de carne rosa pálido muy estimada. ‖ *adj.* Del color del salmón.

salmonela *s. f.* Género de bacterias que producen infecciones intestinales.

salmonelosis *s. f.* Infección causada por salmonelas. *El pollo en mal estado puede provocar salmonelosis.*

salmonete *s. m.* Pez marino teleósteo, rojizo y de carne muy sabrosa.

salmónido, da *adj.* Se aplica a una especie de peces que tienen dos aletas dorsales, como el salmón y la trucha. ‖ *s. m. pl.* Familia formada por estos peces.

salmuera *s. f.* Líquido salado en el cual se conservan carnes y pescados.

salobre *adj.* Que contiene sal.

salobridad *s. f.* Calidad de salobre.

salón *s. m.* Sala grande. *Salón de actos.* ‖ *Esp.* Sala, cuarto donde se reciben las visitas. ‖ Nombre dado a ciertos establecimientos. *Salón de té, de peluquería.* ‖ Exposición. *Salón del automóvil.*

salpicada *s. f. Méx.* Salpicadura.

salpicadera *s. f. Méx.* Protección que cubre las ruedas de los automóviles y de las bicicletas para que al moverse no salpiquen la suciedad que hay en el camino.

salpicadero *s. m.* Tablero en el automóvil, delante del conductor, donde se encuentran situados algunos mandos y testigos de control.

salpicadura *s. f.* Mancha que deja un líquido al caer sobre una superficie.

salpicar *t. e intr.* Dispersar en gotas un líquido. *El agua salpica en la fuente.* ‖ Esparcir una cosa. *Salpiqué algunos pétalos de rosa sobre la mesa como adorno.*

salpicón *s. m.* Plato frío consistente en carne picada o deshebrada que se mezcla con verduras y se adereza con sal, aceite y vinagre. ‖ *Ecua.* Refresco que se elabora con jugos de frutas mezclados.

salpimentar *t.* Sazonar algo con sal y pimienta.

salpullido *s. m.* Erupción de granos pequeños y rojos que salen en la piel a causa de una intoxicación. *El salpullido es una reacción alérgica pasajera.*

salsa *s. f.* Mezcla líquida o pastosa hecha de especias y algunos comestibles que se usa para acompañar ciertas comidas. *A Darío le gusta la carne con salsa de tomate.* || *Méx.* Mezcla picante con la que se condimentan algunas comidas. || *fam.* Aquello que hace que algo sea más agradable. *La presencia de Gonzalo fue la salsa de la fiesta.* || Género musical que resulta de la unión de varios tipos de ritmos que se tocan en los pueblos del Caribe.

salsamentaría *s. f. Col.* Establecimiento donde se venden embutidos y fiambres.

salsera *s. f.* Recipiente con la salsa.

salsifí *s. m.* Planta compuesta de raíz blanca y comestible.

saltado, da *adj. Amér. Merid.* Se refiere al alimento cocido o crudo que se fríe un poco para calentarlo.

saltador, ra *adj.* Que salta.

saltamontes *s. m.* Insecto de color pardo o verde, con dos pares de alas y las patas de atrás largas y grandes que usa para saltar.

saltar *intr.* Levantarse del suelo con impulso y ligereza o lanzarse, arrojarse o tirarse de un lugar a otro, esencialmente de una altura, para caer de pie. *Saltar de alegría.* || Botar una pelota. || Levantarse rápidamente. *Al oír eso saltó de la cama.* || Moverse ciertas cosas con gran rapidez. *Una chispa saltó de la chimenea.* || Brotar un líquido con violencia. *Saltó el champán.* || Estallar, explotar. *El polvorín saltó.* || Desprenderse algo de donde estaba sujeto. *Saltó un botón del saco.* || Romperse, resquebrajarse. *El vaso saltó al echarle agua caliente.* || Salir con ímpetu. *El equipo de futbol salió al terreno.* || *fig.* Pasar bruscamente de una cosa a otra. *El conferenciante saltaba de un tema a otro.* || Pasar de un sitio a otro sin seguir el orden establecido. *El alumno saltó de cuarto a sexto.* || Decir algo inesperado o inadecuado. *Saltó con una impertinencia.* || Reaccionar vigorosamente ante alguna acción o palabra. *Saltó al oír semejantes insultos.* || Salir despedido o expulsado. *El ministro ha saltado.* || *t.* Franquear de un salto. *Saltar una valla.* || Hacer explotar. *Saltar un puente.* || Hacer desprenderse algo del sitio donde estaba alojado. *Le saltó un ojo.* || Cubrir el macho a la hembra. || *fig.* Omitir algo al leer o escribir. *Saltar un renglón.*

saltarín, rina *adj.* y *s.* Que salta.

salteado *s. m.* Alimento sofrito.

salteador, ra *s.* Persona que saltea.

saltear *t.* Robar en despoblado. || Sofreír un manjar a fuego vivo.

salteño, ña *adj.* y *s.* De Salta, provincia de Argentina. || De Salto, departamento y ciudad de Uruguay.

salteo *s. m.* Acción y efecto de saltear.

saltillense *adj.* y *s. com.* De la ciudad de Saltillo, en México.

saltimbanqui *s. com. fam.* Persona que realiza ejercicios de acrobacia.

salto *s. m.* Hecho de levantar los pies del suelo con impulso para caer en otro lado o en el mismo lugar. *La pulga da saltos enormes.* || Acto de lanzarse alguien desde una parte alta. || Espacio o distancia que se salta. *El salto del atleta fue de dos metros.* || Lugar que no se puede atravesar sin saltar. || Omisión de una par-

te de algo. *Di un salto en la lectura y ya sé cuál el final de la novela.* || Caída del agua de un río desde una altura. || *loc. Salto mortal:* brinco en el que se da vuelta de cabeza en el aire. *El clavadista dio un triple salto mortal.*

saltón, tona *adj.* Se dice de lo que sobresale de lo demás.

salubre *adj.* Saludable.

salubridad *s. f.* Calidad de salubre. || Estado general de la salud pública en un país. || Grado que hace que algo sea benéfico o nocivo para la salud.

salud *s. f.* Buen estado físico. *Gozar de buena salud.* || Estado de gracia espiritual. *La salud del alma.* || Salvación. *La salud eterna.*

saludable *adj.* Bueno para la salud. || Provechoso para un fin.

saludar *t.* Dar una muestra exterior de cortesía o respeto a una persona que se encuentra o de quien se despide uno. || Enviar saludos. || *fig.* Aclamar.

saludo *s. m.* Acción de saludar. || Palabra, gesto o fórmula para saludar. || Signo externo de subordinación hecho por un inferior a un superior.

salutación *s. f.* Saludo.

salutífero, ra *adj.* Saludable.

salva *s. f.* Serie de disparos que se hace para rendir honores o saludos. || *loc. Bala de salva:* disparo que suena pero que no lanza un proyectil. *En las películas usan balas de salva.*

salvable *adj.* Que puede salvarse.

salvación *s. f.* Acción de salvar o salvarse. || Gloria eterna.

salvado *s. m.* Cascarilla que envuelve el trigo u otros cereales.

salvador, ra *adj.* y *s.* Se dice de la persona que salva.

salvadoreñismo *s. m.* Locución, modo de hablar, palabra, propios de los salvadoreños. || Condición de salvadoreño. || Amor o afecto a El Salvador.

salvadoreño, ña *adj.* y *s.* De El Salvador, país de Centroamérica. || *s. m.* Modalidad del castellano hablado en El Salvador.

salvaguarda *s. f.* Acción de salvaguardar. *La misión del ejército es la salvaguarda del país.* || En computación, procedimiento de guardar periódicamente la información que se está trabajando para evitar que se pierda.

salvaguardar *t.* Hacer algo para evitar que un bien o una persona sean dañados. *El policía salvaguarda el banco.*

salvaguardia *s. f.* Protección.

salvajada *s. f.* Hecho o dicho cruel o que demuestra poca educación.

salvaje *adj.* Referido al terreno cuya vegetación crece de forma natural. *Los terrenos salvajes tienen un equilibrio ecológico natural.* || Se aplica al animal que no está domesticado. *El puma es un animal salvaje en peligro de extinción.* || Relativo a la persona que vive en estado primitivo, sin contacto con la civilización. *Los guaica son un pueblo salvaje de la selva del Amazonas.* || *fam.* Se dice de la persona cruel o que demuestra poca educación.

salvajismo *s. m.* Manera de comportarse de una persona cruel o que demuestra poca educación.

salvamanteles *s. m.* Objeto de madera, loza u otro material que se coloca sobre la mesa para apoyar las ollas.

salvamento *s. m.* Acción y efecto de salvar o salvarse.

S

salvapantallas s. m. Programa informático que evita que la pantalla permanezca con una misma imagen mucho tiempo.

salvar t. Librar de un peligro. || Sacar de una desgracia. *Salvar de la miseria.* || Poner a salvo. *Salvar una obra de arte.* || Dar la salvación eterna. *Salvar el alma.* || Evitar, soslayar. *Salvar una dificultad.* || Recorrer la distancia que separa dos puntos. || *fig.* Conservar intacto. *Salvar su honra.* || Exceptuar, excluir. || *pr.* Librarse de un peligro. || Alcanzar la gloria eterna.

salvavidas adj. y s. inv. Se dice de la boya, chaleco o bote utilizados en caso de naufragio.

salvedad s. f. Advertencia que excusa o limita el alcance de lo que se va a decir. || Excepción. *Con la salvedad de Ricardo, todos pueden salir al recreo.*

salvia s. f. Planta aromática con flores de tonos azules. *La salvia se usa como condimento en algunas comidas.*

salvo prep. Menos. *Todos vinieron a la fiesta, salvo Eduardo.*

salvo, va adj. Se aplica a quien se ha librado de un peligro sin lastimarse. *Afortunadamente todos se encuentran sanos y salvos.* || *loc.* A salvo: fuera de peligro. *Durante la tormenta nos pusimos a salvo bajo un techo.*

salvoconducto s. m. Documento expedido por una autoridad para que quien lo posea pueda transitar libremente por determinado territorio.

samario, ria s. m. Elemento químico, metal del grupo de las tierras raras, escaso en la corteza terrestre; duro y quebradizo, se emplea en la industria electrónica, del vidrio y de la cerámica; su número atómico es 62 y su símbolo Sm.

samaritano, na adj. y s. De Samaria, ciudad de Palestina.

samba s. f. Música y baile originarios de Brasil.

sambenito s. m. Descrédito.

sambumbia s. f. *Cub.* y *P. Rico.* Refresco de miel de caña.

samovar s. m. Recipiente con hornillo para calentar el agua.

sampedrano, na adj. y s. De San Pedro, departamento de Paraguay. || De San Pedro Sula, ciudad de Honduras.

samurái o **samuray** s. m. Miembro de una antigua clase de guerreros japoneses que se regía por un estricto código de honor. *Los samuráis eran hombres valientes y honorables.*

samuro s. m. *Col.* y *Ven.* Ave parecida al buitre, de gran tamaño, plumaje negro y cabeza pelada. *El samuro es un ave rapaz.*

san adj. Apócope de santo.

sanandresano, na adj. y s. De San Andrés, isla de Colombia.

sanar t. Curar. || *intr.* Curarse.

sanatorio s. m. Establecimiento destinado al tratamiento de enfermos.

sancarlino, na adj. y s. De San Carlos, ciudad de Chile.

sanción s. f. Acto solemne por el que un jefe de Estado confirma una ley o estatuto. || Autorización, aprobación. *La sanción de un acto.* || Pena o castigo que la ley establece para el que la infringe. || *fig.* Medida de represión aplicada por una autoridad. || Castigo.

sancionado, da adj. y s. Que ha sufrido sanción.

sancionador, ra adj. y s. Se dice de quien o de lo que sanciona.

sancionar t. Dar la sanción a algo. *El rey sancionó la Constitución.* || Autorizar, aprobar. *Palabra sancionada por el uso.* || Castigar.

sancochar t. *Arg.* Preparar un guiso con sobrantes de comida. || *Méx.* Cocer de manera ligera un alimento antes de condimentarlo.

sancocho s. m. *Amér.* Tipo de cocido que lleva carne, yuca, plátano y otros ingredientes.

sandalia s. f. Calzado consistente en una suela de cuero sostenida por correas.

sándalo s. m. Planta labiada de jardín. || Árbol de madera aromática. || Esta madera.

sandez s. f. Necedad, tontería.

sandía s. f. Planta cucurbitácea de fruto comestible. || Este fruto.

sanducero, ra adj. y s. De Paysandú, departamento y ciudad de Uruguay.

sandunga s. f. *fam.* Gracia, salero. || *Chil., Méx.* y *Per.* Parranda, jolgorio. || *Méx.* Cierto baile de Tehuantepec.

sandunguero, ra adj. Saleroso.

sándwich s. m. Alimento hecho con dos rebanadas de pan de caja que encierran un relleno de jamón y queso u otros ingredientes.

saneado, da adj. Se aplica a los bienes libres de cargas. || Se dice del beneficio obtenido en limpio.

saneamiento s. m. Dotación de condiciones de salubridad.

sanear t. Hacer desaparecer las condiciones de insalubridad en un sitio. || Desecar un terreno. || Equilibrar, estabilizar. *Sanear la moneda.* || Hacer que las rentas o bienes estén libres de gravámenes.

sanedrín s. m. Consejo supremo de los judíos.

sanfelipeño, ña adj. y s. De San Felipe, ciudad de Chile.

sanfernandino, na adj. y s. De San Fernando, ciudad de Chile.

sangrado s. m. Hemorragia, emisión de sangre. *Roberto tenía sangrado en la nariz.*

sangrante adj. Se aplica a lo que despide sangre. *Un hombre llegó al hospital con una gran herida sangrante.*

sangrar t. e intr. Salir sangre del cuerpo. *Sergio sangraba mucho, por eso llamaron al médico.* || En trabajos de imprenta, comenzar a escribir la primera línea de un párrafo un poco más adentro que las otras.

sangre s. f. Líquido de color rojo que circula por las venas y arterias del cuerpo. *La sangre se compone de plasma, glóbulos rojos, glóbulos blancos y plaquetas.* || Líquido del organismo de los animales invertebrados. || Familia a la que se pertenece. *Un rasgo característico de mi* *sangre es un lunar rojo en la frente.* || *loc.* Sangre azul: familia de la nobleza. || Sangre fría: serenidad. *Actuó con sangre fría y salvó a su hijo del incendio.*

sangría s. f. Abertura que se hace en una vena para sacar sangre. *Antiguamente los médicos hacían sangrías a los enfermos.* || Bebida refrescante compuesta de vino, azúcar, limón y otros ingredientes.

sangriento, ta adj. Que echa sangre o está manchado de sangre. *Las armas sangrientas quedaron tiradas junto a los cadáveres.* || Se aplica a los hechos en que se derrama sangre. *Fue una pelea sangrienta y cruel.*

sangrón, grona adj. Méx. fam. Pesado, antipático. Aquel niño es un sangrón.

sanguaraña s. f. Ecua. y Per. Circunloquio, rodeo para decir una cosa. ‖ Chil. y Per. Baile popular.

sanguijuela s. f. Gusano anélido de boca chupadora.

sanguinario, ria adj. Feroz, cruento. Fue una batalla sanguinaria.

sanguíneo, a adj. Relativo a la sangre. ‖ De color de sangre. ‖ Se dice de la complexión caracterizada por la riqueza de sangre y la dilatación de los vasos capilares que da un color rojo a la piel.

sanguinolento, ta adj. Sangriento, mezclado de sangre.

sanidad s. f. Calidad de sano. ‖ Salubridad. ‖ Conjunto de servicios administrativos encargados de velar por la salud pública.

sanitario, ria adj. Relativo a la sanidad. ‖ loc. Aparatos sanitarios: los de limpieza e higiene instalados en cuartos de baño. ‖ s. m. Excusado.

sano, na adj. Que goza de salud. Persona sana. ‖ Saludable. Alimentación sana; aire sano. ‖ fig. En buen estado, sin daño. Fruto sano. ‖ Libre de error o de vicio. Principios sanos. ‖ Sensato, justo. En su sano juicio. ‖ Entero, no roto ni estropeado. Toda la vajilla está sana. ‖ Saneado. Un negocio muy sano.

sánscrito, ta adj. y s. m. Idioma antiguo y sagrado de los brahmanes o sacerdotes de la India.

sanseacabó interj. fam. Expresión con que se da por acabada una discusión o un asunto. Si no te gusta el pantalón, no lo uses y sanseacabó.

sansón s. m. Hombre muy fuerte.

santabarbarense adj. y s. com. De Santa Bárbara, departamento de Honduras.

santacruceño, ña adj. y s. De Santa Cruz, provincia de Argentina y de Santa Cruz de Tenerife, municipio y ciudad de España.

santacruzano, na adj. y s. De Santa Cruz del Quiché, municipalidad de Guatemala.

santafecino, na o **santafesino, na** adj. y s. De Santa Fe, provincia y ciudad de Argentina.

santafereño, ña adj. y s. De Santa Fe de Antioquia, municipio de Colombia.

santalucense adj. y s. com. De Santa Lucía, ciudad de Uruguay.

santandereano, na adj. y s. De Santander, departamento de Colombia.

santanderino, na adj. y s. De Santander, ciudad y municipio de España.

santaneco, ca adj. y s. De Santa Ana, departamento de El Salvador.

santarrita s. f. Arg. y Uy. Planta trepadora de hojas ovaladas y flores de color morado, rojo, amarillo o blanco de tres pétalos, que se siembra para adornar los jardines.

santarroseño, ña adj. y s. De Santa Rosa, nombre de dos departamentos: uno de Guatemala y otro de El Salvador.

santateresa s. f. Mantis, insecto de color verde, con patas anteriores prensoras.

santería s. f. Cub. Práctica religiosa ritual derivada de antiguos cultos africanos.

santero, ra adj. y s. Cub. Persona que practica la santería. Los santeros se visten de blanco para hacer sus rituales.

santiaguense adj. y s. com. De la provincia de Santiago o de la ciudad de Santiago de los Caballeros, en la República Dominicana.

santiagueño, ña adj. y s. De Santiago, ciudades de Panamá y Uruguay. ‖ De Santiago del Estero, provincia de Argentina.

santiaguero, ra adj. y s. De la ciudad de Santiago de Cuba.

santiagués, guesa adj. y s. De Santiago de Compostela, municipio y ciudad de España.

santiaguino, na adj. y s. De la ciudad de Santiago de Chile.

santiamén loc. fam. En un santiamén: En un instante. En un santiamén Regina guardó sus útiles y fue al cine con sus amigas.

santidad s. f. Estado de santo. ‖ loc. Su Santidad: tratamiento que se da al Papa.

santificación s. f. Acción de santificar.

santificar t. Hacer a uno santo. La gracia santifica al hombre. ‖ Venerar como santo. Santificar el nombre de Dios. ‖ Guardar el descanso dominical y el de los días de fiesta o precepto.

santiguar t. Hacer con la mano derecha la señal de la cruz desde la frente al pecho y desde el hombro izquierdo al derecho. ‖ pr. Persignarse.

santísimo, ma adj. Muy santo. ‖ Tratamiento dado al Papa.

santo, ta adj. Se dice de todo lo que se refiere a Dios. El Espíritu Santo. ‖ Se aplica a las personas canonizadas por la Iglesia Católica. ‖ Conforme con la moral religiosa. Llevar una vida santa. ‖ Se aplica a la semana que empieza el domingo de Ramos y termina el domingo de Resurrección. ‖ Inviolable, sagrado. Lugar santo. ‖ fig. Se dice de la persona muy buena o virtuosa. Este hombre es un santo. ‖ Que tiene un efecto muy bueno. Remedio santo. ‖ fig. y fam. Antepuesto a ciertos sustantivos, refuerza el significado de éstos, con el sentido de «real», «mismísimo», «gran». Hizo su santa voluntad; tener santa paciencia. ‖ s. m. Imagen de un santo. Un santo de madera. ‖ Día del santo cuyo nombre se lleva y fiesta con que se celebra. Mi santo cae el 30 de mayo. ‖ Ilustración, grabado con motivo religioso. ‖ loc. fig. ¿A santo de qué?: ¿por qué razón o motivo? ‖ Írsele a uno el santo al cielo: olvidar lo que se iba a hacer o decir. ‖ No ser santo de su devoción: no caer en gracia una persona a otra.

santoral s. m. Libro que contiene vidas de santos. ‖ Lista de los santos que se celebran cada día.

santuario s. m. Templo donde se venera a un santo.

santurrón, rrona s. Beato.

saña s. f. Ensañamiento.

sapajú s. m. Amér. Saimirí, mono.

sápido, da adj. Con sabor.

sapiencia s. f. Sabiduría.

sapiente adj. y s. com. Sabio.

sapindáceo, a adj. y s. Se dice de unas plantas dicotiledóneas con fruto en cápsula. ‖ pl. Familia que forman.

sapo s. m. Batracio insectívoro.

saponaria s. f. Planta cuyas raíces contienen saponina.

saponificación s. f. Transformación de una grasa en jabón. Una forma de saponificación es cuando se combina amoniaco con alguna grasa.

saponificar t. Transformar una grasa en jabón.

saponina s. f. Sustancia contenida en la saponaria, el palo de Panamá, etc., que se disuelve en el agua volviéndola jabonosa.

sapotáceo, a *adj.* Relativo a una familia de plantas dicotiledóneas tropicales como la goma de chicle o la gutapercha. ‖ *s. f. pl.* Familia de estas plantas.

sapote *s. m.* Zapote.

saprófago, ga *adj.* y *s.* Se dice del animal que se alimenta de materias orgánicas en descomposición. *Las hienas y los buitres son saprófagos.*

saprofitismo *s. m.* Forma de vida de los vegetales y microorganismos saprofitos.

saprofito, ta *adj.* y *s.* Se aplica al vegetal que extrae su alimento de sustancias orgánicas en descomposición. ‖ Microorganismo no patógeno que se alimenta de materia orgánica muerta.

saque *s. m.* En algunos deportes, acción de sacar la pelota para iniciar el juego o para cambiar de turno entre jugadores o equipos.

saquear *t.* Apoderarse los soldados de lo que encuentran en un país enemigo. ‖ *fig.* y *fam.* Llevarse todo lo que hay en un sitio.

saqueo *s. m.* Acción de saquear.

saraguato *s. m.* Mono de América Central que se caracteriza por sus gritos.

sarampión *s. m.* Enfermedad infecciosa propia de la infancia, que se caracteriza por fiebre alta y por la aparición de manchas rojas en la piel.

sarandí *s. m. Arg.* y *Uy.* Arbusto de ramas largas y flexibles.

sarao *s. m.* Fiesta nocturna.

sarape *s. m. Guat.* y *Méx.* Manta de lana o algodón con franjas de colores vivos, que puede o no tener una abertura al centro para pasar la cabeza.

sarazo, za *adj. Col., Cub., Méx.* y *Ven.* Fruto que comienza a madurar. *Los tomates están sarazos, ya van tomando color.* ‖ *Méx.* Achispado, ligeramente ebrio.

sarcasmo *s. m.* Ironía amarga.

sarcástico, ca *adj.* Que denota sarcasmo. ‖ Que emplea sarcasmos.

sarcófago *s. m.* Sepulcro.

sarcoide *adj.* Se aplica a un tumor pequeño de la piel.

sarcoma *s. m.* Tumoración maligna del tejido conjuntivo. *El sarcoma de Kaposi es una de las manifestaciones de la etapa avanzada del sida.*

sarcomatoso, sa *adj.* Relativo al sarcoma.

sardana *s. f.* Danza popular catalana que se baila en corro. ‖ Su música.

sardanés, nesa *adj.* y *s.* De Cerdaña, comarca de Cataluña, en España.

sardina *s. f.* Pez teleósteo marino parecido al arenque. *Las sardinas se empacan en latas.*

sardo, da *adj.* y *s.* De Cerdeña, isla de Italia. ‖ *s. m.* Lengua de esta isla.

sardónico, ca *adj.* Irónico.

sarga *s. f.* Tela tejida en forma de rayas diagonales. *La sarga es más resistente a las arrugas y fácil de cuidar que otras telas.*

sargazo *s. m.* Tipo de alga grande, de color marrón, que tiene vesículas llenas de aire que la mantienen a flote.

sargento *s. m.* Suboficial que manda un pelotón. ‖ *Méx.* Especie de pato que abunda en los lagos del interior del país.

sargo *s. m.* Pez teleósteo marino.

sari *s. m.* Atuendo de mujer típico de India, que consiste en una sola pieza de tela que se va plegando sobre el cuerpo, sin coserla ni usar alfileres.

sarmentoso, sa *adj.* Parecido al sarmiento. *Planta sarmentosa.*

sarmiento *s. m.* Vástago de la vid.

sarna *s. f.* Enfermedad contagiosa de la piel que se manifiesta por la aparición de vesículas y pústulas que causan picazón intensa y cuyo agente es el «ácaro» o «arador».

sarpullido *s. m.* Salpullido.

sarpullir *t.* Salpullir.

sarraceno, na *adj.* y *s.* Musulmán.

sarro *s. m.* Sedimento que se adhiere en las paredes de un conducto de líquido o en el fondo de una vasija. ‖ Sustancia calcárea que se pega al esmalte de los dientes. ‖ Capa amarillenta que cubre la parte superior de la lengua a causa de determinados trastornos gástricos.

SARS-CoV-2 *m.* Nombre que se le da al coronavirus que provoca la enfermedad COVID.

sarta *s. f.* Serie de cosas metidas por orden en un hilo, cuerda, etc. ‖ *fig.* Serie.

sartén *s. m.* y *f.* Utensilio de cocina hecho de metal, redondo, poco profundo y con mango largo. *El sartén se usa para freír los alimentos.* ‖ *loc. Salir de la olla para caer en el sartén:* salir de una situación mala para caer en otra peor. ‖ *Tener el sartén por el mango:* tener el control de una situación.

sarteneja *s. f. Amér.* Grieta formada en la tierra a causa de una sequía pertinaz.

sartorio *adj.* y *s. m.* Relativo al músculo de la parte delantera del muslo. *El sartorio permite abrir y cerrar la pierna en los movimientos laterales.*

sastre, tra *s. m.* Persona que tiene por oficio cortar y coser trajes. ‖ Traje femenino compuesto de chaqueta y falda; se llama también «traje sastre».

sastrería *s. f.* Taller de sastre.

satánico, ca *adj.* Perverso.

satanismo *s. m.* Perversidad.

satélite *s. m.* Astro sin luz propia que gira alrededor de un planeta. *Júpiter tiene 16 satélites.* ‖ *loc. Satélite artificial:* vehículo espacial que se lanza al espacio exterior para que dé vueltas alrededor de un planeta.

satén o **satín** *s. m.* Tela de seda o algodón parecida al raso. *El satén es una tela brillosa que se usa para forrar abrigos y algunos vestidos.*

satinado, da *adj.* Se dice de lo que tiene superficie brillosa o sedosa.

satinar *t.* Dar brillo a una superficie. *Para satinar la madera el carpintero usa un barniz brillante.*

sátira *s. f.* Composición poética, escrito o dicho en que se censura o ridiculiza a personas o cosas.

satírico, ca *adj.* Burlón, mordaz.

satirizar *intr.* Escribir sátiras. ‖ *t.* Ridiculizar.

sátiro *s. m.* Semidiós mitológico que tiene orejas puntiagudas, cuernos y la parte inferior del cuerpo de macho cabrío. ‖ *fig.* Individuo dado a las manifestaciones eróticas sin respeto al pudor.

satisfacción *s. f.* Estado que resulta de la realización de lo que se deseaba. ‖ Reparación de un agravio o daño.

satisfacer *t.* Conseguir lo que se deseaba. *Satisfacer un capricho.* ‖ Dar a alguien lo que esperaba. *Satisfacer a sus profesores.* ‖ Pagar lo que se debe. *Satisfacer una deuda.* ‖ Saciar. *Satisfacer el* hambre. ‖ Colmar. *Satisfacer la curiosidad.* ‖ Cumplir la pena impuesta por un delito. *Satisfacer una pena.* ‖ Llenar, cumplir. *Satisfacer ciertas condiciones.* ‖ Bastar. *Esta explicación no me satisface.* ‖ Gustar. *Ese trabajo no me satisfizo.* ‖ Reparar un agravio u ofensa. *Satisfacer la honra.* ‖ *pr.* Vengarse de un agravio. ‖ Contentarse. *Me satisfago con poco.*

satisfactorio, ria *adj.* Que satisface. *Resultado satisfactorio.*

satisfecho, cha *adj.* Contento.

sátrapa *s. m.* En la antigua Persia, gobernador de una provincia. ‖ *fig.* Persona que vive de modo fastuoso o que gobierna despóticamente.

saturación *s. f.* En química, resultado de haber mojado un cuerpo hasta su máxima capacidad o de haber disuelto en un líquido la mayor cantidad posible de una sustancia.

saturado, da *adj.* En química, se dice de un líquido en el que se ha disuelto una sustancia a tal grado que ya no se puede disolver más. *Esta solución de agua ya está saturada de sal.* ‖ *fam.* Se aplica a lo que está lleno o tiene mucho de algo. *Eduardo está saturado de trabajo.*

saturar *t.* y *pr.* Llenar algo por completo. *Los cargadores han saturado de muebles el camión de la mudanza.* ‖ En química, disolver en un líquido la mayor cantidad posible de una sustancia o mojar un cuerpo hasta su máxima capacidad.

saturnismo *s. m.* Intoxicación crónica por sales de plomo. *El saturnismo es una enfermedad típica de los mineros.*

sauce *s. m.* Árbol que crece en las márgenes de los ríos.

sauceda *s. f.* o **saucedal** *s. m.* Lugar poblado de sauces.

saúco *s. m.* Arbusto de flores blancas aromáticas y frutos negruzcos.

saudade *s. f.* Nostalgia.

saudí o **saudita** *adj.* y *s. com.* Del estado asiático de Arabia Saudita.

sauna *s. f.* Baño de calor seco que hace sudar al cuerpo. *Para tomar una sauna es necesario desnudarse y cubrirse con una toalla.* ‖ Construcción de madera que tiene un mecanismo para generar calor seco, al que entran las personas para darse un baño de calor.

saurio *adj.* y *s. m.* Se dice de los reptiles con cuatro extremidades cortas y piel escamosa como los lagartos, cocodrilos, etc. ‖ *pl.* Orden que forman.

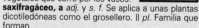

savia *s. f.* Líquido nutritivo de los vegetales que corre por los vasos.

saxifragáceo, a *adj.* y *s. f.* Se aplica a unas plantas dicotiledóneas como el grosellero. ‖ *pl.* Familia que forman.

saxofón o **saxófono** *s. m.* Instrumento musical de viento, hecho de metal, con forma de «J», que tiene una boquilla y varias llaves para producir el sonido.

saxofonista *s. com.* Músico que toca el saxofón.

sayo, ya *s. m.* Prenda de vestir que cubre los brazos y el cuerpo, larga hasta debajo de las caderas y sin botones. ‖ *fam.* Cualquier vestido amplio. *Las mujeres de ese pueblo lavan sus sayos en el río cercano.* ‖ *s. f.* Falda, prenda de vestir femenina que cubre la cadera y las piernas. *A mi hermana le gusta una saya roja con blusa blanca.*

sazón¹ *s. f.* Punto o madurez de las cosas. *Fruta en sazón.* ‖ *fig.* Ocasión, oportunidad, coyuntura. ‖ Gusto y sabor que se percibe en los alimentos. ‖ *loc.* A la sazón: entonces. ‖ *En sazón:* oportunamente. ‖ *Fuerza de sazón:* inoportunamente.

sazón² *s. m.* *Amér.* Buen gusto. ‖ Buen modo de cocinar.

sazonado, da *adj.* Condimentado.

sazonar *t.* Condimentar, aderezar. ‖ *fig.* Adornar, amenizar, ornar.

scherzo *s. m.* En música, trozo vivo y alegre.

script *s. m.* Tipo de letra impresa semejante a la escritura manual. ‖ Programa de computación formado por una serie de instrucciones que serán utilizadas por otra aplicación.

se *pron.* Pronombre personal de tercera persona, forma reflexiva que funciona como complemento directo e indirecto y equivale a «él», «ella», «ellos» y «ellas». *El niño se lava las manos con agua y jabón.* ‖ Marca impersonalidad o indeterminación. *Se ruega no fumar.* ‖ Forma del objeto indirecto en combinación con el objeto directo. *Se lo di porque sabía que necesitaba el libro.*

seaborgio *s. m.* Elemento químico sintético cuya naturaleza es similar a la del wolframio; tiene una vida media de 2.4 minutos; su número atómico es 106 y su símbolo Sg.

sebáceo, a *adj.* Que tiene la naturaleza del sebo.

sebo *s. m.* Grasa sólida y dura que se saca de los animales herbívoros. *Vela de sebo.* ‖ Grasa, gordura.

sebón, bona *adj.* *Arg.* Holgazán.

seboso, sa *adj.* Grasiento.

seca *s. f.* Época en que no llueve. *Durante la seca la tierra no produce hierba.*

secadero *s. m.* Lugar donde se pone algo a secar.

secado *s. m.* Hecho de que deje de estar mojado algo que lo estaba.

secador, ra *s.* Nombre que se da a varios aparatos que sirven para secar el pelo, la ropa, las manos, etc. *El secador de pelo de mi mamá es en forma de pistola.* ‖ *s. f.* Máquina en la que se mete la ropa lavada para secarla. *La secadora funciona con aire caliente.*

secano *s. m.* Terreno para siembra que no se riega, sino que produce con el agua de lluvia que recibe de manera natural. *En el secano han sembrado trigo.*

secante *adj.* Se dice de lo que es tan absorbente que puede usarse para secar algo. ‖ En matemáticas, se refiere a la línea o superficie que corta a otra.

secar *t.* y *pr.* Dejar o quedar sin líquido algo que estaba húmedo o mojado. *Después de bañarme uso una toalla para secarme.* ‖ Consumirse el jugo de un cuerpo. *Las flores se secaron porque no las regué durante dos semanas.* ‖ Evaporarse el agua que había en un lugar. *El río se seca cuando no llueve.* ‖ Endurecerse una sustancia. *Como no cerré bien la tapa del frasco se secó el pegamento.*

sección *s. f.* En cirugía, corte, cortadura. *La sección de un tendón.* ‖ Cada una de las partes en que se divide un todo continuo o un conjunto de cosas. ‖ Cada una de las partes en que se divide un conjunto de personas. *Sección de ventas.* ‖ División hecha de una obra escrita. *Libro dividido en tres secciones.* ‖ Categoría introducida en cualquier clasificación. ‖ En geometría, figura que resulta de la intersección de una superficie o de un sólido con otra superficie. *Sección cónica.*

seccionar *t.* Fraccionar, dividir en partes o secciones.

secesión *s. f.* Acción de separarse de una nación parte de su pueblo o territorio. *La Guerra de Secesión estadounidense enfrentó a los habitantes del norte contra los del sur.*

seco, ca *adj.* Referido a lo que no tiene nada de líquido o humedad. ‖ Relativo a lo que le falta agua. *El niño no pudo jugar con su barco de juguete porque la fuente estaba seca.* ‖ Se refiere a lo que no tiene grasa. *Las personas que tienen los labios secos necesitan usar crema humectante.* ‖ Se dice de las plantas sin vida. *En otoño las hojas secas de los árboles cubren el suelo.* ‖ Se aplica al país o clima de escasa lluvia. *El desierto es un lugar seco.* ‖ Referido a una persona, con muchos huesos y poca musculatura y grasa. ‖ *fam.* Aplicado a la persona poco cariñosa. *Mi abuelo tiene un carácter seco, pero es un hombre noble y humanitario.*

secoya *s. f.* Secuoya.

secreción *s. f.* Función de un cuerpo vivo por la cual una célula o tejido produce una sustancia necesaria para el organismo. *La secreción de saliva se realiza en la boca.* ‖ Sustancia necesaria para el organismo producida por una célula o tejido. *El sudor es una secreción que producen las glándulas sudoríparas.*

secretar *t.* Producir las glándulas del cuerpo ciertas sustancias necesarias para el funcionamiento del organismo. *El hígado secreta la bilis.*

secretaría *s. f.* Institución del gobierno que se encarga de una parte de la administración del Estado. *La Secretaría de Salud administra los hospitales de todo el país.* ‖ Oficina en la que se llevan a cabo labores de administración. *En la secretaría de la escuela se inscriben los alumnos.*

secretariado *s. m.* Carrera secretarial. *Mirna estudiará secretariado.* ‖ Cargo o empleo de secretario. ‖ Cuerpo de secretarios de un organismo público o privado.

secretarial *adj.* Relativo a la profesión y actividad de los secretarios.

secretario, ria *s.* Persona encargada de organizar las citas, llamadas telefónicas y asuntos administrativos de otra para quien trabaja. ‖ Persona que dirige una parte de la administración del Estado. *El secretario de Educación Pública dará un discurso ante los maestros.*

secretear *intr.* y *fam.* Hablar una persona a otra al oído o en voz muy baja. *Deyanira comenzó a secretear con Lilia sobre el muchacho que le gusta.*

secreteo *s. m. fam.* Cuchicheo.

secreter *s. m.* Mueble parecido a un pequeño armario, con cajones y un tablero para escribir que por lo general puede ocultarse con una tapa.

secreto, ta *adj.* Referido a lo que sólo algunos conocen y no se comunica a los demás. *El científico tenía una fórmula secreta guardada en su caja fuerte.* ‖ *s. m.* Lo que se tiene oculto.

secta *s. f.* Reunión de personas que profesan una misma doctrina.

sectario, ria *adj.* Que sigue una secta. ‖ Fanático.

sector *s. m.* Parte delimitada de un todo. *Un sector de la ciudad se quedó sin luz.* ‖ Parte de una clase de cosas, de una comunidad o de una actividad que presenta caracteres peculiares. ‖ En matemáticas, porción de círculo limitado por dos radios y el arco que los une.

sectorización *s. f.* Acción y resultado de sectorizar.

sectorizar *t.* Dividir algo en sectores. *Será necesario sectorizar las áreas de venta de nuestros productos en toda la ciudad.*

secuaz *adj.* y *s. com.* Aplicado a la persona que sigue el partido o doctrina de otro.

secuela *s. f.* Consecuencia.

secuencia *s. f.* Serie de cosas que van unas tras otras y que tienen entre sí cierta relación. ‖ Serie de imágenes o escenas de una película cinematográfica que constituyen un conjunto.

secuestrador, ra *adj.* y *s.* Que secuestra.

secuestrar *t.* Depositar judicial o gubernativamente una cosa en poder de un tercero hasta que se decida a quién pertenece. ‖ Embargar una cosa por medio de un mandato judicial. ‖ Prender indebidamente, raptar a una persona para exigir dinero por su rescate. ‖ Recoger la tirada de un periódico o publicación por orden superior. ‖ Apoderarse de la violencia del mando de una nave o avión o de cualquier otro vehículo para exigir como rescate cierta cantidad de dinero o la concesión de determinadas reivindicaciones de carácter político o de otra índole.

secuestro *s. m.* Privación de la libertad a una persona o acción de apoderarse de una nave para exigir dinero u otra cosa por su rescate.

secular *adj.* Se dice de lo que dura cien años o sucede cada cien años. ‖ Se dice de lo que no es religioso.

secularización *s. f.* Acción y resultado de secularizar o secularizarse.

secularizar *t.* y *pr.* Convertir una cosa eclesiástica o religiosa en laica o civil. *Los bienes de la Iglesia se secularizaron con la república.* ‖ Dar permiso a un religioso o a una religiosa para vivir fuera de clausura.

secundar *t.* Ayudar, apoyar.

secundario, ria *adj.* Que viene en segundo lugar en una serie. *Enseñanza secundaria.* ‖ *fig.* Derivado, accesorio. *Efecto secundario.* ‖ Se dice de la corriente eléctrica inducida y del circuito por donde pasa. ‖ Se aplica a la era geológica caracterizada por la abundancia de moluscos, la existencia de gran variedad de reptiles y la aparición de las aves y mamíferos. ‖ Relativo a los fenómenos patológicos subordinados a otros. *Fiebre secundaria.* ‖ *loc. Sector secundario:* actividades económicas tendientes a la transformación de materias primas en bienes productivos o de consumo.

secuoya *s. f.* Árbol conífero que llega a medir hasta 140 m de alto y vivir dos mil años.

sed *s. f.* Necesidad de beber. *Quiero agua, pues tengo sed y siento la boca seca.* ‖ *fam.* Ansia por conseguir algo, deseo fuerte. *Ese deportista tiene sed de triunfo.*

seda *s. f.* Sustancia viscosa que, en forma de hilos, segregan las glándulas de algunos animales artrópodos. ‖ Hilo formado con esa sustancia. *Con el hilo de seda se tejen bellas y finas telas.* ‖ Tejido fabricado con ese hilo.

sedal *s. m.* Hilo de la caña de pescar.

sedán *s. m.* Automóvil de carrocería cerrada, de cuatro plazas. *Quiero comprarme un sedán porque es más económico y gasta menos gasolina.*

sedante *s. m.* Relativo a lo que adormece o apacigua. *El médico le inyectó un sedante al paciente.*

sedar *t.* Hacer que alguien deje de estar nervioso o inquieto, en particular usando algún medicamento.

sede *s. f.* Lugar donde tiene su domicilio principal una empresa, organismo, etc. *La Oficina Nacional de De-*

rechos Humanos tiene su sede en la capital del país. ‖ Lugar donde se realiza un evento importante. *En 1992 Barcelona fue sede de los Juegos Olímpicos.*

sedentario, ria *adj.* Referido al oficio o modo de vida de poco movimiento. *Muchas personas llevan una vida sedentaria porque no les gusta hacer deporte ni viajar.* ‖ Aplicado a quien permanece sentado mucho tiempo y prefiere no salir. *La mayoría de los ancianos son sedentarios porque les cuesta trabajo caminar.* ‖ Relativo a las comunidades que permanecen en un lugar fijo.

sedentarismo *s. m.* Hecho de permanecer una comunidad en un lugar fijo. ‖ Modo de vida de poco movimiento. *La vida moderna obliga al sedentarismo.*

sedentarización *s. f.* Acción de sedentarizar o sedentarizarse.

sedente *adj.* Referido a quien está sentado. *La famosa escultura «El Pensador», de Rodin, representa a un hombre sedente.*

sedicente *adj.* Se aplica a la persona que se atribuye a sí misma un título del que carece o una profesión que no practica. *El sedicente abogado fue descubierto.*

sedición *s. f.* Rebelión violenta contra la autoridad. *Los actos de sedición son ilegales.*

sedicioso, sa *adj. y s.* Aplicado a la persona que promueve o participa en una rebelión contra la autoridad. *Los sediciosos se escondieron de la policía, que los perseguía.*

sediento, ta *adj.* Que tiene sed. ‖ *fig.* Ávido.

sedimentación *s. f.* Formación de sedimentos.

sedimentar *t.* Depositar sedimento un líquido. ‖ *pr. fig.* Estabilizarse.

sedimentario, ria *adj.* De la naturaleza del sedimento.

sedimento *s. m.* Materia que, habiendo estado suspensa en un líquido, se posa en el fondo. ‖ *fig.* Lo que queda de algo.

seducción *s. f.* Acción de seducir. ‖ Atractivo, encanto.

seducir *t.* Engañar con maña. ‖ Conseguir un hombre los favores de una mujer. ‖ Cautivar con algún atractivo.

seductivo, va *adj.* Que seduce.

seductor, ra *adj. y s.* Que seduce.

sefardí o **sefardita** *adj.* Se dice de los judíos de origen español. ‖ *s. m.* Lengua que hablan los sefarditas, judeoespañol.

segador, ra *adj. y s.* Que siega.

segar *t.* Cortar mieses o hierba con la hoz, la guadaña o una máquina. ‖ Cortar la parte superior de una cosa. ‖ *fig.* Impedir el desarrollo de algo.

seglar *adj.* Laico.

segmentación *s. f.* División en segmentos.

segmentado, da *adj.* Se aplica al animal cuyo cuerpo está dividido en segmentos, como las lombrices.

segmento *s. m.* Parte cortada de una cosa. ‖ En geometría, parte del círculo comprendida entre un arco y su cuerda.

segregación *s. f.* Secreción. ‖ Separación de las personas de origen étnico o religión diferentes practicada en un país.

segregacionismo *s. m.* Política o doctrina de segregación racial.

segregacionista *s. com.* Partidario de la segregación racial.

segregar *t.* Separar una cosa de otra. ‖ Secretar. *Segregar saliva.*

seguidilla[1] *s. f. Amér.* Sucesión rápida de hechos semejantes.

seguidilla[2] *s. f.* Composición poética de cuatro o siete versos. ‖ Danza popular española y música que la acompaña. ‖ Cante flamenco de carácter plañidero y triste cuya letra se compone de cuatro versos. ‖ Música y baile que la acompañan.

seguido, da *adj.* Continuo, consecutivo. *Dos números seguidos.* ‖ Muy cerca unos de otros. *Tiene tres niños seguidos.*

seguidor, ra *adj. y s.* Que sigue. ‖ Partidario. *Un seguidor del Peñarol.* ‖ Discípulo. *Los seguidores de Kant.*

seguimiento *s. m.* Prosecución. ‖ Acción de observar atentamente la evolución de un sector o la realización de un proyecto.

seguir *t.* Ir después o detrás de uno. ‖ Ir en busca de una persona o cosa. *Seguir su rastro.* ‖ Ir en compañía de uno. *Seguirle siempre.* ‖ Continuar. *Sigue haciendo frío.* ‖ Perseguir, acosar. *Seguir un animal.* ‖ Caminar, ir. *Seguir el mismo camino.* ‖ Observar. *Seguir el curso de una enfermedad.* ‖ Ser partidario o adepto. *Seguir un partido.* ‖ Prestar atención. *Seguir a un orador.* ‖ Obrar, conducirse de acuerdo con. ‖ Suceder. *La primavera sigue al invierno.* ‖ Cursar. *Seguir la carrera de medicina.* ‖ Reanudar, proseguir. *Cuando escampe seguiremos la marcha.* ‖ *intr.* Ir derecho, sin apartarse. ‖ Estar aún. *Sigue en París.* ‖ *pr.* Deducirse una cosa de otra. ‖ Suceder una cosa a otra. ‖ Derivarse. *De este conflicto se siguieron grandes males.*

seguiriya *s. f.* Seguidilla flamenca.

según *prep.* De acuerdo con. ‖ Indica que dos cosas están sucediendo al mismo tiempo. *Faustino iba sintiéndose cada vez más triste según su novia le decía las razones para romper.*

segundero *s. m.* Aguja que señala los segundos en un reloj.

segundo, da *adj.* Que sigue inmediatamente en orden al o a lo primero. *Capítulo segundo.* ‖ Otro. *Para mí ha sido un segundo padre.* ‖ De segundo grado. *Tío segundo.* ‖ *s. m.* Sexagésima parte del minuto. ‖ *fig.* Instante. ‖ Unidad de medida angular. ‖ El que sigue en importancia al principal. ‖ Piso más arriba del primero en una casa. ‖ Asistente de un boxeador en un combate. ‖ *loc.* Segunda intención. ‖ Segunda velocidad en un automóvil. ‖ Segunda clase en algún transporte.

segur *s. f.* Hacha grande. ‖ Hoz.

seguridad *s. f.* Calidad de seguro. *La seguridad de un avión.* ‖ Certidumbre en la realización de algo. *Tiene seguridad en la victoria.* ‖ Confianza, situación de lo que está a cubierto de un riesgo. *Guardado con toda seguridad.* ‖ Aplomo. *Hablar con seguridad.* ‖ Confianza. *Seguridad en sí mismo.* ‖ Fianza que se da como garantía de algo. ‖ *loc.* Seguridad social: conjunto de leyes y de los organismos que las aplican, cuyo objeto es proteger a la sociedad contra determinados riesgos (accidentes, enfermedad, paro, vejez, etc.).

seguro, ra *adj.* Relativo a lo que está libre de todo daño, peligro o riesgo. ‖ Aplicado a lo que no admite duda. *Seguro lloverá.* ‖ Se dice de lo que es firme o estable. ‖ *s. m.* Contrato por el que se garantiza una compensación a una persona o cosa en caso de sufrir algún daño o perjuicio. *Si sufres algún accidente, el seguro cubrirá los gastos.* ‖ Dispositivo que impide el funcionamiento de una máquina, mecanismo, etc., para evitar accidentes. *La pistola tiene el seguro puesto para que no se dispare con facilidad.* || *Méx.* Alfiler de seguridad que se cierra quedando la punta protegida para que no lastime.

seibo *s. m.* Árbol de flores rojas.

seibón *s. m.* Ceibón.

seis *adj.* Cinco más uno. || Sexto. *Año seis.* || *s. m.* Signo que representa el número seis. || El sexto día de un mes. || Naipe de seis puntos.

seisavo, va *adj.* y *s.* Sexto.

seiscientos, tas *adj.* Que hace seis veces ciento. *Seiscientas mujeres.* || Sexcentésimo. *El turno seiscientos.* || *s. m.* Número que lo representa.

seísmo *s. m. Esp.* Terremoto.

seje *s. m. Amér.* Árbol de la familia de las palmas, semejante al coco.

selacio, cia *adj.* y *s. m.* Se dice de los peces cartilaginosos de cuerpo deprimido, como el tiburón. || *pl.* Orden que forman.

selección *s. f.* Elección de una persona o cosa entre otras. || Conjunto de cosas o personas elegidas. *La selección nacional de futbol.* || Colección de obras escogidas de un autor. || *loc. Selección natural:* la que, según Charles Darwin, realiza la naturaleza durante el tiempo para dar continuidad y evolución a las formas de vida capaces de adaptarse al medio y para extinguir las que no lo son.

seleccionado, da *adj.* y *s.* Se dice del jugador deportivo o de la persona escogida para representar a una colectividad. || *s. m. Amér.* Selección.

seleccionador, ra *adj.* y *s.* Se dice de la persona encargada de formar una selección.

seleccionar *t.* Elegir, escoger.

selectividad *s. f.* Calidad de un aparato selectivo. || Selección. || *Esp.* Condiciones y pruebas a las que se somete a los estudiantes para ingresar en la universidad.

selectivo, va *adj.* Que supone una selección. || *s. m. Esp.* Curso que precede a una carrera especial técnica.

selecto, ta *adj.* Que es o se reputa mejor en su especie.

selector, ra *adj.* Que selecciona. || *s. m.* Dispositivo con el que se hace una selección.

selenio *s. m.* Elemento químico no metálico, escaso en la corteza terrestre; presenta varias formas alotrópicas de color rojo y una de color gris; se utiliza en la fabricación de equipos electrónicos y para dar color rojo en la industria del vidrio, los esmaltes y la cerámica; su número atómico es 34 y su símbolo Se.

selenita *s. com.* Supuesto habitante de la Luna.

sellado *s. m.* Acción de sellar.

sellar *t.* Imprimir el sello. || *fig.* Estampar una cosa en otra. || Concluir una cosa. *Sellar una amistad.* || Cerrar. *Sellar los labios.*

sello *s. m.* Plancha de metal o de caucho usada para estampar armas, divisas, letras, etc., grabadas en ella. || Señal que deja esta plancha. || *fig.* Carácter distintivo de algo. *Un sello de nobleza.* || Viñeta de papel que se usa como señal del pago de algún derecho. *Sello postal, fiscal, móvil.* || Sortija con escudo o iniciales. || Conjunto de dos obleas entre las que se pone un polvo medicamentoso para evitar así el sabor desagradable.

selva *s. f.* Terreno extenso, inculto y muy poblado de árboles.

semáforo *s. m.* Aparato eléctrico que se coloca en las esquinas de las calles para regular la circulación por medio de señales luminosas de diferentes colores.

semana *s. f.* Periodo de siete días consecutivos fijado por el calendario. *Los días de la semana son lunes, martes, miércoles, jueves, viernes, sábado y domingo.* || *loc. Entre semana:* los días de lunes a viernes. *A la escuela se va entre semana.* || *Fin de semana:* los días sábado y domingo. || *Semana Santa:* para los católicos, la última semana de la Cuaresma, que comienza el domingo de Ramos y termina el domingo de Resurrección y conmemora la muerte y resurrección de Jesucristo.

semanal *adj.* Se dice de lo que dura una semana o se repite cada semana.

semanario *s. m.* Publicación que aparece cada semana.

semántica *s. f.* Ciencia que estudia el significado de las palabras.

semántico, ca *adj.* Relativo al significado de las palabras.

semblante *s. m.* Apariencia del rostro. *Gonzalo trae el semblante risueño.*

semblantear *t.* e *intr. Arg., Chil., Méx., Nic., Py., Salv.* y *Uy.* Mirar a alguien a la cara para adivinar sus intenciones y pensamientos.

semblanza *s. f.* Breve historia que cuenta la vida y obra de alguien. *La maestra nos pidió que redactáramos una semblanza de Simón Bolívar.*

sembrado *s. m.* Terreno donde se ha efectuado la siembra.

sembrar *t.* Echar las semillas en la tierra para que germinen. || *fig.* Propagar. *Sembrar el odio.* || Difundir. *Sembrar a los cuatro vientos.* || Hacer algo que posteriormente pueda producir un fruto. *El que siembra, recoge.* || Poner, estar lleno. *Senda sembrada de dificultades.*

semejante *adj.* Igual. || Tal. *No he visto a semejante persona.* || *s. m.* Hombre o animal en relación con los demás. *Amar a sus semejantes.*

semejanza *s. f.* Parecido.

semejar *intr.* Padecer.

semen *s. m.* Sustancia segregada por las glándulas genitales masculinas que contiene los espermatozoides.

semental *adj.* y *s. m.* Se dice del animal macho destinado a la reproducción.

sementera *s. f.* Terreno sembrado de algo. || Lo que se sembró. *Ayer desyerbaron la sementera de trigo.*

semestral *adj.* Que ocurre cada semestre o dura seis meses.

semestre *s. m.* Periodo de seis meses. || Renta o sueldo que se cobra o paga cada semestre.

semiárido, da *adj.* Clima próximo al del desierto. *El clima semiárido también es llamado «semidesértico».* || Zona cuyas características se aproximan a las de un desierto.

semiautomático, ca *adj.* Parcialmente automático.

semibreve *s. f.* En música, nota que tiene la duración de cuatro negras.

semicilindro *s. m.* Cada una de las dos mitades de un cilindro separadas por un plano que pasa por el eje.

semicircular *adj.* Relativo al semicírculo o a lo que se parece a un semicírculo.

semicírculo *s. m.* Cada una de las dos mitades del círculo.

semicorchea s. f. En música, nota que dura la mitad de una corchea.

semidiós, sa s. Personaje de la mitología griega a quien los antiguos colocaban entre sus dioses, aunque su origen era humano.

semidormido, da adj. Se dice del que no está del todo despierto ni del todo dormido.

semiesfera s. f. Media esfera.

semifinal s. f. Uno de los dos últimos partidos de un campeonato.

semifinalista adj. y s. com. Competidor que llega a participar en una prueba semifinal. En la competencia participan doce semifinalistas.

semifusa s. f. En música, nota que dura la mitad de una fusa.

semilla s. f. Cada uno de los cuerpos que forman parte del fruto que da origen a una nueva planta. || fig. Germen, origen de algo. Semilla de discordia. || pl. Granos que se siembran, exceptuados el trigo y la cebada.

semillero s. m. Sitio donde se siembran los vegetales. || Lugar donde se guardan las semillas. || fig. Origen, causa. Semillero de pleitos, de vicios. || Cantera. Semillero de hombres ilustres.

semimanufacturado, da adj. Se dice de los productos no terminados, de la materia prima que ha sido parcialmente transformada.

semimedio adj. Relativo a una categoría de boxeadores cuyo peso no supera 67 kg.

seminal adj. Del semen. || loc. Conducto seminal: conducto por el que pasa el semen.

seminario s. m. Casa destinada a la educación de los jóvenes que se dedican al estado eclesiástico. || Curso práctico de investigación en las universidades, anejo a la cátedra. || Reunión de técnicos.

seminarista s. m. Alumno de un seminario.

seminternado s. m. Media pensión en un colegio.

semiótica o **semiología** s. f. Ciencia que estudia las diferentes formas de lenguaje y comunicación, su estructura y funcionamiento.

semipesado, da adj. Se dice de una de las categorías de boxeadores cuyo peso oscila entre 72.574 y 79.378 kg.

semiplano s. m. En matemáticas, porción de un plano limitado por una recta. Al trazar una línea dividiendo este rectángulo hemos creado dos semiplanos.

semiproducto s. m. Producto semimanufacturado.

semirrecta s. f. En matemáticas, cada una de las dos partes de una recta dividida en un punto. Una línea se convierte en dos semirrectas con sólo marcar un pequeño punto.

semirrecto, ta adj. Se dice del ángulo de 45 grados.

semita¹ adj. y s. com. Se aplica a los árabes, hebreos, sirios y otros pueblos similares. Los semitas son descendientes del personaje bíblico Sem.

semita² s. f. Méx. Pan redondo no muy dulce, que contiene anís y está espolvoreado de harina de maíz molida con azúcar y canela.

semítico, ca adj. Relativo a los pueblos semitas.

semitono s. m. En música, mitad del intervalo de un tono. Entre «do» y «re» hay un tono, y entre «si» y «do» hay un semitono.

semitransparente adj. Translúcido.

semivocal adj. y s. f. Se aplica a las vocales «i» e «u» al final del diptongo.

semnopiteco s. m. Género de monos.

sémola s. f. Pasta de harina o fécula de trigo molida en granos muy finos.

semoviente adj. Que se mueve por sí mismo. || Animal de granja. Entre los semovientes están las vacas y las ovejas.

sempiterno, na adj. Eterno, que tiene duración muy larga. La cumbre de esa montaña está cubierta por nieves sempiternas.

sen s. m. Unidad monetaria fraccionaria existente en varios países de Extremo Oriente. || Centésima parte del yen, unidad monetaria del Japón.

senado s. m. Asamblea de patricios que formaba el Consejo Supremo de la antigua Roma. || En los Estados modernos de régimen parlamentario bicameral, la asamblea formada de personalidades designadas o elegidas por su notabilidad. || Edificio en el que se reúne la asamblea de los senadores.

senador, ra s. Miembro del Senado.

sencillez s. f. Calidad de lo sencillo.

sencillo, lla adj. De un solo elemento. Una hoja sencilla. || Simple, fácil. Operación sencilla. || Desprovisto de artificio, claro. Escribe en un estilo muy sencillo. || Poco complicado. Mecanismo sencillo. || Que carece de adornos. Traje sencillo. || fig. Franco en el trato, llano. Hombre sencillo. || Carente de refinamiento o artificio. Comida sencilla. || s. m. Amér. Dinero suelto.

senda s. f. Camino.

sendero s. m. Senda.

sendos, das adj. pl. Uno o una para cada cual de dos o más personas o cosas. Los soldados llevaban sendos fusiles.

senectud s. f. Vejez.

senegalés, lesa adj. y s. Del Senegal, país de África.

senescencia s. f. Envejecimiento.

senil adj. Propio de los viejos.

seno s. m. Concavidad, cavidad. || Cavidad existente en el espesor de un hueso. El seno frontal, maxilar. || Pecho de mujer, mama. || fig. Parte interna de una cosa. || En geometría, perpendicular tirada de uno de los extremos del arco al radio que pasa por el otro extremo.

sensación s. f. Impresión que recibimos por medio de los sentidos.

sensacional adj. Impresionante.

sensacionalismo s. m. Tendencia de algunos medios de comunicación que informan cosas que escandalizan o asombran.

sensacionalista adj. Se dice del medio informativo orientado al sensacionalismo. En épocas de crisis económica y social surgen periódicos sensacionalistas.

sensatez s. f. Buen sentido, cordura.

sensato, ta adj. Juicioso.

sensibilidad s. f. Facultad de sentir privativa de los seres animados. || Propensión del hombre a dejarse llevar por los afectos de compasión y ternura. || Carácter de una cosa que recibe fácilmente las impresiones exteriores. La sensibilidad de un termómetro. || Receptividad para determinados efectos. La sensibilidad de la placa fotográfica. || Capacidad para sentir emociones. Sensibilidad artística.

sensibilización s. f. Acción de sensibilizar.

sensibilizar t. Hacer sensible.

sensible adj. Capaz de sentir física y moralmente. Corazón sensible. || Perceptible, manifiesto, muy patente al entendimiento. *Adelanto sensible.* ‖ Que causa pena o dolor. *Pérdida sensible.* ‖ En física, capaz de señalar o registrar muy leves diferencias. *Termómetro sensible.*

sensiblería *s. f.* Exageración en la manera de sentir una emoción.

sensiblero, ra *adj.* Aplicado a quien exagera en su manera de sentir una emoción.

sensitivo, va *adj.* Relativo a los sentidos corporales. ‖ Capaz de sensibilidad. ‖ Que excita la sensibilidad. ‖ *s. f.* Género de plantas mimosáceas de América Central.

sensor *s. m.* Dispositivo que capta las variaciones de temperatura, sonido, luz, etc. *Las puertas eléctricas funcionan con sensores.*

sensual *adj.* Sensitivo. ‖ Se aplica a los gustos y deleites de los sentidos, a las cosas que los incitan o satisfacen y a las personas sensibles a ellos. *Mujer sensual.* ‖ Carnal. *Apetito sensual.*

sensualidad *s. f.* Propensión, apego a los placeres de los sentidos.

sentada *s. f.* Acción de sentarse en el suelo de un lugar público varias personas para manifestar su protesta por algo o apoyar de este modo una petición.

sentado, da *adj.* Juicioso. *Hombre sentado.* ‖ *loc. Dar algo por sentado:* considerar algo como cierto.

sentar *t., intr.* y *pr.* Poner a alguien o ponerse uno en un sitio, apoyado sobre las nalgas. *La señora sentó al niño para alimentarlo.* ‖ Colocar algo de manera firme en el lugar donde debe estar. *Los albañiles sentaron las rocas que servirían de mampostería.* ‖ Establecer algo de forma definitiva. *Hay que sentar las reglas del juego antes de empezar.* ‖ *fam.* Caer bien o mal una cosa. *Este medicamento te sentará bien.*

sentencia *s. f.* Dicho que encierra doctrina o moralidad. ‖ Resolución del tribunal, juez o árbitro. ‖ Decisión cualquiera. *Las sentencias del vulgo.*

sentenciar *t.* Dar o pronunciar sentencia. ‖ Condenar.

sentencioso, sa *adj.* Que contiene una sentencia o máxima.

sentido *s. m.* Cada una de las capacidades que tiene un organismo vivo para recibir información sobre el medio exterior a través de ciertos órganos. *Los seres humanos tenemos cinco sentidos.* ‖ Capacidad de darse cuenta de lo que sucede. *Isabel perdió el sentido.* ‖ Capacidad para hacer o entender algo. *Nicolás tiene un gran sentido de la orientación.* ‖ Significado de las palabras. *No me gusta que me hables en doble sentido.* ‖ Razón de ser de algo. *Llueve mucho, no tiene sentido salir.* ‖ Lado de un cuerpo o dirección de una cosa. *Esta calle es de un solo sentido.*

sentido, da *adj.* Referido a lo que contiene sentimiento.

sentimental *adj.* Se dice de la persona inclinada a experimentar muchos sentimientos afectivos.

sentimentalismo *s. m.* Estado de una persona sentimental.

sentimentaloide *adj.* Que expresa o tiene emociones de modo exagerado o ridículo.

sentimiento *s. m.* Conocimiento. ‖ Estado afectivo. ‖ Pena, aflicción. *Le acompaño en el sentimiento.*

sentina *s. f.* Parte de un buque en la que se almacena agua.

sentir¹ *s. m.* Sentimiento.

sentir² *t.* Experimentar una impresión física. ‖ Experimentar cierto sentimiento. *Siento un gran amor por ella.* ‖ Darse cuenta. *Sentir el descontento del pueblo.* ‖ Pensar. *Se lo dije como lo sentía.* ‖ Lamentar. *Todos sentimos su muerte.* ‖ Oír. *Sentía ruidos extraños.* ‖ *pr.* Encontrarse. *Me siento muy feliz.*

sentón *s. m. Méx.* Caída de nalgas y golpe que resulta de ella. *Anabel se dio un sentón.*

seña *s. f.* Detalle de una cosa que la distingue de otras. *Hilario le puso una seña a su vaso para no confundirlo.* ‖ Gesto o ademán para comunicarse. *Rocío hizo una seña con el dedo que todos guardaran silencio.* ‖ *pl.* Calle y número donde vive alguien.

señal *s. f.* Aquello que indica la existencia de algo. *No hay señales de enfermedad en Catalina.* ‖ Detalle de una cosa que la distingue de otras. *Ese árbol es la señal para encontrar el camino de regreso.* ‖ Gesto o ademán para comunicarse. *Te hice la señal de que iría mañana.* ‖ Signo que se pone en una cosa para advertir, anunciar o indicar algo. *Las señales de tránsito previenen accidentes.* ‖ Restos que quedan de una cosa y que permiten saber qué fue o qué sucedió. *Esta ceniza es la señal de que alguien hizo una hoguera.* ‖ Huella que queda en la piel después de una herida o de una enfermedad.

señalado, da *adj.* Extraordinario, notable.

señalador *s. m. Arg., Méx.* y *Uy.* Tira de papel, tela u otro material que se pone entre las páginas de un libro para marcar el lugar en que se suspendió la lectura.

señalamiento *s. m.* Acto de señalar. *El señalamiento del culpable se hará a través de un espejo oscuro.*

señalamiento *s. f. Méx.* Señalización.

señalar *t.* Ser señal o indicio de algo. *Las huellas sobre la arena señalan el paso de alguien.* ‖ Hacer o poner marcas para reconocer o recordar algo. *Antes de cerrar el libro señalé la página que estaba leyendo con una cinta.* ‖ Poner signos para advertir, anunciar o indicar algo. *Mi maestro señala las faltas de ortografía con un lápiz rojo.* ‖ Llamar la atención sobre algo con un gesto o con palabras. *El niño señaló el juguete que quiere.* ‖ Determinar algo con una finalidad.

señalización *s. f.* Conjunto de señales. *Las señalizaciones de las carreteras ayudan a viajar seguros.* ‖ Instalación de señales de tránsito en una carretera, en una vía de ferrocarril o en un aeropuerto.

señalizar *t.* Poner señales de tránsito en una calle, carretera, en una vía de ferrocarril o aeropuerto.

señero, ra *adj.* Único.

señor, ra *adj.* Noble, distinguido, señorial. *Un gesto muy señor.* ‖ *fam.* Grande, hermoso; se usa antepuesto al sustantivo. *Tiene una señora fortuna.* ‖ *s.* Dueño, amo, propietario. *La señora de la casa.* ‖ *fig.* Persona distinguida, noble. *Es un gran señor.* ‖ Hombre, mujer, cuando se habla de persona desconocida. *Una señora nos recibió amablemente.* ‖ Tratamiento que actualmente se antepone al apellido de toda persona o al cargo que desempeña. *El señor Martínez; la señora de Martínez.* ‖ Tratamiento que, seguido de «don» o «doña», se antepone al nombre y apellido de una persona. *Sr. don Ricardo García López.* ‖ *s. m.* Dios o Jesucristo en la Eucaristía (en esta acepción debe escribirse en mayúscula). ‖ *s. f.* Esposa, mujer. *Dé recuerdos a su señora.* ‖ *loc. Nuestra Señora:* la Virgen María. ‖ *Nuestro Señor:* Jesucristo.

señorear t. Dominar, mandar en una cosa como dueño de ella. ‖ fig. Dominar, estar a mayor altura. *La ermita señorea el valle.*

señoría s. f. Tratamiento que se da a personas que ocupan un puesto importante, como el de juez.

señorial adj. Se refiere a lo que es majestuoso. *Hay casas señoriales con más de veinte habitaciones.*

señorío s. m. Dominio o mando sobre algo. *El anciano padre todavía ejerce su señorío sobre la familia.* ‖ Elegancia propia de un noble.

señorita s. f. Mujer soltera y joven.

señuelo s. m. Cualquier cosa que sirve para atraer las aves. ‖ fig. Cebo, espejuelo.

sépalo s. m. Hoja del cáliz de la flor.

separación s. f. Acción y efecto de separar. ‖ Espacio entre dos cosas distantes. ‖ Lo que sirve a dividir, a separar. ‖ Interrupción de la vida conyugal sin llegar a romper el lazo matrimonial.

separar t. Poner a una persona o cosa fuera del contacto o proximidad de otra. *Separar lo bueno de lo malo.* ‖ Desunir lo que estaba junto. *Separar un sello de un sobre.* ‖ Apartar a dos o más personas que luchan entre sí. ‖ Considerar aparte. *Separar varios significados de un vocablo.* ‖ Dividir. *El canal de Panamá separa América en dos.* ‖ pr. Retirarse, apartarse. *Separarse de la política.* ‖ Alejarse. *Se separaba más del fin buscado.* ‖ Dejar de cohabitar los esposos por decisión judicial.

separata s. f. Tirada aparte de un artículo publicado en un libro.

separatismo s. m. Doctrina separatista. ‖ Partido separatista.

separatista adj. y s. com. Se aplica al partidario de la ideología de separar un territorio de un Estado.

separo s. m. Méx. Lugar, en una delegación de policía, donde se aísla temporalmente a los presuntos delincuentes.

sepelio s. m. Entierro.

sepia[1] adj. Referido a lo que tiene un color entre marrón y amarillo.

sepia[2] s. f. Animal marino parecido al calamar. *La sepia produce una materia colorante que se usa en pintura.*

septembrino, na adj. De septiembre.

septenario, ria adj. Se aplica al número compuesto de siete unidades o que se escribe con siete guarismos. ‖ s. m. Tiempo de siete días dedicados a un culto.

septenio s. m. Siete años.

septeno, na adj. Séptimo. ‖ Se aplica a cada una de las siete partes en que se divide un todo.

septentrión s. m. Norte.

septentrional adj. Nórdico.

septeto s. m. En música, composición para siete instrumentos o voces. ‖ Orquesta o coro de siete instrumentos o voces.

septicemia s. f. Infección de la sangre causada por gérmenes patógenos.

septicémico, ca adj. De la septicemia. ‖ s. Persona que la padece.

septiembre s. m. Noveno mes del año, que tiene 30 días.

séptimo, ma adj. Que sigue inmediatamente en orden a lo sexto. ‖ s. m. Cada una de las siete partes en que se divide un todo.

septingentésimo, ma adj. Que ocupa el lugar setecientos. ‖ s. m. Cada una de las setecientas partes iguales de un todo.

septuagenario, ria adj. y s. Que ha cumplido setenta años.

septuagésimo, ma adj. Que ocupa el lugar setenta. ‖ s. m. Cada una de las setenta partes iguales en que se divide un todo.

septuplicar t. Multiplicar por siete una cantidad.

séptuplo, pla adj. y s. m. Se dice de la cantidad que incluye en sí siete veces a otra.

sepulcral adj. Del sepulcro.

sepulcro s. m. Obra que se construye para la sepultura de los muertos.

sepultar t. Enterrar.

sepultura s. f. Entierro. ‖ Fosa donde se entierra el cadáver.

sepulturero s. m. Enterrador.

sequedad s. f. Calidad de seco.

sequía s. f. Falta de lluvia.

séquito s. m. Grupo de personas que acompañan a otra principal. ‖ fig. Secuela, acompañamiento.

ser[1] s. m. Principio propio de las cosas que les da vida o existencia. ‖ Lo que tiene vida. ‖ Persona. *Rosalía es un ser muy amable.*

ser[2] intr. Verbo auxiliar que sirve para la conjugación de todos los verbos en la voz pasiva. ‖ Haber o existir. *Los fantasmas no son de este mundo.* ‖ Suceder, ocurrir un hecho. *El cumpleaños de Marcos fue ayer.* ‖ Pertenecer a algo. *Esta bicicleta era de mi hermana.* ‖ Servir para algo. *El lápiz es para escribir.* ‖ Corresponder, tener relación una cosa con otra. *Alberto es ya una persona mayor.* ‖ Formar parte de algo. *Fui alumna de la escuela de mi barrio y ahora lo soy de la universidad.* ‖ Tener una naturaleza o un modo de ser determinado. *Rosaura es una mujer amigable.* ‖ Provenir de un lugar. *La familia de Roberto es de Colombia.* ‖ Tener las propiedades, condiciones, etc., que se expresan con un sustantivo, adjetivo o participio. *El hombre había sido honrado pero robó.* ‖ Se utiliza para indicar tiempo. *Eran las dos de la mañana.* ‖ Valer algo una cantidad de dinero. *¿Cuánto es por las manzanas?* ‖ Tener como resultado. *Cuatro más cuatro son ocho.*

serafín s. m. Cada uno de los espíritus bienaventurados que forman el segundo coro de los ángeles. ‖ fig. Persona muy bella.

serbio, bia adj. y s. Originario de Serbia, país de Europa. ‖ s. m. Idioma que se habla en Serbia.

serenar t. Moderar.

serenata s. f. Música o canciones que se ejecutan por la noche para rendir homenaje a alguien.

serenidad s. f. Calma, calidad de sereno. ‖ Título de honor de algunos príncipes.

sereno, na adj. fig. Sosegado, apacible. ‖ s. m. Vigilante que en ciertas poblaciones ronda las calles durante la noche. ‖ loc. Al sereno: al aire libre por la noche.

sergas s. f. pl. Hechos, proezas.

seri adj. y s. com. Pueblo amerindio localizado en la costa del estado de Sonora y en la Isla Tiburón, México.

seriación s. f. Acción y efecto de seriar.

serial adj. Se dice de lo que ocurre en serie. ‖ s. m. Serie de radio o de televisión que se transmite por episodios.

seriar t. Poner en orden un conjunto de cosas relacionadas entre sí. *La secretaria serió los billetes de la rifa del uno al mil.*

sericicultor, ra o **sericultor, ra** s. Persona que se dedica a la cría de gusanos de seda.

S

sericicultura o **sericultura** *s. f.* Técnica e industria de la cría de gusanos de seda y la producción de esta fibra. *La sericicultura pasó del Oriente a Europa y de allí a América.*

serie *s. f.* Conjunto de cosas relacionadas que van una detrás de otra. *Leopoldo tomó una serie de lecciones para aprender ajedrez.* ‖ Programa de radio o televisión que se transmite por partes. *Hoy me perdí un capítulo de mi serie favorita.* ‖ *loc. En serie:* se aplica a la forma de fabricar muchos objetos iguales entre sí.

seriedad *s. f.* Capacidad y voluntad que se tiene para cumplir con las responsabilidades. *La seriedad del joven inspiró confianza a su nuevo jefe.* ‖ Actitud o comportamiento serios, falta de sentido del humor. *¿A qué se debe tanta seriedad?*

serigrafía *s. f.* Método de impresión que consiste en hacer pasar la tinta a través de una pantalla de seda, o de un tamiz o colador metálico fino sobre el que está dibujada una figura. *Vimos unas hermosas serigrafías japonesas.*

serio, ria *adj.* Se aplica a quien no se ríe. *Felipe es demasiado serio.* ‖ Se refiere a quien actúa con responsabilidad. *Eduardo es un estudiante serio y responsable.* ‖ Importante, grave, digno de consideración. *Alfredo padece una enfermedad muy seria.*

sermón *s. m.* Discurso pronunciado en el púlpito por un sacerdote. ‖ *fig.* Discurso moral, represión.

sermonear *t.* Reprender.

serología *s. f.* Estudio de las propiedades y aplicaciones de los sueros. *La serología es una rama de la inmunología.*

seropositivo, va *adj. y s.* Se aplica al análisis de sangre o al enfermo que presenta un diagnóstico positivo de enfermedad, en particular para el virus del sida.

serpentario *s. m.* Lugar acondicionado especialmente para la cría y exhibición serpientes. *En muchos zoológicos hay serpentarios.*

serpenteado, da *adj.* Ondulado.

serpenteante *adj.* Que serpentea.

serpentear o **serpear** *intr.* Moverse formando ondulaciones. *Las víboras serpentean mientras avanzan.* ‖ Tener una trayectoria que va y viene de un lado a otro. *El camino serpentea rodeando la montaña.*

serpenteo *s. m.* Movimiento sinuoso.

serpentín *s. m.* Tubo de forma espiral del alambique.

serpentina *s. f.* Tira de papel enrollada que se lanza en las fiestas.

serpiente *s. f.* Cualquier reptil ofidio, generalmente de gran tamaño. ‖ Culebra. ‖ *loc. Serpiente de cascabel:* crótalo. ‖ *Serpiente pitón:* la de gran tamaño con cabeza cubierta de escamas. ‖ *fig. Serpiente monetaria:* figura que señala los niveles superior e inferior que no deben superar los valores de las monedas relacionadas entre sí por un acuerdo destinado a limitar sus fluctuaciones.

serrallo *s. m.* Harén.

serrana *s. f.* Serranilla.

serranía *s. f.* Espacio de terreno cruzado por montañas y sierras.

serranilla *s. f.* Poesía de asunto rústico, escrita en metros cortos.

serrano, na *adj.* De la sierra.

serrar *t.* Cortar con una sierra.

serrería *s. f.* Aserradero.

serrín *s. m.* Partículas finas de madera que se desprenden al serrarla.

serrote *s. m. Méx.* Serrucho.

serruchar *t. Arg., Chil., Cub., Méx., Per., P. Rico* y *Uy.* Cortar algo usando un serrucho.

serrucho *s. m.* Herramienta que consta de un mango y de una hoja de metal con dientes, ancha y corta, que se usa para cortar madera.

servicial *adj.* Que sirve.

servicio *s. m.* Acción y efecto de servir. ‖ Manera de servir o atender. *En este hotel el servicio es muy malo.* ‖ Estado de sirviente. *Muchacha de servicio.* ‖ Servidumbre. *Ahora es difícil encontrar servicio.* ‖ Mérito que se hace sirviendo al Estado. *Hoja de servicio.* ‖ Culto. *Servicio que se debe a Dios.* ‖ Utilidad que se saca de una cosa. *Este coche me presta buen servicio.* ‖ Turno. *El jueves estoy de servicio.* ‖ Disposición. *Estar al servicio de alguien.* ‖ Conjunto de la vajilla o de la mantelería. *Servicio de mesa.* ‖ Lavativa, ayuda. ‖ Organismo que forma parte de un conjunto en una administración o en una actividad económica. *Servicio de publicidad.* ‖ En un hotel, restaurante o bar, porcentaje que se añade a la cuenta en concepto de la prestación hecha por los mozos o camareros. *Allí el servicio es de un 15%.* ‖ En el tenis, saque de la pelota. ‖ *pl.* Parte de un alojamiento dedicada a la servidumbre. ‖ Lavabo, aseo. ‖ Producto de la actividad del hombre que no se presenta en forma material (transportes, espectáculos, etc.). ‖ *loc. Servicio militar:* el que tienen que prestar los ciudadanos durante cierto tiempo para contribuir a la defensa del país. ‖ *Servicio secreto:* el de seguridad del Estado.

servidor, ra *s.* Persona que sirve a otra. ‖ Persona que sirve a otra como criado. ‖ Persona encargada del manejo de un arma, de una máquina o de cualquier otra cosa. ‖ Término de cortesía. *Su seguro servidor.* ‖ *s. m.* Computadora que controla una red conectada a la Internet. ‖ *loc. Servidor público:* persona que trabaja en la administración pública. ‖ *Un servidor:* yo.

servidumbre *s. f.* Conjunto de criados. ‖ Estado o condición de siervo. ‖ *fig.* Obligación o dependencia pesada. ‖ Derecho que tiene una casa o heredad sobre otra. *Servidumbre de vistas.*

servil *adj.* Relativo a criados. ‖ Vil, rastrero. *Hombre servil.*

servilismo *s. m.* Sumisión ciega.

servilleta *s. f.* Pieza de tela o papel para limpiarse la boca.

servilletero *s. m.* Aro para enrollar la servilleta. ‖ Utensilio para poner las servilletas.

servio, via *adj. y s.* Serbio.

servir *t. e intr.* Desempeñar ciertas funciones o cumplir con unos deberes para con una persona o colectividad. ‖ Vender, suministrar mercancías. *Servir un pedido.* ‖ Ser útil. *Este aparato no sirve para nada.* ‖ Ser uno apto para algo. *Yo no sirvo para periodista.* ‖ Ser soldado en activo. *Servir en filas.* ‖ Asistir con naipe del mismo palo. *Servir una carta.* ‖ Poder utilizarse. *Servir de instrumento.* ‖ En tenis, hacer el saque. ‖ Poner en la mesa. *Servir el almuerzo.* ‖ Presentar o dar parte de un manjar a un convidado. ‖ Ser favorable. *Esta reforma sirve a sus intereses.* ‖ Dar culto. *Servir a Dios.* ‖ Obrar en favor de otra persona. *Servir de introductor.* ‖ *pr.* Valerse de una cosa. *Servirse de las manos.* ‖ Tener a bien. *Sírvase venir conmigo.* ‖ Beneficiarse de. *Servirse de sus amistades.*

servocroata adj. y s. com. Serbocroata.

sésamo s. m. Planta herbácea de flores blancas. || loc. fam. Ábrete sésamo: se cree un recurso infalible para vencer todos los obstáculos.

sesear intr. Pronunciar la «ce» o la «zeta» como «ese».

sesenta adj. Seis veces diez. || Sexagésimo. Año sesenta. || s. m. Número equivalente a seis veces diez.

sesentavo, va adj. y s. Se aplica a cada una de las sesenta partes iguales en que se divide un todo.

sesentón, tona adj. Persona que ha llegado a los 60 años.

seseo s. m. Pronunciación de la «ce» o la «zeta» como «ese».

sesera s. f. fam. Parte de la cabeza en la que está el cerebro o sesos.

sesgadura s. f. Corte al sesgo.

sesgar t. Cortar en forma inclinada o torcida. Un clavo sesgó la tela del vestido de Lidia.

sesgo, ga adj. Referido a lo que está cortado o colocado en forma inclinada o torcida.

sesión s. f. Tiempo durante el cual permanece reunido un grupo que habla o trabaja sobre un tema. Los diputados tienen una sesión extraordinaria. || Representación que se realiza ante un público. Cada tarde hay dos sesiones de cine.

sesionar intr. Celebrar sesión. || Asistir a una sesión.

seso s. m. Masa encefálica. Los sesos forman el cerebro de los animales. || fam. Sensatez, buen juicio. Ese muchacho tiene poco seso.

sestear intr. Dormir la siesta. El abuelo está sesteando. || Recogerse el ganado a la sombra durante el calor. Al mediodía las vacas sestean junto al árbol frondoso.

sesudo, da adj. Se dice de la persona que es inteligente, juiciosa y reflexiva para actuar.

set s. m. En algunos deportes como el tenis, el pingpong y el volibol, cada una de las partes en que se divide un partido. En este juego de tenis jugaron cinco sets. || En cine y televisión, escenario que se construye dentro de un estudio o local cerrado.

seta s. f. Hongo con forma de sombrero sostenido por un pie. Algunas setas, como los champiñones, son comestibles.

setecientos, tas adj. Siete veces ciento. || Septingentésimo. Número, año setecientos. || s. m. Número equivalente a siete veces ciento.

setenta adj. Siete veces diez. || Septuagésimo. || s. m. Número equivalente a siete veces diez.

setentavo, va adj. y s. m. Se aplica a la septuagésima parte de un todo.

setentón, tona adj. Persona que ha llegado a los 70 años.

setiembre s. m. Septiembre.

seto s. m. Cercado, valla.

seudónimo s. m. Nombre adoptado por algún autor o artista en vez del suyo.

seudópodo s. m. Parte del protoplasma de una célula que se prolonga y le sirve para desplazarse o para prender a otros microorganismos. Los leucocitos y las amebas tienen seudópodos.

seudo- prefijo que significa «supuesto», «falso». Seudónimo, seudohombre.

severidad s. f. Exigencia y rigidez en el cumplimiento de las reglas. Todos los alumnos temían a ese maestro por su gran severidad.

severo, ra adj. Referido a quien es exigente e inflexible en el cumplimiento de las reglas o de las obligaciones. La directiva contrató a un entrenador más severo. || Aplicado a lo que no tiene adornos. La vieja mansión estaba decorada con un gusto severo.

seviche s. m. Ceviche.

sevicia s. f. Crueldad excesiva.

sevillano, na adj. y s. De Sevilla, municipio y ciudad de España.

sexagenario, ria adj. y s. Se dice de la persona que ha cumplido 60 años y tiene menos de 70.

sexagésimo, ma adj. Que ocupa el lugar 60. || s. m. Cada una de las sesenta partes iguales en que se divide un todo.

sexcentésimo, ma adj. Que ocupa el lugar 600. || s. m. Cada una de las seiscientas partes iguales en que se divide un todo.

sexenal adj. Relativo a lo que dura seis años o sucede cada seis años. En México las elecciones presidenciales son sexenales.

sexenio s. m. Periodo que dura seis años. La presa tardó un sexenio en construirse.

sexismo s. m. Actitud de rechazo de los hombres hacia las personas de sexo femenino o de las mujeres hacia las personas de sexo masculino. Las mujeres se han organizado para luchar contra el sexismo.

sexista adj. y s. com. Se dice de lo que discrimina por razón de su sexo.

sexo s. m. Diferencia en la forma del cuerpo y en la constitución física de un ser vivo que distingue al macho de la hembra y al hombre de la mujer. No pude averiguar el sexo de mi tortuga. || Conjunto de individuos que son todos machos o todas hembras. En esta tienda sólo hay prendas para el sexo femenino. || Conjunto de los órganos sexuales externos masculinos y femeninos.

sexología s. f. Estudio de la sexualidad y de los diferentes comportamientos relacionados con ella.

sexólogo, ga s. Persona que se especializa en el estudio de la sexualidad y de los diferentes comportamientos relacionados con ella.

sextante s. m. Instrumento utilizado para determinar la latitud de los astros.

sexteto s. m. Composición para seis instrumentos o seis voces. || Orquesta de seis instrumentos o coro de seis voces.

sexto, ta adj. y s. Que sigue inmediatamente al o a lo quinto. || s. m. Cada una de las seis partes iguales en que se divide un todo.

sextuplicar t. Multiplicar por seis. || Hacer seis veces mayor una cosa.

séxtuplo, pla adj. Que incluye en sí seis veces una cantidad. || s. m. Número seis veces mayor que otro. El séxtuplo de 5 es 30.

sexual adj. Relativo al sexo. || loc. Órganos sexuales: los que están encargados de la generación o reproducción.

sexualidad s. f. Conjunto de condiciones que caracterizan a cada sexo.

sheriff s. m. En los Estados Unidos, oficial de administración elegido por un distrito con cierto poder judicial.

shock s. m. En medicina, impresión violenta e imprevista que trastorna a una persona.

short s. m. Pantalón corto que llega arriba de las rodillas.

show s. m. Espectáculo en el que hay cantos, bailes y otras variedades. El show del cómico hizo reír a todo el público.

S

shullo s. m. Per. Gorro con orejeras.

si[1] s. m. Séptima nota de la escala musical de «do». *En la escala ascendente, después de «la» sigue «si».*

si[2] conj. Expresa la condición necesaria para que se produzca algo. *Saldrás a jugar si ordenas tu habitación.* || Introduce oraciones interrogativas indirectas. *No sabemos si Eduardo sanará.* || Indica una afirmación. *Si dijiste que te gusta el chocolate, ¿por qué no lo tomaste?* || Después de «como», indica comparación. *Caminas como si estuvieras pisando huevos.* || Se usa para aumentar la fuerza de una expresión. *¡Si seré distraída: el libro estaba sobre la mesa!* || loc. *Si no:* de lo contrario. *Toma el medicamento porque si no, seguirás enfermo.*

sí[1] adv. Responde de manera afirmativa a una pregunta. *Sí, puedes ir a jugar.* || Sirve para aumentar la fuerza de una afirmación. *Jorge sí es divertido.*

sí[2] pron. Pronombre personal, forma reflexiva de la tercera persona que se usa para referirse a «él», «ella», «ellos» o «ellas». *El niño arrastraba un camión de juguete tras de sí.*

sial s. m. Parte superficial y sólida de la corteza terrestre.

siamés, mesa adj. y s. De Siam, país de Asia, actual Tailandia. || Se dice de cierta raza de gatos. || loc. *Hermanos siameses:* nombre dado a los mellizos que nacen unidos por cualquier parte del cuerpo. || s. m. Lengua hablada en Siam.

sibarita adj. y s. com. Aficionado a los placeres exquisitos.

sibarítico, ca adj. Amante del placer.

sibaritismo s. m. Vida regalada.

siberiano, na adj. y s. De Siberia, región de Asia.

sibila s. f. Adivina.

sic adv. Indica que una cita es textual, aunque parezca incorrecta.

sicalipsis s. f. Pornografía.

sicamor s. m. Ciclamor.

sicario s. m. Asesino asalariado.

siciliano, na adj. y s. De Sicilia, isla de Italia. || s. m. Lengua hablada en esta isla.

sicoanálisis s. m. Psicoanálisis.

sicoanalista s. com. Psicoanalista.

sicología s. f. Psicología.

sicológico, ca adj. Psicológico.

sicólogo, ga s. Psicólogo.

sicomoro s. m. Especie de higuera. || Plátano falso.

sicópata s. com. Psicópata.

sicopatía s. f. Psicopatía.

sicosis s. f. Psicosis.

sicoterapia s. f. Psicoterapia.

sicu s. m. Amér. Merid. Instrumento musical de viento formado por dos hileras de tubos de carrizo ordenados en forma decreciente para obtener las notas graves y las agudas.

sicuri s. m. Arg., Bol. y Per. Tañedor de sicu. || Arg. y Per. Sicu.

sida s. m. Enfermedad de transmisión sexual o sanguínea que altera y destruye el sistema de defensa del organismo. *Hasta ahora el sida es incurable.*

sideral adj. De las estrellas o astros.

siderurgia s. f. Arte de extraer el hierro, de fundirlo y de elaborar acero.

siderúrgico, ca adj. Relativo a la siderurgia.

sidra s. f. Bebida alcohólica obtenida por la fermentación del jugo de las manzanas.

sidrería s. f. Tienda donde se vende sidra.

siega s. f. Corte de las mieses.

siembra s. f. Acción de sembrar.

siempre adv. En todo o cualquier tiempo. *Siempre han ocurrido desgracias.* || En todo caso. *Este título siempre te servirá.* || Amér. C., Col. y Méx. Con seguridad. || loc. *Siempre que o siempre y cuando:* con tal que, si.

siempreviva s. f. Perpetua.

sien s. f. Parte lateral de la cabeza, entre la frente, la oreja y la mejilla.

sierra s. f. Herramienta que sirve para cortar madera, piedra, etc. || Cordillera de montes. || Nombre de diversos peces del golfo de México.

siervo, va s. Esclavo.

sieso s. m. Ano.

siesta s. f. Sueño que se duerme después de haber almorzado.

siete adj. Seis más uno. || Séptimo. || s. m. Número equivalente a seis más uno. || Carta o naipe de siete puntos. || fam. Desgarradura en forma de ángulo.

sietemesino, na adj. y s. Nacido a los siete meses de engendrado.

sífilis s. f. Enfermedad venérea provocada por un treponema.

sifilítico, ca adj. Relativo a la sífilis. || Enfermo de sífilis.

sifón s. m. Tubo en el que se hace el vacío y sirve para trasegar líquidos de un recipiente a otro. || Dispositivo consistente en un tubo acodado, que siempre contiene agua, y sirve para aislar de los malos olores en las cañerías de fregaderos, retretes, etc. || Botella de agua gaseosa provista de un tubo acodado y de una espita para vaciarla.

sigilar t. Callar, ocultar.

sigilo s. m. Actitud que se toma al tratar una cosa o asunto para que nadie más lo sepa. *La policía llevó el caso del crimen con mucho sigilo.* || Actitud que se toma para realizar un movimiento sin hacer ruido o sin hacerse notar. *El gato caminaba con sigilo para cazar al ratón.*

sigiloso, sa adj. Que actúa con sigilo.

sigla s. f. Letra inicial de un nombre propio, que se usa como abreviatura. *Margarita Paredes firma con sus siglas: «M. P.»* || Palabra que se forma con las letras iniciales de varias palabras que significan algo.

siglo s. m. Periodo de cien años. *El siglo XIX comenzó el primero de enero de 1801 y terminó el 31 de diciembre de 1900.*

sigma s. f. Decimoctava letra del alfabeto griego (Σ, ς).

signar t. Escribir a mano la firma al pie de un documento o de un escrito. *Cuatro testigos signaron el testamento para darle validez.*

signatario, ria adj. y s. Firmante.

significación s. f. Significado. || Importancia. || Tendencia política.

significado, da adj. Conocido, importante. || s. m. Manera como se ha de entender una palabra, acción o hecho, sentido.

significante s. m. Manifestación fónica de un signo lingüístico.

significar t. Ser una cosa representación o indicio de otra. *La bandera blanca significa rendición.* || Representar una palabra, una idea o una cosa material. *Hablar significa tomar partido.* || Equivaler. *Esto significaría la derrota.* || Hacer saber, indicar. *Significar* *sus intenciones.* ‖ *intr.* Representar, tener importancia. *Esto no significa nada para mí.* ‖ *pr.* Hacerse notar, distinguirse. *Significarse por su probidad.*

significativo, va *adj.* Que tiene significado claro o importancia.

signo *s. m.* Cosa que representa la idea de otra. *La risa es un signo de alegría.* ‖ Letra o símbolo usado en la escritura. *Los signos de puntuación ayudan a dar sentido a lo que se escribe.* ‖ En matemáticas, símbolo que representa una operación. *El signo «+» se usa para sumar y el signo «×» para multiplicar.* ‖ Cada una de las doce divisiones del zodiaco y la figura que la representa. *Aries es el primer signo del zodiaco.*

siguiente *adj.* Se aplica a lo que ocurre en orden después de otro. *El número siguiente al dos es el tres.*

sij o **sikh** *adj.* Perteneciente o relativo a una secta religiosa monoteísta de la India. ‖ *s. com.* Seguidor de esta doctrina.

sílaba *s. f.* Sonido articulado que se emite de una sola vez.

silabario *s. m.* Libro que se usa para enseñar a leer con palabras divididas en sílabas. *Mi abuela aprendió a leer con un silabario que todavía conserva.*

silabear *intr.* Pronunciar por separado las sílabas de una palabra. *Para saber dónde tengo que dividir la palabra, silabeo en voz baja.*

silábico, ca *adj.* Relativo a las sílabas que forman una palabra.

silampa *s. f. Amér. C.* Llovizna.

silba *s. f.* Pita, acción de silbar.

silbador, ra *adj.* Se aplica a la persona, animal o cosa que silba. *Muchos pájaros son silbadores; otros gorjean.*

silbante *adj.* Se refiere a lo que produce un sonido agudo con el paso del aire.

silbar *t.* e *intr.* Producir sonidos agudos haciendo pasar el aire por la boca o las manos. *Víctor silbaba una canción.* ‖ Producir un elemento duro un sonido muy agudo al cortar el aire. *La flecha silbó en su trayectoria veloz hacia el blanco.* ‖ *fam.* Manifestar desaprobación con silbidos.

silbatina *s. f. Amér. Merid.* Acción de silbar para mostrar disgusto o desaprobación.

silbato *s. m.* Instrumento que produce un silbido al soplar por él. *El árbitro sopló su silbato para marcar una falta en el juego.*

silbido o **silbo** *s. m.* Sonido agudo que hace el aire o se produce con la boca o las manos. *Erasto dio un fuerte silbido para llamar a sus amigos.* ‖ Voz aguda de algunos animales.

silenciador *s. m.* Aparato que sirve para disminuir el ruido de un motor. *La motocicleta no tiene silenciador y hace un ruido muy fuerte.*

silenciar *t.* Estarse callado o hacer callar.

silencio *s. m.* Ausencia de todo ruido. *De noche la casa permanece en silencio porque todos duermen.* ‖ Hecho de estar callado. *En los hospitales debemos guardar silencio.* ‖ *loc. En silencio:* sin hablar. *Hicimos todo el trabajo en silencio para concentrarnos.*

silencioso, sa *adj.* Se aplica a lo que no produce ruido. *El andar del gato es silencioso.* ‖ Se refiere al que no habla. *Federico ha estado muy silencioso toda la tarde.*

silente *adj.* Se aplica a la persona, animal o cosa que permanece sin hacer ruido.

sílex *s. m.* Pedernal, sílice.

sílfide *s. f.* Ninfa.

silicato *s. m.* Sal compuesta de ácido silícico y una base.

sílice *s. f.* Óxido de silicio.

silicio *s. m.* Elemento químico abundante en la corteza terrestre, principalmente en la forma de sílice y de silicatos; posee un elevado punto de fusión y se utiliza en la industria electrónica y como detector de radiaciones; su número atómico es 14 y su símbolo Si.

silla *s. f.* Asiento individual con respaldo y por lo general cuatro patas. *Silla de rejilla.* ‖ Aparejo para montar a caballo. *Silla inglesa.* ‖ Sede de un prelado. *La silla de Toledo.* ‖ Dignidad del papa y otras autoridades eclesiásticas. *La silla pontificia.* ‖ *loc. Silla de tijera:* la que es plegable y tiene patas cruzadas en forma de aspa. ‖ *Silla eléctrica:* asiento donde se ejecuta a los condenados a muerte por medio de la electrocución.

sillar *s. m.* Piedra grande labrada usada en construcción.

sillería *s. f.* Conjunto de asientos de una misma clase.

sillín *s. m.* Asiento de bicicleta o moto.

sillón *s. m.* Silla de brazos mayor y más cómoda que la ordinaria.

silo *s. m.* Lugar y edificio donde se guarda el trigo y otros granos.

silogismo *s. m.* Argumento de lógica que consta de tres proposiciones, la última de las cuales (conclusión) se deduce de las otras dos (premisas).

silueta *s. f.* Dibujo sacado siguiendo los contornos de la sombra de un objeto. ‖ Figura, líneas generales del cuerpo. *Silueta esbelta.* ‖ Imagen de un objeto cuyo contorno se dibuja claramente sobre el fondo. *La silueta de la iglesia se dibujaba en el horizonte.*

silúrico *adj.* y *s. m.* Tercer periodo de la era Paleozoica, comprendido entre los periodos Ordovícico y Devónico.

silvestre *adj.* Que se cría o crece sin cultivo en selvas o campos.

silvicultura *s. f.* Ciencia que estudia el cultivo de los bosques.

sima *s. f.* Abismo, cavidad muy profunda en la tierra. ‖ Zona intermedia de la corteza terrestre entre el núcleo y las rocas.

simbionte *adj.* y *s. m.* Nombre que se da en biología a cada uno de los seres que se han asociado en una simbiosis.

simbiosis *s. f.* Asociación de organismos de distinta especie en la que cada individuo saca provecho de la vida en común. *La simbiosis permite a algunos pájaros tener alimento, y a los búfalos estar limpios de parásitos.*

simbiótico, ca *adj.* Relativo a la asociación de organismos de distinta especie. *La convivencia simbiótica de animales y plantas permite la vida equilibrada de las especies.*

simbólico, ca *adj.* Que sólo tiene apariencia y no realidad.

simbolismo *s. m.* Sistema de símbolos con que se representa algo. ‖ Movimiento poético, literario y artístico, nacido en Francia a fines del siglo XIX, que fue una reacción contra el naturalismo.

S

simbolización *s. f.* Representación de una idea por un símbolo.

simbolizar *t.* Representar una idea por medio de un símbolo.

símbolo *s. m.* Cosa que se toma convencionalmente como representación de un concepto. *El laurel es el símbolo de la victoria.* ‖ Letra o letras adoptadas para designar los cuerpos simples. ‖ Cualquier signo convencional utilizado para indicar una abreviatura. ‖ Cualquier signo que representa una magnitud, un número, una operación matemática.

simetría *s. f.* Proporción que guardan entre sí las partes de un cuerpo que ha sido dividido por una línea central. *El lado derecho del cuerpo humano guarda una relación de simetría con el lado izquierdo.*

simétrico, ca *adj.* Relativo a lo que es igual de un lado y del otro de una línea central.

simiente *s. f.* Semilla de la que nacerá una nueva planta.

simiesco, ca *adj.* Relativo al mono o a lo que tiene aspecto de mono.

símil *s. m.* Comparación entre dos cosas. *El maestro explicó las fases de la luna haciendo un símil con un balón y una lámpara.*

similar *adj.* Se dice de lo que se parece a algo.

similitud *s. f.* Parecido que hay entre dos o más cosas.

similitudinario, ria *adj.* Que posee similitud con otra cosa.

simio, mia *s.* Animal de rostro desnudo y cuerpo peludo, con manos que le sirven para colgarse de las ramas de los árboles y que anda en dos o cuatro patas. *Los simios son mamíferos con un cerebro muy desarrollado.*

simonía *s. f.* Comercio con las cosas espirituales.

simpatía *s. f.* Modo de ser de una persona que la hace agradable para otras personas. ‖ Inclinación o afecto natural que se siente por una persona. *Verónica me inspira una gran simpatía.*

simpático, ca *adj.* Que inspira simpatía. ‖ Animado por la simpatía, agradable. *Reunión simpática.* ‖ *loc. Gran simpático:* parte del sistema nervioso que regula la vida vegetativa.

simpaticón, cona *adj.* Que es simpático.

simpatizador, ra *adj.* Que simpatiza.

simpatizante *adj.* y *s. com.* Se dice de la persona que tiene simpatías.

simpatizar *intr.* Sentir simpatía.

simple *adj.* Se aplica a lo que no está compuesto de partes o combinado con otra cosa. ‖ Se dice de lo que es poco complicado o no tiene adornos. *Quisiera unos muebles más simples y cómodos.* ‖ Se aplica a quien no tiene malicia. *Héctor es tan simple que nunca se da cuenta de que le están jugando una broma.*

simpleza *s. f.* Cualidad de lo que no está compuesto de partes o no es complicado. ‖ Tontería, bobería o cosa sin importancia.

simplicidad *s. f.* Calidad de simple o sencillo.

simplificable *adj.* Se aplica a lo que puede volverse más sencillo.

simplificación *s. f.* Hecho de volver algo más sencillo. *La simplificación del trámite nos permitió ahorrar tiempo.*

simplificador, ra *adj.* Referido a lo que hace más sencillo algo. *Aparatos como la licuadora o la lavadora son simplificadores del trabajo en casa.*

simplificar *t.* Hacer o volver algo más sencillo o más fácil.

simplismo *s. m.* Condición de simplista.

simplista *adj.* Se aplica al razonamiento, acto o teoría carente de base lógica y que pretende resolver fácilmente lo que de suyo es complicado. ‖ *s. com.* Se dice de la persona que generalmente tiende a ver soluciones fáciles en todo.

simplón, plona *adj.* y *s.* Bobo, tonto, ingenuo.

simposio o **simposium** *s. m.* Conjunto de trabajos o estudios sobre determinada materia realizados por distintas personas. ‖ Reunión de especialistas diversos para estudiar a fondo algún asunto.

simulación *s. f.* Acción de simular o fingir.

simulacro *s. m.* Acción por la que se aparenta algo.

simulador, ra *adj.* y *s.* Se aplica al que o a lo que simula algo. ‖ *s. m.* Dispositivo que reproduce el funcionamiento de un aparato con objeto de estudiar o de aprender a utilizar este último. *El simulador de vuelo ayuda a aprender a pilotear un avión.*

simular *t.* Dar la apariencia de algo que no es.

simultaneidad *s. f.* Existencia simultánea de varias cosas.

simultáneo, a *adj.* Que se hace u ocurre al mismo tiempo. ‖ *s. f. pl.* Enfrentamiento de un jugador de ajedrez contra varios tableros.

simún *s. m.* Viento muy caliente y fuerte que sopla en el desierto del norte de África. *Los camellos resisten el simún, pero los caballos, no.*

sin *prep.* Sirve para indicar que algo falta o no está. *Yolanda salió sin sus llaves.* ‖ Indica que una acción no se realiza. *Federico pasó la noche sin dormir por el dolor de estómago.* ‖ Además de, fuera de. *Este perfume cuesta cien pesos sin el impuesto.*

sinagoga *s. f.* Edificio donde se lleva a cabo el culto de la religión judía.

sinalefa *s. f.* Pronunciación en una sola sílaba de la vocal final de una palabra y la vocal inicial de la siguiente. *En la frase «hacía alarde de su fuerza» hay una sinalefa entre las palabras «hacía» y «alarde».*

sinaloense *adj.* y *s. com.* Del estado mexicano de Sinaloa.

sinapismo *s. m.* Cataplasma.

sinapsis *s. f.* Región en la que dos neuronas hacen contacto. *En la sinapsis se transmiten impulsos de una neurona a otra.*

sinarquía *s. f.* Gobierno de un grupo de personas.

sinarquismo *s. m.* Movimiento de carácter derechista de México, creado en León, Guanajuato, en 1937, contrario a la política llevada a cabo por Lázaro Cárdenas; fue disuelto en 1950.

sinarquista *adj.* Relativo al sinarquismo. ‖ *s. com.* Partidario de él.

sincerarse *pr.* Hablar sinceramente.

sinceridad *s. f.* Calidad de sincero.

sincero, ra *adj.* Se dice de quien habla o actúa sin doblez o disimulo.

síncopa *s. f.* Supresión de un sonido o grupo de sonidos en el interior de una palabra. *La palabra «Navidad» es una síncopa de la palabra «natividad».* ‖ En música, nota que se toca en un tiempo débil y continúa en un tiempo fuerte.

sincopado, da adj. Se aplica a la nota musical que forma síncopa, o al ritmo que tiene este tipo de notas.

sincopar t. Suprimir un fonema en el interior de una frase. || Unir por medio de una síncopa. || fig. Abreviar.

síncope s. m. Suspensión repentina de la actividad del corazón y de la respiración, con pérdida del conocimiento.

sincronía s. f. Coincidencia de época de varios acontecimientos.

sincrónico, ca adj. Que sucede al mismo tiempo.

sincronismo s. m. Circunstancia de ocurrir varias cosas al mismo tiempo.

sincronización s. f. Acción de sincronizar. || Concordancia entre las imágenes y el sonido de una película cinematográfica.

sincronizada s. f. Méx. Comida hecha con tortilla de harina de trigo rellena de queso y jamón.

sincronizar t. Hacer que coincidan en el tiempo varios movimientos o fenómenos. || Hacer coincidir la imagen con el sonido.

sindicación s. f. Adhesión a un sindicato.

sindicado, da adj. Que pertenece a un sindicato.

sindical adj. Relativo a la organización de trabajadores. Los obreros eligen a sus representantes sindicales.

sindicalismo s. m. Sistema de organización obrera por sindicatos.

sindicalista adj. y s. com. Relativo al sindicato. || Militante de un sindicato.

sindicalización s. f. Acción de sindicarse.

sindicalizar t. Sindicar.

sindicar t. Organizar en sindicato a las personas de una misma profesión. || pr. Afiliarse a un sindicato.

sindicato s. m. Agrupación de trabajadores formada para defender los intereses profesionales comunes.

sindicatura s. f. Dignidad, cargo u oficio de síndico. || Oficina o despacho del síndico.

síndico s. m. Persona elegida por una asociación de trabajadores para cuidar de sus intereses.

síndrome s. m. Conjunto de síntomas de una enfermedad. || fig. Síntoma, señal.

sine qua non loc. lat. Indispensable. Una condición «sine qua non».

sinergia s. f. Combinación de varias acciones para lograr el mejor resultado posible.

sinérgico, ca adj. Relativo a la sinergia.

sinfín s. m. Abundancia de algo. El niño le hizo un sinfín de preguntas a su papá.

sinfonía s. f. En música, conjunto de voces, instrumentos, o ambas cosas, que suenan a la vez. || Composición para orquesta caracterizada por la multiplicidad de músicos y la variedad de timbres de los instrumentos. || fig. Acorde de varias cosas que producen una sensación agradable. Una sinfonía de luces y colores.

sinfónico, ca adj. De la sinfonía.

singladura s. f. Distancia recorrida por una nave en veinticuatro horas. || fig. Rumbo. || Camino, senda.

singular adj. Único, solo, sin par. || fig. Fuera de lo común, excepcional, raro. Hecho singular. || En gramática, se aplica al número de una palabra que se atribuye a una sola persona o cosa.

singularidad s. f. Condición de singular. || Particularidad.

singularizar t. Particularizar una cosa entre otras.

sinhueso s. f. fam. Lengua.

siniestrado, da adj. y s. Se dice de la víctima de un siniestro.

siniestro, tra adj. Izquierdo. Lado siniestro. || fig. Avieso, mal intencionado. Hombre siniestro. || Infeliz, funesto. Año siniestro. || s. m. Daño o pérdida que sufren las personas o cosas y que hace entrar en acción la garantía del asegurador. || s. f. La mano izquierda.

sinnúmero s. m. Número incalculable o muy grande.

sino conj. Contrapone a un concepto negativo y otro afirmativo. Ese regalo no lo traje yo, sino Roberto. || Indica una excepción. Este secreto no lo sabe nadie, sino tú. || Después de la forma «no sólo», sirve para agregar algo a lo que se dijo. Este niño no sólo es amable, sino también inteligente.

sino s. m. Fatalidad o poder superior que decide los sucesos, la vida de una persona, etc. El sino de los ríos es bajar de la montaña y llegar al mar.

sínodo s. m. Reunión de eclesiásticos para estudiar los asuntos de una diócesis o de la Iglesia.

sinonimia s. f. Circunstancia de ser sinónimos dos o más vocablos.

sinónimo, ma adj. Se aplica a los vocablos que tienen una significación idéntica o muy parecida.

sinopsis s. f. Compendio.

sinóptico, ca adj. Se dice de lo que permite apreciar a primera vista las diversas partes de un todo. Tabla sinóptica.

sinovia s. f. Líquido viscoso y transparente que sirve como lubricante a las articulaciones del cuerpo.

sinovial adj. Relativo a la sinovia.

sinovitis s. f. Inflamación de la membrana sinovial de una articulación.

sinrazón s. f. Falta de razón.

sinsabor s. m. Pesar, disgusto.

sinsonte s. m. Pájaro americano parecido al mirlo.

sintagma s. m. En lingüística, unidad elemental con la que se construye una frase u oración.

sintaxis s. f. Parte de la gramática que estudia el orden de las palabras y cómo se relacionan entre sí en la estructura de la oración.

síntesis s. f. Exposición que reúne los distintos elementos de un conjunto. Hacer la síntesis de unas discusiones. || Composición del cuerpo o de un conjunto a partir de sus elementos separados.

sintético, ca adj. Relativo a la síntesis. Emplear un método sintético. || Que resume, que sintetiza. || Se aplica a los productos obtenidos por procedimientos industriales, generalmente una síntesis química, que reproducen la composición y propiedades de algunos cuerpos naturales. Caucho, tela, alimentos sintéticos.

sintetizador s. m. Instrumento musical electrónico parecido al órgano, que sirve para imitar el sonido de muchos otros instrumentos musicales. En el estudio de sonido tienen un sintetizador muy moderno.

sintetizar t. Preparar por síntesis. || Resumir, compendiar.

sintoísmo s. m. Religión tradicional del Japón, anterior al budismo. En el sintoísmo se rinde culto a los antepasados.

sintoísta adj. Relativo al sintoísmo. || s. com. Persona que profesa el sintoísmo.

síntoma s. m. Fenómeno revelador de una enfermedad. || fig. Indicio.

sintomático, ca adj. Revelador.

sintonía *s. f.* Vibración de dos circuitos eléctricos al tener la misma frecuencia. ‖ Adaptación de un aparato receptor de radio o televisión a la longitud de onda de la emisora. ‖ Música característica que anuncia el comienzo de una emisión radiofónica o televisada.

sintonización *s. f.* Pulsación de los mandos adecuados para poner un receptor en sintonía.

sintonizar *t.* Hacer vibrar dos circuitos eléctricos por tener la misma frecuencia. ‖ Poner el receptor de radio o de televisión en sintonía con la estación emisora.

sinuosidad *s. f.* Calidad de sinuoso.

sinuoso, sa *adj.* Que tiene recodos. *Camino sinuoso.* ‖ *fig.* Poco claro.

sinusitis *s. f.* Inflamación de la parte interna de los senos frontales del cráneo donde se produce el moco. *Eva está enferma de sinusitis, por eso le duelen la frente y los ojos.*

sinusoide *s. f.* Curva plana que representa las variaciones del seno cuando varía el arco.

sinvergonzada, sinvergonzonada y **sinvergonzonería** *s. f.* Falta de vergüenza.

sinvergüenza *adj.* y *s. com.* Se aplica a la persona que actúa en provecho propio sin importarle perjudicar a otros o se comporta con descaro. *Ese sinvergüenza se quedó con el libro que le presté y ahora dice que es suyo.*

sionismo *s. m.* Movimiento que propugnaba el establecimiento de un Estado judío autónomo en Palestina, fin logrado al crearse el Estado de Israel en 1948.

sionista *adj.* Relativo al sionismo. ‖ *s. com.* Adepto a este movimiento.

sioux *adj.* y *s. m.* Grupo étnico de Estados Unidos.

sique o **siqui** *s. f.* Psique.

siquiatra *s.* Psiquiatra.

siquiatría *s. f.* Psiquiatría.

siquiátrico, ca *adj.* Psiquiátrico.

síquico, ca *adj.* Psíquico.

siquier *conj.* Siquiera.

siquiera *conj.* Equivale a «bien que», «aunque». ‖ *adv.* Por lo menos. *Déjame siquiera un poco.* ‖ *loc. fam. Ni siquiera:* ni. *Ni siquiera se dignaron hablarme.*

sirena *s. f.* Ser mitológico con busto de mujer y cuerpo de pez que atraía a los navegantes con su canto melodioso. ‖ *fig.* Mujer seductora. ‖ Señal acústica que emite un sonido intenso y se utiliza para avisar la entrada y salida en las fábricas, para anunciar una alarma aérea, para que puedan abrirse paso los coches de bomberos y ambulancias, etc.

sirga *s. f.* Cable o maroma para jalar barcos, redes, etc.

siringa *s. f.* Árbol sudamericano de gran tamaño, del que se extrae un jugo lechoso que produce un caucho o hule de excelente calidad. ‖ Instrumento musical de viento compuesto de varias flautas de carrizo ordenadas para producir los sonidos agudos y graves. *El pastor toca la siringa mientras las ovejas pastan.*

sirio, ria *adj.* y *s.* Originario de Siria, país del Cercano Oriente.

siroco *s. m.* Viento fuerte, seco y cálido que sopla desde el desierto del Sahara hacia el mar Mediterráneo. *El siroco levanta la arena del desierto y hace difícil respirar.*

sirope *s. m.* Jarabe muy espeso que se usa para endulzar bebidas.

sirvienta *s. f.* Criada.

sirviente *adj.* Que sirve a otra persona. ‖ *s. m.* Servidor, criado.

sisa *s. f.* Robo en la compra diaria o en otras cosas menudas. ‖ Sesgadura hecha en algunas prendas de vestir para que ajusten bien al cuerpo.

sisal *s. m.* Variedad de agave de México, con cuyas fibras se hacen cuerdas, sacos, etc. ‖ Esta fibra.

sisar *t.* Hurtar. ‖ Hacer sisas en las prendas de vestir.

sisear *t.* e *intr.* Pronunciar el sonido de «s» y «ch», para llamar a alguien o para expresar desaprobación.

siseo *s. m.* Acción de sisear.

sismicidad *s. f.* Frecuencia de la actividad sísmica.

sísmico, ca *adj.* Relativo a los movimientos que sacuden la corteza terrestre.

sismo *s. m.* Movimiento que hace temblar la superficie terrestre.

sismógrafo *s. m.* Aparato que registra la amplitud de los movimientos que hacen temblar la tierra.

sismología *s. f.* Ciencia que estudia los movimientos que hacen temblar la superficie terrestre.

sismológico, ca *adj.* Relativo a la ciencia que estudia los movimientos que hacen temblar la superficie terrestre. *El sismógrafo es un instrumento sismológico.*

sistema *s. m.* Conjunto de pasos ordenados que deben seguirse para lograr algo. *El nuevo sistema permite aprender inglés más fácilmente.* ‖ Conjunto de órganos conectados entre sí para realizar una determinada función. *El cerebro forma parte del sistema nervioso.* ‖ Conjunto de elementos que cumplen juntos una función determinada. *El Sistema Solar está formado por ocho planetas.* ‖ *loc. Sistema operativo:* en informática, programa o conjunto de programas que efectúan los procesos básicos de una computadora y permiten la ejecución de otros programas.

sistemático, ca *adj.* Relativo a un sistema o que se ajusta a él. *La enseñanza de las matemáticas requiere un programa sistemático.*

sistematización *s. f.* Hecho de unir distintos elementos para que formen un conjunto ordenado que cumpla una función.

sistematizar *t.* Organizar distintos elementos, ideas o cosas para que formen un conjunto ordenado que cumpla una función.

sístole *s. f.* Periodo de contracción del músculo cardiaco que provoca la circulación de la sangre.

sitial *s. m.* Asiento.

sitiar *t.* Cercar un lugar para apoderarse de él. ‖ *fig.* Acorralar.

sitio *s. m.* Lugar, espacio que ocupa una persona o cosa. ‖ *Méx.* Lugar de estacionamiento de taxis. ‖ Acción y efecto de sitiar un lugar. *El sitio de Buenos Aires por los ingleses.* ‖ *Arg.* y *Chil.* Solar. ‖ *Col.* Poblado. ‖ *loc. Sitio arqueológico:* lugar donde hay vestigios arqueológicos.

sito, ta *adj.* Situado.

situación *s. f.* Posición. *La situación de una casa.* ‖ Condición. *Una situación próspera.* ‖ Estado de los asuntos políticos, diplomáticos, económicos, etc. *La situación política internacional.* ‖ Estado característico de los personajes de una obra de ficción. *Situación dramática.*

situado, da *adj.* Colocado. ‖ Que tiene una buena situación económica o social.

situar *t.* Poner, colocar. ‖ *pr.* Abrirse camino en la vida. *Luchar duramente hasta situarse.*

siútico, ca *adj. Chil.* Cursi.

siutiquería o **siutiquez** *s. f. Chil.* Cursilería.

siux *adj.* y *s. com.* Se dice de los individuos de una tribu indígena del estado de Iowa (Estados Unidos).

smog *s. m.* Mezcla de contaminantes que se concentran en la atmósfera y forman una especie de niebla.

smoking *s. m.* Traje de ceremonia con solapas de raso utilizado por los hombres.

snobismo *s. m.* Esnobismo.

so[1] *adv.* Se usa solamente seguida de adjetivos despectivos para reforzar su sentido. *So tonto, so bruto.*

so[2] *prep.* Bajo. Se usa en las frases «so capa de», «so pena de», etc.

so[3] *interj.* Se emplea para que se detengan las caballerías.

soba *s. f.* Manoseo. ‖ Paliza.

sobaco *s. m.* Concavidad en el arranque del brazo con el cuerpo.

sobado, da *adj.* Rozado, gastado. ‖ *fig.* Manido, trillado.

sobadura *s. f.* Soba.

sobajar *t. Méx.* Rebajar el orgullo de alguien.

sobajear *t. Amér.* Manosear.

sobandero *s. m. Col.* Persona que se dedica a arreglar los huesos dislocados.

sobaquera *s. f.* Abertura del vestido en el sobaco. ‖ Pieza de refuerzo que se pone al vestido en el sobaco. ‖ Pieza con que se protegen los vestidos del sudor en la parte del sobaco.

sobar *t.* Manosear una cosa o persona repetidamente. ‖ Manejar algo para amasarlo o ablandarlo. *Sobar pieles.* ‖ *fig.* Dar una paliza.

soberanía *s. f.* Calidad de soberano, de autoridad suprema. ‖ Territorio de un príncipe soberano o de un país. ‖ Poder supremo del Estado. ‖ Poder político de una nación o de un organismo que no está sometido al control de otro Estado u organismo.

soberano, na *adj.* Que ejerce o posee la autoridad suprema. *Príncipe soberano.* ‖ *fig.* Extremo, muy grande. *Una soberana lección.* ‖ Excelente, no superado. *Una superioridad soberana.* ‖ *s.* Rey, reina, monarca.

soberbia *s. f.* Orgullo y amor propio desmedidos.

soberbio, bia *adj.* Orgulloso, arrogante. ‖ Magnífico.

sobornar *t.* Corromper.

soborno *s. m.* Corrupción de alguien por medio de dádivas. ‖ Dádiva con que se soborna.

sobra *s. f.* Resto. ‖ *loc. De sobra:* más que lo necesario; perfectamente.

sobrado, da *adj.* Demasiado, suficiente, bastante, que sobra. ‖ *s. m.* Desván. ‖ *Arg.* Vasar. ‖ *adv.* De sobra.

sobrador, ra *adj.* y *s. Arg., Bol., Chil., Py.* y *Uy.* Que sobra, muestra superioridad.

sobrante *adj.* Que sobra. ‖ *s. m.* Resto, restante, exceso.

sobrar *intr.* Estar una cosa de más. ‖ *t. Arg., Bol., Chil., Py.* y *Uy.* Mostrar superioridad burlona.

sobrasada *s. f.* Embutido de carne de cerdo picada y sazonada.

sobre[1] *s. m.* Cubierta de papel que encierra una carta. ‖ Bolsa de papel, de materia plástica o de papel de estaño, que contiene una materia en polvo. *Un sobre de sopa.*

sobre[2] *prep.* Señala una posición superior a la de otra cosa. *Irma puso el florero sobre la mesa.* ‖ Significa «acerca de». *El examen de historia será sobre la Primera Guerra Mundial.* ‖ Indica que una cosa se sumó a otra. *Catalina cometió un error sobre otro.* ‖ Expresa superioridad. *Sobre todos los sabores prefiero el de vainilla.* ‖ Señala aproximación en una cantidad o número. *Llegaremos sobre las tres de la tarde.*

sobreabundancia *s. f.* Abundancia excesiva.

sobreabundante *adj.* Excesivo.

sobreabundar *intr.* Abundar mucho.

sobreactuar *intr.* Realizar un actor una interpretación exagerada y carente de naturalidad.

sobrealimentación *s. f.* Hecho de comer o de dar de comer más de lo normal.

sobrealimentar *t.* y *pr.* Dar de comer a alguien más de lo normal.

sobrecalentamiento *s. m.* Calentamiento intenso de un material o maquinaria.

sobrecalentar *t.* y *pr.* Calentar demasiado. *Uno de los resultados de la contaminación es que nuestro planeta se sobrecalienta.*

sobrecama *s. f.* Pieza de tela que se pone en las camas como adorno para cubrir las sábanas y almohadas.

sobrecarga *s. f.* Peso o carga más grande de lo normal.

sobrecargar *t.* Poner en algo más peso o carga de la que puede soportar.

sobrecargo *s. com.* Miembro de la tripulación de un avión o barco encargado de atender a los pasajeros o de cuidar el cargamento.

sobrecogedor, ra *adj.* Se refiere a lo que causa una impresión fuerte o sorprende.

sobrecoger *t.* y *pr.* Tomar por sorpresa a alguien que está desprevenido. *El sonido de los cañones sobrecogió a los soldados.* ‖ Sorprenderse o asustarse por algo. *El niño se sobrecogió por los truenos de la tormenta.*

sobrecogimiento *s. m.* Emoción que se tiene al ser sorprendido o asustado por algo. *El hijo del guardabosques palidecía de sobrecogimiento cuando los lobos aullaban.*

sobrecongelación *s. f.* Congelación muy rápida efectuada a una temperatura muy baja.

sobrecubierta *s. f.* Segunda cubierta de una cosa. ‖ Cubierta de papel que protege un libro. ‖ Cubierta que está encima de la principal.

sobredosis *s. f.* Dosis mayor de la necesaria que se toma de un medicamento o de una droga. *Una sobredosis de píldoras para dormir puede causar la muerte.*

sobreentender *t.* y *pr.* Sobrentender.

sobreentendido, da *adj.* Que se sobreentiende, implícito.

sobreentrenar *t.* Entrenar con exceso a un deportista.

sobreestimar *t.* Considerar algo o a alguien por encima de su verdadero valor. *Los Márquez sobreestimaban su casa y querían venderla muy cara.*

sobreexceder *t.* Sobrexceder.

sobreexcitación *s. f.* Sobrexcitación.

sobreexcitar *t.* Sobrexcitar.

sobreexplotación *s. f.* Acción y efecto de sobreexplotar.

sobreexplotar *t.* Explotar en exceso cualquier recurso.

sobregirado, da *adj.* Se dice del cheque o de la orden de pago que sobrepasa el límite de los fondos disponibles en una cuenta. *El banco no paga los cheques sobregirados.*

sobregirar *t.* Sobrepasar el límite de los fondos de una cuenta bancaria al hacer un cheque o una orden de pago.

sobregiro *s. m.* Hecho de exceder un cheque o una orden de pago la cantidad de fondos de la que se dispone en una cuenta bancaria. *El sobregiro le costó una multa del banco.*

sobrehilar *t.* Dar puntadas en la orilla de una tela cortada para que no se deshilache.

sobrehumano, na *adj.* Referido a lo que supera las fuerzas humanas.

sobrellevar *t.* Soportar una dificultad con paciencia.

sobremanera *adv.* Muy o mucho más de lo normal.

sobremesa *s. f.* Tiempo después de comer que se está todavía en la mesa, charlando. *Durante la sobremesa tomaron una taza de café y conversaron.*

sobrenadar *intr.* Flotar.

sobrenatural *adj.* Se refiere a lo que no sigue las leyes de la naturaleza.

sobrenombre *s. m.* Nombre usado para distinguir de manera especial a una persona que se llama de otra manera.

sobrentender *t.* Entender una cosa que no está expresa, pero que se deduce.

sobrepaga *s. f.* Cantidad que se añade al sueldo. *Recibió una sobrepaga por las horas extra que laboró.* || Aumento de paga.

sobrepasar *t.* Superar una cosa a otra en algún sentido. *El automóvil sobrepasó a la bicicleta en velocidad.*

sobrepelliz *s. f.* Vestidura blanca que se pone el sacerdote sobre la sotana.

sobrepeso *s. m.* Peso o carga más grande de lo normal. || Aumento de la grasa del cuerpo que hace que la persona tenga un peso superior al normal.

sobrepoblación *s. f.* Hecho de volverse excesiva una población humana o animal. *La sobrepoblación causa múltiples problemas.*

sobreponerse *pr.* No dejarse vencer por las desgracias o problemas.

sobreproducción *s. f.* Conjunto de cosas que se producen o se fabrican por encima de la cantidad normal.

sobresaliente *adj.* Que sobresale. || *s. m.* Calificación máxima en los exámenes. *Obtener un sobresaliente.*

sobresalir *intr.* Exceder una persona o cosa a otras en figura, tamaño, etc. || Ser más saliente, resaltar. *La cornisa sobresalía medio metro.* || *fig.* Destacarse o distinguirse por algo.

sobresaltar *t.* Asustar.

sobresalto *s. m.* Sensación que proviene de un acontecimiento repentino. *Tener un sobresalto.* || Temor.

sobresaturar *t.* Producir la sobresaturación.

sobresdrújulo, la *adj.* y *s.* Se aplica a las voces que llevan un acento en la sílaba anterior a la antepenúltima. *Habiéndoseme.*

sobreseer *intr.* Renunciar una persona a hacer una cosa. || Incumplir una obligación. || Dejar de tramitar una causa o un proceso. *El tribunal ha sobreseído el caso por falta de pruebas.*

sobreseimiento *s. m.* Acción y resultado de sobreseer.

sobrestimación *s. f.* Hecho de apreciar algo o a alguien más de lo que en realidad vale o merece.

sobrestimar *t.* Apreciar algo o a alguien por encima de su valor.

sobresueldo *s. m.* Gratificación. || Cantidad que se añade al sueldo usual o fijo. *Recibió un sobresueldo de la empresa por ser fin de año.*

sobretasa *s. f.* Tasa suplementaria.

sobretiro *s. m.* Separata o impresión por separado de un artículo o capítulo de una revista o un libro.

sobretodo *s. m.* Prenda de vestir parecida a un saco grande y largo que se pone sobre el traje o el vestido. *En invierno Raúl usa un sobretodo para protegerse del frío.*

sobrevenir *intr.* Suceder.

sobrevivencia *s. f.* Supervivencia.

sobreviviente *adj.* y *s. com.* Superviviente.

sobrevivir *intr.* Vivir uno más que otro o después de un determinado suceso o plazo.

sobrevolar *t.* Volar sobre un lugar. *El helicóptero sobrevolaba el bosque durante el incendio.*

sobrevuelo *s. m.* Acción de sobrevolar. *Realizaron un sobrevuelo en la zona afectada por las lluvias.*

sobrexceder *t.* Exceder.

sobrexcitación *s. f.* Excitación excesiva.

sobrexcitar *t.* Excitar más de lo normal.

sobriedad *s. f.* Moderación.

sobrino, na *s.* Hijo o hija del hermano o hermana (sobrinos carnales) o del primo o la prima (sobrinos segundos).

sobrio, bria *adj.* Moderado.

socaliña *s. f.* Ardid para sacar a uno lo que no está obligado a dar.

socarrar *t.* Chamuscar, tostar superficialmente.

socarrón, rrona *adj.* y *s.* Burlón.

socarronería *s. f.* Malicia, burla.

socavar *t.* Excavar, cavar. || Hacer un hueco por debajo de un terreno o dejándolo en falso. *El agua socavó los cimientos.* || *fig.* Minar, debilitar. *Socavar la moral.*

socavón *s. m.* Hundimiento del suelo.

sociabilidad *s. f.* Condición de sociable.

sociable *adj.* Que gusta y busca la compañía de sus semejantes.

social *adj.* Relativo a la sociedad o a una compañía mercantil.

socialdemocracia *s. f.* Partido o doctrina de tendencia socialista moderada.

socialdemócrata *adj.* Relativo a la socialdemocracia. || *s. com.* Partidario de ella.

socialismo *s. m.* Conjunto de ideas políticas que dan más importancia a los intereses colectivos que a los particulares.

socialista *adj.* y *s. com.* Referido a la persona que es partidaria del socialismo.

socialización *s. f.* Proceso por el cual pasan a ser propiedad colectiva las instituciones que pertenecían a la propiedad privada.

socializante *adj.* De carácter socialista.

socializar *t.* Poner al servicio del conjunto de la sociedad determinados medios de producción o de intercambio, desposeyendo a los propietarios mediante adquisición o expropiación por parte del Estado.

sociedad *s. f.* Reunión de hombres o de animales sometidos a leyes comunes. *Las sociedades primitivas.* || Medio humano en el que está integrada una persona. *Deberes para con la sociedad.* || Asociación de personas sometidas a un reglamento común, o dirigidas por convenciones tendentes a una actividad común o en defensa de sus intereses. *Sociedad literaria, deportiva.* || Reunión de personas formada por el conjunto de los seres humanos con quienes se convive. *Tenemos que vivir en sociedad.* || Conjunto de personas más distinguidas, afortunadas y de alta categoría social. *Pertenecer a la alta sociedad.* || Contrato por el que dos o más personas ponen en común ya sea capitales, ya sea capacidades industriales con objeto de alcanzar unos beneficios que se repartirán más tarde entre ellas. || Persona moral o entidad creada por este contrato. || *loc. Sociedad anónima:* la constituida por acciones transferibles y en la que la responsabilidad económica se limita al valor de dichas acciones; se abrevia «S.A.». || *Sociedad comanditaria* o *en comandita:* forma intermedia entre la anónima y la colectiva en que hay dos clases de socios, unos que poseen los mismos derechos y obligaciones que los de una sociedad colectiva y otros, denominados «comanditarios», que tienen limitados los beneficios y la responsabilidad. || *Sociedad conyugal:* la constituida por el marido y la esposa. || *Sociedad de responsabilidad limitada:* sociedad comanditaria. || *Sociedad regular, colectiva:* aquella en que los socios tienen proporcionalmente los mismos derechos y obligaciones, con responsabilidad indefinida.

socio, cia *s.* Miembro de una sociedad, de un club. || *fam.* Individuo, persona. *¡Vaya socio!*

sociología *s. f.* Ciencia que estudia las sociedades humanas.

sociólogo, ga *s.* Persona que estudia las sociedades humanas, sus problemas y relaciones.

socolar *t. Amér. C., Col.* y *Ecua.* Desmalezar un terreno.

socollón *s. m. Amér.* Sacudida violenta.

socorrer *t.* Ayudar.

socorrido, da *adj.* Dispuesto a socorrer al prójimo. || Práctico.

socorrismo *s. m.* Método para prestar los primeros auxilios en caso de accidente. *Curso de socorrismo.*

socorrista *s. com.* Miembro de una sociedad de socorrismo.

socorro *s. m.* Ayuda, auxilio, asistencia. || *loc. Casa de socorro:* clínica de urgencia donde se prestan los primeros cuidados. || *¡Socorro!:* ¡auxilio!

soda *s. f.* Agua efervescente que contiene una combinación de carbono y oxígeno. *La soda es una bebida gaseosa.*

sódico, ca *adj.* De sodio.

sodio *s. m.* Elemento químico, metal abundante en la corteza terrestre; es de color blanco brillante, blando, muy ligero y con un punto de fusión muy bajo; se utiliza para fabricar células fotoeléctricas y, aleado con plomo, como antidetonante de las gasolinas; su número atómico es 11 y su símbolo Na.

sodomía *s. f.* Relación sexual entre varones.

sodomita *adj.* y *s. m.* Se dice del que comete sodomía.

soez *adj.* Se dice de lo que resulta grosero o de mal gusto. *Sus palabras soeces hicieron sonrojar de vergüenza a quienes lo escuchaban.*

sofá *s. m.* Asiento con respaldo y brazos para dos o más personas.

sofisma *s. m.* Razonamiento falso.

sofista *adj.* y *s.* Que utiliza sofismas. || *s. m.* En la Grecia antigua, filósofo de cierta escuela.

sofistería *s. f.* Razonamiento sofístico.

sofística *s. f.* Movimiento filosófico de la escuela de los sofistas existente en Atenas en la segunda mitad del siglo v a. de J.C.

sofisticación *s. f.* Afectación excesiva, falta de naturalidad. || Complicación y perfección técnica.

sofisticado, da *adj.* Desprovisto de naturalidad, artificioso, afectado. *Una muchacha muy sofisticada.* || Se dice del mecanismo o aparato de muy complicada técnica. *Avión de caza muy sofisticado.*

sofisticar *t.* Adulterar, falsificar con sofismas. || Quitar naturalidad a una persona a base de artificio. || Perfeccionar técnicamente un sistema, un aparato.

sofocación *s. f.* Sentimiento ansioso de opresión que molesta la respiración. || *fig.* Enojo grande.

sofocante *adj.* Que sofoca.

sofocar *t.* Ahogar, impedir la respiración. *Un calor que sofoca.* || Apagar, dominar, extinguir. *Sofocar un incendio.* || *fig.* Avergonzar, abochornar. *Los sofocó con sus groserías.* || Acosar, importunar demasiado a uno. || Dominar, reducir. *Sofocar una rebelión.* || *pr.* Irritarse. *Se sofoca fácilmente.*

sofoco *s. m.* Sofocación. || Sensación de ahogo. || Sensación de calor y de molestia que suelen sentir algunas mujeres en la época del embarazo o de la menopausia. || *fig.* Vergüenza.

sofocón *s. m.* o **sofoquina** *s. f. fam.* Disgusto grande.

sofreír *t.* Freír ligeramente.

software *s. m.* Conjunto de programas de una computadora. *El sistema operativo de la computadora forma parte del software.*

soga *s. f.* Cuerda gruesa.

soja *s. f.* Planta de flores violetas o blancas, parecida al poroto o frijol, de cuyas semillas se obtienen aceite, harina y otros productos alimenticios. *En ese restaurante japonés sirven salsa de soja para aderezar los guisos.*

sojuzgador, ra *adj.* Que sojuzga.

sojuzgar *t.* Avasallar.

sol¹ *s. m.* Estrella luminosa, centro de un sistema planetario. *La Tierra gira alrededor del Sol.* || *fam.* Luz y calor que llega a la Tierra desde el Sol. || *fam.* Persona muy querida y amable. || *loc. De sol a sol:* todo el día.

sol² *s. m.* Quinta nota de la escala musical de «do».

solado *s. m.* Solería.

solamente *adv.* Únicamente.

solana *s. f.* Lugar en el que da el sol. || Galería para tomar el sol.

solanáceo, a *adj.* y *s. f.* Se dice de las plantas con flores acampanadas y fruto en baya, como la tomatera, la papa, la berenjena, el pimiento y el tabaco. || *pl.* Familia que forman.

solapa *s. f.* Parte de la chaqueta o abrigo, junto al cuello, que se dobla hacia fuera. || Parte del sobre de carta que sirve para cerrarla. || Prolongación lateral de la sobrecubierta de un libro que se dobla hacia dentro. || Carterilla de un bolsillo. || *fig.* Disimulo.

solapado, da *adj.* Hipócrita.

solar¹ *adj.* Relativo al Sol y a la energía que proporciona. *Muchos procesos vitales se realizan gracias a la luz solar.*

solar² *s. m.* Terreno en que está construido un edificio o en el que se va a construir. *Los ladrillos apilados en el solar son para construir la casa.*

solar³ *t.* Revestir el suelo con ladrillos, losas u otro material. *Los albañiles solarán el piso de la casa mañana.* || Ponerle suelas a los zapatos. *El zapatero soló mis zapatos.*

solarium o **solario** *s. m.* Lugar habilitado para tomar el sol.

solaz *s. m.* Recreo, esparcimiento.

solazar *t.* Dar solaz.

solazo *s. m. fam.* Luz y calor del sol muy fuertes. *El solazo me quemó la piel.*

soldadera *s. f. Méx.* Mujer que acompañaba a los soldados durante la Revolución Mexicana.

soldadesco, ca *adj.* De los soldados. || *s. f.* Profesión de soldado. || Conjunto de soldados.

soldadito *s. m.* Juguete de plomo o plástico que representa un soldado.

soldado *s. m.* Persona que sirve en el ejército. || Militar sin graduación.

soldador, ra *s.* Obrero que suelda. || *s. m.* Instrumento para soldar.

soldadura *s. f.* Modo de unión permanente de dos piezas metálicas o de determinados productos sintéticos ejecutado por medios térmicos. || Aleación fusible a baja temperatura, a base de estaño, utilizada para realizar la unión de dos metales. || Juntura de dos piezas soldadas.

soldar *t.* Unir por medio de una soldadura. || *pr.* Unirse.

soleá *s. f.* Copla y danza populares andaluzas.

solear *t.* Poner al sol.

solecismo *s. m.* Vicio de dicción consistente en una falta de sintaxis o en el empleo incorrecto de una palabra o expresión.

soledad *s. f.* Vida solitaria; estado de una persona retirada del mundo o momentáneamente sola. || Lugar en que se vive alejado del trato de los hombres. || Sitio solitario, desierto. || *fig.* Estado de aislamiento. *Soledad moral.* || Pesadumbre y nostalgia por la ausencia, pérdida o muerte de alguien o algo queridos.

solemne *adj.* Celebrado con pompa o ceremonia. *Sesión solemne.* || Enfático, grave, majestuoso. *Tono solemne.* || *fig.* Enorme, descomunal.

solemnidad *s. f.* Carácter solemne.

solemnizar *t.* Celebrar de manera solemne. || Engrandecer.

soler *intr.* Acostumbrar. || Ser frecuente.

solera *s. f.* Suelo del horno. || Reserva, madre del vino. || *fig.* Tradición familiar. *Un torero de solera.*

solería *s. f.* Material para solar. || Conjunto de baldosas del suelo.

soleta *s. f. Méx.* Galleta dulce de forma parecida a la suela de un zapato pero pequeña, es esponjosa y crujiente.

solfa *s. f.* Solfeo. || *fam.* Paliza.

solfeo *s. m.* Disciplina que constituye la base principal de la enseñanza de la música.

solicitante *adj. y s. com.* Que solicita.

solicitar *t.* Pedir una cosa. || Requerir. *Está muy solicitado.*

solícito, ta *adj.* Atento.

solicitud *s. f.* Diligencia o instancia cuidadosa. || Petición. || Escrito en que se solicita alguna cosa.

solidaridad *s. f.* Circunstancia de ser solidario de un compromiso. || Adhesión circunstancial a la causa de otros. || Responsabilidad mutua.

solidario, ria *adj.* Se aplica a las obligaciones contraídas por varias personas de modo que deban cumplirse enteramente por cada una de ellas. *Compromiso solidario.* || Relativo a la persona que ha adquirido este compromiso con relación a otra u otras. || Adherido a la causa, empresa u opinión de otro.

solidarizar *t.* Hacer solidario.

solidez *s. f.* Calidad de sólido.

solidificación *s. f.* Paso del estado líquido o gaseoso al sólido.

solidificar *t.* Hacer pasar al estado sólido.

sólido, da *adj.* Firme, denso. *Cuerpos sólidos.* || Se aplica al cuerpo cuyas moléculas tienen entre sí mayor cohesión que la de los líquidos. *El fósforo es un cuerpo sólido.* || *fig.* Asentado, establecido con razones fundamentales. *Un argumento sólido.* || Fuerte, resistente. *Muro sólido.* || Firme, estable. *Terreno sólido.* || Inalterable, que no destiñe. *Colores sólidos.* || Vasto, grande. *Una sólida formación.* || *s. m.* En geometría, espacio limitado por superficies.

soliloquio *s. m.* Monólogo.

solio *s. m.* Trono con dosel.

solípedo, da *adj.* Se dice de los mamíferos ungulados que tienen el pie con un solo dedo o pezuña, como el caballo. || *s. m. pl.* Orden de estos animales.

solipsismo *s. m.* Doctrina idealista según la cual el sujeto no puede afirmar ninguna existencia excepto la suya propia como percepción o representación de su conciencia. || Estado mental de la persona que se encierra en sí misma y rehúye toda influencia exterior.

solipsista *adj. y s. com.* Del solipsismo filosófico. || Se aplica a la persona que padece solipsismo.

solista *s.* Músico o cantante que toca o canta una pieza musical solo, sin acompañamiento.

solitario, ria *adj. y s.* Se aplica al que está solo, sin compañía. *En toda la llanura un árbol grande y solitario daba su sombra generosa.* || Se refiere al lugar donde no hay gente o que no está habitado. *Después del ruido nocturno el bar permanece solitario y silencioso.* || Se dice del que ama la soledad. *En aquella casita vive un hombre solitario.* || *s. m.* Juego de baraja que puede jugar una sola persona. || *s. f.* Gusano largo y plano que vive en el intestino de algunos animales y puede contagiarse al ser humano.

soliviantar *t.* Excitar el ánimo.

sollo *s. m.* Esturión, pez.

sollozar *intr.* Emitir sollozos.

sollozo *s. m.* Contracción del diafragma que se produce al llorar.

sólo *adv.* Solamente, nada más. *Sólo faltan dos días para salir de vacaciones.*

solo *s. m.* Composición musical que canta o toca una sola persona. *En este concierto hay un solo de violín.*

solo, la *adj.* Relativo a lo que es único en su especie y no hay otro igual. *En el florero hay una sola rosa.* || Se refiere a quien está sin compañía. *Rodrigo quiere estar solo para estudiar.* || Se aplica a algo a lo que no se le agrega nada. *A Carlos le gusta el pan solo, sin mermelada.*

sololateco, ca *adj. y s.* De Sololá, departamento de Guatemala.

solomillo *s. m.* En los animales de consumo, carne que se extiende por entre las costillas y el lomo.

solsticio *s. m.* Época en que el Sol está en uno de los dos trópicos, es decir, del 21 al 22 de junio para el trópico de Cáncer y del 21 al 22 de diciembre para el de Capricornio.

soltar *t.* Desatar. *Soltar el cinturón.* || Dejar en libertad. *Soltar a un prisionero.* || Desasir lo que estaba sujeto. *Soltar la espada.* || Desprender, echar. || Dar salida a lo que estaba detenido. *Soltar la barca.* || Ablandar, laxar. *Soltar el vientre.* || Iniciar, romper. *Soltó la risa.* || Descifrar, resolver. *Soltar una dificultad.* || *fam.* Decir. *Soltar un disparate.* || Asestar, propinar. *Le solté una bofetada.* || *pr.* Adquirir soltura en hacer algo. *El niño se está soltando en andar.* || Hablar con facilidad. *Me he soltado en inglés.*

soltería *s. f.* Condición de soltero.

soltero, ra *adj.* Que no se ha casado.

solterón, rona *adj.* Soltero, generalmente de cierta edad.

soltura *s. f.* Acción de soltar o soltarse. || Agilidad, desenvoltura, prontitud. *Moverse con soltura.* || *fig.* Descaro, desvergüenza. || Facilidad y claridad de dicción. *Soltura en el hablar.*

solubilidad *s. f.* Condición de soluble.

solubilizar *t.* Hacer soluble.

soluble *adj.* Que se puede disolver o resolver.

solución *s. f.* Operación por la que un cuerpo se disuelve en un líquido, disolución. || Líquido que contiene un cuerpo disuelto. || Modo de resolver una dificultad. || Desenlace, conclusión. || Valor de las incógnitas en una ecuación. || Indicación de las operaciones que hay que efectuar sirviéndose de los datos de un problema para resolverlo. || Conjunto de estas operaciones. || *loc.* *Solución de continuidad:* interrupción.

solucionar *t.* Resolver.

soluto *s. m.* En química, sustancia que se halla en disolución. *En un vaso de agua endulzada con azúcar, ésta es el soluto y el agua el solvente.*

solvencia *s. f.* Hecho de pagar una deuda. || Capacidad de pagar lo que se debe. *El banco no le prestó dinero a Mario porque consideró que no tiene solvencia.*

solventar *t.* Dar solución a una dificultad. *El problema es complicado, pero Mauricio es capaz de solventarlo.* || Pagar una deuda.

solvente[1] *adj.* Se aplica a quien está libre de deudas o puede pagarlas. *Ese cliente tiene crédito porque es una persona solvente.*

solvente[2] *s. m.* Sustancia líquida que sirve para deshacer o disolver otros materiales.

somático, ca *adj.* Del cuerpo.

somatización *s. f.* Transformación de los estados mentales en síntomas orgánicos.

sombra *s. f.* Falta de luz. || Imagen oscura que proyecta un cuerpo del lado opuesto al que le llega la luz. *Si te colocas delante de la luz tu sombra me cubre.* || Nombre de algunos colores oscuros usados en pintura. || *loc. pl. Sombras chinescas* o *teatro de sombras:* espectáculo teatral en que los personajes son siluetas negras fuertemente iluminadas por detrás, y que aparecen en una pantalla translúcida. || *A la sombra:* en la cárcel. *Pedro estuvo a la sombra por haber delinquido.*

sombreado *s. m.* Gradación del color en pintura.

sombrear *t.* e *intr.* Dar o producir sombra. *Es muy agradable caminar bajo los árboles que sombrean el camino.* || Poner tonos oscuros a un dibujo para dé la impresión de tener volumen. *El pintor sombreaba su dibujo utilizando un lápiz negro.* || Empezar a crecer el bigote o la barba. *A Sergio ya le sombrea el bigote.*

sombrerería *s. f.* Fábrica o tienda de sombreros.

sombrerete *s. m.* Sombrero pequeño. || Caperuza de hongos. || Parte superior de una chimenea.

sombrero *s. m.* Prenda para cubrir la cabeza compuesta de copa y ala. || Tejadillo que cubre el púlpito de la iglesia. || Sombrerillo de los hongos. || Parte superior de ciertas piezas mecánicas. || *loc. Sombrero de copa:* el de ala estrecha y copa alta casi cilíndrica que se usa en ceremonias solemnes.

sombrilla *s. f.* Quitasol.

sombrío, a *adj.* Algo oscuro.

somero, ra *adj.* Superficial.

someter *t.* Reducir a la obediencia, sojuzgar. || Proponer la elección, hacer enjuiciar a. *Someter un proyecto a alguien.* || Hacer que alguien o algo reciba cierta acción. *Someter a alguien a tratamiento.* || *pr.* Rendirse en un combate. || Ceder, conformarse. *Someterse a la decisión tomada.* || Recibir alguien determinada acción. *Someterse a una intervención quirúrgica.*

sometimiento *s. m.* Sumisión.

somier *s. m.* Bastidor metálico para sostener el colchón de la cama.

somnífero, ra *adj.* Que causa sueño. || *fig.* Muy aburrido.

somnolencia *s. f.* Pesadez, torpeza de los sentidos producida por el sueño. || *fig.* Amodorramiento, torpeza, falta de actividad.

somnoliento, ta *adj.* Soñoliento.

somorgujo *s. m.* Ave palmípeda.

somoteño, ña *adj.* y *s.* De Somoto, municipio de Nicaragua.

son *s. m.* Sonido agradable. *El son del violín.* || *fig.* Rumor de una cosa. *El son de la voz pública.* || Tenor o manera. *A este son.* || Motivo, pretexto. *Con este son.*

sonado, da *adj.* Famoso, renombrado. *Sonada victoria.* || De que se habla mucho. || *fam.* Chiflado.

sonaja *s. f.* Par de chapas metálicas que se ponen en algunos juguetes o instrumentos musicales. || Sonajero.

sonajero *s. m.* Juguete con un mango que sostiene una esfera o cilindro cerrado en cuyo interior hay cascabeles. *El sonajero distrae al bebé cuando llora.*

sonambulismo *s. m.* Estado en el cual una persona realiza actividades de la vida consciente a pesar de estar dormida.

sonámbulo, la *adj.* Se dice de la persona que camina mientras está dormida.

sonar[1] *t.* Tocar un instrumento musical o hacer que se oiga el sonido producido por una cosa. || Limpiar de mocos las narices. || Dejar atontado a un boxeador a causa de golpes. || *intr.* Causar un sonido. *Instrumento musical que suena bien.* || Pronunciarse, tener una letra valor fónico. *La «h» no suena.* || Mencionarse, citarse. *Su nombre suena en los medios literarios.* || Tener cierto aspecto, causar determinado efecto. *Todo eso suena a una vulgar estafa.* || Llegar, suceder. *¿Cuándo sonará el momento de la libertad?* || *fam.* Recordarse vagamente, decir algo, ser familiar. *No me suena ese apellido, esa cara.* || Dar. *Sonar las horas.* || *loc. Como suena:* literalmente, así.

sonar[2] *s. m.* Aparato submarino de detección por ondas ultrasonoras.

sonata *s. f.* Composición musical para instrumentos formada por tres o cuatro partes diferentes. *Mozart compuso sonatas muy hermosas.*

sonatina *s. f.* Composición musical para instrumentos, más corta que la sonata.

sonda *s. f.* Instrumento utilizado para medir las profundidades del agua en un lugar determinado y que da al mismo tiempo indicaciones de la naturaleza del fondo. *Sonda ultrasónica.* || Instrumento médico que se introduce en cualquier vía orgánica para evacuar el líquido que contiene, inyectar una sustancia medicamentosa o simplemente para explorar la región que se estudia. || Aparato de meteorología utilizado para la exploración vertical de la atmósfera. || Aparato con una gran barra metálica que se emplea para perforar a mucha profundidad en el suelo. *Sonda de perforaciones petrolíferas.*

sondar *t.* Echar la sonda al agua para averiguar la profundidad y explorar el fondo. || Averiguar la naturaleza del subsuelo. || Introducir en el cuerpo sondas o instrumentos para diversos fines.

sondear *t.* Sondar. || *fig.* Tratar de conocer el pensamiento ajeno. || Tantear, estudiar las posibilidades. *Sondear un mercado.*

sondeo *s. m.* Acción y efecto de sondar o sondear el aire, el agua. || Introducción en un canal natural de una sonda para evacuar el contenido de la cavidad a la que llega o estudiar las posibles lesiones que tenga el órgano objeto de cuidado. || Operación de perforar un terreno con la sonda. *Sondeos petrolíferos.* || *fig.* Procedimiento utilizado para conocer la opinión pública, las posibilidades de un mercado, etc.

sonero *s. m. Amér.* Músico que interpreta el son.

soneto *s. m.* Poesía de catorce versos endecasílabos distribuidos en dos cuartetos y dos tercetos.

songo, ga *adj. Col.* y *Méx.* Tonto, taimado. || *s. f. Amér.* Ironía, burla. || *Méx.* Chocarrería.

songuita *s. f. Amér.* Songa.

sonidista *s. com. Méx.* Persona que trabaja grabando sonidos. *El sonidista graba las voces, los ruidos y la música de un filme.*

sonido *s. m.* Sensación auditiva originada por una onda acústica.

sonio *s. m.* Unidad de sonoridad que equivale a 40 fonios.

soniquete *s. m.* Sonsonete.

sonorense *adj.* y *s. com.* Del estado mexicano de Sonora.

sonoridad *s. f.* Calidad de sonoro.

sonorización *s. f.* Aumento de la potencia de los sonidos para mejorar su difusión. || Acción de poner sonido a una película cinematográfica.

sonorizar *t.* Instalar un equipo amplificador de sonidos. || Adjuntar sonido. *Sonorizar una película.*

sonoro, ra *adj.* Que produce un sonido. *Instrumento sonoro.* || Que causa un sonido. *Golpes sonoros.* || Que tiene un sonido intenso. *Voz sonora.* || Se dice de cualquier fonema que hace vibrar las cuerdas vocales.

sonreír *intr.* Reírse levemente. || *fig.* Tener aspecto agradable y atractivo. || Favorecer. *Si la fortuna me sonríe.*

sonriente *adj.* Que sonríe.

sonrisa *s. f.* Esbozo de risa.

sonrojar *t.* Ruborizar, hacer salir los colores al rostro.

sonrojo *s. m.* Vergüenza, rubor.

sonrosado, da *adj.* Rosado.

sonsacador, ra *adj.* y *s.* Se aplica a quien consigue algo con maña y disimulo.

sonsacar *t.* Lograr algo con maña y disimulo. *Le sonsacó toda la verdad con engaños.*

sonsera *s. f. Amér.* Tontería.

sonso, sa *adj.* y *s. Amér.* Tonto.

sonsonete *s. m.* Sonido repetido y monótono. *El sonsonete de aquella canción.*

soñador, ra *adj.* y *s.* Que sueña mucho. || *fig.* Que imagina cosas fantásticas.

soñar *t.* Ver en sueño. *Soñé que habías venido.* || Imaginar, figurarse. *Nunca dije tal cosa, usted la soñó.* || *intr.* Pensar cosas cuando se duerme. *Soñé que me casaba.* || *fig.* Estar distraído, dejar vagar la imaginación. *Siempre está soñando.* || Pensar, reflexionar con tranquilidad. || Decir cosas poco juiciosas, extravagantes. *Usted sueña cuando habla de paz universal.* || Desear con ardor. *Soñar con un futuro mejor.*

soñolencia *s. f.* Somnolencia.

soñoliento, ta *adj.* Presa del sueño o que dormita.

sopa *s. f.* Pedazo de pan empapado en cualquier líquido. || Guiso consistente en un caldo alimenticio con trozos de pan o arroz, fideos, féculas, pastas, etc. || *pl.* Trozos o rebanadas de pan que se echan en este guiso.

sopaipilla *s. f. Arg., Bol.* y *Chil.* Tortilla delgada de harina.

sopapear *t.* Dar golpes sobre la cara con la mano abierta.

sopapina *s. f.* Paliza.

sopapo[1] *s. m.* Cachete.

sopapo[2] *s. m.* Golpe dado entre la barbilla y la nariz con la mano abierta.

sope *s. m. Méx.* Tortilla de maíz gruesa cubierta con algún guiso, crema, salsa picante y queso.

sopear *t.* Mojar el pan en la leche o en otro líquido.

sopera *s. f.* Recipiente para servir la sopa.

sopero *s. m. y adj.* Hondo. *Plato sopero.*

sopesar *t.* Pesar.

sopetear *t.* Maltratar.

sopeteo *s. m.* Acción y efecto de sopetear.

sopetón *s. m.* Golpe fuerte dado con la mano. || *loc. De sopetón:* de repente.

sopicaldo *s. m.* Caldo claro.

soplado, da *adj.* Borracho. || *s. m.* Operación de soplar el vidrio.

soplamocos *s. m. inv. fig.* y *fam.* Golpe dado en las narices.

soplar *intr.* Echar el aire por la boca o por un fuelle con cierta fuerza. || Correr. *El viento sopla.* || *fam.* Beber vino, comer. *¡Cómo sopla!* || *t.* Dirigir el soplo hacia una cosa para activar, apagar, llenar de aire. *Soplar el fuego.* || Apartar con el soplo. *Soplar el polvo.* || Dar forma al vidrio mediante el aire expelido por la boca. || *fig.* Inspirar. *Soplado por las musas.* || Apuntar. *Soplar la lección.* || Dar. *Le sopló un par de bofetadas.* || Comerse una pieza del contrario en las damas o ajedrez cuando éste no hizo lo propio con una que tenía a su alcance. || *fig.* y *fam.* Hurtar, birlar, quitar. *Le sopló la cartera.* || Denunciar, acusar. *Soplar el nombre del criminal.* || *pr. fam.* Comer o beber en abundancia. *Me soplé una garrafa de vino.*

soplete *s. m.* Aparato que produce una llama al hacer pasar una mezcla de aire o de oxígeno y un gas inflamable por un tubo. *Soplete oxhídrico.*

soplido *s. m.* Soplo.

soplillo *s. m.* Instrumento que sirve para remover o echar aire.

soplo *s. m.* Aire echado por la boca. || Movimiento del aire. || Sonido mecánico u orgánico parecido al producido por la respiración o por un fuelle. *Soplo del corazón.* ‖ *fig.* Inspiración. ‖ Momento, instante. *Llegó en un soplo.* ‖ Denuncia, delación. ‖ *loc. Dar el soplo:* delatar.

soplón, plona *adj.* Delator.

soplonería *s. f.* Chivatazo, denuncia.

soponcio *s. m. fam.* Pérdida de la conciencia a causa de un susto o de una impresión fuerte.

sopor *s. m.* Adormecimiento.

soporífero, ra o **soporífico, ca** *adj.* Que incita al sueño o lo causa. ‖ *fam.* Pesado, aburrido.

soportable *adj.* Tolerable.

soportal *s. m.* Pórtico en la entrada de algunas casas. ‖ *pl.* Arcadas.

soportar *t.* Sostener por debajo, llevar una carga. *Pilares que soportan un edificio.* ‖ *fig.* Resistir, sufrir. ‖ Tolerar, admitir. *No soporto este olor nauseabundo.* ‖ *pr.* Tolerarse.

soporte *s. m.* Apoyo que sostiene por debajo. ‖ Pieza, en un aparato mecánico, destinada a sostener un órgano en la posición de trabajo. ‖ *fig.* Lo que sirve para dar una realidad concreta. *Son los soportes de su doctrina.* ‖ En informática, cualquier material que sirve para recibir, transmitir, conservar y restituir la información (tarjeta perforada, cinta magnética, disco, etc.).

soprano *s. f.* Voz más aguda al cantar. ‖ *s. com.* Cantante que tiene esta voz.

soquete *s. m. Arg., Chil., Py.* y *Uy.* Prenda de vestir que cubre el pie hasta el tobillo.

sor *s. f.* Hermana, religiosa.

sorber *t.* Beber aspirando. ‖ Aspirar con la nariz. ‖ Absorber, chupar.

sorbete *s. m.* Helado.

sorbetón *s. m.* Sorbo.

sorbo *s. m.* Líquido que se bebe de una vez o cantidad pequeña de líquido.

sordera *s. f.* Privación o disminución del sentido del oído.

sordidez *s. f.* Miseria. ‖ Avaricia.

sórdido, da *adj.* Bajo, mezquino.

sordina *s. f.* Recurso mecánico de diferentes tipos que sirve para amortiguar el sonido de un instrumento.

sordo, da *adj.* Que tiene el sentido del oído más o menos atrofiado. ‖ Que no quiere comprender. *¿Está usted sordo?* ‖ Se dice de aquello cuyo sonido está apagado. *Ruido sordo.* ‖ *fig.* Que no quiere hacer caso, insensible. *Sordos a nuestras súplicas.* ‖ Que se verifica secretamente, sin manifestaciones exteriores. *Guerra sorda.* ‖ Relativo a un fonema cuya emisión no hace vibrar las cuerdas vocales. *Las consonantes sordas son «p», «z», «s», «k», «c», «q»* y *«j».*

sordomudez *s. f.* Calidad de sordomudo.

sordomudo, da *adj.* y *s.* Se dice de la persona muda y sorda.

sorgo *s. m.* Gramínea parecida al maíz.

sorianense *adj.* y *s. com.* De Soriano, departamento de Uruguay.

soriano, na *adj.* y *s.* De Soria, provincia y ciudad de España.

sorna *s. f.* Tono burlón.

sorocharse *pr. Amér.* Tener soroche. ‖ *Chil.* Ruborizarse.

soroche *s. m. Amér. Merid.* Dificultad para respirar que se siente en ciertos lugares elevados.

sorprendente *adj.* Asombroso.

sorprender *t.* Coger en el momento de verificar un hecho. *Sorprender a un atracador.* ‖ Ocurrir inesperadamente. *Le sorprendió la noche mientras viajaba.* ‖ Asombrar. *Todo me sorprende en este mundo.*

sorprendido, da *adj.* Cogido de improviso.

sorpresa *s. f.* Impresión producida por algo que no se esperaba. ‖ Asombro, sentimiento experimentado al ser sorprendido.

sorpresivo, va *adj. Amér.* Sorprendente, imprevisto.

sorrascar *t. Méx.* Asar carne a medias sobre brasas.

sortear *t.* Hacer un sorteo. ‖ *fig.* Evitar, esquivar. ‖ Driblar.

sorteo *s. m.* Acción de sacar los números en una lotería. ‖ Procedimiento utilizado antiguamente para designar los quintos que habían de hacer el servicio militar.

sortija *s. f.* Aro de metal que se pone como adorno en un dedo.

sortilegio *s. m.* Magia, hechicería.

sosa *s. f.* Hidróxido de sodio.

sosegado, da *adj.* Tranquilo.

sosegar *t.* Aplacar, pacificar. *Sosegar los ánimos.* ‖ *fig.* Aquietar el espíritu.

sosera o **sosería** *s. f.* Cosa que no tiene gracia, insulsa.

soseras *adj.* y *s.* Sin gracia.

sosiego *s. m.* Tranquilidad, calma.

soslayar *t.* Evitar una dificultad.

soslayo *loc. De soslayo:* De costado, de manera oblicua. *La joven miró de soslayo a Ricardo porque le gusta mucho.*

soso, sa *adj.* y *s.* Se refiere a lo que le falta sal o sabor. *Este caldo de pollo está soso.* ‖ Aplicado a lo que no tiene gracia.

sospecha *s. f.* Opinión poco favorable respecto a una persona. ‖ Simple conjetura, indicio.

sospechar *t.* Tener la creencia de que alguien sea el autor de un delito. ‖ Creer, tener indicios. ‖ Imaginar.

sospechoso, sa *adj.* Que da lugar a sospechas.

sosquil *s. m.* Fibra del henequén.

sostén *s. m.* Persona o cosa que sujeta, apoya o mantiene algo. *La columna es el sostén del techo.* ‖ Prenda interior femenina que se usa para sujetar y cubrir el pecho.

sostener *t.* y *pr.* Sujetar a alguien o algo para impedir que caiga. *Al cruzar el río, su mamá lo sostuvo de la mano.* ‖ Defender con firmeza una posición o idea. *Sostengo mi opinión de que es mala idea.* ‖ Mantener en lo económico. *No tiene a nadie que la sostenga.*

sostenido, da *adj.* Se refiere a la nota musical con entonación que es un semitono más alta que su sonido natural. *El «re» sostenido es un poco más agudo que el «re» natural.* ‖ Se dice de lo que dura mucho. *Rafael puede correr a velocidad sostenida.* ‖ *s. m.* Signo que indica que una nota musical es un semitono más alta que la de su sonido natural. *En música, el sostenido se indica con el signo «#».*

sostenimiento *s. m.* Sostén. ‖ Mantenimiento. ‖ Alimentación.

sota *s. f.* Décima carta de la baraja española que tiene la figura de un paje.

sotana *s. f.* Vestidura de cura.

sótano *s. m.* Parte subterránea de un edificio, entre los cimientos.

sotavento *s. m.* Costado de la nave opuesto al barlovento.

soterrar *t.* Meter debajo de la tierra. ‖ Esconder una cosa.

soto *s. m.* Arboleda.

sotol o **sotole** *s. m.* Méx. Palma gruesa. ‖ Bebida hecha con esta planta.

soufflé *adj.* y *s. m.* Se dice de un plato de consistencia esponjosa preparado en el horno.

soviet *s. m.* Consejo de los delegados de obreros, campesinos y soldados en la ex Unión Soviética.

soya *s. f. Guat., Hond., Méx.* y *Nic.* Soja.

spaghetti *s. m.* Espagueti.

spray *s. m.* Envase para líquidos que en su parte superior tiene un botón para permitir la salida del líquido mezclado con un gas a presión. *El líquido sale del spray en forma de nube de gotas pequeñísimas.*

stand *s. m.* En una exposición, feria, etc., sitio o caseta reservados a los expositores.

standard *s. m.* Estándar.

statu quo *s. m.* Estado actual de una situación.

stupa *s. m.* Monumento funerario de origen indio.

su *adj.* Apócope del adjetivo posesivo «suyo» de la tercera persona singular y plural. *Su vestido es de color amarillo.*

suave *adj.* Se aplica a lo que es liso y blando al tacto. *El terciopelo es una tela suave.* ‖ Referido a lo que resulta agradable. *La luz de la vela es más suave que la luz eléctrica.* ‖ Se dice de lo que no opone resistencia.

suavidad *s. f.* Calidad de aquello que al tocarse resulta liso y blando. *La suavidad de la seda contrasta con la aspereza de la lana.* ‖ Característica que hace que algo resulte agradable. *La suavidad de esta pieza musical invita a relajarse y descansar.*

suavizante *adj.* Se refiere a lo que hace que algo pierda su aspereza. ‖ *s. m.* Producto que se usa para remojar la ropa después de lavarla con jabón, para que ésta quede blanda al tacto y más fácil de planchar.

suavizar *t.* y *pr.* Hacer liso algo áspero. *Con lija Federico suavizó la superficie de la madera.* ‖ Hacer blando algo duro. *Suavicé este trozo de cuero frotándolo contra un palo.*

suba *s. f. Arg.* Alza, subida de precios.

subacuático, ca *adj.* Que ocurre o se realiza debajo del agua. *La fotografía subacuática es una actividad apasionante.*

subafluente *s. m.* Corriente de agua que desemboca en un afluente.

subalimentación *s. f.* Situación en que los alimentos que se ingieren son insuficientes en cantidad o calidad. *La subalimentación provoca serios trastornos del crecimiento.*

subalterno, na *adj.* Subordinado. ‖ Secundario.

subarrendar *t.* Dar o tomar en arriendo una cosa de manos de otro arrendatario de ella, realquilar.

subarriendo *s. m.* Contrato por el que se subarrienda algo. ‖ Precio de este arriendo.

subasta *s. f.* Procedimiento de venta pública en la que el adjudicatario es el mejor postor.

subastador, ra *adj.* Se dice de la persona que subasta.

subastar *t.* Vender u ofrecer una contrata en pública subasta.

subatómico, ca *adj.* Que pertenece a un nivel inferior al del átomo. *Los protones y neutrones son elementos subatómicos.*

subcampeón, peona *adj.* y *s.* Se aplica al deportista o al equipo que obtiene el segundo lugar en una competencia.

subcampeonato *s. m.* Acción de quedar en segundo lugar en la clasificación de un campeonato deportivo.

subclase *s. f.* Categoría de clasificación de animales o plantas ubicada entre la clase y el orden.

subconjunto *s. m.* En matemáticas, conjunto que tiene la característica de que todos sus elementos pertenecen a otro conjunto mayor.

subconsciencia *s. f.* Estado de la conciencia en que la persona no se da cuenta de ciertas percepciones y estímulos que recibe.

subconsciente *adj.* y *s. m.* Conjunto de contenidos de la mente que no están presentes en la conciencia de la persona. *El psicoanálisis explora el subconsciente humano.*

subcultura *s. f.* Parte de una cultura que tiene características propias como el lenguaje, la moda o las normas sociales, que la distinguen de la totalidad y suele originarse en grupos minoritarios.

subcutáneo, a *adj.* Se refiere a lo que está, se introduce o se desarrolla debajo de la piel. *Esta inyección es de aplicación subcutánea.*

subdelegación *s. f.* Distrito, oficina y empleo del subdelegado.

subdelegado, da *adj.* y *s.* Que sirve inmediatamente a las órdenes del delegado o lo sustituye.

subdesarrollado, da *adj.* Se aplica a los países o zonas del mundo que no tienen muchos recursos económicos ni grandes industrias.

subdesarrollo *s. m.* Falta de desarrollo o crecimiento. *El subdesarrollo de algunos niños se debe a la falta de alimentación.* ‖ Situación de atraso y pobreza en que viven algunas zonas del mundo.

subdirección *s. f.* Cargo del subdirector y oficina en que despacha.

subdirector, ra *s.* Persona que sustituye y ayuda a quien dirige una empresa, una escuela o alguna organización. *El subdirector es la máxima autoridad en ausencia del director.*

súbdito, ta *adj.* y *s.* Sujeto a una autoridad soberana con obligación de obedecerla. ‖ Natural o ciudadano de un país.

subdividir *t.* Dividir lo ya dividido.

subdivisión *s. f.* Acción de subdividir. ‖ Cada parte que resulta.

subempleado, da *adj.* Se aplica a la persona que tiene poco trabajo o que, debido a la falta de oportunidades de empleo, ocupa un puesto inferior al que le correspondería.

subempleo *s. m.* Falta o escasez de trabajo para la población que está en edad de trabajar.

subespecie *s. f.* Grupo resultado de la división de una especie.

subestación *s. f.* Conjunto de la instalación y los aparatos destinados a la alimentación de una red de distribución de energía eléctrica.

subestimar *t.* y *pr.* Estimar a alguien o algo en menos de lo que vale. *El boxeador subestimó a su contrario y perdió.*

subgrupo *s. m.* Subdivisión de un grupo.

subibaja o **sube y baja** *s. m.* Barra larga de metal o madera que está apoyada en el centro sobre un soporte y que se mueve de arriba hacia abajo cuando dos personas se sientan cada una en un extremo.

subida *s. f.* Ascensión. ‖ *fig.* Alza. *Subida de precios.*

subir *t.* Recorrer de abajo arriba. *Subir una escalera.* || Llevar a un lugar más alto. *Subir una maleta al desván.* ||·Poner un·poco más arriba. || Poner más alto. *Subir el sonido de la radio.* || Dar más fuerza o vigor. *Subir los colores.* || Aumentar. *La empresa subió los salarios.* || Levantar. *Subir los hombros.* || *intr.* Ascender, ir de un lugar a otro más alto. *Subir a un árbol.* || Montar en un vehículo, en un animal. *Subir en un avión.* || *fig.* Ascender, alcanzar una categoría más alta. *Subir en el escalafón.* || Elevarse. *Avión que sube muy alto.* || Ser superior de nivel. *La fiebre sube.* || Aumentar. *Han subido los precios, el sueldo.*

súbito, ta *adj.* Inesperado.

subiúdice o **subjúdice** *loc. lat.* Que está aún pendiente de una decisión judicial.

subjefe *s. m.* Segundo jefe.

subjetividad *s. f.* Lo que hace que alguien sólo tenga en cuenta los hechos desde un punto de vista personal. *Un buen juez debe evitar la subjetividad.*

subjetivismo *s. m.* Actitud subjetiva. *Asumir un subjetivismo extremo impide buscar el bien común.* || Doctrina o actitud filosófica según la cual la realidad se ofrece al sujeto como producto de su propio pensamiento, del cual emana el único criterio de verdad.

subjetivista *adj.* Del subjetivismo. || *s. com.* Partidario del subjetivismo.

subjetivización *s. f.* Hecho de interpretar las cosas de manera afectiva y de transformar los fenómenos en personales y subjetivos.

subjetivizar *t.* y *pr.* Dar carácter subjetivo a algo. || Tomar algo carácter subjetivo.

subjetivo, va *adj.* Relativo a la propia forma de pensar o sentir. *Su narración fue bastante subjetiva, no tuvo en cuenta lo que pensaban los demás.*

subjuntivo, va *adj.* y *s. m.* Se aplica al modo del verbo que sirve para formar oraciones que expresan duda, deseo o posibilidad. *En la oración «deseo que seas feliz», «seas» es el presente de subjuntivo del verbo «ser».*

sublevación *s. f.* o **sublevamiento** *s. m.* Desacato violento de un sujeto a la ley o contra la autoridad.

sublevar *t.* Alzar en sedición o motín. || *fig.* Excitar indignación o protesta.

sublimar *t.* Engrandecer, exaltar. || En química, volatilizar un cuerpo sólido, sin pasar por el estado líquido, o viceversa.

sublime *adj.* Excelso, eminente.

submarinismo *s. m.* Exploración subacuática.

submarinista *s. com.* Tripulante de un submarino. || Persona que practica el submarinismo.

submarino, na *adj.* Que está o se desarrolla debajo de la superficie del mar. || *s. m.* Embarcación capaz de navegar bajo el agua.

submúltiplo, pla *adj.* Se aplica al número contenido exactamente en otro dos o más veces. *4 es submúltiplo de 28.*

subnormal *adj.* De desarrollo intelectual deficiente.

subocupación *s. f. Amér.* Subempleo.

suboficial *s. m.* Categoría militar entre la de oficial y clases de tropa.

suborden *s. m.* Cada una de las subdivisiones de un orden bajo el cual se clasifican las plantas y los animales.

subordinación *s. f.* Dependencia de alguien hacia una autoridad a la que debe obediencia. *La subordinación de los soldados a su jefe es una obligación militar.*

subordinado, da *adj.* y *s.* Se refiere a quien depende de una persona a la que debe obediencia. || Relativo a la oración que depende de otra para completar su significado. *La oración subordinada tiene un significado incompleto en sí misma.* || *s.* Persona que está bajo la autoridad de alguien a quien debe obedecer. *Los subordinados deben cumplir las órdenes del jefe.*

subordinar *t.* y *pr.* Hacer que una persona dependa de otra y la obedezca. *El nuevo director tuvo que subordinar al personal que no cumplía con su trabajo.* || Depender uno de una persona a quien se obedece.

subproducción *s. f.* Producción inferior al promedio normal.

subproducto *s. m.* Producto secundario que se obtiene durante el proceso de elaboración o extracción de uno principal. *Combustibles, lubricantes y hasta cosméticos son subproductos de la petroquímica.*

subrayado, da *adj.* y *s.* Se refiere a la palabra escrita que tiene una línea por debajo.

subrayar *t.* Trazar una línea por debajo de una palabra escrita. *Subrayé con un lápiz verde todos los verbos.* || Decir o expresar algo insistiendo en su importancia. *Subrayó que no le gustaba la idea de que saliera de la ciudad.*

subreino *s. m.* Cada uno de los dos grupos (metazoos y protozoos) en que se divide el reino animal.

subrepticio, cia *adj.* Se dice de lo que está oculto o de lo que se hace a escondidas. *Los dos amigos hicieron un trato subrepticio.*

subrogar *t.* y *pr.* Poner a una persona o una cosa en lugar de otra, en una relación jurídica. *Se subrogó en el contrato de su hermano.*

subsanable *adj.* Remediable.

subsanación *s. f.* Acción y efecto de subsanar.

subsanar *t.* Reparar un daño o corregir un error.

subscribir *t.* y *pr.* Suscribir.

subsecretaría *s. f.* Cargo y oficina del subsecretario.

subsecretario, ria *s.* Ayudante de un secretario. || Persona que desempeña las funciones de auxiliar a un secretario de Estado.

subsidio *s. m.* Socorro o auxilio extraordinario. *Subsidio de paro forzoso.* || Prestación efectuada por un organismo para completar los ingresos de un individuo o familia. *Subsidios familiares.*

subsiguiente *adj.* Siguiente.

subsistencia *s. f.* Hecho de subsistir. || *loc. Agricultura de subsistencia:* agricultura que sólo rinde para alimentar a quien la practica.

subsistente *adj.* Que subsiste.

subsistir *intr.* Permanecer, durar, conservarse. || Vivir. *Subsistir un pueblo.*

subsónico, ca *adj.* De velocidad inferior a la del sonido.

substancia *s. f.* Sustancia.

substantivo *s.* Sustantivo.

substituir *t.* Sustituir.

substraer *t.* y *pr.* Sustraer.

substrato *s. m.* Esencia, sustancia de una cosa. || Terreno que queda bajo una capa superpuesta. || *fig.* Origen profundo.

subsuelo *s. m.* Terreno que está debajo de una capa de tierra laborable. *Subsuelo calcáreo.* || Parte profunda del terreno ajena a la propiedad del dueño de la superficie.

subte *s. m. Arg.* Apócope de subterráneo, tren que circula por debajo de las calles de la ciudad.

subterfugio *s. m.* Pretexto, evasiva.

subterráneo, a *adj.* Que está debajo de la tierra. *Aguas subterráneas.* ‖ *s. m.* Cualquier lugar o espacio que está debajo de la tierra. ‖ *Arg.* Tren metropolitano.

subtitulado, da *adj.* Que tiene subtítulos. *Película subtitulada.*

subtitular *t.* Poner subtítulo.

subtítulo *s. m.* Título secundario puesto después del principal. ‖ Traducción de los diálogos de una película cinematográfica situada debajo de la imagen.

suburbano, na *adj.* Relativo al terreno o la zona que está muy cerca de la ciudad, instalado formando parte de ésta.

suburbio *s. m.* Barrio situado en los alrededores de una ciudad. *Eduardo vive en un suburbio.*

subvalorar *t.* Subestimar.

subvención *s. f.* Cantidad dada por el Estado o por una colectividad, etc., a una sociedad, empresa o individuo. *Subvención teatral.* ‖ Cantidad de dinero dada por el Estado a los productores o vendedores de determinados bienes o servicios de los sectores público o privado para obtener artificialmente una disminución del precio de venta o de costo.

subvencionar *t.* Favorecer con una subvención.

subvenir *t.* Ayudar.

subversión *s. f.* Acto de destruir o echar por tierra lo constituido.

subversivo, va *adj.* Capaz de provocar destrucción o que tiende a ello.

subyacente *adj.* Que está debajo.

subyugación *s. f.* Avasallamiento.

subyugar *t.* Dominar.

succión *s. f.* Acción de chupar.

succionar *t.* Chupar.

sucedáneo, a *adj.* Se aplica a cualquier sustancia con la que se sustituye otra.

suceder *intr.* Venir después de, a continuación de, en lugar de. ‖ Ser heredero. ‖ *impers.* Ocurrir, producirse. *Sucedió lo que tenía que suceder.* ‖ *pr.* Ocurrir una cosa después de otra.

sucedido *s. m.* Suceso.

sucesión *s. f.* Serie de hechos que ocurren uno después de otro y que están relacionados entre sí. *Recibió una sucesión de visitas en el hospital.* ‖ Serie de cosas que van una después de otra, siguiendo un orden. *La escala musical es una sucesión de siete notas.* ‖ Conjunto de bienes materiales que pasan a ser propiedad de los hijos cuando los padres mueren. *El abogado llamó a la familia del difunto para la sucesión.*

sucesivo, va *adj.* Se refiere a lo que sucede o sigue a otra cosa. *Enrique escribió tres cartas sucesivas a su novia.* ‖ *loc.* En lo sucesivo: de ahora en adelante.

suceso *s. m.* Hecho que sucede u ocurre, en especial si tiene algún interés. *Los diarios publican los sucesos del día.*

sucesor, ra *adj.* y *s.* Se aplica a la persona que sigue o sucede a otra en un trabajo o herencia. *El dueño de la fábrica murió y los sucesores piensan venderla.*

sucesorio, ria *adj.* Relativo a una herencia o sucesión. *En el juicio sucesorio se definirá a quién corresponden las propiedades.*

suciedad *s. f.* Calidad de sucio.

sucinto, ta *adj.* Se refiere a lo que se dice en pocas palabras.

sucio, cia *adj.* Se aplica a lo que tiene manchas o no está limpio. *Tu camisa está sucia.* ‖ Se dice de lo que se ensucia de manera fácil. *Los colores oscu-*

ros no son tan sucios como los claros. ‖ Se aplica a quien no cuida de su aseo personal. *No seas sucio, ¡báñate!* ‖ Referido a lo que está fuera de la ley. *Ese jugador es muy sucio.*

sucrense *adj.* y *s. com.* Del estado de Sucre, en Venezuela. ‖ Sucreño.

sucreño, ña *adj.* y *s.* De Sucre, ciudad de Bolivia.

sucucho *s. m. Amér. Merid.* Vivienda o habitación pequeña y precaria.

suculencia *s. f.* Condición de suculento.

suculento *adj.* Muy sabroso.

sucumbir *intr.* Ceder, rendirse, someterse. ‖ Morir, perecer.

sucursal *adj.* y *s. f.* Se dice de un establecimiento comercial dependiente de otro central.

sudación *s. f.* Producción de sudor.

sudadera *s. f. Méx.* Prenda de vestir deportiva hecha de algodón, que cubre el pecho, la espalda y los brazos.

sudafricano, na *adj.* y *s.* De África del Sur.

sudamericano, na *adj.* y *s.* De América del Sur.

sudanés, nesa *adj.* y *s.* Del Sudán, país de África.

sudar *intr.* Transpirar, eliminar el sudor. ‖ *fig.* Destilar jugo ciertas plantas. ‖ Rezumar humedad. *Sudar una pared.* ‖ *fig.* y *fam.* Trabajar con gran esfuerzo y desvelo. ‖ *t.* Empapar en sudor. *Sudar una camisa.* ‖ *fig.* Lograr con un gran esfuerzo.

sudario *s. m.* Lienzo en que se envuelven los cadáveres.

sudestada *s. f. Arg.* y *Uy.* Viento fuerte acompañado de lluvia que viene del sureste.

sudeste o **sureste** *s. m.* Punto del horizonte situado entre el sur y el este.

sudoeste o **suroeste** *s. m.* Punto del horizonte situado entre el sur y el oeste. *Las ventanas de esa habitación dan al sudoeste.*

sudor *s. m.* Líquido transparente y salado que sale por los poros de la piel.

sudoración *s. f.* Secreción de sudor, especialmente si es abundante.

sudorífico, ca *adj.* Que hace sudar. *Muchas personas toman sudoríficos baños de vapor.*

sudoríparo, ra *adj.* Se refiere a lo que produce o segrega sudor. *El cuerpo humano tiene glándulas sudoríparas.*

sudoroso, sa *adj.* Se refiere al que está cubierto de sudor. *Corrió mucho y llegó a su casa sudoroso y cansado.*

sueco, ca *adj.* y *s.* Originario de Suecia, país de Europa. ‖ *s. m.* Idioma hablado en Suecia.

suegro, gra *s.* Con respecto a una persona casada, padre y madre de su esposo o esposa. *Mis abuelos maternos son los suegros de mi papá.*

suela *s. f.* Parte del zapato que toca el suelo. *Las suelas de sus zapatos están gastadas.*

sueldo *s. m.* Retribución de un empleado, un militar, un funcionario, etc., que se da a cambio de un trabajo regular. ‖ *loc.* A sueldo: pagado. *Asesino a sueldo.*

suelo *s. m.* Superficie en la que se ponen los pies para andar. ‖ Tierra, campo, terreno. ‖ País. *El suelo patrio.* ‖ Piso de una casa. *Tiene el suelo embaldosado.*

suelto, ta *adj.* No sujeto, libre. *Los perros estaban sueltos en el jardín.* ‖ Desabrochado. *El botón está*

suelto. ‖ Desatado. *Con los cordones del calzado sueltos.* ‖ Sin recoger. *Con el pelo suelto.* ‖ Separado del conjunto del que forma parte. *Trozos sueltos de una obra literaria.* ‖ Que no hace juego. *Calcetines sueltos.* ‖ Poco ajustado, holgado. *Llevaba un traje suelto.* ‖ Libre, atrevido. *Lenguaje muy suelto.* ‖ Desenvuelto. *Estuvo muy suelto hablando con sus superiores.* ‖ Fácil, natural, ágil. *Estilo suelto.* ‖ Poco compacto, que no está pegado. *Arroz suelto.* ‖ Que no está empaquetado. *Comprar legumbres secas sueltas.* ‖ Por unidades. *Vender cigarrillos sueltos.* ‖ Aislado. Éstos no son más que hechos sueltos. ‖ Que hace deposiciones blandas. *Tener el vientre suelto.* ‖ *s. m.* Moneda fraccionaria. *No tengo suelto.* ‖ Reseña periodística de poca extensión. *Publicó un suelto en el diario.* ‖ *s. f.* Acción de lanzar. *Suelta de palomas.*

sueño *s. m.* Acto de dormir. ‖ Hecho de imaginar cosas o sucesos mientras se duerme. *Anoche tuve un sueño en el que viajaba en un globo.* ‖ Ganas de dormir. ‖ Fantasía, cosa que no se puede realizar. *Su sueño era ser astronauta.*

suero *s. m.* Líquido hecho con agua, sales y otras sustancias que se inyecta en la sangre como medicina o se bebe como alimento.

suerte *s. f.* Fuerza que hace que las cosas sucedan de una manera determinada. *La suerte ha sido cruel con ella y perdió su empleo.* ‖ Casualidad a la que se fía la resolución de una cosa. *Lo dejaron a la suerte y echaron una moneda al aire.* ‖ Fuerza que hace que algo resulte favorable o contrario para alguien. *Tengo mala suerte y nunca gano nada.* ‖ Género o clase de cosas. *En esa tienda venden toda suerte de vestidos.* ‖ *loc. Por suerte:* casualidad favorable. *Por suerte te encuentro, tenía deseos de verte.*

suertudo, da *adj. fam.* Se aplica a la persona que tiene muy buena suerte.

suéter *s. m.* Prenda de vestir tejida, por lo general de lana, que cubre el pecho, la espalda y los brazos. *Se puso un suéter porque hace frío.*

suevo, va *adj.* y *s.* Se dice del individuo de un pueblo germánico.

suficiencia *s. f.* Aptitud o habilidad que se tiene para hacer algo. ‖ Creencia que tiene uno de ser mejor que los demás.

suficiente *adj.* Relativo a lo que no es ni mucho ni poco. *Hay leche suficiente para todos.* ‖ Se refiere a lo que sirve para una cosa.

suficiente *s. m.* Calificación de aprobado. *Raquel obtuvo suficiente en el examen.*

sufijo *s. m.* Elemento que se coloca al final de ciertas palabras para modificar su sentido o función. *Los sufijos «-ito» e «-ita» sirven para describir algo pequeño, como «zapatito» y «casita».*

sufragáneo, a *adj.* Que depende de la jurisdicción de otro.

sufragar *t.* Costear, satisfacer. *Sufragar gastos.* ‖ *intr. Amér.* Dar su voto a un candidato.

sufragio *s. m.* Voto.

sufragismo *s. m.* Defensa del derecho de voto de la mujer.

sufragista *s. com.* Persona partidaria del voto femenino.

sufrido, da *adj.* Se aplica a la persona que soporta con paciencia algo.

sufridor, ra *adj.* Que sufre.

sufrimiento *s. m.* Sensación de tristeza o de dolor. *La muerte de mi tío me causó sufrimiento.*

sufrir *t.* e *intr.* Sentir dolor o tristeza a causa de algo. *Le aplicaron un tranquilizante para que no sufriera al operarlo.* ‖ Soportar algo doloroso o difícil. *No tienes por qué sufrir su mal humor.*

sugerencia *s. f.* Sugestión.

sugerir *t.* Hacer entrar en el ánimo de uno una idea. ‖ Proponer.

sugestión *s. f.* Insinuación, instigación. ‖ Especie sugerida. *Sugestiones del diablo.* ‖ Acción y efecto de sugestionar. *Sugestión hipnótica.* ‖ Propuesta.

sugestionar *t.* Inspirar a una persona hipnotizada. ‖ Captar o dominar la voluntad ajena. ‖ *pr.* Experimentar sugestión.

sugestivo, va *adj.* Que sugiere o sugestiona. ‖ *fig.* Atractivo.

suicida *adj.* Se aplica a las acciones que pueden ocasionar la muerte de la persona que las lleva a cabo. *Cruzar caminando un desierto tan grande es un acto suicida.* ‖ *s. com.* Quien comete suicidio.

suicidarse *pr.* Quitarse la vida de manera voluntaria.

suicidio *s. m.* Acción de quitarse de manera voluntaria la vida.

suite¹ *s. f.* Alojamiento de lujo en un hotel, que tiene varias habitaciones con un área de comunicación entre ellas. *Una suite es como un departamento, pero más lujoso.*

suite² *s. f.* En música, selección de fragmentos sinfónicos extraídos de una obra mayor para tocarlos en un concierto. *La parte central del programa fue la suite del «Cascanueces», de Tchaikovsky.*

suizo, za *adj.* y *s.* Perteneciente o relativo a Suiza, país de Europa. ‖ *s. m.* Bollo esponjoso.

sujeción *s. f.* Ligadura, unión firme. ‖ *fig.* Dependencia, acatamiento. *Con sujeción a las leyes.*

sujetador *s. m. Esp.* Prenda de vestir que sujeta el pecho femenino y se usa debajo de la ropa.

sujetar *t.* Afirmar o contener por la fuerza. *Sujetar con cuerdas.* ‖ Fijar. *Sujeto por un clavo.* ‖ Agarrar. *Sujetar por el brazo.* ‖ Inmovilizar, retener. *Sujetar a dos contendientes.* ‖ *fig.* Someter al dominio o mando de alguien. *Sujetar a un pueblo.* ‖ *pr.* Acatar, someterse, obedecer. *Sujetarse a la Constitución.* ‖ Agarrarse. *Sujetarse a una rama.*

sujeto, ta *adj.* Referido a lo que está puesto de tal manera que no se mueve o no se cae. *La tabla está sujeta con clavos.* ‖ Se dice de lo que depende de otra cosa o puede recibir el efecto de algo. *El plan del viaje está sujeto a cualquier idea nueva.* ‖ *s. m.* Persona, sin especificar quién. *Es importante no hablar con cualquier sujeto.* ‖ En gramática, palabra o conjunto de palabras sobre las que el predicado enuncia algo y función que realizan en la oración. *En la oración «todos esos jóvenes tocan piano», «todos esos jóvenes» es el sujeto.*

sulfamida *s. f.* Conjunto de compuestos de acción antibacteriana empleados contra las enfermedades infecciosas.

sulfato *s. m.* Sal del ácido sulfúrico.

sulfhídrico, ca *adj.* Se aplica a un ácido compuesto de azufre e hidrógeno.

sulfurado, da *adj. fig.* Enojado.

sulfurar *t.* Combinar con azufre. ‖ *fig.* Enojar.

sulfúrico, ca *adj.* Se dice de un ácido oxigenado y corrosivo derivado del azufre.

S

sulfuro *s. m.* Combinación del azufre con un cuerpo.
sultán *s. m.* Emperador turco. || Príncipe o gobernador mahometano.
sultanato *s. m.* Territorio gobernado por un sultán.
suma *s. f.* Operación aritmética que consiste en calcular el total de una o varias cantidades homogéneas. || Resultado de esta operación. || Determinada cantidad de dinero o de cualquier cosa. || Conjunto, reunión de ciertas cosas. *Una suma de conocimientos.* || Título de algunas obras que estudian abreviadamente el conjunto de una ciencia, de una doctrina. || *loc. En suma:* en resumen.
sumaca *s. f. Amér.* Embarcación pequeña de cabotaje.
sumando *s. m.* En matemáticas, cada una de las cantidades parciales que se suman.
sumar *t.* Reunir en un solo número las unidades o fracciones contenidas en varias otras. || Hacer un total de. *Los participantes sumaban más de un centenar.* || Elevarse, ascender a. *Suma millones de dólares.* || *Suma y sigue,* frase que se pone al final de una página para indicar que la suma de la cuenta continúa en la siguiente. || *pr. fig.* Agregarse. *Sumarse a una conversación.* || Adherirse.
sumarial *adj.* Del sumario.
sumariar *t.* Instruir un sumario.
sumario, ria *adj.* Abreviado, resumido. *Un discurso sumario.* || Se aplica a los procesos civiles de justicia en los que se prescinde de algunas formalidades para que sean más rápidos. || *s. m.* Resumen, compendio, análisis abreviado. || Epígrafe que se pone al principio de una revista o de un capítulo con la relación de los puntos que se tratan o estudian. || Conjunto de actuaciones judiciales que estudian todos los datos que van a ser dirimidos en un proceso.
sumarísimo, ma *adj.* Se dice de ciertos juicios que se tramitan con un procedimiento muy breve.
sumergible *adj.* Que puede sumergirse. || *s. m.* Submarino.
sumergir *t.* Meter una cosa debajo de un líquido.
sumersión *s. f.* Inmersión.
sumidero *s. m.* Alcantarilla.
suministrador, ra *adj. y s.* Que suministra.
suministrar *t.* Abastecer, surtir.
suministro *s. m.* Abastecimiento.
sumir *t. y pr.* Poner algo dentro de un líquido hasta que esté totalmente cubierto por dicho líquido. *Ulises sumió las verduras en el agua y las puso a hervir.* || Meterse en el agua. *El delfín dio un brinco y volvió a sumirse en el mar.* || *Méx.* Abollar alguna cosa. *Con el golpe, se sumió la cacerola.*
sumisión *s. f.* Sometimiento.
sumiso, sa *adj.* Obediente.
súmmum *s. m.* El grado sumo.
sumo, ma *adj.* Se aplica a lo que es muy grande o muy superior. *Si mueves cosas de vidrio, hazlo con sumo cuidado.* || *loc. A lo sumo:* si acaso, al límite que puede llegar algo o alguien.
sunita o **suní** *s. m.* Musulmán ortodoxo.
suntuario, ria *adj.* De lujo.
suntuosidad *s. f.* Grandiosidad.
suntuoso, sa *adj.* Espléndido.
supeditación *s. f.* Subordinación.
supeditar *t.* Someter, subordinar, hacer depender.
súper *adj. fam.* Superior. || *loc. Gasolina súper* o *súper:* gasolina superior con un índice de octano próxi-

mo a 100, supercarburante. || *s. m.* Supermercado. || *adv. fam.* Muy bien, excelente.
superable *adj.* Que puede superarse.
superabundancia *s. f.* Gran abundancia, copiosidad excesiva.
superabundante *adj.* Muy abundante.
superación *s. f.* Exceso. || Resolución. *Superación de las dificultades.*
superar *t.* Aventajar, ser mayor, exceder. *Superar una marca deportiva.* || Pasar, dejar atrás, salvar. *La época del colonialismo está superada.* || Vencer, resolver. *Superar una dificultad.*
superávit *s. m.* En economía, diferencia favorable entre los ingresos y los gastos.
supercarburante *s. m.* Gasolina de un índice de octano próximo a 100.
superchería *s. f.* Engaño, fraude.
superdirecta *s. f.* En ciertas cajas de cambio de automóviles, combinación que proporciona al árbol de transmisión una velocidad de rotación superior a la del árbol motor.
superdotado, da *adj. y s.* Que tiene un coeficiente intelectual superior.
superestructura *s. f.* Conjunto de instituciones, ideas o cultura de una sociedad (por oposición a «infraestructura» o base material y económica de esta misma sociedad). || Conjunto de construcciones hechas encima de otras.
superficial *adj.* Referente a la superficie. *Medidas superficiales.* || Poco profundo. *Herida superficial.* || Falto de fondo. *Examen, noción superficial.*
superficialidad *s. f.* Carencia de profundidad.
superficie *s. f.* Extensión, medida de un espacio limitado por una línea. *La superficie de un triángulo.* || Parte superior de una masa líquida. *La superficie de un estanque.* || Cualquier parte superior de algo. *Superficie del globo terrestre.* || *fig.* Apariencia, aspecto externo.
superfluidad *s. f.* Condición de superfluo. || Cosa superflua.
superfluo, flua *adj.* No necesario.
superfortaleza *s. f.* Avión bombardero pesado.
superhombre *s. m.* Hombre excepcional.
superior, ra *adj.* Se refiere a lo que está situado encima de otra cosa. *La parte superior de un árbol es la copa, formada por ramas y hojas.* || Aplicado a lo que es de más calidad o categoría. *Roberto se cree superior a los demás.* || Se aplica a quien dirige una comunidad religiosa. || *s.* Persona que tiene a otros bajo su mando. *Para solucionar esta queja, el empleado debe consultar con el superior.*
superioridad *s. f.* Estado o condición de lo que tiene más calidad o cantidad. *Ellos están en superioridad numérica: son siete y nosotros, sólo tres.*
superlativo, va *adj. y s.* Relativo a lo que es muy grande o excelente en su línea. *En la oración «Julieta es simpatiquísima», «simpatiquísima» es el superlativo de «simpática».*
supermercado *s. m.* Establecimiento comercial de grandes dimensiones. *El supermercado no está muy lejos de aquí.*
superpoblación *s. f.* Población excesiva.
superpoblado, da *adj.* Muy poblado.
superponer *t.* Poner encima, sobreponer.
superposición *s. f.* Acción y efecto de superponer o superponerse.

superproducción *s. f.* Exceso de producción. ‖ Película cinematográfica en la que se han hecho elevadas inversiones.
superpuesto, ta *adj.* Puesto uno encima de otro.
superrealismo *s. m.* Surrealismo.
supersónico, ca *adj.* De velocidad superior a la del sonido. ‖ *s. m.* Avión que va a velocidad supersónica.
superstición *s. f.* Presagio infundado originado sólo por sucesos fortuitos.
supersticioso, sa *adj.* De la superstición. ‖ Que cree en ella.
supervaloración *s. f.* Valoración excesiva.
supervalorar *t.* Valorar en más.
supervisar *t.* Revisar.
supervisión *s. f.* Revisión.
supervisor, ra *adj. y s.* Que supervisa.
supervivencia *s. f.* Acción de sobrevivir.
superviviente *adj. y s. com.* Que sobrevive.
supervivir *intr.* Sobrevivir.
supino, na *adj.* Tendido sobre el dorso. *Posición decúbito supino.* ‖ Se aplica a la falta absoluta de conocimientos.
suplantación *s. f.* Sustitución.
suplantar *t.* Ocupar el lugar de otro. *Suplantar a un rival.*
suplementario, ria *adj.* Que sirve de suplemento, que se añade.
suplemento *s. m.* Lo que sirve para completar algo, para hacer desaparecer la insuficiencia o carencia de algo. *Suplemento de información.* ‖ Cantidad que se da de más en un teatro, tren, avión, hotel, etc., para tener más comodidad o velocidad. *Suplemento de lujo.* ‖ Lo que se añade a un libro para completarlo. ‖ Páginas independientes añadidas a una publicación periódica para tratar de un asunto especial. *Suplemento económico.* ‖ Publicación que completa otra. *Suplemento del «Gran Larousse Enciclopédico.»* ‖ En geometría, ángulo que falta a otro para llegar a constituir dos rectos. ‖ Arco de este ángulo.
suplencia *s. f.* Sustitución.
suplente *adj. y s. com.* Sustituto.
supletorio, ria *adj.* Que sirve de suplemento. *Camas supletorias.*
súplica *s. f.* Petición, ruego. ‖ Oración religiosa.
suplicar *t.* Rogar.
suplicio *s. m.* Pena corporal acordada por decisión de la justicia. ‖ *fig.* Gran dolor físico o moral.
suplir *t.* Sustituir.
suponer[1] *s. m.* Suposición.
suponer[2] *t.* Admitir por hipótesis. *Supongamos que es verdad lo que se dice.* ‖ Creer, presumir, imaginar. *Puedes suponer lo que quieras.* ‖ Confiar. *Suponía su buena fe.* ‖ Implicar, llevar consigo. *Esta obra supone mucho trabajo.* ‖ Costar. *El alquiler me supone mucho dinero.* ‖ Significar, representar. *Esta molestia no me supone nada.* ‖ Tener importancia, significar. *Su colaboración supone mucho en nuestra labor.* ‖ Demostrar, indicar.
suposición *s. f.* Hipótesis.
supositorio *s. m.* Preparado farmacéutico sólido, de forma cónica u ovoide, administrado por vía rectal.
supramundo *s. m.* En algunas cosmogonías, como la maya, mundo superior donde habitan los dioses.
supranacionalidad *s. f.* Condición de supranacional.
suprarrealismo *s. m.* Surrealismo.
suprarrenal *adj.* Se aplica a cada una de las dos glándulas endocrinas que se encuentran encima de los riñones.

supremacía *s. f.* Grado más alto de superioridad. *La supremacía de uno de los ajedrecistas sobre el otro fue notable.*
supremo, ma *adj.* Relativo al grado máximo de algo.
supresión *s. f.* Acción y efecto de suprimir. ‖ Lo que se suprime. *Esas marcas indican supresiones.*
suprimir *t.* Hacer que desaparezca algo. *Suprime algunos adjetivos y mejorarás tu poema.*
supuesto, ta *adj. y s.* Se refiere a lo que se considera cierto aunque no sea verdadero o a lo que todavía no se ha comprobado que es verdad. *Los científicos deben comprobar que sus supuestos son verdaderos.*
supuración *s. f.* Producción de pus en una herida. *Es importante detener la supuración.*
supurar *intr.* Salir pus de una herida. *Su herida supura y existe riesgo de que agrave.*
sur *s. m.* Punto cardinal del horizonte opuesto al Polo Norte. ‖ Parte de un país que está más cerca del Polo Sur que las otras. ‖ *adj.* Situado al Sur. ‖ Que viene del Sur. *Viento sur.*
sura *s. m.* Cada uno de los capítulos en que se divide el Corán.
sural *adj.* Relativo al músculo tríceps de la pantorrilla.
suramericano, na *adj. y s.* Sudamericano.
surcar *t.* Hacer surcos en la tierra. ‖ Hacer rayas en una cosa. ‖ *fig.* Navegar un barco. ‖ Cruzar el aire un avión.
surco *s. m.* Hendidura que hace el arado en la tierra. ‖ Señal que deja una cosa sobre otra. ‖ Arruga en el rostro. ‖ Ranura grabada en un disco fonográfico para reproducir los sonidos.
surero, ra *y* **sureño, ña** *adj. y s. Chil.* Natural del Sur. ‖ *s. m.* Viento del Sur.
surgir *intr.* Surtir, brotar el agua. ‖ Aparecer, presentarse. ‖ *fig.* Nacer, manifestarse.
suriano, na *adj. y s. Méx.* Del Sur.
surmenage *s. m.* Agotamiento producido por un exceso de trabajo intelectual; se conoce también como «síndrome de fatiga crónica».
suroeste *s. m.* Sudoeste.
surplus *s. m.* Excedente.
surrealismo *s. m.* Movimiento literario y artístico que se inició en Europa a principios del siglo XX y que intentaba expresar el pensamiento puro sin valerse de la lógica, la moral o la estética. *André Breton, en literatura, y Salvador Dalí, en pintura, son representantes del surrealismo.*
surrealista *adj.* Relativo al surrealismo, así como a los partidarios de este movimiento. ‖ *s. com.* Partidario de este movimiento.
surtido, da *adj.* Que tiene abundancia y variedad, aprovisionado. *Tienda bien surtida.* ‖ Que tiene diferentes clases o variedades de un mismo artículo. *Caramelos surtidos.* ‖ *s. m.* Conjunto de cosas variadas del artículo de que se habla. *Gran surtido de trajes de baño.*
surtidor, ra *adj.* Abastecedor, que surte. ‖ *s. m.* Chorro de agua que sale despedido hacia arriba. *Los surtidores de una fuente.* ‖ Aparato que sirve para distribuir un líquido. *Surtidor de gasolina.* ‖ Orificio calibrado en las canalizaciones del carburador de un vehículo automóvil por el que sale la gasolina pulverizada.
surtir *t.* Abastecer, aprovisionar, proveer. ‖ *loc. Surtir efecto:* dar resultado. *El medicamento surtió efecto; entrar en vigor. La ley surtirá efecto dentro de un mes.* ‖ *intr.* Salir chorros de agua proyectados hacia arriba.

surubí *s. m.* Pez de agua dulce, muy común en los ríos de las zonas templadas de América Meridional. *El surubí abunda en el río Paraná.*

surumbo, ba *adj. Guat., Hond.* y *Salv.* Tonto, lelo, aturdido.

susceptibilidad *s. f.* Propensión a sentirse ofendido.

susceptible *adj.* Que puede ser modificado. ‖ Que se ofende fácilmente.

suscitar *t.* Ser causa de.

suscribir *t.* Firmar al fin de un escrito. *Suscribir un contrato.* ‖ Convenir con el dictamen de uno. *Suscribir una opinión.* ‖ *pr.* Pagar cierta cantidad para recibir una publicación periódica.

suscripción *s. f.* Acción y efecto de suscribir o suscribirse.

suscriptor, ra *s.* Persona que suscribe o se suscribe.

sushi *s. m.* Plato tradicional de la comida japonesa que consiste en rodajas de hojas de alga enrolladas con arroz, pescado crudo y alguna verdura en su interior.

susodicho, cha *adj.* Dicho antes.

suspender *t.* Colgar en alto. *Suspender una tabla en un andamio.* ‖ Detener por algún tiempo. *Suspender una sesión.* ‖ Dejar sin aplicación. *Suspender una prohibición.* ‖ Privar a uno temporalmente de su empleo o cargo. *Suspender a un funcionario.* ‖ Declarar a alguien no apto en un examen. *Suspender a un alumno.* ‖ No aprobar un examen o asignatura. ‖ *fig.* Enajenar.

suspendido, da *adj.* y *s. Esp.* Reprobado en los estudios. ‖ *s. m. Esp.* Nota de aplazo.

suspensión *s. f.* Acción y efecto de suspender. ‖ Dispositivo para unir la caja del automóvil al chasis y para amortiguar las sacudidas en marcha. ‖ Estado de un cuerpo dividido en partículas muy finas y mezclado con un fluido sin disolverse en él. ‖ *fig.* Estado de emoción provocado por algo que suspende el ánimo. ‖ *loc. Suspensión de pagos:* situación jurídica del comerciante que no puede atender temporalmente al pago de sus obligaciones.

suspensivo, va *adj.* Que suspende, que detiene de manera temporal. ‖ *loc. Puntos suspensivos:* signo ortográfico (...) que indica una pausa en la lectura más o menos larga, o que algo queda en suspenso.

suspenso, sa *adj.* Se refiere al estado de expectación impaciente y ansiosa que se crea al seguir el desarrollo de un suceso del que no se sabe el final. *Vimos una película de suspenso que nos hizo sentir muy nerviosos.*

suspensores *s. m. pl. Chil., Perú* y *P. Rico.* Par de tirantes que sujetan los pantalones.

suspensorio *s. m.* Prenda interior masculina de material elástico que sirve para sostener y proteger los testículos.

suspicacia *s. f.* Recelo.

suspicaz *adj.* Receloso.

suspirar *intr.* Dar suspiros.

suspiro *s. m.* Respiración fuerte causada por un dolor, emoción, etc.

sustancia *s. f.* Lo que hay permanente en un ser. ‖ Cada una de las diversas clases de la materia de que están formados los cuerpos, que se distinguen por un conjunto de propiedades. *Sustancia mineral, vegetal, etc.* ‖ Parte esencial de una cosa. ‖ *fig.* Juicio, madurez. *Un libro de mucha sustancia.* ‖ *loc. Sustancia gris:* materia gris.

sustancial *adj.* Relativo a la sustancia.

sustanciar *t.* Compendiar.

sustancioso, sa *adj.* Con sustancia.

sustantivar *t.* Dar a una palabra valor de sustantivo.

sustantivo, va *adj.* Que tiene existencia real, independiente, individual. ‖ *loc. Verbo sustantivo:* el verbo ser. ‖ *s. m.* Cualquier palabra que designa un ser o un objeto.

sustentación *s. f.* o **sustentamiento** *s. m.* Acción y efecto de sustentar o sustentarse, de mantener o mantenerse.

sustentáculo *s. m.* Sostén.

sustentador, ra *adj.* Que sustenta.

sustentar *t.* Mantener o sostener algo. *La columna sustenta el techo.* ‖ Alimentar.

sustento *s. m.* Alimentación.

sustitución *s. f.* Cambio.

sustituir *t.* Poner a una persona o cosa en lugar de otra.

sustituto, ta *adj.* y *s.* Suplente, persona que hace las veces de otra.

susto *s. m.* Miedo.

sustracción *s. f.* Robo, hurto. ‖ Resta.

sustraendo *s. m.* Cantidad que se resta.

sustraer *t.* Separar, apartar, extraer. ‖ Quitar, hurtar, robar. ‖ Restar. ‖ *pr.* Evitar.

susurrar *intr.* Hablar bajo.

susurro *s. m.* Murmullo.

sutil *adj.* Delicado, tenue. ‖ *fig.* Penetrante, ingenioso.

sutileza o **sutilidad** *s. f.* Condición de sutil.

sutura *s. f.* Costura con que se cierra una herida de operación. *En una semana le quitarán los puntos de la sutura.*

suturar *t.* Hacer una sutura.

suyo, ya *pron.* Señala que una cosa pertenece a la tercera persona del singular o del plural. *Ellos dicen que el perro es suyo.*

suyo, ya, suyos, yas *adj.* y *pron. pos.* de tercera persona. *Tu coche es más reciente que el suyo; una hermana suya.* ‖ *loc. De suyo:* de por sí. *De suyo no es mala persona.* ‖ *Hacer de las suyas:* hacer algo bueno (o malo), pero de acuerdo con el carácter de la persona de quien se trata. ‖ *Los suyos:* su familia; sus partidarios. ‖ *fig.* y *fam. Salirse con la suya:* conseguir lo que uno quiere.

t s. f. Vigésima primera letra del abecedario español; su nombre es «te».

taba s. f. Astrágalo, hueso del pie. || Juego de muchachos. || *Méx.* Charla.

tabacal s. m. Plantío de tabaco.

tabacalero, ra adj. y s. Se refiere al cultivo, industrialización y venta del tabaco.

tabachín s. m. *Méx.* Flamboyán, árbol de flores rojas.

tabaco s. m. Arbusto originario de América, con grandes hojas que se emplean para fabricar cigarros, cigarrillos, etc. *El tabaco tiene algunas propiedades medicinales.* || Hoja de la planta del tabaco. || Cigarro o cigarrillo.

tábano s. m. Insecto díptero parecido a la mosca. || *fam.* Persona pesada.

tabaqueada adj. y s. f. *Méx.* Riña.

tabaquera s. f. Caja para el tabaco en polvo. || Parte de la pipa donde se pone el tabaco. || *Amér.* Petaca.

tabaquería s. f. *Cub.* y *Méx.* Taller donde se elaboran los cigarros o puros. || Tienda o espacio de una tienda donde se venden cigarrillos, cigarros o puros y tabaco.

tabaquero, ra adj. y s. Tabacalero.

tabaquismo s. m. Enfermedad de quienes son adictos al tabaco.

tabardillo s. m. Fiebre tifoidea. || *fig.* Engorro. || Persona pesada.

tabarro s. m. Tábano. || Avispa.

tabasqueño, ña adj. y s. Del estado de Tabasco, en México.

taberna s. f. Sitio donde se venden y consumen vinos y licores.

tabernáculo s. m. Sagrario.

tabernario, ria adj. Bajo, grosero.

tabernero, ra s. Persona que tiene una taberna.

tabicar t. Cerrar con tabique.

tabique s. m. Pared delgada. || *Méx.* Ladrillo de caras rectangulares. || *fig.* Cosa plana que separa dos espacios. *Me fracturé el tabique nasal.*

tabla s. f. Trozo de madera plano y de poco grosor. || Pliegue que se hace como adorno a la tela de los vestidos y las faldas o polleras. || Lista de cosas dispuestas en un determinado orden. *Efraín ya aprendió las tablas de multiplicar.* || *loc. fig.* A raja tabla: cueste lo que cueste. || Hacer tabla rasa: dar al olvido algo pasado.

tablada s. f. *Arg.* Lugar donde se reúne el ganado que va al matadero.

tablado s. m. Suelo hecho de tablas construido en alto. *El profesor se dirigió a los alumnos desde un tablado.*

tablajería s. f. Establecimiento donde se vende carne. || Oficio del tablajero.

tablajero, ra s. Persona que se dedica a la venta de carne.

tablao s. m. Tablado flamenco.

tablas s. f. pl. En los juegos de ajedrez y damas, situación en que nadie puede ganar la partida. || Escenario de un teatro. || *loc.* Tener tablas: tener soltura al hablar o actuar en público.

tableado s. m. Acción y efecto de tablear.

tableado, da adj. Que está plegado con tablas.

tablear t. Hacer tablas cortando un madero. || Plegar una tela en tablas.

tablero s. m. Superficie plana formada por tablas reunidas para evitar que se combe. || Tabla, pieza plana. || Cartelera para fijar anuncios. || En un coche o avión, conjunto de los aparatos que permiten al conductor vigilar la marcha de su vehículo. || Tabla escaqueada para jugar a las damas, al ajedrez y a otros juegos similares. || Plataforma de un puente. || Encerado en las escuelas. || Mostrador de tienda. || Cuadro de una puerta. || *fig.* Campo. En el tablero político.

tableta s. f. Píldora. *Le recetaron diez tabletas.* || Barra de chocolate que tiene el tamaño de una porción individual. || Computadora portátil de pequeñas dimensiones.

tabletear intr. Producir ruido haciendo chocar tabletas. || Hacer ruido continuo los disparos de un arma.

tablilla s. f. Tabla pequeña.

tablón s. m. Tabla grande y gruesa. *El carpintero cortó tablones para hacer una puerta.* || *Col., R. Dom.* y *Ven.* Faja de tierra preparada para la siembra.

tablón s. m. Tabla grande. || Tablilla de anuncios. || Trampolín. || *fam.* Borrachera.

tabú s. m. Aquello que no se puede hacer, mencionar o tratar debido a ciertas reglas sociales, prejuicios, etc. *Para algunas personas, el sexo es un tema tabú.*

tabulador s. m. En las máquinas de escribir, dispositivo que facilita la disposición de cuadros, columnas, cantidades o palabras.

tabuladora s. f. Máquina que transcribe las informaciones de las tarjetas perforadas.

taburete s. m. Asiento individual sin brazos ni respaldo.

tacada s. f. Golpe dado con el taco a la bola de billar. || Serie de carambolas seguidas.

tacamadún s. m. Pez del golfo de México.

tacañear intr. fam. Ser avaro.

tacañería s. f. Avaricia, mezquindad.

tacaño, ña adj. y s. Mezquino.

tacha s. f. Falta, defecto. || *Amér.* Aparato utilizado en la fabricación del azúcar en el que se evapora en vacío el jarabe hasta obtener una masa cristalizada. || Tacho.

tachadura s. f. Raya que se hace sobre una palabra para suprimirla.

tachar t. Borrar o rayar lo escrito. || *fig.* Censurar.

tache *s. m. Méx.* Tachadura, marca en forma de X que se pone en un escrito para eliminar algo, o para indicar una mala calificación. *La maestra le puso tache al trabajo de Pedro.*

tachero, ra *s. Amér.* Persona que trabaja en los tachos de los ingenios de azúcar.

tachigual *s. m. Méx.* Tejido de algodón.

tachirense *adj. y s. com.* Del estado de Táchira, en Venezuela.

tacho *s. m. Amér. Merid.* Recipiente que sirve para calentar agua y para otros usos en la cocina. ‖ *Amér. Merid.* Recipiente para depositar la basura. ‖ *fam. Arg.* Taxi. ‖ *Arg. y Chil.* Cualquier recipiente de latón, plástico, etc.

tachón[1] *s. m.* Tachadura que se nota mucho en un escrito. *En una sola página tienes tres tachones.*

tachón[2] *s. m.* Tachuela grande de cabeza dorada.

tachonar *t.* Adornar una cosa con tachones. *Miguel tachonó una vieja caja de madera.*

tachuela *s. f.* Clavo corto y de cabeza ancha. *Fijé la fotografía en la pared con unas tachuelas.*

tácito, ta *adj.* Sobreentendido.

taciturno, na *adj.* Callado.

taclla *s. f.* Apero de labranza utilizado por los agricultores del Imperio incaico.

tacneño, ña *adj. y s.* De Tacna, ciudad del Perú.

taco *s. m.* Pedazo de madera que se usa para rellenar un orificio, fijar algo, etc. *Tapé el agujero en la pared con un taco de madera.* ‖ Palo del billar. ‖ *Amér. Merid. y P. Rico.* Pieza de la suela de los zapatos que corresponde al talón. *Laura usa zapatos con tacos muy altos.* ‖ *fam. Esp.* Mala palabra, grosería. *Javier no puede hablar sin soltar un taco cada dos palabras.* ‖ *Méx.* Tortilla de maíz a la que se le pone una porción de cualquier guiso y se enrolla para comerla.

tacómetro *s. m.* Instrumento que mide la cantidad de revoluciones por minuto que desarrolla una máquina en movimiento.

tacón *s. m.* Pieza de la suela del calzado correspondiente al talón. *Marcela usa tacones tan altos que le cuesta caminar.*

taconazo *s. m.* Golpe con el tacón.

taconear *intr.* Caminar sonando los tacones. ‖ Zapatear mientras se baila.

taconeo *s. m.* Ruido que se hace con los tacones al caminar o bailar. *En la música flamenca los taconeos suelen acompañar al canto y la música.*

táctica *s. f.* Medios empleados para lograr un fin.

táctico, ca *adj.* Relativo a la táctica. ‖ *s. m.* Experto en ella.

táctil *adj.* Relativo al tacto.

tacto *s. m.* Uno de los cinco sentidos que permite, por contacto directo, conocer la forma y el estado exterior de las cosas. ‖ Acción de tocar. ‖ *fig.* Tiento, delicadeza. *Contestar con mucho tacto.*

tacuache *s. m. Cub. y Méx.* Mamífero insectívoro nocturno.

tacuacín *s. m. Amér.* Zarigüeya.

tacuara *s. f. Arg., Py. y Uy.* Especie de bambú de cañas muy resistentes.

tacurú *s. m. Arg. y Py.* Hormiga pequeña. ‖ Nido resistente y muy alto que hacen las hormigas o las termitas con sus excrementos mezclados con tierra y saliva como material de construcción.

taekwondo *s. m.* Deporte coreano de combate en el que se golpea con las manos y los pies.

tafeta *s. f.* Tela delgada y ligera de poliéster, de consistencia parecida a la de la seda. *La tafeta se utiliza para confeccionar los forros de sacos y faldas.*

tafetán *s. m.* Tela tupida de seda. *Con el tafetán se hace ropa muy elegante.*

tafia *s. f.* Aguardiente de caña.

tafilete *s. m.* Cuero de cabra curtido y teñido. *El tafilete se utiliza para encuadernar libros y hacer carteras.*

tagalo *s. m.* Lengua nacional de Filipinas.

tagua *s. f.* Marfil vegetal. ‖ Ave zancuda.

tahitiano, na *adj. y s.* De Tahití, isla del Pacífico.

tahona *s. f.* Panadería.

tahonero, ra *s.* Panadero.

tahúr *s. m.* Jugador empedernido, especialmente el fullero.

taifa *s. f.* Bando, facción. ‖ Cada uno de los reinos en que se dividió la España musulmana.

taiga *s. f.* Formación vegetal constituida por bosques de coníferas y abedules.

tailandés, desa *adj. y s.* Originario de Tailandia, país del Sureste Asiático.

taimado, da *adj. y s.* Astuto.

taíno o **taino, na** *adj. y s.* De un pueblo amerindio que durante la época de la llegada de Colón a América habitaba en La Española, Puerto Rico, el este de Cuba y parte de Jamaica.

taita *s. m. fam. Arg., Chil., C. Rica y Ecua.* Padre, abuelo o cualquier otro hombre de edad que merece respeto. *El taita de Dionisio nos invitó al zoológico.*

taiwanés, nesa *adj. y s.* Originario de Taiwán, isla de Asia Oriental.

tajada *s. f.* Porción que se corta de una cosa. ‖ *vulg.* Borrachera.

tajadura *s. f.* Corte.

tajalápiz *s. m.* Herramienta para afilar la punta del lápiz.

tajamar *s. m.* Tablón de forma curva que corta el agua cuando navega la embarcación. ‖ *Arg. y Per.* Zanja en la ribera de los ríos para hacer menos grave el efecto de las crecidas. ‖ *Arg., Chil., Ecua. y Per.* Muralla que protege la entrada de un puerto.

tajante *adj.* Se aplica a la cosa que corta. ‖ Que no admite discusión. ‖ Sin término medio.

tajar *t.* Cortar con un instrumento afilado. *Arturo usó una navaja para tajar la punta del lápiz.*

tajo *s. m.* Corte hecho con un instrumento afilado. ‖ Corte profundo y vertical del terreno.

tajón *s. m. fam.* Borrachera.

tal[1] *adj.* Semejante. *Nunca se ha visto tal cinismo.* ‖ Así. *Tal es su opinión.* ‖ Tan grande. *Tal es su fuerza que todos le temen.* ‖ Este, esta. *No me gusta hacer tal cosa.* ‖ Calificativo que se aplica a una persona o cosa de nombre desconocido u olvidado. *Fulana de Tal; en la calle tal.*

tal[2] *pron.* Esa cosa. *No dije tal.* ‖ Alguno. *Tal habrá que lo sienta así.*

tal[3] *adv.* Así. *Tal estaba de emocionado que no me río.* ‖ De este modo. *Cual el Sol ilumina la Tierra, tal ilumina las estrellas.* ‖ *loc.* Con tal de o que: con la condición de que; siempre que. ‖ *loc. ¿Qué tal?:* ¿cómo está usted?, ¿cómo va la cosa?, ¿qué le parece? ‖ *Tal cual:* sin cambio; regular, ni bien ni mal; alguno que otro. ‖ *Tal vez:* quizá.

tala *s. f.* Corte de un árbol por el pie. || Poda. || Destrucción, estrago.

talabartería *s. f.* Taller o tienda de talabartero.

talabartero *s. m.* Guarnicionero.

talacha *s. f. fam. Méx.* Tarea pequeña, en especial la relacionada con el cuidado de algo. *La talacha es muy aburrida.* || Reparación, en especial la de automóviles. || *loc. Hacer talacha:* hacer pequeños trabajos, sobre todo en reparaciones o cuidado de las cosas.

taladrado *s. m.* Operación de abrir un agujero con una barrena.

taladrador, ra *adj. y s.* Que taladra. || *s. f.* Máquina de taladrar.

taladrar *t.* Agujerear con taladro. || *fig.* Herir los oídos un sonido agudo.

taladro *s. m.* Barrena. || Agujero hecho con ella.

talamanca *adj.* Relativo o perteneciente a este pueblo indígena. || Se dice de una tribu de un pueblo indígena de América Central que hablaba chibcha.

tálamo *s. m.* Cama conyugal. || Receptáculo de una flor. || Parte del encéfalo situada en la base del cerebro.

talante *s. m.* Humor.

talar[1] *adj.* Se dice de la vestidura que llega a los talones. *Traje talar.*

talar[2] *t.* Cortar por el pie. || Podar, cortar las ramas inútiles.

talco *s. m.* Silicato de magnesio usado en farmacia reducido a polvo.

talega *s. f.* Saco de tela fuerte para transportar cosas. || Su contenido.

talego *s. m.* Talega.

taleguilla *s. f.* Calzón de torero.

talento *s. m.* Moneda antigua de los griegos y romanos. || Aptitud natural para hacer una cosa determinada. *Pintor de gran talento.* || Entendimiento, inteligencia. *Hace falta mucho talento para hacerlo.*

talentoso, sa o **talentudo, da** *adj.* Que tiene talento.

talero *s. m. Arg., Chil. y Uy.* Látigo para azotar a los caballos, formado por un mango corto y una tira ancha de cuero.

talgüen o **talhuén** *s. m. Chil.* Arbusto de madera fuerte.

talio *s. m.* Elemento químico, metal escaso en la corteza terrestre; es de color blanco azulado, ligero y muy tóxico; se utiliza como catalizador y en la fabricación de vidrios protectores, insecticidas y raticidas; su número atómico es 81 y su símbolo Tl.

talión *s. m.* Castigo en el que alguien sufre el mismo daño que ha causado. *La ley del talión dice «ojo por ojo y diente por diente».*

talismán *s. m.* Objeto al que se atribuye un poder protector sobrenatural.

talla *s. f.* Hecho de dar forma a los objetos al desgastarlos con instrumentos rasposos y cortantes. || Escultura. *Compré una talla rústica de madera.* || Estatura. *Artemisa es de talla mayor.* || Importancia. *En esta película actúan personajes de la talla del famoso Laurence Olivier.* || Medida de una prenda de vestir. *Catalina hizo dieta y bajó dos tallas.*

tallado *s. m.* Acción y efecto de tallar. *El tallado de piedras preciosas es un oficio delicado.*

tallador, ra *s.* Persona que talla. || *Arg., Chil., Guat., Méx., Per. y Uy.* Persona que da las cartas o lleva las apuestas en una mesa de juego.

tallar *t. y pr.* Dar forma a un material al desgastarlo con un instrumento rasposo y cortante. *Ricardo talla pequeñas esculturas de madera.* || Medir la estatura. || *Méx.* Restregar, frotar. *Cenicienta tallaba el piso con la escobilla.*

tallarín *s. m.* Pasta de harina de trigo en forma de listón delgado.

talle *s. m.* Cintura de una persona. *En el siglo XIX estuvieron de moda los talles esbeltos.* || Disposición del cuerpo humano.

taller *s. m.* Lugar en el que se hace un trabajo manual.

tallista *s. com.* Persona que talla en madera o graba metales.

tallo *s. m.* Órgano del vegetal que lleva las hojas, las flores y los frutos. || Renuevo, brote. || Germen.

talmud *s. m.* Colección de libros del judaísmo que reúne comentarios sobre la ley de Moisés, a partir de las enseñanzas de las grandes escuelas rabínicas.

talo *s. m.* Cuerpo de algunas plantas en el que no se diferencian raíz, tallo y hojas.

talofito, ta *adj.* Relativo a las plantas con cuerpo constituido por un talo, como las algas.

talón *s. m.* Parte posterior del pie. || Parte del zapato o calcetín que la cubre. || Parte que se arranca de cada hoja de un talonario. || Cheque. || Patrón monetario. *El talón de oro.*

talonario *s. m.* Libro de cheques. *Mi padre pidió un nuevo talonario al banco.* || Libro de recibos que tiene talones para comprobar y controlar los documentos que se entregan, como los de honorarios.

talonazo *s. m.* Golpe con el talón.

talud *s. m.* Inclinación del paramento de un muro o de un terreno.

tamal *s. m. Amér.* Harina de maíz mezclada con manteca y rellena de carne de cerdo, pollo o alguna fruta, que se envuelve en una hoja de maíz o banano y se cuece al vapor. *Los tamales pueden ser de sabor dulce o salado.*

tamalada *s. f. Amér.* Comida a base de tamales.

tamalear *t. Méx.* Hacer o comer tamales.

tamalería *s. f.* Tienda donde se venden tamales.

tamalero, ra *s.* Persona cuyo oficio es preparar y vender tamales.

tamanduá *s. m.* Mamífero desdentado de hocico largo.

tamango *s. m. fam. Arg., Bol. Chil., Per. y Uy.* Zapato, por lo general grande o tosco.

tamaño, ña *adj.* Tal, tan grande o tan pequeño. || *s. m.* Dimensiones.

támara *s. f.* Palmera de Canarias.

tamarindo *s. m.* Árbol tropical que da frutos con vaina dura y quebradiza, pulpa agridulce y semillas redondas. || Fruto comestible de ese árbol.

tamarugal *s. m. Chil.* Terreno plantado de tamarugos.

tamarugo *s. m. Chil.* Especie de algarrobo que hay en la pampa.

tamaulipeco, ca *adj. y s.* Del estado mexicano de Tamaulipas.

tamba *s. f. Ecua.* Chiripá usado por los indios.

tambache *s. m. fam. Méx.* Bulto grande o montón de cosas que se cargan. *Con ese tambache de cajas no pude subir las escaleras.*

tambalear *intr.* Moverse a uno y otro lado como si se fuese a caer. || Ser inestable. || *fig.* Perder su firmeza.

tambarria *s. f. Amér.* Parranda.

tambero, ra *adj. Amér. Merid.* Relativo al tambo. ‖ *s.* Persona que tiene un tambo o se encarga de él.

también *adv.* Afirma la relación de una cosa con otra. *Rosario quiere ir al cine; Alicia también.*

tambo *s. m. Arg.* y *Uy.* Establecimiento ganadero destinado a ordeñar vacas y vender su leche. ‖ *Per.* Posada, casa donde se hospedan viajeros. ‖ *Méx.* Recipiente cilíndrico de gran capacidad para basura, agua, etc.

tambor *s. m.* Instrumento musical de percusión, de forma cilíndrica, hueco, cerrado por dos pieles tensas y que se toca con dos palillos. ‖ El que lo toca. ‖ Cilindro hueco, de metal, para diversos usos. *Tambor de una máquina de lavar.* ‖ Depósito cilíndrico con una manivela que lo hace girar y que sirve para meter las bolas de una rifa o lotería. ‖ Cilindro en que se enrolla un cable. ‖ Cilindro giratorio donde se ponen las balas de un revólver. ‖ Pieza circular de acero, solidaria de la rueda, en cuyo interior actúan las zapatas del freno. ‖ *Amér.* Bote o pequeño barril que sirve de envase. ‖ *Méx.* Colchón de muelles.

tambora *s. f. Amér.* Grupo de músicos con instrumentos de percusión.

tamboril *s. m.* Tambor más largo y estrecho que el corriente.

tamborilear *intr.* Tocar el tambor o el tamboril.

tamborileo *s. m.* Acción de tocar el tambor o tamboril y ruido producido.

tamborilero, ra *s.* Persona que toca el tambor o el tamboril.

tamborito *s. m.* Baile nacional de Panamá, de origen africano.

tameme *s. m. Chil., Méx.* y *Per.* Mozo de cuerda indígena.

tamiz *s. m.* Cedazo muy tupido. ‖ Especie de colador con orificios muy pequeños.

tamizar *t.* Colar algo pasándolo por el tamiz. *La cocinera tamizó el puré de zanahoria.* ‖ Depurar algo seleccionando sus mejores partes.

tampiqueño, ña *adj.* y *s.* Del puerto y la ciudad de Tampico, México.

tampoco *adv.* Sirve para expresar una segunda negación. *No vino su madre y su hermana tampoco.*

tampón *s. m.* Almohadilla que se usa para manchar de tinta o humedecer los dedos. ‖ Artículo higiénico femenino en forma de cilindro pequeño, usado durante la menstruación.

tamujal *s. m.* Terreno con tamujos.

tamujo *s. m.* Planta que crece en las orillas de los ríos.

tan *adv.* Apócope de «tanto», que da carácter aumentativo al significado de un adjetivo o un adverbio. *Es un automóvil tan caro, que sólo gente rica puede comprarlo.* ‖ Denota idea de equivalencia o igualdad. *El acero es tan duro como el hierro.*

tanagra *s. f.* Pequeño pájaro cantor de la América tropical. ‖ Estatuita de terracota.

tanate *s. m. Amér. C.* y *Méx.* Cesto cilíndrico de palma o tule tejidos. *Usa un tanate para poner el pan.* ‖ *Amér. C.* Lío, envoltorio. ‖ *pl. Amér. C.* Conjunto de trastos, de objetos viejos.

tanatología *s. f.* Ciencia que estudia la muerte, sus causas y fenómenos que la acompañan.

tanatólogo, ga *s.* Especialista en tanatología.

tanatorio *s. m.* Edificio destinado a servicios funerarios, velatorio.

tanda *s. f.* Turno, partida. ‖ Serie de cosas que se dan seguidas.

tándem *s. m.* Bicicleta para dos o más personas.

tanga *s. f.* Parte inferior de tamaño mínimo, de una malla o traje de baño. ‖ Prenda interior muy pequeña que sólo cubre los genitales.

tángano, na *adj. Méx.* Persona de baja estatura.

tangencia *s. f.* Estado de tangente.

tangencial *adj.* Tangente.

tangente *adj.* Se aplica a las líneas y superficies que se tocan en un solo punto sin cortarse. ‖ *s. f.* Recta que toca en un solo punto a una curva o a una superficie. ‖ Relación entre el seno y el coseno de un ángulo.

tangerino, na *adj.* y *s.* De Tánger, ciudad de Marruecos.

tango *s. m.* Baile rioplatense de ritmo lento y muy marcado. *Carlos Gardel fue un cantante de tangos muy famoso.* ‖ *loc. fam. Méx.* Hacer un tango: hacer una rabieta con gritos y actitudes exageradas.

tangram *s. m.* Juego de rompecabezas formado por piezas en forma de cuadrados, rectángulos y triángulos. *Con un tangram pueden formarse muchísimas figuras.*

tanguear *intr. Arg.* y *Uy.* Cantar y tocar tangos.

tanguista *s. com.* Persona que canta o baila en un cabaret.

tanino *s. m.* Sustancia astringente que se usa para curtir pieles y fabricar tinta.

tanque *s. m.* Vehículo terrestre muy resistente de uso militar. ‖ Depósito de agua u otro líquido preparado para su transporte.

tanqueta *s. f.* Carro de combate ligero.

tantalio *s. m.* Elemento químico, metal escaso en la corteza terrestre; es de color gris, pesado, duro, dúctil y muy resistente a la corrosión; se utiliza para fabricar material quirúrgico y dental, así como prótesis e injertos, y como catalizador, así como en la industria electrónica; su número atómico es 73 y su símbolo Ta.

tanteador *s. m.* El que tantea en el juego. ‖ Marcador en que se apuntan los tantos de los contendientes en un encuentro deportivo o juego de naipes.

tantear *t.* Calcular de manera aproximada. ‖ Pensar, considerar. *Quiero tantear mejor la situación.*

tanteo *loc.* Al tanteo: Al cálculo, de manera aproximada. *Mi hermano me dijo al tanteo cuántas monedas había en mi bolsa y acertó.*

tanto¹ *adv.* Hasta tal punto. *No griten tanto.*

tanto² *s. m.* Unidad de cuenta en muchos juegos o deportes. *El equipo visitante acaba de anotar un tanto.* ‖ *loc.* Tanto por ciento: porcentaje.

tanto, ta¹ *adj.* En correlación con «como», introduce una comparación de igualdad. *Mauricio come tantas golosinas como su papá.* ‖ Expresa una cantidad o número indeterminado. *Le pregunté cuánto costaba y me dijo que tanto.*

tanto, ta² *pron.* Equivale a «eso». *No obtendré tanto.*

tañedor, ra *s.* Persona que tañe un instrumento musical.

tañer *t.* Tocar un instrumento como la guitarra. ‖ *intr.* Repicar las campanas. *Tañer a muerto.*

tañido *s. m.* Sonido de cualquier instrumento que se tañe.

tao *s. m.* Concepción del orden del universo según la filosofía china antigua. *La palabra «tao» significa «camino», en chino.*

taoísmo *s. m.* Antiguo sistema filosófico y religioso de China, que rinde culto a la naturaleza y a los antepasados. *El taoísmo surgió de las doctrinas del filósofo chino Lao Tsé.*

taoísta *adj.* Relativo al taoísmo. || *s. com.* Persona que profesa el taoísmo.

tapa *s. f.* Pieza que cierra la abertura de un recipiente. *Ponle una tapa al guiso.* || Cubierta de un libro. *El libro es tan viejo que ya perdió la tapa.* || *Esp.* Pequeña cantidad de comida que se sirve como aperitivo. *Como tapas hay jamón, setas y calamares.*

tapaboca *s. m. Cub., Méx.* y *Uy.* Trozo rectangular de tela, que se sostiene en la orejas, para cubrir nariz y boca. *Los cirujanos utilizan tapaboca.*

tapacubos *s. m.* Tapa de la cara exterior de la rueda de un vehículo. *Compró unos tapacubos de metal brillante.*

tapadera *s. f.* Pieza que sirve para cubrir de manera ajustada la boca de un recipiente. *La tapadera de la olla tiene un asa aislante del calor.*

tapado, da *adj.* Cubierto. || Se aplica a la mujer que se tapa con el manto o pañuelo para ocultar su rostro. || *s. m. Col.* Plato de comida de carne y plátanos que se asan en barbacoa. || *Amér.* Entierro, tesoro oculto. || Abrigo.

tápalo *s. m. Méx.* Chal o mantón.

tapanco *s. m. Méx.* Piso de madera que se pone sobre vigas o columnas en habitaciones con gran altura, para dividirlas a lo alto en dos espacios. *En el tapanco hay una cama.*

tapar *t.* y *pr.* Cubrir o cerrar lo que está descubierto o abierto. *Tapa el recipiente del pan.* || Encubrir, ocultar. *El empresario tapó el escándalo de su colaborador.* || Abrigar o cubrir con ropas. *Hoy el niño se tapó con el abrigo.*

tapara *s. f.* Fruto del taparo.

taparo *s. m. Amér.* Árbol parecido a la güira.

taparrabo o **taparrabos** *s. m.* Pieza de tela, piel, etc., con que los miembros de ciertos pueblos se tapan los órganos genitales.

tapatío, tía *adj.* y *s.* De la ciudad de Guadalajara, en México.

tape *adj. s. fam.* y *desp.* *Arg.* y *Uy.* Persona que parece indígena.

tapera *s. f.* En América, ruinas de un pueblo o vivienda ruinosa.

tapete *s. m.* Cubierta pequeña o mediana hecha con tela o algún tejido, que no se fija al piso. *A la entrada de su casa tiene un pequeño tapete.* || Tela que se pone sobre la mesa. *Encima de la mesa de madera hay un tapete.*

tapetí *s. m.* Conejo de Argentina.

tapia *s. f.* Pared.

tapiar *t.* Cercar con tapias.

tapicería *s. f.* Conjunto de tapices. || Lugar donde se hacen tapices. || Tela con que se cubren los sillones, los asientos de un coche, etc.

tapicero, ra *s.* Persona que teje tapices. || Persona cuyo oficio consiste en tapizar muebles y paredes, poner cortinajes, alfombras, etc.

tapioca *s. f.* Sustancia harinosa comestible obtenida de la mandioca.

tapir *s. m.* Mamífero de cabeza grande, trompa pequeña y orejas redondas, propio de Asia y de América.

tapisca *s. f. Amér. C.* y *Méx.* Recolección del maíz.

tapiz *s. m.* Paño con que se adornan las paredes. || Alfombra.

tapizado, da *adj.* Cubierto de tapices. || *s. m.* Acción y efecto de tapizar.

tapizar *t.* Cubrir las paredes con tapices. || *fig.* Forrar las paredes o los sillones con tela. || Alfombrar.

tapón *s. m.* Pieza que tapa la boca de botellas y otros recipientes. *Se perdió el tapón de la botella.* || Acumulación de cera en el oído. *El médico le extrajo a Gustavo un tapón de cera del oído.* || *Méx.* Tapa de la cara exterior de la rueda de un vehículo.

taponamiento *s. m.* Obstrucción con tapones.

taponar *t.* Cerrar con tapón.

taquear *intr. Méx.* Comer tacos.

taquería *s. f. Méx.* Restaurante o casa de comidas donde se preparan y venden tacos.

taquero, ra *s.* Vendedor de tacos.

taquete *s. m. Méx.* Trozo pequeño y cilíndrico de madera, o dispositivo expandible de plástico o metal, para fijar los tornillos en las paredes. *Habrá que colgar la repisa con taquetes.*

taquicardia *s. f.* Ritmo muy rápido de las contracciones cardiacas.

taquigrafía *s. f.* Escritura formada por signos convencionales que permite escribir a gran velocidad.

taquigrafiar *t.* Escribir taquigráficamente.

taquigráfico, ca *adj.* Relativo a la taquigrafía. *Texto taquigráfico.*

taquígrafo, fa *s.* Persona capaz de utilizar la taquigrafía.

taquilla *s. f.* Ventana pequeña donde se venden boletos para transporte o entradas para un espectáculo. || Armario pequeño en que se guardan objetos personales o papeles. || *Amér. C.* Taberna. || *Chil., C. Rica* y *Ecua.* Clavo pequeño.

taquillazo *s. m. Méx.* Éxito monetario en la venta de boletos para algún espectáculo.

taquillero, ra *adj.* Se dice del artista o del espectáculo que tiene mucho éxito con el público y vende muchas entradas para sus presentaciones. *La primera actriz de la obra es muy taquillera.* || *s.* Empleado que se encarga de vender los boletos o entradas en una taquilla.

tara¹ *s. f.* Defecto físico o psíquico grave.

tara² *s. f.* Peso de un envase o recipiente sin incluir el de su contenido, o de un vehículo sin incluir la carga.

tara³ *s. f. Chil.* y *Per.* Arbusto de cuya madera se extrae un tinte. || *Col.* Serpiente venenosa. || *Ven.* Langosta de tierra de mayor tamaño que la común.

tarabilla *s. f.* Serie de palabras que se dicen tan rápido que no se entienden.

taracea *s. f.* Obra de incrustaciones sobre madera.

tarado, da *adj.* y *s.* Que padece una tara física o psíquica.

tarahumara *adj.* y *s. com.* Rarámuri, un pueblo amerindio que habita en Chihuahua, México.

tarantela *s. f.* Baile y música del sur de Italia.

tarántula *s. f.* Araña muy grande.

tarapaqueño, ña *adj.* y *s.* De Tarapacá, departamento de Chile.

tarar *t.* Determinar el peso de la tara. *Tarar un género.*

tararear *t.* Canturrear.

tararreo *s. m.* Acción de tararear.

tararira *s. f. Arg.* y *Uy.* Pez que vive en los grandes ríos de América del Sur, de carne muy apreciada por su sabor.

tarasca *s. f. Chil.* y *C. Rica.* Boca grande.

tarascada *s. f.* Mordida. *El león lanzó una gran tarascada.*

tarasco *adj.* y *s.* Nombre que los conquistadores españoles dieron al pueblo purépecha del estado de Michoacán, en México.

tarascón *s. m. Arg., Bol., Chil., Ecua.* y *Per.* Mordedura.

tardado, da *adj. Méx. fam.* Lento.

tardanza *s. f.* Hecho de retrasarse o tardarse. *Me preocupa la tardanza de Estela.*

tardar *intr.* y *pr.* Invertir un tiempo determinado en hacer una cosa. *¿Cuánto vas a tardar en comer?* ‖ Emplear más tiempo del previsto en hacer algo. *Verónica tarda mucho en arreglarse.*

tarde[1] *adv.* A una hora avanzada del día o la noche. *Se quedaron trabajando hasta muy tarde.* ‖ Después del momento previsto. *Siempre llegas tarde a tus citas.*

tarde[2] *s. f.* Tiempo desde el mediodía hasta el anochecer. *Quedamos de vernos por la tarde.*

tardecer *intr.* Atardecer.

tardío, día *adj.* Relativo a los frutos que tardan más que otros de su misma clase en madurar. ‖ Que ocurre o se realiza después del tiempo debido.

tardo, da *adj.* Lento o tardado en sus acciones o su modo de hablar. *El anciano avanzaba con paso tardo.*

tarea *s. f.* Labor, obra, trabajo. ‖ Deberes de un colegial.

tarifa *s. f.* Escala de precios, derechos o impuestos.

tarifar *t.* Aplicar una tarifa.

tarificar *t.* Tarifar.

tarima *s. f.* Plataforma movible de poca altura.

tarja *s. f. Méx.* Pila del fregadero de cocina.

tarjeta *s. f.* Cartulina rectangular con el nombre de una persona y generalmente con su actividad y dirección. *Tarjeta de visita.* ‖ Cartulina que lleva impreso o escrito un aviso, permiso, invitación, etc. *Tarjeta comercial, de invitación.* ‖ *Tarjeta de crédito:* documento de un banco que permite que la persona a cuyo nombre está pueda pagar sin extender un cheque o sin abonar dinero en efectivo. ‖ *Tarjeta perforada:* ficha de cartulina rectangular en que se registran, por medio de perforaciones, informaciones numéricas o alfabéticas. ‖ *loc. Tarjeta postal:* cartulina generalmente ilustrada por una cara que se suele mandar sin sobre.

tarquino, na *adj.* y *s. Arg.* Se aplica al animal vacuno de raza fina.

tarraconense *adj.* y *s. com.* De Tarragona, municipio y ciudad de España.

tarro *s. m.* Vasija cilíndrica de barro o vidrio. *Un tarro de mermelada.* ‖ *Arg.* Vasija de lata. ‖ *Ants., Méx.* y *Uy.* Cuerno. ‖ *pl. fam. Arg.* Zapatos.

tarso *s. m.* Parte posterior del pie.

tarta *s. f.* Pastel. ‖ *loc. Arg.* y *Uy. Tarta pascualina:* la salada hecha de masa hojaldrada, espinaca, cebolla y salsa blanca.

tartajear *intr.* Articular impropiamente las palabras.

tartajeo *s. m.* Mala articulación al hablar.

tartajoso, sa *adj.* Se dice de la persona que tartajea.

tartamudear *intr.* Hablar con pronunciación entrecortada repitiendo las sílabas.

tartamudeo *s. m.* Pronunciación entrecortada de las palabras.

tartamudez *s. f.* Defecto del tartamudo.

tartamudo, da *adj.* Se dice de la persona que tartamudea.

tártaro, ra *adj.* y *s.* De un conjunto de pueblos de origen mongol y turco.

tartera *s. f.* Cazuela de barro.

tarugo, ga *adj. fam. desp. Méx.* Tonto. ‖ *s. m.* Pedazo grueso y corto de madera o pan. ‖ *s. f.* Especie de ciervo de América del Sur.

tarumá *s. m.* Árbol verbenáceo de fruto parecido a la aceituna.

tarumba *adj. fam.* Aturdido.

tasa *s. f.* Tasación. ‖ Documento en que se indica esta tasación. ‖ Precio fijado oficialmente para ciertas mercancías. *Tasa de importación.* ‖ Medida, norma. *Obrar sin tasa.* ‖ Índice. *Tasa de natalidad.*

tasación *s. f.* Estimación.

tasador, ra *adj.* Relativo a la persona que tasa.

tasajear *t.* Cortar carne en tiras y ponerla a secar para hacer tasajo. ‖ *Cub.* y *Méx.* Herir o cortar con cuchillo repetidas veces. ‖ *Méx.* y *Salv.* Criticar con dureza.

tasajo *s. m.* Carne que se pone a secar untada con sal como conservador.

tasar *t.* Poner precio a una cosa. *Tasar el pan.* ‖ Valorar, estimar el valor de una cosa. ‖ *fig.* Restringir algo por prudencia o avaricia. *Tasar la comida.*

tasca *s. f.* Taberna.

tasquear *intr.* Ir de tascas.

tata *s. m. Amér.* Padre, papá y a veces, abuelo.

tatarabuelo, la *s.* Padre o madre del bisabuelo o de la bisabuela.

tataranieto, ta *s.* Hijo o hija del biznieto o de la biznieta.

tatarear *t.* Tararear.

tatemar *t. Méx.* Asar o tostar ligeramente. ‖ *fig. Méx.* Poner a alguien en ridículo.

tatetí *s. m. Arg.* y *Uy.* Juego de mesa, tres en raya. *El tatetí también es conocido como «gato».*

tatole *s. m. fam. Méx.* Acuerdo.

tatú *s. m. Arg., Bol., Chil., Py.* y *Uy.* Especie de armadillo de gran tamaño.

tatú *s. m.* Mamífero desdentado de América tropical.

tatuaje *s. m.* Impresión de dibujos en la piel humana.

tatuar *t.* Imprimir en la piel, debajo de la epidermis, dibujos.

tau *s. f.* Decimonovena letra del alfabeto griego (T, τ) equivalente a la «t» castellana.

taumaturgia *s. f.* Facultad de hacer prodigios.

taumaturgo, ga *s.* Persona capaz de hacer milagros.

taurino, na *adj.* Relativo a las corridas de toros. *Fiestas taurinas.*

tauro *adj.* y *s. inv.* Se dice de las personas nacidas bajo el segundo signo del zodiaco, comprendido entre el 20 de abril y el 21 de mayo.

tauromaquia *s. f.* Arte de lidiar los toros, toreo.

tautología *s. f.* Repetición inútil de un mismo pensamiento. *Decir que «un abridor abre» es una tautología.*

taxáceo, a *adj.* y *s. f.* Se aplica a unas plantas coníferas como el tejo. ‖ *pl.* Familia que forman.

taxativo, va *adj.* Limitado al sentido preciso de un término.

taxi s. m. Automóvil público con chofer. *En esta ciudad es imposible conseguir un taxi.*

taxidermia s. f. Arte de disecar animales muertos y arreglarlos en posiciones parecidas a las que tenían cuando estaban vivos.

taxidermista s. com. Persona que diseca animales muertos.

taxímetro s. m. Contador que, en los taxis, indica el precio que se debe pagar por la distancia recorrida.

taxista s. com. Chofer de taxi.

taxón s. m. Unidad básica de clasificación de las especies biológicas.

taxonomía s. f. Ciencia que se ocupa de la clasificación de las especies animales y vegetales, ordenándolos de acuerdo a sus características.

taxonomista s. com. Especialista en taxonomía.

taylorizar t. Aplicar el sistema establecido por Taylor para organizar racionalmente el trabajo con objeto de aumentar el rendimiento.

taza s. f. Vasija con asa que sirve para beber. ǁ Pila de las fuentes. ǁ Recipiente de un retrete. ǁ Pieza cóncava del puño de la espada.

tazón s. m. Taza grande.

te pron. Pronombre personal masculino y femenino de la segunda persona del singular, que funciona como complemento directo e indirecto. *¿Te quedas a tomar un café?*

té s. m. Arbusto con cuyas hojas se hace una infusión en agua hirviente. ǁ Esta infusión. ǁ Reunión por la tarde en la que se suele servir esta infusión. ǁ loc. *Té de los jesuitas* o del Paraguay: mate.

tea s. f. Antorcha.

teatral adj. Relativo al teatro.

teatro s. m. Edificio destinado a la representación de obras dramáticas y de otros espectáculos. ǁ Profesión de actor. ǁ Literatura dramática. *El arte del teatro.* ǁ Conjunto de obras dramáticas. *El teatro de Lope.* ǁ Lugar de un suceso, escenario. *El teatro de la batalla.*

tebeo s. m. Esp. Cómic, revista infantil con historietas. *De niño le encantaba leer tebeos.*

teca s. f. Árbol verbenáceo.

tecali s. m. Alabastro de colores vivos procedente de Tecali, municipio de Puebla, México.

techado s. m. Tejado.

techar t. Poner techo.

techo s. m. Parte interior y superior de un edificio, de un aposento o de un vehículo. ǁ Tejado. *Techo de pizarras.* ǁ fig. Casa, domicilio, hogar. *El techo familiar.* ǁ Altura máxima, tope.

techumbre s. f. Cubierta de un edificio.

tecla s. f. Cada una de las piezas que se pulsan con los dedos para accionar las palancas que hacen sonar un instrumento musical o hacen funcionar otros aparatos. *Tecla de piano, de máquina de escribir.*

tecladista s. com. Músico que toca un instrumento de teclado. *Buscan un buen tecladista.*

teclado s. m. Grupo ordenado de teclas de un instrumento o aparato. ǁ Dispositivo formado por teclas que se utiliza para introducir datos y dar órdenes a una computadora.

teclear t. Oprimir las teclas.

tecleo s. m. Acción de teclear.

tecnecio s. m. Elemento químico radiactivo, metal del grupo del manganeso; uno de sus isótopos se usa

para diagnosticar tumores; también se conoce como «masurio»; su número atómico es 43 y su símbolo Tc.

tecnicidad s. f. Carácter técnico.

tecnicismo s. m. Carácter técnico. ǁ Palabra técnica.

técnico, ca adj. Relativo a las aplicaciones prácticas de las ciencias y las artes. *Instituto técnico.* ǁ s. Especialista que conoce perfectamente la técnica de una ciencia, arte u oficio. ǁ s. f. Conjunto de procedimientos propios de un arte, ciencia u oficio. ǁ Habilidad con que se utilizan esos procedimientos. *Pintor con mucha técnica.* ǁ fig. Método, habilidad, táctica.

tecnocracia s. f. Predominio de la influencia de los técnicos.

tecnócrata adj. y s. com. Especialista o técnico en administración o economía que ejerce algún cargo público. ǁ Partidario de la tecnocracia.

tecnología s. f. Conjunto de los instrumentos, procedimientos y métodos empleados en las distintas ramas industriales.

tecnológico, ca adj. Relativo a la tecnología.

tecnólogo, ga s. Técnico.

tecol s. m. Gusano del maguey.

tecolote s. m. Amér. C. y Méx. Búho.

tecomate s. m. Guat. y Méx. Planta de aplicaciones medicinales, de fruto comestible y corteza utilizada para hacer vasijas. ǁ Méx. Vasija de forma similar a la jícara, por lo general hecha con el fruto del tecomate.

tecpaneca adj. De un pueblo indio del valle de México. ǁ Natural de este pueblo.

tectónico, ca adj. Relativo a la corteza terrestre. *Cuando las capas tectónicas se acomodan se producen sismos.* ǁ s. f. Parte de la geología que estudia las deformaciones de la corteza terrestre y los movimientos que las han originado. *Los sismólogos conocen la tectónica.*

tedio s. m. Aburrimiento, hastío.

tedioso, sa adj. Aburrido.

tegucigalpense adj. y s. com. De Tegucigalpa, ciudad capital de Honduras.

tegumento s. m. Tejido que recubre algunas partes de un ser vivo.

tehuano, na adj. y s. Del istmo de Tehuantepec, región de México.

tehuelche adj. y s. Pueblo amerindio prácticamente extinto que, junto con los ona, habitó en la parte meridional de América del Sur, desde la cordillera chilena hasta Tierra del Fuego.

teína s. f. Sustancia estimulante que se encuentra en el té. *La teína tiene efectos parecidos a los de la cafeína.*

teísmo s. m. Doctrina que afirma la existencia personal y única de un Dios creador y conservador del mundo.

teísta s. com. Seguidor del teísmo.

teja s. f. Pieza de barro cocido o de cualquier otro material en forma de canal con que se cubren los tejados. ǁ fam. Sombrero de los eclesiásticos. ǁ loc. fig. *A toca teja:* al contado.

tejado s. m. Parte superior y exterior de un edificio cubierta por tejas.

tejamanil s. m. Cub., Méx. y P. Rico. Tabla delgada que se coloca como teja en los techos de las casas.

tejano, na o **texano, na** *adj.* y *s.* Del estado de Texas, en los Estados Unidos. || *s. m.* Pantalón vaquero.

tejar *t.* Poner tejas.

tejaván *s. m. Méx.* Cobertizo.

tejemaneje *s. m.* Intriga, lío.

tejer *t.* Entrelazar regularmente hilos para formar un tejido, trencillas, esteras, etc. || Formar su tela la araña, el gusano de seda, etc. || *fig.* Preparar cuidadosamente, tramar. *Tejer una trampa.* || Construir poco a poco, labrar. *Él mismo tejió su ruina.* || *Amér.* Intrigar. || Hacer punto.

tejido *s. m.* Acción de tejer. || Textura de una tela. || Cosa tejida, tela. *Tejido de punto.* || Agrupación de células, fibras y productos celulares que constituyen un conjunto estructural. || *fig.* Serie, retahíla. *Un tejido de embustes.*

tejo *s. m.* Trozo redondo de varias materias que sirve para jugar.

tejocote *s. m. Méx.* Planta de fruto amarillo comestible y sabor agridulce.

tejolote *s. m. Méx.* Mano de piedra del almirez.

tejón *s. m.* Mamífero carnicero plantígrado. || *Amér.* Mapache o coendú.

tela *s. f.* Tejido de muchos hilos entrecruzados. *Tela de lino.* || Película que se forma en la superficie de un líquido como la leche. || Especie de red que forman algunos animales con los filamentos que elaboran. *Tela de araña.* || Nube del ojo. || Lienzo, cuadro. || *fig.* Materia. *Hay tela para rato.* || *fam.* Dinero, cuartos. || *loc. Poner en tela de juicio:* examinar o discutir una cosa sobre la cual existe una duda. || *fam. Tela de más: en demasía, en gran cantidad.* || *Tela metálica:* malla de alambre.

telar *s. m.* Máquina para tejer.

telaraña *s. f.* Tela que teje la araña. || *fig.* Defecto en la vista que hace ver las cosas poco claras.

tele *s. f. fam.* Televisión. || Televisor.

telecomunicación *s. f.* Emisión, transmisión o recepción de signos, señales, imágenes, sonidos o informaciones de todas clases por hilo, radioelectricidad, medios ópticos, etc.

telecontrol *s. m.* Telemando.

teledetección *s. f.* Acción y efecto de descubrir a distancia.

telediario *s. m.* Diario televisado.

teledifusión *s. f.* Difusión por televisión.

teledirección *s. f.* Telemando.

teledirigido, da *adj.* Dirigido a distancia.

teledirigir *t.* Dirigir un vehículo a distancia.

teleférico *s. m.* Medio de transporte de personas o mercancías constituido por una cabina y uno o varios cables aéreos por donde se desliza la misma.

telefonazo *s. m. fam.* Llamada telefónica.

telefonear *t.* Decir algo por teléfono. || *intr.* Llamar por teléfono.

telefonía *s. f.* Sistema de telecomunicaciones para la transmisión de la palabra.

telefónico, ca *adj.* Relativo al teléfono o a la telefonía. || *s. f.* Compañía telefónica y edificio donde está.

teléfono *s. m.* Instrumento que permite a dos personas, separadas por cierta distancia, mantener una conversación. || Número que tiene cada persona asignado a un teléfono. || *loc. Teléfono móvil* o *celular:* aparato telefónico portátil que se comunica con otros a través de ondas electromagnéticas.

telegestión *s. f.* Gestión a distancia mediante teleproceso.

telegrafía *s. f.* Sistema de telecomunicación para la transmisión de mensajes escritos o documentos por medio de un código de señales o por otros medios adecuados.

telegrafiar *t.* Transmitir por telégrafo. || *intr.* Mandar un telegrama.

telegráfico, ca *adj.* Relativo al telégrafo o a la telegrafía.

telegrafista *s. com.* Persona encargada de la transmisión manual y de la recepción de telegramas.

telégrafo *s. m.* Dispositivo para la transmisión rápida a distancia de las noticias, despachos, etc.

telegrama *s. m.* Despacho transmitido por telégrafo. || Papel en que está este despacho.

teleguiar *t.* Teledirigir.

teleimpresor *s. m.* Teletipo.

teleinformática *s. f.* Informática que utiliza las telecomunicaciones para transportar las informaciones.

telele *s. m. fam.* Desmayo ostentoso.

telemando *s. m.* Dirección a distancia de una maniobra mecánica. || Sistema que permite efectuarla. || Aparato o mecanismo utilizado para el mando automático a distancia.

telemática *s. f.* Conjunto de las técnicas y servicios que combinan las telecomunicaciones y la informática.

telémetro *s. m.* Instrumento óptico que permite medir la distancia que separa un punto de otro alejado del primero.

teleobjetivo *s. m.* Objetivo para fotografiar objetos lejanos.

teleósteo *adj.* Se aplica a los peces que tienen esqueleto óseo, opérculos que protegen las branquias y escamas delgadas, como la carpa, la trucha, la sardina.

telépata *adj.* y *s. com.* Que practica la telepatía.

telepatía *s. f.* Supuesta transmisión directa del pensamiento entre dos personas alejadas una de otra.

teleproceso *s. m.* Técnica de tratamiento de la información que consiste en transmitir los datos a una computadora, situado a gran distancia, por medio de líneas telefónicas o telegráficas o por haces hertzianos.

telera *s. f. Cub.* Galleta delgada y de forma rectangular. || *Méx.* Pan blanco, de forma ovalada y con hendiduras a lo largo.

telescópico, ca *adj.* Relativo al telescopio. || Que sólo se ve con la ayuda del telescopio. || Se aplica al objeto cuyos elementos encajan o empalman unos en otros. *Antena telescópica.*

telescopio *s. m.* Anteojo para observar los astros.

telespectador, ra *s.* Persona que mira la televisión.

telesquí *s. m.* Dispositivo teleférico que permite a los esquiadores subir a un sitio elevado con los esquís.

teletipia *s. f.* Telecomunicación telegráfica o radiotelegráfica para transmitir un texto mecanografiado.

teletipo *s. m.* Aparato telegráfico en el que los textos pulsados en un teclado aparecen automática y simultáneamente escritos en el otro extremo de la línea. || Texto así transmitido.

teletrabajo *s. m.* Modalidad de trabajo a distancia, en la que el trabajador hace su labor desde su casa. *El teletrabajo se ha ido generalizando gracias a internet.*

teletratamiento *s. m.* Teleproceso.

televidente *s. com.* Persona que ve la televisión. *La nueva serie captó millones de televidentes.*

televisado, da *adj.* Transmitido a través de la televisión.

televisar *t.* Transmitir por televisión. *Ayer televisaron las competencias de natación.*

televisión *s. f.* Transmisión a distancia de imágenes y sonidos. ‖ Aparato que recibe a distancia sonidos e imágenes en movimiento. *Enciende la televisión para ver las noticias.* ‖ *loc. Televisión por cable:* transmisión de imágenes de televisión por cables que enlazan la estación emisora con cierto número de receptores cuyos propietarios están abonados a los productores de este sistema.

televisivo, va *adj.* Relativo a la televisión.

televisor *s. m.* Aparato que recibe a distancia sonidos e imágenes en movimiento. *Muchas personas gustan de comer frente al televisor.*

telón *s. m.* Lienzo grande pintado que se pone en el escenario de un teatro. ‖ *Méx.* Acertijo. ‖ *loc. fig. Telón de acero:* frontera que antiguamente separaba las democracias populares orientales de Europa occidental.

telonero, ra *adj.* Se dice del artista de menos importancia que empieza la función. ‖ Se aplica al partido deportivo o combate de boxeo que precede a otro más importante.

telson *s. m.* Último anillo que tienen los artrópodos en el abdomen.

telúrico, ca *adj.* De la Tierra.

telurio *s. m.* Elemento químico escaso en la corteza terrestre; es de color blanco grisáceo o pardo, con propiedades similares a las del azufre; se utiliza como aditivo en la metalurgia, y como colorante en las industrias cerámicas y del vidrio; su número atómico es 52 y su símbolo Te.

tema *s. m.* Asunto o materia sobre el cual se habla, se escribe.

temático, ca *adj.* Relativo al tema.

temazcal *s. m.* En México y América Central, construcción de piedra y argamasa en la que se toman baños de vapor. *En los temazcales se echa agua a las piedras calientes.*

tembetá *s. m. Arg.* Palillo que se ensartan algunos indígenas en el labio inferior.

tembladera *s. f.* Tembleque, temblor. *Le dio una tembladera.* ‖ Torpedo, pez. ‖ Planta gramínea. ‖ *Amér.* Tremedal. ‖ *Arg.* Enfermedad que ataca a los animales en los Andes.

temblar *intr.* Estremecerse, agitarse involuntariamente con pequeños movimientos convulsivos frecuentes. *Temblar de frío.* ‖ Estar agitado de pequeñas oscilaciones. *El suelo tiembla.* ‖ Vacilar. *Temblar la voz.* ‖ *fig.* Tener mucho miedo. *Temblar como un azogado.*

temblor *s. m.* Movimiento del o de lo que tiembla. *Temblor de manos.* ‖ *loc. Temblor de tierra:* terremoto.

tembloroso, sa *adj.* Que tiembla.

temer *t.* Tener miedo. *Temer a lo desconocido.* ‖ Respetar. *Temer a sus padres.* ‖ Sospechar con cierta inquietud. ‖ Recelar un daño. *Temer el frío.* ‖ *intr.* Sentir temor. *Temo por lo que vendrá.*

temerario, ria *adj.* Que actúa con temeridad. *Joven temerario.*

temeridad *s. f.* Acción temeraria.

temeroso, sa *adj.* Con temor.

temible *adj.* Que da miedo.

temor *s. m.* Aprensión ante lo que se considera peligroso o molesto.

témpano *s. m.* Pedazo plano de una cosa dura. *Témpano de hielo.*

temperamental *adj.* Del temperamento.

temperamento *s. m.* Manera de ser.

temperante *adj. y s.* Que tempera.

temperar *t.* Volver más templado. ‖ Moderar. ‖ Calmar.

temperatura *f.* Grado de calor. ‖ Fiebre, calentura.

temperie *s. f.* Estado del tiempo.

tempestad *s. f.* Gran perturbación de la atmósfera caracterizada por lluvia, granizo, truenos, descargas eléctricas, etc. *El tiempo amenaza tempestad.* ‖ Perturbación de las aguas del mar, causada por la violencia de los vientos. ‖ *fig.* Turbación del alma. ‖ Explosión repentina, profusión. *Tempestad de injurias.* ‖ Agitación, disturbio. *Tempestad revolucionaria.*

tempestuoso, sa *adj.* Que causa tempestades o está expuesto a ellas.

tempisque *s. m.* Planta de México.

templado, da *adj.* Moderado en sus apetitos. *Persona templada.* ‖ Ni frío ni caliente. *Clima templado.* ‖ Hablando de un instrumento, afinado.

templanza *s. f.* Virtud cardinal que consiste en moderar los apetitos, pasiones. ‖ Sobriedad, moderación.

templar *t.* Moderar. *Templar las pasiones.* ‖ Moderar la temperatura de una cosa, en particular la de un líquido. *Templar el agua de una bañera.* ‖ Suavizar la luz, el color. ‖ Endurecer los metales o el cristal sumergiéndolos en un baño frío. *Acero templado.* ‖ *fig.* Mezclar una cosa con otra para disminuir su fuerza. ‖ Aplacar. *Templar la ira, la violencia.* ‖ Afinar un instrumento musical. *Templar un violín.* ‖ *intr.* Suavizarse. *Ha templado el tiempo.* ‖ *pr.* Moderarse.

templario *s. m.* Miembro de una antigua orden militar de caballería religiosa.

temple *s. m.* Endurecimiento de los metales y del vidrio por enfriamiento rápido. ‖ Temperatura. ‖ *fig.* Humor. *Estar de buen temple.* ‖ Firmeza, energía. *Tener temple de acero.* ‖ Armonía que hay entre varios instrumentos musicales. ‖ *loc. Pintura al temple:* la hecha con colores desleídos en clara o yema de huevo, miel o cola.

templete *s. m.* Construcción pequeña en forma de templo. *Se casaron en un templete que instalaron en el jardín.* ‖ Quiosco. ‖ Plataforma. *Para el espectáculo montaron un templete.*

templo *s. m.* Edificio público destinado a un culto.

temporada *s. f.* Espacio de tiempo de cierta duración. *Hace una buena temporada no te veo.* ‖ Estancia en un sitio. *Pasé una temporada en Francia.* ‖ Época. *Temporada teatral.* ‖ Momento del año en que hay más turistas, más demanda. *Tarifa de temporada.*

temporal *adj.* Que no es eterno. *Vida temporal.* ‖ Relativo a las cosas materiales. *Bienes temporales.* ‖ Que no es duradero. *Empleo temporal.* ‖ De las sie-

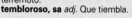

nes. *Músculos, huesos, arterias temporales.* ‖ *s. m.* Tempestad. ‖ Tiempo de lluvia persistente. ‖ Obrero temporero. ‖ *loc. Méx. Tierra de temporal:* terreno agrícola que no es de riego y depende de las lluvias.

temporalizar *t.* Convertir en temporal lo eterno o espiritual.

temprano *adv.* En las primeras horas del día o de la noche. ‖ Muy pronto. *El niño empezó a caminar temprano.*

temprano, na *adj.* Que es el primero en aparecer. *El vino más ácido se hace con la uva temprana.*

tenacidad *s. f.* Calidad de tenaz.

tenacillas *s. f. pl.* Tenazas pequeñas. *Tenacillas de rizar.* ‖ Pinzas.

tenaz *adj.* Que resiste a la ruptura o a la deformación. *Metal tenaz.* ‖ Difícil de extirpar o suprimir. *Prejuicios tenaces.* ‖ *fig.* Firme. ‖ Perseverante, obstinado. *Persona tenaz.*

tenaza *s. f.* Instrumento de metal compuesto de dos brazos articulados en un eje para asir o apretar.

tendajón *s. m. Méx.* Tienda pequeña.

tendedero *s. m.* Lugar donde se tienden algunas cosas.

tendencia *s. f.* Fuerza que dirige un cuerpo hacia un punto. ‖ Fuerza que orienta la actividad del hombre hacia un fin determinado. *Tendencia al bien.* ‖ *fig.* Dirección, orientación de un movimiento.

tendencioso, sa *adj.* Que tiende hacia un fin determinado.

tendente *adj.* Que tiende a algo.

ténder *s. m.* Vagón que sigue la locomotora y lleva combustible y agua.

tender *t.* Desdoblar, desplegar. ‖ Alargar, extender. *Tender la mano.* ‖ Echar y extender algo por el suelo. ‖ Colgar o extender la ropa mojada para que se seque. ‖ Echar. *Tender las redes.* ‖ Instalar entre dos o más puntos. *Tender una línea eléctrica.* ‖ Disponer algo para coger una presa. *Tender una emboscada.* ‖ *intr.* Encaminarse a un fin determinado. *Tender a la acción.* ‖ *pr.* Tumbarse, acostarse. ‖ Encamarse las mieses.

tenderete *s. m. fam.* Tenducha.

tendero, ra *s.* Comerciante que vende al por menor o que tiene una tienda.

tendido *s. m.* Instalación. *El tendido de un cable.* ‖ En las plazas de toros, gradería próxima a la barrera.

tendón *s. m.* Haz de fibras conjuntivas que une los músculos a los huesos.

tenducha *s. f.* o **tenducho** *s. m.* Tienda de mal aspecto y pobre.

tenebrosidad *s. f.* Calidad de tenebroso.

tenebroso, sa *adj.* Sombrío, negro.

tenedor, ra *s.* Persona que posee o tiene una cosa. ‖ Persona que posee legítimamente una letra de cambio u otro valor endosable. ‖ *s. m.* Utensilio de mesa con varios dientes que sirve para comer alimentos sólidos. ‖ Signo que tiene esta figura y que se emplea para señalar la categoría de un restaurante según el número indicado. *Lo llevé a un restaurante de tres tenedores.* ‖ *loc. Tenedor de libros:* persona encargada de los libros de contabilidad en una casa de comercio.

teneduría *s. f.* Cargo y oficina del tenedor de libros.

tenencia *s. f.* Posesión.

tener *t.* y *pr.* Poseer algo. ‖ Asir, sujetar. ‖ Contener, guardar. *Esta lata tiene azúcar.* ‖ Estimar, conside-

rar. *Su jefe lo tiene por un gran empleado.* ‖ Con «que» y un infinitivo, expresa obligación. *Tienes que venir a mi fiesta.*

tenería *s. f.* Oficio de curtir pieles. *Algunas sustancias que se usan en tenería huelen desagradable.* ‖ Establecimiento donde ser curten pieles.

tenia *s. f.* Solitaria, gusano plano, parásito del intestino delgado de los mamíferos. *Las tenias causan mareos, diarreas y malestar general.*

teniente *adj.* Que tiene o posee. ‖ *s. m.* El que actúa como sustituto. ‖ Oficial de grado inmediatamente inferior al de capitán del ejército.

tenis *s. m.* Deporte en que los adversarios, provistos de una raqueta y separados por una red, se lanzan la pelota de un campo a otro. ‖ Espacio dispuesto para este deporte. ‖ *loc. Tenis de mesa:* juego parecido al tenis y practicado en una mesa, que recibe también el nombre de «ping-pong». ‖ *Méx.* Zapatillas de deporte.

tenista *s. com.* Jugador de tenis.

tenor *s. m.* Constitución de una cosa. ‖ Texto literal de un escrito. ‖ Voz media entre contralto y barítono, y hombre que tiene esta voz. ‖ *loc. A tenor:* por el estilo.

tenorio *s. m. fam.* Seductor.

tensar *t.* Poner tenso.

tensión *s. f.* Estado emocional de la persona que siente temor, angustia, etc. *En la ciudad mucha gente sufre de tensión.* ‖ Estado de un cuerpo sometido a la acción de dos fuerzas contrarias. *Si se estira demasiado una liga la tensión puede romperla.* ‖ Diferencia de potencial eléctrico. ‖ *loc. Tensión arterial:* presión de la sangre sobre las arterias. *Es prudente medirse la tensión arterial de manera regular.*

tenso, sa *adj.* En tensión.

tentación *s. f.* Sentimiento de atracción hacia una cosa prohibida. ‖ Deseo.

tentacular *adj.* De los tentáculos. *Apéndices tentaculares.*

tentáculo *s. m.* Cada uno de los apéndices móviles y blandos que tienen muchos moluscos, crustáceos, etc., y que les sirven como órganos táctiles o de aprehensión.

tentador, ra *adj.* Que tienta.

tentalear *t. Méx.* Reconocer mediante el sentido del tacto.

tentar *t.* Palpar o tocar. ‖ Inducir a la tentación, seducir, atraer. ‖ Intentar, tratar de realizar. ‖ Hacer una tienta de toros.

tentativa *s. f.* Intento.

tentempié *s. m. fam.* Alimento ligero que se toma entre comidas para calmar el hambre por un rato. *Cómete un tentempié antes de la comida.*

tenue *adj.* Delicado, muy delgado. ‖ De poca importancia. ‖ Débil.

teñido *s. m.* Acción y efecto de teñir.

teñir *t.* Cambiar el color de una cosa o dar color a lo que no lo tiene. *Teñir el pelo.* ‖ Rebajar un color con otro.

teocali *s. m.* Templo del México prehispánico.

teocote *s. m.* Planta de México cuya raíz empleaban los aztecas como incienso en sus ceremonias religiosas.

teocracia *s. f.* Gobierno ejercido por el clero.

teodolito *s. m.* Instrumento de geodesia para medir ángulos.

teologal *adj.* Relativo a la teología. ‖ *loc. Virtudes teologales:* fe, esperanza y caridad.

teología *s. f.* Ciencia que estudia la religión y las cosas divinas.

teológico, ca *adj.* De la teología.

teólogo, ga *s.* Persona que estudia o enseña teología.

teorema *s. m.* Proposición científica que puede demostrarse.

teoría *s. f.* Conocimiento de las reglas de una ciencia, independiente de toda aplicación. *En la clase de química primero se estudia la teoría y luego se practica.* || Conjunto de teoremas sometidos a la verificación experimental y encaminados a una demostración científica.

teórico, ca *adj.* Relativo a la teoría o que tiene conocimientos de algo sin practicarlo. *Juan tiene amplios conocimientos teóricos sobre música.*

teorización *s. f.* Acción y efecto de teorizar.

teorizador, ra *adj.* Que teoriza.

teorizante *adj.* Que teoriza.

teorizar *intr.* Formular una teoría sobre algo.

teotihuacano, na *adj.* y *s.* Del municipio y ciudad de San Juan Teotihuacan, México.

tepache *s. m. Méx.* Bebida refrescante hecha a base de cáscaras de piña y otras frutas puestas a fermentar con azúcar morena o piloncillo. *El tepache sabe mejor muy frío.*

tepalcate *s. m. Méx. fam.* Trasto de barro, sobre todo si está maltratado.

tepeaqués, quesa *adj.* y *s.* Del municipio y ciudad de Tepeaca, en México.

tepehuano, na *adj.* y *s.* Pueblo amerindio que vive en los estados mexicanos de Chihuahua, Durango y Nayarit.

tepeizcuinte *s. m. Méx.* Paca.

tepemechín *s. m. Amér. C.* Pez de río de carne muy apreciada.

tepetate *s. m. Méx.* Piedra amarillenta, porosa, que cortada en bloques se usa en construcción.

tepezcuintle *s. m. C. Rica* y *Méx.* Roedor de tamaño similar al de un conejo, con piel color amarillo rojizo y orejas pequeñas.

tepiqueño, ña *adj.* y *s.* De Tepic, ciudad capital del estado de Nayarit, en México.

tepochcalli *s. m.* Escuela de guerreros de los aztecas.

teponascle *s. m. Méx.* Árbol cuya madera se emplea en construcción. || Instrumento de percusión de madera.

teporocho, cha *adj.* y *s. Méx.* Alcohólico indigente que vaga por las calles.

tepozteco, ca *adj.* y *s.* Del municipio y ciudad de Tepoztlán, en México.

tequense *adj.* y *s. com.* De Los Teques, ciudad capital del estado de Miranda, en Venezuela.

tequesquite *s. m. Méx.* Salitre propio de las tierras lacustres.

tequila *s. m.* Bebida alcohólica mexicana que se obtiene por la destilación de los jugos de una especie de agave, llamado «maguey tequilero».

tequio *s. m. Méx.* Trabajo colectivo, de carácter temporal. || *Amér. C.* Molestia, incomodidad.

tera- Elemento léxico que indica una multiplicación por un billón (10^{12}).

terapeuta *s. com.* Médico que estudia particularmente la terapéutica.

terapéutica *s. f.* Parte de la medicina que estudia el tratamiento de las enfermedades.

terapéutico, ca *adj.* Relativo al tratamiento de las enfermedades.

terapia *s. f.* Tratamiento de las enfermedades.

terbio *s. m.* Elemento químico, metal del grupo de las tierras raras, muy escaso en la corteza terrestre; es de brillo metálico y muy reactivo, forma sales incoloras y se utiliza en la producción de rayos láser; su número atómico es 65 y su símbolo Tb.

tercer *adj.* Apócope de «tercero». Éste es el tercer viaje que hago.

tercero, ra *adj.* y *s.* Que sigue en orden al segundo. *Víctor es el tercero de la clase.* || Que sirve de mediador. *Servir de tercero en un pleito.* || *s. m.* Alcahuete. || Persona ajena a un asunto. *Causar daño a un tercero.* || El tercer piso. *Vivo en el tercero.* || El tercer curso de un colegio, liceo o academia.

terceto *s. m.* Combinación métrica de tres versos endecasílabos. || Composición para tres voces o instrumentos. || Conjunto de tres cantantes o tres músicos, trío.

tercianas *s. f. pl.* Fiebre intermitente.

terciar *t.* Poner una cosa atravesada diagonalmente. *Terciar el fusil.* || Dividir en tres partes. || *Amér.* Aguar. *Terciar un líquido.* || *intr.* Mediar en una discusión, ajuste, etc. || Participar en una cosa. || *pr.* Ocurrir. *Terciarse la oportunidad.*

terciario, ria *adj.* Tercero. || Se aplica a la era anterior a la Cuaternaria, caracterizada por grandes movimientos tectónicos. || Se dice de la actividad económica que comprende el transporte, comunicaciones, comercio, administración, espectáculos.

tercio, cia *adj.* Tercero. || *m.* Tercera parte. || Nombre de los regimientos españoles de infantería de los siglos XVI y XVII. *Los tercios de Flandes.* || Legión. *Tercio de extranjeros.* || En tauromaquia, cada una de las tres partes concéntricas en que se divide el ruedo. || Cada una de las tres partes de la lidia. *Tercio de banderillas.*

terciopelo *s. m.* Tela de algodón velluda por una de sus dos caras.

terco, ca *adj.* Obstinado.

terebinto *s. m.* Arbusto que produce trementina blanca olorosa.

tereré *s. m. Arg., Py.* y *Uy.* Bebida hecha con mate y otras hierbas.

teresiano, na *adj.* Relativo a Santa Teresa de Jesús.

tergiversación *s. f.* Falsa interpretación.

tergiversador, ra *adj.* y *s.* Que interpreta erróneamente.

tergiversar *t.* Deformar la realidad o el sentido de algo.

termal *adj.* Relativo a las termas. || *loc. Aguas termales:* Aguas de manantiales calientes, utilizadas para el tratamiento de algunas enfermedades.

termas *s. f. pl.* Baños públicos de los antiguos romanos. *En Bath, una ciudad al sur de Inglaterra, quedan ruinas de unas termas romanas.*

termes *s. m.* Comején.

térmico, ca *adj.* Calorífico. || *loc. Central térmica:* fábrica productora de energía eléctrica mediante la energía térmica de combustión.

terminación *s. f.* Final.

terminal *adj.* Final, último, que pone término. || Que está en el extremo de cualquier parte de la planta. *Yema terminal.* || *s. m.* Extremo de un conductor de electricidad que facilita las conexiones. || Unidad pe-

T

riférica de una computadora, generalmente situada a cierta distancia de ésta, capaz de recibir resultados y respuestas y de transmitir datos o instrucciones. || *s. f.* Sitio a donde llega y de donde sale el transporte de pasajeros.

terminante *adj.* Concluyente.

terminar *t.* Poner fin. || Poner al final. *Terminó su carta con una frase muy amable.* || Llevar a su término. *Terminar la obra empezada.* || *intr.* Llegar a su fin. || Reñir. *Esos novios terminaron.* || *pr.* Encaminarse a su fin.

término *s. m.* Punto en que acaba algo. *Término de un viaje.* || Objetivo, fin. || Expresión, palabra. *Términos groseros.* || Territorio contiguo a una población. *Término municipal.* || Plazo determinado. *En el término de un mes.* || Elemento, componente de un conjunto. *Analizar término por término las argumentaciones.* || Cada una de las partes de una proposición o silogismo. || Cada una de las cantidades que componen una relación, una suma o una expresión algebraica. *Términos de la fracción.* || Punto final de una línea de transporte. || *pl.* Relaciones. *Está en malos términos con sus padres.*

terminología *s. f.* Conjunto de términos de una profesión o ciencia.

termita *s. f.* Comején.

termitero *s. m.* Nido de termes.

termo *s. m.* Botella que conserva la temperatura de lo que contiene.

termodinámica *s. f.* Parte de la física que trata de las relaciones entre los fenómenos mecánicos y caloríficos.

termoelectricidad *s. f.* Conjunto de los fenómenos reversibles de transformación directa de la energía térmica en energía eléctrica y viceversa. || Electricidad producida por la combustión del carbón, del gas, de los hidrocarburos, del uranio o del plutonio. || Parte de la física que estudia esta energía.

termología *s. f.* Estudio de los fenómenos en los que intervienen el calor o la temperatura.

termómetro *s. m.* Instrumento para medir la temperatura.

termonuclear *adj.* Se aplica a las reacciones nucleares, entre elementos ligeros, realizadas gracias al empleo de temperaturas de millones de grados. || *loc. Bomba termonuclear:* la atómica, llamada también «bomba de hidrógeno» o «bomba H», fabricada entre 1950 y 1954, cuyo efecto es mil millones de veces mayor que el de la bomba A de 1945; su potencia se mide en megatones.

termostato *s. m.* Aparato que mantiene constante una temperatura en el interior de un recinto. || Sistema automático en que cada maniobra es función de la temperatura.

terna *s. f.* Conjunto de tres personas propuestas para un cargo.

ternario, ria *adj.* Compuesto de tres elementos.

ternera, ra *s.* Cría de la vaca. || Carne de ternera. || *loc. Ternero recental:* el de leche.

terneza *s. f.* Ternura.

ternilla *s. f.* Tejido cartilaginoso de los animales vertebrados.

terno *s. m.* Conjunto de tres cosas de una misma especie. || Pantalón, chaleco y chaqueta hechos de la misma tela. *Un terno azul.* || Voto, juramento. *Echar ternos.*

ternura *s. f.* Sentimiento de amor, cariño o profunda amistad.

tero *s. m. Arg.* y *Uy.* Ave zancuda de alrededor de 30 cm de largo, de plumaje blanco mezclado con negro y pardo.

terquedad *s. f.* Obstinación.

terracería *s. f. Méx.* Tierra que se acumula en caminos en construcción. || *loc. Méx. Camino de terracería:* el que no está asfaltado.

terracota *s. f.* Escultura de barro.

terrado *s. m.* Azotea.

terraja *s. f.* Instrumento para labrar las roscas de los tornillos.

terramicina *s. f.* Antibiótico poderoso que se saca de un hongo.

terranova *s. m.* Perro de pelo oscuro.

terraplén *s. m.* Macizo de tierra con que se rellena un hueco o que se levanta para hacer una plataforma que servirá de asiento a una carretera, vía, construcción, etc.

terrario *s. m.* Instalación especial en la que se exhiben algunos animales. || Botella o caja de cristal en la que se ha creado un pequeño jardín.

terrateniente *s. com.* Propietario de tierras o fincas rurales extensas.

terraza *s. f.* Azotea. || Parte de la acera a lo largo de un café o bar donde se colocan mesas y sillas. || Bancal, terreno cultivado en forma de grada. || *fam.* Cabeza.

terregal *s. m. Méx.* Tierra suelta. *En esa zona las calles son terregales.* || Polvareda. *Con el viento se levantó un gran terregal.*

terremoto *s. m.* Movimiento de tierra.

terrenal *adj.* De la Tierra.

terreno, na *adj.* Terrestre. *La vida terrena.* || *s. m.* Porción más o menos grande de la corteza terrestre de cierta época, cierta naturaleza o cierto origen. *Terreno aurífero.* || Espacio de tierra. *Terreno para edificar.* || Lugar donde se disputa un partido. *Terreno de deportes.* || *fig.* Campo, sector. *En el terreno político.* || *loc.* Vehículo todoterreno: el capaz de circular por carretera y por diferentes terrenos, como el *jeep.*

térreo, a *adj.* De tierra.

terrestre *adj.* Relativo a la Tierra. *La esfera terrestre.* || Que vive o se desarrolla en la Tierra. *Planta, transporte terrestre.* || *s. com.* Habitante de la Tierra.

terrible *adj.* Espantoso.

terrícola *adj.* y *s. com.* Que vive en la Tierra.

terrier *s. m.* Raza de perros de caza.

territorial *adj.* Del territorio. || *loc. Aguas territoriales* o *mar territorial:* zona marítima que bordea las costas de un Estado y que está sometida a la autoridad de éste.

territorialidad *s. f.* Condición de lo que está en el territorio de un Estado.

territorio *s. m.* Extensión de tierra que depende de un Estado, una ciudad, una jurisdicción, etc. || Demarcación sujeta al mando de un gobernador designado por el jefe del Estado.

terrón *s. m.* Masa pequeña de tierra compacta o de otras sustancias. *Puse en mi café dos terrones de azúcar.*

terror *s. m.* Miedo grande. || Persona o cosa que infunde este sentimiento.

terrorífico, ca *adj.* Que infunde terror.

terrorismo *s. m.* Conjunto de actos de violencia que pretenden crear inseguridad o derribar al gobierno establecido. *Los actos de terrorismo afectan a personas inocentes.*

terrorista *adj.* y *s. com.* Relativo a la persona o agrupación que se dedica a hacer actos de violencia para derribar al gobierno establecido.

terruño *s. m.* País natal.

terso, sa *adj.* Limpio, claro. ‖ Resplandeciente. ‖ Liso, sin arrugas.

tersura *s. f.* Resplandor. ‖ Lisura.

tertulia *s. f.* Reunión de personas para hablar, discutir.

terutero o **teruteru** *s. m. Arg.* Ave zancuda de color blanco.

tesauro *s. m.* Diccionario. ‖ Antología.

tesina *s. f.* Tesis de menos importancia que la doctoral que se presenta para obtener la licenciatura.

tesis *s. f.* Proposición que se apoya con razonamientos. *No consiguió defender su tesis.* ‖ Disertación escrita sobre una materia para doctorarse.

tesitura *s. f.* Estado de ánimo.

tesla *s. m.* Unidad de inducción magnética, equivalente a un weber por metro cuadrado.

tesón *s. m.* Tenacidad.

tesonería *s. f.* Perseverancia.

tesonero, ra *adj.* Tenaz.

tesorería *s. f.* Empleo y oficina del tesorero.

tesorero, ra *s.* Persona encargada de recaudar y distribuir los capitales de una persona o entidad.

tesorizar *t.* Atesorar.

tesoro *s. m.* Conjunto de dinero, alhajas u otras cosas de valor que se guardan en un sitio seguro. *El tesoro de un banco.* ‖ Sitio donde se guarda. ‖ Cosas de valor que han sido escondidas y que uno encuentra por casualidad. ‖ Erario público. ‖ Tesauro, diccionario. ‖ *fig.* Persona o cosa que se quiere mucho o que es de gran utilidad.

test *s. m.* Prueba para valorar alguna cosa. *Debes resolver un test psicológico.*

testa *s. f. fam.* Cabeza.

testador, ra *s.* Persona que hace un testamento.

testaferro *s. m.* El que presta su nombre para el negocio de alguien que no quiere hacer constar el suyo.

testamentaría *s. f.* Ejecución de lo dispuesto en un testamento. ‖ Bienes de una herencia. ‖ Junta de los testamentarios. ‖ Conjunto de los documentos necesarios para cumplir lo dispuesto en un testamento.

testamentario, ria *adj.* Relativo al testamento. ‖ *s.* Albacea, persona encargada del cumplimiento de lo dispuesto en un testamento.

testamentería *s. f. Amér.* Testamentaría.

testamento *s. m.* Declaración escrita en la que uno expresa su última voluntad y dispone de sus bienes para después de la muerte. *Morir habiendo hecho testamento.* ‖ *fig.* Resumen de las ideas o de la doctrina que un escritor, artista, científico o político quiere dejar después de su fallecimiento. *Testamento político.* ‖ *loc. Antiguo* o *Viejo Testamento:* conjunto de los libros sagrados anteriores a la venida de Jesucristo. ‖ *Nuevo Testamento:* conjunto de los libros sagrados que, como los Evangelios, son posteriores al nacimiento de Cristo.

testar *intr.* Hacer testamento.

testarazo *s. m.* Cabezazo.

testarudez *s. f.* Obstinación.

testarudo, da *adj.* y *s.* Obstinado.

testero *s. m.* Testera, frente. *El testero de la cama.* ‖ Lienzo de pared.

testicular *adj.* Relativo a los testículos.

testículo *s. m.* Cada una de las dos glándulas genitales masculinas que producen los espermatozoides.

testificar *t.* Afirmar o probar de oficio, presentando testigos o testimonios. ‖ Atestiguar algo un testigo. ‖ *fig.* Demostrar, probar. ‖ *intr.* Declarar como testigo.

testigo *s. com.* Persona que, por haber presenciado un hecho, puede dar testimonio de ello. ‖ Persona que da testimonio de algo ante la justicia. *Testigo de cargo, de descargo.* ‖ Persona que asiste a otra en ciertos actos. *Testigo matrimonial.* ‖ *s. m.* Prueba material. *Estos restos son testigos de nuestra civilización.* ‖ En una carrera de relevos, objeto en forma de palo que se transmiten los corredores.

testimoniar *t.* Testificar.

testimonio *s. m.* Declaración hecha por una persona de lo que ha visto u oído. ‖ Prueba. *Testimonio de amistad.* ‖ *loc. Falso testimonio:* deposición falsa.

testosterona *s. f.* Hormona sexual masculina.

testuz *s. m.* Frente. ‖ Nuca.

teta *s. f.* Cada uno de los órganos glandulares que segregan la leche en las hembras.

tetania *s. f.* Enfermedad caracterizada por contracciones musculares espasmódicas.

tetánico, ca *adj.* Del tétanos.

tétano o **tétanos** *s. m.* Enfermedad infecciosa que produce contracciones convulsivas de los músculos. *Raquel se cortó y tuvieron que vacunarla contra el tétano.*

tetero, ra *s. m. Col.* Utensilio que se usa para dar de beber a los niños pequeños. ‖ *s. f.* Vasija para hacer y servir té. *Rosalía tiene una tetera china.* ‖ *Amér. C.* y *P. Rico.* Tetilla de la botella que se usa para dar de beber a los niños pequeños.

tetilla *s. f.* Teta de los mamíferos machos. ‖ Chupón de la botella que se usa para dar de beber a los niños pequeños.

tetina *s. f.* Tetilla.

tetraciclina *s. f.* Medicamento antibiótico.

tetraédrico, ca *adj.* Del tetraedro. ‖ De figura de tetraedro.

tetraedro *s. m.* Sólido limitado por cuatro planos triangulares.

tetrágono *s. m.* Cuadrilátero. ‖ Se aplica al polígono de cuatro ángulos.

tetralogía *s. f.* Conjunto de cuatro obras.

tetramotor *adj.* y *s. m.* Cuatrimotor.

tetraplejía *s. f.* Parálisis que afecta a los cuatro miembros.

tetrápodo, da *adj.* Se dice de un grupo de animales vertebrados que poseen cuatro extremidades.

tetrasílabo, ba *adj.* De cuatro sílabas, cuatrisílabo.

tétrico, ca *adj.* Triste.

tetrodo *s. m.* Válvula electrónica de cuatro electrodos.

teucali *s. m.* Teocali.

teutón, tona *adj.* Relativo a Germania. ‖ *s.* Habitante de esta antigua región. ‖ *fam.* Alemán.

teutónico, ca *adj.* De los teutones.

textil *adj.* Que puede ser tejido. ‖ Relativo a la fabricación de tejidos. ‖ *s. m.* Materia textil.

texto *s. m.* Lo dicho o escrito inicialmente por un autor. *Texto claro.* || Contenido exacto de una ley u ordenanza. *Atenerse al texto legal.* || Escrito. *Corregir un texto.* || Fragmento sacado de una obra literaria. *Leer un texto.* || Sentencia de la Sagrada Escritura. *Texto bíblico.* || *loc. Libro de texto:* el que escoge un maestro para su clase.

textura *s. f.* Manera de entrelazarse los hilos en una tela. || Disposición de las distintas partes que forman un todo, estructura.

tez *s. f.* Piel del rostro humano.

tezontle *s. m. Méx.* Piedra volcánica de color rojizo usada en la construcción.

theta *s. f.* Octava letra del alfabeto griego (Θ, θ).

ti *pron.* Pronombre personal de la segunda persona singular, que funciona como complemento con preposición. *A mí me regalaron un libro por mi cumpleaños, ¿y a ti?*

tía *s. f.* Respecto de una persona, hermana o prima del padre o de la madre. || En los pueblos, tratamiento que se da a las mujeres casadas o de edad. || *fam.* Tratamiento despectivo dado a una mujer cualquiera. || Mujer. || Compañera, amiga. || Prostituta.

tianguis *s. m. Méx.* Mercado, principalmente que se instala de manera periódica en la calle. *Los jueves llega un tianguis al barrio donde vivo.*

tianguista *adj.* y *s. com.* Vendedor en un tianguis.

tiara *s. f.* Mitra de tres coronas superpuestas que lleva el Papa en las solemnidades. || Dignidad pontificia.

tibetano, na *adj.* y *s.* Del Tíbet, región autónoma de China.

tibia *s. f.* Hueso principal y anterior de la pierna.

tibieza *s. f.* Calor templado.

tibio, bia *adj.* Templado. *El agua del baño está muy tibia.*

tiburón *s. m.* Nombre dado a los peces selacios de cuerpo fusiforme y aletas pectorales grandes.

tic *s. m.* Contracción convulsiva de ciertos músculos, principalmente del rostro. || *fig.* Manía.

ticazo *s. m. Méx.* Bebida fermentada hecha de maíz.

tico, ca *adj.* y *s. fam. Amér. C.* Costarricense.

tictac *s. m.* Ruido acompasado producido por ciertos mecanismos.

tiempo *s. m.* Duración determinada por la sucesión de los acontecimientos, y particularmente de los días, las noches y las estaciones. || Época. || Periodo muy largo. *Hace tiempo que no la veo.* || Momento libre. *Si tengo tiempo lo haré.* || Momento oportuno, ocasión propicia. *Hacer las cosas en su tiempo.* || Estación del año. *Fruta del tiempo.* || Edad. *¿Qué tiempo tiene su hijo?* || Estado de la atmósfera. *Tiempo espléndido.* || Cada una de las divisiones de una acción compleja. *Motor de cuatro tiempos.* || En deporte, división de un partido. *Un partido de futbol consta de dos tiempos.* || En música, división del compás. || Cada una de las formas verbales que indican el momento en que se verifica la acción. *Tiempos simples, compuestos.* || *loc. A tiempo:* antes de que sea demasiado tarde; en el momento oportuno. || *A un tiempo:* a la vez. || *Hacer tiempo:* entretenerse esperando la hora de hacer algo.

tienda *s. f.* Armazón de palos hincados en tierra y cubiertos con tela, lona o piel sujeta con cuerdas, que se arma en el campo para alojarse. *Tienda de campaña.* || Toldo que protege del sol. || Establecimiento comercial donde se vende cualquier mercancía. || *loc. Tienda de oxígeno:* dispositivo destinado a aislar al enfermo del medio ambiente y suministrarle oxígeno puro. || *loc. Méx. Tienda de raya:* comercio que existía en los grandes latifundios de la época porfiriana y vendía a crédito para tener cautivos a los peones.

tienta *s. f.* Instrumento para explorar cavidades, heridas, etc. || Operación para probar la bravura del ganado destinado a la lidia. *Tienta de becerros.* || *loc. A tientas:* guiándose por el tacto.

tiento *s. m.* Ejercicio del sentido del tacto. || Bastón de ciego. || *fig.* Prudencia, tacto. *Andar con tiento.* || *fig.* y *fam.* Golpe, porrazo. || Trago, bocado. *Dar un tiento a la botella, al jamón.* || *loc. A tiento:* a tientas.

tierno, na *adj.* Blando, fácil de cortar. *Carne tierna.* || Reciente. *Pan tierno.* || *fig.* Sensible, propenso al cariño o al amor. *Corazón tierno.* || Cariñoso. *Miradas tiernas.*

tierra *s. f.* Planeta que habitamos. || Parte sólida de la superficie de este planeta. || Capa superficial del globo que constituye el suelo natural y materia que forma éste. || Suelo. *Echar por tierra.* || Terreno cultivable. *Tierra de labor.* || Patria. *Mi tierra.* || País, región, comarca. *La tierra chilena.* || Contacto entre un circuito eléctrico y la tierra. *Toma de tierra.* || *loc. fig. Echar por tierra:* destruir; derrumbar. || *Echar tierra a un asunto:* silenciarlo, echarlo en olvido. || *Tierra de nadie:* en un conflicto armado, terreno no ocupado que separa a los combatientes. || *Tierra de Promisión:* la que Dios prometió al antiguo pueblo de Israel. || *Tierra firme:* continente. || *Tierra rara:* óxido de ciertos metales que existe en muy pocas cantidades y tiene propiedades semejantes a las del aluminio. || *Tierra Santa:* lugares de Palestina donde Jesucristo pasó su vida. || *Tomar tierra:* aterrizar un avión.

tierrafría *s. com. Col.* Habitante del altiplano.

tierraltense *adj.* y *s. com.* De Tierralta, municipio de Colombia.

tieso, sa *adj.* Erguido, firme. || Rígido. *Pierna tiesa.* || Tenso. || *fig.* Estirado, estiradamente grave. || *vulg.* Sin dinero. *Estoy más que tieso este mes.*

tiesto *s. m.* Maceta. || Pedazo de cualquier vasija de barro.

tiesura *s. f.* Rigidez.

tifáceas *s. f. pl.* Familia de plantas acuáticas, como la espadaña.

tifo *s. m.* Tifus.

tifoideo, a *adj.* Relativo al tifus o a la fiebre tifoidea. || Se dice de una fiebre infecciosa provocada por la ingestión de alimentos que tienen los llamados «bacilos de Eberth».

tifón *s. m.* Ciclón tropical del Pacífico occidental y del mar de China. || Tromba marina.

tifus o **tifo** *s. m.* Género de enfermedades infecciosas con fiebre alta, delirio y postración.

tigra *s. f.* Tigre hembra. || *Amér.* Jaguar hembra.

tigre *s. m.* Mamífero carnicero del género félido y de piel de color amarillo anaranjado rayado de negro. || *fig.* Persona cruel y sanguinaria. || *Amér.* Jaguar.

tigresa *s. f.* Tigre hembra.

tigrillo *s. m. Ecua.* o *Ven.* Mamífero carnicero americano del género félido más pequeño que el tigre.

tigüilote *s. m. Amér. C.* Árbol cuya madera se emplea en tintorería.

tijera *s. f.* Instrumento para cortar compuesto de dos piezas de acero articuladas en un eje. ‖ *fig.* Nombre que califica diferentes objetos formados por dos piezas articuladas. *Catre, asiento, escalera de tijera.* ‖ En deportes, llave en la lucha y también manera de saltar.

tijereta *s. f.* Insecto de cuerpo alargado y abdomen terminado en pinzas. ‖ Ave migratoria de América Meridional, con una cola parecida a los brazos u hojas de la tijera.

tila *s. f.* Flor del tilo. ‖ Infusión hecha con esta flor. ‖ Tilo.

tilcoate *s. m.* Culebra de México.

tildar *t.* Acusar.

tilde *s. f.* Signo que se pone sobre la letra «ñ» y algunas abreviaturas. ‖ Acento. ‖ *fig.* Cosa insignificante. ‖ Nota denigrativa. ‖ Falta, defecto.

tildío *s. m.* Ave migratoria de México.

tiliche *s. m. Amér. C.* y *Méx.* Baratija, cachivache. *Esa caja está llena de tiliches viejos.*

tilichero, ra *adj.* y *s.* Persona que guarda cachivaches o tiliches. ‖ *s. Amér. C.* y *Méx.* Vendedor ambulante. ‖ *s. m.* Lugar donde hay muchos cachivaches o tiliches.

tilico, ca *adj. Bol.* Débil, cobarde. ‖ *Bol.* y *Méx.* Flaco, enclenque.

tilingo, ga *adj. Arg.* y *Uy.* Que dice tonterías y se comporta de manera fingida, como si estuviera actuando.

tilma *s. f. Méx.* Manta hecha de tela de algodón que llevaban los hombres del campo, a modo de capa, anudada sobre el hombro.

tilo *s. m.* Árbol de flores blanquecinas y medicinales.

timador, ra *s.* Estafador.

tímalo *s. m.* Pez parecido al salmón.

timar *t. fam.* Estafar. ‖ *pr. fam.* Hacerse señas o cambiar miradas galanteadoras un hombre con una mujer.

timba *s. f. fam.* Partida de juego de azar. ‖ Casa de juego.

timbal *s. m.* Tambor. ‖ Empanada rellena de carne, pescado u otra clase de alimentos.

timbero, ra *adj.* y *s. Arg., Bol., Chil., Py.* y *Uy.* Jugador empedernido.

timbiqueño, ña *adj.* y *s.* De Timbiquí, municipio de Colombia.

timbó *s. m. Arg., Py.* y *Uy.* Árbol leguminoso de madera muy sólida y fruto en forma de oreja.

timbón, bona *adj. fam. Amér. C.* y *Méx.* Se aplica a las personas de barriga grande.

timbrado, da *adj.* Se aplica al papel con un sello que se utiliza para extender documentos oficiales. ‖ Se dice del papel con membrete de una persona o entidad.

timbrar *t.* Estampar un sello o membrete en un documento.

timbre *s. m.* Sello que indica el pago de derechos fiscales en algunos documentos oficiales. *Timbre fiscal, móvil.* ‖ Aparato de llamada. *Timbre eléctrico.* ‖ Sonido característico de una voz o instrumento. *Timbre metálico.* ‖ Insignia en la parte superior del escudo de armas. *Timbre de nobleza.* ‖ *fig.* Acción que ennoblece a la persona que la hace. *Timbre de gloria.*

timeleáceo *s. f. pl.* Familia de plantas que tienen flores sin corola.

timidez *s. f.* Falta de seguridad en sí mismo.

tímido, da *adj.* Que se encuentra cohibido en presencia de personas con quienes no tiene confianza. ‖ Se dice de la actitud, gesto, etc., que muestra inseguridad, que tiene carácter poco abierto. *Sonrisa tímida.*

timo¹ *s. m.* Engaño, estafa.

timo² *s. m.* Glándula que se ubica delante de la tráquea y que sólo está desarrollada en los niños y animales jóvenes.

timón *s. m.* Pieza móvil colocada verticalmente en el codaste de la embarcación para gobernarla. ‖ Dispositivo para la dirección de un avión, cohete, etc. *Timón de dirección.* ‖ Palo derecho del arado, que va de la cama al yugo y en el que se fija el tiro. ‖ *fig.* Dirección, gobierno. ‖ *Amér. C., Col., Cub., Per.* y *Ven.* Volante del automóvil.

timonel *s. m.* El que maneja el timón.

timorato, ta *adj.* Tímido. ‖ Miedoso.

timpanismo *s. m.* o **timpanitis** *s. f.* Hinchazón del vientre a causa de la acumulación de gases.

timpanizarse *pr.* Hincharse el vientre a causa de una timpanitis.

tímpano *s. m.* Atabal, tamboril. ‖ Instrumento formado por varias tiras de vidrio o cuerdas que se golpean con un macillo de corcho. ‖ Membrana del oído que separa el conducto auditivo del oído medio. ‖ En arquitectura, espacio triangular comprendido entre las dos cornisas inclinadas de un frontón y la horizontal de su base.

tina *s. f.* Tinaja.

tinaco *s. m. Amér. C.* y *Méx.* Depósito de agua situado sobre el techo de la casa. *Hay que lavar el tinaco.*

tinaja *s. f.* Vasija grande de barro.

tinamú *s. m. Amér.* Ave gallinácea.

tinga *s. f. Méx.* Guiso a base de carne deshebrada de res, pollo o cerdo con cebolla y chile chipotle. *La tinga suele comerse sobre tostadas de maíz.*

tingitano, na *adj.* y *s.* De Tánger, ciudad de Marruecos.

tinglado *s. m.* Cobertizo. ‖ Tablado, puesto hecho de madera o lona. ‖ *fig.* Artificio, intriga. ‖ Lío, embrollo. *¡Menudo tinglado se ha formado!*

tinieblas *s. f. pl.* Oscuridad.

tino *s. m.* Puntería con un arma. *Tener mucho tino.* ‖ *fig.* Acierto, habilidad. ‖ Juicio y cordura. *Razonar con tino.* ‖ Moderación. *Comer con tino.*

tinta *s. f.* Líquido empleado para escribir con pluma, dibujar o imprimir. ‖ Líquido que los cefalópodos vierten para ocultarse de sus perseguidores. *Tinta de calamar.* ‖ *pl.* Colores para pintar. ‖ Matices. *Pintar el porvenir con tintas negras.*

tinte *s. m.* Operación de teñir. ‖ Colorante con que se tiñe. *Tinte muy oscuro.* ‖ *Esp.* Establecimiento donde se tiñen y limpian en seco las telas y la ropa. ‖ *fig.* Tendencia, matiz. *Tener un tinte político.* ‖ Barniz. *Un ligero tinte de cultura.*

tinterillo *s. m. desp. Amér.* Abogado poco hábil, picapleitos.

tintero *s. m.* Recipiente en que se pone la tinta de escribir.

tintineo *s. m.* Sonido del timbre.

tinto *s. m. Col.* Infusión de café.

tinto, ta *adj.* Que está teñido. *Aquel hombre tenía la camisa tinta en sangre.* ‖ Se dice del vino de color oscuro. *Mucha gente acostumbra tomar vino tinto cuando come carne roja.*

tintorería *s. f.* Tienda del tintorero.

T

tintorero, ra *s.* Persona que tiene por oficio teñir o limpiar en seco las telas y la ropa. || *s. f.* Tiburón parecido al cazón.

tintorro *s. m.* Vino tinto malo.

tintura *s. f.* Tinte, sustancia colorante que sirve para teñir. || *fig.* Conocimientos superficiales. || Producto farmacéutico que resulta de la disolución de una sustancia en alcohol o éter. *Tintura de yodo.*

tío *s. m.* Respecto de una persona, hermano o primo del padre o de la madre. || *fam.* Hombre casado o de cierta edad. *El tío Juan.* || Persona digna de admiración. *¡Qué tío!* || Hombre, individuo. || Amigo, compañero.

tiovivo *s. m.* Diversión en la que una plataforma giratoria arrastra caballitos de madera u otras figuras en los que se montan los niños.

tipa *s. f.* Árbol leguminoso americano. || *fig.* Mujer despreciable.

tipazo, za *s.* Persona alta y apuesta. || *fam. Méx.* Persona muy agradable y simpática.

típico, ca *adj.* Propio de un sitio, persona o cosa.

tipificación *s. f.* Clasificación. || Normalización.

tipificar *t.* Normalizar, fabricar con arreglo a un tipo uniforme. || Representar el tipo al que pertenece una persona o cosa.

tiple *s. m.* La más aguda de las voces humanas. || *s. com.* Cantante con voz de tiple.

tipo *s. m.* Modelo. *Este tipo de automóvil utiliza mucho combustible.* || Conjunto de las características que distinguen entre una etnia y otra. *Esa muchacha debe ser oriental por el tipo de su cara.* || Silueta del cuerpo de una persona. || *fam.* Persona, individuo. *Hay un tipo sospechoso en la esquina.*

tipografía *s. f.* Procedimiento de impresión con formas en relieve.

tipógrafo, fa *s.* Persona que compone con tipos móviles lo que se ha de imprimir.

tipología *s. f.* Estudio de los rasgos característicos de las etnias.

tiquismo *s. m. Amér. C.* Costarriqueñismo.

tira[1] *s. f.* Pedazo largo y estrecho de una materia. *Con una tira de tela haces el cinturón.*

tira[2] *s. m. fam. Chil.* y *Méx.* Policía. || Agente de policía.

tirabuzón *s. m. fig.* Rizo de cabello retorcido como un sacacorchos. || Salto de trampolín en el que el cuerpo del atleta se retuerce como una barrena. || Acrobacia aérea consistente en bajar rápidamente el avión describiendo una curva como si fuera una hélice.

tirachinas *s. m.* Juguete en forma de «Y» con mango y dos gomas elásticas para disparar piedras.

tirada *s. f.* Distancia bastante grande en el espacio o el tiempo. *De mi casa al trabajo hay una tirada.* || Serie de cosas que se escriben o dicen de una sola vez. *Tirada de versos.* || Impresión de una obra y número de ejemplares que se tiran a la vez. *Segunda tirada.*

tiradero *s. m. Méx.* Aglomeración de cosas desordenadas. *La casa está hecha un tiradero.*

tirado, da *adj.* Se aplica a las cosas muy baratas o que abundan. *Este reloj está tirado.* || Muy fácil.

tirador, ra *s.* Persona que tira con un arma. *Un tirador de arco excelente.* || *s. m.* Asidero para abrir los cajones o las puertas. || Cordón o cadenilla para tirar de una campanilla. || Tiragomas. || *Arg.* Cinturón de cuero del gaucho, adornado con monedas de plata, que tiene unos bolsillos para llevar cosas (tabaco, dinero, facón, etc.). || Tirante del pantalón.

tiragomas *s. m.* Juguete para tirar piedrecillas, etc.

tiralíneas *s. m.* Instrumento que sirve para trazar líneas más o menos gruesas.

tiranía *s. f.* Gobierno ejercido por un tirano. || *fig.* Abuso de autoridad. || Dominio excesivo que tienen ciertas cosas sobre los hombres. *La tiranía del amor.*

tiránico, ca *adj.* Que tiene el carácter de una tiranía.

tiranizar *t.* Gobernar como un tirano.

tirano, na *adj.* y *s.* Se dice del soberano despótico, injusto y cruel.

tirante *adj.* Tenso. || *fig.* Que puede conducir a una ruptura. *Situación tirante.* || *s. m.* Correa que sirve para tirar de un carruaje. || Cada una de las dos tiras elásticas con las cuales se sujetan los pantalones. || Cada una de las dos tiras que sujetan las prendas interiores femeninas.

tirantez *s. f.* Tensión.

tirar *t.* Soltar algo de la mano. *Tirar un libro al suelo.* || Echar. *Tirar agua en la mesa.* || Echar, deshacerse. *Tirar viejos objetos.* || Arrojar, lanzar en dirección determinada. *Tirar el disco.* || Disparar. *Tiró un cañonazo.* || Lanzar. *A medianoche tiraron los cohetes.* || Derribar, echar abajo. *Tirar un árbol.* || Traer hacia sí. *Tirar de la puerta.* || Estirar o extender. *Tirar una cuerda.* || Trazar. *Tirar una perpendicular.* || Dar. *Tirar un pellizco.* || Disipar, malgastar. *Tirar dinero.* || Imprimir. *Tirar cinco mil ejemplares.* || Reproducir en positivo un cliché fotográfico. || Sacar una foto. || *fam.* Hablar mal. *Este chico siempre me está tirando.* || Chutar el balón. *Tirar un saque de esquina.* || *intr.* Atraer. *El imán tira del hierro.* || Arrastrar. *El caballo tira del coche.* || Disparar un arma. *Tirar con la ametralladora.* || Producir aspiración de aire caliente. *Esta chimenea tira mal.* || Andar, funcionar. *Este motor tira muy bien.* || *fig.* Atraer. *La sangre siempre tira.* || *pr.* Abalanzarse. *Se tiró sobre él.* || Arrojarse, precipitarse. *Se tiró al río.* || Tumbarse. *Tirarse en la cama.* || *fig.* Pasar. *Se tiró todo el día corrigiendo.* || Tener que aguantar. *Tirarse un año de cárcel.* || Abalanzarse al portero sobre el balón.

tirilla *s. f.* Tira pequeña.

tirio, ria *adj.* y *s.* De Tiro, ciudad de la antigua Fenicia.

tirita *s. f.* Apósito adhesivo para proteger una lesión o herida.

tiritar *intr.* Temblar.

tiritona *s. f.* Temblor.

tiro *s. m.* Acción o arte consistente en disparar un arma. *Tiro al blanco.* || Disparo. *Tiro de pistola.* || Estampido producido al disparar. *Se oían tiros.* || Huella o herida dejada por una bala. *Se veían en la pared muchos tiros.* || Carga de un arma de fuego. *Fusil de cinco tiros.* || Manera de disparar. *Tiro oblicuo.* || Pieza o cañón de artillería. || Alcance de un arma arrojadiza. *A tiro de ballesta.* || Medida de distancia. *A un tiro de piedra.* || Sitio donde se tira al blanco. *Línea de tiro.* || Aspiración de aire caliente que se produce en un conducto, especialmente en una chimenea. || Tronco. *Tiro de caballos.* || Tirante del coche. || *fam.* En futbol, patada. *Hizo gol de un soberbio tiro.* || En minería, profundidad de un pozo.

tiroides *adj.* y *s. m.* Se dice de la glándula endocrina en la región faríngea que produce una hormona, la tiroxina, que interviene en el crecimiento y el metabolismo.

tiroidina *s. f.* Extracto de la glándula tiroides.

tirolés, lesa *adj.* y *s.* De Tirol, uno de los nueve estados federados de Austria.

tirón *s. m.* Sacudida. || Estirón. || Agarrotamiento de un músculo. || *fig.* y *fam.* Atracción vaga por algo o alguien de que uno está separado. *El tirón de la familia.* || Distancia grande. *Hay un tirón de aquí a tu casa.*

tirotear *t.* Disparar tiros.

tiroteo *s. m.* Acción de tirotear.

tirria *s. f. fam.* Antipatía sin justificación hacia alguien. *Es absurdo que sientas tirria por Genoveva si no la conoces.*

tisana *s. f.* Bebida que se obtiene por infusión de hierbas medicinales.

tísico, ca *adj.* y *s.* Relativo a la tisis. || Tuberculoso.

tisis *s. f.* Tuberculosis pulmonar.

tisú *s. m.* Tela de seda con hilos de oro o de plata.

titán *s. m.* Gigante.

titánico, ca *adj.* Grande.

titanio *s. m.* Elemento químico, metal abundante en la corteza terrestre; es de color gris oscuro, de gran dureza, resistente a la corrosión y de propiedades físicas parecidas a las del acero; se utiliza en la fabricación de equipos para la industria química y, en combinación con otros metales, en la industria aeronáutica y aeroespacial; su número atómico es 22 y su símbolo Ti.

títere *s. m.* Figurilla de madera o cartón a la que se mueve con cuerdas o con la mano. *Teatro de títeres.* || *fig.* y *fam.* Persona sin carácter que se deja dominar por otra. || Persona informal o necia o de figura ridícula o pequeña.

tití *s. m.* Pequeño mono arborícola de América del Sur.

titil *m. Amér. C.* Molleja.

titilar *intr.* Centellear.

titileo *s. m.* Centelleo.

titipuchal *s. m. Méx.* Conjunto integrado por una gran cantidad de elementos. *Llegó un titipuchal de personas.*

titiritar *intr.* Tiritar.

titiritero, ra *s.* Volatinero, acróbata.

titubear *intr.* Dudar.

titubeo *s. m.* Acción de titubear.

titulación *s. f.* Acción y efecto de titular o titularse. || Título de un artículo de periódico.

titulado, da *adj.* Que tiene un título. || Supuesto.

titular[1] *adj.* y *s.* Que posee cualquier título. || Se dice del que ejerce un cargo para el que tiene el correspondiente título. || Se aplica al jugador de un equipo deportivo que no es suplente. || *s. m. pl.* Letras mayúsculas usadas en títulos y encabezamiento que se hace con ellas.

titular[2] *t.* Poner un título. || *pr.* Tener por título.

título *s. m.* Palabra o frase que se pone al frente de un libro, de un capítulo, etc., para indicar el asunto de que trata o para calificarlo. *Título de marqués.* || Persona que la posee. || Escritura auténtica que establece un derecho. *Título de propiedad.* || Fundamento jurídico de un derecho. || Atestado representativo de un valor nobiliario, que puede ser nominativo o al portador. *Título de renta.* || Nombre que expresa un grado, una profesión. *Título de doctor en Letras.* || Diploma, documento en que viene acreditado. *Título de bachiller.* || Calificación en una relación social. *El título de amigo.* || Calidad, capacidad, mérito. || *loc. Título al portador:* valor que no tiene el nombre del propietario y es, por lo tanto, pagadero a quien lo tenga en su posesión.

tiza *s. f.* Arcilla blanca que se usa para escribir en los pizarrones.

tiznar *t.* Manchar con tizne.

tizne *s. m.* Hollín.

tiznón *s. m.* Mancha de tizne.

tizón *s. m.* Palo a medio quemar.

tlachique *s. m. Méx.* Pulque sin fermentar.

tlaconete *s. m. Méx.* Babosa, molusco gasterópodo.

tlacoyo *s. m. Méx.* Tortilla gruesa rellena de frijoles.

tlacuache *s. m. Méx.* Zarigüeya, mamífero marsupial.

tlacuilo *s. m. Méx.* Entre los nahuas, individuo que se dedicaba a dibujar los signos de la escritura náhuatl.

tlapalería *s. f. Méx.* Establecimiento comercial donde se venden pinturas, artículos de ferretería, albañilería y material eléctrico.

tlaxcalteca *adj.* y *s. com.* Pueblo amerindio del grupo nahua, actualmente extinguido. || Del estado mexicano de Tlaxcala.

toalla *s. f.* Paño para secarse después de lavarse. *Toalla de felpa.* || Tejido de rizo parecido al utilizado para hacer toallas.

toallero *s. m.* Mueble o soporte para colgar las toallas.

toba *adj.* Relativo a un pueblo de indios americanos que vivían en Argentina, al sur del río Pilcomayo. || Se dice de los miembros de este pueblo. || *s. m.* Lengua que hablaban.

tobera *s. f.* Abertura por donde se inyecta el aire en un horno metalúrgico. || Parte posterior de un motor de reacción donde se efectúa la expansión del gas de combustión.

tobiano, na *adj. Arg., Chil.* y *Uy.* Relativo al caballo con pelaje que presenta manchas blancas en la parte superior del cuerpo.

tobillera *s. f. Méx.* Calcetín corto. || Venda elástica que se aplica al tobillo.

tobillo *s. m.* Protuberancia a cada lado de la garganta del pie.

tobogán *s. m.* Deslizadero en declive por el que los niños se lanzan como diversión. || Dispositivo semejante al borde de las piscinas para lanzarse al agua. || Trineo bajo sobre patines para deslizarse por pendientes de nieve. || Pista utilizada para los descensos en la nieve. || Esta misma pendiente. || Rampa de madera, rectilínea o helicoidal, utilizada para el descenso de las mercancías.

toca *s. f.* Prenda femenina usada para cubrirse la cabeza.

tocadiscos *s. m.* Aparato eléctrico para reproducir los sonidos grabados en un disco.

tocado, da *adj.* Chiflado. || Que tiene una lesión o indisposición. || *s. m.* Peinado. || Prenda que cubre la cabeza.

tocador *s. m.* Mueble con un espejo para el aseo o peinado de la mujer. || Cuarto destinado a este fin.

tocante *adj.* Que toca, contiguo. || *loc. Tocante a:* referente a.

tocar *t.* Estar o entrar en contacto con una cosa. *Tocar con la mano.* || Remover. *Yo no he tocado tus cosas.* || Estar próximo a, contiguo a. *Su jardín toca el mío.* || Hacer sonar un instrumento musical. || Interpretar con un instrumento una pieza musical. *Tocó una polonesa de Chopin.* || Anunciar por un toque de trompeta. *Tocar retreta.* || Hacer sonar un timbre, una campana, etc. || Poner un disco para escucharlo. || En esgrima, alcanzar al adversario. ‖ Arribar de paso a un lugar. *El barco tocará tres puertos.* ‖ fig. Abordar o tratar superficialmente. *Tocar un asunto arduo.* ‖ loc. *A toca teja:* al contado. ‖ intr. Llamar. *Tocar a la puerta.* ‖ Sonar una campana. ‖ Pertenecer por algún derecho o título. *No le toca a usted hacer esto.* ‖ Corresponder parte de una cosa que se distribuye entre varios. *Tocar algo en un reparto.* ‖ Caer en suerte. *Me tocó el gordo en la lotería.* ‖ Llegar el turno. *A ti te toca jugar.* ‖ Llegar el momento oportuno. *Ahora toca pagar.* ‖ pr. Cubrirse la cabeza con un sombrero, pañuelo, etc.

tocata s. f. Forma de composición musical, por lo general para instrumentos de teclado como el piano o el órgano.

tocayo, ya s. Persona con el mismo nombre que otra. *La maestra es mi tocaya.*

tochimbo s. m. Per. Horno de fundición.

tocino s. m. Carne grasa del cerdo.

tocología s. f. Obstetricia.

tocólogo, ga s. Médico que ejerce la obstetricia.

tocomate s. m. Tecomate.

todavía adv. Indica que una acción o un estado persiste o dura en un momento determinado. *La tienda todavía está abierta.* ‖ Indica que una acción se repite. *Quiso comer todavía más carne.* ‖ Indica que una acción tiene una importancia, una intensidad mayor. *Es todavía más inteligente que su hermano.* ‖ Aún, desde un tiempo anterior hasta el momento actual. *Todavía está durmiendo.*

todo, da adj. Expresa lo que se toma entero sin excluir nada. *Se comió todo el pan.* ‖ Cada: *Cien pesos todos los meses.* ‖ Empleado hiperbólicamente, indica la abundancia de lo expresado por el complemento. *La calle era todo baches.* ‖ Real, cabal. *Es todo un mozo.* ‖ loc. *Ante todo:* principalmente. ‖ *Así y todo:* a pesar de eso. ‖ *Del todo:* enteramente. ‖ *Sobre todo:* especialmente. ‖ *Todo lo más:* como máximo. ‖ loc. fam. *Todo quisque:* todo el mundo. ‖ pron. Todas las personas mencionadas. *Todos vinieron.* ‖ s. m. Cosa entera. *Esto forma un todo.* ‖ loc. *Jugarse el todo por el todo:* arriesgarse a perderlo todo intentando ganarlo todo.

todopoderoso, sa adj. Que todo lo puede. ‖ loc. *El Todopoderoso:* Dios.

todoterreno s. m. Deporte de aventura que consiste en atravesar terrenos accidentados con auto, bicicleta o motocicleta. ‖ Vehículo diseñado para transitar por terrenos muy irregulares.

tofu s. m. Queso suave y ligero que se hace con leche de soya.

toga s. f. Prenda que los antiguos romanos llevaban sobre la túnica. ‖ Vestidura talar de ceremonia que usan los magistrados y catedráticos.

togado, da adj. y s. Se aplica a la persona que viste toga.

tojolabal adj. y s. m. De un pueblo amerindio de México y Guatemala.

toldería s. f. Campamento de algunos pueblos amerindios de Argentina, Bolivia y Chile, formado por toldos, casas hechas de pieles y ramas.

toldo s. m. Cubierta de tela que se tiende en un patio o una calle, en la playa, sobre un escaparate, etc., para dar sombra. ‖ Cubierta de lona o hule, sostenida sobre un carro o camión mediante unos arcos, que sirve para resguardar del sol y de la lluvia

el contenido del vehículo. ‖ Arg. Choza que hacen los indios con pieles y ramas.

toledano, na adj. y s. De Toledo, ciudad de España.

tolerable adj. Soportable.

tolerancia s. f. Respeto hacia las opiniones o prácticas de los demás aunque sean contrarias a las nuestras. ‖ Indulgencia. *Tolerancia hacia sus hijos.* ‖ Capacidad del organismo de soportar sin perjuicio ciertos remedios, alimentos, bebidas, etc.

tolerar t. Consentir, no prohibir terminantemente. *Tolerar los abusos.* ‖ Soportar, aguantar.

tolete adj. y s. Cub. Persona torpe, lenta de entendimiento. ‖ s. m. Amér. C., Col. y Cub. y Ven. Garrote corto.

tolimense adj. y s. com. De Tolima, departamento de Colombia.

tololoche s. m. Méx. Contrabajo.

tolteca adj. y s. com. Pueblo amerindio prehispánico que habitó parte de los estados mexicanos de Hidalgo, Puebla y México, entre los siglos VIII y X. *Los atlantes de Tula son un ejemplo de la cultura tolteca.*

tolueno s. m. Cierta clase de hidrocarburo.

toluqueño, ña adj. y s. Del municipio y la ciudad de Toluca, en el Estado de México.

tolva s. f. En los molinos, recipiente en forma de cono invertido por donde se echa el grano. ‖ Depósito en forma de tronco de pirámide invertido para almacenar minerales, mortero, etc.

tolvanera s. f. Remolino de polvo.

toma s. f. Porción de una cosa tomada de una sola vez. ‖ Conquista, ocupación. *Moros y cristianos murieron en la toma de Granada.* ‖ Acción y efecto de filmar. *En una sola toma de la película se llevaron dos días.* ‖ Col. Cauce, canal. ‖ loc. *Toma de posesión:* acto por el cual una persona empieza a ejercer un cargo importante. ‖ *Toma de sangre:* pequeña sangría destinada a un análisis o una transfusión. ‖ *Toma de sonido, de vistas:* grabación fonográfica, cinematográfica. ‖ *Toma de tierra:* conexión conductora entre un aparato eléctrico y el suelo; aterrizaje de un avión o llegada al suelo de un paracaidista.

tomacorriente s. m. Arg., Per. y Uy. Enchufe de corriente eléctrica.

tomador, ra s. Amér. Aficionado a la bebida. *Rafael no conserva ningún trabajo porque es tomador.*

tomadura loc. *Tomadura de pelo:* Engaño, broma pesada.

tomar t., intr. y pr. Agarrar, asir, coger. *Toma esta taza.* ‖ Aceptar, admitir algo. *El mozo tomó la propina.* ‖ Comer, beber. *La invitaron a tomar un café.* ‖ Beber alcohol. *Germán toma mucho.* ‖ Utilizar un medio de transporte público. *Si tomas un taxi llegarás antes.* ‖ Conquistar, ocupar. *Los nazis tomaron varios países europeos.* ‖ Filmar, fotografiar. *Los fotógrafos toman a las modelos en los festivales de modas.* ‖ Seguir una dirección determinada. *Tome la primera calle a la derecha.* ‖ loc. *Tomar a bien o a mal:* interpretar algo en buen o en mal sentido. *No le tomo a mal que sea sincera conmigo.* ‖ loc. *Tomar por:* creer algo equivocado. *Manuel tomó a Juan por su amigo Juan.* ‖ *Tomar el pelo a uno:* burlarse de él. ‖ *Tomarla o tomarlas con uno:* meterse con él; criticarlo. ‖ *Tomar parte:* participar. ‖ *Tomar tierra:* aterrizar. ‖ *Tomar una fotografía:* sacarla.

tomatada s. f. Fritada de tomate.

tomatal s. m. Sitio donde se han plantado tomateras.

tomate s. m. Planta herbácea originaria de América que se cultiva por su fruto, el tomate. || Fruto rojo de la tomatera, comestible y carnoso. *Prepararé una ensalada de tomate.* || loc. fam. *Ponerse como un tomate:* ponerse colorado de vergüenza.

tomatera s. f. Planta herbácea cuyo fruto es el tomate. *En el jardín creció una tomatera.*

tomavistas s. m. Esp. Cámara de filmar para uso doméstico.

tómbola s. f. Rifa pública en la que no se gana dinero sino objetos.

tomillo s. m. Planta aromática.

tomo s. m. División de una obra que forma generalmente un volumen completo. *Un «Larousse» en dos tomos.*

tomografía s. f. Exploración del cuerpo por medios radiológicos. *Necesito que me hagan una tomografía.*

tomógrafo s. m. Escáner.

tompeate s. m. Méx. Canasta tejida con palma por los indígenas. || pl. Méx. Testículos.

ton s. m. Apócope de «tono». || loc. *Sin ton ni son:* sin sentido.

tonadilla s. f. Canción corta.

tonalidad s. f. Tono determinado en el cual está basada una composición musical. || Tinte, matiz.

tonco, ca adj. Se dice de una variedad de haba cultivada en América.

tondoi s. m. Instrumento musical de los indios peruanos formado por un tronco que se golpea.

tonel s. m. Recipiente de madera para líquidos compuesto de duelas aseguradas con aros y dos bases circulares llanas. || Su contenido. || Medida antigua para el arqueo de las naves, equivalente a cinco sextos de tonelada.

tonelada s. f. Unidad de peso equivalente a 1 000 kg. || fig. Gran cantidad.

tonelaje s. m. Capacidad de un buque expresada en toneladas.

tonelería s. f. Taller del tonelero.

tóner s. m. Tinta en polvo.

tongo s. m. En las carreras de caballos, partidos de pelota, etc., hecho de aceptar dinero uno de los participantes para dejarse vencer.

tónico, ca adj. Que se pronuncia acentuado. *Vocal tónica.* || Se dice de un medicamento que fortalece o estimula la actividad de los órganos. *Un tónico cardiaco.* || Se aplica a la primera nota de una escala musical. || f. fig. Tendencia general, tono. *Marcar la tónica.*

tonificación s. f. Acción de tonificar.

tonificador, ra o **tonificante** adj. Que tonifica.

tonificar t. Fortificar.

tonillo s. m. Tono monótono.

tonina s. f. Atún que se pesca en el mar Mediterráneo.

tono s. m. Sonido formado por vibraciones periódicas o sonido musical. || Grado de elevación por instrumentos de música o por la voz en relación con determinado punto de referencia. *Bajar el tono al cantar.* || Intervalo unitario, grado de la escala de los sonidos, diferente según las épocas y el sistema adoptado, y que varía según la relación de frecuencias. || Altura de los sonidos emitidos normalmente por la voz de una persona. *Tiene un tono de voz agudo.* || En fonética, elevación de la voz, acento en una

sílaba. || Manera de hablar, conjunto de inflexiones que toma la voz. *Le habló con tono seco.* || Estilo, modo de expresarse por escrito. *Una carta redactada en tono académico.* || Grado de intensidad de los colores. *Tonos claros, neutros.* || fig. Vigor, energía. || Carácter, tendencia. *Fue una reunión de un tono revolucionario.* || Fuerza del colorido de una pintura. || loc. *A este tono:* en este caso, de este modo. || fig. *Bajar de tono:* corregirse, moderarse. || *Darse tono:* engreírse. || *De buen* o *mal tono:* propio (o no) de personas distinguidas. || *Estar a tono:* corresponder una cosa o persona con otra, no desentonar. || *Fuera de tono:* de forma poco oportuna o desacertada. || *Mudar el tono:* moderarse al hablar. || *Ponerse a tono con alguien:* adoptar la misma manera de pensar o de obrar. || *Salida de tono:* despropósito, inconveniencia. || *Subir* o *subirse de tono:* insolentarse, adoptar un tono arrogante.

tonsura s. f. Ceremonia de la Iglesia Católica en que se corta al aspirante a sacerdote un poco de cabello en la coronilla al conferirle el primer grado del sacerdocio. || Parte de pelo así cortada.

tonsurado, da adj. Con el pelo cortado. || Que ha celebrado la ceremonia de la tonsura.

tontada s. f. Tontería.

tontear intr. Hacer o decir tonterías. || fam. Coquetear.

tontera s. f. Falta de inteligencia. || s. m. Tonto.

tontería s. f. Falta de inteligencia, de juicio. || Acción o palabra tonta, necedad. || fig. Cosa sin importancia.

tonto, ta adj. Falto de juicio o de entendimiento. *Persona tonta.* || Estúpido. *Accidente tonto.* || Se aplica a los débiles mentales. || s. m. fam. Payaso de los circos.

tontón, tona adj. Tonto.

tontorrón, rrona adj. Tonto.

top s. m. Señal acústica que sirve para indicar un momento preciso.

topacio s. m. Piedra preciosa de color amarillo y transparente.

topar t. e intr. Chocar una cosa con otra. *Topar dos vehículos.* || Encontrar casualmente algo o a alguien. *Topar con un amigo.* || Amér. Echar a pelear dos gallos para probarlos. || Topetear los carneros. || fig. Radicar, consistir. *La dificultad topa en eso.* || Tropezar. *Topar con una dificultad.*

tope s. m. Parte por donde pueden topar las cosas. || Pieza que impide la acción o el movimiento de un mecanismo. || Pieza metálica circular colocada en los extremos de los vagones de tren y automóviles o al final de una línea férrea para amortiguar los choques. || fig. Freno, obstáculo, límite. *Poner tope a sus ambiciones:* || Límite, máximo. *Precio tope; fecha tope.*

topera s. f. Madriguera del topo.

topetada s. f. Golpe con la cabeza.

topetazo s. m. Golpe dado con la cabeza o con un tope.

topetear t. Chocar.

topetón s. m. Choque.

tópico s. m. Tema de conversación frecuentemente empleado. || Afirmación corriente que carece de originalidad. || Amér. Asunto, tema.

tópico, ca adj. Se dice del modo de aplicación de un medicamento de uso externo y local.

topinambur o **topinambo** s. m. Arg. y Bol. Batata.

topo s. m. Pequeño mamífero insectívoro de pelo negro que abre galerías subterráneas donde se alimenta de gusanos y larvas. || *fig.* y *fam.* Persona que ve poco.

topografía *s. f.* Arte de representar en un plano las formas del terreno y los principales detalles naturales o artificiales del mismo.

topógrafo, fa *s.* Persona que se dedica a la topografía.

toponimia *s. f.* Estudio lingüístico o histórico de los nombres de lugar de un país.

topónimo *s. m.* Nombre propio de un lugar.

toque *s. m.* Acción de tocar leve y momentáneamente. || Golpecito. || Sonido de las campanas o de ciertos instrumentos musicales con que se anuncia algo. *Toque de corneta.* || Pincelada ligera. || Aplicación ligera de una sustancia medicamentosa en un punto determinado. || *Méx.* Sensación que deja el paso de una corriente eléctrica.

toquetear *t.* e *intr.* Sobar.

toqueteo *s. m.* Toques repetidos.

toquilla *s. f.* Pañuelo triangular que llevan las mujeres en la cabeza o el cuello. || *Amér.* Palmera con cuyas hojas se hacen los sombreros de jipijapa.

torá *s. f.* Para los judíos, ley mosaica y al Pentateuco que contiene ésta.

torácico, ca *adj.* Relativo al tórax.

tórax *s. m.* Cavidad limitada por las costillas y el diafragma que contiene los pulmones y el corazón.

torbellino *s. m.* Remolino. || *fig.* Lo que arrastra irresistiblemente a los hombres. *El torbellino de las pasiones.* || Abundancia de acontecimientos que ocurren al mismo tiempo. *Un torbellino de desgracias.* || *fig.* y *fam.* Persona muy viva, bulliciosa e inquieta. *Este muchacho es un torbellino.*

torcaz *adj.* y *s. f.* Se dice de una variedad de paloma silvestre.

torcer *t.* Dar vueltas a un cuerpo por sus dos extremidades en sentido inverso. *Torcer cuerdas.* || Doblar, encorvar. *Torcer el cuerpo.* || Intentar desviar violentamente un miembro de su posición natural. *Torcer el brazo.* || Desviar. *Torcer la mirada.* || Doblar. *Le vi al torcer la esquina.* || *fig.* Interpretar mal. *Torcer las intenciones de uno.* || Sobornar, hacer que una autoridad no obre con rectitud. || *intr.* Cambiar de dirección. *Torcer a la izquierda.* || *pr.* Sufrir la torcedura de un miembro. *Me torcí un pie.* || Ladearse o combarse una superficie. || *fig.* Desviarse del buen camino, pervertirse.

torcido, da *adj.* Que no es recto.

torcimiento *s. m.* Torcedura.

tordo, da *adj.* y *s.* Se dice de la caballería que tiene el pelo mezclado de color negro y blanco. || *s. m.* Pájaro de Europa de lomo gris aceitunado y vientre blanco. || *Amér. C., Arg., Chil.* y *Méx.* Estornino.

torear *t.* e *intr.* Lidiar los toros en la plaza. *Toreaba con gran valor.* || *t. fig.* Entretener a uno engañándole en sus esperanzas. || Burlarse de uno con disimulo.

toreo *s. m.* Acción y efecto de torear.

torero, ra *adj.* Relativo al toreo o a los toreros. || *s.* Persona que se dedica a torear. || *s. f.* Chaquetilla corta y ceñida.

toril *s. m.* Sitio en que se encierran los toros que han de lidiarse.

torio *s. m.* Elemento químico radiactivo, metal del grupo de los actínidos, escaso en la corteza terrestre; es de color plomizo, dúctil y maleable, y arde fácilmente en el aire; se utiliza en la industria nuclear

y, aleado, para proporcionar dureza a algunos metales; su número atómico es 90 y su símbolo Th.

tormenta *s. f.* Tempestad. || *fig.* Adversidad, desgracia. *Las tormentas de la vida.* || Agitación o alteración del ánimo. *La tormenta de las pasiones.*

tormento *s. m.* Dolor físico intenso. || Tortura a que se sometía al reo para obligarlo a confesar o como castigo. || *fig.* Congoja, desazón.

tormentoso, sa *adj.* Que amenaza tormenta.

tornado *s. m.* Huracán.

tornar *t.* Devolver, restituir. || Volver, transformar. *Tornar a uno alegre.* || *intr.* Regresar. *Tornar a su patria.* || Hacer otra vez, repetir. *Tornar a hablar.*

tornasol *s. m.* Girasol. || Reflejo o viso. || Materia colorante vegetal azul violácea que se torna roja con los ácidos y sirve de reactivo químico.

tornasolado, da *adj.* Que tiene o hace visos o tornasoles. || *s. m.* Reflejo o viso.

tornear *t.* Labrar con el torno.

torneo *s. m.* Certamen, encuentro amistoso entre dos o más equipos.

tornera *s. f.* Monja encargada del torno.

tornero, ra *s.* Persona que labra con el torno.

tornillo *s. m.* Pieza cilíndrica de metal parecida a un clavo, pero con rosca o espiral. *Hay que apretar los tornillos de la puerta.* || *loc. fam.* Faltar un tornillo: estar mal de la cabeza, loco.

torniquete *s. m.* Cruz que gira sobre un eje vertical y se coloca en las entradas por donde sólo han de pasar una a una las personas.

torno *s. m.* Cilindro horizontal móvil, alrededor del cual se arrolla una soga, cable o cadena, que sirve para levantar pesos. || Armario giratorio, empotrado en una pared en los conventos, las casas de expósitos, los comedores, que sirve para pasar objetos de una habitación a otra sin verse las personas. || Máquina herramienta que sirve para labrar piezas animadas de un movimiento rotativo arrancando de ellas virutas. || Instrumento compuesto de dos mordazas que se acercan mediante un tornillo para sujetar las piezas que hay que labrar. || Máquina provista de una rueda que se usaba para hilar. || *loc. En torno a:* alrededor de.

toro *s. m.* Mamífero rumiante, armado de cuernos, que es el macho de la vaca. || *fig.* Hombre corpulento. || En arquitectura, bocel. || *pl.* Corrida de toros. *Voy a los toros.* || *loc. Toro de lidia:* el destinado a las corridas de toros.

toronja *s. f.* Especie de cidra de forma parecida a la naranja. || *Amér.* Pomelo.

toronjo *s. m.* Árbol cuyo fruto es la toronja.

torpe *adj.* y *s.* Que se mueve con dificultad. || Falto de habilidad.

torpedear *t.* Lanzar torpedos. || *fig.* Poner obstáculos.

torpedeo *s. m.* Acción de torpedear.

torpedero, ra *adj.* Se aplica a los barcos o aviones que se utilizan para lanzar torpedos.

torpedo *s. m.* Pez marino selacio carnívoro, de cuerpo aplanado y provisto, cerca de la cabeza, de un órgano eléctrico con el cual puede producir una conmoción a la persona o animal que lo toca. || Proyectil automotor cargado de explosivos utilizado contra objetivos marítimos por barcos o aeronaves.

torpeza *s. f.* Falta de destreza. || Necedad. || Palabra desacertada.

torpón, pona *adj.* y *s.* Muy torpe.

torpor *s. m.* Entorpecimiento.

torrado *s. m.* Garbanzo tostado.

torrar *t.* Tostar.

torre *s. f.* Edificio alto y estrecho que sirve de defensa en los castillos, de adorno en algunas casas y donde están las campanas de las iglesias. ‖ Casa muy alta, rascacielos. ‖ En algunas partes, casa de campo, quinta. ‖ En los buques de guerra, reducto acorazado que se levanta sobre la cubierta y en donde están las piezas de artillería. ‖ Pieza del juego del ajedrez. ‖ *loc. Torre de control:* edificio que domina las pistas de un aeropuerto y de donde proceden las órdenes de despegue, de vuelo y de aterrizaje. ‖ *Torre de perforación:* armazón metálica que sostiene la sonda de perforación de un pozo de petróleo.

torrefacción *s. f.* Tostado.

torrefactar *t.* Tostar el café.

torrefacto, ta *adj.* Tostado.

torrencial *adj.* Del torrente. ‖ Tumultuoso como un torrente.

torrente *s. m.* Curso de agua rápido. ‖ *fig.* Abundancia.

torrentera *s. f.* Cauce del torrente.

torreón *s. m.* Torre grande.

tórrido, da *adj.* Muy caluroso. ‖ *loc. Zona tórrida:* parte de la Tierra situada entre los dos trópicos.

torsión *s. f.* Acción y efecto de torcer o torcerse.

torso *s. m.* Tronco del cuerpo humano.

torta *s. f.* Masa de harina que se cuece a fuego lento. ‖ *fam.* Bofetada. *La mujer le dio una torta al hombre que la ofendió.* ‖ *Arg., Chil.* y *Uy.* Postre hecho con pan relleno de crema o frutas y decorado. *Comimos una torta de chocolate.* ‖ *Méx.* Pieza de pan blanco rellena de huevo, jamón, queso u otros ingredientes.

tortazo *s. m. fam.* Bofetada, golpe en la cara.

tortícolis *s. f.* Dolor de los músculos del cuello. *Dormí torcido y me levanté con tortícolis.*

tortilla *s. f.* Guiso hecho con huevos batidos y fritos. ‖ *Amér. C., Ants.* y *Méx.* Pieza delgada y circular de masa de maíz cocida. *En México la tortilla es un alimento básico.* ‖ *Arg.* y *Chil.* Panecillo en forma de disco chato, por lo común salado, hecho con harina de trigo o maíz y cocido.

tortillería *s. f. Amér. C., Ants.* y *Méx.* Establecimiento donde se hacen y venden tortillas.

tórtola *s. f.* Ave del género de la paloma, pero más pequeña.

tórtolo *s. m.* Macho de la tórtola. ‖ *pl. fig.* Pareja muy enamorada.

tortuga *s. f.* Nombre común de todos los reptiles de cuerpo encerrado en un caparazón óseo.

tortuguismo *s. m. Arg., C. Rica, Méx.* y *Nic.* Actitud burocrática que retrasa y complica la solución de trámites y asuntos. *El tortuguismo suele ir ligado con la corrupción.*

tortuosidad *s. f.* Estado de tortuoso.

tortuoso, sa *adj.* Que da vueltas.

tortura *s. f.* Tormento.

torturar *t.* Dar tortura.

torvo, va *adj.* Amenazador.

tos *s. f.* Expulsión violenta y ruidosa del aire contenido en los pulmones producida por la irritación de las vías respiratorias. ‖ *loc. Tos ferina:* enfermedad infantil contagiosa, caracterizada por accesos de tos sofocantes.

toscano, na *adj.* De Toscana. ‖ *s. m.* Lengua italiana.

tosco, ca *adj.* Grosero.

toser *intr.* Tener, padecer tos.

tosferina *s. f.* Tos ferina.

tósigo *s. m.* Ponzoña, veneno.

tosquedad *s. f.* Calidad de tosco.

tostada *s. f.* Rebanada tostada de pan. ‖ *Méx.* Tortilla de maíz frita hasta quedar rígida. ‖ Plato que se prepara con tortillas tostadas sobre las que se colocan diferentes tipos de manjares.

tostado, da *adj.* Se aplica al color ocre oscuro. ‖ Bronceado. *Tez tostada.* ‖ *s. m.* Acción de tostar. ‖ *Amér.* Alazán oscuro.

tostador *s. m.* Instrumento para tostar.

tostar *t.* Someter una cosa a la acción del fuego hasta que tome color dorado y se deseque sin quemarse. ‖ *fig.* Broncear la piel.

tostón *s. m. Ant.* Rodajas de plátano frito. ‖ Moneda mexicana de 50 centavos.

total *adj.* Completo. *Triunfo total.* ‖ *s. m.* Conjunto de varias partes que forman un todo. ‖ Suma, resultado de la operación de sumar.

totalidad *s. f.* Todo, conjunto.

totalitario, ria *adj.* Se aplica a los regímenes políticos en los cuales todos los poderes del Estado están concentrados en el gobierno de un partido único o pequeño grupo de dirigentes y los derechos individuales son abolidos.

totalitarismo *s. m.* Régimen, sistema totalitario.

totalitarista *adj.* Relativo al totalitarismo. ‖ *s. com.* Partidario del totalitarismo.

totalizador, ra *adj.* Que totaliza. ‖ *s. m.* Aparato que da el total de una serie de operaciones.

totalizar *t.* Sumar. ‖ Calcular, hacer el total de algo.

tótem *s. m.* En ciertas tribus primitivas, animal considerado como antepasado de la raza o protector de la tribu.

totonaca o **totonaco** *adj.* y *s.* Pueblo prehispánico de México que se desarrolló en la región central del estado de Veracruz.

totopo *s. m. Méx.* Trozo en forma de cuña de tortilla de maíz, que se tuesta o fríe para que esté crujiente. *Los totopos se comen como botana o acompañando platillos.*

totora *s. f. Amér. Merid.* Especie de junco que crece a orillas de los lagos y junto al mar.

totoral *s. m.* Sitio con totoras.

totuma *s. f. Amér. C.* y *Ants.* Fruto del totumo. ‖ *Amér. C.* y *Ants.* Vasija hecha con el fruto llamado «totumo».

totumo *s. m. Amér. C.* y *Amér. Merid.* Planta cuyo fruto es una calabaza. ‖ *Amér. C.* y *Ants.* Vasija hecha con ese fruto.

toxicidad *s. f.* Calidad de tóxico.

tóxico, ca *adj.* Venenoso. *Sustancia tóxica.* ‖ *s. m.* Veneno.

toxicomanía *s. f.* Adicción a ingerir sustancias tóxicas. *La toxicomanía puede causar la muerte.*

toxicómano, na *s.* Persona que es adicta a alguna sustancia tóxica.

toxina *s. f.* Sustancia tóxica que producen los seres vivos. *Muchas toxinas se eliminan a través de la orina y el sudor.*

toxoplasmosis s. f. Enfermedad causada por el protozoo *Toxoplasma gondii*, que parasita las células. *La toxoplasmosis es particularmente peligrosa para mujeres embarazadas.*

tozudez s. f. Obstinación.

tozudo, da adj. y s. Obstinado.

traba s. f. Unión, lazo. ‖ Estorbo.

trabajado, da adj. Hecho con mucho trabajo y esmero.

trabajador, ra adj. Que trabaja.

trabajar t. Labrar. *Trabajar el hierro, la tierra.* ‖ Hacer algo con mucho esmero. *Trabajar el estilo de una obra.* ‖ intr. Desarrollar una actividad. *Ser demasiado joven para trabajar.* ‖ Realizar o participar en la realización de algo. *Trabajar en una obra.* ‖ Ejercer un oficio. *Trabajar de sastre.* ‖ Esforzarse. *Trabajar en imitar a su maestro.* ‖ fam. Actuar en el teatro o el cine. ‖ fig. Producir un efecto. *El tiempo trabaja a nuestro favor.* ‖ pr. Ocuparse y estudiar algo con cuidado. *Estoy trabajando este asunto.*

trabajo s. m. Esfuerzo, actividad. *Trabajo manual, intelectual.* ‖ Ocupación retribuida. ‖ Obra hecha o por hacer. *Distribuir el trabajo entre varias personas.* ‖ Manera de interpretar su papel un actor. ‖ En economía política, uno de los factores de la producción. ‖ Estudio, obra escrita sobre un tema. *Un trabajo bien documentado.* ‖ Fenómenos que se producen en una sustancia y cambian su naturaleza o su forma. *Trabajo de descomposición.* ‖ Producto de la intensidad de una fuerza por la distancia que recorre su punto de aplicación. ‖ Efecto aprovechable de una máquina. ‖ fig. Dificultad, esfuerzo. *Hacer algo con mucho trabajo.*

trabajosamente adv. Con dificultad o esfuerzo.

trabajoso, sa adj. Que cuesta trabajo. ‖ Molesto, penoso.

trabar t. Juntar o ensamblar una cosa con otra. *Trabar dos maderos.* ‖ Atar, ligar. ‖ Poner trabas a un animal. ‖ Espesar, dar consistencia u homogeneidad. *Trabar una salsa.* ‖ fig. Empezar, emprender. *Trabar una discusión.* ‖ Entablar. *Trabar amistad con uno.* ‖ pr. Enredarse los pies, las piernas. ‖ Tomar consistencia u homogeneidad una salsa, etc. ‖ loc. *Se le trabó la lengua:* empleó una palabra por otra, tiene dificultad para hablar.

trabazón s. f. Unión. ‖ Enlace.

trabilla s. f. Tira de tela o cuero que sujeta los bordes del pantalón por debajo del pie. ‖ Tira que se pone detrás en la cintura de los abrigos, chaquetas, etc.

trabuco s. m. Arma de fuego más corta que la escopeta ordinaria.

trácala s. f. fam. Méx. y P. Rico. Trampa, engaño. *Le hicieron una trácala a Servando.*

tracalada s. f. Amér. Multitud.

tracalero, ra adj. y s. Méx. y P. Rico. Tramposo, deshonesto, embaucador.

tracción s. f. Acción de tirar, de mover un cuerpo arrastrándolo hacia delante.

tracoma s. m. Conjuntivitis granulosa.

tracto s. m. Espacio de tiempo. ‖ Conducto. *Tracto digestivo.*

tractor, ra adj. Que arrastra o hace tracción. ‖ s. m. Vehículo automotor utilizado, sobre todo en la agricultura, para arrastrar otros.

tractorista s. com. Conductor de tractor.

tradición s. f. Transmisión de doctrinas, leyendas, costumbres, etc., durante largo tiempo, por la palabra o el ejemplo. ‖ Costumbre transmitida de generación en generación. *Las tradiciones de una provincia.* ‖ Transmisión oral o escrita de los hechos o doctrinas que se relacionan con la religión.

tradicional adj. Basado en la tradición. ‖ Acostumbrado.

tradicionalismo s. m. Apego a la tradición. ‖ Sistema político fundado en la tradición. ‖ En España, carlismo.

tradicionalista adj. y s. com. Partidario del tradicionalismo. ‖ Carlista.

traducción s. f. Acción de traducir, de verter a otro idioma. ‖ Obra traducida. ‖ Interpretación. *Traducción del pensamiento.*

traducir t. Expresar en una lengua lo escrito o expresado en otra. ‖ fig. Expresar. *Traducir su pasión.* ‖ Interpretar. *Tradujo lo que le dije.* ‖ pr. Expresarse por signos externos.

traductor, ra adj. y s. Que traduce.

traer t. Trasladar una cosa al sitio en que se encuentra una persona. *Traer una carta.* ‖ Llevar. *Hoy trae un abrigo nuevo.* ‖ Transportar consigo de vuelta de un viaje. *Trajo puros de La Habana.* ‖ Acarrear. *Traer mala suerte.* ‖ Atraer. ‖ Tener. *El mes de junio trae treinta días.* ‖ Contener. *El periódico trae hoy una gran noticia.* ‖ loc. *Me trae sin cuidado:* me da igual. ‖ loc. fig. *Traer cola:* tener consecuencias. ‖ *Traer de cabeza a uno:* causarle muchas preocupaciones. ‖ *Traerse algo entre manos:* ocuparse de ello.

tráfago s. m. Tráfico.

traficante adj. y s. com. Que trafica.

traficar intr. Negociar, realizar operaciones comerciales generalmente ilícitas y clandestinas.

tráfico s. m. Comercio ilegal y clandestino. *Tráfico de divisas, de esclavos.* ‖ Tránsito, circulación de vehículos. *Calle de mucho tráfico.* ‖ loc. *Tráfico rodado:* circulación de vehículos por calles o carreteras.

tragaluz s. m. Ventanilla abierta en un tejado o en lo alto de una pared.

tragamonedas s. f. Arg., Hond., Méx. y Uy. Máquina de juegos que funciona introduciéndole monedas.

tragante s. m. Abertura en la parte superior de los altos hornos.

tragaperras s. Esp. Máquina de juego que funciona con monedas.

tragar t. Hacer que una cosa pase de la boca al esófago. ‖ Comer mucho o con voracidad. ‖ Absorber. *Suelo que traga rápidamente el agua.* ‖ fig. Hacer desaparecer en su interior. *Barco tragado por el mar.* ‖ Creer fácil y neciamente. ‖ Soportar algo vejatorio. ‖ loc. fig. y fam. *No poder tragar a uno:* sentir por él profunda aversión. ‖ *Tragar el anzuelo:* dejarse engañar.

tragedia s. f. Obra dramática en la que intervienen personajes que infunden lástima o terror por el desenlace funesto que tienen. ‖ Catástrofe.

trágico, ca adj. Relativo a la tragedia. ‖ fig. Terrible, desastroso. ‖ s. Autor o actor de tragedias.

tragicomedia s. f. Obra dramática en que se mezclan los géneros trágico y cómico.

tragicómico, ca adj. De la tragicomedia. ‖ A la vez serio y cómico.

trago s. m. Cantidad de líquido que se bebe de una vez. ‖ fig. Disgusto, contratiempo. *Un mal trago.*

tragón, gona adj. y s. fam. Que come con voracidad y en gran cantidad. *Mateo es un tragón.*

traición s. f. Violación de la fidelidad debida, deslealtad. ‖ Delito que se comete sirviendo al enemigo. ‖

loc. Alta traición: delito cometido contra la seguridad del Estado. ‖ *A traición:* alevosamente.

traicionar *t.* Hacer traición. *Traicionar al país, al amigo.* ‖ *fig.* Descubrir, revelar. *Su gesto traiciona sus intenciones.* ‖ Deformar, desvirtuar. *Traicionar el pensamiento de un autor.* ‖ Fallar. *Le traicionó el corazón.*

traicionero, ra *adj.* Que traiciona.

traída *s. f.* Derivación de las aguas de un sitio hacia otro.

traidor, ra *adj.* Que comete traición. ‖ Pérfido.

tráiler *s. m.* Remolque de un camión. *El chofer del tráiler daba las vueltas con mucha precaución.* ‖ *Esp.* y *Méx.* Avance de una película, una serie, etc.

trailla *s. f.* Correa con que se lleva atado el perro a la caza. ‖ Apero de labranza para allanar el terreno. ‖ Tralla del látigo.

traína *s. f.* Red de fondo.

trainera *s. f.* Barca con traína.

traje *s. m.* Conjunto de la ropa exterior de alguien. *Ricardo se compró un traje nuevo.* ‖ Forma de vestir la gente de un determinado país o de una época. ‖ *loc. Traje de baño:* prenda que se utiliza para bañarse en piscinas, playas, etc.

trajín *s. m.* Tráfico. ‖ Actividad, trabajo, quehaceres.

trajinar *intr. fam.* Ajetrearse. ‖ Trabajar. ‖ *pr. fam.* Conquistar a una mujer.

trajinera *s. f. Méx.* Especie de lancha impulsada por una vara larga. *En Xochimilco, México, venden flores en trajineras.*

tralla *s. f.* Trencilla de cuero colocada en la punta del látigo.

trallazo *s. m.* Golpe con la tralla.

trama *s. f.* Conjunto de hilos horizontales que al cruzarse con otros verticales forman una tela. *La trama del vestido es de cuatro colores.* ‖ Disposición interna de las partes de un asunto. *El argumento de una obra. La trama de esta película es muy complicada.* ‖ Esp. Enredo, confabulación. *Hubo una trama detrás del asesinato de John F. Kennedy.*

tramado *s. m.* En artes gráficas, retícula a base de puntos o líneas que se utiliza para dar variedad de tono a las imágenes. *El tramado es muy útil para elaborar imágenes con medios tonos.*

tramar *t.* Cruzar los hilos de la trama, o sea los horizontales con los verticales o urdimbre, para tejer una tela. ‖ Preparar algo de manera oculta. *Algo traman aquellos niños traviesos.*

tramitación *s. f.* Acción de tramitar.

tramitar *t.* Dar los pasos necesarios para resolver un asunto. *Iré a tramitar mi pasaporte.*

trámite *s. m.* Conjunto de pasos o acciones que hay que realizar para la resolución de un asunto. *Con el nuevo director los trámites se han multiplicado.*

tramo *s. m.* Parte de una línea o de una superficie más larga que ancha. *Un tramo de carretera está en reparación.*

tramontana *s. f.* Viento del norte, frío y seco.

tramoya *s. f.* Maquinaria teatral con la que se realizan los cambios de decorado y los efectos especiales. *La tramoya para esa ópera fue muy costosa.*

tramoyista *s. m.* Persona que se ocupa de la tramoya en los teatros. *Un solo tramoyista puede manejar toda la escenografía.*

trampa *s. f.* Puerta abierta en el suelo que comunica con una habitación inferior. ‖ Instrumento usado para cazar animales. ‖ Plan para engañar a alguien.

Los estafadores le tendieron una trampa a la viuda rica. ‖ Truco malicioso en el juego o la competencia con el fin de obtener provecho. *Mariana siempre hace trampa cuando jugamos.*

trampantojo *s. m.* Técnica pictórica que utiliza la luz y perspectiva para crear la ilusión de escenas u objetos en tercera dimensión. *Los trampantojos se utilizan en los decorados teatrales.*

trampear *t. fam.* Usar artificios para engañar a otro. ‖ *intr. fam.* Pedir prestado o fiado con la intención de no pagar. ‖ Ir tirando. *Va trampeando.*

trampilla *s. f.* Abertura en el suelo de una habitación.

trampolín *s. m.* Plano inclinado y generalmente elástico en que toma impulso el gimnasta, el nadador, etc., para saltar. ‖ *fig.* Lo que sirve para obtener un resultado.

tramposo, sa *adj.* y *s.* Que hace trampas.

tranca *s. f.* Palo grueso que se usa como bastón o con que se asegura una puerta o ventana cerradas poniéndolo cruzado detrás de ellas.

trancazo *s. m.* Golpe dado con una tranca. *El pastor hizo huir a trancazos al coyote.* ‖ *Cub.* Trago largo de licor. ‖ *fam. Méx.* Golpe muy fuerte.

trance *s. m.* Momento crítico. *Trance desagradable.* ‖ Situación apurada, mal paso. *Sacar a uno de un trance.* ‖ Estado del alma en unión mística. ‖ Estado hipnótico del médium.

tranco *s. m.* Paso largo.

tranquera *s. f. Amér. Merid.* Puerta rústica de un alambrado, hecha con maderos.

tranquilidad *s. f.* Quietud, sosiego.

tranquilizante *adj.* Que calma, que tranquiliza. *La voz de esa mujer es serena y tranquilizante.* ‖ *adj.* y *s. m.* Sustancia química que tranquiliza, que calma. *El psiquiatra le recetó un tranquilizante.*

tranquilizar *t.* Calmar, sosegar.

tranquillo *s. m. fam.* Truco.

tranquilo, la *adj.* Quieto, no agitado. *Mar tranquilo.* ‖ Apacible, sin preocupación. *Vida tranquila.*

transa *adj.* y *s. com. fam. Méx.* Engaño, en especial el que se hace para despojar a alguien de sus bienes. ‖ Persona que engaña o tima. *Ese comerciante es un transa.*

transacción *s. f.* Operación comercial o bursátil. ‖ Acuerdo basado en concesiones recíprocas.

transalpino, na *adj.* Del otro lado de los Alpes.

transandino, na *adj.* Del otro lado de los Andes o que los atraviesa. ‖ *s.* Ferrocarril que une la Argentina y Chile pasando por los Andes.

transar *t., intr.* y *pr.* Ceder, tolerar cierta cosa o situación. ‖ *Méx. fam.* Despojar a uno de algo mediante trampas. *El carpintero transó a José cuando le pidió dinero adelantado.*

transatlántico, ca *adj.* Situado del otro lado del Atlántico o que lo cruza. ‖ *s. m.* Buque de grandes dimensiones que hace viajes largos.

transbordador, ra *adj.* Que sirve para transbordar. ‖ *s. m.* Barco grande preparado para transportar vehículos de una orilla a otra. ‖ *loc. Transbordador espacial:* vehículo espacial capaz de colocar satélites en órbita, de recogerlos y de volver a la Tierra.

transbordar *t.* Trasladar personas o mercancías de un barco o vehículo a otro. ‖ *intr.* Cambiar de tren o de metro en un sitio determinado.

transbordo *s. m.* Acción y efecto de transbordar.

transcendencia *s. f.* Trascendencia.

transcendental *adj*. Trascendental.

transcendente *adj*. Trascendente.

transcender *t*. Trascender.

transcontinental *adj*. Que atraviesa un continente.

transcribir *t*. Copiar un escrito. || Poner por escrito una cosa que se oye. || Escribir con las letras de determinado alfabeto lo que está escrito con las de otro. || *fig*. Expresar por escrito un sentimiento o impresión.

transcripción *s. f*. Acción de transcribir. || Cosa transcrita.

transculturación *s. f*. Proceso de difusión o de influencia de la cultura de una sociedad al entrar en contacto con otra que está menos evolucionada.

transcurrir *intr*. Pasar el tiempo.

transcurso *t*. Paso del tiempo.

transeúnte *s. com*. Persona que transita o pasa por un lugar. || Persona que está de paso, que no reside sino transitoriamente en un lugar.

transexual *adj*. y *s. com*. Se dice de la persona que ha cambiado de sexo mediante una intervención quirúrgica.

transferencia *s. f*. Acción de transferir un derecho de una persona a otra. || Operación bancaria consistente en transferir una cantidad de una cuenta a otra. || Documento en que consta. || Cambio de un jugador profesional de un club a otro. || Transmisión, cesión. *Transferencia de tecnología*.

transferir *t*. Trasladar una cosa de un lugar a otro. || Ceder o traspasar un derecho a otra persona. || Remitir, enviar fondos bancarios de una cuenta a otra.

transfiguración *s. f*. Cambio de figura.

transfigurar *t*. Hacer cambiar de figura o de aspecto.

transformable *adj*. Que se puede transformar.

transformación *s. f*. Cambio de forma o de aspecto. || En rugby, acción de enviar el balón por encima de la barra transversal después de un ensayo.

transformador, ra *adj*. y *s*. Se aplica al o a lo que transforma. || *s. m*. Aparato que obra por inducción electromagnética y sirve para transformar un sistema de corrientes variables de la misma frecuencia, pero de intensidad o de tensión generalmente diferentes.

transformar *t*. Dar a una persona o cosa una forma distinta de la que tenía antes. *Transformar un producto*. || Convertir. *Transformar vino en vinagre*. || Cambiar mejorando. *Su viaje lo ha transformado*. || En rugby, convertir en tanto un ensayo. || *pr*. Sufrir un cambio, una metamorfosis. || Cambiar de costumbres, de carácter, etc.

tránsfuga *s. com*. Persona que pasa de un partido a otro. || Soldado que abandona el ejército en el cual sirve y se incorpora a las tropas enemigas.

transfusión *s. f*. Operación que hace pasar cierta cantidad de sangre de las venas de un individuo a las de otro.

transgredir *t*. Infringir, violar.

transgresión *s. f*. Infracción.

transgresor, ra *adj*. Que comete una transgresión.

transición *s. f*. Cambio de un estado a otro. || Fase intermedia.

transigir *intr*. Llegar a un acuerdo mediante concesiones recíprocas. || Tolerar.

transistor *s. m*. Dispositivo basado en el uso de los semiconductores que, del mismo modo que un tubo electrónico, puede ampliar corrientes eléctricas, provocar oscilaciones y ejercer a la vez las funciones de modulación y de detección. || Aparato receptor de radio provisto de estos dispositivos.

transistorizar *t*. Dotar de transistores.

transitar *intr*. Pasar por la calle.

transitivo, va *adj*. Se aplica al verbo o forma verbal que expresa una acción que se realiza directamente del sujeto en el complemento.

tránsito *s. m*. Acción de transitar, paso. *El tránsito de los peatones*. || Circulación de vehículos y gente. *Calle de mucho tránsito*. || Acción de pasar por un sitio para ir a otro. *Viajeros en tránsito*. || Muerte, con referencia a la Virgen o a los santos. || *loc*. Tránsito rodado: tráfico de vehículos.

transitoriedad *s. f*. Condición de transitorio.

transitorio, ria *adj*. Temporal.

translación *s. f*. Traslación.

translaticio, cia *adj*. Traslaticio.

translimitar *t*. Pasar los límites.

translúcido, da *adj*. Se dice del cuerpo que deja pasar la luz pero no permite ver lo que hay detrás.

transmigración *s. f*. Traslado de un pueblo a otro país.

transmigrar *intr*. Abandonar su país para ir a vivir en otro.

transmisible *adj*. Que se puede transmitir.

transmisión *s. f*. Cesión, paso de una persona a otra. *Transmisión de poderes, de bienes*. || Tratándose de herencia, comunicación de ciertos caracteres de padres a hijos. || Paso de una enfermedad de un individuo enfermo a otro sano. || Propagación. *Transmisión del calor*. || Comunicación de un mensaje telegráfico o telefónico. || Comunicación del movimiento de un órgano a otro. || Conjunto de mecanismos que, en un automóvil, sirve para comunicar el movimiento del motor a las ruedas motrices. || *pl*. Servicio encargado de los enlaces (teléfono, radio, etc.) en un ejército.

transmisor, ra *adj*. Que transmite.

transmitir *t*. Hacer llegar a alguien, comunicarle. *Transmitir una noticia*. || Difundir por radio. || Traspasar, dejar a otro. *Transmitir un derecho*. || Comunicar a otro una enfermedad, una cualidad o un defecto. || Comunicar. *Transmitir un mensaje por teléfono*. || *pr*. Propagarse.

transmutación *s. f*. Cambio.

transmutar *t*. Transformar.

transnacional *adj*. Trasnacional.

transoceánico, ca *adj*. Al otro lado del océano o que lo atraviesa.

transpacífico, ca *adj*. Del otro lado del Pacífico o que lo atraviesa.

transparencia *s. f*. Propiedad de lo transparente. || Diapositiva.

transparentarse *pr*. Pasar la luz u otra cosa a través de un cuerpo transparente. || Ser transparente.

transparente *adj*. Que se deja atravesar fácilmente por la luz y permite ver distintamente los objetos a través de su masa.

transpiración *s. f*. Sudor.

transpirar *intr*. Sudar.

transplantar *t*. Trasplantar.

transplante *s. m*. Trasplante.

transponer *t*. Trasponer.

transportador, ra *adj*. Que transporta o sirve para transportar. || *s. m*. Semicírculo graduado empleado para medir o trazar ángulos. || Instalación para el transporte mecánico aéreo.

transportar *t.* Llevar de un sitio a otro. ‖ *pr.* Extasiarse.

transporte *s. m.* Acción de llevar de un sitio a otro, acarreo. *Transporte de mercancías.* ‖ *fig.* Arrebato, entusiasmo, emoción muy viva. ‖ *pl.* Conjunto de los diversos medios para trasladar personas, mercancías, etc.

transportista *s. com.* Persona que se dedica a hacer transportes.

transposición *s. f.* Acción de transponer una cosa. ‖ Puesta de un astro.

transubstanciación *s. f.* En la Eucaristía, cambio del pan y del vino en el cuerpo y sangre de Jesucristo.

transuránico, ca *adj. y s. m.* Se dice del elemento químico de número atómico superior a 92, que es el del uranio.

transvasar o **transvase.** Trasvasar o trasvase.

transversal *adj.* Que está dispuesto de través. *Listas transversales.* ‖ Perpendicular a una dirección principal. *Cordillera transversal.*

tranvía *s. m.* Ferrocarril urbano de tracción eléctrica que circula por rieles especiales empotrados en el pavimento de las calles.

tranviario, ria y **tranviero, ra** *adj.* Relativo a los tranvías. ‖ *s. m.* Empleado en el servicio de tranvías. ‖ Conductor de tranvía.

trapacería *s. f.* Engaño. ‖ Astucia.

trapatiesta *s. f. fam.* Alboroto.

trapeador *s. m. Chil.* y *Méx.* Tela o utensilio para limpiar el suelo.

trapear *t. Amér.* Fregar el suelo con un trapo o un utensilio especial. *Me falta trapear.*

trapecio *s. m.* Aparato de gimnasia formado por dos cuerdas verticales que cuelgan de un pórtico y están reunidas por una barra horizontal. ‖ Músculo plano situado en la parte posterior del cuello y superior de la espalda. ‖ Hueso de la segunda fila del carpo. ‖ Cuadrilátero que tiene dos lados desiguales y paralelos llamados «bases».

trapecista *s. com.* Gimnasta o acróbata que trabaja en el trapecio.

trapero, ra *s.* Persona que vende trapos viejos.

trapezoide *s. m.* Cuadrilátero cuyos lados opuestos no son paralelos.

trapiche *s. m.* Molino de aceituna o caña de azúcar. ‖ *Amér.* Ingenio de azúcar. ‖ Molino para pulverizar los minerales.

trapichear *intr. fam.* Ingeniárselas para lograr algo.

trapicheo *s. m. fam.* Enredos.

trapío *s. m.* Planta de un toro.

trapisonda *s. f.* Lío, enredo.

trapo *s. m.* Pedazo de tela viejo y roto. ‖ Trozo de tela que se emplea para quitar el polvo, secar los platos, etc. ‖ Velamen de un barco. ‖ Muleta o capote del torero. ‖ *pl. fam.* Vestidos de mujer. *Hablar de trapos.* ‖ *loc.* A todo trapo: a toda vela. ‖ *loc. fig.* Poner a uno como un trapo: insultarlo o criticarlo.

tráquea *s. f.* Conducto formado por anillos cartilaginosos que empieza en la laringe y lleva el aire a los bronquios y pulmones.

traqueal *adj.* De la tráquea.

traquearteria *s. f.* Tráquea.

traqueotomía *s. f.* Incisión en la tráquea para impedir la asfixia de ciertos enfermos.

traqueteo *s. m.* Ruido del disparo de los cohetes. ‖ Serie de sacudidas o tumbos acompañados de ruido.

tras *prep.* Detrás de. *Tras la puerta.* ‖ Después de. *Tras una larga ausencia.* ‖ Más allá. *Tras los Andes.* ‖ En pos de. *Corrieron tras el ladrón.* ‖ Además. *Tras ser malo, es caro.*

trasandino, na *adj.* Transandino.

trasatlántico, ca *adj.* Transatlántico.

trasbordador, ra *adj. y s. m.* Transbordador.

trasbordar *t.* e *intr.* Transbordar.

trascendencia *s. f.* Calidad de trascendente. ‖ *fig.* Importancia.

trascendental *adj.* Que se extiende a otras cosas. ‖ *fig.* De suma importancia.

trascendente *adj.* Que trasciende, superior en su género. ‖ *fig.* Sumamente importante.

trascender *intr.* Empezar a ser conocida una cosa, divulgarse. *Trascendió la noticia.* ‖ Extenderse, comunicarse los efectos de unas cosas a otras.

trascribir *intr.* Transcribir.

trascripción *s. f.* Transcripción.

trascurrir *intr.* Transcurrir.

trascurso *s. m.* Transcurso.

trasegar *t.* Cambiar un líquido de recipiente. *Trasegar vino.*

trasero, ra *adj.* Situado detrás. *Rueda trasera de un coche.* ‖ *s. m.* Parte posterior e inferior del animal o persona. ‖ *s. f.* Parte posterior.

trasferencia *s. f.* Transferencia.

trasferir *t.* Transferir.

trasfiguración *s. f.* Transfiguración.

trasfondo *s. m.* Lo que está más allá del fondo visible o de la apariencia o intención de una acción.

trasformación *s. f.* Transformación.

trásfuga *s. com.* Tránsfuga.

trasfusión *s. f.* Transfusión.

trasgredir *t.* Transgredir.

trashumancia *s. f.* Traslado de los rebaños de un sitio a otro para que aprovechen los pastos de invierno y los estivales.

trashumante *adj.* Que trashuma.

trashumar *intr.* Pasar el ganado en verano a las montañas o a pastos distintos de los de invierno.

trasiego *s. m.* Acción de trasegar.

traslación *s. f.* Acción de mudar de sitio. ‖ Traducción. ‖ *loc.* Movimiento de traslación: el que sigue un astro al recorrer su órbita.

trasladar *t.* Llevar de un lugar a otro a una persona o cosa. ‖ Cambiar de oficina o cargo. *Trasladar a un funcionario.* ‖ Aplazar el día de una reunión, de una función, etc. ‖ Traducir. ‖ Copiar. *Trasladar un escrito.* ‖ *pr.* Cambiar de sitio.

traslado *s. m.* Copia. *Traslado de un escrito.* ‖ Traslación. *Traslado de un preso.* ‖ Cambio de destino. ‖ Mudanza.

traslaticio, cia *adj.* Se aplica al sentido figurado de una palabra.

traslativo, va *adj.* Que transfiere.

traslimitar *t.* Translimitar.

traslúcido, da *adj.* Translúcido.

traslucirse *pr.* Ser traslúcido.

trasluz *loc.* Al trasluz: Relativo a la forma de mirar una cosa, poniéndola entre la luz y el ojo.

trasmano *loc.* A trasmano: Fuera del alcance habitual, de manera incómoda o en un sitio poco frecuentado. *Ese poblado se encuentra a trasmano de las rutas principales.*

trasmigración *s. f.* Transmigración.

trasmisión *s. f.* Transmisión.

trasmutación *s. f.* Transmutación.

trasnacional *adj.* Multinacional.

trasnochador, ra *adj.* y *s.* Que acostumbra trasnochar.

trasnochar *intr.* Acostarse tarde.

traspapelar *t.* Extraviar un papel entre otros.

trasparencia *s. f.* Transparencia.

trasparentarse *pr.* Transparentarse.

trasparente *adj.* Transparente.

traspasar *t.* Atravesar de parte a parte. *La bala le traspasó el brazo.* ‖ Pasar hacia otra parte. *Traspasar el río.* ‖ Vender o ceder a otro una cosa. *Traspasar una propiedad.* ‖ Rebasar, pasar de ciertos límites. ‖ Transferir un jugador profesional a otro equipo. ‖ *fig.* Producir un dolor físico o moral grande.

traspaso *s. m.* Cesión, transferencia de un local o negocio. ‖ Cantidad pagada por esta cesión. ‖ Local traspasado. ‖ Transferencia de un jugador profesional a otro equipo.

traspatio *s. m. Amér.* Patio interior de la casa, situado tras el patio principal.

traspié *s. m.* Resbalón, tropezón.

traspiración *f.* Transpiración.

traspirar *intr.* Transpirar.

trasplantar *t.* Mudar un vegetal de un terreno a otro. *Trasplantar un árbol.* ‖ Hacer un trasplante.

trasplante *s. m.* Acción y efecto de trasplantar o trasplantarse. ‖ Injerto de tejido humano o animal o de un órgano completo. *Trasplante de córnea o del corazón.*

trasponer *t.* Cambiar de sitio. *Trasponer una palabra dentro de una frase.* ‖ Desaparecer detrás de algo. *El Sol traspuso la montaña.* ‖ *pr.* Ocultarse a la vista, pasando al otro lado de un obstáculo. ‖ Ponerse el Sol detrás del horizonte. ‖ Quedarse algo dormido.

trasportador, ra *adj.* y *s. m.* Transportador.

trasportar *t.* Transportar.

trasporte *s. m.* Transporte.

trasportista *s. com.* Transportista.

trasposición *s. f.* Transposición.

traspunte *s. com.* Persona que avisa a cada actor de teatro cuando ha de salir a escena y le apunta las primeras palabras.

trasquilar *t.* Cortar mal el pelo. ‖ Esquilar. *Trasquilar ovejas.*

trasquilón *s. m.* Corte desigual en el pelo.

trastada *s. f. fam.* Jugarreta.

trastazo *s. m.* Porrazo, golpe.

traste *s. m.* Cada uno de los salientes colocados a lo largo del mástil de una guitarra u otro instrumento de cuerda. ‖ Utensilio de cocina. *Necesito un traste hondo para este guisado.* ‖ *vulg.* Trasero, nalgas.

trastear *t.* e *intr.* Poner los trastes a la guitarra o a otro instrumento musical. ‖ Pisar las cuerdas de los instrumentos musicales de trastes. ‖ Mover trastos de un lado a otro. ‖ Hacer travesuras.

trastero, ra *adj.* Se aplica al cuarto o desván donde se guardan trastos viejos o inútiles.

trastienda *s. f.* Local situado detrás de la tienda. ‖ *fam.* Astucia.

trasto *s. m.* Mueble, útil, cosa o persona inútil. ‖ *pl.* Útiles, instrumentos, utensilios de un arte. *Trastos de pescar; los trastos de matar de un torero.*

trastocar *t.* Desordenar. ‖ *pr.* Perturbarse.

trastornador, ra *adj.* Que trastorna.

trastornar *t.* Revolver las cosas, desordenarlas. *Ha trastornado todos los papeles.* ‖ *fig.* Perturbar los sentidos. *Trastornar la razón.* ‖ Impresionar, emocionar. *Ese espectáculo la ha trastornado.* ‖ *pr.* Turbarse. ‖ Estar conmovido. ‖ *fig.* Volverse loco.

trastorno *s. m.* Desorden, confusión. ‖ Cambio profundo. ‖ Disturbio. *Trastornos políticos.* ‖ *fig.* Turbación, perturbación. ‖ Anomalía en el funcionamiento de un órgano, sistema. *Trastornos mentales.*

trastrocamiento *s. m.* Confusión. ‖ Transformación.

trastrocar *t.* Invertir el orden, intercambiar. ‖ Transformar.

trasunto *s. m.* Copia o traslado. ‖ Imagen exacta de una cosa.

trasvasar *t.* Hacer un trasvase.

trasvase *s. m.* Trasiego. ‖ Acción de llevar las aguas de un río a otro para su mayor aprovechamiento.

trasversal *adj.* Transversal.

trata *s. f.* Antiguo comercio que se hacía con los negros que se vendían como esclavos. ‖ *loc. Trata de blancas:* tráfico de mujeres que consiste en atraerlas a los centros de prostitución.

tratadista *s. com.* Autor de tratados.

tratado *s. m.* Convenio escrito y concluido entre dos gobiernos. *Tratado de amistad, de no agresión.* ‖ Obra que trata de un tema. *Un tratado de historia.*

tratamiento *s. m.* Trato. *Buenos tratamientos.* ‖ Título de cortesía. *Tratamiento de señoría.* ‖ Conjunto de medios empleados para la curación de una enfermedad. *Tratamiento hidroterápico.* ‖ Conjunto de operaciones a que se someten las materias primas. *Tratamiento químico.*

tratante *s. com.* Persona que comercia.

tratar *t.*, *intr.* y *pr.* Comportarse con alguien de una determinada manera. *Da gusto ver la dulzura con que Adela trata a su abuela.* ‖ Dirigirse a una persona de una forma determinada. *No me trates de «usted».* ‖ Someter a cuidados médicos. *Las heridas infectadas deben tratarse con antibióticos.* ‖ Discutir sobre un asunto. *Los profesores trataron un solo tema.* ‖ Relacionarse con alguien. *Elia y Alfonso se han tratado desde niños.* ‖ Hablar o escribir sobre cierto asunto. *La novela trata sobre los padres e hijos.* ‖ Intentar o pretender algo. *El vendedor trató de engañarme.*

trato *s. m.* Manera de portarse con uno. *Trato inhumano.* ‖ Relación, frecuentación. *Tengo trato con ellos.* ‖ Modales, comportamiento. *Un trato muy agradable.* ‖ Acuerdo, contrato. *Cerrar un trato.* ‖ *pl.* Negociaciones.

trauma *s. m.* Herida que provoca un objeto en cualquier parte del cuerpo de manera accidental. ‖ Trastorno emocional. *El accidente le ocasionó a Mario un trauma.*

traumar *t.* y *pr.* Traumatizar.

traumático, ca *adj.* Que ocasiona un trauma. *De niño sufrió una experiencia traumática.*

traumatismo *s. m.* Herida provocada por un golpe, accidente, etc. *Cristina sufrió un traumatismo leve.*

traumatizante *adj.* Se dice de lo que provoca un trauma. *Presenciar el incendio fue una experiencia traumatizante.*

traumatizar *t.* y *pr.* Provocar un trauma.

traspunte s. f. Parte de la medicina que estudia las heridas y lesiones. *Al hospital de traumatología llegan muchos accidentados.*

traumatólogo, ga s. Médico especialista en traumatología. *Un excelente traumatólogo operó al tenista.*

través s. m. Inclinación. ‖ *fig.* Revés, contratiempo, suceso adverso. ‖ *loc. A través* o *al través:* de un lado a otro.

travesaño s. m. En una armazón, pieza horizontal que atraviesa de una parte a otra. ‖ Almohada cilíndrica y alargada para la cama.

travesear *intr.* Ser travieso.

travesía s. f. Viaje por mar. *La travesía del Pacífico.* ‖ Calleja que atraviesa entre calles principales. ‖ Camino transversal. ‖ Parte de una carretera que atraviesa una población. ‖ Distancia entre dos puntos de tierra o de mar. ‖ *Arg.* Llanura extensa y árida entre dos sierras.

travestí *adj.* Se dice de la persona que se viste con la ropa propia del sexo contrario.

travestir *t.* Vestir a una persona con la ropa del sexo contrario.

travestismo s. m. Acción y efecto de travestir.

travesura s. f. Picardía, diablura.

travieso, sa *adj.* Bullicioso. ‖ *s. f.* Madero colocado perpendicularmente a la vía férrea en que se asientan los rieles.

trayecto s. m. Espacio que hay que recorrer para ir de un sitio a otro.

trayectoria s. f. Línea descrita en el espacio por un punto u objeto móvil. ‖ *fig.* Tendencias, orientación.

traza s. f. Proyecto, plano o diseño de una obra. ‖ *fig.* Huella, señal, rastro.

trazado s. m. Acción de trazar. ‖ Representación por medio de líneas de un plano, dibujo, etc. ‖ Recorrido de una carretera, canal, etc.

trazar *t.* Tirar las líneas de un plano, dibujo, etc. ‖ Escribir. ‖ *fig.* Describir, pintar. *Trazar una semblanza.* ‖ Indicar. *Ha trazado las grandes líneas del programa.* ‖ *loc. Trazar planes:* hacer proyectos.

trazo s. m. Línea.

trébedes s. f. pl. Utensilio con tres pies para poner vasijas al fuego.

trebejo s. m. Trasto o utensilio.

trébol s. m. Planta herbácea de flores blancas, rojas o moradas que se cultiva para forraje. ‖ Uno de los palos de la baraja francesa.

trece *adj.* Diez más tres. *El día trece.* ‖ Decimotercero. *León XIII.* ‖ *s. m.* Número equivalente a diez más tres.

trecho s. m. Espacio de tiempo. *Esperar largo trecho.* ‖ Distancia. ‖ Tramo, trozo de un camino, etc.

trefilar *t.* Reducir un metal a alambre o hilo pasándolo por una hilera.

tregua s. f. Suspensión temporal.

treinta *adj.* y *s. m.* Tres veces diez. *Tiene treinta años.* ‖ Trigésimo.

treintadosavo, va *adj.* Se aplica a cada una de las 32 partes semejantes en que se divide un todo.

treintaidoseno, na *adj.* Trigésimo segundo.

treintaitresino, na *adj.* y *s.* Del departamento de Treinta y Tres, en Uruguay.

treintavo, va *adj.* y *s.* Trigésimo.

treintena s. f. Conjunto de treinta unidades. ‖ Treintava parte.

treinteno, na *adj.* Trigésimo.

trematodo, da *adj.* y *s. m.* Se aplica a los gusanos de cuerpo plano que viven parásitos en el cuerpo de los vertebrados. ‖ *pl.* Orden que forman.

tremebundo, da *adj.* Espantoso.

tremedal s. m. Terreno pantanoso.

tremendo, da *adj.* Espantoso.

trementina s. f. Resina semilíquida que se extrae de los pinos, alerces y terebintos.

tremolar *intr.* Ondear.

tremolina s. f. *fam.* Alboroto.

trémolo s. m. En música, sucesión rápida de notas cortas iguales.

trémulo, la *adj.* Tembloroso.

tren s. m. Sucesión de vehículos remolcados o en fila. *Tren de camiones.* ‖ Conjunto formado por los vagones de un convoy y la o las locomotoras que los arrastran. ‖Conjunto de órganos mecánicos semejantes acoplados con algún fin. *Tren de laminar.* ‖ *Méx.* Tranvía. ‖ Conjunto de material que un ejército lleva consigo en campaña. ‖ *fig.* Paso, marcha. *Ir a buen tren.* ‖ *loc. Tren de aterrizaje:* dispositivo de aterrizaje de un avión. ‖ *fig. Tren de vida:* manera de vivir en cuanto a comodidades, etc. ‖ *loc. Tren directo* o *expreso:* el muy rápido. ‖ *Tren mixto:* el que lleva viajeros y mercancías. ‖ *Tren rápido:* el que tiene mayor velocidad que el expreso. ‖ *fig.* y *fam. Vivir a todo tren:* vivir espléndidamente.

trenza s. f. Entrelazamiento de tres o más fibras, hebras, de los pelos.

trenzado s. m. Trenza.

trenzar *t.* Hacer una trenza.

trepador, ra *adj.* y *s.* Que trepa. ‖ Se dice de ciertas plantas de tallo largo, como la hiedra, que trepan por las paredes, las rocas, etc. ‖ Se aplica a las aves que pueden trepar a los árboles, como el papagayo, el pico carpintero, etc. ‖ *s. f. pl.* Orden que forman estas aves.

trepanación s. f. Operación quirúrgica que consiste en la perforación de un hueso, especialmente de la cabeza, para tener acceso a una cavidad craneana con objeto de extirpar un tumor o disminuir la tensión existente en la misma.

trepanar *t.* Horadar el cráneo u otro hueso con fin terapéutico.

trépano s. m. Instrumento quirúrgico propio para trepanar. ‖ Máquina giratoria que se emplea en las excavaciones para perforar las rocas.

trepar *intr.* Subir a un lugar.

trepidación s. f. Temblor.

trepidar *intr.* Temblar.

treponema s. m. Microbio causante de la sífilis.

tres *adj.* Dos más uno. *Tiene tres hermanos.* ‖ Tercero. ‖ *s. m.* Número equivalente a dos más uno. ‖ Naipe que tiene tres figuras. *El tres de oros.* ‖ *s. f. pl.* Tercera hora después del mediodía o de la medianoche. *Las tres de la madrugada.* ‖ *loc. Regla de tres:* cálculo de una cantidad desconocida a partir de tres otras conocidas de las cuales dos varían en proporción directa o inversa.

trescientos, tas *adj.* Tres veces ciento. ‖ Tricentésimo. ‖ *s. m.* Guarismo que representa el número equivalente a tres veces ciento.

tresillo s. m. Conjunto de un sofá y dos butacas. ‖ En música, grupo de tres notas de igual valor que se ejecutan en el tiempo correspondiente a dos de ellas.

treta s. f. Artificio, ardid.

trezavo, va *adj.* Se dice de cada una de las trece partes iguales en que se divide un todo.

tríada *s. f.* Tres unidades.

triangular *adj.* De figura de triángulo.

triángulo *s. m.* Figura delimitada por tres líneas que se cortan mutuamente. ‖ Instrumento de percusión.

triar *t.* Escoger, entresacar.

triásico, ca *adj.* y *s.* Se aplica al primer periodo de la era Mesozoica, en el que evolucionaron los reptiles que después originaron a los dinosaurios y a los reptiles voladores, además de los antepasados de mamíferos.

tribu *s. f.* Conjunto de familias que están bajo la autoridad de un mismo jefe.

tribulación *s. f.* Adversidad: *Las tribulaciones de la vida.*

tribuna *s. f.* Plataforma elevada desde donde hablan los oradores. ‖ Espacio generalmente cubierto y provisto de gradas desde donde se asiste a manifestaciones deportivas, carreras de caballos, etc.

tribunal *s. m.* Órgano del Estado donde se administra la justicia. *Tribunal de primera instancia.* ‖ Magistrados que administran justicia. *El tribunal ha fallado.* ‖ Conjunto de personas capacitadas para juzgar a los candidatos de unos exámenes, oposiciones, etc. ‖ *loc. Tribunal de casación:* el que sólo conoce de los recursos de casación. ‖ *Tribunal tutelar de menores:* el que con fines educativos resuelve acerca de la infancia delincuente o desamparada.

tribuno *s. m.* Magistrado romano encargado de defender los derechos de la plebe. ‖ *fig.* Orador elocuente.

tributación *s. f.* Tributo.

tributar *t.* Pagar tributo. ‖ *fig.* Manifestar. *Tributar respeto.*

tributario, ria *adj.* Relativo al tributo. *Sistema tributario.* ‖ Que paga tributo. ‖ *fig.* Afluente de un río.

tributo *s. m.* Lo que un Estado paga a otro en señal de dependencia. ‖ Lo que se paga para contribuir a los gastos públicos, impuesto. *Tributo municipal.* ‖ Censo. *Tributo enfitéutico.*

tricéfalo, la *adj.* De tres cabezas.

tricentenario, ria *adj.* Que tiene trescientos años o que dura desde hace trescientos años. ‖ *s. m.* Espacio de tiempo de trescientos años. ‖ Fecha en que se cumplen trescientos años.

tricentésimo, ma *adj.* Que ocupa el lugar trescientos. ‖ *s. m.* Cada una de las trescientas partes iguales en que se divide un todo.

tríceps *adj.* y *s. m.* Se dice del músculo que tiene tres cabezas.

triciclo *s. m.* Vehículo de tres ruedas.

tricolor *adj.* De tres colores.

tricornio *adj.* Se dice del sombrero cuyos bordes replegados forman tres picos.

tricot *s. m.* Tejido, jersey o prenda de punto.

tricota *s. f. Arg., Chil.* y *Uy.* Prenda tejida que sirve para cubrir la parte superior del cuerpo.

tricotar *t.* e *intr.* Hacer prendas de vestir de punto, tejidas. *Ahora menos niñas aprenden a tricotar.*

tricotosa *s. f.* Máquina con la que se hacen géneros de punto.

tricromía *s. f.* Impresión tipográfica con tres colores fundamentales.

tricúspide *adj.* Que tiene tres puntas o cúspides. ‖ Que tiene tres zonas de inserción.

tridáctilo, la *adj.* Que tiene tres dedos.

tridentado, da *adj.* Que tiene tres dientes.

tridentino, na *adj.* De Trento, ciudad de Italia. ‖ Relativo al concilio ecuménico celebrado allí.

triedro, dra *adj.* y *s. m.* Referido al ángulo formado por tres planos o caras que concurren en un punto del ángulo.

trienal *adj.* Que dura tres años. ‖ Que sucede cada tres años.

trienio *s. m.* Tres años.

trifásico, ca *adj.* Relativo a un sistema de corrientes eléctricas polifásicas constituido por tres corrientes monofásicas que tienen una diferencia de fase de un tercio de periodo.

trifulca *s. f. fam.* Disputa, riña.

trifurcarse *pr.* Dividirse una cosa en tres ramales.

trigal *s. m.* Plantío de trigo.

trigarante *adj.* De tres garantías.

trigésimo, ma *adj.* Que ocupa el lugar treinta. ‖ *s. m.* Cada una de las treinta partes iguales en que se divide un todo.

trigo *s. m.* Planta gramínea con espigas de cuyos granos molidos se saca la harina.

trigonometría *s. f.* Parte de las matemáticas que trata del estudio de las funciones circulares de los ángulos y de los arcos (seno, coseno, tangente) y cálculo de los elementos de un triángulo definidos por relaciones numéricas. ‖ *loc. Trigonometría esférica:* estudio de las relaciones entre los elementos de triángulos esféricos.

trigonométrico, ca *adj.* Relativo a la trigonometría.

trigueño, ña *adj.* Color trigo, entre moreno y rubio. *Rostro trigueño.*

trilateral *adj.* De tres lados.

trilingüe *adj.* Que tiene tres lenguas. ‖ Escrito en tres lenguas. ‖ *s. com.* Que habla tres lenguas.

trilla *s. f. Arg.* Acción de trillar y temporada en que se efectúa.

trillado, da *adj.* Muy conocido.

trillador, ra *adj.* y *s.* Que trilla. ‖ *s. f.* Máquina para trillar.

trillar *t.* Quebrantar la mies para separar el grano de la paja.

trillizo, za *s.* Cada uno de los tres hermanos o hermanas nacidos en un mismo parto.

trillo *s. m.* Utensilio para trillar.

trillón *s. m.* Un millón de billones, que se expresa por la unidad seguida de 18 ceros.

trilogía *s. f.* Conjunto de tres obras dramáticas o novelísticas que tienen entre sí cierto enlace.

trimensual *adj.* Que pasa o se repite tres veces al mes.

trimestral *adj.* Que ocurre cada trimestre.

trimestre *s. m.* Espacio de tiempo de tres meses. ‖ Cantidad que se cobra o se paga cada tres meses.

trimotor *adj.* Se aplica al avión provisto de tres motores.

trinar *intr.* En música, hacer trinos. ‖ Gorjear las aves. ‖ Estar muy enojado.

trinca *s. f.* Reunión de tres personas o cosas.

trincar *t. fig.* y *fam.* Comer. ‖ Beber. ‖ Coger. ‖ Hurtar, robar. ‖ *Amér.* Apretar, oprimir.

trinchador *s. m.* Mueble del comedor donde se puede partir la comida antes de servirla.

trinchar *t.* Partir en trozos la comida antes de servirla. *Beatriz trinchó la carne y la sirvió.*

trinche *s. m. Chil.* y *Ecua.* Mueble en el que se trincha. ‖ *Col. Ecua.* y *Méx.* Tenedor.

trinchera *s. f.* Zanja que permite a los soldados circular y disparar a cubierto. ‖ Excavación hecha en el terreno para hacer pasar un camino, con taludes a ambos lados. ‖ Abrigo impermeable.

trineo *s. m.* Vehículo para desplazarse sobre la nieve o el hielo.

trinidad *s. f.* Conjunto de tres divinidades que tienen entre sí cierta unión. ‖ Por antonomasia, en la religión cristiana, unión del Padre, el Hijo y el Espíritu Santo. *La Santísima Trinidad.* ‖ Fiesta católica en honor de este misterio.

trinomio *s. m.* Expresión algebraica compuesta de tres términos.

trinquete *s. m.* En navegación, palo de proa. ‖ Palo mayor de una embarcación y vela que se sujeta a él. ‖ *Méx.* Maniobra sucia que se hace para obtener algo. *El contador hizo un trinquete con los impuestos.*

trío *s. m.* Terceto, composición musical para tres instrumentos o voces. ‖ Conjunto de tres músicos o cantantes. ‖ Grupo de tres personas o tres cosas. *Trío de ases.*

triodo, da *adj.* Se aplica al tubo electrónico que tiene tres electrodos.

tripa *s. f.* Intestino. ‖ *fam.* Vientre. *Dolor de tripa.* ‖ Barriga. *Ya tienes mucha tripa.* ‖ Panza, parte abultada de un objeto. ‖ Cuerda hecha con los intestinos de ciertos animales. *Raquetas fabricadas con tripas de gato.* ‖ *pl. fig.* Lo interior de un mecanismo, de un aparato complicado, etc. *Le gusta verle las tripas a todo.* ‖ *Col.* y *Ven.* Cámara de las ruedas del automóvil. ‖ *Esp.* Parte abultada de algún objeto.

tripanosoma *s. m.* Protozoo parásito de la sangre.

tripartición *s. f.* División en tres.

tripartito, ta *adj.* Dividido en tres partes. ‖ Formado por la asociación de tres partidos. *Coalición tripartita.* ‖ Realizado entre tres. *Pacto tripartito.*

tripicallos *s. m. pl.* Guiso de callos.

triplano *s. m.* Avión cuyas alas están formadas por tres planos.

triplaza *adj.* De tres plazas.

triple *adj.* Que contiene tres veces una cosa. ‖ Se dice del cuatro que contiene a otro tres veces. *El triple de cuatro es doce.* ‖ *loc. Triple salto:* prueba de salto de longitud en la que un atleta debe salvar la mayor distancia posible en tres saltos seguidos.

triplicación *s. f.* Acción de triplicar.

triplicar *t.* Multiplicar por tres. ‖ Hacer tres veces una misma cosa.

triplo, pla *adj.* y *s. m.* Triple.

trípode *adj.* De tres pies. *Mesa, asiento trípode.* ‖ *s. m.* Banquillo de tres pies. ‖ Armazón de tres pies para sostener un cuadro, ciertos instrumentos fotográficos, geodésicos, etc.

tríptico *s. m.* Pintura, grabado o relieve en tres hojas de las cuales las dos laterales se doblan sobre la del centro. ‖ Obra literaria o tratado dividido en tres partes. ‖ Impreso promocional de tres hojas.

triptongo *s. m.* Conjunto de tres vocales que forman una sílaba.

tripulación *s. f.* Personal que conduce un barco o avión.

tripulante *s. com.* Miembro de la tripulación.

tripular *t.* Conducir.

triquina *s. f.* Gusano parásito que vive adulto en el intestino del hombre y del cerdo y, en estado larvario, en sus músculos.

triquinosis *s. f.* Enfermedad causada por las triquinas.

triquiñuela *s. f. fam.* Artimaña, treta, ardid.

tirreme *s. m.* Galera antigua con tres órdenes de remos.

trisección *s. f.* División en tres partes iguales.

trisílabo, ba *adj.* y *s. m.* Que consta de tres sílabas.

triste *adj.* Afligido, apesadumbrado. *Triste por la muerte de un ser querido.* ‖ Melancólico. *De carácter triste.* ‖ Que expresa o inspira tristeza. *Ojos tristes; tiempo triste.* ‖ Falto de alegría. *Calle triste.* ‖ Que aflige. *Triste recuerdo.* ‖ Lamentable, deplorable. *Fin triste.* ‖ *fig.* Insignificante, insuficiente. *Triste sueldo.* ‖ Simple. *Ni siquiera un triste vaso de agua.* ‖ *s. m.* Canción popular de tono melancólico y amoroso de Argentina, Perú y otros países sudamericanos que se canta con acompañamiento de guitarra.

tristeza *s. f.* Estado natural o accidental de pesadumbre, melancolía. ‖ Impresión melancólica o poco agradable producida por una cosa. *La tristeza de un paisaje.*

tritio *s. m.* Isótopo radiactivo del hidrógeno.

trituración *s. f.* Quebrantamiento, desmenuzamiento.

triturador, ra *adj.* Que tritura.

triturar *t.* Moler, desmenuzar, quebrar una cosa dura o fibrosa. *Triturar rocas, caña de azúcar.* ‖ Desmenuzar una cosa mascándola. *Triturar los alimentos.* ‖ *fig.* Maltratar, dejar maltrecho. *Triturar a palos.* ‖ Criticar severamente. *Triturar un texto.*

triunfador, ra *adj.* y *s.* Se dice de la persona que triunfa.

triunfal *adj.* De triunfo.

triunfalismo *s. m.* Actitud de aquellos que tienen una confianza exagerada en ellos mismos.

triunfalista *adj.* y *s. com.* Que muestra triunfalismo.

triunfante *adj.* Que triunfa.

triunfar *intr.* Ser victorioso. *Triunfar de los enemigos.* ‖ *fig.* Ganar. *Triunfar en un certamen.* ‖ Tener éxito. *Triunfar en la vida.*

triunfo *s. m.* Victoria. *Los triunfos de Bolívar.* ‖ *fig.* Gran éxito. *Triunfo teatral.* ‖ Carta del palo considerado de más valor en algunos juegos. ‖ *Arg.* y *Per.* Cierta danza popular.

triunvirato *s. m.* Unión de tres personas para gobernar.

triunviro *s. m.* Cada uno de los tres magistrados romanos que, en ciertas ocasiones, compartieron el poder.

trivalencia *s. f.* Calidad de trivalente.

trivalente *adj.* Que posee la valencia 3.

trivial *adj.* Común, que carece de novedad. ‖ Superficial.

trivialidad *s. f.* Calidad de trivial. ‖ Cosa trivial o insustancial.

triza *s. f.* Pedazo muy pequeño.

trocar *t.* Cambiar.

trocear *t.* Dividir en trozos.

troceo *s. m.* División en trozos.

trocha *s. f.* Vereda estrecha. ‖ Atajo. ‖ *Amér.* Vía del ferrocarril.

trofeo *s. m.* Monumento, insignia, etc., que conmemora una victoria.

troglodita *adj.* y *s. com.* Que vive en cavernas. ‖ *fig.* Se dice del hombre bárbaro y tosco.

trogo *s. m.* Ave de México.

troica *s. f.* Trineo o carro ruso.

troj o **troje** *s. f.* Granero.

trole *s. m.* Pértiga por donde los trenes o tranvías eléctricos y trolebuses toman la corriente del cable conductor.

trolebús *s. m.* Autobús que se mueve mediante un mecanismo eléctrico.

trolero, ra *adj.* y *s.* Embustero.

tromba *s. f.* Columna de agua o vapor que se eleva desde el mar con movimiento giratorio muy rápido.

trombo *s. m.* Coágulo de sangre que se forma en un vaso sanguíneo o en una cavidad del corazón.

trombocito *s. m.* Plaqueta sanguínea.

trombón *s. m.* Instrumento musical de viento. || *Esp.* Músico que lo toca.

trombosis *s. f.* Formación de coágulos en los vasos sanguíneos. || Oclusión de un vaso por un coágulo.

trompa *s. f.* Instrumento musical de viento que consta de un tubo enroscado y de tres pistones. *Trompa de caza.* || Prolongación muscular tubular larga y flexible de la nariz de ciertos animales. *La trompa del elefante.* || Aparato chupador de algunos insectos. *La trompa de la mariposa.* || Trompo de metal hueco que suena al girar. || *fam.* Borrachera. || Trompazo, puñetazo. || Hocico. || Nariz. || *s. m. Esp.* Músico que toca este instrumento. || *fam.* Borracho.

trompazo *s. m.* Golpe fuerte.

trompeta *s. f.* Instrumento musical de viento, metálico, con pistones, de sonido muy fuerte. || *s. m. Esp.* El que toca este instrumento.

trompetazo *s. m.* Sonido muy fuerte producido con la trompeta.

trompetilla *s. f.* Instrumento en forma de trompeta que empleaban los sordos para oír mejor. || *Méx.* Gesto de burla que consiste en hacer ruido al sacar con fuerza el aire de la boca colocando la lengua entre los labios.

trompicar *intr.* Tropezar.

trompicón *s. m.* Tropezón.

trompillo *s. m.* Arbusto de América.

trompo *s. m.* Juguete de madera de forma cónica al que se le enrolla una cuerda para lanzarlo y gira sobre una extremidad en punta.

trompudo, da *adj. Amér.* Se dice de la persona de labios prominentes. || *fam. Méx.* De mal humor, enojado. *Óscar anda trompudo porque no le dieron permiso de ir al cine.*

tronado, da *adj.* Sin dinero.

tronar *impers.* e *intr.* Producirse o sonar truenos. *Se ven relámpagos y se escuchan tronar las nubes.* || *fam. Méx.* No aprobar un curso un estudiante. *Valentina tronó física y tendrá que repetir el curso.* || Romper relaciones una pareja. *Mi novio y yo tronamos.*

troncar *t.* Truncar.

troncha *s. f. Amér.* Lonja.

tronchante *adj.* Gracioso.

tronchar *t.* Partir, romper algo doblándolo con violencia.

troncho *s. m.* Tallo.

tronco *s. m.* Parte de un árbol desde el arranque de las raíces hasta el de las ramas. || El cuerpo humano, o el de cualquier animal, prescindiendo de la cabeza y de los miembros superiores e inferiores. || Fragmento del fuste de una columna. || Conjunto de caballerías que tiran de un carruaje. || *fig.* Origen de una familia. || Persona estúpida o inútil, zoquete.

tronera *s. f.* Abertura en el costado de un barco o en el parapeto de una muralla para disparar. || Ventana muy pequeña. || Agujero de una mesa de billar por donde pueden entrar las bolas.

tronido *s. m.* Ruido del trueno.

trono *s. m.* Sitial con gradas y dosel de los soberanos.

tronzar *t.* Partir en trozos.

tropa *s. f.* Grupo de militares. || Conjunto de todos los militares que no son oficiales ni suboficiales. *Hombre de tropa.* || *Amér.* Recua de ganado.

tropel *s. m.* Multitud.

tropelía *s. f.* Atropello, abuso de la fuerza o de la autoridad.

tropero *s. m. Arg.* y *Uy.* Encargado de guiar ganado.

tropezar *intr.* Dar involuntariamente con los pies en un obstáculo. || *fig.* Encontrar un obstáculo. *Tropezar con una dificultad.* || Encontrar por casualidad. *Tropezar con un amigo.* || Cometer una falta.

tropezón, zona *adj. fam.* Que tropieza. || *s. m.* Paso en falso, traspiés. || *fig.* Error.

tropical *adj.* De los trópicos. || Que es propio de los trópicos. *Fruta tropical.* || *loc. Clima tropical:* el existente en ciertas regiones tropicales que se caracteriza por tener una larga estación seca en invierno y una estación pluviosa en verano.

trópico, ca *adj.* Concerniente a la posición exacta del equinoccio. || *loc. Año trópico:* espacio de tiempo existente entre dos pasos del Sol por el equinoccio de primavera. || *s. m.* Cada uno de los dos círculos menores de la esfera celeste paralelos al ecuador, y entre los cuales se efectúa el movimiento anual aparente del Sol alrededor de la Tierra. || *loc. Trópico de Cáncer:* el del hemisferio Norte por donde pasa el Sol al cenit el día del solsticio de verano. || *Trópico de Capricornio:* el del hemisferio Sur por donde pasa el Sol al cenit el día del solsticio de invierno.

tropiezo *s. m.* Cosa en que se tropieza, estorbo. || *fig.* Desliz, equivocación, falta. *Dar un tropiezo.* || Impedimento, dificultad.

tropilla *s. f. Arg., Chil.* y *Uy.* Conjunto de caballos de un mismo dueño.

tropillo *s. m. Amér.* Aura, ave.

troposfera *s. f.* Primera capa de la atmósfera, en contacto con la superficie de la Tierra.

troquel *s. m.* Molde que sirve para acuñar monedas y medallas.

troquelar *t.* Acuñar.

trotador, ra *adj.* Que trota.

trotar *intr.* Andar el caballo al trote. || Cabalgar sobre un caballo al trote. || *fig.* Andar mucho dirigiéndose a varios sitios una persona.

trote *s. m.* Modo de andar una caballería, intermedio entre el paso y el galope, levantando a la vez la mano y el pie opuestos. || *fam.* Actividad muy grande y cansada. *Ya no estoy para estos trotes.* || Asunto complicado, enredo. *No quiero meterme en esos trotes.*

trova *s. f.* Poesía.

trovador, ra *adj.* Que hace versos. || *s.* Poeta, poetisa. || *s. m.* Poeta provenzal de la Edad Media que trovaba o recitaba en lengua de oc.

trovadoresco, ca *adj.* Relativo a los trovadores.

trovar *intr.* Componer versos.

trovero *s. m.* Poeta francés de la Edad Media que componía versos en lengua de oíl.

troyano, na *adj.* y *s.* De Troya, antigua ciudad de Asia Menor.

trozo *s. m.* Pedazo.

trucar *t.* Arreglar las cartas para hacer trampas en los juegos de naipes, o hacer trucos en el juego de billar. *Melesio trucaba los dados y salían los números que él quería.* ‖ Alterar o falsificar una cosa, como documentos. *En la película había un especialista en trúcar pasaportes.*

trucha *s. f.* Pez salmónido de agua dulce y de carne muy estimada.

truco *s. m.* Engaño o trampa para lograr un fin. *Germán utilizó el viejo truco del dolor de estómago para faltar a la escuela.* ‖ Procedimiento para producir un efecto que no es real pero que se ve como verdadero. *Vimos un mago que hacía trucos espectaculares.* ‖ *Arg.* y *Uy.* Juego de naipes.

truculencia *s. f.* Aspecto espantoso.

truculento, ta *adj.* Espantoso.

trueno *s. m.* Estampido que acompaña al relámpago. ‖ Ruido fuerte del tiro de un arma o cohete.

trueque *s. m.* Cambio.

trufa *s. f.* Hongo comestible muy apreciado, de color negruzco y forma redonda, que crece bajo tierra. ‖ Golosina de chocolate con forma parecida al hongo de ese nombre.

trufar *t.* Rellenar de trufas. ‖ *fig.* Llenar, rellenar. *Dictado trufado de errores.*

truhán, hana *adj.* y *s.* Granuja.

truhanada *s. f.* Truhanería.

truhanear *intr.* Engañar.

truhanería *s. f.* Acción propia de un truhán. ‖ Conjunto de truhanes.

trujillano, na *adj.* y *s.* De Trujillo, municipios de Colombia y España, ciudades de Honduras y Perú, y estado de Venezuela.

trujillense *adj.* y *s. com.* De Trujillo, estado de Venezuela.

truncado, da *adj.* Se aplica a las cosas a las que se ha quitado alguna parte esencial. ‖ *loc. Cono truncado, pirámide truncada:* cono o pirámide a los que les falta el vértice.

truncamiento *s. m.* Acción y efecto de truncar.

truncar *t.* Quitar alguna parte esencial. *Truncar una estatua.* ‖ *fig.* Romper, cortar. *Truncar las ilusiones.*

trusa *s. f. Méx.* y *Per.* Prenda interior que usan los hombres debajo de los pantalones.

tsetse *s. f.* Mosca africana que transmite la enfermedad del sueño.

tsunami *s. m.* Ola gigantesca producida por un movimiento sísmico. *Un tsunami es muy destructivo.*

tu *adj.* Apócope del adjetivo posesivo «tuyo», cuando va antepuesto al nombre. *¿Cuál es tu nombre?, el mío es Juana.*

tú *pron.* Pronombre personal masculino y femenino que indica la segunda persona del singular y funciona como sujeto. *¿Tú qué crees?*

tuba *s. f.* Instrumento musical de viento de tubo cónico con pistones.

tuberáceo, a *adj.* y *s. f.* Se aplica a los hongos ascomicetos subterráneos, como la trufa. ‖ *s. f. pl.* Familia que forman.

tubérculo *s. m.* Excrecencia feculenta en una planta, particularmente en la parte subterránea del tallo, como la papa, el camote, etc. ‖ Tumorcillo que se forma en el interior de los tejidos y es característico de la tuberculosis.

tuberculosis *s. f.* Enfermedad infecciosa y contagiosa del hombre y de los animales causada por el bacilo de Koch y caracterizada por la formación de tubérculos en los órganos. *Tuberculosis pulmonar.*

tuberculoso, sa *adj.* Relativo a la tuberculosis. ‖ Se aplica a la persona que padece tuberculosis.

tubería *s. f.* Conjunto de tubos o conductos para conducir un fluido.

tuberosidad *s. f.* Tumor.

tubo *s. m.* Pieza cilíndrica hueca. *El tubo del agua.* ‖ Conducto natural. *Tubo digestivo, intestinal.* ‖ Recipiente alargado, metálico o de cristal de forma más o menos cilíndrica, destinado a contener pintura, pasta dentífrica, píldoras, etc. ‖ En radioelectricidad, lámpara, tubo electrónico en forma de ampolla cerrada que tiene una de sus caras a modo de una pantalla fluorescente en la que incide un haz de electrones. *Tubo catódico* o *de rayos catódicos.* ‖ Auricular de teléfono. ‖ *loc. Tubo de escape:* tubo de evacuación de los gases quemados en un motor. ‖ *Tubo de ensayo:* el de cristal, cerrado por uno de sus extremos, usado para los análisis químicos. ‖ *Guat.* y *Méx. Mandar por un tubo:* despedir, romper una relación. ‖ *Méx. Pegar con tubo:* acertar, tener éxito.

tubular *adj.* Que tiene forma de tubo o está hecho con tubos. *Corola tubular.* ‖ *s. m.* Neumático para bicicletas formado por una cámara de aire delgada envuelta en una cubierta de goma.

tucán *s. m.* Ave trepadora originaria de América, con plumaje colorido y pico muy grande. *Los tucanes están en peligro de extinción.*

tuco *s. m. Arg., Chil.* y *Uy.* Salsa de tomate cocida con cebolla, orégano, perejil, ají o chile y otros ingredientes. ‖ *Per.* Especie de búho.

tuco, ca *s. Amér.* Manco. ‖ *s. m. Arg.* Coleóptero luminoso.

tucumá *s. m.* Palmera de la que se obtiene una fibra textil, de su fruto se extrae aceite. *Los tucumás crecen en la cuenca de los ríos Orinoco y Amazonas.*

tucumano, na *adj.* y *s.* De Tucumán, provincia de Argentina.

tucutuco *s. m. Amér. Merid.* Mamífero roedor de unos 20 cm de largo, similar al topo, que vive en túneles subterráneos. *Los tucutucos viven desde Brasil hasta Cabo de Hornos.*

tucutuzal *s. m. Arg.* Terreno socavado por los tucutucos.

tuerca *s. f.* Pieza con un orificio labrado en espiral en que encaja la rosca de un tornillo.

tuerto, ta *adj.* Se aplica a la persona que no tiene vista en un ojo.

tufo *s. m.* Emanación gaseosa que se desprende de ciertas sustancias. ‖ Mal olor. *Tufo de alcantarilla.* ‖ Mechón de pelo que se peina o riza delante de las orejas. ‖ *pl. fig.* Soberbia, presunción.

tugurio *s. m.* Casa miserable.

tul *s. m.* Tejido fino y transparente.

tulcaneño, ña *adj.* y *s.* De Tulcán, ciudad de Ecuador.

tule *s. m. Méx.* Planta de tallos largos y rectos que crece a la orilla de los ríos y lagos.

tulio *s. m.* Elemento químico, metal del grupo de las tierras raras, muy escaso en la corteza terrestre; es de brillo metálico, denso y fácilmente inflamable; se utiliza en la industria nuclear y como fuente de rayos X; su número atómico es 69 y su símbolo Tm.

tulipa *s. f.* Pantalla de cristal de forma parecida a la del tulipán.

tulipán *s. m.* Planta liliácea de raíz bulbosa. ‖ Su flor.

tulipanero o **tulipero** *s. m.* Árbol ornamental oriundo de América.

tullido, da *adj.* Baldado, que no puede mover algún miembro. ‖ *fig.* Muy cansado.

tullimiento *s. m.* Estado de tullido.

tullir *t.* Dejar tullido, lisiar. ‖ *fig.* Cansar mucho.

tulpa *s. f. Amér.* Piedra de fogón.

tumba *s. f.* Sepultura. ‖ Ataúd.

tumbar *t.* Hacer caer, derribar. *Tumbar a uno al suelo.* ‖ Inclinar mucho. *El viento tumbó las mieses.* ‖ *fig.* y *fam.* Reprobar en un examen. ‖ Pasmar. *Tumbado de asombro.* ‖ *pr.* Echarse. *Tumbarse en la cama.*

tumbo *s. m.* Vaivén violento.

tumbona *s. f.* Silla extensible y articulada para estar recostado. *Alrededor de la piscina había unas tumbonas.*

tumefacción *s. f.* Hinchazón.

tumefacto, ta *adj.* Hinchado.

tumescencia *s. f.* Tumefacción.

tumescente *adj.* Que se hincha.

tumor *s. m.* Multiplicación anormal de las células. ‖ *loc. Tumor maligno:* cáncer.

tumoroso, sa *adj.* Que tiene uno o varios tumores.

túmulo *s. m.* Sepulcro levantado encima del nivel del suelo. ‖ Catafalco.

tumulto *s. m.* Motín, disturbio, alboroto. ‖ *fig.* Agitación.

tumultuario, ria *adj.* Tumultuoso.

tumultuoso, sa *adj.* Que promueve tumultos, agitado.

tuna¹ *s. f.* Estudiantina, grupo de estudiantes que cantan y tocan instrumentos musicales.

tuna² *s. f.* Fruto de la chumbera o nopal.

tunal *s. m.* Nopal.

tunantada *s. f.* Granujada.

tunante, ta *adj.* y *s.* Pícaro.

tunantear *intr.* Bribonear.

tunantería *s. f.* Acción propia de un tunante. ‖ Conjunto de tunantes.

tunco, ca *adj. Guat., Hond.* y *Méx.* Persona que ha perdido un brazo o una mano, manco.

tunda *s. f.* Acción y efecto de tundir los paños. ‖ *fam.* Paliza.

tundido *s. m.* Tunda de los paños.

tundir *t.* Cortar e igualar con tijera el pelo de los paños. ‖ *fam.* Pegar.

tundra *s. f.* En las regiones polares, formación vegetal consistente en musgos, líquenes, árboles enanos.

tunecino, na *adj.* De Túnez, país de África.

túnel *s. m.* Galería subterránea abierta para dar paso a una vía de comunicación.

tungsteno *s. m.* Elemento químico, metal escaso en la corteza terrestre de color gris acerado, muy duro y denso; se utiliza en los filamentos de las lámparas incandescentes, en resistencias eléctricas y, aleado con el acero, para fabricar herramientas; su número atómico es 74 y su símbolo W.

túnica *s. f.* Cualquier vestidura amplia y larga.

tuntún *loc. adv. fam.* Al o *al buen tuntún:* Sin reflexión, a la buena de Dios.

tupé *s. m.* Copete. ‖ *fig.* Caradura.

tupí *adj.* y *s.* Tupí-guaraní.

tupido, da *adj.* Espeso.

tupí-guaraní *adj.* y *s.* Grupo de pueblos amerindios de América del Sur que abarca Brasil, Paraguay, la cuenca del río Amazonas y la costa atlántica de esa parte del continente americano. ‖ Conjunto de lenguas amerindias de América del Sur, habladas por los pueblos del mismo nombre.

tupinambo *s. m.* Aguaturma.

turba *s. f.* Combustible fósil que resulta de materias vegetales más o menos carbonizadas. ‖ Muchedumbre generalmente bulliciosa.

turbación *s. f.* Confusión.

turbador, ra *adj.* Que turba.

turbante *s. m.* Faja de tela arrollada alrededor de la cabeza.

turbar *t.* Perturbar.

turbera *s. f.* Yacimiento de turba.

turbidez *s. f.* Calidad de turbio.

túrbido, da *adj.* Turbio.

turbiedad *s. f.* Estado de turbio.

turbina *s. f.* Motor constituido por una rueda móvil de álabes sobre la cual actúa la fuerza viva de un fluido (agua, vapor, gas, etc.). ‖ Aparato para separar por centrifugación los cristales de azúcar de otros componentes que hay en la melaza.

turbio, bia *adj.* Que ha perdido su transparencia natural. *Líquido turbio.* ‖ *fig.* Equívoco, poco claro. *Negocio turbio.* ‖ Agitado. *Periodo turbio.* ‖ Falto de claridad. *Vista turbia.*

turbión *s. m.* Aguacero.

turboalternador *s. m.* Grupo generador de electricidad constituido por una turbina y un alternador acoplados en un mismo eje.

turbocompresor *s. m.* Compresor rotativo centrífugo que tiene alta presión.

turbodinamo *s. f.* Acoplamiento hecho con una turbina y una dinamo.

turbohélice *s. f.* Turbopropulsor.

turbomotor *s. m.* Turbina accionada por el aire comprimido que funciona como motor.

turbopropulsor *s. m.* Propulsor constituido por una turbina de gas acoplada a una o varias hélices por medio de un reductor de velocidad.

turborreactor *s. m.* Motor de reacción constituido por una turbina de gas cuya expansión a través de una o varias toberas produce un efecto de propulsión por reacción.

turbulencia *s. f.* Agitación, alboroto, bullicio. ‖ Agitación desordenada de un fluido que corre.

turbulento, ta *adj. fig.* Bullicioso, alborotado, agitado. ‖ Turbio.

turco, ca *adj.* y *s.* De Turquía, país de Medio Oriente. ‖ *Amér.* Se dice, en general, del árabe inmigrante y de sus descendientes. ‖ *loc. Cama turca:* la que no tiene cabecera ni pies. ‖ *s. m.* Lengua turca.

turcomano, na *adj.* y *s.* Se aplica a un pueblo uraloaltaico de raza turca, establecido en Turkmenistán, Uzbekistán, Afganistán e Irán.

túrdido, da *adj.* Se dice de una familia de aves paseriformes de la que forman parte los mirlos, los tordos y los zorzales. ‖ *s. m. pl.* Esta familia de aves.

turgencia *s. f.* Aumento patológico del volumen de un órgano.

turgente *adj.* Hinchado.

turinés, nesa *adj.* y *s.* De Turín, ciudad de Italia.

turismo *s. m.* Acción de viajar por distracción y recreo. ‖ Organización, desde el punto de vista técnico, financiero y cultural, de los medios que facilitan estos viajes. *Oficinas de Turismo.* ‖ Industria que se ocupa de la satisfacción de las necesidades del turista. ‖ *loc. Esp. Gran turismo:* vehículo de alquiler con chofer que carece de taxímetro y se contrata por servicio o por horas.

turista *s. com.* Persona que viaja por distracción y recreo.

turístico, ca *adj.* Relativo al turismo. ‖ Frecuentado por los turistas.

turnar *t.* Alternar o establecer un turno con otras personas.

turno *s. m.* Orden establecido entre varias personas para la ejecución de una cosa. *Turno de día; hablar en su turno.* ‖ Cuadrilla, equipo a quien toca trabajar.

turón *s. m.* Mamífero carnicero.

turpial *s. m.* Pájaro americano parecido a la oropéndola.

turquesa *s. f.* Piedra preciosa de color azul verdoso.

turrón *s. m.* Dulce hecho de almendras, avellanas o nueces, tostadas y mezcladas con miel u otra clase de ingredientes.

turronería *s. f.* Tienda donde se venden turrones.

turulato, ta *adj. fam.* Estupefacto. ‖ Atolondrado por un golpe.

tusa *s. f. Arg.* y *Chil.* Crin recortada del caballo. ‖ *Arg.* y *Chil.* Acción de tusar, de cortar las crines a los caballos. ‖ *Bol., Col.* y *Ven.* Mazorca de maíz desgranada. ‖ *Chil.* Conjunto de filamentos o pelos de la mazorca del maíz. ‖ *Col.* Marca de viruela. ‖ *Cub.* Cigarrillo que se prepara utilizando hojas de maíz. ‖ *Cub.* Mazorca de maíz.

tusar *t. Amér.* Cortar mal el pelo, el vellón o la lana. *Mi hermano fue al peluquero y lo tusaron.* ‖ *Arg.* y *Chil.* Cortar las crines al caballo.

tusfrano *s. m.* Elemento químico radiactivo sintético, de apariencia desconocida y probablemente sólido, que no está presente en la naturaleza; su número atómico es 113 y su símbolo Tf.

tute *s. m.* Juego de naipes en el cual hay que reunir los cuatro reyes o caballos. ‖ Reunión de estos naipes. ‖ *vulg.* Paliza.

tuteamiento *s. m.* Tuteo.

tutear *t.* Dirigirse a una persona hablándole de tú.

tutela *s. f.* Autoridad conferida por la ley para cuidar de la persona y bienes de un menor. ‖ Función de tutor. ‖ *fig.* Protección, defensa, salvaguardia. *Estar bajo tutela.* ‖ *loc. Territorio bajo tutela:* aquel cuya administración está confiada por la ONU a un gobierno determinado.

tutelaje *s. m.* Acción y efecto de tutelar.

tuteo *s. m.* Acción de tutear o tutearse.

tutor, ra *s.* Persona encargada de la tutela. ‖ *s. m.* Profesor de un centro docente encargado de seguir de cerca los estudios de un grupo de alumnos o de una clase.

tutoría *s. f.* Cargo de tutor.

tutú *s. m.* Falda corta que usan las bailarinas de ballet clásico.

tutuma *s. f. Chil.* Bulto que sobresale en el cuerpo de una persona o en su vestimenta.

tuya *s. f.* Árbol conífero de América.

tuyo, ya *pron.* Pronombres posesivos que indican que algo pertenece a la segunda persona del singular. *Este es mi pedazo de tarta, ¿cuál es el tuyo?*

tuyuyú *s. m. Arg.* Especie de cigüeña.

tuza *s. f. Méx.* Pequeño roedor parecido al topo que también construye túneles por abajo de la tierra.

TV *s. m.* Abreviatura de «televisión».

tweed *s. m.* Tejido de lana, generalmente de dos colores, utilizado para la confección de trajes.

tzeltal *adj.* y *s. com.* De un pueblo amerindio que habita en la frontera de México y Guatemala.

tzotzil o **chamula** *adj.* y *s. com.* De un pueblo amerindio que habita en Chiapas, México.

T

u¹ *s. f.* Vigésima segunda letra del abecedario español y quinta de sus vocales.

u² *conj.* Se emplea en vez de «o» ante palabras que empiezan con «o» o con «ho». *No puedes comprar los dos vestidos, tienes que escoger uno u otro.*

uapití *s. m.* Ciervo de gran tamaño que vive en Alaska y Siberia.

ubérrimo, ma *adj.* Que es muy abundante.

ubicación *s. f.* Lugar donde se encuentra algo o alguien.

ubicado, da *adj.* Situado en algún lugar. *El museo está ubicado cerca del centro de la ciudad.* || *Arg.* y *Méx.* Centrado, sensato. *Pese a su juventud Renata es muy ubicada.* || *Cub.*, *Nic.* y *Uy.* Propio, que se comporta de acuerdo con la situación.

ubicar *t.*, *intr.* y *pr.* Estar o encontrarse en un lugar o espacio. *Dime dónde se ubica la casa en la que será la fiesta.* || *Amér.* Situar o instalar algo en determinado espacio o lugar.

ubicuidad *s. f.* Cualidad de poder estar en todos los lugares al mismo tiempo.

ubicuo, cua *adj.* Que está en todos los sitios a la vez; se refiere en especial a Dios.

ubre *s. f.* Cada una de las tetas de las hembras de los mamíferos.

ucraniano, na o **ucranio, nia** *adj.* y *s.* De Ucrania, país de Europa.

ucumari *s. m.* Cierto oso del Perú.

uf *interj.* Expresa cansancio, fastidio, sofocación, repugnancia. *¡Uf! ¡Qué calor hace hoy!*

ufanarse *pr.* Vanagloriarse.

ufanía *s. f.* Orgullo.

ufano, na *adj.* Orgulloso.

ugandés, desa *adj.* y *s.* De Uganda, país de África.

ugrofinés, nesa *adj.* y *s.* Se dice de los finlandeses o de otros pueblos de lengua parecida. || Se aplica a un grupo de lenguas uraloaltaicas como el estonio, el finlandés y el húngaro.

ujier *s. m.* Portero de un palacio o edificio de tribunales. || Empleado de un organismo público que se encarga de dar seguimiento a determinados trámites.

újule *interj. fam. Méx.* Expresión que indica sorpresa, delicadeza exagerada o queja. *¡Újule!, ¡Aumentó el precio de la leche hoy!*

ukelele *s. m.* Instrumento musical de cuerdas parecido a la guitarra.

úlcera *s. f.* Pérdida de sustancia de la piel o de las mucosas a consecuencia de un proceso patológico de destrucción molecular o de una gangrena.

ulceración *s. f.* Formación de úlcera.

ulcerante *adj.* y *s. m.* Que ulcera.

ulcerar *t.* Causar úlcera. || *fig.* Ofender, herir.

ulema *s. m.* Jurista y teólogo que es doctor de la ley musulmana.

uliginoso, sa *adj.* Se aplica a los lugares húmedos y a las plantas que crecen en este tipo de lugares.

ulmáceo, a *adj.* Se dice de las plantas de la familia de las ulmáceas. || *s. f. pl.* Familia de plantas leñosas que tienen hojas asimétricas y fruto de nuez o drupa.

ulmén *s. m. Chil.* Entre los araucanos, hombre rico e influyente.

ulmo *s. m. Chil.* Árbol grande de flores blancas cuya corteza se emplea para curtir. || Madera del árbol de ese nombre.

ulpo *s. m. Chil.* y *Per.* Cierta bebida hecha con harina tostada.

ulterior *adj.* Que está en la parte de más allá || Que ocurre tras otra cosa.

ultimación *s. f.* Fin, terminación.

ultimar *t.* Acabar. || Concertar. *Ultimaron el tratado.*

ultimátum *s. m.* Resolución terminante comunicada por escrito.

último, ma *adj.* Se aplica a lo que, en una serie, no tiene otra cosa después de sí. *Diciembre es el último mes del año.* || Se dice de lo más reciente. *Las últimas noticias.* || Relativo a lo más remoto, retirado o escondido. *Vive en el último rincón de la Argentina.* || Extremo. *Recurriré a él en último caso.* || Más bajo. *Éste es mi último precio.*

ultra *adj.* Relativo a las ideas o pensamientos que llevan al extremo sus opiniones. || *s.* Persona que tiene ideas o pensamientos radicales.

ultracorrección *s. f.* Vicio lingüístico que consiste en deformar las palabras pretendiendo ser correcto en su uso. *Una ultracorrección frecuente es que la gente diga o escriba «bacalado» en vez de «bacalao».*

ultracorrecto, ta *adj.* Que ha sufrido ultracorrección.

ultracorto, ta *adj.* Se dice de la onda cuya longitud es inferior a un metro.

ultraderecha *s. f.* En política, tendencia más extremista de la derecha.

ultraísmo *s. m.* Movimiento poético contrario al modernismo surgido en España en 1918 y que también se dio en Latinoamérica. *En su juventud, Borges fue uno de los escritores ligados al ultraísmo.*

ultraísta *adj.* y *s. com.* Perteneciente o relativo al ultraísmo.

ultraizquierda *s. f.* Tendencia más extremista de la izquierda en política.

ultrajador, ra *s.* Que ofende o humilla.

ultrajante *adj.* Que constituye un ultraje. *Me parece ultrajante que me desplacen por un recomendado.*

ultrajar *t.* Agredir, ofender de manera grave. || Humillar.

ultraje *s. m.* Ofensa o humillación grave. *Violar los derechos de los niños es un ultraje para su dignidad.*

ultraligero *s. m.* Pequeño avión de estructura simplificada y pequeño motor. *Los ultraligeros pesan menos de 170 kilos.*

ultraligero, ra *adj.* Muy ligero.

ultramar *s. m.* País o territorio situado al otro lado del mar.

ultramarino, na *adj.* Que está del otro lado del mar. || *s. m. pl.* Comestibles traídos de otros continentes. || Tienda o comercio de comestibles.

ultramicroscópico, ca *adj.* Infinitamente pequeño.

ultramoderno, na *adj.* Muy moderno.

ultramundano, na *adj.* Que no está en este mundo.

ultramundo *s. m.* El otro mundo.

ultranza *loc.* A ultranza: Firme, sin detenerse ante las dificultades. *Manuel es ecologista a ultranza.*

ultrarrápido, da *adj.* Muy rápido.

ultrarrojo, ja *adj.* Infrarrojo.

ultrasensible *adj.* Muy sensible.

ultrasónico, ca *adj.* Relativo al ultrasonido.

ultrasonido *s. m.* Onda sonora no audible para el oído humano, que se usa, entre otras cosas, para hacer estudios médicos.

ultrasonoro, ra *adj.* De los ultrasonidos.

ultratumba *s. f.* Aquello que se cree que está más allá de la tumba y de la muerte. *Los espiritistas afirman que pueden comunicarse con seres de ultratumba.*

ultravioleta *adj.* Relativo a las radiaciones situadas en el espectro más allá del violeta. *Los rayos ultravioleta perjudican a los seres vivos.*

ulular *intr.* Aullar.

umbela *s. f.* Forma parecida a un paraguas en que se agrupan las flores de ciertas plantas.

umbelífero, ra *adj.* Relativo a una familia de plantas con flores dispuestas en umbelas, como la zanahoria y otras, muy usadas en la alimentación y la medicina.

umbilical *adj.* Relativo al ombligo. || *loc.* Cordón umbilical: especie de tripa que une el ombligo del bebé que aún no ha nacido, al cuerpo de la madre.

umbral *s. m.* Parte inferior del vano de la puerta, contrapuesta al dintel. *Estaba en el umbral de su casa.* || *fig.* Principio, origen.

umbrío, bría *adj.* Se dice del lugar donde da poco el sol. *La selva es umbría a causa de las ramas de los árboles.*

umbroso, sa *adj.* Se aplica a lo que produce sombra.

un *adj.* Número cardinal apócope de «uno». *Fui a la tienda y compré un dulce y dos galletas.*

un, una *art.* Sirve para indicar una persona o cosa de un modo indeterminado. *Había una vez, hace mucho tiempo, un niño que se llamaba Juan.*

unánime *adj.* General.

unanimidad *s. f.* Conformidad entre varios pareceres.

unción *s. f.* Acción y efecto de ungir. || Ceremonia católica en la que se administran los santos óleos o aceites santificados a los moribundos.

uncir *t.* Sujetar al yugo a los bueyes u otros animales de trabajo.

undécimo, ma *adj.* Que ocupa el lugar once. || *s. m.* Cada una de las once partes iguales en que se divide un todo.

ungimiento *s. m.* Unción.

ungir *t.* y *pr.* Untar. || Hacer la señal de la cruz con aceite santificado sobre una persona. *Para ordenar sacerdotes, los ungen con los santos óleos.*

ungüento *s. m.* Sustancia que sirve para untar, en especial con fines curativos. *Para el dolor muscular le recetaron un ungüento.*

unguiculado, da *s.* Relativo a los animales con dedos que terminan en uñas.

ungulado, da *adj.* Relativo a los mamíferos con dedos que terminan en cascos o pezuñas. *Los burros y los caballos son animales ungulados.*

ungular *adj.* De la uña.

unicameralismo *s. m.* Existencia de una sola asamblea o cámara de diputados.

unicelular *adj.* Relativo al organismo formado por una sola célula.

unicidad *s. f.* Condición de único.

único, ca *adj.* Solo en su especie. *Es mi única preocupación.* || *fig.* Extraño, extraordinario. *Caso único; único en su género.*

unicolor *adj.* De un solo color.

unicornio *s. m.* Animal fabuloso de cuerpo de caballo con un cuerno en mitad de la frente. || Rinoceronte.

unidad *s. f.* Cada una de las cosas que forman un conjunto. *La caja de chocolates contenía diez unidades.* || Magnitud tomada como término de comparación para medir otra de la misma especie. *El kilogramo es una unidad de peso.* || Propiedad de lo que constituye un todo que no se divide. *La unidad de los vecinos ayudó a solucionar el problema.*

unido, da *adj.* Se aplica a las personas que conviven con armonía y se entienden bien entre ellas. *Todos en ese equipo son muy unidos, por eso son exitosos.*

unifamiliar *adj.* Que corresponde a una sola familia.

unificación *s. f.* Acción de unificar.

unificador, ra *adj.* Que unifica.

unificante *adj.* Unificador. *El español ha sido una lengua unificante para diversas culturas americanas.*

unificar *t.* y *pr.* Reunir varias cosas o personas para crear un todo sin divisiones. *En el siglo XIX varios reinos europeos se unificaron.* || Eliminar las diferencias entre determinadas cosas. *El gobierno unificará los programas de estudio.*

uniformado, da *s.* Igualado con otras cosas. *Las mediciones se harán a partir de parámetros uniformados.* || *Arg., Méx.* y *Ven.* Agente de seguridad pública, policía. *Los uniformados vigilarán las entradas al estadio.*

uniformador, ra *adj.* Que uniforma.

uniformar *t.* Igualar varias cosas entre sí. || Poner uniforme a alguien. *La dirección decidió que los alumnos deberán uniformarse.*

uniforme *adj.* Se dice de dos o más cosas que tienen la misma forma. *En el desfile, los soldados marcharon de manera uniforme.* || *s. m.* Vestido distintivo e igual de un cuerpo militar, colegio, etc. *En esa escuela tienen un uniforme para todos los días y otro de gala.*

uniformidad *s. f.* Hecho de tener la misma forma.

uniformizar *t.* Hacer que un conjunto de personas o cosas muestre un aspecto uniforme.

unilateral *adj.* Que se refiere a una parte o aspecto de una cosa. *Decisión unilateral.* || Situado en sólo una parte. || Que compromete sólo a una de las partes. *Pactos unilaterales.*

unión *s. f.* Reunión, asociación de dos o varias cosas en una sola. || Asociación, conjunción, enlace entre dos o más cosas. || Asociación de personas, de sociedades o colectividades con objeto de conseguir un fin común. *Unión de productores.* || Conformidad de sentimientos y de ideas. *Unión de corazones.* || Casamiento, matrimonio. *Unión conyugal.* || Acto que une bajo un solo gobierno varias provincias o Estados. || Provincias o Estados así reunidos. *La Unión Americana.* || Asociación por la que dos o varios Estados vecinos suprimen la aduana en las fronteras que les son comunes. *Unión arancelaria.*

unionense *s.* De La Unión, municipio de España y departamento de El Salvador.

unipersonal *adj.* Que consta de una sola persona. *Gobierno unipersonal.* || Individual, de una sola persona. *Propiedad unipersonal.* || Se aplica a los verbos que únicamente se emplean en la tercera persona.

unir *t.* Juntar dos o varias cosas. *Unió los dos pisos.* || Asociar. *Unir dos empresas.* || Establecer un vínculo de afecto, de cariño, de amistad. *Estoy muy unido con él.* || Hacer que se verifique un acercamiento. *Las desgracias de la guerra unieron a los dos Estados.* || Casar. *Los unió el juez.* || Mezclar, trabar. *Unir una salsa.* || Juntar los labios de una herida. || *pr.* Asociarse, juntarse.

unísono, na *adj.* Que tiene el mismo tono o sonido que otra cosa.

unitario, ria *adj.* Compuesto de una sola unidad. *Estado unitario.* || Relativo a la unidad y a la centralización política bajo la autoridad de Buenos Aires defendidas en la Constitución de 1819. || *s.* Partidario de esta unidad que se oponía al federalismo.

universal *adj.* Relativo al Universo o al espacio celeste. *Newton descubrió la ley de la gravitación universal.* || Que se extiende a todos los casos posibles. *Miguel de Cervantes Saavedra fue un grande de la literatura universal.* || Que se refiere o es común a todo el mundo, todas las épocas o todos los hombres. *Los derechos humanos deben ser universales.*

universalidad *s. f.* Carácter de universal. *Una característica de los derechos humanos es su universalidad.*

universalismo *s. m.* Ideología política o religiosa que persigue unificar todos los poderes e instituciones mundiales bajo una sola cabeza.

universalización *s. f.* Acción y efecto de universalizar.

universalizar *t.* Generalizar, hacer universal.

universidad *s. f.* Institución y edificio donde se imparte la enseñanza superior o universitaria.

universitario, ria *adj.* Relacionado con la universidad. || *s.* Persona que asiste a una universidad. || Persona que asistió a una universidad. *Los universitarios se reunieron en un restaurante.*

universo *s. m.* Todo lo que existe en lo material. *En el universo somos los únicos seres racionales.* || Conjunto de todo lo que existe en lo inmaterial. *Me gusta mucho el universo de los números.*

unívoco, ca *adj.* Se dice de lo que tiene el mismo significado.

uno, na[1] *adj.* Que no se puede dividir. *La patria es una.* || Idéntico, semejante. *Estas dos personas no son más que una.* || Unidad. *Me dieron una hoja impresa.*

uno, na[2] *s. m.* Signo que representa el número 1. || Individuo de cualquier especie.

uno, na[3] *pron.* Señala a una persona indeterminada o cuyo nombre se ignora. *Uno me lo afirmó esta tarde.* || Se usa también contrapuesto a «otro». *Uno tocaba y el otro cantaba.*

untar *t.* Cubrir con una materia grasa o pastosa.

unto *m.* Materia que se emplea para untar, en especial si es comida o medicamento. || *Chil.* Betún para limpiar el calzado.

untuosidad *s. f.* Calidad de untuoso.

untuoso, sa *adj.* Que es pegajoso y se desliza, como el jabón o la grasa. || *fig.* Persona, o sus actitudes, que son demasiado suaves y empalagosas.

uña *s. f.* Lámina curva que recubre la parte superior de la punta de los dedos de ciertos animales y el hombre. *Se me cayó la uña que me había lastimado.* || Casco de los animales que no tienen dedos separados. || Parte de una hoja que sobresale del canal de un libro para poder abrirlo por una página determinada. || *pl. loc. fam. Enseñar* o *mostrar las uñas:* amenazar o dejar ver que se tiene carácter agresivo. *Juana es tranquila, pero enseña las uñas cuando la molestan.*

uñero *s. m.* Inflamación de la raíz de la uña. || Herida que produce una uña cuando crece introduciéndose en la carne.

upa *interj.* Se utiliza para animar o estimular a hacer un esfuerzo.

uralita *s. f.* Cierto material de construcción obtenido por aglomeración de amianto y cemento.

uranio *s. m.* Elemento químico radiactivo, abundante en la corteza terrestre; de color blanco argénteo, muy pesado, dúctil y maleable, es inflamable, tóxico y se puede fisionar; se utiliza como combustible nuclear; su número atómico es 92 y su símbolo U.

urano *s. m.* Óxido de uranio.

urbanidad *s. f.* Comportamiento que demuestra buena educación.

urbanismo *s. m.* Grupo de conocimientos y acciones que se ocupa de la construcción y desarrollo de las ciudades y de sus espacios.

urbanista *s. com.* Especialista en urbanización.

urbanístico, ca *adj.* Relativo al urbanismo. *Brasilia es una ciudad que fue planeada con criterios urbanísticos modernos.*

urbanización *s. f.* Hecho de acondicionar terrenos para construir zonas habitacionales.

urbanizador, ra *adj.* Que urbaniza. || *s.* Persona que urbaniza.

urbanizar *t.* Acondicionar un terreno para crear una ciudad o agrandar la que ya existe.

urbano, na *adj.* Relativo a la ciudad.

urbe *s. f.* Ciudad de gran tamaño e importancia. *Londres era una de las grandes urbes europeas.*

urco *s. m.* Macho de la llama.

urdidor, ra *s.* Que urde.

urdimbre *s. f.* Conjunto de hilos paralelos colocados en el telar entre los que pasa la trama para formar el tejido. || Estambre urdido para tejerlo. || *fig.* Maquinación, trama.

urdir *t.* Preparar los hilos de la urdimbre para ponerlos en el telar. || *fig.* Maquinar, preparar, tramar.

urea *s. f.* Sustancia que se halla en la orina.

uremia *s. f.* Aumento de la cantidad de urea en la sangre.

urémico, ca *adj.* Que presenta uremia.

uréter *s. m.* Cada uno de los dos conductos por los que la orina va de los riñones a la vejiga.

uretra *s. f.* Conducto por el que se expulsa la orina de la vejiga.

uretritis *s. f.* Inflamación de la uretra. *La uretritis es muy dolorosa.*

urgencia *s. f.* Emergencia. || Prisa. *Tenía urgencia de ir al banco.* || *pl.* Zona de los hospitales donde se atienden casos de gravedad. *La ambulancia llevó al atropellado a urgencias.*

urgente *adj.* Que urge. *Labor urgente.* || Que se cursa con rapidez.

urgir *t.* Compeler, apremiar. || *intr.* Exigir una cosa su pronta ejecución, correr prisa. *El asunto urge.* || Ser inmediatamente necesario. *Me urge mucho.*

úrico, ca *adj.* Relativo a la orina o al ácido incoloro y poco soluble que se halla en la orina.

urinario, ria adj. De la orina. || loc. Aparato urinario: conjunto formado por los riñones y las vías que tienen como función expeler la orina. || s. m. Lugar para orinar.

urna s. f. Vasija usada para guardar las cenizas de los muertos. || Caja de cristal para guardar objetos. || Para elecciones, caja de algún material transparente usada para depositar los votos. Vaciaron las urnas y empezó el conteo de los votos.

uro s. m. Especie de toro salvaje.

urogallo s. m. Ave gallinácea.

urología s. f. Parte de la medicina que estudia el aparato urinario.

urólogo, ga s. Especialista en urología.

urraca s. f. Pájaro domesticable de plumaje blanco y negro y larga cola.

urticáceo, a adj. Se dice de las plantas pertenecientes a la familia urticácea. || s. f. pl. Familia de plantas herbáceas de hojas vellosas y flores apétalas.

urticante adj. Que produce irritación y picor ardoroso en la piel.

urticaria s. f. Erupción cutánea, por lo general en forma de ronchas rojizas, que produce gran picazón y aparece como reacción alérgica. A Andrea la carne de cerdo le produce urticaria.

urubú s. m. Ave rapaz diurna.

uruguayismo s. m. Palabra o giro propio del Uruguay. || Carácter de uruguayo. || Amor a Uruguay.

uruguayo, ya s. Originario de Uruguay, país de América del Sur.

urundey o **urunday** s. m. Arg. y Uy. Árbol terebintáceo cuya madera se emplea en la construcción.

urutaú s. m. Arg., Py. y Uy. Ave nocturna de plumaje pardo oscuro, muy similar a la lechuza.

urutí s. m. Arg. Pájaro cuyo plumaje es de colores variados.

usado, da adj. Gastado por el uso. Un traje usado. || Utilizado.

usanza s. f. Uso, moda, costumbre.

usar t., intr. y pr. Hacer que sirva una cosa para algún fin. Usa las escaleras porque el ascensor no sirve. || Consumir. El automóvil usa mucho aceite porque tiene una falla en el motor. || Llevarse, estar de moda. El sombrero se usa poco.

usina s. f. Arg., Bol., Chil., Col., Nic., Par. y Uy. Instalación industrial, en especial la destinada a producir gas, energía eléctrica, etc.

uso s. m. Acción y efecto de usar. A causa del uso las suelas se desgastan. || Capacidad para usar algo. En pleno uso de sus facultades mentales. || Modo de usar algo. Debo investigar si ese aparato tiene otro uso. || Costumbre propia de un país. El uso en México exige que el 2 de noviembre se ponga una ofrenda a los muertos.

usted pron. Pronombre personal masculino y femenino de la segunda persona, que se emplea como tratamiento de respeto y se usa con el verbo y formas pronominales en tercera persona. Pase, está usted en su casa.

usual adj. Acostumbrado.

usuario, ria s. Relativo a la persona que emplea cierto servicio. Los usuarios del gas, de la carretera. || Se aplica a la persona que disfruta del uso legítimo de algo.

usucapión s. f. Adquisición de una cosa por haberla poseído durante cierto tiempo determinado por la ley sin que la reclamase su legítimo dueño.

usufructo s. m. Derecho de uso que tiene una persona sobre el bien de otra, percibiendo los beneficios. || Utilidad o provecho que se obtiene de alguna cosa.

usufructuar t. Disfrutar de un bien en usufructo.

usufructuario, ria s. Persona que posee algo y disfruta de los beneficios que ello produce.

usuluteco, ca s. De Usulután, ciudad de El Salvador.

usura s. f. Infracción cometida al prestar dinero cobrando un alto interés. La usura es ilegal.

usurario, ria adj. Con usura.

usurero, ra s. Persona que presta dinero cobrando un alto interés.

usurpación s. f. Acción de usurpar.

usurpador, ra s. Que usurpa.

usurpar t. Apoderarse o disfrutar indebidamente de un bien o derecho ajeno. Usurpar el poder.

utensilio s. m. Objeto manual para realizar ciertas operaciones.

uterino, na adj. Relativo al útero.

útero s. m. Órgano de la gestación en la mujer y en las hembras de los mamíferos. Los bebés crecen en el útero de sus madres.

útil adj. Que produce provecho o sirve para algo. || s. m. Utensilio, herramienta. El martillo y la sierra son útiles del carpintero.

utilería s. f. Conjunto de objetos y decorados que se utilizan para las escenografías en teatro y cine.

utilidad s. f. Calidad de útil. || Provecho que se obtiene de una cosa. La computadora es de gran utilidad.

utilitario, ria adj. Que antepone la utilidad a todo lo demás.

utilitarismo s. m. Modo de pensar que tiene a la utilidad como fundamento de cualquier acción.

utilitarista s. com. Persona que practica el utilitarismo o simpatiza con ese modo de pensar.

utilización s. f. Uso, empleo.

utilizador, ra adj. Se aplica a la persona que utiliza algo.

utilizar t. y pr. Valerse de alguien o algo de forma útil. Para preparar el postre utilicé huevos, leche, harina y azúcar.

utillaje s. m. Conjunto de herramientas, instrumentos o máquinas.

uto-azteca adj. Relativo a una familia de indígenas, llamada también «yuto-azteca», que habitaba desde las Montañas Rocosas (Estados Unidos) hasta Panamá. || Relativo a estos indígenas. || Se dice de la familia de lenguas de estos pueblos.

utopía s. f. Proyecto cuya realización es imposible.

utópico, ca adj. De la utopía. Doctrina completamente utópica.

utopista s. com. Persona que imagina utopías o cree en ellas.

uva s. f. Fruto de la vid consistente en granos o bayas blancas o moradas que forman un racimo. || Cada uno de estos granos o bayas. || Fruto del agracejo.

uve s. f. Nombre de la letra «v».

uveral s. m. Amér. C. Terreno plantado de uveros.

uvero, ra adj. Relativo a las uvas. || s. m. Árbol de las Antillas y América Central.

úvula s. f. Apéndice carnoso y móvil que cuelga de la parte posterior del velo palatino.

uxoricida s. com. Que comete uxoricidio.

uxoricidio s. m. Delito que comete el hombre que mata a su mujer.

uy interj. Expresa dolor, sorpresa o agrado. ¡Uy! ¡Qué guapa te ves hoy!

uyama s. f. Col., R. Dom. y Ven. Auyama, planta cucurbitácea.

U

V

v *s. f.* Vigésima tercera letra del abecedario español; su nombre es «ve».

vaca *s. f.* Hembra del toro. ‖ Carne de res vacuna que sirve de alimento. ‖ Cuero de vaca o buey después de curtido. ‖ Asociación de varias personas para jugar dinero en común, por ejemplo en la lotería.

vacación *s. f.* Suspensión temporal del trabajo o de los estudios por descanso y tiempo que dura esta suspensión. *Esteban irá a la playa en las vacaciones de verano.*

vacacional *adj.* Relativo a las vacaciones. *En la próxima temporada vacacional iremos a las montañas.*

vacacionar *intr.* Salir de vacaciones.

vacacionista *s. com. Cub., Hond., Méx., Salv.* y *Ven.* Persona que visita lugares en vacaciones. *Las playas estuvieron atiborradas de vacacionistas.*

vacante *adj.* y *s. f.* Relativo al empleo, cargo o plaza que está desocupado. *Hay una vacante en la empresa donde trabajo.*

vacar *intr.* Quedar un cargo o empleo sin persona que lo desempeñe. ‖ Cesar uno por algún tiempo en sus habituales negocios o estudios.

vaciado *s. m.* Acto de vaciar determinado material en un molde para reproducir algún objeto, como una escultura, joya, etc.

vaciado, da *adj. fam. Méx.* Simpático, divertido, chistoso. *Un compañero muy vaciado nos hacía reír mucho.*

vaciar *t., intr.* y *pr.* Dejar algo vacío, quitar el contenido de un recipiente. ‖ Desaguar en alguna parte los ríos o corrientes. *El gran Río Amazonas se vacía en el océano Atlántico.*

vaciedad *s. f.* Sandez, dicho necio, tontería. *La actriz respondió una serie de vaciedades durante la entrevista que le hicieron.*

vacilación *s. f.* Duda, titubeo, indecisión. *Durante un examen es fácil saber quién no ha estudiado porque muestra vacilación.*

vacilada *s. f. fam. Méx.* Broma o dicho poco serio. *Lo que te contaron es una vacilada.*

vacilante *adj.* Se dice de la persona que no toma una decisión. *Mis padres tuvieron una actitud vacilante cuando les pedí permiso para ir a la excursión.*

vacilar *intr.* Moverse una cosa por falta de estabilidad. *Las lámparas de la calle vacilaban por el fuerte viento.* ‖ Dudar, estar indeciso. *Gerardo vacila entre estudiar física o química.* ‖ *Amér. C.* y *Méx.* Divertirse, estar de juerga, hablar en broma. *Los viernes sale con sus amigos a vacilar a alguna fiesta.*

vacile *s. m. fam.* Broma que se hace para engañar, burla.

vacilón *s. m. Amér. C.* y *Méx.* Juerga, fiesta, diversión. *Se fueron de vacilón y llegaron muy tarde.*

vacío, a *adj.* Falto de contenido. *La botella de leche está vacía, voy a la tienda a comprar otra.* ‖ Desocupado, que está sin gente o con muy pocas personas. *Cuando llegaron a la sala de cine, todavía estaba vacía.* ‖ *s. m.* Espacio en el que no hay atmósfera. *Los astronautas flotaban en el vacío.* ‖ Espacio libre. *Siento un vacío en el estómago.* ‖ Abismo, precipicio. *Perdió el equilibrio y cayó al vacío.*

vacuidad *s. f.* Estado de vacío.

vacuna *s. f.* Preparación microbiana que, inoculada a una persona o a un animal, inmuniza contra una enfermedad determinada.

vacunación *s. f.* Inmunización contra alguna enfermedad por una vacuna.

vacunar *t.* Poner una vacuna.

vacuno, na *adj.* Relativo a los bueyes y vacas. ‖ *s. m.* Res vacuna.

vacuo, cua *adj.* Insustancial.

vacuola *s. f.* Cavidad del citoplasma de las células que encierra diversas sustancias en un líquido.

vadear *t.* Atravesar un río por el vado. ‖ *fig.* Esquivar.

vado *s. m.* Lugar de un río en donde hay poca profundidad y que se puede pasar sin perder pie. ‖ Rebajamiento del bordillo de una acera de una calle para facilitar el acceso de un vehículo a una finca urbana.

vagabundear *intr.* Llevar vida de vagabundo.

vagabundeo *s. m.* Acción de vagabundear. ‖ Vida de vagabundo.

vagabundo, da *adj.* Que va sin dirección fija, que anda errante de una parte a otra. ‖ *s. m.* Persona que no tiene domicilio determinado ni medios regulares de subsistencia.

vagancia *s. f.* Pereza, holgazanería, ociosidad. ‖ Estado del que no tiene domicilio ni medios de subsistencia lícitos.

vagar *intr.* Andar errante, sin rumbo. ‖ Andar ocioso.

vagina *s. f.* Conducto que en las hembras de los mamíferos se extiende desde la vulva hasta la matriz.

vaginal *adj.* De la vagina.

vago, ga *adj.* Que anda de una parte a otra sin dirección fija. *Mauricio es muy vago.* ‖ Falto de precisión. *No pude llegar porque las indicaciones eran muy vagas.* ‖ Poco trabajador. *Los vagos siempre tienen pretextos para no hacer nada.*

vagón *s. m.* Coche de ferrocarril. *Tren que tenía muchos vagones.*

vagoneta *s. f.* Vagón pequeño y descubierto usado para transporte. ‖ *fam. Arg.* Persona sin ocupación. ‖ Sinvergüenza. ‖ Persona de mal vivir.

vaguada *s. f.* Parte más honda de un valle por donde van las aguas.

vaguear *intr.* Vagar.

vaguedad *s. f.* Calidad de vago.

vaharada *s. f.* Acto de echar aliento o vaho por la boca. ‖ Golpe súbito de un olor que llega con el viento.

vahído *s. m.* Desvanecimiento, desmayo, pérdida momentánea del conocimiento.

vaho *s. m.* Vapor que despiden los cuerpos. *El agua caliente despide vaho.* ‖ Aliento. *Eché vaho en la ventana y se empañó el vidrio.*

vaina *s. f.* Funda de algunas armas. *El guerrero sacó su gran sable de la vaina y se dispuso a luchar.* ‖ *Amér.* Contrariedad, molestia. *Esto es una vaina, me pidieron que trabajara el domingo.* ‖ Envoltura en la que están las semillas de ciertas leguminosas, como la arveja o chícharo. *Para preparar los chícharos, deben sacarse de sus vainas.*

vainica *s. f.* Deshilado menudo que las costureras hacen por adorno en la tela.

vainilla *s. f.* Planta trepadora que se cultiva por su fruto. *La vainilla se cultiva en zonas tropicales.* ‖ Fruto de esa planta, usado como condimento y aromatizante.

vaivén *s. m.* Balanceo. ‖ *fig.* Alternativa.

vajilla *s. f.* Conjunto de vasos, tazas, platos, fuentes, etc., para el servicio de la mesa.

valdiviano, na *adj.* y *s.* De Valdivia, ciudad de Chile.

vale *s. m.* Papel que se canjea por ciertos artículos. *A mi papá le dan vales de café en la despensa.* ‖ Nota firmada que se da en una entrega para certificarla y hacerla válida. *Joaquín firmó un vale por el dinero que pidió a Manuel.*

valedero, ra *adj.* Válido.

valedor, ra *s.* Persona que favorece o protege a otra. ‖ *Méx.* Compañero, camarada. *Efraín es mi valedor.*

valencia *s. f.* Número máximo de átomos de hidrógeno que pueden combinarse con un átomo de cuerpo simple.

valenciano, na *adj.* y *s.* De las ciudades de Valencia, en España y Venezuela.

valentía *s. f.* Calidad de valiente. *Se necesita valentía para trabajar con leones en el circo.* ‖ Hecho heroico.

valentón, tona *adj.* y *s. desp.* Persona que fanfarronea presumiendo de ser muy valiente.

valentonada *s. f.* Valor.

valer[1] *s. m.* Valor, valía.

valer[2] *t.* e *intr.* Tener las cosas un precio determinado. *¿Cuánto vale el kilo?* ‖ Equivaler. *Dos cuartos valen lo mismo que un medio.* ‖ Ser válido, estar permitido. *No valió la salida de los corredores porque uno arrancó antes.* ‖ Ser útil. *Esos billetes de cien dólares no valen porque son de juguete.* ‖ Tener ciertas cualidades. *La película vale mucho por la actuación del protagonista.* ‖ Servirse de algo o de alguien, utilizar. *Mi amigo se vale de muletas para caminar.*

valeriana *s. f.* Planta de flores rosas, blancas o amarillentas.

valeroso, sa *adj.* Valiente.

valía *s. f.* Valor, estimación.

validación *s. f.* Acción de validar.

validar *t.* Hacer válido algo.

validez *s. f.* Calidad de válido.

valido *s. m.* Favorito.

válido, da *adj.* Que satisface los requisitos legales para producir efecto. *Contrato válido.*

valiente *adj.* Que está dispuesto a arrostrar los peligros. *Un soldado valiente.* ‖ *fig.* Grande. *¡Valiente frío!* ‖ *fam.* Menudo. *¡Valiente amigo tienes!*

valija *s. f.* Utensilio para transportar objetos personales durante un viaje. *Como se iba de viaje llevaba sus valijas llenas.* ‖ Saco de cuero donde se lleva el correo. *Llegó el cartero con la valija llena.*

valimiento *s. m.* Privanza.

valioso, sa *adj.* De mucho valor.

valla *s. f.* Cerca que se pone alrededor de algo para defensa o protección o para restablecer una separación. ‖ Obstáculo artificial puesto en algunas carreras o pruebas deportivas. *Cien metros con vallas.* ‖ *fig.* Obstáculo, impedimento.

valladar o **vallado** *s. m.* Valla.

vallar *t.* Cercar con valla.

valle *s. m.* Llanura entre dos montañas. ‖ Cuenca de un río.

vallecaucano, na *adj.* y *s.* De Valle del Cauca, departamento de Colombia.

vallenato, ta *adj.* y *s.* De Valledupar, ciudad de Colombia.

vallisoletano, na *adj.* y *s.* De Valladolid, municipio y ciudad de España.

valón, lona *adj.* y *s.* De Valonia. ‖ *s. m.* Lengua hablada en Valonia (Bélgica) y en el norte de Francia.

valor *s. m.* Cualidad de una persona o cosa por la que merece ser apreciada. *Entre sus valores, Julieta posee el de la humildad.* ‖ Importancia. *Las palabras de mi maestra fueron de gran valor para mí.* ‖ Cualidad de quien afronta sin miedo los peligros. *Luis se lanzó con gran valor y salvó al niño.* ‖ Precio de una cosa. *El valor de este diamante es muy alto.* ‖ Duración de una nota musical. ‖ *pl.* Conjunto de títulos o acciones bancarias. *Andrés tiene su dinero invertido en valores.*

valoración *s. f.* Evaluación, atribución de un valor. *Para ingresar a esa escuela, se debe hacer una valoración previa.*

valorar *t.* Fijar el precio de una cosa. *Han valorado la casa en 800 mil pesos.* ‖ Apreciar el valor de alguien o algo. *La crítica valoró la obra de ese nuevo pintor.*

valorativo, va *adj.* Que valora. *El nutriólogo me elaboró un examen valorativo de falta de hierro.*

valorización *s. f.* Evaluación.

valorizar *t.* Valorar, evaluar. ‖ Acrecentar el valor de una cosa.

valquiria *s. f.* Cada una de ciertas divinidades de la mitología escandinava. *Las valquirias elegían a los héroes que debían morir en una batalla.*

vals *s. m.* Baile y música de origen austriaco, de ritmo vivo y rápido. *Strauss fue uno de los compositores más famosos de valses.*

valsar o **valsear** *intr.* Bailar el vals.

valuación *s. f.* Valoración.

valuar *t.* Valorar.

válvula *s. f.* Dispositivo empleado para regular el flujo de un líquido, un gas, una corriente, etc., de modo que sólo pueda ir en un sentido. ‖ Mecanismo que se pone en una tubería para regular, interrumpir o restablecer el paso de un líquido. ‖ Obturador colocado en un cilindro de un motor de modo que su orificio por el que se aspira la mezcla del carburador se halle abierto mientras baja el émbolo en el cilindro y cerrado cuando se verifica la combustión. || Obturador para dejar pasar el aire en un neumático cuando se infla con una bomba. || Lámpara de radio. *Válvula de rejilla.* || En anatomía, repliegue membranoso de la capa interna del corazón o de un vaso que impide el retroceso de la sangre o de la linfa. *Válvula mitral.*

valvulina *s. f.* Lubricante hecho con residuos del petróleo.

vampiresa *s. f.* Estrella cinematográfica que desempeña papeles de mujer fatal. || Mujer seductora y perversa.

vampiro *s. m.* Espectro que, según creencia popular, salía por la noche de las tumbas para chupar la sangre a los vivos. || Mamífero quiróptero de la América tropical parecido al murciélago.

vanadio *s. m.* Elemento químico, metal escaso en la corteza terrestre; es de color gris claro, dúctil y resistente a la corrosión; se utiliza como catalizador y, aleado con aluminio o con hierro, mejora las propiedades del acero y el titanio; su número atómico es 23 y su símbolo V.

vanagloria *s. f.* Presunción.

vanagloriarse *pr.* Jactarse.

vandalaje *s. m. Amér.* Vandalismo.

vandalismo *s. m.* Barbarie.

vándalo, la *adj. y s.* Se dice del individuo de un antiguo pueblo germánico que invadió las Galias, España y África en los siglos V y VI. || *fig.* Bárbaro.

vanguardia *s. f.* Parte de un ejército que va delante del cuerpo principal. *Las tropas que marchaban a la vanguardia iban apoyadas por tanques.* || Aquello que se anticipa a su propio tiempo. *Ese diario defendía ideas de vanguardia.*

vanguardismo *s. m.* Posición adelantada a su tiempo.

vanguardista *adj. y s. com.* Que abre nuevos caminos en el arte, la ciencia, etc.

vanidad *s. f.* Calidad de vano. *Es vanidad que sólo te preocupes por tu aspecto físico.* || Orgullo inspirado en un alto concepto de los propios méritos. *La vanidad le impide aceptar las críticas.*

vanidoso, sa *adj.* Que se cree más inteligente y guapo que los demás. *Es muy vanidosa: siempre se está viendo en el espejo.*

vanilocuente o **vanílocuo, cua** *adj.* Que habla con pompa.

vano, na *adj.* Falto de realidad, sustancia o entidad. *Joel hace proyectos vanos que nunca se realizan.* || Sin fundamento, sin razón. || Presuntuoso, frívolo. *Es un hombre vano que sólo habla de sí mismo.* || *loc. En vano:* de manera inútil, de manera ineficaz. || *s. m.* Hueco de una pared.

vapor *s. m.* Gas en que se transforma un líquido o un sólido al absorber calor. *El vapor del agua caliente en la ducha empañó los cristales.* || Embarcación que se mueve gracias al vapor. *Para ir de la ciudad de Venecia a la estación de tren se toma un vapor.*

vaporización *s. f.* Hecho de aspirar el vapor que despide el agua hirviendo mezclada con alguna medicina, con fines curativos. *El médico me recomendó hacer vaporizaciones.*

vaporizador *s. m.* Aparato que expulsa algún líquido en gotas muy pequeñas.

vaporizar *t. y pr.* Convertir un líquido en vapor. *Cuando llueve y hace calor al mismo tiempo, el agua se vaporiza.* || Dispersar en gotas muy pequeñas.

vaporoso, sa *adj.* Ligero y muy fino o transparente.

vapuleador, ra *adj.* Que vapulea.

vapulear *t.* Azotar.

vapuleo *s. m.* Paliza.

vaquería *s. f.* Establo de vacas.

vaquero, ra *adj.* Relativo a los pastores de ganado bovino.

vaqueros *adj. y s. m. pl.* Relativo al pantalón de tela de algodón o mezclilla, muy resistente. *Rosaura se puso unos vaqueros y se fue al cine.*

vaquetón, tona *s. fam. Méx.* Persona floja, vaga o dejada. *A sus 28 años es un vaquetón al que su familia todavía mantiene.*

vara *s. f.* Rama delgada, larga y sin hojas. || Palo largo.

varal *s. m.* Vara muy larga. || Cada uno de los palos en que encajan los travesaños de los costados del carro.

varamiento *s. m.* Encallamiento.

varano *s. m.* Lagarto carnívoro de lengua bífida y cuerpo robusto que puede medir hasta 3 m de largo. *Los varanos viven en Australia, Asia y África.*

varar *t., intr. y pr.* Sacar del mar a la playa una embarcación. *Vararon ese barco para hacerle reparaciones.* || Atorarse o encallar una embarcación. || Detenerse, inmovilizarse, atascarse. *Sacaba buenas notas, pero de pronto se varó y empezó a reprobar.*

varazo *s. m.* Golpe dado con una vara.

varear *t.* Derribar los frutos del árbol con una vara. *Varear las aceitunas.* || Golpear, sacudir con vara o palo.

varec *s. m.* Cierta clase de alga.

vareo *s. m.* Acción de varear.

variable *adj.* Que varía o es capaz de variar. *Tiene un carácter muy variable.* || *s. f.* Término indefinido que puede tomar distintos valores. *Para hacer tu investigación debes tomar en cuenta variables como el clima, la población y la salud.*

variación *s. f.* Cambio.

variado, da *adj.* Diverso. || Se dice del movimiento cuya velocidad no es constante.

variante *adj.* Variable, que varía. || *s. f.* Forma diferente.

variar *t. e intr.* Hacer que una cosa sea diferente a como era antes. *Para variar, ¿por qué no llegas tú a mi casa.* || Dar variedad. || Cambiar, ser diferente. *El agua varía según su estado: sólido, líquido o gaseoso.*

varice o **várice** *s. f.* Dilatación permanente de las venas, sobre todo de las piernas.

varicela *s. f.* Enfermedad infecciosa que produce fiebre y erupciones en la piel.

varicoso, sa *adj. y s.* Relativo a las várices.

variedad *s. f.* Calidad de vario, de distinto. || Cada una de las distintas clases de algo. *En ese mercado hay una variedad amplia de verduras.* || *pl.* Espectáculo compuesto por diversos números. *Ese programa de variedades presenta cantantes, bailarines y reportajes.*

varilla *s. f.* Vara larga y delgada. || Cada una de las piezas metálicas que forman la armazón del paraguas o de madera o marfil en un abanico, un quitasol, etc. || Barra delgada de metal. *Varilla de cortina.*

vario, ria *adj.* Diverso, diferente, variado. || Inconstante, cambiadizo. || *pl.* Algunos, unos cuantos. *Varios niños.* || *pron. indef. pl.* Algunas personas. *Varios piensan ir.*

varita *s. f.* Vara pequeña. || *loc. Varita mágica:* los cuentos, vara a la que se le atribuyen poderes mágicos.

varón *s. m.* Hombre.
varonil *adj.* Relativo al varón.
vasallaje *s. m.* Condición de vasallo.
vasallo, lla *adj. y s.* Se dice de la persona que estaba sujeta a un señor por juramento de fidelidad o del país que dependía de otro. ‖ Súbdito.
vasar *s. m.* Estante en las cocinas.
vasco, ca *adj. y s.* Vascongado. ‖ *s. m.* Vascuence.
vascongado, da *adj. y s.* Natural de alguna de las Provincias Vascongadas, en España y Francia, o relativo a ellas.
vascuence *s. m.* Lengua de los vascongados, navarros y de los habitantes del territorio vasco francés.
vascular *adj.* Relativo a los vasos sanguíneos. *Sistema vascular.*
vaselina *s. f.* Bálsamo.
vasija *s. f.* Recipiente.
vaso *s. m.* Recipiente cóncavo y cilíndrico que sirve para beber. ‖ Conducto por donde circula un líquido orgánico. *Los vasos sanguíneos de los ancianos no son tan flexibles como los de los jóvenes.* ‖ *loc. fam. Ahogarse en un vaso de agua:* preocuparse mucho por algo que no tiene importancia. ‖ *pl. Vasos comunicantes:* vasos unidos por conductos que permiten el paso de un líquido de unos a otros.

vasoconstricción *s. f.* Estrechamiento de los vasos sanguíneos. *La vasoconstricción ocasiona que el flujo de sangre sea menor o más lento.*
vasoconstrictor, ra *adj. y s.* Que contrae o sirve para contraer los vasos sanguíneos. *El exceso de tabaco y cafeína puede provocar efectos vasoconstrictores.*
vasodilatación *s. f.* Ensanchamiento de los vasos sanguíneos.
vasodilatador, ra *adj. y s.* Que ensancha o sirve para ensanchar los vasos sanguíneos. *Las personas que padecen asma suelen necesitar medicamentos vasodilatadores.*
vástago *s. m.* Renuevo, brote de una planta. ‖ *fig.* Hijo, descendiente. ‖ En mecánica, varilla o barra que transmite el movimiento. *Vástago del émbolo.*
vastedad *s. f.* Inmensidad.
vasto, ta *adj.* Grande.
vate *s. m.* Poeta.
vaticano, na *adj.* Relativo al Vaticano. ‖ *s. m.* Corte pontificia.
vaticinador, ra *adj.* Que vaticina.
vaticinar *t.* Presagiar, predecir.
vaticinio *s. m.* Predicción.
vatio *s. m.* Unidad de potencia eléctrica equivalente a un julio o a 107 ergios por segundo.
vecinal *adj.* Relativo al vecindario, a los vecinos. ‖ Municipal.
vecindad *s. f.* Calidad de vecino, de cercano. *La vecindad de esas casas permite que compartan el jardín.* ‖ Conjunto de personas que viven en un mismo edificio o barrio. *La falta de agua afecta a toda la vecindad.* ‖ *Méx.* Conjunto de viviendas populares con patio común.
vecindario *s. m.* Conjunto de los vecinos de una población o de un barrio. *Los habitantes del vecindario se organizaron para cuidarse.*

vecino, na *adj.* Cercano. *La población vecina hacia el norte está a una hora de distancia.* ‖ *s.* Persona que vive en la misma casa o barrio. *Mi familia tiene una relación respetuosa con los vecinos.* ‖ Persona que tiene casa en una población. *Desde hace muchos años es vecino de esta ciudad.*
vector *s. m.* Segmento de recta en el que se distingue un origen y un extremo. *En la clase de física se estudian los vectores.*
vectorial *adj.* Relativo a los vectores.
veda *s. f.* Prohibición de cazar o pescar en una época determinada.
vedado, da *adj.* Prohibido. ‖ Se dice del campo o sitio acotado por ley o mandato. *Vedado de caza.*
vedar *t.* Prohibir.
vedeja *s. f.* Cabellera muy larga. ‖ Melena del león.
vega *s. f.* Huerta.
vegetación *s. f.* Conjunto de plantas. *Campo de gran vegetación.* ‖ Conjunto de vegetales de una región o terreno determinado. ‖ En medicina, excrecencia morbosa que se desarrolla en una parte del cuerpo, especialmente en la faringe.
vegetal *adj.* Relativo a las plantas. ‖ *loc. Carbón vegetal:* el de leña. ‖ *s. m.* Ser orgánico que crece y vive incapaz de sensibilidad y movimientos voluntarios.
vegetar *intr.* Germinar y desarrollarse las plantas. ‖ *fig.* Vivir una persona con vida muy precaria.
vegetativo, va *adj.* Que concurre a las funciones vitales comunes a plantas y animales (nutrición, desarrollo, etc.), independientemente de las actividades psíquicas voluntarias. ‖ *fig.* Disminuido, que se reduce a la satisfacción de las necesidades esenciales.
vehemencia *s. f.* Movimiento impetuoso y violento.
vehemente *adj.* Que obra o se mueve con ímpetu y violencia. ‖ Que se expresa con pasión y entusiasmo. ‖ Fundado, fuerte. *Sospechas vehementes.*
vehículo *s. m.* Medio de transporte terrestre, aéreo o acuático. ‖ Aquello que sirve de transmisor o conductor de algo. *El agua es el vehículo de muchos minerales.*

veintavo, va *adj. y s.* Vigésimo.
veinte *adj.* Dos veces diez. ‖ Vigésimo. *La página veinte.* ‖ *s. m.* Cantidad de dos decenas de unidades. ‖ Número veinte. *Jugar al veinte.* ‖ Día vigésimo del mes. *Llegaré el día veinte de julio.*
veintena *s. f.* Conjunto de veinte unidades. ‖ Conjunto aproximado de veinte cosas o personas o de veinte días o años.
veinteno, na *adj. y s.* Vigésimo.
veinteocheno, na *adj.* Veintiocheno.
veinteseiseno, na *adj.* Veintiseiseno.
veintésimo, ma *adj.* Vigésimo. ‖ Se dice de cada una de las veinte partes iguales en que se divide un todo.
veinticinco *adj.* Veinte más cinco. ‖ Vigésimo quinto. ‖ *s. m.* Conjunto de signos con que se representa el número veinticinco.
veinticuatreno, na *adj.* Relativo al número veinticuatro. ‖ Vigésimo cuarto.
veinticuatro *adj.* Veinte y cuatro. ‖ Vigésimo cuarto.
veintidós *adj.* Veinte más dos. ‖ Vigésimo segundo.
veintidoseno, na *adj.* Vigésimo segundo.
veintinueve *adj.* Veinte más nueve. ‖ Vigésimo nono.
veintiocheno, na *adj.* Vigésimo octavo.
veintiocho *adj.* Veinte más ocho. ‖ Vigésimo octavo.
veintiséis *adj.* Veinte más seis. ‖ Vigésimo sexto.

V

veintiseiseno, na adj. Relativo al número veintiséis. || Vigésimo sexto.

veintisiete adj. Veinte más siete. || Vigésimo séptimo.

veintitantos, tas adj. Más de veinte y menos de treinta.

veintitrés adj. Veinte más tres. || Vigésimo tercero.

veintiún adj. Apócope de «veintiuno» delante de los sustantivos masculinos.

veintiuno, na adj. Veinte más uno. || Vigésimo primero.

vejación s. f. Acción de vejar.

vejador, ra adj. y s. Que veja.

vejamen s. m. Vejación.

vejar t. Ofender, humillar.

vejatorio, ria adj. Que veja.

vejez s. f. Calidad de viejo. || Último periodo de la vida humana.

vejiga s. f. Receptáculo abdominal en el que se acumula la orina.

vela s. f. Cilindro de cera con pabilo que puede encenderse e iluminar un lugar. || Lona fuerte que sirve para impulsar una embarcación por la acción del viento. *Las velas se rasgaron por la fuerza de la tormenta.* || loc. *En vela:* quedarse despierto por la noche. *Se pasaron la noche en vela estudiando.*

velación s. f. Acción de pasar la noche acompañando a un muerto.

velada s. f. Reunión nocturna. *Pasamos una velada muy divertida en casa de Clara.*

velado, da adj. Cubierto con un velo. || Indirecto. *Me hizo una insinuación velada.*

velador, ra s. Méx. Vigilante nocturno de un edificio. *El velador trabaja desde las diez de la noche hasta las seis de la mañana.* || s. m. Amér. Merid. Mesa de noche. *Puso en el velador una lámpara que le permite leer cuando ya está acostada.* || Arg. y Uy. Lámpara que suele colocarse en la mesilla de noche. || s. f. Méx. Vela gruesa y corta que se prende ante un santo por devoción.

velamen s. m. Conjunto de las velas de una embarcación.

velar¹ adj. Relativo al velo del paladar. *Con el golpe se hizo una herida en la región velar y no puede hablar bien.* || Relativo al sonido cuyo punto de articulación es el velo del paladar, como el que representan «u» y «k».

velar² t. e intr. Asistir de noche a un enfermo o a pasar la noche con un difunto. *En algunos lugares se acostumbra velar al difunto toda la noche.* || Permanecer despierto por la noche. *Se quedó velando anoche porque tenía un examen difícil hoy.* || Cubrir con un velo. *Para pasar desapercibida, se puso un velo en la cara.*

velatorio s. m. Vela de un difunto.

veleidad s. f. Inconstancia.

veleidoso, sa adj. Inconstante.

velero s. m. Barco de vela.

veleta s. f. Pieza metálica giratoria colocada en la cumbre de una construcción para indicar la dirección del viento. || s. com. fig. y fam. Persona inconstante, cambiadiza.

veliz o **velís** s. m. Méx. Maleta de mano de cuero o de metal. *Cargó sus velices y se fue de la casa.*

vello s. m. Pelo corto que hay en algunas partes del cuerpo.

vellocino s. m. Vellón.

vellón s. m. Toda la lana del carnero u oveja que sale junta al esquilarla. || Moneda de cobre.

vellosidad s. f. Vello.

velo s. m. Tela fina y transparente con que se cubre una cosa. || Prenda de tul, gasa o encaje con que las mujeres se cubren la cabeza, a veces el rostro, en determinadas circunstancias. || Especie de manto que las monjas y novicias llevan en la cabeza. || Banda de tela que cubre la cabeza de la mujer y los hombros del hombre en la ceremonia de las velaciones después de contraer matrimonio. || fig. Todo aquello que oculta o impide la visión. | Lo que encubre el conocimiento de algo. *Levantar el velo de su ignorancia.* || Cualquier cosa ligera que oculta algo. || Aquello que impide a alguien pueda comprender con claridad algo. || loc. *Velo del paladar:* membrana que separa las fosas nasales de la boca.

velocidad s. f. Magnitud física que representa el espacio recorrido en una unidad de tiempo. || Ligereza o prontitud en el movimiento. *Caminó a gran velocidad porque le urgía pasar al baño.* || Cada una de las combinaciones de engranaje de un motor de automóvil.

velocímetro s. m. Indicador de velocidad de los vehículos de motor. *El velocímetro marcaba más de 120 kilómetros por hora.*

velocípedo s. m. Bicicleta.

velocista s. com. Atleta especializado en las carreras de velocidad.

velódromo s. m. Pista para carreras de bicicletas.

velomotor s. m. Motocicleta ligera o bicicleta provista de un motor.

velón s. m. Lámpara de aceite.

velorio s. m. Sesión nocturna en la que se vela a un difunto. || Acto y lugar donde se vela a un difunto.

veloz adj. Rápido.

vena s. f. Vaso que conduce la sangre o la linfa al corazón. || Filón de roca o de una masa mineral encajado en una roca de distinta naturaleza. *En la mina acaban de descubrir una importante vena de oro.* || Nervio de la hoja de las plantas. *Por las venas de las hojas fluye la savia.*

venablo s. m. Arma arrojadiza.

venadear t. Méx. Sorprender a alguien como a un venado, cazar.

venado s. m. Ciervo común.

venal adj. De las venas, venoso. || Que se adquiere por dinero.

venalidad s. f. Carácter de aquello que se vende.

venático, ca adj. Que tiene una vena de loco.

vencedor, ra adj. y s. Triunfador.

vencejo s. m. Pájaro insectívoro.

vencer t. Aventajar al enemigo o al contrincante, derrotar, triunfar. *Vencer a los contrarios.* || Tener más que otra persona. *Vencer a alguien en generosidad.* || Dominar. *Lo vence el sueño.* || fig. Acabar con, reprimir, refrenar. *Vencer la cólera.* || Superar, salvar. *Vencer los obstáculos.* || Imponerse. *Venció sus últimos escrúpulos.* || Doblegar. *Venció la resistencia de sus padres.* || Ser superior. *Vence a todos en elegancia.* || Hacer ceder. *El mucho peso venció las vigas.* || Coronar, llegar a la cumbre. *Vencer una cuesta.* || Salvar. *Vencer una distancia.* || intr. Llegar a su término un plazo, un contrato, una obligación, etc. || fig. Dominar. *El orgullo venció en él.* || pr. fig. Reprimirse, dominarse. *Vencerse a sí mismo.* || Ceder algo por el peso.

vencer *t., intr.* y *pr.* Derrotar al enemigo. ‖ Resultar el primero en una competencia. ‖ Producir su efecto en uno aquello a lo que es difícil resistir. *La venció el sueño a las seis de la tarde.* ‖ Dominar las pasiones. *Evaristo logró vencer su timidez y habló en público.* ‖ Terminar un plazo.

vencible *adj.* Que puede derrotarse.

vencido, da *adj.* Que ha sido derrotado.

vencimiento *s. m.* Cumplimiento de un plazo. *Tiene que pagar el alquiler al vencimiento del mes.*

vencimiento *s. m.* Término, expiración de un plazo, contrato, obligación. ‖ Victoria. ‖ Derrota. ‖ Acción de ceder por efecto de un peso.

venda *s. f.* Banda de gasa con la que se cubre una herida o de tela para sujetar un miembro o hueso roto.

vendaje *s. m.* Acción de cubrir con vendas. ‖ Venda.

vendar *t.* Poner una venda.

vendaval *s. m.* Viento fuerte.

vendedor, ra *adj.* y *s.* Que vende.

vender *t.* Traspasar a otro la propiedad de una cosa por algún precio. *Vender una casa.* ‖ Exponer al público las mercancías para el que las quiere comprar. *Vender naranjas.* ‖ *fig.* Sacrificar por dinero cosas que no tienen valor material. *Vender su conciencia.* ‖ Traicionar, delatar por interés. *Vender al amigo.* ‖ *pr.* Ser vendido. ‖ Dejarse sobornar.

vendetta *s. f.* Venganza.

vendimia *s. f.* Cosecha de la uva. ‖ Conjunto de uvas que se recoge en ésta. ‖ Tiempo en que se hace.

vendimiar *t.* Recoger la uva.

venduta *s. f. Arg.* y *Cub.* Subasta.

veneciano, na *adj.* y *s.* De Venecia, ciudad de Italia.

veneno *s. m.* Cualquier sustancia que, introducida en el organismo, ocasiona la muerte o graves trastornos funcionales. ‖ *fig.* Lo que puede producir un daño moral.

venenoso, sa *adj.* Que tiene veneno.

venera *s. f.* Concha semicircular de dos valvas de cierto molusco comestible que llevaban cosida en la capa los peregrinos que volvían de Santiago. ‖ Venero, manantial. ‖ Vieira.

venerable *adj.* Muy respetable.

veneración *s. f.* Respeto profundo que se siente por ciertas personas o por las cosas sagradas. ‖ Amor profundo.

venerador, ra *adj.* Que venera.

venerar *t.* Tener gran respeto y devoción por una persona. ‖ Dar culto.

venéreo, a *adj.* Relativo a la cópula carnal. ‖ Se aplica a las enfermedades contraídas por contacto sexual.

venero *s. m.* Manantial. *De las entrañas de ese monte brota un venero de agua clarísima.* ‖ Fuente de conocimientos. *Los sitios de internet son veneros de información.*

venezolanismo *s. m.* Palabra o expresión propia de Venezuela. ‖ Carácter venezolano. ‖ Afecto a Venezuela.

venezolano, na *adj.* y *s.* Originario de Venezuela, país de América del Sur.

venganza *s. f.* Satisfacción que se toma del agravio o daño recibidos.

vengar *t.* Obtener por la fuerza reparación de un agravio o daño.

vengativo, va *adj.* Predispuesto a vengarse.

venia *s. f.* Permiso, autorización. ‖ Perdón de la ofensa o culpa. ‖ Saludo hecho inclinando la cabeza. ‖ *Amér.* Saludo militar.

venial *adj.* Sin gravedad. *Culpa venial.*

venialidad *s. f.* Calidad de venial.

venida *s. f.* Acción de venir.

venidero, ra *adj.* Futuro.

venir *intr.* y *pr.* Moverse, trasladarse de allá para acá. ‖ Estar próximo en el tiempo. *El año que viene vamos a hacer un viaje.* ‖ Tener su origen. *El cabello rizado de Julio le viene de familia.* ‖ Llegar al sitio donde está quien habla. *Vinieron a visitarnos mis primos.* ‖ Seguir inmediatamente una cosa de otra. ‖ Suceder, ocurrir. *A Ester le vinieron grandes dificultades.* ‖ Ajustarse, acomodarse bien o mal. *Ese pantalón te viene muy bien.* ‖ Estar, hallarse, encontrarse. *¿Ya viste la fotografía de Amalia que viene en el diario?*

venoso, sa *adj.* Relativo a las venas. *La sangre venosa tiene bajo contenido de oxígeno.*

venta *s. f.* Convenio por el cual una parte (vendedor) se compromete a transferir la propiedad de una cosa o de un derecho a otra persona (comprador) que ha de pagar el precio ajustado. ‖ Función en una empresa de aquellos que están encargados de dar salida a los productos fabricados o comprados para este efecto. ‖ Servicio comercial de esta función. ‖ Condición de aquello que se vende bien o mal. *Artículo de fácil venta.* ‖ Cantidad de cosas que se venden. ‖ Albergue, posada fuera de una población.

ventaja *s. f.* Superioridad de una persona o cosa respecto de otra. *Tiene la ventaja de ser más hábil.* ‖ Hecho de ir delante de otro en una carrera, competencia, etc. *Llevar 20 metros de ventaja a uno.* ‖ Ganancia anticipada que da uno a un jugador a otro. ‖ En tenis, punto marcado por uno de los jugadores cuando se encuentran empatados a 40. *Ventaja al saque.*

ventajear *t. Arg., Col., Guat.* y *Uy.* Obtener ventaja de alguien mediante procedimientos no correctos.

ventajismo *s. m. Amér.* Actitud del ventajista.

ventajista *adj.* y *s. com.* Se aplica a la persona que busca por medios no siempre lícitos obtener ventaja de las circunstancias.

ventajoso, sa *adj.* Que representa un beneficio, una ventaja. *Le propusieron una compra muy ventajosa.*

ventana *s. f.* Abertura que se deja en una pared para dar paso al aire y a la luz.

ventanal *s. m.* Ventana grande.

ventanilla *s. f.* Ventana pequeña. ‖ Ventana en los coches, trenes, aviones, barcos, etc. ‖ Taquilla de las oficinas, de despacho de boletos. ‖ Cada uno de los orificios de la nariz.

ventarrón *s. m.* Viento fuerte.

ventear *impers.* Soplar el viento o hacer aire fuerte. ‖ *t.* Olfatear los animales y el viento para orientarse con el olfato. ‖ Poner al viento, airear.

ventero, ra *s.* Dueño o encargado de una venta.

ventila *s. f. Méx.* Ventanilla de un automóvil. ‖ Ventana pequeña abierta en otra para permitir el paso de la ventilación.

ventilación *s. f.* Acción y efecto de ventilar. *La ventilación de un túnel.* ‖ Abertura para ventilar un local. ‖ Corriente de aire que se establece al ventilarlo. ‖ *loc. Ventilación pulmonar:* movimientos del aire en los pulmones.

ventilador *s. m.* Aparato que produce una corriente de aire.

ventilar *t.* y *pr.* Exponer al viento. *Colgué la ropa en el patio para que se ventile.* ‖ Renovar el aire de un lugar. *Por las mañanas es bueno ventilar las habitaciones.* ‖ fam. Hacer que la gente conozca un asunto privado. *Nina ventila a todo el mundo sus problemas matrimoniales.*

ventisca *s. f.* Borrasca de nieve. ‖ Viento muy fuerte.

ventisquero *s. m.* Ventisca.

ventorrillo o **ventorro** *s. m.* Venta, albergue, posada. *Comimos en un ventorrillo de la sierra.*

ventosa *s. f.* Campana de vidrio en cuyo interior se hace el vacío y que produce un aflujo de sangre en el lugar donde se aplica sobre la piel. ‖ Abertura hecha para dar ventilación. ‖ Órgano con el que algunos animales se adhieren a la superficie de los cuerpos sólidos.

ventosidad *s. f.* Pedo.

ventoso, sa *adj.* Con viento.

ventral *adj.* Del vientre.

ventricular *adj.* Del ventrículo.

ventrículo *s. m.* Cada una de las dos cavidades inferiores del corazón de donde parten las arterias aorta y pulmonar. ‖ Cada una de la cuatro cavidades del encéfalo en que se encuentra el líquido cefalorraquídeo.

ventrílocuo, cua *adj.* Se dice de la persona que puede hablar de tal modo que la voz no parece venir de su boca ni de su persona.

ventura *s. f.* Felicidad. *Los invitados desearon todo tipo de venturas a los recién casados.* ‖ Suerte. *Su padre le deseó a Julián buena ventura en sus estudios.* ‖ Casualidad. *Si por ventura ves a Laura, salúdala de mi parte.*

venturoso, sa *adj.* Afortunado.

ver[1] *s. m.* Sentido de la vista. *Para algunas personas, ver es más importante que oír.* ‖ Aspecto, apariencia. *Es una joven de buen ver, bien vestida y arreglada.*

ver[2] *t.* y *pr.* Percibir mediante el sentido de la vista. *Mi abuelo está anciano y no ve bien de lejos.* ‖ Observar, examinar. *En clase de biología vimos el tema de las bacterias.* ‖ Comprender, entender, darse cuenta de algo. *Genaro no quiere ver su realidad.* ‖ Considerar, juzgar. ‖ Visitar a otra persona. *Quiero a mi tía Angélica esta semana.* ‖ Hallarse en determinada situación. *Se vio envuelto en una situación muy difícil.* ‖ Someterse a control por parte de un técnico o especialista. *Es importante que lo vea el médico.*

vera *s. f.* Orilla de un mar, río, etc. ‖ loc. *A la vera:* bajo la protección de. *Joaquín vivió a la vera de su padrino desde pequeño.*

veracidad *s. f.* Realidad.

veracruzano, na *adj.* y *s.* Del estado de Veracruz, en México.

veranda *s. f.* Galería o balcón que corre a lo largo de las casas.

veraneante *s. com.* Persona que pasa el verano en un sitio.

veranear *intr.* Pasar las vacaciones de verano en cierto sitio.

veraneo *s. m.* Acción de veranear. *No ir de veraneo.* ‖ Vacaciones de verano.

veraniego, ga *adj.* Del verano.

verano *s. m.* Estación más calurosa del año que, en el hemisferio septentrional, comprende los meses de junio, julio y agosto y, en el hemisferio austral, los meses de diciembre, enero y febrero. ‖ Temporada

de sequía, que dura unos seis meses, en la zona ecuatorial. ‖ loc. *De verano:* a propósito para ser utilizado en verano. *Traje de verano.*

veras *loc. De veras:* Verdad en aquello que se dice o hace. *¿De veras vamos a ir al cine hoy por la tarde?*

veraz *adj.* Que dice la verdad. *La información que dio ese diario fue veraz.*

verbal *adj.* Relativo a la palabra. *Pedro tiene una expresión verbal muy buena.* ‖ Relativo al verbo. *En clase estudiamos modos verbales como el indicativo y el imperativo.* ‖ Que se hace de palabra y no por escrito. *Me dijo de manera verbal que el libro estaba aprobado.*

verbalizar *t.* Expresar con palabras. *A veces cuesta trabajo verbalizar lo que sentimos.*

verbena *s. f.* Planta verbenácea de flores usadas en farmacia. ‖ Feria y fiesta popular nocturna.

verbenáceo, a *adj.* y *s.* Se dice de plantas dicotiledóneas como la verbena. ‖ *s. f. pl.* Familia que forman.

verbigracia o **verbi gratia** *adv.* Expresión latina que significa «por ejemplo».

verbo *s. m.* Palabra. *Los escritores usan el verbo con maestría.* ‖ Categoría lingüística que expresa dentro de la oración la acción propia del sujeto. *«Correr» es un verbo escrito en modo infinitivo.*

verborrea *s. f. fam.* Tendencia a utilizar más palabras de las necesarias.

verdad *s. f.* Condición de lo que es verdadero. ‖ Conformidad de lo que se dice con lo que se siente o piensa. *Decir la verdad.* ‖ Cosa cierta. *Esto es verdad.* ‖ Veracidad, autenticidad, certeza. *Verdad histórica.* ‖ Sinceridad, buena fe. *Un acento de verdad.*

verdadero, ra *adj.* Conforme a la realidad. ‖ Auténtico, que tiene los caracteres esenciales de su naturaleza. *Un verdadero bandido.* ‖ Real, principal. *El verdadero motivo de su acción.* ‖ Conveniente, adecuado. Ésta, y no la anterior, es la verdadera plaza que ha de ocupar.

verde *adj.* De color semejante al de la hierba fresca, la esmeralda, etc., y que resulta de una mezcla de azul y amarillo. ‖ Que tiene savia y no está seco. *Leña verde.* ‖ Fresco. *Hortalizas verdes.* ‖ Que aún no está maduro. *Uvas verdes.* ‖ fig. Inmaduro, en sus comienzos. *El negocio está aún verde.* ‖ Libre, escabroso, licencioso. *Chiste verde.* ‖ Que tiene inclinaciones galantes a pesar de su edad. *Viejo verde.* ‖ fig. y fam. Poner verde a uno: insultarlo o desacreditarlo. ‖ *s. m.* Color verde. *Me gusta el verde.* ‖ Verdor de la planta. ‖ Conjunto de hierbas del campo. ‖ Follaje. ‖ fig. Carácter escabroso. *Lo verde de sus palabras.* ‖ Arg. y Uy. Mate, infusión.

verdear *intr.* Volverse una cosa verde. ‖ Tirar a verde. ‖ Empezar a cubrirse de plantas.

verdeoscuro, ra *adj.* Verde algo oscuro.

verdín *s. m.* Algas verdes o mohos que se crían en un lugar húmedo o cubierto de agua. ‖ Cardenillo. ‖ Color verde claro.

verdor *s. m.* Color verde. ‖ fig. Lozanía.

verdoso, sa *adj.* Que tira a verde.

verdugo *s. m.* Ministro de la justicia que ejecuta las penas de muerte. ‖ Vara flexible para azotar. ‖ fig. Persona muy cruel, que castiga sin piedad. *Este maestro es un verdugo.* ‖ Cosa que mortifica mucho.

verdugón *s. m.* Señal o roncha, coloreada o hinchada, que deja en el cuerpo un latigazo o un golpe.

vedulería *s. f.* Tienda de verduras. ‖ Palabra o acción escabrosa.

verdulero, ra *s.* Vendedor de verduras. ‖ *fig.* Persona escabrosa. ‖ *s. f. fig.* y *fam.* Mujer ordinaria y vulgar.

verdura *s. f.* Hortaliza, legumbre.

verecundia *s. f.* Vergüenza.

vereda *s. f.* Senda, camino estrecho. ‖ *Amér.* Acera de las calles.

veredicto *s. m.* Juicio.

verga *s. f.* Miembro genital. ‖ Palo colocado horizontalmente en un mástil para sostener la vela.

vergajo *s. m.* Látigo.

vergel *s. m.* Huerto.

vergonzante *adj.* Que tiene o que produce vergüenza.

vergonzoso, sa *adj.* Que causa vergüenza. *La maestra le dijo a Pedro que mentir es vergonzoso.* ‖ Propenso a sentir vergüenza. *Maura es vergonzosa, por eso no usa vestidos cortos.*

vergüenza *s. f.* Sentimiento ocasionado por alguna falta cometida o por el temor a la humillación. *Como estaba de visita, le dio mucha vergüenza derribar un jarrón.* ‖ Timidez. *A Federico le da mucha vergüenza hablar en público.* ‖ *pl. fam.* Órganos genitales.

vericueto *s. m.* Caminillo. ‖ *fig.* Lío, enredo.

verídico, ca *adj.* Verdadero.

verificación *s. f.* Comprobación.

verificador, ra *adj.* Encargado de verificar algo. ‖ *s. m.* Aparato para verificar.

verificar *t.* Comprobar la verdad o exactitud de una cosa. ‖ Realizar, ejecutar, efectuar. *Verificar un sondeo.* ‖ *pr.* Efectuarse. *El acto se verificó hace tiempo.* ‖ Resultar cierto y verdadero lo que se dijo o pronosticó. *Se verificó su predicción.*

verija *s. f. Amér. C.* y *Amér. Merid.* Lugar entre las costillas y el hueso de la cadera.

verja *s. f.* Enrejado metálico utilizado para cerrar una casa, un parque, etc.

vermicida *adj.* y *s. m.* Vermífugo.

vermífugo, ga *adj.* y *s. m.* Que mata las lombrices intestinales.

vernáculo, la *adj.* Propio de un país o región. *Lengua vernácula.*

veronés, nesa *adj.* y *s.* Relativo a Verona, ciudad de Italia.

verosímil *adj.* Que puede creerse.

verosimilitud *s. f.* Lo que parece verdad. ‖ Probabilidad.

verraco *s. m.* Cerdo padre. ‖ *Amér.* Cerdo de monte o pecarí.

verruga *s. f.* Excrecencia cutánea.

versado, da *adj.* Instruido.

versal *adj.* y *s. f.* Mayúscula.

versalilla o **versalita** *adj.* y *s. f.* Mayúscula pequeña.

versallesco, ca *adj.* Relativo a Versalles, Francia, y sobre todo a la corte allí establecida en los siglos XVII y XVIII. ‖ *fam.* Muy afectado o refinado.

versar *intr.* Dar vueltas, girar alrededor. ‖ *loc. Versar sobre:* referirse a.

versátil *adj.* Que cambia con facilidad de gustos, opiniones o sentimientos. ‖ Se dice del artista que domina varias artes, como la danza, el canto, la actuación, etc.

versatilidad *s. f.* Capacidad de presentar distintos aspectos.

versículo *s. m.* Cada una de las divisiones breves de un capítulo de la Biblia y de otros libros sagrados. ‖ Cada uno de los versos de un poema sin rima ni metro fijo y determinado.

versificación *s. f.* Arte de hacer versos. *Dominar la versificación no es igual a ser poeta.*

versificador, ra *adj.* y *s.* Persona que compone versos. *No todos los versificadores son poetas.*

versificar *t.* e *intr.* Componer versos. ‖ Poner en verso un escrito que estaba en prosa.

versión *s. f.* Traducción. ‖ Modo que tiene cada uno de referir o interpretar un mismo suceso.

verso *s. m.* Conjunto de palabras combinadas según ciertas reglas, y sujetas a un ritmo. *La obra «Don Juan Tenorio» está escrita en verso.*

versus *prep.* Por oposición a, frente a.

vértebra *s. f.* Cada uno de los huesos cortos que, enlazados entre sí, forman la columna vertebral.

vertebrado, da *adj.* y *s. m.* Se aplica a los animales que tienen vértebras. ‖ *pl.* División o tipo del reino animal que forman estos animales y que comprende los peces, los reptiles, los batracios, las aves y los mamíferos.

vertebral *adj.* De las vértebras.

vertedero *s. m.* Desagüe. *Esa fábrica tiene vertederos capaces de desalojar una gran cantidad de agua.* ‖ *Esp.* Basurero, lugar donde se acumula basura.

vertedor, ra *adj.* y *s.* Que vierte.

verter *t., intr.* y *pr.* Vaciar un líquido fuera del recipiente que lo contiene. ‖ Desembocar una corriente de agua en otra, o en el mar.

vertical *adj.* Que tiene la dirección de la plomada. ‖ En geometría, se aplica a la recta o plano perpendicular al horizonte.

verticalidad *s. f.* Estado de vertical.

vértice *s. m.* Punto en que concurren los dos lados de un ángulo. ‖ Punto donde se unen tres o más planos. ‖ Cúspide de un cono o pirámide.

vertiente *adj.* Que vierte. ‖ *s. f.* Cada una de las pendientes de una montaña o de un tejado. ‖ *fig.* Aspecto.

vertiginoso, sa *adj.* Que causa vértigo o relativo a éste.

vértigo *s. m.* Sensación de pérdida del equilibrio, vahído, mareo.

vesania *s. f.* Locura, furia.

vesánico, ca *adj.* y *s.* Loco.

vesícula *s. f.* Ampolla en la epidermis, generalmente llena de líquido seroso. ‖ Bolsa membranosa parecida a una vejiga. *La vesícula biliar.*

vespertino, na *adj.* De la tarde. ‖ *s. m.* Diario de la tarde.

vestíbulo *s. m.* Sala o pieza que da entrada a un edificio o casa y generalmente a sus distintas habitaciones. ‖ Cavidad irregular del laberinto óseo del oído interno que comunica con la caja del tímpano por las ventanas oval y redonda.

vestido *s. m.* Prenda usada para cubrir el cuerpo humano.

vestidura *s. f.* Vestido.

vestigio *s. m.* Huella, señal.

vestimenta *s. f.* Conjunto de las prendas de vestir.

vestir *t.* Cubrir el cuerpo con vestidos. *Vestir a su hermano.* ‖ Proveer de vestidos. *Vestir a sus hijos.* ‖ Hacer la ropa para alguien. *Este sastre viste a toda*

V

la familia. ‖ Cubrir. *Vestir un sillón de cuero.* ‖ fig. Dar mayor consistencia y elegancia a un discurso o escrito. ‖ Disimular, encubrir una cosa con otra. ‖ Adoptar cierto gesto. *Vestir su rostro de maldad.* ‖ intr. Ir vestido. *Vestir bien.* ‖ Ser elegante, ser apropiado para una fiesta o solemnidad. *Un traje de vestir.* ‖ fig. y fam. Dar categoría. *Tener un coche deportivo viste mucho.* ‖ pr. Cubrirse. *El cielo se vistió de nubarrones.* ‖ Cambiarse de ropa o vestido poniéndose lo más adecuado para determinada ocasión. ‖ Ser cliente de un sastre o modista, de una determinada tienda de géneros de vestir.

vestuario s. m. Conjunto de los trajes de una persona. ‖ Conjunto de trajes para una representación teatral o cinematográfica. ‖ Sitio del teatro donde se visten los actores.

veta s. f. Filón, yacimiento. ‖ Vena de ciertas piedras y maderas.

vetar t. Poner el veto.

veteranía s. f. Antigüedad.

veterano, na adj. Se aplica a la persona que ha desempeñado mucho tiempo el mismo empleo, que lleva muchos años sirviendo en el ejército o al Estado o practicando un deporte.

veterinario, ria adj. Referente a la veterinaria. ‖ s. Persona que se dedica a la veterinaria. ‖ s. f. Arte de curar las enfermedades de los animales.

veto s. m. Derecho que tienen algunos jefes de Estado de oponerse a la promulgación de una ley y algunas grandes potencias de declararse en contra de la adopción de una resolución que ha sido aprobada por la mayoría de los votantes en ciertas organizaciones internacionales. ‖ Oposición, denegación.

vetustez s. f. Vejez.

vetusto, ta adj. Muy viejo.

vez s. f. Cada realización de un suceso en momentos distintos. *Repitan diez veces los ejercicios.* ‖ Tiempo en que se ejecuta una acción. *Ayer vi el mar por primera vez.* ‖ loc. A la vez: de manera simultánea. *Veía la película sin parpadear, a la vez que comía pizza.* ‖ loc. Tal vez: de manera posible. *Tal vez salga de vacaciones.*

vía s. f. Camino, recorrido que conduce de un punto a otro. *Por esa vía llegas al parque.* ‖ Riel del ferrocarril. *La vía del tren es de acero.* ‖ Medio de transporte o comunicación. *Como ese país tiene muchos ríos, la vía fluvial es de las más utilizadas.* ‖ Sistema para realizar una cosa. *La única vía para conseguir el dinero es pedir un préstamo.*

viabilidad s. f. Calidad de viable.

viable adj. Que puede vivir. *Una criatura viable.* ‖ fig. Realizable.

viaducto s. m. Puente construido sobre una hondonada para el paso de una carretera o del ferrocarril.

viajante adj. y s. com. Se dice de la persona que viaja. ‖ Representante que viaja para vender mercancías en varias plazas.

viajar intr. Efectuar un viaje.

viaje s. m. Ida de un sitio a otro bastante alejado. *Hacer un viaje a Japón.* ‖ Ida y venida. *Lo hizo en tres viajes.* ‖ Cantidad de una cosa que se transporta de una vez. ‖ Relato hecho por un viajero. ‖ Chil., Nic. y Per. Agarrar viaje: aceptar una propuesta, decidirse a hacer algo.

viajero, ra adj. Que viaja.

vial adj. Relativo a la vía. ‖ s. m. Frasco que contiene un medicamento inyectable.

vialidad s. f. Lo relacionado con las vías públicas. *El encargado de la vialidad es el departamento de tránsito.*

vianda s. f. Alimento.

viandante s. com. Caminante, persona que anda a pie por una calle o camino. *Cuando hay fiesta en la población principal, la carretera se llena de viandantes.*

viático s. m. Dinero o provisiones que se entregan para un viaje; se usa sobre todo en plural.

víbora s. f. Serpiente venenosa. ‖ fig. Persona maldiciente.

viborear t. Méx. Hablar mal de alguien.

vibración s. f. Movimiento de vaivén periódico de un cuerpo alrededor de su posición de equilibrio.

vibráfono s. m. Instrumento musical formado por placas metálicas sujetas a un soporte, las cuales vibran al ser tocadas por una baqueta.

vibrar t. Dar un movimiento rápido de vaivén a alguna cosa larga, delgada y elástica. ‖ intr. Hallarse un cuerpo sujeto a vibraciones. ‖ fig. Conmoverse.

vibrátil adj. Que puede vibrar.

vibratorio, ria adj. Que vibra.

vicaría s. f. Dignidad de vicario. ‖ Territorio de su jurisdicción. ‖ Oficina o residencia del vicario.

vicarial adj. De la vicaría.

vicariato s. m. Vicaría y tiempo que dura.

vicario s. m. Cura párroco.

vicealmirante s. m. Oficial de marina inferior al almirante.

vicecanciller s. m. Persona que suple al canciller a falta de éste.

vicecancillería s. f. Cargo de vicecanciller. ‖ Su oficina.

vicecónsul, la s. Funcionario inmediatamente inferior al cónsul.

viceconsulado s. m. Cargo de vicecónsul. ‖ Su oficina.

vicenal adj. Que sucede, se repite cada veinte años o que dura veinte años.

vicepresidencia s. f. Cargo de vicepresidente o vicepresidenta.

vicepresidente, ta s. Persona que suple al presidente.

vicerrector, ra s. Funcionario que suple al rector.

vicesecretaría s. f. Cargo de vicesecretario. ‖ Su oficina.

vicetesorero, ra s. Persona que sustituye al tesorero en ausencia de éste.

vicetiple s. f. Corista.

viceversa adv. Inversamente.

vichar t. fam. Arg. y Uy. Observar con disimulo.

viciado, da adj. Pervertido, corrompido. *Como no hay ventilación, el aire se siente viciado.*

viciar t. y pr. Alterar, falsear. ‖ Hacer que alguien tome malos hábitos. ‖ Aficionarse con exceso a algo.

vicio s. m. Afición excesiva por algo. *Su excesivo gusto por los chocolates llega al vicio.* ‖ Costumbre censurable. *Ismael cayó víctima del vicio de la televisión.*

vicioso, sa adj. Que tiene una afición excesiva por algo. ‖ s. Persona que tiene un vicio. ‖ loc. Círculo vicioso: situación de la que no se puede salir.

vicisitud s. f. Sucesión de cosas opuestas. ‖ pl. Sucesión de acontecimientos felices o desgraciados.

víctima *s. f.* Persona o animal sacrificado a los dioses. *Víctima propiciatoria.* ‖ *fig.* Persona que se sacrifica vóluntariamente. *Víctima del deber.* ‖ Persona que padece por culpa ajena o suya. *Fue víctima de una estafa.* ‖ Persona dañada por algún suceso. *Víctima de un accidente.*

victoria *s. f.* Ventaja sobre el contrario en cualquier contienda.

victorioso, sa *adj.* Que ha conseguido una victoria o conducido a ésta.

vicuña *s. f.* Mamífero originario de los Andes, de color leonado, apreciado por su fina lana. *Las vicuñas son parientes de las llamas.* ‖ Lana del animal de ese nombre. *Le regalaron un abrigo de vicuña, comprado en Bolivia.* ‖ Tejido fabricado con lana de este animal. *Los bolivianos afirman que la vicuña es más caliente que la lana de oveja.*

vid *s. f.* Planta trepadora, de tronco retorcido, cuyo fruto es la uva.

vida *s. f.* Conjunto de las propiedades características de los seres humanos, animales y plantas, que se transmiten a la descendencia. *La madre y el padre dieron vida a un hermoso niño.* ‖ Espacio de tiempo entre el nacimiento y la muerte. *Toda su vida la pasó en un pequeño pueblo.* ‖ Duración de las cosas. *Se calcula que la vida de ese tipo de sartén es corta.* ‖ Modo de vivir. *Lleva una vida cómoda y sin preocupaciones.* ‖ Energía, vigor. *El paisaje que pintó ese artista tiene mucha vida.* ‖ Biografía. *La maestra nos contó la vida de uno de los héroes nacionales.* ‖ Persona o ser humano. *Los médicos se sienten satisfechos cuando salvan una vida.*

vidalita *s. f. Arg.* y *Uy.* Canción popular de carácter melancólico.

vidente *adj.* y *s. com.* Que ve.

video o **vídeo** *s. m.* Técnica de grabación y reproducción de imágenes y sonidos a través de una cámara, un televisor y un aparato que registra y reproduce el sonido y las imágenes en una cinta. ‖ Cinta grabada con esa técnica. ‖ Aparato que graba o reproduce sobre una cinta grabada. *Se descompuso mi video y no he podido ver la grabación de mi boda.*

videocámara *s. f.* Cámara para filmar en soportes magnéticos.

videoclip *s. m.* Película de cortometraje basada en el tema de una canción y que dura lo mismo que ésta.

videoconferencia *s. f.* Sistema que permite que personas que se encuentran en diferentes lugares sostengan una conferencia por medio de señales televisadas.

videograbadora *s. f.* Aparato para grabar imágenes en movimiento.

videoteca *s. f.* Colección de videos. *En esa biblioteca tienen una buena sección de videoteca.* ‖ Mueble o lugar donde se guardan los videos.

vidriera *s. f.* Bastidor con vidrios con que se cierran puertas y ventanas. ‖ *Esp.* Ventana cerrada por esta clase de bastidor con vidrios generalmente de colores. ‖ *Amér.* Escaparate.

vidriero *s. m.* El que fabrica vidrios. ‖ El que coloca o arregla cristales.

vidrio *s. m.* Sustancia dura, frágil y transparente que proviene de la fusión de la sílice con potasa o sosa. ‖ Objeto hecho con esta sustancia. ‖ Cristal de ventana, puerta, etc.

vidriosidad *s. f.* Calidad de vidrioso.

vidrioso, sa *adj.* Frágil como el vidrio. ‖ *fig.* Delicado. *Tema vidrioso.*

vidual *adj.* Relativo a la viudez, al viudo o a la viuda.

vieira *s. f.* Molusco comestible cuya concha es la venera. ‖ Esta concha.

vieja *s. f.* Pez de cabeza grande.

viejales *s. com. fam.* Viejo.

viejo, ja *adj.* Antiguo. *Hay una tienda de muebles viejos.* ‖ Deslucido, estropeado. *Ese abrigo está muy viejo.* ‖ De mucha edad. *El hombre más viejo del pueblo tiene 98 años.* ‖ *s.* Persona de mucha edad. ‖ *Amér.* Apelativo cariñoso que se aplica a los padres y también entre cónyuges y amigos. *Mis viejos se quedaron en el pueblo.*

vienés, nesa *adj.* y *s.* De Viena, ciudad de Austria.

viento *s. m.* Aire que se desplaza. *El viento sopla frío esta mañana.* ‖ *loc. Instrumentos de viento:* instrumentos musicales que se tocan soplando en ellos. *La trompeta y la flauta son instrumentos de viento.*

vientre *s. m.* Cavidad del cuerpo donde están los intestinos. ‖ Conjunto de las vísceras contenidas en esta cavidad. ‖ *fig.* Estómago. *Tener el vientre vacío.* ‖ Panza que tiene una vasija.

viernes *s. m.* Sexto día de la semana.

vietnamita *adj.* y *s. com.* De Vietnam, país del sur de Asia.

viga *s. f.* Pieza larga de madera, metal o cemento que se utiliza para sostener techos o pisos en las construcciones.

vigencia *s. f.* Calidad de vigente.

vigente *adj.* Que se usa o es válido en el momento de que se trata.

vigesimal *adj.* Que tiene como base el número veinte.

vigésimo, ma *adj.* Que ocupa el lugar veinte. ‖ *s. m.* Cada una de las veinte partes iguales en que se divide un todo.

vigía *s. com.* Persona que vigila.

vigilancia *s. f.* Cuidado y atención en lo que está a cargo de uno. ‖ Servicio encargado de vigilar.

vigilante *adj.* y *s. com.* Que vigila.

vigilar *t.* e *intr.* Velar con mucho cuidado por una persona o cosa.

vigilia *s. f.* Estado del que está despierto o en vela. ‖ Víspera de una festividad religiosa importante. ‖ Oficio que se reza en esos días. ‖ Comida con abstinencia por precepto de la Iglesia.

vigor *s. m.* Fuerza. ‖ *loc. Estar en vigor:* estar vigente.

vigoroso, sa *adj.* Que tiene vigor.

vigués, guesa *adj.* y *s.* De Vigo, municipio y ciudad de España.

VIH *s. m.* Siglas de Virus de Inmunodeficiencia Humana, nombre del virus causante del sida.

vihuela *s. f.* Instrumento musical de cuerda parecido a la guitarra.

vihuelista *s. com.* Persona que toca la vihuela.

vikingo, ga *adj.* Perteneciente o relativo a los vikingos. ‖ *s.* Pueblo, e individuo que formaba parte de él, de guerreros, comerciantes y navegantes que realizó innumerables expediciones marítimas desde fines del siglo VIII hasta principios del siglo XI.

vil *adj.* Bajo, despreciable.

V

vileza *s. f.* Bajeza. || Acción vil.
vilipendiar *t.* Despreciar.
vilipendio *s. m.* Desprecio.
villa *s. f.* Población pequeña, menor que la ciudad y mayor que la aldea. || Casa de recreo, en el campo. || *loc. Villa miseria:* barrio de viviendas precarias.
villancico *s. m.* Composición poética popular con estribillo de asunto religioso que se suele cantar por Navidad.
villanía *s. f.* Vileza.
villano, na *adj.* y *s.* Que es vecino de una villa o aldea y pertenece al estado llano. || *fig.* Ruin. || Rústico.
villorrio *s. m.* Pequeña aldea.
vilo *loc. En vilo:* Sin apoyo, suspendido en el aire. *Dos guardias tomaron en vilo al alborotador y lo sacaron.*
vinagre *s. m.* Producto que resulta de la fermentación acética del vino, que se emplea como condimento.
vinagrera *s. f.* Vasija para el vinagre.
vinagreta *s. f.* Salsa de aceite, ajo y vinagre.
vinajera *s. f.* Cada uno de los jarrillos en que se sirven en la misa el vino y el agua. || *pl.* Conjunto de estos dos jarrillos y de la bandeja donde se colocan.
vinatero, ra *adj.* Relativo al vino. || *s.* Comerciante en vinos.
vinca *s. f. Arg.* Nopal.
vincapervinca *s. f.* Planta de flor azul.
vincha *s. f. Amér. Merid.* Cinta o pañuelo que se ciñe a la cabeza para sujetar el pelo.
vinchuca *s. f. Amér.* Chinche.
vinculable *adj.* Que vincula.
vinculación *s. f.* Relación.
vinculado, da *adj.* Relacionado. *La biología está vinculada con la química.*
vincular *t.* y *pr.* Unir con vínculos una cosa con otra.
vínculo *s. m.* Unión o atadura que une una persona o cosa con otra. || En informática, marca que permite ir directamente de una información a otra.
vindicación *s. f.* Acción y efecto de vindicar o vindicarse. *Luego de su vindicación, el ex prisionero demandará por daño moral a quien lo calumnió.*
vindicador, ra *adj.* y *s.* Se dice de la persona que vindica.
vindicar *t.* y *pr.* Tomar venganza. || Defender o rehabilitar a quien ha sido acusado de manera injusta.
vindicativo, va *adj.* Vengativo. || Que vindica. *Discurso vindicativo.*
vinería *s. f. Amér.* Despacho de vinos.
vinícola *adj.* Relativo al cultivo de la vid y a la fabricación del vino. *Industria vinícola.* || *s. m.* Viticultor.
vinicultor, ra *s.* Persona que se dedica a la vinicultura.
vinicultura *s. f.* Elaboración de vinos.
vinificación *s. f.* Transformación del mosto de la uva en vino.
vinílico, ca *adj.* Compuesto químico, y material elaborado con él, que contiene vinilo.
vinilo *s. m.* Radical químico derivado del etileno. || Material plástico que contiene este radical. *El vinilo se utiliza para fabricar discos fonográficos, juguetes y hasta materiales de construcción.*
vino *s. m.* Bebida alcohólica que se obtiene por fermentación del jugo de las uvas. *Vino tinto.* || Preparación medicinal en la que esta bebida sirve de excitante.
vinoso, sa *adj.* Que tiene las propiedades o apariencias del vino.
viña *s. f.* Sitio plantado de vides.

viñador, ra *s.* Cultivador de viñas.
viñamarino, na *adj.* y *s.* De Viña del Mar, ciudad de Chile.
viñatero, ra *s.* Propietario de viñas. || *Amér.* Viñador, cultivador de viñas.
viñedo *s. m.* Terreno de viñas.
viñeta *s. f.* Dibujo o estampita puesto como adorno al principio o al final de un libro o capítulo.
viola *s. f.* Instrumento musical de cuerda parecido al violín, de tamaño mayor. || *s. com.* Persona que lo toca.
violáceo, a *adj.* Violado.
violación *s. f.* Penetración en un lugar en contra de la religión, la ley o la moral. *La violación de una iglesia.* || Quebrantamiento de la ley social o moral. || Delito que consiste en abusar de una mujer o menor de edad mediante violencia.
violado, da *adj.* De color violeta.
violador, ra *adj.* y *s.* Que viola.
violar *t.* Infringir, quebrantar. *Violar la ley.* || Abusar de una mujer o menor de edad por violencia o por astucia. || Entrar en un sitio prohibido.
violatorio, ria *adj. Amér.* Que viola alguna ley o precepto.
violencia *s. f.* Ímpetu o gran fuerza de alguien o algo. *La violencia del huracán derrumbó varias casas.* || Manera de actuar agresiva y brutal con el propósito de cambiar algo por la fuerza o de destruirlo. *La violencia no es la manera de resolver los conflictos.*
violentar *t.,* *intr.* y *pr.* Hacer que algo ceda mediante la fuerza y la violencia. *Los ladrones violentaron la cerradura.* || Obligar a alguien a que haga algo en contra de su voluntad. || *fam. Méx.* Enojarse mucho. *Se violenta de una manera irracional.*
violento, ta *adj.* Que se hace o sucede con brusquedad. *Salió de la habitación de manera violenta.* || *s.* Persona, carácter o acción que tiende a dañar haciendo uso de la fuerza.
violeta *s. m.* Color que resulta de la combinación del azul y el rojo. *El violeta es como un morado claro.* || *s. f.* Planta apreciada por sus flores. || Flor de esa planta.
violetera *s. f.* Vendedora de violetas.
violín *s. m.* Instrumento musical, de cuatro cuerdas templadas de quinta en quinta («sol», «re», «la», «mi») que se toca con un arco. || *Esp.* Violinista.
violinista *s. com.* Persona que toca el violín.
violón *s. m.* Contrabajo, instrumento musical de cuatro cuerdas, el mayor de su tipo y el de tono grave. || *Esp.* Persona que lo toca.
violonchelista *s. com.* Músico que toca el violonchelo.
violonchelo *s. m.* Instrumento musical de cuerda y arco, más pequeño que el contrabajo y más grande que el violín y la viola.
vipérido, da *adj.* Relativo a la serpiente.
viperino, na *adj.* Relativo a la víbora.
vira vira *s. f. Arg., Chil., Per.* y *Ven.* Planta cubierta de una pelusa blanca, que se emplea en infusión o té para curar la tos.
virago *s. f.* Mujer varonil.
viraje *s. m.* Cambio de dirección de un vehículo. || Curva en una carretera. || *fig.* Cambio completo de orientación, de conducta. *Un viraje en la historia.*

viral *adj.* Relativo a los virus. *La gripe, la hepatitis y el sida son enfermedades virales.*

virar *t.* e *intr.* Girar un barco cambiando de dirección.

viraró *s. m. Arg.* y *Uy.* Árbol de la familia de las leguminosas, de hojas brillosas, que llega a medir 20 m de altura.

virgen *s.* Se dice de la persona que no ha tenido contacto sexual. *Una mujer virgen.* || *fig.* Intacto, íntegro. *Nieve virgen.*

virginal *adj.* Relativo a una virgen.

virginidad *s. f.* Entereza corporal de la persona que no ha tenido contacto sexual. || *fig.* Pureza.

virgo[1] *s.* y *s.* Se dice de los nacidos en el signo del zodiaco de ese nombre, comprendido del 21 de agosto al 22 de septiembre.

virgo[2] *s. m.* Membrana genital que está intacta en las vírgenes y se rompe cuando dejan de serlo.

viril *adj.* Varonil.

virilidad *s. f.* Calidad de viril.

virreina *s. f.* Mujer del virrey.

virreinal *adj.* Relacionado con el periodo histórico en el que había virreyes, durante las colonias españolas en América.

virreinato *s. m.* Cargo de virrey. || Territorio gobernado por un virrey.

virreino *s. m.* Virreinato.

virrey *s. m.* Hombre que con este título gobierna en nombre del rey. *En las colonias americanas, el rey de España estaba representado por los virreyes.*

virtual *adj.* Que es en potencia pero no en la realidad. *A escasos minutos de que termine el partido, el ganador virtual es el equipo local.* || *loc.* Realidad virtual: simulación de algo real por medio de imágenes y sonidos de video.

virtud *s. f.* Disposición constante a hacer el bien. *La mayor parte de las religiones promueve la virtud.* || Facultad de producir un efecto. *Ese maestro tiene la virtud de despertar el interés de sus alumnos.* || Castidad, pureza. || *loc.* En virtud de: debido a.

virtuosismo *s. m.* Habilidad excepcional en un arte o ejercicio.

virtuoso, sa *adj.* y *s.* Que tiene disposición a hacer el bien. || Artista que sobresale en la técnica de su arte.

viruela *s. f.* Enfermedad viral muy contagiosa, que se manifiesta con la aparición de marcas rojas.

virulencia *s. f.* Lo que es virulento.

virulento, ta *adj.* Violento, mordaz. *El diputado de oposición pronunció un discurso virulento.* || Ocasionado por un virus. || Infectado, que tiene pus. *El doctor tiene que curar esta herida virulenta.*

virus *s. m.* Microorganismo no celular que sólo puede desarrollarse en el interior de una célula viva. || Programa que se introduce en la memoria de una computadora y produce daños en dicha memoria. *Un virus destruyó la información del disco duro de su computadora.*

viruta *s. f.* Laminilla de madera o metal que salta al cepillar un objeto o al someterlo a una operación semejante.

vis *s. f.* Fuerza. *Vis cómica.*

visa *s. f. Amér.* Visado.

visado, da *adj.* Que ha sido visado. || *s. m.* Visto bueno o autorización que se hace constar en ciertos documentos, especialmente pasaportes, para darles validez.

visaje *s. m.* Gesto, mueca.

visar *t.* Examinar un documento poniéndole el visto bueno para darle validez. *Visar un pasaporte.*

víscera *s. f.* Cualquiera de los órganos situados en las principales cavidades del cuerpo, como el estómago, el corazón, los pulmones, el hígado, etc.

visceral *adj.* De las vísceras.

viscosa *s. f.* Celulosa sódica empleada en la fabricación de rayón, fibrana y películas fotográficas.

viscosidad *s. f.* Propiedad que tiene un fluido de resistir a un movimiento uniforme de su masa.

viscoso, sa *adj.* Que tiene viscosidad.

visera *s. f.* Parte del yelmo que cubría el rostro parcial o totalmente. || Parte delantera de la gorra, del quepis, etc., para proteger los ojos. || Trozo de cartón o plástico de forma parecida empleada para el mismo uso.

visibilidad *s. f.* Calidad de visible.

visible *adj.* Perceptible con la vista. || *fig.* Evidente, manifiesto.

visigodo, da *adj.* Relativo al pueblo godo que se estableció en España desde 415 hasta 711. || *s.* Este pueblo.

visigótico, ca *adj.* De los visigodos.

visillo *s. m.* Cortinilla transparente que se pone detrás de los cristales de las ventanas.

visión *s. f.* Percepción por medio del órgano de la vista. || Vista. *Perdió la visión de un ojo.* || Percepción imaginaria de objetos irreales. *Tener visiones.* || Aparición sobrenatural. || Punto de vista que se tiene sobre un tema.

visionario, ria *adj.* y *s.* Que ve visiones.

visir *s. m.* Ministro de un príncipe musulmán.

visita *s. f.* Acción de ir a visitar a alguien. *Visita de cumplido.* || Acción de ir a ver con interés alguna cosa. *Visita de un museo.* || Persona que visita. *Recibir visitas.* || Acción de ir a ver al médico a un enfermo. || Reconocimiento médico.

visitar *t.* Ir a ver a uno en su casa. || Recorrer para ver. *Visitar un museo.* || Ir a ver como turista. *Visitar Galicia.* || Ir el médico a casa del enfermo para reconocerlo. || Inspeccionar.

vislumbrar *t.* Ver.

vislumbre *s. f.* Reflejo. || Indicio.

viso *s. m.* Reflejo. || *fig.* Apariencia. *Visos de verdad.* || Tendencia.

visón *s. m.* Mamífero carnívoro parecido a la nutria. || Su piel y abrigo hecho con ella.

visor *s. m.* Dispositivo óptico para enfocar con máquinas fotográficas o cinematográficas o con armas de fuego, etc.

víspera *s. f.* Día anterior a otro. || *loc.* En vísperas de: cerca de, próximo a.

vistazo *s. m.* Ojeada, mirada rápida y superficial. *El director echó un rápido vistazo a los alumnos.*

visto, ta *adj.* Juzgado, fórmula con que se da por concluida la vista pública de una causa. *Visto para sentencia.* || Muy conocido. *Esta clase de espectáculos están muy vistos.* || *loc.* Bien o mal visto: considerado bien (o mal). || *Por*

lo visto: por lo que se ve; según parece, aparentemente. ‖ *Visto que:* puesto que. ‖ *Visto bueno:* aprobación, conformidad. ‖ *s. m.* Empleado que se encarga de registrar en las aduanas. ‖ *s. f.* Sentido corporal localizado en los ojos, mediante el cual es posible percibir la luz, los objetos, etc. ‖ Mirada. *Iba distraído y con la vista baja.* ‖ Aspecto, apariencia. *El automóvil que compró Adela tiene buena vista.* ‖ Habilidad para percibir las cosas. *Ese doctor tiene buena vista para diagnosticar.* ‖ *loc. A la vista:* a su presentación. ‖ *A la vista de:* en vista de. ‖ *A primera vista:* sin examen. ‖ *A vista de pájaro:* desde un punto elevado. ‖ *Conocer a una persona de vista:* conocerla sólo por haberla visto alguna vez. ‖ *Con vistas a:* con el propósito de. ‖ *En vista de:* en consideración a, dado. ‖ *Hacer la vista gorda:* fingir uno que no se da cuenta de algo. ‖ *Hasta la vista:* hasta pronto. ‖ *fig. Punto de vista:* criterio, modo de ver. ‖ *Saltar una cosa a la vista:* ser muy visible o evidente. ‖ *Ser corto de vista:* ser miope o, en sentido figurado, ser poco perspicaz.

vistosidad *s. f.* Apariencia llamativa.

vistoso, sa *adj.* Llamativo.

visual *adj.* Relativo a la visión.

visualización *s. f.* En informática, presentación gráfica en una pantalla de los resultados obtenidos en el procesamiento de datos.

visualizar *t.* Imaginar con rasgos visibles algo que no se ve. ‖ En informática, representar en una pantalla los resultados de un proceso de datos.

vital *adj.* Relativo a la vida. *Es común referirse al agua como «el vital líquido».* ‖ Muy importante. *Es vital que apruebes los exámenes.* ‖ Dotado de grandes ganas de vivir, de desarrollarse o de actuar. *A pesar de su edad, doña Genoveva es una persona muy vital.*

vitalicio, cia *adj.* Que dura desde que se obtiene hasta el fin de la vida.

vitalidad *s. f.* Circunstancia de ser muy importante una cosa. ‖ Gran energía para hacer cosas.

vitalizar *t.* Infundir fuerza o vigor. *Pepe está haciendo ejercicios especiales para vitalizar sus piernas.*

vitamina *s. f.* Cada una de las sustancias químicas orgánicas existentes en los alimentos en cantidades muy pequeñas y necesarias al metabolismo animal.

vitelo *s. m.* Citoplasma o parte fundamental de las células de los animales.

vitícola *adj.* Relativo al cultivo de la vid. ‖ *s. com.* Viticultor.

viticultor, ra *s.* Persona dedicada a la viticultura.

viticultura *s. f.* Cultivo de la vid.

vitiligo *s. m.* Enfermedad cutánea caracterizada por manchas blancas debidas a una falta de pigmentación de la piel.

vitivinícola *adj.* Relativo a la vitivinicultura. ‖ *s. com.* Vitivinicultor.

vitivinicultor, ra *s.* Persona dedicada a la vitivinicultura.

vitivinicultura *s. f.* Arte de cultivar las vides y elaborar el vino.

vitola *s. f.* Anillo de papel que rodea el cigarro puro. ‖ *fig.* Aspecto.

vitorear *t.* Aplaudir, dar vivas.

vitral *s. m.* Vidriera de colores.

vítreo, a *adj.* De vidrio.

vitrificación *s. f.* o **vitrificado** *s. m.* Acción y efecto de vitrificar.

vitrificar *t.* Convertir, mediante fusión, una sustancia en materia vítrea. ‖ Dar a los entarimados una capa de materia plástica que los protege. ‖ *pr.* Convertirse en materia vítrea.

vitrina *s. f.* Armario o caja con puertas de cristales en que se exponen objetos de arte. ‖ *Amér.* Escaparate.

vitriolo *s. m.* Nombre dado antiguamente a todos los sulfatos.

vituallas *s. f. pl.* Alimentos.

vituperar *t.* Censurar.

vituperio *s. m.* Censura.

viudez *s. f.* Condición de viudo.

viudita *s. f. Arg.* y *Uy.* Ave de plumaje blanco que tiene el extremo de la cola y los bordes de las alas de color negro.

viudo, da *adj.* y *s.* Relativo a la persona a quien se le ha muerto su cónyuge, mientras que no vuelve a casarse.

viva *interj.* Expresa alegría y aplauso. *¡Viva!, gritaron a los novios al salir de la iglesia.*

vivac o **vivaque** *s. m.* Campamento provisional que instalan los viajeros para dormir.

vivacidad *s. f.* Viveza.

vivales *s. com. fam.* Persona que vive a costa de los demás y que se aprovecha de los demás. *Es un vivales, nunca paga sus cuentas.*

vivar *s. m.* Lugar donde viven los conejos de campo. ‖ Vivero de peces.

vivaracho, cha *adj. fam.* Que es joven y de carácter alegre y travieso. *La nueva empleada es vivaracha y amable.*

vivaz *adj.* Eficaz, vigoroso. ‖ Perspicaz, agudo, que muestra vivacidad. ‖ Relativo a las plantas que viven varios años, pero cuyos órganos aéreos mueren cada dos años.

vivencia *s. f.* Hecho o experiencia propios de cada persona. *Ese niño ha tenido vivencias muy difíciles.*

víveres *s. m. pl.* Comestibles.

vivero *s. m.* Terreno a que se trasladan las plantas desde la almáciga para recriarlas. ‖ Lugar donde se crían o guardan vivos dentro del agua peces, moluscos, etc. ‖ *fig.* Semillero, cantera. *Un vivero de artistas.* ‖ Manantial, fuente. *Vivero de disgustos.*

viveza *s. f.* Prontitud en las acciones o agilidad en la ejecución. *La viveza de los niños.* ‖ Perspicacia, sagacidad, agudeza.

vividor, ra *adj.* Que vive. ‖ Aprovechado. ‖ *s.* Persona a quien le gusta vivir bien.

vivienda *s. f.* Lugar donde habitan una o varias personas, morada.

vivificar *t.* Dar fuerzas.

vivíparo, ra *adj.* Se aplica a los animales que paren los hijos ya desarrollados y sin envoltura, como los mamíferos.

vivir[1] *s. m.* Vida, conjunto de medios o recursos de vida.

vivir[2] *t.* Estar presente. *Viví en México horas inolvidables.* ‖ Participar, tomar parte. *Los que vivimos una juventud dorada.* ‖ Pasar. *Vivimos tantas horas felices.* ‖ *intr.* Estar vivo. *Quién sabe si mañana vivirá.* ‖ Gozar, disfrutar de los placeres de la vida. *Vivió agradablemente.* ‖ Estar tranquilo, sosegado. *Vivir con pocas preocupaciones.* ‖ Durar, subsistir. *Sus hazañas vivirán siempre en el recuerdo.* ‖ Habitar, residir. *Vivo en París.* ‖ Mantenerse. *Gana para poder vivir.* ‖ Conducirse, portarse. *Vivir austeramente.*

‖ Llevar cierto género de vida. *Vivir como un santo.* ‖ Tratar. *Hay que vivir con todo el mundo.* ‖ Convivir. *Vivo con él.* ‖ Aceptar y adoptar las costumbres sociales. *Allí aprendí a vivir.*

vivisección *s. f.* Disección.

vivo, va *adj.* Que está en vida, que vive. *Los vivos y los muertos.* ‖ Fuerte, intenso. *Dolor muy vivo.* ‖ Agudo. *Olor vivo.* ‖ Brillante. *Colores vivos.* ‖ Rápido, ágil en sus movimientos. ‖ *fig.* Que concibe pronto. *Ingenio vivo.* ‖ Rápido en enojarse. ‖ Despabilado, despierto, listo. *Niño muy vivo.* ‖ Astuto, hábil. *Eres un vivo.* ‖ Expresivo, realista, que da la impresión de la vida. *Descripción viva.* ‖ Grande. *Viva curiosidad.* ‖ Duradero, que sobrevive, que no ha desaparecido. *Recuerdo vivo.* ‖ Se dice de la arista, filo o ángulo muy agudos. ‖ Relativo a las lenguas que se hablan todavía. ‖ *loc. En carne viva:* se aplica a la carne de un ser vivo que no está cubierta por la piel a causa de una herida, etc.

vizcacha *s. m.* Mamífero roedor semejante a la liebre.

vizcachera *s. f.* Madriguera de la vizcacha. ‖ *Arg.* Cuarto de trastos.

vizcaíno, na *adj.* y *s.* De Vizcaya, ciudad de España.

vizcondado *s. m.* Título, dignidad y territorio de vizconde.

vizconde *s. m.* Título nobiliario inferior al de conde.

vocablo *s. m.* Palabra.

vocabulario *s. m.* Conjunto de palabras utilizadas en una lengua, en el lenguaje de una colectividad.

vocación *s. f.* Destino natural del hombre. ‖ Inclinación, tendencia que se siente por cierta clase de vida, por una profesión. *Tener vocación para el teatro.* ‖ Inclinación a la vida sacerdotal o religiosa.

vocal *adj.* Relativo a la voz. *Cuerdas vocales.* ‖ Compuesto para ser cantado. *Música vocal.* ‖ *s. f.* Sonido del lenguaje producido por la vibración de la laringe mediante una simple aspiración. ‖ Letra que representa este sonido. *El alfabeto castellano tiene cinco vocales.* ‖ *s. com.* Miembro de una junta, consejo, etc., que no tiene asignado un cargo o función especial en el organismo a que pertenece.

vocativo *s. m.* En gramática, forma que toma una palabra cuando se utiliza para llamar a una persona o cosa personificada. ‖ Caso que tiene esta palabra en las lenguas que poseen una declinación.

voceador, ra *s. Méx.* Vendedor callejero de diarios.

vocear *t.* e *intr.* Anunciar algo en voz alta. ‖ Dar voces o gritos.

vocerío *s. m.* Conjunto de voces confusas que se escuchan a un tiempo.

vocero, ra *s.* Persona que habla en nombre de otro u otros. *El vocero declaró que el presidente haría un viaje de trabajo.*

vociferación *s. f.* Acción y efecto de vociferar.

vociferador, ra *adj.* y *s.* Que vocifera.

vociferante *adj.* Que vocifera. *La multitud vociferante exigía justicia y respeto a los derechos.*

vociferar *intr.* Hablar a grandes voces o dando gritos. *Los vecinos se pelean algunas noches y se les escucha vociferar.*

vocinglero, ra *adj.* y *s.* Que grita o habla muy alto.

vodevil *s. m.* Comedia alegre y ligera.

vodka *s. m.* Aguardiente de centeno.

voladizo, za *adj.* Se dice de la parte de un edificio que sobresale de la pared. *Cornisa voladiza.*

volado *s. m. Méx. fam.* Hecho de lanzar una moneda al aire e intentar adivinar qué lado mostrará.

volado, da *adj.* Que parece volar. *La escalera de la casa de mi tío es volada, no tiene barandales.*

volador, ra *adj.* Que vuela. *Los peces voladores salen del agua y vuelven a sumergirse.*

voladura *s. f.* Explosión.

volandas *s. m. loc. adv. En volandas:* Por el aire.

volante *s. m.* Rueda de mano que sirve para accionar y guiar el mecanismo de dirección de un automóvil. *El automovilista giró el volante para dar vuelta a la derecha.* ‖ Hoja de papel en que se manda un aviso. ‖ Adorno de tela en una prenda de vestir. *Le hicieron un amplio vestido de volantes.*

volantín *s. m.* Cordel con varios anzuelos, que se usa para pescar. ‖ Juego mecánico para niños, consistente en un poste central del que salen trapecios para colgarse, girando.

volar *t., intr.* y *pr.* Ir, moverse o mantenerse en el aire. *Leonardo da Vinci diseñó inventos para volar.* ‖ Transcurrir rápidamente el tiempo. *Como estuvimos tan contentos, el tiempo voló.* ‖ *fam. Méx.* Sustraer, robar. *¡Me volaron mi billetera!*

volátil *adj.* Que se volatiliza o se evapora. ‖ Que vuela. ‖ *fig.* Inconstante.

volatilización *s. f.* Evaporación.

volatilizar *t.* Transformar un cuerpo sólido o líquido en gaseoso.

volatinero, ra *s.* Acróbata.

volcadura *s. f. Amér.* Vuelco.

volcán *s. m.* Montaña formada por lavas y otras materias precipitadas del interior del globo terráqueo y expulsadas por una o varias aberturas del suelo. ‖ *fig.* Persona de carácter ardiente, fogoso, apasionado. ‖ Pasión ardiente. ‖ Cosa muy agitada.

volcánico, ca *adj.* Relativo al volcán. ‖ *fig.* Agitado, fogoso.

volcanismo *s. m.* Conjunto de los fenómenos volcánicos.

volcar *t.* Inclinar o invertir un objeto de modo que caiga su contenido. *Volcar un vaso.* ‖ Tumbar, derribar. *Volcar a un adversario.* ‖ Turbar la cabeza un olor muy fuerte. ‖ *fig.* Hacer mudar de parecer. *Lo volcó con sus argumentos.* ‖ *intr.* Caer hacia un lado un vehículo. *El camión volcó.* ‖ *pr. fig.* Poner uno el máximo interés y esfuerzo para algún fin. *Se volcó para conseguir el cargo.* ‖ Extremar, hacer el máximo de. *Se volcó en atenciones.*

volea *s. f.* En algunos deportes, acción de golpear el balón antes de que bote.

voleibol *s. m.* Deporte que se disputa entre dos equipos, lanzando un balón que se golpea con la mano por encima de una red.

voleo *s. m.* Golpe dado en el aire a algo antes de que caiga.

volframio *s. m.* Tungsteno.

volován *s. m.* Pan de pasta de hojaldre en forma de canastita, que se rellena con diferentes carnes y verduras picadas.

volquete *s. m.* Vagón o cualquier vehículo utilizado para el transporte que se descarga haciendo girar sobre el eje de la caja que sostiene el bastidor.

volt *s. m.* Voltio.

voltaje *s. m.* Tensión eléctrica. *El voltaje usado en Europa es distinto al que se usa en América.*

volteada *s. f. Arg.* Operación que consiste en separar una parte del ganado acorralándolo los jinetes.

volteado *s. m. Méx.* Afeminado.

voltear *t. y pr.* Dar vueltas a una persona o cosa hasta colocarla al revés de como estaba. *Voltea el vaso bocabajo para que no le caiga polvo.* ‖ *Amér. Merid. y Méx.* Derribar con violencia, derramar. *Luciano no se fijó y se volteó la jarra con el agua de frutas encima.* ‖ *Amér.* Volver, cambiar la posición o dirección de algo. *Cuando volteé vi que no era mi prima.*

volteo *s. m.* Acción de voltear. ‖ *loc. Méx.* Camión de volteo: camión que puede vaciar su carga cambiando el ángulo de la caja.

voltereta *s. f.* Trecha.

voltímetro *s. m.* Instrumento para medir la diferencia de potencial eléctrico entre dos puntos.

voltio *s. m.* Unidad de potencial eléctrico en el sistema internacional.

volúbilis *s. m.* Enredadera.

voluble *adj.* Versátil, cambiante.

volumen *s. m.* Espacio y medida del espacio ocupado por un cuerpo. *La maestra nos pidió calcular el volumen de un cubo.* ‖ Cuerpo material de un libro. *La novela se publicó en tres volúmenes.* ‖ Intensidad de los sonidos o de la voz. *Está muy alto el volumen del radio.*

voluminoso, sa *adj.* Que tiene un gran volumen o tamaño.

voluntad *s. f.* Capacidad de determinarse a hacer o no hacer algo. *Con fuerza de voluntad dejará de fumar.* ‖ Deseo, aquello que se quiere. *Hizo los ejercicios por su propia voluntad.*

voluntariado *s. m.* Alistamiento voluntario para hacer el servicio militar o cualquier otra cosa. ‖ Conjunto de personas que se ofrecen voluntarias para hacer algo.

voluntario, ria *adj.* Hecho por la propia voluntad.

voluntarioso, sa *adj.* Lleno de buena voluntad, de buenos deseos.

voluptuosidad *s. f.* Goce intenso.

voluptuoso, sa *adj.* Dado a los placeres sensuales.

voluta *s. f.* Lo que tiene forma de espiral. *Voluta de humo.*

volver *t., intr. y pr.* Dar la vuelta, cambiar de sentido o dirección. *Volvió a casa muy rápido.* ‖ Cambiar o hacer que alguien o algo cambie de estado. *Antes era simpática, ahora se ha vuelto una pesada.* ‖ Regresar al lugar del que se salió. *Después de cinco años volvió a su país natal.* ‖ Repetirse un suceso, situación, etc. *Llovió ayer y hoy volvieron las nubes.*

vomitar *t.* Arrojar por la boca el contenido en el estómago. *Vomitar la comida.* ‖ *fig.* Arrojar de sí una cosa algo que tiene dentro.

vomitivo, va *adj.* Que hace vomitar.

vómito *s. m.* Aquello que se vomita.

vomitona *s. f.* Vómito.

voracidad *s. f.* Avidez.

vorágine *s. f.* Remolino de agua.

voraz *adj.* Que devora con avidez.

vos *pron.* Pronombre personal masculino y femenino de segunda persona, antigua forma de tratamiento en lugar de *usted.* ‖ *Amér.* Tú.

vosear *t.* Hablar de «vos». ‖ *Amér.* Tutear.

voseo *s. m.* Empleo hispanoamericano de «vos» por «tú». *En Guatemala, El Salvador, Uruguay y Argentina se usa el voseo.*

vosotros, tras *pron. Esp.* Pronombre personal de segunda persona del plural, que funciona como sujeto o como complemento con preposición. *Yo no quiero ir, pero id vosotras.*

votación *s. f.* Acción de votar.

votante *adj. y s. com.* Que vota.

votar *t.* Decidir o pedir por un voto. ‖ *intr.* Dar uno su voto en una deliberación o elección. ‖ Echar votos o juramentos, blasfemar.

voto *s. m.* Promesa hecha a Dios, a la Virgen o a los santos por devoción para obtener determinada gracia. ‖ Cada una de las tres promesas de renunciamiento (pobreza, castidad y obediencia) que se pronuncian al tomar el hábito religioso. ‖ Opinión emitida por cada una de las personas que votan, sufragio. ‖ Derecho a votar. *Tener una voz y voto.* ‖ Votante, persona que da su voto. ‖ Deseo ardiente. *Votos de felicidad.* ‖ Juramento, reniego, blasfemia. *Echar votos.*

voz *s. f.* Sonido emitido por el hombre y los animales. *Como está en la adolescencia, le está cambiando la voz.* ‖ Manera de expresarse una colectividad. *Se ha convertido en la voz de un amplio sector de la población.* ‖ Grito. *Llamó a voces a su hijo.* ‖ Derecho a opinar. *Las mujeres han hecho escuchar su voz.* ‖ Palabra, vocablo. *«Jitomate» es una voz de origen náhuatl.* ‖ Forma que adopta el verbo según la acción sea realizada o sufrida por el sujeto. *La oración «yo como tarta» está en voz activa; «la tarta es comida por mí» está en voz pasiva.*

vozarrón *s. m.* Voz gruesa y sonora.

vudú *s. m.* Culto muy difundido entre los afrodescendientes de las Antillas y de los estados del sur de Estados Unidos de América.

vuelapluma *loc. A vuelapluma:* Escrito con rapidez y sin pensar demasiado. *El reportero apuntó a vuelapluma algunos detalles.*

vuelco *s. m.* Acción de volcar un vehículo, una embarcación.

vuelo *s. m.* Hecho de volar. *El vuelo de la cometa no duró mucho tiempo.* ‖ Desplazamiento en el aire de diversos animales, por medio de alas. *Las golondrinas remontan el vuelo.* ‖ Espacio que de una vez se recorre volando. *El vuelo en avión entre las dos ciudades se lleva a cabo en dos horas.* ‖ Amplitud de un vestido.

vuelto *s. m. Amér.* Cambio, dinero sobrante de un pago. ‖ *s. f.* Movimiento circular completo de un cuerpo alrededor de un punto o sobre sí mismo. *Das calles adelante y das vuelta a la derecha.* ‖ Paseo. *Vamos a dar una vuelta.* ‖ Regreso, retorno. *No comas nada, a la vuelta preparamos algo.* ‖ Repetición. *No sigas dándole vueltas al asunto.* ‖ Dinero sobrante que se devuelve al pagar algo.

vuestro, tra[1] *adj.* Adjetivo posesivo que indica posesión de o pertenencia a la segunda persona.

vuestro, tra[2] *pron.* Pronombre posesivo que indica pertenencia de la segunda persona. *Éste es mi carruaje, ¿y el vuestro dónde está?*

vulcanización *s. f.* Operación de añadir azufre al caucho para darle mayor elasticidad, impermeabilidad y duración.

vulcanizado, da *adj.* Que ha sido tratado por vulcanización.

vulcanizador *s. m. Méx.* Persona que se dedica a reparar neumáticos.

vulcanizadora *s. f. Méx.* Negocio en el que se arreglan los neumáticos de automóvil.

vulcanizar *t.* Hacer el caucho o hule más impermeable y duradero, al combinarlo con azufre.

vulcanología *s. f.* Parte de la geología que estudia los volcanes.

vulgar *adj.* Característico del vulgo. ‖ Que carece de educación, de distinción. *Hombre vulgar.* ‖ Poco distinguido. *Gusto vulgar.* ‖ Corriente, ordinario. *Vida vulgar.* ‖ Que no es especial o técnico. «*Niña del ojo*» *es el nombre vulgar de* «*pupila*». ‖ Se dice de la lengua hablada por el pueblo, por oposición a la lengua literaria. *Latín vulgar.*

vulgaridad *s. f.* Carácter del que o de lo que carece de distinción.

vulgarismo *s. m.* Término vulgar.

vulgarización *s. f.* Acción de dar a conocer a gentes sin gran cultura nociones difíciles o complejas. ‖ Acción de dar un carácter vulgar, de mal gusto.

vulgarizador, ra *adj.* y *s.* Que expone de un modo simple los conocimientos complejos de algo. *Vulgarizador científico.*

vulgarizar *t.* y *pr.* Hacer algo poco refinado, vulgar. ‖ Divulgar, hacer del conocimiento o del acceso general aspectos relacionados con una ciencia o arte.

vulgo *s. m.* La mayoría de los hombres, la masa, el pueblo. ‖ Conjunto de personas que desconocen la materia de que se trata.

vulnerabilidad *s. f.* Carácter vulnerable.

vulnerable *adj.* Que puede ser herido. ‖ Que puede ser perjudicado.

vulneración *s. f.* Infracción.

vulnerar *t. fig.* Dañar, perjudicar. ‖ Violar, infringir una ley, un contrato. ‖ Lesionar. *Vulnerar un derecho.*

vulpeja *s. f.* Zorra, mamífero.

vulva *s. f.* Órgano genital externo de la mujer.

V

W

w *s. f.* Vigésima cuarta letra del abecedario español, llamada «uve doble», «doble u» o «doble ve».

wagneriano, na *adj.* Relativo a la obra del compositor alemán Richard Wagner. *La temporada de ópera de este año está dedicada a las óperas wagnerianas.*

walaby *s. m.* Pequeño marsupial australiano parecido al canguro.

water o **váter** *s. m.* Lugar y recipiente en el que se defeca y se orina.

waterpolo *s. m.* Deporte acuático en el que juegan dos equipos y que consiste en introducir un balón en la portería contraria.

watt *s. m.* Nombre del vatio en la nomenclatura del Sistema Internacional.

web *s. f.* Red informática formada por un gran sistema de documentos de hipertexto enlazados y ac-

cesibles a través de internet. *La palabra web es la forma abreviada de World Wide Web o Red Global Mundial.* || *loc. Página web:* documento escrito en lenguaje html, específico para internet, al que se accede por un enlace de hipertexto. || *Sitio web:* dirección de internet formada por un grupo de archivos o páginas web ligados entre sí por enlaces de hipertexto.

weber *s. m.* Unidad de medida de flujo magnético en el Sistema Internacional, nombrada así en honor del físico alemán Wilhelm Eduard Weber, quien en 1846 formuló la ley de las fuerzas que ejercen las partículas electrizadas en movimiento.

whisky *s. m.* Licor obtenido de la fermentación de cereales. *Se considera que el* whisky *escocés es de los mejores del mundo.*

wolframio *s. m.* Volframio.

X

x *s. f.* Vigésima quinta letra del abecedario español; su nombre es «equis». || En matemáticas, signo de la incógnita. *El maestro de matemáticas nos enseñó algunas fórmulas con x.* || *loc.* «X» o «y»: uno u otro, sin importar cuál. *Voy a comer «x» o «y» guiso, lo que me importa es comer.*

xantofila *s. f.* Pigmento amarillo de la clorofila.

xenofilia *s. f.* Admiración excesiva por la cultura y costumbres extranjeras.

xenófilo, la *adj.* Que admira excesivamente lo extranjero.

xenofobia *s. f.* Odio o desprecio hacia los extranjeros. *En tiempos de guerra, los pueblos desarrollan un alto nivel de xenofobia.*

xenófobo, ba *adj.* Que odia o desprecia a los extranjeros.

xenón *s. m.* Elemento químico, gas inerte, incoloro e inodoro, presente en el aire en pequeñísima cantidad; se emplea como gas de llenado de lámparas y tubos electrónicos; su número atómico es 54 y su símbolo Xe.

xerófilo, la *adj.* Se dice de las plantas que viven en medios secos.

xeroftalmia *s. f.* Enfermedad de los ojos en la cual disminuye la transparencia de la córnea. *La xeroftalmia se origina por falta de vitamina A.*

xerografía *s. f.* Procedimiento de impresión seca por medios electrostáticos.

xi *f.* Decimocuarta letra del alfabeto griego (Ξ, ξ), que corresponde a «x» del latino.

xilófago, ga *adj. y s.* Se aplica a los insectos que roen la madera. *Las termitas son xilófagas.*

xilófono *s. m.* Instrumento musical de percusión compuesto de láminas de madera o metal.

xilografía *s. f.* Impresión o grabado que se realiza con la ayuda de una plancha de madera grabada.

xoconostle *s. m. Méx.* Tuna pequeña de sabor muy ácido. *Los xoconostles son ingrediente de muchos guisos mexicanos.*

xocoyote *s. m. Méx.* Benjamín, último de los hijos de una familia.

xtabentún *s. m. Méx.* Licor preparado con las flores de la enredadera así llamada. *El xtabentún es un licor típico del estado mexicano de Yucatán.*

y¹ *s. f.* Vigésima sexta letra del abecedario español; su nombre es «ye» o «i griega».

y² *conj.* Une palabras, sintagmas u oraciones con la misma función. *Compró peras y manzanas.*

ya¹ *adv.* Expresa el tiempo pasado. *El maestro nos dio un repaso de los temas que ya habíamos estudiado.* ‖ Indica el tiempo presente pero con relación al pasado. *Hace algunos años era rico, ahora ya es pobre.* ‖ En tiempo u ocasión futura. *Ahora no puedo conversar contigo, pero ya tendremos tiempo de hacerlo.*

ya² *conj.* Indica que cada una de varias alternativas conduce a la misma consecuencia. *Ya con gozo, ya con dolor, el poeta siempre escribe versos.*

yaacabó *s. m.* Pájaro insectívoro de América del Sur, con pico y uñas fuertes.

yaba *s. f. Amér.* Árbol cuya madera se usa en la construcción.

yabuna *s. f. Cub.* Hierba gramínea que crece en las sabanas.

yaca *s. f.* Guanábano. ‖ *Méx.* Nombre que se da al tilo.

yacamar *s. m.* Pájaro de la América tropical.

yacaré *s. m. Arg., Bol., Py.* y *Uy.* Reptil parecido al cocodrilo pero de menor tamaño.

yácata *s. f.* Restos arquitectónicos de la arqueología tarasca, en México.

yacente *adj.* Que yace. ‖ *s. m.* Efigie funeraria de un personaje que yace. *La tumba tenía encima una estatua yacente.*

yacer *intr.* Estar acostado o tendido. *Cuando llegué a su casa, él yacía en una cómoda hamaca.* ‖ Estar enterrado. *Bajo este sepulcro yacen los restos de mis antepasados.*

yaciente *adj.* Yacente.

yacija *s. f.* Lecho, cama. ‖ Tumba.

yacimiento *s. m.* Acumulación natural de minerales, rocas o fósiles.

yacio *s. m.* Árbol de los bosques de la América tropical.

yaco *s. m.* Papagayo. ‖ *Amér.* Nutria.

yacolla *s. f. Per.* Manta que se echaban sobre los hombros los indígenas.

yacú *s. m. Arg.* Ave negra del tamaño de una gallina pequeña.

yacusi o jacuzzi *s. m.* Bañera de hidromasaje.

yagua *s. f. Ven.* Palma de la que se obtienen fibras textiles. ‖ *Cub.* y *P. Rico.* Tejido fibroso que envuelve la parte más tierna de las palmas llamadas reales.

yagual *s. m. Amér. C.* y *Méx.* Especie de anillo que se hace con tela u otro material y se coloca sobre la cabeza para cargar cosas. *La mujer indígena se puso su yagual y en él colocó una vasija llena de agua.*

yaguané *adj. Arg., Py.* y *Uy.* Referido al ganado vacuno o caballar q,ue tiene el pescuezo y los costillares de distinto color al del resto del cuerpo. ‖ *s. m.*

Arg., Py. y *Uy.* Mamífero de pelaje negro con blanco, originario de América que arroja un líquido apestoso cuando se siente perseguido.

yaguar o jaguar *s. m.* Mamífero carnívoro americano, parecido al leopardo, que mide alrededor de 1.50 m de longitud.

yaguareté *s. m. Arg., Py.* y *Uy.* Jaguar.

yaguarú *s. m. Arg.* Nutria.

yaguarundi o jaguarundí *s. m.* Felino de color café rojizo o negro opaco, con las patas cortas y las orejas redondeadas, que habita en sabanas, selvas y bosques del continente americano, desde el sur de Estados Unidos hasta Argentina.

yaguasa *s. f. Ven.* Pato silvestre.

yak o yac *s. m.* Animal asiático de gran tamaño, de largo pelaje, que se utiliza como animal de carga y para montura. *Los yaks parecen toros peludos.*

yambo *s. m.* Pie de la poesía griega y latina compuesto de una sílaba breve y otra larga.

yanacón, cona *adj.* Se dice del indígena que durante el imperio incaico estaba al servicio personal de los soberanos y más tarde de los conquistadores españoles. ‖ *s. m. Bol.* y *Per.* Indígena aparcero de una finca.

yanqui *adj.* y *s. com. fam.* Originario de los Estados Unidos de América. *A estas playas vienen sobre todo turistas yanquis.*

yantar¹ *s. m. ant.* Comida.

yantar² *t. ant.* Comer.

yapa *s. f. Amér. C.* y *Amér. Merid.* Propina, añadidura.

yaqui *adj.* y *s. com.* Pueblo amerindio que vive en el estado mexicano de Sonora.

yaracuyano, na *adj.* y *s.* Del estado venezolano de Yaracuy.

yarará *s. f. Amér. Merid.* Serpiente venenosa, de 1.50 m de longitud, de color pardo claro con dibujos más oscuros, cuya mordedura suele ser mortal.

yaraví *s. m. Bol.* y *Per.* Canto melancólico de origen incaico.

yarda *s. f.* Unidad de longitud anglosajona equivalente a .914 m.

yare *s. m. Amér. C.* y *Ven.* Jugo venenoso de la yuca amarga. ‖ *Ven.* Masa de yuca dulce con la que se suele hacer el casabe.

yareta *s. f. Amér. Merid.* Planta que crece en los páramos de los Andes. *La yareta es una planta pequeña.*

yarey *s. m. Cub.* Palmera con cuyas fibras se tejen sombreros.

yatagán *s. m.* Especie de sable de doble curvatura.

yatai o yatay *s. m. Arg., Py.* y *Uy.* Planta de cuyos frutos se obtiene aguardiente y sus yemas terminales son utilizadas como alimento para el ganado.

yátaro *s. m. Col.* Tucán, ave.

yate *s. m.* Barco de recreo de velas o con motor.

Y

yaurí *s. m. Amér.* Serpiente venenosa.

yautía *s. f. Amér.* Planta tropical de tubérculos feculentos.

yayo, ya *s. fam.* Abuelo.

ybicuíense *adj. y s. com.* De Ybicuí, localidad ubicada en el departamento de Paraguarí, en Paraguay.

ye *s. f.* Nombre de la «y».

yeco *s. m. Chil.* Cuervo marino.

yedra *s. f.* Planta trepadora que vive adherida a las paredes o a los árboles. *La fachada de mi casa está cubierta de yedras.*

yegreño, ña *adj. y s.* De Yegros, ciudad de Paraguay.

yegua *s. f.* Hembra del caballo.

yeguada *s. f.* Conjunto de ganado caballar. *La yeguada está pastando en un prado cercano.* || *Amér. C. y P. Rico.* Disparate, tontería.

yeguarizo, za *adj. Arg. y Uy.* Caballar, relativo al caballo.

yeísmo *s. m.* Pronunciación de la «ll» como «y».

yeísta *adj.* Relativo al yeísmo. || *s. com.* Que practica el yeísmo.

yelmo *s. m.* Pieza de la armadura que cubría la cabeza y el rostro.

yema *s. f.* Brote que nace en el tallo de una planta o en la axila de una hoja y que da origen a una rama, una flor o a varias hojas. || Parte central del huevo de las aves, de color amarillo, también llamada «vitelo». || Parte de la punta del dedo, opuesta a la uña. || Golosina hecha con azúcar y yema de huevo.

yemení o **yemenita** *adj. y s. com.* Del Yemen, país del Medio Oriente.

yerba *s. f.* Planta pequeña de tallo tierno. *Pusimos el mantel sobre la yerba para comer en medio del campo.* || *fam. Méx.* Marihuana. || *loc. Yerba mate:* planta americana de hojas lampiñas y aserradas, fruta roja y flores blancas; con sus hojas se prepara una infusión.

yerbabuena *s. f.* Hierbabuena.

yerbajo *s. m. desp.* Yerba.

yerbal *s. m. Amér.* Campo de hierba mate. || Sitio cubierto de hierbas.

yerbatero, ra *adj. Arg., Py. y Uy.* Relativo a la yerba mate o a sus usos industriales. || *Chil., Col., Ecua., Méx., P. Rico y Ven.* Relativo al médico o cura,ndero que cura con hierbas. || *s. Chil., Col., Ecua., Méx., P. Rico y Ven.* Vendedor de hierbas para alimentar al ganado. || *Arg., Py. y Uy.* Persona que se dedica al cultivo, industrialización o venta de la yerba mate.

yerbear *intr. Arg.* Tomar mate.

yerbero, ra *s. Méx.* Curandero. || *s. f. Arg., Py. y Uy.* Recipiente en el que se guarda la yerba mate. || Conjunto de dos recipientes para la yerba y el azúcar con que se prepara el mate.

yermo, ma *adj.* Despoblado. || Inhabitado. || Sin cultivar. *Campo yermo.* || *s. m.* Despoblado, terreno inhabitado. || Sitio inculto.

yerno *s. m.* Respecto de una persona, marido de una hija suya; su femenino es «nuera».

yero *s. m.* Planta leguminosa que se emplea para alimento del ganado o de las aves.

yerra *s. f. Arg., Py. y Uy.* Hecho de marcar con hierro el ganado.

yerro *s. m.* Falta, equivocación cometida por ignorancia. || Falta contra los preceptos morales o religiosos, extravío.

yerto, ta *adj.* Tieso, rígido.

yesca *s. f.* Materia muy combustible preparada con la pulpa de ciertos hongos, trapos quemados, etc.

yesería *s. f.* Lugar donde se fabrica y vende yeso. || Conjunto de elementos artísticos de yeso que decoran una pared o techo.

yesero, ra *adj. y s.* Relativo al yeso. *La industria yesera está en auge.* || *Méx.* Trabajador de la construcción especializado en hacer recubrimientos y decoraciones con yeso. *Mañana vendrá el yesero para renovar el aplanado de esa pared.*

yeso *s. m.* Sulfato de calcio que se emplea en escultura, construcción, etc.

yesquero *s. m.* Fabricante o vendedor de yesca. || *Arg. y Uy.* Encendedor. *María utilizó el yesquero para encender el cigarrillo.*

yeta *s. f. Arg. y Uy.* Desgracia, mala suerte. *Bruno dice que pasar bajo una escalera es yeta.*

yeti *s. m.* Animal legendario del Himalaya.

yeyuno *s. m.* Segunda porción del intestino delgado, entre el duodeno y el íleon.

yidish *s. m.* Idioma que hablan las comunidades judías del centro de Europa.

yira *s. f. fam. Arg.* Prostituta.

yo[1] *s. m.* Lo que constituye la personalidad, la individualidad.

yo[2] *pron.* Pronombre personal de primera persona del singular, masculino y femenino que funciona como sujeto. *Yo quisiera ser bailarina algún día.*

yod *s. f.* En lingüística, sonido «i» semiconsonante o semivocal, según el sonido al que está agrupado.

yodado, da *adj.* Que tiene yodo. *La sal yodada ayuda a prevenir desórdenes.*

yodar *t.* Tratar con yodo.

yodato *s. m.* Sal del ácido del yodo.

yodo o **iodo** *s. m.* Elemento químico relativamente escaso en la corteza terrestre; es un cuerpo simple no metálico de color gris negruzco, que se sublima fácilmente y desprende vapores azules y olor penetrante; se utiliza como colorante, desinfectante y reactivo en química y fotografía; su número atómico es 53 y su símbolo I.

yodoformo *s. m.* Compuesto químico amarillento y de olor fuerte, constituido por un átomo de carbono, otro de hidrógeno y tres de yodo, que se emplea en medicina como antiséptico. *Deberías ponerte yodoformo en esa herida para que no se infecte.*

yodurado, da *adj.* Que contiene yoduro o está cubierto por él.

yodurar *t.* En química, convertir en yoduro o añadirlo a una sustancia.

yoduro *s. m.* Producto que resulta de la unión de yodo con otro elemento.

yoga *s. m.* Disciplina espiritual y corporal hindú destinada a alcanzar la perfección del espíritu a través de técnicas de concentración mental.

yogi, yogui o **yoghi** *s. com.* Asceta de la India que, por medio de meditación, éxtasis y mortificaciones corporales llega a conseguir la sabiduría y la pureza perfectas.

yogur *s. m.* Producto lácteo preparado con leche fermentada. *Rocío desayuna yogur con frutas y miel.*

yogurtera *s. f.* Aparato electrodoméstico para hacer yogur.

yoloxóchitl *s. m.* Nombre de algunas plantas ornamentales y medicinales de México.

yoyo *s. m.* Juguete que consiste en un disco con un canal, al que se hace subir y bajar a lo largo de un hilo atado a su eje.

yoyote *s. m.* Nombre de algunas plantas mexicanas.

yuca *s. f.* Mandioca, planta euforbiácea de raíz feculenta comestible. || Planta liliácea de la América tropical cultivada en los países templados como planta de adorno.

yucal *s. m.* Campo de yuca.

yucateco, ca *adj.* y *s.* Del estado mexicano de Yucatán.

yudo *s. m.* Judo.

yugo *s. m.* Pieza de madera que se coloca en la cabeza de los bueyes o mulas para uncirlos. || Armazón de madera de la que cuelga la campana. || Horca formada por tres picas debajo de las cuales los romanos hacían pasar a los enemigos derrotados. || *fig.* Dominio, sujeción material o moral. *El yugo colonial.*

yugoeslavo, va *adj.* y *s.* Yugoslavo.

yugoslavo, va *adj.* y *s.* De Yugoslavia, país de Europa.

yuguillo *s. m. Arg.* Tirilla del cuello.

yugular¹ *adj.* Relativo a la garganta. || *s. f.* Cada una de las dos venas que hay al lado del cuello.

yugular² *t.* Degollar. || *fig.* Detener rápidamente.

yunga *s. f.* Nombre que se da a los valles cálidos de Perú, Bolivia y Ecuador.

yunque *s. m.* Prisma de hierro encajado en un tajo de madera y sobre el que se martillan los metales en la herrería. || *fig.* Persona muy paciente o perseverante en el trabajo. || Uno de los huesecillos del oído medio que está intercalado entre el martillo y el estribo.

yunta *s. f.* Par de mulas, bueyes u otros animales que se uncen juntos.

yupe *s. m. Chil.* Erizo de mar.

yuruma *s. f. Ven.* Médula de una palma con que hacen pan los indígenas.

yurumí *s. m. Amér. Merid.* Tipo de oso hormiguero.

yute *s. m.* Planta herbácea y fibrosa de flores amarillas y fruto en cápsula que se cultiva en regiones tropicales. *La producción de yute procede en su mayoría de la India y Bangladesh.* || Material textil que se obtiene de la corteza interior de esta planta. *El yute se emplea para hacer cuerdas y tejidos para sacos.* || Tela realizada con este material.

yuto-azteca *adj.* y *s. com.* Uto-azteca.

yuxtaponer *t.* Poner una cosa al lado de otra.

yuxtaposición *s. f.* Acción de yuxtaponer. || Situación de una cosa colocada junto a otra.

yuxtalineal *adj.* Línea por línea.

yuyal *s. m. Amér. Merid.* Lugar donde abundan los yuyos. *En tiempo de lluvias se hace un yuyal.*

yuyero, ra *adj. Arg.* y *Uy.* Aficionado a las hierbas medicinales. || *Arg.* y *Uy.* Se dice del curandero que utiliza hierbas medicinales.

yuyo *s. m. Amér. Merid.* Hierba. || *Per.* Conjunto de hierbas tiernas comestibles.

Y

z *s. f.* Vigésima séptima letra del abecedario español; su nombre es «zeta».

zacahuil *s. m. Méx.* Tamal de considerable tamaño, relleno de grandes trozos de carne de cerdo o de guajolote, envuelto en hojas de plátano y cocido en un horno de leña. *Los zacahuiles proceden de la Huasteca y pueden llegar a medir hasta 5 m.*

zacamecate *s. m. Méx.* Estropajo.

zacapaneco, ca *adj. y s.* De Zacapa, departamento de Guatemala.

zacapela *s. f.* Disputa con escándalo y griterío. *Después del partido hubo una zacapela.*

zacatal *s. m. Amér. C.* y *Méx.* Lugar donde abunda el zacate, pastizal.

zacate *s. m. Amér. C.* y *Méx.* Hierba, pasto, alimento para el ganado. || *Méx.* Estropajo, trozo de algún material como plástico o fibra que se usa para lavar el cuerpo u otra superficie. *Cuando se duchan, algunas personas usan zacate en lugar de esponja.*

zacatecano, na o **zacateco, ca** *adj. y s.* Del estado de Zacatecas, en México.

zacatilla *s. f. Méx.* Cochinilla negra.

zacatón *s. m. Amér. C.* y *Méx.* Tipo de hierba alta que se utiliza para pasto y para fabricar escobas y cepillos. *El zacatón se desarrolla en regiones semi-desérticas y desérticas.* || Cobarde.

zacatonal *s. m. Méx.* Campo donde crece el zacatón.

zafacoca *s. f. Amér.* Pelea.

zafacón *s. m. P. Rico.* Cubo de hojalata para la basura.

zafado, da *adj. Amér.* Descarado. || Vivo, despierto. || Descoyuntado de los huesos.

zafado, da *adj. y s. Arg.* Atrevido, descarado. || *Méx.* Loco, chiflado.

zafadura *s. f. Amér.* Dislocación o luxación.

zafar *t.* Soltar, desasir lo que estaba sujeto. *Zafar un ancla.* || *intr. Amér.* Irse, marcharse. || *pr.* Escaparse. || *fig.* Esquivar, librarse de una molestia. *Zafarse de una obligación.* || Evitar mañosamente. *Zafarse de una pejiguera.* || Librarse de una persona molesta. *Zafarse de un pelma.* || Salir con éxito. *Zafarse de una situación delicada.* || *Amér.* Dislocarse un hueso.

zafarrancho *s. m. fig.* Riña, alboroto, reyerta. *Se armó un zafarrancho.* || Desorden que resulta.

zafarse *pr.* Escaparse, esconderse. *El héroe se zafó de las cuerdas con que lo habían amarrado.* || Excusarse de hacer algo. *Quiere zafarse de ir a esa fiesta familiar.* || *Amér.* Dislocarse un hueso.

zafiedad *s. f.* Tosquedad, grosería.

zafio, fia *adj.* Grosero, tosco.

zafiro *s. m.* Piedra preciosa, variedad transparente de corindón, de color azul.

zafra *s. f.* Cosecha de la caña de azúcar. || Fabricación de azúcar. || Tiempo que dura esta fabricación.

zaga *s. f.* Parte trasera de una cosa. || En deportes, defensa de un equipo.

zagal *s. m.* Muchacho. || Pastor joven.

zagala *s. f.* Muchacha. || Pastora.

zaguán *s. m.* Habitación cubierta, inmediata a la entrada de un edificio o una casa. *Esa casa tiene un zaguán en el que hay muchas plantas.* || *Méx.* Puerta grande para entrar al patio o garaje de una casa.

zaguero, ra *s.* Jugador que tiene la defensiva en un equipo.

zagüí *s. m. Arg.* Mono pequeño.

zaheridor, ra *adj. y s.* Que zahiere.

zaherimiento *s. m.* Crítica, censura. || Burla. || Mortificación.

zaherir *t.* Herir el amor propio, mortificar. || Burlarse.

zahorí *s. m.* Adivino.

zahúrda *s. f.* Cobertizo para guardar cerdos. || Vivienda sucia y miserable.

zaino, na *adj.* Traidor, falso. || Relacionado con la caballería de pelaje color castaño oscuro. *Le prestaron una yegua zaina para cruzarla con el caballo negro.* || Relacionado con la res vacuna de color negro.

zalamería *s. f.* Halago.

zalamero, ra *adj. y s.* Halagador.

zalea *s. f.* Piel de oveja o de carnero curtida con su lana.

zalema *s. f. fam.* Reverencia hecha en señal de sumisión. || Zalamería.

zamacuco, ca *s.* Persona cazurra. || *s. f. fam.* Borrachera.

zamacueca *s. f.* Cueca.

zamarra *s. f.* Pelliza, prenda de abrigo en forma de chaquetón hecha con piel de carnero. || Zalea.

zamarrear *t.* Sacudir, zarandear a un lado y a otro. || *fig.* Maltratar a uno con violencia. || Golpearlo.

zamarreo o **zamarreón** *s. m.* Acción de zamarrear.

zamba *s. f. Merid.* Danza popular que se baila en pareja suelta y con revuelo de pañuelos.

zambo, ba *adj. y s.* Se dice de la persona que tiene las piernas torcidas hacia fuera desde las rodillas. || *Amér.* Mestizo de negro e indígena, o al contrario. || *s. m.* Mono americano muy feroz.

zambomba[1] *s. f.* Instrumento musical popular que produce un sonido fuerte y áspero.

zambomba[2] *interj.* Expresión de sorpresa. *¡Zambomba, no creí que fuera tan tarde!*

zambombazo *s. m. fam.* Porrazo. || Explosión. || Cañonazo. || Gran ruido. || Gran sorpresa.

zambullida *s. f.* Sumersión. *Zambullida en el agua del mar.*

zambullidura *s. f.* Zambullida.

zambullimiento *s. m.* Acción y efecto de zambullir o zambullirse.

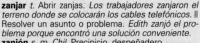

zambullir *t.* Sumergir bruscamente en un líquido. || *pr.* Meterse en el agua para bañarse. *Zambullirme en la piscina.* || Tirarse al agua de cabeza. || *fig.* Meterse de pronto en alguna actividad. *Zambullirse en el trabajo.*

zambullo *s. m. Amér.* Gran cubo de basura.

zambullón *s. m. Amér. Merid.* Zambullida.

zambutir *t. Méx.* Introducir forzándolo, en un lugar estrecho. *Ernestina zambutió demasiada ropa en ese cajón.*

zampa *s. f.* Estaca o pilote que se hinca en un terreno poco firme para asegurarlo.

zampar *t.* Meter o esconder rápidamente una cosa en otra de suerte que no se vea. || Comer de prisa, con avidez. || Arrojar, tirar. || Dar, estampar. *Le zampó un par de bofetadas.* || Poner. *Le zampo un cero a quien no sepa la lección.* || *pr.* Meterse bruscamente en alguna parte.

zampoña *s. f.* Instrumento musical rústico a modo de flauta o gaita.

zamuro *s. m. Col.* y *Ven.* Especie de buitre del tamaño de una gallina, negro, con las patas rojizas y cabeza y cuello rojoazulados.

zanahoria *s. f.* Planta de raíz roja y fusiforme, rica en azúcar y comestible. || Su raíz.

zanate *s. m. C. Rica, Guat., Hond., Méx.* y *Nic.* Pájaro de plumaje negro que se alimenta de semillas. *El campesino puso un espantapájaros para que los zanates no se comieran su cosecha.*

zanca *s. f.* Pata de las aves, considerada desde el tarso hasta la juntura del muslo. || *fig.* y *fam.* Pierna del hombre o de cualquier animal cuando es muy larga y delgada.

zancada *s. f.* Paso largo.

zancadilla *s. f.* Acción de derribar a una persona enganchándola con el pie. || *fam.* Estratagema, manera hábil, pero poco leal de suplantar a alguien.

zancadillear *t.* Echar la zancadilla a uno. || *fig.* Armar una trampa para perjudicar a uno. || *pr. fig.* Perjudicarse, crearse obstáculos a uno mismo.

zanco *s. m.* Cada uno de los dos palos largos con soportes para los pies, que sirven para andar a cierta altura del suelo, generalmente por juego. || *Amér.* Comida espesa sin caldo ni salsa.

zancón, cona *adj. Col., Guat., Méx.* y *Ven.* Se refiere a la ropa demasiado corta para la persona que la usa.

zancudo, da *adj.* Relativo a las aves de largas patas. *Los flamencos y las garzas son aves zancudas.* || *s. m. Amér.* Mosquito.

zanganería *s. f.* Holgazanería.

zángano, na *s. fam.* Persona holgazana que vive del trabajo de otras. *La pobre mujer no sabía que el hombre con el que se casó es un zángano.* || *s. m.* Abeja macho. *Los zánganos fecundan a la abeja reina, después de lo cual mueren.*

zanguangada *s. f.* Acción o dicho propio de un zanguango.

zanguango, ga *s. Amér. Merid.* Persona que se comporta de manera estúpida y torpe.

zanja *s. f.* Excavación larga y estrecha que se hace en la tierra. *Como era de noche no vio la zanja y cayó en ella.* || *Amér. C.* y *Amér. Merid.* Surco que abre en la tierra la corriente de un arroyo.

zanjar *t.* Abrir zanjas. *Los trabajadores zanjaron el terreno donde se colocarán los cables telefónicos.* || Resolver un asunto o problema. *Edith zanjó el problema porque encontró una solución conveniente.*

zanjón *s. m. Chil.* Precipicio, despeñadero.

zanquilargo, ga *adj.* y *s. fam.* De piernas largas.

zapa *s. f.* Pala pequeña y cortante que usan los zapadores. || Excavación de una galería. || Piel labrada de modo que forme grano como la de la lija.

zapador *s. m.* Soldado de un cuerpo destinado a las obras de excavación o de fortificación.

zapallito *s. m. Arg.* y *Uy.* Calabacín, calabacita. *Me gustan los fideos con zapallitos y crema.*

zapallo *s. m. Amér. Merid.* Calabaza, planta herbácea, trepadora o rastrera, de tallo largo y hueco. || *Amér. Merid.* Fruto de esa planta.

zapalote *s. m. Méx.* Plátano de fruto largo. || Maguey de tequila.

zapapico *s. m.* Herramienta para cavar con mango de madera y cabeza con un extremo de corte y otro puntiagudo. *Después de varios golpes de zapapico, el pavimento se rompió.*

zapar *t.* e *intr.* Trabajar con la zapa. *Zapar una posición enemiga.* || *fig.* Minar. *Zapar su reputación.*

zapata *s. f.* Zapatilla de grifos. || Parte del freno por la que éste entra en fricción con la superficie interna del tambor.

zapateado *s. m.* Baile español con zapateo. || Su música.

zapatear *t.* Golpear el suelo con los zapatos o los pies calzados. || *fig.* Maltratar a uno, pisotearle. || *pr. fam.* Quitarse de encima una cosa o a una persona. || *fam. Saber zapateárselas:* saber arreglárselas.

zapateo *s. m.* Acción de zapatear en el baile.

zapatería *s. f.* Taller donde se hacen o arreglan zapatos. || Tienda donde se venden. || Oficio de hacer zapatos.

zapatero, ra *adj.* Duro, correoso después de guisado. *Papas zapateras.* || *s. com.* Persona que hace, repara o vende zapatos. || *s. m.* Pez acantopterigio que vive en los mares de la América tropical.

zapateta *s. f.* Golpe que se da con la mano en el pie o en el zapato saltando en señal de alegría. *Mi hermano se puso tan contento cuando metió el gol que hizo una bonita zapateta.* || Brinco o cabriola que se hace chocando un pie con otro. *Los payasos del circo hacían zapatetas muy cómicas.* || *pl.* En algunos bailes, golpes que se dan con el pie en el suelo. *La maestra de baile nos dijo que debíamos acompasar las zapatetas.*

zapatilla *s. f.* Zapato cómodo para estar en casa. || Calzado deportivo. || Zapatos especiales para bailar ballet.

zapatismo *s. m. Méx.* Movimiento militar y campesino de la época de la Revolución Mexicana, que seguía las ideas de Emiliano Zapata.

zapatista *adj.* y *s. com.* Seguidor del zapatismo.

zapato *s. m.* Calzado que no pasa del tobillo, generalmente de cuero, y con suela en la parte inferior.

zape¹ *s. m. Méx.* Golpe que se da con la mano abierta en la parte posterior de la cabeza.

zape² *interj. fam.* Expresión que se usa para ahuyentar a los gatos.

zapotal *s. m.* Terreno donde hay gran cantidad de zapotes.

zapotazo *s. m. Hond.* y *Méx.* Golpe.

zapote *s. m.* Árbol americano con fruto esférico y blando que es comestible y de sabor muy dulce, con una pulpa suave. *Mi tía Lilia prepara dulce de zapote con jugo de naranja.*

zapoteca o **zapoteco** *adj.* y *s. m.* Pueblo amerindio que habita en el estado de Oaxaca, parte de Veracruz, Chiapas y Guerrero, en México. *La cultura zapoteca tuvo su centro más importante en Monte Albán.*

zapotero *s. m.* Árbol del zapote.

zapping *s. m.* Acción de cambiar continuamente, con el control remoto, los canales del televisor.

zaquizamí *s. m.* Desván. ‖ Cuchitril, cuarto pequeño. ‖ Tugurio.

zar *s. m.* Título que tenían el emperador de Rusia o el rey de Bulgaria o Serbia.

zarabanda *s. f.* Danza picaresca de España en los siglos XVI y XVII. ‖ Su música. ‖ *fig.* Jaleo, alboroto.

zaramullo *s. m. Hond.* y *Ven.* Hombre despreciable.

zarandajas *s. f. pl. Esp.* y *Méx.* Cualquier cosa de la que no vale la pena ocuparse. *Deja esas zarandajas y mejor ponte a hacer algo de provecho.*

zarandear *t.* y *pr.* Mover a alguien o algo de un lado a otro con rapidez y energía. *La tormenta hizo que el gran barco se zarandeara.* ‖ *Chil., Méx., Per., P. Rico* y *Ven.* Caminar moviendo mucho los hombros y las caderas.

zarandeo *s. m.* Movimiento enérgico y rápido. *Los zarandeos de los viajes en avión me ponen nervioso.*

zarcillo *s. m.* Pendiente o arete en forma de aro. ‖ Hoja o brote en forma de hilo que se enrosca alrededor de un soporte.

zarco, ca *adj.* Azul claro. *Ojos zarcos.*

zarigüeya *s. f.* Mamífero marsupial parecido a la rata. *Las zarigüeyas tienen una cola prensil.*

zarina *s. f.* Esposa del zar. ‖ Emperatriz de Rusia.

zarismo *s. m.* Gobierno absoluto de los zares.

zarista *adj.* Del zarismo. ‖ *s. com.* Partidario de los zares.

zarpa *s. f.* Garra de ciertos animales como el tigre, el león, etc. ‖ Acción de zarpar el ancla. ‖ *fam.* Mano de una persona.

zarpar *intr.* Levar el ancla un barco, hacerse a la mar.

zarpazo *s. m.* Golpe dado con la zarpa. ‖ *fam.* Caída, costalada.

zarpear *t. Amér. C.* Salpicar de barro.

zarrapastroso, sa *adj.* y *s. fam.* Se dice de las personas que visten con ropa sucia y descuidada.

zarza *s. f.* Arbusto rosáceo muy espinoso cuyo fruto es la zarzamora.

zarzal *s. m.* Terreno cubierto de zarzas. ‖ Matorral de zarzas.

zarzamora *s. f.* Fruto comestible de la zarza, de color negro violáceo.

zarzaparrilla *s. f.* Planta liliácea oriunda de México, cuya raíz, rica en saponina, se usa como depurativo. ‖ Bebida refrescante preparada con las hojas de esta planta.

zarzuela *s. f.* Género musical español en el que alternan la declamación y el canto. ‖ Su letra y música. ‖ Plato de pescados aderezados con salsa picante.

zarzuelero, ra *adj.* De la zarzuela. *Música zarzuelera.* ‖ *s. m.* Zarzuelista.

zarzuelista *s. com.* Autor de la letra o compositor de zarzuelas.

zas *interj.* Se usa para indicar un golpe o algo que sucede de forma brusca. *Estábamos muy contentos dibujando y ¡zas!, que se va la luz.*

zascandil *s. m. fam.* Hombre entrometido.

zascandilear *intr. fam.* Curiosear, procurar saber todo lo que ocurre. *Andar zascandileando.* ‖ Vagar. ‖ Obrar con poca seriedad.

zascandileo *s. m. fam.* Curioseo. ‖ Falta de seriedad. ‖ Callejeo.

zeda *s. f.* Zeta.

zedilla *s. f.* Cedilla.

zéjel *s. m.* Composición poética popular de origen hispanoárabe, propia de la Edad Media.

zempasúchil *s. m. Méx.* Cempasúchil.

zen *s. m.* Sistema filosófico budista basado en la sencillez y la meditación. *El zen se originó en China y fue introducido a Japón a fines del siglo XII.*

zenit *s. m.* Cenit.

zepelín *s. m.* Globo dirigible rígido de estructura metálica inventado por Ferdinand Zeppelin en 1900.

zeta *s. f.* Nombre de la letra «z». ‖ *loc.* «X», «y» o «z»: uno u otro, lo que no se conoce.

zigoma *s. m.* Hueso del pómulo.

zigoto *s. m.* Cigoto.

zigurat *s. m.* Pirámide escalonada en cuya cumbre hay un templo. *Los zigurats son característicos de la arquitectura de la antigua Mesopotamia.*

zigzag *s. m.* Línea hecha por segmentos que forman alternativamente ángulos entrantes y salientes.

zigzaguear *intr.* Moverse en zigzag. *Para bajar de un cerro es mejor ir zigzagueando.* ‖ Estar algo en forma de zigzag.

zigzagueo *s. m.* Acción de zigzaguear.

zinc *s. m.* Cinc.

zincuate *s. m.* Reptil de México.

zíngaro, ra *adj.* y *s.* Gitano nómada húngaro.

zipa *s. m.* Cacique chibcha de Bogotá.

zíper *s. m. Méx.* Cremallera, cierre. *Niño, traes el zíper del pantalón abierto.*

zipizape *s. m. fam.* Riña, discusión. *En el noticiero informaron de un zipizape entre policías y ladrones.*

zircón *s. m.* Circón.

zócalo *s. m.* Cuerpo inferior de un edificio, que sirve para elevar los basamentos o cimientos a un mismo nivel. ‖ Banda que se coloca en la pared a ras de suelo. *El piso de la habitación tendrá un zócalo de color negro.* ‖ *Méx.* Plaza central de una ciudad. *El festival se llevó a cabo en el zócalo de la capital.*

zoco *s. m.* En Marruecos, mercado.

zodiacal *adj.* Del Zodiaco.

zodiaco *s. m.* Nombre de una zona de la esfera celeste que se extiende en 8.5° a ambas partes de la eclíptica y en la cual se mueven el Sol, en su movimiento aparente, la Luna y los planetas; se llama «signo» cada una de las 12 partes, de 30° de longitud, en que se divide, y cada una tiene el nombre de las constelaciones que allí se encontraban hace 2000 años: «Aries», «Tauro», «Géminis», «Cáncer», «Leo», «Virgo», «Libra», «Escorpión», «Sagitario», «Capricornio», «Acuario» y «Piscis».

zompantli s. m. Figura arquitectónica de los templos aztecas donde se colocaban en fila los cráneos de los sacrificados.

zompopo s. m. Amér. C. Hormiga de cabeza grande que se alimenta de hojas.

zona[1] s. f. Extensión de territorio cuyos límites están determinados por razones administrativas, económicas, políticas, etc. Zona fiscal, militar, vinícola. || fig. Todo lo que es comparable a un espacio cualquiera. Zona de influencia. || Cada una de las grandes divisiones de la superficie terrestre o de otra cosa. || loc. Zona de libre cambio o de libre comercio: conjunto de dos o más territorios o países entre los que han sido suprimidos los derechos arancelarios. || Zona franca: parte de un país que, a pesar de estar situada dentro de las fronteras de éste, no está sometida a las disposiciones arancelarias vigentes para la totalidad del territorio y tiene un régimen administrativo especial. || Zonas verdes: superficies reservadas a los parques y jardines en una aglomeración urbana.

zona[2] s. m. Enfermedad, causada por un virus, que se caracteriza por una erupción de vesículas en la piel sobre el trayecto de ciertos nervios sensitivos.

zonación s. f. En biogeografía, distribución de animales y vegetales en zonas según factores climáticos. La zonación vertical es muy típica de las costas rocosas.

zoncear intr. Amér. Tontear.

zoncera s. f. Amér. Comportamiento tonto. A algunos niños se da por hacer zonceras. || Arg. Dicho, hecho u objeto de poco o ningún valor.

zonda s. m. Arg. Viento cálido y seco proveniente del oeste, que sopla en el área de la cordillera y alcanza particular intensidad en la región argentina de Cuyo.

zonificación s. f. División de un territorio o área en zonas. Los médicos de las brigadas de salud hicieron una zonificación de la región.

zonificar t. Dividir en zonas.

zonzo, za adj. y s. Tonto.

zonzoreco, ca adj. Amér. C. Necio, idiota.

zoo s. m. Esp. Apócope de «zoológico». El domingo fuimos al zoo y nos divertimos mucho.

zoófago, ga adj. Que se alimenta de materias animales. Los humanos somos zoófagos.

zoofobia s. f. Temor patológico a los animales.

zoología s. f. Rama de las ciencias naturales que estudia los animales.

zoológico s. m. Establecimiento especial donde viven animales salvajes, que pueden ser visitados por el público. En el zoológico hay una pareja de pandas traídos de China.

zoológico, ca adj. Relativo a la zoología.

zoólogo, ga s. Especialista en zoología.

zoom s. m. Objetivo de una cámara fotográfica, de cine o de televisión, que puede moverse para hacer acercamientos o alejamientos.

zoomorfo, fa adj. Con forma de animal. Casi todas las culturas prehispánicas de América hicieron vasijas zoomorfas.

zoospora s. f. Célula reproductora, provista de cilios vibrátiles que le permiten moverse, que tienen las algas y los hongos acuáticos.

zoosporangio s. m. Esporangio que produce zoosporas.

zootecnia s. f. Ciencia que estudia la cría y mejoramiento de los animales domésticos.

zopenco, ca adj. y s. fam. Tonto.

zopilote s. m. C. Rica, Guat., Hond., Méx. y Nic. Ave de color negro parecida al buitre pero de menor tamaño.

zoquete adj. y s. fam. Torpe, tardo para entender. || s. m. Trozo de madera que sobra del extremo de un madero cuando éste ha sido cortado.

zorrear intr. fam. Conducirse astutamente. || Llevar una vida disoluta.

zorrería s. f. fam. Astucia.

zorrillo o **zorrino** s. m. Amér. Mamífero carnívoro que se defiende de sus enemigos lanzando un líquido fétido por vía anal. El olor del zorrillo puede percibirse a 50 m de distancia.

zorro, rra s. m. Macho de la zorra. || Piel de la zorra empleada en peletería. || fig. y fam. Hombre astuto y taimado. || Perezoso, remolón, que se hace el tonto para no trabajar. || Amér. Mofeta. || pl. Utensilio para sacudir el polvo hecho con tiras de piel, paño, etc., sujetas a un mango. || s. f. Mamífero carnicero de la familia de los cánidos, de cola peluda y hocico puntiagudo, que ataca a las aves y otros animales pequeños. || Hembra de esta especie. || Carro bajo para transportar cosas pesadas. || fig. y fam. Borrachera. Dormir la zorra. || Prostituta.

zorullo s. m. Zurullo.

zorzal s. m. Ave de formas esbeltas, color grisáceo o marrón y canto melodioso.

zote adj. y s. m. Tonto, zopenco.

zoyate s. m. Méx. Nombre de algunas plantas textiles de México.

zozobra s. f. Naufragio de un barco. || Vuelco. || fig. Intranquilidad, desasosiego, inquietud, ansiedad.

zozobrar intr. Naufragar. || Volcarse. || fig. Fracasar, frustrarse una empresa, unos proyectos, etc. || pr. Acongojarse, causar desasosegado.

zueco s. m. Zapato de madera de una sola pieza. || Zapato de cuero con suela de madera o de corcho.

zulú adj. y s. com. Se dice del individuo perteneciente a un pueblo negro de África austral (Natal) de lengua bantú.

zumaque s. m. Arbusto que contiene mucho tanino.

zumaya s. f. Autillo, ave. || Chotacabras. || Ave zancuda de paso que tiene pico negro y patas amarillentas.

zumbador, ra adj. y s. Que zumba. Este insecto zumbador es muy molesto. || Méx. Colibrí. || Dispositivo electrónico que emite un zumbido. || s. f. Hond. y Salv. Serpiente de color negro en el dorso y blanco en el vientre, muy agresiva aunque no venenosa para el hombre, que emite un zumbido con la cola. En la reserva pudimos ver una zumbadora de 1 m de largo.

zumbar t. Asestar, dar, propinar. Zumbarle una bofetada. || Pegar a uno. || Burlarse de uno. || intr. Producir un sonido sordo y continuado ciertos insectos al volar, algunos objetos, dotados de un movimiento giratorio muy rápido, etc. Un abejorro, un motor, una peonza zumban. || Amér. Lanzar, arrojar. || pr. Pegarse mutuamente varias personas. || loc. fam. Ir zumbando: ir con mucha rapidez. || Zumbarle a uno los oídos: tener la sensación de oír un zumbido.

zumbido s. m. Ruido sordo y continuo.

zumbón, bona adj. fam. Burlón.

zumo s. m. Esp. Jugo, líquido que se saca de las hierbas, flores, o frutas exprimiéndolas. Zumo de naranja. || *fig.* Jugo, utilidad, provecho. *Sacar zumo a un capital.*

zunchar *t.* Mantener con un zuncho.

zuncho *s. m.* Abrazadera, anillo de metal que sirve para mantener unidas dos piezas yuxtapuestas o para reforzar ciertas cosas, como tuberías, pilotes, etc.

zurcido *s. m.* Cosido, remiendo.

zurcir *t.* Coser la rotura o desgaste de una tela.

zurdazo *s. m.* Golpe dado con la mano o con el pie izquierdos. *Pepe metió gol de un zurdazo.*

zurdo, da *s.* Persona que usa la mano o el pie izquierdos para hacer lo que, en general, se hace con la derecha o el derecho.

zurear *intr.* Emitir la paloma sus arrullos. *Las palomas zurean toda la mañana.*

zurito, ta *adj.* Se aplica a las palomas y palomos silvestres.

zurra *s. f.* Acción de zurrar o curtir las pieles. || *fam.* Paliza, tunda.

zurrar *t.* Golpear a una persona o animal. || Curtir las pieles. || *fam. Méx.* Defecar.

zurriagazo *s. m.* Golpe dado con el zurriago. || *fig.* Desgracia, acontecimiento desgraciado, imprevisto. || Caída, costalazo.

zurriago *s. m.* Látigo que se emplea para golpear.

zurrón *s. m.* Bolsa para llevar o guardar la caza o provisiones. *Los marineros usan zurrones para guardar sus pertenencias.*

zurubí *s. m. Arg.* Pez de agua dulce sin escamas y de carne sabrosa.

zurullo *s. m. fam.* Mojón.

zurumbela *s. f. Amér.* Ave de canto armonioso.

zutano, na *s.* Una persona cualquiera, en correlación con «fulano» o «mengano».

Esta obra se terminó de imprimir en diciembre de 2022, en Compañía Editorial Ultra S.A. de C.V. Centeno 162-2, Col. Granjas Esmeralda, C.P. 09810, Ciudad de México.